ÉMILE DE LABÉDOLLIÈRE

LE

NOUVEAU PARIS

HISTOIRE

DE

SES 20 ARRONDISSEMENTS

ILLUSTRATIONS DE GUSTAVE DORÉ

CARTES TOPOGRAPHIQUES

DE

DESBUISSONS

PARIS

GUSTAVE BARBA, LIBRAIRE-ÉDITEUR

8, RUE CASSETTE 8,

TYPOGRAPHIE DE J. CLAYE, 7, RUE SAINT-BENOIT.

TABLE DES MATIÈRES

HISTOIRE GÉNÉRALE DE PARIS.

CHAP. Ier. — Difficultés de l'histoire de Paris. — Paris avant le déluge. .... Page I
CHAP. II. — Les Celtes. — Les Gals. — Leur religion. — Les druides. — Organisation du druidisme. — Les trois cycles. — Les trois qualités. II
CHAP. III. — Les Belges. — Alliance des Sénones et des Parisiens. — Recherche d'une capitale. — Origine du nom de Lutèce. — Les sept flots de la Seine. III
CHAP. IV. — Paris sous les Romains. .... ibid.
CHAP. V. — Paris sous les Mérovingiens. VI
CHAP. VI. — Paris sous les Carlovingiens. VII
CHAP. VII. — Paris sous les premiers Capétiens. X
CHAP. VIII. — Conditions de la bourgeoisie. — Le parlement. — La bazoche. — La chambre des comptes. — Les états généraux. — Troubles de 1306. — Chevalerie du fils de Philippe IV. — Premiers essais du théâtre. — La tour de Nesle. XII
CHAP. IX. — Les Valois. — Étienne Marcel. — Massacre d'un avocat général et de deux maréchaux. — Perrin Marc. — Mort d'Étienne Marcel. — Charles VI et l'hôtel Saint-Paul. XIV
CHAP. X. — Fin du règne de Charles V. — Règne de Charles VI. XV
CHAP. XI. — Les confrères de la Passion. XVIII
CHAP. XII. — Démence de Charles VI. — Assassinat de Louis d'Orléans. — Grandeur et décadence des Cabochiens. XIX
CHAP. XIII. — Réaction contre les Armagnacs. — Horribles massacres. Capeluche le bourreau. XXI
CHAP. XIV. — Les Anglais à Paris. — Peste et Famine. — Le duc de Bedford. — Restauration. XXII
CHAP. XV. — Paris sous Louis XI. XXIV
CHAP. XVI. — Mère sotte. — Un pauvre libraire. — Martin Lhomme. — La Saint-Barthélemy. XXVII
CHAP. XVII. — La ligue. — Les barricades. — Le siége de Paris. — Paris sous Henri IV et sous Louis XIII. XXVIII
CHAP. XVIII. — Paris depuis Louis XIV jusqu'à nos jours. XXIX
CARTE GÉNÉRALE DES 20 ARRONDISSEMENTS.

Ier ARRONDISSEMENT. — LE LOUVRE.

CHAP. Ier. — Préambules. — Anciens ouvrages sur Paris. — Nécessité d'un nouveau travail. .... Page 1
CHAP. II. — Enceintes successives de Paris. — Saint-Germain-des-Prés. — Travaux de Louis le Gros et de Philippe-Auguste. — Portes de Paris au XIIe siècle. — Rue d'Enfer. — Paris après la bataille de Poitiers. — Enceinte d'Étienne Marcel. — Siége de Paris par Jeanne Darcq. 2
CHAP. III. — L'enceinte de Paris sous François Ier et sous Charles IX. — Siége de Paris par Henri IV. — Fête des Farines. — L'enceinte perd son caractère militaire. — Portes Saint-Denis et Saint-Martin. — Enceinte de 1784. 3
CHAP. IV. — Paris redevient place forte. — Commission de défense du royaume. — Projet d'enceinte continue. Arrêté ministériel du 10 septembre 1839. — Projet de loi sur l'enceinte et les fortifications de Paris. — Lois de 1859. — Liste des communes supprimées. — Extrait du rapport du préfet de la Seine au conseil général. — Portes, barrières et poternes de Paris. 4
CHAP. V. — Étendue de Paris à diverses époques. — Observatoires élevés pour la triangulation. — Anciennes divisions de Paris. — Nouveaux arrondissements. — Limites du 1er arrondissement. 5
CHAP. VI. — Le Louvre. — Son origine et celle des Tuileries. — Réflexion de Dufresny. — Aspect de l'espace compris entre les deux palais avant 1852. — Le nouveau Louvre. — La Salle des États. — Le Musée. — Élèves et rapins. — Acquisitions nouvelles. — Le Musée des Souverains. — Musées égyptien, assyrien, américain. — Les écuries impériales. — Restauration des Tuileries. — Le nouveau jardin réservé. 6
CHAP. VII. — Le Palais-Royal. — Sa fondation. — Première exposition des beaux-arts dans la cour de ce palais. — Travaux ordonnés par Louis-Philippe-Égalité. — Cafés et spectacles au Palais-Royal. — Le cirque et le canon. — L'arbre de Cracovie. — Le Palais-Royal en 1788 et 1789. — Calembours révolutionnaires. — Les gardes françaises. — Inconvénient d'être trop véridique. — Le 13 juillet. — Camille Desmoulins. 7
CHAP. VIII. — Paris en 1792. — Adresse des administrateurs de la police. — Projets de destruction du Palais-Royal. — Grande vogue des galeries. — Les galeries de bois. — Décadence du palais. — Le Château-d'Eau. — 1848. — Restauration du Palais-Royal. 10
CHAP. IX. — La fontaine Molière. — Véritable lieu de naissance du poëte. — Projet de lui ériger un monument. — Fontaine Richelieu. — Commission créée par les soins de M. Régnier. — Description de la fontaine. — Statue de Molière par M. Seurre aîné. — La Comédie sévère et la Comédie gaie, par Pradier. — Mot de Victor Hugo. 11
CHAP. X. — La place Vendôme. — La statue de Louis XIV. — La colonne. — Statue de Chaudet. — Statue de Seurre. — Le 5 mai. 12
CHAP. XI. — Les halles de Paris. — Pose de la première pierre. — Les pavillons. — Consommation de la capitale. — Cabarets ouverts la nuit. — La place des Innocents. 12
CHAP. XII. — Mairie du premier arrondissement. — Saint-Germain-l'Auxerrois. — La Saint-Barthélemy. — Assassinat du maréchal d'Ancre. — Le père d'Eugène Sue. — Mme de Genlis. — L'église Saint-Roch. — Le 13 vendémiaire. 13
CHAP. XIII. — L'église Saint-Eustache. — La Sainte-Chapelle. — Le Palais de justice. — Le Pont-Neuf. 14
Plan du Premier Arrondissement.

IIe ARRONDISSEMENT. — LA BOURSE.

CHAP. Ier. — Marguerite de Senaux. — Fondation des Filles-Saint-Thomas. — La rue Vivienne. — L'église Saint-Thomas pendant la Révolution. — La danseuse Chameroy. — Condamnation du curé de Saint-Roch. — Article du Moniteur sur cette affaire. — Poëme d'Andrieux. 17
CHAP. II. — Destruction de l'église des Filles-Saint-Thomas. — Limites du IIe arrondissement. — Origine de la Bourse. — Prétentions de la ville de Bruges. — Emplacements divers qu'a occupés la Bourse. — Ordonnances et arrêtés qui la concernent. — Construction du palais de la Bourse. — Description du monument. 18
CHAP. III. — Intérieur de la Bourse. — La corbeille. — Le crieur. — La galerie supérieure. — Grisailles de Meynier et Abel de Pujol. — Mesures prises contre l'agiotage. — Code pénal. 19
CHAP. IV. — Les coulissiers et les remisiers. — Activité de la Bourse après 1852. — Établissement d'un droit d'entrée. — Transplantation des marronniers. — Les tourniquets. — Réclamations des agents de change. — Procès fait aux coulissiers. — Création des assesseurs. — Résolution de la compagnie des agents de change. — L'honneur à la Bourse. 20
CHAP. V. — Bibliothèque impériale. — La salle de lecture. — Origine de la Bibliothèque. — Guillaume Budé. — Raoul Spifame. — Pérégrinations de la Bibliothèque. — Le palais Mazarin. — L'abbé Bignon. — Les globes de Coronelli. — La Bibliothèque après la Révolution. — Ordonnances relatives à son administration. — Décret du 16 juillet 1858. 21
CHAP. VI. — Restauration de la Bibliothèque. — Vicissitudes de la place Louvois. — La fontaine Gaillon. — Les Petits-Pères. — La fontaine des Petits-Pères. — Place des Victoires. — Curieux extrait des mémoires de Choisy. — Ancienne et nouvelle statue de Louis XIV. — Inscriptions du piédestal. 23
CHAP. VII. — Théâtres. — La Comédie-Italienne. — Salle de l'Opéra-Comique. — Le théâtre Feydeau. — Les Nouveautés. — Loi du 7 août 1839. — État actuel. 27
CHAP. VIII. — Le théâtre des Variétés. — Le Vaudeville. — Le théâtre Comte. 27
CHAP. IX. — Église Bonne-Nouvelle. — Caserne de la garde de Paris. — Caserne des pompiers. 28
CHAP. X. — Les journaux. — Le marché Saint-Joseph. — La sépulture de Molière. — La rue du Croissant. — Les passages. 29
CHAP. XI. — Passage et rue du Caire. — Cour des Miracles. — Boulevard de Sébastopol. 30
Plan du Deuxième Arrondissement.

IIIe ARRONDISSEMENT. — LE TEMPLE.

CHAP. Ier. — Principaux édifices du IIIe arrondissement. — Le Temple. — Origine des Templiers. — Suppression de leur ordre. — Le grand prieur. — La société du Temple. 33
CHAP. II. — Captivité de Louis XVI. — Particularités peu connues. — Procès-verbaux de la commune de Paris. — Fossés et fortifications du Temple. — Séparation de Louis XVI et de sa famille. — Entrevue de Louis XVI et de Manuel. — Enlèvement des armes offensives et défensives des prisonniers. — Une requête de l'abbé Edgeworth. 34
CHAP. III. — Personnages célèbres renfermés au Temple. — Démolition de la grosse tour. — Le Temple actuel. — Le Palais-Royal. — Le Pavillon de Flore. — Le Pou-volant. — La Forêt-Noire. — Le couvent des Bénédictines. — Les bénédictines du Saint-Sacrement. — Le square du Temple. 37
CHAP. IV. — Le Conservatoire des arts et métiers. — Son origine. — Le prieuré de Saint-Martin des Champs. — Son importance antique. — Tableaux de Jouvenet. — Construction de l'édifice actuel. — Le Conservatoire des arts et métiers s'y établit. — École fondée par M. de Champagny. — Administration du Conservatoire. 39

TABLE DES MATIÈRES.

Chap. V. — Visite à l'intérieur du Conservatoire des arts et métiers. — Moteurs. — Galerie d'arpentage, d'astronomie, etc. — La céramique. — Le square Saint-Martin. — Inscriptions commémoratives. — Quelques esquisses biographiques. — La Bibliothèque. — Peintures murales, par Gérôme. — Le marché Saint-Martin. — L'École centrale des arts et manufactures. 40

Chap. VI. — Les Archives impériales. — L'hôtel de Guise. — Le comte de Saint-Mégrin. — L'hôtel Soubise. — Premières Archives aux capucins de la rue Saint-Honoré. — Construction d'un palais des Archives. — Personnel et administration. — Richesse des Archives. — Sections du secrétariat, historique, administrative, législative et judiciaire. — Bibliothèque. — École des chartes. 42

Chap. VII. — L'Imprimerie impériale. — Ses débuts sous François Ier. — Ouvrages publiés par les ordres de Richelieu. — Les types de Garamond. — Fonte du type nouveau. — L'imprimerie nationale après la Révolution. — Son état actuel. — Ses succès à l'Exposition universelle de 1855. 44

Chap. VIII. — Physionomie du IIIe arrondissement. — Industries parisiennes. — Les Folies-Nouvelles. — Les Madelonettes. 45

Chap. IX. — Saint-Nicolas des Champs. — Sainte-Élisabeth. — Saint-Denis du Saint-Sacrement. — Saint-François-d'Assise. — La Synagogue. — Les Israélites à Paris. 47

Plan du Troisième Arrondissement.

IVe ARRONDISSEMENT. — L'HOTEL DE VILLE.

Chap. Ier. — Frontières du IVe arrondissement. — Les nautes parisiens. — Le Parloir aux Bourgeois. — La Maison de Grève. — Organisation du Bureau de la Ville. — Fondation de l'Hôtel de Ville. — Églises de Saint-Jean en Grève et du Saint-Esprit. — Inscription sur la première pierre de l'Hôtel de Ville. — Cérémonies publiques 49

Chap. II. — L'Hôtel de Ville depuis 1788. — L'Hôtel de Ville en 1789. — A quoi tient le sort d'un monument. — M. de Flesselles. — Visite de Louis XVI à l'Hôtel de Ville. — Le 10 août, — Le 9 thermidor. — Préfecture de la Seine. — Fêtes sous la Restauration. — Révolution de Juillet 1830. — Le général Dubourg. — Restauration de l'Hôtel de Ville. — Statues de la façade. — La galerie de fêtes. — Les peintures de Lehmann. — Visite de la reine Victoria. 51

Chap. III. — La place de Grève. — Exécutions. — Ravaillac. — La Brinvilliers. — Foulon et Berthier. — Proposition du docteur Guillotin. — *Les Actes des Apôtres*. — Les frères Agasse. — Le marquis de Favras. — Exécution aux lampions. — Opinion du docteur Louis. — Réflexion de M. de Jouy. — Les quatre sergents de La Rochelle. 54

Chap. IV. — Les environs de l'Hôtel de Ville. — Décret du 29 juillet 1834. — Le Châtelet. — La Fontaine du Palmier. — Son déplacement. — Saint-Jacques la Boucherie. — Saint-Merry. — Le 6 juin 1832. 58

Chap. V. — La caserne Napoléon. — Saint-Gervais. — Autres églises. — L'Arsenal. — La place Royale. — Le mont de Piété. — Le pont Marie. — Le pont Louis-Philippe. — Le pont d'Arcole. — Le pont et la pompe Notre-Dame. — Le pont au Change. — Le quai de Gèvres. 59

Chap. VI. — Rue de la Barillerie. — Nouveau Tribunal de commerce. — Notre-Dame de Paris. — Philippe IV y entre à cheval. — Ancienne formalité du *Te Deum*. — Cérémonies diverses. — L'île Saint-Louis. — L'hôtel Lambert. 61

Plan du Quatrième Arrondissement.

Ve ARRONDISSEMENT. — LE PANTHÉON.

Chap. Ier. — Le mont Lucotitius. — Le palais des Thermes. — Les pauvres écoliers. — L'abbaye de Sainte-Geneviève. — Privilèges des Génovéfains. — Les porteurs de la châsse de sainte Geneviève. 65

Chap. II. — Réédification de l'église Sainte-Geneviève. — Elle devient le Panthéon. — Décret du 4 avril 1791. — Funérailles de Mirabeau. — Hommage à Voltaire. — Marat au Panthéon. — Le Panthéon sous l'Empire. — Les caveaux. 67

Chap. III. — Lettre de Louis XVIII. — Cérémonie religieuse du 3 janvier 1823. — Fresque de Gros. — Le Panthéon sous Louis-Philippe. — Les victimes de Juillet. — Le 23 juin 1848. — Décrets nouveaux. 69

Chap. IV. — La rue Soufflot. — L'école de Droit. — Ses antécédents. — Décret du 21 septembre 1804. — Dispositions ultérieures. — Observations de George Sand sur l'étudiant en droit. — Un fait personnel. 69

Chap. V. — La Bibliothèque Sainte-Geneviève. — Le collège Sainte-Barbe. — Le lycée Napoléon. — L'École Polytechnique. 73

Chap. VI. — Anciens collèges de la Montagne Sainte-Geneviève. — La Sorbonne. — Le Collège de France. 75

Chap. VII. — L'hôtel de Cluny. — Le cloître Saint-Benoît. Le quartier Rollin. — Les Sourds-Muets. — L'institution Loriol. 77

Chap. VIII. — Rue des Écoles. — Marché des Carmes. — Entrepôt des vins. — Le Jardin des Plantes. 79

Plan du Cinquième Arrondissement.

VIe ARRONDISSEMENT. — LE LUXEMBOURG.

Chap. Ier. — Origine du nom du Luxembourg. — Musée de Médicis. — Par qui le palais fut successivement habité. — La prison du Luxembourg. — Les Hébertistes et les Dantonistes. — Les fêtes du Directoire exécutif. — La Chambre des pairs. 81

Chap. II. — Le Luxembourg sous Louis-Philippe. — Agrandissement du palais. — Peintures d'Eugène Delacroix, de Blondel, etc. — La commission du gouvernement pour les travailleurs. — Création du Sénat. — Nouveaux embellissements du palais. — Incendie du 28 octobre 1859. 82

Chap. III. — Le Musée des artistes vivants. — Le petit Luxembourg. — Les Filles du Calvaire. 83

Chap. IV. — Le Jardin du Luxembourg. — Camp romain. — La Grotte. — Les premiers habitués. — La lévite à queue de singe. — L'abbé Miollan et Janinet. — Embellissements du jardin. — L'enclos des Chartreux. — Les femmes célèbres. 84

Chap. V. — La Monnaie. — L'École de médecine. — Les Cordeliers. — Le Musée Dupuytren. — Les amphithéâtres. — La Charité. 85

Chap. VI. — L'Académie française. — Les académies avant 1789. — Leur suppression. — L'Institut. 89

Chap. VII. — Le palais des Beaux-Arts. — Le Musée des Petits-Augustins. — L'hémicycle de Paul Delaroche. — Les concours. — Proclamation des vainqueurs. 93

Chap. VIII. — Saint-Sulpice. — Saint-Germain des Prés. — L'Abbaye. — Les Carmes. — L'Odéon. — Bobino. 91

Plan du Sixième Arrondissement.

VIIe ARRONDISSEMENT. — LE PALAIS-BOURBON.

Chap. Ier. — Le Palais-Bourbon. — La Maison de la Révolution. — Le palais du Corps Législatif. 97

Chap. II. — Le quai Voltaire et le quai d'Orsay. 99

Chap. III. — Ministère des affaires étrangères. — Les Invalides. 100

Chap. IV. — Les Invalides. 101

Chap. V. — L'École militaire. — Le Champ de Mars. 102

Chap. VI. — Institution impériale des Jeunes Aveugles. — Bâtiments, Organisation. 106

Chap. VII. — Modes d'instruction de l'Institution impériale des Jeunes Aveugles. — Avenir des élèves. 108

Chap. VIII. — Saint-Thomas-d'Aquin. — Le Musée d'artillerie. — Sainte-Clotilde. — L'Abbaye-aux-Bois. — La Fontaine de la rue de Grenelle. 110

Plan du Septième Arrondissement.

VIIIe ARRONDISSEMENT. — L'ÉLYSÉE.

Chap. Ier. — Le pont de la Concorde. — Statues projetées ou exécutées. — Place de la Concorde. — Statue de Louis XV. 113

Chap. II. — Fossés de la place Louis XV. — Bâtiments élevés par les architectes Gabriel et Potain. — Soirée du 30 mai 1770. — La fête Saint-Ovide. — La statue de la Liberté. — Exécution de Louis XVI. — Fils de saint Louis, montez au ciel! — Lettre du bourreau de Paris. — Le roulement des tambours. — Exécutions sous la Terreur. — Le nid de tourterelles. — La place Louis XVI. 114

Chap. III. — L'obélisque de Luxor. — M. d'Haussez. — Construction de l'allège le *Luxor*. — Lettre du ministre du pacha d'Égypte. — Translation de l'obélisque à Paris. — Journée du 25 octobre 1836. 116

Chap. IV. — Fête du 29 juillet 1844. — Les Champs-Élysées. — Le Cours-la-Reine. — Le café des Ambassadeurs. — Les Cosaques aux Champs-Élysées. — Le quartier de François Ier. — *Les Mystères de Paris*. — Cession des Champs-Élysées à la ville. — Le bal Mabile. — Le Château-des-Fleurs. 118

Chap. V. — Le palais de l'Industrie. — Noms inscrits sur sa frise. — Exposition universelle. — La maison du prince Napoléon-Jérôme. 119

Chap. VI. — L'Élysée-Bourbon. — Mme de Pompadour. — L'intérieur d'un financier. — Description de sa maison. — Acquisition de l'Élysée par la duchesse de Bourbon. — Le hameau de Chantilly. 122

Chap. VII. — Napoléon Ier à l'Élysée. — Son entrevue avec Benjamin Constant. — Napoléon III. — Le 2 décembre 1851. 123

Chap. VIII. — Hôtels du faubourg Saint-Honoré. — Hôtel Péreire. — Hôtel Fould. — Hôtel Furtado. — Hôtel Pontalba. — Saint-Philippe du Roule. — La Madeleine. — Procès-verbal de l'inhumation de Louis XVI. — Son exhumation. — La chapelle expiatoire. 125

Chap. IX. — Le temple de la Gloire. — Lettre de Napoléon Ier à M. Champagny. — L'église de la Madeleine. — Saint-Augustin. — La Petite Pologne. — Le quartier de l'Europe. — La gare de l'Ouest. — Le parc Monceaux. 126

Plan du Huitième Arrondissement.

IXe ARRONDISSEMENT. — L'OPÉRA.

Chap. Ier. — Naissance de l'Opéra. — Premiers opéras représentés en France. — La *Pastorale*. — Fondation de l'Académie royale de Musique. — Opinion de Saint-Évremont sur l'Opéra. — Avènement de Lulli. — Lettres-patentes du mois de mars 1672. 129

Chap. II. — Le théâtre du Bel-Air. — Les opéras de Quinault. — Le musicien Cambert. — La chancellerie sur le théâtre. — Portrait de Lulli. 130

Chap. III. — Administration de Francine. — Description de l'Opéra par Dufresny. — Origine des bals de l'Opéra. — L'Opéra à l'hôtel d'Évreux. — Rameau. — Embarras financier des entrepreneurs de l'Opéra. — Incendie de la salle du Palais-Royal. 131

Chap. IV. — Nouvelle salle. — Gluck et Piccini. — Nouvel incendie.

TABLE DES MATIÈRES.

Construction du théâtre de la Porte-Saint-Martin. — L'Opéra pendant la Révolution. 131
CHAP. V. — Salle de la rue Lepelletier. — Les neuf Muses. — Le troisième dessous. — Le foyer de la danse. — L'Opéra jusqu'en 1847. — L'administration de M. Véron. — *Robert le Diable*. — Appointements des acteurs. — Premiers sujets. 134
CHAP. VI. — Administration de M. Duponchel. — Débuts de Duprez. — Cerito et Saint-Léon. — Nestor Roqueplan. — Débuts de Roger à l'Opéra. — Rapport de M. Troplong sur l'Académie impériale de Musique. 135
CHAP. VII. — Le 14 janvier 1858. — Les coulisses de l'Opéra. — Les marcheuses. — Les rats. — La Sainte-Catherine. — Théâtre d'Hamilton. — L'École lyrique. 135
CHAP. VIII. — Les Porcherons. — Ramponneau. — Amélioration du quartier. — Tivoli. — Mme Blanchard. — La maison de Bonaparte. 138
CHAP. IX. — Notre-Dame de Lorette. — La Trinité. — Saint-André. — La Rédemption. — La Synagogue des juifs portugais. 139
CHAP. X. — Les lorettes. — Le Casino. 140
CHAP. XI. — La mairie. — La Grange Batelière. — L'Hôtel des Commissaires-Priseurs. — Hôtels particuliers. — Cafés. — Le café du Caprice. — Le boulevard de Gand. — La prison de Clichy. 142
CHAP. XII. — Le lycée Bonaparte. — Le collège Chaptal. 144
Plan du Neuvième Arrondissement.

Xᵉ ARRONDISSEMENT. — L'ENCLOS SAINT-LAURENT.

CHAP. Iᵉʳ. — L'enclos Saint-Laurent. — Église mérovingienne. — L'évêque Domnol. — La léproserie de Saint-Lazare. — Fondation de la foire Saint-Laurent. — Église Saint-Laurent. — Temple de l'Hymen et de la Fidélité. 145
CHAP. II. — Grande renommée de la foire Saint-Laurent. — Sa description par Loret. — Comédiens qui s'y établissent. — Prix des places. — La fausse prude. — Les feux de Tremblotin. — Intervention des comédiens français. — Artifices des acteurs forains. — Les écriteaux. — L'île du gougou. 146
CHAP. III. — Réclamations de l'Opéra. — Débuts de l'Opéra-Comique. — Son succès. 147
CHAP. IV. — La Redoute chinoise. — Marché Saint-Laurent. — Marché du Château-d'Eau. 148
CHAP. V. — Les Incurables. 148
CHAP. VI. — La léproserie de Saint-Lazare. — Son histoire. — Les hannouars. — Les donnés. — Les Prêtres de la Mission. 150
CHAP. VII. — Fondation de la congrégation des Missions. — Son installation à Saint-Lazare. — Tombeau de Vincent de Paul. — Retraites forcées. 150
CHAP. VIII. — Dispersion des lazaristes. — Prison de Saint-Lazare. — Roucher. — Le commissionnaire Cange. — Vers de Sedaine. — Saint-Lazare en 1860. — La maison principale de santé. 151
CHAP. IX. — La gare de Strasbourg. — Les chemins de fer de l'Est. 154
CHAP. X. — Chemin de fer du Nord. — Hôpital de Lariboisière. — Église Saint-Eugène. — Le Conservatoire de Musique. 155
CHAP. XI. — Le Gymnase. — La Porte-Saint-Martin. — Le Château-d'Eau. — Le Café Parisien. — La caserne du Prince-Eugène. — L'Hôpital Saint-Louis.
Plan du Dixième Arrondissement.

XIᵉ ARRONDISSEMENT. — POPINCOURT.

CHAP. Iᵉʳ. — Nouvelles voies de communication. — Boulevard du Prince-Eugène. — Translation des théâtres. — Le boulevard du Temple. — Les parades. 161
CHAP. II. — Bobèche et Galimafré. — Curtius. — Les figures de cire. — L'Épi-Scié. 162
CHAP. III. — Théâtre de la Gaîté. 163
CHAP. IV. — L'Ambigu-Comique. 164
CHAP. V. — Le Cirque-Olympique. — Le Cirque d'été. — Le Cirque-Napoléon. — Le Théâtre-Lyrique. 165
CHAP. VI. — Les Folies-Dramatiques. — Les Délassements-Comiques. — Les Funambules. — Le Petit-Lazari. — La maison Fioschi. 166
CHAP. VII. — Églises Saint-Ambroise et Sainte-Marguerite. 167
CHAP. VIII. — Les Folies. — La prison des jeunes détenus. — Régime intérieur. — Nourriture. — Distribution de la chapelle. — Punitions et récompenses. — Société de patronage pour les jeunes libérés. 170
CHAP. IX. — Prison de la Roquette. — La chapelle. — La salle des blessés. — La bibliothèque. — Règlement. — Personnel administratif. — L'argot. 172
CHAP. X. — Le transfèrement. — Le brindezingue. — La chambre des condamnés à mort. — Verner le tisanier. 173
CHAP. XI. — Abattoir de Ménilmontant. — Canal Saint-Martin. — Entrepôt. — Bureau de la Douane. — Fontaine Popincourt. 175
Plan du Onzième Arrondissement.

XIIᵉ ARRONDISSEMENT. — REUILLY.

CHAP. Iᵉʳ. — La Bastille. 177
CHAP. II. — Prise de la Bastille. 180
CHAP. III. — La place de la Bastille, depuis 1789 jusqu'à nos jours. 183
CHAP. IV. — Le faubourg Saint-Antoine. 186
CHAP. V. — Reuilly. — Le Bel-Air. — Picpus. — Bercy. — Les Quinze-Vingts. — Hôpital Saint-Antoine. — Hôpital Sainte-Eugénie. — Église Saint-Éloi. 187
CHAP. VI. — Prison Mazas. 190
Plan du Douzième Arrondissement.

XIIIᵉ ARRONDISSEMENT. — LES GOBELINS.

CHAP. Iᵉʳ. — Les Gobelins. — Leur origine. — La Bièvre. — Ses usines. — Son cours ancien et nouveau. — L'hôtel de la Reine-Blanche. — La mascarade de Charles VI. — La Brinvilliers. — Les tapis sarrazinois. — Une lettre d'Henri IV. 193
CHAP. II. — La Savonnerie. — Fondation de la manufacture royale des Gobelins. — Édit de 1667. — Les Gobelins sous Louis XIV, Louis XVI, la République. — Un procès-verbal du jury des arts. 194
CHAP. III. — Situation précaire des ouvriers des Gobelins en 1797. — Les Gobelins sous l'Empire, la Restauration, etc. — La galerie Médicis. — Discussion relative aux Gobelins à l'Assemblée législative de 1850. — Les Gobelins à l'Exposition universelle de 1855. 196
CHAP. IV. — Ateliers des Gobelins. — Préjugés sur les teintures. — La Folie-Gobelin. — Lettre d'un condamné à mort. — Capacité d'un ivrogne. — Atelier des tapisseries. — Atelier des tapis. — Question du déplacement des Gobelins. 197
CHAP. V. — La Sapêtrière. 198
CHAP. VI. — Le Marché-aux-Chevaux. — Le chemin de fer d'Orléans. — L'Hôtel des Haricots. — La Gare. — Le général Bréa. — Les chiffonniers. — Hôpitaux et Théâtres. 201
Plan du Treizième Arrondissement.

XIVᵉ ARRONDISSEMENT. — L'OBSERVATOIRE.

CHAP. Iᵉʳ. — L'Observatoire. — Sa construction primitive. — Additions ultérieures. — Bureau des longitudes. — Le maréchal Ney. — Son procès et son exécution. — Monument élevé à sa mémoire. 209
CHAP. II. — Le noviciat de l'Oratoire. — Anciennes lois sur les Enfants-Trouvés. — La Maison de la couche. — Les Enfants-Bleus. — Saint-Vincent de Paul. — Journal d'une avocate. — Édit de juin 1670. — Les Enfants-Trouvés à Bicêtre, au faubourg Saint-Antoine, au Parvis-Notre-Dame et rue de la Bourbe. 212
CHAP. III. — L'abbaye de Port-Royal des Champs. — Une abbesse de onze ans. — Réforme de Port-Royal des Champs. — Fondation de Port-Royal de Paris. — Persécutions dirigées contre les religieuses. 213
CHAP. IV. — Port-Libre. — Comme on s'amuse en prison. — Les bouts-rimés de Vigée. — Laval Montmorency. — Principaux détenus. — Le mauvais sujet. — Le chien *Brillant*. 214
CHAP. V. — Les élèves de la patrie. — École d'accouchement. — Décret du 19 janvier 1811. — Les tours. — L'hospice de la Maternité. — Fermeture des tours. — Projets divers sur les Enfants-Assistés. — Législation actuelle. 216
CHAP. VI. — Établissements hospitaliers. — La rue d'Enfer. — Hôpital du Midi. — Les Capucins. — Hospice Cochin. — Le bon curé. — Rue d'Enfer. — Le château de Vauvert. 218
CHAP. VII. — Les Catacombes. 219
CHAP. VIII. — Le Mont-Parnasse. — Le cimetière. — Le contre-amiral Dumont d'Urville. — Le sergent Bertrand. 220
CHAP. IX. — Théâtre du Montparnasse. — Les *Mille-Colonnes*. — Richefeu. — La *Californie*. — Le cabaret de la mère Saguet. — Un coup d' picton. — Les joyeux et les frileux. — La Grande-Chaumière. 221
CHAP. X. — Mairie du XIVᵉ arrondissement. — Les jésuites à Montrouge. — Le Géorama. — Chemin de fer de Sceaux. 223
Plan du Quatorzième Arrondissement.

XVᵉ ARRONDISSEMENT. — VAUGIRARD.

CHAP. Iᵉʳ. — Gare du Montparnasse. — Hôpital Necker. — Hôpital des Enfants-Malades. 225
CHAP. II. — Le puits de Grenelle. 226
CHAP. III. — L'abattoir de Grenelle. — Les abattoirs. — Échaudoirs. — Garçons d'échaudoirs et étalliers. — Consommation de Paris. — Le bœuf gras. 227
CHAP. IV. — Valboîtron. — Le Val Gérard. — L'église Saint-Lambert. — Proverbes sur Vaugirard. — Les abattoirs à porcs. 229
CHAP. V. — Extension de Vaugirard. — Hospice Lenoir. — Fabrique de Vaugirard. — Taillerie de diamants. — Nouvelle église Saint-Lambert. 230
CHAP. VI. Grenelle. — Le château de Grenelle. — L'explosion de la poudrière. — Conspiration du camp de Grenelle. — Conspiration Malet. 233
CHAP. VII. — La Bédoyère. — Agrandissement de Grenelle. — Javel. 239
Plan du Quinzième Arrondissement.

XVIᵉ ARRONDISSEMENT. — PASSY.

CHAP. Iᵉʳ. — L'Arc de Triomphe de l'Étoile. 241
CHAP. II. Chaillot. — Étymologie du nom. — Redevance à l'abbé de Saint-Germain des Prés. — Le couvent de la Visitation. — Mlle de La Vallière. — Sainte-Périne. — Le quai de Billy. — La pompe à feu. — La Manutention. — Le Trocadéro. 242
CHAP. III. — Passy. — Les Bons-Hommes. — Seigneurie de Passy.

TABLE DES MATIÈRES.

— Fondation de la paroisse. — Franklin. — Les Hébertistes. — Le banquier Kock. — Le curé Chauvet. — Le puits artésien. — Habitants illustres de Passy. 245

CHAP. IV. — Auteuil. — Les vignes d'Auteuil. — Molière et ses amis. — Le frère lai. — Le souper d'Auteuil. — Mondorge. — Molière et le pauvre. — Le jardinier de Boileau. — Racine déclamant. — La bourse de mille louis. — Impromptu de Voltaire. — Les Arlequines et les Scaramouches. — Vers de Chénier. — La princesse de Carignan. — Église d'Auteuil. — La source ferrugineuse. 248

CHAP. V. — Le bois de Boulogne. — Madrid. — Bagatelle. — La Muette. — Le Ranelagh. — Le pré Catelan. — L'Hippodrome. — L'hippodrome de Longchamp. — La promenade de Longchamp. 252
Plan du Seizième Arrondissement.

XVIIᵉ ARRONDISSEMENT. — BATIGNOLLES-MONCEAUX.

CHAP. 1ᵉʳ. — Sablonville. — La porte Maillot. — Les élèves de l'École de Mars. 257

CHAP. II. — Le chemin de la Révolte. — Le 13 juillet 1842. — Derniers moments et mort du duc d'Orléans. — Son premier convoi. 258

CHAP. III. — La Chapelle Saint-Ferdinand. — Acquisition de la maison Cordier. — Inauguration de la chapelle. — Les deux pendules. — Statues par Triquetti et la princesse Marie. 260

CHAP. IV. — Les Ternes. — Liste des Monceaux. — Les vignes de Monceaux. — Jeanne Darcq à Monceaux. — Les jardins du duc de Chartres. — La mare. — Les *Te Deum*. — Revues dans la plaine de Monceaux. 261

CHAP. V. — Le jardin de Monceaux. — Vers de Dolille. — Le premier des jardins d'hiver. — Le moulin hollandais. — Tombeau d'une jeune fille. — La pyramide de Sextius. — Jeux de bague. 262

CHAP. VI. — Les Batignolles. — Recherches sur l'origine de ce nom. — Le val Bactillon. — Batagliole et Batifolle. 263

CHAP. VII. — Le chemin de Clichy. — La défense de Paris. — Le père Lathuille. — Extension des Batignolles. — La mairie. — Les tables d'hôtes. 266

CHAP. VIII. — Un discours de M. Balagny. — Fête du 30 janvier 1860. — Feuilles batignollaises. — Industrie. — Ateliers de M. Gouin. — *L'Abeille Prévoyante.* — L'Union ouvrière des Batignolles-Monceaux. 267

CHAP. IX. — L'église Sainte-Marie. — La fête patronale. — Église Saint-Michel. — Culte évangélique. — École polonaise. — Théâtre des Batignolles. — Auguste Ricard. — Baour-Lormian. — J. Cahaigne. 269

CHAP. X. — Le grand égout collecteur. 270
Plan du Dix-Septième Arrondissement.

XVIIIᵉ ARRONDISSEMENT. — LES BUTTES MONTMARTRE.

CHAP. 1ᵉʳ. — Le côté droit. — Les tripes à la mode de Caen. — Les cimetières. — La crémation. — Le jardin et le musée. 273

CHAP. II. — Le cimetière du Nord. — Le maréchal de Ségur. — Armand Marrast. — Les trois Cavaignac. — Autres morts célèbres. — Paul Niquet. — Mᵐᵉ Garneray. — Les Polonais. 274

CHAP. III. — La butte Montmartre. — Les carrières. — Mars, Mercure et Saint-Denis. — Les deux églises. — La trombe de 944. — Le vin de Montmartre. — *L'Alleluia.* — La chapelle du Martyre. 275

CHAP. IV. — Décadence du couvent de Montmartre. — Confrérie des orfèvres de Paris. — Institution de l'ordre des Jésuites à Montmartre. — Diane de Poitiers et sa nièce. — Incendie du couvent. 278

CHAP. V. — Épitaphe de Catherine de Clermont. — Claudine de Beauvilliers. — Henri IV à Montmartre. — Marie de Beauvilliers. — Découverte faite en 1611. — Barbe Avrillot. — Vincent de Paul. — François de Sales. — Les Sulpiciens. — L'Esprit de Montmartre. 279

CHAP. VI. — L'abbaye de Montmartre sous Louis XIV. — Noms d'abbesses de Montmartre donnés aux rues de Paris. — L'obélisque de Montmartre. — Le chemin des ânes. 282

CHAP. VII. — Visite du 21 juillet 1789. — Mort de la dernière abbesse. — Bulles pontificales en faveur de l'église. — Montmartre en 1814. 283

CHAP. VIII. — Montmartre en 1860. 284

CHAP. IX. — Clignancourt. — Découverte d'un monument romain. — La chapelle de la Trinité. — La fabrique de porcelaine. — La nitrière artificielle. — Développement industriel de Clignancourt. — Église de Notre-Dame de Clignancourt. — Le Petit-Rampouneau. — Les bals des anciennes barrières. — Le restaurant Krautheimer. 286

CHAP. X. — La Chapelle-Saint-Denis. — Sainte-Geneviève. — Les bohémiens. — Monuments publics de la Chapelle. — Industrie locale. — Chapelle et ses amis. 286
Plan du Dix-Huitième Arrondissement.

XIXᵉ ARRONDISSEMENT. — LES BUTTES CHAUMONT.

CHAP. 1ᵉʳ. Les buttes Chaumont. — Défense de Paris en 1814. — Les élèves de l'École polytechnique. 289

CHAP. II. — Sainte-Périne de la Villette. — La maison confisquée. — Conférences de la Villette. — Le duc de Roquelaure. — Extension de la Villette. 290

CHAP. III. — La Villette en 1814. 291

CHAP. IV. — Les Anglais et les Prussiens à la Villette. — Le bassin de la Villette et les trois canaux. — Le port. — Les patineurs. — La mère Radig.

CHAP. V. — Industrie et commerce de la Villette. — Incendie du 10 août 1858. 293

CHAP. VI. — Le conseil municipal de la Villette proteste contre l'annexion. — Extraits de son Mémoire du 7 février 1859. — Exposé des motifs qui avaient déterminé les industriels à se fixer dans la banlieue. — Les dix-sept groupes d'industrie de la Villette. 294

CHAP. VII. — Église de la Villette. — L'abattoir. — Le gibet de Montfaucon. — Enguerrand de Marigny. — Sa réhabilitation. — Henri Capétal. — Gérard La Guette. — Pierre Remy. — Autres financiers au gibet. — Les deux clercs de l'Université. — Laurent Garnier. 295

CHAP. VIII. — Jean de Montagu. — Pierre des Essarts. — Semblançay. — Épigramme de Clément Marot. — L'amiral Coligny. — Visite de Catherine de Médicis et de Charles IX à Montfaucon. 297

CHAP. IX. — La grande voirie. — Les clos d'équarrissage. — Les ateliers de Montfaucon. — Les bassins. — Le dépotoir. 298

CHAP. X. — Quartier du combat. — Le combat. — Les chiens en ballon. — Le tigre et les verrats. — Le docteur Aussandon. 299

CHAP. XI. — La carrière d'Amérique. — Les moutardes. — L'église de Belleville. — Origine de cette commune. — Savie. — Première église de Belleville. — Les pénitents du tiers ordre. — La rose nommée. — Les lilas et les groseilles. 300

CHAP. XII. — Le trou Vassou. — La Courtille. — Le papa Desnoyers. — Le Coq-Hardi. — Le Sauvage. — Le Bœuf-Rouge. — Dernière descente de la Courtille. — Lord Seymour. — Les louis d'or frits dans la poêle. — Le choral de Belleville. — Couplets sur la barrière. 302
Plan du Dix-Neuvième Arrondissement.

XXᵉ ARRONDISSEMENT. — MÉNILMONTANT.

CHAP. 1ᵉʳ. — Limites du XXᵉ arrondissement. — Le haut et le bas pays. — Les justices. — Le Ratrait. — Un lac détruit. — Les boulevards extérieurs. 305

CHAP. II. — La Mairie. — L'Île d'Amour. — L'arbre clocher. — La Bibliothèque. — Le théâtre de Belleville. — Bruit de serrure. — Du canard. 306

CHAP. III. — Le parc St-Fargeau. — Michel Le Pelletier. — Robespierre contre la peine de mort. — Le télégraphe de Belleville. — Le cimetière. — Le bal du lac St-Fargeau. 308

CHAP. IV. — Haute-Borne. — Arrestation de Cartouche. — Jean-Jacques Rousseau renversé. — Bernardin de Saint-Pierre. 309

CHAP. V. — Ménilmontant. — Coup d'œil général. — Le Galant-Jardinier. — Les Barreaux-Verts. — Parallèle entre la barrière de la Courtille et celle de Ménilmontant. — La maison Favart. 310

CHAP. VI. — Charonne. — Esquisse historique. — Barrière des Amandiers. — Barrière du Père-Lachaise. — Barrière du Grand-Charonne. — Barrière du Petit-Charonne. — Barrière du Trône. — Physionomies diverses. — Église de Charonne. — Industrie et commerce. — La gare du chemin de fer de ceinture. — Les orangers de Charonne. — Les carrières. 311

CHAP. VII. — Le petit bonhomme. — Le chemin de la cloche. — La cressonnière. — La ferme de Chame. — Le chemin de ceinture. — Les deux tunnels. 314

CHAP. VIII. — Le Père-Lachaise. 315
Plan du Vingtième Arrondissement.

DICTIONNAIRE DES BESOINS USUELS. 321
DICTIONNAIRE TOPOGRAPHIQUE, HISTORIQUE ET ÉTYMOLOGIQUE DES RUES DE PARIS. 377

FIN DE LA TABLE.

Paris avant le Déluge.

HISTOIRE GÉNÉRALE DE PARIS

CHAPITRE PREMIER.

Difficultés de l'histoire de Paris. — Paris avant le déluge.

L'auteur qui veut écrire une histoire générale de Paris se trouve en face d'un obstacle difficile à vaincre; il risque à chaque instant d'empiéter sur l'histoire générale de France. La ligne de démarcation entre l'une et l'autre est comme ces frontières de convention que les voyageurs franchissent parfois à leur insu. Les destinées de la nation se sont si souvent débattues dans la capitale, que le récit des événements politiques se trouve enchevêtré avec le compte rendu du développement moral et matériel de Paris, dont la position favorable devait attirer naturellement les peuples chercheurs d'aventures, et dont les annales sont antérieures à l'histoire de France proprement dite.

Quoique les faits qui concernent Paris puissent être isolés des faits qui concernent le sol français, tel qu'une œuvre séculaire l'a constitué, il n'en est pas moins vrai que les premiers ne pourraient être à la rigueur élucidés que par l'exposé des seconds.

Que doit faire l'écrivain? Comment éviter cet embarras? Il doit déblayer le terrain, ne pas se perdre dans des considérations trop étendues, enfin élaguer ce qui ne se rapporte pas absolument à son sujet?

Il faut qu'il songe qu'il s'adresse à des lecteurs intelligents; que l'histoire de France ne leur est pas étrangère; qu'il peut dès lors sous-entendre ce qui est trop connu, soigner davantage les détails et marcher d'un pas plus ferme dans la voie spéciale qu'il s'est tracée.

Les fastes des cités ne partent pas seulement du temps où elles ont une constitution municipale. Comme tous les chiffres commencent par l'unité, ainsi les plus grandes villes débutent par un groupe de maisons; et encore n'est-ce pas là leur point de départ. L'établissement qu'on y fonde est motivé par des raisons de stratégie, de commerce ou d'industrie.

Le site de Paris, avec son fleuve navigable, ses mines de carbonate de chaux, ses fertiles terrains d'alluvion, était fait pour tenter les peuplades primitives qui, partant de l'Asie, berceau du monde, se disséminèrent sur la surface de la terre.

Avant qu'elles vinssent dans les Gaules, cette contrée, comme le reste de l'Europe, avait été bouleversée par un de ces cataclysmes épouvantables qui renouvellent la face du monde.

Pour savoir de quelle manière s'est formé le sol qu'elle occupe, la capitale n'a qu'à bâtir. Les moellons lui parlent; les couches dans lesquelles elle ouvre des tranchées lui fournissent en abondance des débris de mollusques, de poissons, de reptiles, de mammifères, non pas pêle-mêle et en désordre, mais régulièrement stratifiés dans la craie, dans le calcaire pisolithique, dans les argiles, les sables, les marnes et le gypse. Avec les matériaux extraits des entrailles de la terre, tout en construisant nos maisons, nous reconstituons les époques ultra-lointaines. Nos carrières sont de vrais puits de science.

Le sol de Paris, avant comme après le déluge, eut bien des révolutions. C'est d'abord un vaste golfe, et, pour en dessiner les contours, il faut tracer une ligne dont les points de repère sont les emplacements actuels des villes de Mantes, Dreux, Fontainebleau, Nemours, Montereau, Épernay, Laon, Compiègne et Gisors. Quelques îlots sortent çà et là du sein des flots. Une des plus importantes est celle qu'ombragent, en 1860, les bois de Bellevue, de Meudon et de Verrière. L'île oblongue qui s'étend depuis Saint-Cloud jusqu'à l'embouchure de la rivière de Mauldre, est séparée du continent par le détroit de Versailles. Les côtes, hérissées de rochers, de falaises crayeuses, bordées de bancs de sable où les tortues et les trionyx déposent leurs œufs, ont l'aspect le plus sauvage. La végétation n'existe nulle part. Les seuls habitants du golfe sont des poissons, des requins, des chéloniens, et surtout une variété infinie de mollusques, d'astéries, de bélemnites, de radiaires, de zoophytes. Quel beau port de mer ferait Paris !

Cependant la mer se retire; sur la base du calcaire marin se forment des lits d'argile, de sable, de grès. Le sol s'exhausse; une végétation luxuriante le couvre et l'enrichit; les quadrupèdes paraissent. Le palœothère, sorte de tapir aux jambes grêles, abonde depuis la porte Saint-Denis jusqu'à Pantin. La loutre guette le brochet sur le port Saint-Nicolas; le renard chasse le lapin dans la forêt du Louvre; le mosasaure, lézard gigantesque, rampe dans les vases des marais. L'anoplothère, pachyderme à poil lisse, déracine, au fond de la Seine, les plantes aquatiques; l'anthracothère, sorte d'hippopotame, se vautre entre les roseaux. Un animal du genre *canis*, mais distinct de nos chiens actuels, rôde au milieu des bois. La sarigue à queue prenante saute de branche en branche, et cache ses petits dans sa bourse abdominale, sans avoir malheureusement un Florian pour chanter ses vertus maternelles. Ces animaux inoffensifs et leurs variétés ont pour ennemis un raton gros comme un loup et d'une férocité supérieure, un carnassier du genre des genettes, un autre du genre des civettes, et les monstrueux crocodiles qui ont établi leur quartier général dans la Cité.

Tout à coup tombe du sud-est un torrent d'une largeur, d'une profondeur et d'une force incalculables. Il roule des galets, des sables, des roches, des pierres meulières, des blocs de grès, de gneiss, de granit, dont quelques-uns ont jusqu'à 12 mètres cubes. Il nous apporte aussi des animaux et des végétaux inconnus, des éléphants d'Asie, des élans d'Irlande, des troncs de palmiers ou autres arbres des pays chauds. C'est le déluge, et quand il a passé sur notre territoire, un ordre régulier s'établit, une nouvelle ère commence. Les hommes sont déjà sur les sommités de l'Asie; dans quelques milliers de siècles ils émigreront par bandes nombreuses et viendront animer nos déserts.

Si nos lecteurs doutent de la fidélité de ce tableau, qu'ils lisent Cuvier, Moreau de Jonnès, Broingnart, Alexandre Bertrand, Charles d'Orbigny, ou, ce qui vaudra mieux, ils fassent une visite au Muséum d'histoire naturelle, où ils verront de leurs propres yeux les restes de toutes les races disparues que nous avons sommairement indiquées.

CHAPITRE II.

Les Celtes. — Les Gâls. — Leur religion. — Les druides. — Organisation du druidisme. — Les trois cycles. — Les trois qualités.

Les peuples dont les civilisations autochthones ont mis en valeur les pentes de l'Himalaya, chassés de leurs terres natales par des révolutions intérieures, envoyaient les premiers des colonies en Europe. Ceux qui paraissent avant tous sur le sol des Gaules sont les Celtes, *Kelt* ou *Keltaich*, dont le nom implique l'idée d'hommes habitant sous des tentes. Quand ils se fixent et renoncent à la vie nomade, ils s'appellent Gâls, d'un mot qui signifie pays cultivé. C'est Pausanias qui nous l'affirme dans le livre Ier de ses *Attiques*, et la philologie vient à l'appui de son opinion. Dans les parties de la Grande-Bretagne où s'est conservée la langue gaélique, on se sert du mot *celtiaid* pour désigner les pays que hantent les pâtres et les chasseurs, et du mot *gwal*, pour dire terre labourée.

Les Gâls se partageaient en tribus, subdivisées en clans, dont les chefs nous apparaissent sous deux faces distinctes. En qualité de *tierns*, de *khlan-kinnidhs* (pères du clan), ils font observer la justice et maintiennent les bases de la société civile. Autour d'eux se groupent les *ambachts*, clients ou serviteurs, véritables vassaux de cette féodalité patriarcale. Quand un chef de clan commande les armées, il prend le titre de *brenn* (généralissime), et ses clients s'appellent *soldurs*. Ces deux pouvoirs étaient-ils séparés ou confondus, indépendants l'un de l'autre ou hiérarchisés? Reconnaissait-on dans les Gaules quelques principes analogues au *cedant arma togæ*? Problèmes insolubles, faute de documents!

Les Gâls, comme la plupart des peuples de l'antiquité, admettaient un dieu supérieur et des divinités secondaires dans lesquelles étaient personnifiées toutes les forces de la nature. Heuz (en latin *Æsus*) était le tout-puissant, le grand inconnu, le grand invisible, le père de la vie universelle. Au-dessous de lui s'échelonnaient des dieux et des déesses qui ne sont point sans analogie avec ceux de la Grèce : Héol ou Belen, le soleil; Volcan, le dieu du feu terrestre; Taran, que Lucain cite dans le premier livre de la *Pharsale*, et dont le nom signifie tonnerre, en bas-breton. Math Hert était la terre, la grande mère, de laquelle dépendaient le dieu des Pyrénées, le dieu Gothar; le dieu Vogèse; la déesse Onuava, qui dirigeait le cours des eaux; la déesse Ardwen, qui protégeait les chasseurs dans le labyrinthe des grands bois. Les Gâls comptaient encore parmi leurs divinités : Camun, dieu de la guerre; Audart, déesse de la victoire; Ogmi (la puissante bouche), dieu de l'éloquence; Merzen, dieu des arts industriels. Ils attribuaient leur système théologique à Teutat, le père des hommes, le révélateur de toutes les sciences. Leur religion était en somme tout aussi poétique que celle des Grecs; mais, pour se perpétuer après avoir disparu, il lui a manqué d'être vivifiée par les beaux-arts.

Quant à leur culte, ils en célébraient les fêtes principales aux grandes époques indiquées par le retour périodique des saisons. Sur le chêne consacré à Heuz, ils cueillaient le gui toujours vert, symbole d'incorruptibilité. Au solstice d'hiver, ils s'enivraient de cervoise et d'hydromel en l'honneur de Belen, et se travestissaient avec des peaux de bêtes. Ils sacrifiaient au pied des menhirs (pierres levées) ou sur les dolmens (tables de pierre) les prisonniers de guerre, les étrangers et les criminels.

La religion des Gâls ne reçut son organisation définitive qu'environ sept siècles avant l'ère chrétienne. Des peuplades sortirent de la haute Asie, s'arrêtèrent sur les bords du Pont-Euxin et des Palus-Méotides, et en chassèrent les Kimris. Ceux-ci remontèrent le Danube, descendirent ensuite le Rhin, et envahirent la Gaule par le nord. Leur chef, Hu-Cadarn (le magicien puissant), à la fois prêtre, pontife, législateur et général, fut l'organisateur du druidisme.

Le druidisme serait difficile à reconstruire, si l'on n'avait que les documents indigènes; mais comme il s'est étendu en Irlande et en Angleterre, qu'il y a laissé des traces profondes, que l'on parle encore la langue kimrique dans le pays de Galles, on est autorisé à recueillir au delà de la Manche des preuves à l'appui des renseignements que nous possédons sur les croyances de nos pères.

Druide dérive-t-il de *di-rhond* (qui parle de Dieu), ou de *deru-wydd* (gui de chêne)? Les deux étymologies sont peut-être simultanément vraies; le gui ne devint peut-être sacré que parce que son nom rappelait celui du prêtre à l'esprit des fidèles. Théologiens par excellence, législateurs et juges, les druides avaient pour auxiliaires les *vates*, ministres du culte, et les bardes, poètes dont les chants célébraient les dieux et les guerriers. Il y avait des druides, des vates, des bardes du sexe féminin, et à la tête du clergé était placé un grand pontife élu à vie, comme l'est aujourd'hui le chef du catholicisme. M. Gatien Arnoult, dans son *Histoire de la Philosophie en France*, pense que le corps des druides se recrutait dans toutes les classes de la société, et que l'entrée n'en était refusée à personne. Où en est la preuve? « Quand le souverain pontife était mort, disent les *Commentaires* de César, on lui donne pour successeur le plus élevé en dignité des survivants (*si quis ex reliquis excellit dignitate*). » Ce passage établit à la rigueur que la papauté druidique était élective; mais, venus d'un pays où le système des castes était en vigueur, les druides auraient-ils innové à leur préjudice? Ils n'auraient pas été prêtres.

Quoique l'autorité des *Commentaires* soit respectable, ils demandent à être étudiés avec discernement. Helvétius y a lu que la communauté des femmes était admise chez les Gaulois, et le texte cité ne s'applique qu'à certaines peuplades de la Grande-Bretagne. M. Amédée Thierry y a lu que les Gaulois ne semaient point de blé (*frumenta non serunt*), et ce sont ces mêmes peuplades dont le texte cité fait mention. M. Ampère y a lu que les magistrats gaulois assignaient annuellement à des associations un lot de la terre possédée en commun, et le texte cité signale cet usage comme existant chez les Germains.

La Rome du druidisme était Dreux (*Durocasses*), la terre du milieu), le centre religieux du monde, la demeure des forts et des savants. Là se réunissaient en collège les dépositaires de la doctrine ésotérique, ceux qui connaissaient le sens des mythes jetés là comme pâture à un peuple grossier et avide de merveilleux. Là on s'occupait médiocrement d'Héol, de Volkan et même d'Æsus. Dieu est pour les initiés l'infini en puissance, en intelligence et en amour. Ce qu'il accomplit est parfaitement nécessaire et parfaitement beau. Seul, il est incréé. Les êtres auxquels il a daigné accorder la vie sont perpétuellement soutenus par lui, et appelés à se transformer graduellement depuis le dernier degré de l'existence jusqu'au plus élevé.

Dans le premier cercle (*cylch y ceugant*), la région du vide, il n'y a rien de vivant ni de mort.

Dans le second cercle (*cylch y'r abred*), dont le nom signifie littéralement *errer*, les êtres naissent avec un principe de spontanéité, l'*awen*, qui doit avoir la même étymologie que le mot sanscrit *avenna* (mouvement). Ils sont doués de mémoire et de perception; leurs premiers pas sont embarrassés; ils penchent vers l'abîme d'où ils sortent à peine, et où cherchent à les pousser les génies du mal, *cythraut* (l'obstacle), *diaful* (le calomniateur), *drwg* (le malin); mais l'homme, par l'énergie et la liberté, triomphe de ces redoutables adversaires, et acquiert la connaissance de toutes choses, le savoir, le vouloir et le pouvoir. S'il manque de la force nécessaire pour se développer moralement et intellectuellement, il descend au lieu de monter. L'orgueil, le mensonge, l'absence de charité, le ravalent au niveau de la brute; la vertu, au contraire, l'introduit dans le cercle de *gwynfid* (l'heureux monde). Il est alors disposé à la transmigration, affranchi de l'obscurité, de l'erreur et de la mort; il n'éprouve plus de besoins; il comprend la cause et le mode d'action de toutes les créatures; il jouit de trois qualités supérieures : l'instruction, la beauté et le repos.

« Trois choses diminuent continuellement : l'obscurité, l'erreur et la mort.

« Trois choses s'accroissent continuellement : le feu ou la lumière, l'intelligence de la vérité, l'esprit ou la vie. Ces trois choses finiront par prévaloir sur toutes les autres, et alors Abred sera détruit. »

Ainsi la théorie du progrès universel est formulée par les druides de l'île de Bretagne, les plus orthodoxes de tous, ceux près desquels, suivant César, les prêtres gaulois allaient compléter leurs études (*discendi causâ*). Leur philosophie, comme on le voit, ne manquait ni d'élévation ni de logique.

CHAPITRE III.

Les Belges. — Alliance des Sénones et des Parisiens. — Recherche d'une capitale. — Origine du nom de Lutèce. — Les sept îlots de la Seine.

Parmi les sectateurs des druides, dans la grande nation des Kimris, figuraient au premier rang les Belges, dont le nom veut dire *guerrier*. C'étaient des sauvages, demi-nus, tatoués, armés de masses et de flèches à pointe de silex. Ils laissaient flotter sur leurs épaules leurs longs cheveux, qu'ils relevaient parfois en touffes au sommet de la tête. Ardents à la guerre, implacables dans leurs vengeances, ils massacraient leurs prisonniers, suspendaient des têtes au poitrail de leurs chevaux, et buvaient dans le crâne de leurs ennemis. Quelques centaines d'années avant Jésus-Christ, ces Belges passèrent le Rhin, et un de leurs détachements fit alliance avec la tribu gauloise des Sénones, dont il obtint l'autorisation de s'établir sur les rives de l'Oise, en latin *Esia*. Les Belges prirent alors, du moins dans ces parages, le nom de Parisiens, qui signifie habitants des bords de l'Oise. L'accommodement avec les anciens propriétaires du sol ne précéda pas de beaucoup l'invasion des Gaules par les Romains, et César dit que des vieillards qu'il a consultés en avaient encore le souvenir. (*Confines erant Parisii Senonibus, civitatemque, patrum memoriâ, conjunxerant.* — De Bello gallico, lib. 6, cap. 3.)

Le territoire concédé aux Parisiens n'était pas de très-grande dimension. Pontoise, qui est situé sur la rive droite de l'Oise, était resté aux Sénones, dont les possessions bornaient celles des Parisiens à l'orient et au midi. Au sud et à l'ouest étaient établis les Carnutes, dont la race druidique vénérait, quoique les prêtres de l'Armorique et du pays de Galles eussent acquis un immense crédit. A l'est étaient, outre les Sénones, les Meldes, dont Meaux était la capitale ; au nord, les Silvanectes, dont le chef-lieu était Senlis. Après avoir fixé, par des traités, les frontières du domaine qui leur était octroyé, les Parisiens se mirent en quête d'une capitale.

350 ans avant Jésus-Christ, sept îles se suivaient dans la partie de la Seine comprise aujourd'hui entre le pont d'Austerlitz et le pont des Arts ; dans l'ignorance de leurs appellations primitives, nous sommes forcés d'employer celles qui leur ont été attribuées bien longtemps après. La première île était l'île Louviers, séparée de la terre ferme par un étroit chenal, qui a été comblé en 1845.

L'île que nous nommons Saint-Louis était coupée en trois morceaux. L'île Notre-Dame s'arrêtait rue du Harlay. Une sixième île, qu'on nomma l'île du Passeur-aux-Vaches ou de Bucy, fut réunie à la précédente à l'époque où l'on bâtit la place Dauphine. Une septième île de grande dimension, après avoir été longtemps couverte de vignes, ce qui la faisait surnommer l'Île-aux-Treilles, a été exhaussée en partie pour devenir le terre-plein du Pont-Neuf, tandis que la pointe inférieure était convertie en jardin.

Sur ces sept îles, les Parisiens fondèrent Lutèce. Évidemment ce n'est pas ainsi qu'ils l'écrivaient ni prononçaient le nom de leur capitale, mais les peuples avaient dès lors la triste habitude de rendre méconnaissables les noms des localités étrangères. Cette habitude, ils l'ont conservée; le Coeln des Allemands est pour nous Cologne; le Firenze des Italiens, Florence. Dans nos livres et dans notre conversation Aachen devient Aix-la-Chapelle, Venezia Venise, London Londres. De Livorno la langue française a fait Livourne, et la langue anglaise Leghorn. Si l'on parlait à un paysan hollandais de La Haye, il lui serait impossible de deviner qu'il s'agit de la ville qu'il appelle Gravenhage, en allemand der Haag. Une altération analogue dénature le nom indigène de Lutèce, qui n'est arrivé jusqu'à nous que traduit en grec ou en latin.

César et Ammien-Marcellin écrivent *Lutetia*; Strabon, Λουκοτοκία; Ptolémée, Λουκοταχία; Julien, dans le *Misopogon*, Λουκετία; d'autres, *Lucotecia* et *Lucototia*.

Un savant bénédictin de la congrégation de Saint-Maur, dom Toussaint du Plessis, conjecture que ces noms sont dérivés du celtique *leug-tec* (belle pierre), à cause des facilités que l'abondance des carrières offrent à l'édification d'une ville; il oublie que les Parisiens ne bâtissaient qu'en bois. Plus vraisemblablement, Lutèce vient de *luth* (eau), *thoueze* (milieu), et *y* (demeure).

CHAPITRE IV.

Paris sous les Romains.

Il est facile de nous représenter cette ville primitive; elle n'avait point de rues tracées; ses habitations étaient des huttes en bois et en chaume, de forme conique. Les cheminées y étaient complètement inconnues, et pendant l'hiver, qui est parfois rigoureux, les habitants se chauffaient avec des fourneaux. La connaissance que nous avons acquise du culte des Gaulois nous permet d'avancer qu'il n'y avait point de temple dans la ville. C'était dans les forêts voisines qu'ils célébraient leurs fêtes religieuses, et peut-être doit-on voir des menhirs ou des dolmens dans les mots de Haute-Borne, localité qui touchait à Ménilmontant, et de Pierre-Fitte, village des environs. Les débris d'un dolmen de grande dimension ont été d'ailleurs trouvés à Meudon.

Les habitants de Lutèce prospéraient par le commerce; leurs embarcations montaient et descendaient la Seine, et transportaient principalement les produits agricoles de ces fertiles contrées. La guerre vint les troubler dans leurs paisibles occupations. 53 ans avant Jésus-Christ, César avait entrepris la conquête des Gaules, et comme il n'avait pas assez de forces pour imposer le joug romain par la violence, il avait eu l'idée de diviser pour régner. Il demandait aux tribus qui composaient la confédération gauloise des renforts pour combattre les peuples qu'il avait déjà soumis; les Sénones et les Carnutes, c'est-à-dire les peuples de Sens et de Chartres, lui refusèrent leur concours. Les Parisiens étant restés neutres, César convoqua à Lutèce les *tiers* et les *brenns* des tribus récalcitrantes, et les détermina à lui fournir des chevaux. Quand il se fut éloigné, une réaction s'opéra dans la population qu'il avait crue domptée, et une insurrection formidable éclata. Occupé lui-même en Auvergne, César chargea son lieutenant Labiénus de soumettre les Parisiens. Ceux-ci confièrent le commandement à un vieux brenn expérimenté, dont le véritable nom nous est inconnu, mais que les écrivains romains désignent sous celui de Camulogène.

Les légions romaines, sous les ordres de Labiénus, partirent de Sens et marchèrent sur Lutèce. Elles trouvèrent les Parisiens retranchés sur la rive gauche de la Seine, derrière les marais impraticables de l'embouchure de la Bièvre. Dans l'impossibilité de franchir cette barrière naturelle, Labiénus se retira sur Melun; de là il passa sur la rive gauche de la Seine, et divisa ses cohortes en deux parties, dont l'une allait à pied et dont l'autre était distribuée dans cinquante barques, conquises sur les Gaulois. Arrivé en face de Lutèce, à l'endroit où est aujourd'hui la place du Châtelet, Labiénus aperçut dans les îles de Lutèce de nombreux combattants qui l'attendaient de pied ferme. Camulogène, précurseur de Rostopchine, avait brûlé le misérable pont de bois qui réunissait les deux rives, et toutes les cabanes qui pouvaient nuire au développement de ses bataillons. Que fit Labiénus ? Il ordonna à cinq cohortes de remonter ostensiblement le fleuve, et, pendant la nuit, dirigeant le gros de ses troupes en aval, il repassa la Seine au pied des hauteurs de Chaillot, et fondit à l'improviste sur les Parisiens, qui furent complétement défaits. Le vieux Camulogène périt sur le champ de bataille.

Cet échec n'empêcha pas les Parisiens de fournir un contingent de deux mille hommes à l'armée qui se forma pour défendre l'importante ville d'Alésia.

A la fin de cette guerre effroyable, où, suivant Plutarque, un tiers de la population fut massacré et un autre tiers emmené en esclavage, les Parisiens furent incorporés dans la province lyonnaise des Sénones (*provinciam lugdunensis senoniam*). Ils furent gouvernés par un président (*præses*). A Lutèce résidaient aussi un juge romain, un défenseur (*defensor civitatis*), et le préfet d'une flotte, organisée à Andresy, et que la notice de l'empire, publiée sous Honorius, désigne ainsi : *Præfectus classis Anderectanorum, Parisiis*.

Des Sarmates, vaincus par les Romains, avaient été transportés des bords du Tanaïs sur ceux de la Seine, et leurs maîtres leur avaient donné à défricher des terres situées aux environs d'une ville nommée Chora. Le nom de cette localité se retrouve dans celui de la Cure, rivière qui en baignait les murs. Les Sarmates, dont l'exploitation agricole s'étendait au loin, étaient placés sous la surveillance d'un préfet, qui habitait Paris.

Sous la domination romaine, la Gaule était divisée en cités ou pagus (*civitates* ou *pagi*). Peu à peu, les appellations primitives des chefs-lieux disparurent, et ils ne furent plus connus que sous celles des peuplades qui les habitaient. La ville principale des Parisiens ne fut plus Lutèce; ce fut Paris. Ainsi les Cénomans ont laissé leur nom au Mans, les Andes à Angers, les Turones à Tours, les Meldes à Meaux, les Carnutes à Chartres, les Lémovices à Limoges, les Bituriges à Bourges, les Ambiens à Amiens, les Atrébates à Arras, les Bajocasses à Bayeux, les Abrincatuis à Avranches, les Pictones au Poitou, les Lectorates à Lectoure, les Cadurces à Cahors, les Agesinates à Agen, etc. Le nom de Lutèce ne tarda pas à disparaître pour faire place à celui de Paris.

Lutèce, ou Paris, changea de face ; au centre de l'île principale fut établi un marché ; à l'extrémité orientale, les *nautes* parisiens, qui formaient une corporation puissante, élevèrent, sous le règne de Tibère, un autel à Jupiter. C'est un cube de pierre d'un mètre de haut sur cent cinquante centimètres de long, la face principale porte la dédicace, et les autres sont décorées de bas-reliefs très-frustes, qui semblent représenter une procession. On distingue sur la frise ces lettres à demi-effacées : EVRISES SENANI V I L OM. Ces mots, complets ou abrégés, doivent désigner des peuples voisins. Les habitants d'Évreux, les Sénones, les Meldes et les Véllocasses, dont la capitale était Rouen. Avec cet autel furent découvertes, sous le chœur de Notre-Dame de Paris, le 16 mars 1711, huit autres pierres sculptées, où l'on remarque un bizarre mélange des divinités gauloises et romaines. Sur les quatre faces d'un second autel sont réunis : Castor, Pollux, une espèce d'Hercule terrassant un serpent, et un vieillard chauve, dont le front est surmonté de cornes fourchues, porte au-dessus de la tête le mot CERNVNNOS. Peut-être n'est-il autre qu'Æsus, désigné sous un de ses surnoms, *Kernunnos* (l'excellent maître).

Sur un troisième autel, on voit Jupiter avec son aigle, Æsus, cueillant le gui sacré, Vulcain, et un taureau qui porte une grue sur la tête et deux autres sur le dos. Ce bas-relief porte : TARVOS TRIGARANOS (le taureau aux trois grues). Dans toutes les religions antiques le taureau était un animal sacré. Quant aux grues on les considérait comme le symbole du courage.

On trouva en même temps une pierre d'autel, dont le centre creux était rempli de charbon et d'encens, et une table de sacrifice, avec une rigole destinée à l'écoulement du sang des victimes.

A l'extrémité occidentale de la Cité étaient quelques habitations de fonctionnaires. On a déterré de ce côté, au mois d'août 1784, un cippe dont les figures ont plus d'un mètre de hauteur ; elles représentent Mercure ; une déesse, qu'on croit être Maïa ; un génie de la navigation, et un jeune homme portant des ailes à la tête et aux épaules, qui tient un disque et qui pose le pied droit sur un gradin, comme pour prendre son vol; on suppose que c'est l'image du soleil.

Près de l'emplacement actuel du quai aux Fleurs était la prison de Glaucin (*Carcer Glaucini*). En face, sur la rive droite, qu'un pont de bois grossier reliait à l'île, s'élevait le forum. Des bâtiments étendus couvraient le jardin du Palais-Royal.

Quand la place Louis XV fut formée, les travaux faits en 1763 amenèrent la découverte des débris d'un acqueduc, qui partait de Chaillot, et qui, prolongé en ligne droite, devait aboutir au Palais-Royal. Dans le jardin de ce palais, lorsqu'on jeta les fondements des galeries, on déterra deux bassins de construction romaine. Le premier, qui gisait à trois pieds au-dessous du sol, et à l'extrémité méridionale du jardin, présentait un carré de vingt pieds de dimension sur ses quatre côtés. Au même endroit furent trouvées les médailles d'Aurélien, de Dioclétien, de Posthume, de Maxence, de Crispe, de Valentinien Ier ; ce qui semble indiquer une construction qui ne remonte pas au delà du quatrième siècle.

Le second bassin, beaucoup plus vaste que le premier, et trouvé dans la partie septentrionale du même jardin, s'étendait à 1 mètre 60 centimètres sous terre, depuis le point de la galerie où est situé le café de Foi, jusqu'au passage de Radzivill.

En 1751, les ouvriers qui bâtissaient une écurie, rue Vivienne, trouvèrent :

1° Huit fragments de marbre ornés de bas-reliefs qui représentent, entre autres sujets, un homme à demi couché sur un lit et un esclave portant un plat; Bacchus et Ariane; une prêtresse rendant les oracles, et un homme qui les écrit dans un livre; un repas de trois convives couchés sur des lits, et encore un esclave portant un plat, etc. M. de Caylus, qui a publié la gravure et donné la description de ces fragments, dans le tome II de son *Recueil d'antiquités*, ne doute point qu'ils n'appartiennent à des tombeaux ; et, en effet, il n'est point de sujets plus souvent répétés sur les cippes et les sarcophages qui nous sont restés de l'antiquité, que l'histoire symbolique de Bacchus et ces repas funèbres que l'on faisait en l'honneur des morts.

2° Un cippe cinéraire en marbre, dont la face principale est ornée d'une guirlande de fleurs et de fruits, et que soutiennent deux têtes de bélier. L'inscription placée au-dessous de ce feston nous apprend que *Pithusa* a fait exécuter ce monument pour sa fille *Ampudia Amanda*, morte à l'âge de dix-sept ans.

3° Un couvercle de marbre, richement orné de sculptures, qui a dû appartenir à un autre cippe d'une plus grande dimension que le précédent.

Près de là fut découvert, en 1806, un nouveau monument sépulcral : c'est un coffre aux angles duquel des têtes de bélier soutiennent des festons de fleurs et de fruits ; décoration banale, et que les Romains employaient à toute occasion. Quatre aigles aux ailes éployées occupent la partie inférieure des quatre angles, et sur le feston de la face principale où est gravée l'inscription, est sculptée une biche dont un autre aigle déchire le dos. Nous apprenons par cette inscription que *Chrestus*, affranchi, a fait ériger ce monument à son patron *Nonius Junius Epigonus*. Les autres faces offrent, au-dessous de chaque feston, une plante, une patère et une aiguière ou *præfericulum*. Dans une autre partie de la même rue furent trouvés une épée de bronze, des fragments de poterie et deux poids antiques en verre. L'an 1618, un jardinier, qui remuait le sol à l'endroit où donne actuellement une façade de la Bibliothèque, y ramassa neuf cuirasses, dont les formes arrondies, relevées en bosse de chaque côté du sternum, indiquaient clairement qu'elles avaient été fabriquées pour des femmes! Quelles étaient ces héroïnes? C'est ce que personne ne saurait dire.

Sur la butte Montmartre étaient élevés des temples, et au bas une maison, où un aqueduc amenait les eaux de la fontaine du Buc.

Près de Saint-Eustache on a découvert la tête colossale d'une statue de Cybèle, avec une tour hexagonale sur le front.

Derrière l'Hôtel de Ville actuel, au nord de l'église de Saint-Gervais, ont été découverts des tombeaux, en assez grand nombre pour attester l'existence d'un vaste cimetière.

La rive gauche n'était pas moins peuplée. Les versants du mont Leucotitius étaient couverts par les constructions du palais des Thermes, qu'on suppose avoir eu pour fondateur Flavius-Valérius-Constantius Chlorus, qui fut associé à l'empire en l'an 292, et qui eut en partage le gouvernement des Gaules, de l'Espagne et de la Grande-Bretagne. Un camp romain occupait l'emplacement du Luxembourg; des arènes étaient à mi-côte sur le versant oriental de la montagne; çà et là, aux environs, étaient disséminées des tombes. Une grande maison, ornée de bas-reliefs en marbre blanc, se mirait dans les eaux de la Seine, au quai de la Tournelle.

De vieilles chartes relatives à l'abbaye de Saint-Germain des Prés disent qu'elle fut bâtie sur l'emplacement d'un ancien temple d'Isis, et l'on ajoute que le cardinal Guillaume Briçonnet fit détruire une vieille idole de cette déesse. Plusieurs savants ont prétendu qu'Isis n'avait jamais eu de temple dans les Gaules. Toutefois, suivant d'antiques traditions, un temple d'Isis existait dans l'île de Melun, et à Issy, près Paris. Il n'est nullement invraisemblable que les Gaulois, comme le prétendent Plutarque et Apulée, aient rendu hommage à cette déesse égyptienne, dont les attributions sont ainsi décrites dans le livre XI des *Métamorphoses* de ce dernier auteur : « Voici la nature, mère de toutes choses, souveraine de tous les éléments, origine des siècles, première des divinités! C'est moi qui suis la reine des mânes, la plus ancienne habitante des cieux, l'image uniforme des dieux et des déesses! Les voûtes éclatantes du ciel, les brises salutaires de la mer, le déplorable silence des enfers, reconnaissent mon pouvoir absolu. Je suis la seule divinité révérée sous plusieurs formes, sous différents noms, avec diverses cérémonies, par l'univers entier. »

Peu à peu les dieux gaulois, romains ou égyptiens, firent place au dieu de l'Évangile, que saint Denis vint prêcher, vers l'an 245, avec le prêtre Rustique et le diacre Éleuthère. Son histoire est peu connue. Grégoire de Tours est le premier qui en parle et qui prétend que sept évêques furent simultanément envoyés dans les Gaules : Grotius, à Tours; Saturnien, à Toulouse; Paul, à Narbonne; Stréminus, à Clermont; Martial, à Limoges; Trophime, à Arles; Dionysius, à Paris. Il ajoute que ce dernier évêque des Parisiens, plein de zèle pour le nom du Christ, souffrit diverses peines, et qu'un glaive cruel l'arracha de cette vie.

Les actes de saint Saturnien, dont Grégoire de Tours invoque le témoignage, ne font aucune mention des évêques envoyés dans les Gaules. La biographie du premier apôtre de Paris n'a été écrite qu'au VIIIe siècle, et l'auteur a soin de prévenir ses lecteurs qu'il se borne à recueillir des traditions populaires. Il cite le nom du juge romain qui condamna les trois martyrs : c'était le préfet *Sisinnius Fescenninus*. Il ordonna de jeter les cadavres dans la Seine; mais une dame romaine, nommée Catulla, qui cependant n'était pas encore convertie, les fit chercher pendant la nuit et inhumer dans un lieu nommé Catolocus. On sema du blé sur la place, et lorsque la persécution fut apaisée, les trois corps furent déposés dans un tombeau.

Le christianisme se développa lentement; ce furent toutefois ses conséquences pratiques que poursuivirent par les armes, en l'an 280, les Parisiens opprimés. Ils payaient à l'empire un tribut onéreux; leurs terres étaient livrées à titre de bénéfices, c'est-à-dire de fiefs non héréditaires aux soldats romains. Les colons et les esclaves de Paris et de Meaux formèrent une ligue, qui fut appelée en celtique *bagad* (assemblée tumultueuse). Les chefs de l'insurrection furent deux chrétiens : Salvianus Amandus et Lucius-Pomponius Ælianus. Ils furent proclamés empereurs et promenés sur un bouclier, non loin de de l'Hôtel de Ville de nos jours, comme pour préluder aux nombreuses révolutions populaires qui devaient s'accomplir là.

La porte Baudoyer, qui était située de ce côté, s'appelait primitivement porte Bagaude (*porta Bagauda*), et c'est sans doute en mémoire de ce mouvement populaire que l'on disait proverbialement : *les badauds de Paris*.

La loi romaine interdisait aux particuliers de porter des manteaux de pourpre, insigne réservé aux empereurs. Les insurgés coururent au temple d'Isis et déchirèrent en deux le voile du sanctuaire pour revêtir leurs chefs. Ils s'emparèrent ensuite d'une forteresse, bâtie par les Romains sur les bords de la Marne, et qui fut longtemps connue sous la dénomination de *Château des Bagaudes*. Les deux empereurs s'y retranchèrent et y attendirent Maximien Hercule, associé de Dioclétien à l'empire, et qui s'avançait avec des forces considérables. Les nautes parisiens avaient fourni les embarcations; tous les hommes valides des populations riveraines de la Seine, de la Marne et de la Loire, avaient établi autour du château des Bagaudes un camp entouré de fortes poutres, dont les interstices étaient remplis de terre et de cailloux. Les combattants étaient armés de flèches et de frondes, et protégés par des boucliers d'osier.

Maximien Hercule amenait avec lui des légions d'Asie et toutes les troupes des quatre provinces lyonnaises. Les Bagaudes se défendirent avec acharnement pendant un jour entier; mais le nombre les accabla, Maximien décida la victoire en guidant à l'assaut les cohortes prétoriennes. Il était à cheval, couvert de la pourpre impériale, couronné du bandeau et portant au bras gauche un armilla d'or. Les insurgés furent presque tous massacrés. Ælianus et Amandus, faits prisonniers les armes à la main, furent pendus aux arbres de la route.

Ce fut le dernier effort de la nationalité gauloise, et Paris demeura soumis aux Romains. Julien l'Apostat y résida pendant plusieurs années et y fut proclamé empereur. Il avait réuni autour de lui, dans le palais des Thermes, quelques savants, dont le plus connu est son médecin Oribase.

Julien, dans son *Misopogon*, décrit avec enthousiasme le site de Lutèce, ses vignes et ses figuiers, que des paillassons protégeaient contre la rigueur du froid. Il met bien au-dessus des mœurs d'Antioche, qu'il habitait précédemment, celles de Lutèce, dont les habitants ne connaissaient ni l'insolence, ni l'obscénité, ni les danses lascives. S'ils rendent hommage à Vénus, c'est parce qu'ils considèrent cette déesse comme présidant au mariage; s'ils adorent Bacchus et usent largement de ses dons, ce dieu est pour eux le père de la joie, qui, avec Vénus, contribue à procurer une nombreuse progéniture.

L'empereur Valentinien 1er était à Paris pendant l'hiver de 365; son fils Gratien y vint en 379 et y organisa une expédition pour chasser des Gaules les Allemands. Quelques années plus tard, il partit de Paris pour marcher à la rencontre de Maxime, qui avait usurpé l'empire; mais il fut massacré. On peut dire qu'avec lui finit la domination romaine sur les bords de la Seine. Les Parisiens entrèrent dans la confédération armoricaine, et, à partir de cette époque, on les voit agir isolément contre les invasions toujours croissantes des barbares.

Le christianisme s'était rapidement développé à Paris, dont les évêques commencèrent à jouir d'une certaine influence. Victorin assista au concile de Cologne en l'an 346. Paul fut, en 360, membre d'un concile qui se tint à Paris, et dont les canons affirmèrent la divinité de Jésus-Christ, en condamnant l'opinion contraire des ariens. Prudentius fit bâtir à la pointe de la Cité une première église, dédiée à Notre-Dame : des débris en ont été retrouvés en 1847, dans des fouilles pratiquées sur le parvis pour la construction d'un égout. C'était une basilique sans transsept, dont le toit était soutenu par des colonnes de marbre, et le pavé décoré de mosaïques.

Suivant une vieille légende, saint Marcel, évêque de Paris,

mort le 1er novembre 446, délivra la ville d'un dragon monstrueux. Dans la vieille église collégiale qui lui avait été consacrée, on voyait même, suspendu à la voûte, ce fantastique animal; c'était tout simplement un cétacé auquel on avait ajouté des cornes. La légende ne doit pas sans doute être prise à la lettre, et par le dragon qu'anéantit le prélat il faut entendre le paganisme, dont il détruisit les derniers vestiges.

Au-dessus des évêques est placée dans la mémoire des Parisiens sainte Geneviève, qu'ils ont choisie pour patronne; elle était née à Nanterre en 422; son père se nommait Severus et sa mère Geroutia. Malgré la tradition qui en fait une bergère, l'auteur de ses actes, qui écrivait seulement dix-huit ans après elle, prouve, par tous les détails qu'il donne, qu'elle appartenait à une famille aisée. Saint Germain d'Auxerre entendit parler des vertus précoces de la jeune fille, et en lui remettant une médaille de cuivre où la croix était empreinte : « Ne souffrez pas, dit-il, que votre cou ou vos doigts soient chargés d'or, d'argent ou de pierreries; car si vous avez la moindre parure du siècle, vous serez privée des ornements éternels. »

Plus tard, Geneviève se consacra solennellement à Dieu, au pied des autels, par-devant Villicus, successeur de saint Marcel.

Attila, konong ou roi des Huns, ravageait les Gaules, et l'apparition de quelques détachements de ces troupes barbares jeta la consternation parmi les Parisiens; ne se croyant pas en sûreté dans leur île, ils se mirent à embarquer précipitamment leurs meubles et leurs trésors pour tâcher de les soustraire à la rapacité de l'ennemi.

Les hommes les plus vaillants étaient consternés et ne songeaient pas un seul instant à la résistance. Geneviève assembla les femmes et les exhorta à employer toute leur influence pour empêcher l'abandon de la cité pure et sans tache, où jamais ennemi du Christ n'avait pénétré; elle les persuada aisément, et elles prièrent Dieu avec elle, afin qu'il réveillât la foi et le patriotisme éteints dans le cœur de leurs frères ou de leurs époux. Dans l'intérieur de leurs demeures, elles reprochaient aux hommes leur pusillanimité et leur faiblesse. Leurs efforts furent vains et ne firent qu'irriter les Parisiens contre Geneviève. Elle essaya inutilement de les arrêter. « Pourquoi fuyez-vous? leur disait-elle; celui qui dit à la mer : *Sépare tes flots*, et au Jourdain : *Remonte vers ta source*, ne saura-t-il pas élever une digue entre vous et le torrent? Votre ville sera conservée, et celle où vous voulez vous retirer sera pillée et saccagée par les barbares; ayez confiance en Dieu; implorez son secours, et ne trahissez pas par votre fuite la cause du ciel et de la patrie. »

Quelques-uns se laissèrent entraîner par ces paroles; mais la multitude l'accabla d'outrages, l'appelant fausse prophétesse et sorcière. « Elle veut notre ruine, disait l'un; elle endort par ses maléfices les meilleurs citoyens », disait l'autre. Aux murmures succédaient les vociférations : « A la Seine! criait-on; à la Seine l'hypocrite! Qu'elle soit punie de ses mensonges! »

Au moment où Geneviève semblait avoir tout à craindre, elle fut sauvée par l'armée de l'archidiacre d'Auxerre, dont l'évêque, saint Germain, venait de mourir. Ce saint homme avait toujours eu pour les vertus de Geneviève une vénération profonde. Il lui avait légué par testament des eulogies (présents de choses bénies en signe d'union et d'amitié), que l'archidiacre était chargé de lui remettre.

Cette circonstance changea le cœur des Parisiens, ils renoncèrent à leurs mauvais desseins et résolurent d'écouter les conseils de Geneviève et ceux de l'archidiacre. Les voyant disposés à une vigoureuse défense, les Huns décampèrent en une seule nuit et se jetèrent sur d'autres parties de la Gaule. Quand on vit l'événement confirmer la prédiction de Geneviève, le mépris qu'on avait pour elle fit place à une si grande estime, qu'on ne voulait plus rien entreprendre sans son avis. Quelques historiens croient que la retraite d'Attila fut déterminée par une démarche personnelle de la sainte, qui n'hésita pas à aller à la rencontre du Fléau de Dieu.

En 475, s'il faut en croire l'auteur de la *Vie de sainte Geneviève*, les Franks établirent autour de Paris un blocus qui dura cinq ans! *Tempore quo obsidio Parisiis, qui quinque per annos, ut aiunt, perpessa est a Francis*. C'est le seul historien qui mentionne ce siège, et encore ne le rapporte-t-il que sur un ouï-dire (*ut aiunt*). Le fait est donc douteux; mais il est admissible que la proximité des hordes franques, la terreur qu'elles inspiraient, les ravages qu'elles exerçaient dans les campagnes, les entraves qu'elles apportèrent aux relations furent les causes de la famine dont eurent à souffrir les Parisiens; elle fut telle que les pauvres tombaient morts dans les rues. Geneviève, émue de compassion, s'embarqua sur la Seine avec quelques compagnes dévouées : elle remonta jusqu'à Troyes, d'où elle se rendit à Arcis-sur-Aube, et revint avec onze bateaux chargés de céréales. Les pauvres, qui l'attendaient avec impatience, reçurent d'elle du pain dont elle dirigeait la cuisson et la distribution.

CHAPITRE V.

Paris sous les Mérovingiens.

Des historiens supposent que sainte Geneviève eut beaucoup de part à la conversion du chef frank Chlodovich ou Clovis; mais ce ne furent ni les conseils de la pieuse vierge ni même ceux de Clotilde qui déterminèrent le barbare à renoncer au culte d'Odin. Sans révoquer en doute la sincérité de ses nouvelles convictions, il est permis de croire qu'il fut guidé par quelques considérations mondaines, et qu'il fit le même raisonnement que Henri IV. Les Franks, qu'Apollinaire Sidoine dépeint comme des monstres pour lesquels la paix était une calamité, les expéditions périodiques qu'ils entreprenaient dans le seul but du pillage, avaient la velléité de se fixer. Ils ne se contentaient plus de revenir à la fin de chaque année boire de la cervoise et courir le cerf dans les forêts de la Germanie. La religion catholique se trouvait en présence de l'hérésie d'Arius, du paganisme, qui résistait encore çà et là, et des croyances scandinaves. Elle manquait de soutien; pas un seul chef d'État ne la professait; les populations des bords de la Seine et de la Loire pouvaient, d'un moment à l'autre, être troublées dans le libre exercice de leur culte; en outre, en butte aux incursions de hordes dévastatrices, elles n'avaient point de sécurité. Les évêques, qui, au milieu de la désorganisation de l'empire d'occident, étaient les seules autorités respectées, jetèrent les yeux sur la vaillante tribu de Clovis, qui, composée seulement de quatre mille guerriers, avait dispersé près de Soissons les milices romaines. Les évêques firent des ouvertures à Clovis, et saint Remy, évêque de Reims, eut d'abord assez d'influence pour lui faire épouser une catholique. Aussitôt qu'il eut reçu le baptême, il fut reconnu roi, sans résistance, par toutes les cités gauloises, qui avaient constitué l'alliance défensive, connue sous le nom de Confédération armoricaine. Les leudes et les arimanes franks s'emparèrent des terres vacantes, et commencèrent à se civiliser. Le pater fut traduit pour eux en langue franque : fater unfer ʍu ꝥiſt in ɧimilum, taunibit ɧt namo ɧin ; piꝗkume riꝗꝥ ɧin, etc. Clovis favorisa le clergé, et fit bâtir sur le mont Leucotitius une basilique en l'honneur des apôtres saint Pierre et saint Paul, où il fut enterré, et on grava sur sa tombe une magnifique épitaphe, où l'on célébrait son courage, ses talents administratifs et sa dévotion. Cette dernière qualité ne l'avait pas empêché d'assassiner ou de faire assassiner ses parents : Sighebert, roi de Cologne ; Cararic, roi de la Morinie ; Regnacaire, roi de Cambrai, et son frère Riquaire ; Regnomer, roi du Mans.

Dans le partage des domaines de Clovis, Childebert fut roi de Paris, Théodoric roi de Metz, Clotaire roi de Soissons, et Clodomir, roi d'Orléans. Ce dernier étant venu à mourir, ses trois enfants se retirèrent au palais des Thermes, auprès de Clotilde, leur grand'mère; l'aîné n'avait pas plus de dix ans. Childebert et Clotaire se réunirent au palais, qui existait dès lors à l'extrémité occidentale de la Cité, et pour s'assurer la possession de l'héritage de leur frère défunt, ils convinrent d'égorger leurs neveux.

Il fallait d'abord s'en emparer, et Clotilde eut l'imprudence de les confier à un messager qui vint les demander, sous prétexte de les élever à la royauté. Lorsqu'ils furent entre les mains de leurs oncles, Arcadius, sénateur d'Auvergne, fut dépêché à Clotilde, avec des ciseaux et une épée :

« Très-glorieuse reine, lui dit-il, nos seigneurs, tes fils, attendent ta volonté sur ce qu'ils doivent faire des enfants ; doivent-ils vivre les cheveux coupés ou mourir? »

Les cheveux dans toute leur longueur étaient chez les Franks le signe caractéristique de la race royale. Clotilde, indignée, répondit :

« J'aime mieux les voir morts que tondus! »

Dès qu'il eut appris cette réponse, Clotaire prit l'aîné des

enfants et lui enfonça un couteau sous l'aissolle. Le second se jeta aux pieds de Childebert, en disant : « Très-bon père, à mon secours ! que je ne sois pas tué comme mon frère ! »
Childebert s'attendrissait.
« C'est toi, s'écria Clotaire, qui a pris cette résolution, et tu recules aujourd'hui ! Sois fidèle à ta parole, ou tu mourras pour lui. »
Alors Childebert repoussa l'enfant, qui fut immédiatement massacré ; on tua aussi les nourrices et les serviteurs des deux victimes. Un troisième échappa, grâce à l'assistance de quelques leudes. Le plus jeune des fils de Chlodomir, nommé Chlodoald, tonsuré prématurément, entra dans un monastère situé sur la rive gauche de la Seine, et dont saint Séverin était abbé ; c'est ce prince dépossédé que l'Église honore sous le nom de saint Cloud.
Les églises et les chapelles s'étaient multipliées dans Paris. Childebert jeta les fondements de l'abbaye de Saint-Vincent, consacrée par saint Germain, évêque de Paris, dont elle prit plus tard le nom. La population catholique avait tant de zèle, qu'elle sauva tous les édifices religieux des ravages d'un incendie terrible, qui éclata, en l'an 547, dans les maisons dont était couvert le pont jeté sur le petit bras de la Seine.
Clotaire et son fils Charibert conservèrent Paris comme capitale ; mais ce dernier n'ayant laissé que deux filles, le royaume de Paris fut absorbé. Sigebert, roi de Metz ; Chilpéric, roi de Soissons, et Gontran, roi de Bourgogne, convinrent seulement qu'aucun d'eux n'entrerait dans l'ancienne capitale sans le consentement des autres. Les derniers Mérovingiens ne se montrèrent que par intervalle à Paris, et mieux eût valu qu'ils n'y vinssent pas du tout. En 584, Chilpéric, voulant assurer un brillant cortège à sa fille Rigonthe, qui allait en Espagne épouser Récarède, fils du roi des Visigoths, fit enlever des personnes appartenant aux familles les plus notables de Paris. L'idée d'un aussi long voyage effraya tellement les malheureux qu'on y condamnait que quelques-uns se tuèrent de désespoir.
La même année, Frédégonde, femme de Chilpéric, perdit un fils, dont elle attribua la mort aux maléfices de quelques sorcières, qui furent mises en prison, livrées à la torture et condamnées à la roue ou au bûcher.
Quand Chilpéric fut mort, sa veuve Frédégonde ne se crut pas en sûreté à Soissons. Une grande lutte avait commencé entre les Franks de l'Occident (ne-oster rike), qui étaient déjà à moitié Romains, et les Franks de l'Orient (oster-rike), qui représentaient une nouvelle couche d'envahisseurs germaniques. Dans un moment où le parti neustrien était aux abois, Frédégonde avait fait assassiner le roi austrasien Sigebert par deux émissaires, armés de couteaux empoisonnés. Craignant la vengeance de Childebert II, fils de la victime, elle quitta Soissons précipitamment, emportant entre ses bras son propre fils Clotaire, âgé de quatre mois seulement ; elle se réfugia chez l'évêque de Paris Ragnemode, homme pieux et paisible, qui était en grande estime pour avoir fait mettre en prison un débitant de fausses reliques. Une fois installée à l'évêché, qui était alors à la pointe orientale de la Cité avec une basilique et une chapelle dédiée à St. Étienne, Frédégonde implora le secours de Gontran. Ce roi de Bourgogne, satisfait de son lot, régnant sur des sujets d'humeur pacifique, flottait indécis entre les Austriens et les Neustriens, qu'il trouvait probablement à peu près aussi sauvages les uns que les autres. Frédégonde lui envoya dire : « Que monseigneur vienne prendre le royaume de son frère ; j'ai un petit enfant que je veux confier à sa garde, en m'humiliant moi-même à sa postérité. »
Gontran partit de Châlon-sur-Saône et vint à Paris, non sans défiance. Pour s'assurer des intentions des Parisiens, un dimanche, après la messe, il dit aux fidèles, réunis dans la cathédrale : « O vous qui êtes ici présents avec vos femmes, je vous conjure de vous rallier sincèrement à moi, et de ne pas me tuer comme vous avez tué mes frères : laissez-moi élever mon neveu, afin qu'après ma mort il reste quelqu'un de ma race pour vous protéger. » Cette harangue fut favorablement accueillie. Et Childebert de Metz, s'étant présenté aux portes de Paris, les habitants, par leur bonne contenance, le déterminèrent à rétrograder.
Pendant plusieurs siècles, à partir de cette époque, Paris n'eut qu'une histoire individuelle. L'an 586, un incendie ravage la pointe occidentale de la Cité ; en 614, le 18 octobre, un concile est tenu dans l'église des Apôtres, sur la montagne Sainte-Geneviève ; en 634, Éloi, orfèvre du roi Dagobert, fonde le monastère de Sainte-Aure et l'église de Saint-Paul, qui faillirent être détruits trois ans plus tard dans un troisième et effroyable incendie.

L'an 651, il y eut à Paris une famine épouvantable. L'évêque Landry, que l'Église a canonisé, se signala par son dévouement ; il commença dès lors à organiser pour les pauvres et pour les malades l'hôpital que nous connaissons sous la dénomination d'Hôtel-Dieu.

Landry mourut le 6 juin 655. Son successeur fut Chrodobert, qui, étant mort prématurément, fut remplacé par Sigebrand ou Sigobrant. Il serait important pour l'histoire de Paris d'obtenir quelques détails sur la conduite de ce dernier ; mais il est seulement mentionné incidemment par deux écrivains anonymes, qui ont raconté la vie de sainte Bathilde, et dont on trouvera les opuscules dans le recueil de Jean Bollandus (Anvers, 1643, in-folio, tome II, pages 732 et suivantes). Ils disent qu'après avoir fondé le monastère de Chelles, Bathilde, femme de Clovis II, aspirait à s'y renfermer, mais que les grands s'opposaient à son dessein ; ils l'auraient combattue avec persévérance sans une émeute soulevée par l'arrogance de l'évêque Sigebrand (nisi commotio quædam accidebat de misero Sigebrando episcopo, cujus superbia inter Francos meruit mortis ruinam). Les seigneurs le firent tuer sans jugement (indiscussum et contra legem) ; puis, s'il faut en croire les anonymes, dans la crainte que la pieuse reine ne songeât à venger le prélat, ils la laissèrent s'enfermer dans son cloître.

La même année, Paris fut dépeuplé par une épidémie dont un fait nous met à même d'apprécier l'intensité. Dans le monastère fondé par saint Éloi, suivant le témoignage de son biographe, sainte Aure mourut avec cent soixante religieuses.

L'an 767, un concile fut tenu à Paris pour condamner les iconoclastes.

CHAPITRE VI.

Paris sous les Carlovingiens.

Quoique abandonné par les derniers Mérovingiens et par les empereurs, Paris, où dominait la puissance ecclésiastique, ouvrait des écoles, embellissait ses édifices religieux, et progressait avec indépendance. Au milieu des désordres qui donnèrent la prépondérance à l'élément germanique, la ville fut administrée par des comtes, dont les plus anciennement connus sont : Gairin, en 710 ; Gairefrid, en 737 ; Gérard, en 759. Étienne, qui vivait en 802, était, conjointement avec Pardulfe, abbé de Saint-Denis, envoyé impérial (missus Dominicus) pour les territoires de Paris, Meaux, Melun, Provins, Étampes, Chartres et Poissy. A Paris, le comte avait pour conseillers des échevins (du mot tudesque schepen, juge, magistrat), qui étaient nommés par lui avec l'assentiment des notables. Ils furent convoqués pour entendre la lecture des capitulaires que Charles le Grand leur envoyait d'Aix-la-Chapelle, et qu'ils signèrent en promettant de les observer à jamais.

Louis le Débonnaire vint faire un tour à Paris en 814 ; il visita par curiosité l'église Saint-Étienne, l'abbaye de Sainte-Geneviève et l'abbaye de Saint-Germain des Prés, où étaient enterrés quelques rois mérovingiens. L'abbé Irminon lui fit les honneurs de ce monastère colossal, dont il a énuméré dans un précieux registre, connu sous le titre de Polyptique, les propriétés, en hommes, en terres et en bestiaux.

Les chroniqueurs mentionnent, vers l'année 821, un débordement de la Seine qui vint sur la rive droite battre les murs d'une chapelle dédiée à saint Jean-Baptiste, et envahit un monastère voisin, situé à l'endroit où un certain Étienne Haudri fonda plus tard l'hôpital des Haudriettes ; les eaux firent irruption dans une chambre où était conservé précieusement le lit de sainte Geneviève, et le laissèrent intact en se retirant.

Deux conciles eurent lieu à Paris en 825 et 829. Dans le premier, on décida qu'il ne fallait pas briser les images, mais qu'il ne fallait pas non plus les adorer ; dans le second, il fut décrété que les biens des églises cathédrales seraient divisés par égales parties entre l'évêque, le clergé, les pauvres et la fabrique.

L'existence pacifique de Paris, qui restait étranger aux dissensions des fils de Charlemagne, fut troublée par les incursions des Normands. C'étaient les derniers représentants des races barbares qui, s'élançant du nord à la recherche de terres plus

Sainte-Geneviève.

fécondes et de climats moins rigoureux, avaient successivement désolé l'Europe occidentale. Ils remontèrent la Seine jusqu'à Paris, où ils arrivèrent la veille de Pâques, le 28 mars 845; les habitants s'étaient retranchés dans la Cité. Le chef normand Ragener pilla l'abbaye de Saint-Germain des Prés; mais voyant ses soldats accablés de fatigue et atteints de la dyssenterie, il jugea plus sage, au lieu de tenter une bataille, de faire des propositions d'accommodement. L'empereur Charles le Chauve, qui était venu camper au pied de la butte Montmartre, acheta la retraite des pirates moyennant 7,000 livres d'argent. Ce succès n'était pas fait pour les amener à résipiscence, et ils reparurent au mois d'août 856. Ils gravirent la montagne Sainte-Geneviève, pillèrent l'abbaye, et ne renoncèrent à leurs projets de désolation qu'après avoir reçu une nouvelle somme d'argent.

On s'en croyait débarrassé; mais le jour de Pâques, 6 avril 861, pendant que les moines de Saint-Germain des Prés chantaient matines, les Normands se ruèrent dans le couvent, assommèrent tous ceux qui eurent l'audace de leur barrer le passage, emportèrent tout ce qu'ils purent et mirent le feu au cellier; perte irréparable, s'ils n'avaient sans doute bu le vin. Charles le Chauve donna de l'argent pour réparer ce désastre, et fit bâtir en avant de la Cité (*extra urbem*) un pont plus grand que les autres (*majorem pontem*), qui devait servir de digue et de rempart flottant. Rassurés par ces précautions, les religieux de Sainte-Geneviève rapportèrent solennellement à Paris les reliques de leur patronne, qu'ils étaient allés cacher à Draveil; ceux de Saint-Germain des Prés rapportèrent de Nogent-l'Artaud le corps de saint Germain, le chef de sainte Nathalie, ainsi que des ossements de saint Georges et de sainte Aurèle. En ces temps de croyances naïves, quand une invasion de barbares était signalée, la grande préoccupation n'était pas de leur dérober un vil métal. Avant de sauver la caisse, et même les vases sacrés, les dévots s'occupaient d'abord de soustraire aux profanations les restes vénérés des hommes de dévouement qui étaient morts pour leur foi.

Hildebrand, évêque de Séez, menacé par la bande normande de Rollon, dont les déprédations faisaient trembler la contrée qui fut depuis la Normandie, transporta à Paris les reliques de sainte Opportune, qui durent être déposées dans l'endroit où fut tracée plus tard la rue de ce nom. Gozlin, abbé de Saint-Germain des Prés, sur la nouvelle d'une quatrième approche des Normands, fit transférer dans l'intérieur de la Cité le corps de saint Germain, des morceaux du bois de la vraie croix, des os de saint Marcel et de saint Cloud, et après avoir accompli ses devoirs de prêtre, il se prépara à combattre en soldat et à seconder Eudes, fils de Robert le Fort, qui était alors comte de Paris. Quarante mille barbares remontèrent la Seine, répartis dans sept cents embarcations, sans compter un si grand nombre de nacelles que toute la flotte couvrait le fleuve depuis Meudon jusqu'au centre de Paris.

Un premier assaut fut donné dans la matinée du 27 novembre 885, et dirigé contre une tour de charpente et de maçonnerie située à l'extrémité du pont dont Charles le Chauve avait commandé la construction, et qui pouvait être à peu près à l'endroit qu'occupe, en 1860, le pont des Arts. Les Normands furent repoussés; mais le lendemain ils revinrent à la charge avec une nouvelle ardeur. Les Parisiens firent pleuvoir sur eux de la poix fondue, de l'huile bouillante, et quand ils les eurent chassés, ils travaillèrent avec ardeur à réparer les brèches de leurs tours. Les assiégeants, furieux, massacrèrent sans miséricorde les hommes, les femmes, les vieillards et les enfants disséminés le long de la rive droite de la Seine, depuis l'église de Saint-Germain l'Auxerrois jusqu'à la place actuelle de a Concorde.

Le 28 janvier 886, les Normands bâtirent un beffroi; on ap-

La cour des Miracles.

pelait ainsi une tour de bois, montée sur seize roues et munie à sa base de béliers qui battaient en brèche les fortifications des assiégés. Les deux ingénieurs qui avaient inventé cet appareil furent tués au commencement de l'action ; mais, loin de se rebuter, les barbares se montrèrent le lendemain, à l'abri sous des peaux de bœufs fraîchement égorgés, afin de se garantir de l'huile et de la poix bouillantes. En même temps, leurs embarcations tentaient de franchir le pont de Charles-le-Chauve. Les cloches des nombreuses églises ou chapelles de la Cité sonnèrent pour appeler les citoyens à la défense de la patrie.

Encore une fois les barbares furent contraints à la retraite. Le jour suivant, ils s'occupèrent de combler les fossés de la tour en y jetant des pierres, des fascines, et même des prisonniers massacrés. L'évêque Gozlin lança une flèche, et celui qui présidait à l'attaque tomba mortellement atteint. Le 31 janvier, sans renoncer à battre la tour en brèche, les Normands dirigèrent contre le pont des brûlots remplis de branchages enflammés ; mais le pont reposait sur des piles de maçonnerie, et les progrès de l'incendie furent arrêtés.

On était en hiver ; les eaux du fleuve mugissaient, et pendant la nuit du 6 février 886, la Seine emporta la partie méridionale de la digue de Charles le Chauve. La tour fut aussitôt investie et embrasée. Les défenseurs capitulèrent ; mais pendant qu'un nommé Ervé était allé chercher dans la Cité une rançon, le combat recommença. Un des combattants, Abbon, qui a laissé un poème latin sur ce mémorable événement, raconte que les seigneurs enfermés dans la tour, se voyant sur le point d'être brûlés, lâchèrent les éperviers apprivoisés, dont ils se servaient à la chasse.

Quisque rogis proprios flatus, ne clade perirent,
Accipitres loris permisit abire solutis.

L'honnête Ervé, qui était revenu de la Cité en rapportant la rançon de ses camarades, trouva onze des principaux Parisiens massacrés. On l'épargna d'abord, parce qu'à sa bonne mine on le prit pour le roi, mais il augmenta le lendemain le nombre des héroïques citoyens qu'Abbon ne fait aucune difficulté de mettre au nombre des martyrs.

Au mois de mars, Henri, duc de Saxe, vint au secours des assiégés.

Sailo vir Hænricus fortisque, potensque,
Venit in auxilium Gozlini præsulis urbis.

La précipitation fut fatale à ce renfort, qui prit aux Normands quelques bœufs et quelques chevaux, mais qui ne parvint pas à les disperser. Aussitôt qu'il se fut retiré, les assiégeants changèrent de tactique. Ils s'emparèrent des petites îles en amont et en aval de la Cité ; mais quand ils voulurent pénétrer au centre de la ville, ils éprouvèrent une vigoureuse résistance qui les décida à transformer le siège en blocus.

L'évêque Gozlin mourut le 16 avril, et ne fut pas d'abord remplacé. Son neveu, l'abbé Ebles, se chargea de diriger la défense, car à cette époque les ecclésiastiques n'hésitaient pas à couvrir d'un casque leur tête tonsurée, et les légendes carlovingiennes ont pour héros l'archevêque Turpin. Eudes, comte de Paris, avait quitté la ville pour se rendre auprès de l'empereur Charles le Gros et lui demander des renforts. Les assiégés attendaient son retour avec impatience : décimés par la faim, ils ne pouvaient se ravitailler qu'en faisant des sorties, soit pour enlever à l'ennemi quelques têtes de bétail, soit pour introduire dans l'île un détachement des grands troupeaux qui paissaient sur la rive droite, que le poëte Abbon appelle : le rivage Saint-Denys :

Nostra Dionysii tondebant littora sancti
Pecora.....

Le comte Eudes reparut au mois de juillet avec des troupes dont Charles le Gros avait confié le commandement au comte Adélamo. Il rentra dans la ville, malgré l'opposition des Normands, et peu de jours après Henri de Saxe campait sur la rive droite de la Seine. Eudes était d'origine saxonne, et il avait lieu de compter sur le zèle d'un ancien compatriote; par malheur, en poussant une reconnaissance autour du camp des pirates scandinaves, Henri tomba avec son cheval dans une fosse profonde, qu'on avait artistement couverte de branchages et de gazon. Il se blessa grièvement, fut achevé par des soldats en embuscade, et les troupes qu'il avait amenées reprirent la route du Rhin, sans se soucier davantage du sort des Parisiens.

Encouragés par cet avantage, les Normands livrèrent un terrible assaut à la pointe orientale de la Cité, et pénétrèrent dans la place. Le courage des habitants fut admirable; et pour le surexciter on promena dans les châsses de sainte Geneviève et de saint Germain, évêque de Paris. L'ennemi fut encore repoussé; et au mois d'octobre, Charles le Gros vint en personne le battre entre Montmartre et la Seine. Cependant, ne considérant pas sa victoire comme décisive, l'empereur entra en arrangements, et s'engagea à payer 700 livres pesant d'argent au 1er mars 887.

Les Normands ne manquèrent pas au rendez-vous qui leur était assigné; et quoique Charles le Gros demourât à Francfort, il leur envoya scrupuleusement la rançon qui leur avait été promise. Néanmoins, comme la ville de Paris avait été comprise seule dans la stipulation, et qu'ils avaient pu précédemment, au prix de grands sacrifices et malgré le traité, faire remonter leurs barques jusque dans l'intérieur de la France, ils pensèrent qu'ils étaient en droit de tout ravager, à l'exception de Paris.

Comme le dit Abbon, c'était l'heure du dîner; le style du cadran solaire marquait midi, et le digne neveu de Gozlin, l'abbé Ebles, dînait chez l'évêque Anschéric, lorsqu'il apprit la perfidie des Normands, qui remontaient la Seine dans des intentions évidemment déprédatrices. Il se lève de table, prend un arc et d'une flèche le chef de l'expédition. Les Normands intimidés s'arrêtent; ils demandent pardon, se présentent en amis, et sont reçus dans la ville. Une semaine après, presque tous décampaient clandestinement en se dirigeant vers Meaux. Les Parisiens indignés s'emparèrent des pirates qui restaient et en massacrèrent cinq cents. Leurs compagnons furent sauvés par l'intervention de l'évêque de Paris, auquel Abbon reproche de ne les avoir pas tous tués :

Fœderis Antistes causa permisit abire
Anscherious tentos, potius occidere debens..

CHAPITRE VII.

Paris sous les premiers Capétiens.

Les expéditions des Normands eurent un résultat immense. Tandis que l'empire de Charlemagne se démembrait, une partie de la population comprit la nécessité de constituer un gouvernement pour défendre contre les hommes du Nord la civilisation naissante. Des monuments de la fin du xixe siècle attestent que la langue française, quoique très-informe, avait déjà tout son caractère propre, et qu'une séparation profonde s'était opérée entre l'ancienne Gaule et la Germanie. En 888, Eudes, comte de Paris et duc de France, fut reconnu roi à Compiègne, et dès lors la nationalité française eut une base. Le nouveau roi fixa sa résidence à Paris, où il fit commencer, en face du palais, l'église collégiale de Saint-Barthélemi. Les derniers descendants du grand empereur d'Aix-la-Chapelle reconquirent un moment le pouvoir; mais après la mort de Louis le Fainéant, Hugues Capet se fit proclamer roi par les seigneurs. La ville de Paris devint alors le centre du mouvement politique et intellectuel de la France. Ses écoles commencèrent à être fréquentées par des jeunes gens de tous les pays. Son clergé devint plus puissant que jamais. La noblesse, qui se groupa autour du trône dans le vieux palais de la Cité, s'affermit dans la possession héréditaire des fiefs, et dicta des lois aux monarques qui, par la bouche de Hugues Capet, avaient promis de ne jamais rien faire sans la consulter : *Regali potentia in nullo abuti volentes, omnia negotia reipublicæ in consultatione et sententia fidelium nostrorum deposuimus*. Les échevins et leur chef, qui ne tarda pas à prendre le titre de prévôt des marchands, se mirent à améliorer l'édilité et à donner une impulsion au commerce, laissant le gouvernement de la ville à un prévôt, dont le tribunal était au grand Châtelet. Les principales maisons présentaient alors un rez-de-chaussée voûté, dont les arceaux entrecroisés retombaient sur de grosses colonnes. Au premier étage régnait une fenêtre continue, séparée par des colonnes quadrilatérales. Le toit était plat, couvert de tuiles vernissées. Parfois la grande ouverture du premier étage était divisée en une suite de cintres ornés de zigzags byzantins. Les maisons de pierre étaient d'ailleurs assez rares, et la plupart des habitations étaient en bois.

Jehan de Garlande, écrivain du xie siècle, parle avec admiration des produits de toute espèce étalés dans les boutiques parisiennes. Il s'extasie sur la beauté des épées à pommeau en boule que débitaient les fourbisseurs (*exeruginatores*). Les bouclier (*pluscularii*) s'enrichissaient en vendant des boucles, des ardillons, des poitraux et des mors. A la porte Saint-Lazare, les archers fabriquaient des arbalètes, des arcs d'érable, d'if ou de viorne, et des flèches de frêne. Sur le grand pont étaient établis les marchands de lanières et chevestres. Les étalagistes avaient devant eux des couteaux de table (*cultellos ad mensam*), des kanivets, des greffes, des styles et des écritoires dans leurs gaînes. Des bottiers ambulants promenaient sur une perche des souliers et des estivaux. Des spéculateurs forains apportaient au marché du savon, des miroirs et des fusils (*piraudia vel fusillos*) : c'était ainsi qu'on appelait les briquets d'acier.

Louis VI, ou le Gros, forcé de lutter constamment contre les grands vassaux de l'ancien duché de France, qui entouraient Paris, habita cette ville, dont à une certaine époque ses ennemis ne lui permettaient point de sortir. Il finit cependant par réduire tous les seigneurs. Cette vie agitée ne lui laissa pas de loisir pour élever des monuments. Toutefois, deux grands faits signalent son règne. Le premier est l'établissement des *communes*; le second l'importance que prit l'école de Paris. A cette époque paraissent Pierre Lombard, surnommé le *Maître des sentences*; Pierre Comestor, Guillaume de Champeaux, qui illustra l'abbaye, nouvellement fondée, de Saint-Victor. Mais tous ces noms sont effacés par celui de Pierre Abaillard, élève et adversaire de Guillaume de Champeaux. Abaillard ouvrit, d'abord dans la Cité, puis sur la montagne Sainte-Geneviève, cette école célèbre où, pour la première fois, se manifesta en théologie l'esprit de libre examen. Abaillard fonda la liberté de penser, et donna à l'intelligence humaine un essor qui ne s'est plus arrêté.

Paris dut beaucoup à Philippe-Auguste et à saint Louis. Le premier traça une enceinte dans laquelle il enferma le bourg de Saint-Germain l'Auxerrois, le beau Bourg, le bourg l'Abbé, le bourg Thibout, les cultures Sainte-Catherine et Saint-Gervais, et l'ermitage de Notre-Dame-des-Bois, qui fut consacrée plus tard à Sainte-Opportune. Il fit du Louvre un château régulier avec un donjon central, qui fut construit sur un terrain appartenant au clergé de Saint-Denis de la Chartre. Des lettres du mois d'août 1204 accordèrent à cette église trente sols d'indemnité.

Le Louvre n'était encore considéré que comme une sorte de maison de campagne; le roi continuait à résider à l'extrémité occidentale de la Cité, quoique les pluies et le froid en rendissent le séjour peu agréable en hiver; les chariots qui roulaient dans la rue de la Barillerie remuaient une boue dont les émanations choquèrent Philippe-Auguste : il manda le prévôt des marchands et les bourgeois pour leur enjoindre de faire paver les rues avec de forts carreaux de pierre : travail qui, faute de ressources, s'exécuta avec tant de lenteur qu'il n'était pas achevé au moment de la révolution de 1789.

Ce fut Philippe-Auguste qui, selon Rigord, « établit à Paris, en 1182, deux grandes maisons, vulgairement appelées halles, afin que tous les marchands pussent venir vendre sans craindre la pluie, « et être à l'abri des vols. Ces halles furent entourées d'un mur, et l'on disposa entre le mur et les halles des étaux couverts; » des places étaient assignées dans les halles aux vendeurs de cuirs et de souliers, aux lingères, aux fripiers.

Par un acte du mois de mars 1208, Philippe-Auguste donne à la Maison-Dieu de Paris, pour les pauvres qui s'y trouvent, toute la paille de sa chambre et de sa maison (*omne stramen de camera et domo nostro*). « L'an de l'Incarnation 1180, dit Guillaume Le Breton, il fit orner et entourer d'un mur de pierres un cimetière public d'une grandeur et d'une commodité admirables, dans un lieu près des Saints-Innocents, appelé Champeaux. »

Johan de Salisbury, qui visita Paris en 1176, exprime, dans son *Polycration*, le plus sincère enthousiasme : « Quand je voyais, dit-il, l'abondance des subsistances, la gaieté du peuple, la bonne tenue du clergé, la majesté et la gloire de toute l'Église, les diverses occupations des hommes admis à l'étude de la philosophie, il m'a semblé voir cette échelle de Jacob, dont le faîte atteignait le ciel, et où les anges montaient et descendaient. J'ai été forcé d'avouer que véritablement le Seigneur était en ce lieu, et que je l'ignorais. Ce passage d'un poëte m'est aussi revenu à l'esprit : Heureux celui à qui l'on assigne ce lieu pour exil ! (*Parisius cum viderem victualium copiam, lætitiam populi, reverentiam cleri, et totius ecclesiæ majestatem et gloriam, et varias occupationes philosophantium, admiratus velut illam scalam Jacob, cujus summitas cælum tangebat, eratque via ascendentium et descendentium angelorum, coactus sum profiteri quod vere Dominus est in loco ipso, et ego nesciebam. Illud quoque poeticum ad mentem radiit : felix exilium cui locus iste datur !*) »

Au XIe siècle, sous le règne de saint Louis, l'administration parisienne fut régularisée. La ville eut pour prévôt des marchands Guillaume de Valenciennes en 1263, et Jean Augier en 1268. On a conservé les noms des échevins Jean Barbette, Nicolas Le Flamand, Adam Bourdon et Albéric de Navibus. La prévôté de Paris fut confiée à Étienne Boileau, dont le sire Jean de Joinville, dans son *Histoire de saint Louis*, fait l'éloge en signalant les abus antérieurs :

« La prévôté, dit Jean de Joinville, étoit vendue aux bourgeois de Paris ou à aucuns ; et quand il advenoit que aucuns l'avoient achetée, ils soutenoient leurs enfants et leurs neveux dans leurs excès, car les jouvenceaux se fioient en leurs parents ou leurs amis qui tenoient la prévôté. Pour cela, le menu peuple étoit foulé et ne pouvoit avoir droit contre les riches hommes, à cause des grands présents et dons que ceux-ci faisoient au prévôt. Dans ce temps, celui qui disoit la vérité devant le prévôt, ou qui vouloit garder son serment pour n'être pas parjure touchant aucune dette ou autre chose dont il fût tenu de répondre, le prévôt levoit amende sur lui, et le punissoit à cause des grandes injustices et des grandes rapines qui étoient faites en la prévôté; le menu peuple n'osoit demeurer en la terre du roi, et alloit demeurer en autres prévôtés et en autres seigneuries ; et la terre du roi étoit si déserte, que, quand le prévôt tenoit ses plaids, il n'y venoit pas plus de dix personnes ou de douze. Avec cela, il y avoit tant de malfaiteurs et de larrons à Paris et dehors, que tout le pays en étoit plein. Le roi, qui mettoit grande diligence à savoir comment le menu peuple étoit gardé, sut toute la vérité; aussi il ne voulut pas que la prévôté de Paris fût vendue, mais donna bons et grands gages à ceux qui dorénavant la garderoient, et il abattit toutes les mauvaises coutumes dont le peuple pouvoit être grevé. Il fit enquérir par tout le royaume et partout le pays où il pourroit trouver homme qui fît bonne et roide justice, et qui n'épargnât plus le riche homme que le pauvre ; on lui indiqua Étienne Boileau, lequel maintint et garda si bien la prévôté, que nul malfaiteur, ni larron, ni meurtrier n'osa demeurer à Paris, craignant d'être aussitôt pendu ou détruit ; car il n'y avait ni parent, ni lignage, ni or, ni argent qui le pût garantir. Aussi la terre du roi commença à amender, et le peuple y vint à cause du bon droit qu'on y faisoit. Il s'y multiplia tant et tout amenda si bien, que les ventes, les saisies, les achats et les rentes levées valoient le double de ce quе le roi y pressoit par avant. »

Étienne Boileau donna des lois aux corporations des métiers; il provoqua des ordonnances contre les vagabonds, les voleurs et les prostituées, auxquelles furent assignées certaines rues. Pour l'entretien du pavage et l'amélioration de la viabilité fut institué un voyer : il avait aussi pour mission de surveiller l'exécution des ordonnances relatives aux industriels et aux marchands. D'après les registres de Johan Sarrazin, qui fut voyer de Paris jusqu'en 1270, « il recevait un *mets* de redevance de chaque boucher nouvellement installé. Il avait annuellement deux faix de feusse (de paille) de chaque feussier ; deux livres de chandelles de chaque chandelier; douze deniers de chaque *basanier* vendant *de petits solliers*; un fromage de chaque *fourmagier*, la veille des étrennes ; deux chapeaux de chaque chapelier, la veille de l'Épiphanie ; deux faix d'herbe de chaque *herbier* ; un gâteau de chaque *gastelier* vendant *gastiaulx à la fève ès halles*, la veille de l'Épiphanie ; un chapel de roses de chaque chapelier vendant *chapeaulx de roses*. »

La ville, qui dès l'institution du blason, avait pris pour armoirie un vaisseau d'argent sur champ de gueules, y ajouta trois fleurs de lys en chef sur champ d'azur. Ce symbole royal, objet de tant de dissertations confuses, nous est clairement expliqué dans les *Annales de Nangis* : « Li roys de France accoustumèrent en leurs armes à porter la fleur de lys pinte par trois fueilliers comme se ils devisent à tout le monde : Foy, Sapience et Chevalerie, sont, par la provision et par la grâce de Dieu, plus abondamment en nostre royaume qu'en nuls autres. Les deux feuilles de la fleur de lys, qui sont celes, signifient sens et chevalerie, qui gardent foy. »

L'emploi de la journée du Parisien fut réglé par des ordonnances qui furent confirmées pendant les règnes suivants. — L'aurore était annoncée au son des trompettes; on dînait à midi, et après le souper les cloches sonnaient le couvre-feu; il était défendu de veiller et de se divertir pendant la nuit sans la permission du roi ou du prévôt. *Quod burgenses parisienses nulla festa de nocte faciant, nec propter nuptias, nec propter aliam causam, nisi de licentia domini regis aut præpositi*. Dans les cas de danger, des chaînes étaient tendues par les rues, et l'on mettait en réquisition les *feures, mareschaux* et *chauderonniers* pour consolider les barrages. Les corps de métiers faisaient le guet à pied et à cheval, les uns après les autres, sous la direction de quarteniers, cinquanteniers et dizainiers. Deux inspecteurs, nommés les *clercs du guet*, distribuaient les billets de garde, et les bourgeois désignés se rendaient au Châtelet, à l'entrée de la nuit pendant l'hiver, et à l'heure du couvre-feu pendant l'été. Après l'appel, ils étaient distribués dans les quartiers, et obligés de se tenir éveillés et armés jusqu'à l'aube. Toute la nuit, la sentinelle du Châtelet *cornait la guette*, c'est-à-dire qu'elle sonnait du cor par intervalles.

Étaient exempts du guet tous les boiteux, les fous, les maris dont les femmes étaient sur le point d'accoucher et les sexagénaires ; de cette corvée étaient également affranchis par leur position sociale les maîtres des métiers, les bourgeois non marchands, les mesureurs de la ville, les notaires, procureurs et avocats. Les ouvriers eux-mêmes ne faisaient point le guet quand ils appartenaient aux corporations des monnoyers, brodeurs de soie, courtepointiers, faiseurs de corbeilles et de vans, peintres, imagiers, chasubliers, selliers, libraires, parcheminiers, enlumineurs, écrivains, tondeurs de draps, tailleurs de pierres, hateliers, étuvistes, vendeurs d'auges, d'écuelles et d'échelles, verriers, faiseurs de *chappiaux de bonnet* (étoffe de laine), archiers, haubergiers, buffletiers, oublaiers, écorcheurs, apothicaires, culandreurs, orfévres et tapissiers. Les bouchers, *buschiers*, marchands de merrains et sauniers, s'affranchirent du guet en payant une redevance annuelle de trente sous (150 fr. de notre monnaie). Les tonneliers ne devaient point de guet entre la Madeleine et la saint Martin d'hiver, moyennant l'abandon d'une journée de travail.

Les registres de la prévôté de Paris, sous saint Louis, prouvent qu'un très-grand nombre de corporations alléguaient divers prétextes pour se dispenser de monter la garde. « Les tailleurs requièrent qu'ils soient quite du *guiet*, s'il plait au roy, pour les granz robes qui leur convient fère et garder de nuiz, qui sont aux gentiezhommes, et parce qu'ils ont grant planté de meniée estrange, et parce qu'il leur puent pas tous croire ne tous garder, et parce qu'il leur convient que ils taillent et cousent les robes aux hauts hommes aussi bien par nuit cune par jour. » Les foulons protestent aussi, disant : « qu'ils n'ont pas *guaitié* depuis que le roi alla outre mer ; mès madame la royne Blanche, que Diex absoille, les fit gaitier par sa volonté. » Afin de remédier à cette multitude d'exemptions, on laissa le guet bourgeois ou guet assis dans les postes fixes, et les patrouilles furent faites dans la ville par le *guet royal*, composé de soixante sergents, vingt à cheval et quarante à pied, sous la conduite d'un *chevalier du guet*, dont le titre se rencontre pour la première fois dans un compte des prévôtés de l'an 1261. Cet officier, à la tête de sa compagnie, visitait les corps de garde occupés par le guet assis, et prenait rigoureusement note des délits et infractions. Les sergents du guet, loin de protéger la population, la dévalisaient parfois : trois d'entre eux, peu de temps avant la première croisade de Louis IX, dépouillèrent, par une belle nuit, un clerc qui, rentrant chez lui en chemise, s'arma d'une arbalète, fit porter par un enfant un sabre recourbé en forme de faulx, et courut après les ravisseurs. Il les tua tous les trois, quoique l'un eût escaladé une haie pour se sauver dans un jardin. Les trois cadavres furent apportés au roi. Le prévôt de Paris lui expliqua l'affaire, et Louis IX, aux applaudissements des assistants, dit au clerc : « Vous êtes un brave, mais vous feriez un mauvais prêtre ; je vous retiens à mon service, et vous viendrez avec moi en Palestine. » Ce fait est si incroyable, que nous croyons devoir reproduire le récit qu'en fait le sire Jean de Joinville :

« Le roy manda ses barons à Paris, et leur fist faire serment que foy et loiauté porteroient à ses enfans, si aucune chose avenoit de li en la voie. Il me demanda; mès je ne voz fiare point de serment, car je n'estoie pas son home. En dementres qui je venoie, je trouvés trois homes mors sur une charrette, que un clerc avoit tuez, et me dist en que eu les menoit au roy. Quand je oy ce, que je y envoie un mien escuier pour après savoir comment ce avoit esté. Et conta mon escuier, que le roy, quant il issi de sa chapelle, ala au perron pour veoir les mors, et demanda au prévôt de Paris comment ce avoit esté. Et le prévôt li conta que les mors estant trois de ses sargents du Chastelet, et li conta que il aloient par les rues foraines pour desrober la gent; et dist au roy ce qu'il trouvèrent se clerc que vous véez ci, et li tollirent toute sa robe. Le clerc s'en ala en pure sa chemise en son hostel et prist s'arbalestre et fist aporter à un enfant son fauchon. Quant il les vit, il les escria et leur dit que il y mourroient. Le clerc tendit s'arbaleste et trait, et en feri l'un parmi le cuer, et les deux touchèrent à foie ; et le clerc prit le fauchon que l'enfant tenoit. Et les ensui à la lune qui estoit belle et clère. L'un en cuida passer par issi une seif (une haie) en un courtil, et le clerc fiert du fauchon, et li trancha toute la jambe, en tele manière que elle ne tint que à l'estivai (à la botte), si comme vous véez. Le clerc rensui l'autre, lequel cuida descendre en une estrange meson là où gent veilloient encore; et le clerc féri du fauchon parmi la teste, si que il le fendi jusques ès dens, si comme vous poez veoir, fist le prévôt au roy. — Sire, fist-il, le clerc monstra son fait au prévôt voisins de la rue, et puis si s'en vint mettre en vostre prison. Sire, et je le vous ameinne, si en ferez vostre volonté, et véez-le ci.

— « Sire clerc, fist le roy, vous avez perdu à estre prestre par vostre proesce, et pour vostre proesce je vous retiens à mes gages, et en venrez avec moy outre-mer. Et ceste chose vous foiz-je encore, pour ce que je veil bien que ma gent voient que je ne le soustendrai en nulles de leur mauvestés.

« Quant le peuple qui le estoit assemblé, oy ce ils se escriérent à nostre seigneur, et le prièrent que Dieu li donnast bone vie et lungue, et le ramenast à joie et à santé. »

D'après les recherches de M. Louis Lazare et le rôle des tailles ou impôts directs de l'année 1292, Paris avait au commencement du XIV° siècle trente-six églises, sans compter la cathédrale. Dans la Cité se trouvaient Saint-Christophe, Sainte-Croix, Saint-Denis de la Chastre, Sainte-Geneviève la Petite, Sainte-Madeleine, Saint-Pierre aux Bœufs, Saint-Pierre des Arcis ; en dehors étaient des édifices religieux dont la plupart ont disparu, comme Saint-André, rue Saint-André-des-Arts ; Saint-Barthélemi, Saint-Benoît, Saint-Côme, Saint-Germain le Vieux, qui a fait place à la rue du Marché-Neuf ; Saint-Innocent, où l'on disait les dernières prières pour la plupart des trépassés ; Saint-Jacques la Boucherie, dont il ne reste plus que le magnifique clocher ; Saint-Jean en Grèves ; Saint-Josse, située rue Aubry-le-Boucher, du nom d'un boucher qui avait été assez riche pour bâtir une espèce de village, qualifié dans un acte de 1273 de *Vicus Alberici carnifici*. Il y avait en outre Sainte-Geneviève la Grande, Saint-Landry, Saint-Martial, Sainte-Marine, Saint-Marcel, Notre-Dame des Champs, Sainte-Opportune, Saint-Sauveur, Saint-Hilaire. Les églises qui sont restées debout, en subissant diverses métamorphoses, sont celles de Saint-Germain l'Auxerrois, Saint-Gervais, Saint-Eustache, Saint-Leu-et-Saint-Gilles, Saint-Merri, Saint-Nicolas du Chardonnet, Saint-Paul et Saint-Séverin. On comptait 43 rues dans la Cité. Le quartier désigné sous le nom d'outre grand pont se divisait en 202 rues, et le quartier outre le petit pont en 76 rues, plus 8 rues qui étaient en dehors de l'enceinte de Paris et de celle de Saint-Germain des Prés. Le chiffre total de la population s'élevait approximativement à 215,861 habitants. On comptait 11,727 contribuables dans le quartier d'outre grand pont ; 1,241 dans la Cité, et 2,232 dans le quartier outre petit pont.

CHAPITRE VIII.

Conditions de la bourgeoisie. — Le parlement. — La bazoche. — La chambre des comptes. — Les états généraux. — Troubles de 1306. — Chevalerie du fils de Philippe IV. — Premiers essais du théâtre. — La tour de Nesle.

Sous Philippe le Bel furent arrêtées les conditions auxquelles on acquérait le droit de bourgeoisie. Il fallait aller trouver le prévôt avec des témoins, s'engager à contribuer aux charges de la ville, et à habiter ou acheter, dans l'espace d'un an, une maison valant au moins 60 sous parisis. Le bourgeois était forcé d'habiter la commune depuis la Toussaint jusqu'à la Saint-Jean d'été, ou du moins d'y laisser sa femme, ou son valet s'il n'était pas marié.

Pendant la belle saison, il avait la liberté de s'absenter avec sa femme pour aller faire ses moissons, fenaisons, vendanges et autres travaux de la campagne; toutefois, mari et femme étaient tenus de se trouver à Paris aux grandes fêtes, à moins qu'ils ne fissent dûment constater la nécessité de leur éloignement.

Ainsi la stratification des classes était complète, et la hiérarchie des rangs était rigoureusement déterminée. Sans tenir compte des subdivisions, la société était ainsi partagée :

Le clergé, qui était de fait l'arbitre souverain des destinées nationales ;

La noblesse, dont le roi était le chef, avec une autorité précaire et longtemps contestée ;

Les bourgeois ou propriétaires roturiers ;

Les colons libres ou vilains ;

Les serfs de la glèbe, qui étaient pour ainsi dire immeubles par destination, et qu'on transmettait comme instruments de travail avec le sol qu'ils cultivaient.

Paris et la France entière profitèrent des dissentiments de Philippe le Bel, qui sentait le besoin de consolider son pouvoir avec le pape Boniface VIII. D'abord, par une ordonnance du 23 mars 1302, le parlement, qui était à la fois un conseil royal et une cour de justice, fut fixé au palais de Paris. Il se composa primitivement des évêques de Narbonne et de Rennes, des comtes de Dreux et de Bourgogne, de treize ecclésiastiques et de treize magistrats civils.

Au-dessus de la porte de la grand'chambre où ils se réunissaient fut sculpté en pierre un lion qui avait la tête basse et les jambes pliées, pour donner à entendre que quiconque franchissait cette porte, quelles que fussent ses dignités et ses richesses, devait s'humilier et obéir à la justice.

Au Parlement, qui centralisait toutes les grandes causes, se rattachait une multitude d'expéditionnaires et d'employés, qui furent désignés sous le titre de clercs de la Bazoche. Les plus fameux étymologistes n'ont pas réussi à décider d'où venait ce mot, qu'ils ont tiré de *basilica* (royale), ou de *basse-oque*, qui, dans la vieille langue d'oïl, aurait signifié *basse-cour*. Cette dernière version est injurieuse pour une confrérie qui, par ses ramifications dans les provinces, arriva à se composer de dix mille individus. Son chef prenait le titre de roi, et avait pour arme trois écritoires d'or sur un champ d'azur ; il était assisté d'un chancelier, d'un trésorier et d'un conseil composé d'anciens procureurs. On ne pouvait entrer dans la chicane sans avoir de lui un titre et lui payer un droit d'un écu. On a réuni, en 1654, dans un volume in-octavo, les statuts, ordonnances, règlements et prérogatives du royaume de la Bazoche.

Presque en même temps fut fixée à Paris la chambre des comptes, dont la mission était d'examiner et d'assurer tous les comptes du domaine royal. C'était une administration compliquée qui comprenait un premier président, vingt autres présidents, soixante-huit maîtres, trente-huit correcteurs, quatre-vingt-deux correcteurs auxiliaires, un procureur général, deux greffiers en chef, trente huissiers, sous la surveillance d'un premier huissier ; un payeur des gages, un archiviste et vingt-neuf procureurs, avec leurs clercs, formaient une corporation dont le chef prenait le titre pompeux de souverain de l'empire de Galilée. Le secret était observé sur toutes les opérations de la chambre des comptes, ainsi que l'atteste ce document postérieur, mais qui se reporte à cet usage établi : « Du lundy, juillet 1492. Après que Guillaume Ogier a requis à messieurs estre reçeu relieur des comptes, livres et registres de la chambre de céans au lieu de feu Gustave d'Angonville, naguères, décédé, et qu'il a dit et affirmé par serment qu'il ne sciet *ne escrire, ce que le relieur de ladite* chambre ne doit savoir, il y a esté reçu par mesdits sieurs, et on a fait le *serment accoustumé*, à la charge toutes voyes que s'il est trouvé cy après *lire ou escrire*, il en sera ousté et mis en autre en son lieu. » Cet usage était encore observé au temps d'Étienne de Pasquier, qui en parle au chapitre 5 du livre II de ses *Recherches sur la France*.

Cherchant des appuis dans toute la nation, Philippe le Bel convoqua, pour la première fois, les états-généraux, qui s'assemblèrent dans la cathédrale de Paris le 10 avril 1302. Pierre Flotte, chancelier du roi, exposa à quel point était merveilleux l'impudence d'un pontife qui n'avait pas honte d'affirmer que le royaume de France était tenu en foi et hommage de la majesté papale, et sujet à icelle. Les trois ordres déclarèrent unanimement « que les rois ne reconnaissaient aucun souverain sur la terre, à l'exception de Dieu, et que c'était une abomination d'ouïr Boniface VIII entendre mallement cette parole de spiritualité : « Ce que tu lieras en terre, sera lié en ciel ; » comme si cela signifiait que s'il mettait un homme en prison temporelle, Dieu pour ce le mettrait en prison au ciel.

Une seconde assemblée se tint au château du Louvre, le 13 juin 1303, pour examiner l'opportunité d'un concile. Le peuple applaudissait à cette lutte contre une autorité qui menaçait de tout envahir ; mais comprenant sa force, il se permit d'être mécontent du sens façon avec lequel Philippe le Bel altérait les monnaies. Une terrible émeute éclata dans Paris en 1306 ; le roi s'y déroba en se réfugiant dans l'enclos du Temple, d'où il devait bientôt chasser les chevaliers. Les insurgés furent repoussés par les archers, sur lesquels ils se vengèrent en arrêtant un convoi de viandes destinées au dîner du roi, et qui furent jetées dans le ruisseau. Philippe le Bel était allé au devant des récriminations, en faisant frapper de nouvelles monnaies aussi bonnes que celles du temps de Louis IX, mais il avait laissé la fausse monnaie en circulation.

Les propriétaires parisiens n'étaient pas plus accommodants en 1306 qu'en 1860, ils voulaient être payés en monnaie forte et refusaient la faible. Étienne Barbette, voyer de Paris, leur avait donné raison. Les locataires exaspérés coururent à l'hôtel qu'il habitait, dans la rue qui a conservé son nom, la maison fut mise à sac et la foule dévasta les jardins. Philippe le Bel, inquiet de l'agitation populaire, attendit qu'elle fût un peu calmée ; puis il fit prendre vingt-huit des mutins, que l'on divisa en bandes de sept chacune, pour les pendre aux portes Saint-Denis, Saint-Antoine, Saint-Jacques et Saint-Honoré.

Les Parisiens ne gardèrent pas rancune à Philippe IV quand il arma son fils aîné chevalier, ils contribuèrent sans murmures, pour une somme de dix mille livres, aux frais des cérémonies, qui furent magnifiques. Toutes les rues furent tapissées et illuminées le soir pendant huit jours. Les corporations figurèrent dans le cortège du jeune prince chacune avec un chef-d'œuvre de son état.

Le roi donna, le premier jour, un festin où rien ne fut épargné ; son fils aîné, Louis, roi de Navarre, traita la reine et la cour le second jour ; le troisième fut célébré par le roi d'Angleterre dans les jardins de Saint-Germain des Prés, où il avait fait dresser des tentes d'étoffes de soie brochées d'or. On remarqua, comme une chose singulière, qu'on servit les convives à cheval, et que la salle du festin fut éclairée d'une infinité de flambeaux, quoiqu'on fût en plein midi. Quelques jours après, Philippe traita toutes les dames au Louvre, où leur fit des présents. Le comte de Valois et le comte d'Évreux donnèrent aussi des fêtes, qui eurent l'applaudissement public. On croyait tout fini, lorsque les bourgeois de Paris partirent en bon ordre de l'église de Notre-Dame, bien armés, équipés lestement, et vinrent passer, au nombre de vingt mille chevaux et de trente mille hommes de pied, auprès du Louvre, où le roi était aux fenêtres. Ils allèrent de là dans la plaine de Saint-Germain des Prés, dit le Pré-aux-Clercs, se mettre en bataille et faire l'exercice. Les Anglais étaient étonnés que d'une seule ville il pût sortir tant de gens valides et prêts à combattre.

« Sur des théâtres élevés en plein vent et entourés de riches courtines, on vit, au dire des chroniqueurs, « Dieu manger des pommes, rire avec sa mère, dire ses patenôtres avec ses apôtres, susciter et juger les morts. Là, furent entendus les bienheureux choristes en paradis dans la compagnie d'environ quatre-vingt-dix anges, et les damnés pleurer dans un enfer noir et puant, au milieu de plus de cent diables, qui riaient de leur infortune. Là, furent représentés maints sujets de l'Écriture sainte, l'état d'Adam et d'Ève devant et après leur péché, la cruauté d'Hérode, le massacre des innocents, le martyre de saint Jean-Baptiste, l'iniquité de Caïphe, et la prévarication de Pilate, qui cependant ses mains lave. La fut vu maître Renard, d'abord simple clerc qui chante une épître, ensuite évêque, puis archevêque, enfin pape, toujours mangeant poussins et poules.

« On vit encore dans cette fête des hommes sauvages et des rois de la fève mener grands rigolas ; des ribauts en blanches chemises agacer par leur beauté, liesse et gaieté ; des animaux de toutes espèce marcher en procession ; des enfants de dix ans jouter dans un tournoi ; des dames caracoler de beaux tours ; des fontaines de vin couler ; le grand guet faire la garde en habit uniforme ; toute la ville baller, danser et se déguiser en plaisantes manières. »

C'est la première mention que nos vieux historiens font des représentations dramatiques dans Paris. Une des pièces dont il est question plus haut, *Adam et Ève*, a été publiée par le savant Victor Luzarche, d'après un manuscrit du XIIe siècle qui existe à la bibliothèque de Tours. On y voit l'indication d'une mise en scène assez complète, de décorations et de ces mécaniques qu'on appelle des trucs. Un serpent, artistement confectionné, y paraît pour corrompre les deux époux, qui, après leur chute, sont tourmentés par des démons et voient d'horribles fumées s'échapper du gouffre infernal. Il résulte toutefois du texte que les acteurs ne se montraient qu'à mi-corps. Lorsque Adam a mangé la pomme et qu'il comprend l'étendue de sa faute ; il se baisse comme anéanti par le remords. Derrière la balustrade qui le cache, il quitte précipitamment sa belle tunique rouge, pour se montrer revêtu de guenilles attachées avec des feuilles, et s'écrier piteusement :

Alas! pecchor, que ai-je fait?
Mal m'est changé ma aventure!
Mul fu ja bone; or mult est dure:
Je ai guerpi mun creator
Par le conseil de mal uxor!

Dans ces représentations informes, les rôles de femmes étaient remplis par des jeunes gens.

Ce fut Philippe le Bel qui, par une lettre en date du 9 juin 1312, adressée au prévôt des marchands, ordonna la construction du plus ancien quai de Paris, le long du couvent des Augustins jusqu'à la tour de Nesle. « Tout le nord de la rivière, du côté des Augustins, dit Félibien, n'étoit alors revêtu d'aucun mur. Il étoit en pente et garni de saules, à l'ombre desquels les habitants alloient se promener ; mais les inondations fréquentes de la rivière minoient peu à peu le terrain et faisoient craindre pour les maisons. » Une nouvelle lettre, en date du 3 mai 1313, enjoignit de prolonger, devant l'hôtel de Nesle, le quai dont une partie avait été construit, des Augustins, et dont l'autre, en aval, a porté successivement le nom de ses habitants, le seigneur de Nesle, M. de Guénégaud, et le prince de Conti.

Les soins que Philippe le Bel prit de ce quai, tandis qu'il laissait la Seine déborder sur le reste de ses rivages, semblent indiquer que son attention avait été attirée sur l'hôtel de Nesle. D'après une tradition populaire, Marguerite, fille de Robert II, duc de Bourgogne, mariée à Louis le Hutin, avait choisi la grande tour de cet hôtel pour théâtre de ses orgies nocturnes. Comme une sirène, elle y attirait des jouvenceaux, qu'elle faisait ensuite jeter dans la Seine. Un d'eux, qui parvint à s'échapper, fut Jean Buridan, de Béthune, recteur de l'Université de Paris en 1328. Le poète Villon, dans une ballade, fait allusion à la légende populaire :

Semblablement où est la reine,
Qui commanda que Buridan
Fût jeté en un sac en Seine?
Mais où sont les neiges d'antan?

Robert Gaguin, dans son *Compendium supra francorum gestis* (Paris, André Bochard, 1497, in-4e), rapporte l'anecdote en réfutant l'opinion qui attribuait ces infamies à Jeanne de Navarre. « Les épouses des fils de Philippe le Bel furent, dit-il, accusées d'adultères. C'est des désordres de ces femmes de haut rang qu'est née, je pense, la fable que les ignorants mettent sur le compte de Jeanne, femme de Philippe le Bel. Elle se serait livrée à des écoliers qui auraient été, par ses ordres, précipités dans la Seine. *Eam videlicet aliquot scholasticorum concubitu usam, eosque, ne pateret scelus, protinus extinxisse, et in Sequanam amnem de cubiculo sua fenestra abjecisse.* Nous ne connaissons aucune preuve historique des tragiques événements qu'Alexandre Dumas et Gaillardet ont transportés sur le théâtre. Les annales du temps disent seulement que le parlement de Paris instruisit le procès de Marguerite de Bourgogne, femme de Louis le Hutin; Blanche, femme de Philippe le Long; et Jeanne, sa sœur aînée, femme de Charles le Bel.

La première fut convaincue d'avoir entretenu des relations criminelles avec Philippe d'Aunai, gentilhomme normand; la seconde, d'avoir eu pour amant Gautier d'Aunai, frère du précédent.

La troisième fut déclarée innocente (*inculpabilis et omnino innoxia*), et après avoir été enfermée pendant une année entière au château de Dourdan, elle rentra dans la maison conjugale.

Les coupables eurent la tête rasée, et furent enfermées au château Gaillard.

Marguerite fut étranglée, en 1318, par les ordres de son mari.

Blanche passa sept années au château Gaillard; puis elle fut répudiée sous prétexte de parenté, et transférée au château de Gourroy, près Coutances, d'où elle sortit pour aller finir ses jours dans l'abbaye cistercienne de Maubuisson.

Dès le 19 avril 1314, une assemblée de seigneurs fut convoquée à Pontoise pour juger Philippe et Gautier d'Aunai. La monarchie outragée se vengea sur eux avec des raffinements de barbarie qui auraient désarmé des Iroquois. « Ils furent, dit l'abbé Vély, écorchés vifs, traînés dans la prairie de Maubuisson, qui était nouvellement fauchée; puis mutilés des parties qui avaient péché, décolés, enfin pendus par dessous les bras à un gibet. On y attacha avec eux l'huissier de chambre qui, pendant trois ans, avait favorisé ce méchant commerce. Bien des gens des deux sexes, nobles et roturiers, furent enveloppés dans cette malheureuse affaire, ou comme fauteurs et complices, ou comme suspects d'un coupable silence. Quelques-uns furent noyés, quelques autres étouffés secrètement; la plupart renvoyés absous. »

CHAPITRE IX.

Les Valois. — Étienne Marcel. — Massacre d'un avocat général et de deux maréchaux. — Perrin Marc. — Mort d'Étienne Marcel. — Charles VI et l'hôtel Saint-Paul.

L'avénement des Valois ouvrit pour Paris, comme pour le reste de la France, une ère de désolation. En l'année 1343 furent décapités aux Halles, par ordre de Philippe VI, des seigneurs qui, dans les dissensions de Montfort et de Charles de Blois, n'avaient pas été de l'avis du roi de France. En 1348, une épidémie fit de tels ravages, que l'on compta 500 morts par jour à l'Hôtel-Dieu. Lorsque le roi Jean monta sur le trône, en 1350, il convoqua à Paris les états-généraux et obtint des subsides pour faire la guerre aux Anglais; mais il fut fait prisonnier à la bataille de Poitiers, le 19 septembre 1356; et dès lors commença, entre le dauphin Charles et les Parisiens, une hostilité qui se manifesta aux états-généraux du 17 octobre de la même année. Étienne Marcel, prévôt des marchands; Robert Lecocq, président du Parlement de Paris et évêque de Laon; Jehan de Picquigny, seigneur de Vermandois, engagèrent les trois ordres à solliciter une meilleure assiette de l'impôt, des réformes administratives et judiciaires, l'abolition des guerres privées et de la généralité des charges, le renvoi de tous les fonctionnaires prévaricateurs, qui, d'après les accusations formulées contre eux, n'ayant en vue que leur intérêt particulier, s'étaient occupés uniquement du soin d'acquérir des richesses, d'assurer des charges publiques à eux et à leurs amis, sans avoir égard ni à l'honneur du souverain, ni à la misère des peuples. Le dauphin Charles ne se contenta pas de donner des explications au sein des États par l'organe du chancelier Pierre de La Forest; il vint, à plusieurs reprises, haranguer le peuple aux Halles de Paris, au Pré-aux-Clercs ou à la place de Grève, où le corps municipal avait élu domicile. Charles le Mauvais, roi de Navarre, qui avait été incarcéré sous le règne précédent, obtint, grâce à Étienne Marcel, l'autorisation de se rendre à Paris, et il eut aussi des conférences avec les chefs du mouvement populaire.

Le dauphin faisait des concessions quand il sentait sa faiblesse, et il les retirait aussitôt qu'il se croyait le plus fort. Pour vaincre plus sûrement les Parisiens, il conclut un traité avec le roi de Navarre; mais la capitale, mécontente, s'arma en prenant pour signe de ralliement des chaperons mi-partis de rouge et de bleu. Le manteau était attaché sur la poitrine avec un fermoir d'argent mi-parti d'émail vermeil et azuré, avec cette inscription : *A bonne fin!*

Le 22 février 1358, sur l'invitation du prévôt des marchands, les corporations de métier s'assemblèrent dans la Cité, devant l'église Saint-Éloi, qui a été remplacée en 1630 par le couvent des Barnabites, et décidèrent qu'il fallait se défaire des principaux conseillers du dauphin. Les compagnies bourgeoises attaquèrent d'abord l'avocat général Régnault d'Acy, qui fut massacré dans la boutique d'un pâtissier où il s'était réfugié. Elles montèrent ensuite l'escalier du palais, précédées d'Étienne Marcel, qui, entrant le premier chez le dauphin, lui dit : « Ne vous ébahissez pas de choses que vous voyez, car il est à croire et convient qu'il en soit ainsi. » Puis se tournant vers ses compagnons : « Allons, faites en bref ce pourquoi vous êtes venus ici ! »

Là-dessus des bourgeois se ruèrent sur Jean de Châlons, maréchal de Champagne, qui fut aussitôt massacré. Robert de Clermont, maréchal de Normandie, se sauva dans une chambre de retrait, et il y fut tué. Les officiers du prince se dispersèrent, et il était sur le point de les suivre, quand Marcel lui dit : « Sire, n'ayez pas peur ! » Le prévôt lui remit en même temps son chaperon rouge et bleu, et prit en échange le chaperon du dauphin de brunette mêlée avec un orfroi d'or. Les cadavres des victimes furent précipités du haut des degrés du palais, et restèrent exposés aux insultes de la multitude. Vers le soir, ils furent portés à Sainte-Catherine du Val des Écoliers, église que les archers du roi avaient construite, et dont la façade portait l'inscription suivante : « A la prière des sergents d'ar- « mes, monsieur sainct Loys fonda cette église et y mist la « première pierre. Ce fust pour la joye de la vittoire qui fust « au pont de Bovines, l'an 1214. Les sergents d'armes du « temps gardoyent le dict pont, et vouèrent que si Dieu leur « donnoit vittoire ils fonderoient une église en l'honneur de « madame saincte Catherine : ainsi fut-il. »

On eut la déférence de consulter le dauphin sur la manière dont il fallait célébrer les funérailles, et il exprima le désir qu'elles eussent lieu sans solennité. Mais au moment où l'on allait inhumer Jean de Châlons, l'évêque de Paris le défendit expressément, sous peine d'excommunication majeure, parce que le maréchal de Champagne, quelque temps auparavant, accompagné de Guillaume Staise, avocat de Paris, avait fait arrêter dans l'église Saint-Merry un nommé Perrin Marc, pour avoir tué d'un coup de couteau Jéhan Baillet, trésorier du duc de Normandie. Ce Perrin Marc était commis chez un changeur, et clerc ecclésiastique. Malgré cette dernière qualité, il fut enfermé au Châtelet et pendu après avoir eu le poing coupé, dans la rue Neuve-Saint-Merry, au lieu même où il avait tué le malheureux trésorier. L'évêque de Paris réclama, invoqua les prérogatives du clergé, et obtint que Perrin Marc serait détaché du gibet. Le supplicié fut enterré pompeusement en l'église Saint-Merry, en présence du prévôt des marchands, des échevins et des notables; mais il n'en fut pas de même du pauvre maréchal de Champagne. Son collègue et lui, avec Regnault d'Acy, furent portés au cimetière par des valets qui se payèrent de leur peine en prenant le manteau d'un des maréchaux.

La position n'était pas tenable pour le dauphin, et il se réfugia à Compiègne, où il convoqua les états-généraux. Les députés de trente-quatre diocèses, de dix-huit bailliages et de la capitale refusèrent de le suivre. Les Parisiens se trouvèrent en état de rébellion contre le représentant du roi prisonnier; et le roi de Navarre, sur lequel le parti des réformes avait compté, fit cause commune avec le dauphin.

Le prévôt des marchands avait fait fortifier Paris; il essayait de déterminer les habitants à persévérer dans leurs exigences; mais il manquait d'appui. Il crut politique de s'assurer le concours de Charles le Mauvais, et promit de livrer aux troupes du roi de Navarre la porte Saint-Antoine. Il s'y rendit dans la nuit du 30 juillet 1358, avec quelques affidés; mais il y trouva Johan Maillard, capitaine d'un des quartiers de Paris, et dévoué à la cause royale.

« — Étienne, dit le capitaine, que faites-vous ici à cette heure?

« — Jehan, réplique le prévôt, que vous importe de le savoir? Je suis ici pour prendre garde à la ville dont j'ai le gouvernement.

« — Pardieu! reprit Maillard, vous n'êtes ici, à cette heure, pour aucun bien; et si vous tenez les clefs de la porte, c'est pour trahir la ville.

« — Jehan, vous mentez!

« — C'est vous, » s'écria Maillard.

Et d'un coup de hache d'armes il lui fendit la tête, malgré le bassinet dont elle était couverte.

Les compagnons du prévôt furent massacrés en même temps, et ce fut le signal d'une violente réaction. Le peuple, à la voix de Maillard, se souleva contre ceux dont il avait longtemps admiré l'éloquence et suivi les conseils. Les partisans de Marcel furent incarcérés, mis à la question puis livrés aux bourreaux.

L'animosité qu'ils inspirèrent subitement fut si grande, que, pour en réprimer l'excès, le conseil de ville dut défendre, sous peine de la hart, d'attenter à leurs biens ou aux personnes de leurs femmes et de leurs enfants.

Le régent du royaume rentra en triomphe dans la ville, et six ans plus tard, quand il monta sur le trône, il inaugura son règne en faisant décapiter vingt-huit bourgeois, convaincus, disent les chroniques, « de conspiration pour la liberté. »

Après cette sanglante expédition, Charles V, dit le Sage, gouverna paisiblement; il constitua, d'une manière solide, les élections, tribunal établi pour juger le contentieux en matière d'impôt, par ordonnance du roi Jean, en date du 28 décembre 1355. La généralité de Paris comprit vingt-deux élections, et l'élection de la capitale se composa d'un premier président, un lieutenant, un assesseur, vingt conseillers élus, un avocat, un procureur du roi, un substitut, un greffier, un premier huissier et trois audienciers, huit procureurs des tailles, huit huissiers, huit receveurs des tailles.

Hugues Aubriot, prévôt de Paris, voulait obliger les bourgeois à acquitter les droits de francs-fiefs pour tous les biens nobles qu'ils avaient acquis, ou à présenter des lettres de noblesse qui les exemptassent de ces droits. Sur les réclamations du corps munipal, Charles V reconnut aux bourgeois de Paris tous les priviléges de la noblesse, le bail ou garde-noble de leurs enfants et de leurs parents, la liberté d'acquérir des fiefs et arrière-fiefs, et de les posséder avec les mêmes prérogatives que les nobles d'extraction; la faculté de faire usage de freins dorés et autres ornements militaires attachés à la condition de chevalier; la faculté d'être admis, comme les gentilshommes de race, dans l'ordre de chevalerie.

Charles V embellit Paris et en favorisa l'administration. Il voulut, au mois d'août 1374, que la prévôt des marchands et les échevins fussent présents au Parlement, à l'enregistrement des lettres patentes qui déclaraient que les rois de France seraient majeurs à quatorze ans. Ne se souciant d'habiter ni le palais de la Cité, ni le Louvre, il fit construire à grands frais l'hôtel Saint-Paul, dont l'entrée était rue Saint-Antoine, en face de Sainte-Catherine du Val des Écoliers; cette habitation royale était environnée d'épaisses murailles, flanquées de grosses tours. Elle était divisée en un grand nombre de pièces, parmi lesquelles on distinguait:

Deux chambres du conseil;
La *chambre à jour*, ou salle de réception;
La *chambre des nappes*;
La grande *chambre du grand retrait*;
La *chambre du petit retrait*;
La chambre des bains;
La chambre des étuves;
Les chauffe-doux;
Deux chapelles, l'une haute et l'autre basse;
Un jeu de paume;
Des lices; des jardins où l'on cultivait la lavande, le romarin, les pois et les fèves.

Les vergers abondaient en pommiers, poiriers, vignes et cerisiers. Il y avait des basses-cours, autour desquelles s'élevaient par intervalles des colombiers, et à toutes les fenêtres du palais étaient posés des treillages de fil d'archal pour empêcher les pigeons de faire invasion dans les chambres. Des ménageries étaient réservées aux lions et aux sangliers.

Quelques portions de cette immense enceinte ont donné leur nom aux rues qui en occupent la place.

Les grands seigneurs qui suivaient la cour commencèrent à orner leur manoir de porches massifs, sous lesquels les passants trouvaient un abri, et de tourelles angulaires. Les fenêtres, carrées, étaient séparées par des meneaux de pierre, et s'ouvraient sous des arcades ogivales.

Dans la plupart des maisons bourgeoises, le rez-de-chaussée seul était en pierre. Le reste se composait de poutres verticales ou horizontales, dont les interstices étaient remplis avec du mortier. On recouvrait parfois la façade d'ardoises ou d'essentes, pour prévenir l'infiltration des eaux pluviales. Les étages étaient en encorbellement les uns sur les autres, et aboutissaient à un pignon anguleux. Sur les consoles des poteaux corniers, sur les supports des étages étaient sculptés des écussons, des feuillages, des anges, des animaux fantastiques, des personnages de l'Écriture, ou des caricatures bizarrement contournées. Les boutiques avaient de grandes fenêtres qui servaient à l'étalage, et que l'on fermait avec de lourds volets de bois.

On commençait à comprendre la nécessité d'élargir les rues pour faciliter la circulation toujours croissante des piétons et des voitures. Les documents contemporains font mention de litières, de chariots, de *curres* ou chars branlants à quatre roues. Les progrès du luxe avaient amené, entre autres désordres, un amour effréné du jeu. Les Parisiens jouaient avec acharnement aux dés, au trictrac, aux quilles, à la paume, aux boules; car les cartes, si elles étaient inventées, n'étaient pas encore répandues. Les désastres qui résultaient du jeu, et dont Charles V était chaque jour témoin, lui dictèrent l'ordonnance suivante:

« Charles, par la grâce de Dieu, roi de France:

« A tous ceux qui ces présentes lettres verront salut.

« Savoir faisons que nous désirons de tout nostre cuer, le bon estat, seureté et deffense de nostre royaume, de la chose publique et de tous nos subgez d'iceluy; voulant obvier à tous inconvéniens et toujours enduire et gouverner nos bons subgez en ce qui leur peut estre agréable et prouffitable, avons deffendu et deffendons par ces présentes tous geux de dez, de table, de palmes, de quilles, de palet, soules, de billes et tous autres tels geux, qui ne soient de s'exercer ne habilituer nos diz subgez à fait et usaige d'armes à la deffense de nostre dit royaume, sur peine de quarante sols parisis, à appliquier à tous et chascun et pour chascune fois qu'il y escherra : et voulons et ordonnons que nos diz subgez prennent et entendent à prendre leurs esbatemens, à eux exercer et habiliter en fait de trait d'arc ou d'arbalestre ès lieux et places convenables à ce, ès villes, terreins, et facent leurs deux aux mieux traians, et leurs festes et joies pour ce, si comme bon vous semblera. Or donnons en mandement à tous seneschaux, baillis, prevôts, vicomtes, et autres officiers de nostre dit royaume et à chascun d'eulx; si comme à lui appartiendra, que nostre dite ordonnance ils facent tenir et garder sans enfraindre, et mettre à exécution de point en point, selon sa forme et teneur, sur peine d'encourir nostre indignacion, et d'estre punis, les remis et negligens, de telles peines que ce soit exemple aux autres, en témoing de ce, nous avons fait mettre notre scel à ces présentes lettres. Donné en nostre Hostel de Saint-Pol lez Paris, l'an de grâce 1369, et de notre règne le quint. »

CHAPITRE X.

Fin du règne de Charles V. — Règne de Charles VI.

L'industrie s'était développée, en dépit des guerres civiles ou étrangères et des épidémies qui ravageaient de temps en temps la capitale. Lorsque l'empereur Charles IV vint à Paris, en 1367, le prévôt des marchands et les échevins allèrent à sa rencontre avec plus de quinze cents bourgeois vêtus de robes mi-parties de blanc et de violet; le roi les suivit sur un palefroi blanc, tandis que celui de l'empereur était noir. Charles V avait dans son cortége les ducs de Berry, de Bourgogne, de Bourbon et de Bar, avec une suite considérable de comtes, de barons et de chevaliers, en habits mi-partis de leurs livrées; les écuyers de cuisine eux-mêmes portaient des houppelandes de soie et des aumusses fourrées. Le roi était coiffé d'un chapeau à bec bordé de perles, vêtu d'une *cotte hardie* d'écarlate vermeille et d'un manteau chamarré de fleurs de lys d'or.

Dans le palais de la Cité, il avait fait tendre de riches courtines la chambre du parlement, la chambre sur l'eau et la chambre verte. Le prévôt des marchands et les échevins donnèrent à Charles IV un vaisseau d'argent doré pesant quatre-vingt-dix marcs, et deux grands flacons d'argent émaillé et doré, pesant soixante-dix marcs. Son fils, roi des Romains, reçut une belle fontaine et deux grands pots dorés.

Quoique le roi Charles V eût laissé des économies, elles ne suffirent pas pour entretenir la magnificence du nouveau roi, que l'abus du plaisir finit de conduire à la démence; ses oncles, les ducs de Berri, de Bourgogne, d'Anjou et de Bourbon n'étaient pas moins dilapidateurs. Accablés d'impôts, les Parisiens tinrent plusieurs assemblées dans le Parloir aux bourgeois, sous la présidence de Jehan Culdoé, prévôt des marchands; un savetier, doué d'une éloquence naturelle, harangua les assistants avec tant d'énergie et de succès, qu'ils déclarèrent qu'ils ne paieraient plus rien et qu'ils mourraient plutôt mille fois que de souffrir tant d'exactions et d'injures à leur liberté; ils allèrent, sous la conduite de Culdoé, trouver au palais le duc d'Anjou, qui monta sur la grande table de marbre avec le chancelier de France, Miles de Dormans, évêque de Beauvais, et tous deux promirent d'aviser. Une ordonnance, rendue le 16 novembre 1380, révoqua tous les subsides établis depuis Philippe le Bel, considérant que le peuple était « moult grevé et dommaigé par les aydes. »

Cette concession ne satisfit pas la masse qui, rongée par l'usure, demanda l'expulsion des juifs et des lombards. Le chancelier s'engagea à en parler au roi; mais, en attendant une solution, des forcenés envahirent le quartier juif, dont ils pillèrent les maisons, et dont ils jetèrent les meubles par les fenêtres. Les débiteurs ne manquèrent pas d'anéantir les billets à ordre qu'ils avaient souscrits. Les malheureux israélites, dépouillés et battus, ne trouvèrent de refuge que dans la prison du Grand-Châtelet, où ils allèrent volontairement s'écrouer. Au milieu du désordre, en même temps que l'argenterie et les pierres précieuses, on enleva les enfants juifs, qui furent portés à l'église pour être baptisés. « Cette dernière violence, dit gravement l'historien Villaret, mériterait d'être louée si la fureur et l'avarice n'en eussent pas corrompu la sainteté. »

Les moyens de répression manquaient à l'autorité; des fonctions du prévôt de Paris fut distraite l'information des délits, l'arrestation des émeutiers, la dispersion des rassemblements. Et Maurice de Trésiguidy fut pourvu de la charge de capitaine de la ville de Paris. Dès que son service fut organisé, le duc d'Anjou se crut assez fort pour rétablir les anciens impôts. Le 1er mars 1381, les receveurs des aides se présentèrent aux Halles de Paris pour percevoir les taxes sur les fruits et les légumes; ils s'adressèrent d'abord à une marchande de cresson, nommée Perroette la Morelle (c'est-à-dire la noire). Elle se récria; à son appel la foule accourut, assomma le receveur; puis grossissant toujours, aux cris : Aux armes pour la liberté de Paris! elle courut à l'Hôtel-de-Ville et s'empara de maillets de plomb, pesant chacun vingt-cinq livres et qui avaient été distribués sous le règne de Charles V, dans la crainte d'invasion des Anglais. Tous les receveurs qui eurent le malheur de rester dans les rues furent impitoyablement égorgés; on en poursuivit quelques-uns jusque dans les sanctuaires de Notre-Dame, de Saint-Jacques la Boucherie et de Saint-Germain des Prés. L'avocat-général Jean Desmarets, qui était un vieillard cassé, se fit porter en litière pour calmer l'exaspération publique, tandis qu'Audouin Thouveron, prévôt de Paris, faisait opérer des arrestations, et que l'évêque, à la tête du corps universitaire, allait solliciter l'intervention de Charles VI, qui se trouvait alors à Vincennes. Ils en rapportèrent la promesse d'une suppression définitive des impôts odieux. La fureur populaire s'apaisa, et Audouin Thouveron en profita subtilement pour faire coudre dans des sacs et jeter dans la Seine tous ceux qu'il avait incarcérés. Néanmoins, pour faire leur paix avec le monarque, et pour l'indemniser du revenu auquel il renonçait, les bourgeois lui votèrent un don volontaire de cent mille francs. La colère de la royauté n'en fut pas désarmée. Lorsque Charles VI revint de Flandres, il rentra à Paris comme un conquérant. Les bourgeois s'étaient rangés en bataille entre Saint-Denis et Saint-Lazarre. Les hérauts d'armes qui précédaient l'armée royale s'avancèrent vers le premier rang pour demander aux quartoniers, aux cinquanteniers et aux dixeniers : « Où sont les maîtres? où sont vos capitaines? sont-ce pas vos seigneurs qui nous ont envoyés? »

Là dessus ils baissèrent la tête; et ils dirent : Il n'y a nul maître.

Le roi arriva à la porte Saint-Denis avec ses oncles, les ducs de Berry et de Bourgogne. Le prévôt des marchands Guillaume Bourdon, vêtu d'une robe de satin cramoisi, l'attendait avec les échevins. Charles VI refusa de les recevoir. Les hommes d'armes jetèrent les portes hors des gonds, abattirent les barrières; puis ils se répandirent dans la ville sous la direction des maréchaux Louis de Sancerre et Jehan de Marquenchy. Trois cents personnes furent arrêtées et exécutées, entre autres le vieux Desmarets, Nicolas le Flamand, marchand drapier, qui avait été jadis ami d'Étienne Marcel, messire Guillaume de Sens, maître Jehan Filleul, maître Jacques Charlet, maître Martin Double, tous avocats au parlement ou au Châtelet. Les uns furent jetés à la Seine dans des sacs, d'autres étranglés ou pendus. Les plus notables furent décapités en place de Grève, le 28 février 1383; Jehan Desmarets, coupable seulement de modération, marcha fièrement au supplice en récitant ces paroles : *Judica me, Deus, et discerne causam meam de gente non sancta...*

Le 27 janvier 1383, Charles VI avait aboli les anciennes prérogatives dont l'origine était antérieure à celle de l'oppressive monarchie. Son édit était ainsi conçu :

« Charles, par la grâce de Dieu, roy de France, sçavoir faisons à tous présents et à venir, que comme assés tost après le trépassement de nostre très cher seigneur et père que Dieu absoille, les aydes qui son temps avoient cours en nostre dit royaume pour la deffense d'icelui et mesmement en nostre ville de Paris, eussent été abattues de fait et mises au néant par certaine commotion de peuple, faite à Paris par plusieurs gens de malvoulenté et désordonnée; et les boistes de nos fermiers abattues et despécées; et depuis ce en l'année dernièrement passée, les bourgeois, manants et habitants de nostre dite ville où la plus grant et saine partie eussent accordé avoir cours en nostre dite ville pour la deffense de nostre royaume, certaines aydes communes, c'est à savoir, l'imposition, la gabelle et autres aydes, par la forme et la manière plus à plein déclarée en certaines instructions sur ce faites à commencer le premier jour de mars dernièrement passé, auquel jour plusieurs des manants et habitants de nostre dite ville, et autres gens de malvoulenté qui estoient ledit jour en icelle ville, en persévérant de mal en pis, et pour empescher le cours desdites aydes, rompu les boistes ordonnées pour mettre les deniers d'iceulx, et illecques alez en l'église Saint-Jacques-de-l'Hospital, où ils trouvèrent un des fermiers des dites aydes, le quel ils boutèrent et menèrent par force hors d'icelle église et le tuèrent et menèrent par force hors d'icelle église et le tuèrent et meurtrirent. Et après ce feussent transportez en la maison de la ville, et d'icelle rompu les portes, huis et coffres et prins grande quantité de maillets qui y estoient, les quels Hugues Aubriot, jadis prévôt de Paris, avait fait faire du commandement de nostre très cher seigneur et père que Dieu absoille, et aussi eussent tué et meurtri aucuns de nos officiers et autres qui avoient receu les impositions et autres aydes, etc... Pourquoy nous voulant pourvoir à ce et tenir subjectz en bonne paix et tranquillité, et les garder de renchoir en telles et semblables rebellions, maléfices et désobéisance par grand et mûre délibération, de nostre grand conseil auquel estoient nos très chiers et aimez oncles les ducs de Béri, de Bourgogne et de Bourbon; et le sire d'Alebrot, le conestable, l'admiral et maréchaux de France et plusieurs autres, tant de nostre sang et lignage comme prélats et autres, avons ordonné et ordonnons par les présentes les choses s'ensuivent : 1° Nous prins et mis, prenons et mettons en nostre main, la prévôté des marchands, eschevinage et clergie de nostre dit ville de Paris avecques toute la juridiction, coertion et congnaissance et autres droits quelsconques qui avoient et souloient avoir les prévost des marchands, eschevins et clergie d'icelle ville en quelloque manière que ce soit, et aussi toutes les rentes et revenus appartenant à iceulx prévost, eschevins. Item : voulons et ordonnons que nostre prévôt de Paris ait toute la juridiction, congnaissance et coertion que les dits prévost, eschevins et clercs avoient et pouvoient avoir en

La Saint-Barthélemy.

quelle manière que ce soit, excepté le fait de la recette des rentes et revenus de notre dite ville, tant seulement la quelle nous voulons être faite par notre receveur ordinaire de Paris, etc. »

Par crainte du mécontentement populaire, Charles VI, qui avait épousé, le 20 juillet 1385, Isabeau, fille d'Étienne II, duc de Bavière, n'osa la faire entrer solennellement dans Paris que le dimanche 22 août 1389. « Il le fit notifier, raconte Juvénal des Ursins, afin que ceux de la ville de Paris se préparassent. Et furent toutes les rues tendues, par lesquelles elle devait passer. »

A la Porte-aux-Peintres, rue Saint-Denis, on voyait un ciel garni de nuages et d'étoiles ; au centre, la Trinité. Des enfants habillés en anges exécutaient des concerts. Quand la reine passa, deux anges descendirent et lui posèrent sur la tête une couronne d'or, en chantant :

> Dame enclose entre fleurs de lys,
> Reine, êtes-vous du Paradis,
> De France et de tout le pays?
> Nous en rallons en Paradis.

Deux hommes déguisés en ours et en licorne offrirent des présents à la reine.

« Il y avoit à chaque carrefour, ajoute Juvénal des Ursins, diverses histoires et fontaines jettans eau, vin et laict. Ceux de Paris allèrent au devant avec le prévost des marchands, à grande multitude de peuple criant : « Noël ! » Le pont par où elle passa (le Pont-aux-Changes) estoit tout tendu d'un taffetas bleu à fleurs de lys d'or ; y avoit un homme assez léger, habillé en guise d'un ange, lequel, par engins bien faits, vint des tours Nostre-Dame de Paris à l'endroit du dit pont, et entra par une fenêtre de la dite couverture, à l'heure que la reyne passoit, et luy mit une belle couronne sur la teste. Et puis, par les habillements qui estoient faits, fut retiré par la dite fente comme s'il s'en fust retourné de soy-mesme au ciel. Devant le grand Chastelet y avoit un beau lict tout tendu et bien ordonné de tapisserie d'azur à fleurs de lys d'or. Et disoit-on qu'il estoit fait pour représentation d'un lict de justice, et estoit bien grand et richement paré. Et au milieu y avoit un cerf bien grand, tout blanc, fait artificiellement, les cornes dorées, et une couronne d'or au col. Et estoit tellement fait et composé, qu'il y avoit homme qu'on ne voyoit pas, qui luy faisoit remuer les yeux, les cornes, la bouche et tous les membres, et avoit au col les armes du roy pendants, c'est à sçavoir l'escu d'azur à trois fleurs de lys d'or, bien richement fait. Et sur le lict, emprès le cerf, y avoit une grande espée toute nue, belle et claire. Et quand ce vint à l'heure que la reyne passa, celui qui gouvernoit le cerf, au pied de devant dextre luy fit prendre l'espée, et la tenoit toute droite et la faisoit trembler. Au roy fut rapporté qu'on faisoit les dits préparatoires, et dit à Savoisy, qui estoit un de ceux qui estoient des plus près de luy : « Savoisy, je te prie tant que je puis « que tu montes sur un bon cheval, et je monteray derrière « toy, et nous nous habillerons tellement qu'on ne nous co- « gnoistra point, et allons voir l'entrée de ma femme. » Et combien que Savoisy fist bien son devoir de le desmouvoir, toutes fois le roy le voulut, et luy commanda que ainsi fust fait. Si fit Savoisy ce que le roy avoit commandé, et se desguisa le mieux qu'il put, et monta sur un fort cheval, et le roy derrière luy, et s'en allèrent parmi la ville en divers lieux, et s'advancèrent pour venir au Chastelet, à l'heure que la reyne passoit, et y avoit moult de peuple et grande presse. Et se bouta Savoisy le plus près qu'il put, et là y avoit sergents de tous costés tenans grosses boulayes bien fort, et s'efforçoit toujours Savoisy d'approcher. Et les sergents, qui ne cognoissoient ny le roy, ni Savoisy, frappoient de leurs boulayes sur eux ; et en eut le roy plusieurs coups et horions sur les espaules bien assis. Et au soir, en la présence des dames et damoiselles, fut la chose sceue et récitée, et s'en commença-t-on à farcer, et le roy mesme se farçoit des horions qu'il avoit receus. La reyne, à l'entrée, estoit en une littière bien richement ornée et habillée, et aussi estoient les dames et damoiselles, qui estoit belle chose à voir. Ils soupèrent et firent grande chère. Et qui voudroit mettre tous les habillements des dames et demoiselles, des chevaliers et escuyers, et de ceux qui menoient la reyne, ce seroient choses longues à réciter, et ne serviroient de guères. Après souper, y eut chansons et danses jusques au jour, et fait une très-grande chère. Le lendemain, y eut toustés et autres esbattements. »

CHAPITRE XI.

Les confrères de la Passion.

Dans cette fête comme dans les précédentes, nous voyons figurer des représentations dramatiques. Elles s'établirent d'une manière régulière à Paris, dans la grande salle de l'hôpital de la Trinité, fondé par Guillaume Escuacol, au coin des rues Grenéta et Saint-Denis. Les religieux, qui appartenaient à l'ordre des Prémontrés, louèrent leur grande salle à de pieux acteurs qui prirent le titre de *maîtres et gouverneurs de la Passion et Rédemption de Nostre-Seigneur*. Leur théâtre, installé dans une salle de vingt et une toises de long sur six de large, n'avait, comme nous l'avons déjà indiqué, aucun rapport avec les nôtres. On ignorait l'art de placer successivement plusieurs décorations sur une scène unique. L'unité de lieu n'était point observée. La scène se divisait en autant de compartiments qu'on avait de localités à parcourir. Un des confrères, avant le lever des rideaux, expliquait ce que l'on allait voir. Ainsi, dans le *Mystère de la Résurrection*, un des régisseurs du spectacle prononçait ce prologue d'ouverture :

> En ceste manère reciton
> La sainte resurection.
> Primèrement aparellions
> Tus les lius et les mansions.
> Le crucifix primèrement,
> Et puis après le monument,
> Une laule i delt aver,
> Pour les prisons emprisonner.
> Enfer seit mis de cele part,
> Es mansions de l'altre part;
> Et puis le ciel et as estais.
> Puis mes. Pilate od ses vassals,
> Sis ou sut chivalliers aura.
> Cayphas en l'altre sera,
> Od lui seit la juerie.
> Puis Joseph d'Arimachie,
> El quart lui seit dans Nichodème,
> Chercons i ad od sei les sœurs.
> El quint les deciples Christ,
> Les treis Maries soient el sist.
> Si seit porvu que l'on face
> Galilée emmi la place.
> Jemmaus encore i seit fait
> O Jes.-Christ fut al hostel trait.
> Et cum la gent est toute assise,
> Et la paix de toutes parts mise
> Dan Joseph, cil de Arimachie
> Venge à Pilate et lui die.

On voit par là que le théâtre représentait à la fois la croix, le tombeau, une prison, l'enfer, le ciel et les étoiles; une maison où se tenait messire Pilate avec six chevaliers; la maison de Caïphe, qui était entouré des Juifs; la Galilée, Emmaüs, etc. Toutes les fois que le dialogue était coupé par de la pantomime, le régisseur reprenait la parole pour donner des explications sur le jeu muet. Ce fut ainsi que furent joués à Paris par les confrères de la Passion :

La Vie et les Miracles de saint Andry;
L'Assomption de la glorieuse vierge Marie, mystère à trente-huit personnages;
La Vie de Madame sainte Barbe;
Le Mystère de la sainte Hostie;
Le Mystère de Griselidis, marquise de Sallues, à trente-cinq personnages;
Le Mystère de l'Institution des frères prêcheurs;

Puis, des moralités allégoriques comme :
La Mort de Narcissus, moralité à trois personnages;
Le Las d'amour divin, moralité à huit personnages;
La moralité *du mauvais Riche et du Ladre;*

Enfin des farces dont les titres seuls indiquent le genre graveleux et cynique :

Farce de l'Ante-Christ et de trois femmes, *l'une bourgeoise et les deux autres poissonnières*, à quatre personnages;
Farce joyeuse et récréative *d'une femme qui demande les arrérages à son mari;* à cinq personnages;
Farce *du médecin qui guérit toutes sortes de maladies et de plusieurs autres, aussi fait le nez à l'enfant d'une femme grosse, et apprend à deviner;* à quatre personnages;
Farce *de Colin, fils de Thenot le Maure, qui revient de la guerre de Naples, et amène un pèlerin prisonnier, pensant que ce fût un Turc;* à quatre personnages;
Farce de ceux *qui aiment mieux suivre et croire fol conduit et vivre à leur plaisir que d'apprendre aucune bonne science;* à quatre personnages;
Farce contenant le débat *d'un jeune moine et d'un vieil gendarme, par-devant le Dieu Cupidon, pour une fille;* à quatre personnages.

Dans les premiers temps, les confrères de la Passion ne s'adonnèrent qu'au genre sérieux; aussi eurent-ils la bonté d'avancer l'heure des vêpres, afin qu'il fût loisible aux fidèles de se rendre au spectacle, qui commençait à une heure et se terminait à cinq heures. Il fallait que les acteurs fussent expéditifs pour déclamer en si peu de temps des compositions dramatiques dont quelques-unes ont vingt mille vers. Elles ne sont pas dépourvues de mérite, et offrent surtout une variété que les anciens ne connaissaient pas. La tragédie, suivant Aristote, devait être *l'imitation d'une action sérieuse*, et les personnages qu'il fallait représenter de préférence étaient les grandes victimes de la fatalité. Dans les mystères, les habitants du ciel, les démons, les seigneurs, les soldats, les paysans prennent part à une action commune, et chacun s'exprime avec un langage approprié. Dans le *mystère de la Passion* qui fut composé sous Charles VI, et dont le style est par conséquent plus intelligible pour nous que celui du mystère plus ancien dont nous avons cité le prologue, Lucifer apostrophe ainsi ses auxiliaires :

> Diables d'enfer, horribles et cornus,
> Gros et menus, ons regards hastiliques,
> Infâmes chiens, qu'êtes-vous devenus?
> Saillez tous nudz, vieux, jeunes et chanus,
> Bossus, tortus, serpents diaboliques,
> Aspidiques, rebelles tyranniques,
> Vos pratiques de jour en jour perdez.
> Traîtres, larrons, d'enfer sortez, vuidez!

S'agit-il du mariage de Joseph et Marie, le poëte prend un ton doux et gracieux :

JOSEPH.
> Suave et odorante rose,
> Je sçay bien que je suis indigne
> D'espouser vierge tant bénigne,
> Nonobstant que soye descendu
>   De David, bien entendu.
> Mamye, je n'ay guères de biens.

MARIE.
> Nous trouverons bien les moyens
> De vivre, mais que y mettons peine :
> En teinture de soye et laine
> Me congnoys.

JOSEPH.
> C'est bien dict, mamye.
> Aussi de ma charpenterie
> Je gaigneray quelque chosette.

Aux noces de Cana, un ivrogne témoin du miracle s'écrie :

> Si sçavoye faire ce qu'il fait,
> Toute la mer de Galilée
> Seroit ennuyt en vin muée,
> Et jamais sur terre n'auroit
> Goutte d'eau, ne pleuvroit
> Rien du ciel que tout ne fust vin.

Un des mendiants qui se pressent autour de Jésus-Christ dit avec douleur :

> Jo regarde sur mes drapeaux
> S'on y a jetté quelque maille :
> J'ouïs, tantôt : baille luy, baille!
> Y n'y a denier ne demy.
> Un pauvre homme n'a point d'amy.

Les mystères n'étaient pas les seuls ébattements de cette époque de dissipation, où la société parisienne semblait chercher à s'étourdir. Les mascarades étaient fréquentes dans les grands hôtels ; on y donnait aussi des bals, et à cette occasion les salles étaient décorées de marjolaines, de muguets et de girofiées.

La musique avait fait d'immenses progrès ; les auteurs du temps font mention du rebec ou violon, de la vielle, de la guiterne latine, de la guiterne moresche, du demy-canon, de la flûte Behaigne ou bohémienne, du cornet d'Allemagne, du timbre, de la basse, des cornemuses, cimbales, tambours, clochettes, buccines, monocordes, flaiots, naquaires, flageolets, etc.

CHAPITRE XII.

Démence de Charles VI. — Assassinat de Louis d'Orléans. — Grandeur et décadence des Cabochiens.

La France, où, malgré la misère publique, les seigneurs ne songeaient qu'au plaisir, fut surprise par d'affreuses calamités. Le roi devint fou et, d'après les contemporains, dont toutefois les déclarations sont contenues par le respect pour la royauté, sa démence provint de ses excès. Comme le dit M. Vallet de Viriville, dans une étude remarquable sur Isabeau de Bavière :

« Non content de ces fêtes publiques et splendides, accompagnées de mille folies privées, Charles VI résolut de visiter personnellement ses provinces du Midi. Le roi partit de Paris le 3 octobre 1389. Il n'emmena pas la reine, qui touchait au terme d'une grossesse. Aussi bien, il faut le dire, la présence d'Isabelle n'eût pas laissé d'être sans doute importune à son jeune époux. En vérité, l'extinction du schisme d'Avignon, la répression des abus commis par le duc de Berry en Languedoc, furent les motifs sérieux, mais non la grande affaire de ce voyage. La grande affaire du jeune roi fut le plaisir. Au moyen âge, la Provence et le Languedoc, avec la Guyenne, étaient en France le pays du plaisir. Là, sous un ciel plus ardent, les traditions sensualistes de l'antiquité s'étaient perpétuées dans le sang et dans les usages. Elles se mêlaient aux coutumes qu'avait inoculées à ces populations le contact des races orientales. Charles s'y promena, dansant de ville en ville. A Lyon, Avignon, Toulouse, etc., les belles dames l'accueillirent avec bonne grâce, avec une grâce inépuisable comme les libéralités de son escarcelle. La jeune reine-mère, délaissée à Paris, fut bien oubliée. Nous avons les comptes royaux de ce voyage. Le 24 octobre 1389, le roi était arrivé à Romans en Dauphiné. Il expédia de ce point à la reine un courrier pour lui mander de ses nouvelles. La poste royale, instituée par Louis XI, n'existait point encore. De là au 12 mars 1390, date de son retour à Saint-Paul, ce fut le seul message que l'époux voyageur adressa, pendant cette longue absence, à la reine. Charles but jusqu'à l'ivresse, jusqu'à la lie, à cette coupe empoisonnée, à ce philtre mortel. Il revint blasé, vieilli en six mois, épuisé. C'en était fait de sa débile raison. Au mois d'août 1392, atteint déjà antérieurement de plusieurs symptômes, il tomba en frénésie, comme on sait, dans la forêt du Mans. »

Des épidémies terribles désolèrent de nouveau Paris, tandis que les Anglais menaçaient la France. La reine et Louis, duc d'Orléans, frère du roi, commencèrent à gouverner ensemble, non pour garantir la sécurité des citoyens, mais pour dilapider les finances. Bernard, comte d'Armagnac, les secondait ; ils eurent pour adversaires le duc de Bourgogne, Philippe le Hardi et plus tard son fils Jean sans Peur. Malgré leur opposition, Isabeau de Bavière, dit Villaret, ne se servait de son ascendant sur son époux, presque toujours imbécile ou furieux, que pour assouvir son avarice et la pente indiscrète qui l'entraînait aux plaisirs. Le duc d'Orléans disposait entièrement d'elle et de l'État. Princes, généraux, ministres, tout fléchissait sous leurs autorités réunies. Le peuple opprimé murmurait et chargeait d'imprécations les auteurs de ses maux : il appelait la reine que *la grande gaure*, dénomination honteuse, dont la modestie ne permet pas de donner l'interprétation. Dans les lieux publics, dans les sociétés particulières, on prodiguait à la reine, ainsi qu'à son beau-frère, les malédictions les plus injurieuses.

Le 28 mai 1405, jour de l'Ascension, un religieux Augustin, nommé Jacques Legrand, osa publiquement reprocher à Isabeau de Bavière son infamie. « Noble reine, lui dit-il du haut de sa chaire, je vous avertis que dame Vénus, et ce n'est un mystère pour aucun, règne à votre cour, elle occupe le trône où siège votre royale personne. Débauche, Gourmandise et Ivresse sont ses féales assidues. Celles-ci retiennent certains chevaliers et écuyers délicats qui vous entourent ; elles leur défendent de partir pour les lieux où se donnent les horions, de peur qu'il ne reviennent déformés en quelque partie de leur peau ou de leur corps, » etc. Ce discours ne profita pas à la reine indignée. Le prédicateur fut interpellé et menacé au sortir de l'église ; mais le roi, qui était sain d'esprit en ce moment, le protégea ; il voulut l'entendre à la Pentecôte suivante (7 juin). Jacques Legrand poursuivit bravement, en cette nouvelle occasion, son thème apostolique. Le roi l'approuva hautement et promit d'y faire droit ; mais très-peu de jours après, le 13 juin, il éprouva une nouvelle atteinte de folie. Irrité sans doute par les horreurs qui lui avaient été révélées, il entra dans un accès de fureur tel, que personne n'osait l'approcher. Il passa plus de cinq mois sans vouloir se coucher, changer de vêtements ou de linge.

Cependant, le duc de Bourgogne feignit de se réconcilier avec Louis d'Orléans ; ils prirent des épices et burent du vin ensemble chez leur oncle le duc de Berry ; ils entrèrent ensemble à côté de la reine dans la ville de Paris, suivis des princes et des seigneurs. L'or, l'argent, les pierreries brillaient sur les habits et les équipages ; *les chevaux étaient ferrés d'argent*. Cette troupe fastueuse traversa les flots d'un peuple curieux, vint descendre à Notre-Dame, et de là se rendit au Louvre. Mais le duc de Bourgogne méditait une vengeance ; il en chargea Raoul d'Octonville, qui, après avoir été nommé intendant général des finances, par ordonnance du 5 septembre 1397, avait été destitué par Louis d'Orléans.

Isabeau de Bavière avait acheté, en 1308, du surintendant Montaigu, l'hôtel bâti par Étienne Barbette, rue Vieille-du-Temple. Elle y était en couches le 23 novembre 1407, et elle pleurait un fils nommé Philippe, son douzième et dernier enfant, né le 10 de ce mois et mort le même jour. Louis, duc d'Orléans, ce jour-là (23 novembre), fête de saint Clément, était venu la consoler. Il avait soupé chez elle, gaiement, selon sa coutume.

Raoul s'était associé un nommé Dino Rapondi, de Lucques, marchand-fournisseur de la cour, Thomas de Courtheuse, valet de chambre du roi, et quelques assassins subalternes. Il avait loué pour six mois, moyennant la somme de seize écus, une maison voisine, à l'enseigne *Nostre-Dame*.

Vers huit heures du soir, Thomas de Courtheuse vint prévenir le duc que le roi désirait immédiatement lui parler.

— Je suis prêt, dit-il ; et il monta sur une mule, accompagné de deux écuyers à cheval et de quatre valets qui portaient des torches. Il s'en allait avec insouciance en chantant et en jouant avec ses gants de peau de chien brodés. Tout à coup parut un homme coiffé d'un chaperon rouge qui lui descendait sur les yeux, et aussitôt les gens apostés s'écrièrent : à mort ! à mort !

— Je suis le duc d'Orléans, dit le borgne.

— Tant mieux ! c'est ce que nous demandons.

On se jeta sur lui avec furie ; un de ses valets se fit tuer en le défendant ; son cadavre mutilé fut porté à l'hôtel du maréchal de Rieux, et de là dans l'église des Blancs-Manteaux, où son service fut pompeusement célébré. Le duc de Bourgogne, qu'on ne soupçonnait pas encore, y assista avec les ducs d'Anjou, de Berry et de Bourbon ; mais le lendemain, Tignoville, prévôt de Paris, ayant demandé que le conseil royal autorisât des recherches jusque dans les hôtels des princes, Jean sans Peur s'enfuit précipitamment au château de Lens (en Artois).

La veuve de la victime, Valentine de Milan, vint de Château-Thierry où elle se trouvait, et entra à Paris dans une voiture entièrement drapée de noir et traînée par des chevaux blancs. Elle demanda justice à Charles VI, et, dans la grande salle de l'hôtel de Saint-Paul, se réunit une assemblée à laquelle assistèrent le duc d'Anjou, roi de Sicile, les ducs de Guyenne, de Berri et de Bourbon, les prélats, les grands seigneurs du royaume, le Parlement, l'Université, le prévôt des marchands et les échevins. Jehan Petit, de l'ordre des cordeliers, s'attacha à prouver que le défunt avait machiné la mort du roi, aspiré à la couronne et employé la sorcellerie pour parvenir à ses fins. C'étaient des accusations dignes de l'insensé devant lequel elles étaient portées. Il y ajouta foi; le duc de Bourgogne fut légalement amnistié, et, vainqueur des Liégeois qui s'étaient révoltés contre lui, il reparut triomphant dans la capitale, aux applaudissements du peuple, qui voyait en lui le défenseur des libertés publiques et l'ennemi de la domination du bon plaisir.

En réalité, le peuple seul était de bonne foi; Jean sans Peur, qui le flattait, n'avait pas d'autre idée que de profiter des dissensions civiles pour agrandir ses domaines et fonder peut-être une dynastie. La reine, Charles d'Orléans, son beau-père Bernard, comte d'Armagnac, de Fesenzac et de Rodez, soutenaient le pouvoir absolu, non pour être à même de réaliser de grandes vues, mais pour accroître sans mesure leur faste insolent.

Aux seigneurs français s'étaient associés, pour dilapider les finances, Louis le Barbu, frère d'Isabeau de Bavière, dont M. Vallet de Viriville, a instruit le procès en cherchant des preuves dans les archives mêmes de la Bavière. Pour nantissement d'un don royal de 120,000 francs, le frère de la reine s'était fait délivrer la garde des joyaux du roi et une partie du mobilier le plus précieux de la couronne. Le titre authentique de cette donation subsiste aux archives royales de Munich. De ce fonds mobilier et de beaucoup d'autres joyaux tirés de la même source, il composa un amas énorme de richesses en métaux précieux, vases sacrés, bijoux et pierreries. Cet amas fut divisé en trois parts : la première devint le lot d'un parent de Louis, haut officier de la Bavière rhénane, qui s'en saisit on ne sait à quel titre; la seconde composa le trésor d'Ingolstadt ou prit place parmi les *regalia* du palais à Munich. Louis de Bavière, d'après les témoignages contemporains, se vantait avec impudence, par devers ses compatriotes, de ces acquisitions. « Il avouait ingénuement, dit Aventin dans les *Annales de Bavière* (Ingolstadt, 1710, in-fol.), que ces trésors lui étaient venus, partie à l'aide du crime, de la fraude, du dol et de la violence, partie des dons que lui avait faits Charles VI, le roi de France, grâce à l'entremise de la reine sa sœur. » (*Ipse Ludovicus fatetur ingenue partim scelere parta, fraude, dolo, vi intercepta; partim sibi a Carolo VI*[e]*, rege Francorum, regina Elisabetha sorore sua, donata esse.*)

Maître de Paris, Jean sans Peur en chassa tous les partisans de Charles d'Orléans et de Bernard d'Armagnac. Sous le nom de milice royale, au mois d'avril 1413, il arma une compagnie dont les principaux chefs étaient pris dans la corporation des bouchers : les plus influents étaient Simonet Caboche, Denis et de Chaumont, les frères Le Gois et le chirurgien Jean de Troyes. Le gouvernement de Paris fut donné à Hélyon de Jacqueville, gentilhomme bourguignon, qui sévit avec emportement contre les Armagnacs. Le 23 avril 1413, Charles VI, sa femme et son beau-frère, le dauphin et les principaux officiers du palais se trouvaient réunis à l'hôtel Saint-Paul, lorsqu'il fut envahi par la multitude que dirigeait Caboche, et qui demandait le châtiment et l'incarcération de Louis de Bavière et d'une cinquantaine d'hommes et de femmes, connus par la facilité avec laquelle ils puisaient dans le trésor public pour alimenter leur luxe et leur débauche, sans se soucier d'entretenir les défenseurs de la patrie contre les Anglais.

Louis de Bavière devait se marier le lendemain avec la sœur du comte d'Alençon. En proie au trouble et à la douleur, Isabelle implora inutilement l'intervention du duc de Bourgogne. Elle invoqua ensuite, sans plus de succès, l'autorité de son jeune fils, héritier direct du trône. Enfin, elle se prosterna devant les insurgés, se répandant en prières et en larmes. Elle les pria de surseoir, seulement de huit jours, en faveur de son frère : « Au bout de ce terme, disait-elle, sans nulle faute, je vous le livrerai à volonté. Du moins, souffrez que je le fasse conduire derrière vous en prison à votre volonté. » Rien ne fit. Louis de Bavière, inspiré par l'instinct de sa conservation, conjura la foudre en obéissant; il se livra de lui-même et fut conduit au Louvre avec tous les autres prisonniers. La reine, en présence de ces excès, selon un acte authentique, « prit telle fureur, peur et abominacion, que de ce elle fut en péril de mort et de griefve maladie. »

Afin de se mieux concilier les masses, le duc de Bourgogne obtint de Charles VI un édit qui restituait aux Parisiens les priviléges supprimés en 1383.

« Savoir faisons, disait-il, que notre bonne ville de Paris, qui est la principale ville capitale de notre royaume, a été de toute ancienneté décorée de plusieurs grands et notables droits, noblesse, prérogatives, priviléges, libertez, franchises, possessions, rentes et revenus, et pour le bon gouvernement d'icelle y ait eu de tout temps prévost des marchands et eschevins, clergie, maison appelée la Maison de Ville, Parlouer aux Bourgeois et plusieurs autres officiers pertinents au fait de la dite prévosté et eschevinage, par lesquels nostre dite bonne ville et les manants et habitants d'icelle ont été anciennement bien gardez et maintenus en bonne paix et seureté, et le fait de la marchandise d'icelle estre grandement et noblement soustenu. Depuis aucun temps, en ça pour aucunes causes à ce nous mouvants, nous eussions et ayions pris en nostre main les dittes prévosté, eschevinage, Maison de la Ville et clergie d'icelle prévosté des marchands, ensemble la jurdiction, coertion, congnoissance, rentes, revenus et autres droits quelconques appartenant à icelle prévosté, etc.

« Nous, les choses dessus considérées pour le bien, prouffit et seureté de nostre ditte ville et pour autres causes et considérations à ce nous mouvants, eu sur ce, grand et meure délibération de conseil avec plusieurs de nostre sang et lignage et aultres de nostre grand conseil; l'empeschement et main mise ainsi que dit est par nous ès dittes prévosté des marchands, eschevinage, clergie, Maison de la Ville, Parlouer aux Bourgeois, jurisdiction, coertion, prévilléges, rentes, revenus et droits appartenans d'anciennetez à icelle prévosté des marchands, eschevinage et clergie de nostre ditte bonne ville de Paris, avons levé et osté, levons et ostons à plein de nostre certaine science et propre mouvement, et voulons que nos dits bourgeois, manants et habitants en icelle nostre ditte ville des prévosté des dits marchands et eschevinage, clergie, Maison de la Ville, Parlouer aux Bourgeois, jurisdiction, coertion, congnoissance, rentes, revenus, possessions quelconques, droits, honneurs, noblesses, prérogatives, franchises, libertez et priviléges, joyssent entièrement et paisiblement perpétuellement à tousjours pareillement qu'ils faisoient paravant, etc... Donné à Paris, le 27e jour de janvier, l'an de grâce 1411, et de nostre règne 32e. Ainsi signé par le roy en son conseil, auquel le roy de Sicile, le duc de Bourgogne et plusieurs autres estoient.

Les cabochiens ne s'occupèrent pas uniquement de Paris, ils obtinrent de Charles VI une ordonnance réformatrice qui se divisait en dix chapitres : le domaine royal, les monnaies, les aides, le trésor des guerres, la chambre des comptes, le parlement, la justice, la chancellerie, les eaux et forêts, la gendarmerie.

C'était le *compendium* des idées les plus avancées des démocrates du xve siècle; mais ce manifeste effraya les intérêts et contribua à amener une réaction. Le 3 août 1413, plusieurs membres de l'Université commencèrent à négocier un accommodement avec le parti des Armagnacs, et à faire en ce sens des démarches auprès du roi et du dauphin. Le peuple, assemblé sur la place de Grève, demanda la paix à grands cris. Jean sans Peur, dont le surnom n'est peut-être qu'une ironie consacrée par l'histoire, se hâta de disparaître, tandis que le dauphin et le duc de Berry entraient triomphalement à Paris. Les chaperons blancs que portaient les Cabochiens disparurent pour faire place aux écharpes des Armagnacs, que l'on appelait par cette raison les bandés. Le dauphin fit distribuer des huques ou houppelandes de drap violet, sur lesquelles était brodée en perles cette devise : *Le droict chemin*. Le dauphin portait sur un étendard brodé d'or un H, un cygne et un L, en l'honneur d'une demoiselle dont il était épris, fille de messire Guillaume Cassinel.

Juvénal des Ursins, écrivain très-hostile à ceux qu'il appelle « les pauvres gens de bas-états, » avoue qu'il y avait de bonnes choses dans l'ordonnance cabochienne. Néanmoins, elle fut cassée, et un de ses promoteurs, Jean de Troyes, eut le cou coupé aux halles de Paris. Trois cents Cabochiens furent proscrits, et une multitude d'autres furent emprisonnés, comme le rapporte le *Journal d'un Bourgeois de Paris* :

« Tout le pays étoit plein de gens de bas-armes, de par eux, et firent tant qu'ils eurent tous les seigneurs (plus distingués) bourgeois de la ville de Paris dans leur bande, qui, par semblant, avoient aimé moult le duc de Bourgongne pour le temps qu'il estoit à Paris; mais ils se tournèrent tellement contre lui qu'ils eussent mis corps et chevance pour le destruire lui et les siens; ne personne, tant fust grand, n'osoit de lui parler que on le sceust, qu'il ne fust tantost prins et mis en diverses prisons, ou mis à grand' finance ou banni. Et mesme les petits enfants qui chantoient aucunes fois une chanson qu'on avoit faite de lui, où l'on disoit :

Duc de Bourgogne,
Dieu te remaint en joie !

« Estoient foulés en la boue et navrés vilainement desdits bandés ; ne nul n'osoit les regarder, ne parler ensemble en mi les rues, tant les doubtoit-on pour leur cruauté, et à chascun disoit : « Faux traistre, chien Bourguignon ! je renie Dieu se « vous ne serez pillé. »

« Et ce temps estoit toujours le roi malade et inferme ; et ils tenoient son aisné fils, lequel estoit duc de Guyenne et avoit espousé la fille du duc de Bourgogne, dedans le Louvre, de si prés, que homme ne pouvoit parler à lui ne nuit ne jour que eux ; dont le pauvre commun de Paris avoit moult de destresse au cœur, qu'ils n'avoient aucun chef qui pour eux parlast ; mais autres ne pouvoient faire. Ainsi gouvernèrent lesdits bandes tout octobre, novembre, décembre, janvier mil quatre cents treize. »

CHAPITRE XIII.

Réaction contre les Armagnacs. — Horribles massacres.
Capeluche le bourreau.

La captivité du duc Charles d'Orléans, fait prisonnier à la déplorable défaite d'Azincourt (25 octobre 1415) ; la mort du connétable d'Albret, qui commandait, celle des deux fils aînés de Charles VI, assurèrent toute l'autorité au comte Bernard d'Armagnac, qui s'étant fait nommer connétable et surintendant des finances, régna par la terreur et les exactions. Une première conspiration se trama pour le renverser ; elle devait éclater le jour de Pâques de l'an 1416 ; mais la femme de Michel Laillier, changeur parisien, la dévoila à Bureau de Dammartin, qui avertit immédiatement la cour. Tanneguy du Chastel, prévôt de Paris, fit occuper le quartier des Halles où devaient se réunir les conjurés ; les uns s'enfuirent, les autres furent exécutés en public ou jetés à la Seine pendant la nuit. Un chanoine de Paris, Guillaume Dorgemont, auquel la charge de chancelier était promise, fut condamné à 80,000 écus d'amende, mitré, prêché publiquement, et enfermé pour le reste de ses jours au pain et à l'eau.

Malgré ce triomphe du connétable, son antagoniste, le duc de Bourgogne faisait chaque jour des progrès, en promettant exemption des aides, tailles, dîmes, gabelles et autres vexations dont le pauvre peuple était grevé. Reims, Châlons, Troyes, Auxerre avaient arboré la croix de saint André et chassé les collecteurs d'impôts. Une seconde conspiration se forma en faveur du duc ; mais elle fut dénoncée par un pelletier de la rue Saint-Jacques, et quand un détachement bourguignon, commandé par Saveuse, s'approcha de la porte Bordelles qu'on devait lui ouvrir, il trouva des troupes vigilantes sur les remparts. Il fut blessé, et ses partisans de l'intérieur pendus, exilés, torturés ou incarcérés. Les exactions du connétable, qui envoyait d'énormes sommes dans son comté, devinrent plus onéreuses que jamais.

« D'aucuns de ses gens d'armes, suivant le *Journal d'un Bourgeois de Paris*, furent pleins de si grande cruauté et tyrannie, qu'ils rostirent hommes et enfans au feu quand ils ne pouvoient payer leur rançon ; et quand on s'en plaignoit au connétable ou au prévôt, leur réponse étoit : « S'ils n'y fussent pas allés, et ce fussent les Bourguignons, vous n'en parlassiez pas. Ainsi commença tout à enchérir à Paris, car deux œufs coustoient quatre deniers parisis ; un petit fromage blanc, sept ou huit blancs ; la livre de beurre, onze ou douze blancs ; un petit hareng saur de Flandre, trois ou quatre deniers parisis ; et ne venoit quelque chose de dehors à Paris, pour les gens d'armes dessusdits. Ainsi estoit Paris gouverné faussement ; et tant hayoient ceux qui gouvernoient ceux qui n'estoient pas de leur bande, qu'ils proposèrent que, par toutes les rues de Paris, ils les prendroient et tueroient sans mercy, et les femmes ils noyeroient ; et avoient prinses par force les toiles de Paris aux marchands et autres sans payer, disant que c'estoit pour faire des tentes et des pavillons pour le roi, et c'estoit pour faire des sacs pour noyer lesdites femmes. Et encore plus, ils proposèrent que avant que les Bourguignons venussent à Paris, ne que la paix se fist, ils vendroient Paris au roy d'Angleterre ; et tous ceux qui pas ne devoient mourir, devoient avoir un escu noir à une croix rouge ; et en firent faire plus de seize mille, qui depuis furent trouvées en leurs maisons. Mais Dieu, qui sçait les choses abscondées, regarda en pitié son peuple, et esveilla fortune, qui en sursaut se leva comme chose estourdie, et mis les pans à sa ceinture, et donna hardiment à aucuns de Paris de faire sçavoir aux Bourguignons que ils tous hardiement venussent le dimanche ensuivant, qui estoit vingt neufviesme jour de may, à heure de minuit, et ils les mettroient dedans Paris par la porte Saint-Germain, et que point n'y eust de faute, et que pas ne leur faudroient pour mourir, et que point ne doubtassent fortune ; car bien sceussent que toute la plus grande partie du peuple estoit des leurs. En icelle septmaine s'esmeurent les Bourguignons de Pontoise, et vinrent au jour dit et à l'heure à Grenelle ; et là comptèrent leurs gens, et ne se trouvèrent que environ six ou sept cents chevaux, quand fortune leur dit que avec eux feroit la journée.

« A donc prindrent cœur et hardiement, et vinrent à la porte Saint-Germain entre une heure et deux devant le jour, et en estoit chef le seigneur de l'Isle-Adam, et le beau sire de Bar ; et entrèrent dedans Paris, vingt neuviesme jour de mayt criants : « Nostre Dame ! la paix ! Vive le roy et le dauphin ! et la paix ! » Et tantost fortune, qui avoit nourri lesdites bandes, vit que nul gré ne lui savoient de son bien ; vint avec lesdits Bourguignons à toutes manières, et du commun de Paris, et leur fit rompre leurs portes et effondrer leurs trésors, et piller ; et tourna sa roue si despitement en soi vengeant de leurs ingratitudes, pource que de paix n'avoient cure grand. Tout joyeux estoit qui se pouvoit mucer en cave, ou en cellier, ou en quelque destour. Et quand le prévost de Paris, nommé Tanneguy du Chastel, qui fortune ainsi contre lui, et que les Bourguignons taschoient à emprisonner les autres en plusieurs prisons diverses, et le commun à piller, vint à Saint-Paul, print le dauphin, aisné fils du roi, et s'enfouy à tout (avec lui) droit à Melun, ce qui moult troubla la ville de Paris. »

Ce fut le fils de Pierre Le Clerc, aisné, marchand de fer sur le petit pont et quartenier de la porte Buci, Perrinet Le Clerc, qui, dans la nuit du 28 au 29 mai 1418, ouvrit la porte aux Bourguignons. Presque instantanément la ville entière s'émut, et à l'aube du jour, deux cent mille hommes avaient pris la croix de saint André. Tous les Armagnacs qui eurent l'imprudence de se montrer furent immolés à la rage des Parisiens.

« Le peuple, ajoute le *Journal d'un bourgeois*, moult échauffé contre les bandes, vint par toutes les hôtelleries de Paris quérant les gens et ladite bande ; et quant qu'ils en purent trouver, de quelque état qu'il fust, prisonnier ou non, aux gens d'armes étoient amenés en mi la rue, et tantôt tués sans pitié de grosses haches et d'autres armes.

« Et n'étoit nul homme à celui jour, qui ne portoit quelque armes dont ils frappoient lesdits bandits en passant par emprès, depuis qu'ils étoient tous morts étendus.

« Et femmes et enfants, et gens sans puissances qui ne leurs pouvoient pas faire, ils maudissoient en passant par emprès, disant !

« Chiens, traitre, vous êtes mieux que à vous n'appartient ; encore en y eut-on plus à Dieu, que tous fussent en tel état !

« Et si n'eussiez trouvé à Paris rue de nom, où n'eust aucune occision ; et en moins qu'on n'iroit cent pas de terre despuis que morts estoient, ne leur demeuroit que leurs broyes, et estoient en tas comme porcs au milieu de la boue, qui moult grand pitié estoit ; car pour su ceste sepmaine pour qu'il ne pleust moult fort.

« Et furent tout ceste journée, dimanche vingt-neuf may, à Paris, morts à l'épée ou autres armes, en mi les rues, sans aucuns qui furent tués ès-maisons, cinq cents vingt-deux hommes ; et plut tant fort ceste nuit, que onques ne sentirent nulle male odeur ; mais furent lavés par force de la pluie leurs plaies, que au matin n'y avoit que sang bète (caillé) ne ordures sur leurs plaies.

Le connétable, les membres de son conseil et ses principaux amis furent incarcérés. « Le 12 juin, raconte Monstrelet, les communes gens de Paris de petit état, jusqu'à soixante mille ou plus, environ quatre heures après midi, et tous armés, doutant, comme ils avoient ouï dire, que les prisonniers qui étoient détenus ne fussent mis à délivrance, nonobstant le desenhortement du nouvel prévôt de Paris et plusieurs autres seigneurs, embâtonnés de vieils maillets, haches, cognées, masses et moult d'autres bâtons dissolus, en faisant grand bruit, criant : *Vive le roi et le duc de Bourgogne!* s'en allèrent à toutes les prisons de Paris, c'est à savoir au Palais, à St-Magloire, à St-Martin-des-Champs, au Grand-Châtelet, au Temple, et autres lieux où étoient les prisonniers, rompirent lesdites prisons, tuèrent cheplor (geôlier) et chepière, et tous ceux qu'ils y trouvèrent, jusqu'au nombre de seize cents ou environ. Desquels furent les principaux le comte d'Armagnac, connétable de France, maitre Henri de Marle, chancelier du roi, les évêques de Coutances, de Bayeux, d'Evreux, de Senlis et de Saintes; le comte de Grand-Pré, Remonet de la Guerre, l'abbé de St-Corneille de Compiègne, messire Hector de Chartres, messire Enguerrand de Martinet, Charlot Poupart, argentier du roi, les seigneurs de la chambre de Parlement, des requêtes, du trésor, et généralement tous ceux qui étoient ès-dites prisons; desquels plusieurs y étoient pour débats ou pour dette, mêmement tenant la partie de Bourgogne... Et dura cette cruelle occision jusqu'au lendemain dix heures devant midi. Et pour tant que les prisonniers du Grand-Châtelet étoient garnis d'armures et de traits, ils se défendirent moult fort et navrèrent et occirent plusieurs d'icelles communes; mais le lendemain, par feu, fumée et autres assauts furent pris; et en firent les dessus dits saillir plusieurs du haut des tours aval, et les autres les recevoient sur leurs piques et sur les pointes de leurs bâtons ferrés, et puis les meurtrissoient paillardement et inhumainement. »

Le *Journal d'un bourgeois de Paris* confirme ces horribles détails. « Et ne laissèrent en prison de Paris, sinon au Louvre, pour ce que le roy y estoit, quelques prisonniers qu'ils ne tuassent par feu ou par glaive. Et tant tuèrent de gens à Paris, que hommes que femmes, depuis ceste heure de minuit jusqu'au lendemain douze heures, qu'ils furent nombrés mille cinq cents dix-huit. Et furent occis le connétable, le chancelier, un capitaine nommé Remonet de La Guerre, maistre Pierre le Gayant, maistre Guillaume de Paris, l'évêque de Coutances, fils du chancelier de France, en la court de Darrière devers la couture; et furent deux jours entiers au pied du degré du Palais sur la pierre de marbre, et en furent enterrés ces sept à Sainct-Martin en ladite court de Darrière la culture, et tous les autres à la Trinité; entre lesquels morts furent trouvés tués quatre évêques du faux et damnable conseil, et deux des présidents du parlement. »

Juvénal des Ursins est encore plus circonstancié :

« La reyne et le duc de Bourgnongne envoyèrent à Paris un advocat du parlement, nommé maistre Philippes de Morvilliers, et un chevalier nommé messire Jean de Nouchastel, seigneur de Montagu, dont plusieurs à Paris étoient bien joyeux. Car on avoit espérance qu'ils estoient venus pour mettre justice sus, et que meurtre, pillerie et roberie cesseroient; mais la chose fut bien autrement, car le douziesme de juin aucuns firent une commotion à Paris, et estoit un des capitaines, un nommé Lambert. Et s'estoient retournés à Paris des bouchers et autres du temps passé, et estoit ledit Lambert un potier d'estain, demeurant en la Cité. Ils allèrent aux prisons du Palais et entrèrent dedans; et en icelles prirent le comte d'Armagnac, connestable de France; messire Henri de Marle, chancelier de France, et un nommé Maurignon, qui estoit audit comte. Ils les tirèrent hors de la conciergerie du Palais emmy la cour, et là les tuèrent bien inhumainement, et trop horriblement, et les despouillèrent tout nuds, excepté des chemises; mesme il y en eut qui ne furent pas contents de les voir morts et tués; mais leur estoient cruellement des courroyes du dos, comme s'ils l'eussent voulu escorcher. De là ils s'en vinrent au grand Chastelet, au bout du pont des Changeours, où il avoit grande foison de prisonniers; les uns montèrent en haut aux prisonniers, les autres demourèrent en bas, tendans leurs bastons, javelines, espieux et espées, avec autres bastons pointus, les pointes contremont : or ceux d'en haut faisoient saillir lesdits prisonniers par les fenestres, sur iceux bastons tranchans et pointus, et les détrenchoient encores depuis qu'ils estoient morts; de là ils s'en allèrent au petit Chastelet, où estoient l'évêque de Coutance, l'évêque de Senlis et plusieurs autres notables gens, et tant d'église que autres, lesquels pareillement furent tous tués et détrenchés; ledit évêque de Coustances avoit foison d'or sur luy, lequel il offroit, évidant pour eschapper... mais rien n'y valut, et perdit sa vie et son or. Semblablement firent-ils à Sainct-Martin-des-Champs, à Sainct-Magloire et au Louvre. Bref, il y en eut bien de seize cens à deux mille ainsi inhumainement mourtris et tués; par la ville mesme on tuoit-on beaucoup. Mais ce fut grande pitié des pauvres Genevois, qui n'estoient que soudoyers, qu'on chassoit hors maisons où ils estoient emmy les rues, et là les tuoit-on. Quand ils eurent fait ces meurtres, on prit des charrettes et des tombereaux, et mettoient les corps morts dedans, et les menoient ou faisoient mener aux champs; mesme on en attachoit aucuns par les pieds à une corde et les trainoit-on par la ville jusques hors des portes, et là on les laissoit; de cette sorte et en ceste manière y fut traîné un notable docteur en théologie, évesque de Senlis. Et quiconque avoit un bon bénéfice et office, estoit tenu Armagnac, on le mit à mort incontinent; et le faisoient faire mesme ceux qui vouloient avoir les bénéfices ou offices. Or ne tuoit-on pas seulement les hommes, mais les femmes et enfans; mesme il y eut une femme grosse qui fut tuée, et voyoit-on bien bouger ou remuer son enfant en son ventre, sur quoy aucuns inhumains disoient : « Regardez ce petit chien qui se remue! » Or, les morts qu'ils tenoient pour Armagnacs, ils réputoient indignes de sépulture. Des cy-dessus tués ainsi que dit est, la plus part fut jetée aux champs où là ils furent mangés des chiens et oiseaux, mesmes aucuns leur faisoient avec leurs cousteaux, de leurs peaux une bande pour monstrer qu'ils estoient Armagnacs. Il y en eut plusieurs qui estoient prisonniers pour debtes, ou par excès par eux faits, qui estoient bien joyeux de cette entrée, afin qu'ils fussent délivrés par ce moyen. Aussi y en eut-il qui, par haine d'aucuns, furent mis en prison comme Armagnacs, qui estoient toutefois aidans et favorisans le party du duc de Bourgogne, lesquels furent tous tués. »

On pouvait croire la fureur populaire apaisée. La reine entra dans Paris avec le duc de Bourgogne; le gouvernement fut réorganisé, et l'on acheva d'emprisonner les derniers Armagnacs. Toutefois, une cause bien cruelle entretint l'irritation : les campagnes dévastées ne suffisaient point à l'alimentation de la grande ville. Le Parlement s'assembla sous la présidence de Philippe de Morvillier, et appela en consultation le prévôt de Paris, le recteur de l'Université, le prévôt des marchands, les échevins et les bourgeois notables, afin d'aviser le moyen de fournir des vivres à la capitale.

Pendant qu'ils délibéraient, la disette poursuivait ses ravages, et les habitants exaspérés l'attribuaient à la faction vaincue; la foule se porta au Palais, guidée par le bourreau Capeluche, qui fut reçu par le duc de Bourgogne et lui donna une poignée de main ; elle demandait qu'on transférat, pour plus de sûreté, vingt prisonniers de la Bastille au Châtelet. Ces vingt malheureux furent livrés et égorgés ; mais, furieux de l'humiliation publique qu'il avait subie en donnant la main à l'exécuteur des hautes œuvres, Jean sans Peur le fit arrêter et décapiter aux halles de Paris. Capeluche avait pour successeur son valet encore inexpérimenté, et il fut obligé de lui enseigner la manière dont il devait s'y prendre pour lui trancher la tête.

CHAPITRE XIV.

Les Anglais à Paris. — Peste et Famine. — Le duc de Bedford. Restauration.

Tant d'anarchie favorisait la marche des Anglais; ils furent bientôt aux portes de la capitale, qu'ils trouvèrent peu disposée à leur résister. L'infâme assassinat de Jean sans Peur par le dauphin Charles, révolta tous les honnêtes gens. Le traité signé à Troyes le 21 mai 1420, et par lequel Charles VI reconnaissait pour héritier le roi d'Angleterre, à l'exclusion de son propre fils, indigna la nation qui vit dans cet acte l'abdication totale d'une monarchie incapable et tombée en enfance. Les Parisiens courbèrent la tête sous le joug britannique, et il leur eût été difficile de résister, car des gens de tous les partis avaient tour à tour succombé dans une série de sanglantes représailles. En outre, la famine ravageait la cité; on entendait retentir sur les places publiques ces douloureuses lamentations : « Je meurs de faim et de froid! » Les rues étaient désertes et les bêtes fauves y venaient pendant la nuit. Les Cours des Miracles, où se rassemblaient ordinairement les vagabonds et les bandits, demeuraient elles-mêmes inoccupées.

En ces tristes circonstances, la population parisienne ne fit aucune tentative pour le dauphin. Lorsque le roi eut commencé eut terminé sa trop longue carrière, bien qu'un Anglais, Jean Plantagenet, duc de Bedford, frère cadet de Henri V, présidât aux funérailles, le prévôt des marchands et les échevins y tinrent le poêle de drap d'or, et il n'y eut que de faibles réclamations quand un héraut d'armes cria sur la tombe à peine fermée : « Vive Henri de Lancastre, roi de France et d'Angleterre. »

Nous ne voyons pas que Paris ait souffert de la domination anglaise. On prêta volontiers, à l'Hôtel de Ville, entre les mains du prévôt des marchands, serment de fidélité à Henri VI, auquel plusieurs notables portèrent à Londres les hommages de la capitale. Ils partageaient l'avis du chancelier Jean Leclerc, qui, dans une assemblée du corps municipal de la magistrature et de l'Université, avait dit, le 20 novembre, que Charles, soi-disant dauphin, s'il avait eu jamais quelques droits, les avait perdus par l'horrible attentat commis en sa présence et de son commandement. Quoique le duc de Bedford eût modestement défendu de célébrer la victoire remportée à Verneuil sur des troupes françaises, toutes les autorités parisiennes allèrent en procession à Notre-Dame pour y rendre des actions de grâces. « La bataille de Verneuil, dit un contemporain, fut le juedy dix-septiesme jour du mois d'aoust, l'an mil quatre cent vingt-quatre, et le vendredy en suivant dix-huitiesme jour dudit mois, fit-on les feux partout Paris et monlt grande feste pour la perte des Armagnacs, car on disoit qu'ils s'étoient vantés que se ils eussent eu le dessus de nos gens, qu'ils n'eussent épargné ne femmes, ne enfants, ne hérauts, ne ménestriers, que tout ne fust mort à l'espée.

« Le jour de la Nativité de Nostre-Dame, en septembre, vint le régent à Paris et fut Paris paré partout où il devoit passer, et les rues parées, nettoyées; et furent au-devant de lui ceux de Paris vestus de vermeil; et vint environ cinq heures après disner, et allèrent une partie des processions de Paris aux champs au-devant de lui jusques outre la Chapelle de Saint-Denys, et quand ils encontrèrent, si chantèrent hautement : *Te Deum laudamus* et autres louanges à Dieu. Ainsi vint dedans Paris bien conveyé de processions et de ceux de la ville, et partout où il passoit, on crioit hautement : *Noël!* Quand il vint au coin de la rue aux Lombards, là joua un homme desguisé le plus habilement que on avoit oncques vu.

« Item devant le Chastelet avoit un moult bel mystère du vieil Testament et du nouvel, que les enfans de Paris firent; et ce fut fait sans parler ne sans signer, comme si fussent images enlevées contre un mur. Après, quand il eut moult regardé le mystère, il s'en alla à Nostre-Dame, où il fut reconnu comme ce fust Dieu, car les processions qui n'avoient pas esté aux champs, et les chanoines de Nostre-Dame le recueurent à la plus grand honneur, en chantant hymnes et louanges que ils purent, et jouoit-on des orgues et des trompes, et sonnèrent toutes les cloches. Bref, on ne vit oncques plus d'honneur faire, quand les Romains faisoient leur triomphe, qu'on lui fit à ceste journée et à sa femme, quis tousjours alloit après lui, quelque part qu'il allast. »

C'est pour les fêtes de cette année que fut inventé, sur l'emplacement du futur boulevard de Sébastopol, un divertissement qui a conquis sa place dans toutes les fêtes publiques de la capitale : « Le jour de Saint-Leu et Saint-Gilles, un samedy, premier jour de septembre, proposèrent aucuns de la paroisse faire un esbattement nouveau et le firent, et fut tel ledit esbattement.

« Ils prindrent une perche bien longue de six toises ou près, et la fichèrent en terre, et au droit bout du hault mirent un panier et dedans une grasse oie et six blancs, et oignirent très-bien la perche, et puis fut crié que qui pourroit aller querre ladite oie en rampant contre mont sans aide, la perche et panier il auroit, et l'oie et les six blancs; mais oncques nul, tant sceut-il bien gripper, n'y put avenir; mais au soir un jeune varlet qui avoit gripé le plus hault eut l'oie, non pas le panier, ne les six blancs, ne les perches, et fut fait cela droit devant Quinquempoix, en la rue aux Ours. »

L'auteur que enregistre la création du mât de Cocagne, rapporte aussi « que le lundi 21 juin 1428, le duc de Bedford donna au Palais à Paris une des plus somptueuses fêtes qu'on eût encore vues, que toutes personnes, de quelque condition qu'elles fussent, y étoient reçues à diner; que le régent, sa femme et la chevalerie furent servir en vin et en viande selon leur état : premièrement le clergé, comme évêques, prélats, abbés, prieurs et docteurs en toutes sciences; ensuite le parlement, le prévôt de Paris, le Châtelet, le prévôt des marchands, les échevins et bourgeois; et enfin le commun de tous états, et que furent à ce diner plus de huit milliers séans à table. »

Quand l'intervention extraordinaire de Jeanne Darc eut ravivé l'esprit national, quand Charles VII eut été sacré à Reims, Paris n'en resta pas moins aux Anglais. Un assaut tenté par la pucelle, le 8 septembre 1429, fut repoussé sans peine. Les habitants, sur l'émotion desquels le parti de Charles VII avait compté, ne bougèrent pas, et laissèrent faire les gens d'armes que dirigeaient Créquy, Bonneval et l'évêque de Thérouanne. En revanche, le 17 décembre 1431, ils se portèrent en foule au sacre du jeune Henri VI.

Toutes les rues qu'il traversa étaient tapissées, et des théâtres dressés çà et là. Un nouveau repas solennel se fit dans la grande salle du palais; et le 24 décembre, dans un lit de justice tenu par le nouveau roi, l'élite des habitants prêta un nouveau serment au seigneur Henri comme *vray roy de France*, en promettant d'employer tous pouvoirs à *la garde tuition et deffense de sa bonne ville de Paris*.

Les dispositions des Parisiens ne tardèrent pas à changer. Le duc de Bedford, aussi habile politique que bon capitaine, mourut le 14 décembre 1435. Les Anglais, bloqués dans Paris, multipliaient les taxes pour se faire des ressources, et sévissaient avec une extrême rigueur contre quiconque osait murmurer. Six bourgeois, Michel Laillier, Jean de La Fontaine, Pierre de Lancrois, Thomas Pigache, Nicolas de Louviers et Jacques de Bergières conçurent le projet de livrer Paris à Charles VII, dont ils obtinrent des lettres d'amnistie générale, datées de Bourges le 27 février 1436. Le 13 avril, le connétable de Richemond, le maréchal de l'Isle-Adam et le bâtard d'Orléans furent introduits dans la ville par le faubourg Saint-Jacques. Marhier, prévôt de Paris, et le gouverneur Wilby se retranchèrent dans le quartier des Halles avec les troupes anglaises; mais ils en furent promptement chassés. Michel Laillier s'avança sur le pont Notre-Dame avec un étendard aux armes de France à la rencontre du connétable, qui dit aux bourgeois :

« Mes bons amis, le bon roi Charles vous remercie cent mille fois, et moi pour lui, de ce que si doucement lui avez rendu la maîtresse cité de son royaume; et si quelqu'un a mépris par devers monsieur le roi, soit absent ou présent, il lui est tout pardonné. »

Le 12 novembre, Charles VII rentra à Paris sous un dais dont les bâtons étaient portés par les échevins et le corps des marchands.

A la suite des magistrats municipaux marchait une mascarade représentant les sept péchés mortels combattus par les trois vertus théologales et les quatre vertus cardinales. Un enfant habillé en ange descendit des remparts de la porte Saint-Denis, tenant un écu d'azur à trois fleurs de lis d'or, et chanta :

> Très-excellent roi et seigneur,
> Les manans de votre cité,
> Vous reçoivent en tout honneur,
> Et en très-grande humilité.

Charles VII habita l'hôtel des Tournelles, bâti par Pierre d'Orgemont en 1300, et où étaient mortes la duchesse de Bedford et la reine Isabeau.

Les bons sentiments qu'avaient exprimés à leur seigneur les manans de la Cité lui parurent favorables à la levée d'une forte contribution, comme disent les contemporains, que nous suivons pas à pas; car en dehors de leurs appréciations l'histoire n'est qu'un arrangement systématique, « on fit à Paris, au mois de septembre 1438, la plus estrange taille qui oncques eust esté faite; car nul en tout Paris n'en fut excepté, ne évesque, abbé, prieur, moine, nonnaine, chanoine, prestre bénéficié ne sans bénéfice, ne sergens, ménestriers, ne les clercs des paroisses, ne aucune personne de quelque estat qu'il fust. Et fut premièrement fait une grosse taille sur les gens de l'Église, et après sur les gros marchands et marchandes; et payoient l'un 4,000 francs, l'autre 3,000, ou 2,800, chascun selon son estat; après aux autres moins riches, à l'un 100 francs ou 60, 50 ou 40; trestout le moindre paya 20 francs ou au-dessus; les autres plus petits au-dessoubs de 20 fr. ou au-dessus de 10 fr., nul ne passoit 100 sols ne moins de 40 sols parisis. Après ceste douloureuse taille firent une autre taille trè-deshonnête; car les gouverneurs prindrent ès églises les joyaux d'argent, comme encen-

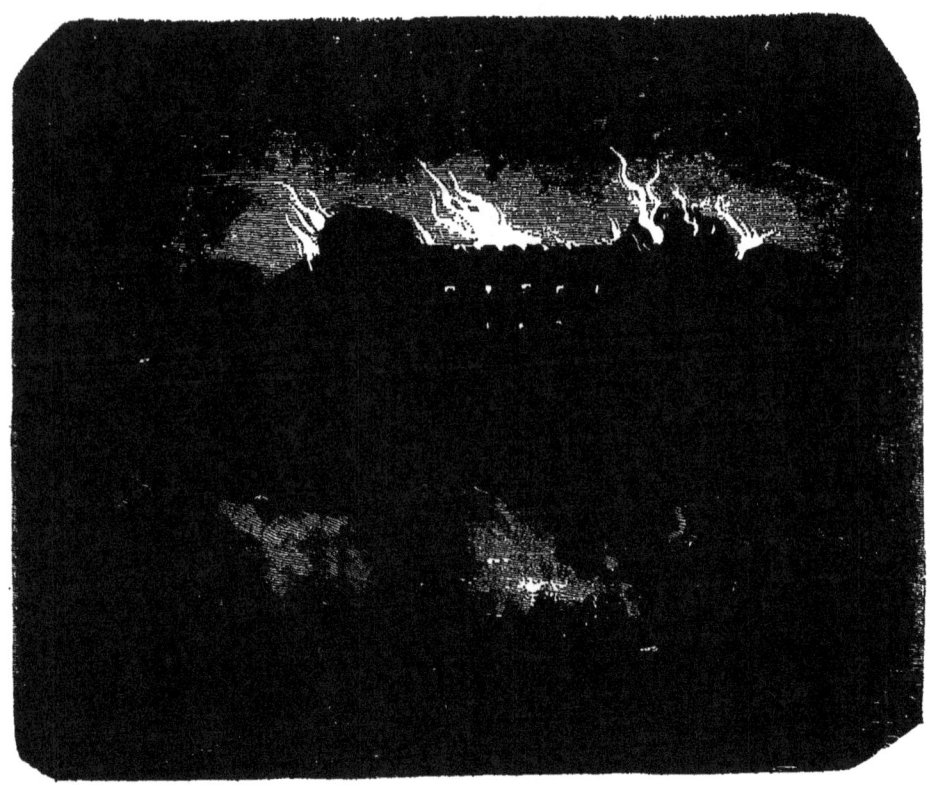

Prise de la Bastille.

soirs, plats, burettes, chandeliers, croix; bref, de tous vaisseaux d'église qui d'argent estoient, ils prenoient sans demander; et en après ils prindrent la greigneur partie de tout l'argent monnoyé qui estoit au trésor des confrairies. Bref, ils prirent tant de finances à Paris que à peine on seroit homme cru. »

Charles VII ne tarda pas à quitter la capitale: il n'aimait rien de ce qui le gênait dans ses plaisirs et dans sa tranquillité; c'était presque à regret qu'il avait accepté l'assistance d'une jeune inspirée, et plusieurs dépositions faites dans le procès de Jeanne Darc prouvent qu'il lui avait plusieurs fois conseillé de le laisser en paix et de renoncer à ses projets. Un vieil ami de la monarchie, Juvénal des Ursins, écrivait à Charles VII : « Vous voulez toujours être caché en châteaux, méchantes places et manière de petites chambrettes, sans vous montrer et ouïr les plaintes de votre pauvre peuple. » Il quitta Paris le 3 décembre 1438, « sans quo nul bien y fist pour lors, et sembloit qu'il ne fust venu seulement que pour voir la ville. » D'ailleurs, la capitale était décimée par la famine et par la peste; il mourut cette année à l'Hôtel-Dieu cinq mille personnes, et dans la ville plus de quarante-cinq mille hommes, femmes et enfants. Au mois de novembre, des loups rôdèrent dans Paris, emportèrent des chiens et dévorèrent un enfant sur la place aux Chats, derrière les Innocents. Pendant le mois de septembre de l'année suivante, quatorze personnes furent mangées par les loups entre Montmartre et la porte Saint-Antoine; et le 16 octobre ces animaux furieux étranglèrent quatre femmes et blessèrent dix-sept personnes. La guerre se prolongeant, l'Ile-de-France était presque inculte, « toute peuplée de gens pires que ne furent oncques Sarrasins, comme il apparoit par les énormes péchés et tyrannie qu'ils faisoient au pauvre peuple. » Les Parisiens étaient accablés de subsides; ils accueillirent pourtant par des acclamations le roi Charles lorsqu'il revint parmi eux en 1441. Après la prise de Pontoise, il amenait avec lui des prisonniers anglais qui furent promenés dans Paris, enchaînés deux à deux par le cou; ceux de ces malheureux que l'on jugeait à même de payer une rançon furent épargnés; on jeta les autres dans la Seine après leur avoir lié les mains et les pieds.

Charles VII s'empressa de retourner à son château de Mehun-sur-Yèvre, « à cette fin qu'on ne lui demandoit quelques relâches de malctoltes, dont tant y avoit en France, et aussi par une grosse taille que les gouverneurs vouloient cueillir, laquelle ils cueillirent, fust tort ou droit. » Le duc d'Orléans y vint peu de temps après « pour prendre une lesche sur la pauvre ville, sans nul bien faire pour la paix ne pour autres choses quelconques. » Le roi ne se montra plus dans la capitale. Sa maîtresse Agnès Sorel y fit une apparition sur la fin d'avril 1448; mais elle fut mal reçue.

« Parce que le peuple de Paris ne lui fit telle révérence, comme son grand orgueil demandait, elle ne le put céler, et dit au départir que ce n'étoient que vilains, et que si elle eût deviné qu'on ne lui eût fait plus grand honneur, elle n'y eût jamais mis le pied. »

CHAPITRE XV.

Paris sous Louis XI.

L'avénement de Louis XI fut accueilli par les Parisiens comme l'aurore d'une meilleure administration. On fit au nouveau roi, le 31 août 1461, une de ces fêtes magnifiques qui attestent que, malgré ses pertes, Paris avait conservé d'immenses ressources. Lorsque le roi arriva devant l'église Saint-Lazare, un héraut, qui prenait le nom de Loyal Cœur, et qui portait sur la poitrine le vaisseau d'argent de la ville, présenta au roi cinq dames à

Mort de Monseigneur l'Archevêque de Paris en juin 1848.

cheval, richement habillées, dont chacune figurait une lettre du mot Paris. Louis XI était accompagné des ducs d'Orléans et de Bourgogne, de Bourbon et de Clèves, des comtes de Charolais, d'Angoulême et de Saint-Paul, et d'une multitude de gentilshommes parés, ainsi que leurs chevaux, de drap d'or, de fourrure d'hermine, de velours et d'orfèvrerie. Sur le rempart, près de la porte Saint-Denis, était un vaisseau d'argent portant les figures allégoriques des trois états. Entre la Justice et l'Équité, à la hune du mât, s'ouvrait un lys d'où sortait un roi en grand costume, guidé et protégé par deux anges. Les étranges décorations, échelonnées depuis la porte Saint-Denis jusqu'à Notre-Dame, sont ainsi décritent par Jean de Troyes :

« Et un peu avant dedans ladite ville estoient, à la fontaine du Ponceau, hommes et femmes sauvages, qui se combattoient et faisoient plusieurs contenances ; et si y avoit encore trois bien belles filles faisant personnages de syrennes, toutes nues ; et leur véoit-on le beau tétin droit séparé, rond et dur (qui estoit chose bien plaisante); et disoient de petits motets et bergerettes. Et près d'eux jouoient plusieurs bas instruments qui rendoient grandes mélodies. Et pour bien raffraîschir les entrans en ladite ville, y avoit divers conduits en ladite fontaine jettant lait, vin et ypocras, dont chacun buvoit qui vouloit ; et un peu au dessoubs dudit Ponceau, à l'endroit de la Trinité, y avoit une Passion par personnages et sans parler, Dieu estendu en la croix, et les deux larrons à dextre et à sénestre. Et plus avant, à la Porte-aux-Peintres, avoit autres personnages richement habillés. Et à la fontaine Saint-Innocent y avoit aussi personnages de chasseurs, qui accueillirent une bische illec estant, qui faisoient moult grand bruit de chiens et de trompes de chasses. Et à la boucherie de Paris y avoit eschaffaux figurés à la bastille de Dieppe. Et quand le roy passa, il se livra illec merveilleux assaut de gens du roy à l'encontre des Anglois estants dedans ladite bastille, qui furent prins et gagnés, et eurent tous les gorges coupées. En le retour de la porte de Chastelet y avoit de moult beaux personnages, et outre ledit Chastelet, sur le Pont-aux-Changes, y avoit aultres personnages, et estoit tout tendu par-dessus : et à l'heure que le roy passa, on laissa voler parmy le pont plus de deux cents douzaines d'oiseaux de diverses sortes et façons, que les oyseleurs de Paris laissèrent aller, comme ils sont tenus de ce faire pour ce qu'ils ont sur ledit pont lieu et place à jour de feste pour vendre lesdits oyseaux. Et par tous les lieux en ladite ville par où le roy passa celle journée, estoit tout tendu au long des rues bien notablement : et ainsi s'en alla faire son oraison en l'église Notre-Dame de Paris, et puis s'en retourna souper en son Palais royal à Paris, en la grande salle d'icelui, lequel souper fut moult beau et plantureux ; et coucha celle nuit audit Palais. »

Quand la reine vint à Paris, le 1ᵉʳ septembre 1467, elle fut fêtée autant que son époux ; elle était venue en bateau et vint débarquer au terrain, c'est-à-dire au pied du chevet de Notre-Dame. Les présidents et conseillers du parlement, l'évêque de Paris l'attendaient sur le rivage ; les notables étaient allés à sa rencontre dans des embarcations ornées de tentures de soie et des tapisseries, avec des troupes de musiciens et de chanteurs. La ville lui offrit un beau *cerf de confitures*.

« Il avait les armes d'icelle noble reyne pendues au col, et si y avoit plusieurs autres beaux drageoirs tous pleins d'épiceries de chambres et belles confitures, grande quantité aussi y avait de fruits nouveaux de moult de sortes ; violettes fort odorantes jetées et semées tout parmy le bateau, et vin à tous venants y fut baillé et distribué, tant que on en voulait avoir et prendre. Et après qu'elle eut faite son oraison à Notre-Dame de Paris, elle se rebouta en son bateau et s'en vint descendre à la porte devant l'église des Célestins, où aussi elle trouva dessus ladite porte de moult beaux personnages, et elle descondit à terre, monta et ses dames et domoiselles sus chevaux, belles haquenées et palefrois qui elles l'attendoient, et puis s'en alla jusques en l'hôtel du roy aux Tournelles; et devant la porte dudit hostel trouva autres moults beaux personnages. Et icelle nuit furent faits à Paris les feux par les rues d'icelle, et illec mises aussi tables rondes et donné à boire à tous venants. »

Dans sa lutte contre la féodalité, Louis XI fut constamment soutenu par les Parisiens, et leur appui n'était pas à dédaigner, puisqu'à la revue du lundi 14 septembre 1467, quatre-vingts mille hommes armés s'échelonnèrent sous les remparts; leur ligne de bataille commençait à la porte du Temple, longeait la grande voierie, les murs de Saint-Antoine-des-Champs, la grange de Reuilly et aboutissait à Conflans; de là une autre ligne descendait la Seine jusqu'à la Bastille. Cette multitude était rangée sous les bannières, étendards et guidons de soixante-sept métiers de l'Hôtel de Ville, de la cour du Parlement, de la chambre des comptes du trésor, des généraux, des aides, et des monnaies et du Châtelet. Louis XI déclara que c'était merveilleuse chose à voir; que jamais si grande armée n'était sortie d'aucune ville du monde, et il fit amener et défoncer une quantité considérable de tonneaux de vin pour rafraîchir cette milice. Il remercia les Parisiens de leur constance à repousser les propositions ou les attaques du Bourguignon. En confirmant leur privilège, il dota la capitale de la première école spéciale de médecine que la France ait possédée. Sa création des postes mit Paris en communication avec les points les plus extrêmes de la France. Il fit une première tentative d'éclairage public, en ordonnant que tout bourgeois eut une lanterne allumée pendant la nuit devant sa maison. Cet ennemi des grands seigneurs, avec son pourpoint râpé et son chapeau garni de médailles de plomb, se promenait à pied dans les rues, causait avec les bourgeois que le traitaient de confrère, écoutait leurs plaintes et tenait leurs enfants sur les fonts. En échange de son bon vouloir, il exigeait le paiement régulier des tailles, quelle que fût leur quotité, et même des services extraordinaires. Ainsi, en 1482, il enjoignit au prévôt des marchands et aux échevins de traiter avec magnificence les envoyés de la ville de Gand, et cette même année la famine et la peste régnaient à Paris.

Il avait aussi d'étranges caprices despotiques : il lui prit fantaisie, en 1468, de faire prendre à Paris et mener à Amboise les cerfs, les biches et les grues que les bourgeois riches nourrissaient dans leurs jardins. Jean de Troyes, qui raconte la chose, ajoute : « Furent prinses pour le roy et par vertu de sa commission adressée à un jeune fils de Paris, nommé Henry Perdriel, en ladite ville de Paris, toutes les pies, geais et chouettes étant en cages ou autrement, et étant privées, pour tous les porter devers le roi, et était écrit et enregistré le lieu où avoient été pris lesdits oiseaux, et aussi tout ce qu'ils savoient dire, comme *larron, paillard, fils de..., va hors, val Perrette, donne-moi à boire*, et plusieurs autres beaux mots que iceux oiseaux savoient bien dire et qu'on leur avoit appris. » Il est probable que la plupart de ces beaux mots étaient des propos séditieux dirigés contre Louis XI ou contre Perrette de Châlon, sa maîtresse.

Il n'était pas sourd aux remontrances qui lui paraissaient fondées. La ville avait fourni, le 2 juillet 1472, pour la défense de Beauvais, soixante arbalétriers, avec traits, arbalètes, artillerie et vivres. Quelques jours après, Denys Hesselin, prévôt des marchands, fit partir un nouveau renfort, « avec grande quantité de traits à arbalestres, et des cordes pour y servir, des poudres à canon et couleuvrines, et des chirurgiens pour panser et guérir les navrés. » A la fin du mois, le lieutenant du roi à Paris, le seigneur de Gaucourt, assisté d'Hesselin et de Jehan de la Driesche, président des comptes, passa la revue des Parisiens par dizaines et par quartiers; puis il demanda que la bonne ville équipât encore trois mille combattants; mais le prévôt des marchands remontra que la ville en demeurerait *moult affoiblie*, et le lieutenant du roi se contenta de cent arbalétriers et couleuvriniers.

Ce fut Louis XI qui permit aux religieux de Saint-Germain des Prés d'ouvrir une foire franche dans le faubourg, afin de favoriser le commerce, il laissa aux ecclésiastiques et aux nobles la liberté de s'y adonner. Les industriels étrangers qui vinrent s'établir à Paris trouvèrent en lui un protecteur. L'imprimerie naissante ne se fixa que grâce à son intervention : en 1466, Jean Fust, Pierre Schoeffer et Conrad Hanlif étaient venus à Paris et avaient commencé à y débiter des livres imprimés; sur la réclamation des calligraphes, le Parlement ordonna la saisie de ces volumes, dont la confection semblait due à quelque opération magique. Louis XI fit casser l'arrêt par son conseil. Trois autres Allemands, Ulric Géring, Martin Grantz et Michel Freiburger vinrent fonder à Paris une imprimerie, qui fut installée dans une salle de la Sorbonne, par les soins du prieur Jean de la Pierre et du docteur Guillaume Fichet. Ils firent paraître les *Epîtres de Gasparin de Bergame*. A la fin de ce livre, le premier qu'on ait imprimé en France, on lit huit vers latins dont voici la traduction :

« De même que le soleil répand la lumière, ainsi tu répands la science dans le monde, ville de Paris, royale nourrice des muses ! Reçois donc, comme tu le mérites si bien, l'art presque divin d'écrire que la Germanie connaît. Voici les premiers livres que cette industrie a produits sur la terre de France et dans tes murs. Maîtres Michel, Udalric et Martin les ont imprimés et en feront d'autres ! »

Louis XI donna aux trois imprimeurs des lettres de naturalisation. Un commissionnaire en librairie de Mayence, nommé Herman de Stathouen, étant mort à Paris, le 21 avril 1474, ses marchandises furent confisquées en vertu du droit d'aubaine, qui attribuait au roi les biens que tout étranger laissait en France, au moment de sa mort sur le territoire français. Louis XI maintint la saisie; mais il fit mettre les livres en vente et payer aux libraires mayençais 2,425 écus, « ayant considération à la peine et talent qu'ils ont pris pour l'art et industrie de impression et au proufit et utilité qui en vient et peut venir à toute la chose publique, tant pour l'augmentation de la science que aultrement. »

Le sermonaire Maillard, qui vint à Paris quelque temps après la propagation de l'imprimerie, s'emporta contre les publications nouvelles, envoya *à tous les diables*, du haut de la chaire, les libraires qui faisaient imprimer et débiter la Bible traduite en français ou tout autre livre non revêtu de l'approbation de l'évêque, de son vicaire ou d'un commissaire. Ce Maillard et les prédicateurs de son école, Mnot, Cléréo et Pepin, avaient une éloquence naturelle, ne reculaient pas devant les expressions les plus triviales, et le recueil de leurs harangues, quoique rempli de dégoûtantes obscénités, est curieux à étudier pour quiconque désire connaître les mœurs du XVe siècle. Maillard reproche aux bourgeois de livrer leurs filles, aux femmes de tromper leurs maris pour acquérir de belles robes brodées et enrichies de fourrures. « N'est-il pas scandaleux, dit-il, de voir la femme d'un pauvre avocat étaler l'or à son cou, à sa tête et à sa ceinture? » Les documents contemporains constatent la tendance des Parisiens et des Parisiennes du XVe siècle vers un luxe effréné. Les hommes rivalisaient avec les femmes. Ils portaient des habits collants, ou des robes dont les manches fendues laissaient voir des chemises déliées, longues et blanches, ils laissaient croître leur chevelure à laquelle ils substituaient au besoin des perruques : « Sur leur tête, dit Monstrelet, ils portoient bonnets de drap, hauts et longs, d'un quartier au plus; portoient aussi comme tous indifféremment chaînes d'or moult somptueuses, chevaliers et écuyers; les varlets même pourpoints de soie, de satin et velour, et presque tous especialement en cours des princes portoient poulaines à leurs souliers d'un quartier de long, voire plus, tel y avoit; portoient aussi à leurs pourpoints gros mahoitres (coussins) à leurs épaules, pour montrer qu'ils fussent larges par les épaules, et qui était aujourd'hui court vêtu, il étoit le lendemain long vêtu jusqu'à terre, et si étoit cette manière si commune, n'y avoit si petit compagnon qui ne se voulait vêtir à la mode des grands et des riches, fût long, fût court, non regardant au coût ni à la dépense, ne s'il appartenoit à leur état. »

Guillaume Coquillard, dans ses *Droits nouveaux*, se plaint également de la confusion des rangs :

> En Paris y en a beaucoup
> Qui n'ont n'argent, vergier, ne terre,
> Que vous jugeriez chascun coup
> Allez aux grans chiefs de guerre,
> Ils se dient yssus d'Angleterre,
> D'un comte, d'un baron d'Anjou,
> Parents aux séneschaulx d'Auxerre,
> Ou aux chastellains de Poitou,
> Combien qu'ils soient saillis d'ung trou,
> De la cliquette d'ung musnier,

> Voire ou de la lignée d'ung chou,
> Enfants à quelque jardinier.
> Ainsi hausser, sans s'espargner,
> Cuyder sans avoir, ne saigesse.
> J'appelle cela présumer.
> Une simple huissière ou clergesse
> Aujourd'hui se présume
> Autant ou plus qu'une duchesse ;
> Heureux est qui en finira !
> Une simple bourgeoise aura
> Rubis, diamants et joyaulx,
> Et Dieu seit si elle parlera
> Gravement en termes nouveaulx,
> Afin d'estonner povres veaulx !

Parmi les prédicateurs qui, à l'exemple de Maillard, tonnèrent contre le luxe, on distingua un cordelier de Villefranche, frère Antoine Fradin, qui vint prêcher à Paris en 1483 ; il s'attacha principalement à convertir les courtisanes, auxquelles des arrêts du 28 juin 1420 et de septembre 1446 défendaient, sous peine de confiscation, d'amende et de prison, de porter des ceintures dorées, des robes à queues et à colets renversés, des fourrures de petit gris ou de vair. Tant que frère Antoine Fradin se borna à moraliser, le gouvernement le laissa faire ; mais, animé par ses succès, il eut l'imprudence de dire que le roi était mal servi, que la justice n'était pas rendue impartialement ; que la conduite des princes et celle des seigneurs mettaient en danger le royaume. Olivier le Dain fut chargé de l'expulser de Paris ; mais une partie de la population prit la défense du prédicateur ; des rassemblements se formèrent autour du couvent des cordeliers ; on y vint même avec des bâtons, des couteaux et des pierres. Pour empêcher une émeute, il fallut publier à son de trompe une défense formelle de s'assembler devant l'église des Cordeliers. Le premier président du Parlement de Paris signifia à frère Antoine Fradin un arrêt qui le bannissait du royaume ; mais, dit Jean de Troyes, « il y avoit grande quantité de populaire criants et soupirants moult fort de département et en étoient tous fort mal contents ; et du courroux qu'ils en avoient d'soient de merveilleuses choses, et y en eust plusieurs, tant hommes que femmes, qui les suivirent hors de la ville de Paris, jusque bien loin, et puis après s'en retournèrent. »

CHAPITRE XVI.

Mère sotte. — Un pauvre libraire. — Martin Lhomme. — La Saint-Barthélemy.

Sous les successeurs de Louis XI, absents ou occupés de guerres étrangères, Paris ne joua qu'un rôle secondaire. Il soutint Louis XII dans ses luttes avec le pape Jules II, et la troupe des *Enfants Sans-Souci*, qui représentait des *farces* et *sotties*, joua aux halles de Paris, le mardi gras de l'an 1511, le *Jeu du prince des sots et Mère sotte*. Celle-ci paraissait sur les tréteaux en costume pontifical, coiffée de la tiare, et débitait ces vers :

> Le temporel veux acquérir
> Et faire mon nom florir.
> En bref voilà mon entreprise.
> Je me dis Mère sainte Église,
> Je veux bien que chacun le note,
> Je maudis, j'anathématise,
> Mais sous l'habit pour ma devise
> Porte l'habit de Mère sotte.

Mère sotte demandait des secours aux gentilshommes qui la repoussaient, puis au clergé, auquel elle disait :

> Prélats, desbout, allarme, allarme,
> Abandonnez église, autel,
> Que chacun de vous soit bien farmé,
> Que l'assaut aux princes on donne,
> J'y veux être en propre personne.
> Frappez de brosses et de croix !
> Je suis la mère sainte Église !

Au dénoûment Mère sotte était démasquée ; puis venait le *Moralité de l'homme obstiné* ; c'était le pape, dont la pieuse milice était maltraitée sans mesure. Les Parisiens battaient des mains à ces essais dramatiques où Hypocrisie et Simonie, protectrices de l'*Homme obstiné*, avaient pour adversaires Pugnicion divine.

Rabelais osa lancer ses histoires fantastiques de Gargantua et de Pantagruel. Sous le couvert d'obscénités, il cacha des traits sarcastiques contre les prêtres et les moines. Les Parisiens applaudirent encore, ce qui ne les empêchait pas d'être des catholiques dévoués, même jusqu'au fanatisme. Quand François 1er fit estrapader et brûler six pauvres hères coupables de ne pas croire à la transsubstantiation, Paris eut des imprécations, non pour les bourreaux, mais pour les victimes ; il n'eut pitié ni d'Étienne Dolet, pendu et brûlé à la place Mau[b]ert, le 3 août 1546, pour une traduction hérétique de Platon, ni du loyal Anne Du Bourg, qui avait osé dire en plein Parlement : « Des hommes commettent contre les lois plusieurs crimes dignes de mort, tels que les blasphèmes réitérés, les adultères, les débauches, et ces crimes restent palliés ou impunis ; mais on provoque des supplices contre des gens auxquels on ne peut reprocher aucun crime. Ce qui fait qu'on les regarde comme récidives, c'est parce qu'ils ont révélé, à la faveur de l'Écriture, les turpitudes de la puissance romaine qui penche vers sa ruine, et qu'ils demandent une solution réformatrice. » Henri II et Diane de Poitiers, sa maîtresse, firent arrêter le digne magistrat, qui, après un long procès, fut pendu sur la place de Grève, le 20 décembre 1559.

Un fait démontre à quel point le peuple de la capitale était alors fanatisé. Rue du Mûrier, près de la rue Saint-Victor, à l'enseigne des *Trois marches du degré*, demeurait Martin Lhomme, imprimeur et libraire (*pauperculus librarius*, dit l'historien de Thou). Il est arrêté, le 23 juin 1560, sous l'inculpation d'avoir imprimé des épîtres, livres et cartels diffamatoires ; la cour ordonne qu'il sera pendu et brûlé ; que ses biens seront confisqués, que ses livres seront brûlés en sa présence. Le 15 juillet on le mène au supplice, sur la place Maubert. Robert Dehors, négociant de Rouen, qui venait d'arriver là par hasard, et dont le cheval entrait à l'écurie, entend les clameurs d'une populace irritée, et, sans connaître la nature du crime imputé au supplicié, il apostrophe la foule en ces termes : « Quoi ! mes amis ; ne vous suffit-il pas qu'il meure ? le voulez-vous tourmenter plus que sa sentence le porte ? » Là-dessus, il est appréhendé au corps, et, le 10 juillet, pendu et étranglé à la même place Maubert, pour raison des propos scandaleux et blasphèmes qu'il avait proférés contre l'honneur de Dieu et de la glorieuse Vierge Marie, en induisant le peuple à sédition et à scandale public.

L'irritation du peuple parisien contre les huguenots grandit, pendant les guerres civiles, au récit des dévastations commises par eux dans les églises, dans les couvents. Lorsque, après avoir attiré à Paris les chefs du parti, Catherine de Médicis médita leur perte, elle trouva, dans les autorités et dans les habitants de la capitale, un horrible empressement.

Les protestants auraient dû deviner ce qui se tramait contre eux aux regards sombres qui leur étaient lancés, aux provocations qui leur étaient adressées dans les rues. Dès que le massacre fut décidé, on fit venir Jean le Charron. Il reçut avis d'avoir à distribuer des armes aux bourgeois en leur apprenant que la volonté du roi était qu'on exterminât les huguenots. Le duc de Guise se fit présenter le rôle des taxes sur lesquelles on releva avec soin les noms et adresses des réformés. Tous les capitaines, lieutenants, enseignes et bourgeois eurent ordre de se tenir en armes à la première réquisition, par les cantons et carrefours de la ville, pour exécuter le commandement de Sa Majesté. Une ordonnance royale du 20 août 1557 accorde au prévôt des marchands, aux quatre échevins, procureur du roi et receveurs, 2,100 livres tournois pour acheter armes et chevaux pour la sûreté de leurs personnes, et agir contre les traîtres, ennemis du roi et de Dieu, et pour reconnaître si les rondes, sentinelles et guets de la nuit sont bien disposés et exactement faits suivant la volonté du roi, comme ses prédécesseurs ont fait en cas semblables.

Dans la soirée du 24 août 1572, tous les bateaux furent réunis et solidement amarrés sur la rive droite de la Seine ; toutes les portes furent fermées ; les quarteniers des seize quartiers, les cinquanteniers et les dizainiers distribuèrent à leurs hommes, comme signe de ralliement, des manches blanches qui devaient se mettre au bras gauche, et des croix blanches pour attacher aux chapeaux.

Les portes des protestants furent marquées à la craie. Les Suisses prirent position au Louvre, les gardes-françaises le long de la Seine, les hallebardiers près de la tour de l'Horloge, ou dans des embarcations réservées. Chose inouïe ! ces promenades d'hommes armés, ces précautions extraordinaires, ce cliquetis du fer, la lueur des torches qui s'allumaient n'éveillèrent l'attention d'aucun réformé.

Pendant que le duc de Guise et le chevalier d'Angoulême couraient réveiller leurs complices, le prévôt des marchands achevait d'escorter la foule assemblée dans la grande salle de l'Hôtel de Ville.

« Or, sus, mes amis, s'écria-t-il; le roi a pris la résolution d'exterminer tous ces séditieux qui, l'année précédente, ont pris les armes contre lui, et de détruire entièrement cette race de méchants. Par ma foi, cela est venu bien à point; car leurs princes et capitaines sont comme en prison dans l'enclos de la ville; c'est par eux qu'on commencera cette nuit-là! Quant aux autres, leur tour arrivera. C'est l'horloge du Palais qui donnera le signal; prêtez bien l'oreille au point du jour, entendez-vous! »

On n'attendit pas le lever du soleil. A minuit, la cloche de Saint-Germain-l'Auxerrois fit entendre un signal qui fut répété par celle du palais, et le massacre commença. La plupart des protestants, pris dans leur premier sommeil, furent égorgés sans défense; quelques-uns se défendirent avec énergie; d'autres, qui essayaient de fuir par les toits, tombèrent criblés de balles et de pierres; d'autres encore furent jetés dans la Seine. On ignore exactement le nombre des victimes de cette horrible boucherie; mais il dut être considérable, puisqu'on lit dans les comptes de l'Hôtel de Ville:

« Aux fossoyeurs du cimetière des Saints-Innocents, quinze livres tournois à eux ordonnées par lettres de mandements du neuvième de septembre 1572, pour, avec leurs compagnons fossoyeurs, au nombre de huit, avoir enterré les corps morts qui étoient ès environs du couvent de Nigeon, pour éviter toutes infections en ladite ville et ès environs. Aux fossoyeurs du cimetière des Saints-Innocents, vingt livres à eux ordonnées par le prévôt des marchands et échevins, par leur mandement du treize de septembre 1572, pour avoir enterré depuis huit jours onze cents corps morts ès environs de Saint-Cloud, Auteul et Chalhiau. »

Un nommé Croizet, tireur d'or, passait pour avoir tué seul quatre cents personnes. Les Suisses et les gardes françaises percèrent de leurs dagues ou de leurs hallebardes six cents gentilshommes de la suite des princes. Dans la rue Saint-Jacques, on assomma à coups de massue trois cents ouvriers du parti protestant.

Tel était le fanatisme de la population, que des médailles furent frappées en commémoration de ces horreurs. Les comptes de l'Hôtel de Ville portent:

« A Aubin Olivier, demeurant à Paris, quatre-vingts livres, sçavoir: pour quinze médailles d'argent, quarante-cinq livres; pour avoir refait le sceau et cachet de la dite ville, cinq livres; pour avoir fait les poiles pour les jettons d'argent et de lattons, trente livres des quelles médailles qui ont esté faictes pour mémoire du jour Saint-Barthelemi, en a esté distribué à mes dits sieurs les prévost des marchands, eschevins, procureur, receveur et greffier d'icelle ville. »

CHAPITRE XVII.

La ligue. — Les barricades. — Le siége de Paris. — Paris sous Henri IV et sous Louis XIII.

Malgré les gages que Paris devait donner au catholicisme, il ne souscrivit que difficilement à la formule de la sainte ligue imaginée par le cardinal de Lorraine, et qui obligeait tous les signataires à défendre l'orthodoxie envers et contre tous. Un bourgeois nommé La Roche-Blond, Pierre Labruyère, parfumeur, et Matthieu Labruyère, son fils, conseiller au Châtelet, furent les premiers à colporter des copies de l'association qui venait d'être signée à Péronne, au mois de juin 1576. Ils ne recrutèrent quelques adhésions que parmi les ecclésiastiques et les ouvriers. Lorsque Henri III, croyant détrôner son cousin de Guise et se faire roi des ligueurs, comme il le disait au garde des sceaux Jean de Morvillien, se fut mis à la tête de la Ligue, les quarteniers et les dizainiers allèrent de porte en porte quêter des signatures. Le premier président de Thou, quelques autres présidents et conseillers firent leurs réserves en signant; d'autres refusèrent entièrement l'acte qu'on voulait leur présenter. A la vérité, c'était moins par antipathie pour la Ligue que pour un roi de mœurs ignobles et d'incapacité notoire. L'Union catholique ne prit de consistance à Paris qu'après la formation du comité des Seize, destiné à diriger les seize quartiers de la ville. Ses organisateurs furent Mayneville, aide de camp du duc de Guise; Charles Hottman, receveur de l'archevêque; Bussy-Leclerc, procureur; La Chapelle-Marteau, conseiller du roi et maître ordinaire en la chambre des comptes; Crucé, ancien avocat, et Compan, marchand. Le comité des Seize se composa donc primitivement de six membres, et il en eut plus tard jusqu'à quarante. Ils gouvernèrent la ville, et lorsque, le 12 mai 1588, Henri III, pour réprimer l'effervescence, fit entrer les Suisses dans Paris, ils donnèrent le signal de l'insurrection. Les chaînes des rues furent tendues; des tonneaux remplis de terre barrèrent les principaux passages que gardaient de fortes patrouilles, et des pierres furent montées dans les étages supérieurs de toutes les maisons. Les Suisses, attaqués par les bourgeois sur la place du Marché-Neuf, perdirent une soixantaine d'hommes, et auraient été tous massacrés sans l'intervention du duc de Guise. Le soir, les chefs de la garde bourgeoise, refusant de recevoir le mot d'ordre au nom du roi, de la bouche du prévôt des marchands, s'adressèrent au duc de Guise. Henri III, vaincu et humilié, s'enfuit précipitamment de Paris, où il ne devait jamais rentrer.

L'assassin de Henri III fut regardé par les Parisiens comme un saint, et ils jurèrent de ne jamais accepter un roi hérétique. Henri IV, pour les mettre à la raison, commença par saccager les faubourgs de Paris (1er novembre 1589). « Il crut avoir assez fait, dit Sully dans ses mémoires, que d'avoir jeté l'épouvante dans le cœur de cette ville, qui croit le mépriser, et de lui avoir fait connoître ce qu'elle avoit à craindre de lui. Une partie des fauxbourgs fut pillée: nos soldats ne sortirent point de celui de Saint-Germain qu'ils n'eussent enlevé tout ce qu'ils trouvèrent propre à l'être. J'y gagnai bien huit mille écus, et tous mes gens y firent un butin très-considérable. » L'armée royale reparut devant Paris et la bloqua. Tout le monde connaît les détails de cette grande lutte du peuple parisien contre le roi dont il ne voulait pas. Du 10 mai au 30 août, plus de huit mille personnes moururent de faim, et un grand nombre en pleine rue. Au milieu de ces cruelles épreuves, quelques attroupements se formèrent pour demander du pain ou la paix. On eut recours à la persuasion pour les calmer; quelques bourgeois furent mis en prison, jetés à l'eau ou pendus comme traitres.

Les prêtres et les moines soutinrent le peuple par leurs exhortations, et ils combattirent aux remparts, passèrent une revue où ils se montrèrent portant d'une main le crucifix et de l'autre la hallebarde, l'arquebuse ou la pertuisane. Ils avaient tous leurs robes retroussées et leurs capuchons abattus sur les épaules; plusieurs étaient affublés de casques et de corselets. A la faveur de ces belles démonstrations, ils prétendaient se soustraire à la loi commune, qui obligeait tous les habitants à apporter au marché les subsistances qu'ils possédaient. Tyrius, recteur du collège des Jésuites, accompagné du père Bellarmin, vint demander une exemption au légat du pape: « Monsieur le recteur, dit la Chapelle-Marteau, prévôt des marchands, votre prière n'est ni civile, ni chrétienne. N'a-t-il pas fallu que tous ceux qui avoient du blé l'exposassent en vente pour subvenir à la nécessité publique? Votre vie est-elle de plus grand prix que la nôtre? »

Dans la visite du 26 juin 1590, on trouva chez les Jésuites, dit le *Journal* de Pierre de L'Étoile, « quantité de blé et de biscuit pour les nourrir plus d'une année, quantité de chair salée, des légumes, du pain et autres vivres, en plus grande quantité qu'aux quatre meilleures maisons de Paris. Chez les capucins on y trouva du biscuit en abondance; enfin, dans toutes les maisons des ecclésiastiques, on y trouva des provisions au delà de ce qui leur étoit nécessaire pour la demi-année. »

Le lendemain, il fut annoncé par le conseil des Seize, que les ecclésiastiques donneraient à manger aux pauvres qui leur seraient désignés, et ils leur distribuèrent de la viande de chien et de chat qu'on faisait cuire dans de grandes chaudières. Les peaux mêmes de ces animaux furent dévorées. On mangea les rats et les souris; on fit une espèce de farine avec des ardoises et même avec des ossements humains pulvérisés. Vers la fin du blocus, le 23 juillet 1590, quelques individus sautèrent dans los fossés et parvinrent à se rendre auprès du roi, auquel ils demandèrent de laisser à un certain nombre de pauvres la faculté d'évacuer Paris. Henri IV autorisa la sortie de trois mille hommes ; mais le 22 juillet il s'en présenta beaucoup plus que le chiffre désigné, et l'armée royale eut la barbarie de les repousser dans la ville, où ils rentrèrent en faisant entendre des cris lamentables. Le 27, d'autres affamés firent une sortie pour aller cueillir des épis de blé ; mais les royalistes tirèrent sur eux, et peu revinrent sains et saufs.

La conversion d'Henri IV lui livra, presque sans coup férir, la ville, qui avait témoigné tant de constance à lui résister. Sous son règne, Paris, s'il faut en croire le précieux *Journal* de l'Étoile, présentait un singulier contraste de luxe et de misère. « Le dimanche 5 février 1595, furent faits à Paris force ballets, mascarades et collations, et à la cour encore plus, où les plus belles dames, richement parées et magnifiquement atourées, et si fort chargées de perles et de pierreries, qu'elles ne se pouvaient remuer.

« Le mardi 7, jour de Cendres-prenant, y eut force mascarades et folies par la ville; comme de coutume, le duc de Guise et Vitry coururent les rues aux dix mille insolences.

« Le dimanche 12, qui estoit le dimanche des Brandons, Madame fit un ballet magnifique en cour, et il n'y eut rien d'oublié, si ce ne fut possible Dieu, qui volontiers ne se trouve en telles compagnies pleines de luxe et dissolution.

« Le samedi 13 mai, le septier de blé froment fut vendu, dans la halle de Paris, 11 à 12 livres ; aussi les rues de Paris se voyoient pleines de processions de pauvres qui y affluoient de tous côtés, si qu'on faisoit compte que depuis trois jours il en étoit entré dedans Paris jusqu'à dix mille, chose pitoyable à oir !

« Le mardi 30, sur le rapport de ceux qui tenoient le registre des pauvres étrangers mendiants entrés à Paris depuis quinze jours, le nombre passoit quatorze mille personnes. »

Gabrielle d'Estrées portait des mouchoirs brodés du prix de dix-neuf cents écus, et le roi, comme l'atteste Sully, dépensait par an deux cents mille sous pour son jeu, ses maîtresses et ses chiens de chasse. Pierre de L'Étoile cite plusieurs exemples du faste de la favorite, et il ajoute :

« Processions de pauvres se voyoient dans les rues en telle abondance, qu'on n'y pouvoit passer, lesquels crioient la faim, pendant que les maisons des riches regorgeoient de banquets et superfluités, chose abominable devant la face de Dieu, quelque couleur que les hommes y donnassent ; qui, au lieu d'apaiser l'ire de Dieu, la provoquoient de plus en plus par leurs excès et dissolutions.

« Car cependant qu'on apportoit à tas de tous les côtés dans l'Hôtel-Dieu les pauvres membres de Jésus-Christ, si secs et si exténués qu'ils n'étoient pas plutôt entrés qu'ils ne rendissent l'esprit. On dansoit à Paris, on y murmuroit ; les festins et banquets s'y faisoient à quarante-cinq écus le plat, avec des collations magnifiques à trois services, où confitures seiches et massepains étoient si peu épargnés, que les dames et demoiselles étoient contraintes de s'en décharger sur les pages et les laquais auxquels on en bailloit tous entiers.

« Quant aux habillemens, bagues et parures, la superfluité y étoit telle, qu'elle s'étendoit jusques au bout de leurs souliers et patins, ce qui fut occasion de faire dire tout haut à un seigneur de la cour, qui s'étoit trouvé dans une de ces collations, que c'étoit à Paris qu'il falloit demander de l'argent, et qu'il le diroit au roi, et quand il les contraindroit de lui en bailler, qu'il ne leur feroit point de tort, pour ce que s'ils en trouvoient pour fournir à leurs excès et superfluités, à plus forte raison et meilleur en devroient-ils trouver pour soulager la nécessité de leur prince. »

Paris eut, sous Henri IV, un prévôt des marchands plein d'activité, François Myron, qui, pour la première fois, fit sérieusement observer les anciens édits des 5 juillet 1420, 8 août 1454, 2 janvier 1521 et 19 novembre 1569, par lesquels la largeur des rues et l'alignement étaient fixés ; il ouvrit des rues nouvelles, ce qui n'était pas chose facile, l'expropriation pour cause d'utilité publique n'ayant pas été inventée. Pour arriver à ouvrir la rue Dauphine, il était nécessaire d'entamer le potager du couvent des Augustins : des experts leur allouèrent une indemnité de trente mille livres tournois dont ils ne se tinrent pas satisfaits. Henri IV fit venir le supérieur au Louvre, et s'efforça de l'amadouer.

— Sire, dit le moine, notre bien est celui des pauvres, et nous avons à cœur de l'augmenter.

— *Ventre saint-gris !* répliqua Henri IV en colère, *les maisons que vous ferez construire sur la nouvelle rue vaudront mieux que le produit de vos choux.*

— Que M. le prévôt des marchands ajoute dix mille livres, et c'est une affaire conclue, poursuivit le supérieur.

— Il n'ajoutera rien. Écoutez-moi, mon père : vous êtes Normand, je suis Gascon ; ne jouons pas au plus fin. Je vous donne jusqu'à demain ; si votre mur n'est pas abattu, *j'irai moi-même ouvrir la rue Dauphine avec du canon, s'il le faut !*

Une autre fois, trois propriétaires de la rue Saint-Denis voulurent s'opposer à la prolongation de la rue du Ponceau, sous prétexte qu'elle ôterait de la valeur à leurs maisons ; ils ameutèrent la foule, qui chassa les maçons et en tua plusieurs.

Les archers de la ville, conduits par Myron en personne, accoururent ; ils saisirent les trois principaux coupables, qui furent immédiatement pendus.

En dépit de ces difficultés, Paris s'embellit ; les rues s'élargirent ; la place Royale fut créée ; un nommé La Fleur, se qualifiant de capitaine, se chargea d'enlever les boues de la ville, moyennant une taxe prélevée sur les bourgeois. Les carrosses se multiplièrent ; on sait que le roi était dans le sien lorsque Ravaillac monta sur le marchepied. Le nombre des carrosses augmenta encore sous Louis XIII, et avec eux celui des laquais, des pages et des porteurs de flambeaux. Cette valetaille causait souvent des troubles nocturnes dans la ville, et les registres du Parlement en font foi. La fréquence des duels était aussi une source d'émotions avant que le cardinal de Richelieu ne l'eût sévèrement réprimée. Elle était poussée à un tel point, que Jean Chenel, sieur de La Chappronnaye, a publié, en 1671, contre les combats singuliers, un livre intitulé : *les Révélations de l'Ermite sur l'État de France* ; et il terminait ainsi : « J'offre au roy le combat contre celui qui voudra tenir le parti du duel (seul à seul, les armes à la main, en la place qu'il vous plaira nous ordonner), afin de maintenir que le duel est une action indigne d'un homme de bien et d'honneur, d'un fidèle François et d'un homme de courage. »

La ville continua à perdre son caractère gothique. Les croisées à châssis remplacèrent les meneaux de pierre, et les carreaux furent substitués aux vitraux. Au rez-de-chaussée des maisons mi-parties de brique s'ouvrirent de grandes portes cochères. Les seigneurs, qu'attirait la splendeur de la royauté victorieuse, rivalisèrent de luxe, se firent bâtir de magnifiques hôtels. Celui que le marquis de Rambouillet possédait rue Saint-Thomas-du-Louvre est resté célèbre par l'impulsion que donna la marquise aux études littéraires. C'était, selon Saint-Simon, une espèce d'académie de galanterie, de vertu et de sciences, et le rendez-vous de ce qui était le plus distingué en condition et en mérite.

CHAPITRE XVIII.

Paris depuis Louis XIV jusqu'à nos jours.

Après les troubles passagers de la Fronde, où il fut versé plus d'encre que de sang, la monarchie absolue, telle qu'elle avait été constituée par le cardinal de Richelieu, et prenant pour devise un soleil, fit rejaillir son éclat sur Paris, dont Vauban disait : « Cette ville est à la France ce que la tête est au corps humain : c'est le vrai cœur du royaume, la mère commune de la France, par qui tous les peuples de ce grand État subsistent, et dont le royaume ne sauroit se passer sans déchoir considérablement. » Du règne de Louis XIV datent les Académies, à l'exception de l'Académie française, l'Observatoire, l'Opéra et la Comédie-Française, l'Hôtel des Invalides, la colonnade du Louvre, la Salpêtrière, le palais des Quatre-Nations. En même temps de vastes places s'ouvraient dans tous les quartiers de la ville : la place du Carrousel, qui recevait son nom de cette fameuse fête donnée en 1662 par Louis XIV ; la place Vendôme, commencée par Louvois et terminée par Pontchartrain, sur les dessins de Mansard ; la place des Victoires, due à la reconnaissance du maréchal de La Feuillade pour les bienfaits de Louis XIV. Aux extrémités de la ville s'élevaient les arcs de triomphe des portes Saint-Denis et Saint-Martin encore debout. On restaurait celui de la porte

Saint-Antoine, démoli en 1777. Tandis que tombaient les anciennes murailles, les fossés se comblaient et se couvraient des arbres qui bordent aujourd'hui les boulevards; la butte Saint-Roch et ses moulins disparaissaient; les rues s'élargissaient, les quais, les ports se construisaient. Du temps de Louis XIV date l'invention des omnibus et de la petite poste.

Blaise Pascal fut le créateur des omnibus qu'on appela d'abord les carrosses à cinq sous. Le conseil royal, par un arrêt du 10 janvier 1662, en approuva l'usage, et des lettres patentes en autorisèrent l'établissement en faveur du duc de Roannez, pair de France, gouverneur et lieutenant général du Poitou; du marquis de Sourches, chevalier des ordres du roi, grand prévôt de l'hôtel, et du marquis de Crenan, grand échanson de France.

Les carrosses à cinq sous allaient d'un quartier à un autre, en suivant des routes déterminées, et déposaient ou prenaient des voyageurs en route. Ils étaient principalement créés, aux termes des lettres patentes, « pour la commodité d'un grand nombre de personnes peu accomodées, comme plaideurs, gens infirmes et autres, n'ayant pas le moyen d'aller en chaise ou en carrosse, à cause qu'il en coûtait une pistole ou deux écus pour le moins par jour. »

Ce fut le 18 mars 1662 que les carrosses à cinq sous commencèrent à circuler, comme nous l'apprend Loret, dans sa Gazette en vers :

> L'établissement des carrosses
> Tirés par des chevaux non rosses,
> Mais qui pourront à l'avenir,
> Par leur travail le devenir,
> A commencé d'aujourd'hui mesme :
> Commodité sans doute extreme,
> Et que les bourgeois de Paris,
> Considérant le peu de prix
> Qu'on donne pour chaque voyage,
> Prétendent bien mettre en usage.
> Ceux qui voudront plus amplement
> Du susdit établissement
> Sçavoir au vrai les ordonnances,
> Circonstances et dépendances,
> Les peuvent lire tous les jours
> Dans les placards des carrefours.
> Le dix-huit de mars nostre reine
> D'écrire cecy prist la peine.

La première ligne allait de la porte Saint-Antoine au Luxembourg. On en établit cinq ou six autres les années suivantes.

La sœur de Pascal, Mme Périer, dans une lettre qui est conservée à la Bibliothèque de l'Arsenal, rend compte du grand succès de l'entreprise :

« L'établissement, dit-elle, commença samedi à sept heures du matin; mais avec un éclat et une pompe merveilleux. On distribua les sept carrosses dont on a fourni cette première route. On en envoya trois à la porte Saint-Antoine et quatre devant le Luxembourg, où se trouvèrent en même temps deux commissaires du Châtelet en robe, quatre gardes de monsieur le grand prévôt, dix ou douze archers de la ville et autant d'hommes à cheval.

« Quand toutes les choses furent en état, messieurs les commissaires proclamèrent l'établissement, et, en ayant remontré les utilités, ils exhortèrent les bourgeois de tenir main-forte, et déclarèrent à tout le petit peuple que si on faisoit la moindre insulte, la punition seroit rigoureuse, et ils dirent tout cela de la part du roi. Ensuite ils délivrèrent aux cochers chacun leurs casaques, qui sont bleues, des couleurs du roi et de la ville, avec les armes du roi et de la ville en broderies sur l'estomac, puis ils commencèrent la marche.

« Alors il partit un carrosse avec un garde de monsieur le grand prévôt dedans. Un demi-quart d'heure après, on en fit partir un autre, et puis les deux autres dans des distances pareilles, ayant chacun un garde, qui y demeurèrent tout ce jour-là. En même temps les archers de la ville et les gens de cheval se répandirent sur la route.

« Du côté de la porte Saint-Antoine, on pratiqua les mêmes cérémonies, à la même heure, pour les trois carrosses qui s'y étoient rendus, et on observa les mêmes choses qu'à l'autre côté des gardes, pour les archers et pour les gens de cheval. Enfin la chose a été si bien conduite qu'il n'est pas arrivé le moindre désordre, et ces carrosses-là marchent aussi paisiblement comme les autres. »

Mme Périer poursuit sa lettre en disant que les carrosses attirèrent aussitôt la foule : « Il y alla même des femmes, » et elle voulut elle-même y monter pour se rendre chez son frère. Elle attendit en conséquence le carrosse à la porte de Saint-Merry, dans la rue de la Verrerie; mais elle se vit sur le point de maudire les nouvelles voitures, car elle eut le déplaisir d'en voir passer cinq devant elle sans pouvoir y prendre place : elles étaient toutes pleines.

Ces beaux résultats n'empêchèrent pas l'entreprise de tomber. Le Parlement n'avait enregistré les lettres patentes, le 7 février 1662, qu'à la charge que « les soldats, pages, laquais et autres gens de livrées, même les manœuvres et gens de bras, ne pourroient entrer ésdits carrosses. »

Cette exclusion de la classe la plus nombreuse fut la perte de la spéculation, et ce ne fut qu'en 1828 que les véritables omnibus reparurent à Nantes, d'où ils vinrent peu de temps après à Paris.

C'est encore le gazetier Loret qui nous fournit des renseignements sur la petite poste, à la date du 26 août 1653 :

> On va bientôt mettre en pratique,
> Pour la commodité publique,
> Un certain établissement
> (Mais c'est pour Paris seulement)
> De boîtes nombreuses et drues
> Aux petites et grandes rues,
> Où, par soi-même ou son laquais,
> On pourra porter des paquets,
> Et dedans à toute heure mettre
> Avis, billet, missive ou lettre,
> Que des gens commis pour cela
> Iront chercher et prendre là,
> Pour d'une diligence habile
> Les porter par toute la ville…
> Ceux qui n'ont suivantes ni suivantes
> Ni de valets, ni de servantes,
> Ayant des amis loin logés,
> Seront ainsi fort soulagés,
> Outre plus, je dis et j'annonce
> Qu'en cas qu'il faille avoir réponse,
> On l'aura par même moyen.
> Et si l'on veut savoir combien
> Coûtera le port d'une lettre
> (Chose qu'il ne faut pas omettre),
> Afin que nul ne soit trompé,
> Ce ne sera qu'un sou tapé.

Jusqu'en 1667, le lieutenant civil du prévôt de Paris avait été chargé à la fois de la justice et de la police. Celle-ci ne se faisait qu'imparfaitement, puisque, d'après Boileau, le bois le plus funeste était un lieu de sûreté au prix de Paris. Un réquisitoire du procureur général au Parlement du 9 décembre 1662 constate les désordres, assassinats et voleries qui se commettaient de jour et de nuit. Le 15 novembre 1666, en plein jour, un hôte du roi, l'abbé Bruneau, logé au Louvre, fut assassiné chez lui par trois voleurs, dont l'un parvint à se sauver, le second fut pris, et le dernier tué de trois coups de mousquet. La Muse dauphine de Subligny nous raconte ainsi le fait :

> Savez-vous le funeste sort
> Du vieil abbé Bruneau qu'on estimait si fort?
> De quel rempart, bon Dieu! faut-il que l'on se couvre
> Si le Louvre ne suffit pas
> A nous sauver d'assassinats !
> Lundi, quinzième de novembre,
> En plein jour, trois voleurs montèrent dans sa chambre,
> Le tuèrent de treize coups…

Cet événement décida sans doute la création de la charge de lieutenant général de police. Le premier titulaire, M. de La Reynie, pour réprimer les excès des voleurs et des rôdeurs de nuit, fit placer de distance en distance des lanternes : invention qui parut si admirable, qu'elle fut célébrée par une médaille avec cette légende: *Urbis securitas et nitor*. Qu'aurait-on dit de l'éclairage électrique?

Le successeur de La Reynie, Voyer d'Argenson, commença à organiser le service des pompes à incendie.

A la fin de ce long règne, on comptait à Paris plus de cinq cent mille habitants, cinq cents grandes rues, neuf faubourgs, cent places, neuf ponts, et vingt-deux mille maisons, dont quatre mille à porte cochère.

Les embellissements de Paris durent contribuer au passif de

3 milliards qui fut laissé par Louis XIV. La pénurie du trésor fit accueillir favorablement l'Écossais Jean Law, qui vint à Paris avec une grande fortune et de grandes idées financières. Il obtint la permission d'établir une banque privée au capital de 6 millions, divisés en douze cents actions de 6,000 livres de chacune. Cette banque était autorisée à escompter la lettre de change, à se charger des comptes des négociants et à émettre des billets au porteur. Law créa ensuite une compagnie des Indes occidentales pour exploiter la Louisiane et les bords du Mississipi. Elle était destinée à jouer en Amérique le rôle que l'*East-India Company* a rempli dans l'Hindoustan. Ainsi, Law, après avoir créé la banque de France, y ajoutait la société par actions et l'appliquait à une gigantesque entreprise. Malheureusement, comme il fallait à tout prix de l'argent, on eut recours à l'agiotage. La rue Quincampoix en fut le centre. Dans cette rue, qu'on appela le Mississipi, dit un historien anonyme, était une foule immense occupée à spéculer du matin jusqu'au soir; les souscriptions divisées en coupons, et rendues transmissibles comme des billets au porteur au moyen d'un simple endossement, avaient singulièrement facilité les spéculations. Toutes les classes de la société s'étaient confondues dans la trop fameuse rue, des gens d'épée et de robe, des hommes d'église, moines, prêtres, abbés, prélats, des bourgeois paisibles, des artisans laborieux, des domestiques, des prêtres même s'étaient fait spéculateurs; aux Parisiens s'étaient bientôt joints des provinciaux et des étrangers venus de toutes parts: tout le monde accourait au rendez-vous commun de la fortune. Les créanciers y apportaient leurs remboursements, les propriétaires la valeur de leurs terres; les grandes dames elles-mêmes la valeur de leurs diamants; les aventurières, qui n'avaient d'autres fonds que leurs talents de galanterie, voulurent essayer s'il ne leur serait pas possible de participer aussi aux gains du système. Il y en avait un bon nombre qui stationnaient dans les environs du Mississipi.

Les cafés, déjà très-nombreux à Paris, quoique le premier n'eût été établi que sous Louis XIV, étaient remplis de spéculateurs aux environs de la rue Quincampoix. Les boutiques et les appartements avaient été transformés en bureaux où l'on débitait des actions et des billets d'état. On cite un bossu qui se fit des rentes solides en prêtant son dos pour servir de table aux parties contractantes. Un savetier qui travaillait sous quatre planches adossées au mur d'un jardin, commença par garnir son échoppe de petits tabourets pour y faire asseoir les femmes que la curiosité attirait en ce lieu ; cette idée lui réussissant, il abandonna son premier métier pour fournir des plumes et de l'encre dans les opérations qu'on venait faire dans sa petite boutique, lorsque l'impatience des négociants ne leur permettait pas d'entrer dans les bureaux ordinaires. Son attention dans sa nouvelle industrie, jointe à la rétribution des sellettes, lui valurent jusqu'à 200 livres par jour. Il y eut des fortunes si brusquement faites, qu'on prétendit que certains Mississipiens s'étaient oubliés jusqu'à monter par distraction derrière leur propre carrosse, en souvenir de leurs anciennes habitudes. On en cite un qui, pressé de célébrer sa nouvelle fortune par un grand festin, acheta en bloc le fonds de boutique d'un orfèvre; sa femme, ne connaissant pas bien l'usage de tous les objets achetés, servit, au milieu de la vaisselle plate, des ornements destinés au culte et aux cérémonies religieuses. Tout à coup la panique se fit. Par un édit, en date du 5 mars 1720, la banque fut réunie à la Compagnie, le prix des actions fixé irrévocablement à 9,000 livres, et un bureau ouvert à la banque pour échanger à volonté une action contre 9,000 livres billets, ou 9,000 livres billets contre une action. Un autre édit, du 21 mai 1721, annonça la réduction progressive des actions et des billets. Elle devait commencer le jour même de la publication de l'édit, et continuer de mois en mois jusqu'au 1ᵉʳ décembre. A ce dernier terme, l'action ne devait plus valoir que 5,000 livres, le billet de 100 livres ne plus en valoir que 50, celui de 1,000 livres 500. Law fut discrédité; on lui ôta la charge de contrôleur des finances, et il eût été victime de la rage des spéculateurs déçus, s'il n'avait pris le parti de s'enfuir à Bruxelles. L'élévation et la chute de Law et de son système sont les seuls événements auxquels Paris ait pris une part active jusqu'à la révolution. La cour s'amuse sans songer qu'elle creuse le gouffre du déficit. La bourgeoisie recueille évidemment la théorie des réformateurs ; un vernis de frivolité et d'insouciance semble répandu sur toute la société ; l'esprit mobile du Parisien s'occupe tour à tour ou simultanément des querelles religieuses soulevées par la bulle *Unigenitus* et des discussions littéraires du café Procope; de ce qui se passe dans le boudoir des favorites et de ce qui se passe à Ferney, d'où Voltaire répand sa lave sur l'Europe; de l'Encyclopédie et de l'Opéra; de Gluck et de Piccini; des économistes; des parties fines, des insurgents, des pantins, du *Mariage de Figaro*, des ballons, de la décomposition de l'eau, du parfilage, du magnétisme, des coiffures au Tézisson, du compte-rendu de Necker et des poufs au sentiment.

Le règne de Louis XV vit naître les réverbères, qui furent inventés par l'abbé Matherot de Preigney et Bourgeois de Châteaublanc. Le privilège de l'éclairage public leur fut accordé le 28 décembre 1745, et le même jour parut un poëme intitulé : *les nouvelles lanternes*, dont l'auteur, Valois d'Orville, célébrait avec enthousiasme les bienfaits d'une découverte aussi utile pour la sécurité des habitants.

> Le règne de la nuit désormais va finir;
> Des mortels renommés par leur sage industrie,
> De leur climat sont prêts à la bannir :
> Vois les effets de leur génie :
> Pour placer la lumière en un corps transparent,
> Avec un verre épais une lampe est fermée,
> Dans son centre une mèche, avec art enfermée,
> Frappe un réverbère éclatant,
> Qui, d'abord la réfléchissant,
> Porte contre la nuit sa splendeur enflammée.
> Globes brillants, astres nouveaux,
> Que tout Paris admire au milieu des ténèbres,
> Dissipez leurs horreurs funèbres
> Par la clarté de vos flambeaux!

Sous l'administration de M. de Sartines, lieutenant de police, par un arrêt du 30 juin 1769, une compagnie fut autorisée à fournir Paris de réverbères, de les entretenir d'huile et de tout ce qui était nécessaire à leur service, à l'exception des boîtes et potences en fer: le tout moyennant quarante-trois livres douze sous par an pour chaque bec de lampe.

Paris contenait, en 1789, plus de 50,000 maisons, dont 500 beaux hôtels. Il était percé de 907 rues, éclairées par un nombre suffisant de réverbères. On y comptait 46 églises paroissiales et 20 autres églises qui en remplissaient les fonctions, 3 abbayes d'hommes, 8 de filles, 133 monastères ou communautés séculières ou régulières d'hommes ou de filles, 15 séminaires, 10 collèges, 26 hôpitaux, 45 égouts, 60 fontaines, 12 marchés, 3 arcs de triomphe et 5 statues colossales de bronze.

Le corps de la maison de ville, dont les bases électives avaient été graduellement sapées, comprenait le prévôt des marchands, nommé par le roi pour deux ans, mais dont la commission était ordinairement renouvelée; un gouverneur et lieutenant général de la ville, prévôté et vicomté de Paris; sept échevins; sept conseillers du roi de l'Hôtel de Ville; quatorze conseillers-échevins; quinze conseillers et vingt quarteniers de la ville; soixante-quatre cinquanteniers (quatre dans chaque quartier); deux cent cinquante-six dixainiers (seize dans chaque quartier); un procureur et avocat du roi et de la ville; un substitut; un greffier; un trésorier; plusieurs payeurs des rentes et contrôleurs; un directeur général des domaines et octrois de la ville; un architecte des bâtiments; un arpenteur géographe; deux inspecteurs des fontaines publiques; un bibliothécaire historiographe.

Tous les ans, le jour de Saint-Roch, le prévôt des marchands, les échevins, les conseillers de ville, les quarteniers, et deux bourgeois notables, mandés de chaque quartier, s'assemblaient dans la grande salle de l'Hôtel de Ville et procédaient à l'élection de deux échevins, en remplacement des deux anciens échevins qui sortaient. La force armée de la ville se composait des anciennes compagnies d'arbalétriers, d'archers et d'arquebusiers, et d'une compagnie de fusiliers, créée par lettres patentes du 14 décembre 1769. Les mêmes lettres accordaient à cette petite troupe de trois cent quatre hommes (soixante-seize par compagnie) le rang de gendarmerie et de maréchaussée de France. Elle était commandée par un capitaine général colonel, et à son service étaient attachés un capitaine d'artillerie, garde des armes de la ville, et un conducteur des feux d'artifice. Constituées de la sorte, ni le corps municipal, ni la force armée, ne pouvaient porter le moindre ombrage à la royauté.

Appelés par lettres patentes du 28 mars 1789 à nommer des électeurs qui choisiraient des députés aux États-Généraux, les

Parisiens y procédèrent avec une vive animation; ils étaient autorisés à désigner quarante représentants, « les contributions de la ville de Paris, sa population, le commerce de ses habitants, ses relations nécessaires avec toutes les provinces du royaume devant lui assurer une députation proportionnée à son importance, à sa richesse et aux ressources qu'offraient en tous genres ces établissements. »

Les élus furent, pour le clergé:

Perrotin de Barmond, conseiller-clerc au Parlement de Paris; de Juigné, archevêque de Paris; Bonneval, chanoine de Notre-Dame; Dom Chevraux, général de la congrégation de Saint-Maur; Chevreuil, chancelier de l'église de Paris; Dumouchel, recteur de l'Université; Gros, curé de Saint-Nicolas du Chardonnet; Legros, prévôt de Saint-Louis du Louvre; Veytour, curé de Saint-Gervais; l'abbé de Montesguières, agent général du clergé de France.

Pour la noblesse:

Le comte de Clermont-Tonnerre, pair de France; Dionis du Séjour, conseiller au Parlement; le comte de Lally-Tollendal; le duc de la Rochefoucauld; le marquis de Lusignan, lieutenant général des armées du roi; le comte de Mirepoix; le marquis de Montesquiou; Lezonsac, premier écuyer de Monsieur; Le Pelletier de Saint-Fargeau, président au parlement; le comte de Castries; Duport, conseiller au Parlement.

Pour le tiers état:

Sylvain Bailly, membre des Académies française, des sciences et des belles-lettres; Berthereau, procureur au Châtelet; Bévière, notaire; Debourges, Germain, Peignot, négociants; Desmeuniers, homme de lettres; Desfaus, notaire; Garnier, conseiller au Châtelet; le docteur Guillotin; Target, Hutteau, Martineau, Ducollier, Treilhard, Camus, Tronchet, avocats; Lemoine, orfèvre; Siéyès, chanoine et grand vicaire de Chartres; Vignon, ancien consul.

La majorité des représentants de la ville de Paris appuya la métamorphose des États-Généraux en Assemblée nationale constituante, et fut soutenue par ses commettants, qui répondirent aux menaces des courtisans par la prise de la Bastille.

Paris, après la proclamation de 1791, ne paraissait pas vouloir aller plus loin. Les députés qu'il envoya à l'Assemblée législative étaient des hommes pleins de modération; dont les plus avancés, Condorcet et Brissot, se placèrent plus tard à la tête de la réaction. Malheureusement, les efforts de la faction aristocratique qui environnait Louis XVI et conspirait sans cesse avec l'étranger, la marche des puissances coalisées, l'invasion de la France, le soulèvement de la Vendée, amenèrent de tels dangers, que la plus terrible énergie devint nécessaire. On conçoit que nous ne tentions pas de faire l'histoire de cette époque, qui soulève des questions trop graves et trop controversées; la même réserve nous est imposée pour les événements politiques qui se sont accomplis jusqu'à nos jours. Ils sont trop près de nous pour être librement appréciés. Nous nous contenterons, dans l'histoire spéciale de chaque arrondissement, d'esquisser les principaux, de manière à ne laisser aucune lacune. Ainsi, nous nous occuperons de la prise de la Bastille; de la Fédération; du massacre du Champ de Mars; des 2 et 3 septembre 1792; de la mort de Louis XVI; du 9 thermidor; des journées de prairial; du 13 vendémiaire; de l'établissement du Consulat et de l'Empire; de la prise de Paris; de la Révolution de 1830; du 24 Février 1848; des journées de Juin; du 2 décembre 1852, etc.

L'époque révolutionnaire fut féconde pour Paris. C'est d'elle que datent l'établissement ou la réforme des Archives nationales, du musée du Louvre, du Conservatoire des arts et métiers, du Muséum d'histoire naturelle, du Bureau des longitudes, du Musée d'artillerie, de l'Institut, de l'École normale, de l'École polytechnique, des Expositions industrielles. Une loi du 19 vendémiaire an IV détruisit la division de Paris en quarante-huit sections, adoptée par la Convention nationale, pour y substituer douze arrondissements. Le Consulat et l'Empire travaillèrent activement à l'embellissement de Paris. En 1805, un système de numérotage régulier fut admis; dans les rues parallèles à la rivière, les numéros en suivant le cours, et les nombres pairs sont à droite, et les nombres impairs sont à gauche. Dans les rues perpendiculaires à la Seine, le même est observé ordre en partant du rivage.

Des trottoirs furent établis le long des rues principales; mais l'opinion ne leur était point favorable. L'auteur des *Aventures parisiennes* disait encore en 1808: « Les rues de Paris ne sont point susceptibles d'être ornées de trottoirs, que plusieurs personnes se l'imaginent; la multiplication de ces portes cochères y met un obstacle presque insurmontable. »

L'Empire continua le Louvre, créa des quais, des ponts, des abattoirs, l'entrepôt des vins et des greniers de réserve. Un décret du 2 mai 1806 porte que les soixante-cinq fontaines publiques existantes dans Paris seront mises en état de fournir constamment de l'eau aux habitants de la ville, et qu'il en sera construit quinze nouvelles. Avant la fin de l'année suivante, ce décret était exécuté presque dans tous ses points, et la ville de Paris comptait parmi ses nouvelles fontaines celles de la place de l'École, de la rue Censier, de la place Dauphine, de la rue de Sèvres, du Marché aux Chevaux, de l'École de médecine, du parvis Notre-Dame, de Popincourt, du lycée Bonaparte, du marché Saint-Martin, de la place Maubert, de la rue Rambuteau, de la rue de Vaugirard, et enfin de la place du Châtelet.

La Restauration fit peu de chose pour Paris; son principal mérite est d'avoir, en 1822, déclaré que les rues seraient éclairées au gaz à mesure que les anciens contrats seraient périmés. Le règne de Louis-Philippe fut plus fécond; il termina la Madeleine, l'Arc de l'Étoile, le palais du quai d'Orsay; il ouvrit le musée des Thermes et de l'hôtel de Cluny, construisit les ponts Louis-Philippe et du Carrousel, perça la rue Rambuteau, commença la restauration de Notre-Dame et du Palais de Justice. Tous ces travaux ont été poursuivis et complétés après la chute de la branche cadette des Bourbons. De 1848 à 1860, Paris a pris une physionomie toute nouvelle; nous allons essayer de la dépeindre en parcourant tour à tour les vingt arrondissements. Nous recueillerons pieusement les souvenirs qui se rattachent aux pierres dispersées, en même temps que nous ferons la description des monuments nouveaux qui s'élèvent.

FIN DE L'HISTOIRE GÉNÉRALE DE PARIS.

LE NOUVEAU PARIS

HISTOIRE DE SES 20 ARRONDISSEMENTS

Le Musée.

LE LOUVRE. — PREMIER ARRONDISSEMENT

CHAPITRE PREMIER.

Préambules. — Anciens ouvrages sur Paris. — Nécessité d'un nouveau travail.

Tous les ouvrages sur Paris, par leur sujet même, attirent l'attention publique. Ce ne sont pas seulement les Parisiens qui les recherchent, puisque cette grande cité appartient à la France entière, et que sa population, souvent renouvelée, se compose d'éléments empruntés à tous les départements. Qui ne s'intéresse à ce centre de la civilisation, à ce foyer où viennent se concentrer toutes les lumières, où tous les talents cherchent leur consécration, où toutes les découvertes sont fécondées pour l'avantage commun de tous les hommes?

Que de fois, depuis Mercier, on a tenté la description des mœurs et des habitudes de Paris! Que de fois, depuis Félibien et Sauval, on a raconté l'étonnante histoire qui commence dans une île de la Seine aux temps fabuleux de Lutèce! Il existe sur Paris d'innombrables recueils qui, presque tous, peuvent être consultés avec fruit par quiconque désire s'instruire des destinées de la nation française, car celle-ci se résume pour ainsi dire tout entière dans Paris. Certes, nous le répétons, ce n'est pas une ville qui ait une existence personnelle : elle appartient à tous les Français. Elle est habitée par des émigrés de tous les départements. Le Parisien proprement dit, le Parisien autochthone, s'en va dans des contrées lointaines, tandis qu'à sa place accourent de toutes parts les hommes qui veulent vivre de la vie intellectuelle, ou qui, dans leurs industries respectives, aspirent à la perfection.

Après tant d'ouvrages sur Paris, on peut se demander s'il n'est point téméraire d'en produire un nouveau; mais il est facile de constater que, loin d'être surabondante, une pareille entreprise est nécessaire.

Paris est transfiguré; les gothiques masures de nos pères sont tombées sous le marteau des démolisseurs. Les vieilles rues étroites ont fait place à de larges artères qu'inonde le soleil. De grandes voies de communication s'ouvrent tous les jours. Des communes entières ont été englobées dans l'enceinte des fortifications. Des monuments s'élèvent, et les anciens édifices, habilement restaurés, prennent un air de jeunesse. Tout suit ce mouvement progressif ; le luxe se propage et s'infiltre dans toutes les classes. Quand on rentre à Paris, après l'avoir quitté quelques années, on ne le reconnaît plus. On trouve des palais improvisés, en remplacement des pignons vermoulus. La circulation des voitures a quadruplé; la population, considérablement augmentée, a changé de physionomie. Aussi, sans chercher à refaire ce qui a été fait tant de fois, sans ressasser Dulaure et Saint-Victor, on peut composer un livre où des documents entièrement neufs se mêleront à des détails peu connus sur l'ancien Paris.

C'est ce livre que nous allons tenter.

CHAPITRE II.

Enceintes successives de Paris. — Saint-Germain des Prés. — Travaux de Louis le Gros et de Philippe-Auguste. — Portes de Paris au XIIe siècle. — Rue d'Enfer. — Paris après la bataille de Poitiers. — Enceinte d'Étienne Marcel. — Siége de Paris par Jeanne Darcq.

Quelle distance de l'état actuel aux temps primitifs ! Que de siècles il a fallu pour que la modeste Lutèce, sortant de son île, jetât sur les deux rives de la Seine des maisons, des églises et des remparts, et prît d'escalade les plaines et les coteaux circonvoisins ! Longtemps la cité des Parisiens n'eut que des murailles grossièrement bâties, et qui, probablement, ne régnaient pas même dans toute sa modeste périphérie. On peut conclure, toutefois, de la charte de fondation de Saint-Germain des Prés, que, l'an 539, l'enceinte de Paris s'étendait déjà sur la rive gauche, puisque le roi Childebert annonce l'intention d'édifier un temple près des murs de la cité (*prope muros civitatis*). Il y avait donc des fortifications sur l'emplacement qu'occupent actuellement la rue Dauphine, la Monnaie et l'Institut. Sans cela, comment l'Abbaye que nous connaissons, et qui n'était pas loin du Luxembourg, eût-elle été contiguë aux ouvrages défensifs de la ville ?

L'afflux de la population était, à cette époque vers la rive gauche. En 1119, l'église Saint-Jacques de la Boucherie était encore dans le faubourg, *in suburbio Parisiacæ urbis*, comme dit une bulle du pape Calixte. Louis le Gros, qui cherchait à dominer le pouvoir des vassaux au profit de la monarchie, avança les murailles de Paris jusqu'au delà du palais des Thermes sur la rive gauche. Sur la rive droite, il forma un parallélogramme de tours et de courtines, dont la limite septentrionale était assez exactement dessinée par le tracé actuel de la rue de Rivoli, et qui avait pour frontière à l'est l'église de Saint-Gervais, à l'ouest Saint-Germain l'Auxerrois.

L'enceinte de Philippe-Auguste, plus solide et plus étendue que les précédentes, était flanquée de tours rondes et garnies de créneaux. Elle fut commencée en 1210, et elle était à peine achevée en 1240. Ceux qui connaissent Paris peuvent suivre aisément les contours de cette enceinte, grâce aux noms des portes principales qui se sont perpétués jusqu'à nous. Elle prend naissance entre Saint-Germain l'Auxerrois et le Louvre, et suit une ligne presque perpendiculaire à la Seine jusqu'à la porte Coquillière, dont l'appellation était due à la proximité du logis d'une certaine famille Coquillier. Dire qu'il y a des poètes oubliés, des savants dont la foule ne saura jamais les titres, et que le hasard perpétuera, tant qu'il restera pierre sur pierre de Paris, la mémoire du bourgeois Coquillier !

De la porte Coquillière, nous passons à la porte Saint-Eustache ; l'église voisine n'avait pas alors ses voûtes hardies, ses chefs pendants, ses élégantes nervures, et ce portail corinthien que Mansard de Jouy surmonta d'un fronton triangulaire. C'était une humble chapelle, dépendant d'abord du chapitre de Saint-Germain l'Auxerrois, érigée en cure l'an 1223. La muraille, arrivée là, courait parallèlement au fleuve ; et, entre deux tours, juste à l'endroit où la rue Rambuteau coupe aujourd'hui la rue Saint-Denis, s'ouvrait la porte aux Peintres. C'était le quartier des artistes chargés de l'illustration des manuscrits ; c'était près de cette porte que les Raphaël et les Titien du moyen âge s'étaient réunis pour enrichir de vignettes les chefs-d'œuvre calligraphiques qu'on admire encore dans nos collections publiques.

En longeant la rue Rambuteau, à la hauteur de la rue Saint-Martin, nous trouvons une poterne qui, du nom de son constructeur, s'appelait porte de Nicolas-Huidelin.

Puis viennent les portes de Braque, dont messire Nicolas Braque avait pris à cens les péages; la porte Barbette, située près d'un hôtel appartenant à cette famille; la porte Baudoyer, la fausse porte Saint-Pol, la porte Barbéel-sur-l'Yeau. Interrompue par la Seine et la plus orientale de ses îles, l'enceinte reprenait sur la rive gauche, ayant pour point de départ une tournelle dont le quai actuel perpétue le souvenir. Les murs montaient la côte, coupés par les portes Saint-Victor, Saint-Marcel ou Bordelle (Bordellum). Ce dernier mot signifiait une maison de campagne, une habitation isolée au milieu d'un jardin.

La rue d'Enfer n'a point d'étymologie diabolique; au point où elle s'élance d'un carrefour pour aboutir aux barrières, était une porte qui n'est devenue infernale que par corruption : *Porta inferni quæ antiquitus solebat nominari de Ferto*, comme disaient les actes des évêques d'Auxerre (*acta epis. autissiod.*). De cette porte de Ferto ou d'Enfer, le mur descendait le long de l'enclos du couvent des Cordeliers, sur l'emplacement duquel ont surgi depuis les amphithéâtres de l'École de médecine, le Musée Dupuytren et l'École de dessin. Les immenses dépendances de l'abbaye Saint-Germain des Prés empêchaient l'enceinte de Paris d'aller plus loin, elle était obligée de s'arrêter à ce que nous connaissons sous la dénomination de carrefour Buci ; de prendre derechef une direction perpendiculaire à la Seine, et d'aboutir à une tour ronde qui, du nom de son constructeur, s'appelait tournelle de Philippe-Amelin.

Ce fut plus tard la tour de Nesle.

L'enceinte de Philippe-Auguste fut suffisante jusqu'en 1356. Quand la bataille de Poitiers avait consterné la France, quand les Anglais ajoutaient chaque jour à leurs conquêtes, quand la guerre civile et la guerre étrangère se déchaînaient à l'envi, il importait de consolider la défense de la capitale, et de ne pas laisser en dehors les quartiers populeux qui s'étaient formés sur la rive droite de la Seine. Les nouveaux murs partirent de la tour de Billy, en face de l'île Louvière. Ils suivaient les boulevards depuis la porte Saint-Antoine jusqu'à la porte Saint-Denis. Ils enserraient le bourg de Villeneuve et la cour des Miracles, où trônait le grand Coësre au milieu des bohèmes et des truands. Pour conduire l'enceinte jusqu'à la Seine, prenons la rue des Fossés-Montmartre, coupons par Richelieu, l'hôtel de la Banque, le Palais-Royal et la place du Carrousel, et arrêtons-nous au pavillon Lesdiguières, où était alors une tour de bois dont les eaux battaient le pied.

La construction de l'enceinte dura quatre ans, et coûta 182,000 livres tournois. Elle fut entreprise grâce à l'énergique initiative d'Étienne Marcel, prévôt des marchands. Cet homme, longtemps populaire, et qui méritait de l'être, fut massacré à la porte Saint-Antoine, près de laquelle, en 1370, son successeur, Hugues Aubriot, jeta les fondements de la Bastille.

« Ce fut un grand fait, dit Froissard, que environner de fortes défenses une telle citez comme Paris, et dis que ce fust lo plus grand bien qu'oncques prevost des marchands fist. » C'était un beau travail ; il coûterait aujourd'hui le décuple de la somme qu'on y consacra, et qui n'équivaut pas à un million de francs. Les courtines étaient surmontées de créneaux qui reposaient sur des mâchicoulis. D'espace en espace se dressaient des tours barlongues, percées d'archières, munies d'échauguettes et de barbacanes ; les portes, qui étaient au nombre de quinze, étaient toutes flanquées de tours de ce genre.

La porte Saint-Antoine était entre deux châteaux royaux ; la Bastille, qui ne tarda pas à devenir exclusivement une prison d'État, et l'hôtel solennel des grands ébattements ou hôtel Saint-Pol, vaste maison de plaisance, avec des jardins, des ménageries, des volières, des vergers, des cerisaies, des prés et des pièces d'eau.

La porte du Temple donnait intérieurement sur l'enclos que possédaient les chevaliers de Saint-Jean de Jérusalem ou de Malte, depuis la destruction de l'ordre hybride des Templiers. Des ponts de plusieurs arches, jetés sur des fossés profonds, aboutissaient aux portes Saint-Martin, Saint-Denis, Montmartre et Saint-Honoré. Cette dernière était à l'angle de la rue à moitié détruite du Rempart, dont tout le côté droit vient de disparaître dans les récentes démolitions. Ce ne fut que plus tard qu'on ouvrit sur le quai la porte Neuve.

Sur la rive gauche, la porte de Nesle se distinguait par la solidité de ses tours et de son pont de quatre arches.

Nous avons mentionné déjà les autres portes, entre lesquelles celle de Buci est célèbre par la trahison de Périnet-

Leclerc, qui, le 29 mai 1410, en déroba les clefs à son père, quartenier du guet, et introduisit les Bourguignons dans la place.

Paris était en état de soutenir un siége, et, à plus forte raison, à l'abri d'un coup de main. Le duc d'Alençon, les comtes de Vendôme, de Clermont et de Laval, les maréchaux de Boussac et de Retz, vinrent camper, le 4 septembre 1429, sur la butte des Moulins; ils étaient accompagnés de Jeanne Darcq, dont le prestige était alors à son apogée. « Il n'en résulta pour eux que douleur, honte et meschef, » dit le *Journal d'un Bourgeois de Paris*, chronique curieuse et exacte, quoiqu'elle ait été rédigée avec partialité par un ecclésiastique affié des Anglais. « Le jour de la Nativité de Notre-Dame, dit cet écrivain, les Arminacs firent conjuration, tous d'un accord, de cestui jour assaillir Paris, et s'assemblèrent bien douze mille et plus; et vinrent environ heure grand'messe, entre onze et douze, leur Pucelle avec eux, et très-grande foison chariots, charrettes et chevaux, tous chargés de grandes bourrées à trois harts pour emplir les fossés de Paris. Et commencèrent à assaillir entre la porte Saint-Honoré et la porte Saint-Denys, et fut l'assaut très-cruel; et en assaillant disoient moult vilaines paroles à ceux de Paris. Et là étoit leur Pucelle avec son estandart, sur les enclos des fossés, qui disoit à ceux de Paris :

« Rendez-vous, de par Jésus! à nous tost; car se vous ne vous rendez avant qu'il soit la nuit, nous y entrerons de force, veuillez ou non, et tous serez mis à mort sans mercy.

« Voire! dit un, paillarde! ribaude! et tirant de son arbaleste droit à elle; il lui perça la cuisse tout outre, et elle de s'enfuir; un autre perça le pied tout outre à celui qui portoit son estandart. Quand il se sentit navré, il leva sa visière pour voir à oster le vireton de son pied, et un autre trait le saigne entre les deux yeux et le navre à mort, dont la Pucelle et le duc d'Alençon jurèrent depuis que mieux ils aimassent avoir perdu quarante des meilleurs hommes d'armes de leur compagnie. L'assaut fut moult cruel d'une part et d'autre, et dura bien jusqu'à quatre heures. Ceux de Paris prindrent cœur en eux, et tellement les versèrent de canons et d'autres traits qu'il leur convint par force de reculer et laisser leur assaut, et s'en aller. Qui mieux s'en pouvoit aller estoit le plus heureux; car ceux de Paris avoient de grands canons qui jettoient de la porte Saint-Denys jusques par delà Saint-Ladre largement, qu'ils leur jettoient au dos, dont moult furent épouvantés; ainsi furent mis à la fuite; mais homme n'y eut de Paris pour les suivir, pour paour de leurs embûches. Eux, en allant, ils boutèrent le feu en la grange des Mathurins, auprès des Porcherons, et mirent de leurs gens qui morts estoient à l'assaut, qu'ils avoient troussés sur leurs chevaux; dedans celui feu grande foison, comme faisoient les payens à Rome jadis. Et maudissoient moult leur Pucelle qui leur avoit promis que sans nulle faute ils gagneroient à celui assaut la ville de Paris par force, et qu'elle y seroit ceste nuit, et tous, et qu'ils seroient tous enrichis des biens de la cité, et que tous seroient mis, qui y mettroient aucune deffence, à l'espée ou ars en leur maison. Mais Dieu qui mena la grande entreprise d'Holoferne, par une femme nommée Judith, en enleva par pitié autrement qu'ils ne pensoient, car le lendemain viendrent quérir pour sauf-conduit leurs morts, et le héraut qui vint avec eux fut serementé du capitaine de Paris, combien il y avoit de ses navrés de leurs gens, lequel jura qu'ils estoient bien quinze cents, dont bien cent cinq cents estoient morts ou navrés à mort. Et vray est qu'en cet assaut n'avoit aussi comme nuls hommes d'armes, qu'environ quarante ou cinquante Anglois qui moult y firent bien leur devoir, car la plupart de leur charroy, et quoy ils avoient amené leurs bourrées, ceux de Paris leur enlevèrent : car bien ne leur devoit pas venir de vouloir faire telle occision le jour de la sainte Nativité de Notre-Dame. »

CHAPITRE III.

L'enceinte de Paris sous François 1er et sous Charles IX. — Siége de Paris par Henri IV. — Fête des Farines. — L'enceinte perd son caractère militaire. — Portes Saint-Denis et Saint-Martin. — Enceinte de 1784.

Pendant les règnes suivants, on entretint avec soin les fortifications de Paris; mais elles ne s'étendirent que sous l'influence d'un grand danger. François 1er avait été fait prisonnier à Pavie, et l'on pouvait craindre que Charles-Quint ne profitât de ses avantages pour conduire jusqu'à la capitale une invasion victorieuse. En 1523, les Parisiens se mirent en état d'opposer une résistance déterminée aux agresseurs, et les travaux entrepris se prolongèrent pendant plusieurs années. On abattit la vieille porte aux Peintres; on enleva d'énormes dépôts de gravois et d'immondices qui s'étaient accumulés à peu de distance des remparts, sur la rive gauche de la Seine. Mais ce fut surtout vers la rive droite que se porta l'attention du gouvernement et de la municipalité; seize mille ouvriers travaillèrent activement à réunir les deux fossés qui existaient, en un seul fossé plus profond.

Henri II conçut le projet d'imposer une limite fixe aux agrandissements de Paris. Par un édit, en date du mois de novembre 1549, il fut défendu à toutes personnes, de quelque qualité qu'elles fussent, de faire bâtir de neuf dans les faubourgs, à peine de confiscation du fond du bâtiment. On traça le plan d'une enceinte nouvelle qui aurait compris les faubourgs, et dont les bornes furent plantées du côté de l'Université, le 5 octobre 1550, en vertu d'un arrêté du conseil du 8 septembre. Mais ce projet n'eut pas de suite; la ville ne s'étendit que du côté de l'est. Le 6 juillet 1566, Charles IX posa la première pierre d'une muraille qui partait de la porte Saint-Honoré, enfermait le Jardin des Tuileries, de création récente, et aboutissait à un bastion construit à l'extrémité occidentale de l'allée connue sous la dénomination de Cours-la-Reine.

Lorsque Henri IV fit le siège de Paris, le 1er novembre 1580, avec douze mille fantassins et trois mille chevaux, il s'empara en moins de deux heures des faubourgs Saint-Jacques et Saint-Germain; mais il échoua contre le faubourg Saint-Martin. Son armée ne bloqua non Paris, son camp s'étendait depuis la Roquette, maison de campagne appartenant au sieur de Chiverny, jusqu'à la porte Montmartre, qui se trouvait alors au carrefour formé, en 1860, par les rues Montmartre, Neuve-Saint-Eustache et des Fossés-Montmartré. Un de ses détachements tenta de s'introduire par surprise dans la ville, le 19 janvier 1591. Le gouverneur, M. de Bélin, avait fait terrasser la porte Saint-Honoré : des paysans s'y présentèrent avec un convoi de farines; les portiers leur dirent naïvement que, la porte étant bouchée, ainsi que la porte Montmartre, il fallait aller prendre la porte Saint-Denis. On sut bientôt que ces prétendus paysans étaient des gentilshommes déguisés et bien armés, et, pour rendre grâces à Dieu d'avoir protégé Paris, on institua une cérémonie religieuse annuelle appelée la Fête des Farines.

Après son abjuration et son sacre, le 22 mars 1594, Henri IV franchit l'enceinte de Paris par la porte Neuve, d'où il put se rendre directement au Louvre et à Notre-Dame.

A partir de cette époque, cesse le rôle militaire de l'enceinte de Paris. Toutefois, sous Louis XIII, on construisait encore de nouveaux remparts. La vieille porte Saint-Honoré fut reportée à quatre cents toises à l'est. Les murailles qui en partaient étaient interrompues par la porte Richelieu, située à l'extrémité septentrionale de la rue de ce nom, qu'on venait de percer. Elles suivaient la direction de la rue Feydeau, au bout de laquelle était une nouvelle porte Montmartre, près de la rue des Jeux-Neufs, qui devait sa qualification à deux jeux de boules très-fréquentées, et s'est appelée par corruption des Joueurs. L'enceinte rejoignait ensuite la porte Saint-Denis.

Tout ce reliquat du moyen âge disparut sous Louis XIV; l'unité française se constituait. La position de la capitale était moins précaire, la France moins exposée aux guerres civiles et agrandie par des conquêtes. Dès 1640, des lettres patentes, en date du 7 juillet, ordonnèrent de combler les fossés, d'aplanir les remparts, d'y construire des édifices et d'y tracer des rues. Aux portes féodales, munies de herses et de ponts-levis, on substitua des arcs de triomphe. Il y en avait un déjà à la porte Saint-Antoine, édifié sous Henri II, et orné par Jean Goujon des statues de la Seine et de la Marne. François Blondel le remania, donna les dessins des portes Saint-Denis et Saint-Bernard, et en composa les inscriptions : *Ludovico magno, quod diebus vix sexaginta Rhenum, Wahalim*, etc. Ce Rouennais était un homme de ressources; il avait débuté par être envoyé extraordinaire du roi de France à Constantinople. A son retour, il fut nommé conseiller d'État, professeur de mathématiques du dauphin et membre de l'Académie des sciences : ce fut alors qu'il s'adonna à l'architecture, et qu'il décora les églises de

Saint-Jean en Grève et de Saint-Sauveur. Vers la fin de sa carrière, il se mit à étudier l'art de jeter les bombes et de fortifier les places, ce qui lui valut d'emblée le grade de maréchal des camps et armées du roi.

La porte Saint-Martin est de Pierre Bullet, qui la construisit en 1674. Quand elles furent exposées à la naïve admiration des Parisiens, ces deux portes jumelles passèrent pour des chefs-d'œuvre comparables à tous ceux de l'antiquité.

Sous Louis XIV, les vieux remparts tombèrent en ruine ou furent démolis. La ville émancipée s'étendit capricieusement; ses maisons, s'alignant le long des grands chemins, rejoignirent celles de Vaugirard, de Chaillot, du Roule, de Monceaux, de Reuilly, le Romiliacum des Mérovingiens, et d'autres villages ou hameaux. Malgré les bornes plantées à l'extrémité des faubourgs, en vertu de lettres patentes du 26 avril 1672, avec défense d'aller au delà, la route de la Grande-Pinte et des Porcherons devint la Chaussée-d'Antin; le quartier de la Nouvelle-France prolongea le faubourg Poissonnière; des rues s'ouvrirent dans les jardins qu'avait possédés, au XVe siècle, Jean de Popincourt, premier président au Parlement de Paris. La solitude de Picpus fut troublée, et des habitations s'élevèrent sur les bords de la Seine, autour de l'hôtel du sieur de la Rapée, commissaire général des guerres.

L'emplacement de la vieille enceinte se garnit de plantations. L'*Indicateur parisien pour* 1767 en parlait en ces termes : « Les boulevards ou remparts sont des promenades pour les carrosses et le peuple; ils ont 5,000 pas ou 5 quarts de lieue, et sont arrosés tous les jours cinq mois de l'été. Il s'y rend un grand nombre de personnes de tous états, attirés par la musique des cafés et les parades des baladins. » De nouveaux boulevards furent ouverts, qui commençaient à l'hôtel des Invalides pour aboutir à l'hôpital général de la Salpêtrière.

Il vint un moment où, sans songer à rétablir l'enceinte détruite, le gouvernement jugea à propos d'intervenir pour empêcher la ville d'aller plus loin. Une déclaration royale du 16 mai 1765 défendit de construire aucun bâtiment, en quelque manière et sous quelque prétexte que ce fût, au delà des maisons déjà construites à l'extrémité de chaque rue des faubourgs.

Pour la perception des droits d'entrée sur les boissons, la viande dépecée, le gibier, la volaille, le bois, le charbon, les fruits cuits, la paille, etc., dix-neuf barrières étaient établies : c'étaient celles de Saint-Jacques, de Saint-Michel, des Carmes, de Saint-Germain, de la Conférence, de Chaillot, du Roule, de la Ville-l'Évêque, de Saint-Denis, de Saint-Martin, de Montmartre, de Sainte-Anne, du Temple, de la Croix-Faubin, de Picpus et de Rambouillet. De nombreux commis y veillaient sous la direction d'inspecteurs à pied ou à cheval, de contrôleurs et de brigadiers; néanmoins, la fraude était grande, et les fermiers généraux se trouvaient lésés. En 1782, quand Louis XVI eut appelé M. de Calonne au conseil général des finances, ils obtinrent de ce ministre l'autorisation de faire un mur d'enceinte. On le commença pour ainsi dire clandestinement sur la route d'Orléans. Dès qu'il fut assez avancé, les Parisiens se récrièrent. On composa ce monostique :

Le mur murant Paris rend Paris murmurant.

Comme le chimiste Lavoisier était un des fermiers généraux les plus connus, on dit qu'il avait voulu enfermer Paris dans une cucurbite dont la caisse des fermiers était le récipient. On fit circuler ce quatrain :

Pour augmenter son numéraire
Et raccourcir notre horizon,
La ferme a jugé nécessaire
De mettre Paris en prison.

Au nord de la capitale, il y eut même un semblant d'émeute, et le Parlement nomma des commissaires pour rassurer les propriétaires, habitants, maraîchers, cabaretiers qui, dit Bachaumont, « se trouvaient grevés d'impôts directs ou indirects auxquels ils n'étaient point sujets, soit par la diminution des loyers de leurs maisons, soit par l'augmentation des denrées; impôts dont ils se regardaient comme affranchis par les limites de la capitale fixées depuis longtemps. » L'abbesse de Montmartre fit rédiger par Me Belot, avocat et bailli de sa seigneurie, un mémoire contre l'enceinte nouvelle. Plusieurs particuliers intentèrent des procès à la Ferme, qui n'en continua pas moins son œuvre. L'architecte Le Doux décora chaque barrière d'édifices massifs, avec soubassements, colonnes doriques, bossages, frontons et péristyles. L'abolition de l'octroi, en 1791, suspendit toutes ces constructions; mais elles furent reprises par le Directoire et complétées par le premier empire.

CHAPITRE IV.

Paris redevient place forte. — Commission de défense du royaume. — Projet d'enceinte continue. — Arrêté ministériel du 10 septembre 1839. — Projet de loi sur l'enceinte et les fortifications de Paris. — Lois de 1859. — Liste des communes supprimées. — Extrait du rapport du préfet de la Seine au conseil général. — Portes, barrières et poternes de Paris.

Des raisons fiscales avaient motivé cette enceinte, et l'on avait lieu de supposer que l'idée de faire de Paris une place forte était à jamais abandonnée. Elle reparut inopinément sous le règne de Louis-Philippe. Une décision royale du 29 avril 1836 avait institué une commission de défense du royaume. Un des premiers soins de cette commission fut d'examiner s'il y avait lieu d'augmenter les moyens de défense et de sécurité de Paris. Après de longues délibérations, elle fut d'avis qu'en raison de la grande importance de la capitale, il était nécessaire de la fortifier suivant le double système adopté pour les grands dépôts de la marine; qu'en conséquence, on devait établir à la fois une enceinte continue autour de la cité, et au loin des ouvrages avancés; que l'enceinte continue devait être pourvue de faces et de flancs terrassés, dont l'artillerie battrait les approches et éclairerait le terrain en avant autant que le permettraient les localités; qu'il était indispensable que le profil de cette enceinte la mît non-seulement à l'abri d'une escalade, mais encore en état de résister à des batteries ennemies qui s'établiraient momentanément entre les ouvrages avancés; que ces ouvrages, étant destinés à favoriser la défense active et à résister à des attaques régulières appuyées par la grosse artillerie, devaient être organisés de manière à pouvoir soutenir, au besoin, un siège en règle.

Le conseil des ministres délibéra sur ces bases; le 10 septembre 1839, il arrêta qu'il serait établi autour de Paris une enceinte continue et des ouvrages avancés casematés. Dode de La Brunerie fut nommé directeur supérieur des travaux, pour lesquels des ordonnances ouvrirent des crédits jusqu'à concurrence de 13 millions. Le 12 décembre 1840, le maréchal Soult, président du conseil et ministre de la guerre, vint demander à la Chambre des députés d'affecter une somme de 140 millions à l'enceinte et aux forts détachés de Paris.

Le 13 janvier 1841, M. Thiers présenta le rapport de la commission chargée d'examiner le projet de loi. Après une discussion animée, qui eut son écho dans la presse, le crédit demandé fut accordé par 237 voix contre 162. Soumis à la Chambre des pairs, le 11 février, le projet y fut également l'objet de vives critiques; cependant, le 1er avril, 149 voix contre 85 se prononcèrent en sa faveur.

Quelques observations du baron Mounier, organe de la commission de la Chambre des pairs, déterminèrent l'introduction, dans la loi du 5 avril 1840, d'un article ainsi conçu : « Les limites actuelles de l'octroi de la ville de Paris ne pourront être changées qu'en vertu d'une loi spéciale. »

C'est pour se conformer à cette disposition qu'en 1859 le gouvernement impérial, après avoir ordonné une enquête, a formulé un projet de loi qui a été adopté par le Corps législatif et le Sénat.

Les communes d'Auteuil, Passy, Batignolles, Montmartre, La Chapelle, La Villette, Belleville, Charonne, Bercy, Vaugirard, Grenelle, ont été entièrement absorbées, à partir du 1er janvier 1860. Des portions plus ou moins étendues sont retranchées des communes de Neuilly, des Prés-Saint-Gervais, de Saint-Mandé, Ivry, Gentilly, Montrouge, Clichy, Saint-Ouen, Aubervilliers, Pantin, Bagnolet, Vanves et Issy.

« L'agrandissement de la ville de Paris, dit M. le préfet de la Seine, dans un Mémoire présenté à la fin de 1859 au conseil général, change profondément la division du territoire et de la population, et la répartition des charges contributives du département, entre cette ville et les arrondissements de Saint-Denis et de Sceaux. Paris absorbe onze des principales communes de ces deux arrondissements, et s'augmente de portions plus ou moins notables du territoire de treize autres, que fractionne l'enceinte fortifiée. Son périmètre n'embrassait que 3,288 hectares, peuplés de 1,174,346 âmes; il comprend désormais 7,088 hectares et 1,525,942 habitants.

« La banlieue, qui formait autour de Paris deux zones concentriques, séparées par la ligne des remparts, et qui se trouve privée maintenant de la zone intérieure, la plus étroite, mais la plus peuplée et la plus riche des deux, est réduite à la moins importante, quoique la plus étendue, que resserrent, d'une part, l'enceinte nouvelle de la capitale, d'autre part les limites du département de Seine-et-Oise, dont le territoire circulaire enveloppe aussi de tous côtés, mais à distance, l'immense cité.

« L'arrondissement de Saint-Denis, qui comptait 37 communes et 356,034 habitants, n'a plus que 29 communes et 105,235 habitants; l'arrondissement de Sceaux, qui avait 43 communes, en conserve 40, mais avec une population restreinte de 197,039 à 96,245 âmes. Aussi, la part afférente à la ville de Paris, dans le montant des contributions payées par l'ensemble du département de la Seine, qui était déjà de 85 p. 100, atteindra désormais 93 p. 100.

« Ce dernier terme résume l'importance relative de la ville et de sa banlieue. La disproportion est énorme. Devant Paris, le reste du département semble disparaître; les arrondissements de Saint-Denis et de Sceaux ne sont évidemment que des appendices de Paris. Leur territoire n'est guère que l'espace nécessaire, et, s'il est permis de s'exprimer ainsi, le tour d'échelle ménagé en dehors de son enceinte, pour qu'elle puisse respirer à l'aise, pour qu'elle trouve, au delà de ses remparts, entre les têtes des chemins de fer et des routes impériales, l'emplacement des établissements de toute sorte qui doivent environner une grande capitale, sans rencontrer à ses portes une administration absolument étrangère à la sienne, et l'obligation de négocier pour toutes choses avec le département de Seine-et-Oise.

« Les campagnes et les villages, qui forment cette banlieue, n'ont pas à se plaindre, au reste, d'une telle situation. La presque totalité des dépenses départementales, faite au moyen de centimes additionnels dont la ville fournit presque tout le produit, leur profite d'une manière à peu près exclusive. En réalité, sous le nom de département de la Seine, c'est Paris qui, pour la majeure partie, crée et entretient, dans ses alentours, les routes départementales, les voies de grande communication, dont les lignes croisées relient entre elles les moindres localités comprises dans cette association départementale tout exceptionnelle; qui subventionne les chemins vicinaux, pour lesquels il reste place dans ce réseau à mailles serrées de voies plus importantes; qui aide à la construction des églises, des presbytères, des maisons d'école et autres édifices. Les soixante-neuf communes de la banlieue qui survivent sont donc comme les clientes de la cité, dont l'ombre bienfaisante les fait prospérer et grandir. Aujourd'hui, plus encore que par le passé, il est vrai de dire que l'entité administrative du département de la Seine, si on veut l'abstraire de l'unité parisienne, n'est guère qu'une fiction légale, et que son budget n'est qu'une annexe du budget municipal de Paris. »

Les passages ménagés dans l'enceinte pour l'entrée et pour la sortie sont au nombre de cinquante-deux. Dix-sept portes correspondent à des routes impériales;

Ce sont celles:
de Charenton;
de Vincennes;
de Bagnolet;
de Romainville;
d'Allemagne;
de La Villette;
de La Chapelle-Saint-Denis;
de Saint-Ouen;
de Cherbourg;
de Saint-Cloud;
de Versailles;
de Chevreuse;
de Toulouse;
d'Antibes;
de Choisy;
d'Ivry;
de Bâle.

Vingt-trois barrières correspondent à des routes départementales;

Ce sont celles:
de Bercy;
de Neuilly;
de Picpus;
de Saint-Mandé;
de Montreuil;
de Ménilmontant;
des Prés-Saint-Gervais;
du canal de l'Ourcq;
du canal Saint-Denis;
d'Aubervilliers;
de Clignancourt;
de Courcelles;
de Villiers;
de la Révolte;
du Roule;
du Point-du-Jour;
de Sèvres;
d'Issy;
de la Plaine;
de Plaisance;
de Montrouge;
d'Arcueil;
de Bicêtre.

Douze poternes correspondent à des chemins vicinaux; Ce sont celles:

de Montempoivre;
de Pantin;
des Poissonniers;
de Montmartre;
de Clichy;
de Levallois;
d'Auteuil;
de Billancourt;
de Javel;
de Vanves;
de Gentilly;
de Bièvre.

Dans ces dénominations on chercherait vainement un système général. Que viennent faire là Antibes, Toulouse et Bâle, à côté de La Villette et de Saint-Ouen? Chaque porte, barrière ou poterne aurait dû, ce nous semble, indiquer la localité la plus rapprochée ou la plus lointaine à laquelle on puisse atteindre en suivant la route. Si l'on avait voulu établir des distinctions, on aurait pu donner à chaque porte le nom de la ville de France la plus éloignée dans cette direction; à chaque barrière, le nom du chef-lieu le plus rapproché; à chaque poterne, le nom du village le plus voisin.

CHAPITRE V.

Étendue de Paris à diverses époques. — Observatoires élevés pour la triangulation. — Anciennes divisions de Paris. — Nouveaux arrondissements. — Limites du 1er arrondissement.

D'après les calculs de M. le Préfet, le territoire de la capitale n'avait, avant 1860, que 3,288 hectares. Sous Louis XIV, il n'en avait que 1,337; sous Henri IV, il était de 483 hectares 61 ares; aux XIVe et XVe siècles, de 439 hectares 18 ares; à la mort de Philippe-Auguste, de 252 hectares 87 ares; antérieurement, d'une quarantaine d'hectares tout au plus.

L'agrandissement de la capitale exigea la levée d'un nouveau plan, pour la triangulation duquel des observatoires furent élevés sur divers points.

Tous ces observatoires, construits par M. Bellu, avaient été établis en bois de sapin, à l'aide de poteaux moisés, avec un système de contre-fiches en croix de Saint-André, qui assurait la solidité de l'ensemble. Au centre était un escalier conduisant à la plate-forme du haut. En contre-bas du plancher de la plate-forme, qui était pourvue d'une balustrade et d'un montant d'un mètre, se trouvait un morceau de chêne sur lequel s'appliquait une douille en fer et cuivre dans laquelle on fixait, au moyen d'une vis, le drapeau-signal.

Grâce à la disposition particulière des trois couleurs bleue, blanche et rouge sur chaque drapeau, l'observateur, de l'endroit où il était placé, reconnaissait de suite si celui avec qui il correspondait se trouvait sur un monument, sur un bastion ou à une barrière, et réciproquement. Une fois le signal donné, on faisait disparaître le drapeau, qu'on remplaçait par l'instrument spécial, nommé cercle répétiteur, qui servait à déterminer les angles que formaient les lignes dirigées dans l'espace, d'une station à deux stations opposées.

On comprend que la hauteur de chacun des observatoires en question avait dû être calculée de telle sorte que les monuments publics ne pussent gêner en rien le travail des ingénieurs. Le plus élevé de ces édifices, celui de la Madeleine, mesurait 37 mètres de hauteur; puis venaient ceux de Saint-Vincent-de-Paul et de la caserne du Prince-Eugène, qui n'avaient que 34 mètres. La hauteur de la majeure partie des autres était de 28 mètres.

Lorsqu'on eut convenablement calculé l'espace compris dans la nouvelle enceinte, on chercha à le diviser, sous le rapport administratif, de manière à équilibrer la population et le territoire.

Les anciens arrondissements étaient au nombre de douze:

Le premier comprenait les quartiers des Tuileries, des Champs-Élysées, de la place Vendôme et du Roule.

Le second, les quartiers Feydeau, de la Chaussée-d'Antin, du Palais-Royal et du faubourg Montmartre;

Le troisième, les quartiers du faubourg Poissonnière, de Montmartre, de Saint-Eustache et du Mail;
Le quatrième, les quartiers Saint-Honoré, du Louvre, des Halles et de la Banque;
Le cinquième, les quartiers du faubourg Saint-Denis, Bonne-Nouvelle, Montorgueil et de la porte Saint-Martin;
Le sixième, les quartiers des Lombards, de Saint-Martin-des-Champs, du Temple et de la porte Saint-Denis;
Le septième, les quartiers des Arcis, Sainte-Avoie, du Mont-de-Piété et du marché Saint-Jean;
Le huitième, les quartiers du Marais, du faubourg Saint-Antoine, de Popincourt et des Quinze-Vingts;
Le neuvième, les quartiers de l'Hôtel-de-Ville, de la Cité, de l'Ile Saint-Louis et de l'Arsenal;
Le dixième, les quartiers du faubourg Saint-Germain, de la Monnaie, de Saint-Thomas-d'Aquin et des Invalides;
Le onzième, les quartiers du Luxembourg, de la Sorbonne, de l'École-de-Médecine et du Palais-de-Justice;
Le douzième, les quartiers Saint-Jacques, de l'Observatoire, du Jardin-des-Plantes et Saint-Marcel.

Aucune théorie fondée n'avait présidé à cette répartition. D'après les combinaisons nouvelles, vingt arrondissements, d'une étendue d'autant plus grande que la population y est moins agglomérée, partent du point central et se déroulent en spirale jusqu'à la circonférence; ils portent les noms suivants qui leur ont été conférés en vertu de la loi du 16 juin 1859, par un décret du 1er novembre de la même année:

Le Louvre.
La Bourse.
Le Temple.
L'Hôtel-de-Ville.
Le Panthéon.
Le Luxembourg.
Le Palais-Bourbon.
L'Élysée.
L'Opéra.
L'enclos Saint-Lazare.
Popincourt.
Reuilly.
Les Gobelins.
L'Observatoire.
Vaugirard.
Passy.
Les Batignolles-Monceaux.
La Butte-Montmartre.
Les Buttes-Chaumont.
Ménilmontant.

Le premier arrondissement est borné à l'ouest par le boulevard de Sébastopol, à l'est par la place de la Concorde, les rues Saint-Florentin et Richepance. Au nord, après avoir longé le boulevard de la Madeleine, il suit les rues Neuve-des-Capucines et des Petits-Champs; et la limite traversant des propriétés particulières, dont une rue projetée amènera la démolition, rejoint la rue Mauconseil. Au sud, la Seine longe le premier arrondissement, qui formerait un parallélogramme régulier, s'il n'empruntait à l'île de la Cité l'emplacement où sont situés le Palais-de-Justice et la Préfecture de police.

On divise le premier arrondissement en quatre quartiers: Saint-Germain-l'Auxerrois, les Halles, le Palais-Royal et la place Vendôme.

CHAPITRE VI.

Le Louvre. — Son origine et celle des Tuileries. — Réflexion de Dufresny. — Aspect de l'espace compris entre les deux palais avant 1852. — Le nouveau Louvre. — La Salle des États. — Le Musée. — Élèves et rapins. — Acquisitions nouvelles. — Le Musée des Souverains. — Musées égyptien, assyrien, américain. — Les séries impériales. — Restauration des Tuileries. — Le nouveau jardin réservé.

Le centre de Paris, actuellement comme aux époques les plus reculées de la monarchie capétienne, c'est le Louvre, dont la grosse tour, *grossa turris*, était le siège de la puissance féodale des anciens rois. C'était, au XIIIe siècle, un donjon entouré de fossés profonds et duquel relevaient les grandes seigneuries du royaume. Il se transforma graduellement, à mesure que la monarchie dont il était l'emblème eut moins besoin de se défendre, et put renoncer aux combinaisons stratégiques pour sacrifier aux grâces et au bon goût. Pierre Lescot commença, en 1528, avec le concours de Jean Goujon, la partie qui longe le quai, depuis le pont des Arts jusqu'au premier guichet, et que l'on considère à juste titre comme un chef-d'œuvre d'élégance.

A l'ouest du Louvre s'étendaient des tuileries qui avaient fourni la plus grande partie des tuiles employées pendant plusieurs siècles à la couverture des maisons de Paris. Dans les environs était un enclos contenant quarante-deux arpents de terre labourable, dont François Ier fit l'acquisition. Sa mère, la duchesse d'Angoulême, désirant quitter l'humide château des Tournelles, il acheta une autre habitation connue sous le nom d'Hôtel des Tuileries, à Nicolas de Neufville de Villeroy, secrétaire des finances et audiencier de France; lorsque les vieux murs des Tournelles tombèrent sous le marteau, Catherine de Médicis chargea Philibert de Lorme et Jean Bullan de lui bâtir un palais sur le terrain des Tuileries.

Ce fut ensuite le rêve de tous les rois de réunir les deux palais au moyen de galeries parallèles et de les compléter l'un par l'autre. Louis XIV fit exécuter, en 1665, sur les dessins de Claude Perrault, la façade trop vantée qui fait face à Saint-Germain-l'Auxerrois. On continua en même temps la galerie du bord de l'eau, mais avec lenteur et sans qu'il fût possible aux contemporains d'espérer en voir la terminaison. Le poète Dufresny, qui était accueilli familièrement de Louis XIV, son cousin de la main gauche, lui disait un jour: « Sire, je ne regarde jamais le nouveau Louvre sans m'écrier: Superbe monument de la magnificence d'un des plus grands rois qui de leur nom aient rempli la terre, palais digne de nos monarques, vous seriez achevé si l'on vous eût donné à l'un des quatre ordres mendiants, pour tenir ses chapitres ou loger son général! »

Malgré la bonne volonté des rois, la cour du Louvre ne fut complétée que de 1803 à 1813, par les architectes Percier et Fontaine. Quant à la galerie destinée à relier le Louvre aux Tuileries, du côté de la rue de Rivoli, elle fut commencée par Napoléon Ier, puis brusquement interrompue. La construction qui fut ébauchée sous le règne de Louis-Philippe, en face la porte du Musée, fut entourée de planches et demeura abandonnée. En 1848, le Carrousel était un désert dans un coin duquel se dressait, comme une tour carrée, l'hôtel de Nantes, ouvert à tous les vents. De la place au Louvre, la voie publique était bordée de baraques, la plupart habitées par des marchands de bric-à-brac, qui débitaient de vieilles gravures, des médailles antiques, des flèches de sauvages, des armures rouillées, des têtes de Zélandais, des crocodiles empaillés, des bahuts et des momies. Çà et là gazouillait l'étalage emplumé d'un oiseleur, qui vendait aussi des chiens, des furets et des cabiceas. On voyait aussi, adossées aux écuries d'Orléans, des bouquineries qui faisaient une concurrence fructueuse à celles des quais. Du côté de la rue Froid-Manteau, un égout s'engouffrait au pied des palissades vermoulues auxquelles sa fraîcheur faisait un piédestal d'herbes hautes et luxuriantes. Quand la nuit venait, l'ombre enveloppait les alentours, encore augmentée par la masse noire des palais; et le passant attardé ne s'aventurait qu'en tremblant dans ces lieux solitaires, non loin desquels une population sinistre se cachait dans des cabarets borgnes et dans des maisons mal famées.

Le gouvernement provisoire décréta que le Louvre serait achevé, et l'assemblée législative vota le prolongement de la rue de Rivoli. Les travaux, mollement commencés, ne furent poussés avec activité qu'en 1852. La première pierre des nouvelles ailes du Louvre fut posée le 25 juillet. Sous la direction de MM. Visconti et Lefuel, la galerie qui longe la rue de Rivoli fut prolongée jusqu'au Louvre. Deux galeries parallèles partirent du Louvre et vinrent se relier à des corps de logis en façade sur la place du Carrousel. Les pilastres du premier étage reçurent des rangées de statues d'hommes célèbres, qui peuvent avoir du charme pour le passant, mais qui, vues de l'intérieur, ont l'inconvénient de n'offrir aux yeux qu'une suite de dos et de manteaux informes.

Les rez-de-chaussée furent percés d'arcades, et, pour éviter la monotonie des grandes lignes, on disposa de distance en distance des pavillons qui prirent les noms des ministres Mollien, Denon, Daru, Turgot, Richelieu et Colbert. MM. Ottin, Diebolt, Préault, Barye, Barthélemy Frison, et autres sculpteurs ont travaillé à la décoration de ces pavillons auxquels on peut reprocher une surabondance d'ornements qui n'est point toujours de bon goût. La plus belle partie du Louvre, au point de vue de l'art, reste celle qui finit au pavillon Lesdiguières et qui fut ornée d'une frise par Jean Goujon et ses élèves.

Entre la place du Carrousel et le Louvre est dessiné un élégant jardin.

L'ensemble de ces édifices fut inauguré le 14 août 1857, et un banquet offert aux artistes et aux ouvriers dans une salle de la nouvelle aile du sud. Cette vaste pièce, décorée avec un faste inouï, a pris le nom de Salle des États. Elle sert à l'ouverture des sessions législatives, et le 14 août 1859, l'Empereur y a donné un banquet aux généraux qui revenaient d'Italie.

Dans le remaniement complet du Louvre, il était impossible de ne pas songer aux galeries qui contiennent la plus magnifique collection de tableaux qui soit en Europe. On trouve dans d'autres capitales des chefs-d'œuvre éclatants vers lesquels les artistes s'acheminent en pèlerinage, mais le musée du Louvre a, comme collection, une incontestable supériorité. Toutes les écoles y sont dignement représentées, classées méthodiquement, et la munificence nationale offre gratuitement cet assemblage de chefs-d'œuvre à l'admiration du public et aux études de ceux qui aspirent à marcher sur les traces des grands maîtres.

Chaque jour, à l'exception du lundi et du dimanche, des chevalets et des échelles se dressent devant la *Sainte Famille* de Raphaël, l'*Antiope* du Corrège, le *Couronnement d'épines* de Tiziano Vecellio, l'*Annonciation aux pasteurs* de Jacopo Palma, le *Concert* d'Il Giorgione, la *Fuite de Loth* de Rubens, l'*Homme à la toque* de Rembrandt, et autres œuvres capitales. Les rapins se montrent là, non plus tels qu'ils étaient naguère avec des barbes incultes, des cheveux comme ceux de Samson dans toute sa force, et des costumes fantastiques. Le rapin de nos jours est plus rangé; il a renoncé aux charges d'atelier qui faisaient les délices de ses prédécesseurs. Il étudie sérieusement, et ce ne sera pas sa faute s'il ne parvient point à l'admiration égale de l'école française du xixᵉ siècle, qui a produit Delacroix, Paul Delaroche, Decamps, Meissonier, Troyon, Daubigny, etc.

Des dames viennent aussi, la plupart accompagnées de leurs mères, s'exercer à la peinture. Quelques-unes même exécutent des copies qui leur sont commandées par le ministère d'État. Elles en vivent, et nous ne pouvons que les encourager, quoique nous doutions que beaucoup de ces artistes en crinoline soient appelées à égaler Rosa Bonheur et Mᵐᵉ Henriette Brown.

Ce fut le comte d'Angivilliers, directeur des bâtiments du roi, qui conçut la pensée de réunir, sous le nom de Muséum, les tableaux possédés par l'État. Il fallut le temps pour rechercher, dans les demeures royales ou dans les magasins, les œuvres d'art que possédait l'ancienne monarchie, si bien qu'elle avait cessé d'exister lorsque fut fondé le Musée national et central des arts, en vertu d'un décret de la Convention, en date du 27 juillet 1793. Il s'enrichit par nos conquêtes et fut appauvri par nos revers. Depuis quelques années, des sommes importantes ont été consacrées à compléter cette inappréciable collection.

On peut se rappeler que le 19 mai 1852, à la vente de la galerie du maréchal Soult, M. de Nieuwerkerke, directeur général des Musées, acheta moyennant la somme de 615,300 fr., un tableau célèbre de Bartolomé-Estéban Murillo, la *Conception immaculée de la Vierge*, tableau popularisé par la gravure, mais défiguré malheureusement par des retouches inhabiles et grossières.

Le musée des sculptures s'est considérablement accru. On y a transporté récemment le *Philopœmen* de David (d'Angers), et le *Prométhée* de Pradier. Dans les salles de la colonnade ont été recueillis divers objets ayant appartenu aux membres des familles qui ont régné sur la France; c'est ce qu'on appelle le Musée des Souverains. Dans les salles basses du Louvre, outre les statues de l'antiquité grecque et romaine et les œuvres des sculpteurs français, les sphinx égyptiens reposent dans une majestueuse sérénité; les rois d'Assyrie nous apparaissent avec leurs mitres et leurs barbes frisées, tandis que le musée américain nous révèle l'art rudimentaire des peuples dont les Théocalis et les ruines de Palenque révèlent pourtant une civilisation avancée.

Le service principal des écuries impériales a été installé dans les bâtiments du nouveau Louvre.

Les cours dites du vieux Louvre et de Henri III, dans lesquelles on entre par le quai, ont été spécialement disposées pour contenir quatre-vingt-dix chevaux, les carrosses, les selleries et le manège. Dans ces constructions, tout est bronze, acier et ciselures. Chaque stalle des écuries est en bois de chêne sculpté, le râtelier en bronze, la mangeoire en marbre, les chaînes en acier. Les colonnes et les nervures qui se croisent au plafond sont revêtues d'un stuc qui surpasse le poli et la finesse du beau marbre. Ce genre de décoration, nouvellement employé, est dû à M. Pinardi. On remarque, dans la cour de Henri III, un escalier en fer à cheval donnant accès au manège, situé au même niveau que celui de la galerie des tableaux, et dont la pente habilement ménagée en permettra l'accès aux chevaux.

Comme le Louvre, les Tuileries ont subi une transformation. À l'intérieur, les dorures ont été rafraîchies. Une fresque, qui représente une balustrade sur laquelle un tapis est jeté, rend moins lourd le dôme de la salle des maréchaux. La chambre à coucher de l'Impératrice a été décorée d'un plafond par M. Faustin Besson; dans cette peinture allégorique, des nymphes et des amours soutiennent le médaillon de la reine Hortense, tandis que de petits génies apportent sur la terre la variété de rose connue sous le nom de la Malmaison.

Le jardin planté par Le Nôtre, que l'on offrait à l'admiration des connaisseurs comme un magnifique échantillon de l'horticulture, telle qu'elle avait été conçue au temps de Louis XIV, avait été détérioré par les idées personnelles du roi Louis-Philippe, qui s'était ménagé un jardin particulier en détruisant les lignes tracées symétriquement par les ordres de Louis XIV. Sous le règne de Napoléon III, le jardin réservé s'est étendu. Le goût anglais, qui se rapproche davantage de la nature que celui des parterres du xviiᵉ siècle, a prédominé dans la restauration de la promenade ménagée pour le chef de l'État. Le fossé, de deux mètres, entouré d'une grille et planté d'arbustes, a été reculé jusqu'au grand bassin qui précède les quinconces; une large plate-bande garnie de fleurs se développe au pied des bâtiments, puis vient une allée transversale au delà de laquelle sont dessinés des carrés de gazons, des massifs de verdure, des corbeilles de fleurs. L'entrée publique des Tuileries, du côté du quai, a été reportée à l'endroit où l'on contemplait autrefois, sous une voûte profonde, la statue antique d'une femme endormie.

CHAPITRE VII.

Le Palais-Royal. — Sa fondation. — Première exposition des beaux-arts dans la cour de ce palais. — Travaux ordonnés par Louis-Philippe-Égalité. — Cafés et spectacles au Palais-Royal. — Le cirque et le canon. — L'arbre de Cracovie. — Le Palais-Royal en 1788 et 1789. — Calembours révolutionnaires. — Les gardes françaises. — Inconvénient d'être trop véridique. — Le 13 juillet. — Camille Desmoulins.

Le premier arrondissement renferme encore un troisième palais, de date plus récente, mais dont la célébrité européenne égale au moins celle des deux autres, le Palais-Royal. Il fut créé par le cardinal de Richelieu, sur les ruines de l'hôtel de Mercœur et de l'hôtel de Rambouillet, dans l'année 1629, et terminé en 1636, par les soins de Jacques Lemercier. Il s'appela d'abord le Palais-Cardinal, titre qui fut critiqué comme une usurpation, parce qu'il semblait que le cardinal Richelieu fût unique dans son espèce, et que cette outrecuidance n'était en harmonie ni avec les idées du temps, ni avec la modestie imposée à un dignitaire de l'Église apostolique. Comme pour se faire pardonner, le ministre fit présent de son palais à Louis XIII, qu'il traitait toujours comme son maître, quoiqu'en réalité le maître véritable fût l'homme qui avait pris La Rochelle et sapé les derniers débris de la féodalité. Après la mort du cardinal et de son légataire Louis XIII, Anne d'Autriche habita ce palais, qui s'appela dès lors royal; et les émeutes de la Fronde grondèrent autour de cette enceinte.

Un fait assez peu connu, c'est que la première exposition des beaux-arts eut lieu, en l'année 1673, dans la cour du Palais-Royal. Les tableaux, garantis par quelques auvents, étaient placés le long des murs, et notamment de celui d'une maison de la rue Richelieu, où logeaient les académies de peinture et de sculpture. A cette exposition, qui a été suivie de tant d'autres et qui a ouvert une voie nouvelle, figurait la *Défaite de Porus*, le *Passage du Granique*, la *Bataille d'Arbelles* et le *Triomphe d'Alexandre*, par Charles Le Brun. On y remarquait encore des tableaux de Van der Meulen, de Baptiste, de Mˡˡᵉ Chéron, de Francisque Milet, et de Philippe de Champagne.

Lorsque Louis XIV eut créé Versailles, il abandonna le Palais-Royal à la famille d'Orléans. Le régent de France fit démolir en partie les vieilles constructions, et les remplaça par des bâtiments ornés de colonnes doriques ou ioniques. Les appartements du Palais-Royal furent le rendez-vous joyeux de la

La Halle.

régence et des spéculateurs que le système de Law éleva à des hauteurs inespérées ou précipita dans l'abîme.

En vertu de lettres patentes du 26 août 1784, le duc, qui fut plus tard Louis-Philippe-Égalité, fit encadrer le jardin du Palais-Royal dans un rectangle de constructions monumentales dont l'architecte Louis fut l'organisateur. Ce jardin, ouvert au public en 1787, renfermait des établissements divers qui attirèrent la foule. Les cafés de Foy, de Corazza, de Valois, du Caveau, devinrent le rendez-vous des oisifs, des étrangers et des orateurs politiques. Un théâtre, où s'est installée la Comédie française, fut ouvert sous le nom de spectacle des Variétés-Amusantes, et sous la direction de MM. d'Orfeuille et Gaillard. A la place qu'occupe actuellement le théâtre du Palais-Royal se succédèrent le spectacle des petits comédiens du comte de Beaujolais, le théâtre de Mlle Montansier, et enfin le café de la Paix. On vit, en outre, s'établir au Palais-Royal les Fantoccini italiens, le musée des enfants du sieur Tessier, les ombres chinoises du sieur Séraphin et les figures de cire du sieur Curtius. Des restaurateurs, des clubs, des maisons de jeux, et d'autres établissements encore moins moraux, occupèrent les vastes salons des premiers étages.

Au milieu du jardin, à la place du bassin actuel, s'élevait un cirque à moitié souterrain, commencé au mois d'avril 1788, et terminé à la fin de 1789; au-dessus du sol, il était garni de treillages, et autour du vitrage circulaire qui éclairait l'intérieur, régnait une terrasse ornée de fleurs et d'eaux jaillissantes; il se reliait au palais par une galerie à jour, suivie d'un couloir souterrain. Du côté opposé s'élançait un bassin flanqué de quatre kiosques où l'on vendait de la bière et des brochures, des rafraîchissements et des pamphlets. Au milieu du boulingrin qui était ménagé entre le bassin du cirque et les arcades septentrionales, un sieur Rousseau avait placé sur la ligne du méridien de Paris un canon, dont la lumière était surmontée d'une lentille, et auquel les rayons du soleil mettaient le feu à midi précis.

On comprend ce que la position unique du Palais-Royal offrait d'avantage aux citoyens qui voulaient se réunir et se communiquer librement leurs pensées. A l'époque des élections aux états-généraux, le jardin était déjà une arène sur laquelle tous les partis venaient combattre avec les armes courtoises de la discussion, auxquelles succédaient par intervalles celles de la violence et du pugilat. En 1789, ces partis s'étaient cantonnés : ils avaient fait élection de domicile en répartissant entre eux les cafés, qui étaient comme des Chambres, où chaque bureau délibérait à part.

Le jardin était réservé pour les assemblées générales. En abattant la sombre allée plantée au XVIe siècle par le cardinal de Richelieu, on avait renversé le fameux *arbre de Cracovie*, ainsi nommé à l'époque de la guerre de Pologne, parce que tous les nouvellistes se rassemblaient sous son ombrage ; mais les jeunes marronniers qu'on y avait substitués étaient autant d'arbres de Cracovie, sous lesquels les innombrables successeurs des politiques de 1773 traitaient de la liberté de la presse, des abus, du budget, de l'abolition des privilèges, des subsistances, enfin *de omni re scibili* en matière de gouvernement.

L'affluence était souvent telle au Palais-Royal qu'un objet quelconque jeté d'en haut ne serait jamais arrivé à terre. De cette multitude s'élevait un bourdonnement confus, dominé par les voix discordantes des orateurs. Pour se faire mieux entendre, ils montaient sur des chaises ; ils en superposaient plusieurs qui fléchissaient et cassaient sous leurs pieds. Les motions se croisaient; on dénonçait aux vengeances populaires le comte d'Artois, les princes de Condé, de Conti et de Bourbon. On condamnait, dans les formes suivies au parlement, la duchesse de Polignac et son ami M. de Vaudreuil, l'abbé de Vermond, qui était resté le lecteur et le conseiller de la reine,

La colonne Vendôme.

après avoir été son instituteur à Vienne. On inventait un vocabulaire nouveau; on jouait sur le mot *aristocrate*. Duval d'Esprémesnil, naguère exilé aux îles Sainte-Marguerite pour avoir résisté aux projets de la cour dont il était devenu le déterminé champion, était qualifié d'aristocrâne. Le prince d'Hénin était un aristocruche; M. de Juigné, dont le carrosse avait été assailli à coups de pierre par les habitants de Versailles, un aristocrossé.

Mille autres quolibets étaient décochés aux défenseurs de l'ancien régime : on avait fait un anagramme sur Malouet, député de Riom, qui s'était opposé fortement à l'adoption du titre d'Assemblée nationale. Les lettres de son nom retournées, en admettant l'ancienne confusion de l'*u* et du *v*, donnaient ces deux mots : *vote mal*.

Les plaisants du Palais-Royal avaient combiné une charade sur l'ex-ministre Brienne : « Otez ma tête et ma queue, vous saurez qui je suis. » — Rien.

On avait fait un calembour sur le conseiller d'État Foulon, qu'on appréhendait de voir arriver au ministère : « Si l'on choisit un pareil homme, ce sera fou, mais pas long. »

Ce fut sur les tables du café Foy, tenu par Josserand, qu'une lettre de félicitations adressée au nom du peuple à l'Assemblée nationale, fut revêtue de trois mille signatures. Ce fut du Palais-Royal que partirent les manifestations parisiennes, sérieuses ou grotesques. On y vit se promener un caniche revêtu d'habits brodés, portant une épée au côté et une cocarde sur l'oreille : à sa queue traînait un écriteau sur lequel les curieux pouvaient lire ces mots : « Je ne suis pas noble, mais je m'en f... »

Au mois de mars 1789, l'ancien ministre de Calonne s'était permis d'adresser au roi une lettre dans laquelle il lui donnait des conseils. Lue à haute voix au café de Valois, cette malencontreuse épître fut condamnée au feu; on la brûla, on en recueillit les cendres dans une boîte et on les envoya à l'auteur.

Malheur à ceux qui, dans ces tumultueuses assemblées, osaient émettre des vœux contraires à ceux de la majorité! Un jeune homme, qui avait hasardé quelques observations en faveur de la noblesse, prit un bain forcé dans le bassin du cirque. Un attaché d'ambassade, qui s'était permis des insinuations contre le tiers-état, fut condamné à faire amende honorable devant la porte du café du Caveau.

Les grenadiers et les fusiliers des gardes françaises avaient leur quartier général à l'hôtel Richelieu, et étaient répartis dans un grand nombre de casernes, rue de la Pépinière, rue Poissonnière, rue du Faubourg-du-Temple, place de l'Estrapade, rue de Babylone, rue de l'Oursine, etc. Ils y étaient consignés; mais ils s'échappaient par bandes, sans armes, et accouraient au Palais-Royal. On les applaudissait, on les cajolait, on leur offrait de la bière et des glaces, et ils retournaient dans leurs casernes respectives, en criant : Vive le tiers-état! Vive la nation!

Necker fut congédié le 11 juillet 1789, et la nouvelle en était encore ignorée à Paris dans la matinée du 12 juillet. Au Palais-Royal les groupes étaient peu nombreux et peu animés. Ils avaient tant commenté la conspiration aristocratique, les marches et contre-marches de troupes, la prochaine dissolution de l'Assemblée nationale, qu'ils avaient fini par être blasés sur ces graves sujets. Tout à coup un homme essoufflé se présente aux environs du bassin, à l'endroit où se tenaient les jeunes et fougueux motionnaires dont la réunion avait été surnommée le *Club des enragés*. Il monte sur une chaise, il s'écrie impétueusement : — Messieurs, j'arrive de Versailles!

— Eh bien! qu'y a-t-il? que se passe-t-il?

— Messieurs, Necker est chassé de France, et son successeur est le baron de Breteuil.

— Ce n'est pas possible! c'est faux!

— Oui, Messieurs, reprend l'orateur d'un ton ferme, ce

baron de Breteuil qui a demandé la tête de Mirabeau. Ce n'est pas tout : le maréchal de Broglie entre au ministère de la guerre, et il a pour adjoint Foulon, Foulon qui a dit qu'il faucherait Paris comme un pré, et que, s'il était ministre, il ferait manger du foin aux Français.

Le silence de la stupeur accueille l'orateur, qui va propageant la nouvelle de groupe en groupe ; il ne rencontre que des incrédules. On l'écoute d'un air de défiance, on jette sur lui des regards de soupçon. Quel est cet homme? qui le connaît? Un orage s'amasse sourdement contre lui. — C'est un espion ! il nous en impose ! c'est un émissaire des princes ! à bas ! au bassin ! au bassin !

Et le pauvre martyr de la vérité, injustement condamné pour imposture, est houspillé, poussé, rudoyé, et finalement plongé dans le bassin du cirque. Mais comment protéger l'assemblée, défendre Paris menacé? Les motions se succèdent, les chaises et les tables ne suffisent plus aux harangueurs, qui montent sur les arbres et pérorent en s'y tenant suspendus.

On regrettait Necker ; on disait que le duc d'Orléans était également exilé pour s'être montré constamment favorable aux réformes ; on se communiquait les listes de proscription dressées par les nouveaux ministres ; on en dressait d'autres ; on promettait une récompense à ceux qui apporteraient au café du Caveau les têtes du comte d'Artois, du prince de Condé, du maréchal de Broglie, de Foulon et de son gendre Bertier ; et personne ne songeait au canon du sieur Rousseau : le coup part ; cette détonation soudaine, répercutée par les échos, cause à tous les assistants un tressaillement involontaire. Tous les autres bruits se taisent ; ce phénomène quotidien, qui n'intéresse d'habitude qu'un petit nombre d'oisifs, émeut la foule et emprunte aux circonstances quelque chose de solennel. Il semble que le soleil donne le signal de la guerre, le signal de la révolution !

On croit généralement, mais à tort, que, le 14 juillet, des groupes partis du Palais-Royal, sous la conduite de Camille Desmoulins, allèrent prendre la Bastille. La célèbre intervention de l'ardent jeune homme, alors avocat au parlement de Paris, est du 13 juillet. Le prince de Lambesc, à la suite du royal-allemand, venait de charger la foule dans le jardin des Tuileries. Des cris : aux armes! retentirent dans toutes les rues et au Palais-Royal. Camille Desmoulins, un pistolet dans chaque main, monte sur une table et s'écrie : — Le sang coule, votre arrêt est prononcé ; voyez ce qui se passe aux Champs-Élysées ! Des troupes s'emparent de tout l'espace qui s'étend entre l'étoile de Chaillot et les Tuileries, et s'y rangent en bataille. Nous avons assez délibéré ; délibérons avec nos bras ! Nous sommes les plus nombreux, et nous serons les plus forts ! Armons-nous !

— Armons-nous ! répète l'immense auditoire.

— Il nous faut une cocarde, un signe de ralliement, ajoute Camille ; que ces feuilles nous en servent ; elles ont la couleur de l'espérance !

Il attache à sa boutonnière une feuille de marronnier. Tous les assistants l'imitent ; mais une objection saisissante sauve les ombrages du jardin. — Le vert est la couleur du comte d'Artois.

On adopte la cocarde bleue et rouge, aux couleurs de la ville de Paris. Les marchands des galeries livrent spontanément leurs rubaneries ; les femmes se mettent à l'œuvre ; elles fouillent leurs tiroirs, ne craignent pas de dégarnir leurs ajustements, et arrangent à la hâte des cocardes qu'elles jettent aux passants du haut des fenêtres.

CHAPITRE VIII.

Paris en 1792. — Adresse des administrateurs de la police. — Projets de destruction du Palais-Royal. — Grande vogue des galeries. — Les galeries de bois. — Décadence du palais. — Le Château-d'Eau. — 1848. — Restauration du Palais-Royal.

En 1792, le Palais-Royal était devenu suspect, et les administrateurs de la police parisienne adressaient cette singulière admonition aux provinciaux qui accouraient pour la fédération du 14 juillet :

« Le conseil, craignant les pièges qui sont tendus sous ses pas :

« Au Palais-Royal, dans ce lieu qui fut le berceau de la révolution, le rendez-vous constant des patriotes pendant longtemps ; dans ce lieu charmant, où le plaisir va vous attirer, il existe des repaires affreux, où, sous l'espoir d'une fortune incertaine et balancée par la ruse, des brigands vous attirent ; où des femmes, se prostituant pour mieux servir leurs complices, vous enchaînent sous les verrous de trois épaisses grilles de fer, au milieu des poignards ; à chaque porte de ces tripots, où les malheureux étrangers, heureux encore n'y pas perdre la vie, laissent sur une table, à la merci des fripons qui l'entourent, leur fortune, des hommes gagés pour ce métier infâme se promènent, et vous invitent à monter pour une jolie société. On vous distribuera des cartes pour des concerts, pour des clubs ou des festins agréables. Rejetez, repoussez loin de vous ces appels dangereux.

« Vos parents, vos épouses, vous ont envoyés au milieu de nous pour célébrer la fête de la liberté conquise, pour vous préparer encore à la défendre ; que ces jours ne soient point empoisonnés par des regrets.

« Si les magistrats du peuple, malgré leurs efforts, ne peuvent détruire complètement ces cavernes affreuses, au moins ils auront rempli un devoir en vous les indiquant.

« Les administrateurs de la police,

« PERRON, VIGNER, SERGENT, PANIS. »

Quand la tourmente révolutionnaire commença à s'apaiser, en 1797, on rêva la destruction du Palais-Royal, devenu le Palais-Égalité. Nous lisons dans une feuille royaliste du temps, le Thé, ou le Contrôleur général (n° 108, 14 thermidor an IV, ou mardi 1er août 1797) :

« On a présenté au Directoire un plan de destruction du Palais-Royal, et un plan de rues pour le remplacer. Ainsi donc doit être anéanti cet infâme repaire de brigands, foyer de tous les crimes, depuis qu'il fut question de fonder en France la liberté, l'égalité, la fraternité, sur les débris ensanglantés du trône de meilleur des rois et des hommes. Effectivement, le Directoire a pris un arrêté par lequel il approuve le projet de destruction et le plan de rues. »

Voici ce que disait le même jour, sur le même sujet, un autre journal, la Petite Poste de Paris, ou le Prompt Avertisseur:

« Le 18 messidor dernier, il a été proposé au Directoire de mettre en vente le terrain du jardin Égalité, de détruire les boutiques de bois, et d'ouvrir quatre rues parallèles qui aboutiraient au perron. On dit que ce projet a été accueilli avec empressement par le ministre de l'intérieur Benezech, parce que cette proposition était appuyée par la perspective de 4 millions qui devaient en résulter ; on n'a point mis en balance les intérêts des propriétaires des boutiques et de tous ceux qui ont loué sur ce local un des avantages qu'ils attendaient de la publicité d'un lieu qui était le rendez-vous de tous les étrangers et de tous les oisifs de la capitale. Le ministère a cru qu'il pourrait les satisfaire en leur donnant des bons... Sur qui? Sur la trésorerie nationale, qui a tant de bonté pour nous, qu'elle finira par nous ruiner par ses bons. »

En dépit des projets de démolition, et quoique le Palais-Royal changeât son nom contre celui de Palais-Égalité et de Palais-du-Tribunat, sa vogue grandit toujours. « Le Palais-Royal, dit un ouvrage publié en 1819 chez L'Écrivain, est le point unique sur le globe. Visitez Londres, Amsterdam, Madrid, Vienne, vous ne verrez rien de pareil. Un prisonnier pourrait y vivre sans ennui et ne songer à la liberté qu'au bout de plusieurs années. C'est justement l'endroit que Pluton voulait qu'on assignât au captif afin de le retenir sans geôlier et sans violence par des chaînes douces et volontaires.

« On l'appelle la capitale de Paris : tout s'y trouve ; mais mettez là un jeune homme ayant vingt ans et cinquante mille livres de rente ; il ne pourra plus, il ne pourra plus sortir de ce lieu de féeries ; il deviendra un Renaud dans le palais d'Armide ; et si ce héros y perdit tant de temps et presque sa gloire, notre jeune homme y perdra le sien, et peut-être sa fortune : ce n'est plus que la débauche dont il pourra jouir ; partout ailleurs il s'ennuiera. Ce séjour enchanté est une petite ville luxurieuse, enfermée dans une grande ; c'est le temple de la volupté. »

La galerie projetée, de soixante toises de long sur onze de large, qui, d'après les plans de Louis, devait séparer le jardin de la cour du palais, n'avait pas été exécutée. L'emplacement en était occupé par deux rangées de baraques où se tenaient des libraires, des marchands de modes, des pâtissiers, des cabinets de lecture, etc. Là se pressait une affluence immense, attirée le soir par la quantité considérable de phrynés qui venaient y étaler leurs visages fardés et leur toilette éclatante. C'était une société mélangée, à laquelle ne manquaient ni les filous, ni les mouchards. Louis-Philippe fit démolir ce repaire, chassa des galeries la prostitution, et la loi qui supprima les maisons de jeux acheva d'épurer le Palais-Royal. Dès lors la multitude des oisifs et des étrangers émigra; les galeries devinrent peu à peu désertes; et quoique la somptueux restaurants de Tavernier, de Douix, des Frères-Provençaux, aient conservé leur antique renommée; quoique deux théâtres importants, chacun dans son genre, appellent le public; quoique les magasins soient décorés avec plus de magnificence que jamais, le Palais-Royal n'a point recouvré son antique splendeur.

Il y avait sur la place du Palais-Royal un vieux bâtiment construit sur les dessins de Robert de Cotte, premier architecte de Louis XV; l'avant-corps, formé par quatre colonnes d'ordre toscan, portait un fronton dans le tympan duquel Coustou avait sculpté les figures allégoriques de la Seine et de la fontaine d'Arcueil. C'était le Château-d'Eau qui renfermait des réservoirs pour les bassins des Tuileries et du Palais-Royal. En 1848, le poste de gardes municipaux, qui était installé au rez-de-chaussée de ce vieux monument, fut attaqué avec fureur. La bande des assiégeants envahit le Palais-Royal, brisa les meubles, lacéra les livres et les collections d'estampes, et détruisit une suite de tableaux modernes qui représentaient plusieurs épisodes de l'histoire du Palais-Royal. Ces dégâts furent réparés en partie en 1849, lorsqu'on choisit le palais abandonné pour y mettre l'exposition annuelle des beaux-arts. Le prince Jérôme et son fils, en prenant possession des appartements, leur ont restitué une partie de leur éclat; mais on peut dire que les beaux jours du Palais-Royal sont passés.

CHAPITRE IX.

La fontaine Molière. — Véritable lieu de naissance du poëte. — Projet de lui ériger un monument. — Fontaine Richelieu. — Commission créée par les soins de M. Régnier. — Description de la fontaine. — Statue de Molière par M. Seurre aîné. — La Comédie sévère et la Comédie gaie, par Pradier. — Mot de Victor Hugo.

Avant de nous éloigner du Palais-Royal, arrêtons-nous devant la fontaine élevée, dans la rue Richelieu, à la mémoire de Molière, en face de la maison où le poëte rendit le dernier soupir.

Le projet d'un monument à Molière est de date ancienne: déjà le 13 frimaire an VIII (4 novembre 1799), M. Alexandre Lenoir, architecte-conservateur du Musée des monuments français, assisté de Cailhava et de Laporte, fils d'un souffleur de la Comédie-Française, apposa sur une maison des piliers des halles cette inscription:

JEAN-BAPTISTE POQUELIN, DE MOLIÈRE
EST NÉ EN CETTE MAISON EN 1620.

C'était une erreur, attendu qu'il résulte des registres de la paroisse Saint-Eustache et des archives des hospices que Molière est né le samedi 15 janvier 1622, au coin de la rue des Vieilles-Étuves et de la rue Saint-Honoré, près de la Croix-du-Trahoir; toutefois l'intention de M. Lenoir n'en était pas moins digne d'éloges. En 1818, le *Constitutionnel* avait proposé une souscription au monument de Molière; il avait renouvelé son appel en 1826, sur l'invitation du directeur de la Comédie-Française; mais ces tentatives avaient avorté. En 1820, une réunion d'artistes et de littérateurs songea à installer l'image de Molière sur la place de l'Odéon; le sculpteur Gatteaux offrit gratuitement sa coopération; le comte de La Bourdonnaie, ministre de l'intérieur, refusa la sienne, « les places publiques de Paris étant exclusivement réservées aux monuments érigés en l'honneur des souverains ». Cette réponse, qu'on a blâmée, nous paraît toute naturelle; elle était conforme aux faits et aux traditions monarchiques: le bronze et le marbre n'avaient jamais été employés que pour reproduire Louis XIII, Louis XIV, Henri IV et Napoléon. Le général Desaix était le seul homme de race populaire dont on eût toléré le buste au milieu d'une place de la capitale. Pour qu'on adjoignît un grand poëte au grand capitaine, il fallut que la révolution de 1830 ébranlât de nouveau les doctrines exhumées par la Restauration; et aussitôt qu'il fut permis d'inaugurer en place publique la royauté du génie, on pensa tout d'abord à Molière.

C'était en 1838. Au centre du carrefour formé par les rues Traversière et Richelieu, tombait en ruines une fontaine séculaire, enrichie d'une inscription de Santeul :

Qui quondam magnum tenuit moderamen aquarum,
Richlius fonti plauderet ipse suo.

Le conseil municipal ouvrit un crédit de 41,000 fr. pour la reconstruire; mais quand on commençait les travaux, un sociétaire du Théâtre-Français, M. Régnier, remarqua que la fontaine était précisément en face de la maison où Molière est mort, à proximité du Théâtre national. Il fit part de sa découverte au préfet de la Seine, et demanda qu'on ouvrît une souscription dont le produit, concurremment avec les fonds de la ville, servirait à placer la statue de Molière dans une niche de la fontaine rééditée.

Une commission s'organisa pour encaisser les dons volontaires, qui s'élevèrent à la somme insuffisante de 40,000 fr. Le 21 juin 1839, M. Boulay (de la Meurthe) soumit au conseil municipal un rapport, dont les conclusions furent adoptées avec empressement; une nouvelle somme de 50,000 fr. fut votée, et 100,000 fr. accordés par la Chambre des députés permirent d'achever le monument, dont les frais montèrent à 178,000 fr.

La fontaine, composée par l'architecte Visconti, a 16 mètres de haut sur 6 mètres 50 cent. de long; elle est disgracieusement adossée à un pignon humide, qui en dépare les lignes et en diminue l'effet. Néanmoins, elle est d'un ensemble élégant, et quelques emprunts heureux, faits à la Renaissance, y tempèrent la pesanteur du style du XVIIe siècle. Le monument se divise en deux plans, dont le second renferme le logement du gardien. Le plan antérieur se compose d'un piédestal hexagone, d'une niche où repose la statue, et d'un fronton cintré, soutenu par des colonnes corinthiennes accouplées. Trois têtes de lion, sculptées dans le socle, jettent l'eau dans un bassin en pierre de Château-Landon. Le panneau de face du piédestal porte ces mots:

A MOLIÈRE, NÉ A PARIS LE 15 JANVIER 1622,
MORT A PARIS LE 17 FÉVRIER 1673,
Souscription nationale.

Au-dessus de la clef de la niche, on lit le millésime 1844. L'entablement est orné de mascarons et de guirlandes, et le fronton occupé par un génie poussif et joufflu, qui tient deux couronnes de laurier. Molière est représenté assis sur un fauteuil, tenant un cahier d'une main et un crayon de l'autre. La Comédie sévère et la Comédie gaie, placées à droite et à gauche du piédestal, lèvent les yeux vers le poëte qu'elles ont inspiré.

En louant le motif architectural du monument, nous reconnaissons entre ses parties un défaut sensible de proportion: le Molière écrase les deux statues du bas, et lui-même est écrasé par la génie joufflu, dont la taille peut être indifféremment celle d'un jeune géant ou d'un nain adulte. A droite et à gauche du génie apparaissent deux mascarons, qui rappellent ces croissants à profil humain employés dans les almanachs pour représenter le premier et le dernier quartier. Ces mascarons, et les guirlandes comprises entre l'entablement et l'arc du fronton, accablent de leur poids énorme les maigres colonnes qu'on a prétendu leur donner pour soutien, et l'on aperçoit, au milieu des feuillages, des pommes presque aussi grosses que la tête de la principale statue.

Cette figure devait être primitivement en marbre, et ce fut M. Boulay (de la Meurthe) qui obtint l'emploi du bronze « comme plus durable et plus magnifique. » Elle fut exécutée par M. Seurre aîné (Gabriel-Bernard), et fondue dans les ateliers de MM. Eck et Durand.

M. Seurre aîné soutint de son mieux la responsabilité qui pesait sur lui; mais ses forces trahirent sa bonne volonté. Sa statue n'a ni grâce ni noblesse; la tête n'est pas celle d'un homme qui médite, elle exprime plutôt l'hébêtement d'un malade: les mains sont petites, les jambes grosses et ramassées. Le poëte-acteur qui jouait Arnolphe, Lycisças et don Pèdre, avait sans doute dans les manières une distinction que M. Seurre aîné ne lui a pas conservée, et nous ne présumons pas que, même en son cabinet de travail, il se tint le dos arqué et les pieds en dedans, de manière à faire ressortir la grosseur de ses malléoles.

Les contours du modèle doivent être plus sèchement découpés pour le bronze que pour le marbre; M. Seurre aîné n'a pas tenu compte de cette différence; aussi son Molière présente-t-il une masse noire, confuse, et pelotonnée sur elle-même.

Le costume adopté par M. Seurre aîné est d'une irréprochable exactitude; mais la fraise plissée, qui descend jusqu'au sternum, rappelle trop celle des Mascarilles et des Scapins aux habits bariolés.

Ces défauts sont d'autant plus saillants que les deux figures en marbre de Pradier ont une charmante désinvolture: l'artiste a donné à chacune d'elles un caractère distinct. La Comédie sévère, celle qui dicta le *Misanthrope*, a la physionomie pensive, les traits nobles et réguliers, sans toutefois qu'on puisse la confondre avec la muse tragique. La Comédie gaie se couronne de pampres: elle tient le pedum ou le bâton pastoral recourbé, que les Grecs mettaient à la main des acteurs comiques; son allure est vive et provocante; sa robe s'entr'ouvre à demi; à ses pieds rit un masque grimaçant. Ces deux statues signalent un talent dans, toute sa force, corroboré par l'étude approfondie de l'antique. Victor Hugo, après les avoir vues dans l'atelier, écrivit sur le piédestal de l'une d'elles : « Je suis venu, j'ai vu, j'ai admiré. »

CHAPITRE X.

La place Vendôme. — La statue de Louis XIV. — La colonne. — Statue de Chaudet. — Statue de Seurre. — Le 5 mai.

De même que le Palais-Royal, la place Vendôme est le chef-lieu d'un quartier. C'est autour d'elle que se groupent le ministère de la Justice et des Cultes, l'état-major de la première division militaire, celui de la place et de la garde nationale. C'est sur la même place, à l'hôtel du Rhin, que Louis-Napoléon débarqua, après la révolution de 1848.

Là étaient autrefois l'hôtel et les jardins du duc de Vendôme. Louvois y commença une place dont les dessins furent donnés par Jules-Hardouin Mansard; mais les travaux furent suspendus par la mort du ministre et par la pénurie des finances. Ils furent continués aux frais de la ville, en vertu d'un contrat du mois de mai 1699, et terminés le 1er septembre 1715. Au centre s'élevait sur un piédestal de marbre blanc une belle statue équestre de Louis XIV, modelée par Girardon, et fondue en bronze d'un seul jet par Jean-Balthazar Keller. La révolution la renversa; le premier empire y substitua une colonne consacrée au souvenir de la campagne d'Austerlitz, et qu'on persiste à désigner généralement sous le nom de colonne Vendôme, quoiqu'elle n'ait absolument rien de commun avec le fils de Henri IV.

Elle a 43 mètres de hauteur; son noyau de pierre enferme un escalier fort sombre, à l'aide duquel les curieux, pourvu qu'ils soient maigres, peuvent parvenir à la plate-forme supérieure. Le socle est chargé d'inscriptions en latin passablement barbare. Une spirale de bas-reliefs en bronze déroule les faits d'armes de la campagne de 1805. Au point de vue de l'art, le tout est assez médiocre, et le plus grand mérite de la colonne, c'est d'avoir été recouverte de plaques dont le bronze provenait des pièces autrichiennes. Comme l'a dit le poëte :

C'était un beau spectacle! Il parcourait la terre
Avec ses vétérans, nation militaire
Dont il savait les noms.
Les rois fuyaient; les rois n'étaient point de sa taille,
Et, vainqueur, il allait par les champs de bataille,
Glanant tous leurs canons.

Chaudet avait fixé au sommet de la colonne une belle statue de Napoléon Ier, en grand costume impérial. On essaya de la faire tomber, le 6 avril 1814, en la tirant avec des cordes; plus tard, elle fut descendue par ordre de Louis XVIII. Le 28 juillet 1833, une statue nouvelle, exécutée par Seurre aîné, fut inaugurée pompeusement aux acclamations d'une foule immense.

« L'armée et la garde nationale, et une grande partie de la population, dit l'historien Rittiez, prirent part à cette solennité, qui fut véritablement imposante. Les cris de : *Vive l'empereur!* se mêlaient, pendant la revue et pendant le défilé, aux cris de : *Vive le roi! vive la liberté!* Quelques cris de : *A bas les forts détachés!* furent aussi proférés, mais ils se perdirent au milieu des acclamations universelles qui vibrèrent de toutes parts lorsqu'on découvrit la statue. Alors les musiques de tous les régiments jouèrent des airs guerriers, le canon des Invalides retentit; et Louis-Philippe, à cheval au milieu de son état-major, se découvrit, paraissant fier et heureux de voir, sous son règne, rendre un pareil hommage au guerrier qui avait porté si haut les prétentions de la France. »

L'artiste a montré l'empereur dans son costume de capitaine; malheureusement la figure manque de mouvement. Le petit chapeau historique, dont l'original est au Musée des Souverains, dessine sur le ciel deux cornes d'un effet peu monumental; les plis de la redingote grise tombent lourdement et sans grâce. Ces imperfections ne diminuent en rien l'impression qu'éprouve toujours le Parisien à la vue « de ce monument fait de gloire et d'airain. » Chaque année, le 5 mai, anniversaire du jour où l'illustre prisonnier mourut à Sainte-Hélène, des couronnes d'immortelles sont suspendues aux lances de la grille qui entoure le soubassement. Les vieux grognards qui survivent encore en petit nombre tirent du fond des armoires leurs vieux uniformes, leurs shakos troués par les balles, leurs buffleteries noircies par la poudre de vingt batailles, et ils viennent d'un pas chancelant rendre hommage à leur général, qu'ils ne tarderont pas à rejoindre dans la tombe.

CHAPITRE XI.

Les halles de Paris. — Pose de la première pierre. — Les pavillons. Consommation de la capitale. — Cabarets ouverts la nuit. — La place des Innocents.

Le premier arrondissement n'est pas seulement remarquable par ses palais; il comprend encore les gigantesques marchés où s'approvisionne la capitale.

Vous souvient-il des anciennes Halles de Paris, de la poissonnerie, dont les émanations parfumaient la pointe Saint-Eustache, du bâtiment disgracieux consacré à la vente du beurre et des œufs, des hangars incommodes sous lesquels marchands et marchandes étouffaient en été et grelottaient en hiver? C'était triste et insuffisant; il fallait, faute de places couvertes, déballer les légumes et les fruits au milieu de la voie publique, sous un ciel inclément, dans la poussière ou dans la boue. Maintes fois des réclamations s'étaient élevées. Le gouvernement et l'édilité parisienne avaient médité maintes fois la réforme d'un aussi déplorable état de choses, mais on n'avait bâti que des projets. Il y a dix années à peine qu'on a mis sérieusement la main à l'œuvre, et malgré l'activité avec laquelle ont été poussés les travaux dans ces derniers temps, le monument populaire des Halles n'est pas encore terminé.

Il est vrai que des tâtonnements ralentirent l'opération. On passa d'abord d'un extrême à l'autre; les débitants de denrées n'avaient pas été assez abrités; ils le furent trop, et le premier pavillon que l'on édifia ressemblait à une forteresse.

On se récria. Une visite faite à la gare de l'Ouest suggéra l'idée d'un modèle à suivre; des plans meilleurs furent proposés, et M. Baltard eut l'honneur d'être chargé de la construction des Halles-Centrales. L'enquête préalable commença, dans les bureaux de l'Hôtel de Ville, le 18 août 1851, et ce fut le 15 septembre de la même année que le président de la république posa la première pierre des nouveaux bâtiments. Dans le discours prononcé à cette réunion, il rappela que depuis quarante ans on songeait à élever un vaste monument destiné à préserver de l'intempérie des saisons la classe nombreuse qui pourvoit à l'alimentation parisienne. « Cette œuvre, ajouta-t-il, s'accomplit enfin. La construction de ces halles, véritable bienfait pour l'humanité, facilite l'approvisionnement de Paris, et appelle un plus grand nombre de départements à y concourir. Ce n'est donc pas une œuvre purement municipale, car Paris est le centre de la France, et plus sa vie est active et puissante, plus elle se communique au reste du pays. »

Les pavillons se composent de colonnes en fonte supportant des fermes en fer et une couverture en zinc. Ils s'élèvent au-dessus de caves destinées à servir de ressorts et de magasins. Au-dessous des caves elles-mêmes sont pratiquées des ru-

souterraines munies de trois cours de doubles rails. On se propose d'établir plus tard trois voies qui se relieront par le chemin de fer de ceinture avec les gares existant autour de Paris.

La ventilation des pavillons est établie à 2 mètres 50 centimètres au-dessus du sol, afin que les marchands et les acheteurs soient préservés de trop vifs courants d'air.

Les boutiques sont au nombre de 350 par pavillon; les premières, qui ont été installées le 24 décembre 1856, servent à la vente des fruits à la criée.

L'ensemble des constructions comprend dix pavillons, où se fait en gros, en demi-gros et en détail la vente des denrées alimentaires de toute espèce. Cette superficie se trouve doublée par les caves qui règnent sous toutes les parties de l'édifice.

La surface générale du carreau des Halles nouvelles, y compris les rues qui l'entourent et le traversent, est de 60,000 m.

Les Halles se divisent en deux grandes sections, séparées par un boulevard de 30 mètres de largeur. La première section, ou corps principal, a une étendue de 20,000 mètres; la seconde a 10,000 mètres de superficie.

Outre le boulevard central, il reste entre les premiers pavillons et l'église Saint-Eustache une place assez vaste qui aurait besoin d'être régularisée. Là stationnent des marchands ambulants, qui donnent au public, pour 10 ou 20 centimes, une variété infinie d'objets de bimbeloterie. Là s'arrêtent des arracheurs de dents, des vendeurs de remèdes contre les cors, des débitants de panacées. Le plus renommé des marchands de crayons, l'illustre Mangin lui-même, ce héros de la réclame en vent, ne dédaigne pas d'y montrer son casque empanaché, et d'y faire briller cette éloquence qui lui a valu une légitime renommée.

Tel est le palais populaire où s'alimente la grande capitale, et dont l'importance peut être mieux appréciée quand on se rend compte de l'énorme quantité de vivres et de denrées qui y viennent de tous les départements. D'après une statistique publiée par l'*Annuaire* du Bureau des longitudes, il s'est vendu en 1856, 8,785,320 kilog. de marée; 608,212 kilog. de poisson d'eau douce; 17,602,221 kilogr. de beurre; 8,608,671 fr. d'œufs.

On évalue à une somme d'au moins 40,000,000 la valeur des fruits et légumes qui, dans le cours de la même année, ont été apportés au carreau des Halles, pour être débités ensuite par les fruitiers, voituriers et marchands des quatre saisons. En 1858, la ville de Paris a consommé 1,456,445 hectolitres de vin en cercles, 12,367 en bouteilles, 80,47 hectolitres d'alcools, 20,878 hectolitres de cidre, 28,144,473 kilogrammes de viande de toute espèce, de bœufs, vaches, veaux, moutons et porcs; pour 9,222,820 fr. de marée; pour 2,053,072 fr. d'huîtres; pour 1,078,154 fr. de poisson d'eau douce; pour 18,315,708 fr. de volaille et de gibier; pour 19,328,785 fr. de beurre; pour 2,641,744 fr. d'œufs. Elle a consommé plus d'un 1,000,000 d'escargots. Ces mollusques, qu'on ne trouvait jadis que chez les herboristes et les pharmaciens, occupent aujourd'hui un emplacement spécial à la Halle, près des écrevisses et des poissons d'eau douce, et il est peu de restaurateurs sur la carte desquels ils ne soient inscrits.

Paris a brûlé, dans la même année 1858, 400,590,121 kilogr. de houille et de tourbe.

Les Halles Centrales sont peut-être, de tout Paris, le lieu où le mouvement est le plus actif, le plus continu. Dès minuit, les paysans des environs affluent; les charrettes se pressent dans les rues voisines; les restaurants et cabarets s'emplissent. Avant l'aube commencent les transactions entre les producteurs et les revendeurs. Des habitants de tous les quartiers descendent vers ce rendez-vous commun, dont l'animation se perpétue jusqu'au soir, et se ralentit pendant quelques heures à peine pour se renouveler le lendemain.

L'affluence qui se portait pendant la nuit vers les Halles a provoqué l'intervention de la police au mois de décembre 1859. La tolérance accordée aux restaurateurs des alentours attirait une multitude d'individus, dont les uns n'avaient point d'asile, et dont les autres, après une soirée tumultueuse, n'avaient nulle envie de rentrer dans leurs foyers. Les réalistes venaient dans la rue des Prouvaires ou dans la rue aux Fers déguster la soupe au fromage et le jambon de Mayence, qu'ils arrosaient de vin de Chablis. La police procéda à une enquête et constata que cent cinquante à deux cents voitures amenaient, de minuit à cinq heures du matin, les consommateurs dans les cabarets, qu'on laissait ouverts pour la plus grande facilité des approvisionneurs de Paris. Un soir qu'il se donnait un bal à l'Opéra, on constata, et c'est le journal *le Droit* qui l'affirme, que, dans l'espace d'une heure et demie, six cents personnes vinrent prendre place autour des tables des cabarets, qui jouissaient de la faculté de dépasser la permission de minuit; et sur ce nombre, combien y avait-il d'individus utiles au service des halles? Une dizaine tout au plus!..... A la suite de cette constatation, il a été interdit aux propriétaires de ces établissements de les laisser ouverts pendant la nuit.

Les Halles ne sont pas seulement utiles; elles ont leurs plaisirs et leurs agréments : la place des Innocents, qui était jadis leur chef-lieu, est transformée en un jardin charmant au milieu duquel s'élève la fontaine vulgairement attribuée à Jean Goujon ; la vérité, c'est que cet illustre statuaire en a exécuté seulement deux bas-reliefs dont on a dû faire des copies lorsque la fontaine, placée au coin de la rue aux Fers, a été isolée et mise sur un soubassement moins élevé que le précédent, au milieu de l'ancien marché.

CHAPITRE XII.

Mairie du premier arrondissement. — Saint-Germain l'Auxerrois. — La Saint-Barthélemy. — Assassinat du maréchal d'Ancre. — Le père d'Eugène Sue. — Mme de Genlis. — L'église Saint-Roch. — Le 18 vendémiaire.

La mairie du 1er arrondissement a ses bureaux dans un bâtiment neuf construit par M. Hittorf, à côté de Saint-Germain l'Auxerrois. Une façade analogue à celle de l'antique église a été construite sur la même ligne, en face de la colonnade de Perrault. L'édifice religieux et l'édifice municipal sont reliés entre eux par des arceaux, qui s'arc-boutent sur les parois d'un beffroi central. Nous avons lieu de croire que cette disposition est médiocrement approuvée par les architectes, et qu'il eût mieux valu laisser dans son isolement le vénérable portail de Saint-Germain l'Auxerrois.

Cette église portait, dès le VIe siècle, le titre de paroisse; pillée par les Normands, elle fut relevée par les ordres du roi Robert, qui y installa des chanoines. Bientôt les Parisiens, à l'étroit dans l'île de la Cité, s'éparpillèrent sur la rive droite de la Seine. Louis VII agrandit le lieu que les chartes désignent sous le nom de *Lauvrea*, et dont l'étymologie réelle paraît être le mot tudesque *Louër*, qui signifie château. L'église Saint-Germain l'Auxerrois devint insuffisante; elle était très-fréquentée, et l'Europe entière, ou du moins celle qui pensait, s'occupa des paroles prononcées par son curé le jour de Pâques 1245; il dit en chaire que le pape Innocent IV voulait que dans toutes les églises de la chrétienté on dénonçât comme excommunié l'empereur Frédéric II. « Je ne sais pas, ajouta-t-il, quelle est la cause de cette excommunication; je sais seulement que le pape et l'empereur se font une rude guerre; j'ignore lequel des deux a raison, mais autant que je le peux, j'excommunie celui qui a tort, et j'absous l'autre. » Frédéric II, à qui l'on raconta cette plaisanterie, envoya des présents au curé.

Le chœur de Saint-Germain l'Auxerrois fut refait pendant le XIVe siècle, la nef achevée en 1425, et le portail terminé en 1435.

Ce fut de la maison d'un chanoine de Saint-Germain l'Auxerrois que, le 22 août 1572, Maurevel, caché derrière un treillis de fer, blessa d'un coup d'arquebuse l'amiral Coligny. Deux jours plus tard, des hommes portant un mouchoir blanc au bras gauche et une croix blanche au chapeau, se réunissaient dans des conciliabules mystérieux ; des torches s'allumaient; des dagues étincelaient au milieu de la nuit, et la cloche de l'église, sonnant un glas à jamais funèbre, donnait le signal du massacre de la Saint-Barthélemy. Le maréchal d'Ancre, assassiné lâchement sous le guichet du Louvre, fut porté à Saint-Germain l'Auxerrois, enveloppé d'un drap grossier dont les deux bouts furent attachés avec des ficelles, et fut inhumé sous les orgues, mais il n'y resta pas longtemps. Une multitude furieuse le déterra et le pendit à une potence qu'il avait fait dresser à l'extrémité du Pont-Neuf. Quand il eut été exposé pendant une demi-heure, le peuple se rua de nouveau sur lui : « Les uns à coups de poing, dit le Journal de Pierre Dupuy, les autres à coups de bastons, de cousteaux, de poignards et d'espées; d'autres luy crevèrent les yeux; d'autres luy coupèrent le nez et les oreilles et autres parties de son corps. Après ils luy avalèrent les bras à coups d'espée, et puis luy coupèrent la teste; et tous ces morceaux estoient portés et traînés en divers quartiers de la ville avec des cris, acclamations et imprécations horribles, dont le retentissement alloit d'un bout de la ville à l'autre. »

En l'année 1744, le chapitre de Saint-Germain l'Auxerrois fut réuni à celui de Notre-Dame, et l'on abattit un jubé qui jouissait d'une réputation au moins égale à celle du jubé de Saint-Étienne du Mont. Il avait pour auteurs Pierre Lescot et Jean Goujon; c'est tout dire. Le 14 février 1831, un service fut imprudemment célébré par le clergé de cette paroisse pour l'anniversaire de la mort cruelle du duc de Berry. Une multitude irritée envahit l'église, qui, à la suite de cette dévastation, demeura fermée jusqu'en 1838. Elle est maintenant rendue au culte, et enrichie de fresques par M. Mottez, de vitraux par M. Maréchal de Metz, et de sculptures par MM. Marochetti, Jeuffroy et Després.

A propos de Saint-Germain l'Auxerrois, nous lisons dans le *Guide des amateurs*, publié par Thiéry, en 1787, deux notes qui peuvent intéresser les amis de la littérature. La première, relative au père d'un romancier célèbre, est conçue en ces termes :

« M. Sue fils, membre du collège et de l'Académie royale de chirurgie, de la société royale d'Édimbourg, docteur en médecine, professeur d'anatomie, de physiologie, de pathologie et d'opérations, qui demeure rue des Fossés Saint-Germain l'Auxerrois, au coin de celle de l'Arbre-Sec, réunit une collection précieuse de tout ce qui peut piquer la curiosité d'un connaisseur en ce genre. L'ordre qu'il y a mis en rend le coup d'œil agréable, et facilite beaucoup l'étude de l'anatomie.

« Cet anatomiste célèbre fait des cours publics sur son art, en son amphithéâtre, cul-de-sac de la Petite-Bastille, qui est près de son logis. »

La seconde note concerne une académie des enfants et des jeunes demoiselles, ouverte le 12 janvier 1786, dans le grand salon du doyenné de l'ancien chapitre; on y voit que Mme de Genlis avait permis qu'on fit usage de son théâtre d'éducation dans les exercices de cet établissement.

Saint-Germain l'Auxerrois a eu longtemps pour succursale l'église Saint-Roch, construite sur l'emplacement anciennement occupé par une grande maison qu'on appelait l'hôtel Gaillon. A côté de cette propriété s'élevait une chapelle sous l'invocation de sainte Suzanne, et près de ce petit monument, à l'endroit où furent construits depuis le portail et les marches de l'église, une autre chapelle avait été bâtie, dès l'année 1521, par Jean Dinocheau, marchand de bétail, et Jeanne de Laval, sa femme. Cette chapelle était connue sous le titre des Cinq-Plaies.

Étienne Dinocheau, fourrier ordinaire du roi et neveu du fondateur, eut la générosité de renoncer aux droits qu'il avait sur cette chapelle, et de céder, le 13 décembre 1577, un grand jardin et une place qui en dépendaient. Les habitants achetèrent encore la chapelle de Gaillon, dite Sainte-Suzanne, avec ses dépendances. Sur ces divers terrains fut construite la nouvelle église, d'après des proportions moins grandes que celles données plus tard au monument qui existe à présent.

Les historiens de Paris ne sont pas d'accord sur l'année de la construction de cette première église. « Un fait certain, dit l'un d'eux, M. Louis Lazare, c'est que la permission de l'official pour l'érection de cette succursale est du 15 août 1578. » On la consacra sous l'invocation de Saint-Roch, en raison d'un hôpital ainsi dénommé, dont Jacques Moyon, Espagnol, avait commencé la construction sur une partie de l'emplacement de l'église actuelle. Cet hôpital, destiné aux scrofuleux, fut transféré au faubourg Saint-Jacques.

L'église Saint-Roch resta longtemps sous la dépendance de Saint-Germain l'Auxerrois, suivant l'usage observé dans la hiérarchie ecclésiastique, le curé de cette paroisse en nommait le desservant. Cette dépendance cessa en 1653. A cette époque, Saint-Roch fut érigé en église paroissiale par François de Gondi, archevêque de Paris. La population s'augmentant, l'église devint bientôt trop petite. Les marguilliers achetèrent la totalité du terrain qui dépendait de l'ancien hôtel Gaillon, et la nouvelle église fut commencée au mois de mars 1653, sur les dessins de Jacques Lemercier, architecte. Louis XIV posa la première pierre du nouvel édifice.

Pierre Corneille, qui mourut rue d'Argenteuil, fut enterré à Saint-Roch.

Bonaparte, obscur et dédaigné, malgré la part qu'il avait prise au siège de Toulon, conquit devant Saint-Roch la renommée qu'il ambitionnait. Un décret qui réservait aux conventionnels les deux tiers des places dans le conseil des Cinq-Cents et dans celui des Anciens avait excité le mécontentement d'une grande partie de la population. Trente-trois sections se soulevèrent, le 12 vendémiaire an IV (22 octobre 1795). Un comité central de onze membres s'établit au couvent des Filles-Saint-Thomas, sous la présidence de Richer-Sérizy, journaliste dévoué à la cause royale, et choisit, pour guider les insurgés, le général de brigade Auguste Danican; Lafond de Soulé, ancien garde-du-corps de Louis XVI; le comte Colbert de Maulévrier et le marquis de Volville. Le comité s'empara des dépôts de chevaux et de subsistances, et de la trésorerie nationale, dirigea environ 30,000 hommes sur les Tuileries, et mit hors la loi la plupart des représentants du peuple, ainsi que ceux qui s'armeraient pour les protéger.

La Convention, qui ne pouvait disposer que d'une dizaine de mille hommes, en confia la direction à Barras, qui fit conférer le commandement en second au général Bonaparte, alors si peu connu que le rapport officiel le nomme *Buonaparte*. Le jeune capitaine disposa quarante-deux pièces de canon au débouché des avenues qui conduisaient aux Tuileries, et attendit les sections, qui commencèrent l'attaque le 13 vendémiaire, à quatre heures du soir. Elles étaient maîtresses des rues Saint-Honoré, Saint-Roch et de la Loi (ci-devant Richelieu); après d'inutiles sommations, une vive fusillade fut échangée; le général Brune et l'adjudant Gardanne repoussèrent les assaillants du côté des rues de l'Échelle et de Rohan; le général Cartaux les tint en échec sur les quais; Berruyer, à la tête du *bataillon sacré*, les chassa du Palais-Égalité, et enleva une barricade formée au coin de la rue du Coq.

Les insurgés avaient leur quartier général à Saint-Roch, et occupaient en tirailleurs les maisons de la rue du Dauphin. Bonaparte, secondé par le représentant J.-B. Cavaignac, fit pointer deux pièces de canon sur les marches de l'église, et acheva la défaite des sections.

On remarqua plus tard, comme une singularité, que les noms de saint Napoléon et de saint Roch se suivaient dans le calendrier : la fête du premier se célèbre le 15, et celle du second le 16 août.

CHAPITRE XIII.

L'église Saint-Eustache. — La Sainte-Chapelle. — Le Palais de justice. — Le Pont-Neuf.

Les autres églises du premier arrondissement sont l'Assomption, Saint-Leu et Saint-Gilles; Saint-Eustache; la Sainte-Chapelle; l'Oratoire.

L'église Saint-Eustache, dont nous avons déjà parlé, serait incontestablement considérée comme une des plus belles de la capitale, si on la débarrassait des informes masures qui l'obstruent : ce magnifique vaisseau a 106 mètres du portail au rond-point de la chapelle de la Vierge; 44 mètres de la croisée du transept.

Les bas côtés, à partir des axes des piliers, ont 6 mètres de largeur.

La hauteur de la nef est de 33 mètres 46 cent.; l'épaisseur de la voûte au droit de la nef, de 41 cent.; la hauteur des combles, depuis l'extrados de la voûte jusqu'au faîtage, 15 mètres 58 cent.

La grande nef est circonscrite par douze piliers jusqu'au transept. Le chœur a également douze piliers; les deux côtés de la croix, quatre chacun.

Indépendamment de la chapelle de la Vierge et des deux grandes croisées formant les bras de la croix, vingt-quatre chapelles, douze à droite, douze à gauche, correspondant chacune à une arcade cintrée, développent autour de l'église comme un riche rideau de peintures murales. Ces chapelles sont éclairées chacune par une fenêtre à quatre jours, séparés par des meneaux délicatement sculptés, et surmontés de quatre impostes en forme de trèfle pour la plupart.

Le 19 août 1532, Jean de La Barre, comte d'Étampes, prévôt et lieutenant général du gouvernement de Paris, posa la première pierre de l'église Saint-Eustache.

Cette église succéda à une plus ancienne, qui n'était elle-même qu'un accroissement d'une petite chapelle élevée, vers l'an 1200, sous le patronage de sainte Agnès, et dont il reste encore deux vestiges : une partie du pilastre de la tour, qui se voit encore sur le côté du portail méridional au-dessous de la croisée, et la crypte ou chapelle souterraine, qui se trouve sous la chapelle de la sainte Vierge.

L'architecte de la nouvelle église fut, dit-on, Dominique de Cortone, dit Bocador, qui traça le plan et en commença l'exécution. Les travaux, repris et continués par Charles David, durèrent plus d'un siècle. Ils ne furent terminés qu'en 1642.

Nous avons dit plus haut que Mansard de Jouy était le malheureux auteur du portail de Saint-Eustache; de grands travaux ont été exécutés dans cette église par l'État et la ville de Paris. M. Couture a décoré la chapelle de la Vierge de trois fresques colossales; d'autres peintures remarquables sont dues à MM. Séchan, Galland et Brunel-Roque. Dans la première travée de droite est une chapelle où on lit, tracés en lettres d'or sur des plaques de marbre noir, plusieurs inscriptions, que nous reproduirons textuellement, parce qu'elles intéressent au plus haut point l'histoire parisienne.

« L'an mil six cens trente-sept, vingt-sixieme jovr d'avril, devxiesme dimanche d'après Pasqves, ceste église ayant esté rebastie de fonds en comble, a esté de novveav dediée et consacrée avec le maistre avtel d'icelle, en l'honnevr de Dieu, sovbs l'invocation de la glorievse vierge Marie et des bienhevrevx martyrs sainct Evstache et saincte Agnès, et de sainct Lovis, confessevr, jadis roy de France, par reverendissime père en Dieu, messire Jean François de Gondi, premier archevesqve de Paris, conseiller dv roy en ses conseils, commandevr de ses ordres et grand maistre de la chapelle de Sa Majesté. Ce reqverant, vénérable et discrete personne maistre Estienne Tonnelier, prebstre, doctevr en théologie et cvré de ceste dicte église, avec havt et pvissant seignevr messire Pierre Segvier, chevallier, chancellier de France, monsievr maistre Gratien Menardeav, conseiller dv roy en la covr de parlement, honorables hommes Jean Bacholier et Charles Govrlin, marchands, bovrgeois de Paris, av nom et comme margvilliers de l'oevvre et fabriqve d'icelle église; et a, le dict sievr archevesqve, donné indvlgence en la forme ordinaire de l'Église, a tovs cevlx et celles qvi visiteront annvellement la dicte église le devxiesme dimanche d'après Pasqves, jovr et feste de la dédicace d'icelle. »

ÉGLISE PAROISSIALE DES SS. INNOCENTS.

« Fondée en 1150, érigée en paroisse en 1225, bâtie sur le territoire de Champeaux, entre la fontaine et la rue Saint-Denis, sous le vocable de saint Richard, innocent martyr, plus tard des saints martyrs enfants de Béthléem ; elle subsista jusqu'en 1790. Depuis, son territoire, formé de trois rues, fut enclavé dans la paroisse Saint-Eustache. »

ÉGLISE PAROISSIALE COLLÉGIALE SAINT-HONORÉ.

« Fondée en 1204, rue des Petits-Champs, au lieu dit aujourd'hui Cloître Saint-Honoré, sous le vocable de ce saint évêque d'Amiens ; la compagnie des boulangers de Paris y célébrait ses fêtes patronales. Elle subsista jusqu'en 1790. Depuis, son territoire, restreint audit cloître, fut enclavé dans la paroisse Saint-Eustache. »

ÉGLISE PAROISSIALE DE SAINT-EUSTACHE.

« De 1846 à 1854, restauration générale de l'architecture et des peintures découvertes sous le badigeon dans ses chapelles ; décoration de toutes les autres chapelles de l'église par l'administration municipale ; construction du maître-autel et de la chaire ; en remplacement des anciennes orgues, incendiées en 1844, exécution des nouvelles orgues par l'administration municipale et la fabrique, sous la direction de M. Victor Baltard, architecte, M. L. Gaudreau étant curé. »

L'architecte qui a bâti la Sainte-Chapelle, type de l'architecture ogivale, ne nous est connu que par son prénom de Pierre et par le nom de sa ville natale, Montereau ; sa biographie n'a jamais été faite complètement. On ignore la date de sa naissance ; seulement quelques archéologues, après de laborieuses recherches, ont découvert qu'il avait construit, outre la chapelle dont nous allons nous occuper, celle du château de Vincennes, ainsi que les réfectoires, le chapitre et la chapelle de Notre-Dame, dans le monastère de Saint-Germain des Prés. Les religieux l'enterrèrent en 1266 dans ce dernier édifice ; on le représenta en bas-relief, tenant une règle et un compas à la main ; mais au milieu des remaniements qu'a subis la capitale, la tombe de Pierre de Montereau a disparu !

Du moins, la Sainte-Chapelle immortalisera le souvenir de ses talents. Elle lui fut commandée par Louis IX pour y placer une précieuse relique, la couronne d'épines qui déchira le front du Sauveur.

Baudouin, gendre de l'empereur de Constantinople, étant venu demander des secours aux princes d'Occident, avait été si charmé de la bienveillance de Louis IX, qu'il avait promis de lui faire don de la sainte couronne, que l'on conservait précieusement dans l'oratoire des princes byzantins. Malheureusement l'empereur Jean de Brienne mourut subitement, et avant que Baudouin eût eu le temps d'arriver pour prendre possession du trône, ses ministres, ayant besoin d'argent, avaient mis la couronne en gage. Ils avaient promis 475 hyperpères des Vénitiens, 4,300 de l'abbesse de Péricoul, 2,200 de Cornaro et de Pierre Zomi, et 2,400 des Génois. L'époque de l'échéance arriva ; le gouvernement de Constantinople eut recours à une opération assez ordinaire aux gens obérés ; il paya ses premiers créanciers en contractant une nouvelle dette envers un certain Quirini, auquel on emprunta 13,134 hyperpères. Par lettres du mois de septembre 1238, on promit de les lui rendre le 31 octobre suivant. La sainte couronne lui fut laissée en gage et déposée dans l'église de Portocrator, à Constantinople, sous la garde de Pancrace Gaverson, camérier des Vénitiens. Il avait la faculté d'en disposer comme bon lui semblerait, s'il n'était pas soldé quatre mois au plus tard après le terme fixé.

Cette situation inquiéta le pieux Louis IX ; il entama des négociations avec la république de Venise, réunit une somme équivalente à environ 100,000 francs de monnaie actuelle, et ses ambassadeurs lui rapportèrent triomphalement la couronne d'épines. Le r i, ses frères, sa mère et toute la cour allèrent processionnellement au devant d'elle jusqu'à Villeneuve-l'Archevêque. Elle était enfermée dans trois coffres, le premier de bois, le second d'argent et le troisième d'or massif. On la mit sur un brancard, que le roi et le comte d'Artois, en tunique simple et les pieds nus, portèrent depuis Villeneuve jusqu'à Paris, où elle arriva le 18 août 1239. Elle fut exposée sur un échafaud dressé auprès de l'église Saint-Antoine des Champs, et placée dans l'oratoire du palais.

Bientôt Baudouin fit au roi de nouvelles libéralités, et, le 14 septembre 1241, arrivèrent à Paris des fragments de la vraie croix, le fer de la lance avec laquelle un soldat romain avait percé le flanc de Jésus-Christ, une portion de l'éponge qui avait été imbibée de vinaigre, un lambeau du manteau de pourpre que les soldats de Pilate avaient jeté sur les épaules du roi des Juifs, et une partie du roseau qui lui avait servi de sceptre. Ce fut pour loger ces pieux trésors, que Pierre de Montereau bâtit la Sainte-Chapelle, à laquelle il eut l'ingénieuse idée de donner la forme d'une châsse ; il la fit aussi haute que longue (36 mètres), la surmonta d'une flèche élégante, et la divisa en deux églises distinctes, l'une pour le service ordinaire, l'autre pour les grandes cérémonies. Les plus riches ornements furent prodigués, tant à l'intérieur qu'à l'extérieur de l'édifice, dont les dépenses sont évaluées à 2,800,000 francs par le confesseur de la reine Marguerite, dans la Vie de saint Louis. La dédicace s'en fit le 26 avril 1248 ; l'église supérieure fut consacrée par Eudes, évêque de Frascati, sous le vocable de la sainte couronne, et l'église basse par Philippe, archevêque de Bourges, sous l'invocation de la Vierge.

Saint Louis avait installé, dans le monument de sa fondation, cinq chapelains, cinq sous-chapelains, cinq diacres et sous-diacres. Sous ses successeurs, le nombre des ecclésiastiques attachés à la Sainte-Chapelle s'éleva jusqu'à quarante-cinq, puis il fut réduit à treize chanoines. Leur chef, qui prenait le titre de trésorier, portait la mitre et l'anneau pontifical, en vertu d'une bulle du pape Clément VII. Il avait une juridiction contentieuse, composée d'un official, d'un promoteur et d'un greffier.

Le trésor de la Sainte-Chapelle n'était visible que pour les personnes munies de lettres de cachet du roi. Il était placé derrière le maître-autel et contenait, outre les reliques, de remarquables travaux d'orfévrerie, des objets d'art, un bâton de chantre surmonté d'un buste de Titus en agate, et l'admirable camée représentant l'apothéose d'Auguste. C'était Charles V qui avait donné à la Sainte-Chapelle ce magnifique travail, qui a été gravé en 1625 par les soins de Rubens, et qui est aujourd'hui déposé à la Bibliothèque impériale.

Les deux autels latéraux de l'église supérieure étaient surmontés de tableaux points en émail par Léonard le Limousin. Dans l'église basse était le tombeau de Boileau, qui a si spirituellement célébré les querelles intestines des chanoines. Sous le portail on remarque une statue de la Vierge qui avait la tête baissée. La légende populaire racontait qu'au moment d'entamer une polémique en faveur de l'immaculée conception, Scot s'était agenouillé devant cette image en disant : *Dignare me laudare te, Virgo sacrata; da mihi virtutem contra hostes tuos*, et que la statue avait baissé la tête en signe d'assentiment.

Enlevée au culte par la Révolution, la Sainte-Chapelle devint un dépôt d'archives. Le gouvernement pensa, en 1848, à restaurer ce chef-d'œuvre, et nomma à cet effet une commission composée de MM. Duperrier, Galis, de Lasteyrie, Riant, membres du conseil général de la Seine; Baroche, procureur général; de Luynes et de Montalembert, représentants; Caristie et Duban, architectes; Mérimée, inspecteur général des monuments historiques, et Rivet, conseiller d'État.

Une idée s'offrait naturellement à l'esprit, celle d'isoler complètement l'édifice; mais il eût fallu modifier entièrement les projets en cours d'exécution pour la reconstruction et l'achèvement du Palais de justice. On s'est donc contenté de réparations intérieures et extérieures, qui se sont accomplies sous la direction de M. Lassus, habile architecte, que la mort nous a prématurément enlevé. Les vitraux, retraçant les épisodes principaux de la vie de saint Louis, ont été restaurés par M. Lusson, sur les cartons de M. Steinheil.

La flèche, rétablie en 1854, repose sur une voûte de 18 centimètres seulement d'épaisseur, et M. Bellu y a déployé toutes les ressources de l'art de la charpenterie. Le mât qui forme toute la hauteur de cette construction aérienne se trouve suspendu par huit énormes contre-fiches reposant sur les contreforts. Toutes les parties viennent s'appuyer sur cette pièce principale, et l'exécution de l'ensemble est si parfaite qu'il est facile de glisser une règle sous la flèche ainsi suspendue. Sur le poinçon de la croupe orientale se dresse un ange exécuté par M. Geoffroy Dechaume. C'est le même artiste qui a modelé les douze statues dorées qui occupent les niches de la flèche. La Sainte-Chapelle est, en somme, un des monuments les plus originaux et les plus curieux dont s'honore la ville de Paris.

La Sainte-Chapelle est enclavée dans les bâtiments du Palais-de-Justice, amalgame hétérogène de constructions de toutes les époques; quelques parties qui longent le quai de l'Horloge ont appartenu au vieux manoir de Louis IX; l'élégante tour de l'Horloge date de Henri II; la vaste salle, dite des Pas-Perdus, cut ou par Jacques Debrosses, en 1622. La façade, précédée par un avant-corps de quatre colonnes doriques, date de 1776.

Les salles destinées au service de la Cour de cassation, des 3e et 7e chambres et du parquet, sont de création récente. Depuis dix ans au moins on ne cesse de restaurer, de gratter, d'étayer le Palais de Justice, ainsi que la prison de la Conciergerie qui en dépend.

La Conciergerie a reçu des prisonniers célèbres à différents titres. Pendant la Révolution, Bailly, Malesherbes, Mme Rolland, Camille Desmoulins, Danton, André Chénier, Fabre d'Églantine, les Girondins, y ont été enfermés, ainsi que Marie-Antoinette et Mme Élisabeth, dont on montre encore les cellules au fond d'un corridor obscur. Plus tard, Georges Cadoudal, Louvel, les quatre sergents de La Rochelle et les individus accusés de tentative d'homicide contre le chef de l'État, ont été incarcérés à la Conciergerie.

Jadis cette triste prison avait ses oubliettes, situées sous la porte d'entrée, à quinze mètres au-dessous du sol, et qui communiquaient avec la Seine par un conduit souterrain. En 1818, l'architecte Peyre transforma ce conduit en un aqueduc qui déverse dans ce fleuve les eaux pluviales et ménagères de la prison. Les travaux d'agrandissement du Palais de Justice ont nécessité la démolition d'une partie du préau et de quelques cachots hors d'usage, dont le sol était au-dessous du niveau de la Seine.

On a vu longtemps dans la chambre des Pas-Perdus et dans les galeries adjacentes des boutiques de libraires, de bijoutiers, de modistes, etc.; on n'y voit plus aujourd'hui que des avocats affairés ou en quête d'occupation, des plaideurs et des curieux, dont la plupart sont de pauvres diables sans ressource, charmés de trouver dans le prétoire des tribunaux un refuge et une distraction.

Une cour, faite aux dépens du jardin du premier président de Harlay, a longtemps mis en communication le palais et la place Dauphine; mais elle a été momentanément supprimée pendant que l'on reconstruit la préfecture de police. L'hôtel qu'occupait cette administration avait été construit en 1607, et réparé, en 1711, par Boffrand.

Nous devons signaler l'importance administrative du 1er arrondissement. Entre les rues de Rivoli, du Mont-Thabor, de Luxembourg et Castiglione, un édifice colossal renferme les bureaux du ministère des finances: division du personnel, division du contentieux, direction du mouvement central des fonds, direction de la dette inscrite, direction de la comptabilité générale, service du caissier payeur central, division du contrôle central. Le ministère d'État est installé au Louvre, et l'administration des postes à l'hôtel d'Arménonville, rue Jean-Jacques-Rousseau. Ainsi les rouages les plus essentiels de la machine gouvernementale se trouvent pour ainsi dire concentrés dans le 1er arrondissement, où sont en même temps réunies les sources de l'alimentation publique. Dans le voisinage des Halles se trouve la Halle aux blés, beau bâtiment de forme circulaire, entièrement isolé, percé à jour de toutes parts et entouré de maisons et de rues; il fut construit en 1767, sur l'emplacement de l'hôtel de Soissons. Sa rotonde est percée de vingt-cinq arcades; il n'est entré aucun bois dans la construction de cet édifice; la coupole, hémisphérique, est en fer coulé et en cuivre. Près de là s'élève une belle colonne de 32 mètres de hauteur, terminée par un méridien : c'est l'ancien observatoire où la superstitieuse Catherine de Médicis montait pour étudier les astres et leurs mouvements prophétiques.

Donnons en passant un souvenir au Pont-Neuf, qui a cessé d'exister, du moins tel qu'il s'offrait à l'imagination. Longtemps il fut le rendez-vous des poètes crottés jusqu'à l'échine, dont Furetière a tracé si plaisamment le portrait dans ces vers :

> On sçait qu'assez souvent Maillet demeure au lit
> Durant qu'un ravaudeur lui panse son habit;
> Sans qu'aucune partie en son corps soit blessée,
> La jambe lui fait mal quand sa chausse est percée;
> Et quoiqu'il ait sur soi plus que son revenu,
> Souvent sans cette ruse il marcherait tout nu.

Longtemps affluèrent sur ce pont les nouvellistes, les charlatans, les marchands de libelles et de caricatures, les chansonniers populaires, les laquais et les filous. Nous l'avons vu chargé de vingt tourelles, qui avaient été restaurées en 1776, et où étaient cantonnés des marchands de friture, des pâtissiers, des bouquinistes et autres commerçants; maintenant, les tourelles ont disparu; le pont a été aplani, nivelé, élargi, garni de bancs en pierre où les passants fatigués peuvent se reposer pendant les beaux jours, en respirant la fraîcheur des eaux. Grâce à ces remaniements, il mérite plus que jamais le nom qu'il porte depuis le règne de Henri IV, mais ce n'est plus le Pont-Neuf.

FIN DU PREMIER ARRONDISSEMENT.

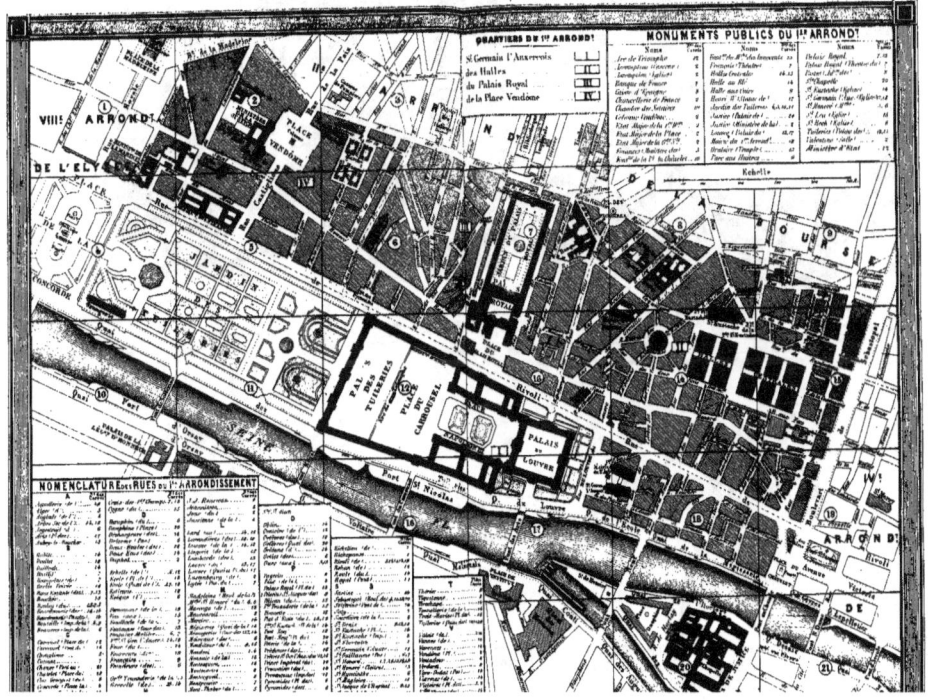

La petite Bourse.

LA BOURSE. — DEUXIÈME ARRONDISSEMENT.

CHAPITRE PREMIER.

Marguerite de Senaux. — Fondation des Filles-Saint-Thomas. — La rue Vivienne. — L'église Saint-Thomas pendant la Révolution. — La danseuse Chameroy. — Condamnation du curé de Saint-Roch. — Article du *Moniteur* sur cette affaire. — Poëme d'Andrieux.

En 1610, le parlement de Toulouse comptait au nombre de ses conseillers Raymond de Garibal, homme moins estimé pour ses connaissances que pour sa piété. Il avait épousé Marguerite de Senaux, et il n'eût tenu qu'à eux d'occuper dans le monde une position brillante que leur assuraient leur naissance et leur fortune; mais leur vocation les poussa vers le cloître : le mari se fit chartreux; la femme entra au couvent de Sainte-Catherine de Sienne à Toulouse. Cette sainte, que les jeûnes et les macérations conduisirent prématurément au tombeau, à l'âge de trente-trois ans, et qui fut canonisée par Pie II en l'an 1461, avait ajouté des rigueurs nouvelles à la règle de l'ordre institué pour les femmes par saint Dominique.

A cette époque vivait à Paris une respectable dame, qui désirait attacher son nom à quelque fondation pieuse : c'était une de Caumont, femme de François d'Orléans-Longueville, comte de Saint-Paul et duc de Fronsac. Elle demanda au couvent des dominicaines de Toulouse quelques nonnes de premier choix, qui, sous la direction de Marguerite de Senaux, vinrent s'enfermer à l'hôtel Boneau, dans la rue Sainte-Geneviève; leur établissement fut autorisé par des lettres patentes en date du mois de décembre 1629, enregistrées le 3 juillet 1630. Deux ans plus tard, une église et un monastère dont les dépendances étaient considérables, furent bâtis pour les dominicaines dans la rue Vieille-du-Temple. Le 7 mars 1742, elles changèrent encore de domicile, et occupèrent un couvent qu'elles avaient fait édifier en face d'une rue presque déserte et bordée de rares maisons, ouvertes sur des terrains qui appartenaient à la famille Vivien.

Saint Dominique avait fondé le premier institut de son ordre à Paris, dans le faubourg Saint-Jacques; aussi les frères prêcheurs étaient-ils en général désignés sous le nom de jacobins. Les religieuses, qui se fixèrent à l'extrémité de la rue Vivienne, au nombre de vingt, prirent le nom de Filles jacobines de saint Thomas d'Aquin, parce qu'elles inaugurèrent leur église le jour où l'on célèbre la fête de ce docteur séraphique. Elles recevaient des pensionnaires au prix annuel de 5 ou 600 livres; leur enclos avait 110 pas de long sur 20 de large. Il n'y avait rien de remarquable dans leur église, qui, à partir de 1790, appartint à divers particuliers. Le couvent des Filles-Saint-Thomas avait donné son nom à une des sections de Paris. Après le concordat, on en fit une cure, où se passa, au mois de septembre 1802, un fait qui occupa pendant quelques mois toute la capitale. Une danseuse de l'Opéra, nommée Chameroy, ayant été frappée d'une mort prématurée, son corps fut présenté à Saint-Roch : le cortége était assez nombreux; le curé, M. Marduel, ordonna de fermer les portes de son église, en donnant pour raison qu'étant comédienne et par cela même excommuniée, Mlle Chameroy ne pouvait être admise aux dern prières. Ce refus excita dans la foule un vif mécontentement, mais on s'était précautionné d'un autre asile mortuaire : le convoi, le corbillard, les assistants quittèrent Saint-Roch et se dirigèrent vers l'église des Filles-Saint-Thomas; là, le curé, moins rigide que son confrère, et meilleur juge des intérêts de la fabrique, reçut le convoi, le corbillard, l'Opéra, et fit célébrer l'office.

La pauvre Chameroy gisait à peine dans le séjour de l'éternel repos, que le gouvernement exigea des réparations, et le curé de Saint-Roch fut condamné à trois mois de retraite ; en outre, l'article suivant parut dans le *Moniteur* :

« Le curé de Saint-Roch, dans un moment de déraison, a refusé de prier pour Mlle Chameroy et de l'admettre dans son église ; l'un de ses collègues, homme raisonnable, a reçu le convoi dans l'église de Saint-Thomas, où le service s'est fait. L'archevêque de Paris a ordonné trois mois de retraite au curé de Saint-Roch, afin qu'il puisse se souvenir que Jésus-Christ commande de prier même pour ses ennemis, et que, rappelé à ses devoirs par la méditation, il apprenne que toutes les pratiques superstitieuses conférées par quelques rituels, et qui, nées dans des temps d'ignorance, ou créées par des cerveaux échauffés, dégradaient la religion par leurs niaiseries, ont été proscrites par la loi du 8 germinal. »

Un écrivain spirituel, l'auteur des *Étourdis*, composa sur cette aventure une petite pièce en vers de dix syllabes, intitulée : *Querelle de saint Roch et de saint Thomas sur l'ouverture du manoir céleste à mademoiselle Chameroy*, avec cette épigraphe tirée des *Tristes* d'Ovide :

Sæpe premente Deo, fert Deus alter opem.

Ce petit poëme, devenu rarissime, débute ainsi :

Du paradis savez-vous la nouvelle?
Ces jours derniers, une morte, encor belle,
Toucha le seuil du céleste manoir.
Elle était pâle ; et sa tendre prunelle,
En s'éteignant, jetait une étincelle
Faible, et semblable aux feux mouvants du soir.
Le vieux saint Pierre, à son poste fidèle,
Par la pitié se sentit émouvoir :
« Ma chère enfant, ma belle demoiselle,
A vingt-trois ans, quoi ! vous venez nous voir?
Que je vous plains !... que la mort est cruelle ! »

Après cette introduction, saint Pierre demande à la danseuse si elle ne peut se réclamer d'aucun bienheureux dont elle ait été la paroissienne sur la terre. La défunte désigne saint Roch, qui intervient aussitôt, mais qui manifeste dès le début ses dispositions hostiles :

« . . . . Pourquoi
Me déranger? et que veut-on de moi ? »
La belle expose en tremblant sa requête.
Roch l'interrompt, et d'un ton malhonnête :
« C'est bon... c'est bon... que faisiez-vous là-bas ?
— Je m'appliquais à former en cadence,
A dessiner mes mouvements, mes pas ;
Pour mon pays ces jeux ont des appas ;
Et chaque soir, sur un brillant théâtre,
Aux yeux ravis d'un public idolâtre,
Je figurais, en un ballet charmant,
Tantôt la reine, et tantôt la bergère ;
On s'enivrait de ma danse légère ;
Le magistrat, le guerrier, le savant,
La fille assise à côté de sa mère,
Venaient goûter un plaisir élégant.
— Fi! reprit Roch ; fi! quelle extravagance !
Je ne suis point ami de l'élégance.
Je suis grossier, et dur par piété.
A Montpellier, né de parents honnêtes,
Pouvant jouir de la société,
De ses douceurs, j'allai parmi les bêtes,
Au fond des bois, vivre seul, voué,
Ayant mon chien pour tout valet de pié.
Sur un fumier, j'y mourus de la peste,
Et vous venez, d'un air pimpant et leste,
M'importuner de ballets, de plaisirs !
La danse ! ô ciel ! rien de plus immodeste. »

L'exilée se lamente ; mais saint Pierre la rassure en lui disant :

« Consolez-vous, dit l'indulgent apôtre :
Quand par hasard un saint nous veut du mal,
On peut souvent être aidé par un autre.
Adressons-nous au complaisant Thomas
Qui, par bonheur, demeure à quatre pas. »

Les cérémonies religieuses s'accomplissent ; la danseuse est réconciliée avec le ciel, et Andrieux termine par cette apostrophe :

O vous, soutiens de ce bel Opéra,
Vous, que sur terre on fête, on préconise,
Qu'on applaudit et qu'on applaudira,
En attendant que l'on vous canonise,
Vestris, Millet, Delille, *et cætera* ;
Troupe élégante, aimable, bien apprise,
Vous voilà donc en paix avec l'Église !
En paradis chacun de vous ira ;
Mais que ce soit le plus tard qu'il pourra.

CHAPITRE II.

Destruction de l'église des Filles-Saint-Thomas. — Limites du IIe arrondissement. — Origine de la Bourse. — Prétentions de la ville de Bruges. — Emplacements divers qu'a occupés la Bourse. — Ordonnances et arrêtés qui la concernent. — Construction du palais de la Bourse. — Description de ce monument.

A cette époque, l'église des Petits-Pères, beaucoup plus vaste et plus commode, était occupée par la Bourse. On la rendit au culte, et l'église des Filles-Saint-Thomas fut démolie pour faire place au palais qui donne son nom au IIe arrondissement.

L'arrondissement de la Bourse a pour limites, du côté du sud, le Ier arrondissement ; du côté du nord, les boulevards des Capucines, des Italiens, Montmartre, Poissonnière, Bonne-Nouvelle, et une partie du boulevard Saint-Denis ; à l'est, le boulevard de Sébastopol ; à l'occident, le IIe arrondissement se termine par un angle compris entre les arrondissements du Louvre et de l'Opéra.

Au mois de juillet 1548, un édit de Henri II avait permis aux marchands de Toulouse de créer une bourse commune, à l'instar du change de Lyon, avec pouvoir d'élire tous les ans un prieur et deux consuls, qui jugeraient en première instance tous les litiges de commerce. Une Bourse fut également établie à Rouen, et la magistrature consulaire fut accordée à Paris par un édit de Charles IX, en 1563. En présence de ces actes, nous ne concevons guère pourquoi on est allé chercher, comme étymologie du mot Bourse, le nom d'un belge, M. Van der Burse, qui aurait jadis prêté son vaste hôtel à l'association de marchands, de courtiers, d'interprètes, de commissionnaires et d'armateurs, constituée dans la ville de Bruges. Il est vrai que cette cité industrieuse, qu'un canal mettait en communication avec Ostende, voyait entrer dans ses bassins des navires de Londres, de Gênes, de Venise, des villes hanséatiques et de Constantinople ; elle échangeait les bonnes toiles flamandes et les fers du Borinage contre les soies de Lombardie, les laines d'Angleterre et les épices de l'Orient. Mais quand même les salles qu'elle assignait pour rendez-vous aux sociétés et factoreries commerciales auraient porté le nom d'une famille, le mot Bourse dérive simplement du grec βύρσα (cuir), et les édits de Henri II et de Charles IX indiquent suffisamment par quel motif il fut appliqué au lieu désigné pour le rassemblement des spéculateurs.

Ils tinrent d'abord leurs séances au Palais-de-Justice. En vertu d'une ordonnance royale du 1er août 1720, la Bourse se loge dans un hangar élevé au bout du jardin de l'hôtel de Soissons, maison princière dont les derniers débris ont disparu, à l'exception de la colonne qui servait aux observations astrologiques de Catherine de Médicis. Les spéculateurs sont autorisés à faire, à la Bourse, commerce des papiers royaux et autres effets, tous les jours, depuis onze heures du matin jusqu'à une heure, excepté les jours de fête. Les portes de ce premier asile de l'agiotage sont gardées par deux suisses à la livrée du roi, huit archers, deux exempts et un lieutenant. La foule s'y rue ; le gouvernement s'effraye du mouvement qu'il a favorisé ; par un arrêt du 25 octobre 1720 il ordonne que la Bourse sera fermée, et défend à toutes personnes de s'y assembler à l'avenir, ni aux environs, ni en aucun autre quartier, à peine de prison. Le même arrêt institue soixante agents de change, avec défense à tous courtiers et autres de se mêler d'aucunes négociations, et à tous banquiers et marchands de se servir de l'entremise de ces derniers, à peine de trois mille livres d'amende.

Les *Mémoires de la Régence*, imprimés à La Haye, chez Jean Van Duren, racontent que les agioteurs résistèrent. « Malgré la peine de la prison et l'amende de mille écus contre les contrevenants, plusieurs d'entre eux s'assemblaient souvent aux environs de la Bourse et y jouaient jusqu'à minuit. En vain les marchands et le guet leur donnaient la chasse, ils s'attroupaient au coin des rues, sans se décourager à la vue de leurs compagnons entraînés par les archers. » N'avons-nous pas vu récemment la répétition des mêmes scènes ?

Les plaintes des spéculateurs furent entendues, et un arrêt du conseil d'État, le 24 septembre 1724, leur rendit la Bourse, qui fut logée dans l'hôtel Mazarin. On lui fit l'honneur, en 1784, d'une façade monumentale, œuvre de M. de Boullée, architecte, et située rue Neuve-des-Petits-Champs. Les agents de change, courtiers, banquiers, actionnaires des fermes et de la compagnie des Indes, et autres négociateurs d'effets publics, se réunissaient dans la galerie du rez-de-chaussée.

Un arrêté du directoire exécutif, le 18 nivôse an IV, transféra la Bourse dans l'église des Petits-Pères. Lorsque celle-ci eut été rendue au culte, les spéculateurs se réfugièrent au Palais-Royal ; enfin, en 1808, le 24 mars, sur les ruines du couvent des Filles-Saint-Thomas, l'architecte Brongniart, dont on a essayé de populariser le nom en le donnant à une petite rue adjacente, jeta les fondements du palais de la Bourse ; il le continua jusqu'à l'époque de sa mort, le 8 juin 1813, et fut remplacé par M. Labarre.

L'édifice fut inauguré le 4 novembre 1826. C'est un temple périptère d'ordre corinthien, qui couvre une superficie de 3,500 mètres ; sa longueur, de l'est à l'ouest, est de 72 mètres, et sa largeur de 50. Il repose sur un soubassement massif où sont ménagés çà et là quelques couloirs, des bureaux, et une buvette. De larges fenêtres à plein cintre éclairent les étages supérieurs ; autour du monument règne un péridrome étroit, formé par des colonnes de 1 mètre de diamètre et de 10 mètres de hauteur. Aucun fronton ne rompt la monotonie de l'entablement. Aux deux extrémités sont des escaliers qui montent entre des assises que Duret, Dumont, Seurre et Pradier ont décorées des statues allégoriques de la justice consulaire, du commerce, de l'agriculture et de l'industrie.

Suivant un critique compétent, « on ne peut pas dire que cet édifice ait le caractère précis d'une bourse : il faut l'avouer, ce n'est pas le type d'un pareil monument, tel qu'on peut le concevoir dans un port de mer ou dans une grande ville commerçante ; mais aussi ce n'est pas la Bourse de Bordeaux, du Havre ou de Lyon que l'on a voulu faire, c'est celle de la France, et, en quelque sorte, de l'Europe. La première pensée de ce monument naquit à une époque où l'on voulait justifier par des résultats surprenants un grand mouvement imprimé à l'univers entier. Tout ce qui appartenait à la capitale du monde devait porter l'empreinte de la puissance, du savoir et du goût, afin de recueillir au profit du peuple conquérant l'obéissance, le respect et l'admiration. Tel était le but qu'il fallait atteindre avant tout et M. Brongniart, bien pénétré de cette idée, s'attacha d'abord à donner un grand caractère à l'édifice qui lui était confié. Personne n'osera nier qu'il ait parfaitement réussi, car depuis l'antiquité jamais monument ne fut enveloppé d'une décoration plus imposante, plus brillante, plus majestueuse. Si cette ordonnance extérieure, qui imposait des conditions très-rigoureuses, a porté quelques obstacles dont les distributions intérieures ont eu à souffrir, on ne s'en aperçoit que dans quelques parties infiniment accessoires. Au surplus, ces faibles inconvénients sont bien rachetés par la facilité des abords intérieurs, par l'effet heureux que produit la grande salle, enfin par toutes les beautés d'un ordre supérieur que renferme ce monument. »

Sans partager l'enthousiasme que le palais de la Bourse inspire à l'auteur que nous citons, M. E. H., nous devons dire que ce monument est parfaitement approprié à sa destination, bien qu'il ait l'apparence d'un temple dédié aux dieux païens. L'intérieur est à la fois commode et imposant : c'est une salle gigantesque, longue de 32 mètres, large de 18, à l'extrémité de laquelle est ménagée la fameuse corbeille que l'on peut regarder comme la capitale de la spéculation européenne.

CHAPITRE III.

Intérieur de la Bourse. — La corbeille. — Le crieur. — La galerie supérieure. — Grisailles de Meynier et Abel de Pujol. — Mesures prises contre l'agiotage. — Code pénal.

Si un homme, étranger aux raffinements de la civilisation, entrait à la Bourse de Paris, il éprouverait une indicible surprise. Le tumulte qui ébranle les voûtes du temple de l'agiotage, la pantomime animée des adorateurs du veau d'or, leurs cris divers, leur agitation, lui sembleraient avoir quelque chose de fantastique, et même de démoniaque. Si, au milieu d'un brouhaha confus, il distinguait les mots de reports, de mobiliers, d'actions de la Joliette, de primes deux doux, d'obligations du Nord, de docks, Béziers, Lombard-Vénitiens, Vieille-Montagne, Compagnie Parisienne, Saragosse, Victor-Emmanuel, Midi, grand central, cote de Londres, petites voitures, petites primes, primes fin courant, etc., il se demanderait quelle langue on parle et à quelle nation appartiennent les frénétiques orateurs qui se disputent la parole. De même qu'ils ont un lieu spécial de réunion, de même ils ont un dialecte à part. La Bourse est un monde au milieu du monde parisien ; les joueurs hardis qui risquent en quelques heures des centaines de mille fr., voire même des millions, sont des êtres d'une nature exceptionnelle.

Dès qu'on a franchi le seuil de la Bourse, on a changé de mœurs, de sentiments, de langage. L'enceinte de la Bourse est, pour ainsi dire, une ligne équatoriale ; en la passant, on arrive dans un autre hémisphère. Ailleurs, c'est le commerce, l'industrie, le travail ; ici, c'est la spéculation.

L'espace vide qu'on désigne sous le nom de corbeille, est comme le chœur du temple ; il a pour limites une balustrade, autour de laquelle se tiennent les agents de change, les quarts d'agent de change, les tiers d'agent de change, car il est rare que le titulaire d'une charge aussi importante n'ait pas de coadjuteurs. Une seconde balustrade sépare du public ces fonctionnaires importants, seuls légalement autorisés à trafiquer des titres de rente et des valeurs mobilières. Rangés autour de la corbeille, ils échangent leurs propositions avec une vélocité égale à celle du télégraphe électrique. Tous parlent à la fois, et pourtant tous s'entendent. L'offre et la demande parviennent sans s'égarer à leur adresse ; et le crieur, impassible au milieu de ce bacchanal, prend note des cours de la rente et de la Banque de France. Ainsi que l'a dit un poète :

> Si l'astre, de sinistre allure,
> Qu'Arago voit sur l'horizon,
> Par un jeu de sa chevelure
> Changeait notre globe en tison ;
> Le crieur, toujours à sa place,
> Serait l'homme juste qu'Horace
> Nous peint si calme dans ses vers ;
> Et, narguant la comète errante,
> Il coterait encor la rente
> Sur les débris de l'univers.

Tandis que le crieur et ses secrétaires recueillent froidement les principaux résultats de la journée, autour d'eux se démènent la multitude des spéculateurs, grands et petits, dont les gardiens de la Bourse n'essaient pas même de calmer l'effervescence.

Mais l'heure sonne ; la Bourse est close ! Les marchés au comptant ou fin courant sont conclus ; les gardiens de la Bourse et les gardes de Paris font évacuer l'enceinte ; les spéculateurs se retirent lentement en formant des groupes nombreux sur les marches du monument. Ils sortent de la Bourse, les uns subitement enrichis, les autres subitement ruinés.

Demain recommencera la même scène ; mais demain, peut-être, les rôles seront intervertis.

On peut contempler, du haut d'une galerie supérieure de trois mètres de large, le bizarre spectacle que présente chaque jour ouvrable le marché des valeurs depuis midi jusqu'à trois heures. Sur cette galerie donnent les salles de réunion des agents de change, et la salle d'audience du tribunal de commerce.

Les voussures sont embellies de grisailles qui doivent être considérées comme les chefs-d'œuvre de ce genre, car elles imitent à merveille le bas-relief. Au-dessus de l'entrée principale Meynier a peint les nymphes de la Seine et de l'Ourcq, offrant les produits de l'abondance à la ville de Paris ; dans les angles sont des allégories qui ont la prétention de représenter Marseille et Strasbourg, la ville qui nous met en communication avec l'Orient, et la ville qui nous relie à l'Allemagne. D'autres tableaux du même artiste personnifient l'Afrique et l'Amérique, Bordeaux et Bayonne, et nous montrent, comme une réalité féconde, l'alliance du commerce avec les arts.

Abel de Pujol a exécuté pour les voussures de la Bourse les figures de Lille, de Nantes, de Rouen, de l'Europe et de l'Asie, ainsi qu'une composition destinée à rappeler que le roi Charles X fit présent à la ville de Paris du palais de la Bourse, qui figurait au budget pour une somme de 8,149,192 francs.

Quelle différence entre le palais actuel et la baraque à laquelle on daignait accorder un coin près des communs d'un grand hôtel ! quelle différence corrélative entre les affaires du temps passé et celles de nos jours ! après la perturbation féconde causée par Law, homme de génie malgré ses erreurs, le monde financier était retombé dans la stagnation. Les marchés à terme ou à prime étaient d'ailleurs sévèrement défendus par les règlements du 7 août et du 2 octobre 1785, du 27 septembre 1786 et du 14 juillet 1787.

Conformément aux principes de liberté commerciale qui la dirigeaient, l'Assemblée constituante, par décret du 8 mai 1791, abolit le monopole des agents de change ; mais il fut rétabli vers la fin de la période révolutionnaire, par un décret du 28 vendémiaire an IV (20 octobre 1795), qui maintint en même temps la défense de vendre à terme ou à prime les effets nationaux. Un arrêté consulaire du 27 prairial an X, faisant justice des courtiers marrons qui s'étaient multipliés, défendit à toutes autres personnes que celles nommées par le gouvernement de s'immiscer en façon quelconque, et sous quelque prétexte que ce fût, dans les fonctions des agents de change, soit dans l'intérieur, soit à l'extérieur de la Bourse. Il défendit également de s'assembler ailleurs qu'à la Bourse et à d'autres heures qu'à celles fixées par le règlement de police, pour proposer et faire des négociations, à peine de destitution des agents de change ou courtiers qui auraient contrevenu, et pour les autres individus, sous les peines portées par la loi contre ceux qui s'immisçaient dans les négociations sans titre légal.

L'article 421 du Code pénal, promulgué le 22 février 1810, porte que les paris qui auront été faits sur la hausse ou la baisse des effets publics seront punis d'un emprisonnement d'un mois au moins, d'un an au plus, et d'une amende de 500 à 10,000 fr. Les coupables pourront de plus être mis, par l'arrêt ou le jugement, sous la surveillance de la haute police pendant deux ans au moins et cinq ans au plus.

CHAPITRE IV.

Les coulissiers et les remisiers. — Activité de Bourse après 1852. — Établissement d'un droit d'entrée. — Transplantation des marronniers. — Les tourniquets. — Réclamations des agents de change. — Procès fait aux coulissiers. — Création des assesseurs. — Résolution de la compagnie des agents de change. — L'honneur à la Bourse.

Toutefois, il se forma une légion de gens qui trafiquèrent indûment des valeurs, et que l'on désigne sous le nom de coulissiers, de remisiers. L'avantage qu'offraient ces intermédiaires interlopes, c'était celui de donner aux marchés les plus considérables une conclusion immédiate, qu'il est parfois difficile d'obtenir des agents de change. Après 1852, une activité immense se manifesta à la Bourse, et elle fut augmentée par les emprunts nationaux. Le jeu prit d'énormes proportions ; la négociation des fonds publics et des actions, les chemins de fer, les sociétés anonymes et en commandite, la caisse d'escompte, les assurances, le crédit mobilier, le crédit foncier, les mines, les houillères, les hauts-fourneaux, les compagnies de navigation, etc., attirèrent à la Bourse des spéculateurs recrutés non-seulement dans la classe aisée, mais encore parmi les petits industriels, les domestiques et les artisans.

A la fin de 1856, ce mouvement fut ralenti par l'établissement d'un droit d'entrée à la Bourse. Jusqu'alors les passants pouvaient y venir à leur gré, profiter de la hausse ou de la baisse dont ils étaient instruits instantanément, et contribuer ainsi à déterminer les cours. La grille qui entourait l'édifice fut reculée de manière à réserver aux spéculateurs un espace suffisant pour s'y promener pendant la belle saison. Comme il leur fallait un ombrage, on amena, dans le terrain réservé, des marronniers d'un âge déjà respectable ; ils furent arrachés au pays natal avec la motte de terre qui enveloppait leur racine, chargés sur des chariots disposés tout exprès, et conduits en voiture jusqu'à la place de la Bourse. Là des fosses profondes étaient creusées pour recevoir les émigrés. Ils furent soigneusement transplantés, recouverts de mousse et de toile d'emballage, garnis à la naissance des branches de godets où les eaux du ciel tombaient comme dans un réservoir. Cette expérience qui déjà, d'ailleurs, avait été tentée dans le siècle précédent, a merveilleusement réussi ; aussi a-t-on renouvelée au mois de janvier 1860, par l'embellissement de la place Saint-Germain-l'Auxerrois. Trente-deux marronniers, de 25 à 30 ans, ont été plantés sur quatre rangs et en quinconces : seize devant la mairie, seize devant l'église. Les plantes qui voyagent ainsi reprennent vite, et un petit nombre d'arbres seulement succombent à la nostalgie, à la sécheresse ou aux rigueurs de l'hiver.

Le droit d'entrée, à la Bourse, a soulevé des réclamations ; les agents de change dont les clients diminuaient ont proposé de tenir compte à la ville de Paris de la somme de 750,000 fr. que rapportait le nouvel impôt, mais il a été maintenu pour 1860 par des motifs que le préfet de la Seine expose en ces termes, dans un rapport sur le budget de la ville :

« L'établissement d'un droit d'entrée à la Bourse fut proposé, en 1856, par la Chambre de commerce de Paris, comme un remède à la cohue intolérable causée par l'affluence toujours croissante du public. Éloigner de ce terrain des grandes affaires, non-seulement les simples curieux et les coureurs de nouvelles qui l'encombraient inutilement, mais encore les petits capitalistes qui, séduits par l'appât trompeur de la hausse ou de la baisse, venaient risquer leur modeste avoir dans un mouvement de spéculation où ils finissaient généralement par le voir englouti, c'était tout à la fois une mesure de bon ordre et de morale publique. Le conseil municipal s'y associa d'autant plus volontiers qu'il y trouvait le moyen, depuis longtemps cherché, d'asseoir un revenu sur la Bourse, propriété communale jusqu'alors improductive, et de faire cesser ainsi la singulière anomalie que présentait le grand marché des valeurs mobilières et des marchandises, affranchi de toute redevance municipale, tandis que la ville percevait, sur tous les autres, des droits de location considérables.

« On a objecté que, dans les marchés, la perception a lieu sur les vendeurs, et que les acheteurs sont exempts ; mais, à la Bourse, tout le monde est vendeur et acheteur alternativement. D'ailleurs, la distinction est puérile ; car les droits de location d'une place de vente sont toujours remboursés, en définitive, par les acheteurs aux vendeurs.

« Sanctionnée par un décret de l'Empereur, sur l'avis du conseil d'État, et réalisée depuis trois ans, la mesure a produit ce qu'on en attendait. Je ne veux pas dire qu'elle ait satisfait tout le monde ; mais, peut-on considérer comme des résultats imprévus le mécontentement de ceux qui voyaient naguère leurs gains s'accroître des pertes essuyées par la masse inexpérimentée et impuissante des petits joueurs, désormais écartés de la Bourse, grâce au péage, et le regret des intermédiaires, qui profitaient d'une façon parfaitement avouable, mais très-fructueuse, du grand nombre de transactions que réalisait cette foule empressée de spéculateurs de bas étage, toujours en proie à l'agitation des folles espérances ou des paniques subites ?

« Assurément, la Bourse est moins suivie aujourd'hui qu'autrefois ; mais, d'abord, c'est ce qu'on désirait, et puis, elle est encore assez fréquentée pour s'y trouver presque trop pleine à certains jours. Il n'y peut venir plus de 4,000 personnes, sans que leur circulation ne soit gênée. Mais, dans la saison des affaires, et surtout quand les circonstances donnent du mouvement aux transactions, il n'est pas rare de compter 4,200 entrées ; on en a constaté jusqu'à 4,500. Que peut-on demander de plus ? Rarement, le nombre s'en est abaissé au-dessous de 3,500. Ce fait ne s'est même produit que pendant l'été.

« Au reste, au lieu de décroître, le compte des entrées s'élève constamment. En 1857, il a été de 1,010,148 ; en 1858, de 1,027,495. Cette année, malgré les circonstances diverses qui ont paralysé à plusieurs reprises les transactions, il sera probablement, d'après les résultats des onze premiers mois, de 1,000,000 environ. N'est-ce pas la preuve que l'existence du péage et le mouvement des affaires ont moins de corrélation qu'on ne le prétend?

« Quoi qu'il en soit, c'est au gouvernement de l'Empereur qu'il appartient d'apprécier en dernier ressort les raisons élevées, aussi bien que les motifs de bonne police, qui ont porté la Chambre de commerce à provoquer l'état actuel des choses, et qui lui font maintenir, malgré tout, son opinion.

« Ce qui importe à la ville, c'est que son droit de propriété ne reçoive aucune atteinte, et que le revenu croissant qu'elle en retire soit assuré. Sous ce double rapport, elle ne saurait concevoir aucune crainte. »

Le droit d'entrée, à la Bourse, est de 1 fr. par personne, et des préposés le perçoivent dans des pavillons placés aux quatre angles de la grille, que l'on ne peut franchir sans passer par des tourniquets. Les abonnés payent 150 fr. par an pour la Bourse des valeurs, et 75 fr. pour la Bourse des marchandises.

Ce ne fut pas la seule entrave apportée aux combinaisons de l'agiotage. Au mois de juillet 1859, les agents de change se croyant lésés intentèrent un procès aux coulissiers, et eurent le malheur de le gagner. Le ralentissement qui s'ensuivit dans les affaires nécessitait un remède, et un décret du 13 octobre 1859 autorisa chacun des agents de change près la Bourse de Paris à s'adjoindre un ou deux commis principaux, qui devaient être soumis à un règlement délibéré par la chambre syndicale.

Celle-ci, par un règlement exécutoire à partir du 15 novembre, fixa les conditions auxquelles les commis principaux pouvaient être admis. Ils devaient être âgés de vingt-cinq ans accomplis, justifier de leur honorabilité, et fournir un cautionnement dont le minimum était fixé à 100,000 fr.

A la suite de ce règlement, la compagnie des agents de change adopta des résolutions qui devinrent en 1860 la loi de la Bourse, et que nous croyons par conséquent devoir reproduire comme la charte de l'agiotage légal :

RÉSOLUTIONS ADOPTÉES PAR LA COMPAGNIE.

Variations de 02 1/2 sur les rentes.

« Est supprimée la disposition du 3ᵉ paragraphe de l'article 2 du règlement particulier de la Compagnie, qui interdit de traiter les affaires de vente ou d'achat de rentes françaises avec des fractions moindres que celles de 5 centimes.

Primes.

« Seront admises dans les négociations et cotées :
« Les primes de 25 cent. sur les rentes françaises ;
« Les primes de 5 fr. sur les actions de chemins de fer et des compagnies industrielles.

« Seront également admises, sur ces dernières valeurs, les primes au 15 de chaque mois. La réponse s'en fera le 15 comme précédemment.

« Pourront également se traiter, mais ne seront pas cotées, les primes de 10 cent. sur la rente. Les engagements se feront sur papier libre, d'après une formule qui sera déterminée par la chambre syndicale. Pour les primes levées, il sera échangé un nouvel engagement sur timbre et dans la forme ordinaire.

« Pour les primes abandonnées, il ne sera pas exigé de courtage. Pour celles qui seront levées, le courtage devra être perçu conformément au tarif.

Commis principaux.

« Il est interdit aux commis principaux de faire des affaires avant la Bourse. Cette interdiction cessera à partir de midi, et tant que la Bourse restera ouverte. Seulement, pendant que les agents de change seront au parquet, c'est-à-dire de midi à trois heures, les commis principaux ne pourront se réunir en groupes, ni proposer à haute voix la vente ou l'achat d'effets publics ou particuliers.

Cote des cours.

« Les cours résultant des opérations faites après trois heures seront cotés.

« La chambre syndicale déterminera la marche qui devra être adoptée à cet égard.

Disposition générale.

« Pour les valeurs autres que la rente, les actions de la Banque et les fonds des gouvernements étrangers, il ne pourra être engagé d'affaires en liquidation de fin prochain qu'à dater du 15 du mois courant, et après la réponse des primes, qui aura lieu ce jour-là.

« Pour extrait conforme :

« Le syndic, C. COIN. »

A la suite des mesures prises pour l'organisation des commis principaux ou assesseurs, la Bourse a repris son essor. Ses opérations sont toujours assez compliquées pour qu'il soit nécessaire de les expliquer aux profanes par des monographies spéciales ; et il y a des ouvrages volumineux destinés à rendre intelligible le dialecte excentrique des agioteurs. On y voit de quelle manière l'acheteur à prime se réserve le droit de résilier son marché moyennant une somme convenue, s'il le juge désavantageux ; comment les gens bien informés escomptent une nouvelle, et comment s'applique aux autres le vieil adage : *tarde venientibus ossa;* ce qu'on doit entendre par vente à découvert, report, exécution, couverture, réponse des primes, etc. Nous ne nous sentons pas le courage de sonder les arcanes de ce vocabulaire ; mais, connaissant bon nombre de gens qui l'ont étudié à leurs risques et périls, nous serions tenté de féliciter ceux qui n'y comprennent rien.

Cependant, si l'on dépouille de tous ses accessoires le principe même du jeu de bourse, il est facile de s'en rendre compte. La valeur du 3 p. 100, que nous choisissons pour exemple, est plus ou moins recherchée, suivant qu'on a plus ou moins de confiance dans le crédit de l'État et la stabilité du gouvernement ; supposons que ce fonds soit à 68 fr. ; si j'ai lieu de croire que des nouvelles favorables le feront monter à 69, j'achète, et je revends avec un bénéfice de 1 fr. Dans le cas, au contraire, où je crois voir l'horizon s'assombrir et la situation de la place péricliter, je vends ; une baisse de 1 fr. se produit, et l'acquéreur est obligé de me payer 68 fr. une marchandise qui ne vaut plus que 67 fr. Tous ces marchés sont d'ailleurs fictifs, car, au moment de la liquidation, on ne tient compte que des différences, sans demander la livraison des titres.

On a parlé souvent des scandales de la Bourse ; il est certain que ce jeu effréné, qui peut ruiner ou enrichir en si peu d'heures, détourne beaucoup de capitaux des paisibles opérations du commerce ; mais, d'un autre côté, il soutient le crédit de l'État, en donnant aux fonds publics une valeur qu'ils n'atteindraient pas, s'ils étaient abandonnés à eux-mêmes. Sans l'agiotage, les rentes seraient moins recherchées et les emprunts difficiles à réaliser. L'agiotage, les actions qui se sont créées en quantité si considérable depuis quelques années ne se placeraient pas aussi aisément.

Bien des victimes ont été immolées sur cet autel de Baal ; bien des sinistres ont désolé les familles ; bien des joueurs inexpérimentés ont été dupes de leur confiance en des fripons qui prenaient pour leur propre compte les affaires quand elles étaient bonnes, et laissaient les mauvaises à leurs malheureux clients. Il y a pourtant à faire une singulière remarque : c'est qu'on ne voit nulle part plus de loyauté qu'à la Bourse. On vend, on achète, sans échanger un seul mot d'écrit, sans faire le moindre contrat, sans avoir d'autre garantie que la parole. L'échéance arrivée, personne ne songe à nier sa dette. Quelques-uns, se trouvant dans l'impossibilité de payer, se laissent exécuter, et disparaissent, mais ils ne contestent jamais leurs engagements. Aux yeux d'un boursier, quelques mots qu'il prononce le lient aussi strictement que s'il avait acheté ou vendu par-devant notaire. Si l'honneur était banni du reste de la terre, il pourrait se réfugier à la Bourse.

Qui s'en serait douté ?

CHAPITRE V.

Bibliothèque impériale. — La salle de lecture. — Origine de la Bibliothèque. — Guillaume Budé. — Raoul Spifame. — Pérégrinations de la Bibliothèque. — Le palais Mazarin. — L'abbé Bignon. — Les globes de Coronelli. — La Bibliothèque après la Révolution. — Ordonnances relatives à son administration. — Décret du 16 juillet 1858.

Non loin du temple de Plutus s'élève celui de la science, sorte de pandémonium où sont accumulées les publications bonnes ou mauvaises qui se sont succédé depuis l'invention de l'imprimerie, sans compter d'innombrables manuscrits, estampes, médailles, cartes et plans. Quand on sort de la Bourse pour entrer à la Bibliothèque impériale, on se trouve dans un autre monde; aux clameurs confuses succède le silence. A la Bourse, c'est à force d'enfler ses poumons qu'on parvient à se faire entendre au milieu du plus effroyable tintamarre; dans la salle de lecture de la Bibliothèque, le diapason est un murmure. Des sons articulés *sotto voce* sortent de la bouche des personnes qui viennent demander les livres dont ils ont besoin. Il semble qu'elles aient peur des employés, quoique ceux-ci soient de bonne composition et répondent avec une inépuisable complaisance aux exigences du public.

Ce public n'est pas toujours commode à satisfaire. Il se compose d'éléments hétérogènes et disparates où le bon grain est mêlé à l'ivraie. Il faut mettre en première ligne les véritables savants, les gens de lettres sérieux, qui se livrent à des recherches historiques, et qui demandent aux ouvrages antérieurs des matériaux pour les livres qu'ils se proposent de faire. Dans leurs rangs se glissent quelques maniaques qui poursuivent une idée avec acharnement, et travaillent depuis un temps immémorial à la confection d'un dictionnaire ou d'une histoire spéciale. On voit encore s'asseoir dans la salle de lecture des industriels qui veulent un renseignement sur un procédé quelconque relatif à leur négoce; puis des ouvriers en blouse qui désirent s'instruire ou simplement se perfectionner dans leur état.

A côté de ces hommes recommandables, car on doit des égards à l'amour de la science, même quand il est exagéré, on trouvera dans la salle de lecture des lycéens externes qui abrègent les difficultés d'une version grecque ou latine en la copiant dans des traductions; des novices qui entament un long colloque avec les donneurs de livres, pour connaître l'auteur qui a traité plus particulièrement du sujet sur lequel ils désirent être édifiés; des femmes de lettres que les lauriers de George Sand empêchent de dormir;

Des oisifs, qui prennent n'importe quel volume pour tuer le temps;

De pauvres diables sans asile, qui sont charmés de trouver un abri pendant les mauvais jours.

L'administration de la Bibliothèque a pris des mesures contre l'invasion abusive des flâneurs. Tout individu qui sollicite un livre doit en indiquer le titre à peu près exactement, et donner en même temps son nom et son adresse. Depuis longues années, on a cessé de communiquer les romans et les ouvrages frivoles; mais on s'était aperçu que bon nombre d'amateurs s'installaient aux tables de lecture pour dévorer les feuilletons insérés au bas des feuilles périodiques, et une décision des conservateurs a interdit la communication des journaux qui n'ont pas au moins vingt ans de date.

La Bibliothèque nationale n'en est pas moins généralement fréquentée par des écrivains laborieux, heureux de pouvoir fouiller dans cette mine abondante dont tant de filons sont à peine exploités. Tous les érudits et tous ceux qui aspirent à l'être doivent hommage au roi Charles V, si justement surnommé le Sage, pour avoir eu, le premier, l'idée de former un dépôt des meilleurs ouvrages, et de le tenir à la disposition du public. Ceux qu'il parvint à rassembler dans une tour du Louvre, qui prit le nom de tour de la Librairie, furent inventoriés en l'an 1373 par un savant nommé Gilles Mallet. Il compta 910 volumes, dont la plupart étaient des traités de théologie. On y trouvait cependant quelques livres d'astrologie, d'histoire, de droit, de médecine, des chansons de geste, des romans, et la traduction de quelques auteurs latins, tels que Tite-Live, Valère-Maxime, Ovide, Lucain et Boèce. Ce premier essai de bibliothèque fut conquis par le duc de Bedford pendant les désastres qui signalèrent le règne de Charles VI, acheté moyennant la modique somme de 1,200 livres tournois et transporté en Angleterre.

Vint l'imprimerie, et Louis XI put commencer sérieusement à se faire une bibliothèque.

Charles VIII rapporta d'Italie les livres qu'avaient recueillis Robert d'Anjou, Alphonse et Ferdinand d'Arragon. Sous Louis XII, ces richesses furent enlevées de la tour de la Librairie et unies à celles qu'avaient amassées à Blois les comtes d'Angoulême (Jean et Charles). Elles s'accrurent des trésors des bibliothèques de Pétrarque, d'un Flamand nommé Louis de La Gruthuse, des ducs de Milan, Sforce et Visconti.

François Ier s'empara de la bibliothèque de Blois, la fit transférer à Fontainebleau, et la plaça sous la direction de Guillaume Budé. Ce savant, né en 1467 et mort en 1540, est un de ceux qui, au XVIe siècle, travaillèrent avec le plus d'ardeur à la restauration des lettres antiques; il traduisit du grec plusieurs ouvrages, et sous le titre: *de Asse*, il fit paraître un traité complet des monnaies. Charles Dumoulin l'appelait *Doctrinarum omnium splendor*, et Scaliger disait de lui que c'était le plus grand Grec de l'Europe. Dans le classement de la bibliothèque de Fontainebleau, il eut pour collaborateur André-Jean Lascaris.

En 1550, un avocat nommé Raoul Spifame eut l'insigne honneur de fonder réellement la Bibliothèque nationale. C'était un homme à projets, et dans un ouvrage bizarre, intitulé: *Dicæarchiæ Henrici regis christianissimi progymnasmata*, il proposa une multitude de réformes, d'améliorations législatives, d'embellissements matériels, qui, pour la plupart, se sont successivement réalisés. Il décida Henri II à exiger des libraires un exemplaire de chaque livre dont on leur accordait le privilège; et c'est grâce à l'édit de 1556 que put s'accroître chaque année la magnifique collection d'aujourd'hui.

Les jésuites ayant été bannis de France en 1599, leur collège, situé rue Saint-Jacques, et dont le local est occupé par le lycée Louis-le-Grand, reçut la bibliothèque du roi. Louis XIII la logea au couvent des Cordeliers, et Louis XIV en autorisa la translation dans l'hôtel que le ministre Colbert possédait rue Vivienne.

Près de là était le palais Mazarin, amas de bâtiments grandioses, dont les plafonds avaient été peints par Romanelli, et les murailles par Grimaldi Bolognese; il occupait une superficie de 14,150 mètres. Le gouvernement en fit l'acquisition pour y placer la compagnie des Indes, la Bourse et le service des rentes; mais comme il restait encore des galeries inoccupées, on y transporta la Bibliothèque royale. L'abbé Bignon, fils et petit-fils de bibliothécaires, s'acquitta avec honneur de la tâche importante de classer la collection. On y adjoignit diverses curiosités, entre autres deux globes, l'un terrestre et l'autre céleste, chacun de deux mètres de rayon.

L'inscription du globe céleste porte que toutes les étoiles du firmament et toutes les planètes y sont placées au lieu même où elles étaient à la naissance du grand monarque.

L'inscription du globe terrestre nous apprend qu'il a été construit *pour montrer les pays où tant de grandes actions ont été exécutées, à l'étonnement des nations que Louis eût pu soumettre, si sa modération n'eût prescrit des bornes à sa valeur.*

Ces globes avaient été commandés par le cardinal d'Estrées à un religieux vénitien, Vincent Coronelli, de l'ordre des frères mineurs, et présentés en 1083 à Louis XIV, qui les avait placés honorablement dans deux pavillons du jardin de Marly. Un savant Anglais, nommé Butterfield, y avait ajouté deux grands cercles de bronze, qui en sont les horizons et les méridiens. De Marly ces deux lourdes merveilles étaient allées au palais du Louvre. On construisit tout exprès pour elles, au rez-de-chaussée du palais Mazarin, une salle dont le plafond était percé d'une ouverture circulaire, afin qu'on pût les contempler à l'aise du haut du premier étage.

Après la révolution de 1789, la Bibliothèque nationale s'accrut considérablement. Les livres et les manuscrits des couvents supprimés y vinrent non-seulement de Paris, mais encore des départements. La surveillance de la Bibliothèque fut confiée à des hommes d'un mérite supérieur: Barthélemy, Legrand d'Aussy, Van Praet, Joly, Millin, Langlès, La Porte du Theil, Capperonnier. La loi du 25 vendémiaire an IV limita à quatre le nombre des départements composant la Bibliothèque: livres imprimés, manuscrits, estampes et médailles, sous l'administration de huit conservateurs. L'ordonnance du 2 novembre 1828 ajouta un cinquième département, celui des plans et cartes géographiques, en réduisant le nombre des conservateurs à cinq.

En 1832, une commission, présidée par Cuvier, qui mourut pendant l'enquête, examina la situation de la Bibliothèque; et sur le rapport de M. Prunelle, membre de la Chambre des députés, une ordonnance du 14 novembre reconstitua quatre départements: les livres imprimés; les manuscrits, chartes et diplômes; les monnaies, médailles, pierres gravées et autres curiosités antiques; les estampes, cartes géographiques et plans. Le conservatoire de la Bibliothèque se composa de neuf membres, sous la présidence d'un directeur choisi, par le ministère de l'Instruction publique, sur une liste de trois candidats présentés par le conservatoire et tirés de son sein. Des conservateurs adjoints prenaient part aux séances avec voix consultatives. Ces employés se divisèrent :

En employés dont la nomination était soumise à l'approbation du ministre, et qui ne pouvaient être révoqués que par lui ;

Employés auxiliaires agréés par le conservatoire, et recevant un traitement ;

Employés surnuméraires.

En vertu d'un décret du 16 juillet 1858, l'Empereur nomme un administrateur général, placé sous l'autorité du ministère de l'instruction publique, et qui est tenu de résider à la Bibliothèque, dont il ne peut s'absenter sans autorisation préalable. La durée des séances de travail est portée de cinq heures à six, et la Bibliothèque demeure ouverte toute l'année, excepté pendant la quinzaine de Pâques.

La Bibliothèque se divise en quatre départements :

1° Les livres imprimés, les cartes et les collections géographiques ;

2° Les manuscrits, chartes et diplômes ;

3° Les médailles, pierres gravées et antiques ;

4° Les estampes.

Il y a pour chaque département un conservateur sous-directeur, et un conservateur sous-directeur adjoint. Toutefois, au département des imprimés, cartes et collections géographiques, pourront être attachés trois conservateurs adjoints.

Le personnel se compose, en outre :

De bibliothécaires, d'employés de 1re, 2e et 3e classe, de surnuméraires et d'auxiliaires, d'ouvriers et gagistes ;

D'un trésorier comptable ayant rang de bibliothécaire ;

D'un secrétaire de la direction et d'un commis d'ordre ayant rang soit de bibliothécaire, soit d'employé.

Art. 8. Les traitements sont fixés de la manière suivante :

Administrateur général, directeur, 15,000 fr.
Conservateur sous-directeur, 10,000 fr.
Conservateurs sous-directeurs adjoints, 7,000 fr.
Bibliothécaires, 4,000 à 5,000 fr.
Employés de 1re classe, 3,200 à 3,600 fr.
Employés de 2e classe, 2,500 à 3,000 fr.
Employés de 3e classe, 1,900 à 2,400 fr.
Surnuméraires, 1,800 fr.
Auxiliaires, 1,500 à 1,800 fr.

Les ouvriers et gagistes :

Un chef du service, à 1,500 fr. ; des hommes de service, 1,100 à 1,200 fr. ; des concierges femmes et femmes de service, à 500 fr. ; les relieurs de l'atelier intérieur, 1,300 à 1,500 fr. ; les relieuses de l'atelier intérieur, 800 à 900 fr. ; les colleurs de l'atelier intérieur, 1,100 à 1,200 fr.

Les conservateurs sous-directeurs et conservateurs sous-directeurs adjoints sont nommés et révoqués par l'Empereur, sur la proposition du ministre de l'instruction publique et des cultes.

Tous les autres employés sont nommés sur la proposition du ministre secrétaire d'État au département de l'instruction publique et des cultes.

Les bibliothécaires, employés, surnuméraires et auxiliaires sont nommés et révoqués par le ministre.

La nomination comme la révocation des gagistes est faite par le ministre, sur le rapport de l'administrateur général.

A l'avenir, nul ne pourra être nommé employé à la Bibliothèque, s'il n'est pourvu du diplôme de bachelier ès lettres ou de celui de bachelier ès sciences.

Toutefois, ce grade ne sera pas exigé des surnuméraires qui peuvent être actuellement en exercice, et des employés auxiliaires aujourd'hui attachés aux travaux de catalogue. Nul ne peut être nommé employé s'il n'a été pendant un an, au moins, surnuméraire, ou s'il ne compte trois années de service dans une administration publique. Néanmoins, ce stage ne sera pas exigé des personnes appelées aux emplois de trésorier, de secrétaire de la direction et de commis d'ordre.

Tout employé prend rang, au jour de sa nomination, dans la troisième et dernière classe.

Nul n'est promu à la classe immédiatement supérieure s'il ne compte au moins deux ans de service dans celle qu'il occupe. La même règle est applicable aux employés de 1re classe pour l'obtention du titre de bibliothécaire.

Aucun fonctionnaire nommé à l'avenir ne pourra cumuler un autre emploi avec celui qu'il occupe à la Bibliothèque Impériale.

Les conservateurs sous-directeurs et les conservateurs actuellement en exercice forment un comité consultatif que l'administrateur général réunit une fois par mois.

Le même décret ordonne qu'il sera immédiatement procédé à l'inventaire général de toutes les collections de la bibliothèque ; et on travaille activement au catalogue général de tous les livres imprimés. Quand sera-t-il fini ? Dieu seul le sait !

CHAPITRE VI.

Restauration de la Bibliothèque. — Vicissitudes de la place Louvois. — La fontaine Gaillon. — Les Petits-Pères. — La fontaine des Petits-Pères. — Place des Victoires. — Curieux extrait des mémoires de Choisy. — Ancienne et nouvelle statue de Louis XIV. — Inscriptions du piédestal.

Tandis qu'on s'occupait de la réorganisation de la Bibliothèque, l'idée est venue naturellement de la déplacer ; mais où la mettre ? Le déménagement de plusieurs millions de volumes, de cartes, de gravures, de manuscrits, chartes, diplômes, pièces détachées, médailles d'antiquité, etc., épouvante l'imagination. On s'est contenté de restaurer le vieil édifice. Du côté de la rue Vivienne, on a mis à découvert une charmante façade dans le style Louis XIII, où la pierre se marie à la brique. A la place des boutiques qui la masquaient, règne une grille élégante, dont l'alignement a été reculé de 1 mètre 10 c. Du côté de la rue Neuve-des-Petits-Champs, des pavillons d'une architecture analogue ont été réparés. La porte de l'ancien hôtel de la compagnie des Indes est dégagée des lourdes constructions dont elle était flanquée et qui soutenaient des terrasses où croissaient de chétifs arbrisseaux. Les embellissements vont s'étendre jusqu'à la partie du monument qui longe la rue de Richelieu et dont la masse sombre et sans ornements attriste les regards. Pour égayer un peu les environs de cet austère séjour de la science, on a fait de la place Louvois un square qui a été inauguré le 15 août 1859.

Cette place a subi bien des vicissitudes. Là, sur les plans de Chamois, un hôtel dont on remarquait l'escalier et la salle d'audience, avait été construit, pour le ministre Louvois, entre les rues Sainte-Anne et de Richelieu. Il fut démoli en 1789. Sur ces ruines, en 1793, l'architecte Lunel éleva, pour le compte de Mlle Montansier, un théâtre où l'on mit presque immédiatement l'Opéra. Après le crime de Louvel, le 13 février 1820, la salle fut fermée, abattue et remplacée par une chapelle expiatoire qui demeura inachevée. En 1830, on déblaya le terrain, et au centre, entre deux rangs d'arbres, se dressa une fontaine élégante, dont le créateur fut Visconti. Nous ne croyons pas qu'il y ait à Paris de monument plus gracieux et mieux ordonné. Le sculpteur Klagman a placé au-dessus d'une large vasque quatre statues qui rappellent un peu celles de Germain Pilon. Ce sont des femmes sveltes, parées de draperies habilement ajustées, qui font ressortir leurs formes loin de les voiler. Elles soutiennent une vasque supérieure d'où s'échappent des filets d'eau qui ne sont guère en rapport avec l'importance des fleuves qu'elles sont censées représenter : la Seine, la Loire, la Garonne et la Saône. Elles sont en bronze, dont la couleur a été transformée, en 1859, par le cuivrage galvanique. Afin d'empêcher toute infiltration, on a établi dans la vasque inférieure une légère charpente composée de nervures en fer et qui a reçu un lit de briques creuses reliées entre elles et recouvertes avec du ciment romain. Des feuilles de plomb soigneusement soudées ont été plaquées sur le tout. Pour la vasque supérieure, qui n'est pas à beaucoup près aussi large ni aussi profonde que l'autre, l'emploi d'une charpente en fer devenait inutile, et il a suffi d'un lit de briques recouvert également de plomb. Quelques retouches habilement faites à l'aide de bains galvaniques locaux ont été données ensuite au cuivrage du pourtour des deux vasques. En même temps que cette opération s'exécutait, l'on a mis la dernière main aux travaux d'ornementation de la grille en fer forgé qui entoure le square.

Visconti a donné pour le même arrondissement, le modèle d'une autre fontaine plaquée contre la muraille d'une maison de la place, Gaillon sous une niche pratiquée dans le mur ; des plantes aquatiques forment un piédestal à la statue d'un génie

Les marchands de journaux de la rue Montmartre.

des eaux; il tient un trident avec lequel il frappe un dauphin qui lui sert de monture.

Des monuments nouveaux s'élèvent dans cet arrondissement, autour de l'église des Petits-Pères. Ces religieux appartenaient à l'ordre des Augustins déchaussés; mais un bref de Benoît XIV, en date du 1er février 1746, et approuvé par lettres patentes du roi du 7 avril suivant, les avait autorisés à porter des souliers. Le sobriquet sous lequel ils sont aujourd'hui connus vient, suivant la tradition, de ce que le roi Henri IV ayant aperçu dans son antichambre deux de ces moines d'une taille au-dessous de la moyenne, demanda quels étaient ces petits pères. Protégés par Louis XIII, et en vertu d'une permission que leur accorda M. de Gondi, ils se fixèrent dans un enclos rustique, nommé Les Bureles, sur les limites du Mail, qui s'étendait de la porte Montmartre à la porte Saint-Honoré. Le 9 décembre 1629, le roi posa la première pierre de l'église, et voulut qu'elle portât le titre de Notre-Dame des Victoires, en reconnaissance de l'aide que la Vierge lui avait donnée, disait-il, pour triompher des protestants. Devenue bientôt trop petite pour la population du quartier, cette église fut remplacée par une autre plus grande que l'on commença à bâtir en 1656, et qui, faute d'argent, ne fut terminée qu'en 1740. Le musicien Lulli y fut enterré; aux murs du couvent, on adossa une fontaine publique, pour laquelle Santeul composa cette charmante inscription :

Quæ dat aqua, saxo labit hospite nympha sub imo !
Sic tu cum dederis, dona latere velis.

Pierre Lemuet, Gabriel Leduc et Libéral Bruant travaillèrent successivement à cet édifice, dont le portail fut élevé sur les dessins de Cartaud.

Supprimés en 1790, l'église et le couvent des Petits-Pères devinrent propriétés nationales. L'église, rouverte le 9 novembre 1809, devint la première succursale de la paroisse Saint-Eustache. Une grande partie des bâtiments conventuels fut affectée à la mairie du IIIe arrondissement, ainsi qu'à une caserne d'infanterie.

La mairie et la caserne ont été reconstruites. La place des Petits-Pères, où viennent aboutir les rues Neuve-des-Petits-Champs, Notre-Dame-des-Victoires, du Mail et le passage des Petits-Pères, occupe actuellement l'emplacement autrefois occupé par la cour du couvent des religieux Augustins; elle a besoin d'être régularisée; elle n'est plus en harmonie avec la beauté des rues voisines, qui toutes ont suivi le mouvement du progrès.

La place des Victoires, dont les artistes déplorent depuis si longtemps la mutilation, n'a point subi de métamorphose réelle; mais ses façades sont défigurées par des enseignes qui en détruisent complètement les lignes architecturales.

On ne se doute pas que c'est là une des plus belles places de Paris. Elle fut construite, en 1686, sur les plans de Jules Hardouin Mansard, un des artistes qui ont eu l'honneur de laisser le plus de souvenirs à Paris. Les maisons ont des arcades ornées de refends au rez-de-chaussée, et des pilastres ioniques aux étages supérieurs. Le tout fut fait aux frais de François d'Aubusson, duc de La Feuillade, pair et maréchal de France, qui voulut à la fois remercier Louis XIV des faveurs qu'il avait reçues, en provoquer de nouvelles et populariser son nom. Le 28 mars 1686, fut inauguré au milieu de la place un monument érigé à la gloire de Louis XIV. « On vit à Paris, à la face de Dieu et des hommes, dit l'abbé de Choisy dans ses Mémoires, une cérémonie fort extraordinaire. Le maréchal de La Feuillade fit la consécration de la statue du roi qu'il avait fait élever dans la place nommée des Victoires. Il fit trois tours à cheval autour de la statue à la tête du régiment des gardes dont il était colonel, avec toutes les prosternations que les

La Bibliothèque.

païens faisaient autrefois devant les images de leurs empereurs; le prévôt des marchands et les échevins étaient présents; il y eut le soir un feu d'artifice devant l'Hôtel-de-Ville, et des feux par toutes les rues. Bullion, prévôt de Paris, prétendait devoir assister à la cérémonie à la tête du Châtelet et marcher au côté gauche du gouverneur. Il fondait sa prétention sur un livre imprimé : *Des Antiquitez de Paris,* où il est dit que lorsque la statue de Henri IV fut placée sur le Pont-Neuf, le gouverneur civil et le prévôt des marchands et échevins y assistèrent; mais le roi ayant appris qu'en 1639, lorsque la statue de Louis XIII fut élevée dans la place Royale, le prévôt de Paris ni le Châtelet ne s'y étaient trouvés, il décida contre eux, et ils ne s'y trouvèrent point. On dit que La Feuillade avait dessein d'acheter une cave dans l'église des Petits-Pères, et qu'il prétendait la pousser par dessous terre jusqu'au milieu de la place des Victoires, afin de se faire enterrer précisément sous la statue du roi. Il avait eu aussi la vision de fonder des lampes perpétuelles qui auraient éclairé la statue nuit et jour. On lui retrancha le jour. »

Placée sur un piédestal de 22 pieds de hauteur, en marbre blanc veiné, la statue de Louis XIV était en plomb doré, fondue d'un seul jet d'après le modèle d'un sculpteur hollandais, Martin Van den Boquert, dit Desjardins. Le grand roi, revêtu des habits de son sacre, armé de la massue d'Hercule, foulait aux pieds Cerbère, dont la triple tête symbolisait la triple alliance vaincue. Une Renommée aux ailes déployées posait sur la tête du triomphateur une couronne de laurier, et tenait de la main gauche un faisceau de palmes et d'oliviers. Aux quatre angles du piédestal étaient enchaînés des esclaves de bronze, qui semblaient éblouis par la majesté du monarque et humiliés de contempler des bas-reliefs représentant la défaite des Espagnols en 1662, la conquête de la Franche-Comté en 1668, le passage du Rhin en 1672 et la paix de Nimègue en 1677. Pour ce somptueux monument, Régnier des Marais, secrétaire perpétuel de l'Académie française, composa des inscriptions latines, dont voici la principale, littéralement traduite :

« Après avoir vaincu ses ennemis, protégé ses alliés, ajouté de très-puissants peuples à son empire, assuré les frontières par des places imprenables, joint l'Océan à la Méditerranée, chassé les pirates de toutes les mers, réformé les lois, détruit l'hérésie, porté, par le bruit de son nom, les nations les plus barbares, à le révérer des extrémités de la terre, et réglé parfaitement toutes choses en dedans et en dehors par la grandeur de son courage et de son génie.

« François, vicomte d'Aubusson, duc de La Feuillade, pair et maréchal de France, gouverneur du Dauphiné et colonel des gardes françaises.

« Pour perpétuelle mémoire à la postérité. »

Par contrat passé, en 1697, entre M. le duc de La Feuillade et MM. les prévôts des marchands et échevins, homologué par lettres patentes de la même année, M. le duc de La Feuillade substitua graduellement et perpétuellement, à l'infini, de mâle en mâle, l'ordre de primogéniture gardé, à ceux des lignes masculines de sa maison, et, après l'extinction de ces lignes, à la ville de Paris, le duché de La Feuillade, pour l'entretien de la statue et de ses ornements.

Hélas! la révolution renversa toutes les espérances qu'avait conçues le courtisan ambitieux. On commença par faire disparaître les esclaves quelques jours avant la fédération du 14 juillet 1790, sous prétexte d'épargner un spectacle fâcheux aux étrangers, aux députés de quelques provinces désormais unies à la France, et notamment de la Franche-Comté. En 1792, le reste du monument fut détruit. On substitua, deux ans plus tard, un obélisque de plâtre, sur lequel on inscrivit les noms des plus glorieuses batailles de la République. La place s'appelait alors place des Victoires-Nationales.

Une nouvelle statue fut commandée à Bosio par Louis XVIII, fondue par Carboneau, et inaugurée le 25 août 1822.

Un invalide, âgé de 120 ans, et qui avait été tambour sous Louis XIV, parut à cette cérémonie dans une chaise à porteur, et fut promené autour de la statue.

Louis XIV est représenté dans ce costume d'empereur romain que les artistes de l'école classique ont fini par croire exact à force de le reproduire. Il tient de la main droite un bâton de commandement, et une couronne de laurier ombrage l'énorme perruque sous laquelle sa tête s'est ensevelie. Son coursier qui se cabre, vu de face, offre aux regards la masse informe de son ventre et de son poitrail. Les deux pieds de devant sont en l'air; le cheval n'est tenu en équilibre que par ses deux pieds de derrière et sa queue disproportionnée, dont les longs crins cachent une barre de fer. Les deux bas-reliefs rivés au piédestal nous montrent Louis XIV au passage du Rhin, et distribuant des récompenses militaires.

La dédicace du monument est *Ludovico magno*, et on lit sur la face opposée : *Ludovicus XVIII Atavo suo*.

CHAPITRE VII.

Théâtres. — La comédie italienne. — Salle de l'Opéra-Comique. — Le théâtre Feydeau. — Les Nouveautés. — Loi du 7 août 1839. — État actuel.

Le IIe arrondissement renferme les théâtres de l'Opéra-Comique, du Vaudeville, des Variétés, des Italiens et des Bouffes-Parisiens.

La salle actuelle de l'Opéra-Comique fut élevée sous la direction de M. Heurtier, inspecteur général des bâtiments du roi; elle est isolée sur trois faces, dont la principale est décorée de huit colonnes doriques, qui soutiennent un entablement; si l'on n'a pas tourné cette façade du côté du boulevard, c'est que le duc de Choiseul, propriétaire du terrain en 1784, calcula qu'il louerait plus avantage les appartements et boutiques donnant sur le boulevard, et qu'en même temps le mouvement produit par l'entrée du spectacle ajouterait à la valeur des maisons construites en face, et connues sous le nom de Pâté des Italiens. Avant d'être en possession de la salle nouvelle, l'Opéra-Comique, ce genre si français, a longtemps erré; il naquit sur les planches de la foire Saint-Germain, eut pour patrons Lesage, Piron, Favart, Vadé, pour musiciens Duni, Dauvergne, Philidor, qui a laissé surtout une réputation comme joueur d'échecs, et Monsigny, dont *le Déserteur* immortalisera le nom.

Les comédiens italiens avaient débuté, le 18 mai 1710, à l'hôtel de Bourgogne, situé rue Mauconseil; grâce au talent de Carlin et d'autres acteurs d'imagination vive et féconde, ils avaient longtemps soutenu honorablement le genre difficile qu'ils avaient adopté. On affichait dans les coulisses un canevas que les acteurs consultaient avant d'entrer en scène, et sur lequel ils devaient improviser des paroles. Peu d'acteurs avaient la spontanéité, l'imagination, la verve nécessaires pour soutenir cette improvisation perpétuelle; aussi le public se lassa-t-il bientôt de ces pièces irrégulières. La troupe italienne, délaissée malgré ses efforts, peut-être même parce qu'ils étaient trop visibles, fut heureuse de s'unir avec celle de l'Opéra-Comique en 1761. Les succès de Grétry achevèrent de tuer la comédie italienne, à laquelle une ordonnance du 31 mars 1780 enjoignit de ne représenter désormais que des pièces françaises.

En 1784, l'Opéra-Comique vint occuper le local bâti par Heurtier, et dont l'intérieur fut modifié par Wailly. Monsieur, frère du roi, qui fut plus tard Louis XVIII, aimait la littérature et la musique. Grâce à sa protection, des chanteurs italiens avaient débuté à la salle de spectacle des Tuileries, le 29 janvier 1789, par un opéra intitulé *le Vicende amorose*. Il était un peu tard pour se mettre sous la protection d'un prince du sang, et d'ailleurs le palais désert fut habité forcément par Louis XVI, à la suite des journées des 5 et 6 octobre. La nouvelle troupe était nantie d'un arrêt du conseil et d'un bon du roi qui assurait aux actionnaires la jouissance de la salle pendant trente ans, et ils y avaient fait des dépenses dont la totalité s'élevait à 250,000 livres. Se trouvant dans la nécessité de déguerpir, ils chargèrent les architectes Legrand et Molinos de construire rue Feydeau un théâtre sédentaire pouvant contenir

2,200 spectateurs; l'entrée spéciale des voitures se trouvait sous des portiques spacieux, qu'une rangée de colonnes séparait du vestibule où étaient les bureaux et les escaliers. Les piétons entraient du côté de la rue des Filles-Saint-Thomas, par un passage couvert, bordé de boutiques. La famille de Choiseul, qui avait son hôtel sur l'emplacement de l'Opéra actuel, avait conservé la propriété de la salle Heurtier. Un couloir souterrain, dont on a détruit les derniers vestiges il y a peu d'années, partait de l'endroit où sont les magasins du tailleur Dusautoy, et aboutissait au théâtre. A la suite de quelques discussions avec les propriétaires, l'Opéra-Comique français permuta avec l'Opéra italien, et s'établit dans la rue Feydeau; ce fut là que brillèrent Martin, Elleviou, Chenard, Gavaudan, Dozainville; mesdames Dugazon, Gavaudan et Saint-Aubin; ce fut là que le public fut initié à la véritable musique française, vive, légère, spirituelle, sans prétention, intelligible à tous, par Dalayrac, Berton, Boïeldieu, Auber, et Nicolo Isouard de Malte.

On sait traditionnellement qu'au moment où le sort de la France était indécis, au moment où les armées étrangères couvraient le sol de la patrie, les Parisiens couraient en foule applaudir les ariettes de *Joconde*.

La transformation de ce quartier ayant été décidée amena la destruction du théâtre Feydeau et du passage contigu, dont la perte n'eut rien de regrettable, car presque toujours les industriels qui en occupaient les boutiques se trouvaient dans la fâcheuse nécessité de substituer à la lumière du jour celle de quinquets huileux et nauséabonds, le gaz n'étant pas encore en usage. Il y avait pourtant dans ce sombre corridor quelques établissements fréquentés, entre autres le café Chéron, où se réunissaient des gens de lettres et des artistes, le restaurant de la mère Camus, deux librairies, un débit de marrons de Lyon et un magasin de briquets phosphoriques.

Un spéculateur nommé Langlois, propriétaire d'une partie du passage Feydeau, éleva sur ces terrains, moyennant la somme de 3,467,000 fr., des maisons importantes et une salle de spectacle, qui fut ouverte le 1er mars 1827, sous le titre de théâtre des Nouveautés.

Pour l'Opéra-Comique, MM. Guerchy et Huvé firent bâtir, entre la rue Neuve-des-Petits-Champs et la rue Neuve-Saint-Augustin, une salle dont l'ouverture eut lieu le 27 avril 1829. Elle était isolée, décorée avec goût; la façade, où l'ordre dorique s'alliait à l'ionique, n'était pas dénuée de grandeur; mais dans la distribution de l'intérieur, on n'avait pas eu suffisamment d'égard aux lois inflexibles de l'acoustique. L'Opéra-Comique déserta de nouveau pour aller s'installer, au mois de septembre 1832, dans la salle des Nouveautés, sous la direction de M. Paul Dutreck.

Le Théâtre-Italien était toujours place Favart. Un incendie le dévasta, et la loi du 7 août 1839, qui en autorisa la restauration, y mit pour clause spéciale que l'Opéra-Comique s'y fixerait. Cette loi était ainsi conçue:

Art. Ier. Le ministre de l'intérieur est autorisé à mettre en adjudication, avec publicité et concurrence, la reconstruction de la salle Favart pour y établir l'Opéra-Comique, sous les conditions et clauses du cahier des charges annexé à la présente loi.

Le rabais portera sur la durée et la jouissance à concéder à l'adjudicataire.

Art. 2. A l'expiration du terme fixé par l'adjudication, la salle reconstruite et ses dépendances feront retour à l'État.

Art. 3. L'adjudicataire pourra employer les matériaux provenant de l'ancienne salle. Il recevra en outre une somme de trois cent mille francs, égale à l'indemnité versée au Trésor par la compagnie d'assurance du théâtre, par le directeur de l'ancienne salle, et qui demeurent définitivement acquis à l'État. Cette somme sera payée à l'adjudicataire après la réception des travaux.

Art. 4. Pour subvenir à la dépense énoncée en l'article précédent, il est ouvert au ministre de l'intérieur sur l'exercice de 1840, un crédit extraordinaire de trois cent mille francs.

Art. 5. L'autorisation donnée par la présente loi cessera de plein droit si dans les trois mois, à partir de sa promulgation, l'adjudication définitive n'a pas eu lieu.

Le cahier des charges portait que l'adjudicataire s'engageait à rebâtir un théâtre à ses frais sur l'emplacement de l'ancienne salle Favart, et à le faire garnir et équiper du matériel et décorations, accessoires et meubles nécessaires à l'exploitation de l'Opéra-Comique. Les travaux devaient être exécutés sous la surveillance d'un architecte délégué, et être terminés au 1er avril 1840, sous peine, pour les adjudicataires, de payer, à titre d'indemnité, une somme de mille francs par chaque jour de retard au directeur de l'Opéra-Comique.

Le prix de la location était fixé à soixante-dix mille francs, y compris le magasin établi rue de Louvois, dans une salle depuis longtemps abandonnée, où joua avec succès, sous le premier empire, une troupe dont Picard était le directeur.

MM. Crosnier et Ber se rendirent adjudicataires de l'entreprise, moyennant une concession de trente années; et la salle, rebâtie par Charpentier, s'ouvrit le 16 mai 1840 par une représentation du *Pré aux Clercs*, le plus remarquable ouvrage d'Hérold. La *Part du Diable*, la *Sirène* et *Haydée*, d'Auber; l'*Éclair*, le *Val d'Andorre* et les *Mousquetaires de la Reine*, d'Halévy; le *Caïd*, d'Ambroise Thomas; l'*Étoile du Nord* et le *Pardon de Ploërmel*, de Meyerbeer, ont soutenu la vogue de ce spectacle, avec le puissant concours de Cholet, Roger, Couderc, Sainte-Foy; de Mmes Damoreau, Darcier, Ugalde et Marie Cabel; mais on peut regretter que l'Opéra-Comique, si justement populaire, s'égare sur les traces du grand Opéra, et qu'au lieu de chercher ces pièces vives, légères et spirituelles qui charmèrent les générations antérieures, il fatigue nos oreilles par des œuvres colossales et prétentieuses, dont le mérite est contestable, et qui manquent de toute gaieté.

CHAPITRE VIII

Le théâtre des Variétés. — Le Vaudeville. — Le théâtre Comte.

Le théâtre des Variétés est né au Palais-Royal, sous les auspices de Mlle Montansier. Les acteurs Brunet, Tiercelin, Cazot, y amusèrent nos pères par leurs spirituelles niaiseries, leurs lambours, leur gaieté naturelle et communicative. Là furent représentées des pièces dont le souvenir s'est perpétué : *Jocrisse Maître et Jocrisse Valet, le Désespoir de Jocrisse, Préville et Taconnet, Cadet Roussel, les Chevilles de Maître Adam*.

Le foyer du Théâtre de la Montagne, qui prit, en 1795, le titre de Théâtre des Variétés, était le rendez-vous des gens de lettres, des journalistes, et de quelques hommes politiques opposés au gouvernement; c'était l'arsenal d'où partaient, comme des flèches, des épigrammes contre le Directoire ou le Consulat. « Dans cette réunion, a dit le critique Merle, tout servait de prétexte à la gaieté et au plaisir, tout devenait un spectacle, jusqu'à cette galerie en forme de tribune qui dominait le foyer; c'était la place d'honneur des plus jolies habituées de l'endroit; on lui avait donné le nom d'un quai de Paris, dont la désignation exprimait spirituellement, mais d'une façon un peu triviale, l'idée qu'on y attachait. Chaque soir, un nouvel épisode arrivait à point pour soutenir la joie intarissable des amateurs. Tantôt c'était la publication d'un nouvel ouvrage sorti de la boutique du libraire Barba, tantôt une nouvelle parade de Brunet ou de Tiercelin qui faisait fortune dans Paris, ou bien un bon tour joué au commissaire de police Robillard, que ses soixante ans, sa corpulence pansue, ses lunettes larges comme les roues de cabriolet, sa coiffure de 87 et ses boucles d'argent à la Chartres, ne mettaient pas à l'abri de quelque mystification ou des espiègleries de quelques-unes de ses administrées. »

Une cabale si puissante se forma contre les Variétés, qu'elle obtint un décret impérial qui força les directeurs Simon et Foignet à quitter la salle du Palais-Royal à partir du 1er janvier 1807, et à s'en aller dans un quartier lointain, au théâtre de la Cité, bâti en face du Palais-de-Justice sur les ruines de l'église Saint-Barthélemy, vieille basilique qui avait commencé par être la paroisse des rois de France, et dont le local, avant d'être fermé, a retenti des bruyants accords du bal échevelé du Prado.

Les Variétés n'y restèrent pas longtemps, et se casèrent, le 24 juin 1807, dans une salle bâtie sur le boulevard Montmartre par l'architecte Célerier. La façade présente deux étages tétrastyles; le vestibule est spacieux et commode, ainsi que le foyer; mais on regrette pour ce théâtre, comme pour la plupart des autres, qu'il soit enclavé entre des maisons particulières. La pièce du début fut le *Panorama de Momus*, par Désaugiers, Francis et Moreau.

Le nouveau théâtre offrait ceci de particulier, que les propriétaires, dont les principaux étaient MM. Thayer et Crétu, possédaient à la fois la salle et le privilège, dont ils disposaient. Ce furent par eux que Mira fils, Armand Dartois, Bayard, Dumanoir, Jouslin de la Salle, furent nommés directeurs. Nestor Roqueplan, par un autre système, loua le privilège à ses risques et périls, de concert avec M. Leroy, homme intelligent qui a été successivement directeur de la scène à l'Odéon, à l'Opéra et à l'Opéra-Comique. Survint un riche Anglais, nommé Bows, qui acheta la salle et le privilège. Les directeurs auxquels il le loua, MM. Morin, Thibaudeau et Carpier, ne réussissant qu'à demi, il restitua au gouvernement le privilège, qui fut donné à M. Hippolyte Coignard; et depuis cette époque, le théâtre des Variétés est régi par la même loi que tous les autres.

Le théâtre du Vaudeville fut fondé rue de Chartres, et ouvrit le 12 janvier 1792. La salle, noire, resserrée entre les maisons voisines, située à l'angle d'une rue tortueuse, réunit pourtant une nombreuse affluence, grâce au talent joyeux de Dumersan, Baré, Radet, Théaulon, et de leurs interprètes, Laporte, Chapelle, Joly, Mmes Minette, etc. Plus tard débutèrent, sur la même scène, Arnal, Volnys, Lafont, Lepeintre aîné, Lepeintre jeune, Monnier, Mmes Brohan, Doche, Guillemin, Albert, Farguell. Aux amusantes études de mœurs de Scribe, Mélesville, Duvert, Varin, aux facéties de *Renaudin de Caen*, de la *Famille improvisée*, des *Gants jaunes*, du *Mari de la Dame de cœur*, se joignirent des drames semi-historiques, tels qu'un *Duel sous Richelieu*, *Marie Mignot*, *Madame Dubarry*. Mais le 18 juillet 1838 les succès du Vaudeville furent interrompus par un incendie. Entre trois et quatre heures du matin, le feu se déclara dans les combles, et il eut bientôt consumé ce vieil édifice, dans la construction duquel était entré plus de bois que de pierre. Le Vaudeville trouva un asile dans un café-concert du boulevard Bonne-Nouvelle, et vint occuper, le 16 mai 1840, l'ancien théâtre des Nouveautés.

C'est à ce théâtre qu'ont été inaugurées les grandes pièces en cinq actes, qui participent à la fois du drame, de la comédie et du vaudeville. A ce genre appartiennent la *Dame aux camélias*, par M. Alexandre Dumas fils; les *Filles de marbre*, par MM. Barrière et Lambert Thiboust; *Dalila* et le *Roman d'un jeune homme pauvre*, par M. Octave Feuillet; les *Faux bons hommes*, par MM. Barrière et Capendu; les *Lionnes pauvres*, par MM. Émile Augier et Édouard Fournier; les *Dettes de cœur*, par M. Maquet.

Comte, prestidigitateur et ventriloque, fut le fondateur du théâtre du passage Choiseul. Il donna d'abord dans un caveau de l'hôtel des Fermes, rue du Bouloi, des représentations de magie amusante et de fantasmagorie. Ce fut dans ce lieu souterrain, aujourd'hui dépendant de l'imprimerie Dupont, que Jacques de Falaise le Polyphage émerveilla les Parisiens par la facilité monstrueuse avec laquelle il avalait des roses, des montres, des oiseaux et des souris. En se transportant au passage Choiseul, Comte y amena une troupe d'enfants, dont, il faut le dire, les talents précoces n'ont pas tenu ce qu'ils promettaient. « Quelques-uns de ces jeunes artistes, dit un critique spirituel, M. Albéric Second, sont morts dans la misère; beaucoup se sont résignés à embrasser des professions manuelles. L'un d'eux, un bossu, connu sous le nom du *petit Alfred*, est « entré dans l'administration »; il préside actuellement au nettoyage de sa patrie : il est sous-inspecteur du balayage parisien! Il faut le voir, ce digne fonctionnaire, lorsqu'il passe l'inspection d'une escouade de balayeurs. En ces moments-là, il est réellement magnifique à contempler. Il s'acquitte de sa mission en homme qui a eu souvent l'honneur de représenter l'empereur Napoléon Ier et le grand Frédéric. Observez-le : il prend son tabac dans la poche gauche de son gilet, croise ses bras derrière son dos, s'habille avec une redingote grise, et dit volontiers à ses hommes en les dispersant avec un geste grandiose : « Soldats ! je suis content de vous. »

« Parmi les élèves de M. Comte qui ont persisté à jouer la comédie, le plus grand nombre, il faut bien le dire, n'a pas dépassé et ne dépassera jamais le niveau d'une honnête médiocrité. Mais qu'importe, après tout, à la renommée d'un seul suffit à la gloire du professeur? Celui-là, c'est Hyacinthe, le sublime *gracioso* du théâtre du Palais-Royal.

« Hyacinthe était à peine âgé de six ans lorsqu'il fit son premier début au théâtre Choiseul. En considération de son talent précoce et de ses succès retentissants, M. Comte lui assura une position exceptionnelle : dix francs par mois sans surnumérariat! ce qui ne s'était pas encore vu. Et quand, sept ans plus tard, il rompit avec son directeur pour entrer comme figurant aux Variétés, il y avait déjà longtemps que le jeune artiste gagnait vingt sous par jour, ce qui était le maximum des traitements.

« Dans le but extrêmement louable de ne point susciter d'odieuses jalousies entre ses auteurs et ses acteurs, M. Comte avait fait en sorte que les droits des uns ne fussent point de beaucoup supérieurs aux appointements des autres, ce qui ne l'a pas empêché de compter dans son répertoire une grande quantité de petites pièces spirituelles. Les premiers succès de MM. Coignard, Dumanoir et Siraudin ont été chantés sur ces planches hospitalières. M. Émile Vanderburch a été longtemps le fournisseur attitré de la maison ; et, sous la raison sociale « Alexandre Boucher et Cⁱᵉ », un financier célèbre de notre époque a fait représenter là une vingtaine de vaudevilles, alors qu'il n'était ni célèbre ni financier. »

M. Comte, ci-devant physicien du roi, se retira à Rueil, où il a fini paisiblement ses jours, au mois de novembre 1850. L'idée de forcer la nature et d'appeler de petits prodiges à jouer prématurément la comédie, au détriment de leur intelligence et de leur santé, a été heureusement abandonnée ; le théâtre des petits acteurs n'est plus ; il est remplacé par celui des Bouffes-Parisiens, qui a été ouvert le 5 juin 1855, sous la direction de M. Jacques Offenbach. On y a donné d'amusantes saynètes, comme *les Deux aveugles*, *Orphée aux enfers*, *le Savetier et le Financier*, *Forteboule*, et le *Carnaval des Revues*.

CHAPITRE IX.

Église Bonne-Nouvelle. — Caserne de la garde de Paris. Caserne des pompiers.

Du théâtre passons à l'autel, et mentionnons l'église Bonne-Nouvelle, non parce qu'elle n'offre rien de remarquable, mais uniquement parce qu'elle donne son nom à un quartier. Ce fut d'abord une petite chapelle, construite l'an 1551, en l'honneur de la Vierge. Elle fut remplacée par une église dont la première pierre fut posée le 18 mai 1624. Sous le règne de Charles X, M. Godde la refit presque intégralement, divisa l'intérieur en trois nefs non voûtées, séparées par des colonnes ioniques, et orna la façade d'un lourd péristyle soutenu par deux colonnes doriques.

Nous avons parlé de l'église des Petits-Pères. Les derniers débris du monastère attenant sont tombés sous le marteau. Lorsqu'en 1850 l'architecte Rolland commença les constructions de la nouvelle mairie ; lorsque M. Grisard éleva, dans le style de Louis XIII, cette gracieuse caserne en pierre et en brique, le cloître était entouré, avec des voûtes humides et sombres.

Ce triste séjour avait été longtemps habité par des vétérans, dont l'effectif n'était pas moindre de 1,077 hommes. La caserne nouvelle est occupée par un détachement de la garde de Paris. Au-dessus des portes d'entrée, au droit des colonnes de la façade, on a placé au mois de mai 1858 les statues allégoriques de la Force, de la Prudence, de la Vigilance et de l'Ordre public.

Dans le IIᵉ arrondissement, se trouve encore une caserne importante, celle des sapeurs pompiers.

D'après les consciencieuses recherches de M. Lamoullère, ce n'est qu'en 1699 que les premières pompes à incendie furent mises en usage à Paris. Un gentilhomme provençal, M. Dumourier-Duperrier, en ayant vu fonctionner en Allemagne et en Hollande, fut frappé de leur utilité, et il obtint de Louis XIV le privilège d'en faire confectionner et de les vendre exclusivement pendant trente années.

Jusqu'alors, les moyens employés pour arrêter les progrès du feu n'atteignaient leur but que d'une manière très-imparfaite, et les incendies, qui, grâce aux ressources actuelles, sont presque toujours maîtrisés facilement, faisaient d'épouvantables ravages. Des seaux, des échelles, des crocs étaient les seuls instruments employés. On trouvait ces objets déposés chez les échevins, à l'Hôtel-de-Ville, dans les couvents.

C'était chose lugubre et qui effrayait fort la population qu'un sinistre annoncé par le tintement du beffroi de l'Hôtel-de-Ville, auquel répondait le glas du tocsin des cloches de toutes les églises.

D'abord les pompes furent manœuvrées plus spécialement par les ouvriers du service de M. Dumourier-Duperrier, auquel fut allouée, pour ce personnel, une somme annuelle de 40,000 fr. Plus tard fut formée une compagnie civile de gardes-pompes, portant pour coiffure un chapeau de feutre couvert d'un tissu en fil de fer.

Sous Louis XV, la garde, pour les pompes à incendie, était composée de 110 hommes, savoir : 72 soldats et 38 officiers, répartis en douze corps de garde.

Le principal, établi rue de la Jussienne, se composait d'une garde et de travailleurs qui marchaient pour se rendre au feu aussitôt que le directeur des pompes le demandait.

D'autres se trouvaient rue Neuve-Saint-Augustin, au petit hôtel du lieutenant de police ;
Rue de la Jussienne, chez le directeur des pompes ;
Rue Saint-Honoré, à côté de la rue Saint-Martin ;
Rue Neuve-Saint-Denis, du côté de la rue Saint-Martin ;
Rue de Paradis, attenant à la porte de l'hôtel de Soubise ;
Rue de la Cerisaie, à côté de celle du Petit-Musc ;
Au palais, cours du May ;
Rue des Mauvais-Garçons ;
Chez les révérends pères cordeliers ;
Place de l'Estrapade ;
Rue des Vieilles-Tuileries, faubourg Saint-Germain, vis-à-vis de la rue Saint-Maur ;
Rue Saint-Victor, attenant à l'Abbaye, vis-à-vis la rue des Boulangers.

Indépendamment des douze corps de garde, il y avait plusieurs dépôts de pompes et de voitures d'eau, à côté desquels logeaient deux gardes-pompes.

L'effectif des pompiers fut successivement augmenté ; on leur donna un uniforme régulier, puis on les arma de sabres, et, par arrêté des consuls du 17 messidor an IX, le corps, qui comprenait alors un effectif de 400 hommes, passa sous la direction du préfet de police, et sous la surveillance administrative du préfet de la Seine.

Ce fut en 1803 que l'état-major des pompiers fut placé dans le local qu'il occupa sur le quai des Orfèvres jusqu'en 1853, époque à laquelle il fut transféré rue Chanoinesse, où il se trouve actuellement.

Lors de l'incendie qui eut lieu en 1810 chez l'ambassadeur d'Autriche, le nombre des victimes, parmi lesquelles on avait failli compter l'empereur, attira de nouveau l'attention sur l'organisation des pompiers. Avant que le danger se fût révélé, on avait refusé de laisser entrer les gardes-pompes dans l'intérieur de l'hôtel, et lorsque le feu éclata, la foule, qui se précipitait au dehors, les empêcha de pénétrer dans les appartements assez à temps pour prévenir les malheurs qui eurent lieu. Ce désastre fit sentir le besoin d'une autorité plus large, d'un commandement plus énergique, et l'empereur décida que les gardes-pompes seraient mis sur un pied complètement militaire, ce qui fut régularisé. Un décret du 18 septembre 1811 créa un bataillon de sapeurs-pompiers à l'effectif de 500 hommes qui furent soumis à la discipline et aux lois militaires et furent casernés. Tous les sous-officiers, caporaux et soldats de l'ancien corps furent conservés, et le nouveau corps acheva de se recruter par des enrôlements volontaires.

La nouvelle organisation ne produisit pas immédiatement tous les bons résultats qu'on en avait espérés. Les hommes de l'ancien corps, presque tous mariés et exerçant un état, se pliaient difficilement aux habitudes militaires, et ce ne fut que peu à peu qu'on parvint à les familiariser avec les exigences de leur nouvelle position. On commença par assigner aux sapeurs-pompiers l'ancien bâtiment des Capucines, dans la rue de la Paix, et la 2ᵉ compagnie y fut casernée en 1823. La 3ᵉ occupa, en 1814, la caserne de la rue Culture-Sainte-Catherine, et la 4ᵉ alla s'installer, en 1815, dans celle de la rue du Vieux-Colombier. La 1ʳᵉ compagnie partagea, jusqu'en 1832, le local de la 4ᵉ ; elle fut, à cette époque, casernée rue du faubourg Saint-Martin.

Une 5ᵉ compagnie, créée en 1845, fut placée rue de Poissy, dans l'ancien couvent des Bernardins.

L'article 43 du décret du 18 septembre 1811, en mettant les dépenses du corps des sapeurs-pompiers à la charge de la ville de Paris, jusqu'à l'établissement d'une compagnie d'assurances contre les incendies, indiquait l'intention d'exonérer de cette subvention, dans un avenir plus ou moins rapproché, le budget de la ville, et de faire supporter, au moins en partie, par les compagnies d'assurances, une dépense qui devait leur être plus particulièrement profitable. La contribution qu'il aurait fallu prélever sur les compagnies aurait nécessairement élevé les primes d'assurances et suscité des obstacles à une institution qu'il importait de populariser. Le conseil municipal de la ville de Paris, qui avait réclamé à plusieurs reprises, et surtout lors de la création de la 5ᵉ compagnie de pompiers, l'exécution des dispositions du décret de 1811, semble avoir reconnu lui-même la gravité de la question, en cessant d'insister sur ce point.

Par décret des 10 et 17 février 1855, le bataillon a été augmenté des 6ᵉ et 7ᵉ compagnies, et son nouvel effectif porté à 25 officiers et 907 sous-officiers, caporaux et sapeurs, et 12 enfants de troupe.

La 7ᵉ compagnie, qui est destinée à fournir des détachements aux corps d'armée en campagne ou rassemblés dans les camps, porte le titre de compagnie expéditionnaire. Les dépenses, personnel et matériel, sont à la charge du département de la guerre.

Les sapeurs-pompiers occupent aujourd'hui les casernes suivantes : 1ʳᵉ compagnie, rue de la Paix; 2ᵉ, rue du Château-d'Eau; 3ᵉ, rue Culture-Sainte-Catherine; 4ᵉ, rue de Poissy; 5ᵉ, rue du Vieux-Colombier; 6ᵉ, rue Blanche. La 7ᵉ est répartie dans les diverses casernes.

Les sapeurs-pompiers occupent, outre les théâtres, dans lesquels ils font un service spécial, cinquante-six postes permanents dans Paris.

On a compris depuis longtemps de combien d'écueils est hérissée la mission du sapeur-pompier; elle ne peut être confiée qu'à des caractères d'élite, à des hommes dont la vigueur corporelle soit secondée par l'énergie morale et qui sachent unir le désintéressement au courage. Le sapeur-pompier doit posséder toutes les qualités du soldat et toutes les vertus du citoyen. Il nous faudrait des volumes pour rapporter les traits de courage, de probité dont s'illustrent les annales du bataillon.

Depuis quelques années, d'importantes améliorations, dues à M. de La Condamine, colonel commandant le corps, ont été apportées dans le matériel, qui unit maintenant à une parfaite uniformité une mobilité et une légèreté qui, en diminuant les fatigues des hommes, rendent les secours plus prompts et plus efficaces.

L'agrandissement de Paris a nécessité l'augmentation de ce corps si utile. Le 17 novembre 1859, la commission nommée à cet effet a, sous la présidence de M. le préfet de la Seine, assisté de M. de La Condamine, tenu sa première séance. Un décret a porté l'effectif des sapeurs-pompiers à 1,298 hommes.

CHAPITRE X.

Les journaux. — Le marché Saint-Joseph. — La sépulture de Molière.
La rue du Croissant. — Les passages.

Le IIᵉ arrondissement est le quartier général des journaux; là se trouvent le *Siècle*, la *Presse*, la *Patrie*, le *Charivari*, le *Figaro*, et des journaux qui, sans aspirer à régler les hautes discussions de la politique, sans même y faire d'allusions indirectes, donnent le programme des théâtres et l'analyse des ouvrages dont deux exemplaires sont déposés dans leurs bureaux.

Le 14 juillet 1640, le chancelier Séguier posa la première pierre de la chapelle Saint-Joseph, qu'il avait fait construire à ses frais. Le portail était en face de la maison où sont actuellement établis les bureaux du journal la *Presse*. Derrière, le long de la rue du Croissant, verdoyait l'herbe d'un modeste cimetière, célèbre encore aujourd'hui, parce que Molière y fut enterré. On a répété dans une multitude de recueils que sa veuve, Élisabeth-Claire Grasin de Béjard, s'était écriée avec fierté : « Quoi! on refuse un tombeau à un homme auquel la Grèce eût accordé des autels? » Cependant, comme les lois ecclésiastiques étaient inflexibles pour les comédiens, elle fut obligée d'adresser un placet à Mᵍʳ de Harlay, archevêque de Paris : « Le mercredi, 17 février 1673, disait-elle, les neuf heures du soir, ledict feu sieur de Molière s'estant trouvé mal de la maladie dont il décéda environ une heure après, il voulut dans le moment tesmoigner des marques de repentir de ses fautes et mourir en bon chrestien, à l'effet de quoi auecq instance il demanda un prestre pour recouoir les sacremens, et enuoya par plusieurs fois son ualet et sa seruante à Sainct-Eustache, sa paroisse, lesquels s'adressèrent à messieurs Lonfant et Lechat, deux prestres habitués en ladicte paroisse, qui refusèrent plusieurs fois de uenir, ce qui obliga le sieur Jean Aubry, son beau-frère, d'y aller lui-mesme pour en faire uenir, et de faict fist leuer le nommé Paysant, aussi prestre habitué audict lieu; et comme toutes ces allées et uenues tardèrent plus d'une heure et demye, pendant lequel temps ledict feu Molière décéda, et ledict sieur Paysant arriua comme il venoit d'expirer ; or, comme ledict sieur Molière est décédé sans auoir reçu le sacrement de confession dans un temps où il uenoit de représenter la comédie, monsieur le curé de Saint-Eustache luy refuse la sépulture, ce qui oblige la suppliante de uous présenter la présente requeste pour luy estre sur ce pourueu. Ce considéré, et attendu ce que dessus, et que ledict deffunct a demandé auparauant que de mourir un prestre pour estre confessé, qu'il est mort dans le sentiment d'un bon chrétien, ainsy qu'il a tesmoigné en présence de deux dames religieuses demeurant en la mesme maison, d'un gentilhomme nommé monsieur Couton, entre les bras de qui il est mort, et de plusieurs autres personnes; et que monsieur Bernard, prestre habitué à l'église Sainct-Germain, luy a administré les sacrements à Pasque dernier ; il uous plaise de grace spéciale accorder à ladicte suppliante que son dict feu mary soit inhumé et enterré dans ladicte église Sainct-Eustache sa paroisse, dans les usages ordinaires et accoutumés, et ladicte suppliante continuera les prières à Dieu pour uostre prosperité et santé. »

L'archevêque renvoya la requête à son official, l'abbé de Benjamin, et rendit l'ordonnance suivante :

« Veu ladicte requeste, ayant aucunement esgard aux preuves résultantes de l'enqueste faicte par mon ordonnance, nous auons permis au sieur curé de Sainct-Eustache de donner la sépulture ecclésiastique au corps de deffunct Molière, dans le cimetière de la paroisse, à condition, néantmoins, que ce sera sans aucune pompe et auecq deux prestres seulement, et hors des œuures du jour, et qu'on ne fera aucun seruice solemnel pour luy, ny dans ladicte paroisse Sainct-Eustache, ny ailleurs, mesme dans aucune églize des réguliers, et que nostre présente permission sera sans préjudice aux règles du rituel de nostre églize, que nous voulons estre obseruées selon leur forme et teneur. Donné à Paris, ce vingtiesme feburier mil six cent soixante-treize. »

Ce fut en vertu de cette ordonnance que Molière reçut enfin les honneurs de la sépulture. Quand on détruisit l'église pour y établir un marché, la dépouille mortelle de l'illustre poëte fut transférée au Musée des Monuments français, avec celles de La Fontaine; toutes deux, en 1818, ont été déposées au Père-Lachaise.

Le marché Saint-Joseph, très-achalandé, et dont la poissonnerie est remarquable par ses dalles de pierre, est bordé, du côté de la rue du Croissant, par des boutiques, où les marchands de journaux viennent le soir s'approvisionner. Après avoir pris un numéro d'ordre, hommes et femmes attendent patiemment leur tour, et se sauvent en emportant les exemplaires qu'ils ont demandés. Chaque jour, règne dans cette petite rue, dont l'élargissement serait désirable, une animation bruyante, augmentée quelquefois par les querelles que suscitent les prétentions des gens trop pressés de prendre part à la distribution. La rue du Croissant est active, même de nuit; on y entend presque jusqu'à l'aube mugir les rouages des presses mécaniques; et quand d'importantes nouvelles l'exigent, de nombreux compositeurs veillent longtemps après minuit devant leur casse dans les imprimeries de la rue et des alentours.

De tous les arrondissements de Paris, c'est le IIᵉ qui renferme le plus de passages; on compte le passage Choiseul, la galerie Bouffiers, les passages Colbert, Vivienne, des Panoramas et du Caire, du Grand-Cerf et du Saumon.

Le passage des Panoramas doit son nom à deux énormes rotondes dont l'entrée était flanquée sur le boulevard, et où ce genre de spectacle a longtemps attiré la foule.

La patente du *panorama* fut accordée, le 19 juin 1787, à Robert Barker, d'Édimbourg. L'ingénieur américain Robert Fulton obtint en France, au mois de nivôse an VII (janvier 1799), un brevet d'importation qu'il céda immédiatement à son compatriote James. Celui-ci eut le bonheur de trouver un associé capable, Pierre Prévost, de Montigny (Eure-et-Loir). Élève de Valenciennes et s'inspirant du Poussin, sans le parodior, Prévost s'était essayé avec succès dans le paysage historique; il y renonça pour se vouer aux *panoramas*, et en exécuta successivement dix-huit, dont les principaux sont ceux de Paris, Toulon, Rome, Naples, Amsterdam, Tilsitt, Wagram, Calais, Anvers, Londres, Florence, Jérusalem et Athènes. Tous étaient conçus de la même manière. Les spectateurs, placés comme au sommet d'un édifice central, sur plate-forme qu'entourait une balustrade, dominaient de toutes parts l'horizon. Chaque toile, adhérente à la paroi intérieure d'une salle cylindrique, avait une circonférence de 97 mètres 45 centimètres 2 millimètres (300 pieds), et une hauteur de 19 mètres 42 centimètres (60 pieds). Ainsi, les dix-huit *panoramas* de Prévost représentent une surface de 83,667 mètres 6 centimètres (224,000 pieds). Quoique Prévost eût pour coadjuteurs son frère, son neveu Cacherau, et ses élèves Bouton, Daguerre et Roumy, on est étonné de l'immensité du travail qu'il accomplit dans l'espace de vingt années, surtout si l'on songe que des œuvres si nombreuses, si rapidement achevées, se distinguaient par la vigueur des tons, la justesse de la perspective, la finesse des ciels et l'exactitude des vues. L'infatigable Prévost parcourait le monde, passait d'Italie en Allemagne, d'Angleterre en Hollande, d'Europe en Asie, en rapportait des matériaux qu'il mettait en œuvre, et produisait des peintures qui excitaient l'admiration des artistes eux-mêmes. « On peut venir au *panorama* faire des études d'après nature », disait David à ses élèves. Un anonyme, dans une lettre adressée à la *Décade philosophique*, rend compte en ces termes de l'impression que lui produisait le *panorama de Rome* :

« Il est impossible de ne pas croire qu'on a autour de soi, à ses pieds, la ville immortelle. Je ne vous parle pas de la peinture; il faudrait qu'on pût s'apercevoir que c'est de la peinture. Or, au bout de cinq minutes, on ne s'en aperçoit pas du tout; c'est la nature elle-même qu'on a devant soi. »

Le vicomte de Chateaubriand a consacré aux *panoramas de Jérusalem et d'Athènes* un article inséré dans le *Conservateur* et un passage de la préface de l'*Itinéraire à Jérusalem* :

« L'illusion, dit-il, était complète. Je reconnus au premier coup d'œil tous les monuments, tous les lieux, et jusqu'à la petite cour où se trouve la chambre que j'habitais dans le couvent de Saint-Sauveur. Jamais voyageur ne fut mis à une si rude épreuve; je ne pouvais m'attendre qu'on transportât Jérusalem et Athènes à Paris, pour me convaincre de mensonge ou de vérité. »

Ces deux derniers panoramas coûtèrent la vie à leur auteur. Il en avait rapporté les matériaux d'Orient, où il avait suivi M. Forbin. Les fatigues de ce voyage ébranlèrent sa constitution fragile, et la mort de son neveu Cachereau, qu'il perdit dans la traversée, eut une influence morale qui réagit sur le physique. Une maladie de langueur nous ravit, le 9 janvier 1823, le véritable créateur des panoramas, le premier qui les ait portés au rang d'œuvres d'art.

Les deux tours massives et disgracieuses des Panoramas ont cessé depuis longtemps d'obstruer la voie publique, et toute cette partie du boulevard a complètement changé de face.

Au commencement du siècle, depuis la rue Montmartre jusqu'au débouché de la rue Vivienne, prolongée plus tard, s'étendaient les jardins d'un magnifique hôtel bâti en 1704 par le duc de Montmorency.

CHAPITRE XI.

Passage et rue du Caire. — Cour des Miracles. Boulevard de Sébastopol.

Le passage du Caire, dont la réputation fut longtemps sans rivale, porte dans les décorations de sa principale façade le signe caractéristique de son origine : il est contemporain de la rue du même nom, ouverte sur une partie des jardins du couvent des Filles-Dieu, vers la fin de 1799. Exécutée sur une largeur de 9 mèt. 74 cent., elle reçut le nom du Caire, en mémoire de l'entrée de l'armée française dans la capitale de l'Égypte, le 23 juillet 1798.

Une décision ministérielle du 2 messidor an VIII, confirmée par une ordonnance royale du 21 juin 1826, avait maintenu à la rue du Caire une largeur de 9 mèt. 74 cent.

Depuis la création du boulevard de Sébastopol, des maisons et portions de maisons situées rue Saint-Denis et rue du Ponceau, ont été démolies, et la rue du Caire prolongée va rejoindre cette grande voie publique.

Une ruelle lie la place du Caire à la cour des Miracles, qui n'a plus rien de miraculeux.

Tout le monde a lu *Notre-Dame de Paris*; on sait presque par cœur cette magnifique description : « Gringoire était dans cette redoutable cour des Miracles où jamais honnête homme n'avait pénétré à pareille heure; cercle magique où les officiers du Châtelet et les sergents de la prévôté qui s'y aventuraient disparaissaient en miettes; cité des voleurs, hideuse verrue à la face de Paris, égout d'où s'échappait chaque matin et où venait croupir chaque nuit ce ruisseau de vices, de mendicité et de vagabondage, toujours débordé dans les rues des capitales; ruche monstrueuse où rentraient le soir avec leur butin tous les frelons de l'ordre social; hôpital menteur où le bohémien, le moine défroqué, l'écolier perdu, les vauriens de toutes nations, Espagnols, Italiens, Allemands; de toutes les religions, juifs, chrétiens, mahométans, idolâtres, couverts de plaies fardées, mendiant le jour, se transfiguraient la nuit en brigands; immense vestiaire, en un mot, où s'habillaient et se déshabillaient à cette époque tous les acteurs de cette comédie éternelle que le vol, la prostitution et le meurtre jouent sur le pavé de Paris.

« C'était une vaste place, irrégulière et mal pavée, comme toutes les places de Paris alors. Des feux autour desquels fourmillaient des groupes étranges y brillaient çà et là. Tout cela allait, venait, criait. On entendait des rires aigus, des vagissements d'enfants, des voix de femmes. Les mains, les têtes de cette foule, noires sur le fond lumineux, y découpaient mille gestes bizarres. Par moments, sur le sol, où tremblait la clarté des feux mêlée à des grandes ombres indéfinies, on pouvait voir passer un chien qui ressemblait à un homme, un homme qui ressemblait à un chien. Les limites des races et des espèces semblaient s'effacer dans cette cité comme dans un Pandémonium. Hommes, femmes, bêtes, âge, sexe, santé, maladies, tout semblait être en commun parmi ce peuple; tout allait ensemble, mêlé, confondu, superposé; chacun y participait de tout.

« Le rayonnement chancelant et pauvre des feux permettait à Gringoire de distinguer à travers son trouble, tout alentour de l'immense place, un hideux encadrement de vieilles maisons dont les façades vermoulues, ratatinées, rabougries, percées chacune d'une ou deux lucarnes éclairées, lui semblaient dans l'ombre d'énormes têtes de vieilles femmes, rangées en cercle, monstrueuses et rechignées, qui regardaient le sabbat en clignant des yeux.

« C'était comme un nouveau monde inconnu, inouï, difforme, reptile fourmillant, fantastique. »

Ce serait presque une profanation que d'entreprendre d'ajouter à cette poésie et de soumettre à une froide analyse les récits du poète. Nous renvoyons à son œuvre, sans chercher à suivre Gringoire au milieu de ses aventures dramatiques, et nous bornerons à faire un peu d'érudition.

Au moyen âge, les corporations étaient pour ainsi dire parquées. Les individus exerçant la même industrie n'étaient point disséminés comme aujourd'hui; ils se concentraient dans certaines rues et dans certains quartiers. Ainsi, dans la nomenclature des rues de Paris au XIIIe siècle, on remarque les rues de la Tonnellerie, de la Fromagerie, de la Ganterie, de la Tannerie, de la Lingerie, de la Chanvrerie, de la Basanerie, de la Buffleterie, de la Bouclerie, de la Coifferie, de la Mégisserie, de la Cordonnerie; la rue aux Poissons, les rues des Enlumineurs, des Écrivains, des Oblayers ou marchands d'oublies; la rue à Lavandières, la rue aux Petits-Solers, où l'on vendait des souliers pour les dames; la rue aux Oues, où étaient établis les rôtisseurs, et qui est devenue par corruption la rue aux Ours. Les rues qui s'appellent encore aujourd'hui des Étuves ou des Vieilles-Étuves étaient presque exclusivement occupées par des bains, dont les garçons se tenaient dès l'aurore sur le pas des portes pour inviter les passants à entrer, comme l'atteste le *Dit des crieries de Paris* (Ms. 7218) :

> Oez ! l'on crie au point du jour :
> Seignor, car vos alez baignier,
> Et estuver sans délaier ;
> Li baing sont chaut ; c'est sans mentir.

L'usage qui assignait un quartier spécial à chaque corporation était suivi dans toutes les villes un peu importantes. Ainsi, par exemple, nous trouvons à Nevers les rues des Merciers, de la Sellerie, de la Coutellerie, des Boucheries, de la Verrerie, des Ardilliers, de la Corderie, de la Pelleterie, des Orfévres.

Naturellement, il y avait aussi des localités affectées aux mendiants, aux voleurs, aux vagabonds, aux gens sans aveu qui pullulent dans les grandes cités. On les nommait cours des Miracles, parce que les misérables qui avaient simulé des maladies ou des infirmités pour exciter la compassion des bonnes âmes jetaient le masque en arrivant à leur gîte. Ils réalisaient les merveilles annoncées par le prophète Isaïe : « Alors les yeux des aveugles verront le jour, et les oreilles des sourds seront ouvertes; le boiteux bondira comme un cerf, et la langue des muets sera déliée. » (Chapitre xxvi, versets 5 et 6.) « En ce temps-là les sourds entendront les paroles de ce livre, et les yeux des aveugles, sortant de leur nuit, passeront des ténèbres à la lumière. » (Chapitre xxvii.)

Il y avait à Paris plusieurs cours des Miracles; la principale, celle où Victor Hugo a placé la scène si admirablement rendue par Gustave Doré, s'étendait jusqu'aux remparts de Paris, à partir du monastère des Filles-Dieu, prieuré triennal de religieuses de l'ordre de Fontevrault. Elle forme aujourd'hui une place isolée entre l'impasse de l'Étoile, la rue des Forges et la rue de Damiette, quartier Bonne-Nouvelle.

On trouve au Marais, dans la rue des Tournelles, le passage et la cour des Miracles; il y avait encore d'autres cours des Miracles dans les rues Saint-Denis, du Bac, de Neuilly, des Coquilles, de la Jussienne, Saint-Nicaise et la butte Saint-Roch. Dans les provinces, les localités de ce genre qui ont laissé des souvenirs sont la cave aux Miracles de Rouen, l'hôtel des Miracles à La Réole, et le cabaret des Miracles à Lyon.

La population des cours des Miracles constituait une société particulière, avait un chef électif qui s'appelait le Grand Coësre et parlait l'argot, langue mystérieuse dont on retrouve d'anciens spécimens dans les ballades de François Villon, poëte et voleur. Les principaux officiers du roi des gueux, nommés cagous, gagots ou archisuppôts, étaient les instituteurs de la cour des Miracles. Ils montraient l'art d'émouvoir la charité des passants en étalant de fausses plaies, et aussi l'art d'enlever subtilement une bourse. C'était sous leur direction et après avoir écouté leurs judicieuses exhortations que les mendiants et les voleurs s'en allaient à l'ouvrage. Les francs-mitoux tombaient en défaillance au coin des rues; les piètres se traînaient sur des béquilles; les malingreux contrefaisaient les hydropiques, et les sabouleux simulaient l'épilepsie en se mettant dans la bouche un morceau de savon. Aux portes des églises et des couvents mendiaient les coquillards, qui revenaient d'un lointain pèlerinage; les hubains, qui avaient été guéris de l'hydrophobie par l'intercession de saint Hubert; les rifodés, ruinés par des incendies; les marcandiers, qui se donnaient pour des commerçants victimes de la guerre. Tous ces gueux étaient plus ou moins voleurs, mais par occasion seulement. Ceux qui vivaient exclusivement de pillage portaient les noms de truands, drilles, matois, capons, courtauds de boutanche, tireurs de laine, etc. C'était principalement la nuit qu'ils exerçaient leur criminelle industrie. A cette époque, les rues n'étaient pas éclairées; en temps de guerre seulement, on plaçait de distance en distance des chandelles ou des lanternes. Les maisons, presque toutes à pignon, avaient leurs étages en saillie les uns sur les autres, ce qui contribuait à augmenter l'obscurité. Il était facile aux truands, aux malandrins de s'embusquer entre les poteaux corniers des sombres rez-de-chaussée et d'y attendre les passants attardés.

On peut dire, au propre et au figuré, que le progrès des lumières détruisit le royaume d'argot. Cependant la plus célèbre des cours des Miracles conservait encore sous le règne de Louis XIV une partie de son ancienne physionomie. « Elle consistait, dit l'historien Sauval, en une place d'une grandeur considérable et en un très-grand cul-de-sac puant, boueux, irrégulier, qui n'est point pavé. Autrefois il confinait aux dernières extrémités de Paris. A présent il est situé dans l'un des quartiers les plus mal bâtis, les plus sales et les plus reculés de la ville, entre la rue Montorgueil, le couvent des Filles-Dieu et la rue Neuve-Saint-Sauveur, comme dans un autre monde. Pour y venir, il se faut souvent égarer dans de petites rues vilaines, puantes, détournées; pour y entrer, il faut descendre une assez longue pente, tortue, raboteuse, inégale. J'y ai vu une maison de boue, à demi-enterrée, toute chancelante de vieillesse et de pourriture, qui n'a pas quatre toises en carré, et où logent néanmoins plus de cinquante ménages chargés d'une infinité de petits enfants légitimes, naturels ou dérobés. On m'a assuré que dans ce petit foyer et dans les autres habitaient plus de cinq cents grosses familles entassées les unes sur les autres. Quelque grande que soit cette cour, elle était autrefois beaucoup davantage. De toutes parts elle était environnée de logis bas, enfoncés, obscurs, difformes, faits de terre et de boue, et tout pleins de mauvais pauvres. »

Sauval rappelle ensuite le temps où les habitants de cette cour « se nourrissaient de brigandages, s'engraissaient dans l'oisiveté, dans la gourmandise et dans toutes sortes de vices et de crimes. » Ce tableau commençait à manquer d'exactitude, et les mesures répressives se multiplièrent sous Louis XIV d'une manière alarmante pour les gueux. Déjà, par lettres patentes du 27 avril 1622, Louis XIII avait ordonné d'enfermer dans les hôpitaux les pauvres de Paris, et projeté un vaste dépôt qui devait être placé à l'extrémité de la grande allée du Cours-la-Reine. Louis XIV, par édit du 27 avril 1656, et grâce aux libéralités du président Bellièvre, fonda l'hôpital général de la Salpêtrière, pour y recueillir les vagabonds et mendiants de la capitale. Il fut ouvert le 7 mai 1657, et dès le 14 cinq mille personnes y étaient entassées. On y annexa Bicêtre, où l'auteur de *Paris ridicule*, Claude le Petit, avocat au parlement, nous peint les gueux installés, gais et contents. Ils n'y venaient pourtant que contraints et forcés; et d'impitoyables archers, emportés par leur zèle, arrêtaient les passants sur le plus vague soupçon de mendicité. Antoine Furetière, dans son *Roman bourgeois*, imprimé en 1668, fait raconter par un de ses héros, Charosselles ou Charles Sorel, la mésaventure d'un rimailleur nommé Mythophylacte : « Il me souvient, dit-il, de l'avoir veu une fois en une grande peine. Je le trouvay en place de Sorbonne querellant avec un autre autheur, qui, entre autres injures, lui reprocha tout haut qu'il étoit un caymand de gloire, et que de tous côtés, il en alloit mendier. Ce dernier mot fut ouy par des archers qui cherchoient tous les mendiants pour les mener à l'hospital général. Ils le saisirent au collet en ce moment; bien estoit-il d'ailleurs assez déchiré aussi, et j'eus bien de la peine à le faire relascher. J'en vins pourtant à bout, sur ce que je leur remonstray que le mestier de poète, dont il faisoit profession, le conduisoit naturellement à l'hospital, et qu'il ne falloit point d'autres archers que ceux de son mauvais destin pour l'y faire aller en diligence. »

Ce fut Louis XV qui porta le coup mortel aux cours des Miracles. Par une déclaration du 18 juillet 1724, il enjoignit aux administrations de ne souffrir dans le royaume ni mendiants, ni vagabonds, de donner la subsistance aux pauvres incapables de travailler, et de procurer de l'ouvrage à ceux qui seraient sains et valides. Cette déclaration fut renouvelée le 3 août 1764. Un arrêt du conseil, en date du 21 octobre 1767, enjoignit d'établir dans toutes les généralités des maisons de force pour y renfermer les vagabonds et gens sans aveu, aux frais du roi. Les cours des Miracles disparurent les unes après les autres. Sur le terrain de la principale, en vertu de lettres patentes du 21 août 1784, l'architecte Dumas construisit une halle pour la vente en gros du poisson de mer et d'eau douce, halle qu'on fut obligé de démolir parce que les marchandes refusèrent d'en prendre possession.

Après la Révolution, l'organisation de la charité et la force publique ne permirent plus aux mendiants et aux bandits de conserver même l'ombre de ces associations interlopes qui avaient été une des plaies du moyen âge. La bohème dispersée manque de capitale.

Le IIe arrondissement a pour limites au sud la partie du boulevard de Sébastopol destinée à prolonger le boulevard de Strasbourg jusqu'à la place du Châtelet. L'exécution en fut ordonnée par un décret du 19 septembre, à la suite de deux délibérations de la commission municipale, des 31 mars et 9 juin 1854. Le même décret déclara d'utilité publique :

1° L'ouverture du boulevard du Centre, sur une largeur de 30 mètres;

De trois rues transversales de 20 mètres : la première, au droit de la rue Réaumur, avec place devant l'église Saint-Nicolas-des-Champs; la seconde, entre celles du Grand et du Petit-Hurleur; la troisième, à la hauteur de la rue aux Ours, et d'une rue de 16 mètres en face de la nouvelle entrée du Conservatoire;

2° La prolongation des rues de la Grande-Truanderie, de la Cossonnerie et du Cygne;
3° L'élargissement de 16 mètres des rues Grenetat et de la Reynie;
4° La suppression d'une partie de la rue du Ponceau, des passages de la Longue-Allée, de Basfour, de la Trinité, des rues Guérin-Boisseau, du Grand-Hurleur, Bourg-l'Abbé, du Petit-Hurleur, Salle-au-Comte, des Trois-Maures, de la Vieille-Monnaie et de l'impasse de Venise.

Le préfet de la Seine, dans son rapport annuel, indiquait en ces termes l'importance de la nouvelle voie : « Les gares des chemins de fer sont aujourd'hui les principales entrées de Paris. Les mettre en relation avec le cœur de la ville par de larges artères est une nécessité de premier ordre. Le boulevard du Centre, destiné à prolonger jusqu'à la place du Châtelet le boulevard de Strasbourg, qui ne dessert pas seulement la gare du chemin de l'Est, mais qui débouche en partie celle du chemin du Nord, doit ouvrir une grande ligne parallèle aux rues Saint-Denis et Saint-Martin, c'est-à-dire dans le quartier de Paris où la population est la plus dense et la voie publique la plus encombrée.

« Percer ce foyer habituel des émeutes pour venir couper à angle droit la rue de Rivoli par une nouvelle voie stratégique; faire pénétrer l'air et la lumière au milieu de cette fourmilière humaine; substituer des maisons saines et commodes à ces constructions presque inhabitables, n'était-ce pas répondre au triple besoin de la sécurité, de la circulation et de la salubrité ? »

Le boulevard de Sébastopol (rive droite) s'étend de la place du Châtelet au boulevard Saint-Denis; sa longueur est de 2,081 mètres, et sa largeur de 30 mètres. L'ouverture en a été prescrite et déclarée d'utilité publique par décret du 29 septembre 1854. La vaste opération du percement a duré cinq années. On a exécuté en 1855 la section qui va de la place du Châtelet à la rue des Lombards; en 1856, la section de la rue des Lombards à la rue Rambuteau; en 1857, de la rue Rambuteau à la rue Grenetat; en 1858, il a été enfin prolongé jusqu'au boulevard Saint-Denis.

Le boulevard de Sébastopol fut inauguré pompeusement le 5 avril 1858. Pendant les jours précédents, une véritable armée d'ouvriers achevèrent les derniers travaux de nivellement, macadamisèrent la chaussée, placèrent les lampadaires, plantèrent de distance en distance de grands mâts pavoisés de banderoles et marquèrent avec des palissades les limites de la voie nouvelle.

Dès onze heures du matin, le 5 avril 1858, le rappel battait dans toutes les légions. La garde nationale, la garde impériale et la troupe de ligne sont venues former la haie depuis le point d'intersection de la rue de Rivoli et du nouveau boulevard jusqu'à la gare du chemin de fer de l'Est. Sur tout le parcours se pressait une affluence considérable. Le soleil brillait de tout son éclat printanier; c'était un jour de chômage, et l'on peut dire sans exagération que la partie valide de la population parisienne s'était presque tout entière donné rendez-vous à la fête d'inauguration.

La circulation des voitures était interdite dans une partie de la rue de Rivoli, sur la voie inaugurée et dans les rues adjacentes.

L'empereur arriva à deux heures à la chambre des notaires, où l'attendaient MM. Haussmann, préfet de la Seine, et Boittelle, préfet de police. Il était à cheval; l'impératrice l'accompagnait dans une calèche à la Daumont. Les maréchaux, les officiers de la maison impériale étaient en tête de l'état-major. Précédé de détachements de lanciers et de cent-gardes, le cortège suivit la longue ligne des deux boulevards jusqu'à la gare de l'Est.

Parmi les assistants quelques-uns semblaient contempler pour la première fois cette large trouée faite à travers un dédale de rues tortueuses, la plupart encore assombries par les pignons inclinés et les encorbellements du moyen âge.

A deux heures et demie, au moment où le cortège approchait du boulevard Saint-Denis, l'immense *velum* qui masquait de ce côté l'issue du boulevard de Sébastopol fut tiré comme un rideau. Ce *velum* était tendu entre deux colonnes mauresques, sur les piédestaux desquelles étaient représentées les figures allégoriques des Arts, des Sciences, de l'Industrie et du Commerce. Le cortège passa au bruit des acclamations et des tambours qui battaient aux champs. Quelques minutes après, l'empereur recevait à la gare de l'Est les ministres et le conseil municipal.

La cérémonie était terminée à trois heures. Dans la soirée, une foule immense ne cessa de parcourir le nouveau boulevard, splendidement illuminé au moyen d'appareils triangulaires adaptés aux becs d'éclairage usuels.

Dans le tronçon ouvert en 1855, la nouvelle voie est déjà bordée de magnifiques édifices; ils deviennent plus rares à mesure qu'on avance : vers le boulevard Saint-Denis, on ne voit encore, que des maisons éventrées, tristes restes d'habitations vermoulues qui seraient tombées de vieillesse sans la démolition féconde qui rajeunit ce vaste quartier.

FIN DU DEUXIÈME ARRONDISSEMENT.

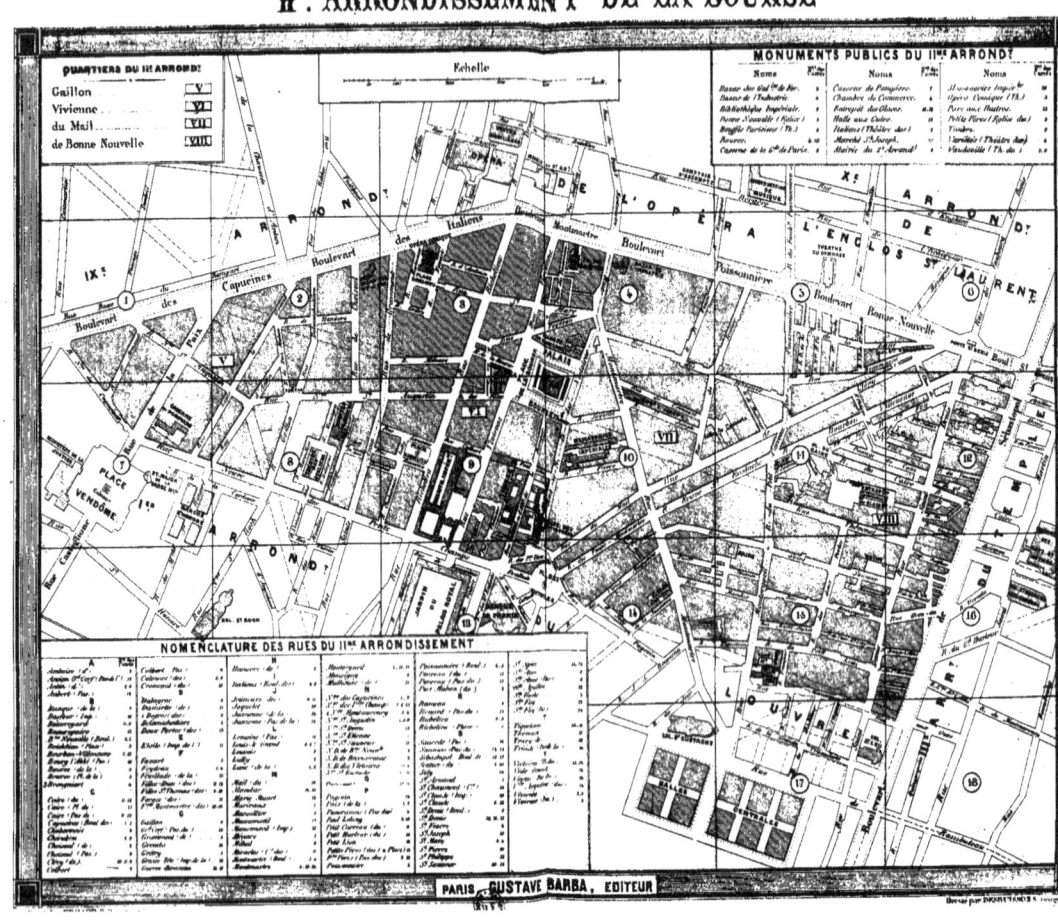

Le Palais-Royal (Marché du Temple).

LE TEMPLE. — TROISIÈME ARRONDISSEMENT.

CHAPITRE PREMIER.

Principaux édifices du IIIe arrondissement. — Le Temple. — Origine des Templiers. — Suppression de leur ordre. — Le grand prieur. — La société du Temple.

Le IIIe arrondissement se partage en quatre quartiers : ceux des Arts-et-Métiers, des Enfants-Rouges, des Archives et Sainte-Avoie. Il a pour limites : au nord, le boulevard Saint-Martin ; à l'est, le boulevard Beaumarchais, à partir de la rue du Pas-de-la-Mule, les boulevards des Filles-du-Calvaire et du Temple ; au sud, les rues du Pas-de-la-Mule, de l'Écharpe, Neuve-Sainte-Catherine, des Francs-Bourgeois, de Paradis et Rambuteau ; à l'ouest, le boulevard de Sébastopol.

On remarque dans le IIIe arrondissement le marché du Temple, le Conservatoire des arts et métiers, l'Imprimerie impériale, les Archives, la prison des Madelonnettes, les églises Saint-Nicolas des Champs, Sainte-Élisabeth, Saint-François-d'Assise, Saint-Denis de la Châtre ou du Saint-Sacrement ; la synagogue ; le marché Saint-Martin, le marché des Enfants-Rouges et la caserne des Minimes.

« Entre la vieille et la nouvelle rue du Temple, dit Victor Hugo dans son admirable *Paris à vol d'oiseau*, il y avait le Temple, sinistre faisceau de tours, haut, debout et isolé, au milieu d'un vaste enclos crénelé. »

Oui, là était le Temple, qui a la gloire posthume de donner son nom au IIIe arrondissement de Paris.

Que reste-t-il aujourd'hui du Temple ? Un souvenir et de misérables haillons ! Et cependant, quelle histoire que celle de de cet enclos, depuis le jour où s'y réfugia, — devant le peuple soulevé, Philippe le Bel, dit *le faux monnoyeur*, jusqu'au jour où le peuple-roi y enferma Louis XVI ! — La Bastille en croulant avait entraîné avec elle tous les priviléges, le Temple n'avait plus droit d'asile !

Esquissons à grands traits cette histoire, redonnons une physionomie à ce monument disparu ; il est bon, pour nous surtout qui sommes oublieux, de nous retremper aux grands souvenirs du passé, et, en face de Paris Nouveau, de faire revivre le Vieux Paris.

Le Temple doit son nom aux chevaliers du Temple ; c'était originairement une maison qui, dès l'institution de l'ordre, avait été construite par le grand prieur. — On sait pourquoi l'ordre s'appelait ainsi : Baudouin II, roi de Jérusalem, craignait Dieu, puisqu'il était tellement assidu à sa prière « qu'à force de génuflexions et de prosternements, ses genoux et ses mains en avaient contracté des durillons » ; mais il craignait aussi les infidèles ; et, dès le commencement, il avait favorisé l'association que venait de créer Hugues de Pains en faveur de la défense de la Terre Sainte, et lui avait fait don de la partie méridionale de son palais, bâti non loin de l'ancien temple de Salomon. — Aussi les nouveaux chevaliers furent-ils d'abord appelés *Frères de la milice du Temple*, *Chevaliers du Temple*, et enfin *Templiers*.

Le grand prieur habitait seul le Temple de Paris ; il l'agrandit, et en l'année 1182 il réunit autour de lui tous les Templiers qui résidaient dans la ville. On ignore la date précise de leur établissement dans la capitale; cependant, l'année 1148 est regardée généralement comme l'époque de l'installation des Templiers à Paris. L'ordre était fort riche : il acheta peu à peu les terrains environnants, et au commencement du XIII° siècle l'enclos s'était considérablement agrandi; de magnifiques bâtiments, — magnifiques pour l'époque, — on faisaient un des principaux monuments de Paris. Protégée par de hautes et épaisses murailles, ce n'était plus la maison du Temple, l'habitation du grand prieur, c'était une cité, c'était la *Ville-Neuve du Temple;* Lorsque l'ordre tenait son chapitre général, les frères arrivaient de toutes parts et trouvaient place dans ce vaste enclos qui était alors un des endroits les plus fortifiés et les plus sûrs de Paris. Philippe-Auguste, partant pour la croisade, en 1190, fit son testament et ordonna à six bourgeois de Paris de toucher ses revenus, ses services et obventions et de les déposer au Temple. La fameuse tour, dite *Tour du Temple*, n'était cependant pas encore bâtie; elle ne le fut qu'en 1212, et dut sa construction au frère Hubert, trésorier de l'ordre; cette nouvelle construction fut flanquée de quatre **tourelles** qui la fortifièrent; l'une d'elles était garnie intérieurement de lames de fer; c'était là le dépôt sacré, le sanctuaire impénétrable où étaient précieusement conservées les archives de l'ordre.

A cette époque, l'enclos du Temple jouissait d'une indépendance complète, indépendance que les Templiers auraient défendue contre l'autorité royale elle-même; et Henri III d'Angleterre le savait bien, lorsque, passant par Paris pour retourner dans ses États, en 1254, il aurait mieux aimé habiter le Temple que le nouveau palais du Louvre, mis gracieusement à sa disposition. Le grand prieur avait droit de haute et basse justice sur ses terres, et ses propriétés étaient un lieu d'asile où venaient se réfugier les duellistes, et surtout les banqueroutiers et autres débiteurs insolvables : ces derniers usèrent de cette étrange prérogative jusqu'à la Révolution.

Mais ne nous appesantissons pas sur un souvenir qui ne peut être qu'amer pour les habitants de notre moderne Clichy.

Outre ces priviléges, les ouvriers qui se réfugiaient dans l'enclos pouvaient y travailler pour leur compte sans avoir été reçus maîtres, et à cette époque ce n'était pas un mince avantage.

Philippe le Bel, nous l'avons dit, y vint chercher un refuge contre une sédition qu'avait fait naître l'altération des monnaies, et Enguerrand de Marigny, son premier ministre, quelques années plus tard, y fut enfermé avant d'être livré au bourreau.

Le Temple avait alors changé de maîtres ; deux Templiers dont le grand prieur avait puni sévèrement les vices et les désordres, le prieur de Montfaucon, près Toulouse, et un Florentin nommé Nossodei, — lequel, heureusement, fut pendu plus tard, — dénoncèrent l'ordre tout entier. Nous n'avons pas à raconter le procès célèbre des Templiers : on avait à leur reprocher de l'orgueil, que du reste légitimaient les services qu'ils avaient rendus, les vices de leur temps et surtout leurs richesses. — Oui, ils étaient trop riches pour Philippe le Bel.

De toute cette affaire, il ne nous reste que l'indigeste tragédie de M. Raynouard et un méchant proverbe : *Boire ou jurer comme un Templier.* Si nous nous rappelons bien nos classiques, Rabelais en dit quelque chose : *Je ne boy plus qu'une esponge, je boy comme ung Templier!*

Toujours est-il que l'ordre du Temple fut supprimé par Clément V en 1312, et Philippe le Bel donna le Temple aux chevaliers de Saint-Jean-de-Jérusalem, qui plus tard devinrent les chevaliers de Malte. Ils prirent possession du Temple en 1313, et depuis, le grand prieur de France continua d'y habiter jusqu'au moment où l'ordre fut supprimé en France par l'Assemblée législative, en 1792.

L'église du Temple, de construction romano-gothique, avait été bâtie sur le modèle de l'église de Saint-Jean-de-Jérusalem; elle renfermait les mausolées en marbre blanc d'Amador de la Porte, grand prieur du Temple, et de Philippe Villiers de l'Isle-Adam, grand maître de Saint-Jean-de-Jérusalem, ainsi que les tombeaux de François Faucon, Bertrand de Cluys et Pierre de Cluys, son neveu.

Un jour les échos du Temple, depuis si longtemps tristes et silencieux, s'éveillèrent en se renvoyant gaiement de bruyants éclats de rire et de folles chansons; c'était toujours la demeure **du grand prieur**, seulement un prieur dont un abbé disait :

Mais ce qui te rend plus aimable,
C'est ton amitié pour le vin !
Et que, toujours charmant à table,
Le matin
Tu trouve entre les ris, les jeux,
Plus badin qu'eux.

En effet, c'était dans le palais du Temple que se réunissait, toute frémissante de vie et de gaieté, la célèbre *Société du Temple*, et Philippe de Vendôme s'entourait des beaux esprits du temps. L'*Anacréon du Temple*, l'abbé de Chaulieu, avait une maison comprise dans l'enclos même du Temple; il était l'âme de ces soirées qu'il immortalisa dans de charmantes chansons; là aussi se trouvaient Palaprat, qui était secrétaire du duc de Vendôme, le marquis de La Fare, Voltaire, qui, fort jeune alors, venait y fêter le vin et l'amour, et tant d'autres esprits charmants, que les libéralités du prince de Vendôme attiraient au Temple. Mais tout finit : dîneurs et dîners disparurent; le Temple reprit son aspect sinistre et glacial.

CHAPITRE II.

Captivité de Louis XVI. — Particularités peu connues. — Procès-verbaux de la commune de Paris. — Fossés et fortifications du Temple. — Séparation de Louis XVI et de sa famille. — Entrevue de Louis XVI et de Manuel. — Enlèvement des armes offensives et défensives des prisonniers. — Une requête de l'abbé Edgeworth.

Louis XVI, qui, à la suite du 10 août 1792, avait quitté les Tuileries et était resté au couvent des Feuillants, en sortit le 13 pour se rendre au Temple. Les légions armées formaient la haie sur son passage. La cinquième et la sixième étaient campées depuis la place Vendôme jusqu'à la rue Richelieu; la troisième occupait les boulevards jusqu'à la porte Saint-Denis; la deuxième, depuis cette porte jusqu'à l'Opéra (théâtre de la porte Saint-Martin); la quatrième était rangée sur le boulevard du Temple, et la première, dans la rue du Temple jusqu'à la prison. La famille royale était dans une voiture de la cour avec Pétion, Manuel et un officier municipal. La marche dura deux longues heures, pendant lesquelles les captifs furent exposés aux invectives de la multitude. Toutefois, c'était elle qui régnait ; et, en maîtresse généreuse, elle garda généralement une attitude calme et sévère. « Il y eut, dit un journal de l'époque, quelques cris de *Vive la nation !* mais, au demeurant, le peuple s'est montré plus silencieux et moins turbulent que beaucoup de gens ne s'y attendaient. »

Comme la commune de Paris craignait une tentative d'évasion, elle fit transférer Louis XVI dans la grande tour. Il fallait, pour y arriver, traverser une cour, l'hôtel qu'habitait autrefois le grand prieur, une seconde et une troisième cour, cette dernière entourée de murs très-élevés. C'était, comme nous l'avons dit plus haut, un édifice composé de plusieurs tours, au milieu desquelles se trouvait un bâtiment carré dont les murs étaient d'une grande épaisseur; l'embrasure des fenêtres était excessivement large et garnie d'énormes barreaux de fer. Il y avait des guichets partout, deux très-bas servant d'entrée à la troisième cour ; ensuite, guichet devant l'escalier, guichet dans l'intérieur de l'escalier, guichet à chaque étage, guichet à l'entrée des corridors qui entouraient les appartements, et enfin guichet à l'entrée de chaque pièce. Cette tour, dans laquelle était la famille royale, avait à peu près cinquante mètres de haut et était divisée en quatre étages qui ne formaient chacun qu'une pièce très-large. On fit quatre chambres, séparées par de minces cloisons, des deux grandes pièces du deuxième et du troisième étage. Les gros murs avaient sept ou huit pieds d'épaisseur. Les commissaires de la commune se tenaient au rez-de-chaussée ; un corps de garde avait été établi au premier étage ; le roi occupait la chambre du fond au deuxième étage ; c'était la seule pièce qui eût une cheminée ; les deux pièces de côté servaient, l'une de salle à manger, l'autre de logement à Cléry, valet de chambre du roi. — Des surveillants se tenaient dans la pièce d'entrée.

Le troisième étage, qui avait été distribué de la même façon, était le logement du reste de la famille royale. La reine couchait dans la chambre du fond avec le dauphin et Mme Royale. Dans les chambres de côté étaient Mme Élisabeth, et Tison et sa femme affectés à leur service. La pièce d'entrée avait été convertie en salle à manger.

Cléry, valet de chambre de Louis XVI, a écrit la douloureuse histoire de cette captivité. D'autres ouvrages racontent les misères de cette famille, née au rang suprême, et que l'aveugle hasard des révolutions, réduisait à obéir à des hommes sur lesquels, du haut de sa grandeur passée, elle aurait à peine laissé tomber un regard. Parmi les documents peu connus relatifs à la triste fin du règne de Louis XVI, il en est qui n'ont guère été consultés et qui sont pourtant caractéristiques : ce sont les procès-verbaux de la commune de Paris.

Le 17 août, la commune arrête qu'elle répond de la personne du roi, que toutes les précautions nécessaires seront prises pour le garder en otage ; il sera fait un fossé autour du Temple ; outre la garde extérieure, la garde intérieure sera composée de cinquante hommes qui, pendant vingt-quatre heures, ne pourront pas sortir et seront nourris aux frais de l'État ; chaque légion nommera vingt-cinq hommes qui s'engageront à faire ce service particulier.

Le 12 septembre, Louis XVI et sa famille passent dans les appartements adjacents à la grande tour du Temple. Louis consacre une partie de la journée à sa famille, ou bien il se promène en lisant. Mme Élisabeth fait de même.

Deux sapeurs servent de guichetiers aux portes des appartements.

Le roi est toujours accompagné de deux officiers municipaux ; il peut se promener dans le jardin. On lui prépare un appartement au second dans la tour du Temple. Il est composé d'une antichambre, d'une chambre à coucher, et de deux cabinets chacun dans une tourelle, d'une salle pour les commissaires, et d'une autre chambre pour les domestiques avec un cabinet. Les fenêtres sont grillées en fer. Sur les plaques de fonte de la cheminée, on lit : « liberté, égalité, propriété, sûreté ». Au premier et au troisième sont les corps de garde. Le rez-de-chaussée de la tour, composé de cinq ou six pièces, est destiné au prince royal. Les petits appartements adjacents à la tour sont destinés à Marie-Antoinette, à sa fille et à Mme Élisabeth.

Le 20, Louis XVI s'occupe de littérature dans sa tour. Il prend des notes au crayon ; il fait expliquer des passages latins à son fils ; il choisit toujours ce qui est analogue aux circonstances. Marie-Antoinette fait lire ses enfants et leur fait réciter des dialogues. Mme Élisabeth enseigne le dessin et le calcul à sa nièce.

L'après-dînée se passe ordinairement en parties de piquet et en conversations. On cherche à parler aux commissaires de la commune. Sur les cinq à six heures, le temps est partagé entre les livres et la promenade.

Le soir, on fait des lectures : on choisit ordinairement les *Lettres de Cécilia*. Après cette lecture, qui souvent renferme des applications auxquelles la famille prend le plus grand intérêt, on se propose des énigmes, on devine celles du *Mercure*, on fait des jeux de mots, etc., etc. Les mêmes occupations reviennent dans la journée suivante, et ces récréations périodiques se renouvellent avec les heures de chaque jour.

Les commissaires de la commune ont remarqué qu'on se parlait toujours par chiffres, et qu'on employait le plus souvent devant eux un langage hiéroglyphique et mystérieux.

Le 21, le conseil général arrête que tout ce qui concerne le service du roi sera enfermé avec lui. On prend cette mesure rigoureuse pour arrêter les communications et les correspondances des prisonniers. Il est nommé cinq commissaires pour les surveiller.

Le 27, les commissaires municipaux, formant le conseil de gestion pour les prisonniers du Temple, font leur rapport au conseil général de la commune ; ils exposent qu'il se formait des rassemblements nocturnes de trois à quatre cents hommes, près de l'enceinte extérieure de la tour ; qu'on y joue différents airs sur le flageolet ; qu'on y fait plusieurs signaux ; et qu'on a entendu des cris de *Vive le roi!* Les commissaires prenaient des mesures pour prévenir l'effet de ces machinations. Ils ont proposé ensuite au conseil général d'ôter à Louis XVI le crachat, le cordon rouge, et tous autres signes de la féodalité qu'il porte sur son habit.

Les travaux du Temple n'avancent pas et consument beaucoup d'argent ; le commandant général s'est plaint, le 28, de ce que les portes y étaient mal gardées et presque dénuées de moyens de défense. Il a proposé de supprimer le corps de garde qui est avec l'appartement de Louis XVI, et d'employer à l'achèvement des travaux les 500,000 livres destinées au traitement des prisonniers.

Le 29, la garde des prisonniers du Temple devenant tous les jours plus difficile par leur concert et les mesures qu'ils peuvent prendre entre eux, la responsabilité du conseil général de la commune lui impose l'impérieuse loi de prévenir les abus qui peuvent faciliter l'invasion de ces traîtres ; il a pris l'arrêté suivant : « 1° Que Louis et Antoinette seront séparés ; 2° que chaque prisonnier aura un cachot particulier ; 3° que le valet de chambre sera mis en état d'arrestation ; 4° adjoint avec les cinq commissaires déjà nommés, le citoyen Hébert ; 5° les autorise à mettre à exécution l'arrêté de ce soir, sur-le-champ, même de leur ôter l'argenterie, les accessoires pour la bouche ; en un mot, le conseil général donne plein pouvoir à ses commissaires d'employer tout ce que leur prudence leur prescrira pour la sûreté de ces otages. »

Le 3 octobre 1792, les commissaires se transportent au Temple et signifient au roi l'arrêté ci-dessus. A cette nouvelle, le roi est frappé d'étonnement : « Je n'ai pas demandé cela, a-t-il dit, et je me trouve bien dans mon appartement. » Les commissaires répondent qu'il faut obéir, et ils lui signifient l'ordre qu'ils avaient de lui ôter plumes, crayons, écritoires, et tout ce qui pouvait lui servir à entretenir des correspondances.

Au moment de leur séparation, Marie-Antoinette et Madame Élisabeth versent des larmes ; mais l'arrêté n'en est pas moins exécuté. Alors le roi prend leurs mains et les serre, comme pour leur dire : résignons-nous.

L'appartement qu'on lui a donné est très-commode. Il a paru satisfait en y entrant ; mais lorsqu'il a porté les yeux sur les fenêtres, et qu'il a aperçu les grilles et les abat-jour, il s'est écrié qu'il avait trop chaud, et qu'il ne voulait pas rester dans cet appartement.

Les femmes ont demandé s'il ne leur serait pas permis de communiquer avec les enfants. Les commissaires n'ont pas cru devoir leur refuser cette satisfaction, en prenant cependant des mesures pour qu'ils ne pussent rien se dire de secret. On a aussi consenti qu'ils mangeassent ensemble, mais avec la promesse de ne faire aucun signe, ni de tenir aucun langage suspect.

Le valet de chambre de Louis XVI est logé au côté opposé, et pour aller dans sa chambre, il est obligé de passer par celle des commissaires. Louis XVI est logé au second, Marie-Antoinette au troisième, et Mme Élisabeth, leur sœur, au premier.

La circonvallation qui doit environner le Temple se continue avec la plus grande activité. Sous peu de jours, le mur sera clos et inaccessible. Les fossés auront douze pieds de profondeur, et ne pourraient être franchis qu'à l'aide d'un pont-levis. Par ces diverses mesures, la garde de cette forteresse sera à l'abri de toute surprise, et elle pourra tenir une nuit entière contre quiconque entreprendrait de l'attaquer.

Le 6, un membre a dénoncé au conseil général de la commune l'un de ses collègues, pour avoir mis chapeau bas devant Marie-Antoinette et sa belle-sœur. « Les signes de la royauté, a dit M. Manuel, existent jusque dans la tour du Temple. Louis de la tour ignorait qu'il n'était plus roi ; il paraît que le décret ne lui avait point été signifié. Je lui ai fait une visite, et dans la conversation, j'ai cru devoir lui apprendre la fondation de la République. — Vous n'êtes plus roi, lui ai-je dit, voilà une belle occasion de devenir bon citoyen. Il ne m'a pas paru affecté ; j'ai dit à son valet de chambre de lui ôter ses décorations ; et s'il a mis un habit royal à son lever, il se couchera avec la robe de chambre d'un citoyen. Il est coupable, je le sais ; mais comme il n'a pas été reconnu tel par la loi, nous lui avons promis les égards dus à un prisonnier ; il est très-possible d'être sévère et bon. »

Un membre a proposé ici de réduire les vingt plats qu'on sert sur sa table..... « Nous sommes convenus, a ajouté M. Manuel, qu'il ne faut pas tant de prodigalité sur sa nourriture, et pour son intérêt comme pour le nôtre, il faudra l'accoutumer à plus de frugalité.

Quant à son valet de chambre, je lui ai dit qu'il n'était plus au service d'un roi, mais celui d'un simple particulier qui ne pourrait plus le payer aussi richement. Louis de la tour n'est pas plus touché de son sort de prisonnier qu'il ne l'était de celui de roi ; je lui ai parlé de nos conquêtes, je lui ai appris la reddition de Chambéry, Nice, etc., et je lui ai annoncé la chute des rois aussi prochaine que celle des feuilles. »

Le 24, Mme Élisabeth, Marie-Antoinette et sa fille ont pris possession, dans la soirée, de leur nouvel appartement au troisième étage de la grande tour. Cet appartement est composé de quatre pièces très-bien ornées, dont deux à cheminée, et les deux autres avec des poêles. Le fils de Louis Capet couche dans la chambre de son père. On lisait sur une pendule de la chambre de Louis : Lepautre, horloger du roi ; on a effacé le nom de roi, on y a substitué celui de République. Toute la famille descend de la tour à la garde montante, et se promène dans le jardin.

Du 4 novembre. Il a été question du traitement annuel du valet de chambre de Louis XVI ; mais le conseil considérant que le procès du ci-devant roi allait s'instruire, il s'est contenté d'accorder un traitement provisoire de 500 livres.

Du 14. Le roi et la reine furent attaqués d'un rhume, suivi d'un accès de fièvre qui leur dura quelques jours. M. Monnier fut demandé par le roi, ou, en son absence, M. Vicq d'Azir, tous deux médecins. M. Monnier, qui se rendit auprès du roi, en eut soin jusqu'à son rétablissement.

Du 23. Les commissaires de service au Temple annoncent que Louis demandait, pour son usage et pour celui de son fils, différents livres latins à l'usage des collèges, le tout au nombre de trente-trois volumes.

Le conseil, après bien des débats, accède à sa demande.

Du 7 décembre. « Le conseil arrête : 1° qu'il sera enlevé aux prisonniers du Temple toute espèce d'instrument tranchant, ou autres armes offensives et défensives, en général tout ce dont on prive les autres prisonniers présumés criminels ; 2° arrête que ceux qui les servent, ou les approchent de près, subiront les mêmes privations ; 3° que tous les comestibles seront dégustés par les personnes préposées au service des prisonniers, telles que cuisiniers, traiteurs et servants ; 4° que tout ce qui entre dans la tour sera scrupuleusement examiné par les commissaires au Temple ; 5° que l'arrêté qui ordonne que tous les jours les commissaires au Temple rendront compte par écrit au conseil de ce qui se passe dans cette prison sera exécuté strictement ; 6° que les servants ne coucheront plus dans la tour. »

« Il a été arrêté, en outre, sur la proposition d'Hébert, que les commissaires nommés au service du Temple passeront à l'examen civique avant de se rendre au poste important qui leur est confié. »

Du 8. Les commissaires au Temple ont rendu compte au conseil général de l'exécution de l'arrêté qui ordonne que tout instrument tranchant, arme offensive ou défensive, serait enlevé aux prisonniers du Temple. Il résulte de leur rapport que la cérémonie s'est passée à l'amiable de part et d'autre ; tandis que l'on signifiait à Louis XVI l'ordre du conseil, son valet de chambre était là pour mettre la main sur tous les objets détaillés dans l'arrêté. Louis XVI s'est fouillé lui-même, a remis aux commissaires différents objets qu'il a dit être tout ce qu'il avait ; puis, en haussant les épaules, il a dit que l'on ne devait pas avoir peur de lui. Du reste, il n'a témoigné aucune humeur : il paraissait cependant vouloir soustraire aux recherches un petit nécessaire ; mais l'observation faite par les commissaires que les arrêtés de la commune ressemblaient à la déclaration des droits, qu'ils devaient être exécutés aussi exactement, il leur a remis le petit nécessaire. Les commissaires sont descendus ensuite dans l'appartement de Marie-Antoinette : elle était avec sa belle-sœur ; elle n'a pas appris avec autant d'indifférence l'arrêté du conseil. Si ce n'est que ça, a-t-elle répondu avec humeur, il faudrait aussi nous enlever nos aiguilles, car elles piquent bien vivement. Elle en aurait peut-être dit davantage, si madame Élisabeth ne lui eût fait signe du coude pour l'inviter au silence. Sur ce rapport des commissaires et sur celui qu'ils ont fait relatif à quelques dépenses du Temple, l'arrêté suivant a été pris :

« Le conseil général arrête : 1° Que le citoyen Cléry, valet de chambre des prisonniers, sera logé et couchera dans la tour, du côté gauche, donnant dans la salle à manger, sans qu'il puisse coucher ailleurs sous aucun prétexte ; 2° que le conseil du Temple sera placé dans la tour ; 3° que le citoyen Métry, concierge, aura la surveillance de ladite tour et ne pourra en sortir sous aucun prétexte ; 4° que les guichetiers actuels, devenant inutiles par la nouvelle disposition, seront réformés immédiatement après avoir été payés de ce qui leur est dû ; 5° que la cuisine sera placée dans la tour et que les agents sous-employés ne sortiront point ; 6° pendant la nuit, deux officiers municipaux garderont les prisonniers de chaque étage ; 7° et enfin la même cuisine servira pour les commissaires du Temple.

Voici le curieux état des *armes* enlevées aux prisonniers du Temple, savoir :

« A Louis Capet : 1° un étui de chagrin vert avec la serrure et la clef, contenant six rasoirs à manche d'écaille, à œil d'or, une paire de ciseaux fins et un cuir ; 2° un couteau à manche d'ivoire composé de cinq pièces (le ci-devant roi a observé que depuis dix ans il a ce même couteau) ; 3° un couteau à manche de nacre de perle, garniture d'or et lame plate ; 4° deux paires de ciseaux, une grande paire de ciseaux à couper les cheveux et une plus petite ; 5° une lancette enchâssée dans deux branches d'acier ; 6° un petit compas en acier, un autre pour rouler les cheveux ; 7° une petite boîte en bois de chêne, doublée de peau basane, garnie en cuivre avec crochets, renfermant une autre petite boîte en chagrin d'or doublé de velours cerise, garnie de neuf instruments pour les pieds, tous à manches de nacre de perle, dont huit à lame d'acier et une à lame d'or ; dans le double fond se trouvaient trois paires de ciseaux, plus une petite paire appartenant à Louis-Charles.

« A Marie-Antoinette : 1° deux paires de ciseaux ciselés ; 2° un couteau à poudre et un crochet à remuer les dents.

« A la fille, un couteau à deux lames à manche d'écaille, dont à lame d'or avec son manche renfermé dans un étui à caluchot, plus une paire de ciseaux avec son étui.

« A madame Élisabeth : 1° un étui à caluchot renfermant deux couteaux à manche de nacre et un à lame d'or ; 2° un petit couteau et un canif ; 3° une paire de ciseaux avec son étui.

« Supplément de Louis Capet, un nécessaire en maroquin avec son accessoire. »

Dans une collection d'autographes qui provenait de la succession de l'abbé Godard, chanoine honoraire de Notre-Dame, et qui fut vendue le 20 février 1856, existait un document précieux relatif à la captivité de Louis XVI. C'était une lettre de l'abbé Edgeworth, ainsi conçue :

« Je soussigné, ministre du culte catholique, agréé par le conseil de la commune séant au Temple pour dire la messe dans l'appartement de Louis Capet, conformément à son vœu, désire qu'on me fournisse les objets détaillés dans la liste ci-dessus. Ce 20 janvier 1793.

« Edgeworth. »

A la lettre était annexée la note suivante :

« Un crucifix. — Un missel. — *Cartons* (ce dernier mot d'une autre main.) — Un calice. — Un corporal et une palle. — Une patène. — Une pierre sacrée. — Un purificatoire. — Un amict. — Une aube. — Un cordon. — *Un lavabo* (ces deux derniers mots d'une autre main.) — Un manipule. — Une étole. — Une chasuble. — Deux nappes d'autel. — Une grande et une petite hostie. »

Conformément à la requête du confesseur, les commissaires de la commune avaient adressé au curé de Saint-François cette invitation :

« Nous soussignés, commissaires de la commune, de garde à la tour du Temple, délibérant sur la demande ci-dessus énoncée, prions le citoyen curé de la paroisse de Saint-François-d'Assise de vouloir bien prêter les objets détaillés dans la demande ci-contre, et sur le désir de Louis Capet, pour lui faire entendre une messe qui doit être célébrée dans sa chambre à la tour du Temple, demain matin à six heures précises, et d'envoyer ces objets au conseil du Temple par une personne qu'il choisira à cet effet, lesquels objets lui seront rendus dans la matinée du même jour.

« Nous prions de plus le citoyen curé de vouloir bien nous envoyer ces objets ce soir, s'il est possible, ou de nous faire assurer par le présent porteur qu'il voudra bien nous les envoyer demain matin, à cinq heures du matin.

« Fait au conseil du Temple, ce dimanche au soir vingt janvier mil sept cent quatre-vingt-treize, l'an deuxième de la république française.

« Baudouin, Douce, Paffe, Destournelles, Teurtot, Jori, Boiron, Mercereau et Gillet-Marie. »

CHAPITRE III.

Personnages célèbres renfermés au Temple. — Démolition de la grosse tour. — Le Temple actuel. — Le Palais-Royal. — Le Pavillon de Flore. — Le Pou-Volant. — La Forêt-Noire. — Le couvent des Bénédictines. — Les bénédictines du Saint-Sacrement. — Le square du Temple.

Les procès-verbaux de la commune comptent pour ainsi dire heure par heure toutes les souffrances du malheureux roi. Sa femme eut le malheur de rester après lui pendant quelques mois à la tour du Temple, où s'éteignit son fils, dont quelques aventuriers ont vainement tenté d'usurper le nom. Quant à sa fille, elle quitta le Temple à quatre heures du matin, le 20 décembre 1795, pour être échangée contre les représentants de la Convention nationale livrés par Dumouriez à l'Autriche.

Parmi les personnages célèbres qui furent enfermés au Temple, nous pouvons citer Rivarol, ce spirituel débauché; Duvernes de Presles, cet agent aux gages de la monarchie, et qui depuis servit la police sous tous les ministères; le chevalier d'Aranjo, ambassadeur du Portugal; Alphonse Esménard, l'auteur du poème de la *Navigation*, y fut détenu quelque temps après le 18 fructidor; Joseph Fiévée, qui correspondait avec les princes réfugiés en Angleterre, fut arrêté en janvier 1709 par ordre de Fouché et écroué au Temple, où il resta dix mois, — le 18 brumaire le rendit à la liberté. Le député au Conseil des Cinq-Cents, J.-J. Aymé, y fut aussi enfermé; le comte de Montlosier, fatigué d'être royaliste, essaya de rentrer en France en 1801; mais arrêté à Calais, il fut amené au Temple, où il ne resta peu de temps. C'est là aussi que furent écroués: M. de Rémusat, Toussaint-Louverture, le commodore Sidney-Smith, Pichegru, qui s'y suicida, dit-on, le 6 avril 1804; Wright, capitaine de la marine anglaise, accusé d'avoir débarqué les Vendéens sur les côtes de France, s'y coupa la gorge en 1805. Puis le général Moreau, Lajolais, Georges Cadoudal, le marquis de Rivière, les frères Polignac, et tant d'autres dont les noms m'échappent.

La grosse tour fut abattue complètement en 1811, et le reste du palais reçut de grands embellissements; c'était là que devait être le ministère des cultes. Mais 1814 arriva, et cette destination fut changée; Louis XVIII, par ordonnance royale, fit don du Temple à la princesse de Condé, ancienne abbesse de Remiremont, pour y établir une congrégation des dames de son ordre; plus tard le gouvernement revendiqua cette propriété et fit annuler l'ordonnance de Louis XVIII.

C'est sous le bailli de Crussol, et d'après les plans et dessins de Pérard et de Montreuil, que fut construite la rotonde du Temple: — le Temple d'aujourd'hui! Théophile Gautier s'est écrié:

Rien n'est plus triste à voir, dans ce vilain Paris,
Entre le ciel tout jaune et le pavé tout gris,
Que ne sont ces maisons laides et rechignées.
Les carreaux y sont faits de toiles d'araignées;
Le toit pleure toujours comme un œil chassieux;
Les murs, bâtis d'hier, semblent déjà tout vieux;
Pas un seul pan d'aplomb, pas une pierre égale;
Ils sont tous bourgeonnés, pleins de lèpre et de gale,
Pareils à des vieillards de débauche pourrie,
Ruines sans grandeur et dignes de mépris.
Un bâton, comme un bras que la maigreur décharne,
Un lange sale au poing, sort de chaque lucarne;
Ce ne sont, sur le bord des fenêtres, que pots,
Matelas à sécher, guenilles et drapeaux,
Si que chaque maison, dépassant ses murailles,
A l'air d'un ventre ouvert dont coulent les entrailles.

Telle est, en effet, l'impression générale que vous cause cet amas de choses sans nom dont le Temple est l'entrepôt; il se divise en quatre carrés et la rotonde, qui renferment près de 2,000 places louées 2 fr. 35 c. par semaine; les carrés de droite forment ce qu'on appelle la série rouge; la série noire est composée des carrés de gauche. — Quant à la place, au carreau qui se trouve entre le Temple et la rotonde, c'est la Bourse du Temple, le lieu où se traitent les affaires commerciales de l'endroit.

Mais revenons aux quatre carrés. Le premier s'appelle le *Palais-Royal*; c'est là que gisent pêle-mêle les robes, les chapeaux, les velours, la soie, toutes les mille et une frivolités de la mode parisienne; c'est là que souvent les actrices qui montent un rôle nouveau vont chercher des bijoux en strass et des dentelles.

Le carré du drapeau, c'est-à-dire le *pavillon de Flore*, renferme des choses plus *sérieuses*; les petits ménages y vont vendre ou acheter des matelas, des draps, des rideaux, des layettes, en un mot tous les objets dont se compose la literie.

Le troisième carré, le... *Pou-Volant* (puisqu'il faut l'appeler par son nom), est une immense hotte où se trouvent entassés les vieux clous et les vieux marteaux, les chandeliers oxydés et les scies édentées, en un mot toute la vieille ferraille rongée par la rouille et que Paris industriel rejette à Paris industrieux.

Le quatrième carré, la *Forêt-Noire*, renferme tout ce que Paris peut jeter aux égouts de bottes éculées, de souliers éreintés, de vieilles savates et de chaussures immondes.

Le Temple, comme a dit M. Albert Monnier dans une étude curieuse qu'il a faite de ses mœurs et de son langage, est le dernier monument païen élevé au dieu Hasard et à la déesse mi-chauve l'Occasion. Le Temple de Paris, c'est la ressource du pauvre, c'est la providence des petites bourses, c'est la terre promise des nécessiteux!

Le spirituel et consciencieux observateur nous initie aux finesses de l'argot du Temple. Le marchand d'habits qui court les rues se nomme *chineur* ou *roulant*. Le négociant qui lui achète ses nippes et les restaure pour les revendre s'appelle *rescueur* ou *rebouiseur*. La courtière qui les vend sur le carreau est une *râleuse*. Les *cambrousiers* forment une espèce de bande noire qui achète tout, depuis la ferraille d'un liard jusqu'au mobilier de 30,000 fr.

Le carreau, la place comprise entre le Temple et la Rotonde, corbeille de cette Bourse étrange, a ses *beauces* (patrons) et ses *beauceresses*, renommés comme les agents de change du boulevard des Italiens. Son Tortoni est le cabaret de l'Éléphant, situé sur la place de la Rotonde. On y parle par pistoles, croix, point, demi-point et rond; la pistole vaut 10 fr.; la croix, 6 fr.; la demi-croix, 3 fr.; le point, 1 fr.; le demi-point, 50 centimes, et le rond, 1 sou.

Un chapeau de femme est nommé pittoresquement un *décroche-moi ça*; un chapeau d'homme, une *niolle*, et le chapelier, un *niolleur*. Venir vendre ses vêtements est appelé *bibeloter ses frusques*; s'habiller, *se renfrusquiner*; le pantalon est un *montant*, l'habit une *pelure*, la chemise une *limace*. N'avoir pas le sou s'articule *nib de braise*, ou sa variante, *nisco braisicoto*; et tromper un client, *monter un gandin*.

« Il y a, ajoute M. Albert Monnier, diverses façons de cacher aux profanes le prix minimum que doit accepter la fille de boutique ou le commis. Une des combinaisons assez généralement employée est celle-ci:

« Le mot Compagnie, avec ses neuf lettres, sert de clef Fichet à ce système d'arithmétique: C représente le chiffre 1, et ainsi de suite.

Compagnie — w.
123456789 — 0.

« Lorsqu'il y a sur un objet les lettres c, o, w, cela veut dire que son dernier prix est — 12 fr. 50 c. Avis aux acheteurs.

« Il y a une dizaine de mots de ce genre usités au Temple.

« Certaines boutiquières ne marquent qu'en chiffres, et, ordinairement, le milieu de la somme inscrite désigne le chiffre vrai.

« Exemple: 8132 signifie 13 fr.

« Il est facile de varier à l'infini avec un tel système de marque.

« L'art d'acheter au Temple exige un certain tact, une sorte d'initiation qu'on n'acquiert qu'en le fréquentant.

« Si ce bazar a ses inconvénients pour le néophyte, il est d'un grand secours pour l'initié indigent.

« Le pauvre peut s'y vêtir des pieds à la tête moyennant 2 francs:

Pantalon d'été.	50 c.
Saute-en-barque.	55
Escarpins d'occasion.	25
Casquette.	20
Chemise échangée.	50
Total. . . .	2 fr. 00

« Qu'est-ce qu'une chemise échangée? allez-vous me demander.

« Apprenez qu'il y a au Temple des échoppes où l'on échange, séance tenante, sa chemise sale contre une propre. On passe derrière un paravent ; la marchande jette une chemise blanche, et prend en échange la chemise portée ; cela coûte 50 centimes ; c'est un prix fait comme les petits pâtés.

« Si l'acheteur a quelque affection pour les chaussettes, il peut s'en procurer le luxe, à raison de 10 centimes.

« Quiconque est possédé de la coquetterie du faux-col va faire un tour chez Mme Lachambre : il en voit des pointus, des ronds, des carrés, des prétentieux, des modestes, qu'il peut acquérir à bon compte.

« Voici le tarif : échange d'un faux-col sale contre un propre, 5 centimes ; achat de trois faux-cols sans abandon, 10 centimes.

« Nous ne faisons pas de fantaisie ; tous les prix que nous désignons sont de la plus stricte vérité. Cependant, ne croyez pas que, pour lui obtenir, il suffise de se présenter au Temple comme dans une boutique à prix fixe ; on y surfait énormément, et nous ne saurions trop le répéter.

« L'art d'acheter au Temple exige un apprentissage.

« Tel revendeur demande 40 fr. d'un objet qu'il finit par laisser pour 5 fr.

« Règle générale : le marchand ne base pas sa demande sur la valeur de la marchandise, mais sur le besoin que le client semble en avoir.

« N'entrez jamais dans une boutique du Temple sans en avoir été prié par le vendeur ou son commis. Si vous y pénétrez tout d'abord sans invitation, le marchand se dit : — Ou ma camelotte a plu à ce monsieur, ou sa vanité lui fait craindre d'être reconnu par ses connaissances ; il paiera bon. Quiconque entre ici crânement a le gousset garni.

« Et le négociant tient la dragée haute.

« Si, au contraire, c'est à force d'importunités qu'un passant met le pied chez lui, le commerçant se dit : — Il faut séduire le client par la belle occasion. — Et, comme il n'opère guère de raccolement forcé qu'aux jours de ventes faibles, aux veilles d'échéances, il diminue volontiers ses prétentions.

« Tout bon acheteur doit pratiquer le système de l'indifférence.

« Je ne puis me lasser d'examiner la sûreté de coup d'œil avec laquelle la fille de boutique devine, en une seconde, le côté malade de la toilette du passant.

« Notez ceci : les hommes qui raccolent ne sont jamais aussi habiles que les femmes.

« Quand l'une de ces fines mouches crie au passant : — Monsieur, nous avons de beaux pantalons, des pantalons à la mode... à la mode ; — soyez persuadé que l'homme qui passe a un pantalon qui n'est plus de mode.

« Si elle ajoute : — Tout neuf, Monsieur ; — c'est que son pantalon est vieux.

« Si elle dit : — Bien chaud ! — C'est qu'elle a vu grelotter le pauvre hère.

« Un passant mal vêtu lui a-t-il lancé un regard moqueur, elle lui criera : — Ça rend les hommes beaux, Monsieur ; voyez donc nos pantalons... ils ont des fonds... eux.

« Ce *eux* est prononcé d'une façon outrageante.

« O bossus, cagneux, bancals, borgnes, manchots ! si vous n'avez point l'intention d'acheter, ne passez pas trop près des friperies. A votre premier refus, on vous proposera les modes les plus saugrenues ; au bossu, ce sera — une redingote à la *Mayeux*. — Au bancal, on dira : — Examinez donc nos manches de veste, vous devez vous y connaître ; profitez de ce que les affaires vont cahin-caha.

« On félicitera avec aplomb le louche — de pouvoir regarder en même temps la Bastille et la Madeleine.

« Gare au patient qui se fâche ! Il voit fondre sur sa personne une nuée de quolibets, un déluge de mots risqués, une avalanche de sarcasmes qui l'étourdit.

« Au Temple, certains objets de toilette n'ont aucune valeur, un habit noir, par exemple, parce qu'il est trop peu demandé dans la classe ouvrière. On trouve facilement, pour 4 fr., un bel habit noir.

« La vieille mère Coupry, — une bonne femme qui se tient toujours au carreau, sur son tabouret, — a la spécialité des gilets blancs : leur cours moyen se maintient toujours à 50 centimes.

« Les acteurs connaissent l'échoppe de Lelièvre, où les perruques sont entassées, à la façon des sardines, dans un tonnelet. La perruque varie de 1 fr. 50 c. à 100 fr.

« Les fleuristes vendent des tours de tête tout frais pour 50 centimes.

« Un corset neuf va de 1 fr. 50 c. à 2 fr.

« Les bas de femme (occasion) ne valent guère plus de 60, 50 et même 30 centimes la paire.

« Ces prix, jetés au hasard, prouvent le bon marché de divers articles dans ce grotesque bazar parisien. Mais à côté de la robe de toile qu'on vend 75 centimes on rencontre la robe de soie qu'on vend 200 fr., les dentelles de 30 louis, et le vrai cachemire de l'Inde, qui représente plusieurs billets de 1,000 fr.

« Car le Temple a sa clientèle riche comme il a sa clientèle pauvre.

« Entrez dans l'échoppe de Wail pour y acheter une modeste paire de rideaux de 5 fr., et il vous conduira dans ses vastes magasins de la rue Dupetit-Thouars, où vous pourrez dépenser 50,000 fr. si vos moyens vous le permettent. Je vous le souhaite.

« Là, vous verrez tout ce que le luxe a enfanté : les tapis somptueux, les pendules les plus splendides, les glaces énormes, les ameublements grandioses. C'est Wail qui a acheté la majeure partie des mobiliers provenant de la vente des châteaux de la famille d'Orléans.

« Le Temple a ses matadors, parmi lesquels on cite : d'abord Wail le tapissier, puis Servière le tailleur, à la *Pomme-d'Or*. Celui-ci donne du travail à cent ouvriers, occupe six places au marché, fait des achats de 40,000 fr. de drap, et fournit d'effets de confection presque tous ses collègues fripiers.

« Il y a encore Beaumont, à la *Grâce-de-Dieu*, un assez curieux type de revendeur d'articles de voyage ; Mme Gillot, à la *Coupe d'Or* ; Domard, à la *Redingote-Grise* ; Lebel, pour l'article matelas ; Mme Laserne, dans la lingerie et les layettes ; et Béguin, le marchand de rubans, de châles et de nouveautés, qui occupe à lui seul dix-sept places ; c'est le dernier grand cumulard.

« Il y a encore Desmazures, parmi les marchands d'ustensiles de ménage ; Adoret, au *Sapeur-Pompier*, parmi les cordonniers ; Nady, qui vend des ustensiles d'horlogerie et de menuiserie ; et Mme Letellier, une fleuriste à laquelle les femmes de théâtre accordent l'élégance et le bon goût.

« Le carreau, ou parquet de la Bourse aux défroques, sert de trait d'union entre le marché du Temple et la Rotonde.

« Le marché ouvre à six heures en été, et à huit heures moins vingt minutes en hiver. Il ferme à huit heures en été et à cinq heures en hiver.

« La cloche qui annonce l'ouverture du carreau sonne à onze heures. La fermeture a lieu à deux heures. »

Les hangars du marché du Temple furent construits en 1809. La rotonde, autour de laquelle s'assemblent les marchands d'habits, avait été édifiée en 1788. On comptait alors tirer un parti très-avantageux de cette maison, établie dans un lieu d'asile. Sous une galerie de quarante-quatre arcades soutenues par des colonnes d'ordre toscan, s'ouvraient des boutiques avec logements à l'entresol, et les étages supérieurs étaient distribués en petits appartements. La révolution entrava cette spéculation qui n'est devenue fructueuse que pour les héritiers des entrepreneurs.

Des bains publics ont été ouverts sur l'emplacement du couvent donné par Louis XVIII à la princesse de Condé, et le jardin des Bénédictines du Saint-Sacrement a été converti en square, sous la direction de M. Alphand, ingénieur en chef du service des promenades et des plantations de la ville de Paris ; de M. Soulard, ingénieur, et de M. Barillet, architecte et jardinier en chef du bois de Boulogne, et avec l'assistance de M. Chantain, chargé de la recherche des arbres les plus propres aux plantations qu'il s'agissait d'établir.

Le square du Temple est entouré d'une grille percée de trois portes et contient une superficie de 7221 mètres. Les pelouses en occupent 3,269, les allées 1,717, les massifs 2,035. Il forme un carré rectangulaire trapézoïde d'une longueur de 128 mètres et d'une largeur moyenne de 57. La grille en fer, haute de 1 mètre 60 centimètres, forme un circuit de 370 mètres. M. Davioud, architecte de la ville, en a donné le dessin.

A l'extrémité méridionale du square, une cascade sort d'un rocher composé de grès ravis à la forêt de Fontainebleau, et alimente un lac d'une étendue de 291 mètres et qui contient 750 mètres cubes d'eau.

Les plantations se partagent en seize massifs, dans trois desquels la végétation est entretenue par une couche de terre de bruyère. Afin de conserver un aspect riant à cette enceinte, même pendant la mauvaise saison, on y a planté 14,000 arbres ou arbustes à feuilles persistantes. Le doyen des arbres est un saule pleureur qui aurait, dit-on, quatre siècles. Un groupe de tilleuls que l'on a conservé était le lieu de repos favori de Louis XVI qui s'asseyait à l'ombre de ces arbres, dans les beaux jours de l'automne de 1792, pour faire répéter ses leçons au dauphin.

CHAPITRE IV.

Le Conservatoire des arts et métiers. — Son origine. — Le prieuré de Saint-Martin des Champs. — Son importance antique. — Tableaux de Jouvenet. — Construction de l'édifice actuel. — Le Conservatoire des arts et métiers s'y établit. — École fondée par M. de Champagny. — Administration du Conservatoire.

Le Temple n'est en définitive qu'un marché au vieux linge, un réceptacle de vêtements râpés, une sorte de Montfaucon de la toilette.

Le Conservatoire des arts et métiers, monument intéressant et en harmonie avec les progrès contemporains, eût été peut-être plus digne d'imposer son nom au troisième arrondissement de Paris, car la création de cet établissement est une de celles qui ont le plus contribué au développement de l'industrie et de la mécanique. Elle est due à Vaucanson qui avait rassemblé diverses machines à l'hôtel de Mortagne, rue de Charonne. Il légua au roi son cabinet qui fut placé sous le patronage de l'Académie des sciences et sous la direction de Vandermonde. D'autres modèles importants pour les manufactures et pour l'exploitation du sol avaient été réunis à l'hôtel d'Aiguillon, rue de l'Université. La Convention nationale, sur le rapport de Grégoire, rendit, le 19 vendémiaire an III (10 octobre 1794), un décret qui instituait sous le nom de Conservatoire des arts et métiers un dépôt public de machines, modèles, outils, dessins, descriptions et livres de tous les genres d'arts et métiers, dont la construction et l'emploi seraient expliqués par trois démonstrateurs attachés à l'établissement. Un dessinateur leur était adjoint. Le comité d'agriculture et des arts était chargé de se concerter avec celui des finances pour le choix du local où devait être placé le Conservatoire des arts et métiers. On chercha longtemps un emplacement : le garde-meuble fut un moment adopté, puis on y renonça. Le Directoire, le 29 fructidor an IV, présenta au Conseil des cinq-cents un projet tendant à établir le Conservatoire des arts et métiers dans les vastes bâtiments du prieuré royal de Saint-Martin des Champs. Des raisons d'économie firent repousser la loi ; mais ceux qui en comprenaient l'importance insistèrent, et après deux ans d'efforts la firent admettre, le 22 prairial an VI.

Le monastère célèbre qui allait enfin recevoir une si utile destination remontait aux premiers âges de notre histoire. Après avoir été détruit par les Normands, il avait été reconstruit en 1000 et entouré de fortifications étendues, dont quelques traces subsistent encore. Les religieux appartenaient à l'ordre des Bénédictins de Cluny, et un prieur conventuel était à la tête de la maison. Le premier connu, nommé Ursion, entra en fonctions l'an 1079. Jusqu'alors l'église de Saint-Martin des Champs avait été desservie par treize chanoines réguliers.

Les religieux de Saint-Martin étaient seigneurs hauts justiciers dans leur enclos qui n'avait pas moins de quatorze arpents et où se trouvait un pré qu'on choisissait habituellement pour le théâtre des duels judiciaires. L'église, commencée dans le style roman et terminée au XIVe siècle, était d'une élégance remarquable, bien qu'elle n'eût ni voûtes ni bas côtés. Le réfectoire, construit par Pierre de Montereau, a une voûte sillonnée par de gracieuses nervures et soutenue par de légères colonnes ; c'est à présent la Bibliothèque.

Au XVIIe siècle on comptait à Saint-Martin des Champs quarante-cinq religieux, et de la maison dépendaient soixante-dix cures et vingt-cinq prieurés. Simples, les bons moines consacrèrent une partie de leurs revenus à enrichir leur église de tableaux : ils commandèrent à Jean Jouvenet, pour être placés dans la nef, *Jésus-Christ chassant les vendeurs du temple*, la *Résurrection de Lazare*, la *Pêche miraculeuse* et le *Repas chez Simon le Pharisien*. De ces vastes compositions, deux furent données en 1811 au Musée de Lyon, et il en existe une reproduction au Musée du Louvre. La *Pêche miraculeuse* et la *Résurrection de Lazare* ont été transportées dans le même Musée.

Jouvenet eut un procès avec les religieux de Saint-Martin qui refusaient de recevoir les tableaux qu'ils lui avaient commandés, sous prétexte que le peintre ne traitait pas assez la vie de saint Benoît. Jouvenet répondit à ces religieux, en présence des juges : « Que voulez-vous que je fisse, dans une grande composition, de trente sacs de charbon tels que ceux que vous portez ? » Les juges sourirent, et Jouvenet gagna la cause.

De 1706 à 1739, la maison claustrale fut refaite sur les plus vastes proportions, par les architectes Le Tellier et de La Tour ; ce fut ce dernier qui dessina le majestueux escalier qui excite encore aujourd'hui notre admiration. Derrière leur jardin, les Bénédictins ouvrirent, en 1765, un marché pour le poisson, les légumes et les herbages, avec deux fontaines et un corps de garde à l'usage du guet de Paris. Du même côté se dessinait une façade imposante de 62 toises de long ; le pavillon qui formait avant-corps était surmonté d'un fronton au milieu duquel on avait sculpté les armes royales. Du côté de la rue Saint-Martin, les moines économes bâtirent des maisons qu'ils louèrent avantageusement.

Au moment où la défense de la patrie, que menaçait une coalition toute-puissante, exigeait d'héroïques efforts, le prieuré de Saint-Martin des Champs fut transformé en manufacture d'armes, qui était encore en activité lorsque l'abbé Grégoire, Conté, Molard et Montgolfier commencèrent à organiser la nouvelle institution du Conservatoire des arts et métiers. Elle se développa rapidement, et M. de Champagny, ministre de l'intérieur, y adjoignit une école dont les élèves étaient recrutés dans tout l'empire, et où l'on enseignait l'arithmétique, la géométrie élémentaire, le système des nouveaux poids et mesures, la statique, la géométrie descriptive et ses applications à la coupe des pierres, à la charpente, à la menuiserie, la perspective, la mécanique et ses applications aux arts et métiers ; l'hydrodynamique, la description des instruments et machines de tous genres ; le dessin linéaire, figure, ornements, machines et architecture ; le lavis, le dessin pour étoffes brochées et façonnées, et enfin la bibliographie des machines.

« De 1810 à 1814, dit M. Paul Huguet, un des historiens du Conservatoire, cette école a compté jusqu'à trois cents élèves ; elle a fourni des sous-officiers aux sapeurs du génie ; des employés au bureau des fortifications, des élèves à l'école de Saint-Cyr (artillerie), et un grand nombre de conducteurs de travaux, de chefs d'ateliers et de manufactures. Plusieurs de nos grands industriels, entre autres MM. Sellière, filateur à Senones ; Émile Dolfus, membre de nos dernières assemblées législatives, et M. Schneider, ancien ministre, aujourd'hui vice-président du Corps législatif, sont sortis de cette école. Ce dernier, pendant son passage au ministère du commerce, dans les attributions duquel était alors placé le Conservatoire des arts et métiers, n'a laissé échapper aucune occasion de témoigner le vif intérêt qu'il prenait à la prospérité d'un établissement où il se glorifiait d'avoir reçu sa première éducation industrielle. »

Le jardin avait alors une vaste étendue, et servait à des essais agricoles ; mais l'État céda une partie des terrains à la ville de Paris, et l'abandon complet du monument était même projeté, quand, le 14 mai 1813, Napoléon Ier envoya de Dresde un décret ordonnant que le Conservatoire fût maintenu dans le local qu'il occupait.

Sous la Restauration, le premier directeur du Conservatoire, M. Molard, prit la direction et fut remplacé par M. Christian, assisté d'un sous-directeur et d'un conseil de perfectionnement ; plusieurs chaires furent créées successivement, et elles sont aujourd'hui au nombre de quinze : géométrie appliquée aux arts ; chimie appliquée aux arts ; chimie industrielle ; géométrie descriptive ; physique appliquée aux arts ; législation industrielle ; mécanique appliquée aux arts ; agriculture ; chimie agricole ; arts céramiques ; filature et tissage ; teinture, impression et apprêt des tissus ; zoologie appliquée à l'agriculture et à l'industrie ; constructions civiles ; administration et statistique industrielles.

Les professeurs, qui tous jouissent comme savants d'une haute considération, sont MM. Charles Dupin, le général Morin, Richard, Péligot, Becquerel, Tresca, Payen, de La Gournerie, Wolowski, Moll, Boussingault, Alcan, Persoz, Baudement, Trélat, Duval. Les cours de ces doctes professeurs ont pour principaux auditeurs des jeunes gens qui, n'ayant pas assez de ressources pour étudier dans les lycées, s'efforcent du moins d'acquérir les connaissances à l'aide desquelles ils peuvent s'élever au premier rang dans leurs spécialités respectives.

Le Pavillon de Flore (Marché du Temple).

En vertu du décret du 10 décembre 1853, le Conservatoire des arts et métiers est régi par un directeur. La place de sous-directeur, un moment supprimée, a été rétablie quelques mois plus tard.

Le conseil de perfectionnement, dont les fonctions sont gratuites, se compose du directeur, des professeurs de haut enseignement et de membres adjoints choisis dans les corps savants et dans l'industrie, dont le nombre cependant ne pourrait jamais dépasser celui des professeurs. Le président et le vice-président de ce conseil sont à la nomination du ministre.

CHAPITRE V.

Visite à l'intérieur du Conservatoire des arts et métiers. — Moteurs. — Galerie d'arpentage, d'astronomie, etc. — La céramique. — Le square Saint-Martin. — Inscriptions commémoratives. — Quelques esquisses biographiques. — La Bibliothèque. — Peintures murales, par Gérôme. — Le marché Saint-Martin. — L'École centrale des arts et manufactures.

Même pour les curieux qui ne sont pas initiés aux secrets de la science et de l'industrie, une promenade dans les salles du Conservatoire est pleine d'intérêt. On y apprend *de visu* l'histoire du génie humain, qui dompte la matière et qui utilise pour l'avantage commun toutes les forces naturelles. Là sont tous les moteurs connus : moulins, roues hydrauliques, turbines, machines à vapeur, et on peut lire dans les archives la lettre autographe par laquelle Fulton proposait au gouvernement français de lui livrer ses procédés. Plus loin ce sont des modèles d'engrenages, de compas, de sondes, d'outils servant à la métallurgie. Puis viennent les machines à calculer, dont une porte cette inscription :

« *Esto probati instrumenti symbolum hoc : Blasius Pascal Arvernus inventor*, 20 mai 1652. »

« Que ceci (la signature placée au-dessous) soit le signe d'un instrument éprouvé :

« Blaise Pascal, d'Auvergne, *inventeur*. »

Les galeries d'arpentage et d'astronomie renferment des boussoles, des niveaux, des alidades, des graphomètres, des sphères, sextants, lunettes, télescopes, plans en relief, calendriers. Au premier étage sont réunis des chefs-d'œuvre d'horlogerie, des appareils de chauffage et d'éclairage, des instruments d'optique, de physique, des modèles à l'usage des charpentiers, menuisiers et tailleurs de pierre, des dynamomètres, et les types génériques des tentatives impuissantes faites pour obtenir le mouvement perpétuel dans l'intérêt de l'humanité. N'oublions pas des modèles de lits mécaniques en bois et en fer à l'usage des hôpitaux ; de bains de vapeur ; d'un appareil de fumigation sulfureuse ; de table pour les opérations chirurgicales ; de fauteuil roulant pour les malades ; de brancard pour transporter les blessés.

Une galerie est consacrée à la céramique, cet art antique que cultivaient simultanément les Étrusques, les Gaulois, les Celtes, pendant que les Chinois et les Japonais, possesseurs du kaolin et du pétunsé, le portaient jusqu'à la perfection. La collection du Conservatoire des arts et métiers ne saurait être aussi riche que celle de Sèvres, mais on y remarque de beaux échantillons des faïenceries indigènes ou étrangères, des poteries en grès, en porcelaine dure, en pâte tendre, en porcelaine phosphatique, entre autres la Coupe du Travail, en biscuit de porcelaine, offerte par la manufacture de Sèvres, et ornée, par M. Diéterle, de peintures qui représentent divers métiers. A côté d'échantillons de kaolin, d'argile plastique, de marne argileuse, on remarque des pièces de gobeletterie en verre et en cristaux colorés, des coupes taillées à facettes, des cristaux fili-

Renouvellement de l'année juive. — Cérémonie de la Roschachana.

granés et rubanés, des verres de Bohême, des disques en flint-glass, etc.

Les trésors de cette collection, qui ne sauraient être énumérés en détail, sont classés avec un ordre admirable, et des travaux ont été accomplis pour rendre le monument digne de sa destination. La porte d'entrée porte au centre du fronton qui la décore un buste sculpté avec ces mots : *Science, Industrie*. Sur la plinthe inférieure, on lit : *Conservatoire des arts et métiers*. Devant l'édifice est un square dont le tracé se rapproche un peu du genre symétrique des jardins français.

Lorsqu'en pénétrant dans la cour du Conservatoire, les visiteurs jettent un coup d'œil en arrière, ils voient à l'intérieur de la porte d'entrée ces trois mots : *Agriculture, Commerce, Industrie*, et ces inscriptions commémoratives :

« L'an 1060, fondation et dotation de l'abbaye royale de Saint-Martin des Champs par Henri Ier, roi de France. »

« L'an III (1793), institution du Conservatoire des arts et métiers par décret de la Convention nationale du 10 vendémiaire (10 octobre). »

« L'an 1798, installation du Conservatoire dans le bâtiment de l'ancien prieuré royal de Saint-Martin des Champs. »

Dans une galerie, dite du Portefeuille, les ingénieurs, les constructeurs et tous les industriels peuvent aller étudier des dessins cotés à l'échelle, représentant les machines les plus nouvelles et les plus parfaites que l'industrie ait récemment produites.

Les murs de l'escalier qui y conduit sont décorés de bas-reliefs, et les noms suivants y sont inscrits :

Léonard Limousin, 1510 à 1568;
Les frères Keller, 1635 à 1702;
J.-Marie Jacquart, 1752 à 1834;
Ch.-Philippe Oberkampf, 1738 à 1815;
J.-B. Joseph-Delambre, 1740 à 1822;
F.-André Méchain, 1744 à 1805;
A.-Auguste Parmentier, 1737 à 1813.

Tous ces hommes ont rendu d'éminents services à diverses branches des connaissances humaines. Léonard fut le premier directeur de la manufacture d'émaux fondée à Limoges; c'était un peintre distingué, dont les débuts attestaient une grande originalité, mais qui, saisi d'admiration pour les grands maîtres italiens, eut le tort de les imiter trop servilement. Il excella dans le portrait sur émail; il reproduisit les traits de François Ier, de Henri II, de Charles IX, de Catherine de Médicis, d'Antoine de Bourbon, du duc de Guise, du connétable de Montmorency, de l'amiral Chabot. Son procédé consistait à couvrir le métal de deux couches d'émail, l'une noire, l'autre blanche. Il se servait de la pointe pour dessiner les contours, en mettant à découvert certaines portions de l'émail noir, et il peignait ensuite avec des couleurs vitrifiables.

Jean-Jacques Keller, et Jean-Balthasar, son frère, qui vinrent de Zurich à Paris sous le règne de Louis XIV, ont fondu la plupart des bronzes de Versailles et des Tuileries.

Jacquart a attaché son nom au métier à l'aide duquel on tisse les étoffes façonnées, et dont le type primitif est dû à Falcon et à Vaucanson.

Falcon, chef d'atelier de tissage à Lyon, en 1748, avait perfectionné le métier à la tire. Jacquart, pendant un voyage qu'il fit à Paris, conçut l'idée d'adapter les cartons à nappes pendantes de Falcon au tambour à chariot de Vaucanson, tambour qu'il suffisait en quelque sorte d'équarrir, ou de remplacer par un prisme rectangulaire accomplissant un quart entier au lieu d'une petite fraction de révolution, à chaque duite ou recul du chariot. « Employés séparément, disait M. Bardet, rapporteur de la Société d'encouragement, ces deux moyens concouraient au mème but, mais ils ne l'atteignaient pas; réunis avec intelligence et avec des perfectionnements par M. Jacquart, ils offrent un succès complet. Le métier où l'auteur a puisé l'idée de cette réunion est celui de Vaucanson, déposé dans la salle du Conservatoire de Paris depuis longtemps, en vue des artistes et des fabricants. Le génie de M. Jacquart a saisi le point utile et a su l'employer avec avantage; ce qui est une preuve évidente qu'une machine *abandonnée peut faire naître des idées neuves, lorsque les regards d'un véritable artiste savent y découvrir ce qui est bon et le mettre à profit.* M. Jacquart a imaginé un moyen aussi simple qu'ingénieux pour la composition de ses cartons. Ses connaissances dans l'art de l'Imprimerie l'ont mis à portée de composer en *caractères mobiles* des planches à l'aide desquelles il imprime ces cartons, et les dispose à recevoir les dessins. Par ce moyen, l'ouvrier d'une intelligence ordinaire peut lire toute sorte de dessins avec facilité et promptitude. »

M. Oberkampf, fils d'un teinturier suisse, vint, à l'âge de vingt et un ans, s'établir dans la vallée de Jouy. Il dessina, grava, imprima, teignit les toiles, et malgré l'insuffisance de ses ressources, il parvint, à force d'énergie, à fonder une grande manufacture de toiles peintes. Cet industriel, auquel Louis XVI donna des lettres de noblesse, et que Napoléon Ier voulut faire sénateur, établit à Essonne la première filature de coton qu'on a vue en France.

Dolambre et Méchain sont deux astronomes. Parmentier, qui fit des recherches sur les substances alimentaires, la mouture et la boulangerie, est surtout connu par le zèle avec lequel il propagea la culture de la pomme de terre, tubercule apporté du Chili par l'amiral Drake, dès le XVIe siècle, mais qui n'était utilisée que pour nourrir les animaux domestiques.

Le réfectoire où l'on a placé la bibliothèque est une des plus belles salles gothiques que l'on connaisse; il a été restauré avec goût; les colonnes sveltes et gracieuses qui le divisent ont été peintes comme elles l'étaient au XIIIe siècle. Sur les murs, M. Gérome a représenté la Peinture, le Dessin, la Chimie et la Physique, qui, bien qu'elle ait la désinvolture d'une femme du moyen âge, tient à la main la bouteille inventée à Leyde par Cuneus, en 1746.

C'est aux dépens du jardin des moines qu'a été établi le marché Saint-Martin; celui qu'ils avaient fondé en 1765 n'existe plus. Un décret du 30 janvier 1811 le supprima comme insuffisant et l'architecte Peyre éleva sur un autre emplacement deux bâtiments de 62 mètres de longueur chacun, percés d'arcades, et divisés en trois nefs dont chacune a 7 mètres de large. Au centre de la cour qui sépare ces deux halles est une fontaine dont la vasque est supportée par un groupe en bronze qui représente de jeunes pêcheurs occupés à jeter leurs filets.

On peut considérer l'école qu'avait instituée M. de Champagny comme avantageusement remplacée par l'École centrale des arts et des manufactures, fondée en 1829 rue de Thorigny; elle ne reçoit que des élèves externes qui doivent avoir dix-sept ans révolus au 1er janvier de l'année dans laquelle ils se présentent; ils sont admis au concours, après avoir subi un examen sur l'arithmétique, l'algèbre, la géométrie, le dessin au trait et le lavis. Quelques-uns sont entretenus aux frais du gouvernement et des administrations départementales. Déclarée établissement de l'État par la loi du 19 juin 1857, l'École centrale forme des ingénieurs, des directeurs d'usines et de manufactures, des professeurs de sciences appliquées.

Les professeurs de l'École centrale sont MM. Dumas, directeur, membre de l'Académie des sciences (chimie générale); Bélanger, ingénieur des ponts et chaussées (mécanique industrielle); Ferry (métallurgie); Perdonnet, ingénieur en chef du chemin de fer de l'Est (chemins de fer); Payen (chimie industrielle); Peligot (chimie analytique); Thomas (physique industrielle, machines à vapeur); Collin (construction des machines); Mary et Beaulieu (travaux publics); Burat (exploitation des mines); Masson (physique générale); Martelet (géométrie descriptive); Depuis (histoire naturelle); Cahons (chimie générale); Sennet (analyse géométrique, mécanique générale); Faure (transformation du mouvement); Saluchet (céramique et peinture); Delacroix (législation industrielle). Sous la présidence de M. Dumas, MM. Bélanger, Ferry, Perdonnet, Payen, Peligot, Thomas, Collin, constituent un comité qui a pour secrétaires MM. Mary et Amédée Burat.

Dans les salles de l'École centrale se font pour les ouvriers les cours gratuits de l'Association polytechnique. Créée en 1830 par d'anciens élèves de l'École polytechnique, elle s'établit successivement à l'Hôtel de Ville, à l'ancien Tribunal de commerce, rue Saint-Merry, au faubourg Saint-Antoine (hospice des Quinze-Vingts), à l'école de la rue de Ponthieu, dans la rue des Vinaigriers, à l'école de la rue Sainte-Élisabeth, à la mairie des Petits-Pères, à la Sorbonne et à la Vieille-Estrapade. Mais il était devenu extrêmement difficile de trouver des professeurs qui consentissent à se transporter sur ces différents points, et plus difficile encore de s'y maintenir dans des locaux convenables. La dépense d'ailleurs dépassait les ressources. Ce fut ce qui conduisit l'Association à concentrer son enseignement dans un local unique, placé au centre de Paris, la Halle aux draps, puis, le bâtiment de la Halle aux draps ayant été incendié, à réunir les cours dans un autre local, rue Jean-Lantier, et enfin à l'École centrale.

CHAPITRE VI.

Les Archives impériales. — L'hôtel de Guise. — Le comte de Saint-Mégrin. — L'hôtel Soubise. — Premières Archives aux capucins de la rue Saint-Honoré. — Construction d'un palais des Archives. — Personnel et administration. — Richesse des Archives. — Sections du secrétariat, historique, administrative, législative et judiciaire. — Bibliothèque. — École des chartes.

Les Archives impériales ne sont pas moins dignes d'attention que le Conservatoire des arts et métiers. Elles occupent plusieurs hôtels construits à différentes époques. La partie la plus ancienne, qui donne sur la rue du Chaume, fut occupée par l'illustre famille de Clisson, par le comte de Penthièvre, et par la famille Babou de la Bourdaisière. Le duc de Guise et le cardinal Charles de Lorraine achetèrent, en 1556, ce vieil hôtel qu'ils firent réparer. On prétend que Paul Stuard de Caussade, comte de Saint-Mégrin, fut surpris par le duc de Guise dans la chambre de la duchesse, et que le mari jaloux le précipita du haut d'une fenêtre du second étage, situé en face de la fontaine des Haudriettes. La tradition a conservé le souvenir de cette tragique aventure; mais s'il est vrai que Saint-Mégrin fit cette chute dangereuse, elle ne lui coûta pas la vie. Il est constant qu'il fut assassiné le 21 juillet 1578, rue Saint-Honoré, près du Louvre, par une trentaine d'hommes armés d'épées, de coutelas et de pistolets.

François de Rohan, prince de Soubise, acheta l'hôtel des princes lorrains, n'en laissa subsister qu'une partie, et chargea Le Maire, architecte favori de Mme de Pompadour, de lui bâtir un palais somptueux; le portail, d'une belle ordonnance, s'arrondissait en demi-cercle, et il est encore imposant, quoique dépouillé de ses sculptures héraldiques.

On a restauré les majestueuses colonnades de la cour d'honneur, sous lesquelles le prince de Soubise passait la revue des gendarmes dont il était capitaine-lieutenant. On a gratté la façade et reblanchi les statues sculptées par Robert le Lorrain, statuaire parisien; mais les magnificences intérieures de cette somptueuse habitation ont presque entièrement disparu. Gaëtan Brunetti, artiste lombard, y avait figuré dans l'escalier des colonnades, des statues, des mascarons, de profondes perspectives. Restout avait peint pour les appartements la dispute de Phœbus et de Borée, Neptune et Pallas, le Secret s'alliant à la Prudence, Neptune et Amphytrite. Les dessus de porte étaient de François Boucher, de Carle Vanloo et de Trémollière. Natoire avait représenté, dans les pendentifs d'un grand salon ovale, l'histoire mystique de Psyché. Le Moyne avait placé, au centre d'une grisaille, Louis XV arrêtant d'une main la Victoire, et de l'autre, offrant une branche d'olivier à l'Europe étourdie, tandis que la France tranquille gourmandait Bellone, aux applaudissements de la Religion, de la Justice et de la Prudence. Les frères Adam avaient sculpté sur les corniches des figures en stuc, telles que la Peinture, la Poésie, la Musique, la Justice, l'Histoire, la Renommée.

A l'autre extrémité de Paris, dans un quartier transfiguré par l'ouverture de la rue de Castiglione, trois couvents étaient côte à côte rue St-Honoré. Le premier devait son nom à l'abbaye de Feuillants, située dans le diocèse de Rieux et appartenant à l'ordre de Citeaux. Soixante-deux religieux de cet ordre, sous la conduite de leur réformateur, l'abbé Donjean de La Barrière, étaient entrés, le 7 septembre 1587, dans un couvent dont la façade avait été refaite par Monsard, et correspondait au centre de la place Vendôme. Sur la même ligne était un monastère, fondé en 1575 par Pierre Deschamps, religieux de l'ordre de Saint-François, et le premier qui adopta en France la réforme de Matthieu de Baschi, réforme dont le signe extérieur était un capuchon pointu. Plus loin était le couvent des Filles de l'Assomption, dont l'église avait été bénie le 14 août 1676 par Poncet, archevêque de Bourges.

L'Assemblée nationale constituante avait, par décret du 14 août 1789, institué des archives qui lui survirent à Paris après les journées des 5 et 6 octobre; elle était domicilié au manège des Tuileries, sur la terrasse dite des Feuillants, et chercha dans les environs un local pour y serrer les papiers qu'avait déjà recueillis le représentant Camus. On désigna le couvent des Capucins, où les Archives furent organisées par un décret du 7 septembre 1790. Après le 10 août 1792, elles furent déposées aux Tuileries; et comme les documents y affluaient de toutes parts, la Convention nationale en règlementa la classification par un décret du 7 messidor an II.

Le 28 mai 1800, un arrêté consulaire affecta aux Archives un local distinct; mais ce ne fut qu'en vertu d'un décret du 6 juin 1808 qu'on les plaça à l'hôtel Soubise. On avait commencé pour elles, aux termes d'un autre décret du 21 mars 1812, entre l'esplanade des Invalides et le Champ de Mars, un palais qui demeura inachevé, et il est probable qu'elles resteront dans leur demeure actuelle, car leur translation ne serait pas moins difficile que celle de la Bibliothèque impériale. On a calculé que les cartons et portefeuilles qu'elle renferme, rangés les uns à côté des autres, s'étendraient sur une longueur de 28 kilomètres.

En 1847, l'extension des Archives nécessita l'acquisition de l'hôtel d'Arsy où demeure le directeur.

De nouveaux corps de logis ont été construits le long de la rue des Quatre-Fils, pour ce dépôt gigantesque dont l'organisation a été remaniée par les décrets des 22 décembre 1855, 22 mars et 1er août 1856, et par règlement du ministre d'État en date du 12 novembre 1856.

La restauration de la façade de l'hôtel des Archives Impériales, qui se profile sur la rue du Chaume, est aujourd'hui terminée. Cette vieille muraille, qui fit autrefois partie de l'hôtel des Guises, aurait été plus avantageusement remplacée par une grille d'un caractère monumental qui aurait permis d'apercevoir l'architecture de ce magnifique hôtel, ainsi que le parterre qui verdoie dans la cour. On a restauré également la fontaine construite par le prince de Soubise, à l'angle de l'hôtel. Elle se compose d'un avant-corps qui forme une partie de cercle ou saillie. Toute sa décoration est formée par deux pilastres simples qui règnent dans la hauteur de l'étage, et une niche où l'on a pratiqué une porte.

Les Archives de l'Empire sont dans les attributions du ministre d'État. On y dépose tous les documents d'intérêt public dont la conservation est jugée utile, et qui ne sont plus nécessaires au service des départements ministériels ou administrations qui en dépendent. Le dépôt ne peut en être fait qu'en vertu d'un décret rendu sur la proposition du ministre au département duquel les documents appartiennent; et ce dépôt est toujours accompagné d'un inventaire.

Un arrêté du ministre d'État autorise le dépôt aux Archives de l'Empire des documents donnés à l'État.

Les documents déposés aux Archives de l'Empire ne peuvent être aliénés qu'en vertu d'une loi.

Ils ne peuvent en être retirés, pour être placés dans un autre dépôt, qu'en vertu d'un décret rendu sur le rapport du ministre d'État.

Les ministres transmettent au ministre d'État, pour être déposé aux Archives de l'Empire, l'inventaire des documents que renferment les dépôts placés dans leurs attributions respectives, et appartenant à l'État, aux départements et aux communes; ils lui font connaître, tous les cinq ans, les modifications que cet inventaire a pu subir.

L'administration des Archives de l'Empire est confiée à un directeur général placé sous l'autorité du ministre d'État.

Le directeur général est nommé et révoqué sur la proposition du ministre d'État.

Son traitement est de 15,000 fr.

Le directeur général est tenu de résider au palais des Archives; il ne peut s'absenter sans autorisation préalable.

Le service des Archives de l'Empire se divise en quatre sections:

1º Section du secrétariat;
2º Section historique;
3º Section administrative;
4º Section législative et judiciaire.

Outre le directeur général, le personnel des Archives de l'Empire se compose:

De quatre chefs de section;

De quatre sous-chefs de section, d'archivistes et de surnuméraires auxiliaires, en nombre proportionné aux besoins du service;

D'un agent comptable;

D'un commis d'ordre.

Ces fonctionnaires et employés sont de première, deuxième ou de troisième classe. A chacune de ces classes est affecté un traitement différent.

Le traitement des fonctionnaires et employés des Archives de l'Empire est fixé par un décret.

Ces fonctionnaires et employés sont nommés, promus et révoqués par le ministre d'État, sur la proposition du directeur général.

La nomination et la révocation des gagistes appartiennent au directeur général.

Dans les sections autres que celles du secrétariat:

Les chefs de section sont choisis parmi les membres de l'Institut; les sous-chefs de section, parmi les archivistes et les hommes connus par leurs travaux en histoire, archéologie et paléographie.

Toutefois, sur deux vacances, les sous-chefs et archivistes ont droit à une nomination.

Les sous-chefs sont choisis parmi les archivistes, et les archivistes parmi les surnuméraires auxiliaires, les élèves de l'École des chartes pourvus d'un diplôme d'archiviste paléographe et les archivistes départementaux et communaux ayant au moins trois ans d'exercice.

Les fonctionnaires et employés de tout grade, lors de leur nomination, prennent rang dans la dernière classe. Nul n'est promu à une classe supérieure s'il ne compte au moins deux ans de service dans celle à laquelle il appartient.

Un règlement arrêté par le ministre d'État détermine les conditions auxquelles sont délivrées les expéditions des documents déposés aux Archives de l'Empire, et le mode des communications à faire, soit sur place, soit au dehors, aux administrations et aux particuliers.

Ce règlement détermine aussi les attributions et les travaux de chaque section.

Un décret fixe le tarif des droits de recherches et d'expéditions; le montant de ces droits est versé chaque année au Trésor.

Tout fonctionnaire ou employé aux Archives, quel que soit son grade, qui publierait ou contribuerait à publier, soit des documents conservés au dépôt central, soit d'autres documents qui lui auraient été confiés par suite de ses fonctions, soit un travail quelconque sur ces documents, sans en avoir obtenu l'autorisation spéciale, sera révoqué, sans préjudice des autres peines portées par la loi.

Cette autorisation est accordée par le ministre d'État, après avis du directeur général.

En cas d'absence ou d'empêchement quelconque du directeur général, ses fonctions sont provisoirement remplies par un chef de section désigné, sur sa proposition, par le ministre d'État.

En cas de décès, le chef de la section du secrétariat est de droit chargé du service, et en demeure responsable jusqu'à la nomination d'un nouveau directeur général ou d'un intérimaire.

Les Archives se divisent en quatre sections. Dans la première, celle du secrétariat, est comprise la conservation des documents provenant de l'ancienne secrétairerie d'État, du cabinet de Napoléon Ier et de l'ancienne armoire de fer. Cette armoire, qu'il ne faut pas confondre avec celle qu'avait fabriquée pour Louis XVI le serrurier Gamain, a été commandée par l'Assemblée constituante, et recèle aujourd'hui environ 4,000 pièces d'un intérêt plus ou moins contestable. On y trouve des traités de paix, des bulles d'or, les clefs que les magistrats de la ville de Namur apportèrent à Louis XIV et les clefs de la Bastille; les pièces du procès de Louis XVI, son testament et celui de Marie-Antoinette; les étalons du mètre et du kilogramme; la matrice de la médaille qui consacra le souvenir du serment du Jeu-de-Paume. La première section a dans ses attributions le classement et la conservation des documents concernant l'organisation et le service des Archives, de la minute des ouvrages publiés par l'administration des Archives, des inventaires des documents contenus dans les divers dépôts d'archives appartenant à l'État, aux départements et aux communes; l'enregistrement, le classement et la conservation des dépêches; l'expédition et la transmission des réponses; la réception et l'enregistrement des demandes de renseignements; le scellement et la délivrance des expéditions; le service de la salle du public, de la bibliothèque, de la comptabilité, du matériel; le travail journalier avec le directeur général.

La section historique préside à la conservation du trésor des chartes installé dans la vaste salle des gardes du duc de Guise, longue de 24 mètres et large de 10. Les plus anciennes remontent aux rois mérovingiens; une d'elles, relative à une donation faite à l'église de Paris par Childebert Ier, date de l'an 528. A cette section se rattache une collection de sceaux, originaux ou moulés, au nombre d'une quinzaine de mille. La section administrative comprend les ordonnances royales, les lettres patentes, les bons et brevets du roi; les actes émanés du conseil d'État, du conseil de Lorraine, des États provinciaux, de la chambre des comptes de France, du bureau de la ville de Paris; les archives de la couronne; les papiers relatifs aux domaines des princes et aux apanages, aux séquestres et confiscations; les versements des ministres de l'intérieur, de la guerre, de l'instruction publique et des cultes, de l'agriculture, du commerce et des travaux publics.

Dans les attributions de la section législative et judiciaire sont les expéditions et copies authentiques des lois et décrets rendus depuis l'Assemblée constituante de 1789 jusqu'en l'an IX; minutes et copies authentiques des procès-verbaux de l'Assemblée des notables et des États-Généraux de 1789, avec les procès-verbaux, etc., des Assemblées nationales; grande chancellerie; secrétaires du roi, prévôté et requêtes de l'hôtel, grand conseil, conseil privé, commissions extraordinaires; parlements et conseils supérieurs; Châtelet de Paris; cour des aides; cour des monnaies; eaux et forêts; amirauté; connétable; bureaux des finances; bureaux de la ville de Paris; grenier à sel; chambre des bâtiments, des décimes; officialité; justice seigneuriale, etc.; tribunaux extraordinaires; versements du ministère de la justice.

Aux Archives est annexée une bibliothèque, fondée par Daunou, le 17 octobre 1808, et qui met à la disposition des employés seulement vingt mille volumes de paléographie, de jurisprudence; et la collection Rondonneau, apportée en 1848 du ministère de la justice, réunit une foule d'actes officiels et d'ouvrages sur la législation française.

C'est dans l'ancien salon du rez-de-chaussée de l'hôtel Soubise que MM. Lacabanne, Jules Quicherat, Guessard, de Mas-Latrie, Vallet de Viriville, Bourquelot, Borel d'Hauterive, Tardif, font les cours de l'École des chartes. Cette pépinière de savants, fondée en 1821, a pour objet l'enseignement des sources de notre histoire et la mise en œuvre des matériaux de tout genre que nous ont laissés les siècles antérieurs. Les élèves y suivent, sous la direction de sept professeurs, un cours d'études qui dure trois années. Les détails de l'enseignement sont : la lecture et le déchiffrement des chartes et monuments écrits, l'archéologie figurée, embrassant l'histoire de l'art, d'architecture chrétienne, la sigillographie et la numismatique; l'histoire générale du moyen âge appliquée particulièrement à la chronologie, à l'art de vérifier les dates des titres et leur authenticité; la linguistique appliquée à l'histoire des origines et de la formation de la langue nationale; la géographie politique de la France au moyen âge; la connaissance sommaire des principes du droit canonique et du droit féodal. L'école est destinée à former des archivistes et des bibliothécaires; mais en aucun cas elle ne leur garantit ces fonctions. Le titre auquel ils ont droit, leurs examens subis, est celui d'archiviste paléographe. Pour suivre les cours à titre d'élève, il faut être Français, âgé de 18 à 24 ans, bachelier ès-lettres, et se faire inscrire (gratuitement) à la rentrée annuelle des vacances, dans le courant de novembre. Le régime de l'école est l'externat; dans chaque promotion, les trois premiers élèves prennent le nom de boursiers, du prix de 600 fr., qui leur est accordé par l'État. Les cours sont publics et gratuits pour le public comme pour les élèves.

Avant d'être à l'hôtel Soubise, l'École des chartes se trouvait à la Bibliothèque impériale, qu'elle quitta à la fin de 1846.

CHAPITRE VII.

L'Imprimerie impériale. — Ses débuts sous François Ier. — Ouvrages publiés par les ordres de Richelieu. — Les types de Garamond. — Fonte du type nouveau. — L'imprimerie nationale après la Révolution. — Son état actuel. — Ses succès à l'Exposition universelle de 1855.

Presqu'en même temps que le prince de Soubise, le cardinal de Rohan, évêque de Strasbourg, faisait bâtir un hôtel contigu. Les plafonds en étaient peints par Gaëtan Brunetti et par Huet, artiste qui excellait dans la composition des arabesques et dans les chinoiseries. Le Lorrain y fit plusieurs statues et un admirable bas-relief, Phaéton demandant à son père de conduire le char du soleil.

C'est dans ce magnifique hôtel, dont la cour a reçu au centre la statue de Gutenberg par David d'Angers, qu'a été placée l'Imprimerie impériale. Peut-être conviendrait-il mieux de l'appeler Imprimerie nationale ou Imprimerie de l'État, car elle a vécu sous toutes les formes de gouvernement. Son fondateur fut le cardinal de Richelieu. Toutefois, avant lui, Claude Garamond, graveur et fondeur de caractères d'imprimerie, avait obtenu des encouragements de François Ier, qui l'avait chargé de graver les caractères grecs dont Robert Étienne se servit dans ses belles éditions. Il y eut dès lors une petite imprimerie particulière du roi et qui n'était pas soumise au règlement de la librairie et de la typographie.

En 1640 Richelieu conçut la pensée d'étendre les relations de la France avec l'Orient, et à cet effet il fit imprimer des livres pour être remis gratuitement aux missionnaires. L'Imprimerie royale, qui occupait un petit coin du pavillon de la reine aux Tuileries, fut établie beaucoup plus largement sous la grande galerie du Louvre. L'entrée était située près du guichet qui fait face au pont des Saints-Pères. On y réunit différents types français et étrangers, et des presses de l'établissement sortirent successivement deux ouvrages attribués à Richelieu : les principaux points de l'Église catholique et l'instruction du chrétien; une édition latine de l'Imitation de Jésus-Christ; une Bible, des éditions de Virgile, d'Horace et de Térence; une collection des conciles en 37 volumes in-folio. « Tous ces ouvrages, dit Sauval, étaient d'un caractère très-gros, très-net et très-beau, et surtout le plus fin papier, le plus fort et le plus grand dont on se soit servi. Et comme le soin qu'on en prit ne fut pas moindre que la dépense, on ne doit pas s'étonner qu'un si riche travail ait porté l'imprimerie à son plus haut point de perfection. Ses premiers produits ravirent toute la terre. Les Anglais, les Allemands, les Italiens proclamèrent la supériorité des Français dans cet art. » L'honneur de ce succès doit revenir à Sébastien Cramoisy, qui fut directeur jusqu'en 1669, à Trichet du Fresne, correcteur, et à Sublet des Noyers, surintendant et ordonnateur général des bâtiments et manufactures du roi.

Les successeurs de Sébastien Cramoisy furent son petit-fils, la veuve de celui-ci, puis, en 1691, Jean Anisson, imprimeur lyonnais. A leur garde étaient confiés les poinçons et matrices de caractères français, grecs, arabes, syriaques, persans, arméniens, samaritains. Les types fondus par Garamond, malgré l'accroissement des richesses de l'Imprimerie royale, étaient célèbres entre tous, et l'université de Cambridge en demanda une fonte que Louis XIV voulut bien accorder, à la condition qu'on mettrait en tête de chaque volume imprimé avec ces caractères : *Characteribus græcis e typographio regio parisiensi*. L'orgueil britannique recula devant cette clause, qui était cependant de toute justice. En 1692, Louis XIV, qui ambitionnait en toute chose la supériorité, nomma une commission chargée de fixer, d'après les principes de la géométrie, le bon goût et les saines traditions, quelle était la meilleure forme des lettres. La question fut examinée pendant plusieurs années par Jean Anisson, l'abbé Bignon, Jaugeon, membres de l'Académie des sciences; Filleau des Billettes, Truchet, religieux de l'ordre des Carmes, et les graveurs Simonneau et Philippe Grandjean. Les caractères qui furent gravés et fondus à la suite de cette enquête serviront à imprimer des chefs-d'œuvre de typographie dont la perfection n'a point été dépassée. Par un esprit de monopole ou pour éviter la contrefaçon, on imagina des déliés, des traits presque imperceptibles au moyen desquels on peut encore reconnaître, à première vue, pour peu qu'on ait l'expérience de la typographie, un livre sorti de l'Imprimerie royale.

Tous les gouvernements favorisèrent cette institution. Sous Louis XV, on y grava pour la première fois des caractères chinois. Jamais ils n'avaient passé les mers pour venir en Europe; toutes les nations avaient reculé devant cette écriture compliquée, qui compte presque autant de signes que de choses à exprimer, et les difficultés de sa reproduction typographique étaient si considérables que l'impression du dictionnaire chinois du P. Basile, interrompu en 1742 par la mort de l'orientaliste Fourmont, après vingt-sept ans de travaux, ne fut reprise qu'en 1811 et achevée seulement en 1813.

Au règne de Louis XVI appartient la publication des œuvres complètes de Buffon et de Lacépède; des notices et extraits des manuscrits de la Bibliothèque. Après la Révolution, en vertu d'un décret du 19 août 1792, l'imprimerie de l'État composa et mit au jour les innombrables décrets des Assemblées et les proclamations officielles. Par un décret du 14 frimaire an II, la Convention ordonna l'organisation immédiate d'une imprimerie spéciale, régie aux frais du budget, pour le service du *Bulletin des Lois*; en dehors subsista une imprimerie des administrations nationales, ainsi qu'une imprimerie scientifique dont la direction était confiée à Philippe-Daniel-Dubois Laverne.

Les trois services furent réunis sous le nom d'Imprimerie nationale, dans le vaste hôtel bâti, en 1620, par Mansard pour le duc Penthièvre et le comte de Toulouse. Quand on y plaça la Banque de France, l'imprimerie de l'État trouva un refuge dans le palais d'Armand-Gaston, cardinal de Rohan, qu'elle n'a pas quitté depuis. Elle s'est enrichie sans cesse de nouvelles frappes, et son importance s'est constamment accrue. D'après le compte rendu du mois de mars 1788, l'État ne consacrait à son imprimerie qu'une somme annuelle de 90,000 fr. Un décret de la Convention, en date du 16 ventôse an II, affectait un million aux seules dépenses de l'Imprimerie des administrations nationales.

Dans le budget de 1800, l'Imprimerie impériale figure pour 3,820,000 fr. de dépenses, et 3,853,900 de recettes, dont 253,000 fournis par la vente du *Bulletin des Lois*.

L'Imprimerie impériale compte un directeur, un secrétaire, un inspecteur et un correcteur pour les textes orientaux, un agent comptable, six chefs de service, cinq sous-chefs, vingt et un commis divers, un correcteur en chef, cinq correcteurs, dix protes, quatre chefs d'ateliers; quant aux ouvriers, leur nombre varie en raison de la quantité des travaux. Une somme de 1,000,000 fr. figure pour les achats de papier, 60,000 fr. pour encre et accessoires, 140,000 pour la reliure; 10,000 fr. sont destinés à l'achat de caractères chinois.

A l'Exposition universelle de 1855, le jury international constata que l'Imprimerie impériale, riche en caractères étrangers de toutes sortes, possédant un matériel immense dont elle pouvait tirer parti avec une merveilleuse rapidité, était le plus grand établissement typographique de France, et probablement du monde entier. La grande médaille d'honneur lui fut décernée pour une splendide édition de l'*Imitation de Jésus-Christ*, dont la perfection était due simultanément à l'art, au goût, à la science et au travail. Pour cette édition, exécutée dans un laps de temps très-court, des types spéciaux avaient été gravés et fondus; des planches dessinées et gravées sur bois; et l'on avait tiré en noir, en couleur et en métaux sur un papier expressément fabriqué. Pour la reproduction de certains ornements, il avait fallu obtenir électro-chimiquement des planches en relief avec des moules pris sur des gravures sur bois à l'aide de la gutta-percha. Dans l'encadrement du grand titre, trente teintes avaient été mises en usage, et avaient nécessité l'emploi de trente planches en cuivre correspondantes.

Ouvrant ses portes aux innovations, l'Imprimerie de l'État avait appliqué ses impressions en couleur à des cartes géologiques, dont elle avait su, toutefois, rendre le prix accessible à tous les savants. Elle avait encore substitué avec succès à la gravure à l'eau-forte la gravure par l'électricité, en faisant mordre la planche au pôle positif d'une pile dans une dissolution saline, telle que celle du sulfate de cuivre, au moyen de l'acide apporté par le courant.

L'Imprimerie de l'État a été attaquée à plusieurs reprises, en raison même de l'impulsion qu'elle a donnée à la typographie; ce que seule faisait à sa naissance, tous les imprimeurs qui tiennent à s'élever au-dessus de la foule l'obtiennent aujourd'hui. Ils prétendent que si l'on confiait à l'industrie particulière telles publications de luxe qui excitent l'admiration, elle les réaliserait aussi facilement que l'Imprimerie impériale, et à des conditions beaucoup plus modérées. Nous croyons, pour notre part, qu'il n'est pas inutile qu'un établissement modèle, qui n'a pas à s'inquiéter des dépenses, se tienne en avant d'une grande et utile industrie, et montre constamment la route du progrès. Il y a des essais que peut tenter seulement une institution nationale. Qui s'aviserait, par exemple, d'obtenir des gravures sur bois au moyen de l'électrotypie et de la galvanoplastie, des caractères chinois, phéniciens ou palmyréniens?

CHAPITRE VIII.

Physionomie du IIIe arrondissement. — Industries parisiennes.
Les Folies-Nouvelles. — Les Madelonnettes.

Le IIIe arrondissement a plusieurs physionomies distinctes, suivant les quartiers. Dans les rues droites et tranquilles du marais de grands et de petits rentiers habitent les vieux hôtels de l'aristocratie nobiliaire. Entre la rue Saint-Martin et la rue du Temple, se tiennent les marchands de meubles d'occasion chez lesquels on peut trouver au rabais des armoires, des bibliothèques, des comptoirs et même des escaliers. Aux environs du Conservatoire des arts et métiers se groupent des industries parisiennes, au milieu desquelles l'amélioration de ces quartiers a jeté quelque perturbation. Là sont des bijoutiers en or, bijoutiers en argent, bijoutiers-garnisseurs, bijoutiers en doré; lapidaires, bijoutiers-chaînistes; des doreurs en cuivre et en bois, des batteurs d'or, des tourneurs, repousseurs, acheveurs en cuivre, ciseleurs, graveurs, estampeurs, reperceurs, polisseurs, émailleurs; des bimbelotiers, tabletiers, vernisseurs sur métaux, brunisseurs; des fabricants de têtes pour modistes, de perles fausses, de bronzes, de poupées, de polichinelles, de fouets d'enfant, de porte-plumes, de cartonnages, de fioles pour niveaux, de tambours, de peignes, de chapelets et objets religieux, d'accessoires de billards, de bourses, de porte-monnaie, de grelots, de buscs, de ressorts pour jupes, de brosses, de mouvements de pendules, d'objets en nacre; des marchands de cornes, des sculpteurs en ivoire, des bombeurs de verres, etc., etc.

Le long des boulevards, ce sont des cafés dont la clientèle est de vieille date, le café du Géant, le café du Hameau, le Jardin Turc; mais le IIIe arrondissement ne possède qu'un seul théâtre, les Folies-Nouvelles. En 1852, il fut créé sous le nom de Folies-Meyer; on y chantait des chansonnettes. Hervé en fit les Folies-Concertantes. MM. Louis Huard et Altaroche le prirent en 1854, et dépensèrent 130,000 fr. à la décoration de la salle, dont se chargea M. Édouard Renaud. Les Folies-Nouvelles devinrent à la mode : la musique joviale de Laurent de Rillé et de Pilati, le talent mimique de Paul Legrand, la vertigineuse prestesse des danseuses espagnoles, ne contribuèrent pas seulement à attirer la foule : d'élégantes pécheresses du quartier Bréda se donnaient chaque soir rendez-vous aux Folies, et se pavanaient dans les loges ou dans le foyer au milieu d'admirateurs empressés. L'ouverture de salles de spectacle ou de concert plus centrale fit brusquement disparaître cette clientèle. Les Folies-Nouvelles se moralisèrent et reçurent les paisibles bourgeois du Marais. On mena les lycéens qui avaient eu des prix et les petites filles qui avaient été sages voir *Cendrillon*, *Barbe-Bleue* et *Pierrot-Robinson*. En 1859, le privilége fut cédé à Mlle Déjazet, qui reparut toujours jeune, en dépit de son acte de naissance, dans *les Premières armes de Figaro*. Depuis cette époque, les Folies-Nouvelles ont pris le titre de Théâtre-Déjazet.

Le IIIe arrondissement s'embellira par l'ouverture d'une grande voie qui, s'embranchant sur la rue du Temple, près de son débouché sur la ligne des boulevards, viendra aboutir à la pointe Saint-Eustache, vers la rue médiane des Halles centrales. Elle traversera les rues Montmartre, Montorgueil, Rambuteau, de la Grande-Truanderie, Verderet, Mondétour, des Pèlerins-Saint-Jacques, Mauconseil, Saint-Denis, boulevard de Sébastopol, la rue du Petit-Hurleur, le passage de l'Ancre, les rues des Gravilliers, Aumaire, l'ancien marché Saint-Martin, les Madelonnettes, les rues Sainte-Élisabeth, du Vert-Bois, Notre-Dame-de-Nazareth et du Temple. L'exécution de ce projet, dont les plans ont été déposés à la mairie de l'ancien VIe arrondissement, dès le 10 décembre 1858, entraînera la démolition de la prison des Madelonnettes.

Affecté aux jeunes détenus, et parfois aux détenus politiques, cette prison fut jadis un couvent d'une espèce toute particulière. Le père Mol, capucin, avait été saisi de pitié à la vue de la misère et de la dépravation des femmes de mauvaise vie. Il entreprit d'en arracher quelques-unes à la perdition, et s'associa un riche marchand de vins, Robert Martruy, et le sieur Dufresne, officier des gardes du corps. On recueillit quelques malheureuses dans des chambres louées au faubourg Saint-Honoré; puis, Robert Martruy donna aux pénitentes une maison qu'il possédait au carrefour de la Croix-Rouge; elles trouvèrent un appui plus puissant encore en la personne de Marguerite-Claude de Gondi, veuve de Florimond d'Haluyn, marquis de Mégnelay. Le 10 juillet 1620, elle leur acheta un terrain pour construire un monastère où se logèrent trente religieuses de l'ordre de Saint-Augustin, placé sous l'invocation de sainte Madeleine, la patronne de toutes les pénitentes. La fondatrice légua à la maison nouvelle une somme de 106,000 livres, à laquelle Louis XIII ajouta 3,000 livres de rente perpétuelle. En 1648, Anne d'Autriche assista à la première messe dans la chapelle des Madelonnettes, ou filles de la Madeleine, chapelle exactement copiée sur celle que l'on montre à Lorette, dans la Marche d'Ancône, et où l'on prétend que la Vierge a jadis habité. Les Madelonnettes furent d'abord sous la direction des religieuses de la Visitation, parmi lesquelles on remarque Marguerite L'Huillier et Marie Bollain. Elles abandonnèrent la place à des Ursulines, auxquelles succédèrent des Hospitalières de l'ordre de la Miséricorde de Jésus, qui avaient pour protecteur le cardinal de Noailles, archevêque de Paris. Enfin, en 1720, des religieuses de l'ordre de Saint-Michel furent placées à la tête de la communauté, qui n'était pas toujours facile à conduire. Elles se divisaient en trois congrégations, toutes recrutées parmi les femmes ou les filles qui s'étaient signalées par l'irrégularité de leurs mœurs; il était sévèrement interdit d'y admettre une honnête femme. Dans la première classe, consacrée à la Madeleine, étaient les pénitentes, qu'on admettait à prononcer leurs vœux après les avoir soumises à une série de rigoureuses épreuves.

La seconde classe, placée sous le patronage de sainte Marthe, était une sorte de purgatoire où les pénitentes dont la vocation commençait à se dessiner attendaient qu'elles fussent complètement dignes de passer dans une sphère supérieure.

La troisième classe n'était sous l'invocation d'aucune sainte; celles qui en faisaient partie portaient un costume monastique et une coiffe de taffetas noir; mais bien qu'on leur proposât pour but la vie claustrale, elles tournaient souvent les yeux vers le monde, et ne pouvaient s'empêcher de rêver le renouvellement de leurs plaisirs passés.

Le despotisme monarchique détourna l'œuvre pieuse de sa louable destination, et les Madelonnettes devinrent prison d'État. Des lettres de cachet la peuplèrent de femmes ou de filles détenues par ordre du roi, sur la demande des maris ou des parents, ou par l'injonction des magistrats, qui faisaient emprisonner d'office. Comme les victimes appartenaient généralement à des familles riches, on exigeait pour elles une forte pension de ceux qui voulaient s'en débarrasser.

Quoiqu'en partie maison de force, l'établissement des Madelonnettes avait conservé le nom de couvent. Il fut, en cette qualité, déclaré propriété nationale après que l'Assemblée constituante (13 février 1790) eut supprimé les vœux monastiques. Le couvent, aussitôt vidé, resta trois ans sous la main de l'État. Au commencement de 1793, on en fit officiellement une prison, et, le 4 avril de la même année, quatre détenus politiques l'inaugurèrent. Le 6 mai suivant commencèrent les emprisonnements par nombre. Suspects, accusés de propos incendiaires, de rassemblement, d'attroupement, citoyens des sections de la *Montagne*, du *Contrat social*, des *Marchés*, etc., vinrent successivement occuper deux étages des Madelonnettes, pendant que les *pailleux*, ou criminels, occupaient un autre étage.

Les principaux détenus des Madelonnettes furent Angrand d'Alroy, ancien lieutenant criminel; Poulain Flurieux, ancien ministre de la marine; Sobron, ancien colonel de cavalerie; le général Lanoue; Lecamus de Laguibourgère, ancien conseiller au parlement de Paris. Saint-Prix, Dazincourt, Fleury, Saint-Phal, Vanhove, et autres artistes du Théâtre-Français furent enfermés aux Madelonnettes en 1794. Dazincourt, qui s'était acquis une réputation méritée par la manière dont il jouait les Scapin, les Mascarille, les Crispin et les Frontin, disait à ses compagnons d'infortune : « Ne doit-on pas être surpris de me trouver ici? Qu'on y retienne des empereurs, des rois, des marquis, cela se conçoit; mais moi, qui ne suis qu'un pauvre valet, faut-il que je me trouve en leur compagnie? »

Les détenus de la Madelonnette, pendant la Terreur, eurent le bonheur de trouver en leur concierge, nommé Vaubertrand, un homme plein d'humanité, qui s'attachait à adoucir leur triste sort. C'est peut-être le seul geôlier en l'honneur duquel ont rimé ceux qu'il mettait sous les verrous. Une pièce de vers, signée « Coittant », et insérée dans le *Tableau des prisons*, vante les vertus de ce geôlier exceptionnel, de sa femme et de son fils. L'auteur, qui paraît n'avoir pas été poète par vocation, mais auquel la reconnaissance tenait lieu de muse, écrit à Saint-Prix :

> Je me souviens qu'en ton loisir
> Tu dessinas la symétrique arcade
> De l'irrégulier bâtiment
> Où demeurait notre concierge,
> De son épouse encore amant,
> Mais aussi chaste qu'une vierge ;
> Et toi, joli petit enfant,
> Qui m'aimais et que j'aimais tant :
> Longtemps gravé dans ma mémoire,
> Bon et sensible Vaubertrand,
> Vous resterez fidèlement.

Un autre prisonnier fit le couplet suivant sur l'air : *Jeunes amants, cueillez des fleurs* :

> On voit l'amour et la beauté
> En voyant le fils et la mère;
> De même on voit l'humanité
> En voyant le fils et le père.
> O mes amis, qu'on est heureux
> De trouver en lui le bon frère,
> L'ami sincère et généreux,
> Qui souffre de notre misère!

En 1795, la maison des Madelonnettes cessa d'être affectée aux détenus politiques, et devint une prison de femmes, celle de Saint-Lazare s'étant trouvée insuffisante. Ni le rapporteur Paganel ni la Convention n'ayant prévu la nécessité de cette annexe, on fut forcé d'admettre les détenues sans règles et sans catégories. En 1798, le conseil des Cinq-Cents, sur le rapport de Pollard, prit une résolution pour rendre plus salubre et plus sûre « la maison d'arrêt des Madelonnettes ». Par suite des travaux d'appropriation, les bâtiments se composèrent de deux corps de logis parallèles, unis par une traversée intermédiaire produisant deux préaux séparés. Les escaliers demeurèrent affreux; mais l'infirmerie, disposée pour contenir quarante lits, fut belle, aérée et commode. On régla aussi l'ordre et la condition des détenues. Les prisonnières pour dettes eurent un corridor séparé et jouirent d'un préau particulier pour la promenade. Si elles avaient pour nourriture la soupe et les légumes des condamnées, elles pouvaient améliorer leur sort au moyen des vingt-cinq francs par mois que les créanciers étaient tenus de déposer. Les détenues par voie de correction paternelle étaient obligées au travail, logées dans un corridor séparé, et n'avaient aucune communication avec les autres détenues; une surveillante les faisait travailler à la couture et leur montrait à lire et à écrire. Au-dessous de seize ans, elles ne pouvaient être retenues que pendant un mois, à moins d'un nouvel ordre du tribunal de première instance; à plus de seize ans, elles pouvaient être retenues pendant six mois. Les parents étaient toujours les maîtres d'abréger le temps de la détention. Les prévenues de délit avaient également leur quartier séparé. Leur nourriture de chaque jour était un pain mi-blanc de vingt-quatre onces et une ration de bouillon maigre. On avait créé un atelier pour l'épluchage du coton. Les prévenues étaient libres d'y travailler, et le gain qui résultait de leur travail leur était remis sans *aucune retenue*. Toutes les condamnées à plus de trois mois de prison étaient tenues de travailler, soit à la couture, soit au tricot; les âgées et les infirmes en étaient seules dispensées.

Jusqu'en 1828, la moyenne des détenues ne dépassa jamais 300. Mais à cette époque un grand changement s'opéra. Aux prévenues des Madelonnettes on substitua les femmes publiques détenues à la petite Force, et le nombre des pensionnaires s'augmenta ainsi notablement. Un état authentique, en date du 14 septembre 1829, fournit le tableau suivant : condamnées aux travaux forcés à perpétuité, 3; à la réclusion, 1; condamnées correctionnellement, 20; femmes publiques détenues administrativement, 536. Total : 589. Des ateliers furent alors ouverts dans la prison, et le même document divise ainsi les femmes : aux travaux du linge, 130; aux travaux des cardes, 60; aux travaux de la gomme, 17 ; non occupées, 80; à l'infirmerie des syphilitiques, 80; à celle des fiévreuses, 54; à celle des galeuses, 11.

En 1831, les femmes quittèrent les Madelonnettes pour être transférées à Saint-Lazare. La prison devint alors l'asile des jeunes détenus, qui étaient emprisonnés à Sainte-Pélagie avec les condamnés politiques, formant une catégorie à part. En 1836, et le 11 septembre, nouveau changement. Les jeunes détenus quittèrent les Madelonnettes et furent transférés à la petite Roquette, établie pour leur spécialité. Les Madelonnettes devinrent alors une succursale de la Force. Le 1er janvier 1838, cette prison fut constituée en maison d'arrêt. Elle reçut alors les hommes prévenus, ceux condamnés à moins d'un an, les adultes et les enfants condamnés correctionnellement. A l'exception des enfants, qu'on ne reçoit plus depuis 1853, cette destination n'a plus changé jusqu'à ce jour. Ajoutons qu'en 1842, le directeur, M. Villars, détenu politique sous la Restauration, et jeté à Poissy parmi les voleurs, remédia à un inconvénient qu'il avait douloureusement apprécié en créant des catégories dont on se trouva fort bien. Des réformes introduites par ce sage administrateur, les ateliers, la séparation des politiques des détenus ordinaires, celle des prévenus d'avec les condamnés, ont seules subsisté.

Depuis 1848, la prison des Madelonnettes a reçu bon nombre d'hommes politiques, les uns au couloir dit de faveur, les autres dans un pavillon spécial ; entre autres, MM. Cabet, Sarrans jeune, Germain Sarrut, Buvignier, ancien représentant; les journalistes Charles Paya et Victor Boric.

Quant aux détenus ordinaires, les Madelonnettes ont renfermé en divers temps les plus grandes célébrités dans le crime.

CHAPITRE IX.

Saint-Nicolas des Champs. — Sainte-Élisabeth. — Saint-Denis du Saint Sacrement. — Saint-François-d'Assise. — La Synagogue. — Les Israélites à Paris.

Les églises du IIIe arrondissement sont au nombre de quatre.

L'église paroissiale de Saint-Nicolas des Champs n'était qu'une simple chapelle, qui fut d'abord érigée en cure vers l'année 1184; deux siècles après, on reconstruisit l'édifice primitif, qui a été l'objet de réparations exécutées avec beaucoup d'intelligence. L'intérieur présente un beau vaisseau, formé par une nef, et deux bas côtés autour desquels ont été élevées de nombreuses chapelles. Dans quelques-unes, sous des couches de badigeon, on a découvert des traces de peintures murales. L'autel d'une des chapelles de gauche est surmonté d'un beau tableau de Léon Cogniet, *Saint Étienne distribuant des secours à une famille pauvre*.

L'église Sainte-Élisabeth, dans l'intérieur de laquelle l'administration a fait faire de grands travaux de décoration, était celle d'un couvent du tiers-ordre de Saint-François, établi, en 1604, par le père Mussard, en Franche-Comté. Les religieuses qui suivaient cet institut à Paris placèrent leur couvent sous le vocable de sainte Élisabeth, reine de Hongrie, dont M. de Montalembert a écrit la biographie. Marie de Médicis, qui s'était déclarée fondatrice de cette communauté, en 1614, posa, en 1618, la première pierre de l'église et du monastère, qui furent terminés deux ans plus tard. L'église fut bénite et consacrée, le 14 juillet 1646, par le cardinal de Retz, coadjuteur de Paris.

Sur les dépendances du couvent supprimé en 1790, on ouvrit la petite rue de Sainte-Élisabeth, qui met la rue des Fontaines en communication avec celle du Vert-Bois.

Après avoir servi de magasin à fourrages, l'église fut rouverte comme succursale de Saint-Nicolas des Champs. Elle occupe une superficie de 1,637 mètres, et le presbytère 494.

Près de l'église de Sainte-Élisabeth, sur une étendue de 1,351 mètres, se développent les écoles communales du quartier.

Au coin des rues Saint-Louis et Saint-Claude est une église qu'on appelle indifféremment Saint-Denis du Marais ou Saint-Denis du Saint Sacrement. Elle fut construite en 1828, et quoiqu'elle présente à l'extérieur l'aspect d'un moellon grossièrement sculpté par Devor, elle contient quelques tableaux recommandables d'Abel de Pujol, de Decaisne, de Picot et d'Eugène Delacroix ; ce dernier a représenté *La Vierge éplorée devant le corps inanimé de son fils*. Sa composition, dont les détails sont loin d'être irréprochables, est d'un ensemble harmonieux et mérite d'être étudiée par les artistes.

L'église de Saint-François-d'Assise, située rue du Perche n° 15, occupe la place d'un ancien jeu de paume. En 1622, un capucin nommé Athanase Molé, et père du premier président Mathieu Molé, y établit un couvent qui fut supprimé en 1790, et dont l'église fut rachetée en 1811 par la ville de Paris. On remarque dans ce modeste édifice un *Baptême du Christ*, de Paulin Guérin, et un *Saint Louis visitant les soldats malades de la peste*, par Ary Scheffer. Parmi les églises de ce quartier, on remarquait avant la révolution la chapelle des Enfants-Rouges. Elle appartenait à un hôpital qu'avait créé Marguerite de Valois. Son frère, François Ier, par lettres patentes du mois de janvier 1536, avait donné à la fondation nouvelle trois mille six cents livres provenant d'une taxe imposée sur les usuriers de Paris. Le chœur de l'église était enrichi de magnifiques vitraux représentant François Ier, sa sœur, Jean Briçonnet, et le : *Sinite venire ad me parvulos*. On élevait dans cet hôpital quatre-vingts orphelins, fils de maîtres artisans de Paris. Ils étaient admis à l'âge de sept ans et recevaient un premier subside de quarante livres après avoir appris le catéchisme et l'arithmétique. Ils étaient congédiés à l'âge de quinze ans, avec une gratification de trente-six livres. L'uniforme était de couleur rouge, couleur adoptée comme symbole du feu de la charité chrétienne.

Cet hôpital fut supprimé en 1772 ; mais le nom d'Enfants-Rouges fut conservé à un marché dont l'établissement avait été autorisé par des lettres patentes du mois de mars 1615, et confirmé plus de cent après, en 1776. Ce marché, qui occupe une superficie de 1,207 mètres, a 67 places couvertes et 44 places foraines. Il est le chef-lieu du quartier du IIIe arrondissement.

Le quartier Sainte-Avoie ne doit également sa désignation qu'à des souvenirs. Au XIIIe siècle, une communauté de femmes veuves s'établit sous le vocable de sainte Avoie sous la direction du chevecier de Saint-Merri. La femme d'un conseiller au parlement, Mme de Sainte-Beuve, proposa à ces veuves d'adopter la règle et la constitution des Ursulines, et signa avec elles un contrat que l'évêque de Paris homologua le 4 janvier 1622. Cette maison, qui avait peu d'importance, et dont l'église était au premier étage, disparut en 1790.

Une autre église, démolie en 1805, dépendait du monastère des Minimes. Ces religieux, qui s'intitulaient ainsi par un excès d'humilité, étaient venus en France en l'année 1482, à la suite de saint François de Paule, dont Louis XI avait réclamé les prières aux approches de la mort. Après un court passage au château de Plessis-les-Tours, ils se fixèrent à Paris, rue Saint-Honoré, à l'endroit où a été construit Saint-Roch; mais Olivier Challon, chanoine de Notre-Dame, et descendant d'une sœur du fondateur des Minimes, entra dans l'ordre, auquel il abandonna tous ses biens. Les moines achetèrent des terrains dépendant du château des Tournelles, et, en 1609, Marie de Médicis eut la générosité de leur rembourser le prix de l'acquisition. Le cardinal Henri de Gondi posa la première pierre de leur église, dont François Mansard dessina le portail. Elle était richement décorée de statues, de bas-reliefs et de tableaux. Les bâtiments conventuels ont été achetés par la ville, le 30 octobre 1823, et transformés en caserne.

Dans le IIIe arrondissement, rue Notre-Dame-de-Nazareth, est la Synagogue des Israélites.

C'est une nef entourée d'une triple rangée de tribunes qui supportent des arceaux de style byzantin; au-dessus de la porte d'entrée est une large tribune, où le jour pénètre à travers les vitraux coloriés d'une rosace. C'est dans cette tribune que sont les orgues et que se tiennent les choristes d'élite dont les chants accompagnent toujours la voix de l'officiant. Ce temple est garni de bancs parallèles dans toute la longueur de la nef; ils sont exclusivement réservés aux hommes, et les femmes se placent dans les tribunes supérieures, car les lois du culte hébraïque exigent que les deux sexes soient séparés pendant les offices.

Derrière l'autel, qui est en chêne et en marbre, douze marches de marbre blanc conduisent au sanctuaire, tout resplendissant de marbres multicolores et de tentures de velours cramoisi brodé d'or. En soulevant une portière, on aperçoit une salle demi-circulaire qu'éclaire une lampe perpétuellement entretenue. Au fond, à hauteur d'appui, sont les séphères, livres de la loi, soigneusement enveloppés dans la soie et le brocart; près du sanctuaire, sont deux gigantesques candélabres en argent massif.

La Synagogue de la rue Notre-Dame-de-Nazareth a été construite aux frais des Israélites; c'est le temple au service duquel assistent le grand rabbin du Consistoire central et le grand rabbin de Paris.

Nous aurons occasion de parler d'une autre Synagogue située rue Lamartine; mais nous ne saurions quitter le temple consistorial des Juifs, sans jeter un coup d'œil sur cette race si longtemps proscrite. Qu'ils sont loin les jours où les Juifs étaient maudits, rançonnés, parqués dans des quartiers dont le chrétien ne parcourait les rues qu'en frémissant! Qu'ils sont loin les jours où, aux applaudissements de l'historien Rigord, Philippe-Auguste expulsait les juifs de ses domaines, et libérait les chrétiens des dettes contractées envers eux, sauf un cinquième qu'il se réservait! Que de tortures et de persécutions! que d'accusations ridicules lancées contre ces malheureux parias! A Rouen, à Metz, ils avaient envoûté des évêques, c'est-à-dire qu'ils avaient percé de coups des images fabriquées en cire, à l'effigie des prélats. A Paris, ils avaient crucifié un enfant; à Bray-sur-Seine, un chrétien couronné d'épines; et l'on affirmait que tous les ans, le jour de Pâques, ils mettaient un catholique en croix, pour s'en partager le cœur, quand il avait expiré dans les souffrances. Pour que les Juifs pussent recevoir sans cesse les cruels témoignages de l'horreur qu'ils inspiraient, les conciles de Latran, en 1215, et d'Arles, en 1234, leur avaient enjoint de porter une marque apparente.

Une ordonnance de l'an 1268 exige d'eux qu'ils aient sur le devant et le derrière de leurs surcots un morceau de feutre ou de drap écarlate en forme de roue (*videlicet : unam rotam de feutro seu panno croceo, in superiori veste consutam ante pectus et retro, ad cognitionem. Cujus rotæ latitudo sit in circumferentia quatuor digitorum, concavitas autem contineat unam palmam*). En cas d'infraction, le coupable devait payer une amende de 10 livres, et son surcot était remis au dénonciateur. Philippe le Hardi les obligea à porter une corne à leur bonnet.

Après le grand affranchissement accompli par la Révolution, les Juifs évitaient encore de se mêler à la société chrétienne, d'où les écartaient leurs préjugés. Ils furent réconciliés avec le reste du monde par les décisions que le grand sanhédrin rendit en 1807. Cette assemblée déclara :

Que la religion juive défendait à jamais la polygamie;

Qu'elle tolérait le divorce quand il était permis par la loi civile du pays;

Que les mariages avec des chrétiens, adorateurs comme eux d'un seul Dieu, ne pouvaient être regardés comme défendus par leur religion;

Que les lois de la fraternité unissent les Juifs à leurs frères et à leurs semblables de toutes les croyances;

Que les actes de justice et de charité dont les Livres saints leur prescrivent l'accomplissement sont, envers leurs frères de toutes les religions, les devoirs essentiellement inhérents à leur croyance;

Que la France est leur patrie, qu'ils doivent la servir, la défendre, et obéir à toutes ses lois;

Qu'un vrai Israélite doit toujours élever ses enfants dans des professions utiles ou dans des états honorables;

Enfin que le prêt à intérêt usuraire, soit à des Israélites, soit à des non Israélites, est un crime également abominable aux yeux de leur religion.

Toutes ces décisions ont paru appuyées sur le texte des Écritures et des traditions saintes, et elles ont été adoptées par presque toutes les synagogues et communautés juives du monde.

Aujourd'hui les Israélites occupent une place importante dans la société parisienne; tout le monde connaît les noms de Rothschild, Émile et Isaac Peireire, Mirès, Solar, Millaud, Salvador, Noray, Rodrigues. Mais à côté d'eux il y a encore une foule de banquiers de premier ordre qui sont juifs, et la bourse regorge de fils d'Israël, dont la prodigieuse activité semble multiplier le nombre sous l'œil qui les suit. M. Achille Fould, ministre d'État, est israélite. Au Corps législatif, siègent MM. Léopold Javal et Kœnigswarter; siègent à l'Institut MM. Franck, Munck, Halevy. Dans les sciences, les lettres, la médecine, l'armée, les intendances, on compte un grand nombre d'Israélites, tels que MM. Dennery, Jules Salvador, Isidore Cahen, Jules Cohen, Alexandre Weill. Au culte hébraïque appartiennent Anspach, conseiller à la cour de Paris, Alcan, professeur au Conservatoire des arts et métiers, Maurice Meyer, inspecteur des écoles primaires, professeur d'allemand à l'École polytechnique, l'avocat Crémieux, Michel Lévy, médecin du Val-de-Grâce. La musique compte Meyerbeer, Offenbach, Seligmann, Jules Cohen, et de nombreux lauréats qui obtiennent chaque année de légitimes succès. Dans les beaux-arts se distinguent Adam Solomon, Ulmann; sur la scène, Mlles Judith, Fix, Fereira, Vertheimer, et la famille de cette Rachel qui ressuscita la tragédie. Enfin, en dehors des affaires ou des arts, on cite les Gunsburg, les Joest, et autres grandes familles connues dans le *High life*.

Sous la direction de M. Albert Cohn, la communauté juive a organisé un comité de bienfaisance qui, en distribuant des secours matériels à ses coreligionnaires, s'occupe en même temps de leur moralisation.

D'après la loi organique qui régit le culte israélite en France, il existe à Paris un Consistoire central, formé des délégués des divers consistoires départementaux. Ces délégués, ainsi que les membres des consistoires, sont élus pour un temps déterminé par la voie du suffrage universel.

Les grands rabbins et rabbins ordinaires sont aussi nommés par voie d'élection par les consistoires. Seulement ils doivent être pourvus de diplômes délivrés par le *Séminaire israélite*. Ce Séminaire, qui est la pépinière des pasteurs israélites, était établi à Metz sous le nom d'*École centrale rabbinique*. Il vient d'être transféré à Paris en vertu d'une décision récente. Il est sous l'administration du Consistoire de Paris. Subventionné par l'État, ses professeurs sont nommés par le gouvernement. Les élèves y apprennent la théologie pure, l'histoire, la littérature israélite, l'éloquence, la philosophie générale, l'exégèse biblique et diverses connaissances profanes. Le Séminaire israélite a été provisoirement installé rue du Parc-Royal, 10. — Les élèves ont un uniforme noir avec un palmier violet brodé sur le col de l'habit ou de la redingote.

FIN DU TROISIÈME ARRONDISSEMENT.

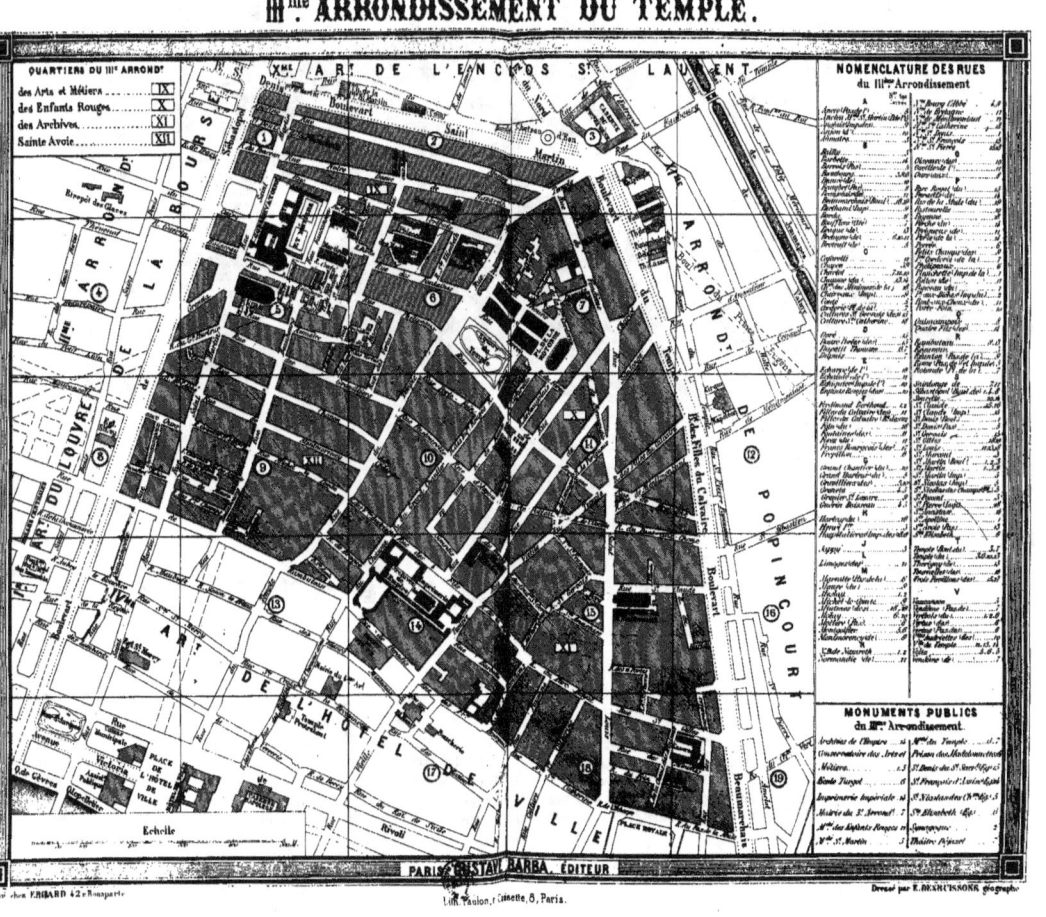

L'omnibus de la Bastille.

L'HOTEL DE VILLE. — QUATRIÈME ARRONDISSEMENT.

CHAPITRE PREMIER.

Frontières du IVe arrondissement. — Les nautes parisiens. — Le Parloir aux Bourgeois. — La Maison de Grève. — Organisation du Bureau de la Ville. — Fondation de l'Hôtel de Ville. — Églises de Saint-Jean en Grève et du Saint-Esprit. — Inscription sur la première pierre de l'Hôtel de Ville. — Cérémonies publiques.

Le IVe arrondissement est un de ceux qui ont subi le plus de métamorphoses depuis que le gouvernement et la municipalité parisienne ont entrepris la réforme de la capitale. Divisé en deux parties distinctes par la Seine, il comprend à la fois un territoire continental, plus de la moitié de l'île de la Cité, et l'île Saint-Louis tout entière. La ligne qui lui sert de frontière part du milieu du pont Saint-Michel, et suit l'axe du boulevard Sébastopol jusqu'à la rue Rambuteau ; elle revient ensuite jusqu'à la Seine par les rues de Rambuteau, de Paradis, des Francs-Bourgeois, de l'Écharpe, du Pas-de-la-Mule, le boulevard Beaumarchais et le boulevard Bourdon. Nous étudierons d'abord la partie du IVe arrondissement qui longe la rive droite de la Seine ; puis nous pénétrerons dans l'antique Cité, où s'élève la basilique de Notre-Dame de Paris. Nous finirons notre examen par une visite à l'île Saint-Louis, sorte de province dont les mœurs sont à part, et qui vit paisiblement à l'abri du tumulte et de l'agitation du centre.

L'Hôtel de Ville devait être le siège d'un arrondissement. N'est-ce pas, en effet, le centre de la puissance populaire ? et à toutes les époques de révolution, le succès n'a-t-il pas dépendu de la conquête du vieil édifice municipal ? Et pourtant, chose digne de remarque, Paris n'a jamais eu de charte communale ; l'autorité de ses magistrats électifs s'est formée par la suite des âges, favorisée par les rois, sans que les habitants, comme en d'autres localités, aient recours à l'insurrection pour s'affranchir des exigences de leurs seigneurs.

En 1711, on trouva sous le chœur de Notre-Dame de Paris, où l'on creusait un caveau pour la sépulture des archevêques, une pierre sur laquelle on lisait :

TIB. CÆSARE
AUG. JOVI OPTIMO
MAXIMO
NAUTAE PARISIACI
PUBLICE POSUERUNT.

Tous les historiens s'accordent à penser que les mariniers parisiens qui élevèrent un autel à Jupiter, sous le règne de Tibère, étaient organisés en corporation, et que ce sont eux qu'on retrouve dans les documents postérieurs sous la dénomination de marchands de l'eau (*mercatores aquæ parisiensis*). Personne ne pouvait commercer sur la rivière sans leur autorisation, et lorsque naquit le blason, ils choisirent pour emblème un vaisseau d'argent sur un champ de gueules. C'étaient eux qui conféraient le droit de bourgeoisie, et qui répartissaient les impôts entre les habitants. On distinguait les bourgeois jurés qui, d'après leur affirmation, payaient un droit de six deniers pour livre sur leurs meubles et de deux deniers sur leurs immeubles ;

Les bourgeois abonnés qui payaient un prix fixe de dix sols par an ;

Enfin les francs bourgeois qui étaient exempts de toutes taxes.

Les échevins (*scabini*), qui composaient le corps municipal sous la présidence du prévôt des marchands, se réunirent d'abord dans une maison appelée Maison de la Marchandise, qui était située près d'une berge mal entretenue, dont les tristes environs s'appelaient la vallée de Misère. Au XIIe siècle, ils installèrent le Parloir aux Bourgeois près du Grand-Châtelet, puis dans une tour de l'enceinte de Paris, à l'extrémité de la rue Saint-Jacques. En 1357, la ville acheta un hôtel qu'on désignait sous les noms de Maison de Grève, Maison aux Piliers ou Maison aux Dauphins ; il avait été édifié pour Clun, chanoine de Notre-Dame, et acquis en 1212 par Philippe-Auguste. Les Dauphins du Viennois avaient occupé cette habitation, dont la façade était ornée d'arcades soutenues par des piliers massifs. Charles V, qui avait été le dernier propriétaire du logis, en fit don, à son avènement, à Jean d'Auxerre, receveur des gabelles, qui le vendit au corps municipal, le 7 juillet 1357, moyennant la somme de 2,880 livres parisis, ce qui équivalait environ à 50,000 fr. de notre monnaie. On remarquait dans la Maison de Grève une chambre de parade, une salle d'audience, des étuves, de grandes cuisines, deux cours et un poulailler.

Le prévôt des marchands était élu tous les deux ans, le 16 août, par les notables bourgeois. Sur les quatre échevins, deux se retiraient chaque année, et il était pourvu à leur remplacement. Le 17 août, le gouverneur de Paris conduisait chez le roi le nouveau corps municipal, et les membres qui venaient d'être élus prêtaient serment entre les mains de Sa Majesté.

Le Bureau de la Ville, constitué par des ordonnances du mois de mars 1274 et du mois de février 1415, avait la police des quais, des ponts, des ports, des approvisionnements par eau et de la navigation ; il répartissait les capitations sur tous les habitants qui n'appartenaient pas aux communautés d'arts et métiers. Il dirigeait les fêtes et réjouissances publiques, administrait les revenus de la ville, pourvoyait à l'entretien des fontaines et des égouts. Le corps municipal comprenait le prévôt des marchands, les échevins, un procureur du roi, un greffier, un receveur, vingt-six conseillers, dix sergents ou huissiers ; seize quarteniers, soixante-quatre cinquanteniers, deux cent cinquante-six dizeniers. La Maison de Grève était évidemment insuffisante. Le 15 juillet 1533, avec l'autorisation de François Ier, Pierre Viole, prévôt des marchands, assisté des quatre échevins Gervais Larcher, Jacques Boursier, Claude Daniel, Jean Barthélemy, posa la première pierre du monument actuel, dont les plans avaient été tracés par Dominique Boccardero dit Cortone. La cérémonie fut pompeuse, et la population presque tout entière déserta ses occupations pour se trouver à l'inauguration solennelle du monument qui était pour elle la personnification matérielle de ses droits et de ses franchises. Les cloches de Saint-Jacques la Boucherie sonnaient à toute volée, ainsi que celles du Saint-Esprit et de Saint-Jean en Grève. Cette dernière église, en son dernier état, était remarquable par une coupole que soutenaient huit colonnes de marbre français, et sous laquelle un groupe de marbre blanc, sculpté par Lemoine, représentait le baptême de Jésus-Christ. Le Sauveur, un genou en terre et les mains croisées, s'inclinait devant le Précurseur qui lui versait l'eau sainte sur la tête avec une coquille. Les deux figures se détachaient sur un rocher d'où partaient les eaux du Jourdain. L'église avait été érigée en paroisse en l'année 1212, et on y avait déposé, en 1290, une hostie miraculeuse qui avait saigné, disait-on, sous le canif profane d'un juif nommé Jonathas. L'église Saint-Jean, située derrière l'Hôtel de Ville, communiquait avec la place de Grève par une arcade située à l'extrémité méridionale du monument, du côté de la Seine.

Dans ses dépendances était une vieille tour, où l'on avait permis aux juifs d'établir une synagogue, et qui probablement, pour ce motif, s'appelait vulgairement la tour du Pet-au-Diable. Quant à la chapelle du Saint-Esprit, située du côté opposé de la Maison aux Piliers, elle avait été construite en 1406, et groupait autour d'elle un asile pour quelques enfants abandonnés que l'on habillait de bleu, et que l'on désignait en conséquence sous le nom d'Enfants bleus, comme nous avons vu celles protégées de Marguerite de Valois désignées sous le nom d'Enfants rouges. La chapelle du Saint-Esprit fut restaurée en 1746 par Boffrand.

L'église Saint-Jean en Grève, qui lui servait pour ainsi dire de pendant, avait été enrichie de peintures par des artistes alors en faveur : Nicolas Coypel, Collin de Vermont, Lucas, Lamy, Dumesnil. Ces chefs-d'œuvre et les deux églises disparurent en 1798. Lorsque, le 15 juillet 1533, elles faisaient célébrer par leur sonneur l'inauguration de l'édifice municipal, elles ne soupçonnaient pas qu'elles sonnaient le glas de leur agonie. Pourtant, on aurait pu voir à l'enthousiasme des Parisiens que le monument élevé par leurs édiles prendrait un jour assez d'extension pour englober les terrains d'alentour, au risque de détruire les temples élevés par la piété publique. Sur la place de Grève retentissaient les cris de : Vive le roi François Ier ! vivent Messieurs de la ville ! Les fifres, les tambourins, les trompettes, les clairons, mêlaient leurs accords aux détonations des arquebuses ; ce joyeux tumulte monta à son apogée lorsque le prévôt et les échevins jetèrent sur la première pierre du sable et de la chaux avec des truelles d'argent, en laissant à découvert cette inscription gravée sur une lame de cuivre :

FACTA FUERUNT HÆC FUNDAMENTA ANNO DOMINI M. D. XXXIII, DIE XV MENSIS JULII, SUB FRANCISCO PRIMO, FRANCORUM REGE CHRISTIANISSIMO, ET PETRO VIOLE, EJUSDEM REGIS CONSILIARIO, AC MERCATORUM HUJUSCE CIVITATIS PARISIACÆ PRÆFECTO, ÆDILIBUS, CONSULIBUS AC SCABINIS GERVASO LARCHER, JACOBO BOURSIER, CLAUDIO DANIEL ET JOAN BARTHOLOMEO.

Pendant cette journée du 15 juillet 1533, qui doit faire époque dans les fastes de la ville de Paris, des tables furent dressées sur la place de Grève, des tonneaux furent rangés le long des murailles, et les assistants purent manger et boire à leurs souhaits.

Dominique Boccardero eut pour collaborateurs Jehan Asselin, maître des œuvres de la ville, et commis à la surintendance de la charpente, ainsi que Pierre Gambiche, conducteur des travaux de maçonnerie. Malgré le zèle de l'architecte et de ses aides, l'édifice était inachevé lorsque Henri IV y fut reçu par le corps municipal, et lorsqu'on lui offrit, en 1600, une fête magnifique, où il fut tiré pour la première fois un feu d'artifice en règle. Des châteaux d'artifice, comme on disait alors, furent construits sur la place de Grève, sur la berge du fleuve, et dans l'île Louviers, et ils furent attaqués et pris par des sauvages et des satyres, au grand ébahissement de la foule peu initiée encore aux merveilles de la pyrotechnie. De semblables réjouissances eurent lieu sous Louis XIII, dans les années 1612 et 1616 ; mais ce ne fut qu'à partir du règne de Louis XIV que des fêtes publiques furent régulièrement célébrées à l'Hôtel de Ville, terminé en 1628, à l'occasion des événements les plus importants. L'Hôtel de Ville, quoiqu'il n'offrit pas le développement que nous lui voyons aujourd'hui, était déjà digne de la grande cité. Dans le cintre de la porte d'entrée se dessinait, sur un fond de marbre noir, une image demi-ronde-bosse de Henri IV, œuvre de Pierre Biard, élève de Michel-Ange. On lisait au-dessus de cette statue équestre l'inscription suivante : *Sub Ludovico Magno felicitas urbis*. La cour, environnée d'arcades, à laquelle conduisait un escalier de plusieurs marches, avait pour décoration principale une statue en bronze de Louis XIV, œuvre d'Antoine Coysevox ; le grand roi, déguisé en triomphateur romain, s'appuyait sur un trophée d'armes. Deux bas-reliefs, incrustés dans le piédestal en marbre blanc, montraient la Charité distribuant des secours pendant la famine de 1662 ; et, de l'autre côté, l'Hérésie foudroyée par la foi catholique. Sous les portiques de la cour étaient les médaillons des principaux prévôts ou échevins de la ville. Les appartements étaient décorés de tableaux dont la collection augmenta sous Louis XV et Louis XVI : ils étaient dus aux pinceaux de Porbus, de Largillière, de Carle Vanloo, de De Troy, de Louis Boullongne, de Ménageot et de Vien.

Les édiles parisiens, dévoués à la monarchie qui avait toujours protégé leurs prérogatives, célébrèrent par des banquets, des distributions de comestibles, des feux d'artifice, la naissance de Louis XIV, en 1638 ; son mariage, en 1660 ; la naissance de son fils, en 1661 ; la naissance des ducs de Bourgogne, d'Anjou, de Berry, en 1682, 1683 et 1686. Les événements suivants furent également solennisés par le prévôt des marchands, les échevins et les conseillers municipaux :

1660. Entrée de Louis XIV et de la reine dans Paris.
1661. Naissance du Dauphin, fils de Louis XIV.
1682. Naissance du duc de Bourgogne.
1683. Naissance du duc d'Anjou.

1686. Naissance du duc de Berry.
1697. Mariage du duc de Bourgogne.
1704. Naissance du duc de Bretagne.
1707. Naissance du duc de Bretagne (2e).
1710. Naissance du duc d'Anjou.
1725. Mariage de Louis XV.
1729. Naissance du Dauphin, fils de Louis XV.
1730. Naissance du duc d'Anjou.
1739. Fête de la Paix.
1745. Mariage de Louise-Élisabeth, fille de Louis XV, avec le duc de Parme.
1745. Retour de Louis XV à Paris.
1751. Mariage du duc de Bourgogne.
1754. Naissance du duc de Berry (Louis XVI).
1755. Naissance du comte de Provence (Louis XVIII).
1757. Naissance du comte d'Artois (Charles X).
1763. Inauguration de la statue de Louis XV.
1770. Mariage du Dauphin (Louis XVI).
1771. Mariage du comte de Provence.
1773. Mariage du comte d'Artois.
1778. Naissance de la Dauphine (Madame la duchesse d'Angoulême).
1781. Naissance du Dauphin.
1783. Publication de la paix avec l'Angleterre.
1785. Naissance du duc de Normandie (Louis XVII).

CHAPITRE II.

L'Hôtel de Ville depuis 1788. — L'Hôtel de Ville en 1789. — A quoi tient le sort d'un monument. — M. de Flesselles. — Visite de Louis XVI à l'Hôtel de Ville. — Le 10 août. — Le 9 thermidor. — Préfecture de la Seine. — Fêtes sous la Restauration. — Révolution de Juillet 1830. — Le général Dubourg. — Restauration de l'Hôtel de Ville. — Statues de la façade. — La galerie des fêtes. — Les peintures de Lehmann. — Visite de la reine Victoria.

En 1789, l'Hôtel de Ville acquit une importance inattendue : à l'époque des élections aux États généraux, en vertu d'un règlement royal du 13 avril 1789, la capitale fut divisée en soixante arrondissements ou districts. Des lieux de réunion furent assignés dans chaque district à tous les habitants composant le tiers état, nés Français ou naturalisés, âgés de vingt-cinq ans et domiciliés.

Pour être admis dans l'assemblée de son quartier, il fallait pouvoir justifier d'un titre d'office, de grade dans une Faculté, d'une commission ou emploi, de lettres de maîtrise, ou enfin de sa quittance ou avertissement de capitation, montant au moins à la somme de 6 livres en principal. Les soixante districts choisirent trois cents électeurs, qui, rassemblés à l'archevêché de Paris, choisirent à leur tour les députés du tiers état.

En se séparant, le 10 mai 1789, les trois cents électeurs avaient décidé qu'ils reprendraient à volonté leurs séances; dès qu'ils eurent connaissance des événements du 23 juin, ils cherchèrent un local pour y délibérer; leur président, Moreau de Saint-Méry, était à la tête de la Société scientifique et littéraire du Musée, qui avait siégé pendant quelque temps à l'Hôtel Impérial, rue Dauphine. La salle était louée à un traiteur ; en ce moment même quatre-vingts convives y célébraient une noce; mais, à la première réquisition du corps électoral, les mariés, les parents, les amis, les femmes et les enfants, lui cédèrent la place, et allèrent achever ailleurs leur joyeux festin.

Depuis, les électeurs s'emparèrent audacieusement de l'Hôtel de Ville, à côté du prévôt des marchands, M. de Flesselles, des quatre échevins et du procureur du roi.

Pour résister à la cour et un peu au peuple, dont ils redoutent la turbulence, les électeurs nomment un comité de vingt-quatre membres, qui s'intitule Comité permanent de la sûreté publique. Les vingt-quatre centralisent tout le mouvement ; c'est à eux qu'on vient demander des armes ; ce sont eux qui ordonnent d'arrêter les personnes suspectes qui se dérobent par la fuite aux hasards d'une lutte qu'elles ont provoquée. A chaque instant on amène, des barrières à la place de Grève, des chaises de poste, des charrettes, des meubles, de la vaisselle, des provisions de toute espèce.

Cinq millions de poudre, que le gouvernement faisait embarquer à la destination de Rouen, sont saisis et déposés dans une salle basse de l'Hôtel de Ville. C'est un électeur ecclésiastique, l'abbé Lefebvre, qui accepte la périlleuse mission de distribuer cette poudre; et que d'angoisses il éprouve, seul, au milieu d'une foule indisciplinée! Un des importuns qui l'environnent laisse imprudemment son fusil armé, le chien s'abaisse sur le bassinet, et le coup part à côté des barils. Quelques moments après, un ouvrier entre deux vins, nouveau Jean Bart, pénètre dans la salle en fumant.

— Malheureux! lui crie l'abbé Lefebvre, vous allez nous faire sauter !

— Laissez donc, répond tranquillement le fumeur, ça me connaît. — L'abbé veut s'emparer de la pipe, mais l'ivrogne la défend, et les évolutions que cette altercation nécessite, sans être meurtrières en elles-mêmes, peuvent déterminer une terrible explosion. Que fait l'ingénieux ecclésiastique ? Il conclut un armistice avec l'opiniâtre fumeur, en lui disant d'un ton conciliant :

— Voyons, mon cher ami, entendons-nous ; voulez-vous me vendre votre pipe ?

— Ma pipe! mais, Monsieur, c'est qu'elle est culottée !

— Culottée ! dit l'abbé Lefebvre ; j'ignore ce que vous entendez par là ; mais enfin, combien en demandez-vous?

— Mais, Monsieur, je crois que six blancs...

— Allons ! voici dix sous ; mais, donnant, donnant !

— Tope !

Enchanté de son marché, l'abbé Lefebvre exhibe aussitôt sa pièce blanche et prend en échange la pipe encore allumée, qu'il jette précipitamment dans la cour.

Ainsi fut sauvé l'Hôtel de Ville avec le comité des vingt-quatre, les électeurs, la population agglomérée tant au dedans qu'aux abords de l'édifice, et avec elle la révolution.

Les électeurs décrétaient, le 13 juillet, la création d'une milice citoyenne de 48,000 hommes, et le 14, ils dirigeaient les assaillants à la Bastille.

Quoiqu'il eût donné son adhésion à la formation de la garde nationale, M. de Flesselles paraissait en désirer médiocrement l'exécution. La compagnie du district des Mathurins était venue lui demander des armes.

— Vous en trouverez, a-t-il dit, chez les Chartreux de la rue d'Enfer.

Et sur ce faux indice, la compagnie des Mathurins avait bouleversé le monastère.

Une patrouille réclamait des cartouches ; M. de Flesselles l'avait envoyée à l'Arsenal, où elle ne découvrit pas une seule des cartouches annoncées.

Le comité permanent insistait sur la nécessité de compléter le plus tôt possible l'armement de la milice parisienne. — Soyez tranquilles, dit le prévôt des marchands ; M. de Pressoles, directeur de la manufacture de Charleville, va m'expédier 12,000 fusils.

Effectivement, il entra dans Paris de grandes caisses estampillées *Artillerie ;* mais quand on les ouvrit, on n'y vit que des chiffons, des copeaux et des bouts de chandelles.

Sommé de s'expliquer, M. de Flesselles balbutia : — Je me suis trompé... j'ai été trompé !... — Et son embarras ne diminua guère quand il entendit murmurer à ses oreilles les mots de perfidie et de trahison.

Lorsque la Bastille fut prise et que M. de Launay eut péri, on trouva dans la poche du gouverneur le billet suivant :

« J'amuse les Parisiens avec des cocardes et des promesses;
« tenez bon jusqu'à ce soir, et vous aurez du renfort.
« De Flesselles. »

Au moment où les héros du siège entrèrent dans la grande salle de l'Hôtel de Ville, le prévôt des marchands était en butte aux reproches des électeurs.

« Puisque je suis suspect à mes concitoyens, dit-il, il est indispensable que je me retire. »

Il sortit, en effet, accompagné de plusieurs personnes, auxquelles il parlait de très-près et avec beaucoup d'agitation : « Messieurs, disait-il, vous verrez chez moi quelles ont été mes raisons ; quand vous serez à la maison, je vous expliquerai tout cela. »

Il cherchait à s'entourer de son escorte comme d'une sauvegarde, mais au coin du quai Pelletier un jeune homme lui crie : « Traître, tu n'iras pas plus loin ! » et d'un coup de pistolet dans l'oreille il renverse le malheureux prévôt des marchands.

Ce fut le dernier qui occupa cette fonction. Les électeurs le remplacèrent par un maire de Paris, et choisirent Jean-Sylvain Bailly, auteur d'une *Histoire de l'Astronomie*, membre de l'Académie des sciences et président de l'Assemblée constituante.

Il y avait dans la grande salle de l'Hôtel de Ville, depuis le 28 septembre 1786, un buste du marquis de La Fayette, hommage de la république des États-Unis à la municipalité parisienne. Comme les électeurs cherchaient un général pour être placé à la tête de la garde bourgeoise, ou garde nationale, leur président, Moreau de Saint-Merry, désigna du doigt le buste sans prononcer un seul mot, et une acclamation universelle lui répondit.

Louis XVI vint à l'Hôtel de Ville le 17 juillet 1789, et quand il descendit de voiture, Bailly lui présenta la cocarde bleue et rouge, aux couleurs de la ville; le blanc ne fut ajouté que quelques jours après. « Votre Majesté, dit le maire, veut-elle accepter le signe distinctif des Français? » Le roi mit la cocarde à son chapeau, et monta l'escalier sous une voûte d'épées entrelacées. Arrivé dans la grande salle, il s'assit sur un trône qu'entouraient quatorze électeurs en qualité de gardes d'honneur, et les harangues commencèrent. Louis XVI répondit d'une voix faible et en s'adressant seulement à ceux qui l'environnaient, qu'il approuvait l'établissement de la garde bourgeoise, la nomination du maire et du commandant général, mais qu'il voulait le rétablissement du calme et la remise de tous les coupables à la justice ordinaire.

Il y eut une grande fête à l'Hôtel de Ville, en 1791, lorsque Louis XVI accepta la constitution.

Au 10 août 1792, cent soixante-douze commissaires désignés par les sections de Paris s'installèrent à l'Hôtel de Ville, et donnèrent le signal de l'insurrection; on distinguait parmi eux Billaud-Varennes et Chaumette (section du Théâtre-Français); Léonard Bourdon (section des Gravilliers); le journaliste Hébert (section de Bonne-Nouvelle); Robespierre (section de la place Vendôme); le cordonnier Simon (section Beaubourg); Xavier Audouin (section de la fontaine de Grenelle); Henriot (section du Jardin des Plantes); Hassenfratz (section de l'Oratoire); le limonadier Michonis (section du Marché des Innocents); Huguenin et Rossignol (section des Quinze-Vingts); l'architecte Fleuriot-Lescot (section du Louvre); l'acteur Michot (section des Tuileries); Pache (section du Luxembourg).

On célébra en 1794, à l'Hôtel de Ville, une nouvelle fête en l'honneur de l'Être suprême, et le 27 juillet (9 thermidor an II), le maire, Fleuriot-Lescot, y appela les sections pour la défense de Robespierre et de ses amis, tandis que le général des sections armées, Henriot, parcourait les rues, à cheval, en vociférant. Lorsque les troupes de la Convention envahirent la maison commune, ce fut dans la grande salle de la façade que Robespierre se fracassa la mâchoire d'un coup de pistolet, tandis que son frère montait sur la corniche du haut de laquelle il s'élançait sur le pavé de la place. Lebas se brûla la cervelle; Saint-Just et Couthon se rendirent silencieusement. Coffinhal, vice-président du tribunal révolutionnaire, après avoir adressé à Henriot de vifs reproches, l'étreignit dans ses bras puissants et le jeta par la fenêtre; le commandant général tomba dans la cour, où on le ramassa tout mutilé pour le conduire à l'échafaud.

En vertu d'une délibération des consuls, en date du 5 frimaire an XI, la préfecture du département de la Seine, le conseil de préfecture et la commission des contributions s'établirent, tant à l'Hôtel de Ville qu'à Saint-Jean en Grève et à l'hôpital du Saint-Esprit. L'édifice, malgré les dépendances qu'on lui avait données, n'était pas d'une étendue proportionnée avec les bureaux qu'il devait contenir. Déjà, avant la Révolution, le prévôt des marchands et les échevins avaient représenté au conseil que l'hôtel commun était insuffisant, et le conseil, le 11 janvier 1770, en avait ordonné l'agrandissement.

Napoléon Ier médita la construction d'un nouveau palais dont la façade aurait regardé le midi, et qui, s'il avait été exécuté, eût mis plus tard obstacle par sa position au percement de la rue de Rivoli. Ce projet fut ajourné, ce qui n'empêcha pas la préfecture de la Seine de donner, dans les appartements de l'Hôtel de Ville, des fêtes splendides pour le mariage de Napoléon avec Marie-Louise d'Autriche, en 1810; pour la naissance du roi de Rome, en 1811; pour l'entrée de Louis XVIII, en 1814; pour le mariage du duc de Berry, en 1816; pour le baptême du duc de Bordeaux, en 1821; pour le retour du duc d'Angoulême après la guerre d'Espagne, en 1823; pour le sacre de Charles X, en 1825.

Pendant les journées de 1830, les Suisses de la garde royale, sous les ordres du général Talon, défendirent avec énergie l'Hôtel de Ville; mais dans la soirée du 28 juillet, le maréchal duc de Raguse envoya au général Talon l'ordre formel de se replier sur les Champs-Élysées. La retraite s'opéra entre minuit et une heure du matin, et bientôt après l'hôtel fut envahi par le peuple. On y vit arriver le lendemain matin un ancien colonel ou adjudant-général, nommé Dubourg, qui, assisté de M. Baude, rédacteur en chef du journal le *Temps*, vint jouer un rôle à peine éphémère dans l'hôtel que le préfet de la Seine, M. de Chabrol, avait abandonné.

« Le 29 juillet, dit l'auteur du *Mémorial de l'Hôtel de Ville*, je me trouvais, vers onze heures, sur la place de la Bourse; j'entendis retentir autour de moi ces mots : « Nous avons un général. » Je demandai quel était ce général, on me répondit qu'on ne savait pas; je demandai qui l'avait désigné, même réponse. Enfin, je vis sortir de l'intérieur du palais de la Bourse un homme ayant passé quarante ans; sa taille était moyenne; son visage, portant l'empreinte d'un caractère nerveux, n'était pas sans noblesse et sans agréments; ses traits paraissaient altérés; du reste, aucun insigne ne révélait un chef militaire. M. Dubourg était vêtu d'une redingote bleue. M. Évariste Dumoulin, l'un des rédacteurs-gérants du *Constitutionnel*, vint auprès de moi en costume de capitaine de la garde nationale et me dit à la hâte : « Le général Dubourg se met à la tête du peuple, nous allons marcher à l'Hôtel de Ville, c'est là qu'est le trône; venez avec nous. » La foule s'ébranla, lançant au ciel, d'une voix formidable, ce cri : « Vive le général Dubourg! À l'Hôtel de Ville! »

Chemin faisant, le général Dubourg quitte un moment la colonne et reparaît bientôt sous l'uniforme improvisé de général de brigade. Aussitôt on se remit en marche. Le général Dubourg, au moment de revêtir cet uniforme, dit à ceux qui l'entouraient : « Vous le voulez, et moi aussi, quoique je ne me dissimule pas le sort qui m'attend : si j'échoue, l'échafaud; si je réussis, vous verrez qu'on me pendra comme le plus vil des hommes! »

Mais revenons maintenant à sa marche vers l'Hôtel de Ville et à l'uniforme qu'il venait d'endosser; il était d'abord en habit de ville, et l'habit dont il se revêtit fut acheté chemin faisant, chez un fripier de la rue Joquelet, pour la modique somme de quatre-vingts francs.

« Une fois l'habit endossé, nous dit l'auteur du *Mémorial de l'Hôtel de Ville*, on se remit en marche; il était une heure environ, lorsque nous arrivâmes sur la place de l'Hôtel-de-Ville; l'accès en était libre; car, bien qu'on eût dit : « les Suisses occupent les quais, » nous ne rencontrâmes ni Suisses ni troupes royales; les portes de l'Hôtel de Ville étaient ouvertes, offrant le passage au premier pouvoir qui voudrait franchir le seuil ensanglanté. »

L'Hôtel de Ville était complètement vide.

Tournant à droite de la grande salle de Henri IV, M. Dubourg marcha vers le cabinet de M. de Chabrol, qui était la dernière pièce à l'aile nord. Cartons, papiers, paperasses, plumes et poudre étaient entassés pêle-mêle; c'était un fouillis à ne pas s'y reconnaître, la bataille avait passé par là. Le premier ordre donné par le général fut relatif à la protection des monuments français. Le général Dubourg donna un autre ordre moins heureux : celui de substituer un drapeau noir au drapeau tricolore que le peuple avait hissé sur le beffroi. La Fayette, qui arriva quelques instants après, se hâta d'arborer de nouveau les trois couleurs et de coopérer à l'organisation d'une commission municipale.

Le deuxième anniversaire de la révolution de juillet fut fêté magnifiquement à l'Hôtel de Ville, ainsi que le mariage du duc d'Orléans. C'était en 1837, et déjà, sous la direction de MM. Godde et Lesueur, s'avançaient les embellissements décidés par ordonnance du 24 août 1830, sur une délibération du conseil municipal, en date du 30 avril 1835. L'Hôtel de Ville devint un bâtiment rectangulaire, de 80 mètres de large sur 120 de long, terminé aux quatre coins par des pavillons, et entièrement isolé. Dans les entre-colonnements de l'ancienne façade furent ménagées des niches. On posa, sous des baldaquins du style de la Renaissance, des hommes célèbres qui appartiennent à Paris par leur naissance, leur famille, ou les emplois qu'ils ont exercés. Dans cette galerie figurent les évêques Landry, Gozlin, Maurice de Sully, saint Vincent de Paul; les prévôts de Paris, Étienne Boileau, Hugues, Aubriot, Juvénal des Ursins, Michel de Lallier, Guillaume Budé, Pierre Viole, François Miron; le lieutenant général de police de La Reynie, et son successeur Marc-René Voyer d'Argenson, cet homme qui évita l'arbitraire et fit, dit Saint-Simon, *le moins de mal qu'il put.*

La magistrature est représentée par de Harlay, Jean de La Vacquerie, Mathieu Molé, de Thou; le philanthrope, par de Monthyon et l'abbé de L'Épée; la science, par Monge, Buffon. d'Alembert, Lavoisier, Papin, Condorcet; la médecine, par Ambroise Paré; l'enseignement, par Rollin; l'imprimerie, par Robert Estienne.

On n'a pas oublié, dans cette collection d'éminents personnages, de grands écrivains comme Voltaire, Molière et Boileau. Arouet de Voltaire est né à Châtenay, aux environs de Sceaux; mais son père était notaire au Châtelet et trésorier de la Chambre des comptes de Paris.

Cette espèce de panthéon est complété par les statues des ministres Turgot et Colbert; du premier maire de Paris et du premier commandant de la garde nationale; du premier préfet de la Seine, M. Frochot; de Jean Aubry, premier juge consulaire; du maréchal Catinat; de l'ingénieur Perronnet; des architectes Mansart, Philibert Delorme, Pierre Lescot; des peintres Charles Lebrun, Lesueur et Gros, et du sculpteur Jean Goujon.

On rétablit au centre de la cour la statue de Louis XIV, par Coysevox. Dans la grande salle du Trône, on répara les deux cheminées monumentales, sculptées avec recherche par Pierre Biard et Théodore Bodin. Les travaux d'ornementation du palais municipal étaient inachevés quand éclata la révolution du 24 février 1848. La possession de l'Hôtel de Ville ne fut point disputée au peuple, et le gouvernement provisoire y put exercer son autorité précaire et orageuse. La charge de Sylvain Bailly fut alors momentanément rétablie, et l'on vit siéger à l'Hôtel de Ville un maire de Paris, M. Armand Marrast, et son adjoint, M. Buchez.

Après le 2 décembre 1851, le préfet de la Seine offrit au président de la République un bal, qui fut donné le 4 janvier 1852, et auquel assistèrent des membres du corps diplomatique, les maires des arrondissements de Paris et de la banlieue, et un grand nombre d'officiers généraux. Un orchestre, conduit par Dufresne, était adossé aux murs de la salle du Trône, qu'on nommait encore en ce moment salle de la République. Un second orchestre, conduit par Strauss, appelait les danseurs dans les salons de l'aile méridionale. La grande galerie des Fêtes n'était pas encore terminée.

La décoration de l'Hôtel de Ville a été complétée depuis, et on en vante avec raison la magnificence. M. Séchan a peint, pour la salle du Trône, des figures allégoriques qui personnifient la ville de Paris à son origine, au XIIᵉ siècle, sous Louis XIV et de nos jours. D'autres salons, plus ou moins riches, sont ornés de toiles de Léon Coignet, Court, Schopin, Riesener, Landelle. Dans un salon consacré à Napoléon Iᵉʳ, est le portrait de l'Empereur par Gérard, et un magnifique d'Ingres; dans cette composition, dont les lignes sont compassées et dont l'aspect général est froid, Napoléon Iᵉʳ se rend, sur un char de forme antique, au temple de la Gloire et de l'Immortalité; la Victoire dirige ses chevaux; la Renommée le couronne; la France le regrette. Némésis, déesse des vengeances, terrasse l'Anarchie.

La grande salle des Fêtes a 50 mètres de longueur sur 12 mètres 50 centimètres de largeur et autant d'élévation; elle est peinte en blanc et or, et enrichie par M. Henri Lehmann d'une série de cinquante-six sujets qui occupent une superficie d'environ 140 mètres carrés, et contiennent plus de cent quatre-vingts figures, dont les principales ont six pieds de proportion. Il a déroulé dans les pendentifs, sur un fond de stuc blanc, toute l'histoire de la civilisation. D'abord une femme, couronnée de fleurs et d'épis, ouvrant ses bras chargés de fruits et offrant ses mamelles aux enfants qui l'entourent, représente la nature et la jeune humanité jouissant de ses biens.

L'homme combat les animaux féroces. Menacé par un tigre, attaqué par un lion, il enfonce dans la gueule de ce dernier un arbre déraciné; à ses pieds gît un corps expirant sous l'étreinte d'un reptile. Une femme, effrayée, serre son enfant contre son sein.

L'homme s'assujettit les animaux domestiques. Le chef de famille marche à la tête du troupeau; il tient la main gauche sur le joug imposé au buffle; de la droite il retient un cheval qui se cabre sous le cavalier cherchant à le dompter.

Les hommes vaquent aux premiers travaux, abattent les arbres, allument le feu, forgent le fer.

L'homme prépare les matériaux destinés à sa demeure; la femme file ses vêtements.

L'homme offre à Dieu son premier sacrifice. Des enfants entourent la victime, tandis que des groupes implorent la protection du ciel.

Voici le pain et le vin ! Des moissonneurs coupent le blé ou chargent sur leurs épaules des gerbes opulentes.

Un jeune bacchant tient des grappes de raisin qu'il élève en riant au-dessus de sa tête; à ses bras sont suspendus un enfant et une bacchante.

Le chant et la poésie naissent simultanément pour accroître la joie des heureux ou sécher les larmes des affligés. L'astronomie interroge les astres; les nautoniers transportent d'un bout du monde à l'autre les produits de l'industrie. Les machines viennent en aide aux forces humaines; et cependant l'art dramatique émeut les travailleurs. La Tragédie, une hache sanglante à la main, leur raconte les grands crimes; la Comédie, armée de verges, observe l'image de la vie se réfléchissant dans un miroir que lui présente un jeune satyre. Plus loin, des savants sont absorbés dans l'étude et la méditation. La Théologie, environnée de docteurs de l'Église, proclame la vraie foi, et tient la main droite vers l'Évangile, la gauche vers la croix et le calice que portent deux anges. M. Henri Lehmann paraît accorder la prépondérance à la foi sur l'examen. C'est en vain que sa Philosophie veille à la lueur d'une lampe et pâlit sur les manuscrits; un enfant, à la figure railleuse, lui ferme, hélas! le livre de la vérité.

D'autres pendentifs symbolisent la justice, les finances, la guerre, l'épopée et l'histoire, la médecine, la charité et l'enseignement; l'éloquence, l'architecture, la sculpture et la peinture, se fortifiant par leur union; la danse et la musique, l'abondance et la gloire. Tous ces sujets, quoique figurés assez lisiblement par l'artiste pour se passer entièrement de commentaires, sont expliqués par des devises latines ingénieuses et concises : *Humanum oritur genus; Pugnat contra feras; In manu pecudes habet; Laboribus urgetur variis; Et vestes et tecta parant; Placantur hostia Dii; Ditans agricolam messis; Dissipat Evius curas; Concordant carmina plectro; Menses et sidera signat; Committit pelago rates; Industria objice acrior; Flet scena ridetque bifrons; Mente hamo numen adit; Confirmat doctrina fidem; Rerum inquirit causas; Scelerum ultrix Dea; Res bene gesta ditio; Metitur in orbe omnia; Sic bella ingruunt cruenta; Clio gesta canens; Sanantur medicina morbi; Virtus Deo proxima caritas; Permovet, delectat, docet. Tres una vigent artes; Ad tibiæ cantus chorea; Diffundit fruges copia; Ostendit ad astra viam.*

Sur le fond jaune rehaussé d'or des pénétrations, dans un cadre triangulaire, l'habile artiste a peint des sujets analogues aux compositions principales. Ces personnages sont des enfants dans des attitudes diverses, et livrés à des occupations en rapport avec le pendentif voisin. Ils caressent des lions, lapident des serpents, tettent des chèvres, prient, chantent, boivent ou s'endorment sous les regards d'Hespérus, qui leur verse la rosée. Ils sont portés par des cygnes, des panthères, des dauphins, des chimères qui vomissent la flamme. L'enfant du pendentif qui a pour devise : *Metitur in orbe omnia*, poursuit la solution du problème géométrique. L'enfant qui accompagne l'abondance plie sous le faix des fleurs et des fruits. Toutes ces allégories, d'un beau caractère et d'un beau style, font honneur à l'imagination et au talent de M. Henri Lehmann.

On dit généralement que Alceste que le temps ne fait rien à l'affaire; toutefois, il est bon de faire observer que l'artiste a été chargé de cet immense travail le 28 janvier 1852, et prévenu que l'inauguration aurait lieu au mois de décembre. En dix jours, il avait tracé son plan; en dix mois, il l'avait mis à exécution.

Au nombre des fêtes données par la ville depuis la décoration de son palais est complète, une des plus belles et des plus importantes fut celle du 23 août 1854, à laquelle assistèrent la reine d'Angleterre et le prince Albert.

Elle a dépassé en beauté et en magnificence tout ce qu'on avait vu jusqu'ici de plus brillant et de mieux ordonné. On avait illuminé et pavoisé la rue de Rivoli dans toute sa longneur et une partie des quais. La place de l'Hôtel-de-Ville était entourée de mâts vénitiens surmontés de bannières flottantes et de grandes pyramides en verres de couleur. La façade était décorée de trophées, d'écussons, de drapeaux; les lignes principales, les angles, les saillies de l'architecture, étaient accusées par des cordons de lumière. En avant de l'entrée d'honneur, on avait construit une élégante marquise pour servir uniquement de passage à Leurs Majestés, aux princes et à leur suite.

Le premier vestibule, orné des statues en bronze de Louis XIV et de François Ier, était richement tendu et orné de fleurs dans tout son pourtour. Dans les fonds, deux orchestres d'harmonie, cachés par les plis des tentures, et composés des premiers artistes, attendaient l'arrivée de Leurs Majestés pour exécuter le *God save the Queen* et la marche de Gounod : *Vive l'Empereur !*

La grande cour de Louis XIV offrait un éblouissant coup d'œil. Au fond de cette cour, on avait élevé un escalier à double rampe, entièrement à jour, rappelant par le style et le dessin l'escalier de Fontainebleau, et reposant sur un vaste bassin, au milieu duquel se dressaient les statues réunies de la France et de l'Angleterre. Deux autres statues à demi-couchées représentaient la Seine et la Tamise versant des nappes d'eau de leur urne de cristal. De chaque croisée pendaient des draperies de velours cramoisi à franges d'or, ornées de monogrammes enlacés de la reine Victoria et du prince Albert, de l'Empereur et de l'Impératrice. Au-dessus de la porte, et au milieu d'un magnifique trophée, brillait le double écusson de France et d'Angleterre.

Sur tout le parcours des Tuileries à l'Hôtel de Ville, une foule immense, avide de voir Leurs Majestés, stationnait sur leur passage, et a fait entendre des cris mille fois répétés de : *Vive la Reine ! Vive l'Empereur !*

Les visiteurs furent reçus dans le premier vestibule par le préfet de la Seine; M. Delangle, président du corps municipal; M. Merruau, secrétaire général de la préfecture; les conseillers municipaux et les maires et adjoints des arrondissements de Paris.

Tout le corps municipal précéda Leurs Majestés, et s'arrêta à l'entrée de la salle des Fêtes pour former la haie sur le passage de la Reine et de l'Empereur.

Le cortège se dirigea ensuite vers la salle des Fêtes, où avait été préparée une estrade recouverte en velours rouge et surmontée d'une couronne, et de draperies en velours rouge et crépines d'or.

A dix heures, l'Empereur ouvrit le bal avec S. M. la reine d'Angleterre; le prince Albert avec la princesse Mathilde, le prince Napoléon avec lady Cowley; le prince Adalbert de Bavière avec Mme Haussmann.

Après le quadrille, l'Empereur, l'Impératrice et leurs hôtes parcoururent les salons de l'Hôtel de Ville au milieu d'une foule empressée.

Deux autres estrades, richement drapées de velours, avaient été réservées à l'Empereur et à ses hôtes dans la salle du Trône et dans les salons des Arcades.

Il y avait à tous les étages, et dans presque toutes les salles où on ne dansait pas, des buffets servis avec la plus grande profusion. Plus de huit mille invitations avaient été envoyées, dont un grand nombre aux étrangers de distinction. Le corps diplomatique, les ministres, les présidents du Sénat, du Corps législatif et du conseil d'État, les fonctionnaires publics, les officiers français et étrangers étaient en grand nombre.

Aucun mot ne saurait décrire l'éclat de cette fête, la beauté et la richesse des parures, la satisfaction et la joie qui brillaient sur tous les visages. Les mesures avaient été si bien prises que, malgré l'énormité de la foule, la ventilation a pu être suffisamment entretenue, et la circulation ne fut pas entravée un instant.

Leurs Majestés se retirèrent vers onze heures et demie, et après leur départ la fête se prolongea jusqu'au matin.

CHAPITRE III.

La place de Grève. — Exécutions. — Ravaillac. — La Brinvilliers. — Foulon et Berthier. — Proposition du docteur Guillotin. — *Les Actes des Apôtres.* — Les frères Agasse. — Le marquis de Favras. — Exécution aux lampions. — Opinion du docteur Louis. — Réflexion de M. de Jouy. — Les quatre sergents de La Rochelle.

La place de l'Hôtel-de-Ville a participé aux améliorations qui font de ce palais un monument unique. On sait qu'elle s'appelait autrefois la Grève, et qu'on y faisait les exécutions. Marguerite Porette y fut brûlée vive en 1318, pour crime d'hérésie, et depuis d'innombrables criminels y subirent les affreux supplices en usage chez nos pères. Malgré la construction de l'Hôtel de Ville, elle devait être assez déserte, puisque Pierre de l'Étoile rapporte que des loups y vinrent rôder sous Henri IV, et que l'un d'eux mangea un enfant.

Les Halles de Paris partagèrent longtemps avec la Grève le triste privilège de voir se dresser l'échafaud; mais il s'en éloigna après le 10 août 1479, jour où le sang de Jacques d'Armagnac tomba en pluie sur la tête de ses enfants. Ravaillac fut tenaillé et écartelé en place de Grève, le 27 mai 1610. Telle était la fureur populaire contre cet assassin, que des forcenés se ruèrent sur ses membres dépecés, les emportèrent et les brûlèrent dans divers carrefours.

La marquise de Brinvilliers fut décapitée, puis brûlée en la Grève, le 16 juillet 1676. « Vers les six heures du soir, raconte Mme de Sévigné, on l'a menée nue, en chemise, la corde au cou, à Notre-Dame, faire amende honorable, et puis on l'a remise dans le même tombereau, où déjà je l'ai vu jeter à reculons sur la paille, avec une cornette basse et en chemise, un docteur auprès d'elle, le bourreau de l'autre côté. En vérité cela m'a fait frémir... Ceux qui ont vu l'exécution disent qu'elle est montée à l'échafaud avec bien du courage. Pour moi, j'étais sur le pont Notre-Dame (alors couvert de maisons) avec la bonne d'Escars ; jamais il ne s'est vu là tant de monde ; jamais Paris n'a été si ému et si attentif... Elle dit à son confesseur, en chemin, de faire mettre le bourreau devant elle, afin de ne pas voir *ce coquin de Desgrais qui m'a prise.* Son confesseur le reprit de ce sentiment; elle dit : « Ah ! mon Dieu, je vous en demande pardon, qu'on me laisse donc cette étrange vue. » Elle monta seule et nu-pieds sur l'échafaud, et fut en un quart d'heure mirodée, rasée, dressée et redressée par le bourreau. Ce fut un grand murmure et une grande cruauté. Le lendemain, on cherchait ses os, parce que le peuple disait qu'elle était sainte. Enfin c'en est fait, la Brinvilliers est en l'air, son pauvre petit corps a été jeté après l'exécution dans un fort grand feu et ses cendres au vent. »

Nous ne connaissons point, dans l'histoire sanglante de la Grève, de documents plus atroces que le procès-verbal de l'exécution de Damiens, du 28 mars 1757. Le greffier Alexandre-André Le Breton, note une à une les tortures de l'assassin de Louis XV, il le suit à la question, enregistre les aveux que la douleur arrache au condamné, l'accompagne devant Notre-Dame, et revient lire une dernière fois l'arrêt sur la place de Grève, le cri préalablement fait par l'exécuteur de la haute justice : « Ledit condamné a été ensuite lié sur l'échafaud, où d'abord il a eu la main brûlée, tenant en icelle le couteau avec lequel il a commis son parricide. Nous nous sommes approché dudit condamné, l'avons exhorté de nouveau à convenir de ses complices, et lui avons donné à entendre que messieurs les présidents et commissaires de la cour se transporteraient pour recevoir ses déclarations s'il en avait à faire. Lequel condamné nous aurait dit qu'il n'avait pas de complices, et qu'il n'avait aucune déclaration à faire. Au même instant, ledit condamné a été tenaillé aux mamelles, bras, cuisses et gras de jambes, et sur lesdits endroits a été jeté du plomb fondu, de l'huile bouillante, de la poix-résine brûlante, de la cire et du soufre fondus ensemble, pendant tout lequel supplice, le condamné s'est écrié à plusieurs fois : *Mon Dieu, la force, la force, Seigneur ! Mon Dieu, ayez pitié de moi ! Seigneur mon Dieu, que je souffre ! Seigneur mon Dieu, donnez moi la patience !* Ensuite il a été tiré à quatre chevaux, et après plusieurs secousses a été démembré, et ses membres et corps morts ayant été jetés sur le bûcher, nous en sommes venu rendre compte à messieurs les présidents et commissaires, et sommes resté en ladite place de Grève jusqu'après l'exécution dudit arrêt. Qui est tout le procès-verbal qui a été par nous dressé de ladite exécution. Fait les jour et an que dessus, et avons signé, Le Breton. »

En 1780 la place de Grève se rétrécissait dans le voisinage de la rue Sainte-Avoye. A l'angle qui faisait face au pavillon nord de l'Hôtel de Ville, était la maison d'un épicier, maison du moyen âge, flanquée d'une jolie tourelle en encorbellement; tout auprès une barre de fer scellée dans le mur soutenait un réverbère. Ce fut là que Foulon fut pendu, le 22 juillet. Adjoint au ministre de la guerre le 12 du même mois, il avait pris la fuite et s'était réfugié au village de Viry ; mais les paysans le

détestaient et l'accusaient d'avoir dit, pendant la disette : « Vous n'avez pas de pain ! eh bien, mangez de l'herbe. » Ils le reconnaissent, l'arrêtent, et le conduisent à Paris, d'après les ordres de M. Kappe, syndic du village. Chemin faisant, par allusion aux propos qu'il avait tenus, on lui met sur le dos une botte de foin, au cou un collier d'orties, sur la poitrine un bouquet de chardons, et c'est dans cet attirail humiliant et bizarre que, le 22 juillet, vers quatre heures du matin, il arrive chez M. Acloque, président du district de Saint-Marcel. M. Carrette, commandant de la milice du même district, le mène directement à l'Hôtel de Ville ; les électeurs décident qu'il sera transféré à l'abbaye de Saint-Germain, comme prévenu du crime de lèse-nation. Mais déjà le bruit de son arrivée s'était répandu, et une multitude tumultueuse s'agitait sur la place de Grève. Bailly et vingt électeurs descendent ; du haut du perron, le maire lit l'arrêt du matin ; il annonce que le prisonnier est sous la main de la nation ; il pénètre dans les groupes, il cherche à calmer l'effervescence ; mais à chaque instant les masses deviennent plus compactes, l'irritation augmente, les cris redoublent. Tout à coup les sentinelles sont culbutées, les barrières forcées, les escaliers, la cour, la grande salle envahis par des hommes furieux qui demandent la mort du coupable avec d'effrayantes vociférations. Moreau de Saint-Merry, président des électeurs, parvint à obtenir du silence, et M. Dalapoize, électeur, en profite pour s'écrier : « Tout coupable doit être jugé et puni par la justice ; parmi les Français dont je suis environné, je me flatte de ne pas voir un seul bourreau.
— Oui, ajoute un autre électeur, M. Osselin, toute exécution doit être précédée d'une instruction et d'un jugement. M. Foulon doit être jugé.
— Oui, oui, jugé de suite et pendu, répond la foule. »

Et après un simulacre de jugement, le malheureux est saisi, est porté au pied de la lanterne qui avait été inaugurée quelques jours auparavant par le supplice de deux défenseurs de la Bastille, Bécard et Asselin. On lui passe la corde au cou ; elle casse, et le supplicié, lourdement tombé sur le pavé, joint les mains en demandant merci. Ses impitoyables bourreaux lui replacent la tête dans le nœud coulant ; la corde casse encore ; on en va chercher une neuve... Cette affreuse agonie se termine enfin par une mort plus affreuse encore. Le cadavre palpitant est mis en pièces, et l'on promène au bout d'une pique sa tête livide, entre les dents de laquelle on enfonça une poignée de foin.

Louis-Pierre-Jean-Baptiste Breton, compagnon menuisier, rapporta sur le bureau de l'Hôtel de Ville la tabatière d'or et les souliers à boucles d'argent de Foulon. Besson, garçon de café, a déposé le chapeau de la victime, ses deux montres d'or, son mouchoir, ses gants, sa bourse contenant onze louis en or, deux pièces de six sous et une médaille d'argent.

Le gendre de Foulon, Berthier de Sauvigny, intendant de Paris, fut arrêté à Compiègne et amené le soir même à l'Hôtel de Ville, sous une escorte de deux cent cinquante cavaliers. Ce convoi était précédé d'une charrette chargée d'écriteaux qui portaient :

Il a volé le roi et la France ;
Il a dévoré la substance des pauvres ;
Il a été l'esclave des riches et le tyran des pauvres ;
Il a bu le sang de la veuve et de l'orphelin ;
Il a trompé le roi ;
Il a trahi sa patrie.

Berthier était dans une voiture dont, pour le mieux voir, on avait enlevé les côtés et l'impériale. Deux soldats le tenaient en respect en le menaçant de leurs baïonnettes. Des cavaliers armés, des Suisses, des gardes-françaises, des hommes couronnés de lauriers, d'autres portant des drapeaux, des femmes chantant et dansant au son d'une musique militaire, formaient autour de Berthier une marche affreusement triomphale. Devant l'église Saint-Merry on lui présenta la tête de son beau-père, et son visage, jusqu'alors impassible, se couvrit d'une pâleur mortelle. Il reconquit toute sa présence d'esprit, lorsqu'à neuf heures du soir il fut introduit dans la grande salle de l'Hôtel de Ville. Il répondit à Bailly qui l'interrogeait :

« J'ai obéi à des ordres supérieurs ; vous avez mes papiers, ma correspondance ; vous êtes tous aussi instruits que moi. »

Et comme on voulait lui adresser de nouvelles questions, il ajouta avec impatience :

« Je suis extrêmement fatigué ; depuis deux jours je n'ai pas fermé l'œil ; veuillez me donner un lieu où je pourrai prendre quelque repos. »

Les électeurs ordonnent qu'on le conduise à l'Abbaye ; des soldats le précèdent sur l'escalier, et repoussent la foule en disant d'un ton pacifique :

« Allons, point de violence, messieurs, point de violence ! »

Berthier, frappé des clameurs qui s'élevaient de la place, dit en souriant amèrement :

« Ce peuple est bizarre avec ses cris ! »

Il paraît ; on se jette sur lui ; il saisit un fusil, se précipite dans la mêlée, et est tué d'un coup de pistolet.

La potence, la roue, étaient considérées comme infamantes ; la décapitation était l'apanage des criminels appartenant à l'aristocratie nobiliaire. L'Assemblée constituante, en réformant les lois, chercha à établir l'égalité devant les supplices. Un ancien membre de l'ordre des Jésuites, devenu médecin, député au tiers état à Paris, proposa, dans la séance du 1er décembre 1789, l'article suivant : « Dans tous les cas où la loi prononcera la peine de mort contre un accusé, le supplice sera le même ; quelle que soit la nature du crime dont il se sera rendu coupable, le criminel sera décapité ; il le sera par l'effet d'une simple machine. » Guillotin expliqua sommairement quel pouvait être l'effet de cet instrument qui tuait sûrement, et qui épargnait des souffrances aux condamnés.

« Avec cette machine, dit-il, je vous fais sauter la tête en un clin d'œil, sans que vous ayez le temps de vous en apercevoir. » Quoique sa proposition ne fût pas immédiatement adoptée, les journaux royalistes, qui s'égayaient aux dépens des députés patriotes, qualifièrent immédiatement du nom de *guillotine* l'instrument qui devait faire parmi eux tant de victimes. On lisait, dans le sixième numéro des *Actes des Apôtres* : « Il était réservé à M. Guillotin, député de Paris, aussi adroit médecin que profond mécanicien, de présenter au monde l'esquisse d'une machine à décapiter. Une grande difficulté s'est élevée sur le nom à donner à cet instrument. Prendra-t-on, pour en enrichir la langue, le nom de son inventeur ? Sera-ce celui du président qui prononcera le vœu de l'assemblée à ce sujet ? Sera-ce enfin la première victime de Thémis ?

« Les membres qui sont d'avis qu'on adopte le nom de l'auteur n'ont pas eu de peine à trouver la dénomination douce et coulante de *guillotine*. »

Dans le même numéro se trouve, sur l'air du *Menuet d'Exaudet*, une chanson qui débute ainsi :

> Guillotin,
> Médecin
> Politique,
> Imagine un beau matin
> Que pendre est inhumain
> Et peu patriotique.

Et se termine par ces mots :

> Et sa main
> Fait soudain
> La machine
> Qui simplement nous tuera,
> Et que l'on nommera
> *Guillotine*.

Les *Actes des Apôtres* ajoutent, n° 27 :

« M. Guillotin, député de Paris, s'est immortalisé par la sublime découverte de la machine à décapiter, dont on n'a encore fait usage que dans la pantomime des *Quatre Fils Aymon*, à l'Ambigu-Comique. M. Guillotin offrant sa machine à la France, quel superbe sujet pour un tableau d'histoire ! »

La machine resta à l'état de théorie. Le 8 février 1790, on conduisit, du Châtelet à la Grève, les frères Agasse, condamnés au gibet pour fabrication d'effets royaux et publics. Pendant toute la route, ces jeunes gens ne cessèrent de se lamenter et de dire : « Messieurs, demandez notre grâce, nous sommes repentants. » On les déposa à l'Hôtel de Ville ; l'exécuteur pendit le plus jeune ; puis il remonta à l'Hôtel de Ville pour chercher Agasse l'aîné. A peine ce malheureux est-il au bas du perron, qu'il aperçoit le corps de son frère suspendu à une potence, auprès de celle qui l'attend. Le bourreau et ses agents lui font faire encore quelques pas vers ce corps. Il détourne la tête, ses

La place Royale.

forces l'abandonnent; on lui couvre le visage d'un mouchoir, et on le porte au pied du gibet sur lequel il expire au bout de quelques minutes.

Le 12 du même mois fut pendu le marquis de Favras, atteint et convaincu d'avoir formé, communiqué à des militaires, banquiers et autres personnes, et tenté de mettre à exécution un projet de contre-révolution en France, qui devait avoir lieu en rassemblant les mécontents des différentes provinces, en donnant entrée dans le royaume à des troupes étrangères, en gagnant une partie des ci-devant gardes-françaises, en mettant la division dans la garde nationale, en attentant à la vie de trois des principaux chefs de l'administration, en enlevant le roi et la famille royale pour les mener à Péronne, en dissolvant l'Assemblée nationale et en marchant en force vers la ville de Paris, où on lui coupant les vivres pour la réduire, le tout ainsi qu'il est mentionné au procès; pour réparation, condamné à faire amende honorable, et à être pendu sur la place de Grève.

A neuf heures du matin, il entendit la lecture de son jugement. Une garde très-nombreuse était commandée. Une foule immense garnissait toutes les rues par où il devait passer; lorsqu'il sortit du Châtelet, les spectateurs battirent des mains. Cette scène se répéta sur le pont Notre-Dame, lorsqu'il allait faire amende honorable. On remarqua que son front était serein; la joie du peuple ne parut ni l'irriter ni l'affliger. En retournant de Notre-Dame il avait pâli, mais sa contenance était toujours la même. Arrivé à la Grève, il monta à l'Hôtel de Ville. On crut, et le bruit s'en répandit dans la foule, qu'il avait demandé dix-sept à dix-huit personnes; c'était un faux bruit. Le sieur de Favras écrivait tranquillement cinq ou six lettres à diverses personnes.

La nuit étant survenue, on distribua des lampions sur la place de Grève, et on en mit jusque sur la potence. La foule, qui occupait tous les dehors de la place, ne cessa pas un instant de crier: *Favras! Favras!* et de demander qu'il fût livré au supplice. Il descendit de l'Hôtel de Ville, marchant d'un pas assuré; au pied du gibet, il éleva la voix en disant: *Citoyens, je meurs innocent; priez Dieu pour moi.* Vers le second échelon, il a dit d'un ton aussi élevé: *Citoyens, je vous demande le secours de vos prières, je meurs innocent.* Au dernier échelon, il ajouta: *Citoyens, je suis innocent, priez Dieu pour moi.* (Au bourreau.) *Et toi, fais ton devoir.*

L'assassin d'une dame Madoré fut roué le 27 décembre 1790.

La guillotine ne fut mise en usage que le 25 avril 1792, pour le supplice d'un voleur nommé Jacques Nicolas Pelletier, qui avait arrêté un passant rue Bourbon-Villeneuve. Avant de la mettre décidément en pratique, l'Assemblée constituante avait consulté le docteur Louis, secrétaire perpétuel de l'Académie de chirurgie; celui-ci, examinant tour à tour les divers modes de supplice en usage, conclut en ces termes:

« En considérant la structure du cou, dont la colonne vertébrale est le centre, composé de plusieurs os dont la connexion forme des enchevauchures, de manière qu'il n'y a point de joint à chercher, il n'est pas possible d'être assuré d'une prompte et parfaite séparation, en la confiant à un agent susceptible de varier en adresse par des causes morales et physiques; il faut nécessairement, pour la certitude du procédé, qu'il dépende de moyens mécaniques invariables, dont on puisse également déterminer la force et l'effet; c'est le parti qu'on a pris en Angleterre. Le corps du criminel est couché sur le ventre, entre deux poteaux barrés par le haut et une traverse, d'où l'on fait tomber sur le cou la hache convexe au moyen d'une déclique. Le dos de l'instrument doit être assez fort et assez lourd pour agir efficacement, comme le mouton qui sert à enfoncer des pilotis: on sait que sa force augmente en raison de la hauteur d'où il tombe.

Une visite à l'Hôtel-Dieu.

« Il est aisé de faire construire une pareille machine, dont l'effet est immanquable; la décapitation sera faite en un instant, suivant l'esprit et le vœu de la nouvelle loi. Il sera facile d'en faire l'épreuve sur des cadavres, et même sur un mouton vivant. On verra s'il ne serait pas nécessaire de fixer la tête du patient par un croissant qui embrasserait le cou au niveau de la base du crâne : les cornes ou prolongement de ce croissant pourraient être arrêtées par des clavettes sous l'échafaud; cet appareil, s'il paraît nécessaire, ne ferait aucune sensation et serait à peine aperçu.

« LOUIS,
« Secrétaire perpétuel de l'Académie de chirurgie. »

On proposa d'appeler le nouvel instrument de mort la Louison, mais le nom de guillotine prévalut, et on le trouve dans le n° 146 des *Révolutions de Paris*, du 21 ou 18 avril 1792, avec deux vers de Malherbe qui sont proposés comme inscription :

Et la garde qui veille, etc.

La première guillotine fut fabriquée par un nommé Schmit, facteur de pianos de Strasbourg, d'après les dessins d'un sieur Laquiante, attaché au tribunal de Strasbourg. Le chirurgien Louis en dirigea la construction, et, le 17 avril 1792, se transporta avec Samson, le bourreau, à Bicêtre, où des essais furent faits sur plusieurs cadavres.

On avait tellement parlé du nouvel instrument de supplice, que son apparition sur la place de Grève ne produisit qu'un médiocre effet. Il fut même l'objet d'atroces plaisanteries de la part des journaux opposés au mouvement révolutionnaire. Ainsi, *le Journal de la cour et de la ville*, se moquant à la fois du docteur Guillotin et du docteur Louis, annonça en ces termes, le 24 avril, le prochain supplice de Pelletier :

« On donnera incessamment la première représentation de la GUILLOTINE, pièce à *tiroir*, imaginée jadis en Italie, mais adaptée à notre théâtre par le docteur Diafoirus, et retouchée par un frater qui jouit en France d'une grande célébrité. — On prévient les personnes honnêtes qui voudront honorer ce spectacle de leur présence de ne point trop renfler leurs poches, pour ne point causer trop de distraction aux amateurs.

« *Nota*. Si le succès couronne leur espérance, les entrepreneurs se proposent d'établir des théâtres dans les provinces et notamment dans l'Orléanais. »

Gaultier de Syonnet, rédacteur du même journal, dit quelques jours après, avec une gaieté indécente et cynique :

« 20 avril. On a donné mercredi (25 avril) une première représentation de *Guillotine*, tragédie en un acte, qui a eu le plus grand succès ; les jacobins s'y sont parfaitement bien comportés et n'y ont commis aucun désordre. Ils étaient si occupés de la beauté du spectacle qu'ils n'avaient pas le temps de penser à autre chose ; ils ont surtout admiré le dénoûment, et nous avons entendu dire à plusieurs d'entre eux, qui sont bons connaisseurs et même compositeurs, qu'ils voudraient bien que leur pièce se terminât ainsi. Ces messieurs ne sont pas dégoûtés. »

« 30 avril. On lit dans un journal qu'un des futurs représentants *en place de Grève*, ayant vu les préparatifs horribles de l'exécution du sieur Pelletier, qui a étrenné mademoiselle Guillotine, chanta, après un moment de réflexion, sur un air très-connu par l'ami Gorsas :

Rendez-moi
Ma potence
De bois :
Rendez-moi
Ma potence ! »

On guillotina, le 12 juillet, un prêtre nommé Geoffroi, fabricant de faux assignats, et, le 23 octobre, neuf émigrés pris les armes à la main ; ce furent les seuls supplices qui eurent lieu sur la place de Grève ; pendant la Révolution, l'échafaud fut transporté ailleurs pour ne revenir à son point de départ qu'en 1795. Il y resta près de quarante ans, et, chaque fois qu'une tête tombait, l'affluence était énorme, la location des fenêtres rapportait d'incroyables sommes aux propriétaires, et l'on accourait des quartiers les plus lointains à ce spectacle sanglant. Un moraliste de la Restauration, oublié maintenant, et dont les écrits offrent pourtant des réflexions pleines de sens, M. de Jouy, disait dans son *Ermite de la Chaussée-d'Antin* : « Quelle idée différente emporteraient de nous deux étrangers, dont l'un n'aurait vu les Parisiens qu'à l'Opéra, et l'autre, qu'en traversant la ville, le long des quais, un jour d'exécution en place de Grève? Que devrait penser ce dernier en voyant sa voiture arrêtée à chaque pas, au milieu d'une foule immense qui se presse autour de l'Hôtel de Ville et du Palais de Justice ; en écoutant ces bruits confus et tumultueux de la populace, dont l'effet matériel est à peu près le même, quelles que soient les circonstances qui les occasionnent?

« Cet étranger, qui verrait sur son chemin l'artisan quitter sa boutique, le bourgeois oublier l'heure de son dîner, les femmes prendre place aux fenêtres, d'autres mêlées dans la foule dont les quais et les ponts sont couverts, les cafés et les cabarets se remplir de buveurs ; cet étranger, dis-je, ne se croirait-il pas arrivé à Paris le jour d'une grande solennité? Supposons maintenant qu'il questionne son postillon, et qu'il apprenne que ce concours de monde, que tout ce mouvement a pour but de jouir des dernières angoisses d'un malheureux condamné au supplice ; notre voyageur, pour concilier les traces de civilisation qu'il aurait pu remarquer avec d'aussi cruelles habitudes, ne serait-il pas autorisé à croire qu'il est au milieu d'une horde de sauvages récemment établie dans la capitale d'une nation civilisée? Curieux d'observer de plus près cette peuplade des bords de la Seine, il descend, se mêle dans la foule, et, s'adressant à un des habitués de la Grève, il demande : « Quel est l'usage de ces masses de charpentes qu'on abat en ce moment, et qui semblent avoir appartenu à quelque grande construction? — Celui-ci répond que ces restes forment une partie d'un vaste édifice en bois que l'on avait élevé, quinze jours auparavant, pour servir à la réjouissance publique. — Et cette autre construction, d'une moindre étendue, que l'on dresse sur le même emplacement? — C'est un échafaud où va monter, à quatre heures précises, *un particulier très-connu*, atteint et convaincu d'assassinat. » J'imagine qu'à cette réponse mon étranger doit se dire en lui-même : « Comment, les habitants de cette bonne ville dressent sur la même place des salles de bal et des échafauds! Ils mêlent, en idée du moins, les sons du violon et les cris du patient! Ils ordonnent, au même lieu et presque en même temps, des fêtes et des supplices!... Je me suis trompé ; ces gens-là ne sont pas des sauvages, ce sont des fous. » J'ai fait souvent la réflexion que je prête à mon voyageur, et jamais je ne suis passé sur la place de Grève sans frémir de cet affligeant contraste, dont j'y retrouve toujours l'image. »

Un acte de réparation, envers des victimes politiques, détermina la purification de la place de Grève.

Les quatre sergents de La Rochelle, Bories, Goubin, Raoulx et Pommier, condamnés à mort en 1822 pour avoir fait partie de l'association des carbonari et conspiré contre le gouvernement de Louis XVIII, furent exécutés, le 21 septembre, sur la place de Grève. Ils y furent conduits de la Conciergerie par le Pont-au-Change et le quai de la Mégisserie, entre deux haies de soldats, derrière lesquelles se pressait une foule compacte. Chacun des condamnés était dans une charrette séparée. Réunis au pied de l'échafaud, ils s'embrassèrent ; puis Raoulx monta le premier, et pendant qu'on l'attachait sur la planche de la guillotine, il s'écria d'une voix tonnante : *Vive la liberté!* Goubin et Pommier poussèrent le même cri ; Bories, avant de se livrer à l'exécuteur, jeta ces mots à la foule : « Rappelez-vous que c'est le sang de vos fils qu'on fait couler aujourd'hui. »

Le 21 septembre 1831, jour anniversaire de la mort cruelle des quatre sergents de La Rochelle, il y eut, place de Grève, une démonstration funèbre et commémorative qui avait été provoquée par les loges maçonniques : trois ou quatre mille citoyens se trouvèrent réunis ce jour-là, entre trois à quatre heures, place de Grève, autour d'une estrade élevée sur le lieu même où avait été placé l'instrument de mort, et sur cette estrade fut signée une pétition ayant pour objet l'abolition de la peine de mort, et la cérémonie se termina paisiblement ; mais elle devint l'objet ou le prétexte de véhémentes accusations contre les sociétés politiques de la part des députés de la résistance.

La société des Amis du Peuple, née avec la révolution de Juillet, fut principalement en butte à leurs attaques. Néanmoins, le vœu des pétitionnaires fut exaucé, et la guillotine fut transférée à la barrière Saint-Jacques, où les exécutions eurent lieu, conformément à un arrêté préfectoral du 20 janvier 1832. La place de l'Hôtel de Ville a été élargie, et en face du palais municipal se sont élevés deux monuments accessoires où sont logés les bureaux de l'Assistance publique et autres dépendances de l'administration préfectorale ou de l'édilité.

CHAPITRE IV.

Les environs de l'Hôtel de Ville. — Décret du 29 juillet 1854. — Le Châtelet. — La fontaine du Palmier. — Son déplacement. — Saint-Jacques la Boucherie. — Saint-Merry. — Le 6 juin 1832.

Les abords de cette place, notamment dans la partie occidentale, était un labyrinthe d'affreuses ruelles, réceptacle des vagabonds et des voleurs.

C'était là que les gens sans aveu couchaient à la corde moyennant la faible rétribution de 10 centimes. Des femmes hideuses, rebut de la prostitution de tous les autres quartiers, guettaient les passants à la porte d'affreux bouges. Les maisons de ces parages étaient tellement vermoulues, qu'une d'elles s'écroula subitement, il y a quelques années, et qu'elle écrasa dans sa chute ses misérables habitants. Dans ces parages maudits se trouvait la rue de la Vieille-Lanterne, où un poëte, Gérard de Nerval, se pendit, dans un accès d'aliénation mentale, pendant la nuit du 26 janvier 1855.

Tous ces repaires ont été détruits. Un décret, daté de Biarritz le 29 juillet 1854, a prononcé la suppression des ignobles rues de la Tannerie, de la Vannerie, des Teinturiers, de la Vieille-Place-aux-Veaux, de la Vieille-Lanterne, de la Vieille-Tannerie, Saint-Jérôme, de la Tuerie et de la Joaillerie.

Le même décret ordonnait la construction d'un boulevard qui a pris le nom d'avenue Victoria, et qui met la place de Grève en communication avec la place du Châtelet.

Le Châtelet était un vieil édifice qui passait pour avoir été bâti par Jules-César, parce qu'une des pierres employées dans la maçonnerie de la porte principale portait ces mots : *Tributum Cæsaris*. Successivement agrandie, cette forteresse avait été complétement reconstruite en 1684. Là siégeait la juridiction de la prévôté et vicomté de Paris, subdivisée en chambre criminelle, chambre du parc civil, présidial et chambre du conseil. A ces tribunaux, qui étaient pour ainsi dire une succursale du Parlement, étaient annexés une prison, la Morgue, où l'on exposait les cadavres trouvés dans Paris, et le corps de garde où se tenait la compagnie du guet de l'Étoile, composée du chevalier du guet, de quatre lieutenants, d'un guidon, de huit exempts, de trente-neuf archers à cheval et de cent hommes à pied, d'un greffier, d'un contrôleur et d'un trésorier.

Cette compagnie avait été créée sous le règne du roi Jean, en 1350. Elle fut supprimée en 1733, après la mort du sieur Chopin, titulaire de la charge de chevalier du guet, et rétablie et remise sur pied par édit donné à Compiègne le 22 juillet 1763.

En 1803, les bâtiments du Châtelet furent vendus à la chambre des notaires, et la place se forma aux dépens des ruelles voisines. Le 11 octobre 1806, le ministre de l'intérieur fixa la largeur de la place, au centre de laquelle on éleva, sur les dessins de Bralle, une fontaine monumentale. Du milieu du bassin, d'où jaillissent les eaux, part une colonne dont le piédestal est entouré de quatre statues sculptées par Bosio : la Loi, la Force, la Prudence et la Vigilance. Le fût est divisé par des anneaux de bronze qui portent les noms de plusieurs batailles gagnées par les Français à la fin de la République ou au commencement de l'Empire. Le chapiteau figure la cime élégante d'un palmier. Son amortissement est surmonté d'une figure dorée de la Victoire, tenant à la main des couronnes qu'elle semble vouloir distribuer.

Des décrets du 21 juin et du 20 juillet 1854 portèrent la moindre largeur de la place du Châtelet à 75 mètres, et des démolitions furent aussitôt pratiquées ; mais après l'élargissement de la place du Châtelet, l'ouverture du boulevard de Sébastopol et la régularisation de l'alignement de la rue Saint-Denis, on s'aperçut que la fontaine du Palmier ne se trouvait plus ni dans l'axe du nouveau boulevard, ni dans l'axe de la nouvelle chambre des notaires reconstruite, ni dans celui de la rue Saint-Denis. On n'hésita pas à la déplacer et à l'exhausser de manière à la mettre en harmonie avec les voies qui y accèdent. La chose n'était pas aisée, à cause du poids énorme de cette fontaine (24,000 kilogrammes) et de la solidité de son soubassement, composé de roche de Bagneux; cependant il suffit d'une vingtaine de minutes pour la porter au centre de la place du Châtelet. Cette opération fut accomplie, sous la direction de M. Ballu, le 22 avril 1858. La colonne fut maintenue en l'air au moyen d'étais, tandis qu'on lui refaisait un soubassement. Quand il eut été exhaussé, la colonne, enveloppée d'une chemise de charpente, fut posée dessus par un système de moufles que douze cabestans mettaient en mouvement. Enfin, le samedi, 1er janvier 1859, la fontaine du Palmier, débarrassée des palissades qui l'environnaient, était livrée à l'admiration des curieux; et l'eau tombait dans ses vasques remaniées ou jaillissait par les cornes d'abondance du socle de la colonne, et par la bouche des quatre sphinx de pierre du soubassement.

Cette entreprise, dont le résultat fut si heureux, eut un antécédent qui remonte à plus d'un siècle. En 1776, le transport du clocher de l'église Notre-Dame du Palais, près de la ville de Crescentino, au confluent du Pô, fut effectué à la grande surprise et à la grande admiration de la Péninsule tout entière.

L'administration locale avait conçu le projet de prolonger l'ancienne église au moyen d'une rotonde. Il en résultait l'inconvénient d'être forcé d'abattre un clocher qui se trouvait dans la périphérie du cercle, et les habitants tenaient beaucoup à ce clocher.

Serra Crescenti, simple maçon, mais maçon de génie, se présenta, et se fit fort de conserver le clocher en le transportant, sans le démolir, quelques pas plus loin, limite nécessaire pour la nouvelle construction de la rotonde. Les savants, qui n'avaient étudié que dans les livres, repoussèrent cette prétention comme extravagante et la condamnèrent ainsi d'avance. Mais Serra expliqua son plan; il en fit l'application à un autel menacé de perdre toute solidité à la suite d'un éboulement de terres. Cet autel, surmonté d'un immense tableau, fut reculé vers le lieu où il devait être appuyé sans danger. Le succès alors persuada les adversaires du projet, et l'on consentit au transport du clocher moyennant le prix de la main-d'œuvre, évalué à 150 livres.

Serra fit d'abord disposer les fondations du clocher à la place qu'il devait occuper; puis il construisit la charpente destinée à servir pour ainsi dire de vêtement à cet édifice, ainsi que le plan incliné sur lequel devaient jouer les rouleaux.

Dans la journée du 25 mars 1776, des ouvriers maçons coupèrent les quatre angles du clocher, qui se trouva soutenu en équilibre sur les poutres. Le 26, en présence d'une foule immense, et après avoir fait monter son fils dans le clocher pour qu'il tînt les cloches en branle, Serra fit jouer les cabestans, et, en moins d'une heure, le clocher fut assis sur ses nouvelles fondations. Les quatre angles y furent reconstruits, et l'édifice reçut même une élévation de 6 mètres.

Ce fait si remarquable, à cause du voisinage du Pô et par conséquent du peu de solidité du terrain, est prouvé par un procès-verbal des administrateurs de la ville. Le procédé employé par Serra, qui a le premier conçu et exécuté la translation d'une masse aussi pesante, fut imité bientôt en Calabre, et l'on dut à cette pensée de l'illustre Piémontais la conservation de quelques monuments que des éboulements trop voisins mettaient en danger d'une ruine prochaine.

Pour compléter ce bel ensemble de la place du Châtelet, on y introduisit des ombrages par le procédé expéditif déjà employé place de la Bourse.

A quelques centaines de pas de distance, dans ce quartier jadis si sombre, maintenant plein d'air et de soleil, se dessine nent les massifs d'un jardin charmant où se coudoient, sans distinction de classe, les habitants de ce quartier populeux. C'est le square Saint-Jacques de la Boucherie; c'était jadis là, comme l'indique le nom, qu'était le centre de la puissante corporation des bouchers, qui, constitués en corps d'état depuis l'origine de la monarchie, se transmettaient leurs étaux de génération en génération. Leur église avait été fondée dès le Xe siècle;

mais la belle et solide tour qui en reste fut construite de 1508 à 1522. Elle avait survécu au reste de l'église, qui fut vendue et démolie en 1790, et elle servait à une fonderie de plomb de chasse. Le gouvernement acheta cette tour le 27 août 1836, moyennant 250,100 francs; suivant les comptes arrêtés par les marguilliers, la fabrique l'avait payée 5,546 livres.

Sous la direction de M. Théodore Ballu, un soubassement octogone a été établi au pied du monument. Sous la clef de voûte des arcades du rez-de-chaussée est la statue en marbre de Pascal par Cavalier. Pourquoi Pascal se trouve-t-il là? C'est que ce fut au haut de cette tour qu'il renouvela les expériences qu'il avait faites au Puy-de-Dôme, sur la pesanteur de l'air, mesurée au moyen d'une colonne de mercure.

On monte sur la plate-forme supérieure, élevée de 84 mètres au-dessus du sol, par un escalier en hélice, dont on ne saurait trop louer la grâce et la solidité. Aux angles de la terrasse sont fièrement posés les quatre animaux symboliques et la statue de saint Jacques sculptée d'après le modèle primitif de l'imagier Raoult.

Le quartier que domine ce monument emprunte son nom à la petite église Saint-Merry ou Saint-Médéric. C'était jadis une petite chapelle dédiée à saint Pierre et qui fut placée sous le vocable d'un vénérable prieur d'Autun, après avoir été reconstruite aux frais d'un nommé Odon, fauconnier.

Le chapitre de Notre-Dame en prit possession au XIIe siècle et y envoya un bénéficier avec le titre de chanoine. L'église, érigée en paroisse du temps de François Ier, rebâtie de l'an 1520 à l'an 1612, mérite d'être vue à cause de ses cinq nefs, du fini de ses arabesques, de ses vitraux peints par Robert Pynaigrier, des sculptures de Pierre Slodtz, des chapelles décorées par Théodore Chassériau, Henri Lehmann, Sébastien Cornu, Lepaulle et Amaury Duval.

Dans la rue voisine est un hôpital de quatorze lits ouvert le 15 décembre 1783. Dans le cloître, derrière le chevet, se tenaient autrefois les audiences des juges-consuls. La maison où ils siégeaient avait été bâtie pour Baillet, président du parlement de Paris. La juridiction consulaire en avait pris possession le 16 novembre 1570, et, pendant la Révolution, ce voisinage fit donner à l'église le nom de Temple du commerce. Ce local, avant d'être démoli en 1834, servit pendant quelque temps à des cours publics et gratuits.

Ce fut devant Saint-Merry que, le 6 juin 1832, les insurgés conduits par Jeanne, résistèrent aux attaques combinées de la troupe de ligne et de la garde nationale. Ils avaient creusé, devant le portail, deux fossés profonds et élevé plusieurs lignes de barricades, qu'il fallut détruire à coups de canon. Nous avons déjà fait observer que, dans nos troubles civils, les efforts de l'insurrection se concentraient sur l'hôtel municipal. Jeanne et ses compagnons avaient choisi Saint-Merry comme un poste avancé d'où ils comptaient se rendre à l'Hôtel de Ville s'ils avaient reçu des renforts; mais, isolés, cernés de toutes parts, décimés par la mitraille, ils périrent presque tous les armes à la main, et un petit nombre seulement se fraya un passage à la baïonnette.

CHAPITRE V.

La caserne Napoléon. — Saint-Gervais. — Autres églises. — L'Arsenal. — La place Royale. — Le mont de Piété. — Le pont Marie. — Le pont Louis-Philippe. — Le pont d'Arcole. — Le pont et la pompe Notre-Dame. — Le pont au Change. — Le quai de Gèvres.

En embellissant cette partie de la capitale, on n'a point perdu de vue son importance stratégique. De 1852 à 1854, a été bâtie, aux frais de l'État, derrière l'Hôtel de Ville, une caserne qui occupe une superficie de 8,247 mètres, et peut loger plus de deux mille hommes d'infanterie. Le directeur des travaux a été M. Guillemant. A l'est, une seconde caserne de moindre importance et destinée à la garde de Paris a été inaugurée au commencement de 1859.

Les démolitions exigées par l'édification des deux casernes ont dégagé le portail de l'église Saint-Gervais, dessiné en 1616 par Jacques Desbrosses. La première pierre de ce portail, auquel Voltaire disait qu'il ne manquait qu'une place pour contenir ses admirateurs, fut posée par Louis XIII. Il est composé de trois ordonnances: la première dorique, la seconde ionique et la troisième corinthienne. Les deux premiers ordres sont de huit colonnes chacun et le dernier de quatre. Les colonnes de l'ordonnance dorique sont engagées d'un tiers dans le vif de la maçonnerie et unies jusqu'à la troisième partie de leur fût; mais le reste est cannelé à côtes; celles des deux autres ordonnances sont isolées. Cet édifice religieux a été, à l'intérieur, l'objet de divers embellissements. La chapelle de la Vierge, qui est sans contredit une des plus gracieuses productions que l'art architectural du xv° siècle ait laissées à Paris, a été complétement restaurée en 1844 et décorée de grandes pages de peinture murale. Il en a été de même plus récemment de différentes chapelles situées dans les bas côtés, et notamment de celles où sont placés les fonts baptismaux.

A l'extérieur, l'église est encore engagée au milieu de constructions particulières élevées dans le courant du siècle dernier, et qui dérobent complétement à la vue sa façade septentrionale. Il en est de même du côté du midi où l'édifice donne sur une ruelle étroite.

Nous n'indiquerons que pour mémoire les autres églises continentales de cet arrondissement : le couvent des Carmes-Billettes, ainsi appelés parce qu'ils portaient sur leurs habits de petits scapulaires de ce nom; l'église est affectée depuis 1812 au culte luthérien de la confession d'Augsbourg; l'église de la Visitation, devenue un temple calviniste, où l'on célébra le service funèbre de Benjamin Constant; l'église des Blancs-Manteaux, ainsi nommée à cause du costume des religieux serfs de Sainte-Marie, dont elle était l'église conventuelle; Saint-Paul, où fut enterré, le 20 novembre 1703, l'homme au Masque-de-Fer, que son acte mortuaire désigne sous le nom de Marchiali, et dont, malgré tant de recherches consciencieuses, la véritable origine reste un mystère. Pour notre part, depuis que la Société de l'Histoire de France a découvert et publié les preuves irréfutables du mariage secret du cardinal Mazarin avec Anne d'Autriche, nous croyons que le prisonnier des îles Sainte-Marguerite et de la Bastille était né de cette union clandestine.

La maison professe des jésuites, qui dépendait de l'église Saint-Paul, est devenue le lycée Charlemagne.

L'Arsenal, qui donne son nom à un quartier du IV° arrondissement, n'est pas seulement, comme on pourrait le croire, une bibliothèque. La vérité, c'est que dans les bâtiments élevés en 1718 par ordre du régent de France, sur les dessins de Boffrand, on a installé la riche collection littéraire qu'avait créée le marquis de Paulmy, et qu'il vendit au comte d'Artois en 1785. Mais auprès de la bibliothèque de l'Arsenal, dont les trésors sont conservés par des hommes compétents, tels que Paul Lacroix, Labiche, Ed. Thierry, F. Ravaisson, de L'Escalopier, Leroux de Lincy, il existe des établissements militaires qui rappellent le véritable Arsenal, sur la porte duquel on avait écrit ce distique de Nicolas Barbou :

Ætna hæc Henrico vulcania tela ministrat,
Tela gigantos debellatura furores.

Ce sont : l'hôtel de la direction générale des poudres et salpêtres, la raffinerie des salpêtres, la capsulerie de guerre, et, comme pour faire contraste avec ces manufactures d'instruments de destruction, ils sont contigus aux greniers de réserve ou d'abondance, commencés en 1808 et destinés à recevoir les réserves des boulangers parisiens. Ces lieux sont tristes et solitaires, bien qu'à deux pas du boulevard et du bureau des omnibus de la Bastille, qu'assiége incessamment une foule tumultueuse. C'est encore dans le IV° arrondissement qu'est située la place Royale, si riche en souvenirs de rixes héroïques et de galanteries; son jardin, défiguré par une statue de Louis XIII, qui a un tronc d'arbre sous le ventre, est le point de ralliement des enfants et des bons bourgeois du Marais. C'est dans ce même arrondissement qu'est le Mont-de-Piété, où les pauvres gens peuvent emprunter sur gages moyennant un intérêt de 12 p. 100. Cet intérêt s'accroissait encore des sommes prélevées par les commissionnaires ; mais depuis 1857, le directeur et le conseil de surveillance ont créé des bureaux où l'on peut faire sans frais de commission les opérations d'engagement et de dégagement. Après le 1er janvier 1860, pour le service des communes annexées, le chiffre total de ces bureaux a été porté à dix-sept à vingt. Les trois derniers sont : aux Batignolles, rue de Buffon, et rue des Trois-Frères, à Vaugirard.

Pour passer dans les îles du IV° arrondissement, nous pouvons traverser à notre guise le pont Marie, le pont Louis-Philippe, le pont d'Arcole, le pont Notre-Dame ou le pont au Change.

Le pont Marie date de 1635, et doit son nom à l'entrepreneur, Christophe Marie. Le pont Louis-Philippe, dont les concessionnaires avaient acquis, en 1833, pour quarante-neuf années la propriété avec un droit de péage, a été racheté par la ville, qui se propose de le faire reconstruire en entier. Elle a racheté de même, en 1850, le péage du pont d'Arcole. C'était une sorte de passerelle qui ne servait qu'aux piétons, et qui avait été livrée à la circulation le 21 décembre 1828. Le 29 juillet 1830, les assaillants, embusqués sur la rive gauche, hésitaient à passer le fleuve. Un jeune homme saisit un drapeau tricolore et s'élance sur le pont de la Grève en criant : « Si je meurs, souvenez-vous que je m'appelle d'Arcole! » Était-ce réellement son nom ? Faisait-il seulement allusion à un des faits d'armes qui ont illustré Bonaparte? C'est ce que l'on n'a jamais éclairci; mais lorsqu'il fut tombé sous les balles, ses compagnons gravèrent sur les piliers d'où partaient les barres de fer qui soutenaient le tablier. Reconstruit en vertu d'une décision du ministre des travaux publics en date du 31 août 1854, le pont d'Arcole n'a plus qu'une seule arche en fer et peut servir en même temps aux voitures et aux piétons.

Le vieux pont Notre-Dame fut longtemps en bois; mais un jour, le 25 octobre 1419, il tomba dans la Seine les maisons qu'il portait et leurs infortunés habitants. En le rebâtissant, on y remit des maisons, qui ne furent remplacées par des trottoirs et des parapets qu'en vertu de lettres patentes du 22 avril 1769.

Afin d'approvisionner d'eau la ville de Paris, on adossa au pont Notre-Dame, en aval, une pompe inventée par Daniel Jolly, chargé de la direction de la pompe dite de la Samaritaine, qui était située sur le côté septentrional du pont Neuf. Cet ingénieur se proposait d'élever trente à quarante pouces d'eau de fontainier pour la somme de 20,000 livres. Mais à peine ce marché fut-il conclu, qu'un mécanicien nommé Jacques Demance présenta le projet d'une seconde machine composée de huit corps de pompe qu'il plaçait également au-dessous du pont Notre-Dame. Il promettait d'élever cinquante pouces d'eau à quinze pieds au-dessus du tablier du pont, d'achever cette machine en une année, et demandait 40,000 livres. Ces propositions furent admises, et Demance remplit avec exactitude tous ses engagements. Quant à Daniel Jolly, il termina, en 1671, son mécanisme, qui n'éleva que vingt-cinq à trente pouces d'eau. Par l'effet de ces deux machines hydrauliques, le volume des eaux de Paris fut augmenté de quatre-vingts à cent pouces, et la ville y gagna plusieurs fontaines.

Ces deux pompes étaient, à l'époque de leur disposition, renfermées dans une grande tour carrée établie, en aval du pont, sur un appareil en charpente, et dépourvue d'ornement. La principale porte était autrefois décorée d'un ordre ionique avec un bas-relief d'une assez belle exécution. On y voyait également un médaillon de Louis XIV avec une inscription latine de Santeul, qui a été ainsi traduite par Pierre Corneille :

Que le Dieu de la Seine a d'amour pour Paris!
Dès qu'il en peut baiser les rivages chéris,
De ses flots suspendus la descente plus douce
Laisse douter aux yeux s'il avance ou rebrousse.
Lui-même à son canal il dérobe ses eaux,
Qu'il a fait rejaillir par de secrètes veines,
Et le plaisir qu'il prend à voir des lieux si beaux
De grand fleuve qu'il est le transforme en fontaines.

Quoique le mécanisme des pompes Notre-Dame fût très-simple, puisqu'elles étaient mises en mouvement par le courant de la Seine, il ne remplissait plus qu'imparfaitement sa destination. La première restauration de ces ouvrages hydrauliques datait de 1708; ils avaient été réparés de nouveau et perfectionnés en 1737. Le décret impérial du 2 mai 1806 prescrivit d'importantes améliorations dans le régime des eaux de Paris : la pompe Notre-Dame alimentait encore, quoique d'une façon assez maigre, vingt-neuf fontaines dans différents quartiers des deux rives de la Seine. Lorsqu'on démolit la Samaritaine, on pensa à supprimer la pompe Notre-Dame; cependant ce n'est qu'en 1856 qu'on a jeté bas cette machine imparfaite, qui avait en outre l'inconvénient d'être nuisible à la navigation.

Pour embellir Paris, pour en faire une ville matériellement digne du rang qu'elle occupe dans l'ordre intellectuel, l'édilité et le gouvernement ne reculent devant aucun sacrifice. Après avoir éventré de gothiques rues sans air et ouvert le boulevard de Sébastopol, ils ont trouvé mauvais que le pont au Change ne fût pas dans l'axe de la nouvelle voie publique; on n'a pas hésité à démolir ce pont, le plus spacieux de tous, long de 107 mètres, large de 31 mètres 70 cent., et qui avait cinq grandes arches à plein cintre.

Que de métamorphoses il avait déjà subies! Né avant la monarchie, avant même l'époque gallo-romaine, il s'appela d'abord le Grand-Pont, par opposition avec celui qui était jeté sur le petit bras de la Seine. Sous Louis VII et vers l'année 1141, des changeurs vinrent s'y établir : car nos ancêtres, comme si le sol leur eût manqué, se plaisaient à suspendre leurs habitations au-dessus des eaux.

Le pont au Change était en outre le rendez-vous des joueurs parisiens qui venaient à certains jours y risquer aux dés leur avoir. Pierre de l'Étoile, dans son *Journal du règne de Henri IV*, remarque avec étonnement que « le mardy 12 mars 1604, contre l'ordinaire des débauchés de Paris, à un jour de carême-prenant, ne se virent sur le pont au Change aucuns étaux dressés pour jouer aux dez, comme de tout temps on avoit accoutumé d'en voir; sur laquelle réformation ceux dudit pont étant interrogez, répondirent qu'ils vouloient être sages dorésnavant et bons menagers, puisque le roy leur en montroit le premier l'exemple, et que M. de Rosny leur apprenoit tous les jours à le devenir. »

Les oiseleurs avaient le droit d'établir à certains jours leur marché sur le pont au Change, à la condition de lâcher deux cents douzaines d'oiseaux aux entrées des rois. C'était afin de marquer que, si le peuple avait été opprimé sous le règne précédent, il allait reconquérir dans toute leur plénitude ses droits et sa liberté.

Le 30 janvier 1616, un débordement de la Seine mina les piles du pont au Change. On le réparait quand, dans la nuit du 23 au 24 octobre 1621, le feu prit au port Marchand, qui n'en était séparé que par un espace de quelques mètres; les flammes, poussées par un vent d'ouest, atteignirent le pont au Change, qui fut détruit en quelques heures. Il fut reconstruit en pierre avec ses deux haies de maisons, et à son extrémité septentrionale fut placée, sur un fond de marbre noir, la statue en bronze de Louis XIV couronné par la Victoire. Son père et sa mère étaient à ses côtés, et il avait à ses pieds deux esclaves; on lisait sur le piédestal : « Ce pont a été commencé le 19 septembre 1629 du glorieux règne de Louis le Juste, achevé le 20 octobre 1647, régnant Louis XIV, sous l'heureuse régence de la reine Anne d'Autriche sa mère. » Cette œuvre remarquable du sculpteur Simon Guillain est aujourd'hui déposée dans une des salles du musée du Louvre.

Des lettres patentes du 22 avril 1769 ordonnèrent la démolition des édifices qui surchargeaient le pont au Change.

N'ayant pas été mises à exécution, elles furent rappelées par un édit du mois de septembre 1786, et le pont prit l'aspect sous lequel nous l'avons connu. C'est seulement à la fin de septembre 1858 qu'on a conçu le projet hardi de le démolir, pour le transporter dans l'axe du boulevard Sébastopol. Une passerelle a été livrée à la circulation des piétons. Deux chemins de fer, portés sur de légères charpentes, ont été établis à quelques mètres au-dessus du pont, en amont et en aval; sur les rails couraient des treuils mobiles, analogues à ceux qui servent à soulever les diligences dans les gares. Ces treuils étaient amenés au-dessus des matériaux qu'il s'agissait d'enlever. On accrochait les pierres les plus lourdes à un câble qui roulait sur le treuil; dès qu'elles étaient élevées à la hauteur désirable, le treuil glissait sur le chemin de fer et allait se placer au-dessus des chariots qui devaient emporter les matériaux. Quelques heures à peine suffisaient pour déplacer des pierres énormes, dont l'enlèvement aurait nécessité jadis un temps considérable et des efforts persévérants.

Avant la fin de décembre 1858, l'ancien pont au Change avait entièrement disparu.

Dans la reconstruction du pont au Change, on n'a pas touché aux voûtes hardies, et qui sont pratiquées sous le quai de Gèvres, entre ce pont et le pont Notre-Dame. Il y avait là, avant 1642, une berge cuvetée, anfractueuse et souvent inondée, que des lettres patentes cédèrent au marquis de Gèvres, à la condition qu'il y établirait un quai porté sur des arcades et des piliers posés d'alignement. La partie supérieure du nouveau quai, praticable seulement pour les piétons, reçut des maisons entre lesquelles on ménagea une galerie couverte que bordaient des magasins de modes, de librairie et de bijouterie. Les voûtes servaient d'abattoirs et d'ateliers aux bouchers et aux tanneurs, qui étaient groupés en grand nombre autour de Saint-Jacques la Boucherie.

CHAPITRE VI.

Rue de la Barillerie. — Nouveau Tribunal de commerce. — Notre-Dame de Paris. — Philippe IV y entre à cheval. — Ancienne formalité du *Te Deum*. — Cérémonies diverses. — L'île Saint-Louis. — L'hôtel Lambert.

Nous entrons dans la Cité par le pont au Change, en suivant le nouveau boulevard qui, longeant le Palais de Justice, absorbe entièrement la rue de la Barillerie. La première partie de cette rue, voisine du marché aux Fleurs, portait anciennement la dénomination de rue Saint-Barthélemy, à cause de l'église paroissiale et royale de ce nom; la deuxième partie, voisine du pont Saint-Michel, est appelée par le poëte Guillot, en 1280, la Grande Bariszerie, et les murailles du palais la longeaient à l'ouest. Au coin de cette rue et de la rue de la Vieille-Draperie, détruite quand on ouvrit la rue de Constantine, était la maison du père de Jean Chatel, qui fut rasée par ordre du parlement de Paris, et sur l'emplacement de laquelle fut érigée une pyramide qu'on voyait encore en 1655.

Un palais, destiné au Tribunal de commerce, doit faire pendant à la façade du Palais de Justice, et couvrir une superficie de 3,700 mètres.

D'après les plans de M. Bailly, architecte de la ville de Paris, le nouvel édifice comporterait trois étages et un dôme. Une entrée serait ouverte sur le quai pour le Tribunal de commerce, dont le local renfermerait : salle des Pas-Perdus, salles de délibéré et du conseil, chambres d'audiences et des faillites.

Le conseil des prud'hommes ayant entrée sur le boulevard et sur la rue du Marché-aux-Fleurs, comprendrait une salle des Pas-Perdus, une chambre du conseil et une salle de conciliation, et une pour l'exposition des dessins de fabrique. Tout le rez-de-chaussée serait occupé par des boutiques si nécessaires autant pour l'animation du boulevard, dont un côté déjà est occupé par une grande façade inhospitalière, que pour l'utilité du nombreux public auquel la démolition de la rue de la Barillerie a enlevé tous les restaurants, cafés et autres lieux de réunion.

Hâtons-nous d'arriver à la cathédrale de Paris. Quoique d'un aspect un peu lourd, c'est un des plus beaux monuments gothiques du monde entier. Elle a sur tant de rivales l'avantage de l'unité; comme on a mis plusieurs siècles à bâtir la plupart des églises du moyen âge, presque toutes présentent un amalgame de styles différents. Sauf quelques détails qui ne sont sensibles que pour le savant, c'est un édifice régulier, quoique la première pierre en ait été posée en 1163 par le pape Alexandre III, et que l'on y travaillât encore en 1447.

Que de cérémonies importantes se sont accomplies sous les voûtes de la basilique métropolitaine! Elle était encore inachevée lorsque Philippe le Bel y vint remercier Dieu d'une grande victoire. Le 8 août 1304 il avait triomphé des communes flamandes; mais elles s'étaient ralliées vers le soir; elles avaient pénétré jusqu'à sa tente, et il avait fallu recommencer le combat.

De retour à Paris, Philippe IV entra dans l'église, à cheval, revêtu de l'armure incomplète qu'il portait au moment où il avait repoussé la seconde attaque des bourgeois de Bruges et de Gand. Il n'avait ni haubert ni jambières; ses seules armes étaient son heaume à ventail, ses gantelets, son épée et son écu blasonné. Il accorda à Notre-Dame une rente annuelle de 100 livres pour la fondation d'une fête anniversaire, et voulut que sa statue équestre fût placée à l'extrémité de la nef, en face de la chapelle de la Vierge. Ce monument était encore debout du temps de Louis XV, et on lisait, gravée sur le socle, une inscription latine dont voici la traduction : « Le roi Philippe le Bel, après avoir vaincu les Flamands à Mons-en-Puelle, voulant rendre de publiques actions de grâces à Dieu et à la sainte Vierge de la victoire qu'il avait remportée, est entré dans cette église sur le même cheval et vêtu des mêmes armes que pendant le combat. Il a fait ériger cette statue équestre, où il est représenté tel qu'il est entré dans l'église, pour servir de monument commémoratif. An 1304. »

Depuis cette époque, il n'est guère d'intronisation, de victoire, de grand événement qui n'ait été fêté à Notre-Dame.

Par respect pour un privilége reconnu dès le XIe siècle, les rois allaient recevoir l'huile sainte à Reims; mais il semblait qu'il manquât quelque chose à leur consécration quand ils n'avaient pas assisté à une messe solennelle dans l'église métropolitaine de Paris. Ils y entendaient invariablement le *Te Deum*, dont les anciens rituels fixent les formalités de la manière suivante :

« Lorsqu'on chante à Notre-Dame un *Te Deum*, c'est toujours en musique et symphonie; c'est M. l'archevêque de Paris qui l'entonne sur son trône, étant revêtu de ses habits pontificaux. Toutes les cours, invitées de la part du roi par le grand maître des cérémonies de France, assistent au *Te Deum*. Dans le sanctuaire à droite sont placés les archevêques et évêques; au-dessus du trône de M. l'archevêque, le chancelier de France accompagné de tout le conseil ; à droite, à l'entrée du chœur, M. le premier président, le gouverneur de Paris, le président et les conseillers du parlement, et, dans les stalles basses, les officiers du parlement. A gauche, à l'entrée du chœur, le premier président de la chambre des comptes; les présidents et maîtres des comptes ; ensuite le premier président, les présidents et les conseillers de la cour des aides, le prévôt des marchands avec les échevins, et, dans les stalles basses, les officiers de ville.

« Tout le chapitre, précédé de ses suisses, huissiers, se rend en chapes au-devant du roi, que M. l'archevêque conduit sous un dais préparé au milieu du chœur. »

Le 31 mai 1590, à la suite d'une procession générale, le duc de Nemours, gouverneur de Paris, le chevalier d'Aumale et autres seigneurs catholiques, jurèrent, sur le grand autel de Notre-Dame, de s'employer pour la conservation de la foi, et de mourir plutôt que de prêter obéissance au roi de Navarre.

La même année, après la levée du siège de Paris, le 19 août 1590, un *Te Deum* fut chanté à Notre-Dame en présence du légat, de l'archevêque de Lyon et de principaux ligueurs, et le *prescheur Panigarole*, dans une courte allocution, loua les assistants de leur patience et de leur persévérance, que Dieu avait récompensées.

Après la reddition de Paris, le mardi 22 mars 1594, Henri IV alla droit à Notre-Dame, « où, dit L'Estoille, il avoit mandé qu'il « désiroit entendre la messe. » Il était à cheval, environné d'une multitude de gentilshommes et de cinq ou six cents gardes armés de corselets et de rondaches. Vitry et d'O, qui avaient pris les devants, firent faire place au cortège en dispersant environ une cinquantaine de mutins et en faisant jeter à la Seine vingt-cinq à trente lansquenets. Le cardinal de Gondi, évêque de Paris, avait été banni par la faction des Seize. Henri IV fut reçu par l'archidiacre Dreux, et baisa humblement la croix que lui présenta le sous-chantre. Cet homme fut emporté pendant la nuit par une maladie subite, « ce que « les ennemis du nouveau roi interprétèrent à punition di- « vine. »

« Henry IV entendit la messe et le *Te Deum* en musique avec voix et orgues; puis il se rendit, aussy à cheval, accompagné de la noblesse et gens d'armes, au Louvre, où il trouva son dîner préparé.

« Quand il sortit de Notre-Dame, il se trouva pour le voir si grande affluence de peuple venu de toutes parts, que l'église, le parvis et les rues voisines qui y abordent n'étoient assez grandes pour le contenir. On n'oyoit de toutes parts que des cris et acclamations de joie comme en jour de feste et de triomphe. »

Ce fut à Notre-Dame que, le 20 octobre 1602, les députés des cantons helvétiques jurèrent alliance entre la France et la Suisse. En cette occasion on avait tendu la nef et le chœur avec des tapisseries de soie rehaussées d'or et d'argent. Le pavé était couvert de tapis de Turquie. A droite et à gauche étaient dressés deux échafauds qui furent occupés par les joueurs de luth et de viole et par des chanteurs. A l'entrée du chœur s'élevait une estrade « où, sous un riche dais, étoit posée la « chaize du roy, et un petit pupitre au devant, pour poser son « breviaire, tandis qu'on chantoit la messe. »

Louis XIII institua à Notre-Dame une grande et somptueuse procession en reconnaissance de ce que Anne d'Autriche était devenue mère après vingt-trois ans de stérilité. Cette procession eut lieu, pour la première fois, le 18 août 1638; elle fut réitérée annuellement jusqu'à la Révolution. Elle faisait le tour de la Cité ayant en tête les princes, les cours souveraines et le corps de la ville de Paris.

Louis XIV fut prodigue de *Te Deum*; toutes les victoires que remportèrent ses généraux furent régulièrement célébrées à Notre-Dame, qu'on décorait chaque fois de quatorze tapisseries représentant la vie de la Vierge et exécutées, en 1630, d'après les dessins de Philippe de Champagne. En 1693, après la défaite des alliés à La Marsaille, on ajouta à l'ornementation accoutumée des faisceaux de drapeaux conquis à Fleurus, à Steinkerque et Neerwinden. Le maréchal de Luxembourg, vainqueur dans ces trois batailles, essayait inutilement de pénétrer dans l'église. Le prince de Conti le prit par la main, en criant : « Place, messieurs, place au tapissier de Notre-Dame ! »

Au mois de novembre 1793, les Hébertistes qui dominaient dans la commune de Paris établirent à Notre-Dame le culte de la Raison. Leur chute fut prompte : la Convention nationale renversa le nouvel autel, et la cathédrale de Paris resta fermée jusqu'au concordat de 1802. Elle vit renaître, le 2 décembre 1804, pour le couronnement de Napoléon, toutes les magnificences de la monarchie déchue. On suivit minutieusement les vieux rites du *cérémonial français* de Denis Godefroi. Le pape Pie VII, entouré des cardinaux, d'archevêques, d'évêques et de tous les grands corps de l'État, attendait l'empereur et l'impératrice.

En descendant de voiture, Napoléon alla revêtir à l'archevêché ses ornements impériaux ; puis il entra triomphalement dans la nef par le grand portail. Devant lui marchaient, en ménageant dix pas de distance entre chaque groupe, les huissiers, les hérauts d'armes, les pages, les aides des cérémonies, les maréchaux portant la couronne, le sceptre et l'épée de Charlemagne, le collier, l'anneau, le globe impérial, etc. La queue du manteau de l'empereur était soutenue par des princes. Il fut conduit, le sceptre en main, sur un trône élevé au fond du chœur; de là, le grand aumônier, un cardinal et un évêque l'emmenèrent au pied de l'autel, où le souverain pontife le sacra par trois onctions, l'une sur la tête, les deux autres aux deux mains.

De retour à son trône, Napoléon prêta le serment constitutionnel, et jura d'employer son pouvoir pour la gloire et le bonheur de la nation. Leurs Majestés retournèrent ensuite à l'autel pour y prendre les ornements impériaux, l'anneau, l'épée, le manteau, etc. Elles étaient escortées de l'archichancelier, de l'architrésorier, du grand chambellan, de dames d'honneur, de dames d'atours, du grand maréchal du palais, du grand écuyer et d'une multitude d'autres dignitaires de création nouvelle qui avaient à figurer dans la tradition des ornements. Dès qu'elle fut opérée, Pie VII reconduisait Napoléon jusqu'au trône, le baisa à la joue et se tourna vers l'auditoire pour dire à haute voix : *Vivat imperator in œternum!* Les assistants répondirent comme l'avait réglé le cérémonial : « Vivent l'empereur et l'impératrice! » La cérémonie se termina par un *Te Deum*.

De nouveaux *Te Deum* signalèrent le mariage de Napoléon avec Marie-Louise et la naissance du roi de Rome ; mais bientôt le bourdon de la vieille basilique sonna pour d'autres souverains. Le 3 mai 1814, les Bourbons partaient du village de Saint-Ouen et se rendaient directement à Notre-Dame, où on les accueillit avec les formalités usitées.

L'église métropolitaine fut richement parée pour la cérémonie du baptême du jeune duc. Devant la façade principale s'élevait un porche de ce style sans nom, qui passait alors pour une imitation fidèle de l'architecture gothique; il était flanqué de galeries dont les frises et les pieds-droits portaient les armoiries des bonnes villes de France. Ces mêmes armoiries se reproduisaient dans l'intérieur, soutenues par des renommées. Autour des piliers de la nef, revêtus de gaze d'or, serpentaient des guirlandes de roses. Le chœur était tendu de velours cramoisi. Le baptême eut lieu en grande pompe le 1er mai 1821.

Les *Te Deum* du règne de Louis-Philippe eurent peu de retentissement. La plus remarquable cérémonie, célébrée à Notre-Dame, fut celle des obsèques du duc d'Orléans.

D'imposantes cérémonies ont été célébrées à Notre-Dame par les ordres de Napoléon III. N'étant encore que président de la République, le 1er janvier 1852, il se rendit à la cathédrale pour rendre grâces au ciel du vote qui lui assurait le pouvoir.

La place et l'extérieur de la cathédrale étaient richement décorés. Deux rangs de mâts aux flammes tricolores se dressaient tout le long de la rue du Marché-Neuf; sur la place, trois grands mâts dont chacun portait un trophée de drapeaux et un bouclier décoré des initiales L. N. intercalées dans une couronne de lauriers; sur les murs de la façade, de grandes flammes bleues parsemées d'étoiles d'or avec le même chiffre; puis, au sommet des tours, d'immenses bannières tricolores.

Au-dessous de la rosace se détachait un immense *labarum* dont l'étoffe, de rouge cramoisi parsemé d'étoiles d'or, portait en caractères blancs le chiffre 7,500,000 ; à droite et à gauche des drapeaux de diverses couleurs avec les noms des départements. En avant de chacune des tours flottait une bannière avec des étoiles d'or sur un fond vert. Au-dessus de chacune des tours se déroulait une oriflamme aux franges d'or.

M. Séchan avait peint sur toile les vingt-huit rois de Judée encadrés dans la galerie dite des Rois qui fait face au parvis. Le ton de ces figures, peintes en grisaille, se mariait avec la teinte générale de l'édifice. Au-dessus de la galerie des Rois, de chaque côté de la rosace du centre, avaient été placés quatre grands panneaux peints, représentant Charlemagne, saint Louis, Louis XIV et Napoléon.

La décoration intérieure n'était pas moins splendide. Des milliers de bougies étincelaient dans la nef immense, toute tendue de velours cramoisi parsemé d'étoiles d'or et ornée de guirlandes de feuillages verts.

Quatre-vingt-dix drapeaux portant les noms des départements et des colonies flottaient dans la partie supérieure de la basilique.

Les dix colonnes du sanctuaire établi au centre de l'église sont recouvertes depuis la base jusqu'au chapiteau de brocatelle cramoisie et or. En face de l'hôtel gothique, recouvert en brocart d'or, est une estrade portant le siège d'honneur et le prie-Dieu du président de la République. Un dais gigantesque, en velours cramoisi orné de crépines d'or et surmonté d'aigrettes entourées de vastes panaches en plumes blanches, se dresse suspendu au-dessus de l'autel et de l'estrade où devait se placer le président. Derrière son fauteuil étaient disposées deux banquettes : la première est destinée aux maréchaux de France, la seconde aux officiers de sa maison.

A la droite de l'estrade on avait dressé des fauteuils pour le corps diplomatique ; à la gauche, d'autres fauteuils pour les ministres, la magistrature, les membres de la commission consultative, les préfets, les sous-préfets et les membres de l'Institut.

De chaque côté de l'église, et parallèlement à la nef, s'élèvent deux longues estrades réservées aux délégués des départements, aux maires et adjoints, aux conseillers municipaux, aux membres des ministères et des administrations publiques. Dans le passage laissé libre entre ces deux estrades pour la marche du cortège, se tenaient les officiers de l'état-major général.

Une magnificence plus grande encore fut déployée au mariage de l'Empereur, au baptême de son fils, aux *Te Deum* qui ont solennisé les victoires de Crimée ou d'Italie. Dorénavant la vieille basilique pourra se passer de tentures et d'ornements étrangers. L'architecte, M. Viollet-le-Duc, a retrouvé des traces de peintures murales qu'il complète avec autant de science que de goût. A l'extérieur, les statues absentes sont revenues ; les statues mutilées sont guéries de leurs blessures. La façade méridionale, dégagée par la démolition de l'archevêché, se développe majestueusement, bien qu'elle soit gâtée, selon nous, par le placage d'une mesquine sacristie. La flèche centrale, abattue sous Louis XVI, a été rétablie, et ce travail difficile n'a coûté la vie qu'à un seul ouvrier, nommé Nicolas, qui s'est brisé le crâne en tombant, le 18 mai 1859, de l'échafaud où il travaillait à la construction de la charpente. Derrière l'abside est une jolie promenade décorée d'une fontaine dont le style est en harmonie avec l'édifice. Pour que l'on puisse apprécier dignement les lignes majestueuses de Notre-Dame de Paris, il ne manque plus que de détruire l'Hôtel-Dieu, où les malades n'ont pas assez d'air et d'espace, et qu'il est question depuis longtemps de transférer sur un autre point.

Le pont Rouge nous conduit de Notre-Dame à l'île Saint-Louis, qui est, comme nous l'avons dit, une espèce de province parisienne, petite ville au milieu de la grande capitale. En suivant la rue qui la traverse de l'est à l'ouest, nous remarquons un vieil hôtel où fut l'archevêché en 1818, et où Mgr Affre mourut martyr. Plus loin se dresse l'obélisque en pierre de la petite église, commencée en 1664 sur les dessins de Louis Levau. A l'extrémité orientale de l'île s'élève l'hôtel Lambert, habité par le prince Czartorisky. Il fut bâti par le même architecte pour Nicolas Lambert de Thorigny. C'était un président assez obscur de la seconde chambre des requêtes au Parlement de Paris, et un seul de ses contemporains, l'abbé de Villiers, lui accorde une mention honorable dans le IVe chant d'un médiocre poëme sur l'*Amitié*.

> Soyez solide et sûr, mais soyez agréable ;
> Sachez unir en vous ces devoirs différents,
> Et pour les petits soins faire aimer les plus grands.
> Jeune et sage Vermont, c'est là ton caractère.
> C'est ainsi (car enfin je ne puis plus le taire)
> Que depuis ton enfance, ayant daigné m'aimer,
> Tes soins à tes bienfaits ont su m'accoutumer.

L'abbé de Villiers ajoute en note : « Vermont est le nom que le président Lambert avait en sa jeunesse. » Nous ignorons comment Vermont s'est transfiguré en Lambert ; néanmoins le président appartenait à une noble famille. Ses armoiries, surmontées d'une couronne de marquis, portent *d'azur à la licorne d'argent, au chef d'or chargé de trois merlettes de sable*. L'écusson de Lambert figure en tête du recueil des peintures de son hôtel, gravées d'après les dessins de Bernard Picart ; et l'artiste, dédiant naturellement son œuvre au propriétaire, lui adressa ces paroles élogieuses : « Votre nom, monsieur, et votre mérite sont connus en Hollande par un grand nombre d'honnêtes gens, pour qui Paris n'est point étranger, et qui savent comment vous y relevez les qualités d'excellent magistrat, de bon parent, et de généreux ami ; c'est-à-dire avec quelle application, quelle droiture, quelle politesse, quelle intégrité vous remplissez tous vos devoirs. »

Malgré ces louanges intéressées, Nicolas Lambert n'a qu'un mérite aux yeux de la postérité, c'est d'avoir voulu se bien loger. Ses intentions furent merveilleusement servies. La façade qui donne sur la rue Saint-Louis est lourde et triste assurément ; mais quelle majesté dans l'hémicycle de la cour, dans le fronton d'ordre dorique, dans le large escalier à double rampe sculptée ! Si l'on contemple l'hôtel du côté du jardin, les bâtiments à demi cachés par de verts massifs, les hautes fenêtres, les pilastres ioniques, l'attique chargé de vases, l'aile qui, s'avançant vers la pointe orientale de l'île, se termine en demi-cercle élégant ; les balcons de pierre, garnis de balustrades en fer d'un riche travail : tout cet ensemble frappe, étonne et saisit.

Nicolas Lambert songea à mettre l'intérieur en harmonie avec les dehors, et, comprenant toute la puissance de l'émulation, il s'adressa à deux peintres rivaux, Eustache Lesueur et Charles Lebrun. La grande galerie, décorée par ce dernier en 1649, est la pièce la mieux conservée de l'édifice. Qu'on bouche deux ou trois lézardes, qu'on ranime les dorures, qu'on lave les boiseries, et on la retrouvera dans toute sa splendeur native. La conception générale des ornements porte le cachet de cette époque mythologique, où l'on peignait le roi de France en Apollon. L'artiste a supposé que la galerie était disposée pour la célébration du mariage d'Hercule avec Hébé, déesse de la jeunesse. Au-dessus de la porte, que flanquent intérieurement deux colonnes corinthiennes, Bacchus et Pan font les apprêts d'un opulent festin. Cybèle, Cérès et Flore, assises sur des nuées, fournissent leur contingent à la fête, et leurs suivantes déroulent de longues guirlandes, qu'ont savamment nuancées les pinceaux de Baptiste, l'un des plus grands peintres de fleurs de l'école française. Au centre de la voûte, deux tapisseries postiches représentent *Hercule délivrant d'un monstre marin Hésione, fille de Laomédon, roi de Troie* ; et *le Combat d'Hercule et de Pirithoüs contre les Centaures, qui les avaient surpris durant un sacrifice*. A l'extrémité orientale du plafond, Jupiter, Junon et les autres dieux présentent à Hercule sa fiancée ; puis, le nouvel hôte de l'Olympe, précédé par la Renommée, monte au ciel dans un char conduit par Minerve. Les grisailles qui surmontent les corniches rappellent les principaux exploits du dompteur de monstres. Entre les croisées de la galerie et des trumeaux qui font face, Gérard Van Obstal, d'Anvers, a modelé en stuc des termes, des groupes d'enfants, des aigles et des trophées. Les cadres opposés aux fenêtres contiennent des paysages de différents maîtres.

La composition gigantesque du plafond vaut les meilleurs morceaux de Lebrun. Il y a rassemblé toutes ses forces pour lutter contre une formidable concurrence ; mais quoiqu'il se fût montré supérieur à lui-même, Lesueur lui fut supérieur. L'illustre peintre du *Cloître des Chartreux*, se faisant mondain pour un homme du monde, comme il s'était fait moine pour des moines, changea brusquement de manière, et s'attacha au coloris sans sacrifier le dessin. Il travailla neuf années entières à la décoration de l'hôtel Lambert et avec une application si soutenue, qu'il mourut épuisé un an après, en 1655. Les biographes prêtent à Lebrun cette phrase odieuse : « On enterre aujourd'hui Lesueur; la mort vient de m'enlever une fameuse épine du pied. »

On raconte qu'un jour des Italiens, visitant l'hôtel, rencontrèrent un homme qui semblait comme eux attiré par la curiosité. Ils l'accostèrent, et l'un d'eux lui désignant, d'un côté les compositions de Lebrun, de l'autre celles de Lesueur : « *Questo,* dit-il, *è una coglioneria, ma quello ha d'un maestro italiano.* » C'était à Lebrun en personne que l'apostrophe s'adressait. Qu'on juge du dépit de l'artiste, qui se croyait le roi des peintres parce qu'il était le peintre du roi.

Des tableaux qui avaient coûté la vie à Lesueur avaient trop de prix pour n'être pas promptement échangés contre une valeur monétaire. Après la mort de M. de La Haye, fermier général, second propriétaire de l'hôtel, on vendit les peintures du *Salon de l'Amour* et du *Cabinet des Muses;* elles étaient au nombre de douze : *Naissance de l'Amour; l'Amour présenté à Jupiter; Vénus irrité contre l'Amour; l'Amour recevant les hommages des dieux; l'Amour dérobant les foudres de Jupiter; l'Amour ordonnant à Mercure d'annoncer son pouvoir à l'univers; les Neuf Muses; Apollon confiant la conduite de son char à Phaéton.* L'État acquit ce dernier tableau, plafond peint à fresque, qui fut heureusement transporté sur toile; on le voit, ainsi que les cinq compositions où sont réunies les Muses, dans la galerie du Musée du Louvre. De tous les travaux de Lesueur il ne reste dans l'hôtel Lambert qu'une grisaille, placée dans un enfoncement sous l'escalier; les grisailles de l'antichambre ovale du premier étage, et, dans une pièce de l'attique, appelée *l'Appartement des bains,* quatre morceaux d'une exécution charmante et d'une belle conservation : *Calixte; Diane et Actéon; le Triomphe de Neptune; le Triomphe d'Amphitrite.* Le *Cabinet des Muses* n'a conservé que quatre tableaux peints dans la voussure du plafond, par François Perrier, l'un des meilleurs élèves de Lanfranc et de Simon Vouet : Ils représentent *Apollon poursuivant Daphné; le Jugement de Midas; la Chute de Phaéton* et *le Parnasse.*

Les propriétaires successifs de l'hôtel Lambert, le fermier général Dupin, le marquis Chatelet-Laumont, M. de Montalivet, avaient pris des mesures pour l'entretien et la conservation de l'édifice; mais pendant trente ans occupé, par Mme Lagrange, institutrice, et par des fournisseurs de lits militaires, il avait subi de tristes destinées. Des ballots de laine, des piles de matelas avaient encombré les plus beaux salons; une poussière blanchâtre, détachée par la carde, avait sali l'or des corniches, les arabesques des boiseries, les solives sculptées des plafonds. Il y avait, au rez-de-chaussée, un magnifique salon; le plafond, divisé en neuf compartiments, était orné de sujets mythologiques qu'entouraient de somptueux encadrements; des peintures surmontaient les portes; des arabesques tapissaient les lambris; mais tout cela était vague, sale, indéchiffrable, si dénaturé qu'on n'y reconnaissait la touche d'aucun maître, le caractère d'aucune époque. Heureusement, le prince Czartorisky, appelant à son aide les artistes d'élite, a rendu toute sa splendeur à ce splendide échantillon de l'architecture du xviie siècle.

FIN DU QUATRIÈME ARRONDISSEMENT.

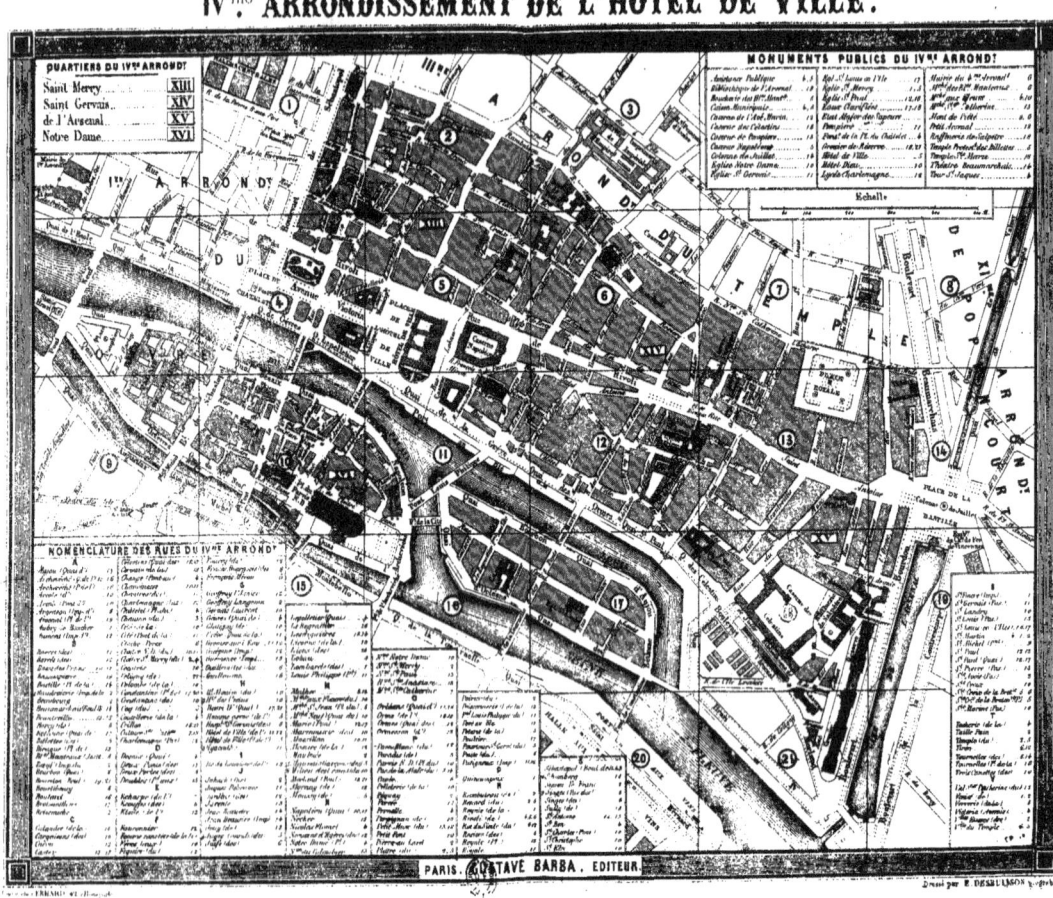

Les étudiants à la sortie de l'École de Droit.

LE PANTHÉON. — CINQUIÈME ARRONDISSEMENT.

CHAPITRE PREMIER.

Le mont Lucotitius. — Le palais des Thermes. — Les pauvres escoliers. — L'abbaye de Sainte-Genevière. — Priviléges des Génovéfains. — Les porteurs de la châsse de sainte Geneviève.

La Seine, que traversent les ponts de Constantine, de la Tournelle, de l'Archevêché, le pont au Double, le petit Pont et le pont Saint-Michel, sépare l'arrondissement de l'Hôtel de Ville de celui du Panthéon.

Pour suivre les limites de ce dernier, descendez de la Seine au boulevard de l'Hôpital jusqu'au marché aux Chevaux. Suivez les rues Cendrier, des Fossés-Saint-Marcel, et autres rues appelées à disparaître dans le tracé d'un boulevard; et quand vous serez arrivé au carrefour de l'Observatoire, remontez la rue de l'Est jusqu'à sa jonction avec le boulevard de Sébastopol, pour aboutir au pont Saint-Michel.

Si le territoire du IVe arrondissement fut la capitale des Parisiens, celui du Ve fut le centre de la domination romaine, non-seulement dans les Gaules, mais dans une grande partie de l'Europe occidentale. Deux voies antiques montaient à travers les vignes jusqu'au sommet du mont Lucotitius, aujourd'hui montagne Sainte-Geneviève. A la droite du plateau, se dessinaient les circonvallations du camp romain. A gauche, du côté du mont Cétardus, on donnait des jeux publics dans un amphithéâtre qui n'avait probablement rien de bien solide, mais dont le souvenir était encore conservé en 1284, car il existait une propriété rurale appelée clos des Arènes. Un peu plus bas, des tombes et des inscriptions découvertes en abondance constatent l'existence d'un champ de sépultures. Quelques localités se rattachent à ces temps primitifs par l'étymologie de leurs noms. *Mons Cetardus* est devenu Mouffetard, et Lourcine n'est qu'une contraction de *Locus cinerum*.

Tout le versant méridional était occupé par une demeure royale, ses dépendances, ses jardins, ses vignobles et ses vergers. Constance-Chlore, déclaré césar par Maxime, et nommé au commandement des Gaules, de l'Espagne et de la Grande-Bretagne, se fit construire sur le mont Lucotitius un palais qui prit le nom de palais des Thermes, à cause de l'étendue de ses bains, où un acqueduc amenait les eaux abondantes et pures des fontaines d'Arcueil et de Rungis.

Julien, quand il gouvernait les Gaules, avait son quartier général aux Thermes; lorsqu'en l'an 360, les soldats voulurent le proclamer empereur, il se déroba à ces périlleux honneurs en se cachant dans les dépendances souterraines du palais (*occultæ latebræ*); puis cédant à des vœux auxquels il ne pouvait se refuser sans courir un imminent danger, il parut, revêtu de la pourpre impériale, dans la salle du Consistoire du palais.

Valentinien et Valens, qui passèrent aux Thermes l'hiver de 365, en datèrent les lois *De numerariis, De metallis, De annona et tributis*.

Les premiers rois de France occupèrent ce séjour, dont la position était si riante et si saine. On peut juger de l'importance des Thermes par les vénérables débris qui en restent, et qui se composent sans contredit des pierres les plus anciennement cimentées de tout Paris. Ils consistent en une salle qui offre dans son plan deux parallélogrammes contigus, formant une seule pièce. Le plus grand a vingt mètres environ de long, sur quatorze de large; le plus petit dix mètres sur six. Le sol, percé au centre d'un trou circulaire, laisse voir de vastes souterrains; trois arcades ornent les parois; une niche rectangulaire s'enfonce dans le mur méridional. Les débris d'un bassin, des traces d'aqueducs, de fourneaux, de canaux de conduite, une poupe de navire sculptée sur l'une des consoles, indiquent la destination de ce *tepidarium*. Les voûtes, qui ont résisté au passage de plus de quinze siècles, avaient été si solidement construites, qu'avant qu'elles fussent acquises par l'État, la terre végétale s'y était amassée, et qu'un jardin suspendu s'y était naturellement formé.

Fortunat, poëte du VIe siècle, signale les beautés du palais des Thermes; et Jean de Hauteville, qui écrivait en 1180, dit que la cime de l'édifice s'élevait jusqu'aux nues, et que les fondements atteignaient l'empire des morts.

Parmi les personnes royales qui affectionnèrent les Thermes, on cite Clovis et sa femme Clothilde, Childebert et sa femme Ultrogothe; Gisla et Rotrude, filles de Charlemagne. Le savant Alcuin, abbé de Cantorbéry, y prépara les leçons qu'il alla donner, à Aix-la-Chapelle, aux courtisans à moitié barbares de l'empereur tudesque. Mais quand les Normands eurent saccagé les Thermes, quand un nouveau palais eut été édifié dans l'île de la Cité, les rois abandonnèrent les vieilles constructions romaines. Philippe-Auguste en renversa une partie qui n'entrait pas dans sa nouvelle enceinte de Paris, et donna le palais ainsi écorné à son chambellan Henri. Aux rois succédèrent les seigneurs et les prélats, Raoul de Meulan, Jean de Courtenay, l'archevêque de Reims, l'évêque de Bayeux. Les constructions romaines étaient déjà presque totalement détruites, quand Pierre de Chalus, abbé de Cluny, acheta, en 1340, le palais des Termes ou des Thermes, *palatium de Terminis seu de Thermis*. Son histoire se rattache dès lors à celle de l'hôtel abbatial de l'ordre de Cluny.

Cet arrondissement, de création romaine, n'était-il pas prédestiné aux études classiques? Et, en effet, ce fut le berceau de l'Université. Sous les premiers Capétiens, les maîtres les plus illustres y enseignaient déjà la grammaire, la rhétorique, la dialectique, l'astrologie, la géométrie, l'arithmétique, la musique; c'était ce qu'on nommait alors le *trivium* et le *quadrivium*, et l'on y ajoutait la théologie, le droit canon, le droit civil et la médecine. L'historien de Philippe-Auguste, Guillaume le Breton, dit, en l'année 1200, que l'étude des lettres florissait à Paris. « Nous ne lisons pas que les écoles aient jamais été fréquentées à Athènes et en Égypte par un aussi grand nombre de gens que ceux qui viennent habiter ladite ville pour s'y livrer à l'étude. Il en est ainsi non-seulement à cause de l'extrême agrément du lieu et de la surabondance de biens de toutes sortes qui y affluent, mais aussi à cause des libertés et des prérogatives spéciales dont le roi et son père ont gratifié les écoles. »

Pour arriver à la science, les jeunes néophytes bravaient souvent les plus cruelles privations. Jean de Hauteville, déjà cité, consacre le chapitre premier du troisième livre de son poëme d'*Architremius* (le pleureur), à dépeindre les misères des savants : *De miseriis scholasticorum*. Il nous les montre se levant au point du jour pour aller au cours (*ad scholam*), et obligés de se peigner avec les doigts :

... Digitorum verrit apertam
Pectine cæsariem.

« Les disciples d'Aristote, dit-il, veillent sur des grabats à la lueur d'une lanterne; la Fortune, d'une main engourdie, ne leur accorde qu'une nourriture insuffisante; la faim habite leurs ventres vides, ternit l'éclat de leurs yeux et fait pâlir leurs joues, qu'elle privée des couleurs dont la nature les avait embellies. L'Abondance, qui va visiter les palais, se détourne de leurs maisons, à peine garnies de vieux meubles. Dans leur cuisine, il n'y a qu'un pot ou quelque pois, des oignons, des fèves et des poireaux. Faire cuire leurs mets, c'est les assaisonner; les délices de leurs tables ne consistent qu'en un peu de sel. »

Les écoliers de nos jours sont un peu mieux traités par le sort; leurs efforts sont moins stériles, et la science qu'ils acquièrent a plus de solidité. Au reste, en 1860 comme au moyen âge, la montagne Sainte-Geneviève est restée le quartier général des études.

La Sorbonne et le Collége de France y conservent le dépôt des lettres antiques et des sciences modernes. C'est là que fleurit l'École normale, d'où sortent des professeurs qui n'ont qu'un pas à faire pour s'installer au lycée Louis-le-Grand, au lycée Napoléon, à Sainte-Barbe, au collége Rollin. Le Jardin des Plantes met à la disposition des imitateurs d'Aristote et de Pline des collections classées avec méthode. L'École polytechnique fournit à la France des ingénieurs, des officiers d'artillerie et de génie. L'École de droit forme des jurisconsultes, des magistrats irréprochables, de brillants avocats, des avoués. On voit à toute heure circuler dans les rues élargies de ces contrées des jeunes gens qui seront un jour l'honneur du barreau ou de la Cour de cassation. Pour les disciples d'Hippocrate, s'ouvrent l'École de pharmacie, l'amphithéâtre de Clamard, les cliniques de la Pitié et du Val-de-Grâce. Les dévots qui se vouent à l'état ecclésiastique, et que séduit l'incontestable puissance de la compagnie de Jésus, s'enferment au séminaire du Saint-Esprit. Ceux qui rêvent la gloire de Dupetit-Thouars ou de Duguay-Trouin, se préparent à la carrière maritime dans l'institution Loriol. Il y a un collége pour les Irlandais, un autre pour les Écossais. Enfin, comme si personne ne devait être oublié dans cette répartition des connaissances humaines, l'institution des Sourds-et-Muets est dans le Ve arrondissement.

À cette nomenclature nous aurions pu ajouter encore comme établissements d'instruction, la belle bibliothèque Sainte-Geneviève, si fréquentée par les étudiants, et le musée de Cluny, où le public fait à son insu un cours d'histoire et d'archéologie.

Et sur un point culminant, au-dessus de tous ces édifices pédagogiques, plane le Panthéon, qui rappelle les récompenses dues aux talents et aux efforts laborieux.

Le dôme colossal qui domine tout Paris et que l'on aperçoit de loin, bien au-dessus du palais des Thermes, des églises Saint-Séverin, Saint-Médard et de tous les monuments de la rive gauche, n'a été jeté dans les airs qu'au XVIIIe siècle; mais longtemps auparavant, un monument consacré au culte s'élevait sur ce plateau, qui semblait être une sorte d'autel providentiellement disposé. Sur le mont Lucotitius, le premier roi chrétien des Franks, Chlodovich ou Chlodovech, que nous appelons Clovis, y dédia aux apôtres saint Pierre et saint Paul une église qui fut consacrée par saint Remy, et qu'il enrichit de mosaïques, de vases précieux, d'ornements qui provenaient pour la plupart des dépouilles opimes d'Alaric vaincu à Vouillé. Sainte Geneviève fut enterrée dans cette première église, dont elle avait conseillé la construction, et qui bientôt ne porta que son nom. L'abbé de Saint-Vandrille, Austrégise, mort en 832, lègue une somme d'argent à l'église Sainte-Geneviève : *ad Sanctam Genovefam*. Le chroniqueur Dudon, en rendant compte des dévastations commises au IXe siècle par les Normands, dit que l'église de Sainte-Geneviève fut brûlée par ces méchants : « *Ecclesia Sanctæ Genovefæ ab istis nefandis combusta est.* »

Des moines que Clovis avait chargés du service divin dans la nouvelle église, et qui étaient soumis à la discipline des chanoines séculiers, cachèrent avec soin la châsse de la patronne de Paris, à l'époque de l'invasion normande; ils rétablirent leur abbaye ruinée; mais le désordre et l'indiscipline régnaient parmi eux. Afin de consolider leur institution, le pape Eugène III, qui fit un voyage à Paris, leur imposa la règle de saint Augustin, en leur octroyant des privilèges très-étendus. L'abbé des Génovéfains était élu pour trois ans, avec le titre de général. Lorsqu'on portait en procession la châsse de sainte Geneviève pour implorer le secours du ciel contre les invasions ou les épidémies, il avait la droite sur l'évêque de Paris et sur le chapitre de Notre-Dame. Il pouvait conférer à ses religieux la tonsure et les quatre ordres mineurs. Il avait pour insignes la crosse, la mitre et l'anneau, et la congrégation, dont il était le chef, finit par avoir à sa nomination plus de cinq cents cures dont elle disposait en faveur de ses membres. Dès l'année 1372, pour soutenir Philippe le Hardi dans sa lutte contre le comte de Foix, l'abbé de Sainte-Geneviève imposa les taxes suivantes à ses vassaux : Auteuil, 100 liv.; Bovest, 60 l.; Rosny, 57 l.; Jaussigny, 20 l.; Varnes, 15 l.; Nanterre, 6 l.; Dranet, 50 sols; Rungis, 30 s.; Choisy, 40 s.; Épinay, 30 s.; Saint-Germain, 20 s. Les Génovéfains étaient non-seulement riches, mais encore indépendants; ils ne relevaient, au spirituel, que du Saint-Siège. Quand l'archevêque de Paris prenait possession de son siége épiscopal, il devait, avant la cérémonie, faire une visite à l'abbaye et jurer solennellement, la main sur les évangiles, de respecter les privilèges, droits, libertés, exemptions des chanoines et de l'abbaye. *Ego, archiepiscopus Parisiensis, juro ad hæc sancta evangelia Dei me servaturum jura, libertates, privilegia, exemptiones, immunitates et consuetudines monasterii Sanctæ Genovefæ Parisiensis et compositiones habitas inter prædecessores meos et abbatem et conventum dicti monasterii Sanctæ Genovefæ.* L'abbé exerçait sa juridiction tant sur les vilains, que sur une multitude d'étudiants auxquels il délivrait des diplômes conçus en ces termes : « Nous, chancelier de Sainte-Geneviève et de l'Université de Paris, par l'autorité des apôtres Pierre et Paul, nous vous donnons licence de lire, de régir, de disputer, de décider et d'exercer tous autres actes de professeur et de maître dans la Faculté des arts de Paris et par tout l'univers, au nom du Père, du Fils, du Saint-Esprit. »

A l'époque de la Ligue, en 1592, le parti des politiques se réunissait chez l'abbé de Sainte-Geneviève.

Les chanoines étaient vêtus d'une robe de laine blanche ou de peau, recouverte d'un surplis à manches larges, et en hiver d'une pelisse supplémentaire. Quand ils faisaient profession, ils étaient amenés devant la châsse de la patronne, et juraient en présence de toute la communauté de conserver la stabilité de leurs corps, l'amendement de leurs mœurs, surtout sous le rapport de la chasteté, de la communion, de l'obéissance, selon la grâce que Dieu leur avait conférée et selon le degré de leurs forces.

Ce qui contribuait à la réputation et au crédit des Génoféfains, c'était la châsse de sainte Geneviève, vénérée par des milliers de pèlerins, promenée en grande pompe toutes les fois qu'on jugeait utile de solliciter la faveur ou de désarmer la colère divine. La population parisienne attachait tant de prix à l'intervention de sa patronne, que les plus notables habitants se disputaient l'inestimable honneur de porter les quatre bâtons du brancard sur lequel on voiturait la châsse étincelante d'or et de pierreries. Clément VIII accorda aux seize porteurs en titre et aux vingt-quatre attendants des indulgences plénières, à la condition qu'ils se livreraient à certaines pratiques de dévotion. Ces grâces étaient fondées sur ce qu'aux termes d'une requête de la confrérie des porteurs de madame sainte Geneviève, « les citoyens et habitants de Paris auraient eu icelle vierge en singulière vénération et eu recours aux prières d'icelle en tous périls de guerres, pestes, famines, chertés, inondations d'eaux et autres dangiers, et, non sans évidens miracles, obtenu d'estre exaucés en leurs prières par la souveraine grâce et miséricorde de Dieu. »

CHAPITRE II.

Réédification de l'église Sainte-Geneviève. — Elle devient le Panthéon. — Décret du 4 avril 1791. — Funérailles de Mirabeau. — Hommage à Voltaire. — Marat au Panthéon. — Le Panthéon sous l'Empire. — Les caveaux.

Les bâtiments de l'abbaye de Sainte-Geneviève avaient été agrandis sous Louis XIV. Sa bibliothèque et son cabinet des médailles avaient été casés dans un édifice en forme de croix au centre duquel, en 1730, Jean Restout avait représenté saint Augustin enlevé au ciel par des anges, au milieu de nuages orageux, d'où partait la foudre attachant en cendres les ouvrages hérétiques de Pélage, de Manès et de Donat. Le cloître avait été restauré en 1744, pour mettre l'église abbatiale en rapport avec le reste du monastère. Louis XV, par lettres patentes du mois de mars 1757, ordonna qu'une église nouvelle serait faite sur les plans et devis de l'architecte Soufflot. L'abbé de Saint-Germain bénit le terrain, le 1er août 1758, et les travaux marchèrent assez rapidement pour réduire au moins que le roi posât la première pierre du dôme le 6 septembre 1764. Le projet adopté par Jacques-Germain Soufflot, et suivi par ses successeurs Brébion et Rondelet, était de faire à Paris comme un duplicatum de Saint-Pierre de Rome, combiné avec le Panthéon romain. L'église avait la forme d'une croix grecque composée de quatre nefs se réunissant à un dôme central ; sous le pavé du temple s'étendait une crypte. Un majestueux escalier conduisait au porche, soutenu par vingt-deux colonnes d'ordre corinthien, dont dix-huit isolées et quatre encastrées dans les murs.

La réalisation de ce plan éprouva quelques difficultés. D'abord, Soufflot s'aperçut qu'il avait oublié les cloches, et fut obligé de flanquer le chevet de deux campaniles carrés. En outre, les assises du dôme fléchirent sous le poids des couches supérieures de pierres. Averti de cet accident par un tailleur de pierres nommé Dufeux, l'architecte se crut perdu, déshonoré, et il mourut presque de chagrin le 29 avril 1781.

Au moment de la Révolution, Rondelet avait trouvé moyen de consolider le dôme en plaçant de larges pilastres sur les colonnes engagées aux angles des quatre piliers triangulaires qui devaient soutenir l'énorme poids de la voûte (vingt-deux millions de livres).

Le monument commençait à prendre sa forme, lorsque M. Pastoret proposa au directoire du département de Paris, le 2 avril 1791, de consacrer la nouvelle église de Sainte-Geneviève à recevoir la dépouille mortelle des grands hommes ; d'y mettre Honoré-Riquetti Mirabeau, qui était mort le matin même à huit heures et demie, et de faire graver sur le fronton ces mots : *Aux grands hommes la patrie reconnaissante.* Cette motion, portée à l'Assemblée constituante, y fut accueillie par des acclamations presque unanimes, puisqu'elle ne rencontra que trois opposants, Rochebrune, Duval d'Espréménil et Montlosier. Robespierre et Barnave l'appuyèrent avec ardeur, et un décret formulé par le comité de constitution fut voté en ces termes, le 4 avril :

ARTICLE 1er. — Le nouvel édifice de Sainte-Geneviève sera destiné à recevoir les cendres des grands hommes à dater de l'époque de la liberté française.

ART. 2. — Le Corps législatif décidera seul à qui cet honneur sera décerné.

ART. 3. — Honoré-Riquetti Mirabeau est jugé digne de recevoir cet honneur.

ART. 4. — La législature ne pourra pas à l'avenir décerner cet honneur à un de ses membres venant à décéder ; il ne pourra être déféré que par la législature suivante.

ART. 5. — Les exceptions qui pourront avoir lieu pour quelques grands hommes morts avant la Révolution ne pourront être faites que par le Corps législatif.

ART. 6. — Le directoire du département de Paris sera chargé de mettre promptement l'édifice de Sainte-Geneviève en état de remplir sa nouvelle destination, et fera graver au-dessus du fronton ces mots : *Aux grands hommes la patrie reconnaissante.*

ART. 7. — En attendant que la nouvelle église Sainte-Geneviève soit achevée, le corps de Riquetti Mirabeau sera déposé à côté des cendres de Descartes, dans le caveau de l'ancienne église Sainte-Geneviève.

Dans la soirée du même jour, le convoi de l'illustre orateur partit de la maison mortuaire, située au coin de la rue de la Chaussée-d'Antin et du boulevard, pour se rendre à l'église Saint-Eustache ; il en sortit à dix heures du soir, et le cercueil fut déposé à minuit dans un caveau de l'ancienne église, entre les tombeaux de Soufflot et de René Descartes.

On leur cherchait des compagnons, et l'on songeait naturellement à Voltaire, qui non-seulement avait amené la Révolution par ses écrits, mais qui l'avait prédite en ces termes formels dans une lettre du 2 avril 1764 : « Tout ce que je vois jette les semences d'une révolution qui arrivera immanquablement et dont je n'aurai pas le plaisir d'être témoin. Les Français arrivent tard à tout, mais enfin ils arrivent. La lumière s'est tellement répandue de proche en proche, qu'on éclatera à la première occasion, et alors ce sera un beau tapage. Les jeunes gens sont bien heureux : ils verront de belles choses. » Voltaire avait été inhumé à l'abbaye de Sellières par les soins de son neveu, l'abbé Mignon ; mais les bâtiments conventuels étant devenus propriété particulière, le corps du philosophe fut transféré dans l'église de Romilly. L'Assemblée constituante ordonna, le 30 mai 1791, de le conduire à l'église Sainte-Geneviève. Ce fut un député de Bar-le-Duc, nommé Gossin, qui proposa le décret, en demandant que la reconnaissance nationale s'acquittât envers Voltaire le jour anniversaire de celui où les honneurs de la sépulture lui avaient été refusés (30 mai 1778).

Au mois d'août 1791, le bâtiment de Soufflot perdit son nom primitif. Des gens de lettres et des savants, parmi lesquels étaient Lemierre, Chamfort, Collin d'Harleville, Fourcroy, réclamèrent pour Jean-Jacques Rousseau les honneurs du Panthéon. L'accomplissement de leurs vœux fut ajourné par l'opposition de la commune de Montmorency ; mais quand l'Assemblée législative décerna les honneurs funèbres à Beaurepaire, le 12 septembre 1792, elle inscrivit pour la première fois, dans un acte officiel, la dénomination de Panthéon français. La Convention y mit Michel Lepelletier de Saint-Fargeau, en retira Mirabeau, dont les intelligences avec la cour avaient été dévoilées, et le remplaça par Marat. La translation du corps de l'ami du peuple au Panthéon se fit avec un appareil extraordinaire. La représentation nationale tout entière y assista avec les autorités constituées, les tribunaux, les sociétés populaires, l'Institut national de musique, les élèves du champ de Mars, les orphelins des défenseurs de la patrie, précédés de cavalerie, de tambours et de trompettes. Quand le cortège eut fait halte à la porte du temple, un huissier, du haut du péristyle, lut les décrets en vertu desquels avait lieu cette solennité. Les restes du tribun de 1791 furent remis au commissaire de police de la section, qui les fit porter dans une fosse du cimetière de Saint-Étienne du Mont. Cependant ceux de Marat étaient placés sur une estrade au centre de l'édifice, et conformément au programme dont le *Moniteur* donne le texte : « Le président de la commission retraçait au peuple les vertus qui avaient mérité à Marat les honneurs que la nation entière rendait à sa mémoire. »

C'est une opinion généralement répandue, qu'en 1795 les restes de Marat furent arrachés du Panthéon, traînés dans les rues, jetés dans l'égout Montmartre. Les récits du temps, sans aucune exception, ne parlent que d'une exécution en effigie : « Dans la rue Montmartre, dit le *Moniteur*, les enfants ont promené le buste de Marat en l'accablant de reproches ; ils l'ont ensuite jeté dans l'égout, en lui criant : « Marat, voilà « ton Panthéon ! » Les citoyens du faubourg étaient rassemblés en foule et consacraient, par leurs applaudissements, cette exécution burlesque du jugement de flétrissure depuis longtemps porté par la raison publique. » Le *Courrier républicain* confirme le fait, et il annonce qu'on va dépanthéoniser le saint moderne et le transporter sur la roche Tarpéienne du sommet du Capitole où il est toujours. La Convention, sans prononcer le nom de Marat, décréta que les honneurs du Panthéon ne pourraient être décernés à un citoyen que dix ans après sa mort, et que cette mesure aurait un effet rétroactif. Il est donc probable qu'on n'a laissé dans les caveaux que Voltaire et Rousseau, qui avait été amené d'Ermenonville le 9 octobre 1794.

Vraisemblablement, Marat aura rejoint Mirabeau.

Pendant plusieurs années, le Panthéon fut comme oublié. Napoléon, devenu empereur, le visita au mois de février 1806, et conçut le projet de lui rendre sa destination première. Il se fit adresser dans ce sens, par M. de Champagny, ministre de l'intérieur, un rapport où le délabrement de l'édifice inachevé était peint sous les plus sombres couleurs : « L'église Sainte-Geneviève, le plus beau de tous les temples de la capitale, ce temple qui, placé au sommet du mont consacré à un culte tutélaire, couronnait si noblement l'ensemble des chefs-d'œuvre qui décorent cette cité, et annonçait de loin à l'étranger le règne auguste de la religion sur cette population immense, enlevé au vœu de la piété, au moment même où elle allait en jouir, consacré ensuite à une autre destination, laissé enfin désert, sans emploi, sans but, semble s'étonner lui-même d'un tel abandon : la froide curiosité, en visitant son enceinte, s'étonne de rencontrer déjà, dans un monument à peine achevé, la solitude des ruines ; le génie des arts, qui épuisa sur lui toute la richesse de ses conceptions, s'afflige de le trouver sans caractère, je dirai presque sans âme et sans vie. La religion, voyant ses espérances trompées, détourne ses regards d'un monument dont la majesté ne peut être dignement remplie que par le culte du Très-Haut, et qui s'élevait comme le juste hommage rendu à Dieu par le génie des hommes. »

Un décret du 20 février 1806 prescrivit l'achèvement de l'église Sainte-Geneviève, qui serait desservie par le chapitre métropolitain de Notre-Dame, et dont la garde était spécialement confiée à un archiprêtre choisi parmi les chanoines. Mais en rendant l'église au culte, le même décret lui conserva la destination qui lui avait été donnée par l'Assemblée constituante, et les caveaux furent consacrés à la sépulture des grands dignitaires, des grands officiers de l'empire et de la couronne, des sénateurs, des grands officiers de la Légion d'honneur, et, en vertu de décrets spéciaux, des citoyens qui, dans la carrière des armes ou dans celle de l'administration et des lettres, auraient rendu d'éminents services à la patrie.

Les hommes plus ou moins célèbres que l'application du décret de 1806 introduisit dans la nécropole privilégiée, sont :

En 1806 :

François-Denis Tronchet, sénateur ; Claude Petiet, ministre de la guerre.

En 1807 :

Jean-Baptiste Rivière, membre de l'Assemblée constituante, notaire et maire à Paris, sénateur ; Louis-Joseph-Charles-Amable d'Albert de Luynes, sénateur ; Jean-Étienne Portalis, ministre des cultes, membre de l'Institut ; Resnier, sénateur.

En 1808 :

Le général Malher ; Cabaniz, sénateur et membre de l'Institut ; Béguignot, ancien général de division et sénateur ; Gabriel-Louis de Caulaincourt, sénateur et comte de l'empire.

En 1809 :

Les sénateurs Durazzo, Papin, comte de Saint-Christian ; Joseph-Marie Vien, peintre, professeur-recteur des Écoles spéciales des beaux-arts, membre de l'Institut et du Sénat ; le général de La Boissière, sénateur et comte de l'Empire ; le maréchal Lannes et le général Leblond de Saint-Hilaire, tués à la bataille d'Essling, le 22 mai 1809 ; Morard de Galles, sénateur et comte de l'Empire ; Pierre Sers, sénateur et comte de l'Empire ; Emmanuel Crétet, ministre de l'intérieur.

En 1810 :

Le cardinal Caprara, archevêque de Milan et légat *a latere* ; Charles-Pierre-Claret de Fleurieu, comte de l'Empire, sénateur, conseiller d'État à vie, gouverneur du palais des Tuileries et du Louvre, membre de l'Institut ; Hureau de Sénarmont, général de division, inspecteur général d'artillerie, baron de l'Empire ; Jean-Baptiste Treilhard, ministre d'État, président de la section de législation du Conseil d'État, comte de l'Empire, grand officier de la Légion d'honneur, chevalier de la Couronne de Fer, membre du comité de consultation de la Légion d'honneur et du comité pour les affaires contentieuses de la maison de l'Empereur ; Nicolas-Marie Songis, premier inspecteur général du corps d'artillerie.

En 1811 :

Les cardinaux Maréri et Charles Erskine ; le comte Ordener, gouverneur du palais de Compiègne ; Louis-Antoine de Bougainville, comte de l'Empire, vice-amiral, grand officier de la Légion d'honneur, membre de l'Institut de France et du Bureau des longitudes.

En 1812 :

Le général Le Paige Dorsenne, comte de l'Empire, chambellan, colonel commandant des grenadiers à pied de la garde impériale.

En 1813 :

Joseph-Louis Lagrange, sénateur, comte de l'Empire, grand officier de la Légion d'honneur, grand' croix de l'ordre impérial de la Réunion, membre de l'Institut et du Bureau des longitudes ; Ignace Jacqueminot, comte de Ham, membre du Sénat conservateur, titulaire de la Sénatorerie du Nord, l'un des commandants de la Légion d'honneur ; Hyacinthe-Hugues-Timoléon de Cossé, comte de Brissac, ancien maréchal des camps et armées du roi, sénateur ; les sénateurs de Viry, Jean Rousseau.

En 1814 :

Les sénateurs Jean-Nicolas Demaniot et Claude-Ambroise Regnier de Saint-Martin.

En 1815 :

Claude-Jules-Alexandre Legrand, comte et pair de France, lieutenant-général des armées du roi, grand-cordon de la Légion d'honneur, chevalier de Saint-Louis ; Jean-Antoine-Marie Thévenard, vice-amiral, comte et pair de France, grand officier de la Légion d'honneur, commandant de l'ordre royal et militaire de Saint-Louis.

Un caveau particulier fut réservé aux dignitaires protestants : Jean-Frédéric Perregaux ; Jean-Guillaume, comte de Winter, vice-amiral, grand-officier de l'Empire, inspecteur général des côtes de la mer du Nord ; Jean-Louis-Ebenezer Reynier, comte de l'Empire, général de l'Empire, général en chef, grand officier de la Légion d'honneur ; le lieutenant général comte Walter, colonel des grenadiers à cheval de la garde impériale.

CHAPITRE III.

Lettre de Louis XVIII. — Cérémonie religieuse du 3 janvier 1823. Fresque de Gros. — Le Panthéon sous Louis-Philippe. — Les victimes de juillet. — Le 23 juin 1848. — Décrets nouveaux.

Le gouvernement impérial dépensa de 1806 à 1815 2,266,050 francs pour Sainte-Geneviève, ou plutôt pour le Panthéon; car c'est sous ce nom que l'église est désignée dans le procès-verbal officiel de la translation des restes du maréchal Lannes, document signé le 6 juillet 1810 par le ministre des cultes et l'archichancelier. On s'entêtait à ne pas voir une église catholique dans ce temple prostyle, au fronton grec porté par des colonnes rudentées d'ordre corinthien. En outre, l'état imparfait du bâtiment eût rendu difficile la continuité du service divin. Quoique commencé en 1758, il pouvait passer pour neuf, et c'est ainsi que Louis XVIII le qualifie dans sa lettre à M. de Quélen, en date du 26 décembre 1821 :

« Monsieur l'archevêque de Paris, j'ai ordonné que la nouvelle église, fondée en l'honneur de sainte Geneviève par mon aïeul Louis XV, fût mise à votre disposition, pour que vous ayez à la consacrer à l'exercice du culte divin, sous l'invocation de cette sainte. Voulant, à l'exemple de mes prédécesseurs, donner un témoignage public de ma dévotion envers la patronne de ma bonne ville de Paris, et attirer, par l'intercession de cette puissante protectrice de ma capitale, les faveurs de Dieu sur ma famille et sur moi, je vous fais cette lettre pour vous dire que, le 3 du mois de janvier prochain, vous fassiez faire à cette intention des prières et des supplications solennelles en cette église, et que vous ayez à y inviter la Cour royale, le corps municipal et les autres corps constitués. Sur ce, je prie Dieu, monsieur l'archevêque, qu'il vous ait en sa sainte garde.

« *Signé* Louis. »

Le 3 janvier 1823, l'archevêque, le duc et la duchesse d'Angoulême, le nonce apostolique, l'abbé de Rauzan, supérieur des missionnaires chargés de desservir provisoirement la basilique, les archevêques d'Arles et de Besançon, les évêques de Meaux, de Mande, se rassemblèrent à l'École de droit, avec le préfet de la Seine, le préfet de police, des pairs, des députés, des magistrats, des officiers supérieurs. Le cortège traversa la place au milieu des flots d'une immense multitude, et entra dans l'église tendue de draperies en velours cramoisi et de tapisseries des Gobelins. La messe fut dite par l'archevêque de Paris, et le lendemain le dôme fut illuminé. Une neuvaine s'ouvrit en l'honneur de sainte Geneviève, et les membres de la famille royale, les gardes des collèges, des citoyens de toutes les conditions se succédèrent devant le sanctuaire où brillaient les chiffres entrelacés de Marie et de Geneviève. L'inscription : *Aux grands hommes la patrie reconnaissante*, fut remplacée par ces mots : *D. O. M. sub invoc. S. Genovefæ. Lud. XV dicavit, Lud. XVIII restituit*. Une grande croix, hérissée de rayons, fut sculptée dans le tympan du fronton, et Gros décora la coupole supérieure du dôme d'une grande composition représentant l'apothéose de sainte Geneviève. On y voit la sainte en bergère, conformément à la tradition, mais contrairement à la vérité historique. Louis XVI, Marie-Antoinette et Louis XVII planent avec elle dans les cieux. Au bas du tableau sont : Clovis et sa femme; Charlemagne, Louis IX et Louis XVIII.

Cette composition, largement peinte, et qui fut admirée dès le principe comme elle méritait de l'être, faillit disparaître même avant que d'être terminée. Une foule sans cesse renaissante, comme l'a rappelé M. Flourens dans sa Notice sur le chimiste Thénard, saluait le peintre des plus glorieuses épithètes et promettait à son chef-d'œuvre l'admiration des générations à venir. Ces masses, impressionnables et mobiles, s'écoulèrent cependant; le calme commença à renaître; puis le silence reprit tout son empire; quelques mois à peine se succédèrent, et l'on trouva le sol de la nef jonché de plaques de couleurs différentes et de formes variées à l'infini. Gros, averti, comprit aussitôt la portée du désastre. L'humidité avait pénétré les pierres, et la peinture, repoussée et boursouflée, se détachait et tombait rejetée en écailles. Le désespoir de l'artiste ne put être adouci ni par la sympathie du public, ni par la véritable émotion de Charles X.

Thénard, qu'une amitié sincère unissait à Gros, avait, à la première nouvelle, commencé dans le secret une suite d'expériences qui le conduisirent à trouver un moyen de rendre imperméables les pierres les plus poreuses. Sûr du résultat, il se rend dans l'atelier de Gros : « S'il vous était garanti que la couleur résistât, repeindriez-vous la coupole? dit-il. — Allez-vous-en au diable et ne me parlez plus de ça, » répond brutalement le peintre découragé.

Cependant, il se ravisa et vint dire au chimiste, qui était retourné paisiblement dans son laboratoire : « Ce que vous me proposez est-il bien possible? »

Thénard lui donna des explications, après lesquelles Gros courut en toute hâte aux Tuileries. Dans la soirée Thénard, auquel sur sa demande on adjoignit Darcet, fut chargé de prendre des précautions efficaces pour assurer la conservation du travail de Gros.

Avec 1830 le Panthéon devait renaître. Le 26 août fut rendue l'ordonnance suivante : « Louis-Philippe, etc., considérant qu'il est de la justice nationale et de l'honneur de la France que les grands hommes qui ont bien mérité de la patrie en contribuant à son bonheur et à sa gloire reçoivent, après leur mort, un témoignage éclatant de l'estime et de la reconnaissance publique;

« Considérant que, pour atteindre ce but, les lois qui avaient affecté le Panthéon à une semblable destination doivent être remises en vigueur,

« Nous avons ordonné et ordonnons ce qui suit :

« ART. 1er. — Le Panthéon sera rendu à sa destination primitive et légale; l'inscription : *Aux grands hommes la patrie reconnaissante*, sera rétablie sur le fronton. Les restes des grands hommes qui auront bien mérité de la patrie y seront déposés.

M. de Montalivet présenta un projet de loi dans le même sens; mais il ne fut pas même discuté; pas un grand homme n'entra au Panthéon, où l'on se contenta de placer quatre tables de bronze sur lesquelles était gravée la liste des victimes de la révolution de juillet. Elles furent scellées dans la muraille par Louis-Philippe le 27 juillet 1831, en présence de députations de tous les corps constitués. Adolphe Nourrit chanta ensuite, avec accompagnement de chœurs et de symphonies, des strophes de Victor Hugo que suivirent *la Parisienne* et *la Marseillaise* entonnées par cinq cents choristes. Il n'y eut point de cérémonie religieuse; on avait enlevé la veille la croix du dôme, et Gérard, que Charles X avait chargé de peindre des saints dans les pendentifs de la coupole, dut les remplacer par quatre allégories : la Mort, la Patrie, la Justice et la Gloire. Pour compléter la décoration spéciale de l'édifice, David d'Angers représenta dans un fronton la Patrie distribuant des couronnes aux illustrations civiles ou militaires.

Pendant les tristes journées de juin 1848, des insurgés retranchés dans le Panthéon en furent débusqués par la garde mobile, après qu'on eut brisé les portes à coups de canon. L'année suivante le Panthéon servit à une ingénieuse expérience imaginée par M. Foucault pour démontrer la rotation de la terre. Un pendule attaché au centre de la coupole se balançait sous le dôme, et dans ses oscillations il entamait deux monticules de sable. Ce pendule, lancé dans l'espace avec de minutieuses précautions, obéissait d'une manière invariable aux lois de la gravitation. Il aurait dû, par conséquent, creuser sans cesse les mêmes sillons sur le sable; mais les traces parallèles qu'il y laissait attestaient que le sable se déplaçait, emporté par le mouvement terrestre.

Des décrets du 6 septembre 1851 et du 22 mars 1852 ont rendu au culte l'église Sainte-Geneviève, et institué six chapelains qui ont mission non-seulement de la desservir, mais encore de prier Dieu pour la France et pour les morts qui auront été inhumés dans les caveaux de l'église. Cette dernière phrase fait supposer qu'un jour ou l'autre quelques citoyens recommandables trouveront place dans la crypte, et que Sainte-Geneviève est toujours le Panthéon.

CHAPITRE IV.

La rue Soufflot. — L'École de Droit. — Ses antécédents. — Décret du 21 septembre 1804. — Dispositions ultérieures. — Observations de George Sand sur l'étudiant en droit. — Un fait personnel.

Il n'est pas à Paris de monument situé dans un emplacement plus favorable. La belle rue Soufflot, terminée en 1853, et dont l'achèvement a donné le coup de grâce à de précieux débris de l'enceinte de Philippe-Auguste, permet aux promeneurs qui rôdent sous les quinconces du Luxembourg, d'apercevoir la façade du Panthéon. Devant elle s'arrondissent en hémicycle, d'un côté, la mairie du Ve arrondissement, qui fut celle du XIIe avant 1860; de l'autre, l'École de droit, à laquelle la France doit une partie de sa prépondérance, puisque c'est là que se sont formés les maîtres dont les travaux combinés ont produit les codes français, modèles de tous les codes.

Dès le XIIe siècle, la science du droit ecclésiastique et du droit canon était enseignée dans la capitale. En 1384, deux savants, Gilbert et Philippe Ponce, obtinrent l'autorisation d'établir pour l'enseignement du droit une école spéciale qui fut placée dans une maison de la rue Saint-Jean de Beauvais. Ce fut là que plus tard le célèbre imprimeur Robert Estienne établit ses ateliers.

Dans cette école, on s'occupait exclusivement de droit canon. Le pape Honorius, par une bulle de 1216, avait défendu, sous les peines les plus sévères, l'étude du droit civil.

Au XIVe siècle, on craignait encore d'enfreindre cette prohibition émanée du saint siège; néanmoins les étudiants de cette époque allaient faire des études de droit privé en province.

Vers 1563 et 1565, le parlement permit à plusieurs légistes de professer à Paris le droit civil, mais pendant un laps de temps qui ne devait pas aller au delà de l'année 1572. C'est à cette époque que la prohibition fut de nouveau érigée en loi. L'article 59 de l'ordonnance rendue à Blois en 1576 « fait « défense à ceux de l'Université d'élire ou graduer en droit « civil. »

Sous le règne de Henri IV, en 1600, on publia de nouveaux statuts qui s'appliquèrent à la Faculté de droit canon. Il y avait alors six professeurs. Les articles 34 et 35 de ces statuts réglèrent le cérémonial et le mode d'admission des docteurs. Le candidat était revêtu d'une longue robe d'écarlate qui, disait-on, avait été portée par le célèbre jurisconsulte *Cujas*. On lui présentait ensuite un livre fermé que l'on ouvrait aussitôt. On voulait indiquer ainsi que le candidat, par son travail, avait acquis la connaissance approfondie des canons. Enfin on lui plaçait sur la tête le bonnet de docteur, on lui passait au doigt un anneau d'or; puis il recevait l'accolade de tous ces docteurs.

Ce fut en 1679 que Louis XIV ordonna le rétablissement de la chaire de droit romain. En 1680 il plaça un professeur de droit français dans chaque université. Ce professeur était nommé par le chancelier et portait le titre de *professeur royal*. Les autres chaires de la Faculté étaient données au concours. Outre le professeur de droit français, il y en avait deux chargés d'expliquer les *Institutes* de Justinien : un pour les décrétales de Grégoire IX, un pour le décret de Gratien, et enfin deux autres s'occupaient du Digeste.

A cette époque l'étude du droit durait trois années et se comptait par douze trimestres. Au commencement de chaque trimestre, les étudiants devaient se faire inscrire sur les registres de la Faculté et payer chaque inscription. Ceux de la première année étaient admis à subir un examen dit de *baccalauréat* au commencement d'août. Dans l'intervalle du baccalauréat à la licence, ils étaient forcés d'assister aux thèses et d'y soutenir des discussions.

Pendant la Révolution, les écoles de droit furent supprimées. Cependant deux écoles particulières s'établirent, l'une dans la rue Vendôme, l'autre dans les bâtiments du collège d'Harcourt, rue de la Harpe. La première était connue sous le titre d'*Académie de législation*, la seconde s'appelait *Université de jurisprudence.*

En 1771 l'École de droit avait été transférée dans le bâtiment qu'elle occupe, qui avait été construit d'après les dessins de Soufflot. Il se compose de deux amphithéâtres, dont l'un, plus moderne, fut construit vers 1830. Il a deux entrées, l'une dans la rue Soufflot près de la place du Panthéon, l'autre dans la rue Saint-Étienne-des-Grès. Il y a également un certain nombre de salles appropriées à la destination de l'établissement et des logements occupés par le doyen de la Faculté de droit et les professeurs les plus anciens. La façade principale, œuvre de Soufflot, est prise sur l'angle qui répond au Panthéon et interrompt la forme rectangulaire. Cette façade est ornée de quatre colonnes ioniques qui soutiennent un fronton triangulaire au bas duquel se distinguent encore, quoique à demi effacés par le temps, les mots : *liberté, égalité, fraternité*, qui y avaient été inscrits lors de la première ou la seconde révolution. Il y a quelques années, l'autorité publique a élevé, de l'autre côté de la rue Soufflot et en face l'École de droit, le bâtiment analogue dont nous avons fait mention.

Aux termes de la loi du 13 mars 1804, art. 2, on dut enseigner dans les écoles de droit :

1° Le droit civil français dans l'ordre établi par le code civil, les éléments du droit naturel et des gens, et le droit romain dans ses rapports avec le droit français;

2° Le droit public français et le droit civil dans ses rapports avec l'administration publique;

3° La législation criminelle et la procédure criminelle et civile.

Le décret du 21 septembre 1804 ordonna (art. 10) qu'il y aurait dans chaque école de droit cinq professeurs, et institua en outre les professeurs suppléants connus aujourd'hui sous le nom d'agrégés.

Le premier de ces professeurs titulaires doit enseigner tous les ans les *Institutes* de Justinien et le droit romain.

Trois d'entre eux doivent faire, chacun en trois ans, un cours complet sur le code civil des Français, de manière qu'il y ait un cours qui s'ouvre chaque année.

Aux termes du même décret, les professeurs, chargés du cours de deuxième et troisième année, devaient enseigner, concurremment avec le code civil, le droit public français et le droit administratif. Ce décret ne mentionnait pas le droit naturel et des gens prescrit par la loi.

Le cinquième professeur devait faire un cours annuel de législation criminelle et de procédure criminelle et civile.

D'après l'article 9, le nombre des professeurs pourra être augmenté par un décret, suivant l'importance et le succès que les écoles auront obtenus.

Il n'est pas sans intérêt de retracer les phases de ces diverses créations.

Par un décret du 29 août 1809, une chaire spéciale de droit public français et une chaire de droit commercial furent créées dans la Faculté de droit de Paris. Ce furent les seules créations qu'ait ajoutées le premier empire à la loi de 1804.

Quelques années plus tard, le nombre des étudiants de la Faculté de Paris s'étant accru d'une manière notable, l'École de droit fut divisée en deux sections, et l'enseignement du droit reçut les développements jugés nécessaires.

Il y eut dans chaque section :

Trois professeurs de Code civil;

Un professeur des éléments du droit naturel, des éléments du droit des gens et du droit public général;

Un professeur des *Institutes* et du droit romain;

Un professeur de procédure civile, criminelle et législation criminelle.

En outre, il y eut dans l'une des sections un professeur de Code de commerce;

Et dans l'autre, trois professeurs : l'un de droit public positif et de droit administratif français; le second, d'histoire philosophique du droit romain et du droit français; le troisième, d'économie politique. Il y eut donc seize professeurs au lieu de six qui existaient sous le premier empire, à Paris.

En 1822, sur le rapport de M. Corbière, une nouvelle ordonnance, en date du 6 septembre, réorganisa la Faculté de Paris le jour même de la suppression de la grande École normale. L'École continua d'être divisée en deux sections; mais il n'y eut plus dans chaque section :

Un professeur des *Institutes* de Justinien;

Trois professeurs de Code civil;

Un professeur de procédure civile et criminelle;

Et pour les deux sections :

Un professeur de Code de commerce;

Enfin, un professeur des *Pandectes.*

Il y eut donc en tout, à la Faculté de droit de Paris, douze chaires, au lieu de seize qui devaient exister, aux termes de l'ordonnance de 1819. Les quatre chaires sur lesquelles on garda le silence et qui, en conséquence, furent supprimées, étaient celles de :

Droit naturel, droit des gens et droit public général;

Droit administratif;

Histoire philosophique du droit;

Économie politique.

On voit que le but de cette ordonnance était de n'enseigner

aux élèves que des connaissances usuelles et positives. On ajouta une chaire nouvelle, celle des *Pandectes*, afin, dit le préambule de l'ordonnance, de donner plus de développement à l'étude du droit romain qui a servi de base aux Codes français. Une autre ordonnance, en date du 26 mars 1829, a établi, dans la Faculté de Paris, la chaire de droit des gens et celle d'histoire du droit romain et du droit français.

Le 22 août 1834, on créa dans cette Faculté une chaire de droit constitutionnel français. Cette chaire, qu'occupait M. Rossi, fut supprimée en 1848.

Une ordonnance royale, en date du 12 décembre 1837, créa dans la Faculté de Paris une chaire de législation pénale comparée. Une autre ordonnance, du 25 juin 1840, a établi la chaire d'introduction générale à l'étude du droit.

Le 18 juin 1840 parut un arrêté disposant qu'à partir du 1er novembre suivant, l'enseignement de la législation criminelle et de la procédure criminelle serait détaché de la chaire, alors vacante, par le décès de M. Berriat Saint-Prix, et serait ajouté à la chaire de droit criminel et de législation comparée.

En 1840, une chaire de droit administratif fut créée à Paris et dans chaque Faculté des départements.

Le 4 février 1853, il fut décidé que les chaires de *Pandectes* dans les Facultés de droit de l'empire prendraient le titre de chaires de droit romain. (Le cours a lieu en deux années. Par la même décision, des conférences destinées aux docteurs en droit, se préparant à l'enseignement, furent organisées.

Le 8 décembre 1854, on créa dans la Faculté de Paris une chaire d'*Institutes* de Justinien.

La création, en 1853, d'un deuxième cours de droit romain, depuis érigé en chaire dans certaines Facultés, fait que deux d'entre elles se composent de huit chaires, et deux autres en ont neuf. La Faculté de Paris, qui est régie par des règlements exceptionnels, compte dix-huit chaires.

Les neuf Facultés de droit qui existent aujourd'hui dans l'Empire sont établies dans les villes ci-après désignées : Paris, Aix, Caen, Dijon, Grenoble, Poitiers, Rennes, Strasbourg et Toulouse.

Voici le tableau de l'enseignement dans la Faculté de droit de Paris, en 1860 :

COURS DE PREMIÈRE ANNÉE.

	Chaires.
Droit romain	2
Code Napoléon	2
Introduction générale à l'étude du droit	1

COURS DE DEUXIÈME ANNÉE.

Droit romain	2
Code Napoléon	2
Législation criminelle, procédure civile et criminelle	1
Droit criminel et législation pénale comparée	1
Procédure civile	1

COURS DE TROISIÈME ANNÉE.

Code Napoléon	2
Code de commerce	1
Droit administratif	1

COURS DE QUATRIÈME ANNÉE.

Droit des gens	1
Histoire du droit romain et du droit français	1

Il existe, en outre, à Paris et dans toutes les Facultés des départements, des conférences pour la préparation aux examens du baccalauréat en droit, de la licence et du doctorat.

Les Facultés de droit ont été instituées, sous le nom d'Écoles de droit, par la loi déjà citée du 13 mars 1804. Les dispositions de cette loi ont été maintenues par l'art. 11 du décret du 17 mars 1808; toutefois, la dénomination de Facultés a été substituée à celle d'Écoles de droit.

Jusqu'à l'année 1852, le personnel des Facultés de droit se recrutait par la voie du concours établi par la loi du 13 mars 1804, tant pour les chaires vacantes que pour les places de suppléants.

Aux termes du décret du 9 mars 1852 et de celui du 22 août 1854, les nominations qui appartiennent à l'Empereur sont faites sur la proposition du ministre, et d'après les présentations du conseil académique et de celles de la Faculté où la vacance existe.

Après avoir donné sur cette école importante des détails que nous croyons pouvoir être utiles, et contribuer à éclairer les jeunes gens indécis sur le choix d'une carrière, l'auteur du présent ouvrage demande à ses lecteurs la permission de prendre la parole pour un fait personnel.

En 1841, dans un recueil intitulé *les Français peints par eux-mêmes*, nous avions essayé de tracer le portrait de l'étudiant en droit. Peut-être l'avions-nous chargé, car un romancier d'un mérite supérieur, *George Sand*, a cru devoir combattre nos conclusions et révoquer en doute la fidélité de nos tableaux. On lit dans son roman d'*Horace* :

« J'ai lu quelque part une définition assez étendue de l'*étudiant*, qui n'est certainement pas faite sans talent, mais qui ne m'a point paru exacte. L'étudiant y est trop rabaissé, je dirai plus, trop dégradé ; il y joue un rôle bas et grossier qui vraiment n'est pas le sien. L'étudiant a plus de travers et de ridicules que de vices ; et quand il en a, ce sont des vices si peu enracinés, qu'il lui suffit d'avoir subi ses examens et repassé le seuil du toit paternel, pour devenir calme, positif, rangé ; trop positif la plupart du temps, car les vices de l'étudiant sont ceux de la société tout entière, d'une société où l'adolescence est livrée à une éducation à la fois superficielle et pédantesque, qui développe en elle l'outrecuidance et la vanité, où la jeunesse est abandonnée, sans règle et sans frein, à tous les désordres qu'engendre le scepticisme, où l'âge viril rentre immédiatement après dans la sphère des égoïsmes rivaux et des luttes difficiles. Mais si les étudiants étaient aussi pervertis qu'on nous les montre, l'avenir de la France serait étrangement compromis.

« Il faut bien vite excuser l'écrivain que je blâme, en reconnaissant combien il est difficile, pour ne pas dire impossible, de résumer en un seul type une classe aussi nombreuse que celle des étudiants. Eh quoi ! c'est la jeunesse lettrée en masse que vous voulez nous faire connaître dans une simple effigie ? Mais que de nuances infinies dans cette population d'enfants à demi hommes que Paris voit sans cesse se renouveler, comme des aliments hétérogènes, dans le vaste estomac du quartier latin ! Il y a autant de classes d'étudiants qu'il y a de classes rivales et diverses dans la bourgeoisie. Haïssez la bourgeoisie encroûtée qui, maîtresse de toutes les forces de l'État, en fait un misérable trafic ; mais ne condamnez pas la jeune bourgeoisie qui sent de généreux instincts se développer et grandir en elle. En plusieurs circonstances de notre histoire moderne, cette jeunesse s'est montrée brave et franchement républicaine. En 1830, elle s'est encore interposée entre le peuple et les ministres déchus de la restauration, menacés jusque dans l'enceinte où se prononçaient leur jugement ; ç'a été son dernier jour de gloire.

« Depuis, on l'a tellement surveillée, maltraitée et découragée, qu'elle n'a pu se montrer ouvertement. Néanmoins, si l'amour de la justice, le sentiment de l'égalité et l'enthousiasme pour les grands principes et les grands dévouements de la révolution française ont encore un foyer de vie autre que le foyer populaire, c'est dans l'âme de cette jeune bourgeoisie qu'il faut aller le chercher. C'est un feu qui la saisit et la consume rapidement, j'en conviens. Quelques années de cette noble exaltation que semble lui communiquer le pavé brûlant de Paris, et puis l'ennui de la province, le despotisme de la famille, ou l'influence des séductions sociales, ont bientôt effacé jusqu'à la dernière trace du généreux élan.

« Alors on rentre en soi-même, c'est-à-dire en soi seul, on traite de folies de jeunesse les théories courageuses qu'on a aimées et professées ; on rougit d'avoir été fouriériste, ou saint-simonien, ou révolutionnaire d'une manière quelconque ; on n'ose pas trop raconter quelles motions audacieuses on a élevées ou soutenues dans les *sociétés* politiques, et puis on s'étonne d'avoir souhaité l'égalité dans toutes ses conséquences, d'avoir aimé le peuple sans frayeur, d'avoir voté la loi de fraternité sans amendement. Et au bout de peu d'années, c'est-à-dire quand on est établi bien ou mal, qu'on soit juste-milieu, légitimiste ou républicain, qu'on soit de la nuance des *Débats*, de la *Gazette* ou du *National*, on inscrit sur sa porte, son diplôme ou sa patente, qu'on n'a, en aucun temps de sa vie, entendu porter atteinte à la sacro-sainte propriété.

« Mais ceci est le procès à faire, je le répète, à la société bourgeoise qui nous opprime. Ne faisons pas celui de la jeunesse ;

L'Entrepôt des Vins.

car elle a été ce que la jeunesse, prise en masse et mise en contact avec elle-même, est et sera toujours enthousiaste, romanesque et généreuse. Ce qu'il y a de meilleur dans le bourgeois, c'est donc encore l'étudiant; n'en doutez pas.

« Je n'entreprendrai pas de contredire dans le détail les assertions de l'auteur, que j'incrimine sans aucune aigreur, je vous jure. Il est possible qu'il soit mieux informé des mœurs des étudiants que je ne puis l'être relativement à ce qu'elles sont aujourd'hui ; mais je dois en conclure ou que l'auteur s'est trompé, ou que les étudiants ont bien changé ; car j'ai vu des choses fort différentes.

« Ainsi, de mon temps, nous n'étions pas divisés en deux espèces, l'une appelée les *bambocheurs*, fort nombreuse, qui passait son temps à la Chaumière, au cabaret, au bal du Panthéon, criant, fumant, vociférant dans une atmosphère infecte et hideuse; l'autre, fort restreinte, appelée les *piocheurs*, qui s'enfermait pour vivre misérablement et s'adonner au travail matériel dont le résultat était le crétinisme. Non! il y avait bien des oisifs et des paresseux, voire des mauvais sujets et des idiots ; mais il y avait aussi un très-grand nombre de jeunes gens actifs et intelligents, dont les mœurs étaient chastes, les amours romanesques, et la vie empreinte d'une sorte d'élégance et de poésie, au sein de la médiocrité et même de la misère. Il est vrai que ces jeunes gens avaient beaucoup d'amour-propre, qu'ils perdaient beaucoup de temps, qu'ils s'amusaient à toute autre chose qu'à leurs études, qu'ils dépensaient plus d'argent qu'un dévouement vertueux à la famille ne l'eût permis; enfin, qu'ils faisaient de la politique et du socialisme avec plus d'ardeur que de raison, et de la philosophie avec plus de sensibilité que de science et de profondeur. Mais s'ils avaient, comme je l'ai déjà confessé, des travers et des ridicules, il s'en fallait de beaucoup qu'ils fussent vicieux, et que leurs jours s'écoulassent dans l'abrutissement, leurs nuits dans l'orgie. En un mot, j'ai vu beaucoup plus d'étudiants dans le genre d'Horace, que je n'en ai vu dans celui de l'étudiant esquissé par l'écrivain que j'ose ici contredire. »

Nous avions été nous-même sur les bancs de l'École de droit; nous avions eu pour président de thèse M. Ducauroy, et pendant le cours de nos études nous avions été à même d'observer nos condisciples. Nous avions signalé franchement, non comme des vices, mais comme des passions naturelles, ce goût des plaisirs qui les entraînait dans un vertigineux tourbillon. En revanche, nous avions montré l'étudiant en droit occupé de mille choses étrangères à ses études, d'arts, de littérature, de politique et de philosophie. Nous convenons que notre type n'est plus ressemblant; et si la physionomie des étudiants actuels se rapproche encore de celle des étudiants d'autrefois, c'est peut-être par les traits sur lesquels George Sand nous reproche d'avoir insisté. En 1860 comme en 1841, la jeunesse obéit à ses penchants; mais, dussions-nous passer pour un *laudator temporis acti*, nous dirons qu'elle est plus positive et plus matérialisée.

George Sand n'a plus maintenant à regretter que le licencié en droit, parvenu à l'âge adulte, oublie ses aspirations, car il ne les a jamais eues. L'étudiant ne se passionne plus pour des systèmes de réformes sociales ou littéraires. S'il est laborieux, il pense à faire son chemin et poursuit ses travaux en ne se permettant que de rares distractions. S'il a peu de vocation pour la jurisprudence, et quelque argent à dépenser, on le voit moins souvent au cours qu'au café, et il dispute à de nombreux rivaux une ou plusieurs femmes du quartier latin.

Les *piocheurs* et les *bambocheurs* sont toujours les mêmes; mais sans vouloir offenser les étudiants, nous croyons que si un type a vieilli, c'est le type enthousiaste et romanesque de George Sand.

Le Jardin des Plantes.

CHAPITRE V.

La Bibliothèque Sainte-Geneviève. — Le collége Sainte-Barbe. — Le lycée Napoléon. — L'École Polytechnique.

Un côté du Panthéon est occupé presque exclusivement par la Bibliothèque Sainte-Geneviève, qu'avait créée en 1624, le cardinal de Larochefoucauld, abbé commendataire. On la chassa de son premier local pour la placer commodément dans le bâtiment actuel, qui fut commencé en 1843 et terminé le 15 décembre 1850, sur les dessins de M. Henri Labrouste. La façade est percée de fenêtres à plein cintre. Au-dessous de la corniche qui sépare le rez-de-chaussée du premier étage, les lettres S. G. se lisent entrelacées, au centre de médaillons que relient de lourdes guirlandes de fleurs et de feuillages. Entre les deux étages sont inscrits sur le mur huit cent dix noms d'auteurs, dont la Bibliothèque possède des ouvrages. La salle de lecture, de vaste dimension, offre cinq cents chaises à ses lecteurs, qui sont généralement des étudiants en droit ou en médecine; le soir, de six heures à dix heures, la salle est éclairée par des becs de gaz fixés aux tables de travail. En hiver, l'affluence est si grande qu'on ne trouve plus de place après sept heures. La Bibliothèque renferme environ cent cinquante mille imprimés, quoiqu'elle ait été dévastée par des déprédations scandaleuses dont les tribunaux ont retenti.

Les conservateurs sont MM. de Brotonne, Ferdinand Denis, Cucheval-Clarigny, Xavier Bernard et Avenel, connu par la curieuse collection des lettres du cardinal de Richelieu, qu'il a publiées dans la série des Documents relatifs à l'Histoire de France. La classification de cette Bibliothèque est familière aux habitués; à droite, en entrant, sont les ouvrages de littérature moderne; à gauche, la jurisprudence; derrière le bureau central se trouvent la théologie et l'histoire ecclésiastique. D'autres parties de la salle sont affectées à la médecine et à la philosophie, à la littérature ancienne, à l'histoire, aux mathématiques. A chaque section veille un sous-bibliothécaire ou un employé, et nous devons constater que MM. Alfred des Essarts, Henri Bornier, Chalamel, Larchey, Picard, Castan, Roussy, rivalisent d'empressement pour servir le public et faire les honneurs de la Bibliothèque, à laquelle on peut reprocher de ne pas posséder assez de livres modernes ou contemporains.

La porte du collége Sainte-Barbe touche presque à celle de la Bibliothèque Sainte-Geneviève.

La fondation du collége Sainte-Barbe remonte à une époque assez reculée. Ce fut le 30 mai 1430 que Jean Hubert, docteur et professeur en droit canon, acheta des religieux de Sainte-Geneviève un terrain planté de vignes et voisin d'une chapelle de Saint-Symphorien. C'est dans cet emplacement qu'il résolut de fonder un collége sous l'invocation de Sainte-Barbe, patronne de sa mère. Jean Hubert fit donc construire une vaste maison composée de quatre corps de logis. Un principal et deux régents furent désignés pour diriger le nouvel établissement. Ce fut seulement sous le règne de Henri II, en 1550, qu'il commença à être connu. Jusqu'en 1792, époque à laquelle la maison fut fermée, chaque année, par un sentiment de pieuse gratitude, on disait une messe en commémoration du roi Henri II qui étendit sa protection sur les Barbistes. Un professeur de droit canon, Robert Dugast, s'efforça de contribuer à la prospérité du collége; grâce à ses ressources personnelles, il entretint dix professeurs, un chapelain, un procureur, et fonda quatre bourses.

En 1690, un ami de Rollin, Thomas Durieux, réforma entièrement l'organisation de Sainte-Barbe et y fit appliquer un nouveau plan d'études. M. Louis Lazare, auquel nous empruntons des détails relatifs à cet établissement, raconte en ces termes quelle fut la fin tragique du dernier supérieur de la communauté de Sainte-Barbe, le Père Baduel : « Voulant, dit-il, se soustraire aux persécutions dirigées contre les ecclésiastiques, il cherchait à sortir de Paris, emportant ce qu'il avait pu réunir d'argent; mais il fut attaqué, volé et assassiné, la nuit, sur le Cours-la-Reine, aux Champs-Élysées. » C'est à cette époque que se place l'expulsion violente des barbistes par les jésuites, qui les accusaient de jansénisme. On raconte même que lorsque les jésuites prirent possession du local, le cuisinier des barbistes, qui avait été conservé, refusa énergiquement, malgré les menaces dont il fut l'objet, de *faire à dîner* aux nouveaux venus. Cette noble résistance constitue un acte de courage civil dont on doit tenir compte à l'artiste culinaire, qui sut se montrer, même dans l'exercice de ses humbles fonctions. Le collège resta fermé sept années. Un homme honorablement connu dans l'enseignement, et dont le fils, M. Adolphe de Lanneau, a dirigé pendant longtemps l'Institution impériale des Sourds et Muets de Paris, M. Victor de Lanneau, fut placé à la tête de Sainte-Barbe. En acceptant cette nouvelle tâche, il avait quitté le Prytanée français, devenu depuis Collège royal, et actuellement Lycée impérial Louis-le-Grand. Il loua les bâtiments du vieux collège de Sainte-Barbe qui étaient devenus la propriété de Mme Champagne, femme du directeur du Prytanée, et auparavant veuve de Lebrun, ministre de la justice sous la Convention. Le 4 décembre 1798, Victor de Lanneau inaugura le nouveau collège qui alors ne comptait que quelques élèves. Bientôt l'établissement fut en pleine voie de prospérité, et Napoléon, dit-on, eut un moment la pensée de l'ériger en lycée.

Bientôt survint pour Sainte-Barbe le temps des épreuves et des persécutions. Quelques barbistes ayant obtenu du célèbre tragédien Talma qu'il donnerait une représentation de *Manlius*, on menaça de faire fermer la maison si le directeur ne se faisait remplacer. Tel fut le prétexte des mesures violentes qu'on exerça contre la maison de Sainte-Barbe qui, à ce moment, passait pour être entachée de libéralisme et de philosophie. M. Victor de Lanneau prit d'abord pour successeur M. Adam. Quelques années plus tard, son fils aîné, M. Adolphe de Lanneau, prit la direction de la maison. « Ces persécutions, « raconte M. Louis Lazare, qui venaient attrister la vieillesse « d'un homme vénéré de tant de jeunes générations, donnè- « ront un élan nouveau, une force plus grande au dévouement « de ses anciens élèves, à la prospérité de sa maison. Le 4 dé- « cembre 1816, jour de la Sainte-Barbe, les anciens barbistes, « voulant protester contre les injustices dont leur maître bien- « aimé était l'objet, se réunirent et formèrent une vaste asso- « ciation, qui confond dans son sein les barbistes de tous les « temps, de toutes les conditions, de toutes les opinions. C'est « une association d'assistance mutuelle contre le malheur. La « politique est étrangère à cette société, qui distribue ses se- « cours entre tous les membres malheureux de la grande « famille barbiste. Voilà bientôt quarante ans que cette asso- « ciation amicale, bienfaisante, pacifique, existe et embrasse la « France entière. »

Pendant quelques années, il a existé à Paris deux maisons de Sainte-Barbe, l'une rue de Reims, sur le sol même de l'ancienne Sainte-Barbe, et l'autre rue des Postes. Quelques élèves de l'ancienne communauté de Sainte-Barbe avaient eu la pensée d'établir de leur côté, et sous le même nom, une maison rivale. Ce fut la maison que fondèrent rue des Postes les abbés Nicolle, Cotteret, Linguay, Parmentier, etc. Les barbistes de la rue de Reims protestèrent; leurs protestations furent vaines, malgré l'avis longuement motivé de l'éminent avocat Dupin, qui appuyait leurs justes prétentions dans une savante consultation. La Restauration protégea la nouvelle fondation. Il y eut donc pendant quelques années le collège Saint-Barbe-Nicolle de la rue des Postes, et l'institution Sainte-Barbe de Lanneau de la rue de Reims. Enfin, après la révolution de 1830, on maintint à Sainte-Barbe de la rue de Reims son droit à la propriété exclusive du nom de Sainte-Barbe, et la maison de la rue des Postes devint le collège municipal Rollin. Sous l'habile direction de M. Defaucompret, le collège municipal est devenu l'un des établissements d'éducation les plus recommandables de Paris.

En 1838, le directeur, M. Adolphe de Lanneau, remit la direction du collège à une société d'anciens barbistes qui s'étaient réunis dans le but d'acheter les bâtiments de Sainte-Barbe pour les restaurer et y fonder une maison d'éducation. L'un d'entre eux en accepta les fonctions de directeur. Les statuts de la nouvelle société ont été approuvés par une ordonnance royale en date du 17 mars 1841. Le 8 août 1840, le directeur, M. Labrouste, assisté du conseil des anciens barbistes, a posé la première pierre du nouveau collège, et le 4 décembre 1853, jour de la Sainte-Barbe, il en a posé la dernière.

La vieille abbaye de Sainte-Geneviève, agrandie par un corps de logis construit sous le règne de Charles X, est occupée, depuis 1802, par le lycée Napoléon, qui perdit son nom pendant la Restauration, et qui le reprit seulement en vertu d'un arrêté du 14 août 1840, signé par M. de Falloux, alors ministre de l'instruction publique. Dans une rue voisine est l'École Polytechnique, que la Convention organisa par décrets du 21 ventôse an II (11 mars 1794) et du 7 vendémiaire an III (28 septembre de la même année). On n'est admis à cet établissement qu'après l'âge de seize ans et avant l'âge de vingt ans révolus, à la suite d'un examen sévère sur les sciences exactes et avec le diplôme de bachelier ès sciences.

On reçoit annuellement une moyenne de cent élèves qui, au bout de deux années d'études, entrent, suivant le rang que leur donne l'examen de sortie, dans les ponts et chaussées et les mines, les poudres et salpêtres, l'artillerie, le génie, le corps des ingénieurs-hydrographes, le corps d'état-major (partie de géodésie), l'administration des tabacs et des lignes télégraphiques.

Un petit nombre dont le travail a été jugé insuffisant n'est pourvu d'aucun emploi public, et constitue ce que l'on appelle la catégorie des *fruits-secs*.

Le fruit-sec est celui qui échoue, et son triste état se nomme la *fruit-section*. Les élèves de l'École Polytechnique ont un vocabulaire spécial, qui n'est pas compris par les profanes, et qu'ils ne comprennent peut-être pas eux-mêmes, lorsque, grâce à leur talent et à leurs efforts, ils sont arrivés plus tard à l'apogée des honneurs dans le génie civil ou dans l'armée.

Ainsi le candidat à l'École est qualifié de *toupin la colle* ; l'examen qu'il subit avec succès le transforme en conscrit tangente à l'absorption. Autrefois, les *anciens* rentraient une semaine avant l'arrivée des *conscrits*, et passaient plusieurs jours à *absorber* leurs nouveaux camarades que l'on soumettait à des épreuves morales, et auxquels on posait divers problèmes saugrenus. On commençait par leur lire des règlements facétieux :

> Ton ancien tu tutoieras,
> Et ton co-cons pareillement.
>
> A l'ancien le punch tu paieras,
> Et la prune pareillement.
>
> Si, par hasard, étant en omnibus,
> De loin tu voyais, pedibus,
> Ton ancien, tu l'appellerais,
> Et ta place lui offrirais.

Venaient ensuite les problèmes : on demandait, par exemple, aux conscrits le moyen de peupler un pigeonnier avec un jonc. La réponse était qu'il fallait décrire une circonférence ayant le jonc pour rayon, et que l'on obtenait alors 2π joncs. On prouvait algébriquement que l'ancien n'avait jamais pu être conscrit. Si l'ancien, que tout le monde reconnaît pour une *tête àx*, avait été conscrit, on pourrait poser l'égalité $0 x =$ ex-conscrit ; en divisant par x, il resterait $0 = e$ conscrit ; en divisant ensuite par e, on aurait $\frac{0}{e} =$ conscrit, ce qui serait absurde, puisqu'un conscrit ne saurait être une *tête assurée*.

En 1850, le gouvernement décida que les conscrits entreraient avant les anciens, et, depuis ce temps, l'absorption se réduit à un banquet colossal et pantagruélique, donné à l'Estaminet Hollandais, et dont la dépense ne s'élève pas à moins de 5 ou 6,000 fr. Une fois l'absorption consommée, les élèves de la première et de la seconde année vivent sur le pied de la plus cordiale fraternité.

Puisque nous avons parlé du vocabulaire spécial de l'École, nous allons en donner quelques échantillons :

Berry, capote de petite tenue.
Binôme, celui avec lequel un élève travaille habituellement.
Corio, fontaine établie par M. Coriolis, directeur des études, pour faciliter les travaux de lavis.
Cornichon, le néophyte qui étudie encore les premiers éléments des mathématiques.

Elbeuf, habit de grande tenue.

Frits, c'est sous ce nom que l'on désigne les salsifis. Les pommes de terre s'appellent *frites* ou *frites femelles*.

Gigon, supplément : du nom d'un élève qui a laissé une réputation d'appétit ; on dit un *gigon de frites* pour une portion supplémentaire de pommes de terre.

Laïus : lorsqu'on créa en 1804 le cours de composition française à l'École Polytechnique, le premier sujet donné était relatif à l'époux de Jocaste. *Laïus* signifie toute espèce de discours, et particulièrement un discours un peu emphatique ; on dit d'un orateur qu'il *pique un Laïus*.

Longchamps, cour oblongue bordée de cabinets peu inodores, où l'on va pendant les heures d'études se promener, fumer, deviser, et prendre quelques instants de distraction.

Noire-Fontaine, encrier : du nom d'un colonel qui fit établir à chaque table des encriers fixes.

Payerner, hésiter, du nom d'un élève nommé Payerne dont l'indécision est devenue proverbiale. Il arrive assez souvent aux élèves de mettre aux voix certains projets, par exemple celui de demander au général commandant la levée des consignes ou d'ouvrir une souscription. L'élève qui ne veut voter ni pour ni contre se contente d'écrire sur la circulaire qu'on lui transmet : *je payerne*.

Piocher le bouquin, c'est lire un roman ou un ouvrage étranger aux études de l'école.

Piquer un chien, sommeiller pendant les classes.

Piquer l'étrangère, s'abandonner à la rêverie, donner audience à la folle du logis.

Rat, on désigne ainsi tout individu qui est en retard. Lorsque le tambour a réveillé l'école, la porte du casernement, la *ratière*, est fermée une demi-heure après, et les *rats* sont punis par une consigne. L'élève qui se présente trop tard à la table commune est un *rat-de-soupe* ; celui qui désirait entrer dans les ponts et chaussées et que son numéro case dans l'artillerie est un *rat-de-ponts*.

Ripatonner, raccommoder des vêtements. Ce mot vient du nom d'un petit tailleur, M. Ripaton, qui fut longtemps logé aux frais de l'État dans les combles de l'établissement.

Rosto, bec de gaz que le général Rostolan a fait placer dans un coin de la cour, et qui permet aux fumeurs d'allumer leurs pipes, leurs cigares ou leurs cigarettes pendant les récréations.

Sublimer, travailler clandestinement après l'heure marquée pour l'extinction des feux.

Suçons, sucres d'orge que débitent les tambours de chaque division.

Tangente au point q, épée.

Topo de vivres, c'est le menu du repas, affiché au bas de l'escalier par les soins des deux élèves sous-officiers de chaque division qui sont commis à la réception des subsistances.

Les élèves de l'École Polytechnique ne se bornent pas à pâlir sur les logarithmes et les exponentielles. Ils ont une bibliothèque d'environ trente-cinq mille volumes, dont le catalogue a été imprimé en 1841. Il s'y trouve des ouvrages de littérature, d'art, de musique, qui les délassent de leurs arides calculs.

Il est question de transférer l'École Polytechnique au pied de la montagne de Chaillot. Les bâtiments qu'elle occupe depuis le 1er vendémiaire an XIV (23 septembre 1805) sont ceux du collége de Navarre augmentés de plusieurs pavillons.

CHAPITRE VI.

Anciens colléges de la Montagne-Sainte-Geneviève. — La Sorbonne. — Le Collége de France.

Autour de l'abbaye de Sainte-Geneviève se groupaient jadis d'innombrables colléges dont voici les principaux :

Collége des Bernardins, fondé en 1246, dans la rue du Chardonnet, par Mathieu Paris, de l'ordre de Cîteaux, avec l'autorisation du pape Innocent IV.

Le collége des Bons-Enfants, changé en séminaire de la Congrégation de la mission de Saint-Lazare, rue Saint-Victor, quartier de la place Maubert. Il n'est pas fait mention de ce collége avant saint Louis. Innocent IV permit aux pauvres écoliers de ce collége d'avoir une chapelle, et d'y faire le service, en 1248.

Le collége de Sorbonne, fondé en 1252 par Robert de Sorbon.

Collége des Prémontrés, fondé, en 1283, par un abbé de cet ordre, de chanoines réguliers, qu'on nommait ainsi parce que saint Norbert, qui leur avait donné des lois, sous le règne de Louis le Gros, avait rassemblé ses premiers sectateurs à Prémontré en Picardie.

Le collége des Trésoriers, fondé, en 1269, pour vingt-quatre écoliers, par Guillaume de Jaone, trésorier de l'église de Notre-Dame de Rouen.

Le collége de Cluny, fondé la même année par Yves, abbé de Cluny.

Le collége d'Harcourt, fondé, en 1280, par Robert d'Harcourt, docteur en droit, et chanoine de l'église de Paris.

Le collége du Cardinal-Lemoine, fondé en 1297 par le cardinal Jean Lemoine.

Le collége des Cholets, fondé en 1295 des legs pieux du cardinal Jean Cholet.

Le collége de Navarre, fondé en 1304 par la reine Jeanne, femme de Philippe le Bel.

Le collége de Bayeux, fondé en 1308 par Guillaume Bonnet, évêque de Bayeux, pour des boursiers des diocèses du Mans et d'Angers.

Le collége de Laon, fondé en 1313 par Guy de Laon, trésorier de la Sainte-Chapelle, avec celui de Presle, divisé en deux colléges l'an 1323, et transféré en 1340 rue de la Montagne-Sainte-Geneviève.

Le collége de Montaigu, fondé en 1314 par le cardinal de Montaigu, évêque de Laon.

Le collége de Narbonne, fondé en 1317 par Bernard de Fargis, archevêque de Narbonne.

Le collége de Cornouailles, fondé la même année, et confirmé en 1380 par Nicolas Galeran.

Le collége de Presles, fondé en 1318 par Raoul de Presles.

Le collége du Plessis, fondé en 1323 par Geoffroy du Plessis.

Le collége de La Marche, fondé en 1313 par Guillaume de La Marche, chanoine de Toul.

Le collége des Écossais, fondé en 1325 par David, évêque de Muray, en Écosse.

Le collége d'Arras, fondé en 1332 par Nicolas, abbé de Saint-Vaast d'Arras.

Le collége de Lisieux, fondé en 1336 par Guy d'Harcourt, évêque de cette ville, pour vingt-quatre pauvres écoliers.

Le collége de Beauvais, fondé en 1370 par Jean de Dormans, évêque de Beauvais, pour douze boursiers de sa paroisse natale, ou à leur défaut des diocèses de Soissons.

Le collége de Sainte-Barbe, fondé en 1430 par Jean Hubert.

Le collége de Bourgogne, fondé en 1332 par la reine Jeanne, femme du roi Philippe V.

Le collége de Tours, fondé en 1333 par Étienne de Bourgueil, archevêque de Tours.

Le collége des Lombards, fondé en 1334 par André Chiny de Florence, évêque d'Arras, pour des Italiens.

Le collége d'Autun ou du Cardinal-Bertrand, fondé en 1337 par Pierre Bertrand, évêque d'Autun, cardinal de Saint-Clément.

Le collége d'Hubant ou de l'Ave-Maria, fondé en 1339 par Jean Hubant, président en la chambre des enquêtes.

Le collége des Trois-Évêques ou de Cambrai, fondé en 1348 par Hugues de Pommarco, évêque de Langres ; Hugues d'Arcy, évêque de Laon, et Guillaume d'Auxonne, évêque de Cambrai.

Le collége Saint-Michel, fondé la même année par Guillaume de Chonac, évêque de Paris.

Le collége de Justice, fondé en 1353 par Jean de Justice, chantre de l'église de Bayeux, chanoine de Notre-Dame de Paris et conseiller du roi.

Le collége de Boncourt, fondé la même année par Pierre de Boncourt ou Becond, seigneur de Flechinel, et depuis réparé par Pierre Galand, son principal.

Le collége de Boissy, fondé en 1356 par Godefroy et Étienne de Boissy.

Le collége de Dainville, fondé en 1380 par Michel de Dainville, chanoine de Noyon.

Le collége de Fortet, fondé en 1301 par Pierre Fortet, chanoine de l'église de Paris.

Le collége de Séez, fondé en 1427 par Grégoire Langlois, évêque de Séez.

Le collége de Reims, fondé en 1412 par Guy de Raye, archevêque de Reims, et réuni au collége de Rethel en 1444.

Le collége de la Mercy, pour les religieux de cet ordre, fondé en 1516, rue des Sept-Voies.

Le collége du Mans, fondé en 1520 par les exécuteurs testamentaires de Philippe de Luxembourg, cardinal, évêque du Mans.

Le collége Royal, fondé en 1529 par François Ier, et bâti sur une partie des colléges de Tréguier et de Cambrai.

Le collége des Grassins, fondé en 1569 par Pierre Grassins, conseiller au Parlement.

Le collége de Maître-Gervais, fondé en 1570 par Gervais Chréthien, chanoine de l'église de Paris.

Ces établissements d'instruction publique étaient tous sous l'égide de l'Université. On attribue généralement à Charlemagne la création de ce corps enseignant, et la fresque dont Gros a décoré la coupole du Panthéon représente Charlemagne, revêtu de tous les insignes impériaux, et qui semble montrer fièrement ses titres de gloire à la postérité : *Capitulaires, Université*.

Ce serait en vain que l'on chercherait dans les lois du célèbre empereur et dans les récits de ses contemporains la preuve de l'allégation que la brosse du peintre a formulée. Si Charlemagne encouragea des écoles, ce fut principalement en Allemagne, et non pas en France. Ce chef de dynastie n'était-il point un étranger, né à Salzbourg en Bavière, mort à Aachen, que nous appelons Aix-la-Chapelle, et où il avait fixé la capitale de ses États ?

L'Université ne fut pas plus fondée par Charlemagne que l'organisation communale par Louis le Gros.

Les communes furent des associations de bourgeois qui voulaient entrer en composition avec leurs seigneurs, et que les rois favorisèrent ou combattirent, suivant l'intérêt du moment. L'Université fut une association de professeurs convaincus de la nécessité de concentrer leurs forces éparses, et de se rendre indépendants d'un pouvoir souvent arbitraire. Elle eut pour protecteur Philippe-Auguste, et ses premiers statuts furent dressés en 1215 par le légat du saint-siége, Robert de Courçon, cardinal de Saint-Étienne.

Régénérée après les orages de la Révolution, l'Université a restreint le nombre de ses établissements, et ses jeunes soldats, disséminés au moyen âge, sont divisés en légions compactes.

Le siége de la Faculté des lettres, de la Faculté de théologie et de la Faculté des sciences, est la Sorbonne, qui porte le nom d'un petit village de Sorbon, situé dans le département des Ardennes, à quatre kilomètres de Réthel. Un pauvre enfant y naquit en 1201, et les Mémoires du sire de Joinville attestent qu'il était *fils de vilain et de vilaine*. Il trouva moyen, en mettant à contribution le bon vouloir de ses parents et de ses amis, d'arriver à Paris et de s'y faire recevoir docteur en théologie. Bientôt son éloquence attira l'attention, et Louis IX le choisit pour chapelain et pour confesseur. Dans son élévation, il n'oublia pas les difficultés qui avaient entravé le développement de ses dispositions naturelles, et avec le concours de son royal pénitent, il ouvrit aux pauvres clercs un asile dont les statuts furent approuvés en 1259 par des lettres d'Alexandre IV. Cette maison de théologiens, dont les décisions étaient recueillies comme des oracles par l'Europe catholique, eut pour proviseur le cardinal de Richelieu. Ce fut par ses ordres que Jacques Lemercier construisit les bâtiments qui subsistent encore, et l'église où le grand ministre repose dans un caveau que surmonte le magnifique groupe de François Girardon.

Ce monument fut profané en 1793 par des hommes qui voulaient s'emparer du cercueil de plomb pour en faire des balles. On prétend que pendant cette opération le cadavre embaumé du cardinal fut relégué dans un coin, qu'un garde national en détacha la tête, et qu'elle n'a jamais été réintégrée. Nous nous souvenons qu'il y a quelques années plusieurs personnes nous ont affirmé avoir vu cette relique sous un globe chez un négociant de la rue Saint-Denis.

A la Sorbonne est le siége de l'Académie de Paris, dont la circonscription comprend les départements de la Seine, du Cher, d'Eure-et-Loir, de Loir-et-Cher, du Loiret, de la Marne, de l'Oise, de Seine-et-Marne et de Seine-et-Oise. C'est dans ses spacieux amphithéâtres que se font les cours des Facultés des lettres, des sciences et de théologie. On y enseigne la littérature grecque, l'éloquence et la poésie latines, l'éloquence et la poésie françaises, la philosophie, l'histoire de la philosophie, l'histoire ancienne, l'histoire moderne, l'histoire générale, la grammaire comparée, la littérature étrangère ;

La zoologie, la géologie, la mécanique, la minéralogie, le calcul différentiel et intégral, la chimie, la géométrie supérieure, l'astronomie physique, l'astronomie mathématique, l'algèbre supérieure, le calcul des probabilités, la mécanique physique, la botanique, la physique, la physiologie générale, les sciences physiques et sciences naturelles ;

La théologie dogmatique, la théologie morale, l'histoire ecclésiastique, le droit ecclésiastique, l'écriture et la langue hébraïques, l'éloquence sacrée.

Le principal amphithéâtre de la Sorbonne sert chaque année aux distributions de prix du concours général, sous la présidence du ministre de l'instruction publique.

Près de la Sorbonne est le Collége de France, dont la création est due à François Ier, et dont les cours n'ont pas cessé depuis plus de trois siècles d'avoir une réputation européenne. On y enseigna d'abord les mathématiques, le grec, l'éloquence latine, l'hébreu, les langues orientales, la médecine, la philosophie. Les premiers professeurs, au nombre desquels se trouvaient plusieurs étrangers, furent Guillaume Pastel, Vatable, Pierre Donès, le Vénitien Paul Paradis dit le Canomile, le Milanais Vicomercato, le Florentin Vidus-Vidius, le Calabrais Guidacerio, l'Espagnol Pablation. En 1551, Ramus attaqua avec vigueur au Collége de France les absurdités scolastiques ; aussi fut-il massacré le 24 août 1572 par des fanatiques dont le guide était son antagoniste Jacques Charpentier, professeur de philosophie au collége de Bourgogne. Principal du collége de Presles, le malheureux Ramus était accusé à la fois d'avoir fait enlever de la chapelle les images des saints et d'avoir méconnu la logique d'Aristote. Des régents et des écoliers le tuèrent dans sa retraite, où il attendait la mort, après avoir relevé sur ses yeux sa longue barbe blanche. Ils jetèrent par la fenêtre son corps sanglant, et le traînèrent jusqu'à la Seine. « Pendant que le fleuve emportait ce corps, dit un historien, des hommes de la lie du peuple, qui croyaient que la fortune et la gloire devaient habiter ensemble, fouillaient la demeure de Ramus et s'étonnaient de n'y trouver que quelques gouttes de vin blanc dont il se lavait la barbe, un vieux manteau d'hiver et deux ou trois volumes grecs tachés de sang. Ces livres étaient les seuls instruments avec lesquels Ramus, durant trente ans, remua les esprits. »

Loin de dégénérer en vieillissant, le Collége de France a constamment progressé : au XIXe siècle, il a compté parmi ses professeurs les astronomes Delambre et Lalande ; les chimistes Vauquelin, Portal, Thénard, Daru ; le médecin Corvisart ; l'orientaliste Sylvestre de Sacy ; les naturalistes Daubenton et Cuvier ; en littérature, Delille, Legouvé, Andrieux et Tissot. De 1836 à 1851, M. Michelet, succédant à Daunou dans le *Cours d'Histoire et de morale*, passionna son jeune auditoire par l'éloquence avec laquelle il combattait les empiétements des partis rétrogrades ; son cours fut fermé par un arrêté de M. Giraud, ministre de l'instruction publique, en date du 12 mars 1851, attendu disaient les considérants, qu'il s'était livré dans son enseignement à des écarts dont l'opinion publique s'était vivement et justement émue ; que des avertissements répétés lui avaient été donnés, et qu'il n'en avait tenu aucun compte. Les élèves protestèrent contre cette décision ; ils se rendirent, au nombre d'environ huit cents, à l'Assemblée législative, où ils remirent à MM. Versigny et Noël Parfait cette pétition : « La liberté de pensée vient d'être violée par la suspension du cours de M. Michelet. Nous, élèves des écoles, en appelons à l'Assemblée, et nous protestons. »

Le collaborateur de Michelet, pour l'ouvrage intitulé *les Jésuites* (1843, in-octavo), M. Edgar Quinet, avait fait au Collége de France, de 1842 à 1846, un cours de langue et de littérature de l'Europe méridionale. Forcé de l'interrompre par suite des tracasseries du pouvoir, et nommé représentant de l'Ain après 1848, il semblait avoir renoncé au professorat. Le 21 mars 1851, les élèves des écoles se rassemblèrent dans la cour de la Sorbonne, afin de faire une manifestation en faveur de M. Michelet. Dispersés par les sergents de ville, ils se réunirent de nouveau, dans le but d'aller, boulevard du Mont-Parnasse, prier Edgar Quinet de reprendre la chaire qu'il avait abandonnée ; mais quelques arrestations suffirent pour les faire renoncer à leur projet.

Le Collége de France a pour administrateur en 1860 M. Stanislas Julien ; le cours de mathématiques y est fait par M. Liouville, membre de l'Académie des sciences ; le cours de physique mathématique, par M. Biot ; de chimie, par M. Balard ; de médecine, par M. Claude Bernard ; le cours d'histoire naturelle des corps inorganisés, par M. Élie de Beaumont ; le cours d'histoire naturelle des corps organisés, par M. Flourens ; le cours de droit de la nature et des gens, par M. Franck; le cours d'économie politique, par M. Michel Chevalier; le cours de législation comparée, par M. Édouard Laboulaye; d'histoire et de morale, par M. Guigniaut; le cours d'arabe, par M. Caussin de Perceval; de persan, par M. Jules Mohl; d'hébreu, de chaldéen et de syriaque, par M. Dubeux; de sanscrit, par M. Foucaud; de chinois et de tartare-mantchou, par M. Stanislas Julien; de grec, par M. Rossignol; le cours d'éloquence latine, par M. Ernest Havet; de philosophie grecque et latine, par M. Lévêque; de poésie latine, par M. Martha; de langue et littérature françaises du moyen âge, par M. Paulin Paris; et de littérature française moderne, par M. Ampère; le cours de langues et littératures étrangères de l'Europe moderne, par M. Philarète Chasles; le cours de langue et littérature slaves, par M. Chodzko.

L'édifice solide et commode où se font ces cours a été reconstruit en 1834; il est comme suspendu sur une éminence à pic depuis qu'on a abaissé le sol pour l'ouverture de la rue des Écoles. En face, au milieu d'un square d'une superficie d'environ 6,000 mètres, fermé par une grille élégante, sont les musées du moyen âge et le musée gallo-romain établis dans l'Hôtel de Cluny et dans les ruines du palais des Thermes.

CHAPITRE VII.

L'hôtel de Cluny. — Le cloître Saint-Benoît. — Le quartier Rollin. — Les Sourds-Muets. — L'institution Loriol.

Commencé par Jean de Bourbon, et terminé par Jacques d'Amboise, en 1490, l'hôtel de Cluny est un rare spécimen de l'architecture civile du moyen âge. On admire à juste titre les bandeaux et les dentelures des fenêtres, la tourelle, aussi élégante que hardie, et la chapelle, dont les parois sont ornées de douze dais, et dont la voûte est sillonnée de nervures qui, partant d'un pilier central, s'éparpillent en gracieux réseaux. Quelques souvenirs se rattachent à ce monument; dans une chambre qui existe encore, François 1er surprit Marie, veuve de Louis XII, en tête à tête avec le duc de Suffolk, et fit légitimer immédiatement leur amour clandestin par un cardinal qu'il avait eu soin d'amener. Une des premières troupes de comédiens qui s'établirent en concurrence avec les Maîtres de la Passion donnait ses représentations à l'Hôtel de Cluny. Les religieuses de Port-Royal y logèrent en 1625. La tourelle servit aux observations de Messier, que Louis XV avait surnommé *le Furet des comètes*, ainsi qu'aux travaux astronomiques de Delisle, de Lalande et de Bochart de Saron.

Un des derniers hôtes de cette maison, M. Du Sommerard, conseiller-maître à la cour des Comptes, avait employé 30 ans de sa vie à rassembler des objets d'art, des ustensiles de ménage, des armes et autres curiosités, dont les moins anciennes ne sont pas postérieures au XVIe siècle. Après sa mort, la direction des beaux-arts offrit de cette collection 200,000 fr. que les héritiers acceptèrent par patriotisme, quoique des étrangers leur fissent des offres plus avantageuses. Le 26 mai 1843, le ministre de l'intérieur proposa à la Chambre des députés un projet de loi dont le but était de créer un musée archéologique qui serait établi dans l'hôtel de Cluny, acheté à Mme veuve Le Prieur moyennant la somme de 390,000 fr., et dans le palais des Thermes cédé à l'État par la ville. « Les amis de nos antiquités nationales, dit le ministre, ont souvent souhaité qu'il y eût à Paris un local destiné à recueillir tous les morceaux de sculpture, tous les débris historiques, tous les fragments du moyen âge que d'heureux hasards peuvent encore faire découvrir, ou que de pieuses ambitions pourront léguer aux générations futures. » La loi fut votée, et le musée s'ouvrit le 16 mai 1844. Aux reliques qu'avait colligées M. Du Sommerard, en ont été ajoutées d'autres d'une valeur au moins égale et qui sont peut-être en trop grand nombre eu égard aux salles qu'elles occupent. Dès qu'on a franchi le seuil de cette demeure rétrospective, on rompt avec la vie moderne, il faut passer entre des haies de bahuts, d'émaux, de bas-reliefs coloriés, de faïences vernissées; sur des dressoirs sont étalés les riches produits des fabriques de Limoges, de Faenza, de Nevers, de Montpellier; les vases en grès de Flandre, les plats de Bernard-Palissy. Les tables sont garnies de housses, de fourchettes à deux dents, de couteaux à manches d'ivoire sculptés avec art. Aux murailles sont suspendus des glaces de Venise,

des boucliers repoussés, des armures damasquinées. La chapelle est meublée d'objets relatifs au culte, retables massifs, reliquaires ciselés, diptyques ou triptyques, custodes, stalles en bois ouvré. En sortant de l'hôtel Cluny, on connaît les mœurs et les usages d'autrefois, et l'on a commencé un cours d'archéologie que l'on peut, en remontant le cours des âges, achever au palais des Thermes où sont réunies les antiquités romaines et gallo-romaines trouvées à Paris.

Le raccordement des deux édifices a été exécuté par M. Albert Lenoir, qui en a restauré avec soin toutes les parties, à l'intérieur comme à l'extérieur; on a remis à neuf les cordons des moulures, les choux fouillés dans la pierre, les écussons armoriés. Des contre-forts sculptés dissimulent la nudité des faces latérales de l'hôtel séparées des maisons voisines. Sur le square, au bout de la cour qui donne accès aux ruines des Thermes s'ouvre une arcade ogivale analogue à celle dont est percée l'aile droite de l'hôtel de Cluny. Sur le mur du cloître, du côté de la rue des Mathurins, ont été refaits les créneaux qui donnent à cet antique manoir l'aspect d'une demeure féodale.

La couronne dentelée de la tourelle a reparu. Elle avait été détruite pendant le second incendie de l'Odéon, par les morceaux de bois enflammés qu'un vent furieux avait portés jusque-là. Une balustrade en fer la remplaçait.

Les ruines du palais des Thermes ont été réparées. Les chaînes de briques romaines, symétriquement superposées, ont été rétablies avec un soin minutieux aux endroits où la dégradation en était trop sensible.

On a conservé, autant que possible, les substructions considérables qui furent découvertes en 1856, lorsqu'on entreprit des démolitions autour du palais des Thermes.

En dégageant les abords de l'Hôtel de Cluny, on a démoli les restes du cloître de la collégiale de Saint-Benoît. C'était une vieille collégiale où la justice s'exerçait au nom du chapitre, où l'on avait eu soin de bâtir une prison, et où l'on portait les redevances en grains et en vin affectées aux prébendes. Le chapitre de Notre-Dame y avait aussi une grange pour mettre celles qu'il percevait dans les environs, et on y tenait un marché public. Il fut question, au commencement de ce siècle, du rétablissement de ce marché avant la construction de celui des carmes sur la place Maubert.

Ce cloître était d'architecture ogivale, et quelques-uns de ses arceaux existait encore. Il tournait en partie autour de l'église du côté du nord; tous ses murs étaient couverts d'épitaphes ainsi que celui du bas côté qui faisait face. Dans les deux cimetières situés l'un place Cambrai, et l'autre dans la rue du Cimetière-Saint-Benoît, de même que dans les caveaux de cette église, un assez grand nombre d'hommes célèbres avaient été inhumés à différentes époques; sur les murs du cloître et des charniers on pouvait encore lire les épitaphes de Jacques-Louis-Sébastien Héricart de Thury, conseiller à la cour des aides, de Thomas Mazini d'Elbène, de Florence, chambellan de Henri IV, et de sa fille Camille d'Elbène, morte en 1599.

Avant de descendre le versant de la scientifique montagne nous avons encore à signaler quelques établissements universitaires.

L'École normale supérieure est due à la Convention nationale, qui, par un décret du 9 brumaire an III (30 octobre 1794), voulut accélérer l'époque où elle pourrait répandre d'une manière uniforme dans toute la République l'instruction nécessaire à tous les citoyens français. Le décret instituant une école normale où étaient appelés des jeunes gens déjà instruits dans les sciences pour apprendre l'art d'enseigner sous les professeurs les plus habiles. On choisit comme instituteurs Bernardin de Saint-Pierre, Lagrange, Laplace, Monge, Berthollet, Garat, Sicard, Laharpe, Thouin, Haüy, Daubenton. L'École, malgré l'incontestable capacité de tant d'hommes éminents, ne fonctionna avec régularité que lorsque l'Université eut été reconstituée par décret du 17 mars 1808. La Restauration renversa l'École normale; mais cette pépinière de professeurs, rétabli après la révolution de 1830, a produit des fruits pour le développement de l'intelligence nationale.

Les bâtiments de l'École normale datent de 1841. Il était nécessaire de les consolider, comme plusieurs autres maisons sises sur la montagne; dès les premiers temps de l'occupation romaine, ce plateau avait été fouillé à tel point qu'en creusant les fondations de l'église Sainte-Geneviève, on trouva plus de cent cinquante puits, dont quelques-uns avaient plus de vingt mètres de profondeur; les uns communiquaient avec des carrières; des autres on extrayait l'argile avec laquelle étaient perfectionnées les belles poteries dont on a découvert des fragments assez nombreux. Après avoir occupé successivement l'amphithéâtre du Jardin des Plantes et l'ancien collége du Plessis, l'École normale est fixée rue d'Ulm depuis le 1er avril 1847.

Le lycée Louis-le-Grand doit son origine à la compagnie de Jésus. Le 2 juillet 1563, elle acquit dans la rue Saint-Jacques un hôtel, où les classes furent ouvertes le 29 février 1564. C'était le collége de Clermont qui devint le collége Louis-le-Grand, et que les Jésuites occupèrent jusqu'à ce qu'il fût donné à l'Université par lettres patentes du 21 novembre 1763.

Les Jésuites formèrent des élèves qui les honorent, mais dont la gratitude peut être révoquée en doute. L'auteur de *Tartufe* y fit en cinq ans des études complètes; il eut pour condisciples l'épicurien Chapelle, le prince de Conti, l'humoriste Cyrano de Bergerac, le sceptique Hesnault, qui partageait l'admiration de Molière pour la *Nature des choses* de Lucrèce. L'enfance de Voltaire y fut choyée par les pères Porée, Tournemine, Palu, Lejay, qui devinèrent judicieusement qu'il était dévoré de la soif de la célébrité, et qu'il serait un jour le coryphée du déisme en France. Robespierre et Camille Desmoulins y furent élevés. Un arrêté consulaire du 21 prairial an XI transforma ce collége en lycée, et le nom qu'il porte lui a été maintenu par un arrêté du 14 août 1849.

Nous avons parlé du collége Rollin. En vertu d'un arrêté du préfet de la Seine, on a déposé à la mairie du Ve arrondissement, du 17 janvier au 2 février 1860, le plan de la maison rue des Postes n° 44, que la ville veut acquérir pour l'agrandissement du collége Rollin. L'enquête prescrite par la loi du 3 mai 1841 a été ouverte, et un commissaire désigné a attendu, pendant trois jours, les observations qui pourraient être faites sur l'utilité du projet, qui n'a point rencontré de contradicteur.

Le collége Rollin était naguère dans un désert. Des terrains vagues s'étendaient entre la rue Saint-Jacques, l'impasse des Ursulines, l'École normale, la rue des Postes, la rue de l'Arbalète et les jardins du Val-de-Grâce. Cet emplacement avait été occupé par des maisons religieuses : le couvent des Ursulines, fondé en 1611 par Madeleine Luillier, et supprimé en 1700; le couvent de la Visitation-Sainte-Marie, fondé à peu près à la même époque, côte à côte avec le couvent des Ursulines; le couvent des Filles-de-la-Providence, fondé en 1643 par Anne d'Autriche; le couvent de la Présentation, fondé en 1649 par Marie Courtin, veuve de Nicolas Billard (c'était un prieuré perpétuel à la nomination de l'archevêque); le couvent des Filles-Saint-Michel, fondé en 1724 par le cardinal de Noailles; le couvent des Feuillantines, fondé en 1622 par Anne Gobelin, veuve du sieur d'Estourmel de Plainville. Avec les couvents avaient disparu les ruelles qui les unissaient. Le plan de Delisle, en 1776, l'indique sous le nom de ville. Quant aux rues, il y avait là, sous le nom de rue des Marionnettes, une rue allant le long du jardin du Val-de-Grâce, de la rue Saint-Jacques à la rue de l'Arbalète; sous le nom de rue des Vignes, une rue allant du milieu de la rue des Marionnettes à la rue des Postes, dans la direction de l'impasse actuelle des Vignes; sous le nom de rue de Paradis, une rue allant de la rue des Vignes au couvent des Ursulines, et sous le nom de rue de la Poterie, une rue allant de la rue des Vignes à la rue des Postes, à peu près au point où se rencontre aujourd'hui la rue d'Ulm.

Des spéculateurs avaient entrepris de mettre en valeur ces terrains vagues. Leur entreprise reçut une impulsion nouvelle, quand l'administration conçut le plan d'une rue qui, partant du carrefour du 17 janvier par la rue Soufflot et le boulevard de Sébastopol rive gauche, va rejoindre, à la hauteur de la rue de Valence, l'avenue Mouffetard, élargie à 40 mètres, et met ainsi la barrière de Paris en communication avec le centre de Paris. En quelques années on a ouvert à la circulation la grande ligne dont nous venons de parler, et qui a été percée à 20 mètres de largeur au lieu de 12 qu'elle devait avoir d'après le projet primitif. Ensuite, à l'ouest, une rue de 12 mètres dans le prolongement de l'impasse des Feuillantines; au nord le débouché de la rue d'Ulm devant l'École normale; entre l'École normale et le collége Rollin, une rue de lotissement se raccordant avec l'impasse des Ursulines; entre le collége Rollin et la rue de l'Arbalète, une rue de 12 mètres de largeur venant déboucher sur la rue des Postes; et enfin, au midi, dans la direction de la rue des Charbonniers, une rue de 12 mètres de largeur, qui, prolongée plus tard au delà du nouveau boulevard Saint-Marcel, passe derrière la caserne de Lourcine, coupe les terrains compris entre la rue de Lourcine et la rue de la Santé, pour se confondre avec la rue de la Glacière, élargie à 12 mètres, de manière à ne former avec elle qu'une seule et même rue directe, depuis la barrière de la Glacière jusqu'au quartier Rollin.

Entre les rues Saint-Jacques et d'Enfer, près de l'église Saint-Jacques-du-Haut-Pas, s'étendent les bâtiments de l'importante institution des sourds et muets.

Ce fut un moine espagnol, Ponce de Léon, qui, à la fin du XVIe siècle, s'occupa le premier de l'art d'instruire les sourds-muets. Mais la France doit revendiquer l'honneur d'avoir donné naissance à celui qui coordonna les principes de cet art si utile aux malheureux qui jusqu'alors avaient été délaissés, à l'abbé de L'Épée. « Ce fut, raconte un économiste distingué, M. Dufau, une circonstance fortuite qui le porta à se consacrer à ces infortunés. Un jour, dans un salon où il attendait le maître du logis, il vit avec surprise deux jeunes personnes qui, assises et occupées d'un travail de couture, gardaient un silence absolu et semblaient étrangères à ce qui se passait autour d'elles. Bientôt la mère rentre, et apprend avec une douloureuse tristesse à l'abbé de L'Épée la cruelle situation de ses deux enfants; elles étaient sourdes-muettes; un religieux leur avait donné quelques soins, mais il venait de mourir. L'abbé de L'Épée, vivement intéressé par le malheur de ces jeunes filles, se proposa de le remplacer. Après ces élèves il en vint d'autres. Graduellement il fonda une institution : c'est celle qui existe à Paris, et dont la renommée est si grande dans toute l'Europe. Il soutint l'établissement naissant de ses ressources personnelles, et ainsi fit vivre à ses frais ses enfants adoptifs. Comme prêtre, le célèbre instituteur se trouva mêlé à des discussions théologiques qui donnèrent lieu, dit-on, de contester sa parfaite orthodoxie; mais il y a dans sa vie des traits qu'on croirait empruntés à celle de saint Vincent de Paul. Une fois, au milieu d'un hiver rigoureux, on trouva le bon vieillard saisi par le froid et tout tremblant dans son cabinet, où il se privait de feu pour pouvoir consacrer toutes ses ressources aux besoins de ses élèves. Ils accoururent, et ce fut un touchant spectacle que de voir ces pauvres enfants entourer leur vénérable maître, presser ses mains, le combler de caresses, le supplier par leurs gestes expressifs de se conserver pour eux et de ne plus s'imposer d'aussi dures privations. »

A l'époque à laquelle l'abbé de L'Épée élabora un système d'instruction propre aux sourds et muets, différents essais avaient été tentés sur ce sujet, mais ils ne produisirent que des résultats peu importants. On connaissait l'art de faire proférer des sons aux sourds et muets, on avait trouvé également l'art de représenter nos lettres au moyen d'un alphabet manuel. Le principal titre de l'abbé de L'Épée à la reconnaissance de l'humanité est d'avoir su coordonner et systématiser le langage mimique. Ses successeurs, et principalement l'abbé Sicard, marchèrent sur ses traces en suivant la route glorieusement tracée par leur illustre devancier.

L'abbé de L'Épée, malgré les défauts dont on ne sut pas affranchir sa méthode, marqua dans l'art d'instruire une ère importante. Ses prédécesseurs n'avaient fait que des éducations particulières, leur enseignement était resté individuel; il parvint à rendre le sien simultané. Il fut le premier qui fonda pour les sourds-muets une véritable école, et tandis que, jusqu'à cette époque, certains professeurs ne pouvaient se charger de plus de trois élèves à la fois, l'abbé de L'Épée parvint à en réunir jusqu'à soixante-douze aux leçons gratuites qu'il donnait dans la maison de la rue des Moulins-Saint-Roch.

Le premier objet de son enseignement avait été la langue écrite; voulant compléter l'éducation du sourd-muet, il y joignit la parole articulée.

Vers la même époque, un autre ecclésiastique, l'abbé Deschamps, qui avait réuni quelques élèves à Orléans, faisait de l'enseignement de la parole la base d'une méthode qui excluait les signes méthodiques; mais cette méthode ne survécut point à son auteur, quoiqu'elle ait eu en sa faveur, en 1779, le témoignage d'un corps savant, l'Académie de médecine. Ce fut seulement à la mort de l'abbé de L'Épée, arrivée en décembre 1789, que le gouvernement commença à s'occuper sérieusement de l'avenir de son œuvre. Par ordre de l'Assemblée nationale, un concours fut ouvert pour lui donner un successeur.

Le concours fut jugé par une commission de membres des Académies françaises, des sciences et des inscriptions ; et l'abbé Sicard fut, en avril 1790, nommé instituteur en chef des Sourds-Muets de Paris.

Diverses mesures législatives furent successivement prises pour assurer l'existence de la fondation de l'abbé de L'Épée. Une première loi du 28 juin 1791 pourvut aux besoins matériels de l'établissement. Le rapporteur Maignet, du Puy-de-Dôme, proposait d'ouvrir immédiatement, pour toute la France, six institutions de sourds-muets et d'annexer en même temps à celle de Paris une école normale pour former des instituteurs. Ces propositions ne furent point adoptées, et la loi organique de l'enseignement des sourds-muets en France fut celle que décréta l'Assemblée constituante le 21 juillet 1791, et qui fut revêtue de la sanction royale le 29 du même mois. Cette loi déclarait d'abord que le nom de l'abbé de L'Épée devait être inscrit parmi ceux des citoyens qui ont bien mérité de la patrie et de l'humanité ; elle reconnaissait ensuite comme établissements nationaux les deux institutions de Paris et de Bordeaux, assignait à ce nouveau service public une somme annuelle de 12,700 liv., et créait en outre vingt-quatre bourses à 350 fr. chacune.

L'institution de Paris, placée dans l'ancien couvent des Célestins, près de l'arsenal, y demeura réunie à celle des Jeunes-Aveugles jusqu'en 1795. Ce fut pendant que ces deux écoles occupaient le local, qu'on introduisit, dans l'éducation des sourds-muets, l'apprentissage des arts industriels. De Jussieu, Thouin, l'abbé Haüy s'offrirent d'eux-mêmes pour y organiser les premiers ateliers. Une typographie, desservie par les sourds-muets, fut chargée de l'impression du *Journal des Savants*.

L'organisation des deux institutions nationales fut confirmée et développée par de nouveaux actes législatifs du 8 germinal an II, et des 12 et 13 nivôse an III. Conformément aux conclusions du rapport fait par Jouenne, du Calvados, sur ce dernier décret, le nombre des places gratuites, dans chacun des deux établissements de Paris et de Bordeaux, fut porté à soixante ; la durée du cours d'instruction fut fixée à cinq ans, enfin les bâtiments de l'ancien séminaire de Saint-Magloire, rue Saint-Jacques, furent définitivement affectés à l'institution de Paris. Dans le décret du 3 brumaire an IV, sur l'organisation de l'instruction publique, on inséra, immédiatement après le premier paragraphe, un article ainsi conçu : « Il y aura de plus des écoles pour les sourds-muets et pour les aveugles-nés. » Par un décret du 11 frimaire an VI, les frais nécessaires au maintien des deux maisons principales furent classés parmi les dépenses générales de l'État. Enfin, une administration régulière assura à ces établissements la jouissance paisible des ressources qu'ils tenaient de la libéralité des législateurs. Les exercices publics des élèves de l'abbé Sicard réunissaient tous les mois, dans l'enceinte de l'institution, ce que Paris renfermait de plus illustres citoyens, de nobles étrangers. Bientôt même la renommée de l'école et de son chef s'étendit au delà de l'Europe. Au nom du savant instituteur s'associaient ceux de Massieu et de Cler, ses élèves favoris. En 1818, ce dernier allait, avec un ministre américain d'origine française, M. Gallaudet, porter aux États-Unis l'art bienfaisant dont la France dotait ainsi les deux mondes.

L'abbé Sicard mourut en 1822 ; depuis cette époque, la méthode propre à être enseignée aux sourds-muets a reçu et reçoit encore chaque jour ces simplifications, qui sont le caractère des véritables perfectionnements. Les procédés plus accessibles aux faibles intelligences en étendent par conséquent les résultats. En s'élevant, l'instruction théorique et pratique s'est étendue. A Paris, le savant médecin de l'institution, le docteur Itard, mort en 1839, a fondé, en faveur des élèves qui ont eu le plus de succès dans leurs études, une classe d'instruction complémentaire, et a fait enfin définitivement rétablir, pour les sourds-muets qui y montrent quelque aptitude, l'enseignement de la parole.

Aux termes d'un décret qui a paru récemment, il a été ordonné que la division des jeunes filles sourdes-muettes, faisant partie de l'institution de Paris, serait annexée à l'établissement de Bordeaux.

Parmi les établissements d'instruction, nous avons mentionné l'institution Loriol ; elle fut créée en 1833, rue Sainte-Geneviève ; mais, ayant pris de l'extension, elle s'installa dans un hôtel d'une architecture assez grandiose, qui appartenait au général Énouf, ancien chef d'état-major à l'armée de Sambre-et-Meuse, ancien capitaine général à la Guadeloupe. L'école préparatoire de M. Loriol a fourni à la marine un grand nombre d'officiers distingués, et a puissamment contribué par la force de ses études à élever le niveau des connaissances exigées pour l'admission à l'école navale de Brest. M. Loriol a été décoré en 1854, par M. Ducos, alors ministre de la marine, qui a voulu ainsi reconnaître et récompenser les longs et honorables services qu'a rendus à notre armée de mer l'honorable directeur de cet établissement spécial.

CHAPITRE VIII.

Rue des Écoles. — Marché des Carmes. — Entrepôt des vins. Le Jardin des Plantes.

Descendons la montagne célèbre où nous sommes arrêtés, et prenons la rue des Écoles, ouverte en vertu du 24 juillet 1852. Nous pourrions être encore retenus à Saint-Étienne-du-Mont par un jubé de dentelles ; à Saint-Séverin, par les fresques des chapelles ; à Saint-Médard, par l'histoire de la bulle *Unigenitus*, du diacre Pàris et des convulsionnaires ; au Val-de-Grâce, par la coupole de Mignard ; à Saint-Nicolas-du-Chardonnet, par l'admirable tombeau de la mère de Lebrun ; à Saint-Julien-le-Pauvre, par un chœur gothique, dont la perfection méconnue doit être hautement proclamée. Il faudrait aussi ne pas oublier la place Maubert et le marché des Carmes, établi sur l'emplacement de l'ancien monastère des moines du Mont-Carmel qui, en 1254, étaient venus de la Palestine à la suite de Louis IX. Grâce aux libéralités de Philippe IV et de Jeanne d'Évreux, ils avaient édifié au pied de la montagne Sainte-Geneviève un monastère, qui fut considérablement agrandi en 1386 ; ils jouissaient d'un certain crédit et d'une grande réputation d'orthodoxie. Un insensé, âgé de vingt-deux ans, pour avoir arraché la sainte hostie des mains du prêtre qui officiait dans l'église du couvent, eut le poignet coupé devant l'église Sainte-Geneviève, puis il fut pendu et brûlé sur un bûcher élevé au milieu de la place Maubert, le 11 décembre 1353. On fit ensuite une procession générale à laquelle assistèrent le roi, la reine et toute la cour. L'usage des processions générales paraît s'être continué, et l'on en voit plusieurs exemples du temps de la Ligue.

Devenus propriété nationale, l'église et le couvent des Carmes furent supprimés en 1790 ; l'église ne fut démolie que dans le courant de l'année 1811. Un décret impérial du 30 janvier de la même année, ordonna la translation du marché de la place Maubert sur l'emplacement de l'ancien couvent des Carmes, et traça son périmètre entre les rues des Noyers, de la Montagne-Sainte-Geneviève, et une rue nouvelle à ouvrir sur le terrain du collège de Laon. Un autre décret, du 24 février 1811, ordonna que ce marché serait terminé au 1er juin de la même année.

La première pierre, cependant, ne fut posée que le 15 août 1813 ; les travaux, qui ont été terminés en 1818, furent exécutés sous la direction de M. Vaudoyer. Les constructions, qui présentent beaucoup d'analogie avec celles du marché Saint-Germain, ont coûté environ 708,000 fr. L'acquisition de diverses propriétés particulières a nécessité une dépense de 200,000 fr. Ce marché, qui a été inauguré le 15 février 1819, en vertu d'une ordonnance de police, du 4 du même mois, occupe une superficie de 2,842 mètres. L'ouverture du boulevard circulaire, qui absorbe dans son parcours la rue des Noyers, modifie complètement les abords de ce marché.

Plus loin, en remontant la Seine, nous trouvons l'Entrepôt des vins, construit sur une superficie de 134,000 mètres. Pour dispenser les marchands en gros ou en détail d'avoir des caves trop étendues dans l'intérieur de Paris, une première halle au vin avait existé à l'angle du quai Saint-Bernard et de la rue des Fossés du même nom, en vertu d'une délibération du bureau de la ville et d'une ordonnance royale du 12 mai 1664. Cette halle fut reconnue insuffisante à la fin du directoire, et le gouvernement conçut la pensée de créer un entrepôt général, qui devait faire de Paris le centre de tout le commerce des liquides vers le nord de l'Europe.

L'ancienne abbaye de Saint-Victor avait été supprimée en 1790 ; ce fut sur ses vastes dépendances que l'on résolut d'établir le nouvel emplacement. D'après le projet impérial la halle aux vins devait recouvrir tout l'emplacement circonscrit entre la rue Cuvier et se développer jusqu'à la place Maubert, sur une longueur de façade de 1,500 mètres. Un canal creusé à une grande profondeur aurait amené dans cet établissement toutes les marchandises qui devaient y trouver des abris sûrs et commodes. Les événements de 1814 firent abandonner ce projet grandiose ; toutefois l'administration ne perdit pas de vue la création d'un entrepôt de liquides. Les plans considérablement réduits donnèrent néanmoins à cet établissement une étendue de près de 14 hectares.

Différents corps de magasins au nombre de huit furent construits ; ils sont séparés par six rues et deux grands préaux. Trois de ces magasins sont exclusivement réservés aux eaux-de-vie et alcool, quatre aux vins et vinaigres, et le dernier aux huiles d'olive. On y trouve 183 caves au niveau du sol, deux vastes magasins subdivisés en 52 parties, 116 celliers et 93 caves souterraines. On estime à un million d'hectolitres de vin, 160,000 hectolitres d'eau-de-vie, et 6,000 hectolitres d'huile d'olive les liquides pouvant être renfermés à la fois dans cet entrepôt qui est desservi par 63 fontaines qu'alimentent les eaux du canal de l'Ourcq.

Autrefois le port aux vins était étroit et souvent encombré. Un port annexé a été construit devant l'Entrepôt. Ce port, dont le développement est de 800 mètres, est un port libre et franc. C'est le plus beau et le plus commode de Paris. L'entrepôt général des liquides avec la construction du port annexé a coûté plus de trente millions à la ville de Paris. Des travaux de raccordement y ont été faits à différentes époques, notamment pour l'établissement des grilles du côté du quai Saint-Bernard. On s'occupait au mois de juillet 1856 de la reconstruction de la rampe en maçonnerie du magasin dit de la Seine.

L'hôpital de la Pitié, l'un des plus importants de la capitale, doit son origine à l'édit de Louis XIII qui, en 1612, donna l'ordre de renfermer les pauvres et les mendiants dont le nombre était considérable au commencement du XVIIᵉ siècle. Cet établissement, qui était affecté aux vieillards pauvres, reçut le nom de l'Hôpital de la Pitié, parce que la chapelle était sous l'invocation de Notre-Dame de Pitié. Cet hôpital contient aujourd'hui 600 lits disposés dans 23 salles.

Nous voici au Jardin des Plantes, un des établissements caractéristiques de la capitale : promenade chère aux Parisiens, et dont ils font les honneurs à leurs amis des départements avec un plaisir toujours nouveau. On aime à montrer aux visiteurs les belles avenues plantées par Buffon, la ménagerie, les cerfs enfermés dans leurs clos, les oiseaux aquatiques qui s'ébattent dans les bassins ; un des premiers soins de quiconque arrive à Paris, est de parcourir ces lieux charmants où l'on trouve à la fois le plaisir et l'instruction. Qu'il soit ou non initié aux sciences naturelles, il s'extasie devant les richesses des serres, des galeries de zoologie, de minéralogie, de botanique, d'anatomie comparée. Qui n'aime à suivre les sinuosités de ce labyrinthe où les enfants s'imaginent qu'il est possible de se perdre, et dont le belvédère porte ces mots circulairement écrits sur la corniche : *Horas non numero nisi serenas?* Inscription bien vraie pour les habitués de ces verdoyantes retraites, pour les petits rentiers, les anciens commerçants, les anciens militaires qui se réfugient dans les pensions bourgeoises, dont Balzac a tracé avec un talent si dramatique la caricature plutôt que le tableau. Inscription non moins vraie pour ceux qui, fatigués des affaires et du tumulte central, viennent se délasser à l'ombre des massifs, où le micocoulier, le néflier parasol, le gincko biloba, marient leur verdure exotique à celle des arbres indigènes.

Dans les belles journées, tous les arrondissements de Paris fournissent leur contingent au Jardin des Plantes ; ils envoient des représentants pour défiler devant la cage des lions et des tigres, admirer l'envergure du condor, attendre patiemment que le caméléon change de couleur, et s'étonner que de Jussieu ait pu rapporter dans son chapeau le cèdre du Liban, qui lui avait été donné en 1734 par le docteur Collinson. Rarement, ils oublient de se rafraîchir dans le café trop négligé dont le principal ornement est le premier pseudo-acacia rapporté en Europe en 1635 par Vespasien Robin, arboriste de Louis XIII.

Ce fut ce roi qui autorisa la création du Jardin des Plantes, par des lettres patentes que le Parlement s'empressa d'enregistrer en ces termes, le 6 juin 1626 :

« Veu par la Cour les lettres patentes données à Paris au mois de janvier 1626, par lesquelles le dict seigneur (le roi Louis XIII) veut et ordonne qu'il sera construit un Jardin royal en l'un des faux-bourgs de cette ville de Paris, ou autres lieux proches d'icelle, de telle grandeur qu'il sera jugé propre, convenable et nécessaire par le sieur Herouard, premier médecin du dict seigneur, pour y planter toute sorte d'herbes et plantes médicinales ; du quel Jardin ledict seigneur accorde la surintendance au dict Herouard et à ses successeurs premiers médecins et non autres, etc. La dicte Cour a ordonné et ordonne que les dictes lettres seront enregistrées au greffe d'icelle, pour jouir par l'impétrant de l'effect et contenu en icelles. »

Sous la surintendance des docteurs Guy de Labrosse et Fagon, les premières serres chaudes furent instituées, les premières collections organisées, les premiers cours professés par l'anatomiste Duverney, le chimiste Geoffroy, les botanistes Tournefort et Jussieu. Grâces soient rendues à Buffon qui, en 1782, restaura un vieux mur au bas duquel coulait la Bièvre, entoura le Jardin de grilles, fit planter des allées et construire le grand amphithéâtre sur l'emplacement de l'hôtel Magny! Grâces soient rendues à la Convention pour avoir, à la date du 10 juin 1793, donné une constitution au Jardin national des Plantes et au Muséum d'histoire naturelle !

En 1793, la ménagerie de Versailles fut transférée à Paris, et, depuis cette époque, les animaux du Jardin des Plantes sont devenus populaires. On s'y intéresse ; le journalisme annonce leur arrivée, donne le bulletin de leur santé, s'apitoie sur leur décès prématuré. La mode leur emprunte des dénominations, et l'on a vu, en 1828, des étoffes à la girafe. Si l'hippopotame est enrhumé, tout Paris en est prévenu ; si le lion de l'Atlas meurt, c'est un deuil général. On sait l'époque précise où les serpents mangent des lapins, et où de petits boas sont nés au cabinet d'herpétologie. On espère les naturaliser.

Il a été question, pour donner plus de développement aux plantations du Muséum, de transporter les animaux dans le bois de Vincennes. Ne serait-ce pas une barbarie? Qui donc se déplacerait pour leur rendre visite? Qui stationnerait devant leurs cages? Quelques curieux clairsemés. Ces bêtes parisiennes pourraient-elles s'habituer à une condition comparativement solitaire? Elles ont besoin de voir du monde ; à Vincennes elles mourraient d'ennui. Que deviendrait l'immortel ours Martin s'il n'entendait une foule de badauds lui crier : monte à l'arbre! en lui offrant l'appas d'une brioche attachée au bout d'une longue ficelle? Que deviendraient les cerfs, si, pour se consoler, ils n'avaient parfois devant eux les trois types qu'un auteur populaire a réunis dans le titre d'un de ses meilleurs romans? Les caresses et les offrandes des enfants ne sont-elles point nécessaires aux brebis d'Astracan, aux mouflons de Corse, aux chèvres du Thibet? Les singes, qui périssent sous notre ciel brumeux, ne seraient-ils pas atteints plus vite de phthisie, s'ils ne donnaient, pendant les beaux jours d'été, leurs représentations gymnastiques devant un public hilare et enthousiasmé? La nourriture de l'éléphant serait-elle suffisante s'il n'allongeait sa trompe pour saisir les brioches qui lui sont offertes?

En outre, toutes les collections scientifiques du Jardin des Plantes sont indivisibles : elles forment une encyclopédie d'histoire naturelle dont les parties se relient les unes par les autres ; les collections d'animaux vivants et d'animaux empaillés, de plantes, de minéraux, de fossiles, d'ossements, sont le complément nécessaire des cours de géologie, de chimie appliquée aux corps organiques et inorganiques, de physiologie et d'anatomie comparées, de zoologie, d'anthropologie, de botanique et de physique végétale ; qui peut songer à diminuer ces trésors? Au contraire, on les augmente ; chaque jour se développent l'école de culture, l'école des plantes économiques, l'école de botanique, l'école des arbres fruitiers, le jardin de semis et de naturalisation. L'étendue de 29 hectares à laquelle les décrets de la Convention avaient borné le Jardin des Plantes, ne suffit plus en 1860. A côté du Jardin proprement dit, circonscrit aujourd'hui par la Seine, l'Entrepôt des liquides et les constructions particulières, on a organisé, sur un terrain situé à l'angle des rues Cuvier et de Jussieu, une sorte de pépinière, où l'on a planté, en 1857, de nouveaux arbres indigènes et exotiques.

FIN DU CINQUIÈME ARRONDISSEMENT.

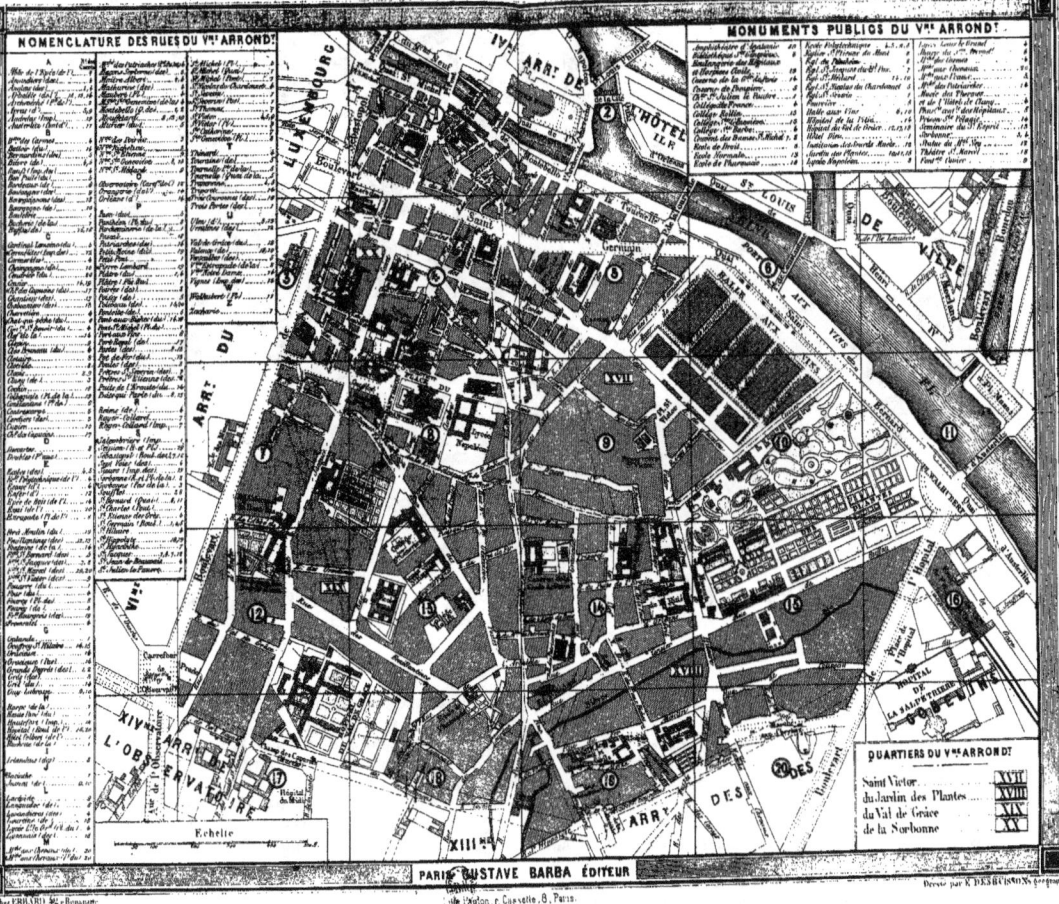

Le Luxembourg.

LE LUXEMBOURG. — SIXIÈME ARRONDISSEMENT.

CHAPITRE PREMIER.

Origine du nom du Luxembourg. — Musée de Médicis. — Par qui le palais fut successivement habité. — La prison du Luxembourg. — Les Hébertistes et les Dantonistes. — Les fêtes du Directoire exécutif. — La Chambre des pairs.

On peut se demander pourquoi le palais du sénat, qui donne son nom au VIe arrondissement, porte le nom d'une ville hollandaise. Quoique ce soit depuis longtemps une habitation royale, il doit son origine à un riche gentilhomme du xvie siècle, qui s'appelait Robert de Harlay de Sancy. Ce propriétaire venait de faire construire, sur l'emplacement du palais actuel, une belle maison entourée de jardins, lorsque la mort le frappa, en l'an 1564. Sa veuve vendit la propriété à François de Luxembourg-Limbourg, créé duc de Piney en Champagne, au mois de septembre 1576, et prince de Tingry en 1587, mort le 30 septembre 1613.

Le duc de Luxembourg acheta des pièces de terre voisines pour étendre ses jardins déjà considérables ; leur beauté, leur situation avantageuse, séduisirent Marie de Médicis, à laquelle le duc céda son domaine, par contrat du 2 avril 1612. La veuve de Henri IV y fit bâtir par son architecte ordinaire, Jacques de Brosse, un palais dont la façade sur la rue existe intégralement, avec ses colonnes accouplées, ses bossages, sa terrasse élégante et son dôme surmonté d'un lanternon. Cette demeure princière fut léguée à Gaston de France, duc d'Orléans. La duchesse de Montpensier hérita de la moitié, et obtint l'autre moyennant 500,000 livres. Quoique la façade du côté de la rue de Tournon portât le titre de Palais d'Orléans, les Parisiens continuèrent à le nommer le Luxembourg. Élisabeth, duchesse de Guise et d'Alençon, en devint propriétaire, et le céda au roi, au mois de mai 1664. Il fut tour à tour habité par la duchesse de Brunswick, la reine douairière d'Espagne et Louis-Stanislas-Xavier, comte de Provence, auquel Louis XVI le donna par lettres-patentes du mois de janvier 1779; mais ce fut toujours et invariablement le Luxembourg.

A la fin de 1792, le Luxembourg fut converti en prison; on y mit principalement des nobles du faubourg Saint-Germain : le président Nicolaï, le duc de Lévis, le comte de Mirepoix, le marquis de Fleury, M. de La Ferté, M. de Laborde de Méréville, etc. « C'est un spectacle assez divertissant, écrivait un suspect incarcéré au mois de frimaire an II, que de voir arriver dans un misérable fiacre deux marquis, une duchesse, une marquise, un comte, un abbé et deux comtesses, qui s'évanouissent en descendant et qui ont la migraine en montant. »

Ce beau monde était entassé par chambrées de dix ou douze personnes chacune, et le plus grand seigneur n'avait, comme le plus petit de ses compagnons d'infortune, qu'un lit de sangle, un matelas et un traversin. Par intervalles on appelait un des détenus, et, sauf de rares exceptions, chacun s'en allait à la mort avec un courage héroïque. Le général Claude-Victor de Broglie, condamné pour avoir, étant à l'armée du Rhin, refusé de reconnaître les décrets de l'Assemblée législative après le 10 août, écoutait la lecture d'une pièce de vers de Vigée au moment où il reçut son acte d'accusation.

« Monsieur, dit-il au poète en tirant sa montre, l'heure approche; je ne sais si j'aurai le temps de vous entendre jusqu'à la fin, mais, n'importe, continuez toujours en attendant qu'on vienne me chercher. »

Le président Nicolaï, qui souffrait d'une douleur à l'épaule, était invité à voir un médecin. « C'est inutile, répondit-il, le mal est trop près de la tête, l'une emportera l'autre. » Lorsqu'un gendarme le demanda pour le conduire au supplice, il dit à ceux qui s'informaient de ce qu'on lui voulait : « Ce n'est rien ; ce n'est qu'une levée de scellés. »

Les hébertistes et les dantonistes furent incarcérés au Luxembourg ; en y entrant, Danton rencontra Thomas Payne, auquel il dit avec un air forcé : « Ce que tu as fait pour le bonheur de ton pays, j'ai en vain essayé de le faire pour le mien ; j'ai été moins heureux, mais non pas plus coupable... On m'envoie à l'échafaud, eh bien ! j'irai gaiement. »

Camille Desmoulins était plus sombre, il portait sous son bras les Nuits d'Young et les Méditations d'Harvey, ce qui provoqua cette apostrophe de Réal : « Est-ce que tu veux mourir d'avance ? » Lorsque les accusés, impliqués dans la conspiration du comité de clémence, revinrent du Tribunal révolutionnaire, le dialogue suivant s'établit entre Danton et Lacroix, dont les chambres étaient voisines :

« Eh bien, Lacroix, qu'as-tu dit ? » — « Que je veux me couper les cheveux pour que Samson n'y touche pas. » — « Ce sera bien une autre cérémonie, quand Samson nous démantibulera les vertèbres du cou. » — « Je pense qu'il ne faut rien répondre qu'en présence des deux comités. » — « Tu as raison ; il faut tâcher d'émouvoir le peuple. »

Le 9 thermidor, on conduisit au Luxembourg Robespierre et ses amis ; mais le concierge refusa de les recevoir. Peu de jours après, la prison était évacuée ; de nombreux ouvriers restauraient les appartements, peignaient les lambris, rafraîchissaient les dorures, et Barras, président du Directoire exécutif, appelait à ces fêtes les incroyables et les merveilleuses de la réaction thermidorienne. Le palais de Marie de Médicis, autour duquel erraient naguère des femmes éplorées, où l'on n'entendait que des lamentations et des menaces, retentissait de chants, de musique et de propos joyeux. Des bals splendides, des soupers fins, auxquels présidait Mme Tallien, réunissaient les parvenus de la jeunesse dorée. Les hommes y venaient en habit vert-bouteille à boutons historiés ; ils avaient d'amples cravates de mousseline, des gilets rayés, des culottes courtes à rosettes, et des bas tirebouchonnés. Les femmes, demi-nues, coiffées à la Vénus ou à l'Aspasie, chaussées de cothurnes, choisissaient les étoffes les plus diaphanes pour y tailler des robes à la Diane ou des tuniques à la Minerve. Au milieu des salons, Barras se pavanait avec son habit bleu chamarré d'or, son panache tricolore, son jabot de dentelle et son grand sabre de vermeil, tandis que ses collègues, effacés, tentaient vainement d'imiter ses grands airs, son importance et ses manières renouvelées de l'ancienne cour.

La cour nouvelle disparut au 18 brumaire, Bonaparte, vainqueur, fit écrire sur la façade du Luxembourg : *Palais du Consulat*, mais il dédaigna d'y résider.

Par une résolution en date du 3 nivôse an VIII (24 décembre 1799), le conseil des Cinq-Cents affecta le Luxembourg au service du sénat conservateur.

Louis XVIII plaça dans son ancienne demeure, par une ordonnance du 4 juin 1814, la Chambre des pairs ; la garde du palais, ainsi que celle des archives, fut confiée à un grand référendaire, qui ne pouvait s'absenter sans la permission expresse du roi. La salle des gardes, la salle des messagers d'État, la salle de réunion, la salle des séances, furent enrichies de peintures par Callet, Robert Lefèvre, Lesueur, Berthélemy, Vauchelet. Les bancs destinés aux pairs étaient rangés en amphithéâtre dans un hémicycle, en face, pour le fauteuil du président et le bureau des secrétaires, on avait ménagé un emplacement élevé devant lequel était la tribune.

CHAPITRE II.

Le Luxembourg sous Louis-Philippe. — Agrandissement du palais. — Peintures d'Eugène Delacroix, de Blondel, etc. — La commission du gouvernement pour les travailleurs. — Création du Sénat. — Nouveaux embellissements du palais. — Incendie du 25 oct. 1859.

Quoique la pairie eût perdu de son prestige en cessant d'être héréditaire, elle siégea au Luxembourg avec plus d'éclat que jamais pendant le règne de Louis-Philippe. Lorsque, transformée en haute cour de justice, elle eut mission d'instruire le procès des insurgés d'avril 1834, il fallut agrandir les bâtiments, trop étroits pour loger les prévenus, les témoins, les avocats. On improvisa entre les deux avant-corps de la façade méridionale une ralonge de charpente et de plâtre, à laquelle les subsides accordés par la loi du 30 juin 1836 permirent de substituer un édifice durable. Les travaux d'agrandissement furent accomplis par M. de Gisors avec une rapidité surprenante ; ils étaient achevés le 1er janvier 1841. Une façade nouvelle pareille à l'ancienne, sauf que la terrasse fut reportée du premier étage au second, empiéta sur le jardin. Au centre s'éleva un pavillon dans le goût de la Renaissance, orné d'un cadran aux deux côtés duquel sont sveltes et gracieuses statues de Pradier, la Justice et la Prudence. Les faces latérales, qui n'avaient que 51 mètres de longueur, furent augmentées de 34 mètres et flanquées d'un nouveau pavillon. A l'intérieur, des artistes renommés remplirent les compartiments que leur laissaient les ornemanistes sur les murailles où étaient prodigués les rinceaux et les enroulements d'or. Eugène Delacroix peignit pour la bibliothèque le triomphe d'Alexandre et l'Elysée des grands hommes décrit dans le IVe livre de l'*Enfer* du Dante, Blondel représenta, au-dessus des portes de la salle des séances, les États Généraux décernant à Louis XII le titre de père du peuple et les pairs de France présentant la couronne à Philippe le Long. MM. Louis Boulanger, Henri Scheffer et Jadin décorèrent chacun un salon. Flandrin exécuta pour une des salles un tableau qui représente saint Louis rendant la justice.

Presque immédiatement après la révolution de 1848 parut un décret ainsi conçu :

« Considérant que la révolution faite par le peuple doit être faite pour lui ; qu'il est temps de mettre un terme aux longues et iniques souffrances des travailleurs ; que la question du travail est d'une importance suprême ; qu'il n'en est pas de plus digne, de plus digne des préoccupations d'un gouvernement républicain ; qu'il appartient surtout à la France d'étudier ardemment et de résoudre un problème posé aujourd'hui chez toutes les nations industrielles de l'Europe ; qu'il faut aviser sans le moindre retard à garantir au peuple les fruits légitimes de son travail ;

« Le gouvernement de la République arrête :

« Une commission permanente, qui s'appellera *Commission de gouvernement pour les travailleurs*, va être nommée avec mission expresse et spéciale de s'occuper de leur sort.

« Pour montrer quelle importance le gouvernement provisoire de la République attache à la solution de ce grand problème, il nomme président de la *Commission de gouvernement pour les travailleurs* un de ses membres, M. Louis Blanc, et pour vice-président un autre de ses membres, M. Albert, ouvrier.

« Des ouvriers seront appelés à faire partie de la commission.

« Le siège de la commission sera au palais du Luxembourg. » Le 1er mars, deux cents délégués de diverses industries remplaçaient les pairs de France sur les bancs du Luxembourg. Louis Blanc les engagea à formuler leurs vœux, et ils demandèrent tout d'abord la réduction du nombre des heures de travail et l'abolition du marchandage. Des délégués furent nommés et des conférences s'ouvrirent, auxquelles prirent part MM. Wołowski, Vidal, Pecqueur, Charles Duvérrier, Jean Reynaud, Victor Considérant ; mais tandis qu'ils délibéraient aux extrémités de Paris, l'agitation se prolongeait dans la rue. Les ateliers nationaux, institués par décret du 27 février, entassaient pêle-mêle des ouvriers de toutes professions soumis au même genre de travail, et le président de la commission du Luxembourg protestait en vain contre ce qu'il appelait un labeur dérisoire, une prime à la paresse et une aumône déguisée. On lui répondait en l'accusant de faire dans les salons du Luxembourg des festins de Balthazar. Le gouverneur du palais, Genevay, par une lettre insérée dans les journaux, démentit ces calomnies, en déclarant que la dépense de MM. Louis Blanc et Albert, arrêtée par eux, ne dépassait jamais 5 fr. par jour pour chacun.

La commission du Luxembourg fonda trois associations : celle des fileurs, celle des selliers et celle des tailleurs ; mais elles ne tardèrent pas à être détruites ; elles suivirent le sort de la réunion d'où elles étaient sorties, et qui finit, après la nomination de la commission exécutive, par la démission de Louis Blanc et d'Albert.

Le Luxembourg resta désert pendant quelques années. La Constitution du 14 janvier 1852 le repeupla en créant un Sénat composé des hommes que le chef de l'État jugerait convenable d'y appeler, et des cardinaux, maréchaux et amiraux. Le nombre des sénateurs fut fixé provisoirement à quatre-vingts, sans pouvoir excéder jamais cent cinquante. Ils se réunirent le 26 mars dans l'ancienne salle des séances de la Chambre des pairs, sous la présidence de M. Mesnard.

De grands travaux de restauration furent entrepris au Luxembourg par les ordres du gouvernement impérial. Dans la salle du Trône, richement décorée, M. Lehmann retraça toute l'histoire de France. Le premier hémicycle résume nos annales depuis l'an 451 jusqu'en 804. Merwig ou Mérovée repousse l'invasion des Huns, dont Attila guide en personne les hordes sauvages; et l'allié des Franks, le Romain Aétius, meurt glorieusement sur le champ de bataille. Cette composition occupe un des coins de l'arcade; à l'angle opposé, Charles Martel tue Abdérrhame et met les Maures en fuite. Dans le tableau central, le prêtre et la prêtresse du culte druidique expirent sous les débris des autels du paganisme, au-dessus desquels s'élève la croix triomphante plantée par des messagers célestes. À gauche de la croix, Clovis converti, conduit par Clotilde, courbe la tête avec douceur devant saint Rémy. À droite, Witikind et les Saxons, vaincus par Charlemagne, se résignent à recevoir le baptême.

Dans le second hémicycle, se déroule l'histoire de France depuis 1095 jusqu'en 1660. À la voix de Pierre l'Hermite, seigneurs et vilains, moines et troubadours, vieillards et jeunes gens, partent pour la croisade en criant: Dieu le veut! Avec l'appui des archers, que lui ont fourni les communes, Philippe-Auguste gagne la bataille de Bouvines contre la ligue formidable des hauts barons et de l'empereur d'Allemagne. Louis IX, déposant l'épée, dicte ses établissements sous l'inspiration de la justice et de la piété. Au centre, l'archange saint Michel apparaît à Jeanne Darc, qui, l'oriflamme à la main, debout sur les remparts d'Orléans, contemple à ses pieds les Anglais terrassés. Voici ensuite François Ier, auquel Benvenuto Cellini présente un modèle de statuette. Le Génie de la Renaissance arrache d'une main le linceul qui couvrait l'antiquité; de l'autre, il porte les attributs des arts, de la guerre et de la foi. Plus loin, Henri IV, à cheval, remet son épée dans le fourreau; les ligueurs ont renoncé à défendre leurs barricades; les citoyens s'embrassent en abjurant leur haine, et la foule acclame le roi pacificateur. Enfin Louis XIV apparaît, entouré de quelques-uns des hommes illustres de son temps: Turenne et Condé, Colbert et Louvois, Bossuet et Fénelon, Corneille et Racine, Molière et Boileau. La France a combattu pour sa religion, constitué son unité, chassé les ennemis extérieurs, triomphé des discordes intestines, et elle se montre au premier rang dans les lettres et dans les arts. Ces grandes pages, dignes des souvenirs qui les ont inspirées, et traduites par un pinceau savant, intéressant, émeuvent et instruisent à la fois.

La galerie du Trône a été décorée, en 1856, par deux artistes romains, Paul et Raymond Balze, qui avaient fait connaître leur aptitude à la grande peinture par la reproduction des principaux chefs-d'œuvre de Raphaël. Ils ont symbolisé sur les murailles du palais du Sénat les progrès et les découvertes nouvelles dans les sciences, l'agriculture et l'industrie: tâche immense dont les deux artistes jumeaux, malgré leur talent, ne pouvaient surmonter qu'à demi les difficultés.

Dans la nuit du 27 au 28 octobre 1859, les magnificences du Luxembourg furent menacées. À deux heures du matin, le tuyau d'un calorifère communiqua le feu à la charpente du dôme qui surmonte la salle des séances. La clarté fut aperçue par les sentinelles placées dans les jardins et autour du palais. Au premier cri d'alarme, des sergents de ville et des gardes de Paris accoururent pour porter secours; mais l'incendie faisait de rapides progrès et atteignait les combles du palais. Bientôt une pluie de brandons tomba sur le parquet qui s'enflamma.

Cependant les secours s'organisaient; mais les travailleurs n'avaient à leur disposition que l'eau des bassins, qui n'offraient que peu de ressources. Heureusement les porteurs d'eau qu'on avait mis en réquisition finirent par arriver avec leurs tonneaux dans toutes les directions. Pour présider aux travaux, se présentèrent successivement le préfet de police, le marquis d'Hautpoul, grand référendaire du Sénat; le général Soumain, commandant de la place; les maréchaux Randon et Magnan; M. de Gisors, architecte du palais, et le curé de Saint-Sulpice.

Le plafond ne tarda pas à s'écrouler, et dans sa chute il blessa les nommés Labasto et Rosier, sergent-major et caporal des sapeurs-pompiers, et Henry et Mayor, cantonniers employés du Sénat. Le bureau du président et les sièges sénatoriaux furent réduits en cendres; mais, à sept heures du matin, le feu était maîtrisé. Seulement l'on avait à regretter la perte des pendentifs allégoriques d'Abel de Pujol, et les peintures de Vauchelet étaient assez endommagées pour qu'on fût obligé de détruire par le marteau ce que la flamme avait épargné. En revanche, on avait sauvé les remarquables boiseries de chêne dont la salle avait été entourée par MM. Klagmann, Elschoët et Triquetti. Les dix-huit colonnes de stuc qui séparent la place réservée aux sénateurs de celle qu'occupaient les tribunes publiques aujourd'hui supprimées, n'avaient subi aucune détérioration. À l'incendie avaient également échappé les belles statues en pied de Mathieu Molé, Turgot, Portalis, Colbert, L'Hôpital, d'Aguesseau, Malesherbes, saint Louis et Charlemagne; et les bustes des maréchaux Masséna, Montebello, Trévise et Gouvion de Saint-Cyr.

Au mois de mars de 1860, la salle des séances n'était pas encore réparée, et l'ouverture de la session a eu lieu dans la salle du Trône, où l'on avait pris les dispositions nécessaires.

CHAPITRE III.

Le Musée des artistes vivants. — Le Petit-Luxembourg. — Les Filles du Calvaire.

Si le feu prenait au Luxembourg, ce ne seraient point les appartements dont on aurait surtout à déplorer la perte; plus irréparable serait sans contredit celle du musée, dont on doit la création au gouvernement de Louis XVIII, et qui s'ouvrit pour la première fois le 24 avril 1818. Il est vrai que les peintres et sculpteurs qui ont contribué à la beauté de la collection sont presque tous, en 1860, pleins de vie et de santé; mais resteraient-ils les œuvres qui, dans leurs jeunes années, ont marqué leur place au milieu de tant de concurrents avides de gloire?

Ainsi l'on voit d'Horace Vernet une petite toile qui est un monument historique: *la Barrière de Clichy en 1814*; d'Ingres, *Roger délivrant Angélique*, tableau qui figurait à l'Exposition de 1819, où la gracieuse désinvolture de l'héroïne contraste avec l'allure grotesque du chevalier monté sur un hippogriffe de bois. Le même artiste a au Luxembourg le portrait de Chérubini, dont la tête pensive est si belle qu'elle efface l'impression désagréable produite par la figure guindée qui lui sert de repoussoir. Nous voyons d'Eugène Delacroix une *Noce juive dans le Maroc*, scène pleine de mouvement, d'air et de lumière, qui, selon nous, l'emporte de beaucoup sur la grande composition des *Massacres de Chio*. Au Luxembourg sont encore la *Mort de César*, qui est restée le meilleur tableau de Court, et les *Romains de la décadence*, de Thomas Couture. La *Naissance d'Henri IV*, peinte en 1827 par Eugène Devéria, avait fait concevoir de très-hautes espérances qu'il n'a pas complétement réalisées.

Parmi les artistes dont le musée du Luxembourg possède des ouvrages, nous mentionnerons encore Daubigny, que sa *Vallée d'Optevoz* met à côté des plus grands maîtres du paysage; Hébert, dont la *Malaria* est empreinte d'une mélancolie saisissante; Baudry, qui n'a réussi qu'à moitié dans son *Supplice d'une Vestale*, mais dont la *Fortune et l'Enfant* se recommande par la grâce des lignes et la pureté du dessin; Rosa Bonheur dans le *Labourage nivernais* et la *Fenaison* attestent un profond sentiment de la nature rustique. Le Musée possède en outre des *Fleurs de Saint-Jean*, des paysages de Flers, Français, Louis Cabaillard, Lambinet, Corot, Callat, Paul Huet; des marines de Mozin, Isabey, etc., etc. L'appel des *Dernières Victimes de la Terreur*, grande composition historique de Charles-Louis Muller; l'*Entrevue du duc de Guise avec Henri III*, par Comte; le *Colloque de Poissy*, une *Scène de la Saint-Barthélemy*, *Jeanne Darc*, les *Derniers moments de Montaigne* et le *Pillage d'une maison juive à Venise*, par Robert Fleury.

Parmi les statues, on doit distinguer les deux bronzes de Duret, le *Jeune pêcheur dansant la tarentelle* et le *Vendangeur improvisant sur un sujet comique*.

Au reste, nous croyons que ce Musée, dont le catalogue n'a pas deux cents numéros, en y comprenant des dessins de Bida, des pastels de Vidal et des miniatures de Mᵐᵉ Herbelin, pouvait recevoir une extension en harmonie avec la place que tiennent les beaux-Arts dans la société contemporaine.

Au palais du Luxembourg est contigu le Petit-Luxembourg, bâti en 1629 par le cardinal de Richelieu. Quand le Palais-Cardinal fut achevé, le ministre abandonna à sa nièce, Marie-Magdeleine Vignerot, duchesse d'Aiguillon, le Petit-Luxembourg, qui passa par héritage en la possession de Henri-Jules de Bourbon-Condé. Charlotte-Élisabeth de Bavière, princesse palatine, duchesse d'Orléans, s'y fixa dans son veuvage : elle fit rebâtir par Boffrand un palais nouveau, et la maison d'en face où étaient les cuisines, les logements des domestiques, les remises et écuries. C'est au Petit-Luxembourg que cette princesse acariâtre et hautaine écrivit en partie les lettres, dont la crudité cynique nous étonne, et qui contiennent de si piquantes révélations.

Le petit palais suivit les destinées du grand : du 15 au 21 décembre 1830, on y enferma les ministres de Charles X, MM. Jules de Polignac, de Peyronnet, Guernon de Ranville et Chantelauze. Dès qu'eut été rendu l'arrêt qui les condamnait tous à la prison perpétuelle, et M. de Polignac, en outre, à la mort civile, ils furent remis aux soins du colonel Feisthamel, et transférés à Vincennes, sous la garde d'une escorte de cavalerie. Pendant tout le procès, une foule tumultueuse, péniblement refoulée par la garde nationale, avait poussé autour du Luxembourg les cris de : *Mort aux ministres!*

Le Petit-Luxembourg fut, sous le règne de Louis-Philippe, l'hôtel du grand référendaire de la Chambre des pairs; et en vertu d'un décret du 18 février 1852, c'est l'hôtel du grand référendaire du sénat.

Au temps où la Chambre des pairs jugeait Fieschi, Alibaud, Lecomte, une prison à l'usage exclusif des prévenus d'attentats contre le gouvernement et la personne du roi, avait été édifiée à côté du Petit-Luxembourg; en la démolissant, on a dégagé un petit cloître et une chapelle d'une élégance et d'un goût exquis. Ces deux merveilles dépendaient d'un couvent de bénédictines, dites Filles du Calvaire ou Filles du Luxembourg. Marie de Médicis les avait dotées, en 1621, et le Père Joseph leur avait donné des lois.

CHAPITRE IV.

Le jardin du Luxembourg. — Camp romain. — La Grotte. — Les premiers habitués. — La lévite à queue de singe. — L'abbé Miollan et Janinet. — Embellissement du jardin. — L'enclos des Chartreux. — Les femmes célèbres.

Après avoir visité les palais, descendons au jardin, qui, grâce à des améliorations modernes, n'a rien à envier aux Tuileries. Il occupe en partie l'emplacement du camp romain dont les légions donnèrent la pourpre impériale à Julien l'Apostat. Déjà à l'époque où Jacques de Brosse jeta les fondements de la façade, une figure de Mercure en bronze fut découverte. Dans les fouilles exécutées en 1801, on déterra quelques figurines de divinités, une autre idole de Mercure, une Cybèle et quelques instruments sans doute destinés aux sacrifices. On y rencontra également un grand nombre d'ustensiles plus particulièrement affectés à l'équipement militaire. En 1836, lorsqu'on creusa les fondements de la nouvelle façade, on trouva des tuiles romaines, des fragments de vases antiques, ainsi qu'un vase d'argent contenant des médailles d'un assez grand nombre d'empereurs du haut et du bas Empire. Les antiquités découvertes en 1801 ont été décrites dans un ouvrage spécial par Grivaud de la Vincelle, archéologue distingué.

Du temps de Marie de Médicis, le jardin du Luxembourg n'avait qu'une médiocre étendue; sa décoration principale était la fontaine de la Grotte, dont on attribue le dessin à Rubens, et dont l'ordonnance toscane consiste en quatre colonnes rustiques hérissées de stalactites. Au centre est une niche, à laquelle un attique, couronné d'un fronton circulaire, sert d'amortissement. Sur les entablements en ressaut reposent un fleuve et une Naïade, dont les urnes penchées semblent prêtes à verser leurs liquides trésors.

Lorsque Monsieur, frère de Louis XVI, vint habiter le palais, il le mit gracieusement à la disposition du public. On y entrait par trois portes : celle du château, celle de la rue d'Enfer et celle de la rue de Vaugirard, en face de l'église des Carmes-Déchaussés. Les premiers habitués du jardin, suivant le témoignage des contemporains, furent des bourgeois du quartier, des ecclésiastiques, des moines, des gens de lettres et des bonnes d'enfants. La grande avenue et quelques allées latérales, avec des bancs pour s'asseoir de distance en distance, c'était tout ce que les amateurs de la promenade y trouvaient d'attrayant. Point de symétrie, nul point de vue : rien n'y captivait les regards, que bornaient de tous côtés des maisons ou de tristes murailles. L'hiver et le printemps, on se réchauffait au soleil du midi sur des chaises qu'une loueuse avait rangées, en petit nombre, devant la façade du palais. L'été et l'automne on se garantissait de la chaleur sous le feuillage de quelques gros tilleuls qui couvraient l'esplanade située en face du levant ou qui formaient le commencement de la grande allée. Quelques étudiants ou quelques abbés erraient çà et là, un livre à la main, dans les allées les plus reculées. A la brune, quelques femmes équivoques s'asseyaient timidement sur un banc ou sur une chaise adossée contre un arbre.

Cependant Thiéry, dans son *Guide des amateurs et des étrangers*, affirme qu'on voyait une infinité de beau monde, surtout pendant les fêtes et dimanches, le matin dans l'allée des Carmes et le soir dans la grande allée.

En 1781, les dames s'affublaient de robes dites *lévites*, imitées de celles avec lesquelles on représente les enfants de la tribu consacrée à la garde de l'Arche sainte. On essaya d'en faire *à queue de singe*, c'est-à-dire munies d'un appendice très-long et très-tortillé. La comtesse de Francourt, en se montrant, le 2 juin, dans le jardin du Luxembourg avec une lévite de ce genre, attira un rassemblement si compacte autour d'elle que les Suisses de Monsieur la mirent à la porte.

Une multitude considérable se rassembla le 12 juillet 1784 dans le jardin du Luxembourg pour assister à l'ascension d'une montgolfière de 70 pieds de diamètre.

« Cette machine, disait le *Journal de Paris*, est la plus grande que l'on ait vue jusqu'à ce jour dans la capitale ; il est entré dans sa construction plus de 3,700 aunes de toile ; sa hauteur, en y comprenant sa galerie, est de plus de 100 pieds, son diamètre de 84 et sa circonférence de 264. Toutes les expériences faites jusqu'à présent, sous les yeux de la capitale, n'ont présenté que deux voyageurs ; cette machine sera montée par quatre, savoir : MM. l'abbé Miollan et Janinet, auteurs de cet aérostat; M. le marquis d'Arlandes et M. Bredin, mécanicien.

« Nous avons remarqué que l'attention des auteurs s'est d'abord portée à simplifier l'appareil de la machine. Ils ont supprimé l'estrade où on la plaçait ordinairement, et les mâts extérieurs, et ils les ont suppléés par des mâts portatifs fixés à la galerie et destinés à voyager avec elle. Cette précaution a le triple avantage de permettre la suppression de l'estrade, de donner de la facilité pour remplir la machine dans le premier endroit venu et de la préserver du feu, en empêchant, au moment de la descente, le trop grand abaissement des toiles. Enfin, les voyageurs se pourvoient d'un étouffoir pour mettre sur le réchaud, d'une certaine quantité d'eau, de quelques éponges, de deux soupapes très-commodes, d'une ancre et d'une échelle de corde.

« MM. l'abbé Miollan et Janinet ne s'étant pas proposé de donner au public un vain spectacle déjà connu, se destinent, dans leurs expériences, à l'essai de deux moyens physiques de direction, dont l'un a été imaginé par M. Joseph Montgolfier, qui ne l'a point exécuté ; il consiste dans une ouverture latérale pratiquée au ballon. L'air dilaté s'échappant par cette ouverture, frappe l'air extérieur, dont la réaction doit faire avancer la machine en sens contraire, avec une vitesse évaluée par l'auteur à six lieues par heure, en supposant l'ouverture d'un pied de diamètre. Un de nos plus célèbres physiciens, M. de Saussure, dans une lettre écrite au sujet de la grande montgolfière de Lyon, dit qu'il était à souhaiter que quelqu'un fit l'essai de ce moyen.

« Le même M. de Saussure, après avoir parlé des forces mécaniques appliquées aux aérostats, finit par dire que la connaissance des divers courants de l'atmosphère sera vraisemblablement, un jour, le moyen le plus efficace pour diriger les ballons. C'est pour parvenir à cette connaissance précieuse que MM. l'abbé Miollan et Janinet ont adapté à leur machine deux petits ballons, dont l'un, rempli d'air inflammable, doit s'élever au-dessus de la machine à 150 pieds, et l'autre, plein d'air atmosphérique, est suspendu à la même distance au-dessous. En supposant que l'effet de ces deux espèces de moyens n'ait pas tout le succès que l'on doit en attendre, on ne doit pas moins savoir gré à ces deux physiciens de les avoir essayés les premiers. »

Le programme ne fut pas réalisé; l'aérostat prit feu, et il fut impossible de l'enlever. Les spectateurs furieux le mirent en pièces, et pendant quelques jours les organisateurs de cette expérience avortée furent ridiculisés par des caricatures et par des ponts-neufs, dont voici un spécimen :

> Je me souviendrai du jour
> Du globe du Luxembourg;
> Que de monde il y avait,
> Monsieur Janinet,
> Monsieur Janinet,
> Que de monde il y avait,
> Pour voir s'il s'enlèverait !
>
> C'est à qui veut un lambeau
> De votre globe à fourneau;
> J'en ai vu dans tout Paris,
> Même à Saint-Denis,
> Même à Saint-Denis;
> J'en ai vu dans tout Paris,
> Dont vous excitez les ris...

A droite du jardin du Luxembourg, était un couvent de chartreux fondé par Louis IX en 1257. Ce monastère n'avait de remarquable que les boiseries du chœur de l'église, et la collection des scènes principales de la vie de saint Bruno, peinte par Lesueur. Ils en firent présent à Louis XVI ; mais ils conservèrent un immense enclos qui s'étendait jusqu'au séminaire de Saint-Magloire. On y cultivait des fruits et des légumes; le potager n'avait pas moins de quinze arpents, et la pépinière d'arbres fruitiers en avait environ quatre-vingt-dix. Le Directoire exécutif annexa au Luxembourg ces terrains, dont le décret de l'Assemblée constituante avait fait une propriété nationale. On perça la grande avenue qui aboutit à l'Observatoire, et, pour éviter les pertes, une muraille de soutènement fut établie entre la terrasse occidentale du jardin et l'ancien verger du couvent.

Au commencement du XIXᵉ siècle, le plan adopté pour ce jardin par l'architecte primitif fut presque complétement modifié. Son ordonnance fut alors composée d'un parterre entouré de plates-bandes, au milieu desquelles se trouve un grand bassin octogone. Des terrasses bordées de balustrades et recourbées en pente douce entourent ce parterre et le dominent.

Les jardins du côté oriental de la rue d'Enfer ayant été achetés par le gouvernement, furent changés, avec un terrain naguère inutile, on allées plantées d'arbres et séparées par une avenue qui, de la grille de la même rue, conduisent à l'escalier au bas duquel est le parterre. Autant que le permirent les accidents du terrain, cette partie fut coordonnée, quant à la symétrie et aux ornements, avec le côté opposé. De nombreuses statues en marbre blanc, élevées sur les deux esplanades de forme demi-circulaire, complétèrent la décoration des parterres étendus plus bas.

La grande avenue et toute l'extrémité occidentale du jardin furent traversées par une belle allée, depuis la rue de Vaugirard jusqu'au mur de la pépinière. Le jardin du Petit-Luxembourg, réuni au grand, prit la forme d'un charmant bosquet planté de toutes sortes d'arbustes à fleurs odoriférantes. Dans l'intérieur et de chaque côté de la grande allée, plusieurs espaces circulaires et couverts de gazon furent ménagés pour favoriser la circulation de l'air et de la lumière, et servir aux différents jeux des enfants.

En 1842, la grande allée reçut deux rangées d'arbres supplémentaires ; à l'est, on traça le jardin botanique de l'École de Médecine; à l'ouest, un autre jardin enrichi de massifs de fleurs rares fut dessiné dans l'enclos des Chartreux, où l'on commença en même temps une collection de vignes ; elle ne comprend pas moins de sept cent cinquante variétés de pineau, morillon, muscat, gamet, etc., mais il est douteux que les cépages conservent la saveur et les qualités qu'ils ont dans leur pays natal.

Le long des terrasses qui s'échancrent entre le palais et la grande allée, on a substitué à des copies de l'antique mutilées et dégradées par le temps, des statues de femmes célèbres, par MM. Klagmann, Thérasse, Husson, Rude, Bonassieu, Auguste Préault, Gatteaux fils, Ramey, Elshoët, Huguenin, Feuchères, Clesinger et Domesmay. La pieuse Clotilde ouvre cette série d'illustrations féminines ; puis viennent la reine Blanche ; la reine Mathilde d'Angleterre ; Anne de Provence; Clémence-Isaure, la protectrice des jeux floraux ; Jeanne Darc écoutant les voix mystérieuses ; Jeanne Lainé, surnommée Hachette ; Anne de Beaujeu, la digne fille de Louis XI; Anne de Bretagne, qui fut la femme de deux rois; Valentine de Milan ; Marguerite de Valois ; Catherine et Marie de Médicis ; la turbulente duchesse de Montpensier, en amazone et la cravache à la main, comme pour chasser les intrus qui se permettent d'habiter son palais.

La grotte attribuée à Rubens a été nettoyée, et deux cygnes ont été mis en possession du bassin élargi. Une allée de platanes, reliés entre eux par des guirlandes de plantes grimpantes, y conduit, ou du moins pourrait y conduire, si cette enceinte n'était environnée de grilles. On a placé à l'entrée, au mois de janvier 1860, une jolie fontaine en bronze. Dans un parterre contigu est un groupe assez expressif de Garraud, *Adam et sa famille après la malédiction*.

CHAPITRE V.

La Monnaie. — L'École de médecine. — Les Cordeliers. — Le Musée Dupuytren. — Les amphithéâtres. — La Charité.

Les motifs qui ont présidé à la désignation du nom des arrondissements de Paris ont fait choisir des désignations qu'il est possible de contrôler dans tous les quartiers où se concentrent plusieurs institutions importantes. Ainsi, le VIᵉ a pour limites, du côté du fleuve, le quai des Grands-Augustins, qui doit son nom à un couvent qui datait de 1256, et qui a été détruit en 1791. C'était dans une des salles de ce monastère que s'assemblaient les chevaliers du Saint-Esprit, lorsque Henri III l'avait choisie pour l'institution de cet ordre, le 1ᵉʳ janvier 1579.

Nous trouvons ensuite le quai de Conti, ainsi appelé du nom du prince dont l'hôtel a été renversé pour faire place à celui de la Monnaie; puis le quai Malaquais, appelé jadis quai de la reine Marguerite, et vulgairement Mal-aquest. A l'extrémité opposée, le boulevard de Mont-Parnasse sert de frontière au VIᵉ arrondissement. Sa frontière occidentale est formée par les rues de Sèvres et des Saints-Pères ; sa frontière orientale, par le boulevard de Sébastopol, les rues de la Harpe, d'Enfer et de l'Est.

Parmi les établissements publics qu'on pouvait choisir pour la dénomination de cet espace, la Monnaie, l'École de Médecine et l'Institut seraient entrés en concurrence avec le palais du Luxembourg.

La façade de l'hôtel de la Monnaie qui se profile sur le quai Conti a 120 mètres de large. Un avant-corps de six colonnes d'ordre ionique en forme le milieu. Son soubassement en bossage est percé de cinq arcades. A l'aplomb des colonnes sont placées les statues de la Paix, du Commerce, de la Loi, de la Prudence, de la Force et de l'Abondance, exécutées par Lecomte, Pigalle, Neveu et Mouchy. Derrière ces figures règne un attique. La frise de l'entablement de toute cette façade est ornée de consoles qui supportent la saillie de la corniche. Vers la fin de 1854, on avait exécuté quelques travaux de réparation à la façade latérale sur la rue Guénégaud, qui, sans présenter des proportions aussi grandioses que celles du quai, se fait remarquer cependant par le bon goût qui règne dans sa construction. L'avant-corps du milieu de cette façade est ornée de statues représentant quatre éléments, et qui sont dues au ciseau de Caffiéri et de Duprez. L'hôtel des Monnaies est un des beaux monuments élevés à Paris dans le XVIIIᵉ siècle. Il a été construit en 1771 par Antoine, pendant l'administration de l'abbé Terré, contrôleur général des finances.

L'origine de l'École de médecine de Paris remonte à la fondation même de l'Université. Ce fut en 1181 que le pape

Alexandre III chargea le cardinal Saint-Chrysogone et les archevêques de Rouen et de Reims, de faire des règlements relatifs aux associations de maîtres ou savants sortis des écoles monastiques. En 1200, ces associations prirent le nom d'Université.

Pendant le laps de temps qui s'écoula de 1270 à 1280, la Faculté de Médecine eut une existence propre, et cessa de faire partie de l'Université de cette époque. C'est alors qu'elle se donna un sceau particulier; elle établit des statuts qui furent confirmés, en 1331, par Philippe de Valois.

La Faculté naissante, comme l'ont constaté les recherches du savant docteur Sabatier, n'avait pas de revenus, elle n'avait pas même de salles pour ses cours; les premières qui furent construites pour elle lui furent ouvertes en 1505. Jusque-là, les grandes réunions des régents eurent lieu dans l'église des Mathurins ou à Notre-Dame. Les actes se passaient dans les maisons des maîtres, et plusieurs enseignaient chez eux. Quant aux leçons journalières que donnaient les bacheliers, elles avaient lieu dans le quartier Saint-Jacques, dans le voisinage de la place Maubert, dans ces rues étroites, sombres et humides, comme la rue *du Fouarre*, qui prit son nom de la paille et du foin qui s'y trouvaient en abondance pour servir de litière aux élèves réunis, ou plutôt entassés et entassés dans des salles basses et non pavées; salles où l'on vit des fils de rois et de princes venir écouter et apprendre, car la Faculté de Médecine n'était pas seule maîtresse de la rue du Fouarre, où la Faculté des Arts faisait aussi ses cours.

Ce fut seulement en 1472 que l'on commença la construction d'un bâtiment pour recevoir la Faculté de Médecine, au bourg de la Bûcherie, sur le terrain d'une vieille maison qu'on acheta d'un bourgeois nommé Guillaume Chanteloup, et qu'on réunit au terrain d'un autre bâtiment, cédé, dès l'année 1360, par les Chartreux, moyennant une rente de 10 livres. La Faculté avait élevé, en 1495, près de la principale entrée de ses nouvelles écoles, un bâtiment modeste qu'elle convertit en chapelle; de sorte qu'elle abandonna désormais, l'église des Mathurins (1511) où jusqu'alors elle avait célébré elle-même tous ses offices.

Primitivement, l'École de médecine n'était qu'une agrégation de professeurs sortis des écoles monastiques. Plus tard, des laïques parvinrent à s'y introduire, et leur nombre s'accrut bientôt tellement que, devenus les maîtres de la Faculté, ils voulurent s'opposer à l'admission des prêtres au baccalauréat en médecine. Cependant, par une contradiction assez étrange, ils s'imposaient et imposaient en même temps à ceux auxquels ils conféraient ce grade, même aux régents, l'obligation d'observer le célibat.

Cette loi fut strictement suivie jusqu'en 1452, époque à laquelle le cardinal d'Estouteville, envoyé par le pape pour organiser les Facultés de théologie, de droit et de médecine, vint lever l'interdiction en la déclarant impie et absurde, attendu, disait le décret, que les hommes mariés sont ceux auxquels il appartient surtout d'enseigner et de pratiquer la médecine.

La Faculté se composait alors de tous les docteurs régents reçus dans son sein; et pour élire le doyen et les professeurs nouveaux, elle conférait ses pouvoirs à cinq électeurs désignés par le sort.

Le doyen élu prêtait devant l'assemblée le serment de préférer ses devoirs à toutes choses, et de sévir rigoureusement et sans distinction contre tous ceux qui pratiqueraient la médecine illicitement.

Ensuite, il inscrivait sur un registre le procès-verbal de sa nomination, et donnait à son devancier une récépissé des biens de la Faculté, savoir : du sceau attaché à une chaîne d'argent, du livre des statuts et des sommes qui restaient en caisse. Voici dans quels termes les professeurs prêtaient le serment qui était exigé d'eux :

« Nous jurons, disaient-ils, et promettons solennellement de faire nos leçons en robe longue, à grandes manches, ayant le bonnet carré sur la tête, le rabat au cou et la chausse d'écarlate à l'épaule. — *Item* de faire nos leçons sans interruption, de les faire nous-mêmes et non par des suppléants, chacune d'elles pendant une heure au moins, tous les jours de l'année qui ne seront pas jours de fête.

Après leur réception, les bacheliers rendaient visite à leurs juges et aux maîtres, et, en vertu d'un usage consacré depuis le XIVe siècle, ils leur offraient des épices, telles que de la muscade, du gingembre, du poivre, de la cannelle, et autres substances analogues que leur rareté rendait alors précieuses. Vers la fin du XVIe siècle, lorsque les épices, devenues plus communes, furent moins appréciées, on les remplaça par des bourses plus ou moins pleines d'argent. Il existait également un autre usage plus singulier encore, et qui est heureusement tombé en désuétude, car les professeurs de nos jours n'y suffiraient pas. « Il ne se passait, dit Hazon, aucun acte public des écoles, aucun examen, aucune thèse, aucune reddition de compte qui ne fût suivi d'un dîner. Les repas qui se faisaient au sortir des thèses ou des examens se donnaient aux dépens du soutenant ou des bacheliers. » Les licenciés ne manquaient jamais d'inviter à la cérémonie de leur licence et au dîner qui la suivait le chancelier de Notre-Dame et tous les chanoines. Plus tard, l'usage de ces repas fut abrogé; c'est alors que les chanoines cessèrent d'assister aux actes de l'École.

Vers la fin du siècle dernier, l'École de médecine de Paris perdit le prestige dont jusqu'alors elle avait été entourée. Les professeurs qui la composaient repoussaient systématiquement les innovations; aussi n'inspira-t-elle que peu de regrets quand elle fut supprimée, le 18 août 1792. Comme l'a dit un auteur, « la solitude s'était faite, et on ne ferma pour ainsi dire que des salles vides. »

Il était urgent qu'un enseignement régulier fût reconstitué; il le fut par un décret de la Convention, en date du 4 floréal an III (23 avril 1795). Alors, pour la première fois en France, on donna une organisation spéciale aux écoles cliniques. Déjà Desbois de Rochefort avait fait à l'hôpital de la Charité des leçons de clinique, qui furent ensuite continuées par Corvisart. Déjà aussi, Desault avait établi et dirigé à l'Hôtel-Dieu de Paris, une école clinique de chirurgie, qui a laissé des souvenirs glorieux. Enfin la Société royale de médecine avait, en 1790, présenté un plan d'institutions cliniques. Ces institutions firent partie des Écoles de santé ouvertes, en 1795, à Paris, à Strasbourg et à Montpellier. On créa des chaires de clinique médicale et chirurgicale qui furent distinctes des chaires consacrées à l'enseignement théorique de la médecine et de la chirurgie.

La loi du 19 ventôse an XI (10 mars 1803) supprime des distinctions surannées entre les médecins et les chirurgiens. Son premier article, souvent invoqué contre les audacieux qui s'immiscent clandestinement dans l'art de guérir, porte : « Nul ne pourra embrasser la profession de médecin, de chirurgien et d'officier de santé sans être examiné et reçu comme il est prescrit par la présente loi. »

Un autre article disait : « Les examens seront publics; *deux d'entre eux seront nécessairement soutenus en latin.* » Si cette dernière prescription a jamais été suivie, il y a longtemps qu'elle ne l'est plus, et nous n'appréhendons pas qu'on la fasse revivre.

Le décret du 17 mars 1808 constitua dans l'Université cinq facultés de médecine, dont une à Turin et une à Mayence. Les attributions de chaque doyen ne furent bien nettement déterminées que par une ordonnance royale en date du 2 février 1823, rédigée primitivement pour la Faculté de Médecine de Paris seulement, et rendue applicable aux deux autres Facultés par les ordonnances royales des 12 décembre 1824 et 26 mars 1829. La circonscription de la Faculté de Paris, en ce qui concerne l'exercice de son droit de présentation aux chaires qui viendraient à vaquer dans les Écoles préparatoires de médecine et de pharmacie, fut fixé par une ordonnance en date du 18 avril 1841. Cette circonscription est immense; elle comprend les départements de l'Aisne, du Calvados, du Cher, des Côtes-du-Nord, de l'Eure, d'Eure-et-Loire, du Finistère, d'Ille-et-Vilaine, de l'Indre, d'Indre-et-Loire, de la Loire-Inférieure, du Loiret, de Loir-et-Cher, de la Manche, de la Marne, de la Mayenne, de Maine-et-Loire, du Morbihan, de la Nièvre, du Nord, de l'Oise, de l'Orne, du Pas-de-Calais, de la Sarthe, de la Seine, de la Seine-Inférieure, de Seine-et-Marne, de Seine-et-Oise, de la Somme et de l'Yonne.

Une ordonnance du 3 octobre de la même année décida qu'à partir du 1er janvier 1843, nul ne pourrait obtenir le grade de docteur, dans une des facultés du royaume, s'il n'avait suivi, pendant une année au moins, soit en qualité d'externe, soit comme simple élève en médecine, le service d'un hôpital. Ce stage doit commencer, pour les élèves en médecine, après leur neuvième inscription prise. Les quatre inscriptions subséquentes ne sont délivrées à ces élèves que sur l'attestation du directeur de l'hospice, constatant qu'ils ont rempli avec assiduité, pendant le trimestre expiré, les fonctions auxquelles ils auront été appelés pour le service des malades. Les élèves qui auront obtenu le titre d'externe peuvent faire compter leur temps de stage dans un hôpital, à partir de leur entrée en exercice en ladite qualité. Les externes, comme tous les autres élèves, sont tenus de justifier, par certificats trimestriels, de leur assiduité dans les hôpitaux pendant l'année de stage prescrite par l'ordonnance.

On voit que tous les gouvernements avaient activement travaillé à régulariser l'exercice de la médecine : des imperfections, des lacunes étaient partout signalées; on en signale encore, et on en signalera probablement toujours. En 1845, un congrès médical, réuni à Paris, examina les nombreuses questions qui pouvaient préoccuper le corps des médecins. On publia l'exposé de ces discussions sous le titre d'*Actes du congrès médical en France*. Enfin, M. de Salvandy présenta en 1847, à la Chambre des pairs, un projet de loi sur l'exercice de la médecine. Aux termes de ce projet, les officiers de santé devaient être supprimés et remplacés par des médecins cantonaux : institution qui existe déjà dans certains départements. Le même projet abolissait le concours pour la nomination au professorat et le remplaçait par un système de présentation; il exigeait des conditions de moralité de la part des médecins, et interdisait l'exercice de la médecine à ceux qui ne remplissaient pas ces conditions ou qui avaient encouru certaines condamnations. La peine que l'on prononçait contre l'exercice illégal de la médecine était notablement aggravée. Ce projet fut adopté par la Chambre des pairs; mais la révolution de 1848 l'empêcha d'être discuté à la Chambre des députés.

Un décret, en date du 23 août 1858, enjoint aux étudiants en médecine de produire le diplôme de bachelier ès lettres avant de prendre la première inscription, et le diplôme de bachelier ès sciences avant de prendre la troisième; mais ce dernier est restreint quant à la partie mathématique. Jusqu'au 1er novembre 1861, les jeunes gens pourvus du diplôme ordinaire de bachelier ès sciences peuvent prendre leurs inscriptions et leurs grades dans une faculté de médecine, sans être tenus de produire le diplôme de bachelier ès lettres.

Que d'études pour arriver à être étudiant! Aussi l'aspirant au doctorat en médecine est-il plus absorbé dans sa spécialité que l'avocat en expectative : baccalauréat ès lettres, baccalauréat ès sciences mitigé, anatomie, physiologie, pathologie interne et externe, matière médicale, chimie, pharmacie, hygiène, médecine légale, obstétrique, clinique interne et externe; voilà bien de quoi l'empêcher de rêver à des vers, ou d'écrire des considérations sur l'avenir des sociétés.

Ce n'est pas qu'il ait l'encéphale vide en pensées; la nature même de ses travaux l'appelle à toucher aux problèmes les plus ardus : la vie, la mort, l'éternité. Il se demande logiquement quelle est cette âme qu'il ne trouve pas sous son scalpel, et comment a été fabriquée cette horloge humaine dont les battements de diastole et de systole sont détraqués par la fièvre ou par la folie. Mais a-t-il le temps d'y réfléchir, ce noble forçat de la science? Il faut qu'il aille aux cours, à l'amphithéâtre, à l'hôpital. Ne lui reprochez pas les négligences de sa toilette; il n'a pas, comme l'étudiant en droit, le loisir d'arranger sa cravate *secundum artem*, et de confier son épaisse chevelure aux soins du coiffeur classique, qui a écrit sur sa boutique : χεῖρα ταχεῖα, καὶ σιωπή. L'élève en médecine est accablé de besogne, comme le sous-lieutenant que Léon Gozlan a chanté. Mais dès qu'il met de côté la pathologie et la thérapeutique, il devient formidable. Il se jette sur la volupté comme un naufragé de la *Méduse* se serait jeté sur un potage. A la Closerie des Lilas, ce riant asile que M. Bullier a ouvert à la danse, c'est l'élève en médecine qui bat les entrechats les plus désordonnés; ses muscles pubio-fémoral, sous-pubio-fémoral et ischio-fémoral, ses articulations péroné-tibiales, son fémoro-calcanien, sont infatigables. Au risque de gagner, à cette loterie dangereuse du plaisir, un lumbago, une laryngite, une péripneumonie, une gastrite, une entérite, une cystite phlegmoneuse, ou pis encore, il saute, il se démène, il chante, il boit; il fait l'admiration des habitués et surtout des habituées. Ces bals lui semblent cent fois préférables à ceux du grand monde; et quand le doyen Orfila, se rappelant que l'Esculape est fils d'Apollon, réunissait à ses soirées les chanteurs et les musiciens les plus célèbres, peu d'étudiants ont brigué l'honneur d'une invitation.

Mais après les jours d'effervescence et de carnaval, l'élève en médecine reprend sa tâche. Il recueille avidement les leçons de ses professeurs; et certes, il serait difficile que la science eût des interprètes plus aptes à la rendre attrayante, à la faire comprendre et goûter, que MM. Andral, Velpeau, Malgaigne, Paul Dubois, Denonvilliers, Bouillaud, Piorry, Rostan, Trousseau, Laugier, Robert de Lamballe, Trélat, Nélaton, etc.

Les bâtiments actuels de l'École de médecine sont un remarquable monument du XVIIIe siècle. Le 1er décembre 1668, le conseil d'État reconnut que les écoles de chirurgie n'avaient pas une étendue suffisante pour contenir le grand nombre d'élèves qui venaient de toutes les provinces du royaume et même des pays étrangers; et sur l'emplacement de l'ancien Collège de Bourgogne, l'architecte Gondouin éleva un corps de logis fort étendu avec deux ailes latérales, qui sont reliées entre elles par une colonnade d'ordre ionique. Cet édifice renferme un magnifique amphithéâtre qui peut contenir douze cents auditeurs. Au bas de l'escalier est une statue assez incorrecte de Bichat, par David d'Angers, qui aurait pu soigner davantage les détails anatomiques d'une œuvre destinée à être examinée chaque jour par des connaisseurs. Dans l'aile gauche se trouve la bibliothèque de l'École. Elle communique avec un musée de pièces anatomiques, qui doit son extension à la sollicitude d'Orfila. On y voit des pièces en cire analogues à celles du musée de Florence; des débris de cadavres préparés avec soin, conservés dans l'alcool ou à l'aide du sublimé corrosif; enfin, des pièces naturelles infectées par le procédé de M. Suquet.

On a disposé des microscopes à côté de quelques-unes de ces préparations, dont les détails minutieux échapperaient à la vue.

La clinique de l'École, un second musée, et des pavillons de dix sections sont établis sur l'emplacement de l'ancien couvent des Cordeliers. Les enfants de Saint-François d'Assises étaient venus s'établir là en l'année 1217; ils y avaient prospéré. En l'année 1401, ils avaient des écuries pour lesquelles ils eurent avec d'autres moines une discussion tellement animée, qu'on en vint aux mains.

Il fallut des gens d'armes pour séparer les partisans du provincial, qui voulait avoir de quoi loger ses chevaux; et ses adversaires, qui combattaient cette prétention comme contraire au vœu d'humilité et de pauvreté. La querelle s'apaisa, mais elle fut suivie d'autres altercations non moins graves. Les cordeliers se partagèrent en frères conventuels et frères spirituels. Les premiers voulaient que l'ordre eût des greniers et des caves; les seconds s'y opposaient, alléguant qu'un franciscain ne devait rien avoir en propre. Ils allaient même jusqu'à dire que les habits dont ils étaient vêtus et qu'ils mangeaient ne leur appartenaient pas : opinion qui leur attira une excommunication de la part du pape Jean XXII.

L'église de ces moines chicaniers fut brûlée le 19 novembre 1580. D'après le témoignage de Pierre Mathieu, les Jacobins leur reprochèrent d'avoir eux-mêmes incendié leur chapelle, afin de la faire rebâtir sur de plus vastes proportions et d'avoir meilleur feu dans leur cuisine, grâce aux libéralités que provoquerait infailliblement le sinistre. La vérité, c'est que le samedi 19 novembre 1580, un novice, qui n'était point du parti des frères spirituels, cuvait son vin dans une stalle du chœur, et qu'un cierge placé auprès de lui embrasa les belles boiseries du jubé. Au reste, si les cordeliers comptaient sur la générosité des fidèles, leur attente ne fut point déçue, et ils purent reconstruire une église qui avait 320 pieds de long sur 90 de large.

Les jacobins et les cordeliers semblaient prédestinés à se chamailler sous toutes les formes. Un club, devenu célèbre, s'était formé en 1789 dans la bibliothèque du couvent des Jacobins réformés de la rue Saint-Honoré. Un club rival et plus avancé s'établit dans l'église abandonnée des Cordeliers. Danton et Camille Desmoulins en furent les principaux organisateurs, et ils furent secondés par Marat, Chabot, Vincent, Momoro, Bazire, Legendre, Collot-d'Herbois.

Danton logeait dans la cour du Commerce. En se rendant au club, il entrait assez fréquemment dans l'étroite cour de la maison de la rue des Cordeliers, nº 18, aujourd'hui rue de l'École-de-Médecine. Il s'arrêtait au pied d'un escalier en pierre, devant un puits à la margelle verdie, et criait de sa voix puissante :

— Hé! Marat!

Une fenêtre du premier étage était entrebâillée; une tête

Le parterre du Luxembourg.

peu gracieuse, coiffée d'un mouchoir gras, s'y montrait, et ouvrait une bouche grimaçante pour dire :
— Je descends!

Ce fut dans un cabinet situé au-dessus du puits que l'ami du peuple fut assassiné par Charlotte Corday, le 13 juillet 1793. On l'enterra au milieu du jardin des Cordeliers, et son cœur embaumé fut déposé dans une urne que l'on suspendit à la voûte de la grande salle du monastère.

Plus tard, une partie des bâtiments conventuels fut abattue; on construisit à la place l'hôpital des cliniques, qui a été restauré en 1834, et qui comprend une clinique de médecine, une de chirurgie et une d'accouchements.

L'ancienne église où l'on fit d'abord des cours a reçu, en 1835, le musée Dupuytren. Cette collection, créée à l'aide d'un subside de l'État, et un legs spécial de 200,000 fr. qu'avait fait l'illustre chirurgien, contient des modèles en cire de toutes les altérations morbides dont les organes sont susceptibles. Les profanes, que n'endurcit pas l'étude, ne peuvent contempler sans frémir ce tableau des souffrances et des misères humaines. Que diraient-ils s'ils entraient dans les pavillons de dissection qui ont été bâtis derrière sur une partie du jardin des Cordeliers? Il y a une vingtaine d'années surtout, ces amphithéâtres offraient un hideux spectacle; l'air et la lumière y circulaient à peine; des poêles de tôle, alimentés parfois avec des tissus adipeux, répandaient une chaleur qui développait les miasmes putrides; et cependant les élèves, la pipe à la bouche, le scalpel à la main, charcutaient paisiblement des cadavres à demi décomposés, et suivaient attentivement les explications que puisait le prosecteur dans un livre ouvert sur la poitrine d'un sujet. Aujourd'hui, les amphithéâtres sont spacieux, aérés et tenus avec une propreté qui, incontestablement, y est plus indispensable dans ces lieux que partout ailleurs.

En vertu d'un arrêté du 3 vendémiaire an VI (24 septembre 1798), les salles de dissection, les laboratoires d'anatomie sont placés sous la surveillance du pouvoir municipal. Le même arrêté prohibait l'enlèvement nocturne des cadavres déjà inhumés; mais il admettait des amphithéâtres particuliers. Les inconvénients qui résultaient, à Paris, de cette faculté, suscitèrent des réclamations si nombreuses et si pressantes, que les amphithéâtres furent supprimés par une ordonnance du préfet de police en date du 15 octobre 1813. — Les dispositions de cette ordonnance ont été remplacées ou plutôt corroborées par celle du directeur de la police, en date du 11 janvier 1815, qui défend les amphithéâtres particuliers et les dissections dans les hospices et maisons de santé ou de détention. Elle n'autorise les dissections que dans les pavillons de la Faculté de médecine de Paris et dans l'amphithéâtre de l'hôpital de la Pitié. Elle ne permet l'enlèvement des cadavres que vingt-quatre heures après le décès.

Elle renouvelle la défense de prendre aucun cadavre dans les cimetières. Elle ordonne de faire les enlèvements de corps dans des voitures couvertes et pendant la nuit. — Le conseil général des hospices a rendu, le 21 décembre 1832, et le préfet de police a approuvé un arrêté concernant les opérations et dissections dans les hôpitaux et hospices de Paris. — Une ordonnance postérieure du préfet de police de Paris, du 25 novembre 1834, qui reproduit, en les modifiant sur quelques points, les prescriptions de celles du 11 janvier 1815, défend la dissection ailleurs que dans les amphithéâtres de l'École de médecine et ceux de l'ancien cimetière de Clamart.

La proximité de l'hôpital de la Charité facilite les études médicales; cet hôpital fut d'abord desservi par des frères de la Charité ou de Jean de Dieu, et devint le chef-lieu de toutes les maisons de cet ordre; mais c'est surtout depuis la Révolution qu'il a reçu des accroissements. En 1790, le nombre des lits n'était encore que de 208, et plus de la moitié de ces lits était

Le piocheur et le bamboscheur.

dno à des fondations particulières. Il est de 500 en 1860. En 1852, l'administration de l'Assistance publique y commença d'importants travaux. Un portail nouveau, d'un style sévère, fut construit sur la rue Jacob.

Ce fut à la Charité que mourut, en 1839, Hégésippe Moreau, poète dont le Hameau incendié, la Voulzie, l'Hiver, les Cloches, et autres pièces de vers, sont d'un ordre supérieur. Sans fortune, simple ouvrier typographe, mécontent de son sort, et noyant ses chagrins dans les boissons alcooliques, il succomba prématurément au découragement, à la consomption et aux excès ; il semblait avoir prédit le sort qui l'attendait, puisque dès 1832 il écrivait cette strophe :

> Sur ce grabat chaud de mon agonie,
> Pour la pitié je trouve encor des pleurs ;
> Car un parfum de gloire et de génie
> Est répandu dans ce lieu de douleurs.
> C'est là qu'il vint, veuf de ses espérances,
> Chanter encor, puis prier et mourir ;
> Et je répète, en comptant mes souffrances,
> Pauvre Gilbert, ce que tu devais souffrir !

Peu de temps avant d'expirer, il mandait à Mlle Lebeau, qu'il appelait sa sœur :

« ...Le manque du nécessaire a toujours paralysé mes efforts en littérature. Pour gagner, il faut avoir. Si j'étais un fils de famille au lieu d'être tout simplement Hégésippe Moreau, il y a longtemps, je crois, que j'aurais de la réputation. Un monsieur, que je n'ai vu qu'une seule fois, chez Mme Ferrand, et qui a joué un rôle politique sous la Restauration, M. de V***, vient de m'adresser une épître de quatre cents vers où il me flatte beaucoup, ce qui enchante Mme Emma Ferrand. Ces gens-là me laisseront mourir de faim ou de chagrin, après quoi ils diront : C'est dommage ! et me feront une réputation pareille à celle de Gilbert. Ma sœur, ma bonne sœur, pardonnez-moi de vous entretenir si longuement de mes peines. Si vous étiez là, je ne pourrais m'empêcher de poser ma tête sur votre épaule et de pleurer comme un imbécile, et je fais comme si vous étiez là : seulement, au lieu de parler, j'écris... »

A l'hôpital de la Charité se trouve une salle voûtée que des artistes, amis d'internes, ont transformée en musée. On y voit des croquis de Gustave Doré, Hamon, Foulongne, Harpignies. Au mois de janvier 1860, M. Feyhem y a représenté le directeur Velpeau en Jupiter foudroyant le docteur noir, M. Vriès, qui avait été admis à traiter dans cet hôpital des malades atteints de cancers.

CHAPITRE VI.

L'Académie française. — Les académies avant 1789. — Leur suppression. — L'Institut.

Le VIe arrondissement pouvait également emprunter sa qualification à l'Institut. Si des souvenirs politiques se rattachent au Luxembourg, en revanche le palais où siègent les cinq Académies rappelle la gloire immortelle que la France s'est acquise dans les lettres, les sciences et les beaux-arts. Nous savons que l'on va nous opposer avec un malicieux empressement quelques exclusions regrettables dont la principale est celle de Molière. En même temps que des hommes dignes des honneurs académiques étaient impitoyablement consignés à la porte, il est arrivé à la médiocrité, à l'intrigue ou à la faveur de prendre place à côté du vrai mérite. Nous croyons toutefois que les Académies, surtout depuis qu'elles ont été réorganisées, ont représenté assez exactement la France intellectuelle.

Fondée par Richelieu et approuvée par lettres patentes de l'an 1635, l'Académie française travailla longtemps au Dictionnaire de la langue, sans qu'on songeât à lui donner des compagnes. Mazarin, qui aimait les tableaux et les statues, organisa l'Académie de peinture et de sculpture. Colbert, en 1663, réunit quelques érudits, forts en versions, pour composer des inscriptions et des médailles en l'honneur de Louis XIV. En 1666, le même ministre, mieux inspiré, créa l'Académie des sciences. L'invasion toujours croissante des grands seigneurs, et des princes de l'Église dans les Académies compromit ces corps aux yeux de la Révolution. En 1792, les littérateurs étaient en minorité à l'Académie française, et la plupart avaient dû leur nomination moins à leurs travaux qu'à leur position sociale. M. de Saint-Lambert, le chantre des Saisons, était maître de camp de cavalerie et ancien grand maître de la garde-robe du roi Stanislas. L'historien Gaillard l'avait emporté sur un concurrent parce qu'il était secrétaire ordinaire du duc d'Orléans; Vicq-d'Azyr, comme premier médecin de la reine; Chamfort, comme secrétaire du cabinet de Mme Élisabeth de France, et secrétaire des commandements du prince de Condé; Florian, parce qu'il avait l'amitié du duc de Penthièvre et le grade de lieutenant-colonel de dragons. Les contes d'Aline, les Gonzes et autres poésies égrillardes n'avaient fait écarter Stanislas de Boufflers, s'il n'avait été maréchal des camps et armées du roi, bailli d'épée de Nancy, gouverneur du Sénat. Pierre de Buzzi était à l'Académie, moins à cause du poème du droit de la Religion et de ses Lettres à Voltaire, qu'en qualité de cardinal. L'abbé Maury, qui représentait à l'Académie l'éloquence de la chaire, n'avait été choisi, en 1787, qu'après avoir été nommé prédicateur ordinaire de Louis XVI. Choiseul-Gouffier avait publié le premier volume de son Voyage pittoresque en Grèce; mais son titre le plus réel était celui d'ambassadeur de France à Constantinople. Auprès d'académiciens plus ou moins connus par leurs œuvres, comme l'abbé Barthélemy, Lemierre, Ducis, Sedaine, de Brequigny, de Chabanon, Bailly, Target, Suard, Delille, l'abbé Morellet, Marmontel, siégeaient de hauts dignitaires, qui n'avaient jamais rien écrit, ou dont les compositions futiles étaient des titres insuffisants: le maréchal de Beauvau, le duc de Nivernais, de Bissy, ancien lieutenant général de la province de Languedoc; l'avocat-général Séguier; le cardinal de Rohan; Loménie de Brienne, Roquelaure, premier aumônier du roi; Lamoignon de Malesherbes; Boisgelin de Cussé; Montesquiou-Fezensac, maréchal des camps et armées du roi; d'Aguesseau, qui portait obscurément un nom illustre; de Nicolaï, ancien premier président de la chambre des comptes.

On avait trouvé moyen d'introduire l'aristocratie jusque dans le sein de l'Académie des sciences : celle-ci se composait de vrais savants; pour la géométrie : Bonde, Jeaurat, Van der Munde; pour l'astronomie : Le Monnier, Lalande, Legentil; pour la mécanique : Bertaut, l'abbé Rochon, de Laplace; pour la physique générale : Leroy, Bresson, Bailly; pour l'anatomie : Daubenton, Tessier, Portal; pour la chimie et la métallurgie : Cadet de Gassicourt, Lavoisier et Baumé; pour la botanique et l'agriculture : Adanson, Jussieu, Lamarck; pour l'histoire naturelle et la minéralogie : Desmarets, Sage, Darcet; mais, on avait adjoint à ces hommes recommandables des membres honoraires, des savants in partibus infidelium; tels étaient Desmarest-Maillebois et La Luzerne, lieutenants généraux des armées; le maréchal Lacroix-Custines; les ministres d'État Machault, Loménie de Brienne, Bertier, Tonnelier-Breteuil, Amelot, Lamoignon de Malesherbes, La Rochefoucauld; Noailles-Agen, chevalier de la Toison-d'Or, etc.

L'Assemblée constituante avait laissé vivre les Académies, avec l'intention de les soumettre à une réforme dont les bases avaient été indiquées dans un mémoire lu par Talleyrand dans la séance du 10 septembre 1791. La Convention, après avoir entendu un rapport de Grégoire, supprima, le 8 août 1793, toutes les Académies, et un décret du 12 ordonna qu'on procédât, sans délai à l'inventaire des statues, tableaux, livres, manuscrits et autres effets dont elles avaient la jouissance. L'auteur du Tableau de Paris, député du département de Seine-et-Oise à la Convention, Mercier, vota pour cette proscription des académiciens, dont il dit, dans son Nouveau Tableau de Paris : « Ils tombèrent comme des capucins de carte, sans que personne y fît la moindre attention; et j'ai obéi à la profonde conviction de leur nullité absolue, et du danger dont ils étaient pour le véritable talent, en donnant ma voix au comité d'instruction publique pour leur prompte destruction. Cette heure marqua le couchant du pédantisme et l'aurore de la liberté littéraire.

« Après la Révolution, ces mêmes hommes qui aiguisaient incessamment des épigrammes peureuses contre la tiare, la mitre, le rabat et la calotte, s'avisèrent de nous parler de la religion de nos pères : écoliers de Voltaire, leur bouche, familiarisée avec ses blasphèmes, parla des choses saintes et crut pouvoir transformer la tribune en une chaire évangélique. A cette incroyable dissonance, tout le monde se prit à rire; on ne jugea pas même que c'était là hypocrisie, mais impertinence, orgueil académique mal déguisé par une sorte de cette ridicule prétention qui émanait de là était plus de force en une plus grand poids que ce qui en émane ailleurs.

« Les ci-dessus nommés n'ont pas manqué de dire que la ruine de l'Académie française était l'éclipse universelle des lumières, mais cela ne nous prive pas du caractère à alimenter plus d'un jour la gaîté de philosophes.

« Qu'est-ce donc que ce misérable esprit qui anime les trois quarts des académiciens? De la vie des misères. Il se nourrit d'inutilités, il dispose son âme des riens, il plie des pattes de mouche, il est étranger à tout ce qui comporte quelque hauteur, quelque chose de grand et de beau. Il y a des hommes avec qui l'on voudrait que l'on n'eût jamais dîné, et auxquels on ne répondrait même pas, s'ils ne sont modifiés pour l'erreur et pour la bêtise; à ces académiciens sont assurément de ce nombre; et je prends l'ensemble de l'Académie française et de l'Académie des belles lettres. »

Après cela, si Mercier était si furieux contre les Académies, c'est peut-être parce qu'il n'avait jamais pu en être.

La Convention ne devait se contenter seulement renverser; elle cherchait à reconstituer. L'article 296 de la Constitution du 5 fructidor an III (22 août 1795), porte : « Il y a pour toute la République un institut national chargé de recueillir les découvertes, de perfectionner les arts et les sciences. » Un décret du 3 brumaire an IV (25 octobre 1795) établit des écoles primaires, des écoles centrales, des écoles spéciales, et un Institut national des sciences et des arts, qu'elle divisa en trois classes : sciences physiques et mathématiques; sciences morales et politiques; littérature et beaux-arts. Il était destiné, aux termes du décret, à perfectionner les sciences et les arts, par des recherches non interrompues, par la publication des découvertes, par la correspondance avec les sociétés savantes et étrangères; à suivre les travaux scientifiques et littéraires qui auraient pour but l'utilité générale et la gloire de la République.

L'Institut tint sa première séance au Louvre, le 11 avril 1796, dans l'ancienne salle des gardes suisses, qui fut ornée des statues de La Fontaine, d'Aguesseau, Rollin, Sully, Molé, L'Hôpital, Corneille, Molière, Bossuet, Pascal, Descartes, Montesquieu, Fénelon, Racine. Les quarante-huit premiers membres avaient été désignés par la direction, et avaient complété les trois classes par l'élection. La plupart des hommes dont elles étaient composées ont tracé leur sillon dans l'histoire des sciences et des arts.

Les membres de la classe des sciences physiques et mathématiques étaient :
Pour la géométrie :
Lagrange, Laplace, Bossut, Legendre, Delambre, Lacroix.
Pour les arts mécaniques :
Monge, Prony, Perrier, Berthoud, Bonaparte, Carnot.
Pour l'astronomie :
Lalande, Méchain, Messier, Jeaurat, Cassini, Lalande.
Pour la physique expérimentale :
Charles, Brisson, Coulomb, Rochon, Lefèvre-Gineau, Lévêque.
Pour la chimie :
Berthollet, Guyton de Morveau, Fourcroy, Vauquelin, Deyeux, Chaptal.
Pour l'histoire naturelle et la minéralogie :
Haüy, Desmarest, Duhamel, Lelièvre, Sage, Ramond.
Pour la botanique et la physique végétale :
Lamarck, Desfontaines, Adanson, Jussieu, Ventenat, Lahillardière.
Pour l'anatomie et la zoologie :
Lacépède, Tenon, Cuvier, Broussonnet, Richard, Olivier.
Pour la médecine et la chirurgie :
Des Essarts, Sabatier, Portal, Halley, Pelletan, Lassus.
Pour l'économie rurale et l'art vétérinaire :
Thouin, Tessier, Cels, Parmentier, Huzard.

Les membres de la classe des sciences morales et politiques étaient :

Pour l'analyse des sentiments et des idées :
Volney, Garat, Ginguené, Lebreton, Cabanis, Toulongeon.
Pour la morale :
Bernardin de Saint-Pierre, Mercier, Grégoire, Révellière-Lépaux, Lakanal, Naigeon.
Pour la science sociale et la législation :
Daunou, Cambacérès, Merlin de Douai, Garan-Coulon, Champagne, Bigot, Préameneu.
Pour l'économie politique :
Sieyès, Dupont, Lacuée, Rœderer, Talleyrand, Lebrun.
Pour l'histoire :
Lévesque, de Sales, Anquetil, Dacier, Bouchaud, Poirier.
Pour la géographie :
Bunche, Mentelle, Reinhard, Fleurieu, Gosselin, Bougainville.

Les membres de la classe de littérature et des beaux-arts étaient :
Pour la grammaire :
Andrieux, Villars, Domergue, François de Neufchâteau, Cailhava, Sicard.
Pour les langues anciennes :
Bitaubé, Dutheil, Langlès, Larcher, Pougens, de Villoison.
Pour la poésie :
Chénier, Ponce-Denis-Écouchard Lebrun, Ducis, Collin d'Harleville, Legouvé, Arnault.
Pour les antiques et les monuments :
Mongez, Dupuis, Lebland, Leroy, Ameilhon, Camus.
Pour la peinture :
David, Van Spaendonck, Vien, Vincent, Regnault, Taunay.
Pour la sculpture :
Pajou, Houdon, Julien, Moitte, Rolland, Dejoux.
Pour l'architecture :
Gondouin, Peyre, Raymond, Dufourny, Chalgrin, Heurtier.
Pour la musique et la déclamation :
Méhul, Molé, Gossec, Grétry, Monvel, Grandménil.

Un arrêté consulaire du 3 pluviôse an XI (23 janvier 1803) supprima la classe des sciences morales et politiques, cette classe d'*idéologues* antipathiques au futur empereur, et rétablit quatre divisions qui correspondaient aux anciennes académies : classe des sciences physiques et mathématiques ; classe de la langue et de la littérature françaises ; classe d'histoire et de littérature ancienne ; classe des beaux-arts.

Au mois de février 1807, l'Institut, ainsi reconstitué, fut transféré dans l'ancien collège des Quatre-Nations. Mazarin avait créé cet établissement pour soixante fils de gentilshommes ou de beaux bourgeois des quatre pays récemment incorporés à la France : la Flandre, l'Alsace, le Roussillon et le territoire de Pignerol. Le bâtiment en demi-cercle qui subsiste encore eut pour architecte Louis Levau et François d'Orbay. Au centre était la chapelle sous l'invocation de saint Louis ; la dépouille mortelle du fondateur y fut déposée dans un sarcophage de marbre noir. Antoine Coysevox y représenta le cardinal, à genoux, soutenu par un ange. Sur les degrés de marbre blanc qui servaient de base au mausolée, se tenaient des statues allégoriques en bronze : l'Abondance, la Prudence et la Fidélité. Ce tombeau avait été enlevé avec soin et transporté au Musée des monuments français, dont nous parlerons tout à l'heure. L'Institut prit sans façon pour salle de ses séances publiques l'église du collège des Quatre-Nations, après avoir fait enlever huit bas-reliefs qui représentaient les béatitudes célestes.

Une ordonnance royale du 21 mars 1816 ressuscita le nom oublié d'académies. A l'Académie française, à celles des inscriptions et belles-lettres, des sciences et des arts, une cinquième fut ajoutée par le gouvernement de Louis-Philippe. En 1832, M. Guizot, ministre de l'instruction publique, demanda le rétablissement de l'Académie des sciences morales et politiques. « Ces sciences, disait-il, ont exercé de tout temps un grand attrait sur les esprits et une grande influence sur les peuples ; mais, à aucune époque, chez aucune nation, elles ne sont parvenues au degré d'importance, de publicité, d'autorité que, de nos jours, elles ont atteint dans notre pays ; elles influent directement parmi nous sur le sort de la société, elles modifient rapidement et les lois et les mœurs. On peut dire que, depuis un demi-siècle, elles ont joué un rôle dans notre histoire ; c'est qu'elles ont acquis pour la première fois ce qui leur avait toujours manqué, un caractère vraiment scientifique. On s'est efforcé de les appuyer sur des données certaines, de les rendre rigoureuses et positives ; elles sont devenues ainsi plus applicables ; leur utilité plus manifeste a été plus réelle ; la société tout entière a reconnu leur empire. »

Sur ce rapport, une ordonnance royale, du 26 octobre 1832 rétablit l'ancienne classe des sciences morales et politiques, sous le titre d'Académie des sciences morales et politiques. Cette académie se compose de trente académiciens titulaires, de cinq académiciens libres et de cinq associés étrangers. Dans sa séance du 23 février 1833, elle rédigea un règlement qui fut approuvé par une ordonnance du 23 février de la même année. Elle se divisa en cinq sections :

Philosophie ;
Morale ;
Législation ;
Droit public et jurisprudence ;
Économie politique et statistique ; histoire générale et philosophique.

On rappela dans l'Académie plusieurs des hommes d'État qui en faisaient partie au moment de sa suppression : de Talleyrand, Reinhard, Daciér, Daunou, Garat, Merlin, Lacuée, de Pastoret, Rœderer, Sieyès.

Un décret du 14 avril 1855 a créé, dans l'Académie des sciences morales et politiques, dont le but devrait être de résoudre toutes les questions sociales, une sixième section de politique administrative et financière, ce qui porte à quarante le nombre des membres titulaires de cette académie. En 1860, les académies semblent être définitivement en possession du collège Mazarin, dont la façade se développe majestueusement sur les rives de la Seine. Quatre lions de fonte peints en vert, comme par allusion à l'uniforme académique, veillent aux portes du palais, et les filets d'eau qu'ils lancent par un tuyau adapté à leur gueule ont fait dire à des malintentionnés que ce devaient être des académiciens, puisqu'ils ne faisaient que de l'eau claire. La grande salle des séances a été restaurée depuis peu, dont les compartiments étaient jadis de marbre noir et blanc, jusqu'à la voûte, dont les caissons et les rosaces avaient été exécutés par Bocciardi, sculpteur des menus plaisirs du roi Louis XV. Les hommes célèbres dont on y a placé les images, sont Bossuet, Fénelon, Sully ; dans les antichambres, on a mis les bustes de Racine, par Boizot ; de Corneille et de Molière, par Caffieri ; de Montesquieu, par Clodion ; de La Fontaine et de Nicolas Poussin, par Julien ; de d'Alembert et de Rollin, par Lecomte ; de Montausier, par Mouchy ; de Pascal, par Pajou ; et le 26 décembre 1859, une statue en pied de Chateaubriand a été placée dans le vestibule.

Parmi les académiciens actuels, il faut distinguer plusieurs catégories : pour les uns, ce titre glorieux est la consécration du triomphe ; pour les autres, c'est la consolation de l'oubli ; une classe intermédiaire se compose d'écrivains dont les travaux ont eu une vogue passagère et qui passent avec une rapidité fâcheuse pour eux du Capitole à la roche Tarpéienne. Une quatrième section, dont les occupations habituelles sont en dehors de la littérature, doit sa nomination à des considérations étrangères à l'événement.

Nous croyons inutile et même imprudent de faire les applications de cette théorie ; c'est une tâche que chacun de nos lecteurs peut remplir sans trop de dérangement, soit en interrogeant ses propres souvenirs, soit en consultant la *Biographie des Contemporains*, de M. Vapereau, ouvrage recommandable, dont les erreurs, inséparables d'un aussi grand travail, seront nécessairement corrigées dans les éditions subséquentes.

A l'Académie française siègent MM. Villemain, Pierre Lebrun, auteur de *Marie Stuart* ; de Barante, historien des *Ducs de Bourgogne* ; Victor Hugo ; Lamartine ; Victor Cousin ; le prolifique Eugène Scribe ; Thiers ; Mignet ; Guizot ; Vitet ; Prosper Mérimée ; Alfred de Vigny ; Francis Ponsard ; Ernest Legouvé ; Émile Augier ; Empis ; Jules Sandeau ; de Pongerville, traducteur de Lucrèce ; Viennet, qui a donné à la France feu l'épopée de la *Philippide*, l'*Épître aux Muses sur les romantiques*, et l'infortunée tragédie d'*Arbogaste* ; Philippe de Ségur, dont la description de la retraite de Moscou est vivement colorée ; Sainte-Beuve ; Saint-Marc Girardin ; Ampère ; Nisard ; de Rémusat ; Patin ; Biot ; Flourens ; Victor de Laprade, auteur des *Parfums de la Madeleine* et de *Psyché*, poèmes ; Dupin aîné ; Pasquier ; de Broglie ; de Montalembert ; Berryer ; Sylvestre de Sacy ; Félix Dupanloup ; de Falloux ; de Noailles ; le P. Lacordaire, dominicain, reçu le 2 février 1860, en remplacement du regrettable de Tocqueville.

L'Académie française a reconquis ses anciens statuts, et nomme son secrétaire perpétuel. Elle est particulièrement chargée de la composition du *Dictionnaire de la langue française*, travail utile, sans doute, mais qui nécessiterait des remaniements continuels, et qui, tel qu'il est, laisse trop à désirer. Un membre de la Société pour l'instruction élémentaire, M. B. Pautex, a consciencieusement épluché la dernière édition de ce fameux lexique, et il y a découvert une foule d'erreurs, d'omissions ou de contradictions : par exemple, l'Académie donne à *viorne* et à *losange* le genre féminin, et aux mots OBIER, RHOMBE, on lit : l'obier est *un* viorne, *le* losange est un rhombe. Elle dit que le substantif *orge* ne prend le genre masculin que dans les locutions *orge mondé*, *orge perlé* ; cependant au mot ÉCOURGEON elle dit qu'on l'appelle aussi *orge carré*. — Au verbe ATTELER, l'Académie écrit *attelle* ; au mot TIMON, on trouve *attèle*, — elle écrit *marron* (nègre) avec deux r ; au mot NÉGRESSE, on lit *négresse maronne*, avec une seule r ; — elle écrit MUFTI avec une f ; à l'article FETFA, elle met ph, *muphti*; — les mots *contre-basse*, *contre-poison*, *bouillon-blanc*, *maître-autel*, sont écrits ailleurs *contrebasse*, *contrepoison* (en un seul mot), *bouillon blanc*, *maître autel* (sans tiret) ; à la lettre P, on trouve *portefaix*, au mot GAGNE-DENIER, *porte-faix*, etc., etc.

L'Académie dit que *quintupler*, *sextupler*, *septupler*, *décupler*, *centupler*, c'est rendre cinq, six, sept, dix, cent fois *plus grand* au lieu de *aussi grand*, ce qui frappe d'autant plus que les mots *quintuple sextuple*, *septuple*, *décuple*, *centuple*, sont définis « qui vaut cinq, six, sept, dix, cent fois *autant*, » et non, cinq, six, sept, dix, cent fois *plus*. Elle donne pour exemples : *Un couvert de* vermeil doré; *Il ressemble* aux anguilles *de Melun, il crie avant qu'on l'écorche. Le glacier du Mont-Blanc est le plus remarquable de la Suisse* (lisez : *de la Savoie*), etc. Elle inscrit les mots *iconolâtre* et *zoolâtrie*, mais elle passe sous silence *iconolâtrie* et *zoolâtre*. Elle donne les féminins *aspirante*, *suppléante*, mais non *examinatrice*, *inspectrice*, *monitrice*, qui ne sont pas moins usités ; — elle donne les masculins *un tricoteur*, *un empeseur*, *un ravaudeur*, *un modiste*, mais elle ne donne pas *un laitier*; et de même elle donne les féminins *bateleuse*, *brasseuse*, *flûteuse*, *rôtisseuse*, *charbonnière*, *charretière*, *chaudronnière*, *coutelière*, *faïencière*, *ferronnière*, *tavernière*, *teinturière*, *vitrière*; mais elle ne donne pas *bimbelotière*, *bonnetière*, *dégraisseuse*, *layetière*, *miroitière*, *quincaillière*, etc.

Il serait à souhaiter que l'Académie française eût dans son sein beaucoup d'hommes aussi consciencieux que M. Pautex.

L'Académie des Inscriptions et belles-lettres est composée de quarante membres. Les langues savantes, les antiquités et les monuments, l'histoire et toutes les sciences morales et politiques dans leurs rapports avec l'histoire sont les objets de ses recherches et de ses travaux ; elle s'attache particulièrement à enrichir la littérature française des ouvrages des auteurs grecs, latins et orientaux qui n'ont pas encore été traduits. Elle s'occupe de la continuation des recueils diplomatiques. Elle nomme dans son sein un secrétaire perpétuel qui fait partie des quarante membres dont cette Académie est composée, et dont voici les noms :

Naudet, Jomard, Hase, Beugnot, Reinaud, Stanislas Julien, Guizot, V. Le Clerc, Cuignaut, Paulin Paris, Le Bas (Philippe), Garcin de Tassy, Magnin, Littré, Berger de Xyvrey, Villemain, Noël de Wailly, de Saulcy, de Laborde, Ampère, Mohl, Édouard La Boulaye, de La Saussaye, Ravaisson, Caussin de Perceval, Vincent, Wallon, Brunet de Presle, Rossignol, de Rougé, Egger, Longperrier, Régnier, Renan, Renier, Alfred Maury, Alexandre, Léopold Delisle, Munk.

Dans l'Académie des Inscriptions et belles-lettres, il y a dix académiciens libres, qui sont :

De Luynes, Monmerqué, Vitet, Biot, Mérimée, de Lagrange, de Cherrier, Texier, de La Villemarqué, Debèque ; et des associés étrangers : Bœckh et Jac. Grimm, à Berlin; Lobeck, à Kœnigsberg; Wilson, à Londres; Amédée Peyron, à Turin; Bopp, à Berlin; Th. Welcker, à Bonn.

L'Académie des sciences est divisée en onze sections ; ses membres, en 1860, se répartissent ainsi :

SCIENCES MATHÉMATIQUES. — *Géométrie*. — Biot, Lamé, Chasles, Bertrand, Hermite.

Mécanique. — Charles Dupin, Poncelet, Piobert, le général Morin, Combes, Clapeyron.

Astronomie. — Mathieu, Liouville, Laugier, Leverrier, Faye, Delaunay.

Géographie et navigation. — Duperrey, Bravais, Daussy.

Physique générale. — Becquerel, Pouillot, Babinet, Duhamel, Despretz, Fizeau.

SCIENCES PHYSIQUES. — *Chimie*. — Chevreul, Dumas, Pelouze, Regnault, Balard, Fremy.

Minéralogie. — Cordier, Berthier, de Senarmont, Delafosse, d'Archiac, Sainte-Claire Deville.

Botanique. — Brongniart, Montagne, Tulasne, Moquin-Tandon, Payer, Gay.

Économie rurale. — Boussingault, de Gasparin, Payen, Rayer, Decaisne, Péligot.

Anatomie et zoologie. — Duméril, Geoffroy Saint-Hilaire, Milne-Edwards, Valenciennes, Coste, de Quatrefages.

Médecine et chirurgie. — Serres, Andral, Velpeau, Claude Bernard, Cloquet, Jobert de Lamballe.

Les deux secrétaires perpétuels sont : M. Élie de Beaumont pour les sciences mathématiques, et M. Flourens pour les sciences physiques.

Il y a dix académiciens libres : MM. Séguier, Civiale, Bussy, Delessert, Bienaymé, le maréchal Vaillant, de Verneuil, Du Petit-Thouars, Aug. Passy, Jaubert.

Les associés étrangers sont : MM. Faraday, à Londres ; Brewster, l'inventeur du stéréoscope, à St-Andrews (Écosse) ; Tiedemann, à Francfort-sur-le-Mein ; Mitscherlich, à Berlin ; Herschel, à Londres ; Richard Owen, à Londres.

Le nombre des membres de l'Académie des sciences morales et politiques est fixé à quarante. Elle est divisée en six sections, savoir : philosophie, six membres ; morale, six ; législation, droit public et jurisprudence, six ; économie politique et statistique, six ; histoire générale et philosophique, six ; politique, administration, finances, dix.

L'Académie nomme un secrétaire perpétuel par voie d'élection, conformément aux règlements de l'Institut : elle a six académiciens libres, six associés étrangers, trente correspondants, et quarante au plus.

Voici les noms des membres composant l'Académie des sciences morales et politiques :

Philosophie. — Cousin, Damiron, Barthélemy-Saint-Hilaire, de Rémusat, Franck, Lélut.

Morale. — Dunoyer, Villermé, Lucas, de Beaumont, Louis Reybaud, N....

Législation, droit public, jurisprudence. — Dupin aîné, Bérenger, Troplong, Giraud, Hélie (Faustin), Laferrière.

Économie politique et statistique. — Dupin, Passy, Duchâtel, Michel Chevalier, Wolowski, de Lavergne.

Histoire générale et philosophique. — Naudet, Guizot, Mignet, Michelet, Thiers et Amédée Thierry.

Politique, administration, finances. — D'Audiffret, Barthe, Clément, de Cormenin, Gréterin, Lefebvre, de Parieu, Dumon, Delangle, Baude. — Mignet, secrétaire perpétuel.

Cinq académiciens libres. — De Broglie, Moreau de Jonnès, Odilon Barrot, Say, Pellat.

Associés étrangers. — Lord Brougham, à Londres ; de Savigny, à Berlin ; Hallam et Mac-Culloch, à Londres ; Brandin, à Bonn (Prusse).

L'Académie des beaux-arts est divisée en sections désignées et composées ainsi qu'il suit :

Peinture : quatorze membres. — *Sculpture* : huit. — *Architecture* : huit. — *Gravure* : quatre. — *Composition musicale* : six. — Elle nomme un secrétaire perpétuel qui est membre de l'Académie, mais qui ne fait point partie des sections.

Voici les noms des membres de l'Académie des beaux-arts :

Peinture. — Hersent, Ingres, Vernet, Heim, Abel de Pujol, Picot, Schnetz, Couder, Brascassat, Cogniet, Robert-Fleury, Alaux, Flandrin, Delacroix.

Sculpture. — Nanteuil, Petitot, Dumont, Duret, Lemaire, Seurre aîné, Jaley, Jouffroy.

Architecture. — Le Bas, Caristie, Lesueur, Hittorff, Gilbert, de Gisors, Duban, Lefuel.

Gravure. — Forster, Gatteaux, Henriquel, Martinet.

Composition musicale. — Auber, Carafa, Ambroise Thomas, Reber, Clapisson, Berlioz.

M. Halévy est le secrétaire perpétuel.

Il y a dix académiciens libres : MM. de Montalivet, de Rambuteau, de Cailleux, Duchâtel, Taylor, de Nieuwerkerke, le prince Napoléon, Achille Fould, de Mercey et Kastner.

Les associés étrangers sont : Rossini, à Bologne et à Paris; Meyerbeer, à Berlin; le peintre Cornélius, à Berlin; Cockerell, à Londres; de Klenze, à Munich; Tenerani, à Rome; Overbeeck, à Rome; Mercadante, à Naples; Felsing, à Darmstadt, Ritschell, à Dresde.

L'administration de l'Institut est confiée à une commission centrale administrative, dont les membres sont : MM. Lebrun et Empis, pour l'Académie française;

Garcin de Tassy et Mohll, pour l'Académie des inscriptions et belles-lettres;

Chevreul et Poncelet, pour l'Académie des sciences;

Lesueur et Hittorff, pour l'Académie des beaux-arts;

Villermé et Barthélemy-Saint-Hilaire, pour l'Académie des sciences morales et politiques.

Le conservateur des collections de l'Académie des sciences est M. Becquerel.

Le bibliothécaire, M. Landresse.

Les sous-bibliothécaires, MM. Roulin et Tardieu.

L'agent spécial et chef du secrétariat, M. Pingard, auquel est adjoint M. J. Pingard fils, est justement estimé des journalistes qui sont en communication avec lui à l'occasion des séances solennelles ou des réceptions à l'Académie française.

Plusieurs commissions littéraires sont attachées à l'Institut. Une commission pour l'histoire de la langue française, dont sont membres MM. Villemain, de Pongerville, Cousin, Patin, Sainte-Beuve, Viennet, Ampère.

Une commission des inscriptions et médailles, composée de MM. Hase, Guignaut, Ph. Le Bas, Lenormant, Nanteuil, dessinateur.

Une commission pour la continuation de l'histoire littéraire de la France, à laquelle appartiennent MM. Paulin-Paris, V. Le Clerc, Littré, Renan.

Une commission des antiquités de la France, qui est formée de MM. Jomard, Hase, Vitet, Mérimée, de Longpérier, Renier, Maury, Delisle, et les membres composant le bureau.

Une commission des travaux littéraires confiées à l'Académie, tels que : Notice des manuscrits, Recueils des ordonnances et des historiens de France, des historiens des croisades et autres travaux. Elle est composée de MM. Jomard, Hase, Beugnot, Le Clerc, Guignaut, Magnin, Villemain, Mohll, et les membres du bureau.

Une commission du Dictionnaire de la langue des beaux-arts, à laquelle sont attachés MM. Halévy, Couder, Petitot, Le Bas, Gatteaux, Reber.

Une commission du prix de linguistique, fondé par Volney, composée de MM. Dupin, Mérimée et Patin, pour l'Académie française;

Reinaud, Hase, Mohll, pour l'Académie des inscriptions et belles-lettres.

M. Flourens, pour l'Académie des sciences.

A l'Institut se rattachent deux bibliothèques : la première, à l'usage spécial des académiciens, admet cependant toutes les personnes qui veulent bien se présenter. Elle ne contenait d'abord que 20,000 volumes, mais elle en a maintenant plus de 100,000. Une ordonnance royale du 16 décembre 1819, rapportée en 1821, l'avait réunie à la bibliothèque Mazarine.

Celle-ci fut formée, d'après les ordres de Mazarin, par Gabriel Naudé, qui commença sa collection, vers 1643, par l'achat des livres d'un chanoine de Limoges, nommé Decordes. Il parcourut ensuite toute l'Europe, et se procura ce qu'il put trouver d'ouvrages rares et estimés. Aussi la bibliothèque se trouva bientôt composée de plus de 40,000 volumes. Le cardinal l'avait rendue publique en 1644. Une fois par semaine, le jeudi, elle s'ouvrait pendant huit heures à plus de cent personnes auxquelles des livres étaient communiqués avec empressement. Elle occupait alors plusieurs pièces dans l'hôtel habité par Mazarin et qui forme aujourd'hui une partie de la Bibliothèque Impériale. Pendant la Fronde, les richesses bibliographiques du cardinal coururent les plus grands dangers et furent, malgré les supplications de Gabriel Naudé, à la veille d'être dispersées; déjà 10,000 volumes avaient été vendus lorsque le roi arrêta la vente le 30 janvier 1652. Par son testament Mazarin consacra sa bibliothèque à la satisfaction et à la commodité des gens de lettres, et demanda qu'elle leur fût ouverte deux fois par semaine; ce qui ne fut définitivement réalisé qu'en 1688, dans le même monument et les mêmes salles où elle est aujourd'hui placée. A cette époque, la bibliothèque se composait de près de 60,000 volumes. Elle demeura sous l'administration de la maison et société de Sorbonne, du 14 avril 1688, date du contrat entre les exécuteurs testamentaires du cardinal et les docteurs de cette maison, jusqu'au 7 mai 1791, époque où la remise de cette bibliothèque fut faite par l'abbé Hooke, à l'occasion de son refus de prêter serment à la constitution civile du clergé, et devint dès lors propriété de l'État. Aujourd'hui elle n'a pas moins de 130,000 volumes, principalement beaux livres du XVe siècle, anciens ouvrages d'histoire, de médecine, de théologie, et livres italiens; plus, 4,000 manuscrits intéressants, provenant pour la plupart de communautés religieuses. Elle possède en outre différents objets d'art, parmi lesquels figure un globe terrestre, construit pour Louis XVI par Bergerin, et une collection léguée par M. Petit-Radel, de l'Institut, précédent administrateur. C'est un musée composé de quatre-vingts modèles, exécutés en relief par un gardien de la Bibliothèque, sous la direction de M. Petit-Radel, et représentant des monuments pélasgiques de l'Italie, de la Grèce et de l'Asie Mineure.

L'Institut dispose d'un grand nombre de récompenses annuelles, la plupart fondées par des particuliers. Les principaux sont le prix de poésie et d'éloquence, le prix Monthyon, destiné à la vertu modeste et pauvre; un autre prix Monthyon en faveur de l'ouvrage le plus utile aux mœurs, et dont les lauréats prosateurs ou poètes auraient souvent bien de la peine à subir une vérification rigoureuse de leur titre; les prix de médecine, de chirurgie, de physiologie expérimentale, de mécanique, de statistique; le prix Gobert pour le meilleur travail sur l'*Histoire de France;* enfin les prix de peinture, sculpture, architecture, gravure, composition musicale et paysage historique. Les séances dans lesquelles sont présentés les rapports sur les concours, attirent infailliblement un public nombreux et choisi, parmi lequel on ne manque jamais de remarquer des dames élégamment parées, et chaque communication des doctes académiciens est accueillie par des applaudissements stéréotypés.

CHAPITRE VII.

Le palais des Beaux-Arts. — Le musée des Petits-Augustins. — L'hémicycle de Paul Delaroche. — Les concours. — Proclamation des vainqueurs.

Le palais des Beaux-Arts est pour ainsi dire une annexe de l'Institut. Il occupe le vaste emplacement d'un couvent fondé, le 15 mai 1613, par Marguerite de Valois. Lorsque l'Assemblée constituante décréta que les biens du clergé appartenaient à la chose publique, elle chargea son comité d'aliénation de veiller à la conservation des monuments, qui furent enlevés des différents couvents ou édifices religieux où ils étaient répartis, et déposés aux Petits-Augustins. M. Alexandre Lenoir, par décret du 4 janvier 1791, fut nommé conservateur du nouveau musée, sur lequel il a écrit un volume in-8°, et qui ne fut ouvert que le 15 fructidor an III (1er septembre 1795). Là se trouvaient, les uns à côté des autres, des pans de vieux murs, des façades, des tombeaux de style et de provenance hétérogènes, des statues de rois, de ministres, de seigneurs féodaux, de cardinaux, de littérateurs, d'artistes, d'hommes célèbres dans différents genres. Il y avait deux jardins, dans l'un desquels, qui s'appelait l'Élysée, sous une chapelle à jour, construite avec des débris gothiques, avec des paraclets de l'abbaye de Saint-Denis, reposaient Héloïse et Abeilard.

En 1816, le musée des Petits-Augustins fut supprimé, et une ordonnance royale du 24 avril ordonna qu'il serait remplacé par une école royale des beaux-arts, dont la première pierre fut posée le 3 mai 1820. Des monuments rassemblés par les soins de Lenoir, l'architecte Debret ne conserva que la façade du château d'Anet, où sont entrelacés les chiffres de Henri II et de Diane de Poitiers. Au centre de la cour on laissa l'arcade du château de Gaillon. Sous le règne de Louis-Philippe, le palais des Beaux-Arts fut agrandi, embelli, régularisé sous la direction de M. Duban. Le fond de l'ancienne église conventuelle fut tapissé d'une copie réduite du jugement dernier de Michel-Ange, par Sigalon et Souchon. Dans l'hémicycle destiné aux distributions solennelles des prix, Paul Delaroche peignit une composition colossale qui comprend soixante-quatorze figures, dont quelques-unes sont un tiers plus grandes que nature. Au centre, devant un édifice d'ordre ionique rejeté à un plan assez éloigné, s'élève une espèce de trône ou de tribunal sur lequel siège le peintre Apelles, ayant à sa droite l'architecte Ictinus, et à sa gauche le statuaire Phidias. Ces personnages, presque nus, ont la partie inférieure du corps couverte de manteaux. Leurs attitudes et leurs physionomies sont graves, et tous trois, de la place assez éloignée qu'ils occupent, semblent présider silencieusement la nombreuse assemblée qui se déroule à l'un et à l'autre de leurs côtés.

En avant du tribunal, où sont élevés ces trois grands artistes de l'antiquité, sont placées, aux quatre encoignures de l'avant-scène du tribunal, quatre femmes, qui personnifient l'art grec, l'art romain, l'art du moyen âge, et l'art de la renaissance. Au premier plan, une jeune femme, à genoux, prend des couronnes dans un monceau tout près d'elle, et les jette, suivant l'expression vulgaire, *à la gouille*.

Au bas du tribunal, à gauche, sont les sculpteurs Puget, Germain Pilon, Jean de Bologne, Bernard Palissy, Benvenuto Cellini, Pierre Bontemps, Jean Goujon, puis les statuaires italiens et allemands Baccio, Bandinelli, Benedetti de Maiano, Peter Fischer, Donatello, Ghiberti, auquel l'on doit les fameuses portes du baptistère de Florence, en présence de Lucca della Robbia, statuaire émailleur, et de Pisanello (ou plutôt Andrea Pisano), qui retira l'art de la peinture de l'ornière gothique, pour le replacer dans la voie ouverte par les anciens.

En portant toujours ses regards vers la gauche, on voit succéder à cette assemblée de statuaires celle des peintres, Claude le Lorrain, Terburg, Ruysdaël, Guaspre Poussin et Paul Potter. Rubens, assis et trahissant par son attitude la double importance qu'il avait comme peintre et comme ambassadeur, écoute avec attention, ainsi que son élève Van-Dyck, le Titien, qui debout semble développer les secrets de son art. A cette conférence assistent Paul Véronèse, Michel-Ange de Caravage, Velasquez et Murillo. Van Eyck et Jean Bellin, l'un fondateur de l'école allemande, l'autre le premier grand coloriste de Venise, semblent prendre plaisir à entendre ceux qui les ont suivis dans la carrière. Corrège, qui se trouve placé à l'extrémité du tableau, écoute aussi, tandis que sur le devant se tiennent Antoine de Messine, qui apporta en Italie le procédé de la peinture à l'huile, et Giorgion, dont le maintien de matamore indique la différence bizarre qu'il y avait entre la turbulence de son esprit et le calme et la beauté de ses ouvrages.

En ramenant son regard jusqu'au tribunal, et passant à l'aile droite du tableau pour le spectateur, on trouve au-dessous de la figure de Phidias les architectes célèbres rassemblés. Le groupe principal de ces artistes est formé par Brunellesco, Bramante, Baldassar Peruzzi, autour desquels sont assis Robert de Luzarches et Arnolfo di Lapo, qui jetèrent les fondements vers le même temps, 1220, l'un de la cathédrale d'Amiens, l'autre de celle de Florence. Erwin de Steinbach, l'architecte de l'église de Strasbourg, se trouve réuni à Sansovino, Vignole et Palladio; et sur un autre plan on aperçoit les trois grands architectes français, Philibert Delorme, Pierre Lescot et Mansard, et Inigo Jones, l'habile architecte anglais.

La quatrième partie de la composition qui occupe l'extrémité du tableau, à main droite du spectateur, est consacrée aux peintres qui, par l'élévation et la pureté de leur style, ainsi que par la profondeur et l'éclat de leurs idées, ont traité la peinture en sœur de la poésie. Léonard de Vinci, praticien et théoricien profond, déjà vieux, est assis et parle à Raphaël, placé debout près de lui. Le peintre des Stanze écoute avec respect le savant maître; mais on s'aperçoit que son jeune rival a aussi ses idées et son avis. Devant eux est Fra Bartholomeo, l'ami de Savonarole, en habit de dominicain; il écoute Léonard, non loin duquel se trouvent Pérugin, Albert Durer, André del Sarto, Holbein, Jules Romain, Sébastien del Piombo, Dominiquin et Eustache Lesueur. Un peu plus loin, se reportant son œil du côté du tribunal, on aperçoit le chevalier Mantegna, Jean de Fiesole, précurseur de Raphaël, André Orcagna, peintre et architecte; puis enfin Giotto et Cimabue, les deux peintres fondateurs de l'école de la renaissance en Italie. En revenant au groupe de Léonard de Vinci et de Raphaël, au-dessus desquels on aperçoit la physionomie simple et spirituelle de Masaccio, reconnaissable à sa petite toque jaune, on voit Michel-Ange assis, paraissant solitaire au milieu de cette multitude, et ne prenant part à aucune conversation. Renfermé en lui-même, le peintre de la Sixtine, le sculpteur du Jour et de la Nuit, l'architecte de Saint-Pierre de Rome semble préoccupé de la théorie et de la pratique des trois arts où il s'est rendu si fameux lui-même en ouvrant une voie où tous ses imitateurs ont été se perdre. La dernière figure importante qui ferme la composition de ce côté du tableau est celle de Nicolas Poussin. Debout, vêtu de noir, le grand artiste français, placé à peu de distance de Léonard, de Raphaël et de Michel-Ange, se tient aussi à part de son côté et semble diriger son regard forme et bienveillant tout à la fois sur ceux qui remplissent la salle. Deux graveurs figurent au milieu de ce choix particulier des peintres : ce sont Marc-Antoine et Edelinck.

Comme l'a dit M. Delécluze, le sujet conçu et traité par Paul Delaroche est une distribution idéale de récompenses faites aux artistes modernes au milieu du congrès de tous les grands maîtres, en fait d'art, choisis dans tous les pays et à toutes les époques, depuis le siècle de Périclès jusqu'à celui de Louis XIII et de Louis XIV.

Ces récompenses consistent d'abord en médailles pour les élèves qui sont admis après concours à étudier, sous les yeux de professeurs choisis, le dessin, le modelage, l'anatomie, la perspective et l'architecture; ceux qui se sentent assez forts entrent en loges et concourent pour le prix de Rome. On leur indique un sujet de tableaux, de bas-reliefs, de plans architecturaux ou de gravures en médailles, sujets presque toujours empruntés aux traditions antiques. Ils s'enferment dans des cabinets qui donnent tous sur une galerie, afin qu'on puisse s'assurer par une surveillance rigoureuse que les candidats ne reçoivent aucun secours étranger. Les vainqueurs iront à Rome pendant cinq ans, aux frais du gouvernement, et ils seront exemptés de la conscription. Aussi quelle animation règne, quand on les proclame, aux environs du palais des Beaux-Arts! Les concurrents, leurs amis circulent dans l'attente de la suprême sentence; on échange des vœux et des conjectures; les yeux se fixent sur la partie de l'édifice où délibère le jury. Vers les trois heures, l'apparition de quelques académiciens annonce la fin prochaine de la séance. Comme les cœurs battent! comme les gestes, les mouvements, les regards trahissent l'anxiété! On va donc savoir la décision des juges; on le sait! Un secrétaire s'avance, une feuille de papier-ministre à la main, et proclame les noms des vainqueurs. Les félicitations éclatent; les poignées de mains se distribuent; le premier prix embrasse les seconds prix; des pleurs de joie coulent de leurs yeux, pendant que les vaincus, cachant leurs émotions sous une indifférence affectée, se consolent par l'espoir d'une meilleure chance, ou par la supposition d'une injustice. Supposition souvent fondée! l'on réfléchit que la quatrième classe se compose des peintres, des sculpteurs, des architectes, des graveurs et des musiciens! Le moyen d'obtenir un jugement correct avec une pareille organisation! Un peintre peut à la rigueur connaître d'un bas-relief, quoique, s'il est coloriste, il ne retrouve pas dans la plastique les qualités qu'il affectionne. Un sculpteur appréciera passablement les tableaux, bien que disposé par ses études à ne tenir aucun compte du coloris; mais qu'ont de commun avec la sculpture les graveurs, les architectes, et surtout les musiciens! Qu'il nous soit permis de ravaler un moment les beaux-arts, en les assimilant aux travaux manuels : le tailleur va-t-il consulter son voisin le maçon sur la coupe d'un habit? Chaque branche des arts nécessite des études particulières, qui font infailliblement négliger toutes les autres. Plus l'artiste acquiert dans la spécialité qu'il a choisie, plus il s'écarte de celles qu'il a négligées. On ne prime dans l'art de Philibert Delorme ou d'Edelink, qu'à la condition de devenir étranger à la peinture et à la sculpture. Pour déterminer le mérite d'un tableau, il faut avoir manié la brosse, et que sculpteurs n'y entendent rien! Pour décider du mérite d'un bas-relief, il faut avoir manié l'ébauchoir, façonné l'argile, disposé une armature, vu mouler et mettre au point; et, parmi les peintres qui décident sans appel du sort de nos jeunes statuaires, il y en a sans doute qui ignorent ce que c'est qu'une armature ou une mise au point.

CHAPITRE VIII.

Saint-Sulpice. — Saint-Germain-des-Prés. — L'Abbaye. — Les Carmes. — L'Odéon. — Bobino.

On pourrait examiner longuement jusqu'à quel point l'École de Rome est utile aux développements des arts en France, mais nous dépasserions les limites que nous avons dû nous imposer. Suivons la rue Bonaparte, terminée en 1852, et arrivons à la place Saint-Sulpice, la plus belle de l'arrondissement. En face de nous est le séminaire diocésain, où la célèbre congrégation des sulpiciens enseigne l'hébreu, l'écriture sainte, la morale, le dogme et le droit canonique. A droite est une belle et spacieuse mairie construite pour le XI⁰ arrondissement, et qui est devenue celle du VI⁰. Au centre s'élève une fontaine composée de trois bassins concentriques, et dont les quatre faces, surmontées d'un dôme sphérique, sont enrichies des statues de Bossuet, Massillon, Fénelon et Fléchier. A notre gauche, montent vers le ciel les tours de l'église Saint-Sulpice, un des édifices religieux de Paris qui a subi, dans sa construction, le plus de vicissitudes; commencée en 1646 sur les dessins de Louis Levau, et continuée par Gittard jusqu'en 1678, époque à laquelle les travaux furent pour la première fois suspendus, on ne commença à bâtir le chœur qu'en 1718, sous la direction d'Oppenard, et le corps de l'édifice fut terminé seulement en 1745, sous celle de Servandoni. Le portail, d'un style hardi et qui pouvait paraître nouveau à cette époque, est entièrement de ce dernier, qui, malgré son talent, ne put mettre les tours en harmonie avec les ordres inférieurs. Une d'elles fut bâtie par un architecte irlandais appelé Mac-Maurin, et la seconde a été reconstruite en 1767 par Chalgrin. Cette dernière, par sa forme heureuse, fait désirer tous les jours la reconstruction de l'autre sur le même dessin.

Dans les années 1855 et 1856, on a fait de nombreux travaux de restauration à cette église, qui, au premier aspect, paraît cependant complétement neuve.

On réparait en 1856 la partie extérieure de la chapelle de la Vierge, qui est peut-être ce qu'il y a de plus remarquable dans tout l'édifice. La décoration intérieure de cette chapelle appartient originairement à Servandoni; ayant été endommagée en 1762 par l'incendie de la foire Saint-Germain, l'architecte de Wailly fut choisi pour y faire les réparations nécessaires. Cet artiste a pratiqué une seconde voûte ouverte qui masque les jours pratiqués pour éclairer le plafond qu'on ne voyait pas auparavant, et dans laquelle François Lemoine a peint une Assomption. La décoration de l'autel a été changée et ornée d'une statue de la Vierge par Pigalle.

Le sculpteur Mouchy est l'auteur de la Gloire et des statues qui l'accompagnent. La seconde voûte, dont il vient d'être parlé, a été peinte par Callet, peintre de Louis XV. Quatre candélabres de bronze de dimension colossale sont placés sur les côtés de l'autel, et complètent cette décoration qui présente une certaine originalité.

L'ornementation de cette chapelle a été plusieurs fois rajeunie depuis sa construction; et bien qu'il ne soit plus en harmonie avec le style que l'on semble vouloir adopter pour les édifices religieux, elle n'en est pas moins une des plus riches et des plus curieuses de toutes celles de Paris.

L'église de Saint-Germain-des-Prés, première succursale de Saint-Sulpice, mérite également notre attention. Elle a été, au mois de juin 1858, l'objet d'une double restauration extérieure et intérieure qui continue celle qui fut entreprise en 1845 par les soins de l'administration municipale, sous la direction de M. Victor Baltard, architecte.

En 1845, on avait commencé les réparations ou décorations nouvelles par le chœur, où l'on avait prodigué de riches ornementations dans le goût byzantin; on a terminé par la nef, et maintenant tout l'édifice est décoré du même style. Des fresques de M. Flandrin déroulent dans le chœur plusieurs scènes de l'Évangile.

Ces restaurations, faites avec un grand soin et un grand art, étaient bien dues à l'église Saint-Germain-des-Prés, l'aïeule des églises parisiennes, et la plus intéressante peut-être par son histoire qui se relie intimement à celle de l'abbaye célèbre dont l'existence remonte aux premiers temps de la monarchie chrétienne. La tour de la façade est, de l'avis de tous les archéologues, un débris précieux de cette abbaye fondée, vers 540, par Childebert sur l'emplacement d'un temple païen. Il est fâcheux que cette tour ait été taillée en carré lisse, car cette restauration lui a fait perdre tous son caractère d'antiquité. Les piliers de la nef paraissent appartenir à la même époque.

La seconde église, bâtie en forme de croix, est du XI⁰ siècle. Elle avait autrefois trois clochers, dont un au-dessus du portail; deux autres, abattus en 1821, étaient au-dessus de chacun des côtés de la croisée du transept, éclairé aux extrémités par deux grands vitraux qui en occupent toute la largeur. Le chœur, placé dans le rond-point, est entouré de huit chapelles dédiées par Hubold d'Ostie vers le milieu du XII⁰ siècle. Le portail, ouvert dans la tour, était orné de huit figures qui ont été détruites pendant la Révolution. Au fond du porche et au-dessus de la porte de l'église, on voit un bas-relief fort ancien représentant la Cène et dont la restauration a été jugée impossible à cause de son état de dégradation.

Le caractère général de l'architecture intérieure de l'église Saint-Germain-des-Prés est tout à fait roman. Quelques parties cependant, construites au commencement du XII⁰ siècle, appartiennent au style ogival de transition, et non au style ogival proprement dit. Il suffit pour cela de comparer les nervures de cet édifice et celles de Notre-Dame. Les arcs formerets et les arcs-doubleaux ont la même forme; seulement, au XII⁰ siècle, les faces qui séparent les deux tores sont très-rapprochées et ne sont séparées que par un filet.

Des réparations importantes furent faites à Saint-Germain-des-Prés au commencement du XVII⁰ siècle. On ouvrit alors les deux bas-côtés, on substitua la voûte au lambris doré qui en tenait lieu, et dans chacune des nefs de la croisée furent construites les chapelles qui en occupent tout l'espace. Il est regrettable que les artistes chargés de ces réparations n'aient pas su respecter le caractère primitif de l'architecture du monument. Cela jure avec le reste. La superficie de l'église Saint-Germain-des-Prés est de 3,930 mètres y compris les 200 mètres occupés par les deux petits jardins enclavés dans les limites de ladite église.

L'abbaye de Saint-Germain, occupée depuis 1513 par des religieux de la congrégation de Chezal-Benoît, le fut, depuis 1631 jusqu'à la Révolution, par ceux de la congrégation de Saint-Maur. L'abbé de Saint-Germain était ordinairement prince ou cardinal, et avait des revenus considérables.

La rectification de la place Sainte-Marguerite a nécessité la démolition de la vieille prison de l'abbaye devenue inutile depuis la construction de la maison d'arrêt et de justice militaire de la rue du Cherche-Midi.

Le terrain sur lequel s'élevait l'antique prison a été fouillé à différentes reprises depuis sa démolition. Lors des premières fouilles, on a découvert les traces du pilori de l'abbaye, et plus tard une sorte d'ossuaire, ou plutôt des fragments de cercueils contenant des ossements humains. Ces cercueils, tournés vers l'Orient, rappelaient par leur forme ceux qui étaient en usage pour les chrétiens pendant les VI⁰ et VII⁰ siècles. Ils étaient donc ainsi contemporains de la fondation de l'abbaye.

Des fouilles plus récentes ont amené la découverte d'un banc de sable de rivière qui avait peu de profondeur et une largeur d'environ 15 mètres. C'est en cet endroit que se trouvaient les fossés de l'abbaye de Saint-Germain-des-Prés, sur l'emplacement desquels a été construite la rue Sainte-Marguerite. Ces fossés étaient alimentés par les eaux de la Seine, et le canal qu'ils formaient s'appelait la Petite Seine; il allait déboucher dans le fleuve, près de la tour de Nesle, jusqu'à l'endroit où se trouve aujourd'hui le palais de l'Institut.

Pendant les affreuses journées de septembre 1792, l'Abbaye fut le théâtre de massacres dirigés par Stanislas Maillard, huissier au Châtelet. Il se fit apporter le registre des écrous, dans lequel une colonne constatait l'entrée des détenus, et une autre colonne devait indiquer leur sortie. Trente-huit Suisses et vingt-cinq gardes du roi furent impitoyablement égorgés; puis une espèce de jury s'installa et interrogea les détenus. Comme le constate le registre des écrous, trente-deux furent condamnés et livrés aux exécuteurs qui attendaient dans la cour; quarante-deux hommes et trois femmes furent mis en liberté. En marge de l'écrou de M. Sombreuil on lit : « Du 4 septembre 1792, mis en liberté », et plus bas, de la même écriture : « Le sieur Sombreuil a été jugé par le peuple, et sur-le-champ mis en liberté. »

En marge de l'écrou de M. et M¹¹⁰ Cazotte, qui avaient été emprisonnés ensemble le 24 août, on lit : « Du 4 septembre, ont été mis en liberté M. et M¹¹⁰ Cazotte, après leur jugement dudit jour. » Ces noms rappellent des actes de dévouement filial qui ont été souvent célébrés par les historiens ou par les poètes. Dès l'année 1793, dans un recueil monarchique intitulé : *Almanach des honnêtes gens*, on publia une complainte en l'honneur de M¹¹⁰ de Sombreuil sur l'air de : *O ma tendre musette*; cette pièce de vers, qui obtint un grand succès, a vingt-quatre couplets, dont voici un spécimen :

> Cette fois, pour son père
> Elle élève la voix,
> Sur sa conduite austère
> Elle appelle les lois
> Le juge feint d'entendre,
> Il la fait approcher;
> Mais c'est pour la surprendre,
> Au vieillard l'arracher.
>
> Heureusement Adèle,
> Inquiète en parlant,
> Regarde derrière elle :
> Quel aspect déchirant !
> Elle voit qu'on l'abuse ;
> Son père, séparé
> Par la coupable ruse,
> Aux bourreaux est livré.
>
> Elle se précipite
> Parmi les coutelas ;
> En vain on les agite,
> Son père est dans ses bras.
> O pouvoir invincible
> D'un amour aussi beau !
> Adèle rend sensible
> Le plus cruel bourreau.

La bande de l'huissier Maillard se porta de l'Abbaye aux Carmes, où furent tués sans pitié cent trente-neuf prêtres, avec François-Joseph de La Rochefoucauld, évêque de Beauvais, son frère cadet, évêque de Saintes, et Jean-Marie Dulau, archevêque d'Arles. Celui-ci se présenta le premier aux bourreaux, qui lui promirent de lui laisser la vie s'il voulait prêter le serment constitutionnel ; mais il aima mieux mourir. Les travaux de terrassement, qui ont eu lieu en 1859 dans les dépendances de l'ancien couvent des Carmes, ont fait découvrir les ossements des victimes du massacre du 3 septembre 1792.

Les carmes déchaussés avaient été autorisés à s'établir rue de Vaugirard, par des lettres patentes du mois de mars 1611 ; et Marie de Médicis avait posé, le 20 juillet 1613, la première pierre de leur église, qui fut dédiée, le 21 décembre 1625, sous l'invocation de saint Joseph. Le dôme, le premier qui ait été construit à Paris, est orné d'une peinture de Berthold Flémale ; elle représente le prophète Élie enlevé au ciel sur un char de feu et donnant son manteau au prophète Élisée. Les carmes déchaussés étaient riches, ce qui ne les empêchait pas d'envoyer des frères quêteurs dans toutes les maisons. Ils méritent une mention honorable pour avoir inventé l'Eau de mélisse, qui se vend toujours sous leur nom.

En 1797, Mme de Soyencourt, religieuse carmélite, acheta le monastère abandonné et y réunit ses frais vingt filles de son ordre. L'église, bénie de nouveau le 4 août 1805, par M. de Maillé, évêque de Saint-Papoul, sert actuellement aux habitants du quartier ; mais les Carmélites ont cédé la place à des Dominicains.

Le VIe arrondissement abonde en couvents et en souvenirs religieux ; mais ses annales se rattachent aussi à celles du Théâtre-Français. Jean Racine a vécu pendant quarante ans et est mort dans la maison n° 19 de la rue des Marais-Saint-Germain. La cour est à peu près telle qu'elle était en 1601, et la vigne, dont les murs sont tapissés, a même une plus haute antiquité. A l'endroit où le marché Saint-Germain a été construit, de 1813 à 1818, était une foire célèbre, établie par Louis XI en 1482, et où de nombreux spectacles attiraient la foule. Après la mort de Molière, une partie de ses camarades vint jouer dans un jeu de paume de la rue Mazarine. Leur troupe, à laquelle se rallia celle de l'hôtel de Bourgogne, acheta, rue des Fossés-Saint-Germain-des-Prés, un autre jeu de paume, dit de l'Étoile, et deux maisons adjacentes. Là fut construite, par François d'Orbay, une salle dont le fronton mutilé existe encore en face du café Procope, où se réunissaient les gens de lettres, au XVIIIe siècle.

Le prix des places était de six livres aux premières loges, à l'amphithéâtre et sur le théâtre ; de trois livres aux secondes, de quarante sols aux troisièmes, et de vingt sols au parterre.

Les architectes Peyre et de Wailly élevèrent, sur l'emplacement de l'hôtel du prince de Condé, un nouveau théâtre qui fut ouvert le 9 avril 1782. « Les gens qui trouvent tout bien, écrivait le lendemain Bachaumont, disent que la salle est très-belle, qu'elle a plu généralement pour la noblesse de sa construction, pour l'élégance de ses ornements, et pour l'intelligence avec laquelle les places y sont distribuées. Tout le monde ne pense pas de même, et surtout les femmes, pour qui les loges sont fort incommodes, indépendamment de beaucoup d'autres défauts.

« La pièce nouvelle (l'*Inauguration du Théâtre-Français* par Imbert) s'est ressentie du mécontentement général. Elle a reçu un si mauvais accueil que, malgré la présence de la reine, venue avec Mme Élisabeth, le tumulte croissant considérablement, il a fallu l'abréger, de crainte qu'il ne devînt plus fatigant et plus insupportable. »

En 1789, le Théâtre-Français prit le titre de Théâtre de la Nation ; mais, par suite de dissensions intestines, Talma, Grandménil, Dugazon, Monvel, allèrent occuper au Palais-Royal la salle des Variétés amusantes ; celle du faubourg Saint-Germain, délaissée, et fermée en 1793 après une représentation orageuse de *Paméla ou la Vertu récompensée*, ne se rouvrit qu'en 1798, sous le titre d'Odéon. Pendant la clôture, un coup d'État s'y était accompli ; le conseil des Cinq-Cents s'y était réuni le 18 fructidor an V (4 septembre 1797) pour voter la déportation de Carnot, de Barthélemy et de cinquante-trois députés.

L'Odéon a été brûlé deux fois, le 18 mars 1799 et le 20 mars 1818 ; mais ses murailles solides ont résisté aux flammes qui en dévastaient l'intérieur. Après s'être appelé tour à tour Théâtre de l'Impératrice et Second Théâtre-Français, il a fini par garder son nom d'Odéon. On y a joué pendant quelque temps des opéras, entre autres *Robin des Bois* et *Marguerite d'Anjou*. En 1830, les jeunes gens des écoles y applaudissaient *Christine à Fontainebleau*, d'Alexandre Dumas, et *la Maréchale d'Ancre*, d'Alfred de Vigny. Ponsard et Émile Augier y ont obtenu leurs premiers succès. Les directeurs de l'Odéon, depuis Auguste Lireux jusqu'à Charles de la Rounat, semblent s'être donné pour mission d'encourager les débutants ou de faciliter les tentatives d'innovation.

Rue de Fleurus était un théâtre plus modeste fondé par un nommé Saix, surnommé *Bobino*. On n'y joua d'abord que des pantomimes entremêlées d'exercices acrobatiques ; mais après 1830, Bobino aborda audacieusement le vaudeville et le mélodrame. La salle s'est considérablement embellie depuis deux ans, mais elle a perdu de sa physionomie ; la grisette n'ose plus s'y montrer en bonnet ; on y a vu des étudiants en cravate blanche ! L'entrain qui régnait dans la vieille salle enfumée ne se retrouve pas toujours dans les loges dorées de la nouvelle.

FIN DU SIXIÈME ARRONDISSEMENT.

VIᵐᵉ ARRONDISSEMENT DU LUXEMBOURG.

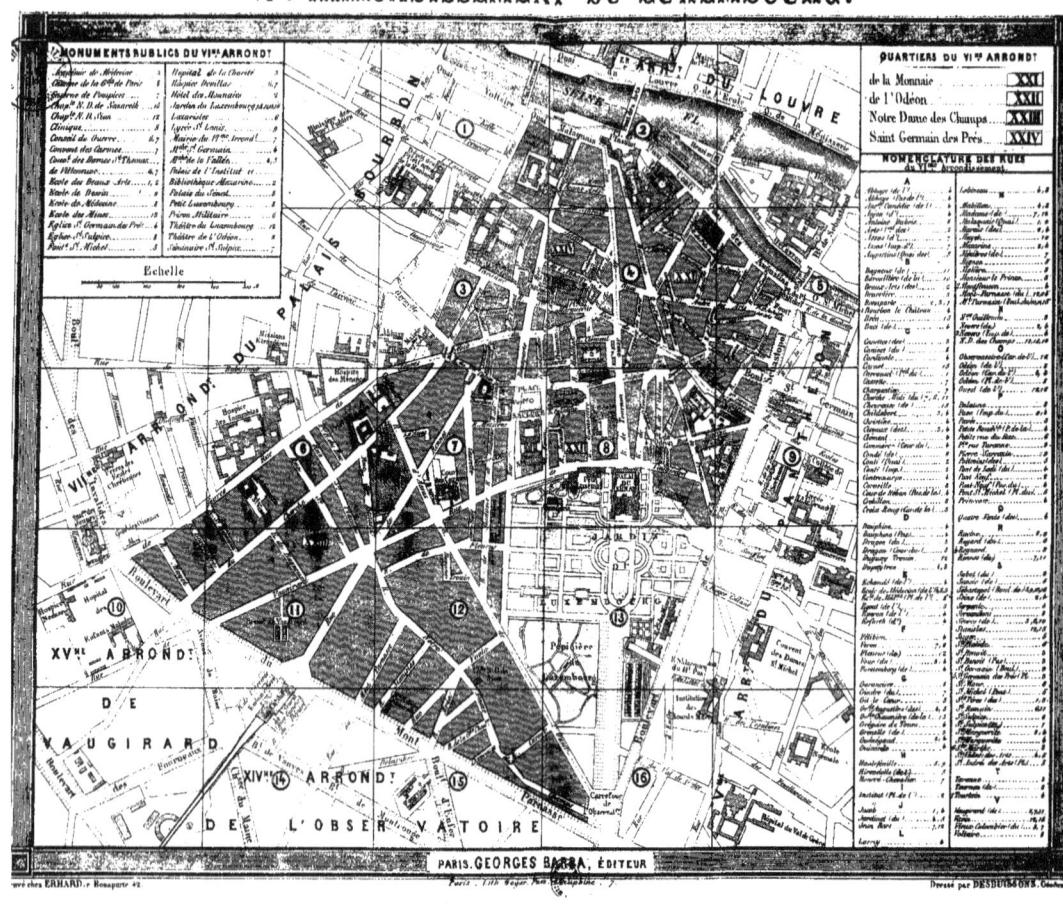

Les Invalides.

LE PALAIS BOURBON. — SEPTIÈME ARRONDISSEMENT.

CHAPITRE PREMIER.

Le Palais-Bourbon. — La Maison de la Révolution. — Le palais du Corps Législatif.

Que la routine est puissante! Nous avons vu comment, malgré toutes ses métamorphoses, et quoiqu'il eût été en réalité bâti par Robert de Harlay-Sancy, le plus beau palais de la rive gauche de la Seine avait gardé le nom d'un petit seigneur insignifiant. De même le palais si admirablement situé en face le pont de la Concorde conserve le nom de palais Bourbon, quoiqu'il ne soit plus depuis longtemps possédé par les princes de cette maison, et qu'ils soient étrangers à ses principales constructions.

Louis, duc de Bourbon, mort le 4 mars 1710, avait laissé une veuve amie des arts et du confortable. Louise-Françoise de Bourbon avait les goûts de Louis XIV, son père naturel. En 1722, elle commanda un palais à trois artistes, Melchior Girardini, Lassurance, Jacques Gabriel.

La duchesse douairière de Bourbon habitait à peine la demeure qu'elle avait ménagée à ses vieux jours, quand elle mourut, le 16 juin 1743. Son fils se contenta du palais maternel; mais son petit-fils, Louis-Joseph, duc de Bourbon et prince de Condé, rêva de nouvelles magnificences. Il chargea l'architecte Matthieu le Carpentier d'orner l'entrée principale d'un arc de triomphe accompagné de galeries en colonnes isolées. Au centre de l'arc, Palou avait sculpté les armoiries de la maison de Condé soutenues par des figures allégoriques. De beaux péristyles encadraient la cour, et sur l'avant-corps du palais Apollon conduisait son char, dont les coursiers fringants étaient retenus dans la bonne voie par les Génies des saisons. C'était la plus belle œuvre de Guillaume Coustou.

A ce palais était réuni l'ancien hôtel de Lassay, remanié par l'architecte Bélisard. Le jardin abondait en bosquets, en treillages, en boulingrins; il aboutissait à de petits appartements, avec salle à manger, salle de billard, boudoir et galerie de tableaux; dans la coupole du salon, Callet avait peint Vénus à sa toilette. Des nymphes cueillaient des fleurs pour la parer, des génies attelaient des colombes à son char, tandis qu'Adonis partait pour la chasse escorté de divinités champêtres. Au milieu des nuages qui planaient sur cette composition mythologique était cachée une tribune où, les jours de fête, se plaçaient d'invisibles musiciens. Quand le maître du logis le désirait, une mécanique, artistement combinée, faisait disparaître toutes les fenêtres, que remplaçaient instantanément des glaces de même dimension. Le salon ne recevait alors de jour que par le vitrage central de la coupole.

Que d'ingénieuses combinaisons! Qui eût dit, quand le prince de Condé s'y complaisait, que, quelques années plus tard, il fuirait précipitamment pendant la nuit, et qu'il irait commander sur les bords du Rhin une armée de Français liguée contre la France? A son retour, en 1814, quelle dut être sa surprise en voyant son palais augmenté d'une façade sur le derrière et peuplé par des roturiers qui avaient la prétention de représenter le pays!

Par décret du 27 ventôse an II, la Convention nationale qualifiait le palais ci-devant Bourbon de Maison de la Révolution (titre plusieurs fois justifié plus tard), et l'affectait à la commission des travaux publics, composée des citoyens Fleuriot-Lescot, Dejean et Lecamus. On y mit aussi l'École polytechnique, qui n'en sortit qu'en 1805 ; mais les grands appartements de réception furent détruits et remplacés par une salle où siégeait le conseil des Cinq-Cents. En 1806, on arrangea cette salle et ce qui restait de l'ancien palais pour y exposer les produits de l'industrie française.

Napoléon plaça le Corps législatif : l'architecte Poyet, de 1804 à 1807, édifia le vaisseau qui, depuis, a subi tant de remaniements intérieurs. Le long du quai, sur des piédestaux, furent majestueusement assises les figures colossales de Sully, par Bonvalet ; du chancelier de L'Hospital, par Deseine ; du chancelier d'Aguesseau, par Foucou, et de Colbert, par Dumont. Un perron, large de 33 mèt., haut de 8 mèt., conduisit au portique, dont les douze colonnes corinthiennes soutenaient un fronton où Chaudet représenta Napoléon remettant aux députations du Corps législatif les drapeaux conquis à Austerlitz. Aux deux côtés de l'escalier, comme pour inspirer ceux qui le montaient, se tenaient Minerve et Thémis, œuvres de Houdon et de Rolland. Dans la salle des séances, à côté de députés qui ne les imitaient pas souvent, étaient Solon, Lycurgue, Démosthène, Cicéron, Caton et Brutus.

Le tout, par droit d'accession, devait appartenir au prince de Condé, auquel une loi du 6 décembre 1814 restitua son ancienne demeure ; mais il fallait compter avec les institutions modernes, et le prince voulut bien admettre les députés à titre de locataires, moyennant la redevance annuelle de 124,000 fr. On refit le fronton, où Fragonard composa une allégorie analogue aux circonstances : la Loi s'appuyait sur les tables de la Charte que lui présentaient la Force et la Justice. A sa gauche, la Paix, couronnée d'olivier, ramenait le Commerce ; à sa droite, marchait l'Abondance, suivie des Sciences et des Arts. Les angles étaient occupés par la Seine, la Marne et le Rhône, personnifiés au moyen de symboles plus ou moins reconnaissables.

Voici d'après la *Biographie pittoresque des députés*, publiée en 1820, quel était à cette époque l'aspect de la salle des séances : « De forme demi-circulaire, elle reçoit d'en haut ou le jour, ou la lumière d'un lustre qui descend avec beaucoup de majesté par des moyens invisibles au milieu des séances qui se prolongent. Les membres siégent sur des banquettes placées en gradins dans un hémicycle ; deux vastes passages entre ces sièges isolent le centre au milieu de la gauche et de la droite, et trois autres petits passages subdivisent ces trois grandes divisions. Entre la première et la seconde section, se dessinent deux figures assises représentant l'Histoire et la Renommée. Le pourtour des murs est revêtu de stuc et orné de lances de métal doré. Les deux portes latérales qui servent au passage exclusif des députés sont en acajou plein, rehaussé d'étoiles d'or. Le pavé de la salle, qu'on dit orné d'attributs allégoriques, est habituellement recouvert d'un riche tapis.

« Les ministres occupent les deux bancs du centre qui sont le plus près de la tribune et en face du président. Des galeries supérieures à toute l'enceinte des députés sont réservées aux journalistes et au public ; ces galeries sont séparées par des espaces réguliers d'une vaste colonnade, et supportés par des pilastres où s'attachent des draperies vertes, rehaussées de couronnes de pampres. Derrière le bureau du président sont les bustes des trois derniers Bourbons. Le riche bureau du président domine la tribune revêtue de marbre blanc. Cinq tableaux d'artistes français ornent la salle qui précède de gauche et de droite l'enceinte des discussions, et qu'on nomme *Salle des conférences*. Le plus remarquable est celui de Thouvenin : Œdipe et Antigone, singulier sujet à méditer pour les députés d'un peuple que la cécité du roi thébain ! »

Les représentants qui parlaient au nom de la nation, les orateurs qui passionnaient la foule, ne pouvaient être constamment exposés à se trouver sans asile à la suite d'un congé donné par leur propriétaire. Après la mort de Louis-Joseph de Condé, en 1818, des négociations furent entamées avec son héritier ; mais ce fut seulement le 20 juin 1827 que l'État acquit la portion du palais nécessaire à la Chambre des députés pour coordonner les constructions du XIXe siècle avec celles du XVIIIe. Joly, architecte du palais, commença une salle nouvelle, qui fut complète le 21 septembre 1832, avec vingt colonnes ioniques, une voûte semée de caissons et deux rangs de tribunes publiques. Tout, dans cet hémicycle, était combiné pour glorifier la monarchie naissante. Les grisailles de l'attique représentaient l'Histoire et la Renommée, la Paix et la Concorde ; elles portaient des couronnes d'olivier et de laurier, au milieu desquelles étaient les dates des 27, 28, 29 juillet et 9 août 1830 ; elles déroulaient sur une banderole ces mots : *Charte de* 1830. Au-dessus du bureau, Louis-Philippe prêtait serment à la Charte revue et corrigée ; entre les piédestaux des colonnes, deux bas-reliefs, de MM. Ramey et Petitot, le montraient distribuant des drapeaux à la garde nationale, et acceptant cette même Charte qui, personnifiée dans un troisième bas-relief, protégeait les arts, les sciences, le commerce et l'agriculture. Pradier posa entre deux colonnes : d'un côté, la Liberté ; de l'autre, l'Ordre public ; c'était la traduction en marbre de la devise inscrite alors sur tous les monuments.

Que de beaux tournois oratoires il y eut dans cette enceinte ! Que de grands problèmes y furent abordés, sinon résolus ! Que de députés devaient, en traversant la salle d'entrée, se comparer in petto à Mirabeau, au général Foy, à Casimir Périer, dont les statues y veillaient ! Elles y sont toujours.

La salle des Conférences, où les députés s'entretenaient, lisaient les journaux, écrivaient, se communiquaient leurs pensées, n'avait conservé pour ornements qu'une statue d'Henri IV ; les *Bourgeois de Calais*, par Scheffer ; *Jacques Molé*, par Vincent, et *Socrate buvant la ciguë*, composition sévère et émouvante de Jacques-Louis David. Un artiste d'un talent froid, mais correct, François-Joseph Heim, eut l'honneur d'entreprendre une décoration d'ensemble en rapport avec le régime constitutionnel. Il peignit Charlemagne, entouré de leudes et de prélats, faisant lire devant le peuple les Capitulaires ; Louis VI, avec ses ministres Suger et Garlande, présidant une assemblée d'évêques, de comtes et de barons, où l'on rédige une ordonnance favorable aux communes ; le peuple applaudissant à la promulgation des Établissements de saint Louis ; Louis XII instituant la chambre des comptes. Sur un fond d'or se dessinèrent la Prudence et la Justice, qui doivent guider les législateurs ; la Vigilance et la Force, qui assurent l'exécution des lois. Dans des médaillons soutenus par des génies exécutés en grisaille, furent placés les portraits des plus illustres légistes et des ministres qui ont le mieux mérité de la patrie, tels que L'Hospital, Montesquieu, Suger, Sully, Colbert, etc. Dans les angles, huit figures allégoriques : l'Agriculture, les Arts, les Sciences, l'Industrie, le Commerce, la Marine, la Paix et la Guerre, représentèrent les grands intérêts auxquels les législateurs ont à veiller pour maintenir la prospérité de l'État.

Sur la cheminée, en marbre vert de mer, Antonin Moine jeta deux figures accroupies, conçues dans le style du XVIe siècle.

C'est du règne de Louis-Philippe que date la décoration de la Bibliothèque et du salon de la Paix, par Eugène Delacroix. L'allégorie y domine, comme dans les autres parties de l'édifice ; l'aimez-vous ? on en a mis partout. Il importe d'être prévenu, de crainte d'erreur, qu'on a devant les yeux la Justice, la Guerre, l'Agriculture, l'Industrie, l'Océan, la Méditerranée, la Garonne, la Seine, la Loire et le Rhône ; mais ces mers, ces fleuves, ces personnages mythologiques, vivent, marchent, respirent, animés par une brosse fougueuse qui prodigue les tons les plus riches et la plus poétique harmonie.

Dans un nouveau fronton, qui fut découvert en 1841, Jean-Pierre Cortot déploya toute la vigueur d'un talent parvenu à sa maturité. Au milieu est la France, entre la Liberté et l'Ordre public, appelant à elle les génies du Commerce, de l'Agriculture, de la Paix, de la Guerre, de l'Éloquence. Les détails de ce bas-relief sont un peu sacrifiés ; mais il s'harmonise bien avec le reste de l'édifice, l'artiste s'étant moins inquiété de chaque figure en particulier que de l'effet général des lignes.

Pauvre branche cadette, comme elle avait choyé ses députés ! Comme elle les avait environnés de luxe et de splendeurs ! Et pourtant, lorsque sonna l'heure du péril, quelle subite désertion ! Quand le 24 février, la duchesse d'Orléans, en habits de deuil, accompagnée du comte de Paris et du duc de Chartres, vint s'asseoir au pied de la tribune, qu'elle trouva peu de défenseurs ! Les élus du suffrage restreint disparurent, après avoir entendu ce mot terrible : Il est trop tard ! La salle qu'ils avaient occupée se trouvant trop petite pour les élus du suffrage universel, une autre fut improvisée, en charpente et en canevas point, au fond de la cour d'honneur. On laissa intacte la façade du côté du quai. Ce fut du haut du perron que les représentants acclamèrent dix-sept fois de suite la République. Ce fut par là que, le 15 mai, le gros des envahisseurs fit irruption dans le sanctuaire; ce fut d'un amphithéâtre construit devant les marches, qu'après les journées de juin, l'Assemblée constituante vit défiler les gardes nationales accourues à sa défense.

La salle de bois fut détruite le 2 décembre 1851, et le Corps législatif a repris possession de l'ancienne salle, dont les voûtes et la coupole sont établies en fer. Le palais tout entier a été consolidé; on y a fait, du reste, peu de changements, sauf la suppression de la tribune.

Au mois de janvier 1860, on a posé sur les piédestaux de l'escalier d'honneur du palais du Corps législatif deux statues colossales en marbre français, dues au ciseau de Gayrard. L'une représente la France votant, l'autre la Force légale. La première avait figuré avec succès au Salon de 1852; la seconde allait être achevée quand la mort a arrêté le bras du sculpteur. Elle a été terminée sous la direction de M. Despretz.

La place du Palais-Bourbon est une création du prince de Condé. Par lettres patentes données à Fontainebleau en novembre 1775, il fut autorisé à former une place demi-circulaire au-devant de l'entrée de son palais. Ces lettres patentes furent enregistrées au bureau de la Ville le 26 janvier 1776 et au Parlement le 28 mars suivant. En 1778, la place reçut un commencement d'exécution.

Cependant quelques années après on jugea convenable de substituer à la forme demi-circulaire une place rectiligne formant évasement du côté du palais, et les constructions riveraines furent établies d'après cette disposition qui a été maintenue par une décision ministérielle du 2 thermidor an V, et par une ordonnance royale du 7 mars 1827.

Dans l'origine cette voie publique porta le nom de place du Palais-Bourbon. Par un arrêté du 29 nivôse an VI, le conseil des Cinq-Cents décida qu'elle prendrait le nom de ce lieu assemblée. Sous l'empire on l'appela place du Corps-Législatif. Dix années plus tard un arrêté préfectoral du 27 avril 1814 lui a rendu sa dénomination de place du Palais-Bourbon. Enfin depuis 1852 elle a repris le nom qu'elle portait sous le gouvernement impérial.

Vers la fin du règne de Charles X, on songea à décorer cette place, et on construisit au centre une piédestal qui devait recevoir la statue du roi Louis XVIII. La révolution de juillet fit avorter ce projet, et le piédestal de la place du Palais-Bourbon demeura veuf de l'auteur de la Charte de 1814. Après la révolution de février, on lui substitua une figure colossale de la République dont le modèle en plâtre fut seul exécuté. Il fut décidé qu'elle serait remplacée par l'image de la loi. Cette nouvelle statue présente quelques rapports avec la figure de la Loi qui décorait le tympan de l'ancien fronton du Corps législatif du côté du quai.

Sur le piédestal est gravée une inscription latine qui rappelle l'époque où la statue fut érigée.

CHAPITRE II.

Le quai Voltaire et le quai d'Orsay.

Le quai qui passe devant le Corps législatif offre une suite de palais. A la limite du VIe arrondissement, en face le pont du Carrousel, dont l'ingénieur Polonceau jeta sur la Seine les élégantes arches de fer, est l'hôtel de Tessé, bâti par Roussel, et occupé au commencement du XIXe siècle par le grand-juge ministre de la justice.

Le sculpteur Pradier en a longtemps habité le second étage, et son corps y a été ramené de Bougival où il fut frappé d'apoplexie au milieu d'une fête amicale.

Voltaire est mort le 30 mai 1778, au coin de la rue de Beaune, chez son ami Charles de Villette, auquel il avait marié sa protégée, Mlle René de Varicourt, surnommée belle et bonne. Le nom du philosophe, par un arrêté de la commune en date du 4 mai 1791, fut donné au quai qu'on avait jusqu'alors appelé quai des Théatins, à cause d'un couvent de moines de cet ordre, importé de Naples par le cardinal Mazarin. Lorsque le 12 juillet 1791, la dépouille mortelle de Voltaire fut transférée au Panthéon, le convoi fit une halte devant cette maison, à laquelle on avait adossé un amphithéâtre qu'occupèrent Mme Valette, les filles de Calas, et plusieurs femmes couronnées de roses, vêtues de costumes grecs, et tenant à la main des guirlandes de feuilles de chêne.

A l'angle opposé de la rue de Beaune était l'hôtel de Nesle, où se tient maintenant un cercle fréquenté par la fine fleur de l'aristocratie, et qui n'en est pas moins connu sous le sobriquet vulgaire de Cercle des pommes de terre, parce qu'il s'est constitué primitivement avec l'intention de travailler au progrès de l'agriculture.

Ce cercle est le seul de Paris qui soit ouvert jour et nuit.

Cet hôtel de Nesle avait remplacé l'ancien, démoli en 1663, et qui était situé plus en amont.

Toute cette partie des bords de la Seine fut longtemps déserte; c'était le Pré-aux-Clercs, rendez-vous des écoliers, des bretteurs, des mécontents qui conspiraient dans l'ombre, et des manants qui venaient s'égaudir sur l'herbe fraîche. Henri IV, le 1er novembre 1589, y fit faire à ses troupes la prière du matin avant de les conduire à l'attaque des faubourgs Saint-Germain. Comme l'attestent quelques vers du *Menteur* de Pierre Corneille, la prairie commençait sous Louis XIII à se couvrir rapidement de maisons; mais en descendant la Seine, on ne trouvait en face du jardin des Tuileries qu'un port marécageux, qui s'appelait la Grenouillère, et où s'arrêtaient les trains de bois destinés à l'approvisionnement de Paris. Charles Boucher, seigneur d'Orsay, prévôt des marchands, posa en 1707 la première pierre du quai qui conserve son nom. Un pont en pierre fut substitué, vers la même époque, à la passerelle que qu'un nommé Barbier avait établie en 1632, pour remplacer un bac qui ne répondait plus aux besoins de la circulation. Dès lors la rive gauche s'embellit, et nous la voyons au XVIIIe siècle bordée par les dépendances des hôtels grandioses du marquis de Torcy, du duc de Choiseul-Praslin, du duc d'Humières et de la princesse de Conti.

Au coin de la rue du Bac est la Caisse des dépôts et consignations, installée depuis 1859 dans un bel hôtel que le maréchal de Belle-Isle, duc de Gisors et petit-fils du surintendant Fouquet, avait fait construire par Bruant fils. Après avoir passé dans la possession des familles Choiseul-Praslin et de Lespine, il a été acquis par l'État à la fin de 1857. Il avait sur le quai une vieille terrasse, où quelques logements, souterrains, quoiqu'au-dessus du niveau de la rue, étaient loués à des bouquinistes qui étalaient leurs volumes le long des murailles moisies. Cette terrasse a disparu.

La caserne Bonaparte occupe l'emplacement d'un hôtel construit par la famille d'Harcourt, et peut contenir 1,050 hommes avec 330 chevaux. A l'angle est la rue de Poitiers, devant laquelle nous ne saurions passer sans accorder un souvenir au fameux club qui s'y forma à la fin de 1848, sous la direction de MM. Thiers, Berryer, de Falloux, Duvergier de Hauranne, etc., dans le local que l'Académie de médecine avait abandonné pour se transporter rue des Saints-Pères. Ajoutons, pour donner un nouvel exemple des altérations étymologiques, que la rue de Poitiers n'a rien de commun avec le chef-lieu du département de la Vienne, mais qu'elle fut simplement percée par un entrepreneur nommé Potier.

Vient ensuite un palais isolé sur ses quatre faces, couvrant une superficie de 9,444 mètres, et dont l'architecture composite n'annonce qu'imparfaitement la destination. Bonard le commença en 1810 pour y placer le ministère des affaires étrangères; mais ce projet fut abandonné en 1821. Il fut question, au commencement de 1830, d'y exposer les produits de l'industrie; mais ce projet fut abandonné en 1833. Le ministère du commerce et des travaux publics, l'école des mines, les ponts et chaussées se présentèrent pour occuper le palais vide qui avait déjà coûté une dizaine de millions; mais tous ces projets furent successivement abandonnés comme les précédents. Enfin, une ordonnance royale du 5 mars 1842 affecta le monument, connu sous la qualification du quai d'Orsay, au service de la cour des comptes et du conseil d'État. Depuis cette époque, grâce aux soins de l'architecte Lacornée, des peintres Chassériau et Gendron, ainsi que d'une foule d'intelligents décorateurs, il a développé majestueusement ses portiques; ses frises ont été décorées de plaques de marbre et ses murailles de fresques d'un style vraiment monumental.

Voici un palais vers lequel beaucoup de Français tournent les yeux avec autant de convoitise que vers la Banque de France elle-même : c'est celui de la Légion d'honneur, dont la façade du côté de la rue de Lille présente un arc de triomphe auquel aboutissent les deux ailes d'un promenoir d'ordre ionique. Du côté du quai se dessine une rotonde d'ordre corinthien. Ce fut le prince de Salm-Salm qui commanda à l'architecte Rousseau, en 1786, cette jolie habitation, dont le salon circulaire fut décoré par Bocquet, peintre des menus plaisirs de Louis XVI. Le grand chancelier de la Légion d'honneur y loge presque depuis la création de l'ordre. Les bureaux de l'administration sont dans l'aile gauche qui comprend aussi le cabinet du secrétaire général. Que de pétitions doivent passer sous les yeux des employés, aujourd'hui que les maires de village, les médecins, les membres des bureaux de bienfaisance, les présidents des sociétés de secours mutuels, les agriculteurs amis des innovations, voire même les journalistes et les gens de lettres, tiennent à avoir un bout de ruban rouge à leur boutonnière, tout aussi bien que les vainqueurs de Solferino !

En 1848, un homme honorable, qui avait payé de sa personne, M. Clément Thomas, eut l'imprudence de dire à la tribune que la croix était un hochet de la vanité. Dès lors il fut perdu et relégué à jamais dans l'obscurité : on ne contrarie pas impunément les tendances des esprits. Tout le monde trouve juste qu'une distinction honorifique soit accordée à celui qui a rendu de véritables services au pays; et comme cette distinction n'est pas sans prestige, il est naturel qu'elle soit ambitionnée même par des gens dont les titres sont insuffisants. Cependant, des prétentions mal fondées, et même des récompenses qui ont été accordées par intervalles avec trop de prodigalité, ne sauraient discréditer le principe d'une institution conforme aux mœurs nationales.

Presque en face de la Légion d'honneur débouche le pont de Solferino, large, élégant et simple, qui fut inauguré le 15 août 1859.

Au coin de la rue de Bourgogne était jadis un chantier. Le 25 mars 1730, lorsque Jean-Baptiste-Joseph Languet de Gergy, curé de Saint-Sulpice, eut refusé la sépulture à Adrienne Lecouvreur, on mit dans un fiacre le corps de l'illustre tragédienne, et des portefaix vinrent l'enterrer dans ce chantier, souvent battu par les grandes eaux de la Seine. Il est probable qu'en continuant le quai d'Orsay, des maçons ont dispersé les ossements de la femme qu'avait aimée le maréchal de Saxe, et qu'avait célébrée Voltaire.

CHAPITRE III.

Ministère des affaires étrangères. — Les Invalides.

Nous revenons au Palais-Bourbon, dont les jardins ont été mutilés, en vertu d'une loi du 10 juillet 1845, pour faire place au Ministère des affaires étrangères.

C'est l'architecte du palais du quai d'Orsay, M. Lacornée, qui a dirigé l'exécution de cet hôtel, auquel nous doutons qu'un édifice administratif soit comparable dans un pays quelconque. La façade, dont l'ordre est dorique pour le rez-de-chaussée et ionique pour le premier étage, est couronnée d'une balustrade dans le genre italien. Sur des consoles où serpentent des guirlandes, quinze médaillons en marbre blanc reproduisent les armes des principales puissances de l'Europe. Cent quatre-vingt-deux croisées éclairent ce majestueux édifice, qui se compose de trois corps de logis séparés : l'hôtel du ministre, les archives et les bureaux. Au rez-de-chaussée est situé le salon des Ambassadeurs, qui a déjà reçu une consécration historique, puisque les plénipotentiaires du congrès de Paris s'y réunirent le 25 février 1856. C'est une vaste pièce du rez-de-chaussée, située entre la salle des Concerts et le salon des Attachés de service, auquel le cabinet du ministre est contigu; le salon de la Rotonde qui donne sur le jardin du sud et la terrasse qui longe la Seine. Trois hautes portes vitrées, ouvertes de ce dernier côté, donnent accès à une lumière éclatante, qui frappe en plein sur les portraits en pied de l'Empereur et de l'Impératrice. Le plafond est orné de peintures; les six portes sont surmontées de cartouches dus à d'habiles artistes. Des moulures d'or encadrent les tentures qui, comme les meubles, sont en satin cramoisi. Le parquet est couvert d'un riche tapis d'Aubusson.

On n'avait eu rien à ajouter à l'ornementation du salon des Ambassadeurs pour le rendre digne des notabilités politiques qui s'y rassemblaient. On l'avait seulement approprié à sa destination en plaçant au centre une table ronde couverte d'un tapis vert. Douze fauteuils l'environnaient, et en face de chacun se trouvaient tous les objets nécessaires pour écrire et prendre des notes : papier de divers formats, enveloppes, plumes, crayons, cire à cacheter. Une immense écritoire en bronze doré, six encriers et quatre bougeoirs complétaient la garniture de la table.

Une seconde table, de grandeur moyenne et à angles droits, fut placée près d'une fenêtre. Ce fut là que s'installa le secrétaire du congrès, M. Benedetti, directeur des affaires politiques au ministère des affaires étrangères.

Le traité de Paris, qui terminait la guerre de Crimée, fut signé dans le salon des Ambassadeurs, le 30 mars 1856, par MM. le comte Colonna Walewski, le baron de Bourqueney, le comte de Buol-Schauenstein, le baron de Hübner, lord Clarendon, lord Cowley, le comte Orloff, le baron de Brunnow, le comte de Cavour, le marquis de Villamarina, Mohammed-Emin-Ali-Pacha, grand vizir de l'empire ottoman, Mohammed-Djmil-Bey, le baron de Manteuffel et le comte de Hatzfeld.

En quittant l'hôtel des affaires étrangères, nous nous trouvons sur la magnifique Esplanade qui s'étend entre la Seine et les Invalides. Une loi en date du 4 juin 1853 l'a cédée à la ville de Paris, ainsi que la place Vauban, les avenues de Villars et de Ségur, et une partie de l'avenue de Breteuil, dont le nom perpétue la mémoire de Louis-Auguste Tonnelier, baron de Breteuil, ministre de Paris et de la maison du roi sous Louis XVI. Au rond-Point de cette promenade on vit longtemps un buste du général La Fayette. Depuis que les Champs-Élysées ont été coupés par des constructions, elle sert aux réjouissances publiques : on y dresse des mâts de cocagne; on y joue, sur des théâtres en plein vent, des pantomimes à grand spectacle avec accompagnement de coups de fusil; et de nombreuses baraques de saltimbanques s'établissent dans les allées latérales.

A l'extrémité méridionale de l'Esplanade se développe la façade majestueuse des Invalides.

Dans les temps les plus reculés de la monarchie, les vieux soldats, pour avoir un asile dans leurs derniers jours, s'offraient à des couvents où ils étaient admis comme frères lais ou oblats; mais cette faveur ne pouvait être accordée qu'aux vassaux directs de la couronne, car les sergents d'armes des seigneurs comptaient exclusivement sur leurs maîtres. C'était principalement pour les hommes des domaines que le roi imposait à certaines abbayes, dont les abbés étaient à sa nomination, le devoir de recueillir des vétérans.

Le système du ban et de l'arrière-ban disparut; la royauté absorba les seigneuries féodales, et les armées commencèrent à dépendre uniquement du chef de la monarchie. Henri IV plaça plusieurs officiers ou soldats blessés dans l'hôpital de la Charité chrétienne, fondé rue de Lourcine par Nicolas Houel, marchand apothicaire et épicier. Louis XIII acquit, en 1632, le château de Bicêtre, et y fit faire des constructions considérables pour y loger les vieillards qui avaient usé leurs forces à défendre la France sur les champs de bataille.

Vers 1656, deux riches propriétaires de la Ville-Neuve firent élever dans la rue de la Lune une maison spacieuse pour recevoir cinquante soldats malades; une autre maison s'ouvrit dans la rue de Sèvres pour les soldats estropiés; mais ces établissements insuffisants furent fermés lorsque Louis XIV eut fondé l'hôtel des Invalides.

La première pierre fut posée le 30 novembre 1670, et Libéral Bruant eut la gloire d'achever en peu d'années cet immense édifice. L'église, dont la façade et le dôme sont dignes d'admiration, mais dont la nef est trop étroite, fut bâtie dans l'espace de trente années sur les dessins de Jules Hardouin Mansard, et dédiée le 28 août 1706 par le cardinal de Noailles. Elle fut divisée en deux parties, l'une réservée aux invalides, l'autre ouverte aux habitants du quartier, de sorte qu'on y peut dire deux messes à la fois. Elle a reçu, en 1790, le mausolée de Turenne, et en 1807 un monument funèbre consacré à la mémoire du maréchal de Vauban; mais l'intérêt que mérite ces souvenirs disparaît devant celui qui s'attache au tombeau de Napoléon Iᵉʳ.

Le 5 mai de chaque année, de pieux pèlerins s'acheminent vers la tombe de celui qui mourut à pareil jour sur le rocher de Sainte-Hélène, et dont le dernier vœu s'accomplit vingt ans plus tard. Il avait dit dans son testament : « Je désire que mes cendres reposent sur les bords de la Seine, au milieu de ce peuple français que j'ai tant aimé. » — A partir de 1830, de nombreuses pétitions invitèrent le gouvernement à réaliser ce dernier espoir de l'illustre mort. Des négociations furent entamées avec le cabinet anglais, qui mit un honorable empressement à rendre son prisonnier *post obitum*; et, le 12 mai 1840, la Chambre des députés vota un million pour la translation des restes mortels de Napoléon Ier dans l'église des Invalides et pour la construction de son tombeau; million auquel il a fallu depuis en ajouter beaucoup d'autres.

Qui ne se rappelle le voyage de *la Belle-Poule* à Sainte-Hélène, sous le commandement du prince de Joinville? Quel impérissable souvenir a laissé la journée du 15 décembre 1840, où, bravant les rigueurs d'une température sibérienne, Paris entier salua de ses acclamations le cercueil de l'Empereur! Déposé dans la chapelle Saint-Jérôme, le corps de Napoléon Ier n'occupa que longtemps après le magnifique mausolée qui lui fut élevé sur les plans de Visconti. On y entre par une porte monumentale ménagée derrière le maître-autel. Elle est gardée par deux génies de bronze, sévèrement drapés, et dans lesquels se reconnaissent le goût pur et le style élevé du sculpteur Duret. L'un est couronné de lauriers et porte les attributs de la puissance militaire; l'autre personnifie l'autorité civile. Après avoir descendu vingt-cinq marches, le visiteur se trouve dans une galerie souterraine qu'éclairent des lampes funéraires. Elle est ornée de dix bas-reliefs composés par M. Simart; ils représentent, sous une forme allégorique, la création de la Légion d'honneur, les Travaux publics, le Commerce et l'Industrie, la Cour des comptes, l'Université, le Concordat, le Code Napoléon, la création du Conseil d'État, l'Administration française, la Pacification des troubles.

De là on pénètre dans une enceinte circulaire parée de marbres de couleur, au milieu desquels on remarque une couronne de feuillages en mosaïque. Cette enceinte n'est point voûtée; sa circonférence supérieure est entourée d'une balustrade à hauteur d'appui, et ceux qui parcourent l'église peuvent contempler d'en haut le sarcophage où repose Napoléon Ier.

Aux pilastres qui entourent cette crypte sont adossées douze cariatides colossales exécutées par Pradier ou par ses élèves Lequesne, Guillaume et Férat. Elles symbolisent la première campagne d'Italie, la campagne d'Égypte, la seconde campagne d'Italie, les deux campagnes d'Autriche, les campagnes de Prusse, de Pologne, d'Espagne, de Russie, de Saxe, de France et de Belgique. La première idée du statuaire avait été de caractériser chacune d'elles par le costume, par l'ajustement, par certaines particularités; mais l'architecte pensa que la dissidence des détails nuirait à l'ensemble. Contrariant ses vues, Pradier se contenta de reproduire le type banal des Victoires, avec leurs palmes et leurs trompettes; et son modèle unique fut taillé douze fois dans le marbre par les praticiens dans les ateliers de l'île des Cygnes.

Le tombeau est au centre de la crypte, immédiatement au-dessous du vaste dôme des Invalides, dont les vitres blanches laissent tomber jusqu'à lui les rayons du soleil. Le cercueil est renfermé dans une cuve de porphyre, soutenue par deux supports, exhaussée sur un socle en granit vert des Vosges.

Lorsqu'à Sainte-Hélène, le 18 octobre 1840, on pratiqua l'exhumation du corps de Napoléon Ier, on le trouva dans un parfait état de conservation. Il portait l'uniforme vert de colonel des chasseurs à cheval de la vieille garde, et sur la poitrine les décorations de la Légion d'honneur et de la Couronne de fer. Il avait son chapeau sur les genoux; à ses pieds, deux vases d'argent qui contenaient son cœur et ses entrailles. Les interstices du cercueil, qui était de fer-blanc, avaient été remplis d'une ouate épaisse. Par-dessus ce cercueil étaient superposés un cercueil d'acajou, un cercueil de plomb, et un autre cercueil d'acajou épais de deux centimètres. Ce dernier fut supprimé; on remit tous les autres dans la position respective qu'ils occupaient, et ils furent placés dans un nouveau cercueil de plomb, sur lequel fut soudée une plaque portant cette inscription en lettres d'or: *Napoléon, empereur et roi, mort à Sainte-Hélène, le v mai MDCCCXXI*. On revêtit toutes ces enveloppes d'un sarcophage en ébène, sans autre ornement que le nom de Napoléon en lettres d'or, incrustées dans le sens de la longueur.

Telle est la partie invisible et mystérieuse de ce tombeau. Ce n'est pas assurément la moins intéressante et la moins digne d'être décrite.

En face de la galerie, de l'autre côté du tombeau, est une petite salle qui contient de précieuses reliques. Elle est pavoisée de soixante drapeaux pris sur l'ennemi, après une série de victoires qui commencent avec le XIXe siècle pour ne finir qu'avec le premier Empire. Sur un trépied de bronze est déposée la glorieuse épée que Napoléon Ier avait à son côté quand il gagna la mémorable bataille d'Austerlitz contre les Autrichiens, qui, après tant de défaites, vainqueurs par le hasard et grâce à la coalition européenne, essayent encore de disputer à la France sa plus légitime influence.

Dans un autel d'une forme simple et sans ornement, sont placés les insignes dont l'Empereur se parait lorsqu'il présidait aux grandes cérémonies. Au fond se dresse sa statue, revêtue du costume impérial, portant le sceptre et le globe. C'est ainsi que l'avait représenté Chaudet, dans une belle œuvre de sculpture qui était destinée à orner la cime de la colonne Vendôme, et que nous aurions préférée à la statue actuelle, dont M. Simart est l'auteur, et où il nous semble s'être conformé trop scrupuleusement aux traditions de l'école classique.

CHAPITRE IV.

Les Invalides.

Louis XIV avait dit dans son testament:

« Entre les établissements que nous avons faits pendant le cours de notre règne, il n'y en a point qui soit plus utile à l'État que celui de l'Hôtel royal des Invalides. Il est bien juste que les soldats qui, par les blessures qu'ils ont reçues à la guerre, ou par leurs longs services et leur âge, sont hors d'état de travailler et de gagner leur vie, aient une subsistance assurée pour le reste de leurs jours. Plusieurs officiers qui sont dénués des biens de la fortune y trouvent aussi une retraite honorable. Toutes sortes de motifs doivent engager le dauphin et tous nos successeurs à soutenir cet établissement et à lui accorder une protection particulière; nous les y exhortons autant qu'il est en notre pouvoir. »

Tous les gouvernements ont rivalisé de zèle pour accomplir le vœu du monarque absolu: les trois mille invalides qui habitent l'hôtel y sont l'objet des plus grands soins; il est vrai que leurs chambres ne sont ni lambrissées, ni tapissées, ni plafonnées, qu'elles ressemblent à celles des auberges de village; mais la plus grande propreté y règne; l'air et la lumière y circulent librement; les murs sont peints en jaune à la colle et mouchetés de portraits de Napoléon; chaque lit a pour annexe une armoire, et est au besoin entaillé au chevet d'une échancrure où s'adapte la jambe de bois du dormeur. Si les dortoirs ne sont point chauffés, du moins le nombre des couvertures accordées à chaque pensionnaire est porté d'une à trois, en raison de la rigueur du froid, et, pendant les journées d'hiver, de spacieux chauffoirs sont le point de ralliement des nombreux amateurs de piquet et des dominos. Tout est si bien combiné pour le confortable des vieux serviteurs du pays, qu'il y a des chauffoirs exclusivement réservés aux fumeurs et d'autres où la pipe est interdite.

Il est alloué aux invalides une paie de 3 francs par mois, à la charge de donner 5 centimes par barbe au perruquier qui les rase. Leurs tables sont garnies deux fois par jour, à dix heures et à quatre heures, de soupes succulentes et de ragoûts habilement assaisonnés. L'ordinaire est de deux plats pour les soldats, de trois pour les officiers. Le maigre exclusif est inconnu dans l'Hôtel, même le vendredi-saint. Le menu de chaque mois, dressé par l'état-major, signé par le maréchal-gouverneur, est affiché dans les réfectoires et soumis à la censure des intéressés. Sitôt que le tambour a donné le signal du repas, un cliquetis de casseroles ébranle les cuisines; de grandes flammes s'élancent des fourneaux et projettent de rougeâtres clartés sur le cuivre des chaudières. L'argenterie des officiers, présent de l'impératrice Marie-Louise, sort propre et luisante de son armoire. Les légions de cuisiniers, de marmitons, de garçons de table entassent les mets sur des brancards, sur des camions, et les portent ou les voiturent jusqu'à la salle du festin.

Exercent-ils des métiers hors de l'hôtel, sont-ils concierges par eux-mêmes ou par leurs femmes, les invalides, pourvu que leur conduite soit régulière, obtiennent aisément la faculté d'emporter leurs rations quotidiennes et de les partager avec leurs familles. La discipline à laquelle ils obéissent est d'une élasticité commode: être présents à l'appel, à neuf heures du soir, quand ils n'ont pas l'autorisation de découcher, assister en bonne tenue à l'inspection mensuelle, s'armer de leurs sabres quand ils sont de service, voilà à peu près tout ce qu'on exige d'eux. Ils se lèvent, rentrent, sortent, vont et viennent à volonté. On en rencontre dans tous les coins de Paris, appuyés sur leur canne, ou la portant suspendue à la boutonnière, sans compter ceux qu'on emploie à surveiller les plâtres et à garder les pavés; faibles défenseurs plus imposants par ce qu'ils furent que par ce qu'ils sont. On trouve encore des invalides sur les bords de la Seine, où, bipèdes amphibies, munis d'une boîte d'asticots et d'une canne à ligne, ils s'établissent dès le matin sur un train de bois, près de l'embouchure d'un égout; situation peu odoriférante, mais propice aux captures.

Les guinguettes sont le rendez-vous d'un grand nombre d'invalides: le litre quotidien ne suffit pas à ces vieillards altérés; parfois même leur goût blasé dédaigne le vin comme un liquide trop fade et trop insipide, et ils vendent leur ration pour se procurer du *schnick*, boisson plus militaire, dont ils ont contracté l'habitude dans les bivouacs.

Deux camarades de chambrée se rencontrent rarement sans être affectés d'une soif contagieuse : « Est-ce que nous ne buvons pas une chopine? » dit l'un. « Est-ce que nous *n'écrasons pas n'un grain*? » dit l'autre avec plus d'emphase. Ils vont s'attabler dans un cabaret, dissertent sur les événements militaires de 1855 ou de 1859, et réunissent autour d'eux des groupes d'auditeurs attentifs. Parfois la conversation s'échauffe; les convives ne sont pas d'accord. Cette manœuvre a-t-elle été utile ou funeste? Ce fait d'armes a-t-il eu lieu en Algérie, en Italie ou en Crimée? Cette charge a-t-elle été exécutée par les hussards ou par les dragons?

« Je te dis que c'est par le 7e dragons.
— Je te dis que c'est par le 3e hussards.
— Je te dis que si.
— Je te dis que non. »

La querelle s'engage; les gros mots s'échangent, puis les coups de poing. Les verres roulent, et les buveurs aussi; la discussion commencée sur la table se termine dessous. C'est là d'ordinaire, au milieu des verres cassés, que s'opère le raccommodement. On se relève en s'embrassant; on s'essuie, on s'examine; personne n'est blessé; il n'y a d'ouvrage que pour le tourneur, et l'un des antagonistes s'écrie avec effusion :

« Garçon, du même, et qu'il soit meilleur; c'est moi qui régale.
— Ne l'écoute pas, garçon, la dépense est pour moi.
— Laisse-moi donc, laisse-moi donc.
— Non, je n'entends pas ça. »

De nouvelles disputes vont suivre cet assaut de générosité, mais le premier interlocuteur a déposé son cent sur le comptoir, et son camarade cède en disant : « Allons, puisque tu y tiens... »

Bientôt le vin renverse ces inébranlables soldats; ils trouvent en lui un ennemi plus perfide que l'Arabe, plus formidable que l'Autrichien. Eux qui n'ont jamais bronché devant l'artillerie, rentrent en chancelant à l'hôtel où les recevra la salle de police, où la capote de punition remplacera leur uniforme souillé. Grâce pour les coupables! ils ont parlé d'Isly, de Sébastopol, de Magenta, et la gloire entre pour beaucoup dans leur ivresse.

Aux extrémités latérales de l'hôtel s'étend une file de petits jardins. Chaque invalide a dû primitivement avoir le sien, mais la guerre a démesurément augmenté la population de ces lieux; et, aujourd'hui, les jardinets sont accordés par faveur spéciale après le décès des usufruitiers. L'invalide horticulteur s'attache à la glèbe de son enclos, s'immobilise au milieu de ses plantes chéries, se dessèche avec elles en hiver, et renaît avec les premiers bourgeons. Sa vigne, arrondie en berceau, est ornée d'une statue en plâtre du premier Empereur, qu'on rentre avant les gelées; c'est l'idole de l'horticulteur, qui la couronne, la couvre de bouquets et l'embellit de drapeaux tricolores.

Il y a parmi les invalides une race d'élite, qui dédaigne également la pêche, le cabaret et la culture des fleurs. Les membres de cette société choisie se reconnaissent à leur physionomie distinguée, à leur front chauve et lisse, coiffé d'une calotte de soie noire; ils se rassemblent à la bibliothèque, promènent sur les journaux leurs yeux armés de lunettes, et dévorent les mémoires militaires. Souvent aussi ils se groupent sous les portiques, et discutent entre eux des points de tactique, comme des avocats discuteraient des points de droit. Ils tracent des plans de bataille avec leurs cannes, représentent les fleuves en abrégé, au moyen du fluide que sécrètent leurs glandes salivaires, et marquent, par des pincées de tabac, la place des batteries. Ils jugent les généraux et font des parallèles à la manière de Plutarque.

Ils donnent un sourire de joie à tous les triomphes, une larme à tous les revers.

Ils ont peu de larmes à verser.

La sollicitude dont on entoure les invalides redouble en proportion de leurs infirmités. Le service de santé, organisé avec la régularité la plus scrupuleuse, est divisé en deux sections, celle des affections aiguës et celle des affections chroniques. La dernière comprend des valétudinaires, soumis plutôt à un régime hygiénique qu'à un traitement médical, et dont l'âge, compliqué par les rhumatismes, est la principale maladie. La plupart s'accommodent difficilement de la diète et de la tisane gommée, et, si le médecin en chef leur accorde la permission de sortir, ils figurent souvent sur le rapport du lendemain avec une note comme celle-ci :

« N° 15. Rentré dans un état d'ivresse. »

L'infirmier ajoute sur la dictée du docteur :

« Lui supprimer le vin; ne lui laisser mettre que la capote de l'infirmerie. »

Ceux dont les vieilles blessures ne sont jamais complètement fermées se présentent tous les matins au bureau des pansements, où on leur administre les secours que leur état nécessite. Les dimanches, les officiers de santé s'assemblent en conseil, et reçoivent solennellement les pétitions orales des invalides; il faut aux uns des gilets de flanelle, aux autres des lunettes, des bandages herniaires, etc. La concurrence est active, les réclamations sont nombreuses; ce que l'on a accordé à Pierre, Paul veut l'obtenir, et les membres du conseil, compatissant pour les faiblesses morales et physiques, mettent tout le monde d'accord par une répartition presque égale de leurs bienfaits.

Les invalides sont-ils assez vieux pour avoir besoin des soins accordés à l'enfance, assez près de la mort pour être nourris comme des nouveau-nés, des mains officieuses les servent avec empressement. On appelle encore ces quasi-centenaires les moites-ôlés. Les plus décrépits sont relégués à l'infirmerie, et notamment dans la salle de la Victoire, réceptacle des misères humaines affublé comme par ironie d'une fastueuse dénomination, espèce d'antichambre de la tombe, où chacun attend son tour avec une apathique philosophie.

La condition première d'admission aux Invalides est une retraite accordée comme indemnité : 1° de la perte d'un ou de deux membres; 2° de blessures graves équivalant à la perte d'un ou de deux membres; 3° de soixante ans d'âge et de trente ans de service. Le pensionné échange sa modique annuité contre un asile dans l'hôtel; les plus maltraités sont les plus admissibles, les plus infortunés sont les plus heureux. Eussiez-vous vingt blessures, et elles ne présentent pas le degré de gravité requis, vous êtes exclu sans pitié. Vous étalez inutilement vos vingt cicatrices; c'est beaucoup trop, mais ce n'est pas assez.

CHAPITRE V.

L'École militaire. — Le Champ-de-Mars.

De superbes avenues conduisent aux Invalides qu'elles relient au Champ-de-Mars et à l'École militaire.

La création de l'École militaire est due à Louis XV, qui la fonda par un édit du mois de janvier 1751. La construction de cet édifice fut commencée l'année suivante sur les dessins de Gabriel, architecte distingué du XVIIIe siècle.

L'École militaire est sans contredit un des monuments les plus remarquables de la capitale. Le principal corps de bâtiment est décoré d'un ordre de colonnes doriques surmonté d'un ordre ionique; au milieu s'élève un avant-corps d'ordre corinthien, dont les colonnes règnent sur les deux étages. Il est surmonté d'un fronton et d'un attique avec un dôme orné de sculptures. La façade qui regarde le Champ-de-Mars, d'une architecture plus riche que celle qui est située vers la campagne, est également formée par un avant-corps décoré de colonnes corinthiennes. Au centre est un vestibule magnifique, orné de quatre rangs de colonnes d'ordre toscan. Cet édifice est décoré de statues exécutées par Pajou, Lecomte, Mouchy et Dhuey, ainsi que de peintures en grisaille ou à fresque dues au pinceau de Gibelin.

L'emplacement qu'il occupe forme un parallélogramme de 420 mètres de longueur sur 243 de largeur.

L'École militaire fut dissoute le 1ᵉʳ février 1776; rétablie l'année suivante, et enfin définitivement supprimée par un arrêt du 9 octobre 1787. En 1788 on destina ce vaste édifice à remplacer l'Hôtel-Dieu de Paris. L'architecte Brongniart fut chargé d'exécuter les changements nécessaires pour l'exécution de ce plan; mais la révolution vint modifier ces nouvelles dispositions. Le 13 juin 1793, la Convention nationale décréta la vente de tous les biens formant la dotation de cet établissement qui fut transformé en quartier de cavalerie et en dépôt de farine.

Le général Bonaparte en fit son quartier général, et pendant quelques années on lut sur la façade de l'École militaire, du côté du Champ-de-Mars, ces deux mots : « Quartier Napoléon. » Devenu empereur, il y établit des régiments de sa garde qui, en 1814, furent remplacés par la garde royale.

A diverses époques on a fait des travaux d'agrandissement à cet établissement déjà si vaste; vers 1849 on y a foré un puits artésien. Il a nécessité des sondages presque aussi importants que ceux exécutés pour le forage de celui de Grenelle, qui n'en est pas éloigné, et qui paraît être alimenté par la même nappe d'eau. De nouveaux travaux d'agrandissement ont été commencés en 1854 à l'École militaire et terminés en 1859.

Le Champ-de-Mars fut primitivement aplani pour servir aux évolutions des élèves de l'École militaire et du régiment des gardes françaises. Il était loin d'avoir alors son étendue actuelle. On y fit, le 27 août 1783, la première expérience d'un ballon de taffetas enduit de caoutchouc et gonflé d'hydrogène carboné. Charles, professeur de physique, lança l'aérostat à cinq heures du soir, en présence d'innombrables spectateurs. Le phénomène de l'ascension étonna tellement les assistants qu'ils restèrent immobiles, malgré une pluie battante, les yeux fixés vers les nues où flottait le ballon, qui battant la tombe près de Gonesse, et fut mis en pièces par les paysans.

Lorsque la Commune de Paris, avec l'assentiment de l'Assemblée constituante, eut conçu le projet d'une Fédération générale, des délégués des sections furent chargés de régler le cérémonial de la grande journée. Quatre emplacements leur étaient proposés : la plaine de Saint-Denis, la plaine de Grenelle, la plaine des Sablons et le Champ-de-Mars. Ils choisirent ce dernier; et quinze mille ouvriers furent employés à le niveler; mais on reconnut bientôt qu'ils seraient insuffisants. Alors la population se mit à l'œuvre. Les bataillons accoururent, portant la pioche et la pelle, précédés de leurs tambours et répétant la chanson nouvelle de *Ça ira*. Des familles, ouvrières, bourgeoises, modistes, dames de la halle, dames de la cour, marchaient pêle-mêle dans les rangs. Les laboureurs des villages voisins arrivèrent sous la conduite de leurs maîtres. Les invalides, les collégiens, les moines de différents ordres, les corps de métiers, les élèves de l'École vétérinaire et de l'Académie de peinture, les acteurs, les journalistes, les facteurs de la poste, formèrent une armée de 150,000 terrassiers. On voyait, attelés au même chariot, une bénédictine, un invalide, un juge, une nymphe de l'Opéra; les plus jolies filles de Paris, vêtues de robes blanches élégamment rattachées par des ceintures et des rubans aux couleurs nationales, allaient, venaient, chargeaient, piochaient, roulaient, traînaient, et à l'aide de quelques aides officieux, arrivaient au haut des tilts, d'où elles redescendaient avec rapidité pour charger de nouveaux matériaux et de nouvelles terres. En vingt jours, la surface irrégulière du Champ-de-Mars fut aplanie; une enceinte circulaire établie et entourée de talus; un arc de triomphe élevé à l'entrée principale; un pont de bateaux jeté sur la Seine, et un vaste amphithéâtre adossé à l'École militaire.

Les fédérés, à mesure qu'ils arrivèrent, firent vérifier leurs pouvoirs à l'Hôtel de Ville, et reçurent une médaille portant ces mots : *Confédération nationale*. Manuel, administrateur municipal, avait inscrit les noms des citoyens *qui étaient jaloux de loger leurs frères*. La concurrence fut ardente; c'était à qui recevrait les nouveaux venus; à qui leur ferait les honneurs de la ville. L'Assemblée nationale avait disposé pour eux de toutes les places des tribunes. Louis XVI leur avait ouvert tous les établissements dépendant de la couronne. Les théâtres jouaient pour eux à l'envi des pièces de circonstance : *le Réveil d'Épiménide*, avec une scène nouvelle; *le Chêne patriotique*; *la Famille patriote*, ou *la Fédération*; *le Camp du Champ-de-Mars*; *la Fête du grenadier au retour de la Bastille*.

Le 13 juillet, la Commune de Paris offrit une oriflamme aux représentants des troupes et quatre-vingt-trois bannières aux députés des départements. Ceux-ci allèrent en corps saluer l'Assemblée, qui vota des remerciements pour les services que toutes les gardes nationales du royaume avaient rendus à la liberté et à la Constitution.

Le 14, dès le point du jour, les fédérés s'échelonnèrent de la porte Saint-Martin à la Bastille.

Le cortège se mit en marche à sept heures du matin, par les rues Saint-Denis, la Ferronnerie et Saint-Honoré. Il s'ouvrait par un détachement de la garde nationale à cheval et une compagnie de grenadiers; puis venaient successivement les électeurs de 1789; une compagnie de volontaires; les représentants de la Commune; le comité militaire; une compagnie de chasseurs; les tambours de la ville; les présidents des soixante districts; les députés de la Commune pour la fédération; les soixante administrateurs de la municipalité; un corps de musique et de tambours; le bataillon des enfants; les drapeaux de la garde parisienne; un bataillon de vétérans, organisé tout exprès pour la cérémonie; suivant le plan de M. Cuillères de l'Étang; les députés des quarante-deux premiers départements, par ordre alphabétique; le porte-oriflamme; les députés des troupes de ligne; les députés de la marine; les députés des quarante-un derniers départements; une compagnie de chasseurs volontaires et une compagnie de cavalerie. A la place Louis XVI, l'Assemblée nationale, présidée par M. de Bonnay, se plaça entre les enfants et les vétérans, et l'immense convoi prit la route du Champ-de-Mars, où l'attendaient cent soixante mille spectateurs.

Au centre de l'enceinte, sur un soubassement carré, était posé un autel de forme cylindrique devant lequel se rangèrent en demi-cercle les doyens d'âge des départements et des troupes. A trois heures et demie, l'évêque d'Autun, assisté de soixante aumôniers de la garde nationale, officia et bénit les drapeaux. Puis La Fayette, que le roi avait nommé major de la fédération, tenant de la main droite son épée, dont il appuyait fortement la pointe sur l'autel, dit, au milieu du plus religieux silence : « Je jure d'être à jamais fidèle à la nation, à la loi et au roi;

« De maintenir la Constitution décrétée par l'Assemblée nationale et acceptée par le roi;

« De protéger, conformément aux lois, la sûreté des personnes et des propriétés; la libre circulation des grains et des subsistances dans l'intérieur du royaume, et la perception des contributions publiques, sous quelque forme qu'elles existent;

« De demeurer uni à tous les Français par les liens indissolubles de la fraternité. »

Tous les fédérés s'écrièrent : *Je le jure!* et saisis d'un transport subit, s'élancèrent sur les marches de l'autel pour voir de près La Fayette, pour l'embrasser, lui serrer les mains. « Cette effusion de tendresse, dit Camille Desmoulins, pensa lui coûter la vie; étouffé par les caresses, il était devenu plus blanc que son cheval. » C'était le héros du jour, l'idole de la France constitutionnelle.

L'Assemblée nationale prêta serment. Le roi, placé sous un dais près de l'École militaire, se leva, et tendit le bras droit vers l'autel en disant : « Moi, roi des Français, je jure à la nation d'employer tout le pouvoir qui m'est délégué par la loi constitutionnelle de l'État, à maintenir la Constitution et à faire exécuter les lois. »

Des salves d'artillerie annoncèrent la fin de la fête. Le major de la fédération, en se retirant, fut abordé par la femme d'un imprimeur, qui avait récemment publié un libelle intitulé : *Vie privée de Blondinet, général des Bleus*. Elle se jeta aux pieds de La Fayette, qui la releva, et lui promit la grâce de son mari. Les fédérés présents applaudirent; car l'oubli des injures, le sentiment de la fraternité, étaient dans tous les cœurs. Les repas, les illuminations, les danses, les concerts, se prolongèrent pendant plusieurs jours; et les poètes exercèrent leur verve pour célébrer l'alliance qui venait d'être scellée. Nous connaissons sur ce sujet des couplets de Sedaine, un hymne de Marie-Joseph Chénier, un *Poeme séculaire*, par de Fontanes, qui, sous l'Empire, fut grand maître de l'université; *le Pacte fédératif*, par François, peintre, citoyen de

Le Musée d'artillerie.

Paris; le *Serment des Français*, par Charlemagne, in-8° de 15 pages; l'*Ode à la nation française*, par La Martelière, garde national, in-4° de 4 pages.

Un an plus tard le sang coulait au Champ-de-Mars. Après la fuite de Varennes, le club des Jacobins avait fait rédiger par Laclos et Brissot une pétition pour demander à l'Assemblée constituante de ne rien préjuger sur le sort du roi, sans avoir consulté le vœu des départements. Elle fut signée, le 15 juillet, par environ dix mille patriotes assemblés au Champ-de-Mars; et un arrêté du club des Cordeliers, affiché dans les principales rues, les convoqua de nouveau pour le dimanche 17. On convint qu'on se réunirait sur la place de la Bastille, à 11 heures, et qu'on se rendrait processionnellement à l'autel de la patrie. La municipalité, instruite du projet, s'empressa de faire afficher un extrait de ses délibérations. Elle invitait tous les bons citoyens « à se rallier et à se réunir à la garde nationale, qui, depuis quelques jours, maintenait, avec des soins si louables, la tranquillité publique et le bon ordre. » La Fayette, de concert avec Bailly, donna des ordres pour que, dans la matinée de dimanche, la place de la Bastille fût occupée par plusieurs compagnies du centre.

Le dimanche, dès huit heures du matin, l'autel de la patrie était couvert de curieux. Un perruquier et un invalide s'étaient glissés sous les planches de l'escalier que l'un d'eux perçait avec une vrille. On les découvre, on les conduit chez le commissaire de la section du Gros-Caillou. Lorsqu'on leur demande pourquoi ils se sont furtivement glissés sous l'autel, ils donnent pour motifs à leur conduite une curiosité lubrique. Le commissaire les remet en liberté; mais des furieux les accusent d'avoir voulu faire sauter l'autel. L'invalide tombe percé de coups de couteau; le perruquier est pendu à un réverbère; la corde casse; il retombe encore vivant, et sa tête, séparée du tronc avec une scie, est placée au bout d'une pique.

Le récit de ces atrocités parvint presque aussitôt à l'Assemblée constituante, mais d'une manière inexacte. « Deux bons citoyens, dit le président Dupont, viennent d'être victimes de leur zèle. Ils étaient au champ de la Fédération, et disaient au peuple rassemblé qu'il fallait exécuter la loi; ils ont été pendus sur-le-champ. »

A ces mots, un mouvement d'indignation se manifesta sur tous les bancs. Le curé Dillon essaya de les calmer, en disant « que le fait n'était pas tel qu'on l'avait rapporté. — Qu'importe, lui répondit Regnault de Saint-Jean-d'Angély; j'ai aussi entendu dire qu'ils avaient été pendus pour avoir prêché l'exécution de la loi; mais que cela soit ainsi ou autrement, leur mort est toujours un attentat qui doit être poursuivi selon la rigueur des lois. Je demande que M. le président s'assure des faits, afin que l'on puisse prendre toutes les mesures nécessaires; et, dussé-je être moi-même victime, si le désordre continue, je demanderai la proclamation de la loi martiale. »

Ce qui se passait au Champ-de-Mars n'était pas de nature à provoquer cette mesure extrême. Tout y était calme. Un escadron de cavalerie de la garde nationale avait dispersé l'attroupement qui promenait les têtes des victimes. Desmottes, aide-de-camp de La Fayette, insulté par quelques exaltés, en avait fait arrêter quatre, sans éprouver de résistance. Les clubistes, repoussés de la Bastille, arrivaient au lieu du rendez-vous par bandes peu nombreuses. A une heure, un commissaire des Jacobins vint annoncer que l'Assemblée constituante avait statué sur le sort de Louis XVI; que, par décret de la veille, il avait été seulement *suspendu de ses fonctions royales*, et qu'une nouvelle pétition devenait indispensable. On nomma aussitôt quatre commissaires, au nombre desquels se trouvaient Danton et son secrétaire Robert, éditeur du *Mercure national*. La femme de ce dernier, Mlle de Kéralio, était à ses côtés, et prit part à la rédaction du placet démocratique. Il

La quête à domicile.

était adressé aux représentants de la nation, et se terminait par ces mots : « Tout nous fait la loi de vous demander, au nom de la France entière, de revenir sur votre décret, de prendre en considération que le délit de Louis XVI est prouvé; que ce roi a abdiqué; de recevoir son abdication, et de convoquer un nouveau corps constituant, pour procéder d'une manière vraiment nationale, au jugement du coupable, et surtout au remplacement et à l'organisation d'un nouveau pouvoir exécutif. »

Quand la pétition fut achevée, Danton la lut, et de vifs applaudissements l'accueillirent. Des exemplaires en furent déposés sur les trépieds qui garnissaient les quatre angles du soubassement de l'autel, et ce fut à qui apposerait son nom le premier. On compta, parmi les signataires, des électeurs, des officiers municipaux, et plus de deux mille gardes nationaux de tous les bataillons de Paris et de la banlieue. On continuait à signer, quand parurent trois officiers municipaux, MM. Le Roux, Regnault et Hardy, ceints de leurs écharpes, et escortés de la compagnie du centre du bataillon de Bonne-Nouvelle, sous les ordres de M. Bellisaire. Une députation quitta l'autel et s'avança à leur rencontre. « Messieurs, dit l'un d'eux, nous sommes charmés de connaître vos dispositions. On nous avait dit qu'il y avait ici du tumulte; on nous avait trompés. Nous ne manquerons pas de rendre compte de ce que nous avons vu. » On leur demanda la liberté des quatre individus arrêtés le matin; ils répondirent qu'il fallait s'adresser à la municipalité, et en se retirant, ils emmenèrent avec eux douze commissaires chargés de présenter cette requête.

Pendant ce temps, la Grève se couvrait de troupes; la première et la seconde division de la garde nationale l'occupaient, et s'entretenaient avec émotion des rassemblements du Champ-de-Mars. On racontait avec horreur les assassinats commis au Gros-Caillou; on parlait de *brigands* soudoyés, d'insultes faites à la garde nationale; on prêtait aux pétitionnaires l'intention d'*anéantir l'Assemblée nationale*. Les administrateurs de la Commune crurent le salut de la ville compromis, et prirent la résolution suivante :

« Le corps municipal, informé que des factieux réunis au champ de la Fédération mettent la tranquillité publique en péril;

« Considérant qu'il est responsable de la sûreté des citoyens; que déjà deux meurtres ont été commis par des scélérats;

« Que la force armée, conduite par les autorités légitimes, ne peut effrayer les bons citoyens, les hommes bien intentionnés;

« Arrête que la *loi martiale* sera publiée à l'instant; que la générale sera battue; que le canon d'alarme sera tiré; que le drapeau rouge sera déployé;

« Ordonne à tous les bons citoyens, à tous les soldats de la loi, de se réunir sous ses drapeaux, et de prêter main-forte à ses organes;

« Arrête, en outre, qu'il transportera sur-le-champ sa séance à l'hôtel de l'École royale militaire pour y remplir ses devoirs. »

Quand les douze commissaires entrèrent à l'Hôtel-de-Ville, l'arrêté du corps municipal était déjà connu; le drapeau rouge flottait au-dessus de l'horloge, et les gardes nationaux chargeaient leurs armes. Le maire se mit à la tête de la municipalité et des troupes, et marcha sur le Champ-de-Mars. Il y entra, le soir, à huit heures moins un quart, par la porte qui fait face à Chaillot, avec La Fayette, Charton, commandant de la première division, et un colonel portant le drapeau rouge. Une seconde colonne déboucha par la rue Saint-Dominique, et une troisième par la grille de l'École. Tous les témoignages s'accordent sur deux points : c'est qu'à son apparition, la garde nationale fut provoquée, et qu'elle ne prit pas le temps de faire des sommations. En la voyant, on cria : A bas le drapeau rouge ! à bas les baïonnettes ! Des pierres furent lancées, un coup de pistolet fut tiré, et la balle, passant devant Bailly, traversa la cuisse d'un dragon qui s'était joint à la garde nationale. Une première décharge fut faite en l'air ; une seconde, nécessitée par de nouvelles attaques, mit des séditieux en fuite, et en renversa plusieurs. Le nombre des victimes n'a jamais été bien connu. Bailly l'évalue à dix ou douze ; Weber à une trentaine ; Prud'homme à cinquante ; le marquis de Ferrières à quatre cents. Du côté des gardes nationaux un seul homme resta sur la place.

Tel fut le *Massacre du Champ-de-Mars*, que Bailly expia sur l'échafaud, et La Fayette en exil. Quatre ou cinq mille gardes nationaux y participèrent, les autres n'avaient pas répondu à l'appel, ou faisaient cause commune avec les pétitionnaires. La deuxième division, qui occupait les environs de l'École militaire, s'abstint de tirer, et protégea même les fuyards.

M. Thiers, dans son *Histoire de la Révolution*, a fait un récit fantastique de ce déplorable événement. Il nous représente La Fayette brisant, le matin, les barricades déjà élevées ; deux invalides égorgés ; Bailly faisant les sommations d'usage ; tous faits contredits par les documents contemporains, comme le procès-verbal de la municipalité, les *Révolutions de Paris*, n° 106 ; les *Mémoires* de Bailly, t. I ; l'*Histoire de la Révolution*, par deux amis de la liberté, t. VI, p. 238. Mais M. Thiers apprécie avec sagacité les causes du conflit : « Le roi, la majorité de l'Assemblée, la garde nationale, les autorités municipales et départementales, étaient d'accord ainsi pour établir l'ordre constitutionnel, et ils avaient à combattre la démocratie au dedans, l'aristocratie au dehors. L'Assemblée et la garde nationale composaient cette nation moyenne, riche, éclairée et sage, qui voulait l'ordre et les lois, et elles devaient dans ce moment s'allier naturellement au roi, qui, de son côté, semblait se résigner à une puissance limitée. Mais s'il leur convenait de s'arrêter au point où elles en étaient arrivées, cela ne convenait pas à l'aristocratie, qui désirait un bouleversement, ni à la populace, qui voulait acquérir et s'élever davantage. »

Il faudrait un volume spécial pour raconter les brillantes revues, les fêtes splendides qui ont eu lieu au Champ-de-Mars. Le 10 août 1793, on y célébra l'acceptation de la constitution républicaine ; le 2 décembre de la même année, on y vit défiler quatorze chars représentant les quatorze armées qui combattaient héroïquement pour la défense de la patrie. La solennité du 9 juin 1794, en l'honneur de l'Être suprême, commencée aux Tuileries, vint finir au Champ-de-Mars, où la Convention prit place sur une montagne factice pour présider au défilé de vieillards, d'hommes, de jeunes gens et de jeunes filles choisis dans les quarante-huit sections de Paris.

Napoléon 1er, après son couronnement, reçut au Champ-de-Mars le serment des députations de l'armée auxquelles il distribua des aigles ; le 10 novembre 1804. Louis XVIII, le 7 septembre 1814, y distribua à son tour des drapeaux blancs aux gardes nationaux. Quand l'empereur fut revenu de l'île d'Elbe, il tint au Champ-de-Mars, le 1er juin 1815, l'assemblée désignée sous le nom de Champ-de-Mai.

Une des fêtes données dans cette vaste enceinte est tristement célèbre : dans la soirée du 15 juin 1837, des milliers de Parisiens s'étaient portés au Champ-de-Mars pour voir le simulacre de la prise d'Anvers ; lorsque les dernières fusées furent éteintes, la foule se précipita tumultueusement vers les grilles, et plusieurs personnes périrent étouffées. L'affluence, qui ne manque jamais de se rendre aux revues, pouvait faire appréhender le retour de semblables accidents ; aussi s'est-on décidé à combler les fossés. Le Champ-de-Mars n'est maintenant entouré que d'un mur à hauteur d'appui, et toute sa superficie a été nivelée, principalement du côté du quai, où elle formait des ondulations et où on a vu longtemps les tombeaux de quelques victimes des journées de Juillet 1830.

Entre le Champ-de-Mars et l'esplanade des Invalides est le quartier du Gros-Caillou. Ce Gros-Caillou servait d'enseigne à une maison de débauche, et sa masse siliceuse était tellement dure qu'il fallut employer la poudre pour la mettre en pièces. Sur l'emplacement de la maison mal famée, Chalgrin éleva une église, auprès de laquelle un hôpital militaire fut fondé, en 1765, par les soins du maréchal duc de Biron, colonel des gardes-françaises.

Le quartier du Gros-Caillou renferme le dépôt des marbres du gouvernement, avec des ateliers où les principaux sculpteurs exécutent les commandes qui leur sont faites par l'État. On trouve encore le long du quai d'Orsay le magasin central des effets d'habillements et d'équipements militaires ; puis la manufacture des tabacs, qui entre pour plus d'un tiers dans la préparation du tabac à fumer ou à priser, des feuilles à mâcher, des cigares de 5 et de 10 centimes ; les autres viennent de l'étranger. Elle fabrique aussi des cigarettes. Un décret a augmenté de 20 pour 100 le prix du tabac, à partir du 23 octobre 1860, ce qui augmentera de 36 millions le revenu de l'impôt auquel cette denrée est soumise. Le prix du kilogramme de tabac ordinaire, à fumer ou à priser est élevé de 8 à 10 fr.

Condamnés par la plupart des médecins, la consommation du tabac s'est propagée au dépit de leurs réclamations. Les manufactures de Paris, du Havre, de Morlaix, de Toulouse, Bordeaux, Tonneins, Marseille, Lyon, Lille et Strasbourg, contiennent pour une valeur de plus de 50 millions de livres de tabacs, qui se manipulent sous la direction d'employés supérieurs choisis parmi les élèves de l'École polytechnique.

La France consomme par année 26 millions de kilogrammes de tabacs, dont la vente des tabacs est confiée à 30.000 buralistes, qui sont soumis à un cautionnement de 500 à 1,500 fr. ; l'État leur fait une remise de 500 millions, de sorte que chaque débitant fait un bénéfice moyen de 510 fr. Quant aux contributions indirectes est énorme ; il s'est élevé, en 1860, à 128 millions de francs. La somme acquise au Trésor provenant de la vente du tabac, du 1er juillet 1814 au 31 décembre 1860, est de 2 milliards 784,235,173 fr.

CHAPITRE VI.

Institution impériale des Jeunes Aveugles. — Bâtiments. Organisation.

Ne nous éloignons pas des quartiers du Gros-Caillou et des Invalides sans entrer dans quelques détails sur l'institution peu connue des Jeunes Aveugles.

Ce n'est que vers la fin du dernier siècle qu'on a songé à systématiser au profit des enfants affligés de cécité, les éléments d'instruction qu'avaient su s'approprier çà et là quelques aveugles plus intelligents que les autres ; l'honneur de cette découverte revient à un Français, Valentin Haüy, frère du célèbre minéralogiste, né en 1745, au village de Saint-Just, en Picardie. Après avoir patiemment élaboré, pendant quelques années, sa méthode, il l'appliqua à un aveugle-né, appelé Lesueur. Son succès fut rapide et éclatant, et bientôt les secours de la Société philanthropique mirent l'ingénieux inventeur à même de pouvoir étendre à d'autres enfants le bienfait de cette instruction nouvelle.

L'Institution se trouva ainsi créée vers 1785 ; l'année suivante Valentin Haüy quitta la maison qu'il habitait rue Coquillière, avec quelques jeunes aveugles dont il avait commencé l'éducation, pour se transporter dans un local plus favorablement disposé, situé rue Notre-Dame des Victoires, en face de l'emplacement aujourd'hui occupé par la Bourse ; c'était la maison qui portait le n° 18, et l'on peut la considérer comme le berceau véritable de l'Institution. Le nombre des pensionnaires s'élevait à douze ; il y avait, en outre, des externes qui doublèrent bientôt le nombre des élèves. L'établissement était administré concurremment par son fondateur et par une commission de membres de la Société philanthropique. De fréquents exercices publics réunissaient un nombreux concours d'assistants émerveillés des progrès des jeunes disciples de Valentin Haüy. A la fin de 1786, la cour elle-même voulut en être témoin, et l'Institution se transporta à Versailles, le 26 décembre, avec vingt-quatre élèves de l'un et de l'autre sexe, qui recueillirent les plus vifs témoignages de la satisfaction des augustes spectateurs.

En 1791, l'Assemblée nationale mit, par un décret du 21 novembre, l'Institution, qui comptait déjà cinq années d'existence, à la charge de l'État et lui assigna pour demeure l'ancien couvent des Célestins, voisin de l'Arsenal, dont une partie était réservée aux sourds-muets. Une somme de vingt-quatre mille francs devait être affectée à l'entretien des maîtres et élèves. Mais parmi les agitations sanglantes qui ne tardèrent pas à délator, l'institution fut oubliée, et Haüy eut besoin de toute les efforts de son zèle actif et persévérant, pour pouvoir la soutenir pendant les années qui s'écoulèrent jusqu'à l'an m 1705). A cette époque, le gouvernement vint encore à son aide. Une loi du 10 messidor de cette année constitua de nouveau l'institution établissement national, sous le titre d'*Aveugles-Travailleurs*, en statuant qu'il serait fondé quatre-vingt-six bourses, une par département, avec allocation d'une somme de 500 francs pour chaque bourse. On avait donné à l'établissement, vers la fin de l'année précédente, pour séjour une propriété nationale, dite maison Saint-Catherine ou des Catherinettes, située rue des Lombards. Là encore l'institution eut beaucoup à souffrir par suite de cette pénurie du trésor public, qui se prolongea pendant toute la durée de la période républicaine.

La première année du nouveau siècle fut marquée, pour l'institution, par un changement funeste. Déjà plusieurs fois, dans une vue d'économie, il avait été question de la réunir à l'hospice des Quinze-Vingts. Malgré l'opposition de Valentin Haüy, qui regardait cette mesure comme devant amener la ruine de sa création, elle fut accomplie par un décret consulaire du 4 nivôse 1801. La translation s'opéra immédiatement, et bientôt, comme Haüy l'avait prévu, l'institution vit déchoir les études, qu'on remplaçait par un travail de filature introduit alors dans l'hospice. Assailli de dégoûts, Haüy quitta l'institution en 1802, essaya de créer, rue Sainte-Avoye, un établissement particulier sous le titre de *Musée des Aveugles*, et enfin, cédant en 1806 à l'appel du gouvernement russe, il se rendit à Saint-Pétersbourg pour y fonder une école semblable à celle qui avait, pendant quelques années, jeté tant d'éclat dans sa patrie.

Les *aveugles de seconde classe* (ainsi appelait-on alors les élèves de l'institution) eurent pour maître M. Bertrand, second instituteur, appelé à remplacer Haüy, et qui fit d'honorables efforts pour soutenir son œuvre. La surveillance des classes et des ateliers était seule dévolue, au reste, au nouveau directeur. Sous le rapport administratif, l'établissement n'était qu'une annexe de l'hospice.

Le 4 mars 1814, M. Bertrand étant décédé, fut remplacé par le Dr Guillié, qui, peu après, secondé par les changements politiques survenus dans le pays, à la suite de la chute de l'Empire, parvint à faire statuer de nouveau la séparation de l'institution et de l'hospice. L'ordonnance du roi Louis XVIII, en date du 8 février, qui prononçait cette séparation, reçut son exécution le 20 février de l'année suivante, par la translation de l'établissement dans les bâtiments de l'ancien collège Saint-Firmin, rue Saint-Victor, qu'avait habité saint Vincent de Paul, au XVIIe siècle, et qui fut à la fin du XVIIIe un des théâtres des épouvantables massacres de septembre. Là, l'institution confiée à une administration composée de cinq membres, y compris le directeur, eut, dès lors, pour le budget de l'État, d'une allocation fixe de 50,000 fr. Le nombre des bourses gratuites fut porté à quatre-vingt-dix, dont un tiers affecté au sexe féminin. Les études, les travaux prirent alors un grand développement.

En 1821, M. Guillié ayant été remplacé par le docteur Pignier, le directeur cessa alors de figurer au nombre des administrateurs. En cette même année, le vénérable fondateur de l'institution, Valentin Haüy, de retour en France après onze années de séjour en Russie, vint assister à un concert donné en son honneur à l'institution, et recueillir les témoignages de respect et d'admiration qui lui étaient si légitimement dus. Il expira le 19 mars de l'année suivante.

Dans la période subséquente se manifestèrent graduellement diverses causes de décadence, puissamment secondées par les inconvénients résultant du local incommode et insalubre où l'institution se trouvait colloquée. La nécessité, de jour en jour plus impérieuse, d'assigner un autre séjour à cet établissement, amena, le 18 juillet, statuant érection d'un nouveau bâtiment pour le recevoir. Le 22 juin de l'année suivante, M. Dufaure, ministre des Travaux publics, posa la première pierre de ce bâtiment qui devait être situé à l'angle du boulevard des Invalides et de la rue de Sèvres, et dont la construction était confiée à M. Philippon.

Le 28 mai 1840, M. Pignier fut remplacé en qualité de directeur par M. Dufau qui remplissait à l'institution, depuis l'année 1815, les fonctions d'instituteur. Dans l'année suivante, une ordonnance royale, comprenant les autres établissements géné-

raux de bienfaisance, organisa ces établissements sur de nouvelles bases. L'ancienne administration fut supprimée et chaque établissement dut être administré, sous l'autorité du ministre de l'intérieur, par un directeur responsable assisté d'une commission simplement consultative composée de quatre membres. Sous l'influence de cette réforme fondamentale, tous les services furent successivement renouvelés et d'importantes améliorations matérielles et morales introduites. Le 11 novembre 1843, l'essor décisif qui avait été imprimé à l'établissement, reçut son complément par sa translation dans le nouveau bâtiment dont le dotait la munificence nationale, et où il ne devait plus s'arrêter dans la voie du progrès. La régénération fut complète.

Le nombre des bourses de l'État fut alors porté à 120 et le chiffre de la subvention à 110,000 fr.

Ainsi, depuis sa fondation, dans l'espace de soixante-six années environ, l'institution a changé six fois de séjour.

En 1855, M. Dufau, dont l'obligeante initiative nous a fourni un grand nombre de documents sur l'institution impériale des Jeunes Aveugles, a été, sur sa demande, mis à la retraite. Il a conservé le titre de directeur honoraire. Pendant cette longue carrière, M. Dufau s'est consacré avec zèle à l'éducation et à l'amélioration du sort des infortunés confiés à ses soins. — Outre un grand nombre d'ouvrages ou mémoires d'économie politique, il a publié plusieurs écrits qui ont été accueillis avec faveur : *Plan de l'organisation de l'Institution des Jeunes Aveugles* (1833, in-8°), ouvrage qui fut récompensé par l'Académie française de l'un des prix Monthyon de 6,000 fr.; *Notice historique sur Valentin Haüy, fondateur de l'Institution* (1844, in-8°); *Mémoire sur l'éducation d'une jeune fille aveugle, sourde-muette et sans odorat*, communiqué à l'Académie des sciences morales et politiques, en 1845; et enfin, *Souvenirs d'une aveugle-née* (1851, in-12), fiction touchante et ingénieuse, dans laquelle l'auteur a essayé de retracer le développement des facultés et des sensations chez l'aveugle de naissance.

Le bâtiment actuel de l'institution a été construit sur des terrains réunis, et formant un îlot que bornent aux quatre côtés le boulevard des Invalides N.-E., la rue de Sèvres S.-E. et les rues peu bâties de Masséran S.-O. et des Acacias S.-O. et N.-O. Ce terrain, de forme rectangulaire, a sur le boulevard une étendue de 157 mètres; sa profondeur sur la rue de Sèvres est de 73 mètres 53 cent. La superficie totale est de 11,800 mètres, dont 2,860 sont occupés par les constructions.

L'entrée principale est sur le boulevard par une grande grille, aux extrémités de laquelle sont deux pavillons dont l'un est affecté au concierge, et l'autre a été disposé comme corps de garde. Aux deux côtés de la cour sont pratiqués deux petits jardins symétriques de forme octogone et plantés d'arbustes.

La façade est ornée d'un fronton dû au ciseau habile de M. Jouffroy, et représentant Valentin Haüy, au milieu d'un groupe de jeunes gens et de jeunes filles aveugles. Une belle statue de cet homme de bien orne aussi la cour d'entrée.

Les bâtiments, au nombre de sept, forment un ensemble entièrement isolé et fort bien adapté dans ses dispositions générales à la destination de l'édifice. Le bâtiment principal consacré aux services généraux est situé au centre. Le rez-de-chaussée comprend le vestibule, le grand escalier, la cuisine et la salle des bains. Au premier, sur le devant, la salle du conseil et le cabinet du directeur, et dans toute la profondeur du bâtiment, la salle des exercices publics et la chapelle, l'une et l'autre comprenant deux étages et pouvant être réunies ou séparées au moyen de grandes portières et de rideaux. La salle d'exercices qui présente deux rangs de colonnes en stuc, n'est pas moins sonore qu'élégante; elle peut contenir environ mille personnes. La chapelle est ornée de peintures remarquables, dues à M. H. Lehmann. L'orgue sort des ateliers de M. Cavaillé-Coll.

Au second, sur le devant, le cabinet du médecin avec ses dépendances; au troisième l'oratoire des sœurs infirmières et la pharmacie, et dans la profondeur du bâtiment les chambres des professeurs et des salles d'archives et de dépôts divers.

Les bâtiments des élèves, parallèles au premier, forment deux quartiers opposés entre eux et joints au rez-de-chaussée par un vaste corridor, l'un au N.-O. pour les garçons et l'autre au S. E. pour les filles. Ces bâtiments sont doubles en profondeur et élevés de deux étages. Le rez-de-chaussée est consacré aux ateliers et à la salle de récréation ; au premier, les classes, salles d'études et de conférences; au deuxième, les dortoirs, lavabos et vestiaires. Une bibliothèque, où sont déposés, indépendamment d'un choix de volumes destinés aux lectures faites aux élèves, les livres, cartes et planches adaptés à l'instruction des aveugles, est au centre du premier étage, dans le quartier des garçons; le même emplacement est occupé dans le quartier des demoiselles par une salle d'exposition et de vente des objets confectionnés par les élèves. Dans le même quartier sont colloqués au premier la lingerie et au rez-de-chaussée les bureaux de l'économat.

Ces deux bâtiments sont reliés à celui du milieu par quatre autres, savoir : deux bâtiments de face consacrés aux réfectoires, aux logements des principaux employés et aux deux infirmeries situées au troisième, et enfin deux bâtiments séparés des précédents par la cour des ateliers d'un côté et par la cour des services de l'autre, et consacrés, celui de droite, à un grand atelier de tisseranderie au rez-de-chaussée, aux classes et cabinets pour les études musicales dans les étages supérieurs; celui de gauche, au logement de l'aumônier et de divers employés, et à quelques dépendances d'une cour de décharge, dont la sortie est sur la rue Massëran.

Au moyen de corridors situés au premier et au deuxième, les élèves arrivent de leurs quartiers respectifs au centre commun où se trouvent la chapelle et la salle d'exercices. Sur les côtés, dans chaque quartier, des jardins formés de longues allées que séparent des massifs d'arbustes entourés de treillages, leur servent du promenoir. Des appareils de gymnastique ont été disposés à l'extrémité de ces jardins.

L'établissement est chauffé dans toutes ses parties au moyen de calorifères à circulation d'eau, construits par M. Léon Duvoir.

L'achat du terrain, l'édification entière des bâtiments et les dispositions mobilières générales ont imposé au trésor une dépense totale de près de deux millions.

L'Institution est un établissement de l'État, où les enfants aveugles de l'un et de l'autre sexe reçoivent l'éducation et sont préparés à exercer une profession utile.

Le directeur a sous son autorité, pour la surveillance des études et travaux et le maintien de la discipline, dans le quartier des garçons, un instituteur, et dans le quartier des demoiselles, une institutrice; pour la comptabilité et la gestion économique, un receveur économe; pour la police et la tenue générale de l'établissement, un préposé au service intérieur. L'instituteur le remplace en cas d'absence ou d'empêchement.

Un aumônier est chargé du service religieux catholique; des mesures sont prises de concert avec les familles pour l'instruction religieuse des enfants appartenant aux autres cultes reconnus par l'État.

Il y a pour le service de santé un médecin ordinaire, un médecin adjoint, des médecins consultants et un chirurgien dentiste. Deux sœurs de la congrégation des hospitalières de Sainte-Marie sont préposées à chacune des infirmeries.

Trois surveillants et deux surveillantes sont dans chaque quartier chargés de veiller au maintien de la discipline parmi les élèves, et de leur donner les soins constants que réclame leur position. Un veilleur de nuit est sur pied dans les dortoirs des garçons et fait les rondes de sûreté dans les diverses parties du bâtiment.

Les élèves sont admis à titre de pensionnaires ou de boursiers; le prix de la pension est de 1,000 fr. Le prix des bourses est fixé au taux nominal de 800 fr., d'où il suit que la concession faite à une famille d'un quart de bourse lui impose une charge de 600 fr., de demi-bourse 400 fr., et de trois quarts de bourse 200 fr. La bourse fondée par des particuliers, dans une pensée de bienfaisance, est également de 800 fr.; le prix n'est que de 600 fr. pour celles qui sont allouées sur les fonds des départements, des communes et des administrations charitables. La durée de la bourse est de huit années. Une prolongation d'un an est quelquefois accordée par le ministre, lorsque les besoins de l'éducation l'exigent.

Pour être admis avec concession de bourse ou de fraction de bourse de l'État, il faut être âgé de neuf ans accomplis et n'avoir pas dépassé la treizième année. La demande, à l'effet d'obtenir une admission, doit être adressée au ministre de l'Intérieur et accompagnée 1° d'une déclaration délivrée par un médecin, portant que la cécité est complète et ne paraît pas curable; que l'enfant jouit de toutes ses facultés intellectuelles; qu'il n'est point épileptique; qu'il n'est atteint, ni de scrofule au second degré, ni de maladie contagieuse, ni d'aucune infirmité qui puisse le rendre inhabile aux travaux dont les aveugles sont capables; enfin qu'il a eu la petite vérole ou qu'il a été vacciné, et, dans ce dernier cas, que l'éruption vaccinale a eu son entier développement; 2° de son acte de naissance.

La nomination aux bourses de la fondation Vignette, instituées par une dame de ce nom, appartient également au ministre de l'Intérieur; les préfets nomment aux bourses départementales.

Pour être admis comme pensionnaire, on s'adresse au directeur. Les étrangers sont également reçus à ce titre. Le prix de la pension se paie d'avance et par trimestre. Tout mois commencé est dû en entier à l'établissement.

Tout élève est tenu de fournir à son entrée un trousseau dont l'établissement se charge, moyennant une somme une fois donnée de 300 fr. Les boursiers de la fondation Vignette sont exemptés de la charge du trousseau et en reçoivent un neuf et complet à leur sortie. Le trousseau ne se rend pas, à moins que l'élève n'ait séjourné moins de quatre mois dans l'Institution. Une partie du trousseau, composé d'objets de vêtements et de linge, est rendue en nature à chaque élève lors de sa sortie.

Les principales règles, adoptées pour l'ordre intérieur dans l'établissement, sont les suivantes : Le lever a lieu à six heures et le coucher à neuf heures, suivis ou précédés de la prière et d'une lecture pieuse. Les repas sont fixés, savoir : le déjeuner à huit heures, et consiste en une soupe en hiver et une tasse de lait froid dans la belle saison; le dîner, à midi, composé de la soupe, d'un plat de viande et de légumes; la collation, en pain, à trois heures et demie; le souper, à sept heures, composé d'un plat et d'un dessert. Chaque repas est suivi d'une récréation d'une demi-heure. Les intervalles sont remplis par les classes, études et travaux divers spécifiés ci-après.

Les élèves sont visités par les parents ou protecteurs les jours de congé, lesquels peuvent devenir aussi pour eux des jours de sortie.

Les élèves sont partagés, aux repas, aux récréations, dans les dortoirs, etc., en deux divisions, les grands et les petits, la quinzième année formant en général la ligne de partage. Sous le rapport alimentaire, les élèves de la seconde division reçoivent des portions moyennement réduites du cinquième au dixième. Ceux de la première reçoivent en moyenne par jour 75 décagr. de pain; 22 centilit. de vin; 18 décagr. de viande, etc. Une constante sollicitude est apportée au choix des aliments, qui sont simples, mais toujours de première qualité. Les employés adultes nourris reçoivent généralement la même nourriture que les élèves, mais en quantité plus élevée. Les élèves de constitution faible et valétudinaires sont admis à la table de convalescence tenue, dans chaque quartier, à l'infirmerie sous la direction des sœurs; on y admet également, pendant un certain temps, les plus jeunes enfants qui réclament des soins particuliers.

Toutes les précautions hygiéniques sont prises pour fortifier le tempérament des élèves. Des bains sont donnés chaque mois. Des promenades au dehors ont lieu, dans la belle saison, le jeudi, et plus fréquemment pendant les vacances, qui s'ouvrent à l'issue de la distribution des prix, vers le milieu du mois d'août, et durent deux mois.

Les élèves ont un uniforme qui consiste, pour les garçons, en un habit (ancien modèle du costume militaire) et un pantalon bleu national; et pour les filles, en une robe de laine avec pèlerine de couleur marron. En petite tenue, les garçons portent une blouse en tissu bleu rayé; et les filles, une robe avec tablier à corsage, en cotonnade marron, rayée de blanc.

Les professeurs portent habituellement l'uniforme des élèves, et ne sont distingués que par des insignes au collet, qui varient selon le grade. Les dames professeurs portent la robe de laine de couleur noire.

CHAPITRE VII.

Modes d'instruction de l'Institution impériale des Jeunes Aveugles. Avenir des élèves.

Lorsqu'un enfant est admis à l'Institution, l'objet qui fixe d'abord l'attention des personnes chargées de l'élever, c'est l'éducation physique, si mal dirigée, en général, dans la famille pour les jeunes êtres affligés de cécité. La sollicitude du maître se porte à cet égard, avant tout, sur la nécessité de rendre à l'aveugle cette activité corporelle dont une tendresse maternelle mal entendue l'a, le plus souvent, privé. Dans les travaux, dans les récréations, il est livré sans guide à toute la liberté de ses mouvements. Après les premiers jours, pendant lesquels il faut parfois lui apprendre à manger, à marcher, à s'habiller, il est tenu de faire, autant que possible, tout par lui-même; il fait son lit, range ses effets et vaque sans secours à tous les soins de toilette et de propreté.

L'instruction commence simultanément. Elle a un triple objet et se divise par conséquent en trois sections; elle est intellectuelle, musicale et technologique. Les huit années que doit durer le cours d'instruction sont généralement partagées en deux périodes à peu près égales; dans la première, les élèves sont en quelque sorte essayés. Ils reçoivent l'instruction primaire, des leçons de musique théorique et instrumentale, et ils font partie d'un atelier. Leurs dispositions spéciales sont étudiées avec soin pendant ce laps de temps. A l'expiration de cette période, ils entrent définitivement dans une voie où leurs progrès sont autant que possible accélérés pendant les années qui leur restent à passer à l'Institution. S'ils n'ont aucune aptitude pour les sciences ou les lettres, si d'autre part la nature ne les a pas faits musiciens, ils ne s'occupent plus que de travaux manuels et achèvent leur apprentissage dans celui des ateliers qui paraît offrir le plus de chances favorables pour leur avenir. En cas contraire, ils font partie du cours d'instruction supérieure ou poursuivent l'étude de l'art musical jusqu'à ses dernières limites.

Les objets d'instruction intellectuelle compris dans le cours d'instruction primaire et répartis dans les quatre années sont la lecture à livres en relief, l'histoire sainte, la grammaire, la géographie et l'arithmétique, les notions générales d'histoire ancienne et d'histoire naturelle, l'histoire de France, et enfin l'écriture en points saillants, invention si ingénieuse qui appelle dans l'établissement une attention toute particulière.

L'avantage des diverses combinaisons de points palpables pour représenter les lettres ou les syllabes à l'usage des aveugles, avait été deviné par un homme de bien, M. Barbier, dont la vie s'est écoulée en tentatives plus ou moins heureuses dans la vue d'améliorer cette instruction spéciale; mais c'est l'aveugle-né, Louis Braille, ancien élève et professeur de l'Institution, qu'elle vient de perdre, qui, en régularisant l'emploi du point, a véritablement inventé le système d'écriture aujourd'hui adopté par tous les aveugles de France, et qui commence également à pénétrer dans l'étranger.

Ce système est simple et pratique, et c'est ce qui l'a fait préférer à d'autres combinaisons en apparence plus savantes et plus philosophiques; l'intelligence en est très-facile : une première ligne formée de points diversement combinés dans le sens horizontal, mais qui n'en présente jamais plus de deux *dans le sens vertical*, offre les dix premières lettres de l'alphabet; on obtiendra une seconde rangée de dix signes en plaçant symétriquement dans le sens vertical un troisième point au-dessus du premier; on en obtiendra une troisième, en plaçant deux points dans le même sens, et une quatrième en supprimant le premier de ces deux points. Ces combinaisons forment autant de caractères faciles à discerner pour le doigt de l'aveugle et à percevoir même pour l'œil du voyant. Au moyen de ces signes et de quelques autres qui résultent de conventions, on peut reproduire avec fidélité, dans leur orthographe exacte, tous les mots de la langue.

Autre avantage : moyennant un signe convenu, les dix premiers caractères se transforment en signes de numération et les sept derniers de cette même ligne en signes de notation musicale qui offriront le moyen, avec l'aide de combinaisons ingénieuses, d'arriver à pouvoir écrire la musique la plus compliquée, le concerto ou la sonate d'un maître.

Mais c'est peu encore : ces caractères que le doigt de l'aveugle peut lire, sa main les écrit elle-même au moyen d'une réglette adaptée à une planche métallique à rainures et d'un poinçon qui trace les points sur un papier un peu fort interposé entre la planche et la réglette. Dès lors l'aveugle est pourvu d'un moyen usuel de servir tous les besoins de l'instruction, de lui donner le secours immense dont l'écriture est pour nous la source. La réglette, la planche et le poinçon lui tiennent lieu de la plume, de l'écritoire et du pupitre de l'écolier ordinaire. Mais il écrit en sens inverse, pour pouvoir, en retournant le papier, lire dans le sens ordinaire.

Tel est ce système qui recommande la mémoire de son modeste et intelligent inventeur à la gratitude des aveugles.

Le cours d'enseignement supérieur comprend la géométrie, la physique et la cosmographie, la littérature, l'histoire générale et la géographie politique; les notions générales du droit public, administratif et privé. Les langues anciennes sont, comme on voit, exclues de cet enseignement qui doit être directement utile. Les élèves les plus avancés sont envoyés à quelques-uns des cours faits par des professeurs éminents de la Sorbonne ou du Collège de France.

Des lectures, appropriées aux diverses classes, en forment le complément; elles sont combinées de manière à faire connaître les meilleures productions dans les diverses littératures anciennes et modernes.

Dans chaque classe, le professeur fait un examen hebdomadaire dont les résultats sont communiqués à l'instituteur et à l'institutrice, et tous les trois mois se fait un examen général de toutes les parties de l'enseignement à la suite duquel sont envoyés aux familles des bulletins, réunissant des notes sur la santé, la conduite et les progrès des élèves.

Comme, jusqu'à ce jour, c'est l'aveugle musicien qui a pu le mieux et le plus généralement trouver les moyens de tirer parti des talents acquis à l'Institution, il y a toujours hâte de découvrir cette aptitude spéciale plus fréquente au surplus chez les aveugles que chez les voyants. De là, nécessité de faire commencer l'étude de la musique presque en même temps que les autres. Des classes de solfége reçoivent donc les plus jeunes enfants, auxquels on donne aussi, presque dès leur entrée, un instrument. Le piano ne tarde pas à avoir son tour, pour mieux dire à être le fond même de l'instruction musicale dont l'autre instrument n'est que l'accessoire; mais cet accessoire n'est pourtant pas sans importance, car il fait arriver à l'orchestre dont les exercices contribuent puissamment à faire le musicien consommé. Cet orchestre est complet et peut exécuter d'une manière très-satisfaisante, même pour les artistes, telle ouverture, telle symphonie des grands compositeurs. Des matinées musicales, à l'issue desquelles on visite l'établissement dans toutes ses parties, et où l'on voit les élèves dans leurs occupations diverses, réunissent, chaque mois, dans la saison d'été, un concours nombreux d'auditeurs qui témoignent toujours vivement de l'intérêt que leur inspirent les jeunes virtuoses, parfois auteurs eux-mêmes des compositions qu'ils exécutent.

L'enseignement musical comprend indépendamment du solfége et de tous les instruments, la vocalisation, le chant, l'harmonie, la composition, l'orgue et l'accord des pianos.

L'enseignement musical aussi bien que l'enseignement intellectuel est donné par des professeurs aveugles, anciens élèves de l'Institution. L'expérience l'a prouvé, nul maître n'est préférable pour l'enfant atteint de cécité à celui qui, né dans le même état d'infirmité, a su, par de persévérants efforts, triompher des obstacles que lui imposait la nature; nul ne peut mieux le guider dans cette route qu'il a parcourue lui-même et dont les aspérités lui sont si bien connues. Toutefois nous reconnaissons que l'élève, lorsqu'il est arrivé à un certain degré de talent, peut gagner beaucoup à recevoir des leçons, notamment pour la musique instrumentale, d'un habile professeur voyant. L'instruction se complète de la sorte. Plusieurs élèves sont ainsi envoyés chez divers artistes déjà célèbres parfois et qui se font un honneur de venir généreusement en aide à l'Institution. Quelques-uns admis au Conservatoire assistent aux cours des maîtres si distingués qui dirigent ce grand établissement musical. Ils n'y figurent pas au rang des derniers de leurs disciples, et déjà même il en est qui ont obtenu aux concours de fin d'année d'honorables distinctions.

Quant à l'enseignement industriel, il se constitue, dans le quartier des garçons, par les ateliers ci-après : 1° chaussons de lisières ou de tresses pour les plus jeunes enfants; 2° filets de toutes sortes; 3° brosserie; 4° menuiserie commune; 5° tour; 6° tisseranderie. La vannerie a été exclue comme n'offrant que peu de ressources après la sortie. Entre ces ateliers, ceux de filet et de brosserie sont au compte du maître d'atelier, qui reçoit seulement de l'Institution un prix pour les leçons qu'il donne, et se charge de fournir les matières premières et de placer les produits; ceux de l'atelier de tisseranderie sont consommés dans l'établissement, et ceux de l'atelier de tour, vendus au magasin du quartier des demoiselles, où se vendent également les articles de tricots divers, paniers en paille trèssée, bourses au métier, etc., que confectionnent les élèves de ce sexe.

L'imprimerie est un atelier spécial où sont composés et tirés les volumes en relief, qu'on broche et qu'on relie dans un atelier annexe.

Dans l'atelier d'imprimerie, sont également exécutées les planches à écrire en points saillants et les cartes géographiques, composées d'après des procédés ingénieux de l'invention de M. Victor Laass d'Aguen, surveillant de l'Institution, auquel la Société d'encouragement pour l'industrie nationale a accordé d'honorables récompenses. On peut voir le développement de ces indications dans l'excellent ouvrage de M. Dufau intitulé : *Des aveugles, considérations*, etc..., dont l'auteur a fait, à l'usage des familles et des institutions spéciales, un manuel complet de l'éducation physique, morale et intellectuelle des enfants atteints de cécité.

Les élèves répartis dans les ateliers sont, dans les premières années, qualifiés apprentis; devenus assez habiles dans le métier qu'ils ont adopté, ils sont admis en qualité d'ouvriers, et reçoivent alors vingt-cinq pour cent sur le produit net de leur travail. Les sommes ainsi prélevées sont placées à leur compte, à la caisse d'épargne.

L'Institution, après avoir obtenu dans les diverses expositions industrielles des médailles de bronze, a reçu une médaille d'argent à la suite de celle de 1849.

La société exige plus de l'instituteur des enfants aveugles que du maître des enfants pourvus de tous leurs sens. Ce dernier donne l'instruction qu'il a promise sans trop s'inquiéter des résultats qu'elle pourra avoir pour l'avenir de ses disciples; mais à celui à qui l'on a confié de jeunes êtres affligés d'une cruelle infirmité, on demande compte de l'instruction spéciale qu'il leur communique; on veut savoir ce qu'ils deviendront à leur sortie de l'asile où les a fait admettre une pensée de bienfaisance, et comment leur a été préparé un sort acceptable dans le monde où ils sont destinés à entrer.

On n'aurait donc rien fait si l'on s'était occupé seulement d'instruire les jeunes aveugles admis à l'Institution. Dans l'enfant il faut sans cesse voir l'adulte futur; il faut que tout, dans cette éducation spéciale, tende vers un but qu'il n'est pourtant pas toujours permis d'atteindre, malgré les plus grands efforts. Telle est, du reste, la pensée constante de la direction actuelle et de ceux qui la secondent si bien; et dans cette voie, il est manifeste que l'Institution se signale, d'année en année, par de nouveaux progrès.

Un plus grand nombre de carrières qu'on ne le croit généralement dans le monde sont ouvertes à l'aveugle instruit et rendu capable, si un préjugé invétéré, qui ne lui laisserait volontiers pour ressource que la mendicité, ne l'en écarte pas. Il devient un maître habile, comme il a été dit plus haut, pour ceux qui sont dans la même condition que lui; mais cette aptitude spéciale à l'enseignement qu'il tient de sa situation, elle peut se généraliser. Rien n'empêche qu'un aveugle ne devienne un fort bon professeur pour un établissement quelconque : certains faits l'ont au surplus démontré.

A cet effet, les élèves qui n'ont reçu de la nature aucune disposition pour la musique, mais chez lesquels, toutefois, se manifeste un développement intellectuel assez marqué, sont préparés de loin au professorat. Ils deviennent ainsi, plus tard, aptes à occuper une place, soit dans l'Institution même, soit dans telle ou telle maison d'éducation d'aveugles ou de voyants. Les externats, notamment ceux des demoiselles, y trouveront une pépinière de maîtres qu'on pourra préférer sous divers rapports à d'autres. A différentes époques aussi, des élèves de l'Institution ont obtenu des brevets de capacité d'instituteurs primaires. Dire qu'ils sont alors plus instruits que le très-grand nombre des individus qui tiennent aujourd'hui école dans les localités de peu d'importance, ce n'est pas trop s'avancer assurément. Il est vrai qu'ils ne sauraient seuls tenir une école; mais l'instituteur primaire est-il seul en général? n'est-il pas habituellement secondé par sa femme et par un adjoint quelconque?

Ce n'est là, au surplus, qu'une éventualité; dans la carrière musicale, au contraire, des faits journaliers démontrent, pour les aveugles, la possibilité de se faire un sort convenable et quelquefois même assez brillant. Un assez grand nombre de buffets d'orgues ont été, dans ces dernières années, occupés par des élèves de l'Institution; ils y joignent l'enseignement de la musique et parfois aussi l'accord des pianos. Depuis que M. Montal, que l'Institution s'honore aussi d'avoir formé, a ouvert aux aveugles cette ressource, elle a procuré à plusieurs élèves, soit à Paris, soit dans les départements, des moyens d'existence assurés. M. Montal, aujourd'hui facteur de pianos, boulevard des Italiens, a été décoré de la Légion d'honneur à la suite de la grande exposition de Londres, où il a obtenu une médaille d'argent.

Mais ils ne sont pas seulement de bons musiciens, d'excellents accordeurs; ils se distinguent presque sans exception par des principes de moralité, par des habitudes religieuses qui leur procurent de dignes protecteurs.

Des recherches faites sur le personnel des élèves dans les dernières années, il suit que du 1er juin 1840 au 1er mai 1852, le nombre des individus existant dans l'établissement à titre d'élèves a été de 411, duquel nombre il faut retrancher le personnel actuel de 174, reste 237. De ce nombre doivent être retranchés encore 74 individus, savoir : 40 décédés à l'Institution, 16 renvoyés comme impropres à recevoir aucun genre d'éducation, par suite d'une infirmité physique ou morale, et 18 pour indiscipline ou inconduite.

Reste en définitive 163 individus qui se rangent dans les catégories suivantes :

1° Admis dans l'Institution comme professeurs...	12
2° Organistes, professeurs de musique ou accordeurs de pianos...............................	47
3° Rentrés dans leurs familles (riches ou plus ou moins aisées)..................................	52
4° Placés sous le patronage de la Société ou dans divers établissements hospitaliers avec des moyens de travail................................	21
5° Sortis avec une industrie qu'ils exercent avec plus ou moins de succès.....................	25
6° Musiciens ambulants, etc......................	6
	163

Quatre des individus, compris dans cette dernière catégorie, ont été placés pendant un certain temps dans l'atelier de la Société de patronage et de secours; les autres auraient pu y entrer, mais ils ont finalement préféré à une vie laborieuse leur condition de mendicité ouverte ou déguisée. Nous devons ajouter que de semblables exemples deviennent de plus en plus rares.

CHAPITRE VIII.

Saint-Thomas-d'Aquin. — Le Musée d'artillerie. — Sainte-Clotilde. L'Abbaye-aux-Bois. — La fontaine de la rue de Grenelle.

Pour nous rendre à l'extrémité opposée du VIe arrondissement, nous avons à parcourir des rues bordées de beaux hôtels : quelques-uns sont encore habités par les descendants des plus vieilles familles de France; d'autres ont été modifiés ou agrandis pour recevoir les ministères de l'Intérieur, de l'Instruction publique, de la Guerre et des Travaux publics. Presque chaque année des améliorations s'accomplissent dans les salles de réception ou dans les bureaux de ces grands centres administratifs. Ainsi les salons du ministère de la Guerre ont été complètement restaurés en 1859, dans le style du XVIIIe siècle, d'après les dessins de M. Delarue. Le grand salon carré, qui était jadis la salle d'armes, est blanc et or; des pilastres composites, reposant sur leurs socles, supportent une voussure ornée de cartouches, d'aigles et de rinceaux. Entre les pilastres sont des panneaux, dont plusieurs renferment des dessins allégoriques représentant les quatre parties du monde.

La nouvelle galerie des armures faisant suite au grand salon est une des plus belles de ce genre. Sur chaque panneau ressortent les armures, disposées en forme de panoplies; au centre se trouve le buste de Napoléon III, entouré d'un faisceau de drapeaux.

Le maréchal Randon a inauguré ces riches salons, le 15 février 1860, par une fête à laquelle assistèrent le prince Napoléon, la princesse Clotilde, les maréchaux Pélissier et Magnan, des notabilités des armées de terre et de mer, et un grand nombre de personnages de distinction, appartenant à la diplomatie, aux grands corps de l'État, aux corps savants et à la société parisienne.

Plusieurs établissements situés dans le VIIe arrondissement dépendent du ministère de la Guerre; tels sont l'École d'application d'état-major, le Dépôt de la guerre et le Musée d'artillerie. Les diverses collections dont se compose ce dernier Musée sont distribuées dans six grandes salles ou galeries. Les anciennes armes défensives, telles que cottes de mailles, brigandines, armures de pied en cap, cuirasses, casques, boucliers, etc., sont placées dans la plus vaste de ces pièces qui a pris le nom de *Galerie des armures*. Les collections d'armes offensives et une grande quantité de modèles d'armes de toute espèce, de machines et d'instruments servant à l'artillerie, occupent les quatre autres galeries. Enfin les modèles de tous les systèmes d'artillerie sont classés dans la grande salle du rez-de-chaussée.

La galerie des armures se trouve partagée, d'après l'ordonnance de sa colonnade, en trois parties ou travées, séparées l'une de l'autre par 6 colonnes accolées, surmontées d'arcades. Sur les côtés et au milieu de cette galerie, à commencer par la travée du fond, ont été rangées chronologiquement les armures de pied en cap et autres, d'après les formes caractéristiques qui déterminent l'époque à laquelle appartient chaque armure.

La collection des épées et armes blanches anciennes et modernes se trouve le long de la petite galerie contiguë à la galerie des armures.

La série des armes à feu portatives, série très-remarquable, est établie dans les trois autres galeries du musée, sur des râteliers placés en face des croisées. Cette série chronologique s'étend depuis la plus ancienne des armes portatives à feu, l'arquebuse à mèche, jusqu'au fusil à platine percutante. Ce qu'il y a de plus précieux en ce genre par la beauté du travail, par la richesse des ornements, par la singularité des formes ou par l'importance historique, est conservé dans quatre armoires vitrées placées au milieu de chacune des quatre galeries.

En face des râteliers d'armes règne une suite de tables destinées à recevoir : 1° les modèles des machines et des instruments employés dans le service de l'artillerie; 2° les modèles des machines, des instruments et des outils servant aux constructions des armes de guerre et aux différents métiers qui concernent ces constructions. Sur le parquet, sur les porte-crosses des râteliers, et sous les tables, sont placés des modèles de forte proportion.

Enfin, le long des murs, entre les croisées de la troisième et de la quatrième galerie, sont suspendus quelques assortiments d'instruments de fabrication ou de vérification, quelques détails de construction pour divers articles de manufacture, et autres objets qui n'ont pu trouver place sur les tables qui garnissent les quatre galeries.

Dans la collection des armures, on en remarque une de la première moitié du XVIe siècle : elle provient de la galerie de Sedan : les cuissards sont fermés par derrière, ce qui indique que cette armure a dû servir pour combattre à pied. Carré, dans sa *Panoplie*, avance que ce harnais est celui dont Charles VII fit présent à la Pucelle, et que celle-ci vint le déposer à Saint-Denis, après avoir été blessée sous les murs de Paris. Mais on doit reconnaître que cette assertion ne repose sur aucun fondement, et les formes de cette armure démontrent qu'elle appartient incontestablement à une époque de beaucoup postérieure à celle à laquelle vivait l'héroïne d'Orléans. L'armure entière pèse 30 kilogrammes.

Une autre armure est celle de François Ier, roi de France, mort en 1547. Elle est montée sur un cheval bardé, supporté par un piédestal autour duquel sont des bas-reliefs représentant les batailles de Marignan et de Cérisoles. C'est, dit-on, l'armure que François Ier portait à la bataille de Pavie. Elle provient de la galerie d'Ambras.

Au Musée d'artillerie se trouve déposé un casque turc qui a appartenu à Bajazet II, fils de Mahomet II, conquérant de Constantinople. L'inscription arabe, tracée en lettres d'or sur le bord du casque est ainsi conçue : *L'Iman courageux, maître de la victoire, le Sultan Bajazet, fils du Sultan Mahomet-Khan.*

Parmi les armes d'hast, on distingue des fourches à croc qui furent portées par les sous-officiers des compagnies de grenadiers de l'ancien régiment Dauphin. Voici quelle est l'origine de ces fourches. Le 1er avril 1691, au siège de Mons, les grenadiers de ce régiment, commandés par le maréchal de Vauban, emportèrent d'assaut un ouvrage à cornes, saisirent les fourches des Autrichiens morts, en tuèrent beaucoup d'autres et firent le reste prisonniers de guerre. Louis XIV, voulant perpétuer le souvenir d'une action aussi honorable, permit aux sergents de grenadiers *seulement* de porter ces fourches au lieu de mousquets.

Le régiment du Perche (une des souches de l'ancien 102e régiment) ayant dédoublé avec le régiment Dauphin, les sous-officiers ont gardé l'usage de cette arme, qui a été ensuite conservée dans le 102e jusqu'au moment où il a été licencié. (*Extrait des registres matricules du 102e régiment.*)

Dans la galerie du rez-de-chaussée qui contient d'anciens obusiers, mortiers, pierriers, etc., on remarque des canons fondus à différentes époques de notre histoire. On voit également ceux du roi Gustave-Adolphe. Ils furent pris à Lutzen par les troupes bavaroises. L'âme, en fer forgé, de 0m,2 d'épaisseur, est garnie de douves en bois assez épaisses et fortement ficelées. Le tout est recouvert par une enveloppe de cuir. Non loin de là se trouve un canon rayé, en fer forgé, et destiné, par l'inventeur Perkins, à lancer des boulets à l'aide de la vapeur. C'est ce canon qui a servi aux expériences qui ont été faites à Vincennes en 1826. Dernièrement, lors de la campagne d'Italie, et surtout à la bataille de Solférino, on sait avec quel succès ont été employés les nouveaux canons rayés, auxquels de notables perfectionnements ont été apportés. Nous devons mentionner un affût et un canon qui se trouvent dans la même salle, et auxquels se rattachent des souvenirs historiques. Ils ont été offerts à Louis XIV par la province de Franche-Comté, après la conquête de 1674. Le canon est enrichi d'ornements ciselés et dorés d'un très-beau travail. On y voit Louis XIV ayant à ses pieds deux esclaves enchaînés; et, sur le premier renfort sont placés deux médaillons représentant les sièges de Dôle et de Besançon.

Dans une des salles du Musée d'artillerie se trouve le fauteuil dans lequel le comte de Fuentès, général espagnol, fut tué à la bataille de Rocroy, le 10 mai 1643. Il fut donné le même jour, par le grand Condé, au seigneur Pierre de Noël de Champagne, major, et comte de Rocroy, qui s'était distingué par des sorties vigoureuses. Sa famille en a fait présent à Louis-Joseph de Bourbon, prince de Condé, à son passage à Rocroy, en 1783. Non loin de là se trouve, dans la même salle, une forte chaîne de barricade, d'une ancienne poterne du Palais-de-Justice. Cette chaîne a été offerte au Musée d'artillerie, il y a quelques années, par M. Héricart de Thury.

Le local occupé par le Musée d'artillerie est celui du noviciat des dominicains ou jacobins, qui avait été autorisé par lettres patentes du 4 août 1622, grâce à la protection du cardinal de Richelieu. L'église, qui a été conservée comme paroisse sous le vocable de Saint-Thomas-d'Acquin, fut commencée par Pierre Bullet en 1682, et le manque d'argent empêcha de l'achever avant l'année 1740. Sa façade offre une ordonnance de colonnes doriques surmontées de colonnes ioniques; deux obélisques se dressent aux angles du premier étage, et le fronton qui couronne l'avant-corps central est orné d'une figure de la Religion. A l'intérieur sont quelques beaux tableaux : une *Transfiguration*, peinte par Lemoine en 1724; un *Saint Thomas apaisant la tempête*, par Ary Scheffer, et des peintures murales de Blondel. Le chœur, les chapelles et les autels sont parés avec une richesse proportionnée à la condition sociale des fidèles. C'est en effet l'église où viennent s'agenouiller les gentilshommes du noble faubourg; c'est là que se marient les grands noms et et les grandes fortunes.

Nous avons déjà eu occasion de faire observer qu'une ancienne règle plaçait le chevet des églises à l'est et le portail à l'occident, mais qu'elle avait été méconnue. On en trouve la preuve dans le VIIe arrondissement, où pas une église n'est convenablement orientée. Saint-Thomas-d'Aquin regarde le midi; l'église du séminaire des Missions-Étrangères a sa façade du côté du soleil couchant, et Sainte-Clotilde tourne la sienne vers le nord.

La construction de cette dernière église fut autorisée par une délibération du conseil municipal, en date du 10 février 1827; mais l'édifice ne fut commencé qu'environ vingt ans plus tard, au mois de septembre 1846. Le premier architecte, M. Gau, mourut, et M. Ballu lui succéda dans la direction des travaux. Au mois de mars 1855, la décoration du grand portail était presque entièrement exécutée. Il en était de même des deux flèches qui couronnent les deux tours de ce portail. L'église fut inaugurée, le 30 novembre 1857, par le cardinal Morlot, archevêque de Paris, assisté de ses vicaires généraux, de ses archidiacres, des membres du chapitre métropolitain et d'un nombreux clergé appartenant aux différentes paroisses de la ville et de la banlieue.

Le portail de Sainte-Clotilde en est la meilleure partie. Dans la tour située au côté occidental sont placées plusieurs cloches de différents modules qui forment une octave complète, et la sonnerie de Sainte-Clotilde est l'une des plus puissantes en même temps que des plus harmonieuses de toutes les églises de Paris.

Les flèches qui surmontent le grand portail sont construites dans le style architectural des XIIIe et XIVe siècles, et donnent un aspect assez monumental à cette église.

M. Picot a peint à l'intérieur les cinq chapelles du chœur, M. Lehmann les deux chapelles du transept, et M. Henri Delaborde celles des Morts et des fonts baptismaux. Les travaux de sculpture de l'intérieur de l'église ont été confiés à MM. Pradier, Duret, Guillaume, Paul Gayrard, Lequesne. La façade principale et les deux portails latéraux sont décorés de statues dues aux ciseaux de MM. Maillet, Perrey, Ottin, Geoffroy de Chaume, Leharivel-Durocher, Fromenger.

L'église Sainte-Clotilde est riche en produits de l'art du peintre-verrier. Les vitraux, de MM. Maréchal, Herse, Lamothe et Chancel, produisent un bon effet. D'autres verrières, exécutées sur les cartons de MM. Galimard, Lafaye et par d'autres artistes, sont placées aux différentes ouvertures de l'édifice, qui est partout bien éclairé. Elles concourent à donner au monument un caractère de richesse ornementale qui rappelle les cathédrales du XIVe siècle, sur le modèle desquelles il a été construit.

En 1857, le curé de Notre-Dame de l'Abbaye-aux-Bois, l'abbé Hamelin, fut nommé par l'autorité diocésaine à la cure de Sainte-Clotilde, et la succursale qu'il occupait fut rendue aux religieuses chanoinesses de Saint-Augustin, auxquelles on l'avait empruntée. Cette église, qui couvre une superficie de 808 mètres seulement, avait été autrefois la chapelle d'une communauté religieuse dont l'origine datait de l'année 1202. On lui avait donné le nom de l'Abbaye-aux-Bois parce qu'elle avait été fondée en Picardie par Jean, seigneur de Nesle, au milieu d'épaisses forêts. Établie à Paris en 1654, cette communauté fut supprimée en 1790, et les bâtiments devenus propriété nationale furent vendus le 5 frimaire an VI. Depuis 1802, l'église, qui avait été conservée, était la première succursale de Saint-Thomas-d'Acquin.

Les chanoinesses de Saint-Augustin ont, à l'Abbaye-aux-Bois, une maison de retraite pour les veuves et les vieilles filles, et la société qui s'y réunissait sous la restauration a laissé quelques souvenirs. On y voyait Mme Récamier, femme à laquelle on a fait indûment une réputation européenne, parce qu'elle était gracieuse et qu'elle causait agréablement; le vicomte de Chateaubriand, la duchesse d'Abrantès, le vicomte de Montmorency, Ballanche et une foule d'autres défenseurs du trône et de l'autel, philosophes chrétiens, littérateurs bien pensants et bas-bleus. Tout ce monde passait son temps à bavarder, à éplucher les œuvres littéraires, à médire des romantiques, et à faire un peu d'opposition, non pour pousser le gouvernement dans une voie de progrès, mais pour l'enrayer dans l'ornière des vieilles idées. Ce cénacle ne méritait pas, selon nous, le bruit qu'on a fait autour de lui, et nous ne voyons, ni dans les actes ni dans les lettres de Mme Récamier, rien qui justifie le fol engouement dont elle a été l'objet jusqu'à sa mort, arrivée en 1849.

C'est dans le VIIe arrondissement que se trouve la plus belle fontaine de Paris, celle que la ville fit construire sous la prévôté de Michel-Étienne Turgot, de 1730 à 1739, dans la rue de Grenelle-Saint-Germain. Cette fontaine peut être considérée comme le principal titre de gloire d'Edme Bouchardon, qui en fut l'architecte et le sculpteur. L'emplacement assigné à l'artiste pour la construction du monument présentait de nombreuses difficultés par le peu de largeur de la voie publique et par un alignement de maisons sans solution de continuité. Il sut les vaincre au moyen d'une retraite de quelques mètres et en pratiquant un renfoncement semi-circulaire entre deux portes d'habitations particulières qui complètent l'harmonie au lieu de la rompre. La décoration principale du monument consiste dans trois statues placées sur un socle de glaçons que soutient l'avant-corps. Celle du centre représente la ville de Paris; les deux autres, couchées au milieu des roseaux et appuyées sur des urnes d'où l'eau s'épanche en abondance, figurent la Seine et la Marne. Dans le renfoncement semi-circulaire ont été pratiquées des niches également ornées de statues. Toute cette décoration, de fort bon goût, se trouve dans un parfait état de conservation. Quelques-unes des parties lisses de l'édifice seulement ont un peu souffert.

FIN DU SEPTIÈME ARRONDISSEMENT.

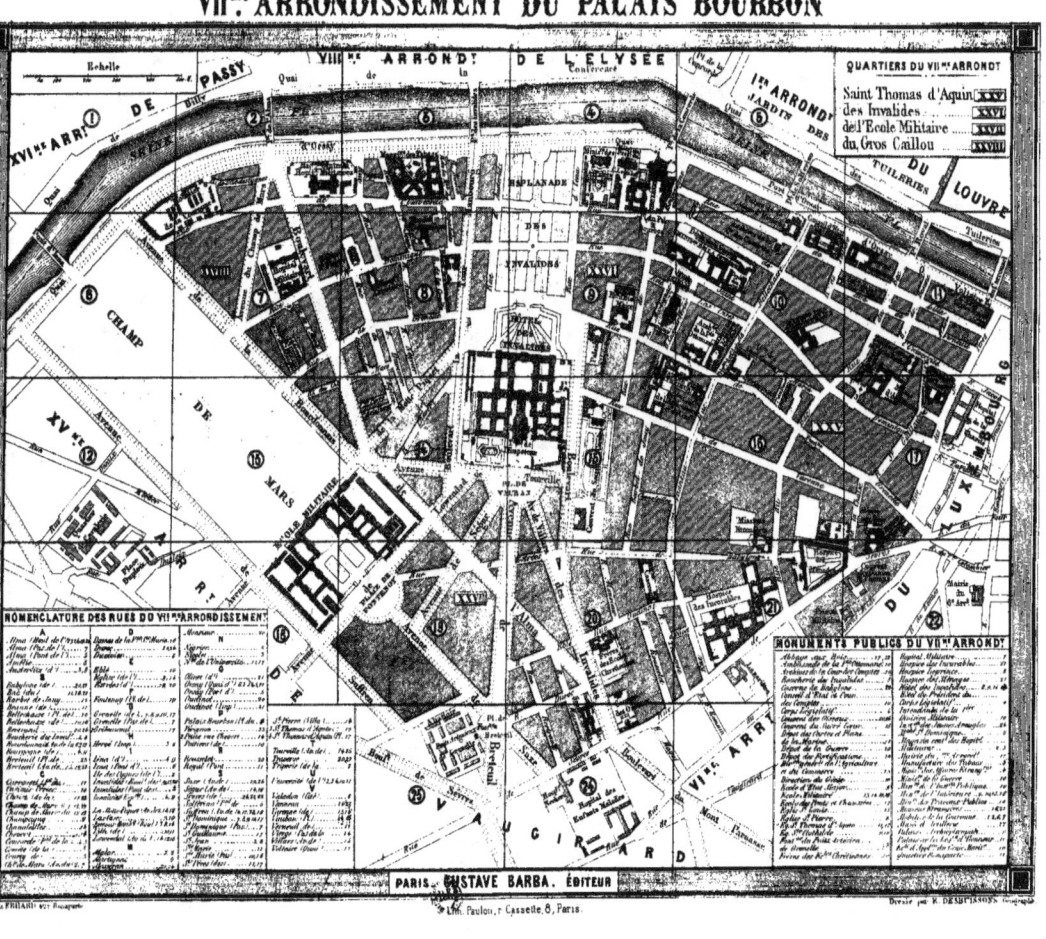

Le Café Concert.

L'ÉLYSÉE. — HUITIÈME ARRONDISSEMENT.

CHAPITRE PREMIER.

Le pont de la Concorde. — Statues projetées ou exécutées. — Place de la Concorde. — Statue de Louis XV.

Pour aller du VII⁰ au VIII⁰ arrondissement, nous passons le pont que l'on peut sans contestation considérer comme le plus monumental de tous les ponts de Paris. L'auteur, Jean-Adolphe Perronnet, était membre de l'Académie des sciences, de celle d'architecture et de celle de Stockholm, membre de la Société royale d'agriculture, premier ingénieur des ponts et chaussées de France, directeur de l'École des ponts et chaussées, établie à cette époque rue de la Perle, et directeur du Bureau des plans. Cet homme méritait les récompenses honorifiques qu'il obtint; le pont qu'il éleva, et qui porta primitivement le nom de Louis XVI, n'est pas le seul qu'on lui doive; c'est lui qui fit le canal de Bourgogne, le pont de Mantes, le pont de Pont-Saint-Maxence ; il jeta entre Neuilly et Courbevoie ces arches hardies qui font encore aujourd'hui l'admiration de tous les hommes experts.

On avait établi un bac en face des Invalides; mais ce mode de communication entraînait des lenteurs; en outre, il était absolument impraticable dans les temps de glaces et de grandes eaux.

Le gouvernement, par lettres patentes du mois de septembre 1786, avait autorisé la ville de Paris à contracter un emprunt pour construire un pont de la place Louis XV au Palais-Bourbon. Les pilotis furent enfoncés dans le sol le 10 juin 1787, et la construction des cinq arches fut plutôt hâtée que retardée par la Révolution, car on y employa une partie des matériaux provenant de la démolition de la Bastille.

En 1792, le pont fut inauguré sous le titre de Pont de la Révolution.

En 1795, la lutte terrible qui s'était engagée entre l'ancien régime et le nouveau commençait à s'apaiser, tous les partis n'aspiraient qu'au repos, à la conciliation, et le pont de l'ingénieur Perronnet prit la qualification de pont de la Concorde.

Napoléon I⁰ʳ, par un décret du 1ᵉʳ janvier 1810, ordonna qu'on y placerait les statues de quelques généraux morts sur les champs de bataille, Saint-Hilaire, Espagne, Lasalle, Cervoni, Lepère, Hervo, Colbert et Lacour.

Ce décret ne fut point exécuté; le trône impérial s'écroula, et au mois d'avril 1814, le pont de la Concorde reprit son appellation primitive de pont Louis XVI. Les ordonnances royales des 19 janvier et 14 février 1816 décidèrent que les piédestaux qui divisaient la balustrade, à l'aplomb des piles, porteraient les statues colossales, en marbre blanc, du chevalier Bayard, des ministres Suger, Richelieu, Sully et Colbert, de Du Guesclin, de Turenne et du grand Condé, de Tourville, de Duguay-Trouin, de Duquesne et du bailly de Suffren. Quoique d'une exécution remarquable, ces statues, érigées en 1828, furent condamnées comme alourdissant le pont, et, en 1837, on prit le parti de les placer dans la cour d'honneur du château de Versailles.

Ce pont, qui depuis 1830 a repris le vieux nom qu'il portait en 1795, mène à une des plus belles places de l'Europe. L'église de la Madeleine fait pendant à la façade du Corps législatif. Aux terrasses des Tuileries correspondent les plantations des Champs-Élysées, à l'entrée desquels, sur des pilastres carrés, se cabrent les deux coursiers que Coustou avait exécutés pour l'abreuvoir du château de Marly. Au nord se profilent les majestueuses façades du ministère de la marine et de l'hôtel Crillon. Les anciens fossés ont été comblés; on n'a conservé que les pavillons dont ils étaient flanqués, et que surmontent les statues allégoriques de Brest et de Lille, par Cortot; de Bordeaux et de Nantes, par Calhouet; de Lyon et de Rouen, par Petitot; de Lille et de Strasbourg, par Pradier. Au centre de la place se dresse l'obélisque de Luxor; à droite et à gauche sont des bassins hexagones de 15 mètres de diamètre, d'où s'élèvent des vasques environnées de génies, de néréides ou de naïades, de fleuves barbus ou tritons. La fontaine du côté du sud est dédiée aux mers; celle du côté septentrional est consacrée à la navigation fluviale. Les symboles aquatiques ont été fondus en fer par M. Hoëgler, sur les modèles de MM. Debay, Gætcher, Antonin Max, Elschoët, Brion, Lanno, Vallée, Feuchères, Desboeufs. M. Hittorf a présidé à l'arrangement général; malheureusement, il n'a pas proportionné la largeur et la profondeur des bassins au volume des eaux, qui coulent en ruisseaux sur les trottoirs voisins, et dont les gerbes s'éparpillent en pluie sur les passants.

Après la maladie dont Louis XV avait été atteint à Metz, le prévôt des marchands et les échevins lui votèrent une statue équestre en souvenir de son rétablissement, et le roi, reconnaissant de ces témoignages d'estime et d'affection, quoiqu'il ne les méritât guère, donna à Versailles, le 27 juin 1757, des lettres patentes ainsi conçues :

« Ayant signé la délibération prise par nos chers et bien-aimés prévôt des marchands et échevins de notre bonne ville de Paris, le 27 juin 1748, tendante à transmettre à la postérité leur zèle pour notre gloire, la reconnaissance et l'amour de nos sujets, par un monument décoré de notre statue équestre, en telle forme et dans tel emplacement de cette capitale qu'il nous plairait d'ordonner, nous aurions en conséquence déterminé comme le plus convenable à l'embellissement de notre dite ville, au bien public et à la commodité de ses habitants, l'emplacement qui nous appartient entre le fossé qui termine le jardin de notre palais des Tuileries, l'ancienne porte et faubourg Saint-Honoré, les allées de l'ancien et nouveau Cours et le quai qui borde la rivière; et permis à cet effet auxdits prévôt des marchands et échevins de faire établir les fondations et constructions du piédestal destiné à recevoir notre statue équestre dans le point dudit emplacement, etc., voulons et nous plaît :

« Article 1er. Que la place destinée à recevoir le monument que nous avons bien voulu agréer continuera d'être formée et construite, jusqu'à son entière perfection, dans l'emplacement par nous désigné, etc., et que tous les ouvrages de constructions et décorations nécessaires pour la formation et perfection de ladite place seront faits par les ordres et par les soins des prévôt des marchands et échevins, et exécutés par le maître général des bâtiments de la ville, sous la conduite et inspection du sieur Gabriel, notre premier architecte.

Art. 2. A l'effet de quoi, nous avons par ces présentes, cédé, abandonné, cédons et abandonnons, même faisons tous dons et délaissons auxdits prévôt des marchands et échevins de l'entier terrain à nous appartenant de l'étendue de ladite esplanade, et contenu dans l'espace de 183 toises de longueur ou environ, etc.

Art. 3. Notre intention étant que les constructions des façades décorées des bâtiments qui termineront la place, ainsi que celles des maisons qui seront élevées, tant sur les faces des arrière-corps que sur celles des nouvelles rues, soient entièrement conformes aux dessins par nous approuvés et ci-attachés sous le contre-scel de notre chancellerie, nous ordonnons auxdits prévôt des marchands et échevins d'y tenir la main, d'y assujettir les propriétaires particuliers des terrains auxquels ils jugeront à propos de permettre de construire eux-mêmes les façades de leurs maisons, tant sur la place que sur les rues y aboutissant. »

La grande place que nous admirons aujourd'hui dut porter d'abord le nom de *Place du Roi*. Dans le *Voyage pittoresque de Paris*, publié en 1751, se lisent les lignes suivantes : « L'esplanade qui est entre le Pont-Tournant et le Cours est destinée à *Place du roi*, et on y travaille présentement; le modèle en

relief, qu'on voit à Versailles, met tout le monde à portée de juger de la beauté des plans de M. Gabriel. Le vainqueur de Fontenoy, noblement placé à cheval, y paraîtra avec le visage de bonté et de clémence qui caractérisent le roi bien-aimé. Autour du piédestal on verra, non les peuples qu'il a vaincus, mais les vertus qui le font régner sur nos cœurs. » L'intérêt de la monarchie devant passer avant l'intérêt public, on travailla d'abord à la statue, dont le sculpteur Bouchardon ne livra le modèle à Gor, commissaire des fonds de l'artillerie, qu'après douze années consécutives de travail.

L'opinion publique protesta contre cette glorification d'un monarque qui n'avait pas, comme son prédécesseur, le désir de s'illustrer, et qui ne pensait à profiter de son absolutisme que pour s'abandonner à la débauche. La statue, élevée au centre de la Place du Roi, reçut comme la statue Romaine où Pasquin et Marforio crayonnaient leurs épigrammes, une multitude de protestations anonymes, parmi lesquelles l'histoire a conservé celle-ci :

Oh! la belle statue! oh! le beau piédestal !
Les vertus sont à pied, le vice est à cheval !

Bouchardon mourut en 1762, sans avoir achevé son œuvre d'adulation et de génie, qui fut continuée par Pigalle. Le 20 juin 1763, on inaugura le beau coursier de bronze sur lequel caracolait Louis XV, vêtu à la romaine et couronné de lauriers. Aux quatre angles du piédestal, qu'elles semblaient soutenir, étaient les vertus dont nous avons parlé avec tant de raison le distique que nous venons de citer. La Force, la Paix, la Prudence et la Justice, encadraient des inscriptions latines à la louange du créateur du *Parc aux Cerfs*. Deux bas-reliefs de bronze de 7 pieds et demi de long sur 5 pieds de haut, représentaient, du côté méridional, Louis XV couronné par la Victoire et conduit par la Renommée vers des peuples qui s'empressaient de se soumettre au joug de ce souverain adoré. Dans le bas-relief du nord, on voyait le bien-aimé daignant accorder la paix aux populations qui avaient le bonheur de vivre sous sa dépendance. La Renommée reparaissait tenant une trompette et une palme pour couronner le roi assis sur un trophée. Le piédestal était en marbre blanc veiné, et entouré d'une balustrade de même marbre.

CHAPITRE II.

Fossés de la place Louis XV. — Bâtiments élevés par les architectes Gabriel et Potain. — Soirée du 30 mai 1770. — La foire Saint-Ovide. — La statue de la Liberté. — Exécution de Louis XVI. — Fils de Saint-Louis, montez au ciel! — Lettre du bourreau de Paris. — Le roulement des tambours. — Exécutions sous la Terreur. — Le nid de tourterelles. — La place Louis XVI.

Il fallait un encadrement à la statue de Louis XV; l'architecte Gabriel n'avait primitivement imaginé que des fossés, au fond desquels il était permis aux gardiens de ces localités royales de cultiver l'horticulture, et où l'on descendait par huit escaliers dont huit pavillons couvraient l'ouverture supérieure. Ainsi arrangée, la place était nue; on y mit des gazons bordés par des barrières peintes en vert, à hauteur d'appui; mais Gabriel comprit qu'il était essentiel d'établir autour de la place, au moins d'un côté, des bâtiments d'une certaine élévation, et avec le concours de l'architecte Potain, qui lui succéda plus tard, il jeta les bases de deux bâtiments de 48 toises de longueur chacun, sur 75 pieds de hauteur. Ils avaient à leurs extrémités des avant-corps couronnées de frontons, dans les tympans desquels étaient sculptés des sujets allégoriques. Une suite d'arcades, décorées de bossages, servait de soubassements à un péristyle de colonnes corinthiennes isolées. Ces deux édifices, de l'aspect le plus imposant, furent destinés d'abord à loger des ambassadeurs et des visiteurs étrangers de la plus haute distinction.

La place était encore dans un état déplorable d'imperfection, lorsque la municipalité en fit choix pour offrir une fête à la population parisienne. Le dauphin, qui eut le malheur de régner quatre ans plus tard, avait épousé, le 16 mai 1770, Marie-Antoinette d'Autriche. Le 30 mai de la même année, une foule considérable se pressait sur la place Louis XV, au bout de laquelle, du côté de la Seine, pétillaient les fusées d'un feu d'artifice. Quand le bouquet fut parti, la foule pensa à la retraite, mais on ne pouvait passer la rivière que sur un bac, et la rue

Royale, inachevée, était à moitié barricadée par les échafaudages et les matériaux de quelques maisons en construction.

« Il y eut, dit Mercier dans son *Tableau de Paris*, une bagarre affreuse, inouïe, inconcevable. Ce fut le 30 mai 1770, j'y étais.

« A la suite d'un misérable feu d'artifice tiré sur la place de Louis XV, un peuple innombrable (car il ne resta pas ce jour-là un tiers de la ville dans les maisons) se porta en foule dans une rue qui conduisait aux boulevards, pour y voir le plus triste des illuminations; on pourrait la comparer aux flambeaux funéraires d'un long convoi, rangés sur deux files ; elle semblait annoncer la catastrophe la plus désastreuse. De gros nuages noirs, je me le rappelle, planaient sur la triste cité.

« Cette rue, fort large en apparence, se terminait comme en entonnoir; des rigoles, des trous, des pierres de taille, plusieurs équipages, rendirent le passage étroit et dangereux.

« Tout à coup je me sentis énormément pressé ; je perdis la liberté de respirer, et je fus porté en l'air pendant quatre minutes par les flots tumultueux d'un peuple qui avait, à la lettre, l'impétuosité du torrent.

« Jeté dans l'angle d'un mur qui me sauva la vie, j'eus le bonheur, après de longs efforts, de rétrograder, malgré des avis contraires ; mais je me rappelai à propos que, le matin, j'avais vu des pierres de taille dans cette rue spacieuse, et cette réflexion me détermina à ne point revenir sur mes pas.

« Une charpente brûlait près du feu d'artifice tiré, et le singulier effet de cet incendie m'entraîna encore d'un côté opposé à la mort.

« Sorti à peine de cet horrible tumulte, j'entendis les cris déchirants des hommes, des femmes, des enfants suffoqués ; mais, quoique saisi d'effroi, je ne soupçonnais pas encore l'amas d'horreurs que cette nuit épouvantable devait rassembler. Je regagnai mon logis. Je n'appris le désastre que le lendemain, quand l'amitié tendre et inquiète accourut et vint m'embrasser avec la joie de me revoir au nombre des vivants.

« J'appris alors que nombre de mes compatriotes avaient péri dans cette affreuse bagarre ; que des scènes cruelles avaient encore ajouté à l'horreur du trépas. Le pied du fils foulait involontairement les flancs de la mère ; le père avait beau se débattre, il passait sur le corps de son fils. On voyait périr à ses côtés l'objet le plus cher; on devenait malgré soi l'instrument de sa mort. On portait sur son sein le corps sans vie, jusqu'à ce qu'il tombât lui-même pour être foulé sous les pieds de la rage et du désespoir. Les cris, les hurlements étouffaient les prières du sexe faible ; l'enfance et la beauté avaient perdu leur charme et leur pouvoir.

« Un grand nombre de cadavres restèrent sur la place, et aucun d'eux (ce qui est surprenant) n'avait une fracture ; ils avaient tous été étouffés, et le froissement les avait déshabillés en partie d'une manière tout à la fois déplorable et bizarre.

« J'ai vu plusieurs personnes languir pendant trente mois des suites de cette presse épouvantable, porter sur leurs corps l'empreinte des objets qui les avaient comprimés. D'autres ont achevé de mourir au bout de dix années. Cette presse coûta la vie à plus de douze cents infortunés, et je n'exagère point.

« Une famille entière disparut ; point de maison qui n'eût à pleurer un parent ou un ami! »

Peu de temps après cette horrible catastrophe, les monuments de la place Louis XV atteignaient leur dernier degré de perfectionnement. En 1772, on put mettre le magasin général des meubles précieux de la couronne dans le bâtiment actuellement occupé par le ministère de la marine ; l'autre fut loué à plusieurs particuliers. Sur les fossés furent jetés des ponts de pierre avec archivoltes ; c'était une place véritablement royale, mais elle fut envahie par les saltimbanques de la foire Saint-Ovide. En 1665, le pape Alexandre VI avait donné le corps de ce martyr à l'ambassadeur de France, le duc de Créquy ; celui-ci en avait fait présent aux religieuses capucines, qui l'exposaient chaque année, du 31 août au 8 septembre, à la vénération des fidèles. Les spéculateurs avaient sagement pensé à mettre à profit l'affluence, et chaque année s'établissait sur la place Vendôme un camp de marchands de pain d'épice, de bimbelotiers, d'acrobates et de montreurs de curiosités ; on transféra cette foire à la place Louis XV, qui devint dès lors impraticable pendant au moins deux mois de l'année.

Les habitants se disposèrent à protester avec la plus grande énergie contre l'invasion de ces hôtes importuns et bruyants, lorsqu'un incendie détruisit les baraques dans la nuit du 24 au 25 septembre 1777.

En 1792, la statue de Louis XV fut renversée et remplacée par une statue de la Liberté, à côté de laquelle on dressa l'échafaud. Un arrêté du conseil général de la commune, en date du 23 août 1792, décida que la guillotine resterait montée jusqu'à ce qu'il en eût été autrement ordonné, à l'exception du couteau, que l'exécuteur était autorisé à enlever après chaque exécution. Les condamnés par le tribunal révolutionnaire périrent d'abord en place de Grève ou au Carrousel. Louis XVI fut le premier dont le sang fut versé sur la place de la Révolution.

Le 20 janvier, à deux heures, on lui signifia l'arrêt qui le condamnait à mort, comme « coupable de conspiration contre la liberté de la nation, et d'attentat contre la sûreté générale de l'État. »

Les derniers moments et la mort de Louis XVI sont la plus glorieuse part de sa vie. Soutenu par ses convictions religieuses, le plus timide et le plus indécis des rois se montra le plus résolu des martyrs. Le 21 janvier, à cinq heures du matin, lorsqu'il entendit battre la générale, il dit tranquillement à son confesseur, l'abbé Edgeworth de Firmont : « C'est probablement la garde nationale qu'on commence à rassembler. » Et quand le trépignement des chevaux ébranla la tour du Temple : « Il y a apparence qu'ils se rapprochent. » A neuf heures, Santerre se présenta, accompagné de sept à huit officiers municipaux et de dix gendarmes. « Vous venez me chercher? dit l'ex-roi. — Oui. — Je vous demande une minute ; je suis en affaires ; attendez-moi là ; je serai à vous. » Il rentra dans son cabinet voisin, où se tenait son confesseur, et s'écria, en se jetant à genoux devant lui : « Monsieur, tout est consommé ; donnez-moi votre dernière bénédiction, et priez Dieu qu'il me soutienne jusqu'à la fin. » Puis, il rejoignit ceux qui l'attendaient. Il était vêtu d'un habit puce, d'un gilet de molleton blanc, d'une culotte grise ; ses bas étaient blancs ; son valet de chambre Cléry l'avait coiffé avec soin. Son maintien annonçait le calme et la résignation. Il monta dans une voiture de place, avec son confesseur, le lieutenant de la gendarmerie Labrosse et un maréchal-des-logis.

Toutes les boutiques étaient fermées ; les sections armées, sur quatre rangs, formaient une double haie, derrière laquelle s'aventuraient quelques rares spectateurs. Des canons garnissaient les ponts et les principales avenues. Autour de la voiture marchait une escorte de cavalerie, conduite par Santerre et par le lieutenant général Berruyer, commandant de la division de Paris. L'échafaud était dressé sur la place de la Révolution, au centre d'un espace vide hérissé de canons, « et au delà, tant que la vue pouvait s'étendre, on voyait une multitude en armes. » Le condamné, pendant le lugubre trajet, le front baissé, les traits ombragés par un chapeau rond, lut avec dévotion les prières des agonisants ; et quand la voiture s'arrêta, il retourna la tête, et dit : « Nous voilà arrivés, si je ne me trompe. » Ce serait alors, suivant la plupart des relations, qu'Edgeworth aurait proféré cette éloquente apostrophe : « Fils de saint Louis, montez au ciel! » Mais la narration que nous a transmise le confesseur n'en fait aucune mention. « Nous l'avons entendu plusieurs fois, rapporte l'abbé de Montgaillard, répondre aux personnes qui l'en félicitaient : « Je ne me rappelle point du tout; je n'ai pas la moindre idée d'avoir dit au roi martyr les paroles qu'on m'attribue ; je n'en ai pas l'ombre du souvenir. » Le plus fidèle historien de la mort de Louis XVI est le plus sombre acteur de ce drame sanglant, le bourreau de Paris, qui la raconte dans une lettre, dont la rusticité du langage et l'incorrection orthographique ne diminuent point l'intérêt.

« Descendant de la voiture pour l'exécution, on lui a dit qu'il falloit ôter son habit. Il fit quelques difficultés, en disant qu'on pouvoit l'exécuter comme il étoit. Sur la représentation que la chose étoit impossible, il a lui-même aidé à ôter son habit. Il fit encore la même difficulté lorsqu'il s'est agi de lui lier les mains, qu'il donna lui-même lorsque la personne qui le compagnoit lui eût dit que c'étoit un dernier sacrifice. Alors ? Il s'informa s'y les tambours battroit toujour. Il lui fut répondu que l'on n'en savoit rien, et c'étois la véritée. Il monta l'échafaud et voulut foncer sur le devant comme voulant parler. Mais ? on lui représenta que la chose étoit impossible encore. Il se laissa alors conduire à l'endroit où on l'attachat, et où il s'est écrié très haut : « *Peuple, je meurs innocent.* » Ensuite, se retournant vers nous, il nous dit : « *Messieurs, je suis innocent de tout ce dont on m'inculpe. Je souhaite que mon sang* puisse cimenter le bonheur des François. » Voilà citoyen ses dernières et véritables paroles. »

On sait qu'un roulement de tambours priva le malheureux roi de la consolation de se faire entendre du haut de l'échafaud. Est-ce sur Santerre que doit retomber la responsabilité de cet acte de barbarie? Il s'en justifie par une note trouvée dans ses papiers. « Le roi, dit-il, était monté courageusement sur l'échafaud, appuyé sur le bras de son confesseur; il marqua la volonté de parler. Je fis taire les tambours qui battaient la marche, qu'ils n'avaient discontinué de battre, et qu'ils ne devaient cesser de battre que lorsque toute la troupe serait entrée dans la place et aurait cessé de marcher. »

Suivant un article inséré dans la *Quotidienne* du 27 janvier 1827, le général Berruyer aurait ordonné le roulement, et dit aux commissaires de la Convention : « Savez-vous qu'il a voulu parler au peuple; que cet imbécile de Santerre a perdu la tête et laissait faire, et que si je n'avais pas commandé aussitôt un roulement de tambours pour étouffer la voix du tyran, je ne sais ce qui serait arrivé? »

Toutefois, malgré cette découverte et la rétractation tardive de Santerre, il nous paraît positif que ce fut lui qui donna le signal aux tambours. Un témoin oculaire l'atteste dans une séance du conseil général de la commune. « Pour empêcher Louis XVI de parler, Santerre avait ordonné un roulement de tambours; voyant l'exécuteur indécis, il lui dit fortement : *Fais ton devoir.* » Santerre lui-même déclare à la Commune qu'il a étouffé la voix du supplicié. « Le général Santerre est venu rendre compte au conseil général de l'exécution de Louis XVI. Il a annoncé que le ci-devant roi, descendu de la voiture, avait voulu haranguer le peuple; mais qu'il lui a fait observer que ce n'était pas le moment de parler, et qu'il avait ordonné l'exécution de la sentence. En effet, après deux ou trois paroles prononcées par Louis, un roulement de tambours s'est fait entendre; et M. Santerre, ayant levé son épée en l'air, l'exécution a été aussitôt consommée. »

A part quelques personnes exécutées à la Barrière-Renversée, ci-devant barrière du Trône, l'immense majorité des victimes de la Terreur perdit la vie sur la place de la Révolution. Nous en possédons la douloureuse nomenclature, imprimée jour par jour, et publiée à Paris chez le citoyen Marchand, galerie Neuve du Palais-Égalité, et chez le citoyen Berthé, rue Honoré, vis-à-vis la rue Florentin, n° 11. Elle se compose de deux mille sept cent quatre-vingt-dix noms, parmi lesquels il en est un grand nombre qui ont laissé des traces dans l'histoire. Le 17 juillet 1793, c'est Charlotte Corday; le 16 octobre, Marie-Antoinette; puis viennent les Girondins, Olympe de Gouges, Louis-Philippe Égalité, Pierre Manuel, le général Houchard; l'ancien contrôleur des finances Laverdy; Barnave, Duport-du-Tertre, Biron; Hébert, dit le Père-Duchesne; Fabre d'Églantine, Danton et Camille Desmoulins; Chaumette et Jean-Baptiste Gobel, ci-devant évêque de Paris; d'Esprémenil et Thouret, anciens membres de l'Assemblée constituante, Lamoignon de Malesherbes; l'amiral d'Estaing; Lavoisier avec vingt-six autres fermiers-généraux, convaincus notamment d'avoir mis dans le tabac de l'eau et des ingrédients nuisibles à la santé des citoyens; Mᵐᵉ Élisabeth, Mᵐᵉ Du Barry, Mᵐᵉ Roland; Loménie de Brienne, ancien ministre de la guerre, etc.

La liste finit par Carrier et ses complices.

Après leur expiation, la place fut purifiée; une loi du 26 octobre 1795 lui donna le nom de place de la Concorde, et ce qui parut d'heureux augure, ce fut qu'en restaurant la statue de la Liberté, les ouvriers découvrirent un nid de tourterelles dans le globe qu'elle tenait à la main.

Une ordonnance royale du 27 avril 1826 donna à cette place le nom de Louis XVI, en décidant qu'il serait élevé à ce roi un monument expiatoire, dont, en effet, on indiqua la position centrale par un piédestal.

CHAPITRE III.

L'obélisque de Luxor. — M. d'Haussez. — Construction de l'allège le *Luxor.* — Lettre du ministre du pacha d'Égypte. — Translation de l'obélisque à Paris. — Journée du 25 octobre 1836.

On renonça peu à peu à l'idée d'attrister par cette commémoration sinistre, la partie la plus belle et la plus fréquentée de la capitale.

Ce ne fut qu'en 1836 que le centre de la place de la Concorde reçut un monument qu'elle conservera sans doute longtemps.

Un orientaliste, épris des antiquités égyptiennes, Champollion le Jeune, avait été frappé de la beauté des obélisques qui restaient encore debout à Luxor, sur la rive droite du Nil, au milieu des ruines de Thèbes. Il avait déclaré ces monolithes très-supérieurs à ceux d'Alexandrie, pour la possession desquels Louis XVIII était entré en négociation avec le pacha d'Égypte. Le baron d'Haussez, ministre de la marine, s'enthousiasma de la pensée d'amener à Paris un spécimen de l'art égyptien, et, le 25 novembre 1829, il adressa à Charles X le rapport suivant :

« Sire,

« La France doit à ses rois les plus beaux monuments qui la décorent, et Paris, qui ne le cède qu'à une seule des capitales de l'Europe moderne, disputera bientôt aux villes les plus célèbres des temps anciens; mais ses palais et ses places publiques n'ont pas encore, il faut l'avouer, atteint le degré de splendeur auquel est parvenue Rome, dont la capitale de votre royaume se montre d'ailleurs la rivale en magnificence. On n'y voit aucun de ces obélisques transportés d'Égypte en Europe. Votre auguste frère, qui, comme Votre Majesté, accordait aux arts une protection si éclairée, avait ordonné de traiter avec le pacha d'Égypte pour obtenir les obélisques d'Alexandrie ou quelques autres qui se trouvaient sur cette vieille terre riche des débris de l'ancienne civilisation du monde. Méhémet-Ali s'empressa de répondre aux désirs du roi de France en offrant l'un des obélisques d'Alexandrie, nommé *Aiguille de Cléopâtre.* Malheureusement cet obélisque, sur lequel le temps a exercé ses ravages, présente moins d'intérêt que ceux qui sont encore debout, à Luxor, dans la Haute-Égypte ; admirables par le fini du travail, précieux sous les rapports archéologiques, si Paris les possédait, il n'aurait plus rien à envier à Rome, et leur élévation dans les places publiques, outre qu'elle les rendrait plus belles encore, deviendrait un motif de profonde reconnaissance de la part de ces hommes laborieux et instruits qui ont voué leur existence à l'étude de l'antiquité.

« Les bonnes dispositions connues du vice-roi d'Égypte pour la France, la possibilité de transporter ces monuments sur un des bâtiments de votre marine, sans beaucoup de frais; le puissant motif de compléter en quelque sorte la collection des monuments égyptiens, pour laquelle il a déjà été fait de si honorables sacrifices, l'empressement que l'on doit mettre à recueillir enfin le fruit d'anciennes négociations et à ne pas être privé du monument déjà obtenu, m'engagent à proposer à Votre Majesté de charger d'une mission particulière pour cet objet, près le pacha d'Égypte, M. le baron Taylor, connu dans les arts par ses travaux, par plusieurs voyages en Afrique et en Asie et par son dévouement au service du roi. Le but de cette mission serait de négocier l'échange de l'obélisque d'Alexandrie pour les obélisques de Luxor, ou d'obtenir les obélisques de Thèbes sans céder celui d'Alexandrie. C'est avec la conviction que le résultat de cette opération ne fera qu'ajouter à l'éclat du règne de Votre Majesté, que je la prie d'approuver les dispositions que je viens d'avoir l'honneur de lui soumettre.

« Si Votre Majesté daignait agréer ce projet, je réunirais auprès de moi une commission spéciale composée de MM. Alexandre de Laborde, de Levron, Drovetti, de Mackau, Tupinier et Taylor, qui, avant le départ de ce dernier, arrêterait le plan de la négociation, et en combinerait les moyens d'exécution de manière à en assurer le succès.

« Baron d'Haussez. »

Ce rapport reçut l'approbation du roi, et le baron Rolland, inspecteur du génie maritime, proposa de construire, à Toulon, un navire dont le plan serait calculé de manière à remonter le Nil, et à recevoir dans sa cale un des obélisques de Thèbes pour l'apporter ensuite à Paris. *Le Luxor* qui fut immédiatement mis en chantier, était destiné à naviguer sur la mer et sur deux fleuves, et ne devait pas d'ailleurs avoir plus de deux mètres de tirant d'eau, malgré le poids énorme dont il serait chargé. Il fut mis à l'eau le 26 juillet 1830, et le 27, le ministre expédia de Paris au préfet maritime de Toulon l'ordre d'en presser l'armement par tous les moyens possibles; c'était le jour même de la révolution qui renversa le trône de Charles X.

Nommé commissaire du roi auprès du pacha d'Égypte, par ordonnance du 6 janvier 1830, le baron Taylor s'était déjà transporté à Alexandrie, sur le brick *le Lancier;* il avait obtenu la session de trois monolithes, un situé à Alexandrie, et les deux autres enfouis à moitié dans la plage sablonneuse de Luxor. Ce don fut sanctionné dans une lettre officielle que le ministre du pacha écrivit au comte Sébastiani, ministre de la marine sous le nouveau gouvernement.

Alexandrie, le 29 novembre 1830.

« Excellence,

« Son Altesse le vice-roi d'Égypte a reçu, par M. le baron Taylor, la dépêche dont il était porteur, du ministre secrétaire d'État de la marine et des colonies, pour négocier au nom de S. M. le roi de France, et obtenir une les aiguilles de Cléopâtre à Alexandrie, et particulièrement les deux obélisques de Luxor, qui font partie des ruines de Thèbes.

« Son Altesse le vice-roi m'a chargé d'exprimer à Votre Excellence la satisfaction qu'il éprouve à montrer sa reconnaissance à la France pour les nombreuses marques de bienveillance et d'amitié qui lui ont été à différentes époques manifestées, et qui lui ont été récemment renouvelées de la part de Sa Majesté le roi des Français, par l'organe de M. le consul général Mimaut.

« Je suis ordonné par Son Altesse de mettre les trois monuments cités à la disposition de S. M. le roi des Français dès ce moment, et Votre Excellence est priée de vouloir bien en faire hommage à S. M. au nom de S. A. le vice-roi Mehemet-Aly pacha.

« Il est très-flatteur pour moi d'être l'interprète des volontés de mon prince dans cette occasion, et je prie Votre Excellence d'agréer l'assurance de ma considération très-distinguée.

« Signé, BOGHOZ JOUSSOUF. »

Le Luxor partit de Toulon le 15 avril 1831, sous le commandement de M. Verninac de Saint-Maur, et emmenant comme ingénieur M. Lebas. L'allége ne pouvant recevoir qu'un seul obélisque, le directeur des travaux avait ordre de choisir le plus précieux et de le faire embarquer, sauf à revenir prendre les autres *pierres du roi de France*.

L'opération conduite avec une habileté qui triompha des obstacles, et une persévérance que ne rebutèrent ni les fatigues ni les ardeurs du soleil de juillet. Un obélisque fut choisi, revêtu d'une enveloppe, et embarqué à bord de l'allége *le Luxor*, le 19 décembre 1831.

Ce bâtiment mouilla sur la rade de Toulon dans la nuit du 10 au 11 mai 1833, et arriva à Paris le 23 décembre de la même année. M. Thiers, alors ministre de l'intérieur, avait fait décider que l'obélisque occuperait le milieu de la place de la Concorde, sur un piédestal en granit des carrières bretonnes de Laber-Ildut.

Au mois d'août 1834, des cabestans mis en activité par deux cent-quarante artilleurs, hâlèrent l'obélisque sur la rampe du quai de la Concorde. Le *Luxor*, dont l'avant été démonté, fut rajusté, et s'en alla chercher des roches dans l'anse de Laber, et les ramena à Paris.

La base de l'obélisque ne fut terminée qu'au mois d'octobre 1836. Alors on prépara un viaduc de maçonnerie, dont le point culminant se trouvait à la hauteur précisée de la dernière assise du piédestal, et qui aboutissait à l'embarcadère du quai. L'intention primitive de l'ingénieur Lebas était de faire monter le monolithe sur le plan incliné, à l'aide de la vapeur ; il était bien, disait M. Michel Chevalier dans un article du *Journal des Débats*, d'associer les monuments des arts antiques avec un des plus beaux produits de l'esprit inventif des temps modernes. »

Malheureusement, une avarie survint à la machine que l'on se proposait d'employer, et il fallut y substituer des chèvres, des cabestans, des apparaux, dont on peut lire la description scientifique dans un ouvrage spécial de M. Lebas.

Laissons-lui un moment la parole :

« Le 25 octobre 1836, dès le matin, plus de deux cent mille spectateurs répandus sur la place de la Concorde, sur les issues, sur les terrasses des Tuileries, dans l'avenue des Champs-Élysées, attendaient, avec une avide curiosité, l'érection de l'obélisque. Depuis huit jours elle était annoncée, et il semblait que toute la population parisienne voulût assister au dernier acte du drame commencé, cinq ans auparavant, sur les ruines de la Thébaïde.

« Ce drame pouvait ne pas être exempt d'une terrible péripétie ; car un ordre mal compris, un amarrage mal fait, une pièce de bois viciée, un boulon tordu ou cassé, un frottement ou une résistance mal appréciés, enfin mille accidents imprévus pouvaient amener une catastrophe épouvantable ; l'obélisque brisé, des millions perdus ; et plus de cent ouvriers infailliblement écrasés par la chute de l'appareil. Telles étaient les conséquences qu'aurait eues l'insuccès de cette opération. C'était assez sans doute pour inquiéter l'esprit le plus ferme ; et malgré la sécurité que m'inspiraient les moyens d'exécution, j'avoue que je ne pouvais, sans une sorte d'anxiété, penser à la grave responsabilité qui pesait sur moi.

« Le temps était sombre, mais sans apparence de pluie ; c'était là un point capital.

« Avant de procéder à la grande manœuvre, on plaça dans une cavité creusée au centre de l'acrotère, une boîte de cèdre contenant des monnaies d'or et d'argent ayant cours, plus deux médailles à l'effigie du roi, et portant cette inscription : « Sous le règne de Louis-Philippe Ier, roi des Français, M. de Gasparin étant ministre de l'intérieur, l'obélisque de Luxor a été élevé sur ce piédestal le 25 octobre 1836, par les soins de M. Apollinaire Le Bas, ingénieur de la marine. »

« A onze heures et demie, les artilleurs commencent, au son du clairon, leur marche circulaire et cadencée ; alors la pointe de l'aiguille quitte le ber, s'élève progressivement et décrit un grand arc ascendant, tandis que le chevalet, de vertical qu'il était, s'incline peu à peu du côté de la puissance, et décrit un arc contraire à celui de l'obélisque. Le tourillon de la base roule sur lui-même d'une façon presque imperceptible, en faisant jaillir le suif, et même la sciure du bois, à travers ses gerçures, tant est grande la compression qu'il éprouve dans son encastrement.

« A midi, le roi, la reine et la famille royale se montrent à l'hôtel du ministère de la marine et viennent se placer au balcon, qui avait été richement décoré et disposé pour les recevoir. Des vivat saluent l'arrivée de Leurs Majestés.

« Pendant cet intervalle, le monolithe avait parcouru un arc d'environ 38°. Il était tout près du point où la pression exercée sur la charnière, et dont l'intensité avait augmenté graduellement avec l'inclinaison du monolithe, allait atteindre son maximum, pour diminuer ensuite en raison de l'arc décrit par le centre de gravité. Monté sur l'acrotère, d'où je pouvais suivre de l'œil toutes les manœuvres, j'éprouvais, depuis quelques secondes, un mouvement de trépidation que j'attribuai d'abord à une illusion causée par le déplacement des objets environnants ; mais à cet instant précis, le mouvement vibratoire devint assez prononcé pour me donner la certitude qu'il était produit par l'ébranlement du bloc sur lequel j'étais placé. Cette découverte n'était rien moins que rassurante, lorsqu'un craquement, dû sans doute au resserrement des bois, se fit entendre. Aussitôt je donnai le signal d'arrêter, afin de chercher la cause de ce bruit et d'examiner une à une toutes les parties du point d'appui. « Rien n'a bougé, s'écrie M. Lepage, inspecteur des travaux, vous pouvez continuer. » Tout était en effet en bon ordre ; seulement la tension de deux moises était si considérable, qu'elles résonnaient au plus petit choc comme une corde de violon. Un adent s'était incrusté de 5 millimètres sur la traverse du bas, les boulons commençaient à se tordre, enfin la compression se manifestait sur toutes les surfaces en contact, à tel point que du bois debout avait pénétré de 3 millimètres dans du bois debout ; c'est à ne pas le croire. Dans cet état, si le point fixe avait cédé, ou plutôt si les liens qui retenaient l'acrotère dans une position invariable s'étaient brisés sous l'action de la puissance, l'obélisque, le chevalet, la moitié du piédestal et tout le système auraient été lancés avec violence du côté de la Madeleine ; et l'imagination se figure facilement l'épouvantable catastrophe qui en fût résulté pour tous les travailleurs qui prenaient part à l'opération. »

Et pour les spectateurs sur lesquels ils seraient tombés.

« Quoi qu'il en soit, malgré cet avertissement, malgré cette suspension subite et inattendue de la manœuvre, dans le moment même où toutes les forces de l'appareil étaient en jeu, nulle appréhension ne parut éveillée parmi les ouvriers ; il y avait chez chacun d'eux comme un oubli complet de leur personnalité : « Les bois se sont assurés, disaient les charpentiers, mais voilà tout. » L'ordre, l'harmonie l'attention la plus soutenue, continueront de présider à l'opération. »

Elle fut achevée en moins de trois heures, et cette énorme masse, haute de 22 mètres 83 centimètres, et pesant 250,000 kilogrammes, se plaça lentement et sans secousses sur son piédestal de granit.

Les Parisiens qui passent sur la place de la Concorde et s'arrêtent au pied de l'obélisque doivent se demander parfois ce que signifient les hiéroglyphes dont il est couvert. Ce sont des inscriptions en l'honneur des dieux égyptiens et des rois Rhamsès II et Sésostris, qui régnaient environ 1600 ans avant Jésus-Christ. Sur la face septentrionale, Rhamsès II, soleil visible, le plus grand des vainqueurs de la terre entière, fait des offrandes de vin au dieu Amoun-ra. Le vautour, emblème de la victoire, plane sur la tête du conquérant, qui vient de terrasser des peuples impurs en Asie et en Afrique. A gauche, des inscriptions nomment le successeur de Rhamsès II, Sésostris, l'ami du monde, le roi modérateur, le très-aimable, le puissant dans les grandes panégyries (assemblées civiles ou religieuses). C'est le prince des grands ; il jouit du pouvoir comme le dieu Thmou et les chefs des habitants du monde entier sont sous ses sandales.

Du côté du corps législatif le même monarque est qualifié de bienfaisant, fils du soleil, engendré du roi des dieux, pour prendre possession du monde entier. Son nom est aussi stable que le ciel, et la durée de sa vie est égale à la durée du disque solaire ; il fait à Amoun-ra l'offrande de deux flacons de vin.

Sur la face orientale, le dieu éponyme de Thèbes, assis sur son trône, tenant dans la main droite son sceptre, et de la main gauche une croix ansée, reçoit les hommages de Rhamsès II, que l'inscription désigne sous les titres de régulateur, gardien des années, aimé de Saté, déesse de la vérité. A gauche sont des signes en l'honneur de Sésostris, qui est assimilé au dieu Mandou, et dont les exploits ont fait trembler toute la terre.

La face occidentale répète les mêmes louanges, en rappelant que Rhamsès II a construit des temples et que Sésostris réjouit Thèbes, comme le firmament du ciel, par des ouvrages considérables pour toujours.

CHAPITRE IV.

Fête du 29 juillet 1844. — Les Champs-Élysées. — Le Cours-la-Reine. — Le café des Ambassadeurs. — Les Cosaques aux Champs-Élysées. — Le quartier de François Ier. — Les *Mystères de Paris*. — Cession des Champs-Élysées à la ville. — Le bal Mabille. — Le Château-des-Fleurs.

Aux fêtes de juillet 1844, faillit se renouveler sur la place de la Concorde la catastrophe de 1770. Le feu d'artifice avait été tiré devant la Chambre des députés ; les spectateurs, en se retirant, rencontrèrent un courant opposé qui s'acheminait vers les Champs-Élysées pour jouir du coup d'œil des illuminations. Le choc fut terrible ; plusieurs personnes périrent étouffées ou furent transportées mourantes, soit dans les galeries de l'hôtel de la Marine, soit à l'ambassade turque, qui était alors à l'entrée de l'avenue Gabriel, soit au corps de garde du pavillon Perronet, détruit depuis. Des gardes municipaux arrachèrent des femmes à la mort en les enlevant de terre et en les plaçant sur la croupe de leurs chevaux. Le lendemain, 30 juillet, le sol était çà et là maculé de taches de sang, et jonché de lambeaux d'étoffes, de bonnets, de souliers, d'épaves de toute sorte.

Ce désastre a contribué sans doute à décider la suppression des fossés. En même temps on a complétement remanié les abords des Champs-Élysées. Cette promenade, dont la grande avenue est le rendez-vous des équipages et dont les bas-côtés sont fréquentés les beaux jours par une affluence sans cesse renouvelée, n'a pas plus d'un siècle d'existence. En 1628, Marie de Médicis fit planter sur les bords de la Seine des allées qu'on appela le Cours-la-Reine. Elles étaient bordées par des fossés garnis en pierre, où les vilains allaient jouer au cochonnet, tandis qu'un public aristocratique se promenait sous les ormeaux. Au nord et à l'ouest s'étendaient des champs, des jardins, avec quelques rares chaumières.

Le 27 novembre 1743, le duc d'Antin, surintendant des bâtiments du roi, fit replanter le Cours-la-Reine, auquel, en 1765, on ajouta le grand Cours, séparé en deux par la route de Neuilly, orné de sable, de verdure et de petits cafés, et aboutissait, vis-à-vis la rue de Chaillot, à une route sablonneuse resserrée entre deux berges. Des carrés avaient été ménagés pour les amateurs de barres, de jeu de paume ou de boules. Les écoliers y venaient le dimanche, et quelques promeneurs s'y aventuraient lorsque le soleil avait suffisamment desséché le sol. Toutefois, les Champs-Élysées furent longtemps mal entretenus. Du côté des jardins du faubourg Saint-Honoré, ils n'offraient que de petites allées malpropres et marécageuses, par le peu d'écoulement qu'avaient les eaux de pluie. Au milieu d'un terrain bas s'élevaient trois petits cafés, formant un triangle, dont celui qui occupait le sommet, construit d'après un plan de J.-J. Rousseau, avait pris le nom de Café des Ambassadeurs, parce qu'on destinait alors l'hôtel Crillon au logement des diplomates étrangers. Il n'y avait d'autre chemin que par la grande avenue, ou qu'un passage étroit et malpropre à droite et à gauche du pavillon Perronet. Plusieurs baraques et même des caves mal fermées déshonoraient par leur présence ce petit café.

La grande division de gauche offrait d'abord quelques baraques comme celle de droite, et des cafés ou cabarets à bière, fréquentés des femmes publiques et des hommes qui cherchaient à se soustraire aux regards de la police. On entrait ensuite dans le grand carré, à l'extrémité duquel se trouvaient un grand terrain planté d'arbres, l'allée d'Antin et celle des Veuves, séparés l'une de l'autre par des marais. Cette dernière allée était la promenade solitaire des veuves, que la coutume obligeait à se dérober aux regards dans les premiers temps de leur deuil. Une loi du 27 novembre 1792 réunit les Champs-Élysées au domaine national. Sous la République, le 11 brumaire an II (1er novembre 1793), un décret de la Convention ordonna que l'on conserverait au centre du rond-point un mausolée de verdure élevé à la mémoire de Lepelletier et de Marat.

Le Directoire fit élargir la grande avenue, placer sur leurs socles les chevaux de Marly, abattre des baraques et combler quelques souterrains. La route, depuis la rue de Chaillot jusqu'à la barrière de l'Étoile, fut améliorée, par l'aplanissement, l'exhaussement, ou la coupure des terres latérales qui l'obstruaient.

Ces embellissements et les fêtes données aux Parisiens par Napoléon, les accoutumèrent à venir se promener et se divertir aux Champs-Élysées. Alors d'élégants édifices furent construits, depuis la droite du rond-point jusqu'à la rue d'Angoulême ; de grands terrains, situés derrière les maisons, furent comblés. Les anciens cafés, particulièrement celui des Ambassadeurs, reçurent de nouvelles décorations, et plusieurs restaurants offrirent aux gastronomes des jouissances presque comparables à celles qu'on trouvait au Palais-Royal. Les jeux s'y multiplièrent, et un corps de garde y maintint la police pendant le jour et la sûreté pendant la nuit. Auparavant, comme nous l'avons dit, cette promenade était dédaignée, délaissée ; mais à l'époque dont nous parlons, elle se remplit les dimanches et fêtes, non-seulement des habitants du voisinage, mais de ceux de tous les autres quartiers de la capitale, principalement du faubourg Saint-Germain, auquel le pont de Louis XVI donnait la facilité de s'y rendre sans faire un trop long circuit, ou sans s'exposer au danger du passage en bateau.

Mais voici que les Champs-Élysées vont aussi éprouver les ravages des armées étrangères. Les Cosaques du Don, en 1814, y bivouaquent comme en pays ennemi ; leurs chevaux dévorent la tendre écorce des jeunes arbres ; les barbares creusent le terrain pour y dresser leurs tentes ou pour allumer leur feu. Plus de gazon, plus de jeux ; de toutes parts l'image de la guerre et l'insolence du vainqueur épouvantent le petit nombre de promeneurs, attirés par un spectacle si nouveau.

En 1815, les Anglais s'emparèrent, pour leurs bivouacs, de la partie que les Russes avaient laissée intacte : mêmes dégradations ; de manière qu'aucun arbre n'échappa à la voracité de leurs chevaux, à leur rage de détruire, aucune allée à leurs pioches.

Mais, comme les Champs-Élysées étaient destinés à être le théâtre des grands spectacles comme celui des fêtes publiques, les Parisiens y jouirent, en 1814, de l'imposante revue de la garde impériale russe, et en 1815, de celle des troupes anglaises et prussiennes.

Louis XVIII, frappé des dégâts qui avaient eu lieu dans cette belle promenade, entreprit, en 1817, de la réparer et même de l'embellir. Après avoir fait abattre les arbres que les chevaux de l'ennemi avaient dépouillés de leur écorce, il fit élargir plusieurs allées, entre autres celle qui s'étend le long des jardins situés sur les derrières des maisons du faubourg Saint-Honoré. Cette allée, naguère si fangeuse et malpropre, devint une belle chaussée bordée de barrières, pour l'usage des voitures suspendues, et s'étendit, en formant un demi-cercle devant le jardin de l'Élysée-Bourbon jusqu'à celle de Marigny, pour se réunir à une autre chaussée non moins large, qui, à son extrémité, alla se joindre à la grande avenue.

Outre ces allées, de larges avenues furent pratiquées du même côté, pour favoriser la circulation de l'air et celle du peuple, les jours de réjouissances publiques.

Au sud de la grande avenue, d'autres travaux non moins utiles furent exécutés. L'enceinte du grand carré fut élargie et bordée, sur chacun de ses côtés, d'un rang de marronniers; plusieurs arbres furent abattus pour découvrir aux regards des promeneurs la superbe façade de l'hôtel des Invalides. L'allée parallèle à la grande route, du côté de l'eau, qui naguère restait couverte de gazon, fut aussi ouverte aux voitures suspendues.

En vertu d'une ordonnance royale de 1823, une compagnie représentée par M. Constantin fut autorisée à créer un nouveau quartier entre la grande avenue, la Seine, l'allée des Veuves et l'allée d'Antin. On y amena de Moret une maison dont les délicates sculptures sont de Jean Goujon, et dont la travée centrale porte les médaillons de la reine Marguerite, de Diane de Poitiers, d'Anne de Bretagne, de Louis XII, de Henri II et de François II.

Les premières rues ouvertes prirent les noms de Bayard et de Jean Goujon, et la place celui de François Ier. Ces parages désolés commencèrent à se peupler; néanmoins on y voyait encore des repaires tels que celui qu'a décrit Eugène Sue dans les *Mystères de Paris*.

« Un escalier creusé dans la terre humide et grasse conduisait au fond de cette espèce de large fossé; à l'un de ses pans, coupés à pic, s'adossait une masure basse, sordide, lézardée; son toit, recouvert de tuiles moussues, s'élevait à peine au niveau du sol. Deux ou trois huttes en planches vermoulues, servant de cellier, de hangar, de cabanes à lapins, faisaient suite à ce misérable bouge.

« Une allée très-étroite, traversant le fossé dans sa longueur, conduisait de l'escalier à la porte de la maison; le reste du terrain disparaissait sous un berceau de treillage qui abritait deux rangées de tables grossières plantées dans le sol.

« Le vent faisait tristement gémir sur ses gonds une méchante plaque de tôle; l'enseigne se balançait à un poteau dressé au-dessus de cet antre, véritable terrier humain. »

Décrivant ensuite l'intérieur, Eugène Sue nous le montre meublé d'un comptoir, d'un billard éclopé, de tables et de chaises de jardin, dont la peinture verte est effacée; deux croisées étroites, aux carreaux fêlés, couvertes de toiles d'araignée, éclairent à peine ces pierres, ces murailles verdâtres, salpêtrées par l'humidité.

Ce tableau n'est nullement exagéré; pour régénérer les Champs-Élysées, il fallait qu'ils cessassent d'appartenir à l'État, dont le temps était absorbé par de nombreuses préoccupations. Le comte Chabrol rédigea un mémoire dans ce sens, et une loi, à la date du 20 août 1828, concéda à la ville de Paris, à titre de propriété, la place Louis XVI et la promenade dite des Champs-Élysées, y compris les constructions dont la propriété appartenait à l'État, et à l'exception des deux fossés de la place Louis XVI qui bordaient le jardin des Tuileries. Ladite concession était faite à la charge pour la ville de Paris : 1° de pourvoir aux frais de surveillance et d'entretien des lieux ci-dessus désignés; 2° d'y faire dans un délai de cinq ans des travaux d'embellissement jusqu'à concurrence d'une somme de 2,230,000 fr. au moins; 3° de conserver leur destination actuelle aux terrains concédés, lesquels ne pourraient être aliénés en tout ou en partie.

Dès lors les Champs-Élysées furent transfigurés; des fontaines s'élevèrent entre les quinconces; des cafés élégants remplacèrent les masures informes; on vit des habitants dans le quartier François Ier, où logea longtemps Victor Hugo. A l'extrémité de la grande avenue, sur l'emplacement des jardins de Beaujon et de Marbeuf, s'ouvrirent des rues nouvelles; un cirque spacieux, dont l'avant-corps est surmonté d'une gracieuse amazone de Pradier, fut édifié dans le carré de Marigny, par M. Hittorf. Chaque soir, pendant la belle saison, le public fut attiré et retenu aux Champs-Élysées par des spectacles, des concerts, des bals publics. En 1840, Mabile, maître de danse qui donnait à l'hôtel d'Aligre, rue Saint-Honoré, d'excellentes leçons à un grand nombre d'élèves, fonda l'établissement chorégraphique qui a illustré son nom. Quoique avec moins de luxe, il fut dès le principe à peu près tel que nous le connaissons. « Arrivé au rond-point des Champs-Élysées, dit un écrivain du temps, prenez l'allée des Veuves, qui s'ouvre à votre gauche; au bout de trente pas vous apercevrez à votre droite la porte illuminée d'un bal public, où glissent, comme des ombres, des femmes sans cavaliers; elles rayonneront pour la plupart, mieux accompagnées. Peut-être vous déciderez-vous à prendre le même chemin qu'elles; vous suivrez alors une longue galerie tapissée de plantes grimpantes, éclairée au gaz; puis le jardin s'ouvrira devant vous. Au centre, un kiosque élégant, une espèce de pavillon chinois, abrite l'orchestre; cette construction légère est entourée à distance par un cercle de palmiers factices, leurs feuilles vertes retombent comme des panaches et tiennent suspendus des globes de gaz. Plus loin, dans le clair-obscur, s'étendent de véritables bosquets, et des arbres naturels frémissent en ombrageant des tables près desquelles chacun peut offrir le petit verre et le cigare à la dame éphémère de ses pensées. Un jeu de bague toujours en mouvement vous laisse le choix du cheval de bois ou de la gondole. Un vaste hangar sert de refuge au bal en cas de pluie. »

Le Jardin Mabile est resté le temple de la chorégraphie parisienne. Les célébrités de cette danse demi-sauvage accompagnée de gestes, de contorsions, de trémoussements, y brillèrent sous des pseudonymes, sans que le public ait jamais su leurs véritables noms. C'était Chicard, honnête négociant de la rue Quincampoix, dont la pantomime expressive, la voix tonnante, l'infatigable agilité, auraient entraîné dans les rondes les plus folles les êtres les plus flegmatiques; c'était Pritchard, homme sec, sérieux, taciturne, mais d'une vivacité que rendaient plus comique sa figure impassible et ses lunettes bleues; c'était la reine Pomaré, connue d'abord sous le nom de Rosita, et Céleste Mogador, qui a épousé plus tard le comte Lionel de Chabrillan, et qui charme les ennuis de son veuvage en cultivant la littérature.

En face de la cité Beaujon s'est formé un établissement rival de Mabile, le Château-des-Fleurs, dans un jardin plus vaste et plus anciennement planté. Quelques nuances séparent ces deux localités : la société féminine de Mabile est exclusivement recrutée dans la classe des femmes qui, suivant l'expression subtile de Gavarni, gagnent à être connues; les adorateurs qui se pressent autour d'elles sont en général des jeunes gens riches, des étrangers ou des hommes mûrs, bourrelés d'affaires, fatigués de la vie domestique, qui s'évadent de leurs foyers pour courir après les distractions interlopes. Au Château-des-Fleurs se montrent quelquefois des familles du quartier, et l'on y rencontre des enfants qui jouent sous les bosquets.

CHAPITRE V.

<small>Le palais de l'Industrie. — Noms inscrits sur sa frise. — Exposition universelle. — La maison du prince Napoléon-Jérôme.</small>

Au milieu de toutes ces améliorations, on pouvait croire que les Champs-Élysées allaient disparaître, tant ils étaient resserrés entre des bâtisses de plus en plus multipliées : la construction du palais de l'Industrie vint encore rétrécir l'espace réservé à la verdure. Le 27 mars 1852, Louis-Napoléon, président de la République française, considérant qu'il n'existe à Paris aucun édifice propre aux expositions publiques qui puisse répondre à ce qu'exigeraient le sentiment national, les magnificences de l'art et les développements de l'industrie; considérant que le caractère temporaire des constructions qui, jusqu'à présent, ont été affectées aux expositions, est peu digne de la grandeur de la France; sur le rapport du ministre de l'Intérieur, décrète:

Art. 1er. Un édifice destiné à recevoir les expositions natio-

Le bal Mabille.

nales et pouvant servir aux cérémonies publiques et aux fêtes civiles et militaires, sera construit d'après le système du palais de Cristal de Londres et établi dans le grand carré des Champs-Élysées.

Art. 2. Le ministre de l'Intérieur est chargé de faire étudier le projet énoncé dans l'art. 1er, et de nous proposer, d'accord avec la ville de Paris, les moyens les plus propres à arriver à une prompte et économique exécution.

Le bâtiment fut immédiatement commencé sous la direction de l'architecte Viel; il est entièrement en pierre, en fer et en verre, et couvre une superficie de 32,062 mètres; on y compte 408 fenêtres; on y a employé 822,000 mètres de pierre de taille, sans compter la pierre meulière et le béton; 4,500 tonnes de fonte à 1,000 kilogrammes chacune, 3,600 tonnes de fer et 33,000 mètres carrés de verre dépoli.

La porte principale s'ouvre sous une arcade immense, dans un avant-corps orné, de chaque côté, de colonnes corinthiennes et surmonté d'un attique que couronne la statue colossale de la France. Cet avant-corps, qui se détache en saillie du reste du monument, est dessiné dans les plus larges proportions. Son ornementation se compose de huit médaillons de grands hommes, de deux groupes de génies soutenant les armes impériales, d'un relief qui occupe toute la longueur de l'attique, de deux Renommées dans les tympans, et d'une statue colossale de la France distribuant des couronnes d'or à l'Art et à l'Industrie assis à ses pieds.

Le groupe est de M. Regnault, les enfants et les Renommées sont de Diéboldt, la frise de Desbœufs; enfin Victor Vilain, sous la voûte, a sculpté un aigle de quatre mètres d'envergure avec quatre femmes représentant la Gloire et l'Abondance, les Arts et l'Industrie.

Sur la frise qui règne autour du palais et des quatre pavillons dont il est flanqué aux angles, sont gravés en lettres d'or des noms de savants, de philosophes, d'artistes, de mathématiciens, d'industriels, d'économistes, d'hommes qui à divers titres ont mérité l'estime et la reconnaissance du genre humain. Tels sont Erwin de Steinbach, architecte de la cathédrale de Strasbourg; Blaise Pascal; Denis Papin qui fit des expériences sur l'application de la vapeur comme force motrice; François Arago; Richard Lenoir qui introduisit en France les filatures de coton; Georges Cuvier; le chimiste Humphray Davy, le médecin Galvani, l'horloger Janvier; Pinson, inventeur du modelage en cire coloriée pour les pièces académiques; les économistes Ricardo et Adam Smith; l'horticulteur Thouin, l'ébéniste Boule. C'est une galerie des plus intéressantes où l'on a placé des hommes de tous les temps et de tous les pays. Elle remonte même à l'antiquité, à laquelle elle a emprunté les noms d'Apelles, d'Archimède, de Pythagore.

Le palais fut inauguré par une exposition universelle des produits agricoles et industriels, qui fut ouverte le 1er mai 1855, et close le 30 septembre suivant. Toutes les nations répondirent à l'appel avec tant d'empressement que le bâtiment de l'exposition se trouva insuffisant; on y réunit un panorama que M. Langlois avait fait construire, et une annexe fut établie sur une longueur de 1,200 mètres le long du Cours-la-Reine. Une enceinte de 22,087 mètres carrés fut en outre réservée aux objets d'un grand volume ou modèles de construction, et un hangar de 1,500 mètres carrés abrita les voitures ou les machines agricoles.

Depuis cette époque, le palais a servi à l'exposition des beaux-arts, des fêtes, à des exhibitions particulières; mais, sauf dans les grandes circonstances, il reste désert et improductif. Aussi était-il illusoire d'en faire l'objet d'une spéculation. Le gouvernement a pris le parti de l'acquérir, et nous doutons que les actionnaires aient été fâchés de le lui abandonner. A

La grande avenue des Champs-Élysées.

l'ouest du palais de l'Industrie s'élève un nouveau panorama qui occupe une surface de 1,750 mètres carrés. Sur l'immense toile qui en garnit l'intérieur, trente artistes ont travaillé pendant près d'une année à représenter la *prise de Sébastopol*. M. Langlois, qui a dirigé leurs travaux, a passé trois ans en Crimée, et son œuvre est le résultat d'études consciencieuses et assidues.

De la place de la Concorde à l'allée d'Antin, entre la Seine et la grande avenue, les Champs-Élysées ont été transformés en jardin anglais. De l'allée d'Antin à l'ancien chemin de ronde, des maisons continuent à s'élever. Le Jardin d'Hiver, dont les frais excédaient les recettes, a disparu pour faire place à une rue nouvelle, qui s'intitule rue de Marignan.

Des hôtels princiers font pendant à ceux du quartier Beaujon.

Celui de Mᵐᵉ de Montijo, et ceux qui l'avoisinent, sont construits sur l'emplacement de jardins paysagers formés au xviiiᵉ siècle par M. de Jansen, et possédés jusqu'à la Révolution par la comtesse de Marbeuf.

Le prince Napoléon Jérôme a fait bâtir dans la rue Montaigne une maison qui n'est pas une des moindres curiosités de ces parages. Elle a été inaugurée le 14 février 1860, par une fête dans laquelle on a joué une comédie de M. Émile Augier, en présence de l'Empereur et de l'Impératrice. « La maison nouvelle, dit M. Édouard Fournier, est une vraie maison pompéienne, sortie toute neuve de ses cendres. Elle a été construite et ornée, avec le goût le plus fin et le plus grand tact archéologique, d'après les merveilleux débris exhumés de la cité fossile. Les reconstructions faites par l'architecte-antiquaire Mazois, au commencement de ce siècle, et par l'auteur des *Pompeïana*, M. Gell, ont servi de modèle. On se croirait dans une maison de la *rue du Forum* ou de la *rue des Tombeaux*, chez Salluste ou chez Pansa, chez le poëte tragique ou bien encore chez Diomède. Voici le *prolyrum*, sorte de corridor qui suivait la porte d'entrée. Sur le seuil est écrit le salut hospitalier *salve*, et l'inscription bonne conseillère : *Cave canem* (prends garde au chien).

« L'on pénètre, de là, dans l'*atrium*, au milieu duquel se trouve un bassin (*cavœdium*), et qui est entouré de colonnes supportant le toit ouvert de l'*impluvium*. Le jardin (*œystus*) vient ensuite, rattaché à l'*atrium* par le large passage appelé *tablinum*; les diverses salles, notamment les *triclinia* (salles à manger), y prennent leur entrée. Toutes sont meublées et décorées à l'antique avec un goût et un soin dignes du reste. C'est exquis de délicatesse archaïque; et puisqu'il n'est pas une maison de la ville inhumée qui n'ait fourni là quelque détail à imiter, quelque peinture à reproduire, on peut dire que cette villa du prince, résumant ce que la gracieuse sœur d'Herculanum a de plus charmant et de plus précieux, est, comme eussent dit les Grecs, une sorte de Panthéon pompéien.

« Une foule de débris rappelant le théâtre : des masques, des mosaïques, dont une représente une répétition dramatique et l'autre une scène comique, ont été trouvés à Pompéi, et sont un indice du goût que professaient les habitants pour les jeux scéniques. Il était donc intelligent, puisqu'on ressuscitait la ville morte, de la faire revivre au milieu d'une de ces joies du théâtre qui semblent l'avoir si souvent animée. La Comédie-Française fut invitée par le prince à venir représenter au milieu de cette jeune antiquité quelque pièce d'accord avec son archaïsme. *Le Joueur de flûte*, de M. Émile Augier, qu'on n'a pas joué depuis neuf ans environ, fut la comédie choisie.

« Voici l'affiche qui fut placardée sur les brillantes murailles et dont chaque spectateur reçut une copie, en lettres rouges sur papier glacé :

THÉATRE DE POMPÉI.

Réouverture après un relâche de dix-huit cents ans pour cause de réparations.

LA FEMME DE DIOMÈDE

Prologue en vers, par Théophile Gautier.

Arria........................... Marie Favart.

LE JOUEUR DE FLUTE

(sans flûte)

Comédie en un acte, en vers, par Émile Augier.

Ariobarzane (Calcidias)...........	Geoffroy.
Tsaumis......................	Samson.
Bomilcar.....................	Got.
Laïs........................	Madeleine Brohan.
Timas, esclave de Laïs...........	Malvina Parent.

Napoleone III. Imp. Aug. — Coss. non designatis. Censore invito.

« Ce qui, dit en fort bon latin, veut dire en bon français : *Sous le règne de Napoléon III, Empereur Auguste. — Sans consuls désignés. — Malgré le censeur.*

« Ce dernier trait ne manque pas de malice. Il y a neuf ans, si je ne me trompe, la comédie de M. Augier, bien qu'elle eût été jouée sans sifflet, aussi bien qu'hier sans flûte, n'avait eu que dix ou douze représentations. Pourquoi? on en accusa une sévérité rétroactive de cette même censure, qui, n'ayant pas puissance à Pompéi, avait pu hier être impunément éludée.

« Après la représentation, à laquelle LL. MM. avaient assisté, l'Impératrice adressa d'obligeantes félicitations à Mmes Madeleine Brohan et Favart, qui l'avaient, disait-elle, réconciliée avec le costume antique. »

CHAPITRE VI.

L'Élysée-Bourbon. — Mme de Pompadour. — L'intérieur d'un financier. — Description de sa maison. — Acquisition de l'Élysée par la duchesse de Bourbon. — Le hameau de Chantilly.

L'histoire de la famille impériale se lie à celle de l'Élysée, où se sont accomplis deux faits qui tiennent une place importante dans ses annales.

L'Élysée eut pour premier propriétaire Henri-Louis d'Auvergne, comte d'Évreux, ancien colonel général de la cavalerie. Il se fit bâtir cette retraite en 1718, sur les dessins de Mollet ; mais il le vendit bientôt à Mme Jeanne-Antoinette Poisson, marquise de Pompadour, moyennant la somme de 650,000 livres. La favorite de Louis XV acheta un terrain contigu, pour 80,000 liv., et, d'après ses comptes, dont le manuscrit est conservé dans les archives de la préfecture de Seine-et-Oise, elle y dépensa 95,169 livres 6 sols dans la seule année 1754. Sa paroisse était la petite église de la Madeleine de la Ville-l'Évêque. Elle en manda le curé à Versailles, aussitôt qu'elle se sentit en danger de mort ; et comme il voulait se retirer après lui avoir administré les sacrements : « Monsieur le curé, lui dit-elle, attendez un instant, nous nous en irons ensemble. » Dès qu'elle eut rendu le dernier soupir, le 15 avril 1764, on la ramena à son hôtel, d'où elle fut portée, conformément aux volontés qu'elle avait exprimées par un testament du mois de novembre 1757, dans un caveau de l'église des religieuses capucines de la place Vendôme.

Son frère, Abel-François Poisson, marquis de Menars et de Marigny, directeur et administrateur des bâtiments, agrandit l'hôtel d'Évreux. Louis XV le lui acheta pour y loger les ambassadeurs extraordinaires et le mobilier de la couronne, jusqu'à l'achèvement des bâtiments destinés à servir de garde-meuble dans une des colonnades de la place Louis XV. En 1773, le financier Beaujon en devint propriétaire et y fit faire, par l'architecte Boullée, des embellissements considérables.

C'est, écrivait un contemporain, une des plus magnifiques maisons de la ville. Une belle et vaste cour, et deux plus petites sur les côtés, annoncent son entrée. Dans une salle, à droite de l'antichambre, est un très-beau billard anglais ; et Zéphyre et Flore, groupe de marbre par M. Tassaert, sculpteur du roi, dont on voit aussi les bustes en marbre des quatre parties du monde, sont placés sur des gaines dans le salon qui est à côté. Dans la salle à manger, que l'on trouve à droite, sont deux magnifiques vases de Chine ornés de bronzes. Le grand salon, à gauche du premier, est remarquable par ses superbes glaces, les bronzes précieux, les marbres et les vases dont il est orné, ainsi que par le charmant point de vue du jardin dont les Champs-Élysées semblent former le parc : vue riante et animée par la quantité de monde qui se porte à cette promenade les jours de fête.

« La pièce suivante forme une chambre à coucher, donnant aussi sur le jardin, décorée de trois belles tapisseries des Gobelins, représentant *le Sommeil de Renaud, son Départ*, et *Angélique et Médor*. Quatre palmiers, ornés de draperies et de roses, supportent un riche couronnement au-dessus du lit. Le salon des Muses, qui est ensuite, sert de salon de musique. Les médaillons des Sœurs y sont peints en rehaussé d'or. On voit Zéphyre et Flore, groupe de marbre blanc exécuté par Guyard ; une statue de marbre, placée sur une table entre les croisées, représente Louis XV en Apollon. Une autre statue de ce dieu se trouve sur une pareille table entre les croisées de retour. Par une autre pièce servant de chambre à coucher, l'on dégage dans les antichambres du petit hôtel qui est de ce côté ; elles conduisent à un premier salon remarquable : 1° par quatre dessus de portes peints en bas-relief par M. Sauvage, peintre du roi ; 2° par un saint Roch du Guide ; Sénèque, par le Guerchin, et Antiope, par Rubens ; 3° par une pendule dans un vase d'albâtre, et montée sur un fût de colonne de même matière.

« Le cabinet, qui est à côté, contient quelques tableaux de Poter, Lancret, Vanloo, MM. Wille, Houel, Doyen, et plusieurs têtes d'étude : deux fêtes grecques, par M. Le Barbier l'aîné ; des portraits par Santerre et Grimoux ; *Dibutade* et l'*Offrande d'une jeune mariée*, par Raoux, etc. Entre les croisées est un beau groupe de trois Muses soutenant une sphère mobile, autour de laquelle sont marquées les heures. Cette pièce est aussi ornée d'un superbe lustre enrichi de bronzes supérieurement exécutés et dorés d'or moulu. Elle communique à la grande galerie éclairée par le haut, et contenant plusieurs objets curieux et rares. Les armoires, formant soubassement dans le fronton, renferment une bibliothèque d'un choix précieux, dont la collection avait été formée par le sieur d'Héméri dans le temps qu'il était inspecteur de la librairie. Sur les tablettes de marbre qui couvrent ce soubassement sont placés des vases de bronze, porcelaine, marbre, etc., tous d'un grand prix.

« Aux deux extrémités de cette galerie sont deux statues de marbre montées sur des piédestaux, dont un sert de cheminée et l'autre de poêle ; l'une de ces statues est une belle copie de l'Apollon du Belvédère, faite à Rome par M. Guyard ; l'autre une copie de la Diane antique, dont la tête représente le portrait de feu Mme la marquise de Pompadour, par M. Tassaert. Aux quatre angles de cette galerie sont autant de statues de marbre. Les deux du côté de la cheminée représentent Vénus pudique, et l'autre Vénus Callipyge. Les deux autres sont un flûteur et une figure académique. Tous les tableaux qui ornent cette galerie sont recommandables, étant tous morceaux de peintres ci-après, savoir : Santerre, Berghem, Rubens, Miéris, Le Brun, le Poussin, Carle Vanloo, David Téniers, Paul Brill, Rhotenamer, Zuccarelli, Terburg, Paul Poter, Karel-Dujardin, le Guide, Gérard Dow, Van Ostade, Van de Velde, Wouvermans, Jordaens, Bourdon, Joseph Vernet, Peter Neef, Murillo, Stella, Paul Cagliari, Cazanova, Rembrandt, Sneyder et Rubens, Carle Maratte, Backuysen, Cignani, Van Miel, Metzu, Veenix, etc.

« A côté de cette galerie est une bibliothèque particulière, mais dont le choix est ordinaire ; cette pièce est aussi éclairée par le plafond.

« Sortant de cette galerie, il faut passer par le grand cabinet pour aller à l'arrière-cabinet, où l'on doit remarquer quatre portraits donnés à M. de Beaujon, savoir : le portrait de S. M. Louis XVI, par le roi ; celui de Monsieur, frère du roi, par Monsieur ; celui de Mgr le comte d'Artois, par ce prince, et celui du roi de Suède, dont ce monarque lui fit également don lors de son premier voyage en France. Deux tableaux de Le Prince, deux de Guérin, deux superbes vases d'albâtre oriental posés sur des fûts de colonnes, et un buste du roi par M. Pajou.

« On trouve dans la pièce suivante, formant le salon des petits appartements, le portrait de Mme Adélaïde, tante du roi, donné par elle-même à M. de Beaujon, et quatre tableaux précieux exécutés en tapisserie par M. Cozette, directeur de la manufacture des Gobelins, représentant les portraits de Louis XV, de la feue reine son épouse, du roi et de la reine actuels, et deux beaux tableaux aussi exécutés en tapisserie d'après François Boucher. Les meubles de cette pièce sont d'une forme nouvelle.

« De cette pièce on communique à la chambre à coucher, revêtue, depuis le haut jusqu'en bas, d'étoffes plissées. Le lit, agencé avec grâce, est placé dans un renfoncement, dans le fond duquel est une glace qui, lorsqu'on ouvre les portes de l'aile, offre le tableau des Champs-Élysées qui sont en face; cette pièce est éclairée par le haut. En traversant un cabinet fort agréable, vous entrez dans le boudoir qui termine l'aile. On ne sait ce qu'on doit admirer le plus dans cette pièce, de la richesse du décor, de la beauté des glaces disposées de manière qu'elles produisent des effets variés et piquants, ou du choix des étoffes drapées avec goût. Ce boudoir est couronné d'une voussure surmontée d'un attique percé de plusieurs œils-de-bœuf qui rappellent la lumière sous la calotte qui est au-dessus, ornée de peintures agréables.

« Les pans coupés de ce boudoir charmant forment des renfoncements ornés de glaces, terminés par des groupes d'enfants; des draperies retroussées également couronnent le tout : le bas est occupé par des sofas. Cette pièce conduit au jardin, planté dans une disposition très-agréable; les parterres en occupent le milieu, et se trouvent renfoncés entre plusieurs talus pratiqués avec intelligence sur les côtés pour donner du mouvement à ce terrain qui était plat. Sur les terrasses de ces talus sont les statues des Muses en pierre de Tonnerre. Les parterres sont terminés par un bassin, au milieu duquel est un groupe de marbre représentant des enfants jouant avec un cygne, du bec duquel sort le jet. Au delà du bassin, une terrasse de forme circulaire donnant sur les Champs-Élysées; on y jouit d'une vue fort agréable. Des bosquets bien variés et ornés de statues de marbre occupent le côté droit du parterre; à la gauche est un beau quinconce de marronniers. A l'extrémité droite du bâtiment est une serre chaude, précédée d'un pavillon décoré de treillages et d'une galerie tenant au bâtiment de l'aile de la chapelle. Cette serre, nouvellement établie, a été construite sur les dessins de M. Girardin, architecte. Derrière ce pavillon est une petite ménagerie.

« La chapelle se trouve dans l'aile près de la salle à manger : elle est décorée de tableaux de stuc exécutés par le sieur Chevalier, stucateur.

« Le premier étage est divisé en deux appartements occupés par les amis de M. de Beaujon.

« L'on a placé dans la basse-cour des cuisines un grand réservoir contenant 600 muids d'eau. La mécanique de la pompe, qui y fait monter l'eau par le moyen de deux chevaux, est très-curieuse, et a été imaginée par M. de Parcieux. Ce réservoir a une conduite dans la rue, dont le directeur des pompes a une clef pour en faire usage dans le cas d'incendie. »

Beaujon vendit cette résidence à la duchesse de Bourbon, mais en s'en réservant la jouissance durant sa vie, moyennant 1,100,000 livres, et 200,000 livres pour les glaces et les tableaux. Il possédait en outre, près de la butte de l'Étoile, une charmante habitation et des jardins très-étendus. A la mort du fastueux capitaliste, la duchesse vint habiter l'hôtel d'Évreux, qu'elle nomma l'*Élysée*. Devenu en 1793 propriété nationale, il fut loué à divers entrepreneurs, sous les dénominations d'*Élysée*, et ensuite de *Hameau de Chantilly*. Ses beaux jardins, livrés à de nombreux promeneurs, rivalisèrent avec les jardins de l'ancien Tivoli, de Monceaux, d'Idalie, de Beaujon, de Paphos. Ils servaient également de théâtre à des fêtes champêtres, tandis que les appartements étaient changés en salles de bals, de roulette et de trente et quarante. On voyait dans les jardins plusieurs chalets couverts en chaume; des sites pittoresques y avaient été ménagés et rappelaient le délicieux hameau que le prince de Condé avait fait construire dans son parc de Chantilly; le prix du billet d'entrée était de 1 fr. 20 cent., dont 75 c. pouvaient être dépensés en consommation de tous genres.

CHAPITRE VII.

Napoléon 1er à l'Élysée. — Son entrevue avec Benjamin Constant. — Napoléon III. — Le 2 décembre 1851.

En 1803 l'Élysée fut vendu au prince Murat, qui y tint sa petite cour jusqu'à son départ pour Naples, en 1808, époque à laquelle il fut cédé à Napoléon. L'édice fut alors appelé l'*Élysée Napoléon*. L'Empereur l'avait pris en affection et vint souvent y résider. Vaincu à Waterloo, Napoléon arriva à l'Élysée, le 20 juin 1815, à 11 heures du soir; il fut reçu par Caulaincourt, duc de Vicence, auquel il dit : « L'armée avait fait des prodiges, une terreur panique l'a vaincue; tout a été perdu... Je n'en puis plus... il me faut quelques heures de repos pour être à mes affaires... j'étouffe là! »

Il porta la main à son cœur.

Le lendemain accoururent Lucien et Joseph, les huit ministres à portefeuilles, les ministres d'État et le duc de Bassano. On tint un conseil dans lequel rien ne fut décidé. Le soir, Napoléon eut une entrevue solennelle avec un des représentants du parti libéral, Benjamin Constant, qui, dans ses *Mémoires sur les Cent-Jours*, raconte les détails suivants sur ce drame intime :

« Si Bonaparte, dit-il, eût suivi jusqu'au bout le projet dont son retour à Paris n'était que la première partie; si, au lieu de se renfermer à l'Élysée, et de rassembler autour de lui les conseils de l'incertitude et de l'effroi, il se fût présenté au milieu des mandataires de la nation, un acte de courage, de grands souvenirs, des périls imminents, auraient peut-être contrebalancé les sentiments hostiles. Mais, comme tous les hommes dont les forces morales commencent à s'épuiser, on le vit s'arrêter à moitié chemin. Il avait pris sur lui la défaveur d'avoir abandonné son armée; il ne sut pas s'en relever en se montrant au peuple; et ses ennemis, s'apercevant qu'ils n'avaient rien à redouter de sa présence, sentirent bientôt que cette présence même était un tort de plus qu'ils pouvaient lui reprocher.

« Les transactions publiques sont assez connues, je n'ai point à les rappeler ici; et dans tout ce que je vais dire, Napoléon m'occupera seul.

« Ce fut vers sept heures du soir qu'il me fit appeler à l'Élysée. Les chambres avaient décrété leur permanence, et la proposition d'abdication était déjà parvenue jusqu'à lui. Je le trouvai sérieux, mais calme. Je ne rendrai point un compte détaillé d'une conversation qui dura près de trois heures. Je ne me vanterai point, comme d'autres, de lui avoir dit sans ménagement la vérité dans son malheur ; en fait de franchise ou de rudesse, il eût fallu, ce me semble, commencer plus tôt. Je me bornerai à exposer les impressions que je remarquai en lui, et celles que sa conversation produisit sur moi.

« Je ne me déguisais point qu'une pensée pouvait s'être naturellement présentée à son esprit. Ceux qui l'avaient pressé de convoquer une assemblée représentative semblaient, d'après les résultats, n'avoir voulu que lui tendre un piége. On a vu combien ces soupçons étaient injustes; mais, dans les circonstances où nous nous trouvions, ils n'en rendaient pas moins ma position pénible. Je prévoyais qu'il me parlerait de l'abdication qu'on exigeait de lui. Or, autant avant son arrivée et avant la démarche de la chambre des représentants, j'avais considéré cette abdication comme funeste, autant elle me semblait devenue inévitable. Le matin, je l'avais combattue comme le projet pusillanime de quelques serviteurs impatients de jeter loin d'eux l'importune solidarité d'un malheur sans espoir; mais, proposée publiquement, offerte au peuple comme une ressource sûre, elle avait déjà produit son effet. Déjà la France était divisée ; et puisqu'on ne pouvait la conserver unie sous Napoléon, il fallait tâcher de la réunir sous le drapeau de l'indépendance nationale.

« Néanmoins, en présentant à Bonaparte les motifs qui rendaient son abdication indispensable, je justifiais en quelque sorte sa défiance ; j'avais l'apparence de le pousser au dernier pas qui restait à faire pour achever l'ouvrage des chambres, dont j'avais sollicité si vivement la convocation immédiate. En second lieu, si, dans l'intérêt de la France, il fallait conseiller à Bonaparte cette abdication, en était-il de même dans son intérêt ? S'il descendait du trône, où était son asile ? Les promesses de ceux qui l'abandonnaient me satisfaisaient peu. Les mieux intentionnés aimaient à se faire illusion, parce que cette illusion leur était commode. Impatients d'atteindre leur but présent, ils arrangeaient l'avenir de leur victime de manière à tranquilliser leur délicatesse, se préparant, si cet avenir était autre, à regretter de s'être trompés : mais il était bien clair qu'ils ne pourraient protéger contre l'Europe celui qu'ils désarmaient ; et bien que Bonaparte dût prévoir sa situation future mieux que personne, ne la lui exposer qu'incomplètement était une sorte de mauvaise foi dont je ne voulais pas me rendre coupable.

« Il ne tarda pas à me soulager de cette perplexité douloureuse. En répondant à mes premières paroles sur le désastre de Waterloo. « Il ne s'agit pas à présent de moi, me dit-il, il s'agit de la France. On veut que j'abdique ! A-t-on calculé les suites inévitables de cette abdication ? C'est autour de moi, autour de mon nom, que se groupe l'armée : m'enlever à elle, c'est la dissoudre. Si j'abdique aujourd'hui, vous n'aurez plus d'armée dans deux jours..... Cette armée n'entend pas toutes vos subtilités. Croit-on que les axiomes métaphysiques, des déclarations de droits, des discours de tribune, arrêteront une débandade ?... Me repousser quand je débarquais à Cannes, je l'aurais conçu : m'abandonner aujourd'hui, je ne le conçois pas.... Ce n'est pas quand ses ennemis sont à 25 lieues qu'on renverse un gouvernement avec impunité. Pense-t-on que les phrases donneront le change aux étrangers ? Si on m'eût renversé il y a quinze jours, c'eût été du courage... mais je fais partie maintenant de ce que l'étranger attaque, je fais donc partie de ce que la France doit défendre..... En me livrant, il se livre elle-même, elle avoue sa faiblesse, elle se reconnaît vaincue, elle encourage l'audace du vainqueur..... Ce n'est pas la liberté qui me dépose, c'est la peur, une peur dont vos ennemis profiteront.

« Et quel est donc le titre de la chambre pour me demander mon abdication ? Elle sort de sa sphère légale, elle n'a plus de mission. Mon droit, mon devoir, c'est de la dissoudre. »

« Alors il parcourut rapidement les conséquences possibles de cette mesure. Séparé des chambres, il n'était plus qu'un chef militaire ; toute la population paisible et industrieuse ne voyait plus en lui un pouvoir constitutionnel : mais l'armée lui restait, l'armée que l'aspect de l'étendard étranger rallie toujours autour de quiconque veut l'abattre. En supposant même que cette armée éparse se divisât, la portion qui lui demeurerait fidèle pouvait se grossir de cette classe véhémente et nombreuse, facile à soulever parce qu'elle est sans propriété, et facile à conduire parce qu'elle est sans lumières. Il n'y avait point là de moyens d'organisation, mais il y avait beaucoup de moyens de résistance.

« Comme si le hasard eût voulu fortifier Napoléon dans le sentiment des ressources que lui promettait cette résolution désespérée, au moment où il comparait ses forces avec celles de ses adversaires, l'avenue de Marigny retentit des cris de *vive l'empereur !* Une foule d'hommes, pour la plupart de la classe indigente et laborieuse, se pressait dans cette avenue, saisie d'un enthousiasme en quelque sorte sauvage, et tentant l'escalader les murs de l'Élysée pour offrir à Napoléon de l'entourer et de le défendre. Ces cris, poussés jadis au milieu des fêtes, au sein des triomphes, et se mêlant tout à coup à notre entretien sur l'abdication, formaient un contraste qui me pénétra d'une émotion profonde. Bonaparte promena quelque temps ses regards sur cette multitude passionnée. « Vous les voyez, me dit-il, ce ne sont pas là ceux que j'ai comblés d'honneurs et de trésors. Que me doivent ceux-ci ? Je les ai trouvés, je les ai laissés pauvres. L'instinct de la nécessité les éclaire, la voix du pays parle par leur bouche ; et si je le veux, si je le permets, la chambre rebelle, dans une heure elle n'existera plus..... Mais la vie d'un homme ne vaut pas ce prix. Je ne suis pas revenu de l'île d'Elbe pour que Paris fût inondé de sang. »

Le lendemain de cette conférence, Napoléon signa son abdication, et le 25 juin, sur l'invitation de la commission du gouvernement, il quitta l'Élysée pour prendre la voiture qui l'emmenait à la Malmaison ; celle du général Bertrand sortit par la porte des Champs-Élysées, tandis que sa voiture d'apparat, où était monté le général Gourgaud, sortait avec éclat par la porte principale du palais.

L'Empereur de Russie, Alexandre, occupa ce palais en 1814 en 1815. Sous la Restauration, il reçut de nouveau le nom *Élysée Bourbon*. Le duc et la duchesse de Berry l'habitèrent 1816 ; mais à la mort du prince, en 1820, il fut abandonné par sa veuve. Plus tard, ce palais fut habité par le duc de Bordeaux. A partir de 1830, il fit partie des palais dépendants de la liste civile.

« Le palais de l'Élysée, dit M. Girault de Saint-Fargeau, a joui, avec raison, d'une sorte de réputation parmi les édifices construits à Paris pendant la première moitié du XVIIIe siècle. Le plan en est singulièrement heureux ; les distributions intérieures en étaient faites avec intelligence et ajoutaient beaucoup à l'agrément de cette habitation, qui doit à sa situation tant d'avantages précieux. Le style de l'architecture était généralement d'un bon goût ; la décoration du principal corps de logis, tant sur la cour que sur le jardin, était d'une belle proportion et d'une exécution soignée. Ce palais a eu une destinée singulière et peut-être unique. Ayant appartenu à un grand nombre de personnes différentes, tous les travaux qui y ont été faits successivement, loin de le déformer, n'ont servi, au contraire, qu'à l'embellir. Le jardin, dont on aperçoit des Champs-Élysées la vaste étendue, est magnifique. » Ces éloges sont plus que jamais mérités depuis les travaux accomplis par les ordres de Napoléon III, sous la direction de M. Lacroix.

Le jour de sa nomination à la présidence de la République, 20 décembre 1849, après avoir, à l'invitation du président, lu le programme politique qu'il se proposait de suivre, le prince quitta le palais de l'Assemblée et se rendit à l'Élysée, accompagné des trois questeurs : MM. Le Breton, Degousée et Bureaux de Puzy.

Le coup d'État du 2 décembre 1851 fut combiné à l'Élysée. Dans la soirée du 1er décembre, le président tint à l'Élysée sa réception ordinaire des lundis ; la foule y fut immense, et Louis-Napoléon y manifesta une bonne humeur assez marquée. Le préfet de police, le ministre de la guerre, le général Magnan et M. de Persigny ne quittèrent pas les salons. M. de Morny était à l'Opéra-Comique, et dans la loge presque contiguë à celle où se trouvait le général Cavaignac. On jouait une pièce nouvelle de M. de Saint-George, dont le frère, directeur de l'imprimerie nationale, allait bientôt distribuer à ses compositeurs le manuscrit d'un drame bien autrement émouvant que celui qu'applaudissaient ensemble les ministres qui n'étaient déjà plus et les ministres qui allaient être. On raconte que, pendant un entr'acte, une dame qui n'avait pas vu M. de Morny depuis quelque temps, s'étant plainte que les travaux parlementaires absorbassent les hommes du monde, et ayant ajouté en riant : « Heureusement, on va nous balayer tous ; » le futur ministre répondit gaiement : « Madame, je ne sais si on nous balaiera, mais, en tous cas, je tâcherai de me mettre du côté du manche. »

A l'Élysée, la foule affluait, au point qu'il fallut ouvrir les salles de danse du rez-de-chaussée. Nul pourtant ne soupçonnait encore. Vers dix heures, Louis-Napoléon s'étant adossé à une cheminée, appela d'un signe le colonel Vieyra, nommé la veille chef d'état-major de la garde nationale.

« Colonel, lui dit-il en souriant, êtes-vous assez maître de votre visage pour n'y rien laisser paraître d'une grande émotion ?

— Je le crois, mon prince, répondit M. Vieyra.

— Fort bien alors. » Et avec un sourire plus épanoui :

« C'est pour cette nuit, dit-il à demi-voix. Vous n'avez pas bougé ; c'est bien, vous êtes fort. Pouvez-vous me répondre que demain le rappel ne sera battu nulle part, et qu'aucune convocation de garde nationale n'aura lieu ?

— Très-facilement, pourvu que j'aie assez d'ordonnances à ma disposition.

— Voyez pour cela le ministre de la guerre. Partez maintenant ; mais, pas de suite, on croirait que je vous ai donné un ordre. »

Et, prenant le bras de l'ambassadeur d'Espagne qui s'avançait, le prince quitta la cheminée pendant que M. Vieyra, pour dérouter tout soupçon, s'en allait échanger quelques banalités dans un groupe de dames.

Lorsque la réception fut finie, Louis-Napoléon tint conseil avec MM. de Persigny, Magnan, Leroy de Saint-Arnaud, de Maupas et de Morny. A deux heures du matin ils se séparèrent ; mais à dix heures et demie Louis-Napoléon sortit de l'Élysée, accompagné du prince Jérôme et des généraux Magnan, Wast-Vimeux, Flahaut, Le Pays de Bourjolly, etc., etc. Il suivit la rue du Faubourg-Saint-Honoré, arriva à la place de la Concorde où il passa plusieurs régiments en revue. Traversant le jardin des Tuileries, il alla visiter l'état-major de l'armée de

Paris, il franchit le Pont-National et vint passer en revue les troupes qui stationnaient sur les quais, depuis la rue du Bac jusqu'au pont de la Concorde. De là il se rendit aux Invalides.

CHAPITRE VIII.

Hôtels du faubourg Saint-Honoré. — Hôtel Péreire. — Hôtel Fould. — Hôtel Furtado. — Hôtel Pontalba. — Saint-Philippe-du-Roule. — La Madeleine. — Procès-verbal de l'inhumation de Louis XVI. — Son exhumation. — La chapelle expiatoire.

Un grand nombre de beaux hôtels ont, comme l'Élysée, une façade du côté de la rue du faubourg Saint-Honoré et des jardins donnant sur les Champs-Élysées. On peut citer l'hôtel Péreire, construit dans le style du temps de Louis XIV, par M. Armand, architecte du grand hôtel du Louvre; les artistes qui l'ont décoré de peintures allégoriques sont presque tous des élèves de Paul Delaroche, comme Jalabert, Cabanel, Barrias et Picou.

Dans l'hôtel de M. Louis Fould, M. Labrouste, employant simultanément la brique et la pierre, a conservé la noble simplicité du style Louis XIII. A l'intérieur, une galerie splendide contient une collection précieuse de monnaies antiques, d'émaux et de camées.

L'hôtel Furtado, construit sur les dessins de MM. Conwens et Noleau, n'a pas de style bien arrêté; mais il est élégant et coquet; le plafond du salon, peint par Faustin Besson, représente la cour de Flore, et les quatre saisons sont personnifiées dans les dessus de portes qui rappellent un peu la manière de Nattier. La salle à manger est tendue de belles tapisseries du temps de Louis XIV, et décorée d'un plafond qui plafonne, ce qui est assez rare. Faustin Besson y a mis en perspective un balcon du haut duquel des dames font de la musique aux invités. M. Lévy, grand prix de Rome, a peint, pour le grand escalier, *Vénus entrant dans l'Olympe*, et pour le salon de famille, *les Arts et les Sciences*.

L'hôtel Pontalba, suivant l'expression d'un de nos meilleurs critiques d'art, est le type palais.

Dès qu'on a passé le seuil de la grande antichambre, on comprend que, dans ce palais, on s'est encore moins préoccupé du riche que du beau.

L'or ruisselle partout; mais après le vertige qu'il nous cause, plus on s'attache à regarder de près le travail artiel qu'on a prodigué partout, plus on est émerveillé. L'hôtel Pontalba est surtout imprégné du charme indicible d'un pur sanctuaire de l'art. L'art vit, se montre, palpite, déborde dans la peinture des plafonds et des trumeaux, dans le tissu des étoffes de soie qui revêtent les meubles et les croisées, dans la richesse des tapis, dans les bronzes reproduits de Versailles, dans l'encadrement des glaces de Saint-Gobain et de Venise, dans la ciselure des lustres et les riches bizeaux de cristal de roche dont se composent leurs prestigieuses girandoles, dans la sculpture des meubles, dans la ciselure des écussons, des frises, dans le relief des chambranles que ne déshonore point le carton-pâte ou ornementations de la sculpture moderne.

Le rez-de-chaussée de l'hôtel Pontalba se divise en quatorze pièces :

Deux antichambres, deux salles à manger; la principale, dont les dimensions sont très-vastes, est de marbre de diverses couleurs; elle est la réduction exacte de la salle à manger du palais de Versailles, avec ses piliers de marbre d'Égypte; la table de gala, qui est au centre de cette salle, est en bois d'ébène; elle est de soixante couverts.

La décoration de la principale chambre à coucher, du cabinet de toilette, du boudoir, du parloir ou salon de conversation, est d'or et de nuance vert pomme. C'est d'une délicatesse, d'une fraîcheur de teinte à défier les plus délicieuses fantaisies du pinceau de Watteau.

Les meubles du premier salon sont en damas de soie verte brodée de fleurs. Le dessin du tapis correspond à celui de l'ameublement, et se retrouve également dans les ornements du plafond. Cette harmonie règne dans tout le palais.

Le second salon, plus riche encore que le premier, se distingue par des groupes d'enfants en bronze aux quatre angles et au centre. Ce dernier groupe est entouré d'un de ces meubles circulaires vulgairement appelés *pâtés*. Les plafonds ont été

peints par Picot. La pendule, dont l'or étincelle sur le manteau de la cheminée, a été prise à Versailles, et porte la fameuse devise : *Nec pluribus impar*. L'ameublement de ce salon est en damas de soie jaune brodée.

Le troisième salon, tout en laque de Chine, est chamarré d'arabesques d'or sur les murs, aux plafonds, sur le bois des croisées. C'est une des merveilles sauvées de l'hôtel d'Avaray, presque dans l'intégrité de sa richesse originelle qui date de Louis XIV. Ici l'hôtel Pontalba renchérit sur Versailles. Les meubles sont de soie cramoisie. La tradition nous apprend que ce salon a primitivement coûté 600,000 fr. au grand roi.

La galerie de bal vient après le salon en laque. Elle est éclairée par douze demi-lustres et un lustre central qui portent des cristaux de roche de plus de vingt-cinq centimètres de diamètre.

Cette vaste pièce, où des quadrilles de plus de deux cents personnes peuvent facilement s'organiser, est contiguë à un petit salon réservé aux artistes dont les noms figurent, aux jours de grande réception, sur le programme des concerts. Elle est accessible par une porte particulière.

Les quatre salons, y compris la galerie des bals, ont vue sur le jardin, c'est-à-dire sur un espace de plus de 160 pieds de large sur 500 de profondeur, dont la perspective se perd sous le dôme des grands arbres des Champs-Élysées.

Les édifices religieux du quartier sont loin de répondre à la magnificence des habitations particulières. Quoique mentionné dans quelques actes du XIIIe siècle, le Roule n'acquit d'importance que lorsqu'il eut été érigé en faubourg, le 12 février 1722.

Ce ne fut qu'en 1769 que sa modeste église fut embellie par les soins de Chalgrin. Dans le tympan du fronton, Duret, père de l'auteur du *Danseur napolitain*, exécuta une belle figure de la Religion. A l'intérieur, M. Claudius Jacquand a couvert de fresques la chapelle de Notre-Dame-de-Toutes-Grâces. Cette chapelle voûtée, de 26 mètres de longueur intérieure sur 12 mètres de largeur, a été érigée sous la direction de M. Victor Baltard, architecte de la ville de Paris. Elle est destinée au catéchisme et à l'instruction des enfants, et a été inaugurée le 8 février 1860, par le cardinal archevêque de Paris. L'artiste, déjà connu par plusieurs compositions de ce genre, a voulu prouver qu'il savait aborder les sujets religieux en ce qu'ils avaient de plus élevé. Il a passé deux ans et demi à perfectionner son œuvre, afin de ne rien omettre des particularités qu'il avait à rendre. Les jours de fête, où il lui fallait s'arracher à son travail, il lui semblait qu'on l'enlevait du ciel pour le rejeter sur la terre; il était possédé par son idée, aspirant au lendemain comme un amant aspire au premier rendez-vous. On comprend cette impression, on la partage, on ne peut s'y soustraire. L'idéal vous envahit. On voit la sainte Immaculée, on partage *ses joies, ses douleurs*, on souffre avec elle, on sourit de son sourire, on répète, malgré soi, les sublimes litanies :

« Porte du ciel.
« Rose mystérieuse.
« Maison d'or.
« Étoile du matin. »

On s'agenouille devant l'*Ange du repentir*, l'*Ange de l'espérance*; on tend les bras vers le *Miroir de justice*. Que de mères iront prier la *Mère de toutes les grâces*, que de cœurs brisés iront chercher l'*Ange des consolations!* que de douces larmes couleront *devant cette Arche d'alliance* qui réconcilie Dieu avec les pécheurs!

En même temps que Saint-Philippe-du-Roule était englobée dans Paris, ainsi que l'église de la Ville-L'évêque, bourgade où les archevêques de Paris avaient une maison de plaisance, des granges et des dîmes, l'église de la Madeleine avait eu le bonheur d'être protégée par la marquise de Pompadour, et dès le 6 février 1763, Louis XV avait adressé à ses amis et féaux conseillers, à son parlement et à sa chambre des comptes, des lettres tendant à autoriser l'édification d'une nouvelle église à l'extrémité de la rue Royale, sous la conduite du sieur Coutant d'Ivry, membre de l'Académie d'architecture. Le roi posa la première pierre de la nouvelle basilique, le 3 avril 1764, et les travaux avancèrent avec assez de rapidité. L'architecte, qui mourut au mois de janvier 1777, fut remplacé par Couture le jeune, qui détruisit les premières constructions, et un portail de douze colonnes corinthiennes avec une galerie en retour. Son œuvre n'était pas achevée au moment où la révolution de 1789 dûtourna les esprits des monuments religieux. L'église projetée n'était, en 1793, qu'un monceau de ruines anticipées, et les offices se faisaient toujours dans la petite chapelle de la Madeleine, dont le cimetière acquit une triste célébrité. On y enterra un grand nombre de victimes exécutées sur la place de la Révolution. Pour le supplice comme pour l'inhumation, Louis XVI fut le premier. Le 20 janvier 1793, le pouvoir exécutif manda le curé de la Madeleine, nommé Picavez, pour le charger des obsèques de Louis XVI; mais cet ecclésiastique, ne se sentant pas le courage de remplir une mission aussi pénible et aussi douloureuse, prétexta une maladie, et substitua sa place à son premier vicaire, François-Silvain Renard. Celui-ci, dans une déclaration ultérieure, a consigné les détails de ce fait historique. « Ma réponse, déclare le premier vicaire, fut d'abord un refus positif, fondé sur ce que personne n'avait peut-être aimé Louis XVI plus que moi; mais, sur l'observation juste que M. Picavez me fit que ce double refus pourrait avoir des suites fâcheuses et incalculables pour nous deux, j'acceptai.

« En conséquence, le lendemain 21, après m'être assuré que les ordres prescrits par le pouvoir exécutif, et relatifs à la quantité de chaux ordonnée, et à la profondeur de la fosse qui, autant que je puis me le rappeler, devait être de dix à douze pieds, avaient été ponctuellement exécutés, j'attendis à la porte de l'église, accompagné de la croix, avec M. l'abbé Damoreau, que l'on nous remit le corps de Sa Majesté.

« Sur la demande que j'en fis, les membres du département et de la commune me répondirent que les ordres qu'ils avaient reçus leur prescrivaient de ne pas perdre de vue un seul instant le corps de Sa Majesté. Nous fûmes donc obligés, M. Damoreau et moi, de les accompagner au cimetière, situé rue d'Anjou.

« Arrivé au cimetière, je fis faire le plus grand silence. L'on nous présenta le corps de Sa Majesté. Elle était vêtue d'un gilet de piqué blanc, d'une culotte de soie grise et les bas pareils... »

Remarquons incidemment que ce costume diffère par quelques nuances de celui qu'indiquent les autres historiens; mais la déclaration que nous citons étant de 1814, il est possible que la mémoire de l'abbé Renard l'ait mal servi.

« Nous psalmodiâmes les vêpres et récitâmes toutes les prières usitées pour le service des morts, et, je dois dire la vérité, cette même populace, qui naguère faisait retentir l'air de ses vociférations, entendit les prières faites pour le repos de l'âme de Sa Majesté avec le silence le plus religieux.

« Avant de descendre dans la fosse le corps de Sa Majesté, mis à découvert dans la bière, il fut jeté au fond de ladite fosse, distante à dix pieds environ du mur, d'après les ordres du pouvoir exécutif, dans un lit de chaux vive. Le corps fut ensuite couvert d'un lit de chaux vive, d'un lit de terre, et le tout fortement battu et à plusieurs reprises.

« Nous nous retirâmes ensuite en silence après cette trop pénible cérémonie, et il fut, autant que je puis me le rappeler, dressé par M. le juge de paix un procès-verbal qui fut signé de deux membres du département et de deux de la commune. Je dressai aussi un acte mortuaire en rentrant à l'église, mais sur un simple registre, lequel fut enlevé par les membres du comité révolutionnaire lors de la clôture de cette église. »

Le 20 janvier 1815, sur les indications de M. Desclozeaux, propriétaire du cimetière de la Madeleine, des fouilles y furent faites en présence de M. Dambray, grand chancelier de France; du comte de Blacas, ministre de la maison du roi; de M. de La Tour, évêque de Nancy; du comte de Brézé, grand maître des cérémonies; du bailli de Crussol et du service de paix. On transporta à Saint-Denis, le 21 janvier, des débris informes des ossements rongés par la chaux; mais, comme l'a dit l'archiviste Peuchet dans ses Mémoires : « Sa Majesté Louis XVIII n'était rien moins que certaine que ce fussent les restes de Louis XVI, de Marie-Antoinette et de Madame Élisabeth qui avaient été retrouvés et transportés à Saint-Denis. Plusieurs fois on lui avait insinué qu'elle avait été trompée, et que la fausseté des reliques résultait de preuves anatomiques incontestables. Elle craignait que sa piété filiale ne l'eût rendue le jouet de quelques mystifications; et plusieurs rapports faits soit à la police du château, soit à la police générale, l'entretenaient dans cette crainte. »

Toutefois, on éleva rue d'Anjou une chapelle expiatoire, achevée en 1826 par Fontaine et Percier, et Bosio exécuta en marbre un groupe qui représentait Louis XVI et Marie-Antoinette soutenus par des anges.

CHAPITRE IX.

Le temple de la Gloire. — Lettre de Napoléon Ier à M. Champagny. — L'église de la Madeleine. — Saint-Augustin. — La Petite Pologne. — Le quartier de l'Europe. — La gare de l'Ouest. — Le parc Monceaux.

Cependant, l'église de la Madeleine s'était relevée de ses ruines. Ce monument délaissé rappelait les temples mutilés par le temps dont les colonnes se détachent sur le ciel bleu de Pestum. Qu'en devait-on faire? L'Assomption et Saint-Louis-d'Antin suffisaient alors aux besoins du quartier.

Du camp impérial de Posen partit, le 2 décembre 1806, un décret ainsi conçu :

« 1° Il sera établi, sur l'emplacement de la Madeleine de notre bonne ville de Paris, aux frais du trésor de notre couronne, un monument dédié à la grande armée, portant sur le fronton : *L'Empereur Napoléon aux Soldats de la Grande Armée!*

« 2° Dans l'intérieur du monument seront inscrits, sur des tables de marbre, les noms de tous les hommes, par corps d'armée et par régiment, qui ont assisté aux batailles d'Ulm, d'Austerlitz et d'Iéna, et sur des tables d'or massif les noms de tous ceux qui sont morts sur les champs de bataille; sur des tables d'argent sera gravée la récapitulation, par département, des soldats que chaque département a fournis à la grande armée.

« 3° Autour de la salle seront sculptés des bas-reliefs où seront représentés les colonels de chacun des régiments de la grande armée, avec leurs noms; ces bas-reliefs seront faits de manière que les colonels soient groupés autour de leurs généraux de division et de brigade, par corps d'armée. Les statues, en marbre, des maréchaux qui ont commandé des corps ou qui ont fait partie de la grande armée seront placées dans l'intérieur de la salle.

« 4° Les armures, statues, monuments de toute espèce, enlevés par la grande armée dans ces deux campagnes, les drapeaux, étendards et tymbales conquis par la grande armée, avec les noms des régiments ennemis auxquels ils appartenaient, seront déposés dans l'intérieur du monument.

« 5° Tous les ans, aux anniversaires des batailles d'Austerlitz et d'Iéna, le monument sera illuminé, et il sera donné un concert précédé d'un discours sur les vertus nécessaires au soldat, et d'un éloge de ceux qui périrent sur le champ de bataille dans ces journées mémorables. Un mois avant, un concours sera ouvert pour recevoir la meilleure pièce de musique analogue aux circonstances. Une médaille d'or, de 150 doubles napoléons, sera donnée aux auteurs de chacune de ces pièces qui auront remporté le prix. Dans les discours et odes, il est expressément défendu de faire aucune mention de l'Empereur.

« 6° Notre ministre de l'intérieur ouvrira, sans délai, un concours d'architecture pour choisir le meilleur projet pour l'exécution de ce monument. Une des conditions du prospectus sera de conserver la partie du bâtiment de la Madeleine qui existe aujourd'hui, et que la dépense ne dépasse pas trois millions. Une commission de la classe des beaux-arts de notre Institut sera chargée de faire un rapport à notre ministre de l'intérieur, avant le mois de mars 1807, sur les projets soumis au concours. Les travaux commenceront le 1er mai et devront être achevés avant l'an 1809. Notre ministre de l'intérieur sera chargé de tous les détails relatifs à la construction du monument, et le directeur de nos musées de tous les détails des bas-reliefs, statues et tableaux.

« 7° Il sera acheté 100,000 fr. de rente en inscriptions sur le grand-livre pour servir à la dotation du monument et à son entretien annuel.

« 8° Une fois le monument construit, le grand conseil de la Légion d'honneur sera spécialement chargé de sa garde, de sa conservation et de tout ce qui est relatif au concours annuel.

« 9° Notre ministre de l'intérieur et l'intendant des biens de notre couronne seront chargés de l'exécution du présent décret. »

Cent vingt-sept plans furent soumis à la classe des beaux-arts, qui adjugea le prix à M. de Beaumont; mais Napoléon ne ratifia pas ce jugement. Il écrivit au ministre de l'intérieur:

« Au quartier impérial de Finkenstein, le 30 mai 1807.

« Monsieur de Champagny, après avoir examiné attentivement les différents plans du monument dédié à la grande armée, je n'ai pas été un moment en doute; celui de M. Vignon est le seul qui remplisse mes intentions : c'est un temple que j'avais demandé, et non une église. Que pouvait-on faire dans le genre des églises qui fût dans le cas de lutter avec Sainte-Geneviève, même avec Notre-Dame, et surtout avec Saint-Pierre de Rome? Le projet de M. Vignon réunit à beaucoup d'avantages celui de s'accorder mieux avec le palais Législatif, et de ne pas écraser les Tuileries.

« Lorsque j'ai fixé la dépense à trois millions, j'ai entendu que ce temple ne devait pas coûter plus que ceux d'Athènes, dont la construction ne s'élevait pas à la moitié de cette somme.

« Il m'a paru que l'entrée de la cour devait avoir lieu par l'escalier vis-à-vis le trône, de manière qu'il n'y eût qu'à descendre et à traverser la salle pour se rendre au trône. Il faut que dans les projets définitifs M. Vignon s'arrange pour qu'on descende à couvert; il faut aussi que l'appartement soit le plus beau possible : M. Vignon pourrait peut-être le faire double, puisque la salle est déjà trop longue. Il sera également facile d'ajouter quelques tribunes.

« Les spectateurs doivent être placés sur des gradins de marbre formant les amphithéâtres destinés au public, et les personnes nécessaires à la cérémonie seront sur des bancs, de manière que la distinction de ces deux sortes de spectateurs soit très-sensible. Les amphithéâtres garnis de femmes feront un contraste avec le costume grave et sévère des personnes nécessaires à la cérémonie. La tribune de l'orateur doit être fixe et d'un beau travail. Rien dans ce temple ne doit être mobile et changeant; tout, au contraire, doit y être fixe, à sa place.

« S'il était possible de placer à l'entrée du temple le *Nil* et le *Tibre*, qui ont été rapportés de Rome, cela serait d'un très-bon effet : il faut que M. Vignon tâche de les faire entrer dans son projet définitif, ainsi que les statues équestres qu'on placerait au dehors, puisque réellement elles seraient mal dans l'intérieur. Il faut aussi désigner le lieu où l'on placera l'armure de François Ier, prise à Vienne, et le quadrige de Berlin.

« Il ne faut pas de bois dans la construction de ce temple. Pourquoi n'emploierait-on pas pour la voûte, qui a fait un objet de discussion, du fer ou même des pots de terre? Ces matières ne seraient-elles pas préférables à du bois? Dans un temple qui est destiné à durer plusieurs milliers d'années, il faut chercher la plus grande solidité possible, éviter toute construction qui pourrait être mise en problème par les gens de l'art, et porter la plus grande attention au choix des matériaux : du granit et du fer, tels devraient être ceux de ce monument. On objectera que les colonnes actuelles ne sont pas de granit; mais cette objection ne serait pas bonne, puisque avec le temps on peut renouveler ces colonnes sans nuire au monument. Cependant, si l'on prouvait que le granit entraînât dans une trop grande dépense et dans de longs délais, il faudrait y renoncer; car la condition principale du programme, c'est qu'il soit exécuté en trois ou quatre ans, et au plus en cinq ans. Ce monument tient en quelque chose à la politique : il est dès lors du nombre de ceux qui doivent se faire vite. Il convient néanmoins de s'occuper à chercher du granit pour d'autres monuments que j'ordonnerai, et qui, par leur nature, peuvent permettre de donner trente, quarante ou cinquante ans à leur construction.

« Je suppose que toutes les sculptures intérieures seront en marbre; et qu'on ne me propose pas des sculptures propres aux salons et aux salles à manger des femmes de banquiers de Paris. Tout ce qui est futile n'est pas simple et noble; tout ce qui n'est pas de longue durée ne doit pas être employé dans ce monument. Il n'y faut aucune espèce de meubles, pas même de rideaux.

« Quant au projet qui a obtenu le prix, il n'atteint pas mon but, c'est le premier que j'ai écarté. Il est vrai que j'ai donné pour base de conserver la partie du bâtiment de la Madeleine qui existe aujourd'hui; mais cette expression est une ellipse; il était sous-entendu que l'on conserverait ce bâtiment le plus possible; autrement il n'y aurait pas eu besoin de programme, il n'y avait qu'à se borner à suivre le plan primitif.

Mon intention était de n'avoir pas une église, mais un temple; et je ne voulais ni qu'on rasât tout ni qu'on conservât tout. Si les deux propositions étaient incompatibles, savoir : celle d'avoir un temple et celle de conserver les constructions actuelles de la Madeleine, il était simple de s'attacher à la définition d'un temple; par exemple, j'ai entendu un monument tel qu'il y en avait à Athènes, et qu'il n'y en a pas à Paris. Il y a beaucoup d'églises à Paris, il y en a dans tous les villages; je n'aurais assurément pas trouvé mauvais que les architectes eussent observé qu'il y avait une contradiction entre l'idée d'avoir un temple et l'intention de conserver des constructions bâties pour une église. La première était l'idée principale, la seconde l'idée accessoire. M. Vignon a donc deviné ce que je voulais.

« Quant à la dépense fixée à trois millions, je n'en fais pas une condition absolue. J'ai entendu qu'il ne fallait pas faire un autre Panthéon; celui de Sainte-Geneviève a déjà coûté plus de quinze millions. Mais en disant trois millions, je n'ai pas entendu qu'un ou deux millions de plus ou de moins entrassent en concurrence avec la convenance d'avoir un monument plus ou moins beau. Je pourrai autoriser une dépense de cinq ou six millions si elle est nécessaire, et c'est ce que le devis définitif me prouvera.

« Vous ne manquerez pas de dire à la quatrième classe de l'Institut que c'est dans son rapport même que j'ai trouvé les motifs qui m'ont déterminé. Sur ce, je prie Dieu qu'il vous ait en sa sainte garde.

« *Signé* NAPOLÉON. »

Rebâti pour la troisième fois, le monument redevint l'église de la Madeleine en vertu d'une ordonnance royale du 14 février 1816.

Les lois du 27 mai 1827 et du 23 mars 1842 firent concession de l'église de la Madeleine à la ville de Paris, à titre de propriété, pour être affectée au service de la paroisse principale du premier arrondissement.

L'église de la Madeleine a quelque rapport avec la Maison carrée de Nîmes, mais elle est moins une basilique qu'un temple païen. Le bas-relief de Lemaire n'a point de caractère; dans cette gigantesque sculpture qui occupe un tympan de plus de 38 mètres de longueur, et de plus de sept mètres de hauteur à angle obtus, la Madeleine remplit auprès de Jésus-Christ un rôle d'intervention suprême qu'aucun texte ne justifie. Les figures ont l'air d'académies; les accessoires sont empruntés aux usages funéraires des peuples anciens, et l'iconographie chrétienne n'a jamais connu les allégories de l'Innocence, des Vices, de l'Ange des miséricordes et des vengeances, telles que les a comprises le sculpteur. Chapiteaux corinthiens, frontons, colonnades, escaliers, soubassements, tout est grec dans cette église, si peu faite pour sa destination que, lorsqu'elle fut terminée, on s'aperçut qu'on y avait oublié les cloches!

Sous les portiques ont été ménagés des niches qui ont reçu des statues de saints.

Au sud : *saint Philippe* et *saint Louis*, par Nanteuil;

Au nord : *les quatre évangélistes*, par Ramey, Desprez et Lemaire;

A l'est : *l'ange Gabriel*, par Duret; *saint Bernard*, par Husson; *sainte Thérèse*, par Feuchère; *saint Hilaire*, par Huguenin; *sainte Cécile*, par Dumont; *sainte Irénée*, par Gourdel; *sainte Adélaïde*, par Bosio neveu; *saint François de Sales*, par Molcheneht; *sainte Hélène*, par Mercier; *saint Martin de Tours*, par Grevenich; *sainte Agathe*, par Dantan jeune; *saint Grégoire*, par Thérasse; *sainte Agnès*, par Du Seigneur; *l'archange Raphaël*, par Dantan aîné;

A l'ouest : *l'archange Michel*, par Ruggi; *saint Denis*, par Debay fils; *sainte Anne*, par Desbœufs; *saint Charles Borromée*, par Jouffroy; *sainte Élisabeth*, par Caillouette; *saint Ferdinand*, par Jaley; *sainte Christine*, par Valcher; *saint Jérôme*, par Lanno; *sainte Jeanne de Valois*, par A. Guillot; *saint Grégoire de Valois*, par Maindron; *sainte Geneviève*, par Debay père; *saint Jean Chrysostôme*, par Gœchter; *sainte Marguerite d'Écosse*, par Caunois; et *l'Ange-Gardien*, par Bra.

L'intérieur de la Madeleine est voûté de marbre et d'or.

Au-dessus du grand autel, dans une demi-coupole, Claude-Louis Ziégler, élève d'Ingres, exécuta, de 1835 à 1838, une composition où se groupent les rois qui ont favorisé le développement du christianisme et principalement du catholicisme.

Schnetz, Bouchot, Léon Coignet, Signol, Couder, Abel de

Pujol, ont décoré la Madeleine de tableaux dont les principaux représentent des épisodes de la vie de la sainte pénitente.

Çà et là sont des groupes en marbre, la plupart mal éclairés, ce qui empêche de juger de leurs qualités, comme le *Baptême de Jésus-Christ*, par Rude; le *Mariage de la Vierge*, par Pradier; *des anges* par Antonin Moine; *sainte Amélie*, par Bra; *une Vierge*, par Émile Faure; *sainte Clotilde*, par Bruges; *saint Augustin*, par Antoine Étex; *un Christ*, par Francisque Duret; *saint Vincent de Paul*, par Raggi.

Le VIIIe arrondissement possède encore, place de Laborde, une petite église dédiée à saint Augustin, et dont l'établissement a été autorisé par un décret du 2 septembre 1851.

La partie septentrionale de cet arrondissement s'est singulièrement vivifiée et embellie depuis un demi-siècle. A gauche de la rue du Rocher s'étendait un quartier vulgairement qualifié de Petite Pologne, du nom d'une guinguette très-fréquentée. Au XVIIIe siècle, la place de Laborde, qui s'appelait en ce temps-là place des Grésillons, était à peine pavée, entourée de masures, et plongée dans les ténèbres pendant la nuit. Les environs étaient un repaire de mendiants, de chiffonniers, de vagabonds, de gens sans aveu. Entre la rue du Rocher et la rue de Clichy, étaient des champs, les unes cultivés en pommes de terre ou en céréales, les autres laissés en friche.

En 1826, une compagnie, dont les principaux actionnaires furent MM. Jonas Hagermann, Sylvain Mignon et Riant, traça sur le papier le plan d'un quartier dont la place la plus importante se nommait place de l'Europe, et dont les rues avaient des noms de capitales: rues Hambourg, Madrid, Lisbonne, Amsterdam, Stockholm, Londres, Constantinople, Vienne, Saint-Pétersbourg; peu à peu elles se bordèrent de maisons. En 1832, sous la direction de l'architecte Armand et de l'ingénieur Flachat, la gare du chemin de fer de Saint-Germain s'éleva sur la place de l'Europe; elle fut reportée rue Saint-Lazare, après la concession du chemin de fer de Versailles. L'ouverture successive des chemins de Paris au Havre, à Cherbourg, à Dieppe, des tronçons de chemins de fer qui desservent le bois de Boulogne, Auteuil et Passy, Argenteuil, nécessita des agrandissements considérables. Il est question, pour faciliter le service de ces voies, de jeter des ponts en tôle sur la place de l'Europe, en détruisant le jardin planté au centre, et qu'une délibération du conseil municipal, en date du 30 mai 1845, a reconnu propriété particulière des héritiers Hagermann et Mignon, à la charge d'en maintenir la destination à perpétuité.

Qu'est-ce qu'il y a de perpétuel?

On nivelle le sol du boulevard Malesherbes, qui partira de la Madeleine pour aboutir à la Seine. Un autre boulevard partira de l'ancienne barrière de Monceaux, traversera la plaine du nord-est au sud-ouest, et gagnera le parc de Neuilly.

Le parc de Monceaux doit être prochainement livré au public, et bien des Parisiens qui le visiteront pour la première fois s'étonneront d'avoir si longtemps ignoré cette fraîche oasis. Ce fut Louis-Philippe d'Orléans, duc de Chartres, qui le fit planter en 1778, sur les dessins de Carmontelle; il y prodigua les kiosques, les rochers, les cascades, les berceaux, les ruines grecques ou gothiques. Au lieu de conserver à ce parc le nom du petit hameau dont il dépendait, les critiques le désignaient sous celui de Folie de Chartres. En 1794, la Convention décréta qu'il serait entretenu pour être affecté à divers établissements. Napoléon, devenu empereur, le donna à l'archichancelier Cambacérès. Celui-ci en trouva l'entretien si dispendieux qu'il le rendit quatre ou cinq ans après à l'empereur. En 1814, Louis XVIII le restitua à la famille d'Orléans; enfin, en 1848, l'état-major des ateliers nationaux y fut installé. La décision qui le livre au public le fait échapper à une destruction certaine et lui assure une permanente destination.

FIN DU HUITIÈME ARRONDISSEMENT.

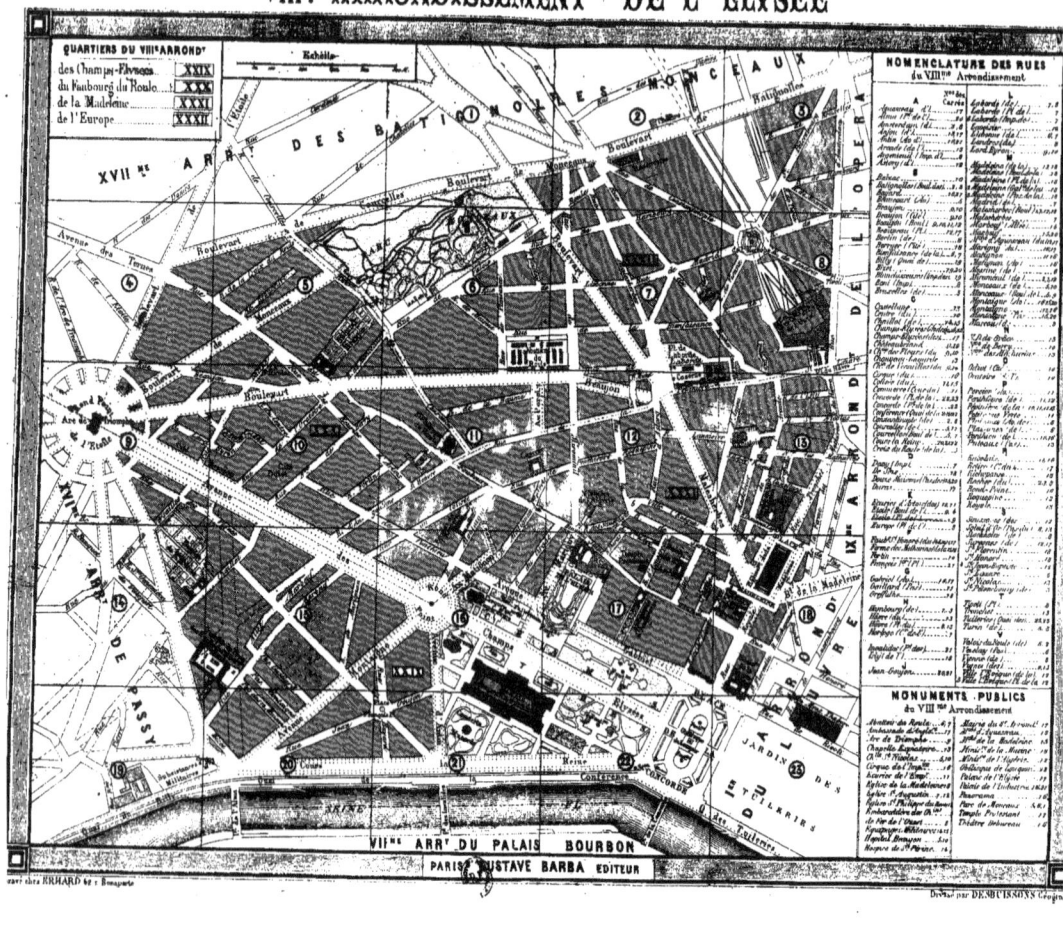

Les coulisses de l'Opéra.

L'OPÉRA — NEUVIÈME ARRONDISSEMENT.

CHAPITRE PREMIER.

Naissance de l'Opéra. — Premiers opéras représentés en France. — La *Pastorale*. — Fondation de l'Académie royale de Musique. — Opinion de Saint-Évremont sur l'Opéra. — Avénement de Lulli. — Lettres patentes du mois de mars 1672.

De tous les arrondissements de Paris, c'est le IX° qui risque le plus d'être prochainement débaptisé; il ne se passe pas, en effet, de semaine sans qu'on mette en avant un nouveau projet de translation. L'Académie impériale de Musique va être reconstruite sur l'emplacement de l'hôtel d'Osmond : tel est le bruit qui court aussitôt que commencent les démolitions de cette jolie résidence ; mais une maison de six étages s'élève à la place, et les faiseurs de conjectures annoncent immédiatement que l'Opéra doit bientôt s'installer à l'entrée des Champs-Élysées; d'autres le mettent au carrefour Gaillon ou sur le boulevard de Sébastopol.

Les précédents historiques donnent lieu de croire que l'Opéra ne restera pas toujours à la place qu'il occupe, car il a déjà beaucoup voyagé. On sait qu'il est originaire de Florence: d'après l'ouvrage de Stefano Artiaga, *le Revoluzioni del teatro musicale italiano*, deux musiciens du XVI° siècle, Peri et Caccini, qui cherchèrent à remplacer l'ancienne mélopée des Grecs, firent le premier opéra (*opera per musica*), dont le titre était *Dafne*. L'auteur du poëme était un de leurs amis, Ottavio Rinuccini. La pièce fut représentée à Florence, dans la maison du signor Corsi.

Un opéra-tragédie, intitulé *Eurydice*, fut représenté dans la même ville, à l'occasion des noces de Marie de Médicis et de Henri IV, le lundi 9 octobre 1600. « Le lundy 9 d'octobre, dit L'Estoile, il fut joué à Florence une comédie en cinq actes, dont les représentations, les machines et l'exécution coûtèrent soixante mille écus. » Le mot comédie est pris ici dans l'acception de pièce de théâtre.

Les opéras se multiplièrent à Florence et à Venise. En France, des essais informes en provoquèrent la naissance. Plusieurs tragédies de Jodelle, de Hardy, de Garnier, de Grevin, avaient des chœurs. Il y eut aussi des ballets où s'associaient la danse, la musique et la poésie ; tel fut le ballet comique composé en 1581 pour les noces du duc de Joyeuse et de Marguerite de Vaudemont. Les pas avaient été dessinés par le Piémontais Balthasarini, dit Beaujoyeux, que le maréchal de Brissac avait adressé à la reine-mère avec une bande de violons. La Chesnaye, aumônier de Henri III, avait mêlé des récitatifs à la chorégraphie; Beaulieu et Salmon avaient fait la musique, et Jacques Patin, peintre du roi, était l'auteur des décorations.

C'était presque un opéra ; mais la première œuvre digne de ce nom qui ait été représentée en France est la *Festa teatrale della Finta Pazza*, pastorale en cinq actes de Jacques Torelli et Guido Strozzi. Une troupe, que Mazarin avait appelée d'Italie, la chanta devant la cour, dans la galerie de l'hôtel du Petit-Bourbon, situé à l'extrémité orientale du Louvre. Cet essai fut suivi d'une foule d'autres : *Orfeo*, joué en 1647 ; l'*Andromède*, de Pierre Corneille, tragédie à machines, jouée au Petit-Bourbon, et dont Torelli, machiniste du roi, fit graver les décorations. Un grand nombre de ballets, du sieur de Bensérade, furent dansés par Louis XIV et ses courtisans, tant au Petit-Bourbon qu'au Palais-Cardinal, à Fontainebleau, à Saint-Germain-en-Laye, à Chambord, à Villeneuve-Saint-Georges, à Chantilly, etc.

Un Lyonnais, l'abbé Perrin, eut la gloire de donner le premier opéra français, avec le concours de Cambert, surintendant de la musique de la reine-mère et organiste de la collégiale de Saint-Honoré. Leur *Pastorale* fut jouée à Issy, en 1659, chez M. de La Haye. « Ce fut, dit Saint-Évremont dans la comédie des *Opéras*, comme un essai d'opéra qui eut l'agrément de la nouveauté; mais ce qu'il y eut de meilleur encore, c'est qu'on y entendait des concerts de flûte. » La *Pastorale* attira tant de monde que le chemin de Paris à Issy fut encombré de carrosses pendant plusieurs jours. Elle fut jouée au château de Vincennes, en 1660. La même année, on applaudit *Hercule et Aminte*. Le théâtre du Marais donna, le 15 février 1661, *la Toison d'Or*, que le marquis Alexandre de Rieux de Sourdeac avait déjà fait représenter dans son château de Neubourg, avec des machines de son invention. Deux autres tragédies entremêlées de chants, de machines et de divertissements, attirèrent une grande affluence au théâtre du Marais: *les Amours de Jupiter et de Sémélé*, par l'abbé Boyer, musique de M. Molière; *les Amours du Soleil*, par Devizé.

Après toutes ces tentatives l'Académie royale de Musique fut enfin fondée, au mois de mars 1671, dans un jeu de paume de la rue Mazarine.

L'abbé Perrin en fut le premier directeur privilégié, et y fit jouer *Pomone*, avec la collaboration de Cambert et du marquis Alexandre de Rieux de Sourdeac pour les machines. La chronique a conservé les noms des acteurs qui parurent dans cette œuvre de début: c'étaient Mlles de Cartilly (Pomone), Beaumavielle (Vertumne), Rossignol (Faune); Clédière; Tholet et Miracle, qui ne sont qualifiés, l'un de haute-contre, l'autre de taille; les danseurs Beauchamps, surintendant des ballets du roi; Saint-André, Favier et Lapierre.

« *Pomone*, a dit Saint-Évremont, est le premier opéra français qui ait paru sur le théâtre. La poésie en est fort méchante, la musique fort belle. M. de Sourdeac en avait fait les machines; c'est assez dire pour donner une grande idée de leur beauté. On voyait les machines avec surprise, les danses avec plaisir; on entendait le chant avec agrément, les paroles avec dégoût. Au reste, l'opéra est un travail bizarre de poésie et de musique, où le poëte et le musicien, également gênés l'un par l'autre, se donnent bien de la peine à faire un méchant ouvrage; mais ce qui me choque le plus, c'est de voir chanter toute la pièce, c'est de voir traiter en musique les plus communes affaires de la vie. Peut-on s'imaginer qu'un maître appelle son valet ou qu'il lui donne une commission en chantant; qu'un ami fasse en chantant une confidence à son ami; qu'on délibère en chantant dans un conseil; et, que, mélodieusement, on tue les hommes à coups d'épée et de javelot dans un combat! »

En dépit de ces railleries, le public accueillit favorablement le drame lyrique. Le second opéra, *les Peines et les Plaisirs de l'amour*, par Gilbert et Cambert, ne réussit pas moins que *Pomone*; mais au milieu de sa prospérité le directeur Perrin fut frappé par un acte de l'autorité royale, en vertu duquel M. de La Reynie, lieutenant de police, le déposséda.

Le nouveau titulaire fut Lulli.

Fils d'un meunier florentin, il avait été placé par le chevalier de Guise chez Mlle de Montpensier en qualité de sous-marmiton; ses dispositions musicales furent remarquées par le comte de Nogent, qui lui donna un maître, et l'apprenti cuisinier devint inspecteur des violons du roi et surintendant de la musique de la chambre. Les lettres patentes qui lui furent octroyées au mois de mars 1672 sont conçues en termes remarquables. « Les sciences et les arts, y dit Louis XIV, étant les ornements les plus considérables des États, nous n'avons point eu de plus agréables divertissements, depuis que nous avons donné la paix à nos peuples, que de les faire revivre en appelant près de nous tous ceux qui se sont acquis la réputation d'y exceller, non-seulement dans l'étendue de notre royaume, mais aussi dans les pays étrangers; et, pour les y obliger davantage à s'y perfectionner, nous les avons honorés de notre bienveillance et de notre estime; et comme entre les arts libéraux la musique y tient un des premiers rangs:

« A ces causes, bien informé de l'intelligence et grande connaissance que s'est acquises notre très-cher et bien-amé Jean-Baptiste Lulli, au fait de la musique dont il nous a donné et donne journellement de très-agréables preuves depuis plusieurs années qu'il s'est attaché à notre service, qui nous ont convié de l'honorer de la charge de surintendant et compositeur de la musique de notre chambre, nous avons audit sieur Lulli permis et accordé, permettons et accordons par ces présentes d'établir une *Académie royale de Musique* dans notre bonne ville de Paris, qui sera composée de tel nombre et qualité de personnes qu'il avisera bon être que nous choisirons et arrêterons sur le rapport qui nous en sera fait, pour y faire des représentations par-devant nous, quand il nous plaira, des pièces de musique qui seront composées tant en vers français qu'autres langues étrangères, pareilles et semblables aux académies d'Italie, pour en jouir sa vie durant; et d'autant que nous l'érigeons sur le pied de celles des académies d'Italie, où les gentilshommes chantent publiquement en musique sans déroger, nous voulons et nous plaît que tous gentilshommes et demoiselles puissent chanter auxdites pièces et représentations de notredite Académie royale de Musique, sans que pour ce *ils soient censés déroger audit titre de noblesse, ni à leurs priviléges, charges, droits et indemnités.* »

Ce privilége fut corroboré par ordonnances des 4 et 30 avril 1672. Le théâtre du Marais faisait concurrence à l'Académie en montant avec luxe des pièces mêlées de chant; défense fut faite aux comédiens français ou étrangers d'avoir à l'avenir plus de deux voix et six violons.

CHAPITRE II.

<small>Le théâtre du Bel-Air. — Les opéras de Quinault. — Le musicien Cambert. — La chancellerie sur le théâtre. — Portrait de Lulli.</small>

Lulli s'installa rue de Vaugirard, auprès du Luxembourg, au théâtre du Bel-Air. Il y donna *les Fêtes de l'Amour et de Bacchus*, dont Quinault avait composé les paroles et Gaspard Vigarini les machines. La première chanteuse, Mlle Brigogni, avait annuellement douze cents livres d'appointements!

Au mois d'avril 1673 fut représentée, au théâtre du Bel-Air, la tragédie lyrique de *Cadmus et Hermione*, paroles de Quinault, musique de Lulli. Puis l'Académie de Musique émigra pour se fixer dans la salle du Palais-Royal, située à l'endroit où l'on voit actuellement la cour des Fontaines et une partie de la rue de Valois. De 1674 à 1686, Lulli donna dans cette salle, en collaboration avec Quinault, Thomas Corneille et autres poëtes, les opéras ou ballets d'*Alceste*, de *Thésée*, du *Carnaval*, d'*Athys*, *Isis*, *Bellérophon*, *Proserpine*, *Persée*, *Phaëton*, *Amadis*, *Roland*, *Armide*. En récompense de tant de travaux, Louis XIV lui accorda divers priviléges. Il fut interdit de monter des opéras sans la permission du maître florentin, tandis qu'un arrêt du conseil, signé au camp de Nancy, le 15 mars 1673, permettait aux gens de sa bande de jouer pour le public aux bals, noces, sérénades et autres réjouissances publiques, avec défense aux maîtres des violons de les y troubler, à peine de trois mille livres d'amende.

La manière dont les opéras étaient composés atteste l'importance qu'on y attachait. Quinault qui, moyennant la somme de quatre mille livres, était tenu de fournir annuellement un poëme, en soumettait d'abord le sujet à Louis XIV. Après s'être entendu avec le roi sur l'idée mère de la pièce, et avec Lulli sur le plan, il communiquait son scénario à l'Académie des inscriptions et belles-lettres, et l'Académie française examinait l'œuvre en dernier ressort. Quoique si sérieusement faites, ces œuvres parurent mondaines à Quinault quand il approcha de la tombe. Suivant les *Mémoires* de Dangeau, dans sa dernière maladie, en avril 1686, il fit demander au roi de le dispenser de faire des opéras, et Sa Majesté trouva bon qu'il n'en fît plus.

L'Opéra était assidûment fréquenté par la cour, par l'élite de la noblesse et de la bourgeoisie, et même par les ecclésiastiques qui s'y rendaient *incognito*.

Le cardinal Delfini, nonce apostolique, était le seul qui osât s'y montrer franchement.

Le succès de Lulli fit oublier complètement le compositeur qui avait le premier écrit un opéra français. Il se retira à Londres, où il mourut honoré d'ailleurs de l'estime de la cour. Devizé, dans le *Mercure galant* du mois d'avril 1777, éleva la voix pour rappeler les services que Cambert avait rendus. « C'est à lui, dit-il, que nous devons l'établissement des opéras que nous voyons aujourd'hui. La musique de ceux de *Pomone* et des *Peines et Plaisirs de l'amour* était de lui, et depuis ce temps-là on n'a point vu de récitatif en France qui ait paru si beau. C'est ce même Cambert qui a fait chanter le premier les belles voix que nous admirons tous les jours, et que la Gascogne lui avait fournies. C'est dans ses airs que la belle Brigogne a paru avec le plus d'éclat, et c'est par eux qu'elle a tellement charmé tous ses auditeurs, que le nom de la petite Cimone lui en est demeuré. Toutes ces choses font connaître le mérite et le malheur du sieur Cambert; mais si le mérite de tous ceux qui en ont été était reconnu, la fortune ne serait plus adorée, ou pour mieux dire, on ne croirait plus qu'il y en eût. »

Lulli fut comblé de richesses et d'honneurs. Anobli et nommé secrétaire du roi, il fut reçu par la chancellerie, le 30 décembre 1681, et donna à MM. les membres de ce corps un magnifique repas. Le soir, il les mena à l'Opéra, où l'on jouait le *Triomphe de l'amour*. Ce fut un spectacle étrange que de voir rangés autour de la scène une trentaine d'hommes graves, en manteau noir et en grand chapeau de castor.

Lulli eut, en 1675, un procès qui dura deux ans. Henri Guiscard, intendant des bâtiments de Monsieur et constructeur de l'Opéra, voulut, dit-on, l'empoisonner avec du tabac, par jalousie. Lulli aussitôt s'en plaignit au roi. L'affaire vint au Châtelet. Treize témoins furent entendus, des monitoires publiés. Tout finit par une transaction, et Guiscard alla établir un autre Opéra à Madrid. Le directeur de l'Académie royale de Musique eut une autre discussion moins sérieuse avec La Fontaine, auquel il refusa, comme détestable, la pastorale de *Daphné*. La Fontaine se plaignit au roi, pria Mme de Thiange de solliciter pour lui, et ne put obtenir qu'on représentât son poème. Il s'en vengea en écrivant contre Lulli la comédie du *Florentin*.

Lulli tenait sa troupe à la disposition du roi et la transportait, toutes les fois qu'il en était requis, à la cour ou chez les grands seigneurs. Au mois d'octobre 1685, il donna à Fontainebleau le *Temple de la Paix*, opéra-ballet où figurèrent à côté des sieurs Pécourt, Lestang, Favier, des demoiselles Laurent et Le Peintre, le marquis de Mcy, le comte de Brioure, la princesse de Conti, la duchesse de Bourbon. Le 6 septembre 1686, les acteurs de l'Académie représentèrent au château d'Anet *Acis et Galatée*, pastorale héroïque en trois actes. « Le roi était malade d'un anthrax, raconte La Fare dans ses Mémoires; quoiqu'il fût effectivement en danger, il ne voulut pas qu'on le crût. Cette maladie n'empêcha pas que, pour divertir Mgr le Dauphin à Anet, M. de Vendôme, l'abbé de Chaulieu et moi n'imaginassions de lui donner une fête avec un opéra, dont Campistron, poète toulousain aux gages de M. de Vendome, fit les paroles, et Lulli, notre ami à tous, la musique. Cette fête coûta 100,000 francs à M. de Vendôme, qui n'en avait pas plus qu'il ne lui en fallait; et comme M. le grand prieur, l'abbé de Chaulieu et moi avions chacun notre maîtresse à l'Opéra, le public malin dit que nous avions fait dépenser 100,000 livres à M. de Vendôme pour nous divertir, nous et nos demoiselles. »

Furetière a tracé de Lulli le portrait suivant : « Il était gros de corps et petit de taille; il n'était pas beau de visage; il avait la physionomie vive et singulière, mais point noble; noir, les yeux petits, le nez gros, la bouche grande et élevée, et la vue si courte, qu'il ne pouvait presque pas distinguer à deux pas. Il avait le cœur bon, moins d'un Florentin que d'un Lombard; point de fourberie ni de rancune, les manières unies et commodes, vivant sans hauteur et en égal avec le moindre musicien, mais ayant plus de brusquerie et moins de politesse qu'il ne convenait à un homme tel que lui, qui avait longtemps vécu dans un grand monde et dans une cour aussi polie que celle de France. Il avait pris l'inclination d'un Français pour le vin et la table; mais il avait gardé l'inclination italienne pour l'avarice : aussi laissa-t-il dans ses coffres six cent trente mille livres en or. Il avait une vivacité fertile en saillies, racontait très-bien, mais il fallait qu'il montât sur un tabouret, ou fût debout pour gesticuler, comme quand il battait la mesure. Il n'avait aucun ressentiment des injures, excepté si on lui disait que sa musique ne valait rien. Il aurait tué, disait-il, celui qui lui aurait fait un pareil compliment.

« Il excellait à la fois dans l'art de la composition de ses opéras et dans celui de les faire exécuter. Il s'attachait à dresser lui-même les chanteurs et chanteuses qui lui plaisaient, leur enseignait à entrer, à marcher sur le théâtre, à se donner la grâce du geste et de l'action. C'est lui qui forma les Beaumavielle, les Dumesny, les demoiselles de Saint-Christophe et Rochois. Il voulait que les acteurs chantassent sans roulades ni broderies dans les récitatifs, et il le voulait si uni qu'on prétend qu'il allait se le former à la Comédie-Française sur les tons de la Champmeslé.

« Aux répétitions, il ne souffrait que les gens nécessaires.

« Il venait regarder presque sous le nez des acteurs, la main haute sur les yeux, afin d'aider sa courte vue, et ne leur passait quoi que ce soit de mauvais. Pour son orchestre, il avait l'oreille si fine, que du fond du théâtre il démêlait un violon qui jouait faux; il accourait et lui disait : « C'est toi; il n'y a pas cela dans la partie. » Il n'aimait pas qu'ils ajoutassent des notes d'agrément à leur tablature, c'était alors qu'il s'échauffait, et plus d'une fois il a rompu un violon sur le dos de celui qui ne le conduisait pas à son gré. La répétition finie, Lulli lui payait son violon triple et le menait dîner avec lui. »

Lulli se mêlait beaucoup de la danse. Une partie du ballet des *Fêtes de l'Amour et de Bacchus* avait été composée par lui, et il eut une grande part dans les ballets de Beauchamp. Il réformait les entrées, imaginait des pas d'expression, et se mettait à danser devant les danseurs pour leur faire comprendre ses idées. Il n'avait pourtant point appris; mais il avait un talent extraordinaire pour tout ce qui appartenait aux spectacles.

Il mourut le 22 mars 1687, et fut enterré aux Petits-Pères, où son épitaphe a été conservée. Il s'était associé pour les machines, après Vigarini, Bernin, dessinateur ordinaire du cabinet de Sa Majesté, qui dessinait les machines, les décorations et les costumes.

CHAPITRE III.

Administration de Francine. — Description de l'Opéra par Dufresny. — Origine des bals de l'Opéra. — L'Opéra à l'hôtel d'Evreux. — Rameau. — Embarras financier des entrepreneurs de l'Opéra. — Incendie de la salle du Palais-Royal.

Après la mort de Lulli, l'Opéra passa entre les mains du mari de sa fille Magdeleine-Catherine Lulli; c'était Jean-Nicolas de Francine, maître d'hôtel du roi. Il gouverna l'Opéra jusqu'en 1728, et il lui fut conservé une pension annuelle de 18,000 livres, sur les revenus de l'Académie royale, jusqu'à sa mort arrivée le 6 avril 1735.

La famille Francine, jadis Francini, était originaire de Florence, et établie et naturalisée en France dès 1500.

Francine obtint, le 27 juin 1687, un brevet du roi pour avoir la conduite et la direction de l'Académie royale de Musique pendant le terme de trois années.

Le 1er mars 1689, il obtint une prolongation de privilège pour dix ans, qui fut renouvelée à l'expiration.

Pendant son long règne, Francine aliéna plusieurs fois ses droits. Des lettres du 30 décembre 1698 stipulèrent qu'à partir du 1er mars 1699, un quart des bénéfices reviendrait à Hyacinthe Gourreault-du-Mont, écuyer commandant l'écurie de Mgr le Dauphin.

Par contrat, passé le 3 octobre 1704, devant Me Rataut, notaire à Fontainebleau, Francine céda le privilège à Pierre Guyenet, payeur des rentes de l'Hôtel de Ville de Paris; mais cet entrepreneur se ruina, et ses créanciers, avec lesquels Francine consentit à traiter, ne furent pas plus heureux, malgré les succès des opéras de Campistron, Duché, La Mothe, Fontenelle, Lagrange-Chancel, Pellegrin, auteurs associés aux musiciens Colasse, de La Barre, Louis Lulli, Rebel, Desmarets, Salomon, Baptistin, etc.

Voici comment Dufresny parle de l'Opéra dans ses *Amusements sérieux et comiques* (Paris, 1705) :

« L'Opéra est un séjour enchanté; c'est le pays des métamorphoses. On y en voit des plus subites; là les hommes s'érigent en demi-dieux, et les déesses s'humanisent. Ce sont des pays qui voyagent devant les yeux des spectateurs. Là, sans sortir d'une place, on passe d'un bout du monde à l'autre, et des enfers aux champs Élysées. Vous ennuyez-vous dans un désert affreux, un coup de sifflet vous fait retrouver dans le pays des dieux; un autre coup de sifflet, vous voilà dans le pays des fées.

« Les fées de l'Opéra enchantent comme les autres, mais leurs enchantements sont plus naturels, au vermillon près.

« Quoiqu'on ait fait depuis quelques années quantité de contes sur les fées du temps passé, on en fait encore davantage sur les fées de l'Opéra; ils ne sont peut-être pas plus vrais, mais ils sont plus vraisemblables.

« Celles-ci sont naturellement bienfaisantes. Cependant elles n'accordent point à ceux qu'elles aiment le don des richesses, elles le gardent pour elles.

« Disons un mot des habitants naturels du pays de l'Opéra : ce sont des peuples bizarres, qui ne parlent qu'en chantant, ne marchent qu'en dansant, et font souvent l'un et l'autre, lorsqu'ils en ont le moins d'envie.

« Ils relèvent tous du souverain de l'orchestre, prince si absolu, qu'en haussant et baissant un sceptre, en forme de rouleau, qu'il tient à sa main, il règle tous les mouvements de ce peuple capricieux.

« Le raisonnement est rare parmi ces peuples : comme ils ont la tête pleine de musique, ils ne pensent que des chants et n'expriment que des sons : cependant, ils ont poussé si loin la science des notes, que si le raisonnement se pouvait noter, ils raisonneraient tous à livre ouvert. »

Malgré les beautés de l'Opéra, l'entreprise en était ruineuse; elle était grevée de pensions à la famille Lulli, au batteur de mesure Colasse, au décorateur Bernin, à la cantatrice Marthe Le Rochois, qu'a tant célébrée Chaulieu ; au danseur Louis Lestang, à la danseuse Thérèse Sublagny ; à Marie Verdier, qui avait chanté à l'Opéra pendant quarante-cinq ans, et à plusieurs autres anciens acteurs.

En outre, il n'y avait aucun ordre dans l'administration. L'étendue du mal est signalée dans le préambule du règlement de 1713. Cette espèce de code dramatique instituait une école gratuite de musique, une école de danse et une école d'instruments. Il infligeait des amendes aux acteurs, figurants et employés en cas d'inexactitude ou de refus de rôle, et prenait des mesures pour assurer le paiement des appointements ou des pensions. Il fixait les honoraires du poète et du musicien à 100 livres par mois pendant les dix premières représentations, et à 50 livres pendant les vingt représentations suivantes.

Afin de mettre le règlement à exécution, des lettres patentes créèrent divers fonctionnaires. Le sieur André Destouches fut nommé inspecteur général sur toute la régie de l'Académie royale de Musique, tant pour ce qui regardait la police intérieure que pour le service des spectacles, les recettes et les dépenses. Aucune pièce ne pouvait être représentée, aucun acteur reçu sans son autorisation. Il était chargé de maintenir toujours au complet l'effectif des chanteurs, danseurs, hommes ou filles de chœur et symphonistes. Il devait interdire l'accès des coulisses à ceux dont la présence n'était pas absolument indispensable et empêcher les acteurs d'entrer dans les loges des actrices et réciproquement.

Le duc d'Antin, pair de France, surintendant des bâtiments et chef du conseil du dedans du royaume, fut commis pour avoir connaissance de tout ce qui concernait la police et la régie de l'Académie royale de Musique.

Francine demeura directeur, mais de nom seulement; un arrêt du conseil d'État, du 19 novembre 1714, lui défendait même de s'immiscer dans la régie de l'Opéra, moyennant 20,000 livres stipulées à son profit.

On augmenta les ressources de l'Académie en l'autorisant, par lettres patentes du 2 décembre 1715, à donner des bals publics. Le chevalier de Bouillon, qui en avait eu l'idée première, en fut récompensé par une pension de 6,000 livres à prélever sur les bénéfices de l'affaire.

L'architecte Servandoni divisa pour les bals la salle en trois parties : les loges, un salon carré et un hémicycle octogone orné de glaces ; il trouva moyen d'élever avec un cabestan le parterre et l'amphithéâtre au niveau de la scène. Un règlement du 30 décembre 1715 défendait à toutes personnes de quelque qualité et condition qu'elles fussent d'entrer au bal sans payer, à visage découvert et avec des armes.

Une autre ordonnance du 10 avril 1721 portait qu'après que les intéressés au privilège auraient prélevé sur le produit de chaque représentation 600 livres pour leurs frais, ils seraient tenus de donner le surplus au receveur de l'Hôtel-Dieu de Paris pour être employé au soulagement des pauvres.

Ce régime fut marqué par des succès. Les amateurs de mélodies archaïques se rappellent encore *Callirhoé*, de Roy et Destouches ; *Hypermnestre*, de Lafont et Gervais, qui eut le régent pour collaborateur ; *les Fêtes grecques et romaines*, de Fuzelier et Colin de Blamont, premier opéra-ballet dont le poëme fut emprunté à l'histoire ; *les Éléments*, opéra-ballet en quatre actes, musique de Lalande et Destouches, chorégraphie de Ballon.

Les artistes de l'Opéra pouvaient, avec l'autorisation du directeur, contribuer à l'éclat des fêtes particulières. On en trouve un curieux exemple dans le *Mercure de France* du mois d'août 1728 :

« Le 12 juillet furent célébrées, à l'hôtel d'Évreux, qui fut plus tard l'Élysée-Bourbon, les noces de Guy-Michel de Durfort de Lorges, duc de Durfort, et d'Élisabeth-Philippine de Poitiers. A cinq heures, après la signature du contrat, mesdemoiselles Hautier, Herwens et autres artistes, sous la direction du musicien Mouret, chantèrent plusieurs morceaux, et terminèrent par un chœur du ballet de *l'Europe galante* :

Tendres amants, rassemblons-nous.

« Après le chœur, une troupe de masques entra au son du tambourin dans le salon. Les danseurs et danseuses de l'Opéra dansèrent; les demoiselles Camargo et Sallé s'y surpassèrent; toute la compagnie en fut enchantée, ainsi que des sieurs Blandy, maître de ballets, Dumoulin et Laval. Le comte de Duras, le chevalier de Lorges, dansèrent aussi plusieurs entrées. Le bal finit par une contredanse de tous les masques au son du tambourin, et cette légère troupe sortit en dansant. »

Francine se retira en 1728. Il eut pour successeur l'inspecteur général Destouches; puis Gruer en 1730; les sieurs Lecomte, Lebœuf et associés en 1731. Deux ordonnances royales consolidèrent la police du théâtre : la première interdisait à qui que ce fût de se tenir dans les coulisses ou dans les loges des actrices; l'autre défendait d'entrer à l'Opéra sans payer, même aux gardes, gens d'armes, chevau-légers et mousquetaires ; d'y commettre aucun désordre en entrant ni en sortant, de crier ni faire du bruit pendant le spectacle, de siffler et faire des huées, d'avoir le chapeau sur la tête et d'interrompre les acteurs. Les domestiques portant livrée étaient exclus de l'Opéra, même quand ils payaient.

En 1732, les sieurs Lecomte, Lebœuf et associés montèrent *Jephté*, tragédie-opéra de Pellegrin et Montéclair; mais le cardinal de Noailles, scandalisé de voir un héros de la Bible transporté sur une scène mondaine, obtint la suppression de la pièce. On y substitua *Hippolyte et Aricie*, premier opéra de Rameau, dont la musique toute nouvelle ne fut point appréciée, quoique Campra eût dit au prince de Conti : « Voici un homme qui nous éclipsera tous. » Les coûteuses décorations du ballet de *l'Empire d'Amour*, peintes par Servandoni, consommèrent la perte des associés. Un arrêt du conseil d'État, du 30 mai 1733, leur ôta le privilège et le donna pour vingt-neuf ans, à compter du 1ᵉʳ avril 1733, à Louis-Armand-Eugène de Thuret, ci-devant capitaine au régiment de Picardie.

Sous cette direction parurent *les Génies*, de Fleury et Mlle Duval; *l'Enlèvement d'Europe*, paroles et musique de Betizi ; *Isbé*, de La Rivière et de Mondonville ; *Don Quichotte chez la duchesse*, de Favart et Boismoutier ; *l'École des amants*, opéra-ballet de Fuzelier et Niel, composé de trois entrées, dont les titres caractérisent singulièrement le goût de l'époque : *la Constance couronnée*, *la Grandeur sacrifiée*, *l'Absence surmontée* ; mais les plus brillantes représentations qu'on eût vues peut-être depuis l'*Armide* de Lulli furent celles de *Castor et Pollux* (octobre 1735) ; Gentil-Bernard, auteur des paroles, fut comparé à Quinault, et Rameau reconnu pour maître par tous les compositeurs. Montéclair s'avoua vaincu ; Mouret, dont on venait partout d'applaudir l'opéra-ballet des *Grâces*, devint fou de jalousie et fut renfermé à Charenton.

Les Fêtes galantes, *les Fêtes d'Hébé*, *Dardanus*, consolidèrent la réputation de Rameau sans sauver le théâtre. Thuret, à bout de ressources, profita de son âge et de ses infirmités pour demander la permission de se retirer, et obtint, sur les produits du spectacle, une pension viagère de 10,000 livres. Ces pensions, qui se multipliaient, étaient une charge accablante pour l'Académie, qui, indépendamment d'un nombreux personnel d'acteurs, entretenait des gardes-magasins, des tailleurs, des brodeurs, des peintres, des menuisiers, des plumassiers, des fabricants de masques, et à laquelle un opéra coûtait en moyenne 45,000 livres. Aussi le successeur de Thuret, François Borger, ancien receveur des finances du Dauphiné, mort le 3 novembre 1747, après trois ans et demi d'exercice, laissa-t-il environ 500,000 livres de dettes.

Le gouvernement essaya pendant un an de la régie, qui fut confiée aux sieurs Rebel et Francœur, surintendants de la musique de la chambre. Le 4 mai 1748 on revint au système du privilége, dont les concessionnaires, Tresfontaine et Saint-Germain, furent promptement ruinés. Par arrêt du conseil d'État, du 26 août 1749, le roi, « pour empêcher la chute totale de ce spectacle, un des plus beaux ornements de la capitale, » cassa et annula tous les priviléges. Il donna à la ville de Paris la direction générale de l'Académie royale de Musique, sous les ordres du comte d'Argenson, ministre de la maison du roi.

Les échevins inaugurèrent leur administration le 23 septembre 1749, par un opéra-ballet de Fuzelier et Mondonville, le Carnaval du Parnasse, où chantaient Jélyotte et Mlle Fel, où dansaient Chassé et la Camargo. Ils espérèrent régénérer l'Opéra en y appelant une troupe italienne qui représenta la Serva padrona, de Pergolèse, la Donna superba, de Renaud de Capoue, et d'autres intermèdes. La présence des bouffons, c'était ainsi qu'on appelait les acteurs transalpins, sépara le public en deux camps : leurs partisans se groupèrent au coin de la loge de la reine ; leurs adversaires, qui n'avaient pas de place déterminée, furent nommés par opposition Messieurs du coin du roi. La dispute passa de la salle dans les cafés, puis dans la presse. Grimm, Jean-Jacques et une foule de pamphlétaires, engagèrent une guerre de plume, après laquelle les novateurs furent forcés à la retraite.

En 1757, le bureau de la ville afferma l'Opéra pour trente années à Francœur et Rebel, qui en eurent pour soutiens les poèmes de Moncrif, Danchet, Favart et Marmontel, la musique de Rameau, d'Auvergne et de Mondonville ; le chant de Gélin, de Larrivée, de Sophie Arnould ; le talent chorégraphique de Vestris Ier, de Gardel et de Mlle Allard. Malheureusement, le 5 avril 1763, à huit heures du matin, un incendie dévora le théâtre.

CHAPITRE IV.

Nouvelle salle. — Gluck et Piccini. — Nouvel incendie. — Construction du théâtre de la Porte-Saint-Martin. — L'Opéra pendant la Révolution.

Privée d'asile, l'Académie s'établit provisoirement dans la salle des Tuileries où le public ne la suivit pas. Rebel et Francœur sollicitèrent et obtinrent la résiliation de leur traité. La ville en passa un autre avec MM. Trial et Breton ; mais, en 1770, elle reprit l'exploitation et ne conserva les concessionnaires qu'à titre de régisseurs, en leur adjoignant les sieurs d'Auvergne et Joliveau. Un peu plus tard, elle rappela Rebel en qualité d'administrateur de la régie.

La salle, reconstruite par l'architecte Moreau et ouverte le 24 janvier 1770, avait quatre rangs de loges et une scène profonde de quatre-vingts pieds, « ce qui, suivant l'auteur des Curiosités de Paris (1771), se trouvait à peine dans les plus vastes théâtres de l'Europe. » On y avait ménagé non sortes commodes ; un foyer péristyle décorait la façade. Les premières pièces qu'on y représenta n'eurent aucun succès ; mais l'Iphigénie en Aulide et l'Orphée de Gluck excitèrent un vif enthousiasme.

La célèbre lutte de Piccini avec Gluck, d'Alceste contre Roland, d'Armide contre Didon, ne tira point l'Opéra de sa position fâcheuse.

Un second sinistre mit le comble aux misères de l'Opéra. La magnifique salle, si récemment bâtie à grands frais, fut détruite, le 8 juin 1781, par un rapide incendie, dont Bachaumont nous a laissé une effroyable description. L'architecte Lenoir se fit fort d'élever une salle provisoire en moins de trois mois ; et en effet, en soixante-quinze jours et autant de nuits, on acheva sous sa direction le vaste théâtre qui est actuellement celui de la Porte-Saint-Martin, et dont la façade est ornée de huit belles cariatides du sculpteur Bocquet. Les gens du monde craignaient qu'elle ne manquât de solidité ; on les rassura par un procédé analogue à celui des empereurs romains, qui faisaient essayer les aliments suspects par des esclaves.

Le 25 octobre 1781, un spectacle gratis fut donné à l'occasion de la naissance du Dauphin, et la vile multitude se risqua la première dans l'édifice improvisé.

Le prix des places était ainsi fixé : balcon des seigneurs, aux deux côtés de l'orchestre, 10 livres ; premières loges, 7 livres 10 sols ; secondes loges, 4 livres ; parterre et paradis, 2 livres. On joua successivement Adèle de Ponthieu, de Piccini ; Renaud et OEdipe à Colone, de Sacchini ; Tarare, de Salieri (paroles de Beaumarchais) ; Péronne sauvée, de Dezaide ; le Premier Navigateur, de Philidor ; l'Embarras des richesses, de Grétry ; mais ce dernier sujet était moins que jamais de circonstance à l'Académie royale de Musique.

Le comité administratif, créé par Louis XVI en 1778, se composait d'acteurs, de musiciens, de l'inspecteur du théâtre, d'un secrétaire perpétuel, sous la présidence du compositeur Gossec.

Peu de temps après les journées des 5 et 6 octobre 1789, une députation de la commune de Paris, conduite par Bailly, vint proposer à Louis XVI de se charger exclusivement de l'Académie royale de Musique ; mais après avoir écouté l'orateur et présenté quelques objections, le roi impatienté s'écria : « Allez au diable, vous et votre Opéra ; je n'ai pas le cœur à la danse ! »

Depuis 1792 jusqu'en 1803, l'Opéra porta tour à tour les noms de Théâtre de la République et des Arts, Théâtre des Amis de la patrie, et enfin Théâtre des Arts. Il se fit propagateur des idées démocratiques, chanta les victoires des quatorze armées, et traita des sujets actuels et antiques, le Siége de Thionville, Fabius, le Camp de Grandpré, Miltiade à Marathon, Ce que peut la liberté, Horatius Coclès, Léonidas. Ses poètes attitrés furent Gaillard, Chénier, Hoffmann, Arnaud ; ses compositeurs, Gossec, Méhul, Persuis, Lemoyne, Kalbrenner, Salieri, Kreutzer, Grétry, Haydn et Mozart, dont les œuvres éminentes le soutinrent au milieu des troubles politiques. Il n'avait point périclité, lorsqu'un arrêt du 29 nivôse an XI (10 janvier 1803) donna la surveillance des arts au préfet du palais, et la gestion à un directeur et à un administrateur comptable, nommé par le premier consul. Aucune pièce nouvelle, aucun nouveau ballet ne pouvait être donné, aucune décoration nouvelle établie sans que l'aperçu de la dépense eût été soumis au gouvernement et approuvé par le premier consul. Le tableau des traitements et des gratifications accordées aux artistes sous le nom de feux devait être soumis par le préfet du palais à l'approbation du premier consul. Tous les six mois les dépenses, recettes et comptabilité, étaient vérifiées par une commission de trois personnes désignées par le premier consul. Une subvention de 50,000 francs par mois était octroyée au Théâtre des Arts.

Un arrêté du même jour nomma le citoyen Bouret administrateur comptable du Théâtre des Arts, qui n'était pas dans une situation prospère, s'il faut en croire les ouvrages du temps, le Pariséum, par Blanvillain. « Ce spectacle, que Goldoni appelait le paradis des yeux et l'enfer des oreilles, coûte annuellement des sommes considérables à l'État ; encore l'administration est-elle rarement au pair. Il est vrai que le gouvernement fait moins de sacrifices qu'autrefois, et que les dépenses se sont beaucoup accrues par la variété des pièces et la magnificence des ballets. On peut aller sur le théâtre voir le jeu de machines dont M. Bouilloi est directeur. Cet architecte se fait un plaisir de montrer chez lui, aux curieux, un mécanisme destiné à élever les murs de Thèbes, comme la fable nous a raconté qu'Orphée le fit jadis au son de la lyre. Le nombre des personnes attachées à ce spectacle monte à plus de cinq cents. »

Les principaux chanteurs de l'Opéra étaient alors Laïs, Chéron, Dérivis, Nourrit père ; Mmes Maillard et Branchu. Parmi les danseurs brillaient Vestris père et fils, et Gardel ; la première danseuse était Mlle Clotilde, grande blonde à laquelle le prince Pignatelli, comte d'Egmont, assurait 1,200,000 francs par an. La chronique scandaleuse prétend qu'elle ne s'en contentait pas, et que l'amiral espagnol Mazaredo y ajouta un léger supplément annuel de 400,000 francs. Elle avait, dans la rue de Ménars, un magnifique appartement dont les tentures coûtaient 70 fr. l'aune ; le couvrepied de son lit était un cachemire noir d'une valeur de 15,000 francs. Le reste de l'ameublement avait la même magnificence ; et pourtant cette danseuse si belle, si courtisée, si prodigue, mourut dans la misère et dans l'oubli.

En 1806, l'Opéra prit le titre d'Académie impériale de Musique, et Picard en fut nommé directeur, sous la surintendance du comte de Rémusat. Les grands succès qui signalèrent son administration sont ceux de la *Vestale* et *Fernand Cortez*, de Spontini; des *Bardes*, du *Triomphe de Trajan* et la *Jérusalem délivrée*, de Persuis; des *Abencérages*, de Cherubini; mais l'Opéra-Comique, avec Boïeldieu, Nicolo, Dalayrac et Berton; l'Opéra-Buffa, avec Paisiello et Cimarosa, faisaient une formidable concurrence à l'Académie impériale de Musique. Napoléon Ier constitua les théâtres secondaires en vassaux du grand Opéra, en lui permettant, par décret du 13 août 1811, de prélever une rétribution sur leurs recettes.

La monarchie des Bourbons plaça les quatre théâtres royaux sous la surveillance du ministre d'État, intendant général de la maison du roi, et du directeur général des Beaux-Arts. A la différence du régime impérial, la liste civile se chargea de l'Opéra pour son compte et à forfait, moyennant une subvention qui s'élevait, en 1830, à 850,000 fr. Pour la réception des pièces fut organisé un jury composé de Raynouard, Charles Nodier, Brard, Michaud, Baour-Lormian, Méhul, Cherubini, Boïeldieu, Berton et Spontini, sous la présidence de M. de La Ferté, intendant des menus; le vicomte de Nugent était lecteur. Gardel, maître des ballets, Degoti, décorateur, et le machiniste, assistaient aux lectures, mais n'avaient que voix consultative (ordonnance du 18 septembre 1816). On nomma Chéron régisseur, Persuis directeur du personnel et Courtin administrateur du matériel. En 1818, les recettes de l'Opéra étaient, suivant le *Moniteur*, de 598,622 francs 40 centimes; les bals rapportaient 27,948 francs.

On avait transporté l'Opéra, en 1793, dans une salle construite par l'architecte Louis, rue Richelieu, en face de la Bibliothèque nationale. Cette salle pouvait contenir 2,800 spectateurs; elle avait été restaurée en 1819, et Cicéri en avait peint la coupole d'après les dessins de Debret. On la démolit après l'assassinat du duc de Berry, et 2,555,000 fr furent consacrés à l'édification de la salle provisoire de la rue Lepelletier.

CHAPITRE V.

Salle de la rue Lepelletier. — Les neuf Muses. — Le troisième dessous. — Le foyer de la danse. — L'Opéra jusqu'en 1830. — L'administration de M. Véron. — *Robert le Diable*. — Appointements des acteurs. — Premiers sujets.

Cette salle provisoire, inaugurée le 19 août 1821, durera probablement au moins un demi-siècle. La décoration extérieure n'a rien de monumental. La façade est surmontée de figures de Muses au nombre de huit seulement, ce qui a été jadis expliqué par le quatrain suivant :

> Terpsichore, à ce qu'on rapporte,
> Régnait déjà seule en ces lieux;
> Pour le prouver à tous les yeux,
> Elle a mis ses sœurs à la porte.

Le bâtiment occupe une superficie de 4,000 mètres; celle des magasins et des dépendances est de 5,033. La salle, de forme circulaire, contient 1,950 places. La scène est immense. Les dessous, qui se divisent en trois étages, ont autant de profondeur qu'elle a de hauteur.

Le troisième dessous est un souterrain obscur, une véritable oubliette hantée par les rats. Un machiniste misanthrope s'y pendit en 1840, et on le chercha pendant six semaines dans tout Paris sans se douter qu'il était là.

Le magasin des décorations, qui longe la rue Rossini, a 25 mètres de longueur. Les loges où les acteurs s'habillent, les salles de répétitions, les bureaux de l'administration, occupent en partie un bel hôtel bâti par Carpentier pour le financier Bouret, et qui appartint successivement à MM. de Laborde, de La Reynière et de Choiseul. Le foyer où s'exercent les danseuses est un ancien salon qui avait été décoré par Clériseau, peintre du roi, et qui a été coupé en deux horizontalement. On y a placé un magnifique buste de la danseuse Guimard, par Coustou.

Installée dans ce nouveau domicile, l'Académie impériale de Musique commença par remettre au répertoire *Castor et Pollux*, *Tarare*, *les Danaïdes*, de Salieri, et par monter l'*Olympie*, de Spontini. Voyant ses chants peu appréciés, elle suivit le conseil que la fourmi donnait à la cigale. Les ballets de *Cléry*, la *Servante justifiée*, *Flore et Zéphyre*, le *Carnaval de Venise*, *Aline*, les *Pages du duc de Vendôme*, attirèrent la foule; puis à cette période chorégraphique succéda l'ère musicale la plus brillante. Dans *Aladin ou la Lampe merveilleuse*, Nicolo Isouard de Malthe retrouva les gracieux accords de sa jeunesse. *Le Siège de Corinthe*, *Moïse*, le *Comte Ory*, *Guillaume Tell*, justifièrent l'honneur exceptionnel qu'on a fait à Rossini en lui érigeant de son vivant une statue dans le péristyle du théâtre. Halévy donna le beau ballet la *Tentation*; Auber, la *Muette de Portici*.

Ce dernier opéra, dont les paroles étaient de Scribe et Germain Delavigne, et qui fut représenté le 29 février 1828, se trouva en situation lorsque survint le cataclysme de 1830. A Paris, une foule enthousiaste applaudissait au chœur: *Amour sacré de la patrie*. A Bruxelles, ce fut en sortant d'une représentation de *la Muette*, au théâtre de la Monnaie, que, le 25 août 1830, les Belges commencèrent la révolution qui aboutit à leur indépendance.

Au 27 juillet 1830, l'administrateur général de la musique était M. Lubbert; il était secondé par Hérold, Schneitzhoffer, Halévy, comme maîtres de chant; Aumer, Albert, Taglioni, comme maîtres de ballets; Habeneck et Valentino, comme chefs d'orchestre.

Les interprètes étaient dignes des œuvres. Adolphe Nourrit, quoiqu'il prit trop souvent la voix de tête, était aussi bon acteur que musicien consommé. Dabadie, Levasseur, Massol, Alexis Dupont, qui chantait si bien la barcarolle du premier acte de *Guillaume Tell*, et qui finit si misérablement, complétaient un ensemble qui méritait à l'Opéra sa haute réputation. Mlle Jawuereck conservait encore des restes de la grâce qu'elle déployait en chantant dans *Aladin* :

> Venez, charmantes bayadères,
> Venez, enfants de la gaîté,
> Venez, par vos danses légères,
> Nous inspirer la volupté.

Mme Cinti-Damoreau était dans tout l'éclat de la jeunesse et du talent.

La chorégraphie était représentée par Paul, Montjoye, Coulon, Mérante; par Mmes Noblet, Montessu et Legallois.

Avec de pareils éléments de succès, il semblait que l'Académie royale de Musique dût être une excellente affaire. Cependant Louis-Philippe n'osa s'en charger, peut-être parce qu'il voulait rompre avec les errements du passé. Une ordonnance du 29 janvier 1831 livra l'Opéra aux chances de la spéculation privée. La subvention fut réduite de 850,000 à 820,000 fr. Conformément aux principes de liberté sur lesquels s'appuyait le nouveau régime, le tribut prélevé sur les théâtres secondaires fut supprimé, et le monopole des bals masqués enlevé au directeur.

Néanmoins, un homme entreprenant, qui avait fait réussir la pâte pectorale de Regnault, le docteur Véron, se chargea intrépidement du fardeau qu'abandonnait la monarchie, et eut le bonheur de vérifier à son profit le proverbe : *Audaces fortuna juvat*. Giacomo Meyerbeer apporta au nouveau directeur son opéra de *Robert le Diable* (21 nov. 1831), qui fut monté par M. Duponchel, dont le goût artistique était éprouvé par de longues études, et qui, avant de commander à Cicéri les décorations du troisième acte, chercha des effets jusque dans la vieille prison du Mont-Saint-Michel.

Les frais de M. Véron, qui a d'ailleurs, dans ses *Mémoires*, expliqué longuement son administration, furent couverts amplement par ses recettes. Une danseuse, dont la famille était depuis longtemps connue dans l'art chorégraphique, Mlle Taglioni, débuta dans *la Sylphide*, et elle produisit une vive sensation par la manière dont elle conciliait l'enivrement de la danse avec une décence inusitée.

M. Véron monta avec succès *le Serment* et *Gustave III*, d'Auber; *la Juive*, d'Halévy, en 1835; *les Huguenots*, de Meyerbeer, au mois de mars 1836. Les plus gros appointements qu'il eût à payer ne montaient pas à plus de 36,000 fr.; aussi la liste civile, jalouse de ses succès, voulut-elle réduire la subvention qui fut fixée : de 1832 à 1833, à 750,000 fr.; de 1833 à 1834, à 680,000 fr.; enfin, de 1834 à 1835, à 620,000 fr.

Ce fut alors que M. Véron jugea l'entreprise scabreuse; en 1836, il renonça à son privilège en faveur, et l'on pouvait dire au détriment de M. Duponchel.

CHAPITRE VI.

Administration de M. Duponchel. — Débuts de Duprez. — Cerito et Saint-Léon. — Nestor Roqueplan. — Débuts de Roger à l'Opéra. — Rapport de M. Troplong sur l'Académie impériale de Musique.

Les principaux opéras joués sous la direction de M. Duponchel furent : *Guido et Ginevra*, d'Halévy ; *le Lac des Fées*, d'Auber ; *les Martyrs* et *la Favorite*, de Donizetti, interprétés par Duprez, dont la méthode était aussi belle que la voix, par Barroilhet, MM^{mes} Stoltz et Falcon. Le ballet du *Diable boiteux*, avec Fanny Essler, faisait de fructueuses recettes, lorsque M. Léon Pillet fut adjoint au directeur en qualité de commissaire du gouvernement. En 1840, Duponchel se retira ; mais celui qui l'avait supplanté n'eut pas lieu de s'en applaudir. *La Reine de Chypre*, *Dom Sébastien de Portugal*, *Charles VI*, n'eurent que des succès d'estime. Plus heureux dans le ballet, M. Léon Pillet donna *Giselle* et *le Diable à quatre*, et même à côté de Carlotta Grisi, figurèrent sans désavantage les danseuses viennoises, remarquables par la régularité et la précision militaires de leurs évolutions. Au mois de juin 1847, Léon Pillet avait été remplacé par Roqueplan, en société avec Duponchel, qui ne tarda pas à se retirer. Les événements politiques, en jetant de la perturbation dans les rangs d'une aristocratie boudeuse, nuisirent au théâtre de l'Opéra. Cependant Nestor Roqueplan lutta courageusement contre la mauvaise fortune. Il engagea Cerito, qui débuta dans *la Fille de marbre*, et Saint-Léon, dont *le Violon du Diable* fit valoir le double talent de mime et d'instrumentiste. Duprez renonça à la scène, après avoir créé un dernier rôle dans la *Jérusalem* de Verdi, Roger, abandonnant l'Opéra-Comique, débuta le 16 avril 1849, et joua successivement *la Reine de Chypre*, *la Favorite*, *Lucie*, *la Vestale*, *les Huguenots*, *l'Enfant prodigue*, *la Fronde* et *le Prophète*.

Nestor Roqueplan monta le ballet de *Jovita* pour Mlle Rosati, et celui de *Vert-Vert* pour Mlle Priora. Il reprit *Moïse* avec cent quarante choristes, auteur de *Sapho* et de *la Nonne sanglante* ; mais en dépit de ses efforts et de son activité, il pliait sous l'énormité des frais. Roger touchait 60,000 fr. pour huit mois ; Gueymard, 45,000 ; Massol, 25,000 ; Boulo, 18,000. Mlle Alboni, qui jouissait d'une immense réputation en Italie, ne consentit à se faire entendre pour la première fois à un public français que moyennant 2,000 fr. par soirée. Mme Tedesco, dont la voix était si merveilleuse et le jeu si insuffisant, avait 60,000 fr. pour neuf mois. Mlle Cruvelli, cette cantatrice dramatique qui a quitté le théâtre pour épouser le baron Vigier, était engagée à raison de 100,000 fr. pour huit mois. Les danseuses Cerito et Rosati percevaient mensuellement 3,000 fr.

En 1854, une commission fut nommée pour examiner la situation de l'Opéra ; elle se composait de MM. Troplong, président du sénat ; Baroche, président du conseil d'État ; le comte Baciocchi, premier chambellan, surintendant des spectacles de la cour, de la musique de la chapelle et de la chambre ; Rouher, vice-président du conseil d'État ; le comte de Morny, député, ancien ministre ; Chaix-d'Est-Ange, avocat, ancien député, membre de la commission municipale et départementale de la Seine ; Gautier, secrétaire général du ministère de la Maison de l'Empereur. Le rapporteur de la commission, M. Troplong, commença son exposé en signalant l'imminence du danger.

« La situation de l'Opéra, dit-il, commande des mesures promptes et efficaces. L'embarras des finances le menace de dissolution.

« La commission ne rend personne responsable de cette crise ; elle n'a pas été chargée d'examiner les faits ; elle les constate. Elle croit même que de courageux efforts ont été tentés pour conserver à ce théâtre la faveur du public.

« Mais il y a un point qui domine toutes les autres questions : c'est que, bien que la gestion industrielle de l'Opéra soit confiée à une entreprise particulière agissant à ses risques et périls, ce théâtre, envisagé au point de vue des intérêts de l'art, appartient à la France et à l'Europe, et ne saurait faillir. L'État, qui comprend cette vérité, lui donne une subvention pour lui épargner des revers. Il doit, à plus forte raison, lui tendre la main quand il est près de s'écrouler. »

Conformément aux conclusions de la commission, parut un décret impérial conçu en ces termes :

« À partir du 1er juillet 1854, l'Opéra est régi par la liste civile impériale, et placé à cet effet dans les attributions du ministre de not « Maison.

« Une commission supérieure permanente est instituée près le ministre de notre Maison pour donner son avis sur toutes les questions d'art et sur les mesures propres à assurer la prospérité de l'Opéra. Cette commission est présidée par le ministre.

« Il sera procédé immédiatement, par les soins de l'administration des domaines de l'État et en présence d'un délégué du ministère de la Maison de l'Empereur, à la reconnaissance et à la reprise des bâtiments, du mobilier et du matériel affectés à l'exploitation de cet établissement. »

M. Crosnier fut le premier directeur nommé en vertu du nouveau décret ; puis il fut remplacé par Alphonse Royer, sous l'administration duquel ont été représentés *le Trouvère* de Verdi, *Herculanum* de Félicien David, *la Magicienne* d'Halévy, *Pierre de Médicis* du prince Poniatowski, le 9 mars 1860.

Dans cet opéra, dont les paroles sont de MM. de Saint-Georges et Émilien Pacini, les principaux rôles étaient ainsi remplis : Pierre de Médicis, par Gueymard ; Julien de Médicis, par Bonnehée ; le grand inquisiteur Fra Antonio, par Obin ; Laura Salviati, par Mme Gueymard-Lauters. Dans le deuxième acte était intercalé un ballet intitulé *les Amours de Diane* : Mme Ferraris représentait la déesse de la chasse ; Mérante, Endymion ; Coralli, un Faune. L'orchestre était conduit par M. Dietsch, qui succédait à M. Girard, mort au commencement de l'année.

La première représentation de *Pierre de Médicis* fut des plus brillantes. Rarement on avait vu une mise en scène aussi splendide, une salle aussi ruisselante de lumières. Cette profusion de jets de gaz, dont les feux couraient le long des colonnes, auraient, à une autre époque, excité les appréhensions les plus vives, malgré toutes les mesures de précaution possibles. Mais, grâce à l'application du procédé Carteron, qui rend ininflammables les décors et les costumes à l'Opéra, l'administration put se montrer prodigue de flots de gaz et de lumières. Les acteurs comme les spectateurs n'avaient pas à redouter, au milieu des éblouissantes splendeurs du 2e acte, d'être attristés tout à coup par un de ces funestes accidents que le feu causait naguère sur d'autres scènes, avant la découverte des nouveaux procédés d'ininflammabilité.

CHAPITRE VII.

Le 14 janvier 1858. — Les coulisses de l'Opéra. — Les marcheuses. — Les rats. — La Sainte-Catherine. — Théâtre d'Hamilton. — L'École-Lyrique.

La représentation qui fut donnée, le 14 janvier 1858, au bénéfice de Massol, a laissé de douloureux souvenirs. On jouait un fragment de *la Muette*, un acte de *Guillaume Tell*, et trois actes de *Maria Stuarda*, pièce empruntée au répertoire de Mme Ristori. Au moment où la voiture de l'Empereur et de l'Impératrice arrivait sous la grande marquise, trois explosions éclatèrent à quelques secondes d'intervalle. Des bombes fulminantes vomirent des projectiles qui, s'éparpillant dans tous les sens, tuèrent ou blessèrent cent cinquante personnes, entre autres des lanciers de l'escorte, des militaires de la garde de Paris, des employés de la préfecture de police ; deux chevaux de l'attelage sont comme foudroyés ; parmi ceux de l'escorte, vingt-quatre sont atteints, dont cinq mortellement ; cependant l'Empereur et l'Impératrice entrent dans la salle, et la représentation s'achève au milieu d'une émotion générale. Ce fut ce crime qu'expia sur l'échafaud Félix Orsini, condamné à la peine des parricides par la cour d'assises de la Seine, le 26 février 1858.

Le public, qui tient souvent beaucoup plus à ce qu'il ne voit pas qu'à ce qu'il est libre de voir, rêve des coulisses de l'Opéra. Il lui semble que c'est un paradis terrestre ou plutôt le Genetal-Coduz du prophète Mahomet. L'entrée de ce sanctuaire n'est permise qu'aux compositeurs et auteurs dramatiques, et à quelques habitués riches ou influents qui méritent une faveur spéciale par la fidélité avec laquelle ils soutiennent le théâtre, soit en louant des loges à l'année, soit en mettant leur crédit au service de l'administration. À côté de l'orchestre, à droite, est un escalier qui met la salle en communication avec la scène. Pour consoler les profanes auxquels cette communication

Le déjeuner de la lorette.

interdite, hâtons-nous de dire que les coulisses n'offrent rien d'attrayant : quand la toile est baissée, il y règne une obscurité presque complète. Les décorations montent, descendent, changent de place, et le visiteur est exposé à recevoir sur la tête un portant ou une ferme. Les premiers sujets du chant et de la danse s'habillent dans leurs loges. Le corps de ballet est partagé en chambrées ; les figurants, les figurantes désignées sous le nom de marcheuses ; les petites élèves, qu'on nomme les rats d'Opéra, et dont la plupart sont à peine nubiles, apparaissent quelque temps avant le lever du rideau, tandis que les danseuses préludent, dans leur foyer, par des pirouettes et des entrechats en se soutenant sur des barres d'appui. Au milieu de toute cette agitation préliminaire, le visiteur n'a guère le temps d'échanger un regard avec la femme qu'il convoite ou avec celle qui l'honore de son attention. Quand le rideau tombe, les chanteurs et les chanteuses, hors d'haleine, épuisés en raison même de l'effet qu'ils ont produit, s'empressent de regagner leur gîte.

Les danseuses et même les coryphées qu'on a admirées sous le costume de nymphes, de bayadères ou de sylphides, vont s'envelopper dans leurs tartans et se remettre de leurs fatigues en prenant quelque cordial. Le spectacle intérieur des coulisses est bon à voir une fois, mais nous doutons qu'on soit tenté d'y revenir.

Jadis une fille était soustraite à la puissance paternelle dès qu'elle était inscrite sur les registres de l'Académie royale de Musique. Les pourvoyeurs des premiers gentilshommes de la chambre et de leurs amis rabattaient le gibier féminin à l'Opéra comme dans un parc réservé. De nos jours, une fille mineure qui entrerait sans l'autorisation de ses parents dans les rangs des rats ou des choristes aurait contre elle la magistrature et la loi ; mais leur intervention toute-puissante n'est jamais réclamée dans l'espèce ; la mère, dont l'ambition est de faire de sa fille une émule de Taglioni, est de bonne composition ; elle veille sur sa fille avec sollicitude ; elle écarte les jeunes gens sans consistance, les musiciens, les gens de lettres qui tournent autour de la jeune débutante ; mais vienne un prétendant dont la fortune et la position soient liquides, et le Cerbère s'attendrira.

Nestor Roqueplan, qui a si longtemps gouverné l'Opéra, a tracé un tableau pittoresque des coulisses et donné des explications dont sa position spéciale garantit l'authenticité ; il nous dépeint le *rat* comme une petite fille de sept à quatorze ans, qui porte des souliers usés par d'autres, des châles déteints, des chapeaux couleur de suie, se chauffe à la fumée des quinquets, a du pain dans ses poches et demande dix sous pour acheter des bonbons. Le *rat* est élève de l'école de danse, et c'est peut-être parce qu'il est enfant de la maison, parce qu'il y vit, qu'il y grignote, y jabote, y clapote ; parce qu'il ronge et égratigne les décorations, éraille et troue les costumes, cause une foule de dommages inconnus et commet une foule d'actions malfaisantes, occultes et nocturnes, qu'il a reçu ce nom passablement incroyable de *rat*.

« Le *rat*, ajoute le spirituel observateur, fait des trous aux décorations pour voir le spectacle, court au grand galop derrière les toiles de fond et joue aux quatre coins dans les corridors ; il est censé gagner vingt sous par soirée, mais, au moyen des amendes énormes qu'il encourt par ses désordres, il ne touche par mois que 8 à 10 fr. et trente coups de pied de sa mère. Le *rat* reste *rat* jusqu'à l'âge où il prend le nom d'artiste, jusqu'à l'âge où il ne demande plus de bonbons, et reçoit des bouquets.

« La *marcheuse* a vingt ou vingt-cinq ans, elle est petite ou grande, toujours grasse, agréable à l'œil, n'apprend rien, ne sait rien, et ne vit pas du théâtre.

« Parmi les amusements favoris du *rat*, il faut citer la célé-

Le souper de la lorette.

bration de la Sainte-Catherine, le 25 novembre : jamais la Sainte-Catherine n'est plus brillante que quand, par bonheur, on joue *Robert le Diable*. Prenons donc pour exemple le 25 novembre 18...; on jouait, cela est bien entendu, *Robert*.

« Il fallait beaucoup de choses : du punch, des gâteaux, un local ; c'est-à-dire de l'argent pour acheter les comestibles, du temps pour danser. Or, le temps ne manquait pas : car *Robert le Diable* a un excellent quatrième acte à deux personnages et dont la durée, ajoutée à deux entr'actes, compose le total d'une heure.

« Voici pour le temps.

« Quant à l'argent, chacun a boursillé selon ses moyens :

« Les hommes ont fait une petite saignée à leurs minces appointements.

« Parmi ces dames, coryphées, figurantes, *marcheuses*, *rats*...

« Celles qui sont établies en *petits ménages* offraient : — 5 francs.

« Celles qui ne savent pas encore quand on les trouvera jolies, offraient : — 1 sou.

« La collecte fut bientôt faite.

« Dès le commencement du spectacle, une députation composée de *chie-en-lit* fort piquants, choisis parmi les plus espiègles des petits figurants, était venue exécuter une sérénade à la porte de toutes les loges féminines.

« Cette marche, à travers les couloirs les plus tortueux, était conduite par un gamin fameux dans les coulisses sous le sobriquet de *l'abonné*. C'est un de ceux qui se *révoltaient* le mieux dans *la Muette*. Il avait huit ans.

« *L'abonné* était déguisé en commissaire, et il invitait toutes ces demoiselles au bal qui allait se donner.

« Quelle jolie chose que ce bal !

« Dans une chambre de vingt pieds carrés était dressée une table sur laquelle l'orchestre grinçait de toutes les cordes d'un violon et hurlait par tous les trous d'un flageolet enrhumé. Un bonnet pointu, une robe d'avocat, une mitre, une veste de pierrot, les déguisements les plus fous, affublaient les musiciens. Les danseurs avaient gardé leurs costumes de *Robert*, seigneurs, pages, prêtres, soldats, nonnes et moines ; tous les rangs, toutes les transpirations se confondaient.

« Deux faux gendarmes faisaient la police.

« Il y a eu quatre contredanses.

« De peur de compromettre la responsabilité des gendarmes, il ne faut pas définir le caractère de la danse qui a eu le plus de faveur ; mais on comprend, de reste, que de jeunes élèves saturés des préceptes de la *Danse noble* se complaisaient au laisser-aller d'un genre moins sévère.

« Par son style très-onduleux, une jeune personne, Mlle P...., qui est depuis allée mourir en Californie, mérita les hourras furieux de l'assemblée, et d'un suffrage unanime fut proclamée la reine du bal.

« Le *rat* aime assurément la danse, mais il met son suprême bonheur à grignoter, à lapper n'importe quoi, des poires, des noix, des nèfles (ah ! les nèfles !), du coco, de la bière, ce qu'on veut, ce qu'il trouve.

« C'est avec regret, sans doute, mais non sans plaisir, que de la salle de danse on a couru vers les buffets.

« L'aristocratie est allée boire pompeusement son punch vitriolé et croquer ses insolents biscuits.

« La bourgeoisie a débouché son cidre et dévoré sa nourrissante galette.

« Le pauvre fretin s'est partagé des objets sans nom, des pommes vertes, des trognons de poires tapées, des grains de raisin, des miettes de croquignoles : au moyen d'une collecte qui était arrivée à la fraction de liard, de pauvres enfants avaient eu pour leur part un marron et une amande trempée dans un petit verre de cassis pour quinze.

« Heureusement, le dernier acte de *Robert* est tout religieux, et le personnel de la Sainte-Catherine, qui n'aurait pas pu faire un battement, avait conservé assez de force pour s'agenouiller et célébrer la conversion et le mariage du héros normand.

« Quelle gaieté ! rien au monde, robes, chapeaux, bijoux, voitures, ne donne autant de joie que ces petits amusements, ces petites ripailles en famille, entre camarades, dans ce lieu où l'enfance a été si laborieuse, où la jeunesse est si riante, d'où la vieillesse est chassée.

« C'est la vie du *rat*. »

L'Académie Impériale de Musique n'est pas l'unique théâtre de l'arrondissement ; mais les autres sont secondaires. Sur le boulevard des Italiens, Hamilton a transporté le spectacle de magie, de prestidigitation et de ce qu'on est convenu d'appeler la physique amusante, créé par Robert-Houdin au Palais-Royal. Les grands et petits enfants peuvent voir dans cette salle coquette, toujours avec un nouveau plaisir, la Bouteille inépuisable, la Guirlande de roses, le Coffre de cristal, les Cartes magnétisées et obéissantes, le Dessèchement cabalistique, les Boules de cristal, la Colonne au gant et le chasseur, la Naissance des fleurs, les Dragées, la Pluie d'or, la Nouvelle suspension éthéréenne, le Foulard aux surprises, le Pâtissier du Palais-Royal, les Tourterelles sympathiques, l'Étranger merveilleux, la Nouvelle pendule aérienne, la Seconde vue, le Hibou fascinateur, l'Exercice du trapèze, la Prison, le Nouveau Carton d'Hamilton, etc., etc.

Dans la rue de la Tour-d'Auvergne qui, soit dit en passant, s'appelait ainsi dès 1770, est une petite salle construite depuis environ une dizaine d'années, et destinée dès lors aux représentations que donnent des amateurs, soit qu'ils se destinent à l'art dramatique, soit qu'ils veuillent simplement se délasser de leurs occupations quotidiennes. Les typographes du *Siècle* et de la *Patrie* y ont longtemps organisé des soirées où, sous la direction de feu M. Tissot, compositeur d'imprimerie et rédacteur en chef du journal *l'Amateur*, ils abordaient avec audace la tragédie, la comédie et le vaudeville. M. Ricourt, le fondateur de *l'Artiste*, y exerce les nombreux élèves auxquels il donne des leçons de déclamation. Ils ne se font ordinairement désigner que par des pseudonymes ou des prénoms sur l'affiche manuscrite qui est collée aux vitres d'une boutique voisine de la porte d'entrée. Ils s'appellent M. Jules, M. Alfred, Mlle Agar, Mlle Iphigénie ; mais quelques-uns sortent des rangs et vont prendre place un jour sur nos premières scènes.

CHAPITRE VIII.

Les Porcherons. — Ramponneau. — Amélioration du quartier. — Tivoli. — Mme Blanchard. — La maison de Bonaparte.

L'arrondissement de l'Opéra comprend les quartiers Saint-Georges, de la Chaussée-d'Antin, du faubourg Montmartre et Rochechouart. Ils sont tous d'origine nouvelle. Au commencement du XVIIIe siècle on n'y voyait presque que des champs. La rue de la Chaussée-d'Antin se nommait le chemin de la Grande-Pinte. A gauche était un château bâti par la famille du Coq en 1320, et que certaine particularité de construction avait fait nommer le Château des Porcherons. Un peu plus loin était la pépinière du roi. Sur l'emplacement de la rue de la Victoire étaient les communs de la Ferme générale. Une longue route s'en allait en serpentant au pied des collines, entre des champs, des marais et des jardins, de Montmartre à la Petite-Pologne. Elle était bordée de cabarets, rendez-vous des bons lurons, comme l'a dit Vadé, où l'on y buvait du vin appelé *ginguet*, parce qu'il faisait ginguer ou sauter ceux qui en prenaient. C'est l'étymologie du mot de guinguette, sous lequel furent connus les cabarets des Porcherons. Ils avaient à peu près tous le même aspect. En entrant, on traversait une cuisine pantagruélique où rôtissaient devant un foyer volcanique des longes de veau, des gigots, d'énormes quartiers de bœuf ou de mouton. Le grand salon, qui contenait jusqu'à six cents personnes, était bordé de tables, sur lesquelles s'amoncelaient des bouteilles, des pintes de plomb, des assiettes, vidées par les consommateurs avec une effrayante rapidité. Les danseurs occupaient le milieu de la salle. Des orages passagers grondaient parfois dans ces asiles de la joie. Deux rivales se rencontraient et se disaient des pouilles. — T'es-t-une pas grand' chose. — J' somme une honnête femme. — Tu veux m'*esbignonner* mon *personnier.* — T'en as menti ! — Prends garde que j' te baille une *giroflée à cinq feuilles !* — Ose donc, j' te battrai comm' plâtre ! — Quien ? — Vlan ! — Paffe ! et les bonnets de voler, les chevelures de flotter au vent, les coups de pleuvoir. Les hommes s'en mêlaient, le guet accourait, se frayait un passage à coups de crosse, s'emparait des perturbateurs, *gantait* avec des cordes les plus récalcitrants ; et, la tranquillité étant rétablie, les contredanses recommençaient.

Jean Ramponneau, le fameux cabaretier, était un débitant de la Courtille, qui vint, vers 1760, s'établir aux Porcherons, en face de la barrière Blanche. Son cabaret était un caveau décoré d'une treille peinte et d'une enseigne qui représentait le maître du logis à califourchon sur un tonneau ; il triompha de tous ses concurrents par son humeur joviale, ses saillies, et surtout par le parti qu'il prit de vendre le vin trois sous et demi la pinte au lieu de six sous. Sa réputation était telle, qu'on avait fait de son nom le verbe *ramponner* (boire outre mesure) et que Gaudon, montreur de marionnettes, lui proposa douze francs par jour, à la condition de paraître pendant trois mois sur son théâtre. Les jansénistes firent un scrupule à Ramponneau de se produire sur la scène ; ils lui dirent que Tertullien avait écrit contre la comédie, qu'il ne devait pas prostituer sa dignité de cabaretier, qu'il y allait de son salut. La conscience de Ramponneau fut alarmée : il avait reçu de l'argent, il ne voulut pas le rendre de peur de se damner. Il y eut procès. Voltaire fit à ce propos une facétie intitulée : *Plaidoyer de Ramponneau, prononcé par lui-même devant ses juges.* Après avoir entendu Me Elie de Beaumont, demandeur, Me Coqueley de Champierre, défenseur, la cour renvoya des fins de la plainte l'illustre cabaretier, plus glorieux et plus populaire que jamais. On ne s'entretenait que de lui ; on porta des chapeaux à la Ramponneau, des robes à la Ramponneau ; on fit queue pour le voir ; et Voltaire assure que des princes mêmes lui rendaient visite. « L'année 1760, dit la correspondance de Grimm, est marquée dans les fastes des badauds en Paris par la réputation soudaine et éclatante de Ramponneau. »

Les gens de cour n'étaient pas fâchés de s'encanailler parfois, de voir de près la foule laborieuse dont ils avaient vaguement entendu parler ; ils allaient aux Porcherons comme on va à un voyage de découvertes ; mais les intrus étaient souvent mal accueillis ; ils couraient risque d'être appelés *farauds, échappés de Bicêtre, huissiers du diable, mines de polichinelles, restants de la bande à Cartouche,* ou *marionnettes de pilori.* Des courtisanes élégantes, en venant étaler leur luxe au cabaret, y trouvaient quelquefois des figures de connaissance, et il en résultait, comme dit une vieille chanson, mainte réjouissante aventure :

Qui doit apprendre à ben des filles
Qui vont chez Ramponneau pour faire les gentilles,
A n' pas mépriser les p'tit' gens,
D' peur d'y rencontrer d' leux parents.

De 1771 à 1773, des changements notables s'opérèrent dans le quartier de la Grande-Pinte. On perça les rues d'Artois et de Provence ; on améliora l'état de la rue Chanteraine, que le peuple appelait Chantrelle. Elle continuait la rue des Postes, qui devait son nom aux postes de commis établis par la Ferme générale, et toutes deux, dans les plans du XVIIe siècle, sont désignées sous l'humble titre de *Ruellettes aux marais des Porcherons.*

La chaussée qui s'ouvrait sur le boulevard, en face de l'hôtel d'Antin, fut soumise à un alignement régulier. La danseuse Guimard, le financier Necker y eurent des hôtels. Un trésorier général de la marine, nommé Boutin, fit dessiner, en face du château du Coq, un jardin où se confondait le style régulier de Le Nôtre avec le style agreste et fantaisiste qu'on avait emprunté à la Grande-Bretagne. Plus loin, à l'extrémité de la rue de Clichy, Mathieu Le Carpentier bâtit, pour M. de La Boëxière, un pavillon d'ordonnance ionique au milieu d'un jardin de vingt arpents. Ces lieux de plaisance ont été l'un après l'autre livrés au public ; on y a donné des fêtes avec feu d'artifice, ascension aérostatique, ascension sur la corde au milieu des flammes du Bengale. Ce fut du Tivoli-Boutin que, 6 juillet 1819, partit Mme Blanchard, portant une couronne d'artifice suspendue à

10 mètres au-dessous de sa nacelle. Cet appendice s'embarrassa en passant dans des branchages qui dérangèrent la direction de quelques fusées. Après avoir plané quelque temps dans les airs, Mme Blanchard, au moyen d'une longue mèche, mit le feu à la couronne. Une gerbe de flamme arriva de bas en haut sur le ballon qui s'embrasa. L'aéronaute tomba sur un toit, et de là dans la rue de Provence où elle rendit le dernier soupir.

L'emplacement des deux Tivolis est occupé par des rues, dont les plus récentes, celles de Boulogne, de Bruxelles, de Calais, de Douai et de Vintimille, ont été autorisées par une ordonnance du 21 juin 1841. Les hauteurs qui s'étendent entre la rue de Clichy et la rue Rochechouart se sont peu à peu couvertes de maisons.

La rue Chanteraine a pris le nom de rue de la Victoire, parce qu'elle fut habitée par le général Bonaparte. L'hôtel qu'il occupait fut donné par l'impératrice Joséphine à Mme Lefebvre-Desnouettes, et le général Bertrand y demeura après son retour de Sainte-Hélène. En 1855, cette maison historique fut achetée par M. Gontier, qui la fit démolir après en avoir enlevé avec soin les peintures les plus remarquables. Nous trouvons dans *le Monde illustré* du mois de mars 1855 une intéressante description de ce monument détruit.

« L'hôtel Bonaparte, dit le journaliste, était un de ces pavillons jetés au milieu d'un jardin par un financier ou un épicurien de l'époque. Il ne paraît pas destiné à une habitation permanente. Il ressemble à une de ces *folies* où l'on se donnait rendez-vous pour faire, entre joyeux convives, un souper prolongé dans la nuit.

« Avant d'être habité par Napoléon, cet hôtel l'avait été par Talma.

« Primitivement, un perron de quelques marches conduisait à un vestibule ou salle à manger; mais Mme de Beauharnais fit placer devant ce vestibule une rotonde en charpente et en maçonnerie, à laquelle on donna la forme, la couleur et les décorations d'une tente. Cette construction subsiste encore, et le temps en a effacé à peine les trophées élégamment dessinés, qu'un élève de David y avait peints.

« C'est du haut du perron que au-devant de cette tente que le général, au 18 brumaire, contempla la foule des officiers qui s'assemblaient autour de lui et qu'il donna le signal du départ. La sensation qu'il éprouva en ce moment n'est pas sortie de ses souvenirs. A Sainte-Hélène, il voyait encore ce modeste perron de la rue Chanteraine; et, en parlant du 18 brumaire à ses compagnons d'exil, il disait : « Ce fut du seuil de ma porte, du haut de mon perron, et sans qu'ils en eussent été prévenus, que je conduisis mes camarades à cette conquête!... »

« De la salle à manger, on entre dans un salon fort modeste. La cheminée est des plus simples; elle est formée d'une tablette posée sur deux colonnettes de marbre. La serrurerie et celle du temps; les espagnolettes, avec accessoires de cuivre doré, sont les mêmes que la main du général a maniées, comme ce sont les mêmes parquets qui ont retenti, il y a plus d'un demi-siècle, sous les pas des Kléber, des Bernadotte, des Desaix, des Murat, des Lannes, des Lefebvre, des Berthier.

« Venait ensuite le salon vert, ou salle du conseil; c'était le cabinet de cérémonie du général Bonaparte. Dans cette pièce se trouve un morceau d'art qui méritait d'être conservé. Ce sont trois frises peintes à l'huile; celle du fond, en face de la cheminée, se compose de femmes drapées d'étoffes légères, vaporeuses et de couleurs variées. Toutes ces figures, qui ont des ailes, représentent le royaume de l'Imagination, les génies de la Rêverie et des Songes. A gauche sont des divinités mythologiques, Bacchus sur son char de triomphe, la Musique, la Poésie épique chantant les exploits des demi-dieux. A droite sont des sujets allégoriques, tirés de l'histoire des Grecs. Comme dans la précédente frise, Apollon est à la tête de tous les autres personnages; à Athènes commande les autres figures : elle distribue des couronnes à la Sculpture, à la Peinture, à l'Architecture. A la suite, on voit la représentation de quelques exercices dans lesquels les enfants de la Grèce aiment à déployer leur habileté.

« Ces peintures furent exécutées pendant que le général était en Italie. Elles sont de l'école de David; et il est probable que le maître ne se contenta point d'en fournir les dessins : on dirait qu'il s'y est donné des coups de pinceau aux principales figures.

« Le général aimait à déjeuner dans ce salon, et, pendant qu'il faisait ce repas avec sa prestesse ordinaire, il recevait les savants, les artistes, les littérateurs; c'était alors qu'il causait avec le plus de familiarité et qu'il semblait se délasser de son travail du matin.

« Au premier étage, les plafonds ont tout au plus 2 mètres de hauteur. La chambre de Joséphine, que l'on rencontre d'abord, se faisait remarquer par une décoration fort coquette, et presque voluptueuse. Cette pièce, éclairée d'une seule fenêtre, se terminait en cintre, et ce cintre était garni de neuf glaces, en y comprenant celle qui, le soir, servait de volet à la fenêtre; une grande glace occupait tout le fond de l'alcôve : de sorte que, lorsque la lumière des bougies faisait répercuter ces glaces les unes dans les autres, on devait se croire dans une grande bonbonnière en cristal. Mais pas de dorure dans les lambris; l'austérité républicaine ne permettait pas encore d'aller jusque-là. Joséphine, qui avait à l'excès le goût du luxe, comme l'a dit Napoléon lui-même, s'était mis à le déployer dans la seule pièce où les visiteurs ne pénétraient pas.

« On entre après dans un petit salon qui séparait les chambres des deux époux. Celle du général est remarquable pour son extrême simplicité; elle est décorée dans le style étrusque. Il y a une alcôve sans profondeur, qui était bonne tout au plus à recevoir un lit de camp. Cette pièce se termine aussi du côté opposé à l'alcôve en hémicycle; ici les glaces sont remplacées par des armoires prises dans la boiserie. Sur les panneaux, on a peint des vases, des lyres, des médaillons; et, chose frappante! on voit déjà, mais une seule fois, l'aigle armé de la foudre, à peu près dans la même attitude que l'aigle de l'Empire.

« C'est dans cette chambre que le général se réveilla gaîment le 18 brumaire, et que Bernadotte vint le trouver sans uniforme. Bourrienne raconte, dans ses *Mémoires*, que Bonaparte entraîna son compagnon d'armes dans un cabinet voisin, qui n'est autre qu'un petit cabinet de toilette qu'on voit auprès de l'alcôve.

« Au second étage sont des pièces mansardées dans l'une desquelles le général se réfugiait quand il voulait travailler avec plus de tranquillité. La porte de ce cabinet redoutable, où le général prépara tant de projets foudroyants pour les trônes de l'Europe, était décorée d'un obus aux quatre coins et d'une bombe en feu, comme l'entrée d'un arsenal !

« Malgré l'exiguïté des pièces, tout est fort bien distribué dans cet hôtel. Des couloirs, des portes de dégagement permettent d'y circuler partout, et rendent les pièces indépendantes les unes des autres. Il y a un escalier dérobé allant du rez-de-chaussée aux pièces supérieures, et passant par un cabinet de bain, qui est si étroit et si bas qu'il fallait vraiment être un homme de petite taille pour s'y aventurer, même en se baissant.

« On ne conçoit vraiment pas comment Napoléon, avec son ardente activité, a pu tenir dans une demeure aussi resserrée, lui qui disait, sous le Consulat, que son plus grand bonheur était de fuir sa *cage dorée* des Tuileries pour courir à la Malmaison. »

CHAPITRE IX.

Notre-Dame-de-Lorette. — La Trinité. — Saint-André. — La Rédemption. — La Synagogue des juifs portugais.

Il fallait une église à ces nouveaux quartiers qui s'agrandissaient chaque jour.

Le 13 juillet 1646, M. de Gondi, archevêque de Paris, avait permis aux habitants des Porcherons d'établir dans leur chapelle, au coin de la rue Coquenard, une confrérie sous le titre de Notre-Dame-de-Lorette.

Suivant une pieuse tradition, la maison que la Vierge avait habitée à Nazareth fut enlevée par des anges qui, sans en déranger la moindre solive, vinrent la déposer sur le mont Tersato en Dalmatie. La date de ce miracle est même fixée : il s'accomplit le 18 mai 1291. Trois années après, les anges reprirent la Sacra-Santa-Casa, lui firent faire un nouveau voyage aérien, et la laissèrent au milieu d'un bois sur le territoire de Ricasoli, dans la Marche d'Ancône. Enfin, quelques années plus tard, les messagers célestes trouvèrent, pour la Santa-Casa, à Lorette, dans les États-Romains, un emplacement convenable et définitif, et l'on y établit un sanctuaire vénéré, que fréquentent encore actuellement de nombreux pèlerins.

Ce fut afin de lui rendre hommage que, par acte du 13 juillet 1646, M. de Gondi permit aux habitants des Porcherons, de la paroisse Saint-Eustache et de la paroisse Montmartre d'établir à l'extrémité de la rue Coquenard une chapelle et une confrérie sous le titre de Notre-Dame-de-Lorette. C'était une aide, et non une succursale; les confrères n'y pouvaient chanter la messe à haute voix, excepté les jours de fêtes consacrées à la Vierge. On n'y bénissait l'eau et on n'y faisait pas que les mêmes solennités; et on n'y administrait qu'en cas de nécessité les sacrements et consolations spirituelles. Le jour de la fête de la Présentation, dite de la Chandeleur, les garçons des Porcherons et lieux circonvoisins avaient le privilège d'y rendre le pain bénit, et allaient à l'offrande un cierge à la main.

À la fin du XVIIIᵉ siècle, le service divin se faisait pourtant d'une manière régulière dans la chapelle de Notre-Dame-de-Lorette, sous le nom de laquelle plusieurs plans désignent la rue Coquenard. L'édifice fut démoli à l'époque de la Révolution, et après le Concordat, une modeste église, succursale de Saint-Eustache, s'ouvrit à l'endroit qu'occupent, en 1860, les écoles communales du IXᵉ arrondissement.

À la demande de M. de Quélen, archevêque de Paris, une ordonnance du 3 janvier 1822 décida qu'une nouvelle église serait élevée au carrefour des Martyrs, nommé jadis la Croix-des-Porcherons. Un concours fut ouvert; M. Hippolyte Lebas obtint le prix, et le 5 août 1823, le préfet de la Seine posa la première pierre du monument.

Notre-Dame-de-Lorette a la forme d'une basilique; son fronton étriqué, dans le tympan duquel M. Nanteuil a sculpté un hommage à la Vierge, est soutenu par des colonnes corinthiennes, et surmonté des trois vertus théologales : la Foi, par Foyatier; l'Espérance, par Lemaire; la Charité, par Laitié. À l'extérieur, c'est un bloc de pierre d'un aspect attristant, un vrai pavé. À l'intérieur, les moindres recoins ont été décorés de peintures, de statues, de lave émaillée. Une légion d'artistes a collaboré à l'ornementation du chœur, de la grande nef, des bas-côtés, des dix chapelles. Le tout a coûté 2,400,000 fr.; mais en a-t-on pour son argent? *La Présentation au temple*, par Heim; *le Couronnement de la Vierge*, par Picot; *Jésus au milieu des docteurs*, par Drolling; *le Martyre de saint Hippolyte*, par Hesse; *l'Apothéose de sainte Geneviève*, par Eugène Devéria; *l'Histoire de la Vierge*, par Schnetz, Granger, Vinchon, Coutan, Monvoisin, Dubois; tous ces tableaux juxtaposés se nuisent les uns aux autres. Sans nier le mérite réel de leur exécution, on ne peut les juger avec certitude; seulement il est facile de constater qu'ils n'ont point de caractère religieux. La chapelle des Mariages, par Victor Orsel; la chapelle de l'Eucharistie, que M. Périn a commencée au mois d'août 1836, et terminée au mois de septembre 1852, font exception par un style qui rappelle celui des maîtres italiens du XVIᵉ siècle. M. Périn nous a montré, dans des compositions pleines de sentiment, des exemples de foi, de force morale, de charité, d'espérance, de piété, de mépris des richesses et des douleurs. Il a étudié et suivi consciencieusement les règles du symbolisme chrétien. Les couleurs employées comme fond dans la peinture de sa chapelle sont en rapport avec les sujets. Dans la coupole, l'or est l'image de la lumière du ciel; les fonds rouges des pendentifs rappellent la couleur du sang, le sang du Christ ayant sauvé le monde. Les fonds verts des pieds-droits sont relatifs à l'espérance qui naît des bonnes œuvres.

Les ornements qui, dans les écoinsons, accompagnent les inscriptions, se rapportent aux inscriptions mêmes. Dans la coupole, des pierres précieuses figurent les actions des justes. Les étoiles qui entourent les peintures de la voûte, les palmes qui couronnent l'ouverture supérieure, rappellent la récompense éternelle.

Au centre de l'arc, sous la Cène, se lisent les paroles mêmes du Christ environnées de pierres précieuses; sous l'arc de la nef est peinte la grenade dont les grains et l'écorce sont le symbole des vertus dans le cœur; sous l'arc du bas-côté est le lis, image de la splendeur des saints; et la rose au centre de l'arc de l'autel rappelle par sa couleur le sang des martyrs. (*Et rosa dedit bonum odorem*.)

En vertu d'un décret du 2 septembre 1851, a été édifiée, dans la rue de Clichy, l'église de la Trinité. Elle est presque entièrement en bois peint. Le fond de l'abside est semé d'étoiles d'or. Les bas-côtés sont séparés de la nef par des pilastres carrés. Dans le tympan du portail a été placée une peinture sur lave, exécutée par M. Devers en 1855, dans le style des mosaïques byzantines. Elle représente le Christ entouré de l'ange, de l'aigle, du bœuf et du lion, symboles des quatre évangélistes.

L'église Saint-André, dont l'érection a été autorisée le 28 avril 1852, a été logée, faute de fonds, dans le local qu'occupait, cité d'Antin, un bal public assez fréquenté.

L'église Saint-Eugène, qui se trouve sur l'extrême frontière du IXᵉ arrondissement sert principalement aux fidèles du Xᵉ, et nous nous en occuperons plus loin.

L'octroi de Paris avait, rue Chauchat, un entrepôt qui, grâce à la sollicitude de la duchesse d'Orléans, est devenu l'église évangélique de la Rédemption. Elle a été inaugurée le 25 juin 1843, anniversaire du jour où la confession d'Augsbourg fut présentée à Charles-Quint. Une autre secte protestante possède, rue de Provence, une petite chapelle.

Rue Lamartine, au fond de la cour, au nº 23, se cache le temple des Israélites du rite portugais : c'est une nef presque carrée d'une grande simplicité; le sanctuaire est séparé de l'autel, qui, placé à l'autre extrémité de la nef et élevé de quelques marches au-dessus du sol, communique de plain-pied avec le chœur et l'orgue. Une tribune supérieure et une inférieure sont destinées aux femmes.

Les dogmes du rite portugais sont les mêmes que ceux du rite allemand, mais tous deux diffèrent par la manière de prononcer l'hébreu et par quelques prières accessoires. Ces divergences proviennent de la double direction vers laquelle l'exil poussa les Israélites après la chute de Jérusalem : ceux du nord et ceux du midi se perdirent un peu de vue pendant les persécutions du moyen âge et contractèrent également des usages, des traditions, une prononciation et même quelques pratiques accessoires qui ont été l'origine du double rite allemand et portugais.

Il existe même en France un troisième rite juif, dit *comtadin*, qui est suivi encore par les anciennes familles israélites du *Comtat-Venaissin*, où les juifs, parqués dans le *ghetto* sous l'autorité des papes, avaient à leur tour adopté un langage et un rituel un peu différents de ceux de leurs coreligionnaires.

CHAPITRE X.

Les lorettes. — Le Casino.

Les femmes entretenues, les femmes du demi-monde et du quart de monde, habitent les environs de Notre-Dame-de-Lorette, en si grand nombre qu'elles sont généralement désignées sous le nom de *lorettes*; celui de *biches* n'est guère en usage que depuis 1852.

Pourquoi s'est formée cette espèce de quartier général?

La raison en est facile à comprendre.

La plupart des propriétaires aiment les situations nettes. Ils louent leurs appartements à des célibataires ou à des gens mariés; mais ils se soucient médiocrement d'héberger des gens qui ne sont ni l'un ni l'autre. Cette exclusion n'est pas dictée par excès de scrupules, par une passion désintéressée pour la moralité publique.

Seulement, la femme légère reçoit de nombreux visiteurs qui salissent les escaliers; elle veille, rentre tard, donne des soupers qui dégénèrent en orgies, et quelquefois s'asphyxie ou se jette par la fenêtre; c'est compromettant pour la maison.

Il est pourtant des circonstances où les propriétaires remplissent le rôle du héron de la fable; la pénurie les contraint à ne dédaigner personne. Dans un quartier neuf, dont le public hésite à prendre la route, comment choisir ses locataires? L'aubergiste d'un chemin de traverse n'est-il pas dans la nécessité d'ouvrir ses portes à quiconque se présente? Ainsi firent les propriétaires du quartier Notre-Dame-de-Lorette. Chevaleresques malgré eux, ils donnèrent l'hospitalité à des femmes proscrites, qui, bravant les rhumatismes, voulurent bien essuyer les plâtres. Dès qu'elles furent en possession du quartier, d'où leur turbulence éloignait le bourgeois paisible et rangé, elles n'en sortiront plus. De cette façon se perpétua une colonie joyeuse, insouciante, désordonnée, et qui paie ses termes avec la plus régulière irrégularité.

Les recrues de cette colonie sont des jeunes filles pauvres, auxquelles le travail répugne, et qu'une première faute jette en dehors de la vie normale. Pour qu'une d'elles reçoive ses lettres de naturalisation dans le pays des lorettes, il lui suffit de rencontrer un homme amoureux et riche; il n'est pas nécessaire qu'il soit jeune. La voilà à la tête d'un mobilier, d'un cachemire du Bengale ou du département de la Seine, et d'une garde-robe passable. Le donateur est un agent de change, un avoué, un notaire, un rentier, un fonctionnaire public, auquel ses occupations, ses affaires, ses devoirs de famille ne permettent pas d'être assidu auprès de sa bien-aimée. Est-il surprenant qu'elle coure après les distractions; que la patience et la libéralité de monsieur se lassent, et qu'un beau jour la dame reste seule avec son déshonneur, son mobilier et ses toilettes?

Dès lors commence pour elle l'existence aventureuse. Sans avoir de lanterne et sans tenir autant que Diogène à la qualité, il faut qu'elle aille à peu près chaque jour chercher ce que le philosophe cynique cherchait dans les rues d'Athènes. L'incurable paresse, l'ignorance, l'inaptitude à tout métier honnête, l'absence de tout sens moral, la poussent sur la voie publique. Comme le disent crûment les ouvriers qui la regardent passer, et qui ne la considèrent pas, elle est entretenue par le général Macadam.

Dans l'après-midi, la lorette se maquille, se peint les sourcils et les paupières, se couvre le visage et les épaules de poudre de riz, et accumule sur ses mains une multitude de cosmétiques. Elle tient à prouver, par la blancheur aristocratique et l'irréprochable pureté de ses doigts effilés, qu'elle n'a jamais manié l'aiguille, sarclé, ou lavé des assiettes. La prétention de cette femme, qui vous est inconnue quand vous l'invitez à dîner et que vous tutoyez au dessert, est de vous faire croire qu'elle a été initiée dès son enfance au bon ton et aux belles manières. La plupart savent à peine lire; quelques-unes seulement appartiennent à des familles ruinées par la mort de leurs chefs, par une faillite, par des circonstances imprévues, et ont été élevées aux Oiseaux ou à Saint-Denis. Toutes posent en femmes distinguées, et il n'est pas rare qu'elles se parent de la particule nobiliaire malgré la loi contre l'usurpation des titres. Leur premier amant était un sénateur : auraient-elles cédé sans cela? Elles n'ont dans leur clientèle que des comtes, des marquis, des diplomates; elles soupent avec une des légations.

Vous connaissez ce cri qui retentit, aux époques climatériques de révolution, et qui répand la terreur :

« Les faubourgs descendent! »

Chaque jour, entre cinq et six heures du soir, on pourrait crier de même : « Le quartier Notre-Dame-de-Lorette descend! »

Prenez garde à vous, flâneurs désœuvrés! une fois attifée, fardée, blanchie, enrubanée, la lorette va en guerre, *quærens quem devoret*. Un frôlement de soie annonce son passage. Toutes les fois que le hasard la rapproche d'une glace, elle en profite pour ajuster sa voilette et draper les plis de sa mantille. Par intervalles, elle s'arrête devant les devantures où les bijoutiers suspendent des brochettes de bagues, et où les marchands d'étoffes écrivent : gros d'Epsom, soie française, ramages pour rideaux, soie fantaisie double chaîne, damas en grande largeur garanti pure laine, le tout avec l'indication d'un rabais inouï dans les fastes de la nouveauté.

Qui ne l'a rencontrée, sur les boulevards, dans les passages, aux Tuileries, aux Champs-Élysées? Souvent elle est accompagnée d'une amie qui diffère d'elle par la couleur des cheveux, l'âge, le genre de beauté, le caractère de physionomie. Durant les beaux jours, tantôt elles s'établissent dans les voitures découvertes d'où débordent outrageusement leurs crinolines et leurs volants, tantôt elles sont de planton à la porte de quelque café dont l'aménagement admet des consommations extérieures; elles feignent quelquefois alors pour se donner une contenance de lire un journal, et rien n'est plus exact que ce mot murmuré par une de ces fausses liseuses à l'oreille d'une amie moins ignare : « Est-ce que je le tiens du bon côté? »

Moins fastueuse est la lorette qui n'a jamais été mise dans ses meubles, c'est-à-dire dans une chambre garnie de meubles à elle donnés en toute propriété. Elle végète dans les hôtelleries de la rue Breda, du passage Laferrière, de la rue Neuve-des-Martyrs et de la rue Lamartine, ci-devant Coquenard. Pauvres pécheresses, cent fois plus à plaindre que celles dont la police autorise les hontes désordres!

Les lorettes vivent peu dans leur quartier; celles qui hantent la brasserie des Martyrs perdent leur caste; à force de boire, de fumer, de jouer au piquet et au bezigue avec des gens de lettres et des artistes, elles prennent des allures masculines. Leur voix éraillée se barytone; l'habitude de rouler des cigarettes imprime à leurs doigts des stigmates jaunes indélébiles. Leurs cheveux sont ébouriffés comme ceux d'un rapin; leurs robes sont des sacs. Quant aux lorettes qu'héberge le grand café des Porcherons, ce ne sont encore que des novices, modistes, fleuristes, piqueuses de bottines, châlières, ouvrières qui aspirent à descendre. Provisoirement, elles sont heureuses de se promener au bras d'un commis ou d'un clerc d'avoué, d'aller dîner dans une gargote de la barrière Rochechouart, de danser à la Boule-Noire, ou de voir *la Tireuse de cartes* du haut des troisièmes galeries. Un jour viendra peut-être où elles iront bâiller par genre à l'Académie impériale de Musique; un jour où elles auront des diamants, et ne voudront plus être coiffées que de la main de Bouchard, l'artiste en vogue de la rue du Faubourg-Montmartre.

En voyant se démener ces danseuses effervescentes, rieuses, pimpantes; en voyant avec quelle verve exubérante elles sautent, chantent, vocifèrent, se faufilent dans les groupes, échangent des quolibets, il ne vient pas d'abord à l'idée que l'âge puisse avoir raison de cette forte jeunesse.

Cependant que deviennent-elles?

De l'enquête que nous avons ouverte, il résulte qu'au bout d'une période de vingt ans, sur cent lorettes domiciliées dans le quartier Breda, on en comptait :

Mortes prématurément de phthisie, de péritonite et autres affections chroniques ou aiguës............	17
Inscrites...	18
Employées au service de la précédente catégorie.....	18
Proxénètes...	6
Dames de compagnie et chaperons à l'usage des débutantes...	8
Femmes de ménage..................................	6
Épileuses..	3
Loueuses de chaises.................................	2
Revendeuses à la toilette............................	9
Émigrées pour l'Australie ou la Californie...........	4
Ayant fait des économies et retirées à la campagne...	3
Mariées avantageusement à des étrangers...........	2
Mariées en France...................................	2
Somnambule extra-lucide, donnant des consultations..	1
Enfermées comme folles à la Salpêtrière.............	5
Suicides par ennui ou par misère....................	5
Suicide par amour...................................	1
Chiffre égal...........	100

Des tentatives ont été faites à plusieurs reprises pour exploiter dans la circonscription du IX° arrondissement la présence de femmes qui ne regardent point à la dépense et qui traînent après elles un essaim d'adorateurs, de l'argent desquels elles sont prodigues. Dès 1842, M. Taboureux ouvrait le bal Saint-Georges; mais les propriétaires voisins, entre autres MM. Thiers et Perrée, usèrent de leur influence pour faire fermer cette école de danse, qui fut assimilée aux établissements bruyants et insalubres. En 1848, M. Chapal, principal locataire d'une vaste salle dans la rue Breda, fut à même de la louer indifféremment pour un club ou pour un bal. La police lui accorda l'autorisation d'ouvrir ce dernier; mais les circonstances étaient défavorables. D'ailleurs, les lorettes aimaient mieux chercher au loin les aventures. Les Concerts-Musard, transférés rue du Helder après la démolition de l'hôtel d'Osmond, n'ont eu qu'une vogue momentanée. La seule salle de bals et de concerts qui ait réellement réussi dans le IX° arrondissement est le Casino de la rue Cadet. L'emplacement qu'il occupe dépend d'un grand hôtel qu'ont successivement occupé le maréchal Clausel, le ministre de Danemark et M. Cipierre. Il fut vendu par M. Bertin au Grand-Orient de France, et c'est encore là que se tiennent les assemblées de la franc-maçonnerie. En 1858, une partie de ce vaste immeuble fut louée à une société en commandite dont le gérant était M. Pélagot, propriétaire du restaurant des Dîners de Paris, dans le passage Jouffroy.

L'architecte Duval a construit cet édifice plus élégant que solide. Une première salle, destinée à la danse et aux concerts, est environnée de deux galeries, une au rez-de-chaussée, l'autre au premier étage. Au fond se tient l'orchestre. Sur les murailles sont peints les médaillons des musiciens célèbres : Lulli, Haendel, Sébastien Bach, Mozart, Haydn, Rameau, Gluck, Grétry,

Dalayrac, Monsigny, Méhul, Gossec, Berton, Berthoven, Spontini, Nicolo, Cherubini, Boïeldieu, Weber, Hérold, Paganini, Bellini, Donizetti, Adam.

Le plafond, peint par M. Hugo, représente Apollon dansant au milieu des neuf Sœurs.

Per 1ère l'orchestre règne un beau promenoir éclairé par cinq lustres et rafraîchi par un jet d'eau. On y remarque une suite de portraits en pied de femmes célèbres : Mmes Récamier, de Staël, Campan, Duchesnois, Boulanger, d'Abrantès, Malibran, de Genlis, Mars, Jenny Vertpré, Fanny Essler, Georges, Allan, Rachel, de Girardin, Dorval, Jenny Colon.

Ces personnages sont assez bizarrement associés; mais qu'importe aux abonnés et surtout aux abonnées dont les yeux sont séduits par un ensemble harmonieux? Le principal défaut du Casino, c'est l'étroitesse de l'entrée. On en a été frappé, le 12 février 1860, au bal donné par le *Figaro* au bénéfice des détenus pour dettes. Annoncée bruyamment, cette fête avait attiré des milliers de curieux. Cellarius avait réglé tout exprès un quadrille inédit. Huit élèves de Markowski, Mmes Alida, Alexandrine, Clarisse Ire, Clarisse IIe, Armide, Alphonsine, Joséphine et Lucie, y dansaient un quadrille dit *amiral*. La chorégraphe échevelée et fantasque devait s'y déployer dans un quadrille de pierrots et de pierrettes, et celles-ci étaient des célébrités locales : Rigolboche, Alice la Provençale, Estelle, Rosalba.

A minuit, d'innombrables voitures de louage s'arrêtaient à la porte du Casino.

La foule s'engouffra dans l'étroit couloir, et plusieurs personnes furent sur le point d'être étouffées.

L'ouverture du Casino a eu lieu le 4 février 1859. Il a pour directeur-gérant M. Pélagot, et pour régisseur général M. Daudé, organisateur des fêtes du gouvernement et des courses de La Marche. L'orchestre est conduit, avec une entraînante vigueur, par Arban, professeur au Conservatoire et ancien chef d'orchestre des Concerts de Paris. Les bals ont lieu les lundis, mercredis, vendredis et dimanches; les concerts, les mardis, jeudis et samedis.

CHAPITRE XI.

La mairie. — La Grange Batelière. — L'Hôtel des Commissaires-Priseurs. — Hôtels particuliers. — Cafés — Le café du Caprice. — Le boulevard de Gand. — La prison de Clichy.

La mairie du IXe arrondissement est située dans un vaste hôtel longtemps occupé par M. Aguado, où il avait réuni sa galerie de tableaux, la plupart espagnols. Après sa mort, en 1842, la ville acquit la maison pour y transférer les bureaux de la mairie du IIe arrondissement, qui occupait l'hôtel Pinon.

Dès le XIIIe siècle existait une habitation rustique appelée la Grange Batelière, et, par corruption, Grange Bataillère, parce qu'on y faisait des joutes, des exercices militaires et peut-être aussi parce que des champions y venaient invoquer le jugement de Dieu sous les yeux de l'évêque, qui en était le propriétaire et le seigneur. Ce fief fut possédé en dernier lieu par Anne-Louis Pinon, président à mortier au parlement de Paris. La ville de Paris en fit l'acquisition le 13 avril 1820, et le démolit pour ouvrir une rue, qu'une ordonnance du 30 décembre 1840 déclara d'utilité publique. Une autre ordonnance, du 15 octobre 1817, autorisa le préfet de la Seine à la désigner sous le nom de rue Drouot, en l'honneur d'un général d'artillerie qui avait terminé si honorable carrière le 24 mars de la même année.

La compagnie des commissaires-priseurs du département de la Seine acheta une partie des terrains, sur lesquels elle fit bâtir un hôtel des ventes, en remplacement de celui qu'elle avait place de la Bourse. Le nouvel édifice terminé en 1858 annonce de la part de son architecte une intention louable, car il est approprié à sa destination, que symbolisent extérieurement des images sculptées d'armes, de livres, de coffrets, des vases étrusques, etc. L'Hôtel des Ventes est vulgairement connu sous le nom d'Hôtel Bullion, ce qui démontre une fois de plus avec quelle ténacité se conservent les traditions populaires. Claude de Bullion, surintendant des finances, avait, en l'année 1630, dans la rue Plâtrière, un vaste hôtel dont les galeries avaient été décorées par Simon Vouet, Blanchard et Sarrazin. Le premier avait peint l'histoire d'Ulysse et celle de Diane, en une cinquantaine de compositions grandes ou petites. Dans la salle d'entrée, deux grands tableaux de Philippe de Champagne représentaient les cérémonies de l'ordre du Saint-Esprit. Nous croyons qu'ils sont aujourd'hui au musée de Versailles; quant aux autres peintures, elles étaient détruites, enlevées ou détériorées d'une manière irréparable au moment où les descendants de Bullion vendirent le local au sieur Paillet, peintre obscur, mais connaisseur expert, qui le transforma en établissement consacré à l'exposition et aux ventes publiques de tableaux, statues, meubles, curiosités, etc. Les ventes aux enchères se firent encore à l'hôtel Bullion jusqu'après 1830; et quand elles ont été transférées à la place de la Bourse et de la place de la Bourse à la rue Drouot, le nom de Bullion les a suivies dans leurs pérégrinations.

Une affluence considérable se presse dans les salles de l'Hôtel des Ventes, lorsqu'est annoncée la dispersion de quelques belles galeries. Il est curieux de voir avec quelle animation les amateurs se disputent les tableaux de choix. On entend souvent des gens dire que les affaires vont mal et que l'argent est introuvable, et pourtant il y a des ventes de tableaux qui, en quelques vacations, font changer de mains plusieurs millions. Heureux les privilégiés qui peuvent se donner la satisfaction et la gloriole de payer un Wouvermans 50,000 fr., et un Mindershout Hobbima 85,000 !

Le vendredi 8 mars 1860, l'Empereur est venu visiter, à l'Hôtel des Ventes, la collection de curiosités formée par M. Norzy, et il a acheté deux terres cuites de Clodion moyennant 12,600 fr. A la même vente, un triptyque en émail de Limoges est monté jusqu'à la somme de 19,000 fr. Dans un autre ordre d'idées, les amateurs ne montrent pas moins de libéralité. Le 12 mars, à la vente de la collection ornithologique de M. R. d'Alfort, on a adjugé une paire de cygnes noirs d'Australie pour 420 fr., et un coq et une poule de Brahmapoutra, variété d'Alfort, pour 149 fr.

A la vérité, le IXe arrondissement est le quartier général de la finance; il est peuplé d'agents de change, de spéculateurs, comme il l'était autrefois. Jacques Laffitte y demeura depuis 1800 jusqu'à sa mort, le 26 mai 1844. Rothschild y occupe un hôtel magnifique, dont le premier possesseur fut M. Saint-Julien, trésorier des États de Bourgogne. A l'extrémité septentrionale de la même rue, entre cour et jardin, est une maison monumentale qu'on aurait depuis longtemps détruite pour en exploiter la vaste superficie, sans la volonté expresse de la propriétaire, veuve de M. Ollivier, qui fut membre du conseil général de la Seine, du conseil supérieur du commerce et de la Chambre des députés.

Rue Saint-Georges, M. Polydore Millaud, amateur d'antiquités romaines, a dépensé deux millions dans l'édification d'un hôtel dont les fresques rappellent celles de Pompéia, et qu'il a peuplé de statues et d'objets d'art.

Rue Neuve-des-Mathurins, M. Mirès a fait bâtir par l'architecte Arleuf une maison princière dans le goût du XVIIIe siècle, avec des moulures d'or sur fond blanc, et des dessus de portes peints par Cicéri. Dans ces régions fastueuses, les cafés, les restaurants, ressemblent à des palais. Au coin de la rue Laffitte a été construite, en 1839, la Maison-Dorée, qui, en raison de l'angle où elle est placée, ne saurait avoir une façade imposante, mais dont on admire avec raison les consoles, les archivoltes sculptées, et les frises sur lesquelles le ciseau de Klagmann a fait courir des bêtes fauves entre des taillis délicatement fouillés.

Dans la rue Chaptal ont été élevés, en 1858, deux hôtels remarquables : l'un a été bâti par M. Demangeat pour MM. Goupil, éditeurs de gravures, dont le nom se lit sur la façade, au centre de cartouches que soutiennent des petits génies sculptés par M. Gonnet. L'autre hôtel, n° 24, appartient à un agent de change, M. Pollet. Le style adopté par l'architecte, M. Lance, est évidemment inspiré de l'art du XVIIe siècle; la physionomie générale de l'édifice est souriante et gaie comme celle des édifices du temps de François Ier ou de Henri II, et les ouvertures de la façade sont aussi largement percées que dans les confortables habitations aristocratiques du siècle dernier.

A l'aspect original de cette construction, on sent que l'artiste, rompant avec la tradition classique, a fait tous ses efforts pour produire dans la langue de son art un principe nouveau, des expressions nouvelles. On ne retrouve là, en effet, aucune des formes connues, renouvelées des Grecs ou des Romains, dont les constructeurs modernes ont un peu trop abusé, il faut l'avouer.

L'hôtel de la rue Chaptal se distingue aussi par son ornementation à la fois simple et riche. On rencontre peu de sculptures aussi délicatement ciselées que les branches de rosiers qui tapissent les couronnements des fenêtres, que les brindilles qui grimpent aux rives de ces fenêtres, à la place ordinairement occupée par les inévitables chambranles; que les lierres qui courent en serpentant sur les angles évidés des parties en avant-corps.

L'attention s'arrête également sur la grille d'entrée, sur les balcons des fenêtres et sur la marquise qui forme terrasse au premier étage et auvent pour le perron. Tous ces ouvrages exécutés en fer forgé, d'un dessin original et d'une grande variété de composition, se marient très-bien à l'architecture adoptée. On s'explique difficilement comment une matière aussi résistante que le fer peut se soumettre ainsi à tous les caprices de l'artiste, se contourner avec tant de grâce, se prêter à toutes ces fines découpures, prendre en un mot des formes si élégantes. La cage d'un large escalier à double rampe, qu'on aperçoit de l'extérieur, car elle est très-éclairée, a été décorée d'une ornementation peinte qui nous a paru être une heureuse innovation. Cette peinture murale est à la fois moins vulgaire, moins lourde et plus gaie que les marbres feints qu'on trouve partout aujourd'hui.

Cette construction, conçue en dehors des idées reçues, indique un triomphe du progrès sur la routine, tranche nettement sur tout ce qui se fait aujourd'hui et offre à l'amateur l'attrait rare et piquant de la nouveauté.

Le luxe se propage dans tout l'arrondissement. Le modeste café du Caprice, rue Rochechouart, a ajouté à son premier local une salle immense, élégante et simple, ornée de boiseries, éclairée par des lustres de cuivre d'un beau style. Les murailles ont été enrichies par M. Defau d'un paysage très-habilement composé, quoique les tons n'en soient peut-être pas assez vigoureux. Sans perdre son unité, il est divisé en douze compartiments par des pilastres de bois de chêne qui supportent des arcades; et du milieu de chaque cintre, M. Rousseau a fait descendre de gracieuses corbeilles de fleurs peintes dans la manière de Baptiste Monnoyer.

Ainsi, la somptuosité gagne de proche en proche des quartiers populeux où l'on n'avait jamais supposé qu'elle pénétrerait; mais son point de départ, le centre d'où elle rayonne toujours, est le boulevard des Italiens, et notamment la portion qu'on avait désignée en 1815 sous le nom de boulevard de Gand. On dirait qu'il a gardé quelque souvenir des Anglais qui le fréquentaient à cette époque, car on y rencontre des *sportsmen*, membres du *Jockey-Club*, qui font courir sur le *turf* et connaissent à fond le *stud-book*: des *dandies* qui sont à la tête de la *fashion* et lancés dans la *high-life*. Ceux-ci sous la qualification de *gantins* sont populaires, et l'on ne manquait jamais de faire bisser ce couplet de *la Tuile ou mes quat' sous*, revue jouée aux Délassements-Comiques à la fin de 1859 :

> Mes bons amis, quelle erreur est la vôtre !
> La Mode est femme et n'a rien corrigé :
> Quand l'une passe on en invente une autre,
> Et voilà tout : le nom seul est changé.
> Les anciens beaux de Rome et de Corinthe,
> Les dandys, les roués, les muscadins,
> Sur leurs lauriers peuvent dormir sans crainte :
> Leurs successeurs s'appellent : les gandins.
> Voyez là-bas, dans les Champs-Élysées,
> Ce rendez-vous du Paris élégant,
> Les airs vainqueurs, les chevelures frisées
> De nos lions du boulevard de Gand.
> Ce grand blondin qui tristement s'égare
> Sous les massifs de ces arbres touffus
> Jure tout bas, en fumant son cigare,
> Que sa Phryné ne l'y reprendra plus.
> Cet Alcibiade, à tournure caduque,
> Prend tous les airs d'un séducteur fini ;
> Mais quand l'amour, hélas ! porte perruque,
> Il doit avoir le gousset bien garni.
> Tout en offrant une glace pistache
> A sa Ninon, qui tend sa blanche main,
> Ce petit brun, à la fine moustache,
> Pense au billet qui doit échoir demain.
> Comme autrefois l'Amour, cachant ses ailes,
> Sur son blason met deux cœurs enflammés ;
> Comme autrefois, les femmes sont fidèles,
> Comme autrefois, les maris sont aimés.
> Les amoureux seront toujours godiches,
> Les innocents seront toujours dupés ;
> Les dadais courront toujours après les biches,
> Mais ce sont eux qui seront attrapés.

Il n'y a qu'un pas du boulevard de Gand à la prison pour dettes de Clichy.

Les malheureux débiteurs appréhendés au corps par les gardes du commerce ont été longtemps incarcérés rue de la Clef, dans la prison de Sainte-Pélagie. Le 10 juin 1826, la ville de Paris acheta au baron Saillard, pour 309,200 fr., deux hôtels, sur l'emplacement desquels on a élevé :

1° Une façade sur la rue, avec corps de garde et logement pour le concierge ;

2° Un greffe, une salle d'attente, et le logement du directeur ;

3° Un bâtiment, dont le rez-de-chaussée est occupé par un promenoir, et dont chaque étage, divisé en deux parties par un couloir central, est bordé de cellules.

Le préau est planté d'arbres, enjolivé de parterres et de berceaux de verdure. Autour de la prison règne un double mur, et dans le chemin de ronde se tiennent de vigilants factionnaires dont les armes sont chargées. En 1851, un Américain nommé Morey, un de ceux qui ont importé en France l'industrie du caoutchouc durci, s'approcha imprudemment de la fenêtre qui éclairait l'extrémité d'un couloir, pour jouir de la fraîcheur du matin. La sentinelle lui intima à plusieurs reprises l'ordre de se retirer ; le malheureux étranger n'entendit pas ou ne comprit pas, une balle, l'atteignant à la poitrine, le renversa mort sur le carreau.

La population de la Dette est en moyenne de quatre cents personnes. Toutes les classes de la société y sont confondues. On trouve là des marquis, des comtes, des chevaliers d'industrie, des riches et des pauvres, des fils de famille, des commerçants auxquels la chance a été contraire, des porteurs d'eau qui ont acheté à crédit un fonds trop cher, des banqueroutiers et des honnêtes gens.

Le créancier incarcérateur est tenu de verser chaque mois 30 francs pour la subsistance de l'incarcéré. Avec cette somme, on fait maigre chère, d'autant plus que le prix des denrées a presque doublé depuis qu'elle a été fixée, et que le gouvernement prélève pour le loyer une retenue quotidienne de 20 centimes ; mais peu de détenus sont condamnés à se contenter d'un aussi faible subside. Les uns ont recours à la Société de bienfaisance, qui se perpétue dans la maison, sous la présidence du plus ancien détenu ; les autres, au moyen de leurs ressources personnelles, se font une existence tolérable. Ils parent leur cellule à leur guise. Libres d'errer du matin au soir dans la prison, ils peuvent jouer, avec leurs compagnons d'infortune, aux quilles, au billard, au tonneau, aux dames, aux échecs, aux dominos, ou empruntent des livres à la bibliothèque, fondée par les soins de la Société de bienfaisance.

On ne peut voir un détenu sans une autorisation qui est accordée, sur sa demande, par la préfecture de police. Les visiteurs et visiteuses affluent ; les détenus ont le droit de les retenir à dîner, mais lorsque six heures sonnent, il faut précipitamment quitter les tables et partir. La permission de huit heures est exceptionnelle. L'usage de tous les vins rouges est toléré ; les vins blancs et l'eau-de-vie sont sévèrement interdits. Ces repas sont gais ; le dettier s'efforce d'y oublier ses peines ; le convié l'aide de son mieux : on sable la chambre tin et le bordeaux-laffitte ; on rit bruyamment ; on exprime avec une entière indépendance ses opinions politiques, philosophiques, ou religieuses. On chante, on improvise même des couplets. En voici d'inédits qu'un visiteur composa dans un banquet de ce genre, au mois de juillet 1859 :

ÉLOGE DE CLICHY.

Air : *du Dieu des bonnes gens.*

> J'avais horreur de la prison pour dettes,
> Où tant de gens, victimes des recors,
> Des créanciers subissant les vendettes,
> Ont déploré la contrainte par corps !
> Mais le bon vin qu'à table je déguste
> Vient relever mon courage déchu !
> Envers ces lieux ne soyons pas injuste ;
>   On est bien à Clichy !
>
> On y rencontre aimable compagnie ;
> Les murs épais où sont cachés sous des fleurs
> La joie éclate, et la bonne harmonie
> Change en palais un séjour de douleurs.
> De gais propos animent ce trouvère ;

De toute entrave il se croit affranchi,
Et les refrains qu'il puise au fond du verre
Font retentir Clichy.

Le créancier dont l'âme racornie
N'écoute point la voix de la raison,
Doit souvent être en proie à l'insomnie ;
Son débiteur dort mieux, même en prison.
Sous les verrous avec calme il défie
Monsieur Vautour par l'usure enrichi.
Il faut avoir de la philosophie,
Quand on est à Clichy.

Par l'égoïsme et les lâches pensées
Ici les cœurs ne sont point envahis ;
Tous, oubliant leurs rancunes passées,
A l'unisson battent pour le pays.
Que de nouveau l'étranger nous menace,
Ce double mur sera bientôt franchi,
Et les dettiers se porteront en masse
Barrière de Clichy!

A ce dîner je vois couleur de rose ;
Je rends hommage à l'hospitalité,
Ici pourtant il manque quelque chose,
Et qu'est-ce donc ?... Rien que la liberté !
Malgré l'attrait de ces belles demeures,
Convenons-en, si l'on a réfléchi,
C'est quand on peut en sortir à six heures,
Qu'on est bien à Clichy !

Facit indignatio versum. Le débiteur, quand, par nécessité ou par calcul, il a pris la résolution de faire son temps plutôt que de payer, cultive volontiers la poésie. Il écrit aussi son autobiographie sous le titre de *Miei prigioni*, et tient note de ses impressions sous celui de *Voyage autour de ma cellule*. Souvent il rédige d'éloquents mémoires contre la contrainte par corps. Il prouve qu'on avait eu raison de l'abolir en 1848, et qu'on a eu tort de la rétablir.

Il cite l'opinion du duc de Broglie, qui a dit :

« La contrainte par corps n'est à bien prendre que la question consacrée en matière civile, après qu'elle a disparu en matière criminelle. La souffrance qui résulte de la première est moins amère, moins déchirante que celle qui caractérisait autrefois la question, mais en revanche elle est plus longue, et qui se perd en intensité se regagne en durée. »

Du duc Decazes, qui a dit :

« Les neuf dixièmes des détenus pour lettres de change ne sont pas négociants, et les faits pour lesquels ils ont été condamnés sont tout à fait étrangers au commerce. Les véritables commerçants ne sont pas intéressés dans la question. »

De Jacques Laffitte, qui a dit :

« Disons-le franchement, les besoins du commerce ne réclament point l'exécution de la contrainte par corps ; elle ne s'exerce qu'au profit de l'usure, contre de malheureux pères de famille et quelques jeunes imprudents. »

Et heureux de tomber d'accord avec d'aussi éminentes autorités, le dettier se résigne à passer cinq ans à Clichy.

CHAPITRE XII.

Le lycée Bonaparte. — Le collège Chaptal.

L'Université possède dans le IX° arrondissement un lycée d'externes, qui a repris en 1849 son ancienne appellation de lycée Bonaparte ; les bâtiments qu'il occupe et qui ont été considérablement agrandis du côté de la rue du Havre, ont été construits par Brongniart, ainsi que l'église contiguë, dont la bénédiction fut faite par l'archevêque de Paris en 1782. Elle dépendait d'un monastère de capucins qui habitaient primitivement le faubourg Saint-Jacques, et qui, sortant en procession de leur demeure primitive, vinrent s'installer dans la nouvelle, le lundi 15 septembre 1783. Le monument, qui était resté désert après la suppression des ordres religieux, fut affecté, par arrêté consulaire du 23 fructidor an XI, à l'établissement d'un lycée, dont le premier proviseur fut Binet, ancien professeur au collège du Plessis. De 1814 à 1848, il porta le nom de collège Bourbon. Malgré la dissipation qu'on croit généralement inséparable de la qualité d'externe, les élèves du collège Bourbon et du lycée Bonaparte occupent une position notable dans la société. Nous pouvons citer parmi eux Alphonse Karr, Eugène Sue, Ernest Legouvé, Henry Monnier, Valbezen, Pigeory, Léon Bernis, Ferdinand Dugué, Judicis, Étienne Énault, Becquerel, Guénée, Nadar, Ch. de Besselièvre, Th. de Banville, Supersac, Asselineau, Alexandre Dumas fils, William Duckett, Armand Dumesnil, A. Nélaton, Bellaguet, Lherminier, Rosseeuw-Saint-Hilaire, Charles Lucas, Pacini, Legendre, O'ddoul, Édouard Fétis, Castil-Blaze, Ch. Fries, Anatole de Ségur, Charles Chalamet, chef d'institution ; Lassagne, Leuven, Desforges, Alphonse Brot, Lubize, Dumanoir, Ferdinand Langlé, Eugène Labiche, L. Lherminier, Ragon, Amédée Rolland, de Goncourt frères, Arthur de Beauplan, Elzéar Pin, Oscar Honoré, Édouard Lemoine, Julien Lemer, Sydney Renouf, Paul Duport, John Lemoinne et Prévost-Paradol, rédacteurs du *Journal des Débats ;* Édouard Fournier, rédacteur de *la Patrie ;* Henri de Riancey, de *l'Union ;* Edmond Texier, du *Siècle ;* Falempin, directeur de la partie artistique de *l'Illustration ;* Charles Merruau, rédacteur du *Constitutionnel* et secrétaire général de la préfecture de la Seine ; Amédée de Taverne, peintre distingué ; Brindeau, sociétaire du Théâtre-Français ; Berton, acteur du Gymnase ; le comte de Morny, président du Corps législatif ; le comte Prosper de Chasseloup-Laubat, MM. Charles Laffitte, de Mortemart, de Richemond, membres du Corps législatif, sont d'anciens élèves de ce lycée, ainsi que MM. Monjean, directeur du collège Chaptal, et Marguerin, directeur de l'école Turgot.

En 1859, d'anciens élèves se sont réunis chez Douix, dans un banquet fraternel, sous la présidence de M. Ernest Legouvé, membre de l'Académie française. Avant de se séparer, l'assemblée a voté la création d'une caisse de secours mutuels, dont les organisateurs intelligents et zélés sont :

MM. Amédée Sibire, avoué de 1re instance, juge de paix suppléant, *président ;* Oscar Honoré, manufacturier, lauréat de la Société des gens de lettres, *secrétaire ;* Clavel, trésorier du Corps législatif, *trésorier ;* Manne, attaché au cabinet du ministre des Travaux publics, *rapporteur ;* Baudrillart, professeur suppléant au Collège de France ; Boussaton, commissaire-priseur ; Dethan, maire adjoint du VIII° arrondissement ; Gilbert, lauréat de l'Institut ; Mullot, avocat.

Le second banquet a eu lieu le 18 mars 1860, dans la magnifique salle de l'hôtel du Louvre.

Rue Blanche est un établissement d'instruction publique conçu dans les idées modernes : on n'y fait point d'humanités ; les jeunes gens qui se destinent au commerce, aux arts, à l'industrie, à l'agriculture, ceux qui se préparent à l'école navale, à l'école de Saint-Cyr, à l'École polytechnique, acquièrent pendant six années d'études les connaissances qui leur sont nécessaires. Fondé par la ville de Paris, le collège Chaptal est placé sous la surveillance d'un conseil choisi dans le sein de la Commission municipale.

FIN DU NEUVIÈME ARRONDISSEMENT.

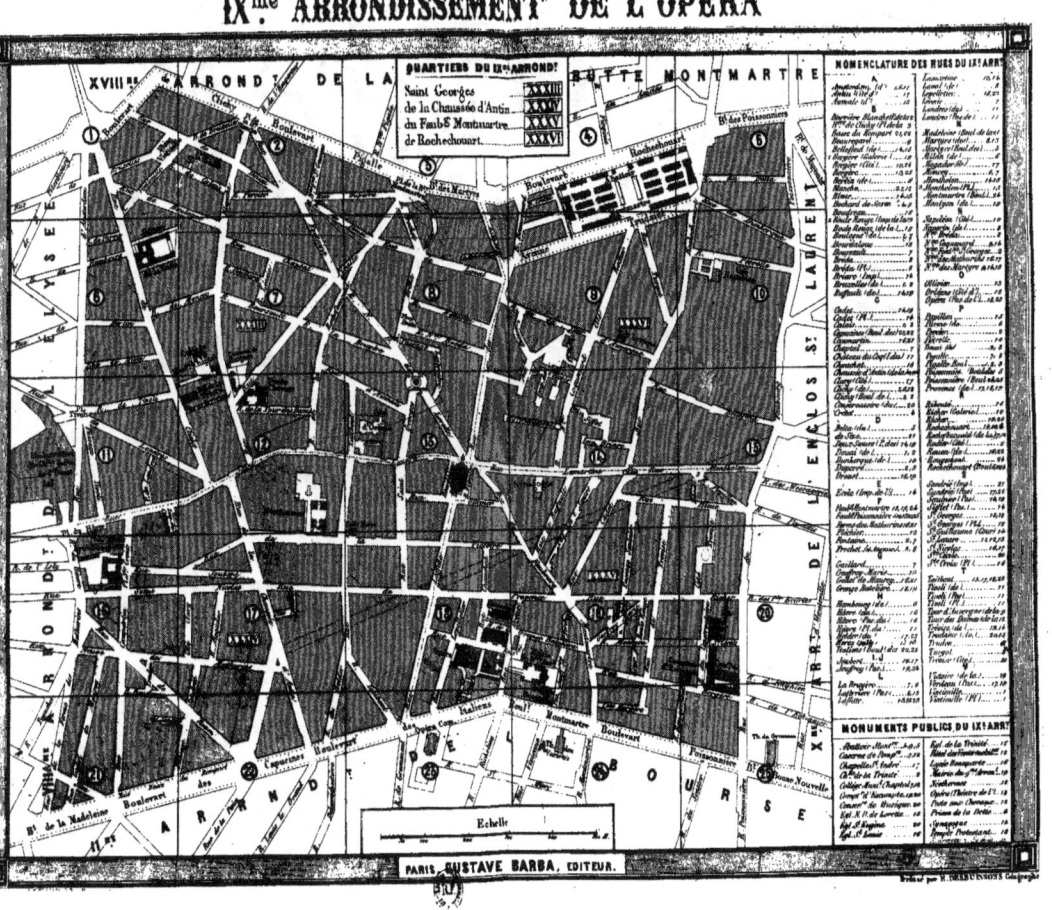

La prison Saint-Lazare.

L'ENCLOS SAINT-LAURENT. — DIXIÈME ARRONDISSEMENT.

CHAPITRE PREMIER.

L'enclos Saint-Laurent. — Église Mérovingienne. — L'évêque Domnol. — La léproserie de Saint-Lazare. — Fondation de la foire Saint-Laurent. — Église Saint-Laurent. — Temple de l'Hymen et de la Fidélité.

La désignation du X⁰ arrondissement est remarquable en ce qu'elle n'est empruntée qu'à des souvenirs. L'enclos Saint-Laurent, qu'elle rappelle, a disparu entièrement pour faire place à la belle gare du chemin de fer de Strasbourg; à la rue de Strasbourg, qui fut ouverte par des particuliers en 1820, et qu'un décret impérial du 1ᵉʳ juillet 1854 classe au nombre des voies publiques; aux rues de Metz et de Nancy; enfin à diverses constructions.

L'enclos Saint-Laurent jouait un rôle important dans la vie parisienne : il s'était formé autour de l'église de ce nom, qui est restée une des paroisses de Paris.

Grégoire de Tours, au chapitre ıx du livre VI de son histoire, mentionne une abbaye de Saint-Laurent, qui avait été dirigée sous le roi Clothaire par Domnol, évêque du Mans (*Domnolus, Cenomannorum episcopus, tempore Chlothacharii regis, apud Parisios, ad basilicam Sancti Laurentii, gregi monasteriali præfuerat*). Elle fut probablement détruite pendant les invasions des Normands. Sous Louis VI, ce monastère n'existait plus. Il s'était établi, sous l'invocation de saint Lazare, un asile où étaient recueillis les lépreux, dont le nombre était alors si considérable. Louis le Gros permit à cette communauté d'ouvrir une foire pendant un jour de chaque année. En 1181, Philippe-Auguste racheta ce droit, moyennant la somme de 300 livres, pour le transférer aux halles de Paris; mais il ne tarda pas à le rendre à la maison de Saint-Lazare.

Ce fut vers la même époque que l'église Saint-Laurent fut rebâtie. On la restaura de nouveau au XVᵉ siècle, et la dédicace en fut faite, le 10 janvier 1429, par Jacques Du Châtelier, évêque de Paris. On l'augmenta en 1548; elle fut reconstruite en grande partie en 1595; enfin, en 1622 on y fit des réparations, et on y ajouta le portail qui existe aujourd'hui. La chapelle de la Sainte-Vierge, disposée en rotonde et dont l'architecture est d'assez mauvais goût, est d'une époque plus récente encore. L'église Saint-Laurent portait, en 1793, le nom de temple de l'Hymen et de la Fidélité. C'est du nom de cette vertu dernière, sous l'invocation de laquelle le nouveau temple avait été placé, que deux rues voisines de l'église Saint-Laurent prirent leur appellation actuelle.

Lorsque l'église fut rendue au culte et érigée en paroisse du Vᵉ arrondissement, elle se trouvait dans un état de délabrement auquel on a remédié à partir de la fin du règne de Louis-Philippe. Les bas côtés, qui menaçaient ruine, furent rétablis. On construisit, dans le style ogival du XVᵉ siècle, une grande chapelle destinée aux catéchismes. Des verrières, exécutées sur les cartons de M. Galimard, furent placées dans les grandes baies ogivales du chœur. M. Brémond peignit à fresque des chapelles, et l'on mit à l'extrémité du transsept une grande composition de Marcel Verdier, représentant saint Laurent qui montre aux émissaires de l'empereur les véritables trésors de l'Église :

les pauvres secourus par elle. De la décoration antérieure, il reste un maitre-autel, sculpté par Gilles Guérin sur les dessins d'Antoine Lepautre; le *Martyre de saint Laurent*, médiocre tableau de Greuze, et des peintures de Blondel, plus médiocres encore.

CHAPITRE II.

Grande renommée de la foire Saint-Laurent. — Sa description par Loret. — Comédiens qui s'y établissent. — Prix des places. — La fausse prude. — Les feux de Tremblotin. — Intervention des comédiens français. — Artifices des acteurs forains. — Les écriteaux. — L'île du gougou.

Au temps où cette paroisse ne comptait qu'un petit nombre de fidèles, et que la cure était à la nomination du prieur de Saint-Martin-des-Champs, elle avait toutefois, grâce à la foire, une célébrité qui s'étendit dans toute la France. L'enclos auquel elle donnait son nom, et qui appartenait à la maison de Saint-Lazare, se couvrait annuellement de baraques. La durée de la foire, d'abord limitée à vingt-quatre heures, fut portée à huit jours, puis à quinze. Quand les prêtres de la mission se furent installés à Saint-Lazare, des lettres patentes, du 30 janvier 1663, leur confirmèrent le privilège de leurs devanciers, et la foire Saint-Laurent devint plus que jamais à la mode. Elle commençait le 10 août, jour de la fête patronale, et se prolongeait jusqu'à la Saint-Michel, le 29 septembre. En 1664, suivant le témoignage du gazetier Loret, elle consistait en :

> Quatre assez spacieuses halles,
> Où les marchandes, les marchands,
> Tant de la ville que des champs,
> Contre le soleil et l'orage
> Avaient le couvert et l'ombrage.....

Le rimeur ajoute ces détails :

> Je fus en carrosse à la foire
> De Saint-Laurent, et dit l'histoire,
> Environ cinq jours il y a
> Où l'on voit mirabilia,
> Savoir, avec gens indiennes,
> Quantité d'aimables chrétiennes;
> Voire même de qualité.
> Et comme à présent c'est l'été,
> Les plus mignonnes, les plus belles,
> N'y vont que le soir aux chandelles...
> Outre les animaux sauvages,
> Outre cent et cent bateleages,
> Les fagotins et les guenons,
> Les mignonnes et les mignons;
> On voit un certain habile homme
> (Je ne sais comment on le nomme)
> Dont le travail industrieux,
> Fait voir à tous les curieux
> Non pas la figure d'Hérodes,
> Mais du grand colosse de Rhodes.
> Qu'à faire ou à bien du temps mis,
> Les hauts murs de Sémiramis,
> Où cette reine fait la ronde;
> Bref, les sept merveilles du monde,
> Dont, très-bien les yeux sont surpris,
> Ce que l'on voit à juste prix.

Dès la fin du XVIe siècle s'étaient organisées, à la foire Saint-Germain, des troupes de comédiens que le lieutenant civil avait autorisées par sentence du 5 avril 1595, à la charge de payer une redevance de deux écus par an aux confrères de la Passion. Elles jouaient des pièces mêlées d'ariettes, premiers rudiments de l'opéra-comique. Les règlements de police les obligeaient à ne pas recevoir plus de 12 sous aux premières places, et 5 sous au parterre; à ne rien jouer ni chanter sans le visa du procureur du roi; à terminer le spectacle à quatre heures et demie du soir. Les entrepreneurs exploitèrent tour à tour la rive gauche et la rive droite; et bientôt Saint-Laurent n'eut rien à envier à Saint-Germain.

Il était d'ailleurs impossible que les deux foires se fissent concurrence, puisque la dernière s'ouvrait le 3 février, pour durer tantôt quinze jours, tantôt plus d'un mois. Aux troupes foraines françaises se joignirent des Italiens, qui se firent expulser de Paris au mois de mai 1697 pour avoir simplement annoncé une farce intitulée *la Fausse prude*, qu'on prétendait être dirigée contre Mme de Maintenon. Après leur départ, les troupes foraines des frères Allard, de Maurice et d'Alexandre Bertrand, s'emparèrent de ce qu'il y avait de mieux dans les compositions dramatiques qu'ils avaient importées d'Italie. Un acteur, nommé Tremblotin, eut tant de succès, que son directeur lui accorda des appointements de 20 sous par jour, et la soupe toutes les fois qu'il jouait.

Les comédiens français, qui se voyaient délaissés, se plaignirent au lieutenant de police, et obtinrent des arrêts qui faisaient défense aux forains de donner aucune comédie par dialogue.

Les condamnés en appelèrent, et continuèrent provisoirement leurs représentations, mais en donnant des scènes détachées.

Sur de nouvelles réclamations de la Comédie-Française, le Parlement, en 1707, interdit encore ce genre de spectacle; mais les opiniâtres forains ne se tinrent nullement pour battus. Ils jouèrent des pièces dans le genre de l'*Arlequin Ducalion*, de Piron; un seul personnage y parlait; les autres s'exprimaient par gestes; quelquefois un des acteurs était l'interprète de tous ses camarades, qui lui murmuraient à l'oreille un rôle qu'il débitait ensuite tout haut. On imagina aussi de faire rentrer l'acteur, aussitôt qu'il avait parlé, dans la coulisse, d'où son interlocuteur sortait pour parler à son tour. A la foire Saint-Laurent de 1709, on donna des parodies de diverses pièces de la Comédie-Française, en imitant les gestes des acteurs et en prononçant des mots sans aucun sens qui se mesuraient comme des vers alexandrins. Le chef-d'œuvre de ce genre bizarre, intitulé *les Poussins de Léda*, par Lenoble, est une parodie des *Tyndarides*, tragédie de Danchet.

De pareilles pièces étaient inévitablement peu compréhensibles, et l'on eut recours au plus heureux subterfuge. Sur des écriteaux fut imprimée en gros caractères l'explication sommaire de ce qui ne pouvait être traduit par la mimique avec une lucidité suffisante. Chaque acteur avait dans sa poche droite un certain nombre d'écriteaux, classés conformément à l'ordre dans lequel se succédaient ces explications graphiques : il prenait le premier rouleau, le montrait au public et le mettait dans sa poche gauche, et ainsi de suite jusqu'à la fin du rôle.

La prose n'étant pas assez récréative, on lui substitua des couplets sur les airs des vaudevilles les plus populaires. L'acteur étalait son écriteau; l'orchestre jouait l'air; des compères disséminés dans la salle chantaient le couplet, et tous les assistants le répétaient en chœur. Ce devait être un terrible charivari; et l'on se demande comment ont pu être exécutées ainsi des œuvres dramatiques d'une certaine longueur, par exemple *Arlequin, roi de Serendib*, qui est en trois actes. Dans cette pièce, de Lesage, dont la première représentation eut lieu en 1713, on vit pour la première fois des écriteaux descendre des frises portés par des enfants habillés en amours qui étaient suspendus en l'air au moyen d'un contre-poids.

Comme la combinaison des écriteaux épargnait de la peine aux acteurs et mettait une notable partie du rôle à la charge des spectateurs, ne serait-elle pas la source de la locution vulgaire : *Faire chanter?*

D'autres fois, pour rompre la monotonie des parades mimées et des monologues, on les assaisonnait de scènes en baragouin. Dans l'*Ile du Gougou*, pièce d'Orneval, représentée le samedi 3 février 1720, Léandre et Arlequin ont fait naufrage dans une île, dont les habitants se disposent à les livrer en pâture au gougou, espèce de crocodile sacré. L'exécution est suspendue par l'arrivée d'un eunuque de la princesse Tourmentine.

L'EUNUQUE.

« Arrétic! arrétic! L'Infantic Tourmentinic desiric parlic à Léandric; le regardic de son balconic, voulic l'empéchic d'estric mangic. »

Léandre est conduit devant la princesse; mais l'amour qu'il a pour Argentine, et l'extrême laideur de Tourmentino, font qu'il refuse de l'épouser.

TOURMENTINE, *à Léandre.*

« Voulic m'épousic ? (*Léandre secoue la tête.*) Ah! ah! méprisic charmic, insolentic? Seric devoric. (*A la cantonade.*) Amenic crocodilic. »

ARLEQUIN, *à genoux, devant Tourmentine.*

« Appaisic coleric! Donnez-lui le temps de se reconnaître, il vous aimera peut-être à la fin. »

TOURMENTINE.

« Nic voulic attendric. »

CARABOSSE, *suivante de la princesse*, *à Arlequin.*
« Regardec visageoc, désiroc épousoc? »
ARLEQUIN.
« Noc. »
CARABOSSE.
« O ingratoc! (*Elle appelle.*) Gougou! gougou! »

CHAPITRE III

Réclamations de l'Opéra. — Débuts de l'Opéra-Comique. — Son succès.

La Comédie-Française avait voulu interdire aux forains l'usage de la prose; l'Académie royale de Musique leur disputa celui des chansons.

Néanmoins, des transactions intervinrent, à la suite desquelles la troupe de la veuve Baron et celle du sieur et dame Saint-Edme s'associèrent sous le titre d'Opéra-Comique.

Le Sage, Fuzelier, d'Orneval, firent la fortune de ce théâtre par des ébauches incohérentes composées à la hâte, mais presque toujours amusantes et originales. Elles sont entremêlées de refrains que nos pères avaient adoptés, on n'a jamais su pourquoi.

Quel érudit serait capable de déterminer le sens et l'origine de :
Lon lan la, derirette, lon lan la, deriri.
De :
Biribi, à la façon de barbari, mon ami.
De :
La faridondaine, la faridondon.
De :
Laire-lan-laire.
De :
Zon, zon, zon, Lisette, la Lison.
De :
La bonne aventure au gué, ou plutôt *au gai*, en prenant ce mot dans la vieille acception de bois. Et ce ne sont pas là les refrains les plus baroques; il y en a qui semblent avoir été inventés par des sauvages en belle humeur.

Dans *le Rémouleur d'amour*, pièce de Le Sage, représentée en 1722, par les Marionnettes Étrangères, Pierrot dit à l'Amour :

Sur les bords de la Seine,
Vous venez en frelon,
Boudrillon,
Faire à quelque inhumaine
Sentir votre arguillon,
Boudrillon,
Petit Boudrillon,
Petit Boudrillon,
Boudrillon, dindaine,
Petit Boudrillon,
Boudrillon dondon.

Dans *la Pénélope moderne*, pièce de Le Sage, représentée en 1728, le baron de la Gelinotière chante à son valet :

As-tu dit un petit mot
A ma ravissante?
De ma fiamme, chez Pierrot,
La mirtamplain lantire larigot,
Est-elle contente?

Ce dialogue s'établit entre le baron et son rival le marquis de La Poulardière :

Suis-moi, mon beau capitaine,
Auprès de l'objet chéri,
Vous l'emporterez sans peine
A turlutaine !
Non, vous êtes trop gentil;
Turlutu, tantaleri.

Un autre personnage dit à sa belle :

Vous voyez toujours sur vos pas,
Mirlababibohette,
Gros Colas.
Il vient savoir quand Olivette,
Milababi, sarlabibo, mirlababibohette,
Sarlababorita,
L'épousera.

Dans *les Routes du monde*, de Le Sage, Fuzelier et d'Orneval, pièce jouée au mois de juin 1730, l'Amour dit à Angélique :

Mon char vous enchante!
Peut-on, entre nous,
Quand je le présente,
Refuser un lonla,
Leri, leritatour, talalerira,
Refuser un époux!

Dans *les Couplets en pièces*, pièce de Le Sage et d'Orneval, représentée le 18 février 1730, le Menuet se félicite d'avoir choisi un bon avocat contre les anciens flons flons :

Il nous débarrassera,
Toure lanrirette, ô lironfa !
De tous ces polissons-là :
Toure, toure, toure lanrirette.
Soyons témoins de cela,
Toure lanrirette, ô lironfa !

Quelqu'étrange que fût cette littérature, l'Opéra-Comique prospéra. Il fut servi par des auteurs dont le défaut était d'écrire au jour le jour, mais dont la verve, la facilité et la gaieté ne sauraient être contestées. Tels furent Panard, dont quelques chansons méritent de servir de modèles : Autreau, Laffichard, Louis de Boissy.

La Comédie-Italienne, qui débuta à la foire Saint-Laurent, le 18 mai 1716, rivalisa avec l'Opéra-Comique. Une singularité digne d'être relevée, c'est que la troupe donnait 20 sols par jour aux cordeliers pour se faire dire une messe, et que ses registres commencent par ces mots : Au nom de Dieu, de la Vierge Marie, de saint François de Paule et des âmes du purgatoire.

Boissard de Pontau obtint pour la seconde fois le privilége de l'Opéra-Comique, à la foire Saint-Laurent, le 26 juin 1734, et y continua ses représentations jusqu'en 1742. Modet, qui lui succéda, fit réparer la salle et enrôla d'excellents acteurs, entre autres Préville, qui remplit à la satisfaction de tous les auditeurs le rôle de Colas dans *la Servante justifiée*. Vadé introduisit à ce théâtre les pièces poissardes, qui réussirent, en dépit du bon goût. Anseaume, auteur du *Tableau parlant*, donna dans la salle Saint-Laurent plusieurs opéras-comiques qui méritaient d'être applaudis. Le directeur fit graver son portrait avec cette devise ambitieuse : *Mulcet, Movet, Monet.* Mais le public avait oublié le chemin de ses faubourgs, quoiqu'ils fussent en réalité le berceau du vaudeville et de l'opéra-comique. Des dissensions avec les grands théâtres ne laissèrent à la foire Saint-Laurent que des funambules, des acrobates et des montreurs de curiosités.

En 1778, la foire Saint-Ovide fut supprimée. Pour la remplacer, le lieutenant de police Lenoir autorisa le sieur l'Écluse, ancien acteur de l'Opéra-Comique, à monter à la foire Saint-Laurent un théâtre de vaudevilles, pièces poissardes, pantomimes à spectacle et divertissements. M. Lenoir et son gendre Nanteuil honorèrent de leur présence, le 17 août, la première représentation donnée par la troupe des Associés, et les personnages des pièces d'ouverture vinrent successivement chanter des couplets en l'honneur de leurs protecteurs.

LA FOIRE PERSONNIFIÉE.

Je revois la clarté du jour,
Et mon cœur se rouvre à l'amour
Affreuse léthargie,
Je brave ton pouvoir !
Ne crois pas que j'oublie
Lenoir ; vive Lenoir !

MONT-D'OR.

Thémis protége nos essais,
Amis, soyons sûrs du succès;
Nanteuil daigne y sourire ;
Pour nous quel doux espoir!
Ne cessons de redire :
Vive, vive Lenoir !

LE CHARBONNIER.

Le feu qui nous brûle en ce jour
Vaut mieux que celui de l'Amour :
Si la reconnaissance
Devient notre premier devoir,
Le cœur fait dire d'avance :
Vive, vive Lenoir !

PREMIÈRE POISSARDE.

Des rubans que j'aimons le mieux

Pour nous parer sont d'rubans bleus,
Si Jérôm' veut me plaire
Si Jérôm' veut m'avoir,
Je voulons qu'il préfère
Lenoir, vive Lenoir !

DEUXIÈME POISSARDE.

Je n'oublions jamais qu' c'est lui
Qui nous a fait r'venir ici ;
L' portrait d' sa ressemblance
Cheu nous voulons l'avoir,
J'ons dans le cœur sa présence,
Vive, vive Lenoir !

En l'année 1779, le quart des pauvres, prélevé sur les recettes des théâtres forains, s'éleva à 200,000 livres, ce qui suppose un produit de plusieurs millions, car les directeurs ne se faisaient aucun scrupule de dissimuler une partie de leurs bénéfices.

De 1781 à 1783, Barré et de Piis donnèrent à la foire Saint-Laurent des pièces, dont les principales sont : *Cassandre oculiste, Aristote amoureux, les Vendangeurs, Cassandre astrologue, les Étrennes de Mercure, la Matinée et la Veillée villageoises ; compliments prononcés à la clôture du Théâtre-Italien, le Printemps, les Deux porteurs de chaises, les Amours d'été, le Gâteau à deux fèves, le Mariage in extremis,* comédie ; *l'Oiseau perdu et retrouvé, les Voyages de Rosine, les Quatre coins.*

CHAPITRE IV.

La Redoute chinoise. — Marché Saint-Laurent. — Marché du Château-d'Eau.

A l'attrait qu'offraient les représentations dramatiques s'ajoutait celui des exercices pratiqués par un grand nombre de saltimbanques ; celui des cafés ; celui des marchandises étalées par des forains de toute espèce ; celui des danseurs de corde du sieur Nicolet.

En 1783, on construisit dans l'enclos Saint-Laurent une *Redoute chinoise,* ou *Pavillon chinois.* On y trouvait, suivant les expressions d'un auteur contemporain, des jeux de bagues, des jeux de l'amour pour les messieurs et pour les dames ; des jeux de bataille, de trou-madame, de thermomètre hermonique ; deux escarpolettes, dont une double ; enfin un kiosque au-dessus de la porte d'entrée, et un salon chinois pour la danse, dont le dessous formait une grotte occupée par un café ; dans cette grotte étaient pratiqués des escaliers qui conduisaient au salon supérieur, et de là à une terrasse qui donnait sur le préau de la foire. Des bâtiments dans le genre chinois servaient à un restaurateur, chez qui l'on trouvait à dîner. Il en coûtait 1 livre 16 sols par personne pour entrer dans ce pavillon chinois, construit sur le sins de M. Mellan, architecte, avec des peintures exécutées par M. Munich.

La foire Saint-Laurent avait quatre issues : la principale était rue du faubourg Saint-Denis ; près de celle-ci était placée, à l'angle de la rue Saint-Laurent, une fontaine d'eau des prés Saint-Gervais ; deux autres issues aboutissaient à cette dernière rue, et la quatrième donnait dans la grande rue du faubourg Saint-Martin.

L'ouverture de cette foire se faisait le 1er juillet, et elle durait jusqu'au 3 septembre.

L'établissement des théâtres des boulevards nuisit à la foire Saint-Laurent. L'autorité exigea d'eux qu'ils allassent donner des représentations dans l'enceinte privilégiée des prêtres de la Mission ; mais ils y attirèrent si peu de monde qu'en l'année 1785 le lieutenant de police leur permit de la quitter dès le 20 août. La fermeture des salles accrut la solitude de la foire ; les marchands qui s'y étaient installés refusèrent de payer leurs loyers, attendu qu'un cas de force majeure les privait de ressources ; et la Redoute Chinoise ferma ses portes, ruinée par la concurrence du Vauxhall d'été, qui s'était créé près du boulevard du Temple.

Après la révolution, la liberté des théâtres acheva de perdre la foire Saint-Laurent, et le terrain qu'elle occupait resta vague jusqu'au 1826. La baronne de Bellecôte, qui en était propriétaire, y ouvrit, sans aucune espèce d'autorisation administrative, les rues Neuve-Chabrol et du Marché-Saint-Laurent. En 1835, une compagnie se forma pour créer sur cet emplacement un marché que rendait nécessaire l'accroissement de la population.

M. Philippon, architecte, dirigea la construction d'une halle qui fut inaugurée le 9 août 1830, et que surmontait de vastes ateliers servant aux peintres décorateurs.

En 1853, l'ouverture du boulevard de Strasbourg a entraîné la suppression de ce marché public. Il en est résulté pour l'approvisionnement du quartier des difficultés qu'il importait de faire disparaître aussi promptement que possible. Une société, qui avait fait construire sur des terrains qui lui appartenaient un vaste bâtiment présentant deux façades, l'une sur la rue du Château-d'Eau, l'autre sur l'impasse de la Pompe, a proposé à la commission municipale d'affecter cette construction nouvelle à un marché appelé à remplacer celui qui venait d'être supprimé par suite du percement du boulevard de Strasbourg. La commission municipale ayant donné son approbation à ce projet, elle a autorisé M. le préfet de la Seine à traiter avec la société aux conditions suivantes :

La société soumissionnaire a dû abandonner immédiatement à la ville de Paris la propriété des terrains et des constructions dépendants du marché ; en retour, la ville lui a concédé pendant quatre-vingts années, la jouissance du droit de location des places à percevoir dans le marché, d'après un tarif qui ne pourra excéder 40 centimes par mètre et par jour pour les places destinées aux marchands sédentaires, et 25 centimes pour celles qui sont réservées aux marchands forains. Les appropriations intérieures du nouveau marché ayant été terminées, la vente y a commencé, sans toutefois qu'il y ait eu d'inauguration officielle. Le nouveau marché du Château-d'Eau, construit en pierres de taille avec une couverture en verre, occupe une superficie de 2,380 mètres. Il présente un double accès favorable à tous les arrivages et aux besoins d'un quartier aussi populeux.

CHAPITRE V.

Les Incurables.

Lorsque l'on suit la rue du faubourg Saint-Martin, en se dirigeant vers l'extrémité de Paris, on trouve un peu au-dessus de l'église Saint-Laurent, du côté opposé, la rue des Récollets, par laquelle on pénètre dans l'hôpital des Incurables (hommes). L'emplacement de cet établissement se prolongeait autrefois jusqu'à l'angle formé par la rue du Faubourg-Saint-Martin et la rue des Récollets. Sa superficie totale est de 4 hectares 51 ares, 13 mètres carrés.

L'origine de la maison des Incurables se lie intimement à l'institution des religieux réformés de l'ordre de Saint-François, connus sous le nom de Récollets. Ils furent ainsi appelés parce qu'ils n'admettaient dans leur ordre que ceux qui avaient l'esprit de recueillement. Cette congrégation, qui prit naissance en Espagne vers l'an 1484, fut introduite en Italie en 1525, et en France en 1592.

En 1602, le sieur Jacques Cottard et la dame Anna Josselin, sa femme, firent don aux révérends pères Récollets d'une place au faubourg Saint-Laurent, où l'on bâtit d'abord une chapelle. La première pierre en fut posée par la reine Marie de Médicis. Elle fut dédiée à l'Annonciade. On ne connaît pas l'étendue de cette place. Il y aurait lieu de croire que les Récollets l'augmentèrent en y ajoutant des propriétés voisines. Le 1er mai 1619, sous Louis XIII, Jean de Bron, archidiacre du monastère de Cluny, posa la première pierre du couvent. Les bâtiments qui le composèrent figurèrent pour première fois dans le plan de Paris en 1643. En 1653, quelques années avant sa mort, saint Vincent de Paul reçut d'une personne qui ne voulait pas se faire connaître une somme destinée à être employée en œuvres de bienfaisance. Il l'utilisa charitablement par la fondation d'une maison de retraite appelée *Saint-Nom-de-Jésus,* et située à peu de distance de la rue actuelle des Récollets. Elle était destinée à recevoir quarante vieillards, vingt hommes et vingt femmes.

Elle fut administrée par les Lazaristes et desservie par des sœurs de charité. L'admission était gratuite, à la condition toutefois d'avoir atteint l'âge de soixante ans.

Si l'on ajoute foi à ce que raconte Loret dans *la Muse historique,* pendant longtemps les Récollets durent, bon gré mal gré, observer trop rigoureusement le vœu de pauvreté : les commencements de l'institution furent pénibles. En 1664, le naïf et spirituel auteur de *la Gazette en vers* fait appel à la charité des âmes compatissantes en faveur des Récollets, qui étaient loin de vivre dans cette opulence monacale passée depuis en proverbe :

> « Samedy, » dit-il, « quatre de ce mois,
> « Jour du bien-heureux saint François,
> « Sa feste fut solennisée,
> « Et sa vertu tympanisée
> « Par tout plein de grands orateurs
> « Qui plus, qui moins, prédicateurs,
> « Surtout, aux récolets d'Irlande,
> « Dont l'église n'est guère grande,
> « Et leur couvent, en vérité,
> « Plus remply de nécessité,
> « Manquement, souffrance et misère,
> « Que pas un autre monastère,
> « Dénué pauvre et languissant ;
> « Et, cecy soit dit en passant
> « Pour exciter les saintes âmes
> « Des gens pieux, des bonnes dames,
> « D'employer leur zèle chrétien
> « A leur faire, ou donner du bien. »

Par suite de l'insuffisance des bâtiments, eu égard aux besoins du service, la maison fondée par saint Vincent de Paul fut réunie à celle de la rue des Récollets par un décret rendu sur le rapport du ministre de l'intérieur en date du 9 thermidor an II (17 juillet 1794). A l'époque de la suppression totale des communautés et congrégations religieuses, le département des hôpitaux administra les Incurables, qui, jusqu'alors avaient été régis par des associations particulières. Par un arrêté en date du 22 brumaire an II (12 novembre 1793), on plaça un provisoire à la tête de l'hôpital ; des séculiers de l'un ou l'autre sexe furent employés au service général. Pendant le cours de la première année, les bâtiments furent augmentés, afin que l'on pût recevoir un plus grand nombre d'individus.

Néanmoins, on ne pouvait en recevoir au delà de soixante. Ce fut la Convention nationale qui décida, par un décret, que l'ancien couvent des Récollets, situé dans le même faubourg et à peu de distance du *Saint-Nom-de-Jésus*, ferait partie de l'hôpital. Cet établissement était destiné à recevoir les personnes âgées ruinées à la suite des événements politiques, et que de graves infirmités mettaient dans l'impossibilité de pouvoir suffire à leurs besoins. Il fut également décidé que les admissions dans l'établissement seraient divisées en deux classes : trois cinquièmes des vieillards reçus devaient payer une pension qui était de 300, 400 ou 500 fr., selon la position des intéressés, ou bien ils faisaient l'abandon d'une partie ou de la totalité des débris de leur fortune. Pour les deux autres cinquièmes, l'admission était gratuite. On recevait des personnes des deux sexes et même des ménages. Les uns et les autres étaient tenus d'apporter un mobilier complet et le linge nécessaire à leur usage. La population totale de l'établissement fut fixée à cinq cents individus. En l'an X, l'hospice des Vieillards prit le nom d'hôpital des Incurables (hommes). Ce fut vers cette époque que l'administration, dénuée de ressources, se vit dans la nécessité de confier la direction de l'établissement à des entrepreneurs qui spéculèrent honteusement sur la vie et la santé des vieillards confiés à leurs soins. Les logements étaient insalubres, malpropres ; la nourriture peu suffisante et de mauvaise qualité. De semblables abus furent réprimés, et une administration toute paternelle, désireuse de contribuer avant tout au bien-être moral et physique des incurables, succéda bientôt au régime des entrepreneurs.

L'établissement ainsi reconstitué subsista sous l'empire et la restauration. En 1856, la charitable sollicitude de l'impératrice voulut y ajouter un vaste bâtiment appelé pavillon Eugénie, qui fut construit à ses frais. Il peut recevoir environ 280 lits, en y comprenant l'infirmerie. Un ingénieux système de conduite, alimenté par la Seine, fait monter l'eau jusqu'au troisième étage.

Le local est vaste, aéré, chauffé depuis le mois de novembre jusqu'en avril ; et, dans le détail des constructions de l'intérieur du bâtiment, toutes les dispositions ont été prises pour contribuer au bien-être et au repos des vieillards.

Vingt-cinq sœurs de Saint-Vincent de Paul sont employées aux diverses parties du service de l'établissement.

Les conditions actuelles d'admission sont les suivantes : 1° Être inscrit au bureau de bienfaisance ; 2° avoir été domicilié au moins pendant deux ans dans le département de la Seine ; 3° être âgé de soixante ans et avoir des infirmités incurables. L'admission est gratuite. Les vieillards admis à l'hospice font trois repas par jour et ont droit à 32 centilitres de vin. Ils jouissent d'une pleine liberté, pourvu qu'ils se conforment aux règlements de la maison.

Un local servant d'atelier est disposé pour recevoir ceux d'entre eux auxquels leurs infirmités permettent d'exercer un état manuel tel que celui de cordonnier, tailleur, etc. Ils ont le droit de disposer du produit de leur travail, et peuvent ainsi améliorer leur position dans la mesure de leurs forces.

L'aspect de l'établissement n'a rien de triste : il se compose d'un vaste bâtiment qui se prolonge parallèlement à la rue des Récollets ; à droite se trouve le pavillon Eugénie, et à gauche l'ancien local occupé autrefois par les religieux du monastère des Récollets ; l'église renfermait le mausolée de Mme de Créquy, femme du duc de Sully, ministre de Henri IV, et celui du duc de Roquelaure. Au n° 150 de la rue du faubourg Saint-Martin s'ouvrait l'entrée du couvent, devenue plus tard celle de l'hôpital des Incurables. A cette hauteur se trouvait, il y a quelques années, sur la rue du faubourg Saint-Martin, un mur presque entièrement dégradé et qui menaçait ruine ; c'était de ce côté la clôture de l'hospice. Depuis, l'administration de l'Assistance publique l'a remplacé par des maisons de construction moderne ; des boutiques y ont été installées, ce qui a donné la vie et le mouvement à ce quartier auparavant triste et désert. En 1848, cette entrée a été supprimée, elle existe maintenant rue des Récollets ; elle est fort simple et n'a rien qui attire l'attention. Il est question d'y établir une grille reliée à ses extrémités par deux pavillons d'une construction élégante. En face du corps de logis principal se trouve un vaste jardin ombragé dans quelques-unes de ses parties et qui sert de promenade aux habitants de l'hôpital. Par une belle journée de printemps, lorsque le soleil vient égayer cette verdure, il est intéressant d'observer ces vieillards à la démarche lente et pénible, et dont les forces semblent renaître à cette vivifiante chaleur. Les uns se promènent à pied, d'autres, plus infirmes, dirigent de leurs bras affaiblis une petite voiture dans laquelle ils sont placés, et qui leur permet de se transporter sans fatigue d'un lieu à un autre.

En général, leur physionomie est calme et parfois souriante. Quoique au déclin de l'existence, la plupart d'entre eux mettent en pratique ce sage précepte qu'ont poétisé ces vers de Saint-Évremond :

> Attendant la rigueur de ce commun destin,
> Mortel ! aime la vie et n'en crains pas la fin

Hélas ! s'il était permis d'entrevoir le passé et de fouiller dans l'existence de ces vieillards, que de luttes, que de déceptions, que d'amertumes on y trouverait ! Il en est qui ont occupé de brillantes positions, l'avenir pour eux était rayonnant ; et un jour, je ne sais quel mauvais destin est venu détruire tant de beaux rêves, tant d'espérances brisées dont le souvenir leur fait encore battre le cœur... à l'hospice des Incurables où ils sont venus abriter les derniers jours que Dieu leur a comptés sur la terre.

Quand on sort de l'hospice des Incurables, on aperçoit sur le mur d'un petit pavillon occupé par le concierge un tableau noir sur lequel se trouvent collés des carrés de papier. Nous nous sommes approchés ; voici ce que contenait l'un d'entre eux :

SALLE SAINT-MARTIN, N° 0.

Jacques André N.....

Ivresse. Récidive.

Quinze jours de consigne.

Telle est la pénalité infligée aux contrevenants.

« Vieille histoire de la vie, nous sommes-nous dit avec M. Delattre, le spirituel auteur des *Voyageurs en chemin de fer*, la mère Nature, en naissant, nous a munis de deux flacons : dans l'un, une liqueur active, vivifiante, pleine de gaieté et d'ivresse ; dans l'autre, une boisson fade, incolore comme l'eau. Ce vieillard n'est-il pas excusable, au banquet de la vieillesse, de vider trop brusquement le flacon des fortes aspirations, des divines illusions, en laissant de côté le mélancolique flacon d'eau insapide ? N'est-ce pas reposer, dans un moment d'oubli, ses cheveux gris sur l'oreiller vermeil de sa jeunesse pour s'endormir dans les rêves d'autrefois ? »

La punition infligée aux pauvres incurables ne serait-elle pas trop sévère?

CHAPITRE VI.

La léproserie de Saint-Lazare. — Son histoire. — Les hannouars. — Les donnés. — Les Prêtres de la Mission.

Nous avons dit que la maison de Saint-Lazare, à laquelle appartenait l'enclos Saint-Laurent, avait été primitivement une léproserie.

La lèpre, caractérisée par d'affreux ulcères, par le gonflement des membres, par le développement de tubercules monstrueux sur le visage, avait, de temps immémorial, désolé l'Orient. Les chapitres XIII et XIV du *Lévitique* renferment la description de cette effroyable maladie, l'indication des moyens curatifs, et la prescription des sacrifices pour la purification des lépreux. On suppose qu'il s'agit d'un de ces misérables dans le chapitre XVI de l'évangile de saint Luc : « Il y avait un homme riche, qui était vêtu de pourpre et de lin, et qu'on traitait magnifiquement tous les jours. Il y avait aussi un pauvre homme appelé Lazare, couché à sa porte, tout couvert d'ulcères, qui eût bien voulu se pouvoir rassasier des miettes qui tombaient de la table du riche ; mais personne ne lui en donnait, et les chiens venaient lui lécher ses plaies. » L'évangile ajoutant que le pauvre, après sa mort, fut porté par des anges dans le sein d'Abraham, les premiers Pères de l'Église n'hésitèrent pas à le canoniser, et en firent tout naturellement le patron des lépreux. Sous son invocation se constitua, pendant les Croisades, un ordre de chevalerie qui se voua à l'assistance des lépreux et à la défense des pèlerins.

Rien de positif sur l'origine de la léproserie de Saint-Lazare, dont les titres furent dispersés pendant la domination des Anglais, comme le constatent des lettres de Charles VI en date du 1er mai 1404. Cet établissement, gouverné par un prêtre qui prenait la qualité de prieur, était-il un couvent régulier? Après avoir feuilleté une multitude d'in-folios, saint Victor se prononce pour la négative. Les termes de prieur et de couvent n'avaient pas toujours, au moyen âge, l'acception positive qu'ils ont acquise depuis ; le mot *religiosi* ne signifiait pas toujours des religieux, mais une société de personnes pieuses engagées dans l'état ecclésiastique, ou vivant en communauté, quoique séculières. Telle était sans doute la communauté que composaient ceux qui sont qualifiés par plusieurs chartes de maîtres et frères, tant sains que malades, de la maison de Saint-Lazare.

Nicolas de La Marre, dans son *Traité sur la police* (t. I, p. 607), avance qu'en 1137 des chevaliers de Saint-Lazare, chassés par les Sarrasins, vinrent se placer sous la protection de Louis VII. On lit dans la *Gallia christiana* (t. VII, col. 1045), que les douze chevaliers de l'ordre de Saint-Lazare furent ramenés de la Palestine par Louis VII, en l'an 1150 ; et qu'il leur donna une maison et une chapelle qui furent dès lors sous l'invocation de Saint-Lazare. Suivant le *Paris ancien et nouveau* que Jean Lemaire publia en 1685, le titre de Saint-Lazare fut donné à l'abbaye de Saint-Laurent en 1197. Toutes ces allégations sont inexactes.

1° Lorsque Louis le Jeune revint de la terre sainte, l'hôpital de Saint-Lazare existait depuis plus de quarante ans ; et, s'il fut donné par lui aux chevaliers hospitaliers, ce n'est pas d'eux qu'il a pris son nom, puisqu'il le portait auparavant ; 2° on ne trouve aucune preuve de ce don ; il n'existe pas la moindre trace que les chevaliers de Saint-Lazare aient joui de cette maison, qu'ils l'aient conservée, ni qu'ils l'aient cédée, soit volontairement, soit par autorité ; 3° il résulte d'actes authentiques et nombreux que la léproserie de Saint-Lazare n'était pas un couvent.

Le premier auteur qui en fasse mention est un moine de Saint-Denis, Odon de Deuil, secrétaire de Louis VII, et auteur d'une chronique que le père Chifflet a recueillie dans son livre *Sancti Bernardi genus illustrata* (Dijon, 1660, in-folio). Odon raconte qu'en se rendant à Saint-Denis pour y prendre l'oriflamme, Louis le Gros s'arrêta dans la maison des lépreux : *Tandem foras progrediens, leprosorum adiit officinas*. En 1110, le même roi accorde une foire à la léproserie, à laquelle sa femme, Adélaïde de Savoie, faissait d'importantes donations. En 1147, Louis le Jeune reconnaît, par une charte, que les lépreux de Saint-Lazare avaient le droit de prendre annuellement dix muids de vin dans les caves où était déposé le vin du roi, et leur donne en échange un quartier de bœuf, six pains et quelques bouteilles de vin.

Au moyen âge, l'usage était de déposer à la léproserie de Saint-Lazare les corps des rois et des reines de France lorsqu'on les menait à la sépulture de Saint-Denis. Des prélats se réunissaient à la porte de la maison, psalmodiaient les offices de l'église et confiaient ensuite les dépouilles royales aux hannouars ; c'était sous cette qualification bizarre qu'étaient connus les vingt-quatre porteurs de sel de la ville.

Aux entrées solennelles des rois de France à Paris, c'était à Saint-Lazare, dans un corps de logis appelé le logis du roi, qu'il recevait le serment d'obéissance de tous les ordres.

La maison de Saint-Lazare dépendait du chapitre de Notre-Dame de Paris. Elle était assujettie, envers le clergé et les marguilliers de la cathédrale, à une redevance, dont un manuscrit de l'an 1490 parle en ces termes : « Les marguilliers ont toujours pris, le lundi avant l'Ascension, quand la procession est retournée de Montmartre à Saint-Ladre, XXI sistreuses de vin (chaque sistreuse contenant trois chopines) par les mains des sergents du chapitre ; lequel vin les frères Saint-Ladre payent et livrent auxdits sergents. »

Le maître, nommé par l'évêque, était amovible à sa volonté. L'évêque seul avait le droit de visiter la léproserie, de faire des règlements, de les changer, de réformer les abus, de se faire rendre des comptes, etc. ; l'on sait que tous ces actes d'autorité étaient exercés, dans les communautés régulières, par le chapitre général et particulier. Enfin, Foulques de Chanac, évêque de Paris, en 1348, donna à la maison de Saint-Lazare des statuts qui furent confirmés par Audouin, son successeur immédiat. Il y est dit que le prieur sera curé des frères et des sœurs, qu'il administrera les biens, et qu'on le choisira parmi les frères donnés, et cependant ecclésiastique ; on appelait donnés (*donati, condonati*) des personnes libres qui, par dévotion, par répulsion du monde, abandonnaient à un monastère tout ou partie de leurs biens, à la condition d'être logées, nourries et vêtues jusqu'à leur mort ; les donnés de Saint-Lazare ne paraissent pas avoir répondu convenablement à la confiance épiscopale, car, en 1515, l'évêque de Paris leur enleva l'administration et leur substitua des chanoines réguliers de Saint-Victor.

C'était bien, dès lors, un couvent ; cependant le titre de prieuré, qu'il avait pris indûment au moyen âge, lui fut contesté ; les titres et papiers de la maison furent examinés, en 1560, par des commissaires que le Parlement avait désignés, et un arrêt de règlement, à la date du 9 février 1566, divisa en trois parts le revenu de la maison. Aux termes de cet arrêt, un tiers était affecté au paiement des dettes du prétendu prieuré de Saint-Lazare ;

Un tiers à la subsistance des religieux ;

Un tiers « à la nourriture et à l'entretenement des pauvres lépreux, » car cette horrible maladie n'était pas complètement éteinte.

L'arrêt du 9 février 1566 conservait à l'évêque de Paris le droit de visite et de réforme. Le chef de la communauté, auquel on accordait dorénavant le titre de prieur, était tenu de lui représenter tous les trois mois les registres de recette et de dépense, et une fois chaque année de lui rendre compte de son administration.

Le fléau de la lèpre céda graduellement aux progrès de la médecine, aux soins hygiéniques, et surtout au développement du bien-être matériel dans toutes les classes. La léproserie devint inutile, et le prieur, nommé Adrien Lebon, offrit cette maison à Vincent de Paul, instituteur et supérieur des prêtres de la Mission.

CHAPITRE VII.

Fondation de la congrégation des Missions. — Son installation à Saint-Lazare. — Tombeau de Vincent de Paul. — Retraites forcées.

Vincent de Paul avait reconnu par lui-même le besoin d'instruction qu'on éprouvait dans les campagnes, où trop souvent la négligence des pasteurs, quelquefois même leur peu de lumières et de discernement, laissait les hommes simples et grossiers qui les habitent dans l'ignorance des premiers éléments de la religion. Ce fut donc pour dissiper cette ignorance, aussi préjudiciable aux individus qu'à la société, que cet homme apostolique se dévoua particulièrement à ces missions. Quelques prêtres vertueux et choisis par lui l'aidaient dans ces pieux travaux ; et le fruit qu'ils produisirent dans les terres du comte de Joigny, auquel Vincent de Paul était attaché, fit naître à ce seigneur, ainsi qu'à sa femme, le désir de former à Paris un établissement de ce genre, et sous sa direction. Toutefois, ce projet, conçu dès 1617, n'eut son exécution que quelques années après. Ce fut en 1624 que M. de Gondi, archevêque de Paris, et frère de M. le comte de Joigny, voulant favoriser un projet si utile et si saint, donna à Vincent de Paul la place de principal et chapelain du collège des Bons-Enfants, près de Saint-Victor. Ce prélat destina dès lors ce collège pour la fondation de la nouvelle congrégation, à laquelle il l'unit et l'incorpora par son décret du 8 juillet 1627.

Cependant il restait encore beaucoup à faire pour arriver au but que l'on s'était proposé : le collège et les maisons qui en dépendaient menaçaient ruine, et les revenus en étaient trop modiques pour subvenir aux frais de l'établissement.

M. et Mme de Joigny sentirent la nécessité d'achever l'œuvre qu'ils avaient si heureusement commencée, et donnèrent une somme de 40,000 livres, tant pour la reconstruction des édifices que pour l'entretien des membres de la communauté. Le contrat, qui est du 7 avril, annonce la piété des fondateurs et l'objet de l'institut, dont les « membres doivent s'occuper de l'instruction des pauvres de la campagne, ne prêcher ni administrer les sacrements dans les grandes villes, sinon en cas d'une notable nécessité, et assister spirituellement les pauvres forçats, afin qu'ils profitent de leurs peines corporelles. »

Les services que la congrégation des Missions rendit dès ses commencements furent si utiles à la religion, que le souverain pontife, par sa bulle du mois de janvier 1632, l'érigea en titre, sous le nom de *Prêtres de la Mission*; ce qui fut depuis confirmé par lettres patentes du mois de mai 1642, enregistrées au mois de septembre suivant.

Ce fut à cette époque que M. Lebon, prieur ou chef de la maison de Saint-Lazare, en offrit l'administration à saint Vincent de Paul. Celui-ci, vaincu par les instances réitérées pendant plus d'une année, signa, le 7 janvier 1632, un concordat enregistré le 21 mars suivant, et approuvé par la bulle d'Innocent X du 18 avril 1645. De nouvelles lettres patentes du mois de mars 1660, enregistrées le 15 mai 1662, confirmèrent cette transaction.

En plaçant à Saint-Lazare les Prêtres de la Mission, le cardinal de Gondi exigea qu'il y eût au moins douze ecclésiastiques pour célébrer les saints offices et acquitter les fondations ; il les chargea de recevoir les lépreux de la ville et des faubourgs, de faire des missions chaque année dans quelques bourgs ou villages de son diocèse, de faire des catéchismes, de confesser, prêcher, et préparer les jeunes ecclésiastiques aux ordinations.

La bulle d'érection portait que les ecclésiastiques qui voudraient y entrer s'obligeraient à ne jamais prêcher dans les villes où il y avait archevêché, évêché ou présidial. Cette congrégation était du corps du clergé séculier; on y faisait cependant les quatre vœux simples, dont on ne pouvait être relevé que par le pape ou le supérieur général.

Saint-Lazare devint le chef-lieu de la Mission et la résidence du supérieur.

Edme Joly, troisième général de la congrégation des Prêtres de la Mission, agrandit considérablement les bâtiments de Saint-Lazare : le terrain ne manquait pas, car l'enclos de cette communauté est le plus vaste de Paris ; l'église fut réparée, et le fondateur y fut inhumé au milieu du chœur sous une dalle qui portait cette épitaphe :

Hic jacet venerabilis vir Vincentius à Paulo, *præsbyter, fundator, seu institutor et primus superior, generalis congregationis missionis, nec non puellarum charitatis. Obiit die 26 septembris anno* 1660, *ætatis veró suæ* 84.

Dans l'église, tout rappelait le souvenir du pieux fondateur : la nef était décorée d'un tableau représentant son apothéose. Le frère André de Troy avait peint pour le chœur d'autres tableaux : Saint Vincent de Paul prêchant la mission dans les campagnes ; assistant Louis XIII à l'agonie ; présidant une conférence ecclésiastique ; siégeant au conseil de conscience établi par Anne d'Autriche. On remarquait en outre dans le chœur des compositions de frère André, de Restout, de Baptiste, de Galloche, qui montraient le saint au milieu des galériens; donnant des instructions aux pauvres de l'hôpital du Saint-Nom-de-Jésus ; présentant à Dieu les prêtres de sa congrégation ; exhortant les dames à secourir les enfants trouvés. Ce dernier sujet a été traité par Paul Delaroche, dont la gravure de Prévost a popularisé le tableau.

Vincent de Paul ayant été béatifié par le pape Innocent XIII, le 13 août 1729, le 29 septembre suivant son corps fut exhumé en présence de l'archevêque de Paris, et déposé dans une châsse d'argent, que l'on plaça sur l'autel de la chapelle de Saint-Lazare.

Sur le premier pilier de l'église, en entrant dans le chœur, à gauche, était une inscription latine où étaient gravées les principales conditions auxquelles la léproserie avait été concédée aux prêtres de la Mission.

La bibliothèque et la pharmacie étaient spacieuses et bien tenues. Au fond du réfectoire, où le général de la congrégation mangeait toujours au milieu de deux pauvres, qui partageaient les mets qu'on lui servait, était un grand tableau représentant le déluge universel. Ce réfectoire pouvait contenir plus de deux cents personnes.

Saint-Lazare était une maison de retraite : les ecclésiastiques s'y renfermaient pour méditer à chaque ordination.

Quelques laïques y venaient pour se livrer à des exercices spirituels.

Enfin de jeunes débauchés, ou autres personnes, y étaient involontairement incarcérés.

Les règles établies pour ce dernier genre de retraites, dans le couvent dont nous nous occupons, sont indiquées par tous les ouvrages sur Paris, publiés au commencement du règne de Louis XV. Ainsi on lit dans l'*Etat de Paris*, page 379, au chapitre des *Retraites forcées* :

« 1° Personne ne peut être reçu à Saint-Lazare que sur une lettre de cachet du roi ;

« 2° Ce sont les familles elles-mêmes qui sollicitent ces lettres, soit à la police, soit auprès du ministre ;

« 3° Un homme qui y serait condamné par une sentence du juge pourrait y être détenu ;

« 4° Les moindres pensions sont de 600 livres, sur quoi on est nourri, éclairé, fourni de gros linge ; mais le reste de l'entretien, le chauffage, les médicaments, etc., tombent sur la famille ;

« 5° Il y a des pensions de 1,000 et 1,200 livres, etc., proportionnées au traitement dont on convient ;

« 6° Les règles et les conditions sont les mêmes pour les aliénés, qui y sont enfermés dans un bâtiment à *part* ;

« 7° Il y a, pour la conduite spirituelle de ces pensionnaires, un préfet qui répond aux familles et maintient l'observance des règlements, et un directeur qui, dans l'intérieur de cette maison, dit tous les jours la messe, veille sur le spirituel des pensionnaires, les visite, les console, et tâche de leur inspirer les sentiments de religion et d'honneur dont ils peuvent avoir besoin. On leur fournit aussi toutes sortes de bons livres propres à les instruire et à les édifier.

« Il faut joindre à cette retraite forcée, pour les hommes seulement, *Bicêtre*, faubourg Saint-Marcel, et *Charenton*, près Paris; pour les femmes seulement, *les Filles de la Madeleine*, rue des Fontaines, au Marais ; *Sainte-Pélagie*, faubourg Saint-Marcel ; *Sainte-Valère*, faubourg Saint-Germain, et la *Salpêtrière*, près du faubourg Saint-Victor. — Pour les personnes des deux sexes, mais seulement dans certaines circonstances qui intéressent le gouvernement, le château de la *Bastille* et celui de *Vincennes*, près Paris. »

CHAPITRE VIII.

Dispersion des lazaristes. — Prison de Saint-Lazare. — Roucher. — Le commissionnaire Cange. — Vers de Sedaine. — Saint-Lazare en 1860. — La maison municipale de Santé.

La maison de Saint-Lazare fut la première qui ressentit les effets de la Révolution. Le 13 juillet 1789, au moment où la population se disposait à combattre les troupes que la cour avait concentrées sur Paris, le bruit se répandit qu'un dépôt d'armes et de subsistances existait au couvent de Saint-Lazare. Une bande tumultueuse fit irruption dans cette paisible retraite, dont les habitants se dispersèrent immédiatement pour ne plus y revenir.

On ne découvrit que trois fusils rouillés et le fusil à vent du

La Galette du Gymnase.

cabinet de physique ; mais on trouva assez de blé et de farine pour en charger cinquante-deux voitures ; elles furent conduites à la halle sous l'escorte de malheureux qui manquaient de pain.

La maison de Saint-Lazare fut transformée en une caserne, puis en une prison, dont les concierges furent Naudet et Senier ; les détenus les plus célèbres furent André Chénier et Roucher, exécutés le 7 thermidor an II, avec Guesmon, ancien conseiller au parlement, le comte de Montalembert, ancien capitaine, le baron de Trenck, le marquis de Bessuignol Rocquelaure pour s'être, au terme de la sentence, déclarés les ennemis du peuple, en entretenant des intelligences avec les ennemis de l'État, en participant aux conspirations et complots du tyran, en avilissant les assignats, en conspirant dans la maison d'arrêt de Saint-Lazare, en cherchant à rompre l'unité et l'indivisibilité de la République.

Roucher, dans un poëme didactique sur les mois, entretenait avec sa fille, du fond de sa prison, une intéressante correspondance, qui fut publiée après sa mort par les soins de M. Guillois, son gendre. Le jour où il reçut son acte d'accusation, il congédia son fils Émile, qui lui avait tenu jusque-là compagnie, et envoya à sa femme son portrait, avec ce quatrain :

« Ne vous étonnez pas, objets charmants et doux,
Si quelqu'air de tristesse obscurcit mon visage ;
Lorsqu'un savant crayon dessinait cette image,
On dressait l'échafaud, et je pensais à vous. »

Ce fut à Saint-Lazare qu'André Chénier composa pour Mlle de Coigny la plus belle de ses élégies :

L'épi naissant mûrit, de la faulx respecté.
Sans crainte du pressoir, le pampre, tout l'été,
Boit les doux présents de l'Aurore ;
Et moi, comme lui jeune, et belle comme lui,

Quoi que l'heure présente ait de trouble et d'ennui,
Je ne veux pas mourir encore…

Quant aux vers qu'il a, dit-on, écrits avant de monter dans la fatale voiture, il y a lieu de supposer qu'ils sont l'œuvre de son éditeur posthume Henri de Latouche.

André Chénier était ancien rédacteur du *Journal de Paris*, il s'était, dès 1792, déclaré avec violence contre la Révolution ; avait fait paraître un grand nombre d'articles en faveur des prérogatives royales ; il avait écrit pour Louis XVI. Traduit à la barre de la Convention, il avait glorifié en vers énergiques le crime de Charlotte Corday. Caché à Lucienne, il trahit ses convictions par d'imprudentes paroles, fut arrêté et transféré à Saint-Lazare, d'où il partit pour l'échafaud deux jours seulement avant le 9 thermidor.

Un commissionnaire, attaché à la prison de Saint-Lazare, Cange, surnommé *Bon-Enfant*, se distingua par un trait de bienfaisance, qui lui valut à la Convention les honneurs de la séance et l'accolade du président. Presque tous les théâtres de Paris firent sur son compte des pièces de circonstance, dont la principale a pour titre : les *Détenus, ou Cange, commissionnaire de Lazare*, fait historique en un acte et en prose, mêlé d'ariettes, représenté pour la première fois sur le théâtre de l'Opéra-Comique-National, le 28 brumaire an III, paroles de B. J. Marsollier, musique de Dalayrac.

Ce drame historique se passe à la prison même, dans la cour où les détenus insouciants jouent aux barres. Georges, le prisonnier secouru par l'honnête commissionnaire, débita avant le vaudeville final cette tirade caractéristique :

« Vivent ces hommes qui, comme Cange, honorent leur siècle et nous font voir que dans la classe la moins fortunée on trouve souvent l'humanité, la bienfaisance, les plus respectables vertus ! Comme si la nature voulait par là consoler l'es-

Gares de l'Est et du Nord. — Le lecteur maniaque.

pèce humaine de l'apparition de ces êtres malfaisants, qui, placés dans un poste plus élevé, usurpent l'estime de leurs concitoyens, et cachent, sous le masque d'un patriote, le cœur corrompu d'un hypocrite et d'un tyran ! »

L'auteur du *Philosophe sans le savoir*, de la *Gageure imprévue*, du *Déserteur* et de *Richard Cœur-de-Lion*, Sedaine, qui avait alors soixante-quinze ans, fit imprimer en 1795 un poëme qui obtint un grand succès, malgré la faiblesse de la versification, et dans lequel il raconte la belle action du commissionnaire.

Dans la maison d'arrêt dite de Saint-Lazare,
Un citoyen fut mis, sur un léger soupçon,
Sur un propos, peut-être, indiscret ou bizarre,
  Enfin il était en prison.
Cet homme était peu riche, et sa triste famille
Vivait de son travail ; mais ce coup désastreux
Les plongea tous les cinq en un malheur affreux.
Pour s'informer du sort des enfants, de leur mère,
Il envoya chez elle un commissionnaire,
Leur dire son état, et s'informer du leur.
Cange est le nom de l'homme; il ne vit que douleur
Au logis indiqué ; la femme dont les larmes,
Les cris, le désespoir, les plus vives alarmes !
Mon mari périra, son trépas est certain,
Et ces pauvres enfants qui demandent du pain!
Consolez-vous, dit Cange, un ami de votre homme,
Dans la même prison lui remit une somme ;
Je ne sais pas combien ; mais ces cinquante francs
Qu'il m'a dit d'apporter en sont de sûrs garants ;
Prenez, il lui remit l'assignat salutaire,
Qui leur redonne à tous l'aliment nécessaire.
Il retourne au mari. La femme et les enfants
Se portent bien, dit-il ; voici cinquante francs
Qu'a remis en ses mains une bonne voisine,
Prenez, servez-vous-en ; comme je l'imagine,
Vous en avez besoin..., elle en promet encor.

Deux jours après, c'était le neuf de thermidor ;
La France alors en proie à des brigues infâmes,
De nos Catilinas anéantit les trames ;
On les vit tous tomber sous le glaive des lois,
Et la France vengée a repris tous ses droits.
Ce grand coup, dont l'éclat écrasa Robespierre,
Ouvrit au même instant les portes des cachots ;
Et la justice, enfin rendit à la lumière
Notre bon patriote accusé de complots.
Il sort, il voit le ciel, il vole vers sa femme,
Il la serre en ses bras, caresse ses enfants ;
Après mille transports élancés de leur âme,
Après mille propos l'un de l'autre naissants,
Ils se disent entre eux, ces mots intéressants :
Quel est mon cher ami, quel est cet honnête homme
Qui pour nous soulager, t'a remis cette somme ?
A moi ? — Sans doute à toi. — Toi, dis auparavant
Quelle est cette voisine à qui nous devons tant,
Lorsque tu m'envoyas cinquante francs par Cange ?
Moi, je n'ai rien reçu d'une voisine. — O ciel !
Rien ? — Non. — Comment, non ? — Non ! Il me paraît étrange
Que nous ayons reçu ce secours mutuel,
Et presque en même temps : c'est extraordinaire !
Courons interroger le commissionnaire !
Tranquille sur un banc auprès de la prison,
Il attendait pour faire une commission ;
Il les voit, il s'enfuit, il craignait de paraître
Aux yeux des citoyens qui lui doivent leur être.
Ils le trouvent enfin ; mais Cange, dis-nous donc
D'où venait cet argent ? Qui nous a fait ce don ?
Que vous importe ? — Tout, et nous voulons apprendre
Quel est ce bienfaiteur et cet ami si tendre ?
Vous ne le saurez pas. — Parbleu, nous le saurons ;
Je ne te quitte pas. — Voilà bien des raisons ;
C'est moi. Je vous voyais accablés de misères,
J'ai fait ce que j'ai dû, n'êtes-vous pas mes frères ?
Je n'avais que cent francs, je n'ai pu faire mieux,
Des larmes à l'instant coulèrent de leurs yeux :

Ils embrassèrent l'ange et de sa bienfaisance
Il se crut trop payé par leur reconnaissance,
Je ne m'attendais pas, dit-il, à ce plaisir :
On m'avait assuré que vous deviez périr !
O sainte humanité! combien tes vives flammes
Répandent de douceurs au fond de nos âmes !
Fais que tous les Français soient tous de vrais amis;
Sous les plus sages lois, fais qu'ils soient tous unis ;
Bannis de leurs foyers les fureurs et la guerre ;
Qu'ils servent de modèle au reste de la terre,
Et que, dans l'univers, heureux de leur destin,
Le peuple le plus brave en soit le plus humain.

Par le citoyen J.-M. SEDAINE.

En vertu d'un décret du 9 avril 1811, la prison de Saint-Lazare fut concédée au département de la Seine.

Les bâtiments furent réparés ; l'ancienne église, démolie en 1823, fut remplacée par une chapelle, et tout l'édifice disposé de manière à recevoir en moyenne douze cents personnes. Il est affecté :

1° Aux femmes prévenues de vols ou d'autres délits;
2° A celles qui subissent une condamnation au moins d'un an de prison;
3° A celles qui, devant subir une peine de plus longue durée, attendent l'époque où elles seront transférées à Clermont ou à Beaulieu;
4° Aux jeunes filles mineures arrêtées pour vagabondage ou enfermées à la requête de leurs parents;
5° Aux filles publiques enfermées pour infractions au règlement de la police.

Toutes travaillent silencieusement dans des ateliers sous la direction de sœurs de charité. M. Gabriel Delessert avait institué des surveillantes laïques, qui ont été plus tard supprimées.

Le costume de la prison consiste en un bonnet noir sans garniture, une robe de droguet rayé de couleur carmélite, un fichu bleu, une ceinture noire avec boucle de cuivre, des bas bleus et des sabots.

En demandant une permission à la préfecture de police, les parents des détenues peuvent les voir deux fois par semaine. Il y a deux espèces de parloir : dans le premier, les prisonnières et les visiteurs sont séparés par deux grilles, entre lesquelles est ménagé un couloir où se promène un gardien; dans le second, les prisonnières et les visiteurs sont rapprochés et peuvent se parler, même à voix basse; mais plusieurs gardiens veillent à ce qu'il n'y ait aucune transmission de billets, d'argent ou d'objets quelconques.

Les sœurs de la charité eurent longtemps leur maison mère presque en face de Saint-Lazare, de l'autre côté de la rue du faubourg Saint-Denis. Vincent de Paul avait formé, en 1617, une association de dames pour le service des pauvres; mais l'éducation, les habitudes de délicatesse, les soins du monde empêchaient ces femmes bien intentionnées d'accomplir les devoirs que le vénérable prêtre leur avait imposés. Mme Legras, née Louise de Marillac, veuve du secrétaire général des commandements de Marie de Médicis, s'entendit avec Vincent de Paul, et le 21 novembre 1633, elle réunit dans sa maison, près de Saint-Nicolas-du-Chardonnet, de pauvres filles des champs, familiarisées avec le travail et l'acceptant même sous ses formes les plus répugnantes. Les membres de cette communauté, qui furent bientôt connues sous le nom de Sœurs-Grises, étaient admis, après cinq années d'épreuves, à prononcer des vœux simples, qu'ils renouvelaient après le 25 mars de chaque année. Leur emploi était d'assister les malades et de donner une instruction primaire aux jeunes filles. L'élection de la supérieure était renouvelée tous les trois ans, et les sœurs étaient placées sous la direction perpétuelle du général de la Mission.

Après avoir occupé pendant quelque temps une maison de la Villette, la communauté se fixa rue du faubourg Saint-Denis. Le cardinal de Retz approuva, le 18 janvier 1655, les règlements que Vincent de Paul avait faits pour elle, et l'établissement fut confirmé par des lettres patentes, qui furent expédiées au mois de novembre 1658 et enregistrées le 16 décembre suivant.

Mme Legras, qui était restée, par une faveur exceptionnelle, supérieure jusqu'à la fin de ses jours, mourut le 15 mars 1660, à l'âge de soixante-huit ans, et fut enterrée au pied du maître-autel de la chapelle conventuelle. Qu'est devenue la tombe de cette femme de bien ?

La maison du faubourg Saint-Denis fut supprimée en 1792. Les sœurs de la charité, dont le service fut à peine interrompu par la Révolution, se transférèrent rue du Vieux-Colombier; puis, en 1813, rue du Bac, à l'ancien hôtel La Vallière. Une partie des bâtiments de l'ancien monastère fut disposée, par le chirurgien Antoine Dubois, en maison de santé, grâce à l'initiative du conseil général des hospices, et aux frais de la ville de Paris. Les remaniements qu'a subis le quartier ont nécessité la translation de cet utile établissement au numéro 200 de la même rue.

Les malades ou blessés qui sont dans l'impossibilité de se faire traiter chez eux y trouvent des logements à divers prix : ils ont, pour 15 francs par jour, une chambre à coucher, une antichambre et un salon; pour 10 francs, une chambre et un cabinet; pour 8 francs, une chambre particulière. Moyennant un prix qui varie de 7 à 4 francs, ils trouvent place dans des chambres communes qui contiennent deux, trois, quatre ou six lits. Dans le prix de la pension sont compris les frais médicaux, la nourriture, le chauffage, l'éclairage, les bains, les opérations, les accouchements. La quinzaine se paie d'avance, et le prix des huit premiers jours reste toujours acquis à l'établissement.

CHAPITRE IX.

La gare de Strasbourg. — Les chemins de fer de l'Est.

Les immenses terrains que possédaient les lazaristes sont en grande partie occupés par la gare du chemin de fer de l'Est, qui termine majestueusement le boulevard de Strasbourg, bordé de constructions monumentales et de cafés éblouissants.

Cette gare, étudiée et construite par M. Duquesney, architecte, sous la direction de M. de Sermet, inspecteur général des ponts et chaussées, est incontestablement d'un très-bel effet architectural, mais elle est aussi incommode qu'elle est belle.

Elle est trop courte et trop étroite eu égard au service qui doit s'y faire. Les salles d'attente pour les voyageurs sont convenablement placées à côté du trottoir, ainsi que la salle pour la visite de l'octroi à l'arrivée; mais la salle où l'on dépose les bagages pour ce dépôt est beaucoup trop petite et placée en tête de la gare; elle est beaucoup trop éloignée du wagon à bagage, placé en tête du train. De là des manœuvres difficiles et coûteuses. C'est là un grand défaut dans une gare comme celle du chemin de fer de Strasbourg, où le service des bagages a une très-grande importance. Les bureaux de l'administration et ceux des chefs de service (ingénieurs et directeur de l'exploitation) répartis le long des grandes galeries, sont à trop grande distance, et la circulation d'un bureau à autre se fait en hiver dans de très-mauvaises conditions en suivant ces galeries entièrement ouvertes.

La loi du 27 juin 1833 ouvrit un crédit de 50,000 francs pour l'étude d'un chemin de fer de Paris à Strasbourg par Nancy, avec embranchement sur Metz. Bientôt commencèrent les travaux. L'État exécuta sur la ligne de Paris à Strasbourg les travaux d'art et de terrassement; la compagnie concourut à construire une partie des bâtiments de station, posa les voies et fit le ballastage. Les projets avaient été étudiés par M. Schvilgué, inspecteur général des ponts et chaussées, assisté de MM. de Sermet, Marinet, Guibal, Collignon (directeur général des chemins russes, Jaquiné, Boulangé et Guerre, ingénieurs en chef.

Voulant hâter le jour de l'exploitation, la compagnie se chargea à forfait d'une partie importante des travaux en retard, et elle eut le bonheur de trouver un ingénieur en chef aussi actif qu'intelligent en la personne de M. Vuigner, président de la société des ingénieurs civils. Il fut secondé par MM. Lemoinne, Grenier (aujourd'hui ingénieur en chef des chemins du Luxembourg hollandais) et Goschler, ingénieurs civils.

L'embranchement de Reims fut exécuté par M. Duparc, ingénieur de l'État.

L'embranchement de Nancy à Forbach (frontière de Prusse) fut étudié et exécuté par M. Thirion, ingénieur en chef des ponts et chaussées (aujourd'hui ingénieur en chef au chemin d'Orléans), assisté de MM. Michel et Frécot, ingénieurs ordinaires.

L'embranchement de Metz à Thionville, ainsi que le chemin de Nancy à Épinal, fut étudié et exécuté par M. Frécot, ingénieur des ponts et chaussées, et Delétang, ingénieur civil.

Le chemin de Thionville à la frontière du Luxembourg a été exécuté, sous la direction de M. Vuigner, par M. Delétang, ingénieur civil.

Le chemin de Bâle à Strasbourg a été étudié et exécuté par M. Bazaine, ingénieur en chef des ponts et chaussées (aujourd'hui ingénieur en chef du chemin du Bourbonnais), et par M. Chaperon, également ingénieur en chef des ponts et chaussées (aujourd'hui directeur du chemin de Lyon). Le chemin de Strasbourg à Wissembourg, par M. de Regel, ingénieur civil (aujourd'hui directeur général du chemin de fer du Hainaut).

Le chemin de fer de Paris à Mulhouse fut entièrement étudié et exécuté pour le compte de la compagnie, par M. Vuigner, assisté de MM. Collet-Moygret, Pluyette, Sieben, Larivière, Jussy, Guibert, Daigremont et Fleur Saint-Denis, tous ingénieurs des ponts et chaussées, et de MM. Deniel, Barroux, Masson et Marsillon, ingénieurs civils.

Le chemin de fer de Blesmes à Gray, par M. Zeller, ingénieur en chef des ponts et chaussées.

Tous ces chemins, successivement livrés à la circulation, ont considérablement développé le commerce, et leur produit a dépassé les prévisions des statisticiens, qui l'avaient évalué à 16 millions pour toute la ligne et l'embranchement de Forbach. Les produits de la première année d'exploitation de la ligne entière (1853) ont atteint 24 millions. La seconde année, ils ont dépassé 30 millions ; la troisième, ils ont atteint 39 millions, et la quatrième, 40 millions.

C'est surtout le mouvement des marchandises qui a considérablement augmenté. De 1853 à 1857 il a doublé. En 1857, le produit des marchandises augmentait quand celui des voyageurs décroissait.

C'est peut-être sur le chemin de Strasbourg que le rapport du produit brut des marchandises à celui des voyageurs est le plus grand.

Malheureusement le produit net ne répond pas au produit brut, parce que la plus grande partie des marchandises transportées par ce chemin sont peu de valeur ; ce sont des houilles, des fers, des pierres, etc., pour lesquels le tarif est très-faible. D'un autre côté, les distances parcourues par la marchandise sont assez souvent peu considérables, et les retours se font à vide ou à peu près. Enfin, les pentes, sur quelques points du tracé, sont assez fortes (Bar-le-Duc à Commercy, 8 millièmes, Épernay à Reims, 1 centième). Ainsi, lorsque le transport d'une tonne de houille revient, intérêt, amortissement du matériel et renouvellement de la voie compris, sur le chemin du Nord, à 3 centimes, il coûte, sur celui de Strasbourg, 3 centièmes 7 dixièmes.

Non-seulement les marchandises, sur le réseau de l'Est, sont de peu de rapport, mais encore la majorité des voyageurs appartient à une classe peu aisée. Ainsi, le produit moyen net kilométrique annuel des trains de voyageurs étant de 27,000 fr. sur le chemin du Nord, le même produit sur le chemin de l'Est n'est plus que de 17,000 fr. Les voyageurs sur le Nord sont plus riches et plus nombreux.

Le produit brut kilométrique du chemin de Mulhouse a été comme celui du chemin de Strasbourg, en croissant rapidement.

Les produits nets de l'ensemble du réseau, toutefois, sont faibles. Cela tient d'abord aux raisons déjà données, à ce qu'une partie des embranchements ont coûté très-cher et rapportent peu, comme Blesmes à Gray, Bâle à Strasbourg, et à ce que, s'ils n'ont pas coûté très-cher (de Strasbourg à Wissembourg, de Nancy à Épinal), ils ne rapportent presque rien.

Les embranchements de Forbach et de Reims sont, à la vérité, dans d'excellentes conditions, mais leurs produits ne suffisent pas pour couvrir le déficit des autres lignes.

Un fait remarquable s'est produit sur l'embranchement de Reims lorsqu'il a été prolongé vers le Nord. Le produit kilométrique a subitement monté de 25,000 à 50,000 francs. Ce produit malheureusement diminuera considérablement, lorsque le chemin de Paris à Reims par Soissons sera livré à la circulation.

Le réseau de l'Est dessert ou est appelé à desservir une partie de la Belgique, le Luxembourg hollandais, une partie de la Prusse rhénane, l'Allemagne centrale et méridionale et la Suisse septentrionale.

Dans quelques mois, les chemins de Strasbourg à Kehl, le pont du Rhin et le chemin à Vienne seront terminés. Le chemin de Strasbourg sera alors la grande route de Paris en Orient par Constantinople.

L'excellent ouvrage de M. Auguste Perdonnet, *Notions générales sur les chemins de fer*, nous apprend qu'aux chemins de fer de l'Est, la partie exploitée étant de 1,024 kilomètres, les ouvriers ou agents de toute espèce sont au nombre de 14,400. Ils se répartissent de la manière suivante entre les différents services : Économat, secrétariat, comptabilité, administration centrale à Paris, 218. Exploitation (Paris et la ligne), 3,500. Matériel, 5,047. Voie, service de l'entretien, 5,035.

CHAPITRE X.

Chemin de fer du Nord. — Hôpital de Lariboisière. — Église Saint-Eugène. — Le Conservatoire de Musique.

La gare du Nord, voisine de celle de Strasbourg, fut bâtie en 1845, sur les dessins de M. Renaud, et elle a reçu graduellement de l'extension, de sorte qu'elle occupe aujourd'hui une superficie de 40,000 mètres.

La ligne principale du Nord, qui mettait Paris en communication avec la capitale de la Belgique, fut inaugurée le 25 juin 1846. Deux ans plus tard, on ouvrit complétement la ligne d'Amiens à Boulogne. Les embranchements sur Calais et Saint-Quentin furent livrés à la circulation en 1850 dans la totalité de leur parcours. Le réseau fut complété, aux termes d'un décret du 10 février 1852, par les lignes de Saint-Quentin à la frontière belge, du Câteau à Somain, de La Fère à Reims, de Noyelles à Saint-Valery-sur-Somme. Les constructions de la gare du Nord sont encore élevées presque entièrement sur des terrains appartenant aux Lazaristes ; il en est de même du bel hôpital de Lariboisière. La construction en fut autorisée par une ordonnance du 26 avril 1846, pour remplacer l'hôpital provisoire du Bon-Secours, situé rue de Charonne, et la partie de l'Hôtel-Dieu détruite pour dégager les quais du petit bras de la Seine. Lorsque M. Gauthier, architecte, en traça les plans, ce dut être l'hôpital de Louis-Philippe ; mais il était inachevé à l'époque de la révolution de 1848, et les nombreuses pierres réunies aux alentours en faisaient une position formidable. Pour en débusquer les insurgés, il fallut que le général Lebreton formât, le 25 juin, une division composée des 3ᵉ, 4ᵉ et 6ᵉ compagnies du 2ᵉ bataillon de la 1ʳᵉ légion, et quelques pelotons des 2ᵉ et 3ᵉ. Dans les rangs, marchaient comme volontaires les généraux Moline de Saint-Yon, Drolenvaux, La Rue, Rulhière et Gourgaud. A quatre heures et demie, le général Lebreton fit battre la charge, et les fortifications des insurgés cédèrent à des assauts réitérés. Les gardes nationaux d'Amiens et de Rouen vinrent alors relever ceux des légions parisiennes.

Après s'être appelé Hôpital de la République, puis Hôpital du Nord, il reçut le nom de la comtesse de Lariboisière, née Roy, qui avait fait aux pauvres de Paris un legs de 2,000,000 fr. L'ensemble des bâtiments dont il se compose a la forme d'un carré très-allongé dont la plus grande dimension est parallèle au faubourg Poissonnière. Dans la partie antérieure se trouvent les bureaux, les logements des divers employés, les cuisines, etc. Dans la partie postérieure, la chapelle, la communauté des sœurs, la lingerie, les bains, la salle des morts, les amphithéâtres. Au centre, est une vaste cour, plantée d'arbustes, et dont le milieu offre un bassin avec jet d'eau. Cette cour-jardin sépare deux ailes, l'une destinée aux hommes, l'autre aux femmes. Chaque aile est subdivisée en trois pavillons, auxquels se rattachent autant de préaux ou promenoirs. Les pavillons reposent sur des voûtes qui recouvrent d'immenses caves ou plutôt de vastes magasins dans lesquels l'air circule en pleine liberté. Ces pavillons se composent d'un rez-de-chaussée et de deux étages formant autant de salles contenant chacune trente-cinq lits. Le rez-de-chaussée a sur la cour une galerie couverte et le premier étage une galerie découverte.

Les préaux sont gazonnés et entourés par une allée d'arbustes. Tout le long des ailes est établi un chemin de ronde qui dispensera de faire entrer les voitures dans la cour centrale. La salle des morts, comme nous l'avons dit, est reléguée à la partie postérieure de l'édifice et à la portée du dehors. Les malades ne voient pas, comme dans certains hôpitaux, circuler les chars qui emportent les cadavres ; on rassemble autour d'eux tout ce qui est capable de les distraire, de les consoler et de les égayer, commodités et agréments, chauffoir où ils peuvent se réunir en hiver, petites pièces où ceux qui incommoderaient les autres par leur délire ou leurs cris seront mis à l'écart, petits cabinets de bains à la proximité des salles pour ceux qui ne pourraient être transportés sans inconvénients. Tel est l'aperçu sommaire de l'excellent aménagement de cet hôpital.

Cet édifice modèle revient à environ huit millions. Le terroir seul, qui a 34,505 mètres, a été payé 1,143,870 fr., plus 69,355 fr. de frais, soit, en totalité, 1,213,225 fr. pris sur les fonds de l'administration de l'assistance publique. Aux termes de l'ordonnance du 26 avril 1846, en effet, cette administration devait supporter dans la dépense du nouvel hôpital la totalité des frais d'acquisition du terrain, le tiers des travaux de construction et la totalité de l'acquisition du mobilier, le reste étant laissé à la charge de la ville. D'après les devis primitifs, les travaux devaient coûter une somme de 5,384,666 fr.; mais les travaux complémentaires, reconnus depuis indispensables et s'élevant à 751,737 fr. 84 cent., de plus une indemnité de 40,875 fr. 16 cent. réclamée par l'entrepreneur pour le couvrir des pertes qu'il a éprouvées en 1848 par suite de la suppression du marchandage, portèrent cette somme à 9,177,380 fr.

En définitive, cet hôpital, avec les 608 lits complets, a coûté :

En terrain................. 1,213,225 fr.
En travaux................ 6,177,280
En mobilier...............   600,000
                           _____
Total.............   7,900,505

Nous parlerons de l'hôpital Saint-Louis, quand nous suivrons les bords du canal Saint-Martin. Sans sortir des domaines des lazaristes, nous entrons dans l'église qu'on a dédiée naturellement à saint Vincent de Paul, puisqu'on était chez lui. Elle occupe la place d'un belvéder, où le bon prêtre aimait à se retirer pour se livrer à de pieuses méditations.

La façade de cette basilique est située à dix mètres au-dessus de la place La Fayette, et l'on n'y arrive que par des rampes disposées en fer à cheval, comme celles de la cour du château de Fontainebleau. Un péristyle, dont douze colonnes ioniennes supportent le fronton, est construit sur la façade. Nanteuil a sculpté dans le tympan saint Vincent de Paul entre la Foi et la Charité. La porte de fonte, modelée par Farochon, se divise en compartiments dont chacun encadre la figure d'un apôtre. Sous le porche sont sept tableaux religieux, peints sur lave avec des couleurs vitrifiables, par Jollivet, secondé par M. Hachette fils, un des inventeurs du procédé. Aux angles de la façade s'élèvent des campaniles ; l'un renferme les cloches, et l'autre l'horloge. Ils sont reliés à leur base par une plate-forme qui peut tenir lieu de l'ancien belvéder, car on y domine l'immense capitale. Sur les piédestaux qui coupent le parapet se dressent les statues de saint Mathieu, par Barre ; de saint Luc, par Brion ; de saint Marc, par Foyatier, et de saint Jean, par Valois. Les statues de saint Pierre et de saint Paul, par Ernest Ramey fils, ornent des niches pratiquées dans les deux clochers.

A l'intérieur, la nef principale est séparée des bas côtés par quarante-six colonnes en pierres dures et polies ; sur la frise se déroule une majestueuse procession de docteurs, de vierges, de martyrs, peinte par M. Hippolyte Flandrin. Le dessin en est pur ; les figures, qui se détachent sur un fond d'or, sont pleines de noblesse, et cette œuvre est, en somme, une des plus belles qu'on puisse admirer dans les églises de Paris.

Le plafond, divisé en douze compartiments, suit dans sa forme les deux rampants des combles. Dans la coupole semi-circulaire de l'abside, Picot a peint, avec le concours de Brisset, le Christ, entouré d'archanges, recevant saint Vincent de Paul, et au bas le Baptême, la Communion, le Mariage et l'Extrême-Onction. Avant que cette vaste composition fût entièrement terminée, et lorsqu'on pouvait monter sur des échafaudages pour la voir de près, on y pouvait remarquer d'excellentes parties ; mais l'artiste n'a pas suffisamment calculé son effet, et son travail perd à être examiné d'en bas. En outre, il a eu la malheureuse idée de faire un Christ de taille colossale, tandis que tous les autres personnages dépassent à peine de quelques centimètres la stature ordinaire de l'homme. Aussi quelques critiques malveillants ont-ils prétendu que cette vaste fresque avait l'air de représenter Gulliver chez les Lilliputiens.

Les panneaux des stalles du chœur sculptés en bois par MM. Millet et Molchnet, sont ornés de dix-huit statuettes de saints et de saintes, et il est à remarquer que les figures de saint Philippe, de saint Ferdinand, de sainte Amélie et de sainte Adélaïde sont des portraits.

La première pierre de cette église a été posée le 25 août 1824. Les travaux commencés sous la direction de MM. Lepère et Hittorff, architectes, et longtemps interrompus, ont été repris avec activité en 1831. Cette église, terminée sous la seule direction de M. Hittorff, fut consacrée et livrée au culte le 21 octobre 1844.

Sur la lisière des neuvième et dixième arrondissements s'élève une église d'un genre tout nouveau, exécutée dans des conditions toutes spéciales. En 1854, l'administration de la ville de Paris avait approuvé la création de nouvelles paroisses, mais elle avait en même temps laissé à la charge des fabriques les dépenses de première installation. Pendant que les nouveaux curés et les conseils de fabrique improvisaient des églises de plâtre et de bois, M. Boileau, architecte de l'église de Mottainecourt (Vosges), proposa au curé, abbé Coquand, d'édifier un temple durable à bon marché, en remplaçant par la fonte et le fer les piliers et les arcs en pierre des cathédrales gothiques. Les travaux commencèrent au mois d'avril 1854 et l'église fut inaugurée le 20 décembre 1855. Ornée à l'intérieur de boiseries sculptées, de verrières de couleur et de peinture polychrome, elle coûte environ six cent cinquante mille francs, dont cinq cent trente mille francs pour le gros-œuvre, c'est-à-dire seulement cinq fois plus qu'une église provisoire, et à peine la moitié que coûterait une église de cette importance, élevée avec voûtes en pierre.

Le patron de cette église est peu connu, ou confondu généralement avec ses homonymes, qui sont au nombre de seize. Le nôtre, dont le diocèse de Paris célèbre la fête le 15 novembre, naquit à Rome, prêcha l'Évangile en Espagne, à Lyon, et enfin à Paris. Par les ordres de Maximien Hercule, il fut arrêté près du village de Deuil (Diogilum), mis à mort, et ses restes furent jetés dans un lac, appelé de son nom le lac d'Enghien.

L'église qu'on lui a dédiée a 50 mètres de long sur 25 de large. La hauteur de la nef principale est de 23 mètres et celle des nefs latérales de 15 mètres.

Les murailles seules sont en maçonnerie. Les grandes colonnes de la nef sont en fonte creuse de 30 centimètres de diamètre moyen et de 2 centimètres d'épaisseur ; les arcs et les galeries des tribunes, ainsi que les garnitures des cinquante-quatre ouvertures, tant roses que fenêtres, qui éclairent le vaisseau, sont également en fonte ; les fermes longitudinales, les fermes transversales et diagonales formant les arcs-doubleaux, les formerets et les nervures de la grande nef sont en fer ; les voûtes sont formées par une épaisseur de deux tuiles hourdées et enduites en plâtre, qui reposent sur la courbe formant l'intrados des arcs en fer ; l'extrados ou le dessus de ces arcs est couvert par un treillis en tringles de fer, revêtu d'un hourdis en plâtre pur, sur lequel sont posées des tuiles en grès de M. Alaboissette ; ces tuiles, de couleurs diverses, forment des dessins qui donnent aux combles de l'édifice un aspect monumental plus riche que l'aspect ordinaire de toits en plomb, en ardoises ou en zinc ; le faîtage est décoré par une crête d'ornements de même matière que les tuiles.

Les colonnes de la grande nef sont peintes en bleu d'acier et en bronze florentin ; elles supportent les nervures rehaussées de couleurs entières. Les colonnes des bas côtés sont reliées entre elles dans la moitié de leur hauteur par des tribunes en fonte peintes et dorées. Les voûtes sont semées d'étoiles. Toutes les baies sont garnies de vitraux et comme pour faire comprendre que la lumière doit venir du sanctuaire, les verrières de l'abside, moins sombres que les autres, semblent éclairer toute l'église.

Le buffet d'orgue, les stalles, la chaire, les confessionnaux, les escaliers des tribunes sont d'un style pur, allié à une grande liberté de composition ; le maître-autel est décoré de treize niches trilobées, garnies de statuettes, et surmonté d'un retable à jour dans lequel des motifs d'architecture remplacent les chandeliers modernes, si disgracieux par leur grandeur démesurée. Les autels des chapelles de la Sainte-Vierge et de Saint-Eugène, placées dans les deux petites absides, sont également bien agencés dans la place qu'ils occupent.

Les sculptures, tant sur bois que sur pierre, sont de MM. Boileau fils et Bernard ; les vitraux en couleurs des bas côtés, représentent les divers épisodes de la vie du Christ ; ceux de l'abside centrale, représentant la Transfiguration, la Cène et la Passion, ainsi que les roses de la grande nef sont de MM. Laurent et Gsell, que le jury des beaux-arts de l'Exposition universelle a récompensés par une médaille d'or; les verrières des absides des bas côtés, contenant des sujets relatifs à la sainte Vierge et à saint Eugène, sont de M. Lusson, et les vitraux inférieurs des bas côtés, représentant les stations du Chemin de la Croix, sont de M. Oudinot, d'après les cartons de M. Gérard-Séguin.

Un beau buffet d'orgue, placé sur la tribune au-dessus du portail principal, est des ateliers de MM. Merklin et Schütze, facteurs de l'instrument, qui est remarquable par la suavité et la sonorité de ses jeux.

L'église Saint-Eugène a été bâtie sur des terrains qui dépendaient autrefois de l'hôtel des Menus-Plaisirs; c'était un vaste amas de cours, de salles, magasins, où étaient entassés des meubles de rebut, des lustres, des tapis, des décorations, des machines à l'usage des représentations dramatiques. L'hôtel des Menus-Plaisirs avait aussi une petite salle de spectacle où s'exerçaient les élèves de la danse.

Le 3 janvier 1784, sur la proposition du baron de Breteuil, un arrêté du conseil royal compléta l'organisation de cette école chorégraphique, en y ajoutant des classes de chant, de déclamation, de clavier et de langue française. Quoique Dulaure ait prétendu que cette école n'avait pris que sous l'empire possession du local des Menus-Plaisirs, il est avéré qu'elle occupa dès le principe le local où elle s'est maintenue.

Le zèle du baron de Breteuil, ministre du département de Paris, fut secondé par celui de M. de La Ferté, commissaire général de la maison du roi. Gausset fut choisi pour diriger le nouvel établissement, qui s'ouvrit le 1er avril 1784. L'école se composait de trente élèves des deux sexes, qui ne pouvaient être reçus qu'autant qu'ils réunissaient à une belle voix des dispositions sérieuses.

Par un décret du 18 brumaire an II, la Convention nationale ordonna la formation d'un Institut national de musique, dont l'organisation fut confiée au comité d'instruction publique. Le 19 thermidor an III, la Convention constitua le Conservatoire sur des bases que les gouvernements postérieurs ont peu modifiées :

Art. 1er. Le Conservatoire, créé sous le nom d'Institut national, par le décret du 18 brumaire an II de la République, est établi dans la commune de Paris, pour exécuter et enseigner la musique.

Il est composé de cent quinze artistes.

2. Sous le rapport d'exécution, il est employé à célébrer les fêtes nationales; sous le rapport d'enseignement, il est chargé de former des élèves dans toutes les parties de l'art musical.

3. Six cents élèves des deux sexes reçoivent gratuitement l'instruction dans le Conservatoire. Ils sont choisis proportionnellement dans tous les départements.

4. La surveillance de toutes les parties de l'enseignement dans ce Conservatoire, et de l'exécution dans les fêtes publiques, est confiée à cinq inspecteurs de l'enseignement, choisis parmi les compositeurs.

5. Les cinq inspecteurs de l'enseignement sont nommés par l'Institut national des sciences et arts.

6. Quatre professeurs, pris indistinctement parmi les artistes du Conservatoire, en forment l'administration, conjointement avec les cinq inspecteurs de l'enseignement.

Ces quatre professeurs sont nommés et renouvelés tous les ans par les artistes du Conservatoire.

7. L'administration est chargée de la police intérieure du Conservatoire et de veiller à l'exécution des décrets du corps législatif, ou des arrêtés des autorités constituées, relatifs à cet établissement.

8. Les artistes nécessaires pour compléter le Conservatoire, ne peuvent l'être que par la voie du concours.

9. Le concours est jugé par l'Institut national des sciences et arts.

10. Une bibliothèque nationale de musique est formée dans le Conservatoire; elle est composée d'une collection complète de partitions et ouvrages traitant de cet art, des instruments antiques ou étrangers, et de ceux à nos usages qui peuvent, par leur perfection, servir de modèle.

11. Cette bibliothèque est publique et ouverte à des époques fixées par l'Institut national des sciences et arts, qui nomme le bibliothécaire.

12. Les appointements fixes de chaque inspecteur de l'enseignement sont établis à cinq mille livres par an; ceux du secrétaire, à quatre mille livres; ceux du bibliothécaire, à trois mille livres.

Trois classes d'appointements sont établies pour les autres artistes. Vingt-huit places à deux mille cinq cent livres forment la première classe; cinquante-quatre places à deux mille livres forment la seconde classe, et vingt-huit places à seize cents liv. forment la troisième classe.

13. Les dépenses d'administration et d'entretien du Conservatoire sont réglées et ordonnancées par le pouvoir exécutif, d'après les états fournis par l'administration du Conservatoire; ces dépenses sont acquittées par le Trésor public.

14. Après vingt années de service, les membres du Conservatoire central de musique ont leur retraite la moitié de leurs appointements; après cette époque, chaque année de service augmente cette retraite d'un vingtième desdits appointements.

15. Le Conservatoire fournit tous les jours un corps de musiciens pour le service de la garde nationale près le corps législatif.

Le Conservatoire revint alors au lieu qui l'avait vu naître; il reçoit aujourd'hui environ cinq cents élèves admis par voix d'examen et de concours. Un très-petit nombre de jeunes gens, que recommandent leurs talents spéciaux, sont logés et nourris dans l'hôtel. Les exercices ont lieu vers le milieu de l'année; et à la fin, des récompenses sont distribuées.

Les bâtiments des Menus-Plaisirs, qui n'avaient pas été utilisés pour le service du Conservatoire, ont servi longtemps de succursale au garde-meuble, et d'ateliers pour les décorateurs de l'Académie impériale, royale ou nationale de musique. En 1852, on y mit l'exposition annuelle des beaux-arts; puis la démolition en fut ordonnée. Les ateliers furent transférés rue Richer, ainsi que l'école de danse où se forment les rats de l'Opéra.

La façade du Conservatoire, sur la rue du Faubourg-Poissonnière, est ornée de quatre statues : l'Opéra, l'Opéra-Comique, la Tragédie et la Comédie.

En dehors du Conservatoire, mais dans le même local, existe depuis le 9 mars 1828, la Société des concerts, dont Habeneck aîné fut le fondateur. Elle a assez d'importance pour qu'un artiste très-compétent, M. A. Elwart, en ait fait l'objet d'un beau volume de quatre cents pages, que les amateurs vont chercher en foule chez Castal, passage de l'Opéra.

CHAPITRE XI.

Le Gymnase. — La Porte-Saint-Martin. — Le Château-d'Eau. — Le Café Parisien. — La caserne du Prince-Eugène. — L'Hôpital Saint-Louis.

Le Xe arrondissement est borné au sud par les boulevards Bonne-Nouvelle, Saint-Denis et Saint-Martin. Une rue basse, située à plusieurs mètres au-dessous du niveau du boulevard, régnait autrefois à la place où l'on a bâti le Bazar Bonne-Nouvelle. Le cimetière de l'église de ce nom était situé à l'endroit où les architectes Rougevin et Guerchy construisirent, en 1820, le théâtre du Gymnase-Dramatique.

Cette petite scène a l'honneur d'avoir inauguré le vaudeville de bon ton, qui peint les mœurs et qui évite les grosses facéties. Elle fut inaugurée le 23 décembre 1820 par un prologue de MM. Scribe, Mélesville et Moreau. Bernard Léon et Perlet étaient les principaux acteurs de la troupe, que dirigeait M. de la Roserie. En 1824, Léontine Fay, encore enfant, arriva des départements où elle avait été déjà acclamée, et émerveilla les Parisiens, par la précocité de son intelligence, dans le *Mariage enfantin*, *Aladin*, le *Vieux Garçon*. Scribe assura la vogue du théâtre par de petites pièces qui, à notre avis, valent mieux que ses grandes comédies. Qu'on critique, dans ses compositions légères, des négligences de style, des expressions triviales; qu'on y trouve quelques personnages de convention; il n'en est pas moins vrai que le *Secrétaire et le Cuisinier*, le *Gastronome sans argent*, le *Nouveau Pourceaugnac*, la *Somnambule*, *Michel et Christine*, *Frontin mari garçon*, l'*Héritière*, la *Demoiselle à marier*, etc., etc., sont des pièces remplies de fines observations, habilement conduites et supérieures à la plupart de celles qui les ont précédées ou suivies.

M. Poirson, qui, dès 1820, avait été administrateur du théâtre et qui en devint bientôt directeur, sut se concilier les bonnes grâces de la duchesse de Berry. Le 8 septembre 1824, elle autorisa le Gymnase à prendre le titre de Théâtre de S. A. R. Madame la duchesse de Berry. La troupe était parfois mandée à la cour, et avait des représentants auprès de Madame dans ses voyages. Lorsque Madame se rendit à Dieppe, au mois de juillet 1820, Numa, Legrand, Bernard Léon, Allan Despréaux, Mmes Esther, Dumesnil, Virginie Déjazet et Julienne, furent désignés pour aller donner des représentations dans cette ville pendant la saison des bains de mer. Le 6 février 1827, Gontier, Ferville, Paul, Numa, Mmes Jenny Vertpré et Léontine Fay, jouèrent *le Mariage de raison* au Palais-Royal, devant les membres de la famille royale, sur un théâtre monté dans la grande galerie, par les soins des administrateurs des Menus-Plaisirs.

Un incident mit le théâtre de Madame en suspicion; il représenta, le 28 juin 1828, un vaudeville en trois actes de MM. Scribe et Rougemont, *Avant, Pendant et Après*. C'était une peinture superficielle de la société française sous l'ancien régime, en 1793, et sous la Restauration. L'esprit libéral dont les auteurs étaient animés enthousiasma le public et déplut à la cour. Le théâtre était exposé à se voir enlever sa désignation par ordre supérieur, quand il la perdit par l'effet de la Révolution de 1830. Redevenu le Gymnase, il conserva la faveur du public. Un grand nombre de ses acteurs laissera un nom dans les annales dramatiques: Gontier, Klein, si comique et si vrai dans *les Enfants de troupe*; Bouffé, ce Protée, qui créait avec le même succès des rôles si divers, dans *le Gamin de Paris, Michel Perrin, la Fille de l'Avare, les Vieux péchés*; Mmes Allan, Jenny Vertpré, Jenny Colon.

En 1842, M. Poirson se trouva en dissentiment avec la Société des auteurs; ceux-ci mirent le théâtre en interdit, un long procès, qu'il perdit, le directeur céda la place à M. Montigny, qui se hâta de signer la paix et de reprendre possession d'un riche répertoire. Après être resté fermé pendant deux jours seulement, pour cause de réparation, le Gymnase rouvrit ses portes, le 20 juin 1844. Le spectacle se composait de *la Marraine, Philippe*, et *Avant, Pendant et Après*.

La troupe de M. Poirson se composait de Numa, Klein, Tisserant, Julien Deschamps, Sylvestre, Landrol père, Rébard, Mmes Rose Chéri, Nathalie, Fargueil. M. Léon Monval, qui était entré au Gymnase dès le mois de mai 1831, en qualité d'artiste et de régisseur général, était comme le gardien des traditions du théâtre.

M. Montigny engagea MM. Achard, Geoffroy, Delafosse, et un peu plus tard Mme Doche. Il mit en relief Mlle Désirée, fit débuter Geoffroy dans *Rodolphe*, Achard dans *l'Aumônier du régiment* et *la Famille du fumiste*. L'année 1844 finit par la première représentation de *Rébecca*, de M. Scribe, et de *Madame de Cérigny*, par Bayard et Charles Potron.

Le Gymnase, habilement conduit, servi par des écrivains distingués et des acteurs d'élite, est un des plus florissants théâtres de Paris. En dressant le tableau des pièces principales qu'il a jouées, nous en indiquons les destinées par un mot dont les souvenirs du public peuvent attester l'exactitude.

22 mars 1845, *la Belle et la Bête*, comédie-vaudeville en 2 actes, de MM. Bayard et Varner; Tisserant, Klein, Mlle Rose Chéri et Anna Chéri jouent les principaux rôles. — Succès.

17 avril, *l'Image*, comédie-vaudeville en 1 acte, de MM. Scribe et Sauvage, pour le début de Mme Doche. — Succès.

29 avril 1845, *Jeanne et Jeanneton*, comédie-vaudeville en 2 actes, de MM. Scribe et Varner; les principaux rôles par MM. Numa, Landrol père, Mlles Désirée et Melcy. — Grand succès.

28 juin 1845, *Un changement de main*, comédie-vaudeville en 2 actes, de MM. Bayard et Ch. Lafont. Mme Doche devait créer le rôle d'Élisabeth; elle répéta le rôle pendant près d'un mois; le rôle lui fut retiré après la répétition générale et confié à Mlle Rose Chéri, qui le joua huit jours après. Grand succès pour la pièce et surtout pour Mlle Rose Chéri. Montdidier a créé le rôle d'Alexis, et Klein était fort remarquable dans le rôle de Tchouvaloff.

19 août, *la Vie en partie double*, comédie-vaudeville en 1 acte, de MM. Anicet, Dennery et Brisbarre.

4 octobre, *les Couleurs de Marguerite*, comédie-vaudeville en 2 actes, de MM. Bayard et Biéville.

21 janvier 1846, *la Mère de famille*, comédie-vaudeville en 1 acte, de MM. Dennery et Gustave Lemoine; jouée par Achard, Geoffroy, Mlles Chéri et Melcy. — Succès.

21 février, *Georges et Maurice*, comédie-vaudeville en 2 actes, de MM. Bayard et Laya; début de Bressant dans le rôle de Maurice.

25 mars 1846, *le Mari qui se dérange*, comédie-vaudeville en 2 actes, de MM. Cormon et Grangé, joué par MM. Tisserant, Ferville, Sylvestre, Monval, Mlles Melcy et Sauvage. — Grand succès.

30 mars, *Geneviève ou la Jalousie paternelle*, comédie-vaudeville en 1 acte, de M. Scribe. Mlle Rose Chéri. — Grand succès.

5 août, *Clarisse Harlowe*, drame en 3 actes, de MM. Dumanoir, Clairville et L. Guilliaud; joué par MM. Bressant, Tisserant, Mlles Rose Chéri, Marthe. — Grand succès, surtout succès d'acteurs, Bressant et Mlle Rose Chéri étaient excellents dans les rôles de Lovelace et de Clarisse. Cette pièce est un des rares succès d'auteur.

5 décembre, *la Protégée sans le savoir*, comédie-vaudeville en 1 acte, de M. Scribe.

2 février 1847, *Irène ou le Magnétisme*, comédie-vaudeville en 2 actes, de MM. Scribe et Lockroy.

10 avril, *Une femme qui se jette par la fenêtre*, comédie-vaudeville en 1 acte, de MM. Scribe et G. Lemoine; jouée par Ferville, Deschamps, Mmes Lambquin, Anna Chéri, Melcy. — Grand succès.

15 janvier 1848, début d'Arnal dans *Ce que femme veut*, comédie-vaudeville en 2 actes, de MM. Duvert et Lausanne, pièce du répertoire du Vaudeville.

Horace et Caroline, comédie-vaudeville en 2 actes, jouée le 19 mai 1848, par MM. Bressant, Ferville, Geoffroy, Mlles Melcy et Marthe.

19 avril 1849, début de M. Lafontaine dans *Être aimé ou mourir*, vaudeville en 1 acte de MM. Scribe et Dumanoir.

Après deux ans de recettes médiocres, le 25 février 1850, première représentation d'*Un Coup d'État*, vaudeville en 1 acte, de MM. de Leuven, Brunswick et A. de Beauplan.

21 avril, *Héloïse et Abeilard*, comédie-vaudeville en 2 actes, de MM. Scribe et Michel Masson, pour les débuts de Mlle Wolf, qui venait de l'Opéra-Comique. Geoffroy et Mlle Marthe jouaient dans cette pièce. — La donnée de la pièce était fort scabreuse, et M. Scribe a fait un tour de force en arrangeant ce sujet pour la scène.

15 juin, *le Bourgeois de Paris*, comédie-vaudeville en 5 actes, de MM. Dumanoir, Clairville et J. Cordier.

14 novembre 1850, début de Mlle Luther dans *la Grand'Mère*, comédie-vaudeville en 3 actes, de M. Scribe.

Depuis longtemps la salle était dans un état déplorable, mais les circonstances fâcheuses où se trouvait le théâtre pendant les trois années qui suivirent la révolution de février n'avaient pas permis de songer à commencer les réparations nécessaires; au mois de décembre 1850, M. Montigny se décida à faire un sacrifice onéreux, mais indispensable. Le théâtre fut fermé le 16 décembre, et le 28 du même mois, c'est-à-dire après douze jours seulement de fermeture, le Gymnase rouvrit ses portes en offrant au public une salle charmante. L'administration a sacrifié environ cent cinquante places pour rendre les autres meilleures; ainsi la première galerie et le balcon contenaient trois rangs de stalles étroites, qui ont été remplacées par deux rangs d'excellents fauteuils, les autres places ont reçu des améliorations analogues; et aujourd'hui le Gymnase est une des salles les plus commodes de Paris, en même temps qu'elle est une des plus jolies. Il y a bientôt dix ans que la salle a été restaurée et elle a été si bien entretenue qu'il semble qu'on soit encore au lendemain de la restauration.

Le 28 décembre 1850, on a joué, pour la réouverture, une pièce de circonstance intitulée: *les Mémoires du Gymnase*. Cette pièce, de MM. Dumanoir et Clairville, a obtenu un grand succès. On a joué aussi le même jour *le Canotier*, vaudeville en 1 acte, de MM. Bayard et Sauvage; cette pièce, dans laquelle jouaient Bressant, Mlles Marthe et Luther a complètement réussi.

4 février 1851, *le Collier de perles*, comédie en 3 actes, de M. Mazères; jouée par MM. Bressant, Numa, Geoffroy, Mmes Rose Chéri. — Succès.

12 mars, *Manon Lescaut*, comédie mêlée de chant en 4 actes et un épilogue, de MM. Th. Barrière et Marc Fournier, jouée par MM. Bressant, Numa, Geoffroy, Villars, Mme Rose Chéri. — Grand succès.

14 mai, début de la troupe espagnole dont faisait partie la

Petra Camara; le succès de cette troupe et surtout de la Camara a été tel que le théâtre a pu augmenter le prix des places et faire pendant environ un mois des recettes de plus de 4,000 fr.

23 août, *Mercadet*, comédie en 3 actes de Balzac.

26 novembre, *le Mariage de Victorine*, comédie en 3 actes, par George Sand, jouée par MM. Bressant, Geoffroy, Dupuis, Lafontaine, Mmes Rose Chéri, Figeac, etc. — Grand succès.

20 mars 1852, *le Piano de Berthe*, par MM. Th. Barrière et J. Lorin, jouée par M. Bressant, Mmes Rose Chéri et Chéri-Lesueur.

9 août 1852, *les Avocats*, comédie-vaudeville en 3 actes, de MM. Dumanoir et Clairville.

1er septembre, *le Démon du foyer*, comédie en 2 actes de George Sand, jouée par MM. Geoffroy, Dupuis, Lafontaine, Mmes Rose Chéri, Luther.

25 novembre 1852, *Un fils de famille*, comédie-vaudeville en 3 actes, de MM. Bayard et Biéville, jouée par MM. Bressant, Lafontaine, Lesueur, Mmes Rose Chéri, Chéri-Lesueur. — Grand succès.

19 mars 1853, *Philiberte*, comédie en 3 actes, en vers, de M. Émile Augier, jouée par MM. Bressant, Dupuis, Lafontaine, Mmes Rose Chéri, Figeac et Mélanie. — Grand succès.

13 septembre, *le Pressoir*, comédie en 3 actes de George Sand, jouée par MM. Bressant, Dupuis, Lesueur, Lafontaine, Mmes Chéri-Lesueur, Laurentine. — Succès.

24 octobre, *le Pour et le Contre*, proverbe en un acte de M. Octave Feuillet, joué par M. Dupuis et Mme Rose Chéri. — Succès.

14 novembre, *Diane de Lys*, comédie en 5 actes de M. Alexandre Dumas fils, jouée par MM. Bressant, Lafontaine, Dupuis, Lesueur, Mmes Rose Chéri, Figeac. — Grand succès. M. Bressant joua le rôle de Paul Aubry pour la dernière fois, le 31 janvier 1854. M. Berton le remplace le lendemain, 1er février, pour son premier début.

8 avril 1854, *le Gendre de M. Poirier*, comédie en 4 actes de MM. Émile Augier et Jules Sandeau, jouée par MM. Berton, Lesueur, Dupuis, Villars, Mmes Rose Chéri. — Grand succès. Le rôle de Gaston de Presle est la première création de Berton au Gymnase.

15 juillet, *les Cœurs d'or*, comédie en 3 actes, mêlée de chant, de MM. Léon Laya et J. de Prémaray, jouée par MM. Geoffroy, Lafontaine, Dupuis, Mmes Laurentine, Teisseire.

15 décembre, *l'École des agneaux*, comédie en un acte, en vers, de M. Dumanoir, jouée par MM. Berton, Dupuis, Villars, Mmes Laurentine, Mélanie, Bodin, Emma Fleury. — Succès.

16 décembre, *le Chapeau d'un horloger*, vaudeville sans couplets, de Mme Émile de Girardin, jouée par MM. Berton, Dupuis, Lesueur. — Grand succès de gaieté.

20 mars 1855, *le Demi-monde*, comédie en 5 actes de M. Alexandre Dumas fils, jouée par MM. Dupuis, Berton, Villars, Mmes Rose Chéri, Figeac, Laurentine, jeune actrice qui est allée mourir prématurément à Turin.

1er décembre 1856, *le Camp des Bourgeoises*, par Dumanoir.

31 décembre, *Je dîne chez ma mère*, par Decourcelle et Lambert-Thiboust.

4 octobre 1856, *les Toilettes tapageuses*, par Dumanoir et Barrière.

31 janvier 1857, *la Question d'argent*, comédie en 5 actes, d'Alexandre Dumas fils.

3 août, *l'Invitation à la valse*, d'Alexandre Dumas père.

3 octobre, *les Petites lâchetés*, par MM. Anicet-Bourgeois et Decourcelle.

16 janvier 1858, *le Fils naturel*, d'Alexandre Dumas fils.

12 avril, *les Femmes qui pleurent*, par MM. Siraudin et Lambert-Thiboust.

17 mai, *l'Héritage de M. Plumet*, par MM. Barrière et Capendu.

23 octobre, *les Trois Maupin*, comédie en 5 actes, par MM. Scribe et Henri Boisseaux.

7 novembre, *l'Autographe*, par M. Henri Meilhac.

22 décembre, *Cendrillon*, par M. Barrière.

5 mars 1850, *Un beau Mariage*, comédie en 5 actes, par Émile Augier et Foussier.

1er juillet, *Rosalinde*, par MM. Lambert-Thiboust et Aurélien Scholl.

8 août, *Risette*, par Edmond About.

8 octobre, *le Petit-Fils de Mascarille*, comédie en 5 actes, par Henri Meilhac.

3 novembre, *Un Père prodigue*, comédie en 5 actes, d'Alex. Dumas fils, jouée par MM. Lafont, Dupuis, Lesueur; Mmes Rose Chéri, Mélanie, Delaporte.

Cette pièce a été jouée cent fois de suite, et la plupart des pièces que nous avons énumérées restent au répertoire.

Comme si le voisinage du Gymnase portait bonheur, un marchand de galettes, qui s'est établi dans une boutique voisine, a presque effacé la vieille renommée de Coupe-Toujours, le pâtissier du boulevard Saint-Denis.

En suivant le boulevard, nous retrouvons l'ancienne salle de l'Opéra. Longtemps fermée quand l'Académie de Musique eut émigré, elle ouvrit de nouveau ses portes le 30 septembre 1802, et mérita le nom d'Opéra du peuple. On y joua des mélodrames et des ballets; bien que la suppression de ce théâtre eût été ordonnée par un décret du 8 août 1807, il fut conservé, et reprit ses représentations le 1er janvier 1810. Il devait être exclusivement consacré à des exercices qualifiés de jeux gymniques; mais il y renonça bientôt pour reprendre son ancien genre, en y joignant des pièces comiques. Un descendant de l'illustre famille des Potier de Gèvres et de Blancménil, Charles Potier, se montra comédien consommé dans *les Petites Danaïdes*, *le Bourgmestre de Saardam*, *le Mandarin Hoang-Pouf*, *le Conscrit*, *le Ci-devant jeune homme*. Le mélodrame fleurit aussi à la Porte-Saint-Martin. Un acteur, nommé Emmanuel Philippe, d'une belle prestance, d'une physionomie sympathique, créa avec éclat les rôles de Charles le Téméraire dans *le Solitaire*, de lord Ruthwen dans *le Vampire* et du bon forçat dans *les Deux Forçats*.

Philippe mourut d'apoplexie le 17 octobre 1824; le lendemain, au moment où sa famille et ses amis se disposaient à conduire ses restes à l'église, un commissaire de police parut escorté de gendarmes, et somma le convoi de prendre la route directe du cimetière, attendu que l'église lui était fermée. La foule se rassembla, et il y eut un commencement d'émeute qui ne fut réprimé que par un grand déploiement de forces.

Les ballets de la porte Saint-Martin éclipsèrent un moment ceux de l'Opéra. Un mime vif, alerte, spirituel, nommé Mazurier, dépassa tous les danseurs comiques connus jusqu'alors. Son triomphe fut le rôle de *Jocko*, où il eut une vogue incroyable. On voyait des *habits à la Jocko*, des *robes à la Jocko*, des éventails en laque noir et or, au milieu desquels un médaillon représentait le singe essayant de jouer de la guitare. Une chanson, chantée dans les rues avec accompagnement d'orgue de Barbarie, disait :

> On vient de quitter subito
> Mod' français's et mod's anglaises;
> Et jusqu'aux marchands d' coco
> Tout s'habille à la Jocko (bis).

Un autre mime, Cook, excita l'étonnement et l'admiration par l'énergie, la vigueur et l'adresse avec lesquelles il s'acquitta du rôle du *Monstre*. Dans cette pièce, montée avec magnificence, on vit pour la première fois la mer mobile; antérieurement, les flots, les vagues n'étaient que des bandes posées sur champ les unes à côté des autres. Dans le *Monstre*, la mer fut figurée par une toile verte, dont les flots étaient soulevés par des hommes et des enfants qui marchaient dessous à quatre pattes.

Frédérik Lemaître, Bocage, Mme Dorval, firent oublier les ballets dans les drames de *Trente ans ou la Vie d'un Joueur*, de *Faust*, où Frédéric Lemaître, dans le rôle de Méphistophélès, dansait une valse infernale avec Mme Zélie Paul; de *Sept heures*, dont le sujet était emprunté aux temps révolutionnaires.

En 1829 s'ouvrit pour la Porte-Saint-Martin une ère littéraire. Le *Marino Faliero*, de Casimir Delavigne, avait été reçu au Théâtre-Français; mais il s'éleva des difficultés sur la distribution des rôles, et l'auteur retira sa tragédie pour cette inauguration. Rossini y mit une ouverture et y intercala quelques morceaux de ses partitions; et la pièce parut le 30 mai, interprétée par Ligier, Lockroi, Gobert, Auguste, Madame Dorval.

Commencé sous la direction de M. François Crosnier, le mouvement dramatique ne se ralentit point sous celle de M. Harel, qui lui succéda en 1832. Alexandre Dumas y donna *Antony* (3 mai 1831); *la Tour de Nesle*, où Mlle George était si belle et si terrible (20 mai 1832); *Angelo* (28 décembre 1833); *Catherine Howard* (22 avril 1834); *Don Juan de Marana* (14 avril 1836); *Richard d'Arlington*. Ce fut à la Porte-Saint-Martin qu'eurent lieu les représentations brillantes et tumultueuses de *Marion Delorme*, *Lucrèce Borgia*, *Marie Tudor*. Dans un ordre inférieur, *Napoléon ou Schœnbrunn et Sainte-Hélène*, par Dupeuty et Régnier-Destourbes, ne produisit pas moins d'effet. L'acteur Gobert s'identifia tellement avec le masque, les gestes, les habitudes extérieures de Napoléon Ier, que sa carrière dramatique fut terminée. Il lui fut impossible de se débarrasser de son personnage, et quand il l'eut colporté de ville en ville, il tomba dans l'oubli. On applaudissait à ses côtés Bocage dans le rôle d'un vieux grognard, et Mme Adolphe dans celui d'une servante allemande.

Sous l'administration de M. Harel furent montés avec soin et joués avec succès des drames d'une valeur réelle : *Guillaume Colmann*, *Dom Sébastien de Portugal*, *le Pacte de famine*, par Paul Foucher; *le Monomane*, de Duveyrier; *le Brigand et le Philosophe*, par Félix Pyat et Luchet; *Madame de La Vaubalière*, par Rougemont; *Vautrin*, de Balzac, défendu par l'autorité, qui, dans le rôle principal que remplissait Frédérik Lemaître, avait cru saisir des allusions offensantes pour Louis-Philippe.

On pourrait encore citer *les Deux Serruriers* et *le Chiffonnier*, par Félix Pyat; *la Dame de Saint-Tropez*, *Marie-Jeanne*, *Don César de Bazan*; *la Famille Moronval*, par Charles Lafont; *les Infants de Lara*, par Félicien Mallefille; *Farruck le Maure*, par Victor Escousse; mais en dépit de ses efforts, malgré les ressources de son esprit inventif, M. Harel fut obligé de déposer son bilan. Les frères Coignard, qui le remplacèrent, montèrent à grand spectacle, avec des décors splendides, *les Mille et une Nuits*, *la Biche au bois* et autres féeries.

MM. Tilly, Crosnier et Ber succédèrent à MM. Coignard en 1848. Au mois de juillet 1851, M. Marc Fournier vint prendre la direction, et releva le théâtre, qui périclitait, en donnant *Claudin*, de Mme Sand; puis une série de grands drames à grand spectacle, comme *les Nuits de la Seine*; *les Chevaliers du Brouillard*, où Mme Marie Laurent avait des allures si masculines dans le rôle de Jack Sheppard; *Richard III*, *les Noces Vénitiennes* (8 mars 1854); *le Fils de la Nuit*; *les Carrières de Montmartre*; *Benvenuto Cellini*, drame dans lequel, pour la première fois, le public fut initié par Mélingue, acteur et sculpteur, au modelage d'une statue.

Arrêtons-nous sur une œuvre dramatique qui a rapport avec notre sujet. Le 21 juillet 1855, la Porte-Saint-Martin donna, pour la rentrée de Bocage et de Mme Guyon, pour les débuts de Mme Naptal-Arnault, *Paris*, grande pièce de Paul Meurice, en 5 actes et 20 tableaux. « Ce grand drame, à compartiments et à rallonges, disait alors un critique, est tout à la fois historique, allégorique et en quelque sorte fantasmagorique. Vous en sortez plutôt ébloui que satisfait; pour ma part, il m'a semblé avoir parcouru rapidement les galeries de Versailles, et avoir vu les principaux tableaux de notre histoire passer devant mes yeux. Aucune sensation n'est possible pour donner une idée de cette espèce d'épopée nationale qui commence avec les Gaulois et finit en 1855 au palais de l'Industrie, traversant ainsi vingt siècles d'agitations, de revers, de conquêtes, de misère et de gloire. César, Attila, les Croisades, Jeanne Darc, la Ligue, la Fronde, Louis XIV, la Révolution, l'Empire; toutes ces grandes et magnifiques choses vous apparaissent personnifiées, vivantes, avec des costumes luxuriants et des décorations splendides.

« La troupe entière, déjà si complète, de la Porte-Saint-Martin, est employée dans cette immense lanterne magique; Bocage est venu y remplir trois rôles: ceux de Merlin, d'Abeilard et de Molière. Mme Guyon se montre tour à tour sous les traits de la druidesse Velléda, d'Héloïse, de Jeanne d'Albret et de Mme Rolland. La gracieuse Mme Naptal-Arnault faisait sa première rentrée sur cette scène par les personnages de trois vierges françaises : sainte Geneviève, Jeanne Darc et Charlotte Corday. »

Le 22 décembre 1859, fut représentée *la Tireuse de cartes*, à laquelle M. Mocquart avait collaboré, et qui, par les rapports de l'action avec l'affaire Mortara, avait une portée politique.

Après la Porte-Saint-Martin, on rencontre l'Ambigu-Comique, dont nous ajournons l'histoire, inséparable de celle des théâtres du boulevard du Temple, où l'Ambigu-Comique a été fondé et où il a passé la plus longue et la plus belle partie de son existence.

En quittant l'Ambigu, nous passons devant le Château-d'Eau, élevé en 1811, sur les dessins de M. Girard. La base est un bassin de treize mètres de rayon, d'où montent en gradins trois autres bassins concentriques. Ils sont couronnés par une double coupe en fonte, composée d'un piédouche et de deux patères d'inégale grandeur, qu'un fût sépare l'une de l'autre; de la patère supérieure jaillit une gerbe qui retombe en cascade jusque dans le dernier bassin, d'où les gueules de huit lions de fonte lancent des jets d'eau.

Derrière le Château-d'Eau était le Vauxhall d'été qui, comme nous l'avons dit ci-dessus, avait été créé pour faire concurrence avec la Redoute-Chinoise, de la foire Saint-Laurent, et disposé par les mêmes architectes et le même directeur. Le Vauxhall était originaire d'Angleterre, la première salle de ce genre avait été bâtie à Londres, par un nommé Vaux. Le terrain qu'occupait à Paris cet établissement a été utilisé par M. Charles Duval pour la construction du *Café-Parisien*, café aussi vaste et plus somptueux que la plupart des théâtres.

La caserne du Prince-Eugène, terminée en 1854, développe majestueusement sa façade à l'extrémité de la rue de Bondy; on a abattu, pour lui faire place, des masures, une maison de roulage et les derniers débris du Diorama, que le célèbre inventeur de la photographie, M. Daguerre, avait fondé dans les jardins de l'hôtel de Samson, trésorier de la chambre des Deniers.

Les quatre quartiers du Xe arrondissement sont ceux de Saint-Vincent de Paul, de la porte Saint-Denis, de la porte Saint-Martin et de l'hôpital Saint-Louis.

A propos des enceintes de Paris, nous avons décrit les deux portes érigées à la gloire de Louis XIV. L'hôpital Saint-Louis, fondé par Henri IV en 1607, fut construit sous la direction de Claude de Villefaux, et sur les dessins de Chastillon. L'édifice étant destiné au traitement des maladies contagieuses, l'architecte y établit de doubles cours et l'entoura également d'une double enceinte de murailles, qui alors interceptaient toute communication avec la ville. Cette vaste construction fut achevée dans l'espace de quatre années, mais ce fut seulement en 1619 que l'on put y placer des malades. Depuis cette époque, il n'a pas cessé d'être en activité et a reçu successivement différentes améliorations. Pendant quelques années de la Révolution, cet hôpital perdit le nom qui lui avait été donné en mémoire du roi mort de la peste à Tunis, et il fut connu sous la dénomination d'hospice du Nord.

Autrefois, l'hôpital Saint-Louis était loin de renfermer un nombre de malades en proportion avec son étendue et ses ressources. Il n'était ordinairement peuplé que de six à sept cents individus; on n'y comptait que trois cents lits. Deux malades et quelquefois trois malades atteints d'affections différentes partageaient la même couche. La Révolution mit fin à ce triste état de choses, et dans les années qui suivirent on exécuta des améliorations considérables.

En 1860, l'hôpital Saint-Louis est spécialement destiné au traitement des maladies cutanées, et on y compte onze cents lits.—Sept cents lits sont affectés aux galeux, quatre cents pour les hommes, trois cents pour les femmes; deux cents lits, aux blessés, aux affections dartreuses et cancéreuses; enfin, deux cents lits sont réservés aux scrofuleux, teigneux et fiévreux. On y peut prendre par jour un nombre considérable de bains, et les travaux exécutés en 1853 à l'intérieur de cet hôpital permettent de faire participer à ce genre de médication un plus grand nombre de malades du dehors dont les affections trop légères ne réclament pas l'admission.

FIN DU DIXIÈME ARRONDISSEMENT.

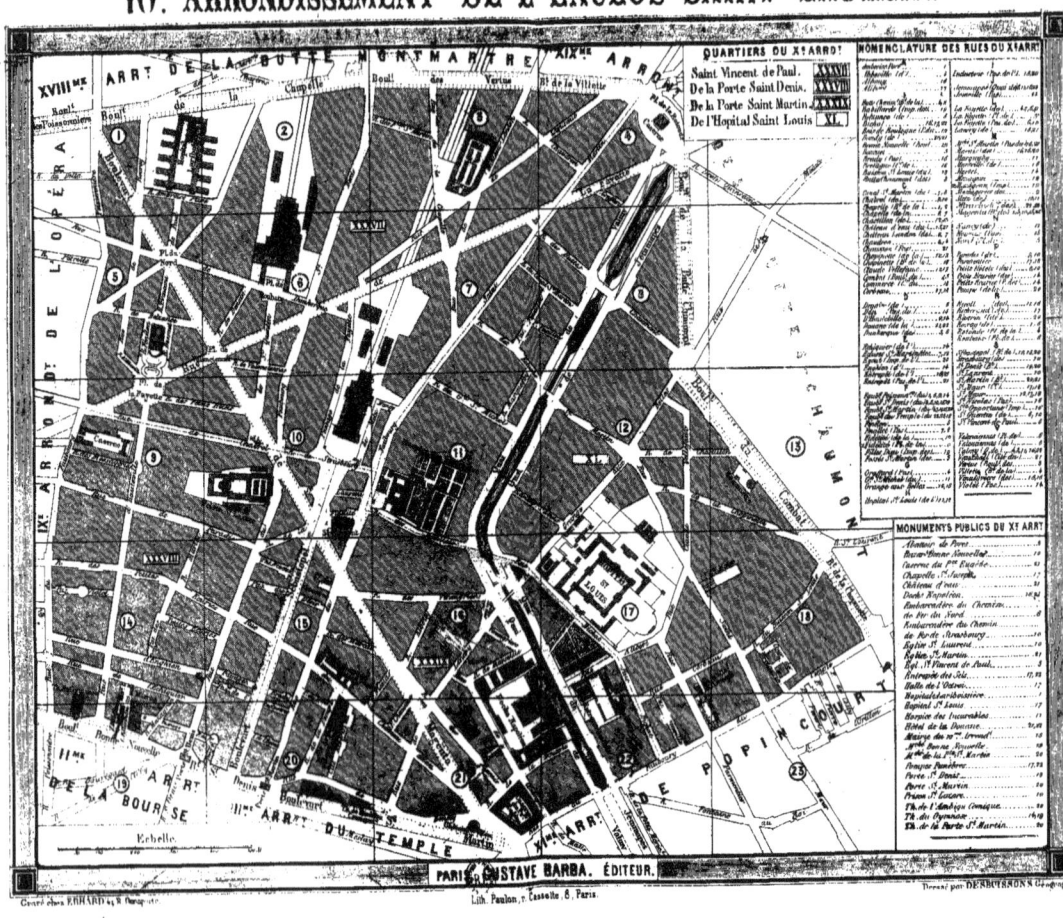

La queue aux théâtres du boulevard du Temple.

POPINCOURT. — ONZIÈME ARRONDISSEMENT.

CHAPITRE PREMIER.

Nouvelles voies de communication. — Boulevard du Prince-Eugène. — Translation des théâtres. — Le boulevard du Temple. — Les parades.

De la caserne du Prince-Eugène partent deux grandes voies de communication : l'une, qui est encore à l'étude, se dirige vers la barrière Poissonnière, en traversant les rues du faubourg Saint-Martin et du faubourg Saint-Denis. Elle écorne un angle de la prison de Saint-Lazare, et traverse la rue La Fayette, qu'on se propose de prolonger à travers le IX⁰ arrondissement jusqu'au boulevard des Capucines, ce qui entraînera la démolition d'un grand nombre d'immeubles, entre autres de celui où on lit, sur une plaque en marbre, scellée dans la cour, cette inscription :

A JACQUES LAFFITTE
LA SOUSCRIPTION NATIONALE
Août 1830.

La seconde artère part du coin de la rue du faubourg du Temple et du boulevard, et aboutit à la place du Trône. La plupart des terrains sur lesquels elle a été ouverte n'étaient que des marais, expression qui, dans le langage parisien, désigne des marécages, convertis en jardins potagers; aussi a-t-on pu livrer promptement au public une grande partie de la voie. Au commencement de 1860, des palissades de planches,

des murailles ou des maisons, se sont élevées le long des propriétés entamées par les démolisseurs; la chaussée a été macadamisée, des plates-bandes en terreau ont reçu deux rangées d'arbres qui ombrageront les contre-allées, des candélabres ont été posés pour le gaz, des bordures de granit marquent la limite des trottoirs. Tous ces travaux ont été accomplis avec une prodigieuse rapidité.

En arrivant à la rue de la Roquette, le nouveau boulevard dessine une place carrée sur le côté occidental de la rue; de l'angle nord-ouest de cette place part une autre voie publique, large comme le boulevard lui-même, qui va déboucher rue des Amandiers-Popincourt, dans l'axe de l'avenue Parmentier, pour la continuer jusqu'à la place et au boulevard du Prince-Eugène. Probablement sur cette place s'élèvera une statue équestre du prince.

L'achèvement du boulevard du Prince-Eugène entraînera la destruction de quelques théâtres.

Sur la place du Châtelet vont être transférés le Cirque-Impérial et le Théâtre-Lyrique. Il est aussi question de l'émigration des Délassements-Comiques. La Gaîté et les Folies-Dramatiques les suivront sans doute. Ainsi changera de face ce boulevard du Temple, jadis si célèbre, foire perpétuelle, où se pressait la foule, où s'accumulaient les spectacles, où, avant d'entrer dans les salles de pierre ou dans les baraques, un public avide se pâmait d'aise devant les tréteaux.

Ce fut au boulevard du Temple que se perfectionna la parade, dont les personnages étaient invariablement Léandre, Cassandre, Paillasse, Gilles, Pierrot, Colombine, Isabelle, et qui se terminait toujours par un appel chaleureux aux sympathies des assistants. On trouve dans quelques recueils des échantillons de ces farces populaires, qui sont en général dépourvues de toute espèce de sens commun, mais qui sont de nature à provoquer une invincible hilarité. Les gravelures, les expressions ordurières qui fourmillent dans quelques-unes, donnent une médiocre idée des mœurs de nos pères, dont, à ce qu'il paraît, les oreilles étaient moins délicates que les nôtres. Nous n'oserions pas même reproduire les titres des parades insérées dans le *Théâtre des Boulevards* (Mahon, 1755, 3 volumes in-12).

Les parades qu'on a pris la peine d'écrire ne se jouaient pas telles que nous les lisons.

Chaque acteur en plein vent brodait sur le thème donné, dont il renforçait les bouffonneries et les absurdités. L'essentiel était de prodiguer les coq-à-l'âne, et l'on en trouvera la preuve dans la parade que nous allons citer, et qui est un des types du genre.

CASSANDRE.

Eh bien! mon ami Paillasse, il paraît que tu reviens d'un long voyage.

PAILLASSE.

Oui, monsieur Cassandre, je viens de voyager dans la marmite.

CASSANDRE.

Tu as voyagé dans la marmite? tu veux dire dans l'Amérique, Paillasse?...

PAILLASSE.

Oui, monsieur, dans l'Amérique... dans la suie.

CASSANDRE.

Imbécile!... dis donc dans l'Asie...

PAILLASSE.

Oui, dans l'Asie, vers l'hydropique du Cancer...

CASSANDRE.

Vers le tropique du Cancer?...

PAILLASSE.

C'est juste; vers le tropique du Cancer. Dans ce pays-là, j'ai traversé dix-sept lieues de moutarde sans éternuer... vers les cannes à dards...

CASSANDRE.

Vers le Canada... Qu'il est bête!

PAILLASSE.

Vers le Canada et la nouvelle Écorce.

CASSANDRE.

Et la Nouvelle-Écosse, sot!...

PAILLASSE.

Et Notre-Dame... ville considérable de la Hollande.

CASSANDRE.

Dis donc Rotterdam, ignorant!...

PAILLASSE.

Oui, Rotterdam... chez mademoiselle Malaga...

CASSANDRE.

A Malaga!

PAILLASSE.

Oui; et à Ote-toi-d'ici.

CASSANDRE.

A Otaïti... butor!...

PAILLASSE.

Dans la capitale de mon pied...

CASSANDRE.

Comment, dans la capitale de montpied? L'animal! je sais qu'il veut dire dans la capitale du Piémont.

PAILLASSE.

Oui, c'est cela, dans la capitale du Piémont.

CASSANDRE.

Dis-nous comment tu as voyagé.

PAILLASSE.

Par mer, dans de vieux sceaux.

CASSANDRE.

Dis donc dans des vaisseaux...

PAILLASSE.

Oui, une fois en pleine mer, nous avons été assaillis par un ours...

CASSANDRE, *étonné.*

Par un ours?...

PAILLASSE.

Oui, par un ours qui a des gants.

CASSANDRE.

Il veut dire un ouragan. Et comment vous en êtes-vous tirés?

PAILLASSE.

Monsieur, je fus avalé par une baleine...

CASSANDRE.

Par une baleine?

PAILLASSE.

Oui, monsieur; j'y suis resté quinze jours à me régaler de saumons, de lamproies, de sardines, de morues, de raies bouclées, de merlans... Mais, comme je ne voyais pas clair dans le ventre de la baleine, et que je voulais en sortir, je me souvins que j'avais du jalap dans ma poche, je tirai deux ou trois pincées de ce laxatif, j'en farcis les intestins du *ça suffit*...

CASSANDRE.

Comment, ça suffit?... que veux-tu dire par là?... Je ne t'entends point, Paillasse...

PAILLASSE.

Quoi! vous ne savez pas ce que c'est qu'un ça suffit?...

CASSANDRE, *cherchant.*

Non... un moment; je crois que j'y suis... oui... m'y voici; il veut dire un *cétacé*.

PAILLASSE.

Oui, monsieur... justement, un c'est assez, vous m'en faites souvenir, *c'est assez*, ou *ça suffit*, est-ce que ce n'est pas la même chose?...

CASSANDRE.

Je te l'ai dit cent fois, Paillasse, il y a plusieurs espèces de poissons, des cétacés, des testacés et des crustacés.

PAILLASSE.

Pardine... je le sais bien, des c'est assez, des têtes cassées, des cruches cassées... Monsieur, à peine avais-je donné du jalap à la baleine, qu'elle fait des efforts, des efforts?!... Et comme je me trouvais plus près de la queue que de la tête, je suis tout bonnement sorti par une porte dérobée; alors j'ai nagé pour gagner la côte... Mais, monsieur, je ne peux vous en conter davantage pour le moment, il faut que je me rende à la maison.

CASSANDRE.

Auparavant, invite bien poliment la compagnie à entrer voir le spectacle extraordinaire que l'on va donner ici dedans, ce soir...

PAILLASSE, *brusquement.*

Hé!... les autres... entrez...

CASSANDRE, *lui donnant un coup de pied.*

Animal!... est-ce ainsi que l'on engage une aimable société?...

PAILLASSE.

Vous avez raison... je me suis trompé... Hohé! entrez, les autres...

CHAPITRE II.

Bobêche et Galimafré. — Curtius. — Les figures de cire. — L'Épi-Scié.

La plupart des parades, comme la précédente, étaient des choses de tradition. Il y avait cependant quelques novateurs qui venaient par intervalle renouveler l'ancien fonds; tel fut Bobêche qui acquit tant de célébrité qu'on le manda chez des ministres, chez des banquiers, chez des grands seigneurs, et que son nom est devenu un substantif pour caractériser les niais spirituels. Il faisait la parade à la porte d'un théâtre de funambules, avec une veste rouge, une perruque de filasse, et chapeau gris à deux cornes, auquel un papillon était attaché par un fil de fer. Une foule nombreuse se groupait toujours autour de ces tréteaux, et des hommes de goût ne dédaignaient pas de s'y arrêter. Charles Nodier, qui avait accepté sous l'empire une place à l'Université, ne se présentait pas régulièrement à son bureau. Le grand maître finit par lui adresser une verte semonce, et l'employé en faute lui avoua qu'il ne pouvait s'empêcher de faire une station sur le boulevard du Temple, pour écouter les plaisanteries de Bobêche.

« Monsieur, lui dit le grand maître, vous voulez m'en imposer, je ne vous y ai jamais vu. »

Dans une des parades de ce farceur populaire, Cassandre arrivait avec une lettre à la main, et Bobêche, ne sachant pas lire, priait son maître de lui donner communication de cette lettre.

Le maître lisait : « Mon cher ami, c'est avec la plus vive douleur que je vous apprends que depuis que vous avez quitté notre petite ville, mademoiselle votre sœur l'a scandalisée par son inconduite, et qu'elle a eu plusieurs amants. »

La coquine ! s'écriait Bobêche, il faut que je la tue pour venger l'honneur de la famille !

CASSANDRE.

Attends un peu ; il faut que je te lise le reste : « Comme elle est très-intéressée, elle a trouvé moyen, au milieu de ces désordres, d'amasser une douzaine de mille francs, dont elle vous destine la moitié. »

BOBÊCHE, *souriant.*

Mais !... au fond, c'est une bonne fille et elle ne manque pas de qualités.

CASSANDRE, *continuant sa lecture.*

« Malheureusement, des voleurs se sont introduits chez elle en son absence, et ont enlevé tout l'argent. »

BOBÊCHE.

Oh ! la misérable ! Monsieur, ne me retenez pas ; il faut que j'aille la punir comme elle le mérite.

CASSANDRE, *continuant sa lecture.*

« Par bonheur, les voleurs ont été arrêtés le lendemain, et toute la somme a été retrouvée. »

BOBÊCHE.

Les dix mille francs ne sont pas perdus ! Après tout, il est possible qu'on l'ait calomniée, cette pauvre fille.

CASSANDRE, *continuant sa lecture.*

« Il est vrai que les dix mille francs ont été déposés au greffe, et qu'on ne sait trop quand ils en sortiront. »

BOBÊCHE.

Tenez, monsieur, tout cela n'est pas clair. Avant de condamner ma sœur, j'attendrai des renseignements.

Bobêche se permettait quelquefois des malices à l'adresse de l'autorité. Dans les temps de crise qui suivirent l'invasion, il disait : « On prétend que le commerce ne va pas ; j'avais trois chemises, j'en ai déjà vendu deux. » Appelé à donner des représentations au Tivoli de la rue Saint-Lazare, il s'intitulait premier bouffon du gouvernement. Il fit des tournées en province, où ses saillies, purement parisiennes, ne furent point comprises, et il se retira à Rouen pour y diriger le théâtre de Gringalet, situé à l'extrémité du pont de Pierre, en face de l'île Lacroix.

Bobêche eut un concurrent en la personne de Galimafré ; mais ce dernier avait moins de distinction. Il cherchait à exciter le rire de la foule par des grossièretés. Il n'avait point, comme son rival, la noble ambition de plaire aux littérateurs qui, pendant leurs instants de loisir, consentaient à l'honorer de leur présence. Tandis que Bobêche trouvait une retraite honorable et fondait une scène qui n'a point péréclité, malgré le bruit qu'y font les spectateurs en cassant des vignots avec leurs dents, Galimafré entrait à l'Opéra-Comique en qualité de garçon machiniste !

Les parades de ces deux hommes célèbres, du père Rousseau, leur imitateur, et de plusieurs autres dont les fastes du théâtre n'ont pas enregistré les noms, devaient la meilleure partie de leur succès aux grimaces, aux contorsions, aux coups de pied et aux coups de poing. Elles étaient souvent plus intéressantes que ce qui se passait à l'intérieur des baraques ; la forme emportait le fond ; la broderie était plus riche que l'étoffe. Cependant, quelle variété de spectacles se disputait la faveur du public ! Ici des marionnettes effaçaient les acteurs des meilleurs théâtres par la justesse de leurs gestes et de leurs intonations ; là, des hommes, dont une longue pratique avait élargi l'œsophage, avalaient des sabres, des fourchettes et des cailloux. Les Parisiens couraient au boulevard du Temple pour appliquer leurs yeux aux verres bombés de ces optiques, qu'on appelle improprement *lanternes magiques* ; pour voir des hercules, des charlatans, des diseurs de bonne aventure, des escamoteurs ; des femmes qui, la tête posée sur une chaise et les deux pieds sur une autre, se faisaient casser les pavés sur le ventre à coups de marteau.

Puis il y avait le spectacle de Curtius. C'était un Allemand qui avait eu l'ingénieuse idée de ressusciter l'art de modeler en cire, art oublié, mais connu des Romains, puisque Lampride rapporte qu'on servait des mets en cire sur les tables d'Héliogabale ; puisque, pendant le moyen âge, les gens vindicatifs ou superstitieux ont fabriqué des figures de cire à l'effigie de leurs ennemis, pour se donner le plaisir de les percer de coups. Curtius avait son principal établissement au Palais-Royal, avec une succursale au boulevard du Temple. Ce fut dans cette dernière, qu'après l'exil de Necker, le 12 juillet 1789, un rassemblement alla chercher les bustes du ministre disgracié et du duc d'Orléans qu'il n'avait pas trouvés dans la collection du Palais-Royal. Comme c'était un dimanche, et que le ciel n'était rayé d'aucun nuage, une multitude immense était réunie sur le boulevard du Temple. Les deux bustes, recouverts de voiles noirs en signe d'affliction, furent portés à la tête d'une procession qui grossissait à chaque pas, et qui ne fut arrêtée qu'à la place Vendôme par un détachement de dragons du royal allemand. L'image de Necker eut la tête fendue. L'homme auquel avait été confiée cette effigie était un nommé Pépin, colporteur de mercerie, demeurant rue des Vertus, n° 44. Il reçut une balle à la jambe, un coup de sabre à la poitrine, et tomba à côté du buste brisé.

Les salons de figures de cire ont été ouverts au boulevard du Temple, presque jusqu'à la fin du règne de Louis-Philippe. Le défaut de conscience a causé leur ruine ; les propriétaires de cet établissement cherchaient à exploiter la circonstance et prenaient dans leur magasin des têtes qui représentaient indifféremment des maréchaux de l'empire, des ministres de la restauration ou du règne de Louis-Philippe, des monarques décédés ou vivants, des personnages de la fable ou de l'histoire, des philanthropes ou des assassins. Chaque buste était, comme dit Horace, *cereus ad vitium flecti.* Deux figures faisaient ordinairement partie de la collection : la première, debout dans le vestibule, était revêtue de l'uniforme de la gendarmerie française ; la seconde avait entre les mains un tronc où les visiteurs déposaient leurs offrandes au profit du démonstrateur ; et comme les recettes supplémentaires étaient généralement abondantes, celui qui, la baguette à la main, faisait voir la jeune fille à la tirelire, la désignait sous ce nom : « Une jolie petite fille qui ne pleure jamais. »

Entre toutes les salles et toutes les baraques du boulevard du Temple s'étaient glissées des restaurants et des cafés ; mais qui eût songé, sous l'ancien régime et même il y a dix ans, à enrichir de peintures, de sculptures, de dorures, l'asile où le commerçant vient se distraire des ennuis de la journée, où l'ouvrier se délasse, où les spectateurs disséminés dans les théâtres voisins viennent passer le temps des entr'actes ! Les cafés du boulevard du Temple étaient noirs, enfumés, au-dessus du niveau du sol de la rue voisine, mais au-dessous de celui du boulevard. Un des plus fameux était celui de L'Épi-Scié, dont la renommée fut compromise par une affluence toujours croissante d'hommes suspects et discrédités.

La physionomie du boulevard du Temple fut changée par la substitution graduelle de théâtres de pierre aux théâtres de bois.

CHAPITRE III.

Théâtre de la Gaîté.

De tous les théâtres du boulevard du Temple, celui de la Gaîté est le plus ancien. Il s'ouvrit dès 1760, sous la direction de Restier, qui fit voir dans une baraque de bois des exercices acrobatiques. Nicolet, le pitre de la troupe, en devint le directeur, fit rebâtir la salle, et obtint la permission d'écrire sur la façade : *Théâtre des grands sauteurs et danseurs de corde du roi*, après avoir eu l'honneur de jouer au château de Choisy, devant Louis XV et Mme Dubarry.

On dit proverbialement : « C'est toujours de plus fort en plus fort, comme chez Nicolet. » En effet, il y eut là des équilibristes qui rivalisaient de force et de souplesse. On cite entre autres le gracieux Placide ; Desvoges, qui dansait merveilleusement la gigue britannique ; le beau Dupuis, dont le principal exercice s'appelait les *forces d'Hercule* ; le Petit-Diable, remarquable par sa précision et sa légèreté. On voyait encore au théâtre des Grands-Sauteurs du Roi, qui avait abrégé son titre primitif, des scènes comiques et des pantomimes. Taconnet y jouait les rôles de savetier avec tant de vérité, que des connaisseurs disaient de lui qu'il était déplacé dans le rôle de cordonnier.

En 1792, les grands danseurs firent disparaître leur titre pour y substituer celui de la Gaîté, et ils profitèrent de la liberté des théâtres pour initier le public des boulevards au répertoire de la Comédie-Française. *Tartufe, Georges Dandin, le Médecin malgré lui,* excitèrent les applaudissements de la population des faubourgs. Le théâtre de la Gaîté offrit à ses abonnés *le Brutus* de Voltaire, *le Fénelon* de Marie-Joseph Chénier, *les Victimes cloîtrées* de Monvel. Ribier, successeur de Nicolet, ne crut pas devoir conserver un titre qui n'était point justifié, et il adopta celui de Théâtre-d'Émulation; mais lorsque, en 1790, il eut vendu la direction au sieur Coffin-Rosny, le nom déjà connu de théâtre de la Gaîté reparut sur la façade.

Au reste, la nouvelle direction n'essaya pas de faire concorder le genre du spectacle avec sa dénomination joviale. Le Théâtre-d'Émulation avait emprunté au *Moine de Lewis* et aux *Pénitents noirs* de miss Ann Radcliffe des mélodrames sombres, émaillés de coups de poignard et d'apparitions. Le théâtre de la Gaîté débuta par *Kalik-Sergus*, mélodrame de Cuvelier, et par une pantomime à grand spectacle intitulée *les Quatre parties du monde.*

Un journaliste spirituel, Martainville, fit, pour le théâtre de la Gaîté, la première de ces féeries absurdes, mais divertissantes, qu'on a depuis tant de fois imitée. C'était *le Pied de Mouton*, joué en 1805, pièce dont une phrase est devenue presque proverbiale : « Demandez plutôt à Lazarille. »

Bourguignon, gendre de feu Nicolet, jugea le temps assez prospère pour faire reconstruire le théâtre de la Gaîté, et une salle bien coupée, disposée par l'architecte Peyre, fut inaugurée, le 3 novembre 1805, par la première représentation du *Siège de la Gaîté*, pièce à grand spectacle de Hapdé. On y joua des mélodrames qu'il importe de consulter pour peu qu'on veuille se rendre compte de l'histoire des théâtres en France. *L'Homme de la Forêt-Noire, le Précipice, Marguerite d'Anjou, les Ruines de Babylone, Baudoin de Jérusalem, Fitz-Henri,* sont émouvants et pleins d'effets. Dans *le Chien de Montargis ou la Forêt de Bondy,* mélodrame représenté le 18 juin 1814, on vit pour la première fois un chien chargé d'un rôle important. Martainville, qui rédigeait alors le feuilleton dramatique dans *le Journal de Paris,* disait de ce merveilleux quadrupède, dans son numéro du 22 juin 1814 :

« Il n'est question que de l'intéressant animal qui lutte d'intelligence et de talent avec les premiers acteurs du théâtre de la Gaîté, et contribue beaucoup pour sa part à l'ensemble avec lequel le nouveau mélodrame est joué. Plusieurs généalogistes le font descendre en droite ligne du célèbre chien dont l'héroïque amitié pour son maître, le malheureux Aubry de Montdidier, a fourni le sujet de la pièce.

« Quelques personnes qui se plaisent à tout révoquer en doute, lui contestent, il est vrai, l'ancienneté de sa noblesse, mais elles ne peuvent s'empêcher de rendre hommage à ses rares qualités, et de convenir que, s'il n'est pas de race illustre, il est bien digne d'en être. Quoi qu'il en soit, Dragon relève son mérite par une grande modestie ; sa robe est simple ; c'est un caniche noir et blanc qui n'a rien de remarquable; mais ses talents naturels et acquis le placent bien au-dessus des êtres de son espèce, qui ne peuvent se prévaloir que du frivole avantage d'une belle fourrure. Dragon est parvenu à maîtriser l'impression que fait toujours sur un artiste qui se présente pour la première fois l'aspect d'une nombreuse assemblée; aujourd'hui, tout entier à son rôle, il vient sonner à la porte d'une auberge, appelle l'hôtesse, lui raconte en son langage l'assassinat commis sur son maître, fait par ses vêtements, et l'entraîne vers le théâtre du crime. Bientôt on le voit poursuivre l'assassin avec tous les signes de la plus ardente fureur. L'art de la pantomime est celui que Dragon possède au degré le plus éminent. »

Le 17 janvier 1818, on joua à la Gaîté un vaudeville intitulé *l'Enfant du régiment,* par Dubois et Brazier, qui inquiéta vivement la police de la Restauration. Elle prétendit que le héros n'était autre que le roi de Rome, et qu'une gravure, où on le voyait assis sur les genoux d'un vieux sapeur, lui avait donné une ressemblance trop exacte avec le fils de Napoléon Ier. La gravure fut saisie et la pièce supprimée après quarante-cinq représentations, à l'une desquelles avait assisté le duc d'Orléans avec sa famille.

Sous la direction de Guilbert de Pixérécourt, Dubois et Marty, qui avaient succédé à la veuve Bourguignon en 1825, le théâtre de la Gaîté attira la foule par les mélodrames les plus sinistres, entre autres *Newgate*, pièce de M. Sauvage, jouée le 22 novembre 1829, point de départ de toutes les compositions dramatiques où des voleurs sont mis en scène. En 1834, on jouait à la Gaîté *Latude ou trente-cinq ans de captivité.* Pour ajouter à la vogue de cette pièce historique, la direction montrait dans le foyer l'échelle de corde et les autres instruments de la miraculeuse évasion de Latude. Après quatre-vingts représentations successives, le théâtre de la Gaîté monta une féerie intitulée *Bijou ou l'Enfant de Paris.* Le samedi, 21 janvier 1835, dans une répétition générale, un machiniste tenait un flambeau d'étoupe, sur lequel étaient jetées des pincées de lycopode pour simuler les éclairs. Une frise s'enflamma, et le théâtre ne fut bientôt qu'un monceau de cendres. Pour prévenir de semblables sinistres, l'architecte Bourlat le reconstruisit en fer avec une dépense minime, eu égard à l'importance du monument, qui ne lui coûta que 443,000 fr. La salle fut ouverte le 19 novembre 1835, et on y donna un prologue intitulé *Vive la Gaîté!* Un mélodrame, qui s'appelait *la Tache de sang,* et une folie-vaudeville, *le Tissu d'horreurs,* où le directeur Bernard-Léon obtint des applaudissements qui étaient à la fois un témoignage d'estime pour son talent et de sympathie pour son malheur.

Depuis cette époque, la Gaîté a constamment prospéré, et elle a représenté des drames qui feront époque. Nous pouvons citer entre autres *le Sonneur de Saint-Paul,* de Joseph Bouchardy ; *la Grâce de Dieu ; l'Éclat de rire,* où Francisque aîné se montrait si grand acteur ; *le Courrier de Lyon ; Paillasse,* une des dernières créations propres à faire comprendre à la génération actuelle ce qu'avait été Frédérik Lemaître dix années auparavant. Puis vient *le Masque de poix,* de Benjamin Antier ; *Georges et Marie,* d'Anicet-Bourgeois et de Michel Masson, pièce dans laquelle reparaissait Laferrière, qui créa bientôt après le rôle principal dans *le Médecin des Enfants* ; *les Cosaques,* d'Arnault et Judicis, drame qui répondait si bien aux sentiments populaires dans un moment où il s'agissait d'imposer une digue aux empiétements de la puissance moscovite en Orient. La Gaîté donna aussi des féeries réjouissantes et enrichies de trucs ingénieux, telles que *les Sept Châteaux du Diable,* et *les Cinq cents Diables,* de Dumanoir et Dennery, en 3 actes et 32 tableaux.

Pendant l'année 1859, la Gaîté a donné, le 18 avril, *Micaël l'Esclave,* drame de Bouchardy ; le 14 mars, *les Ménages de Paris,* en 7 actes, par MM. Brisebarre et Nus ; le 9 juin, *la Veille de Marengo,* en 6 actes et 7 tableaux, par MM. Arnault, Judicis et de La Haye ; le 23 novembre, *le Savetier de la rue Quincampoix,* par MM. Dennery et Crémieux.

CHAPITRE IV.

L'Ambigu-Comique.

A côté de la Gaîté vécut longtemps l'Ambigu-Comique ; il fut fondé par Audinot, acteur de la Comédie-Italienne, qui établit un théâtre de marionnettes à la foire Saint-Germain en 1760.

Le 9 juillet de la même année, il se transporta au boulevard du Temple, et obtint l'autorisation d'associer à ses comédiens de bois des enfants qui placèrent son spectacle au premier rang dans la faveur publique. « Les amateurs, disent les Mémoires de Bachaumont à l'année 1771, sont enchantés de voir la foule se porter à l'Ambigu-Comique pour y applaudir une troupe d'enfants qui y font fureur; ils espèrent que cette troupe deviendra une espèce de séminaire où se formeront des sujets d'autant meilleurs qu'ils annoncent déjà des dispositions décidées, et donnent les plus grandes espérances ; mais les partisans des mœurs gémissent sincèrement sur cette invention, qui va les corrompre jusque dans leur enfance, et qui, par la licence introduite sur cette scène, en forme autant une école de libertinage que de talents dramatiques. »

Le même auteur dit à l'année 1772 : « Mme Dubarry, qui cherchait tous les moyens de distraire le roi, que l'ennui gagnaît aisément, avait imaginé de faire venir Audinot jouer à Choisy avec ses petits enfants. C'était la première fois qu'un directeur forain paraissait devant S. M. On a donné d'abord *Il n'y a plus d'enfants*, petite comédie en prose d'un sieur de Nougaret, où il y a de la naïveté, mais des scènes d'une morale peu épurée ; *la Guinguette*, ambigu-comique de M. Plainchesne ; c'est une image riante et spirituelle de ce qui se passe dans les tavernes, un joli Téniers. On a fini par *le Chat botté*, ballet-pantomime du sieur Arnault ; on n'a pas même oublié *la Fiancée*, contredanse très-polissonne. Mme Dubarry s'amusait infiniment, et riait à gorge déployée ; le roi souriait quelquefois. En général, ce divertissement n'a pas paru l'affecter beaucoup. »

Audinot fut un des premiers auteurs de pantomimes à grand spectacle avec changements à vue et combats réglés. Pour se soustraire aux réclamations de l'Opéra, qui voulait lui interdire les chants et les danses, il tâchait de s'amoindrir, inscrivait modestement sur sa toile : *Sicut infantes audi nos*. Il fut toutefois obligé d'accorder à l'Académie royale de Musique une indemnité de 12,000 livres, somme dont l'importance atteste la prospérité de l'Ambigu.

En 1785, deux voleurs surprirent une jeune fille dans la forêt de Villers-Cotterets, lui enlevèrent son argent, et l'attachèrent à un arbre malgré ses cris et ses supplications. Ainsi garrottée, demi-nue, épuisée par une longue lutte, elle était sans défense contre la brutalité des agresseurs, quand parut un maréchal de logis au régiment des dragons de la reine. Il attaqua hardiment les voleurs, les mit en fuite et délivra la victime qu'il reconduisit chez ses parents.

Cette aventure eut du retentissement. Marie-Antoinette en fit appeler le héros, lui donna de l'argent pour acheter son congé, et le maria avec la jeune fille qu'il avait sauvée. Sur ce sujet, qui occupait tout Paris, Audinot imagina de faire une pantomime qui fit oublier toutes celles qu'il avait données précédemment : *les Quatre Fils Aymon*, *la Forêt-Noire*, *le Capitaine Cook*, *le Masque de Fer*. Audinot se vit assez de ressources pour se donner une salle neuve, dont Célérier fut l'architecte.

« C'est, dit *l'Almanach des Spectacles* de 1791, une des plus belles et des plus vastes du royaume ; l'intérieur est construit dans le goût gothique. La société y est mieux composée que dans la plupart des spectacles du boulevard. »

La belle salle d'abord peu fréquentée, l'Ambigu végéta jusqu'au jour où Corse, auteur et acteur, en prit la direction. Une farce d'Aude, *Madame Angot au sérail de Constantinople*, eut deux cents représentations consécutives ; elle fut suivie de mélodrames dont la noirceur était égayée par les facéties du niais : *le Jugement de Salomon*, *Tekeli*, *les Francs-Juges*, *la Forêt d'Hermanstadt*, *Hariadan Barberousse*, *la Femme à deux maris*, *Calas*, etc. Parmi les acteurs qui brillèrent dans ces compositions dramatiques, on remarqua Tautin, Rafille, Stoklett. Ce dernier, dans *Thérèse ou l'Orpheline de Genève*, faisait frissonner les assistants rien qu'en se promenant de long en large au fond de la scène, tandis que les acteurs groupés sur le premier plan s'entretenaient de ses scélératesses. Il persécutait l'innocence si consciencieusement et jouait les coquins avec tant de vérité que plus d'une fois des spectateurs indignés l'attendirent à la sortie du spectacle pour lui faire un mauvais parti.

Corse mourut en 1816, et Mme de Puisay, son associée, céda le privilège à Audinot fils, qui s'adjoignit Franconi et Senepart. *Cardillac*, *l'Auberge des Adrets*, *Lisbeth ou la Fille du laboureur* ; *le Songe et le Belvéder*, qui durent en partie leur succès aux décorations de Daguerre, permirent à l'Ambigu de soutenir sans désavantage la concurrence de la Gaîté ; mais les deux théâtres eurent une même destinée.

Pendant la répétition d'une pièce intitulée *la Tabatière*, le 13 juillet 1827, un incendie terrible dévora l'Ambigu. La concierge, qui s'appelait Couray, et un pompier périrent dans les flammes.

Comme la Gaîté, l'Ambigu renaquit de ses cendres ; l'autorité exigea sagement que le théâtre reconstruit fût isolé ; et comme on manquait d'espace sur le boulevard du Temple, on fit choix d'un terrain situé sur le territoire actuel du Xe arrondissement. Ce terrain était occupé par l'hôtel Murinais, qui fut démoli ; et le 8 juin 1828, fut livrée au public une salle qui peut contenir deux mille personnes. Les travaux, dirigés par Hittorff et Lecointe, coûtèrent 1,347,944 fr. L'emplacement avait été acheté au prix de 385,515 fr. Le plafond fut peint par Gosse, et le reste des ornements par Jouanis et Desfontaines. Les planchers furent construits en fer et maçonnés en briques ; un rideau mobile en treillis de fer fut disposé de manière à séparer la scène de la salle en cas d'accident.

Après 1830, M. de Cès-Caupennes prit la direction de l'Ambigu-Comique. Sous son administration furent joués le *Festin de Balthasar* ; *Caravage* et l'*Officier bleu*, par Paul Foucher ; le *Facteur*, de MM. Charles Desnoyers, Boulé, Charles Pothier (9 décembre 1834) ; *Nabuchodonosor*, où Guyon se grimait avec tant d'art ; *Glenarvon*, de Félicien Malefille ; *Ango*, de Félix Pyat (1835) ; *Héloïse et Abeilard*, d'Anicet Bourgeois et François Cornu (26 mai 1836) ; *Un Jour de grandeur*, pièce en trois actes mêlée de couplets, par Eugène Deligny. Ce fut sous cet auteur que Joseph Bouchardy composa ses deux premières pièces, le *Fils du Bravo*, amusant vaudeville en un acte, et *Hermann l'ivrogne*, drame en deux actes. Il soumit ensuite son *Gaspardo* à l'appréciation de M. de Cès-Caupennes, qui le monta sur la recommandation de Guyon. Les acteurs répétèrent ce drame, qui fut joué le 14 janvier 1837, sans pressentir qu'il aurait plusieurs centaines de représentations fructueuses. La troupe de l'Ambigu comptait alors dans ses rangs Saint-Ernest, qui est décédé en 1860 ; Guyon, mort prématurément et dont la veuve est une actrice distinguée ; Saint-Firmin, grand comédien, créateur du rôle de don César dans *Ruy Blas* ; Montigny, qui a renoncé à la scène pour devenir l'heureux directeur du Gymnase ; Mmes Théodorine Mélingue et Gauthier.

De 1838 au mois d'avril 1840, sous la direction de MM. Cormon, A. Crussols, — Cormon et Dennery, — Cormon, Dutertre et Chabot de Bouin, on ne représenta que deux pièces importantes : le *Naufrage de la Méduse*, avec une mise en action émouvante du tableau de Géricault, et *Lazare le pâtre*, de Joseph Bouchardy.

La direction d'Antony Béraud, qui dura de 1841 à 1848, monta *Paris la nuit*, de Cormon ; *Paul et Virginie* ; les *Jumeaux béarnais*, par Paul Foucher ; les *Bohémiens de Paris*, de Dennery et Granger, où l'on chantait une ronde qui est devenue populaire ; l'*Abbaye de Castro* (21 juillet 1841). Le 18 septembre de la même année fut jouée la *Lescombat*, par Antony Béraud et Alphonse Brot. Alexandre Mauzin, qui remplissait le rôle de l'amant, y avait des mouvements magnifiques. Il était plein de noblesse lorsque, poussé par sa maîtresse à assassiner l'époux endormi, il s'arrêtait tout à coup au seuil de la porte, en s'écriant : « Debout, Monsieur de Lescombat, et l'épée à la main ! » Frédéric Soulié donna à l'Ambigu ses meilleures pièces, l'*Ouvrier*, la *Closerie des genêts* (16 octobre 1846). Alexandre Dumas y fit jouer les *Mousquetaires*, le 27 octobre 1845.

Après la retraite d'Antony Béraud, qui a fini tristement ses jours à la fin de 1859 dans la maison municipale de santé, il se forma une association composée de Saint-Ernest, Chilly, Verner, Arnault, Mmes Guyon et Naptal-Arnault. Malgré des circonstances défavorables, non-seulement la société fit honneur à ses affaires, mais encore elle réalisa des bénéfices. Elle donna des pièces historiques, comme *Louis XVI et Marie-Antoinette*, *Napoléon et Joséphine*, le *Roi de Rome*, et des pièces à grand spectacle, comme le *Juif-Errant*, de Dennery et Dinaux ; les *Quatre fils Aymon*, d'Anicet Bourgeois et Michel Masson ; *Notre-Dame-de-Paris*, imitée de Victor Hugo, par Paul Foucher.

Charles Desnoyers fut nommé directeur au mois de juin 1852, et son administration ne fut pas heureuse, malgré le succès de la *Case de l'oncle Tom*, dont Dumanoir et Dennery avaient emprunté le sujet à Mme Beecher Stowe, et de la *Prière des Naufragés*, de Dennery et Ferdinand Dugué. Charles Desnoyers mourut subitement, et le privilège vacant fut donné à M. Chilly, qui en prit possession le 25 mai 1858. Son administration fut heureuse ; elle débuta par la représentation du *Martyre du cœur*, de Victor Séjour et de Breuil. La terrible insurrection de l'Inde anglaise, les atrocités dont se souillirent les Cipayes, les évasions miraculeuses de quelques familles à travers les jungles, fournirent à MM. Anicet Bourgeois et Ferdinand Dugué le sujet du drame populaire des *Fugitifs*, représenté pour la première fois le 21 juin 1858. Frédérik Lemaître vieilli, mais toujours puissant, reparut dans le *Maître d'école*, le *Vieux caporal*, et le *Marchand de coco*. Paul Meurice composa pour Mélingue le drame de *Fanfan la Tulipe*, et Victor Séjour fit jouer, le 3 mars 1860, le *Compère Guillery*.

L'administration de l'Ambigu se compose de MM. Albert, directeur de la scène; de Breuil, secrétaire général; Monot, régisseur; Payer, caissier, et Savigny, contrôleur.

CHAPITRE V.

Le Cirque-Olympique. — Le Cirque d'été. — Le Cirque-Napoléon. Le Théâtre-Lyrique.

Après la Gaîté et l'Ambigu, le plus ancien des théâtres du boulevard du Temple, dans l'ordre chronologique, est le Cirque-Olympique. Ce fut d'abord un manège établi dans la rue du faubourg du Temple, en 1780, par l'Anglais Astley, auquel s'associa Franconi. D'habiles écuyers y faisaient la voltige sur les chevaux qu'ils avaient dressés; des acrobates y dansaient sur la corde avec ou sans balancier; des chiens savants y jouaient aux dominos; un singe, surnommé le *Général Jacquot*, y déployait une intelligence supérieure à celle des vulgaires quadrumanes. Resté seul propriétaire après Astley, Franconi transporta son établissement sur le boulevard des Capucines, et de là rue Saint-Honoré, sur l'emplacement qu'occupe en 1860 le bal Valentino. De là, sous le premier empire, Franconi jeune, deuxième du nom, ajouta des pantomimes aux exercices du cerf Coco et de l'éléphant Baba. De retour au faubourg du Temple, en 1817, il y eut quelques années de splendeur, brusquement interrompues par un incendie, dans la nuit du 15 au 16 mars 1826. Ainsi les principales salles de spectacle du boulevard du Temple ont brûlé toutes les trois.

Le 31 mars 1827 s'ouvrait un nouveau Cirque. Il renonça aux exercices d'équitation pour renouveler sur une échelle réduite les grandes victoires de la république et de l'empire; mais les frais qu'il avait à supporter étaient tellement écrasants, que les entrepreneurs se ruinèrent. Adolphe Adam loua la salle pour exploiter le privilége d'un théâtre lyrique, et fut bientôt dans la nécessité de battre en retraite. Les pièces militaires reparurent accompagnées de féeries dont la plus recommandable s'appelait les *Pilules du Diable*.

A la fin de 1859, le Cirque, qui avait fait des excursions dans les temps historiques antérieurs à 1789, revint à ses premières amours. L'*Histoire d'un Drapeau*, de l'inépuisable Dennery, avec la collaboration anonyme de Mocquart, conduisit les spectateurs de triomphe en triomphe. Les tableaux représentaient un Atelier de brodeuses; le Plateau de Rivoli; la Batterie couverte; la prise du pont d'Arcole; la Bataille des Pyramides; la Fête du Nil; l'entrée à Vienne; un Drame dans une chaumière russe; les Neiges du Nord; les Deux Drapeaux; le Retour de l'île d'Elbe; Solferino. Les principaux rôles étaient joués par Laferrière, Jenneval, Colbrun, Maurice Coste et Mme Clarisse Miroy. Au mois de mars 1860, le directeur, M. Hostein, avec l'agrément du ministre d'État, mit tous les soirs mille places à la disposition du ministre de la guerre; et la garnison de Paris put envoyer chaque soir des députations au spectacle, qui déroulait sous leurs yeux de glorieux exemples, et dont le dernier tableau pouvait rappeler à quelques-uns des assistants leurs périls et leurs exploits personnels.

Quant aux jeux hippiques, aux sauts périlleux, aux exercices de force ou d'adresse, qui avaient valu au Cirque-Olympique son ancienne renommée, ils ne manquèrent pas d'asile. Franconi et Ferdinand Laloue, par décision ministérielle du 26 mai 1835, obtinrent le privilége d'un Cirque d'été aux Champs-Élysées. Un arrêté préfectoral du 21 avril 1840 concéda à M. Dejean, alors directeur du Cirque-Olympique, un emplacement de 1,830 mètres, où fut construit le beau théâtre que nous avons déjà mentionné. L'architecte, M. Hitorff, a élevé sur le boulevard du Temple une seconde rotonde, dont les travaux ont commencé le 15 avril 1852, et qui a été inaugurée le 11 décembre de la même année, en présence de l'Empereur. Ce vaste amphithéâtre est décoré de sculptures d'après Pradier, Bosio, Duret et Dantan; Gosse, Barrias et Nolan ont peint les frises et la coupole. En mars 1860, le Cirque-Napoléon offrait à ses habitués les travaux équestres de Mmes Loyal et de Mlle Clara Rach; des intermèdes de clowns; la Voltige des Petits Chinois, par Lhemann Montero et Joseph; soixante sauts périlleux sur la batoude américaine, par Barnes; les gracieuses gambades de Don-Juan, taureau dressé en liberté, par l'Américain Mac Ray.

Le Théâtre-Lyrique, qui avait balbutié ses premiers chants sur la scène où naguères les coursiers hennissaient, où l'éléphant Kiouny dansait la gavotte, où Martin se promenait comme Daniel au milieu des lions, eut le bonheur de rencontrer dans le voisinage une salle mieux appropriée à sa destination spéciale. Il y avait, en 1789, au coin de la rue du faubourg du Temple, un magnifique hôtel édifié par l'architecte Moreau pour M. de Chavannes, conseiller de grand'chambre. Le conseiller d'État Foulon, dont nous avons raconté la fin lamentable, avait acquis cette maison quand il était intendant de la généralité de Paris, et l'avait considérablement embellie. Le 25 avril 1846, une société acheta les débris de cet hôtel et y fit bâtir, sur les plans de M. de Dreux, un théâtre qui, en vertu d'une décision ministérielle du 23 décembre 1846, s'appela le Théâtre-Historique. Alexandre Dumas était un des propriétaires, et il y fit représenter *la Reine Margot, les Girondins, Monte-Christo, le Chevalier de Maison-Rouge*. Tous ces drames étaient mis en scène avec une merveilleuse intelligence; cependant l'entreprise périclita, et la salle allait se fermer quand on chantait encore dans les rues le chœur des *Girondins*:

Mourir pour la patrie, etc.

Le théâtre rouvrit sous le nom de Théâtre-Lyrique, et sous la direction de M. Édouard Seveste, auquel a succédé M. Carvalho. Propager dans les masses le goût de la musique, tel est le but que cette nouvelle scène s'est proposé, et qu'elle a atteint. Elle a donné des opéras-comiques de compositeurs connus, tels qu'Adolphe Adam, Halévy, Gounod, Clapirson, Rayor; elle a favorisé les débuts d'Eugène Gautier, Pascal, Aristide Hignard, Delajarte, Paul Cuzent; enfin, elle a repris des œuvres consacrées de Mozart, Gluck et Weber.

CHAPITRE VI.

Les Folies-Dramatiques. — Les Délassements-Comiques. — Les Funambules. — Le Petit-Lazari. — La maison Fieschi.

Presque toutes les maisons sont des théâtres sur le boulevard du Temple. Près du Cirque sont les Folies-Dramatiques, dont la vogue se soutient depuis l'ouverture, qui eut lieu le 22 janvier 1831. La salle fut bâtie par M. Alaux, peintre et architecte. Les directeurs successifs ont été MM. Léopold et Mourier. Là ont brillé MMlles Théodorine, Judith et Léontine; Frédérik Lemaître y a joué *Robert-Macaire*, comédie aristophanesque, satire sanglante que la postérité devra consulter pour connaître les mœurs du XIXe siècle. Les Folies-Dramatiques ont abordé tous les genres et résumé pour ainsi dire les théâtres voisins; elles ont eu des vaudevilles amusants, comme *les Aventures de Jovial*; des drames comme *le Couvent de Tonnington*, des pièces patriotiques comme *la Cocarde tricolore*, des féeries comme *la Fille de l'air* et *la Fille du feu*, des pièces entremêlées de tours de force comme *Gig-Gig*.

Les Délassements-Comiques, moins ambitieux, se contentent d'offrir à leurs nombreux abonnés des vaudevilles spirituels, et surtout des revues dont l'effet est renforcé par de beaux costumes, de jolies figurantes et de splendides décorations. Entre le café Haincelin et le Cirque avait déjà existé un théâtre des Délassements-Comiques, créé par Plancher dit Valcour. La salle, incendiée en 1787, fut immédiatement reconstruite. En 1791, un prestidigitateur nommé Perrin y exécutait des tours qui se sont maintenus au répertoire de la physique amusante, comme l'expérience de la montre pilée dans un mortier et retrouvée aussi belle qu'auparavant; le grand tour de la colombe qui rapporte une bague mise dans un pistolet; l'encrier unique et parfaitement isolé qui fournit à volonté de l'encre bleue, verte, lilas, etc. Perfectionné par Robert-Houdin, ce dernier tour est devenu la bouteille inépuisable, à la grande satisfaction des dégustateurs.

En 1793, Valcour se coiffa du bonnet rouge, adopta le prénom d'Aristide, et fit jouer *le Vous et le Toi, la Discipline républicaine, le Tombeau des Imposteurs ou l'Inauguration du Temple de la Vérité*, sans-culotterie dédiée au pape. Ce directeur-auteur se retira en 1799, et se fixa à Belleville, où il est mort le 28 février 1815. Il fut remplacé par le sieur Dehasme, qui, profitant de la liberté des théâtres, aborda la tragédie, la comédie et l'opéra. Après avoir eu des alternatives de bonne et de mauvaise fortune, le théâtre des Délassements-Comiques fut supprimé par un décret de 1807.

En 1768 s'était formé, sur le boulevard du Temple, le théâtre des Associés, qui se permettait de jouer les pièces du répertoire classique. La Comédie-Française s'en formalisa; mais le directeur Salé écrivit aux acteurs du grand théâtre : « Messieurs, je donnerai demain dimanche une représentation de *Zaïre* ou *le Turc égaré par la jalousie;* ayez la complaisance de lui envoyer une députation de votre illustre compagnie, et si vous reconnaissez la pièce de Voltaire, je consens à mériter votre blâme. » Lekain, Préville et quelques autres répondirent à l'invitation, et rirent tant qu'ils accordèrent à Salé l'autorisation de puiser tant qu'il voudrait dans leur répertoire.

Supprimé en 1807, le théâtre de Salé devint le café d'Apollon, café-concert où l'on jouait devant les consommateurs des petites scènes mêlées de chant et des pantomimes arlequinades. En 1815, Mme Saqui, célèbre par ses ascensions sur la corde roide au milieu d'un feu d'artifice, obtint le privilège d'un théâtre dont les acrobates faisaient, dans le grand carré des Champs-Élysées, un des principaux ornements des fêtes publiques. Démoli en 1841, le théâtre de Mme Saqui fut remplacé par celui des Délassements-Comiques. La danse de corde trouva d'abord un refuge dans la salle des Funambules; mais bientôt elle fut abandonnée pour le vaudeville et la pantomime. Gaspard Debureau s'y fit dans les rôles de Pierrot une réputation qu'il justifiait par la finesse de son jeu. Jules Janin, Charles Nodier, Théophile Gautier, Balzac, ne dédaignaient pas d'aller voir et de prôner Debureau. Lorsqu'en 1844 il fut traduit en cour d'assises pour avoir tué d'un coup de parapluie un homme qui le provoquait, tous les habitants de la capitale s'intéressèrent à son sort et applaudirent à son acquittement. Sa mort, arrivée en 1847, excita d'unanimes regrets, et les débuts de son fils, qui essayait de le remplacer, furent accueillis avec sympathie.

Pour ne pas laisser incomplète cette longue énumération de théâtres, mentionnons le Petit-Lazari, où l'enfant des faubourgs trouve des distractions dramatiques au meilleur marché possible. Ce Lezari venait d'Italie; c'était un arlequin remarquable par sa gentillesse, sa légèreté et ses saillies. Le spectacle des Variétés-Amusantes, établi en 1765 par de Lécluse, avait été transféré au Palais-Royal au mois de janvier en 1784; Lazari s'installa dans la salle vide, où il florissait encore en 1798, lorsque, le 31 mai, un incendie qu'il fut impossible d'arrêter éclata à la suite d'une représentation du *Festin de Pierre*. Lazari, ruiné, se tua de désespoir. La salle occupée ne fut rouverte qu'après 1815. On y voyait des marionnettes; mais depuis la révolution de 1830, elles ont été remplacées par de vrais acteurs.

Les constructions imposantes qui bordent le boulevard de ce côté ont remplacé le Panorama-Dramatique, théâtre malheureux : ouvert en 1821 et démoli en 1823, il comptait pourtant parmi les acteurs Serres et Bouffé. Son directeur, M. Langlois, n'épargnait rien pour accroître l'illusion. Dans le mélodrame du *Vieux Berger*, il avait introduit un troupeau de moutons vivants qui, effrayés par les applaudissements, sautèrent au milieu de l'orchestre. Dans *la Petite lampe merveilleuse*, il avait organisé une charmante armée d'enfants. Duponchel avait dessiné pour *Ogier le Danois*, et pour *la Mort du chevalier d'Assas* des costumes d'une fidélité historique encore inconnue; mais tant de sacrifices et d'efforts furent en pure perte.

A peu de distance du Panorama-Dramatique était la façade d'une maison longue et étroite qui a également disparu. Dans cette maison se présenta, le 8 mars 1835, un homme qui dit s'appeler Gérard, et qui était accompagné par un homme plus âgé qui se faisait passer pour son oncle. Le premier était Fieschi, et l'autre Morey. C'était Pepin, marchand épicier, qui avait fourni les fonds pour louer la chambre et y mettre quelques meubles.

Le 28 juillet suivant, Fieschi était aux aguets derrière une jalousie, prêt à mettre le feu à une machine infernale composée de canons de fusils rangés comme des tuyaux d'orgues. Louis-Philippe passe avec son état-major au milieu d'une foule immense et joyeuse; tout à coup une détonation retentit : une pluie de projectiles blesse mortellement le maréchal Mortier, six généraux, deux colonels, un officier d'état-major, neuf gardes nationaux, dix-huit spectateurs, parmi lesquels se trouve une jeune fille de seize ans. Les chevaux du roi, du duc d'Orléans, du duc de Nemours, sont atteints. Louis-Philippe, dont une balle a seulement effleuré le front, montre un calme extraordinaire, et après avoir vu relever les mourants, il se tourne vers ceux qui l'accompagnaient en disant froidement : — Continuons, messieurs.

Blessé par l'explosion de quatre canons, Fieschi fut arrêté au moment où il essayait de sortir de la maison par la rue des Fossés-du-Temple, en se laissant glisser le long d'une corde. Traduit devant la Cour des pairs, il fut condamné, le 15 février 1836, à la peine des parricides, et exécuté le 19 février avec ses deux complices. Un troisième, nommé Boireau, fut condamné à vingt ans de détention.

Le boulevard, ensanglanté par cette horrible tentative, est tous les soirs plein d'animation, de bruit, de lumière; une multitude de marchands ambulants stationnent devant les théâtres et sollicitent par leurs cris les consommateurs, tandis qu'un commerce considérable de contre-marques se fait à la porte des théâtres.

CHAPITRE VII.

Églises Saint-Ambroise et Sainte-Marguerite.

Le XIe arrondissement, si remarquable sous le rapport de ses salles de spectacle, ne possède que deux églises, Saint-Ambroise et Sainte-Marguerite. La première était la chapelle du couvent des religieuses annonciades du Saint-Esprit; elles étaient venues s'établir, en 1636, au village de Pincourt ou Popincourt, qui s'était formé autour du manoir de Jean de Popincourt, premier président du Parlement sous le règne de Charles VI. D'autres sœurs, les hospitalières de la Charité-Notre-Dame, vinrent, la même année, fonder un hôpital dans la même localité, sur le terrain qu'on appelait la Rochette ou la Roquette, probablement parce qu'il y avait là quelques rochers. Il a donné son nom à la longue rue par laquelle les convois montent au Père-Lachaise.

Cette maison ne fut supprimée qu'après la révolution; quant à celle des Annonciades, elle ne réussit point : ses pauvres nonnes aliénèrent leur propriété par parcelles et finirent par vendre leur monastère à des particuliers en 1784. On n'en garda que l'église, que M. Godde restaura en 1811, qui fut inaugurée comme succursale de Sainte-Marguerite, le 15 novembre 1818. La façade ne manque pas d'élégance; à l'intérieur, on remarque un Christ et un saint Jean-Baptiste sculpté par Guichard; une *Annonciation*, tableau de Noël Hallé, et une toile où Wafflard a représenté le charitable patron dérobant un Arien à la fureur de fanatiques intolérants.

La paroisse Sainte-Marguerite ne fut d'abord qu'une chapelle, bâtie en 1625 par Antoine Fayet, curé de Saint-Paul pour servir de sépulture aux membres de sa famille. On l'érigea en paroisse en 1712, et le nombre des fidèles qui venaient y assister au service divin nécessita l'agrandissement de l'édifice. Louis, architecte du Palais-Royal, y ajouta une chapelle, que Brunetti décora de fausses colonnes, de statues peintes et de trois bas-reliefs représentant la mort et les funérailles de Jacob, et Adam et Ève chassés du paradis terrestre, avec cette inscription : *Stipendium peccati mors*.

L'église Sainte-Marguerite renferme des tableaux de Wafflard, de Galloche, de Restout, de Baptiste; quelques-uns rappellent les actes de saint Vincent de Paul, et proviennent de l'ancienne chapelle des Prêtres de la Mission. Les amateurs y verront avec intérêt, à droite de l'entrée, un *Massacre des innocents*, à gauche, une *Descente de Croix*. Ce sont deux tableaux du XVIIe siècle, bien conservés et d'un mérite réel. L'église s'est aussi enrichie, en 1818, par les soins du comte de Chabrol, d'un tombeau qui décorait jadis la petite église de Saint-Landry, dans la Cité. François Girardon l'avait fait exécuter pour sa femme et pour lui, par ses élèves Nourrisson et Robert le Lorrain. C'est un sarcophage de marbre vert, surmonté d'une croix, au pied de laquelle la Vierge gémit près du corps inanimé de son Fils; deux anges sont auprès de la tête du Christ; un troisième se tient aux pieds de la croix et deux autres voltigent dans les airs. Ces figures, de marbre blanc, se détachent en demi-relief sur un fond de couleur.

Dans le bras droit du transsept sont des reliques de saint Ovide, enfermées dans une figure de cire; le saint, couché sous une vitrine, est revêtu d'un pourpoint de satin rouge broché d'or, et porte par dessus un manteau de soie jaune. Il a des moustaches et une impériale.

Les clowns du Cirque-Napoléon.

Dans la même chapelle est le buste de M. Haumet, décédé le 23 septembre 1851, après avoir été pendant vingt ans curé de cette paroisse.

On voyait jadis dans cette église un médaillon en marbre blanc, à la mémoire de Vaucanson, ou plutôt Vocanson, car la découverte d'actes authentiques a établi la véritable orthographe du nom du célèbre mécanicien.

Voici son acte de baptême, extrait des registes de la paroisse Saint-Hugues de Grenoble :

« Le 25 février 1709, j'ay baptisé Jacques, né d'hier, fils de sieur Jacques Vocanson, marchand gantier, et de demoiselle Dorothée Lacroix, mariés; étant parrain sieur Léonard Pouchot, marchand gantier, marraine demoiselle Marie Chagnier, femme de François Baissière, libraire; le père, signé en présence des soussignés »

« Vocanson, Pouchot, Marie Chagnier, Vocanson,
« Baissière, J. Vocanson, Buisson, archiprêtre. »

Vocanson mourut à l'hôtel Mortagne, rue de Charonne, âgé de soixante-quatorze ans. Le hasard rapproche son souvenir de celui d'un orphelin dont l'existence, commencée près du trône, s'acheva dans un cachot. Son acte de décès est conçu en ces termes :

« Du 24 prairial de l'an III de la République.

« Acte de décès de Louis-Charles Capet, du 20 du mois, trois heures après midi, âgé de dix ans deux mois, natif de Versailles, département de Seine-et-Oise, domicilié à Paris, aux tours du Temple, section du Temple, fils de Louis Capet, dernier roi des Français, et de Marie-Antoinette-Joseph-Jeanne d'Autriche, sur la déclaration faite à la maison commune par Étienne Lasne, âgé de trente-neuf ans, gardien du Temple, domicilié rue et section des Droits-de-l'Homme, n° 48; le déclarant a dit être voisin; et de Jean Bigot, âgé de cinquante ans, employé, domicilié à Paris, Vieille-Rue-du-Temple, n° 61; le déclarant a dit être ami. Vu le certificat de Dussor, commissaire de police de ladite section, du 22 de ce mois.

« *Signé* : Lasne, Bigot,
« et Lodin, officier public. »

Ce fut dans le cimetière de l'église Sainte-Marguerite qu'on enterra, le 24 prairial an III, le fils de Louis XVI; mais il a été impossible de retrouver la dépouille mortelle de ce malheureux enfant. Il résulte de l'enquête ouvert en 1815, par les ordres de Louis XVIII, que le cercueil fut déposé dans la fosse commune; que des personnes pieuses le firent placer pendant la nuit dans une fosse séparée, et que le comité de sûreté générale le fit enlever clandestinement. Sur les deux premiers faits, nous avons le témoignage du sieur Decouflet, bedeau de la paroisse des Quinze-Vingts, et de la femme Valentine Bertrancourt, veuve d'un fossoyeur. « On l'enterra à la brune, dit cette dernière, il ne faisait pas encore tout à fait nuit; il y avait très-peu de monde; je pus facilement m'approcher; je vis le cercueil comme je vous vois. On le mit dans la fosse commune, qui était alors la fosse de tout le monde, les petits comme les grands, les pauvres comme les riches, tous y allaient, parce que, soi-disant, *tout le monde était égaux*.

« Le lendemain, comme j'étendais de bon matin du linge dans le cimetière, mon mari, qui travaillait à la tranchée, me fit signe d'aller auprès de lui. J'y allai : et aussitôt il me dit de descendre avec lui dans la fosse, et enfonçant sa pelle à plusieurs endroits dans le lit de terre dont la bière était censée couverte, il me montra que dessous il n'y avait plus rien. Et comme je regardais sans y prendre trop d'attention, il me dit : « Ah bien! tu n'es guère curieuse, pour une femme! Tu ne me demandes pas seulement ce qu'elle est devenue, cette bière. » Sur quoi je lui répondis que je ne me mêlais pas de politique, et que si j'avais su qu'il me dérangeât pour si peu de chose, je

Un convoi d'enfant rue de la Roquette.

serais bien restée à étendre mon linge. Il me dit là-dessus que je ne serais jamais qu'une bête, et je retournai à mon ouvrage, pendant qu'il continua de se croiser les bras appuyés sur sa pelle, comme quelqu'un qui pense. A peu de temps de là, il revint encore sur le propos de cette bière, en me disant que le corps avait été retiré de la fosse commune, la nuit même de l'enterrement, et qu'il avait été placé dans une fosse creusée d'un bout dans le mur de fondation et de l'autre dans le cimetière à gauche de la porte de l'église, du côté de l'autel de la communion. Il n'aurait tenu qu'à moi de savoir l'endroit au juste, mon mari m'y aurait menée, si j'avais voulu; mais je ne m'en étais jamais intéressée, vu que ça ne me regardait pas, si bien, qu'à l'heure qu'il est, je ne puis que répéter ce qu'il m'a dit. »

Le troisième fait semble établi par la déposition du sieur Toussaint Charpentier, jardinier en chef du Luxembourg. Il fut mandé à la préfecture de police le 11 juin 1816, par suite du rapport qui avait été fait sur son compte, et interrogé par le chevalier de Chancy, chef de la première division. « Le 25 prairial an III, dit cet homme, vers cinq heures après midi, quelqu'un se présenta chez moi, de la part du comité révolutionnaire de la section du Luxembourg, et m'enjoignait de me rendre de suite au comité, ce que je fis. Là, un membre me donna l'ordre de revenir le même jour, à dix heures du soir, avec deux de mes ouvriers, munis chacun d'une pioche. A l'heure prescrite, nous arrivâmes tous trois au comité, où, après avoir attendu jusqu'à onze heures, un membre, revêtu de son écharpe, sans entrer dans aucune explication, nous fit monter dans un fiacre, qui nous conduisit jusqu'à l'extrémité du Jardin des Plantes. Il nous fit alors descendre et l'accompagner à pied jusqu'au cimetière de Clamart, en continuant d'observer le plus profond silence. Ici, je crois devoir faire remarquer que cette démarche paraissait enveloppée d'un mystère impénétrable; la voiture dans laquelle nous étions partis du comité n'était précédée ni suivie d'aucune escorte...

« Lorsque nous entrâmes au cimetière, il pouvait être onze heures et demie : celui sous la direction de qui nous avions marché, commanda à l'homme qui nous avait ouvert la porte de se retirer. Cet homme, qui avait vraisemblablement son habitation dans l'enceinte du cimetière, ne se le fit pas répéter; il obéit sur-le-champ. Pour nous, je veux dire mes ouvriers et moi, nous attendions : un instant s'écoula, et le membre du comité s'étant assuré qu'il n'y avait plus personne auprès de nous, nous fit avancer sur la droite, seulement à une distance de huit à dix pas de l'entrée. Alors il nous dit qu'il fallait nous dépêcher de creuser, à la place où nous nous trouvions, une fosse large de trois pieds sur six de longueur et autant de profondeur. Nous nous conformâmes à ce qui nous était prescrit, du moins quant à la largeur; mais deux ouvriers ne pouvant travailler ensemble dans un espace de six pieds, nous dûmes donner à la fosse une étendue de huit pieds pour la longueur. Nous avions déjà dépassé de plus d'un pied la profondeur exigée, lorsque nous entendîmes le bruit d'une voiture, qui ne tarda pas à s'arrêter. Au même instant on nous fit cesser le travail, la porte du cimetière s'ouvrit, et nous vîmes sortir de la voiture trois autres membres du comité révolutionnaire, revêtus de leur écharpe, comme celui qui nous avait amenés. Chacun de nous put apercevoir en même temps un cercueil large de huit à dix pouces, et long de quatre pieds et demi, que les membres du comité, avec l'aide du cocher, prirent eux-mêmes la peine de descendre et de déposer à l'entrée du cimetière, après quoi on nous invita à sortir, mes ouvriers et moi. Cependant, un moment après, nous fûmes introduits de nouveau, et nous eûmes lieu de remarquer que, dans l'intervalle, le cercueil avait été placé dans la fosse, où on l'avait recouvert d'à peu près cinq à six pouces de terre. On nous chargea de combler la fosse, et l'opération terminée, on nous ordonna de fouler la terre avec nos pieds et de la tasser de toutes nos forces. Nous conclûmes que le but qu'on se proposait était de faire disparaître, dans cet endroit, au moins autant que possible, la trace d'une terre fraîchement remuée.

« Tout étant ainsi consommé, pour ce qui nous regardait, on nous fit la recommandation très-expresse de garder le secret sur l'opération à laquelle nous avions concouru. On nous dit même à ce sujet qu'on ne saurait retrouver celui d'entre nous qui aurait commis la moindre indiscrétion. Enfin, on remit à chacun de mes ouvriers un assignat de dix francs; quant à moi, on me promit une récompense que je me gardai bien d'aller chercher par toute espèce de raisons, et qui, sans ces raisons mêmes, ne m'aurait guère tentée, surtout après que j'avais entendu l'un des quatre membres du comité se permettre de dire en riant : « Le petit Capet aura bien du chemin à faire pour aller retrouver sa famille. »

CHAPITRE VIII.

Les Folies. — La prison des jeunes détenus. — Régime intérieur. — Nourriture. — Distribution de la chapelle. — Punitions et récompenses. — Société de patronage pour les jeunes libérés.

Les églises Sainte-Marguerite et Saint-Ambroise donnent chacune son nom à un quartier. Celui de la Folie-Méricourt vient d'une maison de campagne créée par un certain Méricourt, Moricourt ou Moricault. Le nom de Folie était donné à toute habitation environnée de jardins et pour laquelle avaient été faites des dépenses excessives. Les prisons des jeunes détenus et de la Roquette sont bâties, en partie, sur l'emplacement de la Folie-Regnault. Quel en était le propriétaire? Un simple épicier. « On s'étonnera peut-être, a dit à ce sujet M. Léon Michel, de voir un épicier donner dans les folies; mais l'épicier-maître du temps jadis était un personnage important à Paris. La corporation des épiciers-apothicaires formait la deuxième des six corps de ville, fournissait des échevins et même des prévôts à Paris. Les épiciers portaient le dais sur la tête du roi, et leurs gardes, dans les cérémonies, étaient vêtus de la robe consulaire à collet et à manches pendantes, brodées et parementées de velours noir. Ils avaient des armoiries, dont la devise rappelait qu'ils étaient les conservateurs de la bonne foi et du commerce, les gardes du *poids le roi*, c'est-à-dire des poids et balances étalons. Cette devise était ainsi conçue : LANCES ET PONDERA SERVANT. »

La fondation de la maison d'éducation correctionnelle date de 1830. Elle est située rue de la Roquette en face du dépôt des condamnés. Elle se compose de vastes bâtiments reliés ensemble aux extrémités par des tours. Au centre se trouve la chapelle qui communique aux bâtiments par de larges galeries et des ailes rayonnantes. Les enfants et les jeunes gens qui y sont détenus composent une population d'environ 500 individus. Ils appartiennent à deux catégories distinctes : 1° Ceux auxquels on a appliqué la disposition répressive de l'art. 66 du Code pénal ainsi conçu : « Lorsque l'accusé aura moins de seize ans, s'il est décidé qu'il a agi sans discernement, il sera acquitté; mais il sera, selon les circonstances, remis à ses parents, ou conduit dans une maison de correction pour y être élevé et détenu pendant tel nombre d'années que le jugement déterminera, et qui, toutefois, ne pourra excéder l'époque où il aura accompli sa vingtième année. » 2° Les enfants contre lesquels le père aura eu des sujets de mécontentement très-graves pourront être détenus pendant un mois au plus, lorsqu'ils seront âgés de moins de seize ans. Depuis seize ans jusqu'à la majorité ou l'émancipation, cette détention pourra durer six mois au plus. Le père fera prononcer cette mesure, toute de correction, en s'adressant au président du tribunal civil, qui, après avoir conféré avec le procureur impérial, délivrera l'ordre d'arrestation ou le refusera, et pourra, dans le premier cas, abréger le temps de la détention obtenu à la requête du père. Par une sage prévoyance, le législateur a voulu que, dans le cas où la mesure serait ordonnée, la requête adressée au président et les papiers constatant la mise à exécution de l'ordre d'arrestation seraient anéantis, afin qu'il n'en subsiste aucune trace. On comprend que, parmi les détenus à titre de correction paternelle, il en est un grand nombre qui reviennent promptement à de bons sentiments et compteront plus tard parmi les hommes honorablement placés dans la société. Il eût été tout à la fois injuste et illogique de laisser peser sur leur avenir le souvenir de cette mesure qui a eu seulement pour but de réprimer le plus souvent des actes d'insubordination passagère et d'éviter pour l'avenir des écarts d'une nature plus grave. (Art. 376 et suivants du Code Napoléon.)

Le quartier appelé de la correction paternelle a été organisé aux termes d'un arrêté-règlement en date du 27 février 1838. Les enfants renfermés dans cette section occupent les cellules du premier étage d'une des ailes rayonnantes de la prison. Ces cellules, construites dans la pensée d'un système de séparation pendant la nuit seulement, ont environ 2 mètres 50 centimètres sur 2 mètres. L'air y est renouvelé par une ventilation constante. A la porte de chaque cellule est pratiqué un guichet qui met le détenu, dans quelque endroit de la cellule qu'il se place, sous les yeux des employés préposés à sa surveillance. Des calorifères sont disposés de manière à maintenir, pendant l'hiver, la température à un degré modéré. Le soir, toutes les cellules sont éclairées au moyen de lampes. Le coucher se compose d'un lit hamac, consistant en une toile tendue de la muraille à la cloison opposée, et sur laquelle sont posés un matelas, un traversin, une couverture en été, deux en hiver, et une paire de draps changée tous les mois. Une petite table, une chaise et quelque objets de propreté complètent cet ameublement.

Voici quelles sont les bases du régime disciplinaire : dès que l'enfant est entré dans le quartier de la correction, il n'est plus désigné que par le numéro de sa cellule. Le silence absolu est la règle première du quartier; la seconde est l'obligation d'une occupation constante. Comme, dans cette catégorie particulière de détenus, la séquestration est trop courte pour permettre l'apprentissage d'un métier, on leur fait exécuter un travail qui peut être enseigné en quelques séances, comme par exemple, la confection de chaussons de lisière, etc...

Il existe pour ces enfants des professeurs, (actuellement ce sont MM. Trappe et Melin, dont les noms sont avantageusement connus dans l'enseignement) qui, à des heures déterminées, vont donner des leçons de lecture, d'écriture ou de calcul dans les cellules. L'enfant a du reste à sa disposition des livres de piété et de morale; et, s'il a reçu un commencement d'instruction, les livres d'étude qui peuvent lui convenir sont déposés dans sa cellule. Actuellement, il se trouve dans la maison d'éducation correctionnelle des jeunes gens, faisant partie du quartier de la correction paternelle, et qui se préparent aux examens du baccalauréat ès lettres et ès sciences, sous la direction éclairée des professeurs dont nous venons de parler.

Le directeur de la maison, l'aumônier, le médecin, font de fréquentes visites dans ce quartier.

Les parents sont admis, s'ils le désirent, à voir les enfants détenus une fois chaque semaine. Cependant, l'administration, d'accord avec le président du tribunal, a coutume d'interdire ces sortes de visites pendant les premières semaines. L'absence complète, dans le début, de tous rapports avec la famille a (ainsi que cela a été reconnu) un puissant effet d'intimidation et de repentir sur le délinquant.

Chaque jour, si le temps le permet, un certain nombre d'enfants sont conduits dans les chemins de ronde de la prison pour s'y promener. Conformément à l'art. 4 du règlement, cette promenade se fait en commun et par files, mais sans que les détenus puissent causer entre eux.

Le régime alimentaire est fixé de la manière suivante :

Tous les jours.

1,500 grammes de pain bis blanc, 50 grammes de pain blanc pour la soupe ou l'équivalent en riz.

Cinq fois la semaine.

Une soupe grasse aux légumes le matin ; 125 grammes de viande de bœuf désossé pour le dîner.

Deux fois la semaine.

Soupe maigre aux haricots, aux pois ou au riz, avec quelques légumes verts, le matin; fricassée des mêmes substances pour le dîner.

L'habillement des détenus se compose d'une veste et d'un

pantalon, un drap pendant l'hiver, un toile pendant l'été, et d'une chemise que l'on change toutes les semaines.

Tels sont, en résumé, les principales dispositions matérielles et le régime du quartier de la correction paternelle, dans le pénitencier des jeunes détenus, régime qui du reste est le même pour les autres détenus.

Les bases de la discipline du pénitencier sont l'incognito, le silence et le travail. Le personnel de la surveillance est ainsi composé :

1 brigadier ou inspecteur général ;
1 sous-brigadier ;
30 surveillants ou inspecteurs de quartiers.

Dans la chapelle de l'établissement, un ingénieux système de disposition intérieure permet à plus de quatre cents jeunes détenus d'entendre la messe et d'assister aux offices sans se voir. Cinq cents petites cellules de construction légère sont disposées en amphithéâtre devant l'autel. Chacun d'eux prend place dans sa cellule sans avoir aucune communication avec ses co-détenus, et tous peuvent suivre et voir les différentes phases de l'office qui est célébré. Au milieu de ces rangées de cellules règne un corridor destiné à faciliter la surveillance. Dans le fond de la chapelle, et au-dessus des cellules, se trouve une tribune où les personnes appartenant à l'administration de la maison viennent prendre place. Des extrémités de cette tribune adossée au mur faisant face à l'autel partent deux galeries circulaires aboutissant à la plate-forme du tambour assez élevé sur lequel est l'autel. Un escalier intérieur y conduit. De toutes les parties de la chapelle les regards peuvent suivre le prêtre qui officie.

M. Millot, entrepreneur général des travaux dans toutes les prisons du département de la Seine, donne l'impulsion aux travaux auxquels sont occupés les jeunes détenus, avec l'aide de douze contre-maîtres. Les détenus n'appartenant pas à la correction paternelle deviennent ciseleurs sur cuivre, bijoutiers en faux, fabricants de boucles, doreurs sur bois, ébénistes, fabricants de chaînes en laiton, etc. Il existe en outre des sous-entrepreneurs qui, vis-à-vis de l'administration, prennent l'engagement formel de montrer et d'enseigner aux enfants travaillant dans leurs ateliers toutes les parties de leur état, et, par conséquent, de les appliquer successivement aux différents genres de travaux qu'il comporte. Il en résulte que les enfants, à la fin de leur apprentissage, peuvent obtenir un livret d'ouvrier et être admis en cette qualité chez les fabricants et chefs d'atelier. Pour assurer l'exécution de ces engagements, on a exigé que les entrepreneurs s'obligeassent à laisser examiner par des experts du tribunal de commerce le travail des enfants dont l'instruction industrielle leur a été confiée. Dans le cas où des négligences auraient été constatées, les entrepreneurs auront à supporter une indemnité pouvant s'élever jusqu'à moitié du salaire acquis pendant les trois derniers mois de leur travail, par les enfants déclarés négligés.

Afin de sauvegarder d'une manière efficace les règles de discipline auxquelles les jeunes détenus doivent se soumettre, et les encourager dans la voie du devoir, on a dû maintenir ou instituer dans le pénitencier des moyens de coërcition et des récompenses. Le directeur a donc été autorisé à infliger dans toutes les subdivisions de la maison les punitions suivantes :

1° La privation de la promenade ;
2° Le pain et l'eau dans les cellules ;
3° La même punition dans une cellule obscure.

Ces mesures disciplinaires peuvent être ordonnées pour un temps plus ou moins long, mais qui ne doit pas dépasser deux jours, à moins qu'il n'en ait été préalablement référé à l'autorité supérieure. Toutes ces peines sont peu sévères, et cependant elles suffisent. On a remarqué que depuis l'introduction du système cellulaire dans le pénitencier, la moyenne des enfants punis n'est que de sept, tandis qu'autrefois, lorsque les enfants étaient réunis, ce nombre était ordinairement double, et fréquemment triple ou quadruple.

Au nombre des récompenses se trouve la *table d'honneur* à laquelle sont admis, tous les dimanches, et jusqu'à concurrence du dixième de la population, les enfants qui, dans le courant de la semaine, non-seulement dans les ateliers, mais aussi à *l'école*, *aux instructions*, etc., se sont fait remarquer par leur conduite et leur application.

Outre le *repas d'honneur*, on distribue des prix à ceux qui en sont jugés dignes. Ces prix, qui consistent en livres et en outils, selon l'éducation première ou les goûts des enfants, au lieu d'être distribués périodiquement, sont délivrés en échange de témoignages de satisfaction d'un ordre inférieur accordés toutes les semaines sur des listes de candidats présentés par l'aumônier, l'instituteur et l'agent spécial des travaux. Ces sortes de récompenses d'un premier degré, et qui sont désignées sous le nom de *bons points*, exercent une salutaire influence sur l'application au travail et sur les progrès dans les études. Ces distributions périodiques, les différentes formes et les divers degrés d'importance qui leur sont attribués, la certitude donnée à l'enfant que mieux il remplira ses devoirs, plus tôt il sera mis en possession d'un objet utile, tous ces encouragements, combinés avec les excellents résultats que produisent les *repas d'honneur*, sont autant de moyens propres à aiguillonner l'insouciance et à stimuler l'hésitation en propageant les tendances vers ce qui est bon et utile. On accorde également des promenades extraordinaires et hors tour à titre de récompense.

Une commission de surveillance pour la prison des jeunes détenus a été instituée, et on ne saurait trop répéter combien elle s'efforce de seconder l'administration dans la tâche qui lui est confiée par la loi. Cette action commune, dirigée vers un même but, embrasse les différentes parties de l'œuvre intérieure des prisons. Mais on a sagement pensé que, quelque bien conçue que fût cette combinaison, quelques garanties qu'elle puisse donner d'une direction ferme, persévérante et progressive, en ce qui concerne l'éducation morale et religieuse, l'instruction primaire, l'habitude constante du travail, la discipline pendant la durée de l'incarcération, elle avait besoin d'un complément. Parvenir, grâce à des améliorations successives, à constituer un régime sous l'empire duquel les enfants soient réellement *élevés* selon le vœu de la loi, c'est beaucoup sans doute, mais ce n'est pas assez encore ; car, au jour de la libération, qu'arrivera-t-il ?

Qu'on se représente un enfant jeté après sa captivité au milieu du tourbillon d'une grande ville, sans protection, quelquefois sans parents, n'ayant pas complètement achevé dans la prison l'apprentissage d'un métier ? Que deviendra-t-il, s'il se voit repoussé de ceux chez lesquels il pourrait l'exercer ? Quelle qu'ait été sur cet enfant l'impression salutaire des principes de morale et de religion qu'il aura reçus dans la maison de correction, quelque sincère que soit le retour qui se sera opéré dans sa conscience, quel que soit, en un mot, l'effet de la mesure dont il a été l'objet, n'est-il pas à craindre qu'il ne tombe dans de nouveaux écarts ?

Il était donc urgent, sous peine de perdre en cet instant de crise le fruit de plusieurs années d'efforts, de trouver le moyen d'éloigner de lui le besoin, et d'amortir la puissance des dangereuses séductions. En effet, il ne peut exister de système pénitentiaire sérieux qu'à la condition de combiner les effets de l'incarcération sous un régime perfectionné avec l'action d'une tutelle efficacement morale et qui doit prendre naissance au moment même où l'enfant est rendu à la liberté. C'est ce que l'on peut appeler l'œuvre extérieure des prisons, et c'est aux sociétés de patronage qu'est dévolue cette importante mission.

Ce fut donc sous l'influence de ces idées que fut instituée, en 1833, la Société destinée au patronage des jeunes libérés du département de la Seine. Placer le jeune libéré sous l'égide d'une protection aussi active que bienveillante, veiller sur ses premiers pas, lui procurer du travail, le soutenir s'il vient à en manquer, l'aider à en retrouver ; par un zèle charitable, sachant prévenir tous les besoins, telle est la tâche que cette Société s'est proposé d'accomplir.

Au milieu des résultats remarquables qu'a obtenus la Société de patronage, elle a éprouvé quelques mécomptes. Les rapports annuels qui ont été publiés il y a quelques années par l'honorable président de cette association, M. Bérenger, fournissent à cet égard les renseignements les plus intéressants et les plus complets. Toutefois, il importe de constater un fait important : c'est que les réformes qui ont été introduites dans le pénitencier des jeunes détenus concourent puissamment aux heureux résultats que doit produire la Société de patronage. Désormais les hommes charitables qui se sont placés à la tête de cette œuvre philanthropique auront la consolation de voir fructifier les germes précieux qu'ils auront déposés dans une terre sagement préparée et amendée. Tels sont les résultats que devra obtenir la Société de patronage.

CHAPITRE IX.

Prison de la Roquette. — La chapelle. — La salle des blessés. — La bibliothèque. — Règlement. — Personnel administratif. — L'argot.

Quand on se dirige vers le cimetière du Père-Lachaise, en gravissant la rue de la Roquette, on aperçoit à droite la prison servant de dépôt des condamnés et auquel on a donné le nom de la Roquette. Elle se compose de vastes bâtiments entourés d'un mur d'enceinte. C'est en face de l'entrée principale, dans cette partie de la place la plus voisine de la prison, qu'ont lieu depuis quelques années les exécutions à mort. Cinq larges pierres formant un carré et présentant une surface plane, au niveau des pavés, sont destinées à recevoir les énormes pièces de bois servant de base à l'échafaud. C'est là que les criminels jugés indignes de toute indulgence viennent payer leur dette à la société par une sanglante et suprême expiation. La prison de la Roquette a été construite pour remplacer la maison de Bicêtre, qui, actuellement, n'est plus occupée que par des vieillards infirmes et des fous. Elle a été achevée en 1837, et les dépenses qu'elle a occasionnées ont été évaluées à la somme de 1,300,000 francs. Quoique cette prison ne soit qu'un dépôt destiné à recevoir et conserver provisoirement les condamnés jusqu'à l'époque de leur transfèrement à Cayenne ou dans les maisons centrales, néanmoins dans la construction, toutes les mesures ont été prises pour que les évasions soient, sinon impossibles, du moins extrêmement difficiles. Le but a été atteint : on n'a pas le souvenir, au dépôt de la Roquette, d'une tentative d'évasion ayant réussi. A gauche, en entrant par la porte principale, on traverse le guichet qui est séparé du préau par trois grilles en fer et quatre portes en chêne. Le préau est vaste et entouré de bancs de pierre. Au milieu, sur une légère éminence, se trouve une fontaine à réservoir.

M. Gau a été l'architecte de cet édifice parfaitement approprié à sa destination.

Après avoir traversé un second guichet, on pénètre dans une grande cour; en face s'élève la chapelle; elle n'a rien de remarquable, l'ornementation est d'une grande simplicité. A l'une des extrémités sont disposés des bancs destinés à être occupés par les détenus malades, à l'autre se placent les autres condamnés. Le dimanche et les jours de fête, quelques-uns d'entre eux, possédant des connaissances musicales, chantent aux offices sous la direction d'un de leurs camarades qui a autrefois occupé un emploi sur une des premières scènes lyriques de la capitale. On a remarqué quelle heureuse influence produisait la musique sur ces natures que rien n'avait pu fléchir et qui se distinguent par une effrayante démoralisation. L'entrée des tribunes de la chapelle communique à la salle *des blessés*. Il ne faudrait pas prendre ce mot à la lettre; au dépôt des condamnés, on comprend, sous le nom de *blessés*, les individus qui sont atteints de quelque indisposition n'ayant pas un caractère chronique et d'une nature peu grave. Quand on fait face à la chapelle, dans la cour dont nous venons de parler, on aperçoit à gauche les ateliers de cuirs factices, à droite ceux des cordonniers, chaussonniers ou natteurs. Lorsque l'on pénètre dans ces ateliers, surtout dans celui des cuirs factices, une odeur presque insupportable vous saisit à la gorge : il n'en saurait être autrement par suite de la nature des travaux auxquels se livrent les condamnés. Avant que l'on n'entre dans la salle, le surveillant préposé à la garde des travailleurs crie d'une voix fortement accentuée : *Fixe!* Aussitôt tous se lèvent avec un admirable ensemble, se découvrent silencieusement devant les visiteurs et se tiennent debout dans une respectueuse attitude. Ce serait un sujet de profondes méditations philosophiques que d'analyser les différents penchants qui se reflètent sur le visage de ces hommes justement mis au ban de la société. Au milieu de ces physionomies qui, toutes, ont un cachet particulier de honteuse perversité, nous avons vainement cherché un trait, une expression, un indice quelconque de bonté, d'affection ou d'honnêteté; partout nous n'avons trouvé qu'une hideuse et cynique personnification du vice.

En quittant la cour dans laquelle se trouvent les bâtiments dont nous venons de parler, on traverse une galerie couverte, puis le corps-de-garde des surveillants, et l'on pénètre dans une seconde cour carrée, au milieu de laquelle est tracé un jardin de peu d'étendue. Son aspect riant forme un contraste frappant avec la tristesse des lieux que l'on vient de traverser.

Dans une galerie bordant cette cour se trouve l'entrée de la bibliothèque : dès que vous y entrez, un homme à la figure intelligente et portant le costume de laine grise des prisonniers se lève de son bureau, s'avance au-devant de vous et vous donne de la meilleure grâce du monde les explications que vous désirez sur cette partie de la prison. C'est le bibliothécaire, condamné qui, d'ordinaire, a reçu une certaine instruction et dont la bonne conduite lui a valu la faveur d'être préposé à la garde et à la surveillance de la bibliothèque. Elle se compose de 1,843 volumes, disposés avec ordre sur des rayons et d'après les classifications suivantes : littérature, religion, morale, législation. Si vous l'interrogez sur les goûts littéraires des condamnés du dépôt de la Roquette, il vous répond d'un ton de modeste assurance : « *Le Musée des familles* et le *Magasin pittoresque* sont très-demandés par ces messieurs, car il y a des gravures, et ici on les aime beaucoup. »

On a remarqué que, dans certaines prisons, à Saint-Lazare, par exemple, les prévenues, en général, surtout celles dont la nature rude et presque indomptable semblerait devoir se complaire aux scènes violentes et brutales, recherchent au contraire dans leurs lectures, avec une sorte d'avide empressement, les douces images d'une vie calme et posée, loin de fiévreuses agitations. Curieux et consolant contraste! S'il en était toujours ainsi, le moraliste et le philosophe doivent-ils désespérer de voir un jour les natures les plus profondément corrompues entrer dans la voie du repentir, puisqu'elles ne sont pas insensibles à d'aussi salutaires influences? Rien de pareil au dépôt de la Roquette. Si nous n'avions la crainte d'être indiscret, nous pourrions signaler certains ouvrages féconds en péripéties dramatiques et sanglantes sortis de la plume de nos romanciers à la mode, qui y sont souvent demandés. Ils auraient le plus grand succès parmi les lecteurs du dépôt des condamnés, si le droit de cité ne leur avait été interdit. Parmi les ouvrages qui composent la bibliothèque nous avons remarqué ceux de Walter Scott, de Ch. Dickens, *le Vicaire de Wakefield*, les *Nouvelles génevoises* de Topffer, enfin quelques volumes anglais et allemands, etc...

Les condamnés ne peuvent se livrer à la lecture que pendant les heures consacrées au repos; néanmoins, la plupart d'entre eux recherchent ce genre de récréation. Les détenus sont au nombre de 400, et chaque semaine on prête en moyenne de 250 à 300 volumes.

Tous les condamnés détenus à la prison de la Roquette sont soumis au même règlement. Il n'y a pas de pistoles comme dans les autres prisons, c'est-à-dire de chambres réservées que les prisonniers peuvent occuper moyennant une certaine somme payée chaque semaine. Si l'on peut s'exprimer ainsi, le régime y est essentiellement démocratique, moins la liberté. Les condamnés se lèvent à cinq heures, travaillent dix heures dans la journée, et se couchent à sept heures et demie. La plupart d'entre eux sont renfermés la nuit dans des cellules solidement verrouillées et dont l'ameublement ne consiste qu'en un lit de fer. Ils sont partagés en six sections; dans chaque section se trouve un dortoir dans lequel on fait coucher par exception, et sous la surveillance d'un gardien, les condamnés sujets à des attaques d'épilepsie ou qui auraient tenté de se donner la mort. Il y a, en outre, la salle des fiévreux et celle des *séparés et travailleurs*. On comprend sous cette dernière dénomination les condamnés qui ont précédemment dénoncé leurs complices. En les séquestrant des autres prisonniers, on les préserve ainsi des tentatives de meurtre auxquelles leur qualité de dénonciateurs les exposerait infailliblement s'ils partageaient la vie en commun.

Voici quel est le personnel administratif du dépôt des condamnés :

1 directeur,
1 aumônier,
1 médecin,
1 commis-greffier,
1 deuxième commis,
1 brigadier,
1 sous-brigadier,
14 surveillants,
3 garçons de service,
1 infirmier chargé de la pharmacie,
1 lingère,
1 cantinier.

En outre, 21 détenus sont employés dans la maison en qualité d'auxiliaires.

Ils sont répartis de la manière suivante :

Infirmerie et pharmacie............	6
Barbe des détenus................	1
Service de propreté...............	5
Éclairage......................	2
Prévôts des corridors..............	6
Bibliothèque....................	1
	21

Lorsque l'on pénètre dans les cours de la prison de la Roquette, à l'heure à laquelle les condamnés y sont réunis, si l'on écoute leur conversation, je ne sais quel langage inconnu, inintelligible vient frapper vos oreilles. Ces hommes, qu'une même pensée a souvent réunis, avaient intérêt à ce que leurs sinistres projets ne fussent pas dévoilés, et, par conséquent, à n'être pas compris de ceux dont l'indiscrète curiosité aurait pu surprendre, à la dérobée, le secret de réunions clandestines. C'est ainsi que l'*argot* a pris naissance ; et par la force de l'habitude, ils employaient, même après avoir subi leur condamnation, les figures de cet idiome de convention.

Nous demandons pardon à nos lecteurs de mettre sous leurs yeux quelques locutions tirées de ce langage rude, grossier, presque toujours odieusement mystérieux, rempli d'images funestes, de métaphores dégouttantes de sang. A un certain point de vue, n'est-il pas utile de reproduire certains traits caractéristiques de l'existence de ces hommes qui, avant d'être arrêtés, vivent au milieu de nous, que nous pouvons coudoyer quand le hasard nous conduit dans les quartiers de Paris où ils se rassemblent pour concerter le meurtre, le vol et se partager les dépouilles de leurs victimes ?

Esquissons en quelques traits ces formes de langage si colorées, si brutalement accentuées ; les voici :

Eau d'aff : eau-de-vie.
Les ardents : les yeux.
Mes fauchants : mes ciseaux.
Escarper :
Refroidir : } tuer.
Entailler :
Macaroner : agir en traître.
Avoir de l'atout : avoir du courage.
Le meg des megs : Dieu.

N'est-il pas étrange et significatif que le nom de Dieu se trouve dans cette langue corrompue ?

Continuons l'énumération :

Les sangliers : les prêtres.
Dévider le jars : parler argot.
Grincher : voler.
Un grinche : un voleur.
Ma filoche est à jeun : ma bourse est vide.
Il va y avoir du raisiné par terre : du sang répandu.
Je suis un ferlampier qui n'est pas frileux : je suis un bandit qui n'est pas poltron.
Le pendu glacé : le réverbère.
Mon linge est lavé : je m'avoue vaincu.
Avoir la coloquinte en bringues : avoir la tête meurtrie de coups.
Aller au pré : aller aux travaux forcés.
Les curieux : les juges.
Pitancher de l'eau d'aff : boire de l'eau-de-vie.
Se refaire de sorgue : souper.
Crever la sorbonne : casser la tête.
Une largue gironde : une femme jolie.
Un raille : un mouchard.
Manger sur l'orgue : dénoncer.
Un escarpe : un assassin.
J'aime mieux faire la tortue et avoir des philosophes aux arpions que d'être sans eau d'aff dans l'avaloir et sans tréfoin dans ma chiffarde : j'aime mieux jeûner et avoir des savates aux pieds que d'être sans eau-de-vie dans le gosier et sans tabac dans ma pipe.
Deux doubles cholettes de tortu à douze : deux litres de vin à douze sous.
Trois croûtons de lartif : trois croûtons de pain.
Un arlequin : on nomme ainsi un ramassis de viande, de poisson et de toutes sortes de restes provenant de la desserte de la table des domestiques des grandes maisons. On trouve de tout dans ce grotesque assemblage : des pilons de volaille, des queues de poissons, des os de côtelettes, des croûtes de pâté, de la friture, du fromage, des légumes, des têtes de bécasse, du biscuit et de la salade. Ce mets est, du reste, fort apprécié des individus dont nous essayons de reproduire le langage.

Un fagot affranchi : un forçat libéré.
Mon singe : mon bourgeois, mon maître.
La plume de Beauce : la paille.
Goûper : vagabonder.
Un goûpeur : un vagabond.
Avoir une fièvre cérébrale : être condamné à mort.
Être fauché : être exécuté.
Bibarder : vieillir.
Le trimballeur du mannequin des refroidis : le cocher du corbillard des morts.
Abouler : venir.
Le zig : le camarade.
Escarper un zig à la capahut : assassiner un camarade pour lui voler la part du butin.
Nourrir le poupard : préparer, ménager le vol.
Faire la tortue : jeûner.
Être mis sur la planche au pain : passer en jugement.
Un rat de prison : } un avocat.
Un bavard :
L'abbaye de monte-à-regret : l'échafaud.
Charlot : le bourreau.
Un fagot à perte de vue : un forçat condamné aux travaux forcés à perpétuité.
Le boulanger qui met les âmes au four : le diable.
La carline : la mort.
Le quart-d'œil : le commissaire.
Fourline :
Fourloureur : } assassin.
Des daims huppés : des gens riches.
Pastiquer la maltouze : faire la contrebande.
Un sinve : un homme simple.
Une messière : une victime.
Être enflaqué : être perdu.
Jaspiner : jaser.
Un surin : un poignard.
Donner un pont à faucher : tendre un piège.
J'ai le dessous des arpions doublé en cuir de brouette : j'ai le dessous des pieds aussi dur que du bois.
Battre l'antif : espionner.
Crible à la grive : crie : prends garde !
Grinchir : voler.
Un coupe-sifflet : un couteau.
Le rouget : cuivre volé.
Du gras-double : lames de plomb volées sur les toits.
Du ravage : débris métalliques volés.
Du dur : du fer volé.
La pègre : la race des voleurs.
Avoir une puce à la muette : entendre le cri de sa conscience.

Que de cynisme dans ces expressions empruntées au vocabulaire du crime et de la débauche !

CHAPITRE X.

Le transfèrement. — Le brindezingue. — La chambre des condamnés à mort. — Verner le tisanier.

A certaines époques de l'année, lorsque arrive au dépôt de la Roquette l'ordre d'en extraire un nombre déterminé pour être dirigés vers les maisons centrales ou les établissements pénitentiaires remplaçant maintenant les bagnes, c'est alors que l'on procède sur la personne des condamnés à une minutieuse opération : celle du *transfèrement*. Les individus sont visités avec le plus grand soin ; les yeux, les oreilles, le nez, la bouche, sont l'objet d'un examen tout particulier.

On conçoit combien il est important qu'ils ne puissent cacher des outils, par exemple, pouvant servir plus tard à faciliter ou à consommer une évasion.

Encore une fois, nous en demanderons pardon à nos lectours, mais pour tracer une peinture fidèle de ce qui se passe au dépôt de la Roquette, il nous est impossible de ne pas parler du *brindezingue*. Nous n'en dirons qu'un mot, tant la crudité cynique de cette expression semble, au premier abord, devoir soulever le cœur de dégoût. On entend par *brindezingue* un étui en fer blanc, de forme ronde, d'un diamètre peu considérable, et qui a environ douze ou quinze centimètres de longueur. Lors du transfèrement, ne vous étonnez pas du soin avec lequel le condamné cherchera à soustraire cet étui aux trop vigilantes investigations des employés de la prison. S'il parvient à le dérober à leurs regards, à l'introduire dans la maison centrale ou au pénitencier dans lequel il sera relégué, le *brindezingue* sera pour lui mille fois plus précieux qu'une fortune, ce sera l'espérance de la liberté, peut-être la réalisation prochaine du rêve que caresse à chaque heure du jour son imagination. Que contient donc cet étui ? — Trois branches de métal s'ajustant l'une à l'autre et formant les trois côtés d'un carré dont le quatrième se compose d'une lame d'acier purifié, taillée en scie, et avec laquelle on parvient à couper les plus fortes barres de fer. Hâtons-nous de dire que très-rarement le condamné a pu soustraire le précieux outil aux investigations dont il est l'objet lors de son transfèrement, et par conséquent l'utiliser. Aussi les tentatives d'évasion menées à bonne fin sont-elles devenues pour ainsi dire impossibles, surtout en présence des mesures de rigoureuse surveillance auxquelles sont soumis les condamnés.

Les exécutions capitales ont lieu sur la place de la Roquette depuis 1851, et quoique l'échafaud soit dressé pendant la nuit et pour ainsi dire clandestinement, d'innombrables curieux ne manquent jamais de se grouper autour de la guillotine.

Au dépôt des condamnés de la Roquette, la chambre des condamnés à mort n'a rien de remarquable. Un lit et une table en composent l'ameublement. Elle doit être occupée en ce moment par le nommé Duclos, qu'un arrêt de la cour d'assises de la Seine a récemment condamné à la peine capitale pour s'être rendu coupable du crime d'assassinat sur la personne de sa maîtresse, dans la rue de Charonne. Constamment le condamné à mort est gardé à vue par un surveillant et un soldat. Il est revêtu de la camisole de force qui se termine par de longues manches dans lesquelles sont emprisonnées ses mains, et qui sont solidement attachées autour du corps par de fortes courroies.

Depuis quelques années, cette sinistre demeure a été occupée par Dombey, qui assassina, le 11 septembre 1854 l'horloger Wahl, enferma son corps dans une énorme caisse et l'envoya à Lyon par le chemin de fer; Pianori, qui en sortant de la prison de la Roquette, par une pluie battante, pour monter sur l'échafaud, ayant les pieds nus, conserva assez de sang-froid pour ne marcher que sur le haut des pavés, dans la crainte de se mouiller les pieds; le cocher Collignon, l'assassin de M. Juge; le meurtrier de Mgr Sibour, archevêque de Paris, Verger, Orsini, etc...

Ce fut le 31 janvier 1857, à huit heures du matin, que Verger subit la peine qui avait été prononcée contre lui.

Les journaux du soir n'avaient pu faire connaître le rejet du pourvoi, et le public ignorait la décision qui avait été prise. Cependant une foule, qu'on peut évaluer sans exagération à 10 ou 12,000 personnes, se pressait autour de l'instrument du supplice qui avait été dressé pendant la nuit sur la place de la Roquette. Deux piquets de gardes de Paris et plusieurs brigades de sergents de ville maintenaient l'ordre dans cette multitude composée en grande partie d'habitants du faubourg Saint-Antoine. On y remarquait des femmes, des enfants et un grand nombre d'apprentis qui accouraient à demi vêtus. Un certain nombre de voitures et même d'équipages qui stationnaient aux abords du Père-Lachaise attestaient que les curieux n'appartenaient pas exclusivement à la population ouvrière.

Des spectateurs, que les sergents de ville eurent grand'peine à faire descendre, étaient montés sur les arbres voisins et même sur les murs d'enceinte de la prison des jeunes détenus.

A sept heures un quart, le greffier, accompagné du directeur de la prison, entra dans la cellule de Verger.

Lecture lui fut faite de l'arrêt qui rejetait son pourvoi. On lui apprit en même temps que son recours en grâce n'avait pas été admis et qu'il devait se préparer à la mort.

Le condamné entra dans un violent état d'exaspération. Il déclara qu'il résisterait avec énergie à toutes les tentatives qu'on ferait pour le conduire au supplice. Mais comme il était revêtu de la camisole de force, qu'on lui remettait chaque soir, on parvint à le maîtriser.

Quelques paroles bienveillantes de l'abbé Hugon lui rendirent un peu de calme, et à ses accès de fureur succéda le plus profond accablement. On remarqua en ce moment qu'une transformation subite s'était opérée en lui : ses traits étaient bouleversés; l'expression en était complètement altérée; on aurait dit qu'il avait vieilli de dix ans en dix minutes.

Verger se résigna à la fatale toilette; puis il se confessa, mais sans avoir été conduit à la chapelle.

Soutenu par l'abbé Hugon et par les aides de l'exécuteur, le condamné marcha d'un pas chancelant à l'échafaud. Il était pâle et paraissait résigné; toutefois, en montant sur les degrés, il murmura ces mots incohérents : « O mon Dieu !... Jésus !... Amende honorable... plus tard... »

Arrivé sur la plate-forme, Verger tomba à genoux. L'abbé Hugon se retira après lui avoir présenté le crucifix, et le condamné subit sa peine, si rapidement accompli, que la charrette qui emportait ses restes mutilés eut à refouler les curieux qui se pressaient pour assister à la lugubre exécution.

Il y a quelques mois, se trouvait au dépôt de la Roquette un condamné, ancien chef d'une bande de malfaiteurs, qui, en attendant l'époque de son transfèrement, occupait dans la prison le modeste emploi de tisanier. Il se nommait Auguste Verner. C'était un homme grand, bien fait, d'une force athlétique, ayant des manières distinguées et s'exprimant avec une certaine recherche.

Sa physionomie avait un caractère remarquable d'énergie. Elle ne portait pas le reflet de ces instincts de ruse et de dissimulation que l'on remarque habituellement chez certains voleurs de profession. L'expression de son visage, défiguré par une large balafre, annonçait que cet homme avait dû être dominé par les passions violentes, effrénées; mais aussi l'observateur aurait pu y discerner les traits caractéristiques d'une franchise loyale et courageuse.

Nous avons dit qu'une cicatrice couvrait une partie du visage d'Auguste Verner, peut-être sera-t-il intéressant pour nos lecteurs de connaître dans quelles circonstances il reçut cette blessure. Laissons parler l'acte d'accusation dressé contre l'assassin de notre condamné : « Auguste Verner, » y est-il dit, « avait été arrêté en 1850 comme ayant dirigé une nombreuse « bande de malfaiteurs. Il crut devoir faire des révélations et « provoqua l'arrestation d'un grand nombre de ses complices. « Après une minutieuse instruction, l'affaire fut déférée à la « cour d'assises. » Parmi les individus que les révélations de Verner avaient le plus compromis, se trouvait un nommé Antoine Gilletto qui n'avait pu être saisi. Il fut condamné par contumace à dix années de réclusion. Bientôt de nouveaux méfaits provoquèrent son arrestation, il fut conduit à la Conciergerie. Là il apprit que Verner avait obtenu de rester dans cette prison pendant les huit années de réclusion auxquelles il avait été condamné. Il sut aussi que son ancien complice était le desservant d'un des corridors affectés à la pistole.

« Dès son entrée à la Conciergerie, c'est-à-dire le 12 novembre 1853, il demanda à être mis à la pistole, et manifesta le désir d'obtenir un des lits placés dans la cellule de Verner. Ce ne fut qu'après avoir consulté ce dernier sur l'on fit droit à sa première requête. Auguste Verner, se fiant à sa force herculéenne, voulut qu'il en fût ainsi. « Il ne craignait rien, » disait-il, Gillette était d'un bon caractère, et selon lui, la paix serait bientôt faite entre eux.

« Tout d'abord, ses prévisions semblèrent se justifier, dès la première entrevue, le condamné tendit la main au révélateur, et lui dit qu'il ne lui en voulait pas. A partir de ce moment les deux prisonniers vécurent ensemble comme deux anciens amis, et dans la prison, leur intimité fut si notoire que les autres pistoliers les appelaient les inséparables.

« Le 27 novembre 1853, la journée tout entière avait été consacrée à un repas auquel un nommé Vigouroux, prêt à quitter la prison après avoir subi sa peine, avait convié ses compagnons. Là chacun avait successivement mis en commun les mets que les visiteurs du dehors avaient été chargés de procurer. Verner et son inséparable avaient été invités. Ils parvinrent à se procurer en cachette certaines boissons alcooliques, dont ils firent une abondante consommation. De plus, Verner avait mis sa propre cellule à la disposition des convives, et pour que l'on pût circuler plus librement autour de la table du festin, il avait déplacé un des quatre lits qui étaient placés dans ce réduit. Cette cellule, en effet, la première à gauche dans le corridor dit *des Vieillards*, au rez-de-chaussée, sur l'un des côtés de la grande cour où elle prend jour, forme un carré long de 6 mètres environ sur 3 de profondeur. Elle s'ouvrait sur le couloir et par le milieu au moyen d'une porte qui se trouvait en face de la fenêtre grillée. Au bas de cette porte était placé le poêle. C'était à droite et à gauche de la porte et de la fenêtre, le long des parois du mur, que se trouvaient les lits espacés entre eux par une distance d'environ 1 mètre. A gauche de la porte était celui du desservant Verner; du même côté, à droite de la fenêtre, se trouvait celui qui avait été démonté et qui était occupé par le nommé Figuère, camarade et auxiliaire de Verner. Contre la muraille donnant sur la cour, à gauche de la fenêtre, était celui d'un prêtre nommé Raymond, qui n'avait pas été invité à la fête, et enfin, en retour, contre la porte, se trouvait un lit inoccupé.

« Tous les témoins de la scène que nous allons raconter s'accordèrent à dire que jamais Verner n'avait été plus gai, plus fou, plus indiscret; mais ses plaisanteries et ses indiscrétions n'avaient donné lieu à aucune discussion. Aucune parole désagréable n'avait été prononcée; tout s'était passé cordialement. L'orgie était terminée; Figuère avait rétabli son lit à la place qu'il occupait habituellement. Il avait fait coucher Verner tout habillé; il plaisantait avec lui et lui ordonnait de s'étendre, de mettre la tête sur le traversin, de fermer les yeux et de dormir.

« Les autres prisonniers causaient entre eux et avec l'abbé Raymond; groupés dans l'autre partie de la chambre, entre les deux lits numérotés 3 et 4, ils attendaient que le guichetier vint leur ouvrir la porte, afin qu'ils pussent aller se coucher. Il était sept heures et demie, heure à laquelle toutes les lumières devaient être éteintes dans les cellules.

« Quant à Gillette, l'un des convives assis auprès du poêle, il attendait aussi, sans prendre part à la conversation, l'instant où l'attention de Figuère serait détournée, et où il quitterait la tête du lit de Verner. Figuère se baissait pour prendre quelque chose au moment où Verner, pour répondre à une plaisanterie que venait de lui faire son ancien complice, lui disait en s'allongeant : « J'ai les yeux fermés, je dors. »

« C'est alors que ce furieux saisit tout à coup, par les deux supports, un escabeau massif à trois pieds placé près du lit du côté du poêle, d'un seul bond s'élance sur sa victime, lui assène de toutes ses forces deux coups d'escabeau sur la tête, dont l'un entama les os du crâne, et l'autre, plus violent, fit craquer le bas de la mâchoire. Il avait les bras levés et allait recommencer, quand Figuère, placé auprès de la porte, contre le pied du lit vacant, parvint à arrêter ce forcené. Il le désarma sans éprouver aucune résistance.

« A ces cris: « Malheureux! qu'avez-vous fait? » l'assassin répondit : « Ça m'est égal, je sais ce qui me revient. » Puis, sans aucune apparence d'émotion, il alla circuler au milieu des autres prévenus, et leur dit, le cigare à la bouche: « Ap-« pelez les gardiens, qu'on me mette au cachot; j'ai assouvi « ma vengeance! »

« Quand les gardiens se présentèrent pour s'emparer de lui, son unique préoccupation fut de leur faire tâter son pouls afin qu'ils pussent constater qu'il était de sang-froid. Un des gardiens lui dit : « Verner n'en mourra peut-être pas, et votre « affaire deviendra dans ce cas moins grave. » Il s'écria : « S'il « n'en meurt pas, j'en suis fâché; c'est bien de sang-froid et « de ma volonté bien déterminée que j'ai voulu lui donner la « mort, et tous ceux qui tomberont sous mes coups, je les « assassinerai! »

« Puis, il ajouta :
« Je suis satisfait; il m'a perdu! mais je me suis vengé! »

Verner ne mourut pas, quoique les hommes de l'art aient tout d'abord jugé son existence sérieusement compromise. Sur cette constitution robuste, sur ce crâne insensible à toute commotion, les coups mortels pour tout autre n'ont produit sur son organisation aucun désordre grave.

A la date du 7 décembre 1853, le docteur de La Gastine constatait que le malade était en pleine voie de guérison, et qu'avant peu il serait complètement rétabli.

L'assassin, Antoine Gillette, comparut devant la cour d'assises de la Seine, présidée par M. Barbou, le 8 mars 1854. Il ne fut condamné qu'aux travaux forcés à perpétuité, grâce aux circonstances atténuantes que les jurés crurent devoir admettre en sa faveur.

Deux ans plus tard nous retrouvons Auguste Verner sur les bancs de la cour d'assises de la Seine. Neuf autres accusés étaient compromis avec lui. Il était accusé de rupture de ban et avait pris part à quelques vols qualifiés qui n'avaient pas été l'objet de la première instruction qui eut lieu. Le 12 septembre 1856 eut lieu à l'audience l'interrogatoire de Verner et de ses coaccusés. Celui-ci renouvela de sincères aveux en disant, avec l'expression d'un profond repentir : « Ma conscience a déjà « ou assez de reproches à se faire; à aucun prix je ne voudrais « ajouter le mensonge à mes fautes. »

Comme il racontait au président de la cour d'assises les différentes circonstances d'un vol qu'il avait commis avec deux de ses complices, les nommés Vautrin et Robert, le magistrat lui dit :

« Verner, êtes-vous bien certain que Vautrin était votre com-« plice dans ce vol? »

Auguste Verner se levant aussitôt, répondit d'un ton de profonde conviction :

« Monsieur le président, je suis sûr de l'exactitude du fait « que j'avance; Vautrin était avec moi, je vous en donne ma « parole d'h... »

Puis, rougissant, il s'arrêta aussitôt.

« Pardon, monsieur le président, j'oubliais que je n'ai pas le « droit de prononcer ce mot-là. »

Et il continua sa déposition.

Loin de nous la pensée de vouloir placer sur le piédestal d'une indécente publicité un homme dont les méfaits ont dû recevoir un juste châtiment; cependant, quand nous trouvons chez ce criminel la trace non équivoque d'un repentir sérieux, quand nous le voyons, poussé par un sentiment de scrupuleuse délicatesse, s'arrêter au moment où ses lèvres vont prononcer le mot *honneur*, s'excusant auprès du président d'avoir prononcé cette parole, lui, homme sans foi et sans honneur, quand enfin de tels faits se produisent au grand jour de la cour d'assises, il est juste qu'ils soient connus.

Ils seront pour beaucoup un précieux enseignement. A tous ils apprendront que l'on ne doit jamais désespérer des hommes, quelque coupables qu'ils soient, lorsqu'au fond de leur cœur couve encore cette étincelle de probité étouffée dans le chaos d'indomptables passions, mais qui doit encore briller d'un pur éclat sous la salutaire influence de la morale et de la religion.

Dix accusés étaient assis sur les bancs de la cour d'assises. Un honorable magistrat, M. l'avocat général Sapey, guidé par un sentiment de loyale impartialité, abandonne l'accusation à l'égard de sept accusés, vis-à-vis desquels les charges de l'accusation ne lui paraissaient pas suffisamment justifiées.

Malgré les efforts d'un jeune avocat de talent, M⁰ Antonin Loriol, qui présenta la défense d'Auguste Verner, il fut condamné à vingt années de travaux forcés.

Vautrin et Robert, ses deux complices, furent condamnés : l'un aux travaux forcés à perpétuité, le second à dix années de la même peine.

CHAPITRE XI.

Abattoir de Ménilmontant. — Canal Saint-Martin. — Entrepôt. Bureau de la Douane. — Fontaine Popincourt.

L'abattoir de Ménilmontant ou de Popincourt occupe, dans le XI⁰ arrondissement, une superficie de 43,100 mètres. Comme tous les abattoirs sont créés d'après un plan uniforme, nous nous en occuperons dans un seul article.

Cet arrondissement est traversé par le canal Saint-Martin, qui met le bassin de la Villette en communication avec la haute Seine.

On avait depuis longtemps constaté les obstacles que le canal apportait à la circulation dans ce quartier populeux. En outre, en cas de mouvement populaire, c'était une ligne de défense formidable.

Au mois de juin 1848, il fallut du canon pour emporter les barricades élevées sur les deux rives à l'entrée du faubourg du Temple, et ce ne fut que le 26 juin que les troupes commandées par le général Lamoricière purent s'avancer dans le faubourg.

L'administration résolut en conséquence d'augmenter la profondeur du canal Saint-Martin, et de le voûter sur une longueur de 18,000 mètres. Le lit du canal fut d'abord desséché, et un énorme bâtardeau, établi au point où devait commencer la voûte, contint les eaux du bassin supérieur; un chemin de fer fut installé sur le fond même du canal, depuis le bâtardeau jusqu'à l'écluse, situé à quelques mètres en avant de la place de la Bastille. On commença ensuite à déblayer le sol, composé de plusieurs couches épaisses de chaux hydraulique, au moyen d'une énorme tige triangulaire et d'un mécanisme assez semblable à celui dont on se sert pour forer les puits artésiens; des wagons recevaient les déblais à mesure que l'on défonçait l'ancien radier et les déversaient dans des bateaux qui stationnaient au pied de la dernière écluse. Les entrepreneurs ne négligèrent pas de recueillir, comme un engrais précieux, un limon noir dont l'épaisseur variait de 40 à 50 centimètres.

Le 27 février 1860, l'empereur visita ces travaux qui avançaient avec une prodigieuse rapidité; aussitôt que le plan d'eau fut abaissé, des bateaux apportèrent la pierre, le sable et la chaux nécessaires à la construction du tunnel.

Le canal Saint-Martin fut créé en vertu d'une loi du 5 août 1821 ainsi conçu.

ARTICLE 1er. La ville de Paris est autorisée, conformément à la délibération du conseil municipal du 7 juin 1821, à créer 400,000 fr. de rentes et à les négocier avec publicité et concurrence, dans la proportion des besoins, pour acquitter : 1° la valeur des propriétés à acquérir sur la ligne du canal Saint-Martin; 2° le prix des travaux nécessaires à l'ouverture et à la confection de ce canal.

ART. 2. Le traité à conclure pour l'exécution des travaux du canal Saint-Martin sera fait sous l'approbation du gouvernement avec publicité et concurrence, et pourra contenir la concession dudit canal pour une durée de 98 ans au plus.

ART. 3. Le tarif des droits de navigation et de stationnement établis par la loi du 20 mai 1818 sur le canal Saint-Denis sera applicable au canal Saint-Martin, etc.

Une adjudication provisoire, faite à la compagnie Vassal le 12 novembre 1821, fut approuvée par une ordonnance royale du 11 décembre suivant. Un arrêté préfectoral du 1er mars 1822 prononce l'adjudication définitive moyennant 5,470,000 fr., et fixe la durée de la concession à 99 années à partir du 1er janvier 1823.

La première pierre du canal Saint-Martin fut posée le 3 mai 1822, et l'inauguration eut lieu le 4 novembre 1825, jour de la fête du roi Charles X. Il ne fut livré au commerce que le 15 novembre 1826. Nous ignorons ce qu'il a coûté à la compagnie concessionnaire, mais les comptes municipaux établissent que la ville de Paris est entrée dans la dépense pour une somme de 14,220,000 fr. Malgré le soin avec lequel il a été construit et garni de revêtements de pierre, le canal Saint-Martin a plusieurs fois inquiété les propriétaires des quartiers voisins qu'il domine; des fissures s'étaient déclarées dans son radier, et l'eau, filtrant à travers les terres, avait inondé les caves de quelques maisons. Sur les vives réclamations des parties intéressées des mesures furent prises pour éviter à l'avenir de tels accidents.

La navigation s'est accrue sur le canal Saint-Martin depuis la création de l'Entrepôt destiné à recevoir les objets soumis à la douane. Louis-Philippe posa, le 20 juillet 1833, la première pierre de cet établissement, dont les travaux furent confiés à M. Grillon, architecte, et qui occupe, sur la rive gauche du canal Saint-Martin, une superficie de 20,370 mètres, sans y comprendre les bâtiments destinés à la douane, qui s'étendent sur une superficie de 6,085 mètres.

Le canal Saint-Martin a été exécuté sous la direction de l'ingénieur en chef Devilliers. Il a une longueur de 3,200 mètres, une largeur de 10 mètres dans son plafond et de 20 mètres au sommet. Dans la partie qui n'a pas été remaniée pour devenir souterraine, il a une profondeur de 2 mètres 60 centimètres.

Le canal Saint-Martin fournit de l'eau à un grand nombre de fontaines publiques et de maisons particulières, dont les propriétaires paient un abonnement.

A propos de fontaines, nous mentionnerons celle de Popincourt, située près de l'église Saint-Ambroise; elle a la forme d'un cippe, et sa face extérieure se détache une grande et belle figure de la Charité. Elle allaite un enfant, en enveloppe un second avec les plis de sa robe, et présente à boire à deux autres. Cette allégorie est convenablement placée dans ce quartier de travail et de misère, où de nombreux ouvriers, la plupart chargés de famille, ne reçoivent qu'un salaire insuffisant et sont sans ressources contre les chances du chômage et des maladies.

On chercherait en vain dans le XIe arrondissement les élégantes devantures, les façades ouvragées, les magasins où l'on débite des inutilités pour exercer une coercition sur le riche, qui hésite à dépenser son superflu. Les maisons sont rabougries, les murs noirs et lézardés. Les boutiques ont une désinvolture provinciale; et il n'est pas rare d'en voir qui réunissent des produits hétérogènes, de la chandelle, des balais, du sucre et de la faïence. Les commerçants ont beau se multiplier, ils n'en sont point plus riches; leur clientèle ne peut leur donner ce qu'elle n'a pas, et pourtant, de ces quartiers qui gardent si peu pour leur population laborieuse et souffrante, partent les produits que recherchent les deux hémisphères. Au milieu des masures, des chantiers, des cours immenses, se dressent comme des colonnes monumentales, les cheminées rondes des usines. Des milliers de travailleurs alertes mettent chaque jour en mouvement, dans le XIe arrondissement, toutes les machines sorties tout armées du cerveau des savants modernes. Que d'industriels massés dans ce coin où s'aventure si rarement le Parisien du centre! Fondeurs en fer, fondeurs et monteurs en cuivre et en bronze; mécaniciens; filateurs de coton; imprimeurs sur étoffe; entrepreneurs de pavage, de trottoirs et d'asphalte; faïenciers; vernisseurs sur métaux; retondeurs de laine et de coton; constructeurs et peintres de voitures; marbriers; forgerons; taillandiers; polisseurs de glaces; tondeurs et apprêteurs d'étoffes; plombiers; mosaïstes; constructeurs de fourneaux et appareils de chauffage; blanchisseurs et apprêteurs de tulles; ébénistes; tourneurs en chaises, bois ou métaux; apprêteurs de pelleteries; régleurs de papiers; cadrilleurs de peaux; coupeurs de poils; doreurs; argenteurs; fabricants de baromètres; devant de cheminées; caisses de pianos; bronzes; vis cylindriques; papiers peints; couleurs pour papiers peints; bois de brosses; articles de voyage; crinolines; baguettes de tentures; masques; étuis à lunettes; ornements d'appartements; roulettes; appareils à gaz; ressorts de sonnettes; cabas en paille; cadres; pains à cacheter; briques; lattes, émeri, navettes; fauteuils; robinets; bouchons; acier poli; cadrans et boîtes pour pendules; lampes; ressorts de lampe; réflecteurs; lits en fer; boîtes à couleurs; boutons; coffres-forts; cadenas; registres; vêtements en caoutchouc; broches pour peignes à tisser, etc., etc. On se douterait peu qu'une vraie ville manufacturière se cache derrière les boulevards du Temple, des Filles-du-Calvaire et Beaumarchais.

FIN DU ONZIÈME ARRONDISSEMENT.

XI.me ARRONDISSEMENT DE POPINCOURT

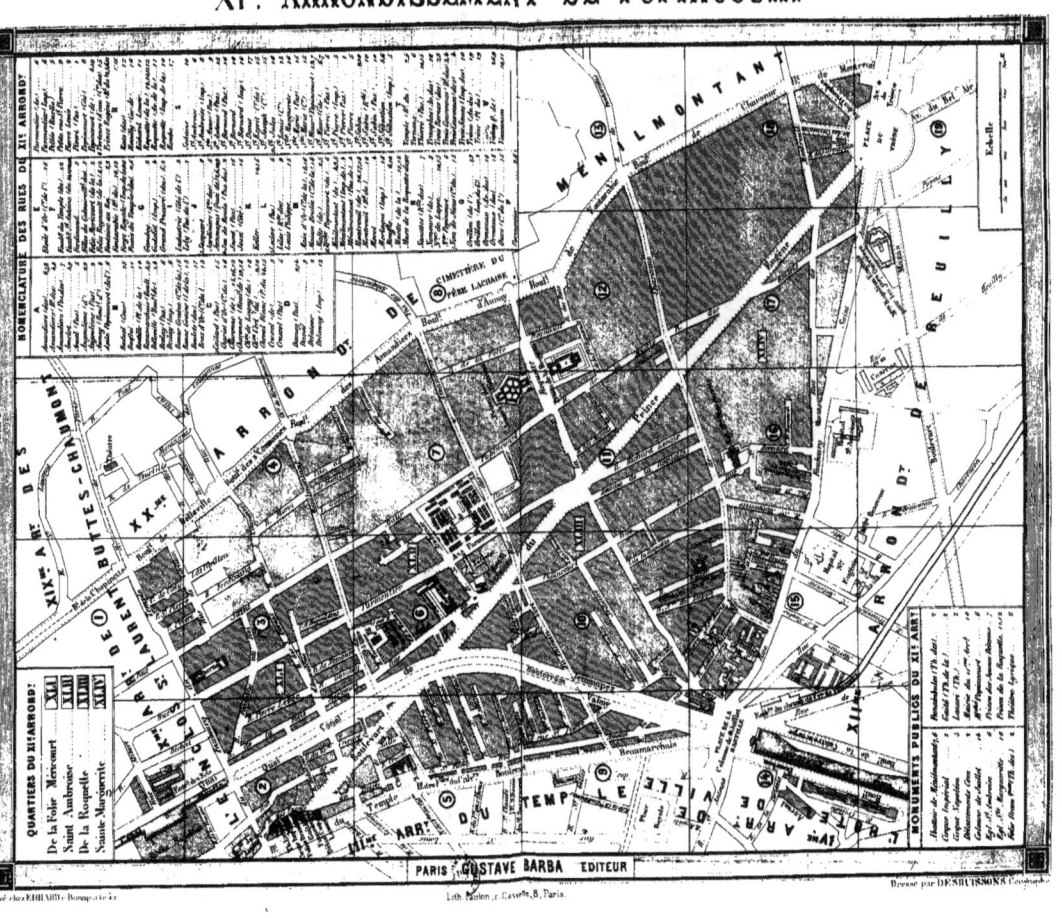

Une visite à la barrière.

REUILLY. — DOUZIÈME ARRONDISSEMENT.

CHAPITRE PREMIER.

La Bastille.

Pour la première fois, depuis que nous parcourons les nouveaux arrondissements, nous trouvons dans le douzième un territoire annexé; mais avant d'y pénétrer, il importe de retracer l'histoire que rappelle à notre esprit la colonne de la place de la Bastille; située au point de jonction des arrondissements de Popincourt, de Reuilly et de l'Hôtel-de-Ville, cette place est le centre d'un mouvement à peine suspendu par la nuit.

C'est là, pendant leurs courts instants de repos, que se réunissent les ouvriers du faubourg Saint-Antoine; les marchands ambulants y étalent volontiers de la bimbeloterie, des pipes ou des comestibles. Les charlatans s'y arrêtent pour débiter, au son de l'orgue, leurs pommades, leurs cosmétiques, leurs dentifrices ou leurs crayons. Les rêveurs qui courent après les souvenirs visitent ces lieux historiques et se remémorent les grandes choses qui s'y sont accomplies. La Bastille, depuis longtemps renversée, joue un rôle immense dans les annales parisiennes; et l'on peut dire d'elle ce que Tacite disait des bustes de Brutus et de Cassius, qui avaient été enlevés des salles du Sénat : On y faisait d'autant plus attention qu'ils étaient absents.

On donnait le nom de bastille ou bastide à toute fortification, de pierre ou de bois, élevée pour garder un passage. « Et meit, dit Froissart, bastides sur les champs et sur les chemins, en telle manière que nulles pourveances, ne les vivres ne pouvoient venir dedans la ville. » Une chronique de Parme parle d'une bastille faite en 1280 autour d'un camp pour empêcher d'en sortir ou d'y entrer (*ne aliquis posset exire de ipso castro, vel illuc aliunde venire qui ipsum exercitum offendere possit*). Alain Chartier raconte, dans son *Histoire de Charles VII*, qu'en commençant le siége d'Orléans, le comte de Salisbury *mit les bastilles du côté de la Beauce*.

La bastille dont Hugues Aubriot, prévôt de Paris, posa la première pierre le 22 avril 1370, se composait de deux tours isolées, séparées par le chemin. Charles V, en 1383, en fit construire six autres, les réunit entre elles par un mur, les entoura d'un large fossé, détourna le chemin à gauche, et la transforma, d'une simple bastille qu'elle était dans l'origine, en une véritable forteresse, composée de huit grosses tours rondes, et jointes par des massifs de maçonnerie de neuf pieds d'épaisseur. En 1553, on y ajouta un bastion entier à orillons.

La Bastille devint promptement prison d'État, et Hugues Aubriot fut un de ceux qui l'étrennèrent. Il avait combattu les prétentions de l'Église et de l'Université, et avait fait rendre à leurs parents des enfants juifs qu'on avait enlevés pour les baptiser. On le dénonça à l'officialité. « Il fit, dit dans l'*Histoire de Charles VI* Jean Juvénal des Ursins, plusieurs notables édifices à Paris, le pont Saint-Michel, les murs de devers la bastille Saint-Antoine, le Petit-Chastelet, et plusieurs autres choses dignes de grande mémoire; mais sur toutes choses avoit en grande irrévérence les gens d'église, et principalement l'Université de Paris, et tellement que secrettement on fit une enqueste de son gouvernement et de sa vie, qui estoit très-orde et déshonneste en toute ribaudise, et à décevoir femmes, partie par force, partie par argent, alors en possession; et avoit compagnée charnelle à juifves, et ne croyoit poinct le sainct Sacrement de l'autel, et s'en mocquoit, et ne se confessoit point, et estoit un très-mauvais catholique. » C'en fut assez pour qu'on le condamnât au bûcher, en l'an 1381; mais, grâce à la protection des princes, sa peine fut commuée. « Seulement, ajoute Juvénal des Ursins, au parvis Notre-Dame fut publiquement presché et mitré par l'évesque de Paris, vestu en habits pontificals, et fut déclaré en effet estre de la loy des juifs, contempteur des sacremens ecclésiastiques, et avoir encouru les sentences d'excommuniement, qu'il avoit par longtemps contemnées et mesprisées. Et le condamna à estre perpétuellement en la fosse au pain et à l'eau. »

Sa captivité ne dura point longtemps; de la Bastille on le transféra au Fort-l'Évêque, d'où les Maillotins le tirèrent, au mois de mars 1382, pour lui offrir de se mettre à leur tête; mais refusant ce dangereux honneur, Hugues Aubriot s'embarqua nuitamment sur la Seine, et alla finir paisiblement ses jours dans sa ville natale de Dijon. Louis XI peupla la Bastille. Jacques d'Armagnac, duc de Nemours, y languit de 1475 à 1477; Guillaume de Harancourt, évêque de Verdun, y fut mis dans une cage formée d'épaisses barres de bois recouvertes de plaques de fer.

Charles de Gontau de Biron, maréchal de France, fut conduit à la Bastille, le 9 juin 1600, par Vitry, capitaine des gardes. Il s'était engagé à livrer à l'Espagne un tiers de la France, à la condition qu'on lui en donnerait le gouvernement avec la main d'une des filles du duc de Savoie. Un gentilhomme nommé Lafin le dénonça, et il fut décidé que le Parlement lui ferait son procès. Biron essaya de se disculper en alléguant que ces projets étaient subordonnés au cas où le roi viendrait à mourir sans postérité, et qu'il les avait abandonnés depuis la naissance du dauphin; il fut condamné à mort, et obtint par grâce de n'être pas décapité en place de Grève. Un échafaud de cinq pieds de hauteur fut dressé dans la principale cour de la Bastille; le maréchal y monta le 30 juillet 1602. Le bourreau le frappa d'un coup d'épée si terrible que la tête vola jusqu'au milieu de la cour, d'où elle fut rapportée pour être exposée sur l'échafaud.

Les prisonniers de la Bastille furent nombreux sous Louis XIII, on, pour mieux dire, sous le cardinal de Richelieu. Le maréchal Bassompierre ouvre la marche; puis viennent le maréchal d'Ornano, le comte de Charlus, d'O-Seguier, le comte de La Suse, de Mazargues, et une foule de gentilshommes remuants qui luttaient pour leurs prérogatives contre le pouvoir absolu. Mazarin relâcha ceux qui n'avaient point payé leur témérité de leur tête; mais Louis XIV, vainqueur de toutes les rébellions féodales, reprit les errements du despotisme. Ses victimes, en majorité, sont obscures; ce sont des protestants persécutés pour avoir refusé d'abjurer; des distributeurs de nouvelles à la main; des pamphlétaires, des imprudents qui s'étaient compromis par leurs propos séditieux. Parmi les prisonniers célèbres, on trouve Louis, prince de Rohan, qui, avec un officier nommé La Tréaumont, avait ourdi une conspiration pour soulever la Normandie et livrer Quillebeuf aux Hollandais. Il fut exécuté le 17 novembre 1674, et Bourdaloue l'assista à ses derniers moments.

Fouquet passa quelque temps à la Bastille avant d'être envoyé à Pignerol. Son premier commis, Paul Pélisson, y fut retenu pendant quatre ans, et y composa des mémoires en faveur de celui auquel il devait sa fortune et sa charge de conseiller d'État. On lui retira l'encre et le papier; il se vit réduit à écrire sur des marges de livres avec le plomb de ses vitres ou avec une espèce d'encre qu'il imagina, en délayant de la croûte de pain brûlé dans quelques gouttes du vin qu'on lui servait. Pélisson, privé du plaisir de s'occuper, fut réduit à la compagnie d'un Basque stupide et morne qui ne savait que jouer de la musette. Il trouva dans ce faible amusement une ressource contre l'ennui.

Une araignée faisait sa toile dans un soupirail qui donnait du jour à la prison : il entreprit de l'apprivoiser. Il mit des mouches sur le bord de ce soupirail, tandis que son Basque jouait de la musette. Peu à peu l'araignée s'accoutuma au son de cet instrument; elle sortait de son trou pour courir après la proie qu'on lui déposait. Ainsi, l'appelant toujours au même son, et mettant sa proie de plus en plus près de lui, il parvint, après plusieurs mois d'exercice, à discipliner si bien cette araignée, qu'elle partait toujours au signal pour aller prendre une mouche au fond de la chambre, et jusque sur les genoux du détenu.

Catherine des Hayes, veuve Montvoisin, dite la Voisin, mena à la Bastille une vie moins triste et moins solitaire que celle de Paul Pélisson. C'était une devineresse qui s'était enrichie en exploitant les gens crédules. Elle vendait des secrets pour gagner au jeu, pour se rendre invulnérable, pour prolonger la jeunesse, et l'on disait aussi qu'elle débitait des poudres de succession. Écrouée à la Bastille en 1677, avec quarante de ses complices, elle désigna, comme ses pratiques habituelles, le maréchal de Luxembourg, la comtesse de Soissons, la duchesse de Bouillon. Une chambre ardente fut établie à l'Arsenal pour instruire l'affaire, et la Voisin fut condamnée au feu. Le lundi 19 février 1680, après qu'on lui eut signifié son arrêt, elle dit à ses gardes : « Quoi ! nous ne ferons pas *media noche* ! » Et mangea avec eux à minuit, en buvant maintes rasades et en chantant des airs à boire. « Le mardi, raconte Mme de Sévigné, elle eut la question ordinaire et extraordinaire; elle avait dîné et dormi huit heures. Elle fut confrontée sur le matelas avec plusieurs personnes. Elle soupa le soir et recommença, toute brisée qu'elle était, à faire la débauche avec scandale. On lui en fit honte, et on lui dit qu'elle ferait bien mieux de penser à Dieu, et de chanter un *Ave maris stella* ou un *Salve* que toutes ses chansons. Elle chanta l'un et l'autre en ridicule et dormit ensuite. Le mercredi se passa de même en confrontations, en débauches et chansons. » Le jeudi, 22 février, fut le jour du supplice.

L'homme au masque de fer, qui portait en réalité un masque de velours noir avec des ressorts d'acier, fut amené de l'île Sainte-Marguerite à la Bastille par Saint-Mars en 1698, et y mourut en 1703. Voici les détails que donne sur ce personnage mystérieux le Journal de Junca, lieutenant du roi à la Bastille :

« Jeudi, 18 septembre 1698, à trois heures après midi, M. de Saint-Mars, gouverneur de la Bastille, est arrivé pour sa première entrée des îles Sainte-Marguerite et Honorat, ayant amené avec lui dans sa litière un ancien prisonnier qu'il avait à Pignerol, dont le nom ne se dit pas, lequel on fait toujours tenir masqué, et qui fut d'abord mis dans la tour de la Basinière en attendant la nuit, et que je conduisis ensuite moi-même, sur les neuf heures du soir, dans la troisième chambre de la Bertaudière, laquelle chambre j'avais eu soin de faire meubler de toutes choses avant son arrivée, en ayant reçu l'ordre de M. de Saint-Mars. — ... En le conduisant à ladite chambre, j'étais accompagné du sieur Rasarges, que M. de Saint-Mars avait amené avec lui, et lequel était chargé de servir et de soigner ledit prisonnier, qui était nourri par le gouvernement. »

« Du lundi, 19 novembre 1703. Le prisonnier inconnu, toujours masqué d'un masque de velours noir, que M. de Saint-Mars avait amené des îles Sainte-Marguerite, et qu'il gardait depuis longtemps, s'étant trouvé hier un peu plus mal en sortant de la messe, est mort sur les dix heures du soir sans avoir eu une grande maladie. M. Giraud, notre aumônier, le confessa hier; surpris de la mort, il n'a pu recevoir les sacrements, et notre aumônier l'a exhorté un moment avant que de mourir. »

Ce serait sortir de notre cadre que de chercher à discuter les diverses hypothèses émises sur l'homme au masque de fer ou de velours. Nous avons dit plus haut notre opinion; elle avait déjà été mise en avant par M. de Saint-Mihiel, dans un livre publié à Strasbourg en 1790 : *Le véritable homme dit au Masque de fer, ouvrage dans lequel on fait connaître, sous des formes incontestables, à qui ce célèbre infortuné dut le jour, quand et où il naquit.* Cet opuscule fut dédaigné à l'époque d'ailleurs peu favorable de son apparition; mais la révélation authentique du mariage secret de Mazarin avec Anne d'Autriche donne aux allégations de M. de Saint-Mihiel une grande autorité.

René-Auguste-Constantin de Renneville, né à Caen en 1650, après avoir rempli diverses fonctions diplomatiques ou administratives, s'était retiré en Hollande pour ne pas être inquiété comme calviniste. Ses vers contre le gouvernement de Louis XIV, sa correspondance avec des princes hostiles à la France, décidèrent le marquis de Torcy, ministre des affaires étrangères, à le faire arrêter. Il a écrit sur la Bastille, où il passa onze ans, de 1702 à 1713, un ouvrage intitulé : *l'Inquisition française* (Amsterdam, 1715, in-12). « Pendant le temps de ma prison, dit-il dans sa préface, j'ai vu, à la Bastille, malgré la vigilante précaution de nos argus, non-seulement des Français, des Allemands, des Anglais, des Écossais, des Irlandais, des Espagnols, des Polonais, des Suédois, des Danois, des Moscovites, et généralement des personnes de toutes les nations de l'Europe, mais encore des peuples de toutes les parties de la terre, et même des plus reculées, et qui à peine nous sont connues. J'y ai vu des Africains, des Asiatiques, des Américains, des Turcs, des Mores, des popes grecs, des dervis, prélats, des ministres, des prêtres et des moines de toutes les couleurs. J'y ai vu des princes, comme le fils du roi du Maroc, que l'on y a traité d'une manière barbare et cruelle et comme le dernier des goujats ; le prince de la Riccia, qui, malgré ses éminentes qualités et ses vertus véritablement dignes d'admiration, a été la victime de l'avarice et de la haine furieuse de l'orgueilleux Bernaville, le plus exécrable de tous les tyrans. J'y ai vu des ducs et pairs, des cordons-bleus, des officiers généraux, entre autres le lieutenant général Cherberg, du canton de Zurich, homme plus que septuagénaire, qui avait blanchi dans le service du roi, et qui, pour avoir dit trop librement sa pensée à M. le maréchal de Villeroi, à la bataille de Ramillies, fut enfermé dans cette affreuse spelunque, où Bernaville fait souffrir à ce vénérable vieillard des tourments, dont les plus cruels bourreaux de l'armée ne voudraient pas punir un soldat suisse qui aurait dix fois mérité l'estrapade. Voici cependant tout son crime : Ce général, voyant le régiment du roi qui allait être enveloppé et taillé en pièces à Ramillies, dit à M. de Villeroi que, s'il voulait lui donner seulement trois ou quatre escadrons de cavalerie, il lui promettait sur sa tête de dégager ce régiment et de lui faire faire une honorable retraite. A quoi M. de Villeroi répondit qu'il avait d'aussi bons yeux que lui ; sur quoi le zèle, à la vérité trop sincère, de ce général, lui fit répondre : « Que si cela était, les troupes du roi ne seraient pas exposées au carnage des ennemis, comme il les voyait, lorsqu'elles étaient bonnes, et feraient admirablement bien leur devoir si elles étaient bien conduites. » Il n'en fallut pas davantage pour envoyer le brave officier à la Bastille, où une petite recommandation de M. le duc de Villeroi, qui sans doute en ignore les conséquences, a fait agir la rage de Bernaville dans toute son étendue. Ce vénérable officier a été cinq ou six ans enfermé dans une chambre au-dessus de la nôtre. Je lui ai entendu pousser des gémissements douloureux, des cris de désespoir et les plaintes les plus touchantes. « Oui, disait-il, je voudrais qu'il m'eût coûté tout mon bien et même un bras, et que le roi, que Mgr le duc de Chartres, que mes maîtres, ou même M. de Villeroi, eussent la connaissance de la manière indigne dont je suis traité par un misérable voleur qui, cent fois, a monté derrière le carrosse dans lequel j'étais traîné avec son maître le maréchal de Bellefond, à la table duquel ce tartufe cent fois m'a versé à boire dans la posture la plus humble, et qui me met aujourd'hui le pied sur la gorge, et me fait mourir de froid et de faim ! »

« En effet, pendant tout le temps qu'il a été dans cette chambre sur la nôtre, jamais on ne lui a donné de feu ; on ne lui porta pas un seul morceau de bois l'année du grand hiver 1709. Vingt fois les porte-clefs, par méprise, nous ont apporté son dîner pour le nôtre. Je proteste que dans la plus misérable gargote de Paris, un crocheteur ferait meilleure chère pour huit sols. Cependant, j'ai su par Rheille et par Ru, que le roi donnait au gouverneur quinze francs par jour pour la nourriture de ce général, que cet hypocrite gargotier, assisté du vénérable Père Riquelot et ensuite du Père de la Beaume, jésuites, ont mis pour ainsi dire à la torture, pour lui faire changer de religion, lui promettant sa grâce de la part de M. le duc de Villeroi.

« J'ai vu dans cette caverne de Polyphème M. le baron de Sacinot, officier général de l'empereur, qui, malgré sa piété exemplaire, sa charité, qui lui faisait donner aux pauvres, par les mains *intègres* de Bernaville, la moitié de la pension que Sa Majesté Impériale lui faisait tenir dans sa prison, et ses autres vertus chrétiennes, était traité indignement par son inhumain guichetier, répertoire fidèle d'avarice, où Harpagon n'aurait pu trouver à gloser.

« J'ai vu dans ce repaire infâme, autrefois la prison des princes du sang, de la noblesse de France enfin, des prisonniers d'État ; j'y ai vu des crocheteurs et des prélats ; des décrotteurs de souliers et des ministres ; des abbés et des prêtres ; des soldats et des quatre mendiants ; des clercs de procureurs et des magistrats ; des bergers et des colonels ; des crieuses de vieux chapeaux et des religieuses ; des vieillards et des enfants ; des duègnes décrépites et des jeunes filles ; des criminels et des innocents.

« Enfin, j'y ai vu toutes sortes de personnes et de nations confondues les unes avec les autres, dans le dur pressoir d'airain d'un tyran, qui faisait mouvoir tous les ressorts de sa machine infernale pour exprimer la substance de ses malheureux pigeonneaux, ainsi qu'il les appelle. O nations étrangères ! que la curiosité porte à voir la France, un des plus beaux pays du monde, et surtout Paris, la plus délicieuse de toutes les villes de la terre, souvenez-vous qu'elle renferme dans son sein la Bastille et Bicêtre, le purgatoire et l'enfer de ce monde, où un étranger court souvent le risque d'être logé, quoique très-innocent. Voilà l'avis que je donne en général à tous les hommes.

« Et vous, citoyens de Paris, quand vous mènerez vos enfants à la promenade sur le boulevard de Saint-Antoine, dans le bois de Vincennes, dans les jardins de l'Arsenal, faites-leur considérer attentivement ces tours énormes et affreuses de la Bastille et de Vincennes ; qu'ils apprennent de vous, et apprenez-le de cette histoire, que c'est là que président Bernaville et Saint-Sauveur, son neveu, les plus cruels tyrans qu'ait jamais vomis l'enfer dans sa fureur. »

Jean-Albert d'Archambaud, comte de Bucquoy, s'échappa de la Bastille le 9 mai 1709. C'était un Champenois, qui, après avoir été militaire, puis trappiste, avait essayé de fonder un nouvel ordre. Retiré dans un coin du faubourg Saint-Antoine, il s'était adonné aux pratiques de l'ascétisme ; mais las de ne point acquérir, pour prix de son zèle, le don des miracles, il quitta l'habit ecclésiastique et reprit l'uniforme. La police vit en lui un aventurier ; elle le mit au Fort-l'Évêque, d'où il s'évada ; elle le reprit et l'envoya à la Bastille, en 1707, en le recommandant aux concierges comme un homme dangereux et entreprenant. Néanmoins, il s'évada de nouveau le 4 mai 1709, et c'est à bon droit qu'il a intitulé la relation de sa fuite : *Événement des plus rares, ou l'Histoire du sieur Collé, comte de Bucquoy, lorsqu'il raconte ses évasions du Fort-l'Évêque et de la Bastille*. Il se réfugia en Allemagne, et mourut octogénaire à Hanovre, le 14 novembre 1740.

Les querelles des Jésuites et des Jansénistes, les discussions soulevées par la bulle *Unigenitus*, les folies des convulsionnaires augmentèrent considérablement le nombre des prisonniers d'État. Voltaire adolescent fut conduit à la Bastille en 1715, pour une satire politique dont il n'était pas l'auteur, et il y composa les deux premiers chants de son poème de la *Henriade*. Les hommes de lettres étaient les hôtes habituels de la prison, et quelques-uns en avaient contracté l'habitude. L'abbé Lenglet Dufresnoy fut puni par des détentions fréquentes de l'audace avec laquelle il rétablissait dans ses écrits des passages que les censeurs avaient supprimés. Quand il voyait entrer l'exempt Tapin, chargé de lui signifier la lettre de cachet, l'abbé, sans demander d'explications, disait à sa gouvernante : « Ah ! voilà M. Tapin ! Vite mon petit paquet de linge, mon tabac ! » Et il s'en allait gaiement. Ses stations à la Bastille n'avaient aucune influence pernicieuse sur sa santé, car il avait quatre-vingt-deux ans quand il mourut par accident, le 16 janvier 1755.

Un étudiant languedocien, Henri Masers de Latude, subit trente-sept ans de captivité, tant à la Bastille qu'à Vincennes, Charenton et Bicêtre. Se trouvant sans ressources, il avait imaginé, pour attirer l'attention sur lui, d'adresser à Mme de Pompadour de petites fioles détonnantes et des paquets contenant des substances prétendues vénéneuses. Il prévint du complot supposé un valet de chambre de la marquise ; mais loin de lui en savoir gré, on le mit à la Bastille en 1749. Avec le concours de son camarade de chambre, nommé Dalligre, il forma un projet d'évasion qu'ils accomplirent le 27 février 1756. Leur linge avait servi à fabriquer des cordes, et le bois de chauffage avait été transformé en échelons. Latude parvint à franchir les frontières, et se fixa en Hollande où il fut repris le 27 juillet 1764. Transféré à Vincennes, il parvint encore à s'évader le 23 novembre 1765 ; mais il eut l'imprudence de vouloir faire régulariser sa position ; et loin d'accueillir sa requête, les ministres auxquels il s'adressait le condamnèrent à une captivité nouvelle, qui ne finit qu'en 1784, grâce aux soins d'une marchande, nommée Legros, dont l'Académie récompensa le zèle en lui décernant le prix de vertu.

Après la Révolution, Latude attaqua en dommages-intérêts les héritiers de Mᵐᵉ de Pompadour et du ministre Amelot, et obtint une indemnité de 60,000 fr., dont la moitié seulement fut payée. Il mourut à Paris le 1ᵉʳ janvier 1805.

Le prévôt de Beaumont, secrétaire général du clergé, fut enfermé à la Bastille en 1768, et n'en sortit que pour entrer au donjon de Vincennes; son crime était d'avoir adressé au parlement de Rouen, avec des notes justificatives, le pacte de famine souscrit par Laverdy au profit d'une société d'accapareurs privilégiés.

Parmi les prisonniers de la Bastille on cite encore Leguay, garçon doreur, prévenu d'être convulsionnaire, et mort en prison au bout de trente ans; Lally-Tollendal, Mahé de La Bourdonnais, Marmontel, Brissot, le cardinal de Rohan, Cagliostro et la comtesse de Valois La Motte, compromise dans le procès du collier; les autres détenus dont on a recueilli les noms, ont peu de notoriété.

On a relevé les principaux motifs ou prétextes d'emprisonnement, tracés sur les registres, la date en marge : Il a l'esprit dérangé. — C'est un fou mélancolique. — Il prétend être le prophète Enoch, etc.

Avaient été renfermés : les nommés Richard, pour recherche de trésors; — François Davant, pour fait de *quiétisme;* — Marie-Jeanne Le Lièvre, pour être tombée d'épilepsie au milieu de la rue; — Roland, parce qu'il voulait se donner au diable, etc.

Jacques Mercier avait été mis aux fers pour avoir débité une estampe représentant le pape lardé d'une douzaine de Jésuites.

L'abbé Dourdan éprouva le même sort pour s'être permis de dire en chaire que le roi était bon, mais que les ministres n'étaient que des gueux.

Voici un incident très-simple, très-naturel, et qui cependant embarrassa fort le conseil de la Bastille, conseil tyrannique, et par conséquent d'une défiance pusillanime.

On avait trouvé dans les papiers d'un pauvre prisonnier nommé Boivin une lettre de sa veuve Boivin, qui finissait par ces mots : « Je vous prie de m'envoyer ce que vous savez bien; on attend après. »

Messieurs du conseil crurent avoir découvert dans ces paroles mystérieuses la clef d'un secret important. — *Ce que vous savez bien... on attend après;* que de choses là-dedans pour des inquisiteurs!

Après bien des perquisitions, on vit enfin que ce n'était qu'un petit *pot de graisse* provenant de la cuisine du sieur Richeville, où le nommé Prat, son domestique, l'avait pris pour en gratifier la dame Boivin, sa voisine et son ancienne amie.

La Bastille et toutes les autres bastilles subalternes étaient les sauvegardes des grands criminels, des voleurs, des assassins, des empoisonneurs de qualité, et les débiteurs en crédit avaient le privilége d'y faire enfermer leurs créanciers. D'ailleurs, nul respect pour le sexe, pour l'âge ou pour la parenté : on y a vu une fille de sept ans à côté d'un vieillard de cent onze, et un gouverneur acharné contre son beau-frère.

Le sieur Pizoni demandait à écrire au lieutenant de police, ce que l'on n'obtenait pas facilement, et sollicitait la grâce de se faire raser. Le lieutenant écrivit en marge de la lettre : « Je veux bien qu'on le rase et qu'il m'écrive. Ce 3 juin 1756. »

Celui-là du moins répondait; mais voici un billet lamentable et resté sans réponse; il est daté du 7 octobre 1752. — « Si, pour ma consolation, monseigneur voulait m'accorder, au nom de la sainte Trinité, la grâce que je puisse recevoir des nouvelles de ma chère femme, *seulement son nom sur une carte,* pour me faire voir qu'elle est encore au monde, ce serait la plus grande consolation que je puisse jamais recevoir, et je bénirais à jamais la grandeur de monseigneur. » — *Non répondu.*

La Bastille passait pour un des plus forts châteaux de l'Europe; ses murailles, hautes de 73 pieds, étaient flanquées de huit grosses tours rondes, dites de la Comté, du Trésor, de la Chapelle, du Puits, de la Bazinière, de la Bertaudière, de la Liberté et du Coin. La principale entrée de la forteresse était par la rue Saint-Antoine, en face de la rue des Tournelles. A l'extrémité d'une allée, bordée à droite de corps de garde, à gauche de boutiques adossées au revêtement des fossés, on trouvait le pont-levis de l'Avancé, qu'il fallait franchir pour pénétrer dans la cour du Gouvernement. En face de l'hôtel du gouverneur était une avenue de 17 toises, qu'un large fossé, sur lequel s'abaissait un pont-levis, séparait de la cour intérieure.

Cette cour, qui n'avait plus que 102 pieds de long sur 72 de large en 1780, avait été rétrécie par la construction d'un bâtiment transversal, destiné aux officiers de l'état-major, et l'on avait formé un troisième préau appelé Cour du Puits.

Chaque tour de la Bastille était une prison à cinq étages, dont les cachots, enfoncés au-dessous du sol, et les calottes (chambres placées immédiatement sous les plates-formes) étaient les plus inhabitables. Il y régnait en été une chaleur brûlante, en hiver un froid excessif. Le créneau, qui servait de fenêtre à chaque logement, était assez large en dedans, mais se rétrécissait vers le dehors, au point de n'avoir pour ouverture sur les fossés qu'une longue fente de 2 à 3 pouces de large, fermée à son extrémité la plus étroite par de grosses grilles de fer.

Presque toutes les chambres des autres étages des tours étaient des polygones irréguliers de 15 à 16 pieds de diamètre sur 15 à 20 pieds d'élévation, ce qui les rendait plus supportables que les calottes; quelques-unes même avaient plusieurs fenêtres; mais elles étaient presque entièrement masquées par l'épaisseur des murs. Cette épaisseur augmentait à mesure qu'on se rapprochait du sol, allongeait les embrasures, et le prisonnier recevait d'autant moins de lumière qu'il était plus éloigné de leur ouverture. Quelquefois même le gouverneur, jaloux de cette faible clarté, lui en interceptait encore une partie en adaptant extérieurement à ces fenêtres des hottes en planches, qui lui dérobaient le peu de vue dont il pouvait jouir sur Paris ou sur la campagne; ces hottes ne laissaient arriver jusqu'à lui qu'un jour douteux qui se plongeait obliquement dans sa chambre. Ces espèces de meurtrières étaient de plus garnies, à différents points de leur profondeur, de deux et quelquefois trois grosses grilles de fer.

Chaque prison était fermée de deux portes épaisses de deux à trois pouces, dont quelques-unes avaient des guichets. L'intérieur de plusieurs était recouvert de fer, et leurs lourds verrous et leurs serrures énormes faisaient retentir toute la tour d'un bruit affreux quand on les ouvrait ou quand on les fermait. Chacune de ces prisons était numérotée, et les infortunés étaient appelés du nom de la tour où ils étaient enfermés, joint au numéro de leur chambre.

CHAPITRE II.

Prise de la Bastille.

En prenant la Bastille, le 14 juillet 1789, les Parisiens réalisèrent un vœu populaire : la démolition de cette prison était formellement réclamée dans les cahiers du tiers état de Paris, de Dreux, de Montfort-l'Amaury, etc. En 1783, le *Courrier du Bas-Rhin* proposait d'élever sur l'emplacement du château détruit une statue à Louis XVI ; ce projet fut reproduit dans les *Mémoires* de l'avocat Linguet, un des détenus de la Bastille, et dans les cahiers du tiers état de la ville de Paris, où on lisait, § 40, titre de *la Municipalité ;* « Que les États-Généraux s'assemblent désormais à Paris dans un édifice public destiné à cet usage; que sur le frontispice il soit écrit : *Palais des États-Généraux,* et que sur le sol de la Bastille, détruite et ruinée, on établisse une place publique où s'élèvera une colonne d'une construction noble et simple, avec cette inscription : *A Louis XVI, restaurateur de la liberté publique.* »

Le gouverneur de la Bastille était Bernard-René Jourdan, marquis de Launay ; on assurait qu'il était dur et rapace, qu'il faisait fouiller les nouveaux venus avec une extrême rigueur, et que s'ils élevaient la voix, il leur disait brusquement : « Taisez-vous, c'est ici la maison du silence. »

Quoiqu'il tirât un revenu important de la location des fossés et des boutiques, de Launay cherchait à s'enrichir aux dépens des prisonniers en diminuant leurs rations, et quelques-uns d'entre eux ne recevaient pas plus de quatre onces de viande par repas. Quand le roi accordait un garde à un captif, soit pour le surveiller, soit pour le servir, avec une solde de trente sous par jour, de Launay n'en payait que vingt-cinq. Il s'était emparé, pour en faire un potager, d'un bastion qui servait de promenade aux détenus, et il leur interdisait de paraître dans la cour intérieure lorsqu'il donnait à dîner et que ses valets devaient passer sans cesse de la cuisine à l'hôtel.

La garnison à laquelle commandait de Launay ne se composait que de 82 soldats invalides, 2 canonniers de la compagnie de Monsigny, 32 suisses du régiment de Salis-Chamade, commandés par Louis de Flue, lieutenant de grenadiers; mais les munitions étaient plus que suffisantes ; elles consistaient en boulets de calibre, 400 biscaïens, 14 coffrets de boulets sabottés, 1,500 cartouches et 200 barils de poudre. Il y avait 15 pièces de canon sur les plates-formes, et 3 autres vis-à-vis le grand pont-levis. On avait placé sur les remparts 6 fusils portant chacun une livre et demie de mitraille, et désignés sous le nom d'*amusettes du comte de Saxe*.

En outre, le gouverneur de Launay avait fait monter sur les tours six charretées de pavés, de chenets, de vieux boulets et de vieilles ferrailles. On avait réparé les ponts-levis, enlevé les garde-fous, entaillé les embrasures, pratiqué des meurtrières ; et les Suisses, à l'instigation du gouverneur, jurèrent de faire feu sur les invalides si ceux-ci refusaient d'obéir.

Le 14 juillet 1789, jour de la Saint-Bonaventure, les tambours battirent le matin le rappel dans tous les quartiers pendant que le tocsin tintait dans toutes les églises ; les bandes tumultueuses parcoururent les rues et formèrent sur les places des groupes où circulaient les bruits les plus sinistres.

« On nous attaque, disait-on ; le Royal-Allemand et le Royal-Cravate se sont rangés en bataille à la barrière du Trône, et déjà les hussards paraissent dans les faubourgs Saint-Denis, Saint-Martin et Saint-Marceau. »

Des électeurs racontent qu'on avait saisi une dépêche adressée par le baron de Besenval au gouverneur de la Bastille, et ainsi conçue :

« Tenez bon contre le peuple ; je saurai vous en débarrasser. »

D'autres citoyens arrivés de Versailles en rapportaient les nouvelles. « On se propose de frapper un grand coup ; le Royal-Allemand, le Royal-Étranger, les hussards de Nassau sont désignés pour envahir la salle des États. Le roi tiendra un lit de justice et dissoudra l'assemblée. »

Pendant ces colloques, on travaillait avec ardeur à dépaver les rues, à creuser des tranchées, à disposer des chevaux de frise. Chacun cherchait à se procurer des armes ; des ouvriers, après s'être munis de piques, vendaient des fusils dont ils s'étaient emparés la veille. Un pistolet ou un sabre ne coûtait que 12 sous ; on donnait un fusil pour 3 francs.

A midi, une bande désarmée se groupe autour du pont-levis de l'Cerisaie, en criant :

« Laissez-nous entrer ! Donnez-nous des armes et des munitions ! »

De Launay ordonne de baisser le pont, le fait relever aussitôt que la députation est dans la première cour, et ouvre un feu roulant sur les malheureux qu'il a mis dans l'impossibilité de fuir. De toutes parts on crie : « Trahison ! à bas la troupe ! » Louis Tournay, ancien soldat au régiment du Dauphin, monte sur le toit du corps de garde attenant à l'Avancé et brise avec une hache les supports du pont-levis. L'attaque commence, quinze blessés sont recueillis dans les maisons de la rue de la Cerisaie ; un jeune homme atteint d'une balle au bras, un garde-française expirant sur un brancard, sont conduits au *comité permanent*, auquel on demande de décréter le siège, tandis que d'autres citoyens vont chercher du renfort en racontant dans Paris la perfidie du gouverneur. Le siège de la Bastille, qui n'était que le rêve de quelques hommes, devient une pensée générale. Soulevée par les récits des premiers assaillants, la population entière s'ébranle : ouvriers, soldats, pompiers, journaliers des campagnes, femmes, abbés, capucins, grossissent l'armée assiégeante, les uns avec des carabines, d'autres avec des arquebuses à rouet, des massues, des haches, des javelots, des lames de sabre emmanchées au bout de perches. En moins d'une heure, on a pénétré dans la *cour du Gouvernement*, et l'on échange des coups de fusil avec les Suisses postés derrière le pont-levis de la grande Cour.

Une députation du comité s'avance au pied de la forteresse ; elle est composée de MM. Delavigne, Chignon, de l'abbé Fauchet et de M. Bottidoux, député suppléant des communes de Bretagne. En approchant, ils agitent leurs mouchoirs en signe de paix ; néanmoins la fusillade continue ; trois hommes, frappés mortellement, tombent auprès de M. Delavigne, et c'est au bruit de la mousqueterie que ce courageux parlementaire fait lecture de la proclamation suivante :

« *Le Comité de la milice parisienne*, considérant qu'il ne doit y avoir à Paris aucune force militaire qui ne soit sous la main de la ville, charge les députés de la ville, qu'il adresse à M. le marquis de Launay, commandant de la Bastille, de lui demander s'il est disposé à recevoir dans cette place les troupes de la milice parisienne, qui la garderont de concert avec les troupes qui s'y trouvent actuellement, et qui seront aux ordres de la ville.

« Signé : De Flesselles, *prévôt des marchands et président du Comité ;*
Delavigne, *président des électeurs ;*
Moreau de St-Méry, *président des électeurs*, etc. »

La députation se retire sans que le combat ait cessé. Postés au haut des tours, les officiers de l'état-major encouragent eux-mêmes les tirailleurs placés dans la cour principale, ont pratiqué une meurtrière dans le tablier du grand pont-levis, et foudroient les assiégeants avec l'un de ces fusils appelés *amusettes du comte de Saxe*.

Une autre ambassade arrive, tambour battant, précédée d'un drapeau blanc.

Elle a pour mission :

« D'engager ceux qui environnent la Bastille à se retirer dans leurs districts respectifs, pour y être promptement incorporés dans la milice ;

« De rappeler à M. de Launay combien il est important de ne pas exciter l'animosité du peuple, et d'épargner la vie des citoyens ;

« De le sommer enfin de cesser toute hostilité, et de recevoir les défenseurs de la ville à la garde et dans l'intérieur de la forteresse. »

Les envoyés de la ville sont MM. Éthier de Corny, Francotay, Contans, Jeannon fils, Boucheron, de Milly, Poupart de Beaubourg et Piquat de Sainte-Honorine.

A leur aspect on arbore le pavillon blanc sur la plate-forme des tours ; les invalides renversent leurs fusils, élèvent leurs chapeaux ; leur attitude fait espérer un accommodement.

Mais soudain plusieurs coups de feu retentissent : une balle sillonne l'épaule de M. Poupart de Beaubourg ; une autre perce le chapeau d'un député. « Retirez-vous, crie-t-on à M. Francotay ; vous voyez bien que la trahison est manifeste.

— C'est plutôt à vous de vous retirer, répond l'électeur ; vous vous sacrifiez inutilement. Attendez, et trois cents gardes françaises vont arriver avec cinq pièces de canon. Si vous restez ici, ils ne pourront pénétrer dans cette cour encombrée.

— Nous n'avons pas besoin de renfort !... Laissez-nous ; nous périrons ou nous mangerons tous ces b......-là !

— Mais à quoi bon vous exposer ?

— Nous épargnons de la besogne aux gardes françaises ; si nous sommes tués, nos corps serviront à combler le fossé ! »

Francotay s'éloigne plein d'admiration pour ce noble dévouement. Les assiégeants, furieux, amènent trois voitures de paille et s'en servent pour mettre le feu aux bâtiments de la cour du Gouvernement. Les flammes dévorent l'hôtel de de Launay, quand on voit déboucher de la rue Saint-Antoine un détachement de grenadiers de Riffeville, commandé par le sergent-major Wargnier ; des fusiliers de la compagnie de Lubersac, sous les ordres du sergent de grenadiers La Barthe, et une troupe de bourgeois armés que dirige Hulin, ancien officier au service de Genève, employé à la buanderie de la reine. Un mortier, quatre pièces de quatre, sont mis en batterie par les gardes françaises.

Serré d'aussi près, ne voyant pas arriver les secours promis par MM. de Bezenval et de Flesselles, le gouverneur prend la résolution de s'ensevelir sous les ruines de la forteresse ; il saisit la mèche de l'un des canons braqués dans la grande cour, et va droit à la Sainte-Barbe. « Vous ne passerez pas, » lui dit le sous-officier Ferrand en lui présentant la baïonnette. De Launay insiste. « N'avancez pas, s'écrie Ferrand, ou je vous tue comme un chien. » Le gouverneur, éperdu, recule, et descend à la *Tour de la Liberté*, où sont déposées les poudres introduites au château dans la nuit du 12 au 13 ; mais Bécard, autre sous-officier, l'oblige à se retirer, et prévient un acte de démence qui aurait fait sauter la Bastille, les maisons voisines et une partie du faubourg Saint-Antoine.

De Launay revient dans la grande cour : « Nous allons être égorgés, dit-il aux soldats, remontons sur les tours, et mitraillons ces misérables. » Mais la garnison est lasse de combattre ; elle hésite, elle refuse de verser le sang plus longtemps. On bat donc la chamade ; le drapeau blanc est arboré sur la tour de la Bazinière. M. de Flue, commandant des Suisses, harangée les assaillants à travers un créneau, et leur tend un billet écrit au crayon en disant : « Nous voulons bien nous rendre si l'on promet de ne pas massacrer la troupe; nous désirons sortir avec les honneurs de la guerre. »

Le jeune Réole, mercier près de l'église Saint-Paul, s'aventure sur une planche jetée en travers du fossé, prend le papier et le remet à Élie, ancien officier au régiment de la reine-infanterie, un des directeurs du siège. Élie, imposant silence à ses compagnons, dit à haute voix : « Nous avons vingt milliers de poudre, nous ferons sauter la garnison et tout le quartier si vous n'acceptez pas la capitulation.

— Foi d'officier, nous l'acceptons! dit Élie; baissez vos ponts ! »

Au bout de quelques minutes on baisse le petit pont-levis de passage, puis le grand pont. Il était alors cinq heures trois quarts. Arné, de Dôle, grenadier aux gardes françaises, pénètre le premier dans la place, et les assiégeants se précipitent sur ses traces. La garnison avait déposé les armes le long du mur; à droite étaient les invalides, à gauche les Suisses, couverts de sarraux de toile. Ils ôtent leurs chapeaux, présentent les mains et crient : Bravo ! Les premiers entrés fraternisent avec eux; malheureusement quelques soldats placés sur les plates-formes tirent plusieurs coups de fusil, et les survenants, qui ignorent la capitulation, se ruent sur les invalides, qui auraient tous péri sans l'intervention généreuse des gardes françaises. Le canonnier Asselin tombe expirant; par une fatale erreur, Bécard, celui qui a sauvé le quartier d'une explosion, reçoit deux coups d'épée, et un coup de sabre qui lui abat le poignet. On va porter dans les rues cette main à laquelle tant de citoyens doivent leur salut. La multitude aveuglée prend Bécard pour un canonnier, l'entraîne à la Grève avec Asselin, et les pend à la potence de fer d'une lanterne, au coin de la maison d'un épicier.

Pendant qu'on brise les portes massives des prisons, qu'on enlève de la chapelle un tableau représentant *saint Pierre aux liens*, qu'on visite les souterrains, qu'on pénètre dans les cachots, le gouverneur paraît, la tête nue, vêtu d'un frac gris, sans insignes militaires; il tient une canne à épée dont il essaye de se percer. Le grenadier Arné la lui arrache; le Grenoblois Cholat, marchand de vin rue des Noyers-Saint-Jacques, fait prisonnier le commandant désarmé. Quelques minutes après, les vainqueurs prennent le chemin de l'Hôtel de Ville. Élie, porté en triomphe, est en possession des clefs de la Bastille, et brandit son épée, au bout de laquelle il a mis la capitulation. Maillard, fils d'un huissier à cheval au Châtelet de Paris, tient le drapeau de la Bastille. Derrière eux marche un jeune homme nommé Guigon, montrant au bout de sa baïonnette le recueil des règlements de la place, volumineux registre scellé d'une agrafe de fer. Puis vient M. de Launay, protégé par Hulin, Arné et de L'Épine, clerc de Me Morin, procureur au parlement. Autour et à la suite de ce groupe principal se meut une foule compacte, bruyante, animée par l'exaltation de la victoire et la soif de la vengeance. Des cris de mort retentissent aux oreilles du gouverneur; des mains s'avancent pour lui arracher les cheveux; des épées, des baïonnettes sont dirigées vers sa poitrine.

« Messieurs, dit-il à ses gardes, vous m'avez promis de ne pas m'abandonner; restez avec moi jusqu'à l'Hôtel de Ville. »

Cependant L'Épine reçoit sur la tête un coup de crosse heureusement amorti par son chapeau; Hulin, épuisé des efforts qu'il a faits pour défendre le prisonnier, tombe anéanti sur un banc. Aussitôt le gouverneur est assailli par une foule de furieux. Meurtri de coups de crosse, sanglant et mutilé, il murmure d'une voix éteinte : « Mes amis, tuez-moi, tuez-moi sur-le-champ, ne me faites pas languir. »

Il tombe, on lui coupe la tête, et on l'élève au bout d'une pique avec cet écriteau :

De Launay, gouverneur de la Bastille, perfide et traître envers le peuple.

Delosme Salbray, major de la Bastille, fut également massacré à la Grève, vis-à-vis l'arcade Saint-Jean, malgré les efforts du marquis de Pelleport, dont il avait été le consolateur pendant une captivité de cinq années. M. de Miray, aide-major, M. Pierson, capitaine de la compagnie des invalides, furent tués, l'un rue des Tournelles, l'autre sur le Port-au-Blé.

La retraite des troupes qui menaçaient la capitale et l'humiliation du parti rétrograde furent les premières conséquences de la prise de la Bastille. Elle était encore inconnue à Versailles dans la soirée du 14; et Berthier de Sauvigny, intendant de Paris, s'occupait de rassurer Louis XVI, qui, lui ayant accordé une audience, lui demanda tout d'abord :

— Eh bien, monsieur Berthier, quelles nouvelles? que fait-on à Paris? où en sont les troubles?

— Mais, sire, tout va assez bien. Il s'est manifesté quelques légers mouvements qu'on est bien vite parvenu à réprimer, et qui n'ont pas eu de suite.

— Tant mieux, tant mieux... Les théâtres sont-ils restés ouverts?

— Oui, sire; en voici le bulletin.

Tous les spectacles étaient fermés depuis le 13 juillet.

— Peut-on compter sur la fidélité des troupes?

— Oui, sire; elles ont accueilli avec enthousiasme votre ordonnance de ce matin qui supprime la punition des coups de plat de sabre.

— Quel est le cours des effets royaux?

— Sire, ils montent depuis le renvoi de Necker.

Les fonds publics avaient sensiblement baissé.

— Eh bien, reprit Louis XVI, ils monteront encore quand l'ordre sera plus complètement rétabli. Demain, l'Assemblée sera dissoute, quarante mille exemplaires de ma déclaration du 23 juin ont été envoyés aux intendants, avec ordre de la publier et de l'afficher dans toute l'étendue du royaume.

Presque aussitôt après cet entretien, se présenta une députation de l'Assemblée, conduite par Jean-Georges Le Franc de Pompignan, archevêque de Vienne, dont l'on a dit qu'après avoir combattu les philosophes, il se faisait leur exécuteur testamentaire. Les députés firent longtemps antichambre, et quand ils furent admis, ce fut pour entendre de la bouche du roi une réponse vague et insignifiante. « Je me suis sans cesse occupé de toutes les mesures propres à rétablir la tranquillité dans Paris. J'avais en conséquence donné ordre au prévôt des marchands de se rendre ici pour prendre les dispositions nécessaires. Instruit depuis la formation de la garde bourgeoise, j'ai donné ordre à des officiers généraux de se mettre à la tête de cette garde, afin de l'aider de leur expérience et de seconder le zèle des bons citoyens. J'ai également ordonné que les troupes qui sont au Champ de Mars s'écartent de Paris. Les inquiétudes que vous me témoignez sur les désordres de cette ville doivent être dans tous les cœurs et affectent plus vivement le mien. »

Les députés se retirèrent en silence. Pendant leur absence, deux émissaires du *Comité permanent*, Bancal des Issarts, ancien notaire, Ganilh, avocat au Parlement, avaient rendu compte à l'Assemblée du mouvement insurrectionnel. Leur rapport, quoiqu'il n'annonçât pas la fin du combat, avait augmenté l'agitation des esprits. A peine la première députation était-elle rentrée, qu'une seconde partit pour aller solliciter de nouveau le renvoi des troupes. « Vous déchirez de plus en plus mon cœur, réplique Louis XVI, par le récit que vous me faites des malheurs de Paris. Il n'est pas possible que les ordres que j'ai donnés aux troupes en soient la cause. Je n'ai rien à changer à la réponse que je vous ai déjà faite. »

Cette déclaration, communiquée à l'Assemblée vers les onze heures du soir, ne fut pas jugée propre à porter le calme dans la capitale. On était sur le point de choisir les membres d'une troisième ambassade, mais Clermont-Tonnerre s'écria : « Laissons-leur la nuit pour conseil; il faut que les rois, ainsi que les autres hommes, achètent l'expérience. » Sous la vice-présidence de La Fayette, les députés présents, transformant en lits de camp les bancs, les tables et les tapis, se décident à passer la nuit dans la salle des séances.

Le duc de Liancourt était grand maître de la garde-robe; sa charge consistait à avoir soin des habits, du linge et de la chaussure de Louis XVI; à lui mettre la camisole, le cordon bleu et le justaucorps. La nature intime de ses fonctions lui donnait entrée à toute heure chez le roi. Instruit de ce qui s'y passe, il y court; il expose la situation alarmante de Paris, les progrès de l'esprit public, l'hésitation des troupes, les dangers d'une résistance imprudente.

— Mais c'est donc une révolte? dit Louis XVI après un moment de silence.

— Non, sire, c'est une révolution.

CHAPITRE III.

La place de la Bastille, depuis 1789 jusqu'à nos jours.

C'était si bien une révolution que, le 16 juillet 1789, le Comité permanent, qui stationnait à l'Hôtel de Ville, vota à l'unanimité la démolition de la Bastille, et nomma quatre commissaires, Du aulx, Chamseru, Gorneau et Caliban, pour recueillir tous les papiers qui s'y trouvaient et les transporter à l'abbaye Saint-Germain-des-Prés. Mille ouvriers devaient être immédiatement employés à la destruction de la vieille prison. L'ordre de la démolition fut proclamé dans tous les carrefours par les trompettes de la ville. La nouvelle en fut portée à Louis XVI, qui, stupéfait de l'audace des Parisiens, se contenta de dire : « C'est un peu fort ! »

On s'attendait à trouver un grand nombre de prisonniers dans les cachots de la Bastille. Huit individus seulement y étaient renfermés : l'Irlandais Whyte, détenu pour raisons inconnues; le comte de Solanges d'Albi, détenu correctionnellement à la requête de son père; les sieurs Béchade, Le Caurège, La Roche et Puzade, d'Agen, condamnés pour avoir falsifié des lettres de change au nom de Tourton et Ravel, banquiers à Paris; Tavernier, fils naturel du fameux partisan Pâris-Duvernoy.

Placé par son père dans l'administration des vivres, Tavernier avait devant lui un chemin large et commode pour arriver à la fortune; mais il voulut aller trop vite, et fut destitué pour quelques malversations trop criantes. Cédant à ses mauvais instincts, il finit par s'enrôler dans une bande de brigands qui dévalisaient les voyageurs sur les routes des environs de Paris. Pris les armes à la main par la maréchaussée, il fut condamné au dernier supplice; mais grâce à l'intervention puissante de son père, il obtint que sa peine serait commuée en celle de la prison perpétuelle.

C'était en 1754, et Tavernier pouvait avoir trente-cinq ans; on le conduisit aux îles Sainte-Marguerite, quoiqu'il eût demandé à être incarcéré dans une prison de Paris, où il espérait trouver des protecteurs et des moyens d'évasion. En 1759, après la tentative d'assassinat de Damiens sur la personne de Louis XV, Tavernier imagina d'exploiter ce crime au profit de ses desseins. Au nombre de ses compagnons de captivité était un officier qui expiait les écarts d'une jeunesse orageuse; en s'entretenant avec lui des incidents du procès de Damiens, Tavernier eut soin d'afficher un air de mystère qui devait naturellement exciter la curiosité de son interlocuteur.

— Auriez-vous, dit celui-ci, des renseignements particuliers sur l'attentat?

— Oui, répondit Tavernier avec le plus grand sang-froid; c'est une affaire manquée pour le moment, mais on y reviendra. Les jésuites qui la conduisent m'ont fait proposer de m'en charger; et si vous voulez, je puis vous intéresser à ce projet, qui en vaut la peine, et dont le premier acte sera notre délivrance.

L'officier, épouvanté, courut instruire le gouverneur; celui-ci s'empressa d'écrire au ministre, qui envoya immédiatement aux îles Sainte-Marguerite un inspecteur de police, avec ordre d'amener Tavernier à Paris. L'inspecteur était en outre chargé de sonder son prisonnier, de l'interroger adroitement, et de tâcher de lui dérober un secret qui paraissait être de la plus haute importance.

Tavernier se met gaiement en route, joue son rôle avec adresse, laisse échapper des demi-révélations et se fait arracher les paroles afin de leur donner plus de prix.

Un soir, il était dans une chambre d'auberge, lié par une chaîne accrochée au mur, mais ayant le libre exercice de ses mains. L'inspecteur était assis en face de lui; sur une table qui les séparait brûlaient deux chandelles; l'entretien roulait sur Damiens.

— C'était un lâche, dit Tavernier, et la preuve qu'il a eu peur, c'est qu'il a porté un coup droit, et par conséquent mal assuré, au lieu de porter un coup de revers ferme et vigoureux.

Tout en disant ces mots, le prisonnier prend de la main gauche une des chandelles près de s'éteindre, laisse tomber quelques gouttes de suif sur le revers de sa main droite étendue et y pose le bout d'une chandelle. L'inspecteur étonné le regarde; Tavernier ne paraît pas y faire attention et continue de parler.

La conversation se prolonge; il est question de l'attentat commis le 5 janvier 1757, de ces mots que Damiens a prononcés au moment de son arrestation : « Qu'on prenne garde à M. le dauphin; que M. le dauphin ne sorte pas de la journée; » enfin des aveux insuffisants que la torture lui a arrachés. Pendant ce temps, la chandelle arrivait à sa fin. L'inspecteur avertit le prisonnier qui sourit et ne bouge pas; le suif est consumé; la chaleur gagne la main, la peau commence à grésiller; l'inspecteur éteint la mèche embrasée, en s'écriant :

— A quoi songez-vous? Êtes-vous fou?

— Non, répond Tavernier d'une voix grave; je voulais seulement vous faire voir la main qu'il fallait choisir pour assassiner un roi.

Une fois que Tavernier fut à Paris, on sut bientôt à quoi s'en tenir sur les prétendues révélations qu'il avait à faire. On le mit à la Bastille où il serait mort sans la Révolution.

En entendant les haches et les massues retentir sur la porte de son cachot, Tavernier s'imagina qu'on venait le tuer, et se mit en mesure de défendre sa misérable existence. Il fondit en larmes quand, au lieu des assassins qu'il redoutait, il trouva des libérateurs. Dès qu'il eut fait quelques pas au dehors, ses yeux furent blessés de l'éclat du jour; il chancela, secoua sa longue barbe blanche, et s'écria d'une voix chevrotante :

— Ah ! Messieurs, vous m'avez rendu un grand service; mais rendez-m'en un autre; tuez-moi, je ne sais que devenir. — Marche ! lui répondit-on; la nation te nourrira.

Il demanda si Louis XV vivait encore; il avait perdu toute notion du temps; il ignorait qu'on fût en 1789. On le transporta chez un perruquier dont la boutique avoisinait les murs de la Bastille, et qui lui accorda l'hospitalité. Le doyen des captifs avait la taille élevée, le crâne dénudé, une barbe qui lui descendait jusqu'à la ceinture. Il était assis dans un grand fauteuil et tenait sur sa main une souris apprivoisée, qui grignotait tranquillement un morceau de sucre. Il paraissait sensible aux soins du perruquier et de sa femme, autant du moins que le comportait la faiblesse de son intelligence. Les émotions de sa délivrance subite avaient consommé l'œuvre de l'âge et du malheur. Dans l'impossibilité de lui donner les soins qu'exigeait sa décrépitude, son protecteur le conduisit à l'Hôtel de Ville. Le secrétaire des électeurs, M. Duverger, questionna le pauvre vieillard, n'en put tirer que des paroles entrecoupées et l'envoya à Charenton. Un citoyen compatissant eut la fantaisie de le réclamer et de se charger de lui; mais il vint quelques jours après solliciter l'autorisation de le ramener à l'hospice.

Parmi les curieux qui affluaient autour de la Bastille, pendant qu'on la démolissait, on remarqua Danton, alors avocat aux conseils du roi; Michel de Cubières, qui se faisait appeler Dorat Cubières, parce qu'il avait composé de petits poèmes maniérés tels qu'une *Épître à Sapho Beauharnais*, *Sur les femmes*; l'abbé de Cournaut, auteur d'un poème didactique sur *les Styles*, et d'un autre poème sur l'*Amour de la liberté*; Beaumarchais, dont la maison et les jardins étaient presque contigus à la forteresse; l'abbé Brizard, auteur d'un *Essai sur les droits de l'homme et du citoyen*, et d'un *Éloge de Mably* couronné par l'Académie des inscriptions; Louis-Pierre Manuel, qui avait été écroué en 1786 pour un pamphlet intitulé : *Lettre d'un officier des gardes du corps*. Il revenait chercher ces vers dont il avait caché le manuscrit dans la bourre poudreuse d'un vieux fauteuil à bras :

La Bastille, où la naît sert les tyrans heureux !
La Bastille, où la haine est le plaisir des dieux !
La Bastille, où la force enchaîne le génie !
La Bastille, où l'on meurt sans sortir de la vie !
Puissent les citoyens, ensemble conjurés,
Enfoncer ses cachots par le fer des assurés !
Et si, pour ébranler ce colosse de pierre,
Paris ne suffit pas, vienne la France entière !
A pas précipités, que cent peuples divers
Passent, pour la détruire, et les monts et les mers.
Qu'elle-même, sur soi renversé ses murailles,
Que l'enfer agrandi s'ouvre par ses entrailles,
Que le ciel en courroux, allumé par nos vœux,
Fasse pleuvoir sur elle un déluge de feux !
Puissé-je de mes yeux y voir tomber la foudre,
Voir ses canons en cendre, et ses soldats en poudre,
Son dernier gouverneur à son dernier soupir,
Moi seul en être cause, et mourir de plaisir !

Le comte de Mirabeau promena sur les remparts de la Bas-

Visite aux Quinze-Vingts.

tille Mme Lojay, femme d'un libraire de la rue de l'Échelle. En rentrant chez lui, ému par le spectacle qu'il venait de contempler, le tribun écrivait, pour son *Courrier de province*, ces lignes éloquentes :

« S'il fallait un autre monument à l'Assemblée nationale que l'impérissable constitution qu'elle doit préparer à la patrie, je demanderais que sur la place où la Bastille insultait naguère aux droits de l'humanité, un édifice fût élevé pour recevoir désormais les représentants de la nation ; et que, pour toute inscription, on y lût : *Louis XVI régnant, sur les débris d'une prison d'État consacrée aux vengeances ministérielles, et détruite par le peuple de Paris, l'Assemblée nationale de 1789 a élevé ce temple à la liberté.*

« Mais non, plus de palais ! il faut à l'avenir donner un autre cours au luxe particulier et national. L'ostentation de l'opulence a trop longtemps bravé le peuple appauvri et affamé. Il est trop cruel de faire payer à ceux qui n'ont pas de pain l'inutile magnificence de nos édifices publics. Le maréchal de Belle-Isle s'arrêta d'effroi, quand il eut compté jusqu'à deux cents millions les dépenses faites pour Versailles, et il n'osa pas sonder jusqu'au fond cet abîme. Toutes les masures de nos tristes villages se seraient changées en demeures saines et agréables pour les nourriciers de l'État, à moins de frais qu'il n'en a fallu pour loger tous les valets corrompus et corrupteurs de nos rois. »

Lorsque la Bastille eut été rasée, Palloi, qui avait entrepris les travaux de démolition, fit confectionner à ses frais, avec les pierres provenant de la citadelle, des modèles de Bastille en relief, dont il gratifia les administrations départementales. Le 14 juillet 1792, la ville de Paris donna une fête sur la place de la Bastille, désormais complètement nivelée. Au milieu d'un quadrilatère d'arbres verts, dans une enceinte illuminée, on avait élevé une colonne surmontée d'un drapeau tricolore, et qui devait être exécutée en pierre sous le nom de *Colonne de la Liberté*. Au-dessus de chaque porte de l'enceinte on lisait ces mots : *Ici l'on danse.*

La fête de l'acceptation de la constitution de 1793 commença sur la place de la Bastille. Au centre était une statue colossale de la Nature, pressant de ses mains son sein d'où jaillissaient deux fontaines. La Convention nationale se rendit en corps sur la place avec les délégués des assemblées primaires. Derrière elle roulait un char sur lequel était écrit : « Voilà le service que le peuple infatigable rend à la société française. » Il contenait les attributs de divers métiers. Un second char, qui portait la dépouille des citoyens morts pour la patrie, s'avançait au milieu de parents, d'amis, jetant des fleurs et brûlant des parfums. Un troisième char portait des sceptres, des blasons, des symboles de monarchie et de féodalité, avec cette inscription : « Voilà ce qui a fait toujours le malheur de la société humaine ! »

Le président Hérault de Séchelles prononça une allocution à la Nature, recueillit dans une coupe d'agate de l'eau qu'il but en signe de fraternité, et fit circuler la coupe, où les députés de chaque département mouillèrent leurs lèvres.

Le cortège s'achemina ensuite vers le boulevard Poissonnière. Les femmes du 6 octobre 1789, groupées sous un arc de triomphe et assises sur leurs canons, reçurent du président des branches de laurier. La fête finit sur la place de la Révolution où les insignes monarchiques furent brûlés aux pieds de la statue de la Liberté, et où furent lâchés des milliers d'oiseaux dont chacun portait à son cou un article imprimé de la *Déclaration des Droits de l'homme.*

Sous l'Empire, on conçut le projet de mettre au centre de la place de la Bastille une fontaine monumentale, surmontée d'un éléphant, dont le modèle en plâtre fut d'abord mis en place. C'était une masse monstrueuse et lourde, que tout le monde

Un bal à la barrière du Trône.

vit disparaître sans regret, à l'exception des rats qui s'y étaient logés en quantité innombrable.

Après la révolution de 1830, les combattants morts pendant les trois journées avaient été inhumés à la hâte dans divers endroits. Il y en avait au pied de la colonnade du Louvre, au Champ-de-Mars, et jusque dans la rue Saint-Pierre-Montmartre.

Une loi du 13 décembre 1830 décida qu'un monument serait élevé à la mémoire des événements de juillet; mais l'exécution en fut ajournée par les troubles politiques. Une seconde loi, en date du 9 mars 1833, ordonna que ce monument serait érigé sur la place de la Bastille, où il fut inauguré solennellement le 28 juillet 1840.

La colonne de la Bastille a 52 mètres 33 centimètres de hauteur, c'est-à-dire 4 mètres de plus que la colonne Vendôme, qu'elle surpasse de beaucoup en élégance. Elle est entièrement en bronze et renferme un escalier commode, de 205 marches. Son premier soubassement est circulaire, comme le sarcophage où sont déposées les victimes de nos révolutions et de nos dissensions civiles. Un deuxième soubassement est orné de médaillons de bronze qui portent les attributs de la Liberté, de la Justice, de la Force et de la Constitution. De ses assises de marbre et de granit s'élance un fût que couronne un chapiteau corinthien, la plus grande pièce de fonte que l'on connût à l'époque où elle a été coulée, puisqu'elle pèse 10,500 kilogrammes. Sur la lanterne se dresse une statue dorée, œuvre de Dumont; elle représente le Génie de la Liberté qui, après avoir brisé ses chaînes, montre à tous les peuples le flambeau qui doit éclairer la civilisation. Il faut signaler la hardiesse avec laquelle ce bronze a été jeté dans les airs, et l'heureuse allure que l'artiste lui a donnée en indiquant la direction de son vol.

La colonne de Juillet présente encore quelques détails qui méritent l'attention des amis des arts, tels qu'un lion et des coqs modelés par Barye. L'ensemble transmettra à la postérité les noms des architectes Duc et Alavoine.

Ce monument domine la grande voûte du canal Saint-Martin qui traverse la place de la Bastille pour s'en aller à la Seine par la gare de l'Arsenal; cette gare a été établie en vertu d'un décret du 14 février 1806. Elle a 586 mètres de longueur, et ne peut contenir qu'une centaine de bateaux. Le bas port a été construit en 1847. C'est sur le quai dont elle est bordée que se tient pendant la semaine sainte la foire aux jambons. On n'évalue pas à moins de 300,000 kilogrammes la charcuterie qui figure habituellement sur ce marché, dont les départements de la Seine, de la Meuse, de la Moselle et de la Manche sont les principaux centres d'approvisionnement.

Parmi les produits variés qu'on y remarque, disposés de la manière la plus appétissante, les jambons tiennent le premier rang. Quelque recherchés que fussent des anciens les mets divers préparés avec la viande de porc, les jambons étaient préférés de beaucoup aux autres parties de l'animal. « Les jambons, dit Delamare dans son *Traité de la police*, l'ont toujours néanmoins emporté sur toutes ces autres parties; les Romains les servaient quelquefois à l'entrée de table pour exciter l'appétit; quelquefois à la fin du repas pour ranimer l'estomac fatigué et y exciter la soif. Ils en faisaient tant de cas, que Caton se donna la peine d'instruire comment il fallait les saler, les enfumer et les préparer pour les rendre bons et les conserver. »

Le nombre considérable de jambons dont le boulevard Bourdon offre chaque année l'opulent assemblage témoigne de la haute faveur dont n'ont pas cessé de jouir ces morceaux parmi nous. Jambons de Bayonne, de Mayence, de Colmar, jambons de Strasbourg fumés ou roulés, il y a là de quoi satisfaire largement tous les goûts et tous les appétits. Le marché présente aussi un assortiment complet de jambons de Westphalie et surtout de jambons d'York, avec lesquels on fait ces délicieux sandwiches qui se consomment par centaines dans nos bals et nos soirées.

Les boutiques du boulevard Bourdon abritent aussi des quantités considérables de saucissons d'Arles et de Lyon, de cervelas, de mortadelle de diverses provenances, de langues fumées, etc. Quelques-unes sont littéralement enguirlandées de ces produits. Des marchands étalagistes de tout genre qui prennent place jusque dans la rue Saint-Antoine, et des baraques de saltimbanques disposées aux abords du pont d'Austerlitz, contribuent à l'animation du marché.

La colonne de Juillet devait être naturellement le centre des mouvements populaires, à cause des souvenirs qu'elle évoquait, et du principe de la souveraineté du peuple qu'elle semblait consacrer. Avant qu'elle ne fût élevée, le 5 juin 1832, l'insurrection était partie de la place de la Bastille. Le contingent formidable du faubourg Saint-Antoine s'y réunit le 24 février 1848, et le 27 du même mois on transférait à côté des victimes de la révolution de 1830 celles de la révolution de 1848.

Le service s'était fait à la Madeleine. Depuis cette église jusqu'à la colonne de Juillet, un double cordon tricolore bordait les deux côtés des boulevards, se rattachant aux candélabres à gaz et au peu d'arbres qui n'ont pas été abattus pour les barricades.

Des écussons, placés de distance en distance, portaient des inscriptions qui recommandaient le respect aux assistants.

La garde nationale à cheval, les dragons, les cuirassiers et l'artillerie à cheval ouvraient la marche. Puis venaient les musiques de six légions de la garde nationale et d'autant de régiments d'infanterie.

Derrière la musique marchaient par pelotons, sur quatre rangs, la garde nationale, la garde mobile et la ligne entremêlées.

Venaient ensuite six chars pavoisés de drapeaux tricolores et ne contenant que seize cercueils de personnes mortes dans les hôpitaux. La plupart des victimes avaient été immédiatement enterrées ou déposées antérieurement dans la crypte de la colonne.

A la suite des chars funèbres venait le gouvernement provisoire entouré des faisceaux de la République portés par les élèves des Écoles polytechnique et de Saint-Cyr; les députations des divers corps de l'État, des corporations d'ouvriers, des sociétés artistiques et littéraires, des journalistes; celles des Polonais, des Belges, des Italiens, des Allemands et les détenus politiques. On remarquait dans un cabriolet de place le condamné Hubert, que les souffrances de la prison avaient rendu si faible qu'il n'avait pu suivre à pied le convoi.

Au milieu de ce cortège marchaient, dans un ordre parfait, les orphéonistes chantant *la Marseillaise* et *le Chant du départ*. Cette troupe se composait des Enfants de Paris, dirigés par M. Philippe, et de l'Union chorale, conduite par MM. Lévi et Coulon.

Derrière les députations on admirait l'emblème de la République, traîné par huit chevaux blancs richement caparaçonnés. Ce char, pour ainsi dire improvisé, était remarquable par sa grandeur et par la belle disposition de ses ornements. Les faisceaux partant des angles du char supportaient un trophée composé des attributs des arts et de toutes les professions. Deux bras de bronze venaient unir leurs mains fraternelles et soutenir la main de justice, symbole de la liberté sous la loi. Sur le devant du char, tout entier recouvert de velours pourpre, on lisait : *Vive la République!* Sur les côtés : *Liberté, Egalité, Fraternité*. Des branches et des couronnes de chêne et de laurier couvraient le char.

Les abords de la colonne étaient gardés par la 8ᵉ légion; mais la foule était si compacte dans cet endroit, qu'il fallut toute la bonne volonté des assistants pour laisser pénétrer les membres du gouvernement jusqu'aux caveaux.

A ce moment le ciel, qui avait été gris et froid toute la journée, s'illumina soudain, et un magnifique soleil fit resplendir tout d'un coup la statue de la Liberté, dont le chapiteau avait été enveloppé pour la circonstance d'un crêpe immense semé d'étoiles d'argent.

Pendant que les parents des victimes se précipitaient pour dire un dernier adieu à des restes chéris, M. Dupont (de l'Eure) dit d'une voix émue :

« Qu'il me soit seulement permis de déposer cette couronne de lauriers et d'immortelles sur les cercueils de ceux qui vont bientôt reposer près de nos frères morts en 1830 pour la liberté! *Vive la République!* »

Ce cri fut répété par tous les assistants qui couvraient la place, étaient groupés aux fenêtres, échelonnés sur les toits des maisons.

Quelques mois après, la place de la Bastille avait, hélas! changé de face; mais ce qui s'y passait appartient plus spécialement à l'histoire du faubourg Saint-Antoine.

CHAPITRE IV.

Le faubourg Saint-Antoine.

Foulques, curé de Neuilly-sur-Marne, fut le véritable fondateur de ce faubourg; il était venu prêcher à Paris et s'était attaché surtout à convertir les femmes auxquelles les édits royaux enjoignaient de porter une ceinture dorée. Ces Madeleines pénitentes furent bientôt en assez grand nombre pour former une communauté, où Odon de Sully, évêque de Paris, introduisit la règle de Cîteaux. L'érection de la maison en abbaye fut confirmée par un diplôme de Louis IX, donné à Saint-Germain-en-Laye, au mois de novembre 1227. L'abbesse de ce monastère royal obtint de grands privilèges; elle fut affranchie de la juridiction épiscopale, reconnue pour dame du faubourg, et les artisans qui s'établirent dans ses domaines eurent le droit de travailler pour leur propre compte, sans faire partie d'une corporation.

Une commission pontificale, établie le 7 août 1300, sous la présidence de Marigny, évêque de Sens, interrogea les principaux chefs des Templiers. Le récipiendaire reniait-il Jésus-Christ? crachait-il sur la croix? était-il autorisé à la dépravation des mœurs? Ceux qui avouèrent les faits furent mis en liberté; ceux qui nièrent, condamnés à la détention perpétuelle; ceux qui rétractèrent leurs aveux, déclarés relaps et brûlés le mardi 30 mars 1310, derrière l'abbaye Saint-Antoine, au nombre de cinquante-quatre. En 1465, Louis XI conclut près de l'abbaye Saint-Antoine une trêve avec les chefs de la ligue du Bien public; et lorsque la trêve eut été violée, il fit élever à l'endroit où elle avait été jurée une croix de pierre, avec cette inscription : « L'an MCCCCLXV fut ici tenu le landit des trahisons, et fut par une tresves qui furent données, maudit soit qui en fut cause. »

Les comptes du domaine royal pour l'année 1470 mentionnent une somme d'argent payée à Jean Chevrin, maçon, pour avoir assis, par ordonnance du roi, une croix et épitaphe dans un lieu appelé le Fossé des Trahisons, derrière Saint-Antoine-des-Champs.

Le 2 juillet 1652, un combat terrible s'engagea dans le faubourg Saint-Antoine entre l'armée royale et celle des princes mécontents. Celle-ci campait à Saint-Cloud, où le prince de Condé était venu la rejoindre, quand elle fut attaquée de deux côtés à la fois par le vicomte de Turenne et le maréchal de La Ferté-Sennetère. Le prince de Condé essaya de rentrer dans Paris; il se présenta successivement et sans résultat à la porte de la Conférence, à la porte Saint-Honoré et à la porte Saint-Martin. Dans le faubourg Saint-Antoine il retrouvait quelques retranchements que les habitants avaient élevés : sage précaution dans ces temps de guerres civiles. Le prince de Condé s'en empara et y tint pendant une partie de la journée; plusieurs de ses amis tombèrent à ses côtés, entre autres le comte de Bossu-Flamand. Ses troupes auraient été mises en déroute sans l'intervention de la duchesse de Montpensier, fille du duc d'Orléans. « Mademoiselle, raconte le cardinal de Retz dans ses *Mémoires*, avait fait tous ses efforts pour obliger Monsieur à aller dans la rue Saint-Antoine pour faire ouvrir la porte à M. le prince, qui commençait à être très-pressé dans le faubourg, elle prit le parti d'y aller elle-même. Elle entra dans la Bastille, où Louvière (le gouverneur) n'osa par respect lui refuser l'entrée. Elle fit tirer le canon sur les troupes du maréchal de La Ferté, qui avançait pour prendre en flanc celles de M. le prince. Elle harangua ensuite la garde qui était à la porte Saint-Antoine; elle s'ouvrit, et M. le prince y entra avec son armée, plus couverte de gloire que de blessures. »

Les premiers troubles de la révolution éclatèrent dans le faubourg Saint-Antoine. Maximilien Titon du Tillet, secrétaire du roi, possédait en 1711, dans la rue de Montreuil, une habitation splendide qu'on avait surnommée la *Folie-Titon*, et dont les plafonds avaient été peints en partie par Charles de La Fosse. Elle fut convertie, par le sieur Réveillon, en une manufacture de papiers peints et veloutés, à laquelle des lettres patentes, données à Versailles le 28 janvier 1784, conférèrent le titre de Manufacture royale. Au mois d'avril 1789, le bruit se répandit tout à coup que Réveillon songeait à réduire les salaires de ses nombreux ouvriers, et qu'il disait que le pain était trop bon pour eux. Une multitude furieuse envahit la manufacture et la mit au pillage. Les appartements et les jardins avaient été dévastés; les débris du mobilier jonchaient le sol; les émeutiers achevaient de vider le vin des caves, lorsque parurent des gardes françaises, des gardes suisses et des escadrons de cavalerie. La foule fut dispersée à coups de fusil et de baïonnette, et l'on pointa des canons sur le faubourg Saint-Antoine.

Rabaud Saint-Étienne et autres historiens prétendent que ces troubles furent fomentés par la cour, qui cherchait un prétexte pour concentrer autour de Paris des forces imposantes.

Réveillon, que l'on brûla en effigie, ne paraît point avoir mérité l'animosité populaire. Réfugié à la Bastille, il y rédigea un mémoire justificatif empreint du cachet de la vérité. « Des ennemis cruels, dit-il, ont osé me peindre au peuple comme un homme barbare, qui évaluait au plus vil prix les sueurs des malheureux! Moi qui ai commencé par vivre du travail de mes mains! moi qui sais par ma propre expérience, quand mon cœur ne me l'apprendrait pas, combien le peuple a de droit à la bienveillance! moi enfin qui me souviens et me suis toujours fait honneur d'avoir été ouvrier et journalier! C'est moi qu'on accuse d'avoir taxé les ouvriers et journaliers à 15 sols par jour!

« Jamais la calomnie n'a été plus injuste, et jamais elle n'a paru plus cruelle. Un mot, ce me semble, suffirait pour me justifier. De tous les ouvriers qui travaillent dans mes ateliers, la plupart gagnent 30, 35 et 40 sols par jour; plusieurs en ont 50. Comment donc aurais-je fixé à 15 sols le salaire des ouvriers ?

« Il y a précisément quarante-huit ans que j'ai commencé à travailler comme ouvrier chez un papetier. Après trois ans d'apprentissage, je me trouvai pendant plusieurs jours sans pain, sans asile et presque sans vêtements. J'étais dans l'état de désespoir qui est la suite d'une situation si horrible. Je périssais enfin de douleur et d'inanition. Un de mes amis, le fils d'un menuisier, me rencontra; il manquait d'argent; mais il avait sur lui un outil de son métier, qu'il vendit pour m'avoir du pain. Ah! l'homme qui a si bien connu le malheur oublie-t-il donc si aisément les malheureux?

« En 1752, je ne gagnais encore que 40 écus par an. Mes économies, quand je quittai le marchand qui m'avait recueilli, consistaient en 18 francs.

« En 1760, on commença à fabriquer à Paris les papiers veloutés; je voulus en vendre, et j'en fabriquai. J'avais dix ou douze ouvriers : mon local n'en comportait pas davantage; mais les demandes qui se multipliaient en exigeaient le double. Je louai alors dans la vaste maison que j'occupe un emplacement assez considérable; j'y eus successivement quarante, cinquante, soixante et quatre-vingts ouvriers.

« Pour me dévouer exclusivement à cette manufacture, devenue l'objet chéri de mon ambition, je sacrifiai un commerce de papeterie que j'avais dans Paris, et qui me rapportait 25 à 30,000 livres de rentes. Je fis présent de ce commerce à deux ouvriers qui étaient avec moi depuis longtemps, et auxquels je connaissais de la conduite et de l'intelligence. »

Les habitants du faubourg Saint-Antoine furent au premier rang les vainqueurs de la Bastille, et se choisirent pour chef le brasseur Santerre. Il était né dans le quartier en 1752, et il avait acheté, le 20 août 1772, son établissement situé rue du Faubourg-Saint-Antoine, n° 239, et rue de Reuilly, n° 11. Le 10 août 1792, il conduisit les habitants du faubourg à l'assaut des Tuileries, et peu de temps après il fut nommé général en chef des sections armées.

A l'époque où triomphait la démocratie, le faubourg Saint-Antoine devait infailliblement obtenir une grande prépondérance; et, en effet, on le retrouve dans toutes les grandes journées de la révolution. Le 22 avril 1793, dans une adresse à la Convention, la section des Quinze-Vingts se plaint des complices de Dumouriez et demande leur châtiment. Le 1er mai, dans une pétition à l'assemblée, 9,000 citoyens du faubourg Saint-Antoine proposent des moyens de sauver la chose publique. Au 31 mai, ce faubourg marche contre les Girondins; au 9 thermidor, il soutient Robespierre. Dans les journées de prairial an III, il envahit la Convention nationale en réclamant du pain et la constitution de 1793; il disputa au bourreau le nommé Tirelle, garçon serrurier, que l'on conduisait à la place de Grève pour avoir porté au bout d'une pique la tête de Féraud.

En 1830 et en 1848 le faubourg Saint-Antoine fournit de nombreux combattants. Cette dernière révolution dont les tendances étaient l'amélioration du sort de la classe la plus nombreuse et la plus pauvre, rencontra dans le faubourg des partisans dévoués, qui pratiquèrent l'association et cherchèrent consciencieusement la solution des problèmes sociaux. Pendant la terrible lutte de juin, le faubourg Saint-Antoine se hérissa de barricades qui furent défendues avec énergie. Sur une des principales, dans l'après-midi du 25, se présenta M. Affre, archevêque de Paris, accompagné de ses deux grands vicaires, MM. Jacquemet et Ravinet. En voyant le prélat, les insurgés cessèrent immédiatement leur feu et vinrent se grouper autour de lui; mais tandis qu'il réclamait, au nom de la religion, la fin d'hostilités fratricides, un coup de fusil partit, sans doute par accident, et blessa mortellement le courageux archevêque.

La bataille recommença avec fureur, et les habitants du faubourg se ne rendirent qu'après avoir vu les maisons de la place de la Bastille criblées de boulets et de biscaïens.

Au mois de décembre 1851, quelques représentants du peuple essayèrent de soulever le faubourg Saint-Antoine. Une barricade fut établie au coin de la rue Sainte-Marguerite; mais elle fut prise par trois compagnies du 19e léger. Des représentants qui avaient parlementé avec la troupe avant l'assaut, un seul fut tué, Alphonse Baudin, médecin à Paris, envoyé à l'Assemblée législative avec 40,739 suffrages par le département de l'Ain.

CHAPITRE V.

Reuilly. — Le Bel-Air. — Picpus. — Bercy. — Les Quinze-Vingts. — Hôpital Saint-Antoine. — Hôpital Sainte-Eugénie. — Église Saint-Éloi.

Aucun de ces souvenirs historiques n'est rappelé par les dénominations adoptées pour le XIIe arrondissement et ses quatre quartiers : Reuilly, Picpus, le Bel-Air, Bercy, les Quinze-Vingts.

Le Bel-Air est le nom d'une avenue qui communique de la place du Trône à l'avenue de Saint-Mandé; cette qualification est justifiée par la pureté de l'air qu'on respire sur ce plateau où abondent les pensionnats, les maisons de santé et les couvents.

Reuilly (*Romiliacum*) remonte à une très-haute antiquité; le roi Dagobert y avait une villa où il épousa Gomatrude, qu'il répudia ensuite pour s'unir à Nantéchilde. Ce domaine appartint à la couronne jusqu'en 1352, et le roi Jean le céda à Humbert, dauphin du Viennois.

Colbert établit à Reuilly, en 1634, une manufacture de glaces dont les vastes bâtiments furent construits en 1666, et qui rivalisa bientôt avec les fabriques de Venise. Il n'est pas inutile de revendiquer pour la France l'honneur d'avoir introduit dans cette industrie des améliorations qui en mirent les produits à la portée de toutes les classes. Un Français, nommé Thivart, inventa l'art de couler le verre aussi facilement qu'un métal, et Rivière Dufresny découvrit le moyen de polir les glaces. Celles de Reuilly étaient fondues à Tourlaville, près de Cherbourg, ou à Saint-Gobain, près de La Fère; puis on les amenait à Paris pour être polies et étamées. Ces transports onéreux furent jugés inutiles. En 1846, le matériel de la manufacture fut transféré à Saint-Gobain, et l'édifice, qui couvre une superficie de 21,002 mèt., devint une caserne où logent 2,750 hommes avec 7 chevaux. Cette caserne et le voisinage de Vincennes donnent une physionomie militaire aux cafés, bals et autres établissements publics du quartier.

Le village de Picpus n'était qu'un hameau lorsqu'en 1600, le pieux Vincent Massart y réunit des religieux pénitents réformés du tiers-ordre de saint François, grâce aux libéralités de Jeanne de Sault, veuve de René de Rochechouart, comte de Mortemart. Henri IV donna des lettres patentes pour le nouvel établissement, qui prit le titre de fondation royale, parce que Louis XIII posa la première pierre de l'église, le 13 mars 1611. Les confessionnaux étaient ornés de statues entre lesquelles on distinguait un *Ecce Homo*, de Germain Pilon, et une

Vierge de frère Blaise. Dans les chapelles étaient les tombeaux d'Antoine Leclerc, chancelier de France; du maréchal de Choiseul, mort en 1711, et de plusieurs membres de la famille d'Aumont. Le réfectoire était spacieux; plusieurs statues rangées le long des murs représentaient des fondateurs d'ordres religieux. Au fond était un tableau estimé de Charles Lebrun : *le Serpent d'airain dans le désert.* Par malheur, aussi négligents que les moines de Santa Maria delle Grazie, qui ont laissé dépérir *la Cène* de Léonard de Vinci, les religieux de Picpus abandonnèrent à la moisissure le chef-d'œuvre de leur compatriote.

Les ambassadeurs des puissances catholiques avaient l'habitude de se rendre au couvent de Picpus avant de faire leur entrée publique; ils y recevaient les compliments de la part des princes et princesses du sang royal et des princes légitimés; puis un prince de la maison de Lorraine ou un maréchal de France venait les prendre dans un carrosse du roi pour les conduire à leur hôtel.

Du monastère de Picpus dépendaient des jardins étendus; dans ceux qui étaient d'agrément, abondaient les grottes et les rocailles; les potagers avaient de la réputation pour l'excellence de leurs salades, dont le poëte Sénecé parle en ces termes :

Item de la salade aussi fraîche, aussi bonne,
Aussi réjouissante en sa variété,
Qu'à Picquepuce en assaisonne
L'ingénieuse pauvreté.

Le Père Hélyot, auteur des cinq premiers volumes de l'*Histoire des ordres monastiques religieux et militaires,* était de Picpus, ainsi que le Père Maximilien Bullot, qui publia les derniers volumes (Paris, 1714-21, 8 vol. in-4º). Les derniers membres de la communauté en 1790, dispersés en 1792, auraient joui, sous la restauration, d'un certain crédit, s'il faut en croire ce que dit Paul-Louis Courier, dans sa *Pétition à la Chambre des députés pour des villageois que l'on empêche de danser:* « Les jeunes prêtres, au séminaire, sont élevés par un moine, un frère picpus, frère Isidor, c'est son nom; homme envoyé des hautes régions de la monarchie, afin d'instruire nos docteurs, de former les instituteurs qu'on destine à nous réformer. Le moine fait les curés, les curés nous feront moines. Ainsi l'horreur de ces jeunes gens pour le plus simple amusement leur vient du triste Picpus, qui lui-même tient d'ailleurs sa morale farouche. Voilà comme, en remontant dans les causes secondes, on arrive à Dieu, cause de tout. Dieu nous livre aux Picpus; ta volonté, Seigneur, soit faite en toutes choses; mais qui l'eût dit à Austerlitz? »

Non loin du couvent des pénitents de Picpus, Jean-François de Gondi, archevêque de Paris, avec le concours de Tubeuf, surintendant des finances de la reine, établit des chanoinesses régulières de Saint-Augustin, sous le titre de Notre-Dame-de-la-Victoire-de-Lépante et de Saint-Joseph; elles étaient vêtues de serge blanche, avec un voile noir sur la tête et un rochet de toile fine par-dessus leurs robes. Elles prirent, le 2 octobre 1640, possession de la maison qu'elles ont conservée jusqu'en 1790. Pendant la révolution, on inhuma dans leur cimetière les condamnés exécutés à la barrière Renversée, ci-devant du Trône.

Mᵐᵉ de La Fayette, seconde fille du duc d'Ayen, duc de Noailles, repose dans le cimetière de Picpus. Le général, mort le 20 mai 1834, à l'âge de soixante-dix-sept ans, vint prendre place auprès d'elle, escorté d'une multitude d'hommes de tous les partis, de tous les rangs et de toutes les nations. A la terre qui reçut le corps du compagnon de Washington fut mêlée de la terre envoyée tout exprès d'Amérique. Dans la rue Picpus sont plusieurs établissements religieux : l'hospice d'Enghien qui avait été fondé, en 1819, par la duchesse de Bourbon, dans la rue de Babylone; la congrégation des sœurs des Sacrés Cœurs de Jésus et de Marie; celle des dames des Sacrés Cœurs de Jésus et de Marie et de l'Adoration perpétuelle du Très-Saint-Sacrement de l'Autel.

Au XVIIIᵉ siècle se forma, près de Picpus, une réunion de guinguettes que l'on désigna sous le nom de la Grande-Pinte.

Bercy n'est guère plus ancien : ce ne fut longtemps qu'une seigneurie très-étendue, mais peu peuplée. Charles-François Ollier, marquis de Nointel, séduit par la beauté du site, y fit construire un château dont la majesté nous frappe encore, malgré son triste état de délabrement. Louis Levau en fut l'architecte. C'est à tort que l'abbé Lebeuf et Piganiol de La Force en ont attribué l'édification à François Mansard; on ne prête qu'aux riches. La magnificence de l'intérieur répondait à celle du dehors. Dans la salle à manger étaient des chasses et des tableaux de nature morte par Snoyder et Jordaens. Un élève de Lebrun, Carrey, qui, en 1670, avait accompagné le marquis de Nointel dans son ambassade à Constantinople, avait peint pour le vestibule quatre grands tableaux qui rappelaient des scènes de mœurs orientales, et où le marquis jouait naturellement le rôle principal.

Le parc de Bercy, planté par Le Nôtre, comprenait environ 900 arpents. On dit qu'il a été vendu, avec le château, en 1860, au prix de 10,050,000 fr.

Peu à peu des maisons de campagne s'élevèrent les unes à côté des autres sur les rives de la Seine. Le frère d'un financier fameux, Pâris de Montmartel, y fit construire un pavillon de forme bizarre qu'on nomma le Pâté-Paris. Jean de La Rapée, commissaire général des guerres, y eut des jardins magnifiques. Des cabarets s'élevèrent le long des berges, que l'administration fit exhausser. Deux ports furent créés, l'un pour les vins qui arrivaient de la Bourgogne, l'autre pour le plâtre. Le nombre des mariniers augmenta, et, sous Louis XVI, ils obtinrent l'autorisation de donner des joutes sur l'eau avec accompagnement de musique militaire, de pantomimes et de feux d'artifice. Depuis cette époque, malgré de terribles incendies, Bercy n'a fait que prospérer, et c'est le centre du commerce des vins qu'on amène par eau pour l'approvisionnement de la capitale.

L'hospice des Quinze-Vingts donne son nom au quatrième quartier.

L'institution de l'hospice des Quinze-Vingts est due à saint Louis. Il le fonda à perpétuité en faveur, écrit Joinville, historien de ce roi, de trois cents ou de quinze-vingts aveugles, selon le langage de ce temps, qui demeuraient, tristes débris de la septième croisade, dont les déplorables résultats sont suffisamment connus. Le vieil historien ne dit pas, toutefois, que ces aveugles fussent trois cents chevaliers ou hommes d'armes laissés en otage aux Sarrasins, et auxquels ceux-ci avaient inhumainement crevé les yeux. Cette version paraît avoir été inventée plusieurs siècles après la fondation de l'hospice; car Rutebœuf, poëte du XIIIᵉ siècle, parle de cet établissement et des aveugles qui l'habitaient en termes si peu respectueux, qu'il est difficile de croire que ses rimes satiriques fussent dirigées contre des soldats français, contre des soldats malheureux. Une opinion plus probable est celle qui assigne pour cause première à cette fondation charitable la présence dans l'armée des croisés de ces ophthalmies malignes qui sont également fréquentes en Égypte et sur les côtes d'Afrique, et qui se terminent souvent par la cécité.

L'ancien édifice des Quinze-Vingts fut commencé en 1254, et il n'était pas encore achevé en 1260. Cet hospice royal fut primitivement établi dans un lieu appelé *in luco* dans les anciens titres, et dont une partie était encore occupée par un bois du temps de saint Louis. Cet emplacement, qui porta plus tard le nom de Champ-Pourri à cause des eaux stagnantes et des immondices dont il était couvert, s'étendait entre les rues Saint-Nicaise, Saint-Louis et de Rohan. Le nouvel établissement hospitalier avait été doté par saint Louis sur son trésor particulier, et dès l'année 1270 il fut placé sous la direction des aumôniers royaux, puis des grands aumôniers de France, qui la conservèrent jusqu'à l'époque de la révolution française.

Les aveugles, qui portaient le nom de frères, sans être astreints à la pratique d'aucune règle religieuse, étaient cependant organisés conventuellement, et formaient une communauté ou chapitre qui subsista jusqu'à la fin de l'année 1793.

Treize ans auparavant, les Quinze-Vingts avaient été transférés de leur premier établissement dans l'hôtel construit par Louis XV pour les mousquetaires noirs, rue de Charenton, 38, et que les aveugles occupent encore aujourd'hui. L'enclos et les anciens bâtiments de la communauté furent vendus à la ville de Paris 6,312,000 livres, et plusieurs rues furent ouvertes sur ce vaste emplacement. A cette époque (1780) on avait déjà étendu les bienfaits de cette fondation, en outre des 300 membres résidants, sur 800 pauvres. Vingt-cinq places particulières avaient été créées pour autant de gentilshommes et huit pour des ecclésiastiques. L'administration de cet hospice faisait également chaque semaine deux distributions de pain à 150 aveugles aspirants. Il fallait être né Français ou naturalisé, et cette condition est toujours obligatoire pour être admis dans cette maison, administrée alors par sept gouverneurs à la nomination du grand-aumônier de France, qui, ainsi qu'on l'a dit, en était le supérieur immédiat.

La communauté ou chapitre des aveugles subsista jusqu'en 1791. Un arrêté du directoire exécutif, en date du 28 janvier 1797, plaça sous la tutelle du ministre de l'intérieur l'hospice des Quinze-Vingts, et l'administration en fut surveillée par des commissions spéciales ayant sous leurs ordres un directeur. Il y demeura jusqu'à l'époque de la Restauration, où il rentra sous l'autorité de la grande aumônerie. Après la révolution de 1830, cet établissement fut de nouveau replacé sous l'administration et le contrôle du ministère de l'intérieur, et un nouveau règlement lui fut assigné par M. Thiers, alors ministre de ce département. Dans ce règlement on a su mettre utilement en œuvre tout ce que les anciens statuts donnés successivement aux Quinze-Vingts par saint Louis, François Ier, Colbert, les cardinaux de Fleury et de Rohan, la Convention nationale, le Consulat, l'Empire et le cardinal de Croï, grand aumônier de France sous Louis XVIII, pouvaient renfermer de judicieux et de praticable à l'époque actuelle.

Pour être admis à l'hospice des Quinze-Vingts, il faut, comme on l'a dit, être né Français, être adulte, et faire preuve d'indigence et d'une cécité complète. Tout aveugle admis dans l'établissement reçoit par jour 1 fr. 30 cent. ou 474 fr. par an. Cette somme est ainsi répartie : en argent, 1 fr. 2 cent. 3/4 ou par an 375 fr.; en pain, 625 grammes calculés sur le pied de 15 centimes le demi-kilogramme, soit 68 fr. Les femmes et les maris voyants des aveugles résidants dans l'hospice reçoivent chaque jour en argent 30 centimes ou par an 109 fr. 50 cent. Les enfants reçoivent jusqu'à l'âge de quinze ans 15 centimes par jour ou 54 fr. 75 cent. par an. De sorte que l'aveugle célibataire ou isolé touche une pension annuelle de 474 fr. 50 c.; s'il est marié, mais sans enfant, une pension de 584 fr.; marié et avec un seul enfant, 638 fr., et ainsi du reste en ajoutant 54 fr. pour chaque enfant.

Les dispositions intérieures de l'hospice ont été ménagées de manière à procurer à chaque aveugle un logement particulier. Les chambres à feu sont occupées par les aveugles mariés, et les cabinets par les célibataires. L'administration concède gratuitement aux familles nombreuses des cabinets supplémentaires, ainsi que des greniers pour le combustible ; tout voyant, homme ou femme, qui a vécu pendant cinq ans avec un aveugle obtient presque toujours après la mort de son conjoint un petit logement gratuit dans l'établissement. Le survivant a de plus droit à un traitement journalier de 50 cent. ou de 183 fr. par an. L'établissement hérite, sans exception et sans partage, des célibataires; mais la famille des membres mariés de l'hospice participe à leur héritage. Il est interdit aux aveugles des Quinze-Vingts d'invoquer en aucune occasion la charité publique.

Une première infraction à cette défense serait punie d'une amende de 15 fr., qui pourrait être portée à 30 ou 50 fr. en cas de récidive. Quant à ceux qui y persévèrent, ils s'exposent à être expulsés de l'établissement. Aujourd'hui, tout en restant fidèle au principe de sa fondation, qui veut que ses revenus soient avant tout consacrés à la dépense des 300 membres internes, l'hospice peut encore secourir 1,000 aveugles externes. 100 d'entre eux reçoivent une pension de 200 fr., 350 une de 150 fr. et 500 une de 100 fr. seulement. Pour être admissible à une de ces pensions, de même qu'à l'internat, il faut être dans un état de cécité complète et d'indigence constatée. Les choix sont faits par le ministre de l'intérieur parmi les aveugles dispersés sur toute l'étendue du territoire français.

Les bâtiments de cet hospice, qui n'ont point encore un siècle d'existence, sont en parfait état de conservation. Ils se composent de deux étages, de galeries ayant chacune 81 fenêtres sur la principale cour. Ces étages contiennent tous deux un double logement, de sorte qu'il y a place pour 102 aveugles mariés, c'est-à-dire pour 324 personnes, en comptant de chaque côté une cellule par fenêtre. L'infirmerie des Quinze-Vingts est divisée en deux salles de 12 lits chacune; il y a de plus une petite salle à 4 lits destinée aux maladies contagieuses.

Un médecin attaché à l'hospice donne des consultations publiques pour les maladies des yeux, et cela conformément à un arrêt du Parlement de Paris.

Cet établissement, qui compte près de six siècles d'existence, et qui a atteint aujourd'hui le plus haut degré de prospérité, a été placé, par un décret rendu en 1854, sous le patronage de l'Impératrice. Il est administré par un directeur sous le contrôle d'une commission consultative.

Dans le même temps (1854) des travaux d'appropriation intérieure furent exécutés aux Quinze-Vingts. Quelques années auparavant, on regrettait l'absence dans cet établissement de calorifères qui pussent distribuer une chaleur égale dans les corridors et tous les logements de l'hospice. Les pelouses des jardins étaient restées sans grilles, et l'édifice, mal éclairé, était dépourvu de plafonnage; une somme de 80,000 fr. fut destinée à subvenir à la dépense des travaux qui y furent exécutés.

L'ancienne abbaye Saint-Antoine a disparu; mais ses bâtiments, construits au XVIIIe siècle sur les dessins de Lenoir le Romain, ont été transformés en un hôpital qui contient 352 lits.

En 1853, le préfet de la Seine mit à l'étude un projet pour la construction, dans le faubourg Saint-Antoine, d'un hôpital destiné aux enfants malades des familles pauvres habitant les quartiers de la rive droite de la Seine. Provisoirement, on appropria à cette destination l'ancien hospice des Orphelins, devenu plus tard l'hôpital Sainte-Marguerite, rue de Charenton, 80.

Les travaux commencèrent dans les premiers jours du mois de février 1854. Les 335 lits d'adultes qui se trouvaient à Sainte-Marguerite furent répartis entre les autres établissements hospitaliers. Le 9 mars 1854, à trois heures et demie, l'Empereur et l'Impératrice visitèrent le nouvel hôpital, où ils furent reçus par le ministre de l'intérieur, le préfet de la Seine, le préfet de police, accompagnés du directeur général de l'administration intérieure, du secrétaire général de la préfecture, du directeur général de l'assistance publique, des membres de la commission de surveillance des hospices, du maire et des adjoints du VIIIe arrondissement, du clergé de la paroisse, des fonctionnaires, des médecins et des sœurs attachés à l'hôpital.

Le préfet de la Seine exposa en peu de mots à l'Impératrice que le nouvel hôpital contenait 425 lits d'enfants de deux à quatorze ans; qu'il était ainsi la réalisation complète, quoique provisoire, d'un vœu exprimé par elle; que l'édifice n'avait pas le caractère de grandeur que la ville aurait aimé à donner tout d'abord à cette fondation charitable; mais que néanmoins il renfermait tout ce qui était nécessaire pour assurer les soins convenables aux jeunes enfants appartenant à des familles nécessiteuses du quartier, jusqu'à ce qu'il fût possible de leur ouvrir un asile plus spacieux et mieux distribué.

Dans cette visite, l'Empereur décora M. Paupert, directeur de l'hôpital, et le docteur René Marjolin, chirurgien et secrétaire général de la Société de chirurgie.

On commença, le 17 mars 1854, à recevoir des malades dans ce nouvel établissement, qui prit, le 21 mars, le nom d'hôpital Sainte-Eugénie. Les salles, les dortoirs, les réfectoires, la lingerie, la pharmacie, la cuisine, sont convenablement aménagés. Il y a un service exclusif des maladies aiguës ; deux services de maladies chroniques (dartres ou scrofules) ; une petite salle de maladies aiguës pour l'un et pour l'autre sexe; un service de chirurgie.

Ce qui prouve que cette institution était utile, c'est que la salle de consultation se trouva remplie dès le premier jour, par les parents et les enfants, comme si l'hôpital eût été depuis longtemps en exercice.

Le XIIe arrondissement manquant d'église, un modeste édifice a été dédié à Saint-Éloi, rue de Reuilly, et sa bénédiction a eu lieu le 30 décembre 1856. Cette cérémonie a été suivie de l'installation de M. l'abbé Denys, premier aumônier de l'hôpital Saint-Louis, en qualité de curé de la nouvelle succursale. Dans le chœur, richement décoré, on avait disposé un trône pour Mgr l'archevêque de Paris, et des sièges étaient réservés pour l'archidiacre de Notre-Dame et quelques-uns des membres du chapitre métropolitain.

Les constructions de l'église Saint-Éloi recouvrent un espace d'environ 1,100 mètres, ce qui lui donne la même étendue à peu près qu'aux églises de Saint-Marcel et de Saint-Martin récemment érigées. Ses dimensions sont de 40 mètres en longueur sur 23 de largeur, et 12 de hauteur à la clef de la voûte. La nef principale, percée de sept arcades à plein cintre, est accompagnée de deux bas côtés assez spacieux.

Au chevet de l'église s'élève une flèche de peu d'élévation, mais d'une forme élégante. Le style adopté par M. Maréchal, architecte, tant pour le portail que pour l'intérieur de l'édifice, est le roman de la seconde période. Cette forme, peu ornementée, présente le mérite de l'économie; elle est, du reste, en harmonie avec l'époque où vivait saint Éloi, patron de cette paroisse, qui fut élevé en 640 sur le siége épiscopal de Noyon, et mourut en 659. La circonscription de la nouvelle succursale renferme environ 12,000 habitants.

Toute la partie du XIIe arrondissement comprise entre la rue du Faubourg-Saint-Antoine et la Seine a changé de face depuis l'ouverture de la gare de Lyon et la construction de la prison du boulevard Mazas.

La gare de Lyon, achevée en 1852, est assise sur un terrain qui a nécessité des travaux de soutènement et de remblai de 6 à 8 mètres de hauteur. Cette gare est celle qui présente le plus d'étendue à l'intérieur de Paris : les bâtiments, voies, cours, etc., occupent une superficie de 60,000 mètres.

Le chemin de fer de Vincennes, dont la gare donne sur la place de la Bastille, a été exécuté par MM. Bassompierre et de Sappel, ingénieurs des ponts et chaussées, sous la direction de M. Vuigner. L'entrée de ce chemin dans Paris a nécessité des dépenses énormes. Le chemin, avec son matériel roulant, a coûté 19 millions, déduction faite des terrains à revendre; l'entrée dans Paris a seule coûté 10 millions.

CHAPITRE VI.

Prison Mazas.

A propos de la prison du boulevard Mazas dans laquelle on a fait pour la première fois en France l'essai du système cellulaire, traçons en peu de mots l'historique de ce mode de répression. Il est peu de questions qui aient partagé aussi diversement les esprits que celles qui se rattachent au système pénitentiaire en général. Pendant plusieurs années, les Académies, les sociétés savantes, les congrès, les associations philanthropiques, la presse quotidienne et périodique, la tribune législative, ont tour à tour essayé de résoudre ces difficiles problèmes.

En Angleterre comme en Amérique, en France aussi bien qu'en Allemagne, les écrivains les plus éminents, les publicistes les plus distingués, les économistes les plus érudits s'en sont occupés au point de vue du droit, de la législation et de la morale. Il est intéressant d'observer comment, après chaque commotion politique ébranlant l'édifice social, certaines théories, inspirées par de louables aspirations vers le progrès, sont acclamées et propagées par l'opinion publique. Ainsi, après la révolution de 1830, on proclamait partout la nécessité d'une réforme pénitentiaire. En Europe, cette idée avait été l'objet de quelques applications plus ou moins imparfaites. Dès 1677, l'abbé Filippo Franci avait fondé à Florence une prison correctionnelle fondée sur le principe de la réclusion individuelle.

En 1704, il existait à Gand une maison analogue.

Enfin l'Amérique, cette terre des audacieuses innovations, appliqua en 1821 le nouveau système d'emprisonnement cellulaire.

Dans l'exécution, le mode de procéder des Américains n'est que le perfectionnement des mesures répressives adoptées en Europe. Le but est unique : empêcher la corruption mutuelle des détenus; prévenir les récidives par la voie de l'intimidation; en un mot, tendre à l'amélioration physique et morale.

Le premier essai eut lieu à Auburn. Ce fut ce que l'on peut appeler un *solitary confinement*, emprisonnement solitaire de jour et de nuit, isolement absolu sans travail. Les résultats de ce mode de répression ne répondirent pas à l'attente des réformateurs américains. On le modifia. Peu de temps après, à Auburn, on adopta le système auquel on a donné le nom : *Emprisonnement solitaire la nuit, travail en commun le jour, avec l'obligation de garder le silence le plus absolu.* C'est ainsi que l'on procéda dans les prisons de New-York et de Sing-Sing.

En Pensylvanie, les réformes ne furent pas les mêmes, et, à Cherry-Hill, Pittsbourg, on maintint l'emprisonnement solitaire pendant le jour et la nuit, en laissant subsister toutefois les rapports quotidiens du détenu avec ses supérieurs et la nécessité du travail.

Au milieu de ces dissidences d'application, que fit la France? Elle choisit un moyen terme. Écoutons à ce propos les paroles que prononça, en 1843, l'organe du gouvernement, M. Duchâtel, ministre de l'intérieur : « Notre pensée, disait-il, n'est pas de soumettre les détenus à une séparation complète, à une solitude absolue; nous voulons séparer les condamnés de la société de leurs pareils, les tenir éloignés des mauvais exemples et des mauvaises relations; mais nous voulons en même temps multiplier autour d'eux les relations morales et honnêtes! »

Tel fut le programme qui fut alors tracé. Il était empreint tout à la fois d'un profond sentiment de justice et d'humanité. C'est dans la nouvelle prison du boulevard Mazas que l'on s'est efforcé de le réaliser, grâce aux améliorations qui y ont été successivement introduites. Cependant, le système de l'emprisonnement cellulaire a trouvé dans le monde savant de redoutables adversaires. Parmi eux nous citerons un éminent publiciste, le docteur Pietra Santa, médecin en chef de la prison des Madelonnettes, qui a fait dans le cours de sa carrière médicale de sérieuses études sur les questions qui touchent à cette matière. En 1855, il a présenté à l'Académie impériale de médecine un mémoire intitulé : *Influence de l'emprisonnement cellulaire de Mazas sur la santé des détenus.* Ce travail a été l'objet d'un consciencieux rapport fait par le docteur Collineau et lu à l'Académie de médecine, en séance publique, le 17 avril 1855. Plus récemment, en 1858, il a publié des *Études sur l'emprisonnement cellulaire et la folie pénitentiaire.*

Parlons maintenant des bâtiments dont se compose cette prison :

Quand on quitte la place de la Bastille en s'engageant dans la rue de Lyon, on aperçoit à l'extrémité opposée, à gauche, en face le côté de l'arrivée du chemin de fer de Lyon, un mur d'enceinte élevé qui se prolonge, forme un des angles de la rue et se développe parallèlement au boulevard Mazas. C'est la prison cellulaire dont l'entrée se trouve sur le boulevard même en face de la rampe de l'embarcadère du chemin de fer (côté du départ).

Et ici, disons tout d'abord que la prison dont nous nous occupons est improprement appelée *Prison Mazas.* Mazas était le nom d'un brave officier du premier empire qui se distingua à Waterloo. Sa famille a pensé avec raison qu'un tel établissement ne devait point porter le nom d'un homme de bien dont l'existence fut irréprochable. Et à ce sujet elle a adressé une réclamation à l'administration, qui s'est empressée d'y faire droit. L'appellation : *Maison d'arrêt cellulaire* est adoptée pour l'avenir.

S'il vous est arrivé quelquefois de stationner aux abords de cette prison, n'avez-vous jamais remarqué, parmi les passants, une femme le plus souvent proprement vêtue, quand elle n'est pas couverte des haillons de la misère? Elle marche lentement; son regard est doux et triste; elle cherche à éviter les regards de ceux qu'elle rencontre. Est-elle aperçue de quelque personne dont elle est connue? Une vive rougeur colore ses joues amaigries par la souffrance, et instinctivement elle cache sous son châle de tartan usé le mince cabas qu'elle porte à la main. Il contient quelques provisions de bouche, des friandises que la mère, la femme ou la sœur du prévenu lui apportent chaque jour, et qui adoucissent pour lui le frugal et sévère régime alimentaire de la maison cellulaire. L'administration autorise des commissionnaires résidant à l'intérieur à remettre aux prisonniers les denrées que leurs parents ou amis désirent leur faire parvenir, sous la condition d'une visite préalable. Hélas ! au prix de quelles souffrances, de quelles privations la pauvre femme, réduite aux insuffisantes ressources de son travail, aura-t-elle pu se procurer ces aliments? Bonne et charitable jusqu'à la faiblesse, c'est ainsi que la mère se privera du strict nécessaire, oubliera la faute d'un fils coupable, qui bientôt comparaîtra devant ses juges. C'est ainsi que, guidée par un sentiment de généreuse compassion, la femme et la sœur du commerçant en faillite, sous le coup d'une prévention de banqueroute, sauront, par leurs soins touchants et leurs délicates attentions, rendre au détenu, pendant la durée de la prévention, l'attente moins cruelle. Et cependant, le plus souvent elles auront été les premières victimes des mauvaises affaires du failli !

Les travaux de construction de la prison du boulevard Mazas ont été commencés en 1845 et terminés en 1850. Ils ont coûté à la ville de Paris des sommes considérables. On sait que cette maison d'arrêt cellulaire était destinée à remplacer la prison de la Force, qui fut démolie la même année. Elle était située rue

Pavée, au Marais, n° 22, et rue du Roi-de-Sicile, n° 2. Les terrains sur lesquels s'élevèrent les nouveaux bâtiments étaient auparavant occupés par des maraîchers et par une usine qui fut détruite.

Ce fut grâce au zèle éclairé et à la ferme volonté du préfet de police que les travaux de la prison purent être terminés aussi rapidement. Le transfèrement eut lieu également avec une grande célérité; on supposait généralement que cette importante opération demanderait un laps de temps considérable. Dans cette circonstance, l'ancien directeur de la Force, M. Duburier, placé à la tête de l'administration de la nouvelle prison, a merveilleusement secondé l'administration. Les travaux ont été dirigés par deux habiles architectes, MM. Gilbert et Lecointe.

Le 19 mai 1850 se fit l'inauguration. Voici dans quels termes la Gazette des Tribunaux (n° du 21 mai 1850) parlait du transport des prisonniers : « Le transfèrement des détenus, disait-elle, de la Force à la nouvelle prison-modèle de la rue Mazas, a été effectué cette nuit. Commencée hier dimanche à dix heures du soir, cette opération, qui avait paru d'abord devoir présenter quelques difficultés, était complètement accomplie dès ce matin. Ainsi, moins de douze heures avaient suffi pour transporter huit cent quarante et un prisonniers par les voitures cellulaires, pour les installer avec leur mobilier dans la nouvelle maison de détention, et pour procéder à leur écrou. »

Lorsque les détenus furent transférés de la Force à la prison-modèle, leur première impression fut l'étonnement et l'admiration pour les dispositions de l'immense édifice qui remplaçait les salles basses, étroites et délabrées de la Force. Quelques-uns des plus endurcis, parmi les récidivistes, firent entendre des clameurs, cherchant à s'appeler les uns les autres, et à indiquer la galerie où ils se trouvaient. Ce léger désordre cessa bientôt, et depuis l'on n'a pas eu à signaler la moindre tentative de rébellion, la moindre plainte. Si l'on en juge par ce qui s'est passé lors des premiers essais faits sur des détenus de Saint-Denis, on a pu croire avec raison que les prisonniers eux-mêmes ont accepté comme un bienfait leur transfèrement dans la nouvelle prison. En effet, quelques-uns des détenus extraits des prisons de Saint-Denis pour être encellulés à titre d'essai, demandèrent à ce moment comme une faveur de rester dans la prison de la Nouvelle-Force.

Le périmètre entier qu'occupe la prison contient trente-trois hectares de terrain ; sa façade, formant vis-à-vis à l'embarcadère du chemin de fer de Lyon, mais dont le mur de ronde dérobe en partie la vue, a deux cents mètres environ de développement. L'impression qui saisit le visiteur en pénétrant dans les bâtiments, et c'est celle, nous l'avons dit, qu'ont éprouvée eux-mêmes les détenus que l'on y amène, est un sentiment de profond étonnement, en considérant ce que cet édifice a de grandiose dans son ensemble.

Cette prison-modèle, construite, on le sait, en vue de l'application du système complet d'isolement de jour et de nuit, contient onze cent quatre-vingt-dix-neuf cellules. Elle se compose de six ailes ou six corps de bâtiments, n'en formant en réalité qu'un seul, puisque tous six se réunissent à un centre commun vers lequel ils convergent comme les rayons d'un éventail. Au centre, on se trouve dans une sorte de pavillon à colonnes, dont le rez-de-chaussée forme le poste de surveillance générale, tandis que le premier est disposé en chapelle, avec son autel de marbre blanc et tous les accessoires du culte. Sur la muraille de ce pavillon, et formant circonférence, se détachent en lettres rouges sur un fond blanc cette douce et consolante maxime : « *Gaudium magis erit in cœlo super uno « peccatore pœnitentiam agente, quàm super nonaginta novem « justis qui non indigent pœnitentiâ.* » Du centre, on embrasse d'un coup d'œil ce qui se passe dans toute l'étendue de chacune de six galeries qui, semblables aux rayons de l'éventail, se prolongent de la base de ce demi-cercle pour aboutir à la circonférence.

C'est de ce centre que doivent partir, c'est à ce centre que doivent faire retour toutes les communications, tous les ordres.

A cet effet, à l'angle gauche de chacune des six galeries se trouvent les orifices de téléphones ou tuyaux porte-voix, en nombre égal à celui des employés échelonnés pour le service dans les galeries. Près de chaque porte-voix est un mécanisme de sonnette qui, mis en mouvement, avertit le gardien d'avoir à placer son oreille à l'orifice de correspondance, pour recevoir la transmission de l'ordre ou de l'avis qui le concerne. De même, dans chaque cellule, se trouve un bouton de sonnette. Lorsqu'il est agité par le détenu, l'avertissement se communique au centre, et fait en même temps tomber en saillie, au-dessus de la porte de la cellule, une lame de métal qui indique de quel numéro vient l'appel.

Les six galeries, formant chacune deux étages superposés, sont éclairées par le haut durant le jour, et la nuit par le gaz dont les becs sont placés au premier étage. Les cellules, au nombre de deux cents par galerie, disposées à gauche et à droite par vingt-cinq, sont suffisamment spacieuses, saines et aérées. Leur mobilier se compose d'un hamac qui se suspend à des crampons fixés dans le mur à un demi-mètre environ de hauteur, et que chaque détenu doit enlever le matin pour le placer avec sa literie sur une planche au-dessus de la porte, d'une table, d'un tabouret en bois, d'un bidon à eau, de deux gamelles en fer battu, d'un siège d'aisances inodore à ventilateur, d'un bec de gaz et de quatre supports en bois placés aux angles. Un ventilateur ingénieux communique la chaleur en hiver, la fraîcheur en été à la cellule dont il renouvelle constamment l'air.

A ce propos, il est intéressant de connaître comment s'opère la ventilation générale et particulière de la prison.

Le système de ventilation, adopté par la commission spéciale nommée à ce sujet par M. le préfet de la Seine, en 1841, a été imaginé et exécuté par M. Grouvelle, ingénieur civil.

Parmi les membres de cette commission spéciale, figuraient : MM. Arago, Gay-Lussac, Pouillet, Boussingault, Dumas, Andral, de l'Académie des Sciences, Péclet et Leblanc, dont les noms ont acquis à juste titre une immense autorité dans le monde savant.

C'est après de nombreuses expériences exécutées pendant plus de trois mois, par une sous-commission composée de MM. Boussingault, Leblanc et Péclet, rapporteur, sous-commission à laquelle avait été adjoint M. Thaurin, ingénieur civil, dont la coopération a été également fort utile, que la commission, et, par suite, le conseil général ont adopté le projet de M. Grouvelle, auquel ils ont reconnu l'avantage de permettre un chauffage régulier, une ventilation constante et une vérification facile de cette ventilation.

Nous allons chercher à exposer en quelques mots le système dont il s'agit :

L'air neuf s'introduit dans chaque cellule par trois orifices garnis d'une grille et placés à des hauteurs différentes ; ces trois orifices communiquent avec une seule et même prise d'air ouverte dans le mur extérieur.

L'air vicié s'engouffre dans le tuyau de chute du siège d'aisances, siège dont le couvercle, lors même qu'il est abaissé, est maintenu à une distance convenable de la lunette, afin de ne pas gêner le passage de l'air qui doit y s'engager.

Tous les tuyaux de chute, correspondant chacun à un tonneau distinct, sont placés sur une même ligne des deux côtés d'une cave qui règne dans toute la longueur du bâtiment qu'elle dessert.

Les six caves, comme les six corps de bâtiment, convergent vers un centre commun ; elles sont fermées à leur bout de ce côté par un mur plein, si ce n'est dans la partie supérieure où une ouverture a été réservée, et que l'on peut rétrécir à volonté au moyen de registres qu'il est possible de manier du dehors.

A l'autre bout, chaque cave est fermée par une double porte, soigneusement calfeutrée, dont la dernière s'ouvre sur le chemin de ronde.

Entre les deux portes est réservé un espace assez grand pour recevoir le chariot sur lequel on charge les tonneaux pendant le service de vidange. Pour que la ventilation marche régulièrement pendant ce travail, les deux portes dont nous venons de parler ne doivent pas rester ouvertes simultanément.

Enfin, les ouvertures de l'extrémité centrale des caves longitudinales viennent aboutir dans une cave circulaire creusée sous la rotonde de la prison. Cette dernière cave est murée à une de ses extrémités, et elle communique, vers ses parties moyennes, avec une petite galerie touchant à la grande cheminée d'appel.

Les registres généraux des caves longitudinales sont destinés à compenser, au moyen d'une ouverture plus ou moins large, le plus ou moins grand éloignement de la cheminée d'appel.

Pour régler la ventilation de chaque cellule en particulier, on avait adapté au couvercle du siège un disque percé d'un orifice central qu'on pouvait rétrécir à volonté au moyen d'une plaque mobile parallèlement à cet orifice; mais on a reconnu qu'il y avait de l'inconvénient à laisser ce petit appareil sous la main des détenus.

Aujourd'hui, le règlement s'effectue à l'aide d'un obturateur circulaire percé de trous qu'on peut rétrécir ou agrandir à volonté. Cet obturateur est fixé à un tuyau de zinc soudé latéralement au tuyau de chute. Ainsi, la ventilation des cellules se règle dans la cave même où se trouvent les tonnes.

D'après la description qui précède, la ventilation se produit de la manière suivante :

La colonne d'air chaud qui monte dans la cheminée centrale fait appel à l'air de la cave circulaire; à mesure que celui-ci s'écoule vers la cheminée, il est remplacé par l'air des caves longitudinales, qui, lui-même, ne peut se raréfier sans que l'air des cellules, passant par les sièges d'aisances, vienne aussitôt pour rétablir l'équilibre de pression; mais, en même temps et par le même mécanisme, l'air extérieur, l'air *neuf*, afflue dans les cellules.

La commission dont nous venons d'indiquer les membres s'est livrée à plusieurs expériences ayant pour but de constater ce mouvement de l'air et d'en mesurer la vitesse. Ainsi, en produisant de la fumée dans un point quelconque de la cellule, on a vu cette fumée se diriger vers le siège d'aisances et s'engager bientôt dans l'espace laissé libre au-dessous du couvercle. C'est pour cette raison que, de l'aveu même des détenus, l'usage du cigare ou de la pipe n'est jamais suivi de la persistance de la fumée dans la cellule; quelques minutes suffisent pour la dissiper. L'expérience suivante en fournit une preuve incontestable : trois personnes se sont renfermées dans une cellule et y ont fumé sans interruption pendant une heure ; la fumée disparaissait à mesure qu'elle était produite, et l'air a conservé sa transparence jusqu'à la fin.

Quant à la rapidité de la ventilation, l'anémomètre a constaté que chaque cellule reçoit de 10 à 25 et même 30 mètres cubes d'air neuf par jour.

Une fenêtre-châssis, placée à 2 mètres 1/2 environ d'élévation, donne le jour. Un guichet-vasistas, garni à l'intérieur d'une tablette, s'ouvre dans la porte pour livrer passage aux distributions de vivres qui se font deux fois par jour et qui consistent en 750 grammes de pain bis-blanc, un demi-litre de potage le matin, un demi-litre de légumes fricassés à la graisse le soir; le jeudi et le dimanche, du bouillon gras le matin et 187 grammes et demi de viande le soir.

La chapelle, comme nous l'avons dit, ou plutôt l'autel desservi par l'aumônier de la prison, se trouve au point central de rappel des six galeries. Le dimanche et les jours fériés, durant le saint sacrifice de la messe, la porte de chaque cellule s'ouvre et est maintenue entre-bâillée par un double verrou disposé à cet effet, de manière que le prisonnier en dirigeant ses regards vers le centre aperçoive l'autel, si la cellule est au rez-de-chaussée; l'officiant, s'il habite le premier ou le second étage.

Sans doute cette disposition laisse à désirer et est loin de remplacer ce que l'on voit à Londres, dans la prison de Pentonville. Dans cette prison, en effet, des rangées de cellules en amphithéâtre sont disposées de façon que le détenu, sans être vu de ses codétenus et sans les voir, peut embrasser du regard tout l'ensemble de la cérémonie religieuse et entendre les paroles du prêtre. Dans la prison du boulevard Mazas, au contraire, il est presque impossible d'entendre les prières ou les exhortations, et c'est à peine si quelques détenus peuvent apercevoir de temps en temps, en quelque sorte, le profil de la cérémonie. Il e t à regretter que cette partie de la disposition architecturale n'ait pas pu être plus convenablement exécutée.

La maison cellulaire du boulevard Mazas, on le sait, n'est destinée à recevoir que des prévenus. Quant aux communications indispensables entre eux et les avocats qu'ils choisissent pour défenseurs, on a jugé utile de disposer un parloir. Les avocats sont admis à visiter les détenus et à y conférer avec eux. Pour ce qui regarde les communications de détenus à étrangers ou à des membres de leur famille autorisés par le magistrat instructeur, un parloir d'un nouveau modèle a été construit : il consiste en un certain nombre de stalles assez semblables aux confessionnaux, et qui, contiguës entre elles, sont disposées sur deux rangs, de telle façon que le visiteur se trouve en face du détenu sans voir ses voisins ni être vu d'eux. Chaque stalle est grillée ; un couloir, où stationne un gardien, sépare les deux rangées placées en regard.

Avec le système absolu d'isolement, la nécessité de la promenade est impérieuse; on y a pourvu en disposant entre chacune des six ailes du bâtiment des promenoirs vastes et aérés où chaque détenu, bien que toujours seul, peut prendre une heure au moins d'exercice chaque jour. Dans cinq cours différentes, contenant chacune vingt promenoirs, cent détenus à la fois peuvent se promener sans être vus les uns des autres et sans qu'aucune communication puisse s'établir entre eux. Une partie de ces promenoirs est recouverte d'une toiture qui abrite, au besoin, de la pluie et du soleil. Les détenus y arrivent chacun isolément sous la conduite du surveillant qui les a extraits de leur cellule. D'un pavillon situé au centre, les surveillants suivent tous les mouvements des promeneurs et entendent leur appel quand ils veulent se retirer avant le temps fixé.

Comme tout le reste des bâtiments, l'infirmerie est construite en vue de la destination spéciale d'isolement. Des salles de bain y sont d'une propreté et d'une commodité remarquables. La pharmacie, desservie par la pharmacie centrale des hôpitaux, lui est contiguë, ainsi que le cabinet de consultation des médecins.

Chaque détenu n'est connu que par le numéro de sa cellule : ce numéro est inscrit sur une plaque accrochée à la porte de cette cellule, et est retourné pour indiquer soit que le détenu est au promenoir, soit qu'il est à l'instruction.

Les punitions sont, suivant la gravité des infractions :
1° La privation de promenade;
2° La mise au pain et à l'eau;
3° La privation du hamac;
4° La privation du travail;
5° La cellule de punition. Cette cellule est sombre, et n'a ni siège, ni table, ni hamac; mais le sol en est planchéié.

Au reste, ces punitions sont très-rarement appliquées, et il y a fort peu d'infractions, même de la part des détenus appartenant à la classe la plus indisciplinée.

Bien que les cuisines soient situées, ainsi que le corps de garde, le calorifère et le gazomètre, dans un bâtiment séparé des ailes de la prison proprement dite, le service de l'alimentation des détenus se fait avec une rapidité merveilleuse, grâce à un ingénieux mécanisme : le matin et le soir, aux heures de repas, lorsqu'on a enlevé de dessus les fourneaux (au moyen d'appareils spéciaux) les profondes chaudières de cuivre où les aliments ont été préparés, la portion de chaque détenu est répartie dans sa gamelle. Ces gamelles, disposées sur des plateaux de fonte, sont alors superposées dans de légers chariots de fer qui, eux-mêmes enlevés à l'aide d'un treuil et de contrepoids, montent à chacun des étages, où ils s'arrêtent pour être déposés sur une sorte de chemin de fer qui s'étend dans toute la longueur de chaque galerie, et permet de servir à tous les détenus presque à la fois leur portion par le guichet pratiqué à leur porte.

Tout ce service, nous devons le dire, se fait avec une précision, une simplicité d'autant plus remarquables que le personnel des employés est beaucoup moins considérable qu'on ne devrait le supposer. Le personnel d'administration et de surveillance de la prison est ainsi composé :

1 directeur, 3 aumôniers, 1 médecin, 1 commis-greffier, 1 deuxième commis, 2 troisièmes commis, 1 brigadier, 7 sous-brigadiers, 50 surveillants, 12 garçons de service, 1 infirmier chargé de la pharmacie, une fouilleuse chargée de visiter les effets ou aliments que les personnes étrangères à la prison peuvent faire parvenir aux détenus avec l'autorisation de l'administration; une cantinière, 2 barbiers, 33 détenus employés comme auxiliaires.

Depuis 1850, année de l'inauguration de la maison cellulaire, on a pu se convaincre des avantages et des inconvénients du système pénitentiaire, dont l'application a été ainsi faite sur une vaste échelle.

FIN DU DOUZIÈME ARRONDISSEMENT.

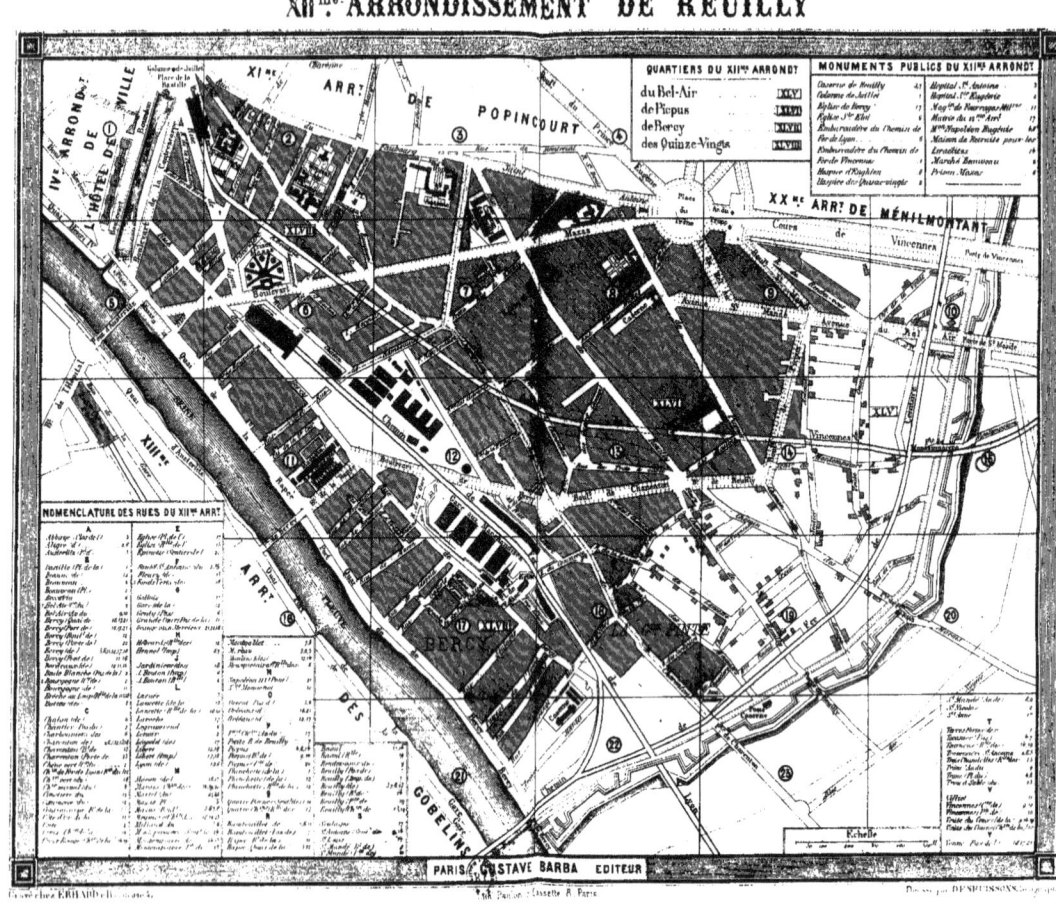

Ouvriers des Gobelins.

LES GOBELINS. — TREIZIÈME ARRONDISSEMENT.

CHAPITRE PREMIER.

Les Gobelins. — Leur origine. — La Bièvre. — Ses usines. — Son cours ancien et nouveau. — L'hôtel de la Reine-Blanche. — La mascarade de Charles VI. — La Brinvilliers. — Les tapis sarrazinois. — Une lettre de Henri IV.

On a choisi avec raison le nom des Gobelins pour désigner un arrondissement de Paris, car cette manufacture honore non-seulement la capitale, mais encore la France entière. Ses tapisseries, anciennes et nouvelles, sont recherchées dans le monde entier; l'habileté de ses artistes et de ses ouvriers n'est dépassée nulle part.

Jean Gobelin, qui vint s'établir au XVe siècle sur les rives de la Bièvre, était originaire de Reims. Il teignait les draps, et excellait dans l'art d'appliquer les couleurs écarlates, ainsi que l'atteste un passage de Rabelais : mais il est utile de noter, dans l'intérêt de la vérité historique, que ni le premier Gobelin, ni Philibert, ni Gilles, ses descendants, n'eurent la moindre idée d'ourdir les merveilleuses tentures auxquelles ils doivent une immortalité qu'ils n'avaient pas ambitionnée; c'étaient des teinturiers, et non des tapissiers.

La supériorité des produits de la famille Gobelin provenait en partie, disait-on, des qualités spéciales des eaux de la Bièvre, rivière petite, mais importante par les usines qu'elle alimente.

Dans un parcours de deux kilomètres environ, c'est-à-dire depuis l'entrée de la Bièvre à Paris jusqu'à son confluent, un peu au-dessus du pont d'Austerlitz, on compte établis, à moins de cent mètres de ses bords :

Neuf amidonniers

Un moulin à papier, un dépôt de laines, deux distilleries, une blanchisserie de couvertures, un salpêtrier, trois fabriques de bleu de Prusse et de noir d'ivoire;

Un magasin de peaux fraîches venant des abattoirs, vingt-quatre tanneurs et hongroyeurs, deux moulins à farine et fabrique de vermicelle;

Vingt et un mégissiers, sept maroquiniers, trois brasseries, deux filatures de coton et une de laine, deux teinturiers en peaux, trois fabricants de mottes, deux fabricants de cartons, quatre laveurs de vieux chiffons;

Huit vastes bâtiments occupés par un grand nombre de blanchisseuses, avec buanderies, séchoirs, étendoirs;

Deux peaussiers, une machine à broyer les couleurs, deux teinturiers, une fabrique de savons, un lavoir de laines, non compris celles qui sont lavées par les vingt et un mégissiers;

Une fabrique d'acides, de chandelles et de savons;

Enfin une douzaine de bassins plus ou moins utilisés, dans lesquels les eaux stagnantes arrivent par des tranchées, des fossés, des bandes ou des infiltrations.

Le vallon dans lequel coule la Bièvre a environ 32 kilomètres d'étendue, depuis la source de la rivière jusqu'à son embouchure; il est compris dans les départements de Seine-et-Oise et de la Seine. C'est dans la partie la plus reculée du vallon que le ruisseau connu sous le nom de rivière de Bièvre ou de rivière des Gobelins prend sa source. Il naît de trois fontaines, dont une, plus considérable que les autres, porte le nom de fontaine des Gobelins; elle traverse d'abord une prairie, qui porte également le nom de prairie des Gobelins, et y reçoit les affluents de vingt-cinq ou trente petites sources, qui l'augmentent assez pour qu'après un trajet de 1,000 à 2,200 pas elle ait près de 60 centimètres de largeur. A Paris, sa largeur moyenne est de 2 à 3 mètres.

Le cours de la Bièvre n'a pas toujours été ce que nous le voyons aujourd'hui dans sa traversée du faubourg Saint-Marcel. Primitivement, elle ne se rendait pas directement à la Seine; mais elle se dirigeait en suivant toujours la pente de la montagne, sur l'emplacement qu'occupe maintenant la rue Saint-Victor, traversait la place Maubert et, passant près de la rue de Bièvre, bâtie vers 1250, se jetait dans la Seine vis-à-vis de la façade méridionale de Notre-Dame. C'est, au reste, ce qu'il est facile de voir dans le savant Traité de police du commissaire Lamarre, lorsqu'il fait la description topographique de Paris aux diverses époques de la monarchie. Ce fut, à ce qu'il paraît, sous les règnes de Charles V et de Charles VI, de 1367 à 1383, lorsque tout ce quartier de Paris se couvrit de maisons, que le cours de la Bièvre fut changé et mené directement à la Seine.

Sur les bords de la Bièvre s'élevait, dès le XIIIᵉ siècle, une maison royale dont on remarque encore quelques restes élégants, quelques ogives épargnées par le temps, dans une rue qui porte le nom de rue de la Reine-Blanche. Dans cet hôtel se passa, en 1392, une scène qui eut des conséquences bien funestes pour la France et pour la monarchie. « Charles VI, raconte Juvénal des Ursins, avoit aucunement recouvert santé, et luy donnoit-on le plus de plaisance, comme dit est, qu'on pouvoit.

« Et fut ordonné une feste au soir en l'hostel de la Reyne-Blanche, à Saint-Marcel, près Paris, d'hommes sauvages enchaînés, tous velus.

« Et estoient leurs habillemens propices au corps, velus, faits de lin, ou d'estoupes attachées à poix-resine, et engraissés aucunement pour mieux reluire.

« Et vinrent comme pour danser en la salle, où il y avoit des torches largement allumées. Et commença-t-on à jetter parmy les torches torchons de fouarre.

« Et pour abreger le feu se bouta es habillemens, qui estoient bien lacés et cousus. Et estoit grande pitié de voir ainsi les personnes embrasées, et combien qu'ils s'entretinssent, toutesfois se delaisserent-ils.

« Et d'iceux hommes sauvages est à noter que le roi en estoit un.

« Il y eut une dame vefve, qui avoit un manteau dont elle affeubla le roy, et fut le feu tellement estouffé qu'il n'eut aucun mal. Il y en eut aucuns ars et brulés, qui moururent piteusement. Un y eut qui se jetta dans un puits, l'autre se jeta dans la rivière. Et fut la chose moult piteuse et merveilleuse.

« Plusieurs diligences furent faites d'enquérir d'où ce venoit, et en parloit-on en diverses manières, et ne peut-on oncques sçavoir n'y averer le cas.

« Et pour l'énormité du cas, fut ordonné que ledit hostel, où advinrent les choses dessus dites, qu'on disoit l'hostel de la Reyne-Blanche, seroit abattu et demoly. »

Avant de passer sur l'emplacement qu'elle occupe aujourd'hui, la Bièvre a certainement traversé le Jardin des Plantes, ainsi que le prouvent, d'une part, la rue du Pont-aux-Biches-Saint-Marcel, près de la rue Censier, et d'autre part, les fouilles faites il y a environ soixante ans pour les fondations de la ménagerie, et plus récemment encore pour l'établissement d'un égout, en 1852, rue Geoffroy-Saint-Hilaire, ci-devant rue du Jardin-du-Roi, fouilles qui ont mis à 6 ou 7 mètres au-dessous de la surface actuelle du sol, le lit d'une petite rivière sur lequel était encore un pont de pierre de la plus belle conservation.

La famille Gobelin ne se fixa pas sur les bords de la rivière qui l'avait enrichie. Jacques Gobelin fut anobli en 1554, et quitta le quartier. Ses descendants furent membres de la chambre des comptes, trésoriers de France, conseillers et présidents au parlement.

En 1650, Antoine Gobelin, qui avait acquis le marquisat de Brinvilliers, eut le malheur d'épouser Marie-Marguerite d'Aubray, fille du lieutenant civil de Paris.

Quand les Gobelins furent devenus gentilshommes, leur industrie passa entre les mains des sieurs Canaye, qui y joignirent celle des tapisseries de haute-lisse, avec l'aide d'ouvriers flamands. Cette fabrication était toutefois introduite en France depuis les Croisades, et il paraîtrait qu'elle était originaire d'Orient, puisque Étienne Boileau, prévôt des marchands sous Louis IX, dit dans son livre des métiers : « Quiconques veut estre tapicier de tapis sarrazinois à Paris, estre le puet franchement, pour tant qu'il œuvre aus us et aus coustumes del mestier, que tels sont :

« Nus tapiciers de tapiz sarrazinois ne puet ne ne doit avoir que 1 apprentiz, tant seulement, si ce ne sont ses enfants nez de léau mariage, et 1 enfant sa femme tant seulement nez de loi au mariage. — Nule femme ne puet ne ne doit estre aprise au mestier devant dit, pour le mestier qui est trop greveus. — Nul ne puet ne ne doit ouvrer de nuiz; car la lumière de la nuiz n'est pas souffisans à ouvrer de leur mestier. »

Sous le règne de Henri IV, les tapissiers de haute-lisse s'établirent successivement au faubourg Saint-Antoine, dans les galeries du Louvre et dans la rue de Varennes; mais la volonté du roi, qui voulait les encourager, rencontra un obstacle dans celle du premier ministre; et pour obtenir des subsides en leur faveur, le Béarnais se trouva dans la nécessité d'intercéder auprès de son ministre, auquel il écrivait en l'année 1607 :

« Mon amy, vous avez assez de fois veu les poursuites que les tapissiers flamans ont faites pour estre satisfaits de ce qui leur avoit esté promis pour leur establissement en ce royaume : de quoy ayant, par une dernière fois, traité en la présence de vous et de M. le garde des sceaux, je me résolus enfin de leur faire bailler cent mille livres; mais ils sont toujours sur leurs premières plaintes s'ils n'en sont payez. C'est pourquoy je vous fais ce mot pour vous dire que j'ai un extrême désir de les conserver, et pour que cela despend du tout du payement de ladite somme, vous les en ferez incontinent dresser, en sorte qu'ils n'ayent plus de sujet de retourner à moy; car autrement, je considère bien qu'ils ne pourroient pas subsister, et que, par leur ruine, je perdrois tout ce que j'ay fait jusques à maintenant pour les attirer ici et les conserver. Faites-les donc payer, puisque c'est ma volonté, et sur ce, Dieu vous ait, mon amy, en sa sainte et digne garde.

« Ce quinzième mars, à Chantilly.

« Henry. »

CHAPITRE II.

La Savonnerie. — Fondation de la manufacture royale des Gobelins. — Édit de 1667. — Les Gobelins sous Louis XIV, Louis XVI, la République. — Un procès-verbal du jury des arts.

Louis XIII fonda la Savonnerie où l'on commença à fabriquer des tapisseries pour le compte de l'État; mais une manufacture privée continuait à être entretenue, sur les bords de la Bièvre, par des ouvriers flamands, ayant à leur tête Marc de Comans et François de La Planche. Colbert leur fit une redoutable concurrence, en créant à côté d'eux une manufacture royale. L'ancien établissement des Gobelins redevint une teinturerie de draps, sous la direction du Hollandais Gluck et de son beau-frère, François de Julienne, tandis que l'établissement de Colbert s'installait dans un hôtel qui fut acheté par ordre de Louis XIV, le 6 juin 1662, à Leleu, conseiller au parlement de Paris, avec des prés, des aunaies et des bois baignés par la Bièvre.

Différents immeubles acquis de 1662 à 1668 vinrent agrandir cette manufacture, où devaient être exécutés les meubles de la couronne et qui devint une pépinière d'excellents artistes en tous genres.

L'édit du mois de novembre 1667, qui établit cette manufacture sur des bases solides, porte en effet, entre autres dispositions, que le surintendant des bâtiments et le directeur sous ses ordres tiendront la manufacture remplie de bons peintres, maîtres tapissiers, orfèvres, fondeurs, sculpteurs, graveurs, lapidaires, menuisiers en ébène, teinturiers et autres ouvriers en toute sorte d'arts et métiers, et que les jeunes gens sous ces maîtres, entretenus pendant cinq années, pourront, après six ans d'apprentissage et quatre années de service, lever et tenir boutique de marchandises, arts et métiers auxquels ils auront été instruits. Voici, d'ailleurs, le texte de cette pièce importante :

« L'affection que nous avons pour rendre le commerce et les manufactures florissantes dans nostre royaume nous a fait donner nos premiers soins, après la conclusion de la paix générale, pour les rétablir et pour rendre les establissements plus immuables en leur fixant un lieu commode et certain; nous aurions faict acquérir de nos deniers l'hostel des Gobelins et plusieurs maisons adjacentes, fait rechercher les peintres de la plus grande réputation, des tapissiers, des sculpteurs, orphèvres, ébénistes et autres ouvriers plus habiles, en toutes sortes d'arts et mestiers, que nous y aurions logés, donné des appartements à chacun d'eux et accordé des privilèges et avantages; mais d'autant que ces ouvriers augmentent chaque jour, que les ouvriers les plus excellents dans toutes sortes de manufactures, conviés par les graces que nous leur faisons, y viennent donner des marques de leur industrie, et que leurs ouvrages qui s'y font surpassent notablement en art et en beauté ce qui vient de plus exquis des pays estrangers, aussi nous avons estimé qu'il estoit nécessaire pour l'affermissement de ces establissements de leur donner une forme constante et perpétuelle, et les pouvoirs d'un règlement convenable à cet effet.

« A ces causes et autres considérations, à ce nous mouvans, de l'advis de nostre conseil d'État, qui a vu l'édit du mois de janvier 1067 et autres déclarations et règlements rendus en conséquence et de nostre certaine science, pleine puissance et authorité royale, nous avons dict, statué et ordonné, disons, statuons et ordonnons ainsi qu'il en suit :

« C'est à sçavoir que la manufacture des tapisseries et autres ouvrages demeurera establie dans l'hôtel appelé des Gobelins, maisons et lieux et dépendances à nous appartenant, sur la principale porte duquel hostel sera posé un marbre au-dessus de nos armes, dans lequel sera inscript : *Manufacture royale des meubles de la couronne*.

« Seront, les manufactures et deppendances d'icelles, réglées et administrées par les ordres de nostre amé et féal conseiller ordinaire en nos conseils, le sieur Colbert, surintendant de nos bâtiments et manufactures de France et ses successeurs en ladite charge.

« La conduite particulière des manufactures appartiendra au sieur Le Brun, notre premier peintre, sous le titre de directeur, suivant les lettres que nous luy avons accordées le 8 mars 1663, etc., etc.

« Le surintendant de nos bastiments et le directeur soubs luy tiendront la manufacture remplie de bons peintres, maistres tapissiers de haute lisse, orphèvres, fondeurs, graveurs, lapidaires, menuisiers en ébène et en bois, teinturiers et autres bons ouvriers, en toutes sortes d'arts et mestiers qui sont establis, et que le surintendant de nos bastiments tiendra nécessaire d'y establir...

« Les ouvriers employés dans lesdites manufactures se retireront dans les maisons les plus proches de l'hostel des Gobelins, et affin qu'ils y puissent estre, eux et leurs familles, en toute liberté, voulons et nous plaist que douze maisons dans lesquelles ils seront demeurans soient exemptes de tout logement des officiers et soldats de nos gardes françoises et suisses, et de tous autres logements de gens de guerre, et, à cet effet, voulons qu'il soit expédié par le secrétaire de nos commandements, ayant le département de la guerre, des sauvegardes, sur les certificats dudit sieur surintendant de nos bastiments...

« Sera loisible au directeur des manufactures de faire dresser, en des lieux propres, des brasseries de bierre, pour l'usage des ouvriers, sans qu'il en puisse estre empêché par les brasseurs de bierre, ny tenu de payer aucuns droits.

« Et, au moyen de ce que dessus, nous avons faict et faisons très-expresses inhibitions et défenses à tous marchands et autres personnes, de quelque qualité et condition qu'elles soyent, d'achepter ny de faire venir des pays estrangers des tapisseries confisquées, etc., etc.

« Donnons en mandement à nos amés et féaux conseillers les gens tenant nostre cour de parlement, à Paris, les gens de nos comptes et cour des aydes audict lieu, que ces présentes ils les fassent publier, enregistrer, etc., etc., et afin que ce soit chose ferme et stable à toujours, nous avons fait mettre nostre scel à cesdites présentes, données à Paris, au mois de novembre 1667, et de nostre règne le vingt-cinq.

Signé : Louis.

« Par le roy,
« De Guénégaud. »

On fit d'abord aux Gobelins, non-seulement des tapis dont les dessins étaient donnés par Le Brun, mais aussi des serrures, des espagnolettes, des tables en mosaïque florentine sous la direction de Fernando de Mogliorini; c'était une véritable manufacture des meubles de la couronne; mais bientôt on adopta la spécialité de la tapisserie et des chefs-d'œuvre furent créés en ce genre sous la direction de Mignard et de Lachapelle Bessé, architecte et contrôleur des bâtiments du roi.

Sous Louis XVI, les Gobelins portaient toujours le titre de Manufacture royale des ouvrages de la couronne; le directeur était Jean-Baptiste-Marie Pierre, premier peintre du roi, assisté de M. Belle, avec le titre de surinspecteur, et de M. Perron, inspecteur. Les ateliers étaient au nombre de six, quatre pour la haute-lisse et deux pour la basse-lisse; les produits étaient exposés dans une galerie spéciale.

Par les décrets du 26 mai 1791, relatifs à la liste civile, l'Assemblée constituante réserva au roi la jouissance des bâtiments et dépendances de la manufacture des Gobelins, ainsi que de celle de la Savonnerie.

Après la chute du trône, la Convention nationale, par un décret du 27 novembre 1792, régla l'administration des biens qui dépendaient de l'ancienne liste civile; mais par un décret supplémentaire du 29, elle mit en dehors du Domaine les manufactures, et chargea le ministre de l'intérieur de rendre compte de leur état et de leur régime.

La manufacture des Gobelins fut maintenue par le gouvernement républicain; le 21 floréal an II (11 mai 1794), sur le rapport présenté par Thibaudeau au nom du comité d'instruction publique, la Convention décréta que les tableaux qui, d'après le jugement du jury des arts, auraient obtenu des récompenses nationales, seraient exécutés en tapisserie à la manufacture des Gobelins, et qu'il serait fait, pour être exécutées dans cette manufacture, des copies des tableaux de David représentant la mort de Lepelletier et celle de Marat.

La direction des Gobelins fut confiée à la surveillance d'un comité composé des peintres Prud'hon, Ducreux et Vincent; de Belle en qualité de directeur de la manufacture; de Legouvé, Moitte, Bitaubé, Monvel; de l'architecte Percier, et de Duvivier, directeur de la Savonnerie. Ces jurés examinèrent les travaux interrompus par la révolution, mais en tenant compte de l'exécution que du sujet. M. Turgan, dans son travail sur *les Grandes usines de France*, a cité un curieux spécimen de la manière dont ils procédaient; on lit dans un de leurs procès-verbaux :

« Le *Siège de Calais*, par Berthélemy, sujet regardé comme contraire aux idées républicaines, le pardon accordé aux bourgeois de Calais ne leur étant octroyé que par un tyran, pardon qui ne lui est arraché que par les larmes et les supplications d'une reine et du fils d'un despote; rejeté. En conséquence, la tapisserie sera arrêtée dans son exécution. »

« *Héliodore chassé du Temple*, copie de Raphaël, par Noël Hallé; sujet consacrant les idées de l'erreur et du fanatisme; d'ailleurs, copie très-défectueuse d'un superbe original, et, conséquemment, à rejeter. La tapisserie sera discontinuée. »

« *La Robe empoisonnée*, par de Troy; rejeté comme présentant un sujet contraire aux mœurs républicaines; mais la tapisserie, étant presque achevée, sera terminée avec la suppression des deux diadèmes qui sont sur la tête de Créuse et de son père. »

« *Jason domptant les taureaux*, par de Troy. Le sujet est rejeté comme contraire aux idées républicaines. La tapisserie, étant à moitié faite, sera terminée à la longueur de quatorze pieds, un peu au delà de la figure de Jason, déjà faite, et, par ce moyen, elle offrira un ensemble sans présenter les personnages de Médée et du roi son père, qui blesseraient les yeux d'un républicain. »

« *Méléagre entouré de sa famille, qui le supplie de prendre les armes pour repousser les ennemis prêts à se rendre maîtres de la ville de Calydon;* tableau dont le sujet ne paraît pas compatible avec les idées républicaines relativement au sentiment qui dirige Méléagre, lequel est sur le point de sacrifier sa patrie à l'esprit de vengeance dont il est animé, et qui, près de voir son palais réduit en cendres, se rend moins à l'amour de son pays qu'à son intérêt personnel. Conséquemment, tableau à rejeter. »

« *Mathias tuant des impies*, par Lépicié; sujet fanatique, tableau rejeté. »

« *Cléopatre au tombeau de Marc-Antoine*, par Ménageot; sujet rejeté comme immoral. »

« *Polyxène arrachée des bras de sa mère*, par Ménageot; sujet à rejeter d'après les personnages qu'il retrace et les idées qu'il rappelle. »

CHAPITRE III.

Situation précaire des ouvriers des Gobelins en 1797. — Les Gobelins sous l'Empire, la Restauration, etc. — La galerie Médicis. — Discussion relative aux Gobelins à l'Assemblée législative de 1850. — Les Gobelins à l'Exposition universelle de 1855.

La manufacture des Gobelins dépérit sous le Directoire exécutif. En l'année 1797, quarante-six ouvriers tapissiers se plaignaient au ministre de leur misère : « La trésorerie nationale, disaient-ils, n'effectue aucun des payements que vous ordonnancez à notre profit; sur cent trente-cinq jours de salaire qui nous sont dus, nous n'avons reçu qu'un à-compte de *cinq jours*; sans pain, sans vêtements, sans crédit, il nous est impossible d'exister; nous sommes au désespoir; nous vous prions de nous donner les moyens d'exister ailleurs, si vous ne pouvez nous faire exister ici. »

Le ministre répondit qu'il n'avait aucun moyen d'accélérer le payement de ce qui était dû aux ouvriers, et la manufacture languit jusqu'au règne de Napoléon Ier. On exécuta alors des tableaux historiques d'après Gros, Meynier et Girodet-Trioson. Pendant les règnes de Louis XVIII et de Charles X, les Gobelins copièrent d'après les maîtres anciens ou les peintres modernes des tableaux d'église ou des toiles qui représentaient les traits de la vie des rois de France. L'empereur de Russie reçut en présent une tapisserie des Gobelins qui reproduit le tableau où Steuben nous montre Pierre le Grand jeté sur une frêle barque au milieu d'une tempête.

Une des plus belles œuvres des Gobelins, c'est la collection de la galerie de Médicis, reproduite par ordre de Louis-Philippe. Elle a le coloris, la vigueur de ton qui distinguent si éminemment les Rubens du Musée, et qu'a fait ressortir une habile restauration. Les tapisseries exécutées d'après Rubens ont été placées dans les appartements du palais de Saint-Cloud.

En 1850, quand l'Assemblée législative eut à examiner la situation des Gobelins, le projet de réorganisation fut soumis à trois délibérations. Au moment où on abordait ce sujet pour la seconde fois, dans la séance du 2 juillet 1850, M. Schœlcher demanda la suppression de la manufacture des Gobelins, qui, disait-il, avait rempli sa mission. M. Albert de Luynes répondit par un discours qui nous paraît élucider complètement la question :

« L'honorable M. Schœlcher, dit-il, vous propose un amendement très-radical au projet de la commission. Cet amendement a pour but de supprimer les manufactures nationales, de régler les pensions des artistes, ouvriers et employés qui y sont occupés, et d'affecter un million par an à l'expérimentation de découvertes utiles.

« Je vous demande la permission de combattre l'amendement de M. Schœlcher par des considérations que je vais avoir l'honneur de vous exposer.

« Dans la situation de nos finances, en présence des nécessités impérieuses que nous devons reconnaître et auxquelles nous devons faire face, je n'hésiterais pas, malgré tout mon regret, à m'associer à l'amendement de M. Schœlcher, et à voter la suppression des manufactures nationales, si je ne croyais pas ces manufactures restées encore éminemment utiles à l'industrie, à l'art et au commerce; je dirai même que des institutions semblables seraient très-désirables pour d'autres branches de l'industrie nationale. Si nos finances le permettaient, il serait très à souhaiter qu'on instituât pour la métallurgie française des établissements du genre de ceux de Sèvres, des Gobelins et de Beauvais, afin d'épargner à l'industrie des recherches ruineuses. Il en serait alors de l'industrie comme de l'agriculture. Vous avez établi un institut agricole de fermes modèles dans le but d'épargner de grandes dépenses et des expériences nombreuses aux agriculteurs; on pourrait instituer pour les autres branches de l'industrie française des institutions du même genre. Il n'est pas douteux qu'on vole dans l'industrie beaucoup plus de hardiesse que dans l'agriculture, et aussi des ruines bien plus considérables, précisément parce que l'industrie est plus hardie; il est donc certain qu'on tirerait un grand parti de ces sortes d'établissements.

« Il y a longtemps que les manufactures nationales existent. Les Gobelins ont été fondés par François Ier, et améliorés par la sage et utile administration de Colbert.

« La fabrique de Beauvais y a été adjointe et a fait partie de la même administration sous la protection de Louis XIV. Ces établissements-là ont grandi et se sont perfectionnés.

« Lorsque la révolution est survenue, la Convention, appréciant leur valeur malgré la pénurie extrême du Trésor, malgré les nécessités terribles de la guerre et de la révolution; la Convention, dis-je, résolut de les maintenir, et fit de grands sacrifices dans ce but. On doit lui savoir gré d'avoir pris une résolution aussi généreuse et aussi favorable à l'art.

« Sous l'Empire, ces établissements furent maintenus; les listes civiles des deux monarchies qui ont succédé à l'Empire ont subventionné très-généreusement ces établissements et les ont poussés dans une voie de progrès. Ce progrès n'a pas été aussi considérable qu'on aurait pu peut-être le désirer, car les listes civiles n'étaient pas exigeantes pour les manufactures. La situation est devenue toute différente aujourd'hui. La République peut demander aux manufactures nationales ce que n'imposaient pas les listes civiles des régimes précédents; elle peut leur faire une condition d'existence, de progrès et de services rendus à l'industrie, et je suis convaincu que ces progrès et ces services les manufactures nationales sauront les réaliser. L'administration en a été sensiblement modifiée.

« Malgré l'état, je ne dirai pas de stagnation, mais l'état un peu stationnaire que l'on reproche à ces établissements depuis 1800 jusqu'à nos jours, il serait cependant injuste de ne pas constater, et M. Schœlcher l'a reconnu lui-même, que de grands services ont été rendus par eux. Ainsi, par exemple, Beauvais a fait des essais très-utiles pour constater s'il était possible de travailler sur les métiers à l'endroit, et on a été obligé, à la suite de l'expérience qu'on a faite, de revenir à l'ancien système, mais en y introduisant une modification très-avantageuse : c'est le système de bascules, au moyen duquel les ouvriers peuvent juger constamment et plus facilement de leur travail.

« Quant aux Gobelins, la beauté de leurs produits n'est pas contestable.

« M. Schœlcher vient de critiquer avec raison, je l'avoue, certains produits des Gobelins. La raison en est toute simple. L'imperfection des produits de la manufacture des Gobelins qui ont été exposés récemment doit, en une certaine mesure, être attribuée à la direction qui se trouvait alors à la tête de cette manufacture.

« En effet, on s'était attaché à copier des tableaux qu'il était à peu près impossible de rendre en tapisserie; mais en modifiant la direction sous le rapport de l'art, nous pouvons voir dès à présent, et vous avez vu à la dernière Exposition, qu'on a adopté un nouveau système, qu'on a choisi des peintures plus convenables à être reproduites en tapisserie. Je puis affirmer à l'Assemblée qu'actuellement il y a sur le métier, aux Gobelins, un tableau d'après Raphaël, le plafond de la Farnésine, qui sera le morceau le plus capital et le plus admirable sorti de ces ateliers.

« Les prix des ouvrages produits par les manufactures des Gobelins et de Beauvais ont été justement critiqués. En effet, ils sont inabordables, et l'estimation vous a fait voir à quel point ils avaient été taxés haut, et le vil prix auquel ils auraient dû être vendus. Cela provenait de ce que l'on acceptait trop libéralement autrefois. On ne regardait pas à la dépense pour payer les ouvriers et faire continuer un travail rétribué d'une manière véritablement royale.

« Maintenant, la direction ou l'administration particulière des Gobelins et de Beauvais a pris une voie très-sage : sans diminuer le mérite du travail, au contraire, en l'accroissant, elle a obtenu des avantages considérables en fixant un nouveau règlement et en assujettissant les ouvriers à la tâche. Elle a su cependant conserver chez eux une très-vive et très-considérable émulation, qui fait que les produits des manufactures de Beauvais et des Gobelins, au lieu de tomber, ont augmenté de mérite et sont devenus l'objet d'une juste admiration.

« Dans les mêmes établissements, pour eux, et aussi pour le public et l'industrie, M. Chevreul, savant des plus distingués, connu par de services considérables qu'il a rendus à l'industrie, fait un cours de teinture et des essais qui seraient très-dispendieux pour le commerce, et que son expérience rendra probablement très-lucratifs pour nos industriels. »

L'Assemblée passa à une troisième délibération, à la suite de laquelle la manufacture des Gobelins fut conservée.

La manufacture des Gobelins et celle de Beauvais, où se font des tapisseries pour meubles, obtinrent la grande médaille d'honneur à l'Exposition universelle de 1855. Voici comment elles sont appréciées dans le rapport présenté par M. Lainel, au nom du jury international : « Au milieu de ces trophées de mérites si divers, deux établissements de royale création, que la France s'honore avec orgueil de compter au nombre de ses gloires, les manufactures de Beauvais et des Gobelins, toujours dignes de leur grande renommée, étalent magnifiquement leurs titres de noblesse dans les belles pages qu'elles offrent à notre admiration.

« Mais, à ce degré de perfection, le travail de perfection n'est plus de l'industrie, c'est de l'art, de l'art qui le dispute à la peinture et qui révèle le sentiment du beau dans toute son acception ; de l'art, enfin, qui, à l'abri d'une libérale protection, d'une dotation qui le dégage des préoccupations commerciales, peut poursuivre sa tâche dans le calme.

« En plaçant ici les manufactures impériales de Beauvais et des Gobelins avec l'industrie sur laquelle elles répandent un si grand lustre, il est donc d'une véritable logique de ne les considérer que comme des navigateurs habiles qui, après une exploration laborieuse, ayant triomphé des difficultés, viennent montrer le port à des navigateurs hardis qui ne reculent devant l'entreprise d'aucune conquête compatible avec leurs intérêts industriels et commerciaux.

« Ce sont des sources inépuisables où l'industrie vient chercher de très-utiles enseignements. »

CHAPITRE IV.

Ateliers des Gobelins. — Préjugés sur les teintures. — La Folie-Gobelin. — Lettre d'un condamné à mort. — Capacité d'un ivrogne. — Atelier des tapisseries. — Atelier des tapis. — Question du déplacement des Gobelins.

Les directeurs des Gobelins ont été, de 1816 à 1860, le baron Des Rotours, MM. Lavocat, Badin et Lacordaire. La manufacture se divise en trois parties : un atelier de teinture, un atelier de tapisserie et un atelier de tapis ; les laines viennent du comté de Kent, et sont filées à Nonancourt (Eure). Quand elles ont été triées et classées, suivant qu'elles doivent servir à des tontures ou à des tapis de pied, on les dégraisse, on les plonge dans des chaudières où bout un mordant, et de là elles passent dans un bain coloré. Les tons les plus intenses ou les nuances les plus pâles leur sont donnés avec une merveilleuse précision, sous la direction de M. Chevreul, qui, placé à la tête de l'atelier de teinture depuis 1824, a écrit sur les couleurs des ouvrages justement estimés par les hommes de science et consultés avec fruit par tous les praticiens.

C'est une croyance encore assez répandue que la préparation des couleurs employées aux Gobelins exige une grande quantité d'acide urique. Peut-être en était-il ainsi autrefois. Rabelais, dans le livre II de son *Pantagruel*, parle de la teinturerie de Gobelin, qu'il désigne sous le nom de Folie-Gobelin, sans doute à cause de l'étendue et de la magnificence des bâtiments. « Pantagruel, pour se recréer de son estude, se pourmenoyt vers les faulxbourgs Sainct-Marceau voulant veoir la Folie-Guobelin. » Le fantasque auteur raconte plus loin l'aventure grotesque d'une dame qui avait à ses trousses six cent mille et quatorze chiens, et il ajoute : « Compissarent si bien la porte de sa maison, qu'ils y feirent un ruisseau de leurs urines, auquel les cannes eussent bien nagé ; et c'est celuy ruisseau qui de présent passe à Sainct-Victor, auquel Guobelin teinct l'escarlatte, pour la vertu spécifique de ces chiens. »

Un docteur allemand du XVIᵉ siècle, Jean Manlius, dans son *Libellus medicus* (Francfort, 1558, in-8°), prétend que pour alimenter la teinture des Gobelins, on payait à boire à des lansquenets et à des étudiants, en choisissant les plus ivrognes. « *Parisiis, quando purpura præparatur, tunc artifices invitant germanicos milites et studiosos, qui libenter bibunt ; et eis præbent largiter optimum vinum ea conditione, ut postea urinam reddant in illam lanam.* »

L'opinion s'accrédita même qu'il y avait à la manufacture des Gobelins des hommes spéciaux dont l'unique fonction était, comme dit le *Médecin malgré lui*, d'évacuer le superflu de leur boisson. M. Turgan en cite deux singuliers exemples. Un condamné à mort écrivait au baron Des Rotours, en 1823 :

« Monsieur,

« J'ai entendu dire, plusieurs fois, que l'on admettait dans la maison dont vous avez la direction des personnes condamnées à des peines graves, afin qu'étant nourries par des aliments irritants, elles procurent plus sûrement l'urine pour les écarlates que l'on y fabrique.

« *Me trouvant, malheureusement, condamné à la peine capitale, je désirerais terminer ma carrière dans votre maison,* veuillez donc, monsieur, avoir la bonté de m'instruire s'il est vrai que l'on y admette *ces sortes de condamnés,* et quelle serait la marche à suivre pour y entrer. »

Une autre lettre portait :

« Monsieur,

« *Je suis las de la vie et je suis disposé, pour en finir avec elle, à me soumettre au régime imposé aux teinturiers des Gobelins.* Pour vous donner une idée des services que je suis en état de rendre à l'établissement, je dois vous dire que *je puis boire par jour vingt bouteilles de vin sans perdre la raison.* Si vous voulez me prendre à l'essai, vous jugerez tout à votre aise de ma capacité. »

Il est inutile de dire que l'opinion populaire est complètement chimérique, ainsi que celle qui attribue des vertus spéciales à l'eau de la Bièvre. Les teintures des Gobelins, en toutes couleurs, n'en sont pas moins aussi bonnes qu'au temps où Régnier disait, dans sa dixième satire, en décrivant une nuit profonde :

> Or, il sembloit qu'on eust aveuglé la nature ;
> Et faisoit un noir brun, d'aussi bonne teinture,
> Que jamais on en vit sortir des Gobelins ;
> Argus pouvoit passer pour un des Quinze-Vingts.

Les ateliers de tapisserie sont garnis de métiers de quatre à sept mètres de longueur, dits *à hautes lisses*. Ces métiers, derrière lesquels les travailleurs sont placés, tournant le dos aux modèles, se composent d'une paire de forts cylindres en bois de chêne ou de sapin, dits *ensouples*, disposés horizontalement, dans le même plan vertical, à quelque distance (de 2 mètres 50 à 3 mètres, d'axe en axe) l'un de l'autre, et supportés par de doubles montants en bois de chêne appelés *cotrets*. Les ensouples sont munies, à chacune de leurs extrémités, d'une frette dentée, en fer, et d'un tourillon ; elles s'engagent par ces tourillons dans des coussinets en bois, et y tournent librement, quand cela est nécessaire. Ces coussinets sont mobiles (c'est en général le coussinet supérieur) dans l'intérieur des cotrets, au moyen de rainures dans lesquelles ils glissent. La chaîne du tissu des tapisseries et des tapis se fixe sur les ensouples, dans une situation parfaitement verticale, tous les fils ou brins exactement à la même distance l'un de l'autre, et de plus avec une division, de dix en dix, ou même tout à fait arbitraire, par un fil autrement coloré que les autres, quand il s'agit des tapis ; chaque fil de la chaîne a été préalablement arrêté sur une tringle en bois, dite *le verdillon*, et ce dernier, logé dans une rainure creusée dans toute la longueur des ensouples.

Quand on veut tendre la chaîne, enrouler ou dérouler des parties de tapisserie, on fait tourner les ensouples au moyen de leviers de fer, ou même en bois, qui s'engagent dans des trous pratiqués à cet effet, à chacune de leurs extrémités. La portion de tissu fabriquée s'enroule sur l'ensouple inférieur, en amenant et développant de l'ensouple supérieure une nouvelle portion de chaîne et ainsi, partie par partie, jusqu'à ce que la pièce en cours de fabrication soit terminée. Le dernier degré de tension est donné par une vis de pression en fer qui, logée dans le vide des cotrets, et placée entre les deux coussinets, fait monter ou descendre à volonté celui qui est mobile, en s'appuyant sur le coussinet fixe, ou sur une traverse. Les ensouples demeurent fixes au moyen de valets en fer, ou déclics, engagés dans les frettes dentées de leurs extrémités.

Il est impossible aux profanes de se rendre compte de la manière dont le tapissier point sur sa chaîne, serre la trame, emploie la broche et les lisses ; c'est à peine si on comprend, quand on le voit, ce travail qui exige de l'intelligence, de l'attention, de la patience et du goût.

L'atelier des tapis est monté d'une manière toute différente : le tissu obtenu est un velours dont la chaîne est en laine et la trame en fil de chanvre. Le modèle est sous les yeux des travailleurs et divisé en carrés que l'on reproduit les uns après les autres. Lorsque l'œuvre est achevée, les fils de laine qui débordent sont tondus avec des ciseaux à double brisure, et c'est alors qu'on peut juger en pleine connaissance de cause de la perfection du travail.

L'administration a mis à l'étude, au mois de janvier 1860, un projet d'élargissement de la rue Mouffetard, depuis la barrière d'Italie, jusqu'au carrefour formé par la réunion des rues Mouffetard, Censier, Pascal et de Lourcine. Ce projet eût retranché l'entrée semi-circulaire des Gobelins, ainsi qu'un bâtiment qui longe la rue, et qui sert d'habitation à quelques familles d'artistes attachés à la manufacture. A ce propos, on a repris l'idée de déplacer les Gobelins, mais elle a été vivement combattue et définitivement abandonnée.

« Nous sommes heureux de ce résultat, a dit M. Paul de Lascaux, dans un remarquable article ; nous sommes heureux de l'esprit qui a guidé l'administration dans sa persistance à conserver les Gobelins là où ils sont restés depuis des siècles, en dépit des hommes et des événements.

« Quand Louis XIV institua la manufacture royale des meubles de la couronne, ce ne fut pas sans raison qu'il choisit le lieu consacré par le temps où les fameux teinturiers du nom de *Gobelins* avaient exercé leur profession.

« Sur le terrain traditionnel, le monarque fonda cette manufacture dont la célébrité devait un jour devenir universelle : de grands talents, de grands génies en dirigeaient les travaux ; des règlements, des ordonnances spéciales attestaient suffisamment tout l'intérêt que le grand roi portait aux artistes qu'il avait réunis là, à grands frais.

« Depuis cette époque, rien n'est venu arrêter ou suspendre le cours des travaux.

« Les Gobelins, indestructibles comme le temps, ont résisté comme lui à toutes les tempêtes. Ils sont demeurés immuables d'après les droits imprescriptibles de la tradition et de l'histoire !

« Les Gobelins ne sauraient être ailleurs qu'où ils ont pris naissance, sur leur terrain primitif, assis sur les bords de cette petite rivière de Bièvre à laquelle ils empruntaient leurs plus éclatantes couleurs, suivant la croyance populaire.

« Ouvrez l'histoire des arts en France, parcourez nos musées, nos jardins publics, nos résidences impériales, nos monuments religieux, et à chaque pas la peinture, le dessin, la gravure, la mosaïque, la broderie, la marqueterie, l'ébénisterie, frapperont vos regards étonnés et vous diront les noms immortels de Le Brun, Mignard, Mansard, Vander-Meulen, Sébastien Leclerc, Boucher, Boule, Soufflot, Vaucanson, etc., etc.

« Eh bien ! l'esprit de ces grands artistes plane dans les ateliers des Gobelins ; leur souvenir anime et encourage cette colonie d'artistes éminents et désintéressés qui font des chefs-d'œuvre et vivent modestes et inconnus en léguant à l'avenir des travaux qui feront l'admiration de nos fils comme ils font la nôtre.

« Renverser les Gobelins, ne serait-ce pas obliger ses laborieux artisans à abandonner, pour ainsi dire, le foyer paternel ?

« C'est une patriarcale famille que la famille des artistes en tapisserie vivant dans une communauté presque conventuelle.

« Une autre raison vient encore s'opposer au déplacement de la manufacture : c'est l'importance qu'elle donne à un quartier de Paris, à un faubourg peu favorisé, dont elle est la vie et l'orgueil.

« Toutes ces réflexions nous les avons faites, et nous les consignons dans ces quelques lignes pour bien convaincre les personnes qui s'étonnent de voir l'administration enlever l'École polytechnique à la Montagne-Sainte-Geneviève, et ne pas enlever les Gobelins à la rue Mouffetard, que l'administration a parfaitement compris sa tâche et sa mission ; que si elle sait assainir, embellir, régénérer, c'est avec intelligence que ses projets s'élaborent, se discutent et sont adoptés.

« La rue Mouffetard, symétriquement alignée, deviendrait un beau boulevard de quarante mètres de largeur, depuis la barrière de Fontainebleau jusqu'à la rue Censier.

« La ligne qui serait tracée se dirigerait droite, sans se préoccuper de ce qu'elle renverserait sur son parcours. Ce serait une belle voie pour arriver à la manufacture des Gobelins, dont la façade serait refaite et changerait son style ridicule et de mauvais goût pour un portail monumental et digne d'une aussi importante administration. Si d'ailleurs le projet exposé à la mairie prévalait, on pourrait construire des bâtiments dans les jardins, bien assez vastes pour que l'on prenne sur leur superficie, dût-on mécontenter des intérêts particuliers pour des intérêts généraux?

« Quoi qu'il en soit, le quartier Mouffetard va se trouver transformé ; c'est là un point important et que nous enregistrons avec plaisir. D'abord, pour la population ouvrière qui l'occupe et se presse dans des mansardes humides, sombres, sans air ; ensuite, pour les nombreux étrangers qui auront une route carrossable lorsqu'ils viendront voir, à la manufacture impériale, si habilement dirigée par M. Lacordaire, des tapisseries splendides parmi lesquelles on remarque actuellement : *la Transfiguration*, d'après Raphaël ; un *magnifique Portrait en pied de Louis XIV*, d'après Rigaud ; les *Portraits médaillon de LL. MM. l'Empereur et l'Impératrice* ; des tableaux de genre de Boucher ; un *Christ mort*, d'après Philippe de Champagne ; les quelques portraits qui s'achèvent et doivent compléter la décoration de la galerie d'Apollon au Louvre, et enfin une série de tapisseries depuis Louis XIV jusqu'à nos jours. »

CHAPITRE V.

La Salpêtrière.

L'arrondissement des Gobelins comprend les quartiers de la Salpêtrière, de la Gare, de la Maison-Blanche et de Croulebarbe. Il occupe une superficie étendue, mais peu peuplée, surtout au sud et à l'est. Les quatre quartiers sont ainsi limités :

De la Salpêtrière. — Une ligne partant de la rue Mouffetard et suivant l'axe du boulevard Saint-Marcel jusqu'au boulevard de l'Hôpital, — de l'axe du boulevard de l'Hôpital, du pont d'Austerlitz jusqu'au milieu dudit pont, — le milieu de la Seine jusqu'au milieu du pont de Bercy, — l'axe dudit pont et des boulevards de la Gare et d'Ivry, — de la place de la barrière d'Italie et de la rue Mouffetard jusqu'au point de départ.

De la Gare. — Une ligne partant de la route de Choisy et suivant l'axe des boulevards d'Ivry et de la Gare, du pont de Bercy jusqu'au milieu dudit pont, — le milieu de la Seine jusqu'au droit de la limite des terrains militaires, — le pied du glacis jusqu'à la route de Choisy, — et l'axe de ladite route jusqu'au point de départ.

De la Maison-Blanche. — Une ligne partant de la rue de la Santé et suivant l'axe des boulevards de la Glacière et d'Italie, — de la route de Choisy jusqu'à la limite des terrains militaires, — le pied du glacis jusqu'à la rue de la Glacière, — l'axe de cette rue et de la rue de la Santé jusqu'au point de départ.

De Croulebarbe. — Une ligne partant du Champ-des-Capucins et suivant l'axe du boulevard Saint-Marcel jusqu'à la rue Mouffetard, tel qu'il est indiqué à la délimitation du V⁰ arrondissement, — l'axe de ladite rue Mouffetard, de la place de la barrière d'Italie, — des boulevards d'Italie et de la Glacière, — et de l'axe de la rue de la Santé jusqu'au point de départ.

La Salpêtrière, à elle seule, est presque une ville.

Quand on suit le boulevard de l'Hôpital, en se dirigeant vers la barrière de Fontainebleau, après avoir passé devant les bâtiments de l'administration du chemin de fer d'Orléans, on aperçoit du même côté une place assez vaste, plantée d'arbres, presque triangulaire. Au milieu et à l'extrémité se trouve la porte d'entrée de la Salpêtrière. Au-dessus se détachent sur une plaque de marbre blanc ces mots : *Hospice de la vieillesse (femmes)*. Les jours auxquels l'administration autorise la visite des parents et amis dans l'intérieur de l'établissement, des marchands ambulants d'oranges, de biscuits, d'échaudés, stationnent sur le périmètre faisant face à l'hospice. Chacun d'eux annonce d'une voix criarde la nature de sa marchandise et la vante de son mieux ; aussi, avant de pénétrer dans l'intérieur de la Salpêtrière, si calme et si paisible, les oreilles sont-elles abasourdies par ce chaos d'annonces discordantes et d'une tonalité que ne pourrait atteindre le diapason.

Aux deux côtés de la façade sont indiqués, sur des

affiches de diverses nuances, les cours qui ont lieu à la Salpêtrière.

A gauche et à droite de la porte d'entrée s'étendent les murs de clôture de l'hôpital. En face se dessine le dôme de l'église. Quand on a franchi le seuil de l'établissement, on aperçoit de vastes jardins coupés de larges allées : c'est le lieu de promenade des habitants de l'hôpital. A droite et à côté de la chapelle se trouvent le pavillon Saint-Charles, l'entrée de la cour Saint-Louis, le bâtiment Lassay, enfin et à la suite le pavillon Saint-Louis ; à gauche de l'église s'élèvent le pavillon de Bellièvre, à la suite le bâtiment Mazarin, et enfin le pavillon Fouquet.

En pénétrant dans l'édifice par l'entrée principale, à droite est placée la sacristie, qui porte la date de 1776 ; un peu plus loin, à gauche, s'élève un autel consacré à sainte Philomène, sur lequel sont inscrits ces mots : *A sainte Philomène, vierge et martyre, surnommée la thaumaturge du* XIX*e siècle*.

A côté, au-dessus d'une urne funéraire placée dans une niche, on lit l'inscription suivante, gravée en lettres d'or sur une plaque de marbre noir :

ICI REPOSE

LE CŒUR DE CHARLES-JOSEPH-RAPHAEL DURAND DE LAUR,
ANCIEN VICAIRE GÉNÉRAL DE TARBES,
CHEVALIER DE LA LÉGION D'HONNEUR (CHOLÉRA DE MDCCCXLIX),
PREMIER AUMÔNIER DE LA SALPÊTRIÈRE PENDANT XXVII ANS ;
DÉCÉDÉ LE XI MAI MDCCCLV, A L'AGE DE LVIII ANS.

Pasteur vénérable, doux, chéri de tous, il s'est exposé à la mort, comme un autre saint Charles, pour le salut de son troupeau.

Bonus pastor animam suam dat pro ovibus suis.

REQUIESCAT IN PACE.

M. Durand de Laur fut avant tout un homme charitable et l'un des bienfaiteurs de la Salpêtrière ; jamais son souvenir ne s'effacera du cœur de tous ceux qui l'ont connu : aussi avons-nous voulu retracer la modeste inscription qui s'offre aux regards du visiteur qui pénètre dans l'édifice.

Au-dessous du dôme s'élèvent huit arcades qui communiquent à quatre nefs et à quatre chapelles. La distribution est telle que, du point central, l'on aperçoit l'ensemble de huit côtés différents.

Dans la chapelle placée à gauche du maître-autel se trouvent les statues en plâtre de saint Paul, saint Jacques-Mineur, saint Jude, saint André et saint Pierre. A droite sont placées celles de saint Jean, saint Jacques, saint Barthélemy, saint Thomas, saint Philippe et saint Matthieu.

Derrière le maître-autel on aperçoit une statue du Christ, plus grande que nature, tenant de la main gauche le saint ciboire, et de la droite l'hostie consacrée.

Esquissons l'historique de la Salpêtrière.

Heurtaut et Magny racontent : « Qu'en dehors de la barrière du Marché-aux-Chevaux et de celle Saint-Bernard, le bâtiment qu'on aperçoit au loin dans la campagne est le Petit-Arsenal qui, quelque temps après, prit le nom de Salpêtrière, à cause du salpêtre qu'on y faisait. »

La Salpêtrière date du commencement du XVIIe siècle. Depuis longtemps le voisinage dangereux de l'Arsenal avait excité les alarmes de la ville de Paris, et donné lieu à de justes remontrances restées presque toujours infructueuses. Cependant, l'explosion de la tour de Billi, le 10 juillet 1538, força le gouvernement de cette époque à prévenir désormais le retour d'une semblable catastrophe : soit incurie, soit pénurie d'argent, les choses étaient restées dans le même état qu'auparavant, lorsque, le 20 du mois de janvier 1563, une nouvelle explosion eut lieu. Cet événement et l'état de délabrement dans lequel était l'Arsenal déterminèrent enfin Louis XIII à créer un *petit Arsenal*, dit *la Salpêtrière*, sur la rive gauche de la Seine.

En 1656, Louis XIV réunit à l'Hôpital général la maison de la Salpêtrière. Furent également réunies celles de la Pitié, de Bicêtre, de la Savonnerie, de Scipion, au faubourg Saint-Marceau. A ce propos, disons en passant que cette dénomination vient du nom de Scipion Sardini qui possédait une maison dans la même rue.

Le 27 avril de la même année 1656, Louis XIV rendit un édit qui ordonnait l'établissement d'un hôpital général, et indiqua les règles qui devaient y être observées.

En 1640, le nombre des pauvres et des mendiants qui erraient dans Paris s'était accru d'une manière notable : en 1640 il s'élevait à quarante mille. On crut devoir remédier promptement aux désordres inévitables qu'entraînait avec elle cette masse de nécessiteux. Un éminent magistrat, qui de tout temps s'était fait remarquer par ses lumières et ses vertus, Pomponne de Bellièvre, premier président du parlement de Paris, réfléchit aux moyens que l'on pourrait employer pour contenir cette tourbe sans cesse grossissante et qui devenait inquiétante pour la sûreté de la capitale. Il s'adressa au roi pour mettre à exécution ce louable projet. Louis XIV appuya de son autorité et aida par ses bienfaits l'accomplissement de l'entreprise conçue par le premier président. L'édit que nous venons de mentionner porta création de l'Hôpital général, où l'on renferma *les pauvres mendiants* de la ville et des faubourgs de Paris. Le 1er septembre 1656, le parlement vérifia l'édit royal. Non-seulement le roi donna à l'Hôpital général les deux châteaux de Bicêtre et de la Salpêtrière, qui étaient les deux principales maisons qui le composaient à cette époque, plusieurs fonds en terre et en maisons, mais encore il le gratifia de priviléges, et l'assista chaque année par des libéralités considérables.

Louis XIV peut donc être regardé, à juste titre, comme le véritable fondateur de l'hôpital général de la Salpêtrière.

En vue de la même création, le cardinal Mazarin donna 100,000 livres, et, par son testament, une somme de 60,000 liv. Le premier président de Bellièvre fit don, par contrat sur la ville, à l'hôpital général, de 20,000 écus et laissa également par testament une somme considérable. La duchesse d'Aiguillon contribua, par ses libéralités, à l'établissement et à la prospérité de cette pieuse institution. Des legs importants furent aussi faits par un grand nombre de personnes dont les noms ne nous ont pas été transmis.

L'un des plus beaux titres de Louis XIV à la reconnaissance de tous ceux qui souffrent fut donc la fondation de ce vaste et utile établissement de bienfaisance. Voici dans quels termes fut conçu l'édit du 17 avril 1656 :

« Louis, etc... Les roys nos prédécesseurs ont fait, depuis le siècle dernier, plusieurs ordonnances de police sur le fait des pauvres en notre bonne ville de Paris, et travaillé par leur zèle, autant que par leur autorité, pour empescher la mendicité et l'oisiveté, comme les sources de tous leurs désordres ; et bien que nos compagnies souveraines ayent appuyé par leurs soins l'exécution de ces ordonnances, elles se sont trouvées néanmoins, par la suite des temps, infructueuses et sans effet, soit par le manquement des fonds nécessaires à la subsistance d'un si grand dessein, soit par le deffaut d'une direction bien établie et convenable à la qualité de l'œuvre, de sorte que, dans les derniers temps et sous le règne du deffunt roy, le mal s'étant accru sous l'influence publique et par le déréglement des mœurs, l'on reconnut que le principal deffaut de l'exécution de cette police provenait de ce que les mendiants avoient la liberté de vaguer partout, et que les soulagements qui étoient procurés n'empeschoient pas la mendicité secrette et ne faisoient point cesser leur oisiveté ; sur ce fondement fut projetté et exécutté le louable dessein de les renfermer dans la *Maison de la Pitié* et lieux qui en dépendent, et, lettres-patentes accordées pour cet effet en 1612, registrées, suivant lesquelles les pauvres furent renfermez, et la direction commise à de bons et notables bourgeois qui, successivement, les uns après les autres, ont apporté toute leur industrie et bonne conduite pour faire réussir ce dessein ; et toutesfois, quelques efforts qu'ils ayent pu faire, il n'a eu son effet que pendant cinq ou six années, et encore très-imparfaitement, tant pour le deffaut d'employ des pauvres dans les œuvres publiques et manufactures, que parce que les directeurs n'étoient point appuyez des pouvoirs et de l'autorité nécessaire à la grandeur de l'entreprise, ou que par la suite des désordres et malheurs des guerres, le nombre des pauvres soit augmenté au delà de la créance commune et ordinaire, et que le mal se soit rendu plus grand que le remède, de sorte que le libertinage des mendiants est venu jusqu'à l'excès par un malheureux abandon à toutes sortes de crimes qui attirent la malédiction de Dieu sur les États quand ils sont impunis ; l'expérience ayant fait connoître aux personnes qui se sont occupées dans ces charitables emplois, que plusieurs entre eux, de l'un et de l'autre sexe, habitent ensemble sans

Les folles de la Salpêtrière.

mariage, beaucoup de leurs enfants sont *sans baptême*, et ils vivent presque tous dans l'ignorance de la religion, le mépris des sacrements et dans l'habitude continuelle de toutes sortes de vices; c'est pourquoi, comme nous sommes redevables à la miséricorde divine de tant de grâces, et d'une visible protection qu'elle a fait paraître sur notre conduite à l'avénement et dans l'heureux cours de notre règne par le succès de nos armes et le bonheur de nos victoires, nous croyons être plus obligez de lui en témoigner nos reconnaissances par une royale et chrétienne application aux choses qui regardent son honneur et son service; considérant ces pauvres mendiants comme membres vivants de Jésus-Christ, et non pas comme membres inutiles de l'État, et agissant en la conduitte d'un si grand œuvre, non par ordre de police, mais par le seul motif de la charité. A ces causes, après avoir fait examiner toutes les anciennes ordonnances et règlements sur le fait des pauvres, par grands et notables personnages et autres intelligents et expérimentez en ces matières, ensemble les expédients plus convenables dans la misère des temps pour travailler à ce dessein, et de faire réussir avec succès à la gloire de Dieu et au bien public de notre certaine science, pleine puissance et autorité royalle, voulons et ordonnons que les pauvres mendiants valides de l'un et de l'autre sexe soient enfermez pour être employez aux ouvrages, travaux ou manufactures selon leur pouvoir, et ainsi qu'il est plus amplement contenu au règlement signé de notre main, que nous voulons être exécutté selon sa forme et teneur; pour réussir avec succès à l'établissement d'un si grand dessein, avons nommé d'autres et plus grand nombre de personnages les plus notables et expérimentez et pour enfermer les pauvres qui seront de la qualité d'être renfermés suivant le règlement, nous avons donné et donnons par ces présentes la maison et hôpital tant de la *Grande et Petite Pitié*, que du *Refuge*, scis au faubourg Saint-Victor, la maison et hôpital de *Scipion* et la maison de la *Savonnerie*, avec tous les lieux, places, jardins, maisons et bâtiments qui en dépendent, ensemble maisons et emplacements de *Biscestre*, circonstances et dépendances que nous avons ci-dessus donnez pour la retraite des *enfants* trouvez, en attendant que les pauvres fussent renfermez, à quoy les lieux et bastiments de Biscestre ont esté par nous affectez, révoquant en tant que de besoin seroit, tous autres brevets qui auroient esté donnez. »

« La Salpêtrière, » écrivait en 1786 le professeur de pathologie Ténon, dans un des Mémoires qu'il a publiés sur les hôpitaux de Paris, « est le plus grand hôpital de Paris et peut-être de l'Europe : cet hôpital est en même temps une maison de femmes et une maison de force; on y reçoit des femmes et des filles enceintes, des nourrices avec leurs nourrissons; des enfants mâles depuis l'âge de sept à huit mois jusqu'à quatre et cinq ans; de jeunes filles à toute sorte d'âges; de vieilles femmes et de vieux hommes mariés; des folles furieuses, des imbéciles, des épileptiques, des paralytiques, des aveugles, des estropiées, des teigneuses, des incurables de toute espèce, des enfants avec des humeurs froides, etc...

« Au centre de cet hôpital est une maison de force pour femmes, comprenant quatre prisons différentes : le commun, destiné aux filles les plus dissolues; la correction, à celles qu'on juge ne s'être pas autant oubliées; la prison réservée aux personnes retenues par ordre du roi, et la grande force aux femmes flétries par la justice.

« J'ai vu à la Salpêtrière jusqu'à huit mille personnes ; tout ce monde est distribué par dortoirs dans des bâtiments à trois étages sans compter le rez-de-chaussée.

« Les anciennes infirmeries sont au nombre de dix : celles de MM. les ecclésiastiques, des officières, des maîtres, des gouvernantes, des filles de service, des ménages, de Sainte-Claire pour

Les patineurs de la Glacière.

les bonnes ouvrières de cet emploi; dans la Maison de force, celle du commun, celle de la correction et celle de la prison : il faut ajouter à ces dix infirmeries les six infirmeries du nouvel hôpital.

« On trouve à la Salpêtrière trois équipages de pompes mus par des chevaux, chacun avec plusieurs corps de pompe. L'eau à boire se tire de la rivière : des porteurs d'eau en fournissent la maison.

« De vastes potagers servent à l'approvisionnement en légumes. »

Dans le passage suivant, M. Ténon indique quel était le procédé alors en usage à la Salpêtrière pour faire la bouillie des enfants :

« Une vacherie considérable, ajoute-t-il, donne le lait pour la bouillie des enfants, qui se fait avec une certaine industrie dans un lieu et sur un fourneau à part; une femme est uniquement occupée de ce soin. La vacherie fournissait autrefois 72 pintes de lait à la cuisine ou 144 pintes mesure de vin : ce qui répond à 288 livres pesant, de 16 onces la livre. Avec cette quantité de lait, qu'on partageait par la moitié, on cuisait la bouillie le matin et le soir, pour la distribuer chaude et nouvellement préparée; on prend, pour la faire, 36 pintes ou 144 livres de lait, un boisseau de fleur de farine et trois poignées de sel; on fait fondre le sel, on délaye peu à peu la farine dans la quantité de lait susdite : le tout est mis dans une chaudière; on pousse le feu, on remue la bouillie pendant trois quarts d'heure, une heure ou cinq quarts d'heure : la plus tôt faite est la meilleure. La portion est par enfant d'une cuillerée le matin, contenant un demi-septier mesure de vin, autant le soir, une soupe à dîner et trois quarterons de pain bis par jour.

« J'observerai, ajoute en terminant l'auteur, qu'au-dessus de la Salpêtrière est une espèce de lac creusé pour y former une gare; cette gare abandonnée est remplie dans les crues d'eaux, altérée pendant les sécheresses; ses eaux croupies méritent attention. Il serait, si je ne me trompe, de la plus grande importance pour la maison de la Salpêtrière, et même pour la Ville de Paris, qu'on s'occupât de remplir cette excavation, aujourd'hui surtout qu'on vient d'élever un hôpital de malades précisément dans le voisinage de cet amas d'eaux. »

A ce nombre, il faut ajouter celui des malades des diverses infirmeries, ce qui formait une population de plus de 6,000 personnes, réduites à environ 5,400 par suite des déplacements successifs, des morts et des différentes mesures prises par la commission exécutive des hospices.

A la Salpêtrière, comme à Bicêtre, le quartier des aliénés est indépendant du reste de la maison. Ce fut à la fin du siècle dernier, en 1786, que Ténon proposa de faire sortir les aliénés de l'Hôtel-Dieu, où ils étaient alors entassés, pour les placer dans un hôpital ad hoc qui se composerait d'un pavillon destiné à contenir 200 aliénés; on devait y installer 80 lits pour les hommes et 120 pour les femmes. C'est à cette époque que l'on construisit la portion de l'hospice de la Salpêtrière consacrée aux femmes aliénées. Par la même ordonnance, (Louis XVI décida que l'on détruirait les cachots souterrains, abolit la torture et fit construire les loges que l'on voit à la Salpêtrière. Ce fut M. Viel, architecte des hôpitaux civils de la ville de Paris, qui fut chargé de la direction des travaux.

En 1797, en vertu d'un arrêté du Directoire, il fut défendu d'admettre à l'avenir des aliénés à l'Hôtel-Dieu de Paris. Le conseil général des hôpitaux dut alors s'occuper de l'amélioration des quartiers de la Salpêtrière, où les femmes furent transférées. Le docteur Pinel, devenu médecin en chef de l'établissement, organisa à cette époque le mode de traitement des folles. Les épileptiques furent séparées des femmes aliénées et placées dans un bâtiment indépendant. Le terrain du quartier des loges fut augmenté de quatre arpents plantés et destinés à servir de promenoir.

On établit une salle de bains et de douches, une infirmerie pour les malades accidentelles, des dortoirs pour les incurables tranquilles et propres, les convalescentes et un ouvroir.

En 1802, l'hospice de la Salpêtrière était divisé en plusieurs départements connus sous le nom d'*emplois*. Ils étaient au nombre de vingt-sept. Tous ces emplois n'étaient pas également occupés par des femmes infirmes ou plus que sexagénaires ; un certain nombre d'entre eux étaient affectés à de jeunes filles âgées au moins de six ans et de vingt et un ans au plus. A une époque postérieure, ces jeunes filles furent placées à l'hospice de la Maternité ou dans des manufactures.

Antérieurement, vers 1788, la population totale de l'hospice était ainsi composée :

Paralytiques	289
Femmes très-avancées en âge	748
Aveugles	137
Femmes valides	3,398
Femmes occupées dans l'établissement	437
Reposantes	80
Total	5,069

En 1806, comme les aliénées pauvres n'étaient plus reçues à Charenton, on continua de les traiter à la Salpêtrière. En 1817, l'appareil des douches fut complétement réorganisé et perfectionné.

Une commission nommée, en 1821, par le ministre de l'intérieur conclut à ce que de notables améliorations fussent apportées dans le division des aliénées fut augmenté de plusieurs arpents ; les anciens bâtiments disparurent presque tous pour faire place à des constructions plus vastes et mieux distribuées. Des galeries, des promenoirs couverts, plusieurs cours, remplacèrent les cachots humides, privés d'air et de lumière.

Quelques années plus tard, M. le docteur Esquirol essaya de traiter les folles par la musique. « Quelquefois, dit-il, la musique a irrité jusqu'à provoquer la fureur, souvent elle a paru distraire, mais je ne peux dire qu'elle ait contribué à guérir ; elle a été avantageuse aux convalescents. »

Voici dans quels termes il parle de la tentative qu'il fit à cette occasion :

« L'hospice de la Salpêtrière, ajoute-t-il, m'offrait un champ immense pour des essais thérapeutiques ; je n'ai pas à me reprocher de l'avoir négligé. Plus de 1,200 femmes aliénées sont réunies dans cet hospice ; plus de 200 sont soumises tous les jours à une observation particulière et subissent un traitement plus ou moins actif. J'avais fait des applications partielles de la musique, que je voulus en essayer sur des masses. Mes expérimentations furent faites pendant l'été de 1824 et celui de 1825. Plusieurs musiciens très-distingués de la capitale, M. Henry, professeur au Conservatoire, M. Brod, etc., secondés par les élèves du Conservatoire de musique, se réunirent plusieurs dimanches de suite dans notre hospice. La harpe, le piano, le violon, quelques instruments à vent et des voix excellentes, concouraient à rendre nos concerts aussi agréables qu'intéressants.

« Quatre-vingts femmes aliénées, choisies par moi parmi les convalescentes, les maniaques, les monomaniaques tranquilles et quelques lypémaniaques, étaient assises commodément dans le dortoir dit des *convalescentes*, en face des musiciens réunis dans une pièce qui précède ce dortoir et qui sert d'atelier. L'élève en médecine de la division, M. le docteur Chambeyron, m'assistait dans mes essais ; nul étranger n'y était admis ; l'amour de la science et de l'humanité nous animait tous d'une même ardeur, surtout les artistes qui voulurent bien se prêter à ces expériences. Des airs sur tous les tons, sur tous les modes, sur toutes les mesures furent joués et chantés, en variant le nombre et la nature des instruments ; plusieurs grands morceaux de musique furent aussi exécutés. Mes aliénées étaient très-attentives, leurs physionomies s'animaient, les yeux de plusieurs devenaient brillants, mais toutes restaient tranquilles ; quelques larmes coulèrent, deux d'entre elles demandèrent à chanter un air et à être accompagnées ; on se prêta à ce désir.

« Ce spectacle nouveau pour nos malheureuses malades ne fut point sans influence, mais nous n'obtînmes point de guérison, pas même d'amélioration dans leur état mental. Après ces concerts, qui avaient duré deux heures, les musiciens se rendaient dans l'intérieur de la division ; ils exécutaient avec les instruments à vent des airs connus, populaires, guerriers ou tendres ; un grand nombre de nos femmes s'excitaient, s'exaltaient au son des instruments, plusieurs même, parmi les furieuses, formaient des rondes pour danser. Cette excitation était passagère et cessait presque aussitôt que la musique ne se faisait plus entendre. On en causait un peu dans la soirée ; à la visite médicale du lendemain, il n'en était plus question. On me dira peut-être que la musique, n'étant point à l'usage des femmes de la Salpêtrière, devait produire peu d'effet sur elles ; mais j'avais essayé et j'ai essayé constamment de la musique sur des aliénées qui l'avaient cultivée avec succès pendant toute leur vie, et même sur des musiciens très-habiles. Je n'ai point été plus heureux ; je ne conclurai pas de ces insuccès qu'il soit inutile de faire de la musique aux aliénées ou de les exciter à en faire eux-mêmes : si la musique ne guérit pas, elle distrait, et, par conséquent, elle soulage ; elle apporte quelque allégement à la douleur physique et morale ; elle est évidemment utile aux convalescents, il ne faut donc pas en repousser l'usage. »

A la Salpêtrière, le quartier des aliénées, qui comprend environ 14 à 1,500 malades, a été l'objet de nombreuses améliorations, mais ne peut avoir qu'une existence temporaire, parce qu'il est contraire aux règlements et aux besoins des aliénées. Dans toutes les grandes villes de l'Europe, il y a maintenant des établissements spéciaux connus sous le nom d'asiles, et qui sont construits spécialement pour cette classe de malades. En France, il existe de magnifiques asiles : tels sont ceux d'Auxerre, de Quatremares, de Toulouse, de Maréville, de Steyhandfeld, de Quimper, de Blois. A Paris, et parmi les établissements particuliers, nous pourrons citer avec éloge celui que dirige au faubourg Saint-Antoine un aliéniste distingué, M. Brierre de Boismont, etc. Mais, dans la capitale, l'administration n'a pas d'asiles spéciaux pour les aliénés. On est obligé de les réunir dans d'anciens hospices qu'on a appropriés à cette destination, mais qui ne remplissent pas les conditions exigées par la loi du 30 juin 1838. Un des résultats de cette anomalie, c'est l'obligation dans laquelle on se trouve de placer chaque année plus d'un sixième des malades dans des asiles situés en province et souvent fort éloignés. Ce fait est de nature à exciter à un haut degré la sollicitude éclairée de l'administration.

La partie de l'hospice actuellement consacrée aux aliénées a reçu le nom de *cinquième division*. Elle se compose de trois sections affectées aux femmes idiotes et épileptiques. Les savants médecins qui dirigent ce service, ainsi que l'administrateur, y ont introduit toutes les améliorations indiquées par l'état actuel de la science.

A cet égard, nous devons signaler un aliéniste distingué, M. Baillarger, dont le zèle ne s'est jamais ralenti dans le cours de sa carrière.

Indépendamment du traitement médical, les malades sont occupées à de nombreux travaux. Les ouvrages à l'aiguille y tiennent une large place. En 1853, sur les 1,321 aliénées formant la population de la Salpêtrière, 914 se sont livrées au travail. Le nombre des objets confectionnés par ces malades a été de 400,447, et les sommes payées comme rémunération se sont élevées à 34,802 francs, ce qui donne pour chacune d'elles un salaire moyen de 38 fr. 22 cent. qu'elles ont employé selon leur goût ou leurs désirs.

La vigilance des médecins pour le bien-être de leurs malades ne s'est pas bornée à l'état de santé, elle s'est étendue à leurs besoins intellectuels : des écoles de lecture, de langues, de calcul, de dessin, de récitation et de musique ont été instituées, et les heures de la journée sont remplies par des occupations utiles et agréables. Les résultats de tous ces efforts ont été couronnés des plus beaux succès. Les malades ont appris à se commander, à obéir aux règlements, et l'étranger visiteur traverse les ateliers et les salles d'étude sans se douter qu'il est au milieu de folles. Ce traitement intelligent a élevé le chiffre des guérisons à un tiers des malades traitées.

Il est une classe de ces malades désignée sous le nom d'idiotes, qui croupissaient autrefois dans la fange et la paresse. Le dévouement des médecins de la Salpêtrière n'a pas reculé devant certaines améliorations que l'on avait crues impraticables. A force de patience, on est parvenu à les tirer de leur engourdissement, à les rendre propres, à les faire parler, et à leur apprendre même certaines professions. Rien de plus curieux que de voir ces êtres arriérés lire, écrire, répéter leurs leçons et donner des solutions à des questions qui pourraient embarrasser des individus sains d'esprit.

« Depuis quelques années, » écrivait M. le docteur Brierre de Boismont, « une institution qui existe en Belgique et qui est connue sous le nom de la Colonie de Ghéel, a donné lieu à d'assez vives discussions. Sept à huit cents aliénés, venant de toutes les parties de la Belgique, sont placés chez des paysans, qui les traitent comme leurs enfants. Les uns travaillent, les autres se promènent; les désordres sont rares; il y a plusieurs maisons où l'on voit un anneau scellé dans le mur pour attacher ceux qui deviennent turbulents. L'idée de ce traitement en plein air a trouvé des partisans, et ils ont proposé de l'appliquer dans d'autres endroits. Les malades chroniques peuvent se prêter à ce genre de vie, mais il est beaucoup moins propre aux malades dont l'affection est récente. Il serait difficile à réaliser pour les femmes qui ont, dans cet état, des tendances qu'il est très-difficile de maîtriser. Il faut d'ailleurs faire la remarque que la partie de la Belgique où cette colonie se trouve est à une grande distance des lieux habités. Indépendamment de la difficulté de trouver une localité assez distante des habitations humaines pour avoir la tranquillité et le recueillement nécessaires aux réunions d'aliénés, ce qui limite déjà considérablement le système, il y aurait des mesures à prendre pour empêcher l'évasion des aliénés dangereux. Or, comme après un certain temps, le désert se peuplerait, il faudrait redoubler de précautions pour empêcher la satisfaction des désirs qui existent chez l'immense majorité des aliénés. Je n'ai pas parlé de l'influence si puissante du médecin qui deviendrait presque nulle, de l'heureux effet de la règle, de la surveillance exercée par les employés intelligents, des avantages de la discipline et du repos en commun; mais je ferai observer qu'il y a déjà dans les grands établissements bien tenus un choix de moyens qui rentre de la manière la plus heureuse dans le traitement à l'air libre. Il est évident, par exemple, que les 30 hectares de la ferme de Quatremares, près Rouen, constituent bien la vie des champs; là, il n'y a pas de murs, et les aliénés travaillent en pleine liberté, sans pour cela que les évasions soient plus fréquentes, caractère qui nous paraît établir une différence tranchée entre les fous et les criminels. Au train dont vont les choses, j'ai l'intime conviction que d'ici à peu d'années, les asiles n'auront d'autres clôtures que celles des habitations particulières. Ajoutons à cette grande liberté une alimentation régulière, presque toujours substantielle, une literie propre et convenable, des pièces chauffées, des écoles, des livres, des ateliers, et des occupations sédentaires pour ceux qui ne peuvent s'éloigner, un petit salaire comme récompense pour le travail; ces conditions réunies ne sont-elles pas un progrès considérable dans le traitement de l'aliénation mentale, et qui ne se retrouvent pas dans beaucoup d'autres institutions de bienfaisance?

« Tout en reconnaissant ces importantes améliorations, la perte de la raison est une maladie si douloureuse, elle se lie si intimement aux froissements de toute nature que cause l'état social, à ses lois défectueuses, à son peu de souci de l'hygiène, qu'il ne faut négliger aucun moyen de mettre les aliénés dans les conditions les plus favorables pour leur guérison et leur bien-être. Aussi, si je devais faire construire un asile d'aliénés, je distribuerais les quartiers, entourés de massifs d'arbres, comme les communs autour du château qui serait le bâtiment des services généraux. Cette distribution des diverses sections serait faite de manière qu'elles puissent être isolées, indépendantes, et se rapprochent le plus possible des maisons ordinaires, ce qui n'exclurait pas les précautions nécessaires pour la sûreté générale. »

Telles sont les améliorations signalées par M. le docteur Brierre de Boismont, qui a consacré sa carrière au traitement des maladies mentales.

Laissons à un écrivain plein de verve, M. Alfred Delvau, raconter les impressions qu'il éprouva en visitant la Salpêtrière (le Figaro, n° du 9 août 1859) :

Les folles sages. — « Sages, c'est-à-dire calmes.

« Il n'y avait que de jeunes, de mûres et de vieilles. Toutes travaillaient, et, n'eût été le silence de plomb qui pesait dans cette salle, j'aurais cru entrer dans un ouvroir ordinaire. Les doigts allaient agiles. La pensée était absente. C'étaient autant de machines à coudre.

« A mesure que nous approchions, — mon guide et moi, — les têtes se relevaient, les doigts s'arrêtaient, les machines à coudre essayaient de penser. Une jeune fille de vingt ans à peine me regarda avec des yeux « en coulisse », et me sourit d'un petit sourire familier. Le sourire de Marguerite après l'abandon de Faust et le meurtre de son enfant! Il y avait une barre dans sa pauvre cervelle, — une barre rouge : elle avait oublié ce qui avait suivi, pour ne se rappeler que ce qui avait précédé! Pour elle, j'étais l'amant, non le séducteur; elle revoyait son premier rendez-vous, elle ressentait le premier baiser; elle se revirginisait! Pauvre Gretchen!

« J'allais me retirer; une vieille femme, — une femme de la campagne, — se leva de sa chaise et vint s'agenouiller dévotement devant moi. J'ai la barbe rouge et les cheveux longs que la tradition prête au Christ : peut-être m'invoquait-elle pour recouvrer sa raison? Pauvre vieille! Qu'en aurait-elle fait, de sa raison? Sans doute elle était là depuis de longues années, et sa famille l'avait oubliée, et sa famille était morte! Hélas! la folle est quelquefois un bienfait.

« En sortant de l'ouvroir, j'entrai dans le jardin des folles.

« L'une était accroupie sur le sable, la tête couverte d'une mante, et ne bougeait pas plus qu'une souche. Pour un peu, elle eût pris racine là. Quelle bouteille à l'encre que cette cervelle!

« L'autre, habillée d'un chapeau rose fané, à la mode de 1831, et d'une robe de mousseline rapiécée avec une étoffe de laine, pirouettait vertigineusement comme un derviche-tourneur. C'était une victime de la valse, peut-être?

« Celle-ci courait d'un bout à l'autre bout du jardin avec une monotonie et une régularité de pendule. Cette cervelle détraquée ne marquait plus les heures de la réalité, cependant.

« Celle-là riait en parlant et parlait en riant. Quel rire! Quelles paroles! Je n'ai jamais entendu rien d'aussi incohérent. Imaginez trois ou quatre cents mots arrachés au dictionnaire et mêlés ensemble dans un chapeau, comme des numéros de loterie. Cela formait une *olla podrida* des plus grotesques et des plus pénibles, — quelque chose dans le goût des *queues* des typographes. « J'ai du chagrin... Grain d'orge... Farine... Farina... La soupe est chaude... Mettez-là sur le feu... En joue, feu!... Barcarole... Disette... Hanneton, vole, vole, vole!... Au voleur!... J'ai du bon chagrin dans ma tabatière... Hier et aujourd'hui... Bonjour, monsieur! »

« Cela pendant toute la journée!...

« Un instant, je restai seul. L'interne qui m'accompagnait était en train d'échanger quelques paroles avec la surveillante qui venait de nous ouvrir la porte du jardin. Quelques folles m'entourèrent. L'une me prit le bras, l'autre essaya de m'arracher un bouton. Une troisième me demanda « quelle heure il allait pleuvoir. » Une quatrième allait me demander je ne sais quoi, lorsque la surveillante accourut, leur parla avec douceur et les força de s'éloigner. Elles s'éloignèrent, mais en grondant, comme des chiens à qui on retire un os.

« Il était temps! La sueur commençait à perler sur mon front; je me sentais des frissons dans le dos; mes tempes battaient à se rompre; quelques papillons commençaient à voltiger dans ma tête. Quelques minutes encore et je devenais fou!... »

Écoutons d'autres impressions : c'est M. le docteur Gachet qui parle (le Figaro, n° du 18 août 1859) :

« Vous pénétrez dans la salle de réception où, qui que vous soyez, vous êtes inévitablement considéré comme une autorité médicale ou administrative par les folles. — L'une d'elles vous aborde le plus souvent poliment, toujours avec une curiosité de police; elle vous dit qu'elle n'est point folle, qu'on la prive de sa liberté, qu'elle espère, veut ou doit sortir, quelquefois même, vous disant cela, elle fait son paquet. — En passant, je ferai remarquer que le sentiment de la liberté survit presque toujours à la perte de la raison. Pendant des années, je n'ai vu ni un seul fou, ni une seule folle, pour qui la privation de la liberté n'ait été le plus grand, je dirais presque le seul tourment. Tout le traitement doit consister d'abord à persuader aux fous qu'ils sont libres.

« La salle de réception est un endroit où s'exerce le contrôle social, médical, administratif. — L'examen dure quinze jours, trois semaines, après quoi les malades, selon leur état mental, passent dans telle ou telle autre partie de la division. Et là, que se passe-t-il encore? — Un malade vient d'être transféré subitement, et, à la suite d'un accès d'exaltation maniaque, de la salle de réception à la cour des agitées.

« La cour des agitées est plantée d'arbres cerclés de murailles élevées que les aliénées, néanmoins, tentent fréquemment d'escalader. Là, dos folles gesticulent, crient, hurlent, sautent, s'exaspèrent, blasphèment, se vautrent dans leurs ordures, — malgré la surveillance; — on met aux plus exaltées la camisole de force. — A côté de ce Pandæmonium, d'autres folles restent muettes, pétrifiées, pendant des heures entières.

« On entend ces phrases textuelles : « Quand le coq chantera, j'aurai des millions; » ou : « Vous êtes Jésus-Christ, la sainte Vierge, saint Joseph, etc... »

« — Je suis Madame Cavaignac; — j'ai des carreaux de vitre dans le ventre; — j'ai un Calvados (le département) dans l'estomac! — J'ai la tête de fer, le bon Dieu a brûlé en moi; j'ai fait une mauvaise communion; — vous marchez sur le ciel de mes petits enfants. » — Et cette autre qui, se promenant dans un espace de quelques pas, où le sol est piétiné par elle seule, répète invariablement, éternellement cette phrase : « *Je me connais, moi Blanc, je me suis créée assise sur la grande épaisseur; — la grande épaisseur se sent et ne se connaît pas.* — Je marche, et mes souliers n'amincissent pas; c'est mes souliers, c'est mes bas, c'est ma jupe de la même couleur; — je me connais, moi Blanc, etc... »

Le personnel administratif de l'établissement est ainsi composé :

Directeur : M. Partout; en dehors de ses fonctions, il s'est fait connaître dans le monde littéraire par des publications qui ont eu un succès mérité;

Économe : M. Marx.

Le service médical de la Salpêtrière est confié à sept médecins; — quatre d'entre eux, MM. Trélat, Mitivié, Falret et Baillarger, sont chargés de la division des aliénées; M. Lélut soigne les épileptiques et les idiotes. — Le service des infirmeries pour les femmes âgées est dirigé par MM. Casalis et Richard. — M. Cusco est chirurgien de l'hospice.

L'enseignement des maladies mentales a été fondé par Esquirol à la Salpêtrière, en 1817. Ce cours, le premier qui ait été fait, obtint un très-grand succès. C'est à l'école d'Esquirol que se sont formés un grand nombre de médecins placés depuis à la tête des asiles d'aliénés de la France et de l'étranger. L'enseignement relatif aux maladies mentales cessa en 1827, lors de la nomination d'Esquirol à l'hospice de Charenton. — Il ne fut repris qu'en 1841, par M. Baillarger, qui l'a continué depuis vingt ans sans interruption. — Chaque dimanche, devant un nombreux auditoire composé de médecins français et étrangers, de littérateurs, d'hommes du monde, le savant aliéniste traite avec une remarquable clarté d'exposition les questions relatives au traitement des maladies mentales. Chacun suit avec attention le développement des théories développées par le professeur, car, en exposant les ravages effrayants produits par la folie sur la raison humaine, M. Baillarger sait en tirer de lumineuses déductions qui intéressent au plus haut degré le moraliste et le philosophe.

En 1843, M. Falret a fait un cours à l'hospice de la vieillesse (femmes), mais il l'a interrompu depuis quelques années.

Des élèves en médecine, externes et internes, sont placés auprès des médecins de la Salpêtrière et les secondent dans les soins et prescriptions qu'ils donnent aux malades.

On connaît le rôle qu'a joué Théroigne de Méricourt sous la première révolution.

Cette héroïne finit ses jours à l'hospice de la Salpêtrière. Il semblait que l'ardeur qui l'avait entraînée dans ses actes se fût convertie en un feu qui la brûlait à l'intérieur. Chaque jour, même pendant les saisons les plus froides, elle se versait une quantité considérable d'eau sur le corps. On l'aurait vue dans un état d'exaspération effrénée, si on l'eût empêchée de faire ses ablutions quotidiennes.

Une danseuse qui a obtenu autrefois des succès sur la scène de l'Opéra, M¹¹ᵉ Quinot, est morte, il y a peu de temps, à la Salpêtrière.

Les étudiants qui fréquentaient, il y a quelques années, le *Prado* et la *Closerie des lilas*, ont pu y remarquer une grisette du quartier latin, qui, depuis longtemps, avait dépassé la trentaine. Qui n'a pas connu la célèbre *Pavillon* ? Au bal, dans les rues, aux réunions intimes, partout elle se distinguait par ses excentricités les plus grotesques et les plus originales. On disait d'elle : *c'est un bon garçon!* En un mot, c'était le type du genre.

Un jour elle devint folle.

Il lui fallut aller abriter ses derniers jours à la Salpêtrière. Elle y a succombé en 1859, le dimanche de Pâques, à 8 heures du matin. Nous savons avec quel dévouement et quelle abnégation les internes en médecine prodiguent leurs soins aux malades. Celui qui était de garde à ses derniers moments, celui qui, lorsque tout était fini pour la pauvre insensée, a peut-être placé sa main sur ce cœur pour y surprendre encore un dernier battement, — celui qui a recouvert du drap mortuaire ce pâle visage que la mort allait rendre livide, cet interne, enfin, n'aurait-il pas été l'un des joyeux compagnons de l'insouciante grisette d'autrefois? Hélas ! C'est trop triste et trop réel contraste, mais, pour la plupart des folles de la Salpêtrière, la joie, les plaisirs, les enivrements de la jeunesse, telle a été la vie, — puis un jour l'horizon s'est assombri, la misère, la folie, sont survenues, et toutes, comme celle qui fut *Pavillon*, tôt ou tard, voient arriver le jour du funèbre repos, l'éternité dans la mort !

CHAPITRE VI.

Le Marché-aux-Chevaux. — Le chemin de fer d'Orléans. — L'Hôtel des Haricots. — La gare. — Le général Bréa. — Les chiffonniers. — Hôpitaux et Théâtres.

En face de la Salpêtrière, de l'autre côté du boulevard de l'Hôpital, est le marché aux chevaux.

On a parlé du déplacement probable du marché aux chevaux, par suite des travaux d'amélioration qui doivent être exécutés sur le territoire du XIIIᵉ arrondissement, et qui sont appelés à en modifier assez profondément la physionomie dans un avenir prochain. Ce marché, qui compte plus de deux siècles d'existence sur son emplacement actuel, occupe une superficie de 17,100 mètres, et les travaux qui y ont été faits sous la direction de M. Lahure, architecte, l'ont rendu parfaitement approprié à sa destination. Il se compose aujourd'hui de trois parties contiguës : la première, qui comprend le marché proprement dit, a son entrée principale sur la rue du Marché-aux-Chevaux, et occupe un espace de 55 mètres de largeur sur 220 de longueur; la seconde partie est affectée à l'essai des chevaux de trait, a son entrée par le marché même et mesure une longueur de 58 mètres sur une largeur réduite de 50; la troisième partie, servant à la vente des voitures, a son entrée principale par le boulevard de l'Hôpital; sa longueur est de 55 mètres et sa largeur de 50. Si, par suite de la création du nouveau boulevard Saint-Marcel, cet établissement devait être déplacé, il ne serait pas moins consacré au XIIIᵉ arrondissement, si peu riche en établissements d'utilité publique, et qui, depuis de longues années déjà, réclame la construction d'une halle aux cuirs sur un point quelconque de sa circonscription.

Entre la Salpêtrière et la Seine est la gare du chemin de fer d'Orléans, une des premières qui aient été faites à Paris. Les bâtiments d'arrivée et de départ, bureaux d'administration, cours, voies principales, de croisement ou de garage, occupent une superficie d'environ 50,000 mètres. Cette gare fut commencée en 1835, par l'architecte Collet, et terminée par Renaud. On a été obligé de l'agrandir à mesure que des lignes nouvelles venaient s'ajouter aux lignes concédées.

Les premières études d'un chemin de fer de Paris à Orléans datent de 1830; mais ce fut seulement le 16 juin 1838 que la Chambre des députés adopta le projet d'une concession de soixante-dix ans à la compagnie Casimir Lecomte, constituée au capital de 40,000,000 fr. Les travaux, qui sont d'une admirable solidité, ont été exécutés par M. Jullien, avec le concours de MM. Deberne, Thoyot et Mourlhon, ingénieurs des ponts et chaussées.

Les compagnies d'Orléans, du Centre, d'Orléans à Bordeaux et de Tours à Nantes, opérèrent une fusion qui fut approuvée par un décret du 27 mars 1852.

Devant l'embarcadère passe une rue ouverte, avec trois autres, en vertu d'une ordonnance royale du 27 avril 1825, sur les terrains appartenant à MM. Bouhin, Godde, Magu et Hély-d'Oissel. Ils avaient obtenu l'autorisation d'ouvrir cinq rues, à la charge de supporter les frais d'établissement du premier pavage et éclairage des rues nouvelles; d'établir dans la rue principale des trottoirs de 2 mètres de large, et dans les autres des trottoirs de 1 mèt. 50 cent. de chaque côté desdites rues, au fur et à mesure qu'il s'y construirait des maisons d'habitation. Une seconde ordonnance du 14 janvier 1829 modifia la precédente, mais seulement en ce qui concernait le nombre des rues. Elles furent réduites à quatre, qui prirent les noms de rue de la Gare, de Fulton, de Watt et de Papin.

Dans la rue de la Gare est la maison d'arrêt destinée aux gardes nationaux qui ne font pas régulièrement leur service. Elle occupa longtemps, au coin de la rue des Fossés-Saint-Bernard, une vieille maison qui s'appelait l'hôtel Bazancourt, et que l'on connaissait plus généralement sous la dénomination d'Hôtel des Haricots.

Un des habitués de l'endroit en a peint les mœurs de la manière suivante :

« L'Hôtel Bazancourt ne présente rien, dans sa configuration extérieure ou intérieure, qui ait vraiment droit à une mention. Une seule particularité me frappa dans la visite que je fus admis à faire des cellules : c'est l'innombrable variété d'inscriptions, tant en prose qu'en vers, qui revêtent les murs et font de cette prison, dirait un poëte, un gigantesque album de pierre. Du reste, les arts se sont également donné rendez-vous à l'hôtel Bazancourt; j'y ai vu plus d'un dessin au crayon que Susse ou Giroux paieraient avec de l'or, et nul doute que Troupenas ou Bernard Latte n'éditassent très-volontiers deux ou trois charmantes mélodies au-dessous desquelles j'ai lu des noms justement populaires. La politique n'a pas manqué d'y laisser des traces de son passage : ce ne sont partout que des symboles républicains et anathèmes à l'ordre de choses. Il va sans dire que la garde nationale a été principalement l'objet de sentiments hostiles, et que la caricature s'est donné beau jeu à son endroit.

« À l'heure où j'entrais dans la prison, on servait le déjeuner des prisonniers ; je m'attendais à la maigre pitance qui leur est allouée administrativement (5 sous par jour). Quel fut mon étonnement, lorsque introduit dans une vaste pièce qui sert au repas pris en commun, je fus cordialement invité à m'asseoir à une table copieusement servie où mes compagnons de captivité me donnèrent l'exemple du plus indomptable appétit et de la plus expansive gaieté.

« Après déjeuner, les uns allèrent faire une sieste jusqu'à l'heure du second repas ; j'en vis d'autres s'enfermer dans leurs cellules avec une provision de journaux et de romans ; la majorité improvisa une bouillote dont devait faire les frais du dîner. Commensal à titre gratuit du déjeuner, j'étais engagé d'honneur à jouer, je jouai donc et perdis une somme assez ronde, nouvelle occasion de donner l'institution à tous les diables.

« Le dîner fut étincelant de pointes, de lazzis et de calembours. Seul, je pus à peine me dérider ; je pensais à ma femme, à ma bourse vide, aux échéances de la fin du mois, au passé, au présent, à l'avenir. A neuf heures, le projet d'une seconde bouillote pour le déjeuner fut délibéré et emporté à l'unanimité, une voix exceptée, la mienne. La partie du matin ayant été onéreuse pour quelques partenaires qui tremblaient d'avoir à rendre des comptes à leur ménagère, et la majorité des joueurs, par un heureux hasard, se composant de marchands de comestibles, il fut convenu que les perdants solderaient en nature, qui par un jambon, qui par un gigot de mouton, qui par du sucre et du café, qui par du pain et de la brioche (historique) ; ces conditions arrêtées, on fit un jeu d'enfer.

« J'avais réussi à me récuser, sous le prétexte d'une indisposition ; je pus donc gagner ma cellule où, après une courte inspection des lieux, je me décidai à me glisser dans les draps glacés de ma pistole. Hélas ! je n'avais point aperçu une assez large brèche à l'un des carreaux de ma fenêtre... Je ne pus fermer l'œil de la nuit. »

L'hôtel Bazancourt fut démoli lorsqu'on étendit l'Entrepôt général des liquides et la Maison d'arrêt; et la garde nationale prit possession d'un hôtel appartenant à la ville.

La Maison d'arrêt de la garde nationale s'élève entre deux cours environnées de murs élevés et complètement dépourvus de verdure ; derrière la seconde, qui sert de préau, est un corps de logis séparé dont la façade donne sur le quai.

Il est peu de gardes nationaux parisiens qui, à la suite d'une infraction à la discipline, n'aient passé quelques heures dans ce séjour. Les cellules y sont assez spacieuses et bien éclairées. Un calorifère les chauffe convenablement en hiver. Les lits sont durs, mais le détenu peut, moyennant finances, obtenir un matelas et un oreiller supplémentaires. Il a le droit de réclamer gratuitement la nourriture de la prison, droit dont il n'use qu'à la dernière extrémité, car, à moins d'être d'une sobriété excessive, il serait exposé à éprouver une partie des tortures d'Ugolin. Une cantine est tenue par le gardien, et, en payant le même prix que dans un bon restaurant du boulevard, on peut se dispenser, à l'Hôtel des Haricots, de ce flatueux légume, et se procurer une alimentation tolérable.

Mais, plus de banquets ! plus de ces agapes fraternelles, après lesquelles le jeu fournissait des ressources pour de nouveaux excès. Dans la nouvelle Maison d'arrêt, chacun mange isolément comme un prisonnier de Mazas. Il n'est pas même permis de faire un tour de promenade pour faciliter la digestion. C'est seulement au milieu du jour que s'ouvrent les portes des cellules et que les détenus peuvent communiquer entre eux, réunis, suivant les saisons, dans le préau ou dans une salle du rez-de-chaussée.

Les murailles de la prison nouvelle ne sont pas non plus comme celles de l'ancienne surchargées d'inscriptions séditieuses. Quiconque se permettrait d'avoir une opinion injurieuse pour le gouvernement, le conseil de discipline ou le capitaine rapporteur, doit la communiquer tout bas à ses compagnons d'infortune ; mais qu'il se garde bien de la consigner sur les murs de sa prison ! il ne manquerait pas d'être poursuivi comme coupable de dégradation à un monument public.

Et pourtant il existe dans la Maison d'arrêt de la garde nationale une cellule privilégiée, le n° 14, qui est devenu une espèce de sanctuaire. Un artiste nommé Gérard Séguin y entra un matin pour y subir une condamnation à vingt-quatre heures de détention ; et au lieu de descendre dans la salle commune, où l'on trouve souvent assez douteuse compagnie, il s'enferma chez lui. Le lendemain, le geôlier voyait une gracieuse figure de femme accoudée à la porte ; il fronça d'abord le sourcil ; mais avant de dresser procès-verbal du délit, il en référa à l'autorité. L'autorité respecta l'œuvre de l'artiste, et depuis ce temps la cellule n° 14 fut réservée aux hommes dont le nom était connu dans les arts ou dans la littérature.

Les murs ne tardèrent pas à être couverts de dessins par Achille Devéria, Théophile Gauthier, qui manie le pinceau comme la plume ; Decamps, ce maître dont le temps a sanctionné la renommée ; Gavarni, dont les lithographies resteront comme un monument spirituel et vrai des mœurs du XIXe siècle ; Alcide Lorentz, peintre enthousiaste des grognards ; Darnout, dit Bertall, ce caricaturiste doué d'un talent d'observation qu'il n'a peut-être pas assez cultivé ; Auguste de Chatillon, peintre dont les débuts avaient été brillants, et qui eut le tort d'aller chercher aux États-Unis une fortune qui l'attendait dans sa patrie.

La cellule n° 14 est aussi enrichie de vers et de musique. Alfred de Musset y a inscrit les strophes humoristiques qui commencent ainsi :

> On dit triste comme la porte
> D'une prison ;
> Et je crois, le diable m'emporte,
> Qu'on a raison.

Frédéric Bérat a noté sur le mur la chanson dont voici un couplet :

> Dès le matin, chacun, à pleine voix,
> Entonne ici gaîment sa mélodie.
> Jusqu'au gardien, qui m'enferme parfois
> En fredonnant l'air de *Ma Normandie*.
> Sous les verroux, le chant des mariniers
> M'arrive des bords de la Seine,
> Avec les parfums printaniers,
> Que le soir, de sa douce haleine,
> La brise apporte aux prisonniers.

Non-seulement du premier étage de la maison d'arrêt on entend les bruits qui partent de la Seine, mais encore on y jouit d'une vue admirable. Le fleuve, grossi par les eaux de la Marne, entre majestueusement dans la capitale. Il est large, profond et limpide ; les immondices des égouts ne l'ont pas encore souillé. C'est surtout du quai de la Gare qu'il faut le contempler, entre le pont du chemin de fer de ceinture et le pont de Bercy ; il est couvert de bateaux qui apportent les vins de la Bourgogne, du Bourbonnais et des pays qu'arrose la Haute-Loire. De vigoureux porteurs roulent les pièces jusqu'aux magasins établis en foule sur la rive. Des voitures circulent avec bruit le long des berges, où les femmes des camionneurs, assises dans des moitiés de futailles comme les ravaudeuses du vieux temps, reçoivent les commandes. Une multitude de marchands, d'acheteurs, de courtiers, s'agite à la porte des cafés et des restaurants.

Le quai de la rive gauche présente un spectacle moins animé. Toutefois, on y trouve quelques cabarets renommés, où les viveurs viennent déguster la matelotte et la friture; mais tandis que le port de Bercy n'est bordé que de caves et de hangars où sont remisées les tonneaux, le port de la Gare n'a que des chantiers et des usines.

C'est dans une scierie mécanique de ce quartier industrieux qu'est arrivé, le 18 avril 1860, un de ces accidents que malheureusement la science humaine n'est pas encore parvenue à conjurer. Un ouvrier fumiste, nommé François Descures, s'était rendu dans cette scierie vers sept heures et demie du matin pour faire quelques réparations à une cheminée dans la pièce où se trouvait la machine à vapeur, qui venait d'être mise en mouvement, et il était entré dans cette pièce à l'insu des ouvriers chargés de diriger la machine. Avant de commencer son travail, il eut la malheureuse idée de saisir l'un des volants pour changer sa direction, et au même instant il fut enlevé et lancé dans l'auge, où il a été broyé. Malgré la promptitude avec laquelle on a arrêté la machine, on ne put retirer de l'auge qu'un cadavre horriblement mutilé.

Le quai d'Austerlitz, dont la longueur est de plus de 900 mètres, est bordé sur presque tout son parcours, par d'importants établissements industriels qui concourent activement à l'approvisionnement de Paris. Il a longtemps porté le nom de quai de l'Hôpital, en raison de sa proximité de l'Hôpital général, aujourd'hui la Salpêtrière. Après la construction du pont d'Austerlitz, achevé en 1807, il en prit le nom. En 1815, on lui rendit sa dénomination primitive. Un premier alignement a été fixé pour ce quai par une décision ministérielle du 30 avril 1819. Il a repris le nom de quai d'Austerlitz, en vertu d'une autorisation du ministre du commerce et des travaux publics, à la date du 6 avril 1832.

Quelques années avant cette dernière époque, le petit village d'Austerlitz, formé au commencement du siècle, fut réuni à la ville de Paris; alors, la barrière de la Gare se trouvait placée près de l'ancienne pompe à feu, démolie en 1844, et qui se trouvait sur l'emplacement contigu à la propriété qui porte aujourd'hui le n° 24; on voit encore en cet endroit l'ancien mur d'enceinte. Après 1815, on éleva plusieurs constructions d'après un nouvel alignement qui devait faire disparaître les sinuosités de cette voie publique importante.

C'est de 1844 à 1847 que l'administration a fait commencer les travaux d'amélioration du quai d'Austerlitz. Dans le courant de ces années, on y a exécuté un bas-port, et cette opération a entraîné une dépense totale de 447,000 fr., qui a été également supportée par l'État et par la Ville de Paris.

Le quartier de la Maison-Blanche se compose entièrement d'un territoire annexé en 1860. Il comprend les villages de la Maison-Blanche et de la Glacière, tous deux de formation récente. Le second est ainsi nommé à cause d'un vaste dépôt de glace, qui approvisionnait seul la capitale avant l'établissement des glacières de Saint-Ouen et du bois de Boulogne. Il était de mode, il y a quelques années, pendant les hivers rigoureux, d'aller patiner sur des étangs formés par le débordement de la Bièvre.

Dans la rue de la Santé, qui borde à l'ouest le quartier de la Maison-Blanche, était autrefois l'hôpital Sainte-Anne ou de la Santé, fondé au XIIIe siècle par Marguerite de Provence, veuve de saint Louis. Il avait été placé à peu près à l'endroit qu'occupe actuellement le Val-de-Grâce; mais Anne d'Autriche le relégua hors des murs, et en le faisant reconstruire le destina principalement à recevoir les malades qui ne trouvaient point place à l'Hôtel-Dieu pendant les épidémies. Cet hôpital servit ensuite d'asile pour les convalescents, et d'annexe à l'hospice de Bicêtre. L'administration de l'assistance publique y créa une ferme, où elle essaya d'employer à des travaux agricoles une partie des aliénés qu'elle avait à sa charge. Depuis 1854, cette petite colonie est retournée à Bicêtre.

A l'extrémité opposée du quartier de la Maison-Blanche, l'ancienne barrière d'Italie ou de Fontainebleau conserve les deux édifices dont elle était flanquée, et dont un servira de mairie au XIIIe arrondissement.

C'est à cette barrière que se passa le plus douloureux épisode des journées de juin 1848.

Les insurgés occupaient une terrasse du collége Henri IV et une barricade formidable. Le général Damesme fut dangereusement blessé à cette barricade, et remit le commandement au lieutenant-colonel Thomas.

Cependant l'ordre s'était complétement rétabli dans tout le quartier de la rue Saint-Jacques, de la place de la Sorbonne et du Panthéon; des reconnaissances furent poussées jusqu'à la caserne Mouffetard, qui fut occupée non sans peine.

Le combat s'étendait plus à gauche vers la place Maubert, et cessait au contraire vers le Panthéon.

Le soir du 24, le général Bréa vint prendre le commandement exercé par Damesme; la nuit fut tranquille. Le 25, le général Bréa fit reconnaître la rue Mouffetard et désarmer successivement les maisons suspectes; puis il fit réoccuper la caserne de Lourcine, que l'on avait tenté d'incendier la veille.

En même temps, il confia la mairie du douzième arrondissement au 1er bataillon de la mobile, et, se mettant à la tête de deux bataillons d'infanterie de ligne, de deux pièces d'artillerie et de détachements de la mobile, le général Bréa descendit la rue Saint-Jacques et marcha sur la barrière Fontainebleau, occupée par 2,500 insurgés environ.

Le général Bréa se dirigea vers la barricade, la franchit seul, et parlementa avec les insurgés, qui s'emparèrent de lui et le massacrèrent.

Le lieutenant-colonel Thomas, après deux heures d'attente, apprit l'assassinat de son général.

Sept barricades entouraient la place intérieure et extérieure de la barrière et en faisaient un réduit très-fort; elles furent canonnées et enlevées sans que la colonne éprouvât des pertes sensibles. Là, un bataillon de la 1re légion de la garde nationale de Paris, qui s'était joint à cette colonne, fit preuve d'un aplomb et d'un zèle dignes des plus grands éloges. La barrière fut bientôt réoccupée par la garde mobile.

Dès ce moment les quartiers Saint-Jacques et Mouffetard étaient au pouvoir des troupes.

Le général Bréa avait été d'abord conduit dans une guinguette du Grand-Salon, et avait consenti à tracer ces lignes :

« Nous, soussigné, général Bréa de Ludre, déclarons être venu aux barrières pour annoncer au bon peuple de Paris et de la banlieue que l'Assemblée nationale a décrété qu'elle accordait trois millions en faveur de la classe nécessiteuse, et qu'elle a crié : Vive la République démocratique et sociale !

« Général Bréa de Ludre.
« Le capitaine aide de camp Mangin. »

Plus bas, il avait ajouté :

« Je n'ai trouvé à la barrière Fontainebleau que de braves gens républicains et démocrates socialistes.

« J'ordonne à la troupe de se retirer. Qu'elle retourne par la même route. »

Le général, son aide de camp; M. Desmaretz, chef de bataillon du 24e de ligne; M. Gobert, chef de bataillon de la 12e légion de la garde nationale, furent ensuite traînés au corps de garde. Les deux derniers échappèrent miraculeusement à la mort, et M. Desmaretz, dans une lettre adressée à ses camarades, rendait compte en ces termes de sa délivrance :

« La Providence seule m'a sauvé, avec l'aide de quelques hommes de cœur (car on en trouve dans tous les rangs de la société); pendant quatre heures, j'ai subi les angoisses de la mort, menacé par les baïonnettes et les pavés, et ayant en perspective d'être fusillé.

« Enfermé dans le corps de garde avec le général Bréa, son aide de camp et un chef de bataillon de la 12e légion, je m'étais blotti dans une encoignure de croisée, d'où j'ai vu, de mes propres yeux, fusiller les deux premiers par ces cannibales, qui revinrent ensuite les achever à coups de crosse. En ce moment, le chef de bataillon se glissa sous le lit de camp : puisse-t-il avoir échappé, comme moi, aux regards de ces gens sans pitié; car, dans le cas contraire, il aura sans doute subi le même sort que le général et son aide de camp.

« Pour moi, oublié, je ne sais par quel miracle, je me suis vu arraché du poste par des gens qui, révoltés de l'assassinat qui venait de se commettre, m'ont fait un rempart de leur corps, et ont détourné dans la rue les baïonnettes de ceux qui voulaient m'égorger.

« C'est avec grand'peine qu'ils m'ont fait entrer dans une maison voisine, où j'ai dû échanger les lambeaux de mes effets militaires contre d'ignobles vêtements, raser mes moustaches et me noircir la figure.

« C'est dans cet accoutrement qu'il m'a fallu traverser plusieurs jardins, en franchissant les murs d'enceinte pour arriver à un lieu plus sûr, la maison de M. D...., lequel est aussitôt allé chercher ma femme et mes enfants, qui sont arrivés plus morts que vifs. Ce brave M. D... m'a encore accompagné le soir, à la brune, jusque chez moi.

« Si, en tentant d'aller vous rejoindre, je n'avais pas la certitude de trouver une mort plus certaine encore que la première fois, je n'hésiterais pas un seul instant à aller partager vos peines et vos fatigues. J'ai été dépouillé de tous mes effets militaires; coups de pied, soufflets et ignominies de tout genre, rien ne m'a été épargné.

« Prière de faire parvenir ces renseignements, écrits à la hâte, au général commandant les troupes, en remplacement du trop confiant et malheureux général Bréa, que je n'ai pas voulu abandonner.

« Puissiez-vous, mes bons amis, vous tirer avec bonheur de tous les pas difficiles qui pourraient se présenter et vous revoir le plus tôt possible.

« E. DESMARETZ. »

L'assassinat du général Bréa de Lure et de son aide de camp Mangin amena devant le conseil de guerre de Paris, présidé par le colonel Cornemuse, le 15 janvier 1849, les nommés Daix, dit le *Bon Pauvre*, administré de Bicêtre; Guillaume, dit *Barbiche*, batteur en grange à Moranges; Constant, tonnelier; Baude, dit *Picard*, cordonnier; Mony, charcutier; Gené, dit *Lapointe*, contre-maître tanneur; Masson, Naudin, journaliers; Géru, coutelier; Boulley, carrier; Pâris, marchand de chevaux; Quintin, garçon maçon; Lebellegny, cordonnier; Gautron, charretier; Luc, employé des ponts et chaussées; Vappreaux aîné et cadet, garçons marchands de chevaux; Dugat, charpentier; Lahr, maçon; Noury, garnisseur de couvertures; Bussières, bijoutier; Neuens, horloger; Brassa, terrassier; Maissil, ouvrier des ports; Chopart, employé de librairie.

Les débats se terminèrent, le 7 février, par la condamnation de Daix, Vappreaux jeune, Lahr, Noury et Chopart à la peine de mort; de Neuens, Gautron et Lebellegny aux travaux forcés à perpétuité; de Mony, Gené, Naudin et Dugat à dix ans de travaux forcés; de Luc, à vingt ans de détention; de Vappreaux aîné, Boulley et Bussières à dix ans; Brassa et Pâris à cinq ans; Baude et Masson à un an, et Géru à deux ans de prison. Quintin, Constant et Guillaume furent acquittés. Le conseil de guerre ordonna que les condamnés à la peine capitale seraient exécutés à la barrière de Fontainebleau.

Daix et Lahr furent seuls exécutés. La peine des trois autres fut commuée en celle de travaux forcés à perpétuité.

Le 17 mars, dès quatre heures et demie, de forts détachements d'infanterie et de cavalerie se dirigeaient par le boulevard de la Salpêtrière et les autres avenues vers le rond-point intérieur de la barrière Fontainebleau, à cent pas environ de la Maison-Blanche, où le crime a été commis, à l'endroit même où le général de Bréa s'était livré confiant aux insurgés. On apercevait de loin, à côté de la lumière éclatante des becs de gaz de l'octroi, la lueur lugubre de deux fanaux posés sur l'échafaud, déjà dressé devant l'arbre de la liberté. Bientôt toutes les forces imposantes commandées pour l'exécution arrivèrent par la rue Mouffetard, la route d'Italie et les boulevards extérieurs; la gendarmerie mobile à pied entoura l'échafaud, la garde républicaine à cheval et à pied se rangea en un second cordon, les lanciers et le 61e de ligne, en tenue de campagne, et quelques soldats porteurs de pinces formèrent la troisième enceinte. Un général de division et un général de brigade étaient à la gauche de l'échafaud, entourés de leur état-major. L'exécution avait été confiée aux soins exclusifs du commandement militaire, car une consigne très-difficile à fléchir et, devant laquelle les chefs de la police même, d'ordinaire ordonnateurs souverains de ces tristes cérémonies, étaient forcés de plier, interdisait l'accès dans les première et seconde enceintes à toute personne dont le ministère n'était pas d'intérêt absolu et immédiat.

Plus de dix mille hommes de troupes de toutes armes étaient convoqués; ils formaient deux brigades composées d'un bataillon du 61e de ligne, d'un bataillon du 2e, d'un bataillon du 50e, d'un bataillon du 34e, de deux escadrons de lanciers, de deux escadrons de dragons, d'un bataillon de garde républicaine à pied, d'un escadron de la garde républicaine à cheval, d'une batterie d'artillerie composée de sept pièces de canon, d'un bataillon de gendarmerie à pied. Cet appareil militaire imposant se compléta par l'arrivée de deux batteries, qui furent distribuées par demi-batteries, les canons braqués sur les quatre issues principales (la rue Mouffetard, la route et les deux boulevards). La foule était peu nombreuse, et on y remarquait à peine quelques femmes.

A six heures et demie, les deux voitures cellulaires arrivèrent au galop par la barrière d'Italie, venant du fort de Vanves, où elles avaient pris les condamnés, entourées d'une forte escorte de cavalerie.

Daix descendit le premier: sa figure, pâle comme d'habitude, ne témoignait aucune émotion. Il portait la veste du dépôt en bure grise, sa tête était couverte d'une casquette que l'abbé qui l'accompagnait lui enleva. Daix parut un peu surpris de descendre avant Lahr, et dit: « Tiens! c'est moi qui passe le premier? » Et sans attendre la réponse, il monta rapidement les degrés de l'échafaud; arrivé sur la plate-forme, il se redressa, et il s'apprêtait à parler quand l'ecclésiastique voulut lui mettre la main sur la bouche, en le suppliant de garder le silence et de se recueillir. « Laissez-moi! laissez-moi! dit Daix, vous n'avez pas le droit de m'empêcher de parler! » Et il s'écria d'une voix énergique: « Je meurs chrétien et innocent pour la cause du général Bréa! Je meurs chrétien! » Les aides de l'exécuteur le saisirent alors; le prêtre l'embrassa et lui fit baiser le crucifix; on l'étendit sur la planche à bascule, et le couteau tomba.

Mais, soit que le panier fût placé trop près, soit par la violence du dernier spasme, le corps bondit par-dessus le panier et roula sur l'échafaud, qui fut inondé de sang. Il y eut alors un moment de confusion: les aides relevèrent avec précipitation le cadavre et le rejetèrent dans le panier. Pendant que l'exécuteur des hautes œuvres s'agitait impatiemment, un soldat du premier rang tomba sans connaissance. Lahr était déjà sur la plate-forme et contemplait le triangle rougi qui n'était pas encore relevé.

La physionomie de Lahr, dont l'expression habituelle était une bonhomie souriante, paraissait un peu plus colorée qu'on ne l'avait vue pendant les débats. Il était vêtu d'un pantalon gris et d'une veste, et avait fait le trajet tête nue; ses cheveux avaient été coupés comme ceux de Daix dans la toilette funèbre, et ses oreilles ne portaient plus les fatales boucles qui avaient servi contre lui de moyen de reconnaissance. Il s'en était dépouillé au fort, laissant à sa femme ce dernier héritage. Sa contenance n'était pas moins ferme que celle de Daix; soutenu par l'ecclésiastique qui l'assistait, il répétait: « Jésus, Marie! Jésus, Marie! priez pour moi! » et baisait le crucifix, paraissant n'avoir d'attention que pour les paroles du prêtre; à son cou pendait une médaille de bonne conduite qu'il avait reçue de la confrérie de Saint-François dont il était membre.

Cependant le couteau s'était relevé: Lahr embrassa une dernière fois le crucifix et son confesseur, et une seconde après il avait cessé de vivre. Il était six heures trente-cinq minutes, l'exécution commandée pour sept heures ayant été avancée.

Daix (Henri-Joseph) était âgé de 44 ans, et demeurait rue de Poliveau, 34. Fils d'un capitaine de l'Empire, qui avait gagné ses premiers galons sous la République, il obtint, en 1815, au collège de Versailles, une bourse que lui enleva la Restauration. Quelques jours après, dans une lutte d'enfants, il fut blessé à la tête par un projectile, et cette blessure, qui nécessita l'opération du trépan, a pu avoir sur la vie de Daix une funeste influence; il fut d'abord, à la suite de l'opération, privé de la raison pendant trois ans.

A quatorze ans, il essayait de se suicider, sans motifs connus. Plus tard, en 1835, il se livrait à une nouvelle tentative de suicide avec une femme qu'il aimait. On vint à temps à leur secours; mais pendant qu'on donnait à sa femme les premiers soins, Daix, revenu à lui, se frappait de plusieurs coups de couteau dont il porta toujours les cicatrices. Daix, privé de l'œil gauche et atteint d'un amaurose à l'œil droit, et dont un bras et une jambe avaient été écrasés par une voiture, avait été admis à Bicêtre, grâce à l'influence de sa sœur, sous-inspectrice de la lingerie et très-estimée dans la maison où elle est employée depuis quatorze ans. Elle a adopté trois enfants d'une pauvre femme de service morte dans l'hôpital.

Lahr (Nicolas), ouvrier carrier, était né dans le Wurtemberg et âgé de vingt-neuf ans; sa femme tenait un commerce de vin à Ivry, barrière des Deux-Moulins. Il était caporal pompier dans la garde nationale, et c'est dans une tournée de service qu'étant arrivé le dimanche à trois heures à la barrière de Fontainebleau, il se jeta dans le drame sanglant de l'insurrection où un rôle si funeste lui était réservé.

Le nom du quartier de Croulebarbe remonte au moyen âge. Dès l'an 1214, il existait sur la rivière de Bièvre un moulin de Croulebarbe, qui, restauré d'âge en âge, n'a été démoli qu'en 1840. Des titres de l'an 1243 mentionnent les vignes de Croulebarbe. La moindre largeur de la rue Croulebarbe a été fixée à dix mètres par la décision ministérielle du 10 juin 1819, et l'ordonnance royale du 21 octobre 1841.

Le promeneur qui, après avoir suivi la rue Mouffetard tourne à droite et prend celle du Petit-Gentilly, se trouve inopinément en face d'un des plus beaux paysages qui soient à Paris. Il a devant lui toute une vallée arrosée par la Bièvre, dont il n'est pas assez près pour respirer les émanations délétères et nauséabondes; dans les prairies riveraines, des blanchisseuses étendent le linge sur des piquets; des vaches paissent comme en pleine campagne; çà et là des jardins plantés au XVIIIᵉ siècle par de riches gentilshommes qui cherchaient le plaisir et le repos dans ces lointains quartiers, dressent les cimes verdoyantes de leurs arbres fruitiers, ou prolongent en arceaux de verdure les débris de leurs nombreuses charmilles. Les tanneries disséminées çà et là avec leurs greniers à claire-voie ressemblent à des villas italiennes; le vallon se relève environ à un kilomètre de l'endroit où nous supposons que l'observateur est placé. Les lignes imposantes de la manufacture des Gobelins dominent un amas de toitures, la plupart dégradées par le temps. Au-dessus des maisons se découpent sur le ciel l'Observatoire, le dôme du Val-de-Grâce, celui de l'église de Sainte-Geneviève, les clochers de Saint-Jacques-du-Haut-Pas, de Saint-Étienne-du-Mont et la tour du lycée Napoléon. Nous ne saurions trop recommander aux voyageurs cette vue exceptionnelle, qui mériterait d'être plus connue.

Par malheur, il faut l'acheter en traversant un quartier mal bâti, et nous pouvons dire mal habité, puisqu'il est convenu dans le monde que la misère est un signe de réprobation. Les honnêtes ouvriers qui sont agglomérés dans les rues sinueuses du faubourg Saint-Marcel ont peut-être à se plaindre du sort plus que ceux dont nous avons signalé l'infortune en parlant des XIᵉ et XIIᵉ arrondissements.

C'est dans le XIIIᵉ et dans une partie du Vᵉ que sont cantonnés les chiffonniers parisiens.

Lorsqu'un homme est sans ressources, et qu'il peut en trouver en fouillant dans les tas d'ordures, il faudrait qu'il n'eût pas 7 fr. dans sa poche pour se priver d'une hotte et d'un crochet. Dès qu'il est armé chiffonnier, dès qu'il s'est familiarisé à l'ignominie de ce sale métier, après l'avoir adopté par nécessité, il le continue par inclination. Il se complaît dans sa vie nomade, dans ses promenades sans fin, dans son indépendance de lazzarone. Il regarde avec un profond mépris les esclaves qui s'enferment du matin au soir dans un atelier, derrière un établi. Que d'autres, mécaniques vivantes, règlent l'emploi de leur temps sur la marche des horloges, lui, le chiffonnier philosophe, travaille quand il veut, se repose quand il veut, sans souvenirs de la veille, sans soucis du lendemain. Si la brise le glace, il se réchauffe avec des verres de *camphre*; si la chaleur l'incommode, il ôte ses guenilles, s'allonge à l'ombre, et s'endort. A-t-il faim, il se hâte de gagner quelques sous, et fait un repas de Lucullus avec du pain et du fromage d'Italie. Est-il malade, que lui importe? « L'hôpital, dit-il, n'a pas été inventé pour les chiens. »

Diogène jeta sa coupe; le chiffonnier n'a pas moins de dédain pour les biens de ce monde. C'est un chiffonnier ivre et titubant, qui, décoiffé par son propre roulis, adressa à son chapeau bossué qui gisait sur le sol cette apostrophe pleine de logique: « Si je te ramasse, je tombe; si je tombe, tu ne me ramasseras pas: je te laisse. »

Soumis à toutes les privations, le chiffonnier est fier parce qu'il se croit libre. Il traite avec hauteur le marchand de chiffons même, auquel il porte la récolte du jour, et dont il reçoit de temps en temps de légères avances sur celles du lendemain. « Si tu ne veux pas m'acheter, j'm'en fiche pas mal, j'irai ailleurs, » s'écrie-t-il; et il fait mine de s'éloigner. On aperçoit son orgueil à travers les trous multipliés de sa veste.

« Mais, demandent avec étonnement les gens du monde, comment le chiffonnier peut-il subsister? qui peut vouloir de son ignoble marchandise? » Rien de ce qu'il ramasse au coin des bornes n'est perdu pour l'industrie; les vils débris qu'il retire de la boue sont comme de hideuses chrysalides auxquelles la science humaine donnera des formes élégantes et des ailes diaphanes.

Ainsi, les fabricants de carton et de papier achètent pour leur usage:

	Prix de 100 kilog.
Les *carons*, vieux papiers sales.....................	8 francs.
Le *gros de Paris*, toiles d'emballages, restes de sacs.......................................	8 —
Le *gros de campagne*, chiffons de couleur, cotonnades.......................................	18 —
Le *gros bul*, toiles en fil grossières et sales.......	20 —
Le *bul*, même qualité, mais plus propre.........	20 —
Le *blanc sale*, chiffons, ordinairement de cotonnades.......................................	34 —
Le *blanc fin*, chiffons propres et de toile de fil..	44 —

Les chiffons d'une dimension raisonnable passent entre les mains des revendeuses à la toilette du marché du Temple. Les fabricants de produits chimiques tirent du sel ammoniac des lambeaux de laine ou de draps. On fait de nouvelles vitres avec les morceaux de verre cassés, et de nouvelles ferrures avec les anciennes.

Le treizième arrondissement n'a aucune église digne d'être mentionnée, et ne possède qu'un seul hôpital, situé dans la rue de Lourcine. Il tient la place d'un couvent de religieuses qui suivaient la règle de sainte Claire, et que la reine Marguerite de Provence fit venir de Troyes, en 1284. Elle leur donna un château d'une assez grande étendue où Louis IX avait au faubourg Saint-Marcel et où il aimait à se retirer. Après la mort de son époux, qui avait donné son manteau royal aux religieuses cordelières, en témoignage de sympathie, Marguerite finit ses jours dans leur communauté.

Blanche, troisième fille de saint Louis, veuve de Ferdinand de La Cerda, quitta la Castille pour venir prendre l'habit au couvent des cordelières, où l'on a longtemps conservé son lit comme une relique.

Devenu propriété nationale, ce vieux monastère fut vendu le 24 vendémiaire an V (15 octobre 1796), à la condition, par l'acquéreur, de livrer gratuitement le terrain nécessaire au percement de deux rues, qui sont les rues Julienne et Pascal; en 1825, on y ajouta la rue des Cordelières. Les vastes dépendances du couvent ont encore servi à l'établissement de plusieurs fabriques et de l'hôpital de Lourcine.

L'hôpital du Midi, dont nous aurons plus tard à nous occuper, enfermait à la fois des hommes et des femmes atteints de la maladie syphilitique. M. de Belleyme, préfet de police, créa, à l'usage exclusif des femmes, cet hôpital, qui fut inauguré le 28 janvier 1836, et qui reçoit annuellement de quinze à dix-huit cents malades. En suivant la rue de Lourcine, on trouve, à droite, une caserne où logeaient, avant la révolution, une compagnie de grenadiers et deux compagnies de fusiliers des gardes françaises.

Dans la rue Pascal, sur la lisière du cinquième arrondissement, est le théâtre Saint-Marcel, construit dans un style oriental par les architectes Lussy et Maurice Allard; le privilége en fut accordé, le 1ᵉʳ avril 1837, par le ministre de l'intérieur, à MM. Perrin et Charlet, artistes dramatiques; la salle fut ouverte le 23 décembre 1838. Les directeurs qui ont successivement exploité le privilége n'ont pas été plus heureux les uns que les autres; la population du quartier est pauvre, fatiguée par de rudes travaux, et goûte médiocrement les distractions scéniques. Il y a toutefois dans la rue du Banquier, une petite salle particulière où quelques jeunes gens s'exercent de temps en temps à la déclamation, et abordent, comme au théâtre de la Tour-d'Auvergne, la tragédie, le drame et le vaudeville.

FIN DU TREIZIÈME ARRONDISSEMENT.

XIIIme ARRONDISSEMENT DES GOBELINS

Joueurs de boule dans l'allée de l'Observatoire

L'OBSERVATOIRE. — QUATORZIÈME ARRONDISSEMENT.

CHAPITRE PREMIER.

L'Observatoire. — Sa construction primitive. — Additions ultérieures. — Bureau des longitudes. — Le maréchal Ney. — Son procès et son exécution. — Monument élevé à sa mémoire.

Deux arrondissements contigus transmettent à la postérité le souvenir de Colbert : c'est ce ministre qui fonda la manufacture de tapis improprement appelée des Gobelins, puisque nous savons que ces habiles teinturiers étaient complétement étrangers à la haute ou à la basse lisse. C'est encore à Colbert qu'est dû le vaste établissement scientifique dont s'honore le XIV° arrondissement, l'Observatoire, chef-lieu de la science astronomique, rendez-vous des savants qui cherchent ou découvrent les planètes, calculent les éclipses et les marées, rédigent la *Connaissance des temps* ou l'*Annuaire du Bureau des longitudes*.

Le monument, sauf les additions et remaniements modernes, appartient, dans sa partie essentielle, à Claude Perrault, qui en dirigea la construction de 1668 à 1672. Un astronome du comté de Nice, Jean Dominique Cassini, qui avait successivement professé à Bologne et à Rome, fut appelé en France par Louis XIV et invité à donner son avis sur le nouvel édifice. Il le trouva médiocre et mal approprié à sa destination ; néanmoins les plans de l'architecte furent suivis jusqu'au bout. L'Observatoire fut disposé de manière à être coupé en deux parties égales par la méridienne de Paris et à présenter quatre façades correspondant aux quatre points cardinaux. On n'employa ni fer ni bois dans la construction ; les murs, les voûtes, les escaliers sont en pierres de taille du plus bel appareil et du meilleur choix. Une plate-forme, élevée de 27 mètres au-dessus du pavé, couronne le bâtiment.

Toutefois, les représentations de Cassini étaient fondées, et quand il prit possession de l'Observatoire, il fut obligé de faire placer sur la terrasse une petite tourelle, d'où il pouvait étudier les astres. Sans qu'on détruisît les constructions primitives dont successives y ont été apportées : en 1810, un bâtiment carré, flanqué de deux tourelles, fut élevé sur le comble de l'Observatoire. De 1811 à 1813, on le dégagea de quelques masures qui l'obstruaient ; en 1834, on ajouta deux ailes, une à l'est et l'autre à l'ouest ; dans cette dernière était un amphithéâtre qui pouvait contenir huit cents auditeurs et où François Arago popularisa la science. Enfin, toute la plate-forme supérieure s'est couverte de cabinets que dominent deux coupoles, une en cuivre, l'autre en tôle, toutes deux pourvues de glissoires qu'on peut lever à volonté pour faire les observations. Ces deux coupoles sont assurément très-utiles à l'examen de la marche des planètes et des comètes ; mais, il faut le dire, elles produisent l'effet le plus disgracieux ; celui qui les regarde et qui est choqué de leurs formes massives doit, pour ne pas les condamner, se souvenir qu'elles renferment le cercle répétiteur de Reichenbach et le cercle parallactique de Gambey.

L'intérieur de l'Observatoire contient une multitude d'appareils anciens et nouveaux, destinés à suivre tous les phénomènes astronomiques, physiques et météorologiques. Une des salles situées au second étage est ornée des statues ou bustes en marbre de Cassini, Lalande, Méchain, Pingré, la Condamine, Laplace, etc. La plupart de ces salles, dont la voûte est elliptique, ont la propriété de transmettre le son, de telle sorte qu'un individu qui parle tout bas près d'un des murs, se fait entendre à un autre adossé au mur d'en face. Pour obtenir cet effet curieux, il suffit qu'une première personne applique à la bouche près de l'encoignure ; la voix répercutée le son à l'angle diamétralement opposé où la seconde personne applique l'oreille. Le Bureau des longitudes, fondé par le gouvernement républicain, le 7 messidor an III (25 juin 1795), tient ses assises dans les salles de l'Observatoire.

Dans les fondations, qui descendent à 27 mètres au-dessous du sol, sont des caves divisées en plusieurs embranchements. Des ouvertures circulaires pratiquées au centre du monument en mettent la partie la plus élevée en communication avec la partie la plus profonde.

Aux termes d'un décret du 30 janvier 1854, l'Observatoire est administré par un directeur que secondent quatre astronomes, avec un nombre variable d'astronomes adjoints, d'élèves astronomes et de calculateurs, proportionné aux besoins du service. Le Bureau des longitudes est composé : 1° de neuf membres titulaires : deux membres de l'Académie des sciences, trois astronomes, deux membres appartenant au département de la marine et un membre à celui de la guerre, un géographe ; 2° de quatre membres adjoints : un membre de l'Académie des sciences, deux astronomes, un membre appartenant au département de la marine ; 3° de trois artistes.

Une large et belle allée, où s'est réfugiés les derniers joueurs de boule, relie l'Observatoire au Luxembourg, dont le jardin est divisé en deux portions, à peu près égales, par le méridien de Paris. Ce fut dans cette allée que Michel Ney, fils d'un tonnelier de Sarrelouis, devenu par ses talents militaires maréchal de France, duc d'Elchingen et prince de la Moskowa, tomba victime de la réaction monarchique.

Le maréchal Ney s'était rallié sans arrière-pensée au gouvernement des Bourbons ; il avait dit au comte d'Artois, au moment où celui-ci entrait à Paris : « Monseigneur, nous avons servi avec zèle un gouvernement qui nous commandait au nom de la France. Votre Altesse Royale et Sa Majesté Louis XVIII, son auguste frère, verront avec quelle fidélité nous saurons servir notre roi légitime. »

Le 20 mai 1814, le maréchal Ney était nommé commandant des dragons, des chasseurs, des chevau-légers et des lanciers de France ; il fut ensuite fait chevalier de Saint-Louis, pair de France, et nommé gouverneur de la 6e division militaire.

Lorsqu'au mois de mars 1815, on apprit le débarquement de Bonaparte à Fréjus, Ney, qui se reposait paisiblement dans sa terre des Coudreaux, aux environs de Châteaudun, fut mandé à Paris par le ministre de la guerre, et reçut l'ordre de se rendre immédiatement à Besançon. Il partit après avoir fait à Louis XVIII les plus chaleureuses protestations, et l'on assure même qu'il lui dit : « Je me charge de vous amener dans une cage de fer le perturbateur de l'Europe. » Il se rendit à Lons-le-Saunier, mais, chemin faisant, il put se convaincre que la population n'était point favorable à la dynastie qui représentait l'ancien régime. Le 13 mars, après une conférence avec des émissaires de Napoléon, il écrivit au baron Capelle qui lui reprochait son inaction : « Je ne puis pas arrêter la mer avec la main. » Le 14, il adressa cet ordre du jour aux troupes de la 6e division militaire :

« Officiers, sous-officiers et soldats :

« La cause des Bourbons est à jamais perdue ! La dynastie légitime que la nation française a adoptée va remonter sur le trône : c'est à l'empereur Napoléon, notre souverain, qu'il appartient seul de régner sur ce beau pays ! Que la noblesse des Bourbons prenne le parti de s'expatrier encore, ou qu'elle consente à vivre au milieu de nous, que nous importe ? La cause sacrée de la liberté et de notre indépendance ne souffrira plus de leur influence. Ils ont voulu avilir notre gloire militaire ; mais ils se sont trompés : cette gloire est le fruit de trop nobles travaux pour que nous puissions jamais en perdre le souvenir.

« Soldats ! les temps ne sont plus où l'on gouvernait les peuples en étouffant tous leurs droits ; la liberté triomphe enfin, et Napoléon, notre auguste empereur, va l'affermir pour jamais. Que désormais cette cause si belle soit la nôtre et celle de tous les Français ! Que tous les braves que j'ai l'honneur de commander se pénètrent de cette grande vérité !

« Soldats ! je vous ai menés souvent à la victoire, maintenant je veux vous conduire à cette phalange immortelle que l'empereur Napoléon conduit à Paris, et qui y sera sous peu de jours ; et là notre espérance et notre bonheur seront à jamais réalisés. »

Les idées libérales du maréchal éclatent dans cette proclamation. Vétéran de la république, il avait été par intervalles suspect au pouvoir impérial, et un moment disgracié après la campagne d'Espagne. Nous croyons qu'il acceptait franchement la transaction constitutionnelle que proposait à la nation la monarchie restaurée. On a publié de lui une lettre de laquelle il résulte qu'il ne donnait son adhésion au retour de l'empereur qu'à la condition de voir s'ouvrir une ère de paix et de liberté. Il écrivait le 21 mars :

« Je ne suis pas venu vous rejoindre par considération ni par attachement à votre personne. Vous avez été le tyran de ma patrie ; vous avez porté le deuil dans toutes les familles et le désespoir dans plusieurs ; vous avez troublé la paix du monde entier. Jurez-moi, puisque le sort vous ramène, que vous ne vous occuperez plus à l'avenir qu'à réparer les maux que vous avez causés à la France ; jurez-moi que vous ferez le bonheur du peuple. Je vous somme de ne plus prendre les armes que pour maintenir nos limites ; de ne plus les dépasser pour aller tenter au loin d'inutiles conquêtes. A ces conditions, je me rends, pour préserver mon pays des déchirements dont il est menacé. »

Le maréchal Ney fut compris dans une liste de proscription, en date du 24 juillet 1815, comme coupable d'avoir entretenu des intelligences avec Bonaparte, de lui avoir fourni des secours en soldats, d'avoir excité les citoyens à s'armer les uns contre les autres, trahi le roi et l'État, et pris part à un complot dont le but était de renverser le gouvernement. Il était alors caché sous le nom de Descofre dans une chambre haute du château de Bessonis, département du Lot, et attendait une occasion pour gagner la frontière. Il eut l'imprudence de laisser en vue, sur un fauteuil du salon, un sabre turc, dont le premier consul lui avait fait présent. Un habitant d'Aurillac, en visite chez Mme de Bessonis, fut frappé de la beauté de cette arme, richement damasquinée et enrichie d'incrustations. Il en parla dans le chef-lieu du Cantal, et l'un de ses auditeurs lui dit : « Je crois connaître ce sabre ; il ne peut appartenir qu'à Murat ou au maréchal Ney. »

Tous les fonctionnaires, à cette époque, voulaient faire oublier leur longue infidélité à la monarchie légitime, et rivalisaient de zèle malgré la sage recommandation de Talleyrand, leur maître à tous. Le préfet du Cantal, M. Locard, n'hésita pas à lancer dans le Lot quatorze gendarmes avec un capitaine et un lieutenant. Le 5 août, l'escouade entre à Bessonis ; averti de son approche, le maréchal pouvait fuir, mais il était fatigué de la lutte et découragé par les calomnies qui se propageaient contre lui. Un journal avait annoncé que, dans sa dernière entrevue avec Louis XVIII, Ney avait sollicité et obtenu une gratification de 500,000 fr. En apercevant les gendarmes dans la cour, il ouvre la fenêtre et s'écrie : « Que désirez-vous ?

— Nous cherchons le maréchal Ney.
— Que voulez-vous de lui ?
— L'arrêter.
— Eh bien ! montez, je vais vous le faire voir. »

Le capitaine monte, et le maréchal lui ouvre la porte en disant tranquillement :

« Je suis Michel Ney. »

Transféré à Paris, le maréchal fut traduit, le 10 novembre, devant un conseil de guerre que présidait le maréchal Jourdan, et où siégeaient Masséna, Augereau et Mortier. Il aurait pu trouver quelque faveur auprès de ses vieux compagnons d'armes ; mais ses défenseurs, Berryer père, Berryer fils et Dupin, eurent la funeste idée de plaider le déclinatoire. On renvoya le maréchal devant la chambre des pairs, qui le condamna, le 5 décembre, à la peine de mort. Cent trente-neuf voix la prononcèrent ; dix-sept furent pour la déportation. Cinq membres s'abstinrent : ce furent le duc de Choiseul, le comte de Sainte-Suzanne, le marquis d'Aligre, le comte de Brigode, le comte Théodore de Nicolaï.

Le 7 décembre, après une déchirante entrevue avec sa femme, ses quatre fils et sa belle-sœur, le maréchal, accompagné de M. l'abbé de Pierre, curé de Saint-Sulpice, sortit d'une chambre du Luxembourg, où il avait été enfermé, et prit place dans un fiacre, après avoir invité le prêtre à y entrer le premier.

« Montez! monsieur le curé, lui dit-il; j'arriverai toujours avant vous là-haut. »

Le fiacre suivit la grande allée du jardin du Luxembourg et s'arrêta dans l'avenue de l'Observatoire. Le maréchal manifesta d'abord quelque surprise, car il s'attendait à être fusillé dans la plaine de Grenelle, déjà teinte du sang de Labédoyère. Le gouvernement avait craint un mouvement populaire et avait frustré la curiosité ou la sympathie de ceux qui attendaient le condamné au lieu où se faisaient ordinairement les exécutions militaires. Quelques passants et quelques personnes, prévenus d'avance, s'étaient groupés le long de l'avenue de l'Observatoire; et quand ils virent le fiacre, ils s'écrièrent : Le voilà! le voilà!

Des vétérans étaient chargés de l'exécution, assistés par quelques gendarmes. Les assistants furent repoussés, et un officier général leur donna le change en soutenant que l'exécution devait avoir lieu à la plaine de Grenelle.

Il était neuf heures vingt minutes du matin; le maréchal Ney s'avança vers le lieu de son supplice; il avait une redingote de gros drap bleu, une culotte noire, des bas de soie noire, et il était coiffé d'un chapeau rond.

« Ah! dit-il, c'est là! »

Le maréchal fit ses adieux à M. de Pierre, lui remit une somme d'argent pour les pauvres de sa paroisse, et une boîte en or qu'il le pria de faire parvenir à la maréchale, dont le père, M. Auguier, était mort d'apoplexie quand il avait connu la fatale condamnation. Par une étrange coïncidence, la femme de ce malheureux beau-père, qui avait été attachée au service de Marie-Antoinette, avait perdu la tête en apprenant la triste fin de cette reine et s'était précipitée par la fenêtre.

On proposa au maréchal de lui bander les yeux.

« A quoi bon? dit-il; ne savez-vous pas qu'il y a vingt-cinq ans que je suis habitué à regarder en face les balles et les boulets? »

Il posa la main droite sur son cœur, et, de sa gauche, élevant son chapeau au-dessus de sa tête, il reprit d'une voix calme et solennelle :

« Je proteste devant Dieu et devant les hommes contre le jugement qui me condamne; j'en appelle à la patrie et à la postérité! Vive la France! »

Il continuait, lorsque la voix d'un général commandant la place de Paris, le comte de Rochechouart, couvrit la sienne par ce brusque appel adressé aux soldats : « Apprêtez, armes!... »

« Camarades, reprit alors le maréchal d'une voix plus éclatante, faites votre devoir et tirez là!... là! ajouta-t-il en montrant son cœur. »

Les vétérans hésitaient. Un colonel d'état-major de la garde nationale, frère puîné du duc de La Force, qui, en qualité de pair de France, avait prononcé la mort, s'élança et commanda le feu. Le maréchal a été frappé d'une balle dans le bras, de trois balles à la tête et au cou, et de six à la poitrine.

Le corps resta un quart d'heure exposé, conformément au règlement, et fut transporté ensuite au poste de la Maternité, comme le constate la pièce suivante, dont l'original est entre nos mains :

Je soussigné déclare avoir reçu en dépôt de M. le commissaire de police du quartier du Luxembourg le cadavre de Michel Ney, maréchal de France, condamné à mort par la Chambre des pairs, le 6 décembre 1815, à onze heures et demie du soir.

Ce jugement a été exécuté à neuf heures et demie du matin, le 7 décembre 1815.

Le chef d'escadron, commandant le poste de la Maternité,
WEURBROUCQ.

P.-S. — Le cadavre sera par nous remis aux parents dudit Michel Ney, si au cas ils le réclament, lesquels nous en donneront décharge.

L'exécution ne fut connue d'abord que d'un petit nombre de personnes ; et la maréchale qui comptait sur une commutation de peine se présenta à plusieurs reprises à la porte des Tuileries. Le duc de Duras, premier gentilhomme de service, lui fit dire d'abord qu'il était trop matin et que Sa Majesté ne pouvait encore recevoir personne.

A neuf heures vingt minutes le maréchal Ney avait cessé de vivre, et le duc de Duras envoyait dire à la veuve qui ne savait encore rien : « L'audience que vous sollicitez ne saurait vous être accordée, puisqu'elle est désormais sans objet. »

Le corps du maréchal Ney passa la nuit dans une salle de la Maternité, veillé par des religieuses en prière; puis le commissaire de police du quartier, M. Rousset, eut mission de faire procéder à l'enterrement. Il escorta la dépouille mortelle de la victime jusqu'au cimetière du Père-Lachaise, et demanda pour sa décharge, au maire du XIIe arrondissement, un certificat dont voici la teneur exacte :

DÉPARTEMENT DE LA SEINE (VILLE DE PARIS.)

Paris, le   de l'an 181.

Le maire du XIIe arrondissement,

COPIE DU CERTIFICAT D'INHUMATION.
(XIIe Arrondissement municipal.)

Je soussigné, concierge de l'Est, reconnais qu'il m'a été remis cejourd'hui, à sept heures du matin, par le sieur Guibrunet, ordonnateur particulier du service des inhumations du XIIe arrondissement, un corps renfermé dans un cercueil, et qu'il m'a déclaré être celui de Michel Ney, décédé le 7 décembre an 1815, rue d'Enfer, maison de la Maternité. Je déclare aussi que le susdit corps a été inhumé au moment même de la remise qui m'en a été faite.

Paris, le 8 décembre an 1815, à huit heures du matin.

Signé : ASSELINE.

Pour copie conforme : Paris, le 8 décembre 1815.

Le maire du XIIe arrondissement de Paris,
POULIN, *adjoint.*

Délivré à M. Rousset, commissaire de police du quartier du Luxembourg (XIe arrondissement).

Malgré les erreurs réelles du maréchal, l'idée de le réhabiliter était populaire. Après la révolution de 1848, un cénotaphe fut improvisé sur le lieu du supplice. Un décret du gouvernement provisoire, à la date du 18 mars, portait : « Un monument sera élevé au maréchal Ney sur le lieu même où il a été fusillé. »

Le 6 avril 1852, le président de la République ordonna qu'il serait ouvert au ministère de l'intérieur, de l'agriculture et du commerce, sur l'exercice 1852, un crédit extraordinaire de 50,000 fr., applicable aux frais d'exécution de ce monument.

Il se compose d'une statue en bronze, modelée par François Rude et fondue par Eck et Durand. Le maréchal est représenté dans l'attitude du commandement, le sabre à la main et se tournant pour donner des ordres. Il lève la tête de telle sorte qu'il est absolument impossible de juger de l'expression de sa physionomie. Quoique les sculpteurs trouvent certaines parties de cette statue bien faites, elle est en somme d'un aspect peu agréable, et manque complètement de distinction. Rien n'annoncerait que c'est là le brave des braves et qu'il reçut la mort à cette place même, sans quelques inscriptions gravées sur un piédestal en marbre blanc, dont la face antérieure porte ces mots :

A LA MÉMOIRE
DU MARÉCHAL NEY, DUC D'ELCHINGEN,
PRINCE DE LA MOSKOWA.
7 DÉCEMBRE 1853.

Le piédestal ... ur un soubasse... nt de granit rouge, et le monument est e... ouré d'une grille circulaire devant laquelle on avait étendu, pour la cérémonie d'inauguration, le 7 décembre 1853, un tapis de velours barré d'une croix d'arge...

On avait élevé sur trois côtés autour de la statue des tribunes ornées de trophées, de drapeaux, d'aigles dorés. Dans celle de gauche prirent place, à une heure précise, le prince Napoléon Bonaparte; MM. Leroy de Saint-Arnaud, ministre de la guerre; Fortoul, ministre de l'instruction publique; Achille Fould, ministre d'État; de Persigny, ministre de l'intérieur; le général de Lavœstine, commandant supérieur de la garde nationale; les maréchaux Magnan, Vaillant, Harispe, Reille et de Castellane; les amiraux, l'état-major de l'armée de Paris; le prince de la Moskowa, général de brigade et sénateur; le duc d'Elchingen, général de brigade, et le comte Edgard Ney, fils du maréchal; Dupin aîné qui, dès ses débuts au barreau, avait eu l'honneur de défendre l'illustre accusé; un grand nombre de généraux, d'officiers supérieurs, de sénateurs, de députés, de conseillers d'État et autres fonctionnaires publics.

En face, au pied de la tribune de gauche, se tenaient des députations des différents corps de l'armée; un détachement d'invalides armés de lances; quelques vieux soldats de l'Empire avec leurs uniformes primitifs. Dans la grande allée de l'Observatoire étaient massés plusieurs bataillons d'infanterie.

Un chœur se fit entendre : l'archevêque de Paris s'avança, précédé de la croix, à la tête du clergé métropolitain, et prononça les prières du rituel pour la bénédiction des statues. Les tambours battirent aux champs; des fanfares retentirent et le canon gronda.

En ce moment la statue aurait dû être découverte; mais les cordes ayant glissé dans leurs anneaux, il fallut aller chercher une longue échelle et l'enveloppe tomba enfin aux applaudissements des spectateurs.

Après cet incident, le ministre de la guerre glorifia l'acte de réparation qui s'était fait attendre pendant trente-huit ans, et retraça brièvement les principaux faits d'armes du maréchal Ney.

M. Dupin aîné prit la parole : il rappela qu'il avait défendu l'accusé en 1815, et se félicita de se retrouver aujourd'hui tel qu'il était alors, afin de pouvoir dire avec toute la liberté de l'avocat : « Non, la condamnation du maréchal Ney ne fut pas juste ! » Examinant la question au point de vue du droit des gens et de la légalité, il établit que la sentence avait été prononcée au mépris d'une capitulation.

Le discours de M. Dupin, qui fut vivement applaudi, termina la cérémonie; quelques citoyens de Sarrelouis, qui avaient des bouquets d'immortelles à la boutonnière, vinrent offrir une couronne à la mémoire de leur compatriote. Les troupes défilèrent devant la statue; le cortège officiel se retira; mais pendant le reste de la journée une multitude de citoyens ne cessa de visiter le monument.

CHAPITRE II.

Le noviciat de l'Oratoire. — Anciennes lois sur les Enfants-Trouvés. — La Maison de la couche. — Les Enfants-Bleus. — Saint-Vincent-de-Paul. — Journal d'une avocate. — Édit de juin 1670. — Les Enfants-Trouvés à Bicêtre, au faubourg Saint-Antoine, au Parvis-Notre-Dame, et rue de la Bourbe.

Presque en même temps que l'Observatoire, avait été fondée, à peu de distance, en 1650, une maison à l'usage de la congrégation de l'Oratoire. C'était une communauté de prêtres qui ne faisaient point de vœux, et dont les idées de liberté individuelle étaient opposées à celles d'obéissance passive en vigueur parmi les Jésuites; ils ne dépendaient que d'un supérieur général, qui était lui-même soumis à l'épiscopat, et Bossuet disait d'eux : « C'est un corps où tout le monde obéit et où personne ne commande. » Pierre Bérule avait, en 1611, formé cette congrégation, dont l'église s'élevait rue Saint-Honoré. Nicolas Pinette, trésorier de Gaston d'Orléans, donna aux oratoriens, pour leur noviciat, les bâtiments où on installa longtemps après l'hospice des Enfants-Trouvés.

C'est par erreur qu'on fait honneur à saint Vincent de Paul d'avoir le premier songé à recueillir les infortunés délaissés par leurs parents. Le premier concile de Nicée ordonnait d'ouvrir des asiles pour les enfants trouvés.

La loi romaine attribuait comme esclave à la personne tout enfant qu'il avait recueilli sur la voie publique; elle fut maintenue par Constantin, qui enjoignit toutefois aux officiers publics de recevoir, nourrir et entretenir l'enfant abandonné ou dénué de ressources. Théodose Ier abolit la vieille loi païenne, et Justinien, dans le titre 52 du VIIIe livre de ses codes, mit sous le patronage des évêques et des préfets les enfants trouvés, dont il flétrit l'abandon, et qu'il déclara ingénus.

A Paris, l'évêque et le chapitre de Notre-Dame fondèrent le premier hospice pour les enfants trouvés. Ils donnèrent à cet effet un bâtiment situé au Fort-l'Évêque, qui fut appelé la « Maison de la Couche. » Plus tard, un arrêté du Parlement, en date du 13 août 1552, ordonna que les enfants abandonnés seraient mis à l'hôpital de la Trinité. Cette maison, dont le percement du boulevard de Sébastopol a fait disparaître les derniers débris en 1857, avait été établie pour secourir les pauvres et héberger les pèlerins; mais les religieux avaient loué leur plus grande salle aux confrères de la Passion pour la représentation des mystères. Le Parlement congédia les comédiens et affecta les bâtiments de la Trinité à l'éducation et à l'entretien de cent garçons et de trente-six filles. Les artisans qui s'y établissaient pour instruire ces enfants gagnaient leur maîtrise. Les enfants assistaient aux enterrements; on les connaissait à Paris sous le nom d'enfants bleus à cause de la couleur de leurs habits.

Pour subvenir aux frais de la fondation, le Parlement taxa l'évêque de Paris à 120 livres; le chapitre de Notre-Dame à 360; l'abbé de Saint-Denis à 24; l'abbé de Saint-Germain-des-Prés à 120; l'abbé de Saint-Victor à 84; l'abbé de Saint-Magloire à 20; l'abbé de Sainte-Geneviève à 32; l'abbé de Tiron à 4; l'abbesse de Montmartre à 4; le grand prieur de France (ordre de Malte) à 80; le prieur de Saint-Martin-des-Champs à 60; le prieur de Notre-Dame-des-Champs à 8; le chapitre de Saint-Marcel à 8; le prieur de Saint-Denis-de-la-Chartre à 8; le chapitre de Saint-Merri à 16, et celui de Saint-Benoît-le-Bien-Tourné à 12. Les seigneurs ecclésiastiques réclamèrent, mais ils ne réussirent pas à s'affranchir de la taxe.

En 1570, on appropria aux services des orphelins et des enfants trouvés deux maisons du port Saint-Landry, appartenant au chapitre de Notre-Dame. Cet établissement était insuffisant, lorsque Vincent de Paul en fonda un autre dans la rue Saint-Victor; il y plaça des enfants trouvés sous le patronage de quelques dames pieuses qu'il appelait ses avocates, et dont une tenait un journal de ce qui se passait dans la maison. Voici quelques extraits touchants de ce monument de charité :

« 22 janvier 1640. M. Vincent est arrivé vers les onze heures du soir, il nous a apporté deux enfants; l'un peut avoir dix jours, l'autre est plus âgé. Ils pleuraient, les pauvres petits!

« 25 janvier. Les rues sont remplies de neige, nous attendons M. Vincent; il n'est point venu ce soir.

« 26 janvier. Le pauvre M. Vincent est transi de froid. Il nous arrive avec un enfant, mais il est déjà sevré celui-là; cela fait pitié de le voir! Il a des cheveux blonds, une marque à son bras. Mon Dieu! mon Dieu! qu'il faut avoir le cœur dur pour abandonner ainsi une pauvre petite créature!

« 7 février. L'air est bien vif. M. Vincent est venu visiter notre communauté; ce saint homme est toujours à pied. La supérieure lui a offert de se reposer; il a couru bien vite à ses petits enfants. C'est merveille d'entendre ses douces paroles, ses belles consolations! Ces petites créatures l'écoutent comme leur père! Oh! qu'il le mérite bien ce bon M. Vincent! J'ai vu aujourd'hui ses larmes couler. Un de nos petits est mort. C'est un ange, s'est-il écrié, mais il est bien dur de ne plus le voir. »

En 1646, l'œuvre de saint Vincent de Paul, qui n'était pas encore adoptée par l'État, périclitait faute de ressources. Il convoqua les dames en assemblée générale, et leur dit en leur montrant un groupe de leurs protégés : « La compassion et la charité vous ont fait adopter ces petites créatures pour vos enfants. Vous avez été leurs mères selon la grâce depuis que leurs mères selon la nature les ont abandonnées. Voyez à présent si vous voulez aussi les abandonner pour toujours; cessez à présent d'être leurs mères pour devenir leurs juges; leur vie et leur mort sont entre vos mains. Je m'en vais donc, sans délibérer, prendre les voix et les suffrages. Il est temps de prononcer leur arrêt et de décider irrévocablement si vous ne voulez plus avoir pour eux des entrailles de miséricorde. Les voilà devant vous! ils vivront, si vous continuez d'en prendre un soin charitable; mais, je vous le déclare devant Dieu, ils seront tous morts demain si vous les délaissez. »

A ces mots, l'assemblée, électrisée, consentit à tout ce que désirait Vincent, résolut que les bonnes œuvres seraient continuées, et chacun contribuant de ses deniers et de son crédit, le projet que le saint prêtre poursuivait avec tant de sollicitude reçut son accomplissement. Au mois de juin 1670 parut l'édit qui mettait la fondation de saint Vincent de Paul au nombre des hôpitaux de l'État :

« Comme il n'y a point de devoir plus naturel et plus conforme à la piété chrétienne, portent les lettres d'institution, que d'avoir soin des pauvres enfants exposés, que leur faiblesse et leur infortune rendent également dignes de compassion, les rois nos prédécesseurs ont pourvu à l'établissement de certaines maisons et hôpitaux, où ils puissent être reçus pour y être élevés avec piété... Considérant combien leur conservation était avantageuse, puisque les uns pouvaient devenir soldats et servir dans nos troupes, les autres ouvriers et habitants des colonies, que nous établissons pour le bien du commerce de notre royaume, nous leur aurions donné par nos lettres patentes de juin 1614, 8,000 livres pour chacun an... A ces causes et autres bonnes considérations à ce nous mouvants, et de notre grâce spéciale, pleine puissance et autorité royale, nous avons, par ces présentes, signées de notre main, dit, déclaré, statué et ordonné, disons, déclarons, statuons et ordonnons l'hôpital des Enfants trouvés l'un des hôpitaux de notre bonne ville de Paris : voulant qu'en cette qualité, il puisse agir, contracter, vendre, etc., etc. »

On transféra les enfants à Bicêtre, dont l'air trop vif fut ensuite reconnu nuisible à leur santé. On les mit dans le couvent des sœurs de la Charité, et de là au faubourg Saint-Antoine, dans l'édifice qui est devenu l'hôpital Sainte-Eugénie. Marie-Thérèse d'Autriche posa la première pierre de l'église en 1670, et l'établissement fut enrichi par les dons d'Étienne d'Aligre, chancelier de France, d'Élisabeth Luillier, sa troisième femme, et du président de Bercy. Les enfants trouvés y étaient élevés jusqu'à la première communion et mis ensuite en apprentissage. Un second hôpital des Enfants-Trouvés fut établi au parvis Notre-Dame, dans les bâtiments qu'occupait, sous le règne de Louis-Philippe, l'administration de l'Assistance publique. Tous les enfants nouveau-nés y étaient reçus en tous temps, à toutes les heures du jour ou de la nuit, sans questions et sans formalités; le nombre en était de cinq à six mille par an. Le ministre Necker, dans son ouvrage, sur l'administration des finances de la France, raconte qu'environ deux mille enfants étaient expédiés annuellement de province à Paris, comme une marchandise. Il provoqua un arrêt du conseil, à la date du 10 janvier 1779, par lequel le roi défendait ces transports qui, suivant Necker, faisaient périr neuf enfants sur dix, soit pendant la route, soit peu de jours après leur arrivée. « Sa Majesté, disait un des considérants, a remarqué que le nombre des enfants exposés augmente tous les jours et que la plupart proviennent de nœuds légitimes. »

L'Assemblée législative et la Convention nationale rendirent, en faveur des enfants trouvés, les décrets des 10 décembre 1790, 28 juin et 13 septembre 1792, 28 juin et 4 juillet 1793, 5 février 1794.

Un arrêté du Comité de salut public, en date du 15 brumaire an IV, créa une maison d'accouchement pour les femmes pauvres au noviciat de l'Oratoire de la rue d'Enfer, et une maison d'allaitement pour les enfants trouvés dans les bâtiments de l'abbaye de Port-Royal de Paris.

CHAPITRE III.

L'abbaye de Port-Royal-des-Champs. — Une abbesse de onze ans. — Réforme de Port-Royal-des-Champs. — Fondations de Port-Royal de Paris. — Persécutions dirigées contre les religieuses.

En chassant dans la belle vallée de Chevreuse (qui fait aujourd'hui partie du département de Seine-et-Oise), Philippe-Auguste remarqua, dans une situation riante et solitaire, un site où se cachait une chapelle, et où il résolut de fonder un monastère. Eudes de Sully, évêque de Paris, réalisa ce vœu, et, en 1204, douze bénédictines de l'ordre de Citeaux s'établirent dans les bâtiments qui remplaçaient l'antique chapelle. Louis IX leur fit une rente. Honoré III, en l'année 1223, leur permit de célébrer l'office divin, même dans le cas où la France serait en interdit, et de recevoir des séculières disposées à faire pénitence dans la retraite sans prononcer de vœux.

Cette autorisation fut fatale, et le désordre s'introduisit dans le monastère, qui avait reçu le nom de Port-Royal.

En 1602, Marie-Angélique Arnauld prit l'habit à huit ans, fit profession à neuf ans entre les mains du général de l'ordre de Citeaux, et fut nommée abbesse à onze ans ; néanmoins, comme nous l'apprend son historien, Jean Racine, elle avait été choisie de Dieu pour rétablir la règle dans son abbaye. « Un capucin, qui étoit sorti de son couvent par libertinage, et qui alloit se faire apostat dans les pays étrangers, passant par hasard à Port-Royal, en 1608, fut prié par l'abbesse et par les religieuses de prêcher dans leur église. Il le fit ; et ce misérable parla avec tant de force sur le bonheur de la vie religieuse, sur la beauté et sur la sainteté de la règle de saint Benoît, que la jeune abbesse en fut vivement émue. »

La réforme fut introduite à Port-Royal, « quoique », dit Racine, « elle fût entièrement désapprouvée par un fort grand nombre de moines et même d'abbés, qui regardoient la bonne chère, l'oisiveté, la mollesse, et en un mot le libertinage comme d'anciennes coutumes de l'ordre, où il n'étoit pas permis de toucher. Toutes ces sortes de gens déclamèrent avec beaucoup d'emportements contre les religieuses de Port-Royal, les traitant de folles, d'embéguinées, de novatrices, de schismatiques même, et ils parloient de les faire excommunier. Ils avoient pour eux l'assistant du général, grand chasseur, et d'une si profonde ignorance qu'il n'entendoit pas même le latin de son *Pater*. Mais heureusement le général, nommé Dom Boucherat, se trouva un homme très-sage et très-équitable, et ne se laissa point entraîner à leurs sentiments. »

En 1625, la mère de Marie-Angélique Arnauld acheta, rue de la Bourbe, dans le faubourg Saint-Jacques, une maison qu'elle donna à la communauté. Port-Royal-des-Champs fut abandonné par les religieuses jusqu'en 1648, époque à laquelle elles y envoyèrent une colonie ; mais il servit de retraite à des hommes éminents, tels que l'avocat Le Maistre, Le Maistre de Sacy, son frère ; Antoine Arnauld, docteur en Sorbonne, frère de la Mère Angélique ; Arnauld d'Andilly, Lancelot, Nicole, Le Nain de Tillemont et Blaise Pascal.

Autour de Port-Royal de Paris vinrent se grouper des femmes de la cour qui désiraient faire leur salut. Ces succès, les tendances des sœurs et de leurs amis, l'esprit philosophique que ceux-ci mêlèrent à leurs enseignements, exaspérèrent la Compagnie de Jésus. Un de ses membres, Jean de Brisacier, dans un *factum* intitulé : *le Jansénisme confondu* (Paris, 1651, in-4°), accusa les bénédictines de Port-Royal d'être des vierges folles et *asacramentaires* ; de ne point croire au saint-sacrement, de ne jamais communier, non pas même à l'article de la mort ; de n'avoir ni eau bénite ni images dans leur église, de ne prier ni la Vierge ni les saints, de ne point dire le chapelet. Un autre jésuite, le Père Meynier, lança contre elles un pamphlet qui avait pour titre : *le Port-Royal d'intelligence avec Genève contre le saint-sacrement de l'autel*. « C'est le vice de la plupart des gens de communauté, dit Racine en flétrissant ces écrits, de croire qu'ils ne sauroient faire de mal en défendant l'honneur de leur corps. Cet honneur est une espèce d'idole, à qui ils se croient permis de sacrifier tout, justice, raison, vérité. On peut dire constamment des jésuites, que ce défaut est plus commun parmi eux que dans aucun corps ; jusque-là que quelques-uns de leurs casuistes ont avancé cette maxime horrible, qu'un religieux peut en conscience calomnier et tuer même les personnes qu'il croit faire tort à sa compagnie. Cette doctrine a été enseignée en propres termes par une multitude d'auteurs de la compagnie, tels que le Père Lamy, *Cours de Théologie*, tom. Ier, disp. 36, n. 118, édit. d'Anvers, 1649 ; Escobar, *Somme de la Théologie morale*, traité 1, exam. 7, chap. 3, n. 45 ; et elle a été défendue par leur Père Pirot, auteur de l'infâme apologie des casuistes. »

Par ces mots d'un poëte doux et inoffensif, on peut juger de la violence des querelles religieuses du XVIIe siècle. Quand les *Lettres provinciales* eurent paru, les jésuites, furieux, firent tant sur la crédulité de Louis XIV que les filles de Port-Royal partageaient les idées de Jansénius sur la grâce efficace. Le lieutenant civil envahit le couvent, en compagnie du procureur du roi, pour en chasser les pensionnaires et les postulantes, avec défense d'en recevoir dorénavant. En outre, on imposa aux religieuses, en qualité de supérieur et de confesseur, M. Bail, curé de Montmartre et sous-pénitencier. « Ses cheveux, raconte Racine, se hérissoient au seul nom de Port-Royal, et il avoit toute sa vie ajouté une foi entière à tout ce que les jésuites publioient contre cette maison : très-dévot d'ailleurs, et qui avoit fort étudié les casuistes. »

La persécution ne s'en tint pas là ; on voulut contraindre les religieuses à signer un formulaire par lequel le clergé de France désavouait les propositions suivantes, extraites, au moyen d'une analyse subtile, des ouvrages de Jansénius :

1° Quelques commandements de Dieu sont impossibles aux hommes justes qui veulent les accomplir et qui s'efforcent de le faire selon les forces qu'ils ont, et ils n'ont pas la grâce qui les leur rendrait possibles;

2° Dans l'état de nature tombée, on ne résiste jamais à la grâce intérieure;

3° Dans l'état de nature tombée, pour mériter ou démériter, il n'est pas nécessaire que l'homme ait une liberté exempte de nécessité; une liberté sans contrainte lui suffit;

4° Les semi-pélagiens admettaient la nécessité des grâces prévenantes pour toutes les bonnes œuvres, même pour le commencement de la foi; et ils étaient hérétiques en ce qu'ils voulaient que cette grâce fût telle que la volonté de l'homme pût y résister ou s'y soumettre;

5° C'est être semi-pélagien que de dire que Jésus-Christ est mort et a répandu son sang pour tous les hommes.

Les religieuses de Port-Royal refusèrent d'adhérer au formulaire. « Dans l'ignorance où nous sommes, disaient-elles, de toutes les choses qui sont au-dessus de notre profession et de notre sexe, tout ce que nous pouvons faire est de rendre témoignage de notre foi; nous déclarons très-volontiers que notre signature qu'étant soumises avec un très-profond respect à notre saint Père le Pape, et n'ayant rien de si précieux que la foi, nous embrassons sincèrement et de cœur tout ce que sa sainteté, le pape Innocent X en a déjà décidé, et rejetons toutes les erreurs qu'elle a jugé y être contraires. »

La transaction que proposaient les religieuses fut repoussée.

Hardouin de Péréfixe, archevêque de Paris, s'écria : « Qu'à la vérité, elles étaient pures comme des anges, mais qu'elles étaient orgueilleuses comme des démons. » Il se présenta d'abord à Port-Royal pour leur interdire les sacrements, et il y revint huit jours après, accompagné du lieutenant civil, du prévôt de l'Isle, du guet, de plusieurs, tant exempts que commissaires, et de plus de deux cents archers, dont une partie investit la maison, et l'autre se rangea, le mousquet sur l'épaule, dans la cour. En cet équipage, il se fit ouvrir la porte du monastère, et alla droit au chapitre où il avait fait venir toutes les religieuses; là, après leur avoir tout de nouveau reproché leur désobéissance, il tira de sa poche et lut tout haut une liste de douze des principales religieuses, au nombre desquelles était l'abbesse, qu'il avait résolu de disperser en différents monastères. Il leur commanda de sortir sur-le-champ de leur maison et d'entrer dans les carrosses qui les attendaient pour les mener dans les couvents où elles devaient être renfermées. « Ces douze victimes, raconte Racine, obéirent sans qu'il leur échappât la moindre plainte, et firent seulement leurs protestations contre la violence qui les arrachait de leur monastère; et tout le reste de la communauté fit les mêmes protestations. Il n'y a point de termes qui puissent exprimer l'extrême douleur de celles qui demeuroient. Les unes se jetoient aux pieds de l'archevêque, les autres se jetoient au cou de leurs mères, et toutes ensemble citoient M. l'archevêque au tribunal du Souverain Juge, puisque tous les autres tribunaux leur étoient fermés; elles s'attendrissoient surtout à la vue de l'abbesse, la Mère Agnès de Saint-Paul, qu'on enlevoit ainsi, à l'âge de soixante-treize ans, accablée d'infirmités, et qui avoit eu tout nouvellement trois attaques d'apoplexie. Tout ce qu'il y avoit là de gens qui étoient venus avec l'archevêque ne pouvoient eux-mêmes retenir leurs larmes. Mais l'objet, à mon avis, le plus digne de compassion étoit l'archevêque lui-même, qui, sans avoir aucun sujet de mécontentement contre ces filles, et seulement pour contenter la passion d'autrui, faisoit en cette occasion un personnage si peu honorable pour lui, et même si opposé à sa bonté naturelle.

« Quelques-uns de ses ecclésiastiques le sentirent et ne purent même s'en taire à des religieuses qu'ils voyoient fondre en larmes auprès d'eux; pour lui il étoit, au milieu de cette troupe de religieuses en larmes, comme un homme entièrement hors de lui ; il ne pouvoit se tenir en place, et se promenoit à grands pas, caressant hors de propos les unes, rudoyant les autres sans sujet, et de la plus grande douceur passant tout d'un coup au plus violent emportement. Au milieu de tout ce trouble, il arriva une chose qui fit bien voir l'amour que ces filles avoient pour la régularité. Elles entendirent sonner None, et en un instant, comme si leur maison eût été dans le plus grand calme, elles disparurent toutes du chapitre, et allèrent à l'église où elles prirent chacune leur place et chantèrent l'office à leur ordinaire.

« Au sortir de None, elles furent fort surprises de voir entrer dans leur monastère six religieuses de la Visitation, que M. l'archevêque avoit fait venir pour remettre entre leurs mains la conduite de Port-Royal. La principale d'entre elles étoit une Mère Eugénie, qui, étant une des plus anciennes de son ordre, avoit été témoin de l'étroite liaison qu'il y avoit eu entre la Mère Angélique et la Mère de Chantal. Mais les Jésuites, à la direction de qui cette Mère Eugénie s'étoit depuis abandonnée, avoient pris grand soin d'effacer de son esprit toutes ces idées, et lui avoient inspiré à elle et à tout son couvent, qui étoit celui de la rue Saint-Antoine, autant d'éloignement pour Port-Royal, que leur saint fondateur et leur bienheureuse Mère avoient eu d'estime pour cette maison. Les religieuses de Port-Royal ne les virent pas plutôt, qu'elles se crurent obligées de recommencer leurs protestations, représentant que c'étoit à elles à se nommer des supérieures, et que ces religieuses, étant des étrangères et d'un autre institut que le leur, n'étoient point capables de les gouverner. Mais M. l'archevêque se moqua encore de leurs protestations. Ensuite il fit la visite des cloîtres et des jardins, accompagné du chevalier du guet et de tous ces autres officiers de justice qu'il avoit amenés. Comme il étoit sur le point de sortir, les religieuses se jetèrent de nouveau à ses pieds pour le conjurer de permettre au moins qu'elles cherchassent dans la participation des sacrements la seule consolation qu'elles pouvoient trouver sur la terre; mais il leur fit réponse qu'avant toutes choses il falloit signer, leur donnant à entendre que jusqu'à ce qu'elles l'eussent fait, elles étoient excommuniées. Cependant, comme si Dieu eût voulu démentir par sa propre bouche, en les quittant il se recommanda avec instance à leurs prières. »

Quand la maison de Port-Royal de Paris eut été désorganisée de la sorte, on laissa les religieuses tranquilles. Seulement, par lettre patente du mois de mai 1666, le roi se réserva la nomination de l'abbesse.

Un arrêt du conseil, en date du 22 janvier 1610, ordonna la suppression de Port-Royal-des-Champs. Des soldats et des ouvriers chassèrent les religieuses et démolirent le monastère, dont il ne resta que des pierres dispersées.

Quelques historiens prétendent même qu'on sema du sel sur la place, conformément aux vieux préjugés qui considéraient un champ ensemencé de sel comme frappé d'une éternelle stérilité.

Port-Royal de Paris conserva sa petite église, construite en 1646 sur les dessins de Lepautre; son cloître, planté d'iris et de tilleuls, et sa cour, ombragée d'un bel acacia. Philippe de Champagne avait fait pour le chœur une Cène, dont les fidèles ordinaires ne voyoient qu'une copie, les sœurs se réservant l'original.

Le couvent possédait deux reliques célèbres : une amphore, qui avait servi aux noces de Cana, et une épine de la sainte couronne qui, par une application miraculeuse, avait guéri de la fistule lacrymale une jeune pensionnaire de dix ans, Mlle Perrier, fille d'un conseiller de la cour des aides à Clermont, et nièce de Blaise Pascal.

Ce miracle, que Racine rapporte très-longuement, fut attesté par des docteurs de Sorbonne, ainsi que par des chirurgiens, et il passa pour authentique malgré une protestation du Père Annat, intitulée : *Le Rabat-joie des Jansénistes*, ou *Observations sur le miracle qu'on dit être arrivé à Port-Royal, composé par un Docteur de l'Église catholique*.

CHAPITRE IV.

Port-Libre. — Comme on s'amuse en prison. — Les bouts rimés de Vigée. — Laval Montmorency. — Principaux détenus. — Le mauvais sujet. — Le chien *Brillant*.

Mme Dio de Montpéraux fut la dernière abbesse de Port-Royal de Paris. Supprimé en 1790, le couvent devint une prison en 1793. La police d'ailleurs n'augmenta ni les grilles ni les verrous. Elle se contenta de s'assurer de la solidité des portes et de faire peindre ces inscriptions en lettres capitales sur les murs du réfectoire :

« L'homme libre chérit sa liberté, lors même qu'il en est privé.

« Les événements ne changent point son cœur; la liberté, l'égalité, la raison, sont toujours les divinités qu'il encense.

« Mœurs, vertus, candeur, voilà les principes du vrai républicain.

« Nature, patrie, raison, voilà son culte.

« Dans la liberté sont renfermés les droits de l'homme; c'est la raison, l'égalité, la justice.

« La république fait le bonheur de la société; elle range tous les hommes sous la bannière de l'intérêt commun.

Bien que Port-Royal, qui prit le nom de Port-Libre, fût trop souvent comme les autres prisons l'antichambre de l'échafaud, les détenus y jouissaient d'une vie comparativement paisible : « Rien, dit l'auteur du *Tableau des Prisons*, ne ressemble moins à une prison que cette maison. Point de grilles, point de verroux; les portes n'étaient fermées que par un simple loquet : de la bonne société, excellente compagnie, des égards, des attentions pour les femmes; on aurait dit qu'on n'était tous qu'une seule et même famille réunie dans un vaste château.

« Les hommes habitaient ce qu'on appelle le grand bâtiment, composé de deux étages ayant chacune un grand corridor et trente-deux cellules; les unes ayant vue sur l'Observatoire et sur la rue d'Enfer, et les autres sur le cloître, qui servait autrefois de cimetière.

« Au bout de chaque corridor, il y avait deux grands poêles, bien échauffés.

« Il y avait, en retour, un autre bâtiment, faisant face à la rue d'Enfer, et ayant vue sur la campagne. Il était élevé de trois étages, à chacun desquels il y avait trois grandes salles communes, où, dans les premiers jours de la translation, on coucha jusqu'à vingt et vingt-deux. Celle du rez-de-chaussée portait le nom de l'Unité; celle du premier, celui de salle des Républicains; et celle du second, celui de salle des Sans-Culottes. Le troisième était divisé en quatre chambres à feu, et à trois et quatre lits.

« Les femmes occupaient un bâtiment séparé par un guichet. La décence et les mœurs exigeaient cette séparation.

« Les riches étaient au corridor du premier, dans les cellules à deux lits; et les sans-culottes au deuxième; car on en avait beaucoup amené de la Force et autres prisons.

« On remarquait dans cette maison trois classes bien distinctes.

« Celle de ceux qui payaient pour les indigents; celle de ceux qui se nourrissaient eux-mêmes, et celle des pauvres.

« Cette distinction répugnait à ceux qui avaient les principes d'égalité profondément gravés dans le cœur, et cette classe était nombreuse.

« Il y avait au fond du corridor du premier un grand foyer, qu'on appelait le salon, dans lequel on dressait six tables de seize couverts chacune, où dînaient les riches. On donnait trente sous par jour à ceux qui ne pouvaient pas se nourrir, et le pain à tous les prisonniers aux dépens des riches, qui donnaient chacun en raison de leurs facultés.

« Pour subvenir aux dépenses de la maison, on avait établi une administration intérieure, qui était parfaitement organisée. Un trésorier faisait la collecte, et ordonnançait toutes les dépenses, bois, eau, lumières, poêles, tablettes dans les cellules, chaises et autres menus meubles. Tout s'achetait et se faisait aux dépens des riches. On leur fit même acheter un chien pour les garder, qu'ils payèrent deux cent quarante livres.

« Il ne faut pas oublier les frais de garde, qui montaient journellement à cinquante livres.

« On a constamment payé ces frais jusqu'en prairial; époque où la commune fit sa visite, et prit pour son compte l'administration pécuniaire des prisons. »

Le soir, on se réunissait au salon, au milieu duquel on dressait une grande table; chacun apportait sa lumière, hommes et femmes.

Les hommes se mettaient autour de la grande table; les uns lisaient, les autres écrivaient ou causaient en ayant l'attention de parler bas.

Les femmes se rangeaient autour d'une petite table, et y travaillaient aux ouvrages de leur sexe; les unes à broder, les autres à tricoter. Parfois, le baron de Witembach y jouait de la viole d'amour. Matras, négociant de Lyon, y chantait des couplets de sa façon. Le poète Vigée y lisait son *Épître à Contat* ou des fragments de la *Vivacité à l'épreuve*, comédie en trois actes. Souvent aussi les dames proposaient des bouts-rimés, sur lesquels s'évertuaient les beaux esprits de cette petite académie. Un soir, Mme Guegan donna ces rimes indigentes :

Plaisir.
Loisir.
Rebelle.
Fidèle.
Douleur.
Aigreur.
S'amuse.
Ruse.

Vigée les remplit ainsi :

Un songe, sous tes traits, m'offrait le doux *plaisir*.
Je m'approche, le vois, le contemple à *loisir*.
A mes vœux, m'écriai-je, ah! ne sois point *rebelle*;
Je porte une âme pure, un cœur tendre et *fidèle*.
En ces lieux où je suis on proie à la *douleur*,
Par grâce, de mes maux daigne adoucir l'*aigreur*!
Je m'éveille! l'amour ainsi de nous *s'amuse*,
Et le plus grand bienfait souvent cache une *ruse*.

Un autre concurrent, Laval Montmorency, fit à son tour lecture des vers suivants :

Au fond de la prison, vit encor le *plaisir*.
L'amour peut éclairer notre sombre *loisir*.
Ce dieu, toujours enfant, et rarement *fidèle*,
D'un seul de ses regards, soumet un cœur *rebelle*.
Il dispense aux mortels la joie et la *douleur*.
Des maux les plus cruels, il adoucit l'*aigreur*,
Mais il tourmente aussi le couple qu'il *amuse*,
Et sourit dans les airs, du succès de sa *ruse*.

Peu de jours après, le 29 prairial an II (17 mai 1794), Laval Montmorency, condamné comme complice de la conspiration de l'étranger et de l'assassinat de Collot-d'Herbois, était conduit en chemise rouge à l'échafaud.

Pendant toute la terreur, il y eut assez régulièrement à Port-Libre environ six cents détenus, parmi lesquels on peut citer le baron de Marguerite, maire de Nimes, ancien constituant, qui fut condamné à mort, le 20 mai 1794, par le tribunal révolutionnaire; Louis Robin, député de l'Aube à l'Assemblée législative et à la Convention nationale; Chéron La Bruyère, représentant du département de Seine-et-Oise à l'Assemblée législative; Malesherbes, Rosambeau, Larrive, artiste du Théâtre-Français; Perigny, ancien administrateur des douanes, et son gendre Lamalière, ancien intendant des ponts et chaussées; Jules de Rohan; Chavilly de Cypierre, ancien intendant d'Orléans, des fermiers généraux et des receveurs généraux des finances; M. de Sombreuil et sa fille.

« Tout le monde, dit le *Tableau des prisons*, sait que cette courageuse citoyenne se précipita, dans les journées du mois de septembre, entre son père et le fer des assassins, et parvint à l'arracher de leurs mains; depuis sa tendresse n'avait fait qu'accroître, et il n'est sorte de soins qu'elle ne prodigua à son père, malgré les horribles convulsions qui la tourmentaient tous les mois pendant trois jours depuis cette lamentable époque. Quand elle parut au salon, tous les yeux se fixèrent sur elle et se remplirent de larmes. »

Le défenseur de Louis XVI, Malesherbes, en entrant à Port-Libre, y fut reconnu par un de ses anciens employés du ministère de l'Intérieur.

— Vous ici, Monsieur! s'écria l'employé.

— Oui, mon cher, répondit gaiement le vieillard; je deviens mauvais sujet sur la fin de mes jours : je me suis fait mettre en prison.

Parmi les dames incarcérées à Port-Libre, nous mentionnerons Mmes de Sabran, Duplessis, Chenard de Magny, femme d'un ancien receveur général des finances; de Garille, de Montcrif, Leprêtre de Château-Giron, La Chabeaussière, dont le mari était aux Madelonnettes.

Cette dame avait un chien nommé *Brillant*, qui restait presque toujours couché en dehors de la porte et dans les cellules. Avait-elle besoin de quelque chose, elle disait à Brillant :

« — Je n'ai pas dîné; ou je n'ai pas déjeuné; ou j'ai besoin de prendre l'air; va chercher Garnier ou Desjardins. »

C'étaient deux gardiens qui avaient quelques égards pour elle.

Brillant partait, s'adressait au premier des deux qu'il rencontrait, lui sautait au cou, et ne le quittait pas que le gardien

L'ancien tour de l'hospice des Enfants-Trouvés.

ne vint près de sa maîtresse. Ce chien avait pris en haine le concierge; mais comme il ne pouvait se venger sur lui des mauvais traitements qu'il faisait éprouver à la pauvre femme, il s'en prenait à ses dogues, et, quoique beaucoup plus faible, il ne les quittait qu'après les avoir mordus et terrassés.

Lorsqu'on venait chercher Mme La Chabeaussière pour la conduire à la promenade, Brillant courait en avant, et, après que le gardien avait ouvert la porte, cet animal se jetait à son cou en signe de reconnaissance. Ensuite il entrait vite dans le cachot de sa maîtresse, qu'il aurait voulu ne quitter jamais. Tous les détenus qui avaient des chiens les avaient amenés avec eux; on en comptait cent quatre-vingt-dix. Le 28 messidor an II (16 janvier 1794), il vint un ordre de renvoyer tous ces animaux; tous les détenus réclamèrent une exception pour Brillant; Brillant resta, et ne sortit de prison qu'avec sa maîtresse.

CHAPITRE V.

Les élèves de la patrie. — École d'accouchement. — Décret du 19 janvier 1811. — Les tours. — L'hospice de la Maternité. — Fermeture des tours. — Projets divers sur les Enfants-Assistés. — Législation actuelle.

Aussitôt que Port-Libre fut vide de prisonniers, la commission des secours publics y mit les maçons. Les bâtiments furent restaurés, appropriés à leur destination nouvelle; et quand ils furent prêts, ils reçurent les petits enfants et les nourrices qui avaient été provisoirement placés au Val-de-Grâce.

Ces enfants, quand ils grandissaient, étaient transportés dans la maison du faubourg Saint-Antoine, où ils recevaient une éducation primaire, et de là rue des Fossés-Saint-Victor, où ils prenaient le titre d'élèves de la patrie. Les uns fabriquaient des étoffes et des bas que l'on vendait à prix fixe; les autres étaient initiés à quelques métiers qu'ils allaient exercer au dehors.

L'ancien noviciat de l'Oratoire reçut les femmes enceintes, et l'École d'accouchements instituée, le 30 juin 1802, par le ministre Chaptal.

La législation qui règle le sort des enfants trouvés fut établie par le décret du 19 janvier 1811. Il divise en trois classes les enfants dont l'éducation est confiée à la charité publique.

Les enfants trouvés sont ceux qui, nés de pères et mères inconnus, ont été trouvés exposés dans un lieu quelconque ou portés dans les hospices destinés à les recevoir.

Dans chaque hospice il y aura un tour.

Dans chaque arrondissement il y aura un hospice.

Des registres contiendront, jour par jour, l'arrivée des enfants, leur sexe, leur âge apparent, et décriront les marques naturelles et les langes qui peuvent servir à les faire reconnaître.

Les enfants abandonnés sont ceux qui, nés de pères ou de mères connus, et d'abord élevés par eux ou par d'autres personnes à leur décharge, en sont délaissés sans qu'on sache ce que les pères et mères sont devenus, ou sans qu'on puisse recourir à eux.

Les orphelins sont ceux qui, n'ayant ni pères ni mères, n'ont aucun moyen d'existence.

L'hospice doit donner les premiers soins à l'enfant, et le mettre en nourrice ou en sevrage jusqu'à l'âge de six ans.

A six ans, l'enfant doit être placé chez des cultivateurs ou artisans, moyennant un prix de pension qui décroît jusqu'à douze ans.

A partir de douze ans, les enfants sont à la disposition du ministre de la marine, et ceux dont il ne disposera pas seront placés en apprentissage.

Les enfants qu'on ne peut mettre en apprentissage et les

Les Catacombes.

infirmes qu'on ne trouve pas à placer doivent rester dans l'hospice à sa charge.

Sous l'empire de ce décret, des tours furent ouverts dans soixante-dix-sept départements. Chaque tour se composait d'une sorte de boîte assez spacieuse pour recevoir un nouveau-né. La personne qui avait pris sur elle la responsabilité de l'abandon arrivait furtivement pendant la nuit, déposait son fardeau, tirait une sonnette et s'éloignait sans être inquiétée. Le berceau mobile avait tourné sur lui-même, et le malheureux délaissé se trouvait dans une salle convenablement chauffée, en présence d'une sœur de charité qui lui prodiguait les soins les plus empressés.

Le chiffre des enfants trouvés était de 55,700 en 1810, de 84,500 en 1815, et de 111,400 en 1823. A Paris, il variait de 2 à 4,000.

Après la restauration, la maison d'allaitement de Port-Royal devint l'hospice de la Maternité : on y compte aujourd'hui plus de 500 lits, et il y entre environ 5,000 femmes par an ; les élèves sages-femmes y sont logées. Pour y être admises, elles doivent être âgées de dix-huit à trente-cinq ans et payer une pension de 600 fr.; elles supportent en outre les frais des livres nécessaires à leur instruction. A la fin de l'année elles passent, devant un jury recruté parmi les notabilités médicales, un examen, à la suite duquel des prix et des diplômes leur sont décernés.

De l'hospice de la Maternité (rue d'Enfer), on fit celui des Enfants-Trouvés, dont le service fut entièrement confié aux sœurs de Saint-Vincent-de-Paul. Dans la chapelle des Oratoriens fut érigée, à la mémoire de cet ami de l'humanité, une belle statue, par Stouff.

Cependant le gouvernement s'effraya du nombre toujours croissant d'enfants que les expositions mettaient à sa charge : les tours disparurent peu à peu, malgré les réclamations des publicistes. La moyenne des infanticides, qui était annuellement de 104 avant la fermeture des tours, s'éleva, de 1835 à 1840, à 135; de 1840 à 1845, à 147, à 162 dans cette dernière année, et à 175 en 1847, pendant que tous les autres délits poursuivis par les tribunaux ne cessaient de décroître.

Les gouvernements qui se sont succédé depuis ont eu à plusieurs reprises la velléité de s'occuper des enfants trouvés. En 1840, une commission nommée par le ministre de l'intérieur se livra à une enquête consciencieuse; mais le projet qu'elle élabora ne fut pas même présenté.

En 1850, la commission de l'Assistance publique soumit à l'Assemblée législative un projet de loi qui ne fut pas discuté.

En 1853, un nouveau projet de loi fut porté au Corps législatif, et retiré.

Au mois d'août 1856, le sénat confia l'examen de la question à une commission composée du comte Portalis, président; du comte Siméon, secrétaire et rapporteur ; de MM. Daviel, Tourangin, Ed. Thayer, Berger, Mimerel de Roubaix, Delangle, Boulay de la Meurthe et Ségur-d'Aguesseau.

Les conclusions de la commission furent celles-ci :

Déclarer enfants adoptifs de l'État tous les enfants confiés à l'Assistance publique, rendre le tour obligatoire et disposer que chaque département en aura au moins un.

Se référer pour la définition des enfants trouvés, pour les formalités de leur réception et les signes de reconnaissance, au décret du 19 janvier 1811.

Établir que les enfants trouvés seront admis aux tours avec le secret que comportent les circonstances de leur naissance.

Constituer des colonies agricoles où seront recueillis les enfants assistés.

Malgré ces *desiderata*, les tours ne furent pas rétablis. La mère qui veut abandonner son enfant est astreinte à une déclaration préalable devant un commissaire de police, et sa triste requête n'est admise que lorsqu'elle établit son indigence.

Les enfants ne séjournent pas à l'hospice. A moins qu'ils ne puissent être transférés sans danger pour leur vie, ils sont confiés à des nourrices et emmenés dans les campagnes. Toutes les fois que leurs parents désirent en avoir des nouvelles, ils sont tenus de payer une rétribution de cinq francs.

Les orphelins restent sous la tutelle de l'administration jusqu'à leur majorité. Leurs parents peuvent les reprendre, à la condition de rembourser à l'administration ses dépenses, qui peuvent être évaluées à cent francs par an. C'est dire assez qu'ils sont très-rarement repris.

L'hospice des Enfants-Assistés ne renferme que six cent neuf lits, ce qui suffit à sa population flottante. Une propreté, dont on ne saurait trop faire l'éloge, règne dans l'intérieur de l'établissement; mais il est difficile aux étrangers d'en juger. Pour visiter la maison, on s'adresse naturellement à M. Ory, directeur, qui vous renvoie à M. Armand Husson, directeur général de l'assistance publique. Celui-ci n'étant pas toujours visible, il faut, pour arriver à obtenir une autorisation, des démarches réitérées dont on n'est pas dédommagé par le résultat.

CHAPITRE VI.

Établissements hospitaliers. — La rue d'Enfer. — Hôpital du Midi. — Les Capucins. — Hospice Cochin. — Le bon curé. — Rue d'Enfer. — Le château de Vauvert.

Le XIVe arrondissement abonde en établissements hospitaliers. Auprès de la Maternité, rue des Capucins, est l'hospice du Midi, où une spécialité de maladie est traitée par les docteurs Puche, Ricord et Cullerier. Il contient trois cent trente-six lits, et des chambres particulières où l'on est admis moyennant une modeste rétribution.

Les consultations de cet hôpital sont très-suivies. Le terrain qu'il occupait et qui couvre 23,084 mètres 10 cent. de superficie, dont 3,173 mètres 69 cent. de terrain bâti, avait été légué le 27 avril 1613 aux capucins. Ces religieux franciscains, auxquels leur réformateur, Mathieu Baschi, avait imposé un capuchon pointu et bizarre, eurent leur premier établissement à Picpus, en 1575.

Leur seconde maison fut dédiée en 1610, sous le titre de l'*Assomption*, par le cardinal de Joyeuse.

Leur troisième maison fut autorisée par lettre patente du 16 février 1788; mais dans une séance solennelle du chapitre provincial, tenu le 7 juillet 1779, les capucins du faubourg Saint-Jacques exprimèrent le désir d'être plus grandement logés, et ils émigrèrent bientôt pour la Chaussée-d'Antin. Leur monastère fut destiné à réaliser les dispositions d'un édit donné à Versailles au mois de janvier 1785, et ainsi conçu : « Voulons qu'il soit incessamment formé, dans un des faubourgs de notre bonne ville de Paris, un *Établissement gratuit et public*, dans lequel seront traités gratuitement les pauvres de tout âge, de l'un et de l'autre sexe, attaqués du mal vénérien, et qui sont présentement admis et traités tant en la maison de Bicêtre qu'en l'hospice de Vaugirard, et que ledit hospice soit réuni audit établissement, nous réservant de donner tels règlements que nous estimerons convenables pour le régime et l'administration intérieure dudit hospice, lesquels règlements nous adresserons à notre parlement. »

L'ouverture de l'hôpital du Midi, retardée par circonstances, n'eut lieu que le 12 mars 1792. Il réunissait d'abord les deux sexes, mais les femmes en ont été bannies depuis 1836.

Près de l'hôpital du Midi est l'hospice Cochin. Le fondateur, Jacques-Denis, était né à Paris le 1er janvier 1726. Dès son enfance, il manifesta une vocation réelle pour la retraite et pour l'état ecclésiastique, et même il voulut, à seize ans, entrer chez les chartreux. Ses parents lui firent observer que sa trop grande jeunesse serait un obstacle à sa réception, et il renonça à ce projet; mais il se mit sous la direction de Jean Bruté, docteur en sorbonne et curé de Saint-Benoît. Il fut élevé au séminaire de Saint-Magloire, ordonné prêtre, et appelé, en 1755, à être second vicaire de Saint-Étienne-du-Mont. Il n'avait pas trente ans lorsqu'il fut promu à la cure de Saint-Jacques-du-Haut-Pas, dont il prit possession le 31 décembre 1756. Dès lors il se dévoua à ses paroissiens et surtout aux indigents. La cure rapportait peu; Cochin n'en tirait guère que 1,000 écus et ne possédait que 1,500 livres de rente. Il ne pouvait subvenir aux besoins de l'école des filles, qui se tenait dans une place trop petite et malsaine. Cochin recommande cette institution à ses paroissiens, et bientôt il se voit en état de faire construire une école plus salubre. Il s'était fait une loi de ne solliciter personne en particulier.

En 1761, la petite vérole exerça à Paris de terribles ravages. On pressa le généreux pasteur de déléguer le soin des malades variolés à ceux de ses vicaires qui déjà avaient subi l'influence de la maladie : « Nullement, répondit-il ; que diriez-vous d'un soldat qui demanderait son congé en temps de guerre ? »

Il fut attaqué de la contagion, mais immédiatement après sa guérison, il reprit ses travaux avec la même activité. Sa santé en fut assez altérée pour qu'il pensât, en 1768, à quitter sa cure; cependant il se rendit aux instances qu'on lui fit. Dix ans après, sa santé étant de plus en plus affaiblie, il eut les mêmes idées; et cette fois encore il resta dans sa cure; il accepta même la place de supérieur de l'abbaye du Val-de-Grâce, qu'il garda que peu de temps. Ce fut en 1780 qu'il conçut l'idée de fonder un hospice pour les pauvres du faubourg Saint-Jacques.

Étaient-ils malades ou blessés, il fallait les transporter à l'Hôtel-Dieu, et souvent ils succombaient dans le trajet. Cochin réalisa sa fortune, rassembla des souscriptions, et en 1779 la première pierre de l'hospice de Saint-Jacques-du-Haut-Pas fut posée par deux pauvres de la paroisse, élus en assemblée de charité, comme étant les plus dignes d'être distingués par leurs vertus. M. Viel, architecte, ami du fondateur, fit les plans et surveilla gratuitement tous les travaux de l'édifice.

L'hospice fut ouvert au mois de juillet 1782, et Cochin, avant sa mort, arrivée le 3 juin de l'année suivante, eut la douce joie de voir des dons volontaires élever à 48,000 livres de rente, les revenus de cette fondation que desservaient les sœurs de Sainte-Marthe. Auteur modeste, prédicateur persuasif, mais incorrect, il n'avait fait paraître de son vivant aucune de ses inspirations parénétiques, ou de ses entretiens; on ne connaissait de lui que deux ouvrages : *Exercice de retraite pour l'intervalle de l'Ascension à la Pentecôte, avec des paraphrases sur les psaumes*, 1778, in-12; *Paraphrase de la prose Dies iræ, ou Sentiments d'un pécheur qui désire travailler sincèrement à sa conversion*, 1782, in-12. On recueillit de lui, après sa mort, des *Entretiens sur les fêtes, les jeûnes, usages et principales cérémonies de l'église*, 1778, 1786, in-12. Plusieurs *Instructions* sur l'utilité des assemblées de charité, sur les huit béatitudes, sur l'Oraison dominicale, sur les Épîtres et Évangiles, sur toutes les parties du sacrifice de la messe et sur les grandeurs de Jésus-Christ. Le produit de ses œuvres posthumes, publiées de 1784 à 1806, fut consacré à l'hospice qu'il avait fondé.

L'hôpital Cochin n'avait d'abord que 40 lits, mais ce nombre fut doublé par une loi du 23 nivôse an III (12 janvier 1795), et il compte aujourd'hui 125 lits, 58 d'hommes et 67 de femmes.

La rue d'Enfer est remplie de maisons hospitalières. Au n° 98 est une belle maison appartenant à l'ordre des Visitandines. Plus loin se trouve la maison du Bon-Pasteur, celle des sœurs aveugles de Saint-Paul; l'infirmerie de Marie-Thérèse où de vieux prêtres se reposent des fatigues du sacerdoce; puis un couvent de carmélites. On pourrait croire que c'est par antiphrase que cette rue a été appelée rue d'Enfer; mais comme nous avons déjà eu occasion de le dire, l'étymologie *porta de fierto* n'a rien d'infernal.

Ces mots *fertum*, *feretrum*, en vieux français *fierte*, venant du grec φέρειν (porter), désignaient le cercueil de bois, qui tenait lieu de corbillard à nos ancêtres. Le mort était revêtu de ses plus beaux habits, on le rasait avec soin, et s'il avait vécu dans les ordres, on rétablissait sa tonsure.

Mêmes attentions pour la morte, qui était parée de bracelets, de colliers, de pendants d'oreilles. Les défunts, placés sur la fierte, étaient portés au tombeau par des gens de leur profession.

Il est donc tout simple qu'on ait appelé porte de Fierte, et par corruption porte d'Enfer, celle qu'on prenait pour se rendre à un des cimetières les plus fréquentés de l'ancienne Lutèce. Des fouilles pratiquées sur le territoire du XIVe arrondissement, ont fait découvrir une multitude de sarcophages, d'ossements et de bas-reliefs funéraires. Une maison, bâtie au moyen âge, fut connue jusqu'à nos jours sous le nom de

Tombe-Isoire, sans doute en mémoire d'un mausolée. Une des petites propriétés des environs s'appelait le Fief-des-Tombes; une autre, le Château de Vauvert (*de valle viridi*) avait la réputation d'être hantée par les esprits. Pour exprimer le désir d'exiler quelqu'un dans une solitude sinistre et lointaine, on disait vulgairement : qu'il aille au diable Vauvert ! En 1257, Louis IX avait installé à Gentilly des chartreux qui désiraient se rapprocher de la capitale. Ils demandèrent qu'on leur abandonnât le manoir que personne ne se souciait d'habiter, on le leur céda volontiers, et ils en firent un magnifique couvent, dont les vastes dépendances ont été enclavées dans le jardin du Luxembourg.

CHAPITRE VII.

Les Catacombes.

Ce qui contribuait à donner à la rue d'Enfer une fâcheuse réputation, c'était la profondeur mystérieuse des excavations pratiquées sous le sol depuis la plaine de Mont-Souris jusqu'à la montagne Sainte-Geneviève. C'étaient des carrières d'où l'on avait extrait les matériaux des maisons qui couvraient la rive méridionale de la Seine. On les avait négligées, et l'administration ne daigna s'en occuper qu'en 1777, à la suite d'éboulements dangereux. Une compagnie d'ingénieurs fut constituée sous la direction de Charles Gillaumot pour lever le plan des Catacombes, et le jour même où elle entra en fonction, une maison de la rue d'Enfer fut engloutie à 28 mètres au-dessous du niveau de sa cour.

D'après les recherches de M. Héricard de Thury, l'idée de former dans les anciennes carrières de Paris ce monument unique, est due à M. Le Noir, lieutenant général de police. Ce fut lui qui en provoqua la mesure en demandant la suppression de l'église des Innocents, l'exhumation de son antique cimetière et sa conversion en voie publique. En 1780, la généralité des habitants, effrayés des accidents qui eurent lieu dans les caves de plusieurs maisons de la rue de la Lingerie, par le voisinage d'une fosse commune ouverte vers la fin de 1779 et destinée à contenir plus de deux mille corps, s'adressa au lieutenant général de police, en démontrant les dangers dont la salubrité publique était menacée par ce foyer de corruption, lequel, portait la supplique, « le nombre des corps déposés excédant toute mesure et ne pouvant se calculer, en avait exhaussé le sol de plus de huit pieds au-dessus des rues et habitations voisines. »

Par les soins de M. de Crosne, successeur de Le Noir, une commission fut nommée, et Cadet de Vaux, au nom de la Société royale de Médecine, fit un rapport qui concluait à la suppression du cimetière des Innocents. D'immenses travaux furent exécutés dans les Catacombes pour les rendre propres à recevoir les débris humains accumulés depuis plusieurs siècles. L'état de ces carrières abandonnées depuis si longtemps, la faiblesse des piliers, leur écrasement, l'affaissement du ciel dans un grand nombre d'endroits, les excavations jusqu'alors inconnues des carrières inférieures, les dangers qu'elles présentaient, les piliers des ateliers supérieurs portant à faux, le plus souvent sur les vides des ateliers inférieurs, les infiltrations et les pertes du grand aqueduc d'Arcueil, etc., furent autant de motifs qui déterminèrent l'inspection à apporter la plus grande activité dans ses travaux. Après avoir fait l'acquisition de la maison connue sous le nom de Tombe-Isoire ou Isoard, située dans la plaine de Mont-Souris, sur l'ancienne route d'Orléans, dite *la Voie-Creuse*, on fit un escalier de soixante-dix-sept marches pour descendre dans les excavations, à 17 mètres environ de profondeur, et un puits muraillé pour la jetée des ossements. Durant ces premières dispositions, divers ateliers d'ouvriers étaient occupés, les uns à faire des piliers de maçonnerie pour assurer la conservation du ciel des carrières dont on redoutait l'affaissement ; d'autres à faire communiquer ensemble les excavations supérieures et inférieures pour en former deux règnes de catacombes ; d'autres enfin à construire les murs d'enceinte destinés à cerner toute l'étendue que devait comprendre le nouvel ossuaire.

Les Catacombes furent bénies et consacrées en grande pompe le 7 avril 1786. A mesure que les cimetières intérieurs furent supprimés, les ossements furent transférés dans ces immenses souterrains, dont la population est, dit-on, huit fois plus nombreuse que celle de Paris. Frochot, préfet de la Seine, eut l'idée de rendre l'aspect des Catacombes moins lugubre en faisant avec les crânes, les fémurs et les tibias des décorations architecturales.

Héricart de Thury, avec le concours d'autres ingénieurs distingués, aligna des galeries numérotées qui correspondent avec les rues ; de sorte que s'il survient un éboulement, on sait aussitôt à quel endroit des carrières doit se faire la réparation. « Dans nos travaux, dit-il, nous nous sommes particulièrement attachés à établir le rapport le plus rigoureux, ou, si l'on me permet l'emploi de ce mot, la corrélation la plus intime et la plus réciproque des détails de la surface et de l'état des vides. C'est en suivant ce plan d'une manière uniforme que nous avons tracé, ouvert et conservé, au-dessous et à l'aplomb de chaque rue, une ou deux galeries, suivant la largeur de la voie, de manière à diviser respectivement les quartiers, à isoler les massifs, à préparer la reconnaissance des propriétés, à déterminer leur étendue, à fixer leurs limites au-dessous de celles de la surface ; à tracer, à plus de 80 pieds de profondeur, le milieu des murs mitoyens, sous le milieu même de leur épaisseur ; à rapporter le numéro de chaque maison exactement au-dessous de celui de la propriété ; enfin, je le répète, à établir un tel rapport entre le dessous et le dessus, qu'on peut en voir et en vérifier la rigoureuse correspondance sur les plans de l'inspection. »

Trois escaliers conduisent aux Catacombes :
Le premier est dans la cour du pavillon occidental de l'ancienne barrière d'Enfer ;
Le second à la Tombe-Isoire ;
Le troisième dans la plaine de Mont-Souris.

Avant de franchir le seuil d'une lourde porte qui laisse voir on s'ouvrant les premières marches d'un escalier étroit et glissant, on distribue à chaque visiteur une bougie qu'il devra tenir à la main pendant toute l'exploration.

Un gardien compte ceux qui entrent.

Après être descendu à 20 mètres à peu près sous le sol, on s'engage dans une galerie dont les parois et la voûte sont revêtues d'une maçonnerie garnie çà et là de plaques de zinc pour empêcher l'infiltration des eaux. Cette galerie est fort longue et fort étroite ; on ne peut pas y marcher deux de front. Elle se dirige vers la plaine de Mont-Souris, en faisant plusieurs détours, dans lesquels on est guidé par une large bande noire tracée sur la voûte. Cette ligne, partant de l'escalier, aboutit au caveau dans lequel on a entassé les ossements qui ont été retirés à diverses époques des cimetières que renfermait autrefois l'enceinte de Paris.

Il y a vingt minutes déjà que l'on chemine dans les Catacombes, quand le gardien s'arrête à la porte du caveau pour compter une seconde fois les visiteurs. On causait au début de l'exploration, on plaisantait même ; mais la singularité de la situation, une odeur que l'on ne respire que là, des bruits lointains que l'on entend dans les galeries ténébreuses aboutissant aux divers carrefours, finissent par produire une certaine impression, puis un silence presque absolu, dans les rangs des promeneurs.

On entre et on lit, sur un cartouche blanc, ce vers tiré de l'*Odyssée* :

N'insultez pas aux mânes des morts!

Dans des galeries plus spacieuses, tantôt rectilignes, tantôt circulaires, on marche entre deux murailles d'ossements humains de 2 mètres de hauteur. Le revêtement extérieur de ces murailles funèbres est composé de tibias, alignés comme le bois dans les chantiers. Au sommet règne un couronnement de crânes qui semblent regarder passer le visiteur. On lit çà et là des vers de Lemierre, de Lamartine, de Delille et de Malfilâtre. Des inscriptions indiquent de quels cimetières proviennent les ossements entassés dans les diverses travées.

Une collection minéralogique faite aux Catacombes offre des échantillons de bancs calcaires, marneux, argileux du bassin de Paris. Dans une autre collection, dite pathologique, sont classées avec méthode toutes les espèces d'ossements déformés par quelques maladies.

Il y en a, dans un coin retiré, un monceau énorme qui attend encore que le funèbre architecte les mette en œuvre. On évalue à trois millions le nombre des cadavres accumulés par les siècles dans les cimetières dont les Catacombes ont recueilli les restes. Dans une de ces galeries, on voit un tombeau dit de Gilbert, avec les quatre vers célèbres.

Au banquet de la vie, etc.

Quelques filets d'eau provenant de sources souterraines, et recueillis dans un bassin, ont formé une fontaine qui a pris le nom de fontaine de la Samaritaine. On y avait jeté, en 1813, des dorades chinoises, qui y vécurent longtemps, mais sans se reproduire.

On ne visite pas toute l'étendue des carrières, plusieurs particuliers ont des puits dans leurs propriétés, et la plupart ont su se faire d'excellentes caves dans les anciennes carrières.

Il existe aussi un mur d'enceinte qui fut construit à l'aplomb de l'ancien mur d'enceinte de Paris, pour empêcher la fraude que pratiquaient impunément d'adroits contrebandiers.

L'air, dans ces galeries, dont l'une s'étend jusqu'à 7 kilomètres, est épais et imprégné d'une sorte d'humidité âcre : on finit par s'y trouver oppressé.

La visite achevée, la porte du caveau retombe. On suit de nouveau la bande noire, fil d'Ariane de ce funèbre séjour. Lorsqu'on a rejoint l'escalier par où l'on est entré, le gardien s'assure, en les comptant, qu'aucun des visiteurs n'est resté. En voyant la lumière, on éprouve une satisfaction véritable et une sorte de soulagement.

Des ingénieurs spéciaux visitent périodiquement les Catacombes, afin de constater la bonne tenue des immenses ouvrages de consolidation qui soutiennent les voûtes de ces cryptes.

Quelques personnes sont ordinairement admises à accompagner les ingénieurs dans cette exploration. C'est d'ailleurs la seule circonstance où l'accès des Catacombes soit ouvert au public.

Il y a vingt-cinq ans, elles étaient l'objet d'une curiosité très-vive et en quelque sorte le but d'une promenade à la mode. Des accidents nombreux ont déterminé l'administration à ne plus y autoriser de visites isolées.

CHAPITRE VIII.

Le Mont-Parnasse. — Le cimetière. — Le contre-amiral Dumont d'Urville. — Le sergent Bertrand.

Comme pour conserver à ces parages un caractère sépulcral, on y a établi le cimetière le plus important de la rive gauche de la Seine.

Les écoliers de l'Université se rassemblaient fréquemment sur une éminence située au sud des murs de Paris; et soit en plein air, soit dans les cabarets voisins, ils dissertaient sur la littérature et sur la poésie; de là vint ce nom de Montparnasse donné au boulevard qui fut ouvert en vertu de lettres patentes du 9 août 1760.

La rue du Montparnasse fut créée par d'autres lettres patentes en date du mois d'octobre 1773. Le vieux Roussel, curé de Vaugirard, fut autorisé à échanger des terrains avec un nommé Morel, qui se chargea d'ouvrir à ses frais une rue de 30 pieds de largeur pour communiquer de la rue Notre-Dame-des-Champs au boulevard.

Le cimetière de Montparnasse date de 1826; il remplaça les cimetières supprimés de Vaugirard, de Clamart et de Sainte-Catherine. Il renferme quelques tombes qui sont l'objet de pieux pèlerinages : les hommes politiques vont visiter celle des quatre sergents de La Rochelle, simple tertre de gazon surmonté d'une colonne tronquée; les poëtes s'arrêtent devant la pierre qui recouvre la dépouille mortelle d'Hégésippe Moreau; les étudiants en médecine peuvent rêver la gloire devant le mausolée du chirurgien Lisfranc.

Ce fut au cimetière du Montparnasse que l'on porta la plupart des victimes de la catastrophe arrivée sur le chemin de fer de Versailles le 8 mai 1842. Parmi les corps calcinés, on reconnut avec douleur le contre-amiral Dumont d'Urville, sa femme et son fils unique, âgé de quatorze ans. L'illustre marin avait fait deux fois le tour du monde; il avait obtenu son grade le 31 décembre 1840, après plus de trente-cinq ans de navigation, et il était venu mourir misérablement, à peine âgé de cinquante ans, au retour d'une fête et dans un wagon incendié !

Les vieux Parisiens se souviennent de l'impression pénible que causa la catastrophe du 8 mai, et du recueillement avec lequel furent suivies les obsèques de Dumont d'Urville, de sa femme et de son fils. Elles furent célébrées, le 10 mai, à onze heures, en l'église de Saint-Sulpice. Un nombre considérable de notabilités de l'armée, de la marine et des sciences vinrent payer un dernier tribut de regret à cette malheureuse famille.

Le cortège marchait dans l'ordre suivant : un détachement de gardes municipaux ouvrait la marche; venaient ensuite les trois corbillards, celui du fils d'abord, puis celui de la mère, et enfin celui de l'amiral entouré d'une double haie de marins en grand uniforme. Les cordons étaient tenus par MM. Villemain, ministre de l'instruction publique, le vice-amiral Labretonnière, Beautemps-Beaupré et de Jusslieu. Le deuil était conduit par MM. Hambron et Vincendon-Desmoulins; parmi les assistants, indépendamment des parents et amis, étaient l'amiral Duperré, ministre de la marine et des colonies; l'amiral Roussin; les vice-amiraux Rosamel, Halgan, Verhuel, Lalande, Willaumez, Jurien de La Gravière, Grivel, Lemaran, de Mackau, Ducrest de Villeneuve, Bougainville; les officiers de marine présents à Paris; un grand nombre d'officiers supérieurs et autres de la garnison; des pairs de France; des députés; un officier d'ordonnance du roi; le comte de Grave, lieutenant de vaisseau venu dans une voiture de la cour; des députations de l'Institut, du Conseil royal de l'instruction publique, représentées par MM. le baron Thénard, Rendu et Burnouf; du Muséum, des Sociétés de statistique, de géographie, d'hydrographie; le corps des ingénieurs hydrographes, le Bureau des longitudes; les élèves du collége Louis-le-Grand, condisciples du jeune Dumont d'Urville; les maire et adjoints du XIe arrondissement; tous les chefs de bureau et employés du ministère de la marine, etc.

Le cortège était escorté par des détachements des 22e léger, 3e, 12e et 68e de ligne, et précédé du corps de musique du 12e régiment de ligne, qui exécutait des marches et des symphonies funèbres.

Dans l'église Saint-Sulpice, un triple catafalque avait été élevé au milieu de la croix de la nef : à gauche, celui du fils recouvert d'un drap de soie blanc parsemé d'étoiles d'or; à droite, celui de la mère, et au milieu le catafalque de l'amiral dominant les deux autres.

Après le service, le cortège se remit en marche dans le même ordre et se dirigea vers le cimetière du Montparnasse, où les restes de cette malheureuse famille furent déposés dans un terrain désigné par M. le préfet de la Seine et dont la concession à perpétuité fut votée par le conseil municipal de la ville de Paris.

En 1849, le cimetière du Montparnasse fut le théâtre d'horribles profanations, et un piége tendu par les gardiens amena la découverte du coupable.

Vers l'année 1847, une violation de sépulture avait été commise à Bléré, près de Tours. La femme du fossoyeur crut remarquer dans les ténèbres que l'auteur de ce crime devait être un des jeunes soldats de la troupe alors en passage à Bléré. Cette affaire n'eut aucune suite.

Plus tard des profanations semblables furent remarquées au cimetière du Père-Lachaise, mais on ne put en découvrir l'auteur. Cependant une nuit un garde du cimetière trouva blotti dans une fosse fraîchement creusée, François Bertrand, âgé de vingt-cinq ans, né à Voircy (Haute-Marne), enrôlé volontaire, sergent à la 3e compagnie, 2e bataillon du 74e de ligne.

Il était revêtu de son costume militaire.

Aux questions qui lui furent adressées, Bertrand répondit avec le plus grand calme : « Je suis venu à un rendez-vous d'amour, j'attendais une femme, le sommeil m'a surpris dans ce tombeau où je m'étais blotti. » Les gardiens le reconduisirent à la caserne de Reuilly, où était son régiment.

Les profanations recommencèrent la nuit suivante; mais à peine eurent-elles cessé au Père-Lachaise qu'un fait analogue fut constaté à Ivry, et en effraya les habitants.

Une maladie rapide avait enlevé à ses parents une jeune fille de sept ans. Elle fut placée dans sa bière revêtue de la plus belle de ses robes, ayant à ses côtés les joujoux qu'elle avait le plus affectionnés. La nuit suivante on trouva la fosse et le cercueil de l'enfant ouverts, les vêtements en lambeaux, le cadavre mutilé.

Une main sacrilége avait fouillé dans les entrailles, et en avait arraché le cœur. Aucune trace de vol n'ayant été constatée, on attribua cette incompréhensible exhumation au père de l'enfant. Les auteurs de cette rumeur prétextaient que ce malheureux père, égaré par sa tendresse, avait cherché à se procurer des reliques chéries. Une enquête eut lieu dans ce sens, et n'eut pour résultat que la proclamation de l'innocence du père qui porta plainte devant le procureur de la République.

La plus active surveillance n'aboutit à rien. Ce fut ensuite au cimetière Montparnasse que des violations de sépultures furent signalées. Chaque matin, quelque temps après les journées de juin 1848, les gardiens du cimetière trouvaient des cadavres de femmes arrachés de leur sépulture, mutilés, étendus sur le sol dans des allées peu fréquentées, jetés sur des dalles tumulaires, où l'on semblait avoir pratiqué de mystérieuses opérations.

Cette surveillance n'amenant aucun résultat, les gardiens du cimetière Montparnasse imaginèrent de dresser un piége. Un canon de fusil chargé de mitraille jusqu'à la gueule fut placé sur une tombe et recouvert de zinc et de couronnes.

L'embouchure du canon fut dirigée vers un mur haut de près de neuf pieds, où l'on avait remarqué des traces d'escalade. Un fil de fer attaché à la détente devait, à la première tentative d'escalade, faire partir la batterie. On se tint sur ses gardes pour accourir au bruit de la détonation.

Vers minuit, une épouvantable explosion se fit entendre; les gardiens s'élancèrent et aperçurent un homme déjà entré dans le cimetière, et qui à leur vue, bondissant avec une extrême légèreté, s'élança de l'autre côté du mur. Les gardiens lui tirèrent encore un coup de fusil; mais la crainte de s'entre-tuer dans les ténèbres leur fit cesser leur poursuite. Le mur, si légèrement escaladé par l'inconnu, était d'ailleurs un obstacle infranchissable pour eux. On prit des falots et l'on examina les alentours. Il y avait du sang, des lambeaux de vêtements militaires et des empreintes de pas. Un rapport fut adressé au préfet de police; mais la justice eût pu encore se trouver en défaut sans un événement où la mort venait en quelque sorte donner son funèbre témoignage.

Le jour de l'exécution de Daix et Lahr, les troupes postées aux environs de la barrière Fontainebleau s'étendaient jusqu'aux abords du cimetière. Le fossoyeur qui creusait la fosse des suppliciés entendit deux sapeurs du 74ᵉ raconter qu'un sergent de leur régiment avait été la veille cruellement blessé au Val-de-Grâce. Il avait reçu un coup de mitraille et ne donnait que de vagues explications sur l'accident dont il était victime. Le fossoyeur prêta l'oreille, et comme la profanation était connue de tous les employés du cimetière, il se hâta d'avertir la justice.

On se transporta au Val-de-Grâce.

Sur un lit gisait, criblé de cinq blessures, le sergent Bertrand.

Pourtant, comment le soupçonner? Entré au service le 28 janvier 1844, il s'était toujours bien conduit, et remplissait honorablement les fonctions de secrétaire du trésorier du régiment.

Une information eut lieu, et Bertrand fit à M. le docteur Marchal de Calvi, chirurgien-major au Val-de-Grâce, les aveux les plus complets. Nous devons ajouter que les aveux que M. Marchal de Calvi obtint comme médecin, il n'en fit part à la justice qu'après que Bertrand lui-même eut parlé et l'eut autorisé à tout dire aux magistrats instructeurs.

Bertrand fut traduit, le 10 juillet 1849, devant le deuxième conseil de guerre de la première division militaire; il avoua qu'il lui était arrivé d'ouvrir, dans une seule soirée, dix ou quinze cercueils, et qu'il prenait un affreux plaisir à mutiler les cadavres, à leur arracher les entrailles, à en disperser les lambeaux. Considéré comme monomane, il fut condamné seulement à un an de prison et aux frais de la procédure.

CHAPITRE IX.

Théâtre du Montparnasse. — Les Mille-Colonnes. — Richefeu. — La Californie. — Le cabaret de la mère Saguet. — Un coup d' picton. — Les Joyeux et les frileux. — La Grande-Chaumière.

Que l'on fasse quelques pas en dehors du cimetière, et tout près de ces murailles nous entrons dans une sorte de pays de Cocagne : une longue rue, qui s'étend jusqu'au XVᵉ arrondissement, s'appelle la rue de la Gaîté. Les bals, les restaurants, les cabarets foisonnent, et, le soir, la foule se presse aux portes d'un théâtre.

C'était d'abord une petite salle, construite en 1818 par les frères Séveste, et dont les quatre cents places n'étaient pas toujours occupées. M. Larochelle la fit rebâtir en 1856, et porta ce nombre à huit cents places qui ne suffisent pas dans les grandes représentations. Sur cette scène se sont essayés des acteurs célèbres ou estimés depuis, tels que Beauvallet, Félix, Surville, Alcide Tousez, Villars, Lafontaine et l'excellent comique Laurent.

Dans la même rue se dessine une porte monumentale, qu'une toiture chinoise, étincelante de briques multicolores, surmonte en manière de fronton. Sur le pignon, une Vénus danse en s'accompagnant du tambour de basque. Sous le cintre de la porte, derrière la grille d'entrée, verdoient les massifs d'un jardin. Aux deux côtés, dans des niches ouvragées, de petits amours tiennent des torches. Au-dessus d'eux sont placés en cariatides des amours joufflus, au sourire narquois; l'un pince de la lyre ; l'autre joue de la flûte; un troisième chante dans un mirliton. D'un côté du portique est un restaurant, de l'autre, un café; tous deux sont réunis par un pont jeté derrière le portique et fermé par des vitraux de couleur.

C'est l'établissement des *Mille-Colonnes*, dirigé par Constant père et fils. Le père était un simple ouvrier forgeron, qui, après avoir gagné quelque argent dans son rude métier, chercha une occupation plus agréable et plus lucrative. Il prit pour architecte Duquesney, qui éleva rue de la Gaîté, en 1833, un édifice dans le style italien, d'une architecture svelte et légère. Le vestibule, avec son double escalier, est un des plus beaux que nous connaissions. Cette construction consolida la réputation de Duquesney, auquel fut confiée, comme nous l'avons dit, l'exécution de la gare de Strasbourg.

De 1857 à 1859 de grandes améliorations ont été apportées à l'établissement des *Mille-Colonnes*, sous la direction d'Edmond Plaine. La salle qui sert aux bals d'hiver et aux banquets a été peinte à fresque par MM. Arban et Gagnères. Les murailles et le plafond sont garnis de treillages sur lesquels serpentent des feuilles et des fleurs, et dans la voussure qui fait face à l'orchestre, une nymphe aux formes gracieuses, qui joue du triangle, semble sortir des mains de Prud'hon.

Avant que cette salle fût aussi richement décorée, dans les premiers temps des *Mille-Colonnes*, des amateurs de danse qui voulaient faire une concurrence au *Bal Chicard*, organisèrent chez Constant le *Bal des gigoteuses*. Le second était une exagération du premier; dans l'un, les toilettes étaient fraîches et légères; dans l'autre, les corsages montaient et les jupes descendaient le moins possible; des pas qui paraissaient risqués aux *Vendanges de Bourgogne* étaient presque modestes aux *Mille-Colonnes*. Les rédacteurs du programme de chaque fête se bourraient de tant de gaudrioles, que la police hésitait toujours à donner l'autorisation indispensable. Un jour elle la refusa, et les excentricités chorégraphiques furent bannies du bal Constant. C'est un de ces bals où se confondent plusieurs classes et plusieurs catégories : le bourgeois y coudoie l'ouvrier; et à côté de femmes de mœurs faciles, de respectables mères de famille sont assises, tandis que leurs enfants jouent autour de l'espace réservé aux danses, et forment entre eux des quadrilles en miniature. Dans les belles soirées d'été, plus encore qu'en hiver, le bal Constant offre un spectacle de joie et d'animation. Un puissant orchestre, conduit par Florentin, emplit les oreilles et suscite, pour ainsi dire, des fourmillements dans les muscles fémoraux des moins ingambes. Les musiciens sont rangés sur une estrade, dont le soubassement surgit du milieu d'une corbeille de fleurs; le plan incliné de la toiture du kiosque où ils sont placés est soutenu par deux rangs de colonnes inégales; un lustre illumine les musiciens, et ses clartés, mêlées à celles des girandoles de gaz, se projettent sur la foule pétulante et rieuse.

La maison des *Mille-Colonnes*, une fois incorporée à Paris, a voulu se mettre à la hauteur du Paris nouveau. Dans les derniers jours de 1859, des terrains et dépendances étaient achetés à droite et à gauche pour être ajoutés au bal et au jardin. Les *Mille-Colonnes* opéraient aussi leur annexion; elles s'agrandissaient d'un vaste estaminet annexé au restaurant primitif par le pont jeté sur le jardin. Le jardin lui-même était augmenté du double, embelli de plantations et de massifs, de jets de lumière.

Edmond Plaine a su compléter le projet de Duquesney; il a compris qu'en touchant à l'œuvre de son prédécesseur, il devait, sans en détruire l'harmonie, en continuer le bon goût et l'heureuse perspective. Aussi quelques centaines de mille francs ont été dépensés pour satisfaire le public qui devient chaque jour plus exigeant; mais qu'importe une audace de plus à des hommes intelligents qui sont de leur siècle et qui ne reculent devant aucun risque quand il s'agit de conquérir la vogue de gré ou de force, et de marcher avec le progrès, notre souverain à tous?

Non loin des *Mille Colonnes* est le restaurant Richefeu, dont la vaste cuisine alimente des milliers d'ouvriers; puis *la Californie*, établissement fondé par M. Cadet à l'usage des pauvres gens qui mangent pour vivre, parce qu'avec la meilleure volonté du monde il leur serait impossible de vivre pour manger. Ce restaurant n'est qu'un vaste hangar, pareil aux maisons de bois des premiers colons américains. Les tables et les bancs, tant à l'intérieur que dans les cours voisines, sont de la forme la plus rudimentaire. Grâce à cette absence de luxe, les consommateurs peuvent se procurer des portions au rabais et se remplir l'estomac moyennant 50 ou 60 centimes par repas. *La Californie*, malgré son titre séduisant, qui n'est qu'une antiphrase, comme *lucus à non lucendo*, n'a point de richesses à offrir, et les voyageurs qui s'y aventurent ne lui en apportent pas. Ces sont des ouvriers gênés, des chiffonniers, des gens sans place, des bohémiens littéraires, enfin de ceux dont les ressources n'égalent pas l'appétit, ou de ces épicuriens de bas étage qui se grisent à bon marché. On trouve à *la Californie* plus de blouses et même de haillons que d'habits, et l'affluence y est nombreuse.

On y consomme annuellement :

Deux mille neuf cent vingt pièces de vin, à raison de huit par jour en moyenne;

Un million huit cent vingt-cinq mille portions de bœuf, veau et mouton, à raison de cinq mille par jour;

Cent trente-deux mille kilogrammes de haricots, et autant de pommes de terre;

Cent vingt pièces d'huile et de vinaigre.

En traversant une des cours de *la Californie*, on débouche sur la Chaussée du Maine, ainsi nommée parce que c'était le chemin de cette province. Depuis longues années cette Chaussée est le rendez-vous des buveurs des faubourgs Saint-Jacques et Saint-Marceau. Sa réputation a éclipsé celle des guinguettes de la route d'Italie ou du Petit-Gentilly, sur lesquelles les chiffonniers lui donnaient dès longtemps la préférence, comme l'atteste une chanson populaire composée en 1825 :

> Dans un cabaret, barrière du Maine,
> Au temps où le vin se vendait six sous,
> Lorsque, pour six blancs, on avait sans peine
> Un plat de goujons et de lard aux choux,
> Un vieux chiffonnier, à la mine altière,
> Casquette levée et le croc au poing,
> S'en vient demander si sa personnière
> N'est pas, par hasard, restée dans un coin?

De l'autre côté de la Chaussée du Maine, au pied du Moulin de Beurre, était jadis le cabaret de la mère Saguet. Des littérateurs, des artistes, des chansonniers, des membres du Caveau, s'y réunirent longtemps. Ils avaient plus ou moins d'esprit; ils chantaient d'une voix plus ou moins juste; mais tous vidaient sans broncher les litres et les bouteilles. Charlet en était le doyen et il y avait conduit son élève Poterlet, dont la constitution ne résista pas à ce régime. Raffet y crayonna ses premières esquisses populaires; Thiers et Mignon y parurent. Édouard Donvé y chantait, avec accompagnement de guitare, des parodies de romances et des chansonnettes comiques, et il était vivement applaudi par Billioux le gastronome, et par Davignon, le plus fameux des peintres de lettres et d'attributs qu'on ait connu depuis l'invention des enseignes.

Que de chansons sont écloses dans ce bouge! Entonnées par des voix dont la multiplicité des rasades avait altéré la sonorité, elles avaient, par compensation, l'inestimable saveur de ces œuvres spontanées qui jaillissent du vin, qui voltigent autour des tables rougies, de ces œuvres enfin qui sentent leur fruit, qui ont un goût de terroir.

En voulez-vous une preuve? Écoutez !

LE COUP DE PICTON

Nota. Le Dictionnaire des sciences naturelles de M. D'Avignon dit que le mâle de la Piquette est le *Piqueton*. Ce n'est que par suite d'une profonde corruption de langage, que les ivrognes et les poètes disent *Picton*.

Air : *De la Contredanse de la Croix d'or.*

> Un coup d' picton !
> Moi j' men fiche,
> Il faut que j' liche
> Un coup d' picton,
> J'aime mieux l'huil' que l'coton.

> Picton, liqueur charmante,
> Nectar des malheureux,
> Tu vaux bien qu'on te chante
> A la face des cieux.
> Point d' chagrins domestiques
> Que ne fasse finir,
> Point d'enn'mis politiques
> Que n' puisse réunir...
> Un coup d' picton, etc.

> Riches, au sein des fêtes
> D'où le plaisir a fui,
> Oh ! que vous êtes bêtes
> De payer cher l'ennui !
> Un coup d' picton réveille
> Le pauvre en son chemin
> Et lui cache la veille
> Les poin's du lendemain...
> Un coup d' picton, etc.

> Je ne puis vous le taire,
> J' suis pris d'un mal subit;
> Déjà ma voix s'altère,
> Au milieu d' mon récit :
> Je n' fais pas la béguenlo,
> Vrai, je m' sens défaillir;
> Si vous m' rinciez la gueule,
> Ça m' f'rait bien du plaisir...
> Un coup d' picton, etc.

> Ce vieux soldat naguère
> Illustra son pays,
> Mais les ans et la guerre
> N'en ont fait qu'un débris :
> Qui le rend plus loquace,
> Qui le rend radieux,
> Qui rajeunit sa face,
> Qui le rend amoureux ? !
> Un coup d' picton, etc.

> Nos chambres discoureuses
> N'offrent à tous les yeux
> Que discussions creuses
> Et des estomacs creux;
> Qu'on m' donn' la présidence,
> Moi qui sais tout oser,
> J'ouvre chaque séance
> En venant proposer...
> Un coup d' picton, etc.

> La chanson, camarades,
> Que j' viens de composer,
> Est comme ces plant's malades
> Qu'il faut bien arroser :
> Pour me tirer d'affaire,
> A l'av'nir, s'il vous plaît,
> Vous mettrez dans vot' verre,
> Entre chaque couplet,

> Un coup d' picton !
> Moi j' men fiche,
> Il faut que j' liche
> Un coup d' picton
> J'aime mieux l'huil' que l' coton.

Par J.-V.-B. DORILAS,
Poitrinaire, et, par conséquent, membre de la Société de tempérance de Paris et banlieue.

Les habitués de la mère Saguet composaient la Société des Joyeux; l'hiver, ils rentraient dans Paris, et constituaient alors la Société des Frileux, dont nous reproduisons textuellement les statuts :

« La Société des Frileux a pour but principal de continuer, pendant l'hiver seulement, la réunion des *Joyeux*.

« Son siége est établi chez M. Guignet, marchand de vin traiteur, rue de Sèvres, n° 59, au coin de la rue Sainte-Placide.

« Le premier mardi de chaque mois, du 1er novembre au 1er mai, les Frileux sont convoqués pour un Banquet lyrique dont le prix est invariablement fixé à 4 fr. 25 cent. (café compris). A six heures précises, à table. — Puis ouverture des chants, et continuation d'iceux jusqu'à extinction de poumons naturels.

« Il est expressément défendu, quels que soient d'ailleurs son mérite et son auteur, de chanter plus de *deux fois* la même chanson durant chaque session des Frileux.

« Surtout point de politique, parce que c'est embêtant.

« Pour entretenir leur douce et franche confraternité, les *Frileux* ont leurs petites soirées les mardi, vendredi et samedi. A sept heures, le vin sur table et le piquet à quatre. — Un eau la marque. — Qui touche mouille. — Les non-joueurs payent autant que ceux qui ont pris le plus de marques.

« A dix heures un quart, on arrête les frais des opérations de la Société, toutes expressément au comptant.

« En résumé, 1er mardi, Banquet. Mardi, vendredi et samedi, soirées amicales, gaies et pas cher!

« Et voilà!! »

Les joyeux et les frileux n'admettaient pas les premiers venus dans leur rang. Pour recevoir l'honneur d'une invitation, il fallait être connu pour un convive spirituel et amusant. Ce n'était qu'à bon escient que le président envoyait une lettre dont voici le modèle :

SOCIÉTÉ DES FRILEUX

CABINET DE M. LE PRÉSIDENT (CONFIDENTIELLE). — N°

Celui qui néglige de répondre aux invitations pour les Banquets n'a point de couvert mis.

(BRILLAT-SAVARIN.)

« 3 novembre 1838.

« Mon cher camarade,

« Je vous remets ci-joint un exemplaire de la charte constitutive de la Société des Frileux, qui vous compterait avec bien du plaisir au nombre de ses membres ou de ses visiteurs, comme vous voudrez.

« Notre but est bien simple : se réunir entre bons camarades qui s'esttiment et se conviennent, pour passer en jouant à petit jeu, en causant et en chantant, et tout cela à peu de frais, les longues soirées d'hiver dont nous sommes menacés.

« Remarquez bien qu'il y a parmi nous entière liberté : venir aux banquets n'oblige pas à venir aux soirées (et viça versez) ; mais comme nous serons chez nous, dans une salle à nous, nous ne voulons pas admettre le *premier venu*, et nous avons préalablement besoin de l'adhésion des amis que nous consultons.

« Je viens vous demander la vôtre, monsieur et cher camarade, parce que votre caractère sympathique avec le nôtre, et que la Société trouverait en vous un bon et loyal vivant.

« Veuillez donc me faire connaître vos intentions à ce sujet, et si nous pouvons compter sur vous pour le banquet d'inauguration de la Société des *Frileux*, qui aura lieu mardi prochain, 6 novembre, chez Guignet, rue de Sèvres, n° 59, au coin de celle Sainte-Placide.

« Je vous prie aussi de garder *pour vous seul* la présente lettre et le badinage qui l'accompagne. Nous ne cherchons point de prosélytes en dehors de ceux à qui elle sera adressée. Je vous dirai, quand nous nous verrons, les autres petites raisons de localités qui me font désirer que notre fondation ne soit connue que de vous. Je réclame à cette occasion votre délicate discrétion.

« A vous bien dévoué,

« J.-V. BILLIOUX,

« (franco) chez M. Guignet, rue de Sèvres, 59. »

Hélas, la plupart des Joyeux reposent aujourd'hui sous les arbres du cimetière voisin ! Billioux est mort pléthorique ; Davignon s'est laissé tomber du haut d'un échafaudage, place du Châtelet. Les deux maîtres du crayon, Charlet et Raffet, ont disparu du monde sans laisser de successeurs.

Accordons encore un regret à la Grande-Chaumière, détruite après soixante années d'existence. Elle avait été fondée en 1788 par un Anglais, nommé Tinkson; on y dansait en plein vent dans une enceinte qu'entouraient des cabanes où se débitaient des rafraîchissements. Un sieur Fillard s'associa à Tinkson, et substitua aux cabinets couverts en chaume un bâtiment de deux étages. Sous l'Empire, la Grande-Chaumière fut fréquentée principalement par les militaires et les bourgeois du quartier du Luxembourg; elle s'enrichit vers 1814 de montagnes russes et d'un tir au pistolet. Après 1830, les étudiants l'adoptèrent, ainsi que leurs sémillantes compagnes, parmi lesquelles brillait Clara Fontaine, qui fut couronnée la reine des étudiantes; elle était née à Bordeaux, le 25 janvier 1820, et, pendant plusieurs années, cette belle brune à la taille cambrée trôna sans conteste à la Grande-Chaumière. Qu'est-elle devenue? nous l'ignorons ; mais elle peut être considérée comme une des créatrices de la danse échevelée.

Dans les derniers temps la Grande-Chaumière avait pour propriétaire M. Lahire, qui présidait en personne aux quadrilles et aux polkas, et lançait d'une voix tonnante un formidable *quos ego*, quand il remarquait des allures trop impétueuses et des gestes trop désordonnés.

Fière de son antique renommée, la Grande-Chaumière se croyait invincible : quel jardin était mieux dessiné, ombragé de plus beaux arbres ? Mais de toutes parts s'élevèrent des établissements rivaux. Bullier créa la Closerie-des-Lilas, et bientôt les étudiants oublièrent le chemin de l'asile cher à leurs devanciers.

CHAPITRE X.

Mairie du XIVe arrondissement. — Les Jésuites à Montrouge. — Le Géorama. — Chemin de fer de Sceaux.

Les villages du Montparnasse, de Plaisance et du Petit-Gentilly sont entièrement englobés dans Paris. Montrouge a donné au XIVe arrondissement une mairie et un hospice. La mairie, construite en 1852, renferme les bureaux de l'état-civil, le prétoire de la justice de paix et des écoles primaires pour les enfants des deux sexes; elle est en pierres de taille, et heureusement distribuée. L'entrée principale, en forme de péristyle, est surmontée d'une tour dont le dessin est original. Elle rappelle ces anciens beffrois des villes du nord de la France, qui ont joué un rôle si important dans l'histoire de l'affranchissement des communes.

L'hospice, créé par M. de Larochefoucauld, contient deux cent quarante-six lits. Des indigents ou d'anciens employés y sont reçus en payant une modique pension annuelle, ou moyennant une somme une fois donnée.

Montrouge tire son nom du Gui le Rouge, seigneur de Montlhéry. Au XVIIIe siècle, ce village se peupla de belles maisons de campagne, dont les principales appartenaient à la comtesse de Guerchi, dame de Montrouge, au duc de La Vallière, au critique Fréron, et aux Jésuites. Ceux-ci, quand ils reparurent avec la dynastie des Bourbons, établirent à Montrouge une maison dont le nom revient souvent dans les écrits du temps que celui de Saint-Acheul. Sur Montrouge pleuvaient, en 1826, d'innombrables pamphlets in-32 : *la Destruction des Jésuites*, par un ancien magistrat; *les Jésuites en goguettes, ou une scène à Montrouge*, par E.-C. Piton; *le Petit Jésuite*, par Raban; *Voltaire et un Jésuite*, dialogue en vers, par Constant Taillhard; *le Miroir des Jésuites*, par H. B.; *les Jésuites peints par eux-mêmes*, pour faire suite au *Monita secreta*; *la Conspiration des Jésuites dévoilée*, par le comte de Montlosier; *l'Ombre d'Escobard*, par C. Dinocourt; *l'Instruction adressée aux princes, touchant la manière dont les Jésuites se gouvernent*, par une personne religieuse et tout à fait impartiale; *l'Argus des Jésuites*, avis aux princes, dédié aux mânes de Henri IV, etc., etc. Les poètes Méry et Barthélemy, dans leur *Épître à M. le président Séguier* (Paris, 1826, in-32), disent de la maison de Montrouge :

Aux portes de Paris, dans un champ désolé,
S'élève un monument, de grands arbres voilé;
D'un génie inconnu la main réparatrice
De décombres épars maçonna l'édifice;
Merveilleuse oasis, où le prêtre romain
S'arrête, pour charmer les ennuis du chemin :
C'est Montrouge ! c'est là que la cité papale
Fit, par ses lieutenants, fonder sa succursale;
C'est là que de Fortis les abbés recruteurs,
De jeunes chérubins fougueux instituteurs,
Du zèle qui dévore armant les plus timides,
Au Vieux de la Montagne élèvent des séides !

Au mois de juillet 1830, les Révérends Pères prirent la fuite. Le 50ᵉ régiment de ligne avait été envoyé pour les garder; dans la soirée du 28, M. Armand Leullier, maire de la commune, et M. Nestor Roqueplan, gérant du *Figaro*, le décidèrent à capituler. Les soldats fraternisèrent avec la garde nationale, et se rendirent le lendemain à l'Hôtel de Ville pour se mettre à la disposition du gouvernement provisoire.

Une des rues voisines de la mairie rappelle le Géorama, créé en 1843 par un habile géographe, M. Sanis. C'était une reproduction très-réduite de la France, avec ses montagnes, ses plaines, ses forêts et ses cours d'eau. Les villes y étaient représentées par des groupes de maisons plus ou moins importants. Les élèves qui étaient mis en présence de ce plan connaissaient mieux la géographie de la France, au bout de quelques visites, que s'ils l'eussent étudiée longtemps dans les livres; et il est fâcheux que ce travail consciencieux ait été détruit.

Montrouge possède des fabriques de bougies, bouchons, briques, vermicelle, amidon, caoutchouc, toiles cirées, chandelles, huiles, formes, encre d'imprimerie, carton-pâte et pierre factice, poterie, café-chicorée, ouates, limes, cuirs vernis, noir animal, produits chimiques, parfumerie et savons. L'abbé Jacques-Paul Migne, qui était venu de Saint-Flour à Paris, en 1833, pour créer feu *l'Univers religieux*, a fondé et dirige, chaussée du Maine, 127, une imprimerie considérable, d'où sont sorties l'*Encyclopédie catholique* et la *Patrologie*.

Les horticulteurs de Montrouge, par la variété de leurs rosiers et la beauté de leurs plantes de serre chaude, ont mérité de nombreuses médailles d'or.

Du centre du XIVᵉ arrondissement part le chemin de fer de Sceaux et d'Orsay; la gare a été bâtie de 1845 à 1846, sous la direction de l'ingénieur Dulong et sur des terrains minés par plusieurs branches des catacombes, ce qui a exigé de grands travaux de consolidation. L'arrivée et le départ des trains s'effectue sans manœuvres et sans plaques tournantes : le chemin est disposé de manière à résoudre le problème des courbes à petits rayons; les wagons sortent de la gare d'un côté et rentrent de l'autre, en décrivant un demi-cercle autour d'un parterre.

FIN DU QUATORZIÈME ARRONDISSEMENT.

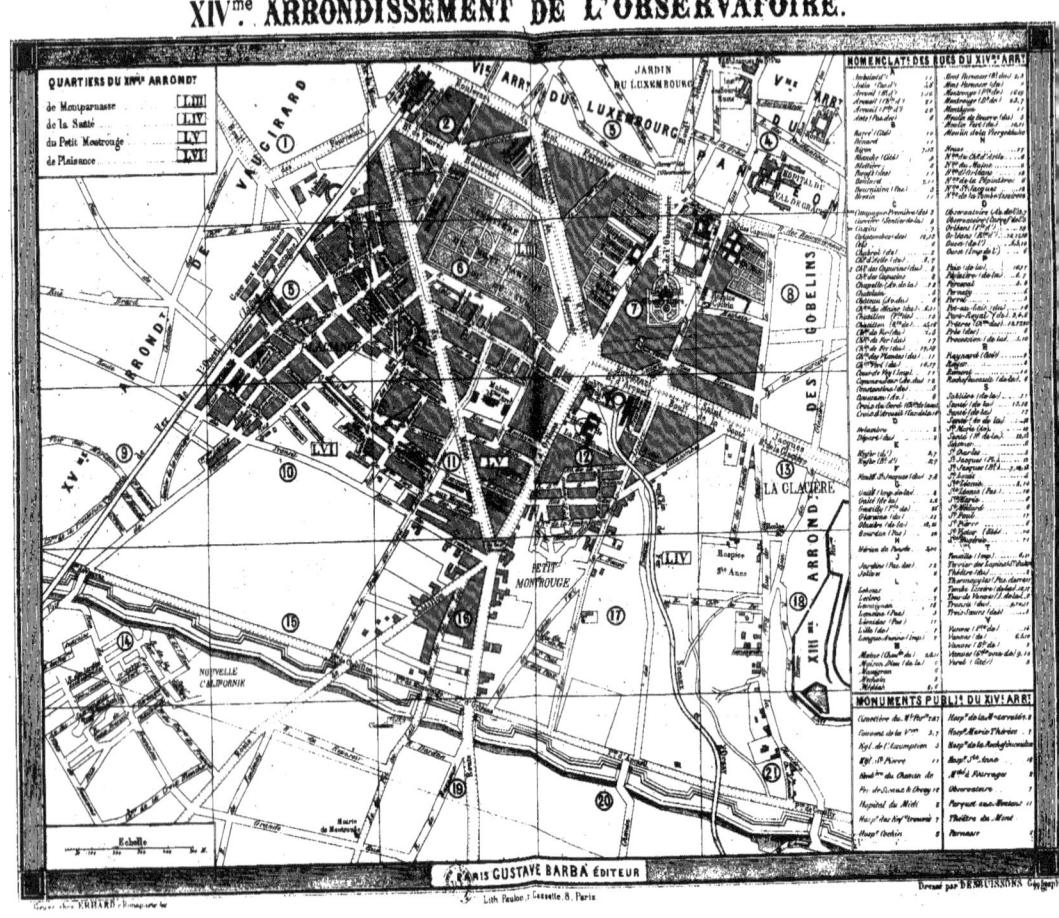

Les abattoirs de Grenelle.

VAUGIRARD. — QUINZIÈME ARRONDISSEMENT.

CHAPITRE PREMIER.

Gare du Montparnasse. — Hôpital Necker. — Hôpital des Enfants-Malades.

Un chemin de fer sépare le XIV° du XV° arrondissement. A la place où s'ouvrait pour nos pères la route du Maine, les voyageurs montent en wagon, à la destination de Versailles, de Rambouillet, de Chartres, du Mans, de Laval, de Rennes et autres villes occidentales. Ces lignes sont desservies par la compagnie du chemin de fer de l'Ouest, dont un décret, en date du 17 avril 1855, a autorisé la formation, en limitant la durée des concessions à quatre-vingt-dix-neuf ans, à partir du 1ᵉʳ janvier 1858.

Lorsque cette voie n'allait que jusqu'à Versailles, l'embarcadère avait été placé à droite de la chaussée du Maine, qu'il dominait de plusieurs mètres. Ce chemin devenant la tête d'une ligne importante, le gouvernement résolut de faire construire une gare monumentale sur le boulevard de Montparnasse. Elle fut commencée en 1848 et achevée en 1852, sous la direction de l'ingénieur en chef Baude et de l'architecte Lenoir. La façade, percée de sept arcades à plein cintre, est accostée de deux pavillons, dans lesquels s'ouvrent les deux principales entrées du monument. Les deux faces latérales présentent, au rez-de-chaussée, dix-sept arcades, et autant de fenêtres au premier étage. Toutes deux se développent sur de vastes cours entourées d'une grille. Tout l'édifice, bâti en pierres de taille et en pierres meulières, offre un caractère remarquable de grandeur et de solidité. En y comprenant les salles d'attente,

les bureaux, les remises, il couvre une superficie de 8,000 mètres. Les fondements, qui reposent sur de vieilles carrières, ont été l'objet de soins particuliers.

Pour mettre le nouvel embarcadère au niveau de l'ancien, et rejoindre l'un à l'autre, il a fallu rapporter des terres, les border de murs de soutènement, et jeter un viaduc sur la chaussée du Maine. Les voies principales, celles de croisement et de garage, en y comprenant les cours où stationnent les voitures, au niveau du boulevard, occupent une superficie de 16,000 mètres.

Afin de faciliter les abords des chemins de fer de la Touraine et de la Bretagne, il a été promulgué, le 9 mars 1853, un décret qui approuve le percement d'une rue destinée à relier l'embarcadère du chemin de fer de l'Ouest au carrefour des rues de Vaugirard, Notre-Dame-des-Champs et du Regard. L'exécution de ce projet était déclarée d'utilité publique. La rue a été immédiatement ouverte par voie d'expropriation sur une largeur de 22 mètres.

La rue de Rennes doit être prolongée en ligne droite jusqu'à la Seine, et communiquer à l'aide d'un nouveau pont avec l'ancienne rue des Poulies, qui serait prolongée jusqu'aux halles centrales. Ainsi, le centre de Paris serait mis en communication non-seulement avec la banlieue, mais encore avec un groupe de départements, dont les plus voisins contribuent à l'approvisionner.

Si, du chemin de fer de l'Ouest, nous suivons à droite la ligne des fortifications, nous aurons longé la limite méridionale du XV° arrondissement. La Seine, qui nous arrête, le sépare du XVI°. En remontant le cours du fleuve, nous retournons à notre point de départ, en laissant le Champ de Mars à gauche, par l'avenue de Suffren, la rue Pérignon, l'avenue de Saxe et le boulevard du Montparnasse. L'espace compris entre ces frontières se divise en quatre quartiers : Saint-Lambert, Necker, Grenelle et Javel. Avant de franchir les anciennes barrières, nous nous occuperons d'abord du territoire qu'elles renfermaient.

Le ministre Necker n'est pour rien dans la dénomination du douxième quartier; elle rappelle le souvenir de sa femme, Suzanne Curchod de Nasse, qu'il avait eu le bonheur d'épouser à Genève en triomphant de concurrents qui méritaient aussi bien que lui de l'emporter, entre autres de Gibbon, l'historien de *la Décadence de l'Empire romain*.

Des bénédictines de Rethel, dans le diocèse de Reims, appréhendant des discordes intestines ou des invasions étrangères, se réfugièrent à Paris, où elles fondèrent, rue du Vieux-Colombier, le couvent de Notre-Dame-de-Liesse. Elles se chargeaient principalement de l'éducation des jeunes filles, et elles obtinrent, outre l'approbation royale, la protection de la comtesse de Soissons et de la duchesse de Longueville. En 1645, ces religieuses prirent possession du jardin d'Olivet, maison de campagne qui, avec ses dépendances, avait sur la rue de Sèvres, la façade où se lit actuellement le numéro 151.

La communauté ne prospéra pas; elle disparut en 1778, et ce fut alors que Mme Necker eut l'idée d'employer les bâtiments à la fondation d'un hôpital modèle où régneraient l'ordre et la discipline, et où serait enfin mis un terme à l'abus monstrueux qui entassait plusieurs malades dans le même lit. Moyennant un loyer de 3,000 fr., Mme Necker eut la jouissance du couvent de Notre-Dame-de-Liesse. Elle y fit faire des réparations, et avec la somme annuelle de 42,000 fr. que lui accorda Louis XVI, elle put assurer aux malades 120 lits.

Il est assez étrange qu'une calviniste soit arrivée de Genève pour introduire des réformes dans les hôpitaux de la France catholique; mais un fait incontestable, c'est la supériorité de l'hôpital Necker sur tous ceux qui existaient antérieurement à Paris. Il porta d'abord le nom d'hôpital des paroisses Saint-Sulpice et du Gros-Caillou. La cour d'entrée était carrée et plantée d'arbres; au fond se trouvait la chapelle, construite en 1663. Les croisées des chambres destinées aux malades s'ouvraient sur un jardin botanique ou sur un corridor dont l'air pouvait être renouvelé à volonté. Quelques salles étaient réservées aux malades qu'il était nécessaire d'isoler; les lits, larges de trois pieds et demi, étaient garnis de deux matelas, d'une paillasse, de deux couvertures et d'une courte-pointe. Ils étaient séparés par un intervalle de trois pieds et garnis de rideaux de siamoise ou de toile écrue. En hiver, le rez-de-chaussée était chauffé par des poêles, et le premier étage par des bouches de chaleur. Les ustensiles de cuivre avaient été bannis de la cuisine avec un soin scrupuleux.

Les malades étaient reçus à l'hôpital Necker sur un billet du curé de Saint-Sulpice ou de celui du Gros-Caillou. Leur entrée était constatée par un enregistrement chez le portier, et par celui que la supérieure et le médecin faisaient chacun de leur côté sur des registres particuliers. En outre, on donnait à chaque malade deux cartes : la première portait son nom, et la seconde indiquait le jour de son entrée. Une de ces cartes était attachée au pied du lit du malade, l'autre à ses habits; et quand la maladie était terminée par la guérison ou par la mort, ces deux cartes étaient remises l'une à la supérieure et l'autre au médecin, qui achevait sur leur registre la notice relative à ce malade en constatant sa guérison ou sa mort.

Quatorze sœurs de charité suffisaient au service de cette maison, et se partageaient le travail. Elles étaient aidées par deux infirmières, un jardinier, un sacristain et un portier, et la supérieure veillait à toutes les parties de l'administration. Le service se faisait avec la plus grande régularité. L'attention était continuellement partagée entre la distribution des remèdes et celle des aliments; la propreté des salles et la tranquillité qui y régnaient en tous temps étaient des preuves non équivoques de la discipline salutaire qui s'observait dans cet hôpital.

Pour éviter toute erreur, chaque malade avait au pied de son lit des marques indicatives de l'espèce de régime auquel il était soumis, et le vin ne se distribuait que sur une marque particulière pareillement attachée au pied de son lit.

Les officiers de santé étaient un médecin, un chirurgien-major et un chirurgien-élève.

Le médecin donnait chaque mois à l'administration un tableau nosologique contenant : 1° la température de l'air; 2° la nature et le caractère des maladies qui régnaient; 3° le dénombrement des malades guéris ou morts; 4° une indication des faits les plus extraordinaires et des notes sur les maladies dont l'issue avait été fatale.

On recevait annuellement à l'hôpital des paroisses Saint-Sulpice et du Gros-Caillou environ 1,900 malades, dont les deux tiers étaient des hommes; cette différence ne venait pas de ce que les lits destinés aux femmes étaient en plus petit nombre ou restaient vides, ou de ce que les lits étaient beaucoup plus longtemps occupés par les malades du sexe féminin.

Aujourd'hui, l'hôpital Necker, qui a pris le nom de sa fondatrice après avoir porté celui d'*hospice de l'Ouest* pendant la révolution, compte plus de 400 lits, et reçoit annuellement près de 8,000 malades.

Au n° 140 de la même rue, Languet de Gergy, curé de Saint-Sulpice, avait fondé, sous le titre de l'Enfant-Jésus et avec le concours de Marie Leczinska, une maison destinée à l'éducation de trente jeunes filles pauvres appartenant à la noblesse. Elles devaient fournir la preuve que le chef de leur famille avait eu la qualité de chevalier, et que celle de gentilhomme avait été reconnue à ses descendants au moins pendant deux siècles. Elles étaient reçues à l'âge de dix ans; on leur enseignait tout ce qui était propre à les faire briller dans le monde; mais elles apprenaient en même temps à diriger un établissement agricole, à s'occuper de la boulangerie, de la laiterie, de la basse-cour, du blanchissage, et du jardin; de la maison, dirigée par les filles de Saint-Thomas-de-Villeneuve, dépendait une filature de coton et de lin qui employait une centaine d'ouvrières.

Lorsque les pensionnaires avaient atteint leur vingtième année, elles rentraient dans leur famille avec un trousseau.

A la suppression des maisons religieuses, un grand nombre d'orphelines trouvèrent asile à l'Enfant-Jésus. En 1802, le conseil des hospices affecta cet établissement aux enfants malades, qui jusqu'alors avaient été confondus avec les adultes dans les divers hôpitaux de Paris; les lits sont au nombre de 626, dont 321 pour les garçons et 305 pour les filles. Les enfants y sont reçus de deux à quinze ans. Des consultations et des médicaments sont délivrés gratuitement aux malades amenés du dehors.

Un gymnase a été récemment créé à l'hôpital des Enfants-Malades, qui se trouve dans d'excellentes conditions de salubrité, environné de grands jardins, et enfermant dans son enceinte des bâtiments isolés où sont traités les enfants atteints d'affections contagieuses. La superficie de cet hôpital est de 36,053 mètres 00 centimètres, savoir : en constructions 5,015 mètres 73 centimètres, en terrains 31,083 mètres 17 centimètres.

CHAPITRE II.

Le puits de Grenelle.

La merveille du quartier Necker, c'est incontestablement le puits de Grenelle. Les acqueducs de l'antiquité nous étonnent par leur masse imposante; mais ce fut une entreprise plus hardie de creuser le sol et d'aller chercher dans ses bancs les plus profonds une source jaillissante. Il était beau jadis de prendre l'eau à plusieurs lieues et de lui tracer un canal qui franchissait les montagnes et les vallons; mais, certes, il est plus beau d'avoir fouillé la terre à la profondeur de 547 mètres, de n'avoir pas reculé devant des difficultés qui paraissaient insurmontables et d'être arrivé à fournir chaque jour un million de litres d'eau excellente qui ne contient sur 100 litres que 14 grammes de résidu calcaire.

Le principe des puits artésiens ou puits forés est très-simple : comme tout liquide tend à recouvrer son niveau, si une nappe d'eau, descendue des montagnes, trouve en sa route une issue verticale, elle jaillit avec force, et le jet atteint une hauteur égale à celle du réservoir qui l'alimente.

Fournies par le hasard avant d'être obtenues systématiquement, les sources jaillissantes durent être connues de temps immémorial; c'est probablement un puits foré que désigne le *Cantique des Cantiques*, par le verset 17 du chapitre IV : *Fons hortorum, puteus aquarum viventium, quæ fluunt impetu de Libano* (Fontaine des jardins; puits des eaux vivantes qui coulent avec impétuosité du Liban). L'Artois fut la première province française qui posséda des puits forés : il y en avait un à Lillers dès l'an 1120.

Le puits de Grenelle, le plus remarquable de tous les puits forés, par le volume de ses eaux et leur élévation au-dessus du sol, fut commencé, en 1833, aux frais de la ville de Paris, qui ne se dissimula aucune des difficultés du travail. Elle ordonna d'abord des sondages au carrefour de Reuilly, près de la barrière de Saint-Mandé, au boulevard extérieur du Combat et à celui de la Cunette. L'eau n'étant montée nulle part à la surface, il était évident que les nappes d'eau des bancs de sable supérieurs à la craie, étant coupées par la Seine au-dessous de Paris, n'avaient plus assez de pression pour jaillir au-dessus du sol dans le voisinage de ce point ; il n'y avait à Paris de chance de succès pour les puits artésiens qu'en perçant l'énorme banc de craie sur lequel repose cette ville. L'administration conçut le projet d'en faire l'expérience.

Ce banc occupe une grande partie de la France, des Pays-Bas et même de l'Angleterre. Sur les points où son peu de profondeur permet de le percer facilement, en Artois, dans la Touraine, on a toujours trouvé par-dessous des bancs de sables verts contenant des eaux jaillissantes. Sa profondeur et son épaisseur, à Paris, étant considérables, on ne l'avait jamais percé. C'était donc une tentative des plus intéressantes que de vérifier, en perçant ce banc, les formations géologiques qui composent le terrain de Paris, indépendamment de l'intérêt spécial d'obtenir de l'eau.

Dans cette double pensée, l'administration municipale, à la fin de 1833, approuva le projet qui lui fut présenté par l'ingénieur en chef Emmery pour le forage d'un puits artésien d'une dimension qui permît le percement de la craie. Ce puits devait être tenté sur la place de la Madeleine, et l'on ne se décida qu'ultérieurement pour l'abattoir de Grenelle.

M. Mulot, ingénieur-mécanicien, se rendit adjudicataire des travaux ; il n'avait point de concurrents. Les frais étaient considérables, et malgré les calculs de la science, le résultat paraissait douteux : les sables verts à atteindre, en traversant la craie, c'était l'Amérique à découvrir !

Mulot se mit à l'œuvre avec un appareil de trépans, de doubles tire-bourres, de capsules et de cuillers. Maintes fois ces instruments s'ébréchèrent sur la pierre et le silex ; maintes fois des éboulements menacèrent son travail. Il creusa toujours ; il creusa pendant sept années ; et, le 26 février 1841, jour mémorable dans les annales parisiennes, les sables verts furent percés ! La sonde y pénétra, par son propre poids, à plusieurs mètres de profondeur, la masse aquifère monta comme un torrent, comme un déluge, l'abattoir fut inondé, et les assistants, loin de s'en plaindre, poussaient des cris de joie. Ils étaient mouillés, mais contents, mais animés d'un enthousiasme que tout Paris partagea ! La science humaine venait de remporter un de ses plus beaux triomphes. Honneur aux travailleurs qui n'avaient point désespéré ! Mulot était le Christophe Colomb des puits artésiens !

Il fut décoré ; ses frais s'élevaient à 260,000 fr., sur lesquels il perdait 40,000 fr. ; le conseil municipal, non-seulement les lui remboursa, mais encore lui accorda une rente viagère de 3,000 fr.

On remarqua que l'eau arrivait chargée d'un sable identique à celui qui se trouve mêlé aux sources de la Touraine, et que cette eau avait une température normale de 28 degrés centigrades.

Des réservoirs de dimensions énormes furent construits sur la montagne Sainte-Geneviève, à l'angle de la rue de la Vieille-Estrapade, pour recevoir les eaux du puits de Grenelle, qui montent à 33 mèt. 50 c. au-dessus du sol. Un appareil en charpente avait d'abord été construit pour les contenir : M. Delaporte, ingénieur, a substitué une colonne hexagone, en fonte, posée sur un soubassement de pierre. Elle a trois étages et 42 mètres de hauteur.

CHAPITRE III.

L'abattoir de Grenelle. — Les abattoirs. — Échaudoirs. — Garçons d'échaudoirs et étaliers. — Consommation de Paris. — Le bœuf gras.

L'abattoir de Grenelle, bâti par M. de Gisors, est un des mieux situés et des mieux aménagés de Paris.

Depuis l'extension de Paris, le nombre des abattoirs est fixé à huit ; ce sont ceux :

du Roule,
de Montmartre,
de Ménilmontant,
de Grenelle,
des Batignolles,
de la Villette,
de Belleville,
de Villejuif.

Une ordonnance de M. Boitelle, en date du 31 janvier 1860,
« Attendu que, par suite de l'agrandissement de Paris, les entrées affectées aux passages des bestiaux à destination de Paris sont reportées aux murs d'enceinte fortifiée, et que le nombre des abattoirs généraux se trouve augmenté des abattoirs publics des anciennes communes de Batignolles, la Villette et Belleville ;

« Considérant qu'il y a lieu, en conséquence, de déterminer à nouveau et d'ensemble l'itinéraire qu'il convient de faire suivre actuellement aux bestiaux entrant dans Paris et conduits aux abattoirs généraux ; »

A réglé l'itinéraire que devront suivre les bestiaux achetés pour la consommation de Paris, sur les marchés de Sceaux, de Poissy, de la Chapelle et des Bernardins.

Les tueries particulières établies dans la zone comprise entre l'ancien mur d'octroi et les fortifications ont été supprimées par une ordonnance du 27 décembre 1859.

Les abattoirs ont été créés sur un plan uniforme, par un décret du 9 février 1810, ainsi conçu :

« 1º Il sera fondé à Paris cinq tueries : trois sur la rive droite de la Seine, deux sur la rive gauche.

« 2º Les trois tueries sur la rive droite seront : deux de vingt-quatre échaudoirs et une de douze.

« 3º La première pierre des quatre tueries qui sont à construire sera posée, le 25 mars, par notre ministre de l'intérieur, qui ordonnera les dispositions nécessaires.

« 4º La corporation des bouchers de Paris sera maîtresse de faire construire les cinq tueries à ses frais, et elle en aura le privilège exclusif ; sinon, les travaux seront faits sur les fonds de notre domaine extraordinaire et à son profit. »

Un échaudoir n'est point, comme on pourrait le croire, un lieu où l'on échaude, mais un lieu où l'on tue. Le bœuf condamné à mort y est amené. Attaché par les jambes et les cornes à un anneau scellé dans la dalle, et frappé au milieu du front de deux ou trois coups de merlin, il tombe sans pousser un cri.

Sternitur exanimisque tremens procumbit humi bos.

Quant aux moutons, pauvres êtres sans défense ! leurs troupeaux sont conduits dans les cours ménagées derrière les échaudoirs, et on les égorge un à un. Ces affreuses exécutions sont accomplies silencieusement avec une dextérité sans égale et un imperturbable sang-froid.

L'air qui circule librement dans les échaudoirs, ouverts des deux côtés, emporte toute odeur fétide ; une eau limpide ruisselle sur le pavé presque en même temps que le sang ; une propreté minutieuse est entretenue tant dans les échaudoirs que dans les bouveries, les triperies et les fonderies de suif.

Les garçons d'échaudoir, sans cesse occupés à déchirer des membres palpitants, exercent sans répugnance ce métier auquel ils s'endurcissent. Ce n'est pas qu'ils soient cruels ; ils ne torturent point sans nécessité, et n'obéissent pas à un barbare instinct ; mais tuer un bœuf, le saigner, le souffler, sont pour eux des actions naturelles.

Après minuit, le garçon d'échaudoir charge la viande sur une charrette, et la porte à l'étal, où elle est reçue par le garçon étalier. Celui-ci la dépèce et dispose pour la vente. L'hiver, avec un calque de papier, il découpe artistement les membranes intestinales des moutons, y dessine des arabesques, des fleurs, des trompettes de cavalerie, et expose avec orgueil à la porte des cadavres *illustrés*.

Le garçon étalier est plus civilisé que le garçon d'échaudoir. Celui-ci, avant de sommeiller, a le temps à peine de couper une *grillade*, et de l'aller manger chez un marchand de vin. Quand l'étalier a servi les pratiques, et conté fleurette aux cuisinières, quand il a plusieurs fois affilé son couteau sur son fusil, baguette cylindrique en fer et en fonte qu'il porte au côté, il lui est permis de lire les journaux, et après quatre heures, de prendre des leçons de musique ou d'aller déployer dans un bal ses talents chorégraphiques.

Cependant, par l'accoutumance au sang, les garçons étaliers ont quelque chose de leurs compagnons de l'abattoir, et nous tenons d'un des premiers une anecdote qui le démontre. Il y a quelques années, le quartier Montmartre était exploité par des maraudeurs nocturnes, dont la spécialité était le vol des gigots. A travers les grilles qui ferment les boucheries, ils décrochaient, avec une perche, les gigots pendus au plafond. Deux des voleurs tiraient en sens contraire deux barreaux qui s'écartaient, et livraient passage aux viandes enlevées.

Une nuit, notre étalier entend du bruit dans sa boutique; il descend à pas de loup, et voit plusieurs hommes rôder dans la rue. Sans appeler au secours, il saisit un couperet et se met en embuscade, prêt à couper le bras du premier qui se présenterait.

« Ah! nous disait-il tranquillement, comme s'il se fût agi d'une action toute simple, j'aurais voulu qu'il en vînt un, *j'avais belle de lui couper le bras.* » Et il joignait une pantomime expressive à ce récit qui nous faisait frémir.

Les voleurs ne parurent pas, car ils étaient déjà venus, et avaient enlevé treize gigots dont l'étalier était responsable. Comme ils travaillaient à dévaliser une boutique voisine, l'étalier ouvrit brusquement sa grille, se mit à crier au voleur! courut sur les fuyards, et en empoigna un qu'il conduisit au poste, après l'avoir *taraudé* à coups de poing.

Le lendemain, l'étalier s'aperçoit de la disparition de ses treize gigots, et va en gémissant faire sa déclaration au commissaire de police; mais, ô bonheur inespéré! en s'arrêtant auprès de la boutique d'un marchand de vin, il voit dans un cabinet un amas de viande enveloppé dans une serviette : c'étaient ses treize gigots déposés en ce lieu de recel. Cette bonne fortune ne laissait à l'étalier qu'un seul regret, celui de n'avoir pas coupé le bras d'un voleur.

L'étalier finit presque toujours par acheter un fonds. Le maître auquel il succède ne renonce pas absolument à son état. Il suit avec plaisir la marche ascendante du garçon qu'il occupait; il donne des conseils à quiconque veut l'entendre sur les affaires de la boucherie, s'informe du cours de la viande et du suif, et se rend à Poissy dans toutes les occasions importantes, par exemple, à l'époque de la mise en vente du bœuf gras.

Pour juger du rôle important que remplissent les abattoirs de Paris, il suffit de savoir qu'il en est sorti en 1858 :

Viande de bœuf, vache, veau, mouton, bouc et chèvre............	52,707,332 kilogr.
Abats et issues de veaux............	1,029,204 —
Viande et graisse de porcs............	5,469,187 —
Abats et issues de porcs............	806,273 —
Suifs bruts ou fondus............	1,383,100 —
Huile animale............	108 hectol.

Ces chiffres ont probablement doublé depuis l'annexion. La liberté du commerce de la boucherie a dû également augmenter la production de viande.

Puisque nous parlons des abattoirs et des bouchers, nous ne saurions oublier une cérémonie qui se rattache essentiellement à ce sujet : la promenade du bœuf gras.

Suivant notre savant collègue Eugène d'Auriac, l'usage en viendrait des Égyptiens. Ils instituèrent cette fête pour rappeler les services rendus par le bœuf à l'agriculture. Dans leur reconnaissance, ils ne craignaient pas de diviniser l'animal dont ils tiraient leur meilleure nourriture et qui les aidait à tracer des sillons. Ils le nommèrent *Apis* et lui élevèrent des temples.

Strabon, Hérodote, Pline et Ammien Marcellin nous ont successivement parlé du bœuf Apis, et l'on remarque que leurs descriptions diffèrent en certains points; mais cette différence s'explique par les différents changements du bœuf sacré. En effet, c'était un des principaux points du culte d'Apis de ne point le laisser parvenir à la vieillesse. Quand on l'avait tué, on lui faisait des obsèques magnifiques; puis tous ses sectaires portaient le deuil jusqu'à ce que les prêtres en eussent trouvé un autre.

De l'Égypte, la fête d'Apis passa dans la Grèce, et les Romains acceptèrent à leur tour cette cérémonie qu'ils regardaient aussi comme le symbole de l'agriculture. Ils la célébraient à l'équinoxe du printemps. Le bœuf représentait à leurs yeux le taureau équinoxial, et un jeune homme, symbole de la force du soleil lorsqu'il entre dans le signe du taureau, lui plongeait un poignard dans le cou au moment du sacrifice.

Les Gaulois avaient une fête semblable à la même époque.

En traversant les siècles, la cérémonie du bœuf gras, qu'on nommait *bœuf villé*, et plus tard *viellé*, parce qu'il était promené par les rues au son des violons et des vielles, nous est restée comme une fête essentiellement populaire. Les historiens de Paris en parlent peu, mais on en trouve l'indication dans l'énumération des jeux auxquels s'amusait Gargantua dans sa jeunesse.

La cérémonie du bœuf gras ne fut d'abord qu'un divertissement que se donnaient entre eux les garçons bouchers pendant les derniers jours de carnaval. Un maître boucher prêtait gratuitement le bœuf qui devait servir à la promenade; mais la corporation des bouchers ne s'immisçait en rien dans les détails de cette mascarade: elle accordait seulement une gratification assez forte aux garçons pour combler le déficit laissé par la recette que faisaient les conducteurs de la promenade chez les personnes de distinction qu'ils visitaient.

Un auteur du XVIIIe siècle, qui parle de cette cérémonie, nous la décrit telle qu'il la vit célébrer à Paris en 1739 : « Les garçons bouchers de la boucherie de l'apport-Paris, dit-il, n'attendirent pas en cette année le jour ordinaire pour faire leur cérémonie du bœuf gras. Le mercredi matin, veille du jeudi gras, ils s'assemblèrent et promenèrent par la ville un bœuf qui avoit sur la tête, au lieu d'aigrette, une grosse branche de laurier-cerise; il étoit couvert d'un tapis qui lui servoit de housse. »

Il ajoute que le bœuf, paré comme les victimes que les anciens allaient immoler, portait sur son dos un enfant décoré d'un ruban bleu passé en écharpe, tenant d'une main un sceptre et de l'autre une épée nue. Cet enfant était nommé le roi des bouchers. Une quinzaine de garçons vêtus de corsets rouges, avec des trousses blanches, coiffés de turbans et de toques rouges bordées de blanc, accompagnaient le bœuf gras, et deux d'entre eux le tenaient par les cornes. Cette marche était gaiement précédée, selon l'usage, par des violons, des fifres et des tambours.

Les bouchers parcoururent en cet équipage plusieurs quartiers de la ville; ils allèrent visiter ainsi les principaux personnages et les magistrats dans leurs maisons; mais ne trouvant pas dans la sienne le premier président du parlement, ils prirent le parti de l'aller attendre à son passage. A cet effet, ils se décidèrent à faire monter dans la grand'salle du palais, par l'escalier de la Sainte-Chapelle, le bœuf gras et son escorte. Lorsque le premier président sortit, ils se mirent en haie sur son passage et lui donnèrent une aubade; puis ils promenèrent le pauvre animal dans diverses salles, le firent descendre par l'escalier de la cour neuve, du côté de la place Dauphine, et ils continuèrent ensuite leur cérémonie dans Paris.

On n'avait point encore vu, ajoute notre historien, le bœuf gras dans les salles du Palais, lesquelles sont au moins à la hauteur d'un premier étage; et on aurait peine à le croire si un grand nombre de personnes n'avaient assisté à ce spectacle singulier.

Cette relation nous apprend qu'il y avait alors deux bœufs gras. C'est là un fait à remarquer. L'un était accompagné par les bouchers de l'apport-Paris, c'est-à-dire des représentants de l'ancienne grande boucherie; le second était promené par les bouchers de la ville. Ceux-ci exécutèrent leur promenade annuelle le lendemain jeudi gras; mais ils ne tentèrent pas de faire monter leur bœuf gras dans les salles du Palais. Un pareil tour de force ne leur parut pas devoir être imité.

La promenade du bœuf gras, toujours recherchée du peuple, cessa d'avoir lieu en 1790; mais, dans la suite, l'empereur crut devoir la rétablir, et, le 23 février 1805, elle reparut plus brillante qu'auparavant. Une ordonnance de police régla la marche du bœuf gras, que les bouchers eurent le droit de promener dans la ville pendant trois jours. Le préfet fixa en outre l'ordre du cortège; il désigna le nombre des individus qui devaient le former, et détermina les costumes. Alors, comme autrefois, on vit un jeune enfant porté, dans un beau fauteuil de velours rouge, par le bœuf richement enharnaché, ayant les cornes dorées et entouré de douze garçons bouchers, les uns portant les attributs de leur profession, les autres déguisés en sauvages armés de massues.

Vers 1810, les maîtres bouchers se firent un honneur de fournir le bœuf pour la promenade. Cette émulation gagna les herbagers, et le choix du bœuf gras fut l'objet d'une sorte de concours. Ce furent alors les maîtres bouchers eux-mêmes qui demandèrent l'autorisation de faire promener leur bœuf gras, et cette permission leur fut accordée par le préfet de police sur l'avis du syndicat.

L'administration, pour encourager l'apport des bestiaux de choix sur les marchés, fit insérer dans trois journaux, à partir de l'année 1821, une note dans laquelle étaient mentionnés les éleveurs et les bouchers acquéreurs, qui trouvaient dans cette satisfaction d'amour-propre une compensation aux sacrifices qu'ils s'étaient imposés.

Vers la même époque, un jury fut organisé au marché de Poissy pour désigner l'animal qui devait figurer dans la cérémonie. Ce jury se composait des préposés de l'administration, des membres du syndicat et de quelques bouchers et herbagers ; il a fonctionné en se régularisant jusqu'en 1848. Rien ne fut négligé pour augmenter autant que possible une émulation favorable à l'agriculture. Les bouchers fournisseurs étaient souvent autorisés, dès l'établissement des abattoirs généraux, à conserver, jusqu'au jour de la promenade, dans des écuries près de leur étal, les bœufs choisis, afin qu'ils fussent exposés plus longtemps aux yeux du public.

Le concours de Poissy, institué en 1843, doit avoir de meilleurs résultats que le choix seul du bœuf gras dont la fourniture était en quelque sorte devenue, pendant vingt années consécutives, le privilège exclusif de MM. Cornet, père et fils.

Tout l'honneur rejaillissait sur l'éleveur préféré, et les accessits restaient à peu près inconnus du public.

La décision du jury d'examen n'était pas toujours basée sur l'état d'engraissement et sur le rendement présumé des animaux présentés, mais sur leur taille et leur apparence. Quelquefois des bœufs d'une qualité supérieure se trouvaient rejetés, parce que ceux qu'on leur opposait étaient plus propres à la marche, plus élégants de forme et d'une plus belle robe.

La promenade, interrompue en 1848 par suite des événements politiques, puis suspendue en 1849 par décision ministérielle, a reparu en 1850 à la suite de l'intervention du syndicat. En 1851, ce fut le directeur de l'Hippodrome, M. Arnault, qui en fit les frais. Depuis l'année 1855, ces frais avaient été supportés presque en totalité par la compagnie des bouchers. Cependant, en 1810, l'Empereur avait fait don d'une somme de 600 francs aux garçons conducteurs du cortège.

L'administration de la police, qui fait surveiller les préparatifs de ce divertissement par l'inspecteur général des marchés, accorde, depuis 1834, une allocation annuelle de 2,000 francs pour aider à combler le déficit existant entre les recettes et les dépenses occasionnées par la promenade du bœuf gras.

L'ensemble de ce cortège, qui se rend habituellement au château des Tuileries, dans les divers ministères, aux préfectures de police et de la Seine, s'est augmenté d'une manière notable depuis quelques années.

Il y a trente ans, le pauvre bœuf, portant un enfant habillé en amour, n'était escorté que de quelques individus déguisés. Ce fut en 1855 que le cortège eut le plus d'éclat. On y remarquait une musique militaire, de magnifiques costumes de guerriers grecs ou romains et de chevaliers du moyen âge. Sur un char richement orné et pavoisé de drapeaux et de banderolles aux mille couleurs était traîné triomphalement le héros de la fête, destiné au sanglant sacrifice.

La plupart des améliorations qui ont été apportées à l'ordonnancement de cette promenade du bœuf gras ont été motivées par un certain nombre d'accidents : c'est ainsi qu'en 1812 l'animal s'échappa et blessa grièvement trois personnes qui ne purent éviter sa poursuite précipitée. En 1821, il renversa l'enfant qui représentait l'Amour ; aussi, à partir de cette époque, le palanquin que portait le bœuf fut remplacé par un char élégant où se pavanaient les principales divinités de l'Olympe. Enfin, à plusieurs reprises, le bœuf gras avait été reconnu *mal à pied*, c'est-à-dire on avait constaté qu'il ne pouvait pas suivre le cortège, et l'on éprouvait certaines difficultés à le remplacer. Pour obvier à cet inconvénient, il fut placé sur un char.

Pendant les carnavals de 1825, 1826 et 1827, chacun des bœufs choisis pour Paris a pesé environ 1,500 kilogrammes. Le plus bel animal qui ait été promené a été le bœuf de 1842, dont le poids était de 1,900 kilogrammes. En 1826, un éleveur avait amené un mouton pesant 138 kilogrammes. Cette promenade du bœuf gras a donc une certaine utilité au point de vue de l'agriculture, et la mascarade qui l'accompagne est un genre de divertissement goûté des Parisiens, si l'on en juge par l'affluence de spectateurs que rencontre le cortège lorsqu'il parcourt les rues pendant les jours gras.

C'est depuis quelques années seulement que l'on a pris l'habitude de donner un nom au bœuf gras. Les appellations qu'il reçoit ont rapport tantôt à des événements politiques, tantôt à des succès littéraires. En 1845, c'était le père Goriot; en 1846, Dagobert, un des personnages du *Juif errant* d'Eugène Sue; et 1847 vit promener César et Monte-Cristo.

Voici la nomenclature exacte des bœufs gras, depuis 1851 :

1851. — Liberté.
1852. — Manlius.
1853. — Le père Tom.
1854. — D'Artagnan, Porthos, Aramis et Dagobert (deuxième du nom).
1855. — Sébastopol, Bomarsund, Trébizonde.
1856. — Sébastopol (deuxième du nom), Malakoff, Bomarsund (deuxième du nom).
1857. — Le duc Guillaume, Prétendant, Succès, Progrès, Qu'en dira-t-on ?
1858. — Turlututu, pesant 1,330 kilogrammes ; Sarlabot, bœuf sans cornes.
1859. — Le père Cornet, Turin, Faust, le Bayeusain, Fanfan, Bastien.
1860. — Solferino, 1,380 kilogrammes ; Magenta, 1,240 kil. ; Palestro, 1,200 kil. ; Zurich, 1,100 kil. ; Villafranca, 1,010 kil.

Dans l'opinion des parrains des bœufs gras de 1860, la moindre victoire valait mieux qu'un traité.

CHAPITRE IV.

Valboitron. — Le Val Gérard. — L'église Saint-Lambert. — Proverbes sur Vaugirard. — Les abattoirs à porcs.

Vaugirard, ville supprimée, dont la mémoire sera perpétuée parce que son nom se rattache à un grand arrondissement de Paris, contribuait, dans les premiers siècles de la monarchie, à l'approvisionnement de cette capitale, en bestiaux. Nous avons eu occasion de signaler l'étrange altération que subissent les substantifs à mesure qu'ils s'éloignent de leur point de départ : par exemple, Lourcine est une corruption de *Locus cinerum*; de même Valboitron, première appellation de Vaugirard, dérive de *Vallis bostaroniæ*, qui indique une vallée riche en pâturage et en étables. Les endroits où les bœufs étaient réunis s'appelaient en grec βουςάσιον; les Romains avaient combiné les deux mots *bos* (bœuf), et *stare* (résider, s'arrêter), et ils en firent *Bostar* et *Bostarium*. Ce mot est employé dans le poëme d'Abbon, sur le siége de Paris par les Normands et dans plusieurs autres auteurs que mentionne le dictionnaire de Ducange.

L'abbé Lebeuf, auquel on doit l'histoire ecclésiastique de la banlieue de Paris, n'a pas hésité à reconnaître que Valboitron venait de *Vallis bostaroniæ*. « La vallée, dit-il, ayant été propre à faire paître le long de la Seine et à mettre à couvert les bestiaux durant la nuit, je ne chercherais point ailleurs d'où lui serait venu ce nom primitif. Mais ce nom ne passa pas le XIIIe siècle. Gérard de Moret, qui fut abbé de Saint-Germain depuis l'an 1258 jusqu'en 1278, s'attacha singulièrement à rebâtir ce lieu, et y construisit une maison pour servir à retirer les religieux après leurs maladies ; il y ajouta un cloître régulier avec une chapelle de Saint-Vincent, afin que les moines, quoique convalescents, y observassent la règle. Tant de notables changements méritèrent bien qu'on y plaçât de l'ancien nom de *Val Boitron*, ce lieu fut appelé *Val Gérard*, du nom du restaurateur. Telle fut l'origine de cette dénomination, et l'on ne peut pas la faire remonter plus haut. Ainsi, c'est une méprise dans M. Grancolas, d'avoir insinué en son *Histoire de Paris*, que le *Gerardi villa*, où fut d'abord porté le corps de sainte Honorine, est ce *Gerardi vallis*, confondant avec *Vau Girard*, *Girard-ville*, que l'on a abrégé en Graville, et qui est situé en Normandie. »

L'abbé Gérard ne fut pas le seul qui prit ce lieu en affection : dans le siècle suivant, l'abbé Jean de Précy fit entourer de murs tout le clos de Vaugirard ; il comprit dans cette enceinte même un moulin qui existait alors. Ces améliorations successives lui occasionnèrent moins de frais que l'on ne l'aurait supposé. En effet, les habitants d'Issy, qui avaient besoin à cette époque d'un terrain pour agrandir les dépendances de leur église, l'obtinrent à la condition de se charger de l'établissement du mur de clôture. Les habitants de Vaugirard et d'Issy contribuèrent à ces dépenses, car on n'avait pas encore érigé de cure à Vaugirard, et tous faisaient partie de la même paroisse.

La population de Vaugirard ayant pris un accroissement considérable, les habitants obtinrent de l'abbé de Précy la permission d'y bâtir une chapelle. Elle fut érigée en paroisse, en 1342, par Foulques de Chanac, évêque de Paris, à la condition de payer au curé d'Issy 10 livres de rente à titre d'indemnité, 40 sols à la fabrique et 20 livres de rente au nouveau curé. La chapelle, devenue paroisse, était placée sous l'invocation de la Vierge ; mais, en 1453, les reliques de saint Lambert, évêque de Maëstricht, y ayant été déposées, ce fut lui qui devint le second patron de Vaugirard. A cette occasion, le concours des fidèles fut si considérable que, en 1455, une confrérie fut formée en l'honneur du pieux évêque. Le jour de sa fête avait été fixé au 17 septembre de chaque année.

Sous le règne de François II, de violentes persécutions furent exercées contre les huguenots. Voici dans quels termes l'historien Garnier en parle : « Le peuple de Paris, dit-il, éveillé par les récompenses promises aux délateurs, alléché par le pillage des maisons abandonnées, et ameuté par quelques moines enthousiastes, mettait son étude et sa gloire à exterminer, sans miséricorde, une engeance qu'on lui peignait comme ennemie de Dieu et des hommes. Entre autres moyens qu'on mit en usage pour découvrir ceux qui dissimulaient, celui-ci parut efficace : comme on connaissait leur horreur pour le culte des images, on plaça au coin des rues et sur la porte des maisons les plus apparentes, de petites statues de la Vierge ou de quelque saint.

« On dressait au pied une table en guise d'autel, sur laquelle on mettait des cierges allumés. Si quelqu'un passait sans s'être agenouillé, ou, du moins, sans avoir dévotement salué l'image, des gens cachés dans des boutiques voisines couraient après lui, le forçaient de remplir ce devoir, ou le traînaient chez un commissaire. Pour fournir à l'entretien du luminaire, on avait fabriqué une sorte de boîte qu'on nommait *tirelire* ; on la présentait effrontément au premier que l'on rencontrait, et quiconque refusait d'y jeter quelque pièce de monnaie était injurié, battu et en danger d'être assommé. »

Les mécontents qui avaient été maltraités par des fanatiques se réunirent dans une maison de Vaugirard et y préparèrent la conspiration d'Amboise. De vieux proverbes se rattachent à Vaugirard. Un de ses curés ayant eu la réputation d'un buveur émérite, on disait, pour désigner une grande bouteille : « C'est la burette du curé de Vaugirard. » Le village, ne se composant que de quelques maisons, et ayant toutefois des prétentions justifiées par la richesse de son territoire, envoyait des représentants aux puissances du jour ; mais comme il était arrivé, aux événements des rois, aux naissances des dauphins ou dans d'autres occasions solennelles, que l'unique et humble représentant de Vaugirard se trouvait en présence de députations compactes, ses rivaux, plus heureux, s'écriaient dédaigneusement :

« Les députés de Vaugirard, ils sont un ! »

Le greffier, qui recueillait les actes de la seigneurie, logeait dans une cahute si petite, que, lorsqu'un passant appliquait du dehors le visage à l'unique fenêtre du greffe, l'infortuné fonctionnaire ne voyait plus clair. De là vint cette locution proverbiale : « C'est le greffier de Vaugirard, il ne peut écrire quand on le regarde. »

Un autre proverbe disait :

« Tu viens de Vaugirard, ta gibecière sent le lard. »

En effet, Vaugirard ne se contentait pas d'engraisser des bœufs, on y tuait aussi des porcs pour la consommation de la ville de Paris. C'est probablement afin de lui rendre cette branche de commerce, qu'une ordonnance royale du 21 mai 1847 a ordonné la construction de deux abattoirs à porcs : le premier (rive droite), sur un emplacement provenant de l'ancienne voirie de Château-Landon, et de plusieurs terrains particuliers ; le deuxième (rive gauche), sur l'ancienne voirie des Fourneaux et sur des terrains privés. Par suite de cette ordonnance, un traité fut passé le 18 août 1847 entre la ville de Paris et MM. Heulant et Goulet. L'art. 14 de ce document dispose qu'à partir du jour de l'ouverture des abattoirs autorisés par l'administration municipale, les soumissionnaires percevront pendant *six années*, à leur profit, à titre de droit d'abat, deux centimes par kilogramme de viande, panne, graisse, gras de porc et ratis fondus ou non, entré dans chacun de ces établissements… Il est dit, art. 15 : En outre, l'administration tiendra compte aux concessionnaires de un centime et demi par kilogramme de viande, panne, gras de porc et ratis fondus ou non, venant du dehors et introduits dans Paris. Art. 17. La concession faite par la ville de Paris cessera de plein droit à l'expiration des six années calculées du jour de l'ouverture des abattoirs, et la ville entrera en pleine jouissance des abattoirs, ainsi que des droits abandonnés jusque-là aux concessionnaires ; elle entrera aussi et gratuitement en pleine jouissance et propriété des objets mobiliers. — Ces deux établissements ont été construits sous la direction de M. Picard, architecte. La dépense qu'ils ont occasionnée à la ville de Paris s'est élevée à la somme totale de 1,214,263 fr. 83 c.

Ils occupent une superficie totale de 23,271 mètres, savoir :
Celui de Château-Landon. . . . . . . 14,564 —
Celui des Fourneaux. . . . . 8,704 —

Leur ouverture a eu lieu le 31 octobre 1848, en vertu d'une ordonnance de police du 27 du même mois, qui a réglé aussi la police de ces deux abattoirs. L'expiration de la concession a eu lieu le 30 octobre 1854.

CHAPITRE V.

Extension de Vaugirard. — Hospice Lenoir. — Fabriques de Vaugirard. — Taillerie de diamants. — Nouvelle église Saint-Lambert.

Vers le milieu du XVIe siècle, on établit à Vaugirard une communauté de jeunes filles et de dames veuves, sous la direction de Mme de Villeneuve. Cette institution fut autorisée par une ordonnance royale, que le parlement enregistra le 3 septembre 1646. On adjoignit à cet établissement un hospice destiné à recevoir les pauvres. Au mois de décembre 1660, l'archevêque de Paris ordonna que l'institution tout entière serait transférée au faubourg Saint-Germain, et lui assigna pour procuratrice la dame Hélène de Voluyre de Russec du Bois de la Roche.

A cette époque, le village de Vaugirard commença à prendre une certaine importance. « Cependant, » dit M. Dulaure, « alors comme aujourd'hui (1838), Vaugirard n'était guère composé que de cabarets ; et, en 1709, on n'y comptait encore que quatre-vingt-dix-huit feux ; il n'y en avait que cent quinze en 1745 ; mais on voit que la population suivait une progression croissante qui a toujours continué depuis. »

Ce fut à Vaugirard qu'eurent lieu, vers 1642 ou 1648, les premiers exercices du séminaire qui a donné naissance à celui de la place Saint-Sulpice en 1860.

En 1728, les théatins de Paris avaient un hospice dans la partie du village de Vaugirard contiguë au territoire d'Issy.

En 1760, Lenoir, lieutenant général de police, ouvrit, dans la grande rue de Vaugirard, près de l'église paroissiale un hospice pour les femmes enceintes, les nourrices et les enfants, mais seulement dans le cas où elles seraient attaquées de la maladie qu'on traite actuellement à l'hôpital du Midi. La *Nouvelle description des environs de Paris*, par Dulaure (Paris, 1786, in-18), donne de très-curieux détails sur le régime de cette maison, dont les habitants appartenaient généralement à une classe peu morale :

« Le lever des femmes grosses sera fixé à cinq heures et demie en été, et à sept heures en hiver ; et le coucher à neuf.

« Aussitôt après le lever, on fera la prière ; on pourvoira ensuite à la propreté ; on fera les lits ; on balayera les dortoirs, et on renouvellera l'air en ouvrant une ou plusieurs croisées, suivant la grandeur du dortoir.

« La prière du soir se fera à huit heures et demie, après laquelle les femmes grosses se coucheront ; pendant la nuit, un réverbère sera allumé dans chaque dortoir.

« Les femmes nourrices auront pareillement dans leurs chambres un réverbère, afin qu'elles puissent donner à leurs enfants tous les secours dont ils auront besoin.

« L'espace qui se trouve entre le déjeuner et le dîner, le goûter et le souper, sera divisé de manière qu'il y ait après chaque repas une heure de récréation ; le reste sera employé au travail par les femmes grosses qui ne seront pas malades.

« Ce travail sera analogue aux besoins de la maison. On pourra les occuper à la couture ou au tricot. On ne contraindra aucune d'elles ; mais on les engagera par une récompense pécuniaire, qui sera proportionnée à l'ouvrage qu'elles feront ; et qui sera toujours le cinquième du produit de la main-d'œuvre.

« Les femmes, lorsqu'il fera beau, passeront le temps de la récréation, après le dîner, dans les jardins ; les autres heures de récréation se passeront ou dans les dortoirs, ou dans les salles d'assemblée, ou même au jardin, suivant la saison et au gré du directeur. Elles y seront toujours accompagnées d'une surveillante, qui aura l'œil à ce qu'elles ne courent pas les unes après les autres, et à ce qu'elles ne s'amusent à aucun jeu qui puisse exposer leur santé, et enfin, à ce qu'elles ne causent aucun dommage. Il leur est expressément défendu de se répandre dans la cour, dans la cuisine, ou dans les bâtiments extérieurs.

« On ne laissera entrer dans l'hospice aucun étranger, qu'avec un billet signé du magistrat, ou des officiers de santé et du directeur. »

Les établissements fondés à Vaugirard y attirèrent la population, et vers la fin de l'Empire, le village était presque une ville.

Il souffrit, en 1815, des exactions de troupes prussiennes et anglaises qu'on y cantonna ; mais ces malheurs passagers furent promptement oubliés. Vaugirard grandit par l'industrie. De nombreuses fabriques sont venues successivement s'y établir, et la plupart sont dans un état de prospérité. Nous indiquerons entre autres des manufactures de carton-pâte, de chandelles, de châssis et coffres à l'usage des jardiniers, de bougies, d'allumettes chimiques, de cuir verni, de toiles cirées, de briques et faîtières, d'instruments de chirurgie, de produits pharmaceutiques. La maison de La Crétaz et Fourcade, établie rue Croix-Nivert, a mérité, par ses produits chimiques, une médaille de bronze en 1839, des médailles d'argent en 1844 et 1849, une mention honorable à l'Exposition universelle de Londres en 1851, et une médaille de première classe à l'Exposition universelle de 1855.

Il y a encore à Vaugirard des constructeurs de machines, des fabricants de meules artificielles, des serruriers-mécaniciens, des fabricants de pianos, de limes, de grillages en fil de fer, de fécules, de guêtres pour la troupe, de balances, etc.

C'est à Vaugirard que s'est fixé M. Perrot, inventeur et constructeur de la *perrotine*, machine à imprimer les tissus, d'une machine pour l'impression des papiers de tenture et d'une machine à lithographier, d'une arme de guerre à air comprimé, de deux machines à graver.

C'est encore sur le territoire de cette ancienne commune que MM. Besnard et Gaensly ont fondé la plus belle taillerie de diamants qui soit en France.

L'antiquité ignorait complètement l'art de tailler le diamant. Un jeune gentilhomme de Bruges, Louis de Berquem, ayant remarqué que deux diamants frottés l'un contre l'autre s'usaient mutuellement, conçut l'idée d'appliquer cette observation pour modifier leur forme, augmenter leur transparence et multiplier leurs feux. Les résultats répondirent à son espérance ; le diamant brilla d'une splendeur nouvelle : le secret de sa taille était trouvé. Ce fut Charles le Téméraire qui porta le premier diamant ainsi transformé.

La taille du diamant s'établit aussitôt dans les villes industrieuses du nord de la Flandre, d'où elle ne tarda pas à se concentrer dans Amsterdam, qui, jusqu'à nos jours, avait eu le monopole exclusif de cette industrie active et féconde. Quelques chiffres suffiront pour faire connaître son importance. Les cinq établissements spéciaux que possède la Hollande tiennent en mouvement plus de huit cent cinquante meules qui taillent annuellement près de trois cent mille karats de diamants. Le mouvement de capitaux que réalise ce commerce n'est pas inférieur à cent millions de francs. Dix mille individus y prennent part.

On conçoit que de tels résultats étaient de nature à provoquer une vive concurrence. La France et l'Angleterre tentèrent à plusieurs reprises de s'approprier cette industrie. Mazarin en entoura l'importation de tous les encouragements que pouvait lui donner le pouvoir ; de Calonne renouvela cette tentative sous le règne de Louis XVI ; mais ses efforts, d'abord heureux, finirent toujours par s'évanouir dans un complet insuccès. Quelle qu'en fût la cause, la Hollande était restée en possession de son privilège. Qu'elles nous parviennent des Indes orientales, du Brésil ou de Russie, ces pierres précieuses, auxquelles la supériorité incontestable de nos joailliers donne presque exclusivement les montures dignes par la perfection du travail, de leur rayonnement et de leur haut prix, devaient d'abord être envoyées à Amsterdam, pour être confiées plus tard au travail de nos artistes. Cette perte de temps et ces frais de déplacement n'étaient pas les seuls inconvénients de ce monopole. Le défaut de concurrence en avait produit un beaucoup plus grave.

Les fabriques hollandaises avaient profité de leur privilège pour élever leurs profits ; elles avaient fini par chercher bien moins à donner de la perfection à la taille qu'à conserver aux pierres un poids plus considérable ; aussi les nouveaux diamants étaient-ils tombés, relativement aux anciens, dans une infériorité qui se révélait d'une manière évidente par les prix.

Les efforts tentés par MM. Gaensly et Besnard, efforts qui ont été couronnés du plus heureux succès, constituent un véritable service rendu à la France et à l'industrie. Leur belle usine, consacrée à la taille du diamant, construite dans de larges proportions, a inauguré une ère de progrès pour cette branche si importante de notre commerce.

C'est avec un vif intérêt et guidé par un sentiment de curiosité bien justifié que nous avons suivi les divers travaux auxquels se livrent les ouvriers de MM. Gaensly et Besnard.

Que de zèle, de patience, d'efforts longtemps soutenus pour obtenir de ce cristal terne, grisâtre et terreux l'éblouissante pierre qui reflète avec un éclat inimitable les mille feux de la lumière ! Telle est l'œuvre qui s'accomplit pour ainsi dire journellement dans cet établissement.

La première opération est le *débrutage* ; dans cette opération, l'ouvrier a deux espèces de manches en bois, à l'extrémité desquels se trouve une calotte de mastic ferme ; dans chacune de ces têtes il enchâsse un diamant à débrutir, et tous deux sont travaillés à la fois l'un par l'autre ; car, on le sait, il n'y a d'action sur le diamant que par le diamant.

Parlons d'une opération qui parfois précède le débrutage :

Lorsqu'une pierre est défectueuse, il est nécessaire d'en détacher certaines parties ; on y parvient en faisant une petite entaille avec un diamant ; cette entaille doit être dans le sens et dans le fil même des lames du diamant ; on y place une lame de rasoir, et un coup sec détache la partie désignée. Cette opération s'appelle le *clivage*.

Tout diamant, si petit, si imperceptible qu'il soit, doit avoir, ainsi que les plus gros, soixante-quatre facettes parfaitement régulières. On comprend l'habileté et le soin qu'exige ce travail, quand on songe, dit M. Paulin dans une Notice intéressante qu'il a publiée sur la taillerie de diamants de MM. Gaensly et Besnard, « quand on songe, que souvent un diamant à l'état brut n'est pas plus gros qu'une tête d'épingle, et qu'alors le détail de ces merveilleuses perfections de la taille ne peut être apprécié qu'au microscope. »

Le mérite de la taille consiste dans la régularité des facettes ; le premier point, c'est que la culasse soit bien au milieu de la table. Il faut que le diamant taillé ne soit ni trop mince ni trop épais ; trop mince, il ne retient et ne réfléchit qu'imparfaitement la lumière ; trop épais, il la décompose mal, et dans les deux cas il jette peu d'éclat.

Ce travail de la production des facettes, qu'on appelle le polissage, s'exécute sur le plat de meules en fonte douce disposées horizontalement.

L'ouvrier enchâsse son diamant dans une calotte de plomb fondu, qui remplit une petite cuvette en cuivre, maniable au moyen d'une pince fixe, puis il l'applique sur la meule enduite de poudre de diamant imbibée d'huile qu'il renouvelle presque incessamment.

Les meules sont mises en mouvement par une machine à vapeur, et font 2,500 tours à la minute.

Deux ou trois diamants sont appliqués en même temps sur la même meule et surveillés par le même ouvrier ; le temps nécessaire pour produire une facette varie d'une demi-heure à trois heures.

Le public du Champ de Mars les jours de revue.

Le premier progrès réalisé par la taillerie de MM. Gaensly et Besnard, progrès tout commercial, c'est la suppression de frais et de délais inutiles. Désormais le diamant brut, arrivé directement du Brésil à Paris, est taillé et vendu sur place.

Au moment de l'annexion, la commune de Vaugirard comptait plus de 30,000 habitants. Elle s'était fait construire une église et une mairie, qui est devenue celle du XVe arrondissement.

Vaugirard n'eut longtemps qu'une chapelle, érigée par les soins du sire de Bucy. Elle fut érigée en cure de deuxième classe le 4 juillet 1827, et élevée à la première classe le 28 octobre 1828. Il fallait un nouvel édifice à cette paroisse dont l'importance croissait avec la population; mais la commune, dont la prospérité était de fraîche date, reculait devant la dépense.

Cependant, grâce aux efforts du curé, M. Hersen, des fonds furent votés, le 22 août 1846. Un vieux moine de l'ordre de Saint-Benoît, retiré à Vaugirard, et deux autres habitants, MM. Guillot et Fenoux, donnèrent le terrain. Un arrêté signé Ledru-Rollin, et contre-signé Jules Favre, à la date du 18 mars 1848, affecta à la construction de la nouvelle église des revenus extraordinaires et le produit des matériaux devant provenir de la démolition de l'ancienne église. L'entreprise des travaux fut adjugée à M. Houel, dans les bureaux de la sous-préfecture de Sceaux, le 23 juin, au bruit lointain du tocsin, de la fusillade et du canon.

La nouvelle église, dont M. Naissant fut l'architecte, fut consacrée le 19 juin 1854; elle est sur une petite place, en face de la grande rue. Un perron, dont les balustrades sont découpées en ogives, et auquel on monte par plusieurs marches, règne autour de la façade. Dans le tympan du portail, M. Toussaint a sculpté le Christ, ayant à sa droite la Vierge, et à sa gauche un ange qui tient une cassette. Une flèche couronne l'édifice.

A l'intérieur, on lit sur une plaque de marbre, au-dessus de la porte principale :

Élevée
à la gloire de Dieu,
par la piété des habitants de Vaugirard,
M. Hersen étant curé de la paroisse,
Cette église fut votée le XXII août MDCCCXLVI
Par le Conseil municipal,
présidé par M. Brûlé, maire; M. Gauda, adjoint.
Commencée le XXIII juin MDCCCXLVIII sous l'administration
de M. Thiboumery, maire; MM. Beaumont et Fremont, adjoints.
Ouverte au culte le XXIX mai MDCCCLIII.
Consacrée solennellement le XIX juin MDCCCLVI
par Monseigneur Marie Dominique Auguste Sibour,
archevêque de Paris, en présence de MM. le baron
Haussmann, préfet de la Seine, et Léon Lambert,
sous-préfet de l'arrondissement de Sceaux.
C. Naissant, *archit.*

Les chapelles sont décorées de fresques dont les sujets sont indiqués par des légendes :

EXPIATION.

Je porterai le poids de la colère du Seigneur parce que j'ai péché.
Mich. 7.

ESPÉRANCE.

Il y aura pour l'impie un châtiment sans mesure, et la clémence du Seigneur sera grande envers les bons. *Ps.* 31.
Bienheureux ceux qui meurent dans le Seigneur, leurs œuvres les accompagnent. *Apoc.* 14.

Dans la chapelle de la Vierge on remarque une ancienne statue qui était vénérée dans l'église primitive et qui a subi bien des vicissitudes. Brisée par les hébertistes, dépouillée de sa peinture et de sa dorure, elle avait été enclavée dans la maçonnerie qui bouchait la baie d'une porte condamnée. On

Les pêcheurs à la ligne près du pont de Grenelle.

ignore si on l'avait mise là pour la soustraire aux profanations ou si les débris en avaient été employés simplement comme des pierres ordinaires; retrouvée au moment de la démolition de l'antique église, elle a été rendue aux fidèles le 15 août 1854, et l'archevêque Sibour avait permis qu'elle fût honorée d'un culte spécial et qu'on la nommât Notre-Dame-du-Pardon.

Sous l'église de Saint-Lambert s'étend une crypte où se réunit chaque mois une société de piété et de bienfaisance, dite de Saint-François-Xavier; ses réunions ont été inaugurées, le 28 avril 1857, par le cardinal Morlot.

Une succursale de Saint-Lambert a été établie à Plaisance, sous le vocable de l'Assomption.

Indépendamment de ses écoles communales, Vaugirard possède un collège fondé par l'abbé Poiloud, et tenu actuellement par les jésuites.

Vaugirard avait un cimetière très-étendu où, pendant vingt-cinq ans, on inhuma les habitants de la partie méridionale de Paris, et les individus qui mouraient dans les hôpitaux. Ce cimetière, qui renfermait les tombeaux de La Harpe, du sculpteur Chaudet, du chancelier de Barentin, a été supprimé au mois de juillet 1824.

CHAPITRE VI.

Grenelle. — Le château de Grenelle. — L'explosion de la poudrière.
Conspiration du camp de Grenelle. — Conspiration Malet.

Le village de Grenelle, contigu à Vaugirard, est de formation beaucoup plus récente; mais il existait, au moyen âge, sur un emplacement actuellement occupé par une caserne de cavalerie, un château de Grenelle appartenant à la célèbre famille des sire de Craon. C'était le siége d'une haute, moyenne et basse justice, qui relevait de l'abbaye de Sainte-Geneviève. Dans la chapelle, la messe était dite les dimanches et les jours de fêtes par un prêtre de la paroisse de Saint-Étienne-du-Mont, de laquelle dépendaient le manoir, la ferme et les maisons voisines. L'enceinte fortifiée du château s'étendait probablement au nord jusqu'à la barrière de la Cunette, puisque le mot *cunette* désigne un fossé rempli d'eau pratiqué au milieu du fossé sec d'un rempart.

Grenelle vient de granelle (*granella*), qui avait la même signification que gravelle, sable ou plaine sablonneuse. Ce mot est employé par Bernard le Trésorier, qui écrivit une Chronique des croisades, de 1095 à 1230. Nous n'en avons pas sous les yeux le texte original; mais nous lisons dans la traduction qui en fut faite de la langue d'oïl en latin, par François Pépin : *Colligitur in illis hortis granella quædam, ex quo fit vitri species* (on recueille dans ces jardins une sorte de *grenelle*, avec laquelle on fabrique une espèce de verre.) Une plaine, dont le sol était arénacé, s'appelait *granelle*, *grenelle*, ou *gravelle*, comme le prouve ce passage du *Roman d'Athis* :

> Athis et tous ses compaignons
> Furent issus tous ès sablons;
> En la gravelle furent tuit,
> Pleurant de joie et de déduit.

La plaine de Grenelle acquit subitement de la célébrité. Après 1792, la France, menacée par l'Europe entière, établit dans cette plaine déserte une poudrière qui suffit longtemps seule à fournir de poudre cette foule innombrable de volontaires, que l'enthousiasme de la liberté faisait voler avec tant de dévouement à la défense des frontières. Le chimiste Chaptal, que le gouvernement républicain avait mis à la tête de cet établissement, était parvenu, par une nouvelle application de son art, à fabriquer, dans cette manufacture, des quantités de poudre incroyables. Il en sortait chaque jour des chariots chargés qui allaient approvisionner nos places et nos armées. La poudrière de Grenelle était regardée comme un des remparts de la République.

Le 30 août 1794, plus de cent cinquante milliers de poudre venaient d'être dirigés vers les frontières, et ce fut un bonheur pour Paris, car le lendemain, par des causes qui sont restées inconnues, une partie de la poudrière sauta, à sept heures et demie du matin. L'explosion brisa des vitres, renversa des cheminées, et jeta la terreur dans toute la capitale. Un nuage épais de fumée s'éleva du lieu du sinistre et guida les Parisiens, qui se précipitaient en foule pour porter des secours.

La Convention se réunit à huit heures et demie du matin, sous la présidence de Vouland. Elle chargea le comité de salut public de rédiger sur-le-champ une proclamation au peuple de Paris pour le rassurer et l'inviter au maintien de l'ordre. Elle décréta que toutes les pertes seraient supportées par la République; que les parents de ceux qui auraient pu périr par l'effet de l'explosion, ainsi que ceux qui auraient été blessés, seraient traités comme les défenseurs de la patrie et comme les parents de ces défenseurs. La Convention nomma une commission chargée d'entretenir avec elle et le comité de salut public une correspondance de tous les instants.

L'activité la plus grande fut déployée par les représentants : les uns allèrent chercher des nouvelles, les autres se mirent à rédiger une proclamation. Sur la motion de Billaud-Varennes, vingt-quatre commissaires se transportèrent dans les quarante-huit sections de Paris pour y rassurer la population. A neuf heures et demie, Boursault vint donner les détails suivants :

« J'arrive de la fabrique de Grenelle, où, malgré toute la diligence que j'avais faite, j'ai trouvé quelques-uns de mes collègues.

« La crainte a fait dire à quelques femmes qu'il fallait se sauver, et elles voulaient, de concert avec quelques gendarmes, m'empêcher d'avancer. Je leur ai dit : « Là où est le danger est le poste des membres de la Convention. (*Applaudissements.*) » Le peuple a été électrisé aussitôt, et il a dit que : « Puisque les représentants s'exposaient, il ne devait pas plus craindre qu'eux. (*Applaudissements.*) » Un hasard heureux a fait que le plus grand nombre des ouvriers qui travaillent à cette fabrique n'était pas encore arrivé, et nous n'aurons pas à essuyer autant de larmes que nous pensions.

« On a sauvé beaucoup de barils de poudre. On ne voit sur la route que des épiciers, des cafetiers, qui s'empressent de donner ce qu'ils ont pour secourir les malheureux blessés. Je vais retourner, et j'espère vous apprendre bientôt qu'il n'y a plus rien à craindre.

« Au moment où le danger s'est manifesté, ajouta Amar, plusieurs représentants du peuple se sont portés sur les lieux. Tout est calme, tout est dans l'ordre; il n'y a plus rien à craindre. Les trois comités de salut public, de sûreté générale et de la guerre sont réunis et ils sont dans la plus grande tranquillité. Ils auront soin d'instruire la Convention de quart d'heure en quart d'heure de tout ce qui se passera. »

Les autres représentants du peuple envoyés à Grenelle annoncèrent que le danger était passé ; puis les comités, par l'organe de Goujon, présentèrent un projet de proclamation qui fut adopté en ces termes :

« Citoyens, dans le moment même où de grandes victoires assurent la liberté publique, un événement affreux vient de porter l'alarme et l'effroi au milieu des citoyens. La poudrerie de Grenelle a fait explosion ; heureusement, il ne s'y trouvait que le produit de la fabrication journalière. La Convention nationale est à son poste ; déjà les mesures nécessaires pour remédier à ce malheur sont prises.

« La force armée est sur pied et les pompiers sont en activité ; les asiles sont ouverts aux blessés; les mesures pour leur transport sont assurées ; les officiers de santé sont requis; la Convention nationale a décrété que toutes les pertes seraient supportées par la République. Les blessés, les pères et mères et enfants de ceux qui auraient péri auront droit aux mêmes secours que les parents des défenseurs de la patrie. Enfin, tous les établissements publics sont en sûreté et de fortes patrouilles comprimeront les malveillants. Que chacun concoure de tout son pouvoir à établir l'ordre; que les citoyens restent dans leurs familles : et vous, bons citoyens, ne courez point en foule dans un même lieu; cette affluence nuirait plutôt qu'elle ne serait utile. La Convention nationale vous invite à vous tenir tranquilles et prêts autour de vos sections respectives pour vous porter au premier signal partout où les autorités constituées vous appelleront au nom de la patrie.

« Signé : MERLIN (de Thionville), président ; P. BARRAS et COLOMBELLE, secrétaires. »

Le reste de la séance fut consacré à entendre de nouveaux renseignements sur le sinistre et à échanger des récriminations; les uns et les autres intéressent trop Vaugirard et Grenelle pour que nous puissions nous dispenser de reproduire au moins les opinions des principaux orateurs.

CAMBON. — On ne peut pas encore bien dire quelle est la cause du malheureux événement qui a fait couler nos larmes. Sur la route il y avait beaucoup d'hommes qui voulaient empêcher d'avancer en disant que le grand magasin n'était pas sauté, et ce grand magasin n'existait que dans leurs têtes. On ne trouve plus que décombres et un reste de l'établissement à deux cents toises du feu.

LAKANAL. — Le danger est passé, les malheureuses victimes ont reçu tous les secours qui leur sont dus par des frères. Plusieurs milliers de poudre sont sauvés. On a mis des barrières aux avenues pour empêcher la confusion et la malveillance. Nous ne pouvons répondre que du feu apparent ; car si par un art perfide des mèches phosphoriques étaient déposées... C'est pourtant comme cela que les détails donnés disent que le feu a commencé.

BOURGUES. — Je m'étais transporté au feu, je n'ai pu y pénétrer. Je me suis rendu à l'hôpital des Invalides pour y voir les blessés. J'ai requis les matelas du voisinage; les draps, le linge, les voitures; l'hôpital est rempli d'officiers de santé ; les citoyens prodiguent leurs secours à ces infortunés; tous les blessés sont bien soignés.

Plusieurs représentants du peuple rentrent dans la salle et montent à la tribune.

THUREAU. — Les citoyens ont porté des secours si prompts, si nombreux, qu'il n'est plus question maintenant que d'arrêter ce mouvement de sensibilité. J'ai entendu des femmes dire : Eh bien ! nous ferons des armes si nos maris périssent. Le malheur est au-dessous de la Convention, elle le réparera, elle s'occupera de faire rebâtir les asiles des citoyens ; j'espère que la République n'aura rien perdu de son énergie et n'en sera que plus forte.

CARRIER. — Comme l'a très-bien observé mon collègue, les secours ont été grands en proportion du malheur. Il restait un assez grand magasin de poudre. La Convention apprendra avec satisfaction que cette poudre a été soustraite à la rapidité des flammes, ainsi qu'un magasin de soufre. Je crois que des mesures ultérieures ne pourraient entraver la marche des opérations ; il y a assez de pompiers, assez d'eau. Nous avons fait visiter les caves ; l'ordre est parfaitement rétabli ; nous réparerons ce grand malheur.

LEQUINIO. — J'ai oublié de vous dire que des citoyens sont allés d'eux-mêmes chez les marchands de vin des environs dire : « Ne donnez votre vin qu'aux blessés. » La commune de Vaugirard a envoyé de son propre tonneau deux tonneaux de vin pour eux.

BÉZARD. — Je me suis transporté dans les sections de l'Homme-Armé, de la Réunion et de la trente-deuxième division de gendarmerie.

J'ai parlé au milieu des cris de *Vive la République et la Convention nationale!*

Toutes les mesures que l'humanité prescrit ont été prises; aussitôt l'événement connu, voitures, matelas, charpies étaient offerts pour les blessés; des citoyens offrent de recevoir des blessés dans leurs lits.

L'inquiétude que la malveillance cherche à grossir est dissipée. Les citoyens veillent les aristocrates, et les méchants auront beau s'agiter, ils ne pourront tourner l'événement à leur profit.

DELMAS. — Il est d'autres vérités que la Convention doit entendre. Les représentants du peuple témoins de cette scène affligeante ont entendu des propos exécrables; ce qui prouve que la police de Paris est sans force et sans énergie, ce qui prouve qu'il existe dans cette commune des contre-révolutionnaires élargis. Je demande que, pour faire cesser cette anarchie, Merlin monte à la tribune et fasse le rapport sur l'organisation de la police de Paris.

Carrier. — Puisque l'on aborde enfin cette question, que je n'ai pas voulu aborder encore, je déclare que Delmas a grande raison. Sans doute, citoyens, les événements qui se passent nous amèneront à de grandes connaissances; ils nous donneront le fil de grands complots dont nous avons été menacés. Sans doute, mon collègue Boursault avouera qu'au moment où il voulait se porter au lieu de l'explosion, il a trouvé des obstacles qu'on lui opposait.

Des pompiers m'ont dit que dans la rue Honoré il y avait des scélérats qui les empêchaient de courir au feu. Quand tous ces faits seront comparés aux mots de désastre qu'on faisait retentir depuis quelque temps, il ne restera plus de doute sur les auteurs de ces désastres. Il ne restera plus que les incrédules à convaincre.

On saura ce que c'est que d'avoir accordé la liberté à tant de chevaliers des poignards, jusqu'à celui qui commandait au 10 août le massacre des patriotes. On saura bien enfin, quoiqu'on n'ait pas voulu livrer à l'impression la liste de ceux qui avaient demandé ces élargissements; on saura bien enfin ce qu'on entendait par cette conspiration du 10 fructidor...

Un membre s'écrie : Tallien l'a annoncé aux Jacobins.

Carrier. — On verra de quel côté sont les vrais continuateurs de Robespierre, où est la *queue de Robespierre*.

Féraud. — Nous avons marché et nous marchons encore sur des cendres qui couvent un feu violent. En me portant au magasin à poudre, j'ai été effrayé d'entendre les propos les plus atroces.

J'ai invité les comités de salut public et de sûreté générale à prendre les mesures les plus vigoureuses sur la police de Paris. La République est perdue si nous ne savons pas agir avec force.

Peut-on douter de ce que j'avance, quand il est constant qu'on a prêché hautement la royauté. La police de Paris saura qu'il y a dans cette ville 4 à 5,000 officiers et soldats qui devraient être aux frontières. On vous a dit que Robespierre avait appelé autour de lui 8 à 10,000 contre-révolutionnaires ; je n'en doute plus depuis les propos que j'ai entendus. Oui, mes collègues, je l'ai entendu dire : *Depuis que Robespierre est mort, cela ne va pas bien.*

Boursault. — Je ne passerai point sous silence un fait qui touchera la Convention. Le restaurateur qui est établi au pont Tournant, le citoyen Levestre et sa femme, ont montré l'exemple du plus grand désintéressement. Ils ont donné pour leurs frères blessés tout leur vin, tout leur linge, tous leurs lits ; ils allaient avec leurs garçons les supplier d'entrer chez eux de préférence.

Voici un trait plus admirable encore. Un malheureux maçon blessé au feu demandait qu'on lui jetât sur le corps une couche d'huile ; ce même homme lui disait : Tu as bien souffert, mon ami ? — Non, répond le brave citoyen, on ne souffre point pour la patrie. Ce furent ses dernières paroles. Voilà, mes collègues, voilà de l'huile sur nos blessures.

La Convention ordonna l'insertion de ces faits au Bulletin avec mention honorable.

La question agitée par Delmas sur le mauvais état de la police fut jugée la plus importante de celles que l'événement soulevait. Merlin de Douai donna lecture d'un projet de loi constitutif d'un nouveau système d'administration pour la commune de Paris, lequel fut adopté après de légers débats.

On n'a jamais su d'une manière certaine comment la poudrière de Grenelle avait pris feu ; il y eut à peine, à cet égard, un commencement d'enquête, et l'on ne songea ni à faire un rapport ni à instruire un procès. Quoi qu'il en soit, les Jacobins furent d'abord accusés. « Rien dans la suite, dit Toulongeon, ne confirma ces soupçons, mais ils servirent pour le moment à détourner sur les Jacobins l'animadversion publique ; ce sentiment suffisait ; on prévit même qu'il serait dangereux de les convaincre ; c'eût été leur supposer impolitiquement des moyens et une puissance suffisante pour les faire craindre. On laissa l'opinion circuler et s'établir, et l'on se contenta de maintenir à la tribune un système et un plan de conduite dont la conséquence était la destruction des Jacobins. »

En 1795, un camp fut créé dans la plaine de Grenelle ; quelques anciens montagnards, victimes de la réaction thermidorienne, conçurent le projet de soulever les troupes, de renverser le Directoire exécutif et de substituer la constitution de 1793 à celle de l'an III. Les principaux conjurés étaient Javogues et Cusset, anciens représentants du Rhône et de la Loire ; Huguet, ancien représentant de la Creuse ; Antoine-Marie Bertrand, qui avait été maire de Lyon, et dont la fougueuse éloquence avait souvent ému le club des Cordeliers. On comptait encore à la tête de la conspiration Jean-Jacques Fyon, brasseur liégeois, qui s'était enrôlé dans l'armée française au commencement de la révolution, et qui était parvenu au grade de général de brigade ; François Bonbon, cordonnier, ancien président du comité révolutionnaire de la Butte des Moulins ; Gagnant, artiste peintre, secrétaire du conventionnel Drouet.

Afin de dépister le gouvernement, les conjurés simulèrent une tentative royaliste pendant la nuit du 12 au 13 fructidor an IV. Du 29 au 30 août 1796, des coups de feu et les explosions de quelques boîtes d'artifices furent entendus dans plusieurs quartiers de Paris. Au point du jour, on trouva suspendu au-dessus de la porte de l'hôtel Beauveau un drapeau blanc avec l'inscription : « *Vive le roi, mort aux républicains !* » Un placard manuscrit appelait aux armes la jeunesse royaliste. La police ne s'y trompa point ; elle sut ou elle savait d'où venaient ces démonstrations, d'autant qu'une des boîtes avait éclaté et tué l'homme qui y avait mis le feu ; c'était un membre du comité révolutionnaire d'une des sections de Paris. Le Directoire annonça par une proclamation que le parti anarchiste était coupable de ces désordres.

Dans la soirée du 23 au 24 fructidor an IV (du 18 au 19 septembre 1796), le ministre de la police vint annoncer au général en chef de l'armée de l'intérieur qu'une soixantaine d'hommes étaient en ce moment même réunis dans un cabaret du village de Vaugirard ; que, dans d'autres auberges, dans les jardins et sur la route de Vaugirard à Paris, une grande quantité de gens étaient dispersés par groupes et se tenaient prêts, au signal donné, à se porter sur l'état-major du camp de Grenelle, tandis que d'autres conjurés s'assureraient des membres du Directoire, des ministres et de plusieurs représentants.

Les ordres furent donnés sur-le-champ ; le général Chanet, à la tête de douze dragons, partit pour le camp de Grenelle, afin de faire prendre les armes à la troupe. En quittant le boulevard des Invalides pour suivre le chemin de Vaugirard, il se trouva cerné par des hommes qui sortirent soudainement des fossés de la route et des jardins environnants. Se croyant hors d'état de résister, il revint par la rue de Vaugirard au Luxembourg, afin de donner les ordres nécessaires à la garde du Directoire qui allait sans doute être attaquée.

En effet, après s'être réunis à Vaugirard, environ douze cents hommes armés de pistolets et poignards, s'acheminèrent vers le Luxembourg ; mais s'apercevant que les postes avaient été doublés, ils se replièrent sur la troupe principale qui marchait vers le camp de Grenelle ; des intelligences avaient été liées entre quelques officiers et les conjurés.

C'était vainement que les conspirateurs comptaient sur la sympathie des soldats. Ils entrèrent dans le camp en chantant *la Marseillaise* et en criant : *Vive la République ! vive la Constitution de 1793 ! à bas les conseils ! à bas les nouveaux tyrans !* mais par une fâcheuse méprise, au lieu de s'adresser aux bataillons dont ils se croyaient sûrs, ils tombèrent sur un avant-poste qui ne s'attendait à rien, et qui, troublé dans son sommeil, se mit immédiatement sur la défensive. En même temps la générale battait ; un aide-de-camp, qui avait pu traverser Vaugirard, venait de réveiller le général Foissac-Latour. Le commandant Malò, en chemise, accompagné de neuf dragons demi-nus, montait à cheval et chargeait les assaillants. Ils furent promptement dispersés, et on en arrêta plus d'une centaine qui furent enfermés à l'École militaire.

Le Corps législatif, instruit de cet événement, déclara que tous les corps d'armée de l'intérieur avaient bien mérité de la patrie. Le lendemain, le Directoire fit parvenir aux Cinq-Cents un message par lequel il demandait que les prisonniers fussent jugés par une commission militaire. Il faisait valoir en faveur de cette mesure exceptionnelle les inconvénients que présenterait un procès poursuivi selon les formes ordinaires contre 132 accusés, car tel était leur nombre ; et il faut ajouter qu'ils étaient presque tous blessés. Par un second message, le gouvernement sollicitait encore de la complaisance du Conseil législatif. Il avait proposé aux Cinq-Cents de décréter que les accusés n'eussent qu'un seul défenseur pour tous, afin d'abréger les débats. On passa à l'ordre du jour sur cette demande monstrueuse.

La première séance de la commission militaire eut lieu le 27 fructidor (13 septembre). Elle fit comparaître d'abord 52 prévenus. Les débats furent très-tumultueux; les accusés commencèrent par récuser leurs juges, par protester contre la mesure exceptionnelle qui leur était appliquée; ils prirent à partie les témoins; ils embarrassèrent l'accusation par l'énergie de leur défense. L'un d'eux parvint à s'échapper la veille du jugement qui le condamna à mort, ainsi que 12 autres accusés, et en acquitta 19. Les condamnés en appelèrent au conseil de révision; mais celui-ci confirma le premier arrêt. En conséquence, ils furent extraits du Temple et conduits au camp de Grenelle, où ils furent fusillés.

Le 6 vendémiaire an v (27 septembre 1796), intervint un second jugement qui condamna quatre des accusés à mort, six à la déportation et trois à la réclusion. Neuf autres furent mis en liberté. Fyon, ex-général de brigade, fut renvoyé devant la cour de Vendôme comme complice de Babeuf. Les quatre condamnés furent, le 8, fusillés au camp de Grenelle, après la révision du conseil militaire.

Le troisième jugement condamna à mort neuf accusés, parmi lesquels se trouvaient Huguet Cusset, Lavogues, Bertrand, Gagnant, Bonbon, etc. Deux accusés furent condamnés à la déportation, quatre à la détention, et cinq furent acquittés. Ceux contre lesquels fut portée la peine de mort furent exécutés le 10 vendémiaire. Bonbon évita le supplice en se précipitant du haut de l'escalier du Temple; mais son cadavre fut conduit jusqu'à la place de Grenelle. Chemin faisant Gagnant, étant parvenu à délier ses mains, s'élança tout à coup hors de la charrette dans le dessein de s'évader. Mais bientôt atteint d'un coup de baïonnette et d'un coup de sabre, il fut reporté sur la voiture et fusillé comme les autres.

La commission militaire termina avec les accusés du camp de Grenelle par deux derniers jugements. Dans l'un, elle condamna six accusés à mort, huit à la déportation, cinq à la détention, et en acquitta quatre; par l'autre, elle condamna quatre accusés à la déportation, cinq à la détention, dix furent acquittés. Tout était fini le 6 brumaire (27 octobre).

Longtemps après, sous le régime impérial, la plaine de Grenelle vit le dénoûment d'une des plus singulières conspirations dont fasse mention l'histoire. Un général proscrit, prisonnier d'État, entreprit presque seul de renverser la puissance de Napoléon Ier.

Né à Dôle, le 28 juin 1754, Claude-François Malet était entré dès l'âge de seize ans dans les mousquetaires. Après le licenciement de ce corps, il revint dans son pays natal, d'où il partit en 1792 comme capitaine de volontaires.

Il se distingua en plusieurs occasions, devint adjudant général en mai 1793, et général de brigade le 14 août 1799. Employé à cette époque sous Championnet, il fit la campagne des Alpes, et obtint ensuite un commandement aux Sables-d'Olonne. Il avait un moment commandé le département de la Gironde; mais ses opinions républicaines le mettaient en suspicion. Il avait voté ostensiblement contre le consulat à vie; et lorsqu'il reçut la Légion d'honneur, il écrivit au grand chancelier Lacépède qu'il se rendrait digne d'une association fondée sur l'amour de la patrie et de la liberté. Après la proclamation de l'Empire, il adressa cette lettre à Napoléon :

« Citoyen premier consul, nous réunissons nos vœux à ceux des Français qui désirent voir leur patrie heureuse et libre. Si un empire héréditaire est le seul refuge contre les factions, soyez empereur; mais employez toute l'autorité que votre suprême magistrature vous donne pour que cette nouvelle forme de gouvernement soit constituée de manière à nous préserver de l'incapacité ou de la tyrannie de vos successeurs, et qu'en cédant une portion si précieuse de notre liberté nous n'encourions pas un jour, de la part de nos enfants, le reproche d'avoir sacrifié la leur.

« Je suis, etc. »

En même temps il écrit au général de division Gobert :

« J'ai pensé que, lorsqu'on était forcé par des circonstances impérieuses de donner une telle adhésion, il fallait y mettre de la dignité et ne pas trop ressembler aux grenouilles qui demandent un roi. »

Il ne tarda pas à donner sa démission.

En 1807, pendant que l'empereur était en Prusse, Malet entra dans une conspiration à laquelle étaient mêlés des royalistes et des républicains. Elle fut dénoncée, et cinquante-cinq personnes furent incarcérées sans jugement, par mesure de sûreté et de répression. Malet languit pendant quatre ans, tant à Vincennes qu'à La Force ; puis, prétextant une indisposition, il obtint d'être transféré dans la maison de santé du docteur Belhomme, près de la barrière du Trône. Il se dit : « L'Empereur est à Moscou; les nouvelles arrivent avec la plus grande difficulté. Si on annonçait brusquement la mort du chef de l'État, que deviendrait le gouvernement?... »

Malet imagina de réaliser l'hypothèse avec le concours d'un autre détenu, l'abbé Lafond; et, de connivence avec Camano, prêtre espagnol qui demeurait rue Saint-Gilles, il fabriqua de faux ordres, de faux pouvoirs, de faux procès-verbaux du sénat; il supposa qu'une séance extraordinaire avait eu lieu le 22 octobre 1812, et en dressait ainsi le procès-verbal :

SÉNAT CONSERVATEUR.

(*Séance du 22 octobre.*)

La séance s'est ouverte à huit heures du soir, sous la présidence du sénateur Sieyès.

Le Sénat réuni s'est fait donner lecture du message qui lui annonce la mort de l'empereur Napoléon, qui a eu lieu sous les murs de Moscou, le 7 de ce mois.

Le Sénat, après avoir mûrement délibéré sur un événement aussi inattendu, a nommé une commission pour aviser, séance tenante, aux moyens de sauver la patrie des dangers imminents qui la menacent; et, après avoir entendu le rapport de la commission, a décrété ce qui suit :

ARTICLE 1er. Le gouvernement impérial n'ayant pas rempli l'espoir de ceux qui en attendaient la paix et le bonheur des Français, ce gouvernement et ses institutions sont abolis.

ART. 2. Ceux des grands dignitaires civils et militaires qui voudraient user de leurs pouvoirs et de leurs titres pour entraver la régénération publique sont mis *hors la loi*.

ART. 3. La Légion d'honneur est conservée ; les croix et les grands cordons sont supprimés.

Les légionnaires ne porteront que le ruban en attendant que le gouvernement ait déterminé un mode de récompense nationale.

ART. 4. Il est établi un *gouvernement provisoire* composé de *quinze membres*, dont les noms suivent :

MM. le général *Moreau*, président; *Carnot*, ex-ministre, vice-président; le général *Augereau*; *Bigonet*, ex-législateur; *Florent Guyot*, ex-législateur; *Frochot*, préfet du département de la Seine; *Destutt-Tracy*, sénateur; *Jacquemont*, ex-tribun; *Lambrechts*, sénateur; *Montmorency (Matthieu)*; *Malet*, général; *Noailles (Alexis)*; *Truguet*, vice-amiral; *Volney*, sénateur; *Garat*, sénateur.

ART. 5. Le gouvernement est chargé de veiller à la sûreté intérieure et extérieure de l'État; de traiter immédiatement de la paix avec les puissances belligérantes ; de faire cesser les malheurs de l'Espagne; de rendre à leur indépendance les peuples de Hollande et d'Italie.

ART. 6. Il fera présenter, le plus tôt possible, un projet de constitution à l'acceptation du peuple français, réuni en assemblées primaires.

ART. 7. Il sera envoyé une députation au pape Pie VII, pour le supplier, au nom de la nation, d'oublier les maux qu'il a soufferts, et pour l'inviter à venir à Paris avant de retourner à Rome.

ART. 8. Les ministres cesseront leurs fonctions; ils remettront leurs portefeuilles à leurs secrétaires généraux. Tout acte subséquent de leur part les mettrait *hors la loi*.

ART. 9. Les fonctionnaires publics, civils, judiciaires et militaires continueront leurs fonctions; mais tout acte qui tendrait à entraver la nouvelle organisation les mettrait *hors la loi*.

Les *art.* 10, 11, 12, *sont relatifs aux gardes nationales et à la garde du nouveau gouvernement.*

ART. 13. Il est accordé une amnistie générale pour tous les délits provenant d'opinions politiques et délits militaires, même de désertion à l'étranger. Tout émigré, déporté ou déserteur qui voudra rentrer en France, d'après cette disposition, sera seulement tenu de se présenter à la première municipalité frontière pour y faire sa déclaration, et recevoir un passeport pour le lieu qu'il désignera.

Art. 14. La mise hors loi, outre les peines corporelles, entraîne la confiscation des propriétés.

Art. 15. La liberté de la presse est rétablie, sauf la responsabilité.

Art. 16. Le général *Lecourbe* est nommé commandant en chef de l'armée centrale, qui sera assemblée sous Paris, au nombre de cinquante mille hommes.

Art. 17. Le général Malet remplacera le général Hulin dans le commandement de la place de Paris, ainsi que de la première division militaire. Il pourra nommer les officiers généraux et d'état-major qu'il croira nécessaires pour le seconder.

Il est particulièrement chargé de faire réunir les membres du gouvernement provisoire, de les installer, de veiller à leur sûreté, de prendre toutes les mesures de police qui lui paraîtront urgentes, et d'organiser leur garde.

Il est autorisé à donner des gratifications à ceux des citoyens et militaires qui le seconderont, et qui se distingueront, dans cette importante circonstance, par leur dévouement à la patrie.

Il est à cet effet mis à sa disposition une somme de *quatre millions*, à prendre sur la caisse d'amortissement.

Art. 18. Il sera fait une adresse au peuple français et aux armées, pour leur faire connaître les motifs qui ont déterminé le Sénat à changer le mode du gouvernement, à les rendre à leurs droits si souvent violés, et à les rappeler à leurs devoirs trop longtemps oubliés. Il se dévoue pour la patrie : il a l'espoir qu'il sera courageusement secondé par les citoyens et par les armées, pour rendre la nation à l'indépendance, à la liberté et au bonheur.

Art. 19. Le présent sénatus-consulte sera proclamé sur-le-champ, dans Paris, à la diligence du général Malet, et envoyé dans tous les départements et aux armées, par le gouvernement provisoire.

Signé : Sieyès, *président*;
Lanjuinais, Grégoire, *secrétaires*.

Le 23 octobre, Malet passa la soirée à jouer tranquillement aux cartes dans le salon de M. Belhomme. A onze heures du soir, il franchit le mur du jardin avec l'abbé Lafond, et se rend chez Camano, où l'attendait un caporal nommé Rateau!, qu'il avait métamorphosé pour la circonstance en aide-de-camp. Un jeune étudiant breton, André Boutreux, était chargé du rôle de commissaire de police.

Les régiments de la garde de Paris et quelques cohortes de la garde nationale mobilisée formaient la garnison de la capitale. Malet, en grand uniforme, arrive à la porte de la caserne Popincourt, demande le colonel Soulier, qui demeurait hors du quartier, et va le réveiller.

— De quoi s'agit-il ? dit le colonel étonné.

— Je vois bien, répond Malet, que vous n'êtes pas informé. Nous avons eu le malheur de perdre l'Empereur.

— Ah! mon Dieu ! s'écria Soulier.

— Je conçois votre douleur, reprend Malet ; elle sera plus vive encore quand vous apprendrez que le gouvernement est changé. Voici l'ordre en vertu duquel vous devez faire prendre les armes à la cohorte, lui donner connaissance des événements, et la mettre à ma disposition.

Soulier obéit. Les soldats se rassemblent, forment le cercle, et le général leur lit d'une voix ferme cet ordre du jour :

« Soldats ! l'Empereur est mort sous les murs de Moscou. Des mesures sont prises pour sauver les débris de l'armée. Le gouvernement provisoire, organisé par décret du Sénat, a nommé le général Malet commandant de la 1re division militaire. La paix générale est proclamée ! la conscription abolie ! la Légion d'honneur conservée, et sa dotation doublée ! Dans huit jours, les soldats de la garnison de Paris qui voudront rentrer dans leurs foyers recevront leurs feuilles de route ; les autres formeront les cadres de la garde du gouvernement, avec les avantages et prérogatives de l'ex-garde impériale. Haute-payée trente sous par jour pour la troupe, trois francs pour les sous-officiers, doubles appointements pour les officiers. Tout capitaine ayant quinze ans de service est de droit chef de bataillon. Sous vingt-quatre heures un mois de solde sera payé d'avance dans tous les grades, à titre de gratification. Vive le gouvernement provisoire ! Vive la nation ! »

Malet se met en tête de la cohorte ; il marche vers La Force,
où étaient détenus deux de ses amis, les généraux Lahorie et Guidal. L'Empereur avait ordonné de déporter le premier en Amérique, et le second était mandé à Marseille, d'où il arrivait, pour y comparaître comme impliqué dans un complot républicain. Par une fatalité déplorable, ils étaient encore à Paris. Au moyen des pièces qu'il avait confectionnées, Malet les délivra tous deux, ainsi qu'un Corse, Joseph-Louis Boccheiampe, né en 1770 à Oletta, et prisonnier d'État depuis dix ans, sans motifs connus.

Lahorie fut chargé d'occuper la préfecture de police et d'arrêter le préfet, M. Pasquier, qui fut remplacé par l'abbé Lafond et par André Boutreux. De là il se dirigea vers l'hôtel du duc de Rovigo, ministre de la police, accompagné de Guidal, qui avait la mission de s'emparer du ministre de la guerre, et qui la négligea. Si Malet avait eu des auxiliaires énergiques, et s'il n'avait pas cru devoir leur dissimuler ses projets, peut-être aurait-il réussi : mais Guidal voulut se donner le plaisir de se venger et de conduire lui-même à La Force l'homme qui l'avait fait venir de Marseille à Paris. « Lahorie et Guidal, raconte le duc de Rovigo dans ses Mémoires, envoyèrent chercher un cabriolet ; je plaçai dedans le premier et fis mettre Guidal, qui me conduisait, à ma gauche. Il fit marcher un détachement en avant et prit le chemin de La Force. Il passa le long du quai des Lunettes ; cela me donna l'idée de m'échapper ; je décrochai doucement la portière du cabriolet, et en arrivant près de la Tour de l'Horloge, je sautai en bas et pris ma course vers le Palais de Justice, où il y a toujours du monde de grand matin ; mais je n'avais pas vu une troupe de soldats qui suivaient le cabriolet ; ils se mirent à courir après moi en criant : « Arrête! arrête! » A Paris, il n'en faut pas davantage pour que chacun arrête; aussi m'arrêta-t-on. Les soldats et Guidal, m'ayant rejoint, me prirent bras dessus bras dessous, et m'amenèrent à pied à La Force. »

Soulier, auquel Malet avait remis un faux brevet de général de brigade et un bon de cent mille francs sur le Trésor, reçut l'ordre de se rendre à l'Hôtel de Ville, d'y annoncer la mort de l'Empereur, et de faire préparer une salle pour les séances de la commission du gouvernement. Un employé de la préfecture de la Seine expédia aussitôt un exprès à Frochot, qui, après avoir passé quelques jours à la campagne, rentrait paisiblement par le faubourg Saint-Antoine. Après avoir lu le billet qui se terminait par ces mots latins : *Fuit imperator*, le préfet accourt; il trouve l'Hôtel de Ville occupé par Soulier, qui lui montre tous les actes en vertu desquels il agissait, et qui lui apprend que le ministre de la police venait de sortir et avait recommandé que l'on hâtât les dispositions pour recevoir le commissaire du gouvernement. Croyant que ce ministre est le duc de Rovigo, le préfet, abasourdi, dit à ses domestiques : « Faites ce que ces messieurs vous ordonnent. » Puis il demanda ses chevaux pour se rendre chez l'archichancelier.

Malet, en quittant Lahorie à la porte de La Force, avait envoyé, par des soldats de la 10e cohorte, aux deux commandants des régiments de la garde soldée de Paris, des paquets renfermant des pièces semblables à celles qu'il avait lues à sa troupe avant de l'emmener, et de plus une instruction sur ce que ces deux régiments devaient suivre de point en point.

Il employa à fermer toutes les barrières de Paris, avec défense d'en laisser sortir qui que ce fût ; ce qui fut fait ; en sorte que dans les villes du voisinage, d'où on aurait pu avoir des secours, si l'on en avait eu besoin, on n'aurait rien su de ce qui se passait à Paris. Il employa d'autre part à occuper la Banque, la Trésorerie et autres points de l'administration publique. A la Trésorerie, qui était alors rue Neuve-des-Petits-Champs, il éprouva de la résistance ; le ministre, le duc de Gaëte, s'y était rendu, et sut se servir de la garde de sa maison pour ne pas laisser méconnaître son autorité. Mais dans les deux régiments entiers de la garde soldée de Paris, qui faisaient le service de la place, il n'y eut pas une objection opposée à l'exécution des ordres de Malet.

En même temps que Malet faisait ainsi agir sur plusieurs points à la fois, il descendait la rue Saint-Honoré avec sa petite troupe. Il tourna le coin de la rue qui mène à la place Vendôme, et de là il expédia un officier avec vingt-cinq soldats, auxquels il ordonna d'aller se mettre en bataille devant la porte du bureau de l'état-major.

En même temps il donna à l'officier un paquet pour l'adjudant-commandant Doucet, chef de l'état-major général ; le paquet contenait les mêmes pièces que les autres, la mort de l'Empereur, l'acte du Sénat, les proclamations, la nomination de Malet au gouvernement de Paris; puis une nomination de général de brigade et tels ordres au nom de 100,000 fr. pour lui, Doucet. A ce paquet il avait joint une instruction en forme de lettre confidentielle, dans laquelle il témoignait à Doucet le plaisir qu'il éprouvait à entrer en relation de service avec lui, et le priait d'envoyer tels et tels ordres aux troupes qui étaient à Saint-Denis, Saint-Germain et Versailles, et à celles de Paris; il n'exceptait que la garde soldée, qu'il avait employée, et la 10e cohorte, qu'il avait chargée de l'arrestation du préfet et du ministre de la police, ainsi que de celle du général Hulin; il ajouta que, connaissant les relations d'amitié qui existaient entre lui et le général, il avait voulu éviter ce que cette commission aurait eu de pénible pour lui, et qu'il s'en était chargé. Seulement, il lui recommandait de ne pas s'y opposer, et de garder à sa porte, jusqu'à nouvel ordre, le piquet que commandait l'officier qui lui remettrait le paquet.

L'adjudant général Doucet était couché quand l'officier arriva chez lui. N'ayant pas voulu parler à d'autres, on le fit entrer chez l'adjudant général, lequel ne comprit rien à tout ce que cette dépêche contenait. Il relut plusieurs fois les pièces, et demanda à l'officier de la 10e cohorte qui les lui avait apportées, et qui avait son détachement à la porte, ce qui s'était passé à sa caserne. Ce jeune homme le lui raconta; il avait vu prendre les armes à son corps, avait suivi Malet à La Force, en avait vu extraire Lahorie et Guibal, et avait suivi Malet jusqu'à la place Vendôme, d'où il avait continué son chemin pour aller chez le général Hulin, où il était encore. « Je vois d'ici, ajouta-t-il, notre détachement qui est devant la porte du général Hulin. »

Le général Malet était en effet entré chez le général comte Hulin, auquel il demanda à parler en particulier. Le commandant de la place le fit entrer, ainsi qu'un capitaine de la 10e cohorte.

— Monsieur, lui dit Malet, j'ai une commission bien pénible à remplir : le ministre de la police m'a chargé de vous arrêter et de mettre les scellés sur vos papiers.

— Voyons votre ordre, répond le commandant de la place.

— Entrons dans votre cabinet, je vais vous le montrer.

Hulin passe le premier; Malet le suit, la main sur un pistolet qu'il tenait dans sa poche, et accompagné du capitaine. Au moment où Hulin se retourne pour voir ce que Malet va lui présenter, celui-ci lui tire son coup de pistolet dans la figure à bout portant, et l'étend sur le carreau. Il ne le tua pas : la balle entra au milieu de la joue, et resta dans la tête du général Hulin, d'où elle ne fut jamais extraite. Le capitaine ne trouva rien d'extraordinaire à l'attentat dont il était le témoin et dont il devenait le complice.

Malet descendit sans manifester d'émotion et alla chez Doucet, qu'il trouva occupé à examiner les papiers avec le chef de bataillon Laborde, adjoint à l'état-major général.

— Eh quoi! dit Malet, monsieur Laborde ici! Mes instructions vous enjoignaient, monsieur Doucet, de le faire mettre aux arrêts.

Laborde résista, et coupant court à la discussion, il se retira en disant :

— Pour me rendre aux arrêts, il faut que je sorte; ce n'est point ici ma chambre.

En mettant le pied sur le palier, Laborde entendit en bas un bruit confus; l'inspecteur général de la police, M. Pasques, venait chercher des renseignements, et le piquet de la 10e cohorte lui refusait l'entrée de l'hôtel.

— Laissez-le monter, cria du haut de l'escalier Laborde aux hommes de garde. Les soldats, qui avaient l'habitude d'obéir à Laborde, se rangèrent sur le passage de l'inspecteur général. Il échangea avec le chef de bataillon de rapides explications, et tous deux entrèrent chez Doucet.

Dès lors la scène changea.

— Monsieur Malet, dit l'inspecteur, vous n'avez pas le droit de sortir de votre maison sans que j'aille vous chercher. Il y a là-dessous quelque chose, ajouta-t-il en s'adressant à Doucet. Arrêtez-le d'abord, je vais aller au ministère pour savoir ce que cela signifie.

Malet était adossé contre la cheminée de l'entre-sol dans lequel cela se passait. Se voyant perdu, il met la main à un pistolet qu'il avait dans la poche de son habit; ceux qui étaient en face de lui virent ce mouvement dans la glace, et tous les trois ensemble ils le saisirent et le désarmèrent.

Les complices involontaires de Malet furent arrêtés le même jour, à l'exception d'André Boutreux, qui avait pris la fuite. L'Espagnol Camano et l'abbé Lafond avaient eu soin de se munir de passe-port et purent s'éloigner sans être inquiétés. Une commission militaire s'assembla sous la présidence du comte Dejean. Elle se composait du baron Dériot, commandant les dépôts de la garde impériale; du baron Henry, major de la gendarmerie d'élite de la garde; de Géneval, colonel de la 18e légion de gendarmerie; du colonel Moncey; du major Thibault, et du capitaine Delon, adjoint à l'état-major de la 1re division militaire.

Les débats commencèrent le 28 octobre. Malet avoua hautement ses projets. Lahorie allégua qu'il avait cru suivre les ordres d'un gouvernement régulier.

— J'avais vu, dit-il, le 18 brumaire, une révolution se faire de la même manière. Les troupes, à la tête desquelles était le général Malet, n'avaient point l'air d'un rassemblement tumultueux; elles obéissaient sans la moindre hésitation. Paris était dans un état de tranquillité absolue. Il était grand jour : j'ai pu traverser Paris avec quelques compagnies, aller à l'Hôtel de Ville et à la police sans rencontrer le moindre obstacle. D'autres troupes passaient à droite et à gauche, dans tous les sens, sans faire la moindre opposition.

J'ai pu me tromper; j'ai pu croire le Sénat assemblé; j'ai pu croire qu'il formait un gouvernement nouveau; je me suis trompé. Demandez aux officiers qui sont ici; je ne doute pas de leur bonne foi à tous; ils étaient dans un état de crédulité absolue.

Ce système de défense fut aussi celui de tous les autres accusés, et particulièrement du commandant Soulier, qui déclara que son émotion était telle, qu'il n'a rien compris à ce qu'on lui voulait, sinon que le général Malet était revêtu de grands pouvoirs et qu'il devait lui obéir.

« Tout ce que dit le commandant est vrai, dit Malet; lorsque je suis arrivé près de lui, je l'ai trouvé au lit, malade; pendant le peu de temps que j'ai resté là, il a changé deux fois de linge; j'ai demandé que l'on fît prendre les armes à la cohorte pour lire le sénatus-consulte, l'ordre du jour et d'autres actes. Là, il a fait venir l'adjudant-major, et lui a dit de faire prendre les armes, de mettre la cohorte à ma disposition quand les actes seraient lus. Puisque j'avais donné les ordres à M. le commandant de faire marcher la cohorte, c'était dans mon ordre écrit, M. le commandant se trouvait sous mes ordres aussi bien que si j'avais été envoyé par le Sénat. »

L'interrogatoire terminé, la parole fut donnée aux accusés pour les entendre dans leur défense, car un d'eux seulement avait un avocat. La cause de Julien, sous-officier renvoyé absous, fut plaidée par un de ses parents. Mais ce défenseur officieux n'était pas un avocat, à en juger par l'exorde de son discours : « Étant aussi étranger que je le suis à une matière aussi grave, peu habitué à paraître devant une société nombreuse, etc. »

Malet se contenta de dire d'une voix ferme :

« Un homme qui s'est constitué le vengeur des droits de son pays n'a pas besoin de défense : il triomphe, ou meurt. »

Le caporal Rateau fut le dernier entendu et déclara qu'il était tombé dans un piége. Malet intervint pour défendre ce jeune homme; sa cause, dit-il, me regarde plus personnellement que la mienne; il est venu dans la maison de santé où j'étais, avec un ami de son pays ou bien un parent; je crois qu'on m'avait dit un parent. Je l'ai vu là quatre ou cinq fois : il s'est trouvé une circonstance où son ami me dit : Si vous pouvez, tâchez par vos connaissances de le faire avancer, vous me rendrez un service personnel. La circonstance s'est présentée; sans rien dire à Rateau, je lui ai demandé s'il avait bien envie de s'avancer; il me dit que c'était l'envie de tous les militaires, et qu'il ne servait que pour cela. Je lui dis : Mon ami, l'occasion s'en présentera peut-être, je vous le dirai. Le soir où je l'ai rencontré, je lui ai dit que j'étais chargé par le *Sénat* de mettre à exécution des ordres, et que s'il voulait être mon aide de camp, je lui donnerais l'avancement que j'avais promis. Il a accepté; les choses s'ensuivirent. Il est venu avec moi dans la maison; il a mis l'uniforme d'aide de camp; il ne savait pas venir pour autre chose. Voilà la vérité pour Rateau. »

Les débats étant clos, les membres de la commission se retirèrent dans la chambre de leurs délibérations; ils en sortirent à quatre heures du matin, et le président prononça un arrêt dont voici le dispositif :

« La commission militaire condamne, savoir :

« 1° A l'unanimité le nommé Claude-François Malet, ex-général de brigade, en réparation de crime contre la sûreté intérieure de l'État, par un attentat dont le but était de détruire le gouvernement et l'ordre de successibilité au trône et d'exciter les citoyens ou habitants à s'armer contre l'autorité impériale, à la peine de mort et à la confiscation de ses biens;

« 2° A l'unanimité les nommés Victor-Claude-Alexandre Fanneau Lahorie et Maximilien-Joseph Guidal, ex-généraux de brigade; Gabriel Soulier, chef de bataillon; Nicolas-Josué Steenhauser, Pierre Borderieux, Antoine Piquorel, capitaines; Antoine Fessart, Louis-Joseph Lefebvre, Louis-Marie Regnier, Hilaire Beaumont, lieutenants; Jean-Auguste Rateau, caporal, en réparation du crime de complicité avec le nommé Malet, à la peine de mort et à la confiscation de leurs biens;

« 3° A la majorité de six voix contre une le nommé Jean-François Rabbe, colonel, en réparation du crime de complicité avec le nommé Malet, à la peine de mort et à la confiscation de ses biens;

« 4° A la majorité de cinq voix contre deux le nommé Joseph-Louis Boccheiampe, prisonnier d'État, en réparation du crime de complicité avec ledit Malet, à la peine de mort et à la confiscation de ses biens.

« Lesdites peines prononcées contre les ci-avant nommés en conformité des articles 87 et 88 du Code pénal de 1810, lesdits articles ainsi conçus :

« Art. 87. L'attentat ou le complot dont le but sera, soit de détruire ou de changer le gouvernement ou l'ordre de successibilité au trône, soit d'exciter les citoyens ou habitants à s'armer contre l'autorité impériale, seront punis de la peine de mort et de la confiscation des biens.

« Art. 88. Il y a attentat dès qu'un acte est commis ou commencé pour parvenir à l'exécution de ces crimes quoiqu'ils n'aient pas été consommés. »

« La commission militaire décharge et acquitte : 1° A l'unanimité, les sieurs Gomont dit Saint-Charles, sous-lieutenant; Joachim-Alexandre Lebis, et Amable-Aimé Provost, lieutenants; Jean-Charles-François Godard, capitaine ; Joseph-Antoine Viallevielhe, Jean-Henri Caron, Pierre-Charles Limozin, adjudants sous-officiers ; Jean-Joseph Julien et Jean-Baptiste Caumette, sergents-majors, du crime de complité dont ils étaient prévenus;

« 2° A la majorité suffisante de trois voix contre quatre, le sieur Georges Rauff, capitaine, du crime de complicité dont il était prévenu conformément à la loi du 13 brumaire an V.

« La commission militaire ordonne que les acquittés ci-avant nommés sont mis à la disposition du ministre de la guerre ;

« Ordonne, en outre, que le présent jugement sera imprimé au nombre de deux mille exemplaires en placards, pour être affiché partout où besoin sera;

« Enjoint à M. le juge-rapporteur de lire le présent jugement aux condamnés et aux acquittés, et, au surplus, de le faire exécuter dans tout son contenu, et ce, dans les vingt-quatre heures;

« Ordonne encore que copie du présent sera adressée aux ministres de la guerre et de la police générale de l'empire ;

« Fait, clos et jugé sans désemparer, en séance publique et permanente à Paris, le 29 du mois d'octobre 1812, et les membres de la commission ont signé la minute du présent avec le greffier.

« *Signé à la minute :*

« THIBAULT, MONCEY, GENEVAL, FLEURY, DERIOT, comte DEJEAN, *président*; DELON, *juge-rapporteur*, et BOUDIN, *greffier*. »

Après le prononcé de l'arrêt, on fit rentrer dans la salle d'audience les six condamnés Malet, Rabbe, Soulier, Piquerel, Borderieux et Lefebvre.

« — Vous avez manqué à l'honneur, leur dit le président ; en conséquence, je déclare, au nom de la Légion d'honneur, que vous avez cessé d'en être membres. »

Malet sourit dédaigneusement; mais il fut le seul qui continua à se montrer ferme et digne ; tous les autres se livrèrent au plus violent désespoir.

Presque tous étaient dévoués à l'empire et à l'empereur ; ils avaient été induits en erreur, et, en servant les desseins du général, ils n'avaient fait que se conformer aux règles strictes de la discipline militaire.

Le 23 octobre, vers trois heures de l'après-midi, les treize accusés furent extraits de la prison; on les fit monter en voiture, et on les dirigea sous une imposante escorte de cavalerie, vers la plaine de Grenelle où ils devaient être fusillés. Le cortége avait déjà parcouru plusieurs rues lorsqu'un officier d'ordonnance le rejoignit et lui fit faire halte. Cet officier était porteur d'un ordre de sursis, signé de l'impératrice-régente, en faveur du colonel Rabbe et du caporal Rateau. Ces deux condamnés furent, en conséquence, ramenés à la prison, et les onze autres continuèrent leur chemin.

Le courage et le sang-froid qu'avait montré Malet ne l'abandonnèrent pas un seul instant; ayant aperçu, dans la rue de Grenelle, un groupe d'étudiants qui paraissaient profondément attristés, il se pencha par la portière ouverte, et leur dit d'une voix forte : « *Jeunes gens, souvenez-vous du 23 octobre !* »

Dans la plaine de Grenelle, Malet refusa de se laisser bander les yeux, et il demanda à commander le feu, ce qui lui fut accordé ; alors, d'une voix ferme et bien accentuée, il commença :

« Peloton ! portez arme !

Les soldats, vivement émus, font le mouvement commandé ; mais ils l'exécutent mal et sans ensemble.

« C'est mauvais ! s'écrie Malet, il faut tâcher de vous persuader que vous êtes devant l'ennemi... Recommençons cela... Au temps !... Portez arme ! »

Cette fois le mouvement fut plus régulier.

« C'est moins mal, dit le général, mais ça n'est pas encore bien ; cependant nous nous en contenterons... Attention pour le reste, et que vos fusils ne fassent entendre qu'un seul coup... Il est bien que vous puissiez voir comment meurent de braves gens... Attention ! »

Et pendant près d'un quart d'heure, l'intrépide général continua de la sorte, faisant recommencer jusqu'à trois fois le même temps. Peut-être même cela eût-il duré plus longtemps, car personne ne songeait à l'interrompre ; mais Malet, ayant jeté un regard sur ses compagnons d'infortune, eut pitié de l'état déplorable dans lequel se trouvaient la plupart d'entre eux; plusieurs s'étaient évanouis, et ce n'étaient pas les plus à plaindre; d'autres étaient agités de mouvements convulsifs.

« Et pourtant, dit le général en levant les épaules, il est certain que ces gens-là seraient morts bravement sur le champ de bataille. »

Puis il reprit le commandement, qui, cette fois, fut rapide, et au mot feu ! dix des condamnés tombèrent pour ne plus se relever; Malet, seul, resta encore debout pendant quelques secondes, bien qu'il eût le corps traversé de plusieurs balles; puis il tomba.

Ainsi se termina ce drame triste et étrange. Une estafette arrivée à Napoléon, près de Mikalewska, le 6 novembre, apporta à Napoléon la nouvelle de la conspiration et du supplice. Suivant le témoignage de M. de Ségur : « Ceux qui cherchaient à lire sur les traits de l'empereur ce qu'il devait penser, n'y virent rien ; mais dès qu'il fut seul avec ses officiers les plus dévoués, ses émotions éclatèrent par des exclamations d'étonnement, d'humiliation et de colère. Quelques instants après, il fit venir plusieurs autres militaires pour remarquer l'effet que produisait une si étrange nouvelle. Il vit une douleur inquiète, de la consternation et la confiance dans la stabilité de son gouvernement tout ébranlée. Il put savoir qu'on s'abordait en gémissant et en répétant qu'ainsi la grande révolution de 1789, qu'on croyait terminée, ne l'était pas. »

CHAPITRE VII.

La Bédoyère. — Agrandissement de Grenelle. — Javel.

Après la mort d'un ennemi de Napoléon Ier, les annales de la plaine de Grenelle enregistrent celle d'un de ses plus dévoués défenseurs, Charles-Angélique-François Huchet, comte de La Bédoyère.

Il était né à Paris en 1786; entré fort jeune au service, il était devenu rapidement colonel et aide de camp du prince Eugène. Après le retour des Bourbons, quoiqu'il ne se montrât nullement leur partisan, il fut nommé colonel du 7e régiment de ligne et chevalier de Saint-Louis. Louis XVIII tenait à s'attacher un descendant d'une vieille souche bretonne, marié récomment à une femme qui tenait par sa naissance à une aristocratie dont les affections monarchiques ne s'étaient jamais démenties.

Le 6 mars 1815, le 7ᵉ de ligne, caserné à Chambéry, avait reçu l'ordre de se diriger sur Grenoble pour barrer le passage à Napoléon. Cédant à un entraînement irrésistible, le colonel se porta au-devant de l'Empereur ; le drapeau blanc du régiment fut mis de côté ; une aigle fut arborée au bout d'une branche de saule, et les soldats fraternisèrent avec la petite troupe qui avait débarqué au golfe Juan.

Nommé par l'Empereur général et pair de France, La Bédoyère combattit à Waterloo, d'où il revint à la Chambre des pairs pour y plaider la cause de Napoléon II. Il fut désigné pour accompagner l'Empereur exilé ; mais il n'arriva à la Malmaison qu'après le départ. Muni d'un passe-port en règle que lui avait remis la reine Hortense, il pouvait traverser la France impunément. Mais il s'arrêta auprès de sa femme qui venait d'être mère, et ce ne fut que sur les sollicitations réitérées de ses amis qu'il partit pour Riom pour exercer les fonctions qui lui avaient été antérieurement dévolues de chef d'état-major du 2ᵉ corps de cavalerie de l'ancienne armée impériale.

La Bédoyère, proscrit par l'ordonnance du 24 juillet, avait à choisir entre un exil volontaire ou la mort. Pour la seconde fois il pouvait fuir, car on lui avait procuré un passe-port sous un nom supposé ; mais cet époux de vingt-neuf ans, désirant embrasser sa femme et son fils, monta, par une brusque résolution, dans la diligence où se trouvait une place vacante.

Parmi ses compagnons de voyage, il y avait un lieutenant de gendarmerie, et un ancien négociant nommé Lesgallerye, qui fut depuis commissaire de police à Lyon. Tous deux reconnurent le général, qui, le 2 août, à huit heures du matin, descendit chez Mᵐᵉ Fontery, rue du Faubourg-Poissonnière, 5.

Quelques heures après, la police venait l'arrêter, soutenue par un bataillon prussien. Le même jour, il comparaissait devant le duc Decazes, et dans la soirée paraissait l'ordonnance suivante :

« Louis, etc., Avons ordonné et ordonnons :

« Le conseil de guerre permanent de la 1ʳᵉ division militaire est chargé de connaître les crimes imputés aux militaires désignés dans notre ordonnance du 24 juillet dernier. »

Les débats, qui commencèrent le 12 août, furent promptement expédiés. Condamné à mort, le général se pourvut devant le conseil de révision, qui confirma le jugement à l'unanimité. C'était le 19 août, et l'ordre fut donné d'exécuter la sentence le jour même.

Mᵐᵉ de La Bédoyère vint se jeter aux genoux de Louis XVIII, en criant : « Grâce ! » mais le roi se borna à lui répondre : « Madame, je connais vos sentiments pour moi, ainsi que ceux de votre famille ; je regrette de vous refuser... je ne peux qu'une seule chose pour votre mari : je ferai dire des messes pour le repos de son âme. »

Et pendant que la jeune femme tombait évanouie, il monta en voiture pour faire un tour de promenade. Quand il revint, une autre femme, plus âgée, rôdait autour des Tuileries ; c'était la mère de La Bédoyère. On l'éloigna. Il eût été d'ailleurs trop tard pour envoyer un sursis à la plaine de Grenelle, où le général était parti en fiacre à dix heures un quart, sous l'escorte d'un détachement de gendarmes.

Douze soldats l'attendaient. Quand il fut descendu de voiture, il ôta son chapeau, repoussa le bandeau qu'on voulait lui poser sur les yeux, et s'avança au-devant du peloton. A quelques pas, il s'arrêta, écarta sa chemise des deux mains, et dit avec calme :

« Tirez, mes amis ; surtout ne manquez pas ! »

Douze détonations furent simultanées, et La Bédoyère cessa de vivre.

Avant qu'on déposât le cadavre sur une charrette remplie de paille, un prêtre, qui l'avait assisté, trempa un mouchoir dans le sang qui s'échappait des blessures, puis il s'éloigna.

La vouve, condamnée aux dépens, trouva dans la note des frais l'article suivant qu'elle dut acquitter :

« Pour gratification aux douze soldats chargés de l'exécution, à raison de 3 francs par homme : 36 francs. »

Des exécutions qui ensanglantèrent Grenelle, celle de La Bédoyère fut la dernière qui eut quelque retentissement. Le gouvernement dut nécessairement transférer les supplices militaires ailleurs que dans une plaine où s'élevaient des constructions de plus en plus nombreuses. Elles augmentèrent surtout, à partir de 1824, sous la direction de M. Léonard Violet ; une église, surmontée d'une flèche, fut édifiée, et la duchesse d'Angoulême en posa la première pierre. Grenelle était alors si imparfaitement pavé, que pour éviter à la fille de Louis XVI la boue et les fondrières, les habitants jetèrent des planches sur les chemins à peine tracés qu'elle avait à parcourir.

En 1860, Grenelle, outre son église, possède un théâtre, qui peut contenir douze cents spectateurs, et dont la façade est ornée des statues d'Euterpe et d'Apollon. Grenelle est une région manufacturière, où retentissent le bruit des marteaux et le sifflement de la vapeur. On y apprête des chapeaux de paille, on y blanchit le coton. Des trottoirs d'asphalte et de bitume y sont préparés. On y fabrique des parquets, des bougies, des cordes, du bleu d'outremer et des couleurs, des boutons, de la colle-forte et de la gélatine, du carton pâte, des châssis, de la chaux, des cristaux, des couverts, du noir animal, de l'acide acétique, des acétates, des vinaigres obtenus par la distillation des bois. L'ancienne commune de Grenelle renferme encore des raffineries de sucre, des scieries mécaniques, des forges d'où sortent des ponts en fer, des affineries d'or et d'argent, des teintureries pour soie et coton, des distilleries, des fabriques de sellerie, ceinturonnerie, toiles cirées, poteries de terre, moutarde, pâtes alimentaires, engrais, etc.

Situé à l'ouest de Grenelle, l'ancien village de Javel est renommé pour sa manufacture de produits chimiques. Longtemps ce ne fut qu'un moulin où les baigneurs, les pêcheurs, toujours nombreux dans ces parages, venaient se délasser et manger des matelotes. En 1777, des capitalistes intelligents, qui sollicitèrent et obtinrent la protection d'un prince du sang, créèrent à Javel *la manufacture de monseigneur comte d'Artois*, pour les acides et les sels minéraux. La direction en fut confiée à MM. Alban et Vallet. C'étaient des hommes entreprenants. Ils furent les premiers à obtenir l'hypochlorite de potasse, dit *eau de Javel*, en faisant passer un courant de chlore gazeux à travers une solution de 2,440 grammes de sous-carbonate de potasse dans 17 kilogrammes d'eau. A un aréostat qu'ils avaient gonflé, ils adaptèrent un mécanisme avec lequel, en 1785, ils démontrèrent pratiquement la possibilité de diriger les ballons par un temps calme.

Ce fut à Javel qu'on fabriqua pour la première fois en grand l'alun, la soude épurée et le blanc de plomb. La manufacture n'a point périclité. Elle livre au commerce plus de 300,000 kilogrammes d'acide sulfurique à 66 degrés, et les produits gazeux qui s'échappent des chambres de plomb se condensent en partie dans une série de vases de grès. Ses principaux produits sont des chlorures de chaux, chlorures de manganèse ; acides nitrique, chlorhydrique, oxalique, tartrique ; acétate de potasse, soude, sel de soude ; cristaux de soude ; sulfate de soude anhydre pour verrerie ; sulfate de soude cristallisée pour le chaulage du blé ; eau de Javel, sulfate d'alumine, phosphate de chaux, savons façon Marseille.

Dirigée par M. de Sussex, la manufacture de Javel a mérité une médaille de bronze en 1844 ; une médaille d'or en 1849 ; une médaille de 2ᵉ classe à Londres en 1851, pour perfectionnements aux appareils et pour pureté de l'acide ; une médaille de 1ʳᵉ classe à l'Exposition universelle de 1855.

FIN DU QUINZIÈME ARRONDISSEMENT.

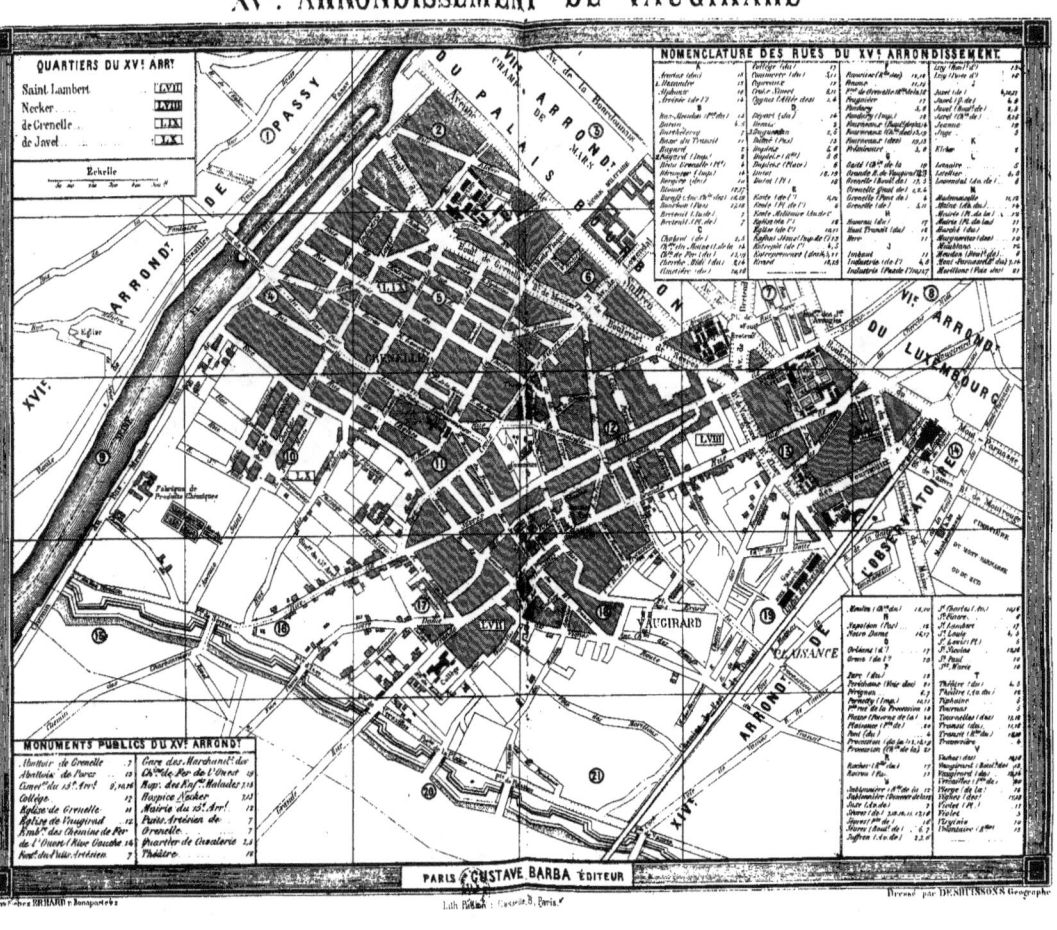

Avenue de l'Impératrice.

PASSY. — SEIZIÈME ARRONDISSEMENT.

CHAPITRE PREMIER.

L'Arc de Triomphe de l'Étoile.

En suivant la spirale que décrivent les vingt arrondissements de Paris, et qui commence sur la rive droite, à peu près au centre de la ville, nous avons passé deux fois la Seine. Nous traversons le pont de Grenelle pour arriver aux arrondissements qui sont les derniers dans l'ordre numérique, mais dont l'importance est égale, sous divers rapports, à celle de leurs devanciers.

L'arrondissement de Passy comprend les quartiers d'Auteuil, de la Muette, de la porte Dauphine et des Bassins. Il commence à la Seine avec les fortifications et longe le bois de Boulogne, qui est en dehors de l'enceinte, mais qui est considéré comme dépendant de Paris, puisque c'est une propriété de la ville. Les limites du XVIᵉ arrondissement, parvenues à la porte Maillot, passent à l'est, d'où elles aboutissent au pont de l'Alma, au moyen d'un boulevard qui relie l'ancienne barrière de l'Étoile avec la Seine. L'entrée de Paris par cette barrière, de l'aveu même des étrangers, est de toutes les entrées connues la plus digne d'une grande capitale. Rien de majestueux comme cet arc de triomphe qui s'élève au centre d'une vaste place où convergent la grande avenue des Champs-Élysées, toujours grouillante d'équipages et de cavalcades; les avenues de la Porte-Maillot, de Saint-Cloud, de l'Impératrice; les boulevards de Passy, de l'Étoile, de Monceaux, de Beaujon et le nouveau boulevard qui va traverser diagonalement Chaillot.

Aucun arc de triomphe ancien ou moderne n'égale en proportions celui de l'Étoile, dont la largeur totale est de 44 mèt. 82 c., et la hauteur au-dessus du sol de 45 mèt. 33 c., non compris l'acrotère qui s'élève encore de 3 mèt. 50 c. au-dessus du socle supérieur de l'attique. Le grand arc a de largeur 14 mèt. 62 c., et de hauteur 29 mèt. 10 c. Au printemps, l'orbe du soleil couchant emplit entièrement le ceintre de cette baie colossale d'où il semble darder ses rayons.

Perpendiculairement au grand arc règnent les petits arcs transversaux, de 16 mèt. de hauteur sur 8 mèt. 44 c. de largeur.

Les fondations, en pierre de taille, ont 8 mèt. 37 c. de profondeur.

A l'intérieur du monument sont ménagées de grandes salles nécessitées par les combinaisons des voûtes et la décoration extérieure ; des escaliers pratiqués dans les constructions donnent accès aux grandes salles, ainsi qu'à la plate-forme qui les surmonte. L'attique est orné de pilastres sur lesquels sont sculptées des palmes avec des épées; entre les pilastres sont trente boucliers qui portent les noms des batailles suivantes :

Valmy, Jemmapes, Fleurus, Montenotte, Lodi, Castiglione, Arcole, Rivoli, Pyramides, Aboukir, Zurich.

Gênes, Héliopolis, Marengo, Hohenlinden.

Ulm, Austerlitz, Iéna, Friedland, Somo-Sierra, Esling, Wagram, Moscowa, Lutzen, Dresde, Leipzig.

Hanau, Montmirail, Montereau et Ligny.

Au-dessus du socle qui surmonte la corniche de l'attique est une galerie en pierre, formant appui et couronnement, composé de têtes de Méduse, correspondant à chacun des pilastres inférieurs et reliées entre elles par des palmettes et des écussons. La voûte du grand arc et celles des petits arcs sont décorées de caissons avec rosaces, et les arcs-doubleaux sont ornés d'entrelacs.

Des noms de victoires ont été burinés sous la voûte du grand arc en quatre colonnes.

Sur les murs du petit arc transversal quatre tableaux, divisés en vingt-quatre colonnes, contiennent les noms des plus célèbres capitaines français.

La frise du grand entablement est ornée d'un grand bas-relief continu. Le côté de Paris (Est) y compris la moitié des deux faces latérales, représente la distribution des drapeaux et le départ des armées. Les sculpteurs de cette partie sont, M. Brun pour le milieu, M. Jacquot pour la partie gauche, et M. Laitié pour la partie droite. Le côté de Neuilly (Ouest) y compris les deux autres moitiés des faces latérales, représente la distribution des couronnes et le retour des armées. Les auteurs sont, MM. Caillouet pour le milieu, Rude pour la partie gauche, et Seurre aîné pour la partie droite.

Au-dessous du grand entablement sont six bas-reliefs.

Les deux de la face de Paris (Est) représentent (celui de gauche) la victoire d'Aboukir, par Seurre aîné.

Celui de droite les funérailles de Marceau, par Lemaire.

Celui de la face latérale du nord représente la bataille d'Austerlitz, par Geetcher.

Celui de la face latérale du sud, la bataille de Jemmapes, par Marochetti.

Les deux de la face de Neuilly (Ouest) représentent :

Celui de gauche, la prise d'Alexandrie, par Chaponnière.

Celui de droite le passage du pont d'Arcole, par Feuchère.

Les quatres grandes renommées des tympans du grand arc, faces de Paris et de Neuilly sont de James Pradier. Les tympans des petits arcs représentent, face latérale du Roule (Nord), l'infanterie, par M. Bra, face latérale de Passy (Sud), la cavalerie par M. Valois; au sud, sous le grand arc, l'artillerie par M. Debay père, et au nord, aussi sous le grand arc, la marine, par M. Seurre jeune. — Sous les petits arcs sont quatre bas-reliefs, représentent les victoires du Sud, par M. Gérard, les victoires de l'Ouest, par M. Espercieux, les victoires de l'Est, par M. Valcher, et les victoires du Nord, par M. Bosio neveu. Enfin, les quatre grands trophées, ou plutôt groupes allégoriques, représentent, côté de Paris (Est), à droite, le *Départ*, par Rude; à gauche, le *Triomphe*, par Cortot; côté de Neuilly (Ouest), à droite, la *Résistance*, par Antoine Etex; à gauche, la *Paix*, par le même.

Le *Départ* est le plus remarquable de tous ces groupes : « Ce bas-relief, a dit M. J. Rousseau, est tout simplement une chose sublime. Qui n'a senti le frisson de l'admiration porté à son plus haut degré d'intensité vis-à-vis de cette page épique qui s'intitule le *Départ*, et où l'on voit, au-dessus d'un groupe de guerriers, la guerre planer les ailes déployées, le casque en tête, jetant dans l'air son cri d'alarme, et de son glaive nu montrant l'ennemi ? A ce signal tout frémit et s'élance. Les vieillards stimulent les adolescents ; les jeunes gens jettent leur manteau et sautent sur leur épée. Celui-ci est monté sur son cheval qui se cabre ; celui-là tend déjà son arc ; cet autre en courant sonne une fanfare. Et sur le devant du tableau, décidés à combattre et à mourir ensemble, un guerrier d'un âge mûr et un soldat de vingt ans marchent ensemble et les premiers à la rencontre du danger, avec la même sérénité enthousiaste, du même pas, comme deux frères, les bras entrelacés dans une suprême étreinte! Comme cette scène respire l'ivresse du combat! Comme elle retentit de clameurs formidables, de défis audacieux, de rires héroïques! Comme c'est bien le tumulte ardent d'un assaut et l'élan gigantesque de tout un peuple! Ils sont dix peut-être, on les voit cent mille. La pierre crie et remue; comme la terre de Cadmus, le sol vomit des bataillons. On l'a fort bien dit, et il faut le répéter : jamais l'enthousiasme guerrier, l'amour brûlant de la patrie, n'ont éclaté dans aucune page humaine avec cette suprême éloquence. »

Dans le *Triomphe*, Napoléon est couronné par la Victoire, la Renommée proclame ses exploits, que l'Histoire consigne sur un registre. Des villes, la tête ceinte de couronnes murales, s'inclinent devant le vainqueur. Au second plan, un prisonnier dans les fers et un palmier auquel sont suspendues les armes des ennemis défaits. Cette composition est moins belle de détails, moins énergique d'exécution que celle de M. Rude, le *Départ* (1792). La nudité du personnage principal, le palmier, le captif enchaîné, nous reportent en deçà du XIXe siècle et semblent caractériser un demi-dieu mythologique plutôt qu'un officier d'artillerie devenu empereur des Français. Néanmoins, par la sévérité des lignes, par l'habileté de l'agencement, ce groupe est celui qui s'harmonie le mieux avec les combinaisons architecturales de l'édifice.

Sur l'acrotère qui forme la partie supérieure du monument droit, devait être posé un groupe de bronze ; mais le couronnement de l'édifice est ajourné.

L'Arc de Triomphe de l'Étoile a subi bien des vicissitudes, la première pierre en fut posée le 15 août 1806, par Napoléon, qui avait décrété, le 18 janvier de la même année, qu'un monument serait élevé à la gloire des armées de la République et de l'Empire; l'architecte Chalgrin en dessina les plans, et à l'époque du mariage de l'Empereur avec Marie-Louise, le monument commençait à peine à sortir de terre. En donnant une fête à Leurs Majestés, la ville de Paris imagina de figurer en charpente et en toile peinte le monument à peine ébauché, et l'effet imposant de cette image fit bien augurer de la réalité.

Sous le règne de la Restauration, qui répudiait les triomphes de la République et de l'Empire, l'édifice naissant entouré de planches, demeura solitaire; les herbes poussèrent dans ses lézardes précoces, et la mousse verdit les pierres qui attendaient en vain leur tour pour être placées. Néanmoins, fier du succès de la campagne d'Espagne, Louis XVIII ordonna, le 9 octobre 1823, que l'Arc de Triomphe de l'Étoile serait immédiatement achevé en l'honneur de monseigneur le Dauphin victorieux et pacificateur. Les architectes Goust et Hugot furent chargés des travaux, et celui-ci eut un moment pour auxiliaire une commission composée de MM. Gisors, Fontaine, Labare. Au début, les constructions n'en marchaient guère plus vite, et le public parisien s'égaya longtemps aux dépens de l'unique maçon de l'Arc de Triomphe.

Enfin la loi du 27 juin 1833, affecta une somme de 2,700,000 francs à l'achèvement de l'Arc de Triomphe, dont les destinées furent confiées à M. Abel Clouet ; les sculpteurs reçurent leurs commandes, et en 1836 le monument fut offert dans son ensemble à l'admiration publique. Il a coûté environ 10,000,000, et a été terminé avec des pierres extraites des carrières de Château-Landon (Seine-et-Marne).

Divers projets avaient été conçus depuis cette époque pour mettre la place en harmonie avec l'Arc de Triomphe ; un décret, fait à Biarritz, le 13 août 1854, porte les dispositions suivantes : Les terrains bordant la place seront clos de grilles, et aucune construction ne pourra être élevée qu'à 16 m. en arrière. Ces terrains n'auront d'entrées que sur les avenues rayonnant vers la place et sur la rue circulaire reliant ces avenues entre elles.

Les grilles de clôture, tant sur la place qu'en retour, aux points indiqués au plan général, sur les voies rayonnantes et les constructions prenant aspect direct tant sur la place que sur les parties des voies rayonnantes comprises entre la place et la rue circulaire, seront établies suivant les lignes de ce plan et complètement uniformes quant à leur élévation et leur décoration extérieure. Les grilles reposeront sur un socle bas, en pierre de taille, elles seront en fer avec ornements en fonte, et candélabres aux angles sans aucune pile en pierre ; elles seront bronzées de la même teinte. Les façades des constructions seront en pierre de taille, avec pilastres, balustres, moulures saillantes, corniches et autres ornements de même matière. Aucune enseigne ni indication quelconque n'y pourra être placée. Les toitures seront en zinc, à deux pentes raccordées par une galerie en fonte ; elles seront percées de mansardes dans la partie inférieure. La face supérieure du socle des grilles, la retraite des soubassements, les cordons, entablements et autres lignes horizontales des façades et des couvertures des constructions seront aux mêmes niveaux sur toute la circonférence de la place. Le préfet de la Seine donnera les alignements et les nivellements.

Les grilles de clôture et les façades des constructions devront être constamment tenues en bon état de propreté, selon les prescriptions du préfet de la Seine.

Les terrains réservés entre les grilles et les constructions seront cultivés en parterre d'agrément et ne pourront devenir, sous aucun prétexte, des lieux de réunions publiques.

Aucun genre de commerce ou d'industrie ne pourra être exercé sur les terrains provenant du promenoir de Chaillot qui seront compris entre la place et la rue circulaire, et sur tous ceux que la ville de Paris pourra ultérieurement acquérir dans les mêmes limites, si ce n'est en vertu d'une autorisation du préfet de la Seine, qui en déterminera les conditions pour chaque cas.

Ces autorisations seront toujours révocables.

Les dispositions du présent décret ne seront applicables aux immeubles, dont la ville de Paris n'est pas propriétaire sur la place de l'Étoile, qu'après l'accomplissement des formalités prescrites par les lois en matière d'alignement et d'expropriation pour cause d'utilité publique.

Ce décret a reçu un commencement d'exécution. Les pavillons de l'octroi, bâtis par Ledoux en 1787, ont été démolis en même temps que le mur d'enceinte, et des travaux de terrassement considérables ont été accomplis pour relier le sol du rond-point à celui des nouveaux boulevards. Des hôtels symétriques s'élèvent autour de la place. Elle est éclairée par des candélabres à gaz, dont chacun repose sur un piédestal octogone, à pans coupés, ornés de moulures. Le fût se compose d'un faisceau de lances, décoré, à la partie inférieure de consoles terminées par des têtes de griffons. Cinquante-quatre de ces candélabres sont espacés dans le rond-point; les autres éclairent la tête des douze boulevards. Tous sont cuivrés par les procédés galvaniques auxquels est due la transformation de deux des fontaines des Champs-Élysées et de la fontaine élevée par Visconti sur la place Louvois.

CHAPITRE II.

Chaillot. — Étymologie du nom. — Redevance à l'abbé de Saint-Germain-des-Prés. — Le couvent de la Visitation. — Mlle de La Vallière. — Sainte-Périne. — Le quai de Billy. — La pompe à feu. — La Manutention. — Le Trocadéro.

Ces embellissements vont vivifier le vieux village de Chaillot, dont on connaît l'heureuse position sur une colline qui domine la rive droite de la Seine. — Sous les rois de la première race, il n'y avait, dans toute l'étendue de la région comprise dans l'angle formé par le cours de la Seine, au-dessous de Paris, qu'un seul endroit appelé *Nimio*, et qui, plus tard, reçut le nom de *Nigeon*. Ce fut dans un acte de la fin du XIe siècle qu'il fut question pour la première fois de Chaillot. Il était désigné sous les noms de *Caleio*, *Callevio*, *Challoio*, *Caloilum*, et enfin *Challoel*, qui tous ont pour racine le mot frank *Chail* (déboisement). Au XIVe siècle seulement, on commença à écrire *Chailluyau*, plus tard ce nom fut changé et devint *Chaillau*, *Chaleau* et *Chailliau*. On le voit, il est facile de rapprocher le nom actuel de cette dernière dénomination. En 1097 Chaillot fut érigé en paroisse et placé dans la circonscription du prieuré de Saint-Martin-des-Champs.

Les habitants de Chaillot devaient tous les ans, le jour de l'Ascension, porter à l'abbé de Saint-Germain-des-Prés huit bouquets, deux gros et six petits, un fromage gras, et un denier parisis par chaque vache qui paissait dans l'île Maquerelle, qu'on appela plus tard île des Cygnes, et que l'administration a exhaussée pour approfondir le chenal de la Seine.

En 1450 les terres de Chaillot furent acquises au seigneur de Marly-le-Château; néanmoins, il conserve le droit de haute justice, celui d'aubaine et biens vacants appartenant au haut-justicier, droits dont il se démit bientôt en faveur de Philippe de Commines son chambellan. On lit dans les lettres patentes constatant cette donation à Commines, le passage suivant :

« Une tour carrée et les prisons qui sont au-dessous, l'hôtel de
« la seigneurie qui était alors en ruine, environ sept arpents
« de jardin et de cerisaie qui allaient jusqu'aux fossés des ports
« de Paris; trois arpents de vigne en une pièce; seize ou vingt
« arpents de terre; trente livres parisis de gros cens, huit
« livres de menu cens; rouage des vins qui se baillent à ferme,
« et six ou sept arrière fiefs tenus de la tour carrée, justice
« moyenne et basse, avec mairie et sergent. »

A une époque postérieure, la haute-justice de Chaillot appartint à la couronne. Il est dit dans une sentence de 1633 qu'elle fut donnée au maréchal de Bassompierre. Enfin, ce furent les religieuses de la Visitation qui obtinrent ce droit de haute-justice. Il est intéressant de connaître quelle fut l'origine du monastère de la Visitation de Chaillot. Ce couvent, situé à mi-côte de Chaillot et à l'extrémité du village qui portait ce nom, était le dernier établissement que l'on rencontrât dans ce quartier au commencement de ce siècle. Il avait été fondé par Henriette-Marie de France, fille de Henri IV, et veuve de Charles Ier, roi d'Angleterre. Cette princesse avait obtenu, par lettres patentes enregistrées au parlement le 19 janvier 1652, l'autorisation nécessaire pour établir dans la paroisse de Chaillot un couvent de religieuses de la Visitation. Dans ce but, elle fit l'acquisition d'une grande maison bâtie par la reine Catherine de Médicis, et qui avait appartenu, après sa mort, au maréchal de Bassompierre. Sous Henri IV on l'appelait la maison de *Grammont*. Les mémoires du temps rapportent qu'après y avoir installé ces saintes filles, Henriette demeura quelque temps avec elles, se soumettant à toutes les pratiques religieuses, et édifiant la communauté entière par la sainteté de sa vie.

Quelques années après leur établissement à Chaillot, les religieuses de la Visitation, déjà reconnues dames du lieu, obtinrent l'amortissement du château de ce village, de la maison du jardinier, jardin et bois clos de murs, sans être tenues de payer finances. Ces droits leur furent accordés par lettres du mois de septembre 1656.

Leur maison fut depuis considérablement augmentée; et, dans l'année 1704, Nicolas Frémond, garde du trésor royal, et Geneviève Damond, sa femme, firent rebâtir entièrement l'église dans laquelle le cœur de cette dame fut conservé. Du reste, l'architecture de ce bâtiment était de fort mauvais goût. Le comble n'avait aucune proportion avec le reste de la construction. L'effet était d'autant plus choquant que par sa situation même on l'apercevait de très-loin.

Dans la chapelle dite de Saint-François-de-Sales, au monastère de la Visitation, se trouvait autrefois un tableau de Restout, représentant Mme de Chantal et ses religieuses en prières, devant l'image de ce saint.

Dans le chœur de l'église étaient déposés le cœur de Henriette de France, reine d'Angleterre, fondatrice de cette maison; ceux de son fils, Jacques Stuart II, roi d'Angleterre, et de Louise-Marie Stuart, fille de ce prince, morte au château de Saint-Germain-en-Laye, le 7 mai 1718. Ce couvent, qui fut détruit pendant la révolution, rappelle l'un des épisodes les plus touchants de la vie de la duchesse de La Vallière pour laquelle La Fontaine semble avoir dit :

« Et la grâce plus belle encor que la beauté. »

Ce ne fut pas sans de terribles combats que Mlle de La Vallière céda au sentiment qui lui fit accepter les hommages du roi, jeune alors, et doué d'avantages qui l'eussent fait remarquer, lors même qu'il n'eût pas été environné du prestige de la couronne de France. Plus d'une fois Mlle de La Vallière avait fait de vains efforts pour se soustraire à son danger. Saint-Simon ne raconte-t-il pas comment, à deux reprises différentes, elle voulut s'enfuir de la cour ! La première fois elle se rendit aux Bénédictines de Saint-Cloud, où le roi alla en personne se la faire rendre, sur le point de commander de mettre le feu au couvent si l'on n'obéissait à ses ordres.

La seconde fois, la jeune fugitive se retira précisément à Chaillot, auprès des filles de Sainte-Marie. Le roi y envoya M. de Lauzun, son capitaine des gardes, avec main-forte pour enfoncer le couvent. Mlle de La Vallière en fut encore ramenée. Enfin elle céda. Elle fut accablée lorsqu'elle sut que ses relations avec le roi étaient connues, et, à ce propos, on se rappelle le mot de Mme de Sévigné : « Sur cette petite violette qui se cachait sous l'herbe, et qui était honteuse d'être maîtresse, d'être mère, d'être duchesse, jamais il n'y en aura sur ce moule. » Bientôt survinrent pour elle de cruelles déceptions : elle avait dans Mme de Montespan une rivale redoutable. On comprend ce qu'elle dut dévorer d'amères souffrances pendant trois ans, combattue entre le penchant qui l'attirait vers le roi et les tortures d'une trop légitime jalousie à la vue du triomphe de celle qui lui était préférée. Au mois de février 1671, elle tenta de se retirer du monde, et alla habiter Chaillot, voulant abandonner la cour et faire pénitence. Le roi s'émut de ce départ, et envoya Colbert, son ministre des finances, la prier instamment de venir à Versailles pour qu'il pût lui parler encore. Colbert la ramena. L'entrevue fut touchante, des pleurs furent versés de part et d'autre. Une réconciliation eut lieu; mais bientôt Mlle de La Vallière ne tarda pas à remarquer combien le roi la négligeait.

En outre, elle ne ressentait que trop l'humiliation de se voir traitée en rivale hautaine par Mme de Montespan. C'était alors qu'elle songeait à embrasser la vie religieuse, et souvent il lui arrivait de dire à Mme Scarron : « Quand j'aurai de la peine aux « Carmélites, je me souviendrai de ce que ces gens-là (le roi « et Mme de Montespan) m'ont fait souffrir. »

Enfin, en 1674, elle prit irrévocablement le parti de quitter la cour. Elle avait alors trente ans. Au mois d'avril, elle vint prendre publiquement congé du roi, et dans cette entrevue, une dernière torture lui était réservée : le roi se montra presque indifférent pour elle, *et la vit partir d'un œil sec*. Elle fit les adieux les plus touchants à la reine, qu'elle avait toujours respectée, et lui demanda humblement pardon, prosternée à ses pieds, devant toute la cour. Le 3 juin 1675, elle fit profession au couvent de Chaillot, fondé par Henriette de France, et reçut le voile des mains de la reine. Mme de Sévigné dit à ce sujet: « Elle fit cette action, cette belle et courageuse personne, comme toutes les autres de sa vie, d'une manière noble et charmante; elle était d'une beauté qui surprit tout le monde. Mais ce qui vous étonnera, c'est que le sermon de M. de Condom (Bossuet) ne fut pas aussi divin qu'on l'espérait. » La duchesse de La Vallière devint la *sœur Louise de la Miséricorde*.

A Chaillot fut longtemps la maison de retraite de Sainte-Périne, qu'on s'occupe de transférer sur le territoire de l'ancienne commune d'Auteuil. C'était autrefois une abbaye de chanoinesses de l'ordre de Saint-Augustin, établie originairement à Nanterre en 1638, sous le nom de Sainte-Geneviève, et transférée à Chaillot en 1659, où elle prit le nom de *Notre-Dame de la Paix*, titre qu'elle changea en celui de Sainte-Périne en 1740, époque où les religieuses de l'abbaye de Sainte-Périne de la Villette furent réunies à cette communauté. L'abbaye de Sainte-Périne fut supprimée en 1790. Vers 1806, M. Duchayla fonda et établit dans ces bâtiments une institution en faveur des personnes honorablement élevées, et tombées dans l'adversité. C'est une maison, où, pour 6,000 fr. une fois payés, ou au moyen d'une pension annuelle de 600 fr., les vieillards septuagénaires de l'un et de l'autre sexe trouvent une chambre convenable, une bonne nourriture, et tous les égards qu'ils peuvent désirer. En cas de maladie, le traitement est fourni gratuitement. L'institution de Sainte-Périne compte cent quatre-vingts lits.

Plusieurs personnes remarquables ont terminé leurs jours à Sainte-Périne : le marquis de Chambonas, maréchal de camp, ministre de la guerre sous Louis XVI, y est mort en 1807 ; Châteauneuf, auteur d'une *Vie des grands capitaines de la République et de l'Empire*, et de la traduction de *l'École du scandale* de Sheridan, y est mort en 1842, à l'âge de soixante-dix ans; Colombel de la Meurthe, député aux États-Généraux, membre du conseil des Cinq-Cents et du conseil des Anciens, qui s'opposa avec une grande énergie, le 18 brumaire, au renversement de la Constitution, y a fini sa carrière le 25 janvier 1841; Flamen Grétry, neveu et exécuteur testamentaire de Grétry, est décédé à Sainte-Périne en 1843.

Chaillot et le XVIe arrondissement sont bornés au sud par le quai de Billy. Il s'appela successivement quai des Bons-Hommes, de Chaillot, de la Savonnerie, du chemin de Versailles. Napoléon envoya de Varsovie, le 13 janvier 1807, un décret qui portait que le pont construit sur la Seine, en face du Champ-de-Mars, s'appellerait *pont d'Iéna*, et que le quai s'appellerait *quai de Billy*, en mémoire d'un général tué dans cette bataille. En le descendant, nous voyons la pompe à feu que les frères Perrier firent établir, en 1778, pour élever l'eau du fleuve et la distribuer dans Paris.

Un canal de sept pieds de large, construit sous le chemin de Versailles, introduisait l'eau de la Seine dans un bassin en pierre de taille, dans lequel on plongeait le tuyau d'aspiration des pompes. Ce bassin, ainsi que le canal, était creusé de trois pieds au-dessous des plus basses eaux. Aucun égout ni ruisseau ne pouvait nuire à la salubrité de l'eau que les pompes élevaient. Un bâtiment solide, construit sur le bassin même, contenait deux machines à feu de la plus grande proportion, connue en 1778. Chaque machine faisait monter, en vingt-quatre heures, environ 400,000 pieds cubes d'eau, composant 48,600 muids, dans les réservoirs construits sur le haut de la montagne de Chaillot. Leur élévation, de 110 pieds, permettait à la compagnie de répartir de l'eau dans tous les quartiers du nord de la ville, sans exception.

Quoique les machines fussent faites pour se suppléer en cas de réparation, on avait eu néanmoins l'attention de donner assez de diamètre au tuyau qui montait au réservoir, pour pouvoir les faire marcher ensemble en un besoin extraordinaire, comme en un cas d'incendie.

La création de la compagnie des frères Perrier fut accueillie comme un bienfait, et offrit à la capitale les avantages immenses d'avoir à bon marché tous les temps de l'année, et sans interruption, de l'eau saine, en telle quantité qu'on voulait;

D'avoir les secours toujours prêts pour arrêter un incendie naissant, où il suffit souvent d'être, au premier instant du mal, à portée d'une très-petite quantité d'eau ;

D'arroser abondamment les rues pendant les sécheresses de l'été ;

De verser, l'hiver, une assez grande quantité d'eau pour entraîner dans les égouts les glaces à demi-fondues, qui séjournaient dans les rues, et les rendaient impraticables.

L'eau que fournissait cette compagnie s'élevait, dans la plupart des quartiers, à 12 et 15 pieds au-dessus du pavé.

Les souscripteurs étaient servis tous les deux jours et à des heures réglées. Enfin, cette compagnie n'avait rien négligé pour donner à son établissement toute l'étendue et la perfection qu'exigeait l'entreprise.

L'abonnement était de 50 livres par an, pour 1 muids d'eau par jour.

Les machines de la pompe à feu de Chaillot, si admirées et si utiles, furent bientôt jugées insuffisantes. Elles furent remaniées à plusieurs reprises et remplacées, en 1857, par de nouvelles machines qui n'élèvent pas moins de 1,200 litres d'eau à chaque coup de piston. Ce volume d'eau, qui pourrait être encore considérablement augmenté, se répartit entre cinq bassins dont la hauteur au-dessus de l'étiage de la Seine, varie de 30 à 36 mètres. Le dernier bassin, construit en 1858 sur le point culminant de Chaillot, a pour destination spéciale d'alimenter les nouvelles conduites de distribution dirigées vers les points supérieurs aux anciens bassins, et, par suite, aux réservoirs d'eau du canal de l'Ourcq et de ses affluents.

La distribution des eaux, provenant des bassins de Chaillot, se fait par quatre conduites : les trois premières desservent la rive droite de la Seine; l'une, par les boulevards, va se terminer à la place de la Bastille; la seconde suit le faubourg Saint-Honoré et finit à la rue Saint-Denis; la troisième part du bassin supérieur et se bifurque au nord et à l'ouest. Le premier embranchement alimente les quartiers élevés des faubourgs Saint-Denis, du Temple et Saint-Antoine; la seconde bifurcation dessert le bois de Boulogne. Enfin, pour les quartiers situés sur la rive gauche de la Seine, une quatrième conduite, posée en 1853, remonte le quai de la Conférence, passe la Seine au quai de la Concorde, et après un parcours d'environ 5 kilomètres, amène ses eaux au bassin de la place de l'Estrapade, et qui était également autrefois alimenté par les eaux de la pompe Notre-Dame.

Tant de ressources aquatiques n'ont pas empêché un établissement contigu à la pompe de Chaillot, la Manutention, d'être détruit par un incendie, le 18 novembre 1855. C'était un dimanche, et la nuit tombait, quand des clartés rougeâtres flamboyaient sur Paris. Les habitants se demandèrent avec anxiété d'où elles provenaient. Les terrasses, les toits mêmes se couvrirent de curieux, interrogeant avec anxiété l'horizon. Les bruits les plus sinistres couraient : les uns indiquaient tel embarcadère de chemin de fer; les autres la compagnie générale des omnibus; quelques personnes parlaient même du Palais de l'Industrie. — A Auteuil, à Passy, on battait la générale.

Ce ne fut que vers sept heures que la foule qui se déversait par les rues, les quais et les boulevards fut fixée sur le théâtre du sinistre. Il s'agissait de la Manutention des vivres militaires.

L'incendie avait éclaté vers les cinq heures du soir dans la partie des bâtiments qui est occupée par les machines à vapeur ou dans un des fours. Après avoir été d'abord comprimé, il reprit une intensité telle qu'il n'aurait plus été possible d'espérer le contenir sans un déploiement immense de moyens et de forces. Tous les postes de pompiers, tous ceux des casernes principales, les pompiers mêmes qui étaient en permission furent aussitôt requis, et l'on coupa le feu de manière à préserver les grands établissements voisins.

Des régiments entiers, parmi lesquels la gendarmerie, les grenadiers, les cuirassiers de la garde, des détachements de presque tous les régiments en garnison à Paris, les chasseurs de Vincennes, les guides, portèrent des secours où il en fallait.

Les grenadiers arrachèrent aux flammes de nombreux sacs. On réussit également à sauver les papiers de la comptabilité et les farines. Les brigades centrales des sergents de ville se distinguèrent particulièrement.

Les autorités principales de Paris, le ministre de l'intérieur, le préfet de police et le préfet de la Seine, les généraux commandant la place et la garnison de Paris, le commandant des pompiers de La Condamine, le maire du Ier arrondissement, le commissaire de la section des Champs-Élysées, M. Collomb, et plusieurs de ses collègues des quartiers contigus accoururent des premiers.

D'immenses chaînes s'organisèrent.

A dix heures, une foule de tapissières furent mises en réquisition pour enlever ceux des amas de vivres qui purent être sauvés, et peu à peu on se rendit maître de l'incendie en l'isolant dans un foyer déterminé. Des trois corps de logis de la Manutention, un seul fut brûlé avec les grains et les moulins qu'il renfermait. La perte fut évaluée à près de deux millions, quoiqu'on eût sauvé la plus grande partie des approvisionnements de l'administration en blé et en farine.

Sur l'emplacement de la Manutention était jadis la Savonnerie. Un peu plus loin, dans un petit hôtel d'un aspect mystérieux, conspirèrent, en 1804, Georges Cadoudal, Armand de Polignac, Pichegru et le général Moreau.

En continuant à descendre la Seine, nous arrivons devant une rampe qui monte à Chaillot, et où les jours de grande revue s'échelonnent des milliers de spectateurs. Il est question de disposer pour eux un amphithéâtre plus régulier, plus vaste, et que dominerait un monument nouveau où viendrait s'installer l'École polytechnique. Mais ce projet recevra-t-il son exécution ? Que de plans ont été faits déjà pour utiliser cette belle position, d'où les yeux planent sur le cours de la Seine, sur le Champ-de-Mars, sur les pittoresques hauteurs de Meudon et de Saint-Cloud ! Napoléon Ier songeait à y placer le palais du roi de Rome ; Louis XVIII en fit le Trocadéro, et voulut y mettre un monument dédié à l'armée d'Espagne. En attendant qu'elle soit chargée de constructions, cette pente reste ombragée d'arbres verts, et cela vaut peut-être mieux.

CHAPITRE III.

Passy. — Les Bons-Hommes. — Seigneurie de Passy. — Fondation de la paroisse. — Franklin. — Les Hébertistes. — Le banquier Kock — Le curé Chauvet. — Le puits artésien. — Habitants illustres de Passy.

Près de l'ancienne barrière de Passy règnent les bâtiments noirs d'une raffinerie, créée par M. Benjamin Delessert. Cet habile industriel y perfectionna les procédés d'épuration du sucre, et quand le décret du 15 janvier 1812 affecta 100,000 hectares de terres à la culture de la betterave, sa fabrique acquit un développement qui la mit en première ligne.

C'était à cette place même que quelques cabanes formaient le hameau de Nigeon, dont le roi Clotaire II fit donation à Bernard, évêque du Mans. Celui-ci le céda à l'église de Paris. Plusieurs siècles après, les ducs de Bretagne y construisirent un castel qu'on appela le manoir de Nigeon, et auprès duquel était le château de Jean de Cérizy, bailli de Montfort-l'Amaury et contrôleur général de la maison de la reine.

Quand saint François de Paule vint en France consoler Louis XI à l'agonie, il y amena six ermites de l'ordre des Minimes qu'il avait fondé en Calabre. Il resta en France après la mort du roi, et fut enterré, le 2 avril 1508, dans la chapelle de Plessis-lez-Tours. Ses disciples, auxquels leur humilité et leur charité valurent le surnom de Bons-Hommes, avaient d'abord trouvé un asile au cloître Notre-Dame, chez Jean Quentin, grand pénitencier de la cathédrale ; mais Anne de Bretagne, pour les fixer à Paris, leur donna son manoir de Nigeon.

Les Bons-Hommes y furent longtemps à l'étroit. Leur mo-

nastère et leur église, commencés en 1490, ne furent entièrement achevés qu'en 1578. L'église, dédiée à Notre-Dame-de-Toutes-Grâces, était décorée à l'extérieur d'une statue de la Vierge, et d'écussons de France et de Bretagne. L'intérieur reçut pour ornements des tableaux de Sébastien Bourdon et de La Hyre ; on y voyait les tombeaux du maréchal de Rantzau, mort le 4 septembre 1650, et un vice-amiral Jean d'Estrées, mort en 1707. Le réfectoire, la salle du chapitre et la bibliothèque méritaient l'attention par la richesse de leurs fresques et de leurs vitraux ; mais longtemps avant que les bâtiments fussent vendus comme propriété nationale, les œuvres d'art que la Renaissance avait prodiguées dans ce sanctuaire étaient détériorées, anéanties ou à peine visibles. Cependant, quand on visite cette usine, on y voit encore çà et là des vestiges de grandeur et de magnificence.

Les jardins montaient par étages jusqu'au sommet du coteau ; ils produisaient assez de légumes pour suffire à la consommation des moines, qui faisaient vœu de carême perpétuel.

Si nous prolongions notre excursion le long de la Seine, nous trouverions les belles caves taillées dans les flancs de la montagne ; puis une propriété qui, après avoir appartenu à la princesse de Lamballe et vu les dernières galanteries de la cour de Louis XVI, héberge en 1860 les aliénés dont y traite le docteur E. Blanche ; mais cette route nous entraînerait loin de Paris. Gravissons la côte et pénétrons sur le territoire qui constituait la commune de Passy.

Passy, en latin *Passiacum* ou *Paciacum*, est un nom commun à plusieurs villes de France, et paraît avoir désigné un pas ou défilé près d'une rivière (*passus al aquam*). Il y a un Passy-sur-Marne, un Passy-sur-Loire, un Pacy-sur-Eure, un Passy-Grigny (Marne), un Pacy-sur-Armançon dans l'arrondissement de Tonnerre, un Passy-en-Valais (Aisne), un Passy dans l'arrondissement de Mâcon, un Passy dans l'arrondissement de Provins, un Passy près de Sens, deux Passy dans le département de Seine-et-Marne, un Passy en Faucigny (ancienne Savoie). Cette multiplicité de ces localités difficile, en prêtant à la confusion. Ainsi des historiens mettent au nombre des seigneurs de Passy-lez-Paris Jacques-Paul Spifame, qui, après avoir été président au Parlement, maître des requêtes et conseiller, entra dans les ordres, devint évêque de Nevers, embrassa le calvinisme à Genève, et eut la tête tranchée, en 1566, à l'âge de soixante-dix ans, sous prétexte qu'il avait présenté comme son épouse légitime une femme qu'il avait enlevée à son parti, mais en réalité parce qu'il entretenait des correspondances avec la France et la Savoie. Ce héros de roman était seigneur de Passy-en-Champagne, village situé dans le canton de Sens. Dans les premiers temps de Passy-lez-Paris, nous n'y voyons d'autre château seigneurial que celui dont il reste encore une tourelle, et il appartenait aux rois de France. Philippe le Bel, comme nous le raconterons plus loin, attend à Passy la venue d'Arnauld de Catelan, et il date de Passy une ordonnance qui accorde aux Quinze-Vingts le droit de porter une fleur de lis sur leur cotte. Charles V, par lettres patentes, autorise les habitants à clore de murs à chaux et à sable, pour préserver leurs récoltes de la dent des lapins, et même à tuer ces animaux destructeurs.

Malgré ces avantages, précieux à une époque où les paysans n'avaient pas le droit de chasse, Passy ne s'agrandissait point. Le village n'avait pas encore d'église, et les habitants étaient obligés d'aller à la messe à Auteuil ; mais l'homme auquel était échu le petit port de Passy, messire Claude de Chahu, conseiller du roi et trésorier général des finances, obtint de Mgr de Péréfixe, archevêque de Paris, l'érection canonique d'une chapelle succursale. Voici l'acte authentique de cette importante fondation :

« Nous étant assurés, par le rapport de notre vicaire général, que les habitants de Passy ne peuvent aller sans beaucoup d'incommodité en leur paroisse d'Auteuil, pour y recevoir les sacrements et assister à l'office divin, à cause de la distance et de la difficulté des lieux, avons érigé et érigeons par ces présentes une église succursale au dit Passy, dépendante et aide de la paroisse d'Auteuil, et à cet effet avons permis et permettons d'achever la chapelle encommencée de bâtir, et sera la dite église succursale sous l'invocation de Notre-Dame-de-Grâce, de laquelle la principale fête se fera chaque année le jour de l'Annonciation de la Vierge, à la charge que le vicaire qui desservira la dite église de Passy sera nommé par le curé d'Auteuil, destituable à sa volonté. Lequel vicaire résidera actuellement et personnellement au dit lieu de Passy, sera par nous spécialement approuvé pour faire les fonctions curiales en la dite église, savoir pour y baptiser, marier et administrer les sacrements de pénitence, d'eucharistie et d'extrême onction. Que, pour cet effet, il sera construit des fonts baptismaux en la dite église, un tabernacle posé sur l'autel pour y faire reposer le saint-sacrement, et un cimetière béni pour y inhumer les corps des défunts du dit Passy, seront tenus de fournir à la dite église succursale toutes choses généralement quelconques nécessaires à la célébration du divin service et administration des sacrements pour cette fois seulement. Que le dit vicaire aura pour sa rétribution cent cinquante livres données par le sieur et dame Chahu, d'une part, et cent cinquante livres, d'autre part, payables par les habitants de Passy, faisant en tout la somme de trois cents livres par chacun an, pour l'entretien du dit vicaire, comme il est porté et spécifié dans les dits contrats, et qu'il lui sera pourvu de logement par les dits habitant, avec les meubles nécessaires à un ecclésiastique, moyennant quoi il sera obligé de dire quatre messes par semaine, y compris les fêtes et dimanches, pour les habitants du dit Passy, et, pour les trois jours restants de chaque semaine, il célébrera à sa dévotion, ou de qui bon lui semblera, mais néanmoins en la dite église, pour la commodité des dits habitants. Qu'il dira la messe haute les fêtes et dimanches, à l'heure du diocèse, savoir à huit heures en été et à neuf en hiver. Qu'il percevra les assistances des services, baptêmes, mariages et autres fonctions suivant la taxe du diocèse, et sera comptable au dit curé des dits mariages, baptêmes, services, enterrements et oblations, cire, pains bénits, ouvertures de fosses, suivant l'usage de l'église d'Auteuil, et sera tenu de donner avis au dit curé des baptêmes, mariages, etc., qui se feront en la dite église de Passy, excepté néanmoins les cas de nécessité; comme aussi de tenir l'école pour les garçons au dit lieu, et de faire les catéchismes suivant les ordonnances de notre diocèse. A la charge aussi que les habitants du dit lieu seront obligés de faire leurs confessions et communions pascales en la paroisse du dit Auteuil, et qu'il ne se fera pas le jour de Pâque ni eau bénite ni pain bénit, et que l'on n'y dira point de messe paroissiale ni de vêpres, et ne s'y fera point de prédication du dit jour, mais seulement on dira une messe basse le matin avant la grande messe du dit Auteuil, pour les infirmes et vieillards, et un salut au soir. Que les autres curiales néanmoins se pourront faire, suivant l'exigence des cas. Que l'on ne dira point aussi de grande messe dans l'église de Passy le jour de l'Assomption de la Vierge, patronne principale d'Auteuil, ni le jour et fête de la dédicace d'icelle, mais seulement une messe basse. Qu'en considération des bienfaits et fondations du dit sieur Chahu, le vicaire de la dite église de Passy dira à la fin de chaque messe une *Salve, Regina* pour les dits sieur et dame Chahu, et un *De profundis* à perpétuité pour le repos de leurs âmes. Et en reconnaissance de leur piété et bienfaits, nous leur avons permis de faire poser un marbre dans la dite église, contenant la fondation par eux faite au profit de la dite église, pour servir de perpétuelle mémoire. Tous lesquels, etc. »

En 1671, un décret de M. de Harlay déclara la chapelle église paroissiale, et la direction en fut confiée aux frères barnabites. Ces religieux, autrement dits clercs réguliers de la congrégation de Saint-Paul, occupaient à Paris, en vertu de lettres patentes du 12 décembre 1633, enregistrées le 9 mai 1636, une maison dont le portail, construit en 1704 sur les dessins de Cartaud, et orné de pilastres d'ordre dorique et ionique, a été mis à découvert par les démolitions qu'exigeait la prolongation du boulevard de Sébastopol à travers la Cité. Ils furent autorisés à choisir le curé de Passy, à la condition qu'il serait agréé par le seigneur et par M. l'archevêque. Trois barnabites desservirent la cure jusqu'en 1736, et un quatrième leur fut adjoint aux frais de la marquise de Saillac.

Le financier Samuel Bernard, le marquis de Boulainvilliers, le fermier général La Popelinière, dont la cheminée à plaque tournante pivotait par ordre du maréchal de Richelieu, possédèrent successivement la seigneurie de Passy, où se bâtirent les hôtels du duc de Lauzun, du duc d'Aumont et de l'amiral d'Estaing. Lorsque Benjamin Franklin vint en France solliciter le concours de la France à l'émancipation des États-Unis, il logea à Passy, dans l'hôtel bâti par le duc d'Aumont, et qu'avait ensuite habité la duchesse de Valentinois. Au milieu de la société légère et guindée du XVIIIe siècle, le philosophe puritain fit sensation, avec ses longs cheveux blancs sans poudre, ses lunettes, sa physionomie austère, son habit brun et son bâton de pommier. Celui dont Turgot a dit :

Eripuit cœlo fulmen, sceptrumque tyrannis,

posa sur le faîte de la maison qu'il habitait un des premiers paratonnerres qu'on ait vus en France. C'est aussi à Passy, en 1824, que fut jeté dans le jardin de M. Delessert le premier des ponts suspendus.

A Passy vint loger, peu de temps avant la Révolution, un banquier hollandais, Jean-Conrad Kock, né en 1756 à Heusden, ville du Brabant septentrional. Réfugié en France à la suite des troubles de 1787, il entra comme commis chez MM. Giraudeau, Alez, et devint associé de la maison de banque Sertorius. Partagé entre la politique et les opérations financières, il se lia avec les membres influents de la commune et du club des Cordeliers. Il était du parti violent qui proclama le culte de la Raison, poussa aux mesures extrêmes, et voulut dicter des lois à la Convention. Il réunissait à Passy le rédacteur du *Père Duchesne*, Hébert, dont la femme avait été religieuse au couvent de la Conception-Saint-Honoré; Ronsin, commandant de l'armée révolutionnaire; Vincent, secrétaire général du département de la guerre; Michel Laumur, gouverneur de Pondichéry; le Prussien Anacharsis Clootz, Montmoro, Perreyra et Proly. Ces conciliabules furent signalés par Camillo Desmoulins dans le n° 5 du *Vieux Cordelier* : « Toi qui me parles de mes sociétés, s'écriait-il en apostrophant Hébert, crois-tu que j'ignore que tes sociétés, c'est une femme Rochechouart, agent des émigrés; c'est le banquier Kock, chez qui, toi et Jacqueline, vous passez à la campagne les beaux jours de l'été? Penses-tu que j'ignore que c'est avec l'intime de Dumouriez, le banquier hollandais Kock, que le grand patriote Hébert, après avoir calomnié dans sa feuille les hommes les plus purs de la République, allait, dans sa grande joie, lui et sa Jacqueline, boire le vin de Pitt et porter des toasts à la ruine des réputations des fondateurs de la liberté ? »

Dénoncés par Saint-Just à la tribune de la Convention, les hébertistes furent conduits devant le tribunal révolutionnaire, et l'accusateur public, Fouquier-Tinville, n'oublia pas les dîners de Passy. « Il paraît, dit-il, que c'est chez le banquier hollandais Kock, à Passy, que se rendaient les principaux conjurés; que là, après avoir médité dans l'ombre leur révolte criminelle et les moyens d'y pourvoir, ils se livraient, dans l'espoir d'un succès complet, à des orgies poussées fort avant dans la nuit. »

Après de courts débats, Jean-Conrad Kock et les autres partisans d'Hébert furent condamnés à mort et exécutés le 4 germinal an II (24 mars 1794), « comme convaincus d'être auteurs ou complices d'une conspiration contre la liberté, la sûreté du peuple français, tendant à troubler l'État par une guerre civile, en armant les citoyens les uns contre les autres, et par suite de laquelle les conjurés devaient dissoudre la représentation nationale, assassiner ses membres et détruire le gouvernement républicain pour donner un tyran à l'État. »

Peu de jours avant de mourir pour une cause politique, Jean-Conrad Kock avait souri à son premier-né, et cet orphelin hollandais, sur le berceau duquel rejaillissait le sang de son père, cet enfant qui grandit au milieu des discordes civiles, est devenu le plus jovial des romanciers français !

C'est Paul de Kock.

Au reste, la Terreur épargna Passy. Ses élégantes villas, ses frais jardins n'étaient faits que pour abriter ceux qui cherchaient l'oubli loin de la scène politique. Quoiqu'il eût nourri dans son sein les plus fougueux démagogues, Passy assista aux événements avec une philosophique indifférence. La faction des athées y passa sans se détourner du culte, et quand les autels étaient renversés, il conserva tranquillement le dernier curé institué en 1773 par les religieux de Saint-Barnabé. L'abbé Chauvet ne cessa point ses fonctions, en dépit des orages révolutionnaires, fut maintenu par le concordat, et mérita que la ville lui élevât un mausolée avec cette touchante épitaphe :

« Ci-gît Pierre-Antoine Chauvet, curé de Passy pendant plus d'un demi siècle, né à Château-Thierry, le 14 décembre 1739, décédé au milieu du troupeau qu'il aima et qui chérit sa mémoire, le 8 juin 1827. Prions Dieu pour le repos de son âme. Érigé par son neveu, sa nièce, et les habitants de Passy. »

En 1828, Benjamin Delessert fonda à Passy deux écoles destinées aux enfants de chaque sexe. La construction et l'entretien de ces deux écoles, tant au matériel qu'au personnel, furent à sa charge jusqu'à son décès. Indépendamment des prix et encouragements délivrés annuellement aux élèves aux frais de B. Delessert, il donnait huit livrets de la caisse d'épargne de 30 fr. chaque : quatre livrets étaient remis aux garçons et quatre aux jeunes filles.

Passy s'embellit sous l'administration de M. Possoz, nommé maire en 1834, révoqué en 1848 et replacé en 1852. Cependant, cette ville n'apporte pas à Paris de monuments sérieux. L'église ne se composa d'abord que d'une nef et d'une aile gauche; on y ajouta plus tard une aile droite et une chapelle dédiée à saint Augustin. Le remaniement total du monument fut accompli de 1845 à 1856, sous la direction de l'architecte Debressenne. Le plafond est à compartiments de bois carré et doré. Au-dessus de l'autel sont des fresques de Gabriel Bouré, qui représentent *Adam et Ève chassés du Paradis*, avec cette inscription : *Ipsa conteret caput tuum*; l'*Annonciation*, avec les mots de l'évangile de saint Luc : *Ave, gratiâ plena*; le *Sacrifice d'Abraham*, dont la légende est : *Benedicentur in semine tuo omnes gentes terræ*.

Les vitraux de l'église sont de la fabrique des carmélites du Mans et donnés par le conseil municipal. L'orgue est dentelé avec délicatesse. A l'entrée sont les statues de saint Augustin et de sainte Bathilde par Teras.

Les frères des écoles chrétiennes et leur supérieur général, le frère Anaclet, avaient fondé un pensionnat au faubourg Saint-Martin au mois de janvier 1837. Cet établissement, transféré à Passy le 8 avril 1839, prit possession de l'hôtel de Valentinois. Le frère Théotique, qui le dirigeait, dressa les plans d'un nouvel édifice, dont la première pierre fut bénie le 20 juin, en présence du frère Philippe, supérieur général des frères des écoles chrétiennes; de MM. François Salacroux, curé de Passy; Frédéric Possoz, maire; Hugues Vital, adjoint; J.-B. Vernier, aumônier du pensionnat; Desplan, architecte, et François Tanneveau, entrepreneur. Une aile, ajoutée en 1853, renferme la lingerie et l'infirmerie. Les membres de la communauté ont contribué à l'embellissement de leur chapelle; un d'eux a confectionné les orgues, d'autres ont rangé des saints en procession le long des parois, semé des allégories mystiques sur les compartiments du plafond, et groupé au fond du sanctuaire le couronnement de Marie.

De la communauté des Frères de Passy dépendent quatre autres établissements : 1° l'école gratuite pour les enfants de la ville, ouverte en 1848 par le pensionnat; elle compte 2 frères et 180 élèves; 2° l'école du soir pour les adultes, commencée en 1840 par le frère Théotique; elle dure tout l'hiver et réunit habituellement de 80 à 103 ouvriers; 3° la maîtrise de Notre-Dame-de-Grâce, fondée en 1856, par M. Locatelli, curé de Passy, pour les enfants de chœur de la paroisse; 4° l'école gratuite de la plaine de Passy, établie par le conseil municipal.

La population de Passy, qui n'était en 1831 que de 4,200 habitants, s'est élevée : en 1836, à 5,702; en 1846, à 8,057; en 1856, à 17,504.

Cette augmentation, qui ne s'est pas ralentie, a nécessité l'établissement de nouveaux quartiers dans la plaine de Passy. Entre l'ancienne ville et les barrières démolies, s'est créé le quartier dit *de la Plaine*, sous la direction de M. Mamby. Une propriété appartenant à M. Guichard est devenue un nouveau quartier, coupé par six rues qui sont pourvues d'égouts, de conduites d'eau et de gaz. Sur les ruines de l'ancien château s'est élevé le hameau de Boulainvilliers, et le nom de *Villa Béranger* a été donné à un assemblage de chalets et de kiosques ombragés de lilas et de marronniers.

Une des maisons de campagne de Passy, justement nommée Beau-Séjour, servait jadis de retraite à un ermite, frère Paolo. Mais en acquérant le terrain, le père La Chaise, confesseur de Louis XIV, y planta des arbres qui ont prospéré et qui justifient pleinement l'épithète élogieuse accordée à cette résidence.

Au milieu d'un autre jardin sont des eaux minérales assez estimées. Pour obtenir des eaux naturelles, la ville de Paris a fait forer dans la plaine de Passy un puits artésien qui, d'après les probabilités les mieux établies, ne trouvera la couche des sables verts qu'à 545 mètres au-dessous du sol. Commencés à la fin de septembre 1855, les travaux sont dirigés par M. Kind, inventeur des procédés particuliers du forage dont l'instrument principal est un trépan du poids de 1,800 kilos, armé de cinq dents en acier fondu. Ce trépan est suspendu à une série de tiges en sapin de 10 mètres de longueur, et de 0,9 d'équar-

rissage, réunies les unes aux autres par des armatures en fer et à pas de vis semblables à ceux des tiges à sonde ordinaire.

Entre la dernière tige de bois et le trépan se trouve un déclic des plus ingénieux, appelé par M. Kind *instrument à chute libre*. A l'aide de cet appareil, le trépan, soulevé à 0,60 c. de hauteur, peut retomber sans entraîner avec lui le système des tiges de suspension et venir frapper de tout son poids pour désagréger et les broyer, les matières qui forment le fond du trou de sondage.

Le mouvement de soulèvement et de chute de tout l'appareil de sondage qui vient d'être décrit, s'opère à l'aide d'un cylindre à vapeur vertical de dix chevaux de force environ. La tige du piston est fixée à l'extrémité d'un fort balancier sur les bords dont l'autre extrémité supporte les tiges de suspension du trépan.

A chaque soulèvement de l'appareil opéré par le balancier, deux ouvriers sondeurs placés à l'entrée du puits impriment aux tiges un mouvement de rotation pour que les dents du trépan atteignent successivement tous les points de la surface du fond du trou de sondage.

Lorsque les chocs successifs du trépan ont approfondi le trou de sondage d'un mètre environ, on le ramène à la surface, au moyen d'une seconde machine à vapeur, en dévissant et détachant successivement toutes les tiges de suspension. La descente du trépan s'opère par le même procédé en sens inverse.

L'enlèvement des produits broyés au fond du trou de sonde s'effectue à l'aide d'une cuillère ou seau en tôle cylindrique de 0,80 centimètres de diamètre sur un mètre de hauteur, dont le fond est formé de deux clapets assemblés à une charnière suivant le diamètre, et s'ouvrant seulement de bas en haut. La cuillère est montée et descendue au fond du puits, comme les tiges du trépan, par la machine à vapeur. Arrivée au fond du puits, on imprime à la cuillère quelques secousses pour y faire pénétrer les boues, puis on la remonte et on la vide dans un canal disposé à cet effet à côté du chantier de sondage.

Le personnel de l'atelier n'est composé que d'un chef sondeur, de quatre sondeurs, d'un mécanicien, d'un chauffeur et de trois forgerons.

Les travaux ont été retardés plusieurs fois par de graves accidents. Ils sont arrivés aujourd'hui à un degré d'avancement qui permet d'espérer leur prompt achèvement.

Ce puits artésien est destiné aussi à alimenter d'eau les arrondissements de la rive droite de Paris.

On a construit d'immenses réservoirs au point le plus élevé de la plaine de Passy, en dehors de la barrière dite des Bassins, à l'angle de la rue du Bel-Respiro. Les murs de ces réservoirs, établis tout en meulières et en ciment romain, n'ont pas moins de trois mètres d'épaisseur. Ils peuvent contenir environ un million d'hectolitres d'eau provenant du puits artésien. On achève l'établissement des conduits destinés à distribuer cette puissante masse d'eau dans les différents quartiers. On suppose que les eaux pourront monter, sans une trop forte perte de charge, jusqu'à 23 mètres au-dessus du sol, où elles arriveront dans un bassin supérieur d'où elles seront distribuées pour les divers usages auxquels on les destine. Le tube ascensionnel et le réservoir seront établis dans une tour en fonte, à claire voie, qui formera un monument remarquable par sa légèreté et les dispositions toutes nouvelles de sa construction.

Avec tous les agréments qu'il offre, Passy a réuni des hôtes célèbres, entre lesquels nous pouvons citer Raynouard, écrivain qui a laissé d'estimables travaux historiques, mais dont les tragédies, longtemps admirées, sont tombées dans le plus juste oubli, moins cet hémistiche :

Les chants avaient cessé.

Une nomenclature serait trop longue, mais nous ne pouvons nous dispenser de mentionner parmi les habitants de Passy. Le comte Las-Cases, le comte Portalis, les docteurs Orfila et Scipion Pinel, Béranger, Brazier et Dumersan; Jules Janin, qui s'est fait construire un chalet suisse enjolivé de mosaïques romaines; Honoré de Balzac; Louis Jourdan; les acteurs Bouffé, Levasseur, Auriol, Chollet, Ponchard, Gueymard, Bressant; Mmes Contat, Mainvielle Fodor, Émilie Boisgonthier, Fanny Cerrito, Mathilde Marquet, Guyon, Laurent, Plessy, Rose Chéri. Mais Auteuil va nous offrir des célébrités littéraires et dramatiques plus grandes encore.

Une famille à Auteuil.

CHAPITRE IV.

Auteuil. — Les vignes d'Auteuil. — Molière et ses amis. — Le frère lai. — Le souper d'Auteuil. — Mondorge. — Molière et le pauvre. — Le jardinier de Boileau. — Racine déclamant. — La bourse de mille louis. — Impromptu de Voltaire. — Les Arlequines et les Scaramouches. — Vers de Chénier. — La princesse de Carignan. — Église d'Auteuil. — La source ferrugineuse.

Avant d'être un quartier de Paris Auteuil était un bourg de l'arrondissement de Saint-Denis. Ce fut d'abord la seigneurie d'*Altolium*, *Altaulium* ou *Autolium*, seigneurie productive dont les vignobles n'étaient pas à dédaigner. Elle appartenait à l'abbaye du Bec, qui l'échangea en 1100, avec l'abbaye de Sainte-Geneviève, contre des terres sises à Vernon. L'acte d'échange fut confirmé par Louis le Gros et par Henri Ier, roi d'Angleterre et duc de Normandie.

Quelques-unes des vignes d'Auteuil appartenaient aux chanoines de Notre-Dame de Paris, qui en donnaient le revenu à la cathédrale, à la condition que le jour anniversaire de leur décès, il serait fait un repas à quatre services. Ces chanoines prévoyants voulaient faciliter à leurs successeurs des jouissances gastronomiques qu'ils avaient eux-mêmes goûtées.

Auteuil devint, au XVIIe siècle, une sorte de Parnasse. Les littérateurs s'y donnaient rendez-vous : deux maisons, celle de Molière et celle de Boileau, étaient le centre de leurs réunions. Là venaient La Fontaine, Racine ; l'épicurien Chapelle et le moraliste Pierre Nicole; Lulli, Jonsac, Nantouillet, Brossette ; du Trousset de Valincour, gentilhomme de lettres, collègue de Boileau dans la charge d'historiographe; Jacques de Tourreil, traducteur des *Philippiques* de Démosthène; Baron, qui débutait dans la carrière dramatique.

Molière, que beaucoup de gens s'imaginent avoir été pauvre, parce que c'était un homme de génie, vivait dans l'aisance, grâce à ses bénéfices d'acteur et d'auteur. Il faisait le voyage d'Auteuil à Paris sur un bateau qu'il avait frété. Un matin, se trouvant après déjeuner sur le bord de la Seine avec Chapelle et le jeune comédien Baron, il voit arriver un moine qui les prie de vouloir bien lui faire remonter la rivière jusqu'au couvent des Bons-Hommes.

Le moine est admis; ravis de l'occasion d'avoir l'avis d'un frère minime sur des questions théologiques ou philosophiques, Molière et Chapelle interrogent à plusieurs reprises le religieux, après avoir parlé avec chaleur de Descartes, de Gassendi et d'Épicure.

Le moine se contentait de répondre par des sons à peine articulés.

— Cependant, dit Chapelle, Descartes n'est-il pas comme un de ces inventeurs qui organisent une belle machine sans tenir compte de l'exécution? Le système des atomes crochus n'est-il pas contraire à une multitude de faits observés?

— Hum! se contenta de dire le minime, qui semblait approuver l'opinion de Chapelle.

Molière riposta, et lorsqu'il se fut exprimé avec son éloquence naturelle, le moine se crut obligé par la politesse à faire des signes d'adhésion; mais il n'articula pas une seule syllabe compréhensible.

Après de longs débats, auxquels le bonhomme avait assisté avec la plus grande impassibilité, se bornant à une pantomime qui pouvait passer pour un assentiment aux yeux de chacun des ergoteurs, on arriva à Passy. Le religieux prit tranquillement sa besace, remercia ses hôtes et disparut.

En demandant des renseignements sur son compte, Molière et Chapelle apprirent que c'était un frère lai qui savait à peine le français. Les deux philosophes furent désolés de s'être mis en frais d'éloquence pour essayer de produire de l'effet sur un auditeur incompétent, et Molière dit à Baron :

Les écuyères de l'Hippodrome.

— Voyez, petit garçon, ce que fait le silence quand il est observé avec conduite!

Boileau, La Fontaine, Chapelle, Baron et plusieurs autres gens de lettres se trouvaient à souper chez Molière. Ce dernier, depuis quelque temps, ne vivait que de lait et se couchait de bonne heure. Il quitte ses convives pour se mettre au lit, et son absence ne refroidit pas la gaieté du festin. Le vin, largement servi, échauffe peu à peu les têtes, et la conversation tombe sur les malheurs de la vie. On trouve qu'il n'est rien de si triste que notre existence, que nos jours sont monotones ou livrés aux chagrins, que la vie n'est qu'une chaîne de misères, et qu'il est sage de s'en débarrasser tout d'un coup; on conclut par le projet d'aller tous ensemble se noyer dans la Seine. Il est accueilli avec transport. La Fontaine envoie un exprès avertir qu'il ne rentrera pas chez lui ce soir, et, en avalant une dernière rasade, on s'écrie unanimement :

— Allons, mes amis, mourons avec courage!

Baron, qui avait un peu moins bu que les autres, court prévenir Molière. Celui-ci, effrayé, s'élance hors de son lit; mais tandis qu'il s'habille, les convives arrivent à la rivière et s'emparent d'un bateau pour prendre le large et se noyer au beau milieu. Quelques paysans et des domestiques, instruits de leur dessein, se jettent avec eux dans le bateau pour les retenir. Furieux de cet obstacle, ils mettaient l'épée à la main, lorsque Molière se montre :

— Eh! que vous ont donc fait ces gens-là? s'écrie-t-il.

— Comment! lui répond Boileau avec emportement, ces coquins veulent nous empêcher de nous jeter dans la rivière! Écoute, mon cher Molière, tu as de l'esprit, vois si nous avons tort. Fatigués des peines de ce monde-ci, nous avons résolu de passer dans l'autre. La rivière nous a paru le plus court chemin pour nous y rendre, et ces marauds nous l'ont bouché!

— Fort bien! dit Molière; mais je vous croyais de mes amis. Quoi! Messieurs, vous entreprenez une action qui doit vous immortaliser, et vous oubliez de m'associer à votre gloire!

— Il a raison, dit Chapelle, nous nous conduisons mal avec lui. Oublie cette faute, mon cher, et viens te noyer avec nous...

— C'est bien mon intention. Mais un moment; songeons à ce que nous allons faire. Nous voulons nous illustrer, et nous nous y prenons nuitamment! N'est-ce pas donner des armes à l'envie, toujours prête à rabaisser les belles actions! Ne pourra-t-elle pas dire, si nous procédons immédiatement après souper, que c'est plutôt le vin que notre raison qui nous a conduits? Non, mes amis; c'est demain, à jeun, en plein midi, qu'il faut nous jeter à l'eau.

— Bien raisonné! s'écria Chapelle. Morbleu! Molière a toujours plus d'esprit que nous.

Ils allèrent tous se coucher, et le lendemain, on n'eut plus besoin de se battre avec eux pour les empêcher de se noyer.

Baron amena un jour à Auteuil Mondorge, un comédien sans emploi et sans ressources, et entra d'abord pour l'annoncer.

— Ce pauvre diable n'ose se montrer, dit-il, tant sa toilette est délabrée.

— Je le connais, dit Molière; il a été mon camarade en Languedoc; c'est un honnête homme; que pensez-vous qu'il faille lui donner?

— Quatre pistoles, dit Baron après avoir hésité un instant.

— Eh bien! répliqua Molière, je vais les lui donner pour moi; donnez-lui pour vous ces vingt autres que voici.

Mondorge parut : Molière l'embrassa, l'engagea à reprendre courage, et joignit au présent qu'il lui faisait un magnifique habit de théâtre pour jouer les rôles tragiques.

Ce fut en revenant d'Auteuil à Paris avec le musicien Charpentier que Molière, ayant donné par mégarde un louis d'or à un mendiant qui s'empressa de le lui rapporter, s'écria: « Où la vertu va-t-elle se nicher? Tiens, mon ami, en voici un autre. »

La maison de campagne où Molière aimait à réunir ses amis a fait place à un petit temple sur le fronton duquel on lit : *Ici fut la maison de Molière*. Il eût été préférable de le conserver, mais son état de dégradation ne le permettait pas ; l'édifice qu'on lui a substitué était enclavé dans le parc de la duchesse de Montmorency, parc admirable qui a été dépecé et subdivisé en plusieurs villas.

Le temple érigé à Molière est une rotonde en briques, précédée d'un péristyle dont les quatre colonnes doriques soutiennent le fronton, où l'on a représenté Thalie éplorée et laissant tomber son masque. Aux deux côtés de la porte d'entrée sont les bustes de Corneille et de Racine : au centre est le buste de Molière, entre ceux de La Fontaine et de Boileau. Au fond, sur un siége semi-circulaire, les visiteurs peuvent se reposer pour rêver à la gloire de l'auteur de *Tartufe*.

Boileau eut à Auteuil une charmante habitation, et l'un de ses meilleurs morceaux est l'épître spirituelle qu'il adressa à son jardinier Antoine Riquié :

Laborieux valet du plus commode maître,
Qui pour te rendre heureux ici bas pouvait naître,
Antoine, gouverneur de mon jardin d'Auteuil,
Qui diriges chez moi l'if et le chèvrefeuil.

Racine venait très-souvent chez Boileau, avec lequel il vivait en excellente intelligence, bien que le satirique se considérât comme très-supérieur au poète qui avait fait *Andromaque*, *Britannicus* et *Athalie*. Noël Falconet, médecin distingué, qui était admis dans leur intimité, racontait qu'étant allé voir Despréaux à sa maison d'Auteuil, on parla des génies de la France.

— Je n'en connais que trois! s'écria Boileau ; Corneille, Molière....

— Sans doute, Racine est le troisième, repartit Falconet?

— Racine! répliqua Boileau avec humeur, n'est qu'un bel esprit à qui j'ai appris difficilement à faire des vers ; le troisième, c'est moi!

Cependant, plus d'une fois, Racine eut tous les honneurs des réunions que présidait son ami. « Je me souviens, dit Valincour, qu'étant un jour à Auteuil, chez Despréaux, avec Nicole et quelques autres amis d'un mérite distingué, nous mîmes Racine sur l'*Œdipe* de Sophocle : il nous le récita tout entier, le traduisant sur-le-champ ; et il s'émut à tel point que tout ce que nous étions d'auditeurs nous éprouvâmes tous les sentiments de terreur et de compassion sur quoi roule cette tragédie. J'ai vu nos meilleurs acteurs sur le théâtre ; j'ai entendu nos meilleures pièces ; mais rien n'approche du trouble où me jeta ce récit ; et au moment même où je vous écris, je m'imagine encore voir Racine avec son livre à la main, et nous tous consternés autour de lui. »

Racine rapportait un jour de Versailles une bourse de mille louis d'or, et trouva sa femme qui l'attendait à Auteuil, dans la maison de Boileau ; il courut à elle :

« Félicitez-moi, lui dit-il en l'embrassant ; voici une bourse de mille louis que le roi m'a donnée. »

Elle lui porta aussitôt des plaintes contre un de ses enfants qui depuis deux jours ne voulait pas étudier.

« Une autre fois, reprit-il, nous en parlerons ; livrons-nous maintenant à notre joie. » Mais sa femme continuait ses plaintes contre l'enfant, lorsque Boileau, qui, dans son étonnement, se promenait à grands pas, perdit patience, et s'écria :

« Quelle femme! quelle insensibilité!... Peut-on ne pas songer à une bourse de mille louis. »

Cet amour pour l'argent décida Boileau à vendre sa maison à un nommé Le Verrier. « Je vous promets, dit celui-ci, que vous en resterez pour ainsi dire le maître, vous y conserverez une chambre, et j'espère que vous y viendrez souvent l'occuper. »

Quinze jours après la vente, Boileau retourne à Auteuil, entre dans son jardin, et n'y trouvant plus le berceau sous lequel il avait coutume d'aller méditer, appelle Antoine et lui demande où est son berceau?

— M. Le Verrier l'a fait détruire, répond Antoine.

— Ah! ah!

Après avoir rêvé un moment, Boileau remonte dans son carrosse en disant : « Puisque je ne suis plus le maître ici, qu'est-ce que j'y viens faire? »

Il n'y revint plus.

A Le Verrier succéda Claude Deshaies Gendron, médecin ordinaire du régent Philippe d'Orléans, et mort à Auteuil le 3 septembre 1750. C'était un ami de Voltaire, qui, lui rendant un jour visite, salua l'ancienne demeure du satirique par cet impromptu mythologique :

C'est ici le vrai Parnasse
Des vrais enfants d'Apollon ;
Sous le nom de Boileau, ces lieux virent Horace,
Esculape y paraît sous celui de Gendron.

La maison de Boileau existe toujours, mais ses différents propriétaires lui ont fait subir des changements qui la rendent méconnaissable.

Les fêtes champêtres d'Auteuil étaient à la mode dès le commencement du XVIIIe siècle, et nous en avons pour preuve deux pièces de théâtre :

Le Bal d'Auteuil, comédie en un acte et en prose, par Nicolas Boindin, procureur du roi au bureau des finances, représentée au Théâtre-Français (mardi 11 août 1702) ; elle était suivie d'un divertissement dont Gillier avait fait la musique.

La Fête d'Auteuil, comédie en trois actes et en vers libres, avec un divertissement, par Louis de Boissy, musique de Grandval, représentée le jeudi 28 août 1742.

La pièce de Boindin est précédée d'un prologue qui se passe au parterre du théâtre, et dont les personnages sont le bailly M. de La Faquinière et M. Maigret, marchand. Le magistrat, danseur, et le bourgeois d'Auteuil, expriment la crainte d'être ridiculisés par l'auteur. La comédie même n'est qu'un prétexte à des danses de paysans, de paysannes, d'arlequins et de scaramouches, qui se trémoussent au son des violons, des hautbois et des musettes. S'il fallait en croire Boindin, le langage des vilains des environs de Paris n'eût pas été trop relevé en 1702. Dans la scène VI, Lucas dit à Vulpin, organisateur du bal :

« Hé! tatigué! Monsieur! venez donc mettre ordre à ces vilains! Une tempête de filles qui vient de fondre sur votre bal et qui l'avont fait commencer sans vous! »

Plus loin, le même Lucas rend compte d'un scandale causé par une jeune fille.

« Parce qu'alle a fait un faux pas, alle a prétendu que c'était la faute des violons ; les violons l'ont traitée de je ne sais qui ; alle a traité les violons de je ne sais comment ; enfin l'orage a crevé, et alle a baillé tant de coups de pieds dans le ventre de ces gros instruments, qu'alle en a fait sauter toutes les cordes, et les ménétriers s'en allant, jurant qu'ils en auront raison et qu'on ne brutalise pas comme ça un arquestre! »

Cette prose est assaisonnée de couplets ; Frontin, valet de Vulpin, invite en ces termes le beau sexe d'Auteuil à venir au bal :

Venez fillettes du village,
Venez sous ce charmant feuillage
Y faire un époux d'un amant ;
Qu'au plaisir vos cœurs s'abandonnent,
Dansez, dansez! que le bal est charmant,
Quand l'hymen et l'amour le donnent!

Une Scaramouche, en travestissement noir, fait à une arlequine bariolée cette malicieuse observation :

Si toutes les femmes galantes
Faisaient mettre sur leurs habits
Autant de couleurs différentes
Quelles ont eu de favoris,
Ah! que de figures plaisantes,
Que d'arlequines dans Paris!

L'arlequine riposte :

Si l'on obligeait les coquettes,
De porter pour leur favoris,
Des robes de veuves complètes,
Comme elles font pour leur maris,
Ah! que l'on verrait de fillettes
En scaramouches à Paris!

Quoique le *bal d'Auteuil* ne soit qu'une fantaisie, il est vraisemblable qu'il a un fond de vérité, et que ce séjour champêtre était recherché par les amis du plaisir qui voulaient prendre leurs ébats loin des regards indiscrets, et prolonger le carnaval pendant l'été.

Au XVIIIe siècle, plusieurs personnages célèbres vinrent encore habiter Auteuil. La veuve d'Helvétius, née de Ligneville, s'y établit après la mort de son époux, qui, tout en s'occupant de philosophie, avait eu le bon esprit de faire fortune dans les fermes générales. Elle rassembla autour d'elle une société d'élite où figuraient l'abbé Morellet, le ministre Turgot, le spirituel Chamfort, l'emphatique Thomas, le sémillant chevalier de Boufflers, Cabanis, et même Napoléon Bonaparte, auquel elle disait en se promenant : « Vous ne vous doutez pas de ce que l'on peut trouver de bonheur dans trois arpents de terre ! » Née en 1719, elle mourut au mois d'août 1800, regrettée des malheureux dont elle était la bienfaitrice, ce qui l'avait fait surnommer par Franklin : *Notre-Dame d'Auteuil*.

Marie-Joseph Chénier, ce poëte qui avait eu le tort de se lancer trop tôt dans la carrière, et dont la verve se développait au moment où il mourut prématurément, demeura à Auteuil pendant les dernières années de sa vie. Il a chanté ce séjour de prédilection en vers classiques, qui ne sont pas bons intrinsèquement, mais que nous reproduirons, vu que nous n'en connaissons pas de meilleurs sur le même sujet :

> Auteuil, lieu favori, lieu saint pour les poëtes !
> Que de rivaux de gloire unis sous tes berceaux.
> C'est là qu'au milieu d'eux, l'élégant Despréaux,
> Législateur du goût, au goût toujours fidèle,
> Enseignait le bel art dont il offre un modèle.
> Là, Racine évoquait Andromaque et Pyrrhus,
> Contre Néron puissant faisait tonner Burrhus,
> Peignait de Phèdre en pleurs le tragique délire.
> Ces pleurs harmonieux que modulait sa lyre,
> Ont mouillé le rivage, et de ses vers sacrés
> La flamme anime encor les échos inspirés.

Parmi les habitants célèbres d'Auteuil, on cite encore Condorcet, et le sculpteur Houdon.

Une princesse de Carignan a fini tristement ses jours à Auteuil. C'était une fille du duc de La Vauguyon; et Victor-Emmanuel Ier avait toujours refusé de reconnaître une alliance qu'il ne regardait pas comme digne d'un héritier du trône. Le prince de Carignan étant venu à mourir, sa veuve fut exilée sans pitié des États sardes, quoique le roi crût devoir retenir les enfants issus de ce mariage.

La princesse se retira à Auteuil, dans l'ancien château des abbés de Sainte-Geneviève. Elle y était le 10 février 1829, lorsqu'elle reçut une lettre de Charles-Félix, le roi régnant, qui permettait à la princesse de s'installer à Rome, dans le palais des princes de Carignan, avec les enfants dont elle était depuis si longtemps séparée.

Transportée de joie, la princesse saisit une plume et se hâte d'adresser à Charles-Félix une lettre de remerciments; mais tandis qu'elle est tout absorbée dans son travail, une étincelle jaillit du foyer sur sa robe. Les flammes montent avec une terrible rapidité; la princesse se lève, sonne, appelle, s'élance au dehors et tombe sur le pavé de la cour. Vainement on lui prodigue des secours... il était trop tard!

La vieille église d'Auteuil a été rebâtie au XVIIe siècle. Elle a été enrichie de tableaux par la libéralité des habitants. Sur la demande de M. Legros, membre du conseil général, la ville de Paris lui a donné, en 1844, un *Jésus-Christ guérissant les paralytiques*. Elle doit à Mme Gillon une *Résurrection de Jésus-Christ*. Les stalles du chœur sont en bois sculpté et d'un travail élégant.

A l'entrée de la nef est un bas-relief de marbre blanc qui représente une femme mourante étendue sur un canapé; au chevet, une autre femme tombe abattue; sur un fauteuil, de l'autre côté, un jeune homme au désespoir se penche sur un vieillard; deux enfants, dont le plus jeune semble comprendre à peine cette scène de deuil, sont au pied de la couche mortuaire. Une inscription nous apprend que ce monument a été élevé par Étienne-Nicolas-Louis Ternaux, à sa femme, Caroline-Blanche Rousseau, née à Paris le 9 juin 1786, et morte le 8 octobre 1817, en mémoire de sa piété, de sa tendresse pour sa famille, et de sa charité pour les pauvres.

La fabrique a fait placer contre un pilier une inscription latine, qui rappelle que le docteur Sébastien Juillio, chevalier de la Légion d'honneur et de plusieurs ordres (*legionis militum honoratorum necnon multorum ordinum eques*), recteur honoraire de l'Institution des Jeunes Aveugles (*institutionis juvenum Lutetiæ cæcorum rector honorarius*), a fondé, à perpétuité, quatre messes annuelles pour le repos de son âme, et que cette fondation a été acceptée par délibération du 18 janvier 1850.

On remarque dans le chœur le tombeau de Nicolaï (Antoine-Nicolas), premier président de la cour des comptes de Paris, mort en 1731.

La place qui précède le portail de l'église était autrefois le cimetière. Des monuments dont il était embelli, on a conservé un obélisque de granit, fixé sur un socle de marbre noir, et surmonté d'un globe qui porte une croix. C'est le mausolée du chancelier d'Aguesseau et de sa femme, Anne Lefebvre d'Ormesson. On lit sur une des faces du piédestal : « Aux mânes de d'Aguesseau; monument élevé par ordre du gouvernement, an IX. » Sur une autre, à la même époque, on a gravé : « La nature ne fait que prêter les grands hommes à la terre. Ils s'élèvent, brillent et disparaissent, leur exemple et leurs ouvrages restent. »

Les inscriptions primitives sont les suivantes :

« *Christo salvatori, spei credentium, in quo crediderunt et speraverunt Henricus Franciscus d'Aguesseau, Galliarum cancellarius, et Anna Le Fevre d'Ormesson, ejus conjux.*

« *Acorum liberi, juxta utriusque parentis exoriens, hanc crucem dedicavere.*

« *Anno Reparatoris salutis MDCCLIII.* »

Sur une autre face :

« *Solidè, justè et piè consecrati, in hoc sæculo, expectant beatam spem et adventum gloriæ magni Dei et Salvatoris nostri Jesu Christi, qui dedit semetipsum pro nobis in cruce, ut nos redimeret, et mundaret sibi populum acceptabilem sectatorem bonorum operum.*

« *Ora pro eis, viator.* »

Auteuil reçoit l'eau de la Seine au moyen d'une pompe à feu dont les bassins sont établis dans le bois de Boulogne, et qui alimente plusieurs autres localités.

Sur le plateau qui domine Auteuil fut découverte une source ferrugineuse froide, qu'un médecin nommé Hubert vanta dans un opuscule publié en 1628. Oubliée plus tard, elle a été retrouvée par M. Quicherat; et, comme plusieurs malades l'ont employée avec succès, un élégant chalet a été construit en 1858 pour les buveurs ou les baigneurs. M. Ossian Henry, chef des travaux chimiques à l'Académie de médecine, a constaté que mille grammes de l'eau ferrugineuse d'Auteuil contiennent :

Azote................................		quantité indéterminée.

Principes minéralisateurs fixes.

		grammes.
Chlorures { de magnésium...............		0,1200
{ de sodium.....................		
{ de chaux........................		1,7400
{ de strontiane.................		trace sensible.
{ de magnésie...................		0,1400
Sulfates { de soude.........................		2,0220
anhydres { d'alumine, potasse et ammoniaque.		0,0510
{ d'alumine et de fer protoxydé (*sel double particulier*)...........		0,7150
Sel de manganèse...........................		0,0140
Azotate de potasse..........................		traces.
Acide silicique (silice)..................		0,1400
Matière organique et perte.............		0,0730
Principe arsenical dans le dépôt...........		sensible.
TOTAL................................		3,2550

Bue à la dose d'un ou plusieurs verres, cette eau éveille l'appétit, active la digestion, et la magnésie qu'elle renferme la rend légèrement laxative.

Les affections contre lesquelles on prescrit l'eau d'Auteuil avec le plus de succès sont : l'inappétence, les maux d'estomac et les différentes formes de gastralgie; la chlorose, l'aménorrhée, la dysménorrhée; le diabète; les engorgements du foie, de la rate et des autres viscères de l'abdomen; la bouffissure du visage, l'œdème des membres inférieurs, certaines hydropisies commençantes; les palpitations de cœur par suite d'anémie. Vous vous en trouverez également bien dans les convalescences longues et difficiles, alors qu'il s'agit de redonner du ton à l'ensemble de l'organisme. Inutile d'ajouter que le tempérament lymphatique est celui auquel cette eau est le mieux appropriée.

C'est surtout au printemps que la foule des buveurs se presse dans le jardin qui avoisine la source. La plupart sont venus de Paris le matin, puis, après avoir bu ou s'être baignés, ils retournent à leurs affaires; quelques-uns font même la route à pied.

L'eau ferrugineuse d'Auteuil supporte le transport sans subir la moindre altération, soit dans sa composition chimique, soit dans ses vertus thérapeutiques. Avec les sels qui en sont extraits, on fabrique des *pastilles* qui, par leurs propriétés digestives, conviennent surtout aux estomacs faibles et délicats.

L'histoire d'Auteuil offre un bel exemple de longévité administrative. Nommé maire en 1789, M. Benoît resta chargé des affaires de la commune jusqu'en 1813.

L'administration municipale d'Auteuil, qui a cessé ses fonctions le 1er janvier 1860 se composait de MM. Jéhénot, maire; Polak et Dulud, adjoints; Giver-Berthier, Ozenne, Raverdy, Baugrand, Lebert (Isidore), Cuissard, Delamotte, Monchy, Mansion, Lassudrie-Duchesne, Leméteyer, Soutre, Hubert, Dequen, Vallot, Baltard, Trémois, d'Almbert et Jouet, membres du conseil municipal. Parmi les améliorations qu'elle a introduites, nous devons signaler l'agrandissement des écoles, qui contiennent 280 élèves (150 garçons et 130 filles); la salle d'asile est le refuge de 80 enfants des deux sexes; les travaux de la mairie, du cimetière, la construction d'une maison pour le conservateur du cimetière, l'établissement d'égouts dans les rues de La Fontaine, de Magenta, Boileau, Molière; la construction de trottoirs dans les rues Boileau, de la Tuilerie, de l'Égout et François Gérard; l'amélioration du rond-point de Boulainvilliers, l'ouverture des rues de l'Assomption, de Magenta, des Pâtures, Cuissard, des Arts, de Montmorency, de l'embarcadère, du Chemin de la Galiote, et des places de l'Église, de La Fontaine et du Château-d'Eau.

D'importants travaux de voirie ont été exécutés à Auteuil depuis 1850, tant pour l'alignement et la délimitation que pour le redressement et le classement de différentes voies publiques ou chemins vicinaux qui ont été portés à une largeur de 12 mètres.

Auteuil a été aussi doté d'un éclairage permanent.

Auteuil est relié à Paris par un chemin de fer qui dessert en même temps les Batignolles, Courcelles, la porte Maillot et la porte Dauphine.

Un décret du 17 août 1852 déclara d'utilité publique l'exécution d'un chemin de fer formant le prolongement du chemin de fer de ceinture, et qui, partant de celui de Saint-Germain, dans la commune de Batignolles, se dirigerait sur Auteuil par Neuilly et Passy. Une enquête eut lieu en conséquence de ce projet, qui trouva quelque opposition dans la commission municipale, et qui fut assez profondément modifié par elle dans une de ses séances. A la suite de l'enquête, la commune de Passy avait proposé un contre-projet qui n'était pas sans inconvénients dans son exécution, et dont la disposition principale consistait à diriger le nouveau chemin de fer par les plaines d'Auteuil.

La commission apporta quelques modifications dans ce second projet tout en l'améliorant. De Batignolles à la porte Maillot, le nouveau chemin de fer fut bordé d'un double boulevard de six mètres de largeur qui offre aux piétons et aux voitures une promenade agréable et pittoresque. Il côtoie ensuite la route stratégique jusqu'à la Muette, qu'il longe en décrivant une courbe considérable. Il traverse deux fois la route de Passy à Auteuil, dite l'allée des Sycomores, au moyen de deux ponts assez larges pour livrer passage à deux voitures, et bordés de larges trottoirs; puis il se dirige sur la commune d'Auteuil par le parc de Montmorency, dont une voie de 12 mètres de largeur facilite l'accès.

La ville céda à la compagnie qui se chargea de l'exécution du chemin de fer 4 hectares de terrain nécessaires pour son établissement, et celle-ci, de son côté, renonça à toute demande de subvention nouvelle, en s'engageant à embellir par des plantations tous les abords de la voie de fer entre la Petite-Muette et Auteuil.

La gare d'Auteuil a été livrée au public le 2 mai 1854.

De la commune d'Auteuil faisaient partie les hameaux du Point-du-Jour et de Billancourt.

La population d'Auteuil avait considérablement grandi depuis un siècle. Un dénombrement de 1745 portait le nombre des feux à cent vingt, dont chacun avait en moyenne quatre habitants. En 1856, la population était de 6,143 âmes, et elle s'est accrue, jusqu'à l'annexion, de plus de 2,000. Quelques portions du territoire d'Auteuil ont été réunies à la commune de Boulogne; mais la plus grande partie est incorporée à l'arrondissement de Passy.

CHAPITRE V.

Le bois de Boulogne. — Madrid. — Bagatelle. — La Muette. — Le Ranelagh. — Le pré Catelan. — L'Hippodrome. — L'Hippodrome de Longchamp. — La promenade de Longchamp.

Passy, Auteuil, asiles privilégiés, ont, outre leurs jardins particuliers, le grand jardin public du bois de Boulogne, qui n'appartient aux Parisiens qu'à la condition d'avoir un équipage ou de dépenser de l'argent en voitures de louage. Le bois de Boulogne a longtemps été désigné sous le nom de forêt de Rouvray, à cause des chênes rouvres dont il était planté; il fut baptisé de nouveau par des pèlerins qui venaient de Boulogne-sur-Mer, et qui obtinrent l'autorisation, en 1330, d'édifier sur les bords de la Seine une église pareille à celle qu'ils venaient de visiter. Ce bois est enclos de murs et fermé par onze grilles, savoir : deux au nord, la porte Maillot et la porte de Neuilly; quatre à l'ouest, les portes Saint-James, de Madrid, de Bagatelle et de Longchamp. A l'extrémité méridionale du bois se trouvent deux autres portes: celle de Boulogne et celle des Princes; enfin, du côté de l'est, il y en a encore trois, qui le font communiquer avec les villages d'Auteuil et de Passy et avec le faubourg de Chaillot; celle qui donne sur Passy porte le nom de la Muette.

Ce bois, qui avant la révolution ne présentait que des arbres décrépits, a été très-embelli par Napoléon Ier, qui en fit une des promenades les mieux placées et les plus agréables des environs de Paris; mais, en 1815, lors de l'invasion étrangère, nos amis les ennemis le ravagèrent. Il a été considérablement embelli depuis que la ville de Paris en a pris possession, et le premier créateur de ces améliorations a été un simple jardinier, M. Warée, qui, sans éducation première, dessinait sur le terrain les jardins paysagers les plus pittoresques. C'est sur ses indications qu'une rivière, dont les eaux entourent des îles verdoyantes, a été creusée. Les chaussées principales ont été macadamisées et bordées de gazon; une enceinte nouvelle a été tracée. Les limites du bois sont, en 1860 : à l'est, les fortifications; à l'ouest, la rive droite de la Seine, depuis le village de Boulogne jusqu'à Neuilly; enfin, au nord et au sud, deux vastes boulevards, défendus par un saut-de-loup, et qui s'étendent sur une longueur de plus de 8 kilomètres, des fortifications à la Seine. Ces deux boulevards sont bordés d'une grille élégante, d'un modèle uniforme, au delà de laquelle s'élève tout un monde de villas et de gracieux cottages.

Deux cascades pittoresques ont été établies par les soins de M. Alphand, ingénieur des ponts-et-chaussées, chef de ce service, assisté d'architectes et d'ingénieurs en sous-ordre. M. Barillet Deschamps, jardinier en chef du bois, a été chargé de tout ce qui concerne le jardinage, les semis, les plantations, etc.

Dans le bois de Boulogne était autrefois le château de Madrid, bâti par François Ier, à son retour d'Espagne, et où Jean Hindret établit, en 1656, la première fabrique de bas au métier. Ce lieu de plaisance, dont les principales parties furent détruites, sous Louis XVI, n'est plus qu'un restaurant, rendez-vous de la société élégante de Paris. Non loin de là est Bagatelle, charmante demeure que le comte d'Artois s'était fait bâtir. Elle servit aux fêtes publiques pendant la révolution. Le duc de Bordeaux y fut élevé, et elle appartient actuellement au marquis de Hertfort.

Le château de la Muette, qui fait également partie du bois de Boulogne, fut d'abord un rendez-vous de chasse de Charles IX. Le régent Philippe d'Orléans le donna à sa fille, la duchesse de Berry, qui mourut en 1710. Marie-Antoinette y passa la nuit qui précéda le jour de son fatal mariage. Le premier acte par lequel Louis XVI renonçait, en montant sur le trône, à son droit de joyeux avénement, fut daté de la Muette. Une ascension aérostatique, la première qu'on ait vue à Paris, fut entreprise dans le jardin de la Muette par Pilastre des Rosiers et le marquis d'Arlandes.

Ce fut dans les jardins du château de la Muette que la ville de

Paris donna aux fédérés du 14 juillet 1790 un banquet de 15,000 couverts. En 1791, une partie de la Muette fut vendue comme bien national; l'autre resta la propriété de l'État, puis de la couronne, jusqu'en 1803, époque à laquelle elle fut aliénée. Sébastien Érard, dont la mémoire sera perpétuée à jamais par les pianistes et les amateurs de pianos, fut longtemps propriétaire de la Muette, où il avait rassemblé une galerie précieuse de tableaux, parmi lesquels on distinguait un *Christ aux Oliviers* de Vandyck et un *Benedicite* de Rembrandt. Après la mort d'Érard, la Muette fut louée au docteur Guérin pour un établissement orthopédique.

Devant la Muette est le Ranelagh, bal champêtre longtemps en vogue. L'inventeur de ce genre d'établissement qui comporte la promenade dans des bosquets, les concerts, la danse et les feux d'artifice, était un lord d'Irlande. Celui qui importa en France la création du noble lord se nommait Morisan. Il était protégé par le prince de Soubise, gouverneur du château de la Muette et grand gruyer; mais le grand-maître des eaux et forêts de la généralité de Paris, siégeant à la table de marbre du Palais-de-Justice, fit fermer le Ranelagh, qui s'était ouvert le 25 juillet 1774. Les juges, dont il était le président, reçurent l'opposition du procureur général du roi aux actes de permission donnés par le prince de Soubise. « Nous permettons, dit un arrêt du 3 juillet 1779, de faire assigner aux délais de l'ordonnance, en la cour, Morisan et Renard, et cependant, par provision, ordonnons que, dans le jour de la signification du présent arrêt, lesdits Morisan et Renard seront tenus, chacun en droit soi, de faire abattre et démolir les cheminées, fours et fourneaux par eux construits dans le bois de Boulogne; font aussi défense par provision, auxdits Morisan et Renard de récidiver, d'allumer dans leurs loges, enceintes, Ranelagh et baraques, aucuns feux, sous peine de galères. Au surplus, font défense de continuer aucuns ouvrages, à peine d'être, les contrevenants, ouvriers et voituriers, emprisonnés sur-le-champ. »

Le Ranelagh triompha de ses ennemis et prospéra pendant de longues années. Un des habitants de Passy, Dumersan, lui a consacré ces vers :

Ce Ranelagh, dont le nom fut anglais,
A vu jadis et la cour et la ville,
Dans son enceinte arriver à la file.
La mode est tout chez le peuple français.
Le goût du jour dirige cette foule
Qui, par torrents, se grossit et s'écoule
Sur les arrêts de quelques étourdis,
Qui sont partout comme oracles suivis.
Point d'agréments qu'aux lieux où l'on s'écrase;
Vite on s'engoue et plus vite on se lasse;
Et les plaisirs de la cour d'autrefois
Sont devenus les plaisirs des bourgeois.

Au Ranelagh on change de folie,
Et Terpsichore y fait place à Thalie.
Là, s'essayant dans un art enchanteur,
Vient s'exercer le timide amateur,
Et débuter, en tremblant, mainte actrice,
Qui prend le ton et l'air de la coulisse,
Et qui bientôt peut-être brillera
Au Vaudeville ou bien à l'Opéra!
Mais il faut voir comme dans notre salle,
Avec fierté maint abonné s'installe!
On fait garder et sa chaise et son banc.
On fait du bruit pour être au premier rang.

Ne croyez pas qu'on y soit sans toilette!
Comme à Paris l'on tient à l'étiquette :
Pour être vu l'on vient plus que pour voir.
Et l'équipage, à la porte le soir,
Du gros banquier doit attendre la dame.
Quand du bourgeois l'on remarque la femme,
Prenant le bras du modeste piéton,
Légèrement trottant sur le gazon,
Et s'esquivant à la clarté tremblante
De son falot que porte une servante.

La vogue du Ranelagh a souffert un peu de la création du Pré Catelan. En 1856, M. Ernest Ber se chargea de mettre en valeur quatre hectares, qui avaient été concédés dans le bois de Boulogne à M. Nestor Roquepian, à la condition d'y faire un établissement public. Dans ces quatre hectares, il groupa des pelouses, des massifs de fleurs, un café, un restaurant, un cabinet de lecture, plusieurs orchestres, un aquarium de pisciculture, des théâtres de prestidigitation, de marionnettes, un théâtre des fleurs, muni de herses à gaz, de dessous, de trucs et de machines comme un théâtre de féeries, décoré de plantes nouvelles venues à grands frais de Belgique et de Hollande.

L'origine de ce nom de Pré Catelan vaut la peine d'être indiquée. Dans un des endroits les moins fréquentés du bois de Boulogne on arrive à un carrefour dit la Croix Catelan, au milieu duquel s'élève une petite pyramide. Elle rappelle la triste fin d'Arnauld de Catelan, troubadour provençal, que Béatrix de Savoie avait envoyé à Philippe le Bel. Le roi, qui était alors dans son manoir de Passy, en fit partir une escorte pour aller au-devant du poète; mais le bruit s'était répandu qu'il apportait, de la part de la comtesse, de l'or et des bijoux, et il fut tué par ceux qui avaient mission de le protéger.

On ne trouva sur la victime que des parfums et des liqueurs. Les gens de l'escorte vinrent dire qu'ils n'avaient pas rencontré Catelan. Des recherches furent ordonnées; le cadavre fut découvert dans les broussailles; mais on supposa d'abord que les assassins appartenaient aux bandes qui infestaient la forêt.

Le hasard révéla la vérité.

Le capitaine de l'escorte se présente un jour devant le roi, les cheveux parfumés d'une essence inconnue à la cour de France; on sut que ces parfums étaient d'origine provençale; une perquisition fut faite chez le capitaine, qu'on trouva possesseur d'une foule d'objets provenant évidemment d'Arnauld de Catelan. Les assassins furent brûlés vifs, et Philippe le Bel fit élever, en l'honneur de la victime, une pyramide qui existe toujours.

Aux portes du bois de Boulogne est l'Hippodrome, magnifique spectacle équestre, construit d'abord au rond-point de l'Étoile, et détruit par un incendie le 27 juillet 1846.

On voit encore, dans le bois de Boulogne, le jardin zoologique de la Société d'acclimatation, où se promènent des zèbres et des lamas; puis les glacières de la ville de Paris, où ont été recueillis, pendant l'hiver de 1860, trente millions de kilogrammes de glace.

La plaine de Longchamp, achetée en 1854, est comprise entre Boulogne et le pont de Suresnes. On y a exécuté des travaux considérables pour la réunir au bois et y créer un vaste hippodrome, répondant à toutes les exigences pour les courses du gouvernement et celles de la Société d'encouragement.

La plaine était coupée par un bras de la Seine, inutile à la navigation; un mur de clôture et un mamelon élevé, au sommet duquel se trouvait l'ancien cimetière de Boulogne, la séparaient du bois. Le mur a disparu; le mamelon a fourni 220,000 mètres cubes de déblais, qui ont été employés à niveler la plaine et à combler le bras du fleuve. Toutefois, afin d'économiser les remblais, on a conservé certaines parties de ce vaste fossé, qui forment aujourd'hui trois pièces d'eau réunies par un petit ruisseau. Ce ruisseau aboutit à la porte de Longchamp, après avoir serpenté dans la plaine, où il baigne le pied d'un ancien moulin à vent.

Le nouvel hippodrome contient deux pistes de 30 mètres de largeur : l'une, tracée dans la plaine, a 2,000 mètres de longueur; l'autre, qui se développe en partie sur le plateau en pente douce, reliant la plaine au bois, est de 4,000 mètres. De vastes et élégantes tribunes, adossées à la Seine en face du bois, ont été construites en 1856; elles peuvent recevoir cinq mille spectateurs.

Douze kilomètres de route de 20 mètres de largeur ont été disposés autour des pistes et sur les rives de la Seine. La route qui longe le fleuve se prolonge par un boulevard en dehors du bois jusqu'au pont de Saint-Cloud. Déjà la plaine offre l'aspect d'une verdoyante pelouse : on y a planté, en 1855, deux cent mille pieds d'arbres et d'arbustes, qui forment des massifs isolés, de manière à ménager des perspectives sur le mont Valérien, Saint-Cloud, Meudon, le viaduc du chemin de fer de Versailles, le pont de Suresnes, Neuilly et le clocher de Boulogne.

A l'ancienne porte de Longchamp, on a établi une cascade qui n'a pas moins de 14 mètres de hauteur sur 60 de largeur. Il entre dans sa construction 2,000 mètres cubes de blocs de de grès de 2 à 6 mètres chacun, pris dans les carrières de Fontainebleau; cette cascade est alimentée par le trop plein des lacs et les ruisseaux du bois. Elle fournit l'eau nécessaire au ruisseau et aux trois pièces d'eau de la plaine de Longchamp, et débitera par heure 2,000 mètres cubes de liquide.

Quant à la plaine située entre le pont de Suresnes et Neuilly, elle ne fut attaquée qu'en 1856. On établit dans cette nouvelle partie du bois un champ d'entraînement, complément indispensable de l'hippodrome.

Le bois de Boulogne, pendant les mercredis et jeudis de la semaine sainte, est chaque année le but de la promenade célèbre de Longchamp.

En racontant l'histoire des moutons de Dindenaut, Rabelais a écrit celle du genre humain. Dans la foule qui piétine, roule ou chevauche à Longchamp, peu de gens se demandent l'origine de cette promenade annuelle. Nous y venons, parce que nos pères y sont venus; c'est une des clauses de l'héritage que nous ont légué les générations précédentes, et que nous transmettrons à nos descendants. Les usages, une fois établis, trouvent une raison d'être dans leur existence même; plus ils durent, plus ils se consolident, et on les observe encore longtemps après en avoir oublié la cause première. Pourquoi ces flots vont-ils à la mer? parce qu'ils sont poussés par d'autres flots, et que, derrière eux, d'autres encore suivent la même pente invincible... Mais qui s'inquiète de la source?

On a beaucoup disserté sur Longchamp sans approfondir ce sujet si important dans l'histoire des mœurs parisiennes. Chaque écrivain, jugeant plus commode de copier servilement ses prédécesseurs que de recourir aux pièces originales, s'est contenté d'allégations incomplètes, de vagues généralités, de notions acceptées sans examen. Ces maladroits défrichements ont laissé le sol vierge encore, et nos études sur Longchamp seront, nous osons l'espérer, moins imparfaites que celles de nos devanciers.

Au nord du village de Boulogne, entre le bois et la Seine, s'étend une plaine étroite qui doit à sa configuration le nom de Longchamp (*longus campus*), et non pas Longchamps, comme on l'écrit sans égard pour la syntaxe et pour l'étymologie. Ce fut là que dame Isabelle de France bâtit, en 1250, le monastère de l'*Humilité de Notre-Dame*. Elle avait écrit à Hémeric, chancelier de l'Université : « Je veux assurer mon salut par quelque pieuse fondation; le roi Louis IX, mon frère, m'octroie trente mille livres parisis; dois-je établir un couvent ou un hôpital? » Le chancelier opta pour qu'on ouvrît un asile à des nonnes de l'ordre de Sainte-Claire. La Révolution lui a donné tort; elle eût conservé l'hôpital, elle a démoli le couvent.

L'origine royale de Longchamp lui valut le patronage des souverains. Saint Louis en visitait souvent les religieuses; Marguerite et Jeanne de Brabant, Blanche de France, Jeanne de Navarre et douze autres princesses y prirent le voile. Philippe le Long y mourut le 2 janvier 1321, d'une dyssenterie compliquée de fièvre quarte. Pendant qu'il agonisait, l'abbé et les moines de Saint-Denis vinrent processionnellement l'assister, apportant comme remède un morceau de la vraie croix, un saint clou et un bras de saint Simon. L'application de ces pieuses reliques parut soulager le moribond; mais, suivant la chronique du *Continuateur de Nangis*, la maladie étant revenue par la faute du roi, il fit son testament, et expira.

Longchamp, comme tous les autres monastères, comme toutes les institutions humaines, passa de la grandeur à la décadence, de la ferveur au relâchement, de la régularité au désordre.

Saint Louis y avait maintenu la stricte observance de la règle; son petit-fils, Henri IV, y prit une maîtresse, Catherine de Verdun, jeune religieuse de vingt-deux ans, à laquelle il donna le prieuré de Saint-Louis de Vernon, et dont le frère, Nicolas de Verdun, devint premier président du parlement de Paris. Cet exemple paraît avoir été fatal à la moralité de l'abbaye, à en juger par une lettre que Saint-Vincent de Paul écrivait, le 25 octobre 1652, au cardinal Mazarin : « Il est certain, disait-il, que, depuis deux cents ans, ce monastère a marché vers la ruine totale de la discipline et la dépravation des mœurs. Ses parloirs sont ouverts aux premiers venus, même aux jeunes gens sans parents. Les frères mineurs recteurs aggravent le mal; les religieuses portent des vêtements immodestes, des montres d'or. Lorsque la guerre les força à se réfugier dans la ville, la plupart se livrèrent à toute espèce de scandale, en se rendant seules et en secret chez ceux qu'elles désiraient voir... »

Nous citons ce curieux passage, non pour dénigrer les nonnes de Longchamp, mais pour établir que les relations du couvent avec la capitale étaient fréquentes, et que les Parisiens préludaient par des promenades partielles à la grande promenade périodique. Plusieurs circonstances contribuaient à les entraîner vers ces parages. Dès le xve siècle, on allait à Boulogne entendre prêcher le carême par les cordeliers et aumôniers de Longchamp. « En 1429, selon *le Journal de Charles VII*, frère Richard, cordelier, revenu depuis peu de Jérusalem, fit un si beau sermon, qu'après le retour des gens de Paris qui y avaient assisté, on vit plus de cent feux à Paris, en lesquels les hommes brûlaient tables, cartes, billes, billards, boules, et les femmes les atours de leur tête, comme *bourreaux, truffes, pièces de cuir et de baleine*, leurs *cornes* et leurs *queues*. » En outre, il fallait passer par Longchamp pour monter au mont Valérien, habité par des ermites qui, au temps où Mercier rédigeait son *Tableau de Paris*, en 1782, attiraient encore un *concours étonnant de peuple et de bourgeois*. Il y avait *fluxion* sur ce point, et l'autorité ecclésiastique fut souvent obligée d'employer des mesures coercitives. « Les évêques de Paris, dit l'abbé Lebœuf, ont toujours veillé à ce qu'un trop grand concours à Longchamp n'en troublât la retraite. La bulle du pape Grégoire XIII, sur un jubilé, en avait assigné l'Église pour une des sept stations. Pierre de Gondi, évêque, mit l'église de Saint-Roch à la place de celle de Longchamp; et lorsque le pape eut appris ses raisons, il loua sa prudence par un bref que j'ai vu, daté du 10 mars 1584. »

Ce fut au commencement du règne de Louis XV que se régularisèrent les promenades qui avaient pour but l'abbaye. Une cantatrice célèbre, Mlle Le Maure, quitta le théâtre en 1729, à la vive douleur du public, qui regrette toujours ceux qui prennent envers lui l'initiative de l'abandon. Des scrupules religieux avaient déterminé la retraite de Mlle Le Maure; mais le chant était sa vie; elle n'y put renoncer d'une manière absolue, et, lasse de dire les amours d'*Armide* ou d'*Alceste*, elle fit retentir de ses notes éclatantes les voûtes de l'église de Longchamp. Les saintes filles se formèrent aux leçons de l'actrice; leur psalmodie lugubre devint un angélique concert, et tout Paris accourut les entendre chanter *Ténèbres* pendant la semaine sainte. L'abbesse, étonnée de ce succès, se mit en quête de belles voix, et en demanda aux chœurs de l'Opéra. Les *dryades* du *Triomphe de l'Amour*, les *divinités infernales* de *Persée*, entonnèrent concurremment avec les vierges du Seigneur : *Quare fremuerunt gentes* ou *Miserere mei Deus*. Les Parisiens se crurent au spectacle : on assiégea les portes, on s'amoncela dans la nef, on escalada les galeries, on monta sur les chaises, sur les tombeaux, sur les autels des chapelles. Ce fut, pendant plusieurs années, une effroyable cohue, une avalanche de bruyants visiteurs, l'invasion d'une petite église par une grande ville.

Un jour enfin, les curieux, arrivant le mercredi saint aux portes de Longchamp, les trouvèrent fermées par ordre de M. de Beaumont, archevêque de Paris. Le pèlerinage annuel n'en continua pas moins : c'était une inauguration des promenades, une fête publique du printemps, une manifestation joyeuse en l'honneur du soleil et des toilettes d'avril, des nouvelles feuilles et des nouvelles modes, des beaux jours renaissants et des jolies femmes ranimées. C'était, à défaut des cantiques de Longchamp, un hommage rendu à celui qui vivifie la nature après l'hiver.

En recherchant ce qui concerne le premier Longchamp, nous n'avons exhumé qu'une seule anecdote. Lalande, musicien de la chapelle du roi, voulant aller à Longchamp, se rend chez le loueur de chevaux Mousset, et loue un cheval avec selle de velours, housse galonnée, bride et bridon d'or, et donne 3 francs d'arrhes; en sortant de l'écurie, il rencontre trois de ses collègues, Daigremont, Doublet et Mondoville, qui l'invitent à monter avec eux dans une calèche et à les accompagner à Longchamp. Lalande répond qu'il vient de louer un cheval, mais que s'il peut reprendre ses arrhes, il sera volontiers de la partie. On retourne chez le loueur : « Monsieur Mousset, dit Lalande, montrez-moi donc encore une fois le cheval que j'ai arrêté. — Le voici, Monsieur. — Savez-vous qu'il est bien court, votre cheval, et qu'il y a peu d'espace entre le cou et la queue? car, c'est moi qui paie, je le prends la première place, voici celle de Daigremont, Doublet se tiendra là; mais je ne vois pas où diable sera placé Mondoville, et celui-là compte! »

Le loueur, après avoir écouté attentivement ce calcul, se hâta de rendre les arrhes.

De 1750 à 1790, Longchamp atteignit son apogée; c'était

alors une solennité : grands seigneurs, diplomates, fonctionnaires publics, financiers et fermiers-généraux y faisaient assaut de luxe et d'élégance. A Naples, à Madrid, le roi lui-même, par un sentiment de pieuse vénération, n'aurait pas osé monter en voiture pendant la semaine sainte ; à Paris, au contraire, l'aristocratie préparait longtemps à l'avance les plus somptueux équipages, et les bourgeois modestes, ceux qui allaient ordinairement à pied dérogeaient durant trois jours à leurs habitudes ; calèches, fiacres, cabriolets, carrosses de remise, chevaux, chaises à porteur, vinaigrettes, tous véhicules disponibles étaient mis en réquisition. Dès le mercredi saint, une immense cohue encombrait les allées des Champs-Élysées et du bois de Boulogne. Les actrices y venaient briguer les applaudissements que les vacances de Pâques les empêchaient de chercher sur le théâtre. Les femmes qu'on appelait alors *impures*, et qui doivent leur nom actuel au quartier qu'elles habitent, se montraient resplendissantes de diamants qui les paraient sans les éclipser. Les journalistes, les pamphlétaires, les peintres de mœurs, ne manquaient pas au rendez-vous général, et les nombreux documents qu'ils ont recueillis nous mettent à même de tracer, presque année par année, une monographie de Longchamp.

La promenade de mars 1768 fut favorisée par la beauté du temps et la douceur de la température. « Les princes, les grands du royaume, disent les *Mémoires* contemporains, s'y rendirent dans les équipages les plus lestes et les plus magnifiques. » L'héroïne de la fête fut la danseuse Guimard, que Marmontel avait surnommée *la Belle damnée*. Elle parut *dans un char d'une élégance exquise*, sur les panneaux duquel, pour mieux rivaliser avec les grandes dames, elle avait fait peindre des *armes parlantes*. L'écusson portait un *marc d'or* d'où s'élevait une plante parasite, un gui de chêne ; les Grâces servaient de support et les Amours de cimier. Ce blason révélait un lucre honteux, mais sous ce règne la licence était trop commune pour qu'il lui fût possible d'être effrontée, et l'on oublia l'impudence de l'aveu pour ne songer qu'à l'esprit des emblèmes.

Quelques années plus tard, en avril 1774, nous voyons la chanteuse Duthé succéder à Mlle Guimard dans les fonctions de *beauté à la mode*. Cet équipage doré, vernissé, traîné par six chevaux fringants, n'appartient point, comme on pourrait le croire, à une princesse de sang royal ; il porte tout simplement la Duthé.

Le mercredi et le jeudi saints elle excite l'admiration ; on la proclame, et elle se croit sans rivale ; mais, le troisième jour, un autre équipage non moins doré, traîné par six chevaux non moins superbes, galope à côté du sien. Quelle était donc celle qui dressait ainsi carrosse contre carrosse, celle qui opposait sa piquante physionomie à la beauté fade et régulière de la Duthé ?

Une obscure élève d'Audinot, *danseuse en double* à l'Opéra, la demoiselle Cléophile, qui devait une subite opulence à la protection du comte d'Aranda.

Un an après, la Duthé faisait l'épreuve de l'inconstance du public. Au moment où son équipage entrait en file, des groupes menaçants l'environnèrent ; des huées, des sifflets, des cris d'indignation l'assaillirent avec tant de violence, qu'elle fut obligée de rétrograder. Des bruits vagues, calomnieux peut-être avaient provoqué cette explosion de mécontentement. Le comte d'Artois, marié depuis deux ans à Marie-Thérèse de Savoie venait souvent incognito de Versailles à Paris. « Las de *biscuit de savoie*, disait M. de Bièvre, il venait à Paris prendre *du thé*; » et les Parisiens, d'ordinaire peu scrupuleux, avaient pris parti pour la comtesse délaissée.

L'affluence d'actrices et de femmes équivoques faisait de Longchamp un spectacle assez scandaleux pour que l'archevêque de Paris cherchât à en arrêter les progrès, après en avoir entravé la naissance. Il pria le ministre de faire fermer les portes du bois de Boulogne durant la semaine sainte par respect pour le jubilé de 1776, mais ses réclamations avortèrent, et la promenade eut son cours.

La tragédienne Raucourt, *prima donna* du Longchamp de 1777, faillit n'y pas assister. Le 20 mars, resplendissante et fière comme si elle eût joué Roxane, elle s'apprêtait à monter en voiture. « Vous pensez aller à Longchamp, Madame, vous êtes toute au désir de briller, mais vous avez compté sans vos créanciers. Vous n'avez pas aperçu les recors en embuscade autour de votre hôtel ; les voici, ils vous entourent, ils s'emparent de votre personne, ils vous invitent poliment à coucher à Fort-l'Évêque. Heureusement qu'un homme généreux, mais peu désintéressé, en sacrifiant quelques milliers de louis, va vous rendre à l'ovation qui vous attend.

Le Longchamp de 1780 fut des plus brillants, en dépit de la vivacité du froid. La file des voitures allait sans interruption depuis la place Louis XV jusqu'à la porte Maillot, entre deux haies de soldats du guet. Les voitures circulaient plus librement dans le bois, dont la garde avait été confiée à la maréchaussée. On signala comme des merveilles deux carrosses de porcelaine. L'un occupé par la duchesse de Valentinois, avait pour attelage quatre chevaux gris pommelé, dont les harnais étaient de soie cramoisie, brodée en argent ; le second appartenait à une *impure*, Mlle Beaupré ; il reparut l'année suivante avec un prince du sang, le duc de Chartres, pour écuyer cavalcadour : « ce qui, disent les mémoires de Bachaumont, n'augmenta pas pour lui la vénération publique.

Malgré la présence de monsieur le comte et de la comtesse d'Artois, du duc et de la duchesse de Bourbon, le Longchamp de 1781 fut triste. Pendant quelques années il y eut diminution progressive dans le luxe et le nombre des équipages, quoique les modes eussent atteint un degré d'extravagance qui aurait dû donner de la splendeur à la fête annuelle de la mode. C'était le temps des étoffes *entrailles de petit-maître, soupir étouffé, cuisse de nymphe émue, ventre de puce en fièvre de lait*; les hommes étaient coiffés *à l'oiseau royal, au cabriolet, à la Rampouneau, à la grecque, à la hérisson*, les femmes portaient de gigantesques bonnets *à la Belle-Poule, à la d'Estaing*, au ballon *à la Montgolfier*, au Port-Mahon, au compte rendu, aux *relevailles de la reine*. Les carrosses massifs avaient été remplacés par des cabriolets importés d'Angleterre, wiskys ou garricks, voitures légères, mais d'une si prodigieuse hauteur, que le peuple qui les regardait passer, disait : — Voilà les gens qui vont allumer les reverbères.

Il parut au Longchamp de 1786, un wisky dont la caisse disparaissait dans le brancard. Les laquais étaient assis sur le devant, et le cocher placé derrière sur un siége élevé, dirigeait les chevaux par dessus la tête de ses maîtres. Les beautés remarquables et remarquées de cette même année, furent les demoiselles Adeline et Deschamps, appartenaient toutes deux à la *Comédie-Italienne*. La première avait reçu de M. Weynnerange, intendant des postes et relais, un présent de mille louis pour son Lonchamp. La seconde est nommée par Delille, dans une *Épître sur le luxe*:

Cette beauté vénale, émule de Deschamps,
Des débris de vingt ducs scandalise Longchamps.

Une modification essentielle, introduite au Longchamp de 1787, lui rendit momentanément son éclat primitif. On renonça à suivre la route inégale et sablonneuse de l'abbaye, pour adopter l'allée qui va de la Muette à Madrid. « Depuis longtemps, écrit l'annaliste Bachaumont, on ne se rappelle pas avoir vu tant de monde, tant de voitures aussi belles et aussi bizarres ; les wiskys y brillaient surtout, beaucoup de petits-maîtres, beaucoup de dames avaient fait faire une voiture différente pour chaque jour. Un wisky plus bizarre et plus galant que les autres a fait pendant ce temps la matière des conversations ; ce wisky était surmonté d'une folie avec sa marotte : dedans étaient quatre marionnettes, deux de chaque sexe, saluant à droite et à gauche sans cesse ; tout cela était mené par un ânon joliment harnaché, et un jockey dirigeait l'animal. On lisait sur la voiture : *d'où viens-je ? où vais-je ? où suis-je*, on l'a appelé *la Parodie de Longchamp*, dont en effet on semblait vouloir faire la critique. Quoi qu'il en soit, ce concours a dû satisfaire le marquis de Villette, qui passe aujourd'hui pour en être l'auteur. »

La Révolution suspendit Longchamp. Comment l'aurait-on solennisé ? tous les chevaux avaient été accaparés pour le service des quatorze armées, et le sang coulait sur la place ci-devant Louis XV, si quelques voitures avaient osé s'aventurer dans les Champs-Élysées, elles auraient rencontré chemin faisant les charrettes chargées de victimes. Longchamp tomba en même temps que la monarchie ; ne pensez pas toutefois que la mode ait complétement perdu son empire. Exilée du Longchamp, elle se réfugiait dans les *Galeries-de-Bois*. C'était au Palais-Égalité qu'on voyait les redingotes à la *Julimé* ou en *pékin velouté et lacté*; les douillettes à la *Laponne* en *florence* unie; les *habits à la républicaine;* les *caracos* à la Nina; les robes à la *turque,* à la *Parisienne,* à la *Psyché* au *lever de Venus.* Où diable la mythologie va-t-elle se nicher.

Cependant, l'on abattait sans pitié le vieux monastère; on brisait les nombreux tombeaux de l'église, édifiée par sainte Isabelle, et les cendres de la fondatrice, de Jeanne de Bourgogne, femme de Philippe le Long, de Jeanne de Navarre, de Jean II, comte de Dreux, étaient dispersées par des mains profanes. Longchamp semblait mort avec la religion qui l'avait enfanté; les vainqueurs de thermidor le ressuscitèrent. Nous sommes en germinal an v (avril 1797). La Terreur est anéantie, l'échafaud renversé, *la jeunesse dorée* triomphante; Longchamp va renaître pour les ébats des parvenus du Directoire. « Le peuple, dit *le Miroir* du 26 germinal, commence à voir que ces opulentes niaiseries lui sont de la plus grande utilité. On ne peut compter le nombre des couturières, des marchandes de modes, que nos jolies promeneuses ont fait travailler, pour fixer les regards pendant cette fête, qui en elle-même ne ressemble à rien. Pendant que les amours s'occupent de leur parure, les forgerons, les charpentiers, les selliers travaillent sans cesse à confectionner, à équiper les chars et les chevaux qui doivent traîner cette foule élégante et badine. Gloire à Longchamp! »

En vertu de ces doctrines, exprimées dans un style qui exhale un parfum d'ancien régime, les Parisiens se portent à Longchamp le jour du *ci-devant* mercredi saint. On brave la pluie; on veut reconnaître les lieux; mais il y a encore peu d'élégantes voitures, et l'on ne distingue qu'un seul équipage à quatre chevaux conduit par des jockeys vêtus à l'anglaise. Le jeudi, les équipages plus nombreux vont et reviennent sur deux lignes parallèles. La citoyenne Tallien, la citoyenne Récamier, la citoyenne Longe, la citoyenne Mézerai, du Théâtre-Louvois, la danseuse Lanxade ont les honneurs de la journée. Le vendredi, on compte deux mille voitures. Les héroïnes de la veille reparaissent avec des toilettes différentes. L'écuyer Franconi a réuni ses musiciens dans une vaste *gondole,* qu'escorte une foule d'écuyers, et donne un concert ambulant aux promeneurs, depuis la place Louis XV jusqu'à Bagatelle. Des troupes à pied et à cheval, des agents de police sont distribués sur toute la route; car le gouvernement est averti qu'une *grande conspiration* se prépare et qu'on doit profiter de Longchamp pour prendre le *chemin de la Révolte.*

Comme un symbole de l'aristocratie déchue, se montre à cette fête une calèche de forme antique, lourde et vermoulue, conduite par deux maigres laquais et péniblement tiraillée par deux maigres haridelles.

A l'entrée des Champs-Élysées s'est formé un groupe d'humoristes, qui narguent le poste des nouveaux enrichis. « Tiens, voici un ex-jacobin; — celui-ci est un valet qui a dénoncé son maître; — voilà un comité révolutionnaire : le père, la mère, le fils, tout en était. »

Le soir, les citoyennes, en costume d'amazones, ou habillées à la grecque et étincelantes de diamants, vont au Théâtre-Feydeau entendre Garat chanter : *Enfant chéri des dames,* et l'air d'Alceste : *Au nom des dieux.* Voilà Longchamp reconstitué.

Diverses particularités signalèrent la semaine sainte de germinal an VIII (1798). Le *vendredi saint* fut en même temps le *mardi gras;* on confondit le carême et le carnaval. Il y eut un bal masqué le *jeudi saint,* et le lendemain on exécuta le *Stabat* au grand mécontentement des vieux hébertistes. Les *merveilleux* de l'an VIII figurèrent à Longchamp en habit gros bleu, brodé en soie bleu de ciel, à *collet triplement juponné,* avec cravate nouée sur le côté gauche, gilet à la *débâcle* et demi-chemise de baptiste. Les couleurs chamois, serin et violet dominaient dans les ajustements des dames. Quelques robes étaient bleu clair recouvertes de linon. La coiffure en vogue était le fichu en marmotte sur un chapeau de paille.

Le soir du vendredi saint, un jeune homme entre chez le restaurateur Naudet; il commande une bisque aux écrevisses, un vol-au-vent, un suprême, des biscuits à la crème et une bouteille de Volney. Il mange vite, et, comme par distraction, met un couvert dans sa poche. Mme Naudet s'en aperçoit, et, sans esclandre, elle ajoute sur la carte : un couvert d'argent, 54 fr. Le merveilleux, en payant, se contente de dire : « Je ne croyais pas que la carte montât si haut! »

En l'an x, Longchamp a repris racine, et inspire des vers à Luce de Lancival, un des grands poètes de l'Empire :

Célèbre qui voudra les plaisirs de Longchamps,
Pour moi, je choisis mieux le sujet de mes chants,
Mon pinceau se refuse à la caricature.
J'abandonne à Callot la grotesque figure
Du dédaigneux Mondor, brillant fils de hasard,
Pompeusement assis au même char
Dont naguère il ouvrait et fermait la portière.
Ce fut, tout rayonnant de son luxe éphémère,
Et qui, pour trois louis s'estime trop heureux
De louer un coursier qui sera vendu deux;
Et nos Vénus, sortant de l'écume de l'onde,
Qui prennent le grand ton pour le ton du grand monde,
Et pensent annoblir leurs vulgaires appas,
En affichant le prix que les paie un Midas.
Ce qui déplaît à voir n'est point aimable à peindre,
Et Longchamp me déplaît à parler sans rien feindre.
Tout Paris à Longchamp vole, qu'y trouve-t-on?
Maint badaud à cheval, en fiacre, en phaéton,
Maint piéton vomissant mainte injure grossière,
Beaucoup de bruit, d'ennui, de rhume et de poussière.

Longchamp, depuis l'an VIII, n'a plus été interrompu, même lorsque les chevaux des Cosaques rongeaient les arbres des Champs-Élysées et que la hache des sapeurs ennemis décimait le bois de Boulogne. Mais que ses splendeurs ont pâli! Les tailleurs, les couturières et les modistes n'y viennent plus étudier les modes nouvelles. Les fiacres et les tapissières y sont en plus grand nombre que les équipages, et ceux-ci n'ont point la prétention d'être des types inconnus dans la carrosserie. Sans quelques industriels qui affichent sur des véhicules barriolés leurs noms et leurs adresses, sans quelques plaisants qui s'affublent de grotesques costumes, la promenade de Longchamp ressemblerait à celle des autres jours de l'année. Grâce aux progrès du luxe, à la diffusion du bien-être, aux embellissements de Paris et à l'accroissement de la circulation, les Champs-Élysées et le bois de Boulogne ne sont-ils pas un Longchamp perpétuel?

FIN DU SEIZIÈME ARRONDISSEMENT.

XVIme ARRONDISSEMENT DE PASSY

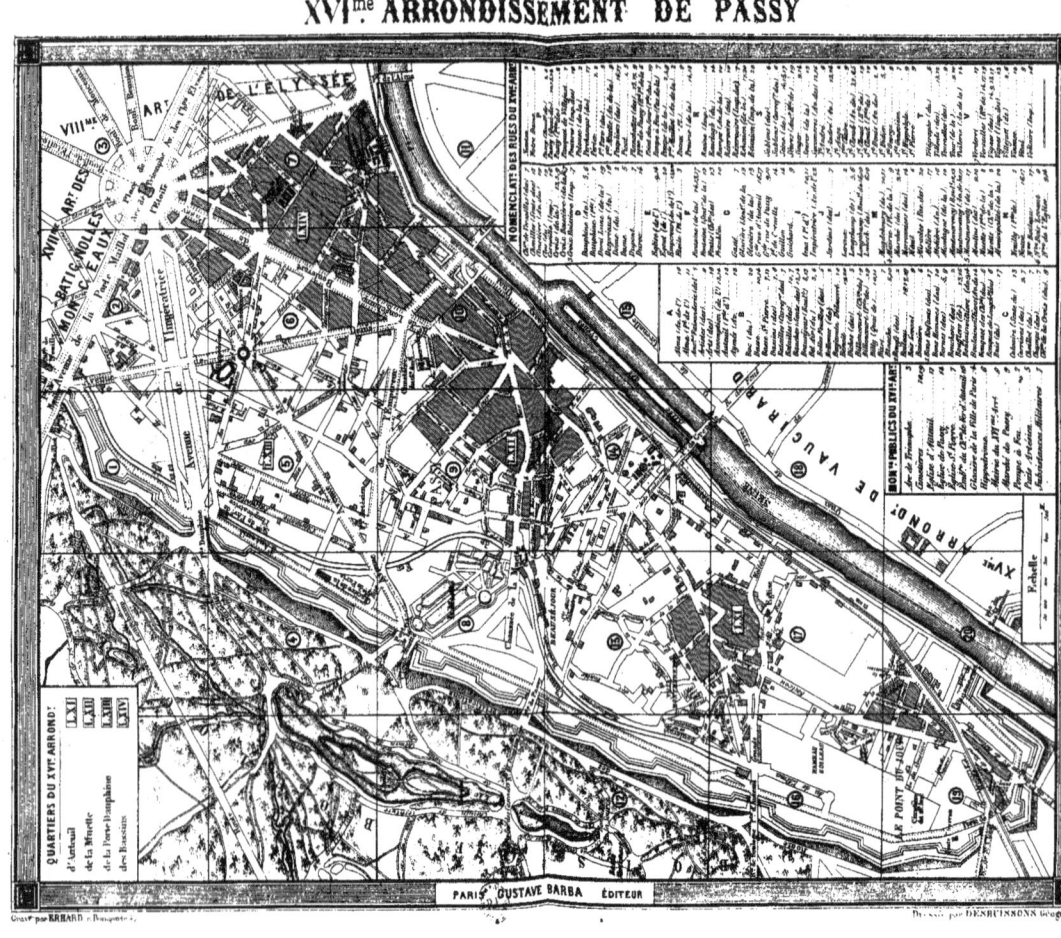

Le trajet d'Asnières.

BATIGNOLLES-MONCEAUX. — DIX-SEPTIÈME ARRONDISSEMENT.

CHAPITRE PREMIER.

Sablonville. — La porte Maillot. — Les élèves de l'École de Mars.

Le XVIIe arrondissement se compose exclusivement de terrains annexés. Si la superficie qu'il couvre avait été antérieurement dans Paris, il est probable qu'elle serait déserte ; mais les propriétaires parisiens ont parfois d'insatiables exigences ; les droits d'octroi augmentent dans une proportion notable les dépenses quotidiennes. Que font les malheureux retenus à Paris par leurs occupations et qui n'entrevoient point la possibilité de joindre, comme on dit vulgairement, les deux bouts? Ils sont placés dans une alternative des plus cruelles : il faut aller vivre de peu à la campagne et perdre sa place, ou la conserver pour mourir de faim à Paris.

Des individus soumis à ce dilemme ont peuplé Sablonville, les Ternes, Monceaux et les Batignolles.

Une fois que l'on avait franchi le mur bâti par les fermiers généraux, on arrivait dans une sorte de paradis relatif, où les barrières et les péages étaient inconnus, où les avantages incontestables de la vie indépendante et sauvage s'alliaient aux bénéfices de la civilisation. De nombreux émigrants prirent le bâton de voyage et se dirigèrent vers la zone affranchie des droits d'octroi sur la viande, les vins, les cidres, les bières, les vinaigres, les huiles, la houille, le bois à brûler, le plâtre, etc. Ainsi se constituèrent des villages, dont le véritable fondateur est l'octroi de Paris. Ils lui doivent une extension qu'ils n'auraient jamais acquise, si, comme le demandaient les hommes les plus avancés en économie politique, des taxes nouvelles avaient remplacé les impôts perçus aux barrières sur la consommation.

Sablonville, dont une partie seulement a été réunie à la capitale, s'est élevé peu à peu dans l'aride plaine des Sablons, qu'on avait tenté vainement d'utiliser. Louis XV y passait tous les ans, dans les premiers jours de mai, la revue des gardes françaises et des gardes suisses ; en ces occasions, il venait de Versailles par Sèvres, traversait le bois de Boulogne et entrait aux Sablons par la porte Maillot.

Les érudits présument qu'auprès de la porte Maillot était au moyen âge un jeu de mail, et que les amateurs de cet exercice, encore répandu en 1800 dans la partie méridionale de la France, lançaient des boules de buis, avec des masses recourbées, sur le rond-point des Sablons.

La Convention créa un camp dans la plaine des Sablons, par ce décret en date du 13 prairial an II (1er juin 1794) :

« Art. 1er. Il sera envoyé à Paris, de chaque district de la république, six jeunes citoyens, sous le nom d'élèves de l'École de Mars, de l'âge de seize à dix-sept ans et demi, pour y recevoir, par une éducation révolutionnaire, toutes les connaissances et les mœurs d'un soldat républicain.

« Art. 2. Les agents nationaux des districts feront, sans délai, le choix de six élèves parmi les enfants des sans-culottes.

« La moitié des élèves sera prise parmi les citoyens peu fortunés des campagnes ; l'autre moitié dans les villes, et, par préférence, parmi les enfants des volontaires blessés dans les combats ou qui servent dans les armées de la république.

« Art. 3. Les agents nationaux choisiront les mieux constitués, les plus robustes, les plus intelligents et qui ont donné des preuves constantes de civisme et de bonne conduite.

« Ils seront tenus de faire imprimer et afficher dans le district le tableau des citoyens qu'ils auront choisis.

« Art. 4. Les élèves de l'École de Mars viendront à Paris à pied et sans armes; ils voyageront comme les défenseurs de la république, et recevront l'étape en route.

« L'un d'eux sera chargé par le district d'une surveillance fraternelle sur ses collègues en route, et sera responsable de leur conduite.

« Art. 5. Les agents nationaux des districts sont autorisés à leur donner l'état de route nécessaire pour se rendre à Paris; ils prendront des mesures telles que les élèves de leur arrondissement soient en route dix jours après la réception du décret par la voie du *Bulletin*.

« Art. 6. Il ne sera pas reçu d'élèves dans l'École de Mars après le 20 messidor.

« Art. 7. L'École de Mars sera placée à la plaine des Sablons, près Paris.

« Les élèves y trouveront à leur arrivée un commissaire de guerre chargé de les recevoir et de les placer.

« Art. 8. La commune de Paris, à raison de sa population, fournira quatre-vingts élèves; l'agent national de la commune les choisira selon les mêmes conditions que ceux des districts, et en soumettra la liste à l'approbation du comité de salut public.

« Art. 9. Les élèves de l'École de Mars seront habillés, armés, campés, nourris et entretenus aux frais de la république.

« Art. 10. Ils seront exercés au maniement des armes, aux manœuvres de l'infanterie, de la cavalerie et de l'artillerie.

« Ils apprendront les principes de l'art de la guerre, les fortifications de campagne et l'administration militaire.

« Ils seront formés à la fraternité, à la discipline, à la frugalité, aux bonnes mœurs, à l'amour de la patrie et à la haine des rois.

« Art. 11. Les élèves resteront sous la tente tant que la saison le permettra.

« Aussitôt que le camp sera levé, et en attendant qu'ils aillent faire leur service aux armées, ils retourneront dans leurs foyers, où ils seront admis à d'autres genres d'instruction, suivant l'aptitude et le zèle qu'ils auront montrés.

« Art. 12. L'École de Mars est placée sous la surveillance immédiate du Comité de salut public, qui est autorisé à prendre toutes les mesures nécessaires pour l'exécution du présent décret ; et, pour remplir l'objet de cette institution révolutionnaire, il choisira les instituteurs et agents qui doivent être employés près des élèves, et les plus propres à leur donner les principes et l'exemple des vertus républicaines. »

Ce décret fut exécuté avec un zèle stimulé par les dangers de la France : la plaine se couvrit de tentes ; les magasins nationaux fournirent des fusils, des piques, des outils, des ustensiles de toute sorte. Les jeunes gens, qui affluèrent, reçurent chacun un uniforme et un sabre ; puis ils commencèrent à se former à l'art de la guerre, sous la direction d'instructeurs expérimentés.

Le camp des Sablons fut levé à la fin de 1794. Le 23 octobre (2 brumaire an III), Guyton fit à la Convention un rapport sur les exercices, les manœuvres et les études auxquelles les élèves avaient été soumis ; l'assemblée, en vertu de l'art. 11 du décret précédent, rendit un second décret qui ordonnait qu'ils retourneraient dans leurs foyers. Le Comité de salut public était autorisé à placer dans les armées de la république ou à employer dans d'autres fonctions ceux des élèves et de leurs instituteurs qui y seraient propres. Les dernières dispositions du décret portaient :

« La Convention nationale déclare qu'elle est satisfaite de la conduite des élèves de l'École de Mars et de leurs progrès dans les différents genres d'instruction qui leur ont été donnés, ainsi que du zèle des instructeurs et agents qui ont concouru à former cet établissement.

« La Convention attend des élèves de l'École de Mars qu'ils conserveront les vertus républicaines qu'on leur a inspirées, et que, par leur entier dévouement à la patrie, ils s'acquitteront envers elle du bienfait qu'ils en ont reçu.

« Le présent décret et le rapport seront insérés au *Bulletin de correspondance*, imprimés et distribués. Il en sera remis un exemplaire à chacun des élèves, instructeurs et autres officiers du camp, par les représentants du peuple près l'École de Mars, qui certifieront à la suite qu'ils ont suivi les exercices du camp depuis son établissement jusqu'à sa levée. Cette attestation leur servira à faire entrer cet espace de temps dans l'état de leurs services dans les armées de la république. »

La plaine des Sablons redevint déserte et ne se recommanda que par son étendue, qui fit dire à Armand Gouffé :

> Si j'avais une cave pleine
> Des vins choisis que nous sablons,
> Et grande au moins comme la plaine,
> De Saint-Denis ou des Sablons;
> Mon pinceau trempé dans la lie,
> Sur tous les murs aurait écrit :
> Entrez, enfants de la folie !
> Plus on est de fous, plus on rit.

C'est la seule fois que la plaine des Sablons ait été honorée de l'attention d'un poëte.

CHAPITRE II.

Le chemin de la Révolte. — Le 13 juillet 1842. — Derniers moments et mort du duc d'Orléans. — Son premier convoi.

Une route qui part de la porte Maillot et se prolonge jusqu'à Saint-Denis traverse au sud-ouest du XVIIe arrondissement, une partie des fortifications ; on la nomme le chemin de la Révolte, quoique sa tranquillité n'ait jamais été troublée par la moindre insurrection. Au mois de mai 1750, un exempt de police enleva un enfant dans le faubourg Saint-Antoine, probablement pour quelques peccadilles : la mère éplorée ameuta ses voisins ; des malveillants répandirent le bruit absurde que la police enlevait les enfants ; que ces malheureux étaient sacrifiés, et que leur jeune sang servait à composer d'affreux bains, au moyen desquels on rendait un peu de force au roi et à ses courtisans épuisés par la débauche. Dans plusieurs quartiers, et principalement au faubourg Saint-Antoine, des agents de police furent maltraités. Menacé dans son hôtel par un attroupement, le lieutenant de police Berrier prit la fuite ; ses serviteurs, effrayés, crurent devoir, pour calmer l'effervescence, ouvrir la porte à deux battants. Tandis que la foule hésitait à entrer, les gardes françaises et suisses, la maison du roi et les compagnies de mousquetaires survinrent, dispersèrent les mutins et s'emparèrent des plus récalcitrants, qui furent envoyés à la potence.

Instruit de cette échauffourée, soit qu'il appréhendât quelque attentat, soit qu'il voulût priver les Parisiens de sa présence, Louis XV, qui devait se rendre de Saint-Denis à Compiègne, évita de traverser la capitale ; il fit construire à la hâte ce chemin de la Révolte, auquel la catastrophe du 13 juillet 1842 a donné une si triste célébrité.

Le duc d'Orléans devait aller à Saint-Omer inspecter des régiments désignés pour le corps d'armée d'opération sur la Marne, puis rejoindre sa femme aux eaux de Plombières.

A onze heures du matin, il monta seul dans un cabriolet à quatre roues en forme de calèche, attelé de deux chevaux à la Daumont. C'était une voiture excellente, qui avait été visitée avec soin dans la matinée.

L'intention du prince, en quittant les Tuileries, était d'aller au château de Neuilly faire ses adieux à sa famille ; il avait l'habitude de suivre l'avenue qui est perpendiculaire à la porte Maillot ; mais, le 13 juillet, il suivit la route transversale qui coupe le village de Sablonville pour regagner l'ancien chemin de Neuilly jusqu'à la cour d'honneur du parc.

L'atmosphère était brûlante ; quand les chevaux haletants arrivèrent devant la porte Maillot, le postillon ne les maîtrisait plus qu'avec peine, quoique son porteur eût seul pris le galop. Naturellement, entre les deux routes, l'une perpendiculaire, l'autre diagonale, qui s'offraient à lui, ils prirent celle qu'ils avaient l'habitude de suivre, et, à ce moment, comme cela arrive souvent aux chevaux qui sentent les approches de leur écurie, leur vitesse augmenta. Le porteur donna même quelques ruades dans son palonnier. Attaché très-court, ainsi que c'est l'usage, particulièrement dans les attelages à la Daumont, le cheval se sentit gêné, et s'emporta avec une rapidité qui entraîna le cheval sous-main, lequel était resté jusqu'alors tranquille.

Le prince cria au postillon :
— Tu n'es plus maître de tes chevaux ?
— Non, Monseigneur ; mais je les dirige encore.

Et en effet, il n'avait perdu ni les arçons ni les étriers ; il tenait vigoureusement les guides, et il pouvait espérer détourner ses chevaux, par la gauche, dans la vieille route de Neuilly, qui lui offrait la carrière.

— Mais tu ne peux donc pas les retenir ? cria de nouveau le prince qui s'était levé debout dans sa voiture.
— Non, Monseigneur.

Alors le duc d'Orléans, qui était fort agile et d'une adresse extraordinaire, se confiant dans la solidité et le peu d'élévation de son marchepied, sauta à pieds joints sur la route, et retomba violemment sur le pavé, poussé par la puissance d'impulsion qui, de la voiture, s'était communiquée à sa personne. Quelques secondes plus tard, les chevaux se calmaient, la voiture s'arrêtait.

Le prince était resté sans connaissance ; on le transporta dans l'arrière-boutique d'un épicier nommé Cordier. Le maître de la maison, le postillon, les trois ouvriers le déposèrent sur deux matelas, la tête près du fourneau où l'on faisait ordinairement la cuisine. Plusieurs médecins accoururent, et le prince fut saigné, mais sans que son état s'améliorât ; la blessure qu'il avait à la tête comprenait à la fois la contusion, la déchirure, la fracture, l'écartement des sutures, toutes les lésions imaginables ; l'évanouissement se prolongeait, et le mourant ne faisait entendre que quelques mots incohérents prononcés en langue allemande.

Bientôt arriva la famille royale ; sans attendre leur voiture, Louis-Philippe et la reine se rendirent à pied dans le triste séjour où l'héritier du trône agonisait. Ils furent suivis des princesses Adélaïde et Clémentine, du duc d'Aumale et du duc de Montpensier, du maréchal Soult, du maréchal Gérard, des ministres de la justice, des affaires étrangères, de l'intérieur, de la marine, des finances et de l'instruction publique. Le chancelier de France, le préfet de police, les généraux Pajol et Aupick furent introduits dans un espace laissé libre près de la maison et entouré d'un cordon de sentinelles.

Le docteur Pasquier, premier chirurgien du duc d'Orléans, n'avait point dissimulé à Louis-Philippe la gravité de la situation. Debout, immobile, le roi suivait en silence les progrès du mal ; la reine et les princesses étaient à genoux près du lit. Un témoin oculaire de cette scène déchirante, le docteur Vincent Duval, a raconté en ces termes les lugubres péripéties :

« Appelé le premier auprès du prince royal après sa funeste chute, je crois devoir publier le récit détaillé des circonstances qui ont accompagné sa mort. Dans la précipitation du premier moment, quelques faits ont été omis ou dénaturés. Je garantis l'exactitude de ceux qui suivent.

« A mon arrivée dans la maison où l'on avait porté le prince, je trouvai déjà auprès de lui M. Not, qui était venu sur les lieux au moment de l'accident. M. Ley arrivait en même temps que moi. Nous fûmes les seuls médecins qui assistèrent le blessé de onze heures et demie à une heure ; c'est à cet instant qu'arriva M. le docteur Putel, de Neuilly.

« Le prince était étendu sur deux matelas.

« Sa tête, penchée sur sa poitrine, se balançait alternativement à droite et à gauche, selon les mouvements qu'on imprimait au corps. La respiration était profonde et suspireuse ; les yeux à demi fermés, le regard éteint comme celui des agonisants.

« Après avoir enlevé les vêtements du prince et l'avoir placé convenablement, nous examinâmes ses membres et la voûte du crâne, et nous ne trouvâmes aucun signe sensible de fracture, ni crépitation, ni saillie, ni dépression. La région frontale présentait une contusion étendue à la racine des cheveux au sourcil droit. La face dorsale du corps de la main gauche offrait également des traces de contusion et d'un gonflement très-notable ; il y avait du sang dans la bouche et dans l'oreille droite.

« Les premières indications ayant été remplies, on pratiqua une saignée qui amena peu de changement. Cependant le pouls se releva et le malade exécutait quelques mouvements. La prince cherchait surtout à détacher la bande de la saignée, et certains indices portaient à croire qu'il était vivement sollicité par le besoin de satisfaire la fonction urinaire. La région hypogastrique était légèrement météorisée. Ces manifestations de sensibilité et d'intelligence semblaient indiquer que le prince avait quelque conscience de son état. Mais l'autopsie nous a fait connaître des lésions d'une telle gravité du côté du centre nerveux encéphalique, qu'une seule d'entre elles suffirait non-seulement pour suspendre ou anéantir les facultés de relation, mais même pour être suivie instantanément de la mort. La violence du choc avait été telle, que si une partie de la force contondante n'avait été absorbée par l'ébranlement, la désarticulation et la fracture des os, le prince aurait inévitablement été comme foudroyé sous le coup.

« Nous avions donc devant nous tout l'appareil phénoménal qui caractérise les commotions cérébrales au troisième degré, c'est-à-dire une de ces complications chirurgicales contre lesquelles toutes les ressources de la science sont impuissantes. Quelles étaient l'étendue et la profondeur du mal? Fallait-il agir ou rester spectateur impassible de cette terrible scène, à laquelle nous avons assisté pendant cinq heures? Hélas! l'autopsie est venue tristement révéler l'inutilité de nos soins. Le prince était perdu.

« Nous recourûmes aux lotions réfrigérantes sur la région frontale, aux aspirations stimulantes, aux frictions sèches. Le coma persistait : pas un signe d'intelligence, toujours des mouvements automatiques. Il était midi. Ce fut dans ce moment qu'arriva le roi, accompagné de Mme Adélaïde, de la princesse Clémentine, suivi de M. le maréchal Gérard, de MM. les lieutenants généraux Atthalin, Gourgaud, Rumigny, et de M. Gabriel Delessert.

« La reine se précipita à genoux au pied du grabat où était étendu son malheureux fils. Jamais désolation et amour de mère n'éclatèrent en expressions plus déchirantes. Au milieu de cette scène de désespoir, le roi seul sut maîtriser sa profonde douleur. Sa Majesté demanda si l'on avait reconnu quelques fractures. Ce fut avec hésitation qu'une réponse négative fut donnée.

« Alors le roi, engageant les médecins à continuer leurs soins à son fils, s'approcha de la reine, chercha à la consoler et à la rassurer, en lui rappelant plusieurs accidents semblables qui lui étaient arrivés à lui-même.

« Cependant l'état du malade allait toujours en s'aggravant : soixante sangsues furent appliquées à la base du crâne. Ce fut pendant cette opération que le prince prononça quelques paroles fugaces, sans suite et en allemand. Il cherchait aussi à arracher les sangsues, comme s'il était sensible à la douleur qu'elles causaient. Il était alors une heure et demie ; les sinapismes furent appliqués.

« Le pouls, qui avant la saignée était bas, dépressible, filiforme, avait repris un rhythme presque normal ; toutefois, la respiration devenait de plus en plus difficultueuse, bruyante, entrecoupée ; l'illustre blessé s'agitait et exécutait des mouvements brusques. Bientôt les mouvements automatiques cessèrent pour faire place à un autre appareil de symptômes. Les membres inférieurs, qui jusqu'alors avaient été immobiles, flasques, devinrent le siège d'un tremblement général, auquel succédèrent des contractions désordonnées, convulsives.

« Les articulations se fléchissaient brusquement, puis s'étendaient par intervalles irréguliers. Peu à peu les mouvements devinrent moins fréquents et cessèrent enfin, laissant dans les parties comme une roideur tétanique. Je remarquai une tension dans les masseters et un mouvement spasmodique des mâchoires. La respiration devenait stertoreuse ; le pouls baissa de nouveau et devint filiforme... l'anxiété et le découragement étaient sur tous les visages.

« La reine était toujours agenouillée au pied du lit de son fils mourant, invoquant le ciel, suppliant Dieu d'accorder un instant de connaissance à son fils. En échange de ce bienfait, elle offrait toute son existence. Autour de cette reine, de la meilleure des mères, se pressait son illustre famille, dont la consternation était non moins grande. Rien n'égalait la désolation du duc d'Aumale, qui s'écriait sans cesse : « Oh! quand Joinville saura ce malheur !... » La désolation du duc de Montpensier était aussi bien vive.

« Le roi contemplait cette scène d'affliction avec une résignation plus poignante encore que toutes les douleurs. Le maréchal Gérard, les généraux Atthalin, Gourgaud, Rumigny et M. le préfet de police Delessert veillaient à l'exécution de tous les ordres que le roi donnait lui-même. Leur activité suppléait à tout dans ce triste moment. Les médecins, profondément émus, osaient à peine lever les yeux sur ces grandes infortunes; car partout on ne rencontrait que regards contristés qui interrogeaient, et pas une lueur d'espoir à offrir!

« MM. les ministres et de hauts fonctionnaires arrivèrent sur ces entrefaites. On introduisit aussi auprès du prince MM. les docteurs Destouches, médecin de la maison du roi à Neuilly, et Deschaumes, des Ternes. Ils ne tardèrent pas à être suivis de MM. Pasquier fils, premier chirurgien du prince, et Pasquier père, premier chirurgien du roi, et quelque temps après de M. Blandin. M. Pasquier fils, s'étant fait rendre compte de ce qui avait été fait, approuva les moyens qu'on avait employés, procéda immédiatement à l'application d'un grand nombre de ventouses scarifiées et sèches sur le tronc et les membres. Des frictions éthérées et ammoniacales secondèrent ces moyens.

« Vers les deux heures, M. le curé de Neuilly, que la reine avait demandé à plusieurs reprises, vint administrer l'extrême-onction à Son Altesse Royale.

« L'état du prince continuait à s'aggraver, les convulsions prirent une nouvelle intensité, les membres, les inférieurs surtout, étaient agités de mouvements convulsifs violents; leurs muscles étaient le siège d'un frémissement spasmodique continuel. La respiration devenait de plus en plus difficile, le pouls radial disparut bientôt, et vers trois heures on n'apercevait plus que vaguement les pulsations des carotides; le globe oculaire, à demi voilé, était immobile, la pupille dilatée et fixe. Une ecchymose s'était déclarée autour de l'œil droit.

« On suspendit un instant toute médication; le roi et la reine crurent voir dans cette détermination un indice de la fin prochaine du prince; ils se précipitèrent soudainement vers leur fils, l'embrassèrent à plusieurs reprises en sanglotant, lui firent de déchirants adieux. Puis les princes et les princesses vinrent aussi couvrir de leurs embrassements l'illustre mourant. La reine, au milieu de ses transports douloureux, répétait sans cesse : « Oh! comment annoncera-t-on ce malheur à cette « pauvre Hélène? » Quelques moments après, la duchesse de Nemours arriva, partageant la désolation de sa famille.

« La mort était imminente. Pendant cette longue, cette pénible agonie, on recourut encore à l'emploi de quelques moyens dérivatifs. Le pouls carotidien était extrêmement faible, et même cessait d'être sensible par intervalles; le visage pâle, les lèvres violacées. La respiration, devenue râleuse, allait aussi en s'affaiblissant, et était même suspendue par moments. Plusieurs fois on crut le prince mort; puis une inspiration profonde, lugubre, arrachait du doute, et était de nouveau suivie d'une suspension complète de tout phénomène vital.

« Ce fut une lutte pénible et affreuse, dans laquelle on voyait cette précieuse existence se ruiner et s'éteindre dans les plus cruelles alternatives. Il y avait dans les oscillations de ce souffle mourant tant de hautes destinées!... A quatre heures et demie, l'auguste agonisant rendait le dernier soupir.

« Le clergé fut introduit, et tout le monde s'agenouilla... Nous avons vu là, dans un misérable galetas, le plus triste et le plus solennel spectacle qu'on puisse contempler. Le roi, la reine, princes et princesses, ministres de la couronne et ministres de Dieu, tous les plus grands dignitaires de l'État, agenouillés autour d'un grabat, sur lequel gisait l'héritier présomptif du trône de France, pour lequel, dans ce moment lugubre, on récitait les prières des morts.

« Il est impossible de dire toutes les douleurs qui, dans ce moment suprême, ont éclaté. Il serait surtout difficile de dire laquelle des deux souffrances était la plus grande, ou de celle de cette reine qui, comme mère, pouvait pleurer, gémir et se désoler... ou de celle de cet auguste père qui devait opposer une royale résignation à la plus profonde affliction qui puisse accabler une âme humaine. »

Lorsque tout fut fini, la dépouille mortelle du duc d'Orléans fut placée sur une litière recouverte d'un drap blanc. La reine refusa de monter en voiture, et déclara qu'elle accompagnerait le corps de son fils jusqu'à la chapelle du palais de Neuilly, où elle désirait qu'il fût exposé. On fit venir, pour former la haie sur le passage du cortège funèbre, une compagnie d'élite du 17e régiment d'infanterie légère, qui avait accompagné naguère le duc d'Orléans dans l'expédition des Portes-de-Fer.

Le convoi se mit en route à cinq heures.

Le lieutenant général Atthalin marchait en avant de la litière, que portaient quatre sous-officiers.

Derrière le corps suivaient à pied : le roi, la reine, Mme Adélaïde, la duchesse de Nemours, la princesse Clémentine, le duc d'Aumale, le duc de Montpensier.

Venaient ensuite le maréchal Soult, les ministres, le maréchal Gérard, les officiers généraux, les officiers du roi et des princes et toute la foule des assistants.

Le convoi parcourut ainsi l'avenue de Sablonville, franchit la vieille route de Neuilly, et entra dans le parc royal, qu'il traversa dans toute sa longueur. Le roi n'avait voulu céder à personne le droit de conduire ce premier deuil de son fils aîné.

Ferdinand-Philippe-Louis-Charles-Henri-Joseph d'Orléans était né à Palerme, le 3 septembre 1810. Élevé dans l'exil, il avait été porté par les événements à un rang auquel sa naissance même ne lui permettait point d'aspirer. La couronne lui était promise; les qualités de son cœur et de son intelligence l'avaient rendu populaire; il était plein de force et de jeunesse; et, victime d'une fatale imprudence, l'héritier du trône venait expirer dans l'arrière-boutique d'un épicier!

CHAPITRE III.

La Chapelle Saint-Ferdinand. — Acquisition de la maison Cordier. — Inauguration de la chapelle. — Les deux pendules. — Statues par Triquetti et la princesse Marie.

Le corps du duc d'Orléans fut transféré dans les caveaux de Dreux; mais il fut décidé qu'une chapelle serait élevée à la place où il avait rendu le dernier soupir. La maison de M. Cordier et quelques propriétés limitrophes furent acquises, au prix modique de 110,000 francs. Les plans de l'édifice furent arrêtés entre Lefranc, architecte du domaine privé, et Fontaine, architecte des bâtiments de la couronne. La première pierre fut posée le 21 août 1842, et les travaux furent poussés activement.

La chapelle fut inaugurée le 11 juillet 1843. Dès neuf heures, la route de la Révolte, depuis le bastion du parc royal jusqu'au rond-point de la porte Maillot, était occupée par les brigades de gendarmerie de Neuilly, de Boulogne et de Vincennes, et par dix escouades de sergents de ville, ayant à leur tête le préfet de police et plusieurs commissaires de police, entre autres celui du 1er arrondissement de Paris.

A dix heures, la troupe s'échelonna sur la route, depuis le parc royal jusqu'à l'avenue de Neuilly, et fit reculer les curieux jusqu'à la porte Maillot.

Le roi et la famille royale se rendirent à la chapelle par la route de la Révolte; leur cortège se composait de huit voitures; celle où se trouvait la duchesse d'Orléans était en deuil.

A dix heures et demie, l'office fut célébré par l'archevêque de Paris, assisté d'une partie de son clergé et de celui de la commune de Neuilly.

Louis-Philippe, la reine et la famille royale, en grand deuil, s'agenouillèrent sur le premier rang des fauteuils disposés en avant du maître-autel. Les princesses avaient la tête enveloppée d'un voile. Tous les regards se portaient particulièrement sur la duchesse d'Orléans, plongée dans un sombre et morne recueillement.

Derrière la famille royale, on revoyait presque toutes les personnes qui avaient assisté, un an auparavant, à la longue agonie du prince.

Après la bénédiction intérieure et extérieure de la chapelle, les cierges furent placés sur l'autel, et l'archevêque de Paris, ayant revêtu la chape de deuil, dit une messe basse.

A la suite de la bénédiction, le roi, la reine et les princesses visitèrent les appartements qui avaient été disposés dans un édifice voisin de la chapelle, tant pour eux que pour le desservant et le sacristain. Sur la cheminée de la salle principale, une pendule en marbre noir représentait la France pleurant sur une colonne brisée qui portait les chiffres F. P. O., et cette date : 13 juillet 1842. L'aiguille du cadran marquait l'heure à laquelle le duc d'Orléans s'était précipité de sa voiture : midi moins dix minutes. Dans une autre salle, une seconde pendule, dont le socle était surmonté d'une urne, marquait l'heure de la mort : quatre heures dix minutes.

Après avoir contemplé ces objets commémoratifs, dont la vue ravivait leur désespoir, les membres de la famille royale remontèrent en voiture et reprirent le chemin de Neuilly. Sur leur passage, la foule était respectueuse et sympathique. Toutes les passions politiques se taisaient; ceux mème qui n'aimaient ni Louis-Philippe ni son gouvernement étaient émus de la douleur de cette famille, si cruellement atteinte dans ses affections, si déçue dans ses espérances.

La chapelle Saint-Ferdinand est dans la zone des terrains militaires, à quelques pas des remparts. Le plan est une croix latine; la partie supérieure est occupée par l'autel principal, dédié à la Vierge, et derrière l'autel on descend dans la sacristie, qui se trouve placée en dehors de la croix. Au côté droit de la croix est une chapelle dédiée à saint Ferdinand; au côté gauche, sur un sarcophage, la statue du prince revêtu des habits d'officier général et dans la position où il se trouvait au moment de sa mort. Au-dessus de la tête du duc d'Orléans, prie un ange à genoux, œuvre de la princesse Marie. L'ange et la statue sont en marbre blanc.

La statue du prince a été exécutée par Triquetti, d'après les dessins d'Ary Scheffer. Sur la face principale du sarcophage, l'artiste a représenté la France, sous la forme d'un génie, dans l'attitude de la douleur, déplorant la perte qu'elle vient de faire. Elle tient une urne; le drapeau français est étendu à ses pieds.

La partie inférieure et le centre de la croix sont destinés aux assistants. Les chiffres que l'on voit sur les parois des murs intérieurs de la chapelle sont ceux de l'infortunée victime.

Les trois roses circulaires de la chapelle sont occupées par les trois vertus théologales, de sorte que la Foi se trouve au-dessus de la porte d'entrée, la Charité du côté de la chapelle Saint-Ferdinand, et l'Espérance dans la partie de la croix occupée par le monument représentant les derniers moments du prince.

Cette chapelle, du style roman ou lombard, est surmontée d'une croix en pierre; elle rappelle, par sa forme, celle des anciens tombeaux.

Intérieurement elle a environ 5 mètres de hauteur, 14 de longueur et 11 de largeur. La croix qui surmonte le monument a environ 3 mètres 70 centimètres de hauteur; la proximité des fortifications a empêché de donner à cette chapelle une plus grande élévation.

Derrière l'autel principal, et dans une niche pratiquée extérieurement à la chapelle, est placée une statue en marbre blanc représentant la Vierge tenant dans ses mains l'Enfant-Jésus. Les fenêtres de cette chapelle sont au nombre de dix et ornées de vitraux peints, représentant quatorze saints et saintes (patrons et patronnes du roi, de la reine et des membres de la famille royale), ainsi disposés, savoir : sept à droite de la Vierge et sept à gauche.

A la droite de la Vierge sont placés dans l'ordre suivant : saint Philippe, saint Louis, saint Robert, saint Charles Borromée, saint Antoine de Padoue, sainte Rosalie, saint Clément d'Alexandrie; à gauche de la Vierge : sainte Amélie, saint Ferdinand, sainte Hélène (faisant face à la statue du prince), saint Henri (derrière l'ange qui est à genoux au-dessus de la tête du prince), saint François, sainte Adélaïde, saint Raphaël.

Le carrelage est en marbre bleu turquin et noir, avec encadrement de marbre blanc.

La rosace, au milieu de la croix, est aussi en marbre blanc d'Italie et marbre noir de Belgique.

Les autels de la Vierge et de Saint-Ferdinand sont en marbre blanc et noir, avec ornements en bronze.

Le tabernacle de l'autel de la Vierge est à l'endroit même où reposait la tête mutilée du duc d'Orléans quand il expira.

Ingres a dessiné les cartons des vitraux, qui sortent de la manufacture de Sèvres.

L'enclos qui environne la chapelle est planté d'arbres funéraires. Dans l'hémicycle du centre, a été ménagé un espace vide pour la circulation des voitures.

L'enceinte est séparée de la grande route de la Révolte par un mur dans lequel on a pratiqué deux grilles, l'une servant à l'entrée, et l'autre à la sortie des voitures.

CHAPITRE IV.

Les Ternes. — Liste des Monceaux. — Les vignes de Monceaux. — Jeanne Darq à Monceaux. — Les jardins du duc de Chartres. — La mare. — Les *Te Deum*. — Revues dans la plaine de Monceaux.

En mémoire de ce douloureux événement, les habitants des Ternes ont consacré leur église à saint Ferdinand, et donné aux rues voisines les noms de Ferdinand, de la reine Amélie, d'Hélène, duchesse d'Orléans, et du comte de Paris.

D'anciennes cartes indiquent les Ternes, non comme un village, mais comme une simple ferme. Le père de l'auteur du *Lutrin*, Gilles Boileau, greffier de la grand' chambre du Parlement, y eut une maison, où il mourut le 14 avril 1676. Au XVIIIe siècle, le marquis de Galifet s'y fit planter de beaux jardins, et la population s'accrut lorsque le faubourg du Roule eut été englobé dans Paris.

Les Ternes apportent à la capitale un contingent de dix mille âmes; une belle maison de santé où l'hydrothérapie a été essayée avec succès; des fabriques de linons, d'orgues, de bimbeloterie, de couleurs et vernis, de couteaux, de mouchoirs, de chocolat; des teintureries et blanchisseries; des établissements pour l'apprêt et le gaufrage des étoffes; des jardins où la culture des fleurs se perfectionne chaque jour. Un horticulteur des Ternes, M. Lierval, a seul obtenu une trentaine de variétés de phlox.

Monceaux a moins d'importance, quoique beaucoup plus ancien.

Ce nom de Monceaux, en latin *Monticellum* ou *Monticelli*, est très-répandu en France. Il y en a cinq dans l'Aisne seulement : Monceau-les-Neuf, Monceau-le-Wast, Monceau-lès-Loups, Monceau-sur-Oise;

Deux dans le Calvados : les Monceaux, près de Lisieux, et Monceaux, près de Bayeux;

Trois dans Seine-et-Marne : Monceaux-lès-Provins, Monceaux-lès-Bray, Monceaux, dans l'arrondissement de Meaux;

Deux dans Saône-et-Loire : Monceau, près Châlons, et Monceau-l'Étoile;

Deux dans l'Oise : Monceaux, arrondissement de Clermont, et Monceaux-l'Abbaye;

Deux dans le Nord, transformés en Moncheaux pour la prononciation locale.

Il y a encore des Monceaux, des Moncheaux, des Monceau, ou des Moncel, dans la Corrèze, la Côte-d'Or, le Nord, la Meurthe, les Vosges, l'Orne, la Nièvre, l'Ain, l'Aube, le Puy-de-Dôme, le Pas-de-Calais et la Seine-Inférieure.

Dans l'intérieur même de Paris étaient un Monceau, près du Palais-Royal, et un Monceau, près l'église Saint-Gervais. Le village compris dans les limites du XVIIe arrondissement existait dès le IXe siècle.

L'abbé Lecanu, dans son *Histoire de Clichy*, prétend que Camulogène y campa avec l'élite des Gaulois, quand Labiénus assiégea Lutèce; c'eût été une combinaison stratégique peu heureuse pour arrêter une armée qui venait de Melun par la Seine.

Il est positif que Monceaux existait du temps des Carlovingiens; qu'une partie de son territoire était plantée en vignes, dont les produits étaient consommés par les moines de Saint-Denis. Charles le Chauve, dans une charte qui date de 850, donne aux religieux les vignes de Monceaux, près Paris, afin qu'ils en boivent le vin à leurs repas quotidiens, comme ils ont coutume de le faire depuis longtemps : *in potum quotidianæ refectionis, concedimus vineas in pago Parisiaco sitas, sicut ab antiquo eas ipsi fratres habere consueverunt quæ conjacent in Monticellis.* Guy, abbé de Saint-Denis en 1363, était né à Monceaux, et ajoutait à son nom celui de ce hameau, ainsi que l'attestent les Grandes Chroniques. Quand Jeanne Darcq vint assiéger Paris, le 4 septembre 1429, elle campa à Monceaux. Le chemin qu'elle suivit est ainsi tracé par Martial d'Auvergne, dans les *Vigiles de Charles VII* :

> Puis le roy vint à Saint-Denys,
> Qui lui rendit obéissance,
> Laigny avec le plat pays,
> Dépendances et l'adjacence.
>
> Outre, en procédant plus avant,
> Son ost tira à La Chappelle,

> Et de là au moulin à vent,
> Où y eut escarmouche belle.
>
> Les Anglois qu'estoient à Paris,
> Tous ensemble se retirèrent,
> Afin qu'ils ne fussent pris,
> Et les murs si fortifièrent.
>
> Le lendemain grand' compagnie,
> De l'ost des François à Monceaux
> S'en vindrent faire une saillie
> Jusque au marché des pourceaux.
>
> Sous la montagne s'embuschèrent
> Pour illec estre à couvert,
> Et de là gagner s'en allèrent
> D'assaut un petit boulevert.
>
> D'un costé et d'autres canons
> Et coulevrines se ruoient,
> Et ne voyoit-on qu'empanons
> De flesches qui en l'air tiroient.

La *Chronique de la Pucelle*, quoique ne nommant point Monceaux, confirme l'itinéraire de l'armée royale. « Alors commencèrent de grandes courses et escarmouches entre les gens du roi estants à Saint-Denys, et les Anglais et autres estants lors dans Paris. Puis quand ils eurent esté par aucuns temps à Saint-Denys, comme trois ou quatre jours durant, le duc d'Alençon, le duc de Bourbon, le comte de Vendosme, le comte de Laval, Jehanne la Pucelle, les seigneurs de Rays et de Boussac, et autres en leur compagnie, se vindrent loger en un village qui est comme à mi-chemin de Paris à Saint-Denys, nommé La Chapelle. Après quoy, le lendemain commencèrent de plus grandes escarmouches, et plus aspres qu'auparavant; aussi estoient-ils près les uns des autres. Et vindrent lesdits seigneurs aux champs vers la porte Saint-Honoré, sur une manière de butte ou de montagne, qu'on nommoit le Marché-aux-Pourceaux; et firent assortir plusieurs canons et coulevrines, pour jetter dedans la ville de Paris, dont il y eut plusieurs coups de jettés. »

Partie de Saint-Denys, l'armée royale fait une première station à La Chapelle, d'où elle s'approche de Montmartre, dont, selon tout vraisemblance, l'extrémité occidentale est désignée par ces mots qu'exigeait la rime : *le moulin à vent*. Les Anglais battent en retraite, et se renferment dans la ville. Avant d'engager l'action, les assiégeants choisissent un quartier général, comme nous l'avons dit dans le chapitre II du présent ouvrage. Ils menaçaient toute la portion des murailles comprise entre la porte Saint-Denis et la porte Saint-Honoré. Ils agirent judicieusement, en plaçant leur réserve sur le plateau de Monceaux, d'où s'élancèrent, guidés par Jeanne Darc, les détachements qui vinrent dresser leurs batteries à la butte du Marché-aux-Pourceaux, appelé depuis butte des Moulins.

Dès les temps les plus reculés, Monceaux eut une chapelle qui dépendait de la paroisse de Clichy, et qui, entièrement rebâtie, fut consacrée de nouveau, le 26 mars 1529, par Guy, évêque de Mégare *in partibus infidelium*, sous le vocable de saint Étienne; c'était alors le seigneur de Monceaux, Étienne Des Friches, dont l'héritier Germain Des Friches vendit le fief à Jean de Charon, valet de chambre du roi, en 1569. Ses héritiers le possédèrent jusqu'en 1746, époque à laquelle il fut vendu avec la seigneurie de Clichy, à Gaspard Grimod de La Reynière, fermier général.

CHAPITRE V.

Le jardin de Monceaux. — Vers de Delille. — Le premier des jardins d'hiver. — Le moulin hollandais. — Tombeau d'une jeune fille. — La pyramide de Sextius. — Jeux de bague.

Le duc de Chartres, qui fut plus tard Louis-Philippe Égalité, mit Monceaux à la mode, en y créant le magnifique jardin dont nous avons raconté sommairement l'histoire en traitant du VIIIe arrondissement. Cette magnifique propriété excita l'enthousiasme des poëtes. Jacques Delille en fit mention dans ces vers des *Jardins* :

> . . . .
> J'en atteste, ô Monceaux, tes jardins toujours verts;
> Là, des arbres absents les tiges imitées,
> Les magiques berceaux, les grottes enchantées,
> Tout vous charme à la fois. Là, bravant les saisons,
> La rose apprend à naître au milieu des glaçons;
> Et les temps, les climats, vaincus par des prodiges,
> Semblent de la féerie épuiser les prestiges.

Plusieurs recueils du XVIIIe siècle sont remplis de descriptions pompeuses des jardins de Monceaux, ils étaient à cette époque considérés comme l'archétype du genre dit anglais, bien qu'il fût modifié par les plus étranges fantaisies.

« Le jardin de Monceaux, dit Thirey, renferme quantité de choses curieuses, et n'est fermé du côté des champs que par un fossé, moyen peu dispendieux d'agrandir ses possessions, puisqu'il semble joindre les espaces extérieurs au terrain qu'on occupe.

« En face de l'entrée principale est une espèce de portique chinois, qui sert d'entrée au jardin. Sous ce portique, on communique à gauche au pavillon du prince par une petite galerie couverte. Pareille galerie sur la droite rend au pavillon bleu, d'où l'on passe à une autre galerie qui mène à un pavillon dont tous les objets sont en transparents, puis à un pavillon jaune, de là aux serres chaudes que l'on traverse, et au bout desquelles on trouve un petit pavillon chinois orné de glaces peintes en arabesque, etc. Une de ces galeries s'ouvrant par le moyen d'un bouton, vous entrez dans le jardin d'hiver, fabriqué dans une vaste et immense galerie. La porte, cintrée, est décorée de deux cariatides qui soutiennent un entablement dorique. Derrière les arbres placés près de cette porte une statue de Faune, tenant deux torches, éclaire l'entrée d'une grotte formant cabinet à l'anglaise. L'eau tombe en cascade sur les rochers qui sont auprès. Parmi les arbustes groupés sur ces rochers sont des raquettes et des coraux factices, dont les tubes creusés servent à placer des bougies le soir.

« Toute cette galerie, garnie d'un sable fin et rouge, est remplie d'arbres et d'arbustes en fleurs tout l'hiver, comme lilas, vigne de Judée, aburnum, noyers des Indes, bananiers, palmiers, cerisiers, cafiers, thés, cannes de sucre, etc., chargés de fleurs ; de l'autre côté, sont de pareils arbres; leurs troncs sculptés et colorés servent de supports aux vitraux, et leurs branchages s'étendent pareillement sur la voûte peinte en ciel. De distance en distance sont des lanternes de cristal censées suspendues à leurs rameaux.

« Vers les deux tiers de cette galerie, on voit à gauche, une grotte extrêmement profonde ; une espèce d'antre, formé par des rochers, placés sur le fond de cette grotte, s'ouvre ; vous passez sous une petite voûte, au bout de laquelle, en montant trois marches, une porte vous introduit dans une petite pièce appelée le *pavillon blanc*, cette pièce ressemble à l'intérieur d'une tente, et est tendue de même en toile de coton blanche bordée de perse : l'on y jouit d'une vue fort agréable. Rentrant dans la grotte, vous trouvez dans une de ses cavités, à gauche, un tour pour où se fait le service des cuisines, lorsque le prince donne à souper dans cette grotte. Par le moyen d'un cordon, les musiciens, qui sont dans la pièce qui est au-dessus de cette grotte, sont prévenus d'exécuter des symphonies dont les sons mélodieux, pénétrant dans cet endroit par les lézardes de la roche qui en forme la voûte, viennent surprendre agréablement les convives, et semblent être produits par les prestiges de la féerie. Une fontaine, coulant sur des rochers, fixe encore vos regards avant de quitter ces lieux enchanteurs.

« Sur la droite de la cour, où vous vous trouvez en sortant, est un jardin fleuriste. Dans le fond, la pompe à feu. Les bâtiments de la gauche contiennent des serres chaudes, servant à la culture des plantes exotiques, et des arbustes et fleurs pour renouveler le jardin d'hiver. Tout près de la cour et la maison du jardinier, à droite de laquelle est un cabaret. Le chemin, qui se présente en face, conduit aux ruines du temple de Mars, dont les colonnes sont d'ordre corinthien : leur disposition annonce que ce temple était de forme carrée, et orné d'un péristyle, dont on retrouve encore deux parties. La statue de Mars, qui était au milieu, étant trop mutilée, on y a substitué celle de Persée, qui est antique. Après ce temple, vous trouvez une prairie où serpente une rivière ; vous traversez une petite île formée par des rochers pour passer dans la prairie opposée, où un sentier sur la droite vous conduit au moulin à vent hollandais, qui fait mouvoir une pompe dont le produit fournit une partie de la cascade du rocher placé dans la pièce d'eau qui est au bas du moulin : près de là est un réservoir entouré de rochers servant à recevoir les eaux de Chaillot. Cette pièce d'eau, ainsi que le réservoir, étant dans l'endroit le plus élevé de ce jardin, ils servent à fournir les rivières et fontaines qui en sont l'agrément.

« Derrière le moulin à vent est la maison rustique du meunier ; son intérieur, revêtu de marbre blanc, forme une charmante laiterie, dont tous les vases sont de porcelaine. Auprès est un jardin fleuriste bordé sur la droite par un petit ruisseau provenant d'une fontaine située à gauche du bassin du rocher. En suivant ses bords, on arrive à la montagne, sur le sommet de laquelle on a élevé un petit pavillon rond dans le genre gothique. Là, dominant sur tout ce qui nous environne, la vue n'est bornée que par l'horizon ; vous découvrirez à droite Montmartre, les hauteurs de Belleville, tout Paris, l'Observatoire, Vanvres, Issy, Meudon, Bellevue, Sèvres, Saint-Cloud, le Mont-Valérien, les hauteurs de Marly, Saint-Germain, celles de Sannois, Saint-Prix, Montmorency, Écouen, Épinay, Saint-Denis ; puis l'on retrouve Montmartre.

« En descendant vous trouvez à droite un antre formé par des rochers, et qui sert d'entrée à la glacière, pratiquée sous cette montagne. En face est la melonnière, derrière laquelle est la ferme.

« Traversant le ruisseau sur la gauche, et côtoyant le jardin fleuriste, vous arrivez au bois des Tombeaux, composé de peupliers d'Italie, de sycomores, de platanes, de cyprès et de thuyas de la Chine. Le premier objet qui frappera vos yeux sera le tombeau d'une jeune fille dont la figure, couchée et mutilée, est en pierre de touche. Vous découvrirez à droite une pyramide imitée de celle de Caïus-Sextius à Rome, mais portant le caractère égyptien. Deux cariatides soutenant le marbre d'une table vert antique, annoncent l'entrée de ce monument, fermé par une porte de fer. L'intérieur est décoré de huit colonnes imitant le granit, et enterrées d'un tiers : leurs chapiteaux, formés par des têtes égyptiennes, soutiennent un entablement de granit et de bronze. La voûte, en forme de calotte, est peinte en caissons avec rosaces de bronze. A droite et à gauche, sont placés deux tombeaux de marbre noir antique. Les niches des angles sont occupées par des cassolettes de bronze. Dans une autre niche, en face de la porte, est une cuvette de marbre vert antique, sur laquelle une figure de femme accroupie sur ses talons, en se pressant les mamelles, en fait sortir l'eau qui retombe dans la cuvette. Cette figure, du plus beau noir, a pour coiffure un bandeau et des bandelettes d'argent.

« Sur la droite de ce tombeau est une urne de bronze posée sur un piédestal de marbre blanc, et élevée sur trois marches. En passant derrière la pyramide, vous trouverez à votre gauche une fontaine, et un peu plus loin un tombeau sur lequel est une pyramide ronde ruinée. Un sentier, placé près de ce tombeau, vous conduira à deux pavillons recouverts en treillages et joints ensemble par un berceau. Après vous y être reposé un moment, vous longerez extérieurement le bois des Tombeaux sur votre droite, et vous apercevrez bientôt la vigne italienne, empressée de gravir le coteau sur lequel elle est située ; une statue antique de Bacchus, placée au milieu, réveillera votre âme encore attristée de la scène précédente. Vous serez étonné de voir des poteaux de sept pieds de haut plantés en quinconces servant d'échalas à cette vigne, et soutenant des berceaux qu'elle couvre de ses rameaux et de ses fruits.

« Après avoir traversé cette vigne et le ruisseau qui est derrière, vous entrerez dans le bois qui est sur la rive opposée. Un chemin irrégulier vous conduira à un point de repos, sur la droite duquel vous admirerez une belle statue antique de Mercure en marbre blanc, et le petit autel antique qui est en face. Continuant ensuite votre route, vous arriverez près de deux monuments ruinés, dans l'un desquels est la grande pompe à feu, et au rez-de-chaussée une petite chambre décorée à la chinoise. En avançant encore quelques pas, vous entrerez dans une petite place occupée par un bassin de marbre blanc, au milieu duquel est un charmant groupe de M. Houdon, sculpteur du roi, représentant une superbe figure de marbre blanc ; prenant un bain derrière elle, une autre femme, exécutée en plomb et peinte en noir, figure une négresse tenant d'une main une draperie de marbre blanc, et de l'autre une aiguière d'or, dont elle répand l'eau sur le corps de sa maîtresse, d'où retombe en nappe dans le bassin. Une porte ruinée, en face de ce groupe, vous conduit à la colonnade qui entoure une partie de la naumachie formée par un vaste bassin ovale. Sur les rochers groupés dans le milieu est un obélisque de granit chargé d'hiéroglyphes. Après avoir admiré les restes de la colonnade corinthienne dans l'eau, dont elle décore les bords, et, suivant ce bassin, sur la droite, vous rencontrerez un pont de bois peint en gris et en noir, de dessus lequel vous apercevrez la tente tartare, le petit temple de marbre et le jeu de bague chinois.

« En tournant à gauche, au sortir de ce pont, vous entrerez dans le jardin botanique, composé d'arbres, arbustes et plantes tant indigènes qu'exotiques. Regagnant ensuite le pont, un chemin élevé sur le bord de la rivière vous conduira à la fontaine de la Nymphe qui lui sert de source, puis à la tente tartare, où le chemin, faisant la fourche, mène à droite au jeu de bague et à gauche à la statue antique du berger Pâris, devant lequel le chemin se bifurquant encore conduit à droite au temple de marbre, et à gauche au château ruiné. Des fragments d'un escalier vous permettent de monter dans les ruines de cet ancien fort, et d'arriver sur la plate-forme d'un bâtiment carré et à créneaux. Par le moyen d'un escalier placé dans une tour antique, vous monterez sur la partie la plus élevée de ces ruines, et vous découvrirez tout l'ensemble de ce jardin. Au bas de cet endroit, les eaux, qui viennent de plus loin, forment cascade sur des rochers près de l'arche principale d'un pont construit en pierres meulières et briques, rompu en partie, et tenant à ce château antique. Un autre pont-rempart vous conduira dans un bois agreste, sur la droite duquel vous irez gagner le temple de marbre blanc ; c'est une rotonde sans calotte composée de douze colonnes corinthiennes, entre lesquelles sont des bancs de marbre. Un autel, placé au milieu, sert de piédestal à une statue antique et en marbre représentant une des compagnes d'Ulysse lorsqu'il était chez Lycomède. Du temple on arrive, à travers d'un bois agreste, à la partie du pavillon du prince, exposée au levant ; une fontaine, placée entre les deux croisées du milieu, sert à monter extérieurement au premier étage ; sur la gauche est une fontaine, au bas d'un bassin pratiqué sur une terrasse contiguë à la salle de bains, placée de côté. Traversant le bosquet de la balançoire, qui est à droite, vous arriverez à la façade principale du pavillon.

« Le milieu de cette façade est orné d'un porche soutenu par des pilastres carrés dont les bossages sont peints en marbre jaune de Sienne, et les tables en marbre de Languedoc. Leurs chapiteaux, bosses et ornements, imitent le bronze antique ; la couverture est aussi peinte en jaune, et les guirlandes en bronze.

« En avant de ce pavillon est un bassin qui s'étend circulairement autour du jeu de bague chinois et le renferme dans une île. Trois pagodes chinoises portent un grand parasol qui couvre ce jeu. Ces pagodes, appuyées sur une buse horizontale, meuvent avec le plancher qui est sous leurs pieds. La mécanique qui les fait tourner est mise en mouvement par des hommes dans un souterrain pratiqué au-dessous. Des bords du plancher partent quatre branches de fer, dont deux soutiennent des dragons sur lesquels les messieurs montent à cheval. Sur les deux autres branches sont couchés des Chinois qui soutiennent d'un bras un coussin sur lequel s'assoient les dames ; ils tiennent d'une main un parasol garni de grelots, et de l'autre un second coussin servant à poser les pieds. Aux bords du grand parasol sont suspendus des œufs d'autruche et des sonnettes. A droite et à gauche de ce jeu de bague, du côté du pavillon, sont des bancs-ottomanes placés dans des enfoncements de verdure. Ces bancs sont en pierre et imitent des carreaux de Perse ; au-dessus sont des draperies rayées de violet, d'aurore et de blanc, soutenues par des bâtons. C'est où se tient la compagnie pour voir courir la bague. De droite et de gauche des ottomanes sont des roses ou cassolettes imitant le bronze rouge ; leurs guirlandes et ornements sont dorés.

« Sur la gauche du jeu de bague, vous apercevrez une niche entre deux colonnes de proportions doriques, ornées de bossages, et soutenant un entablement. Cette niche est occupée par une superbe statue de marbre blanc, copiée par le célèbre Bouchardon d'après le Faune antique et dormant qui est à Rome, dans la vigne Borghèse.

« Un sentier qui se présente sur la droite de cet intéressant morceau vous conduira sur le bord d'un fossé qui servait autrefois de clôture au jardin de côté ; vous pénétrerez dans l'agrandissement que le prince s'est procuré au delà par un petit pont ployant qui se baisse et se relève contre le mur de

Les petits rentiers des Batignolles. — Parc Monceaux.

clôture. L'abreuvoir que vous trouverez dans ce nouveau terrain est destiné aux bestiaux de la ferme; de l'autre côté est un petit tertre nommé le tertre de Diane.

« Revenant sur vos pas, vous irez voir les appartements du pavillon, meublés galamment, dans le genre anglais. »

Quel étrange amalgame de verdure et de marbre, de vérité et de convention, de beaux arbres et de laides imitations de l'antique, de la nature de France et des importations exotiques! En se bornant à marier des arbres d'essences diverses, à contourner les allées, à exhausser et niveler le sol, à combiner les éléments formés par la terre et les eaux, il eût été facile d'obtenir les ombrages les plus frais et les sites les plus pittoresques; mais c'eût été du dernier bourgeois! Les grands seigneurs qui portaient des perruques poudrées et des talons rouges faisaient à la nature une toilette en harmonie avec la leur. Il leur fallait de fausses ruines grecques, de fausses pagodes chinoises, des moulins et des laiteries postiches, tout une boutique de jouets d'enfants.

Les paysans de Monceaux devaient voir avec dédain ces belles inventions du duc de Chartres : c'étaient des gens routiniers, attachés à leurs usages et à leurs champs, et qui se souciaient peu du progrès. Le duc de Chartres voulut faire disparaître une mare infecte dont les émanations répandaient la fièvre à la ronde. Le populaire se fâcha : il tenait à cette flaque d'eau saumâtre, dont les bestiaux se contentaient, et où les lavandières jaunissaient le linge sous prétexte de le blanchir. La force armée dut protéger les ouvriers qui travaillaient au desséchement.

Les habitants de Monceaux ne furent nullement ébranlés dans leur foi par les édits philosophiques de 1789. Comme pour affirmer leurs croyances religieuses en face du philosophisme, le 20 octobre 1790, ils replantèrent solennellement sur leur place publique une ancienne croix renversée par accident vingt ans auparavant. Le 27 mars 1791, un *Te Deum*, avec salut solennel du Saint-Sacrement, fut chanté à Clichy. Les habitants de Monceaux demandèrent qu'il fût répété dans leur chapelle, où ils se rendirent accompagnés de membres du conseil municipal et de gardes nationaux de la commune de Clichy; mais le desservant refusa ses services en alléguant qu'il n'avait point d'ordres. La multitude irritée le malmena; il était fortement question de le lapider, lorsqu'il prit le sage parti de s'enfuir. Les assistants, oubliant leur fureur, se consolèrent en chantant seuls à pleins poumons un *Te Deum*, un *Domine, salvum fac regem*, un *Domine, salvam fac gentem*, et un *Domine, salvam fac legem!*

Presque déserts, les plateaux de Monceaux et de Batignolles étaient propres aux manœuvres militaires. Nous lisons dans les journaux du 21 octobre 1815 :

« Toutes les troupes, infanterie, cavalerie et artillerie composant la garnison de Paris, ont offert avec une précision admirable le spectacle d'une petite guerre dans la plaine de Monceaux. Les manœuvres étaient exécutées par deux corps d'armée, l'un commandé par Mgr le duc d'Angoulême, et l'autre par Mgr le duc de Berri.

« Les évolutions ont commencé vers une heure, et ont fini à cinq heures. S. A. R. Mme la duchesse d'Angoulême les a honorées de sa présence et en a paru très-satisfaite.

« Tous les spectateurs ont admiré l'air martial et la belle tenue des troupes. Partout la foule s'est portée sur le passage de Madame, et l'a saluée des acclamations de *Vive le roi! vive madame la duchesse d'Angoulême!*

« S. E. le comte Dupont, ministre de la guerre, faisait partie de l'armée de Mgr le duc d'Angoulême, dont la cavalerie et la réserve d'infanterie étaient commandées par S. A. R. le duc d'Orléans.

« S. E. le comte Maison, gouverneur de la première division

Une noce chez le père Lathuille.

militaire, faisait partie de l'armée aux ordres de S. A. R. le duc de Berri. Sa cavalerie était commandée par M. le général comte Pajol. »

Notons bien cette petite guerre; elle va corroborer une conjecture que nous sommes sur le point d'émettre.

CHAPITRE VI.

Les Batignolles. — Recherches sur l'origine de ce nom. — Le val Bactilion. — Bataglicle et Batifolle.

Aucun arrondissement ne prête mieux que le XVIIe aux dissertations savantes, précisément par la raison qu'il paraît de fondation toute récente, et qu'on sait gré aux auteurs des efforts même infructueux qu'ils tentent pour combler une lacune en reliant le présent au passé.

Une charte, publiée successivement par Mabillon et Pardessus, a fait croire généralement que les Batignolles avaient existé dès le VIIe siècle. Nous pensons qu'il est inutile d'en reproduire l'effroyable latin, que les amateurs fanatiques d'archéologie trouveront dans le tome second du recueil intitulé : *Diplomata, chartæ, epistolæ, leges, aliaque instrumenta ad res gallo-francicas spectantia.*

La pièce elle-même a été intitulée par ses éditeurs :

Diploma Theodorici III, regis francorum, quo villam de BAC-TILIONE VALLE *adjudicat Almagario, Achilde partem hujus frustra reclamante.*

« Charte de Théodoric ou Thierry III, roi des Francs, qui adjuge à Amalgar la terre du val Bactilion, dont Achilde réclamait à tort une partie. »

Il y a de leur part une erreur. Nous avons étudié attentivement la charte en question; elle concerne non pas la terre du val de Bactilion, mais une métairie située dans la villa royale de ce nom. Ces villas, qui étaient d'une étendue considérable, comprenaient des terres administrées en régie, des domaines affermés, et d'autres que les colons possédaient héréditairement, à la condition d'acquitter certaines redevances et d'être fidèles à leur seigneur. La métairie litigieuse faisait partie de la villa du val de Bactilion.

Voici les faits de la cause. Théodoric tenant sa cour à Compiègne, une femme, nommée Achilde, vient demander justice; elle déclare que sa mère, propriétaire d'une portion qu'elle tenait héréditairement dans la villa du val de Bactilion (*portione de bartone, in villa nuncubanti Bactilione valle*), en a confié l'exploitation à des hommes liges, qui l'ont méchamment gardée. Ce texte est plein d'intérêt au point de vue de l'histoire; car c'est une preuve de plus que, contrairement au texte formel de la loi des franks saliens, les femmes commençaient à hériter même des biens immobiliers.

Le prévenu, qui s'appelle Amalgar, comparaît devant le roi, à Luzarches, en l'an 680. Il dit que la terre qu'on lui réclame, située au lieu du val de Bactilion (*in prædicto loco*), a été occupée par lui et par son père Gueltramm; qu'ils la tiennent des prédécesseurs du roi depuis au moins trente et un ans.

Encore un détail intéressant qui ressort de notre charte, à savoir que la prescription était admise chez les Franks.

Ce qui suit n'est pas moins curieux.

Le roi défère le serment aux défendeurs. Deux jours avant les calendes de juillet, Amalgar, avec sept hommes de sa condition, se présente dans l'oratoire du palais de Luzarches, et tous jurent sur la chape de saint Martin, en se portant cautions les uns des autres, qu'Amalgar et son père occupent leur mause depuis trente et un ans. Le 2 des calendes de juillet, Amalgar et ses amis se présentent au palais de Luzarches. Le comte du palais, Dructoald, rend témoignage en leur faveur et le roi ordonne qu'Achilde sera déboutée et que la portion qu'elle revendiquait appartiendra au défendeur (*porcio in prædicto loco Bactilione Valle*).

Lorsque ce document eut été commenté par quelques auteurs de dictionnaires géographiques, les Batignollais poussèrent des cris de joie; ils se trouvaient dans la position d'un enfant qui ne connaît point son père et qui découvre inopinément qu'il a des ancêtres. La réflexion la plus simple aurait pu suffire pour dissiper leurs illusions : si les Batignolles avaient existé au temps des Mérovingiens, elles auraient dépendu de la villa de Clipiacum ou Clichy, et c'eût été dans son palais de Clichy que Théodoric, assisté du comte du palais, eût jugé le différend élevé entre ses vassaux. Mais la scène se passe à Luzarches; cherchons donc aux environs de cette ville s'il n'y a pas quelque Bactilion. Nous en trouvons un sans peine, dont le nom latin a été peu altéré : c'est Baillon, village de 200 âmes, situé dans le département de Seine-et-Oise. Voilà les Batignollais dépossédés de leur antique origine !

Nous avons vu qu'en 1815 les princes de la famille royale avaient livré de terribles combats auprès des Batignolles. Sous Louis XVIII, la plaine fut utilisée pour des exercices militaires. Les ducs d'Angoulême et de Berry montaient fièrement la grande rue de Clichy et allaient donner aux paysans le spectacle de batailles où la garde royale faisait admirer sa belle tenue. Si l'on cherchait au nom de cette commune une étymologie latine, peut-être la trouverait-on dans le mot *Bataglioła*, ou *Baltagiola*, qui signifiait une petite guerre, comme l'atteste ce passage cité par Du Cange : *Quædam spectacula fecerunt quæ vulgo battaliolæ, sed latine convenientius bellicula nuncupantur.* La plaine sans ombrages qui s'étendait entre Montmartre et Monceaux était éminemment favorable aux mouvements de troupes. Batignolles pourrait venir aussi de *Batifolle* (*Butifollum*), mot qui désignait tantôt une tour de bois, tantôt un moulin à vent. Il existait en effet dans la localité qui nous occupe des moulins, dont le nom d'une rue perpétue le souvenir, et de vieilles chartes mentionnent un fief de la Panneterie, au sud de Monceaux. L'une ou l'autre étymologie expliquerait ce pluriel assez peu usité, et précédé de l'article : Les Batignolles. Mais ce qui doit dérouter les faiseurs de conjectures, c'est qu'aucun géographe ancien ne parle des Batignolles; on voit sur les cartes la maison des Ternes; puis les Monceaux; et entre ce hameau et Montmartre, il n'y a que le chemin de Clichy.

CHAPITRE VII.

Le chemin de Clichy. — La défense de Paris. — Le père Lathuille. — Extension des Batignolles. — La mairie. — Les tables d'hôtes.

Ce chemin fut planté d'arbres, en 1705, par la dame de Clichy, Marguerite de Bautru, veuve du marquis de Vaubrun. Elle conclut des échanges de terrains avec les abbayes de Saint-Denis et de Montmartre pour élargir cette voie de communication qui, par la rue du Coq et le chemin de la Grand'-Pinte, aboutissait au boulevard de Paris.

La route et la barrière de Clichy sont devenues célèbres, en 1814, par le courage des derniers défenseurs du territoire envahi.

Dans l'avenue, à gauche, était un restaurant, un des premiers qui aient été créés *extra muros*, puisqu'il date de 1790. Le premier propriétaire dont la renommée soit parvenue jusqu'à nous est le père Lathuille, chez lequel nos pères venaient faire nopces et festins. Au siége de Paris, en 1814, le maréchal Moncey établit chez le père Lathuille son quartier-général; il commandait en chef la garde nationale et avait principalement sous ses ordres les 1re et 4e légions, échelonnées depuis Chaillot jusqu'à Clichy. Par ses ordres, des postes de gardes nationaux s'installèrent sur les monticules qui dominent les Ternes; l'artillerie fut placée au rond-point de l'Étoile et protégée par des abatis. A la barrière de Clichy, un retranchement fut établi avec des charrettes et les bois d'un chantier voisin; des pièces de canon furent disposées aux embrasures des palissades, et des gardes nationaux se mirent en embuscade aux fenêtres des bâtiments de l'octroi.

Le maréchal Blücher, débordant la gauche de l'armée française, dirigea sur les Batignolles le corps russe du comte de Langeron, composé de 14,000 hommes d'infanterie et de 5,000 cavaliers. Des tirailleurs de la 2e légion, embusqués dans les vignes et autour des carrières, accueillirent l'avant-garde par une vive fusillade et se replièrent sur la barrière de Clichy. Le maréchal Moncey les invita à se poster dans les maisons; mais, animés par leurs premières escarmouches, ils répondirent fièrement : « Nous n'avons pas peur, nous ne voulons pas nous cacher. » Le général Lapointe, chef d'état-major, ne put vaincre leurs susceptibilités honorables qu'en parlementant avec eux, et en leur disant : « Croyez-vous que le doyen des maréchaux vous conseille une lâcheté? »

Le commandant de la 2e légion, le comte Régnault de Saint-Jean-d'Angély, avait jugé la partie perdue et était rentré dans Paris; le maréchal Moncey le remplaça d'office par le chef de bataillon Odiot, le même qui a produit dans l'orfévrerie tant de chefs-d'œuvre admirés. Pendant que sous ses ordres s'organisait la défense, le père Lathuille faisait distribuer dans les rangs ses vins et ses comestibles, et il disait aux gardes nationaux : « Buvez et mangez, videz mes caves; il ne faut rien laisser à l'ennemi. »

Le corps de Langeron s'avança, soutenu par les divisions d'York, de Kleist et de Woronzow. Les gardes nationaux firent bonne contenance, et l'ennemi recula sous le feu de leur artillerie. Cependant, à cinq heures du soir, le son de la trompette annonça un parlementaire, et un armistice fut proclamé.

Pendant cet engagement, la maison du père Lathuille fut le point de mire de l'ennemi; une douzaine de boulets s'y logèrent; un, entre autres, resta dans le comptoir, où on peut encore le voir de nos jours.

A cette époque, les Batignolles ne se composaient que de quelques maisons éparses, de quelques fermes isolées qui ne comptaient guère que le nombre d'habitants nécessaire à leur exploitation. Quelques spéculateurs, alléchés par le bon marché du terrain, y construisirent des maisons de campagne qu'ils avaient l'intention de revendre avec bénéfice. Ces bicoques se composaient invariablement d'un rez-de-chaussée et d'un premier étage, sans ornement extérieur ni intérieur : la porte, placée au centre, était précédée de trois marches en pierre. Entre le logis et la rue, qui n'était encore qu'à l'état de sol naturel, s'étendait un jardin naissant. Le propriétaire avait dessiné des allées, indiqué des parterres et creusé un puits dans un coin; mais la végétation se faisait remarquer par son absence.

Des Parisiens égarés aperçurent par hasard les retraites qui leur avaient été préparées; des commerçants, fatigués de leur labeur quotidien et ne gagnant pas assez pour se payer une villa sérieuse, furent séduits par la perspective d'acquérir à peu de frais une maison de campagne : ils s'installèrent aux Batignolles, plantèrent des giroflées et des œillets de poëte dans les plates-bandes, tapissèrent les murs d'espaliers, et s'applaudirent de pouvoir, chaque dimanche, venir respirer un air plus pur que celui de leurs magasins. S'ils voulaient sortir de leur domicile rural, ils avaient devant eux une plaine sans bosquets, mais peu leur importait; ils ne sortaient pas, et se complaisaient à grouper autour d'eux des amis qui venaient boire un vin d'autant meilleur qu'il échappait aux taxes municipales.

Un peu plus tard des maisons s'établirent à l'instar de celles de Paris dans la plaine des Batignolles. Près des habitations qui surgissaient au milieu des champs de blé et de pommes de terre, furent construites ces espèces de casernes où le propriétaire parisien accumule des locataires infortunés auxquels il vend l'air et l'espace. Elles furent occupées par des employés subalternes qui visaient à l'économie. Il vint aussi aux Batignolles d'anciens militaires qui n'auraient pu vivre à Paris avec le modique subside que leur allouait le gouvernement; d'anciens fonctionnaires publics, des acteurs en activité de service ou pensionnés par le théâtre dont ils avaient fait l'ornement. Un des premiers habitants des Batignolles fut Vizentini, excellent chanteur comique, prédécesseur de Saint-Foy, qui ne l'a pas fait oublier. Sa maison n'était qu'une ferme dont les abords devenaient presque impraticables en hiver; il avait une basse-cour pleine de poules et de canards, qui se promenaient dans les rues voisines sans être le moins du monde inquiétés. Le nombre des rues et des maisons s'accrut rapidement, grâce à la formation de la Société d'entrepreneurs Navarre et Rivoire. Le noyau de la ville fut la maison de santé du docteur Lemercier. Les propriétaires et spéculateurs qui ont contribué le plus à créer les Batignolles ont inscrit leur nom aux angles des principales rues, ainsi nous remarquons aux Batignolles les rues Aubain, Boursault, Bénard, Caprond, Cardinet, Chalabre,

Chazelles, Deligny, Fouvet, Fortin, Fournial, Gouin, Guyot, Jacob, Jadin, Lacroix, Lagile, Lebouteux, Lechapelais, Lécluse, Leconte, Lemercier, Puteaux, Roussel, Salneuve, Soffroy, Trézel, Truffaut; les cités Lacroix et Lafontaine; la galerie Josserand; les passages Boulay, Diez, Geffroy-Didelot, Gutin, Lathuille; les impasses Faldoni, Fauconnier, Gilet, Rothschild : ce Rothschild est un honorable loueur de voitures, qu'il ne faut pas confondre avec le baron son homonyme. En 1828, une chapelle fut construite par les soins de Charles X et de la duchesse d'Angoulême, qui fournirent une partie des fonds nécessaires. L'archevêque de Paris Hyacinthe de Quelen et ses deux grands vicaires donnèrent 1,200 francs pour l'acquisition du mobilier. Cette église, dont l'architecte fut M. Eugène Lequeux, a été considérablement agrandie et embellie depuis sa création; son fronton triangulaire, soutenu par quatre colonnes d'ordre toscan, porte cette inscription : D. O. M. *Sub invocatione B.V. Mariæ*; au-dessus est la cloche, suspendue dans un campanile pareil à celui des monastères italiens.

A la fin de 1829, les Batignolles avaient 6,000 habitants. Un décret du 10 février 1830 les érigea en commune, dont le premier maire fut M. Jaique. On lisait dans le *Moniteur* du 21 avril 1830 : « Les Batignolles et Monceaux, qui n'étaient naguère que des hameaux annexés de la commune de Clichy-la-Garenne, au boulevard nord extérieur de Paris, se sont tellement accrus par les bâtisses qu'on y a faites depuis quelques années, qu'ils présentent aujourd'hui l'aspect d'une petite ville moderne. La population y est nombreuse, et beaucoup de personnes aisées, attirées par un site agréable, y établissent leur résidence.

« L'autorité a cédé au vœu des nouveaux habitants de distraire ces deux localités de la commune de Clichy, et une ordonnance du roi, en date du 10 février 1830, les érige en une seule et même commune, sous le nom de Batignolles-Monceaux.

« La nouvelle administration municipale a été installée le 8 avril par M. le baron de Jessaint, sous-préfet de Saint-Denis, qui a reçu le serment des fonctionnaires élus. Un banquet a terminé cette petite fête; les pauvres n'ont pas été oubliés, une collecte a été faite en leur faveur. La nouvelle commune, dont l'organisation se complète chaque jour, a déjà sa compagnie de sapeurs-pompiers, composée de citoyens domiciliés et amis de l'ordre, qui se font remarquer par leur bonne tenue et leur habileté dans les manœuvres. »

La population s'élevait à 14,073 habitants en 1842; un nouveau maire, M. Balagny, nommé par ordonnance du 16 janvier 1843, pensa à doter la commune de l'Hôtel de Ville; mais son projet ne put être réalisé qu'en 1846. Les Batignolles avaient alors 19,864 habitants, la mairie fut commencée le 19 septembre 1847, après que la première pierre en eut été posée par le marquis de la Morelli, officier de la Légion d'honneur, et successeur de M. Balagny. Cette mairie, belle et coquette, a coûté environ 800,000 francs. Elle a un beffroi avec une horloge à quatre cadrans, surmontés de clochetons. L'édifice, dont M. Eugène Lequeux dirigea les travaux, fut inauguré le 21 octobre 1849, par M. Berger, préfet de la Seine; Rébillot, préfet de police, et son secrétaire général M. Godeau, Louis Cruveilhier, sous-préfet de Saint-Denis, le prince Napoléon, colonel de la deuxième légion de la garde nationale de la banlieue, et M. Benoît Droux, maire depuis 1848.

Le procès-verbal de cette cérémonie a été conservé précieusement; il est revêtu des signatures de tous les notables des Batignolles en 1849. La façade portait naguère en lettres d'or, sur trois plaques de marbre rouge, au centre : *mairie des Batignolles*; à droite : *commencée en 1847*; à gauche : *finie en 1849*. L'inscription centrale depuis l'annexion est : *Ville de Paris*, de sorte qu'on pourrait croire que c'est Paris qui a été commencé en 1847 et fini en 1849.

L'agitation qui suivit la révolution de 1848 effraya bon nombre de bourgeois paisibles, qui se retirèrent aux Batignolles. L'élévation du prix des denrées provoqua des émigrations, qui portèrent le chiffre des habitants de 28,230 en 1851, à 44,004 en 1856, et à 65,000 en 1860.

Des colombiers de six étages recevaient des milliers de pigeons qui s'envolaient de Paris. C'étaient toujours de petits employés, des retraités de l'ordre civil ou militaire, des rentiers qui ne se souciaient point d'écorner leur modeste capital, des veuves séparées de leurs maris, de vieux parents tombés dans l'indigence et n'ayant d'autres ressources qu'une pension alimentaire qu'il leur avait fallu arracher à leur ingrate progéniture.

La population grandissait sans cesse, et la plupart de ses membres étant dépourvus de mobilier, il se créa dans ces parages d'innombrables maisons meublées, refuges des commis sans emploi, des gens en quête d'une position sociale, des exilés polonais ou italiens, des femmes déclassées, des institutrices sans ouvrage. Pour ces émigrés de la grande capitale s'organisèrent des tables d'hôte aux prix les plus modérés : 75 centimes le déjeuner, 1 fr. 25 cent. le dîner. Les meilleures, lorsque les subsistances étaient d'une cherté exceptionnelle, avaient fixé, pour le second repas, un maximum de 1 fr. 75 c. Les organisateurs de ces réunions, peu gastronomiques, suivaient un système analogue à celui des journaux quotidiens qui perdent sur leurs abonnés et se rattrapent sur les annonces. Les consommateurs ordinaires n'apportaient à la maison qu'un bénéfice imperceptible; mais elle gagnait par les extra et les suppléments.

A ces tables hospitalières vinrent s'asseoir non-seulement des colons des Batignolles, mais encore des Parisiens restés fidèles à leur patrie. Ils faisaient assez maigre chère; mais que de gaieté dans ces agapes! que d'intrigues amoureuses nouées entre les commensaux et les commensales! Ils étaient souvent en retard pour le paiement de leur note, et la maîtresse du logis voyait avec terreur sa bourse mise à sec par des avances au-dessus de ses forces. Elle allait de l'un à l'autre en demandant un à-compte avec les larmes dans la voix. Quand elle pouvait arracher quelques pièces de cinq francs, elle éprouvait la même joie que si elle eût découvert un trésor inattendu; elle se regardait presque comme l'obligée des débiteurs qui voulaient bien la payer.

Malgré la multiplication des établissements Duval et l'annexion qui a soumis aux droits les boissons consommées aux Batignolles, les tables d'hôtes s'y sont maintenues, et leurs mœurs n'ont pas changé. Quelques-unes forment de petits cercles intimes, de véritables familles où la présence d'un étranger fait tache. Elles ont des jours de liesse, où quelques convives accidentellement fortunés font circuler le champagne. Parfois des lorettes des quartiers voisins se mêlent à ces sociétés, et dans ce cas il est rare que la soirée ne finisse point par une petite partie de trente-et-un.

Il est un type qui s'efface et que l'on retrouverait peut-être en fouillant avec soin les tables d'hôte des Batignolles : c'est le colonel. Le colonel a été militaire; il est vrai qu'on ignore dans quel régiment il a servi, et que si l'on ouvrait une enquête scrupuleuse sur sa carrière, on découvrirait peut-être qu'il s'est élevé tout au plus au grade de sergent-major. Quoi qu'il en soit, il est accepté comme ancien soldat sans être dans la nécessité d'exhiber des états de service; il n'est pas extraordinaire qu'un bout de ruban rougisse sa boutonnière, et il raconte avec emphase les effroyables dangers qu'il a affrontés dans ses innombrables campagnes. Il vit de sa retraite et des débris d'une fortune que ses parents, appartenant à la haute aristocratie, ont eu le tort de ne pas ménager. Le colonel est l'ami de la maîtresse de la table d'hôte; c'est lui qui préside au banquet, qui pousse à la consommation d'extra, qui organise les jeux et libelle les notes; c'est l'homme d'affaires de madame; c'est lui qui fait la police de l'établissement : il se charge d'amener, par la persuasion ou par la menace, les débiteurs récalcitrants à résipiscence. Envers les hommes il affecte une rude franchise; mais, galant avec les dames il leur adresse des compliments dans le genre de ceux de Demoustier. Lorsque des convives difficiles trouvent que le bouillon est trop clair, que le vin pourrait être meilleur, et que la chair du bœuf ressemble trop à celle de sa compagne, c'est le colonel qui prend fait et cause pour l'établissement. Il en soutient l'honneur avec énergie, et malheur aux imprudents qui osent lui tenir tête!

CHAPITRE VIII.

Un discours de M. Balagny. — Fête du 30 janvier 1860. — Feuilles batignollaises. — Industrie. — Ateliers de M. Gouin. — *L'Abeille Prévoyante*. — L'Union ouvrière des Batignolles-Monceaux.

Un décret du 28 novembre 1855 replaça M. Balagny à la tête de la municipalité. Président le conseil municipal, le maire rappelé prononça le discours suivant :

« Messieurs,

« Lorsque les passions politiques, amorties, sinon éteintes, se taisent; que l'esprit public commence à se dégager de tous les sophismes dont les hommes de parti l'obscurcissaient, les fonctions municipales deviennent le partage des citoyens laborieux, dévoués à leur pays, pénétrés du sentiment du devoir et de la pensée d'être, sans bruit, utiles à leurs concitoyens.

« Après de grandes commotions politiques, qui remuent et agitent profondément les masses, il a toujours paru nécessaire à un gouvernement sage de suspendre l'exercice de certains droits électoraux dans le département qui a pour chef-lieu la capitale du pays. La loi qui a réglé récemment tout ce qui concerne les conseils municipaux de la France, a laissé au gouvernement le soin de pourvoir au renouvellement des fonctionnaires de cet ordre dans le département de la Seine.

« Vos titres bien connus à l'estime et à la considération publique étaient une recommandation auprès de l'administration, qui ne pouvait ainsi se tromper dans son choix.

« Je vous remercie d'avoir, par votre acceptation et le serment que vous venez de prêter, répondu à sa confiance.

« Pour mon compte, vous me permettrez, Messieurs, de m'en féliciter sincèrement, puisque vous m'offrez l'occasion de resserrer avec beaucoup d'entre vous les liens de bonne confraternité qui existent déjà, et d'établir avec les nouveaux élus les mêmes relations d'estime et de confiance réciproques.

« Vous pouvez compter, Messieurs, que, tant que j'aurai l'honneur de présider ce Conseil, mes rapports avec vous seront ceux d'un collègue plein de déférence pour les avis dont vous voudrez bien éclairer les affaires soumises à nos délibérations.

« Les fonctions de conseiller municipal à Batignolles-Monceaux, ville qui compte aujourd'hui de 40,000 âmes, avec un budget de 500,000 francs, ne sont point une sinécure. Ceux qui veulent bien les accepter assument une certaine responsabilité, dont votre président n'entend point les affranchir.

« C'est assez vous dire que nous comptons trouver chez vous le zèle, l'assiduité, le dévouement et le patriotisme que les affaires de la commune pourront réclamer.

« Le Conseil que vous venez de remplacer a donné de bons exemples, qui ne seront pas perdus.

« Il est, je crois, le seul, parmi ceux des communes de quelque importance du département de la Seine, qui n'ait pas été remplacé depuis 1846, époque des dernières élections. Il est resté debout au milieu de la tourmente révolutionnaire, et, loin de se laisser emporter par elle, il a su lui donner une direction, et préserver ainsi nos concitoyens de tous les déchirements dont le spectacle a trop souvent affligé les yeux chez nos voisins.

« Et cependant, Messieurs, quelle cité fut jamais plus antipathique aux hommes de désordre que la nôtre! Ne se rappelaient-ils pas qu'elle leur avait défendu l'accès de son territoire, les armes à la main, le 22 février 1848; qu'elle avait facilité l'introduction dans Paris des munitions de guerre, en s'opposant à la construction de barricades, lors de la sanglante insurrection de juin?

« Que le Conseil avait eu le premier la pensée de rétablir l'exercice sur les boissons, et d'affranchir la commune d'un tribut annuel de 60,000 francs, en diminuant les charges des débitants?

« Enfin, Messieurs, le Conseil, comme corps constitué, a été le premier à féliciter le président de la République sur l'acte important du 2 décembre.

« Mais heureusement ce que je viens de rappeler se confond avec les grands événements qui sont aujourd'hui du domaine de l'histoire, et rien ne nous en fait supposer le retour.

« Nous jouissons, à l'abri d'un pouvoir fort et respecté, d'une tranquillité parfaite.

« Malgré les calamités d'une guerre juste et la cherté des subsistances, le commerce est prospère; jamais Paris n'a été visité par des hôtes plus illustres et n'a vu une plus grande affluence d'étrangers, venus de tous les points du globe pour admirer les merveilles de l'industrie et des arts, et apprécier la douceur de nos mœurs et de notre civilisation.

« Faisons donc nos efforts pour seconder le gouvernement dans ses nobles desseins;

« Que notre dévouement soit toujours à la hauteur des circonstances;

« Recherchons avec persévérance les moyens d'améliorer le sort de nos concitoyens et d'alléger la position de ceux qui souffrent.

« Nous aurons ainsi bien mérité de notre pays et justifié la confiance de l'Empereur. »

M. Balagny a été maintenu dans ses fonctions comme maire du XVIIe arrondissement. Le 30 janvier 1860, un banquet qu'il présidait a réuni les autorités municipales de cet arrondissement et les membres de l'ancien conseil municipal des Batignolles. Est-il besoin de dire que le rendez-vous était dans les salons du *Père Lathuille*? Au dessert, un des convives a caressé courtoisement la vanité batignollaise par l'impromptu suivant, chaleureusement applaudi :

> Lorsque j'étais enfant, j'ai ouï dire à mon père
> Que, quel que fût le drap, pire était la lisière;
> De cet ancien dicton ne sait-on qu'adviendra,
> Lisière de Paris vaut certes bien le drap!

Sans vouloir l'exalter outre mesure, reconnaissons que la lisière a son mérite. Les Batignolles ne sont pas seulement un lieu de retraite, une immense Sainte-Périne, elles ne sont pas restées étrangères au développement intellectuel et industriel des derniers temps. Plusieurs journaux y ont paru; à la vérité, tous sont morts, mais au champ d'honneur, mais après avoir lutté bravement contre la concurrence des feuilles moins spéciales, et contre le nonchaloir d'un public routinier qui ne se décide pas vite aux abonnements. *L'Extra-Muros* ouvrit la marche, sous la direction de M. Charles Le Page. Le 17 février 1850, fut fondé par MM. Chevrot-Dupuy et Gally le *Journal de Batignolles*, qui, au bout de quelques mois, se transforma en *Messager de la Banlieue*. Deux de ses rédacteurs, MM. Gourdon de Genouillac et H. Arnoul, essayèrent une feuille hebdomadaire, *le Trait d'union*, journal de Batignolles et de l'arrondissement de Saint-Denis, destiné à établir une communication nouvelle entre la banlieue et le reste du département. En 1853 parut *l'Indicateur*, journal de Batignolles, dont le fondateur était M. Francis Barclay, et le rédacteur en chef M. Gourdon de Genouillac, secondé par Pierre-Paul Hamon, peintre, qui demeurait alors aux Batignolles, rue Lemercier, 31 bis, et, moins heureux que son homonyme Jean-Louis Hamon, avait à peine triomphé de l'obscurité quand il est mort à Lisieux en 1860.

En 1854 se montrèrent simultanément :

Le Courrier de la Banlieue, par MM. Gallay, Paul Michel, Feugères et Dermé;

L'Omnibus des Environs de Paris, par MM. Senis et Marcel Briol;

Le *Journal de la Banlieue*, que M. Savagner rédigeait avec Jules Mahias, qui, avant d'entrer à *la Presse* et de faire le *Journal de Paris*, s'était dévoué aux intérêts circonvoisins;

Le Messager de la Banlieue, créé par H. Izambard, homme alerte et intelligent, qui savait combiner les matières d'une feuille périodique et racoler des abonnés.

Outre leurs tables d'hôte et leurs maisons meublées, les Batignolles renferment une multitude de garnis secondaires, tenus par des logeurs. Là viennent s'entasser des commis sans place;

Des comptables qui ne peuvent, hélas! exercer leur talent sur leur propre numéraire;

Des ouvriers qui chôment;

Des femmes délaissées;

Des locataires dont on a vendu les meubles;

Des hommes de lettres dont les feuilletons ne passent pas;

Des rapins refusés au Salon;

Des dramaturges qui frappent vainement à la porte des administrations dramatiques.

La classe la plus nombreuse et la plus pauvre prédomine dans ces garnis. Pour se sustenter, lui est ouverte une multitude de restaurants, marchands de vin, gargotes et guinguettes.

Tous les mardis et vendredis, il se tient aux Batignolles un marché très-achalandé. Sur les larges trottoirs de l'avenue de Clichy s'étalent des légumes frais et appétissants. Des boutiques sont dressées par les marchands forains, qui y débitent, les uns de la charcuterie, les autres des souliers ferrés et des bottines; ceux-ci de la volaille, du beurre, des lapins, du gibier; ceux-là de la coutellerie, des fleurs artificielles, des bonnets, de la dentelle et des objets à 20 centimes. Le rond-point où commence le marché, et que laisse vide la démolition des bâtiments de l'ancienne barrière, peut devenir une des plus belles places de Paris. L'air y est pur; la vue s'étend au loin sur des collines verdoyantes. C'est une étoile régulière, dont les rayons sont la rue de Clichy, le boulevard Pigalle, l'avenue de Clichy, la rue d'Antin, le boulevard des Batignolles, la rue de Saint-Pétersbourg et la rue d'Amsterdam.

Sous le rapport industriel, les Batignolles possèdent des fabriques de bougies, de papier, de sucre, de machines à vapeur, et autres usines dont les travaux sont facilités par la proximité de la gare des marchandises des chemins de fer de Normandie et du chemin de fer de ceinture. M. Ernest Gouin a créé, avenue de Clichy, 120, des ateliers de construction de machines, locomotives, ponts en tôle, métiers à filature, etc. Ils ont, pendant la campagne de Crimée, fourni les chaloupes canonnières qui ont pris Bomarsund, bombardé Odessa, attaqué Nicolaïef et Sébastopol.

Les deux mille ouvriers de cette manufacture sont secourus, dans les cas d'incapacité de travail, au moyen d'une retenue de 50 centimes faite individuellement à chaque paye. Le subside est de 1 franc 50 centimes par jour, et M. Ernest Gouin prend en outre à son compte les frais de médecin et de pharmacien.

Le 1ᵉʳ août 1840, s'est constituée aux Batignolles une société dite *l'Abeille prévoyante*, où l'on est admis de vingt et un à quarante et un ans, moyennant une somme fixée par les tarifs, et dont les membres, limités au nombre de deux cents, se partagent les revenus annuels d'un capital placé à la caisse d'épargne ou en rentes sur l'État.

Au mois de septembre 1848 fut organisée une seconde société de secours mutuels dite *l'Union ouvrière des Batignolles-Monceaux*. Enfin, en 1854, sous l'influence du clergé, a été établie *l'Association charitable de Sainte-Marie*, alimentée par des souscriptions que recueillent les membres du conseil d'administration, les dames de charité, les centurions et les décurions. Grâce aux ressources que lui assure la libéralité des habitants, l'Association a pu former et entretient un asile pour la vieillesse, une crèche, une lingerie et une école pour les jeunes filles.

Les Batignollais sont économes et savent calculer. Lorsqu'au mois de mars 1860, M. Paul Dupont, imprimeur et député, protesta contre l'insuffisance des traitements, ce fut un habitant des Batignolles qui envoya aux journaux ce budget quotidien d'un employé ayant 2,000 francs par an, marié et père de trois enfants :

1 pain de 4 livres (pour 5 personnes)........	0 fr. 75 c.
1/2 litre de vin (pour 10 repas par jour, on l'allonge de beaucoup d'eau)................	0 40
Pitance de 10 repas par jour (30 centimes par personne en moyenne)..................	3 00
Charbon pour la cuisine, par jour........	0 20
Loyer à raison de 400 fr. (les logements très-rares de 300 fr. ne sont pas suffisants, parce que les enfants sont de sexes différents), par jour...	1 11
Instruction de 2 enfants, par jour........	0 50
Blanchissage de 5 personnes.............	0 25
Habillement des 5 personnes *chez le fripier*, à raison de 300 fr. par an............	0 80
Chauffage de l'hiver, calculé à raison de 20 fr. par an............................	0 06
Éclairage.............................	0 03
Imprévu.............................	0 05
Total par jour, sans avoir suffisamment *mangé*, et sans prévoir le cas de maladie............	7 fr. 15 c.
Soit pour l'année....................	2,609 fr. 75 c.
Or, le traitement de 2,000 fr., réduit à 1,900 fr. par la retenue du 20ᵉ pour la caisse des retraites, ci...................	1,900 00
Déficit par an....................	709 fr. 75 c.

Et le Batignollais qui alignait ces chiffres ne comptait point les cas de maladie grave; il se condamnait à ne point fumer, à n'aller ni au café, ni au spectacle. Lorsque tant d'honnêtes gens sont dans ce cas, et courent après la solution de l'insoluble problème de la vie à bon marché, est-il surprenant que les Batignolles aient 65,000 habitants?

CHAPITRE IX.

L'église Sainte-Marie. — La fête patronale. — Église Saint-Michel. — Culte évangélique. — École polonaise. — Théâtre des Batignolles. Auguste Ricard. — Baour-Lormian. — J. Cahaigne.

La libéralité des fidèles batignollais a décoré avec luxe l'église paroissiale. Des draperies de velours rouge entourent les colonnes aux grandes fêtes; un soleil d'or darde ses rayons du milieu de la voûte bleue de l'abside; les tableaux viennent presque tous de donations. La ville de Paris a fait présent à Sainte-Marie d'une copie de *la Sainte Famille* de Raphaël et d'une *Présentation au Temple*, peinte en 1845 par A. Chazal. Au bas d'une copie de *la Vierge* de Murillo, on lit cette inscription : « Offert à la ville de Batignolles par M. Lahoche, 1852. » A gauche du maître-autel est un tableau qui représente saint Vincent de Paul entouré de ses jeunes protégés, et dont le cadre porte ces mots : « Donné par M. et Mᵐᵉ Fauconnier, en mémoire d'Henri-Étienne, leur fils. »

Une seconde *Présentation au Temple* a été donnée par Mᵐᵉ Gallais, en mémoire de feu son époux. La meilleure des toiles qui cachent la nudité des murs de cette église est peut-être celle où M. Tourde a représenté *les Âmes du Purgatoire soulagées par le sacrifice de la messe* (1852).

La fête patronale des Batignolles-Monceaux commence le premier dimanche après le 15 août, et dure quinze jours consécutifs. Elle a été conservée, ainsi que celles des principales localités suburbaines, en dépit de l'annexion. Le plateau sur lequel se donne cette fête est voisin du chemin de fer de l'Ouest et de la station du chemin de fer d'Auteuil, par lequel les Batignolles sont desservies. Aussi les réjouissances patronales ont-elles toujours attiré aux Batignolles une multitude de Parisiens, et elles doivent en attirer davantage maintenant que le mur d'enceinte est démoli, car c'était un obstacle que plusieurs n'osaient franchir : il leur semblait que de l'autre côté de la barrière se trouvait un monde inconnu; et puis, il répugnait aux gens susceptibles de passer devant les commis de l'octroi, dont les yeux investigateurs se portaient avec une curiosité malveillante sur les poches ou sur les crinolines suspectes de recéler des objets de contrebande. Les fêtes des Batignolles, loin de péricliter à la suite de l'annexion, sont appelées à acquérir une importance nouvelle. L'emplacement est favorable; les acrobates, les théâtres en plein vent, les cirques, les boutiques ambulantes n'ont jamais manqué à cette solennité du plaisir, que termine un feu d'artifice combiné par les soins de l'habile Ruggieri.

L'accroissement de la population des Batignolles a nécessité la construction d'une nouvelle église, située rue Saint-Jean, entre l'avenue de Saint-Ouen et celle de Clichy; elle a été livrée au culte le 19 septembre 1858, sous le vocable de Saint-Michel. Elle offre une superficie de 850 mètres de construction, les sacristies comprises. Elle a 42 mètres de longueur sur 18 mètres de largeur intérieurement. La hauteur des voûtes, qui est de 16 mètres à leur sommet, égale celle des voûtes de l'église Saint-Germain-des-Prés.

L'architecte de la nouvelle église, M. L.-A. Boileau, auquel on doit déjà l'église Saint-Eugène, avait à sa disposition des subsides très-restreints. Il a donc cherché un type qui réalise à peu de frais la majesté indispensable au temple chrétien. Les voûtes, en coupoles, établies au moyen d'une charpente fort ingénieuse, sont surtout remarquables par leur beau développement et par une hardiesse que la ténuité des piliers qui les supportait fait ressortir avec avantage.

La charpente de l'église Saint-Michel, qui a été exécutée en bois à cause de l'insuffisance des ressources, doit être considérée comme le modèle d'un système de voûtes qui se prêterait admirablement à l'application économique de la fonte et du fer combinés avec la pierre de taille. La disposition intérieure qui résulte de ce système offre à la décoration polychrôme et à la peinture murale un champ plus vaste et des points de vue plus favorables que tout autre. Il en résulte aussi des conditions acoustiques toutes particulières qui méritent d'être étudiées. En un mot, ce type de construction permet d'obtenir de grands effets avec le moins de dépense possible.

La décoration intérieure de l'église Saint-Michel consiste en peintures et en verrières de couleurs simples et douces à l'œil.

Les protestants ont aux Batignolles une chapelle, située sur le boulevard, et à laquelle est annexée une école de garçons, avec pensionnat; une école protestante de filles est établie rue Saint-Étienne. Des institutions pour les deux sexes se sont formées depuis longtemps dans cette cité, où elles pouvaient se procurer au rabais de l'espace, de l'air, de la verdure et des vivres. Sur le boulevard des Batignolles, dans une maison qui a été gratuitement livrée par son propriétaire, le docteur Gatezowski, est l'école nationale polonaise, dont les dépenses sont couvertes par la générosité de quelques riches bienfaiteurs, de la municipalité de Paris et du gouvernement français.

Les Batignolles eurent un théâtre presque en même temps qu'une église : il était rue Lemercier. Une nouvelle salle fut construite sur le boulevard des Batignolles par les soins d'une société dont le principal actionnaire était M. Puteaux. A l'extérieur, elle est ornée de quatre statues de Muses et de bas-reliefs mythologiques. Treize cent cinquante spectateurs peuvent y trouver place. Le privilège du théâtre, qui embrasse tous les genres, appartint tour à tour aux frères Sevestre, à M. Gaspari et à M. Chotel. Des pièces inédites, et composées spécialement pour cette scène, y ont été représentées avec succès, entre autres *Lebao*, *le Pèlerin*, *Nello le gondolier*, *Ivanhoé*, *les Étudiants*, une *Revue des Batignolles*, *la Barrière Clichy*; *l'Orient*, grande pièce militaire de M. Labrousse; *l'École des Pères*, comédie en cinq actes, de M. de Beaufort; *Batignolles au pied du mur*, revue en trois actes, de MM. Gourdon de Genouillac et Paul Michel.

Parmi les acteurs distingués qui ont débuté au théâtre des Batignolles, on peut mentionner Parade et Nertann, du Vaudeville; Émile Thierry, des Variétés; Gibeau, de la Porte-Saint-Martin; Hodin, William, Manstein et Mlle Ramelly, de l'Odéon; Mlle Renée, du Cirque.

Laurent, le meilleur comique de l'Ambigu et des théâtres circonvoisins, a fait ses premières armes au théâtre des Batignolles; il s'y distinguait surtout par l'exactitude de ses imitations, et voici une amusante anecdote que raconte à ce sujet Léon Bonvallet dans ses *Caravanes dramatiques* :

« Un jour, au moment de se costumer pour la première pièce, on demande instamment à Laurent de faire la charge de Jules Sevestre.

Il faisait cette charge supérieurement.

Laurent consent, et ses camarades, — pour que l'illusion soit plus complète, — montent dans le cintre et écoutent sans regarder.

Laurent commence à imiter Jules Sevestre, et peu après partent du cintre de nombreuses marques d'approbation.

Mais au beau milieu de cet exercice, Laurent aperçoit Jules Sevestre en personne qui pénètre dans les coulisses.

Il ne fait ni une ni deux, cesse de suite la charge de son patron et disparaît d'un autre côté.

Jules Sevestre descend à l'avant-scène, et comme il s'aperçoit que le décor n'est pas encore placé, il se met à morigéner assez vertement messieurs les machinistes.

Des artistes, toujours dans le cintre, qui ignorent que c'est le vrai directeur qui parle, et qui se figurent que ce qu'ils entendent n'est que la continuation de la plaisanterie de leur ami Laurent, se mettent à applaudir avec fureur à chaque nouvelle parole de Jules Sevestre.

— Bravo! bravo! s'écrient-ils. Oh! comme c'est ça! comme c'est bien ça! Bravo! bravo! bravissimo!

— Qu'est-ce que vous avez donc, là-haut, tas d'imbéciles? reprend Jules avec colère.

— Parfait! parfait!

— Messieurs! s'écrie le directeur furieux, vous serez tous à l'amende si vous ne cessez ce vacarme!

— Oh! les amendes... c'est ça... Va donc!... va donc toujours!

— Sacrebleu! messieurs, vous moquez-vous de moi, à la fin?

— C'est magnifique! hurla en riant la bande perchée dans les frises, qui croit toujours avoir affaire au camarade Laurent, — c'est superbe! admirable! étourdissant.

— Ah! pour le coup, c'est trop fort! — s'écrie Jules en montant quatre à quatre l'escalier du cintre, et en tombant, comme une bombe, au milieu de ses pensionnaires. Ceux-ci, ne le reconnaissant pas, grâce à l'obscurité, le prennent pour Laurent, le reçoivent avec de grands éclats de rire, le bousculent joyeusement et lui tapent sur le ventre.

— Ah! disent-ils en chœur, la fais-tu assez bien sa charge à ce vilain être-là!... Tout y est : sa voix, ses expressions. C'est frappant!... Si cet affreux Jules t'entendait, quel polisson de nez il ferait, bon Dieu!

Je ne vous dirai pas tous les méchants compliments que Jules s'attira ce jour-là. Qu'il vous suffise de savoir que messieurs les artistes lui octroyèrent toutes les épithètes et toutes les injures dont peuvent gratifier leur directeur des pensionnaires trop peu payés. — Quant à Jules, la fureur lui clouait la langue.

Enfin, le lampiste entra avec un quinquet, et les jeunes gens virent avec épouvante, au milieu d'eux, non pas Laurent, comme ils le supposaient, mais bien Jules Sevestre lui-même!!! Horrible spectacle! qui se termina par une formidable amende.

— Quant à Laurent, Jules le rencontra en descendant du cintre, lui serra la main et l'augmenta de cent sous par mois! »

Puisque nous évoquons des souvenirs littéraires, rappelons la mémoire de quelques gens de lettres qui sont venus terminer leurs jours aux Batignolles. Au n° 32 de la rue Lemercier, expira, en 1843, à quarante-un ans, un romancier populaire, Auguste Ricard. Atteint de la maladie cruelle dont Louis XIV fut opéré deux fois, il supporta ses souffrances avec une résignation stoïque, et conserva presque jusqu'au dernier jour cette verve communicative qui pétille dans *le Marchand de coco* et *les Étrennes de mon oncle*.

Le 20 décembre 1854, fut conduit, au cimetière de la ville des Batignolles, un membre de l'Académie Française, Baour-Lormian, dont l'oraison funèbre fut prononcée par Nisard. Ce poète avait été l'objet d'une admiration que la postérité n'a point justifiée, car il était presque centenaire, et l'on pouvait dire que la postérité avait commencé pour lui; il avait traduit en prétendus vers français les prétendues poésies d'Ossian. Il avait donné au Théâtre-Français, en 1807, l'*Histoire de Joseph vendu par ses frères*, arrangée en tragédie racinienne; sous le nom d'*Omasis*; il avait aussi traduit *la Jérusalem délivrée*; mais son chef-d'œuvre était la satire des *Trois mots*, dont quelques vers sont bien frappés.

Le 19 mai 1860 est mort, aux Batignolles, à soixante-trois ans, un homme politique recommandable par la sincérité et la constance de ses convictions, Joseph Cahaigne. Dès 1830, il se jetait avec ardeur dans la lutte, était impliqué dans plusieurs affaires, et fulminait contre le pouvoir des chansons et des articles de journaux. La tournure de son esprit et les sentiments auxquels il resta fidèle se reflètent assez exactement dans ce couplet de sa chanson intitulée *l'Homme de Juillet*, qui parut dans le *Tyrtée*, en mai 1832 :

> J'avais rêvé la gloire de la France ;
> Je la voyais, reine de l'avenir,
> Du monde entier signant la délivrance !
> De cet espoir fallait-il me punir ?
> La liberté, poursuivant sa conquête,
> Poussait du pied des trônes vermoulus ;
> J'avais rêvé le beau, le vrai, l'honnête ;
> Messieurs, je ne le ferai plus.

Après la révolution de 1848, Cahaigne avait été rédacteur de *la Commune de Paris*. Longtemps proscrit, il commençait à goûter un peu de repos lorsqu'il a été enlevé à ses amis.

CHAPITRE X.

Le grand égout collecteur.

Le sol des Batignolles est traversé par un tunnel double dont la voûte solide supporte le poids de tout un quartier. La compagnie du chemin de fer de l'Ouest a eu un moment le projet de le supprimer, en le remplaçant par une tranchée profonde; mais ce plan a été abandonné.

Sous les Batignolles passe le grand égout collecteur, et d'après les renseignements officiels consignés dans le *Moniteur* par M. Charles Friès, c'est sur le territoire de cette commune que ce beau travail a présenté le plus d'obstacles.

On sait que les égouts de la capitale ne furent primitivement que d'humbles rigoles, des fossés charriant à ciel ouvert toutes sortes d'immondices, et qui imprégnaient l'air de miasmes pestilentiels. C'est à Hugues Aubriot, prévôt des marchands, que revient l'honneur d'avoir construit le premier égout proprement dit, en faisant voûter, vers 1374, la rigole découverte qui conduisait les eaux du quartier Montmartre vers le ruisseau de Ménilmontant. Ce ruisseau formait alors, avec la Seine et la Bièvre, les grands exutoires de la ville. Continué lentement à travers les âges, l'amélioration des égouts reçut une active impulsion de Turgot, qui, en 1740, fit construire le grand égout de ceinture.

Avant 1806, il n'existait dans Paris que 23,530 mètres de galeries d'égouts; il y en avait en 1858 près de 180,000 mètres. Pendant cette période d'un demi-siècle, tous les égouts découverts ont été voûtés successivement, en même temps qu'un certain nombre d'anciennes galeries ont été reconstruites et agrandies.

Les égouts de Paris jettent leur fange dans la Seine par quarante-cinq ouvertures, dont vingt et une sur la rive droite et vingt-quatre sur la rive gauche. Le grand égout de ceinture parcourt une étendue de 6,866 mètres; son bassin, selon l'ingénieur en chef Girard, occupe à lui seul une surface bien supérieure à la moitié de Paris, et des ramifications multipliées y amènent non-seulement les eaux d'un très-grand nombre de quartiers, mais encore celles des flancs méridionaux de la colline de Montmartre. Les autres égouts étaient, à la fin du règne de Louis-Philippe :

Sur la rive droite : les égouts d'Amelot et de l'abattoir Popincourt, du Petit-Musc, de la Grève, des rues de la Tannerie, de la Vieille-Lanterne, de la Vieille-Tuerie, de la Joaillerie, du Châtelet, de la Saulnerie, des arches Pépin et Marion, de la place de l'École, de la barrière des Sergents, de la rue Froidmanteau, du Carrousel, des Tuileries, de la place de la Concorde, de la Pompe-à-Feu, de la rue Saint-Pierre.

Sous les quartiers de la rive gauche serpentaient les égouts de la Salpêtrière, de la Ménagerie, de la Halle-aux-Vins, des Grands et des Petits-Degrés, de la place Maubert, de la rue de la Bûcherie et du pont Saint-Michel, de l'École-de-Médecine, de la rue de Seine, de la rue Saint-Benoît, des rues de Poitiers, de Bellechasse et de Bourgogne, du Palais-Bourbon, des Invalides, du Gros-Caillou, de l'École-Militaire.

On comptait en outre onze égouts pour la Cité et pour l'Ile-Saint-Louis; dans le faubourg Saint-Marceau, six égouts qui tombent dans la Bièvre; le quai Voltaire, deux petits égouts à l'usage des maisons particulières, et enfin trois égouts découverts dans les faubourgs Saint-Antoine et Saint-Marceau.

Ces égouts ont été remaniés, assainis, élargis; leur curage est fait aux frais de l'entrepreneur général du nettoiement, sous la direction de l'inspecteur général de la salubrité. L'entrepreneur fournit les outils et ustensiles nécessaires; mais une administration spéciale surveille les égouttiers, qui sont partagés en divisions de quatorze à quinze hommes. Leur uniforme se compose d'une blouse de toile bleue très-courte et de très-longues bottes de pêcheurs, qui leur sont fournies par l'administration. L'instrument dont ils se servent pour remuer la boue et la pousser vers la Seine est une longue perche terminée en forme de truelle qu'ils appellent *rabot*.

Tous les matins, vers six heures, chaque division marche au rendez-vous. Elle est commandée par un chef, qui porte sur le devant de son chapeau une plaque de cuivre où sont gravés ces mots : *Préfecture de police. — Service des égouts. — Chef.*

La division tout entière disparaît dans la branche d'égouts qui lui est assignée; deux égouttiers seulement restent au dehors pour couvrir le tampon quand il en sera temps; les autres suivent à pas lents, le rabot à la main, les longues galeries qui sont leur domaine. Pendant la marche, le chef examine avec soin l'état de la voûte, et tient note des réparations à effectuer, pour les signaler à l'inspecteur général.

Vers midi, les égouttiers revoient la lumière du jour, et les hommes de chaque division vont dîner ensemble chez un gargotier. Après une modeste repas, ils reprennent leur promenade souterraine, et rafraîchissent le fond du radier, que les eaux des bornes-fontaines baignent de midi à deux heures.

Dans les temps de gelée ou de sécheresse, les égouttiers enlèvent les sédiments adhérents au dallage des égouts. Leur service est alors moins pénible; mais comme on compte annuellement à Paris une moyenne de deux cent trente-quatre jours de vents humides et de cent quarante-deux jours de pluie, comme certaines années ont présenté jusqu'à trois cent vingt jours de pluie et cent vingt centimètres de hauteur d'eau pluviale, les égouttiers ont peu de chances d'interruption dans le cours de leur existence amphibie.

Dans les quatre saisons, à Paris, l'on essuie
De la pluie et du vent, du vent et de la pluie.

C'est pour deux francs vingt-cinq centimes, pour trois francs quand ils ont le grade de chef, que ces hommes consentent à s'enterrer vivants pendant la moitié de la journée, à piétiner dans un marais fétide et nauséabond. Au bout de vingt ans de service, ils ont droit à une pension de trois cents francs.

Tandis que l'air que nous respirons se compose de vingt et une parties d'oxygène, de soixante et onze parties d'azote et de quelques millièmes seulement d'acide carbonique, l'air des égouts contient, suivant le calcul de M. Gaulthier de Claubry :

Oxygène	13,79
Azote	82,20
Acide carbonique	2,01
Hydrogène sulfuré	2,00
	100,00

Cette atmosphère empestée, lorsqu'elle ne tue pas, attaque les paupières et les yeux, et cause de douloureuses ophthalmies.

Des améliorations importantes ont été poursuivies dans le régime des égouts souterrains; elles consistent dans l'établissement d'égouts collecteurs parallèles à la Seine; dans la dérivation d'une partie des affluents du grand égout de ceinture et dans l'assainissement de la Bièvre. Enfin, un ouvrage, gigantesque, achevé en 1859, a complété ce vaste système de canalisation du sol parisien et affranchi tous les quartiers de la rive droite des inondations périodiques qui les envahissent dans les saisons pluvieuses.

Le grand égout collecteur part de la rue de la Pépinière, au droit de la rue Rumfort, pour aboutir en Seine, à Clichy, en face du port d'Asnières.

Dans la plaine des Batignolles les cultivateurs ont su mettre à profit le passage de ce cours d'eau, riche en matière fertilisante; ils y puisent un excellent engrais liquide; les détritus de toute espèce sont charriés avec tant d'abondance par le courant souterrain, qu'une drague puissante est occupée presque constamment à maintenir l'embouchure libre.

Dans un mémoire présenté à la commission municipale par le préfet de la Seine, et qui a été inséré dans le *Moniteur* du 8 avril 1857, se trouve l'exposé complet des motifs qui ont conduit à la création de cette nouvelle artère d'assainissement. Il n'est pas hors de propos de les rappeler ici sommairement.

..... Les galeries d'égout de Paris ont dû être établies dans la plus grande partie de la ville à un niveau tel que les crues les plus ordinaires de la Seine les envahissent chaque année, et souvent pendant un temps assez long. On a songé à remédier à cet inconvénient par la construction d'égouts collecteurs parallèles au fleuve, ne communiquant avec lui, dans l'intérieur de Paris, qu'au moyen de déversoirs ménagés pour les temps d'orage ou de pluies torrentielles, à une hauteur supérieure à celle des crues ordinaires et ayant leur débouché normal en aval de Paris. Mais on a reconnu que le peu de pente de la Seine rendrait à peu près sans effet, au point de vue de la défense des galeries d'égout contre les eaux du fleuve, l'établissement des égouts collecteurs parallèles à son cours, et qu'à moins d'abaisser le lit de la Seine, entreprise impossible, ou de relever le plan général des galeries d'égout, expédient qui laisserait les quartiers bas sans écoulement, il faudrait se résigner à voir le service des galeries interrompu chaque année, comme il l'est dans l'état actuel pendant plusieurs mois, par le fait de l'envahissement des eaux.

C'est en présence de ces faits qu'on a résolu d'utiliser la courbe décrite par la Seine, qui, après être sortie de la ville, s'en rapproche sensiblement vers Asnières, pour aller chercher, dans l'intérêt des quartiers de la rive droite, un débouché plus bas d'environ 2 mètres que celui de l'égout de ceinture à Chaillot.

Ce nouvel égout, ou plutôt ce spacieux canal, a 3,894m 50 de développement; dans Paris, et jusqu'aux fortifications, il a été exécuté en tunnel, et en tranchée des fortifications à la Seine. En quittant la rue de Laborde, il emprunte le tracé de la rue Malesherbes, passe sous une propriété particulière située près du mur d'enceinte, suit la route départementale n° 33, traverse souterrainement les chemins de fer d'Auteuil et de Rouen, et arrive à la Seine dans la direction de la rue du Bac d'Asnières.

La section intérieure de l'égout collecteur est la même dans tout son parcours. Elle comporte une cuvette de 3ᵐ 50 de largeur sur 1ᵐ 35 de profondeur; deux banquettes de 0ᵐ 90 de largeur; deux pieds-droits ayant 1ᵐ 05 de hauteur et 0ᵐ 15 de fruit, et enfin une voûte elliptique surbaissée de 5ᵐ 00 d'ouverture et 2 mètres de flèche. L'épaisseur de la maçonnerie est moindre dans la partie qui a été exécutée en souterrain que dans la partie qui a été construite en tranchée, parce que l'on a fait usage dans la première de ciment de Vassy, et, dans la seconde, d'un simple mortier de chaux hydraulique.

La cote du radier de l'égout, rapportée au niveau de la mer, est au droit de la rue de la Pépinière, de 27 mètres, et de 25 mètres en arrivant en Seine. La pente uniforme de la cuvette est par conséquent de 0ᵐ 0005 par mètre. On a pratiqué à l'issue de l'égout une écluse à sas, de telle sorte que les bateaux qui feront le service des éhouages de Paris puissent facilement passer en Seine et ne pas interrompre ce service par les plus basses eaux. Le fond de l'écluse est à la cote de 23ᵐ 61.

Lorsque le barrage de Saint-Ouen sera construit, le niveau des basses eaux au droit d'Asnières sera, à la cote, de 25ᵐ,00; il y aura alors dans l'écluse une hauteur d'eau minima de 1ᵐ,48.

Quant aux banquettes qui longent l'écluse, elles ont dû être établies à la cote de 25ᵐ,76, afin de ne pas trop enterrer les maisons voisines. L'eau ne pourra donc s'élever dans l'écluse que jusqu'à la cote de 25ᵐ,76, ce qui laissera dans la cuvette de l'égout un tirant d'eau minimum de 0ᵐ,66. Ce tirant d'eau sera suffisant pour les besoins. Indépendamment de l'écluse d'aval, il y a dans la longueur de l'égout collecteur deux autres écluses à sas destinées à diminuer la rapidité du courant. La cunette se trouve ainsi divisée en trois biefs de 1,262 mètres de longueur chacun. On se propose de substituer aux portes, ordinairement en usage pour les écluses et dont le courant eût rendu l'ouverture difficile dans la cunette, des barrages mobiles, semblables à ceux qui ont été appliqués avec succès dans la haute Seine.

La hauteur des banquettes a été calculée de telle sorte que, tant que la Seine ne montera pas à plus de 1ᵐ,26 au-dessus du barrage de Saint-Ouen, elles demeureront à sec. Lors des crues d'été, qui ne dépassent guère 2 mètres, l'eau n'arrivera que jusqu'aux fortifications. Les crues qui atteignent ou dépassent 5 mètres ne durent qu'un jour ou deux en moyenne par année et n'interrompent presque jamais le service de la galerie. Le surplus du réseau des égouts de Paris en sera à peu près complètement affranchi.

Sous la banquette de droite, on a pratiqué une conduite en ciment de Vassy de 0ᵐ,40 de diamètre, exécutée dans le massif de la maçonnerie, et destinée à rejeter hors de Paris les eaux provenant du drainage des quartiers dont les caves sont envahies périodiquement par les eaux qui descendent des coteaux voisins de la Seine et s'infiltrent à travers les sables du sol parisien. Sous la conduite de gauche règne une conduite de même diamètre que la précédente, et qui doit amener jusqu'à Clichy les eaux vannes provenant des fosses d'aisance. Ces eaux pourront être ainsi ultérieurement dirigées sur un établissement analogue au dépotoir de La Villette, d'où elles seraient refoulées par de puissantes machines vers des centres de culture dont elles contribueraient à accroître la fertilité.

On a vu par ce qui précède que le radier de l'égout collecteur est en son extrémité d'amont à la cote de 27 mètres. Cette profondeur permettra de relier à cet égout : 1° l'égout de ceinture dont le radier, à l'angle des rues Lavoisier et de Rumfort, se trouve à la cote de 27ᵐ,00; 2° l'égout de Rivoli dont le radier, à l'angle des rues de Rivoli et Royale, est à 27ᵐ,51, et enfin tous les égouts aboutissant sur le quai de la Conférence et qui desservent les Champs-Élysées et le bas Chaillot. On donnera à cet effet à l'égout qui devra être construit sur le quai de la Conférence une pente inverse de celle de la Seine. L'administration se propose en outre de ramener à l'égout collecteur les eaux des égouts de la rive gauche, au moyen d'un siphon qui serait immergé dans la Seine. L'égout collecteur recevra en temps ordinaires toutes les eaux de la capitale, et il présentera donc l'avantage d'affranchir le fleuve, dans la traversée de Paris, du tribut fangeux que lui apportent les égouts actuels. Les égouts qui viendront y déboucher pourront, dans les temps d'orage, déverser directement leur trop plein dans le fleuve par des exutoires réservés à cet effet et susceptibles d'être fermés pendant les crues. Au résumé, les eaux de la Seine ne devront jamais s'introduire dans l'égout collecteur et dans le réseau y communiquant que du côté d'Asnières.

Trois forages artésiens, pratiqués au commencement de 1857 dans le parcours de l'égout, ont donné, sur la composition géologique du sol et sur la hauteur de la nappe d'eau des puits, les résultats suivants :

L'égout collecteur, depuis la rue de la Pépinière jusqu'au droit de la rue Cardinet (aux Batignolles), se trouve placé dans les sables moyens. De ce dernier point à la rencontre des fortifications, il pénètre dans le calcaire lacustre; entre les fortifications et la Seine il ne rencontre plus que des alluvions. La nappe d'eau des puits se tient vers la rue de la Pépinière au niveau de l'intrados de l'égout; elle monte vers le mur d'enceinte à 1 mètre au-dessus de l'extrados; elle descend vers les fortifications à 2 mètres au-dessous de l'intrados. Là une chute semble se prononcer résultant de la perméabilité des terrains d'alluvion. Des fortifications à la Seine, la nappe d'eau des puits suit à peu près le dessous du radier de l'égout.

Nous avons dit que l'égout collecteur avait dû être effectué, partie en souterrain, partie en tranchée et à ciel ouvert. Les travaux confiés à M. Delaperche, ingénieur ordinaire des ponts et chaussées, sous la direction de M. Belgrand, ingénieur en chef des eaux et égouts, et sous le contrôle de M. Michal, inspecteur général des ponts et chaussées, directeur du service municipal des travaux publics de Paris, ont offert de sérieuses difficultés d'exécution, notamment au passage sous le chemin de fer de Rouen, où des reprises en sous-œuvre très-délicates ont dû être opérées pendant le passage des trains. Ce fut en employant de la paille et des blindages serrés que l'on parvint à se rendre maître du sol et à prévenir tout accident. On éprouva les mêmes difficultés à l'approche des fortifications, où l'on se trouvait serré entre deux rangs de maisons et où le défaut de consistance du sol occasionnait, le long des parois de la tranchée, des éboulements continuels. Ici encore on triompha heureusement de tous les obstacles, et l'égout put être achevé sans que les travaux eussent été interrompus un seul instant.

Rien de grandiose, a dit avec raison M. Charles Friès, comme l'aspect de cet immense souterrain, construit dans des conditions de solidité exceptionnelle, et qui est aux anciens égouts ce que sont à tant de rues récemment disparues du sol parisien les splendides voies qui y tracent aujourd'hui leur majestueux sillon.

FIN DU DIX-SEPTIÈME ARRONDISSEMENT.

XVIIᵐᵉ ARRONDISSEMENT DES BATIGNOLLES - MONCEAUX

Les Buttes-Montmartre.

LES BUTTES-MONTMARTRE. — DIX-HUITIÈME ARRONDISSEMENT.

CHAPITRE PREMIER.

Le côté droit. — Les tripes à la mode de Caen. — Les cimetières. — La crémation. — Le jardin et le musée.

Le côté droit de la magnifique avenue qui part du rond-point de l'ancienne barrière de Clichy et se dirige, en se bifurquant, vers Clichy ou vers Saint-Ouen, a été séparé des Batignolles pour être réuni au XVIII° arrondissement. De même que le côté gauche, il abonde en cafés élégants, en restaurants fréquentés, surtout le dimanche, par une foule pour laquelle les salles les plus vastes deviennent trop étroites. Là est la métropole de ces établissements d'importation normande, où l'on ne vend que des tripes à la mode de Caen. Ce mets, longtemps inconnu dans Paris, y a tout à coup fait fortune, mais le restaurant de Jouanne, aux Batignolles, passe pour conserver le mieux les grandes traditions de l'art culinaire du Calvados; c'est aussi le seul qui ne se soit jamais relâché de la sévérité des principes. Les débitants de tripes parisiens peuvent offrir à leur clientèle d'autres *plats du jour;* chez Jouanne, on ne prépare que les intestins du bœuf. Quelques familles, séduites par cette grande renommée, viennent naïvement s'abattre chez Jouanne, pour y faire un dîner régulier. Quand les convives sont attablés, le chef de l'expédition dresse le menu, et crie, à la cantonade : « Garçon! un potage! »

— Monsieur, il n'y en a pas.
— Comment! Vous voulez dire peut-être qu'il n'y en a plus?
— Non, Monsieur, nous ne faisons jamais de potages.

— En ce cas, donnez-moi un fricandeau au jus.
— Il n'y en a pas.
— Un filet aux olives.
— Il n'y en a pas.
— Mais vous n'avez donc rien? Au moins, vous nous donnerez bien une omelette?
— Non, Monsieur.
— Mais que mange-t-on donc ici?
— Des tripes à la mode de Caen.

Jamais, chez ce prototype des spécialistes, on n'a vu que du gras-double accommodé de la même manière sur les bords de l'Orne et de l'Odon.

Près de l'avenue de Clichy, où règne une animation perpétuelle, se trouve un séjour de silence et de deuil, le cimetière du Nord, dit *de Montmartre*.

L'annexion faisait légalement aux cimetières une fâcheuse position. Le décret du 23 prairial an XII (12 juin 1804) est formel : « Aucune inhumation n'aura lieu dans les églises, temples, synagogues, hôpitaux, chapelles publiques, et généralement dans aucun des édifices clos et fermés où les citoyens se réunissent pour la célébration de leur culte, ni dans l'enceinte des villes et bourgs. Il y aura, hors de chacune de ces villes ou bourgs, à la distance de 35 à 40 mètres au moins de leur enceinte, des terrains spécialement consacrés à l'inhumation des morts. » Le décret d'annexion exigeait donc, comme corollaire, un décret qui reléguât les cimetières à 35 mètres au moins, non-seulement des fortifications, mais encore de la zone militaire. Dans l'état actuel des choses, en face d'habitudes prises et enracinées, l'administration ne pouvait songer à détruire immédiatement de grandes nécropoles, comme elle avait détruit autrefois les cimetières paroissiaux. Un arrêté du préfet de la Seine, en date du 20 décembre 1859, contre-signé par M. Charles Merruau, secrétaire-général de la préfecture, assigna :

1° Le cimetière du Nord, dit de *Montmartre*, aux inhumations des Ier, IIe, VIIIe, IXe et X^e arrondissements ;

2° Le cimetière de l'Est, dit *Père-Lachaise*, aux inhumations des IIIe, IVe, XIe, XIIe et XXe arrondissements ;

3° Le cimetière du Sud, dit *du Mont-Parnasse*, aux inhumations des Ve, VIe, VIIe, XIIIe et XIVe arrondissements ;

4° Le cimetière des Batignolles, aux inhumations du XVIIe arrondissement ;

5° Le cimetière de Montmartre, à celles du XVIIIe arrondissement ;

6° Le cimetière de la Villette, à celles du XIXe arrondissement ;

7° Les cimetières de Grenelle et de Vaugirard à celles du XVe arrondissement.

La circonscription du cimetière de Grenelle embrasse la partie de l'arrondissement située à l'ouest d'une ligne allant de la Seine à l'enceinte fortifiée par la ligne d'axe de l'avenue de Suffren, de l'avenue Lowendal, de la Croix-de-Nivert et de la rue de Sèvres.

La circonscription du cimetière de Vaugirard comprend tout le surplus du XVe arrondissement.

8° Les cimetières d'Auteuil et de Passy aux inhumations du XVIe arrondissement.

La circonscription du cimetière d'Auteuil est déterminée par la Seine, l'enceinte fortifiée et la ligne d'axe du chemin des Tombereaux et de la rue de Boulainvilliers.

La circonscription du cimetière de Passy comprend tout le surplus du XVIe arrondissement.

Les cimetières de la Chapelle, de Belleville, de Charonne et de Bercy sont supprimés.

Que de place tiennent les cimetières sur notre sol et dans notre civilisation ! Sans manquer de respect aux dépouilles inanimées des parents, des amis qui nous ont été chers, ne pourrait-on, en leur rendant hommage, se dispenser d'établir au milieu des villes des foyers pestilentiels ? Faut-il absolument confier à la terre, cette dépositaire infidèle, des corps qu'elle dissout, qu'elle livre aux vers, et dont elle envoie une partie dans les airs en émanations délétères, comme pour augmenter plus vite son butin ?

Avant l'ère chrétienne, les morts de qualité étaient brûlés ; on n'enterrait que les esclaves. Dans la religion nouvelle, dont l'égalité était la base, les classes supérieures abandonnèrent le privilège d'être mises en cendres et enfermées dans des cippes ou *columbaria*. Nobles et serfs, riches et pauvres, furent indistinctement enterrés. Certes, pour les hommes qui consentaient à traiter en frères les malheureux qu'avaient décimés les murènes de Pollion et les lions du Colisée, à remplacer un droit absolu de propriété par un système de redevances, ce ne furent pas là les plus grands sacrifices. Le plus pénible, sans doute, fut la renonciation au droit d'être brûlé. Ils auraient pu s'envoler en fumée vers les cieux. Le *caput mortuum*, le résidu solide qu'ils auraient laissé sur la terre, et non dessous, — pourquoi descendre ? — aurait tenu dans une urne ; le moribond, dans ses illusions, aurait pu s'imaginer que ses cendres seraient parfois baignées des pleurs d'une épouse désolée et d'un héritier attendri. Au lieu de cela, il lui fallait pourrir dans la boue et dans les ténèbres !

L'idée d'une décomposition lente, froide, obscure, excite une instinctive répulsion ; l'esprit ne saurait s'y arrêter sans trouble, sans horreur.

L'humanité s'afflige des maladies qu'engendrent ou qu'entretiennent les miasmes qui se dégagent des tombeaux.

L'économie politique demande compte de tant d'hectares improductifs.

Au point de vue moral et physique, les inhumations ne sont-elles pas condamnées, du moins telles qu'on les pratique ? Nous ne sollicitons point le rétablissement de la crémation ; mais la science ne fournit-elle pas mille autres moyens, beaucoup moins dispendieux, de réduire un corps inerte à sa plus simple expression ? Un peu de chaux y suffirait, et sauverait les dépouilles humaines du déshonneur d'être changées en fumier et dévorées par des larves immondes.

En attendant que, dans l'intérêt commun des vivants et des morts, les cadavres soient préservés d'une destruction lente, qu'ils soient pour ainsi dire escamotés, on jette sur eux des pierres et des fleurs. Le cimetière du Nord est à la fois un jardin et un musée.

Le jardin est charmant ; les arbres, toujours verts, répandent dans les allées une ombre et une fraîcheur continues ; les roses, les pervenches, les géraniums, les fuchsias, poussent avec une luxuriance qu'on trouve rarement en dehors des lieux réservés aux inhumations. Les merles, les pinsons, les moineaux, gazouillent à l'envi en sautillant de branches en branches, et quelques rossignols font leurs nids dans les plus épais massifs.

Le musée consiste en monuments assez généralement uniformes, mais dont quelques-uns, toutefois, se distinguent par leur excentricité. Tous ne sont pas d'un goût irréprochable ; la douleur la plus vraie et la plus sincère peut avoir ses égarements, et se traduire par des exhibitions peu sensées d'objets en verre filé, de couronnes en fleurs artificielles, de reliques déposées sous des globes de pendule. Respectant la tendresse jusque dans ses erreurs, n'examinons ni le choix des emblèmes, ni le style des épitaphes, et contentons-nous d'explorer le cimetière du Nord pour y chercher les tombes des hommes qui ont bien mérité de leur patrie.

CHAPITRE II.

Le cimetière du Nord. — Le maréchal de Ségur. — Armand Marrast. — Les trois Cavaignac. — Autres morts célèbres. — Paul Niquet. — Mme Garneray. — Les Polonais.

Une des tombes les plus anciennes du cimetière est celle de Philippe-Henri, marquis de Ségur, maréchal de France, ministre d'État, gouverneur du comté de Foix, commandant en Franche-Comté et chevalier des ordres du roi, né à Paris le 20 janvier 1724, décédé à Paris le 3 octobre 1801.

Une couronne d'immortelles et des palmes sont jetées sur la tombe d'Armand Marrast, membre du gouvernement provisoire, président de l'Assemblée nationale, né à Saint-Gaudens le 5 juin 1801, mort le 10 mars 1852.

Le tombeau de la famille Cavaignac renferme la dépouille mortelle de Jean-Baptiste, député à la Convention, mort en exil à Bruxelles le 24 mars 1823 ; Godefroy, décédé le 5 mai 1845, à quarante-cinq ans, et Eugène, décédé le 28 octobre 1857, à l'âge de cinquante-cinq ans. On n'a inscrit sur la tombe de ce dernier aucun des titres qui le recommandent à l'attention de la postérité. Il était né le 15 octobre 1802 ; admis à l'École polytechnique le 1er septembre 1820, il était entré en 1824 au 2e régiment du génie. Il avait gagné ses grades en Afrique, où il avait illustré la défense de Tlemcen et celle de Cherchell. Après 1848, il avait été nommé général de division et gouverneur de l'Algérie. Nommé représentant du peuple par les départements de la Seine et du Lot, il se trouva investi du pouvoir dans les circonstances les plus difficiles. Il appartient à l'avenir de le juger en dernier ressort. Ses obsèques furent les plus brillantes dont le cimetière Montmartre ait été témoin. Une brigade d'infanterie et un escadron de chasseurs escortaient le convoi, auquel assistaient d'anciens ministres, d'anciens représentants ou fonctionnaires de la République, ainsi que des émigrés d'Italie, de Pologne, de Hongrie et d'Espagne. Aucune statue n'a été élevée au chef du pouvoir exécutif de 1848 ; mais les mausolées où il repose porte l'image en bronze de son frère Godefroy, œuvre admirable de François Rude, assisté de son jeune élève Christophe, qui a modelé les draperies.

Godefroy Cavaignac est là, couché, immobile, dans les plis de son linceul, sur la pierre même qui scelle son tombeau, le corps étendu droit, les pieds joints, la tête renversée en arrière, fixe, la poitrine haute, les bras allongés, les mains légèrement roidies, la droite posée sur une plume et la garde d'une épée. C'est déjà la mort, mais tiède, calme, semblable au sommeil, et l'on dirait un dormeur qui vient de vous serrer la main avant de défaillir et de s'affaisser pour toujours ; un athlète fatigué qui étend ses membres et laisse retomber sa tête pour le repos éternel. La tête surtout vit et respire dans son immobilité même ; c'est un portrait d'une ressemblance austère, d'une vérité idéale ; la physionomie et le caractère s'y creusent profondément, et toute sa personne y resplendit. On s'arrête fasciné, attendri, exalté devant cette statue que ne glace point le linceul, et qui nous parle de la mort avec tant de majesté et de candeur.

Cette statue n'est pas seulement une conception belle de simplicité et de sentiment, c'est une œuvre savante et sévère, composée et traitée avec tout le scrupule et tout le génie de l'art. La symétrie monumentale de la ligne est tempérée par d'heureuses et légères ondulations. La figure entière se déploie grandement, et les plis dessinent même les parties qu'ils recouvrent. Le nu et la draperie se partagent et ne scindent point la forme; le nu est d'une étude serrée, d'une beauté large, d'un nerf saillant; et ce qui l'a fait encore ressortir davantage, c'est le travail même de la draperie qui voile à demi le reste de la figure. Cette draperie, fine, souple et transparente, est à elle seule un travail précieux; l'outil ajoute beaucoup à l'habileté de la disposition.

Une foule d'hommes célèbres sont réunis dans le cimetière du Nord. Le maréchal Lannes, duc de Montebello, repose dans les caveaux du Panthéon; mais son cœur est conservé au cimetière Montmartre dans une chapelle de famille. Manin et sa fille Émilia y dorment loin de leur chère Vénétie, qui gardera éternellement leur souvenir.

En parcourant les sentiers pittoresques du lieu funèbre, nous trouvons les tombeaux de l'amiral Charles Baudin, né le 21 juillet 1784, mort le 7 juin 1854; de Voyer-d'Argenson, millionnaire qui, à la tribune comme dans ses ouvrages, se fit l'avocat des classes laborieuses; de Michel-Ange Buonarotti, qui trempa dans la conspiration Babeuf, et qui en a écrit une intéressante et fidèle relation; de Charles-Antoine Toste, qui, dès ses premières années, était persécuté par la réaction thermidorienne à cause des idées politiques de sa famille, et qui lui resta invariablement dévoué jusqu'au dernier soupir; de Charles Fourier, ce grand utopiste qui a mêlé tant d'idées utiles à tant de rêveries. Un poète aimé des dames, Gabriel-Marie-Jean-Baptiste Legouvé, est enseveli à côté de sa femme, née Élisabeth Sauvan, dont les qualités et les vertus contribuèrent à lui inspirer son meilleur ouvrage : le *Mérite des Femmes*.

Guyon Lethière, né à la Guadeloupe en 1760, a sa tombe à gauche de l'entrée, au pied du mur de clôture. Élève de Doyen, ce peintre n'a rien produit de mieux que son grand tableau de *Junius Brutus condamnant ses fils*, envoi de Rome. Il est mort le 22 avril 1832, en mettant la dernière main à un tableau de *Virginius poignardant sa fille*.

Dans un mausolée dont Félix Duban a sculpté les couronnes de fleurs et de lauriers, Paul Delaroche a suivi sa femme, fille d'Horace Vernet. Un caveau renferme les restes de deux peintres regrettables, Alfred Johannot, mort en 1837, Tony Johannot, mort en 1852. Plus loin est le caveau de F.-Léon Bénouville, mort le 14 février 1859, à l'âge de 38 ans. Dans cette galerie d'artistes figurent Greuze, Mme Haudebourg Lescot; le sculpteur Pigale, auteur du fameux mausolée du maréchal de Saxe qu'on admire dans le temple de Saint-Thomas de Strasbourg; Amable-Paul Coutan, sculpteur, décédé le 30 mars 1837, à l'âge de 45 ans. Parmi les architectes, signalons François-Charles Gau, architecte de l'église Sainte-Clotilde, de la Banque, des hospices de Paris, voyageur en Palestine, auteur des *Antiquités de la Nubie*, continuateur de Le Mazois sur les ruines de Pompéi, né en 1789, mort en 1853.

Un monument d'une originalité remarquable est celui de Pierre-Léonard Laurécisque, architecte des palais de l'ambassade de France, de l'église Saint-Louis et de la chancellerie à Constantinople, né le 20 avril 1797. Son nom, ceux de sa femme et de son jeune fils sont inscrits sur le socle. Au-dessus se dresse une façade dans le marbre de laquelle sont sculptées trois boîtes pareilles à celles qui renferment les momies. A la place qu'occupent habituellement les têtes égyptiennes, se détachent les portraits de l'architecte, de sa femme et de son enfant. Deux urnes et deux hiboux complètent la décoration.

Sur un soubassement, arrondi aux extrémités, s'élève une pierre qui se termine à plein cintre et que surmonte une croix ouvragée. Aux deux côtés sont des hiboux de bronze qui tiennent au bec des serpents. Au centre est le buste d'Artot, né en 1815, mort en 1847. Il se distingua comme compositeur et comme instrumentiste; et le sculpteur lui a donné pour attributs un violon, un archet, et un cahier de musique.

Voici un nom qui rappelle les souvenirs du vieux Paris; c'est celui de Paul Nicquet, que son épitaphe qualifie d'ancien marchand. Il est mort le 4 août 1829, laissant à ses héritiers, rue aux Fers, un débit d'eau-de-vie et de liqueurs ouvert jour et nuit. Le comptoir était à l'extrémité d'une allée, dans un enfoncement. En face régnait un banc où s'asseyaient les consommateurs. L'allée qui commençait à la rue aboutissait à une petite cour au fond de laquelle était une sorte de chenil jonché de paille; c'était la couche des buveurs malheureux. Quelques gens de lettres, en quête d'émotions ou attardés à la suite d'un dîner trop copieux, avaient découvert Paul Nicquet. Ils avaient fraternisé avec sa curieuse clientèle, et il y eut une époque où l'étranger qui visitait Paris, après avoir vu la colonne Vendôme et la girafe, ne manquait pas de dire à son cicérone : « Conduisez-moi chez Paul Nicquet. »

On lit sur une tombe le nom de Mme Garneray, décédée le 13 janvier 1858, à l'âge de 72 ans. Qui se douterait que cette modeste épitaphe rappelle un crime mystérieux? Cette vénérable dame logeait rue des Martyrs, n° 20. Un jour on la trouva étranglée dans son lit, au milieu d'un appartement dont les meubles commençaient à brûler; un voleur homicide avait évidemment allumé ce commencement d'incendie. Les soupçons se portèrent sur le concierge, qui fut renvoyé absous après une longue et minutieuse instruction, mais qui devint fou de désespoir d'avoir été injustement accusé. Les recherches de la police n'ont fait découvrir aucunes traces de l'assassin de Mme Garneray.

Plusieurs réfugiés polonais, grâce aux largesses d'un de leurs compatriotes, ont trouvé un asile dans le cimetière Montmartre. Les sentiments qui les animaient à leurs derniers moments se résument dans ce vers tracé sur une tombe :

Exoriare aliquis nostris ex ossibus ultor!

Le plus remarquable des monuments consacrés à la mémoire des exilés de la Pologne, est celui sur lequel on lit : « Ci-gît Léon Stampowski, maréchal de la noblesse d'Uzika en Podolie, fondateur des tombeaux polonais au cimetière Montmartre, né en 1794, mort en 1855. » Les angles du socle de pierre sur lequel est gravée cette inscription, portent quatre trophées composés d'armes, d'étendards, de boulets et d'écussons. Ils soutiennent les cercueils en pierre de plusieurs autres officiers polonais.

Pour avoir une idée de l'architecture russe, regardez cette chapelle couverte de peintures et de dorures; elle est érigée à la mémoire de la princesse Soltikoff, qui mourut à Paris le 21 janvier 1845. Nous trouvons encore dans le cimetière du Nord, Marc-Antoine Julien, fondateur de la *Revue encyclopédique*; Auguste Julien, son fils, auteur de *Recherches sur les proverbes* et rédacteur du *Siècle*, où il a laissé de sincères regrets; Billecoq, bâtonnier de l'ordre des avocats; Numance, comte de Girardin, né le 13 mars 1794, mort le 6 novembre 1855; le colonel Soubeiran d'Hauterville, né le 27 juillet 1794, mort le 28 juillet 1848; le pianiste Kalbrenner; Adolphe Nourrit, dont la carrière fut si éclatante et la fin si triste; Moreau Cinti, professeur au Conservatoire, décédé le 30 mars 1860, à soixante et un ans; l'acteur Dazincourt; Claude-Fortuné Ruggieri, artificier du roi, né en 1777, mort en 1841.

Dans le cimetière israélite s'élève une tombe ornée des symboles les plus compliqués. On y voit une barque, un homme et une femme, un serpent qui se mord la queue, un trépied, un triangle environné de rayons : c'est le mausolée de Marc Ledarrole, officier d'état-major de l'ancienne armée, grand conservateur de l'ordre maçonnique pour la France, grand dignitaire des puissances suprêmes de l'ordre dans divers royaumes étrangers, grand commandant des chevaliers défenseurs de la maçonnerie, et possédant tous les rites, décédé le 1er avril 1840.

CHAPITRE III.

La butte Montmartre. — Les carrières. — Mars, Mercure et Saint-Denis. — Les deux églises. — La trombe de 944. — Le vin de Montmartre. — L'*Alleluia*. — La chapelle du Martyre.

En quittant le cimetière du Nord, nous pouvons croire pendant quelque temps que nous n'en sommes pas sortis : les boutiques sont garnies de pierres tumulaires; des marbriers travaillent à tailler les épitaphes les mieux conditionnées, en donnant aux défunts, au plus juste prix, les qualités désirables de bon père, bon époux, etc. Les marchandes présentent aux passants des couronnes d'immortelles, comme si tous ceux qui rôdent sur ce boulevard se dirigeaient inévitablement vers le cimetière du Nord. Hâtons-nous de nous éloigner de cette exploitation de la mort et de gravir la butte Montmartre.

C'est le belvéder de Paris. Lorsque vous avez fait la pénible ascension de cette hauteur, vous avez la satisfaction de voir à vos pieds la capitale de la France. Les dômes, les clochers, les colonnes, les palais se dégagent dans une brume lumineuse au-dessus des toits innombrables. Les rues les plus larges disparaissent; on ne distingue qu'un amas de maisons que l'on pourrait croire juxtaposées. Le bassin de Paris se développe avec sa circonférence de collines, et la vue est d'une étendue telle que les presbytes ou même les myopes voient parfaitement, avec un télescope, la tour de Montlhéry.

L'immense cité que nous contemplons doit en grande partie sa splendeur et sa magnificence à l'humble butte où nous sommes placés; sans Montmartre, Paris ne serait rien; pour qu'une importante capitale pût être créée sur les rives sinueuses de la Seine, il était nécessaire qu'on trouvât à proximité de la pierre et du plâtre. Or la pierre est en abondance à Gentilly, à Montrouge, à Arcueil, à Ivry, à Villejuif, et Montmartre est une mine inépuisable de gypse.

On ne sait comment s'est formée cette éminence, mais elle présente au géologue plus d'intérêt que beaucoup d'autres localités. Dans ce terrain diluvien, à la création duquel l'eau douce et la mer ont également contribué, il a été découvert des coquilles fluviatiles, des tortues, des crabes, des balanites et des brochets, des huitres et des truites, des spars et des raies. Parmi les quadrupèdes dont les ossements ont été observés par Cuvier, au sortir des carrières de Montmartre, les zoologistes ont remarqué cinq espèces de palæotheriums, des civettes, des sarigues, des dasypus, des anoplotheriums, des oiseaux et des reptiles des latitudes tropicales. Dans la première couche de calcaire ont été trouvés des palmiers pétrifiés. Toutefois, ces richesses, précieuses pour le Muséum d'histoire naturelle, sont les moindres trésors de Montmartre. Sa fortune est due à son plâtre, qu'on exporte jusqu'en Amérique, et qui était renommé dès le XVIIe siècle. Dans un poëme latin intitulé *Lutetia*, composé par Raoul Bouterais de Chateaudun, avocat au grand conseil, et imprimé chez Rollin en 1622, on lit des vers dont voici la traduction :

« Là où les compagnons de saint Denis furent mis à mort, sur le sommet d'une montagne, existe encore un village qui prend son nom du martyre de ces amis du Christ. C'est de ce lieu qu'on tire la pierre, et là même qu'on cuit le plâtre si utile et si souvent employé dans la construction de nos maisons, que par l'éclatante blancheur dont il les revêt, Paris semble une ville de plâtre. C'est au constant usage de cette matière froide et qui brave les atteintes de la flamme que notre cité doit sa tranquillité contre les accidents du feu et n'éprouve que de rares incendies.

« Les montagnes de la Bohême enfantent, après de nombreux hivers, le cristal durci dans leur sein; la Germanie nous donne le cuivre; les plaines d'Espagne nous fournissent l'acier; du flanc des Pyrénées nous arrachons le marbre.

« Toutes ces richesses de la terre sont d'un plus rare emploi et moins communs que notre modeste plâtre, dont la riche veine croît sans cesse dans une carrière inépuisable.

« Le plâtre! cette substance qui prend toutes les formes, qui, mêlé avec de l'eau, se liquéfie, et bientôt, se durcissant, se prête à toutes les inventions, à tous les caprices du génie, et, comme une cire molle et complaisante, devient sous la main de l'habile ouvrier tout ce qu'il lui plaît d'en faire, soit ornement, soit relief ou statue, et à qui il ne manque pour égaler le marbre qu'un peu plus de dureté et de solidité. »

Les anciens auteurs appelaient indifféremment la colline le mont de Mars et le mont de Mercure. Chacune de ces divinités y avait un temple, et l'historien Sauval affirme qu'il y a reconnu des vestiges de constructions romaines. Il prétend même qu'en 1618 se voyait encore dans une niche une idole mutilée; peut-être était-ce celle dont parle Hilduin, chroniqueur du IXe siècle. Il rapporte que saint Denis, saint Rustique et saint Éleuthère, qui étaient venus prêcher l'évangile dans les Gaules, furent dépouillés de leurs vêtements et fouettés aux pieds de l'idole de Mercure avant d'être conduits au supplice. (*Omnes sancti martyres nudi cæsi et suis vestibus reinduti e regione idoli Mercurii ad locum constitutum educti ad decollationem, sunt genua flectere jussi.*)

En souvenir de cet événement dont les hagiographes fixent la date au 9 octobre 287, le mont de Mars ou de Mercure s'appela bientôt mont des Martyrs. Une charte de Dagobert, confirmée par Robert en 996, donne à l'abbaye de Saint-Denis des propriétés qui s'étendent jusqu'au mont des Martyrs, où l'illustre confesseur de Dieu a terminé ses jours (*Usque ad montem Martyrum, ubi ipse perexcellentissimus Domini testis agonem suum explevit.*)

Les deux temples païens furent remplacés par deux chapelles : la principale était consacrée à saint Denis, la seconde, *Ædicula, parva ecclesia*, à ses compagnons. Cette dernière était à mi-côte, faisant face à Paris, s'appelait la chapelle du Martyre ou du Saint-Martyr; elle avait une crypte qui, comme nous le verrons tout à l'heure, eût mérité d'être conservée à titre de monument historique.

En l'année 885, Charles le Gros, marchant au secours de Paris qu'assiégeaient les Normands, planta ses tentes sur le versant méridional du mont de Mars. C'est ce que nous apprend Abbon, poète contemporain :

....Tentoria figens,
Sub Martis pedibus montis, speculamque secundum.

Peu à peu le nom de mont des Martyrs s'est syncopé en celui de Montmartre, qui a prévalu sur l'ancienne dénomination. Frodoard, chanoine de l'église de Reims, dit dans sa chronique, qu'en l'an 944 une trombe extraordinaire s'abattit sur Montmartre : une maison romaine, qui avait bravé les siècles, fut renversée de fond en comble, et les poutres qui en furent arrachées par l'ouragan démolirent les murailles d'une église voisine. Au milieu de la tempête, le peuple crut voir des démons qui, sous la forme de cavaliers, couraient sur la montagne et détruisaient les vignes et les moissons.

Nous voyons par là qu'à Montmartre, comme à Auteuil et dans d'autres localités de l'ancienne banlieue, la vigne était cultivée; seulement le vin de Montmartre n'était connu qu'à cause de ses qualités diurétiques, constatées par ce proverbe trivial qu'on ne nous pardonnera de citer :

C'est du vin de Montmartre,
Qui en boit pinte en pisse quatre.

Suivant la chronique de Baudry, grand chantre de la cathédrale de Cambrai, Othon II, empereur d'Allemagne, faillit être pris, en 977, à Aix-la-Chapelle, par les Français. Il jura que, pour se venger, il irait chanter un *Alleluia* dans l'église de Montmartre, et il y vint en effet l'an 980; mais Hugues Capet le força promptement à prendre la fuite.

Pourtant l'*Alleluia* fut chanté.

En 1096, Bouchard IV, seigneur de Montmorency, possédait la principale église de Montmartre, le cimetière, le tiers de la dîme et d'autres biens que tenaient de lui comme vassaux Vaultier Payen et sa femme Hodierne. Il les céda aux Bénédictines de Saint-Martin-des-Champs, auxquelles fut également abandonnée la chapelle du Saint-Martyr, comme le porte la Chronique du prieuré royal, dont nous avons fait l'histoire en parlant du IIIe arrondissement. *Parva ecclesia quæ in colle montis Martyrum est et a vulgo appellatur Sanctum Martyrium.*

Louis le Gros et sa femme Adélaïde ou Alix de Savoie, fondèrent sur la butte Montmartre un couvent de Bénédictines. Par des actes, dont les curieux peuvent trouver le texte dans les *Antiquités de Paris* du père Dubreul, les moines de Saint-Martin-des-Champs acceptèrent Saint-Denis-de-la-Chartre en échange de tout ce qu'ils possédaient à Montmartre. Une nouvelle église, qui existe encore aujourd'hui, fut consacrée, le 21 avril 1147, par le pape Eugène III, qui officia solennellement, en ayant pour diacre saint Bernard et pour sous-diacre Pierre le Vénérable. L'édifice fut placé sous le vocable de l'apôtre saint Pierre; mais le dimanche qui suivit l'Ascension, Eugène III revint consacrer l'abside et deux chapelles latérales, qui, sous l'invocation de Notre-Dame et de saint Denis, furent réservées à l'usage exclusif des Bénédictines. La reine Adélaïde ou Alix de Savoie désira être enterrée dans l'église de Montmartre. Son mausolée, qui fut transféré en 1643 sous le chœur, portait cette épitaphe :

ICI EST LE TOMBEAU
DE TRÈS-ILLUSTRE ET TRÈS-PIEUSE
PRINCESSE MADAME ALIX DE SAVOYE, REINE DE FRANCE,
FEMME DE LOUIS VI DU NOM, SURNOMMÉ LE GROS,
MÈRE DE LOUIS VII DIT LE JEUNE,
ET FILLE
DE HUMBERT II, COMTE DE SAVOYE, ET DE GISTE DE BOURGOGNE,
SOEUR DU PAPE CALISTE II.

Ci-gît *Madame Alix*, qui de France fut reine,
Femme du roi Louis sixième dit le Gros.
Son âme vit au ciel, et son corps au repos
Attend dans ce tombeau la gloire souveraine.
Sa beauté, ses vertus la rendirent aimable
Au prince son époux comme à tous ses sujets ;
Mais Montmartre fut l'un de ses plus doux objets
Pour y vivre et trouver une mort délectable.
Un exemple si grand, ô passant ! te convie
D'imiter ce mépris qu'elle fit des grandeurs ;
Comme elle, sèvre-toi des plaisirs de la vie,
Si tu veux des élus posséder les splendeurs.

Les premières abbesses de Montmartre furent : Adélaïde, venant du couvent de Saint-Pierre de Reims, Christine de Courtebrome (1137) ; Élisabeth (1179) ; Héloïse ou Helisende I (1218) ; Pétronille (1239) ; Agnès I (1247) ; Émeline (1260) ; Héloïse ou Helisende II (1264) ; Mathilde de Frenoy (1270) ; Alips de Dou (1280).

La fille de Louis le Gros, Constance, comtesse de Toulouse, chargea les chevaliers de Saint-Jean de Jérusalem de payer chaque année cent sous à un chapelain qui prierait pour la famille royale et pour l'âme de Louis VII dans la chapelle du Martyre. Ce diminutif de basilique avait un renom populaire ; on croyait généralement qu'il avait été édifié en mémoire de la décollation de saint Denis. L'apôtre des Parisiens, d'après la tradition, avait eu un long chemin à faire avant d'arriver au lieu de son supplice, et sept stations commémoratives avaient été instituées à Notre-Dame-des-Champs, à Saint-Étienne-des-Denis-du-Pas, petite chapelle située derrière le chevet de Notre-Dame ; à Saint-Denis-de-la-Chartre, où l'apôtre des Gaules passait pour avoir été mis en prison ; à la chapelle du Martyre ; enfin à l'abbaye de Saint-Denis.

Hormer, écuyer de Philippe le Bel et seigneur d'une partie de Montmartre, assigna 26 livres à l'entretien d'un second chapelain qui devait prier pour le roi, pour la reine, pour Philippe le Hardi et pour sa femme. Des lettres royales, datées de Poissy, au mois d'octobre 1304, autorisèrent cette donation. Elle fut approuvée par Guillaume de Baufet, évêque de Paris, et par l'abbesse Ade de Minus ; mais celle-ci n'oublia pas de se réserver le droit de nomination et de collation des chapelains ;

Le droit de les appeler à correction s'ils ne remplissaient pas leurs devoirs ;

Le droit de démolir la maison des chapelains ou de s'en accommoder ;

Le droit de faire construire à la place un prieuré ou tel bâtiment qu'il conviendrait pour la commodité du monastère, à la charge toutefois de donner un autre logement aux chapelains ;

Le droit de percevoir toutes les offrandes qui seraient apportées à la chapelle ;

Le droit de permettre ou de défendre aux chapelains tout service extraordinaire.

La communauté de Montmartre et la chapelle du Martyre étaient alors à l'apogée de leur prospérité ; les fidèles y venaient de toutes parts. Jean XXII, en l'an 1320, avait accordé une indulgence perpétuelle d'une année à tous ceux qui visiteraient l'église de l'abbaye le jour de la fête de saint Denis, et quarante jours pour chacun des jours de l'Octave.

Le mardi de la semaine de la Passion et le lundi des Rogations, les chanoines de Notre-Dame de Paris allaient faire une station en l'église du couvent. Les religieux de Saint-Denis, à Pâques ou à la Pentecôte, venaient tous les sept ans honorer le lieu où était mort le premier évêque de Paris. On y portait sa tête, que les nonnes venaient baiser dévotement pendant qu'un *Te Deum* était chanté.

Dans toutes les grandes circonstances, le peuple gravissait la colline pour y venir implorer l'assistance divine. On lit dans Juvénal des Ursins qu'à la suite de l'accident que nous avons relaté, et dont le roi faillit être victime, Charles VI et toute la famille royale « allèrent en pèlerinage à la chapelle des Martyrs, au pied de Montmartre, pour revenir à Nostre-Dame en dévotion ; et estoit le roy seul à cheval ; ses frères et oncles et autres du sang, et foison de gentils hommes nuds-pieds, et, en cet estat vinrent jusqu'à Nostre-Dame où ils furent reçus par l'évesque, chanoines, chapelains et gens d'église bien honorablement ; firent leurs offrandes et oraisons et y eut une très belle messe chantée, et maintes larmes des yeux jettées en remerciant Dieu de la grâce qu'il a faite au roy. » En 1412, le duc de Bourgogne ayant ordonné des processions publiques, elles furent terminées par une station de toutes les paroisses de Paris, faite le 6 janvier à la chapelle du Martyre.

L'église des Dames était riche en reliques. On y voyait entre autres un morceau de la robe de Jésus-Christ, une dent de la reine Berthe, des ossements des martyrs de Montmartre, de saint Laurent, saint Jacques, saint Barthélemy, saint Mathias, sainte Agnès, sainte Lucie, saint Patrice, sainte Euphrosine, sainte Luce, saint Paul, saint Philippe, sainte Berthe, sainte Béatrice, saint Nicolas, sainte Julienne, saint Blaise, sainte Thècle, saint Sébastien, saint Éric, roi de Suède, saint Fructueux, saint Constant, saint Ferdinand, sainte Marine, etc.

Investie du droit de haute, moyenne et basse justice, l'abbaye de Montmartre avait un tribunal qui siégeait à Paris, rue de la Heaumerie, et qu'on appelait le for des dames (*forum dominarum*). Des lettres de Charles V, accordées au mois de juin 1364 à l'abbesse Jeanne II de Mortaris, enjoignaient à ses officiers de protéger et défendre le monastère comme étant de fondation royale. Par un bref donné à Avignon en 1365, Urbain V excommunia quiconque détiendrait à tort les biens de l'abbaye. Cette disposition fut confirmée par Grégoire VI, à la demande de l'abbesse Isabelle de Rieux.

Outre les jardins et les marais qu'elle possédait au bas de la butte et qui s'étendaient jusque sous les murs de Paris, l'abbaye avait des propriétés dans les quartiers St-Denis et St-Martin. L'abbesse Jeanne II de Valengomard, en 1330, en céda une partie pour l'établissement de l'hôpital de Saint-Julien-des-Ménétriers ; mais elle eut soin de se réserver la justice, et elle stipula que les administrateurs de l'hôpital serviraient chaque année à l'abbaye une rente de 168 livres d'amendement dans six ans. Des actes passés en 1290 par l'abbesse, Adeline d'Antilles, prouvent que le couvent était propriétaire de pierres à poissons et de la maison où étaient établis les étaux de la grande boucherie. Il avait des domaines en Gâtinais ; des domaines à Chaumontel, à Chelles, à Compiègne ; des domaines au village des Menus, dont l'abbesse Jeanne de Repenti, élue en 1317, abandonna cinq arpents à des pèlerins qui venaient de Boulogne-sur-Mer, à la condition d'y bâtir une église. Sur la rivière d'Essonne était un moulin appelé le Moulin-des-Dames de Montmartre ; et dont la porte était surmontée de leur blason. Toutefois, le procureur du roi en la châtellenie de Grès, au bailliage de Sens, au mépris des droits de l'abbaye de Montmartre, fit effacer les armes conventuelles, et les remplaça par une fleur de lis. Quelque temps après, la châtellenie de Grès ayant été donnée à la reine Blanche, l'abbesse et les religieuses de Montmartre lui présentèrent requête en se plaignant qu'elles étaient troublées dans leur possession. Après enquête faite, il fut décidé, par sentence rendue aux assises de Grès, du 25 juin 1356, que la possession des religieuses était immémoriale et légitime, et que les armes de l'abbaye, réunies à la fleur de lis, qui serait au-dessous ou à côté, suivant le bon plaisir de l'abbesse, orneraient la façade du Moulin-des-Dames.

Hélas ! les discordes politiques troublèrent le calme du monastère, dont les comptes de 1382 portent ce triste et significatif alinéa :

« Item, le vendredi 16 janvier, payé pour les dépenses de Gérard, chevaucheur du roi, notre sire, et de plusieurs autres pour défendre aux gens d'armes qu'ils ne fissent aucun mal à l'église, pour ce XII s. 4 d. »

Le procureur de l'abbaye, Jean Frogier, rédigea en 1394 un exposé si navrant de la situation de l'abbaye, qu'Isabelle de Rieux donna sa démission. Les abbesses qui lui succédèrent, Jeanne IV de Coudray et Simone de Harville, ne relevèrent pas les affaires du couvent. Agnès Desjardins, qui le dirigeait en 1430, fut poursuivie par ses créanciers et déposa son bilan. Ce compte établit :

1° Que l'abbesse ne résidait point au monastère, mais à Paris, dans une maison de la rue Saint-Honoré, dit l'hôtel du *Plat-d'Étain* ;

2° Que le receveur du domaine du roi ne payait plus une rente de trente-cinq livres qu'il devait annuellement à l'abbaye ;

3° Qu'aucun revenu n'arrivait des biens de la campagne, et cela parce qu'on n'osait pas aller faire les collectes à Chaumontel, à Chelles, à Torfou, à Compiègne, etc ;

4° Que toutes les terres du Gâtinais étaient réduites à vingt-six livres de ferme qui encore n'étaient plus payées ; que nombre de dîmes importantes étaient réduites à un muid de grain, parce que les terres étaient généralement abandonnées et sans culture.

Charles VII nomma le prévôt de Paris, Robert d'Estouteville, gardiateur de l'abbaye de Montmartre. L'abbesse, en 1451, gagna un procès contre le curé Anceau-Langlois, qui voulait s'approprier les dîmes. Pérenelle La Hasrasse, qui succéda à Agnès en 1463, réalisa quelque argent en vendant le droit de chasser des lapins sur la butte à Arnould, marchand chandelier du faubourg Saint-Marceau. On refit une partie de l'église qui tombait en ruines ; mais les promenades perpétuelles des soudards rendaient aléatoires les revenus les plus certains. La chronique de Jean de Troyes, à l'année 1475, dit que le lundi 9 septembre, les Bretons et les Bourguignons envahirent Montmartre et y vendangèrent quoique les raisins ne fussent pas mûrs.

Par une ordonnance du 4 février 1468, Louis XI institua une commission chargée d'administrer le temporel de l'abbaye, d'interrompre les poursuites contre le monastère, de faire rentrer les revenus et sommes dues. De toutes les recettes, elle devait former trois, savoir : la première, pour la nourriture et entretien de la communauté ; la deuxième, pour l'entretien des bâtiments et les frais de culture ; la troisième, pour l'acquittement des dettes. En 1493, à l'occasion de son avénement au trône pontifical, Alexandre VI confirma et ratifia par une bulle, non-seulement toutes les immunités, franchises et priviléges accordés autrefois à l'abbaye par ses prédécesseurs, mais encore toutes les donations qui lui avaient été faites, tant par les rois et les princes que par les particuliers.

CHAPITRE IV.

Décadence du couvent de Montmartre. — Confrérie des orfévres de Paris. — Institution de l'ordre des Jésuites à Montmartre. — Diane de Poitiers et sa nièce. — Incendie du couvent.

La communauté des Bénédictines de Montmartre commença à combler son déficit. On put assurer à chacune d'elles, outre la nourriture quotidienne, la somme de dix sols aux fêtes de Noël et de Pâques ;
Aux fêtes de Saint-Denis, de la Toussaint, de la Dédicace, 24 avril, de l'Ascension, de la Pentecôte, 6 fr. ;
A la Saint-Rémy, 4 fr. ;
Pour la quarantaine (carême), 6 fr. ;
Deux boisseaux de pois ;
Une pinte d'huile de noix ;
Un quart de sel.

Marguerite Langlois, qui avait pris possession du pouvoir en 1477, ne trouva au couvent de Montmartre que sept religieuses qui observaient peu la clôture et que de fréquents rapports avec des étrangers avaient nécessairement excitées à la dissipation. Elle entreprit de les réformer, mais elle ne vécut pas assez pour accomplir son œuvre. Un des actes de cette abbesse fut la concession d'une clef de la chapelle du Martyre à la confrérie des orfévres de Paris ; ils y tenaient leurs assemblées, mais ils étaient obligés d'aller demander la clef à l'abbesse. Elle la leur abandonna moyennant une reconnaissance ainsi conçue : « Jean Lecointre, Guillaume Dupré, Guillaume Aubin et Laurent Cormier, orfévres et bourgeois de Paris, au nom et comme maistres et gouverneurs de la confrairie de monsieur Saint-Denys-des-Martyrs-lez-Montmartre confessent qu'à leurs prière et requeste, religieuse et honneste dame l'abbesse de Montmartre leur avoit donné et baillé une clef pour ouvrir et clorre la dicte chapelle Saint-Denys-des-Martyrs pour y faire dire et célébrer les messes de la dicte confrairie affin de les relever des peines et travaux qu'ils avoient d'aller quérir icelle clef à chacune fois à la dicte abbaye. Sous telle condition que les dicts maistres seront tenus et promettent de rendre, restituer et remettre en la main de la dicte abbesse icelle clef toutes et quantes fois il plaira à icelle abbesse. Promettants et obligeants et renonçants et' aux dicts noms : Faict et passé le dimanche xxviiiᵉ jour du mois de décembre de l'an 1483. »

En 1503, Étienne Porcher, évêque de Paris, mit dans l'abbaye de Montmartre, sous la direction de Marie Cornu, des religieuses de l'ordre de Fontevrault, tirées des prieurés de la Magdelaine-lez-Orléans et de Fontaines, dans le diocèse de Senlis. Un règlement nouveau fut dressé par le prélat et confirmé par Georges d'Amboise, cardinal, légat du pape Jules II : le costume blanc fut substitué au costume noir, et l'élection des abbesses, au lieu de se faire à vie, devint septennale. Dans la première cour du couvent fut installée une sorte de communauté d'hommes désignés sous le nom de religieux de Montmartre. Elle se composait de prêtres et de laïques : c'étaient les prêtres desservant le couvent et leurs serviteurs.

Montmartre fut le berceau de l'ordre des jésuites. Après avoir porté les armes, Ignace de Loyola s'était voué à l'étude, à la pénitence et à la méditation ; peu content du savoir des docteurs de Barcelone et de Salamanque, il était venu, à trente-sept ans, se perfectionner dans la théologie et dans la philosophie scolastique aux collèges de Montaigu et de Sainte-Barbe. L'idée lui vint d'organiser, sous le nom de Compagnie de Jésus, une société de religieux qui, vivant au milieu du monde, se mêleraient aux affaires temporelles pour assurer l'intégrité de la foi et la prédominance de l'autorité pontificale. Ignace s'associa Pierre Lefèvre, prêtre savoyard ; François Xavier, professeur de philosophie au collège de Beauvais ; Jacques Lainez, Nicolas Bobadilla, Simon Rodriguez et Alphonse Salmeron.

Le 15 août 1534, il les mena dans l'église souterraine de la chapelle du Martyre. Pierre Lefèvre leur dit la messe, leur donna la communion, et ils firent tous vœu d'aller convertir les infidèles en Orient, et préalablement de se rendre à Rome pour se mettre à la disposition du pape. Salmeron fut le premier docteur qui révéla dans ses écrits le véritable but de l'ordre des jésuites, en proclamant que le saint-père avait le droit d'instituer ou de déposer les rois, et que c'était à lui que s'appliquait ce passage de Jérémie : « J'ai mis ma parole dans votre bouche, je vous ai établi sur les nations et sur les royaumes, afin que vous arrachiez et détruisiez, que vous renversiez et dissipiez, que vous bâtissiez et plantiez. »

Dans la chapelle du Martyre fut scellée plus tard une plaque de bronze doré qui portait ces mots :

> Siste, spectator, atque in hoc
> Martyrum sepulchro probati
> Ordinis cunas lege.
> Societas Jesu
> Quæ sanctum Ignatium Loyolam
> Patrem agnoscit, Lutetiam matrem,
> Anno salutis M.DXXXIV.
> Aug. XV.
>
> Hic nata est
> Cum Ignatius ipse et socii,
> Votis sub sacra synaxim
> Religiose conceptis,
> Se Deo in perpetuum,
> Consecraverunt.

Arrête-toi, spectateur, et lis dans ce tombeau des martyrs quel fut le berceau d'un grand ordre religieux.
La Société de Jésus, qui reconnaît saint Ignace de Loyola pour père, eut la ville de Paris pour mère, l'an du salut 1534.
15 août.

Elle a pris naissance ici le jour qu'Ignace lui-même et ses compagnons, mystiquement unis à Dieu par la sainte communion, se consacrèrent perpétuellement à son service par des vœux religieusement prononcés au pied de cet autel.

Un tableau représentait la communion d'Ignace et de ses compagnons ; on lisait au bas :

> Sacra et pia societatis Jesu incunabula.
> *Parentibus optimis filii posuere.*

Saint et pieux commencement de la Société de Jésus.
A d'excellents pères, leurs fils.

Ignace et ses affiliés renouvelèrent leurs vœux à Montmartre en 1535 et 1536 ; leurs disciples venaient souvent prier dans la chapelle du Martyre et y dire la messe. Pendant l'octave de l'Assomption, un membre de la Compagnie de Jésus y prêchait.

La protection d'un ordre qui grandissait au milieu des obstacles porta bonheur à l'abbaye de Montmartre; elle revit de beaux jours sous le règne d'Antoinette Auger : son personnel s'accrut et s'épura. Des jeunes filles, dont la place eût été honorable et même brillante dans le monde, comme Catherine Séguin, Anne de la Rochebout, Madeleine Le Charron, vinrent s'enfermer dans le cloître de la sainte montagne; la piété et le recueillement reparurent et prirent des proportions presque héroïques. Ainsi, Jeanne Lelièvre, fille d'un avocat au parlement, élevée, en 1540, au premier rang par le suffrage de ses compagnes, fut tellement blessée dans son humilité qu'elle en mourut! C'est du moins à cette cause que de pieux auteurs attribuent son décès prématuré.

L'élection, qui donnait l'autorité à de si dignes femmes, fut détruite en 1548. Diane de Poitiers avait une nièce religieuse au couvent des Dominicaines de Montfleury en Auvergne, Catherine de Clermont. L'abbaye de Montmartre vaquait, les sœurs se disposaient à faire un choix; mais Diane intervint. Henri II, à la sollicitation de sa maîtresse, empêcha l'élection, et réserva aux rois le droit exclusif de nommer dorénavant l'abbesse. Catherine de Clermont quitta l'ordre de saint Dominique pour passer dans celui de saint Benoît, et aussitôt qu'elle eut permuté, Henri II lui donna l'abbaye.

L'esprit mondain de la protectrice ne rejaillit pas heureusement sur la protégée, qui eut mené à bien la communauté sans un malheur imprévu. En 1559, le feu prit dans le dortoir de l'abbaye et fit de rapides progrès. Le roi, qui se promenait en ce moment dans la galerie du Louvre, aperçut les flammes et la fumée; il envoya une compagnie de Suisses au secours du couvent, mais elle arriva trop tard : une partie du bas-côté septentrional s'était écroulée; le feu avait dévoré le missel qui avait servi au pape Eugène III pour la consécration de l'église et les habits qu'avait revêtus saint Bernard dans cette circonstance mémorable. Les bâtiments où logeaient les religieuses avaient considérablement souffert; cependant le roi, dont on implora l'assistance, n'accorda qu'une somme de quarante écus. Diane de Poitiers elle-même fit cadeau à sa nièce de 400 livres.

De mystérieuses funérailles s'accomplirent à Montmartre le 1er mai 1574. La veille, on avait essayé d'enlever de la cour le duc d'Alençon, La Mole et Annibal de Coconas avaient été décapités et mis en quartiers sur la place de Grève. Marguerite de Valois et la duchesse de Nevers vinrent recueillir ces restes sanglants et mutilés dans la petite église de Saint-Jean, où ils avaient été comme entreposés; et les emportèrent à Montmartre dans leurs carrosses, pour les ensevelir de leurs propres mains sous les dalles de la chapelle du Martyre.

CHAPITRE V.

Épitaphe de Catherine de Clermont. — Claudine de Beauvilliers. — Henri IV à Montmartre. — Marie de Beauvilliers. — Découverte faite en 1611. — Barbe Avrillot. — Vincent de Paul. — François de Sales. — Les Sulpiciens. — L'Esprit de Montmartre.

Catherine de Clermont gouverna l'abbaye de Montmartre pendant plus de quarante ans; dans ses derniers jours, elle fut contrainte de se réfugier à Paris avec ses religieuses pendant que les soldats de Henri III envahissaient le monastère, dont l'occupation était indispensable pour faire avec succès le siège de la capitale. Elle mourut le 11 septembre 1589. Son corps, transféré à Montmartre, fut enterré au milieu du chœur des dames, et l'on grava sur sa tombe les quatre vers suivants :

> Voyez, passants, une funèbre chose,
> C'est que la mort a décorés a devêtu
> De cette dame, où demeurait enclose
> La chasteté, l'honneur et la vertu.

Celle qui lui succéda, Claudine de Beauvilliers, a été en butte à la médisance. A peine était-elle installée que le roi de Navarre, qui fut depuis Henri IV, prit possession de l'abbaye avec son état-major. Dans la nuit du 7 mai 1590, il fit attaquer les faubourgs de Paris par douze mille hommes, divisés en dix corps, et resta en observation aux fenêtres du monastère avec le duc de Sully, le médecin Allbour et deux secrétaires, Martin, rusé seigneur de Beaulieu, et Pierre Forget, seigneur de Fresne. S'il faut s'en rapporter à des pamphlets de cette époque, comme la *Confession catholique du sieur de Sancy*, et les *Amours du grand Alcandre*, le vert-galant aurait séduit Claudine de Beauvilliers, et quelques-unes des religieuses auraient été entraînées à des désordres peu compatibles avec leurs vœux. Il est certain qu'après avoir levé le siège de Paris, le 1er août, le roi de Navarre emmena avec lui l'abbesse à Senlis, et qu'il lui fit une cour assidue jusqu'au jour où il vit à Compiègne la belle Gabrielle d'Estrées.

Henri IV affectionna toujours Montmartre. Le dimanche 25 juillet 1593, quand il eut fait son abjuration, il vint à cheval à Montmartre, s'agenouilla dans la chapelle du Martyre, devant la statue de saint Denis, et fit ensuite allumer un grand feu de joie sur la montagne. Ce fut pour lui que l'on bâtit, au pied de la butte, en pierres de taille et en briques, la jolie maison connue sous le nom de Château-Rouge, et qui appartint ensuite à la famille Feutrier. Il aimait à se promener sur la colline. L'historien Sauval raconte qu'un jour ce roi facétieux s'écria, en regardant Paris du haut de Montmartre : « Que je vois de nids de... maris trompés! » François Gallet, trésorier de France, se permit de dire : « Sire, je vois le Louvre. »

Sauval ajoute qu'à l'époque où la tranquillité commença à se rétablir en France, le monastère de Montmartre était dans un état déplorable : « la communauté n'avait que 2,000 livres de rente et en devait 10,000; le jardin était en friche et le mur par terre; le réfectoire converti en bûcher; le cloître, le choeur et le chœur en promenades. A l'égard des religieuses, peu chantaient l'office; les moins déréglées travaillaient pour vivre et mouraient presque de faim; les jeunes faisaient les coquettes, les vieilles allaient garder les vaches et servaient de confidentes aux jeunes. » Nommée abbesse par le roi, en 1597, Marie de Beauvilliers entra en fonctions le 7 février 1598, et se mit courageusement à réformer ses religieuses. Elle composa pour leur usage un livre intitulé : *Conférences d'une supérieure*, et qui a été imprimé par les soins de M. Gaudreau, curé de Vaugirard. Marie de Beauvilliers ne négligea pas non plus les intérêts temporels. En 1608, les orfèvres de Paris firent célébrer dans la chapelle du Martyre la fête de saint Denis et celle de la Dédicace. L'abbesse de Montmartre, qui solennisait ces fêtes, trouva qu'on attentait à ses prérogatives en lui faisant concurrence le jour même, et qu'on diminuait les offrandes qui devaient lui appartenir. L'affaire fut portée devant le parlement, qui, par arrêt du 6 avril 1609, ordonna que les orfèvres pourraient continuer les offices divins dans la chapelle, et, avec la permission de l'abbesse, à qui devraient revenir toutes les offrandes, célébrer les fêtes le lendemain des jours où elles tombent. Cet arrêt fut confirmé par un deuxième, le 23 avril 1610, qui ajoutait que les religieuses ne devaient troubler en rien l'exercice du droit des orfèvres, et enjoignait à ces dames de délivrer les clefs, en maintenant toujours que les offrandes, oblations ou aumônes faites à la chapelle reviendraient à l'abbaye. Un troisième arrêt, confirmatif des deux premiers, règle les heures des offices et les rapports qui devront exister entre l'abbaye et les orfèvres, afin que chaque partie puisse, sans gêne, user de son droit.

Marie de Beauvilliers reçut de Henri IV une somme de 10,000 fr., au moyen desquels elle fit faire d'importantes réparations tant au monastère qu'à la chapelle du Martyre. Les ouvriers qui restauraient les fondations de cette dernière découvrirent un ancien souterrain, probablement creusé par les premiers chrétiens des Gaules, et on dressa de la découverte un procès-verbal dont Dubreuil rapporte en ces termes :

« L'an mil six cent onze, le 13e jour de juillet, après midy, par devant nous, Pierre Portat, notaire de la chambre du roy, prévost de Montmartre, pour mes dames les religieuses, abbesse et couvent du dict Montmartre, estans au dictlieu, y seroit comparu maistre François du Bray, receveur et procureur des dictes dames; lequel nous auroit remonstré que les dictes dames voulans faire agrandir et accroistre leur chapelle du Martyre de monsieur Sainct-Denys et ses compagnons, vulgairement dicte la chapelle des Saincts-Martyrs; laquelle est située au bas de la closture des dictes religieuses, du costé de Paris, les massons travaillant aux fondemens des murs nécessaires pour faire le dict accroissement, auroient trouvé au delà du bout et chef de la dicte chapelle, qui regarde du costé du levant, une voulte sous laquelle il y a des degrez pour descendre soubs terre en une cave; auquel lieu il nous a supplié nous vou-

Le Petit-Ramponneau.

loir transporter et y descendre, pour voir et visiter que c'est. Au moyen de quoi, ce requérant, le dict du Bray, accompagné de luy et de maistre Jean Tesnière, Julien Gueret, et Jacques Chevalier, prestres et chapellains des dictes dames, tant en leur abbaye, qu'en leur dicte chapelle des Martyrs, et de maistre Jean Gobelain, maistre masson, demeurant à Paris, rûe et paroisse Saint-Paul, et d'Adam Boissart, peintre et sculpteur, demeurant à Paris, rue Pavée-Saint-Sauveur, à l'Imago-Sainct-Nicolas, inclinant à la requeste du dict du Bray, nous serions transporté au chef et pointe orientale de la dicte chapelle par le dehors d'icelle ; auquel lieu y aurions trouvé plusieurs massons et manœuvres qui travailloient sous le dict Gobelin à faire les fondemens et l'agrandissement de la dicte chapelle. En présence desquels le dict Gobelin nous a monstré un trou et pertuis qui avoit été faict par les dicts manœuvres à la voulte d'une certaine montée, en creusant les dicts fondemens. En laquelle voulte, ce requérant le dict du Bray, nous serions descendu par le dict trou avec une eschelle dans la dicte montée, accompagné de luy et de notre greffier et des dicts Tesnière, Gueret et Chevalier, Gobelin et Boissart, avec deux chandelles allumées, et aurions trouvé que c'étoit une descente droicte, laquelle a cinq pieds un quart de largeur. Par laquelle serions descendu trente-sept degrez, faicts de vieille massonnerie de plastre, de gastées et escornées le dessus de laquelle descente est voulté. Et au bas de laquelle descente aurions trouvé une cave ou caverne prise dans un roc de plastre, tant par le haut que par les côtés et circuit d'icelle. Laquelle aurions fait mesurer par le dict Gobelin, qui a trouvé qu'elle a de longueur depuis l'entrée jusques au bout qui est en tirant vers la closture des dictes religieuses, trente-deux pieds. L'entrée de laquelle a huict pieds de largeur : et, en un endroit, distant de la dicte descente de neuf pieds, elle a de largeur seize pieds, et le surplus d'icelle va en estressissant, en sorte qu'au bout, vers la closture des dictes religieuses, elle n'a que sept pieds de largeur. Dans laquelle cave, du costé de l'orient, il y a une pierre de plastre bicornue, qui a quatre pieds de long et deux pieds et demy de large, prise par son milieu, ayant six poulses d'espoisseur, au dessus de laquelle au milieu il y a une croix gravée avec un sizeau, qui a six poulses en quarré de longueur et demy poulse de largeur. Icelle pierre est élevée sur deux pierres de chacun costé, de moillon de pierre dure, de trois pieds de hault, appuyée contre la roche de plastre, en forme de table ou autel : et est distant de la dicte montée de cinq pieds. Vers le bout de laquelle cave, à la main droicte de l'entrée il y a dans la dicte roche de pierre une croix, imprimée avec un poinsson ou cousteau, ou autre ferrement ; et y sont ensuite ces lettres : MAR. Il y a apparence d'autres qui suivoient : mais on ne les peut discerner. Au même costé un peu distant de la susdicte croix, au bout de la dicte cave, est encore imprimée une autre croix dans la dicte roche de plastre. Et à la main gauche de la dicte cave, en entrant, à la distance de vingt-quatre pieds, dès l'entrée s'est trouvé ce mot escrit de pierre noire sur le roc : CLEMIN, et au costé du dict mot y auroit quelque forme de lettres imprimées dans la pierre avec la pointe d'un cousteau ou autre ferrement où il y a DIO, avec autres lettres suivantes qui ne se peuvent distinguer. La hauteur de la cave en son entrée est de six pieds jusque à neuf pieds en tirant de la dicte entrée vers le bout de la dicte cave. Et le surplus jusques au bout est rempli de terre et gravois, où il y a plusieurs pierres et thuillaux fort frayés et affermis par dessus, ainsi qu'une terrasse, de manière qu'au delà des dicts neuf pieds il n'y a de distance en la hauteur depuis les dictes pierres et gravois jusques au haut que trois pieds en aucuns endroicts, et quatre en autres, de sorte que l'on ne peut n'y tenir debout.

« Ce faict, nous serions sortis de la dicte cave, et remontés par le dict degré accompagnez des dessus nommés.

Le théâtre Montmartre.

« Lesquels, en foi de ce, ont avec nous signé le présent procès-verbal les jour et an que dessus. »

Cette trouvaille mit en émoi les savants et les dévots. Les uns et les autres visitèrent la crypte mystérieuse. Des offrandes emplirent l'escarcelle de l'abbaye, qui devint de plus en plus florissante, quand elle eut été placée sous les ordres de Françoise-Renée de Lorraine, coadjutrice de Marie de Beauvilliers, et qui lui succéda le 24 mai 1667. Elle donna à la communauté un magnifique soleil d'or enrichi de pierreries, et des vases sacrés de la plus grande richesse; les religieuses eurent des livres imprimés aux frais de l'abbesse, et contenant le propre des offices du couvent. La duchesse de Guise, sa mère, fit établir, du couvent à la chapelle du Martyre, une galerie couverte, éclairée par des vitrages, et coupée çà et là par des marches. Elle avait l'intention de reconstruire entièrement le couvent, et en mourant, en 1650, elle légua à sa fille une somme considérable, qui lui permit de commencer les travaux.

Le cardinal de Bérulle conduisit à la chapelle des Martyrs, en 1614, Barbe Avrillot, veuve de Pierre Acarie, qui était devenue sœur Marie de l'Incarnation. Elle était accompagnée de trois religieuses espagnoles de l'ordre de Sainte-Thérèse, et de Montmartre allaient partir, pour se répandre sur la France, les premières carmélites déchaussées comme les premiers jésuites.

Il semblait que ce fût un usage, pour ceux qui rêvaient quelque innovation en matière de piété, d'aller prier à la chapelle du Martyre. François de Sales y vint avant d'établir les dames de la Visitation, et Vincent de Paul avant d'instituer les sœurs de la Charité. Les fondateurs de la communauté des prêtres de Saint-Sulpice, Picoté, Foix et Olier, vinrent de Vaugirard, en 1642, contracter devant l'autel de la chapelle du Martyre une union indissoluble et se consacrer à la Trinité.

Olier retourna à Montmartre, le 2 mai 1645, avec MM. Poullé et Damien. Le père Bataille les y accompagna, et entre ses mains ils promirent à Dieu, sur l'Évangile, de ne jamais se départir du projet qu'il leur avait inspiré de se lier ensemble pour être ses organes et ses instruments et lui disposer des prêtres qui le serviraient en esprit et en vérité.

Montmartre — qu'on nous pardonne de passer aussi brusquement du sacré au profane — vit également le premier ventriloque français dont la mémoire ait été conservée. Il se nommait Collet. « Il fut, dit Tallemant des Réaux, surnommé l'*Esprit de Montmartre*, à cause qu'avec une petite voix qu'il faisait, il semblait que ce fût un esprit qui parlât de bien loin en l'air. »

Avec cette voix, il a fait dire bien des messes pour tirer des âmes du Purgatoire; il a pensé faire mourir des gens de peur. Une fois le cardinal Richelieu, qui se voulait railler de celui qui a été évêque de Lavaur, que les jansénistes ont si bien étrillé, fit que cet homme se fourra dans la foule de ceux qui accompagnaient le cardinal aux Tuileries, du nombre desquels était notre évêque. Il se mit au milieu de la grande allée à appeler :

« Abra de Raconis! Abra de Raconis! »

C'est son nom.

Tout le monde avait le mot. Raconis, s'entendant nommer, tourne la tête, mais ne dit rien pour cette fois.

La voix continue : il commença à s'épouvanter. Enfin, tout d'un coup il s'écrie :

« Monseigneur, je vous demande pardon si je perds le respect que je dois à Votre Éminence; il y a déjà quelque temps que je me contrains : j'entends une voix dans l'air qui m'appelle. »

Le cardinal et tous les autres dirent qu'ils n'entendaient rien. On prête silence, et la voix lui dit :

« Je suis l'âme de ton père qui souffre il y a longtemps en Purgatoire, et qui ai permission de Dieu de te venir avertir de changer de vie. N'as-tu pas de honte de faire la cour aux grands, au lieu d'être dans tes églises ? »

Raconis, plus pâle que la mort et croyant déjà avoir le diable à ses trousses, proteste qu'il n'est à la cour qu'à cause que son Éminence lui avait fait espérer qu'il lui pourrait rendre ici quelque service ; mais, etc. Après qu'on s'en fut bien diverti, on le mena à son logis où il pensa mourir de frayeur, et on fut plus de quatre jours avant que de le pouvoir désabuser. Le cardinal en eut quelque petite honte, et, le faisant évêque, lui envoya ses bulles gratis. »

CHAPITRE VI.

L'abbaye de Montmartre sous Louis XIV. — Noms d'abbesses de Montmartre donnés aux rues de Paris. — L'obélisque de Montmartre. — Le chemin des ânes.

Sous Louis XIV, Montmartre prit un aspect nouveau, et peut-être regrettable au point de vue de l'architecture comme au point de vue de l'histoire. Le vieux couvent, consacré par tant de souvenirs, fut démoli, sauf les granges, le pressoir et la maison du bailliage. L'église devint paroissiale ; mais la galerie couverte fut conservée, pour permettre aux bénédictines de communiquer avec le chœur, qu'elles s'étaient ménagé, et où reposaient leurs vénérables abbesses. Une partie des propriétés du couvent fut aliénée et fit place à des maisons de plaisance, à des jardins, à des guinguettes. La magnifique position qu'avait occupée l'ancien couvent, et d'où Henri IV avait dirigé le siège de Paris, fut abandonnée, et le nouveau monastère, pour lequel Louis XIV accorda une somme de cinquante mille écus, fut construit à l'endroit qu'occupent actuellement les rues des Trois-Frères et de Gabrielle. La chapelle du Martyre disparut au milieu des nouvelles constructions. Elles furent achevées sous la direction des abbesses Renée, morte le 4 décembre 1682 ; Marie-Anne d'Harcourt, brevetée par Louis XIV, le 26 novembre 1683, en vertu d'une autorisation de François de Harlay, cinquième archevêque de Paris.

Le cent dixième et dernier évêque de Paris, Henri de Gondi, avait fait de la chapelle du Martyre un prieuré, dont la collation appartenait à l'abbaye, et dès lors dix religieuses avaient occupé un logement séparé auprès de cette chapelle, qu'elles étaient destinées à desservir. L'abbaye et le prieuré furent réunis le 12 août 1681.

Ces constructions nouvelles étaient habitables à cette époque, et toute la communauté en prit possession ; mais leur inauguration solennelle n'eut lieu que le 8 décembre 1686, jour de la Conception, après midi. L'official de Paris se transporta à l'abbaye pour bénir le grand autel, et après la bénédiction les vêpres furent chantées pour la première fois dans la chapelle du nouveau couvent. Le 20 janvier 1687, un *Te Deum* fut chanté, dans l'église de l'abbaye, pour le rétablissement de la santé de Louis XIV. Le cardinal nonce du pape y officia pontificalement en présence de Monsieur, frère unique du roi, des princes du sang et de toute la cour.

Tant de remaniements et de restaurations épuisèrent les finances de l'abbaye, et Bernardine-Thérèse Gigault de Bellefond, fille de Bernardin Gigault de Bellefond et de Madeleine Fouquet, en prenant la direction du couvent, le 24 décembre 1699, trouva au passif une multitude de dettes arriérées. Elle y fit face, grâce à des secours provenant principalement de 20,000 francs prélevés sur les loteries de la Conception, et de 4,000 francs qui furent les bons non réclamés de la loterie générale.

Mme de Bellefond eut pour pensionnaire la fille du duc d'Orléans, régent de France, entrée à Montmartre à l'âge de dix-sept ans, le 17 octobre 1715, et qui rejoignit au Val-de-Grâce Mlle de Valois, sa sœur.

Bernardine-Thérèse Gigault de Bellefond, décédée le 17 août 1717, à l'âge de cinquante-huit ans et huit mois, fut enterrée dans la crypte du chapitre du Martyre. Une des rues de Paris porte son nom, et les religieuses qui lui succédèrent ont eu de même l'honneur de transmettre leur mémoire à la postérité, en baptisant d'autres rues bâties sur des terrains appartenant à l'abbaye de Montmartre ; telles sont :

Marguerite de Rochechouart du Monpipeau, reçue abbesse le 14 février 1718, et morte le 22 octobre 1727.
Rue Rochechouart.
Louise-Émilie de La Tour-d'Auvergne, fille de Frédéric de La Tour, comte d'Auvergne, et d'Henriette-Françoise de Hohenzollern, abbesse de Villers-Cotterets depuis vingt ans ;
Rue de La Tour-d'Auvergne.
Catherine de La Rochefoucauld-Cousage, abbesse de Saint-Jean-Baptiste de Duno, près Orléans, entrée en exercice le 8 juillet 1737, et morte en 1760 ;
Rue de La Rochefoucauld.
Marie-Louise de Laval, duchesse de Montmorency ;
Rue de Laval.

Le périmètre des anciennes possessions de l'importante abbaye de Montmartre achève d'être rappelé par la rue de la Tour-des-Dames, où était autrefois le colombier du couvent.

En dehors des ordres monastiques, il faut noter qu'à Montmartre fut érigé, sous Louis XV, un obélisque sur la face méridionale duquel on lit cette inscription :

« L'an 1736, cet obélisque a été élevé par ordre du Roi, pour servir d'alignement à la méridienne de Paris du côté du Nord. Son axe est à 2,931 toises 2 pieds de la face méridionale de l'Observatoire. »

Cet obélisque était un des quatre-vingt-seize qu'on avait projeté d'élever d'espace en espace dans toute la longueur du méridien de Paris qui traverse la France du Sud au Nord, depuis Dunkerque jusqu'à l'extrémité opposée.

Au mois d'octobre 1779 se passa, au pied du versant oriental de Montmartre, un fait dont le récit a l'air d'une plaisanterie, mais dont l'authenticité est certaine. On trouva une pierre sur laquelle étaient gravés des caractères presque indéchiffrables, et qui fut envoyée à l'Académie des inscriptions et belles-lettres. Après avoir eu recours à tous les moyens qu'indiquait la science pour rendre les lettres lisibles, on parvint à voir :

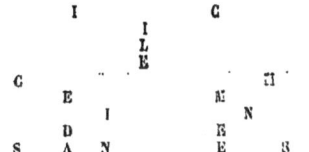

« Quand il a fallu rechercher, dit Bachaumont, dans quelle langue étaient écrits ces caractères et ce qu'ils signifiaient, les académiciens se sont inutilement cassé la tête. Ils ont consulté M. Court de Gebelin, le savant auteur du *Monde primitif* et l'homme le plus versé dans la connaissance des hiéroglyphes ; il s'est avoué incapable d'y rien comprendre. Le bedeau de Montmartre, entendant parler du fait et de l'embarras des académiciens, a prié qu'on lui fît voir la pierre, et, sans doute instruit de son existence antérieure, il en a donné sans difficulté la solution, en assemblant simplement les lettres qui forment ces mots français : *Ici le chemin des ânes*. Il y avait dans ces cantons des carrières à plâtre, et c'était une indication aux plâtriers qui venaient en charger des sacs sur leurs ânes, dont ils se servent pour cette expédition. »

CHAPITRE VII.

Visite du 21 juillet 1789. — Mort de la dernière abbesse. — Bulles pontificales en faveur de l'église. — Montmartre en 1814.

Dès les premiers troubles de la Révolution, les religieuses de Montmartre perdirent leur douce quiétude. Le mardi 21 juillet 1789, le bruit se répandit que Paris allait être bombardé du haut de la butte ; que le cloître recélait des armes, de la poudre, des munitions accumulées pour servir les perfides desseins de Louis XVI. Les portes du monastère furent promptement battues en brèche par une multitude courroucée. L'abbesse des bénédictines, Marie-Louise de Montmorency-Laval, se présenta courageusement, et apercevant dans la foule le curé de Saint-Eustache avec quelques électeurs, elle les invita à entrer en disant :

— Voici toutes les clefs du couvent ; visitez, faites une perquisition aussi minutieuse que vous le jugerez convenable, et vous acquerrez la preuve que notre pieux asile n'est pas un arsenal.

Le couvent fut supprimé en vertu du décret du 13 février 1790; les bénédictines en furent expulsées le 14 août 1701, et les bâtiments ne tardèrent pas à être démolis.

La dynastie des abbesses de Montmartre tomba avec celle des Bourbons, mais pour ne plus se relever. La dernière abbesse mourut sur l'échafaud, avec celui qu'on appelait alors le dernier des rois. Mᵐᵉ de Montmorency-Laval se retira à Saint-Denis; mais apprenant que des poursuites allaient être dirigées contre elle par le terrible tribunal révolutionnaire, elle se cacha au château de Bondy, chez la marquise de Crussol d'Amboise. Arrêtée et conduite à Saint-Lazare, elle fut condamnée à mort le 21 juillet 1794 (6 thermidor an II). C'était l'anniversaire du jour où le couvent avait été envahi par le peuple. On l'accusa d'avoir tyrannisé ses vassaux, d'avoir refusé de prêter serment à la nation, d'avoir entretenu des intelligences avec les ennemis de l'État, de leur avoir fait passer des secours en hommes et en argent. Des historiens catholiques ont raconté qu'elle avait été menée au supplice avec quinze de ses religieuses; qu'elles chantaient en chœur sur la charrette fatale :

> Je mets ma confiance,
> Vierge, en votre secours.

Ils ajoutent que des républicains, attablés à un banquet patriotique, voulurent obliger ces pauvres femmes à chanter *le Chant du Départ*, puisqu'elles s'en allaient dans l'autre monde, et que les filles intrépides répétèrent jusqu'à la mort leur pieux refrain. Cette anecdote est controuvée. D'abord *le Chant du Départ* ne fut composé par Marie-Joseph Chénier qu'après le 9 thermidor; en outre, il n'y avait pas une seule religieuse de Montmartre parmi les victimes qui prirent avec Mᵐᵉ de Montmorency-Laval le fatal chemin de la place de la Barrière-Renversée. En voici la liste officielle :

« Allain, âgé de vingt-huit ans, né à Paris, instituteur, rue Élol;

« Dessinard, âgé de vingt ans, né à Versailles;

« Selle, âgé de quarante-quatre ans, né à Paris, ex-noble, rue Neuve-des-Mathurins;

« Maillé, âgé de seize ans, né à Paris, ex-noble, rue du Bac;

« Maillé, âgé de trente-sept ans, né à Verlante, ex-noble, ex-prêtre;

« Champigny, âgé de cinquante-neuf ans, né à Doulan, ex-curé de Villepinte;

« Graindorge, ex-comte de Mesnil-Durand, âgé de trente-deux ans, né à Lisieux, rue de la Loi;

« Flavigny, âgé de trente ans, né à Charne, ex-comte;

« Flavigny, âgée de vingt-huit ans, née à Charne, femme Desvieux, rue Neuve-Augustin;

« Saucourt, âgée de trente-cinq ans, veuve Daëlle, ex-baronne, rue du Petit-Vaugirard;

« Dubois, femme Fleury, âgée de trente-six ans, née à Paris, ex-marquise, rue de Valois;

« Meursin, âgée de vingt et un ans, née à Versailles, ex-comtesse, rue de Valois;

« Gravier, dit Vergène père, âgé de soixante-quinze ans, né à Dijon, ex-comte, rue Neuve-Saint-Eustache;

« Gravier, dit Vergène fils, âgé de quarante-deux ans, né à Dijon, ex-noble;

« Thibault Lagarde, âgé de trente et un ans, né à Saint-Ange, ex-noble;

« Charleval, âgé de quarante-six ans, né à Aix, ancien garde du roi, demeurant à Colombes;

« Dagieux, âgé de quarante-cinq ans, né à Saint-Pé, ancien garde du roi, rue du Petit-Bourbon;

« De Borrullo, âgé de trente-huit ans, né à Paris, ex-premier président du parlement de Grenoble, demeurant à Sens;

« Bauvillé, dit Saint-Agnan, âgé de vingt-sept ans, né à Paris, ex-duc;

« Béranger, âgée de vingt-huit ans, née à Versailles, femme Beauvillé Saint-Agnan, ex-duchesse;

« Coppin de Villepreux, âgé de quarante-cinq ans, né à Paris, ex-baron, rue du Four;

« Laboulbomme-Montesquiou, âgé de quarante-sept ans, ex-noble, ex-grand vicaire de Rouen;

« Gigeot-Boisbernier, âgé de cinquante-huit ans, né à Sens, ex-grand-vicaire audit lieu;

« Gauthier, âgé de vingt-quatre ans, né à Moissac, ex-page du roi. »

Emportés par la tempête, les débris de la première abbaye failliront disparaître avec la seconde. Les bancs, les chaises, les confessionnaux, la bannière patronale, les nappes d'autel et les retables furent brûlés sur la place publique, et les vases sacrés envoyés à la Monnaie. L'église Saint-Pierre fut successivement un magasin, un temple pour les fêtes patriotiques, une salle d'assemblée à l'usage des électeurs de la section. Le vieux chœur des dames fut dévasté, utilisé pour le service d'un télégraphe, et dans les tombes ouvertes on chercha le plomb des cercueils. Il fut un moment question de substituer au nom de Montmartre celui de Mont-Marat.

Malgré ces exagérations, Montmartre gagna à la Révolution. Sur les terrains de l'abbaye s'ouvrirent des rues nouvelles; les rampes qui montaient au village furent aplanies; la population, qui n'était guère que de mille habitants, doubla; l'église Saint-Pierre fut réparée et enrichie. Le curé, M. Bertheroud de Long-Prez, demanda à Pie VII, en 1802, l'autorisation d'établir un Chemin de la Croix, composé de neuf stations, et des bulles d'indulgences plénières pour les principales fêtes de la paroisse. Ces bulles, monuments précieux de l'histoire de Montmartre, furent remises, le 3 mars 1805, au cardinal du Belloy, archevêque de Paris, qui se hâta de les rendre exécutoires. En voici la traduction :

« Nous, Jean-Baptiste Caprara, du titre de saint Onuphre, cardinal-prêtre de la sainte Église romaine, archevêque de Milan.

« De l'audience de notre saint père le pape,
« Paris, 3 mars 1805.

« Pour accroître la dévotion des fidèles et leur piété envers les mystères de la mort et passion de notre rédempteur et seigneur Jésus-Christ, notre très-saint père Pie VII, voulant accueillir favorablement la demande et prière du curé actuel de l'église succursale de Saint-Pierre de Montmartre, diocèse de Paris, accorde à l'ordinaire diocésain la faculté d'ériger dans la forme accoutumée, ou de faire ériger soit par lui, soit par le curé actuel de ladite église, soit par toute autre personne ecclésiastique qu'il jugera à propos de déléguer à cet effet, les Stations du Calvaire, ou Chemin de la Croix, avec l'application de toutes les indulgences qui ont été par le saint-siège apostolique annexées à cet exercice de piété, nonobstant tout usage et ordonnances contraires.

« J.-B. Card. Caprara. »

« Jean-Baptiste de Belloy, du titre de saint Jean-Porte-Latine, cardinal prêtre de la sainte église romaine, archevêque de Paris, à notre cher et aimé curé de l'église succursale de Montmartre, de notre diocèse, salut dans le Seigneur.

« En vertu de la faculté qui nous a été accordée par le souverain pontife, par acte du 3 de ce mois, transcrit ci-dessus, nous avons délégué et déléguons par ces présentes, à l'effet d'ériger et établir dans l'église de Saint-Pierre de Montmartre, les Stations du Calvaire ou Chemin de la Croix, avec l'application de toutes les indulgences annexées par le saint-siège apostolique à ce pieux exercice.

« Donné à Paris sous le seing de notre vicaire général, notre sceau et le contre-seing du secrétaire de notre archevêché, le vingt-huit mars de l'an du Seigneur 1805.

« Mons, vicaire général.
« Bum, secrétaire. »

« Pie VII, pape; pour la mémoire perpétuelle de la chose;

« Usant d'une pieuse charité pour augmenter par les richesses célestes de l'Église la religion des fidèles et le salut des âmes, par ces présentes, nous accordons miséricordieusement dans le Seigneur l'indulgence plénière et la rémission de tous les péchés à tous les fidèles de Jésus-Christ de l'un et de l'autre sexe vraiment pénitents, après s'être confessés et avoir reçu la sainte communion, visiteront avec dévotion, chaque année, à Montmartre, diocèse de Paris, l'église succursale de Saint-Pierre, prince des apôtres, aux fêtes de saint Pierre apôtre, de l'invention et de l'exaltation de la sainte croix, de saint Denis et de ses compagnons, et à un des jours pendant les octaves respectivement desdites fêtes, soit les jours où elles tombent, soit des dimanches où elles auront été transférées; et qui prieront Dieu avec piété, en ce lieu, pour la concorde avec les princes chrétiens, l'extirpation des hérésies et l'exaltation de l'Église notre sainte mère, tel des jours susdits, qu'ils aient exécuté ces conditions.

« Les présentes devant valoir à perpétuité pour les temps à venir, comme s'il en avait été expédié des lettres apostoliques en forme de bref, nonobstant toutes choses à ce contraires.

« Donné à Paris, ce troisième jour de mars, l'an du Seigneur 1805.

« J.-B. card. CAPRARA. »

« Jean-Baptiste de Belloy, du titre de Saint-Jean-Porte-Latine, cardinal-prêtre de la sainte Église romaine, archevêque de Paris,

« Nous avons permis et permettons, par ces présentes, que l'indult ci-dessus rapporté, vu par nous, soit mis à exécution dans ladite église succursale de Saint-Pierre de Montmartre.

« Donné à Paris, dans notre palais archiépiscopal, sous le seing de notre vicaire général, le vingt-huit mars de l'an du Seigneur dix-huit cent cinq.

« Mons, vicaire général.
« Buin, secrétaire. »

A la même époque fut fondée à Montmartre, par M. Micault de La Vieuville, l'Asile de la Providence, où soixante vieillards des deux sexes achèvent paisiblement leur vie dans une maison spacieuse et commode, en bon air, et entourée de jardins. Les premiers fonds de cet établissement provenaient d'une cotisation volontaire de 20 francs par an que s'imposaient des personnes bienfaisantes, et la stabilité de la fondation fut assurée plus tard par les dons de Louis XVIII et des membres de sa famille. A la maison sont attachés un médecin, un aumônier et des sœurs hospitalières.

En 1814, Montmartre aurait dû logiquement jouer un rôle important dans la défense de Paris. Cette position, a dit un juge compétent, F. Kock, dans ses *Mémoires pour servir à l'histoire de la campagne de 1815*, « cette position, considérée dans son ensemble, s'étend depuis le faubourg extérieur de La Chapelle jusqu'à celui des Batignolles, sur un développement qui, mesuré par les crêtes, a près de deux kilomètres et demi; mais le centre, la gauche et la droite forment en quelque façon trois positions distinctes.

Celle de droite, appelée butte des Cinq-Moulins, s'étend sur un développement de plus de huit cents mètres, de La Chapelle à Clignancourt, comme une courtine élevée dont les villages forment les saillants. La route de Paris à Saint-Denis, le chemin qui joint les villages en avant de la butte, celui qui règne sur la butte même et les boulevards extérieurs, permettent à toutes les armes d'y manœuvrer librement.

La position du centre est fermée par la crête élevée de Montmartre, sur laquelle on voit le village de ce nom. Mesurée de l'est à l'ouest, elle n'a pas moins de neuf cents mètres de développement; mais du sud au nord elle se rétrécit tellement qu'elle n'a pas cent mètres d'une surface de niveau. Ce n'est, pour ainsi dire, qu'une arête sur laquelle les buttes des Moulins et le chemin qui les unit sont bordés de part et d'autre par des pentes plus ou moins rapides. Sur celle du nord, des escarpements, des maisons, des terrains séparés par des rues étroites et d'une pente rapide, offrent mille moyens de résistance. La crête est inaccessible à l'ouest; à l'est, d'autres escarpements ne laissent d'accès que par un chemin roide, et de peu de largeur, qui d'ailleurs aboutissant à Clignancourt, unit le centre à la droite, et ne devient praticable à l'ennemi qu'après qu'il s'est au moins rendu maître de ce village. Du côté de Paris, la hauteur offre aussi des escarpements; mais les anciens chemins et la nouvelle rampe donnent toutes les facilités désirables pour porter à son sommet les troupes et l'artillerie nécessaires à la défense.

La position de gauche s'étend depuis les escarpements qui terminent à l'est la crête élevée de Montmartre jusqu'à l'embranchement des routes qui, du faubourg de Batignolles, descendent à Clichy et à Saint-Ouen. Les deux points saillants de cette position sont formés par le faubourg des Batignolles, situé en avant des escarpements de Montmartre, et par les mamelons de la Hutte-des-Gardes, d'où s'incline en pente douce une large croupe qui se perd vers la Seine au-dessous de Clichy. Entre ces saillants, les buttes des Trois-Moulins et des Tertres, provenant du déblai des carrières, dessinent une espèce de courtine d'environ six cents mètres. Un chemin qui part du faubourg des Batignolles passe en deçà des Trois-Moulins, se divise en deux branches, dont une se dirige par la Hutte-des-Gardes et traverse Clignancourt, et l'autre va gagner le chemin transversal tracé à mi-côte entre la crête de Montmartre et les boulevards.

Ce chemin et ces boulevards unissent la gauche au centre et à la droite, et sous ce point de vue établissent l'unité de défense autant que le permettent les pentes et les escarpements d'un terrain bouleversé par une exploitation de carrières de plusieurs siècles.

On voit assez, d'après cette description, quelles ressources peut offrir la défense bien combinée de Montmartre. Sa force naturelle est telle que, gardé par de l'artillerie et des troupes établies d'avance, on ne saurait admettre qu'il puisse être enlevé autrement que par surprise. Occupé faiblement ou à la hâte par un général qui n'aura pas eu le loisir de l'étudier, on sent qu'une attaque peut réussir, surtout si l'ennemi, maître de Saint-Denis ou seulement des routes qui se dirigent de cette ville sur La Chapelle, et de Saint-Ouen sur les Batignolles, marche à la fois sur ces deux faubourgs, menace de Clignancourt le centre de la position pour en aborder la droite et la gauche, qui opposeront peu de résistance après la chute des villages situés sur leurs flancs. »

Ces avantages étaient incontestables; néanmoins les maréchaux Marmont et Moncey ne placèrent sur Montmartre que neuf pièces de canon, deux au Moulin-Neuf et sept au moulin de la Lancette. Sans donner aucun ordre positif, Moncey invita seulement la garde nationale à mettre des avant-postes sur Montmartre. Cet abandon était d'autant plus inconcevable que le conseil de défense était réuni, sous la présidence du roi Joseph, au premier étage du Château-Rouge, d'une des fenêtres duquel Allent, chef d'état-major de la garde nationale et directeur du dépôt des fortifications, étudiait la marche des assiégeants; leurs progrès étaient rapides, leurs masses supérieures accablaient l'armée française. Vers midi, un aide de camp de Marmont vient annoncer au conseil de défense que toute résistance est inutile. Le roi Joseph répond aussitôt :

Paris, le 30 mars 1814.

« Si M. le maréchal duc de Trévise et M. le maréchal duc de Raguse ne peuvent plus tenir leurs positions, ils sont autorisés à entrer en pourparlers avec le prince de Schwarzemberg et l'empereur de Russie, qui sont devant eux.
« JOSEPH. »

Montmartre, à midi un quart.

« Ils se retireront sur la Loire. »

Après avoir expédié cette lettre, Joseph quitta le Château-Rouge, et le duc de Raguse se mit immédiatement en communication avec les souverains alliés.

Les Russes occupèrent Montmartre après la capitulation de Paris. L'empereur, à son retour de l'île d'Elbe, fit dresser sur la butte une batterie protégée par une palissade et de forts détachements campèrent jusqu'à la fin de juin 1815, sous la direction du général Desfournaux.

CHAPITRE VII.

Montmartre en 1860.

Depuis lors, et jusqu'à l'annexion, Montmartre s'est développé en paix. En 1822, un théâtre y fut bâti par les soins des frères Séveste.

Une mairie fut construite en 1830, et inaugurée le 3 mai 1837, par M. de Rambuteau. Les eaux de la Seine furent amenées à 130 mètres au-dessus de leur niveau, sur le point culminant de la butte. Le réservoir, d'où elles se distribuent dans ce quartier, est un gracieux monument octogone du style de la Renaissance. Des carrières, dont les voûtes peu solides s'écroulaient, furent comblées; des remblais exécutés, des rues tracées sur les versants disposés en terrasses. Sous l'administration de M. Piémontési, en 1853, fut desséchée la place Saint-Pierre, qui peut-être sera belle un jour, et qui est certainement pittoresque. Tout en admirant ces métamorphoses, les vieux Parisiens ne peuvent s'empêcher de regretter un peu la vieille butte où, dans leur enfance, ils erraient à l'aventure dans des sentiers escarpés; ils se souviennent de la *Vache noire*, dont les bosquets poussaient sur une pente presque à pic, d'où jaillissait une source limpide et fraîche. Ils voient encore les vignes suspendues aux flancs du coteau, les beaux jardins dont la plupart ont été remplacés par des maisons de cinq étages, et les carrières profondes où scintillaient les facettes de la pierre à Jésus. Montmartre appartenait, alors, pour ainsi dire, aux visiteurs ; maintenant des murailles ont remplacé les haies et intercepté l'horizon.

Quoique bien mutilée, l'église de Montmartre mérite encore l'attention des archéologues.

C'est une basilique romane divisée en trois parties par deux rangs de piliers, dont les chapiteaux ne manquent point d'élégance : la plupart se composent de feuilles et de végétations fouillées avec délicatesse. Il y en a un qui représente un homme à califourchon sur un bouc dont il tient la queue. Sur un autre, un paysan se bat contre un dragon. La façade, où s'ouvraient trois fenêtres circulaires, lobées de trèfles et de quatrefeuilles, a été depuis longtemps supprimée.

Le maître-autel est fait d'une pierre trouvée dans des fouilles, en 1833, et qu'on croit être celle sur laquelle le pape Eugène III célébra la messe.

La pierre tumulaire de Mᵐᵉ de Rochechouart, trouvée dans un coin, après la suppression du monastère, a été sciée dans toute sa longueur, et chacune de ses deux parties sert aujourd'hui de degré collatéral aux angles du maître-autel.

Une des chapelles a été longtemps dédiée à saint Chrysogon, qui était honoré sous le nom de saint Raboni, parce qu'il avait soutenu dans leurs peines des femmes mal loties, et qu'il avait bonifié leurs époux. Le recueil intitulé *Menagiana* dit qu'une Parisienne mécontente de son mari avait entrepris de faire une neuvaine à Montmartre pour l'amener à résipiscence. Elle gravit patiemment la montagne et pria avec ferveur pendant quatre jours. Au retour de son pèlerinage, comme elle redescendait la chaussée des Martyrs, des messagers vinrent lui apprendre que son mari était mort, et dans le premier élan d'une joie sans doute répréhensible, elle s'écria : « Que ta bonté est grande, ô saint Raboni! puisque tu accordes plus que l'on ne te demande! »

Les fonts baptismaux de Montmartre portent le millésime de 1537, avec deux clefs en sautoir sur un écusson. Ils sont enjolivés de sculptures où il est facile de reconnaître le style de la Renaissance. La cuve est un ovale allongé.

La situation de Montmartre avait dû y attirer dans les temps les plus anciens ceux qui cherchaient l'air et les vastes horizons. Avant le monastère, avant les maisons de plaisance modernes, et dont la plus belle fut celle de M. Chartraire de Montigny, trésorier des États de Bourgogne, il existait assurément des habitations sur la montagne. Quand on y fit des retraites religieuses, on utilisa les débris des maisons romaines ou des temples païens. Ainsi se trouvent enclavées dans les murs de l'église Saint-Pierre quatre colonnes monolithes de marbre vert antique, surmontées de chapiteaux ouvragés.

Le Calvaire, établi en 1805, à l'intérieur de l'église, n'est qu'une suite de tableaux médiocres. Un autre a été établi au dehors, par les soins de M. Ottin, curé de Montmartre. Les stations, au nombre de neuf, se composent de bas-reliefs de pierre sculptés par M. Courtin. Les trois croix se dressent sur un rocher factice, sur lequel est une grotte destinée à rappeler le saint-sépulcre. Ces stations, restaurées avec soin en 1850, sont au milieu d'un jardin, au sud de l'église.

Des indulgences spéciales sont attachées à la visite du calvaire extérieur de Montmartre. En voici la traduction :

« *De l'audience de N. S. P. le pape, à Rome, le 28 juillet 1833.*

« Sa Sainteté le pape Grégoire XVI, sur le rapport que nous, soussigné, secrétaire de la sainte Congrégation de la Propagation de la Foi, lui avons fait, donne et accorde en Notre-Seigneur, et à perpétuité (toutefois avec le consentement de l'ordinaire) :

« 1° Une indulgence plénière applicable par forme de suffrage aux âmes du purgatoire, à tous et chacun des fidèles de l'un et de l'autre sexe qui, vraiment pénitents, s'étant confessés et ayant communié, visiteront dévotement l'église de Montmartre, au diocèse de Paris, ainsi que la grande croix ou le calvaire érigé en la même église, aux jours des fêtes de l'Invention et de l'Exaltation de la sainte Croix et pendant leurs octaves, et y prieront dévotement pendant quelque temps pour la propagation de la foi.

« 2° Une indulgence partielle de cent jours à gagner deux fois le mois par ceux qui visiteront dévotement la grande croix ou le calvaire, aux jours désignés par l'ordinaire.

« Donné à Rome à la sacrée congrégation, les jour et an que dessus.

« *Signé* Ange Mai, *secrétaire de la Congrégation de la Propagation de la Foi.* »

« Hyacinte-Louis De Quélen, par la miséricorde divine et la grâce du saint-siège apostolique, archevêque de Paris, etc.,

« Vu le bref d'indulgence ci-dessus, nous avons permis et permettons par ces présentes de le publier dans notre diocèse, avec les autres lettres d'indulgences accordées antérieurement et pour le même objet, après que nous nous sommes assuré de leur authenticité ; et pour gagner l'indulgence partielle mentionnée audit bref du 28 juillet 1833, nous désignons le second et le quatrième dimanche de chaque mois.

« Donné à Paris, sous le seing de notre vicaire général, le sceau de nos armes et le contre-seing du secrétaire de notre archevêché, le trente et un août de l'an du Seigneur mil huit cent trente-trois.

« Boudot, *vicaire général.*

« Par mandement,

« Molinier, *chanoine, secrétaire.* »

En 1842, la huitaine obtenue par M. Ottin ne suffit plus aux fidèles, et il fut requis de demander au saint père un supplément de grâce. Il écrivit à Rome la lettre suivante, dont l'original est en latin :

« Très-saint Père,

« Le curé de l'église de Montmartre, située en France, auprès de Paris, humblement prosterné aux pieds de Votre Sainteté, la supplie de vouloir bien accorder une indulgence plénière qui puisse être gagnée deux fois l'année par les fidèles qui assisteront à l'office des morts qui se célèbre le jour qui suit immédiatement les octaves des fêtes de l'Invention et de l'Exaltation de la sainte Croix. »

Grégoire XVI répondit par la bulle suivante :

« *De l'audience du souverain pontife.*

« Sa Sainteté le pape Grégoire XVI accorde à perpétuité, deux fois l'année, le jour consacré au service solennel pour les trépassés qui suit immédiatement l'octave des fêtes de l'Invention et de l'Exaltation de la sainte Croix, une indulgence plénière applicable aux âmes du purgatoire, à tous les fidèles de l'un et de l'autre sexe qui, vraiment pénitents et après s'être confessés, recevront le sacrement de l'eucharistie et visiteront l'église paroissiale de Montmartre, y prieront pendant quelque temps à l'intention de Sa Sainteté et assisteront à l'office des défunts qui se célèbre dans cette église.

« Donné à Rome, sans autre expédition de bref, au secrétariat de la sacrée congrégation des indulgences, le 26 avril 1842.

« Le cardinal Castracoene, *préfet.*

« Vu et approuvé pour être publié dans le diocèse, par Monseigneur Denis Affre, archevêque de Paris, le 17 juin 1842.

« Gros, *vicaire général.* »

Au nord, le Calvaire a pour pendant un cimetière, fermé depuis le 1ᵉʳ janvier 1831, sous l'administration de M. Bazin. Les familles de Montesquiou-Fezensac, de Laborde, de Flavigny, de Cabro, de Salive, des Touches, de Fitz-James, de Vaufleur, de la Bourdonnaye, de Launay, de Houdetot, de Champigny, de Caraman, de Sourches, de Romanet, de Vaudreuil, mêlent là leurs cendres et leur histoire.

Les illustrations féminines y sont représentées : la Russie, par la princesse Barbe Galitzin, la comtesse de Swetchine de Somainoff ; l'Allemagne, par Jeanne Népomucène de Somifeld, née en Brisgaw ; la Hollande, par la baronne de Fytte, et la

France, par Maclowic de Coatquen, dernière du nom, maréchale et duchesse de Duras.

On remarque encore dans ce vieux cimetière les tombes de l'amiral comte de Marseille; du comte de Bougainville, officier général de terre et de mer et premier circumnavigateur; d'Hubert de Vintimille; du comte de Solmanoff, général d'infanterie russe; de Mathieu Dumas; du maréchal de Brancas et du colonel d'Eprémenil; de Louis Berton des Balbes de Crillon, lieutenant général des armées du roi; du général de Rigaud de Vaudreuil; de Louis de Saint-Georges, dont voici l'épitaphe :

IL MARCHA DEVANT LE SEIGNEUR,
ET MOURUT DANS UNE HEUREUSE VIEILLESSE,
PLEIN DE JOURS ET DE BONNES ŒUVRES.

Ne quittons pas la butte sans en mentionner toutes les curiosités. La maison qu'occupait autrefois l'établissement d'aliénés du docteur Blanche se distingue par la beauté de son emplacement et de ses jardins. Le *Château des Brouillards*, qui fut longtemps un établissement chorégraphique très-fréquenté, n'est plus qu'une demeure particulière; mais il est remplacé par son voisin *le Petit-Tivoli*, dont les frais ombrages abritent un puissant orchestre et d'infatigables danseurs. Entre *le Château des Brouillards* et *le Petit-Tivoli* est l'abreuvoir de Montmartre, et la fontaine du Buc, sur laquelle s'étendent, comme pour la protéger, les rameaux d'un noyer touffu. La margelle en est faite avec une pierre tumulaire sur laquelle on distingue l'image d'une abbesse qui tient sa crosse à la main.

Près de l'obélisque de 1736, dont l'état de dégradation serait aisément réparable et qu'il conviendrait d'isoler, *le Moulin de la Galette* offre chaque dimanche à de nombreux promeneurs ses comestibles indigestes, ses bosquets fleuris, ses danses et sa balançoire. A l'extrémité opposée de la butte, l'architecte Hannequier a élevé, en 1859, *la Tour de Solferino*, d'où, moyennant une faible rétribution, les curieux planent sur Paris et sur une partie des environs.

CHAPITRE VIII.

Clignancourt. — Découverte d'un monument romain. — La chapelle de la Trinité. — La fabrique de porcelaine. — La nitrière artificielle. — Développement industriel de Clignancourt. — Église de Notre-Dame de Clignancourt. — Le Petit-Ramponneau. — Les bals des anciennes barrières. — Le restaurant Krautheimer.

De cette tour nous descendons au village de Clignancourt ou de Clignancourt, dont plusieurs actes font mention dès le XIII° siècle. Longtemps auparavant, les Romains y avaient eu des établissements. En 1637, des fouilles pratiquées à mi-côte firent découvrir un parallélogramme de solides murailles, divisées en plusieurs chambres par des murs moins épais. Sur un point des ruines, les savants crurent reconnaître un hypocauste; sur un autre étaient des fragments de bas-relief en marbre blanc représentant deux génies conduisant un char; un vase de terre cuite d'un travail assez grossier; une tête en bronze de grandeur naturelle, et un bras aussi en bronze, dont les grandes proportions feraient penser qu'il provient d'une statue de 3 mètres.

En 1579, Clignancourt appartenait à Jacques Légier, trésorier du cardinal de Bourbon; il y avait fait construire pour son usage une chapelle dédiée à la Trinité, où l'on dit que le curé de Montmartre venait dire la messe. Elle était à l'angle de la rue Saint-Denis et de la place Marcadet.

Le couvent de Montmartre possédait à Clignancourt un fief, pour lequel il payait à la manse de l'abbaye de Saint-Denis une somme de 1,000 livres à chaque mutation d'abbesse. Plus tard, il acquit la seigneurie de tout le village; mais en l'année 1700, Mᵐᵉ de Bellefond la vendit au duc du Maine pour 5,500 fr. Ce chiffre donne une pauvre idée de l'importance qu'avait alors Clignancourt. Elle augmenta en 1771, lorsque Desrulles y eut créé une manufacture de porcelaine, dont la pâte et la couverte étaient tirées de la Manufacture royale de Limoges. Les bénitiers de la seconde église abbatiale sortaient de cette fabrique, et Desrulles fils les avait surmontés d'un groupe d'anges de sa composition. En 1787, des spéculateurs établirent à Clignancourt une nitrière artificielle pour les besoins de la régie des poudres et salpêtres.

De ce temps date le développement industriel de Clignancourt, où habitent, en 1860, des distillateurs, des fondeurs de caractères, des scieurs de bois à la mécanique, des épurateurs de littorie, des fabricants de bonneterie, de toiles et sangles, de vernis pour voitures, etc., etc. C'est à Clignancourt que sont le dépôt des bois et la scierie d'Ignace Pleyel, dont les pianos rivalisent avec ceux d'Érard.

Le 3 mai 1859 a été posée la première pierre d'une église dédiée à Notre-Dame-de-Clignancourt, à l'angle formé par la petite rue Saint-Denis et la rue des Portes-Blanches. Le cardinal archevêque de Paris présidait la cérémonie religieuse, à laquelle assistaient le préfet de la Seine, le sous-préfet de Saint-Denis et les autorités municipales de Montmartre. La garde nationale formait la haie sur le passage du cortège, qui, parti de la mairie, a pu dans son trajet inaugurer également la nouvelle rue Pierre-Picard, ouverte sur la chaussée Clignancourt et aboutissant à la place Saint-Pierre. La musique de la garde nationale et celle du 13° de ligne accompagnaient les autorités, qui, après la cérémonie, se réunirent dans un banquet donné dans la cour de la mairie, transformée en salon et magnifiquement ornée.

A l'entrée de la chaussée de Clignancourt, près de l'ancienne barrière Rochechouart, est un vaste établissement gastronomique et bachique, qu'on nomme le Petit-Ramponneau, et qui peut rivaliser avec les maisons analogues de la ci-devant barrière du Maine. C'est à la fois un restaurant et un café; celui-ci n'a été créé qu'en 1859 et complète l'institution.

Comme toutes les grandes entreprises, le Petit-Ramponneau commença modestement. En 1790, c'était un quadrilatère entouré de piquets et de cordes. Au centre était un jeu de tonneau; les amateurs de cet exercice et les buveurs s'asseyaient alentour sur des bancs grossiers devant des tables que détérioraient la pluie et le soleil. Peu à peu le cabaret augmenta sa clientèle.

Les salles qui furent construites étaient d'abord d'une simplicité rudimentaire; mais d'autres y ont été ajoutées qui unissent l'élégance au confort. Le Petit-Ramponneau est un hôtel qui traite tout le monde avec égards, mais qui proportionne ses raffinements culinaires aux habitudes, à la fortune et aux goûts de ses consommateurs. Ceux qui ne peuvent consacrer qu'une somme minime à leur nourriture dînent également entre des murailles nues et sur des tables de sapin; les plus riches savourent, dans de magnifiques salons, des suprêmes de volailles arrosés d'excellent chambertin, de hautbrion et de Sillery.

Les propriétaires du Petit-Ramponneau, MM. Lallemand, successeurs de M. Nicolot, leur oncle, ont donné à leur établissement une extension qui en fait une des curiosités parisiennes.

Il en est d'autres encore sur les boulevards de Clichy, des Martyrs et de Rochechouart. Notons *le Bal de la Reine-Blanche*, *l'Hermitage*, *la Boule-Noire*, *l'Élysée-Montmartre*, *les Folies-Robert*. Krautheimer mérite aussi d'être mentionné; ce restaurateur spécial excelle dans la préparation de la choucroute et des nouilles. Le fameux chiromancien Desbarolles, qui a été élevé en Allemagne et a su en apprécier la cuisine, a enseigné la route de la maison Krautheimer à une foule de littérateurs, de journalistes, de peintres et de comédiens.

CHAPITRE IX.

La chapelle Saint-Denis. — Sainte-Geneviève. — Les bohémiens. — Monuments publics de la Chapelle. — Industrie locale. — Chapelle et ses amis.

La commune de La Chapelle-Saint-Denis compose avec Montmartre et Clignancourt le XVIII° arrondissement. Elle doit son nom à une chapelle où l'on prétend que sainte Geneviève s'arrêtait avec ses compagnons lorsqu'elle allait, dans la nuit du samedi au dimanche, célébrer les vigiles à Saint-Denis. Cette petite église fut brûlée par les Anglais en 1358, et par les Armagnacs le 8 juillet 1418. Ce fut à La Chapelle qu'en l'an 1427 se logèrent les bohémiens que l'autorité ne crut pas devoir laisser pénétrer dans la capitale.

« Quand ils furent à la Chapelle, dit *le Journal d'un bourgeois de Paris*, on ne vit oncques plus grande allée de gens à la bénisson du Landit que là alloit de Paris, de Saint-Denis et d'entour Paris pour les voir et vray, et que les enfants d'iceux estoient tant habiles et filles que nuls plus; et le plus et presque tous avoient les deux oreilles percées, et en chacune oreille un anel d'argent, et deux en chascune, et disoient que c'estoient gentillesse en leur pays.

« Item, les hommes estoient très-noirs, les cheveux crespés, les plus laides femmes que on puet voir, et les plus noires; toutes avoient le visage de playe, les cheveux noirs comme la queue d'un cheval; pour toutes robes une vieille flaussoie très-grosse d'un lien de drap ou de corde liée sur l'espaule, et dessous un pauve raquet ou chemise pour tous paremons. Bref c'estoient plus pauvres créatures que on vit en France de l'âge d'homme. Et néanmoins leur pauvreté, en la compagnie avoit sorcières qui rehardoient ès mains des gens, et disoient ce que advenu leur estoit ou à advenir, et mirent contens en plusieurs mariages; car elles disoient au mari : « Ta femme t'a fait cocu; » ou à la femme : Ton mari t'a fait coulpe. » Et qui pis estoit, en parlant aux créatures pur art magique ou autrement, ou par l'ennemi d'enfer, ou par entregent d'abilité, faisoient vuides les bourses aux gens, et le mettoient en leur bourse, comme on disoit. Et vrayment j'y fus trois ou quatre fois pour parler à eux; mais oncques ne m'apperceus d'un denier de perte, et ne les vis regarder en main; mais ainsi le disoit le peuple partout; tant que la nouvelle en vint à l'évesque de Paris, lequel y alla et mena avec lui un frère mineur nommé Le Petit, jacobin, lequel par commandement de l'évesque, fist là une belle prédication en excommuniant tous ceux et celles qui se faisoient, et avoient cru montré leurs mains; et convint qu'ils s'en allassent; et se partirent les jours Nostre-Dame en septembre, et s'en allèrent vers Pontoise. »

L'importance de La Chapelle s'est considérablement accrue depuis trente ans; des usines s'y sont établies. Le nombre des habitants, qui n'était que de 2,440 en 1831, s'est élevé à près de 40,000. Cet accroissement rapide avait donné aux terrains et aux maisons une plus-value considérable, et rendu insuffisants les édifices communaux. En 1858, la ville de La Chapelle fut autorisée par une loi à emprunter la somme de 500,000 fr., et à s'imposer extraordinairement pour rembourser cet emprunt. Le conseil municipal vota la construction d'une nouvelle église; il ajouta une école communale gratuite aux cinq qui étaient déjà ouvertes depuis longtemps. Un pont jeté sur le chemin de fer du Nord relia les deux parties séparées de la commune. De nouvelles rues furent percées, tandis que les anciennes étaient garnies de trottoirs et de fontaines.

La première pierre de la nouvelle église fut posée solennellement le 10 août 1858, rue d'Alger, dans le quartier de la Goutte-d'Or, qui unit La Chapelle à Montmartre.

Cette église a été dédiée à saint Bernard par le cardinal Morlot, qui, se fondant sur des autorités qui lui sont inconnues, prétend que le saint orateur a prêché plusieurs fois la croisade à La Chapelle. Le vaisseau a la forme d'une croix latine; il appartient au style gothique de la fin du xve siècle. A défaut de clocher, elle a six clochetons, deux de chaque côté des trois portes et un septième sur le chevet. La façade principale est tournée à l'Orient. Les travaux, dirigés par l'architecte Magne, ont été poussés avec une activité prodigieuse.

L'ancienne église de La Chapelle, dont quelques parties paraissent remonter au xiie siècle, ne peut contenir plus de 800 personnes.

Dans l'ancienne mairie de La Chapelle siége la justice de paix du XVIIIe arrondissement. Un poste de sapeurs-pompiers a été placé non loin de là, à côté des écoles communales.

Les cafés-restaurants de La Chapelle jouissent d'une réputation acquise par de nombreux services. La rue Jessaint voit souvent des membres des corporations se diriger en procession vers les *Vendanges de Bourgogne*. L'entrée de la Grande-Rue est égayé par le *Globe*, le *Café de Paris*, le *Grand Salon de la Folie* et le *Capucin de La Chapelle*. Dans la rue Doudeauville, le *Café de la Mairie* s'est embelli depuis que la commune a été absorbée par la capitale. Seulement, il s'est trouvé dans la nécessité de changer de titre; puisqu'il n'y avait plus de mairie, le sien devait évidemment hors de saison. Lequel prendre : celui de *Café de la Justice de Paix*, de *Café des Ecoles* ou des *Sapeurs-Pompiers*? Après d'amples et mûres réflexions, le propriétaire de l'établissement l'a tout simplement appelé *Café de l'Annexion*.

La Chapelle est animée par le commerce et l'industrie. Les gares des marchandises des chemins de fer du Nord et de l'Est y entretiennent un mouvement perpétuel; le rond-point qu'elles entourent sert de Marché aux bestiaux, aux fourrages, aux légumes. C'était là que se tenait, jusqu'en 1444, la foire du Landit, une des plus célèbres du moyen âge. Les écoliers de l'université de Paris s'y approvisionnaient de parchemin. Des marchands de toutes les contrées vendaient de la lingerie, des pelleteries, des chevaux, des souliers, des charrues, des bahuts, de l'épicerie, de la mercerie et des armes. Au centre du champ de foire était construite une baraque où s'installait l'abbé de Saint-Denis pour décider des discussions qui s'élevaient entre les marchands.

La Chapelle est un entrepôt de lait considérable. On y trouve des fabriques de liqueurs fines, de produits chimiques, de fécules, moutarde, vinaigres, couleurs et rindelles, équipements militaires, toiles cirées, peaux de buffle; des raffineries de sel, des huileries, des distillations d'eau-de-vie, des fonderies de fer et de cuivre; des chandelleries; des manufactures de ressorts pour voitures, de paliers graisseurs, de ressorts pour chemins de fer, de wagons, de moulins à vent, de savons, de soques et chaussons; des entrepôts d'huiles, de charbon, etc.

A La Chapelle naquit, en 1626, Claude-Emmanuel Luillier, dit Chapelle, fils naturel de François Luillier, maître des comptes, qui ne le légitima qu'en 1642, et qui fut élevé sous le nom de son pays natal. Il a laissé une réputation de littérateur sans avoir jamais écrit autre chose que le compte rendu en prose et en vers d'un voyage qu'il fit avec son ami Bachaumont. Ce qui lui a valu sa célébrité, c'est qu'au milieu d'une société guindée et compassée il semait des saillies de bon aloi; c'est qu'il ne cherchait que le plaisir, tandis que d'autres couraient après la fortune et les honneurs. Qui peut d'ailleurs apprécier ce qu'il a produit indirectement, et jusqu'à quel point l'originalité de son esprit, la sûreté de sa philosophie, la finesse de ses aperçus, sont entrées dans les œuvres immortelles de ses amis! Il gourmandait parfois Boileau, et quand celui-ci lui reprochait d'être ivre, Chapelle ripostait : « Toi tu n'es ivre que de tes vers ! » Molière le consultait, et Racine lui doit plusieurs traits des *Plaideurs*. La Fontaine lui lisait ses fables, et Claude Saumaise lui dédia ses éditions grecque et latine des *Amours de Clitophon et de Leucippes*, par Achille Tatius (*Lugduni Batavorum, Hegerus*, 1660, in-12).

Les anecdotes dont Chapelle est le héros, nous le font voir indépendant, caustique, incapable de flatter, quoique les plus illustres de ses contemporains s'abaissassent à de plates dédicaces. Viveur, aimant la bonne chère et menant en apparence une vie d'oisivité, il n'était étranger à aucune des questions de religion, de morale, ou de physiologie qu'avaient soulevées les Bonnet, les Nicole, les Descartes et les Gassendi. Il était recherché dans tous les cercles, parce qu'il était à la fois bon convive, causeur spirituel, et savant quand il le fallait.

Chapelle, fort mécontent d'un dîner qu'il avait fait chez un bourgeois de sa connaissance, avec Chevreau, son camarade de bouteille, ne fut pas plutôt sorti de table, qu'il s'approcha de Chevreau, et lui dit à l'oreille, de manière à se faire entendre du maître de la maison.

« Où irons-nous dîner en sortant d'ici? »

On louait devant lui le portrait d'un seigneur de la cour, grand discoureur, et l'on disait qu'il n'y manquait que la parole :

« Il n'en est pas plus mauvais pour cela, » répondit-il.

Un jour Chapelle dînait, en nombreuse compagnie, chez le marquis de Marsilly, qui n'avait qu'un page pour servir à boire à tout le monde ; Chapelle, à qui on ne servait point à boire aussi souvent qu'aux autres, perdit patience, et dit :

— « Eh! monsieur le marquis, donnez-nous, je vous prie, la monnaie de votre page! »

Le duc de Brissac, allant passer quelque temps dans ses terres, engagea Chapelle à l'y accompagner. Ils arrivèrent le quatrième jour à Angers, sur le midi, avec dessein d'y passer le reste de la journée. Chapelle avait dans cette ville un chanoine de ses amis, chez lequel il alla faire un long et agréable dîner. Le lendemain, comme le duc était prêt à monter en voiture pour continuer son voyage, Chapelle lui signifia qu'il ne pouvait le suivre; il avait trouvé sur la table du chanoine une vieille édition de Plutarque, où il avait lu à l'ouverture du livre : *Qui suit les grands, serf devient*.

— « Qu'importe! dit le duc : je vous considère comme mon ami; vous serez absolument le maître chez moi.
— Je vous suis bien reconnaissant, monseigneur; mais Plutarque l'a dit : Qui suit les grands, serf devient.
— Oubliez-vous, mon cher Chapelle, toute la bienveillance, toute l'amitié que je vous ai toujours témoignées?
— Dieu m'en garde, monseigneur; mais Plutarque l'a dit. »
On n'en put tirer d'autre réponse, sinon que Plutarque l'avait dit, et que ce n'était pas sa faute.
Sur cela, il quitta le duc, et s'en revint à Paris.
Un homme de l'humeur de Chapelle ne dut sans doute jamais être tenté de subir le joug du mariage. La duchesse de Bouillon lui demandait s'il n'avait jamais eu envie de se marier.
— « Quelquefois, le matin, répondit-il. »
Chapelle, revenant d'Auteuil, après avoir bu largement chez Molière, eut querelle au milieu de la petite prairie d'Auteuil avec un valet qui le servait depuis plus de trente ans. Ce vieux domestique avait l'honneur d'être toujours dans le carrosse de son maître. Il prit fantaisie à Chapelle, en descendant d'Auteuil, de lui faire perdre cette prérogative, et de le faire monter derrière son carrosse. Godemer, accoutumé aux caprices que le vin causait à son maître, ne se mit pas beaucoup en peine d'exécuter ses ordres. Celui-ci se mit en colère; l'autre se moqua de lui; ils se disputèrent dans le carrosse, et le cocher descendit de son siège pour aller les séparer. Molière, qui était à la fenêtre, aperçut les combattants : il crut que les domestiques de Chapelle l'assommaient ; il accourt au plus vite.
— « Oh! Molière ! lui dit Chapelle, puisque vous voilà, jugez si j'ai tort! Ce coquin de Godemer s'est élancé dans mon carrosse, comme si c'était à un valet de figurer auprès de moi.
— Vous ne savez ce que vous dites, répondit Godemer; monsieur sait que je suis en possession du devant de votre carrosse depuis plus de trente ans; pourquoi voulez-vous me l'ôter aujourd'hui sans raison?
— Vous êtes un insolent, qui perdez le respect, reprit Chapelle; si j'ai voulu vous permettre de monter dans mon carrosse, je ne le veux plus; je suis le maître, et vous irez derrière ou à pied.
— Y a-t-il de la justice à cela? Me faire aller à pied présentement que je suis vieux, et que je vous ai si bien servi depuis si longtemps? Il fallait m'y faire aller pendant que j'étais jeune; j'avais des jambes alors, mais à présent je ne puis plus marcher. En un mot, comme en cent, vous m'avez accoutumé au carrosse, je ne puis plus m'en passer; et je serais déshonoré si l'on me voyait aujourd'hui derrière.
— Jugez-nous, Molière, je vous prie, ajouta Chapelle; j'en passerai par votre décision.
— Eh bien, puisque vous vous en rapportez à moi, dit Molière, je vais tâcher de mettre d'accord deux si honnêtes gens. Vous avez tort, dit-il à Godemer, de perdre le respect dû à votre maître, qui peut vous faire aller comme il voudra; il ne faut pas abuser de sa bonté; ainsi je vous condamne à monter derrière son carrosse jusqu'au bout de la prairie, et, là, vous lui demanderez fort honnêtement la permission d'y entrer ; je suis sûr qu'il vous la donnera.
— Parbleu! s'écria Chapelle; voilà un jugement qui vous fera honneur dans le monde. Tenez, Molière, vous n'avez jamais donné une marque d'esprit si brillante. Eh bien! ajouta-t-il, je fais grâce entière à ce maraud, en faveur de l'équité avec laquelle vous venez de nous juger. Ma foi, Molière, je vous suis obligé, car cette affaire m'embarrassait; elle avait sa difficulté. Adieu, mon cher ami; tu juges mieux qu'homme de France!

Chapelle soupait un soir en tête à tête avec le maréchal de Hocquincourt. Quand ils eurent un peu bu, ils se mirent à faire des réflexions sur les misères de cette vie et sur l'incertitude de ce qui doit la suivre. Ils convinrent que rien au monde n'était si dangereux que de vivre sans religion; mais ils trouvaient en même temps qu'il n'était pas possible de passer en bon chrétien un grand nombre d'années, et que les martyrs avaient été bien heureux de n'avoir que peu d'instants à souffrir pour gagner le ciel.
Là-dessus, Chapelle imagina qu'ils feraient bien de s'en aller tous les deux en Turquie prêcher la religion chrétienne.
On nous arrêtera, on nous conduira à quelque pacha; je lui répondrai avec fermeté. Vous ferez comme moi, monsieur le maréchal. On m'empalera, on vous empalera après moi, et nous voilà en paradis ! »
Le maréchal trouva mauvais que Chapelle se mit ainsi avant lui.
« C'est à moi, dit-il, qui suis maréchal de France et duc et pair, à parler au pacha, à être martyrisé le premier.
— La religion ne reconnaît point de préséance, et je prétends être empalé avant vous.
— C'est ce que nous verrons! reprit M. de Hocquincourt.
— Je maintiens mon droit à être empalé avant vous.
— Quoi! les Turcs n'auraient point d'égards à la dignité d'un maréchal et d'un duc? Ils feraient passer devant un petit compagnon comme vous?
— Je me moque du maréchal et du duc! répliqua Chapelle. »
Là-dessus M. de Hocquincourt lui lance son assiette au visage. Chapelle se jette sur le maréchal; ils renversent tables, buffets, siéges. On accourt au bruit. On peut s'imaginer la stupeur de ceux auxquels ils expliquèrent le sujet de leur querelle et qui entendirent leurs raisons.
Laplace fit à Chapelle cette épitaphe :

> A ses plaisirs toujours fidèle,
> Ci-gît l'ingénieux Chapelle,
> Le plus aimable débauché
> Que jamais ait produit la France,
> Et qui n'admettait de péché
> Que celui de la tempérance.

Pourquoi n'élèverait-on pas une statue à Chapelle près du *Grand Salon de la Folie?*

FIN DU DIX-HUITIÈME ARRONDISSEMENT.

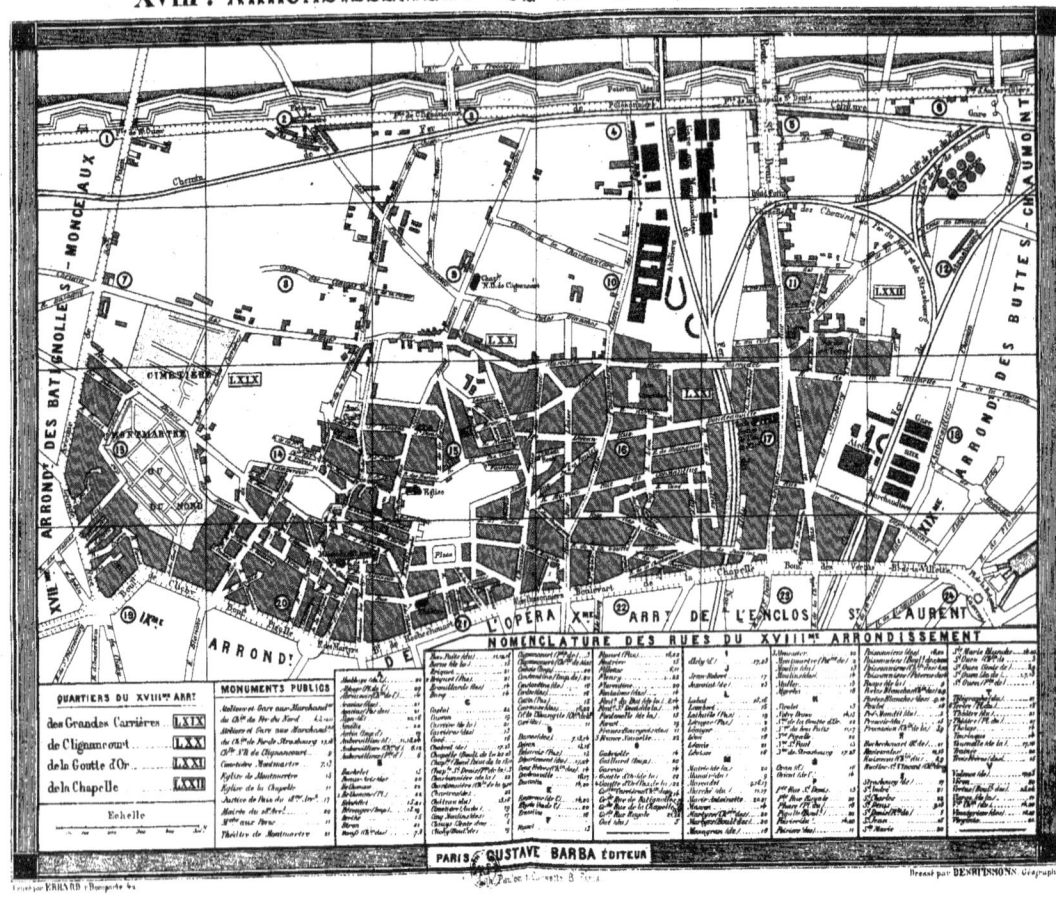

Le départ pour Belleville.

LES BUTTES CHAUMONT. — DIX-NEUVIÈME ARRONDISSEMENT.

CHAPITRE PREMIER.

Les buttes Chaumont. — Défense de Paris en 1814. — Les élèves de l'École polytechnique.

Le XIXᵉ arrondissement est borné à l'ouest par le chemin d'Aubervilliers, jusqu'à la limite des terrains militaires. Il suit les fortifications jusqu'à la route de Romainville, d'où il revient par les rues du Parc et de Paris aux anciens boulevards extérieurs. De là, pour regagner son point de départ, il suit les boulevards de la Chopinette, du Combat, de la Butte-Chaumont et de La Villette.

Les quatre quartiers du XIXᵉ arrondissement sont ceux de La Villette, du Pont-de-Flandres, d'Amérique et du Combat.

Les buttes Chaumont, qui donnent leur nom au XIXᵉ arrondissement, sont des hauteurs aux flancs accidentés qui n'avaient aucune espèce de notoriété avant la glorieuse défense de Paris. Dans la soirée du 29 mars 1814, l'empereur de Russie, le roi de Prusse et le généralissime prince de Schwartzemberg, arrivèrent à Bondy. Ils avaient avec eux une armée de 119,000 fantassins et de 23,500 cavaliers. Les troupes françaises ne présentaient qu'un effectif de 23,570 hommes commandés par les ducs de Raguse et de Trévise. Pendant que ces troupes marchaient au-devant de l'ennemi, et que la garde nationale, sous les ordres du maréchal Moncey, occupait les barrières et les portes de l'intérieur, quatre pièces de canon étaient mises en batterie sur les buttes Chaumont.

Une opinion généralement accréditée associe aux buttes Chaumont le souvenir des élèves de l'École polytechnique. C'est une erreur. Ils étaient, au nombre de 216, sur la chaussée de Vincennes, servant, avec le concours des artilleurs de la vieille garde, vingt-huit pièces de canon appartenant à l'artillerie de la garde nationale parisienne. Attaqués par des lanciers russes, et n'étant soutenus par aucune troupe, ils furent obligés de se replier sous la protection de deux autres batteries de six pièces chacune, placées à la barrière du Trône, et manœuvrées par des artilleurs à cheval et par des artilleurs de la marine. Quelques coups tirés à mitraille arrêtèrent l'ennemi ; une compagnie de cuirassiers et quelques pelotons de gendarmes le chargèrent avec impétuosité ; il recula ; les élèves reprirent leurs pièces qu'ils avaient abandonnées, et forcèrent les colonnes qui s'avançaient à tourner le bois de Vincennes par Fontenay, Nogent et Saint-Maur. Voici comment le fait d'armes des élèves de l'École est raconté par F. Kock dans ses *Mémoires pour servir à l'histoire de la campagne de 1814* :

« Le major Evain crut devoir faire agir les réserves d'artillerie de la garde parisienne, servies par les élèves de l'École polytechnique. La route de Vincennes, soutenue des deux côtés par des murs de terrasse, n'étant accessible que de front aux troupes légères de l'ennemi, un tel avantage lui fit penser qu'il pouvait les y engager sans trop hasarder. Cet officier, sans s'arrêter au manque d'infanterie, et présumant d'ailleurs que le feu des premières pièces tiendrait en échec la cavalerie légère qu'elle aurait à combattre ; plein de l'espoir de former une utile diversion à l'extrême droite du duc de Raguse, ou d'empêcher du moins les troupes légères des alliés de le dé-

19

border, partit vers une heure après-midi sous l'escorte de quelques gendarmes.

« Ces vingt-huit pièces, traînées à la prolonge par des chevaux de poste et de rivière, que conduisaient des charretiers inexpérimentés, formaient avec les caissons une colonne tellement allongée, que la queue en défilait encore à la barrière quand la tête atteignait l'extrémité de l'avenue. Au point où elle est coupée par le chemin de Charonne à Saint-Mandé, le major Évain fit mettre les premières en batterie sur la chaussée, et à sa gauche dans la route de Charonne. Le feu s'alluma et commençait à inquiéter les lanciers russes postés en avant de Montreuil, lorsque le comte de Pahlem leur riposta avec une batterie légère, et ordonna au général Kamenew de les attaquer, en se portant sur elles, derrière les maisons et les granges du Petit-Vincennes; l'artillerie russe tira d'abord à cartouches, mais hors de portée, et la mitraille tomba sans effet en avant de nos canonniers. L'ennemi s'en aperçut, tira à boulet et démonta quelques pièces. Pendant ce combat d'artillerie, le général Kamenew exécutait son mouvement. Pris d'abord en flanc, ensuite caché par les maisons, dérobé aux vues du château par le mur du parc, il arriva, en faisant un quart de conversion sur la chaussée et s'élança contre les batteries : les gendarmes qui les flanquaient à droite se replièrent, et rien ne les soutenant, elles firent volte-face.

« L'encombrement des pièces et des caissons, la frayeur des chevaux, l'inexpérience des conducteurs jettent le désordre dans la colonne. Les lanciers tuent, mettent hors de combat ou enlèvent les canonniers et s'emparent de leurs pièces. Mais au moment où le général Kamenew ne trouvait plus de front aucun obstacle, et croyait en le temps d'éviter la charge de flanc dont le menaçait le général Vincent avec les cosaques polonais, le colonel Ordener se frayant un passage à travers les clôtures des jardins, tombe avec le 30ᵉ régiment de dragons sur le flanc de l'ennemi, et le force à lâcher prise. »

Le major Évain en profite pour rallier quelques pièces, les mettre en batterie, et seconder par un feu de mitraille la charge des dragons. A la barrière du Trône, la garde nationale, malgré sa faiblesse, forme un détachement qui, sous les ordres du chef de bataillon Saint-Romain et du capitaine Calmer, se porte au soutien de l'artillerie.

Le général Kamenew se retire alors emmenant plusieurs pièces, et quelques prisonniers, au nombre desquels étaient six élèves de l'École polytechnique, quinze autres furent blessés la plupart de coups de lance, quelques-uns assez grièvement. La retraite de l'ennemi décida la rentrée des réserves qui s'effectua sans autre événement.

Des historiens ont dit qu'Alexandre Iᵉʳ, témoin des héroïques efforts des élèves de l'École polytechnique, avait crié à ses grenadiers : « Épargnez ces enfants! » C'est gratuitement qu'on lui prête ce mouvement de générosité, attendu qu'il était à plusieurs kilomètres du champ de bataille. Ce qu'il y a de vrai, c'est qu'un des élèves de l'École, renversé dans un fossé, allait être percé d'un coup de lance, lorsqu'un cavalier russe détourna le coup en criant : « Pas tuer jeune Français! »

Par qui donc étaient servies les pièces qui couronnaient les buttes Chaumont? Par des artilleurs de la marine, auxquels s'étaient unis des faibles détachements des 5ᵉ et 6ᵉ légions de la garde nationale, et peut-être aussi quelques élèves de l'École polytechnique. Cette poignée d'hommes fit bonne contenance, et repoussa l'assaut de la garde prussienne; mais, vers le soir, une colonne d'infanterie légère aux ordres du général Yermolow, protégée par des batteries, s'empara de la butte et se disposa à y établir des obusiers.

Des événements plus graves et plus décisifs, comme nous le verrons tout à l'heure, s'accomplissaient à La Villette.

CHAPITRE II.

Sainte-Périne de La Villette. — La maison confisquée. — Conférences de la Villette. — Le duc de Roquelaure. — Extension de la Villette.

De même que Montmartre, La Villette est d'origine monastique : une partie dépendait de l'abbaye de Saint-Denis, et une autre du prieuré de Saint-Lazare. Philippe le Bel, en 1313, y fonda un couvent d'Augustines, sous le titre de Sainte-Périne; cette communauté, qui ne fit jamais parler d'elle, fut réunie, en 1749, à celle de Sainte-Périne de Chaillot.

Dans La Villette, qu'on appelait de Saint-Ladre-lez-Paris ou Grande-Villette, le prieuré de Saint-Éloi possédait quelques portions de terrain qu'il transmit à l'évêque de Paris, et celui-ci, le 12 janvier 1578, permit à Henri Le Meigner, évêque de Digne, de dédier une église sous le vocable de Saint-Jacques et de Saint-Christophe.

Quoique le site n'eût rien d'attrayant et ne fût pas même arrosé d'un ruisseau ; quelques Parisiens y bâtirent des maisons de campagne. Maître Renaud Fréron en avait une qui fut confisquée sur ce fidèle serviteur de la couronne, par Henri VI, roi d'Angleterre. Il donna la maison et ses dépendances à Jean Gilles, pour le récompenser d'avoir ouvert les portes de Paris au duc de Bourgogne.

Pierre de Martigny, évêque de Castres, avait à La Villette une maison de plaisance où il avait trouvé moyen d'amener de l'eau, et que visitait souvent François Iᵉʳ. Cette maison servit, le 11 juin 1593, à une des nombreuses conférences qui précédèrent la reconnaissance de Henri IV par les Parisiens. Les députés qui se réunirent à La Villette étaient :

Pour les États-Généraux : Pierre d'Espinac, archevêque de Lyon; François Péricard, évêque d'Avranches, zélé ligueur et l'un des secrétaires du duc de Mayenne; Geoffroy de Billy, moine de Saint-Denis, nommé nouvellement abbé de Saint-Vincent de Laon; André de Brancas, seigneur de Villars, gouverneur de Rouen et du Havre; François Averson; Pierre Jeannin; Jean-Louis de Pontarlier; Louis de Montigny; Nicolas du Pradel; Jean Lemaître; Étienne Bernard; Honoré Dulaurens; Nicolas de Neuville, sieur de Villeroi, secrétaire d'État.

Pour les royalistes : Renaud de la Vaule, archevêque de Bourges; François Leroy de Chauvigny, un des cent gentilshommes de la maison du roi, vieillard aveugle, mais estimé pour son bon sens et sa probité; Nicolas d'Angennes, seigneur de Rambouillet, ancien ambassadeur de France à Rome; Gaspard de Schomberg, Allemand naturalisé depuis 1570, homme aussi distingué par son éloquence que par ses talents militaires; Pomponne de Bellièvre, qui fut plus tard chancelier de France; Louis Révol, secrétaire d'État et confident intime du Béarnais; Jacques-Auguste de Thou, qui aurait une réputation populaire d'historien, s'il n'avait écrit en latin; Godefroy Camus de Pontcarré; de Vic, gouverneur de Saint-Denis.

Dans l'entrevue de La Villette, il s'agissait de savoir si la trêve serait prolongée ou la guerre poursuivie à outrance, comme le demandait le légat du pape. Une multitude de Parisiens se groupèrent autour de la salle, et à chaque député qui passait, ils criaient tumultueusement : « La trêve ou la paix! » Parmi ces agents provocateurs de pacification se distinguaient par leurs clameurs deux bourgeois, Charles Elvin et Bonard. Le lieutenant civil les fit arrêter; mais, dans une requête au parlement, les inculpés représentèrent que des hommes de tous les partis, aussi innocents les uns que les autres, avaient pris part à la manifestation de La Villette. La cour ordonna au lieutenant criminel de surseoir au procès.

Sur un terrain qu'occupe, en 1860, une raffinerie d'huile, s'élevait le château du duc Gaston-Jean-Baptiste, marquis, puis duc de Roquelaure. Il a laissé une immense renommée de conteur de gaudrioles, inventeur de farces, diseur de gravelures; et ses bons mots ont été recueillis dans un livre intitulé : *le Momus français* (Cologne, 1727, in-12), réimprimé plusieurs fois en un volume in-18 de 108 pages, sous le titre de : *Vie et aventures galantes et divertissantes du duc de Roquelaure*. Il est douteux qu'il ait débité tant d'obscénités, mais il est certain que c'était un esprit original.

Chargé d'une mission en Espagne, il traversait Lyon dans une chaise de poste. Il avait, comme presque toujours, un grand chapeau rond et une capote assez fripée. Il passe devant l'archevêché au moment où l'archevêque montait en carrosse, et celui-ci, avide de nouvelles fraîches, s'écrie :

— Holà! hé! hé! Courrier, mon ami, arrête!

Un peu surpris, le duc consent pourtant à s'arrêter, et le prélat lui dit :

— Courrier, d'où viens-tu? Qu'y a-t-il de nouveau?

— De Paris; des pois verts, répond le duc avec le plus grand calme.

Quoique interdit, l'archevêque continue :

— Que disait-on à Paris, mon ami, lorsque tu en es parti?

— On disait vêpres.

— Ah!... mais, comment t'appelle-t-on?
— Les uns m'appellent : Holà! hé! les autres : Hé! mon ami; mais moi, qui me connais mieux que personne, je m'appelle le duc de Roquelaure... Fouette, postillon!

Le duc de Roquelaure n'était pas seulement un plaisant : jeune encore, il entrait au service, et, blessé au combat de la Marfée, le 6 juillet 1641, il fut fait prisonnier par les soldats du comte de Soissons. Délivré bientôt, il reprit les armes, reçut une nouvelle blessure à Honnecourt, le 26 mai 1642, et tomba entre les mains des Espagnols. Pendant les troubles de la Fronde, Roquelaure resta fidèle au parti de la cour, et il fut blessé, au mois de juillet 1650, à l'attaque du faubourg Saint-Séverin, quand le jeune Louis XIV commençait le siège de Bordeaux.

Successivement maréchal de camp, lieutenant général, duc et pair, grand maître de la garde-robe, Roquelaure mérita ces honneurs par sa conduite dans la Franche-Comté, en Hollande, au siège de Maëstricht. Il obtint pour retraite le gouvernement de Guienne, et vint mourir dans son château de La Villette, en 1683, à l'âge de soixante-huit ans. Il fut enterré dans l'église des Récollets, aujourd'hui celle de l'hospice des Incurables. A ses côtés reposait son fils, Antoine-Gaston-Jean-Baptiste, dernier héritier de son nom, mort à La Villette en 1738, à l'âge de quatre-vingt-deux ans.

La construction du mur d'octroi accrut la population de La Villette dont la barrière, ornée par Ledoux d'une rotonde monumentale, devint le siège d'un commerce important de camionnage et de transit; pour le faciliter, le gouvernement projeta d'y établir le centre d'une navigation artificielle, et, en 1802, furent commencés les travaux du canal de l'Ourcq et du bassin de La Villette; ils étaient avancés à la fin de l'empire, et le canal fut un obstacle qui contribua à entraver un moment la marche des alliés. En creusant le bassin, en 1807, on découvrit un vase de terre qui contenait comme deux mille cinq cents médailles de bronze saucé; elles ont été gravées en partie dans le *Recueil des monuments antiques* de Grivaud; toutes appartenaient à l'époque comprise entre Dioclétien et Constantin.

CHAPITRE III.

La Villette en 1814.

Le sort de la journée du 30 mars 1814 se décida à La Villette. C'était là qu'étaient en communication les deux ailes de l'armée française. De Belleville à La Chapelle s'échelonnaient les divisions Compans et Boyer, du corps de Marmont, duc de Raguse; les divisions Charpentier, Christiani, Curial et Michel, du corps de Mortier, duc de Trévise. Elles luttèrent courageusement contre la colonne du centre, commandée par Tolly de Barklay ; mais survint Blücher avec le corps de Kleist, comprenant 11,000 fantassins et 8,000 cavaliers; le corps de Woronzow, composé de 15,000 fantassins; le corps de York, formé de 12,000 fantassins et de 13,500 cavaliers.

C'était l'armée de Silésie.

L'attaque contre La Villette fut dirigée par Woronzow et le prince royal de Prusse. Le maréchal Mortier avait concentré des pièces de canon dans de vieilles redoutes élevées en avant du village en 1792.

Un moment foudroyées, les masses ennemies hésitent; le duc de Trévise ordonne au colonel Christophe, placé entre La Villette et La Chapelle, de charger la cavalerie des alliés; mais les dragons français sont pris en flanc par les hussards de Brandebourg et culbutés sur l'artillerie dont ceux-ci s'emparent. Alors, à la tête de quatre régiments de Cosaques, le général Horn attaque avec vivacité la division Charpentier, qui défend pied à pied La Chapelle. Le prince Guillaume de Prusse enjoint à un régiment de milice d'entrer de vive force dans La Villette, que le comte de Voronzow menace un peu plus sur la gauche avec les 3e et 4e régiments de chasseurs russes. La division Curial, ne pouvant résister à ces efforts combinés, est forcée d'abandonner les batteries qui défendaient la tête du village, et rejetée dans les rues ou derrière les flanqueurs qui se trouvaient dans les maisons et le canal.

Cependant le colonel Sécrétant, quoique grièvement blessé, conservait une position en avant du hameau des Maisonnettes, et moins de deux cents chasseurs vétérans défendaient à outrance le premier pont du canal, à droite du village.

Le duc de Trévise ayant chargé le général Christiani de reprendre La Villette, le chef d'état-major Saint-Charles est détaché avec les cavaliers flanqueurs pour soutenir les chasseurs vétérans. Mais ils venaient d'être forcés d'abandonner le pont et de repasser le canal devant une colonne prussienne, dont les tirailleurs, montés sur les digues, harcelaient leur retraite. Cette colonne, débouchant du pont, les grenadiers flanqueurs se précipitent sur elle et la rejettent de l'autre côté. Rien ne résiste à leur élan, qui tient du désespoir; tout plie devant eux; pour un moment le pont est dégagé, et ils se portent même plus de cent pas en avant. Toutefois, leur faible nombre ne suffit point pour garder le terrain qu'ils venaient de conquérir; car tandis qu'ils poussent en tête une partie de la colonne, les Prussiens se forment et se massent derrière eux; bientôt ils sont forcés de s'arrêter et de faire face de toutes parts; on les enveloppe, on leur crie de se rendre; ils répondent, en se frayant un passage sur les corps sanglants de leurs ennemis.

Le gros de la division, élite des troupes réunies devant la capitale, ne combattait pas avec moins de valeur dans la grande rue de La Villette. Les soldats les plus vieux ne comptaient pas trente ans; mais sortis victorieux de vingt batailles, la plupart citoyens de Paris par naissance ou par mariage, ils sentaient doubler leur courage, en combattant pour leurs foyers, sous les yeux de leurs parents et de leurs amis. D'abord, ils arrêtent les colonnes qui s'avançaient dans la grande rue du village et leur reprennent quatre pièces de canon.

Ils allaient la nettoyer entièrement, malgré la mitraille qui pleuvait sur eux, lorsque la garde prussienne, après avoir forcé le pont du canal, se présente sur leurs derrières, vers le point où le village aboutit à Paris. Ce mouvement décida le duc de Trévise à les rappeler à ordonner la retraite de ses troupes sur les barrières. Elle se fit en bon ordre; un bataillon tenant la grande rue, et faisant le feu de chaussée; elle s'effectua de même dans La Chapelle, où la défense ne fut pas moins vive et aussi remarquable par sa méthode et sa fermeté. Les troupes stationnées entre La Villette et La Chapelle firent leur mouvement rétrograde par échiquier, sous la protection de l'artillerie.

Cependant l'autorisation de capituler, envoyée du Château-Rouge par le roi Joseph, était parvenue aux deux maréchaux. M. de Quélen, aide de camp du général Compans, partit en parlementaire pour Bondy, afin de tenter une négociation auprès du czar et du roi de Prusse. Il fut favorablement accueilli.

« — Mon intention, dit Alexandre Ier, n'est pas de faire le moindre mal à la ville de Paris; ce n'est pas à la nation française que nous faisons la guerre, c'est à Napoléon.
— Ce n'est pas même à lui, ajouta Frédéric-Guillaume; c'est à son ambition.
— L'empereur est-il à Paris? demanda le czar.
— Non, sire.
— L'impératrice est-elle partie?
— Oui, sire.
— Tant pis. »

A la fin de cette rapide entrevue, M. de Quélen ramena à La Villette le comte de Nesselrode, ministre d'Alexandre Ier, et le comte Orlow, aide de camp.

Ils se rendirent chez un marchand de vin, à l'enseigne du *Petit-Jardinet*, où les rejoignirent bientôt le comte de Paer, aide de camp de Schwartzemberg, et le capitaine Peterson, délégué du commissariat anglais.

Marmont y vint à quatre heures, et il fut convenu verbalement qu'il y aurait un armistice pour laisser à l'armée française le temps d'évacuer Paris; que les troupes alliées entreraient à Paris à six heures du matin, et ne pourraient recommencer les hostilités qu'après neuf heures. Des officiers, précédés de trompettes, parcoururent toutes les lignes et firent cesser le feu de part et d'autre.

Dans la nuit, Alexandre Ier et Frédéric-Guillaume III quittèrent le château de Bondy, gravirent la butte Chaumont, et comme étonnés de leur conquête, ils contemplèrent avec admiration la grande capitale que leur livraient la lassitude des uns, la défection des autres, et un de ces arrêts suprêmes qui, à un moment déterminé, semble marquer la fin des empires.

CHAPITRE IV.

Les Anglais et les Prussiens à La Villette. — Le bassin de La Villette et les trois canaux. — Le port. — Les patineurs. — La mère Radig.

Le lendemain, 31 mars, les alliés entrèrent à Paris par la barrière de La Villette : l'infanterie sur huit hommes de front, la cavalerie sur quinze. En tête de la colonne marchaient l'empereur de Russie, le roi de Prusse, le grand-duc Constantin et le prince de Schwarzemberg. « Les acclamations du peuple, dit avec attendrissement la *Gazette de France* dans son numéro du 1er avril, se sont fait entendre de toutes parts; mais l'enthousiasme était porté à son comble aussitôt que les regards pouvaient se fixer sur LL. MM. l'empereur Alexandre et le roi de Prusse. Des cris d'allégresse s'élevaient dans les airs; on se précipitait aux pieds de la personne auguste de S. M. l'empereur de toutes les Russies. On pressait ses mains, ses habits, et la bonté toute particulière avec laquelle ce monarque accueillait ces témoignages de reconnaissance et de respect a laissé dans tous les cœurs une impression que rien ne pourra effacer. On peut le dire, les fastes de l'histoire ne présentent pas l'exemple d'un enthousiasme aussi éclatant et aussi sincère. »

La Villette revit, en 1815, les Prussiens, accompagnés des Anglais. On y avait établi le quartier-général de l'armée française, et les maréchaux et généraux y tinrent, le 2 juillet, un conseil de guerre qui avait pour but d'organiser la défense, mais dont les délibérations aboutirent à une capitulation, signée le lendemain à Saint-Cloud, et en vertu de laquelle La Villette supporta pendant plusieurs mois la présence de nos amis les ennemis.

Dès que les bruits de guerre eurent cessé, le commerce et l'industrie s'emparèrent de La Villette. Son beau bassin fut achevé; il reçut les eaux de l'Ourcq, et fut mis en communication avec la basse Seine par le canal Saint-Denis, avec la haute Seine par le canal Saint-Martin.

L'Ourcq prend sa source dans la forêt de Ris, à 18 kilomètres au nord-est de Château-Thierry. Cette rivière coule au nord-ouest, entre dans le département de Seine-et-Marne, et se jette dans la Marne, par la droite, à 1 kilomètre au sud de Lizy. Son cours est de 85 kilomètres. Elle est navigable du Port-aux-Perches à Mareuil, sur une longueur de 11,129 mètres.

Le canal de l'Ourcq est une dérivation de la rivière de ce nom, dont il amène les eaux depuis le Port-aux-Perches jusqu'à Paris. Il fut commencé en 1802 et achevé en 1826. L'exploitation en a été concédée, en 1818, à une compagnie dont le privilége ne doit finir qu'en l'an 1922.

Le développement total du canal de l'Ourcq est de 107,863 mètres, qui se répartissent ainsi par départements :

Aisne, 6,527 mètres;
Oise, 13,636 mètres;
Seine-et-Marne, 67,700 mètres;
Seine-et-Oise, 8,800 mètres;
Seine, 11,200 mètres.

La largeur totale du canal de l'Ourcq est de 15^m,50, rachetée par cinq écluses de 30^m,20 de large sur 58^m,80 de long. La hauteur maximum des ponts est de 4 mètres; le tirant d'eau, de 1^m,20; la charge des bateaux, de 8 à 50 tonneaux. Il est moins destiné à transporter des marchandises qu'à alimenter un aqueduc de ceinture dont l'eau, ayant une profondeur régulière de 1^m,60, se répartit dans plusieurs quartiers de Paris. Il alimente aussi le canal Saint-Denis. Ce dernier part d'une gare circulaire établie à 700 mètres au-dessus du bassin de La Villette, traverse la route de Flandre et les fortifications de Paris; puis, après un parcours de 6,647 mètres, il va tomber dans la Seine à La Briche, près Saint-Denis. Sa pente est de 29^m,80, et rachetée par douze écluses de 39^m,20 sur 7^m,80. Son tirant d'eau normal est de 2 mètres.

Nous avons parlé du canal Saint-Martin (page 176). Le bassin où se réunissent les trois canaux offre un parallélogramme long de 800 mètres sur 80 de largeur, presque toujours couvert de bateaux. C'était jadis le rendez-vous des patineurs parisiens. Pendant l'hiver rigoureux de 1827, les amateurs de patin y venaient en veste rouge, et les dames s'y faisaient promener dans des traîneaux à deux places, moyennant quinze sous le tour ou quarante sous l'heure. La plupart de ces traîneaux étaient d'anciens chars des Montagnes-Russes, de Beaujon ou de Tivoli, véhicules dont on avait ôté les galets, les roues et les roulettes, pour les mettre sur des semelles. « L'un des jours où il a fait un grand froid, dit le *Journal des Dames* du 20 février 1827, on a remarqué sur le bassin de La Villette une dame qui patinait avec autant de grâce que de hardiesse. Robe noire, de gros de Naples, très-courte, et garnie de trois rangées de hauts volants ; chapeau rose, broderies noirs : tel était son costume. Un cavalier qui lui donnait la main faisait lui-même preuve d'habileté dans l'exercice du patin : l'un et l'autre sont Hollandais. Un nombreux concours d'amateurs les suivait des yeux. Si la dame portait un pantalon, il devait être fort court; car quoique le vent agitât le bord de sa robe, nous n'avons vu au-dessus du brodequin qu'une jambe bien tournée.

« Ainsi que madame Paul Montessu quand elle danse, la belle Hollandaise paraissait un oiseau qui voltige et que l'air dispute à la terre. »

Au premier rang des établissements célèbres de La Villette, sous la Restauration, était celui de la mère Radig. C'était un cabaret populaire, un pandemonium où des milliers de buveurs fraternisaient en dégustant du vin à six sous, et même à quatre sous : il fut prôné dans les journaux comme une des curiosités parisiennes. Les chanteurs des rues célébrèrent sur l'orgue la gloire de la mère Radig. Un membre de l'Académie française, M. de Jouy, qui passait alors pour un écrivain spirituel, daigna consacrer à La Villette et à la mère Radig ce passage de son *Ermite de la Guyane* :

« La partie du faubourg de La Villette la plus voisine de Paris n'est guère composée que de guinguettes, d'auberges, de cabarets, tous plus ou moins remarquables, à l'extérieur, par un air de propreté et même d'élégance. Une seule masure, de la plus misérable aspect, interrompt, du côté du canal, une file de maisons bien bâties. C'est là que nous nous arrêtâmes, devant l'enseigne de *la Providence*.

« Après avoir franchi le rempart de fange dont ce bouge est environné, j'entrai dans une première salle, ou plutôt dans un premier cloaque, où cinquante personnes assises, et cent autres debout, s'agitaient, juraient, hurlaient au milieu d'une atmosphère infecte, dont l'épaisse fumée de tabac était le plus agréable correctif.

« J'aurais voulu m'en tenir là ; mais, outre qu'il n'était plus en mon pouvoir de rétrograder, je ne pouvais oublier le but et l'objet principal de ma visite, vers lequel j'étais d'ailleurs emporté malgré moi par le flot de canaille dont j'étais obligé de suivre la direction.

« J'arrive enfin dans ce qu'on appelle le *jardin*, c'est-à-dire dans un bourbier, aux deux côtés duquel sont dressées des tables de bois pourri qui ne peuvent contenir la dixième partie des buveurs qui se pressent autour. C'est à l'extrémité de cette cour, sous un dais formé de vieilles tapisseries, que siége, entre deux tonneaux, l'idole de ce temple impur, digne en tout point de ses adorateurs et du culte qu'ils lui rendent. Pour se faire une idée de l'état de dégradation où peut arriver la nature humaine, il faut avoir vu la mère Radig, coiffée d'un sale bonnet de coton, le regard allumé de vin et d'impudence, la poitrine débraillée, les bras nus, distribuant à droite et à gauche, et tout à la fois, des injures et des soufflets ; il faut avoir entendu les sons rauques de cette voix qui n'appartient à aucun sexe, et dont les expressions n'appartiennent à aucune langue; il faut avoir eu le courage d'observer quelques instants les commensaux d'une pareille maison, pour lesquels il faudrait créer les mots de *lie du peuple*, si l'usage ne les avait déjà consacrés. En m'en servant pour désigner particulièrement une espèce d'hommes et de femmes, rebut des dernières classes de la société, dont la plupart, sans aucun moyen avoué d'existence, passent leur vie dans la plus crapuleuse débauche, je ne crains pas que l'on m'accuse de vouloir jeter le mépris sur cette multitude d'honnêtes artisans qui viennent, après une semaine d'utiles travaux, chercher, même en ce lieu, un délassement dont on leur pardonne d'abuser quelquefois.

« Je poursuivais le cours de mes observations, lorsque la mère Radig, m'avisant à quelques pas d'elle, m'offrit un des pots qu'elle venait de remplir. Je refusai le plus poliment qu'il me fut possible.

« — Eh ! dis donc, vieux roquentin, cria-t-elle, si tu ne veux pas boire, que viens-tu donc faire ici?

« — Vous voir, répondis-je en riant,

« — Me prends-tu pour une bête curieuse? répliqua-t-elle. « En même temps elle me jeta à la figure le vin qu'elle m'avait offert. Son mouvement fut plus prompt que mesuré; la libation faite en mon honneur tomba tout entière sur un charbonnier qui, sans tenir compte à la dame de son intention, l'apostropha si vivement qu'à un échange d'injures succéda presque aussitôt un échange de coups de poing, du voisinage desquels je jugeai à propos de me retirer. La lutte fut moins longue que violente; on fit cercle autour des athlètes, et l'on monta sur les tables pour jouir d'un combat dont l'honneur resta tout entier à la mère Radig. Je n'assistai pas à son triomphe, où j'aurais craint de jouer un rôle, et je me retirai dans la grande salle que l'on appelle le *pavillon*. Boileau a beau dire qu'il n'est point

de monstre odieux,
Qui, par l'art imité, ne puisse plaire aux yeux,

je craindrais, quelque soin que j'apportasse à ménager la délicatesse de mes lecteurs, de leur faire partager le dégoût qu'inspire un pareil lieu, en essayant de leur en retracer l'image. Il leur suffira de savoir que le pavillon de Flore de la mère Radig est, au physique et au moral, la sentine immonde de tous les genres d'impuretés. »

Ce tableau est empreint d'une évidente exagération. La main qui le trace est celle d'un bourgeois gourmé, fier de la petite position qu'il a usurpée et des petites louanges qu'il recueille. En dehors de son cercle étroit, de ses idées égoïstes, de ses habitudes machinales, de ses préjugés enracinés, tout le choque, tout l'irrite, tout lui répugne. Il prend des ouvriers attablés chez les marchands de vin, et ils les peint comme tels.

Convenons toutefois que, si la mère Radig ne jetait pas les brocs à la tête des académiciens qui l'honoraient de leur visite, elle n'habitait pas un palais, et n'était pas en contact avec la meilleure société. Il y a quelques vérités mêlées aux calomnies fantastiques de M. de Jouy; sa description peut servir à nous prouver que bien des améliorations se sont opérées, et que le peuple de 1860 n'est plus celui de 1825.

CHAPITRE V.

Industrie et commerce de la Villette. — Incendie du 10 août 1858.

Grâce à son bassin, à la proximité de deux gares et à l'embarcadère du chemin de fer de ceinture, La Villette est un grand entrepôt de vin, d'eau-de-vie, de bois de charronnage et de construction, de charbon de bois, de houille, de grains et farine, d'huile, de verres, de fonte, etc. Les roulages et les maisons de commission y abondent, ainsi que les auberges. Le port reçoit annuellement dix mille navires, dont le chargement total est d'environ 1,110,000 tonnes, ce qui donne à La Villette, comme somme de tonnage, un rang supérieur à celui de Bordeaux. On trouve à La Villette, des affineries de métaux, fabriques d'allumettes de toute espèce, apprêts, fonte de cylindres; fabriques de bonneterie, boyauderie, apprêts de boyaux de bœufs à l'usage des charcutiers; brasseries; fabriques de cartes en feuilles, de chaux hydraulique, de ciment romain, de couleurs, de dextrine; corderies, corroieries, cristalleries, cartonnage, carton, dessiccation du bois, distillerie de liqueurs; fabriques de bougies (médaille à Londres en 1851; médaille de 1re classe à Paris, en 1855); fabriques d'anneaux fins, de pierres précieuses, artificielles, féculeries, fonderies de fer, f. nderies de cloches; forges (médailles de 1re et de 2e classe, à Paris, 1855); fabrique de gomme pour l'impression, de chocolats, d'huiles, d'huile de pied de bœuf, de colle et gélatine d'os; de mécaniques et machines, de menuiseries à la mécanique; de noir . nimal, d'oignons brûlés; de papiers, de parfumerie; apprêts de peaux et fourrures, exploitation de plâtre; fabriques de produits chimiques, de produits ammoniacaux; importantes raffineries de sucre, raffinerie de sel; fabrication de ressorts de voitures, de sabots, de savon; fonderie de suifs; teintureries, vermicelleries; fabriques de vernis, de vinaigre, de parquets façonnés, de chalets suisses et de maisons mobiles en bois, etc.

D'après un relevé officiel, près de 10,000 ouvriers étaient employés à La Villette dès 1850. La population, qui n'était que de 6,000 âmes en 1820, s'était élevée à 30,000, et se décomposait ainsi :

Enfants des deux sexes, au-dessous de 10 ans.	9,742
Femmes	9,232
Hommes mariés, veufs ou célibataires. . . .	11,296
Total.	30,270

Sur le chiffre de 11,296 hommes, on compte :

572 chefs d'établissements.
1,271 marchands.
9,453 ouvriers.

La prospérité de La Villette fut menacée, le 11 août 1858, par un incendie si considérable, que les Parisiens crurent à l'apparition d'une aurore boréale. Le feu avait éclaté vers six heures du soir, dans la scierie de MM. Lombard frères, rue d'Allemagne, 45. Le feu avait pris à la machine à vapeur qui faisait mouvoir tous les arbres de la scierie, et s'était communiqué à un amas de planches débitées.

L'alarme fut donnée immédiatement; M. Dromer, marchand de vin, s'introduisit dans la scierie, et au péril de ses jours, leva les soupapes de la machine à vapeur. Une minute plus tard, la machine sautait. Les secours les plus voisins, les pompes les plus prochaines se portèrent avec empressement sur le lieu du sinistre.

La première pompe arrivée sur les lieux était celle de M. Micoud, négociant et officier de la compagnie des sapeurs-pompiers de Belleville. M. Micoud se trouvait à dîner chez lui avec quelques amis, lorsque la nouvelle de l'incendie lui arriva; suivi alors de ses amis, il s'empara d'une des pompes de la commune qui stationne toujours dans sa cour, et quelques minutes après, ils se mettaient en batterie sur le quai de la Loire, en face la machine qui fait mouvoir la scierie de MM. Lombard, dont l'établissement occupe un espace considérable. Après M. Micoud vint le personnel de l'administration Richer, qui mit au service des travailleurs les pompes aspirantes, dont on se sert pour le service de vidange.

A sept heures arrivait la troisième compagnie des sapeurs-pompiers de Paris (caserne Culture Ste-Catherine), avec le colonel M. de La Condamine. A sept heures et demie arrivait également la 2e compagnie (caserne faubourg Saint-Martin,), et puis celle de la rue Blanche, en même temps que le prince Napoléon, et le maréchal Magnan avec le préfet de police. Malheureusement le fléau avait là des aliments considérables; non-seulement il s'était manifesté dans cette scierie largement approvisionnée de bois débités ou à débiter, mais encore le voisinage n'était occupé que par des chantiers de bois et de charbon. Aussi deux heures après les premiers cris : au feu! le foyer de l'incendie s'élargissait-il de manière à former une fournaise épouvantable, dont les lueurs sinistres luttant avec les dernières clartés du soleil, empourpraient l'horizon, et avertissaient ainsi tout Paris de ce terrible désastre.

La chaleur était si intense que les boutiquiers placés de l'autre côté de la rue d'Allemagne, qui pourtant est extrêmement large, furent obligés de garantir leurs devantures au moyen de couvertures que l'on imbibait à chaque instant. De ce côté du sinistre, il y eut pénurie d'eau, pendant un moment, au point que l'on cherchait de la terre pour étouffer le feu.

La confusion était extrême, la peur s'était emparée de tous les habitants riverains qui, en prévision d'un désastre plus grand encore, s'étaient empressés, dès les premiers moments, de déménager leurs meubles, leurs effets les plus précieux qu'ils jetaient par les fenêtres, dans toute la longueur de la rue d'Allemagne et du quai de la Loire.

Au n° 27, des locataires ne se sauvèrent qu'avec la plus grande difficulté. Une pauvre femme qui se trouvait encore dans sa chambre, tandis que les escaliers de sa maison tombaient, ne fut délivrée qu'au moyen de trouées faites dans les plafonds.

Rue de Meaux est l'habitation de la confrérie de Saint-Joseph des Allemands. Les sœurs, effrayées par les flammèches qui pleuvaient sur leur toit, se disposaient à quitter la place, quand on vint les avertir qu'on était maître du feu.

Il était alors deux heures du matin. Indépendamment de la

scierie mécanique de MM. Lombard frères et du chantier de charbon qui occupe les nos 17 et 19 de la rue d'Allemagne, d'autres maisons avaient été atteintes par les flammes à partir du no 13 jusqu'au 29 de cette rue.

Les premières, c'est-à-dire celles qui portent les nos 13, 15 et 17, n'avaient pas eu de pertes sérieuses à déplorer à cause de leur peu d'élévation; leur toiture seule et quelques pans de mur avaient été démolis. Mais la maison la plus rapprochée du théâtre de l'incendie, une maison neuve de six étages, et d'une surface assez considérable, entièrement habitée depuis le rez-de-chaussée jusqu'aux combles, était complétement détruite.

Dans ce mémorable incendie, une trentaine de personnes furent blessées, entre autres deux soldats de la ligne et un lieutenant des pompiers. Elles furent pansées par M. Marjolin, pharmacien, et soignées par les docteurs Pautre et Volquier.

La Villette est remplie de matières combustibles, de bois et d'huiles, de charbons et d'alcools. Honneur aux citoyens dont le courage et le dévouement la préservèrent d'un imminent danger!

CHAPITRE VI.

Le conseil municipal de La Villette proteste contre l'annexion. — Extraits de son Mémoire du 7 février 1859. — Exposé des motifs qui avaient déterminé les industriels à se fixer dans la banlieue. — Les dix-sept groupes d'industrie de La Villette.

Pour juger des richesses que le feu pouvait anéantir, et du développement industriel et commercial de La Villette, il faut lire la note imprimée par laquelle le conseil municipal protesta, le 7 février 1859, contre les premières idées d'annexion. La Villette n'avait jamais établi de droits d'octroi sur les matières premières servant à ses industries, et en 1857, 32,000 habitants avaient payé 160,000 fr. pour tous les droits d'octroi réunis, c'est-à-dire 5 par tête. « Que deviendra notre commune, demandait le conseil municipal, lorsque l'octroi viendra l'emprisonner dans ses limites? Elle se dépeuplera, et ses habitants fuiront de nouveau, comme on fuit devant l'ennemi quand on est trop faible pour résister... Pourquoi des établissements si nombreux et si variés se sont-ils créés sur son territoire en dehors du mur d'enceinte de Paris?

« Cette enceinte n'offrait-elle pas à leur développement des espaces suffisants et libres? L'espace existait, il existe aujourd'hui encore, nous le démontrerons. Et pourtant ces chantiers, ces entrepôts, ces bassins se sont éloignés, obéissant à un instinct impérieux, celui de la nécessité et de la vie même. Quelques-uns, et ce n'est pas le moins significatif des faits que l'on peut consulter, quelques-uns ont quitté leur installation à Paris, et sont venus chercher au delà des limites de l'octroi une atmosphère libre, une existence sans entraves, c'est-à-dire des conditions essentielles, indispensables à leur développement. Voilà le fait, voilà fort que tous les raisonnements, le fait qui se reproduirait infailliblement, parce qu'il est l'expression d'un besoin.

« Parmi ces établissements, il en est un grand nombre qui, en fuyant Paris et son enceinte, ont obéi, non pas même aux inspirations de leurs intérêts, mais à la nécessité; ce sont les établissements insalubres, soumis à des conditions d'autorisation, qui ne peuvent s'élever là où il leur plait, et que l'administration, interprète et exécuteur de la loi, exile hors de l'enceinte des villes et loin des habitations; ce sont les grandes industries, même non classées parmi les établissements incommodes ou insalubres, et que le gouvernement, en tant que sa volonté a pu atteindre ce but, a toujours éloignées du centre de Paris. Paris reculant son enceinte jusqu'au mur des fortifications, qui donc osera prétendre que le phénomène, auquel La Villette et les autres centres industriels doivent la vie, ne se renouvellera pas? Les mêmes causes produiront infailliblement les mêmes effets. Les industries qui font notre vie. notre richesse, s'éloigneront de nous, chassées tout à la fois par les conditions économiques nouvelles qui les écraseront, et par la volonté de Paris qui les rejettera de son sein; et alors se produira ce fait monstrueux de cités créées par la volonté et, en partie au moins, par les besoins de Paris; d'intérêts immenses, nés eux-mêmes de ces besoins et de cette volonté, et que Paris sacrifiera, sans indemnité, sans compensation, à ses développements nouveaux. »

Le conseil municipal énumère ensuite dix-sept groupes d'industrie qui peuvent souffrir de l'annexion :

« 1° Les entrepreneurs de transports maritimes et fluviaux apportent à La Villette des objets dont la plupart n'entrent point dans Paris. Les bassins, insuffisants en 1859, deviendront semblables aux ports intérieurs, qui sont sans activité.

« 2° Les fabriques de bougies sont grevées par l'octroi de Paris de droits qui varient de 7 à 25 fr. les 100 kilogrammes. Leur prix en serait augmenté de 10 à 12 p. 100, et pourtant ces établissements ne trouvent dans Paris de débouché que pour le dixième de leurs productions. On ne peut guère admettre que 10 p. 100 de plus dans le prix de revient de leurs matières premières, ne serait pas pour eux un obstacle à la continuation de leur industrie.

« 3° Neuf savonneries et parfumeries, ateliers importants dont les produits, presque tous de luxe, trouvent dans les départements et à l'étranger des consommateurs pour la plus grande partie. Paris en prend à peine un dixième. Leurs matières premières sont : les huiles de palme, de coco, d'olives, etc., payant un droit qui varie entre 10 et 26 fr., et de l'alcool dont le droit est presque le double de la valeur.

« Aussi, ces établissements, plus encore que les précédents, seraient-ils obligés de fermer.

« 4° Des fabriques de cristaux, verreries et émaux qui emploient quatre cent trente ouvriers, dont le charbon est une principale matière première, seraient affectées dans leur exploitation.

« 5° Des entrepôts de toutes sortes et sur tous les points du territoire conservent indemnes du droit d'octroi toutes les denrées destinées, soit à la consommation de Paris, soit à l'expédition dans les départements; et on sait quelle est l'étendue du commerce de ce genre à Paris, et qu'il y a peu de maisons importantes de la capitale qui n'aient dans la banlieue un magasin spécial pour leurs marchandises.

« Dans ces entrepôts sont emmagasinés principalement des huiles, des savons, des esprits, des vins. La somme de la valeur de toutes ces marchandises se chiffre par millions.

« Il n'est pas nécessaire de chercher ce que deviendraient ces entrepositaires, puisqu'ils ne sont venus construire d'immenses immeubles chez nous que pour éviter l'octroi.

« 6° Des chantiers de bois, au nombre de douze à quinze, renferment des bois de chêne, de sapin du Nord et de Lorraine, et comprennent quelques-unes de grandes scieries mécaniques. Cette industrie a choisi La Villette à cause de la proximité de voies de transport et aussi des moyens de réexpédition. Car les bois bruts ou sciés qu'elle livre au commerce s'écoulent pour la moitié dans les départements. L'octroi établi sur les bois dans cette commune réduirait de moitié les affaires de ces établissements, puisque le bois de chêne paye 7 p. 100 de sa valeur, et les bois blancs 11 p. 100.

« 7° Une forge à fer avec laminoirs, des fonderies, des ateliers de chaudronnerie de fer, dont la houille et le fer sont les principaux éléments, emploient au moins dix millions de kilogrammes de charbon, et livrent leurs produits à la marine dans les ports et à toute la France. Ces établissements, qui luttent aujourd'hui avec les plus grandes usines métallurgiques des départements et même de l'étranger, verraient leur essor arrêté et retireraient le pain aux cinq cents ouvriers qu'ils emploient.

« 8° Des raffineries de sucre, au nombre de sept, usines importantes, donnent à la commune un grand élément de prospérité. Ces établissements ayant remplacé successivement depuis vingt ans ceux qui existaient dans Paris, consomment annuellement 30 millions de kilogrammes de houille. Le droit d'octroi sur le charbon excéderait pour cette industrie la somme totale du loyer qu'elle paye. Tandis que les raffineries dans l'enceinte de Paris ont disparu sauf trois exceptions, celles de La Villette s'accroissent journellement. La principale cause de ce fait est l'immunité de droits sur la houille.

« 9° Des fabriques de wagons qui fournissent aux chemins de fer de France et même de l'étranger une partie de leur matériel roulant, ont dépensé depuis quelques années plus de 2 millions en frais d'installation. Elles font trois à quatre mille wagons par an et verraient leurs charges s'augmenter de plus de 100,000 fr. par an pour les droits d'octroi qu'elles auraient à acquitter sur les bois, le charbon, certaines espèces de fer et la peinture.

« L'annexion, si elle ne fermait pas ces ateliers, en rendrait l'existence très-précaire, et les empêcherait de soutenir la concurrence des établissements similaires placés dans des conditions plus favorables.

« 10° Quatre fabriques de produits chimiques que l'octroi viendrait frapper sous toutes formes, seraient dans une situation aussi désavantageuse que les établissements précédents.

« 11° Une fabrique de pianos dont l'importance et la perfection des produits a fait connaître le nom d'Érard dans tous les pays, ainsi qu'une fabrique de chalets et de parquets, auraient à regretter amèrement les frais énormes de leur installation.

« 12° Un nombre considérable de dépôts de charbon de terre, tenant en réserve, pour les besoins de l'industrie et la consommation parisienne, environ 40 millions de kilogrammes.

« Sous un régime d'octroi quelconque, ces chantiers qui couvrent une partie importante de notre sol émigreraient immédiatement.

« 13° Des fabriques de noir animal, classées parmi les établissements insalubres, que Paris renverrait de son sein.

« 14° Un grand nombre de commissionnaires de roulage, correspondants de maisons de Paris ou de chemins de fer, vivant de notre commerce et de l'absence des formalités.

« 15° Des brasseries, des entrepôts d'orge dont les produits non grevés de droits d'octroi alimentent une partie de la France.

« 16° Des distilleries au nombre de quatre-vingts à cent, une des industries les plus importantes de cette commune. Elle prépare des liqueurs pour un grand nombre de départements, pour plus de 10 millions d'affaires, et occupe plus de mille ouvriers.

« Pour cette industrie, la ruine serait complète, la cessation des travaux immédiate. En effet, l'alcool, sa principale matière, dont la valeur est de 70 fr. l'hectolitre, paye le droit d'octroi de 102 fr.

« 17° Des raffineries de sel, des fabriques d'allumettes, de plumes métalliques, etc., etc., dont toutes les matières premières seraient frappées comme les précédentes.

« Telle est, ajoutait le conseil municipal, la longue et incomplète nomenclature de nos industries. Mais ce n'est pas tout : il est un dernier élément qui tient dans l'industrie une place immense, sinon la première : c'est la main d'œuvre, dont le prix, pour peu qu'il se relève, multiplié le nombre des bras employés et le nombre des jours de travail, acquiert rapidement des proportions formidables. Ce que l'octroi viendra frapper, ce ne sont pas seulement les matières premières sur lesquelles agissent nos usines ou qui les alimentent, ce sont les denrées nécessaires à la vie. Admettons que la dépense moyenne de chaque individu en soit augmentée de 30 francs, comme on le suppose, ne faudra-t-il pas que l'entrepreneur d'industrie compense cette charge par une augmentation de salaire?

« Et, il ne faut pas se le dissimuler, le mal ne s'arrêtera pas à ce chiffre. On suppose que la valeur des loyers demeurera stationnaire ; mais c'est inadmissible dans le cas où la population ouvrière n'irait pas chercher des logements hors de l'enceinte des fortifications. Comment, en effet, le propriétaire grevé de charges municipales plus lourdes, n'y associerait-il pas son locataire en augmentant le taux de son loyer. Deux hypothèses sont seules acceptables : ou les ouvriers émigreront, et les propriétaires d'immeubles subiront une ruine ; ou ils ne s'éloigneront pas de leurs ateliers, et les chefs d'industrie subiront une augmentation de salaire qui, réunie à tant d'autres causes, réduira et absorbera leurs bénéfices, et les condamnera ou à renoncer à leurs exploitations, ou à les reporter au delà de l'enceinte nouvelle de Paris.

« Veut-on savoir les conditions nouvelles qui leur seraient faites par le fait seul de l'impôt sur la houille ?

« Cet impôt, à lui seul, s'élèverait à 400,000 fr., lorsque la commune de La Villette perçoit un revenu total de 160,000 fr. environ, comme somme de tous ses droits d'octroi.

« Qui supposera nos usines capables de supporter, sans périr, une série de charges nouvelles, dont une seule dépasse l'ensemble de celles qui ont pesé jusqu'ici sur la commune ? »

Jusqu'à présent, grâces au ciel et à quelques dispositions transitoires, ces fâcheux pronostics et ces sombres pressentiments ne se sont pas réalisés.

CHAPITRE VII.

Église de La Villette. — L'abattoir. — Le gibet de Montfaucon. — Enguerrand de Marigny. — Sa réhabilitation. — Henri Capétal. Gérard La Guette. — Pierre Remy. — Autres financiers au gibet. — Les deux clercs de l'Université. — Laurent Garnier.

Comme la plupart des villes d'industrie, La Villette est dépourvue de monuments. La mairie, qui est devenue celle du XIX° arrondissement, est une maison à deux étages. L'église paroissiale, construite par M. Lequeux, porte au chevet une tour avec quatre cadrans et un paratonnerre. L'école des garçons et l'école des filles forment les deux côtés de la place au milieu de laquelle le temple est isolé. La façade porte ces mots : *Dominus Dei. Porta cœli. Adoremus.* Elle est ornée d'une tête de Christ et de deux statues de Saint-Jacques et de Saint-Jean-Chrysostome. A l'intérieur on remarque une chaire en marbre blanc dont les dimensions sont malheureusement trop exiguës, et plusieurs fresques dont les principales représentent Jésus dans le désert et Jésus guérissant les aveugles. L'architecte de l'église a construit pour La Villette, en 1850, un abattoir spacieux et commode, où il entre annuellement de 35 à 40 mille têtes de bétail.

Des conférences et instructions familières très-suivies ont été faites, pendant le mois de mai 1860, dans l'église de La Villette, par Mgr de Ségur, prélat de la maison du pape, chanoine-évêque du chapitre impérial de Saint-Denis, et par MM. Arnault, curé de Saint-Joseph, du Temple; Baret, du clergé de la Madeleine; Bastido, du clergé de Saint-Sulpice; Bossuet, vicaire de la Madeleine; Cambier, aumônier de l'hôpital militaire du Gros-Caillou; de Caux, vicaire de Ménilmontant; Chantoine, aumônier de l'Orphelinat de Ménilmontant; Dumur, aumônier de la Salpêtrière; de Geslin, vicaire de Saint-Jacques-du-Haut-Pas; de Girardin, chanoine honoraire de Notre-Dame de Paris; Tassy, vicaire de Saint-Denis-La-Chapelle. Les réunions étaient accompagnées de chants, et des livres de cantiques distribués gratuitement à tous les assistants.

On ne payait ni bancs ni chaises, et des places spéciales étaient réservées pour les hommes.

Plusieurs fois par semaine les séances étaient terminées par une distribution de bons livres, de crucifix, de statuettes de la sainte Vierge, de chapelets, etc., donnés en forme de loterie.

A l'est de la Petite-Villette était un monticule aussi célèbre que la Grève dans les annales parisiennes. Cette éminence n'avait probablement pas de nom avant que Philippe le Bel, en 1312, y fit établir les fourches patibulaires. Il est probable que ce ne fut qu'alors qu'elle fut désignée sous le titre de Montfaucon, à cause des oiseaux de proie qui tournoyaient sans cesse autour des cadavres. C'était dans ce lieu sinistre que les condamnés à mort étaient pendus ou exposés.

Il était entouré d'une enceinte de maçonnerie dans laquelle s'ouvrait une porte fermée et gardée avec soin, car il était à craindre que les corps exposés ne fussent enlevés pendant la nuit par des mains pieuses ou sacrilèges. A la cime du mont, sur un massif de pierre, se dressaient seize piliers carrés cimentés, de manière à défier toutes les tempêtes. Ils étaient unis par des poutres transversales auxquelles se balançaient, attachées avec des chaînes de fer, les misérables dépouilles des suppliciés.

Celui qui dirigea la construction des fourches patibulaires de Montfaucon, Enguerrand de Marigny, fut le premier qui l'étrenna. Quand Louis X voulut se faire sacrer, on ne trouva pas l'argent nécessaire dans les coffres de l'État.

« — Où sont, demanda-t-il, les décimes prélevés sur le clergé, les tailles dont le peuple a été surchargé, le produit de l'altération des monnaies?

— Sire, dit le comte de Valois, Marigny a eu l'administration de tous ces deniers; c'est à lui à en rendre compte. »

Le ministre déclara qu'il était prêt à le faire; et comme ses allégations étaient niées par Charles de Valois, il s'ensuivit une altercation dans laquelle tous deux tirèrent l'épée.

Peu de jours après Enguerrand fut arrêté; on l'accusa d'avoir détourné des sommes immenses, provoqué des émeutes par ses exactions, dégradé les forêts domaniales, altéré les monnaies et fabriqué des images de cire pour envoûter le roi, messire Charles et d'autres barons.

Montfaucon.

Malgré sa qualité de chevalier et de gentilhomme, il fut pendu le 30 avril 1315, avant le point du jour, et attaché au gibet de Montfaucon.

Cependant sa mémoire ne tarda pas à être justifiée; le roi même, qui l'avait abandonné, légua à sa famille 10,000 livres en considération de la grande infortune qui lui était advenue. Charles de Valois, malade, déclara publiquement qu'il croyait être frappé par le ciel en punition du procès du seigneur Enguerrand.

Le corps fut enlevé de Montfaucon, déposé au couvent des Chartreux dans une sépulture provisoire, et conduit dans l'église collégiale d'Écouis, qu'Enguerrand avait fondée près des Andelys pour un doyen, douze chanoines et douze clercs. Non-seulement Charles de Valois paya tous les frais de la cérémonie funèbre, mais encore ses officiers distribuèrent des aumônes dans Paris, en disant à chaque pauvre : « Priez Dieu pour monseigneur Enguerrand de Marigny et pour monseigneur Charles de Valois ! »

En 1320, un homme riche, condamné à mort pour assassinat et détenu au Châtelet de Paris, séduisit le prévôt Henri Capétal, qui le délivra secrètement. Un détenu pauvre et obscur fut pendu au gibet de Montfaucon, sous le nom du riche; mais la fraude fut découverte. Des commissaires, désignés par le roi, instruisirent l'affaire, et le prévôt prit au gibet la place de sa victime.

Un Auvergnat, nommé Gérard La Guette, maître de la monnaie et receveur général des revenus de la couronne, était accusé d'en avoir soustrait une partie. Pour le contraindre à avouer où il avait caché ses trésors, on lui donna la question avec tant de rigueur, qu'il mourut pendant les épreuves. Son corps, traîné par les rues, fut porté au gibet de Montfaucon.

Sous Charles IV, dit le Bel, le gibet de Montfaucon fut restauré avec soin par Pierre Remy, surintendant des finances, qui y fut accroché lui-même, en 1328, après avoir été traîné à la queue d'un cheval dans les rues. La valeur de ses biens s'élevait à douze cents mille livres; Philippe de Valois jugea que c'était trop pour un particulier, et il livra Pierre Remy à un tribunal, qui le convainquit d'intrusion, l'envoya au supplice, et réunit au domaine de la couronne les trésors du condamné.

D'autres financiers suivirent Pierre Remy : en 1331, Macé de Machos, changeur du trésor royal, et en 1333, René de Siran, maître des monnaies.

Guillaume de Thignonville, prévôt de Paris, fit exécuter et mettre au gibet deux clercs convaincus de vol et d'assassinat, Léger du Moussel et Olivier Bourgeois. L'Université réclama, et le prévôt fut condamné à faire élever près de Montfaucon une croix de pierre sur laquelle furent sculptés les portraits des deux clercs. Peut-être est-ce celle dont les ruines mutilées sont sur les confins de La Chapelle et de La Villette. Le prévôt fut contraint en outre de détacher du gibet les deux clercs pendus depuis quatre mois, et de les baiser à la joue. Il les fit déposer sur une charrette couverte de drap noir; puis, accompagné de ses sergents, de ses archers, et d'hommes qui portaient des torches allumées, il vint faire amende honorable sur le parvis Notre-Dame, et présenter les corps à l'évêque, le 16 mai 1408. De là ils furent portés au couvent des Mathurins de la rue Saint-Jacques, où le recteur de l'Université les reçut et leur fit élever un tombeau.

En vertu d'un arrêt du parlement de Paris, Laurent Garnier avait été pendu à Montfaucon, pour avoir tué un collecteur des tailles. Après être resté pendu pendant un an et demi, sa mémoire fut réhabilitée d'une manière qui mérite d'être rapportée.

Il fut détaché à la sollicitation de son frère. Son corps fut mis dans un cercueil et porté, avec tout l'appareil des pompes

Une réclamation contre un cocher.

funèbres, par les rues de Paris. De chaque côté, douze hommes vêtus de deuil marchaient en procession, torches et cierges en main. La marche était précédée par quatre crieurs portant sur leur dos les armoiries du défunt, faisant retentir leurs cloches et criant par intervalle : « Bonnes gens, dites vos patenôtres pour l'âme de feu Laurent Garnier, en son vivant demeurant à Provins, qu'on a nouvellement trouvé mort sous un chêne. Dites vos patenôtres; que Dieu bonne merci lui fasse! »

CHAPITRE VIII.

Jean de Montagu. — Pierre des Essarts. — Samblançay. — Épigramme de Clément Marot. — L'amiral Coligny. — Visite de Catherine de Médicis et de Charles IX à Montfaucon.

Les victimes qui suivent sont plus célèbres.

Fils d'un clerc de la chambre des comptes et de la fille d'un avocat au parlement, Jean de Montagu était grand maître d'hôtel du roi; pendant plus de seize ans, il avait gouverné les finances de l'État, acquis des biens immenses, marié son fils avec une fille du connétable d'Albret et étab'i un faste dont la noblesse s'était indi née. Des Essarts, prévôt de Paris, reçut l'ordre de l'arrêter, et le rencontrant rue Saint-Victor le lundi 7 octobre 1409, il lui dit :

— Je mets la main à vous de par l'autorité royale.

— Ribaud, répondit Montagu, comment es-tu si hardi de moi attoucher?

A cette réponse, les archers se jetèrent sur lui et l'emmenèrent au Petit-Châtelet. Des Essarts, assisté de commissaires, l'interrogea en lui imputant diverses malversations. Montagu avoua que, chargé à plusieurs reprises par Charles VI de mettre en gage de la vaisselle, des meubles et des bijoux, il les avait cachés dans sa maison de Marcoussy. On l'accusa d'avoir participé aux sortiléges employés par le duc d'Orléans contre le roi; comme il niait, les commissaires lui firent donner la question, et « tant le gehennèrent que tous les membres lui desrompirent, et par violence le contraignirent à reconnoître tout ce qu'ils voulurent, et de sa main lui firent sa confession signer. » Le 17 octobre, il fut conduit aux halles de Paris pour y être décapité. Il était assis sur une charrette, les mains liées, coiffé d'un chaperon blanc et rouge, vêtu d'une houppelande mi-partie de rouge et de blanc, avec une chausse rouge et l'autre blanche et des éperons dorés; il avait à la main une petite croix de bois qu'il portait dévotement à ses lèvres, et son attitude excitait la compassion des assistants. Pour calmer l'agitation populaire, le prévôt de Paris s'en allait criant : « Il est traître et coupable de la maladie du roi; il dérobait l'argent des tailles et des aides! » Après l'exécution, la tête et le corps furent pendus à Montfaucon; on le dépouilla préalablement de sa houppelande, mais on lui laissa ses chausses et ses éperons dorés.

De même qu'Enguerrand de Marigny, Montagu avait fondé une abbaye. Les célestins de Marcoussy se montrèrent pleins de reconnaissance : ils mirent en gage deux images d'or massif enrichies de perles et de pierres précieuses, et firent construire un tombeau où le squelette de Montagu, dépendu trois ans après, fut déposé en grande pompe. Sa mémoire se perpétua dans le couvent, et un jour que François Ier s'étonnait de voir un si beau mausolée élevé à un homme flétri par la justice, un moine lui fit cette observation : « Sire, il n'a pas été jugé par juge, mais seulement par commissaire. »

Jean sans Peur, ennemi acharné de Montagu, récompensa largement Pierre des Essarts. Il eut les charges de grand bouteiller, maître des eaux et forêts, capitaine de Paris, de Cherbourg et de Montargis, grand fauconnier, trésorier de l'épargne, et puisa largement dans les coffres de l'État.

Le duc de Brabant, frère du duc de Bourgogne, l'apostropha un jour en ces termes : « Prévôt de Paris, Jean de Montagu a mis vingt et deux ans à se faire couper la teste; mais vrayment vous n'y en mettrez pas trois. » En effet, en 1413 il fut accusé d'avoir voulu enlever le dauphin, et livré aux cabochiens. On le traîna lié sur une claie depuis la Conciergerie jusqu'au Châtelet; là il monta en charrette et fut mené aux halles. Il espérait que le peuple, auquel il avait rendu quelques services, ferait une manifestation en sa faveur; mais, voyant qu'il fallait mourir, il s'agenouilla, baisa une petite image d'argent que le bourreau portait sur la poitrine, et dit doucement à l'exécuteur : « Je vous pardonne ma mort, mais je prie que mon faict ne soye pas crié que je ne soye descollé. » La tête fut promenée au bout d'une lance. Le corps, raconte Juvénal des Ursins, « fut mené au gibet et mis au propre lieu où fut mis Montagu. Et disoient aucuns que c'estoit un jugement de Dieu, de ce qu'il mouroit comme il avoit fait mourir le dit Montagu. »

Jacques de Beaune, baron de Samblançay, est plus digne de nos regrets que tous ceux qui le précédèrent à Montfaucon. Son père, bourgeois de Tours, enrichi par le commerce, avait été argentier des rois Louis XI et Charles VIII. Lui-même avait administré les finances sous Charles VIII, Louis XII et François Ier. La mère de ce dernier roi, la duchesse d'Angoulême, haïssait Samblançay, qui s'était souvent opposé à ses dilapidations, et dont elle avait exigé une somme de 400,000 écus d'or, destinés à l'armée d'Italie. Il donna sa démission en 1525, rendit ses comptes, et prouva que le roi lui devait 100,000 écus, dont le remboursement lui fut assigné sur les recettes générales de 1526. Dans un moment où, au moment où François Ier était captif à Madrid, l'ancien ministre eut le tort de réclamer avec vivacité, avec instances, le payement de ce qui lui était dû. Il fut arrêté, jugé par des commissaires qu'avait choisis le chancelier Duprat, et condamné à la potence. Il y marcha, le 9 août 1527, avec un courage que Clément Marot a célébré dans ces vers d'une mâle énergie :

> Lorsque Maillart, juge d'enfer, menoit
> A Montfaucon Samblançay l'âme rendre,
> A votre avis, lequel des deux tenoit
> Meilleur maintien ? Pour vous le faire entendre,
> Maillart sembloit l'homme que mort va prendre,
> Et Samblançay fut si ferme vieillart,
> Que l'on croyoit, pour vrai, qu'il menoit pendre
> A Montfaucon, le lieutenant Maillart.

« Je reconnais trop tard, dit Samblançay au pied du gibet, qu'il vaut mieux servir le maître du ciel que ceux de la terre. Si j'avais fait pour Dieu ce que j'ai fait pour le roi, j'en recevrais une autre récompense. » Avec lui périt Jean Poncher, trésorier général, ennemi personnel du cardinal Duprat, auquel son fils, l'évêque de Paris, avait disputé l'abbaye de Saint-Benoît-sur-Loire.

A Montfaucon furent traînés, après les massacres de la Saint-Barthélemy, les restes de l'amiral Coligny. Il gisait sanglant sur le pavé de la cour; des furieux s'en emparent, font des cordes avec des lambeaux d'étoffe, lient le cadavre, et le traînent dans les ruisseaux, en criant : « Laissez passer l'amiral, traître à son Dieu et à son roi! » La multitude répandue dans les rues se presse pour contempler ce vieux capitaine, ce chef redouté. La curiosité a suspendu toutes les terreurs, les protestants eux-mêmes ouvrent leurs fenêtres et cherchent d'un œil avide les restes de Coligny; plusieurs, quand le cortège a passé, descendent et vont recueillir furtivement, sur des tissus précieux, des gouttes d'un sang qu'épargna la fureur des guerres civiles.

Pendant trois jours on le traîna ainsi dans les rues de la capitale, jusqu'à ce qu'il fût devenu méconnaissable. L'un lui avait coupé les mains, l'autre les pieds, un autre les oreilles : ce n'était plus qu'un tronc informe quand la populace l'abandonna aux enfants qui s'en amusèrent pendant quelques heures, et l'avaient ensuite jeté dans la rivière, lorsque des forcenés de nouveau chassent cette nuée d'enfants, retirent la masse de chair de la rivière, la ramènent sur la grève, la lient sur une claie et crient : « A Montfaucon! Au gibet de Montfaucon! » Toute la génération des meurtriers, depuis l'enfance qui bégaie à peine jusqu'à la vieillesse à cheveux blancs, hommes, femmes, se presse, se pousse vers le chemin qui conduit à Montfaucon. On y arrive après deux heures de marche, et là un maréchal-ferrant fournit des chaînes de fer avec lesquelles on suspend ce qui fut l'amiral au gibet des criminels. On allume des feux, et on forme des danses autour des flammes, pendant que les chairs se détachent et tombent en lambeaux.

Cette voie funèbre qui conduit à Montfaucon ne désemplit pas, et offre pendant plusieurs jours le spectacle d'une foule sans cesse renaissante de seigneurs de la cour de Médicis qui, vêtus d'habits brillants, le collet à l'italienne et parfumés d'essences à l'instar des femmes, vont insulter celui qui, vivant, ils n'auraient osé regarder en face. Catherine y vint aussi; sa suite était nombreuse. Charles suivait sa mère. Arrivés devant les fourches patibulaires, les courtisans détournent la tête, et de la main semblent vouloir écarter les miasmes qu'exhalent ces débris pourris et calcinés.

— Allons donc! dit Charles en se tournant du côté des courtisans; « le corps d'un ennemi sent toujours bon! »

C'était le mot de Vitellius.

Peu de jours après, Montmorency envoya pendant la nuit quelques fidèles serviteurs qui détachèrent du gibet les os calcinés, et les emportèrent à Chantilly. On y creusa une tombe, et le plus grand capitaine des armées catholiques y déposa pieusement la cendre du plus grand capitaine de l'armée réformée. Dès que des jours meilleurs furent venus, le maréchal fit transporter à Châtillon-sur-Loing les tristes restes de l'amiral.

CHAPITRE IX.

La grande voirie. — Les clos d'équarrissage. — Les ateliers de Montfaucon. — Les bassins. — Le dépotoir.

Près de Montfaucon fut longtemps la grande voirie de Paris. C'était là qu'on versait toutes les vidanges, toutes les immondices, et que les chevaux hors d'état de service ou blessés étaient livrés au couteau de l'équarrisseur. Des boyauderies, des fabriques de poudrette, étaient établies alentour, dans d'horribles baraques, sur un sol pelé, hérissé de jaunes falaises. Quand les fourches patibulaires eurent été supprimées, les ateliers d'équarrissage couvrirent toute la butte. D'après les calculs de Pectour, on y amenait, en 1784, vingt-cinq chevaux par jour, neuf mille cent vingt-cinq par an. Le nombre s'est élevé plus tard à douze ou quinze mille.

Les pauvres bêtes arrivaient par bandes, attachées avec des cordes. Tantôt on les entassait dans les hangars, en les serrant les uns contre les autres pour les empêcher de tomber; tantôt on les laissait en plein air, jusqu'à ce que vint leur tour d'être abattues; on ne prenait point la peine de les nourrir en attendant. La société protectrice des animaux ne passait point par là.

La crinière et les crins de la queue étaient coupés sur l'animal vivant pour être vendus aux bourreliers, aux cordiers, aux tapissiers. La peau était envoyée aux tanneurs lorsque le cheval était sain, dans le cas surtout où il avait été condamné par la suite d'une fracture incurable, les équarrisseurs ne dédaignaient pas de se régaler de sa chair. L'hippophagie naquit à Montfaucon. Les dépouilles inutiles étaient abandonnées sur le sol, et promptement couvertes de milliers de ces larves désignées par les pêcheurs sous le nom d'asticots. C'était encore une source de bénéfice pour l'équarrisseur. Mais les vers avaient dans les rats de terribles concurrents. Une commission chargée d'examiner les moyens à prendre pour éloigner de Paris cette voirie a donné sur les rats de Montfaucon des détails fort curieux :

« Ces animaux se creusent des terriers comme les mulots et les lapins; ils font crouler toutes les murailles et toutes les constructions élevées dans leur voisinage, et ce n'est qu'à l'aide de précautions particulières et en garnissant de tessons de bouteilles les fondations d'une petite maison attenant au clos d'équarrissage, que le propriétaire a pu la conserver intacte.

« Toutes les éminences voisines de Belleville ont été perforées par les rats, à un tel point que le terrain tremble sous les pieds; les parties les plus escarpées, minées de cette manière, se sont écroulées en laissant à découvert les galeries creusées par les rats et les trous dans lesquels ils se retirent.

« Leur voracité est telle que si on laisse une nuit les carcasses des chevaux abattus dans un coin du clos, le lendemain matin elles sont entièrement dépouillées des chairs qui y étaient restées adhérentes.

« Si, pendant l'hiver, dans les grands froids, lorsque les ouvriers ne peuvent travailler, on y laisse quelque cadavre de cheval, les rats pénètrent dans le corps de l'animal par la blessure, s'il a été saigné, ou par toute autre issue naturelle lorsque la peau est restée intacte. Ils s'y établissent et le dévorent, en sorte que, lorsque vient le dégel, l'ouvrier ne trouve plus sous la peau qu'un squelette mieux dépouillé et préparé qu'il n'eût pu l'être par le plus habile anatomiste.

« Les rats ne gîtent pas tous dans le voisinage du lieu où ils trouvent leur nourriture. Il y en a d'établis à quatre ou cinq cents pas de la voirie, et le nombre doit en être considérable, car dans leurs courses répétées ils ont tracé sur le gazon de petits sentiers qui partent de la voirie et aboutissent à leurs terriers.

« La fécondité de ces animaux est effrayante ; les femelles ont cinq à six portées par an. On en a ouvert plusieurs dans lesquelles se trouvaient quatorze, seize et jusqu'à dix-huit petits. Leur voracité et leur férocité dépasse tout ce qu'il est possible d'imaginer ; un seul fait le prouvera : M. Magendie avait été chercher lui-même douze de ces rats pour faire sur eux quelques expériences. Ils étaient renfermés dans une boîte. Arrivé chez lui, il n'en trouva plus que trois ; ils s'étaient dévorés les uns les autres, et des rats ainsi disparus il ne restait plus que les queues et quelques débris. »

Au bas des tertres où pullulait cette race immonde, une mer putride miroitait au soleil. Elle se divisait en cinq bassins, réceptacle des vidanges de la capitale. Les matières solides qui servaient à faire le riche engrais appelé poudrette, occupaient les deux bassins supérieurs ; dans les autres descendaient lentement les liquides, dont le trop-plein, au moyen d'une bonde, coulait dans le canal Saint-Martin.

Un épisode du combat du 30 mars 1814 se passa dans le bassin supérieur. Des Cosaques étaient tenus en échec par une barricade qui leur barrait le passage, s'appuyant à droite à un petit mur de terre servant de parapet au bassin de vidange. Derrière cette barricade pourtant ne se trouvaient que quatre hommes, dont trois pour charger les armes et un seul pour tirer ; mais ce dernier avait le coup d'œil si juste qu'à chaque coup de feu il y avait un cavalier de moins. « Apprenant ce qui se passe là, un officier vient reconnaître les lieux avec une force imposante. S'apercevant que le parapet où s'appuyait un côté de la barricade est crevassé en plusieurs endroits, il charge une vingtaine de cavaliers de le tourner pour débusquer le tireur, et le peloton s'élance au galop par une des brèches du petit mur ; mais ce que l'officier avait pris pour un terrain solide n'était que la surface trompeuse des matières déposées là ; de sorte qu'à peine engagés là-dessus, les vingt cavaliers s'enfoncent et disparaissent. Dès lors l'officier change de tactique, et il est obligé, pour lever cet obstacle, de le faire attaquer par la gauche en passant par des cours et des jardins ; alors seulement les hommes embusqués sont obligés de battre en retraite par les sentiers ardus qui sinuaient aux flancs des buttes. »

Le tireur de la barricade était le fameux *Bobèche*.

L'hydrogène sulfuré, l'hydro-sulfate d'ammoniac et autres substances délétères, se dégageaient en vapeur de ces lacs infects. Les oiseaux qui passaient par-dessus tombaient morts. Aux alentours de la voirie, les planches, les tréteaux, les murailles, étaient rongés par une décomposition incessante.

Imprégnés de miasmes pestilentiels pendant longues années, les habitants de Paris et de La Villette, et surtout de Belleville, sollicitèrent l'éloignement de ce foyer de pestilence. Une enquête faite par François Arago, à propos de cette question, prouva que les vents, dans la zone parisienne, soufflent en moyenne comme suit :

Nord, pendant 45 jours.
Nord-Est.... 40
Est......... 23
Sud-Est..... 23
Sud......... 03
Sud-Ouest.. 07
Ouest....... 70
Nord-Ouest.. 74

Or, comme ces bassins se trouvaient au N.-O. de Belleville, on y respirait pendant soixante-quatorze jours de l'année les émanations de ces infects réservoirs.

Dès 1817, une ordonnance royale avait décrété en principe le transport de la grande voirie au centre de la forêt de Bondy ; mais la purification de Montfaucon et des environs ne s'effectua que de 1845 à 1849. On créa un abattoir aux chevaux. Le principal établissement de voirie fut relégué à Bondy ; on laissa à La Villette un dépotoir, et des mesures générales furent prises pour conjurer les miasmes pestilentiels. La préfecture de police, en 1850, autorisa le système séparateur et permit de faire écouler dans les ruisseaux les liquides tirés des fosses d'aisance et décomposés par des agents chimiques. Quelque jour, la science leur communiquera peut-être les odeurs les plus balsamiques, et parfumera les vidanges à la volonté des amateurs.

Autour du dépotoir sont de grandes compagnies de vidange, souvent médaillées pour leurs appareils, et habiles à transformer leurs répugnants produits en puissants engrais. Les ouvriers qu'elles emploient, et qu'on serait tenté de regarder comme le rebut du genre humain, ont une large carrure et une constitution solide ; ils ne pourraient, sans ces qualités, affronter le gaz méphitique et les fatigues de veilles réitérées. Ce sont des pères de famille, un peu adonnés au vin, mais laborieux et honnêtes. Aucun d'eux n'a jamais été traduit en cour d'assises, et même, dans les plus meurtrières épidémies, aucun d'eux n'a jamais eu la moindre atteinte de choléra. Ils forment dans Paris une colonie qui habite le quartier de la barrière du Combat.

CHAPITRE X.

Quartier du combat. — Le combat. — Les chiens en ballon.
Le tigre et les verrats. — Le docteur Aussandon.

Le quartier du Combat rappelle un spectacle hideux qui faisait les délices d'une partie du peuple parisien. Dans une arène entourée d'un amphithéâtre de planches, il venait assister à de sanglantes batailles entre des taureaux et des chiens. Jules Janin a décrit cette « enceinte pauvre et délabrée, avec de grosses portes grossières et une vaste cour garnie de molosses jeunes et vieux, les yeux rouges, la bouche écumante, de cette écume blanchâtre qui descend lentement à travers les lèvres livides. »

Les luttes à mort n'avaient lieu que les jours de grande fête ; ces solennités se terminaient ordinairement par un feu d'artifice ; plus tard, après l'invention des aérostats, on faisait partir un ballon avec un chien dans la nacelle. On faisait battre aussi dans l'arène des chiens contre des sangliers, contre des loups, etc. Un jour que le directeur de ce spectacle avait annoncé un combat à mort entre un tigre et un verrat, les pratiques, affriandées par l'originalité du fait, remplirent le théâtre jusqu'aux combles, et l'on fit sortir d'une hutte où étaient enfermés une douzaine de ses congénères destinés aux représentations suivantes. En entrant dans l'arène, le paisible compagnon de saint Antoine ne fit même pas attention à l'adversaire qui l'y attendait, et s'était mis à fouiller le sol, quand, d'un bond, la bête féroce se trouve près de lui, d'un coup de griffes appliqué sur les reins, l'étend par terre, puis l'entame à belles dents. Mais dom Pourceau, comme dit La Fontaine, n'est pas d'humeur à se laisser faire sans rien dire, aussi se met-il à pousser des cris de détresse, et à brailler de telle sorte que ses compagnons, exaspérés, s'insurgent dans la cabane, en brisent la porte, se précipitent sur le tigre et le forcent à la fuite ; mais ceux-ci le poursuivent avec des grognements furieux, ne lui laissent aucun répit, et finissent par le mettre en pièces. Impossible de peindre, à cette scène inattendue, les applaudissements de la foule qui réclama le même spectacle pour le lendemain ; mais le directeur, qui ne savait pas que le dénoûment dût lui coûter si cher, se garda bien d'acquiescer à *la demande générale du public*. D'autres fois, c'était une bataille entre des chiens et un âne auquel on avait attaché un singe sur le dos, lutte désespérée où le pauvre baudet, avant de mourir sous les morsures de ses adversaires, avait à endurer les blessures faites par le quadrumane aux abois, pour se cramponner après lui. Souvent encore, c'était une lutte entre chiens, avec des paris engagés pour l'un ou l'autre des combattants; mais presque toujours, quand ceux-ci avaient fini, les parieurs se prenaient de mots et s'empoignaient à leur tour.

Un médecin, qui a compté bien des amis parmi les gens de lettres et les artistes, et qui leur était dévoué, rentrait ou sortait souvent pendant la nuit; charitable et désintéressé, il allait souvent soigner de pauvres hères dans des quartiers déserts, où il avait eu à déployer sa force herculéenne contre des bandits; il prit pour compagnon de voyage un boule-dogue magnifique qu'il accoutuma aux dangers en le lançant contre les animaux du Combat.

Un jour, toute une meute harcelait un ours énorme nommé Martin, comme tous les ours en captivité; le bouledogue d'Aussandon, excité par les aboiements, par les hourrahs, par les acclamations des garçons bouchers, fins connaisseurs, veut mordre le museau du terrible carnassier; celui-ci le saisit au passage avec ses griffes acérées et approche de sa gueule béante le chien qui se tord dans les convulsions d'une résistance désespérée.

Alors, chose inouïe! dont on a longtemps causé dans les faubourgs : un homme culbute ses voisins, escalade les banquettes, saute par-dessus la balustrade, et va droit à l'ours!

C'est Aussandon qui vient au secours de son chien.

L'ours laisse tomber sa proie; Aussandon a atteint le but qu'il se proposait; il bat en retraite; mais la monstrueuse bête le poursuit, se dresse sur son séant, étend ses deux pattes velues et serre contre sa poitrine l'imprudent agresseur.

Celui-ci sent la respiration lui manquer et des ongles terribles entrer dans sa chair; par un effort herculéen, il se retourne, enfonce le pouce dans l'orbite de l'ours et lui arrache l'œil droit.

L'homme et la bête tombèrent côte à côte.

Quand nous demandions à Aussandon des détails sur ce duel étrange, il disait avec un frémissement involontaire : « Ne me parlez pas de ça. » Après avoir langui deux ans, il se rétablit, mais il ne recouvra qu'en partie sa force prodigieuse; accablé d'infirmités prématurées, il s'y déroba par le suicide.

Une des réformes du règne de Louis-Philippe, en 1833, fut la suppression du Combat. Sur l'emplacement de l'arène se sont élevés des remises, les écuries et les magasins de l'entreprise générale des voitures de place. L'aménagement de ce vaste édifice est remarquable; il faut voir avec quelle méthode les chevaux sont classés selon leur taille, leur âge, leur couleur, et comme chacun d'eux reconnaît son guide habituel. C'est devant le bureau de cette administration centrale que les clients mécontents doivent faire comparaître les cochers et présenter leurs réclamations, mais elles ne sont pas toujours favorablement accueillies.

CHAPITRE XI.

La carrière d'Amérique. — Les moutardes. — L'église de Belleville. — Origine de cette commune. — Suvie. — Première église de Belleville. — Les pénitents du tiers ordre. — La rose nommée. — Les lilas et les groseilles.

Au bas des buttes Chaumont que couronnent Belleville et ses jardins, s'ouvrent deux larges baies qui plongent dans la montagne, l'une est l'entrée du tunnel du chemin de ceinture, et l'autre est l'ouverture de la plâtrière, dite carrière d'Amérique. Les productions de cette carrière, non-seulement s'emploient à Paris, mais encore s'exportent très-loin; une grande partie de ces marchandises est embarquée sur le canal, puis transbordée au Havre pour l'autre côté de l'Atlantique, et plus d'un frais cottage, plus d'une blanche villa du Kentucky ou des Florides a tiré ses matériaux de cette vaste plâtrière.

La carrière d'Amérique a trois hectares de superficie, elle présente 300,000 mètres cubes en haute masse et 120,000 en basse masse; on y use 30 kilogrammes de poudre tous les jours, et plus de cent ouvriers y sont employés.

Rien d'imposant et d'horriblement superbe comme l'intérieur de ces vastes catacombes! Les lourds piliers ménagés de distance en distance pour soutenir le ciel de la carrière; la lumière des torches qu'on voit aller et venir à travers les ténébreuses perspectives; l'eau qui suinte du plafond et s'égoutte dans les mares avec des sons d'armonica; le chant lointain des mineurs, tout a une physionomie à part dans ces noirs ateliers. Parfois aussi le cri de *sauve qui peut* se fait entendre, alors, on voit les lumières fuir à droite et à gauche, un silence absolu règne pendant près d'une minute, et puis une détonation fait trembler la montagne jusque dans ses fondements, et quiconque visite ces lieux pour la première fois, pourrait croire qu'une catastrophe vient d'arriver; mais aussitôt l'explosion, les lumières reviennent à leurs points de départ, et les chants d'ateliers recommencent de plus belle, c'est une mine que l'on vient de faire partir.

Ce n'est pas, pourtant, que les carrières n'aient aussi leurs catastrophes, car l'atelier a ses victimes comme le champ de bataille, et il faut voir chacun quitter son poste et courir quand retentit ce cri d'alarme : « Un homme dans la moutarde! »

Dans toutes les exploitations souterraines où l'on nivelle par à peu près, il se trouve, de ci de là, dans les inégalités du sol, des espèces de bassins plus bas que les autres, et où s'écoule le trop-plein des bassins supérieurs ; là, ces eaux stagnent, les détritus des voûtes et des chantiers voisins s'y mêlent, s'y détrempent et forment bientôt une boue liquide qui se dissimule sous l'aspect poudreux de sa surface ; c'est ce que l'on nomme les moutardes. Malheur alors à celui qui faisant fausse route pose le pied là-dessus, car il enfonce aussitôt dans cette chose mixte qui n'est plus ni sol ni eau, et qui l'étouffe si des secours ne lui sont immédiatement portés : « Un homme dans la moutarde! mieux vaut un homme à la mer ! »

Une portion du territoire de Belleville a été réunie au XIX⁰ arrondissement, et on lui a pris son plus beau monument, son église.

Placée à la cime de la montagne, dans une position exceptionnelle, dressant vers le ciel deux flèches élégantes, embellie de sculptures qui sont empreintes d'un profond sentiment religieux, la nouvelle église, dédiée à saint Jean-Baptiste, mérite l'attention des amis des arts. La première pierre en fut posée le 24 juin 1854; les travaux marchèrent rapidement, sous la direction de M. Lassus. Quand cet architecte mourut, le 15 juillet 1857, le corps de la construction était monté et couvert; les sculptures intérieures, tant en pierre qu'en bois, avaient été commencées par M. Perrey, déjà connu par sa coopération à l'ornementation du Louvre, de Sainte-Clotilde et de Saint-Germain-des-Prés.

Il restait à faire les sculptures extérieures, à poser les vitraux, le dallage, la serrurerie, les bénitiers, les autels, les confessionnaux et à organiser la sonnerie : ce fut un élève du regrettable Lassus, M. Truchy, qui fut appelé à le remplacer, et le 11 août 1859, l'église de Belleville était assez avancée pour pouvoir être consacrée par le cardinal-archevêque de Paris.

Cet édifice a 70 mètres de longueur, 24 de largeur au portail, et 29 au transsept. Il est conçu dans le style ogival du XIII⁰ siècle. La façade est flanquée de deux tours surmontées de flèches hardies, du genre de celles qu'on admire dans un grand nombre de localités de Bretagne, de Normandie et d'Angleterre. Depuis le sol jusqu'à l'extrémité des flèches, sans y comprendre la croix, la hauteur est de 57 mètres. De la plate-forme d'où elles s'élancent, on domine un des plus magnifiques panoramas que puisse rêver l'imagination du touriste. On découvre à la fois l'immense capitale, les buttes Chaumont, d'une sauvagerie si pittoresque, le fort de Vincennes et les villages qui s'étendent le long de la Marne.

Un défaut commun à bien des églises de création récente, c'est qu'elles ne sont pas orientées, et l'église de Belleville est dans ce cas. Jadis, une règle invariable exigeait que le chevet d'un temple fût éclairé par les rayons de l'aurore, que l'un des bras de la croix regardât le nord, l'autre le midi, et que la rose du portail resplendît des rougeâtres clartés du soleil couchant. Par malheur, les traditions se sont perdues, on a sacrifié aux nécessités de la voirie, et l'église Saint-Sulpice est peut-être la dernière qui ait été orientée convenablement. Saint-Roch, la Madeleine, Sainte-Clotilde, la Trinité, l'église des Batignolles, etc., ne sont point tournées conformément aux principes de la symbolique chrétienne. Il est d'ailleurs souvent difficile de s'y conformer dans les grands centres, où le terrain coûte cher, et où l'on ne peut bâtir un temple sans entrer en accommodement avec les propriétaires du voisinage. Jadis, c'était toute autre chose, les rois, les prêtres et les seigneurs étaient les maîtres du sol; ils le répartissaient à leur gré, et la population, sans droits, sans asile fixe, sans garantie, n'avait à élever aucune réclamation.

Quant à l'église de Belleville, son portail regarde le sud, son chevet le nord, et les deux bras de la croix s'étendent d'est en ouest. Son portail est enrichi de sculptures dont on peut louer sans réserve le caractère religieux. C'est encore une chose perdue, que la naïveté des vieux maîtres, qui rendaient par la plastique, le sentiment profond dont ils étaient animés. M. Perrey est un véritable imagier du moyen âge; seulement, s'il sait dérober à ses devanciers les secrets d'un style oublié, il se garde bien de les imiter dans leurs imperfections.

Élève distingué de l'École des beaux-arts, M. Perrey traite aussi bien le nu que les draperies. Et qu'on nous permette de relever incidemment une erreur trop accréditée : on s'imagine que le *nec plus ultrà* du talent d'un statuaire est de bien dessiner une figure nue; il nous semble qu'en la recouvrant de draperies habilement agencées, en calculant l'effet des plis, en les disposant de telle sorte que les formes restent sous-entendues, on peut faire preuve d'une capacité et d'un goût supérieurs.

Au centre du portail, sous un dais gothique, est la statue du saint auquel l'église est dédiée. Il est recouvert d'un manteau de poils de chameau, comme il convient à un homme qui vit dans le désert, et n'a d'autre nourriture que du miel sauvage ou des sauterelles. Les archivoltes sont soutenus par des mascarons de grandeur naturelle et représentent les vices et les vertus. Cette opposition du bien et du mal se rencontre souvent dans les monuments religieux de la bonne époque.

Sous l'ogive du grand portail, on voit le Père entre deux anges qui l'encensent; au-dessous reparaît le précurseur avec son costume rustique et sa croix de roseaux; il est précédé de deux personnages illustres de l'Ancien Testament : Isaïe, le premier des grands prophètes, et Malachie, le dernier en date de ceux qui sont considérés comme de second ordre. Le fils d'Amos porte la glorieuse couronne des martyrs; il s'appuie sur la scie tranchante avec laquelle ses membres furent affreusement dépecés au commencement du règne de Manassé. Un séraphin lui présente une pierre brûlante qu'il a prise sur l'autel avec des pincettes et lui en touche les lèvres pour les purifier. D'après le texte de l'Écriture, ce fut par cette cérémonie symbolique que les péchés d'Isaïe furent effacés et qu'il commença à prophétiser.

Malachie tient une coupe (en grec *calix*), sans doute en mémoire de l'Eucharistie qu'il a vaguement prédite.

Sur les portes latérales de la façade, on voit se dérouler une partie des événements miraculeux dont l'Écriture a conservé la tradition. Un ange annonce à Zacharie la bonne nouvelle; puis la Vierge visite sainte Élizabeth; le Christ naît; est baptisé par saint Jean; celui-ci se présente à Hérode, auquel il adresse des remontrances dont il est puni par le dernier supplice; le bourreau frappe, et la tête du martyr est présentée à Hérodiade.

Bientôt il est tiré des limbes par nos premiers parents et il contemple avec joie la glorification de l'homme-Dieu dont il a proclamé l'avènement.

Aux extrémités du transept, M. Perrey a représenté d'un côté, *la Consécration de l'Église*, de l'autre, *la Résurrection de Jésus-Christ*.

Cette dernière composition est conçue suivant les règles antiques de l'iconographie chrétienne. Quatre soldats gardent le sépulcre; le premier reste incrédule et s'apprête à percer de sa lance celui qui a soulevé la pierre du tombeau; le second a peur et s'enfuit; le troisième, ébloui, fasciné, comprend qu'il y a là une puissance surnaturelle dont il ne se rend pas bien compte; le quatrième adore et croit.

Le mérite principal de ces bas-reliefs, c'est la foi. Enfant de la Franche-Comté, élevé d'abord loin de l'école, artiste par inspiration, M. Perrey a développé plus tard son talent par des études approfondies; mais il lui reste quelque chose que les études ne peuvent donner.

L'intérieur de l'église de Belleville n'a pas encore reçu toute l'ornementation dont elle est susceptible; toutefois, les stalles dont l'architecte a fourni les dessins tendent, dans le chœur, leurs bras sur lesquels rampent des guerres et des chimères fantastiques. M. Roy a mis en place les dernières serrures. L'orfévrerie vient d'être terminée par M. Bachelet, et la menuiserie par Nicolas Avignonais. Les vitraux, de M. Martel, jettent dans la nef leurs fantastiques lumières, et toutes les consoles qui supportent les retombées des nervures sont finies. L'artiste, par une de ces fantaisies renouvelées du moyen âge, a représenté çà et là des têtes contemporaines : le maire, l'adjoint et le curé, qui ont contribué à la fondation de l'église.

Les deux inscriptions suivantes se lisent à l'entrée de la nef :

Du côté droit :

« Sous le règne de Napoléon III, empereur des Français,

« Cette église a été consacrée par Son Éminence le cardinal F.-N.-M. Morlot, sénateur, archevêque de Paris. 11 août MDCCCLIX. Le duc de Padoue étant ministre de l'intérieur; M. Rouland, ministre de l'instruction publique et des cultes; le baron Haussmann, sénateur, préfet de la Seine; Desnoyers, maire; Demeure, curé; Mouvillard-Thibault, adjoint au maire; Truchy, architecte. »

Du côté gauche :

« Sous le règne de Napoléon III, empereur de Français,

« La première pierre de cette église, édifiée sur l'emplacement de celle qui datait de MDCCCXXXV, a été bénite par M. D.-A. Sibour, archevêque de Paris, le 24 juin MDCCCLIV, et ce pour le baron Haussmann, préfet de la Seine, le comte de Persigny étant ministre de l'intérieur; Fortoul, ministre de l'instruction publique et des cultes; Pommier, maire; Langlois, curé; Desnoyers, Movillard, Mignard, adjoints au maire; Lassus, architecte. »

La chapelle de la Vierge est la partie la plus défectueuse de l'édifice : elle est sombre. A droite et à gauche de l'entrée s'allongent deux murs blancs dans chacun desquels s'ouvrent, sous une arcature ogivale, une porte et une fenêtre pareilles à celles des plus vulgaires habitations. Cet arrangement a été motivé par la nécessité de placer derrière l'abside une sacristie et une salle de catéchisme. Il eût été désirable qu'on imaginât une autre combinaison, et ce sera peut-être l'œuvre de l'édilité nouvelle, qui sera désormais chargée d'entretenir le monument. Il a besoin d'être dégagé. Du côté sud, il est bordé par une rue d'une largeur convenable; mais au nord, une ruelle étroite le longe. Le chevet est enclavé dans des propriétés particulières, et la place ménagée devant le portail n'a pas un diamètre proportionné à la hauteur des flèches. Que la superficie du parvis s'étende; qu'on recule la mairie, qui n'a pas d'ailleurs de caractère monumental, alors on pourra mieux juger des beautés très-réelles de l'église Saint-Jean-Baptiste de Belleville.

Belleville, dont nous venons de décrire le plus bel édifice, était d'abord une montagne inculte, en langue franque *sawhardt* (sale et sauvage), et en basse latinité *savegia*, d'où sont venus, par abréviation, *savgia* et enfin *savia*. Pendant la période mérovingienne, les rois y avaient déjà une maison de plaisance; on trouve encore des pièces de monnaie fabriquées en cet endroit, et sur lesquelles se lit cette marque abréviative : *savi*. C'était en effet le nom du château qu'ils avaient bâti sur cette éminence.

Plus tard, en 1060, après donation faite par le roi Henri Ier, le prieur de Saint-Martin-des-Champs posséda le fief de Savie; plus tard encore, il fit conduire dans plusieurs quartiers de Paris l'eau qui se trouvait en abondance sur la montagne : la fontaine au coin de la rue du Vertbois (rue Saint-Martin) est, entre autres, alimentée par ces eaux. Un regard en pierre, avec inscription commémorative, portant la date de 1630, se voit encore aujourd'hui au-dessous de la rue de l'Ermitage; il nous rappelle ce fait important, et sur un des écussons qui décorent la façade du monument, on distingue, malgré les ravages du temps, saint Martin coupant son manteau pour en donner la moitié à un mendiant.

Avant qu'on les eût utilisées de la sorte, ces eaux étaient vagabondes, et tant par la rue des Rigoles que par celle des Cascades, elles se déversaient dans une mare, sorte d'*aquarium* naturel d'où s'échappait le ruisseau de Ménilmontant. Ce ruisseau, qu'a dû singulièrement diminuer l'alimentation des fontaines, descendait cristallin et rapide jusqu'aux murailles de Paris, filait dans les fossés du Temple, stagnait quelque peu dans les marais Saint-Martin, puis reprenait son cours jusqu'à la Seine.

Ce qui reste aujourd'hui de ce filet amaigri se perd dans les égouts. Belleville, devenue cité populeuse, voulut revendiquer la propriété de ses eaux; mais le conseil d'État, après délibération, l'a déboutée de sa demande, de sorte qu'aujourd'hui même cette commune n'a qu'une ou deux pauvres fontaines habitantes, et qu'elle a été obligée d'établir un système de conduits jusqu'à Charenton pour en faire venir les eaux qui se trouvent dans un grand nombre de maisons bourgeoises.

Cependant, les pentes de Savie s'étaient défrichées peu à peu, puis des habitations s'y étaient élevées, et sous Charles VI enfin, il y avait là un village nommé *Poitronville*, on ne sait pourquoi, mais qu'à cette époque déjà on surnommait *Belleville* à cause de l'exclamation qui s'échappait invariablement de la bouche de quiconque apercevait de ce point Paris pour la première fois.

Au XVIe siècle, ces habitations s'étant considérablement augmentées, les campagnards, qui n'avaient d'autre paroisse que Saint-Merry, adressèrent à l'évêque de Paris, Eustache Du Bellay, une requête pour obtenir une chapelle où ils pourraient entendre la messe sans aller si loin; cette permission leur fut accordée, et l'on y bâtit une église sous le vocable de saint Jean-Baptiste (1543).

Cette première église fut rebâtie un siècle plus tard, et puis enfin remplacée, en 1853, par celle dont nous avons admiré l'ensemble et les détails.

Il y eut aussi à Belleville un couvent de pénitents du tiers ordre de Saint-François : cet établissement fut fondé en 1638 par un habitant du pays nommé Jean Bordier, et autorisé onze ans après par l'archevêque de Paris, Jean-François de Gondy.

Cependant le village, qui était à proximité de Paris, et surtout dans une situation délicieuse, ne tarda pas à devenir un lieu de villégiature fort en vogue; et la noblesse, ainsi que la riche bourgeoisie, y eurent bientôt des maisons de campagne décorées avec luxe : on voit encore dans la rue de Paris un dernier vestige de ces villas princières, c'est la propriété dite la *Maison-Rustique*, et que les gens du quartier s'obstinent à appeler le *Palais-Royal*.

Un peu plus haut que ce palais rustique s'ouvre la rue de Calais, dont quelques jardins en terrasses offrent un des plus beaux panoramas du monde; on y voit tout Paris et les plaines qui s'étendent au delà; c'est dans cette rue qu'était l'hôtel ou château des Savies, dont on voyait encore quelques vestiges il y a une quinzaine d'années.

A ce château se rattache le souvenir d'une cérémonie touchante qui y fut instituée au commencement du XVIe siècle par Marie d'Angleterre, troisième femme de Louis XII : c'est la fête de la Rose nommée. Chaque année, au printemps, la jeune fille reconnue pour être la plus sage, la plus vertueuse, était désignée pour venir en grande pompe, et dans un lieu consacré à cette cérémonie, planter un rosier auquel elle donnait son nom, et que l'on cultivait avec soin ; le jardin où se trouvaient ces florales archives était appelé le Champ de Roses.

Plus tard, la fête de la Rose nommée tomba en désuétude; mais en 1775, il se forma à Belleville une association dont le but était de ressusciter cette fête du vieux temps, seulement on en modifia les rites et la cérémonie, et la Rose nommée fut remplacée par le couronnement d'une rosière, qui fut élue, couronnée en mai, puis dotée et mariée le premier lundi du mois de septembre suivant; cette fête fut célébrée jusqu'à la Révolution.

Entre les maisons échelonnées sur les pentes, et surtout à son sommet, Belleville possédait d'immenses cultures de groseilliers et de magnifiques bosquets de lilas, bosquets et cultures qui lui ont valu une partie de sa renommée; au siècle dernier, en effet, c'était là que l'on venait aux lilas ; joli temps pour les amoureux. Quant aux groseilles, leur réputation est parvenue jusqu'à nous : qui n'a entendu parler des groseilles à maquereau de Belleville?

Cependant, comme on ne pouvait pas plus aller aux groseilles qu'aux lilas sans faire en route plus ou moins de stations, il s'y était établi force cabarets qui, pendant plus d'un siècle, firent les délices des ouvriers parisiens. *Le Moulin de la Galette*, le dernier de ces établissements champêtres, se voyait encore il y a quinze ans au-dessus de la rue Piat. Mais de tous les restaurants, guinguettes et autres établissements du même genre, aucun n'acquit, à beaucoup près, une vogue pareille à celui de *Rampouneau*, qui, comme nous l'avons dit, débuta à la Courtille avant de se fixer aux Porcherons.

CHAPITRE XII.

Le trou Vassou. — La Courtille. — Le papa Desnoyers. — Le Coq-Hardi. — Le Sauvage. — Le Bœuf-Rouge. — Dernière descente de la Courtille. — Lord Seymour. — Les louis d'or frits dans la poêle. — Le Choral de Belleville. — Couplets sur la barrière.

Pourtant, avec ses airs Pompadour et ses allures d'opéra-comique, Belleville avait aussi son côté sombre; il avait le Trou-Vassou avec sa légende.

Le Trou-Vassou, sorte de précipice situé près de l'endroit où se trouve aujourd'hui le télégraphe, était un gouffre sans fond, en forme d'entonnoir, où venaient s'engloutir divers ruisseaux du voisinage, entre autres les eaux d'une fontaine qui prenait sa source plus haut; on y a jeté des animaux vivants et fait maintes autres expériences pour tâcher de découvrir l'issue de ces eaux; mais jamais on n'a retrouvé nulle part la moindre trace de ce qu'on y a jeté; aussi assurait-on jadis que c'était un soupirail de l'enfer : une voiture et trois chevaux y ont été engloutis il y a une vingtaine d'années. Cette catastrophe, qu'avaient sans doute précédée bien d'autres accidents de ce genre, engagea la municipalité à faire boucher ce gouffre que l'on ne pouvait songer à combler; pour y parvenir, on y fit descendre à une certaine profondeur des charpentiers, qui établirent un plancher de poutres extrêmement solides, et l'on se mit à combler par-dessus; mais ce système de remblai suspendu ne doit-il pas occasionner quelque terrible catastrophe dans l'avenir? Qu'arrivera-t-il quand les poutres de soutien seront vermoulues?

C'est par la grande rue de Paris, qui sépare le XIXe du XXe arrondissement, que s'effectuait jadis la descente de la Courtille; la Courtille était le groupe de cabarets situé au bas de la côte.

Les mots *Courtille* et *Courtil* désignaient une habitation rustique, avec verger et potager. *Courtillage*, suivant de vieux actes, est toute manière de poirée, poix nouveaux, fèves nouvelles, en cosse, etc. Le cultivateur s'appelait Courtillier; il était astreint à payer certaines redevances en nature, à faire des charrois pour le compte du seigneur et à assister aux plaids. La Courtille fut d'abord le siège d'une exploitation agricole. Un ruisseau qui descendait de la montagne en rafraîchissait la verdure et en entretenait la fertilité. Ce ruisseau coulait encore au commencement du XVIIIe siècle, et les cabarets de la Courtille devaient avoir à cette époque des charmes qu'ils ont perdus à mesure que les bâtisses ont remplacé les arbres. Grandval, dans son poème du *Vice puni ou Cartouche*, nous a laissé une image enchanteresse de la Courtille en 1721 :

> Dans le nombre infini de ces réduits charmants,
> Lieux où finit la ville et commencent les champs,
> Il est une guinguette au bord d'une onde pure,
> Où l'art a joint ses soins à ceux de la nature.
> Là tous les environs, embellis d'arbres verts,
> Offrent contre le chaud mille berceaux couverts.
> Un air délicieux, une lumière pure
> Animent de ces champs la riante peinture;
> Séjour par les plaisirs seul à l'envi habité
> On n'y respire l'air qu'avec la volupté.
> On voit partout mûrir, on voit partout éclore
> Et les fruits de Pomone, et les présents de Flore;
> Et Cérès, et Bacchus, ces secourables dieux,
> De leurs fertiles dons enrichissent ces lieux.
> On entend jour et nuit l'aimable Philomèle
> Jurer à son amant une ardeur éternelle,
> Ou, si vous l'aimez mieux, les tendres rossignols
> Expriment leurs désirs sur les plus doux bémols.
>
> Dans ces lieux fortunés, où règne l'allégresse,
> Les vins les plus exquis font naître la tendresse,
> Et, mêlant les plaisirs, on entend dans les airs
> Les sons harmonieux des bachiques concerts.
> Là, mille amants couchés aux pieds de leur maîtresse,
> Trouvent un prompt remède à l'ardeur qui les presse;
> Ici le désirable et charmant appétit
> A l'autel de Comus par la main les conduit.
> C'est le charmant réduit qu'on nomme la Courtille,
> Lieu fatal à l'honneur de mainte et mainte fille!

Vadé l'a chanté dans ces vers :

> Voir Paris, sans voir la Courtille,
> Où le peuple joyeux fourmille,

Sans fréquenter les Porcherons,
Les rendez-vous des bons lurons,
C'est voir Rome sans voir le pape.
Aussi, ceux à qui rien n'échappe
Quittent souvent le Luxembourg,
Pour jouir, dans quelque faubourg,
Du spectacle de la guinguette.

Courtille! Porcherons! Villette!
C'est chez vous que, puisant ces vers,
Je trouve des tableaux divers!
Tableaux vivants, où la nature
Peint le grossier en miniature,
C'est là que plus d'un Apollon,
Martyrisant le violon,
Jure tout haut sur une corde,
Et, d'accord avec la discorde,
Seconde les rauques gosiers
Des faraux de tous les quartiers.

Il y a quatre-vingts ans à peine, Belleville et la Courtille étaient encore séparés par des carrières, des terrains vagues, etc.; l'un ne comprenait alors que les habitations rustiques et bourgeoises, campées sur la montagne, aux environs de l'église, et l'autre se composait de guinguettes pressées aux abords de la capitale, de sorte que le calme des champs régnait sur la hauteur, tandis qu'au bas, les cabarets du *Bœuf-Rouge*, du *Coq-Hardi*, du *Sauvage*, de l'*Épée-de-Bois*, etc., attiraient en foule les promeneurs du dimanche, du lundi et des jours de fête; alors, cette voie était interdite aux voitures, la foule compacte se pressait dans les rues, le tapage des orchestres et des battories de cuisine, les cris des buveurs et des danseurs, les exhalaisons des laboratoires culinaires, les âcres parfums échappés des jupes de mainte harangère en train de faire griller sa marchandise sur son *gueux*, tout concourait à irriter les yeux, les oreilles et l'odorat, et pourtant pas de plaisir possible pour certaines catégories d'ouvriers de ce temps-là, sans les joies tapageuses de la Courtille.

Les auteurs de la *Vie publique et privée des Français*, ouvrage publié en 1826, ont laissé de la Courtille la description suivante:

« Nous voici arrivés à la fameuse Courtille, par laquelle, entre cent guinguettes, on arrive sur la hauteur de Belleville. Dans cette large et longue rue, empire éternel de la joie, on distingue la grande guinguette de l'immortel Desnoyers, et quelques autres dont les salles immenses se remplissent l'hiver de milliers de familles, et les jardins, en été, de danseurs et danseuses qui n'ont pas reçu les leçons des professeurs du Conservatoire. Là il n'est question ni des Grecs, ni du trois pour cent, ni des jésuites, ni de l'Espagne, ni de la Sainte-Alliance, ni de la république d'Haïti. On n'y songe qu'à bien boire, à bien manger, à danser, etc. Il arrive cependant quelquefois que trois ou quatre artisans, qui souvent lisent et pensent, s'entretiennent de politique; mais c'est sans esprit de parti et avec un bon sens, une bonhomie, et des expressions dont les journalistes pourraient faire leur profit.

« C'est un spectacle vraiment curieux que celui de la Courtille, dans la soirée d'un beau dimanche du printemps ou de l'été. Tout est confondu dans la rue, depuis la barrière jusque auprès de l'entrée du bourg. Ouvriers, bourgeois, militaires, hommes décorés, femmes en bonnet, femmes en chapeau, marchands de fruits, de petits pains, tout circule, tout monte ou descend confusément, sans se presser, sans se heurter; et chacun cherche, sans être troublé, l'enseigne de la guinguette où l'on vend du bon petit vin à dix ou douze sous le litre, ou quinze sous le double; du bon vieux, de l'excellente gibelotte de lapin, de l'oie, soit en double, soit rôtie, etc.

« En entrant dans les grandes guinguettes, on est d'abord frappé de la quantité de ragoûts et de rôtis qui garnissent un long et large comptoir, de l'activité prodigieuse de plusieurs femmes de service et de deux ou trois cuisiniers; sous une vaste cheminée, trois ou quatre broches, les unes sur les autres, chargées de dindons, de poulets, de langues de veau, de gigots de mouton, tournent incessamment devant un grand feu dont la chaleur se fait sentir au loin. A quelque distance de là, le vin coule à grands flots des brocs dans les bouteilles, dont une n'est pas plutôt remplie qu'elle est remplacée par une autre. Au milieu de cette affluence d'acheteurs, les personnes qui débitent les comestibles et le vin conservent un sérieux imperturbable, une présence d'esprit comparable à celui d'un bon général d'armée. Aux principaux mets que les guinguettes offrent aux consommateurs, il faut ajouter une entrée de foie de veau, ou un pigeon aux petits pois, ou un ragoût de mouton aux pommes de terre, ou une salade qui nage dans un vinaigre commun et dans une huile peu différente de celle du colza. L'appétit du peuple trouve tout cela fort bon; et, si la quantité s'y trouve, peu lui importe la qualité.

« C'est à la Courtille que se donnent presque tous les repas de noces de la petite bourgeoisie, des petits marchands et des ouvriers des quartiers de la capitale qui avoisinent cette barrière, et même de ceux qui s'étendent jusqu'à la rive droite de la Seine. »

Parmi ces établissements divers, il en fut un surtout qui, au commencement de ce siècle, avait presque hérité de la vogue qu'avait eue Ramponneau trente ans auparavant, c'était le cabaret tenu par Desnoyers, que le public n'appelait jamais que le père Desnoyers ou même le papa Desnoyers; chez celui-ci pourtant, plus de duchesses ni de marquis, plus d'équipages comme chez son confrère du siècle dernier, mais une foule spongieuse, altérée et capable de dessécher tous les vignobles de France si la Seine n'était venue à leur secours. Ce n'est pas que la consommation fût chez Desnoyers moins mauvaise ou meilleur marché qu'ailleurs, car ici, comme aux environs, on ne vendait guère que vins de couleur équivoque, civets à base féline et poulets morts d'inanition; mais la raison d'être de la vogue est le plus souvent de ne pas avoir le sens commun.

Les établissements de la Courtille étaient surtout très-fréquentés pendant le carnaval; c'était là qu'avait lieu cette fameuse clôture du mardi-gras, si connue sous le nom de: *Descente de la Courtille*. La nuit de ce jour-là donc, une fois minuit passé, les danseurs de l'Opéra, des Variétés, etc., montaient s'encanailler avec les débardeurs et les mamelucks de la barrière de Belleville, on buvait, on sautait, on faisait tapage tous ensemble, c'était l'égalité dans l'orgie; puis, dès six heures du matin, fiacres, cabriolets, chars-à-bancs, tous les véhicules enfin étaient envahis par cette foule en délire, et toujours hurlant, toujours vociférant, elle commençait un défilé qui, jusqu'au boulevard, avait lieu au petit pas. Mais à dix heures du matin tout devait être rentré dans l'ordre, il ne restait guère que quelques pauvres retardataires arrêtés par-ci, par-là, chez les marchands de vins, et n'osant plus se hasarder par la ville, attendaient le soir pour regagner leurs domiciles.

D'autres, n'ayant plus un centime pour aller chercher leurs vêtements mis en gage chez le costumier, restaient habillés en pierrots, en paillassse, etc., jusqu'à ce qu'ils eussent trouvé de quoi faire face à la situation; un ouvrier horloger, se trouvant dans ce cas, fut obligé d'aller pendant huit jours à son atelier avec le costume d'Almaviva, qu'il avait loué pour la nuit du Mardi-Gras.

Dans le genre carnavalesque comme en tout autre, Paris a eu ses célébrités; mais parmi ces illustres personnages, il y en eut trois qui dépassèrent tous les autres de cent coudées: ce furent Chicard, que nous avons déjà nommé, Balochard et surtout lord Seymour. Ce dernier, que les gens du peuple avaient surnommé *Milord l'Arsouille*, se distinguait par les excentricités les plus inouïes; lorsqu'il arrivait donc à la Courtille avec ses équipages précédés de piqueurs, avec ses voitures marchant à la file et remplis de personnages aux costumes impossibles, le tapage redoublait, chacun était en liesse, on se portait au-devant de lui; c'était une entrée triomphale. Aussi, dès qu'il avait mis pied à terre, la guinguette qu'il avait choisie pour quartier général était littéralement assiégée, on appelait à grands cris ce roi des viveurs, qui ne se faisait pas tirer l'oreille pour se montrer. Alors, on *se prenait de bec*, on faisait assaut d'éloquence; le dialogue s'animait et l'illustre goujat, finissant toujours par en venir aux voies de fait, arrosait la foule avec du champagne, lui jetait à la tête pâtés, volailles et tout ce qu'il avait sous la main; c'était une excellente aubaine pour ceux qui attrapaient quelque projectile.

Un certain jour du Mardi-Gras, que le gentleman, du haut d'une fenêtre, bombardait ainsi ses admirateurs ameutés, les munitions vinrent à lui manquer: que faire alors? rester coi! mais c'eût été changer en huées les applaudissements frénétiques; c'eût été se perdre de réputation!

Après avoir un instant réfléchi à la situation, « Ah! j'y

suis! s'écrie-t-il tout à coup en se frappant le front d'un air de triomphe. Vite, une poêle et de la graisse! » Et quand on lui a apporté les objets demandés, il met la poêle sur le feu, la graisse dans la poêle, et jette dedans une poignée de pièces d'or; puis, une fois celles-ci bien brûlantes, il les retire avec une écumoire, comme on ferait de beignets, et les jette par la fenêtre. A cette vue, tout le monde de crier largesse, et chacun de se précipiter sur cette pluie métallique. Mais que l'on juge de la déception des pauvres diables obligés de rejeter les pièces qu'ils avaient ramassées. Quant à l'auteur de la plaisanterie, il était dans la jubilation, il riait à se tordre. Il est vrai que les pièces refroidies, une fois empochées, ceux qui n'avaient rien attrapé passèrent leur mauvaise humeur en brisant à coups de pierres tous les carreaux de la maison; mais ceci n'était qu'un détail de plus à ajouter à l'addition que le factotum de monseigneur devait venir solder dans l'après-midi. Que d'argent gaspillé dans ces joies immondes, qui aurait pu être si utilement employé ailleurs!

Cependant, ces saturnales si peu en harmonie avec l'esprit de notre siècle, finirent par tomber en désuétude. Lord Seymour disparut de la scène, et la descente de la Courtille de 1838 fut la dernière solennité de ce genre.

Depuis lors, les mœurs des travailleurs s'épurant tous les jours, les guinguettes de la Courtille furent abandonnées peu à peu; elles furent bientôt obligées de fermer, et sauf deux établissements où l'on danse encore, la barrière de Belleville n'a plus aujourd'hui rien de ses allures d'autrefois.

C'est ce qu'a essayé d'exprimer un chansonnier, au banquet annuel donné le 18 décembre 1858 par le choral de Belleville. Cette association lyrique, que dirige avec le plus grand succès M. Jouvin, compte un grand nombre de membres et obtient, chaque année, des médailles au concours d'orphéonistes.

Elle célèbre ses victoires dans un repas auquel sont admis les femmes et les enfants.

A la fête du 18 décembre 1858 avaient été invités MM. Delsarte, Camille de Vos, Laurent de Rillé, Vaudin, d'Ingrande, Lambert, directeur de l'Orphéon d'Argenteuil; Buhot, directeur des Tyroliens de Montmartre. Plusieurs toast furent portés par Jouvin, directeur du Choral de Belleville, aux invités, et particulièrement à MM. de Vos et Laurent de Rillé, qui ont aidé souvent cette société de leurs excellents conseils; par M. de Vos, à la musique; par M. d'Ingrande, au Choral de Belleville. M. Delsarte adressa à la société quelques conseils sur l'importance de la physionomie dans l'exécution; et cette leçon du maître fut écoutée et applaudie avec chaleur.

Un des convives chanta ensuite les couplets suivants, qui avaient le mérite particulier de répondre aux sentiments de l'auditoire :

HOMMAGE AU CHORAL DE BELLEVILLE.

Air : *Pour rigoler, montons, — montons à la barrière.*

Vraiment ne point fêter
Les chœurs de Belleville,
Serait se comporter
De façon peu civile.
De la grande cité
Redoutant l'atmosphère,
La cordialité
S'exile à la barrière.

O vous qui cultivez
La science chorale,
Je vois que vous avez
Une humeur libérale.
On voudrait trop souvent
Nous mener en arrière;
Pour marcher en avant,
Honneur à la barrière!

Vous épurez les mœurs :
En ces cantons naguères
Résonnaient des clameurs
Et des refrains vulgaires.
Par vos solis s'opéra
Une réforme entière,
Et mieux qu'à l'Opéra
On chante à la barrière.

Chaumont, Ménilmontant,
Ont vu sur leurs collines
Nos pères combattant
Au milieu des ruines.
Leurs enfants, que voici,
Pleins d'une ardeur guerrière,
S'il le fallait aussi,
Défendraient la barrière.

Indigne des Français,
Un usage me vexe;
Il interdit l'accès
Des banquets au beau sexe.
Qu'elle offre d'agrément,
La fête hospitalière
Où l'on a galamment
Levé cette barrière!

De ce joyeux dîner
Nous garderons mémoire;
Mais pour le couronner,
Empressons-nous de boire;
Car l'octroi de Paris,
Étendant sa carrière,
Compte augmenter le prix
Des vins de la barrière.

Nous n'avons dans le XIXe arrondissement qu'une partie de Belleville, dont nous allons retrouver dans le XXe les intéressants souvenirs, les riants paysages, la verdure, les vide-bouteilles et les cottages, paisibles retraites des commerçants parisiens.

FIN DU DIX-NEUVIÈME ARRONDISSEMENT.

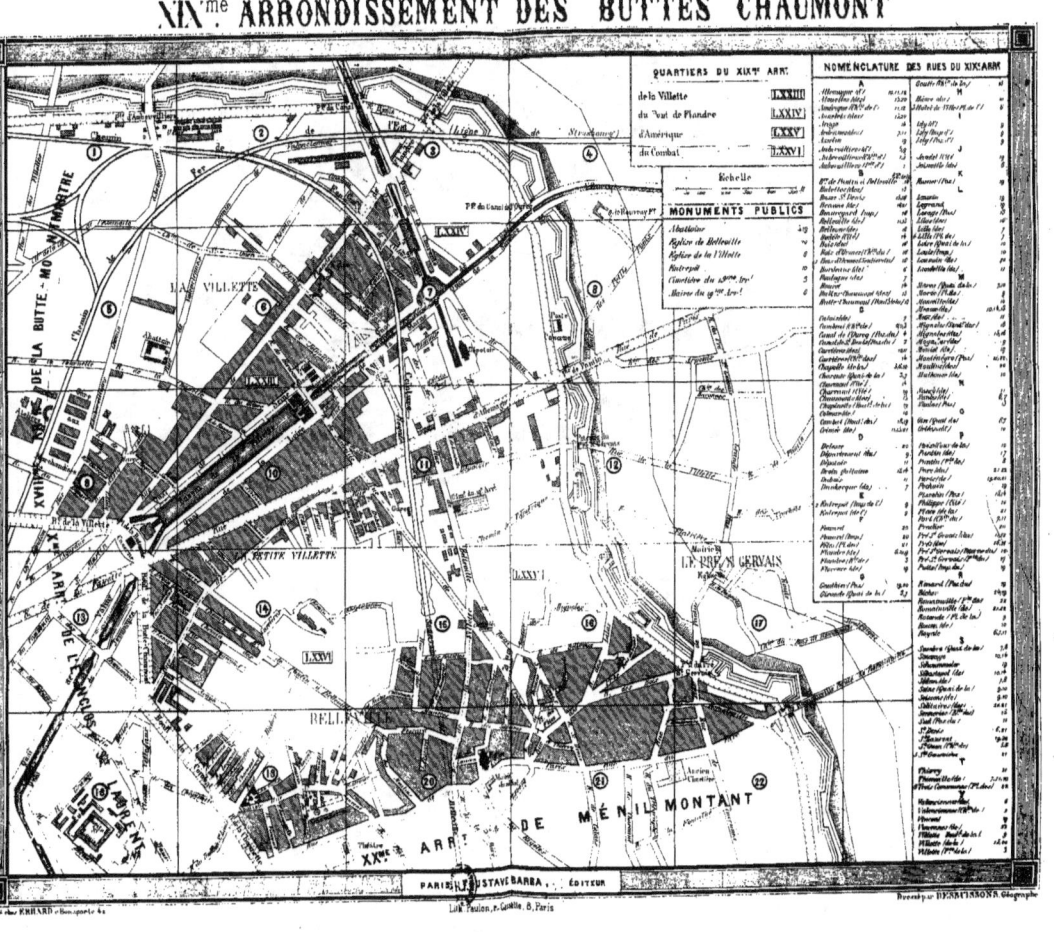

La descente de la Courtille.

MÉNILMONTANT. — VINGTIÈME ARRONDISSEMENT.

CHAPITRE PREMIER.

Limites du XXe arrondissement. — Le haut et le bas pays. — Les justices. — Le Ratrait. — Un lac détruit. — Les boulevards extérieurs.

Cette partie de la capitale, uniquement composée de communes annexées, n'est pas une des moins intéressantes sous le rapport historique, et se trouve être une des plus remarquables sous le rapport de l'étendue, de la population et surtout au point de vue pittoresque.

Bornée au nord par la rue de Paris-Belleville, à l'est par les fortifications, au sud par le cours de Vincennes, et au couchant par les boulevards extérieurs, elle se compose d'une faible partie de Saint-Mandé, du Petit et du Grand-Charonne, de Ménilmontant et des trois quarts de Belleville.

Sous le rapport topographique, cet arrondissement peut se diviser en deux parties, le haut et le bas pays : le bas pays, c'est l'espace compris entre le cours de Vincennes et les hauteurs du Père-Lachaise; le pays élevé comprend les pentes de Ménilmontant, et le plateau de Belleville, où se trouve le parc Saint-Fargeau.

A l'extrémité nord-est de ce plateau s'élève un de ces obélisques en charpente destinés à la triangulation de la capitale; c'est un des points culminants du sol parisien. Dans le *bon vieux temps*, il y avait là une potence où se balançait toujours le corps de quelque manant condamné par le justicier du lieu ; cet endroit est encore nommé *les Justices* par les campagnards des environs, et quelques vieillards se rappellent y avoir vu les fourches patibulaires.

Ce large plateau, que coupe irrégulièrement la limite septentrionale de l'arrondissement, est un véritable belvéder : d'un côté il domine Bagnolet, Vincennes et le cours de la Marne; d'un autre il commande Paris, qui offre de là un de ses plus beaux effets panoramiques ; enfin, du côté nord, il domine la plaine des Vertus, la route d'Allemagne; c'est le versant septentrional de ces hauteurs qui forme les buttes Chaumont.

Cette partie de la capitale peut encore se diviser en portion urbaine et portion rurale : la première, composée de centres populeux comme Belleville et Charonne, n'a, comme aspect, rien de particulier ; la seconde, comprise entre le Père-Lachaise, les fortifications, le cours de Vincennes et le parc Saint-Fargeau, se compose de gracieux coteaux penchés au midi et richement cultivés par nos ruro-Parisiens du XXe arrondissement.

C'est là qu'est le Ratrait. Paradis terrestre, oasis où les travailleurs des faubourgs voisins ne manquaient pas jadis de venir passer le dimanche et le lundi, lieu de champêtres délices dont il ne restera bientôt plus que le souvenir.

Au temps de sa vogue primitive, le Ratrait formait un charmant tableau, ayant pour premier plan quelques cabarets éparpillés dans les vignes, et puis le donjon de Vincennes et les bleus lointains pour perspectives; mais séduits bientôt par la beauté du site, une multitude de petits rentiers vinrent y faire construire des habitations, et sa physionomie première s'en trouva singulièrement transformée : c'est le Ratrait d'aujourd'hui. Tel qu'il est pourtant, il mérite encore d'être visité par les amateurs, car c'est la contrée de la haute fantaisie architecturale; en effet, castels gothiques avec tourelles coiffées d'éteignoirs de zinc; cabarots couleur de chocolat sous prétexte de palissandre; chalets très-peu helvétiques d'aspect; maisonnettes en planches à criardes peintures; villas qu'on dirait faites en nougat de Provence; un château en ruine qui n'a jamais été fini; enfin une tombe en pain de sucre qui surgit du Père-Lachaise et domine le tout; voilà le coup d'œil! Seulement, quiconque veut en jouir doit bien se dépêcher, car depuis l'annexion, les bâtisses s'y multiplient à l'infini, et les exigences de l'édilité parisienne sont peu favorables à ces effets pittoresques.

En outre, le calme de cet Éden bourgeois a presque entièrement disparu, car bon nombre d'ouvriers, chassés de Paris par les démolitions, étant venus y chercher asile, les villégiateurs, qu'alléchait l'appât du gain, leur ont cédé la place et s'en sont allés plus loin; de sorte qu'aujourd'hui, castels, chalets et cottages sont des ateliers où, du matin au soir, on entend ronfler le tour, grincer la lime et siffler les varlopes.

Au-dessus du Ratrait, au bord du chemin des Partants, était, il y a sept ans encore, un lac qu'alimentaient les sources d'alentour; mais le tunnel du chemin de fer de ceinture étant venu passer dessous, tout le contenu s'en écoula dans les travaux et y fit de grands dégâts. Quand ce bassin se fut ainsi vidé, on trouva au fond des boulets, des affûts et d'autres débris tombés là en 1814.

Il est aussi une autre partie du territoire qui nous occupe dont la physionomie va s'effaçant tous les jours et dont il faut se hâter de saisir les derniers traits pendant qu'il en est temps encore : c'est la fraction des boulevards extérieurs qui, de l'ex-barrière de la Courtille, s'étend à celle du Trône. Cette portion de l'ancienne zone, comptant plusieurs kilomètres, était naguère encore exclusivement occupée par des débits de vins bleus aux enseignes burlesques, par des marchands de bric-à-brac, de vieilles chaussures, de vieux linge, de haillons et de ferraille; puis il y avait des hôtels borgnes, force maisons de commerce anonyme, des baraques où l'on montrait des phénomènes empaillés, des chiens savants, des poissons impossibles et des avaleurs de sabres; et puis encore des marchands d'habits rafistolés, qui, montés sur des tréteaux, exhibaient le soir leurs marchandises à la clarté de torches fumeuses, on se démenant comme des possédés; enfin, buveurs, acheteurs, flaneurs et marchandises, tout eût pu servir de types au burin de Callot ou au pinceau de Rembrandt.

Telle était encore, en 1850, prise à vol d'oiseau, la physionomie des communes dont est formé le XXe arrondissement; mais le décret d'annexion a singulièrement bouleversé tout cela!

CHAPITRE II.

La Mairie. — L'Ile d'Amour. — L'arbre clocher. — La Bibliothèque. — Le théâtre de Belleville. — Bruit de serrure. — Un canard.

Nous avons déjà esquissé l'histoire de Belleville; après l'avoir complétée, nous examinerons successivement les communes de Charonne et de Ménilmontant.

A l'extrémité septentrionale du XXe arrondissement, juste en face de l'église qui fait partie du XIXe, comme l'on sait, se trouve la mairie, que l'on ne reconnaîtrait pas sans l'inscription, le drapeau tricolore et le factionnaire qui en décorent la façade.

A l'intérieur de l'édifice, même aspect étrange, même physionomie anormale, des sombres couloirs faits après coup; pour monter dans les bureaux, un escalier d'orchestre ou de soupente; à la justice de paix, de prétendues colonnes grecques comme dans les bals publics autrefois; de ci, de là dans les angles des nœuds d'amour gravés sur la muraille que le badigeon n'a pu suffisamment dissimuler; des cœurs enflammés que perce la flèche symbolique; puis les noms d'Arthur et de Malvina, d'Anatole et d'Estelle, enlacés de guirlandes, tous emblèmes enfin de très-équivoque nuptialité : cette mairie du XXe sent encore son XIIIe d'une lieue.

C'est que ce lieu sombre et sévère était autrefois un lieu de délice, lieu de douce mémoire pour bien des cœurs aujourd'hui sexagénaires, c'était la guinguette de l'*Ile d'Amour*, ainsi nommé parce que le centre du jardin était entouré d'un fossé bourbeux.

L'*Ile d'Amour* florissait sous la Restauration; c'était un établissement aux salons splendides, aux jardins remplis d'ombre et de mystère où les élégants en chapeaux-Bolivar et chaussés à la Souvarow venaient séduire les beautés en spencer et coiffées à l'enfant. Une chanson très-en vogue disait :

L'Ile d'Amour,
C'est un amour d'île !
L'Ile d'Amour,
C'est un chouett' séjour !
Flaneurs du faubourg,
Flaneurs de la ville,
V'nez à l'Ile d'Amour,
C'est un chouett' séjour !

Malheureusement, tout passe en ce monde, de sorte qu'après avoir vu danser les robes à la jocko, manches à gigots, coiffures à la girafe, etc., l'*Ile d'Amour*, malgré ses splendeurs, vit décroître chaque année sa vogue primitive, et finit par fermer vers 1846. Sa décadence et celle de plusieurs guinguettes voisines ont été déplorées, dans une revue jouée au théâtre des Variétés en décembre 1859, et intitulée : *Sans queue ni tête*. C'est la barrière de Belleville qui prend la parole :

Quoi ! vous vous tairez,
Joyeux échos de Belleville,
Ou vous deviendrez
Maniérés
Et timorés.
Oui, c'est arrêté,
Et l'on va dans la grande ville,
Par moralité,
Emprisonner votre gaîté.
De l'Ile d'Amour,
Déjà l'on fait une mairie,
Et, depuis ce jour,
C'est un grave et triste séjour.
Dans ce restaurant,
Avant que l'on ne s'y marie,
Il est évident
Que l'on s'embrassait plus souvent.
C'était là, jadis,
Que Paul de Kock, d'après nature,
Peignit les commis,
Et les grisettes de Paris;
Sans courir après,
Quand il cherchait une aventure,
Il disait : je vais
La trouver aux Prés-Saint-Gervais,
Mais tout est fini,
Plus de baisers sous la charmille;
Désormais, d'ici,
Le carnaval même est banni.
On supprime aussi
La Descente de la Courtille,
Ce joyeux torrent
Où Chicard criait : en avant !
Il faut dire adieu
Aux bals de Fabre et d'Idalie;
Plus de cœurs en feu,
De gais refrains et de vin bleu.
Tout s'anoblira,
Et, dans Belleville anoblie,
On s'amusera
Comme on s'amuse à l'Opéra.
Paris grandira,
Mais de cette ville embellie,
Les plaisirs, je crois,
S'éloignent avec les octrois.
Lorsque nous voudrons
Chercher l'amour et la folie,
Nous reculerons
Jusqu'aux fortifications.
Pour vous conserver,
Joyeux échos de Belleville,
Pour vous préserver,
Je veux ici me soulever.

Ce fut en 1847 que la mairie vint prendre la place de l'*Ile d'Amour*, et fit approprier l'édifice à sa convenance; mais la guinguette, en devenant prude, a perdu ses grâces un peu lestes sans arriver à de belles manières; il en est des édifices comme des individus, *la caque sent toujours le hareng*.

Cependant, plusieurs années après, les jardins de la mairie avaient encore conservé leurs bosquets et leurs couverts de tilleuls; mais on dut bientôt sacrifier ces derniers vestiges aux besoins de la situation; et pendant qu'on élevait la nouvelle église, on construisit dans ces jardins une chapelle provisoire de vastes proportions, pour laquelle il fallut faire place nette; quelques arbres pourtant ont survécu au désastre, et l'un d'eux fut même utilisé pour le service du culte, on y suspendit la cloche. Ceci nous rappelle un joli village des Vosges où nous avons vu un cerisier rouge de fruits servir ainsi de clocher.

Belleville a une bibliothèque dont le noyau fut formé en 1838, sur la proposition de M. Pommier, alors maire de la commune, et de nombreuses donations sont venues bientôt grossir cet élément; mais il fut dès lors stipulé que jusqu'à ce que l'établissement possédât un certain nombre de volumes, les donateurs y seraient seuls admis. Depuis cette époque, la bibliothèque a continué à s'enrichir, grâce à la bienveillance de certains habitants, et en 1848 elle a été considérablement accrue par le legs de M. Roche, ancien adjoint, qui lui donnait la sienne propre. Malheureusement, il paraît que le manque de place n'a pas permis de classer cette bibliothèque assez convenablement pour la rendre publique. Quoi qu'il en soit, le catalogue doit en être terminé, et sans doute la municipalité nouvelle ne tardera pas à prendre des mesures pour rendre public cet établissement qui ne profite qu'à un très-petit nombre de privilégiés.

Le théâtre de Belleville est situé à mi-côte, à droite de la rue de Paris et dans une enceinte tapissée de verdure. Sa façade, élégante et sévère en même temps, se compose, au rez-de-chaussée, d'un portique en arcades où le public est à couvert pour prendre ses billets. Au premier étage, cinq baies vitrées également à plein cintre, et qu'encadrent des pilastres d'ordre ionique, éclairent le grand escalier, ainsi que le foyer du public; il s'ouvre à deux battants sur une large terrasse ornée de vases; au-dessus règne un entablement en harmonie avec le style de l'édifice. A l'intérieur, les aménagements sont aussi d'une élégante simplicité, et les loges des artistes y sont surtout vastes, commodes et d'une extrême propreté. Ce théâtre fut, comme ceux de Montmartre, de Grenelle et de Montparnasse, bâti par les frères Séveste.

Après la restauration, Louis XVIII voulut faire réunir dans un monument funèbre les restes de Louis XVI et de Marie-Antoinette; mais grand fut alors l'embarras du gouvernement, car nul ne savait au juste où reposaient ces restes oubliés; ceci donna lieu à une enquête. M. Séveste père, artiste du théâtre du Vaudeville, et qui savait, lui, où avaient été inhumés les illustres condamnés, alla aussitôt faire sa déclaration, et grâce aux renseignements donnés par lui, on retrouva leurs ossements. Pour le récompenser, le gouvernement lui accorda, sur sa demande, pour lui et ses fils, leur vie durant, l'exploitation dramatique de toute la banlieue, privilège énorme quand on songe qu'outre ses théâtres il avait droit de prélever une redevance sur tous les saltimbanques, faiseurs de tours, directeurs de jeux, etc., qui exerçaient dans le département de la Seine au delà des murs de Paris. Ce privilège est daté du 10 juin 1817.

Dès lors, ces messieurs firent construire plusieurs salles, sortes d'écoles dramatiques où vinrent s'essayer à la rampe une multitude de jeunes gens dont quelques-uns ont fait leur chemin depuis : c'est du théâtre de Belleville que sont sortis Boutin, Tétard, Mélingue, Lacressounière, Brasseur, Tisserand, Julien Deschamps, Virginie Goy et une foule d'autres que le public applaudit tous les jours.

Le théâtre de Belleville fut ouvert le 25 octobre 1828; au bout de quelques années, les frères Séveste ne se souciant plus d'exploiter leur privilège par eux-mêmes, le fractionnèrent en autant de parties qu'ils avaient de salles, et affermèrent chacune d'elles, moyennant de fortes redevances, à des subdélégués choisis par eux. On comprend que les pauvres fermiers dramatiques, ayant à défalquer de leurs bénéfices la part de ces messieurs, ne durent pas faire de brillantes affaires; en effet, à Belleville seulement, huit de ces subdélégués vinrent se ruiner tour à tour. Mais après la mort du dernier des frères Séveste, leur privilège excessif fut anéanti tout naturellement, et les théâtres de la banlieue rentrèrent dans le droit commun; aussi, depuis lors, ces directions, libres d'elles-mêmes, ont pris d'autres allures, et nous voyons Belleville, Montparnasse, etc., n'ayant plus à lésiner sur la mise en scène, à rogner les appointements des artistes et à économiser sur le luminaire pour satisfaire aux exigences de tutelles onéreuses, être en voie de prospérité. C'est que ces théâtres, une fois libres d'entraves, ont eu jusqu'ici une position exceptionnellement avantageuse sous le triple rapport du répertoire, du personnel et du public. En effet, placés en dehors de l'enceinte, ils étaient considérés comme théâtres de province, et par conséquent avaient et ont encore la latitude de jouer les pièces des autres théâtres quarante jours après leur première représentation; de plus, leur proximité de la capitale leur procure un public assuré, celui des promeneurs enchantés de pouvoir, dans la même soirée, voir une pièce de l'Odéon, du Gymnase et du Palais-Royal; enfin, pour leur personnel, ils peuvent choisir dans les meilleurs artistes des départements, qui, regardant le théâtre de banlieue comme la dernière étape pour arriver à Paris, acceptent chez eux les plus modiques appointements.

Depuis cette régénération, le théâtre de Belleville, dont la direction a été confiée à M. Fresne, a monté les meilleures pièces du répertoire parisien, et chacune de ces œuvres y a obtenu le plus grand succès.

Cependant, le décret d'annexion ayant fait tomber l'enceinte de Louis XVI, les théâtres extra-muros se trouvèrent tout à coup théâtres de Paris, et une réforme dans leur constitution était imminente pour tout le monde; en effet, une ordonnance ministérielle parut bientôt, qui autorise les théâtres de la ci-devant banlieue à jouir encore pendant quatre ans du privilège de représenter les pièces des autres théâtres, mais l'informe aussi qu'au bout de ce laps de temps, ils devront se trouver en mesure de ne jouer que des pièces inédites; auteurs et directions, d'ici là, auront le temps de se préparer, et ces théâtres, après avoir été l'école des comédiens d'aujourd'hui, seront désormais l'école des écrivains dramatiques de la génération future.

Quant à la direction de Belleville, qui nous occupe exclusivement ici, on lui doit cette justice qu'elle a depuis longtemps devancé l'ordonnance en faisant, par intervalles, représenter des pièces composées pour elle : la Fausse route, le Nègre blanc, le Donjon du Maure, etc., font partie de son répertoire déjà volumineux; mais la plus importante de ces œuvres et la plus digne d'éloges est sans contredit une revue composée par MM. Flan et Deltheil, et représentée dans le courant de l'année dernière. Cette pièce intitulée : les Souvenirs de Belleville, avait, outre son mérite littéraire, celui de l'actualité; c'était une sorte d'inventaire historique fait par la commune au moment de perdre son individualité; il est regrettable que toutes les autres localités comprises dans l'annexion n'en aient pas fait autant.

Au moment où nous écrivons ces lignes, nous apprenons qu'une nouvelle production vient d'être éditée sur la scène de Belleville, au bruit des bravos du public; c'est une charmante opérette, poudrée à blanc, toute pleine de grâce et de fraîcheur, intitulée : le Panier de Jeanne. M. Deltheil est l'auteur des paroles; la musique en a été écrite par M. Joly.

Léon Beauvallet, dans ses Caravanes dramatiques, raconte sur le théâtre de Belleville plusieurs anecdotes amusantes : un des régisseurs, chargé des bruits de coulisses, voyant sur la brochure des Pieds-Noirs l'indication suivante : « Cric! crac! Bruit de serrure », prit cela pour du dialogue, et, au lieu d'imiter le bruit indiqué, se mit à crier dans la coulisse, à haute et intelligible voix : Cric! crac! bruit de serrure! — ce qui, au beau milieu d'une scène dramatique, ne manqua pas son effet.

Lacressounière vit un soir, dans la cour du théâtre, un magnifique canard noir que la concierge de l'endroit élevait pour une pièce où cet estimable palmipède devait jouer un rôle. Il lui sembla que ce volatile gagnerait énormément à être rôti.

Pour en avoir le cœur net, il se saisit dès le lendemain de cet oiseau chéri de la concierge et s'empressa de le livrer aux soins intelligents d'un gargotier.

Il va sans dire qu'il avait invité quelques camarades à ce léger ambigu; le canard fut trouvé excellent, et l'on porta un toast chaleureux à la concierge du théâtre, son excellente nourrice.

Réfléchissant que cette brave femme allait se trouver dans un cruel embarras en s'apercevant de la soustraction qu'ils venaient de lui faire, ces messieurs votèrent à l'unanimité l'achat d'un autre canard, et se mirent immédiatement en quête de l'objet. Mais, par une fatalité étrange, il leur fut impossible de trouver le moindre canard noir, comme était celui qu'ils venaient d'engloutir. — Malgré toutes leurs recherches, ils ne purent se procurer qu'un canard « d'une entière blancheur » qu'ils installèrent immédiatement dans la cour du théâtre, aux lieu et place du décédé.

En s'apercevant du changement de couleur de son canard, la concierge pensa devenir folle.

Elle se mit à pousser des cris.

Lacressonnière et ses complices ne la perdaient pas de vue.

— Il n'y a malheureusement rien d'étonnant à cela, — dit Lacressonnière à la brave femme d'un ton profondément pénétré. — Le chagrin nous fait bien vieillir en une nuit, nous autres. — Eh bien ! votre canard aura eu des peines de cœur, et cela lui aura fait blanchir les... cheveux !

— Des peines de cœur ! Oui ! oui ! ça ne peut être que ça ! répondit la digne concierge convaincue. — Ah ! pauvre cher animal !... ajouta-t-elle en larmoyant, comme il est devenu maigre !

— Il a tant souffert !... répondit Lacressonnière d'une voix lugubre.

La portière du théâtre se fit un devoir de montrer immédiatement à toutes les commères des environs cet animal, vieux avant l'âge, et, depuis ce moment, suivant M. Léon Beauvallet, il n'y a pas une portière à Belleville qui ne soit intimement convaincue que les canards deviennent tous blancs à la moindre contrariété.

CHAPITRE III.

Le parc Saint-Fargeau. — Michel Le Pelletier. — Robespierre contre la peine de mort. — Le télégraphe de Belleville. — Le cimetière. — Le bal du lac Saint-Fargeau.

Sur le plateau de Belleville s'étendait, au commencement de ce siècle, un parc admirable créé par la famille Le Pelletier ; il avait été nommé Saint-Fargeau, en mémoire de la seigneurie de ce nom, qui est actuellement un chef-lieu de canton du département de l'Yonne.

Les seigneurs de Saint-Fargeau avaient été investis d'importantes fonctions et possédaient des biens immenses ; les plus connus sont : Claude Le Pelletier, prévôt des marchands de Paris et contrôleur général des finances ; Michel Le Pelletier, son frère, intendant des finances et directeur général des fortifications ; Louis Le Pelletier, nommé président au parlement de Paris le 17 février 1712, et son petit-fils, le conventionnel Michel Le Pelletier. Ce dernier, né à Paris le 29 mai 1760, fut reçu président à mortier au parlement de Paris, au mois de juillet 1785. La noblesse parisienne l'envoya aux États-Généraux, et le département de l'Yonne à la Convention nationale. Il vota la mort du roi Louis XVI, et périt assassiné par un garde du corps nommé Pâris.

Le jour même de l'exécution de Louis XVI, dans la séance du lundi 21 janvier 1793, la mort de Le Pelletier fut racontée en ces termes par Maure, son collègue de l'Yonne :

« C'est dans l'affliction la plus profonde et l'amertume de mon cœur que je vous dénonce l'assassinat d'un représentant du peuple, de mon cher collègue et ami Le Pelletier, député de l'Yonne, assassinat commis par un royaliste, hier, à cinq heures, chez le restaurateur Février, au jardin de l'Égalité.

« Le Pelletier avait coutume d'y prendre ses repas, et souvent, après nos travaux, nous y jouissions d'une conversation douce et amicale. Par une fatalité bien grande, je ne m'y suis pas trouvé, car peut-être aurais-je sauvé sa vie ou partagé son sort.

« A peine avait-il commencé son dîner que six particuliers, sortant d'un cabaret voisin, se présentèrent à lui. Un d'eux, le nommé Pâris, ex-garde du corps, dit aux autres :

« — Voilà ce coquin de Le Pelletier.

« Il répondit avec sa douceur ordinaire :

« — Je suis Le Pelletier, mais je ne suis pas un coquin.

« — Scélérat ! répliqua Pâris, n'as-tu pas voté pour la mort du roi ?

« — Il est vrai, reprit Le Pelletier, parce que ma conscience me l'a commandé.

« A l'instant, l'assassin tira de dessous son habit un sabre, appelé briquet, et le lui plongea avec fureur dans le côté gauche, au bas-ventre. Il lui fit une plaie profonde de quatre pouces et large de quatre doigts.

« L'assassin s'évada à l'aide de ses complices. Le Pelletier eut encore la douceur de lui pardonner, de prier qu'on ne fît aucune poursuite. Ses forces lui permirent de faire sa déclaration à l'officier public, et de la signer. Il fut mis entre les mains de chirurgiens qui le conduisirent chez son frère, place Vendôme. J'y volai aussitôt, conduit par ma tendre amitié et par ma vénération pour les vertus qu'il pratiquait sans ostentation. Je le trouvai sur le lit de la mort, sans connaissance. Lorsqu'on me montra sa blessure, il prononça seulement ces deux mots :

« — J'ai froid.

« Il a expiré ce matin, à une heure et demie, en disant qu'il était satisfait de verser son sang pour la patrie ; qu'il espérait que le sacrifice de sa vie consoliderait la liberté ; qu'il mourrait satisfait d'avoir rempli ses serments. »

Dans la même séance, la Convention décréta qu'elle assisterait tout entière aux funérailles de Michel Le Pelletier, et que les honneurs du Panthéon français lui seraient décernés. Bazire demanda que quiconque cacherait le garde du corps Pâris fût puni de mort ; mais Robespierre combattit cette motion.

« Elle est, dit-il, contraire à tous les principes. Quoi ! au moment où vous allez effacer de notre code pénal la peine de mort, vous la décréteriez pour un cas particulier ! Les principes d'éternelle justice s'y opposent. Pourquoi, d'ailleurs, sortir de la loi pour venger un représentant du peuple ? Vous ne le feriez pas pour un simple citoyen ; et cependant l'assassinat d'un citoyen est égal, aux yeux des lois, à l'assassinat d'un fonctionnaire public. Je demande que les lois existantes soient exécutées contre le meurtrier de notre malheureux collègue, et que, sur les propositions que l'on a faites, l'Assemblée passe à l'ordre du jour. »

L'ordre du jour fut adopté. La pompe funèbre de Le Pelletier fut célébrée, le jeudi 24 janvier, sur la place Vendôme, et le corps fut porté dans les caveaux du Panthéon. Sa fille unique, âgée de huit ans, fut présentée le lendemain par son oncle, Félix Le Pelletier, à la Convention nationale, qui l'adopta au nom de la nation.

Le décret qui avait accordé à Le Pelletier les honneurs du Panthéon ayant été rapporté, le 8 février 1795, le corps fut rendu à la famille, qui lui fit ériger un tombeau dans le parc de Saint-Fargeau. Cette tombe, jadis isolée, est au nord-est du télégraphe, resserrée par les habitations qui sont groupées autour d'elle.

Le parc de Saint-Fargeau a été vendu par lots, et ses plus beaux arbres sont tombés sous la cognée. Le télégraphe qui a été établi à l'une de ses extrémités était le premier jalon de la ligne de Paris à Strasbourg.

C'est non loin de là qu'en 1790, peu de temps après que Chappe eût publié son invention, Dupuis, l'auteur de l'*Origine des cultes*, correspondait, du haut de sa maison, au moyen de la nouvelle machine, avec un savant de ses amis, qui habitait Bagneux.

Tout près de l'ancien télégraphe, aujourd'hui détrôné par l'électricité, et dont il ne reste plus que la tour, est le cimetière de Belleville, ouvert en 1809, pour remplacer celui qui, selon l'antique usage, entourait la vieille église.

Ce nouveau cimetière, dont les murs furent démolis en 1814, par mesure stratégique, fut loin d'être d'abord aussi considérable qu'aujourd'hui ; mais il fut successivement agrandi en 1828, 1832, 1836, 1842, 1843 et enfin en 1849 : c'est qu'aussi Belleville en 1809 n'avait guère que 2,000 âmes, tandis qu'on en comptait 80,000 au moment de l'annexion.

Au delà du cimetière, et tout près des fortifications, est un établissement public qui mérite une mention toute particulière : c'est le bal du Lac de Saint-Fargeau.

Il y a environ six ans, cet emplacement était aride et d'aspect fort peu séduisant en vérité ; néanmoins, un spéculateur, comprenant tout le parti qu'on peut tirer d'une pareille situation, achète le terrain, y fait creuser un lac où viennent se déverser les ruisseaux d'alentour, et puis il fait mouvementer le sol de sa propriété. Dès lors les monticules surgissent, les vallons se creusent et les méandres se courbent ; des ombrages sont improvisés par milliers ; pavillons, chalets et grottes sont dispersés dans ce nouvel Éden ; des barques peuplent les eaux du lac, et les harmonies d'un orchestre de choix appellent, deux fois par semaine, les promeneurs d'alentour. Tel est à peu près le croquis du lieu dit *le Lac Saint-Fargeau*; il y a loin de ces guinguettes nouvelles aux guinguettes fangeuses de l'ancienne Courtille.

CHAPITRE IV.

Haute-Borne. — Arrestation de Cartouche. — Jean-Jacques Rousseau renversé. — Bernardin de Saint-Pierre.

Belleville et Ménilmontant étaient jadis séparés par la Haute-Borne, hameau de quelques maisons qui paraît tenir son nom d'un menhir druidique. Dans une d'elles, à l'enseigne du *Pistolet*, fut arrêté, au mois de septembre 1721, le fameux voleur Cartouche.

Un certain Du Chastelet, gentilhomme poitevin et soldat aux gardes françaises, était affilié à la bande de Cartouche; ses absences nocturnes éveillèrent chez son hôtesse des soupçons dont elle fit part à Pacosme, aide-major du régiment; il manda immédiatement Du Chastelet.

— Mon ami, lui dit-il, je sais de bonne part que tu es associé de Cartouche et que tu as eu part aux derniers meurtres qui se sont faits; avoue-le, ou tu es perdu, il n'y a pas de milieu.

Du Chastelet fut interdit de ce discours, et il ne put s'empêcher de pâlir; cependant il nia tout, et affecta même de répandre des larmes.

Mais Pacosme ne fut pas la dupe de ces artifices; il le pressa, il lui fit différentes interrogations coup sur coup, et il le tourna adroitement de tous les côtés. Enfin, il le réduisit à un embarras pitoyable, et jugeant par là qu'il était criminel, il ne le ménagea plus. « Quand on ne m'aurait pas prouvé que tu es coupable, dit-il, je le découvre assez aux différents changements de ton visage et de tes yeux; ainsi il est inutile que tu le nies. Songe seulement qu'il faut te résoudre à me dire où est Cartouche, ou bien à être roué vif dans vingt-quatre heures, et que si tu ne choisis pas tout à l'heure, je choisis pour toi. » Cet officier offrit cette cruelle alternative avec un ton ferme qui fit trembler Du Chastelet. Il avoua tout, après avoir hésité encore un peu, et il déclara qu'il devait aller joindre Cartouche à neuf heures du matin, et qu'il le ferait prendre si on lui donnait une escorte suffisante pour cela. Pacosme n'hésita pas, et il lui donna sur-le-champ un sergent et trente soldats pour l'accompagner dans cette entreprise. Du Chastelet les conduisit au cabaret du *Pistolet*, et il ordonna à un d'eux d'avancer le premier, et de demander au cabaretier s'il avait quelqu'un logé chez lui. On fit à ce soldat une réponse négative. Du Chastelet entra dans l'instant et il commanda s'il y avait *quatre dames*; c'était le mot du Guet ce jour-là. L'hôte répondit alors qu'il n'avait qu'à monter, et il monta en même temps, suivi de six des siens.

Cartouche, qui s'était couché à deux heures, était encore au lit, et trois de ses amis étaient avec lui et se levaient; ils furent saisis les premiers, et le sergent les donna à garder à six de ses hommes. Craignant ensuite que Cartouche ne se tuât avec ses pistolets ou qu'il tuât quelqu'un, il fit semblant de ne l'avoir pas vu, et cria tout haut : — Ah! quelle fatalité! Cartouche est échappé, et nous l'avons manqué encore! » Le stratagème fit croire au voleur qu'effectivement on ne l'avait pas aperçu; il s'enveloppa dans ses couvertures et se glissa sous le lit. C'était là que le sergent l'avait attendu, et ce fut là qu'il le prit, sans qu'il pût faire la moindre résistance. On le lia sur-le-champ; on ne lui donna pas même le temps de s'habiller. On prit ensuite ses pistolets, qu'on avait trouvés chargés sur une planche, près de son lit, et on le conduisait, avec ses trois associés, chez le ministre Le Blanc.

Grandval a dit dans son poème du *Vice puni* :

On se doute, on soupçonne avec grande apparence,
Qu'avec Duchastelet il est d'intelligence.
Un officier connu fait venir ce dernier;
Il lui dit qu'il sait tout, et qu'il a beau nier,
Qu'il sera rompu vif, s'il ne livre Cartouche.
Soudain, la larme à l'œil, les sanglots à la bouche,
Le soldat, dans deux jours, promet de le livrer,
Pourvu que de sa grâce on daigne l'assurer.

Comme il l'avait promis, il sçut tenir parole,
Se comporta si bien, joua si bien son rôle,
Agit si prudemment, qu'avec trente soldats,
Commandés d'un sergent, il ne le manqua pas.

Qui pourrait exprimer la joie universelle
Que causa dans Paris cette grande nouvelle,
Dès qu'on sçut qu'on tenait ce lion si rusé !
La prise d'une ville en aurait moins causé.

Le cabaret du *Pistolet* n'existe plus; la maison qu'il occupait porte le n° 33 de la rue des Couronnes et a longtemps passé pour être hantée par des esprits infernaux; on croyait y entendre des bruits mystérieux, et des lueurs fantastiques s'y allumaient pendant la nuit; aussi est-elle encore désignée sous le nom de *Maison du Diable*.

Dans une maison de la Haute-Borne fut transporté, le jeudi 24 octobre 1776, Jean-Jacques Rousseau, renversé par le chien de messire Louis Le Pelletier de Saint-Fargeau. Le philosophe venait d'herboriser sur les collines, et s'estimait heureux d'avoir serré dans sa boîte de fer-blanc le *pieris hieracioides*, le *buplerum sulcatum*, et surtout le *crasticum aquaticum*. « J'étais, raconte-t-il, sur les six heures, à la descente de Ménilmontant, presque vis-à-vis du *Galant-Jardinier*, quand des personnes qui marchaient devant moi s'étant tout à coup brusquement écartées, je vis fondre sur moi un gros chien danois qui, s'élançant à toutes jambes devant un carrosse, n'eut pas même le temps de retenir sa course ou de se détourner quand il m'aperçut. Je jugeai que le seul moyen que j'avais d'éviter d'être jeté par terre était de faire un grand saut si juste que le chien passât sous moi tandis que je serais en l'air. Cette idée, plus prompte que l'éclair, et que je n'eus ni le temps de raisonner ni le temps d'écouter, fut la dernière avant mon accident. Je ne sentis ni le coup ni la chute, ni rien de ce qui s'ensuivit, jusqu'au moment où je revins à moi.

« Il était presque nuit quand je repris connaissance. Je me trouvai dans les bras de trois ou quatre jeunes gens qui me racontèrent ce qui venait de m'arriver; le chien danois, n'ayant pu retenir son élan, s'était précipité sur mes deux jambes; et, me choquant de sa masse et de sa vitesse, m'avait fait tomber la tête en avant; la mâchoire supérieure, portant tout le poids de mon corps, avait frappé sur un pavé très-raboteux; et la chute avait été d'autant plus violente qu'étant à la descente, ma tête avait donné plus bas que mes pieds. Le carrosse auquel appartenait le chien suivait immédiatement; m'aurait passé sur le corps si le cocher n'eût à l'instant retenu ses chevaux.

« Voilà ce que j'appris par le récit de ceux qui m'avaient relevé et qui me soutenaient encore lorsque je revins à moi. L'état auquel je me trouvai dans cet instant est trop singulier pour n'en pas faire ici la description.

« La nuit s'avançait. J'aperçus le ciel, quelques étoiles et un peu de verdure. Cette première sensation fut un moment délicieux. Je ne me sentais encore que par là. Je naissais dans cet instant à la vie, et il me semblait que je remplissais de ma légère existence tous les objets que j'apercevais. Tout entier au moment présent, je ne me souvenais de rien; j'avais nulle notion distincte de mon individu, pas la moindre idée de ce qui venait de m'arriver; je ne savais ni qui j'étais, ni j'étais; je ne sentais ni mal, ni crainte, ni inquiétude. Je voyais couler mon sang, comme j'aurais vu couler un ruisseau, sans songer seulement que ce sang m'appartînt en aucune sorte. Je sentais dans tout mon être un calme ravissant, auquel, chaque fois que je me le rappelle, je ne trouve rien de comparable dans toute l'activité des plaisirs connus.

« On me demanda où je demeurais; il me fut impossible de le dire. Je demandai où j'étais; on me dit : « A la *Haute-Borne* »; c'est comme si l'on m'eût dit : au *mont Atlas* ! Il fallut demander successivement le pays, la ville et le quartier où je me trouvais; encore cela ne put-il suffire pour me reconnaître; il me fallut tout le trajet, de là jusqu'au boulevard, pour me rappeler ma demeure et mon nom ! »

Bernardin de Saint-Pierre donne sur cet accident des détails remplis d'intérêt :

« Tous mes lecteurs ont entendu parler de l'abominable aventure dont il a été si cruellement la victime à la butte de Mesnilmontant. Il fut rencontré par le chien danois de M. de Saint-Fargeau, qui, voulant rejoindre le carrosse de son maître, avait dans sa course la vitesse d'une balle de fusil. Il passa entre les jambes du malheureux Rousseau, qui tomba le visage sur le pavé, sans avoir eu le temps de se garantir avec ses mains. La chute fut d'autant plus malheureuse, qu'il descendait la butte, et conséquemment qu'il tomba de plus que sa hauteur. Je cours chez lui le lendemain matin. En entrant, je fus saisi d'une odeur de fièvre véritablement effrayante. Il était dans son lit. Je l'aborde ; jamais sa figure ne sortira de ma mémoire. Outre l'enflure de toutes les parties de son visage, qui, comme l'on sait, en change si fort le caractère, il avait fait coller de petites bandes de papier sur les blessures de ses lèvres ; ces blessures étaient en long, de façon que ces bandes allaient du nez au menton.

« Mon effroi fut proportionné à l'horreur de ce spectacle. Après m'avoir rendu compte de l'accident, je vis avec grand plaisir qu'il excusât le chien ; ce qu'il n'eût pas fait, sans doute, s'il eût été question d'un homme : il aurait vu infailliblement dans cet homme un ennemi qui depuis longtemps méditait ce mauvais coup ; il ne vit dans le chien qu'un chien, qui, me dit-il, a cherché à prendre la direction propre à m'éviter ; mais, voulant agir aussi de mon côté, je l'ai contrarié ; il faisait mieux que moi, et j'en suis puni. »

CHAPITRE V.

Ménilmontant. — Coup d'œil général. — Le Galant-Jardinier. — Les Barreaux-Verts. — Parallèle entre la barrière de la Courtille et celle de Ménilmontant. — La maison Favart.

Longue, escarpée et sinueuse, la chaussée de Ménilmontant a, comme sa voisine, sa chronique particulière ; mais cette chronique ne remonte qu'au siècle dernier.

Populaire à sa base et aristocratique au sommet, cette fraction du vingtième ne nous rappelle à mi-côte que des souvenirs de poésie et de réforme. En bas, en effet, près des anciennes barrières, des guinguettes joyeuses où sont venues danser plusieurs générations ; plus haut, l'hôtel où les époux Favart cultivaient les Muses ; un peu plus haut encore, une villa où les apôtres de Saint-Simon ont prêché leurs doctrines ; enfin, au sommet, le parc Saint-Fargeau où S. M. Louis XV venait parfois se désennuyer des trop faciles bonheurs du parc aux cerfs. Mais cette aristocratie du faîte de la montagne ne devait pas tenir contre la contagion révolutionnaire, puisque Le Pelletier de Saint-Fargeau, le dernier seigneur du lieu, périt, comme nous l'avons vu, sous le poignard d'un assassin, pour avoir voté la mort de Louis XVI.

Entre le public des guinguettes de la Courtille et les habitués des guinguettes de Ménilmontant, il y avait une grande différence : ici, en effet, on venait en famille passer la journée du dimanche, et c'était aux bals du *Galant-Jardinier* ou des *Barreaux Verts* que l'artisan du siècle dernier faisait connaissance de sa prétendue ; à la Courtille, au contraire, les bals du *Bœuf Rouge*, du *Sauvage* et de *la Carotte filandreuse*, n'étaient guère fréquentés que par des ivrognes et des filles de mauvaise vie : à Ménilmontant donc, les amours modestes et les gentils dîners sous la tonnelle ; au bal de Belleville, les orgies et les batailles entre gens qui jouaient du couteau ou se mordaient comme des bouledogues. Au cabaret du père Desnoyers il y avait, pour faire la police, un homme à moitié sauvage, d'une force athlétique, et que l'on avait surnommé l'*Ours* ; quand arrivait quelque conflit entre buveurs, on lâchait sur les combattants cette espèce de bête humaine, qui en prenait un sous chaque bras et allait les porter dans la rue.

Aux Barreaux Verts de Ménilmontant, quand un cavalier entrait au bal, on lui donnait à la porte une rose artificielle qu'il mettait à sa boutonnière ; voulait-il danser, il allait présenter cette rose à la demoiselle qui lui convenait, et celle-ci, prenant la fleur, l'attachait à son corsage, ce qui signifiait dès lors qu'elle était invitée ; c'était gracieux au possible : ici donc, travail et fête ; de l'autre côté, le vice et la boue.

A l'endroit le plus escarpé de la chaussée, un peu plus haut que la rue du Ratrait, se trouve à gauche un charmant hôtel du XVIIIe siècle, dont le portique à colonnes, ouvert sur un parc plein d'ombre et de ramages, a l'air d'un temple grec avec son bois sacré ; c'était autrefois l'hôtel Favart ; c'était là que le spirituel écrivain, surnommé par ses amis le *Solitaire de Belleville*, vivait loin du bruit avec sa femme, actrice aimée du public, et quelques intimes parmi lesquels on remarquait l'abbé Voisenon, et surtout l'un des plus illustres personnages de l'époque, le maréchal de Saxe, vainqueur de Fontenoy.

Le comte Maurice de Saxe, alors maréchal de France, était fils naturel de l'électeur Auguste II, un instant roi de Pologne, et de la comtesse Kœnigsmark.

Né en 1696, il était entré au service à l'âge de douze ans, et avait eu pour maître en l'art de la guerre cet Eugène de Savoie, qui avait fait payer si cher à Louis XIV son dédaigneux accueil : le comte avait assisté au siège de Belgrade ; il était alors âgé de vingt et un ans. En 1720, le jeune guerrier était venu prendre du service en France, où son talent militaire fut apprécié et son avancement rapide.

Il venait d'être promu au grade de maréchal de camp, lorsqu'il donna tout à coup sa démission et passa en Courlande, dont il fut nommé duc, grâce à la protection de la duchesse douairière, Anne Svanowna, depuis impératrice de Russie ; mais sa nomination n'ayant pas été reconnue par l'impératrice Catherine Ire, le nouveau duc revint en France, où il fut reçu à bras ouverts, et obtint en 1743 le bâton de maréchal : deux ans plus tard, il remportait sur le duc de Cumberland la victoire décisive de Fontenoy.

Après la guerre, le roi Louis XV récompensa le maréchal par la donation du duché de Chambord avec 40,000 livres de rentes. Le grand capitaine visitait presque tous les jours les époux Favart à Ménilmontant, et ce fut pendant un de ses voyages quotidiens qu'eut lieu son aventure avec le forgeron de Belleville.

Au bas de la montagne alors fouillée en maints endroits par les plâtriers, était établi le père Martin, maréchal-ferrant de profession. Un jour que le comte Maurice se rendait à cheval à Ménilmontant, il s'arrête devant la forge et demande à Martin de referrer sa monture. « Volontiers, Monseigneur, » répond l'artisan, et après avoir examiné la dimension du pied de la bête, il prend un fer ébauché à l'avance et s'apprête à le mettre au feu. « Ah ! mais un instant, compère, dit en plaisantant le cavalier qui était doué d'une force extraordinaire, c'est de mauvaise marchandise que tu me donnes là, vois plutôt ! » Et lui prenant le fer des mains, il le casse en deux et en jette les morceaux à la ferraille.

Pensant que, sans doute, il y avait dans le fer une paille qu'il n'avait pas vue, le forgeron en prend un autre et veut le mettre à la forge. « Halte-là ! lui dit de nouveau le comte en riant, voyons si celui-ci vaut mieux que l'autre. » Et ce disant, il le prend de la même manière que le précédent et le casse en deux avec la même facilité. « Pardon ! pardon ! reprend Martin d'un air goguenard en voyant le maréchal s'apprêter à en prendre un troisième, pour que Monseigneur trouve le fer convenable, je sais ce qu'il lui faut ! » Et ayant aussitôt mis le fer dans sa forge, il souffle, et l'en retire tout rouge au bout d'un instant. « Si le cœur vous en dit maintenant, monsieur le maréchal, lui dit-il, allez-y tout à votre aise ! » A l'autre de s'en défendre cette fois, et le forgeron de faire tranquillement sa besogne. Mais ce qu'ignorait le comte, c'est qu'en fait de force musculaire il avait affaire à un rude jouteur, car le maréchal-ferrant était renommé parmi ses confrères pour sa force prodigieuse ; aussi bien grande est la surprise du noble cavalier lorsque, lui ayant donné un écu de six livres pour l'indemniser de sa plaisanterie. « Mais votre *sit nomen* ne vaut rien, Monseigneur, lui dit l'ouvrier en cassant en deux la pièce dont il jette les morceaux à la ferraille ; c'est du plomb, et voilà tout ! » — « Diable ! » s'écrie Maurice de Saxe, ne pouvant en croire ses yeux ; et il lui rend un autre écu de six livres. « Pas meilleur que le premier, » répond le maréchal-ferrant en le brisant de la même manière et en jetant encore les débris au rebut.

— « Ma foi, c'est bien joué, mon gaillard, reprend le vainqueur de Fontenoy, tu me rends la monnaie de ma pièce ! » Et pour couper court à une expérience qui menaçait de lui coûter bien cher, il prend le parti de donner au forgeron une pièce d'or dont le diamètre n'offrait pas assez de prise, et qui ne pouvait être brisée comme les précédentes.

Le même comte Maurice de Saxe se trouvant à Londres, et ayant rencontré un boueux dont le tombereau obstruait la voie publique, l'invite à se déranger ; mais celui-ci, large d'épaules et solide du poignet, se contente de lui faire la grimace. Aussitôt le maréchal saute en bas de son carrosse, empoigne l'insolent par la nuque et le fond de sa culotte, puis le jette, comme un paquet de linge sale, dans son tombereau rempli de boue liquide. Inutile d'ajouter que le charretier sortant tout penaud de sa baignoire s'empresse de détourner ses chevaux et de laisser passer la voiture du maréchal de France.

Maurice de Saxe mourut en 1750 ; il n'était âgé que de cinquante-quatre ans.

L'abbé Voisenon, autre commensal de l'hôtel Favart, offrait le type le plus complet des abbés de boudoir : il était enjoué, spirituel et mondain. Il était entré dans les ordres comme cela se faisait alors, non par vocation, mais par mesure de convenance ; aussi se souciait-il fort peu du bréviaire, il aimait mieux cultiver les Muses et la beauté, comme l'on disait alors. Il se souciait, du reste, également très-peu des honneurs ecclésiastiques, puisqu'il refusa la mitre épiscopale ; mais il n'eut pas le même dédain pour les grandeurs d'un autre ordre, car ce fut à force de brigues plutôt que par son talent qu'il parvint à l'Académie, en 1767. Voisenon avait des allures courtisanesques qui offusquaient même les gens de son époque, où l'on était cependant fort indulgent en pareille matière ; il adula tous les ministres et toutes les favorites, la Pompadour et la Dubarry reçurent tour à tour ses hommages et ses vers.

Quant à Favart, le propriétaire de cette royale villa, il était né à Paris, en 1710, d'une famille rémoise. Il avait commencé à se faire connaître dans les lettres en composant des pièces pour l'Opéra-Comique, où il amena la vogue, et dont il fut ensuite nommé directeur ; mais ce théâtre ayant été supprimé en 1745, à la demande des Italiens jaloux de ses succès, il alla diriger une troupe ambulante qui suivit en Flandre l'armée du maréchal de Saxe, et, nouveau Tyrtée, il excita souvent l'enthousiasme des soldats par ses compositions héroïques. A son retour, il travailla pour les Italiens et le Théâtre-Français ; on a de lui plus de soixante pièces remplies d'esprit, de gaieté et de délicatesse ; les plus connues sont : *la Chercheuse d'esprit*, *Annette et Lubin*, *Ninette à la cour*, *la Fée Urgèle*, *la belle Arsène*, etc.

Il était marié à Mlle Duronceray, charmante actrice que le galant maréchal de Saxe poursuivait, dit-on, de ses assiduités ; on prétend même que c'était pour éviter ses visites trop fréquentes que Favart s'était retiré à Belleville ; mais était-ce là un obstacle pour le conquérant de la Courlande et le vainqueur de Fontenoy ?...

Favart mourut en 1792, laissant un fils qui hérita de sa fortune, mais non de sa célébrité.

Aujourd'hui l'hôtel Favart est occupé par des sœurs de Saint-Vincent-de-Paul ; c'est un hospice pour les orphelins.

En continuant à gravir les pentes de Ménilmontant, on rencontre après la rue de Calais un vaste bâtiment d'architecture sévère, mais dont les appartements ont été convertis en ateliers et en petits logements : c'était là qu'habitaient les saint-simoniens il y a bientôt trente ans.

Comme toutes les choses nouvelles, le saint-simonisme fut l'objet des calomnies et des sarcasmes de gens qui n'en connaissaient pas la portée. C'était, disait-on, le sybaritisme, la débauche organisée à l'état de religion.

Les saint-simoniens étaient tout simplement les adeptes d'une école philosophique humanitaire dont le chef était mort quelques années auparavant victime de ses convictions.

Le comte Henri de Saint-Simon, né à Paris en 1760, dans une position de fortune des plus brillantes, y était mort en 1825, dans la plus complète indigence. Penseur généreux, rêvant la régénération de l'humanité, il sacrifia sa vie et ses richesses à ce rêve sublime ; cette idée lui fit supporter avec un calme héroïque le froid, la faim, en un mot, toutes les misères de ses derniers jours. C'était un de ces hommes dont les pensées, regardées encore aujourd'hui comme des utopies, seront plus tard, sans doute, appréciées à leur juste valeur ; il eut le tort très-grave de croire au bon sens des hommes de son époque.

C'est donc à la propagation des principes de ce pauvre philanthrope qu'une réunion de jeunes gens s'était consacrée après 1830, et c'était de Ménilmontant que la doctrine devait partir pour faire le tour du monde. Dans cette belle demeure, dont les jardins étaient très-étendus, les saint-simoniens avaient essayé de réaliser une société telle qu'ils la rêvaient, basée sur ce principe : à chacun selon sa capacité ; à chaque capacité selon ses œuvres. Après un procès qui fit grand bruit, les adeptes furent obligés de se disperser, et les uns, traversant l'Allemagne et la Hongrie, s'embarquèrent pour l'Égypte ; c'est un de ces illustres exilés, qui, voguant sur un navire commandé par Garibaldi, a jeté au cœur du marin les premières étincelles de ce feu sacré qui en fait le héros de l'indépendance.

Les autres adeptes du saint-simonisme rentrèrent alors dans la vie privée, et presque tous sont devenus des artistes, des ingénieurs ou des écrivains distingués. Nous pouvons citer, entre autres, Fournel, Stéphane Flachat, Émile Péreire, Michel Chevalier, Émile Barrault, Louis Jourdan; Charles Romey, auteur d'une *Histoire d'Espagne;* Gustave d'Eichtal ; Adolphe Guéroult, rédacteur en chef de l'*Opinion nationale;* Charles Duveyrier, auteur de *Michel Perrin* et de plusieurs autres pièces remarquables ; Xavier Raymond et de Broé, rédacteurs du journal des *Débats*.

C'est aux saint-simoniens de Ménilmontant qu'a été composée par Félicien David la gracieuse rêverie : *Voltigez, hirondelles*.

CHAPITRE VI.

Charonne. — Esquisse historique. — Barrière des Amandiers. — Barrière du Père-Lachaise. — Barrière du Grand-Charonne. — Barrière du Petit-Charonne. — Barrière du Trône. — Physionomies diverses. — Église de Charonne. — Industrie et commerce. — La gare du chemin de fer de ceinture. — Les orangers de Charonne. — Les carrières.

En descendant de Belleville par le Ratrait, on aperçoit, à 2 kilomètres devant soi, un village aux blanches habitations entrecoupées de jardins, dominées au premier plan par un champêtre clocher dont la pyramide d'ardoises se détache en bleu sur le fond vert des arbres : ce pays, c'est Charonne avec son église, vue de la campagne, et au niveau du sol, mais qui, du côté du village, se trouve, par suite d'abaissements successifs, perchée avec son cimetière à la hauteur d'un troisième étage ; il faut donc monter une quarantaine de marches pour arriver au portail.

En face et toujours sur ce même piédestal est l'ancienne mairie, avec ses jardins suspendus, s'il vous plaît, comme ceux de Babylone ; encore une merveille du monde à peu près inédite.

L'église de Charonne, une des plus anciennes de la banlieue, n'était primitivement qu'un oratoire, qui aurait été construit, d'après la chronique, par saint Germain d'Auxerre avant son second voyage en Angleterre, oratoire qui, selon la coutume d'alors, reçut le titre de chapelle.

Sous les Mérovingiens, on nomma *chapelle* l'endroit où les rois de France faisaient garder la *chape* de saint Martin ; mais au bout d'un certain temps, cette dénomination fut appliquée à toutes les églises qui n'étaient ni cathédrales, ni collégiales, ni paroisses, ni abbayes et ni prieurés. Les canonistes les ont appelées chapelles *sub dio* pour les distinguer de celles qui se trouvaient faire partie d'une église plus grande, et que l'on nommait chapelles *sub tecto*.

Depuis l'époque de saint Germain, il n'est plus question de Charonne jusqu'à la troisième race, où il en est parlé à propos de donations faites par Hugues Capet et son fils Robert au monastère de Saint-Magloire.

Une chronique rimée du XIIIe siècle nous apprend ensuite qu'en 1230 il y eut à Charonne une devineresse dont les oracles étaient fort en vogue. Voici ce qu'en dit cette chronique :

L'an mil deux cent et vingt et dix,
Fut Dammartin en flambe mis.
Et sachiez qu'en la même,
Fut à Charonne la devine.

Pauvre Pythonisse, qui aura dû mourir par le fagot !

Mais que devait être Charonne à cette époque ? Quelques chaumières éparses dans les champs, un ou deux couvents dans les endroits les mieux choisis, et puis l'église sur la hauteur !...

Au commencement de notre siècle, ce n'était encore qu'un petit pays de 600 âmes : il y en avait 15,000 au moment de l'annexion.

En 1613, plusieurs établissements religieux y furent fondés par Marguerite de Lorraine, femme de Gaston d'Orléans, entre autres celui des Filles de la Paix, dont la maison, située rue Riblette, est occupée par un pensionnat dirigé par des sœurs.

Lors des troubles de la Fronde, Louis XIV et Mazarin étaient à Charonne, assistant du haut de Fontarabie au combat du faubourg Saint-Antoine, où l'armée royale, commandée par Turenne, aurait écrasé celle des frondeurs, que commandait le prince de Condé, si Mlle de Montpensier, qui, elle aussi, re-

La fosse commune.

gardait la bataille du haut de la Bastille, n'eût fait tirer le canon de la forteresse sur les troupes du roi.

Le 30 mars 1814, Charonne, attaqué par les Russes, fut vaillamment défendu par les Français, qui, malgré l'infériorité du nombre, étaient parvenus à les repousser, quand deux nouvelles divisions ennemies étant survenues par les hauteurs de Belleville, les défenseurs décimés furent contraints d'évacuer le village. Voilà, en quelques lignes, le bilan historique de Charonne.

Les ci-devant boulevards extérieurs, dont nous avons parlé à propos de Belleville et de Ménilmontant, changent de physionomie *subito* en arrivant à Charonne, et cette physionomie s'y trouve quatre fois modifiée dans ce qui nous reste à parcourir jusqu'à la barrière du Trône.

A partir de la barrière des Amandiers jusqu'à celle du Grand-Charonne, plus de bal, plus de saltimbanques, plus de tapage; mais des corbillards, des cochers vêtus de noir, des nécrophores, tout l'attirail enfin des pompes funèbres; puis des cabarets pour aller manger le pain et le fromage de condoléance, et faire l'oraison funèbre du pauvre défunt que l'on vient de porter à son dernier gîte. Ici, on ne vit que par les morts : la Toussaint est la fête du lieu, et les moments d'épidémie sont jours de liesse pour ce quartier vampire; nous sommes au Père-Lachaise, où nous reviendrons tout à l'heure.

Vient ensuite l'ex-barrière du Grand-Charonne, où l'on est enfin sorti des couronnes d'immortelles et des pierres tumulaires; mais là non plus, pas de bruit, on y venait en famille faire la dînette, et voilà tout. Le seul établissement un peu marquant était celui des *Noces de Cana*, ainsi nommé sans doute parce que l'on y voyait se renouveler le miracle de l'Évangile.

Le Petit-Charonne, plus rapproché des quartiers populeux, était beaucoup plus tapageur; on y dansait peu, mais on y buvait sec et dru; les mannequins, les crochets, etc., déposés à la porte des cabarets, indiquaient suffisamment quel genre de clientèle venait s'y désaltérer. Le cabaret des *Quatre-Drapeaux* est, en l'espèce, un prototype que nous recommandons aux amateurs.

En approchant de la barrière du Trône, la scène change encore : trombones, cornets, ophicléides, toute la monstrueuse cuivrerie de M. Sax lance en l'air ses notes éclatantes; nous arrivons aux bals du *Petit Chapeau*, du *Grand Vainqueur*, de l'*Aigle Impériale* et des *Corybantes*, fréquentés par les troupiers des casernes circonvoisines et le beau sexe des quelques maisons également circonvoisines. C'est Mars qui fait polker Vénus, sans que Vulcain y trouve à redire.

En fait de monuments, Charonne n'a que son église, édifice modeste qui date du XVII° siècle: cette église, bâtie à la place de l'oratoire de saint Germain, lui est dédiée; à l'intérieur comme au dehors, rien de remarquable!

Sur la route de Bagnolet, route qui semble l'avenue d'un parc, on voit, enchâssé dans un bâtiment sans goût, un gracieux pavillon du XVII° siècle, précédé d'un parterre qu'encadre une grille hémicycloïde de la même époque. C'était la salle de billard du château des ducs d'Orléans, château dont nous parlerons dans notre histoire des environs, au chapitre de Bagnolet. Cette salle, sous son propriétaire actuel, n'a pas changé de destination; mais l'habitation dont elle dépend n'est guère digne d'un pareil bijou.

Il y a aussi, sur la place de la Réunion, place circulaire entourée d'arbres, une fontaine de bronze avec une vasque; mais la pauvre nymphe du lieu attend depuis plus d'une année qu'il plaise au conseil municipal de la faire entrer en fonctions.

Près de là sont les écoles de la commune, édifice d'architecture très simple, mais qui s'harmonise à merveille avec sa destination.

Cimetière du Père-Lachaise. — Discours sur la tombe d'un homme notable.

Mais si Charonne est pauvre en édifices, il possède un établissement qui est pour cette partie de la capitale un gage de prospérité future : nous voulons parler de la gare du chemin de fer de ceinture. Cette ligne importante, qui sert de trait d'union entre Bordeaux et Lille, entre Marseille et Cherbourg, qui, en un mot, est pour Paris la clef de toutes les lignes, possède à Charonne une gare qui y a attiré déjà beaucoup d'industries. En effet, des fabriques de parfumeries, de savons de toilette, de bougies, de boutons, etc., sont venues s'y établir l'une après l'autre; il y a même dans la rue de Belleville un dépôt de meules de toutes espèces qui, sans la proximité du débarcadère, ne serait certes pas venu s'y installer. Mais l'établissement le plus considérable que ce voisinage ait attiré dans cette partie du XXᵉ arrondissement est l'usine que la maison Houy-Navarre a fait construire à la croix Saint-Simon pour l'exploitation de son brevet.

Cette maison, dont la spécialité consiste à fabriquer des papiers et des toiles à polir, a remplacé le verre dont on se sert ordinairement pour ce genre de fabrication par un agent plus résistant et plus incisif : c'est la meulière de Saint-Yon, la plus dure des pierres après l'émeri, que l'on y broie pour les poudres. Il est vrai que, pour fixer sur le papier ou sur l'étoffe un agent de cette nature, il fallait un enduit spécial; mais cet établissement, par le collage dont il a le secret, donne à la meulière, aussi bien qu'à l'émeri, toute l'adhérence possible.

En dehors de ces industries d'importation moderne, Charonne en a une qui remonte aux dernières années du XVIIIᵉ siècle, c'est la culture des orangers.

Avant la Révolution, ce village avait des couvents et de riches maisons de campagne qui toutes avaient des serres remplies d'orangers; en outre, c'était là que se trouvait l'orangerie du château de Bagnolet. Lors de la crise révolutionnaire, quand la noblesse émigra et que les cloîtres furent déserts, tous ces arbustes furent vendus à l'encan et acquis par des campagnards, qui s'en sont créé une industrie très-productive; car par la fleur et ses feuilles, l'oranger donne plus de bénéfices dans notre pays que dans les climats où son fruit vient à maturité. Il est vrai que par le logis et le chauffage de l'hiver, que par l'entretien des caisses et les travaux de l'été, cette culture occasionne des frais. Néanmoins, nous connaissons un de ces arboriculteurs qui, bon an, mal an, se fait 5,000 fr. de bénéfices nets avec ses orangers.

Tout près de la nouvelle carrière de Bagnolet confinant à la route stratégique se trouve une vaste carrière à plâtre dont l'exploitation se fait à ciel ouvert; c'est la carrière du sieur Collet, qui, d'un bout de l'année à l'autre, emploie plusieurs centaines d'ouvriers; c'est une des plus importantes exploitations de ce genre : les produits en sont très-estimés.

Les carrières à plâtre, qui de temps immémorial constituent l'une des principales industries de la banlieue, avaient jadis une réputation affreuse : carrière était synonyme de coupe-gorge, de repaire à voleurs, etc. : que d'exagérations dans tout cela! Il est évident que les fours à plâtre, qui brûlent continuellement, offraient la nuit un gîte à une foule de pauvres diables sans asile et souvent sans place; mais il aurait fallu des scélérats bien mal avisés pour avoir leur quartier général dans des lieux où d'un instant à l'autre ils pouvaient être surpris par la police.

Les habitués des carrières étaient, nous l'avons dit, de pauvres gens qui venaient s'y coucher et souvent y faire leur maigre cuisine. Certainement que parmi ces hôtes se glissaient parfois des malfaiteurs qui pensaient y trouver un abri sûr, mais ils comptaient sans les rondes nocturnes de la police, et si l'on fermait les yeux sur la présence de ceux que l'on savait y venir par économie, on ne manquait pas de happer les individus qui ne pouvaient produire sur leur identité des renseignements convenables.

Autrement, le voisinage des carrières eût rendu les abords de Paris impraticables, car depuis Montmartre jusqu'à Charonne, tout a été fouillé pour faire du plâtre.

Au fur et à mesure qu'une carrière était vide, l'industrie agricole s'en emparait à son tour, soit pour y établir des champignonnières, soit pour y faire de la barbe de capucin, industries qui sont aussi très-productives.

A partir de la barrière de Bagnolet pour aller à Belleville, les fortifications sont construites sur une argile mouvante que le génie militaire n'est par encore parvenu à fixer; aussi à chaque instant voit-on les talus couler du haut en bas et parfois intercepter la route stratégique; d'autres fois, ce sont les pavés de cette route qui s'enfoncent et laissent jaillir entre eux une boue verdâtre et liquide; cette partie de l'enceinte fortifiée a besoin, quant aux terrassements, d'être reprise en sous-œuvre et refaite avec le plus grand soin.

CHAPITRE VII.

Le petit bonhomme. — Le chemin de la cloche. — La cressonnière. — La ferme de Chame. — Le chemin de ceinture. — Les deux tunnels.

Au-dessus de cette partie du territoire se trouve l'endroit appelé les Justices, dont nous avons dit ce que l'on pouvait en dire; et un peu plus loin, à gauche, est le lieu dit *le Petit Bonhomme qui......* (pardon de ne pas finir la phrase, mais une plume honnête ne peut pas toujours écrire ce qui se dit à la banlieue.) *Le Petit Bonhomme qui......* est un groupe d'habitations perchées là comme un village à part; il est composé presque uniquement de cabarets sans façon et de marchands de galette sans cérémonies; près du Rat Goutteux, l'un de ces établissements rustiques, est une sorte de curiosité que l'on faisait voir jadis au profit des orphelins du choléra: le propriétaire du lieu avait eu la singulière fantaisie de rassembler, dans une grotte éclairée de certaine façon, des résidus de coquilles, des morceaux de cristaux, de porcelaine, des pierres, des débris de vases nocturnes, etc.; il faisait regarder le tout à travers un verre grossissant, et celui qui avait vu cette étrange curiosité sortait de là en se creusant la tête pour deviner ce qu'on avait eu la prétention de lui faire voir.

Nous ne pensons pas que la caisse des orphelins du choléra se soit considérablement enflée des recettes produites par l'optique du Petit Bonhomme qui......

De là, des sentiers chers aux amoureux, des viettes sinueuses vont se perdre dans les vignes; de ci, de là surgit en dôme la tête de quelque noyer solitaire, puis un rideau de peupliers aux cimes échancrées en tuyaux d'orgue forme le fond du paysage.

Les sergents de ville de cette portion du nouveau Paris auront en automne à surveiller la vendange et la cueillette des fruits.

A gauche du Petit Bonhomme qui...... descend un chemin raviné comme le lit d'un torrent, c'est le chemin de la Cloche où se trouve une source d'eau parfaitement potable. Cette source, qui de son reste est très-abondante et ne tarit jamais, a failli devenir, il y a deux ou trois ans, une mine d'or pour les habitants d'alentour: sa présence aurait fait songer, dit-on, à établir près de là un parc aux bestiaux pour remplacer les marchés de Poissy et de Sceaux, trop éloignés de la capitale. Les projets surgirent donc, et un plan lithographié en fut même mis en circulation. Nous laissons à juger des châteaux en Espagne qui en furent la conséquence! La ville de Paris aurait-elle eu jamais assez de millions pour satisfaire aux exigences de ces propriétaires de bicoques? En ces temps de projets, que de gens qui spéculent sur l'expropriation! Mais voilà que le décret d'annexion vint un beau matin désillusionner tous nos richards en perspective.

De la source dont il jaillit, le ruisseau de la Cloche fuit en roucoulant à côté de la route, traverse sous un pont la chaussée de Charonne à Belleville, et allait jadis se perdre dans les Noues, sortes de flaques d'eau où le cresson poussait en abondance : de là le nom de Cressonnière que portait naguère encore cette partie du territoire; mais des habitations se sont depuis lors élevées à l'endroit où foisonnait l'hygiénique sa-

lade, et l'on a été obligé de se débarrasser des eaux dans un égout. Près de là florissait, il y a quelques vingt ans, la ferme du Chame; cet établissement, qui certes ont fait *flores* au temps de madame Deshoullières, avait des étables et des cuisines également bien montées, et ses tonnelles étagées sur une colline ombreuse dominaient un charmant paysage; néanmoins, la ferme du Chame n'a eu qu'une vogue passagère et n'existe plus que de nom, mais ce nom existe dans les actes et survivra longtemps.

Reste maintenant à parler de la fraction du chemin de ceinture qui traverse notre arrondissement, fraction qui, certes, est la plus intéressante de la ligne sous le rapport de l'art et des difficultés vaincues. Cette ligne que nous avons vue plonger aux flancs des buttes St-Chaumont passe sous Belleville par un long tunnel dont elle sort à la rue de la Mare; elle passe un instant à niveau, puis se courbe dans une tranchée et s'engage dans un autre tunnel pour reparaître à Charonne. Là, après avoir franchi une nouvelle tranchée de quelques centaines de mètres, elle arrive au débarcadère à niveau et file à travers champs et jardins pour sortir de notre arrondissement par le cours de Vincennes dont elle détruit l'harmonie.

Dans le tunnel qui passe sous Belleville les ingénieurs n'ont rencontré que des difficultés prévues et auxquelles on a paré par les moyens ordinaires; mais le parcours de Ménilmontant à Charonne a été hérissé de difficultés qui ont mis la science aux abois.

En effet, dès que l'on eut creusé la tranchée au-dessus de la rue des Amandiers, on se trouva dans une couche de glaise qui, une fois entamée, se mit à couler malgré les travaux de soutènement, et menaça d'entraîner dans sa marche toute la partie supérieure de la montagne avec ses habitations; une fabrique de cuirs vernis et plusieurs autres maisons, qui se trouvaient au bord et que l'on croyait avoir suffisamment garanties, s'écroulèrent dans la tranchée avec les éperons de pierres et tout ce que l'on avait pu imaginer pour les soutenir; jusque dans la rue du Retrait, située bien au-dessus, on voyait les maisons se lézarder dans les caves : une catastrophe paraissait imminente.

En cette occurrence, il fallut, coûte que coûte et au plus vite, recourir aux grands moyens, et des contre-forts arc-boutés furent construits à grands frais le long des parois. Quant au tunnel du Père-Lachaise, c'est, à dire d'experts, un tour de force en l'espèce, car il fallut passer sous des sources, à travers des terrains liquides et des moutardes; tantôt donc c'était une source qui, du faîte de l'excavation, se précipitait dans les travaux comme une cataracte; tantôt c'étaient des parties que l'on croyait bien assujetties qui s'affaissaient tout à coup menaçant d'engloutir les travailleurs; une autre fois c'était un coulis de glaise qui, brisant comme verre les madriers énormes, se précipitait comme une avalanche, interceptant les travaux pour plusieurs jours; heureusement que presque toujours les ouvriers purent être retirés par des puits que l'on avait creusés de distance en distance; enfin, malgré toutes les précautions prises, il périt sept hommes dans le parcours de La Villette à Charonne.

Pour résister à tant d'obstacles, on fut obligé de construire sous le Père-Lachaise un tunnel tubulaire : c'est un vaste tube en maçonnerie, de mille quinze mètres de long, pratiqué au milieu de terres mouvantes, de sources et de cours d'eau souterrains; en outre on fit une double voûte pour résister le plus possible aux infiltrations, et un service spécial est organisé pour veiller continuellement à sa conservation. Tous les jours donc, les ouvriers chargés de ce travail visitent les lignes de repère tracées de distance en distance, et dès qu'on aperçoit la moindre déviation, vite à la besogne : on reconsolide, on remplace, on tâche de parer à tout, rien ne coûte. C'est qu'il faut malgré tout résister aux ébranlements, et quand une machine Crampton, pesant à vide 30,000 kilogr., galope là-dedans avec une quarantaine de wagons chargés, c'est un véritable tremblement de terre qui secoue la montagne de fond en comble.

Au flanc droit de l'usine de la maison Houy-Navarre aboutit un chemin en pente douce coupe la ligne du chemin de fer et que l'on nomme *Rue de Madame* : c'était autrefois une avenue plantée d'ormes qui du château de Bagnolet venait en biais gagner le chemin de Charonne; cette allée superbe, route ordinaire de Madame, duchesse d'Orléans, lorsqu'elle venait de Paris, fut par cela même appelée *Avenue de Madame*.

Au bout de la rue Saint-Germain et faisant face à la route stratégique se trouve, à l'ombre de grands arbres, une petite croix plantée dans un jardinet buissonneux : c'est la croix Saint-Simon qui a servi à désigner cette partie du territoire.

D'après une chronique locale, un garçon boucher nommé Simon passant là pendant une nuit, porteur d'une somme très-forte qu'il venait de toucher pour son maître, fut attaqué par trois voleurs qui l'attendaient et lui demandèrent *la bourse ou la vie*. Quoiqu'il fût seul et sans autre arme que son bâton, Simon se met en devoir de défendre le dépôt qui lui était confié, et le lendemain on retrouvait sur la place quatre cadavres dont celui du garçon boucher, qui était mort avec les honneurs de la victoire, car la sacoche était intacte.

En mémoire de cet acte de fidélité, le boucher, propriétaire de la somme, acheta le terrain où avait eu lieu ce drame nocturne, et y planta, sous le vocable de saint Simon, la croix que l'on voit encore aujourd'hui, mais que l'élargissement du chemin stratégique va bien sûr faire disparaître.

Un peu plus bas, à droite en allant à l'église, s'ouvre la rue Aumaire où se trouve l'une des plus importantes manufactures de bougies de la capitale; cette usine occupe un grand nombre d'ouvriers des deux sexes. On y emploie, pour la confection des bougies, du suif qui est mis en fusion dans des cuves traversées par des conduits de vapeur faits en sapin, afin que la chaleur s'en échappe mieux par les pores; quand la graisse est fondue, on en extrait la partie la plus huileuse, celle qui surnage; on met dans le reste une composition chimique pour la solidifier, et le résidu passe à la presse hydraulique, forme des pains blancs comme la neige; c'est la stéarine qui, coulée ensuite dans des moules, sert à faire la bougie; de là le nom de bougie stéarique, du grec *stéar*, qui veut dire *suif*. Que de gens se servent de ces luminaires s'imaginent brûler de la cire ! L'industrie parle grec aujourd'hui comme autrefois la science parlait latin, afin de cacher aux profanes le pot aux roses.

Parmi les usines charonnaises nous citerons encore une fabrique de ressorts pour crinolines, une fabrique de couleurs, une fabrique de tissus en caoutchouc où la gomme entre brute et d'où elle sort ouvrée en tous genres; enfin, nous avons l'usine à gaz de la barrière du Trône, dite *Usine de l'Est*.

Mais une des plus grandes industries de cette partie du vingtième arrondissement, celle où il y a eu le plus d'argent à gagner, est celle du trafic des terrains. Depuis que les démolitions ont fait refluer de ce côté la population ouvrière, chaque propriétaire de terrain ne rêve plus que millions; il coupe par parcelles des champs qu'il a acquis jadis à très-bas prix, et il met ces parcelles en vente à des prix fabuleux : « Ça s'vend ben mille francs le mètre dans la rue de Rivoli, » dit-il aux récalcitrants; « est-ce que j'sommes pas Parisiens itou, nous autres ? »

Nous avons même vu un usurier qui, vendant à la semaine et très-cher des terrains qu'il avait achetés à crédit et pour presque rien, s'imaginait être devenu philanthrope et comptait bien être un jour décoré pour cela : « N'ai-je pas trouvé, disait-il avec orgueil, le moyen de rendre propriétaires des gens qui ne l'ont jamais été ? » Propriétaires, oui ! mais par maintes privations, d'un terrain capable de contenir une cabane à lapins! C'était de la philanthropie à 400 pour cent de bénéfice. Pourtant, comme beaucoup s'y sont laissé prendre, cette manie commence à se passer, d'autant plus qu'on vous offre, aux portes de la capitale, des terrains boisés à un franc le mètre, le même prix que du calicot.

CHAPITRE VIII.

Le Père-Lachaise.

En allant de la rue de la Roquette vers les boulevards extérieurs, on a pour horizon une haute colline ombragée de telle sorte que l'étranger surpris croit avoir devant lui une forêt en amphithéâtre; mais au fur et à mesure qu'il approche, sa surprise augmente en voyant poindre du milieu de cette forêt mystérieuse tantôt une blanche chapelle avec ogives et clochetons, tantôt un monument grec aux colonnes de marbre, puis des pyramides, des obélisques et des statues qui se profilent çà et là au milieu des arbres.

Quel est donc ce lieu enchanteur ? A qui ces jardins d'Armide ? Heureux ceux qui peuvent se reposer sous ces frais ombrages, se dit-il ! Heureux ! oui, sans doute, mais heureux à la façon des laboureurs de Virgile :

O fortunatos nimium, sua si bona norint,
Agricolas !...

Cette forêt aux sombres ramures, ces jardins parsemés d'édifices étrusques, égyptiens ou grecs, c'est la ville des morts, la grande nécropole parisienne, plus peuplée mille fois en ses funèbres sous-sols que la capitale qui s'étend à ses pieds : c'est le Père-Lachaise.

Ce terrain porta d'abord le nom de *Champ l'Évêque*, parce qu'il appartenait à l'évêque de Paris. Les Jésuites en firent l'acquisition en 1626, et comme Louis XIV enfant s'y était promené, on le nomma Mont-Louis.

Un monographe, M. Marchant de Beaumont, a retracé ainsi l'histoire curieuse de Mont-Louis :

« L'an 1675, le père La Chaise fut nommé confesseur du roi. Louis XIV, affectionnant singulièrement le bon père, joignit au fardeau de sa conscience le poids de la direction des affaires ecclésiastiques; le père La Chaise devint l'un des hommes les plus importants de la France. Pour le délasser de ses travaux, le roi voulut lui procurer la plus agréable retraite. Par ses ordres, l'enclos de Mont-Louis fut agrandi, sa maison reconstruite. On l'éleva de deux étages; sa façade, tournée vers Paris, fut établie sur une terrasse, où l'on parvenait par un parterre rafraîchi par des bassins, bordé d'arbres de hautes tiges, orné d'arbrisseaux dont les fleurs embaumaient l'air en réjouissant la vue de Sa Révérence. Au bas, se voyaient un jardin potager, une orangerie, et tous les accessoires nécessaires au luxe dont n'était pas exempt le bon père. De son habitation élevée, la vue de ce jésuite se promenait avec complaisance sur la capitale, qu'il dominait par son royal pénitent. De son appartement, il découvrait les coteaux de Bagneux, de Châtillon, de Meudon, et, dans le lointain, de *Montlhéry la fameuse tour*, tandis que l'activité des maraîchers de la Courtille et les bocages des coteaux de Ménilmontant et de Belleville récréaient de plus près ses regards par les scènes diverses de leurs riants paysages. Derrière cet édifice, au delà de fossés nécessaires dans ce temps à tout manoir distingué pour le transformer en château, se déployait encore un vaste parterre orné de pièces d'eau, terminé par un verger délicieux, où le besoin des faveurs du confesseur du roi rassemblait tous les arbres fruitiers du sol français. A droite de la maison, sur la croupe de la colline, s'élevait un bosquet charmant, au milieu duquel des tilleuls formaient une salle de verdure, impénétrable aux rayons du soleil. En respirant un air toujours pur, l'oreille était charmée du chant du rossignol, du gazouillement de la fauvette et de mille hôtes des bois, peuplant ce bocage charmant. Sur le soir d'un beau jour, Sa Révérence désirait-elle jouir d'une extrême fraîcheur, à quelques pas, un bouquet d'ormes, plantés près d'une fontaine à laquelle ses eaux limpides, ne tarissant jamais, avaient mérité le nom de la *Fidèle*, lui offrait un délicieux abri. Voulait-elle prolonger sa douce promenade, une allée bordée d'arbres de hautes tiges, entremêlés d'arbustes dont le parfum satisfaisait son odorat, la conduisait au bosquet portant le nom des *Allées de Vincennes*. De ce point de vue, elle jouissait d'un des plus magnifiques tableaux que la nature, l'art et l'industrie puissent offrir aux abords d'une grande ville. A sa droite se déployait le faubourg Saint-Antoine; devant lui, plus riches campagnes, sans cesse tourmentées par laborieux cultivateurs, le forçant de produire toujours de plus abondantes moissons, traversées par une route superbe, incessamment couverte de lourdes voitures, apportant à la capitale le tribut des provinces, se croisant avec les cavaliers et les brillants équipages sortant de Paris pour promener au bois prochain leur oisive opulence. A sa gauche paraissait le château de Vincennes et son donjon, séjour de tristesse et de douleur depuis qu'il avait cessé d'être la demeure des rois; dans le lointain elle apercevait les rives de la Marne et les bords de la Seine. Voulait-elle converser à l'écart avec quelques amis choisis, loin des importuns, des curieux et des solliciteurs, obsédant incessamment celui qui tenait l'oreille du prince, le bon père s'avançait vers le nord, par une allée couverte, dans la solitude profonde d'un salon de verdure. Des vignes, sur lesquelles s'élevaient des arbres de hautes tiges, occupaient les pentes de cet enclos, où l'art avait épuisé tous les agréments champêtres pour y créer un Éden. Sans cesse on voyait accourir vers Mont-Louis les personnages les plus éminents de la cour et de la ville, pour solliciter la faveur du révérend père confesseur, ou détourner les dangereux effets de sa disgrâce. C'était alors un insigne bonheur d'être admis pour quelques moments dans un séjour où maintenant l'on redoute si fort de venir habiter pour toujours.

« Après la mort du P. La Chaise, Mont-Louis devint la maison de campagne des jésuites, et ne cessa point d'être un foyer d'intrigues. Ce fut, dit-on, dans cet endroit que fut conçu le projet de la révocation de l'édit de Nantes, qui causa tant de pertes à la France, en forçant tant de Français à chercher un asile sur des terres étrangères, où ils porteraient leur industrie, leur commerce, leur activité. De là partirent les dragonnades qui inondèrent les Cévennes de sang; de là furent lancées des lettres de cachet, au moyen desquelles les jésuites embastillèrent, proscrivirent, tourmentèrent une foule de jansénistes, leurs ennemis. Lors de la destruction en France de cet ordre fameux, Mont-Louis fut vendu par décret le 31 août 1763, pour payer les créanciers des jésuites. Plusieurs propriétaires se succédèrent rapidement dans une habitation toute de luxe, de nul produit, dont la dépense près de Paris suffisait seule pour absorber les fortunes peu solides, ébranler même les plus considérables ; enfin M. le préfet du département de la Seine acheta, encore par décret, cet endroit fameux pour le convertir en un cimetière.

« M. Brongniart, architecte célèbre, fut chargé d'approprier ce lieu à sa destination nouvelle. Forcé de détruire des cultures ne s'accordant plus désormais à son emploi, son habile crayon sut conserver ou créer tout ce qui pouvait contribuer à rendre plus magnifique cet asile mortuaire. Pour rendre l'abord de tous ses points facile, il traça le long de son contour une route sinueuse et ferrée dans le creux du vallon, et la prolongeant en ligne droite sur la sommité du coteau parallèlement au mur supérieur. La double allée de tilleuls montant du bas de la colline à la maison du P. La Chaise fut conservée et prolongée jusqu'au bord du boulevard sur lequel devait s'ouvrir une porte digne de servir d'entrée à ce vaste dépôt de tant de cendres mortuaires. Au delà du château, deux allées droites s'avancèrent jusqu'à la route supérieure. Tous les bouquets d'arbres servant à rendre ce lieu plus pittoresque furent conservés. Des chemins sinueux partagèrent le gazon en pièces irrégulières, dont les formes variées préservèrent l'œil de l'ennui d'un symétrique et monotone alignement. Une route pavée conduisait d'un magnifique rendez-vous des chars funèbres à l'ancienne habitation du P. La Chaise, maintenant abattue, après avoir servi dernièrement de demeure à des braves mutilés dans les combats, devenus les fidèles gardiens de la cendre de tant d'hommes illustres. »

Le cimetière du Père La Chaise fut inauguré en 1804, le 21 mai ; le premier corps enterré dans les fosses communes fut celui du porte-sonnette de l'un des commissaires de police du faubourg Saint-Antoine.

En arrivant près de l'ancienne barrière, le cimetière s'annonce d'une façon distincte ; son parvis en hémicycle, sa porte décorée de torches renversées, ses pilastres surmontés de torchères en bronze, tout indique la destination du lieu. A droite du portail est gravé ce verset du psaume : *Quid credit in me, etiamsi mortuus fuerit, vivet*, et à gauche de cet autre : *Spes illorum immortalitate plena est!* De cette partie de l'entrée, jusqu'à la rue des Amandiers, la funèbre enceinte est bordée d'une terrasse où s'alignent comme des boutiques une multitude de tombes qui ont vue sur le boulevard : lieu bien mal choisi pour le repos éternel! Deburau, le célèbre mime du théâtre des Funambules, se trouve placé sur ce front de bandière.

En face de la porte d'entrée s'ouvre, à l'intérieur, une longue avenue en pente, plantée de cyprès droits et serrés, et qui semblent faire la haie pour contenir les tombeaux pressés en foule par derrière ; le marbre et la pierre s'y trouvent en telle profusion, que ce lieu semblerait une carrière si la nature n'avait pris soin de jeter par-dessus son vert manteau de lierre et de mousse, images de l'oubli.

Au fond de cette avenue principale, tout en haut d'une abrupte falaise, se dresse la chapelle du cimetière, austère monument qui s'harmonie très-bien avec la destination du lieu.

A droite de cette allée principale se courbe une avenue qui monte, aboutissant à une terrasse, premier étage de la colline : c'est l'allée dite des Acacias, et la terrasse du Dragon. De la plate-forme du Dragon, une allée de sycomores, droite et rapide, monte jusqu'au sommet de la montagne, que couronne une double ligne de vieux marronniers. De là, on voit s'étendre jusqu'en bas la foule des tombeaux, foule immobile et silencieuse jusqu'à l'heure du suprême coup de trompette ; et puis l'œil plane sur Paris, dont les bruits montent semblables aux grondements du Niagara.

A droite, en descendant dans un endroit complètement dépourvu d'arbres, on aperçoit le cimetière des pauvres, où la croix de bois est le seul ornement funéraire. Quoique en présence de la mort, l'inégalité humaine se fait encore sentir ici, mais à la surface seulement, car à l'intérieur, sous le marbre comme sous le tertre nu, l'œuvre de Dieu s'accomplit avec une impartialité inexorable : hommes de génie, grands seigneurs ou pauvres diables, tout le monde pourrit là, côte à côte, et les reptiles nécrophages dévorent tout avec une égale avidité.

A gauche de l'avenue des Acacias, dont nous avons parlé tout à l'heure, dans un angle plein d'ombre et de mystère, se cache un mausolée, sorte de chapelle gothique avec toiture fouillée à jour et supportée par quatre colonnettes : c'est le tombeau d'Héloïse et d'Abélard, que l'on voit couchés tous deux sur la pierre tumulaire.

Ce tombeau, apporté là en 1804, lors de la dédicace du cimetière, a été érigé en 1779 par les soins de la dame Caroline de Roucy, alors abbesse du Paraclet, ainsi que l'indique l'épitaphe ci-dessous, et qui fut composée par l'Académie des inscriptions et belles-lettres :

Hic
Sub eodem marmore jacent
Hujus monasterii
Conditor, Petrus Abælardus
Et abbatissa prima, Heloïssa
Olim studio, ingenio, amore, infaustis nuptiis
Et pœnitentià
Nunc æternà, quod speramus, felicitate conjuncti.
Petrus obiit xx aprilis, anno 1141 ;
Heloïssa, xxii mai 1163.
Curis Carolæ de Roucy, Paracleti abbatissæ,
MDCCLXXIX.

Pierre Abélard, né au bourg de Palais, près de Nantes, vingt ans juste avant la prise de Jérusalem par Godefroy de Bouillon, avait suivi les cours du nominaliste Roscelin, puis du célèbre Guillaume de Champeaux, et était bientôt devenu le rival de ses maîtres. A l'âge de vingt-deux ans, il ouvrit une école à Melun, puis à Corbeil, et puis enfin il vint à Paris, où sa parole puissante fit sensation ; il eut jusqu'à trois mille auditeurs.

Déterminé par la réputation de ce maître célèbre, Fulbert, chanoine de Notre-Dame, le choisit pour être le professeur de sa nièce Héloïse, jeune fille de qualité, pleine d'esprit et ravissante de beauté. Mais la philosophie du maître ne put tenir contre tant de charmes, il conçut bientôt la plus vive passion pour son élève, et celle-ci ne tarda pas à le payer de retour.

Une fois l'un à l'autre, les deux amants coururent cacher leur amour en Bretagne, où Héloïse mit au monde un fils qui fut nommé Astrolabius. Voulant ensuite réparer autant que possible ses torts envers son amante, Abélard l'épousa en secret ; mais cette réparation ne put apaiser la colère de Fulbert, dont la haine avait besoin de vengeance. Pendant une nuit, il fait surprendre dans son lit le mari de sa nièce, et le fait odieusement mutiler :

Tant de fiel entre-t-il dans l'âme d'un dévot!

Abélard courut se cacher dans l'abbaye de Saint-Denis, et y prit l'habit religieux, pendant qu'Héloïse, de son côté, prenait le voile au couvent d'Argenteuil.

Plus tard, Abélard sortit de sa retraite et rouvrit une école à la sollicitation de ses élèves ; mais la hardiesse avec laquelle il appliquait la philosophie à la théologie, et ses succès surtout, lui suscitèrent des ennemis. En 1122, il fut condamné au concile de Soissons pour un traité de *la Trinité*. C'est alors qu'il se retira à Nogent-sur-Seine, et y fit bâtir sous le nom de Paraclet (*Paracléo*, je console), un oratoire, où plus tard il établit Héloïse avec des religieuses.

En 1140, il se trouva aux prises avec saint Bernard, qui le fit condamner à Sens pour crime d'hérésie. Cet honnête saint Bernard, qui, par acte authentique, promettait au seigneur de

Châtillon autant d'arpents de terre dans le ciel que celui-ci en donnerait à l'abbaye de Ligny, saint Bernard, disons-nous, ne pouvait tolérer les nouveautés de langage du libre penseur!

Le pauvre philosophe, abreuvé d'amertume, partit pour Rome afin de s'y justifier; mais en passant à Cluny, il se lia avec Pierre le Vénérable, abbé du lieu, qui le détermina à prendre l'habit, et le réconcilia avec ses ennemis, mais à quelles conditions?...

Héloïse, qui était née en 1101, mourut en 1164 : elle était de vingt-deux ans plus jeune, et mourut vingt-deux ans après lui.

Il y a donc sept siècles que les illustres défunts sont descendus dans la tombe, et depuis sept siècles cette tombe a été pour les philosophes et pour les amants un lieu de pèlerinage.

A quelques pas de là, tout un groupe de célébrités équestres dort ignoré à l'ombre, après avoir fait courir la génération dernière au Cirque des Franconi.

En revenant à l'allée des Acacias, on se trouve en face d'un tombeau aux bas-reliefs fantasmagoriques : des morts y sont drapés dans leurs linceuls et semblent revenir pour amuser les vivants; le sujet est assez mal choisi : ce tombeau est celui de Robertson, physicien, chimiste et aéronaute tout à la fois. Né à Liége en 1762, Gaspard Robertson fut, sous l'Empire, professeur de chimie; il perfectionna le miroir d'Archimède, excita la curiosité du grand monde par ses expériences, et a laissé des Mémoires scientifiques très-intéressants.

Mais nous n'en finirions pas si nous voulions entreprendre la nomenclature de tous les mausolées entassés pêle-mêle en ce champ des morts. Nous allons donc, au hasard, tâcher de citer les plus illustres.

D'abord, nous nous trouvons au milieu d'une réunion d'écrivains, honneur de la littérature française, dont les restes ont été transportés ici des divers lieux où on les avait inhumés : Boileau, Molière, La Fontaine et Racine forment cette assemblée d'élite.

Racine, natif de La Ferté-Milon, est un de ces auteurs que tout le monde sait par cœur; ce quatrain, composé pour lui, renferme le plus bel éloge qu'on en puisse faire :

> Du Théâtre-Français l'honneur et la merveille,
> Il sut ressusciter Sophocle en ses écrits,
> Et dans l'art d'enchanter les cœurs et les esprits,
> Surpasser Euripide et balancer Corneille.

Molière, qui par ses comédies a fait plus pour les mœurs que tous les prédicateurs les plus célèbres.

La Fontaine, le fabuliste de Château-Thierry, dont les mordantes satires auraient bien pu le conduire à la Bastille :

> Et qu'importe, dit l'âne, à qui je sois!
> Sauvez-vous et me laissez paître,
> Notre ennemi, c'est notre maître,
> Je vous le dis en bon françois!

Enfin, Boileau, qui flagellait tout le monde, mais avait soin, lui, d'encenser le monarque-soleil :

> Grand roi, cesse de vaincre, ou je cesse d'écrire!

Ailleurs, on se trouve au milieu des célébrités du premier Empire : Lefebvre, fils d'un meunier de Rufach (Haut-Rhin), qui plus tard devint maréchal de France et duc de Dantzick; Lefebvre, qui n'était que sergent aux gardes françaises en 1789, était général de division cinq ans après; on marchait vite en ce temps-là! Après s'être distingué dans les principales batailles de la République et de l'Empire, il s'empara de Dantzick, jusque-là réputé imprenable. Après la chute de l'Empire, il eut, comme bon nombre de ses collègues, sa part de largesses de la Restauration; il fut nommé pair en 1819 et mourut en 1820.

Gouvion Saint-Cyr est représenté debout sur son mausolée, tenant à la main la loi sur le recrutement.

Laurent Gouvion Saint-Cyr, né à Toul (Meurthe) de parents sans fortune, mais qui pourtant lui avaient fait donner une certaine instruction, se destinait à la vie artistique et avait débuté par donner des leçons de dessin.

En 1789, il embrassa les idées nouvelles et obtint un petit emploi dans la garde nationale de Paris : c'était singulièrement débuter dans la carrière des armes! En 1792, quand la patrie était en danger, que le canon d'alarme tonnait par intervalles et que des bureaux d'enrôlements étaient ouverts sur différents points de la capitale, il entra dans le bataillon des chasseurs républicains, exclusivement formé de volontaires parisiens.

Pendant dix ans il fit les campagnes du Rhin, de Rhin et Moselle, suivit Custine, Beauharnais, Hoche et Moreau, fut fait général de division en 1794, et en 1798 fut nommé général en chef de l'armée de Rome, puis en 1802 fut appelé à commander celle de Naples. Après être resté quelque temps sans emploi à cause de ses idées républicaines, il fut rappelé au service en 1809, fit la brillante campagne de la Catalogne, et prit part à celle de Russie. Chargé, en 1813, de défendre Dresde contre une armée formidable, il obtint, après un long siège, une capitulation honorable et n'en fut pas moins retenu prisonnier par trahison.

Rentré en France en 1814, il reconnut le gouvernement de Louis XVIII et fut plusieurs fois chargé du portefeuille de la guerre. Il est l'auteur des lois sur le recrutement, sur l'avancement militaire et les pensions de retraite.

En 1821, le parti ultra-royaliste l'ayant éloigné du ministère, il se retira dans la vie privée et s'occupa de rédiger ses mémoires, documents précieux pour servir à l'histoire de son temps.

Gouvion Saint-Cyr est mort en 1830. Au-dessus du tombeau de l'ancien général se dresse, à une hauteur prodigieuse, l'une des œuvres capitales de la nécropole, c'est le mausolée de la princesse russe Demidoff, dont l'architecture semi-orientale est imposante, sévère et gracieuse en même temps; les martres, des hermines, des marteaux de mineurs et autres attributs, figurés çà et là dans l'ornementation, rappellent les immenses propriétés que cette famille possède dans le gouvernement de Perme et ailleurs.

Heureux les paysans russes s'ils appartenaient tous à des maîtres comme les Demidoff! En effet, traiter le serf comme un enfant dont on a tutelle est de tradition dans la famille, et il faut que cet éloge soit bien mérité pour qu'il s'échappe de notre plume, car le mot de maître sonne mal à notre oreille. Les Demidoff ont établi des écoles gratuites où les paysans sont obligés d'envoyer leurs enfants : ces enfants, devenus grands, sont rachetés du service militaire, à moins que ce ne soient de mauvais sujets, moyennant une redevance en travail de tant d'heures par semaine et pendant tant d'années; le paysan se marie-t-il, on lui donne une maison proprette, et on lui fait quelques avances, toujours remboursables de la même façon; le blé ou les légumes viennent-ils à manquer dans ses terres, des achats considérables sont faits par le comte en des contrées plus heureuses pour subvenir aux besoins de ses enfants; enfin, un jardin d'expérimentations est organisé à ses frais pour les progrès de l'agriculture.

La vaccine, dès qu'elle a été découverte, a été mise en pratique dans tous les villages appartant à cette noble famille, et tous ces villages se font remarquer par l'aisance, la propreté, la bonne humeur et la beauté du sang.

Voilà des souvenirs qui, plus que le monument superbe, illustrent la mémoire de la princesse Demidoff.

Nous nous retrouvons encore au milieu des célébrités du premier Empire : nous sommes devant le tombeau de Macdonald, dont la simplicité contraste avec la pompe que certaines familles complètement ignorées déploient dans leurs sépultures.

Alexandre Macdonald, duc de Tarente et maréchal de France, naquit à Sedan en 1765; il était d'une famille écossaise, comme l'indique la particule mac qui commence son nom. Engagé d'abord dans le régiment irlandais Dillon, il fit ensuite partie de l'armée de Dumouriez, se distingua à Jemmapes, où il fut fait colonel; il défit plus tard le duc d'York en plusieurs rencontres.

En 1795, il traverse le Vahal sur la glace et s'empare de la flotte hollandaise emprisonnée : c'est alors que l'on vit des hussards français prendre des vaisseaux à l'abordage. Macdonald fut, après cet avantage, nommé général de division. Envoyé en Italie en 1798, il remplaça Championnet dans le commandement de Naples, réduisit la Calabre, puis avec une poignée d'hommes il disputa à Souvarow le passage de la Trébia en 1799.

Disgracié pour avoir défendu Moreau, il fut rappelé au service en 1809, fut nommé maréchal à Wagram, puis fait duc de Tarente. En 1812, il commanda le 10ᵉ corps en Russie, combattit à Lutzen, à Bautzen et à Leipzig, et pendant la campagne de France, il commanda l'aile gauche de l'armée.

Après l'abdication de Napoléon, Macdonald fut nommé membre de la Chambre des pairs et chargé de licencier l'armée de la Loire. En 1816, il devint grand chancelier de la Légion d'honneur, et conserva cette dignité jusqu'en 1831.

La Restauration a été la pierre d'achoppement de bien des gloires impériales, et lorsqu'on voit siéger à la Chambre des pairs ces soldats sortis des rangs du peuple, quand on les voit jouer au sacre de Charles X les rôles de ducs de Normandie, de Guyenne et Gascogne, etc., on est moins frappé par les concessions de l'ancien régime à la révolution que par la chute morale de ces illustres prolétaires : satellites d'un astre qui n'était plus, ils devaient se retirer et s'abstenir.

En face de Macdonald est un modeste mausolée dont un bas-relief représente l'intérieur d'une prison où une femme ôte les vêtements pour en couvrir le prisonnier, dont elle endosse ses habits ; on a reconnu la tombe de Lavallette, une des victimes de la terreur blanche.

Marie Chamans Lavalette, né à Paris en 1769, d'une famille de commerçants, se distingua pendant la campagne d'Italie, et fut choisi comme aide de camp par le général Bonaparte, qu'il accompagna en Égypte, et plus tard il le suivit en Allemagne et en Prusse. Il fut fait comte et s'allia à la famille impériale par son mariage avec une demoiselle de Beauharnais, nièce de l'Impératrice. En 1814, il était directeur des postes, et perdit cette place au retour des Bourbons ; mais il reprit ses fonctions en 1815, dès que les princes eurent quitté Paris ; il seconda de tout son pouvoir le retour de Napoléon. Accusé pour cette conduite après les Cent-Jours, il fut condamné à mort malgré la capitulation, et l'arrêt allait être exécuté, quand Mᵐᵉ Lavalette, par un généreux dévoûment, parvint à l'arracher à la mort en s'introduisant dans sa prison et en changeant de vêtements avec lui. Trois officiers anglais, MM. Hutchinson, Wilson et Bruce, favorisèrent son évasion en le conduisant jusqu'aux frontières. Il se retira en Bavière, et obtint, en 1820, la permission de rentrer en France. Il est depuis resté étranger à la politique, et mourut en 1830.

Mˡˡᵉ Duchesnois, qui se trouve un peu plus loin, est représentée sur un tombeau en costume tragique ; du bras droit elle embrasse une urne cinéraire, et de la main gauche elle tient un poignard.

Le baron Dupuytren repose à côté d'elle sous une pierre massive et d'un goût très-contestable. Guillaume Dupuytren, né à Pierre-Buffière (Haute-Vienne) en 1777, embrassa la carrière chirurgicale, et fut, à dix-huit ans, nommé *prosecteur* (premier découpeur) de la Faculté, puis à vingt-quatre ans, chef des travaux anatomiques. Il devint bientôt chirurgien en chef de l'Hôtel-Dieu, inspecteur général de l'Université, premier chirurgien du roi, baron et membre de l'Institut.

Dupuytren n'a que très-peu écrit ; il était avant tout professeur et praticien. Il a perfectionné les travaux de ses prédécesseurs et a pratiqué toutes les opérations chirurgicales. Sa dextérité, son sang-froid, sa hardiesse que l'on a pris pour de l'inhumanité, son esprit inventif, lui ont acquis le premier rang parmi les chirurgiens de notre époque : on lui doit plusieurs opérations nouvelles. Dupuytren amassa une fortune de 7 millions ; il légua en mourant 200,000 fr. pour la fondation d'une chaire d'anatomie pathologique. Ses intentions ont été dépassées, puisque, outre la chaire en question, on a créé avec ses fonds un musée anatomique que l'on a justement nommé Musée Dupuytren.

Un jeune lieutenant d'artillerie, nommé Couteau, et tué au siège d'Anvers, repose, à droite en montant, sous un mausolée en forme de tente, avec cette inscription qui n'est autre qu'une pensée du chant des Girondins :

Decorum est pro patria mori!

Ici le chemin se bifurque pour suivre d'un côté la terrasse du Dragon, et de l'autre pour sinuer sous un couvert encombré de tombeaux.

A l'angle formé par ces deux routes, on a devant soi un petit jardin rempli de fleurs, entouré d'une grille en fer noir, mais n'ayant ni mausolée, ni même le moindre tertre : c'est que depuis bientôt cinquante ans que le défunt repose là-dessous le corps s'est ambuté et le sol s'est nivelé. Cette tombe est celle de Ney, maréchal de France, duc d'Elkingen et prince de la Moskowa.

Lui non plus ne sut pas rester fidèle à l'infortune de Napoléon : après l'abdication de Fontainebleau, il accepta les faveurs de Louis XVIII et fut nommé pair de France ; mais qu'advint-il ? C'est qu'au retour de l'île d'Elbe, les Bourbons crurent pouvoir compter sur lui et le chargèrent d'arrêter la marche de l'illustre exilé. Était-ce possible ? Ney, entraîné par ses troupes et aussi par son cœur, se rangea sous le drapeau de celui qu'il devait ramener dans une cage de fer et marcha avec lui sur Paris.

Après la défaite de Waterloo, Ney fut arrêté le 5 août, toujours malgré la capitulation, et malgré la belle défense de MM. Dupin et Berryer, il fut condamné à mort. Le 7 décembre suivant, à huit heures du matin, il fut fusillé sur la place de l'Observatoire. Ney périt donc, accusé de trahison par l'ancien régime, tandis que d'un autre côté ses anciens compagnons d'armes murmuraient de son inconcevable inaction aux Quatre-Bras.

Triste conséquence de la situation où il s'était mis : mais paix à sa cendre et rappelons-nous seulement qu'il fut surnommé le *Brave des Braves*.

Gage de Martignac, le vaudevilliste, secrétaire d'État, repose au milieu de cette pléiade héroïque : c'était lui qui pouvait sauver la Restauration, aussi la Restauration eut-elle soin de l'éloigner ; il mourut en 1832.

Suchet, duc d'Albuféra, vient ensuite. Né à Lyon en 1772, il s'enrôla à vingt ans, avança rapidement dans les armées de la République, se distingua en Italie sous Schérer, Augereau et Masséna ; eut part, en 1797, aux négociations avec la Suisse ; suivit Brune en Italie comme major général, rendit d'éminents services dans la campagne de Marengo, fut chargé de diverses missions après la paix de Lunéville, contribua puissamment aux victoires d'Austerlitz et d'Iéna, ainsi qu'aux succès de la campagne de Pologne. Mais ses campagnes dans la Péninsule espagnole, de 1808 à 1812, mirent le comble à sa gloire. La victoire de Morgalef, la prise de Lérida et de Tarragone, l'occupation du mont Serrat, lui valurent le bâton de maréchal. Il prit ensuite Oropeza, Murviédo, l'ancienne Sagonte, soumit le royaume de Valence, et ne battit en retraite vers les Pyrénées que quand les troupes françaises eurent été refoulées sur tous les points.

Après la chute de l'Empire, il fut créé pair de France par Louis XVIII, et mourut en 1826 à Marseille.

Suchet s'était distingué en Espagne par sa justice et sa modération autant que par sa bravoure : il a laissé sur la guerre de la Péninsule des mémoires très-intéressants.

Le tombeau de l'amiral Décrès, qui se trouve un peu plus loin, se distingue par deux bas-reliefs très-remarquables : celui de droite, le plus estimé, représente le hardi marin en train de porter le remorque au vaisseau *le Glorieux*, le 12 avril 1782 ; le second représente le combat à outrance du *Guillaume Tell* devant Malte.

Denis Décrès, né à Château-Vilain (Haute-Marne) en 1765, s'engagea dans la marine à l'âge de quatorze ans et passa par tous les grades, jusqu'à celui de vice-amiral.

Après la défaite d'Aboukir où il commandait l'escadre légère, il revenait sur *le Guillaume-Tell*, lorsqu'il fut rencontré par une escadre anglaise : il ne se rendit qu'après une glorieuse défense.

De 1802 à 1815, il fut ministre de la marine ; il mourut en 1820.

A gauche de Décrès on voit un mausolée surmonté d'une statue équestre, plus grande que nature et d'un très-bel effet ; c'est le tombeau du général Gobert, qui y est représenté renversé sur la croupe de son cheval au moment où il vient d'être mortellement blessé ; le tirailleur qui l'a frappé est arrivé en rampant jusque sous le poitrail de sa monture qu'il saisit par la bride.

Gobert, natif de la Guadeloupe, fit les campagnes de la République, et était arrivé au généralat quand une mort prématurée vint terminer une carrière pleine d'avenir. Son fils, le baron Gobert, par les soins duquel fut érigée cette tombe, mourut en Égypte en 1833, pour s'être baigné dans les eaux du Nil.

Possesseur d'une fortune considérable, il en laissa la plus grande partie à l'Institut, et fonda deux prix de 10,000 francs de rentes pour être décernés aux auteurs des deux meilleurs ouvrages sur l'histoire de France. M. Augustin Thierry a obtenu, en 1840, l'un des prix fondés par le baron Gobert.

Tout près de là un tombeau en forme de socle supporte un trépied de bronze surmonté de flammes ; c'est celui de Windsor, auquel on doit l'usage du gaz courant ; Windsor est un de ceux qui ont fait oublier le modeste ferblantier de Soissons, si fort en vogue au commencement de notre siècle. Quoi qu'il en soit,

M. Quinquet doit avoir sa place dans la galerie des hommes utiles.

Vient ensuite l'humble pierre grise qui recouvre Larrey, avec cette inscription si simple venue de Sainte-Hélène :

« *C'est l'homme le plus vertueux que j'aie jamais connu.* »
(Testament de Napoléon Ier.)

Puis on arrive devant le modeste sarcophage de Dulong, tué en duel par Bugeaud, alors général et député.

Près de là repose l'amiral Bruat, enseveli, selon l'usage, dans son pavillon.

A droite, au milieu d'un sombre couvert sans chemin ni viette, est le mausolée de Manuel, l'éloquent député de Barcelonnette, qui fut expulsé de la chambre, en 1823, pour avoir dit aux Bourbons de trop dures vérités. C'était alors le beau temps des luttes parlementaires ; aux luttes des champs de bataille avaient succédé celles de la parole, et les orateurs de l'opposition faisaient payer cher à la Restauration le triomphe de Waterloo. L'expulsion de Manuel fut l'occasion d'un épisode qui, comme bien d'autres, aurait dû éclairer les ultra-royalistes sur les vrais sentiments du pays : lorsque le député, sommé de quitter la tribune, eut répondu, comme Mirabeau, qu'il n'en sortirait que par la force, on requit le garde national Mercier, chef du poste de la chambre, d'arrêter le *factieux*. « Dieu me garde de sévir contre un homme qui défend si bien les droits de mon pays et les miens ! » répondit Mercier. Et l'on fut obligé de faire venir les gendarmes.

Bras, tête, et cœur, tout était peuple en lui !

a dit l'immortel chansonnier en parlant de Manuel. Aujourd'hui le tribun partage avec le poète sa demeure posthume. Le cercueil de Béranger est venu chercher un asile dans le tombeau de Manuel.

Un peu plus loin se trouve le tombeau du général Foy, une des œuvres les plus remarquables du Père-Lachaise : l'éloquent orateur y est représenté à la tribune, en train de prononcer une de ses immortelles harangues. Il est à déplorer que, par un anachronisme encore en vogue à l'époque où fut faite la statue, on l'ait représentée sans autre vêtement que le manteau qui la drape : les draperies et le nu, l'école d'alors sacrifiait tout à cela.

Avant de quitter cette partie du cimetière, saluons la tombe d'Andrieux où sont gravés ces quatre vers du défunt :

Que ne peut-on racheter à prix d'or
Un bien si grand, une tête si chère !
Que n'avons-nous à donner un trésor !
Nous l'offririons pour revoir notre père !
(*L'alchimiste*, SAINT ANDRIEUX.)

Professeur de belles-lettres à l'École polytechnique, Andrieux fut admis à l'Institut lors de sa création (1797), et devint, en 1829, secrétaire perpétuel de l'Académie. Il était né en 1759, et mourut en 1833.

En sortant de ces épais massifs, on se trouve en une sorte de rond-point ayant au centre le tombeau de Casimir Perrier. L'éminent orateur y est, comme le général Foy, représenté à la tribune ; seulement ici le nu et les draperies du costume ont disparu : la statue du défunt est en costume du temps ; c'est moins prétentieux, moins théâtral et plus historique.

Au milieu d'un vaste terrain qu'entoure une haie vive à hauteur d'homme, se dresse un piédestal quadrangulaire avec bas-reliefs sur trois côtés : celui de face représente l'Éloquence ; celui de gauche, la Fermeté, et celui de droite, la Justice. L'ex-ministre de Louis-Philippe y est debout, dans une attitude fière, et montre du doigt ce mot gravé en lettres d'or sur une table de bronze : *Liberté*. A ses pieds on lit cette inscription gravée dans la pierre :

*Sept fois député,
président du conseil des ministres sous le règne
de Louis-Philippe Ier,
il défendit, par son éloquence et son courage, l'ordre
et la liberté à l'intérieur,
la paix et la dignité nationale à l'extérieur.*

Casimir Perrier était né à Grenoble en 1777, d'une famille de négociants. En 1799, il était officier dans le génie ; mais ensuite il quitta la carrière des armes pour prendre part aux spéculations financières de son frère Scipion. Il dirigea longtemps une des premières maisons de banque de Paris, et fonda de grands établissements industriels. En 1816, il se signala comme publiciste par une brochure contre les emprunts à l'étranger. Il fut élu député en 1817, et pendant plusieurs années il fit partie de cette opposition où brillaient Foy, Manuel, Benjamin Constant, etc. En 1830, il était un des *deux cent vingt et un*. Élu président après la révolution de juillet, il déploya courage et talent. Nommé chef du cabinet à la chute de Laffitte, il sacrifia sa popularité aux désirs du pouvoir. Néanmoins, il répondit aux exigences des cours du Nord par la prise d'Anvers et l'occupation d'Ancône. Mais épuisé de longue main par les luttes parlementaires qui escomptent l'homme le mieux trempé, et aussi par la phthisie, il mourut en 1832.

Le mausolée qu'on lui a élevé est le fruit d'une souscription nationale ; le terrain au milieu duquel il se trouve est estimé à plus d'un demi-million.

Derrière l'ancien ministre se dresse, imposant et sévère, un immense tombeau de granit, remarquable par sa masse, mais sans aucun ornement ; c'est là que repose Monge, un des savants de l'expédition d'Égypte, ainsi que l'indique l'architecture du monument.

A droite de Monge est la tombe de Mme Raspail, dont l'aspect attriste l'âme ; cette tombe, signée Étex, représente une prison avec sa porte massive et sa lucarne garnie de grilles auxquelles s'accroche la défunte, enveloppée dans son linceul.

Pendant que nous errions à travers les tombeaux, écartant les lierres pour nous frayer un passage ou lire les inscriptions, des myriades de petits oiseaux gazouillaient dans les arbres, et le soleil, dardant à travers les cyprès, donnait un air de fête à ce vaste champ des morts.

Où aller maintenant ? de quel côté diriger nos pas à travers ce dédale ? marchons donc au hasard !... A gauche d'une sombre avenue de sycomores, une chapelle de marbre, d'architecture coquette, porte sur son fronton ces mots en lettres d'or : *Général Boyer*. C'est le tombeau de l'ex-président de la république d'Haïti.

En continuant de ce côté, nous trouvons, au détour d'un chemin rapide, un petit sarcophage de style grec placé au pied d'un coteau couvert de ronces, et l'on passerait sans prendre garde à cette tombe mesquine, n'était le nom gravé dessus en gros caractères : *Talma*.

Talma, fils d'un dentiste et dentiste lui-même, a, de concert avec David, fortement contribué à la transformation de l'art ; mais qui ne connaît Talma comme tragédien ? Nous allons donc citer de lui un trait à peu près inédit, et qui le fera voir sous un autre jour : tout le monde connaît l'artiste, nous allons faire voir l'homme honnête et délicat.

Un jour que Talma était en train de lire la correspondance que tous les matins en s'éveillant il trouvait étalée sur la table de nuit, il ouvre un petit poulet rose qui était ainsi conçu : « Monsieur, j'ai dix-huit ans, je suis jolie, j'ai de la fortune, un beau nom et un fiancé, je sacrifie tout cela à celui qui m'a fait éprouver des émotions si douces et si terribles, je veux être à vous. Si vous acceptez ces avances, comme tout homme à votre place serait heureux de le faire, veuillez vous trouver mardi prochain, à trois heures de l'après-midi, au jardin des Tuileries, sur la terrasse du bord de l'eau, j'aurai un mouchoir blanc à la main et des rubans bleus à mon chapeau. »

Le grand comédien, alors dans la force de l'âge, ressentit un juste orgueil de l'effet produit par son talent sur cette jeune imagination, mais au lieu de songer à en abuser, il résolut de détruire le charme fascinateur. Le jour donc du rendez-vous, la jeune fille aux rubans bleus fut étrangement surprise de se voir abordée par un homme à barbe longue, en costume malpropre et dont le chef était plongé jusqu'aux oreilles dans un chapeau de forme ridicule. — Monsieur, que me voulez-vous ? lui demanda la jeune personne qui ne se doutait guère à qui elle avait affaire. — Eh mais ! ma toute belle, je me rends à votre aimable invitation, c'est moi qui vous ai causé des émotions *si terribles et si douces*, c'est moi qui suis Talma ! Et puis, ayant pitié de l'embarras de la pauvre fille, il prend aussitôt le ton paternel et déploie tout ce qu'il a de puissance persuasive pour lui faire comprendre qu'au théâtre tout n'est que fiction, mise en scène, et que souvent le héros de la rampe est un bien triste sire chez lui.

Ce trait de délicatesse serait certainement resté ignoré de tous si la jeune personne, devenue grande dame, ne l'avait elle-même raconté alors que Talma ne pouvait plus, hélas ! porter ombrage à personne.

En face de la pierre du grand tragédien s'ouvre une avenue de platanes aboutissant à un tombeau caché dans un bosquet; cette partie du cimetière est désignée sous le nom de Bosquet de Jacques Delille; il se trouve là au milieu d'une pléiade d'artistes, d'écrivains et de compositeurs.

Bellini, l'auteur du *Pirate*, de *Norma*, des *Puritains*, de *Zaïre* et de la *Somnambule*, repose sous une pierre où est assis l'ange de la douleur, de grandeur naturelle; pierre et statue sont couvertes d'inscriptions gravées tant bien que mal par les admirateurs du maëstro. Bellini est né à Catane en Sicile et est mort à Puteaux. Tout près de là est l'architecte Brongniart, auquel on doit le palais de la Bourse.

Puis le Piémontais Saliva, natif de Casal, qui fut directeur du Conservatoire de Varsovie, maître de chapelle de l'empereur de Russie, directeur du Conservatoire royal de Musique de Milan et de la Congrégation pontifico-académique de Rome. Il mourut à Paris le 20 décembre 1855.

Hérold vient ensuite; il est couché auprès de sa femme et de sa fille; sur sa tombe est une lyre aux cordes brisées.

Boieldieu, l'auteur de *la Dame blanche*, est là tout près de la famille Érard.

Sur une pierre grise de la plus modeste apparence se voit le nom de Louise Dugazon, morte en 1821. Le talent de la célèbre chanteuse est trop connu pour que nous ayons besoin d'en parler; quant à son cœur, on peut en juger par cette simple inscription inspirée par la reconnaissance :

C'était ma meilleure amie, c'était ma mère!

Mais la main pieuse qui soignait cette tombe s'est bientôt refroidie à son tour, car les orties et la pariétaire l'auront bientôt fait disparaître.

Sous un mausolée, splendide monument de granit et de bronze, repose Bavrio, poëte, artiste et industriel; sur la face, le buste du défunt est coulé en bronze avec cette inscription dessous :

Bavrio, mort le 4 décembre 1814, âgé de 89 ans!

Il était célèbre dans l'art du bronzier doreur et connu par ses poésies fugitives. En mourant il fonda un prix de 9,000 fr. pour être décerné au premier qui trouverait un remède aux maux que l'emploi du mercure fait endurer aux ouvriers doreurs. — Au-dessous encore on lit ce quatrain :

Il descend dans la tombe en conjurant l'effet
D'un métal meurtrier, poison lent et funeste.
Son corps n'est déjà plus, mais sa vertu nous reste.
Et son dernier soupir est encore un bienfait!

La médecine n'a pas encore répondu au vœu du défunt; mais l'industrie a obvié au mal : M. de Ruolz a trouvé l'art de dorer et d'argenter sans mercure, et un industriel dont le nom nous échappe a inventé l'étamage des glaces à l'argent.

Derrière cette tombe sont les attributs en bronze, et d'un fini admirable, de la Science et des Arts, et puis cet autre quatrain :

Un fils d'Anacréon a fini sa carrière,
Il est dans ce tombeau pour jamais endormi :
Les enfants des beaux arts sont privés de leur frère,
Les malheureux ont perdu leur ami!

Le tombeau de Marochetti, campé sur une hauteur, domine celui d'Armand de la Comédie-Française.

Dans un coin perdu, une tombe d'enfant est ornée d'un obélisque microscopique avec cette laconique inscription :

Il naquit, souffrit et mourut.

A quelle tombe d'homme, fût-il centenaire, cette épitaphe ne siérait-elle pas?...

Sur le marbre qui couvre Magendie, on n'a rien mis que son nom, et cela seul suffit !

La famille de Chénier a près de là son domicile posthume surmonté de l'urne antique où se lit cette pensée :

La mort ne détruit pas ce qui n'est pas matière!

Mais André manque à cette réunion suprême; sa place est marquée par ces quatre vers :

Auprès d'André Chénier avant que de descendre,
J'élèverai la tombe où manquera sa cendre,
Mais où vivront du moins, et son doux souvenir,
Et sa gloire et ses vers dictés pour l'avenir!

Plus loin, Mme Joséphine de Rohan-Chabaud, marquise de Béthisy, dont le tombeau se distingue par une élégante simplicité.

Plus loin encore, une pierre disparue sous un linceul de lierre; c'est dommage pourtant, car il y a là une réflexion philosophique faite en passant par le défunt, et que nous avons eu toutes les peines du monde à déchiffrer; cette réflexion, la voici :

Passant, par où tu passes, j'ai passé,
Par où j'ai passé, tu passeras!
Comme toi, vivant j'ai été,
Comme moi, mort tu seras! |

Mais nous arrivons au milieu d'une multitude de monuments, de chapelles, etc., qui rivalisent de luxe, où reposent des morts complétement inconnus; rebroussons donc chemin !

Derrière la tombe d'Hérold, mentionnée tout à l'heure, se dresse une colonne d'assez mauvais goût, sous laquelle gît Mme Blanchard, l'aéronaute, dont la fin tragique est connue de tout le monde.

A droite, au milieu d'un bosquet de cyprès, on aperçoit une urne cinéraire posée sur une colonne qu'elle-même porte sur un socle :

*C'est ici que repose
Madame Anne, Pierrette, Paulze Lavoisier, comtesse
de Rumford, née à Montbrizon, le 20 juin 1768,
et morte à Paris le 10 février 1836.*

A quelques pas de là reposent la veuve du général Billon, ex-constituant, et l'un des défenseurs de l'Argonne, et puis sa fille, femme du général Bertrand, qui eut au moins le mérite de ne pas être pair de France.

Au sommet de la montagne, dans les terrains nouvellement annexés, est le cimetière musulman avec une mosquée d'architecture mauresque. La princesse d'Oude et un membre de sa famille sont les premiers hôtes de cette nécropole.

Derrière le tombeau d'Héloïse et d'Abélard, est un cimetière réservé au culte israélite; à droite en entrant, on admire une chapelle funéraire de style grec, devant laquelle sont deux jardinières ornées de fleurs, c'est le tombeau de Rachel.

Un peu plus loin à gauche, est celui de la famille Rothschild, qui semble avoir servi de modèle au précédent.

La sépulture de la famille Bernheim d'Allegri est surmontée d'une pyramide de granit avec étoiles et vignettes d'or : ce tombeau, peut-être un peu voyant, a un cachet oriental qui sied au cimetière où dorment les enfants de Jacob.

Au fond se trouve le mausolée de la famille Fould, avec cette inscription dessous au milieu :

Ici, le repos; là-haut, le bonheur!

Puis au fond, au-dessus des épitaphes de trois dames de la famille, on a gravé cette touchante dédicace :

A vous, amours et douleurs de ma vie...

Le Père-Lachaise est comme une seconde ville dans Paris, ville non moins riche en monuments dont l'aspect réveille des souvenirs, cité silencieuse, mais dont la population, incessamment accrue, l'emporte en nombre sur celle des vingt arrondissements.

FIN DU VINGTIÈME ARRONDISSEMENT.

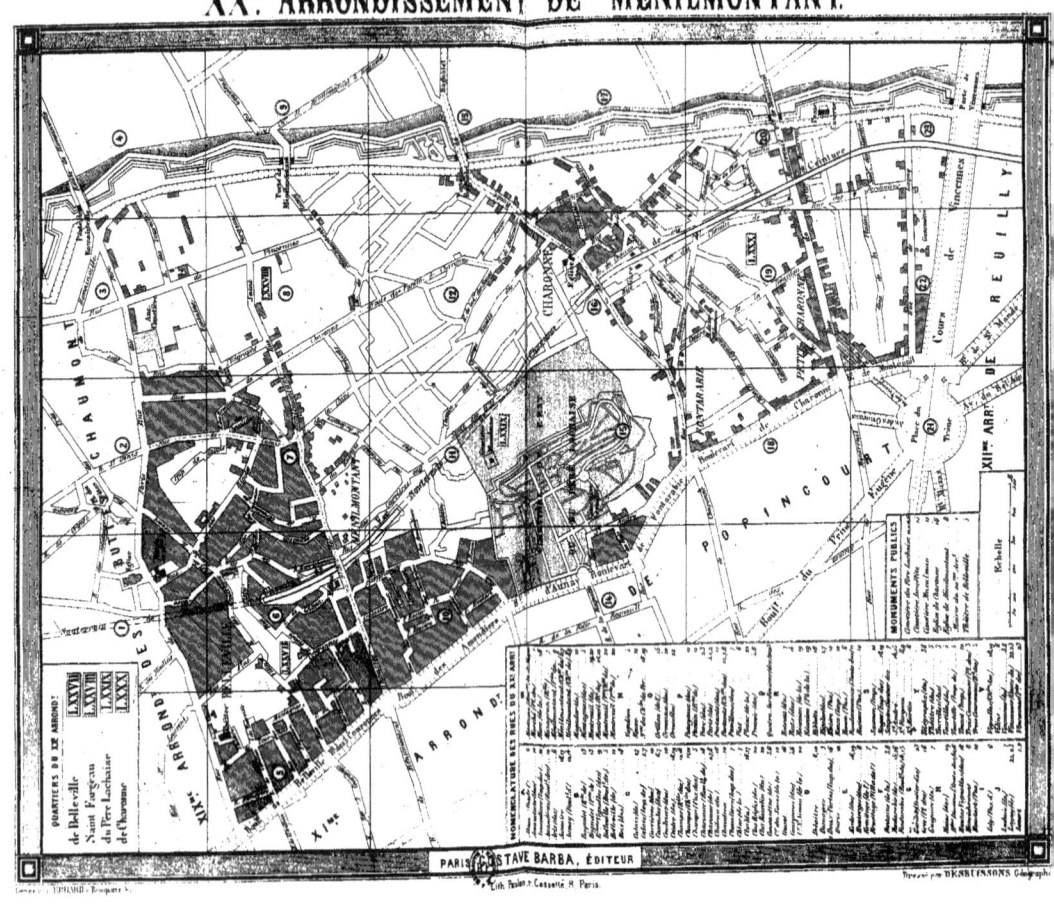

DICTIONNAIRE

DES

BESOINS USUELS

DANS PARIS

Réunir dans le cadre le plus étroit possible tous les renseignements imaginables, nécessaires, indispensables aux habitants de Paris aussi bien qu'aux étrangers qui viennent visiter cette capitale, tel a été notre but, et nous espérons l'avoir atteint. Ce *Dictionnaire des besoins usuels* est, en effet, une sorte de tableau synoptique qui permet à celui qui cherche de trouver immédiatement, sans effort et sans ennui, tous les documents dont il a besoin à toute heure du jour ou de la nuit, et dont l'absence, souvent, lui est si préjudiciable. Il y a des choses que les plus expérimentés ignorent, des conseils que les plus instruits ne peuvent pas donner, des démarches que les mieux avisés ne peuvent indiquer, des renseignements que les mieux renseignés ne peuvent fournir, parce qu'un seul homme ne peut avoir l'expérience de tout le monde, parce que tout le monde en sait plus qu'un seul homme sur la vie de Paris, la plus compliquée, la plus multiple, la plus diverse qui soit.

C'est pour éviter aux Parisiens eux-mêmes, et aux étrangers qui viennent visiter Paris, les déceptions nombreuses qui les attendent à chaque pas qu'ils font dans cette ville immense; c'est pour épargner leur temps et leur argent que nous avons imaginé ce Dictionnaire qui contient plus de documents que son cadre restreint ne semblerait l'indiquer, puisqu'il est le guide le plus sûr, le cicerone le plus fidèle, le conseiller le plus expert, le guide le plus exact, le *vade mecum* le plus complet et le plus clair qui ait été offert jusqu'ici au public. On peut l'ouvrir au hasard, on peut être assuré d'avance qu'on ne l'ouvrira pas en vain, car il répond à l'instant même à tous ceux qui l'interrogent à propos de leurs plaisirs, de leurs affaires, de leurs études, à propos de tous les besoins de leur vie, en un mot.

Il est bien entendu qu'il ne répond que sur les objets de sa compétence, et non à propos de choses qui sont contenues dans des livres spéciaux n'ayant aucun rapport, même éloigné, avec celui-ci. Notre Dictionnaire conduit partout, mais il n'entre nulle part : il est guide, il n'est pas visiteur. Tous les conseils en son pouvoir, tous les renseignements les plus minutieux, — nous insistons là-dessus, — il les donne d'une façon brève, mais claire, sans autre prétention que celle de l'exactitude et de la véracité : le reste est en dehors de son sujet.

Les *Guides* ordinaires indiquent bien la topographie parisienne. Ils disent quels sont les monuments publics à visiter, les curiosités de toutes sortes à voir; ils disent même les heures d'entrée dans les ministères, le prix des places dans les théâtres, et beaucoup d'autres choses encore; mais ils ne disent pas tout, parce qu'ils ne peuvent pas tout dire, bornés qu'ils sont par leur cadre. Et puis, ils négligent un peu les affaires, les *besoins sérieux*, pour ne s'occuper presque exclusivement que des plaisirs, des *besoins frivoles*. Ces omissions volontaires de leur part, qu'on ne peut reprocher aux *Guides* complets, aux *Guides* volumineux, on ne les reprochera pas non plus à notre *Dictionnaire des besoins usuels*, malgré son petit nombre de pages. Ce qui tient dans un gros volume, nous l'avons fait tenir dans quelques feuilles, en remplaçant la prolixité par le laconisme, le récit par la mention pure et simple, l'abondant par le suffisant.

Ainsi, quand un habitant de Paris a besoin d'un passe-port, il n'a qu'à chercher ce mot, et il saura sur-le-champ qu'il lui faut aller avec deux témoins patentés chez le commissaire de police de son quartier; puis, de là, à la Préfecture de police, 4ᵉ bureau de la 1ʳᵉ division, où son passe-port lui sera délivré moyennant 2 francs, s'il s'agit de l'intérieur de la France, et 10 francs pour l'étranger, plus les frais de visa et de légalisation, lesquels frais lui sont expliqués en détail.

Ainsi encore, si un étranger visitant la capitale veut connaître à quelles heures et quels jours ont lieu certaines séances scientifiques, littéraires, artistiques ou autres, il n'a qu'à chercher dans notre Dictionnaire au nom du cercle, de l'athénée, de l'académie, de la bibliothèque où il a l'intention d'aller, et, tout aussitôt il sait, par exemple, que les *Archives de l'Empire*, rue de Paradis-du-Temple, 20, sont ouvertes au public tous les jours non fériés, de 10 heures à 3 heures de relevée, et que les demandes de communications et d'expéditions de pièces doivent être faites, soit par lettres affranchies au directeur-général, soit directement au bureau spécial qui y est établi, de 10 heures du matin à 2 heures après midi.

Avec notre Dictionnaire, lorsqu'un habitant de Paris se marie, il pourra savoir, en cherchant au mot *Mariage* et sans faire un pas inutile, ce qui est précieux à ce moment-là, quelles sont les démarches à faire à la mairie et à l'église, le prix des cérémonies et des voitures, etc., etc.

De même, s'il a des réclamations à faire au sujet de contributions indûment perçues, il apprend, en cherchant au mot *Direction des contributions directes* de notre Dictionnaire, que le siège de cette administration est rue Poulletier, 9, et que les bureaux en sont ouverts tous les jours au public, de 9 heures à 4 heures pour les demandes de patentes ou de rectifications de formule, ainsi que pour les demandes d'extraits de matrice, etc., etc.

Nous pourrions multiplier nos citations pour multiplier la preuve de l'utilité de notre Dictionnaire; mais comme nous nous adressons à des lecteurs intelligents, nous nous arrêtons ici, sans faire ressortir plus longtemps les avantages de ce *vade-mecum* indispensable à tous ceux qui vivent ou qui viennent à Paris.

Nous croyons avoir fait un livre utile et un guide complet. Si nous nous sommes trompés, si des omissions ont eu lieu, si des erreurs se sont glissées dans ce travail, malgré nos soins et notre attention méticuleuse, ce sont là, nous en sommes certains, des erreurs légères et des omissions de peu d'importance, — que nous réparerons d'ailleurs avec empressement au prochain tirage.

A

ABATTOIRS. — Depuis 1818, les tueries particulières ont été remplacées par cinq abattoirs qui sont : l'abattoir Montmartre, situé avenue Trudaine, IXe arrondissement; l'abattoir Ménilmontant, situé rue Saint-Maur, XIe arrondissement; l'abattoir de Villejuif, situé boulevard de l'Hôpital, XIIIe arrondissement; l'abattoir de Grenelle, situé ancienne barrière de Sèvres; et l'abattoir du Roule, situé rue de Miroménil, Ve arrondissement. Deux autres tueries, mais seulement pour les porcs, ont été établies depuis 1848. Les charcutiers de Paris peuvent faire abattre là les porcs qu'ils ont achetés à l'extérieur.

ACADÉMIES. — Il y en a cinq, l'Académie française, l'Académie des Inscriptions et Belles-Lettres, l'Académie des Sciences, l'Académie des Beaux-Arts et l'Académie des Sciences Morales et Politiques, qui, toutes réunies, composent l'*Institut*, dont le siège est quai Conti, 23, au palais de l'Institut. L'Académie Française, qui a 40 membres, tient séance tous les jeudis, de 2 h. 1|2 à 4 1|2. Séance annuelle en mai, où elle distribue différents prix. L'Académie des Inscriptions et Belles-Lettres, qui a également 40 membres, tient ses séances tous les vendredis, de 3 à 5 heures. Séance publique annuelle au mois de juillet, dans laquelle elle distribue différents prix. L'Académie des sciences, composée de 68 membres, tient séance le lundi, de 3 à 5 heures. Chaque année, séance publique, dans laquelle elle distribue différents prix. L'Académie des Beaux-Arts, ayant 40 membres, tient séance tous les samedis, de 3 à 5 heures. Séance publique annuelle le premier samedi d'octobre. L'Académie des Sciences Morales et Politiques, qui a 40 membres, tient séance tous les samedis, de midi à 2 h. Séance publique annuelle en avril. Séance publique des cinq Académies réunies, le 15 août de chaque année.

ACADÉMIE DE PARIS, autrement dit *la Sorbonne*. — Elle comprend cinq Facultés qui sont : une Faculté de théologie catholique, une Faculté de médecine, une Faculté de droit, une Faculté des sciences et une Faculté des lettres. Trois d'entre elles, les Facultés de théologie, des sciences et des lettres, occupent le local de la Sorbonne, rue de Sorbonne, 13. C'est là que se passent les examens des aspirants au diplôme de bachelier ès lettres ou ès sciences. Il y a des amphitéâtres, des collections et une bibliothèque, le tout public. C'est là aussi qu'a lieu, chaque année, la distribution des prix du concours général aux élèves des lycées de Paris et de Versailles. L'entrée de tous les cours et examens qui se font à la Sorbonne est publique et gratuite, sans aucune condition ni formalité. Les dames seules sont exclues, à moins qu'il ne s'agisse des examens pour la délivrance des brevets de maîtresses de pension ou d'institutrices. V. *Facultés*.

ACADÉMIE IMPÉRIALE DE MUSIQUE, OU OPÉRA. — Elle est située rue Lepelletier et rue Drouot, près du boulevard des Italiens, dans le IXe arrondissement, jusqu'à ce qu'elle soit transportée ailleurs. On dit que c'est sur l'emplacement de l'ancien hôtel d'Osmond, au boulevard des Italiens, que l'Opéra doit être reconstruit d'une manière définitive. Les représentations ont lieu les lundis, mercredis et vendredis, et quelquefois, en hiver, le dimanche. L'administration de l'Académie impériale de musique loue des entrées et des loges, soit pour 3 mois, soit pour six mois, ou à l'année. En voir le tarif actuel ci-dessous :

INDICATION DES PLACES.	NOMBRE DE PLACES.	POUR		
		3 MOIS.	6 MOIS.	UN AN.
		francs.	francs.	francs.
Entrée personnelle simple........	1	—	300	500
— aux stalles d'orchestre et d'amphithéâtre des premières loges......	1	360	600	1,000
— au balcon........	1	390	700	1,200
— à la galerie.....	1	300	500	850
Loges baignoires.				
Avant-scène............	8	3,300	5,200	8,100
Baignoire d'avant-scène......	4	1,920	2,100	4,900
— de côté........	4	1,000	1,700	3,205
—	5	1,500	2,200	4,000
Loges de foyer.				
Avant-scène............	10	3,100	6,200	10,000
—	7	2,800	4,550	7,110
Loge de face..........	6	1,900	3,300	5,100
— de côté........	6	2,400	3,900	6,100
—	5	1,300	2,400	4,000
Premières loges.				
Avant-scène............	8	2,600	4,300	6,800
Loge de face..........	6	1,900	3,300	5,100
— de côté........	6	1,900	3,300	5,100
—	6	1,400	2,400	4,500
—	4	1,000	1,700	3,200
Secondes loges.				
Loge de face..........	6	1,300	2,300	4,200
— de côté........	6	900	1,500	3,000
Troisièmes loges.				
Loge de face..........	6	900	1,500	3,000
— de côté........	6	700	1,100	2,100

ACADÉMIE IMPÉRIALE DE MÉDECINE. — Cette Académie, instituée pour répondre aux demandes du gouvernement sur tout ce qui intéresse la santé publique, et principalement les épidémies, les épizooties, les différents cas de médecine légale, etc., etc., tient tous les mardis, de 3 à 5 heures, ses séances rue des Saints-Pères, 39.

ADRESSES. — Consulter l'*Annuaire et Almanach du commerce*, publié annuellement par Firmin Didot frères. C'est la suite de l'*Almanach des 500,000 adresses*, de Bottin. Il contient la liste générale des adresses des habitants de Paris; la liste des banquiers, négociants, fabricants, institutions municipales et judiciaires, classée par ordre de professions; le tarif des douanes françaises et russes; les foires des principales localités; la liste des banquiers, négociants, fabricants les plus importants, des colonies françaises et des principales villes des pays étrangers.

ADMINISTRATION CENTRALE DE L'ASSISTANCE PUBLIQUE. — Le siége de cette administration hospitalière, après avoir été pendant longtemps au parvis Notre-Dame, vient d'être transféré place de l'Hôtel-de-Ville, comme point plus central. Elle se compose d'un directeur général et d'un conseil de surveillance de 20 membres, dont le préfet de la Seine est toujours président et le préfet de police membre-né. Elle réunit sous sa direction 16 hôpitaux, 11 hospices, 4 établissements de service général, 4 établissements divers dont le but se rattache à l'assistance publique et les secours à domicile. La première division de l'administration centrale est chargée des hôpitaux et hospices; la deuxième, des enfants trouvés et des secours à domicile; la troisième, de la comptabilité et du domaine. Le bureau central de l'assistance publique est ouvert tous les jours de 10 heures à 4. Il a pour mission de constater : 1o les maladies des indigents qui sollicitent leur admission dans les hôpitaux; 2o les infirmités de ceux présentés par l'administration supérieure, par les bureaux de bienfaisance ou par des fondateurs, pour occuper des lits vacants dans les hospices; 3o le troisième jeudi de chaque mois, la cécité ou la paralysie complète de ceux qui désirent obtenir le secours mensuel de 5 francs pour les aveugles et de 3 francs pour les paralytiques, secours accordé par les bureaux de bienfaisance aux personnes atteintes de ces infirmités. Il fait délivrer en outre tous les lundis et vendredis, de midi à 3 heures, aux indigents inscrits ou non inscrits au contrôle des bureaux de bienfaisance, sur certificats de ces bureaux, bandages, bas lacés, ceintures, béquilles, etc., etc. Il accorde encore, de 11 h. à 1 h., des appareils orthopédiques pour le redressement de la taille, aux personnes qui en ont besoin; il donne également des consultations gratuites à toutes les personnes qui se présentent.

ADMINISTRATION DES ÉTABLISSEMENTS DE LA COURONNE. — V. *Direction générale des musées impériaux*, *Mobilier de la couronne*, *Manufactures impériales*, *Palais impériaux*, *Bâtiments et domaines de la couronne*.

ADMINISTRATION DES FORÊTS. — Rue du Luxembourg, 6, au 1er étage, corridor de l'aile gauche, no 22.

ADMINISTRATION DIOCÉSAINE. — Elle a son siége à l'archevêché, rue de Grenelle-Saint-Germain, 127. Ses attributions, confiées à MM. les vicaires généraux, sont : rites et cérémonies, approbation des chapelles particulières, enquêtes sur les reliques et les choses sacrées, surveillance du matériel des établissements religieux, dispenses de parenté, affaires concernant les dons et les legs faits aux établissements religieux et aux fabriques des églises, etc. MM. les vicaires généraux reçoivent tous les jours, de midi à 2 heures, dimanches et fêtes exceptés.

ADMINISTRATION GÉNÉRALE. — V. *Ministères*, chacun à son nom.

ADMINISTRATION MUNICIPALE. — V. *Préfecture de la Seine*.

AFFAIRES ÉTRANGÈRES (Ministère des). — Autrefois, boulevard des Capucines; maintenant, c'est-à-dire depuis septembre 1853, rue de l'Université, 130. Il a pour objet la négociation et l'exécution des traités et des conventions politiques et de commerce; les rapports avec les ambassadeurs, ministres et agents diplomatiques et consulaires, soit des puissances étrangères près l'Empereur, soit de Sa Majesté Impériale près les gouvernements étrangers. La Direction la plus intéressante pour le public est celle des archives et de la chancellerie. Elle a pour objet la conservation et le classement de toutes les correspondances du ministère, dont elle établit la liste analytique; la collection des traités et documents diplomatiques de tout genre; le dépôt des décrets et des arrêtés; la recherche de tous les documents et renseignements demandés pour le service du département, et pour tout autre service public ou privé; les légalisations et visas des passeports et la perception des droits qui en résultent; la transmission des actes judiciaires et des commissions rogatoires; la discussion des questions touchant à l'état civil, et l'instruction des réclamations relatives à des matières d'intérêt privé, telles que successions ouvertes en pays étranger, recouvrements sur particuliers, etc. Le bureau de la chancellerie est le seul, du département des affaires étrangères, qui soit ouvert au public : tous les jours, de 11 h. à 4 h. (les dimanches et fêtes exceptés).

AFFRANCHISSEMENT DES LETTRES. V. *Postes*.

AGENCES DE PUBLICITÉ. — Les indiquer toutes ici serait impossible : elles sont trop nombreuses. On les trouvera désignées dans l'*Annuaire Firmin Didot*, que nous avons déjà cité au mot *Adresses*. En ce qui nous concerne, nous ne pouvons que renvoyer à *Tarif des annonces* et à *Télégraphie*, pour tous les renseignements dont peut avoir besoin le public dans ses relations avec ses concitoyens d'abord, puis avec ses compatriotes, et enfin avec l'étranger.

AGRÉÉS PRÈS DU TRIBUNAL DE COMMERCE.

Bertora, r. des Jeûneurs, 42.
Buisson, rue Notre-Dame-des-Victoires, 42.
Cordozo, r. Vivienne, 84.
Deleuze, r. Montmartre, 146.
Dillais (Victor), r. Ménars, 12.
Fréville, pl. Boieldieu, 8.
Froment, pl. de la Bourse, 15.
Halphen, r. Croix-des-P.-Champs, 38.
Hèvre, r. Neuve-St-Augustin, 11.
Jametel, r. Laffitte, 7.
Petitjean, r. Rossini, 2.
Prunier-Quatremère, r. Montmartre, 72.
Rey (S.), r. Croix-des-P.-Champs, 25.
Schayé, ✳, r. du Faubourg-Montmartre, 10.
Tournadre, boul. Poissonn., 23.

MEMBRES DE LA CHAMBRE :

Président, Dillais ;
Syndic, M...
Secrétaire, Petitjean ;
Trésorier, Jametel.

Ces quinze agréés remplissent devant le tribunal de commerce le rôle d'avoués et d'avocats.

AGRICULTURE, DU COMMERCE ET DES TRAVAUX PUBLICS (Ministère de l'). — Ce ministère a son siège rue Saint-Dominique-Saint-Germain, 62 et 64, pour les travaux publics, et rue de Varennes, 78 *bis*, pour l'agriculture et le commerce. Il a dans ses attributions : les routes, ponts, chemins de fer, etc.; les dessèchements, les irrigations, les mines, les écoles industrielles, les manufactures, les sociétés industrielles, les brevets d'invention, les haras, la police et l'hygiène de l'industrie, etc., etc. A ce département se rattachent le corps des ponts et chaussées, le corps des mines, ainsi que l'école des ponts et chaussées et l'école des mines. Les bureaux de l'administration centrale ne sont ouverts au public que les mardis et vendredis, de 2 à 4 h. Le secrétaire général donne des audiences particulières sur demandes spéciales, et reçoit les mardis et samedis à 2 heures. Le ministre ne reçoit que lorsqu'on en fait la demande par écrit, en indiquant l'objet dont on désire l'entretenir. Les archives et le dépôt des plans sont situés rue des Saints-Pères, 28.

ALFORT (École vétérinaire d'). — Établissement faisant partie des trois écoles impériales destinées à former des vétérinaires. Tous les sujets de l'âge de 17 à 25 ans peuvent y être admis comme élèves, les uns aux frais de leurs parents, et les autres comme titulaires de bourses ou demi-bourses. La pension est de 400 fr. par an, payables par trimestre et d'avance. L'époque d'entrée est fixée au 1er octobre de chaque année. Nul ne peut être reçu que d'après une autorisation du ministre de l'Agriculture, du commerce et des travaux publics, et après avoir prouvé, devant le jury d'examen, qu'il sait forger, en 2 chaudes, un fer de cheval ou de bœuf, et qu'il a suffisamment de connaissances sur la langue française, l'arithmétique, la géographie et la géométrie. Toute demande à l'effet d'obtenir l'autorisation d'entrer à Alfort, ou dans les deux autres écoles impériales vétérinaires, celles de Lyon et de Toulouse, doit être adressée, avant le 1er septembre de chaque année, au ministère de l'agriculture et du commerce. Alfort a un hôpital où sont reçus et traités tous les animaux malades. Les propriétaires de ces animaux n'ont à payer que la pension alimentaire, dont le prix est fixé chaque année. Des omnibus, partant de la place de la Bastille, conduisent à l'école d'Alfort, située à deux pas de la jonction de la Seine et de la Marne.

ALIÉNÉS. — Les individus frappés d'aliénation mentale, à Paris, sont transférés d'office, par la préfecture de police, à Bicêtre, si ce sont des hommes, et à la Salpêtrière, si ce sont des femmes ; et tous les soins que réclame leur état leur sont donnés là gratuitement. Il y a des maisons de santé particulières où sont traités les malades riches.

AMBASSADES. — Amérique centrale ou Guatimala, r. Neuve-des-Mathurins, 102. De midi à 1 heure. — Autriche, r. de Grenelle-Saint-Germain, 87. De 1 heure à 3. Visa, 3 francs ; légalisation, 5 francs. — Espagne, r. de la Chaussée-d'Antin, 45. Consulat, r. Tronchet, 27. De 1 heure à 3. Visa et légalisation gratis. — Grande-Bretagne, r. du Faubourg-St-Honoré, 39. De 11 heures à 2. Gratis. — Pays-Bas, r. Chateaubriand, 17. De 11 h. à 1. Gratis. — Turquie, r. de Grenelle-Saint-Germain, 116. Consulat, r. de la Victoire, 44. De midi à 3 heures. — Russie, r. du Faubourg-Saint-Honoré, 33. De midi à 3 heures. Visa gratis.

AMIRAUTÉ (Conseil d'). — Il est composé d'officiers généraux et d'ingénieurs maritimes chargés d'assister le ministre de la marine et des colonies dans l'administration qui le concerne. Le conseil d'amirauté, présidé par le ministre, donne ses avis sur les mesures générales qui ont rapport : 1° à l'administration de la marine et des colonies ; 2° à l'organisation de l'armée navale ; 3° au mode d'approvisionnement ; 4° aux constructions navales et aux travaux maritimes ; 5° à l'emploi des forces navales en temps de paix et de guerre.

AMORTISSEMENT (Caisse d'). — Rue de Lille, 56, et quai d'Orsay, 5. V. *Dépôts et consignations.*

AMPHITHÉÂTRE D'ANATOMIE. — Construit en 1833, r. Fer-à-Moulin, sur le terrain de l'ancien cimetière Sainte-Catherine. Il est destiné à remplacer, à partir du 1er novembre de ladite année, les amphithéâtres particuliers qui existaient dans les hôpitaux et les hospices. Il a pour objet l'instruction des élèves en médecine et en chirurgie, qui tous sont admis, moyennant un léger droit de présence, aux cours, aux dissections et aux démonstrations anatomiques.

ANCIEN CERCLE (l'). — Boulevard Montmartre, 16. C'est un club élégant où se réunissent, presque tous les soirs, les plus forts amateurs de whist. Le whist est sa spécialité comme les échecs au café de la Régence.

ANTIQUAIRES (Société des). — V. *Société des Antiquaires*.

ARC DE TRIOMPHE DE L'ÉTOILE. — A l'extrémité des Champs-Élysées, à l'endroit où commencent l'avenue de Neuilly et l'avenue de l'Impératrice. On y peut monter le dimanche et les jours de fête, moyennant une légère rétribution donnée au gardien, laquelle cependant n'est pas obligatoire. Les étrangers et les habitants des départements y peuvent monter dans la semaine, sur le vu de leur passe-port.

ARC DE TRIOMPHE DU CARROUSEL. — Placé devant la grille d'entrée qui sépare la place du Carrousel de la cour du palais des Tuileries.

ARCHEVÊCHÉ DE PARIS. — Il se compose de l'archevêque de Paris, assisté de l'évêque de Tripoli, évêque auxiliaire, de quinze vicaires généraux, d'un secrétaire général, de deux secrétaires et de seize chanoines titulaires. Le siège actuel et provisoire de l'archevêché est rue de Grenelle-Saint-Germain, 127. Les bureaux en sont ouverts de 11 h. à 3, les dimanches et fêtes exceptés. Mgr l'archevêque de Paris reçoit le mercredi, de 2 à 4 heures, sans demande d'audience, MM. les curés et MM. les ecclésiastiques employés dans le saint ministère. Les autres personnes doivent demander audience pour être reçues. Mgr l'évêque de Tripoli reçoit de même les lundis et vendredis, de 2 à 4 heures.

ARCHITECTES (Société centrale des). — Quai Malaquais, 3. De midi à 4 heures, tous les jours, le jeudi excepté.

ARCHÉOLOGIE (Cours d'). — V. *Cours à la Bibliothèque impériale*.

ARCHIVES DE L'EMPIRE, rue de Paradis du Temple, 20. — Les archives de l'empire, formées en 1789, renferment plus de 242,000 cartons, liasses, registres, portefeuilles, volumes, plans et cartes, divisés en 4 sections placées, ainsi que les autres parties du service, sous les ordres d'un directeur général. Ce trésor de pièces, déjà considérable, s'accroît tous les jours par suite des versements opérés par les divers ministères. Le plus ancien titre qu'on y possède est un diplôme original de l'an 625. Les documents qui existent aux Archives de l'empire sont communiqués sans déplacement. Il peut même en être délivré des expéditions, qui sont soumises à des droits fixés par décret du 22 mars 1856. Les demandes de renseignements, de communications et d'expéditions doivent être faites ou directement au bureau spécial qui y est établi, de 10 heures du matin à 2 heures après midi, ou par lettres affranchies au directeur général. Une salle est ouverte au public tous les jours, sauf les dimanches et fêtes, de 10 heures à 3 heures de relevée, pour les communications, sans déplacement. Un archiviste préposé à la surveillance de cette salle y fournit aux travailleurs tous les renseignements et éclaircissements qui sont à la disposition de l'administration.

ARCHIVES DU MINISTÈRE DE LA MARINE. — V. *Dépôt de la marine*.

ARCHIVES DU DÉPÔT DE LA GUERRE. — V. *Dépôt de la guerre*.

ARMÉNIENNE (Église), r. de Monsieur, 12, au séminaire arménien. — Le collège arménien, établi depuis 1846, et dirigé par les mekhitaristes de Venise, est destiné à l'instruction gratuite de la jeunesse arménienne.

ARSENAL. — C'est le nom sous lequel on comprend l'hôtel de la direction des poudres ou salpêtres, la raffinerie de salpêtre et la capsulerie de guerre. L'hôtel a son entrée rue de l'Orme ; la raffinerie de salpêtre a la sienne, place de la Cerisaie, bâtiment de l'Horloge ; la capsulerie est située entre la raffinerie et la caserne des Célestins, rue de l'Orme, en face du Grenier d'abondance. Cette dernière a une partie de ses ateliers à Montreuil-sous-Bois : c'est à Paris qu'a lieu la fabrication proprement dite, tandis qu'à Montreuil se font les manipulations dangereuses. Le public, à part de très-rares exceptions, n'est pas admis à visiter cet établissement.

ARSENAL (Bibliothèque de l'). — V. à l'article spécial *Bibliothèques*.

ARTILLERIE (Musée d'). — V. à l'article *Musées*.

ARTS ET MÉTIERS (Conservatoire des). — Rue Saint-Martin, dans les bâtiments de l'ancienne Abbaye de Saint-Martin-des-Champs. Il y a là des collections précieuses, au point de vue de l'art et de la science ; c'est le Muséum le plus complet des arts, des métiers, de l'agriculture et de l'industrie. Il y a une bibliothèque de seize mille volumes, relatifs aux sciences et à leurs applications industrielles. On y fait des cours destinés à former des ingénieurs et des artisans distingués. Le tout est public et gratuit. Les collections sont ouvertes à tout le monde les dimanches et les jeudis, de 10 à 4 heures, et aux étrangers munis de passe-ports, les vendredis et samedis, de 10 à 3 heures. La bibliothèque est ouverte tous les jours, de 10 à 3 heures, excepté le lundi, aux personnes munies de cartes délivrées par le directeur. Quant aux cours, au nombre de treize, ils ont lieu à des heures différentes publiées chaque année et indiquées par affiches.

ASILES ou Salles d'Asile. — Établissements fondés, entretenus et dirigés par la ville de Paris en faveur des jeunes enfants ; ils sont au nombre de 40, contenant plus de 4,600 garçons et 3,300 filles : en tout, près de 8,000 enfants.

ASILE DE LA PROVIDENCE. — Maison de retraite pour les vieillards des deux sexes, barrière des Martyrs, 15. Elle a été reconnue établissement royal et public, par ordonnance du 24 décembre 1817.

ASILE DES SOURDES-MUETTES, 33, rue Neuve-Sainte-Geneviève.

ASILE MATHILDE, fondé avenue de Plaisance, 2, par Mme la princesse Mathilde, en faveur des jeunes filles infirmes incurables.

ASILE-OUVROIR, r. Cassini, 6. — Fondé par feu le baron de Gérando pour recueillir les convalescentes qui, à la sortie de la Maternité,

324 AVOUÉS. — BAINS.

de l'hôpital de l'Ourcine ou des salles d'accouchement d'autres hôpitaux, sont sans place et sans ressources.

ATHÉNÉE DES ARTS. — Cette société, qui publie des travaux importants et tient des séances intéressantes, qui concourent aux progrès des arts et de la science, a son siège à l'Hôtel de Ville.

AVEUGLES (Institution des jeunes), boulevard des Invalides, 56. — Il y a 120 bourses gratuites subdivisées en 1/2 et 3/4 de bourse, accordées par le ministre de l'intérieur à des enfants aveugles de l'un et de l'autre sexe, âgés de 9 à 13 ans accomplis. On y admet aussi des pensionnaires au prix de 1,000 fr., payés par les familles. Les élèves y reçoivent une instruction intellectuelle et industrielle. De temps en temps, exercice musical, auquel le public peut assister avec des billets délivrés par le directeur. On peut également, au moyen de billets, visiter cet établissement, tous les mercredis de 11 h. 1/2 à 5 heures. Les étrangers sont admis sur la simple présentation de leur passe-port.

AVEUGLES-TRAVAILLEURS, boulevard Montparnasse, 66.

AVOUÉS PRÈS LA COUR IMPÉRIALE DE PARIS.

Arnoult, r. Monsigny, 9.
Bailly, r. Hanovre, 8.
Baudouin, r. Bertin-Poirée, 2.
Beaume, r. Sainte-Anne, 46.
Belhomme, r. Tirechap.-Rivoli, 4.
Bellivet, r. de Rivoli, 190.
Bernheim, r. du Marché-Saint-Honoré, 11.
Billaut, r. Marsollier, 11.
Bornot, r. Mazarine, 89.
Cabannes, b. Bonne-Nouvelle, 10.
Caron aîné, r. Saint-Roch, 5.
Chabrié, r. du Helder, 14.
Charpentier, r. de Choiseul, 16.
Chauvelot, r. Neuve-des-Petits-Champs, 18.
Chenut, pl. Boieldieu, 3.
Dangin, r. Bons-Enfants, 30.
David, r. d'Alger, 9.
Defontaine, r. Geoffroy-Marie, 3.
Delaine, r. des Grands-August., 19.
Derulède, rue Neuve-des-Petits-Champs, 53.
Desgault, r. de la Michodière, 4.
Desmarest, r. de Rivoli, 69.
Drelon, r. Guénégaud, 27.
Dunoyer (H.), r. Neuve-des-Petits-Champs, 83.
Ferron, r. du Petit-Carreau, 14.
Fombelle, r. d'Hauteville, 32.
Gallois, r. des Bourdonnais, 31.
Gavignot, r. de l'Arbre-Sec, 23.

Gibot, r. Favart, 4.
Grison, r. Saint-Honoré, 338.
Guillain, r. Sainte-Anne, 27.
Houdard, r. Richelieu, 27.
Labois, r. Guénégaud, 21.
Lafontaine, r. Louis-le-Grand, 9.
Laureau, r. du Vieux-Colomb., 3.
Le Helloco (Jules), r. Neuve-St.-Augustin, 60.
Lehure, r. des Moulins, 19.
Lesage, r. Rivoli, 196.
Levaux, r. Choiseul, 4.
Marais, r. Vingt-Neuf-Juillet, 10.
Mavré, r. de la Monnaie, 5.
Moreau, r. Saint-Honoré, 370.
Naudot, r. Sainte-Anne, 49.
Parmentier, r. de la Michodière, 6.
Pavie, r. de la Jussienne, 13.
Peigné, r. de Rivoli, 124.
Perrin, r. du F.-Montmartre, 13.
Perrot, r. de Rivoli, 87.
Pochet, r. Saint-Honoré, 189.
Poullet, r. Saint-Honoré, 231.
Renard, r. St-Honoré, 91.
Robert, rue Neuve-des-Petits-Champs, 7.
Roger, pas. des Petits-Pères, 1.
Spicrinael, r. Gaillon, 16.
Tapon-Chollet, r. Montmartre, 103.
Tetart, r. Sainte-Anne, 57.
Viault, b. Sébastopol, 11.

La Chambre des avoués tient ses séances au palais de Justice, les jeudis à 1 h. précise, et, en vacations, à midi. Le secrétariat est ouvert tous les jours d'audience, de 10 à 4 h.

AVOUÉS PRÈS LE TRIBUNAL DE PREMIÈRE INSTANCE.

Adam, r. de Rivoli, 110.
Archambault-Guyot, r. de la Monnaie, 10.
Audouin, r. Choiseul, 2.
Aviat, r. Rougemont, 6.
Bassot, b. Saint-Denis, 26.
Baulant, r. Lepelletier, 18.
Benoist, r. Saint-Antoine, 110.
Bertinot, r. Vivienne, 10.
Berton, r. de Grammont, 11.
Billaud, r. Marché-Saint-Honoré, 3.
Blachez, r. du Hanovre, 4.
Boinod, r. de Ménars, 1.
Bonnel-de-Longchamp, r. de l'Arbre-Sec, 48.
Boucher, rue Neuve-des-Petits-Champs, 95.
Boudin, r. Louis-le-Grand, 9.
Boutet, r. Gaillon, 20.
Brémard, r. Louis-le-Grand, 25.
Bricon, r. de Rivoli, 122.
Brochot, r. Neuve-S.-Augustin, 60.
Bujon, r. Hauteville, 21.
Burdin, b. Sébastopol (r. gauche).
Bureau du Colombier, r. Neuve-des-Petits-Champs, 36.
Caron (E.), r. Richelieu, 45.
Cartier, r. de Rivoli, 81.
Castaignet, r. Louis-le-Grand, 28.
Cesselin, r. des Jeûneurs, 35.
Chagot, r. Faub.-Poissonnière, 3.

Chauveau, r. de Rivoli, 84.
Chéron, r. Saint-Hyacinthe-Saint-Honoré, 4.
Comartin jeune, r. Bergère, 18.
Corpel, r. du Helder, 17.
Cottreau, carref. Gaillon, 25.
Coulon, r. Montmartre, 33.
Courbec, r. de la Michodière, 21.
Cullerier, r. du Harlay, 20.
Daupeley, r. Not.-D.-des-Vict., 32.
David, r. Gaillon, 14.
De Bénazé, r. Méhul, 1.
Debretonne, r. Sainte-Anne, 23.
Dechambre, r. Richelieu, 43.
Degournay, r. Richelieu, 102.
De la Courtie, r. Provence, 55.
Delafosse, r. Neuve-des-Petits-Champs, 79.
Delessard, pl. Dauphine, 12.
Delorme, r. Richelieu, 70.
Denormandie, r. du Sentier, 24.
Derré, r. Sainte-Anne, 13.
Dervaux, r. St-Merri, 19.
Des Étangs, r. Montmartre, 131.
Desgranges, r. de la Michodière, 20.
Devant, r. de la Monnaie, 9.
Devaux, r. de Grammont, 28.
Dinet, r. Louis-le-Grand, 28.
Dromery, r. de Mulhouse, 9.
Dubois (Émile), r. Rivoli, 65.

Dufay, r. Vivienne, 12.
Dufourmantelle, r. Neuve-Saint-Augustin, 33.
Dupont, r. Laffitte, 44.
Duval, b. Saint-Martin, 18.
Dyvrande, r. Rossini, 3.
Estienne, r. Sainte-Anne, 34.
Fitremann, r. Saint-Honoré, 171.
Fouret, r. Sainte-Anne, 51.
Foussier, r. de Cléry, 15.
Froc, r. de Grammont, 19.
Frauger de Mauny, r. Richelieu, 92.
Gaullier, r. Mont-Thabor, 12.
Giraud, r. des Deux-Écus, 15.
Giry, r. Richelieu, 15.
Guédon, b. Poissonnière, 23.
Guibet, rue de Grammont, 7.
Guidou, rue Neuve-des-Petits-Champs, 7.
Guyot-Sonnet, r. Grammont, 14.
Hardy, r. Neuve-St-Augustin, 10.
Henriet, r. Gaillon, 12.
Herbet, r. Sainte-Anne, 46.
Herval, r. d'Alger, 9.
Huet (Eug.), r. Louvois, 2.
Joos, r. du Bouloi, 4.
Jolly, r. Favart, 6.
Kieffer, r. Christine, 3.
Labbé, r. Neuve-St-Augustin, 6.
Laboissière, r. du Sentier, 29.
Lacomme, r. Neuve-des-Petits-Champs, 60.
Lacroix, r. Choiseul, 21.
Laden, b. Sébastopol, 141.
Lamy, barr. Saint-Denis, 220.
Laubanie, r. Sainte-Anne, 53.
Laurent Rabier, r. de Rivoli, 118.
Lavaux, r. Neuve-St-Augustin, 24.
Lefébure, r. Nve-St-Eustache, 45.
Legrand, r. du Luxembourg, 55.
Lenoir, pl. des Victoires, 3.
Lerat, r. Chabannais, 4.
Lesage, r. Drouot, 14.
Lescot, r. de la Sourdière, 19.
Levaux, r. des Saints-Pères, 7.
Levesque, r. Neuve-des-Bons-Enfants, 1.
Lorget, r. Saint-Honoré, 362.
Louveau, r. Gaillon, 13.
Maès, r. de Grammont, 12.
Marchal, rue Neuve-des-Petits-Champs, 76.
Marchand, r. Sainte-Anne, 18.
Marin, r. Richelieu, 60.
Marquis, r. Gaillon, 11.

Martin du Gard (Laroche), rue Sainte-Anne, 65.
Massard, r. Sainte-Anne, 57.
Meuret, r. Bergère, 25.
Meynard, r. Montmartre, 103.
Migeon, r. du Hanovre, 5.
Mignot, r. Sainte-Anne, 48.
Moreau (Ernest), pl. Royale, 21.
Moreau (Oscar), r. Laffitte, 7.
Motheron, r. du Temple, 71.
Mouillefarine, r. du Sentier, 8.
Moullin, r. Bonaparte, 8.
Parmentier, r. Hauteville, 1.
Paul, r. de Choiseul, 6.
Peronne, r. de Grammont, 3.
Petit Bergonz, rue Neuve-Saint-Augustin, 31.
Petit-Dexmier, r. du Hasard, 1.
Petit, r. Montmartre, 129.
Picard aîné, r. de Grammont, 25.
Plœssart, r. de la Monnaie, 11.
Postel, rue Neuve-des-Petits-Champs, 61.
Postel-Dubois, r. Neuve-des-Capucines, 8.
Pottier, r. du Helder, 12.
Poupinel, rue Croix-des-Petits-Champs, 84.
Prévot, quai des Orfévres, 18.
Protat, r. Richelieu, 27.
Provent, r. de Seine, 54.
Quatremère, r. du 29 Juillet, 3.
Quillet, rue Neuve-des-Petits-Champs, 33.
Racinet, r. Pavée-Saint-André-des-Arts, 14.
Ramond de la Croisette, av. Victoria, 9.
Rasetti, r. de la Michodière, 2.
Rety, r. des Lavandières-Ste-Opportune, 10.
Richard, r. des Jeûneurs, 42.
Robert, r. Bergère, 21.
Roche, b. Beaumarchais, 6.
Rousselet, r. Poissonnière, 18.
St-Amand, pl. et pass. des Petits-Pères, 2.
Sibire, r. Saint-Honoré, 189.
Tiébault, r. du F.-Montmartre, 31.
Tissier, r. Rameau, 4.
Tixier, r. Saint-Honoré, 288.
Trodoux, r. Thévenot, 16.
Vigier, quai Voltaire, 17.
Vivet, r. du Pont-de-Lodi, 5.
Warnet, r. de Rivoli, 132.

B

BAINS PUBLICS.

Chambre syndicale des propriétaires de bains de la ville de Paris, r. Sainte-Anne, 16.
Compagnie générale des lavoirs, séchoirs, bains et de construction d'appareils spéciaux pour l'industrie et l'économie domestique. Bouillon, Muller et Cie, r. Chabrol, 33.
Allender, F.-St-Antoine, 169.
Amerin, cité Pigale, 1.
Aubert, r. Montmartre, 123.
Bailly, nouveaux bains sur place, pl. Saint-Sulpice, 12.
Bains Tivoli, r. Saint-Lazare, 102.
Bains Vivienne, r. Vivienne, 15.
Barriol, imp. des Feuillantines, 5.
Baudot, r. Saint-Victor, 16.
Bernard, r. Vanneau, 46.
Bibollet, r. Saint-Honoré, 340.
Blanchet (V.), bains de vapeur, r. Monsieur-le-Prince, 27.
Boyer, r. Sainte-Anne, 55.
Brimeurs, r. du F.-St-Honoré, 30.
Bunel (F.), r. du Croissant, 9 et r. du Bouloi, 2.
Bunel (E.), r. du F.-Poissonnière, 3.
Caillat, r. St-Denis, 277, quai de Gèvres, 24, et r. St-Sauveur, 4.
Carlet, r. Saint-Martin, 192.
Carton, bains du Bouloi, d'eau de Seine et de Baréges, sur place et à domicile, cabinets avec divans et lits de repos; un pédicure habile est attaché à l'établissement, r. du Bouloi, 8.
Cathodeau, b. Saint-Denis, 10.
Caulet et Cie, r. Saint-Arnaud, 5.
Caulet (Eug.), r. Nve-des-Mathurins, 85.
Chatellier, Colonnes, 7, Palais-Royal, gal. Beaujolais, 92, et r. Beaujolais, 11.
Chauvin, r. Saint-Honoré, 123.
Collichon, r. St-Louis-Marais, 21.
Coqueret, r. des Martyrs, 24.
Domand, r. de Vaugirard, 43.
David (Mme), r. d'Arcole, 22.
Delpêche et Lacoste, r. Saint-Lazare, 134.
Desseaux, r. du Four-St-Germ., 40.
Douillet, r. de l'École-de-Médecine, 43.
Droust, r. Fidélité, 6, et boul. de Strasbourg, 70.
Dufou, r. de la Visitation-des-Da-

mes-Ste-Marie, 1, et passage Ste-Marie, 7.
Édel, r. Colysée, 14.
Ely, quai de la Mégisserie, 52.
Faure, r. des Noyers, 38.
Faverotte, r. Neuve-des-Petits-Champs, 48.
Flamand, r. Vieille-du-Temple, 27.
Florian-Connette et Tisserand, fournisseurs des hôpitaux civils et militaires (maison Monroy, fondée en 1826); bains et douches de vapeur, bains d'air chaud, fumigations sèches à domicile et sur place, appareils à double courant, vente et location, rue et place Louvois, 2.
Fourmestraux, pass. du Saumon, gal. des Bains, 12.
Froment, r. Nve-St-Merri, 5, r. de l'École-de-Médecine, 43, et rue Racine, 10.
Gallimard, r. Popincourt, 39.
Garnier, r. de l'École-de-Médecine, 97.
Gautier, r. Larrey, 8.
Gay, b. du Temple, 8.
Gerdil, r. de Milan, 22.
Godeby, r. Mouffetard, 186.
Goubeaux sœurs, r. St-Martin, 279.
Gouth, r. du Port-Royal, 20.
Huet (Vve), r. du F.-St-Denis, 86.
Huet, b. de Strasbourg, 23.
Jaudé, r. Neuve-Richelieu, 6.
Job (Mme), imp. de la Corderie, 3, et b. des Capucines, 17.
Lascoste, r. Saint-Denis, 880.
Lacote (A.), r. des Marais-Saint-Martin, 38.
Lamaille, F.-du-Temple, 15.
Lambert, r. de la Chaussée-d'Antin, 24.
Lavoir Mazas, r. Reuilly, 39.
Lecoursonnais, r. de la Roquette, 63.
Legrain, r. de Charonne, 38 et 40, pass. Josset, 9.
Leroy (Mlle), r. de Courcelles, 28.
Lévêque, r. St-Maur-Popincourt, 206-208.
Lorenzo, b. de Strasbourg, 85.
Machuré (M.), r. Crussol, 27.
Maldant, r. du F.-Poissonnière, 28.
Mansox, r. Chaillot, 38.
Marchal, r. Saint-Antoine, 155.
Marie, quai Bourbon, 17.
Mariotte, quai Valmy, 179, et rue des Vinaigriers, 10.
Mathias, r. du Temple, 205.
Ménardière, r. des Écluses-Saint-Martin, 30.
Michée, bains Chantereine, r. de la Victoire, 46.
Michelot et Arnaud, bains de vapeur, r. de La T.-d'Auvergne, 6.
Mignon, r. du F.-Montmartre, 4.
Millet, r. Saint-Honoré, 266, et r. St-Florentin, 6.
Monge, r. du Bac, 142.
Monnoury, r. du F.-Poissonn., 151.
Mouret, r. Montmartre, 163.
Mouton, r. Perche, 7.
Mugnier, r. du F.-Montmartre, 58.
Néothermes (les), r. de la Victoire, 56. Seul établissement hydrothérapeutique complet à Paris. Eau de source à 9° R. Douches et bains médicinaux de toute espèce. Jardins, vastes galeries,

etc. On reçoit des pensionnaires et des externes (V. Hydrothérapie et maisons de santé).
Nesseler, r. du Cloître-St-Jacq., 3.
Noirot, r. Tiquetonne, 16.
Panier, r. Longchamp, 2.
Pelletier, r. du F.-Montmartre, 38.
Perrault, r. du F.-St-Antoine, 115-117, et r. Charonne, 40.
Picot, r. Charonne, 15.
Picot (E.), r. des Quatre-Vents, 1.
Pillias, r. Bréda, 11.
Potel, r. du Temple, 54 et 145, rue St-Martin, 192, et r. Rambut., 82.
Poupin, r. de Rivoli, 66.
Prévost, r. Fontaine-Molière, 14.
Ragon, r. de Rochechouart, 3.
Rouge, r. Caumartin, 51.
Ruault (J.-B.), r. du Boulot, 24.
Senez, r. de la Chauss.-d'Ant., 46.
Sèvre, r. N.-D.-des-Victoires.
Tabouret, r. Montholon, 28.
Tazé, vaste établissement, très-bien aéré, au milieu d'une grande cour, dans lequel on trouve toutes sortes de bains d'eau et de vapeur, étuve commune, r. du Faubourg-St-Denis, 50.
Thévenon, r. Cardinal-Lem., 23.
Thiéblement, Bains Algériens, r. Vivienne, 47, et r. St-Marc, 16.
Tougard et Cie, bains sur Seine, quai de l'École, 18.
Tournant, r. du F.-du-Temple, 50.
Trouillet, bains et douches de vapeur, bains russes, douches naturelles et minérales, les plus beaux et les plus grands salons qui existent pour bains complets (avec divans); excellent chauffage pour l'hiver, b. Beaumarchais, 24, et r. Amelot, 18 et 15.
Troyes (Mme), r. des Beaux-Arts, 3 bis.
Tuillier, r. de Malte, 8.
Turquet, r. du F.-St-Honoré, 108.
Vautier, r. Godot, 11.

Bains sur rivière et écoles de natation.

Burgh frères, quai d'Orsay, près le pont de la Concorde.
Chevrier neveu, quai d'Orsay.
Gontard et Cie, quai Voltaire; domicile, r. Verneuil, 41.
Normand, quai de Béthune, sur la Seine.
Ouarnier, école n. pour dames; q. Voltaire, domic., r. du Bac, 96.
Serra (Vve), quai d'Orsay; domicile, r. de l'Université, 83.
Terrade, bains Henri IV, en aval du Pont-Neuf.

Bains chauds sur la Seine.

Société civile des bains de la Samaritaine (eaux filtrées), quai de l'école sur la Seine, près du Pont-Neuf. Directeur: Blumenthal.
Tougard et Cie, bains des Tuileries, situés en amont du pont Royal sur la Seine. — Bains du Pont-Neuf, au-dessus du terre-plein Henri IV. — Bains du pont Marie, en aval du pont Marie. — Siège de la Société, quai de l'École, 10

BALS.

Closerie des Lilas, jardin Bullier, bals dimanches, lundis, jeudis, et fêtes, d'avril en octobre, carrefour de l'Observatoire, 9, à l'issue du Luxembourg.
Château des Fleurs (Champs-Élysées, r. des Vignes, 5). Soirées dansantes tous les lundis, mercredis, vendredis et dimanches. Bals-concerts les dimanches et fêtes.
Château-Rouge (Nouveau Tivoli), chaussée de Clignancourt. Bals dimanches, lundis et samedis, 2 fr., jeudi, 8 fr.
Élysées des Arts. Gâteau, propriétaire, b. Bourbon, 18. Bals: les dimanches, lundis, jeudis et samedis.
Jardin Mabille, avenue Montaigne, 87, aux Champs-Élysées. Grandes fêtes musicales et dansantes, mardi, jeudi, samedi et dimanche.
Molière, passage Molière, 6.
Salle Sainte-Cécile, r. de la Chaussée-d'Antin, 49 bis. Location pour bals, concerts et réunions.
Salon de Mars. Directeur, M. Morette, r. du Bac, 85.
Tivoli d'hiver, r. de Grenelle-St-Honoré, 85. Directeur, Febvrel.
Valentino, r. Saint-Honoré, 251. M. Lecoq, directeur.
Wauxhall, r. de la Douane, 24. Directeurs: Pilodo et Cotte.

BANQUE DE FRANCE, r. de la Vrillière, 1 et 3. — Elle escompte des effets de commerce à ordre, timbrés, à 3 signatures, et ayant au plus 3 mois d'échéance. Elle fait des avances sur effets publics français à échéance déterminée et non déterminée. Elle émet des billets à vue et au porteur, et des billets à ordre transmissibles par la voie de l'endossement. Elle reçoit ou garde les titres, les effets publics nationaux et étrangers, au porteur ou nominatifs, et encaisse les arrérages et dividendes afférents à ces valeurs, lorsqu'elles sont payables à Paris, le tout moyennant un droit de garde annuel de 20 c. par titre de 1,250 francs et au-dessous et de 10 c. par 25 francs de rente. On peut aussi déposer des titres en compte courant, moyennant un droit annuel de 5 fr. par 25 titres; mais il n'est pas ouvert de compte à moins de 50 fr. par an. Les diamants sont reçus en dépôt, moyennant un droit de 1/8 p. 100 pour 6 mois, et les lingots et monnaies moyennant 1/8 p. 100 pour un an. L'argenterie n'est pas reçue. Pour être admis au compte courant et à l'escompte, il faut en faire la demande par écrit au gouverneur et l'accompagner d'un certificat dont la formule est indiquée par la Banque. Elle ne reçoit pas des actions de la Banque et disposer séparément de la nu-propriété. Les actions peuvent être immobilisées par la déclaration du propriétaire, et elles deviennent sujettes aux lois qui régissent les immeubles. La Banque escompte tous les jours non fériés. Le taux de l'escompte varie et il est déterminé par le conseil général de la Banque.
BATEAUX A VAPEUR. — Quai d'Orsay, pour Saint-Cloud; pont Louis-Philippe, pour Corbeil et Melun. Ces bateaux, de pur agrément, ne font leur service que dans la belle saison. Le prix des places varie suivant les escales, depuis 50 c. jusqu'à 1 fr. 50.
BATIMENTS DE LA COURONNE. — V. *Direction générale des établissements de la couronne*.
BAZARS. — Bazar de l'Industrie française, b. Poissonnière, 27; bazar Bonne-Nouvelle, b. Bonne-Nouvelle, 20 et 22; bazar Européen, b. Montmartre, 12; bazar Sébastopol, b. de Strasbourg, 30; bazar Général des voyageurs, b. Poissonnière, 14; bazar Boufflers, b. des Italiens, 19; bazar des Patriarches, rue des Patriarches.
BIBLIOTHÈQUE DE L'ARSENAL, r. de Sully, à l'Arsenal. — Elle contient 200,000 volumes et 8,000 manuscrits. Très-riche surtout en documents sur le théâtre. Ouverte tous les jours non fériés, de 10 à 3 heures. Vacances, du 15 septembre au 8 novembre, et du 1er août au 15 septembre alternativement.
BIBLIOTHÈQUE DE LA SORBONNE, à la Sorbonne. — Renferme 80,000 volumes. Ouverte tous les jours, de 10 à 3 heures, et de 7 à 10 heures du soir. Vacances, du 10 juillet au 25 août.
BIBLIOTHÈQUE DE LA VILLE DE PARIS, à l'Hôtel de Ville. — Est riche en livres spéciaux sur Paris et son administration. Ouverte au public tous les jours, de 10 à 3 heures. Vacances, du 15 août au 30 septembre inclusivement.
BIBLIOTHÈQUE DE L'ÉCOLE DE MÉDECINE, place de l'École-de-Médecine, dans les bâtiments de la Faculté. — Riche en livres spéciaux et ouverte seulement aux élèves en médecine, sur la présentation de leur carte, de 10 à 3 heures. Vacances: celles de la Faculté.
BIBLIOTHÈQUE IMPÉRIALE, r. Richelieu, 58. — Ouverte au public tous les jours non fériés, de 10 à 4 heures, excepté pendant la quinzaine de Pâques. On peut la visiter les mardis et vendredis, aux heures où elle est ouverte aux lecteurs. Le prêt des livres au dehors est accordé à qui en fait la demande à l'administrateur, en s'appuyant sur titres littéraires suffisants. Elle contient environ 1,700,000 volumes imprimés, 80,000 manuscrits, 1,000,000 d'estampes, cartes et gravures, et 130,000 médailles.
BIBLIOTHÈQUE IMPÉRIALE DU LOUVRE, quai du Louvre, entre le pont des Saints-Pères et le pont des Arts. — Elle contient environ 80,000 volumes. Ouverte au public il y a quelques années, elle a été fermée depuis, et l'on ne peut y travailler qu'avec une autorisation spéciale.
BIBLIOTHÈQUE MAZARINE, quai Conti, 23, au palais de l'Institut. — Elle renferme près de 200,000 vol. et 4,000 manusc.; elle possède en outre une collection unique formée par feu Petit-Radel, de l'Institut, précédent administrateur: 80 modèles exécutés en relief et représentant les monuments pélasgiques de l'Italie, de la Grèce et de l'Asie-Mineure. Ou-

BALAYAGE. — Tout propriétaire de maison, tout locataire de boutique donnant sur la rue, est tenu de balayer ou de faire balayer chaque matin de très-bonne heure, sous peine d'amendes et de contraventions, qu'on peut facilement éviter en chargeant de ce soin l'entreprise de balayage, qui a son siège rue du Faubourg-Saint-Martin, 126. Les réclamations qui peuvent être faites à ce sujet concernent la 2e division de la préfecture de Police.

verte tous les jours aux lecteurs, de 10 heures à 3. Vacances, du 1er août au 16 septembre.

BIBLIOTHÈQUE SAINTE-GENEVIÈVE, place du Panthéon, 1. — Elle contient environ 150,000 volumes imprimés et 3,000 manuscrits. Elle est ouverte le matin de 10 à 3 heures, et le soir de 6 à 10 heures. Fermée les dimanches et fêtes. Vacances, du 1er septembre au 15 octobre.

BOIS DE BOULOGNE. — Cette promenade, une des principales et des plus fréquentées de Paris, depuis les notables améliorations qu'elle a subies, est située à l'extrémité de l'avenue de l'Impératrice; on y entre également par plusieurs autres portes ouvertes sur l'avenue de Neuilly, sur Passy et sur Boulogne. Les voitures de place y conduisent sans augmentation de prix, et plusieurs omnibus y aboutissent de l'intérieur de Paris. C'est un parc, avec restaurants, cafés, jeux de toutes sortes, dont l'entrée est gratuite.

BOITES AUX LETTRES. — V. Postes.
BOTANIQUE (Jardin). — V. Jardins.

BOUCHERIE CENTRALE DES HOPITAUX. — A l'abattoir Villejuif, boul. de l'Hôpital, 151. On ne peut la visiter qu'avec l'autorisation du directeur.

BOULANGERIE CENTRALE DES HOPITAUX, rue et place Scipion, 13. — Établissement considérable très-curieux, qu'on ne peut visiter qu'avec une permission spéciale du directeur.

BOURSE DE PARIS. — Ouverte tous les jours, dimanches exceptés, de 1 à 5 heures. Le prix d'entrée est de 1 fr. La Bourse est ouverte à tous les citoyens jouissant de leurs droits politiques et aux étrangers; le parquet seul leur est interdit, exclusivement réservé qu'il est aux agents de change. Les affaires de bourse se terminent à 3 heures, mais la salle n'est fermée qu'à 5 heures et quart. Le tribunal de commerce, dont le siège est dans l'intérieur de la Bourse, est accessible au public, sans droit d'entrée, par deux portes réservées sur les bas-côtés du monument. V. Tribunal de commerce.

BUREAU CENTRAL D'ADMISSION. — V. Administration de l'assistance publique.

BUREAU CENTRAL DE PESAGE ET DE MESURAGE. — A la préfecture de la Seine.

BUREAU DE LA MARQUE D'OR ET D'ARGENT, r. Guénégaud, 4. — Tous les jours, de 10 à 4 heures.

BUREAU DE LA NAVIGATION, quai de la Tournelle, pavillon du port. — C'est là le siège de l'inspecteur général.

BUREAU DES NOURRICES. — Ce bureau, institué pour donner aux familles les moyens d'élever leurs enfants, en leur procurant des nourrices à des prix modérés, est situé r. Sainte-Appoline, 18. Les enfants qui lui sont confiés sont placés, sous la surveillance d'inspecteurs accrédités, dans un rayon de 120 à 160 kilom. de Paris. Un médecin par chaque canton est chargé de visiter les enfants, de les soigner en cas de maladie et d'envoyer des nouvelles une fois par mois. Les frais généraux de cette institution sont à la charge de la ville de Paris.

BUREAUX DE LA POLICE DES VOITURES PUBLIQUES, r. de Pontoise, 18-15. — V. Fourrière.

BUREAUX DE BIENFAISANCE. — Il y en avait 12 jusqu'ici, un par arrondissement. Le nombre des arrondissements augmentant, avec le chiffre de la population, le nombre des bureaux de bienfaisance augmentera naturellement aussi. Jusque-là, nous ne pouvons donner que la liste de ceux qui existent, et qui sont chargés de distribuer des secours à domicile aux nécessiteux et aux infirmes, sous l'autorité de M. le préfet de la Seine et sous la direction de l'assistance publique.

Rue d'Anjou-Saint-Honoré, 11.
Rue Drouot, 6.
Rue des Vieux-Augustins, 27.
Rue Boucher, 6.
Rue du F.-St-Martin, 72.
Rue Vendôme, 11.
Rue Ste-C.-de-la-Bretonnerie, 20.

Impasse des Hospitalières, 1.
Rue Geoffroy-l'Asnier 23.
Rue de Varennes, 39.
Rue Bonaparte, 78.
Place du Panthéon, mairie du 5e arrondissement.

BUREAUX DE PAPIER TIMBRÉ. — Ils sont ouverts tous les jours, de 8 heures du matin à 6 heures du soir en été, et de 8 à 5 h. en hiver.

Rue Saint-Honoré, 317.
Rue du F.-Saint-Martin, 37.
Rue des Moineaux, 14.
Rue Papillon, 4.
Rue Monthion, 7.
Rue Mandar, 9.
Rue de Mulhouse, 17.
Cour des Petites-Écuries, 16.
Rue de l'Arbre-Sec, 22.
Rue du Bouloi, 17.
Rue des Bons-Enfants, 22.
Rue du Petit-Carreau, 14.
Rue du F.-Saint-Martin, 100.
Faubourg Saint-Martin, 6.
Rue de la Monnaie, 2.
Rue St-Germain-l'Auxerrois, 75.
Rue des Tournelles, 11.
Quai des Grands-Augustins, 31.
Rue de la Pépinière, 50.
Rue Basse-du-Rempart, 43.
Grande-Rue de Bercy, 44.
Rue le Chapelais-Batignolles, 10.

Place Saint-Victor, 26.
Rue Saint-Jacques, 61.
Rue Mouffetard, 55.
Boul. Bonne-Nouvelle, 31.
Rue de Cléry, 29.
Rue Réaumur, 29.
Rue Folie-Méricourt, 36.
Rue Saint-Martin, 229.
Rue de la Poterie, 9.
Rue du Temple, 23.
Rue du Pont-Louis-Philippe, 9.
Rue Culture-Ste-Catherine, 17.
Rue de la Roquette, 18.
Rue de Lesdiguières, 17.
Rue de Sèvres, 67.
Rue des Canettes, 13.
Rue du Bac, 40.
Rue Furstemberg, 8.
Rue Saint-André, 22.
Rue des Grès, 7.
Rue de la Sainte-Chapelle, 9.
Rue Fontaine-Molière, 17.

Rue Nve-St-Augustin, 6.
Rue Geoffroy-l'Asnier, 1.
Passage St-Marie, 5.

Rue de Lancry, 51.
Rue de Vaugirard, 105.
Grande-Rue de la Chapelle, 97.

En outre, la plupart des débits de tabac, ouverts depuis 6 heures du matin jusqu'à 11 h. 1/2 du soir, fournissent du papier timbré pour les billets de commerce, mais seulement pour ces billets.

C

CABINET D'ANATOMIE, r. de l'École-de-Médecine, 12. — Ouvert au public tous les jours non fériés, de 10 à 4 heures.

CABINETS INODORES A 15 CENTIMES.

Jardin des Tuileries.
Jardin du Luxembourg.
Jardin des Plantes.
Champs-Élysées.
Palais-Royal, gal. Nemours, 11.
Palais-Royal, g. Montpensier, 78.
Passage Choiseul, 28.
Passage des Panoramas, 27.
Galerie Delorme, 4.
Rue Beaujolais, 2 et 21.
Passage du Saumon, 23.
Passage Jouffroy, 43.
Passage de l'Opéra 9.

Passage Véro-Dodat, 16.
Place du Palais-Royal.
Rue St-Étienne-B.-Nouvelle, 16.
Rue des Filles-St-Thomas, 6.
Rue de Bondy, 94.
Rue Molière, 6.
Boulevard du Temple, 70.
Place Saint-Sulpice.
Place Richelieu.
Place de la Madeleine.
Bazar Bonne-Nouvelle.
Boulevard des Italiens, 17.

CADASTRE. — V. Direction des contributions directes.
CAISSE COMMERCIALE. — Boulevard Poissonnière, 17.
CAISSE D'AMORTISSEMENT. — V. Dépôts et consignations.
CAISSE DE LA PRÉFECTURE DE LA SEINE. — Ouverte tous les jours de 10 à 3 heures, et les dimanches et fêtes de 10 à 2 heures, pour les versements des droits pour permis de voirie, des frais d'adjudication, du prix des concessions de terrains dans les cimetières, et pour la délivrance du papier timbré nécessaire aux actes de l'état civil.

CAISSE D'ÉPARGNE. — Cet établissement, dont le siège et les bureaux sont r. Coq-Héron, 5, a pour objet de recevoir et de faire fructifier les économies qui lui sont confiées. Tous les dimanches et tous les lundis, de 11 à 4 heures, on peut y déposer depuis 1 fr. jusqu'à 300 fr., ni au-dessous ni au-dessus à la fois, et aucun déposant ne peut avoir à son compte plus de 1,000 francs. L'intérêt réglé tous les ans est ajouté au capital pour reproduire des intérêts. Les dépôts peuvent être retirés en tout ou en partie, à volonté, dans les quinze jours de la demande qui doit en être faite, l'un des deux jours désignés, aux bureaux ouverts à cet effet. La Caisse achète d'office 10 fr. de rente à tout déposant dont le compte excède 1,000 fr., 3 mois après la capitalisation des intérêts qui a lieu au 31 décembre de chaque année; elle achète, en outre, des rentes pour le compte de tout déposant qui en fait la demande. Tous ces détails sont imprimés dans le livret que chaque déposant reçoit le jour de son premier dépôt. Outre les bureaux de l'administration centrale, la Caisse d'épargne a encore un certain nombre de succursales dans Paris et dans les communes environnantes. Les succursales de Paris sont situées:

Place Royale, 14.
Rue Bonaparte, 78, à la mairie.
Rue Vendôme, 11.
Rue d'Anjou-St-Honoré, 11.
Rue Lobau, à l'Hôtel de Ville.

Rue de Grenelle-St-Germain, 7.
Place du Panthéon, à la mairie.
Rue Drouot, 6, à la mairie.
Rue du F.-Saint-Martin, 72.
Rue Ste-Croix-de-la-Bretonn., 20.

Et aux anciennes mairies de Montmartre, de Belleville, de la Villette, des Batignolles, de Grenelle, de Neuilly, etc.

CAISSE DU TRÉSOR, au ministère des Finances, r de Rivoli, 234. — La caisse centrale n'est pas ouverte au public, mais les sous-caisses le sont tous les jours non fériés, de 9 à 2 heures.

CAISSE GÉNÉRALE DES HOSPICES. — Place de l'Hôtel-de-Ville, dans les bureaux de l'Assistance publique.

CAISSE MUNICIPALE. — A la préfecture de la Seine, 4e division, 2e bureau. Elle paye et reçoit tous les jours, de 10 à 3 heures.

CAVE CENTRALE DES HOSPICES. — Elle est située à l'entrepôt des vins. Pour la visiter, il faut demander une permission par écrit au directeur, ou, en son absence, à l'économe.

CERCLES, CLUBS et RÉUNIONS. — Les lieux de réunion spéciaux à certaines professions ainsi qu'à certaines positions sociales sont assez nombreux, et nous ne pouvons les indiquer tous. Nous en donnerons ici que les renseignements qui concernent les plus anciens et les mieux établis de ces établissements de loisir ou de travail. Le Cercle Agricole, r. de Beaune. Le Cercle de la Librairie, de l'Imprimerie et de la Papeterie, r. Bonap., 1. Le Cercle Malaquais, q. Malaquais, 3; réunion des sociétés savantes, littéraires, artistiques. L'Ancien Cercle, boul. Montmartre, 16. Le Jockey-Club, société d'encouragement pour l'amélioration des races de chevaux en France, r. Drouot, 2. Le nombre des membres est illimité, mais les candidats sont soumis à des conditions de notabilité et de fortune qui restreignent forcément ce nombre. Chaque membre permanent paye 500 fr. la première année, dont 200 fr. d'entrée pour le cercle, 100 fr. pour la souscription annuelle de la société, et 200 fr. pour celle du cercle. Les années suivantes, il ne paye que 300 fr.

CHAMBRE DE COMMERCE, siége et bureaux, pl. de la Bourse, 2. — Le bureau est ouvert tous les jours non fériés, de 11 à 4 h. Dans l'hôtel même de la chambre de commerce se trouve l'établissement public de la condition des soies et des laines : on y entre par la rue Notre-Dame-des-Victoires, 21. La bibliothèque de la chambre de commerce, composée d'ouvrages spéciaux, sous la classification méthodique d'arts et métiers, commerce intérieur et maritime, navigation, colonies, économie politique, voyages, etc., est ouvert au public tous les jours non fériés, de 10 à 3 heures.

CHANCELLERIE. — V. *Ministère de la justice.*

CHANCELLERIE DE L'ORDRE IMPÉRIAL DE LA LÉGION D'HONNEUR, r. de Lille, 64, au coin de la rue Bellechasse. — Le grand chancelier donne des audiences particulières, lorsque demande lui en a été faite par écrit en indiquant l'objet dont on désire l'entretenir. Quant aux divers bureaux qui composent la chancellerie, quelques-uns sont ouverts au public tous les jours non fériés, de 11 à 3 h. Ce sont les 1er et 2e bureaux de la division des fonds et de la comptabilité.

CHANGEURS.

Allard, pl. de la Bourse, 12.
Blanc, r. Coquillière, 10.
Bouchon, rue Neuve-des-Petits-Champs, 87.
Caplain-St-André fils ainé et Cie, r. Michel-le-Comte, 28, et Saint-Martin, 219.
Cerf (Léon), escompte effets sur les banquiers et mandats sur le Trésor, achat de mat. d'or, d'argent, de platine, diamants et pierres précieuses, gal. de Valois, 138.
Claudon, Palais-Royal, gal. Beaujolais, 87.
Delapierre (Jules), rue du Faub.-St-Honoré, 70.
De Lauront, r. F.-Montmartre, 75.
Detouche (C.) ✻, r. St-Martin, 228 et 230.
Flamand-Duval (ancienne maison Gigon, orf.-chang., r. du Bac, 35.
Genétreau, r. Laffitte, 39.
Graverand, horl.-bijout., boul. des Capucines, 1.
Lévy (Félix), actions indust., r. Vivienne, 22; change, Pal.-Royal, gal. Valois, 171, et achat de diamants et pierres précieuses, gal. Montpensier, 1.
Mayer et fils, chang., achat et v. de fonds publics, chem. de fer, oblig. et valeurs étrang., encais. de coupons d'int., r. St-Honoré, 235, au coin de la r. Castiglione.
Monteaux (N.) et fils, chang., méd., rentes, coup., chem. de fer, P.-Royal, g. Montpensier, 32.
Monteaux (Ch.) et B. Lunel, achat et v. de mat. d'or et d'arg., encaissem. des coupons français et étrang., maison spéciale pour l'achat et la v. des fonds étrang. (renseig.), b. Montmartre, 17.
Nodé-Langlois, Palais-Royal, gal. Montpensier, 32.
Sarazin, boul. St-Denis, 19.
Soive, r. Marché-St-Honoré, 28.
Spielmann (Meyer Vve) et Cie, chang. de monnaies, escompte et recouvrem., r. Vivienne, 28.
Steffen (E.), p. des Panoramas, 6.
Tierrez, r. du Bac, 49.
Varat, r. St-Antoine, 110 bis.
Vermorel, r. Taitbout, 30.
Villomain et Cie, r. Vivienne.

CHARGÉS D'AFFAIRES. — Haïti, r. Caumartin, 19. République de Nicaragua, r. Ville-l'Évêque, 38. San Marin, r. d'Anjou-Saint-Honoré, 7. De midi à 3. Visa, 5 fr. 50. San Salvador, r. d'Aumale, 19. De 10 h. à midi et de 4 à 6 h. Visa, 5 fr. Saxe-Cobourg-Gotha, r. St-Lazare, 92.

CHATEAUX IMPÉRIAUX. — Les palais des Tuileries, du Louvre, de l'Élysée et le Palais-Royal ne sont visibles pour les Parisiens munis de billets ou pour les étrangers munis de passe-ports, qu'en l'absence des princes ou princesses qui les habitent ordinairement.

CHEMINS DE FER DES ENVIRONS DE PARIS.

DE PARIS A VERSAILLES (rive droite). — Rue Saint-Lazare.

Heures de départ. — De Paris, matin, 7 heures 30 minutes. 8 h. 30 m. — 9 h. 30 m. — 10 h. 30 m. — 11 h. 30 m. — Soir, 12 h. 30 m. — 1 h. 30 m. — 2 h. 30 m. — 3 h. 30 m. — 4 h. 30 m. — 5 h. 30 m. — 6 h. 30 m. — 7 h. 30 m. — 8 h. 30 m. — De Versailles, matin, 7 heures. — 8 h. — 9 h. — 10 h. — 11 h. 12 h. — Soir, 1 h. — 2 h. — 4 h. — 5 h. — 6 h. — 7 h. — 8 h. — 9 h. 10 h. — Train spécial à 5 h. 5 m. du soir, les dimanches et fêtes exceptés, desservant Saint-Cloud, Ville-d'Avray, Versailles. La station de Viroflay n'est desservie que par le premier train, dans chaque sens seulement.

Omnibus place de la Bourse et place du Palais-Royal.

STATIONS	PRIX DES PLACES			
	SEMAINE		DIMANCHE	
	wagons	dilig.	wagons	dilig.
Courbevoie	» 40	» 60	» 50	» 75
Puteaux	» 40	» 60	» 50	» 75
Suresnes	» 40	» 60	» 50	» 75
Saint-Cloud	» 50	» 75	» 70	1 »
Ville-d'Avray	» 60	» 80	» 70	1 »
Viroflay	1 25	1 50	1 25	1 50
Versailles	1 25	1 50	1 25	1 50
Entre deux stations	» 30	» 50	» 30	» 50

DE PARIS A VERSAILLES (rive gauche). — Boulevard Montparnasse, 44.

Heures de départ. — De Paris, matin, 8 heures. — 9 h. — 10 h. 11 h. — 12 h. — Soir, 1 h. — 2 h. — 3 h. — 4 h. — 5 h. — 6 h. — 7 h. — 8 h. — 9 h. — 10 h.

De Versailles, matin, 7 heures 30 minutes. — 8 h. 30 m. — 9 h. 30 m. — 10 h. 30 m. — 11 h. 30 m. — Soir, 12 h. 30 m. — 1 h. 30 m. — 2 h. 30 m. — 3 h. 30 m. — 4 h. 30 m. — 5 h. 30 m. — 6 h. 30 m. — 7 h. 30 m. — 8 h. 30 m. — 10 h. — Service spécial des dimanches et jours de fêtes, de Versailles départs supplémentaires à 9 h. 30 m. et 10 h. 30 m. du soir, au lieu de 10 h.

Omnibus dans Paris place de la Bourse, place du Palais-Royal, place du Palais de Justice, rue Saint-Martin, 256, r. Bonaparte, 52.

STATIONS	PRIX DES PLACES	
	Wagons	Diligences
Clamart	» 40	» 60
Meudon	» 50	» 75
Bellevue	» 50	» 75
Sèvres	» 50	» 75
Chaville	» 80	1 10
Viroflay	1 »	1 25
Versailles	1 25	1 50
Entre deux stations	» 30	» 50
Billets d'enfants pour toute destination	» 30	» 50

CARTES D'ABONNEMENT.

DE PARIS à	POUR SIX MOIS		POUR UN AN	
	Diligences	Wagons	Diligences	Wagons
Bellevue	150	100	200	150
Saint-Cloud	150	100	200	150
Versailles	225	150	300	200

DE PARIS A SAINT-GERMAIN. — Rue Saint-Lazare.

Heures des départs. — De Paris, depuis 7 heures 35 minutes du matin jusqu'à 8 h. 35 m. du soir, d'heure en heure, dernier départ à 10 h. 5 m. du soir. — Train spécial à 5 h. 10 m. du soir desservant Rueil et Chatou, dimanches et fêtes exceptés.

De Saint-Germain, d'heure en heure depuis 7 heures 2 minutes du matin jusqu'à 10 h. 2 m. du soir. — D'Argenteuil, d'heure en heure, depuis 7 h. 23 m. du matin jusqu'à 9 h. 23 m. du soir. Dernier départ 10 h. 40 m. du soir.

STATIONS	PRIX DES PLACES			
	SEMAINE		DIMANCHE	
	wagons	dilig.	wagons	dilig.
Asnières	» 35	» 50	» 50	» 75
Colombes, Argenteuil	» 50	» 70	» 70	1 »
Nanterre	» 60	» 75	» 90	1 »
Rueil	» 70	» 90	» 90	1 15
Chatou	» 80	1 10	1 10	1 35
Vésinet (Pecq)	1 25	1 50	1 25	1 50
Saint-Germain	1 25	1 50	1 25	1 50

DE PARIS A AUTEUIL. — Rue Saint-Lazare.

Heures des départs. — De Paris, deux fois par heure aux 5 et aux 35 minutes, depuis 7 heures 35 minutes du matin jusqu'à 1 h. 25 m. de l'après-midi, et trois fois par heure, aux 35 m., 55. m. et 15 m. depuis 1 h. 35 m. de l'après-midi jusqu'à 10 h. 15 m. du soir.

D'Auteuil, deux fois par heure, aux 55 et aux 25 minutes, depuis 6 h. 55 minutes du matin jusqu'à 1 h. 25 m. de l'après-midi, et trois fois par heure, aux 25, 45 m. et 5 m., depuis 1 h. 25 m. de l'après-midi jusqu'à 10 h. 5 m. du soir.

STATIONS	PRIX DES PLACES			
	SEMAINE		DIMANCHE après-midi	
	wagons	dilig.	wagons	dilig.
Batignolles	» 15	» 30	» 30	» 40
Courcelles	» 15	» 30	» 30	» 40
Porte-Maillot	» 30	» 40	» 45	» 70
Porte-Dauphine	» 30	» 40	» 45	» 70
Passy	» 30	» 40	» 50	» 70
Auteuil	» 30	» 40	» 50	» 70
Trajet entre deux stations	» 20	» 30	» 30	» 40

DE PARIS A CORBEIL. — Boulevard de l'Hôpital.

Heures des départs. — Départs de Paris, matin, 7 heures 30 minutes. — 9 h. — 11 h. 10 m. — Soir, 1 h. 30 m. — 3 h. — 6 h. 45. — 9 h. 15.

De Corbeil, matin, 6 heures 45 minutes. — 9 h. — 11 h. 30 m. — Soir, 2 h. 30 m. — 7 h. 25 m. — 9 h.

STATIONS.	PRIX DES PLACES		
	1re classe.	2e classe.	3e classe.
Choisy	1 »	» 60	» 50
Ablon	1 55	1 15	» 85
Athis	1 75	1 30	1 »
Juvisy	1 95	1 50	1 10
Ris	2 50	1 85	1 40
Evry	2 90	2 »	1 50
Corbeil	3 »	2 10	1 60

BILLETS D'ALLER ET RETOUR (tous les jours).

Il est délivré à la gare de Paris et aux stations ci-après, des billets d'aller et retour de 1re, 2e et 3e classe pour les parcours désignés ci-dessous.

		1re classe.	2e classe.	3e classe.
DE PARIS AUX STATIONS CI-CONTRE ET RETOUR ou DES STATIONS CI-CONTRE A PARIS ET RETOUR.	Choisy	Billets de 1re classe au prix ordin. des billets de 2e classe.	Billets de 2e classe au prix ordin. des billets de 3e classe.	» 75
	Ablon			1 30
	Athis-Mons.			1 50
	Juvisy			1 65
	Ris			2 10
	Evry			2 25
	Corbeil			2 40

DE PARIS A ORSAY. — Barrière d'Enfer.

Heures des départs. — De Paris à Sceaux, matin, 6 heures 30 minutes. — 7 h. 30 m. — 9 h. 30 m. — 10 h. 30 m. — 11 h. 30 m. — 12 h. 30 m. — Soir, 1 h. 30 m. — 2 h. 30 m. — 4 h. 30 m. — 5 h. 30 m. — 6 h. 30 m. — 8 h. 30 m. — 9 h. 30 m. — *Trains supplémentaires :* matin, 8 heures 30 minutes. — Soir, 3 h. 30 m. — 7 h. 30 m.; les lundis, dimanches et fêtes seulement.
De Sceaux à Paris, matin, 7 heures. — 8 h. — 10 h. — 11 h. — 12 h. — Soir, 1 h. — 2 h. — 3 h. — 5 h. — 6 h. — 7 h. — 9 h. — 10 h. — *Trains supplémentaires :* matin, 9 heures. — Soir, 4 h. et 8 h., les lundis, dimanches et fêtes seulement.
De Paris à Orsay, matin, 6 heures. — 8 h. — 10 h. — 12 h. — Soir, 3 h. — 5 h. — 8 h.
D'Orsay à Paris, matin, 7 heures 5 minutes. — 9 h. 5 m. — 11 h. 5 m. — Soir, 1 h. 5 m. — 4 h. 5 m. — 6 h. 5 m. — 9 h. 5 m.

STATIONS.	PRIX DES PLACES.					
	SEMAINE.			DIMANCHE.		
	1re classe.	2e classe.	3e classe.	1re classe.	2e classe.	3e classe.
Arcueil, Cachan	» 50	» 35	» 25	» 60	» 45	» 30
Bourg la Reine	» 70	» 50	» 30	» 75	» 60	» 45
Fontenay	» 80	» 55	» 40	» 90	» 70	» 50
Sceaux	» 90	» 60	» 45	1 »	» 80	» 60
Antony	» 90	» 60	» 45	1 »	» 80	» 60
Massy	1 20	» 90	» 70	1 25	1 »	» 80
Palaiseau	1 50	1 »	» 80	1 70	1 25	1 »
Orsay	2 »	1 40	1 10	2 25	1 70	1 25

Billets d'aller et retour à prix réduits.

DE PARIS A CHARENTON ET MAISONS-ALFORT. — Chemin de fer de Lyon, rue de Lyon.

Départs de Paris, matin, 7 heures 10 minutes. — 8 h. 10 m. — 9 h. 10 m. — 10 h. 10 m. — Soir, 3 h. 10 m. — 4 h. 10 m. — 5 h. 10 m. — 7 h. 10 m. — 9 h. 10 m.

	PRIX DES PLACES.	
	1re classe.	2e classe.
Charenton	» 50	» 30
Maisons-Alfort	» 60	» 40

DE PARIS A SAINT-DENIS, ENGHIEN ET PONTOISE. — Chemin de fer du Nord, place Roubaix.

Départs de Paris, matin, à 6 heures 25 minutes. — 7 h. 15 m. — 8 h. — 8 h. 30 m. — 9 h. 30 m. — 10 h. 30 m. — 11 h. 30 m. — 12 h. — Soir, 12 h. 15 m. — 12 h. 30 m. — 1 h. — 1 h. 30 m. — 2 h. 30 m. — 3 h. 30 m. — 4 h. — 4 h. 30 m. — 5 h. — 5 h. 30 m. — 6 h. 30 m. — 7 h. 35 m. — 8 h. 30 m. — 9 h. 30 m. — 10 h. 30 m. — 11 h.

DE PARIS A LA VARENNE-SAINT-MAUR. — Place de la Bastille.
Départs, toutes les heures.
CHEMIN DE FER DE CEINTURE, r. d'Amsterdam, 1. — Ce chemin ne transporte encore que des marchandises et il relie toutes les gares entre elles.

CHEMINS DE FER DE L'EST, pl. de Strasbourg.

CHEMINS DE FER DE L'OUEST. — Réunion des compagnies de Saint-Germain, de Rouen, du Havre, de Dieppe, de Caen, de Cherbourg et de l'Ouest. Siége de la compagnie, rue Saint-Lazare, 124. Direction de l'exploitation, rue d'Amsterdam, 17. Gares : pl. du Havre (rive droite), et boul. Montparnasse (rive gauche).
CHEMIN DE FER DE LYON, boul. Mazas, 20. — Siége social, r. de Provence, 47.
CHEMIN DE FER DE PARIS A ORLÉANS. — Direction et exploitation, boul. de l'Hôpital, 7. Service des actions et obligations. r. de la Chaussée-d'Antin, 11. Bureau central de la compagnie, pour renseignements sur les conditions de transports à grande et petite vitesse, pour distribution des billets, etc., r. Saint-Honoré, 130, et r. de Grenelle-St-Honoré, 18. Ce sont les mêmes prix qu'à la gare, sans autres frais que le camionnage.
CHEMIN DE FER DU NORD. — Embarcadère, place Roubaix, 24. Bureau central, r. Croix-des-Petits-Champs, 24. Communications directes de Paris avec toute l'Allemagne.
CHEMIN DE FER GRAND CENTRAL DE FRANCE. — Siége de l'administration, pl. Vendôme, 16.
CIMETIÈRES DE LA VILLE DE PARIS. — A partir du 1er janvier 1860 les cimetières ci-après désignés ont été affectés aux inhumations de Paris, savoir :
1° Le cimetière du Nord, dit de Montmartre, aux inhumations des 1er, 2e, 8e, 9e et 10e arrondissements ; 2° le cimetière de l'Est, dit du Père-Lachaise, aux inhumations des 3e, 4e, 11e, 12e et 20e arrondissements ;
3° le cimetière du Sud, dit de Montparnasse, aux inhumations des 5e, 6e, 7e, 13e et 14e arrondissements ; 4° le cimetière des Batignolles, aux inhumations du 17e arrondissement ; 5° le cimetière de Montmartre, à celles du 18e arrondissement ; 6° le cimetière de la Villette, à celles du 19e arrondissement ; 7° les cimetières de Grenelle et de Vaugirard, à celles du 15e arrondissement.
La circonscription du cimetière de Grenelle embrasse la partie de l'arrondissement située à l'ouest d'une ligne allant de la Seine à l'enceinte fortifiée par la ligne d'axe de l'avenue de Suffren, de l'avenue de Lowendal, de la Croix-de-Nivert et de la rue de Sèvres. La circonscription du cimetière de Vaugirard comprend tout le surplus du 15e arrondissement.
8° Les cimetières d'Auteuil et de Passy, aux inhumations du 16e arrondissement. La circonscription du cimetière d'Auteuil est déterminée par la Seine, l'enceinte fortifiée et la ligne d'axe du chemin des Tombereaux et de la rue de Boulainvilliers. La circonscription du cimetière de Passy comprend tout le surplus du 16e arrondissement.
Pour tous les renseignements relatifs au service des funérailles. (Voir *Pompes funèbres.*)
CIMETIÈRE MONTMARTRE, boul. de la barrière Blanche. — C'est le plus ancien des cimetières actuels de Paris. Ouvert depuis 8 heures du matin jusqu'à 6 h. du soir en été, et depuis 8 h. du matin jusqu'à 4 h. du soir en hiver. On y remarque les tombes de Godefroy Cavaignac, de Pigalle le sculpteur, de Greuze le peintre, d'Aguesseau, de Legouvé, d'Armand Marrast, etc.
CIMETIÈRE DE PICPUS, r. de Reuilly. — Il renferme la dépouille mortelle de plusieurs nobles familles, de Noailles, de Montmorency, du général Lafayette. Il est fermé et n'est point public par conséquent ; mais on parle de le rouvrir.
CIMETIÈRE DU MONTPARNASSE. — Il est situé entre l'ancienne barrière Montparnasse et l'ancienne barrière d'Enfer. Ouvert en 1824, on y remarque les tombes d'Hégésippe Moreau, des sergents de la Rochelle, de Dumont d'Urville, de Théodore Jouffroy, etc.
CIMETIÈRE DU PÈRE LA CHAISE, en face l'ancienne barrière d'Aunay, à l'extrémité de la rue de la Roquette. C'est le plus grand et le plus illustre des cimetières de Paris : il renferme la dépouille mortelle de Molière, de La Fontaine, de Beaumarchais, d'Héloïse et d'Abeilard, de Bernardin de St-Pierre, de La Harpe, de Talma, de Béranger, de Désaugiers, de Frédéric Soulié, de Méhul, d'Hérold, de Weber, de Boïeldieu, de Lavoisier, de Cuvier, de Casimir Périer, de Rachel, etc., etc., enfin de tout ce qui a eu un nom en philosophie, en art, en musique, en peinture, hommes et femmes, tragédiennes et comédiennes.
CLINIQUE DE LA FACULTÉ DE MÉDECINE, pl. de l'École-de-Médecine, 21. — Les malades et blessés y sont reçus comme à l'Hôtel-Dieu. Cet hôpital renferme, en outre, un service spécial pour les accouchements.

COLLÉGES :
Collége Rollin, r. des Postes, 42. — *Collége Sainte-Barbe,* pl. du Panthéon. La division des mathématiques est toujours r. de Reims. Le petit collége est à Fontenay-aux-Roses : on l'appelle *Ste-Barbe-des-Champs.* — *Collége municipal Chaptal,* r. Blanche, 29 et r. de Clichy, 90. — *Collége de France,* r. des Écoles et r. St-Jacques. Cours publics d'astronomie, de mathématiques, de physique, de chimie, de médecine, d'histoire naturelle des corps organisés, d'embryogénie comparée, de droit des gens, de législation comparée, d'histoire et de morale, de langue et de littérature française, de langues et de littératures étrangères, etc., etc. Le public est on outre admis, sur billet, à visiter les appareils qui servent aux expériences. Les bassins de pisciculture sont très-intéressants.
COLONNE D'AUSTERLITZ, place Vendôme. — Élevée en 1810, en commémoration de la campagne de 1805, elle portait alors à son sommet une statue de l'Empereur en costume de César romain, qui fut supprimée à la Restauration, comme aussi l'aigle que Louis-Philippe remplaça et que l'on voit aujourd'hui. Cette colonne est en bronze. Un escalier construit dans l'axe de la colonne d'Austerlitz permet de monter jusqu'à la plate-forme

qui règne autour de la statue de l'Empereur. L'entrée est libre ; seulement, en redescendant, on donne une légère rétribution au gardien.

COLONNE DE JUILLET, pl. de la Bastille. — Élevée en 1840 en commémoration de la révolution des 27, 28, 29 juillet 1830. Elle est en bronze et repose sur un piédestal en marbre blanc. Une porte pratiquée dans ce piédestal conduit à des caveaux souterrains où sont les cercueils des combattants de cette révolution et de celle de février 1848. On n'y est pas admis ; mais on peut monter au haut de la colonne, sans être accompagné du gardien, auquel cependant on remet au retour une légère rétribution.

COMMISSAIRES DE POLICE ET OFFICIERS DE PAIX DE PARIS.

ARRONDISSEMENTS.	QUARTIERS.	COMMISSAIRES.	OFFICIERS DE PAIX.
		MM.	MM.
1er Louvre.	1 St-Germain-l'Aux.	Marseille.	
	2 Halles.	Tenaille.	Dodiau.
	3 Palais-Royal.	Desgranges.	
	4 Place Vendôme.	Bouley.	
	5 Gaillon.	Juban.	
2e Bourse.	6 Vivienne.	Ducheylard.	Carteron-Deschanets.
	7 Mail.	Marquis.	
	8 Bonne-Nouvelle.	Leclerc.	
	9 Arts-et-Métiers.	Bézilou.	
3e Temple.	10 Enfants-Rouges.	Gille.	Brun.
	11 Archives.	Winter.	
	12 Sainte-Avoie.	Richebourg.	
	13 Saint-Merri.	Blanchet.	
4e Hôtel-de-Ville.	14 Saint-Gervais.	Peyraud.	Foucault.
	15 Arsenal.	Yungmann.	
	16 Notre-Dame.	Bertoglio.	
	17 Saint-Victor.	Lordereau.	
5e Panthéon.	18 Jardin-des-Plantes.	Cazeaux.	Giacometti.
	19 Val-de-Grâce.	Bazille-Frégeac.	
	20 Sorbonne.	Hubaut.	
	21 Monnaie.	Allard.	
6e Luxembourg.	22 Odéon.	Monvalle.	Bouche.
	23 N.-D.-des-Champs.	Benoit.	
	24 S.-Germ.-des-Prés.	De Beauvais.	
	25 S.-Thom.-d'Aquin.	Laimand.	
7e Palais-Bourbon.	26 Invalides.	Lemoine Tacherat.	Giboudasa.
	27 École-Militaire.	Manuel.	
	28 Gros-Caillou.	Brancamp.	
	29 Champs-Élysées.	Stropé.	
8e Élysée.	30 Faub. du Roule.	Gollomp.	Pinel.
	31 Madeleine.	Ludet.	
	32 Europe.	Barlet.	
	33 Saint-Georges.	Leras.	
9e Opéra.	34 Chaussée-d'Antin.	Bellanger.	Gilles.
	35 Faub. Montmartre.	Lanet.	
	36 Rochechouart.	Trenet.	
10e Enclos Saint-Laurent.	37 S-Vincent-de-Paul.	Courteille.	Gaullier.
	38 Porte Saint-Denis.	Guérin.	
	39 Porte Saint-Martin.	D'Aguèse.	
	40 Hôpital St.-Louis.	Petit.	
11e Popincourt.	41 Folie-Méricourt.	Fouquet.	Giobergia.
	42 Saint-Ambroise.	Colin.	
	43 Roquette.	Lambquin.	
	44 Sainte-Marguerite.	Loiseau.	
12e Reuilly.	45 Picpus.	Gutzwiller.	Hilaire.
	46 Bel-Air.	Giacometti.	
	47 Bercy.	Heuchard.	
	48 Quinze-Vingts.		
	49 Salpêtrière.	Daudet.	
13e Gobelins.	50 La Gare.		Grimblot.
	51 Maison Blanche.	Juhel.	
	52 Croulebarbe.		
	53 Mont-Parnasse.	Jouhance.	
14e Observatoire.	54 La Santé.		Quinette de Cernoy.
	55 Petit-Montrouge.	Goyard.	
	56 Plaisance.		
	57 Saint-Lambert.	Humbert.	
15e Vaugirard.	58 Necker.		Marty.
	59 Grenelle.	Leroy de Keraniou.	
	60 Javel.		
	61 Auteuil.	De Tailly.	
16e Passy.	62 La Muette.		Angely.
	63 Porte Dauphine.	Roidot.	
	64 Bassins.		
	65 Ternes.	Hulot.	
17e Batignolles.	66 Plaine Monceaux.		Gloux.
	67 Batignolles.	Chartier.	
	68 Epinettes.		
	69 Grandes Carrières.	Patot.	
18e Buttes Montmartre.	70 Clignancourt.	Lafontaine.	Saglier.
	71 Goutte-d'Or.	Berty.	
	72 La Chapelle.	Benedetti.	
	73 Amérique.	Migneret.	
19e Buttes Chaumont.	74 Combat.		Nourry de Mouy.
	75 La Villette.	Cessat.	
	76 Pont de Flandres.		
	77 Belleville.	Jullet.	
20e Ménilmontant.	78 Saint-Fargeau.	Guillot.	Mathieu.
	79 Père Lachaise.		
	80 Charonne.	Martorey.	

Commissaires aux délégations spéciales et judiciaires :
MM. Rabut et Demarquay.

COMMISSAIRES DE LA GARANTIE DES MATIÈRES D'OR ET D'ARGENT.

Livonge, r. des Halles-Cent., 10.
Piot, r. de la Chaumière, 34, aux Ternes.
Marini, r. de la Victoire, 89.
Doyen, r. Paradis-Poissonnière, 6.
Oxi, r. de Rivoli, 150.
Appax, passage de l'Entrepôt, 1.

COMMISSION D'HYGIÈNE HIPPIQUE.— Cette commission, qui est chargée de l'examen de toutes les propositions qui intéressent l'hygiène et la conservation des chevaux de l'armée, a son siège au ministère de la guerre, r. Saint-Dominique-St-Germain, 86.

COMMISSAIRES-PRISEURS.

Alexandre, r. St-Louis, 106.
Avril, avenue Victoria, 2.
Baudry, r. Nve-des-P.-Champs, 50.
Béchard-des-Sablons, r. des Moulins, 23.
Berranger, pass. du Havre, 24.
Bezuot, r. Geoffroy-Marie, 5.
Biot, r. Nve-St-Augustin, 62.
Boucly, r. des Quatre-Fils, 16.
Boulland, r. de la Monnaie, 10.
Boulouze, r. Richelieu, 76.
Boussaton, r. des P.-Écuries, 43.
Bullot, r. de Provence, 7.
Charpentier, r. du Helder, 14.
Chaumorot, r. de l'Échiquier, 40.
Chautard, r. de la Sourdière, 31.
Chibout, b. Beaumarchais, 72.
Clérambault, r. Rivoli, 81.
Commendeur, doyen, rue Nve-St-Augustin, 38.
Commendoire, b. St-Denis, 9.
Coutard, r. de la Chaussée-d'Antin, 24.
Creton, b. Bonne-Nouvelle, 52.
Danthonay, r. Sainte-Anne, 18.
Daupeley, r. du Hasard, 15.
David, r. Trévise, 26.
Delahaye, pl. Boieldieu, 3.
Delberque-Cormont, rue de Provence, 8.
Delon, r. Laffitte, 25.
Deodox, boul. Montmartre, 8.
De Segogne, pl. Lafayette, 18.
Dion, b. des Filles-du-Calv. 4.
Dubourg, r. G.-Batelière, 12.
Duchon, r. Sainte-Thérèse, 5.
Dutitre, r. Richelieu, 8.
Duverger de Villeneuve, rue Cadet, 8.
Escribe, r. St-Honoré, 217.
Fouffé de St-Foy, r. Rivoli, 46.
Fournel, r. de l'Échiquier, 40.
Fournier, r. des Fossés-Montm., 7.
Gallois, b. Beaumarchais, 50.
Gauthier, b. Poissonnière, 12.
Genevoix, r. de l'Échiquier, 34.
Gitton de la Ribellerie, r. des Fr.-Bourgeois, 16, au Marais.
Guerreau, r. Grammont, 4.
Hamouy, r. Hauteville, 82.
Hanonet, r. Gaillon, 16.
Hayaux du Tilly, rue Neuve-des-Mathurins, 18.
Lafontaine r. Paradis-Poiss., 53.
Langlois, r. Lepelletier, 23.
Lechat, r. Poissonnière, 58.
Lecocq, r. de Trévise, 38.
Leconte, r. d'Enghien, 31.
Lefeuve, r. de Provence, 9.
Levaigneur, r. du F.-Montm., 10.
Levillain, r. du F.-Montm., 62.
Maciet, r. Bleue, 18.
Malard, r. Font.-Molière, 41.
Mondet, r. St-André-des-Arts, 20.
Morize, r. Poissonnière, 42.
Moulin, r. Nve-St-Augustin, 5.
Navoit, r. Montmartre, 146.
Olive, r. Gr.-Batelière, 18.
Percheron, r. Richer, 10.
Perrot, quai des Augustins, 55.
Petit, r. Monthyon, 11.
Peynaud, r. de Tournon, 12.
Pigeaux, b. du Temple, 10.
Pillet, r. de Choiseul, 11.
Pourcelt, r. Monthyon, 11.
Renaux, r. Gaillon, 20.
Schayé, r. de Cléry, 5.
Scellier, pass. Saulnier, 18.
Seigneur, r. Favart, 6.
Sibire, r. Montmartre, 137.
Soyer, r. du Dauphin, 10.
Vannois, r. Laffitte, 37.
Vautier, r. de Provence, 78.
Vavasseur, r. Faub.-Poisson., 8.

La chambre des Commissaires priseurs tient ses séances à l'Hôtel des ventes, rue Rossini, tous les vendredis à 7 h. du soir.

COMMUNAUTÉS RELIGIEUSES.

Abbaye-aux-Bois, r. de Sèvres, 16.
Assomption (Dames de l'), r. de l'Assomption-Auteuil, 6.
Augustines (Dames anglaises), rue des Fossés-St-Victor, 25.
Augustines de l'Hôtel-Dieu.
Augustines de Charenton.
Augustines du Sacré-Cœur-de-M., r. de la Santé, 29.
Bénédictines du St-Sacrement, rue Nve-Ste-Geneviève, 14.
Bénédictines du Temple, r. Monsieur, 20.
Bon-Secours (sœurs du), r. Notre-D.-des-Champs, 16 et 20 (gardes-malades à domicile).
Carmélites, r. d'Enfer, 75 et aven. de Saxe, 94.
Clotilde (dames de Sainte-), r. de Reuilly, 101, 102 et 103.
Compassion (dames de la), à St-Denis.
Congrégation de la Mère-de-Dieu, r. de Picpus, 43.
Congrégation de Notre-Dame, r. Sèvres, 86.
Congrégation de N.-Dame, r. du F.-St-Honoré, 205.
Croix de Saint-André (sœurs de la), r. de Sèvres, 90.
Dominicaines de la Croix, rue de Charonne, 98.
Fidèles Compagnes de Jésus, r. de la santé, 67, et Lourcine 153. — D'Houet (Mme), supér. : Georgelin, chapelain.
Franciscaines de Sainte-Élisabeth, r. St-Louis, 40, au Marais.
Intérieur de Marie (dames de l'), à Montrouge.
Lorette (dames de Ste-Marie de), r. de Vaugirard, 101.
Marie (sœur de Ste-), r. Carnot, 8.
Miséricorde (dames de la), r. Nve-Ste-Geneviève, 39; St-Ambroise (Mme), supérieure.
Noviciat du S.-Cœur, à Conflans.
Sacré-Cœur (dames du), r. de Varennes, 75-77.
Saint-Cœur-de-Marie (sœurs du), sœur Claire de Bourscheldt, supérieure, r. Vaugirard, 91.

Saint-Maur (sœurs de), r. St-Maur-St-Germain, 8, 10 et 12.
Saint-Michel (dames de), r. Saint-Jacques, 198.
Saint-Joseph-de-Cluny (dames de), F.-St-Jacques, 57.
Saint-Sulpice (Communauté de la petite œuvre de), rue de Vaugirard, 134.

St-Thomas-de-Villeneuve (dames hospitalières de), r. de Sèvres, 25 et 27 (on y panse gratuitement les blessés et autres).
Saint-Vincent-de-Paul (filles de), r. du Bac, 140.
Visitation, r. d'Enfer, 98.
Visitation de Ste-Marie, r. Vaugirard, 140.

COMPTOIR D'ESCOMPTE, r. Bergère, 14, dirigé par une compagnie d'actionnaires dont le fonds social est de 20 millions de francs. Il escompte les effets de commerce payables à Paris, dans les départements et à l'étranger; les engagements souscrits à l'ordre des sous-comptoirs de garantie créés auprès de lui; les billets à son ordre, accompagnés de récépissés de dépôt de marchandises dans les magasins généraux agréés par l'État; et, en général, toutes sortes d'engagements à ordre et à échéance fixe, résultant de transactions commerciales ou industrielles. Il fait des avances sur les rentes françaises, sur les actions ou obligations d'entreprises industrielles ou de crédit, constituées en sociétés anonymes, mais seulement jusqu'à concurrence des deux tiers de la valeur au cours des rentes ou actions, et pour une durée de 90 jours au plus, sauf renouvellement. Il se charge de tous les paiements et recouvrements à Paris, dans les départements et à l'étranger, et reçoit en compte courant, les fonds qui lui sont versés, à un taux d'intérêt déterminé par le conseil d'administration.

Le Comptoir n'admet à l'escompte aucun effet d'une échéance de moins de cinq jours. Chaque effet de commerce doit être revêtu de deux signatures au moins; son échéance ne doit pas excéder 105 jours pour le papier payable à Paris, et 75 jours pour le papier payable dans les départements. Cependant, pour les effets sur les départements, l'échéance peut être étendue à 90 jours, mais seulement à l'égard des effets payables sur les places où il existe une succursale de la Banque de France. L'une des signatures exigées peut être suppléée par un récépissé de marchandises déposées dans un magasin public. Dans ce cas, l'échéance des effets ne doit pas dépasser 90 jours, et la proportion des sommes avancées ne peut être supérieure aux trois quarts de la valeur nette des marchandises déposées. L'admission à l'escompte et au compte courant doit être demandée au directeur du Comptoir par lettre affranchie. Les bureaux du Comptoir d'escompte sont ouverts tous les jours non fériés, de 9 à 4 heures.

CONSEIL D'ÉTAT, r. de Lille, 62.
CONSEIL DE GUERRE, r. du Cherche-Midi, 37.
CONSEIL DE RÉVISION, r. du Cherche-Midi, 37.
CONSEIL GÉNÉRAL DES MINES, r. St-Dominique-St-Germain, 64, au ministère de l'agriculture, du commerce et des travaux publics.
CONSEIL GÉNÉRAL DES PONTS ET CHAUSSÉES. — Au ministère de l'agriculture, du commerce et des travaux publics, r. St-Dominique-St-Germain, 62 et 64. Il est présidé par le ministre et composé de tous les inspecteurs généraux de 1re classe et du directeur général des ponts et chaussées. En outre, le ministre désigne, de 6 mois en 6 mois, ceux des inspecteurs généraux de 2e classe qui doivent également en faire partie.
CONSEILS DE PRUD'HOMMES, pl. de la Bourse, 2. — Chacun de ces conseils est composé de 26 membres, dont 13 patrons et 13 contremaîtres et ouvriers, remplissant leurs fonctions au même titre, sans compter le président et le vice-président qui sont nommés directement par l'Empereur. Les électeurs patrons, réunis en assemblée particulière, nomment directement les prud'hommes patrons. Les électeurs contremaîtres, chefs d'ateliers et ouvriers, également réunis en assemblée particulière, nomment directement les prud'hommes ouvriers. Les conseils de prud'hommes sont renouvelés par moitié tous les trois ans; leurs membres sont rééligibles. Leurs jugements sont définitifs et sans appel lorsque le chiffre de la demande n'excède pas 200 francs en capital; au-dessus de 200 fr., les jugements sont sujets à l'appel devant le tribunal de commerce. Les bureaux sont ouverts tous les jours de 9 h. du matin à 4 h. après midi, les dimanches et jours de fête exceptés.
CONSEIL GÉNÉRAL DU DÉPARTEMENT DE LA SEINE. — A l'Hôtel-de-Ville, 1re division.
CONSEIL IMPÉRIAL DE L'INSTRUCTION PUBLIQUE. — Au ministère de l'instruction publique et des cultes. Le conseil donne son avis sur les projets de lois, de règlements et de décrets relatifs à l'enseignement, aux examens, aux concours et aux programmes d'études dans les écoles publiques. Il est composé du ministre, de 3 membres du Sénat, de 3 membres du Conseil d'État, de 5 archevêques ou évêques, de 3 membres des cultes non catholiques, de 3 membres de la Cour de cassation, de 5 membres de l'Institut, de 8 inspecteurs généraux et de 2 membres de l'enseignement libre.
CONSEIL DE SANTÉ DES ARMÉES. — Au ministère de la guerre, r. St-Dominique-St-Germain, 86.
CONSERVATION DES FORÊTS. — Le 1er arrondissement de conservation forestière a son siège à Paris, r. Montholon, 14.
CONSERVATOIRE DES ARTS ET MÉTIERS. — V. *Arts et métiers*.
CONSERVATOIRE IMPÉRIAL DE MUSIQUE ET DE DÉCLAMATION. — Cet établissement, situé r. du Faub.-Poissonnière, 15, est destiné à la conservation et à la propagation de l'art musical et de la déclamation dans toutes ses parties. Plus de 500 élèves des deux sexes reçoivent gratuitement des leçons des meilleurs professeurs; on y est admis que par voie d'examen et de concours.

CONSULATS.

Confédération Argentine, r. St-Georges, 23. De 1 à 3 h. Visa, 5 f.
Costa-Rica, pl. de la Bourse, 4. De 9 à 11 h. Gratis.
Confédération germanique (V. *Légation, villes Hanséatiques*).
Holstein-Oldenbourg, rue Saint-Georges, 13.
République Équatorial, rue du Sentier, 12. De 10 à 3 h. Gratis.
Nouvelle-Grenade (vice-consulat), r. de l'Échiquier, 24.
Pérou, r. Taitbout, 32.
Perse, r. St-Honoré, 371.
République de Vénézuela, r. du Faub.-Poissonnière, 32.
Sardaigne, r. St-Dominique-Saint-Germain, 133. Visa, 3 fr.

CONTRIBUTIONS DIRECTES. — V. *Direction des*.
CONTRIBUTIONS INDIRECTES. — V. *Direction générale des douanes*.
CONTROLEURS DES CONTRIBUTIONS DIRECTES. — Ces fonctionnaires, au nombre de 35, sont chargés des recensements nécessaires pour la formation des matrices des rôles de toute nature de contributions et de la vérification de toutes les réclamations en matière de contributions. Ils se rendent dans les mairies tous les vendredis, de 1 à 4 h., pour entendre les observations des contribuables et leur fournir tous les renseignements de leur compétence.

CORPS DE GARDE DE SAPEURS-POMPIERS.

Rue de Chaillot, 103. — Rue de la Paix, 4 (caserne). — Rue Royale, 2. — Quai Debilly, 32-34. — Avenue de Munich (abattoir).
Rue de la Victoire, 11. — Rue Colbert. — Av. Trudaine (abatt.).
Rue Coq-Héron, 9.
Rue Nve-des-Bons-Enfants. — Au Louvre (horloge). — Halle aux draps.
Rue du Château-d'Eau (caserne). — A l'Entrepôt. — Quai Valmy, 101.
Rue du F.-du-Temple, 68. — Rue St-Martin, 292. — Pl. du Temple.
Rue Vieil.-du-Temple (Imprimerie imp.). — Rue des Bl.-Manteaux (au Mont-de-Piété). — Rue Culture-Ste-Catherine (caserne).
Rue St-Bernard, 17. — R. de Bercy (aux fourrages). — Avenue Parmentier (abattoir).
Rue de Rivoli (à la caserne Napol.). — Rue de l'Orme. — Rue Saint-Louis-en-l'Ile, 67. — Rue Chanoinesse, 8.
Rue de l'Université, 13 et 71. — Rue Bonaparte, 14. — Abattoir de Grenelle. — Hôtel des Invalides. — Rue de Grenelle, 108. — Palais Bourbon.
Rue du V.-Colombier, 15 (caserne).
Rue Clovis, 21. — Rue Saint-Victor (halle aux vins). — Boul. de l'Hôpital (abattoir). — Rue de Poissy (caserne). — Rue St-Jacques, 277 (Val-de-Grâce). — Rue Blanche, 24 (caserne).

CORPS DIPLOMATIQUE. — V. *Consulats, ambassades, légations*.
CORPS LÉGISLATIF. — Rue de l'Université, 126-128. Les séances sont publiques.
COUR D'ASSISES. — Au Palais-de-Justice, en face de la Cour de cassation. Audiences publiques, excepté toutefois dans les affaires d'outrages à la morale publique, où le huis-clos est ordonné.
COUR DE CASSATION. — Au Palais-de-Justice, en face de la Cour d'assises. La Cour de cassation casse les jugements et arrêts rendus sur des procédures dans lesquelles les formes ont été violées, ou qui contiennent quelque contravention expresse à la loi, et renvoie le fond du procès à la Cour ou au tribunal qui doit en connaître. Le délai, pour se pourvoir en cassation, est, en matière civile, de 3 mois à dater du jour de la signification à personne ou à domicile, et, en matière criminelle, correctionnelle et de simple police, 3 jours seulement, qui doivent à courir du jour où le jugement a été prononcé. Les audiences de toutes les chambres qui composent la Cour de cassation sont publiques. La galerie Saint-Louis, qui y mène, est une des curiosités du Palais-de-Justice.
COUR DES COMPTES. — Rue de Lille, 62 bis, au palais du Conseil d'État. Séances tous les jours, à 9 heures.
COUR IMPÉRIALE DE PARIS. — Au Palais-de-Justice. Six chambres, savoir: quatre chambres civiles, une chambre des mises en accusation et une chambre d'appels de police correctionnelle. Les audiences de ces six chambres sont publiques.

COURS PUBLICS.

Cours à la Bibliothèque impériale, r. Richelieu, 58; entrée, r. Nve-des-Petits-Champs, 14.
Arabe littéral. Profess.: Reinaud ✻, mardis, jeudis et samedis, à 2 h. 1/2.
Arabe vulgaire. Profess.: Caussin de Perceval ✻, lundis, mercredis et vendredis, à 11 h. 1/2.
Persan. Profess.: Quatremère ✻, lundis et vendredis, à 7 h. du s.
Turc. Profess.: Dubeux (Louis) ✻, mardis, jeudis et samedis, à 4 h.
Arménien. Profess.: Le Vaillant de Florival ✻, lundis, mercredis et vendredis, à 4 h. du s.
Grec mod. et paléographique grecque. Profess.: Hase, C. ✻, mardis et samedis, à 11 h.
Hindoustani. Profess.: Garcin de Tassy ✻, mardis, jeudis et samedis, à 10 h. du m.
Chinois moderne. Profess.: Bazin ✻, lundis, mercredis et vendredis, à 9 h. 1/2.
Malais et Javanais. Profess.: Dulaurier ✻ les lundis, mercredis vendredis, à 2 h. 1/2.

COURS D'ARCHÉOLOGIE, r. Richelieu, 58.

Boulé (E.), chargé du cours. Les mardis à 3 h.

COURS SPÉCIAUX DE LA VILLE DE PARIS.

Cours spécial d'enseignement mu-

tuel, fondé par la ville de Paris. Sarasin ✻, profess. (pour les instituteurs). — Rue des Tourn., 21.
Sauvan (Mlle), professeur à l'asile des institutrices), F.-Monmartre, 30; domicile, Chaussée-d'Ant., 58.
Les cours ont lieu tous les 3 mois. L'instruction comprend la méthode de lecture, d'écriture, de calcul et de grammaire, ainsi que le dessin linéaire et les éléments de la géométrie pratique. Dans l'école des élèves-maîtresses, la couture est substituée au dessin linéaire. Pour y être admis, il faut présenter un certificat de moralité délivré par le maire.
Cours normal pour la méthode des salles d'asile. — Mme Millet, directrice des cours, à l'asile du passage St-Pierre, 8, r. St-Ant. et r. St-Paul.
Association polytechnique, subventionnée par la ville de Paris; elle tient ses cours tous les soirs, rue des Orfévres, 10.
Association phylotechniq., subventionnée par la ville de Paris; elle tient ses cours gratuits tous les soirs pour les adultes, r. du Vertbois, 17, bâtiment de l'école municipale Turgot, et r. Ste-Élisabeth, 12, dans l'école communale.
Cours normal de chant, fondé par la ville de Paris, pour former des répétiteurs, suiv. la méthode de B. Wilhem. — Gounod, profess., r. Ste-Élisabeth, 12. — Le cours a lieu en avril, juin et octobre de chaque année, les lundis, mercredis et vendredis, de 2 à 3 h. pour les enfants; les mardis et les vendredis, à 9 h. du soir pour les femmes. La durée de chaque cours est de 12 leçons.

Cours préparatoires permanents pour les aspirantes aux examens de l'Hôtel de Ville et de la Sorbonne, par Mlle Victorine Masson, élève du cours normal de M. A. D. Lourmand, r. Suger, 5. près la pl. St-André-des-Arts.

Cours d'émulation pour les jeunes demoiselles, fondé en 1830, par M. Réaume ✻, 18, r. Pavée-St-André-des-Arcs. Il comprend, outre les branches générales de l'instruction, un cours complet d'éducation musicale.

COURS DIVERS POUR LES DAMES ET LES JEUNES PERSONNES.

Cours de l'abbé Gauthier, r. des Saints-Pères, 12.
Cours normal général gratuit, pour les dames qui se consacrent à l'enseignement secondaire. Le cours normal génér., fait depuis 24 ans, par M. A.-D. Lourmand, selon le programme des examens publics, comprend tous les objets des études exigées, et même se tient toujours plutôt en avant qu'en arrière de ce programme. Le cours a son siège à l'Hôtel de Ville. — L'année scolaire, de novembre à juillet, commence et finit par une séance extraordin., dans une des salles de cérémonie. La séance de clôture se termine par une distribution de mentions honorables et de médailles. Les séances ordinaires ont lieu les dimanches, de 1 à 3 h., à la mairie du 9e arrondissement, r. Geoffroy-l'Asnier.

CRÈCHES. — Ces établissements philanthropiques, établis pour permettre aux mères de familles pauvres d'aller travailler dans la journée sans avoir à se préoccuper de leurs enfants en bas-âge, sont au nombre de 10. Les crèches ouvertes tous les jours ouvrables, de 5 h. 1/2 du matin jusqu'à 8 h. 1/2 du soir, fermées les jours fériés, sont situées:

Rue St-Lazare, 148.
Rue St-Honoré, 357.
Rue du F.-St-Antoine, 170.
Rue Popincourt, 74.
Rue Reuilly, 15.
Rue Geoffroy-Lasnier, 20.
Rue de l'Église, 3.
Rue Oudinot, 8.
Rue Servandoni, 16.
Rue de l'Épée-de-Bois, 1, et Gracieuse, 17.
Rue Nve-Coquenard, 22.

CRÉDIT FONCIER DE FRANCE. — Cette société, dont le siège et les bureaux sont r. Nve-des-Capucines, 19, a été instituée en 1852 pour prêter sur hypothèque, aux propriétaires d'immeubles, des sommes remboursables par les emprunteurs au moyen d'annuités comprenant les intérêts, l'amortissement et les frais d'administration. L'emprunteur se libère par annuités, payables en espèces, de manière que l'extinction de la dette soit opérée dans un délai de 10 ans au moins et de 60 ans au plus; il peut également se libérer par anticipation, en tout ou en partie. Pour contracter un emprunt au crédit foncier de France, il faut déposer au siège social de l'établissement une demande signée indiquant la somme qu'on veut emprunter, le nombre d'années de la durée du prêt, la situation et la valeur vénale des biens offerts en garantie. On doit en outre produire à l'appui de la demande qu'on fait : 1° un établissement de propriété sur papier libre et les titres de propriété de l'immeuble; 2° la copie certifiée de la matrice cadastrale; 3° les baux, s'il en existe, l'état des locations, avec indications des fermages et loyers payés d'avance; 4° la déclaration signée des revenus et des charges; 5° la cote des contributions de l'année courante, ou, à son défaut, celle de la dernière année ; 6° la police d'assurance contre l'incendie ; 7° un état constatant la situation hypothécaire; 8° la déclaration de l'état civil de l'emprunteur, s'il est né, a été marié, ou tuteur, et son contrat de mariage. Les bureaux du crédit foncier sont ouverts tous les jours non fériés, de 10 à 4 h.

D

DÉMÉNAGEMENTS. — A Paris, on peut déménager tous les trois mois, à la condition d'avoir donné ou reçu congé dans les délais d'usage, c'est-à-dire : pour les logements au-dessous de 400 fr., six semaines avant l'époque du terme, qui est le 8 janvier, le 8 avril, le 8 juillet et le 8 octobre; et pour les logements de 400 fr. et au-dessus, trois mois avant cette époque, qui est le 15 des mêmes mois. Il est prudent, lorsqu'on veut déménager, de retenir quelques jours à l'avance les voitures dont on peut avoir besoin, afin de ne pas s'exposer à mille désagréments. Le prix d'une voiture de déménagement ordinaire est de 10 fr. à un cheval et de 15 fr. à deux chevaux. Pour les déménagements hors Paris, on traite de gré à gré avec les entrepreneurs dont voici la liste:

Allermo, r. du Bac, 91, 93.
Aubry, r. Cadet, 11.
Bailly, siège de l'adm., place St-Sulpice, 12.
Ballouey, r. Jean-Beausire, 13.
Bay (succes. de Collin), entreprise pour la France et l'étranger, rue Montmartre, 78.
Boc, r. Lenoir-St-Antoine, 14.
Billet, r. Las-Cases, 4.
Blaise, pl. de la Rotonde-du-T., 2.
Bonfils, r. Foin-Marais, 9.
Bonfils, r. de la Roquette, 2, et r. du F.-St-Antoine, 21.
Bourguignon, fr., r. du Faub.-du-Temple, 16.
Burnet et Cie, r. Drouot, 15.
Chatelin, entrep. de déménagem., service sur Avallon, la C.-d'Or, la Nièvre, le Cher, le Loir-et-Cher et Seine-et-Oise; grands et petits chariots, r. P.-Carreau, 25, et r. St-Sauveur, 14; maison à Avallon.
Chinardet, administr. générale de démén. pour Paris, la France et l'étranger, r. Pavée-Marais, 19, anc. 15.
Clément, r. N.-D.-de-Lorette, 9.
Dailly (Adolphe), maître de poste aux chevaux et entr. de démén. pour Paris, la France et l'étrang., r. Pigalle, 2.
Dechaux fils, transp. par voie de terre et de fer, r. du Château-d'Eau, 46.
Desclos, Faub.-St-Martin, 78.
Dubois, r. Ponceau, 40.
Dubois jeune, r. St-Denis, 328.
Dumax-Vorzet, r. Palatine, 3.
Dunand, pour tous pays, r. Daval, 15.
Feuchot, r. Clichy, 7.
Fraret frères, service de déménag. pour Paris, les départ. et l'étr.,
r. Argenteuil, 56.
Gallet, r. Lamartine, 27.
Gérard, r. Nve-de-Bretagne, 2.
Groulez, r. Beauveau-St-Ant., 13.
Huet, r. Férou, 15.
Joly, r. du Four-St-Germain, 50.
Lachenal et Cie, r. Poissy, 25.
Laguouey frères, rue Beaurepaire, 7 et 24.
Lacroix (Aug.), r. du Ch.-Midi, 14.
Legendre et Roblin, r. d'Anjou-S.-Honoré, 7, r. F.-St-Honoré 42, et r. des Écuries-d'Artois, 36.
Létang, déménag. et gros camion. pour l'intér., et correspond. avec tous les chemins de fer, r. St-Paul, 13; succursale boul. Morland, 10.
Lourdier, r. Amelot, 62.
Mangon, r. Nve-Ménilmontant, 31.
Martin, r. Massillon, 6.
Molle, r. Saint-Bernard, 9.
Mondet, entrep. de déménagem. pour Paris, la France et l'étrang., r. F.-St-Antoine, 158.
Montfort, r. de Bondy, 7.
Morel, r. Saint-Bernard, 7.
Mulot, r. du Cloître-St-Merry, 6.
Ozane, r. St-Nicolas-St-Ant., 18.
Parrod (F.), r. Bergère, 1; Faub.-Montmartre, 45, et Richer, 60.
Pessat, r. Buffault, 2; Duperré, 6.
Poëtte, entrepr. de déménag. pour Paris, la campag. et les départ., r. Ménilmontant, 69.
Princet, r. Bondy, 92.
Renot, r. Égout-St-Germain, 18.
Rodriguez, Faub. St-Martin, 11.
Roudil, r. Vertbois, 12.
Roussel, r. St-Jean-Gr.-Caillou, 26.
Servant-Ravinel, F.-St-Martin, 94.
Thiroum, r. Amelot, 87.
Trubert, r. St-Nicolas-St-Ant., 6.
Vassout, r. Petit-Moine, 22.

DÉPÊCHES TÉLÉGRAPHIQUES. — Il y a dans Paris 10 bureaux où ces dépêches sont reçues, savoir: r. de Gren.-St-Germain, 103; r. Vivienne, place de la Bourse; à l'Hôtel de Ville; au Luxembourg; r. de l'Entrepôt, à la Douane; à la direction générale, bureau pr. Jean-J.-Rousseau, à la gare du chemin de fer du Nord; à la gare du chemin de fer d'Orléans ; r. d'Amsterdam, 13, et à l'hôtel du Louvre. Les dépêches sont reçues tous les jours sans exception, du 1er avril au 30 septembre, de 7 h. du m. à 9 h. du s., et du 1er octobre au 31 mars, de 8 h. du m. à 9 h. du s. Un seul bureau, celui de la rue Grenelle-Saint-Germain, reçoit les dépêches de nuit. Le prix en varie suivant les distances; ainsi, une dépêche de quinze mots pour Pontoise, coûte 2 fr. 30, et par cinq mots en plus, 0,25c.; la même dépêche, pour Cannes, coûte 9 fr. 60. par cinq mots en plus. Le tarif des taxes à percevoir, pour la France et l'étranger, est d'ailleurs affiché dans chacun des bureaux indiqués plus haut.

DÉPÔT CENTRAL D'ARTILLERIE, place St-Thomas-d'Aquin, 1. — Il comprend un atelier de précision; l'atelier des gros modèles du matériel; l'atelier des modèles d'armes; le musée de l'artillerie; le musée des gros modèles; les archives centrales de l'artillerie; la bibliothèque et la collection des plans, cartes et dessins. On n'est admis à le visiter que très-difficilement, et seulement sur une permission du directeur du dépôt.

DÉPÔT DE LA GUERRE, r. de l'Université, 71. — Dans cet établissement sont recueillis et classés tous les instruments et tous les renseignements utiles pour la direction des armées, tels que: cartes, livres, appareils pour les travaux de géodésie et de topographie, dessins, aquarelles, etc., et des archives relatives à l'histoire militaire de la France. On n'y est admis qu'après demande faite au ministre de la guerre.

DÉPÔT DE LA MARINE, rue de l'Université, 13. — C'est là que se trouvent les archives et la bibliothèque du ministère de la marine, et que l'on a réuni les cartes et plans de la marine française. Il y a là une collection d'environ 1,600 cartes dues aux principaux hydrographes français et qui sont autant de chefs-d'œuvre de précision et de gravure. Chaque année, le Dépôt de la marine livre au commerce environ 15,000 cartes et plans, et 3,000 volumes spéciaux à la navigation. Le prix d'une carte grand aigle est de 4 fr. On est admis, avec une autorisation du conservateur des archives, à visiter les divers ateliers de gravure, d'imprimerie, de collage, etc., et, sur une autorisation du ministre, à travailler de 11 h.

à 4 h. dans les salles de la bibliothèque spéciale qui est formée, et où se trouvent réunis environ 30,000 volumes.

DÉPOT DE RECRUTEMENT DU DÉPARTEMENT DE LA SEINE, r. du Cherche-Midi, 37. — Les engagements volontaires y sont reçus les lundis, mercredis et vendredis, de 11 à 3 h.

DÉPOT DES CONDAMNÉS, pl. de la Roquette, en face de la prison des jeunes détenus. — C'est dans cette prison que sont placés temporairement les condamnés aux travaux forcés ou à la réclusion; c'est là aussi que sont transférés de la Conciergerie les condamnés à mort qui ne sortent de cette prison que pour monter sur l'échafaud qu'on dresse, depuis quelques années, sur la place même de la Roquette.

DÉPOTS ET CONSIGNATIONS (Caisse des), r. de Lille, 56 et quai d'Orsay, 5. — Cette caisse reçoit, sous la garantie de l'État, les fonds disponibles que l'on veut mettre en sûreté, en attendant leur emploi naturel. Les dépôts volontaires, les dépôts judiciaires, les dépôts des caisses d'épargne, les fonds destinés à l'amortissement de la dette publique, quand cet amortissement fonctionne, composent un capital considérable, entretenu par un roulement perpétuel, et dont l'État dispose en en servant un intérêt.

DILIGENCES. — V. *Messageries* et *voitures*.

DIRECTION DE L'ENREGISTREMENT ET DU TIMBRE, r. de la Banque, 11 et 13. — Les bureaux en sont ouverts tous les jours non fériés, de 9 à 4 heures.

DIRECTION DES CONTRIBUTIONS DIRECTES ET DU CADASTRE DU DÉPARTEMENT DE LA SEINE, r. Pouletier, 9, Ile St-Louis. — Cette administration qui ressort du département des Finances, est chargée de tous les travaux préparatoires du *département* des contributions des recensements pour la formation des matrices des rôles, de la confection des rôles, de l'examen des réclamations des contribuables et de l'exécution de toutes les opérations relatives au cadastre de la ville de Paris, et à celui des arrondissements de St-Denis et de Sceaux. Les bureaux de la direction sont ouverts au public tous les mercredis et vendredis, de 2 à 4 h., et tous les jours, de 9 à 4 h., pour les demandes de patentes ou de rectifications de formule, ainsi que pour les demandes d'extraits de matrice.

DIRECTION GÉNÉRALE DE L'ENREGISTREMENT ET DES DOMAINES, r. de Castiglione, 3. — Le conseil d'administration tient ses séances le mardi et le vendredi de chaque semaine. Le bureau des oppositions est ouvert tous les jours, de 10 à 4 heures.

DIRECTION GÉNÉRALE DES DOUANES ET DES CONTRIBUTIONS INDIRECTES, r. Mont-Thabor, 21.

DIRECTION GÉNÉRALE DES CONTRIBUTIONS DIRECTES, r. de Rivoli, 234, au ministère des finances.

DISPENSAIRES. — La société philanthropique en a 6 ainsi situés :
1er Dispensaire, r. Gaillon, 17; 2e disp., r. St-Denis, 328, et Ponceau, 4½; 3e disp., 4e disp., r. Lacépède, 15; 5e disp., r. du Four-St-Germain, 26; 6e disp., r. St-Honoré, 15. Dans ces divers locaux les malades pauvres peuvent venir réclamer les conseils des médecins qui sont tenus de s'y rendre à des jours et à des heures déterminés; ces médecins vont aussi visiter chez eux tous les malades qui ne peuvent se rendre au dispensaire. Dispensaire établi en faveur des indigents blessés, rue du Petit-Musc, 21. Consultations et pansements gratuits, lundis et jeudis, de 1 à 3 heures, et tous les matins, de 8 à 10 h. M. A. Thierry-Valdajou ✳, docteur en chirurgie, à l'établissement.

DISPENSAIRES HOMŒOPATHIQUES, r. Lamartine, 54; r. du Faub.-du-Temple, 1, et Marché-St-Honoré. — Les malades qui vont en consultation dans ces dispensaires et qui se présentent ensuite dans les pharmacies homœopathiques, reçoivent les médicaments à prix réduit et même gratuitement quand leur position l'exige.

DIVISION MILITAIRE (1re). — Bureaux pl. Vendôme.

E

BAUX-ET-FORÊTS. — L'administration en est rue du Luxembourg, 6.

ÉCOLE CENTRALE DES ARTS ET MANUFACTURES, r. des Coutures-St-Gervais, au Marais, 1. — Elle est destinée à former des ingénieurs civils, des directeurs d'usines et de manufactures, des professeurs de sciences appliquées, etc. Elle ne reçoit que des élèves externes qui doivent être âgés de 16 ans au moins et savoir l'arithmétique, l'algèbre, la géométrie, le dessin au trait et le lavis; ils ne sont admis qu'après avoir subi un examen. Un certain nombre de jeunes gens, nommés au concours, sont entretenus à l'école aux frais de l'État ou de leur département. Pour être admis à concourir, il faut être âgé de 18 à 21 ans. Le concours a lieu à Paris et s'ouvre le 21 octobre de chaque année.

ÉCOLE D'ACCOUCHEMENTS, r. de Port-Royal, 5. — Cette école est destinée à former des élèves sages-femmes pour toute la France. On y enseigne la théorie et la pratique des accouchements, la vaccination, la saignée, la connaissance des plantes usuelles dont l'usage convient aux femmes enceintes et en couches.

ÉCOLE DE DROIT, pl. du Panthéon, 8. — Quiconque désire obtenir le grade de docteur, de licencié ou de bachelier en droit, ou même simplement un certificat d'aptitudes aux fonctions d'avoué, doit se faire inscrire comme étudiant dans l'une des Facultés de droit de France, et suivre les cours avec assiduité pendant le temps déterminé par les lois ou règlements. L'inscription doit être renouvelée à chaque trimestre. Le registre des inscriptions est ouvert au secrétariat de la Faculté : pour le 1er trimestre, du 2 au 15 novembre; pour le second, du 2 au 15 janvier; pour le troisième, du 1er au 15 avril; pour le quatrième, du 1er au 15 juillet.

En général, on n'est admis à prendre sa première inscription qu'au trimestre de novembre. Celui qui veut prendre cette première inscription est tenu de déposer, en s'inscrivant : 1° son acte de naissance, constatant qu'il a au moins 16 ans accomplis; 2° son diplôme de bachelier ès lettres. S'il est en puissance de père ou de mère, ou bien en tutelle, il devra, en outre, justifier du consentement de la personne sous l'autorité de laquelle il se trouve.

ÉCOLE DE FABRICATION, près la manufacture de tabacs de Paris. — A la Manufacture Impériale des tabacs, quai d'Orsay, 63.

ÉCOLE DE LANGUES ORIENTALES. — Au lycée Louis-le-Grand.

ÉCOLE DE MÉDECINE, place de l'École-de-Médecine. — L'école où la Faculté confère le grade de docteur. Il faut se faire inscrire au secrétariat sur les registres spéciaux ouverts du 2 au 15 novembre; passé l'époque, la première inscription, comme docteur, n'est reçue qu'au mois de janvier suivant, avec l'autorisation spéciale du ministre de l'instruction publique; elle n'est donnée, dans tous les cas, qu'après l'accomplissement des formalités ci-après : dépôt au secrétariat de l'acte de naissance, d'un certificat de bonne vie et mœurs, d'un diplôme de bachelier ès lettres, ou d'un certificat d'admission pour l'obtenir. Si l'élève est mineur, il doit déposer aussi le consentement de ses parents ou tuteurs, et si ces derniers ne résident pas à Paris, l'élève doit être présenté par une personne domiciliée en cette ville, laquelle sera tenue d'inscrire elle-même son nom et sa demeure sur un registre ouvert à cet effet. Les étudiants qui prennent des inscriptions d'officier de santé sont également tenus de produire le diplôme de bachelier ès lettres; et, depuis novembre 1837, tout élève se présentant pour subir le premier examen est tenu d'exhiber le diplôme de bachelier ès sciences.

La totalité de sommes à payer pour le doctorat est de 1,260 fr., ainsi répartis :

Droit universitaire . . . . 785 fr.
Droit de présence des professeurs aux examens 215
Droit de sceau du diplôme 100
Pour compléter cette somme, les payements partiels s'effectuent ainsi :
Seize inscriptions à 30 fr. . . . . 480 fr.
Cinq examens à 50 fr. 250
Cinq certificats d'aptitude à 40 fr. 200
Thèse 100
Droit de sceau du diplôme 100
Certificat d'aptitude 40
Trois examens de fin d'année 90

Les frais de thèse et de diplôme se payent ensemble.

Les élèves sages-femmes qui se présentent pour être reçues en faculté payent pour deux examens à 40 fr. . . . . 80 fr.
Certificat d'aptitude 40
Visa du certificat 10

Les bureaux de l'École-de-Médecine sont ouverts tous les jours, dimanches et fêtes exceptés, de 10 à 4 h.

ÉCOLE DE PHARMACIE, r. de l'Arbalète, 21. — Il y a un jardin botanique et une école pratique de chimie. L'enseignement comprend la chimie, la physique, la pharmacie, l'histoire naturelle pharmaceutique, la botanique, la toxicologie et la zoologie.

ÉCOLE GRATUITE DE DESSIN POUR LES JEUNES PERSONNES, r. Dupuytren, 7. — Cette école est ouverte tous les jours de la semaine, le samedi excepté, aux jeunes personnes qui se destinent aux arts et aux professions industrielles.

ÉCOLE IMPÉRIALE D'APPLICATION D'ÉTAT-MAJOR, r. de Grenelle-St-Germain, 138. Elle est destinée à former des élèves pour le service de l'état-major, élèves choisis parmi les 30 premiers de l'école spéciale militaire de Saint-Cyr et de l'École polytechnique susceptibles d'obtenir le brevet de sous-lieutenant.

ÉCOLE IMPÉRIALE DES CHARTES, r. du Chaume, 14, au palais des archives de l'empire. — Instituée pour former des paléographes, des archivistes qui puissent aider les académies dans leurs travaux et occuper certains emplois administratifs qui exigent des connaissances spéciales. Les cours de l'École des Chartes sont publics et gratuits. Ils comprennent la lecture et le déchiffrement des Chartes et monuments écrits, l'archéologie figurée, embrassant l'histoire de l'art, l'architecture chrétienne, la sigillographie, la numismatique, l'histoire générale du moyen âge, la linguistique appliquée à l'histoire des origines et de la formation de la langue nationale, la géographie politique de la France au moyen âge et la connaissance sommaire des principes du droit canonique et du droit féodal.

ÉCOLE IMPÉRIALE DES MINES, r. d'Enfer, 30. — Placée sous la surveillance du ministre de l'agriculture et du commerce, cette école a pour but : de former des ingénieurs destinés au recrutement du corps des mines, de répandre dans le public la connaissance des sciences et des arts relatifs à l'industrie minérale, et, en particulier, de former des praticiens propres à diriger des entreprises privées d'exploitation de mines et d'usines minéralurgiques, de réunir et de classer tous les matériaux nécessaires pour compléter la statistique minéralogique des départements de la France et des colonies françaises, de conserver un musée et une bibliothèque consacrés spécialement à l'industrie minérale et de tenir les collections au niveau des progrès de l'industrie des mines et usines, et des sciences qui s'y rapportent ; enfin d'exécuter soit pour les administrations publiques, soit pour les particuliers, les essais et analyses qui peuvent aider au progrès de l'industrie minérale. L'école impériale des mines reçoit trois catégories d'élèves : les *élèves ingénieurs*, destinés au recrutement des corps des mines, pris parmi les élèves de l'École polytechnique; les *élèves externes* admis par voie de concours et qui, après avoir justifié à leur sortie de connaissances suffisantes, sont déclarés aptes à diriger des exploitations de mines et des usines minéralurgiques, et reçoivent, à cet effet, un brevet qui leur confère le titre d'*élèves brevetés*; enfin, des *élèves étrangers* admis, sur la demande des ambassadeurs ou chargés d'affaires, par décision spéciale du ministre de l'agriculture, du commerce et des travaux publics.

Les cours oraux de minéralogie, de géologie et de paléontologie, sont ouverts au public, du 15 novembre au 15 avril. Les galeries de collections sont ouvertes au public les mardis, jeudis et samedis de 11 à 8 h., et tous les jours aux étrangers et aux personnes qui désirent étudier. Quiconque désire faire exécuter l'essai d'une substance minérale est admis à en faire le dépôt au bureau d'essai de l'école; l'inscription de la demande du déposant mentionne la localité d'où provient la substance à essayer. Il est aussitôt procédé à ceux de ces essais qui peuvent aider au progrès de l'industrie minérale.

Tous les services de l'école, enseignement, musée, bibliothèque et bureau d'essai sont gratuits.

ÉCOLES D'ÉQUITATION.

Rue Duphot, 12.
Avenue des Champs-Élysées, 82.
Rue de la Chauss.-d'Antin, 49 bis.
Rue de Fleurus, 2.
Rue d'Enghien, 42.
Rue de Varennes, 90 bis.
Cité Fénelon, 5.

ÉCOLES LAIQUES COMMUNALES DE FILLES.

ÉCOLE PRIMAIRE SUPÉRIEURE.

Pelleport (Mme), passage Saint-Pierre, 4.
Vaux (Mme), rue Longchamps, 29.
Guignard (Mlles), école protest. r. des Écuries-d'Artois, 39.
Pouin (Mme), F.-St-Honoré, 154.
Laury (Mme), r. du Rocher, 33.
Lagrange (Mlle), rue Nve-Coquenard, 5.
Guyard (Mme), rue du F.-Montmartre, 60.
Beauregard (Mme), rue Neuve-Bréda, 12.
Seurot (Mme), r. Hasard, 8.
Godefroy (Mme), rue Paradis-Poissonnière, 20.
Delaunay (Mlle), rue des Orfèvres, 10.
Boquet (Mme), c. des Miracles, 4.
Evrat (Mme), impasse Ste-Opportune, 8.
Siebecker (Mme), rue des Récollets, 23.
Zinck (Mme), r. Ste-Élisab., 14.
Dejob (Mme), rue Beaujolais-du-Temple, 5.
Bellot (Mlle), rue de l'Homme-Armé, 6.
Duval (Mme), rue Renard-Saint-Merri, 7.
Aron (Mme), école israélite, rue des Hospitalières, 6.
Lettel (Mlle), école protestante, r. des Billettes, 18 et 20.
Marmignon (Mme), rue de la Roquette, 102.
Lagrange (Mlle), r. Reuilly, 17.
Sarrazin (Mlle), r. Charonne, 43.
Desain (Mme), rue Neuve-de-Lappe, 25.

Antier (Mlle), r. Traversière, 51.
Coupé (Mme), école protestante, r. St-Maur, 142.
Martin (Mme), rue Grenier-sur-l'Eau, 2.
Riché (Mme), q. d'Anjou, 39.
Germain (Mme), r. du Bac, 11.
Leclerc (Mme), rue Vaugirard, 111.
Lacareux (Mlle), rue du Pont-de-Lodi, 2.
Vinson (Mlle), rue St-André-des-Arcs, 39.
Gagné (Mme), r. des Grès, 19.
Dayre (Mme), rue Saint-Hippolyte, 27.
Pesquet (Mme), rue de l'École-Polytechnique, 20, impasse aux Bœufs, 5.
Sangonard (Mlle), rue Pontoise, 21.

COURS D'ADULTES.

Rue Longchamps, 29.
Rue Paradis-Poissonnière, 20.
Cour des Miracles.
Rue Keller, 8.
Rue Grenier-sur-l'Eau, 2.
Rue du Bac, 119.
Rue du Pont-de-Lodi, 2.
Rue Saint-Hipolyte, 27, maison Cochin.

Écoles spéciales de dessin pour les adultes.

SUBVENTIONNÉES PAR LA VILLE DE PARIS.

Rue Volta, 37, les lundis, mercredis et vendredis, de midi à 4 h.
Rue Geoffroy-l'Angevin, 7, les mardis et jeudis, de midi à 8 h.

ÉCOLE IMPÉRIALE DES PONTS ET CHAUSSÉES, r. des Saints-Pères, 28. — Placée sous l'autorité du ministre de l'agriculture, du commerce et des travaux publics, cette école est dirigée par un inspecteur général et par un ingénieur en chef, inspecteur des études, assistés du conseil de l'école. Son but spécial est de former les ingénieurs nécessaires au recrutement du corps des ponts et chaussées. Elle admet exclusivement en qualité d'élèves ingénieurs les jeunes gens annuellement choisis parmi les élèves de l'École polytechnique ayant terminé leur cours d'études et ayant satisfait aux conditions imposées par les règlements. Elle admet en outre à participer aux travaux intérieurs de l'école des élèves externes, français ou étrangers. Les leçons orales ont pour objet: la mécanique appliquée au calcul de l'effet dynamique des machines et de la résistance des matériaux de construction; — l'hydraulique; — la minéralogie; — la géologie; — la construction et l'entretien des routes; — la construction des ponts; — la construction et l'exploitation des chemins de fer; — l'amélioration des rivières et la construction des canaux; — l'amélioration des ports, la construction des travaux à la mer; — l'architecture; — le droit administratif et les principes d'administration; — l'économie politique et la statistique; — la construction et l'emploi des machines locomotives et du matériel roulant des chemins de fer; — les dessèchements, les irrigations et la distribution d'eau dans les villes; — la langue anglaise; — la langue allemande.

La bibliothèque et les galeries de modèles sont ouvertes aux élèves ingénieurs, aux élèves externes, et aux ingénieurs des ponts et chaussées.

ÉCOLE IMPÉRIALE ET SPÉCIALE DE DESSIN, r. de l'École-de-Médecine, 5. — On y enseigne gratuitement le dessin de la figure, celui d'animaux, d'ornements et de fleurs, les mathématiques, l'architecture, la sculpture et la composition d'ornements, pour l'application des beaux-arts à l'industrie. On est admis à en faire partie en en faisant la demande au directeur qui délivre une carte d'entrée. Cours du soir et du jour.

ÉCOLE IMPÉRIALE ET SPÉCIALE DES BEAUX-ARTS, r. Bonaparte, 14. — Son administration est dans les attributions du ministre d'État. Le musée de l'école est ouvert au public les mardis, mercredis et jeudis de chaque semaine, de midi à 4 h., en se munissant d'une carte d'étude au bureau du secrétariat.

ÉCOLE IMPÉRIALE POLYTECHNIQUE, r. Descartes, 1 et 21. — On n'y est admis que par voie de concours. Pour concourir, il faut être Français, et avoir plus de seize ans et moins de vingt ans au 1er janvier de l'année courante. Toutefois les militaires y sont admis jusqu'à l'âge de 25 ans, mais à la condition, s'ils ne sont pas reçus à l'école, de ne pouvoir se faire remplacer à leur corps qu'après être restés 2 ans sous les drapeaux. Le prix de la pension est de 1,000 fr. par an, non compris les frais du trousseau, qui varie de 3 à 600 fr., sans dépasser cette dernière somme. La durée du cours complet d'instruction est de 2 ans. Les élèves qui ont satisfait aux examens de sortie ont le droit de choisir, suivant le rang qu'ils occupent sur la liste générale de classement, dressée par le jury, et jusqu'à concurrence du nombre d'emplois disponibles, le service public où ils désirent entrer, parmi ceux qui s'alimentent à l'école, savoir: l'artillerie de terre et de mer, le génie militaire et le génie maritime, le corps des ingénieurs hydrographes, le corps des officiers de vaisseau, les ponts et chaussées et les mines, les poudres et salpêtres, le corps impérial d'état-major (partie de géodésie), l'administration des tabacs, et les lignes télégraphiques.

ÉCOLE IMPÉRIALE SPÉCIALE DES LANGUES ORIENTALES VIVANTES. — V. *Cours près la Bibliothèque impériale.*

ÉCOLE MILITAIRE, pl. du Champ-de-Mars. — Autrefois c'était une école ayant à peu près la même destination que l'École polytechnique et l'école de St-Cyr; aujourd'hui c'est une caserne d'infanterie et de cavalerie qu'on peut visiter avec une permission du gouverneur. Les seules curiosités qu'elle renferme sont un très beau manège et un observatoire, élevés en 1788.

ÉCOLE NORMALE DE GYMNASTIQUE. — A la redoute de la Faisanderie, près de Vincennes.

ÉCOLE NORMALE SUPÉRIEURE, rue d'Ulm, 45. — Cet établissement est destiné à former des professeurs, dans les lettres et dans les sciences, pour tous les lycées. Il prépare aux grades de licencié ès lettres, de licencié ès sciences, et à la pratique des meilleurs procédés d'enseignement et de discipline scolaire. Les élèves de l'École normale qui ont subi avec succès les *examens de sortie* sont chargés des concours dans les lycées. Les principales conditions d'admission sont : de n'avoir pas eu moins de 18 ans, ni plus de 24 ans révolus, au 1er janvier de l'année où l'on se présente; de n'être atteint d'aucune infirmité et d'aucun vice de constitution qui rende impropre à l'enseignement et d'en produire une attestation ainsi qu'un certificat d'aptitude morale aux fonctions de l'instruction publique, etc., etc.; d'être pourvu du grade de bachelier ès lettres pour la section des lettres, et pour celui du grade de bachelier ès sciences pour la section des sciences, et de souscrire les diplômes avec l'engagement légalisé de se vouer pour 10 ans à l'instruction publique, et, en cas de minorité, une déclaration du père ou du tuteur, aussi légalisée, et autorisant à contracter cet engagement. Le registre d'inscription est ouvert aux chefs-lieux des académies départementales, du 1er janvier au 1er février; les épreuves ont lieu depuis le 1er jusqu'au 8 août, dans toutes les académies. Les candidats déclarés admissibles doivent se trouver à l'École normale le 13 octobre, pour y subir un examen définitif, dont les résultats, comparés à ceux des premières épreuves, peuvent seuls, avec les divers renseignements recueillis sur leur compte, assurer leur admission. La durée du cours normal est de trois années. Indépendamment des conférences de l'intérieur, les élèves de l'École suivent les cours publics des facultés des sciences et des lettres, du collège de France, etc.

ÉCOLE NORMALE DE TIR. — A Vincennes.

ÉCOLES DE NATATION. — La plus importante est celle du quai d'Orsay; puis viennent celles du pont Royal, du Pont-Neuf et du quai de Béthune. Les meilleures écoles de natation pour les femmes sont les bains Ouarnier, quai Voltaire, et les bains de l'hôtel Lambert, île Saint-Louis.

ÉCOLES LAIQUES COMMUNALES DE GARÇONS.

ÉCOLES PRIMAIRES SUPÉRIEURES.

Marguerin, directeur de l'école mun. Turgot, r. Vert-Bois, 17.
Chédeau, r. Longchamps, 11.
Bernard, rue des Écuries-d'Artois, 39.
Deydier, r. F.-St-Honoré, 134.
Delahaye, r. Bienfaisance, 14.
Léon Badoureau, r. du F.-Montmartre, 60.
Jourdan, r. F.-St-Georges, 10.
Barbier, r. Nve-Coquenard, 17 et 19, imp. de l'École, 9.
Mégret, r. St-Honoré, 336.
Badoureau père, rue du Sentier, 21.
Tissot, r. Paradis-Poisson., 20.
Boulais, r. des Orfèvres, 10.
Prudhe, imp. Ste-Opportune, 8.
Moëgen, r. Récollets, 19.
Bardoux, r. Ste-Élisabeth, 19.

334 — ÉDIFICES RELIGIEUX. — ÉTABLISSEM. DE BIENFAISANCE.

Metge, r. l'Homme-Armé, 10.
Decaix, r. Renard-St-Merri, 7.
Trèves, école israélite, rue des Hospitalières, 6.
Jacques, école protestante, rue des Billettes, 18 et 20.
Tattegrain, r. St-Ambroise, 2.
Maltaire, r. de Charonne, 48.
Sassy, r. Traversière, 58.
Regimbeau (P.), r. Ferdinand, 3.
Henry, r. Grenier-sur-l'Eau, 2.
Dubourg (Ancelin), rue du Bac, 119.
Touzet, r. de Sèvres, 13.
Bussy-Pestel, rue des Grands-Augustins, 6.
Velter, r. Racine, 8.
Daléchamps (L.), r. des Grès, 19.
Charpentier, r. Vaugirard, 111.
Lefèvre, r. de Pontoise, 21.

ÉCOLES COMMUNALES DE FRÈRES.

INSTITUT DES FRÈRES DES ÉCOLES CHRÉTIENNES.

Supérieur général : le frère Philippe ✶, r. Oudinot, 27.
Rue du Rocher, 45.
— Jardins-Chaillot, 14.
— Argenteuil, 37.
— Chabrol, 61.
— Montmartre, 1, impasse Saint-Eustache, 2.
— Récollets, 23.
— Cour des miracles, 4.
— Ferdinand-Berth., 2.
— Cafarelli, 6.
— Angoulême-Temple, 54.
— Salle-au-Comte, 18.
— Cloître-St-Merry, 6.
— Blancs-Manteaux, 21.
— Saint-Bernard, 33.
— Impasse des Hospitalières, 1.
— Francs-Bourgeois-Marais, 10

ÉCOLES COMMUNALES DE SŒURS.

Rue Ville-l'Évêque, 17.
— Surène, 18.
— Jardins-Chaillot, 6.
— Monceau, 19.
— Passage St-Roch, 34.
— Belfond, 35.
— Jussienne, 16.
— Grand-St-Michel, 16.
— Vert-Bois, 50.
— Fossés-du-Temple, 20.
— Quincampoix, 59.
— Cloître-St-Merri, 10.
— Ste-Croix-Bretonnerie, 22.
— Anjou-Marais, 5.

ÉDIFICES RELIGIEUX.

CULTE CATHOLIQUE.

Église St-Ambroise, r. St-Amb., 2.
St-André, cité d'Antin, 29.
St-Antoine, r. de Charenton, 28.
Assomption (de l'), r. St-Honoré, 261.
St-Augustin, r. de la Pépinière, 24.
Ste-Clotilde, pl. Bellechasse.
St-Denis du St-Sacrement, r. St-Louis, au Marais, 50.
Ste-Élisabeth, r. du Temple 193.
St-Éloy, r. de Reuilly.
Saint-Étienne-du-Mont, derrière le Panthéon.
Ste-Eugène, r. Ste-Cécile.
St-Eustache, r. Montmartre.
St-François-Xavier, r. du Bac, 128.
St-Germain-l'Auxerrois, place du Louvre.
St-Germain-des-Prés, r. Bonaparte.
St-Gervais, r. St-Jacq.-de-Brosse.
St-Jacques-du-Haut-Pas, r. Saint-Jacques, 252.

Hurel, rue Jean-de-Beauvais, 22.
Billaud, r. St-Hippolyte, 27.

COURS D'ADULTES.

Rue Jean-Lantier, 3.
Rue de Pontoise, 21.
Rue St-Hippolyte, 27.
Rue de l'Homme-Armé, 6.
Rue Grenier-sur-l'Eau, 2.
Rue du Bac, 119.

Écoles spéciales de dessin pour les adultes.

OUVERTES LE SOIR ET SUBVENTIONNÉES PAR LA VILLE DE PARIS.

Rue Volta, 37.
Rue Geoffroy-l'Angevin, 7.
Rue du Faub.-Montmartre, 60.
Rue Ménilmontant, 14.

Rue Reuilly, 25.
— St-Louis-en-l'Île, 79.
— St-Paul pass. St-Pierre, 8.
— Cloître-Notre-Dame, 16.
— St-Benoît, 16 et 18.
— Grenelle-St-Germain, 44 et 46.
— Vanneau, 76.
— Varennes, 39.
— Fleurus, 14.
— Noyers, 55.
— Nve-St-Étienne-du-Mont, 32.
— Francs-Bourg.-St-Marcel, 4-6.
— Saint-Jacques, 277.
— Marché-aux-Chevaux, 34.
— Passy-Paris.

COURS D'ADULTES LE SOIR

— Rocher, 45.
— Argenteuil, 37.
— Saint-Bernard, 33.
— Saint-Dominique, 187.
— Fleurus, 14.

Rue Saint-Bernard, 39.
— Chaussée-des-Minimes, 10.
— Fauconnier, 11.
— Pouilletier, 5.
— Cloître-Notre-Dame, 18.
— St-Guillaume, 9 et 12.
— Saint-Benoît, 16 et 18.
— St-Dominique, 187.
— Vaugirard, 88.
— Madame, 14 et 1P.
— Postes, 59.
— Boulangers, 42.
— St-Jacques, 250.
— Épée de Bois, 1.
— Banquier.

St-Jean, St-François, rue Charlot, 6 bis.
St-Joseph, r. Corbeau, 26.
St-Laurent, boul. de Strasbourg.
St-Leu, St-Gilles, r St-Denis, 80.
St-Louis-d'Antin, r. Caumart., 63.
St-Louis-en-l'Île, r. St-Louis.
La Madeleine, pl. de la Madeleine.
St-Marcel, boul. de l'Hôpital, 70.
Ste-Marguerite, r. St-Bernard, 28.
St-Martin, r. des Marais-St-Martin.
St-Médard, r. Mouffetard, 139.
St-Merri, r. St-Martin, 78.
St-Nicolas-du-Chardonnet, r. des Bernardins. 33.
St-Nicolas-des-Champs, rue Saint-Martin, 270 bis.
N.-D.-des-Blancs-Manteaux, r. des Blancs-Manteaux, 14.
N.-D.-de-Bonne-Nouvelle, r. de la Lune, 23 bis.
N.-D.-des-Champs ou de Nazareth,

boul. de Montparnasse, 97.
N.-D.-de-Lorette, r. Olivier, en face de la r. Laffitte.
N.-D.-de-Paris, pl. du Parvis N.-D.
N.-D.-des-Victoires ou des Petits-Pères, pl. des Petits-Pères.
St-Paul, St-Louis, r. St-Antoine, 120.
St-Philippe-du-Roule, F.-St-Honoré, 152 bis.
St-Pierre-de-Chaillot, r. de Chaillot. 50.
St-Pierre-du-Gros-Caillou, r. Saint-Dominique, 168.
St-Séverin, r. des Prêt.-St-Séverin.
St-Roch, r. St-Honoré, 298.
St-Sulpice, pl. St-Sulpice.
St-Thomas-d'Aquin, pl. de ce nom.
De la Trinité, r. de Clichy, 26.
St-Vincent-de-Paul, pl. Lafayette.

COMMUNAUTÉS RELIGIEUSES (hommes).

Les R.-P. Capucins, Faub.-St-Jacques, 17.
Les P. de St-Jean-de-Dieu, r. Oudinot, 19.
Les F. Jésuites. r. des Postes, 18.
Les Lazaristes, r. de Sèvres, 95.
Les P. Maxistes, rue du Montparnasse, 5.
Les F. de l'Oratoire, rue du Regard, 11.

COMMUNAUTÉS RELIGIEUSES (femmes).

N.-D.-de-l'Abbaye-aux-Bois, r. de Sèvres, 16.
Les Dames de l'Adoration, r. Picpus, 15.
Les Dames de l'Adoration réparatrice, r. des Ursulines, 12.
Les Sœurs de St-André, r. de Sèvres, 90.
Les Dames de l'Assomption, r. de Chaillot, 94.
Les Bédédictines de l'Adoration perpétuelle, du St-Sacrement,

CULTES NON CATHOLIQUES.

TEMPLES CALVINISTES.

Oratoire, r. St-Honoré, 157.
Visitation r. St-Antoine, 216.
Pentemont, r. de Grenelle-St-Germain, 106.

TEMPLES LUTHÉRIENS.

Billettes, r. des Billettes, 16.
Rédemption, r. Chauchat, 5.

CULTE ANGLICAN.

Rue d'Aguesseau, 5.
Avenue Marbeuf, 10 bis.

EMBAUMEMENT.

Balard, embaumement et conservation temporaire, procédé breveté, rue Ste-Croix-de-la-Bretonnerie, 14.
Falcony, chimiste, spécialité pour les embaumements et la conservation des substances organiques, sans mutilation ni extraction, système garanti, r. St-Georges, 49.
Gannal fils, prix Monthyon, 1836, 1839, r. Seine, 6.
Roques, pharmacien, r. St-Antoine, 160.
Roux, docteur-médecin, cours sur l'art des embaumements, lauréat de l'Institut pour les conservations anatomiques, de 1 à 3 h., r. de Seine, 43.
ENFANTS DE FRANCE (Maison des), au palais des Tuileries. — Mme l'amiral Bruat, gouvernante.
ENTREPÔT DES TABACS, quai d'Orsay, 63.
ENTREPÔT GÉNÉRAL DES VINS, quai St-Bernard. — On peut le visiter tous les jours, depuis le matin jusqu'au soir, avec la recommandation expresse de ne pas fumer dans la partie des eaux-de-vie.

ÉTABLISSEMENTS DE BIENFAISANCE.

Établissements de St-Nicolas, rue Vaugirard, 112; succursale à Issy, Grande-Rue, 36. Mgr de Bervanger, supérieur fondateur. Les enfants

r. Nve-Ste-Geneviève, 12.
Les Sœurs du Bon-Secours, r. N.-D.-des-Champs, 20.
Les D. Carmélites, r. d'Enfer, 67.
Les Sœurs de la Charité, r. du Bac, 140.
Les Filles de Charité, r. St-Guillaume, 18.
Les Dames de Ste-Clotilde, r. de Reuilly, 99ª
Les Dames du St-Cœur de Marie, r. de la Santé, 20.
Les Dames dominicaines de la Croix, r. de Charonne, 86.
Les Sœurs des écoles chrétiennes, r. N.-D.-des-Champs, 42.
Les Sœurs de St-Joseph de Cluny, F.-St-Jacques, 57.
Les Sœurs de Sainte-Marie, r. Carnot, 8.
Les Dames de St-Maur, r. St-Maur-St-Germain, 10.
Les Dames St-Michel, r. St-Jacques, 193.
Les Dames de la Miséricorde, rue Nve-Ste-Geneviève, 30.
Les petites Sœurs des pauvres, rue St-Jacques, 277.
Les Religieuses de J.-Ch., r. Nve-St-Étienne, 18.
Les Dames de la retraite, r. du Regard, 15.
Les Dames de la Congrégation du Sacré-Cœur, r. de Varennes, 77.
Les Dames Saint-Thomas-de-Villeneuve, r. de Sèvres, 27.
Les Dames de la Visitation, r. d'Enfer, 98.

ÉGLISES NON PAROISSIALES.

Ste-Geneviève, pl. du Panthéon.
La Ste-Chapelle, au Palais de Justice.
La Sorbonne, pl. de la Sorbonne.
Les Carmes, r. de Vaugirard, 70.
Le Val-de-Grâce, rue St-Jacques, 277.
La Chapelle expiatoire, r. d'Anjou, 64.

ÉGLISE ÉVANGÉLIQUE RÉFORMÉE.
Rue du Temple.
Rue de Provence 44.

CHAPELLE WESLEYENNE.
Rue Royale-St-Honoré.

ÉGLISE SUISSE.
Rue St-Honoré, 357.

ÉGLISE DES FRÈRES MORAVES.
Rue Miroménil, 75.

CULTES ISRAÉLITES.
Rue de N.-D.-de-Nazareth, 15
Rue Lamartine, 28.

sont reçus de 8 à 12 ans. Le prix de la pension est de 20 fr. par mois, pour les enfants orphelins de père et de mère, et de 25 fr. pour les enfants non orphelins, tous frais compris.

Maison de Nazareth, pour infirmes et vieillards (la société de Saint-Vincent-de-Paul), r. Regard, 14. Prevost, directeur.

Maison de patronage, pour les enfants en convalescence, fondée par le comte de Larochefoucauld, r. Éblé, 4.

Maison des Enfants de la Providence, r. du Regard, 13. Sœur Julien, directrice.

Maison de la Providence, pour les orphelins, r. Oudinot, 1, et Vaneau, 66. Sœur Madeleine, supérieure.

Maison Eugène-Napoléon, pour l'éducation de jeunes ouvrières, r. F.-St-Antoine, 254.

Dames de la Retraite, rue du Regard, 15. Mme de Saint-Privat, supérieure.

Les Petites Sœurs hospitalières, maison de retraite pour les vieillards des deux sexes, r. du Regard, 18 et 20. Sœur Colette, supérieure.

Maison des Orphelins de St-Vincent-de-Paul, placée sous le patronage de Mgr l'archevêque de Paris, recevant les jeunes garçons orphelins de père ou de mère, de 7 à 12 ans : 20 fr. par mois, r. du Moulin, 1, à Vaugirard.

Notre-Dame-de-Bon-Secours, maison de religieuses garde-malades à domicile, r. Nve-N.-D.-des-Champs, 16 et 20.

Œuvre des Saints-Anges, maison pour les orphelines. Mme Dubois, directrice, r. de Vaugirard, 181 et 183, pass. Dulac.

Sociétés de secours mutuels. Il y a dans chaque mairie un bureau d'administration pour les Sociétés de secours mutuels, ouvert de 8 h. du matin à 6 h. du soir.

Société de bienfaisance des Dames polonaises. La princesse Czartoryska, présidente, r. St-Louis-en-l'Ile, 2 ; Mme Faucher, secrétaire, rue Blanche, 10.

Hospice d'Enghien, r. Picpus, 12. Médecin en chef.

Infirmerie Marie-Thérèse, pour les prêtres âgés ou infirmes, r. d'Enfer, 116. L'abbé Jaquemet, supérieur ecclésiastique ; sœur Marie, supérieure des religieuses.

Maison de retraite pour les vieillards israélites, fondée par M. le baron James de Rotschild, r. Picpus, 74.

Maison de secours pour les israélites malades, fondée par M. le baron James de Rotschild, r. Picpus, 76.

Maison de retraite pour la vieillesse (femmes), fondée en 1853, par M. le curé de la Madeleine, r. de Lisbonne, 43.

Asile de la Providence, reconnu par ordonnance royale, établissement public, maison de retraite pour les vieillards des deux sexes, à Montmartre. — Bureau d'administration à Paris, r. Jean-Bart, 4, Administrateur en chef : Adrien-Cramail. Agent comptable, Donatis ※. Médecin, Gilbert. Cet établissement, situé hors de la barrière des Martyrs, 15, a été ouvert le 1er septembre 1804, et créé royal et public, par ordonnance du roi, du 24 décembre 1817.

Société charitable de St-François-Régis de Paris, pour le mariage civil et religieux des pauvres du département de la Seine et la légitimation des enfants, r. du Cindre, 3 ; M. Debart, agent de la société, rue Servandoni 2.

Ouvroir et pensionnat, r. des Anglaises, 6. Geros (sœur), directrice.

Asile-ouvroir, r. Cassini, 6. Fondé par feu le baron de Gérando pour recueillir les convalescentes qui, à la sortie de la Maternité, de l'hôpital de Lourcine ou des salles d'accouchements d'autres hôpitaux, sont sans place et sans ressources. Directrice : Mlle Famin.

Asile des Sourdes-Muettes, rue Neuve-Ste-Geneviève, 33. Directrice, Mlle Deslaurier. Médecin, Basscraut. Présidente, Mme la comtesse de Ste-Aulaire. Trésorière, Mme de Séligny, r. de l'École-de-Médecine, 6.

Asile Mathilde en faveur des jeunes filles infirmes incurables, avenue de Plaisance, 2.

Œuvre de la Ste-Enfance. Jammes (chanoine), directeur ; Crepy ※, trésorier, Molinier (chanoine), secrét.-général et vice-trésorier. Conseil central et bureaux, r. Chanoinesse, 4.

Œuvre N.-D.-de-Sion, Sthoun (Mme), supérieure générale, rue N.-D.-des-Champs, 61,

(V. en outre, *Bureaux de bienfaisance*.)

ÉTABLISSEMENTS GYMNASTIQUES.

Gymnase normal, civil et orthosomatique, rue Bayard, 1, 1834, 1839, 1844, prix Monthyon, accordé par l'Institut en 1853 et plusieurs autres. Directeur : Roux.

Gymnase du Mont-Blanc, à l'usage des adultes et des enfants des deux sexes, dirigé par Tarlé (A.), r. St-Lazare, 50.

Gymnase de la Chaussée-d'Antin, pour les deux sexes, dirigé par Ch. Girrebeuk, r. Buffault, 13.

Gymnase hygiénique de la Madeleine, sous la direction du docteur Courtillier, r. de l'Arcade, 18.

Gymnase du Luxembourg, dirigé par M. et Mme Pascaud, rue de l'Ouest, 42.

Gymnase du Marais, dirigé par M. et Mme Pascaud, r. St-Gilles, 18.

Gymnase *moderne*, sous la direction de M. Triat, gymnasiarque, avenue Montaigne, 6.

Foucart frères, r. de Lille, 103.
Gesell (Jules), r. de La Harpe, 139.
Mathian (E.), professeur, boul. du Temple, 11.
Thévelin, r. de Ponthieu, 66.

ÉTAT CIVIL. (Bureaux de l'). — V. *Mairies*.
ÉTAT-MAJOR DE LA GARDE IMPÉRIALE. — A l'École-Militaire, place du Champ-de-Mars.
ÉTAT-MAJOR DE LA GARDE NATIONALE, place Vendôme, 22.
ÉTAT MAJOR DE LA PLACE DE PARIS, pl. Vendôme, 7.

EXPERTS EN TABLEAUX.

Avenin fils, r. Lamartine, 8.
Defor, quai Voltaire, 21.
Favart (L.), pl. de la Bourse, 6.
George, r. du Sentier, 8.
Laneuville, r. Tronchet, 20.
Schroth, r. des Orties-St-Honoré, 9.
Simonnet, r. d'Argenteuil, 11.

EXPERTS PRÈS LA COUR IMPÉRIALE.

DOCTEURS EN MÉDECINE.
Adelon ※, r. du Bac, 32.

DOCTEUR EN CHIRURGIE.
Baron fils, r. de l'Université, 30.

CHIMISTE ET PHARMACIEN.
Mitouart ※.

INTERPRÈTES.
Langue allemande. — Blind, rue Dauphine, 13.
Carey père, r. Bagneux, 12.
Hazenfeld fils, pl. de la Bourse, 12.
Zay, r. du F.-Montmartre, 28.
Langue anglaise. — Pold-Courrouve, r. de la Bourse, 3.
Henrion, r. Nve-des-Bons-Enfants, 29.
Langue italienne. — Pold-Courrouve, r. de la Bourse, 3.
Langue espagnole. — Castellar, r. Larochefoucauld, 43.
Pold-Courrouve, r. de la Bourse, 3.
Respaldiza (A. de), commandeur de l'ordre d'Isabelle-la-Catholique, rue Ferme-des-Mathurins, 56.
Henrion, r. Nve-des-Bons-Enf., 29.

Meldola, langues du Midi et du Nord, r. Nve-des-P.-Champs, 36.
Langue polonaise. — Bonkowski, r. St-Honoré, 247.
Langue hollandaise. — Lameyer, r. Drouot, 16.
Langue flamande. — Buys, place Dauphine, 20.
Van-den-Brock.
Langue grecque. — Hase, G. ※, membre de l'Institut, rue Colbert, 12.
Bourquelot, r. Taitbout, 13.
Hébreu. — Cahen ※, r. des Quatre-Fils, 16.
Danois, norwégien, langues du Nord. — Hazenfeld, place de la Bourse, 12.

SOURDS-MUETS.
Vaïsse, prof. à l'école des sourds-muets.

EXPERTS ÉCRIVAINS.
Oudart ※, r. Ponthieu, 4.
Durnerin, r. Constantine, 13.

INGÉNIEUR.
Touaillon, ingénieur spécial pour les moulins, r. Coquillière, 8.

EXPERTS PRÈS LE TRIBUNAL DE COMMERCE.

Cahen (S.) ※, traducteur, rue des Quatre-Fils, 16.
Clavery, arbitre, r. de la Corderie St-Honoré, 4.
Favarger, écritures, r. Vivienne, 44.
Hazenfeld, pl. de la Bourse, 12.
Hazenfeld (Ch.), pl. de la Bourse, 12.
Lameyer, r. Drouot, 16.
Leboucher, arbitre, impasse Mazagran, 6.
Oudart ※, exp. en écritures, r. de Ponthieu, 4.
Richard, r. Tronchet, 18.

EXPERTS PRÈS LE TRIBUNAL DE 1re INSTANCE.

MÉDECINS.
Bois de Loury ※, r. Richepance, 5.
Denis ※, r. Luxembourg, 29.
Dovergie (A.) ※, r. Richer, 24.
Duchesne (E.-A.) ※, r. d'Assas, 1.
Roger (de l'Orne), Faub.-Poissonnière, 29.
Tardieu (Amb.) ※ r. de Seine, 76.
Accoucheurs. — Camus, r. Coquillière, 20.
Moreau ※, r. de Lille, 21.
Maladies mentales. — Métivier ※, à Vanves.
Voisin ※, r. du Bac, 114.

CHIMISTES.
Barruel, r. St-Jacques, 172.
Chevalier ※, quai St-Michel, 27.
Henri ※, r. Font.-St-Georges, 7.
Lesueur, r. de l'École-de-Méd., 12.
Payen ※, au Conservat des arts et métiers, r. St-Martin, 292.
Thieullen, r. St-Anne, 29.

ARCHIVISTES PALÉOGRAPHES.
Donet-d'Arc ※, Archives impériales.
Quicherat ※, École des Chartes, r. Voltaire, 9.
Teulet aîné, r. de Tournon 27.

INGÉNIEURS.
Baude ※ (mines), r. Royale-St-Honoré, 13.
Bois (Victor), (usines et machines), r. du Havre, 14.
Coquart (mines et mach.), r. d'Amsterdam, 21.
De Trizay, ancien inspect. des forêts, r. d'Amsterdam, 59.
Féart (carrières), impasse Mazagran, 8.
Flachat ※, r. de Londres, 51.
Jousselin ※, r. Cassette, 8.
Lussy, r. des Martyrs, 23.
Martin Saint-Léon, r. Nve-Coquenard, 24.
Robin ※, (mines).
Sautter (L.), avenue Montaigne, 87 et r. Drouot, 2.
Surville, r. des Martyrs, 47.
Touaillon (moul.), r. Coquillière, 8.

ARCHITECTES.
Allard (bois et forêts), r. Mazagran, 9.
André (F.), r. Neuve-des-Petits-Champs, 36.
Bello, r. Bergère, 28.
Chouveroux, r. de Verneuil, 32.

Constant, entr., r. F.-St-Denis, 90.
Danjan, r. St-André-des-Arcs, 22.
Delngenièro, r. F.-St-Denis, 84.
Delatouche (Gustave), r. Valenciennes, 3.
Deligny, à l'Institut.
De Mérindol (J.), r. Belle-Chasse, 38.
Deschamp (Prosper), r. Taitbout, 47.
Desrousseaux, r. Bonaparte, 80.
De Verneuil, r. Lamartine, 10 bis.
Dommey, r. Serpente, 16.
Dupeyrat, r. St-André-des-Arcs, 45.
Feydeau, r. St-Lazare, 6.
Fourdrin, r. Guénégaud, 15.
Gallois, r. Meslay, 41.
Grapillard, r. N.-D.-de-Lorette, 14.
Jolivet, r. Richelieu, 60.
Joly (de), ✳, p. du Corps législatif.
Lazare (A.), rue Angoulème-du-Temple, 20.
Lemaistre (A.), r. Ribouté, 1 bis.
Lemercier, r. de Calais, 2.
Lenoir (Victor), boul. de la Madeleine, 17; bureaux, r. Mont-Thabor, 40.
Leroyer, r. Chabannais, 10.
Lesage, r. Duphot, 16.
Loppin (J.), r. Vieille-du-Temple, 87.
Mavré, r. Bertin-Poirée, 16.
Perrin, boul. du Temple, 37.
Petit de Villeneuve, r. St-André-des-Arcs, 22.
Picard (A.), r. de Rivoli, 66.
Renié fils, r. Louis-le-Grand, 28.
Robert, r. Constantine, 24.
Rohault de Fleury ✳, r. d'Aguesseau, 12.
Royé (Victor), r. Larrey, 1.
Salmon, r. St-Georges, 48.
Tardieu, r. F.-du-Temple, 21.

ÉCRIVAINS.

Besse, r. Childebert, 11.
Delarue (Th.), N.-D.-des-Victoires, 2.
Durnerin, r. Constantine, 13.
Oudart ✳, r. Ponthieu, 4.

TENEURS DE LIVRES.

Bariod, r. F.-Poissonnière, 46.
Chantepie, r. Chaussée-d'Antin, 27.
Chevallot, r. St-Marc, 7.
Germont ✳, r. de Clichy, 88.

Quéno ✳, r. F.-Poissonnière, 84.
Grenier, r. St-Claude, 12, au Marais.
Lozaouis, r. de la Michodière, 2.
Monginot ✳, boul. Montmart., 2.
Raimbort (F.), r. F.-Montmartre, 7.

TRADUCTEURS INTERPRÈTES.

Auvray, quai de la Mégisserie, 70.
Baeza (Juan) (espagnol), rue Nve-des-Capucines, 20.
Bonkoski, r. St-Honoré, 247.
Bourquelot (grec), r. Taitbout, 73.
Buys (flamand), pl. Dauphine, 20.
Cahen (Simon) ✳, (hébreu), r. des Quatre-Fils, 16.
Courrouve (Léop.) (anglais), r. de la Bourse, 8.
De Respaldiza (espag.), r. Ferme-des-Mathurins, 56.
Gengoult (anglais et hollandais), r. Villejuste, à Passy, et au greffe du tribunal civil.
Hazenfeld (norwégien), pl. de la Bourse, 12.
Hase, C. ✳ (grec moderne), rue Colbert, 12.
Henrion (espag.), r. Nve-des-Bons-Enfants, 29.
Ho mans (flamand, hollandais, allemand) r. Ribouté, 7.
Jager (allemand et anglais).
Lameyer (holland.), r. Drouot 16.
Meldola (toutes les lang.), r. Nve-des-P.-Champs, 86.
Olszewiec (polonais, russe, suédois, holland., hébreu), r. d'Enfer, 18.
Puybonnieux ✳ (sourds-muets), r. Soufflot, 13.
Thenon (espagnol), rond-point de la Porte-Maillot.
Valese (sourds-muets), à l'institut des sourds-muets, r. St-Jacques, 425.

TAPISSIERS.

Leroux (A.), r. Helder, 25.
Malézieux, r. Nve-des-Mathur., 26.

CARROSSIER.

Moingeard, r. du Temple, 131-135.

VÉTÉRINAIRE.

Bouley aîné, r. de Sèze, 9.

F

FACULTÉ DES LETTRES, rue de Sorbonne, 15, à la Sorbonne. — C'est une des cinq facultés dont se compose l'Académie de Paris, lesquelles sont la Faculté de médecine, la Faculté de droit (V. *École de médecine et école de droit*), dont nous avons déjà parlé, la Faculté de théologie catholique, la Faculté des lettres et la Faculté des sciences. Ces trois dernières occupent le local de la Sorbonne.
La Faculté des lettres enseigne la philosophie, la littérature grecque, l'éloquence latine, l'éloquence française, les littératures étrangères, l'histoire ancienne et moderne, la géographie, etc. L'entrée de ces différents cours est publique et gratuite, sans aucune condition ni formalité.
FACULTÉ DES SCIENCES, à la Sorbonne, r. de Sorbonne, 15. — On y enseigne publiquement et gratuitement le calcul différentiel et intégral, l'algèbre supérieure, l'astronomie physique et mathématique, la zoologie, l'anatomie et la physiologie, la mécanique, la minéralogie, la botanique, la chimie, la géométrie supérieure, la géologie, le calcul des probabilités, etc.
FACULTÉ DE THÉOLOGIE, r. de Sorbonne, 15, à la Sorbonne. — On y enseigne le dogme, la morale, l'histoire et la discipline ecclésiastique, l'écriture sainte l'hébreu le droit ecclésiastique et l'éloquence sacrée. L'entrée à tous ces cours est publique et gratuite.
FILATURE DES INDIGENTS, impasse des Hospitalières, 2. — Cette institution a été créée pour offrir une occupation assurée aux pauvres femmes infirmes, aux mères de familles chargées d'enfants, aux femmes momentanément sans ouvrage. Elles ne travaillent pas là; elles y viennent seulement chercher la filasse qu'elles sont chargées de convertir en fil, lequel est envoyé ensuite dans les départements, où il est converti en toile à l'usage des hôpitaux. Cet filature fournit du travail à 4 ou 5,000 ouvrières, chaque année: elle en fournit même, en certaine sannées mauvaises, à 7,000 indigents. S'adresser, pour la visiter, au directeur ou à l'économe.
FILTRAGE DES EAUX. — Établissement des eaux de la Seine clarifiées et purifiées par les filtres-charbons, créé en 1807, quai des Célestins, 24, et r. St-Paul, 4. A tous les étages et en toutes saisons, l'eau se paye 10 c. la voie.
Pompe de distribution des eaux filtrées au filtre de charbon, Boule-Rouge, 5.
FINANCES (Ministère des), r. de Rivoli, 234. — Administration des revenus publics, de la dette inscrite et des monnaies. Établissement et règlement du budget général de chaque exercice. Comptabilité des finances de l'État. Présentation de tous les projets de lois sur les finances. Assiette, répartition et perception des impôts directs et indirects. Vérification de la fabrication et du titre des monnaies. Administration des domaines et des bois, des postes, des tabacs, du timbre, etc., etc. Établissements, régies et entreprises qui donnent un produit au Trésor public. Relations avec la Banque de France et la chambre syndicale des agents de change de Paris. Mouvement des fonds, négociations et opérations de trésorerie. Surveillance des caisses publiques et des préposées comptables, vérification de leurs comptes et de leurs pièces justificatives à soumettre au jugement de la Cour des comptes.
Inscription des rentes, pensions, cautionnements. Description, contrôle et centralisation de tous les faits relatifs à la recette et à l'emploi des deniers publics. Contentieux et agence judiciaire. Acquittement, contrôle et justification de toutes les dépenses publiques ordonnancées par les ministres. Liquidation et ordonnancement de toutes les dépenses des divers services des finances et de celles qui ne ressortissent à aucun ministère. Proposition aux places des fonctionnaires, comptables ou autres dont la nomination est réservée à l'Empereur. Nomination aux emplois de finances administratifs et comptables et à ceux d'agents de change près la bourse de Paris.
Pour les diverses administrations et directions qui dépendent du ministère des finances, telles que *direction générale des contributions directes, administration des postes, direction générale des forêts*, etc., etc. nous ne pouvons que renvoyer aux articles particuliers qui sont consacrés à chacune d'elles.
Les caisses sont ouvertes tous les jours non fériés, de 9 h. du matin à 3 h. du soir. Un bureau de renseignements est également accessible tous les jours, de 2 à 4 heures.
Pour les demandes d'audiences au ministre, s'adresser par lettres au chef du cabinet, en expliquant le motif de demande.
FOIRE AUX CHEVAUX. — V. *Marché aux chevaux*.
FOIRE AUX JAMBONS. — Cette foire traditionnelle a lieu tous les ans, le mardi, le mercredi et le jeudi de la Semaine Sainte, du lever au coucher du soleil, et se tient tout le long du boulevard Bourdon, de la place de Bastille à la Seine.
FOLIES DRAMATIQUES, boul. du Temple, 78. — V. *Théâtres*.
FOLIES NOUVELLES, boul. du Temple. — V. *Théâtre Déjazet*.
FONTAINES MONUMENTALES. — Il y a à Paris un nombre infini de fontaines publiques et de bornes-fontaines; nous ne citerons que les plus importantes, celles dites monumentales, lesquelles sont au nombre de 84; les fontaines de la place de la Concorde, la fontaine Louvois, la fontaine Molière, qui est une fontaine d'applique; la fontaine du carrefour Gaillon, également d'applique; les fontaines des Champs-Élysées et du Rond-Point; la fontaine de la rue Grenelle-St-Germain, qui est une fontaine d'applique; la fontaine de la place St-Sulpice; la fontaine de la rue Cuvier, qui est une fontaine d'applique; les fontaines de la pl. Royale; la fontaine de la place Dauphine; la fontaine de la place du Châtelet; la fontaine de la rue de l'Arbre-Sec, qui est une fontaine d'applique; la fontaine des Innocents; la fontaine des Petits-Pères, qui est une fontaine d'applique; la fontaine du jardin du Luxembourg, qui est une fontaine d'applique, et la fontaine de la place du pont St-Michel, que l'on construit en ce moment, et qui sera également une fontaine d'applique, à l'angle du boul. Sébastopol (rive gauche) et de l'ancienne place Saint-André-des-Arcs.
Quelques-unes de ces fontaines sont intéressantes à plus d'un titre. Les plus curieuses à voir sont: la fontaine du Luxembourg, due à M. Visconti, et où l'on voit deux charmantes statues de Pradier, et la fontaine de la rue de Grenelle, dont Bouchardon a fourni les dessins et dont il a lui-même exécuté toutes les sculptures. Quant à la fontaine du marché des Innocents, à laquelle il ne restait presque plus rien, depuis longtemps, des sculptures de Jean Goujon, elle vient d'être déplacée de nouveau et de nouveau transformée, comme l'ancien carreau des halles, aujourd'hui transformé en square.
FORTIFICATIONS. — Cette ceinture naturelle du nouveau Paris, qui a une étendue d'au moins 36 kilomètres, qui se compose de ponts bastionnés avec fossés, glacis, contrescarpes, etc., et est protégée par un cordon de 13 forts détachés, forme les barrières actuelles de la ville. On y a établi un octroi à chacune de ses portes et poternes, au nombre de 54. (V. *Portes et Poternes de Paris*.) Il est défendu, sous peine d'amende, de monter sur les talus gazonnés des fortifications et de descendre dans les fossés, dans quelques-uns desquels on a planté et semé et dont les récoltes sont affermées.
FOURRIÈRE, r. de Pontoise, 13 et 15. — C'est le nom populaire sous lequel est connu le bureau et la police des voitures. Il y a là, tous les jours, de 9 h. du matin à 4 h. du soir, des employés chargés de recevoir ou de rendre les objets qui y sont envoyés par l'entremise de l'autorité compétente. Chaque nuit il y a aussi un gardien pour recevoir les voitures envoyées en fourrière. Quant aux réclamations concernant les objets oubliés dans les voitures, elles doivent être adressées à la préfecture de police, au bureau spécial qui y est affecté.

FRANÇAIS (Théâtre), r. Richelieu, 2. — V. pour les détails, l'article *Théâtres*.

FRANC-MAÇONNERIE.

Grand-Orient de France, r. Cadet, 16, Suprême-Conseil pour la France et les possessions françaises (pratiquant tous les rites). — Grand maître de l'Ordre : S. A. le prince Lucien Murat. — Grands-maîtres adjoints : M. Desanlis, avocat à la Cour impériale. — Heullant, propriétaire. — Chef du secrétariat général de l'ordre : M. Claude, secrétaire particulier du prince.

Maison de secours du Grand-Orient de France, située Faubourg-Saint-Antoine, 295.

Ordre maçonnique oriental de Misraïm ou d'Égypte, r. Grenelle-St-Honoré, 29.

Rite de Memphis, rite chaldéen, Faub.-St-Denis, 8.

Les conditions d'admission sont fournies par les deux parrains des candidats ; il est donc inutile de les signaler ici.

FUNAMBULES, boul. du Temple, 62. — V. pour les détails et le prix des places, l'article *Théâtres*.

FUNÉRAILLES. — L'entreprise des funérailles, ou des pompes funèbres, dont le siège est rue Alibert, 10, et dont les bureaux sont ouverts tous les jours, de 7 h. du matin à 7 h. du soir, dépend de la préfecture du département de la Seine : elle est unique, et sous la surveillance d'un inspecteur général délégué par M. le préfet. Son devoir est d'exécuter, sans aucun retard, tous les convois qui lui sont commandés, et ce, d'après les prix fixés au tarif arrêté par le Gouvernement. Aucune inhumation ne peut avoir lieu que dans les cercueils en chêne ou en plomb, ou même en sapin, exclusivement fournis par l'entreprise des pompes funèbres, et portant une estampille apposée par l'inspecteur général du service.

Nous ne pouvons pas, on le comprend, entrer dans les mille détails de chaque administration publique ou particulière. Quant à celle des pompes funèbres, nous ne pourrons donc mentionner que les 9 classes de convois, dont le prix varie de 18 fr. à 7,184 fr., et renvoyer pour plus amples renseignements aux mairies de chaque arrondissement où il a été établi des succursales, auxquelles les familles peuvent s'adresser en toute confiance. Il n'est perçu pour ces renseignements aucun droit ou commission quelconque.

L'inhumation des indigents est faite gratuitement.

Des voitures, confectionnées exprès et suivant les règlements sanitaires, sont toujours prêtes à partir pour le transport des corps hors Paris et à l'étranger. Les convois hors Paris sont faits avec le même soin et la même célérité que ceux de Paris, sans augmentation de prix.

Entreprise des pompes funèbres générales. Service spécial de la banlieue et des environs de Paris. — Service particulier des villes des départements.

Cette entreprise privilégiée pour le service des enterrements dans la banlieue, les environs de Paris et les départements, fournit tout ce qui est nécessaire pour les convois funèbres : corbillards, tentures, catafalques, cercueils, berlines de deuil, etc. Voitures spéciales pour le transport des corps dans les départements et à l'étranger.

L'entreprise des pompes funèbres générales est également chargée du service *exclusif* dans un grand nombre de villes départementales. Versailles, Angers, Poitiers, Angoulême, Saumur, Colmar, Avignon, Montpellier, Auxerre, St-Quentin, Dieppe et Rouen (banlieue).

Elle établit des services complets d'informations dans toutes les villes où elle est appelée par MM. les maires et curés. Elle exécute les convois dans toutes les localités sur la demande des familles d'après les tarifs de chaque commune.

Pour toute demande, s'adresser ou écrire au directeur, qui envoie sans frais un mandataire.

Administration centrale à Paris, r. de Dunkerque 73, faub. Poissonnière ; ci-devant rue de Chabrol, 83. Bureaux : à Versailles, rue de la Paroisse, 44.

Règlement général des convois. Concurrence directe à l'entreprise des pompes funèbres pour les transports des corps de Paris en province et de province aux cimetières de la capitale (France et étranger) au-dessous des tarifs de l'entreprise, conservation temporaire ou perpétuelle des corps par un procédé peu dispendieux ; brevet, s. g. d. g. 14, rue Ste-Croix-de-la-Bretonnerie.

Agence générale des funérailles. Règlement des convois et transports, r. d'Anjou-St-Honoré, 9, et F.-St-Honoré, 42.

Compagnie générale des sépultures, r. St-Marc, 22. — Règlement général des convois pour Paris et la banlieue, transports dans la France et l'étranger.

Administration spéciale des funérailles, r. des St-Pères, 70. — Elle se charge de toutes les démarches et règlements à faire aux églises et aux pompes funèbres, de l'acquisition des terrains dans tous les cimetières et du transport des corps en France et à l'étranger.

Compagnie générale des funérailles, r. Nve-St-Augustin, 24. — Concurrence directe à l'entreprise générale. Règlement des convois et cérémonies funèbres dans l'intérêt des familles. Transports dans les départements et à l'étranger par tous les chemins de fer et par des voitures spéciales aux prix les plus minimes. Embaumement par le procédé Gannal.

G

GAITÉ (Théâtre de la), boul. du Temple, 63. — V. pour les détails, l'article *Théâtres*.

GALERIES. — V. *Bazars*.

GARDE DE PARIS. — L'état-major se trouve quai de l'Horloge, 5.

GARDE DES SCEAUX. — V. *Justice (ministère de la)*.

GENDARMERIE DÉPARTEMENTALE. — L'état-major de la 1re légion de gendarmerie (Seine, Seine-et-Marne, Seine-et-Oise), se trouve rue et Ile Saint-Louis, 51.

GOBELINS (Manufacture Impériale des), r. Mouffetard, 254. — Cette manufacture est consacrée à la fabrication des tapisseries de haute-lisse et à celle des tapis dits de la Savonnerie. Le public est admis, avec des billets délivrés au ministère d'État, et par l'administrateur sur demandes écrites, à visiter l'établissement le mercredi et le samedi de chaque semaine, de 2 à 4 h., du 1er avril au 30 septembre, et de 1 à 3 heures, du 1er octobre au 31 mars.

Chaque année, du 15 octobre au 15 janvier, cours public de chimie appliquée à la teinture par M. Chevreul, et, tous les deux ans, à l'issue de ce cours, un autre cours de contraste des couleurs par le même professeur. Le catalogue des tapisseries exposées dans les salles de la manufacture, et parmi lesquelles on remarque celles du XVIIe et du XVIIIe siècles, se vend 1 franc au profit de la caisse de retraite des employés des Gobelins.

GRENIER D'ABONDANCE, boul. Bourdon. — Dépôt public où, pour prix du monopole qui leur est concédé, les boulangers de Paris sont tenus à avoir constamment une réserve en farine suffisante pour alimenter leur clientèle pendant 3 mois. Le grenier d'abondance date du règne de Napoléon 1er.

GRÈVE (La). — Ancien nom de la place de l'Hôtel-de-Ville. Notre collaborateur, M. de la Bédollière, a fait, dans le *Nouveau Paris*, quatrième arrondissement, l'histoire de cette place du vieux Paris. Nous ne l'avons mentionnée ici que parce que, depuis beaucoup de Parisiens, amis obstinés des vieilles appellations, la place de l'Hôtel-de-Ville sera longtemps encore la place de Grève, comme le théâtre du Luxembourg sera Bobino, comme le marché à la volaille sera la Vallée, etc.

Le quai de la Grève est le point d'arrivage de nombreux bateaux de fruits.

GUERRE (Ministère de la), r. St-Dominique-St-Germain, 90. — Les bureaux sont même rue, 86 et 88. Le public n'est admis, à défaut d'autorisations particulières, que les mercredis, de 2 à 5 heures, à la section de l'enregistrement et des renseignements, rue Saint-Dominique, 88, où l'on répond aux demandes faites par écrit. Le dépôt et la bibliothèque de la guerre sont rue de l'Université, 71. Le ministère de la guerre a installé, rue de Bourgogne, 6, une exposition permanente des produits de l'Algérie, à laquelle on est admis tous les jeudis avec des billets distribués à toutes les personnes qui en font la demande.

GUIGNOL. — C'est un théâtre de marionnettes en plein vent qui se tient aux Champs-Élysées, pour les petits enfants des deux sexes, mais auquel les grandes personnes de tout âge prennent peut-être le plus vif plaisir, sans doute par ressouvenir d'un temps qui n'est plus. Le prix des places est à la générosité des spectateurs.

GYMNASE DRAMATIQUE, ancien théâtre de Madame, boul. Bonne-Nouvelle, 36 et 38. — V. Pour les détails et le prix des places, l'article *Théâtres*.

H

HALLE AU BLÉ, r. de Viarme, 2. — C'est un marché aux farines, aux grains et aux grenailles, ouvert tous les jours, de 9 à 5 h., excepté les jours fériés et les dimanches, pour les farines, et seulement les mercredis et samedis, pour les grains et les grenailles. Il y a un contrôleur, 20 facteurs aux farines et 20 facteurs aux grains.

La charpente de la halle au blé passe pour un chef-d'œuvre. On voit rue de Viarme, adossé pour ainsi dire aux murs de la Halle au blé, une colonne de 30 mètres, d'ordre dorique, qui porte un cadran solaire, ouvrage de Pingré, chanoine de Ste-Geneviève : c'est tout ce qui reste de l'hôtel de Soissons, démoli en 1762 pour édifier à sa place ce marché aux farines qui existe aujourd'hui.

HALLE AU BEURRE ET AUX ŒUFS, se tenait autrefois le marché des Innocents et la pointe St-Eustache. Aujourd'hui elle occupe, dans les Halles centrales, l'un des pavillons qui donne sur la rue de la Cossonnerie. — Les beurres d'Isigny sont vendus les lundis, mercredis et samedis ; ceux de Gournay, les lundis, jeudis et samedis, et les beurres au kilogramme tous les jours ; les beurres salés ou fondus les mardis et vendredis. La vente ne se fait en gros, commence à 6 ou 7 h. du matin et finit à midi, sauf les criées qui se prolongent jusqu'à la vente de toutes les marchandises. Le marché tient tous les jours, excepté le dimanche ; les ventes amiables cessent à midi. On ne vend point d'œufs le mercredi ; ceux qui arrivent ce jour sont resserrés pour le lendemain. Les fromages se vendent les mardis et vendredis jusqu'à midi. Les beurres doivent un droit de 5 0/0 ; les œufs de 2 fr. 50 c. 0/0, depuis le 1er janvier, sur le produit de la vente, dont partie au profit de la ville ; les marchandises vendues directement par le propriétaire doivent le droit sur le prix des premières qualités vendues sur le marché. Il y a un contrôleur et six facteurs.

HALLE AUX CUIRS, r. Mauconseil. — Cet établissement, jugé trop peu en rapport avec la consommation de cuirs que fait l'industrie parisienne, doit être démoli et réédifié sur de nouveaux plans. Nous n'en parlons donc ici que pour mémoire.

HALLE AUX DRAPS ET AUX TOILES, r. de la Poterie. — Elle n'existe plus aujourd'hui que comme souvenir, car un incendie l'a dévorée il y a quelques années et n'a laissé que les rez-de-chaussée qu'on a appropriés pour servir de magasins et de bureaux provisoires pour les travaux des nouveaux pavillons des Halles.

HALLE AUX HUITRES, r. Montorgueil, 42. — Elle se tient tous les jours, de 6 h. du matin à 10 h. Vente en gros et à l'amiable. Il y a un contrôleur et 3 factours.

HALLE AUX TOILES. — Se tient à la Halle au blé le 1ᵉʳ lundi de chaque mois, pendant 3 jours à partir de ce lundi-là, de 10 à 3 h.

HALLE AUX VEAUX, r. de Pontoise. — Elle ne s'y tient que deux fois par semaine, le mardi et le vendredi. Le reste du temps, les abris de cette halle sont occupés par des revendeurs de toute sorte, marchands de souliers, de vêtements, de ferraille, etc., et tout ce qui concerne le bric-à-brac. Il y a un inspecteur qui y demeure.

HALLE AUX VINS, quai St-Bernard; on l'appelle plus communément l'Entrepôt. — Elle occupe une superficie d'environ 134,000 mètres qui permet de loger 225,000 pièces de vins, tant à couvert qu'à découvert. Elle se compose de huit grandes masses de constructions qui sont les magasins, les celliers, etc. Il y a à visiter surtout les trois magasins dits la partie des eaux-de-vie, et dans laquelle il est défendu de fumer. C'est dans l'un de ces magasins-là que sont les appareils énormes avec lesquels on mesure la force alcoolique des liquides. C'est la succursale des magasins particuliers de Bercy.

HAUTE COUR DE JUSTICE. — Elle est composée d'une chambre de mise en accusation dont font partie sept juges, dont deux suppléants; et d'une chambre de jugement, composée également de sept juges, dont deux suppléants. Les juges de la haute cour de justice sont conseillers à la cour de cassation. Ils ont à se prononcer sur les affaires politiques qui intéressent la sûreté du souverain ou celle du pays.

HIPPODROME. — Sur l'avenue de St-Cloud, près de l'ancienne barrière de l'Étoile, à gauche. — Les représentations qui s'y donnent, quatre fois par semaine, durent environ 2 heures, de 3 à 5 de l'après-midi : elles se composent de courses de haies, de courses plates, d'ascensions aérostatiques, d'exercice d'équilibre, etc., etc. Il y a, outre quelques loges, quatre sortes de places : les 1ʳᵉˢ qui coûtent 2 fr., 50 c.; les 2ᵉˢ 1 fr. 50 c.; les 3ᵉˢ 1 fr.; et les 4ᵉˢ 50 c. Les premières places ne diffèrent des autres que parce qu'elles sont du côté où l'on n'est pas exposé au soleil.

HISTOIRE NATURELLE (Cabinet d'). — V. *Muséum*.

HOSPICES ET HOPITAUX.

Hôtel-Dieu, parvis Notre-Dame, 4. — Consultations de 8 à 9 heures. Jours d'entrée, dimanche et jeudi, de 1 à 3 h.

Hôpital Sainte-Eugénie, r. de Charenton, 89.

Sainte-Marguerite, rue de Charonne, 93. — Consultations de 8 à 9 h. Jours d'entrée : dimanche et jeudi, de 1 à 3 h.

La Pitié, rue Copeau. — Consultations de 8 à 9 heures Jours d'entrée : dimanche et jeudi, de 1 à 3 h.

La Charité, rue Jacob, 47. — Consultations de 8 à 9 h. Jours d'entrée : dimanche et jeudi, de 1 à 3 h.

Saint-Antoine, faub. St-Antoine, 206. — Consultations de 8 à 9 heures. Jours d'entrée : dimanche et jeudi, de 1 à 3 h.

Cochin, faub. Saint-Jacques. — Jours d'entrée : dimanche et jeudi, de 1 à 4 heures.

Necker, rue de Sèvres, 151. — Jours d'entrée : dimanche et jeudi, de 11 h. à 1 h.

Beaujon, faub. Saint-Honoré, 208. — Jours d'entrée : dimanche et jeudi, de 2 à 3 heures.

Lariboisière, rue d'Ambroise Paré (Clos St-Lazare).

Bon-Secours, rue de Charonne, 97. — Jours d'entrée : dimanche et jeudi de 1 à 3 heures.

Enfants malades, rue de Sèvres, 149. — Jours d'entrée : dimanche et jeudi, de 1 à 3 heures.

Saint-Louis, rue Bichat, 95. — Consultations tous les jours. — Jours d'entrée : dimanche et jeudi, de midi à 2 h.

Midi (vénériens), rue des Capucins, 15. — Consultations tous les jours. Jours d'entrée : dimanche et jeudi de midi à 2 h.

Lourcine (vénériennes), rue de Lourcine, 111. — Consultations et jours d'entrée comme ci-dessus.

Clinique place de l'École-de-Médecine. — Jours d'entrée : dimanche et mercredi, de 9 à 4 heures.

Maternité (accouchements), rue du Port-Royal, 7. — Entrée tous les jours de 10 à 4 h.

Blessés-Indigents, rue du Petit-Musc, 9. — Consultations tous les jours de 7 à 10 heures.

Saint-Méry, cloître St-Méry, 14. — Entrée tous les jours, de 10 h. du matin à 4 h. du soir.

Maison de santé, faub. St-Denis. — Entrée tous jours, de 10 h. du matin à 4 h. du soir.

Maison de santé en faveur des Israélites et Maison de retraite pour la vieillesse, r. de Picpus, 76 et 78.

Les personnes qui ne sont pas assez malades pour être admises d'urgence doivent se présenter au bureau d'admission, parvis Notre-Dame, 2, tous les jours, de 9 à 4 heures.

HOSPICES CIVILS.

Enfants assistés et orphelins, rue d'Enfer, 100. — Orphelines de la Légion d'honneur, r. Barbette, 2. — La Vieillesse (femmes), à la Salpêtrière boul. de l'Hôpital. — Hommes, à Bicêtre, près de Gentilly. — Incurables, (femmes), r. de Sèvres, 42. — Incurables (hommes), r. des Récollets, 8.

— Larochefoucauld, au Petit-Montrouge. — Ménages, r. de la Chaise, 28. (Entrée tous les jours.) Davillers, r. du Regard, 17 (un cinquième aux protestants). — St-Michel, à St-Mandé. — Enghien, r. de Picpus, 8. — Leprince, r. St-Dominique, 187. — Marie-Thérèse, r. d'Enfer, 95. — Ste-Perrine, r. de Chaillot, 99. — Enghien, r. de Babylone, 12. — Asile de la Providence, à Montmartre. — Bicêtre, hors de la barrière de Fontainebleau. — Société Anglaise, faub. Saint-Honoré, 57. — Petites-Sœurs, rue du Regard.

HOPITAUX MILITAIRES.

Invalides, Hôtel des Invalides.
Val-de-Grâce, rue Saint-Jacques, 277.
Gros-Caillou, rue St-Dominique, 188.
Pharmacie centrale, rue Saint-Dominique, 188. Entrée publique le dimanche et le jeudi, de midi à 1 h.

HOTEL CARNAVALLET, rue Culture-Ste-Catherine, au Marais. — Hôtel de la Renaissance, restauré au xvııᵉ siècle, par Mansard, à l'époque où il était habité par Mᵐᵉ de Sévigné. On attribue, à tort ou à raison, à Jean Goujon, les bas-reliefs qui le décorent les façades extérieure et intérieure.

HOTEL D'ALBRET, r. des Francs-Bourgeois, 7. — Architecture de la Renaissance. Intéressant à visiter.

L'HOTEL DE CHEVREUSE, r. St-Dominique-St-Germain, en face de St-Thomas-d'Aquin. — Architecture du xvııᵉ siècle; appartient aujourd'hui au duc de Luynes.

HOTEL DE CLISSON, r. du Chaume, 12. C'est aujourd'hui l'École des Chartes. Intéressant à visiter.

HOTEL DE GABRIELLE D'ESTRÉES, r. des Francs-Bourgeois, 14. — Architecture de la Renaissance. Intéressant à voir.

HOTEL DE LA BANQUE, r. de la Banque. — Il a été bâti en 1620, par François Mansard. Habité successivement par le duc de la Vrillière, qui lui donna son nom; par le comte de Toulouse; par le duc de Penthièvre, fils du comte de Toulouse; par la princesse de Lamballe, sa petite-fille; et, en dernier lieu, par la Banque de France, lorsqu'elle abandonna l'hôtel Marsiac.

HOTEL DE LA GUIMARD, rue de la Chaussée-d'Antin, 7. — Architecture du xvııᵉ siècle.

HOTEL DE LA VRILLIÈRE, r. Saint-Florentin, 11. — Architecture du xvııᵉ siècle. Il fut habité longtemps par le prince de Talleyrand qui y reçut l'empereur de Russie. Il doit son nom au duc de la Vrillière, ministre, plus connu sous le nom de M. de St-Florentin.

HOTEL DE NINON DE LENCLOS, r. des Tournelles, 28 et boulevard Beaumarchais. — Architecture du xvııᵉ siècle. Il ne reste presque plus rien de sa première destination, à part quelques plafonds et, dans l'escalier, un médaillon de Louis xıv.

HOTEL DES AMBASSADEURS DE HOLLANDE, rue Vieille-du-Temple, 47. — Architecture du xvııᵉ siècle. Les façades de la cour sont bien conservées. C'est aujourd'hui une maison particulière.

HOTEL DE SENS, situé au carrefour des rues du Figuier, des Barrés et de l'Hôtel-de-Ville. — C'est un débris curieux de l'architecture du xvᵉ siècle.

HOTEL-DE-VILLE, place de la Grève, aujourd'hui pl. de l'Hôtel-de-Ville. — Commencé en 1549, sous le règne de Henri II, et terminé en 1605 sous le règne de Henri IV. L'Hôtel-de-Ville est très-intéressant à visiter. Nous recommandons à nos lecteurs la salle du Trône, la grande Galerie des Fêtes, le Salon de l'Empereur, les Salons des Prévôts, la salle du Zodiaque, etc., etc. L'entrée n'est pas publique : il faut la solliciter par lettre du préfet, qui l'accorde facilement.

HOTEL-DIEU. — V. *Hospices et Hôpitaux*.

HOTEL D'ORMESSON, r. St-Antoine, 212. — Architecture du commencement du xvııᵉ siècle. L'hôtel d'Ormesson est actuellement occupé par une institution de jeunes gens.

HOTEL DU COMTE D'ÉVREUX (PALAIS DE L'ÉLYSÉE), rue du faub. Saint-Honoré. — Construit en 1718 par Moller, cet hôtel, une des plus belles résidences parisiennes, fut habité successivement par Mᵐᵉ de Pompadour, par le marquis de Marigny, son frère, par le financier Beaujon, par la duchesse de Bourbon, par Murat, par Napoléon, par le duc de Wellington, par l'Empereur Alexandre, par le duc de Berry, etc., en dernier lieu, par le prince Napoléon, devenu Empereur des Français. Cet hôtel du comte d'Évreux, qui s'est appelé l'Élysée-Bourbon, s'appelle aujourd'hui le palais de l'Élysée, et il est habité par Mᵐᵉ de Montijo, mère de l'Impératrice Eugénie.

HOTEL IMPÉRIAL DES INVALIDES, r. de Grenelle-St-Germain. — C'est le refuge des soldats mutilés par les hasards de la guerre. Leur nombre est de plus de 3,000, commandés par environ 200 officiers; ils sont nourris, logés, chauffés, éclairés et blanchis aux frais de l'État. Notre collaborateur, M. E. de La Bédollière, a raconté le côté historique et le côté pittoresque de cette maison de retraite de la gloire : nous ne pouvons que laisser les choses qui sont dans nos attributions de cicérone. C'est d'abord la façade de l'hôtel lui-même, construit en 1671 sur les dessins de Libéral Bruant : elle a 133 fenêtres et 4 étages décorés de trophées militaires. C'est ensuite la cour d'honneur qui a 2 étages de portiques ouverts en arcades, avec des avant-corps au milieu de chaque face et dans les angles. C'est encore l'église où se trouve le tombeau de l'empereur Napoléon Iᵉʳ. C'est enfin les cuisines où l'on admire deux gigantesques marmites qui peuvent contenir 600 kilog. de viande, et les réfectoires ornés de peintures à fresque représentant des villes conquises pendant les campagnes de Flandre, d'Alsace, de Hol-

HOTELS MEUBLÉS.

lande et de Franche-Comté. Les parents des soldats qui sont logés dans cet immense hôtel sont seuls autorisés à les venir voir tous les jours et à toster avec eux dans leurs chambres. Le public est admis le Dimanche, de 10 h. à 4 h. à visiter en détail les curiosités qui s'y trouvent.

HOTEL LAMOIGNON. — Rue Pavée, 24, au Marais. Architecture de la Renaissance. Intéressant à visiter.

HOTEL LAMBERT. — A la pointe occidentale de l'île Saint-Louis. Architecture du milieu du XVIIe siècle. Intéressant à visiter. Il y a là des peintures de Lebrun et d'Eustache Lesueur, des décorations de François Périer et des ornementations de Van Obital. L'hôtel Lambert, qui devrait s'appeler l'hôtel Lambert de Thorigny puisqu'il fut construit pour ce conseiller au parlement, est habité actuellement par la famille Czartoriska. On ne peut le visiter qu'en l'absence de ses propriétaires.

HOTELS MEUBLÉS. — Il en existe pour toutes les fortunes, depuis l'hôtel où l'on loge à la nuit moyennant un franc, jusqu'à celui où l'on loge au mois pour 2,000 francs. Nous écrivons aussi bien pour les étrangers que pour les Parisiens, et nous devons, en conséquence, indiquer sommairement les divers prix et les divers règlements qui régissent les hôtels meublés à Paris; puis après, donner une liste des principales maisons. Et d'abord, toute personne qui vient loger, même pour quelques heures, dans un hôtel meublé, doit fournir des renseignements sur son individualité. Tout maître d'hôtel est tenu d'avoir un livre de police relevé toutes les semaines par un agent spécial, et sur lequel doivent se trouver consignés les nom, prénoms, lieu de naissance, profession et signature de la personne qui vient louer. Pour un étranger ou un habitant des départements, un passeport suffit; pour un Parisien, des lettres portant indication de son dernier domicile sont nécessaires, en l'absence de tout autre papier. Les chambres ou appartements meublés ne se louent pas, comme les autres, pour 3 mois : ils se louent pour 8, pour 15 jours, pour un mois, et le prix en est payable d'avance. Ils peuvent se louer aussi à la journée, comme nous l'avons dit plus haut, mais alors ils coûtent beaucoup plus qu'ils ne coûteraient à la quinzaine ou au mois. Voici maintenant la liste des principaux hôtels de Paris :

Hôtel d'Albion et des Pays-Bas, r. du Bouloi, 20.
— d'Allemagne, r. du Bouloi, 13.
— des Hautes-Alpes, r. des 12 Portes, 7.
— d'Alsace, r. Lafayette, 57.
— des Ambassadeurs, r. St-Honoré, 141.
— des Ambassadeurs, r. Sainte-Anne, 73.
— des Ambassadeurs, r. de Lille, 26.
— des Américains, r. des 4 Vents, 6.
— d'Amiens, r. des Vieux-Augustins, 13.
— de l'Amirauté, r. Neuve-St-Augustin, 55.
— d'Amsterdam, et d'Alsace, r. des Vieux-Augustins, 63.
— d'Amsterdam, r. St-André-des-Arts, 59, entrée passage du Commerce.
— d'Angleterre, r. Jacob, 22.
— Angleterre (grand hôtel d'), r. Montmartre, 56.
— d'Angleterre, r. du Mail, 10.
— d'Anjou, r. Louis-le-Grand, 8.
— d'Antin, r. d'Antin, 18.
— de l'Arcade, r. de l'Arcade, 43.
— d'Argenteuil, r. d'Argenteuil, 20.
— d'Arras, r. des Vieux-Augustins, 65.
— de Bade, rue de la Michodière, 25.
— de Batavia, cité Bergère, 2 bis.
— de Bavière, rue du Conservatoire, 17.
— de Bayonne, r. Neuve-Montmorency, 3.
— de Bayonne, r. St-Honoré, 11.
— de Beaune, r. de Beaune, 22.
— de Beauregard, rue Beauregard, 22.
— des Beaux-Arts, r. des Beaux-Arts, 1.
— de Bedford, r. de l'Arcade, 17, et r. de la Madeleine, 38.
— de Bedford, r. Bonaparte, 48.
— de Belgique et de Hollande, r. de Trévise, 7.
— de Bellefond, r. Bellefond, 5.
— de Bellevue, r. de Grenelle-St-Germain, 56.
— Bergère, r. Bergère, 34.

Hôtel du Berry, r. de Seine-Saint-Germain, 24.
— de Besançon, r. de la Sourdière, 3.
— de Bon-Conseil, quai du Marché-Neuf, 12.
— du Bon-La-Fontaine, rue de Grenelle-St-Germain, 16.
— de Bonne-Nouvelle, r. Poissonnière, 28, et r. N.-D. de Recouvrance, 11.
— de Bonne-Nouvelle, boul. de Bonne-Nouvelle, 36.
— de Bordeaux, r. Jacob, 17.
— Bordeaux, r. de Grenelle-St-Honoré, 33.
— du Borysthène, r. de Vaugirard, 30.
— Boulevard des Capucines (gr. hôtel du), boul. des Capuc., 37.
— Boulevard de Sébastopol (hôtel du), boul. de Sébastopol, 75.
— de Boulogne et de Calais, r. Poissonnière, 44.
— du Bouloi, r. du Bouloi, 5.
— de Bourbonne-les-Bains, r. de l'Université, 9.
— de Bourgogne, r. Baillot, 8.
— de Bourgogne, r. Neuve-St-Eustache, 50.
— de Bourgogne, r. de l'École-de-Médecine, 16.
— Brady, r. Faub.-St-Denis, 44.
— du Brésil, cité Bergère, 12.
— du Brésil, passage Dauphine, 10.
— de Brest et du Havre, r. de Grammont, 22.
— de Bretagne, r. de Seine, 21.
— de Bretagne, r. Croix-des-Petits-Champs, 14.
— de Bretagne, r. de Richelieu, 23 bis.
— de Brie, rue St-André-des-Arts, 36.
— Britannique, r. Duphot, 22.
— Britannique, r. Gaillon, 3.
— de Bruxelles, r. du Mail, 33.
— de Bruxelles, r. ld'Orléans-St-Honoré, 7.
— de Bruxelles, r. Caumartin, 41.
— de Buci, r. de Buci, 22.
— de Byron, r. Laffitte, 20.
— du Cadran, r. St-Sauveur, 62.
— du Caire, r. du Caire, 34.

Hôtel de Calais, r. Neuve-des-Capucines, 5.
— de Camoens, pl. St-Germain-des-Prés, 4.
— du Cantal, r. de l'École-de-Médecine, 7.
— de Castiglione, r. de Castiglione, 12.
— Castille (grand hôtel de), r. de Richelieu, 101, et boul. des Italiens, 5.
— de Caumartin, r. de Caumartin, 28.
— de César, r. de l'École-de-Médecine, 25.
— de Champagne et de Mulhouse, boul. de Strasbourg, 87.
— de Charlemagne, pl. Royale, 15.
— de Chartres, r. d'Orléans-St-Honoré, 14.
— du Chemin de fer du Nord, r. de Dunkerque, 37.
— du Chemin de fer de Strasbourg, boul. de Strasbourg, 11.
— du Chemin de fer de Lyon, r. de Châlons, 7.
— du Chemin de fer de l'Ouest, boul. de Montparnasse, 43.
— du Cirque Napoléon, boul. du Temple, 7.
— de la Cité Berryer, cité Berryer, 14.
— de la Cité d'Orléans, r. St-Lazare, 32.
— de Clarence, r. de Grenelle-St-Germain, 26.
— des Colonies, r. St-Dominique-St-Germain, 35.
— des Colonies, r. Paul-Lelong, 3.
— du Conservatoire des arts et métiers, pl. du Vieux-Marché-St-Martin, 15.
— du Continent, r. St-Lazare, 3 et 5.
— Coq-Héron, r. Coq-Héron, 3.
— Corneille, r. de Corneille, 5.
— de la Côte-d'Or, r. de la Ville-l'Évêque, 38.
— du Cygne, r. du Cygne, 3.
— de Danemarck, r. Mazarine, 38.
— du Dauphin, r. Nve-des-Bons-Enfants, 23.
— des Deux Écus, r. des Deux-Écus, 20.
— de Dieppe, r. d'Amsterdam, 20 et 22.
— de Douvre, boul. des Capucines, 17, et r. de la Paix, 25.
— de l'Échiquier, r. de l'Échiquier, 1.
Hôtel de l'École de Droit, r. de l'École de Médecine, 99.
— de l'Empereur, r. de Grenelle-St-Honoré, 90.
— de l'Empereur Joseph II, r. de Tournon, 33.
— d'Espagne, cité Bergère, 11.
— d'Espagne, r. de Richelieu, 52.
— des États-Unis, r. N.-D. des Victoires, 13.
— des Étrangers, r. Vivienne, 3.
— de l'Europe, r. Lepelletier, 5.
— de Flandre et d'Espagne, rue N.-D. des Victoires, 4.
— de France et de Champagne réunis, r. Montmartre, 132.
— de France, Coq-Héron, 11.
— de France et d'Angleterre, rue de Richelieu, 72.
— de la Gironde, r. Caumartin, 14.
— de Grammont, rue de Grammont, 13 bis.
— des Grands-Augustins, quai des Augustins, 15.
— du Grand-Balcon, r. Mazarine, 51.
— du Grand-Cerf, r. des Fontaines-du-Temple, 6.

Hôtel du Grand Condé, r. St-Sulpice, 2.
— du Grenelle, r. de Grenelle-St-Honoré, 17.
— de Grenoble, rue Quincampoix, 41.
— de Hambourg, r. Neuve des Bons-Enfants, 15.
— de la Haute-Marne, quai de la Rapée, 52.
— de la Haute-Vienne, cité Bergère, 8.
— Havane (Grand hôtel de la), r. de Trévise, 44.
— du Havre, r. d'Amsterdam, 16.
— du Havre, r. du Nord, 12.
— du Havre et du Pas-de-Calais, r. du Bouloi, 25.
— du Helder, r. du Helder, 9.
— de Henri IV, av. de Lamothe-Piquet, 28.
— de Hollande, r. de la Paix, 20.
— d'Iéna, r. de Seine, 80.
— des Iles-Britanniques, rue de la Paix, 22.
— des Indes, r. Fontaine-Molière, 20.
— de l'Intendance, r. de l'Université, 26.
— de l'Industrie, r. de Ménilmontant, 76.
— d'Isly, r. Laffitte, 26.
— d'Isly, r. Jacob, 29.
— d'Italie, pl. Boieldieu, 1.
— d'Italie, r. du Lyon, 28.
— des Italiens, anc. hôtel Mazas, r. de Choiseul, 20, et boul. des Italiens, 23.
— Jacob, r. Jacob, 44.
— du Jardin du Luxembourg, r. de Vaugirard, 8.
— du Jardin des Plantes, r. Lacépède, 6.
— de Jean-Jacques-Rousseau, r. Jean-Jacques-Rousseau, 20.
— Joubert, r. Joubert, 3.
— des Jumelles, r. du Bouloi, 16.
— du Jura, r. de la Jussienne, 6.
— de la Jussienne, r. Montmartre, 47, et r. de la Jussienne, 21.
— Laffitte, r. Laffitte, 40.
— de Lancastre, r. du Helder, 22.
— Larroy, r. Larroy, 5.
— de Lille, avenue Labourdonnais, 79.
— Lion-d'Argent (grand hôt. du), r. du Faub.-St-Denis, 47, et rue d'Enghien, 4.
— du Lion Belge, r. St-Gilles, 24 bis.
— du Lion-d'Or, r. du Faub.-St-Denis, 142.
— de Lisbonne, rue de Vaugirard, 4.
— de Liverpool, rue de Castiglione, 11.
— du Loiret, r. des Bons-Enfants, 5.
— Londres (Gr. hôtel de), r. de Castiglione, 5.
— de Londres, r. Bonaparte, 3.
— de Londres, r. St-Victor, 38.
— de Lorraine, r. Taitbout, 73.
— de la Louisiane, r. Jacob, 5, et r. Furstenberg, 2.
— Louis-le-Grand et du Brésil, r. Louis-le-Grand, 8.
— Louvre (Grand hôtel du), r. de Rivoli, 166 et 168.
— de Lowendahl, av. de Lowendahl, 33.
— du Luxembourg, r. de Tournon, 18.
— du Luxembourg, r. de Vaugirard, 4.
— de Luxembourg, rue Saint-Honoré, 390.

HÔTELS MEUBLÉS.

Hôtel de Lyon (grand), rue des Filles-St-Thomas, 12.
— de Macon, r. des Deux-Ponts, 14.
— de Madrid, r. de la Bourse, 6.
— Marine française (Grand hôtel de la), r. Croix-des-P.-Champs, 48, et r. des Vieux-Augustins, 3.
— du Maroc, r. de Seine, 57.
— de Marseille, r. de la Michodière, 15.
— Marsolier, r. Marsolier, 13.
— Martinique et de la Belgique (Grand hôtel de la), r. de Grenelle-St-Honoré, 15.
— de Mayence, r. St-Honoré, 354.
— de la Mayenne, pass. Brady, 5.
— de la Mayenne, r. Duphot, 6.
— Mazarin, r. Mazarine, 54.
— des Messageries, r. St-Martin, 300, à côté de la fontaine.
— de Metz et du Rhône réunis, r. St-Pierre-Montmartre, 3.
— Meurice, propriétaire, r. de Rivoli, 228.
— de la Michodière, r. de la Michodière, 7.
— du Midi, r. du Caire, 4.
— du Midi, r. de Grenelle-St-Honoré, 6.
— Mirabeau, r. de la Paix, 8.
— des Missions étrangères, r. du Bac, 125 et 127.
— Molière (Grand hôtel), r. de la Fontaine-Molière, 39 et 89 bis.
Hôtel Molière, r. de l'Ancienne-Comédie, 11.
— Molinies, cour du Commerce-St-André, 30.
— de la Monnaie, rue de la Monnaie, 6.
— de la Monnaie, r. de Grenelle-St-Honoré, 64.
— Monsieur-le-Prince, rue Monsieur-le-Prince, 13.
— du Mont-Blanc, r. des Saints-Pères, 67.
— Montholon, r. Montholon, 11.
— de Mulhouse et de Colmar, r. des Vieux-Augustins, 5.
— de Nantes, r. des Bons-Enfants, 20.
— de New York, r. de Strasbourg, 5.
— du Nord, place Roubaix, 37.
— du Nord, r. du Bouloi, 21.
— de Normandie, r. d'Amsterdam, 4.
— de l'Opéra-Comique, r. Marivaux-Italiens, 11.
— d'Orient, rue Neuve-St-Augustin, 48.
— d'Orléans, r. Richelieu, 17.
— de la Paix, b. de la Paix, 32.
— de Paris, boulev. de Strasbourg, 72.
— du Pas-de-Calais, r. des Sts-Pères, 49.
— du Périgord, rue de Grammont, 2.
— du Plat-d'Étain, pl. du Carré-St-Martin, 26.
— des Postes, r. Pagevin, 12.
— des Princes, r. Richelieu, 97.
— du Quai Saint-Michel, quai St-Michel, 1.
— de Rennes, boulev. du Montparnasse, 1.
— du Rhône et de Champagne, r. du Bouloi, 19.
— du Rhône, r. de Grenelle-St-Honoré, 5.
— de Rohan, r. d'Amsterdam, 132; cour Boni, 1.
— de Rome, r. Montmartre, 136.
— de Rouen, r. de Grenelle-St-Honoré, 21.
— de Rouen, r. Croix-des-Petits-Champs, 42.

Hôtel de Rougemont, r. Rougemont, 2, et boulev. Poissonnière, 10.
— Sainte-Anne, r. Ste-Anne, 10.
— Saint-Eustache, r. Montmartre, 92.
— St-Georges, r. St-Georges, 10.
— St-Germain, r. Jacob, 30.
— St-Germain-des-Prés, r. Bonaparte, 26.
— St-Honoré, r. du Faub.-St-Honoré, 38.
— St-Merry, r. Brisemiche, près la r. St-Martin et la r. de Rivoli.
— Saint-Nicolas-des-Champs, r. Chapon, 56.
— Saint-Omer, r. Contrescarpe-St-Marcel, 19.
— Saint-Paul, r. St-Paul, 38.
— des Saints-Pères, r. des Sts-Pères, 55.
— St-Phar, boul. Poissonnière, 32.
— Saint-Quentin, r. des Jeûneurs, 14.
— St-Roch, des Jeûneurs, 18.
— St-Sulpice, pl. St-Sulpice, 4.
— St-Victor, r. St-Victor, 5.
— de la Saône, Palais-Royal, galerie Montpensier, 6.
— du Saumon, pass. du Saumon, 1.
— de Saxe, r. Jacob, 12.
— de Seine, r. de Seine, 52.
— de Senlis, r. St-Hyacinthe-St-Michel, 26.
— Sept-Frères (grand hôtel des), r. de Grenelle-St-Honoré, 8.
— Servandoni, r. Servandoni, 4.
— de la Sourdière, r. Saint-Honoré, 306.
— Strasbourg (grand hôtel de), boulev. de Strasbourg, 7.
— de Suède, r. du Bouloi, 3.
— de Suède, quai St-Michel, 15.
— Taitbout, r. Taitbout, 12.
— Terrasse (grand hôtel de la), r. de Rivoli, 236.
— de Toulouse, rue des Jeûneurs, 12.
— de Touraine, r. St-Sauveur, 40.
— de Tournon, r. de Tournon, 1.
— de Tours, r. St-Nicolas-d'Antin, 7.
— de Trévise, r. de Trévise, 7.
— de la Trinité, r. Nonnains-d'Hyères, 18.
— des Trois-Frères, rue Taitbout, 60.
— Tronchet, r. Tronchet, 22.
— des Tuileries, rue Saint-Honoré, 147.
— du Tyrol, r. Montmartre, 162.
— de l'Union, r. de la Pépinière, 105, et r. Faub.-St-Honoré, 146.
— de l'Univers, r. Louvois, 2, près la place Richelieu.
— de l'Univers et des États-Unis, r. Croix-des-Petits-Champs, 10.
— de l'Université, r. de l'Université, 2.
— de Valois, r. Richelieu, 69.
— Vanneau, r. Vanneau, 19.
— du Vatican, r. du Vieux-Colombier, 4.
— de Vaucluse, r. St-Lazare, 156.
— de Vendôme, pl. Vendôme, 1.
— de Verneuil, r. de Verneuil, 20, et r. de Beaune, 27.
— des Victoires, r. des Fossés-Montmartre, 9.
— Victoria, boulev. de Strasbourg, 66.
— de la Ville de Paris, r. Ville-l'Évêque, 23.
— de la Ville-l'Évêque, r. Ville-l'Évêque, 6.
— Violet (grand hôtel), pass. Violet, 5, 6, 7, 8 et 9, Faub. Poissonnière.

Hôtel Vivarais, r. Montmartre, 82.
— Voltaire, quai Voltaire, 19.
— des Vosges, r. du Croissant, 6.
— des Voyageurs, rue Montmartre, 112.

HUISSIERS.

Hôtel de Wagram, r. de Rivoli, 208.
— Westminster, r. de la Paix, 11 et 13.
— Windsor, r. de Rivoli, 226.
— York, r. Ste-Anne, 61.

HUISSIERS. — Les huissiers, au nombre de 150, sont des fonctionnaires chargés d'exécuter les jugements du tribunal de commerce et les actes conservatoires, comme les protêts des billets après refus de paiement par les débiteurs. Ils doivent apporter et signifier leurs actes eux-mêmes, et non par l'intermédiaire de clercs qui n'ont pas qualité pour cela. Voici la liste des huissiers de Paris :

Acard, r. Richelieu, 92.
Balmont (L.), r. des Fossés-Montmartre, 14.
Barbenchon, r. des Deux-Écus, 13.
Batrul, r. Royale à Villejuif.
Baudin, r. Hauteville, 13.
Belon, pl. de la Bourse, 31.
Bercier, r. Montmartre, 70.
Berlin, boul. des Italiens, 9.
Berly, r. d'Orléans, 81, Montrouge.
Besnard, r. du Temple, 56.
Binon, r. de Gren.-St-Honoré, 10.
Boileau, r. du Pont L.-Philippe, 18.
Boulet, r. Thévenot, 17.
Bourgeois, r. de Fourcy, 6.
Bourgeois (E.-J.-B.), rue de la Verrerie, 61.
Brossier, r. Bourb.-Villeneuve, 9.
Cartelier, r. Jocquelet, 11.
Cauot, r. Serpente, 39.
Cauwès, r. des Bourdonnais, 31.
Chapelle, boul. St-Denis, 19.
Chauveau, pl. du Havre, 17.
Chevallier (Ch.), r. Nve-des-Petits-Champs, 42.
Cobus, r. Ste-Anne, 42.
Cognot, r. St-Marc 17.
Collard, r. du Petit-Carreau, 13.
Coquillon, r. Rambuteau, 74.
Corsain, r. St-Sauveur, 60.
Dablin, r. Royale-St-Honoré, 19.
Damiens, r. de l'Échiquier, 38.
Dedreux, r. des Fos.-St-Bernard, 4.
Delaplanche, r. Montmartre, 6.
Demonchy, r. des Fossés-Saint-Victor, 43.
Denis, r. Montorgueil, 71.
Depré, r. du Croissant, 2.
Dorenusson, r. Culture-Ste-Catherine, 26.
Deschamps, r. Montholon, 13.
Desruelle, rue des Mathurins-St-Jacques, 11.
Dossesquelle, pl. de la Mairie, 2, à Neuilly.
Détré, r. du Temple, 175.
Devaux, r. Taitbout, 5.
Devresse, r. Mauconseil, 15.
Doré, r. du Bouloi, 21.
Dorgo, pl. du Palais-de-Justice, 7.
Doyen, r. St-Honoré, 243.
Dumant, r. Pagevin, 4.
Dupuis, r. Rambuteau, 20.
Fabrizi, r. Saint-Martin, 307.
Forasso, r. Saint-Honoré, 108.
Fontaine, r. du Buci, 12.
Fontaine (J.-B.), r. du Pt.-Lion, 23.
Forest, r. Montorgueil, 13.
Fortier, r. du Bouloi, 2.
Foucon, Grande-Rue, 42, à Belleville.
Fouyau, r. Faub.-Montmartre, 13.
Fraboulet, r. St-Martin, 192.
Fraysso, r. de la Monnaie, 9.
Frécourt, r. Poissonnière, 14.
Fumet, place de la Bourse, 8.
Gaillard, r. Feydeau, 4.
Gardien, pl. St-And.-des-Arts, 22.
Garnier, r. Castiglione, 14.
Gay, r. du Temple, 26.
Geoffroy (D. C.), r. du Bac, 59.
Gendriot, r. du Four-St-Germ. 40.
Geoffroy (J.), r. Rivoli, 100.
Gerbu, r. de la Verrerie, 62.
Geudrier, r. d'Alger, 14.
Gillet, r. du Sentier, 38.

Gillot, r. du Faub.-St-Antoine, 55.
Girault, r. Saint-Martin, 260.
Grosmillior, r. de la Banque, 45.
Hamel, r. des Bourdonnais, 3.
Hardin, r. St-Antoine, 110 bis.
Harmand, r. Montmartre, 135.
Havé, quai de la Tournelle, 43.
Hiard, r. Fontaine-Molière, 39.
Isnard, r. de Paris, 7, à Vincennes.
Jacquin, r. des Bons-Enfants, 29.
Janvier, pass. des Petits-Pères, 1.
Jolly, r. du Mulhouse, 4.
Joniot, r. Montmartre, 108.
Lagorie (H.), pl. de la Bastille, 12.
Laloue, r. de Tracy, 14.
Latour, r. des Prouvaires, 10.
Larsonneau, r. du Faub.-Saint-Martin, 223.
Lebrun, r. St-Martin, 24.
Lecler, r. St-Martin, 299.
Lecocq, r. Nve-St-Eustache, 32.
Lefranc, r. de Rivoli, 134.
Lepargneux, boul. des Italiens, 27.
Leroux jeune, r. St-Martin, 88.
Losourd, boul. de Strasbourg, 2.
Levaux, pl. de la Croix-Rouge, 1.
Liédot, r. St-Michel, 11.
Liénard, r. St-Martin, 339.
Loiseau, boulev. Sébastopol, 39.
Marchand, r. Compoise, 67, à Saint-Denis.
Marchon, r. Coquillière, 40.
Marécat aîné, r. Bertin-Poirée, 3.
Marécat jeune, r. St-Martin, 184.
Martoaux, r. Nve-St-Augustin, 11.
Masson, r. Montmartre, 152.
Mathieu, rue Croix-des-Petits-Champs, 23.
Maupin, boul. Bonne-Nouvelle, 25.
Monessier, r. Faubg-St-Denis, 46.
Mercier (J.-F.), r. Croix-des-Petits-Champs, 50.
Mercier (O.-B.), r. Laffitte, 7.
Motivier, r. Boucher, 16.
Michaud, r. de la Ste-Chapelle, 9.
Mosnier, r. Vieille-du-Temple, 21.
Moullin, r. Neuve-St-Eustache, 3.
Nouvillo, r. du Dragon, 16.
Nitot, r. St-Lazare, 8.
Orléans, r. de la Ch.-d'Antin, 57.
Pachon, r. Montmartre, 155.
Parisot, pl. de l'École, 77, à Vaugirard.
Péron, r. des Filles-du-Calvaire, 2.
Perrin, r. N.-D.-de Nazareth, 28.
Petit (Bug.), r. Faub.-Poissonn., 4.
Picon, r. de Cléry, 16.
Pilet, boulev. Beaumarchais, 22.
Pinel, r. du Faub.-Montmartre, 83.
Pluot, r. des Déchargeurs, 3.
Polart, r. du Cloître-St-Jacques-L'Hôpital, 5.
Poly, r. Marie-Stuart, 8.
Ponceau, port du Bercy, 1.
Porcher, rue Neuve-des-Petits-Champs, 56.
Porrot, r. Moslay, 14.
Potin, r. Montmartre, 64.
Prevot, boulev. Beaumarchais, 7.
Protat, r. du Château, 12, à Courbevoie.
Putiot, r. Beaubourg, 50.
Raffard, Grand' Rue, 50, à Batignolles.
Rognault, r. de Louvois, 8.
Richaud, r. Faub.-St-Martin, 31.

Roisin, r. du Helder, 24.
Rédillon, place St-Michel, 8.
Seguin, quai de la Grève, 10.
Siméon, boulev. du temple, 6.
Siou, r. Saint-Honoré, 225.
Tainne, r. Thévenot, 11.
Tricot, rue de Flandre, 17, à La Villette.
Tricotel, r. Saint-Antoine, 68.
Vacher, r. Vivienne, 15.
Vaillant, r. de Constantine, 24.
Valentin, r. Rambuteau, 54.
Walsor, rue Notre-Dame-des-Victoires, 40.
Woll, boulev. St-Martin, 59, et r. Meslay, 50.

La chambre des huissiers tient ses séances tous les mardis à 7 heures du soir, rue Montmartre, 80. Le secrétariat est ouvert, tous les jours non fériés, depuis 10 heures du matin jusqu'à 4 heures du soir.

HYDROTHÉRAPIE. — *Grand établissement hydrothérapique, au château d'Issy*, près Paris. Belle résidence, parc de 33 hectares, eaux de sources pures. S'adresser au château, ou à Paris, rue Neuve-des-Mathurins, 58, de 2 à 3 heures. — *Néothermes*, rue de la Victoire, 56. — *Établissement hydrothérapique de Chaillot*, rue des Bataillés, 16 et 18. — *Établissement à Auteuil*. — Tous ces établissements reçoivent des pensionnaires.

I

IMPRIMERIE IMPÉRIALE. — Rue Vieille du Temple, 87. Impression, distribution et débit des lois, ordonnances, règlements et actes du gouvernement ; — service du conseil d'État ; — du cabinet et de la maison de l'Empereur ; — impressions des effets et valeurs émises par le Trésor public ; — moulage des cartes ; — des congés des troupes, des brevets, des timbres, passe-ports, etc. ; — service général des ministères et administrations centrales et spéciales dont les impressions sont payées sur les deniers de l'État. — Impression des ouvrages de science et arts publiés aux frais de l'État, en vertu d'une autorisation spéciale du gouvernement ; — impression aux frais des auteurs, sur autorisation spéciale de S. Ex. M. le garde des sceaux, des ouvrages composés en tout ou en partie de caractères étrangers. — Les imprimeurs de Paris sont autorisés, par décision de M. le garde des sceaux, à faire composer ou imprimer à l'Imprimerie impériale la partie des ouvrages qu'ils auraient entrepris, dans laquelle se trouveraient des caractères orientaux, ou quelques-uns des signes particuliers qui existent dans la typographie étrangère de cet établissement. L'Imprimerie impériale est le premier et le plus intéressant établissement de ce genre qu'il y ait au monde. Les ateliers, le cabinet des poinçons, la bibliothèque, sont à visiter en détail, et, pour cela, il suffit d'adresser une demande au directeur, par lettre affranchie. Les visites ne sont autorisées que pour le jeudi, à 2 heures.

IMPRIMÉS (DISTRIBUTION D'). — Le commerce parisien emploie volontiers ce moyen peu coûteux d'annonces et de réclames pour séduire le public. Des agents, habillés de bleus, distribuent des prospectus sur la voie publique aux passants ; d'autres les portent à domicile. Il y a à Paris un certain nombre de ces maisons de distribution ; comme il s'en crée et défait tous les jours de nouvelles, nous ne mentionnerons ici que la principale et la plus ancienne, qui est l'*Estafette du commerce*, rue de la Jussienne.

INCENDIE (SECOURS CONTRE L'). — V. *Sapeurs-Pompiers*.
INCURABLES (ÉTABLISSEMENTS D'). — Rue des Récollets, 8, pour les hommes ; rue de Sèvres, 42, pour les femmes (V. *Hospices et hôpitaux*).
INDIGENTS. — V. *Établissements et bureaux de bienfaisance* et *Filature des indigents*.
INFIRMERIE MARIE-THÉRÈSE. — V. *Établissements philanthropiques*.
INHUMATIONS. — V. *Funérailles*.
INSCRIPTIONS ET BELLES-LETTRES. — V. *Académies*.
INSERTIONS DANS LES JOURNAUX. — Les journaux reçoivent directement, pour la plupart, les annonces et les réclames commerciales ou industrielles qu'on leur apporte, mais le mieux est encore de s'adresser aux agents de publicité dont les noms suivent :

Abeline et Meslin, r. Jacob, 17.
Baudouin, r. Vivienne, 12.
Baudouin, r. des Grands Augustins, 25.
Ber, r. Bleue, 17.
Berger, r. Lepelletier, 18.
Bigot et Cie (compagnie générale d'annonces), fermiers et régisseurs des principaux journaux de Paris, pl. de la Bourse, 8.
Bouchon (Alph.), agent d'annonces pour Paris, la province et l'étranger, spécialité pour les annonces de navires, r. N.-D.-des-Victoires, 42.
Bouyon, r. Saint-Honoré, 24.
Bourey et Dechavanne, success. de MM. Sulot et Cie (compagnie générale de publicité) ; annonces dans tous les journaux de Paris, des départements et de l'étranger, r. Montmartre, 120.
Cartigny, boulev. du Temple, 18.
Chatillon, r. de l'Arbre-Sec, 26.
Castillon (A.), directeur de l'*Office de publicité*, r. Feydeau, 26.
Centro-Algérien (le), abonnements et insertions pour tous les journaux, notamment ceux de l'Algérie, r. de Richelieu, 110.
Chéron (Edwin), abonnement aux journaux français et étrangers, r. Saint-Honoré, 416.
Delbocq (P.), fermier des annonces de l'*Annuaire de MM. Firmin Didot*, r. de Seine, 21.
De Lœwenfels, bureau central pour l'Allemagne, r. des Bons-Enfants, 29.
Deslandes, r. Drouot, 15.
Dollingen, correspondance de Paris, et correspondance départementale, boulev. Montmartre, 21.
Dufour, Goyer-Desfontaines et Hilpert, office de publicité pour la Russie, r. de Richelieu, 103.
Estibal fils, r. St-Marc, 7.
Pichon fils, office général de publicité dans tous les journaux français et étrangers, r. Saint-Honoré, 57.
Fontaine (Isidore), office de publicité départementale, r. de Tréviso, 22.
Havas, O ✻, correspondance générale, annonces et abonnements pour les journaux français et étrangers, r. J.-J. Rousseau, 8.
Laffitte, Bullier et Cie, fermiers ou régisseurs de plusieurs journaux de Paris, fermage des principaux journaux de province, r. de la Banque, 20.
Lagrange (Ch.) et Cie, office général d'annonces, pl. de la Bourse, 6.
Leclerc, r. de Lancry, 57.
Norbert - Estibal, place de la Bourse, 12.
Orry jeune, r. Laffitte, 9.
Panis, pl. de la Bourse, 8.
Philippe, r. Git-le-Cœur, 6
Royer, r. Coq-Héron, 5.
Saavedra, r. Hauteville, 13 ; maison à Madrid.
Schmitz et Bullier, r. de la Banque, 20.
Valette (Isidore), r. Coq-Héron, 5.
Vicherat père, pass. Saulnier, 10.

Quant aux divers prix que coûtent les annonces et les réclames dans les grands journaux parisiens, nous renvoyons nos lecteurs à l'article *Tarif des annonces* de la société Bizot, Laffitte et Bullier : c'est un spécimen qui peut servir pour les autres agences de publicité.

INSPECTION GÉNÉRALE DES CARRIÈRES. — A la préfecture de la Seine, 3e division, 5e bureau. Il y a là un inspecteur général et deux inspecteurs particuliers qui ont la surveillance des carrières en exploitation dans le département de la Seine, et la direction des travaux de consolidation dans les anciennes carrières sous Paris et hors Paris.

INSPECTION GÉNÉRALE DES DROITS DE PESAGE, MESURAGE ET JAUGEAGE. — Elle est du ressort de la préfecture de la Seine et se divise en deux parties : la 1re comprend les opérations de pesage, de mesurage et de jaugeage dans les halles, les marchés, les chantiers et sur les ports. La 2e partie comprend : 1o les opérations de pesage, mesurage et jaugeage à domicile, requisos par le commerce ou par les officiers de justice ; 2o le mesurage des liquides, au moyen d'un appareil à dépoter, établi à l'entrepôt général des boissons ; 3o le mesurage des pierres destinées aux constructions publiques et particulières. La perception des droits sur la vente en gros des denrées, dans les halles et marchés, est administrée directement par M. le pré et de police, mais la surveillance et le contrôle de cette perception sont exercés par des inspecteurs particuliers nommés par M. le préfet de la Seine et placés sous les ordres de l'inspecteur général. L'inspection générale fait en outre la perception des droits de location des places dans les marchés de détail ; elle dresse les états de recouvrement des loyers dans les maisons communales ; enfin, elle est chargée de la conservation des abattoirs.

INSPECTION GÉNÉRALE DES ÉTABLISSEMENTS DE BIENFAISANCE. — Elle a son siège au Ministère de l'Intérieur, rue de Grenelle, 103, 4e bureau de la division de l'administration communale et hospitalière.

INSPECTION GÉNÉRALE DES MINES. — Elle est du ressort du Ministère de l'Agriculture, du Commerce et des Travaux publics ; il y 3 inspecteurs généraux de 1re classe et 7 inspecteurs généraux de 2e classe.

INSTITUT DE FRANCE. — Quai Conti, 23. Ce palais, construit en exécution du testament de Mazarin, sur l'emplacement de l'ancien hôtel de Nesle, pour servir du collège à soixante gentilshommes, sert aujourd'hui de siège et de lieu de réunion aux cinq Académies (V. ce mot). L'Institut a des membres titulaires, des membres libres, des associés étrangers et des membres correspondants, et leurs titres leur sont donnés à l'élection par l'Académie dans le sein de laquelle s'ouvre une vacance. L'approbation de l'Empereur est nécessaire pour valider les élections de ce corps savant. Pour être membre titulaire, il faut résider à Paris ; tout au contraire, un membre correspondant qui vient s'établir dans cette capitale renonce par la même à son titre. Le traitement de membre de l'Institut n'appartient qu'aux titulaires seuls : il est de 1,500 francs, dont le tiers environ est distribué en jetons de présence.

INSTITUT HISTORIQUE. — Rue Saint-Guillaume, 9. (V. *Sociétés savantes*).

INSTITUTION IMPÉRIALE DES JEUNES AVEUGLES. — Boulevard des Invalides, 56. (V. *Aveugles*).

INSTITUTION IMPÉRIALE DES SOURDS-MUETS. — Rue Saint-Jacques, 254. Il y a dans cet établissement 140 places d'élèves de 9 à 15 ans, entretenus par le gouvernement pendant six ans ; ces places sont divisibles par fraction de bourse. Les conseils généraux des départements ou conseils municipaux votent des bourses dont le taux est de 500 fr. Cette institution est aussi ouverte aux sourds-muets dont les parents sont assez aisés pour les y entretenir. Le maximum de la pension est de 1,000 fr. On peut visiter l'établissement en présentant un passe-port, ou avec un billet du directeur, les mercredis de 1 h. 1/2 à 5 h. 1/2. La Société centrale d'éducation et d'assistance pour les sourds-muets en France, dont le siège est à l'Institution, se charge soit de faciliter l'entrée des enfants dans les écoles primaires, quand ils n'ont pas l'âge voulu pour l'admission à l'Institution, soit d'obtenir ladite admission, quand les conditions sont accomplies. S'adresser, pour toutes demandes ou renseignements, au secrétariat général de la Société, à l'Institution, rue Saint-Jacques, 254.

INSTRUCTION PUBLIQUE ET DES CULTES (Ministère de l'). — Rue de Grenelle-Saint-Germain, 110. Les attributions de ce ministère sont l'administration et la surveillance des Facultés, des Écoles normales, des Lycées, des écoles, des établissements scientifiques, etc. Le ministre ne reçoit qu'après demandes d'audience à lui adressées. Quant aux bureaux, ils sont accessibles au public tous les jeudis de 2 heures à 4 heures.

INTENDANCE MILITAIRE. — Rue de Verneuil, 62.
INTÉRIEUR (Ministère de l'). Rue de Grenelle-Saint-Germain, 101-103. — Ce ministère est le plus important de tous; c'est le centre où viennent aboutir les innombrables services qui intéressent la prospérité et la sécurité de l'empire. Il a dans ses attributions la direction politique des préfectures, la tutelle des intérêts communaux, le régime des établissements pénitentiaires, la distribution des secours, etc., etc. Le Ministre de l'Intérieur reçoit les lundis et vendredis de midi à 1 heure; il accorde des audiences particulières à quiconque lui en fait la demande par lettre en expliquant le motif de cette demande. Le secrétaire général et les directeurs reçoivent les lundis et les vendredis, de midi à 2 heures. Le chef du cabinet reçoit les mardis, jeudis et samedis, de midi à 2 heures. Il y a un bureau spécial dont le chef donne, les mardis et les jeudis, tous les renseignements relatifs aux demandes envoyées. Quant aux lettres d'avis de paiement que l'on veut retirer, il faut se présenter à la division de la comptabilité les lundis, mardis et jeudis, de midi à 3 heures.
INVALIDES (Hôtel impérial des). — V. *Hôtel des Invalides*.
INVALIDES DE LA MARINE (Trésorier général des). — Au Ministère de la Marine et des Colonies, r. Royale-Saint-Honoré, 8. Bureau de M. Marbeau.
ITALIEN (Théâtre). Entre les rues Dalayrac et Marsollier. — V. *Théâtres*.
IVRY (Gare et port d'). — Premier arrondissement d'inspection de la navigation de la Seine; un des principaux lieux d'arrivage pour les liquides. La gare d'Ivry est un vaste entrepôt où les marchandises se trouvent dans les meilleures conditions.

J

JARDIN DES APOTHICAIRES ou *Jardin de l'École de Pharmacie*, rue de l'Arbalète, 21.
JARDIN DES PLANTES, pl. Walhubert, rue Cuvier, r. Geoffroy-St-Hilaire et rue de Buffon. — C'est le plus beau, le plus riche et le plus pittoresque des jardins de Paris, même en y comprenant le bois de Boulogne. Car, outre ses serres, ses galeries, ses animaux, son muséum, le Jardin des Plantes renferme toutes les flores connues, depuis la Flore des Antilles jusqu'à celle des environs de Paris. Il y a là, en effet, accumulés, les échantillons vivants ou inanimés de toutes les richesses du globe. Tout semble avoir été mis en réquisition pour y apporter des spécimens de chacune des parties de la création, depuis la pierre extraite des terrains primitifs qui sert de fondement à la vieille Cybèle, jusqu'à l'humble lichen des hautes montagnes; depuis les infusoires jusqu'à l'homme, (en passant par toutes les nuances intermédiaires de la formation, par toutes les gammes ascendantes du clavier panthéistique.
La création de cet immense jardin est due à Gui de la Brosse, médecin de Louis XIII, qui l'autorisa par un édit du 13 mai 1635. Après Gui de la Brosse vint Fagon, son neveu; après Fagon, Tournefort, un des créateurs de la botanique. Puis vinrent successivement Sébastien Vaillant, dont l'herbier a formé la base du grand herbier du muséum; Antoine et Bernard de Jussieu; Chirac; Chicoisneau; Buffon; Bernardin de St-Pierre. Il a fallu du temps, comme on voit, pour amener à l'état florissant où il se trouve aujourd'hui. Il est un des Parisiens qui ne le connaissent, et l'un des premiers soins des étrangers, en arrivant ici, est de se faire conduire au Jardin des Plantes ; nous ne mentionnerons donc que pour mémoire les serres, l'orangerie, la pépinière générale, la ménagerie, la bibliothèque, les galeries d'anatomie comparée, les galeries d'histoire naturelle, la galerie de minéralogie, etc., etc. La grande ménagerie est ouverte tous les jours, dans la belle saison, de 11 à 5 heures. Les parcs, où sont renfermés les ruminants, restent à la disposition du public toute la journée, depuis le matin jusqu'à la fermeture du jardin. Le cabinet d'histoire naturelle est ouvert tous les dimanches et jeudis, de 10 à 3 heures et, les autres jours, on ne peut le visiter, ainsi que les autres galeries, qu'avec des cartes d'entrée dont l'obtention est facile, et qui sont délivrées au secrétariat de l'administration dont les bâtiments donnent sur la rue Cuvier. Les serres et les jardins botaniques réservés pour les études sont également accessibles à toutes les personnes qui présentent une carte d'entrée, et seulement du 1er mars au 1er septembre de 6 à 9 h. du matin et de 3 à 6 h. de l'après-midi. Il y a dans le Jardin des Plantes, à deux pas des galeries de minéralogie, un café restaurant, et, un peu plus loin, des *water-closet* dont le prix est de 15 cent. Les omnibus y conduisent, soit directement, soit par correspondance.
JARDIN DES TUILERIES. — Il est limité par le palais, la rue de Rivoli, la place de la Concorde et le quai des Tuileries; il a entrée et sortie sur chacune de ses quatre faces, mais l'entrée de la voûte du palais est interdite au public depuis la création du jardin spécial de l'Empereur. Le jardin des Tuileries a été commencé sous le règne de Henri IV, mais il ne date réellement que du règne de Louis XIV, car c'est à cette époque seulement que Le Nôtre le traça et le planta tel, à peu près, que nous le voyons aujourd'hui. On y voit une grande quantité de statues, dont quelques-unes sont fort remarquables. Nous signalerons le *Chasseur*, la *Nymphe à la Colombe*, la *Nymphe au carquois*, de Coustou, la *Faune flûteur*, l'*Hamadryade* de Coysevox, le *Philopœmen* de David d'Angers, le *Caton* de Rude, le *Spartacus* de Foyatier, le *Phidias* de Pradier, les *Dieux-Lions* en bronze, de Barye, etc., etc. L'entrée du jardin des Tuileries est publique, mais on n'y peut passer avec des paquets. Il est ouvert, comme les autres jardins, depuis 7 h. du matin jusqu'à 8 h. du soir en été, et de 8 h. du matin à 4 h. du soir en hiver.

JARDIN DU LUXEMBOURG. — Limité par les rues de Vaugirard, de l'Ouest, de l'Est, d'Enfer et par le carrefour de l'Observatoire. Il est, comme le palais lui-même, l'œuvre de Jacques Desbrosses, et, à part quelques modifications, il est aujourd'hui ce qu'il était alors. C'est à la Convention qu'on doit la création de la Pépinière, qui donne un aspect de plus à ce jardin. L'orangerie qui longe le Petit-Luxembourg a été construite sous le roi Louis-Philippe. Nous signalerons, comme choses à voir, les statues des femmes illustres de la France qui sont placées dans ce jardin. Nous signalerons surtout, et pour les louer sans réserve, la statue de *Velléda*, de Maindron; le *Mercure* en bronze de Pigalle, la *Jeanne d'Arc* de Rude, et, enfin la belle fontaine de Jacques Desbrosses. Pour le pittoresque, le jardin du Luxembourg vient immédiatement après le Jardin des Plantes. Chacun d'eux, du reste, a son public et ses habitués, qui ne sont ni les habitués ni le public du jardin des Tuileries. L'entrée du jardin du Luxembourg est libre et les grilles en sont ouvertes depuis 7 h. du matin jusqu'à 8 h. du soir en été, et depuis 8 h. jusqu'à 4 h. en hiver. Seulement depuis deux ans, on peut le traverser avec des paquets. Les chiens doivent être tenus en laisse, à cause des parterres. Il y a des *water-closet* à la sortie du jardin qui donne sur la rue de l'Ouest, en face la rue Vavin, ou au bout de l'avenue de l'Observatoire; le prix en est de 15 centimes.
JARDIN DU PALAIS-ROYAL. — Il est bordé par la galerie d'Orléans, la galerie de Valois, la galerie Montpensier et la galerie Beaujolais, c'est-à-dire par une série de 180 arcades surmontées de deux étages. Il y a là des arbres, un bassin, des parterres, deux cabinets de lecture, et le fameux canon qui sert de régulateur à toutes les montres du quartier.
JARDINS EN PLEIN AIR. — V. *Bals* et *Théâtres*.
JOURNAUX ET ÉCRITS PÉRIODIQUES. — Le nombre en est extrême; au moment même où nous écrivons, il en naît et il en meurt, de sorte que sans le vouloir nous pourrons en omettre quelques-uns et en citer à tort quelques-autres. Nous allons en donner une liste aussi complète et aussi exacte que possible.
Abeille impériale, revue littéraire, hebdomadaire, 20 francs par an. Quai Voltaire, 23.
Affiches parisiennes, journal hebdomadaire d'annonces judiciaires. Rue de Rivoli, 144.
Ami des sciences, hebdomadaire. Rue Cassette, 9.
Ami de la jeunesse, mensuel. Rue de Clichy, 47.
Ami de la religion, quotidien. Rue du Regard, 12.
Ange gardien, mensuel. Rue de Vaugirard, 92.
Annales du bien, mensuel. Place du Panthéon, 2.
Annales de chimie et de physique, mensuel. Place de l'École-de-Médecine, 17.
Annales des conducteurs des ponts et chaussées, rue de Grenelle-St-Honoré, 43.
Annales d'hygiène publique et de médecine, mensuel. R. Hautefeuille, 19.
Annales des mines, mensuel. Quai des Grands-Augustins, 49.
Annales des ponts et chaussées, quai des Augustins, 49.
Annales des sciences naturelles, mensuel. Pl. de l'Éc.-de-Médecine, 17.
Annuaire Chaix, annuaire officiel des chem. de fer. R. Bergère, 20.
Archives générales de médecine, r. Antoine-Dubois, 9.
Armée illustrée, r. Montmartre, 123.
Archives du bibliophile, mensuel. Rue d'Anjou-Dauphine, 12.
Artiste, hebdomadaire. Avenue des Champs-Élysées, 120.
Audience, quotidien. Rue Coq-Héron, 5.
Bibliographie de la France, journal de la librairie. Rue Bonaparte, 1.
Bibliothèque de l'École des Chartes, quai des Augustins, 13.
Bulletin administratif de l'instruction publique, mensuel. Rue de Grenelle-St-Honoré, 43.
Bulletin de l'Académie Impériale de médecine, r. Hautefeuille, 19.
Bulletin de l'enregistrement, pl. Dauphine, 27.
Bulletin de la Société de l'histoire de France, rue Neuve-des-Petits-Champs, 8.
Bulletin de la Société de géographie, r. Hauteville, 21.
Bulletin officiel des courses de chevaux, r. Grammont, 30.
Bulletin des halles et le Courrier des marchés, quotidien. R. Sartine, 1.
Bulletin des lois, périodicité irrégulière. Rue Vieille-du-Temple, 87, à l'Imprimerie Impériale.
Bulletin du bouquiniste, r. Dauphine, 16.
Bulletin spécial des huissiers et des clercs d'huissiers, r. Christine, 2.
Bulletin de la Société de l'histoire du protestantisme français, rue de Rivoli, 174.
Bulletin de la Société de l'instruction élémentaire, quai Malaquais, 3.
Bulletin de la Société protectrice des animaux, 6 fr. par an, tous les deux mois. Rue de Lille, 19.
Cabinet historique (le), revue mensuelle; directeur, Louis Paris. Rue de Savoie, 20.
Charivari (le), quotidien, 48 fr. pour Paris, 60 fr. pour les départements. Rue du Croissant, 16.
Chronique parisienne (la), 3 fois par semaine. Rue Coq-Héron, 5.
Cinq centimes illustrés (les), r. Montmartre, 123.
Comptes rendus hebdomadaire des séances de l'Académie des sciences, quai des Augustins, 55.
Conseiller des dames et des demoiselles (le), r. Montmartre, 159.
Constitutionnel (le), quotidien, journal politique, littéraire, universel. Prix : Paris, trois mois, 13 fr.; six mois, 26 fr., et un an, 52 fr. Départements : trois mois, 16 fr.; six mois, 32 fr.; un an, 64 fr. Galerie Valois, Palais-Royal, 10.

Contrôleur de l'enregistrement (le), 10 fr. par an. Rue d'Anjou-Dauphine, 8.
Corbeille (la), r. Sainte-Anne, 61.
Correspondant (le), r. de Tournon, 29.
Correspondant des justices de paix (le), et des tribunaux de simple police, 10 fr. par an. Rue d'Anjou-Dauphine, 8.
Cosmos (le), r. de l'Ancienne-Comédie, 18.
Cote (la), bulletin de la Bourse, r. Coq-Héron, 5.
Coupeur (le), r. Sainte-Anne, 64.
Courrier des familles (le), journal de la santé, recueil universel des connaissances utiles, paraissant les 1er et 15 de chaque mois; in-4° à 15 colonnes. Un an : Paris, 8 fr.; départements, 8 fr.; étranger, 10 fr. Rue Baillet, 1.
Courrier du dimanche (le), r. du Faub.-Montmartre, 17.
Courrier franco-italien, journal hebdomadaire non politique, sciences, industrie, commerce, littérature, beaux-arts, théâtres; publié par l'office franco-italien. Carini, directeur, boul. des Italiens, 4.
Courrier de Paris (le), quotidien. Rue Coq-Héron, 5.
Courrier médical (le), paraissant deux fois par trois mois, 3 fr. par an 4 fr. 50 pour l'étranger. Rue Gît-le-Cœur, 6.
Cours général de la Bourse de Paris, r. Vivienne, 51, pl. de la Bourse.
Crédit financier (le), journal de la banque et de la finance, place de la Bourse, 7.
Disciple de Jésus-Christ (le), tous les mois. 7 fr. par an, chez Cherbuliez, r. de la Monnaie, 10.
Droit (le), tous les jours, excepté le lundi. Paris : un an, 56 fr.; 6 mois, 28 fr.; 3 mois, 14 fr. Départements 64 fr., 32 fr., 16 fr., port en sus pour les pays sans échange postal. Pl. Dauphine, 24.
Écho (l') agricole, Écho des halles et marchés et petit Courrier des halles et marchés, r. Coquillière, 10.
Écho (l') britannique, organe anglais rédigé en français. Edwin Chéron correspondant. Rue St-Honoré, 416.
Écho (l') du commerce, journal tri-hebdomadaire, politique, commercial, agricole. Rue Coq-Héron, 5.
Écho des feuilletons (l'), r. de Beaune, 6.
Écho (l') de la métallurgie (6e année), seul journal spécial de l'exposition métallurgique perpétuelle. Rue d'Anjou, au Marais, 6.
Écho Hispano-américano, r. Laffitte, 27.
École normale (l'), hebdomadaire. Rue St-André-des-Arts, 49.
École des communes (l'), mensuel, 11 fr. R. de Grenelle-St-Honoré, 45
École de dessin. Il donne chaque mois six modèles pour tous les genres de dessin : figure, paysage, aquarelle, sépia, etc., avec texte. Un an, 18 fr.; r. Sugor, 3.
Élégant (l'), r. Saint-Anne, 64.
Encyclopédie du XIXe siècle, r. de l'Université, 6.
Enseignement (l') catholique, journal des prédicateurs, r. Cassette, 25.
Entr'Acte (l'), r. Grange-Batelière, 13.
Estafette (l') des modes, boul. St-Martin, 69.
Europe (l') artiste, journal hebdomadaire. Rue du F.-Montmartre, 57.
Fashion, boul. St-Martin, 69.
Fashion-Théorie (la), r. Rohan, 1.
Figaro, journal non politique. Boul. Montmartre, 21, paraît 2 fois par semaine.
Follet (le), boul. St-Martin, 69.
Foyer domestique (le). Directeur-propriétaire, A. Bouret, jeune, rue Bonaparte, 7.
France élégante (la), journal des dames. Rue Ste-Anne, 64.
France médicale et pharmaceutique (la), paraissant tous les samedis : 12 fr. par an. Rue de la Monnaie, 13; entrée r. Baillet, 1.
France musicale (la), gazette universelle des artistes et amateurs, rue Choiseul, 21. Rédacteur Marie Escudier.
Galignani's Messenger, journal anglais, quotidien, rue de Rivoli, 244. Par mois, 10 fr. pour Paris; pour trois mois, 28 fr.; pour la France, 32 fr. pour l'étranger, suivant la taxe postale.
Garde-Meuble ancien et moderne (le), journal d'ameublement, paraît tous les deux mois, publie 54 planches de sièges, de meubles et de tentures, rue Lancry, 2.
Gaulois (le), hebdomadaire, r. des Filles-St-Thomas, 7.
Gazette de France (la), journal quotidien. Paris, un an, 58 fr.; six mois 31 fr.; 3 mois, 16 fr. Départements, 66, 35 et 18 fr., r. Coq-Héron, 5. Il y a une édition du soir pour Paris et les lignes de chemins de fer.
Gazette des hôpitaux civils et militaires. Trois fois par semaine, 30 fr. par an, 16 fr. 6 mois, 8 fr. 50 trois mois. Rue Bonaparte, 7.
Gazette de l'industrie et du commerce, paraissant tous les dimanches, Directeur, Castillon, r. Feydeau, 26.
Gazette des beaux-arts (la), bi-mensuel, r. Vivienne, 53.
Gazette des chemins de fer (la), hebdomad., r. Vivienne, 31.
Gazette des tribunaux, journal de jurisprudence et des débats judiciaires, tous les jours, le lundi excepté. 72 fr. par an, six mois 36 fr., trois mois 18 fr.; le port en sus pour les pays sans échange postal. Rue Harlay-Palais, 2.
Gazette hebdomadaire de médecine et de chirurgie, pl. de l'École-de-Médecine, 17.
Génie (le) industriel, journal mensuel, r. St-Sébastien, 46.
Grandes affiches, journal des acquéreurs et des locataires, contenant les annonces judiciaires et l'indication des ventes publiques de Paris et des départements, r. Favart, 4.
Gratis, moniteur des ventes mobilières et immobilières, rue Lepelletier, 21.

Guide du commerce, paraissant tous les jours, indiquant chaque jour l'arrivée des négociants français et étrangers venant à Paris faire leurs achats, l'époque et le genre d'achats des commissionnaires en marchandises. Prix : trois mois, 10 fr.; six mois, 18 fr.; un an, 30 fr. L'abonnement donne droit à une insertion de deux lignes dans le *Répertoire de l'industrie parisienne*, envoyé aux acheteurs (vente du catalogue des commissionnaires), r. Bourbon-Villeneuve, 11.
Guide-Sajou, journal complet des ouvrages de dames, avec dessins et explications claires, exactes et faciles. L'ouvrage complet forme quatre beaux volumes grand in-8°. Chaque volume se vend 10 fr. pour Paris et 12 fr. pour les départements. Rue Rambuteau, 52.
Illustration, journal universel (14e année). Paris et les départements : 3 mois, 9 fr.; 6 mois, 18 fr.; 1 an, 36 fr. Étranger : 10, 20, 40 fr. Rue de Richelieu, 60.
Indicateur des chemins de fer et de la navigation, seul journal officiel paraissant tous les dimanches. Un an : Paris, 15 fr.; six mois, 8 fr.; départements, 18 fr. et 10 fr.; étranger, 22 fr. et 12 fr., chez Napoléon Chaix et Cie, r. Bergère, 20.
Industrie, journal des chemins de fer, du crédit foncier de France et de toutes les grandes entreprises par actions. 10 fr. par an, rue Richelieu, 108.
Innovateur, moniteur de la cordonnerie, r. de Rivoli, 134.
Investigateur, journal de l'Institut historique; le 15 de chaque mois : 20 fr. par an, 25 fr. pour les départements et l'étranger. Rue Saint-Guillaume-St-Germain, 4.
Isthme de Suez, journal de l'Union des deux mers, mensuel. Rue de Vernueil, 52.
Journal amusant, illustrations et texte, hebdomadaire. R. Bergère, 20.

Journal des avoués, pl. Dauphine, 27.
Journal des chemins de fer, 10 fr. par an. R. Richelieu, 99.
Journal des communes, 9 fr. par an. R. d'Anjou-Dauphine, 8.
Journal des Conseillers municipaux, r. des Moulins, 20.
Journal des débats, quotidien, 18 fr. par trimestre. Rue des Prêtres-St-Germain-l'Auxerrois, 17.
Journal du dimanche, r. Guénégaud, 13.
Journal de l'enregistrement, r. Belle-Chasse, 12.
Journal des fiancés, r. Ste-Anne, 9.
Journal général d'affiches, annonces judiciaires, légales et avis divers, publicateur officiel des annonces judiciaires et commerciales, r. de Grenelle-St-Honoré, 45.
Journal militaire officiel, rue et pass. Dauphine, 30.
Journal des mines, r. Faub.-Montmartre, 7.
Journal du notariat et des offices ministériels, r. d'Argenteuil, 51.
Journal pour tous, illustrations et romans. Rue Pierre-Sarrazin, 14.
Journal des savants, r. Hautefeuille, 2.
Journal populaire, journal illustré par G. Doré, Raffet, Marcelin, Foulquier, Janet Lange; paraissant toutes les semaines. R. Cassette, 8.
Journal des travaux publics, r. Grange-Batelière, 13.
Journal des villes et des campagnes, r. des Grands-Augustins, 5
Magasin pittoresque, mensuel. Quai des Grands-Augustins, 29.
Ménestrel, journal de musique. R. Vivienne, 2 bis.
Mercuriale des halles et marchés, r. Coq-Héron, 5.
Messager des théâtres et des arts, le mercredi et le dimanche. Rue Grange-Batelière, 13.
Messager de Paris, journal quotidien du soir. Rue Coq-Héron, 5.
Modes parisiennes, r. Bergère, 20.
Monde chrétien, r. de la Monnaie, 20.
Monde illustré, hebdomadaire. Boul. des Italiens, à la Librairie nouvelle.
Monde industriel, journal des expositions universelles. Rue du Faub.-Montmartre, 17.
Moniteur de l'agriculture, bulletin commercial, agricole, courrier des halles, écho des marché. Rue Coq-Héron, 5.
Moniteur des architectes, boul. St-Martin, 19.
Moniteur de l'armée, paraissant les 1, 6, 11, 16, 21, 26 de chaque mois, 16 fr. sans Annuaire et 20 fr. avec l'Annuaire militaire. R. Grange-Batelière, 13.
Moniteur des communes, hebdomadaire. 6 fr. par an, à l'imprimerie Impériale. Rue Vieille-du-Temple, 87.
Moniteur des dames et des demoiselles, r. Richelieu, 92.
Moniteur de la flotte, organe des intérêts maritimes de la France. Rue Faub.-Montmartre, 11.
Moniteur des hôpitaux, quai de l'Horloge, 21.
Moniteur de la mode, r. Richelieu, 92.
Moniteur parisien, journal de la navigation, industrie, etc. Laloubère, rue Ste-Anne, 48.
Moniteur universel, journal officiel de l'Empire français, un an 40 fr., six mois 20 fr., trois mois 10 fr. Quai Voltaire, 13.
Monte Cristo, journal de M. Alexandre Dumas. Rue Coq-Héron, 5.
Musée des familles, lectures du soir. Rue St-Roch, 29.
Musée français-anglais, r. Bergère, 20.
Musée des modes, pl. de la Bourse, 7.
Musée des sciences, journal hebdomadaire, illustré, r. des Halles, 5, à l'angle des rues Rivoli et St-Denis.
Observateur catholique, revue des sciences ecclésiastiques et des faits religieux, paraissant les 1er et 16 de chaque mois, chez M. Huet, libraire, r. de Savoie, 12.
Observateur des modes et le Narcisse, réunis, pl. de la Bourse, 7.

Opinion nationale, journal quotidien du soir. 40 fr. par an, rue Coq-Héron, 5.
Orphéon, moniteur des orphéons et sociétés chorales de France et de Belgique, r. N.-D.-de Nazareth, 61.
Passe-Temps, r. des Grands-Augustin, 20.
Pairie, r. du Croissant, 19.
Pays, un an 48 fr. Rue du F.-Montmartre, 11.
Petit journal pour rire, r. Bergère, 20.
Petit messager des missions évangéliques, r. Tronchet, 2.
Petite Presse, hebdomadaire, r. du F.-Montmartre, 42.
Petites affiches de Londres, Londres, Paris, Bruxelles. Edwin Chéron, correspondant. Rue St-Honoré 416.
Portefeuille économiques des machines de l'outillage et du matériel, 15 fr. par an. C.-A. Oppermann, ingénieur des ponts et chaussées, directeur. Rue des Beaux-Arts, 11.
Presse, journal politique et littéraire, quotidien, r. Montmartre, 123; un an 54 fr., 6 mois, 27 fr.; 3 mois, 13 fr. 50.
Recueil général des lois, décrets et arrêtés, depuis le 2 décembre 1852 (Empire français), avec des notes et deux tables annuelles formant un volume chaque année: 5 fr. par an, r. des St-Pères, 52.
Recueil des lois, décrets, arrêts, jugements concernant l'enregistrement, le timbre et les hypothèques, r. St-Honoré, 52.
Recueil des lois et actes de l'instruction publique, facultés, lycées, collèges, écoles libres d'instruction secondaire, écoles primaires, établissements scientifiques, écoles spéciales. 6 fr. par an, chez Jules Delalain, r. des Écoles, 76.
Recueil de médecine vétérinaire pratique, paraissant chaque mois. Paris, 13 fr.; départements, 14 fr. 50; étranger, suivant les conditions postales. Rue de l'École-de-Médecine.
Revue archéologique, r. Poitevins, 11.
Revue des beaux-arts, r. de l'Université, 54.
Revue britannique, r. Nve-St-Augustin, 60.
Revue catholique, religion, science et histoire ecclésiastique, littérature, philosophie, art catholique, faits et nouvelles religieuses, etc. Bulletin de la société de Grégoire de Tours ; un an, 10 fr.; étranger. 15 fr., les abonnements partent du 15 juillet. Rue Cassette, 28.
Revue chrétienne, recueil mensuel; à la librairie de Ch. Meyrueis et Cie, rue Tronchet, 2.
Revue contemporaine et athenæum français, politique, histoire, littérature, économie sociale, sciences, beaux-arts, critique, avec la collaboration des écrivains les plus éminents de France; paraissant le 15 et à la fin de chaque mois; par livraisons de 12 à 16 feuills. 50 fr. par an pour Paris; 56 pour les départements; le port en sus pour l'étranger. Directeur, A. de Calonne; bureaux, rue Mazarine, 9. On s'abonne aussi chez MM. Firmin Didot, f.ères, r. Jacob, 56.
Revue des Deux Mondes, littérature, science, beaux-arts, avec la collaboration des sommités littéraires et scientifiques. La livr. de 15 feuilles, paraissant le 15 et le 1er de chaque mois, ne coûte que 2 fr. aux souscripteurs. 50 fr. par an pour Paris; 56 fr. pour les départements. Directeur, Buloz; gérant, V. de Mars. Bureaux, r. St-Benoît-St-Germain, 20.
Revue et Gazette musicale de Paris, boul. des Italiens, 1.
Revue et Gazette des théâtres, r. Ste-Anne, 69.
Revue germanique, passage Saulnier, 7.
Revue horticole, un numéro le 1er et le 16 du mois; rédacteur en chef, M. Du Breuil; prix, avec une gravure coloriée par numéro, 9 fr. par an, rue Jacob, 26, à la Librairie agricole.
Revue de l'instruction publique, de la littérature et des sciences en France et à l'étranger, recueil hebdomadaire, 12 fr. par an, à la librairie Hachette, St-Pierre-Sarrazin, 14.
Revue municipale et Gazette réunies, boul. du Temple, 10.
Revue de musique ancienne et moderne, rue des Dames, 112, à Batignolles.
Revue numismatique, r. Vivienne, 12.
Revue scientifique et administrative des médecins des armées de terre et de mer, paraissant tous les deux mois. V. Rozier, rédacteur, r. Childedert, 11.
Revue de théologie et de philosophie chrétienne, r. de la Monnaie, 10.
Salons de Paris, hebdomadaire, r. Lepelletier, 4.
Semaine industrielle, financière, commerciale et politique, paraissant le samedi. Paris, 8 fr.; département, 10 fr., r. Richelieu, 88.
Siècle, journal politique, littéraire et d'économie sociale. Paris, un an 52 fr.; départements, 64 fr., 32 fr., 16 fr.; étranger, 80 fr., 40 fr., 20 f., port en sus pour les pays sans échange postal. Rue du Croissant, 16.
Siècle industriel, hebdomad., r. de la Victoire, 10.
Spectateur militaire, r. Christine, 3. Noirot, directeur.
Sport, hebdomad., r. Beaujon et chez Devisme, boul. des Italiens, 36.
Sylphide, r. Ste-Anne, 64.
Semaine religieuse, revue du culte et des bonnes œuvres, programme exact dans toutes les églises de Paris et de la banlieue. Place du Panthéon, 8.
Santé universelle, guide médical des familles. Par mois, 64 colonnes grand in-8o; prix, par an : France, 6 fr.; étranger, 8 fr.; colonies, 10 fr. Rue Grenelle-St-Germain, 39.
Tanneur, journal spécial de l'industrie et du commerce des cuirs, paraissant les 1er, 8, 15 et 22 de chaque mois, r. Mauconseil, 25.
Technologue ou archives des progrès de l'industrie française et étrangère, r. Hautefeuille, 11.
Théâtre, Jalabert, directeur, r. Geoffroy-Marie, 4.

Tenture illustrée, r. de la Perle 10.
Tintamarre. Directeur, Commerson, r. Montmartre, 93.
Tribune judiciaire, r. des Saints-Pères, 9.
Tribune sacrée, 11me année, revue de la prédication contemporaine Prix, 12 fr.; r. Ste-Anne, 22.
Union, France, Quotidienne et Écho français réunis, un an 68 fr.; six mois 27 fr.; trois mois 18 fr. Rue de la Vrillière, 2.
Union médicale, journal des intérêts scientifiques et pratiques, moraux et professionnels du corps médical, 3 fois par semaine. Paris et les départements, un an, 32 fr.; six mois, 17 fr.; trois mois, 9 fr. Rue du F.-Montmartre, 56.
Université catholique, r. Babylone, 10.
Univers illustré, hebdomad., r. Bonaparte, 31.
Univers israélite, r. des Martyrs, 38.
Vie des champs, paraissant tous les 15 jours. 12 fr. par an, rue Cassette, 8.
Vie humaine, r. de la Banque, 5.
Vigneron, tri-hebdomadaire, r. Coq-Héron, 5.
Voix du pasteur, revue mensuelle, r, Cassette, 25.
Voleur, journal littéraire, paraissant tous les 5 jours. 8 fr. par an pour Paris; 10 fr. pour la province, r. Nve-des-Petits-Champs, 35.
JURY POUR LES MARCHANDISES PROHIBÉES. — Ce jury assermenté, créé par la loi du 28 avril 1816, tient ses séances au ministère de l'agriculture et du commerce, r. St-Dominique-St-Germain, 62-64.
JUSTICE (Ministère de la), hôtel du ministre, pl Vendôme, 11-13; bureaux du ministère, r. du Luxembourg, 36. — Ce ministère a dans ses attributions l'organisation et la surveillance de l'ordre judiciaire. Le ministre, garde des sceaux, exerce un pouvoir disciplinaire sur le personnel de la magistrature; il dirige la distribution de la justice par l'entremise des procureurs généraux; c'est à lui qu'on adresse les demandes de dispense d'âge ou de parenté pour les mariages, les demandes de naturalisation pour les étrangers, les recours en grâce, les demandes de commutation de peine ou de réhabilitation, etc. Le public n'est point admis dans les bureaux, excepté dans celui des légalisations qui est ouvert tous les jours non fériés, de midi à 2 h. Le ministre donne des audiences particulières sur la demande qui lui en a été faite par écrit, en indiquant l'objet dont on désire l'entretenir. Le secrétaire général reçoit MM. les députés les lundis et vendredis, de midi à 2 h., et MM. les magistrats sur lettre d'audience. Il donne des audiences particulières aux personnes qui en font la demande par une lettre indiquant l'objet dont elles veulent l'entretenir. Le public est reçu par les directeurs, rue du Luxembourg, 36, les vendredis, de 3 à 5 h.
JUSTICES DE PAIX.
Premier Arrondissement, du Louvre. Place du Louvre. — Juge de paix, M. Mauris ; suppléants, MM. Decagny et Joss ; greffier, Trocmé ; huissiers, Métivier, Férasse. Audiences pour les affaires de compétence les vendredis à 11 heures. Défaut, de suite. Bureau de paix et de conciliation, mardis et vendredis, à 10 heures. Le greffe est ouvert depuis 10 heures du matin jusqu'à 5 heures du soir.
IIe Arrondissement, de la Bourse. Séant à la mairie, rue de la Banque, 8. — Juge, M. Papillon; suppléants, MM. Chatelain et Brochot, greffier, M. Rouget; Huissiers, Vacher et Forest. Conciliations sur citations et audiences de compétence, les vendredis à midi. Défaut, de suite. Les conciliations volontaires, tous les autres jours à 11 heures. Le greffe de la justice de paix est ouvert tous les jours de 9 h. à 4 heures.
IIIe Arrondissement, du Temple. A la mairie, rue de Vendôme, 19. — Juge, M. Boullanger; suppléants, MM. Régnault et Joumar; greffier, M. Portefin; huissiers, MM. Perrin et Fabrizi. Conciliations volontaires, les mardis, mercredis, jeudis et samedis, à 11 heures. Défaut, de suite. Audiences pour les affaires de compétence, les jeudis à 10 heures.
IVe Arrondissement, de l'Hôtel de Ville. A la mairie, rue Ste-Croix de la Bretonnerie, 20. — Juge, M. Marchand; suppléants, MM. Yver et Lourguet; greffier, M. . . . . . ; huissiers, MM. Harduin et Bourgeois. Les audiences ont lieu, savoir : pour les causes de compétence sur citations, les vendredis à 11 heures; défaut, de suite; et pour les affaires en conciliation sur citations, les mardis, jeudis et samedis à 11 heures. L'huissier ne cite que sur *visa* du juge de paix.
Ve Arrondissement, du Panthéon. A la mairie, place du Panthéon. — Juge, M. Dionis du Séjour; suppléants, MM. Poullain-Deladreux et Tartois; greffier, M. Marquis; huissiers, MM. Demonchy et Sédillon. Audiences, tous les mercredis à midi. Conciliations , tous les jours à 11 heures.
VIe Arrondissement, du Luxembourg. A la mairie, pl. Saint-Sulpice. — Juge, M. Rouillon; suppléants, MM. Lehir et Lescot, greffier, M. Lemoine; huissiers; MM. Gendrier jeune et Gardien. Audiences, les mardis et samedis à 2 heures. Conciliations, les mardis, mercredis et vendredis à 11 heures. Défaut, à 1 heure.
VIIe Arrondissement, du Palais-Bourbon. A la mairie, rue de Grenelle-St-Germain, 7. — Juge, M. Louvot; suppléants, MM. Morin et Defresne; greffier, M. Fosse d'Arcosse; huissiers, MM. Legendre et Neuville. Audiences de compétence, les vendredis à 10 heures. Conciliations, tous les jours à midi, le samedi excepté.
VIIIe Arrondissement, de l'Élysée. A la mairie, rue d'Anjou-Saint-Honoré, 11. — Juge, M. Bérenger ; suppléants, MM. Courcier et Gaillard ; greffier, M. Torray; huissiers, MM. Siou et Gendrier aîné. Audiences, tous les vendredis à midi. Conciliations, les mardis, mercredis, jeudis et samedis à midi.
IXe Arrondissement, de l'Opéra. A la mairie, rue Drouot, 6. — Juge, M. Louveau; suppléants, MM. Roche et Gratien; greffier, MM. Cheva-

lier et Porcher. Conciliations, tous les jours à 11 heures. Audiences, les mercredis et vendredis à midi.

Xe *Arrondissement, de l'Enclos Saint-Laurent*, à la mairie, rue du Faubourg St-Martin, 72. — Juge, M. Lachaud; suppléants, MM. Bertrand et Houdart; greffier, M. Cocher; huissiers, MM. Brossier et Laloue. Audiences de compétence, les mercredis, à midi. Conciliations sur assignations, les vendredis: défaut à midi. Conciliations sur invitation et comparution volontaire, tous les lundis, vendredis et samedis, de midi à 4 heures.

XIe *Arrondissement, de Popincourt*. A la mairie, rue Keller. — Juge, M. Périer; suppléants, MM. Gallois et Debrotonne; greffier, M. Boucher; huissiers, MM. Lagorce et Bourgeois. Audiences de compétence, tous les mardis à midi. Défaut, à midi. Conciliations, tous les jours à 10 heures.

XIIe *Arrondissement, de Reuilly*. Bâtiments de l'octroi, barrière de Bercy. — Juge, M. Levincent; suppléant, M. Moreau; greffier, M. Houzé; huissier, M. Ponceau. Conciliations sur lettres d'invitation, le lundi, le mardi, le jeudi et le samedi à 10 heures. Audiences, tous les vendredis à 1 heure.

XIIIe *Arrondissement, des Gobelins*. Barrière d'Italie, 23. — Juge, M. Collet-Duclos; suppléants, MM. Sorel et Gamard; greffier, M. Dumont; huissier, M. Batrel. Audiences pour les affaires de compétence, les vendredis à 1 heure. Bureau de paix et de conciliation, tous les mardis à 11 heures. Défaut de suite.

XIVe *Arrondissement, de l'Observatoire*. A la mairie de Montrouge. — Juge, M. Poisson-Séguin; suppléants, MM. Drelon et Sébire; greffier, M. Poteau; huissier, M. Berly. Audience de compétence, les jeudis à 1 heure. Conciliation sur assignations, les mardis à midi. Défaut de suite.

XVe *Arrondissement, de Vaugirard*. A la mairie de Vaugirard. — Juge, M. Quatresolz; suppléants, MM. des Etangs et Prémont; greffier, M. Chatelier; huissier, M. Parisot. Audiences pour les causes de compétence sur citations, les jeudis à midi; et pour les affaires en conciliation sur citations, les mardis et vendredis à midi.

XVIe *Arrondissement, de Passy*. A la mairie. — Juge, M. Fagniez; suppléants, MM. Guyot-Sionnet et Martin-Leroy; greffier, M. Gestin; huissiers, MM. Siou et Gendrier aîné. Audiences, les samedis à 1 heure. Conciliation, le même jour à la même heure.

XVIIe *Arrondissement, des Batignolles-Monceaux*. A la mairie des Batignolles. — Juge, M. Bernier; suppléants, MM. Lesenne et Mouillefarine; greffier, M. Menut; huissier, M. Raffard. Audiences, les mardis à midi. Conciliations, les vendredis à la même heure.

XVIIIe *Arrondissement, de la Butte Montmartre*. A la mairie de la Chapelle. — Juge, M. Champreux; suppléants, MM. Jacquillat et Le Hellcq; greffier, M. Deschamps; huissier, M. Accard. Audiences, les vendredis à midi. Conciliations, les mardis, mercredis et jeudis à 1 heure.

XIXe *Arrondissement, des Buttes Chaumont*. A la mairie de la Villette. — Juge, M. Mancel; suppléants, MM. Boucher et Hardy; greffier, M. Verly; huissier, M. Tricot. Audiences de compétence, les vendredis à midi. Conciliations sur invitation et comparution volontaire, tous les lundis et mercredis de midi à 4 heures.

XXe *Arrondissement, de Ménilmontant*. A la mairie de Belleville. — Juge, M. Rozière; suppléants, MM. Laboissière et David; greffier, M. Delzons; huissier, M. Houcon. Audiences, tous les mardis à midi. Conciliations, tous les vendredis à la même heure.

LANGUES ORIENTALES. — (V. *Cours à la Bibliothèque impériale*.)

L

LAVOIRS PUBLICS.

Rue Alma-Belleville, 5.
— Argenteuil, 58.
— Barthélemy, 7.
— Basfroid, 7.
— Beauce, 14.
— Bellefond, 10.
— Beurrière, 4.
— Bourtibourg, 23.
— Bûcherie, 15.
— Capucins, 6.
— Cerisaie, 24.
— Champs-de-Mars, 13.
— Charenton, 74 *bis*.
— Cherche-Midi, 41.
— Cluny, 13.
— Cochin, 8.
— Cotte, 5.
— Croix-Boissière, 2.
— Écluses-St-Martin, 30.
— Enfer, 2.
— Fer-à-Moulins, 8.
— Ferdinand, 1.
— Impasse Guéménée, 10.
— St-Nicolas-St-Antoine, 18.
— Impasse Saumon-Belleville, 4.
— Jemmapes (quai), 12.
Rue Laborde, 45.
— Lafayette, 163.
— Lamartine, 2.
— Longchamp, 2.
— Lourcine, 45.
— Lourcine, 81.
— Lyonnais, 4.
— Marché-des-Patriarches, 5.
— Marmite (pass de la), 14.
— Ménilmontant, 71.
— Orfèvres, 5.
— Pépinière, 99.
— Petit-Carreau, 17.
— Plâtre-St-Jacques, 4.
— Poissy, 29.
— Popincourt, 30.
— Popincourt, 30.
— Princesse, 9.
— Reuilly, 43.
— Reuilly, 39.
— Roquette, 116.
— Rosiers, 1.
— St-Ambroise, 9.
— St-Antoine (Faub.-), 215.
— St-Denis (Faub.-), 109.
— St-Dominique, 16.

Rue St-Gervais, 7.
— St-Jean-Gros-Caillou, 11.
— St-Lazare, 11.
— Ste-Marguerite-St-Antoine, 50.
— Ste-Marie-St-Antoine (pass.), 5.
— St-Martin (Boulevard), 73.
— St-Maur-Popincourt, 136, 106, et 42.

Rue Sèvres, 101 et 125.
— Strasbourg (Boulevard), 88.
— Temple (Faub.-du-), 104.
— Trois-Bornes, 11.
— Ursulines, 15.
— Valence, 4.
— Vaugirard, 101 et 144.
— Vinaigriers, 50.

LÉGATIONS.

Bade, rue Joubert, 17. De 1 h. à 3. Visa, 5 fr.
Bavière, r. d'Aguesseau, 15. De 1 h. à 3. 5 fr.
Belgique, r. de la Pépinière, 97. De midi à 2 h. 5 fr.
Brésil, r. de la Pépinière, 106. Consulat, r. Joubert, 11. De midi à 3 h. Visa, gratis.
Bolivie, r. de Grenelle-St-Germain, 71. De 10 h. à 1.
Chili, r. de Lille, 119. Consulat, r. St-Lazare, 31. De 10 h. à 2. Visa, 5 fr. Légalisation, 10 fr.
Danemark, r. de la Pépinière, 88. Consulat, r. de Trévise, 29. De 11 h. à 2. Gratis.
Deux-Siciles, r. du Faub.-St-Honoré, 47. De 11 h. à 2. Visa, 2 fr. Légalisation, 5 fr.
États-Unis d'Amérique, r. Beaujeon, 13. De midi à 3 h.
Grèce, r. du Cirque, 20. De midi à 3 h.
Hesse-Electorale, r. Jean-Goujon, 16. De 9 h. à 11. Visa, 5 fr.
Hesse-Darmstadt, r. de Grenelle-St-Germain, 112. De 11 h. à 2.
Hanovre, r. de Penthièvre, 19. De midi à 2 h.
Mecklembourg-Schwérin, r. de la Madeleine, 29. De 11 h. à 1. Gratis.
Meckl.-Strelitz, r. de la Madeleine, 29. De 11 h. à 3. Gratis.
Mexique, r. Roquepine, 9. De midi à 4 h. Visa français, 5 fr.; étrangers, 10 fr.; Mexicains, gratis.
Nassau, r. Chateaubriand, 17. (V. *Pays-Bas Ambassades*.)
Portugal, r. d'Astorg, 12. De midi à 1 h. 1/2. Visa, 5 fr.
Prusse, r. de Lille, 78. De midi à 1 h. 1/2. Visa, 5 fr.
Sardaigne, rue St-Dominique-St-Germain, 139. De 11 h. à 2. Visa, 4 fr.
Saxe-Royale, r. du Faub.-St-Honoré, 170. De 11 h. à 1. Visa, 5 fr.
Suisse, r. d'Aumale, 9. De 10 h. à 3. Visa, 3 fr.
Suède et Norvège, r. d'Anjou-St-Honoré, 74. De 10 h. à 2. Visa, 5 fr.
Toscane, r. Caumartin, 31. De midi à 2 h. Visa, 3 fr.
République de l'Uruguay, r. Notre-Dame-de-Lorette, 17.
Villes Hanséatiques, r. Matignon, 12. De 10 h. à 2. Gratis.
Wurtemberg, r. Tronchet, 2. De 11 h. à 1. Gratis.

LÉGION D'HONNEUR. — Institution créée par l'empereur Napoléon 1er, le 17 mai 1801, pour récompenser les services militaires et les services civils, le courage, la science et le dévouement. Le chef de l'État est le grand maître-né de cet Ordre. Le nombre des grand'croix est limité à 80; celui des grands officiers, à 170; celui des commandeurs, à 400. Il n'y a que le nombre des simples chevaliers qui soit illimité. Les ressources de l'Ordre, provenant d'immeubles et de rentes sur l'État, fournissent un revenu d'environ 7 millions, avec lequel il subventionne les maisons d'éducation où sont admises les filles de légionnaires sans fortune.

LIBRAIRES-ÉDITEURS. — Le nombre en est trop grand pour que nous puissions, on le comprend, les nommer tous ici. Nous nous contenterons donc d'indiquer les principaux dans chacune des spécialités de la librairie parisienne. Ainsi, la librairie classique est spécialement représentée par M. Jules Delalain, rue des Mathurins-St-Jacques, 5, et par Mme Maire-Nyon (Ve.), quai Conti, 13; la librairie historique, scientifique, littéraire, par MM. Hachette et Comp., r. Pierre-Sarrasin, 14, par Chamerot, rue du Jardinet, par Charpentier, quai de l'École, 13, par Garnier frères, r. des St-Pères, 6; la librairie médicale, par Masson, place de l'École de Médecine, 17, par Baillière, r. Hautefeuille, 19; la librairie de jurisprudence, par Hingray, r. des Marais-St-Germain, 20, par Cotillon, r. Soufflot, 23, par Durand, r. des Grès, 7; les nouveautés littéraires, par Michel Lévy frères, r. Vivienne, 2 bis, par la Librairie Nouvelle, boulevard des Italiens, par Amyot, r. de la Paix, 8, par Dentu, galerie d'Orléans, 13; la librairie religieuse, par Lecoffre et Comp., r. du Vieux-Colombier, 29, par Périsse frères, r. St-Sulpice, 38, par Gaume frères, r. Cassette, 4; la librairie populaire, par Gustave Barba, r. Cassette, 8, par Lécrivain et Toubon, r. du Pont-de-Lodi, 19; la librairie étrangère, par Stassin et Xavier, r. de la Banque, 22, par Klincksieck, r. de Lille, 11, par Galignani, r. Vivienne, 18, par Mme Ve. Baudry, r. Bonaparte 12. N'oublions pas les éditeurs recommandés par d'importantes publications de toutes natures, comme : MM. Renouard, r. de Tournon, 5; Firmin-Didot frères et fils, r. Jacob, 56; Perrotin, r. Fontaine-Molière, 41; Artus-Bertrand, r. Hautefeuille, 21; Gide et Baudry, r. Bonaparte, 5; Poulet-Malassis, r. des Beaux-Arts, 9, etc., etc.

LIGNES TÉLÉGRAPHIQUES. — La direction générale en est au ministère de l'Intérieur; le directeur-général donne des audiences particulières à quiconque lui en fait la demande par écrit, en indiquant l'objet dont on désire s'entretenir.

LIVRETS. — Une loi du 22 juin 1854 a été édictée qui enjoint à tous les ouvriers de l'un et de l'autre sexe, attachés aux manufactures, fabriques, usines, mines, minières, carrières, chantiers, ateliers et autres établissements industriels, ou travaillant chez eux pour un ou plusieurs patrons, de se munir d'un livret, délivré soit par les maires dans les villes, soit par la préfecture de police à Paris, et dont le prix n'est que celui de sa confection, c'est-à-dire de 25 centimes. — Comme cette loi sur les livrets intéresse aussi bien les patrons que les ouvriers, nous ne pouvons mieux faire que d'en transcrire les principaux articles. — Les chefs ou directeurs des établissements spécifiés en l'article 1er ne peuvent employer un ouvrier soumis à l'obligation prescrite par cet article, s'il n'est porteur d'un livret en règle. — Si l'ouvrier est attaché à l'établissement, le chef ou le directeur doit, au moment où il le reçoit, inscrire sur son livret la date de son entrée. Il transcrit sur un registre non timbré, qu'il doit tenir à cet effet, les nom et prénoms de l'ouvrier, le nom et le domicile du chef de l'établissement qui l'aura employé précédemment, et le montant des avances dont l'ouvrier serait resté débiteur envers celui-ci. Il inscrit sur le livret, à la sortie de l'ouvrier, la date de la sortie et l'acquit des engagements. Il y ajoute, s'il y a lieu, le montant des avances dont l'ouvrier resterait débiteur envers lui, dans les limites fixées par la loi du 14 mai 1851. — Le livret, visé gratuitement par le maire de la commune où travaille l'ouvrier, à Paris et dans le ressort de la préfecture de police par le préfet de police, à Lyon et dans les communes spécifiées dans la loi du 19 juin 1851 par le préfet du Rhône, tient lieu de passe-port à l'intérieur, sous les conditions déterminées par les règlements administratifs. — Tout individu coupable d'avoir fabriqué un faux livret, ou falsifié un livret originairement véritable, ou fait sciemment usage d'un livret faux ou falsifié, est puni des peines portées en l'article 153 du Code pénal. — Tout ouvrier coupable de s'être fait délivrer sous un faux nom, soit au moyen de fausses déclarations ou de faux certificats, ou d'avoir fait usage d'un livret qui ne lui appartient pas, est puni d'un emprisonnement de trois mois à un an. — Aucun ouvrier soumis à l'obligation du livret ne sera inscrit sur les listes électorales pour la formation des conseils de prud'hommes, s'il n'est pourvu d'un livret. Le livret est en papier blanc, coté et paraphé par les fonctionnaires désignés en l'article 2 de la loi du 14 mai 1851, et les articles 153 et 463 du Code pénal. Il énonce : 1° le nom et les prénoms de l'ouvrier, son âge, le lieu de sa naissance, son signalement, sa profession ; 2° si l'ouvrier travaille habituellement pour plusieurs patrons, ou s'il est attaché à un seul établissement ; 3° dans ce dernier cas, le nom et la demeure du chef d'établissement chez lequel il travaille ou a travaillé en dernier lieu ; 4° les pièces, s'il en est produit, sur lesquelles le livret est délivré. — Le premier livret d'un ouvrier lui est délivré sur la constatation de son identité et de sa position. A défaut de justifications suffisantes, l'autorité appelée à délivrer le livret peut exiger de l'ouvrier une déclaration souscrite sous la sanction de l'article 13 de la loi du 22 juin 1854, dont il lui est donné lecture. — Le livret rempli ou hors d'état de service est remplacé par un nouveau, sur lequel sont reportés : 1° la date et le lieu de délivrance de l'ancien livret ; 2° le nom et la demeure du chef d'établissement chez lequel l'ouvrier travaille ou a travaillé en dernier lieu ; 3° le montant des avances dont l'ouvrier resterait débiteur. Le remplacement est mentionné sur le livret hors d'usage, qui est laissé entre les mains de l'ouvrier. — L'ouvrier qui a perdu son livret peut en obtenir un nouveau sous les garanties mentionnées en l'article 3. Le nouveau livret reproduit les mentions indiquées en l'article 4. — L'ouvrier est tenu de représenter son livret à toute réquisition des agents de l'autorité. — L'ouvrier ne travaillant que pour un seul établissement doit, avant de le quitter et d'être admis dans un autre, faire inscrire sur son livret l'acquit des engagements ; l'ouvrier travaillant habituellement pour plusieurs patrons peut, sans cet acquit, obtenir du travail d'un ou de plusieurs autres patrons. — Le registre spécial que les chefs d'établissements doivent tenir, conformément aux articles 4 et 5 de la loi du 22 juin 1854, est dressé d'après le modèle annexé au présent décret. Il est coté et paraphé, sans frais, par les fonctionnaires chargés de la délivrance des livrets, et communiqué, sur leur demande, au maire et au commissaire de police. — Le chef d'établissement indique, sur son registre que sur le livret, si l'ouvrier travaille pour un seul établissement ou pour plusieurs patrons. A l'égard de l'ouvrier travaillant pour plusieurs patrons, le chef d'établissement n'est tenu de remplir les formalités du paragraphe précédent que lorsqu'il l'emploie pour la première fois. — Si l'ouvrier est quitte envers le chef d'établissement, celui-ci, lorsqu'il cesse de l'employer, doit inscrire sur le livret l'acquit des engagements. — Lorsque le livret, spécialement visé à cet effet, doit tenir lieu de passeport à l'intérieur, le visa du départ indique toujours une destination fixe et ne vaut que pour cette destination. Ce visa n'est accordé que sur la mention des engagements prescrits par les articles 4 et 5 de la loi du 22 juin 1854, et sous les conditions déterminées par les règlements administratifs, conformément à l'article 9 de la même loi. — Le livret ne peut être visé pour servir de passeport à l'intérieur, si l'ouvrier a interrompu l'exercice de sa profession, ou s'il s'est écoulé plus d'une année depuis le dernier certificat de sortie inscrit audit livret. — Lorsque l'ouvrier, attaché à un seul établissement, quitte son patron, il est tenu, dans le délai de 24 heures, de faire viser sa sortie par le commissaire de police de la résidence du patron (ou par le maire de la commune où n'existe pas de commissariat) lequel, après avoir constaté l'authenticité du dernier congé, adresse encore un extrait du son visa à la préfecture de police. — Le livret ne peut jamais être reçu ni retenu en nantissement par les logeurs, restaurateurs ou autres.

LLOYD FRANÇAIS. — Place de la Bourse, 8. C'est une compagnie d'assurances maritimes.

LONGCHAMP. — C'était autrefois la promenade à la mode, pendant la semaine sainte ; c'est maintenant un champ de course enclavé dans le bois de Boulogne, et beaucoup plus pittoresque que le champ de Mars. Les courses ont lieu là deux fois par an, au printemps et à l'automne.

LONGITUDES (BUREAU DES). — Le Bureau des longitudes a son siège à l'Observatoire, où il rédige et publie *La Connaissance des Temps*, à l'usage des astronomes et des navigateurs. Il est appelé à porter et à provoquer des idées de progrès dans toutes les parties de la science astronomique et de l'art d'observer, ce qui comprend : 1° les améliorations à introduire dans la construction des instruments astronomiques et dans les méthodes d'observation soit à terre, soit à la mer ; 2° la fabrication des instruments nécessaires aux études sur l'astronomie physique, sur les marées et sur le magnétisme terrestre ; 3° l'indication des missions extraordinaires ayant pour but d'étendre les connaissances actuelles sur la configuration ou la physique du globe ; 4° l'avancement des théories de la mécanique céleste et de leurs applications ; le perfectionnement des tables du soleil, de la lune et des planètes ; 5° la rédaction et la publication des observations anciennes qui seraient restées inédites dans les registres de l'Observatoire ou dans les manuscrits appartenant à sa bibliothèque. Sur la demande du gouvernement, le Bureau des longitudes donne son avis : 1° sur les questions concernant l'organisation et le service des observatoires existants, ainsi que sur la fondation de nouveaux observatoires ; 2° sur les missions scientifiques confiées aux navigateurs chargés d'expéditions lointaines. — Le Bureau des longitudes est composé : 1° de neuf membres titulaires, savoir : deux membres de l'Académie des sciences ; trois astronomes ; deux membres appartenant au département de la marine ; un membre appartenant au département de la guerre ; un géographe ; 2° de quatre membres adjoints, savoir : un membre de l'Académie des sciences ; deux astronomes ; un membre appartenant au département de la marine ; 3° de trois artistes.

LOUEURS DE VOITURES. — Les loueurs de voitures dont nous allons donner la liste ne stationnent pas sur les têtes de places ; ils n'ont que des voitures de remise, qui coûtent un peu plus cher que les voitures ordinaires, mais qui vont beaucoup plus vite ; leur prix est de 2 fr. la course ; 2 fr. 25 c. l'heure, de 6 heures du matin à minuit et demi ; et 2 fr. 50 c. la course et 3 fr. l'heure, de minuit et demi à 6 heures du matin. Quelques-uns d'entr'eux louent des voitures à la journée, au mois et à l'année.

Albert-Binon, rue St-Nicolas-d'antin, 73.
Allaire, r. St-Michel-du-Roule, 3.
Angot, r. Casimir-Périer, 11 et 23.
Arnoult, r. des St-Pères, 64.
Aubertin, r. d'Orléans-St-Marcel, 26.
Belsour, r. Faub.-Montmartre, 47 et 49, et r. Chauchat, 18.
Besson, r. de l'Université, 121.
Binon (Albert), r. d'Isly, 3.
Blanchet, r. du Temple, 108.
Blondé fils, r. de l'Université, 68.
Boisseau, r. de Vaugirard, 129.
Bougon, r. Neuve-St-Augustin, 28.
Bracq, r. des St-Pères, 59.
Breton, r. du Vingt-Neuf-Juillet, 7.
Brion, prop., r. Basse-du-Rempart, 48.
Bryard (Vincent), r. Basse-du-Rempart, 46.
Canoville, r. de Vaugirard, 60.
Caran, r. de Valois-Palais-Royal, 2.
Caron, r. Jean-Bart, 8.
Charpentier, rue d'Anjou-St-Honoré, 78.
Charvin, r. de Bondy, 86.
Chauveau, r. Ménilmontant, 77.
Christin, r. Miroménil, 17.
Cornichon, r. St-Dominique, 85.
Cornu, voitures de remise, r. Joubert, 1.
Daga, r. Nve-des-Mathurins, 50.
Daligant, route de Choisy, 46.
Degasne, r. Greffulhe, 7.
Delcroix (Victor), r. d'Isly, 2.
Delcroix, r. Nve-des-Mathurins, 54.
D'Harlingue, r. St-Lazare, 10.
Dramard (L. A.), r. Ménilmontant, 68 et 70.
Dubois, r. des Beaux-Arts, 2.
Enix, r. du Chateau-d'Eau, 46.
Ernoult, r. des St-Pères, 64.
Faquet, r. Breda, 13.
Faucon, r. des Marais-St-Germain, 16.
Fontaine, r. St-Nicolas-d'Antin, 69.
Fortin, pass. Saulnier, 4.
Garnier, pass. Saudrié, 3.
Guenu, r. des Victoires, 77.

Guillot, r. Rivoli, 71.
Guiot, r. Richelieu, 83.
Haguet (Vve), r. d'Amsterdam, 8 et 10.
Hunot, r. des Champs-Élysées, 14.
Jacques, r. du Bac, 123.
Lagier, r. Vanneau, 21.
Laborgne, r. Bertin, 4.
Lemaire, impasse des Moulins-Passy, 5.
Lenertz (G.), r. du Cherche-Midi, 87.
Loison, r. Astorg, 15, et r. Arcade, 13.
Lucot, r. Ponthieu, 37, dans le passage, près les Champs-Élysées ; succursales, r. de Courcelles, 14, et r. d'Angoulême-St-Honoré, 14.
Martin, r. Milan, 6.
Mathieu, r. de la Victoire, 16.
Mayet, r. de l'Arcade, 18.
Mayet, r. Ville-l'Évêque, 11.
Mercier, r. St-Dominique, 197.
Monmarchait, rue d'Anjou-St-Honoré, 3.
Morel et Cie., r. Buffault, 34.
Moulin, r. Lavoisier, 15.
Mussot, boul. de l'Hôpital, 54.
Parrud (F.), r. Bergère, 1 ; Faub.-Montmartre, 45, et r. Richer, 60.
Patte, r. Contrescarpe-Dauphine, 5.
Paysan, r. Nve-St-Augustin, 39.
Paysant et Cie., r. Basse-du-Rempart, 50 bis.
Petit, r. des Fossés-du-Temple, 78, Pon, de remise, r. Guy-Labrosse.
Rabier, pass. d'Angoulême, 14.
Reclus jeune, r. Basse-du-Rempart, 24 et 26.
Reclus, r. Louis-le-Grand, 16.
Regnier (Mme), r. Joubert, 12.
Renaud, r. de l'Oratoire-Champs-Élysées, 40.
Renault, r. de Surène, 15.
Rodin, r. du Cherche-Midi, 41.
Roger, r. de Varennes, 8.
Stumpf, r. de Vaugirard, 66.
Vautrain, r. Breda, 13.
Villain, r. Ménilmontant, 45.
Zanger (L.), r. de l'Arcade, 61.

LOURCINE. — V. *Hospices et Hôpitaux*.
LOUVRE. — V. *Palais et Musées*.

LYCÉES.

Le lycée *Bonaparte*, rue Caumartin, 65. C'était autrefois le collège Bourbon. Il ne reçoit que des externes qui passent au lycée leur journée entière.

Le *lycée Charlemagne*, r. St-Antoine, 120, à côté de l'église St-Louis et St-Paul. Comme le précédent lycée, il ne reçoit que des externes.

Le *lycée Louis-le-Grand*, r. St-Jacques. Il reçoit des externes et des pensionnaires; le prix de la pension est de 1,000 fr.

Le *lycée Napoléon*, r. Clovis et r. Ste-Clotilde. C'était autrefois le collège Henri IV. Il reçoit des externes et des pensionnaires. Le prix de la pension est de 1,000 fr.

Le *lycée Saint-Louis*, r. de la Harpe. Il reçoit des externes et des pensionnaires. Le prix de la pension est de 1,000 fr.

M

MACHINES A VAPEUR. — La surveillance des machines à vapeur, fonctionnant à Paris dans les imprimeries et autres établissements, est confiée par la préfecture de police à deux ingénieurs, dont un ingénieur en chef des mines. Les réclamations à faire à ce sujet, de la part des locataires riverains, concernent le 4e bureau de la 2e division de la préfecture de police.

MAIRIES.

Ier *Arrondissement* (Louvre), pl. du Louvre. — Maire : Prieur Delacombe, O. ✳, r. Rivoli, 79. Ajoints: Housset ✳, r. du Bouloi, 10; Tessereau ✳, r. Rivoli, 55. Chef des bureaux : Louhons.

IIe *Arrondissement* (Bourse), r. de la Banque, 8. — Maire : Louvet (A.), r. Cléry, 28. Adj.: Horrer ✳, r. Montmartre, 146; Dufour, pl. de la Bourse, 15. Chef des bur.: Frerlet. Chef de l'état civil : Clame.

IIIe *Arrondissement* (Temple), r. Vendôme, 11. — Maire : Arnaud-Jeanti aîné, O. ✳, r. des Quatre-Fils, 5. Ajoints: Cœurré (P.-E.) ✳, rue Rambuteau, 12; Dobière. Secrét. Chef des bur.: Moreaux.

IVe *Arrondissement* (Hôtel-de-Ville), rue Ste-Croix-de-la-Bretonnerie, 20. — Maire : Drouin, r. Ste-Croix-de-la-Bretonn., 21. Adj., Lemaître, r., Rivoli, 64; Gérard. Secrét. chef des bur. : Dageon.

Ve *Arrondissement* (Panthéon), pl. du Panthéon. — Maire : Rataud ✳, r. d'Enfer, 47. Adj.: Delalain ✳, rue des Écoles, 76; Albinot, r. Vieille-Estrapade, 19. Secrét. chef des bur. : Goumain-Cornille.

VIe *Arrondissement* (Luxembourg), r. Bonaparte, 78. — Maire : L. de Verdière ✳, r. Bonaparte, 88. Adj., Delaine, r. des Grands-Augustins, 19; Labarthe, r. Jacob, 19. Secrét. chef des bur. : Toussaint.

VIIe *Arrondissement* (Palais-Bourbon), r. de Grenelle-St-Germain, 7. Maire : Defresne ✳, quai d'Orsay, 12. Adj.: Hortus, r. du Bac, 94; Fremyn, r. de Lille, 11. Secrét. chef des bur., Dehèque ✳.

VIIIe *arrondissement* (Élysée), r. d'Anjou-St-Honoré, 11. — Maire : Laurent (Abel) ✳, r. de Berri, 2. Adj.: Ch. Dethan, r. du Rocher 17; Grouvelle, r. Mont-Thabor, 28. Secrét. chef des bur., Garnier ✳.

IXe *Arrondissement* (Opéra), r. Drouot, 6. — Maire : Dabrin (M. Paul), O. ✳, r. Nve-St-Augustin, 31. Adj.: Ancelle (A.-T.), O. ✳, r. Neuve-Bréda, 29; Foucher (P.-E.) ✳, r. Larochefoucauld, 12. Secrét. chef des bur. ; C. Le Tellier.

Xe *Arrondissement* (Enclos St-Laurent), r. du Faub.-St-Martin, 72. — Maire : Calon (E.) ✳, r. Hauteville, 58. Adj., Evetto (F.), boul. de Strasbourg, 11; Mottet (H.-Ch.), r. Hauteville, 23. Secrét. chef des bureaux : Gallois.

XIe *Arrondissement* (Popincourt), r. Keller. — Maire : Lévy ✳, r. de la Roquette, 58. Adj.: Garnier (Ernest), r. St-Pierre-Popincourt, 4; Piat, r. St-Maur-Popincourt, 98. Secrét. chef des bur. : Crété.

XIIe *Arrondissement* (Reuilly), bâtiments de l'Octroi, Bercy. — Maire : Duperié Pellou, Adj.: Huyot, Grande-Rue-de-Bercy, 11; Laforge. Secrétaire chef des bur. : N.

XIIIe *Arrondissement* (Gobelins), barrière d'Italie. — Maire : Lebel ✳, quai d'Austerlitz, 19. Adj.: d'Enfer, aux Deux-Moulins; Sajou, r. Rambuteau, 52. Secrét. chef des bureaux : N.

XIVe *Arrondissement* (Observatoire), mairie de Montrouge. — Maire : Dareau ✳, route d'Orléans, 91. Ad. : Gavrel, r. du Moulin-Vert, 27; Boullée. Secrét. chef des bur.: N.

XVe *Arrondissement* (Vaugirard), pl. de la Mairie, à Vaugirard. — Maire : Aubert, r. d'Enghien, 49. Adj.: Beaumont, r. de Sèvres-Vaugirard, 126; Chapuis, pl. de la Mairie-Grenelle, 5. Secrét. chef des bureaux : N.

XVIe *Arrondissement* (Passy), mairie de Passy. — Maire : Bonnemain (baron de) ✳, av. de l'Impératrice, 39. Secrét. Klein; Pelack. Secrétaire chef des bur.: N.

XVIIe *Arrondissement* (Batignolles-Monceaux), mairie des Batignolles. — Maire : Balagny ✳, b. des Batignolles, 10. Adj.: Beigbodor; Ytasec. Secrét. chef des bur.: N.

XVIIIe *Arrondissement* (Butte-Montmartre), mairie de la Chapelle-St-Denis. — Maire : Michel de Tretaigne (baron de), C. ✳, r. Marcadet, 54. Adj.; Labat; d'Heilly. Secrét. chef des bur.: N.

XIXe *Arrondissement* (Buttes-Chaumont), mairie de la Villette. — Maire : Micol, r. Louis-le-Grand, 10. Ad., Fouché (L.), r. d'Allemagne, 60; Mouillard. Secrét. chef des bur.: N.

XXe *Arrondissement* (Ménilmontant), mairie de Belleville. — Maire : Morel Fatio (L.) ✳, r. de la Sourdière, 13. Adj.: Mignot (A.); Horot. Secrét. chef des bur.: N.

MAISON CENTRALE DES NOURRICES, rue Ste-Appoline, 18. — Elle dépend de l'administration de l'Assistance publique.

MAISON D'ACCOUCHEMENT, r. de Port-Royal, 5, quartier de l'Observatoire. — V. *Hospices et Hôpitaux*.

MAISON DE FRANÇOIS Ier, à l'angle du Cours-la-Reine et de la rue Bayard. — Cette maison, admirable spécimen de l'architecture de la Renaissance, avait été construite à Moret pour l'une des maîtresses du roi François Ier. Elle a été transportée, en 1823, de Moret à Paris. Toutes les sculptures sont de Jean Goujon.

MAISON DE L'EMPEREUR.

Ministre de la Maison de l'Empereur. — S. Ex. M. Achille Fould, G. ✳, sénateur.

Grand-Aumônier. — Mgr Morlot.

Mgr Menjaud O. ✳, Évêque de Nancy et de Toul, chanoine honoraire du Chapitre impérial de Saint-Denis, premier aumônier, chargé du service.

Mgr Tirmarche ✳, évêque d'Adras, chanoine honoraire du Chapitre impérial de St-Denis, second aumônier.

L'abbé Devèze, vicaire général de la grande aumônerie.

L'abbé Mullois, chanoine honoraire du Chapitre impérial de Saint-Denis, premier chapelain.

L'abbé Versini, chanoine honoraire du Chapitre impérial de Saint-Denis, chapelain.

L'abbé Liabeuf, chanoine honoraire du Chapitre impérial de Saint-Denis, chapelain.

L'abbé Laine, chanoine honoraire du Chapitre impérial de St-Denis, chapelain.

L'abbé Ouin la Croix, secrétaire-général.

L'abbé de Cuttoli, maître des cérémonies.

Grand Maréchal du palais. — S. Exc. le maréchal comte Vaillant, G. ✳, sénateur, membre de l'Institut, ministre de la guerre, grand maréchal du palais.

Général de division Rollin, G. O. ✳ adjudant général du palais.

Baron de Jouffroy, secrétaire général du service du grand maréchal.

Dalpuge, O. ✳, quartier maître du palais.

Monaron ✳, contrôleur du palais.

Préfets du palais. — Baron de Montbrun ✳; baron Morio de l'Isle. C. ✳; baron de Varaigne ✳; de Valabrègue de Lawæstine ✳.

Maréchaux des logis. — Comte Le Pic ✳, lieutenant colonel, premier maréchal des logis.

Oppermann, chef d'escadron.

Baron Émile de Tascher de la Pagerie.

Palais des Tuileries, du Louvre et de l'Élysée. — Alexandre G. O, gouverneur.

Palais de St-Cloud. — Colonel comte Thiérion, C. ✳, gouverneur.

Grand chambellan. — S. Ex. M. le duc de Bassano, G. O. ✳, sénateur, grand chambellan.

Premier chambellan. — Comte Félix Baciocchi, O. ✳, surintendant des spectacles de la Cour, de la musique de la chapelle et de la chambre.

Chambellans. — Duc de Tarente, O. ✳; marquis de Chaumont-Quitry, ✳; marquis de Gricourt ✳; comte d'Arjuzon ✳; vicomte de la Ferrière, ✳; vicomte Olivier de Walsh; comte Rodolphe d'Ornano ✳; comte de Labédoyère; marquis A. de Conegliano; baron de Bulach.

Cabinet de l'Empereur. — Mocquard, C. ✳, secrétaire de l'Empereur, chef du cabinet.

De Dalmas ✳, sous-chef du cabinet.

Grand écuyer. — S. Ex. N...

Premier écuyer. — Fleury, ✳, général de brigade, aide de camp de l'Empereur.

Écuyers. — Bachon ✳; comte A. d'Ayguesvives; Raoul de Grammont; de Burgh, écuyer honor.; baron Lejeune; comte de Castelbajac; de Laurons; d'Avilller; Charmet.

Grand veneur. — S. Ex. M. le maréchal Magnan, G. ✳, sénateur, grand veneur.

Premier veneur. — Comte Ney, C. ✳, général de brigade, aide de camp de l'Empereur.

Commandant des chasses à tir. — Marquis de Toulongeon ✳, lieutenant colonel.

Lieutenants de vénerie. — Baron Lambert; marquis de Latour-Maubourg ✳.

Lieutenants des chasses à tir. — Baron de Lage du Chaillou, O. ✳; comte de Bentivoglio.

Grand maître des cérémonies. — S. Ex. M. le duc de Cambacérès, G. O. ✳, sénateur, grand maître des cérémonies.

Maîtres des cérémonies, introducteurs des ambassadeurs. — Baron Feuillet de Conches, C. ✳; baron de Chateaubourg.

Aides de cérémonies, secrétaires à l'introduction des ambassadeurs. — Baron de Lajus ✳, Jules Lecocq ✳.

Trésorier général de la couronne. — Bure ✳.

Trésorier de la cassette. — Charles Thélin ✳.

Musique de la chapelle et de la chambre. — Auber, C. ✳, membre de l'Institut, directeur.

Pianistes accompagnateurs. — Alary; Labarre.

Service de santé. — Docteur Conneau, C. ✳, premier médecin de l'Empereur.

Médecins et chirurgiens ordinaires. — Andral, O. ✳; Rayer, C. ✳; Darralde, O. ✳; Jobert de Lamballe, C. ✳; baron H. Larrey, O. ✳; Corvisart, O. ✳.

Chirurgien accoucheur. — Baron Paul Dubois, C. ✳.

Médecins et chirurgiens consultants. — Lévy, C. ✳; Bouillaud, O. ✳;

Bérard, O. ✻; Cloquet, O. ✻; Velpeau, O. ✻; Vernois ✻; Méllier, C. ✻; Alquié, C. ✻; Fleury ✻; l'Héritier ✻.
Médecins et chirurgiens par quartier. — Delaroque fils ✻; Corvisart, O. ✻; Tenain; Maffer; Longet, O. ✻; Boulu ✻; Arnal; Pietra Santa.
Premier pharmacien. — M. Acar.
Maison militaire. — S. Ex. M. le maréchal Vaillant, grand maréchal du palais, commandant de la maison militaire.
Général de division Rollin, adjudant général du palais.
Aides de camp de l'Empereur. — Comte Roguet, comte de Goyon, de Cotte, Espinasse, de Failly, comte de Montebello, Vaudrey, baron Yvelin de Béville, comte Ney, Fleury.
Officiers d'ordonnance de l'Empereur. — Marquis de Toulongeon, comte Le Pic, Favé, baron de Méneval, Schmith, Brady, Tascher de la Pagerie, marquis de Puységur, baron L. Morand, prince de La Tour d'Auvergne, Davilliers, Nompère de Champagny de Cadore.
Gardes impériales (état major à l'École-Militaire). — Comte Regnaud de St-Jean-d'Angely, commandant en chef.
De Vaudrimey-Davout, chef d'état major.
Paris de La Bollardière (Roch), intendant militaire.
Escadron des cent-gardes de l'Empereur. — Verly, capitaine commandant l'escadron; de La Salle, capitaine en second; Champigneulle ✻, lieutenant; Meurice ✻, sous-lieutenant; Schurr, *idem*; Henriot ✻, *id.*; Lacroix de Plainval, *id.*; Canel, *id.*; Bachon, médecin aide-major; Séjournant, vétérinaire.

MAISON DE L'IMPÉRATRICE.
Grande Maîtresse de la maison. — La princesse d'Esling.
Dame d'honneur. — La duchesse de Bassano.
Dames du palais. — La comtesse de Montebello; la vicomtesse Lézay-Marnezia; la baronne de Pierres; la baronne de Malaret; la marquise de Las Marismas; la comtesse de La Poëze; la comtesse de Lourmel; la comtesse de Rayneval; de Sancy, née Lefebvre, Desnouettes, de Sauley
Dame lectrice. — La comtesse de Pons de Wagner.
Grand maître de la maison. — Comte de Tascher de la Pagerie.
Premier Chambellan. — Comte Charles de Tascher de la Pagerie.
Chambellan. — Vicomte Lézay Marnézia.
Écuyer. — Baron de Pierres.
Secrétaire des commandements. — Damas-Hinard.
Bibliothécaire particulier. — Corbeau de St-Albin.

MAISON DES ENFANTS DE FRANCE (aux Tuileries).
Gouvernante. — L'amirale Bruat.
Sous-gouvernante. — Mesdames Bizot; de Brancion.
Médecin ordinaire du prince impérial. — Barthez.

MAISON DE L. AA. II. LE PRINCE ET LA PRINCESSE NAPOLÉON.
Premier aide de camp. Franconnière de Lamorte-Charens.
Aide aide de camp. — Ferri-Pisani, Ragon.
Officiers d'ordonnance. — Vicomte Cler, Georgeotte Dubuisson, Teulières.
Secrétaire particulier. — Émile Hubaine.
Intendant trésorier. — Brançon.
Médecin. — Docteur Billard.
Dames d'honneur. — Madame Ed. Thayer, née de Padoue.
Dames pour accompagner. — Madame la comtesse de Clermont-Tonnerre; madame la baronne de la Roncière le Noury; madame la vicomtesse Henri Bertrand.

MAISON DE SON A. I. LA PRINCESSE MATHILDE.
Dame d'honneur. — La baronne de Sorlay, née de Rovigo.
Dames pour accompagner. — Ratomska, née Williamil; la comtesse de St-Marsault; de Rézé.
Chevalier d'honneur. — Général baron de Bourgenel.
Secrétaire général des commandements. — Comte Th. de Marcol.
Médecin. — Le Helloco.

MAISON IMPÉRIALE DE CHARENTON, à St-Maurice, près Charenton. — Cette maison, spéciale aux aliénés des deux sexes, les reçoit, soit à titre gratuit au moyen des bourses et 1/2 bourses de la 3e classe des pensions qui sont accordées par le ministre de l'intérieur, soit en payant pension de l'une de ces trois classes : 1re classe, 1,425 francs; 2e classe, 1,125 fr.; 3e classe, 828 fr., y compris la fourniture des draps, les blanchissage, marque et raccommodage de linge; papier, plumes, encre, ports de lettres, pertes et dégâts; soit, enfin, en traitant avec l'établissement pour un régime supérieur. Les malades sont reçus tous les jours, à toute heure. Les parents et personnes autorisées des familles et le médecin ne sont admis à les voir que les jeudis et dimanches, de midi à 4 heures.

MAISONS DE SANTÉ.
Maison de santé des docteurs Bourdonclo et Dassonneville, r. Picpus, 10. Deux établissements distincts : l'un destiné aux aliénés des deux sexes, l'un aux maladies ordinaires. Salle complète d'hydrothérapie.
Maison de santé pour les maladies nerveuses, établissement Esquirol, à Ivry-sur-Seine, r. de Seine 7.
Maison de santé de l'Étoile, aux Ternes, r. de l'Étoile, 9, près l'Arc-de-Triomphe
Maison de santé du Gros-Caillou, r. St-Dominique, 194.
Maison de santé des Hospitaliers de St-Jean-de-Dieu, r. Oudinot, 19, à Paris. Cette maison, fondée en 1843, est établie pour le traitement des hommes malades et le soin des convalescents.

Maison de santé du docteur Ley, av. Montaigne, 45.
Maison de santé de convalescence, 157-159, r. Ménilmontant, à Paris.
Maison de santé du docteur Pinel neveu, spécialement destinée au traitement des maladies nerveuses et mentales, au château de St-James, avenue de Madrid.
Maison de traitement et d'éducation pour les jeunes sourds-muets, les bègues et les muets. Enseignement par la parole, r. du Faub.-Saint-Honoré, 157.
Établissement hydrothérapique des Néothermes, 56, r. de la Victoire, fondé en 1830.
MAISON MUNICIPALE DE SANTÉ, r. du F.-St-Denis, 218. — Cette maison, fondée et dirigée par l'administration de l'assistance publique à Paris depuis 1802, est destinée aux personnes malades ou blessées qui, ne pouvant se faire traiter chez elles, sont à même de payer un prix de journée; chambres particulières à 6 fr. pour hommes et 5 fr. pour dames; autres chambres particulières, étages supérieurs, à 3 fr. pour hommes et pour dames; chambres communes à 2, 3 et 4 lits à 4 fr. pour hommes et pour dames; salles de 6 à 18 lits, 3 fr. pour hommes et pour dames. Dans ces prix de journées sont compris tous les frais de pansements, de nourriture, de médicaments, de linge, de chauffage, etc. La quinzaine se paye d'avance et le prix des huit premières journées reste toujours acquis à l'établissement. Les maladies de la peau ne sont pas exclues de l'établissement, mais on n'admet ni fous ni épileptiques.
MAISONS DE CORRECTIONS.
Sainte-Pélagie, r. du Puits-de-l'Ermite, 14.
Les jeunes détenus, r. de la Roquette, 143.
Saint-Lazare, r. du Faub.-St-Denis, 107. — V. *Prisons.*
MAISONS DE SANTÉ POUR LES ALIÉNÉS. — (V. *Maisons de Santé.*)
MAISONS IMPÉRIALES NAPOLÉON DE L'ORDRE DE LA LÉGION D'HONNEUR. — Ces maisons, qui relèvent du ministère de la guerre, sont placées sous la direction et la surveillance du grand-chancelier de l'ordre de la Légion d'honneur; et leurs chapelles sous la juridiction spirituelle de l'évêque diocésain.
Maison impériale de Saint-Denis. — Maison d'éducation fondée par l'empereur Napoléon Ier, à St-Denis, près Paris, pour recevoir gratuitement 400 filles de membres de la Légion d'honneur sans fortune, et 100 autres élèves pensionnaires, filles, petites-filles, sœurs, nièces ou cousines de membres de l'Ordre. Cette maison est dirigée par une surintendante, qui a sous ses ordres 5 dignitaires, 12 dames de 1re classe, 33 dames de 2e classe, 20 novices et 20 postulantes au noviciat. Les élèves sont reçues de neuf à douze ans; elles doivent savoir lire et écrire, et elles sortent à dix-huit ans, ou plus tôt, si les parents désirent les retirer. Les places sont accordées par rang d'âge, en commençant par les demoiselles qui sont le plus près d'atteindre l'âge de douze ans. Chaque famille ne peut obtenir qu'une place gratuite. Toute élève gratuite ou pensionnaire, avant d'entrer dans la maison, paye à la caisse des dépôts et consignations (rue de Lille) 400 fr. pour la valeur du trousseau qui lui est fourni. La pension, qui est de mille francs pour une élève aux frais de sa famille, se paye par trimestre et d'avance, à la caisse de la Légion d'honneur; et si, dans les quinze jours du trimestre qui s'ouvre, le payement n'est pas effectué, l'élève est rendue à ses parents. Les pièces à fournir, pour les élèves gratuites, et que les parents doivent joindre à leur demande adressée au grand-chancelier (rue de Lille, 64, à Paris), sont : 1o les états de service du père ; 2o une copie authentique de son titre de nomination comme membre de l'Ordre de la Légion d'honneur, ou, à défaut de ce titre, une pièce régulière pouvant en tenir lieu; 3o l'acte de naissance de la demoiselle, dûment légalisé ; 4o son extrait de baptême, légalisé par l'autorité diocésaine ; 5o un certificat de médecin, légalisé, constatant qu'elle a eu la petite vérole, ou qu'elle a été vaccinée, qu'elle n'est point affectée de maladies chroniques ou contagieuses : ce certificat doit énoncer, en outre, si l'enfant a eu la rougeole, si elle est exempte de toute infirmité. — Avant l'entrée de l'élève, les parents doivent remettre l'engagement d'une personne, ayant son domicile à Paris, qui s'oblige à la recevoir à sa sortie définitive, ou pour quelque autre motif que ce soit. — Les pièces à fournir, pour les pensionnaires, et que, pour leurs parents doivent joindre à leur demande adressée au grand-chancelier, sont : 1o une copie authentique du titre de nomination comme membre de l'Ordre de la Légion d'honneur, du parent qui donne à l'enfant le droit d'être admise comme élève pensionnaire ; 2o l'acte de naissance de la demoiselle dûment légalisé ; 3o son extrait de baptême, légalisé par l'autorité diocésaine ; 4o le même certificat de médecin que pour les élèves gratuites. — Avant l'entrée de l'élève, les parents remettent l'engagement, sur papier timbré, d'une personne, ayant son domicile à Paris, qui s'oblige à payer la pension de mille francs, et à recevoir l'élève à sa sortie définitive, ou pour quelque autre motif que ce soit.
Maisons impériales d'Écouen et des Loges (Saint-Germain). — Ce sont les succursales de la maison de St-Denis, et, comme elle, ces deux maisons sont destinées à 400 filles de légionnaires pauvres, et y sont entretenues gratuitement; toutes deux sont desservies par les dames religieuses de la congrégation de la Mère de Dieu. La première est au château d'Écouen et la seconde dans la maison des Loges, forêt de Saint-Germain. Les élèves sont reçues de neuf à douze ans; elles doivent savoir lire et écrire, et elles sortent définitivement à dix-huit ans, ou plus tôt, si les parents désirent les retirer. Les places sont accordées par rang d'âge, en commençant par les demoiselles qui sont le plus près d'atteindre l'âge de douze ans. Chaque famille ne peut obtenir qu'une place gratuite. Les trousseaux

sont fournis gratuitement aux élèves au moment de leur entrée. Les pièces à fournir, et que les parents doivent joindre à leur demande adressée au grand-chancelier de la Légion d'honneur, sont : 1° les états de services du père ; 2° une copie authentique ou un titre de nomination comme membre de la Légion d'honneur, ou, à défaut de ce titre, une pièce pouvant en tenir lieu ; 3° l'acte de naissance de la demoiselle, dûment légalisé ; 4° son extrait de baptême, légalisé par l'autorité diocésaine ; 5° un certificat de médecin, légalisé, constatant qu'elle a eu la petite vérole ou qu'elle a été vaccinée, ou qu'elle n'est point affectée de maladies chroniques ou contagieuses : ce certificat doit énoncer, en outre, si l'enfant a eu la rougeole, si elle est exempte de toute infirmité. — Avant l'entrée de l'élève, les parents remettent l'engagement d'une personne, ayant son domicile à Paris, qui s'oblige à la recevoir à sa sortie définitive, ou pour quelque autre motif que ce soit.

MANÈGES. — (V. *Écoles d'Équitation*.)

MANUFACTURE DE PORCELAINES. — A Sèvres, près Paris. Le chemin de fer américain, de la place de la Concorde, et les chemins de fer de l'Ouest (rive droite et rive gauche), y conduisent. Les étrangers sont admis à visiter ce curieux établissement sur la présentation de leur passe-port. Le public y entre le dimanche de 11 h. à 4 heures.

MANUFACTURE IMPÉRIALE DES TABACS. — Quai d'Orsay, 63. C'est que ce se fabriquent presque tous les cigares et presque tous les tabacs qui se fument en France ; là aussi se trouve le principal dépôt des cigares et des tabacs de luxe fabriqués à l'étranger. Près de 2,000 personnes sont employées dans ce vaste établissement, qu'on n'est admis que très-difficilement à visiter. Les bureaux de l'ingénieur inspecteur sont à la manufacture impériale des tabacs même.

MANUFACTURE IMPÉRIALE DE TAPISSERIES. — Rue Mouffetard, 254. (V. *Gobelins*.)

MANUSCRITS. — Dans les différentes bibliothèques de Paris, principalement à la bibliothèque Impériale, la plus riche de toutes. (V. *Bibliothèques*.)

MANUTENTION DU COMMERCE DE PARIS. — Bâtiments de la douane, place des Marais.

MARCHÉ AU GIBIER. — (V. *Vallée*.)

MARCHÉ AU POISSON. — Aux halles centrales.

MARCHÉ AUX CHEVAUX. — Entre le boulevard de l'Hôpital, la rue de Poliveau et la rue du Marché-aux-Chevaux. Créé en 1787. Il se tient le mercredi et le samedi, de 10 heures à 5 heures. On y vend aussi des voitures, aux mêmes jours, et des chiens le dimanche.

MARCHÉ AUX CHIENS. — A lieu tous les dimanches, avant midi, au marché aux chevaux. (V. *Marché aux Chevaux*.)

MARCHÉ AUX FOURRAGES. — Boulevard d'Enfer. Il a lieu tous les jours, le dimanche excepté. Le droit de stationnement est de 2 francs par 100 bottes de foin, et de 1 franc par 100 bottes de paille.

MARCHÉ AUX FRUITS. — Vente de pommes, de poires, de raisins, etc., sur le port de la Grève. Le marché a lieu tous les jours, du 1er avril au 1er octobre.

MARCHÉ AUX GRAINS. — (V. *Halle au Blé*.)

MARCHÉ AUX LÉGUMES. — Vente en gros et en détail. Il se tient provisoirement autour des halles centrales, depuis le matin jusqu'à 10 heures, jusqu'à ce que le pavillon qui lui est destiné, dans les nouvelles halles, soit construit.

MARCHÉ AUX OISEAUX. — A lieu tous les dimanches, de 10 heures à 2 heures, rue Lobineau, à côté du marché St-Germain.

MARCHÉ BEAUVAU. — Situé place Beauvau. Construit en 1778. Ouvert, pour le vente au détail, tous les jours depuis le lever jusqu'au coucher du soleil.

MARCHÉ DES BLANCS-MANTEAUX. — Situé à l'entrée de la rue Vieille-du-Temple. Construit en 1819. Vente au détail depuis le lever jusqu'au coucher du soleil. A côté, et séparé seulement du marché par la rue des Hospitaliers-St-Gervais, est un marché à la viande, contenant 14 boutiques, construit en 1823.

MARCHÉ D'AGUESSEAU. — Cité Berryer. Ouvert en 1746. Vente en détail. S'adresser, pour les réclamations, à l'inspecteur qui y demeure.

MARCHÉ DE LA MADELEINE. — Place de la Madeleine, 17. Construit en 1835. On y vend des comestibles. Tient depuis le lever jusqu'au coucher du soleil.

MARCHÉ DE LA RUE DE SÈVRES. — Il est établi le long du mur de l'hospice des Incurables (femmes), sous de larges parasols verts qui protègent les marchandes et les marchandises contre la pluie et le soleil. On y vend de tout au détail, depuis le lever jusqu'au coucher du soleil.

MARCHÉ DES CAPUCINS. — Sur la place dite le champ des Capucins, derrière le mur du Val-de-Grâce. Il se tient en plein vent, les mardis, vendredis et dimanches.

MARCHÉ DES CARMES. — Rue des Noyers. Construit en 1818. On y vend de tout au détail, depuis le lever jusqu'au coucher du soleil.

MARCHÉ DES ENFANTS-ROUGES. — Situé rue de Bretagne, 39. Il a été établi en 1628. On y vend de tout au détail, de l'aube au crépuscule. Un inspecteur y est attaché, auquel on peut adresser les réclamations.

MARCHÉ DES PATRIARCHES. — Entre les rues Mouffetard, d'Orléans, Gracieuse et de l'Épée-de-Bois. Ouvert depuis le lever jusqu'au coucher du soleil. On y vend de tout, surtout des vieilles hardes et des vieilles ferrailles. Enclavé dans ce marché est un autre marché plus sérieux, où l'on vend du beurre, de la volaille, des comestibles, et des fruits.

MARCHÉ DU TEMPLE. — Compris entre la rue du Temple, la rue Perrée, la rue du Forez et la rue Dupetit-Thouars. Il est ouvert tous les jours, du lever au coucher du soleil. Il y a là près de 2,000 petites boutiques où l'on vend de tout, du neuf et de l'occasion, des habits et de la ferraille, des matelas et des bijoux, de vieux linges et des cachemires, des chapeaux et des souliers. C'est un des bazars les plus curieux de l'industrie parisienne ; et nous vous renvoyons, pour les détails pittoresques, aux pages qui lui a consacrées, dans la 3e livraison de *Paris Nouveau*, notre collaborateur Émile de la Bédollière.

MARCHÉ NEUF. — Situé le long du quai du Marché Neuf, immédiatement après la Morgue. Il consiste, comme le marché de la rue de Sèvres, en parasols très larges qui se replient le soir après la vente. On y vend spécialement des légumes et du beurre.

MARCHÉ POPINCOURT. — Situé rue de Ménilmontant. Il a été ouvert en 1831. On y vend en détail, depuis l'aube jusqu'au crépuscule.

MARCHÉ PROVISOIRE POUR LES VIEUX CHIFFONS, LES VIEUX LINGES ET LA FERRAILLE. — Halle aux Veaux, les lundis, mercredis, jeudis, samedis et dimanches, toute la journée.

MARCHÉ SAINTE-CATHERINE. — Situé entre les rues d'Ormesson, Caron et Sainte-Catherine, au Marais. Il a été construit en 1783. On y vend de tout au détail, depuis le lever jusqu'au coucher du soleil.

MARCHÉ SAINT-GERMAIN. — Entre les rues Félibien, Lobineau, Mabillon et Clément. On y vend de tout au détail. Ouvert du lever au coucher du soleil.

MARCHÉ SAINT-HONORÉ. — Compris entre la rue de la Corderie et la rue du Marché-St-Honoré. Ouvert du matin au soir. On y vend de tout au détail. S'adresser, pour les réclamations, au bureau de l'inspecteur.

MARCHÉ SAINT-JOSEPH. — Rue Montmartre, 144, et rue du Croissant. Construit en 1806. On y vend au détail beurre, œufs, fromages, fruits, légumes, poissons et autres comestibles. Ouvert depuis le matin jusqu'au soir.

MARCHÉ SAINT-MARTIN. — Situé entre les rues Montgolfier, Conté, Vaucanson et Ferdinand-Berthoud. Ouvert en 1816. On y vend de tout au détail, depuis le lever jusqu'au coucher du soleil.

MARCHÉ SAINT-QUENTIN. — Ouvert en 1853, entre les faubourgs St-Martin et St-Denis. Il tient tous les jours. On y vend comestibles, ustensiles de ménage, linge, bonneterie, etc. Les marchands de la campagne y sont admis les mardis et vendredis.

MARCHÉS AUX FLEURS. — Autrefois, c'est-à-dire, il y a quelques années, il n'y avait qu'un marché, celui du quai aux Fleurs. Aujourd'hui, il y en a quatre : celui du quai aux Fleurs, qui se tient les mercredis et samedis ; celui du Château-d'Eau, qui se tient tous les lundis et jeudis ; celui de la place St-Sulpice, qui se tient tous les lundis et jeudis, et celui de la Madeleine, qui se tient les mardis et vendredis. Ces quatre marchés commencent au lever du soleil pour ne finir qu'à la nuit. En outre, la veille des grandes fêtes patronales, comme la St-Joseph, la St-Antoine, la St-Jean, la St-Pierre, la Ste-Marguerite, la Ste-Anne, la Ste-Marie, la St-Louis, la St-Charles, la St-Eugène et la Ste-Adélaïde, il y a marché partout.

MARIAGES. — Les mariages ont lieu à la mairie et à l'église, quelquefois à la mairie seulement ; ces derniers sont les seuls valables aux yeux de la loi. Pour se marier, il s'agit d'en faire la déclaration à la mairie de son arrondissement et de celui de la femme qu'on doit épouser, en déposant les actes et papiers nécessaires pour constater son identité et le droit que l'on a de contracter mariage. Les jeunes gens qui n'ont pas atteint leur majorité sont tenus de fournir le consentement écrit de leur père et mère ; en cas de refus de ces derniers, ils doivent leur faire les trois sommations légales, dites sommations respectueuses. Les bans sont affichés aux portes des mairies, afin que chacun puisse en prendre connaissance, et que les intéressés puissent s'opposer, s'il y a lieu, à la consommation du mariage. Ils sont également annoncés à l'église, lorsqu'on s'y marie. Les frais de fabrique sont tarifés, et chacun peut en prendre connaissance à la sacristie de la paroisse où l'on se marie. — Maison de Foy, rue d'Enghien, 48, pour la négociation des mariages. — Maison St-Marc, rue des Colonnes, 8, pour la même négociation.

MARINE (MINISTÈRE DE LA). — Rue Royale, 2. Les attributions de ce ministère sont relatives au matériel, au personnel, à l'administration, aux mouvements des forces maritimes. Le ministre de la marine reçoit tous les jours, mercredis et samedis exceptés, de 10 à 11 heures du matin, les officiers généraux des différents corps de la marine, et les officiers de ces mêmes corps qui ont obtenu des audiences. Il reçoit, à 4 heures du soir, tous les lundis et jeudis, les membres du corps diplomatique, du Sénat, du Corps législatif, du conseil d'État, ainsi que les officiers généraux de l'armée de terre. Il donne des audiences particulières sur la demande qu'on lui en fait par lettre, et en indiquant l'objet dont on désire l'entretenir.

MATERNITÉ. — Rue de Port-Royal, 5. (V. *École d'Accouchement* et *Hospices et Hôpitaux*.)

MÉDAILLES (Commission des Monnaies et des), quai Conti, 11, à l'Hôtel des Monnaies. — La commission est chargée : 1° de juger le titre et le poids des espèces fabriquées et de surveiller dans toute l'étendue de la France l'exécution des lois monétaires, la fabrication des monnaies, et l'essai des ouvrages d'or et d'argent ; la confection des coins monétaires et des poinçons de la garantie ; 2° de délivrer, conformément aux lois, aux essayeurs du commerce et aux essayeurs des bureaux de garantie, les certificats de capacité dont ils doivent être pourvus avant d'entrer en fonctions; 3° de statuer sur les difficultés relatives au titre et à la marque des lingots et ouvrages d'or et d'argent; 4° de surveiller les opérations de tous les fonctionnaires des ateliers monétaires. Elle est chargée également du contrôle à exercer sur la confection des planches et des timbres-poste, sur l'impression de ces timbres, sur la reproduction des planches, cartes à jouer, billets de banque, etc.; de surveiller la fabrication des médailles d'or, d'argent et de bronze; de proposer les tarifs, de faire constater le titre et d'autoriser la délivrance et la mise en vente des médailles, après avoir observé les mêmes formalités que celles prescrites pour le jugement des espèces monnayées.

MÉDECINS. — Le nombre en est trop grand pour que nous puissions, on le comprend, en donner la liste ici. D'ailleurs, elle serait à peu près inutile, car il n'est guère de rue à Paris où il n'y ait un ou plusieurs médecins.

MEMBRES DU CORPS LÉGISLATIF.

MM.

Abbatucci (Séverin) ✶ (Corse), r. Mont-Thabor, 9.
Albuféra (duc d') (Eure), place Vendôme, 17.
Alongry, O. ✶ (Aude), r.
Allart ✶ (Somme), r. Nve-St-Augustin, 44.
Ancel ✶ (Seine-Inférieure), r. du Cirque, 13.
Andelarre (marquis d') ✶ (Haute-Saône).
André (Charente), r. de Rivoli, 188.
André (Ernest) ✶ (Gard), r. F.-Poissonnière, 30.
Arjuzon (comte), O. ✶ (Eure), r. Greffulhe, 8.
Arman (Louis) ✶ (Gironde), r. Gaudot-de-Mauroy, 1.
Arnaud ✶ (Isère), r. du Dauphin, 5.
Aymé ✶ (Vosges), r. de Tournon, 33.
Balay de la Bertrandière (Loire), r. de Chaillot, 113.
Barbantane (comte de) ✶ (Saône-et-Loire), quai Voltaire, 7.
Beauchamp (de) (Vienne), r.
Beaudelot ✶ (Aisne), r. St-Dominique, 85.
Beauvau (prince Marc de) (Sarthe), r. des Champs-Élysées, 12.
Beauverger (baron Edmond de) (Seine-et-Marne), r. St-Georges, 2 bis.
Belleyme (Adolphe de) ✶ (Dordogne), r. Blanche, 36.
Belliard ✶ (Gers), r. de Luxembourg, 42.
Belmontet ✶ (Tarn-et-Garonne), r. Pigale, 8.
Benoist (baron de) ✶ (Ain), pl. du palais Bourbon, 4.
Blosseville (marquis de) ✶ (Eure), r.
Bodin (Ain), r.
Bois de Mouzilly (Finistère), r. de Seine, 54.
Boissy-d'Anglas (comte), C. ✶ (Ardèche), r. d'Anjou-St-Honoré, 69.
Bouchetal-Laroche ✶ (Loire), r. des Frondeurs, 6.
Boullé (le général), G. O. ✶ (Morbihan), r. Chauveau-Lagarde, 5.
Bourcier de Villers (le comte) ✶ (Vosges), r. de Bellechasse, 18.
Bourlon ✶ (Vienne), r. Pigalle, 18.
Brame (Nord), r.
Brohier de Littinière ✶ (Manche), r. du Marché-St-Honoré, 24.
Brochant de Villiers (Gust.) ✶ (Seine-et-Oise), r. du Bac, 101.
Brunet-Denon (général baron), C. ✶ (Saône-et-Loire), r. Royale-Saint-Honoré, 7.
Bucher de Chauvigné (Maine-et-Loire), r.
Buquet (baron) ✶ (Meurthe), r.
Bussière (baron Alfred de) ✶ (Bas-Rhin), r. de la Madeleine, 33.
Busson (Ariége), r. Mont-Thabor, 40.
Caffarelli (comte Bugène) ✶ (Ille-et-Vilaine), r. de Varennes, 58.
Calvet-Rogniat ✶ (Aveyron), av. Marbeuf, 15.
Cambacérès (comte de) ✶ (Aisne), r. de l'Université, 29.
Canaple ✶ (Bouches-du-Rhône), r.
Carayon-Latour (baron de) ✶ (Tarn), r. Royale-St-Honoré, 11.
Carteret ✶ (Marne), r. de Grenelle-St-Germain, 122.
Caruel de St-Martin (baron de) (Seine-et-Oise), r. de Lille, 9.
Caulaincourt (marquis de), O. ✶ (Calvados), rue Grenelle-Saint-Germain, 29.
Cazelles, O. ✶ (Hérault), r. Mazagran, 6.
Chabrillan (comte de) (Saône-et-Loire), r.
Chambrun (comte de) ✶ (Saône-et-Loire), r.
Champagny (comte Napoléon de) ✶ (Morbihan), r. du chemin de Versailles, 23.
Champagny (comte J. Paul de) ✶ (Côtes-du-Nord), r. de l'Arcade, 4.
Charlemagne (Raoul) (Indre), r. Mont-Thabor, 3.
Charpin-Feugerolles (comte de) ✶ (Loire), r.
Chasot (de) (Orne), r.
Chauchard ✶ (Haute-Marne), r. de l'Ouest, 42.
Chaumont-Quitry (marquis de) ✶ (Sarthe), r. Ville-l'Évêque, 31.
Chazelles (Léon de) ✶ (Puy-de-Dôme), r.
Chevalier (Aug.) ✶ (Aveyron), r.
Chevandier (Meurthe), r.
Choque ✶ (Nord), r. Bellechasse, 33.
Clary (vicomte), O. ✶ (Loir-et-Cher), **r. Barbet-de-Jouy, 17.**
Clebsattel (de) ✶ (Nord), r.
Coehorn (comte de) ✶ (Bas-Rhin), r.
Collot (Edme) ✶ (Meuse), r. de Champagny, 5.
Conegliano (marquis de) ✶ (Doubs), r. de Ponthieu, 62.
Conneau, C. ✶ (Somme), r. de Rivoli, 192.

Conseil ✶ (Finistère), r.
Corboron (baron Émile de) (Oise), r.
Corneille (P. A.) (Seine-Inférieure), r.
Corta (Landes), r. de l'Odéon, 22.
Couédic (comte du) ✶ (Finistère), r. Grenelle, 71.
Coulaux ✶ (Bas-Rhin), r.
Creuzet (Cantal), r. de Luxembourg, 42.
Crosnier, C. ✶ (Loir-et-Cher), r.
Curé ✶ (Gironde), r.
Cuverville (de) ✶ (Côtes-du-Nord), r. Grenelle-St-Germain, 16.
Dalloz (Édouard) ✶ (Jura), r. St-Dominique, 32.
Dalmas (de) ✶ (Ille-et-Vilaine), r. Gaillon, 18.
Dambry ✶ (Seine-et-Oise), r.
Darblay jeune ✶ (Seine-et-Oise), r. de Rivoli, 156.
Darimon (Seine), r. Fontaine-St-Georges, 16.
Dauzat-Dembarrère ✶ (Hautes-Pyrénées), r. Nve-des-Mathurins, 60.
David ✶ (Gironde), r. Babylone, 46.
David (Ferdinand) ✶ (Deux-Sèvres), r. de l'Université, 29.
Delamarre, O. ✶ (Creuse), r.
Delavau ✶ (Indre), r. Taitbout, 4.
Deltheil ✶ (Lot), r. de Lille, 5.
Descours (Rhône), r. Taitbout, 83.
Desmaroux de Gaulmin (Allier), r. de Lille, 37.
Desmars ✶ (Loire-Inférieure), r. de Grenelle-St-Germain, 16.
Devinck, O. ✶ (Seine), r. St-Honoré, 175.
D'Hauteville (général) ✶ (Ardèche), r.
Didier ✶ (Ariége), r. de Hanovre, 21.
Donesnel (Calvados), r. de la Chaussée-d'Antin, 43.
Doumet O. ✶ (Hérault), r.
Drouot (Meurthe), r.
Duclos (Édouard) (Ille-et-Vilaine), r. de la Michodière, 13.
Dumarais (colonel), O. ✶ (Loire), r.
Dumiral ✶ (Puy-de-Dôme), r.
Duplan ✶ (Haute-Garonne), r.
Dupont (Paul) ✶ (Dordogne), r. de Grenelle-St-Honoré, 45.
Durand (Justin) ✶ (Pyrénées-Orientales), r. Nve-des-Mathurins, 43.
Dusolier (Dordogne), r. St-Roch, 39.
Eschasseriaux (baron) ✶ (Charente-Inférieure), r. de Suresne, 13.
Etcheverry ✶ (Basses-Pyrénées), r.
Faugier ✶ (Isère), r. Richelieu, 43.
Faure, O. ✶ (Hautes-Alpes), r.
Favart ✶ (Corrèze), r. de Luxembourg, 42.
Favre (Jules) (Seine), r. d'Antin, 19.
Fay de la Tour-Maubourg (marquis de) ✶ (Haute-Loire), r. Ville-l'Évêque, 14.
Ferrière (comte de la) (Orne), r. de la Chaussée-d'Antin, 50.
Flavigny (comte de), O. ✶ (Indre-et-Loire), r. des Saussaies, 9.
Fleury (Anselme) ✶ (Loire-Inférieure), r.
Flocard de Mépieu (Isère), r. Richepance, 11.
Fouché-Lepelletier ✶ (Seine), r. Barbet-de-Jouy, 20.
Gareau ✶ (Seine-et-Marne), 3, r. de l'Arcade, 23.
Geiger (baron de) (Moselle), r. Richelieu, 59.
Gellibert des Séguins (général), C. ✶ (Charente), r. Barbet-de-Jouy, 42.
Geoffroy de Villeneuve ✶ (Aisne), r. Caumartin, 62.
Girou de Buzareingnes ✶ (Aveyron), pl. Royale, 28.
Gisclard ✶ (Tarn), r.
Godard-Desmarest (Nord), cité Bergère, 1.
Gorsse (général baron), C. ✶ (Tarn), r.
Gouin (A.) ✶ (Indre-et-Loire), r. de l'Arcade, 25.
Grammont (marquis de) ✶ (Haute-Saône), r. de Lille, 121.
Granier de Cassagnac ✶ (Gers), r. St-Florentin, 4.
Grouchy (vicomte de) ✶ (Loiret), r.
Guillaumin (Cher), r. de Verneuil, 9.
Guyard-Delalain ✶, r. Castiglione, 10.
Hallez-Claparède (baron) ✶ (Bas-Rhin), r. St-Florentin, 9.
Halligon ✶ (Mayenne), r.
Hamel (vicomte du) ✶ (Deux-Sèvres), r. Nve-de-l'Université, 29.
Haddos ✶ (Marne), r. Nve-St-Augustin, 59.
Hébert ✶ (Aisne), au palais du Corps législatif, r. de l'Université, 126 et 128.
Hennocque (colonel), O. ✶ (Moselle), r. de Bourgogne, 42.
Hénon (Rhône), r.
Hérambault (Roubier d') (Pas-de-Calais).
Herlincourt (baron d') ✶ (Pas-de-Calais), r. de Varennes, 57.
Janvier-Delamotte (comte) ✶ (Tarn-et-Garonne), rue Larochefoucault, 33.
Javal (Léopold) ✶ (Yonne), r. Chauchat, 10.
Jonage (comte de) ✶ (Ain), place Vendôme, 20.
Josseau ✶ (Seine-et-Marne), r. St-Honoré, 245.
Jouvenel (baron Léon de) (Corrèze), avenue des Champs-Élysées, 26.
Jubinal (Achille) ✶ (Hautes-Pyrénées), r. Boudreau, 6.
Keller (Haut-Rhin), r. Las-Cases, 11.
Kergorlay (comte de), O. ✶ (Manche), r. de Varennes, 43.
Kersaint (comte de) ✶ (Puy-de-Dôme), r. Ville-l'Évêque, 26.
Kervegnon (vicomte de) (Var), r. de Clichy, 38.
Kœnigswarter (Maximilien) ✶ (Seine), r. d'Astorg, 4.
Kolb-Bernard (Nord) r.
Ladoucette (baron Hug. de) ✶ (Ardennes), r. St-Lazare, 58.
Lacheisserie (de) (Drôme), r. de Grenelle-St-Germain, 16.

Laffitte (Charles) ✻ (Lot-et-Garonne).
Lafond (Corrèze), r. Ste-Anne, 69.
Lagrange (comte Frédéric de) ✻ (Gers), r. du Cirque, 2.
Larrahure ✻ (Basses-Pyrénées), r.
Las-Cases (comte de) ✻ (Maine-et-Loire), r. St-Florentin, 9.
Latour (vicomte de) (Côtes-du-Nord), r. de Grenelle-St-Germain, 16.
Latour-Dumoulin, O. ✻ (Doubs), r. Rivoli, 196.
Laugier de Chartrouze (baron) ✻ (Bouches-du-Rhône), r. du Havre, 17.
Lebreton (général), G. O. ✻ (Vendée), passage Sandrié, 2.
Leclerc (Jules) ✻ (Mayenne), r. de la Ferme, 24.
Le Comte (Eugène), O. ✻ (Yonne), r. de la Paix, 7.
Lodier (Seine-Inférieure), r. St-Lazare, 66.
Lefebure (Haut-Rhin), r. Jacob, 52.
Lefebvre-Hermant ✻ (Pas-de-Calais), r. Casimir Périer, 11.
Le Gorrec (Côtes-du-Nord), r.
Le Hon (comte) ✻ (Ain), r. Lord-Byron, 1 bis.
Lelut, O. ✻ (Haute-Saône), à la Salpêtrière, boul. de l'Hôpital, 47.
Lemaire, O. ✻ (Nord), r. Jean-Bart, 5.
Lemaire, O. ✻ (Oise), r. St. Georges, 20.
Lomelorel de la Haichois ✻ (Morbihan).
Lemercier (vicomte Anatole) (Charente-Inférieure), quai Voltaire, 25.
Lénardière (de) (Deux-Sèvres), place Vendôme, 19.
Le Pelotier-d'Aunay (comte) ✻ (Nièvre), r. de l'Université, 5.
Loquien, O. ✻ (Pas-de-Calais), r. Chanaleilles, 7.
Loret d'Aubigny ✻ (Sarthe), r. de l'Université, 88.
Loroux (Alfred) ✻ (Vendée), quai d'Orsay, 1.
Loscuyer d'Attainville ✻ (Var), r. de l'Université, 86.
Lospérut (baron de) ✻ (Haute-Marne), r. du Cirque, 13.
Louis-Bazile (Côte-d'Or), r.
Louvet (Maine-t-Loire), r. du Faub-St-Honoré, 124.
Mame (B.) ✻ (Indre-et-Loire), r.
Mariani (Bon de) ✻ (Corse), r. Ville-l'Évêque, 42.
Massabiau ✻ (Haute-Garonne), r. Olivier, 25.
Maupas (de) ✻ (Aube).
Mercier, O. ✻ (Mayenne), r. de Londres, 11.
Mesin (général), G. O. ✻ (Manche), r. Bellechasse, 50.
Millot ✻ (Vaucluse), r. des Frondeurs, 6.
Montjoyeux (Nièvre), r. de l'Arcade, 16.
Morgan (Somme), r. St-Arnaud, 3.
Morin (Drôme), r. de Luxembourg, 49.
Morny (comte de), G. O. ✻ (Puy-de-Dôme), président, r. de l'Université, 126 et 128, et avenue des Champs-Élysées, 15.
Mortemart (marquis de), O. ✻ (Rhône), r. Matignon, 12.
Murat (comte Joachim) ✻ (Lot), r. des Écuries-d'Artois, 9.
Nesle (comte de) ✻ (Cher), r. Richelieu, 69.
Nogent-St-Laurens ✻ (Loiret), Verneuil, 1.
Normand (colonel), C. ✻ (Eure-et-Loir), r. Caumartin, 61.
Noualhier ✻ (Haute-Vienne), r. des Écuries-d'Artois, 9.
Noubel ✻ (Lot-et-Garonne).
Ollivier (Émile) (Seine), r. St-Guillaume, 29.
O'Quin ✻ (Basses-Pyrénées).
Ornano (vicomte Rodolphe d'), O. ✻ (Yonne).
Ouvrard (Jules) (Côte-d'Or), r. de la Paix, 1.
Parchappe (général), G. O. ✻ (Marne), r. Basse-du-Rempart, 66.
Pariou (de), O. ✻ (Cantal), r. de Tournon, 2.
Pérouse (Gard), r. Matignon, 4.
Porpessac ✻ (Haute-Garonne).
Perrot, O. ✻ (Seine), au palais du Corps législatif.
Picard (Ernest) (Seine), r. St-Honoré, 217.
Pierre (comte de) (Puy-de-Dôme), r. Ville-l'Évêque, 60.
Piré de Rosnyvinen (marquis de) ✻ (Ille-et-Vilaine), r. Ville-l'Évêque, 19.
Plancy (vicomte de) ✻ (Oise), r. St-Lazare, 59.
Plichon ✻ (Nord), r.
Portalis (le baron Jules) ✻ (Var), r. Ville-l'Évêque, 43.
Pouyer-Quertier ✻ (Seine-Inférieure), boul. des Capucines, 39.
Quesné (Seine-Inférieure), r. de Varennes, 88.
Rambourg de Commentry (Allier), r. Rivoli, 212.
Rambourgt (vicomte de) (Aube), r. d'Alger, 9.
Randoing, G. ✻ (Somme), r. Mogador, 5.
Ravinel (baron de) (Vosges), r. Las-Cases, 8.
Reguis (le colonel), O. ✻ (Basses-Alpes).
Roille (le baron Gustave) ✻ (Eure-et-Loir), r. St-Dominique, 127.
Reinach (baron de) (Haut-Rhin), r. Richelieu, 23 bis.
Roiser (Jules) (Seine-Inférieure), r. Ville-l'Évêque, 39.
Reveil, O. ✻ (Rhône), r. de Vaugirard, 31.
Riché ✻ (Ardennes), rue de la Victoire, 56.
Richemont (vicomte de) (Lot-et-Garonne).
Rigaud, O. ✻ (Bouches-du-Rhône).
Rochemure (comte de) ✻ (Ardèche), avenue Matignon, 4.
Romeuf (de), ✻ (Haute-Loire), r. Mogador, 10.
Roques Salvaza ✻ (Aude), r. Chauveau-Lagarde, 12.
Roulleaux-Dugage, C. ✻ (Hérault), r. du Marché d'Aguesseau, 18.
Roy-Bry ✻ (Charente-Inférieure), r. de Berri, 20.
Sainte-Croix (marquis de), O. ✻ (Orne), r. Miromesnil, 8.
Sainte-Hermine (marquis de), C. ✻ (Vendée), r. de Bourgogne, 53.
Saint-Germain (Hervé de) ✻ (Manche), r. Valois-du-Roule, 9.
Saint-Paul (de) ✻ (Haute-Vienne), avenue Gabriel, 4.
Sallandrouze de Lamornaix, O. ✻ (Creuse), boul. Poissonnière, 23.
Schneider, C. ✻ (Saône-et-Loire), rue Boudreau, 1.

Segris (Maine-et-Loire), r.
Ségur (comte de) ✻ (Meuse), r. du faub. St-Honoré, 104.
Snydoux, O. ✻ (Nord), r. de Clichy, 66.
Simon (Loire-Inférieure), r. Nve-St-Augustin, 62.
Sizeranne (de la) ✻ (Drôme) r. Gaillon, 15.
Taillefer ✻ (Dordogne), r. St-Roch, 39.
Talhouet (marquis de) (Sarthe), avenue Marigny, 21.
Tarente (Macdonald, duc de), O. ✻ (Loiret), r. de la Paix, 8.
Tascher-de-la-Pagerie (Gard), aux Tuileries.
Tauriac (comte de) ✻ (Haute-Garonne), r. Caumartin, 19.
Tesnière (Charente).
Thiérion (colonel comte), C. ✻ (Gironde), à St-Cloud.
Thoinnet (Loire-Inférieure), r. Casimir-Périer, 6.
Tillette de Clermont (baron) ✻ (Somme).
Toulongeon (comte de) ✻ (Gironde), r. d'Isly, 15.
Travot (baron) ✻ (Gironde), r. de Rivoli, 240.
Tromelin (comte de), O. ✻ (Finistère), r. Ville-l'Évêque, 65.
Vast-Vimeux (général baron), G. O. ✻ (Charente-Inférieure), r. de Grenelle, 89.
Vautier (Abel ✻ (Calvados), r. d'Enfer, 29.
Veauce (baron de) ✻ (Allier), r. des Champs-Élysées, 13.
Vorelos (marquis de) (Vaucluse), r. Caumartin, 14.
Vornier (Côte-d'Or), r. de la Paix, 9.
Véron, O. ✻ (Seine), r. de Rivoli, 232.
Voize (de) ✻ (Isère), r. Roquépine, 5.
Voruz (Loire-Inférieure), r.
Wattebled (Pas-de-Calais), r. Bellechasse, 29.
Wendel (de) ✻ (Moselle), r. de Clichy, 24.

MÉNAGERIE. — V. *Jardin des Plantes* et *Muséum*.

MÉNAGES (Hospice des), r. de la Chaise, 28. — On y reçoit les époux indigents dont le plus jeune doit avoir 60 ans d'âge, et les veufs et veuves de 60 ans. — (V. *Hospices* et *Hôpitaux*.)

MESSAGERIES CAILLARD ET Cie, rue du Bouloi, 24, r. de Grenelle, 18, et r. St-Honoré, 180. — Cette entreprise fait tout espèce de transports, tant pour le gouvernement que pour les particuliers. Elle dessert toutes les villes de France au moyen de correspondances qui partent aussitôt après l'arrivée de ses voitures; elle dessert sans correspondances les localités ci-dessous désignées :

Agen, par Bordeaux.
Auch, par Agen, Lectoure, Fleurance.
Angers, par Orléans, Tours.
Aurillac, Châteauroux, Limoges, Uzerche, Tulle, Argentat.
Anvers, La Haye, Utrecht, Rotterdam, Amsterdam.
Avranches, par Laval.
Bâle, par Mulhouse, St-Louis.
Bayonne, par Bordeaux, Dax.
Belfort, par Besançon, Montbéliard.
Besançon, par Dijon, Auxonne, Dôle.
Bordeaux, par Orléans, Tours, Blois, Poitiers, Angoulême.
Boulogne, par Amiens.
Bourbonne-les-Bains, par Dijon, Langres.
Brest, par Rennes, St-Brieuc, Morlaix.
Brest, par Nantes, Lorient, Quimper.
Bruxelles, Liége, Aix-la-Chapelle, Cologne.
Caen, par Lisieux.
Cambrai, par St-Quentin, le Cateau, Bohain.
Charleville, par Reims, Rethel, Mézières.
Cherbourg, par Caen, Bayeux, Isigny, Carentan, Valognes.
Clermont, par Moulins.
Draguignan, par Lyon, Marseille.
Genève, par Dôle, Morez, les Rousses.
Genève, par Lyon, Bourg, Nantua, Pont-d'Ain, St-Genis.
Grenoble, Lyon, Voiron.
Havre.
Laval.
Le Mans.
Lille, par Amiens, Arras, Douai.
Lorient, par Nantes, Vannes, Auray, Hennebon.
Lyon, par Chalon-sur-Saône.
Marseille, par Lyon, Tain, Valence, Montélimart, Avignon.
Metz.

Montpellier, par Lyon, Valence, Avignon.
Mulhouse, par Strasbourg, Nancy.
Nancy.
Nantes.
Nice, par Marseille, le Luc, Draguignan, Fréjus, Cannes, Antibes.
Nîmes. (Voir Montpellier.)
Niort, par Poitiers.
Pau, par Bordeaux, Roquefort, Mont-de-Marsan, Aire.
Pontarlier et la Suisse, par Dôle, Besançon.
Poitiers.
Puy (le), par Arvant.
Rochefort, par Poitiers, Niort.
Rochelle (la), par Poitiers, Niort.
Rouen.
Saintes, par Poitiers, Niort.
Sarreguemines.
Saumur.
Sedan, par Reims, Rethel, Mézières.
Stenay, par Châlons-sur-Marne, Vouziers.
Strasbourg.
Saint-Étienne. (Voir Lyon.)
Saint-Lô, Coutance, Granville, par Caen, Bayeux.
Saint-Malo, par Laval, Rennes.
Saint-Quentin.
Tarbes, par Bordeaux, Langon, Aire, Vic-en-Bigorre.
Toulouse, par Limoges, Brives, Cahors, Montauban.
Tours.

TRANSPORTS PAR DILIGENCES.

Le Mans, Laval, Rennes, Brest, Vannes, Lorient, Quimper, Saint-Brieuc, Morlaix.
Bayonne, Pau, Eaux-Bonnes, Tarbes, Cauterets, Baréges, Bagnères-de-Luchon, etc.
Châteauroux, Limoges, Rodez, Aurillac, Montauban, Toulouse, Clermont-Ferrand, Le Puy, St-Flour.

MESSAGERIES IMPÉRIALES.

TRANSPORTS DE MARCHANDISES.

Par tous les chemins de fer et pour tous pays.

SERVICES MARITIMES.

Rue du Bouloi, 22 et 24, et boul. des Italiens, 4.

MESSAGERIES DIVERSES.

Messageries Maucombe, hôtel du Lion-d'Argent, r. du Faub.-Saint-Denis, 47, et r. d'Enghien, 4.
De Paris à Dammartin, à 7 h. 1/2 le matin et 4 h. le soir, desservant Mesnil-Amelot, Roissy et Juilly.
De Paris à Crespy, à 8 h. 1/2 le mat., desservant Nanteuil-le-Haudouin.
De Paris à Luzarches, desservant Mesnil, Aubry, tous les jours à 4 h. 1/2 du soir.
De Paris à Senlis, 4 h. du soir.
De Paris à Villiers-le-Bel, desservant Sarcelles, Écouen. 6 départs par jour, à 9 h., 11 h., 1 h., 3 h., 5 et 7 du soir.
Messageries de l'hôtel du Plat-d'Étain. — Entreprise A. Decrept et Cie, carré St-Martin, 326, hôtel du Plat-d'Étain.
De Paris, à 10 h. du soir, pour Beauvais, Formerie, Songeons, Gaillefontaine, Granville, Aumale, Neufchâtel, Crèvecœur, Sainte-Geneviève, Noailles.
De Paris, à 4 h. 1/2 du soir, pour Beaumont, Louviers, Chambly, Neuilly-en-Thel, Méru.
Par chemin de fer de Paris à Meaux. — De Paris, à 8 h. 40 m. du m., pour Villers-Cotterets, Soissons, Neuilly, Mortefontaine, Saint-Front, La Ferté-Milon, Nanteuil-le-Haudouin, Crépy. Succursale du chemin de fer de Strasbourg et du Nord.
Messageries les Colombes. — Service de Paris à Vitry, Choisy-le-Roi ou retour, passant près le fort d'Ivry. 8 départs par jour en hiver et 15 en été. Bureaux : à Paris, r. des Deux-Écus, 23; à la barrière de Fontainebleau; à Vitry; à Choisy.
Entreprise des Boulonnaises. — Nouveau service de Paris à St-Cloud, desservant Boulogne et Auteuil. Bureau, r. du Bouloi, 9.
Entreprise des Gondoles parisiennes, r. du Bouloi, 24 et Grenelle, 45, hôtel des Fermes. Service de Paris à Versailles par Sèvres, départs toutes les 1/2 heures.
Voitures pour Vaugirard, Issy et Vanves, r. Tirechappe, 7-9. Départ de 1/2 h. en 1/2 heure, depuis 7 h. du matin jusqu'à 11 h. du soir.
MESSAGERIES IMPÉRIALES, r. N.-D.-des-Victoires, 28. — Société anonyme autorisée par décret impérial du 4 décembre 1809. Elle est chargée des transports du gouvernement et des administrations publiques. Elle offre au commerce et aux particuliers une centralité de services des Messageries sur tous les points du territoire et par ses correspondants dans le Piémont, l'Italie, l'Allemagne, la Suisse, l'Espagne, la Belgique, l'Angleterre, etc. L'administration s'assemble trois fois par semaine, de midi à quatre heures; mais il y a toujours à l'hôtel des Messageries une personne chargée de recevoir les réclamations du public et d'y faire droit. Il y a là un bureau chargé particulièrement du recouvrement des effets de commerce de Paris sur les départements, et des départements sur Paris. Il offre 'au commerce les plus grandes facilités. Le bureau est ouvert depuis 9 h. du matin jusqu'à 4 h. après midi. Il y a des expéditions à grande vitesse et à petite vitesse. Pour les expéditions à grande vitesse, s'adresser au 1er bureau de départ, qui est celui des lignes d'Orléans, de l'Ouest et du Midi. Voici quelles villes il dessert :

Orléans, Chateauneuf, Sully, Gien, Briare.
Blois, Vendôme, Romorantin, Valençay, Montrichard.
Tours, Montbazon, Loches, Chinon, La Vallière, Langeats.
Saumur, Longué, Beaufort, Baugé, Loudun.
Angers, Ponts-de-Cé, Beaupréau, Chalonnes, Segré, Condé.
Nantes, Paimbœuf, St-Nazaire, les Sables, Ancenis.
Chatellerault, les Ormes, Dangé, Ingrande.
Poitiers, Lusignan, Vivone, Couhé, Gençay.
Niort, Maugé, Sougères, la Rochelle, Rochefort, Saintes, St-Jean-d'Angély, Fontena.
Angoulême, Ruffec, Confolens, Barbézieux, Ribérac, Cognac, Jarnac.
Bordeaux, Pessac, la Teste, Lesparre, Bergerac, Libourne.
Dax, Peyrelevade, Orthez.
Bayonne et l'Espagne.
Langon, Bazas, Roquefort, Mont-de-Marsan.
Agen, Valence-d'Agen, Tonneins, Nérac, Condom.
Montauban, Castel-Sarrazin, Moissac.
Toulouse, Perpignan, Foix, Carcassonne, Alby.
Châteauroux, le Blanc, la Châtre, Issoudun.
Limoges et routes de Montauban et d'Aurillac.
Moulins, Roanne, Charonne, la Palisse.
Nevers, Decize, St-Pierre-le-Moutier.
Bourges, Montluçon, St-Amand.
Vierzon, Villefranche.
Clermont, Varennes, St-Pourçain, Gannat.
Arvant et route d'Aurillac et du Puy.
Chartres, Châteaudun, Dreux, Illiers, Brou.
Le Mans, la Flèche, Mayenne, Alençon, Sablé.
Laval, Fougères, la Guerche.
Havre, Ingouville, Bolbec.
Rouen, Elbeuf, Pont-Audemer, Neufchâtel, Yvetot.
Dieppe, St-Valery, Cany, Envermeu.

2e BUREAU DE DÉPART.

Lignes de Lyon, de la Méditerranée, de l'Est et du Nord.

Dijon, Mirebeau, Pontaillier, Nuits.
Troyes, Bar-sur-Aube, Chaumont, Vassy.
Auxerre, Joigny, Coulanges, Courson.
Avallon, Clamecy, Semur, Château-Chinon.
Chalon, Tournus.
Macon, Villefranche.
Lyon, St-Étienne, Montbrison, Tarare et tout le Midi.
Valence, Aubenas, Privas.
Nîmes, le Vigan, Montpellier, St-Esprit, Bagnols.
Avignon, Aix.
Marseille, Toulon, Draguignan, Nice.
Reims, Fismes, Beaurieux.
Nancy, Epinal, Neufchâteau, Mirecourt, Remiremont.
Metz, Thionville, Briey, Sarreguemines, Longwy.
Strasbourg, Schelestadt, Colmar, Haguenau.
Mulhouse, Cernay.
St-Louis, Bâle, Fribourg.
Bruxelles, Anvers, Aix-la-Chapelle, Berlin.
Valenciennes, le Quesnoy.
Calais, Dunkerque, St-Omer, Hazebrouck.
Boulogne, Amiens, Abbeville, Montreuil.
Lille, Douai, Tourcoing, Roubaix, Tournay.
Arras, St-Pol, Béthume, Lens, Carvin.
Cambrai, le Cateau, Bouchain.
St-Quentin, Ribemont, Origny, Bohain.
Laon, la Père, Vervins, Marle.
Charleroi, Guise, Avesnes, Maubeuge, Namur.

BUREAU D'INSCRIPTION DE VOYAGEURS.

Services :
de Caen à Cherbourg, St-Lô, St-Malo.
de Vire à Rennes.
de Laval à Brest, St-Malo, Rennes.
de Rennes à Vannes, St-Brieuc.
de Nantes à Brest, la Rochelle.
de Saumur à Bressuire, Thouars.
de Niort à Fontenay, Napoléon, la Rochelle, Rochefort, Saintes, St-Jean d'Angély.
de la Rochelle à Angoulême.
de Rochefort à Saintes.
de Saintes à Cognac.
de Langon à Tarbes.
de Dax à Pau.
de Pau à Baux-Bonnes, Cauterets, Barèges, Toulouse, Bayonne.
de Bayonne à Toulouse.
de Tarbes à Bagnères-de-Bigorre, Barèges, Cauterets.
d'Agen à Tarbes, Auch, Luchon ;
de Limoges à Montauban, Tulle, Brives, Aurillac ;
de Clermont à Aurillac ;
d'Arvant à Aurillac, au Puy ;
de Nîmes au Vigan ;
de Marseille à Toulon, Nice ;
de Toulon à Draguignan ;
de Draguignan à Grasse ;
de Nice à Gênes ;
de Valence à Aubenas, à Grenoble ;
de Montélimart à Aubenas ;
de Tain à Saint-Marcellin ;
de Lyon à Grenoble, Turin, Genève ;
de Bourg à Lons-le-Saulnier ;
de Pont-de-l'Ain à Nantua, Saint-Claude ;
de Genève à Chambéry, Sallanches ;
de Dôle à Genève ;
de Besançon à Pontarlier, Mulhouse, Vesoul, Nancy ;
de Dijon à Nancy, Bourbonne ;
de Nancy à Remiremont ;
de Sedan à Metz ;
de Reims à Sedan, Charleville, Laon ;
du Cateau à Cambray, Douai ;
de Saint-Quentin à Guise, la Capelle ;
de Tergnier à Laon.

BUREAU N° 4.

Articles suivis de remboursements, abonnements et recouvrements.

L'administration se charge des recouvrements pour toutes les villes de France et certaines villes de l'étranger, à des prix très-modérés.

BUREAU DES OMNIBUS.

Enregistrement des articles de messagerie pour toutes stations, par chemin de fer.

BUREAU SPÉCIAL DES SERVICES MARITIMES.

Lignes d'Italie, du Levant, de Grèce, d'Égypte, de Syrie, de l'Algérie, etc.

BUREAU SUCCURSALE.

Rue du Bouloi, 21 (hôtel des Domaines), et r. Coquillière, 31.
Enregistrement des voyageurs et articles de messagerie, grande et petite vitesse. Roulage pour tous services ci-dessus, et sans augmentation de prix.
(Pour les expéditions à petite vitesse, s'adresser au bureau n° 5.)

Transport de marchandises à petite vitesse, par roulage accéléré et ordinaire.

SERVICES JOURNALIERS.

Pour Nancy, Strasbourg, Mulhouse, Dijon, Besançon et la Suisse.
Pour Lyon, Marseille et tout le Midi.
Pour Bordeaux, Toulouse, Bayonne et les Pyrénées.
Pour Orléans, Tours, Nantes, Rennes et la Bretagne.
Pour Caen, Cherbourg et la Manche.
Pour Rouen, le Havre, Dieppe.
Pour Amiens, Boulogne, Douai, Valenciennes, Lille et tout le Nord.
Pour Bruxelles, Anvers, la Belgique et la Hollande.
Pour Aix-la-Chapelle, Cologne, Leipzig, Berlin et l'Allemagne.
Pour Chambéry, Turin, Milan et l'Italie.
Pour Londres, l'Angleterre et l'Écosse.

FORMALITÉS AUX DOUANES.

Bureaux succursales :

Pour départ, rue Chabrol, 53, et rue Hauteville, 82.
Pour arrivées et entrepôt, rue de Flandres, 3, à la Villette.

MESSAGERIES JUMELLES.

Entreprise Duval et Compagnie,
rue du Bouloi, 7 et 9.

Paris à Argenton, 6 h. du soir, voie de terre.
— Flers, 7 h. du soir, chemin de fer.
— Vendôme, 7 h. du soir, par Chartres.
— Soissons, 8 h. du soir.
— Rouen, 9 h. du soir.
— Alençon, 7 h. du soir.
— Charleville et Sedan, midi, 8 h. du soir.
— Avranches, 7 h. du soir, par Vire.
— Domfront, 6 h. du soir.
— Saint-Cloud, toutes les 5 minutes.
— Gournay, 8 h. du soir.

MADELEINE (LA). — Place de la Madeleine, à l'extrémité de la rue Royale; M. Deguerry, curé.

MINES (DIRECTION GÉNÉRALE DES). — Elle est une des divisions du ministère des travaux publics, rue St-Dominique-St-Germain, 62, 64; elle est placée sous la direction du secrétaire général de ce ministère, qui reçoit les mardis et samedis, de midi à 2 heures, et donne des audiences particulières sur demandes spéciales.

MINES (ÉCOLE IMPÉRIALE DES). — Rue d'Enfer, 30. (V. *Écoles*.)

MINISTÈRES. — (V. *Chacun à son nom*.)

MINISTÈRE DE L'ALGÉRIE ET DES COLONIES. — Place Beauvau. Ce ministère a dans ses attributions l'administration générale, provinciale et municipale de l'Algérie et des colonies; l'organisation des troupes indigènes et corps spéciaux aux colonies; l'immigration; l'administration et la police des établissements pénitentiaires, etc. Le ministre reçoit en audience particulière sur demandes motivées. — Le dépôt des fortifications des colonies est rue de l'Université, 13. S'adresser, pour le visiter, au directeur.

MINISTÈRE D'ÉTAT ET DE LA MAISON DE L'EMPEREUR. — Au Louvre, place du Carrousel et place du Palais-Royal. Il a dans ses attributions, comme ministère de la Maison de l'empereur, l'administration des revenus de la Couronne; la formation du budget général des dépenses et des recettes; la présentation des décrets de nomination pour tous les emplois et fonctions de la Maison de LL. MM. et des Princes et Princesses de la famille impériale, auxquels il doit être pourvu par décrets; l'expédition des brevets à tous les fonctionnaires et agents des divers services, même à ceux dont la nomination est faite par les grands officiers; la centralisation de toutes les décisions originales portant nomination dans quelque service que ce soit; l'ordonnancement de toutes les dépenses pour lesquelles des crédits ont été accordés; l'encaissement de toutes les recettes; la révision et l'approbation de tous les marchés; les règlements à faire sur toutes les parties du service; l'examen des différends et le règlement des conflits qui peuvent s'élever entre les divers services; l'administration des domaines, forêts, bâtiments, parcs, jardins, mobilier, bibliothèques, musées impériaux, manufactures impériales composant la dotation de la Couronne, celle du domaine privé de l'empereur; l'administration du théâtre impérial de l'Opéra; la haute surveillance de la conservation de toutes les valeurs mobilières existant dans les services; la proposition pour les pensions sur les fonds de la liste civile, les prix de courses, les encouragements aux arts dans leur rapport avec la Maison de l'empereur, la concession des brevets de fournisseurs, etc. — Comme ministère d'État, il a dans ses attributions les rapports du Sénat et du Corps législatif avec l'empereur et le conseil d'État; la correspondance de l'empereur avec les divers ministères; le contre-seing des décrets portant nomination des ministres; nomination des président, vice-présidents, secrétaire et grand-référendaire du Sénat; nomination du président, vice-présidents et questeurs du Corps législatif; contre-seing des décrets portant convocation et clôture du Sénat, convocation, ajournement, prorogation, clôture, dissolution du Corps législatif; convocation de la Haute-Cour de justice; contre-seing des décrets concernant les matières qui ne sont spécialement attribuées à aucun département ministériel; rédaction et conservation des procès-verbaux du conseil des ministres, des prestations de serment entre les mains de l'empereur; direction exclusive de la partie officielle du *Moniteur*; administration du conseil d'État; Légion d'honneur; archives de l'empire; administration des Beaux-Arts, académie de France à Rome, école spéciale des Beaux-Arts, écoles gratuites de dessin, ouvrages d'art et décoration d'édifices publics; conservation des monuments historiques; théâtres, Conservatoire de musique et de déclamation, succursales du Conservatoire; bâtiments civils. — Les demandes d'audiences et de permissions pour visiter les palais et établissements impériaux doivent être adressées au chef du cabinet du ministre, au palais du Louvre, place du Palais-Royal.

MINISTRES PLÉNIPOTENTIAIRES. — (V. *Ambassades, Légations, Consulats*.)

MISSIONS ÉTRANGÈRES. — Rue du Bac, 128. M. Roquette, desservant.

MOBILIER DE LA COURONNE. — Quai d'Orsay, 103.

MONNAIES (COMMISSION DES). — (V. *Commission*.)

MONNAIES (HOTEL DES). — Quai Conti, 11. C'est le siège de la commission des monnaies, dont nous avons parlé en son lieu, et sous l'autorité de laquelle sont placées les monnaies de Bordeaux et de Strasbourg, qui ont chacune sa marque particulière ou différente. C'est là aussi que sont les ateliers et les laboratoires où l'on travaille l'or et où l'on frappe les monnaies, lesquels peuvent être visités, par les personnes munies d'une permission spéciale de l'administration, les mardis et vendredis, de 10 h. à 1 h. — Les bureaux de la garantie se trouvent également à l'Hôtel des monnaies.

MONNAIES, POIDS ET MESURES DES DIVERS PAYS. — (Voir *Poids, mesures et monnaies*.)

MONTS-DE-PIÉTÉ. — Institués en 1777, pour servir, en quelque sorte, de banque des pauvres. Ils prêtent sur nantissement depuis 3 francs. L'engagement a lieu pour un an. Au bout d'un an et un jour, les objets engagés et non retirés sont vendus, et le boni, lorsqu'il y en a, est mis à la disposition de l'emprunteur. Les mineurs ne peuvent rien engager, et les femmes doivent se munir d'une autorisation de leur maris. Les réclamations doivent être adressées au chef-lieu de l'administration, rue de Paradis, 7, au Marais. Outre le chef-lieu et sa succursale, rue Bonaparte, 16, le Mont-de-piété a encore 17 bureaux auxiliaires, dont voici la désignation:

Bureau A, rue Joubert, 32.
— B, rue des Fossés-St-Jacques, 11.
— C, rue du Faub.-Montmartre, 57.
— D, rue de l'Échiquier, 6.
— E, rue des Fossés-du-Temple, 42.
— F, rue du Faub.-St-Antoine, 49.
— G, rue des Prêtres-St-Séverin, 2.
— H, rue du Vieux-Colombier, 31.
— J, rue de Penthièvre, 34.
— K, rue St-Honoré, 181.
— L, rue Richelieu, 47.
— M, rue du Mail, 34.
— N, rue des Vieilles-Étuves, 16.
— O, rue St-Denis, 173.
— P, rue du Vertbois, 39.
— R, rue du Faub.-St-Martin, 122.
— S, rue du Faub. du Temple, 80.

MONUMENTS FUNÉRAIRES. — La liste des industriels chargés de la construction de ces monuments est trop longue pour que nous la donnions ici. Et d'ailleurs, les renseignements nécessaires se trouvent, sans qu'on ait besoin de les chercher, aux abords de tous les cimetières et dans toutes les rues adjacentes. C'est là que sont établis la plupart, sinon tous les marbriers, les entrepreneurs de monuments funèbres, les jardiniers, etc. D'ailleurs aussi, aussitôt qu'un décès est déclaré à la mairie, des agents de ces industriels viennent au domicile de la famille du mort pour faire leurs offres de service, et l'on n'a que l'embarras du choix.

MONUMENTS HISTORIQUES (COMMISSION DES). — Au ministère d'État, place du Carrousel. Elle est chargée d'examiner l'importance et l'intérêt historiques ou artistiques des anciens monuments de la France, et d'émettre son avis sur les subventions demandées pour assurer la conservation de ces monuments.

MUSÉE D'ANATOMIE. — Rue de l'École-de-Médecine, 12.

MUSÉE D'ANATOMIE COMPARÉE. — Rue de l'École-de-Médecine, 13, dans les bâtiments de l'école de dissection. Il n'est accessible qu'aux médecins français ou étrangers.

MUSÉE D'ARTILLERIE. — Place St-Thomas-d'Aquin, 1. Il est composé de six grandes salles, de galeries tournant autour d'une cour, dans lesquelles sont les différentes pièces qui composaient l'équipement chevaleresque, cottes de maille, hauberts, brassards, cuissards, gantelets, rondaches, etc. On y remarque également une collection d'armes offensives de main, haches en silex, francisques, pertuisanes, masses d'armes, hallebardes, épées, espadons, poignards, puis une grande quantité d'arquebuses, de mousquets, de fusils, et finalement de canons. — On est admis à visiter ce musée tous les jeudis, de midi à 4 heures, excepté les fêtes nationales et les fêtes consacrées, avec une permission du président du comité de l'artillerie, délivrée par le conservateur du musée. Les étrangers y sont admis le même jour, sur la présentation de leurs passe-ports non périmés.

MUSÉE DE CLUNY. — Rue des Mathurins-St-Jacques, 12, 14. (Voir *Musée des Thermes*.)

MUSÉE DES MACHINES ET DES MÉTIERS. — Rue St-Martin, au Conservatoire des arts et métiers. Il renferme les modèles des instruments, des machines, des appareils employés dans les arts, dans l'industrie, dans les métiers, dans les sciences. Il y a là aussi des échantillons de produits minéraux et agricoles, de cristaux, de porcelaines, etc. Ce musée, si intéressant, est ouvert au public les dimanches et les jeudis, de 10 h. à 4 h.; aux étrangers munis de passe-ports, et aux personnes munies de cartes, les mardis, vendredis et samedis, de 10 h. à 3 h., moyennant une rétribution de 1 franc au concierge.

MUSÉE DES THERMES ET DE L'HOTEL DE CLUNY. — Rue des Mathurins-St-Jacques, 12, 14. Musée consacré aux monuments, meubles et objets d'art du moyen âge et de la renaissance; ces précieuses antiquités nationales, qui ont eu pour base la collection Du Sommerard, acquise par l'État, sont conservées dans deux des plus anciens édifices de Paris: le palais des Thermes, construit au quatrième siècle par les empereurs romains, et l'hôtel de Cluny, élevé en 1490 sur les ruines d'une partie de ce palais. — Cet établissement, placé sous l'autorité du ministre d'État et de la Maison de l'empereur, et dans les attributions de la Commission des monuments historiques, est ouvert au public les dimanches, de 11 heures à 4. Les mercredis, jeudis et vendredis, ils est admis avec des billets d'entrée, qui doivent être demandés au chef du cabinet du ministre d'État. Tout récemment, par suite du percement du boulevard St-Germain, un square a été établi derrière l'hôtel de Cluny, et l'on y a mis quelques sculptures du moyen âge, qui font bon effet au milieu des arbres. Ce square, un des plus pittoresques de Paris, est ouvert tous les jours au public.

23

Paris. — Imprimerie de J. Claye, rue Saint-Benoît, 7.

MUSÉE DU LUXEMBOURG. — Rue de Vaugirard, au palais du Luxembourg. Ce musée, qui renferme les ouvrages des artistes vivants, acquis par le ministère d'État, est ouvert à l'étude tous les jours de la semaine, le dimanche et le lundi exceptés, de 9 h. à 4 h. Le public y est admis tous les jours, de 10 h. à 4 h., le lundi excepté. Le catalogue se vend à l'intérieur.

MUSÉE DUPUYTREN. — Rue de l'École-de-Médecine, 15. Ce musée, qui renferme une très-riche collection d'anatomie pathologique, est ouvert tous les jours, de 11 h. à 3 h., aux étudiants, et au public les jeudis seulement, aux mêmes heures.

MUSÉE GALLO-ROMAIN. — Rue des Mathurins-Saint-Jacques, 12, 14. Collection d'objets gallo-romains trouvés à diverses époques sur différents points de Paris, et qui sont, avec la salle où ils sont renfermés, les seuls vestiges de la Lutèce païenne. (V. *Musée et Palais des Thermes.*)

MUSÉE HISTORIQUE DE VERSAILLES. — Ce musée, qui a une destination toute spéciale, et qui renferme une nombreuse collection de tableaux, de statues, de bas-reliefs, etc., consacrant les souvenirs les plus intéressants de l'histoire de France, est ouvert à l'étude tous les jours, excepté le dimanche et le samedi. Le public y est admis tous les jours, le lundi excepté.

MUSÉE MINÉRALOGIQUE. — Rue d'Enfer, à l'école des Mines. Il renferme la collection minéralogique de la France, par département. Ce musée fait double emploi avec celui du muséum d'histoire naturelle, au Jardin des Plantes.

MUSÉE MONÉTAIRE. — Quai Conti, 11, dans l'hôtel des monnaies. Cet établissement, formé depuis la réunion de la monnaie des médailles à celle des espèces, possède les collections de tous les coins et poinçons des médailles, pièces de plaisir et jetons qui ont été frappés, en France, depuis Charlemagne jusqu'à nos jours. Il existe aussi, en dépôt au musée, une grande quantité de coins et poinçons appartenant à divers graveurs et éditeurs, corps et sociétés. Aucune nouvelle médaille, pièce de plaisir ou jeton, ne peut être frappée sans l'autorisation du ministre d'État, chargé de la partie des beaux-arts, et ailleurs que dans les ateliers de la monnaie de Paris. Les salles d'exposition sont ouvertes au public les mardis et vendredis, de midi à trois heures. Pour l'achat des médailles comprises au catalogue, s'adresser au bureau de vente établi près la caisse du change de la monnaie de Paris.

MUSÉES DU LOUVRE. — Palais du Louvre. Ils sont au nombre de douze. Il y a le musée de peinture, le musée des dessins, le musée des gravures, le musée de sculpture antique, le musée de sculpture moderne, le musée assyrien, le musée égyptien, le musée américain, le musée étrusque, le musée algérien, le musée de la marine et le musée des souverains. Ces différents musées occupent le rez-de-chaussée et le premier étage du Louvre, le troisième étage sur la rue de Rivoli et la galerie du bord de l'eau. Tous sont publics. Ils sont ouverts à l'étude tous les jours, de 9 à 4 heures, les dimanches et les lundis exceptés, et au public tous les jours, de 10 h. à 4 h., le lundi excepté. Les cartes de travail doivent être demandées par lettres à M. le comte de Nieuwerkerke, directeur général. — Le musée de peinture contient actuellement 1,818 tableaux, dont 640 de l'école française, 511 de l'école italienne, 618 des écoles d'Allemagne, de Flandres et de Hollande, et une quinzaine de tableaux espagnols. Ce musée ne contient que les œuvres des maîtres morts. Le Luxembourg est réservé aux chefs-d'œuvre des peintres vivants. Le musée des dessins contient tous les dessins qu'on a pu recueillir, signés ou non, des grands artistes de tous les pays. Il y a des aquarelles et des pastels, ces derniers en petit nombre, mais dus à Rosalba Carriera et à Antoine Latour. Le musée des gravures, autrement dit la chalcographie, renferme des échantillons de gravures choisies pour leur exécution et pour leurs sujets ; la plupart sont des gravures de l'école française. Le catalogue de la chalcographie, comme celui des autres musées, se vend au Louvre même, où l'on y voit le prix de chacune des gravures exposées, et dont on peut ainsi acheter autant d'exemplaires que l'on veut. Le catalogue coûte 3 francs ; mais il se délivre gratis à toute personne qui achète au delà de 10 francs. — Le musée de sculpture antique, qui a une entrée commune avec le musée des tableaux, dont il occupe le rez-de-chaussée, renferme les précieux débris de l'art antique, recueillis à différentes époques et dans différents lieux, statues grecques et romaines, bas-reliefs, autels, trépieds, sarcophages, inscriptions votives, etc. — Le musée de sculpture moderne, autrement dit de la renaissance, dont l'entrée est dans la cour du Louvre, à l'un des angles, renferme des Michel-Ange et des Benvenuto Cellini, des Jean Goujon et des Germain Pilon. Puis viennent les salles où sont les chefs-d'œuvre de Pierre Puget, de Coysevox, des Coustou et de Houdon. — Le musée assyrien, qui a également son entrée dans la cour du Louvre, renferme quelques spécimens d'une civilisation fondée 4,500 ans avant la nôtre, entre autres deux énormes taureaux à tête d'hommes. — Le musée égyptien renferme une notable quantité de sculptures ayant originairement servi au culte aux monuments publics du pays d'où elles sont venues, statues, sarcophages, sphinx, lions, etc., ainsi qu'une foule de statuettes, des ustensiles, des armes, des amulettes, des objets tenant aux mœurs domestiques. — Le musée étrusque renferme un certain nombre de productions de l'ancien art italien, contemporain de l'art grec primitif, vases en terre cuite, peints et vernissés, etc. — Le musée américain renferme des fétiches, des ustensiles, des instruments, des ornements enlevés aux palais péruviens et aux temples des divinités de Mexico. — Le musée algérien est à peine formé, et ses antiquités ne sont pas nombreuses. Mais il ne tardera pas à s'enrichir davantage. — Le musée de la marine renferme une collection de petits modèles destinés à faire comprendre les progrès accomplis par l'art nautique ; ils sont exécutés avec une grande fidélité, et reproduisent nos constructions navales dans leurs plus imperceptibles détails. Dans ce musée sont aussi une collection d'armures indiennes, de parures sauvages, de pagodes, etc., recueillies par les voyageurs et les missionnaires scientifiques. — Le musée des souverains renferme des collections d'objets ayant appartenu, ou qu'on croit avoir appartenu à un souverain français. Il y a là, entre autres choses, les gants, les tuniques, le petit chapeau de l'empereur Napoléon 1er.

MUSÉES IMPÉRIAUX (DIRECTION GÉNÉRALE DES). — Au Louvre. La direction des musées impériaux a dans ses attributions la conservation de tous les objets d'art placés dans les palais du Louvre, du Luxembourg, de Versailles, dans toutes les résidences impériales ; elle a également dans ses attributions les expositions annuelles des artistes vivants, et la distribution des médailles et des récompenses décernées à la suite de ces expositions.

MUSÉE TYPOGRAPHIQUE. — Rue Vieille-du-Temple, à l'imprimerie impériale. Commencé en 1850. Il doit renfermer la reproduction des procédés de l'imprimerie depuis son origine jusqu'à nos jours.

MUSÉUM D'HISTOIRE NATURELLE. — Place Walhubert, rue Geoffroy-St-Hilaire, r. Cuvier et r. de Buffon. Nous avons déjà parlé de cet utile et intéressant établissement en parlant du Jardin des Plantes. Nous ne reparlerons donc ni des serres, ni des galeries de zoologie, ni de l'orangerie, ni des jardins botaniques et de naturalisation qui s'y trouvent. Nous signalerons seulement les cours publics qui s'y font dans les différents amphithéâtres : cours de physiologie comparée, d'anatomie comparée, d'histoire naturelle de l'homme, de zoologie, de botanique, de culture, de géologie, de minéralogie, de paléontologie, de chimie et de physique. Les jours et les heures de ces différents cours sont annoncés par affiches placardées aux portes du jardin, des amphithéâtres et des galeries. La bibliothèque, qui renferme 20,000 volumes et un grand nombre de manuscrits, est ouverte aux lecteurs tous les jours, dimanches et jeudis exceptés, de 11 h. à 3 h. Les galeries d'anatomie, d'anthropologie, de zoologie, de botanique, de géologie et de minéralogie, sont ouvertes au public les mardis et jeudis, de 2 h. à 5 h., et le dimanche de 1 h. à 5 h., depuis le 1er février jusqu'au 31 octobre, et des mêmes heures jusqu'à la nuit pendant les mois de novembre, décembre et janvier. Elles le sont aux personnes munies de billets ou de cartes d'étudiant, et aux étrangers sur la présentation de leurs passe-ports, les mercredis, jeudis et samedis, depuis 11 h. jusqu'à 3 h. (V. *Jardin des Plantes.*)

MUSIQUE (CONSERVATOIRE DE). — Rue du Faubourg-Poissonnière, 15. (V. *Conservatoire.*)

N

NAVIGATION (INSPECTION DE LA). — (V. *Ports, ponts et entrepôts.*)

NÉOTHERMES. — Rue de la Victoire, 56. (V. *Bains et maison de santé.*)

NOURRICES. — En outre de l'établissement de la rue Ste-Apolline, 18, dont nous avons parlé (V. *Bureau des nourrices*), il y a 11 bureaux particuliers, dont voici la désignation :

Grand bureau pour nourrices sur lieu, r. Pascal, 7.
Mme Chérut, r. du Faub.-St-Jacques, 9.
Collet, passage des Petites-Écuries, 4.
Coulbeaux, r. Pagevin, 11.
Devauze, r. de la Victoire, 69.
Héquet, passage de l'Industrie, 17.
Étienne-Juliot, r. des Écouffes, 5.
Labussière, r. Lacépède, 31.
Lugand et Leblanc, r. Laharpe, 55.
Moréno, r. de Clichy, 18.
Pommerœuil-Boulay, r. du Four-St-Germain, 63.

NOURRICES (DIRECTION DES). Rue Ste-Apolline, 18. V. *Bureau des nourrices.*)

NONCIATURE. — États-Romains, r. de l'Université, 69. De 11 h. à 1 h. Visa, 3 fr. Légalisation, 5 fr.

NOTAIRES.

MM.
Acloque, r. Montmartre, 146.
Amy, r. Franklin, 12.
Angot, r. St-Martin, 88.
Aumont-Thiéville, b. St-Denis, 19.
Asseline, grande rue de Vaugirard, 105.
Bacquoy-Guédon, rue St-Antoine, 214.
Barou, r. d'Antin-Batignolles, 3.
Barre, b. des Capucines, 9.
Baudier, r. Caumartin, 29.
Bazin, r. Marneaux, 8.
Beau, r. St-Fiacre, 20.
Beaufren, r. Ste-Anne, 51.
Berceon, r. St-Honoré, 346.
Berge, r. St-Martin, 333.

Bertrand (Ernest), rue J-J.-Rousseau, 1.
Bertrand-Maillefer, r. du Havre, 10.
Boissel, r. St-Lazare, 93.
Boudin de Vesvres, r. Montmartre, 131.
Bournet-Verron, r. St-Honoré, 83.
Brun, place Boïeldieu, 3.
Carré, place des Petits-Pères, 9.
Chandru, r. St-Denis, 45.
Chapelier, rue Grenelle-Saint-Honoré, 19.
Chardon, r. St-Honoré, 331.
Charlot, b. Sébastopol, 31.
Chatelain, r. du Faubourg-Montmartre, 152.
Clairet, r. Louis-le-Grand, 28.

Colmet, r. Montmartre, 18.
Cottin, boul. St-Martin, 19.
Courot, r. de Cléry, 5.
Cousin, quai Voltaire, 17.
Crosse, r. de G.-St-Honoré, 14.
Daguin, r. de la Ch.-d'Antin, 36.
Defresne, r. de l'Université, 8.
Delahaye, rue du Faub.-Poissonnière, 25.
Delapalme aîné, r. Neuve-St-Augustin, 5.
Delapalme jeune, r. Castiglione, 10.
Delaporte, r. de la Chaussée-d'Antin, 68.
Demadre, r. St-Antoine, 205.
Domanche, r. de Condé, 5.
Desmonts, place de la Concorde, 8.
Descours, r. de Provence, 1.
Desforges, r. Hauteville, 1.
Desproz, r. des St-Pères, 18.
Droux, r. Louis-le-Grand, 7.
Dubois, r. Grange-Batelière, 16.
Du Boys, boul. des Italiens, 27.
Ducloux, r. de Menars, 12.
Dufour, place de la Bourse, 15.
Dumas, boul. Bonne-Nouvelle, 8.
Dupont, rue du Marché-St-Honoré, 11.
Durant, r. St-Honoré, 352.
Du Rousset, r. Jacob, 48.
Fabre, r. Thévenot, 14.
Faisceau-Lavanne, r. Vivienne, 55.
Foucher, r. de Provence, 56.
Fould, r. St-Marc-Foydeau, 24.
Fourchy, quai Malaquais, 5.
Fovard, r. Gaillon, 20.
Fromyn, r. de Lille, 11.
Galin, r. Taitbout, 55.
Gerin, r. Montmartre, 103.
Girardin, rue Neuve-des-Petits-Champs, 61.
Gossart, r. St-Honoré, 217.
Gozzoli, r. de Paris-Belleville, 81.
Gripon, r. Vivienne, 22.
Guyon, boul. Bonne-Nouvelle, 23.
Hatin, r. Nve-des-Petits-Champs, 77.
Hillemand, route d'Italie, 17.
Huillier, r. Taitbout, 29.
Ingrain, grande rue de la Chapelle, 22.
Jozon, boul. St-Martin, 67.
Jozon (Émile), r. Coquillière, 25.

Lambert, place de l'École-de-Médecine, 17.
Lavocat, quai de la Tournelle, 37.
Lefeburo de St-Maur, r. Nve-St-Eustache, 45.
Lefebvre, r. de Gr.-St-Germain, 3.
Lefort, r. de Gr.-St-Germain, 3.
Lejeune, r. Lepeletier, 20.
Lemaitre, r. de Rivoli, 64.
Le Monnyer, r. Grammont, 16.
Lentaigne, r. Nve-St-Augustin, 60.
Lindet, boul. Sébastopol, 19 (r.g.).
Mas, r. de Bondy, 38.
Massion, boul. des Italiens, 9.
Meignen, r. St-Honoré, 370.
Mestayer, r. de la Chaussée-d'Antin, 44.
Mocquard, r. de la Paix, 5.
Morel-Darleux, r. de Jouy, 9.
Monchet, r. Taitbout, 21.
Poan de Saint-Gilles, r. de Choiseul, 2.
Persil, r. de la Paix, 25.
Plat, r. de Rivoli, 80.
Planchat, boul. St-Denis, 8.
Potier, r. Richelieu, 45.
Potier de la Berthellière, r. du Faub.-St-Honoré, 9.
Poumet, r. du Faubourg-Poissonnière, 2.
Pourcolt, r. du Bac, 26.
Prostat, r. de Rivoli, 77.
Ragot, r. de Flandres, 20.
Raveau, r. St-Honoré, 189.
Roquebert, r. Ste-Anne, 69.
Sebert, r. de l'Ancienne-Comédie, 4.
Simon, r. St-Honoré, 290.
Tandeau de Marsac, place Dauphine, 23.
Thion de la Chaume, r. Laffitte, 3.
Thomas, r. Bleue, 17.
Thouard, boul. Sébastopol, 9.
Trépagne, quai de l'École, 8.
Tresse, r. Lepeletier, 14.
Turquet, r. de Hanovre, 6.
Vassal, r. Thérèse, 5.
Vassal (Phileas), boul. Sébastopol, 68.
Viefville, quai Voltaire, 23.
Watin, r. de l'Échiquier, 36.
Yver (Henri), r. Neuve-St-Augustin, 6.
Yver (Jules), r. St-Honoré, 122.

O

OBÉLISQUE. — Place de la Concorde. Ce monolithe de granit rose, qui mesure 22 mètres 23 centimètres, et qui pèse 250,000 kilogrammes, a été placé là en 1836, ramené d'Égypte par M. Lebas, ingénieur. Il a plus de trois mille ans, et raconte, en langage hiéroglyphique, les travaux de Rhamsès et les vertus de Sésostris.

OBJETS OUBLIÉS OU PERDUS. — Tous les jours des objets de plus ou moins de valeur sont perdus à Paris, soit dans les promenades publiques, soit dans les théâtres, soit dans les voitures. Les personnes qui les trouvent les remettent ordinairement au commissaire de police le plus proche, lequel, à son tour, les envoie à la préfecture de police, au bureau spécial, où l'on peut aller les réclamer, et où ils sont rendus sans frais aucun. Cependant, quand ce sont des objets trouvés dans une voiture et rapportés par le cocher de cette voiture, on est tenu à l'indemniser de son temps perdu, et on paie une heure au tarif ordinaire.

OBSERVATOIRE. — C'est, ainsi que l'a dit notre collaborateur M. de La Bédollière, dans la 14e livraison du *Nouveau-Paris*, à laquelle nous renvoyons nos lecteurs, le chef-lieu de la science astronomique, le rendez-vous des savants qui cherchent ou découvrent des planètes, calculent les éclipses et les marées, et rédigent la *Connaissance des temps* ou l'*Annuaire du bureau des longitudes*. Le personnel de l'Observatoire impérial de Paris comprend : 1° un directeur; 2° quatre astronomes; 3° un nombre variable d'astronomes adjoints, d'élèves astronomes et de calculateurs, proportionné aux besoins du service. Le directeur seul a sous sa surveillance tous les observations, leur réduction, leur publication et généralement tous les travaux scientifiques qui s'exécutent à l'Observatoire. Il a l'administration du matériel, des bâtiments de l'Observatoire et de tout ce qui en dépend. L'intérieur de l'Observatoire n'est pas accessible au public. On peut seulement, en s'adressant au concierge, visiter l'extérieur, monter sur la plate-forme et jouir, de là, du merveilleux panorama qui s'y déroule aux yeux. Mais, quant aux cabinets d'observation, où sont les chronomètres, des régulateurs, des instruments méridiens, etc.; quant aux coupoles, quant aux caves, on ne peut les visiter que par l'intermédiaire du directeur. (V. *Longitude [bureau des]*.)

OCTROI DE PARIS. — Les bureaux de l'octroi de Paris et la direction des droits d'entrée sont situés place de l'Hôtel-de-Ville et rue de la Coutellerie, 2. Le public y est admis de 10 h. à 3 h. L'octroi de Paris est régi et administré, sous l'autorité du préfet de la Seine et sous la surveillance de la direction générale des douanes et des contributions indirectes, par un conseil d'administration, qui est composé d'un directeur et de trois régisseurs. Il perçoit, en outre, des droits d'entrée établis au profit du trésor, et dont le détail est donné plus loin. (Voir *Tarif des droits d'octroi*.)

ODÉON (THÉÂTRE IMPÉRIAL DE L'). — Place de l'Odéon et rue de Vaugirard. (V. *Théâtres*.)

ŒUVRE DE LA SAINTE-ENFANCE. — Passage Ste-Marie-St-Germain, 2. (V. *Établissements philanthropiques*.)

ŒUVRE DES ÉCOLES DE LA COMPASSION. — Rue St-Jacques, 262. Établissement religieux et de bienfaisance. (V. *Établissements philanthropiques*.)

ŒUVRE DES SAINTS-ANGES. — Rue de Vaugirard, 181, 183, et passage Dulac, 2. Maison fondée pour les Orphelines. (V. *Établissements philanthropiques*.)

OFFICES DE PUBLICITÉ ET DE CORRESPONDANCE. — (Voir *Agences de publicité et tarif des annonces*.)

OMNIBUS. — Il n'y a plus aujourd'hui de compagnies particulières d'omnibus, plus de Béarnaises, plus de Favorites, plus de Dames-Blanches, etc. Toutes les lignes d'omnibus de Paris sont exploitées par une compagnie générale, dont le siège est rue St-Honoré, 155. Cette compagnie dessert 25 lignes, représentées par les 25 lettres de l'alphabet, et qui, correspondant toutes entre elles, traversent Paris dans tous les sens. Le prix des places est de 30 centimes à l'intérieur, avec ou sans correspondance, et de 15 centimes sur l'impériale, sans correspondance. Voici l'itinéraire de ces 25 lignes et leurs correspondances :

LIGNE A. — De Passy à la place du Palais-Royal. *Itinéraire* : Grande rue de Passy, quai Billy, place de la Concorde, rue de Rivoli, Palais-Royal. *Correspondance* avec les lignes D, G, H, Q, R, S, X, Y.

LIGNE B. — De Chaillot au chemin de fer de l'Est. *Itinéraire* : Champs-Élysées, rues Matignon, du Faubourg-St-Honoré, Royale, place de la Madeleine, rues Chauveau-Lagarde, de l'Arcade, Saint-Lazare, du Havre, Lamartine, Papillon, Faubourg-Poissonnière, Paradis, Fidélité, boulevard et rue de Strasbourg. *Correspondance* avec les lignes C, D, E, F, G, H, I, J, L, R, T, U, V, X.

LIGNE C. — De Courbevoie au Louvre. *Itinéraire* : Avenue de Neuilly, Champs-Élysées, place de la Concorde, rue de Rivoli. *Correspondance* avec les lignes B, D, G, H, Q, R, S, V, X, Y.

LIGNE D. — De l'ancienne barrière de Roule au boulevard des Filles-du-Calvaire. *Itinéraire* : Rues du Faubourg-Saint-Honoré, Royale, boulevard de la Madeleine, rues Duphot, Saint-Honoré, de la Monnaie, Montorgueil, Mauconseil, Saint-Denis, Grenéta, Saint-Martin, Réaumur, Phélipeaux, Bretagne. *Correspondance* avec les lignes A, B, F, G, H, I, O, Q, R, S, U, X, Y.

LIGNE E. — De la Bastille à la Madeleine. *Itinéraire* : Boulevards Beaumarchais, des Filles-du-Calvaire, du Temple, Saint-Martin, Saint-Denis, Bonne-Nouvelle, Poissonnière, Montmartre, Italiens, Capucines. *Correspondance* avec les lignes B, D, F, H, K, L, N, O, P, Q, R, S, T, Y, Z.

LIGNE F. — De Batignolles à la Bastille. *Itinéraire* : Rues du Rocher, Saint-Lazare, du Havre, Tronchet, boulevards de la Madeleine, des Capucines, rues Neuve-Saint-Augustin, Saint-Thomas, Notre-Dame-des-Victoires, Vrillière, Croix-des-Petits-Champs, Coquillière, Rambuteau, Paradis, Pas-de-la-Mule. *Correspondance* avec les lignes B, D, E, I, N, P, Q, R, S, T, U, V.

LIGNE G. — De Batignolles au Jardin des Plantes. *Itinéraire* : Rues de Clichy, Saint-Lazare, Chaussée-d'Antin, Louis-le-Grand, Port-Mahon, Antin, Saint-Honoré, Rivoli, Arbre-Sec, quai de l'École, de la Mégisserie. *Correspondance* avec les lignes A, B, C, D, I, J, K, O, Q, R, S, T, V, X, Y.

LIGNE H. — De l'ancienne barrière Blanche à l'Odéon. *Itinéraire* : Rues Fontaine-Saint-Georges, Notre-Dame-de-Lorette, Bourdaloue, Laffitte, Richelieu, Saint-Honoré, place du Carrousel, pont Royal, rues des Saints-Pères, Taranne, du Dragon, place de la Croix-Rouge, Saint-Sulpice, rues Saint-Sulpice, Tournon, Vaugirard. *Correspondance* avec les lignes A, B, D, E, G, I, L, M, O, Q, R, S, U, V, X, Y, Z.

LIGNE I. — Du Panthéon à l'ancienne barrière des Martyrs. *Itinéraire* : Rues Soufflot, place Saint-Michel, rues de l'Odéon, Saint-Sulpice, Bonaparte, du Four, de la Croix-Rouge, de Grenelle, de Bourgogne, place de la Concorde, rues Royale, Saint-Honoré, place Vendôme, rues de la Paix, Chaussée-d'Antin, rues de Provence, du Faubourg-Montmartre, des Martyrs. *Correspondance* avec les lignes B, D, F, G, H, J, L, M, O, R, U, V, X, Z.

LIGNE J. — De l'ancienne barrière Saint-Jacques à l'ancienne barrière Rochechouart. *Itinéraire* : Rues Saint-Jacques, Soufflot, Sorbonne, Mathurins, Petit-Pont, quai Saint-Michel, pont Saint-Michel, rue de la Barillerie, Pont-au-Change, quai de la Mégisserie, rues de la Monnaie, Montmartre, Cadet, Rochechouart. *Correspondance* avec les lignes B, G, I, K, L, O, Q, T, U.

LIGNE K. — De la Chapelle-Saint-Denis à l'ancienne barrière d'Enfer. *Itinéraire* : Faubourg Saint-Denis, rue Saint-Denis, quai du Châtelet, Pont-au-Change, rues de la Barillerie, de la Harpe, d'Enfer. *Correspondance* avec les lignes E, G, J, L, N, O, Q, T, U, V, Z.

LIGNE L. — De La Villette à la place Saint-Sulpice. *Itinéraire :* Faubourg et rue Saint-Martin, quai de Gèvres, pont Notre-Dame, rue de la Cité, quai Saint-Michel, rues Saint-André-des-Arts, de Buci, de Seine, Saint-Sulpice. *Correspondance* avec les lignes B, E, H, I, J, K, N, O, T, U, V, Z.

LIGNE M. — De l'ancienne barrière de l'Étoile à Belleville. *Itinéraire :* Boulevards de Courcelles, Monceaux, Clichy, Blanche, des Martyrs, Rochechouart, Poissonnière, Saint-Denis, des Vertus, de la Villette, de Pantin, du Combat, de la Chopinette, Belleville. *Correspondance* avec les lignes H, I.

LIGNE N. — De Belleville à la place des Victoires. *Itinéraire :* Faubourg du Temple, rues Neuve-Saint-Denis, Bourbon-Villeneuve, Fossés-Montmartre, place des Victoires. *Correspondance* avec les lignes E, F, K, L, O, T, V, X, Y.

LIGNE O. — De l'ancienne barrière Ménilmontant à l'ancienne barrière Montparnasse. *Itinéraire :* Rues Ménilmontant, du Temple, place de l'Hôtel-de-Ville, quai Pelletier, Pont-au-Change, quai de l'Horloge, place Dauphine, rues de l'Ancienne-Comédie, de l'Odéon, des Quatre-Vents, de Saint-Sulpice, Bonaparte, Vaugirard, Rennes, boulevard Montparnasse. *Correspondance* avec les lignes D, E, G, H, I, J, K, L, N, Q, U, V, Z.

LIGNE P. — Du cimetière du Père-Lachaise à la place de la Bastille. *Itinéraire :* Rue de la Roquette, place de la Bastille. *Correspondance* avec les lignes E, F, Q, R, S, Z.

LIGNE Q. — De l'ancienne barrière du trône au Palais-Royal. *Itinéraire :* Faubourg et rue Saint-Antoine, quai des Célestins, Saint-Paul, des Ormes, de la Grève, Pelletier, de Gèvres, de la Mégisserie, de l'École, rue de Rivoli. *Correspondance* avec les lignes A, D, E, F, G, H, J, K, O, R, S, T, V, X, Y, Z.

LIGNE R. — De l'ancienne barrière Charenton à Saint Philippe-du-Roule. *Itinéraire :* Rue Charenton, place de la Bastille, rues Saint-Antoine, Rivoli, Royale, du Faubourg-Saint-Honoré. *Correspondance* avec les lignes A, B, D, E, F, H, I, P, Q, S, T, V, Y, Z.

LIGNE S. — De Bercy au Louvre. *Itinéraire :* Barrière et quai de la Râpée, rues Moreau, de Lyon, boulevard Contrescarpe, place de la Bastille, rues Saint-Antoine, Rivoli. *Correspondance* avec les lignes A, D, E, F, G, H, P, Q, S, T, V, X, Z.

LIGNE T. — De la place Cadet à l'ancienne barrière de la gare. *Itinéraire :* Rues Bleue, des Petites-Écuries, boulevard Saint-Denis, rues Saint-Martin, Rambuteau, du Temple, quai de la Grève, rue des Deux-Ponts, quais de la Tournelle, Saint-Bernard, d'Austerlitz. *Correspondance* avec les lignes B, E, F, J, K, L, Q, R, U, V, Z.

LIGNE U. — De l'ancienne barrière Fontainebleau à Notre-Dame-de-Lorette. *Itinéraire :* Rues Mouffetard, Fer-à-Moulin, Geoffroy-Saint-Hilaire, Saint-Victor, des Fossés-Saint-Bernard, quais de la Tournelle, Montebello, Saint-Michel, pont Saint-Michel, quai des Orfèvres, rue de Harlay, place Dauphine, pont Neuf, quai de l'École, rues de l'Arbre-Sec, Saint-Honoré, des Bons-Enfants, de la Banque, Vivienne, boulevard et rue du Faubourg-Montmartre, rue Olivier. *Correspondance* avec les lignes B, D, H, I, K, L, O, T, V, X, Z.

LIGNE V. — Du chemin de fer du Nord à l'ancienne barrière du Maine. *Itinéraire :* Rues Lafayette, du Faubourg-Poissonnière, Bergère, faubourg et boulevard Montmartre, rue de la Bourse, place des Victoires, rues Croix-des-Petits-Champs, des Poulies, quai de l'École, pont Neuf, quai Conti, rues Bonaparte, Sainte-Marguerite, Taranne, du Dragon, de Sèvres, Sainte-Placide, du Cherche-Midi. *Correspondance* avec les lignes B, F, G, I, K, N, O, Q, R, S, T, U, X, Z.

LIGNE X. — De Vaugirard à la place du Havre. *Itinéraire :* Rues de Sèvres, du Bac, pont Royal, quai du Louvre, place du Carrousel, Palais-Royal, rues Saint-Honoré, Croix-des-Petits-Champs, Neuve-des-Petits-Champs, Neuve-des-Capucines, Caumartin, Saint-Lazare. *Correspondance* avec les lignes A, B, D, F, G, H, I, N, Q, S, U, X, Z.

LIGNE Y. — De Grenelle à la porte Saint-Martin. *Itinéraire :* Rues Saint-Dominique, du Bac, pont Royal, place du Carrousel, Palais-Royal, rues Saint-Honoré, de Grenelle-Saint-Honoré, Jean-Jacques-Rousseau, Montmartre, boulevards Poissonnière, Bonne-Nouvelle, Saint-Denis. *Correspondance* avec les lignes A, D, E, G, H, L, N, Q, S, U, X, Z.

LIGNE Z. — De l'ancienne barrière de l'École-Militaire à la place de la Bastille. *Itinéraire :* Avenues Lowendal, Labourdonnais, la Motte-Piquet, rues de Grenelle, du Vieux-Colombier, des Quatre-Vents, de l'École-de-Médecine, la Harpe, des Mathurins, des Noyers, de Pontoise, quai et pont de la Tournelle, rues des Deux-Ponts, Saint-Antoine. *Correspondance* avec les lignes B, H, I, K, L, O, P, Q, R, S, T, U, V, X, Y.

OPÉRA (Théâtre de l'). Rue Lepelletier. — V. *Académie impériale de musique* et *Théâtres.*

OPÉRA-COMIQUE (Théâtre impérial de l'). Place Boïeldieu. — V. *Théâtres.*

OURCQ (Bassin et canal de l'). A l'ancienne barrière de la Villette. — Ce vaste réservoir, en communication avec la Seine, fournit en partie l'eau consommée à Paris.

P

PALAIS DE LA LÉGION-D'HONNEUR. Rue de Lille et quai d'Orsay. — C'est là que sont le chancelier et les bureaux de la Légion d'honneur. Ce palais, bâti en 1786 pour le prince de Salm, mis en loterie en 1792, fut habité sous le Directoire par Mme de Staël.

PALAIS DE L'INDUSTRIE. — Carré Marigny, aux Champs-Élysées.

Les prix d'entrée, durant les temps de l'Exposition industrielle et de l'Exposition des Beaux-Arts, sont de 5 francs le vendredi, et 1 franc les autres jours.

PALAIS DES TUILERIES. Place du Carrousel. — C'est la résidence du souverain et de la famille impériale. On ne peut être admis à le visiter qu'avec une permission délivrée du ministère d'État, et seulement les jours où le souverain n'est pas à Paris ; ce qu'annonce l'absence du drapeau au sommet du palais. Gouverneur : M. le général de division Alexandre.

PALAIS DU LOUVRE. — En face le pont des Arts, l'église Saint-Germain-l'Auxerrois et la rue de Marengo. Ce palais, commencé sous François Ier, sur les fondements du vieux Louvre de Philippe-Auguste, est affecté aux différents musées dont nous avons déjà parlé. Quant au nouveau Louvre, construit récemment, il est affecté à plusieurs services, notamment à ceux qui dépendent du ministère d'État et de la maison de l'empereur. M. le général de division Alexandre, gouverneur de ce palais.

PALAIS DU QUAI D'ORSAY. — Quai d'Orsay et rue de Lille. Ce palais, commencé sous l'empire et terminé sous Louis-Philippe, avec une destination différente de celle qu'il a aujourd'hui, est affecté au Conseil d'État et à la Cour des comptes.

PALAIS-ROYAL. — Rue St-Honoré, en face du palais du Louvre. Ce palais, construit en 1636, par ordre du cardinal de Richelieu, est actuellement habité par le prince Joseph-Charles-Paul Napoléon, et par sa femme, la princesse Clotilde, fille du roi de Sardaigne.

PALAIS-ROYAL (THÉÂTRE). — Au Palais-Royal, péristyle Montpensier. (V. *Théâtres.*)

PAPIER TIMBRÉ. — (V. *Bureaux.*)

PARC DE MONCEAUX. — Ancienne barrière de Courcelles. Ce beau parc, très-curieux comme jardin et comme souvenirs, n'est pas public ; mais les étrangers sont admis à le visiter avec une permission qui leur est facilement accordée.

PASSEPORTS. — Un passeport est nécessaire pour voyager dans l'intérieur de la France ; il est indispensable pour voyager à l'étranger. Le premier, passeport simple, coûte 2 francs ; le second coûte 10 francs, plus les frais de visas et de légalisation, dont les prix varient suivant les pays où l'on va (V. *Ambassades, Consulats, Légations*). Tous deux ne sont valables que pour une année, qui commence à courir du jour où ils ont été délivrés. L'un et l'autre s'obtiennent en allant d'abord, assisté de deux témoins patentés, chez le commissaire de police du quartier ; puis, ce magistrat ayant délivré un certificat d'identité, en allant à la préfecture de police, 1re division, 4e bureau, où signalement est pris et où les frais sont acquittés. Lorsqu'on ne veut pas perdre de temps, on remet son passeport à un employé spécial, qui, moyennant une légère somme, variant de deux à 5 francs, fait toutes les démarches nécessaires, aux ambassades pour l'obtention des visas exigés. Les indigents ont droit à un passeport gratuit, avec secours de route de 15 centimes par lieue, à la seule condition de ne pas s'écarter de l'itinéraire qui leur est tracé.

PÉDICURES.

Barbé (Ch.), r. Rambuteau, 86.
Barbé, r. Montmartre, 76.
Barraud, r. St-Lazare, 66.
Biacabe, r. Castiglione, 10.
Borcier (Antoine), pédicure et manicure, r. de la Bourse, 9, au 2e.
Bril, r. St-Martin, 114.
Chatellier, et bains, r. des Colonnes, 7.
Duhéron, imp. St-Claude-Montmartre, 2.
Gadenne, r. Richelieu, 69.
Gibert, r. d'Anjou-St-Honoré, 76.
Haller, Faub.-St-Honoré, 70.
Lang, r. St-Antoine, 100.
Lefebvre (Ch.), rue de la Michodière, 11.
Lejeune (H.), r. Castiglione, 14.
Maour, r. St-Antoine, 170 et 172.
Michaud, r. Caumartin, 18 et 20.
Mouillaux, r. de Courcelles, 28.
Mouret, r. Montmartre, 169.
Nathan, r. Braque, 10.
Pau ainé ✱, ex-rédacteur de la *Gazette de la Santé*, chir.-pédicure de S. M. l'empereur, r. Caumartin, 70.

Pau fils aîné, médecin de la Faculté de Paris, chir.-pédicure, r. Caumartin, 70.
Pau (Joseph), anciennement à Tivoli, où il a établi son frère aîné, son élève (chez lui de 2 à 5 h.), r. de la Paix, 12.
Paul (Paoli), chez lui de 2 à 5 h., r. de la Paix, 12.
Pénot (Mme), r. de la Paix, 6.
Perrin, Faub.-St-Honoré, 46.
Petotot, r. St-Honoré, 201.
Piorry, r. Beaujolais-Palais-Royal, 11.
Roclus, r. St-Honoré, 340.
Richard aîné, r. d'Alger, 3.
Simonet, r. du Temple, 203.
Sitt (Mme), enlève les cors avec leurs racines sans douleur et sans répandre de sang. Galerie Valois, 156, Palais-Royal, et rue Valois, 17.
Sitt fils aîné, galerie Montpensier, 49, Palais-Royal.
Sitt jeune (Mme), r. Vivienne, 5.
Turquet, r. du Bouloi, 8.

PENSIONS BOURGEOISES.

Agnès, rue Neuve-St-Étienne-du-Mont, 24.
Aron, r. du Petit-Lion, 15.
Beaujé, r. Lacépède, 19.
Bernier, r. Lacépède, 33.
Bertin, r. de la Banque, 5.
Boisson, r. Gracieuse, 21.
Bonnery, r. Lacépède, 96.
Bourgogne, r. Picpus, 22.

Bouvin, r. Vieille-Notre-Dame, 4.
Damotte (Mme), Nve-St-Étienne-du-Mont, 25.
Duclos, rue des Deux-Portes-St-Sauveur, 33.
Fontenille, grande rue des Batignolles, 51.
Ganivet, r. des Grès, 11.
Girard, r. des Fossés-St-Victor, 15.

Chérout, r. du Pot-de-Fer-St-Marcel, 9.
Harmange, r. du Puits-l'Ermite, 16.
Holloville, r. Lacépède, 20.
Joré, r. du Puits-l'Ermite, 19.
Lamonnerie, r. de la Clef, 25.
Levayeur, rue d'Orléans-St-Marcel, 9.
Méhoux (Mme), r. Nve-St-Étienne-St-Marcel, 9.
Ménétrier, r. Nve-St-Étienne-du-Mont, 19.
Mouyard, r. d'Antin-Batignolles, 11.
Paulin, r. d'Orléans-St-Marcel, 49.
Pille, r. de la Clef, 31.
Potiquot, r. St-Victor, 9.
Texier, r. de la Clef, 9.
Thibault-Méliot et Brétot, chemin de Versailles, 39.
Thierry, r. Lacépède, 12.
Vallon (Mme), r. Gracieuse, 20-22.

PÉPINIÈRE DU LUXEMBOURG. — (V. *Jardin du Luxembourg*.)

PÉPINIÉRISTES.

Beaurieux, quai de la Mégisserie, 76. (Voyez Havard-Beaurieux.)
Bossin, quai aux Fleurs, 9.
Bossin, Louesse et Cie., pépiniéristes, collection d'arbres, de graines potagères, fourragères, d'arbres et de fleurs, etc., quai de la Mégisserie, 38.
Chapron, grainier-fleuriste et pépiniériste, graines potagères, fourragères, de fleurs et d'arbres; plantes annuelles et vivaces, arbres fruitiers et forestiers; bulbes et oignons; jacinthes, tulipes, renoncule, anémone, dahlia, etc., spéc. d'exportation, quai Napoléon, 37, vis-à-vis le pont Notre-Dame.
Chevard (L.) et Duvivier, quai de la Mégisserie, 8, près la place du Châtelet.
Courtois-Gérard, méd. 2e classe 1855, quai de la Mégisserie, 24.
Couturier, successeur de Tripot, grainier-fleuriste et pépiniériste, boul. des Capucines, 21.
Damiens, r. St-Lazare, 111.
Gervais (Ferd.), q. aux Fleurs, 21.
Guenot [NC.], graines potagères, de fleurs et fourragères; oignons à fleurs, etc., q. Napoléon, 3.
Havard-Beaurieux (au Coq-Faisan-Doré). Expéditions pour la France et l'étranger, quai de la Mégisserie, 76, près le Pont-Neuf.
Jacquin aîné et Cie, médailles d'or et d'argent des diverses Sociétés horticoles, au Grand-Charonna, route de Bagnolet, 26.
Jacquin jeune, quai de la Mégisserie, 4; jardins d'essais, Faub.-St-Antoine, 277.
Legendre-Garriau, membre de plusieurs sociétés d'horticulture, grainier et horticulteur, médaille de bronze 1855, q. Napoléon, 39, 1856.
Loise, quai aux Fleurs, 3.
Louvet, r. des Gravilliers, 7.
Otto aîné, commerce de graines potagères et de fleurs, d'arbres et de plantes de tous pays, place de la Madeleine, 24.
Saigne, quai aux Fleurs, 5.
Thibault (P.), r. de la Ferronerie, 14.
Thierry neveu, quai de la Mégisserie, 70, jardin d'expériences à Auteuil.
Tollard frères, fils et successeurs de Jean Tollard jeune, seule maison du nom de Tollard, mention honorable 1855, place des Trois-Maries, 4, grainiers-fleuristes, botanistes; culture, r. de la Roquette, 113, Faub.-Saint-Antoine.
Tollard (H.) ✱, q. aux Fleurs, 19.
Touzelot, r. St-Dominique, 37.
Vilmorin-Andrieux ✱ [NC.] et Cie, grainiers-pépiniéristes, médaille d'or concours général Paris 1854, quai de la Mégisserie, 30; jardin, r. de Reuilly, 115.

PERCEPTEURS DES CONTRIBUTIONS DIRECTES. — Leurs bureaux sont ouverts au public tous les jours, de 9 h. du matin à 3 h. du soir.

Ier arrondissement. (St-Germain-l'Auxerrois et les Halles) r. Godot-de-Mauroy, 30. — (Palais-Royal) impasse de la Corderie-St-Honoré, 3. (Place Vendôme) r. Bailloul, 5.
IIe arrondissement. (Gaillon) r. Amelot, 2. R. St-Marc, 7 (Vivienne). Rue St-Pierre-Montmartre, 8 (Mail). Rue Quincampoix, 40 (Bonne-Nouvelle).
IIIe arrondissement. Rue de Malte, 13 (Arts-et-Métiers, Enfants-Rouges). Rue du Grand-Chantier, 1 (Archives, Ste-Avoye).
IVe arrondissement. Rue St-Sauveur, 29 (St-Merry, Notre-Dame). Rue des Fossés-St-Victor, 34 (St-Gervais, l'Arsenal).
Ve arrondissement. Rue Royer-Collard, 15 (Jardin des Plantes, Val-de-Grâce). Rue de Savoie, 6 (Sorbonne).
VIe arrondissement. Rue du Bac, 87 (Monnaie, St-Germain-des-Prés). Rue Saint-Hyacinthe-Saint-Michel, 19 (Odéon, Notre-Dame-des-Champs).
VIIe arrondissement. Rue Martignac, 3 (St-Thomas-d'Aquin). Rue St-Paul, 43 (École-Militaire, Gros-Caillou).
VIIIe arrondissement. Rue de Berri, 30 (Champs-Élysées, Faub.-du-Roule, Europe). Rue de la Ville-l'Évêque, 54 (la Madeleine).
IXe arrondissement. Rue Quincampoix, 46 (Saint-Georges, Rochechouart). Rue Neuve-Fontaine-St-Georges, 6 (Chaussée-d'Antin). Rue Cadet, 30 (Faub. Montmartre).
Xe arrondissement. Passage de l'Industrie, 8 (St-Vincent-de-Paul, Porte-St-Denis). Rue du Bouloi, 21 (Porte-St-Martin). M. Soin, à Gentilly (Hôpital St-Louis).
XIe arrondissement. Rue des Tournelles, 48 (Folie-Méricourt, Saint-Ambroise). M. Delamare, aux Batignolles (Roquette, Ste-Marguerite).
XIIe arrondissement. M. du Montchoux, r. (Bel-Air, Picpus, Bercy, Quinze-Vingt).
XIIIe arrondissement. M. Gassion, à Vaugirard (la Salpêtrière, la Gare, la Maison-Blanche, Croulebarbe).
XIVe arrondissement. M. Chevreux, à Boulogne (Montparnasse, Santé, Petit-Montrouge, Plaisance).
XVe arrondissement. M. Duquesne, à Grenelle (St-Lambert, Necker, Grenelle, Javel).
XVIe arrondissement. M. Lacombe, à Passy (Auteuil, la Muette) Rue de Grenelle-St-Germain, 123 (Porte-Dauphine, Bassins).
XVIIe arrondissement. M. Pommery, à la Villette (Ternes, Plaine, Monceau). M. Muguier, à Montrouge (Batignolles, les Épinettes).
XVIIIe arrondissement. M. Laurent, à Montmartre (les Grandes-Carrières, Clignancourt). M. Richard, à la Chapelle (la Goutte-d'Or, la Chapelle).
XIXe arrondissement. Rue St-Laurent-Belleville, 81 (la Villette, le Pont-de-Flandres). Rue de la Paix, 3, à Charonne (Amérique, Combat).
XXe arrondissement. M. Boulabort, à Belleville (les quatre quartiers).

PERMIS DE PORT D'ARMES. — Ils se délivrent à la Préfecture de Police, 4e bureau de la 1re division. Le coût est de 3 francs.

PETIT-LUXEMBOURG. — Hôtel contigu aux bâtiments du grand Luxembourg, sur la rue de Vaugirard. Il n'a rien de plus curieux que la plupart des autres hôtels du Faub.-St-Germain, à part cependant le cloître et la chapelle, restaurée il y a quelques années, et qui date de la fin du XVIe siècle.

PHARMACIE CENTRALE DES HOSPICES ET HOPITAUX CIVILS. — Quai de la Tournelle, 47.

PHARMACIE DES HOPITAUX MILITAIRES. — Rue de l'Université, 160.

PISCICULTURE. — Place Cambrai, 1, au collège de France.

PLACEMENT (BUREAUX DE).

Alard, quai des Ormes, 44.
Bagnus (M.), r. St-Martin, 327.
Barond ✱, r. Richelieu, 95.
Beaumont, pour les coiffeurs, quai des Orfèvres, 42.
Bezard, r. Jean-Beau-Sire, 3.
Blanchereau (J.), Fb.-St-Denis, 7.
Blavot (Vve.), garçons boulangers, r. Nve-St-Denis, 7.
Blum, r. St-Denis, 129, et r. des Prêcheurs, 8.
Boubert, successeur de Honoré Cailloux, bureaux de placement pour employés et domestiques des deux sexes; divers fonds à placer, r. Joquelet, 12.
Boucher, r. Feydeau, 30.
Brière, r. du Roule, 21.
Caillat, agence autorisée pour le placement des domestiques et employés des deux sexes, rue Nve-des-Petits-Champs, 4.
Caron, r. St-Antoine, 156.
Carpentier (Vve.), pour les ouvriers cordonniers, rue St-Honoré, 123.
Casenueve, r. St-Jacques, 60.
Chambon, Faub.-St-Denis, 53.
Champalbert, r. St-Denis, 357.
Chandat, r. de Cotte, 11.
Cintract (A.), r. Montorgueil, 2.
Clouet, q. de la Grève, 42.
Compain, Faub.-Montmartre, 73.
Couturier, r. des Quatre-Vents, 16.
Damay, r. St-Martin, 287.
Damour (Mme), maison où l'on trouve toujours des sujets dignes de toute confiance, rue St-Honoré, 322.
Dauzier, r. Rambuteau, 85.
Dhervilly, galerie du Havre, 65.
Didier, r. du Bac, 111.
Disdier (Mme), r. St-Louis-Marais, 18.
Duchêne, r. des Prouvaires, 8.
Ducly, r. Dauphine, 32.
Dulouart (B.), bureau de placement autorisée, procure gratis des employés et des domestiques des deux sexes avec de bons antécédents, vente de fonds et recouvrements, r. St-Sauveur, 49.
Dupar (G.), r. Montmartre, 85.
Étchegaray (Mme), rue Montorgueil, 5.
Évalot, r. d'Orléans-St-Honoré, 2.
Farge, r. Dauphine, 10.
Payet, r. St-Honoré, 123.
Flizot, Faub.-St-Denis, 37.
Foucher, r. d'Argenteuil, 40.
Fournier, q. de la Grève, 24.
France (Mme), r. Richelieu, 21.
François, r. des Noyers, 61.
Gaudel, q. du Marché-Neuf, 4.
Gauthier, r. de Viarmes, 14.
Gerbier aîné, r. St-Martin, 323.
Germain, pour les garçons limonadiers, r. St-Martin, 192.
Gibert, bureau de placement autorisé, cabinet d'affaires, vente de fonds de commerce, spécialité d'écritures, copistes, r. du Bouloi, 7.
Guignard, r. Rambuteau, 80.
Guitard, bureau spécial pour le placement des garçons limonadiers, r. Montorgueil, 26.
Haeusser (Adèle), r. St-Honoré, 13.
Hulot (maison), autorisée pour le placement spécial du personnel des maisons bourgeoises et du commerce, r. Richelieu, 49.
Jarlaud, r. du Contrat-Social, 6.
Jolivet, r. du Vertbois, 60.
Klyor, bureau de placement autorisé, pour les domestiques des deux sexes, r. de la Monnaie, 1.
Labelle, r. St-Denis, 376.
Lagarrigue, r. de l'Évêque, 13.
Laporte (Pierre), passage Ste-Marie, 3 (r. du Bac).
Larcher, (Mme), F.-St-Martin, 61.
Lasseray, des garçons limonadiers et restaurateurs, r. Louvois, 7.
Laurent (Mme), r. du Rempart-St-Honoré, 1.
Lecoq (Cas.), se charge, d'après les pouvoirs qui lui sont conférés du gouvernement, de procurer aux domestiques des deux sexes des emplois suivant leur âge et leurs capacités, et MM. les maîtres trouveront toujours au bureau des sujets dignes de mériter toute leur confiance; Faub.-St-Denis, 11.
Lefebvre, coiffeurs, quai des Orfèvres, 16.
Leleu, Faub.-St-Honoré, 26.
Léon (Mme), Faub.-Montmartre, 47 et 49.
Lesieur (Armand), r. des Prouvaires, 16.
Louis (Mme), r. Mandar, 4.
Maitrot, r. St-Denis, 140.
Marron de St-Geoirs, r. St-Honoré, 123, et r. Bailloul, 10.
Martin (Jenny), r. Constantine, 9.
Martin, boulangers, r. Grégoire-de-Tours, 29.
Masié, r. Montmartre, 20.
Massiyen (Mme), r. Vivienne, 13.
Mathieu (Mme), autorisée, Faub.-St-Martin, 13.

POIDS.

Morlin (Mme), r. Basse-du-Rempart, 21.
Moyet, passage Vendôme, 26.
Michelon (A.), quai des Ormes, 6.
Minguot, bureau du commerce des vins pour le placement des garçons et la vente des fonds, Faub.-St-Martin, 6.
Monniotto, r. St-Martin, 252.
Montegoute, r. Jean-Jacques-Rousseau, 15.
Muller, r. Joquelet, 6.
Noël, r. St-Jacques, 36.
Noel (Mme), bureau de placement autorisé et réglementé par l'autorité administrative, offrant aux maîtres et aux personnes sans emploi les garanties des décrets et ordonn., r. Montmartre, 59.
Pérard, et vente de fonds de commerce, r. Montmartre, 51.
Perrin (Mme), r. des Fossés-Montmartre, 6.
Perrin, cité du Vauxhall, 3.
Petot, pour les ouvriers maréchaux, r. Vieille-du-Temple, 86.
Plesant (Mme.), r. Vivienne, 15.
Prevost (A.), r. St-Denis, 381.

Prunier, r. de la Grande-Truanderie, 50.
Quillier, placeur de garçons marchands de vins, vente de fonds, quai de la Grève, 14.
Rateau, bureau autorisé du gouvernement pour les personnes des deux sexes, boul. Beaumarchais, 17.
Renauld (Mme), pour les employés et domestiques des deux sexes; on procure de l'ouvrage à des ouvriers, Faub.-St-Martin, 80.
Robin (Mme), r. de l'Arbre-Sec, 2.
Rudelle, r. de Viarmes, 21.
Sainte-Croix (Ch. de), Faub.-du-Temple, 56.
Siro, r. Montmartre, 123.
Soudap, r. Coquillière, 30.
Torrey, rue St-Hyacinthe-St-Michel, 6.
Valdeiron, r. Gren.-St-Honoré, 19.
Valls (A.), Faub.-St-Martin, 31.
Venant, r. Vieille-du-Temple, 57.
Voinet (Mme), r. du Four-St-Germain, 52.
Vuillemot, r. du Cloître-St-Honoré, 4, près le Palais-Royal.

POIDS, MESURES ET MONNAIES DE DIVERS PAYS. — Rapport des monnaies étrangères avec celles de France, toutes supposées exactes de poids et de titre d'après les lois de fabrication. — Pour la France, les poids et mesures sont réglés pour le système métrique décimal, dont l'unité fondamentale est le mètre, équivalant à la dix-millionième partie du quart du méridien terrestre.

Poids. — Le kilogramme vaut 1,000 grammes. Le gramme est le poids d'un volume d'eau distillée, égal au cube de la 100e partie du mètre.

Mesures. — Le mètre est l'unité des mesures de longueur. — L'are est l'unité des mesures de superficie; elle représente un carré de 10 mètres de côté ou 100 mètres carrés. — Le stère est l'unité des mesures de solidité: c'est un cube d'un mètre de côté. — Le litre est l'unité des mesures de capacité; c'est un cube ayant pour contenance égale la dixième partie du mètre cube. — L'Algérie, la Belgique, les États Sardes, la Suisse, etc., ont le même système monétaire qu'en France. L'unité de compte est le franc (100 centimes). Les monnaies, or ou argent, sont à 9000/1000es. Les pièces qui ont cours légal valent : 40 fr., 20 fr., 10 fr., et 5 fr. (or); — 5 fr., 2 fr., 1 fr., 50 centimes et 20 centimes (argent); — 1 décime ou 10 centimes, 1/2 décime ou 5 centimes et 1 centime (cuivre).

ALLEMAGNE (États d').
	fr. c.
Thaler (argent) silbergrosc	3 75
Thaler (gutengroschen)	3 75
Gros, ou 30e du thaler	0 12
id. ou 24e du thaler	0 16
Pfennig de 12 au gros	0 01
id. de 12 au bon gros	0 01
Florin, 60 kreutzers	2 14

ANGLETERRE. (Or), guinée.
Kreutzer	0 01
Guinée de 21 shelling	26 25
Souverain, 20 shelling	25 »
Couronne (argent), 5 sch.	6 25
Shelling, 12 penny	1 25
Penny ou denier	0 10

AUTRICHE, BOHÊME ET HONGRIE. (Or).
Ducat de l'empereur	11 85
Ducat impérial, 4 fl. 5 kr.	11 81
Demi-souv., 4 fl. 40 kr.	17 41
Ducat, 4 fl. 30 kr.	11 75
Écu ou Risdale (argent), 2 fl. 10 kr.	5 01
Couronne, écu de Brabant	5 78
Écu de convention	5 18
Florin (gulden)	2 59
Kreutzer	0 04

BADE. (Or).
Pièce de 10 florins	21 »
Pièce de 1 florin	2 10

BAVIÈRE.
Carolin	25 66
Maximilien	17 18

Couronne	5 66
Risdale de 1800	5 10
Teston	» 86

DANEMARCK ET HOLSTEIN.
Ducat courant (or)	9 47
Ducat species	11 86
Chrétien, 1775	20 95
Frédéric, 8 risdales	20 32
Risdale d'espèce (argent)	5 68
Marc danois, 16 schel.	0 45

DEUX-SICILES. (Or).
Décuple vaut 30 ducats	129 01
Doppia de don Carlos	26 49
Id. de Ferdinand IV	25 51
Onze nouvelle	12 99
Pièce de Murat	20 00
Ducat royal (argent)	4 24
Écu de Murat	5 00

ÉGYPTE.
Sequin (or)	6 70
Grouch (argent), 40 paras	6 30

ESPAGNE. (Or).
Quadruple ou once, 16 piastres	85 42
Quadruple 1/4 quadruple	42 70
Doublon d'Isabelle	27 00
Pistole (argent)	21 60
Écu d'or, 2 piastres	10 80
Piastre d'or (Escudo d'oro)	5 40
Piastre (argent) 20 réal.	5 40
Réal, 16 ochavo	0 27

ÉTATS-ROMAINS. (Or).
Zecchino, sequin	11 77
Doppia, 3 scudo 21 baj.	17 12
Mezza-dop., 1 sc. 60 baj.	8 56
Zecchino de 10 scudo	53 50
Scudo (argent), 10 paoli	3 35
Paolo, 10 bajocci	0 53
Bajocco, 5 quatrini	0 05

ÉTATS-UNIS. (Or.)
Double-Aigle, 10 dols. 1810	55 21
Id. avant 1837, 10 dollars	51 98
Dollar (argent), 100 cent.	5 42
Id. depuis 1837, 100 cent.	5 40
Cent	0 05

GRÈCE. (Or.)
Othon, 20 dr.	17 90
Écu (argent), 5 drachmes	4 47
Drachme, 100 leptas	0 90

HAVANE. (Or.)
Onze espanola, 17 piastres	90 80
Doblon, 4 piastres 1/4	22 93
Onza méjicano, 16 piastres	86 40
Peso fuerto (arg.), 10 réaux	5 10
Réal fuerto	0 51

HOLLANDE ET PAYS-BAS.
Ducat de Hol. (or), 5 fl. 1/2	11 78
— de Guillaume, 5 fl. 1/2..	11 85
Ryders, 14 florins 67....	31 40
Guillaume, 10 florins . . .	21 25
Dry-gulden (argent), 3 fl.	6 38
Dry-gulden (1818), 3 fl.	6 41
Dry-gulden (argent), 2 fl. 1/2	5 26
Florin, 100 cents	2 14
Florin de 1848, 100 cents.	2 10

LOMBARDO-VÉNITIEN.
Scudo d'oro (or), 3 ozellas.	144 35
Ozella, 4 zecchino	48 11
Zecchino, 14 lires	7 50
Ducat, 9 lires	7 50
Doppia de Milan, 23 lires.	19 76
Souverain (1823), 40 lires.	35 18
Demi-souverain, 20 lires.	17 56
Écu de 6 liv. (argent) 6 lires	5 22
Lira, 100 centosimo	0 87

PARME ET PLAISANCE.
Quadruple pistole (or)	85 11
Sequin, 2 ducats 1/3	11 85
Ducat (argent)	5 20

PORTUGAL.
Couronne (or)	62 50
Demi-couronne	20 93
Cinq de couronne	12 50
Dix de couronne	6 25
Cinq testons-argent	3 12
Deux testons	1 25
Teston	» 62
Demi-teston	» 31
Portugaise ou Lisbonine	33 96
Dobra	90 43
Cruzade d'or neuve	3 35
Id. de 470 reis (argent)	2 91
Id. 1,000 reis (arg.)	6 12
Id. vielle (argent)	2 83

BRÉSIL.
Dubrao (or), 24,000 reis, vaut	109 61
Dubrao, 12,800 reis...	90 43
Portugaise, 6,400 reis...	45 27
Lisbonine, 4,800 reis...	40 75
Demi-portugaise, 2400reis	20 37
Cruzade neuve, 480 reis...	3 36
Couronne (arg.), 1,000 reis	6 08
Cruzade vieille, 380 reis...	2 83
Cruzade neuve, 1,000 reis.	6 12
Cruzade neuve, 480 reis...	2 94

RUSSIE. (Or.)
Ducat (or) à l'aigle, 2 roubles 95	11 78
Ducat de 1763, 2 roubles 90	11 59
Pièces de 10 roubles...	52 88
— de 5 roubles de 1849...	20 66
Rouble (argent), 4 solot..	4 00
Solot, 5 copecks	1 00
Copeck	0 04

SUÈDE. (Or.)
Ducat (or), 5 riksdaler, 18 skilling	11 70
Demi-ducat	5 85
Quart de ducat	2 93
Species (arg.), 125 skilling	5 66

TOSCANE. (Or.)
Ruspone au lys, 8 sequins.	36 04
Sequin à l'effigie, 2 liv.	12 00
Doppia, 3 livour. 1/2,...	21 09
Rosine, 3 livour. 3/4...	21 54
Livournine, piastre à la rose	5 70
Lira, 20 soldi	0 85
Pièces de 10 paolis	5 60

TURQUIE. (Or.)
Or. Memdonye, 20 piastres	4 52
Id. 10 id.	2 26
Id. 5 id.	1 13
Arg. Boehlik, 5 id.	0 80
Crouch piastre	0 16
Altelek, 6 piastres	1 29
Yrmilik 1/2 id.	0 06
Or. Sequin zermabouh, 1774	8 72
Id. de Sélim III	7 30
Arg. Altmichlec, depuis 1771	3 53
Yaremlod, de 20 paras, 1757	0 90
Roub de 10 paras..	0 49
Piastre de 40 paras, 1780	2 00
Pièce de 5 piastres, 1811	4 14

VILLES HANSÉATIQUES.
Ducat (or), ad legem	11 85
Ducat nouveau	11 76
Risdaler de constitut. de 8 marcs 18 schelling...	5 78
Marc, 16 schelling	1 52
Schelling, 2 suhsling...	0 09
Suhsling, 2 dreslings	0 05

POLICE DES VOITURES. — A la Préfecture de police, 3e bureau, de la 2e division, et à la Fourrière, rue de Pontoise, 13, 15, 17 et 19.
POLICE (Préfecture de). — V. *Préfecture de Police.*
POMPES FUNÈBRES. — V. *Funérailles.*
POMPIERS. — V. *Sapeurs - Pompiers.*
PONTS. — Pont de Bercy, Société constituée pour 26 ans, le 18 février 1835, Marcuard (Adolphe) et Compe, banquiers de la Société, rue Bergère, 18. — Pont de Surosne. Concession pour 79 ans; Le Bouteillier, gérant de la Société, rue du Sentier, 29. — Ponts réunis (Société en commandite des). Raison sociale : Bayard de La Vingtrie (C.) et frère ; fonds social : 4,000,000 fr., rue Saint-Guillaume, 31. — Compagnie des Pont, Gare et Pont de Grenelle, rue Saint-Honoré, 416.

PORTES ET POTERNES DE PARIS.

Porte d'Auteuil — XVIe *Arrondissement.*
— de Billancourt.
— du Point-du-Jour.
— de Saint-Cloud.
— de Passy.
— de la Muette.
— Dauphine.

Porte de Neuilly; *XVIIe Arrondissement.*
— des Ternes.
— de Sablonville.
— de Villiers.
— de la Révolte.
— de Courcelles.
— d'Asnières.
— de Clichy.
— de Saint-Ouen; *XVIIe et XVIIIe Arrondissements.*
— de Montmartre; *XVIIIe Arrondissement.*
— de Clignancourt.
— des Poissonniers.
— de la Chapelle.
— d'Aubervilliers; *XVIIIe et XIXe Arrondissements.*
— de la Villette; *XIXe Arrondissement.*
— de Pantin.
— de Romainville; *XXe Arrondissement.*
— de Ménilmontant.
— de Bagnolet.
— de Montreuil.
— de Vincennes.
— de Saint-Mandé; *XIIe Arrondissement.*
— de Montempoivre.
— de Picpus.
— de Reuilly.
— de Charenton.
— de Bercy.
— de la Gare; *XIIIe Arrondissement.*
— de Vitry.
— d'Ivry.
— de Choisy.
— d'Italie.
— de Bicêtre.
— de Gentilly; *XIIIe et XIVe Arrondissements.*
— d'Arcueil; *XIVe Arrondissement.*
— d'Orléans.
— de Montrouge.
— de Châtillon.
— de Vanves.
— de Plaisance; *XVe Arrondissement.*
— de Versailles.
— d'Issy.
— de Sèvres.
— du Bas-Meudon.

POTERNES.
Poterne de la Plaine.
— des Peupliers; *XIIIe Arrondissement.*
— du Pré; *XIXe Arrondissement.*

PORTS. — Ils sont ouverts, du 1er avril au 1er octobre, de 6 h. du matin à midi, et de 2 h. à 7 h.; du 1er octobre au 1er avril, de 7 h. à midi et de 2 h. à 5 h. Inspection générale de la navigation des ports du département, quai de la Tournelle, pavillon du Port.

Ier Arrondissement. Ports de Bercy, de la Gare, de la Râpée. — Bureau quai de la Râpée.

IIe Arrondissement. Rive gauche de la Seine, du pont de la Gare au Pont-Neuf. — Bureau, port Saint-Bernard, près le corps de garde.
Port de l'Hôpital.
Port St-Bernard, quai du même nom.
Port des Miramionnes.
Port de la Tournelle ou des Grands-Degrés, quai de la Tournelle.

IIIe Arrondissement. Rive droite de la Seine, de la pointe orientale de l'île Louviers au Pont-Neuf. — Bureau, port de la Grève.
Le port Louviers.
Le bras du Mail et la grande estacade.
Rives droites de l'Ile-St-Louis et de l'Ile de la Cité.
Port au poisson, en tête du pont Marie.
Port Saint-Paul, quai des Célestins.
Port aux Veaux, quai des Ormes.
Port au Blé ou de la Grève, quai de la Grève.

IVe Arrondissement. Rives droite et gauche de la Seine, du Pont-Neuf au pont de la Concorde. — Bureau, port Saint-Nicolas.
Port de l'École, quai du même nom.
Port de la Monnaie des Quatre-Nations, quai Malaquais et Voltaire.
Port des Saints-Pères, quai Malaquais et Voltaire.
Port Saint-Nicolas, quai du Louvre, port de recueillage.
Port d'Orsay, quai de ce nom.

POSTE AUX CHEVAUX. — Rue Pigale, 2. Le prix est fixé par cheval à 20 centimes par kilomètre, pourvu que le nombre des voyageurs n'excède pas celui des chevaux attelés. Pour chaque personne excédant ce nombre, on exige un supplément de 15 cent. par kilomètre. S'adresser à l'administration un peu à l'avance, lorsque cela est possible.

POSTES. — Le siège de l'administration des Postes est rue Jean-Jacques-Rousseau, 9. C'est un ministère presque aussi important que celui des Finances, dont il relève, et il est bon d'en connaître les bureaux

Ve Arrondissement. Les deux rives de la Seine, du pont de la Concorde au port de Javel, rive gauche, et au Point-du-Jour, rive droite. — Bureau, à l'entrepôt du Gros-Caillou.
Ports : des Invalides, de l'île des Cygnes ou du Gros-Caillou, de la Cunette, de Grenelle et de Javel, rive gauche; des Champs-Élysées, de Passy et du Point-du-Jour, rive droite.

VIe Arrondissement. Bassin de La Villette, canal Saint-Denis, canal de l'Ourcq jusqu'aux limites du département. — Bureau, à la Villette, bâtiment de la Rotonde.

VIIe Arrondissement. Canal Saint-Martin et port de l'Arsenal, du pont d'Austerlitz à l'île Louviers exclusivement. — Bureau, quai Valmy, 131.
Bureau d'arrivage de la Basse-Seine. Du pont de Neuilly à Argenteuil, rives droite et gauche, en y comprenant la Gare et Saint-Ouen.
Ports : Neuilly, Clichy, Asnières, Saint-Ouen, Saint-Denis et la Briche. Port de Bourdin, Sola, s.-inspecteur. — Bureau, sur le port de Sèvres.
Ports de Sèvres, Saint-Cloud, Puteaux.
Recette de navigation, quai d'Austerlitz, 3.
Bureau des déclarations de l'Octroi, quai de la Râpée, 16.
Bureau d'arrivages où sont délivrés les passavants de navigation pour la Seine, Yonne et canaux. A Choisy-le-Roi, Charenton.

principaux qui intéressent spécialement les habitants de Paris. A cause de cette importance, nous ne craindrons pas d'être long et de donner tous les renseignements qui s'y rattachent.

Bureau de la poste restante. — Les lettres ordinaires et chargées, adressées poste restante à Paris, ne peuvent être retirées qu'à ce bureau. Ouvert à 8 h. m., à 8 h. s. les jours ordinaires, les dimanches et fêtes fermé à 5 h.

Bureau de l'affranchissement des lettres. — Réception des affranchissements, chargements, valeurs déclarées et valeurs cotées; vente de timbres-poste. Ouvert de 8 h. m. à 8 h. s., dimanches et fêtes fermé à 5 h. s. Clôture des affranchissements pour l'étranger et des chargements pour les départs du soir à 4 h. 45.

Bureau de l'affranchissement des imprimés, échantillons, papiers de commerce ou d'affaires. — Ouvert de 4 h. du m. à 5 h. du s.; dimanches fermé à 8 h. du s.

La Caisse. — Dépôts et payement des articles d'argent. Ouvert de 9 h. du m. à 5 h. du s.; dimanches et fêtes fermé à 2 h. du soir.

Bureau des rebuts et réclamations de Paris. — Réclamations des lettres adressées à Paris ou expédiées de Paris. Ouvert de 9 h. du m. à 5 h. du s.; dimanches et fêtes fermé à 2 h. du soir.

BUREAUX PRINCIPAUX ET SUPPLÉMENTAIRES.

Ils sont ouverts de 8 h. du matin jusqu'à 8 h. du soir; dimanches et fêtes jusqu'à 5 h. du soir. Réception des affranchissements de toute nature, chargements, valeurs déclarées et valeurs cotées; vente de timbres-postes; dépôt et payement des articles d'argent, pendant toute la durée de l'ouverture au public.

BUREAUX PRINCIPAUX.

Clôture des affranchissements pour l'étranger et des chargements pour les départs du soir à 4 heures 45.

A. Rue Tirechappe, 1.
B. Boulevard Beaumarchais, 95.
C. Rue des Vieilles-Audriettes, 4.
D. Rue Sainte-Cécile, 2.
E. Rue Desèze, 24.
F. Rue Saint-Dominique-Saint-Germain, 56.
G. Rue Mazarine, 12, et rue de Seine, 13.
H. Rue du Cardinal-Lemoine, 22.
J. Place de la Bourse, 4.
K. Rue Bourdaloue, 5.

BUREAUX SUPPLÉMENTAIRES.

Clôture des affranchissements pour l'étranger et des chargements pour les départs du soir à 4 heures 30.

A. s. 1. Hôtel de Ville.
A. s. 2. Rue Saint-Antoine, 170.
A. s. 3. Rue de la Sainte-Chapelle, 15.
B. s. 1. Faubourg Saint-Antoine, 196.
B. s. 2. Boulevard Mazas, 19.
C. s. 1. Rue d'Angoulême-du-Temple, 48.
C. s. 2. Rue Neuve-Bourg-l'Abbé, 4.
C. s. 3. Boulevard St-Martin, 6.
D. s. 1. Faubourg St-Martin, 160.
D. s. 2. Rue Lafayette, 8.
D. s. 3. Gare du chemin de fer du Nord.
E. s. 1. Faubourg Saint-Honoré, 75.
E. s. 2. Rue de Chaillot, 3.
F. s. 1. Petite rue du Bac, 5.
F. s. 2. Rue Saint-Dominique, 148 (Gros-Caillou).
H. s. 2. Rue Mouffetard, 173.
H. s. 3. Rue des Noyers, 54.
H. s. 4. Gare du chemin de fer d'Orléans.
J. s. Rue d'Antin, 19.
K. s. 1. Rue Saint-Nicolas-d'Antin, 8.
K. s. 2. Rue de Londres, 33.
L. Rue de Vaugirard, 19 (Sénat).
M. Rue de Bourgogne, 2 (Corps législatif).
N. Rue de l'Échelle, 3.

Nota. — Les affranchissements pour l'étranger et les chargements sont encore reçus pour les départs du soir, après les heures ci-dessus, dans les bureaux placés près des gares de chemins de fer.

LEVÉES DES BOITES ET DISTRIBUTION A DOMICILE.

N^{os} des levées	LEVÉE DES BOITES. Heures des levées aux boîtes			HEURES des DISTRIBUTIONS correspondant aux levées des boîtes	
	de quartier.	des bureaux.	de l'Hôtel des Postes.	Hiver.	Été.
	h m	h m	h m		
Levée spéc.	» »	» »	4 30	2e distribution 7 30	7 15
1re	7 »	7 30	» »	2e 9 30	9 »
2e	9 30	10 »	10 »	3e	11 30
3e	11 30	12 »	12 30	4e 1 30	1 30
4e	1 30	2 »	4 »	5e 3 30	3 30
5e	3 30	4 »	4 30	6e	.....
6e	» »	5 30	» »	7e 7 »	7 »
7e	9 »	9 30	9 45	du lendemain.	

En hiver, la première levée des boîtes a lieu à 7 h. 30 dans les quartiers, à 8 h. aux bureaux, et à 8 h. 30 à l'Hôtel des Postes.

Les dimanches et fêtes, les sixième et septième distributions n'ont pas lieu. La septième et dernière levée n'est faite qu'aux boîtes des bureaux et de l'Hôtel des Postes.

DÉPARTS DU JOUR.

De 5 h. du m. à 5 h. 50 m. s., il est expédié des dépêches par des courriers en voiture ou par les chemins de fer. Les bureaux auxquels ces dépêches sont envoyées sont indiqués dans une publication mensuelle qui paraît le premier de chaque mois, sous le titre de l'*Indicateur des Postes.*

DÉPARTS DU SOIR.
Dernière levée des boîtes.

A 5 h., aux boîtes de quartier; à 5 h. 30 m., aux boîtes des bureaux supplémentaires; à 6 h. aux boîtes des bureaux principaux et de l'Hôtel des Postes.

DÉSIGNATION DES LIGNES.	SITUATION DES BUREAUX DE POSTE.	Clôt. des affr. p. l'étr. et des ch.	Dernière levée des boîtes.
Sedan	Fbg Saint-Martin, 160.	6h30s	7h30s
Strasbourg	Fbg Saint-Martin, 160.	6 15	7 15
Bâle	R. Desèze, 24	8 »	10 »
Le Havre	R. de Londres, 33	8 »	10 30
Cherbourg	R. Desèze, 24	6 30	7 »
Besançon, Lyon, Marseille	R. de Londres, 33	6 30	7 30
	B. Beaumarchais, 95	6 »	7 »
	B. Mazas, 19	6 30	7 30
Auxerre	B. Beaumarchais, 95	6 »	7 »
	B. Mazas, 19	6 30	8 30
Calais, Angleterre	R. Lafayette, 8	6 »	6 30
	Gare du Nord	6 30	7 »
Valenciennes, Belgique.	R. Lafayette, 8	6 »	7 »
	Gare du Nord	6 30	7 30
Clermont-Ferrant, Limoges	B. Beaumarchais, 95	6 »	7 »
	Gare d'Orléans	6 30	8 10
Nantes	B. Beaumarchais, 95	6 »	7 »
	Gare d'Orléans	6 30	8 10
Bordeaux, les Pyrénées.	B. Beaumarchais, 95	6 »	7 »
	Gare d'Orléans	6 30	7 40
Brest, Rennes	Petite rue du Bac, 5	6 30	7 »

Sont encore expédiées pour la ligne du Havre les lettres levées à 9 h. du s. aux boîtes de quartier, et à 9 h. 30 aux boîtes des bureaux et de l'Hôtel des Postes.

LETTRES ET CHARGEMENTS.

Les lettres ordinaires échangées entre les bureaux de l'empire et de l'Algérie, payent les taxes ci-après :

	Affran.	Non affr.
Jusqu'à 7 grammes 1/2 exclusivement	0f 20c	0f 30c
De 7 gr. 1/2 à 15 gr.	0 40	0 60
De 15 gr. à 100 gr.	0 80	1 20
De 100 gr. à 200 gr.	1 60	2 40
De 200 gr. à 300 gr.	2 40	3 50

Et ainsi de suite, en ajoutant par 100 gr. ou fraction de 100 gr. excédant, 80 cent. en cas d'affranchissement, et 1 fr. 20 cent. en cas de non affranchissement.

Les lettres de Paris pour Paris payent les taxes ci-après :

	Affran.	Non affr.
Jusqu'à 15 grammes inclusivement	0f 15c	0f 15c
De 15 gr. à 30 gr.	0 20	0 25
De 30 gr. à 60 gr.	0 30	0 35
De 60 gr. à 90 gr.	0 40	0 45
De 90 gr. à 120 gr.	0 50	0 55

Et ainsi de suite, en ajoutant 10 cent. par chaque 30 gr. ou fraction de 30 gr. pour les lettres affranchies ou non affranchies.

Sont considérées comme appartenant à Paris, pour ce qui concerne la taxe, toutes les habitations comprises dans l'enceinte des fortifications.

Les lettres chargées circulant de bureau de poste à bureau de poste, y compris les bureaux situés en Corse et en Algérie, payent les taxes ci-après (port de la lettre et droit fixe réunis) :

Jusqu'à 10 grammes inclusivement	0f 40c
De 10 gr. à 20 gr.	0 60
De 20 gr. à 100 gr.	1 00
De 100 gr. à 200 gr.	1 80

Et ainsi de suite, en ajoutant 80 cent. par chaque 100 gr. ou fraction de 100 gr. excédant.

Les lettres chargées d'une commune pour la même commune, et de Paris pour les localités comprises dans l'enceinte des fortifications et réciproquement, sont passibles des taxes ci-après (port de la lettre et droit fixe réunis) :

Jusqu'à 15 grammes inclusivement	0f 30c
De 15 gr. à 30 gr.	0 40
De 30 gr. à 60 gr.	0 50
De 60 gr. à 90 gr.	0 60

Et ainsi de suite, en ajoutant 10 cent. par chaque 30 grammes ou fraction de 30 grammes excédant.

Une lettre chargée contenant des valeurs déclarées est passible en outre du port de la lettre et du droit fixe de chargement, d'un droit de 10 cent. par 100 fr. ou fraction de 100 fr. déclarés.

Les valeurs cotées sont des objets précieux de petite dimension. Elles payent 2 pour 100 de la valeur estimée. L'estimation ne peut être inférieure à 80 fr., ni supérieure à 1,000 francs.

L'expéditeur d'une lettre chargée contenant un non des valeurs déclarées comme celui d'un chargement de valeurs cotées, peut demander au moment où il dépose l'un de ces objets, qu'il lui soit donné avis de sa remise au destinataire. A cet effet, il paye pour l'affranchissement de l'avis un droit de poste de 10 centimes.

DES IMPRIMÉS, ÉCHANTILLONS, PAPIERS DE COMMERCE OU D'AFFAIRES.

Leur taxe est réglée à prix réduits, moyennant affranchissement en numéraire ou en timbres-poste. Le poids des imprimés et papiers d'affaires ne doit pas dépasser 3 kilog. ; celui des échantillons, 300 grammes. La dimension des imprimés, papiers d'affaires et échantillons d'étoffes collés sur papier ou carton, ne doit pas excéder 45 centimètres, celle des autres échantillons 25 centimètres.

Les imprimés sont expédiés sous bandes mobiles couvrant au plus le tiers de la surface du paquet. Ils sont divisés en trois classes :

1º Les journaux politiques, taxe : 4 cent. par exemplaire de 40 gram. et au-dessous. Au-dessus de 40 gram., augmentation de 1 cent. par chaque 10 gram. ou fraction de 10 gram. excédant : moitié des prix ci-dessus, lorsque le journal est pour l'intérieur du département où il est publié ou pour les départements limitrophes. (Les journaux publiés dans les départements de la Seine et de Seine-et-Oise ne jouissent pas de la réduction pour les départements limitrophes.)

2º Les publications périodiques uniquement consacrées aux lettres, aux sciences, aux arts, à l'agriculture et à l'industrie, taxe : 2 cent. par exemplaire de 20 gram. et au-dessous; au-dessus de 20 gram., augmentation de 1 cent. par chaque 10 gram. ou fraction de 10 gram. excédant. Moitié de ces prix dans les cas indiqués au § précédent.

3º Les circulaires, prospectus, catalogues, avis divers et prix-courants, livres, gravures, lithographies, en feuilles, brochés ou reliés, taxe : 1 cent. par exemplaire isolé de 5 grammes et au-dessous, pour tout l'empire; 1 cent. en sus par chaque 5 grammes, ou fraction de 5 gram., jusqu'à 50 gram. ; de 50 gram. à 100 gram., 10 cent. uniformément ; au-dessus de 100 gram., 1 cent. en sus par chaque 10 gram. ou fraction de 10 grammes.

Les avis de naissance, mariage ou décès, les prospectus, catalogues, circulaires, prix-courants et avis divers seront reçus sous forme de bandes ou sous enveloppes ouvertes d'un côté ; taxe : 5 cent. par avis, prospectus, catalogue, circulaire, etc., de 10 gram. et au-dessous, pour l'arrondissement du bureau, et 10 cent. pour le reste de l'empire ; augmentation, 5 cent. ou 10 cent. par chaque 10 gram. ou fraction de 10 grammes, excédant.

Les cartes de visite (même deux ensemble) sont reçues sous enveloppes non fermées, aux conditions ci-dessus.

Les échantillons sont affranchis au prix des imprimés de la 3º classe. Ils doivent porter une marque imprimée du fabricant ou du marchand expéditeur. Sont reçus comme échantillons, sous les conditions de poids et de dimensions indiquées plus haut, tous les objets qui ne sont pas de nature à détériorer ou à salir les correspondances, ou à en compromettre la sûreté et qui ne sont pas soumis aux droits de douane ou d'octroi. *Modes d'envoi :* bandes mobiles, sacs en toile ou en papier, boîtes, étuis formés des ficelles faciles à dénouer.

Le port des papiers de commerce ou d'affaires est de 50 cent. par paquet de 500 gram. et au-dessous. Au-dessus de 500 gram., 1 cent. en sus par chaque 10 gram. ou fraction de 10 grammes. Envoi sous bandes mobiles ou ficelles faciles à déjouer.

Les objets qui précèdent sont taxés comme lettres s'ils ont été expédiés sans affranchissement, s'ils ont été affranchis en timbres-poste et que l'affranchissement soit insuffisant, ils sont frappés en sus d'une taxe égale au triple de l'insuffisance. Le port en est acquitté, à défaut du destinataire, par l'expéditeur, contre lequel des poursuites sont exercées en cas de refus de payement.

TIMBRES-POSTE. — DE LEUR VALEUR. — DE LEUR EMPLOI.

Les timbres-poste sont de cinq couleurs différentes : couleur verte, valeur 5 centimes; couleur bistre, valeur 10 centimes; couleur bleue valeur 20 centimes; couleur orange, valeur 40 centimes; couleur rouge, valeur 80 centimes. Ils sont vendus dans les bureaux de poste, dans les débits de tabac et par les facteurs et les boîtiers des postes. — Les particuliers doivent coller eux-mêmes les timbres-postes sur les lettres. — Toute lettre pour l'intérieur revêtue d'un timbre-poste insuffisant est considérée comme non affranchie et taxée comme telle, sauf déduction du prix du timbre. Ainsi, par exemple, lorsqu'une lettre pesant plus de 7 grammes 1/2 est affranchie avec un timbre bleu, valeur 20 centimes, elle est considérée comme non affranchie ; elle doit 60 centimes : en déduisant 20 centimes que représente le timbre bleu, il reste à payer 40 centime. — Les lettres pour l'étranger sont affranchies soit au moyen de timbres-poste et jetées à la boîte, soit en numéraire, au guichet des bureaux, et laissées entre les mains des agents des postes. Revêtues de timbres insuffisants, elles sont considérées comme non affranchies, et ne peuvent recevoir cours, si elles sont à destination de pays pour lesquels l'affranchissement est obligatoire. — Le poids des timbres-poste est compris dans le poids des lettres sur lesquelles ils sont apposés. — L'emploi fait sciemment d'un timbre-poste ayant déjà servi est puni d'une amende de 50 francs à 1,000 francs.

ARTICLES D'ARGENT.

La poste se charge, moyennant un droit de 2 p. 0/0, du transport des sommes d'argent déposées à découvert dans les bureaux. Il est remis aux déposants, en échange, des mandats qui peuvent être payés aux ayants droit dans tous les bureaux de l'empire et de l'Algérie. Les envois d'argent sont encore reçus pour les armées françaises en pays étrangers, pour les militaires et marins employés dans les colonies françaises ou sur les bâtiments de l'État, et pour les transportés à Cayenne. Le minimum des dépôts est fixé à 50 centimes. Au-dessus de 10 francs, les mandats supportent un droit de 25 centimes pour timbre.

TRANSPORT ILLICITE DES CORRESPONDANCES.

La loi interdit le transport, par toute voie étrangère au service des postes, des lettres cachetées ou non cachetées circulant à découvert ou renfermées dans des sacs, paquets ou colis, des journaux, ouvrages périodiques, circulaires, prospectus, catalogues et avis divers, imprimés, gravés, lithographiés ou autographiés. Toute contravention est punie d'une amende de 150 à 300 francs, et, en cas de récidive, d'une amende de 300 fr. à 3,000 francs. La loi défend également l'insertion dans les lettres chargées ou non chargées de matières d'or ou d'argent, de bijoux ou autres objets précieux. En cas d'infraction, amende de 50 fr. à 500 francs.

DE LA SUSCRIPTION DES LETTRES.

Le public ne saurait apporter trop de soin à la rédaction de l'adresse des lettres qu'il confie à la poste, afin d'éviter les fausses directions. Les noms doivent être écrits très-lisiblement, et surtout le nom du bureau de poste ou de distribution qui dessert le lieu de destination. Lorsque le lieu de destination a une dénomination commune, soit en France, soit à l'étranger, on doit indiquer le nom du pays étranger ou du département français ; par exemple : Vienne (Autriche), Vienne (Isère), Bulle (Suisse), Bulles (Oise). Le timbre d'affranchissement doit être placé sur l'angle droit supérieur de la lettre.

LETTRES CHARGÉES ET CHARGEMENTS DE VALEURS COTÉES.

Les lettres auxquelles le public attache une importance particulière peuvent être chargées. Ces lettres doivent toujours être présentées au bureau de poste et affranchies. L'Administration donne reçu aux déposants et ne les livre que sur reçu aux destinataires. Elles payent, outre la taxe ordinaire, une surtaxe fixe de 20 centimes. — Les lettres chargées doivent être placées sous enveloppe et cachetées au moins de deux cachets en cire fine ; ces cachets doivent être placés de manière à retenir tous les plis de la lettre ; ils doivent tous porter la même empreinte. — Les valeurs cotées sont des objets précieux de petite dimension qui payent 2 p. 0/0 de la valeur estimée. L'estimation ne peut être inférieure à 30 francs ni supérieure à 1,000 francs. Elles sont renfermées, en présence des directeurs, dans des boîtes ou étuis ayant au plus 10 centimètres de longueur, 8 centimètres de largeur et 5 centimètres d'épaisseur. Poids maximum : 300 grammes.

POUDRERIE. — Place de l'Arsenal, 9, à l'Arsenal.

PRÉFECTURE DE LA SEINE. — A l'Hôtel de Ville. La Préfecture de la Seine a l'administration de la ville de Paris ; elle est chargée de la gestion financière des établissements d'instruction et de bienfaisance, des travaux d'embellissement, des voies de communication, des expropriations pour cause d'utilité publique, etc., etc. Elle comprend quatre divisions et 16 bureaux, qui sont ouverts au public tous les jours, de 10 h. à 5 h., dimanches et fêtes exceptés.

PRÉFECTURE DE POLICE. — Quai des Orfèvres, r. de Jérusalem, 7. Provisoirement, place Dauphine et r. du Harlay. Elle a dans ses attributions la sécurité générale et privée de Paris, comme alimentation, salubrité, passe-ports, surveillance, répression des malfaiteurs, recherche des crimes et délits, etc. Le travail y est réparti en 2 divisions et 14 bureaux. L'autorité du préfet de police s'étend sur tout le département de la Seine et sur les communes de St-Cloud, de Sèvres, de Meudon et d'Enghien, du département de Seine-et-Oise. Il a aussi la police du marché de Poissy, du même département. Les bureaux de la Préfecture sont ouverts de 9 h. 1/2 à 4 h.

PRISONS :

Conciergerie (de la), quai de l'Horloge.
Dépôt de la Préfecture, au Palais de Justice.
Dépôt des condamnés, r. de la Roquette, 154.
Dette (de la), 70, r. de Clichy.
Jeunes détenus (des), 143, r. de la Roquette.
Madelonnettes (des), r. des Fontaines-du-Temple, 12.
Mazas, 23, boulevard Mazas.
St-Lazare, 109, r. du Faub.-St-Denis.
Ste-Pélagie, r. du Puits-de-l'Ermite, 14.

Dépôt de mendicité de la Seine, à Villers-Cotterets.
Maison de répression de la mendicité, à St-Denis.
Prison Militaire, 38, r. du Cherche-Midi.

On peut visiter les prisonniers deux fois par semaine, le jeudi et le dimanche, à l'aide d'un permis qu'il faut demander au 3e bureau de la 1re division de la Préfecture de Police. Les parents seuls sont autorisés.

PROMENADES. — Les principales promenades de Paris sont le bois de Boulogne, les Champs-Élysées, les boulevards, le parc Monceaux, les jardins publics, les squares et les quais.

PROFESSEURS DE DANSE.

Boizot père et fils, auteurs de *la Mazeppa-Boizot*, etc., cours et académie de danse, valses, polkas, etc., leçons de musique, r. St-Honoré, 247, près l'Assomption, ancien 357.
Cellarius (Mlle), r. Vivienne, 55.
Cellarius (Henri), de *l'Académie impériale de musique*, profess. de danse et de valse, r. Vivienne, 49.
Conil, r. St-Martin, 220.
Cornet, r. Navarin, 28.
Coulon, ex-artiste de *l'Académie imp. de musique (Grand-Opéra)*, cours et leçons particulières, r. St-Honoré, 320.
De Boyne (Mme), élève de M. Carré père, ex-première danseuse du *théâtre de la Renaissance* (aujourd'hui *théâtre des Italiens*),
de *l'Ambigu*, de la *Porte-Saint-Martin* et du *Théâtre-Français* de Londres, r. Fontaine-Molière, 27.
Dosrat, r. St-Guillaume, 8.
Elie, professeur de danse à *l'Opéra*, r. Louis-le-Grand, 27.
Fischer, r. Rambuteau, 4.
Gawlikowski (Philippe), rue de l'Ancienne-Comédie, 18.
Grétry-Louvigné, passage Verdeau, 13 bis.
Guérin (Veuve), r. Coquillière, 34.
Laborde, r. de la Victoire, 30
Lemaire, r. de La Harpe, 57.
Lenfant, r. de Hanovre, 10.
Major, r. École-de-Médecine, 60.
Ménard, r. St-Antoine, 149.
Renausy, boul. St-Denis, 2.
Saint-Léon, r. St-Roch, 39.

PROFESSEURS DE DESSIN.

Amandry, rue Saint-Maur-Popincourt, 163.
Binard (Mme), r. Montmartre, 44.
Daix (Alp.), r. Richer, 2.
Dumini (Mme), r. Arbre-Sec, 48.
Gâmon du Pasquier (Mme), cours de dessin et de peinture, pastel, paysage et fleurs; pour les jeunes personnes, les mardis, jeudis et samedis, de 1 h. à 4, r. de la Victoire, 19.
Lemoine-Benoît, r. Vaugirard, 41.
Mac-Henry, atelier de jeunes personnes, spécialement pour le dessin et la peinture des fleurs, r. Mazarine, 3.

PROFESSEURS D'ESCRIME.

Alliac, r. St-Honoré, 320.
Bonnet aîné, r. Villedo, 3.
Cordelois, r. Laffitte, 1.
Darcssy, r. Faub.-Montmartre, 10.
Douglas, r. Mazarine, 20.
Duménil, r. de Provence, 78.
Gatechair fils, passage de l'Opéra, galerie de l'Horloge, 14, et r. de la Visitation-des-Dames-de-Ste-Marie, 6.
Gautier r. Joubert, 9.
Goris, r. de Tournon, 9.
Grisier (E.), rue du Faubourg-Montmartre, 4.
Laribeau, passage Verdeau, 13 bis.
Lecour (Hubert), gal. Montmartre, 27, passage des Panoramas.

Meunier, Coutures-St-Gervais, 3.
Maistrasse de Nogaret (Ch.), artiste peintre d'histoire, ex-professeur de dessin de l'académie de l'Indre, professeur de dessin et de peinture, tient aussi un cours particulier de dessin applicable aux arts et à l'industrie, r. d'Assas, 3, faubourg St-Germ.
Naudais, r. Visitation-des-Dames-Ste-Marie, 6.
Pasquier, cour de Rohan, 3 bis.
Tissot, r. des Lombards, 10.
Tronquoy (A.), dessin de machines, médaille de br. 1839, méd. 2e cl. 1855, r. Faub.-St-Denis, 93.

r. de Tournon, 9 et r. Tracy, 8.
Lozès (F.), r. Voltaire, 9.
Lozès, r. Tournon, 9.
Michel, r. des Martyrs, 48.
Mille, r. Mazarine, 68.
Paillet, r. Madame, 12.
Pons ✶, maître d'armes de S. M. l'empereur, de sa maison et des cent-gardes, r. St-Honoré, 223, ancien 339.
Raimbaut, r. Duphot, 14.
Raimondi, r. Taitbout, 10.
Robert fils, pass. des Panoramas, galerie Montmartre, 30.
Roger, r. École-de-Médecine, 30.
Ruas, r. Blanche, 10.

PROFESSEURS DE LANGUES.

Albitès (Félix), r. St-Lazare, 135.
Albitès (Mme et Mlle Hélène) de Rome, r. Saint-Lazare, 135.
Ambroise, interprète-juré, profess. d'anglais. Office international, achat et vente de brevets d'invention, transactions commerciales, placement de fonds, commissions et correspondances avec tous les pays étrangers, r. des Filles-St-Thomas, 1.
Aubert (de Monthermé), r. N»-des-Mathurins, 25, et r. Monthabor, 32; auteur d'une carte du jour, interprète universel et permanent, rédigée dans les six langues les plus répandues :
français, anglais, allemand, espagnol, italien et portugais.
Bacharach, cité Gaillard, 3.
Baeza (Juan), profess. d'espagnol, trad. interprète près le tribunal de 1re instance du départ. de la Seine, b. des Capucines, 20.
Behno (Le Dr) du Hanovre, professeur, traducteur, auteur du grand *tableau généalogique des Guelfes*, le plus complet qui existe; leçons d'allemand, d'anglais et de français, r. du Bois, 4. à Champerret (Neuilly-s.-Seine).
Behno (Mme), institutrice ext., enseigne, outre les mêmes langues, le piano, le chant, le dessin et

PROFESSEURS.

les autres sciences de l'éducation, r. du Bois, 4, à Champerret (Neuilly-sur-Seine).
Bernard, r. Ancienne-Comédie, 14.
Bescherelle, r. de la Monnaie, 21.
Bignon (Mme), r. Marie-Stuart, 10.
Birmann, r. St-Christophe, 8.
Blum (R.) et sœurs, r. Rivoli, 212.
Boblet (Mlle), r. Pavée-St-André-des-Arts, 17.
Boinet, r. Royale-St-Honoré, 22.
Boissière, r. de l'Odéon, 18.
Bonn (J.), prof. d'anglais, r. Croix-des-Petits-Champs, 17.
Bonn (William), r. de Seine, 82.
Boudeville, r. Blanche, 52.
Boussuat (Mme), née Robertson, r. Fontaine-St-Georges, 27.
Brun, impasse Sandrié, 6.
Brunesseaux (Mme), r. Trévise, 27.
Buron, r. Madame, 1.
Carré, r. du Bac, 42.
Cashin, galerie Vivienne, 4.
Castelli (G.), italien, r. Faubourg-Poissonnière, 184.
Castellan (Ignacio), profess. d'espagnol, traducteur-expert, interprète près la cour impériale, r. la Rochefoucauld, 43
Cellier-Dufayel (N.), r. Chaussée-d'Antin, 36.
Cepollini (A.), italien, cours et leçons particulières, traductions, r. St-Honoré, 390.
Chambon, au Lycée Louis-le-Grand, r. de l'Est, 23.
Chandelet, boulevard Bonne-Nouvelle, 21.
Charrier (Mme Ed.), née C. Boblet, prof. de français, d'histoire, de littérature, etc., auteur de l'Orthographe enseignée par la pratique, Recueil de dictées pour les enfants : 1o de cinq à sept ans, 2o de sept à neuf ans (autorisé par l'Université), 3o de neuf à douze ans. Chronologie des rois de France, d'Angleterre, etc., r. de Seine, 54.
Clifton, traduction et leçons de langue anglaise, r. du Rocher, 6.
Cooke, r. St-Honoré, 290.
Coquentin (Mme), anglais, passage Vivienne, 44.
Cossmann (E.), r. Chaptal, 15.
Cullen, r. Richelieu, 82.
Danne jeune, passage Jouffroy, 61.
Desegliese, r. Blanche, 34.
Des Vernois, r. St-Honoré, 39.
Deval de Montrose et Alvarès, r. du Château-d'Eau, 16.
Deville (A.), r. St-Nic.-d'Antin, 46.
Donne (Joh.), auteur du cours d'anglais et du cours d'espagnol, r. Montmartre, 163.
Durlacher (A.), r. Bourbon-Villeneuve, 46.
Duvernoy, r. St-Honoré, 40
Ellsworth (Mme), r. des Martyrs, 23.
Émile (M.), author of the Grammar-Guide for the road, the rail, etc., french language and litterature, r. St-Honoré, 390.
Escudero, r. de Provence, 6.
Estève (L.), r. du Helder, 24.
Faillières, r. des Noyers, 71.
Fernandez, anglais, r. Neuve-St-Eustache, 14.
Ferrari (M.-C.), homme de lettres, leçons de langue et de littérature italiennes, rue de la Sourdière, 10.
Feuillet (Alph.), histoire et littérature, r. St-Georges, 39.
Filippi (de), langue italienne, r. de Laval, 15.
Fischer, anglais, r. Ste-Anne, 26.
Flandin (Mlle Eulalie), rue de Londres, 33.

Flontelot, rue Neuve-des-Petits-Champs, 62.
Formstocher, r. Ste-Apolline, 9.
Fouché, r. Richelieu, 86.
Fouignet, r. d'Argenteuil, 43.
Fournier, à Neuilly (chemin de ronde de la barr. l'Étoile), 1.
French fils, r. de l'Échiquier, 41.
Friedlaender, r. des Colonnes, 5.
Friendenburg, r. Rambuteau, 27.
Gilchrist (R.-M.), anglais, donne des leçons de grec et de latin, r. de Laval, 18.
Gildo, profess. d'espagnol, cours permanent des langues : espagnole, anglaise, italienne, allemande; cabinet et traduction en toutes les langues, boul. Bonne-Nouvelle, 35.
Girardini, r. St-Honoré, 408.
Glashin (D.), anglais, r. Bouloi, 8.
Grierre, anglais, r. St-Marc, 32.
Grisard - Neveux (Mme), langue française, histoire, etc., cours pour les jeunes personnes, r. des Bourdonnais, 35.
Gross (S.), r. St-Antoine, 110.
Guillome, r. Gaillon, 7.
Hamilton (Henry), professeur des langue anglaise, méthode Robertson, cours et leçons particulières, r. Chabannais, 8.
Henri, professeur de langues, r. St-Honoré, 270.
Hinshelwood (M.-J.), de l'Institut littéraire et scientifique de Londres, anglais, cours et leçons particulières : traduction des principaux idiomes européens en anglais et en français, r. St-Honoré, 320.
Hinshelwood (Mme), anglais, cours et leçons particulières pour dames, r. St-Honoré, 320.
Jacotot (H.-V.), Dr M., professeur, fils et éditeur des ouvrages du fondateur de l'enseignement universel, professeur de langues, sciences et arts, r. d'Enfer, 54.
Johnson, r. Fos.-Montmartre, 19.
Jomp (John), r. de Longchamps, 37 et 39.
Jost, doct. en philosoph., profess. d'allemand, d'anglais, d'italien, d'hébreu et d'espagnol; auteur de la Grammaire polyglotte admise à l'Educational exhibition de Londres, r. Montmartre, 164, à l'entre-sol.
Kronauge, r. de Rivoli, 212.
Laforest, anglais, rue de l'École-Médecine, 19.
Larousse, auteur de la Lexicologie des Écoles, cours de langue française et de style; r. St-André-des-Arts, 49.
Leavington, d'anglais, r. Monsieur-le-Prince, 49.
Levi-Alvarès, profess. de littér. et d'hist., r. de Lille, 10.
Lévi-Alvarès (E.), cours d'éducation maternelle, r. St-Louis-Marais, 36.
Lévi-Alvarès (Théodore), littérature et histoire, cité Trévise, 7.
Levy (Frédér.), r. Bourtibourg, 21.
Maccarthy, anglais, place de la Madeleine, 19.
Mailleflle (L.), espagnol, français, et anglais, rue Neuve-St-Augustin, 60.
Marchal (Mme), r. Bleue, 17.
Martin (Emmanuel), langue française pour les Français et les étrangers (il parle anglais), r. de la Chaussée-d'Antin, 10 bis.
Masson (Mlle Victorine), cours préparatoires permanents pour les institutrices, r. Sèger, 5.

PROFESSEURS.

Masson (Frédérick), de Londres, anglais, cours et leçons particulières, r. Montmartre, 176.
Moldola, interprète-juré des cours et tribunaux de Paris, danois, norvégien et suédois, r. Neuve-des-Petits-Champs, 36.
Moure (Mme), r. St-Honoré, 276.
Mony ✶, r. de l'Échiquier, 38.

PROFESSEURS DE MUSIQUE.

Alard ✶, prof. de violon au Conservatoire de musique, rue des Petites-Écuries, 22.
Alkan aîné, profess. de violon, r. de Londres, 35.
Alkan (Napoléon), jeune, r. Buffault, 18.
Alary, pianiste de la chapelle et de la chambre de l'empereur, boul. des Capucines, 9.
Alliaume (Vve), de piano, Faub.-du-Temple, 54.
Altès, flûte, r. Nve.-Coquenard, 21.
Ancel (Mme), piano, rue de Londres, 51.
Ange, (Mlle), F.-Montmartre, 27.
Arban, r. Boursault, 20.
Aulagnier, r. Racine, 5.
Autrique, r. Mayet, 15.
Azimont, q. Voltaire, 8.
Barroilhet, ex-artiste (chant) à l'Académie impériale de musique, r. Blanche, 68.
Bataille (Mme), élève de M. Ermel, grand prix de Rome, leçons de piano et solfége, boul. St.-Martin, 37.
Batiste, prof. au Conservatoire de musique, imp. Mazagran, 3.
Battu, second chef d'orchestre à l'Opéra, r. N.-D. de Lorette, 13.
Baudiot (Mme), piano, r. Taitbout, 15.
Bavillier (Mlle de), place de la Madeleine, 2.
Bazin, prof. d'harmonie au Conservatoire de musique, r. des Martyrs, 41.
Bazzoni, r. d'Argenteuil, 18.
Beaufour-Viezling (Mme), prof. de piano au Conservatoire de musique, r. Bergère, 9.
Benard-Tabereau (Mme), r. de l'Université, 40.
Bernard (Paul), r. Chabannais, 5.
Bernardin-Courtois, Faub.-St-Denis, 95.
Bertin, trompe, r. St-Honoré, 127.
Besanzoni, r. Crébillon, 2.
Bezozzi, r. St-Georges, 39.
Bienaimé, prof. au Conservatoire de musique, rue Monsieur-le-Prince, 33.
Binet, Faub.-St-Honoré, 155.
Bizet, r. Laval, 18.
Bizot, r. Blanche, 83.
Blanchard, r. Bonaparte, 82.
Bled (Ch), r. N.-D.-de-Lorette, 36.
Blum (R.) et sœurs, piano, r. Rivoli, 212.
Bodart (Mlle), r. Caumartin, 71.
Bodin, prof. Exercices élémentaires, gammes, Traité complet et rationnel des principes élémentaires de la musique, Ouvrages publiés par le professeur, r. St-Honoré, 217 nouveau.
Boëly, piano, r. de Ponthieu, 14.
Boizot père et fils, piano, violon et musique vocale, r. St-Honoré, 217, près l'Assomption, ancien 357.
Bonoldi (F.), chant, r. Taitbout, 13.
Bouchardy (Mme), rue St-Nicolas-d'Antin, 48.
Boulanger-Kunzé, rue Louis-le-Grand, 10.

Morin, cours de déclamation, passage des Panoramas, galerie Montmartre, 17.
Morphy, d'anglais, r. du Mail, 24.
Ollendorff (H. G.), docteur en philosophie, professeur de langue et de littérature allemandes, r. Richelieu, 28, bis.

Boullée (Mlle Ida), r. Rivoli, 208.
Bousquet (Narcisse), flûte, r. Bourbon-Villeneuve, 45.
Bousquet, chant, rue Fontaine-St-Georges, 27.
Boutroy, r. des Fossés-Saint-Bernard, 26.
Bouvier-Duprat (Mme), r. Bellechasse, 56.
Bouzon (Mme), r. Mayet, 16.
Brice, r. du Bac, 59.
Briey-Korn (Mme Eugénie), piano, r. la Bruyère, 27.
Bronner (Mlle), r. Bleue, 32.
Brousse (Mlle Marie), professeur de chant (méthode italienne), r. Hauteville, 18 bis.
Brusson (P.-W.), prof. de piano, artistes pour soirées, rue de Malte, 54.
Burgmuller, compositeur, r. Lafayette, 38.
Butteux, Faub.-du-Temple, 16.
Carnaud jeune, r. Montmartre, 19.
Chaft, professeur de contre-basse au Conservatoire de musique, chaussée de Clignancourt, 98.
Charbonnier, r. des Jeûneurs, 16.
Chassant (Mlles), piano, rue du Vieux-Colombier, 13.
Chaudesaigues, chant, Faub.-Poissonnière, 70.
Chaudesaigues (Mme), piano, F.-Poissonnière, 70.
Chaulieu, r. St-Giles, 16.
Cheronnet (Mme), piano, r. Navarin, 7.
Chesné (Mlle), piano, r. du Dragon, 12.
Chevé (Mme), née Nanine Paris, r. des Marais-St-Germain, 18.
Chevé (Émile) ✶, D. M. P., prof.-de-musique par la méthode Galin-Paris-Chevé, système d'écriture musicale reproduit par la typographie et destiné à l'enseignement. R. des Marais-St.-Germain, 18.
Chevé fils (Amand), prof. d'harmonie, de chant et d'harmonium, r. des Marais-St-Germain, 18.
Chrétien (Ch.), Faub.-St-Denis, 85.
Clapisson ✶, compositeur, r. St-Georges, 20 et 22.
Coche (Mme), piano au Conservatoire, r. Montholon, 21.
Coche (Mme), flûte, r. Montholon, 21.
Collière (Mme), r. de Clichy, 68.
Collongues, r. des Prouvaires, 10.
Coninx, cour du Commerce-St-André, 19.
Cornu, prof. au collège Rollin, r. d'Ulm, 42.
Cottin (Ed.), r. Chabanais, 12.
Crozior (Mme), r. St-Martin, 6.
Cruset (Mme), piano, r. des Moulins, 11.
Dalbizi, r. du Bac, 40.
Dancla, r. du Pont-de-Lodi, 5.
Daniel-Klein (Mlle Augustine), r. du Mail, 13.
Daniele (Giuseppe), Faub.-Poissonière, 64.
Dauverné aîné, prof. de trompette au Conservatoire impérial de musique et auteur d'un ouvrage didactique pour cet instrument,

adopté par l'Institut de France et le Conservatoire, r. Jacob, 31.
David (Félicien) ✱, compositeur, r. La Rochefoucauld, 58.
Dabadie, chant, r. Blanche, 69.
Decourcelle, piano, r. Caumartin, 69.
Delacour, r. St-Honoré, 392.
De la Saussaye-d'Aubigny (Mme), r. de Douai, 12.
Dalaverpilière (Mad.), méthode de piano, r. de Penthièvre, 59.
Delcamp, musique vocale en 20 leçons, par un nouveau système, r. Montmartre, 155.
Delcourt, chef d'orchestre de bal, r. Bréda, 15.
Deline Gagnier (Mlle), St-Sauveur, 50.
Delloy (Mme), Turgot, 31.
Delsart, r. St-Sulpice, 18.
Delsarte (François), r. Croix-Boissière, 8 bis.
Dennery (Mme), r. Cadet, 18.
Dobigny-Derval, Faub.-St-Honoré, 90.
Domeny (Mlle Céline), méd. arg. décerné par S. M. l'impératrice, méd. arg. et or Société des amis des arts, sciences et belles-lettres de Paris, Faub.-St-Denis, 101.
Dracq, piano, r. de Clichy, 72.
Droling, compositeur, r. du Sentier, 9.
Dubuisson, r. Saint-Louis-au-Marais, 60.
Dufrène (L.), boul. St-Martin, 4.
Dufresne-Demay (Mme), d'harmonie au Conservatoire, r. Chabrol, 50.
Dupuis-Ruestenholtz (Mme), prof.-adjoint au Conservatoire de musique, r. de l'Est, 85.
Duvernoy (J.-B.), piano au Conservatoire de musique, F.-Montmartre, 25.
Élie, flûte, r. Tiquetonne, 5.
Elwart, harmonie au Conservatoire de musique, r. Laffitte, 43.
Espaigne (Mme), piano, r. de la Michodière, 3.
Étienne (F.), prof. de chant, auteur de la *Méthode orthophonique* corrigeant les voix fausses, r. Cherubini, 8.
Farrenc (Mme), piano au Conservat. de musique, r. Taitbout, 10.
Fossy, r. Pierre-Levée, 17.
Fouchot, prof. de piano, r. de la Tour-du-Temple, 8.
Fleury, prof. de piano, r. Las-Cazes, 18.
Foulon, r. Croix-des-P.-Champs, 14.
Fournier, prof. de musique, r. Laffitte, 43.
Franchomme, violoncelle au Conservatoire de musique, r. de la Bruyère, 10.
Franck, r. Blanche, 69.
Franck fils (Joseph), organiste de la paroisse de St-Thomas-d'Aquin, r. Babylone, 68.
Frédérick, r. du Temple, 172.
Gallay ✱, prof. au Conservatoire, r. Chabannais, 14.
Gambard (Mlle), boul. Beaumarchais, 2.
Garcia (Mme), r. Godot-de-Mauroy, 26.
Gardebois, r. Montmartre, 3.
Garsin, violoniste, r. St-Lazare, 75.
Gauthier (Mlle Eug.), r. Latour-d'Auvergne, 8.
Gautrot, r. de Clichy, 84.
Gawlikowski (Philippe), r. de l'Ancienne-Comédie, 18.
Geoffroy (Félix), pass. Verdeau, 13.
Georges de Momigny, et compositeur de musique, auteur de mélodies spéciales pour les jeunes personnes, pour les maisons d'éducation et organiste de la Chapelle-St-Denis, r. de Buci, 12.
Géraldi, r. Demours, 43, aux Ternes.
Gilbert (Alph.), organiste, rue de Vaugirard, 10.
Godard (Alfred), piano, r. N.-D.-de-Grâce, 5.
Gonin, r. de la Banque, 18.
Gouffé, r. la Bruyère, 28.
Gras, Faub. Poissonnière, 70.
Goutmann, piano, r. Blanche, 4.
Guérin, prof. de violon au Conservatoire, passage Saulnier, 13.
Guillot de Sainbris (Antonin), chant, r. Nve-St-Augustin, 9.
Hachette (Mme) piano, rue de la Perle, 1.
Henocque (Mme), r. Papillon, 8.
Henricet, r. Montholon, 30.
Henry (Mlle), piano, r. Rivoli, 188.
Hermann, violon, r. de Milan, 8.
Herz (H.) ✱, prof. de piano au Conservatoire de musique, r. de la Victoire, 48.
Herz (Mlle), piano, r. Blanche, 64.
Hesse, r. Madame, 9.
Heu (E.), r. Chaussée-d'Antin, 10.
Hocmelle (Edm.), organiste de St-Thomas-d'Aquin et de la chapelle du Sénat, prof. de chant, r. Ville-l'Évêque, 2.
Hubert, r. St-André-des-Arts, 45.
Huby, piano, r. de Buci, 10.
Huet (Mme), r. Richer, 34.
Hurand, r. Feydeau, 28.
Iweins-d'Hennin, chant, rue du Mail, 9.
Jacquard, r. Richer, 33.
Jonas (E.) prof. au Conservatoire, r. Richer, 44.
Jouet, r. Nve-Bréda, 27.
Jousselin (Mlle Fanny), professeur agrégé au Conservatoire de musique, r. Montholon, 5.
Jumelle (Mlle), r. des Sts-Pères, 53.
Juvin (E.), compositeur de musique, passage Tivoli, 11.
Juvin (Gustave), prof. de piano, pass. Tivoli, 11.
Kauffmann, piano, r. Neuve-des-Mathurins, 8.
Ketterer, piano, boulev. Poissonnière, 10.
Klotz (Mlle), au Conservatoire de musique, r. St-Lazare, 8.
Koenig, artiste de l'Opéra, chant, galerie Colbert, 16.
Krammer, r. de Seine-Saint-Germain, 79.
Kruger, pianiste du roi de Wurtemberg, r. Taitbout, 16.
Labadens, r. Jeoffroy-l'Asnier, 30.
Laboureau, chant, Faub.-St-Martin, 119.
Lacombe, piano, rue de la Victoire, 54.
Laffitte, r. Nve-Coquenard, 32 bis.
Lanet (Mme J.-A.), harmonie, rue Montholon, 31.
Laurent (Adolphe) ✱, profess. au Conservatoire impérial de musique (classe spécial pour le piano), r. de Bourgogne, 40.
Laval (Mlle Clémence), piano, boul. Montmartre, 19.
Lavergne (Mlle), r. d'Hauteville, 87.
Lavocat, r. des Martyrs, 30.
Le Beau (A.), r. Favart, 6, Brevet de capacité délivré par la commission chargée par M. le préfet de la Seine de l'organisation de l'enseignement du chant dans les écoles de la ville de Paris.
Lebouc, r. Chaussée-d'Antin, 37.
Lecarpentier, r. du Petit-Carreau, 8.

Lecieux (Léon), r. Hauteville, 61.
Leclercq (Mme), r. la Tour-d'Auvergne, 21.
Lecocq, r. du Bac, 110.
Le Couppey (Félix), prof. de piano au Conservatoire impérial de musique, r. Laffitte, 47.
Lefebvre, passage du Grand-Cerf, 41 et 43.
Leglu, r. Montmartre, 44.
Lemaire (Théophile), chant et piano, r. de l'Oratoire-du-Roule, 32.
Léonard, r. Royale-St-Honoré, 18.
Lesage, r. Jardinet, 3.
Letort (Mlle), piano, r. Papillon, 5.
Levasseur (Mme), piano, r. St-Dominique-St-Germain, 18.
Limnander, compositeur de musique, boul. de la Madeleine, 19.
Lorimier (Mlle), r. des Tournelles, 41.
Lorotte (Mlle) prof.-adjoint de solfège au Conservatoire, Faub.-Poissonnière, 8.
Lovie (Alexandre), pianiste-compositeur, r. Blanche, 64.
Luçon, piano, r. St-Louis-Marais, 83.
Mallet (Mlle), piano, r. Turgot, 31.
Marchand, chef d'orchestre, boul. Bonne-Nouvelle, 8.
Marmontel, solfège au Conservatoire, r. St-Lazare, 36.
Massart (Lambert), prof. de violon au Conservatoire, r. de la Chaussée-d'Antin, 29.
Massé, prof. au Conservatoire de musique, r. Laval, 26.
Massé, r. N.-D.-de-Lorette, 53.
Massimino ✱, rue N.-D.-de-Lorette, 42.
Massus (Jules), prof. de piano et compositeur, r. St-Lazare, pass. Tivoli, 10.
Meifred ✱, prof. de cor à piston au Conservatoire de musique, r. Fontaine-St-Georges, 43.
Mercié-Porte (Mlle), prof. au Conservatoire de musique, Faub.-Montmartre, 8.
Merlet (J.), sous-chef d'orchestre à l'Opéra-Comique, pl. Louvois, 2.
Mermet, r. Nve-Bréda, 17.
Meslet (Mme), r. St-Dominique, 31.
Meunier, r. Mandar, 6.
Migette, r. des Prouvaires, 3.
Missler, piano, r. Vivienne, 12.
Moncouteau, organiste de St-Germain-des-Prés, r. des Grands-Augustins, 3, près la Vallée.
Monvoisin (Mlle), rue Bourbon-Villeneuve, 7.
Morel (Ch.), prof. de piano, r. St-Gilles, 9.
Morin, Faub.-Poissonnière, 72.
Muller (Mlle), piano, r. Godot-de-Mauroy, 41.
Naumbourg, r. Vendôme, 13.
Ney (C), r. La Tour-d'Auvergne, 38.
Norblin, r. St-Georges, 39.
Offenbach, compositeur de musique, r. Laffitte, 11.
Panseron ✱, compositeur, prof. de musique vocale, au Conservatoire, r. Hauteville, 21.
Paris (J.-C.), r. de Boudy, 66.
Pasdeloup, au Conservatoire de musique, rue Basse-du-Rempart, 40.
Patuzet, quai Valmy, 137.
Pecquet (Mlle), piano et transposition, r. de Verneuil, 7.
Pellecat (Mme), r. Rousselet, 31.
Pellereau (Gustave), prof. de piano et de violon, r. Lafayette, 12.
Pellereau-Duville, direct. de l'Institut musical de Paris, r. Lafayette, 12.

Petit-Thierry (Mme), piano, r. Guy-de-la-Brosse, 6.
Petiton, flûte à l'Opéra-Comique, r. Bellefond, 25.
Pierson-Bodin (Mme), piano et chant, r. St-Honoré, 217.
Piétro-Cavall, q. Bourbon, 31.
Pohl (J.), piano et compositeur, r. St-Honoré, 231.
Poiteaux (Léonide), piano et harmonie, r. Nve-St-Eustache, 12.
Pollet, boul. Montparnasse, 75.
Ponchard ✱, chant au Conservatoire impérial de musique, boul. Montmartre, 5.
Potier (Henri), au Conservatoire de musique, r. des Martyrs, 41.
Prély (Mlle Désirée), piano, Faub.-Montmartre, 25.
Proust, q. Napoléon, 7.
Provost, prof. de déclamation au Conservatoire de musique, rue Nve.-St-Augustin, 5.
Prudent, piano, r. Bleue, 6.
Prumier ✱, harpe au Conservatoire, r. Rocroi, 1.
Prumier (Mme, née Cloutier), harpe et piano, r. Rocroi, 1.
Prumier fils, harpiste à l'Opéra-Comique, prof. de harpe et d'harmonie, r. Rocroi, 1.
Rameau (Mme), imp. Sandrié, 6.
Redler, prof. de piano au Lycée St-Louis, r. Monsieur-le-Prince, 48.
Renaux (Mlle), piano, rue de la Bourse, 7.
Reuchsel (Mlle), piano, r. du Colisée, 50.
Rhein (C.), piano, r. Montholon, 26.
Révial, musique vocale, au Conservatoire de musique, rue Buffault, 13.
Reynier (Léon), violoniste, rue de Provence, 34.
Roynier (Mlle Léonie), piano, r. de Provence, 34.
Rivals, violon, rue St-André-des-Arts, 58.
Robberechts, r. Olivier, 21.
Robert (Mad.), r. d'Anjou-St-Honoré, 76.
Rogat, r. Mazarine, 1.
Ropiquet (A.), r. Lamartine, 5 bis.
Roslin, (Mlle), piano, r. Montholon, 7.
Rossellen, r. d'Amsterdam, 27.
Rosenhein, piano, r. la Bruyère, 19.
Rubner, chef d'orchestre et prof., Faub.-Montmartre, 84.
Saint-Elme (Mme), de chant, r. Navarin, 22.
Sangouard-Vauchelet, chant, r. des Petites-Écuries, 41.
Sauvageot (Ch.), violon, Faub.-Poissonnière, 56.
Sauzet, r. N.-D.-de-Lorette, 56.
Savard, r. des Fossés-St-Victor, 24.
Schell, r. Blanche, 70.
Schlosser, profess. de chant, place des Victoires, 8.
Séghers, r. Tronchet, 25.
Serruau (Mme), r. La Tour-d'Auvergne, 20.
Seuriot, prof. et compositeur, rue Nve-Bréda, 10.
Simon, r. de Sèvres, 64.
Sina, violon et accompagnateur, r. du Port-Mahon, 9.
Sowinski (Albert), r. de Lille, 67.
Stamaty (M. Camille), pianiste, r. St-Marc, 36.
Strauss, r. Montmartre, 130.
Systermann (Mlles), r. Fontaine-au-Roi, 64.
Talexy (Adrien), compositeur et prof. de musique, r. de Londres, 45.
Terby, r. du Marché-St-Honoré, 21.
Testard, r. Meslay, 61.

Teste, piano, r. Blanche, 42.
Thiberge, r. Duphot, 12.
Thys (A.), compositeur et auteur dramatique, r. de Trévise, 10.
Tilmant aîné, chef d'orchestre à l'Opéra-Comique, r. Neuve-Bréda, 17.
Tolbecque (les frères Julien et Jean-Batiste), r. Richer, 54.
Vaillant (Mme), r. des Vieux-Augustins, 16.
Vannier (Hippolyte), cours de piano basé sur l'étude raisonnée de l'harmonie, les mardis et vendredis soir, à 8 h., Faub.-St.-Martin, 36.
Vannier (Mad.), r. Richelieu, 38.
Vavasseur (Mlle Julie), chant, rue Vanneau, 89.
Voille, piano, r. du Port-Mahon, 6.
Vorroust, r. Bréda, 24.
Vorroust jeune, basson, r. Vintimille, 16.
Vorschneider, r. Mayet, 12.
Vorteuil (Mme Louise), chant et piano, r. de l'Orat.-du-Roule,32.
Vialon (A.), compositeur et prof. éditeur de la *Musique pour tous*, éditions in-8º de musique vocale et instrumentale, en notation ordinaire, et du *Panthéon vocal populaire*, publication de musique en chiffres (méthode Galin-Paris-Chevé), M. H. 1855, r. Vivienne, pass. Colbert, escalier E.
Vilkin (Mme), r. de l'Université, 34.
Viret (Frédéric), compositeur de musique, r. de l'Ouest, 8.
Vogt ✻, hautbois au Conservatoire impérial, r. N.-D.-de-Lorette, 7.
Vuilly de Candole (Mlle), passage Ste-Marie, 8.
Wagner (Mlle), F.-St-Honoré, 67.
Weber (J.-M.), r. de Lancry, 10.
Willaert (Mme), piano, r. Mazarine, 37.
Wolff (E.), pass. Saulnier, 6.
Wurtel, r. Chaussée-d'Antin, 43.
Zompi, piano, r. d'Angoulême-St-Honoré, 31.

PUITS DE GRENELLE. — Abattoir de Grenelle et place Fontenoy. Ce percement, commencé en 1834, et terminé seulement le 26 février 1841, après 7 années de travaux et d'essais. Le puits de Grenelle est le plus remarquable de tous les puits forés, par le volume de ses eaux et leur élévation au-dessus du sol; car il a fallu percer, à une profondeur de 547 mètres, l'énorme banc de craie sur lequel repose Paris, et il fournit un volume d'un million de litres en 24 heures. La colonne hexagone, en fonte, de 42 mètres de hauteur, que l'on voit au milieu de la place Fontenoy, est chargée de contenir les eaux du puits de Grenelle, qui montent à 33 m. 50 c. au-dessus du sol et sont reçues dans les réservoirs de la place du Panthéon.

R

RECETTE CENTRALE DU DÉPARTEMENT DE LA SEINE. — R. Nve-des-Mathurins, 36, chez le receveur central des finances, dépendant du ministère des finances. Le receveur central est chargé de surveiller et de diriger le recouvrement des contributions directes du département de la Seine; il centralise dans ses écritures toutes les recettes effectuées par les vingt-cinq receveurs de Paris et les vingt-six percepteurs de la banlieue, par les agents comptables des cinq facultés de théologie, de droit, de médecine, des sciences, des lettres, et par l'agent comptable de l'École de pharmacie. — Il reçoit directement tous les produits départementaux, les pensions des élèves de l'École polytechnique, des élèves de l'École vétérinaire d'Alfort, les versements pour brevets d'invention, les fonds déposés par les corps de troupes cantonnées dans le département de la Seine; il dirige les opérations des receveurs municipaux, des bureaux de bienfaisance et établissements publics des communes rurales du département, etc., etc. — Les bureaux de la recette centrale sont ouverts au public de 9 h. du matin à 3 h. — Le recouvrement des contributions directes de Paris est confié à vingt-cinq receveurs particuliers percepteurs, dont les bureaux sont ouverts au public de 9 h. du matin à 3 h. (V. *Percepteurs des contributions directes*.)

RECEVEURS DES CONTRIBUTIONS DIRECTES. — (V. *Percepteurs*.)

RECRUTEMENT. — Le dépôt est r. du Cherche-Midi, 37, où les engagements volontaires ont lieu les lundis, mercredis et vendredis, à 11 heures 1/2.

REMISES. — (V. *Voitures*.)

ROQUETTE. — Rue de la Roquette. (V. *Prisons*.)

RUES DE PARIS. — Consulter le *Dictionnaire topographique, historique et étymologique* que nous donnons à la suite de ce *Dictionnaire des besoins usuels*, comme annexe au NOUVEAU PARIS de M. Émile de la Bédollière.

S

SAPEURS-POMPIERS. — État-major, r. Chanoinesse, 8. Cet utile corps, institué spécialement, par décret du 27 avril 1850, pour le service contre l'incendie dans la capitale, est placé dans les attributions du ministre de la guerre pour tout ce qui concerne son organisation, son recrutement, le commandement militaire, la police intérieure, la discipline, l'avancement, les récompenses, les gratifications et l'administration intérieure. Toutefois, le ministre de l'intérieur intervient dans la fixation de l'ensemble des dépenses. Le service contre l'incendie s'exécute sous la direction et d'après les ordres du préfet de police. — 1re compagnie, r. de la Paix, 4; 2e, r. du Château-d'Eau, 68; 3e, r. Culture-Ste-Catherine, 7; 4e, r. de Poissy, aux Bernardins.

CORPS DE GARDE. — Grande r. de Chaillot, 105. — Rue de la Paix, 4, à la caserne. — Rue Royale, 2, hôtel de la Marine. — Quai de Billy, 32 et 34, à la Manutention. — Au palais de l'Industrie. — Rue de la Victoire, 31. — A l'arcade Colbert. — Rue Coq-Héron, 9. — Rue Nve-des-Bons-Enfants, à la Banque de France, près la rue Baillif. — Au Louvre, en face le Palais-Royal. — Halles aux draps. — Rue du Château-d'Eau, 68, à la caserne. — A l'Entrepôt des Marais. — Quai Valmy, 101. — Rue du Faub. du Temple, près la caserne d'infanterie. — Rue St-Martin, au Conservatoire des arts et métiers. — Place du Temple, en face de la Rotonde. — Vieille-Rue-du-Temple, à l'Imprimerie Impériale. — Rue des Blancs-Manteaux, au Mont-de-Piété. — Rue Culture-Ste-Catherine, à la caserne. — Rue St-Bernard, 17. — Rue de Percy, au magasin aux fourrages. — Rue Rivoli, caserne Napoléon. — Rue de l'Orne. — Rue St-Louis, 67, île St-Louis. — Rue Chanoinesse, 8. — Rue de l'Université, 13. — Rue de l'Université, au Ministère de la Guerre. — Aux Invalides, près la principale entrée. — Rue de Grenelle, au Ministère de l'Intérieur. — Rue Bonaparte, 14, succursale du Mont-de-Piété. — Au palais du Corps législatif. — Rue du Vieux-Colombier, 15, à la caserne. — Rue de Clovis. — Halle aux vins, r. des Fossés-St-Victor. — Rue de Poissy, 10, à la caserne. — Au Val-de-Grâce, r. St-Jacques, 277. — Aux abattoirs du Roule, de Grenelle, d'Ivry, de Ménilmontant et de Montmartre. — Et dans les mairies de Belleville, de Montmartre, de Batignolles, de Neuilly, de la Villette, de Bercy, de la Gare d'Ivry, de Vaugirard, de Montrouge, de Grenelle, d'Auteuil et de Ménilmontant.

SCEAU DE FRANCE. — Rue du Luxembourg, 36, au Ministère de la Justice.

SECOURS A DOMICILE. — (V. *Bureaux de bienfaisance*.)
SECOURS CONTRE L'INCENDIE. — (V. *Sapeurs-pompiers*.)
SÉMINAIRES.
Séminaire St-Sulpice, place St-Sulpice, 9. C'est le séminaire diocésain: il est dirigé par la congrégation des prêtres de St-Sulpice, et comprend la maison de Paris et celle d'Issy.
Séminaire des Missions-Étrangères, r. du Bac, 128.
Séminaire du St-Esprit, r. des Postes, 30.
Séminaire des Irlandais, r. des Irlandais, 5.

SÉNATEURS.

Premier président : S. Exc. M. Troplong, G. ✻, premier président de la Cour de Cassation, au palais du Sénat.

Premier vice-président : M. De Royer, G. O. ✻, au palais du Luxembourg, rue de Vaugirard, 19.

Vice-présidents : Maréchal comte Baraguey-d'Hilliers, G. O. ✻.
— (Général comte Regnaud de Saint-Jean-d'Angely, G.O. ✻, à l'École Militaire.
— Maréchal Pélissier, duc de Malakoff, G. ✻.

Grand référendaire : Général marquis d'Hautpoul, G. ✻, au palais du Sénat.

Secrétaire : Baron de Lacrosse, C. ✻, rue Bellechasse, 46.

PRINCES DE LA FAMILLE IMPÉRIALE.
S. A. I. le prince NAPOLÉON, G. ✻.

PRINCES DE LA FAMILLE CIVILE DE L'EMPEREUR.
S. A. le prince LUCIEN BONAPARTE, O. ✻.
S. A. le prince MURAT, O. ✻.
LL. ÉEm. NSS. le Cardinal de Bonald, C. ✻.
Le Cardinal Donnet, C. ✻.
Le Cardinal Gousset, O. ✻.
Le Cardinal Mathieu, ✻.
Le Cardinal Morlot, O. ✻.
LL. Excell. le Maréchal comte Reille, G. ✻.
Maréchal comte Vaillant, G. ✻.
Maréchal Magnan, G. ✻.
Maréchal comte de Castellane, G. ✻.
Maréchal Pélissier, duc de Malakoff, G. ✻.
Maréchal comte Baraguey-d'Hilliers, G. ✻.
Maréchal Niel, G. ✻.
Maréchal comte Randon, G. ✻.
Maréchal Mac-Mahon, G. ✻.
Maréchal comte Regnaud de St-Jean-d'Angely, G. ✻.
Maréchal Canrobert, G. ✻.
Maréchal Bosquet, G. ✻.
Amiral Parseval-Deschênes, G. ✻.
Amiral Hamelin, G. ✻.

Sénateurs, LL. Excell. :
Achard (Général baron), G. ✻, place du Palais-Bourbon, 2.
Audiffret (Marquis d'), G. ✻, rue St-Honoré, 281.
Bar (Général de), G. O. ✻, rue d'Isly, 13.
Baraguey-d'Hilliers (Maréchal comte), G. ✻, Faub.-St-Honoré, 10.
Barbançois (Marquis de), G. ✻, rue Rumfort, 8.
Barral (Vicomte de), O. ✻, rue de la Paix, 10.
Barrot (Ferdinand), G. O. ✻, rue du Regard, 4.
Barthe, r. rue Cassette, 7.
Bassano (Duc de), G. O. ✻, Tuileries.
Bauffremont (Duc de), G. O. ✻, rue Matignon, 10.
Béarn (Comte Hector de), G. O. ✻, rue de Varenne, 58.
Beaumont de la Somme (Comte de), O. ✻, r. Royale-St-Honoré, 8.

Beauveau (Prince de), O. ✻, rue des Champs-Élysées, 12.
Belbeuf (Marquis de), O. ✻, rue de Lille, 63.
Berthier, voyez prince de *Wagram*.
Billault, G. ✻, Ministre de l'Intérieur, place de la Madeleine, 7.
Boissy (Marquis de), O. ✻, cité du Londres, 4.
Bonaparte (S. A. I. le prince C. Lucien), G. O. ✻, avenue de la Porte-Maillot, 40.
Bonjean, C., rue
Bosquet (Maréchal), G. ✻, avenue des Champs-Élysées, 30.
Boulay de la Mourthe (Baron Joseph), G.O. ✻, r. de l'Université, 21.
Bourgoing (Baron de), G. O. ✻, rue de l Université, 3.
Bourjolly (Le Pays de), G. ✻, général de division, r. Boursault, 17.
Bourqueney (baron de), G. ✻, rue de l'Université, 30.
Bret, G. O. ✻, rue
Brotouil (Comte de), G. ✻, rue St-Florentin, 7.
Cambacérès (Duc de), G. O. ✻, rue de l'Université, 21.
Canrobert (Maréchal), G. ✻, rue de la Ferme-des-Mathurins, 13.
Carrelet, G. ✻, général de division, rue de Berry, 3.
Casabianca (Comte X. de), G. O. ✻. rue Saint-Arnaud, 4.
Castelbajac (Marquis de), G. O. ✻, général de divis., rue de Varennes 57.
Castellane (Comte), G. ✻, maréchal de France, commandant la 8e Division militaire, rue d'Angoulême, 13.
Casy (Comte), G. ✻, vice-amiral, rue de Rivoli, 11.
Caulaincourt (Comte de), voyez *Vicence*.
Cécille, G. ✻, vice-amiral, rue de Rivoli, 214.
Chapuis-Montlaville (Baron), O. ✻, quai de Béthune, 24.
Charon, G. ✻, général de division, rue Ville-l'Évêque, 19.
Chassiron (Baron de), ✻, rue Caumartin, 51.
Clary (Comte François), O. ✻, rue d'Aumale, 24.
Cramayel (Marquis de), G.O.✻, général de divis., r. de l'Université, 29.
Croix (Marquis de), O. ✻, rue de Grenelle-St-Germain, 20.
Crouseilhes (baron Dombidau de), G. O. ✻, rue de Lille, 77.
Curial (Comte), avenue des Champs-Élysées, 122.
Dariste, G. ✻, rue des Champs-Élysées, 5.
Daumas, G. O. ✻, général de division, rue
Delamarre (Comte Achille), O. ✻, rue de Lille, 73.
Delangle, G. O. ✻, Ministre de la Justice, place Vendôme, 11-13.
Desfossés, G. O. ✻, vice-amiral, rue
Donnet (S. Em. le cardinal), G. ✻, archevêque de Bordeaux, r. de Tivoli, 8.
Doret, G. ✻, rue de la Ferme-des-Mathurins, 15.
Dumas, G. O. ✻, rue de Grenelle-St-Germain, 42.
Dupin (Baron Charles), G. O. ✻, rue du Bac, 21.
Dupin aîné, G. ✻, procureur imp. près la Cour de Cass., r. du Bac, 118.
Élie de Beaumont, C. ✻, rue de Varennes, 56.
Espeuilhet (Marquis d'), rue Bellechasse, 21.
Favre (Ferdinand), O. ✻, rue
Flahaut (Comte de), G. ✻, général de division, rue
Flavarens (Comte de Grossolles), rue de Verneuil, 41.
Forey, G. ✻, général de division, rue de Grenelle-St-Germain, 42.
Foucher (J.-B.), G. O. ✻, général de division, r. Bellechasse, 14.
Fould (Achille), G. ✻, au Ministère d'État.
Fourment (Baron de), rue
Gabriac (Marquis de), G. ✻, rue des Écuries-d'Artois, 9.
Gémeau (Général), G. O. ✻, rue de Beaune, 5.
Girardin (Comte Ernest de), rue Blanche, 35.
Goulhot de St-Germain (Vicomte de), O. ✻, r. de Ponthieu, 20.
Gousset (S. Em. le cardinal), O. ✻, archevêque de Reims, rue
Grivel (Baron), G. ✻, rue Mont-Thabor, 32.
Gros (Baron), G. O. ✻, ambassadeur en Chine.
Grouchy (Marquis de), G. ✻, général de division, r. de l'Université, 21.
Gues-Villers, G. ✻, général de division, rue de Suresne, 13.
Hamelin (Amiral), Ministre de la Marine, r. Royale-St-Honoré, 2.
Haussmann (Baron), G. ✻, Préfet de la Seine, à l'Hôtel de Ville.
Hautpoul (Général marquis d'), G. ✻, rue de Vaugirard, 19.
Heeckeren (baron de), avenue Montaigne, 37.
Horman, G. ✻, rue de la Paix, 24.
Hubert-Delisle, rue Chateaubriand, 12.
Hugon (Vice-amiral baron), G. ✻, rue St-Honoré, 348.
Husson (Général), G. ✻, rue de la Ferme-des-Mathurins, 58.
Korte, O. ✻, général de division, rue St-Honoré, 366.
Labédoyère (Comte de), rue du Cirque, 7.
Lacrosse (Baron de), G. O. ✻, rue de Grenelle-St-Germain, 42.
Ladoucette (Charles de), O. ✻, rue St-Lazare, 58.
La Force (Duc de), O. ✻, avenue des Champs-Élysées, 133.
La Grange (Marquis Edm. de), G.O.✻, r. de Grenelle-St-Germ., 113.
La Grange (Marquis de), G. O. ✻, général de divis., boul. des Italiens, 26.
La Hitte (Général vicomte de), G. ✻, r. de la Ferme-des-Mathurins, 41.
Laity, G. ✻, rue de la Rochefoucaud, 19.
Laplace (Marquis de), G. ✻, général de division, r. Taitbout, 67.
Larabit, G. ✻, rue Bellechasse, 21.
La Riboisière (Comte de), G. O. ✻, rue de Bondy, 62.
La Rochejaquelein (Marquis de), O. ✻, rue de la Chaise, 3.
Laroche-Lambert (Marquis de), rue de la Chaise, 9.
Lavalette (Marquis de), G. ✻, avenue Gabrielle, 41.
Lawœstine (Général marquis de), G. ✻, place Vendôme, 22.
Lebrun, O. ✻, rue de Beaune, 1.
Lefebvre-Duruflé, C. ✻, rue de Vaugirard, 16.
Le Marois (Marquis Polyd.), O. ✻, rue Blanche, 33.

Lemercier (Comte Louis), C. ✻, rue de l'Université, 18.
Le Prédour, G. O. ✻, vice-amiral, rue de Provence, 72.
Leroy (Baron), C. ✻, préfet de la Seine-Inférieure, r. de Rivoli, 166.
Leroy de St-Arnaud, C. ✻, rue de la Tournelle, 27.
Létang (Baron), G. ✻, général de division, Champs-Élysées, 3.
Levasseur, G. O. ✻, général de div., rue de Vaugirard, 13-15.
Leverrier, C. ✻, à l'Observatoire.
Loutoy (Général), G. O. ✻, rue de la Chaise, 24.
Mac-Mahon, duc de Magenta, maréchal de Fr., G. ✻, r. Bellechasse, 70.
Magnan (G. ✻, maréchal de France, place Vendôme, 9.
Magne, G. ✻, Ministre des Finances, rue de Rivoli, 234.
Mallet, G. ✻, rue Blanche, 46.
Mathieu (S. Em. Mons. le cardinal), C. ✻, Cloître-Notre-Dame, 8.
Maupas (De), G. ✻, rue Bellechasse, 72.
Mazenod (Monseig. de), évêque de Marseille.
Mérimée, O. ✻, rue de Lille, 52.
Mesonan (De), G. ✻, rue de la Madeleine, 22.
Mimerel de Roubaix, C. ✻, rue de la Ferme, 30.
Montréal (Général Alloureau de), G. O. ✻, r. de l'Université, 86.
Morlot (S. Em. le cardinal), archevêque de Paris, O. ✻, r. de Grenelle-St-Germain, 127.
Mortemart (Général duc de), G. ✻, rue de Lille, 88.
Moskowa (Prince de la), C. ✻, général, avenue Montaigne, 75.
Murat (Prince Lucien), G. ✻, avenue des Champs-Élysées, 121.
Napoléon (S. A. I. le prince), G. ✻, au Palais-Royal.
Niel, G. ✻, maréchal de France, r. Neuve-des-Mathurins, 87.
Ordener (Comte), G. O. ✻, rue de l'Université, 35.
Ornano (Général comte d'), G. ✻, Hôtel imp. des Invalides.
Padoue (Duc de), G. O. ✻, rue de Courcelles, 45.
Persevul-Deschênes (Amiral), G. ✻, rue Pauthièvre, 11.
Pélissier, duc de Malakoff, G. ✻, maréchal de France, grand chancelier de la Légion d'honneur, rue de Lille, 64.
Persigny (Comte Fialin de), O. ✻, membre du Conseil privé, rue St-Lazare, 88.
Piat (Général baron), G. O. ✻, r. de la Ferme-des-Mathurins, 2.
Piétry, C. ✻, rue Louis-le-Grand, 19.
Poniatowski (Prince Joseph), G. O. ✻, rue St-Florentin, 9.
Randon (Comte), G. ✻, maréchal de France, Ministre de la Guerre, rue St-Dominique, 90.
Regnaud St-Jean-d'Angely (Comte), G. ✻, maréchal de France, École militaire.
Reille (Maréchal comte), G. ✻, r. St-Dominique-St-Germain, 127.
Renault (Baron), G. ✻, général de division, place Vendôme, 7.
Richemont (Baron Paul de), O. ✻, rue d'Amsterdam, 82.
Roguet (Comte), G. O. ✻, général de division, rue de Milan, 16.
Rouher, G. ✻, Ministre de l'Agriculture, rue St-Dominique-St-Germain, 62-64.
Rouland, G. O. ✻, Ministre de l'Instruction publique et des Cultes, rue de Grenelle-St-Germain, 101.
Royer (De), G. O. ✻, 1er vice-président du Sénat, au Luxembourg.
Saint-Simon (Général duc de), G. ✻, rue Monsieur, 13.
Saulcy (De), G. ✻, rue du Cirque, 5.
Schramm (Général comte), G. ✻, rue du Bac, 34.
Ségur-Daguesseau (Comte de), O. ✻, r. Mauropas, 11 (Versailles).
Siméon (Comte), G. ✻, quai d'Orsay, 23.
Sivry (De), O. ✻, rue de Las-Cases, 6.
Suleau (vicomte de), G. ✻, rue du Bac, 41.
Tascher de la Pagerie (Général comte Louis de), G. ✻, aux Tuileries.
Thayer (Amédée) ✻, rue St-Dominique-St-Germain, 19.
Thieulon (Baron), C. ✻, boul. de la Madeleine, 17.
Thiry, G. ✻, général de division, rue
Thoriguy (De), C. ✻, boul. des Invalides, 39.
Thouvenel, G. O. ✻, Ministre des Affaires étr., r. de l'Université, 130.
Tourangin G. O. ✻, rue St-Dominique, 73.
Trévise (Duc de), C. ✻, r. Faubourg-St-Honoré, 132.
Tréhouart, G. ✻, vice-Amiral, r. Faub.-St-Honoré, 52.
Troplong, G ✻, rue de Vaugirard, au palais du Sénat.
Turgot (Marquis de), G. ✻, r. St-Nicolas-d'Antin, 58.
Vaillant (Maréchal), G. ✻, major général de l'armée d'Italie.
Vaïsse, G. O. ✻, rue François-Premier, 3.
Varenne (Baron Burignot de), C. ✻, quai d'Orsay, 1.
Vicence (Caulaincourt, duc de), rue Moncey, 14.
Villeneuve-de-Chenonceaux (Comte de), O. ✻, r. de l'Université, 50.
Vincent (Baron de), G. ✻, rue St-Dominique-St-Germ., 11.
Wagram (Berthier prince de), rue la Rochefoucaud, 5.
Walewski (Comte Colona), G. ✻, rue

SERVICE DES PALAIS IMPÉRIAUX, DES BATIMENTS ET DOMAINE DE LA COURONNE. — Dépend du ministère de la Maison de l'empereur.

SERVICE DU PLAN DE PARIS. — Rue de Rivoli, 82. Le bureau du conservateur est ouvert tous les jours, dimanches et fêtes exceptés, de 10 h. à 4 h., pour l'exhibition des plans et pour les renseignements sur les alignements autorisés et les projets de percements en cours d'exécution.

SOCIÉTÉS FONCIÈRES ET IMMOBILIÈRES.

Compagnie générale immobilière, boul. Montmartre, 21, et r. Richelieu, 112. Millaud, directeur général.

Compagnie générale de fondation des palais de famille, association

contre l'élévation du prix des loyers et des vivres. Victor Calland et Cᵉ, r. Tréviso, 14.
Compagnie immobilière de Paris, place Vendôme, 15.
Société foncière, Avenue Victoria, 2.
Société civile des terrains du bois de Boulogne. J. Zaóheroni, avocat, directeur-gérant, r. Basse-du-Rempart, 48 *bis*.

SOCIÉTÉS SAVANTES, ARTISTIQUES ET PHILANTHROPIQUES.

Académie nationale agricole, manufacturière et commerciale, fondée en 1830, bureaux r. Louis-le-Grand, 21 ; séances à l'Hôtel de Ville de Paris.
Académie des arts et métiers, industrie, sciences et belles-lettres de Paris (17 novembre 1780). — Séances à l'Hôtel de Ville de Paris, tous les samedis, de 8 à 11 h. du soir. — Toute demande d'admission et d'examen de travaux doit être adressée *franco* à M. A.-P.-C. Le Roi, ingénieur civil, secrétaire général perpétuel, 27, r. Notre-Dame-de-Nazareth.
Académie internationale des sciences de chimie, de physique et de minéralogie appliquées aux arts et manufactures. F.-C.-M. Candelot, chimiste, fondateur, r. de la Verrerie, 79.
Association des anciens élèves du lycée Louis-le-Grand, r. Taitbout, 11.
Association des artistes dramatiques. M. le baron Taylor, membre de l'Institut, C. ✱, président fondateur, r. de Bondy, 68. Séances tous les mercredis.
Association des artistes musiciens. M. le baron Taylor, président fondateur, r. de Bondy, 68.
Association des artistes peintres, sculpteurs, architectes, graveurs, dessinateurs. M. le baron Taylor, président fondateur, r. de Bondy, 68.
Association des inventeurs et artistes industriels. M. le baron Taylor, président fondateur, r. de Bondy 68.
Association de fabricants et d'artisans pour le patronage d'orphelins des deux sexes à l'Hôtel de Ville. R. Nve-St-Méry, 9.
Association des élèves de Grignon, quai Malaquais, 3.
Athénée des arts, sciences et belles-lettres de Paris, à l'Hôtel de Ville. Ses séances ont lieu tous les lundis, de 7 h. à 10 h. du soir. Martin, agent, à l'Hôtel de Ville.
Conférences Labruyère, séances tous les lundis, quai Malaquais, 3.
Institut d'Afrique, r. St-Florentin, 7. Les bureaux sont ouverts de midi à 3 heures.
Institut historique de France, r. St-Guillaume, 12. Il est divisé en 4 classes : 1ᵉ Histoire général, Histoire de France; 2ᵉ Histoire des langues et des littératures ; 3ᵉ Histoire des sciences physiques, mathématiques, sociales et philosophiques ; 4ᵉ Histoire des beaux-arts. Il publie le 15 de chaque mois un journal, l'*Investigateur*.
Jockey-Club, Cercle et Société d'Encouragement pour l'amélioration des races de chevaux en France, r. de Grammont, 30. Président, M. le marquis de Gontaut-Biron ; secrétaire, Grandhomme. Cette société a institué des courses qui ont lieu au printemps et à l'automne, au bois de Boulogne et à Chantilly.
Société des amis des arts, pour encourager la sculpture, la peinture et la gravure, fondée avant 1789, et rétablie en 1816 ; au Louvre. Leblanc, secrétaire général de la Société, palais de l'Industrie.
Société des amis de l'enfance, pour l'éducation et l'apprentissage des jeunes garçons pauvres de Paris. Secrétaire, M. Adrien Cramail, r. d'Alger, 1.
Société anatomique de Paris. Elle tient ses séances tous les jeudis à 3 h., à l'École pratique. Vacances pendant les mois de septembre et d'octobre.
Société des auteurs et compositeurs dramatiques. Séance tous les vendredis à 2 h. Agent général : MM. Guyot (A.), r. Vendadour, 5. Péragallo, r. St-Marc, 30.
Société de l'École impériale des Chartes. Cette société tient ses séances à la Bibliothèque impériale, r. Nve-des-Petits-Champs, le dernier jeudi de chaque mois.
Sociétés de charité maternelle de France. Bureaux au Ministère de l'Intérieur, r. de Grenelle-St-Germain, 103.
Société de chirurgie de Paris, à l'Hôtel de Ville. Demarquay, secrétaire ; Martin, agent. Séances tous les mercredis à 3 heures 1/2, à l'Hôtel de Ville.
Société des Écoles chrétiennes de St-Antoine. Hureau (frère), supérieur général, boul. de l'Hôpital, 70.
Société d'encouragement pour l'amélioration des races de chevaux en France, r. de Grammont, 30.
Société d'encouragement pour l'industrie nationale, r. Bonaparte, 41. La Société d'encouragement pour l'industrie nationale, fondée en 1801, a pour but l'amélioration de toutes les branches de l'industrie française. Président, M. Dumas, G. O. ✱, sénateur, de l'Académie des sciences. Agent de la société, Théophile Delacroix.
Société française d'archéologie, pour la conservation des monuments, tenant ses séances r. Bonaparte, 44.
Société des Gens de Lettres, cité Tréviso, 14. Michel Masson, agent général.
Société de Géographie, rue Christine, 3.
Société géologique de France, rue du Vieux-Colombier, 24. S'adresser, pour tous les renseignements, au docteur Laudy, agent de la société.
Société de l'Histoire de France, rue Nve-des-Petits-Champs, 8. J. Desnoyer ✱, secrétaire, rue Cuvier, 57; Bouvier, trésorier archiviste, domicile, rue Colbert, 12. Séances les premiers mardis de chaque mois, à la Bibliothèque impériale, rue Nve-des-Petits-Champs, 8.
Société d'hydrologie médicale de Paris, quai Malaquais, 3.

Société impériale et centrale d'agriculture, fondée en 1761, r. de l'Abbaye, 3. Séances tous les mercredis à 3 h.
Société impériale et centrale d'horticulture, rue de Grenelle-St-Germain, 84. Séances, les 2ᵉ et 4ᵉ jeudis de chaque mois.
Société impériale zoologique d'acclimatation, fondée le 10 février 1854, rue de Lille, 19. Le but de la société est de concourir : 1° à l'introduction et à l'acclimatation des animaux et des végétaux utiles et d'ornement; 2° au perfectionnement et à la multiplication des races nouvellement introduites.
Société des instituteurs et des institutrices du département de la Seine. Séances, 1ᵉʳ et 2ᵉ dimanches de chaque mois, à l'Hôtel de Ville, salle de la caisse d'épargne. Les communications doivent être adressées à M. Aubry, rue du Faub.-St-Martin, 142.
SOCIÉTÉ PROTECTRICE DES ANIMAUX. — Rue de Lille, 19.
SOCIÉTÉ DES RÉGATES PARISIENNES. — Rue Croix-des-Petits-Champs. Réunions, tous les vendredis, à 8 h. du soir, au cercle de la Société, rue de Valois-Palais-Royal, 2.
SOURDS-MUETS (INSTITUTION DES). — Rue St-Jacques, 254. Elle est exclusivement affectée aux élèves du sexe masculin. Il y a 140 places d'élèves, de 9 à 15 ans, entretenus par le gouvernement pendant 7 ans, lesquelles sont divisibles par fractions de bourse. Cette institution est aussi ouverte aux sourds-muets dont les parents sont assez aisés pour leur fournir une pension de 1,000 francs.
SUBSISTANCES MILITAIRES. — Quai de Billy, 32, 34 et 36.

T

TARIF DES ANNONCES.

De tous les moyens employés par le commerce parisien pour arriver à la publicité, l'annonce dans les journaux est le meilleur, en ce que chacun de ces journaux, tiré à des milliers d'exemplaires, est lu par un plus grand nombre encore de lecteurs, avantage que n'offrent pas les affiches; à plus forte raison lorsque l'insertion, pour un prix relativement moindre, a lieu simultanément dans les cinq ou six grandes feuilles politiques en possession de la faveur publique. A cause de cela, voulons-nous donner à nos lecteurs le *Tarif* de la Société Bigot et Cᵉ. Ce specimen suffira, pensons-nous.

DÉBATS, CONSTITUTIONNEL, PRESSE, SIÈCLE, PATRIE ET PAYS.

Société BIGOT, LAFFITE, BULLIER et Cᵉ, place de la Bourse, 8.

Tirage des 6 grands Journaux : **150,000**. — 3 cent. la ligne par mille abonnés.

	LA LIGNE, PAR JOURNAL		
	ANNONCES.	RÉCLAMES.	FAITS.
Une insertion publiée dans 1, 2, 3, 4 ou 5 des 6 journaux	1f 25c	4f » c	6f » c
La même insertion publiée dans chacun des 6 journaux dans le délai d'un mois	1 »	3 »	5 »
La même insertion publiée 8 fois, en un mois, dans chacun des 6 journaux	» 75	2 50	4 »
Marchés { 6,000 fr. d'insertions dans une année pour les 6 journaux }	» 95	2 85	4 75
12,000	» 90	2 70	4 50
18,000	» 85	2 55	4 25
24,000	» 80	2 40	4 »
30,000	» 75	2 25	3 75
Indépendance belge	1ʳᵉ cat. 30 / 2ᵉ cat. 20	2 »	3 »
Messager de Paris	» 75	2 »	3 »
Union	» 75	2 »	3 »
Courrier de Paris	» 75	2 »	3 »
Droit, journal des tribunaux	» 75	2 »	3 »
Villes et Campagnes	» 75	2 »	3 »
Gazette des Tribunaux	» 75	2 »	3 »
Écho Agricole	» 75	2 »	3 »
Entr'acte / Nouvellistes / Messager des Théâtres / Foyer dramatique } ensemble.	» 60	2 »	3 »

Librairie. — Une annonce de 102 lignes et au-dessus, insérée dans chacun des 6 grands journaux, dans le délai d'un mois, 75 cent. la ligne, par journal. Toutes les annonces sont comptées du caractère de 7 points. Les directeurs des journaux et les régisseurs des annonces ne garantissent pas la date des insertions demandées ; ils se réservent aussi, après l'insertion, de ne pas admettre les insertions, même payées, sauf restitution du prix.

Nota. — Les annonces concernant les adjudications, les jugements et les avis aux actionnaires, sont à 1 fr. 50 c. la ligne dans le *Droit* (journal des Tribunaux) et la *Gazette des Tribunaux*. — Annonces dans tous les journaux des départements et de l'étranger.

TARIF DES DROITS D'OCTROI DE PARIS.

DÉSIGNATION des objets assujettis AUX DROITS.	MESURES, nombre ET POIDS.	DROITS d'octroi à percevoir, décimes non compris.
Comestibles.		fr. c.
Viande de bœuf, vache, veau, mouton, bouc et chèvre.... {sortant des abattoirs publics de la ville de Paris.	100 kilog.	8 85
venant de l'extérieur, dite viande à la main.	Id.	10 55
Abats et issues de veau sortant des abattoirs ou venant de l'extérieur......	Id.	7 55
Porcs abattus; viande dépecée fraîche provenant de ces animaux; cochons de lait; graisses, gras de porc et ratis fondus ou non...... {sortant des abattoirs publics de la ville de Paris...........	Id.	8 85
venant de l'extérieur........	Id.	10 55
Saucissons, jambons, viandes fumées de toute espèce et toute charcuterie....	Id.	20 70
Abats et issues de porc sortant des abattoirs ou venant de l'extérieur...	Id.	3 80
Truffes, pâtés et terrines truffés, volailles et gibier truffés, faisans, gélinottes, ortolans et becfigues.......	Id.	120 00
Volaille de toute espèce autre que les dindes et oies domestiques; gibier à plumes autre que celui désigné ci-dessus; sangliers, marcassins, chevreuils, daims, cerfs, lièvres et lapins de garenne, pâtés et terrines non truffés, viandes confites, anchois et autres poissons marinés ou à l'huile.......	Id.	30 00
Dindes, oies et lapins domestiques, agneaux et chevreaux..............	Id.	15 00
Saumons, turbots, esturgeons, thon frais, barbues, truites, aloses, bars, éperlans, mulets, rougets-barbets, soles, homards, langoustes, crevettes et écrevisses........................	Id.	60 00
Tous autres poissons de mer ou d'eau douce............................	Id.	15 00
Huîtres ordinaires.................	Id.	5 00
Huîtres de Marennes et huîtres marinées............................	Id.	10 00
Huîtres d'Ostende ou toutes autres que celles ci-dessus.................	Id.	15 00
Beurres de toute espèce, frais ou fondus, salés ou non..................	Id.	10 00
Œufs.............................	Id.	2 50

Aucune déduction n'est faite sur le poids des animaux abattus de toute espèce, pour la peau qui y serait encore adhérente, ni pour les abats et issues qui n'en auraient point été séparés.

Les langues de bœuf ou de vache payent comme viande : on en évalue le poids, lorsqu'elles tiennent encore à la tête. Les cervelles et rognons des mêmes animaux, les foies, ris et cervelles de veau et les rognons de mouton, détachés des issues, payent également comme viande.

Le droit de la viande de boucherie à la main et celui des porcs abattus est dû, conformément à l'article 36 de l'ordonnance du 9 décembre 1814, sur les animaux nés dans l'intérieur, ainsi que sur ceux entrés vivants sous consignation et abattus exceptionnellement hors des abattoirs publics.

Les agneaux et chevreaux vivants, non conduits aux abattoirs, acquittent à raison de 60 p. 0/0 de leur poids brut.

DÉSIGNATION des objets assujettis AUX DROITS.	UNITÉ sur laquelle portent les DROITS.	DROITS d'octroi, décimes non compris.	DROITS d'entrée perçus au profit du Trésor, décimes non compris. (Lois des 12 déc. 1830 et 14 juillet 1855.)	TOTAL des deux DROITS, décimes non compris.
Boissons et alcools dénaturés.		fr. c.	fr. c.	fr. c.
Vins en cercles.........	Hectol.	10 00	8 00	18 00
Vins en bouteilles......	Id.	17 00	8 00	25 00
Alcool pur contenu dans les eaux-de-vie et esprits en cercles, eaux-de-vie et esprits en bouteilles, liqueurs et fruits à l'eau-de-vie..............	Id.	23 50	66 00	89 50
Cidres, poirés et hydromels...............	Id.	3 80	4 00	7 80
Alcools dénaturés. De 2 à 3 dixièmes..	Id.	7 00	22 08	29 08
De 3 à 4 dixièmes..	Id.	6 10	19 32	25 42
De 4 à 5 dixièmes..	Id.	5 20	16 56	21 76
Au-dessus de 5 dixièmes.............	Id.	4 30	13 80	18 10

Pour la perception du droit d'entrée, 25 kilogrammes de fruits secs comptent comme un hectolitre de cidre ou de poiré. (Art. 23 de la loi du 28 avril 1816.)

Lorsque les vins contiendront plus de 18 centièmes d'alcool et pas au delà de 21 centièmes, ils seront imposés comme vins, et payeront, en outre, les doubles droits de consommation, d'entrée et d'octroi pour la quantité d'alcool comprise entre 18 et 21 centièmes. (Art. 21 du décret du 17 mars 1852.)

Les vins contenant plus de 21 centièmes d'alcool ne seront pas imposés comme vins, et seront soumis, pour leur quantité totale, aux mêmes droits de consommation, d'entrée et d'octroi que l'alcool pur. (Art. 21 du décret du 17 mars 1852.)

Les droits perçus au profit du Trésor sur les boissons et les alcools dénaturés sont passibles d'un second décime pour franc, conformément à la loi du 14 juillet 1855.

La vendange payera le même droit que le vin, dans la proportion de trois hectolitres de vendange pour deux de vin.

Les vins introduits à la main dans des vases d'une contenance supérieure à cinq litres, payeront le droit dans la proportion de celui fixé pour les vins en cercles.

La bouteille inférieure au litre et la demi-bouteille sont assimilées aux litre et demi-litre pour la perception des droits sur les boissons et autres liquides mentionnés au présent tarif.

Les boissons, eaux de senteur, vernis et tout liquide ou préparation quelconque mélangés d'alcool ou qui ont l'alcool pour base, autres que les alcools dénaturés conformément aux prescriptions de l'ordonnance du 14 juin 1844, payent le droit à raison de la quantité d'alcool qu'ils contiennent.

Lorsque la nature de ces liquides ou mélanges ne permet pas de déterminer la quantité d'alcool nécessaire pour les préparer, ils acquittent à raison de 50 p. 100 de leur volume.

Les fruits et conserves à l'eau-de-vie, à l'huile ou au vinaigre, avec ou sans liquide, sont imposés sur leur volume total.

Les fruits secs et conserves à l'eau-de-vie, à l'huile ou au vinaigre, avec payeront le droit à l'entrée dans la proportion de 50 kilogrammes de fruits pour un hectolitre de cidre ou de poiré.

Toute lie qui n'est pas dans un état de siccité complète est passible du droit.

Autres liquides.				
Vinaigres de toute espèce, fruits et conserves au vinaigre, verjus, sureau, hièble ou fruits ou en jus, vins gâtés et lies liquides ou épaisses et toute autre substance ou liquide servant à la fabrication des vinaigres ou pouvant en tenir lieu.	Hectol.	10 00	»	»

L'acide acétique, les vinaigres concentrés et tous autres liquides qui, étendus, peuvent être employés comme vinaigre ordinaire, seront imposés en proportion de la quantité qu'ils en peuvent produire.

DÉSIGNATION des objets assujettis AUX DROITS.	UNITÉ sur laquelle portent les DROITS.	DROITS d'octroi, décimes non compris.	DROITS d'entrée perçus au profit du Trésor, décimes non compris. (Lois des 12 déc. 1830 et 14 juillet 1855.)	TOTAL des deux DROITS, décimes non compris
		fr. c.	fr. c	fr. c.
Bière à l'entrée.........	Hectol.	3 80	»	»
Bière à la fabrication...	Id.	2 85	»	»
Chasselas, muscat et autres raisins non foulés de toute espèce.......	100 kil.	4 80	»	»
Huile d'olive, fruits et conserves à l'huile, huiles parfumées de toute espèce......	Hectol.	38 00	»	»
Huile de colza, d'œillette, de faîne ou de toute autre espèce provenant de substances animales, végétales ou minérales, acide oléique et toute substance pouvant être employée comme huile....	Id.	21 00	»	»
Vernis de toute espèce autres que ceux à l'alcool, blanc de céruse, de zinc et autres couleurs en pâte, broyées ou préparées à l'huile, à l'acide oléique ou avec tous autres corps gras; dégras de toute espèce, graisse dite mucilène, fèces, pied d'huile et autres résidus.	Id.	9 50	»	»
Essences de toute nature autres que celles parfumées; goudrons liquides, résidus de gaz et autres liquides pouvant être employés comme essence...	Id.	8 50	»	»

Le droit est dû à l'entrée sur les huiles de toute espèce, quel que soit leur emploi.

Les huiles de toute espèce, provenant de substances animales, végétales ou minérales, l'acide oléique et tous autres corps gras, pouvant être employés comme huile, cuits, altérés ou mélangés ensemble ou avec d'autres substances, sont soumises aux droits pour leur volume entier et sont classés d'après la nature de l'huile imposée au droit le plus élevé qu'ils contiennent. Il n'est fait aucune déduction pour fèces, sédiment ou pied d'huile.

Les graines oléagineuses, les farines en provenant, sont soumises aux droits d'après la quantité d'huile qu'elles sont présumé contenir, et qui sera déterminée par l'administration de l'octroi sous l'approbation de M. le préfet de la Seine.

Les tourteaux de ces mêmes graines qui ne seraient pas dans un état complet de dessication, seront assujettis au droit dans la proportion de l'huile qu'ils contiendront.

Les pieds de bœuf ou de vache provenant de l'extérieur ou sortant des abattoirs de Paris, sont assujettis au droit des huiles autres que celle d'olive, à raison d'un litre d'huile pour dix pieds ou dans la proportion.

Les vernis, les dégras et autres produits désignés en l'article ci-contre, qui contiendraient plus de moitié de leur volume en huile, acide oléique ou autres corps gras, sont imposés en entier au droit des huiles autres que celle d'olive.

Les mastics acquittent pour la quantité d'huile qu'ils contiennent.

Les essences de térébenthine et autres, et toute substance pouvant être employée comme essence, cuite, altérée ou mélangée, sont taxées comme essence pure.

Les feutres, cuirs, laines et objets quelconques, traités ou préparés à l'alcool ou à l'huile, qui laisseraient échapper de ces liquides, ou dont il serait possible de les extraire, seront imposés à raison de la quantité totale qu'ils en contiendront.

DÉSIGNATION des objets assujettis AUX DROITS.	MESURES, nombre ET POIDS.	DROITS d'octroi à percevoir, décimes non compris.
Combustibles.		fr. c.
Bois à brûler autres que ceux désignés ci-après,...... { d'essence dure....	Stère.	2 50
{ d'essence tendre..	Id.	1 85
Cotrets de bois dur autres que ceux de menuise............	Id.	1 50
Menuise de bois dur ou de bois blanc, cotrets de menuise et fagots de toute espèce...........	Id.	0 90
Charbon de bois..................	Hectolitre.	0 50
Poussier de charbon de bois.........	Id.	0 25
Charbon de terre, coke et tourbe carbonisée.............	100 kil.	0 60

En cas de mélange de bois dur, de bois blanc, de menuise, la distinction cessera d'être observée et le droit le plus élevé sera appliqué sur la totalité du chargement.

Tout cotret de bois dur ayant plus de 66 centimètres de longueur et de 50 centimètres de circonférence et contenant moins de quatre morceaux, est imposé au droit du bois dur.

La menuise est le bois rond coupé à la longueur de 1 mètre 13 centimètres, ayant moins de 16 centimètres de circonférence.

Les cotrets de menuise qui contiendraient des morceaux de 16 centimètres et au-dessus seront imposés comme cotrets de bois dur.

Les perches ayant moins de 16 centimètres de circonférence moyenne acquittent comme menuise; de 16 à 38 centimètres, elles payent comme bois à brûler; au-dessus de 38 centimètres, elles acquittent comme bois à ouvrer.

Les fagots de toute espèce payent le droit entier. Tout parement ayant 16 centimètres de circonférence et au-dessus sera distrait du fagot et rangé pour la taxe dans la classe du bois dur ou du bois blanc; le surplus restera imposable comme fagot.

Le cubage servira de base pour établir la perception sur les chargements de charbon de bois, de bois à brûler et généralement de tous les bateaux, trains et voitures susceptibles d'être cubés.

Le poussier de charbon de bois se compose de fragments ayant trois centimètres au plus de longueur.

La quantité de charbon de terre, coke et tourbe carbonisée contenue dans chaque bateau sera reconnue d'après le volume d'eau déplacé par le bateau

L'escarbille, les briquettes et tous les combustibles dans lesquels il entre des charbons de terre, acquittent le droit entier.

Matériaux.

Chaux grasse vive, chaux hydraulique vive et ciment de toute espèce contenant de la chaux	Hectolitre.	1 15
Plâtre...................	Id.	» 35
Moellons de toute espèce et meulière de toute dimension............	Mètre cube.	» 50
Pierres, dalles et carreaux de toute espèce.................	Id.	2 00
Marbre et granit.............	Id.	15 00
Ardoises de grande dimension......	Millier.	4 00
Ardoises de petite dimension........	Id	2 50
Briques de dimension ordinaire......	Id.	5 75
Poitrails, solives, pièces pour marches d'escalier et autres pièces en fer et en fonte façonnées, pouvant entrer dans la construction des bâtiments........... { en fer...	100 kilog.	3 00
{ en fonte.	Id.	2 00
Carreaux de dimension ordinaire......	Le mille.	4 75
Briques, tuiles, carreaux de toute autre dimension, pots creux, mitres, tuyaux et poteries de toute espèce employés dans le bâtiment ou dans le jardinage.	100 kilog.	» 25
Argile, terre glaise et sable gras.....	Mètre cube.	» 60

La chaux grasse éteinte, la chaux hydraulique pulvérisée, le mortier dans lequel il entre de la chaux, la pierre à chaux et le poussier de cette pierre payent le demi-droit.

La pierre à plâtre et le poussier de pierre à plâtre payent à raison de sept dixièmes de leur volume.

La pierre dite granit de Cherbourg est, pour la perception, assimilée à la pierre de taille.

La dimension des grandes ardoises est de 451 à 700 centimètres carrés de superficie. Celle des petites est de 450 centimètres et au-dessous. Les ardoises ayant une surface supérieure à 700 centimètres sont soumises au droit proportionnel.

Les dimensions de la brique ordinaire sont, au maximum, de 1,500 centimètres cubes. Celles de la tuile de 750 centimètres carrés, et du carreau, de 300 centimètres carrés.

Les déclarations devront indiquer le nombre des pièces de chaque espèce, leurs dimensions et le poids total du fer et de la fonte composant chaque chargement.

En cas de mélange de fer et de fonte, qui ne permettrait pas de faire des vérifications par nature de métal, le tout sera imposé comme fer.

Les quantités arrivant par eau pourront être reconnues par le volume d'eau déplacé par le bateau.

Les briques, tuiles et carreaux cassés ne payent que le demi-droit.

Les briques et autres terres cuites pulvérisées, ainsi que les pouzzolanes ne contenant pas de chaux, sont exemptes des droits.

DÉSIGNATION des objets assujettis AUX DROITS.	MESURES, nombres ET POIDS.	DROITS d'octroi à percevoir, décimes non compris.
Bois à ouvrer, bateaux et bois de déchirage.		
Bois de chêne, châtaignier, orme, frêne, charme, noyer, merisier, acacia, érable, prunier, pommier et autres d'essence dure, en grume ou équarris, débités en sciage ou en fente, façonnés ou non........	Stère.	9 40
Bois de sapin, platane, peuplier, bouleau, aune, tilleul, saule et marronnier et autres d'essence tendre en grume ou équarris, débités en sciage ou en fente, façonnés ou non......	Les 100 mèt. cour. de planches à 100 c. d'équarrissage (ou le stère).	7 50
Lattes et treillages.................	100 bottes.	9 40
Bateaux { en chêne............	Par bateau.	24 00
{ en sapin............	Id.	12 00
Bois de déchirage { en chêne......	Mètre carré.	» 18
{ en sapin......	Id.	» 10

Dans l'application du droit, il est fait déduction de l'écorce.

Il est accordé sur les longueurs, et suivant l'étendue du mal, pour malandres visibles et palpables, nœuds pourris et vermoulus, une déduction qui ne pourra excéder un mètre.

Tous les bois neufs ouvrés, plaqués ou non, ferrés ou non, sont soumis aux mêmes droits que les bois non travaillés. Ceux qui, par leur forme ou leur volume, offriraient des difficultés de mesurage seront imposés dans la proportion de 900 kilogrammes pour un stère de bois dur, et de 600 kilogrammes pour un stère de bois blanc.

Les bois de démolition ou autres ayant servi acquitteront les mêmes droits que les bois neufs, sous déduction des défectuosités qu'ils présenteront. Lorsque les bois seront reconnus ne pouvoir être employés comme bois de travail, ils seront imposés comme bois de chauffage, suivant leur nature.

La botte de lattes se compose de 50 lattes de 1 mètre 30 centimètres de longueur et de 5 centimètres de largeur; la botte de treillage contient 70 mètres de longueur de treillage. Au-dessus de ces nombres et dimensions, le droit est proportionnel.

Tout bateau faisant exception par la dimension à la toue ordinaire payera le droit par mètre carré.

Tout bateau faisant exception, par sa dimension, à la toue ordinaire, payera le droit par mètre carré.

Fourrages.

Foin, sainfoin, luzerne et autres fourrages secs..............	100 bottes de 5 kilogr.	5 00
Paille..........................	Id.	2 00
Avoine.........................	Hectolitre.	1 25
Orge...........................	Id.	1 60

Le droit se perçoit sur le nombre total des bottes, sans aucune déduction ni tolérance.

En cas d'introduction de fourrages non bottelés, le droit sera perçu au poids dans la proportion des taxes ci-contre.

Lorsque le poids des bottes excédera cinq kilogr., le droit sera perçu dans la proportion de l'excédant.

Les foins et fourrages verts sont exempts du droit.

L'avoine et l'orge en gerbes acquittent séparément pour la quantité de grain et de paille.

Les avoines et orges moulues acquittent comme un grain. L'orge mondé est exempt du droit.

DÉSIGNATION des objets assujettis AUX DROITS.	MESURES, nombre ET POIDS.	DROITS d'octroi à percevoir, décimes non compris.
Objets divers.		
Fromages secs..................	100 kilogr.	9 50
Sels gris ou blancs.............	Id.	5 00
Cire blanche, spermaceti raffiné ou pressé.......................	Id.	28 00
Cire jaune et spermaceti brut....	Id.	19 00
Bougie stéarique, acides stéarique et margarique, et autres substances pouvant remplacer la cire.............	Id.	16 00
Suifs de toute espèce, bruts ou fondus sous toute forme, vieux oings, et graisses de toute espèce non comestibles, sortant des abattoirs ou venant de l'extérieur..................	Id.	6 00
Glace à rafraîchir...............	Id.	5 00

Les eaux salées payent le droit dans la proportion du sel qu'elles contiennent.

Les suifs et graisses mélangés de toute autre substance, les chandelles, torches et lampions composés des mêmes mélanges acquittent comme suif.

Dispositions générales. — Sont passibles des droits d'octroi tous les objets compris au présent tarif, récoltés, préparés ou fabriqués dans l'intérieur de Paris, conformément à l'article 11 de la loi du 27 frimaire an VIII et à l'article 36 de l'ordonnance royale du 9 décembre 1814.

Les droits d'octroi qui auraient été acquittés sur les matières employées dans les préparations ou fabrications, et dont le payement serait régulièrement justifié, seront précomptés sur les droits dus par les nouveaux produits confectionnés, mais sans que ce décompte puisse jamais donner lieu à remboursement d'aucune portion des droits payés à l'entrée, dans le cas où ils se trouveraient excéder ceux des nouveaux produits.

Tout mélange d'objets imposés avec des objets non compris au tarif ou d'objets assujettis à des droits différents donne lieu, dans le premier cas, au payement du droit sur le tout; dans le second cas, à l'application, également sur le tout, du droit le plus élevé, sans préjudice de la saisie pour non-déclaration de ces mélanges.

Pour tous les objets tarifés au poids, il est fait déduction de la tare des tonneaux, caisses, paniers ou vases qui les contiennent.

TARIFS DES VOITURES PUBLIQUES EN STATION SUR LES PLACES DE PARIS.

VOITURES A DEUX PLACES.
TARIF POUR PARIS,
LA BANLIEUE EN DEÇA DES FORTIFICATIONS ET LE BOIS DE BOULOGNE.

De 6 heures du matin à minuit 30 minutes.	De minuit 30 minutes à 6 heures du matin.
La course......... 1f 25c	La course......... 2f c
L'heure........... 1 75	L'heure........... 2 50

Renvoi de la voiture du bois de Boulogne, 50 c. en sus.

TARIF AU DELA DES FORTIFICATIONS.

De 6 heures du matin à 7 heures du soir, en hiver, et à 9 heures, en été :

L'heure............ 2 fr. 25 c.

Pour renvoi de la voiture, 1 fr. en sus.

BAGAGES... { Un colis............ 20c
{ Deux colis........... 40
{ Au-dessus de 2 colis...... 50

VOITURES A QUATRE PLACES.
TARIF POUR PARIS,
LA BANLIEUE EN DEÇA DES FORTIFICATIONS ET LE BOIS DE BOULOGNE.

De 6 heures du matin à minuit 30 minutes.	De minuit 30 minutes à 6 heures du matin.
La course......... 1f 40c	La course......... 2f c
L'heure........... 2 »	L'heure........... 2 50

AU DELÀ DES FORTIFICATIONS

De 6 heures du matin à 7 heures du soir, en hiver, et à 9 heures, en été :

L'heure .... 2 fr. 50 c.

Les cochers sont tenus de remettre aux voyageurs une carte qui porte le numéro de la voiture, et qui devient utile pour retrouver un objet oublié. Les voitures à l'heure doivent parcourir 8 kilomètres.

VOITURES DE REMISE.

TARIF POUR PARIS,
LA BANLIEUE EN DEÇA DES FORTIFICATIONS
ET LE BOIS DE BOULOGNE.

DÉSIGNATION DES VOITURES.	LE JOUR.		LA NUIT.	
	la course	l'heure	la course	l'heure
Voitures à 2, 4 et 5 places...	2 »	2 25	2 50	3 »

Pour renvoi de la voiture, 75 c.

TARIF AU DELÀ DES FORTIFICATIONS.

Voitures à 2, 4 et 5 places, l'heure .... 3 fr.
Pour renvoi de la voiture, 1 fr. 50 c.

TRADUCTEURS DE LANGUES.

Auvray (Léopold), quai de la Mégisserie, 70.
Baeza (Juan), Espagnol, traducteur-interprète près le tribunal de 1re instance de la Seine, rue Nve-des-Capucines, 20.
Baron fils, Faub. St-Honoré, 109.
Barzilaï (Auguste), boul. Bonne-Nouvelle, 34.
Bertin, r. Blanche, 72.
Brandon (D.-H.), traduct. l. anglaise, r. Moulin, 7.
Bonkowski (Jérôme - Napoléon), docteur en droit, licencié ès lettres, bureau central de traduction de toutes les langues, r. St-Honoré, 247.
Buys (Georges), interprète - traducteur, place Dauphine, 20.
Carey père, r. Bagneux, 18.
Eschmann, se charge de la traduction de toutes les langues, de toutes écritures, d'autographie, d'annonces pour tous les journaux, Faub.-Montmartre, 42, pass. des Deux-Sœurs, 8.
Escudro, r. de Provence, 6.
Fischer, r. St-Denis, 303.
Fouignet, r. d'Argenteuil, 43.
French fils, r. de l'Échiquier, 41.
Gerin-Roze, r. Neuve-de-l'Université, 12.
Gross (S.), homme de lettres, professeur et traducteur de langues française, allemande et anglaise, r. St-Antoine, 110. (Voy. à *professeur de langues.*)
Hasenfeld, cour d'appel, tribunal de 1re instance et tribunal de commerce de la Seine pour les langues européennes, place de la Bourse, 12.
Henrion (E.), avocat, traduct. assermenté près la cour impériale de Paris, traducteur du Ministère de la Marine, etc., r. Nve-des-Bons-Enfants, 29.
Hofmans (J.-C.), près le tribunal de 1re instance, r. Ribouté, 7.
Lameyer (Fréd.), bureau général de traductions, fondé en 1810, r. Drouot, 16.
Meldola, secrétaire interprète de la Cour de cassation, interprète assermenté près la cour impér. de Paris et près des tribunaux de la Seine, pour toutes les langues, r. Nve-des-Petits-Champs, 36.
Meyer (N.), bureau de traduction et d'interprétation de toutes les langues, déchiffrement de titres, consultations; vérificateur d'écritures, expert interpr., traducteur juré près les tribunaux, r. du Pont-de-Lodi, 6.
Palis, traduction de toutes les langues pour les administrat. et le commerce, pl. de la Bourse, 15.
Polá, interprète-traducteur juré ; traduction de toutes les langues et de toutes écritures et autographies, traductions techniques, r. de la Bourse, 3.
Respaldiza (A.), commandeur de l'ordre d'Isabelle-la-Catholique, r. de la Ferme, 56.
Tolhausen (A.), docteur en philosophie, traducteur-interprète assermenté ; bureau universel de traductions légales, commerciales, industrielles et littéraires ; r. Chabannais, 8, et boul. St-Martin, 29.
Valence (G.-F.), professeur de langue espagnole et traducteur, r. du Dragon, 37.
Wesche, r. de Ponthieu, 15.
Yapp (G.-W.), r. Moutyon, 13.

TATTERSALL FRANÇAIS. — Société anonyme pour la vente de chevaux, de voitures, de harnais et d'équipage de chasse, rue de Beaujon. Vente aux enchères publiques, tous les samedis.

THÉÂTRES DE PARIS.

Opéra (Théâtre impérial de l'), r. Lepelletier (1,950 places). — Lundis, mercredis et vendredis; opéras, ballets. — Alphonse Royer ✶, directeur. — Gustave Vaez ✶, secrétaire général. Administration, rue Drouot, 3.

                            fr. c.
Baignoires d'avant-scène, rez-de-chaussée, avant-scènes du foyer, loges du foyer, stalles de balcon.. 10
Stalles d'orchestre, loges d'avant-scène de balcon, stalles d'amphithéâtre, premières de face, avant-scènes des premières.. 8
Loges de balcon, loges de galerie, baignoires...... 8
Deuxièmes de face....... 6
Deuxièmes de côté....... 4 50
Troisième de face........ 3 50
Parterre................. 4
Troisièmes de côté....... 2 50
Quatrièmes de face...... 2 50
Amphithéâtre............ 2 50

Français (Théâtre), rue Richelieu (1,350 places) ; tragédies, comédies, drames. — Les comédiens sont sociétaires. — Administrateur général, Édouard Thierry. — Secrétaire général de l'administration, Verteuil.
                            fr. c.
Balcon, loges de galerie.. 6 60
Grandes premières....... 6
Orchestre, loges de côté.. 5
Secondes loges.......... 3 50
Galerie des secondes loges. 2 50
Troisièmes loges......... 2
Parterre................. 2 50
Deuxième galerie........ 1 50
Amphithéâtre............ 1

Italien (Théâtre), place Ventadour (1,700 places). — Directeur, Calzado. — Secrétaire général, Bertéché. — Caissier, Ad. Calzado. — Préposé à la location des loges, Sailly (A.).
                            fr. c.
Stalles d'orchestre et de balcon..................... 10
Rez-de-Chaussée........ 10
Premières loges......... 10
Deuxièmes de face....... 9
Deuxièmes de côté découvertes................. 8
Deuxièmes de côté fermées 7
Troisièmes loges de face.. 6
Troisièmes de côté découvertes................ 5 50
Troisièmes loges de côté fermées................ 5
Quatrièmes loges........ 4
Parterre................. 4

Opéra-Comique (Théâtre impérial de l'), place Boïeldieu (1,500 places). — Opéras. — Directeur, A. Beaumont. — Régisseur de la scène, Mocker. — Secrétaire, Denis. — Régisseur de l'administration, Victor Avocat.
                            fr. c.
Avant-scènes du rez-de-chaussée............... 7
Avant-scènes des loges de la 1re galerie.......... 7
Loges de la 1re galerie de face, avec salon........ 7
Fauteuils de balcon...... 6 50
Loges de la 1re galerie de face, sans salon........ 6
Premières loges de face, avec salon.................... 6
Fauteuils de la 1re galerie.. 6
Fauteuils d'orchestre..... 6
Baignoires de face et de côté 6
Loges de la 1re galerie de côté 6
Premières loges de face sans salon.................... 5
Avant-scènes des premières loges................... 5
Premières loges de côté avec salon.................... 5
Premières loges de côté sans salon.................... 4
Deuxième galerie........ 3
Loges de la 2e galerie... 3
Parterre................. 2 50

Loges de la 2e galerie du côté 1 50
Troisièmes loges......... 1 50
Amphithéâtre............ 1

Odéon (Théâtre impérial de l'), place de l'Odéon (1,350 places). — Tissorant, administrateur général. — De la Rounat, directeur. — Pierron, régisseur général.
                            fr. c.
Avant-scènes des premières loges................. 6
Premières loges à salon.... 5
Avant-scènes du rez-de-chaussée............... 5
Premières loges de face... 4
Premières loges fermées... 3
Premières découvertes.... 3
Stalles de balcon......... 3
Stalles de première galerie. 3
Premières loges découvertes du 2e rang de face... 2 50
Stalles d'orchestre....... 3
Avant-scènes des deuxièmes................... 2 50
Baignoires............... 2 50
Deuxièmes loges fermées.. 3
Stalles de deuxième galerie 1 50
Stalles de parterre....... 1 50
Troisième galerie........ 1
Avant-scènes des troisièmes................... 1
Troisième amphithéâtre.. 0 75
Quatrième amphithéâtre.. 0 50

Théâtre lyrique, boul. du Temple, 72. — Directeur, Carvalho. — Gérant de la société immobilière et fondateur, Vedel. — (Opéras, drames lyriques et ballets), vestibule contenant 600 personnes à couvert.
                            fr. c.
Avant-scènes du rez-de-chaussée............... 6
Avant-scènes de balcon... 6
Loges de balcon......... 5
Premières loges de face à salon................. 4 50
Avant-scènes du théâtre.. 4 50
Avant-scènes des premières loges................. 4
Fauteuils de balcon...... 4
Fauteuils d'orchestre.... 4
Baignoires.............. 3 50
Stalles d'orchestre...... 3
Fauteuils de la 1re galerie. 3
Premières loges de côté.. 3
Stalles de la 2e galerie... 2
Deuxième galerie........ 1 50
Parterre................ 1 50
Amphithéâtre............ 0 75

Cirque (Théâtre impérial du), boul. du Temple, 66. — Directeur, M. Hostein. (Pièces militaires.)
                            fr. c.
Avant-scènes des premières et du rez-du-chaussée... 5
Loges de face............ 4
Fauteuils de pourtour..... 4
Stalles de balcon......... 2 50
Stalles d'orchestre....... 3
Baignoires............... 2 50
Orchestre............... 2
Avant-scènes des deuxièmes 2
Deuxième galerie........ 1 50
Avant-scènes des troisièmes 1 25
Parterre................. 1
Premier amphithéâtre.... 1
Deuxième amphithéâtre.. 0 75
Troisième amphithéâtre.. 0 50

Vaudeville (Théâtre du), r. Vivienne, 29, place de la Bourse (1,300 places) ; comédies mêlées de chant, vaudevilles. — Directeur, Louis Lurine. — Secrétaire, Boïeldieu. — Régisseur, Sainte-Marie.

	fr. c.
Avant-scènes du rez-de-chaussée et de la galerie	6
Stalles d'orchestre, de balcon, loges de la galerie et avant-scènes des premières loges	5
Loges fermées du rez-de-chaussée	5
Stalles de la galerie et baignoires de côté	4
Premières loges et avant-scènes des deuxièmes	3
Pourtour	3
Deuxièmes loges	2 50
Parterre	2
Deuxième galerie	1

Gymnase dramatique, boul. Bonne-nouvelle, 38 (1,800 places). — Directeur, Lemoine-Montigny [NC.]. — Administrateur, Édouard Lomoine. — Caissier, Chevallot. — Régisseur général, Monval. — Régisseur de la scène, Herold. — Second régisseur, Antonin. — (Comédies-vaudevilles.)

	fr. c.
Avant-scènes	6
Loges d'entre-sol	6
Fauteuils du balcon d'orchestre	
Premières loges de face	4
Fauteuils de premières galeries	4
Orchestre	5
Baignoires	4
Premières loges de côté	
Avant-scènes des deuxièmes loges	2 50
Stalles d'amphithéâtre des deuxièmes	2 50
Deuxièmes loges	2
Avant-scènes des troisièmes	2
Parterre	2
Troisièmes loges	1 25
Deuxième galerie	1

Variétés (Théâtre des), boul. Montmartre, 7 (1,940 places). — Directeur, Hippolyte Cognard ✻. — Régisseur de la scène, A. Pastelot. — Secrétaire d'administration, Jules Lovy. — (Comédies mêlées de chant, vaudevilles.)

	fr. c.
Avant-scènes des premières et rez-de-chaussée, baignoires	6
Loges du 1er rang, fauteuils de balcon et d'orchestre	5
Loges de 2e rang de face, orchestre et 1re galerie	4
Loges intermédiaires	
Pourtour	2 50
Loges de 2e rang de côté	2 50
Parterre, 2e galerie	2
Loges du 3e rang	2
Deuxième galerie	1 50
Premier amphithéâtre	1 50
Deuxième Id	1

Palais-Royal (Théâtre du), au Palais-Royal, péristyle Montpensier, 74 et 75 (950 places). — Directeur, Dormeuil fils. — Administrateur, Plunkett. — Régisseur général, Coupart. — Régisseur secrétaire, Kalekairo. — Caissier, Gueffier. — Contrôleur général et inspecteur général, Oury. — (Comédies-vaudevilles.)

	fr. c.
Avant-scènes	6
Stalles de face, loges de balcon, et loges de galeries, orchestre	5
Premier amphithéâtre de face du rez-de-chaussée	4

	fr. c.
Loges de face, et avant-scènes des deuxièmes	4
Premières loges de côté, et pourtour	2 50
Stalles des 3e loges	2
Parterre	1 50

Porte-St-Martin (Théâtre de la), boul. St-Martin, 16 et 18 (1,800 places). — Directeur, Marc Fournier ✻. — (Drames, vaudevilles, féeries.)

	fr. c.
Avant-scènes du rez-de-chaussée	6
Avant-scènes des premières	5
Avant-scènes des deuxièmes avec salon	5
Loges de face du 1er rang	5
Baignoires	6
Premières loges du balcon	5
Fauteuils de balcon de face	4
Fauteuils de balcon d'avant-scène	4
Loges de face de la galerie	4
Fauteuils d'orchestre	3
Stalles d'orchestre	2 50
Stalle de la 1re galerie	2 50
Premières loges découvertes de la galerie	2 50
Stalles des secondes	2
Parterre	1 50
Secondes loges et avant-scènes des secondes	1 50
Pourtour du rez-de-chaussée	1 50
Galeries des deuxièmes	1 50
Deuxièmes	1
Amphithéâtre	0 50

Gaîté (Théâtre de la), boul. du Temple, 58 (1,800 places). — Directeur, Harmand. — (Drames, vaudevilles, féeries.) — Bureau des locations ouvert de 11 à 5 h.

	fr. c.
Avant-scènes des premières et du rez-de-chaussée	5
Loges de face	5
Baignoires	4
Loges de pourtour	3
Fauteuils d'orchestre	4
Stalles de balcon	3
Stalles d'orchestre	2 50
Deuxièmes loges d'avant-scène	2
Stalles des 2es galeries	2
Premier amphithéâtre	1 50
Deuxièmes galeries de côté	1 25
Parterre	1

Ambigu-Comique (Théâtre de l'), boul. St-Martin, 2, au coin de la r. de Lancry (1,900 places). — Directeur, M. De Chilly. — Secrétaire général, M. Salvador-Tuffet. — (Drames, féeries, vaudevilles.)

	fr. c.
Avant-scènes du rez-de-chaussée, avant-scènes des premières, loges à salon de face des premières de face	6
Fauteuils du 1er rang des premières et du balcon	4
Découvertes des premières	3
Fauteuils d'orchestre, fauteuils des premières et du balcon	3
Baignoires grillées, avant-scènes des secondes, loges grillées, secondes de face	2 50
Stalles d'orchestre	2 50
Fauteuils des deuxièmes, 1er rang, fauteuils du pourtour	2 50
Stalles des deuxièmes de face	2
Stalles du pourtour, avant-scènes des troisièmes	1 50

	fr. c.
Deuxièmes galeries	1 50
Avant-scènes des quatrièmes, parterre	1 25
Troisième galerie	0 75
Quatrième galerie	0 50

Cirque Napoléon (Cirque d'hiver), r. des Fossés-du-Temple, 6 et 8, et boul. des Filles-du-Calvaire.

	fr. c.
Premières	2
Deuxièmes	1
Troisièmes	0 75

Cirque de l'Impératrice (Cirque d'été), Champs-Élysées, petit carré Marigny.

	fr. c.
Premières	2
Deuxièmes	1

Établissements exploités par la Société des Deux-Cirques. — Directeur gérant, Déjean. — Administration (l'été), avenue Montaigne, 7 ; (l'hiver), r. de Crussol, 4 bis.

Bouffes Parisiens (Théâtre des), passage Choiseul et r. Monsigny, (ancien théâtre Comte), 700 places. — Pièces lyriques, opérette, bouffes. — Directeur, Offenbach. — Administrateur, Charles Comte, avocat.

	fr. c.
Avant-scènes de théâtre, du rez-de-chaussée et de la première galerie	3
Premières loges de face	3
Premières loges de côté, fauteuils de la 1re galerie, fauteuils d'orchestre	3
Avant-scènes de la première galerie	3
Loges de la 2e galerie	2 50
Stalles d'orchestre et de la 2e galerie	2
Parterre	1 50
Deuxième galerie	1

Un franc de plus par place pour la location. Entrée des voitures, r. Monsigny, 4.

Folies-Dramatiques (Théâtre des), boul. du Temple, 62 (1,900 places). — Directeur, Harel. — (Vaudevilles, coméd.-vaudevilles, féeries.)

	fr. c.
Avant-scènes du rez-de-chaussée et avant-scènes d'entre-sol	3
Avant-scènes des premières	2 50
Loges de face	2 25
Stalles d'entre-sol	2
Balcon, avant-scènes des secondes	1 50
Stalles de galerie	1 25
Orchestre, avant-scènes des troisièmes	1
Parterre	0 75
Première galerie	0 75
Deuxième galerie	0 50
Troisième galerie	0 30

Beaumarchais (Théâtre), boul. Beaumarchais, 25 (1,250 places). — Directeur, M. Bartholy. — (Vaudevilles et drames.)

	fr. c.
Avant-scènes	1 50
Deuxième galerie	1
Parterre et balcon des deuxièmes	0 75
Premier amphithéâtre	0 50
Troisième galerie	0 30

Luxembourg (Théâtre du), rue Madame, 39. — (Drames-vaude-

villes et comédies-vaudevilles.) — Directeur, Gaspari.

	fr. c.
Avant-scènes	2 50
Avant-scènes du rez-de-chaussée	2 50
Fauteuils d'orchestre	2
Fauteuils des premières	2
Stalles et baignoires	1 25
Première galerie et avant-scènes des secondes	1
Deuxièmes loges découvertes	
Orchestre et 2e galerie	0 75
Parterre	0 50

St-Marcel (Théâtre), r. Pascal, 31, faubourg St-Marcel. — Directeur, M. Bocage.

Spectacle ou Soirées fantastiques de Robert-Houdin (Hamilton succes.), physicien et mécanicien, tous les soirs, à 8 heures précises, boul. des Italiens, 8.

	fr. c.
Avant-scènes	4
Loges	4
Stalles et balcons	3
Galeries	1 50

Délassements-Comiques (Théâtre des), boul. du Temple, 52. — Directeur, Sari. — (Comédies-vaudevilles, pièces féeriques.)

	fr. c.
Baignoires d'avant-scènes de rez-de-chaussée et des premières	4
Avant-scènes du rez-de-chaussée et de premières	2 50
Fauteuils de balcon	2 50
Premières loges de face	2
Stalles d'orchestre	1 50
Loges du 2e étage	1 50
Stalles de balcon	1 50
Stalles de galerie	1 25
Orchestre	1
Galerie	0 75
Parterre	0 75
Deuxième Galerie	0 50
Amphithéâtre	0 40

Funambules (Théâtre des), boul. du Temple, 54. — Directeurs propriétaires, Doutrevaux et d'Angreny.

Petit-Lazari (Théâtre du), boul. du Temple, 50. — Directeur, Huet.

Déjazet (Théâtre), boul. du Temple, 41. — Directeur, Déjazet. — (Chants et pantomimes.)

	fr. c.
Avant-scènes du rez-de-chaussée et de premières	4
Loges découvertes du rez-de-chaussée et des premières	
Fauteuils d'orchestre et stalles de balcon	3
Stalles d'orchestre et stalles de balcon	2
Première galerie	1
Parterre et 2e galerie	1

Séraphin (Théâtre de), boul. Montmartre, 12. — (Ombres chinoises, marionnettes, voltigeurs et points de vue mécaniques.) — Tous les soirs, spectacle à 7 h. 1/2 ; les dimanches, fêtes et jeudis, représentation à 2 heures. Le spectacle est varié tous les soirs. — Directeur, Royer-Séraphin.

Théâtre des Batignolles, boul. des Batignolles, 78.

Théâtre de Belleville, rue de Paris.

Théâtre de Grenelle, rue de Paris 28.
Théâtre Montparnasse, avenue de la Gaieté.
Théâtre Montmartre, place du Théâtre.
Pré-Catelan (bois de Boulogne), tous les jours promenades, concerts, marionnettes, jeux divers, de 7 h. du matin à 11 h. du soir.
Salle Barthélemy, grande salle théâtrale avec deux rangs de loges, foyer, salon et grand café ; c'est la seule salle à Paris dont le système acoustique ne laisse rien à désirer ; elle est recherchée pour tous les grands concerts et soirées vocales et instrumentales, r. du Château-d'Eau, 20. — Bals mardi, jeudi, samedi et dimanche. Concert, lundi.
Hippodrome (spectacle d'été), barrière de l'Étoile (bois de Boulogne).
Café des Aveugles et du Sauvage, soirées amusantes et variées. Palais-Royal, 102, péristyle Beaujolais.
Diorama Historique, avenue des Champs-Élysées, 3.

THÉÂTRES (DIRECTION DES). — Au Ministère d'État.

TONTINES ET COMPAGNIES D'ASSURANCES SUR LA VIE.

ASSURANCES SUR LA VIE HUMAINE.

Tontine d'Orléans, rue St-Guillaume, 12.
Compagnie d'assurances générales sur la vie des hommes. (Ordonn. des 22 déc. 1819, 30 mai et 9 sept. 1820, et arrêté du 3 août 1848,) rue Richelieu, 87. — Cette compagnie est la première qui ait adopté, sur les bases larges et libérales, le système de la participation, système qui, en Angleterre, a élevé cette institution au plus haut degré de prospérité. Elle répartit entre ses assurés, pour la vie entière, la moitié de ses bénéfices. Elle rachète aux conditions les plus équitables les contrats dont les assurés ne voudraient plus payer la prime. Elle souscrit des assurances vie entière à primes viagères, temporaires et à demi-primes. Au moyen de ces innovations, toutes favorables au public, et dont la compagnie a pris l'initiative, les assurances sur la vie, qui ont principalement pour objet d'assurer l'aisance de la veuve et des enfants, en cas de mort du père de famille, ont pris en France les plus grands développements. La compagnie constitue aussi des rentes viagères. L'intérêt qu'elle accorde aux rentiers varie suivant l'âge. Par une combinaison, appelée Assurance Mixte, la compagnie garantit un capital, payable soit à l'assuré, s'il vit à un âge donné, soit à ses ayants droit aussitôt son décès. La compagnie possède, pour garantie de ses engagements, 30 millions de fr., dont 16 millions en immeubles et placements hypothécaires.
La Nationale, compagnie d'assurances sur la vie (anciennement Compagnie royale) établie à Paris, rue Ménars, 3. Capital de garantie : 15 millions. Fonds placés : 33 millions. Total : 44 millions. — Assurances payables au décès des assurés, ayant droit à moitié des bénéfices de la compagnie. — Rentes viagères sur une ou plusieurs têtes. — Dots des enfants. — Contre-assurances.
L'Impériale, compagnie anonyme d'assurances sur la vie, à primes fixes ; rue de Rivoli, 182.
L'Union, compagnie d'assurances sur la vie humaine, rue de la Banque, 15. (Ordonn. du 21 juin 1829.) — Capital : 10 millions ; fonds placés, 8 millions. Total garantie, 18 millions. — Les mêmes administrateurs et directeur que pour l'Union, compagnie d'assurances contre l'incendie. — Il n'existe aucune solidarité entre ces deux compagnies. — La compagnie constitue des rentes viagères et assure des capitaux pour le cas de décès, aux conditions les plus avantageuses. (S'adresser au siége de l'administration.)
La Minerve, établissement d'associations mutuelles sur la vie, rue Ménars, 4.
Caisse Paternelle, compagnie anonyme d'assurances générales sur la vie humaine, en mutualité, à primes fixes, et contre les accidents sur les chemins de fer. — Capital social, 6 millions. — Hôtel, rue Ménars, 2 et 4.
La Providence des Enfants, société autorisée par ordonnance du 1er décembre 1841. — Direction accordée à la compagnie le Phénix, rue de Provence, 40, par décret du 31 décembre 1852. — Directeur, M. Henri Joliat. — Cette société forme et administre les associations d'assurances mutuelles sur la vie. — La Providence des enfants compte plus de 23,400 assurés, sur la tête desquels il a été souscrit un capital de près de 23,594,847 fr. 31 c., réalisables par annuités. — Les fonds encaissés et convertis en rentes sur l'État dépassent 18,000,000 fr. La Providence des enfants opère chaque année des répartitions ; elle est représentée par les agents du Phénix dans les chefs-lieux d'arrondissement.
Le Conservateur, compagnie anonyme d'assurances mutuelles sur la vie, autorisée pour 90 ans par ordonnance du 2 août 1844. — Directeur, Alexis Desbouillons, rue Richelieu, 102. — Administrateur, E. Riffault, maire de Blois.
Le Phénix, compagnie française d'assurances sur la vie, rue de Provence, 40 (ordonnances des 9 juin 1841 et 25 janvier 1843). — Fonds social : 4 millions fr. Cette garantie est entièrement distincte de celle de 4 millions de la compagnie française du Phénix, qui a pour objet les assurances contre l'incendie. — Conseil d'administration (le même que le Phénix incendie). — Directeur, Henri Joliat. — Assurances en cas de décès. Participation de 50 p. 0/0 dans les bénéfices accordés aux assurés en cas de décès pour la vie entière. — Rentes viagères. La compagnie assure des rentes viagères, soit immédiates, soit différées, moyennant un capital versé comptant ou des primes annuelles. — Associations mutuelles, sociétés d'accroissement de capital, au profit des survivants de tous âges, pour une durée de 20 ans, qui restent ouvertes pendant 15 ans.
Société des Nu-Propriétaires, compagnie d'opérations générales sur la vie, rue Louis-le-Grand, 25. — Directeurs, Vaunois et Ventenat.
The Defender, compagnie anglaise d'assurances à primes fixes sur la vie humaine, autorisée par acte du parlement. Capital de garantie, 25 millions. Siége de la compagnie à Londres, 34, New-Bridge-Street, Black-Friars ; à Paris, 4, boulevard des Italiens. — Rentes viagères en rentes sur l'État, titres restant entre les mains des rentiers. — Taux les plus avantageux. — Capitaux après décès. — Exonération du service militaire. — Dotation des enfants. — Envoi franco des tarifs et renseignements.
L'Étoile et le Times, compagnies d'assurances contre l'incendie, l'explosion du gaz, des chaudières, et contre le bris des glaces, établie à Paris, rue Vivienne, 53 ; à Londres, Ludgate Hill, 32. — Directeur gérant et administrateur, E. Baleosi.
The Gresham, rue Drouot, 15.

TRIBUNAL DE COMMERCE. — Place de la Bourse. Il connaît de toutes les contestations relatives aux engagements et transactions entre négociants, marchands, banquiers, et entre toutes personnes des contestations relatives à des actes de commerce, etc. Il juge en dernier ressort sur toutes les demandes dont le principal n'excède pas 1,500 fr., sur les demandes reconventionnelles ou en compensation, lors même que, réunies, elles excéderaient 1,500 francs. Il n'a point de vacances, et a la même Cour d'appel que le tribunal de première instance. — Il tient ses audiences les mardis, jeudis et vendredis de chaque semaine, à 10 heures, pour les causes sommaires, et les mercredis, à 10 heures, pour les causes en ouverture de rapports d'arbitres. Audience du grand rôle, le lundi à 11 heures.

TRIBUNAL DE POLICE MUNICIPALE. — Au Palais de Justice, local de l'ancienne salle des Criées. Ce tribunal connaît, d'après les articles 137 et 138 du Code d'instruction criminelle, de toutes les contraventions de simple police qui peuvent donner lieu, soit à 15 fr. d'amende ou au-dessous, soit à cinq jours de prison ou au-dessous, qu'il y ait ou non confiscation des choses saisies, et quelle qu'en soit la valeur. En prononçant sur les contraventions, il statue par le même jugement sur les demandes en restitution et en dommages-intérêts. — Les juges de paix et président successivement, les fonctions du ministère public y sont remplies par un commissaire de police.

TRIBUNAL DE PREMIÈRE INSTANCE. — Séance au Palais de Justice. Il est composé d'un président, de huit vice-présidents, de cinquante-six juges et huit suppléants ; vingt juges remplissent les fonctions de juge d'instruction. Il se divise en dix chambres. Cinq de ces chambres connaissent des matières civiles ; la sixième, la septième et la huitième, des affaires de police correctionnelle ; la neuvième, des affaires civiles et criminelles rapportées et jugées en chambre du conseil ; la dixième, des expropriations par jury pour cause d'utilité publique. — Il y a près le tribunal le procureur impérial et vingt-deux substituts ; un greffier en chef, huit commis-greffiers assermentés pour le service des audiences ; un pour les référés ; un pour la caisse ; trois à la chambre du conseil ; un aux dépôts, acceptations et renonciations ; deux aux criées ; quatre au greffe des ordres ; un à la recette des dépôts, greffe de la police correctionnelle ; un au casier judiciaire, et vingt pour le service des juges d'instruction. — Les cinq premières chambres connaissent des matières civiles ordinaires ; la première chambre connaît en outre des contestations relatives aux avis de parents, aux interdictions, et autres mentionnées en l'art. 50 du décret du 30 mars 1808 ; la seconde, des ordres et contributions, des contraventions aux droits de timbre et d'enregistrement, et du contentieux judiciaire des domaines ; la sixième, la septième et la huitième, des affaires de police correctionnelle ; la huitième connaît en outre des délits relatifs aux douanes, aux impôts indirects, aux octrois, à la garantie des matières d'or et d'argent, et des appels de simple police. — La première chambre est présidée ordinairement par le président du tribunal ; il peut, s'il le croit nécessaire, présider les autres chambres ; les huit vice-présidents, par roulement, président les autres chambres. Les chambres sont composées conformément aux roulements arrêté chaque année. — Les audiences tiennent tous les jours, les dimanches et lundis exceptés, savoir : la première chambre à dix heures 1/4, la deuxième à dix heures 3/4, la troisième à onze heures, la quatrième à onze heures 1/4, la cinquième à onze heures, la sixième, la septième et la huitième à 10 heures 1/2. — L'audience des saisies immobilières tient les jeudis, à 2 heures. — L'audience des criées, pour la vente des immeubles, est tenue par l'un des juges du tribunal de service à la première chambre, les mercredis et samedis, à deux heures, dans la salle d'audience de la première chambre. — La chambre du conseil civile et criminelle se réunit les mercredis, jeudis et samedis à deux heures pour les affaires relatives aux avis de parents, actes de notoriété, homologation de liquidation, autorisations de femmes mariées, aux successions bénéficiaires, vacantes ou en déshérence, etc., et pour entendre les rapports des juges d'instruction, sauf les cas d'urgence. — Les référés sont tenus par M. le président, ou par le vice-président de la première chambre, les mardis, jeudis et samedis, à 10 heures. — L'audience des vacations, qui ont lieu du 1er septembre au 1er novembre, se tient au local de la première chambre, les mercredis, jeudis, vendredis et samedis, à dix heures. — Les référés sont tenus les mercredis et vendredis, à onze heures ; les audiences pour les ventes sur saisies immobilières, tous les jeudis, à l'issue de l'audience des vacations ; le président reçoit, chez lui, tous les lundis, de huit heures à midi, et les autres jours, à neuf heures et demie et à deux heures à son cabinet, Palais de Justice, sauf les cas d'urgence.

V

VAL-DE-GRACE. — Église et hôpital, r. St-Jacques. L'église a été élevée en 1645; l'hôpital est affecté spécialement aux militaires. Une école pour l'instruction des chirurgiens militaires y est annexée.

VALLÉE (MARCHÉ DE LA). — Quai des Grands-Augustins, 53. C'est un marché en gros pour la volaille, le gibier, les agneaux et les cochons de lait. Il se tient tous les lundis, mercredis, vendredis et samedis. La vente au détail a lieu aux halles centrales.

VENTES PUBLIQUES. — Elles ont lieu r. Rossini, 6, à l'hôtel spécial qui leur est consacré. Elles sont annoncées tous les jours par des affiches.

VÉRIFICATEURS DES POIDS ET MESURES — Il y en a sept dont les bureaux sont ouverts de 10 h. à 4 h. tous les jours, ainsi que le bureau central, r. des Lions-St-Paul, 7, où a lieu l'étalonnage et la vérification. — Tous les ans, le préfet de police détermine par une ordonnance le laps de temps dans lequel les commerçants doivent faire vérifier leurs poids et mesures, chacun dans leurs bureaux respectifs. Les commerçants doivent se conformer à cette ordonnance, dont les dispositions peuvent faire provoquer contre eux la saisie de leurs poids ou mesures, quand ces instruments ne sont point pourvus du poinçon de garantie de l'année, après l'expiration du terme fixé pour chacun d'eux, conformément à l'article 481 du Code pénal. — La rétribution pour la vérification étant perçue sur des rôles, à l'instar des contributions, il n'y a rien à payer aux bureaux de vérification. — Un vérificateur, attaché au bureau central, se transporte dans les ateliers ou maisons de commerce des personnes qui ont droit à ce que la vérification soit faite à domicile, et dans les établissements publics. Les personnes qui ont au moins 20 poids de 20 kilogr., ou une balance bascule, ont droit à la vérification à domicile, ainsi que les marchands de bois de chauffage; la demande doit être faite au préfet de police, elle peut l'être sur papier libre. Cette vérification se fait sans augmentation de frais.

Bijot, vérificateur, r. du Helder, 25. — Bazière, vérificateur adjoint.
Lavant, r. des Vieux-Augustins, 43.
Morin, vérificateur, r. St-Martin. — Laude, vérificateur adjoint.
Mirguet, vérificateur, r. St-Louis Marais, 28. — Geoffroy, vérificateur adjoint.
Pujol, vérificateur, quai de Béthune, 34. — Viez, vérificateur adjoint.
De Silva, vérificateur, r. du Bac, 140. — Morel, vérificateur adjoint.
Arrondissements ruraux, St-Denis, Ravon, vérificateur; Jayet, vérificateur adjoint. — Sceaux, Lallemant, vérificateur.

VILLA DES DAMES. — Maison de santé spéciale aux femmes, rue Notre-Dame-des-Champs, 77, près du Luxembourg.

VOIRIE DE PARIS. — La grande voirie dépend de la Préfecture de la Seine, 3e division. Elle a deux commissaires-voyers divisionnaires et 20 commissaires-voyers d'arrondissement. Les commissaires-voyers divisionnaires donnent leur avis sur les rapports des commissaires-voyers d'arrondissement, et sur les affaires qui leur sont communiquées. Les commissaires-voyers d'arrondissement font respectivement leurs rapports sur les demandes à fin de permission de construire et de réparer; ils vérifient l'exécution des alignements donnés; ils constatent les contraventions de toute nature. Les inspecteurs particuliers de la voirie sont attachés aux commissaires-voyers d'arrondissement pour les aider dans l'exercice de leur surveillance. Les commissaires-voyers divisionnaires et les commissaires-voyers d'arrondissement se réunissent le mercredi de chaque semaine en commission de consultation. Cette commission est présidée par le chef de la division, ou, en son absence, par le chef du bureau des alignements. La commission de consultation exprime un avis sur les affaires qui ont été renvoyées à l'examen des commissaires-voyers divisionnaires et sur les malfaçons ou vices de construction signalés par les commissaires-voyers dans les bâtiments neufs. — La petite voirie est du ressort de la Préfecture de Police, 2e bureau de la 2e division.

VOITURES DES ENVIRONS DE PARIS.

Nous sommes arrivés au bout de notre course. Il ne nous reste plus, avant de prendre congé de nos lecteurs, qu'à leur indiquer les lieux de plaisir et de promenade des environs de Paris, et à leur dire quels véhicules ils doivent employer pour s'y transporter. Les Parisiens émigrent volontiers le dimanche depuis le lever jusqu'au coucher du soleil, et les heures de cette journée sont trop précieuses pour qu'on en perde une partie en recherches souvent infructueuses; car si tout le monde sait où sont situés les embarcadères des chemins de fer, beaucoup de personnes ignorent où sont les bureaux des voitures qui conduisent dans les principaux environs de Paris. Ce sont ces bureaux que nous voulons faire connaître et ces embarcadères que nous voulons rappeler, en donnant quelques indications rapides sur les localités à visiter.

Arcueil. C'est la première station du chemin de fer d'Orsay (barrière d'Enfer). Arcueil est un village de 2,500 habitants, situé dans un vallon sur la rivière de Bièvre. Il tire son nom de l'aqueduc qui y fut construit par les Romains, et dont on voit les restes contigus à l'aqueduc moderne, bâti par Marie de Médicis. L'église d'Arcueil, bâtie au XIIIe siècle, est l'une des plus remarquables des environs de Paris. Outre le chemin de fer d'Orsay, on peut y aller par des voitures qui partent toutes les heures, rue Christine, 4, et passage Dauphine, 16.

Asnières. Par le chemin de fer de Saint-Germain, r. St-Lazare. Cette localité, à 8 kilomètres de Paris, doit son nom aux ânes qu'elle élevait au temps jadis. Aujourd'hui c'est un charmant village, trop charmant, et par conséquent trop populeux, surtout le dimanche, lorsque le bal célèbre qui s'est installé dans le parc d'Asnières fait entendre le son joyeux des contredanses, et que les beautés légères de Paris viennent s'y livrer à la fougue de leurs talents chorégraphiques. Ce sont là les plaisirs de la soirée; pendant le jour, Asnières offre d'autres plaisirs : c'est, au-dessous de Paris, l'extrême limite des voyages du canotier parisien; il faut voir, à l'heure du dîner, débarquer les flambards, en costumes plus ou moins pittoresques, presque toujours prétentieux, les mains dans les poches et se dirigeant du port vers les traiteurs, avec ce dandinement particulier au marin, cette allure que donne l'habitude du tangage et du roulis ! Près d'eux s'avancent leurs compagnes, intrépides comme eux, le cigare aux lèvres, l'assurance au front. Fuyez, candeurs bourgeoises qui craignez la pipe et les jurons ! Déjà la friture frémit dans la poêle; déjà la matelote fumante est sur la table; on chante, on boit, on rit, on se démontre que pendant la traversée on a couru les plus grands dangers, heureusement surmontés, grâce à l'expérience et au sang-froid du chef d'équipe; on rappelle avec pitié les mésaventures des embarcations rivales, qui ont essayé une lutte impossible avec l'équipage du *Tonnant* ! On s'égaye et l'on égaye les autres; car rien n'est plus réjouissant pour un auditeur désintéressé que cet étalage de prétentions nautiques; c'est une comédie qui en vaut bien une autre, et je conseille fort aux gens raisonnables de ne pas se la refuser.

Aulnay. Par le chemin de fer de Sceaux et par les voitures de la rue Christine, 12. Ce joli hameau est une des dépendances de Châtenay; il est formé par de belles et riches maisons de campagne, au nombre desquelles on distingue celle de M. Alexandre de Girardin.

Auteuil. Par le chemin de fer, rue St-Lazare; par les voitures de la rue du Bouloi, 9, et par le bateau à vapeur du Pont-Royal. Nous renvoyons, pour la description de ce beau village, aujourd'hui compris dans Paris, au *Nouveau Paris* de notre collaborateur E. de La Bédollière.

Batignolles. Par le chemin de fer d'Auteuil et par les lignes C, L, X, Z, des omnibus. Pour la description, même observation que ci-dessus.

Belleville. Par les lignes C, Y des omnibus. Même observation que ci-dessus.

Bellevue. Par le chemin de fer de l'Ouest (boul. Montparnasse), dont ce village est la troisième station. Il doit sa réputation à sa position et à Mme de Pompadour. La marquise, se rendant un jour de Sèvres au château de Meudon, fut frappée de la beauté du site où elle se trouvait. En effet, du sommet de la colline qu'elle venait de gravir se déroulait à l'œil un panorama immense, qui embrassait toute la vallée de la Seine et s'étendait jusqu'au delà de la capitale. La marquise témoigna le désir d'y avoir une maison de plaisance. Ses désirs étaient des ordres, et tout aussitôt architectes, artistes et jardiniers se mirent à l'œuvre. Lassurance dressa les plans, d'Isles dessina les jardins; Coustou, Falconnet, Adam l'aîné, Salé, Pigalle, Fragonard, Lagrenée, rivalisèrent de talent et de goût. Le château de Bellevue s'éleva comme par enchantement; commencé le 30 juin 1748, il était achevé le 20 novembre 1750. Bellevue était surtout remarquable par sa position avantageuse et la gracieuse magnificence de sa construction. En arrivant du côté de Meudon, on rencontrait deux pavillons carrés dont il existe encore; puis les curieux admiraient l'avenue de tilleuls qui conduisait à l'avant-cour où se trouvaient les écuries et la salle de spectacle. On pénétrait ensuite dans la cour du château, formée de trois côtés par les ailes et le corps du bâtiment, et du quatrième par une belle grille en fer doré qui la séparait du parc. La façade principale regardait Paris. Il y avait au-devant une terrasse qui existe encore, et d'où l'on jouit d'une vue magnifique : des rampes gracieuses appliquées aux flancs du coteau descendaient jusqu'au rivage de la Seine et conduisaient à un pavillon appelé Brimborion, qui terminait la propriété en face des belles plantations de peupliers et de saules qui ombrageaient les îles Séguin et Billancourt. Les parterres et le parc, d'une étendue de plus de cent arpents, étaient plantés dans le goût du temps; l'ornement le plus remarquable étaient deux statues d'une belle exécution, dues au ciseau de Pigalle, et représentant le roi et la belle propriétaire du lieu. — Louis XV avait pris tellement à cœur l'achèvement de Bellevue, qu'il présidait en quelque sorte lui-même à la conduite des travaux, et que plusieurs fois on le vit se faire apporter ses repas au milieu des ouvriers. Il y coucha pour la première fois le 24 novembre 1750. Trois ans après, on y joua *le Devin du Village*. La marquise de Pompadour remplissait elle-même le rôle de Colin, et 50 louis furent envoyés à l'auteur. La prédilection de Louis XV pour cette résidence le détermina à s'en faire plus tard céder la propriété; elle faisait donc partie du domaine de la couronne quand Louis XVI en fit don à ses tantes, Mesdames de France, qui reculèrent les limites du parc et apportèrent de nouveaux embellissements au château. — La révolution trouva Bellevue à l'apogée de ses splendeurs; un décret de la Convention l'avait compris, avec Meudon, dans la classe des palais conservés pour une destination d'utilité publique; mais la sentence parlementaire ne fut pas ratifiée par l'instinct populaire, qui, dans un discernement trop peu remarqué, proportionna presque partout sa fureur dévastatrice à la honte ou à la barbarie des souvenirs que les monuments lui rappelaient. Bellevue eut à souffrir un peu moins que Marly, mais beaucoup plus que Meudon et Saint-Cloud. La spéculation privée acheva plus tard l'œuvre révolutionnaire. En 1823, un M. Guillaume, devenu acquéreur de cette propriété, la divisa en une cinquantaine de parcelles, fit tracer le plan d'un village, et concourut à la construction d'une partie des charmantes villas qui forment aujourd'hui un des bourgs les plus délicieux des environs de Paris; il faut citer comme remarquables entre toutes les habitations élevées sur le sol de l'ancien château ou agrandies des anciennes dépendances du parc, les propriétés de M. Odier et de Mme Delisle. Un chemin descend du Bellevue vers la porte du parc de St-Cloud.

Boissy-St-Léger. Par les voitures du boul. Beaumarchais, 10, et par la ligne S des omnibus.

Bougival. Par le chemin de fer de St-Germain, et par les voitures spéciales du faubourg St-Denis, 22.

Boulogne. Par le chemin de fer d'Auteuil, par les voitures spéciales de la rue du Bouloi 9, et par le bateau à vapeur du Pont-Royal. Boulogne est un grand et beau village, à 9 kilomètres de Notre-Dame. Il se composait, au xiv° siècle, de quelques maisons groupées autour de Notre-Dame de Boulogne, ainsi nommée par des Parisiens qui, ayant fait un pèlerinage à Notre-Dame de Boulogne-sur-Mer, entreprirent de construire sous cette invocation une église dans le voisinage de Paris. Cette église, exactement semblable, dit-on, à celle qu'ils venaient de visiter, fut achevée en 1348, et agrandie dans le siècle suivant. Le village avait d'abord le nom de « Menus les Saint-Cloud » mais le nom de Boulogne-sur-Seine a prévalu, et s'est étendu au bois qui l'avoisine. Il était autrefois beaucoup plus vaste, et couvrait tout le territoire qu'on désigne aujourd'hui sous le nom de plaine des Sablons, ou le désignait sous la dénomination de forêt de Rouvray.

Bourg-la-Reine. Par le chemin de fer de Sceaux, et par les voitures spéciales du passage Dauphine, 10, et de la rue Christine, 12.

Cachan. Par le chemin de fer de Sceaux, et par les voitures spéciales de la rue Christine, 12.

Charenton. Par les omnibus, lignes R, S, et le chemin de fer de Lyon (boul. Mazas). C'est le commencement des bords de la Marne.

Chatenay. Voitures, rue Christine, 12, et chemin de fer de Sceaux. Ce village, dont le nom vient des châtaigniers qui croissaient sur son territoire, est déjà cité au temps de Charlemagne par Irminon, abbé de St-Germain-des-Prés. Au xiii° siècle, cette seigneurie appartenait aux Templiers; ils la vendirent au chapitre de Notre-Dame. En 1215, pendant la première croisade de saint Louis, ce chapitre fit emprisonner les serfs de Châtenay, parce que ces malheureux n'avait pu lui payer leur redevance. Quelques-uns de leurs compagnons intercédèrent auprès de la mère de saint Louis, la reine Blanche, qui demanda leur mise en liberté. Le chapitre s'y refusa. La reine alors se rendit en personne à la prison, fit enfoncer les portes, délivra les prisonniers, et se saisit du temporel de l'église jusqu'à ce que les chanoines eussent indemnisé les habitants du tort qu'ils leur avaient fait éprouver. Quelques années plus tard, les habitants de Châtenay s'affranchirent moyennant la somme de 1,400 livres tournois. L'église de Châtenay est un édifice remarquable et fort ancien.

Chatillon. Voitures, rue Christine, 12, et r. Grenelle-St-Honoré, 45. Ce village n'a rien de remarquable en soi, à part son église; il est, pour ainsi dire, l'entrée d'environs charmants, Fontenay, Bagneux, Bourg-la-Reine, etc.

Chatou. Chemin de fer de St-Germain, et voitures, boulevard Saint-Denis, 22.

Chaville. Chemin de fer de Versailles (rive gauche), 18 minutes de Paris. Il est à la porte du bois de Meudon.

Chennevières. Voiture, boulevard Beaumarchais, 10, et les omnibus, lignes R, S, T, U, V, X.

Choisy-le-Roi. Par le chemin de fer de Corbeil; par les voitures place Dauphine, 5, et rue Coq-Héron, 17, et par le bateau à vapeur, quai de la Grève. C'est une jolie petite ville, à 15 minutes de Paris. Belles maisons de campagne. Pont en chêne avec culées en pierres. Célèbre manufacture de faïence, etc.

Clamart. Par le chemin de fer de Versailles (rive gauche). Beaucoup de maisons de campagne, dont quelques-unes sont le meilleur goût et rappellent celles de Rughien. Ce village doit une partie de sa vogue à son voisinage du bois de Meudon.

Corbeil. Par le chemin de fer, boulevard de l'Hôpital, et par le bateau à vapeur, quai de la Grève. Jolie petite ville, sans intérêt historique. Les environs sont gracieux, et la rivière d'Essonne y présente quelques jolis sites.

Courbevoie. Par le chemin de fer de Versailles (rive droite), et par les voitures rue de Rivoli, 74, et boul. St-Denis, 22, et par les omnibus, ligne A.

Courcelles. Par le chemin de fer d'Auteuil, dont il est la 2° station.

Enghien. Par le chemin de fer du Nord et par les voitures faub.-St-Denis, 47. Beaucoup de châlets, un lac et des eaux minérales.

Fontenay-aux-Roses. Par le chemin de fer d'Orsay et par les voitures spéciales de la rue Christine, 12, et de la rue de Grenelle-St-Honoré, 45. La station de Fontenay est à 9 kilomètres, 10 minutes de Paris. Fontenay-aux-Roses doit son nom aux sources dont son territoire est arrosé, et son surnom aux roses qui, avec les fraises et les violettes, y sont surtout cultivées. Ce jardinage tout gracieux prédestinait ce village à être chéri des citadins qui aiment la campagne et n'aiment un amour modéré et veulent que la nature soit propre et élégante comme un jardin. A ce point de vue, Fontenay doit être regardé comme le plus charmant séjour des environs de Paris. Aussi les maisons de campagne y abondent, et chaque dimanche y amène des flots de visiteurs, qui ôtent à cette jolie campagne tout ce qui pouvait lui rester d'agreste. La culture des roses est depuis bien longtemps la principale industrie de Fontenay. On voit dans les actes du parlement que le confectionneur de bouquets de roses de la cour se fournissait à Fontenay.

Fontenay-sous-Bois, Voitures, rue Saint-Martin, 326, et boulevard Beaumarchais, 10. On y va aussi par les correspondances des omnibus, lignes R, S, T, U, V, X.

Fontainebleau. Par le chemin de fer de Paris à Lyon. C'est un des environs de Paris les plus éloignés; mais comme ce n'est pas un des moins fréquentés, nous devons en parler, et, à cause de son importance, en parler longuement. Fontainebleau a été longtemps un village obscur. En 1169, Louis VII y fit construire un modeste rendez-vous de chasse et une chapelle. Après Louis VII, saint Louis se plut dans ce séjour; il agrandit les fondations de son bisaïeul, construisit le pavillon qui porte encore son nom et un hôpital pour les pauvres malades. Philippe le Bel, qui était, né dans la résidence de Fontainebleau, et qui y mourut, et Charles V le Bel, son troisième fils, y séjournèrent habituellement. Puis vint Charles V le Savant, Isabeau de Bavière, hôtesse de ce séjour, qu'elle embellit, en fit le théâtre de sa vie de scandale et de libertinage. François I°, Henri II, Henri IV, affectionnèrent Fontainebleau. Le génie italien de la renaissance éleva les bâtiments que nous admirons aujourd'hui ; Serlio construisit la façade de la cour des Fontaines, le Rosso peignit la galerie qui a pris le nom de François I°; Benvenuto Cellini exposa son fameux Jupiter d'argent. La salle du bal, complétée plus tard par les peintures du Primatice et du Nicolo del Abbate, est de cette époque. Une vaste pièce, naguères ouverte à tous les vents et où se voyaient à peine les vestiges des peintures du grand Primatice, a été rajeunie et restaurée habilement il y a quelques années, et aujourd'hui on peut y admirer, dans leur splendeur, les œuvres de ce maître du xvi° siècle. Après Henri II, les troubles de religion firent oublier, pendant quelques années, le charmant séjour de Fontainebleau ; mais la paix y ramena Henri IV. Ce roi fit construire les bâtiments de la cour Cheval-Blanc; l'appartement des bains, en forme de grotte rustique, qui faisait suite à la galerie d'Ulysse ; la galerie des Chevreuils, qui n'existe plus; la galerie des Cerfs ; la galerie de Diane, souvenir consacré par ce roi galant à la maîtresse bien-aimée de l'un de ses prédécesseurs. Des terrasses, des parterres, le grand canal, embellirent les jardins. En 1606, Fontainebleau eut de magnifiques fêtes à l'occasion du baptême de Louis XIII, alors âgé de cinq ans. On avait apporté, de Vincennes à Fontainebleau, la coupe du ix° siècle qui servait pour le christianement des enfants de France. La reine et les seigneurs étaient couverts de perles et de diamants, et Sully, l'ordonnateur de la fête, couronna celle-ci par un feu d'artifice où l'on voyait un château pris par dessus terre. Louis XIII fit construire, en 1634, par Jacques Lemercier, l'escalier en fer à cheval de la cour d'honneur. Sous Mazarin, Christine de Suède reçut l'autorisation d'habiter Fontainebleau, et ce fut dans ce séjour que, le 10 novembre 1657, elle fit assassiner son favori Monaldeschi. Le corps du grand écuyer repose à la lisière de la forêt, au-dessous du bénitier de l'église du petit village d'Avon. Louis XIV et la Vallière habitèrent ce bienheureux séjour, si retentit du bruit des fêtes joyeuses, des carrousels et des concerts. Les interminables guerres, les grandes affaires, tous les soins du gouvernement, d'autres amours, entraînèrent ailleurs Louis XIV ; mais Fontainebleau le revit, vieilli cette fois et dévot, menant avec lui Mme de Maintenon.

De Louis XIV à Napoléon, Fontainebleau est oublié. La révolution épargna ce séjour royal. Napoléon en fit l'une de ses résidences favorites ; il en embellit et agrandit les constructions, y dépensa 6,242,000 fr.; il aimait à chasser dans la forêt lorsque sa vie militaire lui laissait quelques jours de repos. Pie VII passa deux fois par cette ville, et là aussi s'accomplirent le mariage de l'empereur avec Marie-Louise, et l'acte d'abdication. C'est dans la cour du Cheval-Blanc qu'eurent lieu ses adieux célèbres à ses compagnons d'armes. La restauration oublia la résidence aimée de Napoléon. Mais les intelligentes réparations exécutées sous le règne de Louis-Philippe ont rendu à cette demeure des rois la splendeur dont elle est digne. Aujourd'hui le château est composé de six cours : la cour du Cheval-Blanc, la cour des Fontaines, la cour Ovale ou du Donjon, la cour ou jardin de l'Orangerie, la cour des Princes et la cour des Cuisines. Chaque cour est entourée du tout ou quatre corps de bâtiments. La première doit son nom à un cheval en plâtre, copie du cheval de Marc Aurèle, moulé à Rome en 1560. Dans l'un des bâtiments de cette cour se trouve la chapelle de la Trinité, remarquable par sa belle architecture. Le principal autel est décoré de quatre colonnes en marbre blanc avec des chapiteaux en bronze doré, de quatre anges du même métal, et des statues en marbre blanc de Charlemagne et de saint Louis. Les bâtiments de la cour Ovale sont plus anciens que ceux des autres cours; il s'y trouve un balcon extérieur, supporté par quarante-cinq colonnes de grès. C'est là que se trouve la salle du trône, les appartements royaux, la bibliothèque, la salle du bal ; Napoléon y signa son abdication en 1814; on montre la petite table d'acajou où il accomplit ce grand acte, et la plume dont se servit l'empereur. Dans les bâtiments de la cour de l'Orangerie se trouve la galerie des Cerfs, où Christine fit assassiner son amant, et celle de Diane, décorée par MM. Abel de Pujol et Blondel.

Dans la partie sud du parc se trouve la grande pièce d'eau, dite l'Étang. Le reste de ce vaste jardin est traversé par un canal de 1,170 mètres de long sur 40 de large.

La forêt présente une étendue de près de vingt mille hectares. Les sites les plus renommés sont : 1° la *Gorge aux Loups*, au sud de Fontainebleau, près de la route de Lyon par Moulins ; cet endroit, un des moins fréquentés par les touristes, est d'un aspect sauvage et grandiose ; 2° les gorges de *Franchart*, à l'ouest de la ville, vallée formée de blocs de grès, du milieu desquels s'élèvent quelques bouleaux échevelés : c'est là que se trouve la *Roche qui pleure* : on y rencontre, — chose moins pittoresque, mais qui a parfois son agrément, — un ermitage orné d'un restaurant ; 3° les gorges d'*Apremont*, près de la lisière de la forêt du côté de Paris : c'est, au gré de la majorité des artistes, l'endroit le plus beau de la forêt ; 4° enfin la vallée de la *Sole*, à peu de distance des gorges d'Apremont ; cette vallée se trouve à droite de la route de Fontainebleau à Paris : les gorges d'Apremont sont à gauche (en allant vers Paris).

GONESSE. Voitures, boulevard Saint-Denis, 22.

JOINVILLE-LE-PONT, Voitures, boulevard Beaumarchais, 10. — Rue St-Martin, 320. — Rue du Bouloi, 22. — Omnibus, lignes R, S, T, U, V, X. C'est le commencement de ce que les canotiers parisiens appellent le *Tour de Marne*.

JUVISY. Par le chemin de fer de Corbeil, qui se bifurque en cet endroit.

MAISONS-LAFFITTE. Par le chemin de fer de Rouen et par les voitures de la place de l'Hôtel de Ville. A 17 kilomètres de Paris. On y voit un château où Voltaire habita pendant quelque temps et qui, après avoir appartenu au comte d'Artois, a été successivement la propriété de M. de Montebello et de M. Jacques Laffitte

MARLY. Par le chemin de fer de Saint-Germain et par les voitures du boulevard St-Denis, 22.

MEUDON. Par le chemin de fer de Versailles (rive gauche). C'est la 2e station de cette ligne, à 10 minutes de Paris. Meudon est célèbre par le séjour qu'y fit Rabelais, par sa forêt et par son château, qui est bâti sur une hauteur. Ce château, bâti par le Dauphin, fils de Louis XIV, était sa résidence habituelle et celle de sa maîtresse, Mlle Choin : ce fut là qu'il mourut. Il existait à côté un château plus ancien, bâti par Philibert Delorme, et dont on ne saurait trop regretter la perte : il a été détruit vers la fin du consulat. Il avait été affecté, pendant la révolution, à une commission de savants chargés d'examiner tous les perfectionnements à apporter à l'artillerie, tous les procédés proposés alors pour multiplier les moyens de résistance aux armées qui envahissaient la France. Cette commission était composée de Carnot, Monge, Berthollet, Fourcroy, Aubry, Robert Lindet. Chaque jour partaient de là des fourgons chargés de munitions de toutes sortes ; et ce fut dans ce château que fut fabriqué l'aérostat célèbre qui s'éleva dans les airs le matin de la bataille de Fleurus (1794), et du haut duquel deux officiers du génie jetaient des indications écrites sur les positions occupées par l'armée autrichienne.

MONTLHÉRY. Par le chemin de fer d'Orléans, à 45 kilomètres sud de Versailles, et à 30 kilomètres de Paris. C'était un ancien comté, siége d'une prévôté royale et d'une châtellenie, dépendant du diocèse de Paris, faisant partie du Hurepoix et de la province de l'Ile-de-France.

MONTMORENCY. Par le chemin de fer du Nord et par les voitures spéciales du boulevard St-Denis, 22. Malgré quelques prétentions contraires et fort peu fondées, l'origine de Montmorency ne remonte pas plus haut que le XIe siècle. Un seigneur du nom de Burchard et surnommé le Barbu, possédait, dans l'île Saint-Denis, une forteresse d'où il dirigeait contre les propriétés de l'abbaye des expéditions toujours impunies : le roi Robert obtint de lui la cession de son château, qu'il fit raser, en échange d'une autorisation d'en construire un autre au lieu appelé *Monsmorenciacum*, près de la fontaine Saint-Walarie. C'est après l'achèvement du nouvel édifice, et la formation du village qui vint se grouper autour, que la dynastie des Burchard échangea son nom contre celui de Montmorency, qui devait acquérir une si longue et si éclatante célébrité.

La ville suivit la fortune de ses seigneurs : fortifiée au temps des guerres féodales, assiégée par Louis le Gros qui préféra un accommodement amiable aux chances d'un assaut ; embellie avec le butin des victoires, dotée pendant les périodes religieuses de monastères et de pieuses fondations, elle resta en la possession des Montmorency jusqu'à la mort du dernier duc, Henri II, décapité à Toulouse le 30 octobre 1632. Cette terre, érigée en duché-pairie dès 1551, fut alors confisquée par Louis XIII et donnée par lui au prince de Condé, duc de Bourbon, qui avait épousé la sœur du duc supplicié. Louis XIV, en confirmant cette donation, changea, par lettres patentes du mois de septembre 1689, le nom de Montmorency en celui d'*Enghien*, qui était le nom de la première baronnie du Hainaut qu'Antoine de Bourbon, roi de Navarre, avait autrefois donnée à son frère cadet, Louis de Bourbon, prince de Condé. Malgré les édits royaux, l'obstination des souvenirs populaires a conservé à Montmorency le nom des seigneurs qui l'avaient illustré; un village, construit plus récemment au pied de la montagne, dans la vallée et au bord d'un vaste étang, a pris et gardé le nom d'Enghien. La célébrité de Montmorency s'est accrue sur la fin du siècle dernier du séjour de Jean-Jacques Rousseau à l'Ermitage, petite maison à l'entrée de la forêt. Pendant la révolution on voulut donner à la ville le nom d'*Émile*, titre de l'ouvrage que le grand écrivain y avait composé ; mais la Convention ne fut pas en cela plus heureuse que le grand roi, et le nom de Montmorency prévalut. La demeure de Rousseau fut habitée ensuite par Grétry ; d'autres maisons furent construites près de là, et ont changé l'aspect de cette colline, si chère au philosophe genevois. Les orages des derniers siècles et l'envahissement des constructions modernes ont respecté bien peu le vieux Montmorency. De l'ancien château, il ne reste rien depuis longtemps, ni de la communauté des prêtres de l'Oratoire fondée par Anne de Montmorency, ni du couvent des Mathurins. L'Hôtel-Dieu seul a survécu, et l'église paroissiale, édifice remarquable qui peut être comparé à certaines cathédrales; l'architecture et la sculpture dont elle est ornée datent du commencement du XVIe siècle. Les magnifiques tombeaux qui la décoraient en furent enlevés au commencement de la révolution et transportés au Musée des Petits-Augustins; mais ce qu'on ne saurait ravir à Montmorency, c'est le charme de ses promenades, l'ombrage de ses bois, les richesses de sa vallée, les magnifiques points de vue de son coteau. Aussi tous les environs sont-ils couverts de maisons de campagne dont la proximité du chemin de fer du Nord, qui traverse la vallée dans toute sa longueur, augmente le nombre chaque année.

PIERREFONDS. Par le chemin de fer du Nord. Ce bourg, situé sur la lisière orientale de la forêt de Compiègne, doit sa célébrité à ses deux châteaux, séjour de seigneurs puissants au moyen âge. Le second de ces deux monuments féodaux subsiste encore, et est l'un des plus complets qu'on puisse voir en France. Le premier château de Pierrefonds fut construit sur l'emplacement actuel de la ferme dite du Rocher. Il paraît avoir existé dès le commencement du XIe siècle, avant la naissance de Nivelon Ier, qui fut le premier seigneur de Pierrefonds.

SAINT-CLOUD, par le chemin de fer de Versailles (rive droite). Le nom actuel du pays suffit pour constater son existence contemporaine des Mérovingiens; il le doit, en effet, au souvenir de Clodoalde, troisième fils de Clodomir et petit-fils de Clotilde, qui, plus heureux que ses deux frères, échappa au poignard de ses oncles, et se retira au milieu des bois de Novigentum. Longtemps oublié dans l'histoire, Saint-Cloud n'y reparaît que vers l'an 1358, à l'époque de l'invasion des Anglais; depuis lors il devient le théâtre des faits les plus importants pendant la longue période des guerres civiles et des guerres de religion. Sa position, comme dernière étape, avant Paris, dont le cours de la Seine protége les remparts, en a fait un point stratégique très-important depuis le XIVe siècle jusqu'en 1815.

Saint-Cloud s'élève en amphithéâtre sur la rive gauche de la Seine, appuyant au nord ses coteaux aux pentes du mont Valérien, et s'abaissant au sud par les allées de son parc jusqu'à l'étroite vallée de Sèvres. La Seine seule le sépare à l'est du village de Boulogne, auquel il est relié par un pont en pierre, construit en 1810, qui a remplacé le vieux pont de bois et ses fameux filets, de funèbre mémoire.

SAINT-DENIS. Par le chemin de fer du Nord, et par les voitures du boulevard St-Denis, 22. Autrefois nommée Saint-Denis-en-France, pour la distinguer du grand nombre de lieux qui portent le même nom; ancienne ville et abbaye célèbre, aujourd'hui chef-lieu du premier arrondissement communal du département de la Seine, avec tribunal de première instance, institution impériale, pour les filles d'anciens militaires décorés, dite maison de la Légion d'honneur, belles casernes, etc.; population, 13,688 habitants, sans la garnison, et en la comptant, 15,702; renommée pour sa légère pâtisserie dite *talmouses*. L'histoire de la ville de St-Denis est tout entière dans celle de son abbaye.

SAINT-GERMAIN-EN-LAYE. Par le chemin de fer de l'Ouest (rive droite). Ce chef-lieu de canton, à 12 kilomètres de Versailles, 23 kilomètres de Paris, compte aujourd'hui 12,527 habitants; cette ville faisait autrefois partie de l'Ile-de-France et du diocèse de Paris. -- Saint-Germain ne porte pas, comme semble le faire Versailles, un deuil éternel du départ de la cour; les rentiers qui habitent ses faubourgs sont ou d'élégants Parisiens ou des étrangers, des Anglais principalement, aux habitudes confortables; l'herbe ne pousse pas entre le pavé des rues, et le centre de la ville, animé par de nombreuses boutiques, est plein de la vie et du mouvement des affaires. Un marché bien situé, près d'une halle couverte, est le centre d'un commerce considérable de céréales, et attire chaque semaine à St-Germain les cultivateurs et les fermiers des environs. Un chemin de fer conduit les voyageurs de Paris sur la place du château de St-Germain; la pente rapide est gravie par les lourds wagons sans le secours des chevaux ni de la vapeur, par un système dit atmosphérique, ingénieuse application des forces de l'air raréfié, et premier essai de ce genre qui ait été tenté en France.

VERSAILLES. Par les chemins de fer rive droite et rive gauche, et par les voitures spéciales de la r. du Bouloi, 21, et de la r. de Grenelle-St-Honoré, 45. Au XIe siècle, ce n'était qu'un petit village appartenant à l'abbaye de Ste-Magloire de Paris. La ville actuelle ne prit d'importance qu'après la construction du château, et lorsque Louis XIV y eut fixé sa résidence. Dès 1661, à côté du palais s'éleva une ville digne de recevoir les nombreux courtisans de la monarchie absolue. — La rapidité des premières constructions, écloses, comme une décoration d'opéra, de la volonté de ce monarque qui ne savait pas attendre, le rang et la puissance des familles auxquelles elles étaient destinées, l'unité des plans, permirent, dès le principe, de donner à l'alignement des rues et à la disposition des édifices une régularité sur laquelle durent se régler les constructions postérieures. Aussi, toutes ces rues larges et droites, ces longs et vastes boulevards, rayonnant de la façade orientale du château comme les lames d'un éventail, ont-ils conservé à la ville un aspect grandiose et imposant malgré la solitude et la tristesse de ses jours de décadence. — De tous les monuments historiques de Versailles, en dehors de son château, le plus remarquable est le fameux jeu de paume où se réunirent les représentants du tiers état après la fermeture de la salle de leur réunion, et où ils prêtèrent, le 20 juin 1789, leur mémorable serment. On comprend combien doivent être nombreuses et variées les promenades d'une ville créée pour être le séjour de la cour la plus fastueuse et la plus amoureuse de plaisirs; les rues sont coupées par de larges places en harmonie avec les bâtiments qui les entourent. — Une ceinture de bois, percés, pour la promenade et pour la chasse, de belles routes souvent pavées, environne Versailles de tous les côtés; les bois de Marly et de Satory viennent se rattacher à chacun des côtés du parc, presque à chacune des ailes du château, et se relient, dans leurs courbes gracieuses, aux ombrages de Chaville et de Meudon, aux parcs de Ville-d'Avray et de St-Cloud. Rien n'a été épargné pour rendre facile aux promeneurs les plus paresseux l'accès de ces délicieux paysages : aussi, parmi les 35,367 habitants auxquels est réduite aujourd'hui la population de Versailles, faut-il compter pour près de moitié les étrangers et les rentiers parisiens, attirés à la fois par le calme de la ville et le charme de ses environs.

Au moment où nous allions mettre sous presse, la COMPAGNIE GÉ-NÉRALE DES OMNIBUS a fait paraître un AVIS concernant des modifications importantes qu'elle apporte dès à présent — et apportera d'ici au 1er janvier 1861 — au réseau de ses lignes. Nous croyons être agréable à nos lecteurs en leur donnant ici, en supplément, le tableau de ces modifications.

TABLEAU
DES 31 LIGNES DU NOUVEAU RÉSEAU DES OMNIBUS.
Exécutoire au plus tard le 1er janvier 1861.

1 A d'Auteuil et de Passy au Palais-Royal — Ancien itinéraire prolongé.
2 AB de Passy à la place de la Bourse (*ligne nouvelle*), par le faubourg Saint-Honoré et les boulevards.
3 B de Chaillot au chemin de fer de Strasbourg. — Ancien itinéraire.
4 C de Courbevoie au Louvre. — Ancien itinéraire.
5 D des Ternes au boulevard des Filles-du-Calvaire. — Ancien itinéraire.
6 E de la Madeleine à la Bastille. — Ancien itinéraire.
7 F de Batignolles-Monceaux (*route d'Asnières*) à la Bastille. — Ancien itinéraire prolongé.
8 G de Batignolles (*place de la Mairie*) au Jardin-des-Plantes. — Ancien itinéraire prolongé.
9 H de Batignolles-Clichy (*avenue de Clichy*) à l'Odéon. — Ancien itinéraire prolongé.
10 I de Montmartre à la place Maubert, par la Bourse, la Banque et le Pont-Neuf.
11 J de l'ancienne barrière des Martyrs à l'ancienne barrière Saint-Jacques, par les Halles et le Palais-de-Justice.
12 K de La Chapelle au Collège de France. — Ancien itinéraire limité au Collège de France.
13 L de La Villette à la place Saint-Sulpice. — Ancien itinéraire.
14 AC de la Petite-Villette au Cours-la-Reine (*ligne nouvelle*), par la rue Lafayette, la Chaussée-d'Antin et la place Vendôme.
15 M de Belleville aux Ternes. — Ancien itinéraire.
16 N de Belleville à la place des Victoires. — Ancien itinéraire.
17 AD du Château-d'Eau au Pont de l'Alma (*ligne nouvelle*), par l'Hôtel-de-Ville, le Pont-Neuf et le faubourg Saint-Germain.
18 O de Ménilmontant à la Chaussée du Maine. — Ancien itinéraire prolongé.
19 P de Charonne à la Bastille. — Ancien itinéraire prolongé.
20 AE de Vincennes aux Arts-et-Métiers (*ligne nouvelle*), par la Bastille et les boulevards.
21 Q du Trône au Palais-Royal. — Ancien itinéraire.
22 R de l'ancienne barrière de Charenton au Roule. — Ancien itinéraire.
23 S de Bercy au Louvre. — Ancien itinéraire prolongé dans Bercy.
24 T de la Gare d'Ivry à la place Cadet. — Ancien itinéraire prolongé du côté de la Gare d'Ivry.
25 U de la Maison-Blanche à la Pointe Saint-Eustache, par le Jardin-des-Plantes et l'Hôtel-de-Ville.
26 AF de l'ancienne barrière de la Glacière à la place Laborde (*ligne nouvelle*), par le Panthéon, les places Saint-Sulpice, de la Concorde et le boulevard Malesherbes.
27 AG de Montrouge au chemin de fer de l'Est (*nouvelle ligne*), par les boulevards de Sébastopol et de Strasbourg.
28 V du Maine au chemin de fer du Nord. — Ancien itinéraire.
29 X de Vaugirard à la place du Havre. — Ancien itinéraire rectifié et prolongé.
30 Y de Grenelle à la Porte Saint-Martin. — Ancien itinéraire.
31 Z de Grenelle à la Bastille. — Ancien itinéraire.

N. B. — Les modifications aux Lignes F, G, H, K, P, X, auront lieu par anticipation, à dater du 1er août 1860. Les nouvelles lignes AE, de Vincennes aux Arts-et-Métiers, et AG, de Montrouge au chemin de fer de l'Est, seront montées à la même époque.

FIN DU DICTIONNAIRE DES BESOINS USUELS.

NOUV

NOMENCLATURE DES ARRONDISSEMENTS ET QUARTIERS

Arrondissements.	Quartiers.
1er du Louvre	1 St Germain l'Auxerrois
	2 des Halles
	3 du Palais-Royal
	4 de la Place-Vendôme
IIme de la Bourse	5 Gaillon
	6 Vivienne
	7 du Mail
	8 de Bonne Nouvelle
IIIme du Temple	9 des Arts et Métiers
	10 des Enfants Rouges
	11 des Archives
	12 Ste Avoie
IVme de l'Hôtel de Ville	13 St Merry
	14 St Gervais
	15 de l'Arsenal
	16 Notre Dame
Vme du Panthéon	17 St Victor
	18 du Jardin des Plantes
	19 du Val de Grâce
	20 de la Sorbonne
VIme du Luxembourg	21 de la Monnaie
	22 de l'Odéon
	23 Notre Dame des Champs
	24 St Germain des Prés
	25 St Thomas d'Aquin
VIIme du Palais Bourbon	26 des Invalides
	27 de l'Ecole Militaire
	28 du Gros Caillou
VIIIme de l'Elysée	29 des Champs Elysées
	30 du Faubg du Roule
	31 de la Madeleine
	32 de l'Europe
IXme de l'Opéra	33 St Georges
	34 de la Chaussée d'Antin
	35 du Faubg Montmartre
	36 de Rochechouart
Xme enclos St Laurent	37 St Vincent de Paul
	38 de la Porte St Denis
	39 de la Porte St Martin
	40 de l'Hôpital St Louis
XIme de Popincourt	41 de la Folie Méricourt
	42 St Ambroise
	43 de la Roquette
	44 Ste Marguerite
XIIme de Reuilly	45 du Bel-Air
	46 de Picpus
	47 de Bercy
	48 des Quinze-Vingts
XIIIme des Gobelins	49 de la Salpétrière
	50 de la Gare
	51 de la Maison Blanche
	52 de Croulebarbe
XIVme de l'Observatoire	53 de Montparnasse
	54 de la Santé
	55 du Petit Montrouge
	56 de Plaisance
XVme de Vaugirard	57 St Lambert
	58 Necker
	59 de Grenelle
	60 de Javel
XVIme de Passy	61 d'Auteuil
	62 de la Muette
	63 de la Porte Dauphine
	64 des Bassins
XVIIme des Batignolles-Monceaux	65 des Ternes
	66 de la Plaine de Monceaux
	67 des Batignolles
	68 des Epinettes
	69 des Grandes Carrières
XVIIIme de la Butte-Montmartre	70 de Clignancourt
	71 de la Goutte d'Or
	72 de la Chapelle
XIXme des Buttes-Chaumont	73 de la Villette
	74 du Pont de Flandre
	75 d'Amérique
	76 du Combat
XXme Ménilmontant	77 de Belleville
	78 St Fargeau

Places
- a de la Concorde
- b Vendôme
- c de la Bastille
- d du Trône
- e du Panthéon
- f Royale
- g St Sulpice
- h de l'Europe
- i du Carrousel
- k Vauban
- l Breteuil
- m de Fontenoy
- n St Georges
- o de l'Hôtel de Ville
- p Valhubert
- q des Victoires
- r de l'Impératrice

Eglises
1 Notre Dame (Cathédrale)
2 St Sulpice
3 la Madeleine
4 St Roch
5 St Eustache
6 N.D. de Lorette
7 St Laurent
8 St Philippe du Roule
9 St Germain l'Auxerrois
10 St Leu
11 St Nicolas
12 St Germain des Prés
13 St Jacques du Ht Pas
14 St Etienne du Mont
15 St Séverin
16 St Gervais
17 St Médard
18 N.D. des Victoires
19 St Vincent de Paul
20 Ste Clotilde
21 St Paul
22 St Louis en l'Ile
23 St Augustin
24 Oratoire du Louvre
25 Temple Protestant

Maisons Religieuses
26 Dames de St Michel
27 Couvent du Sacré Cœur
28 de la Visitation
29 Missions Etrangères
30 Gd Séminaire
31 Séminaire du St Esprit

Monuments Publics
32 Abattoirs de Montmartre
33 — de Ménilmontant
34 — de Fontainebleau
35 — de Grenelle
36 — du Roule
37 Archives
38 Arts et Métiers
39 Banque
40 Bibliothèque Impériale
41 — Ste Geneviève
42 — de l'Arsenal
43 Colonne de Juillet
44 — Vendôme
45 Collège de France
46 Conseil d'Etat
47 Ecole de Droit
48 — de Médecine
49 — des Mines
50 — Normale
51 — de Pharmacie
52 Enregistrement et Timbre
53 Halle aux Blés
54 Halle centrale
55 Halle aux Vins
55bis Ecole Polytechnique

Monuments Publics (suite)
56 Hôtel de Ville
57 Institut
58 Imp.des Sourds-Muets
59 Lycée Louis le Grand
60 — Charlemagne
61 Cirque de l'Impératrice
62 Panoramas
63 Concerts Musards
64 Mt de Piété
65 Mobilier de la Couronne
66 Hôtel des Ventes
67 Conservatoire de Musique
68 Eglise St Eugène
69 — St Laurent
70 Théâtre du Gymnase
71 — de la Pte St Martin
72 — de Cluny
73 Hôtel de la Pte St Martin
74 Docks Napoléon
75 Pompes Funèbres
76 Eglise St Nicolas des Champs
77 Lycée Napoléon
78 Bonaparte
79 St Louis
80 Collège Rollin
81 Molière
82 Lycée Napoléon
83 Mn Napoléon Eugénie
84 Hôpital St Enghien
85 Eglise St Nicolas du Chardonnet
86 Hôpital Ste Eugénie
87 — St Antoine
88 Sorbonne

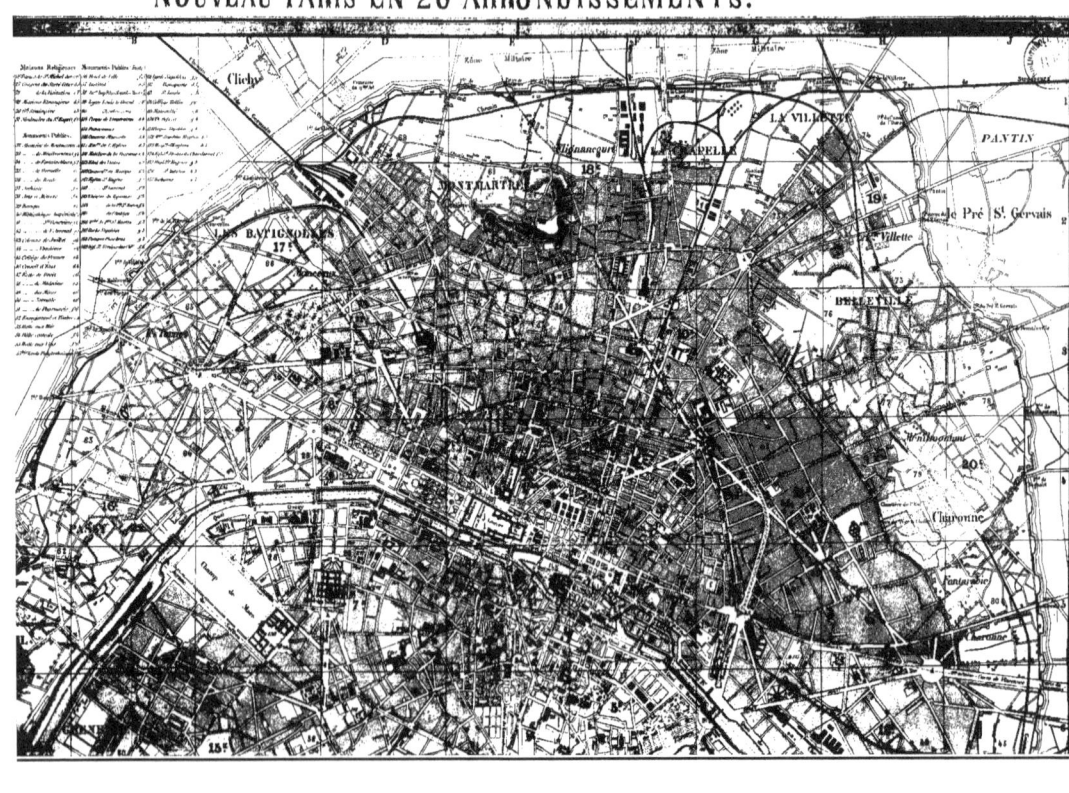

NOUVEAU PARIS EN 20 ARRONDISSEMENTS.

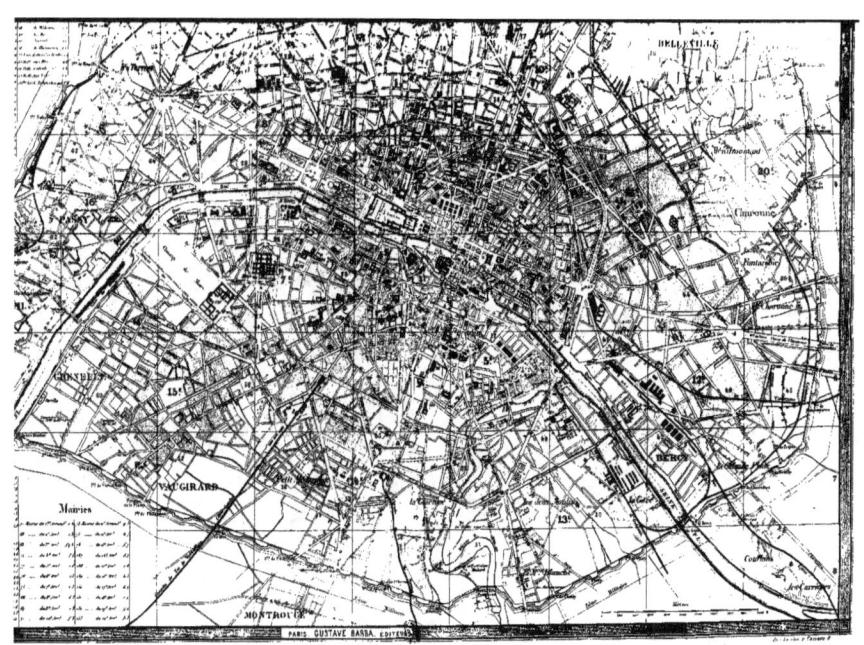

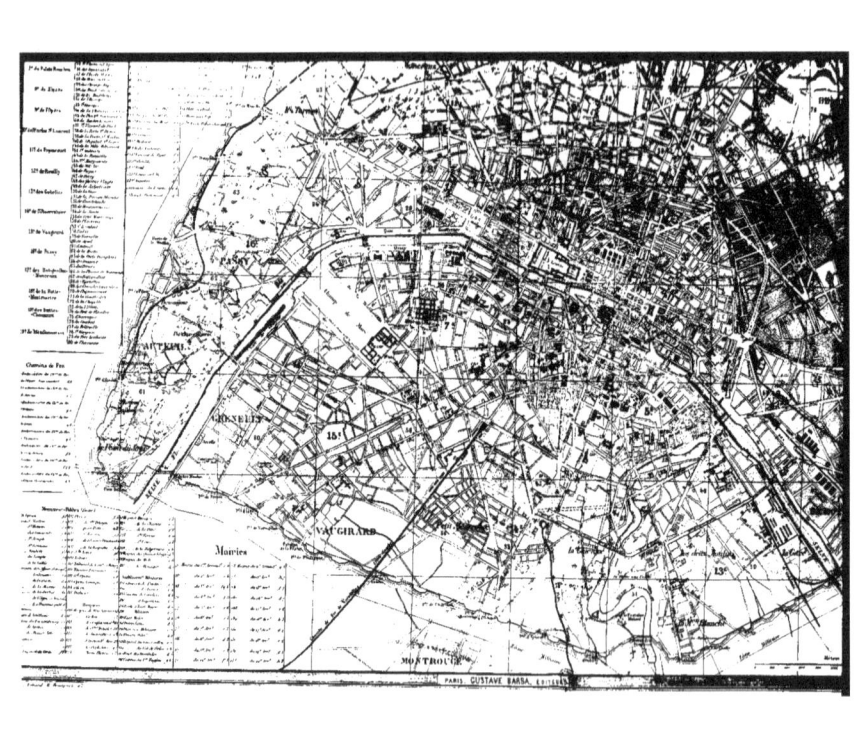

DICTIONNAIRE

TOPOGRAPHIQUE, HISTORIQUE ET ÉTYMOLOGIQUE

DES

RUES DE PARIS

PAR A. DELVAU

AVERTISSEMENT

Paris vient de s'agrandir et de se renouveler, à ce point qu'il ne reste plus rien ou presque plus rien du Paris d'autrefois, — à part quelques vieux hôtels, quelques vieux palais et quelques vieilles églises, qui doivent se trouver bien dépaysés au milieu de cette ville neuve. Ce qui s'est fait en 987 sous Hugues-Capet, en 1190 sous Philippe-Auguste, en 1367 sous Charles V, en 1624 sous Louis XIII, en 1710 sous Louis XIV, en 1728 sous Louis XV, en 1786 sous Louis XVI, vient de se refaire : les faubourgs de Paris, c'est-à-dire les communes qui n'en étaient séparés que par le mur d'enceinte, viennent d'être réunis à Paris.

Si l'histoire des rues du vieux Paris était intéressante à raconter et intéressante à lire, parce que chacune d'elles rappelait un événement, une chose, un personnage, une vertu ou un crime, — il n'en est pas de même de l'histoire des rues des communes annexées. Chacune de celles-ci, en effet, se contente de porter une étiquette, parce que l'étiquette est d'ordonnance, mais sans en chercher ni en avoir une signification : la plupart ont des noms de maires, d'adjoints, de conseillers municipaux, de propriétaires, de saints, de saintes, de garçons et de filles, d'herbes et d'oiseaux, — des noms de pure fantaisie enfin. A cette cause, nos lecteurs comprendront notre laconisme à l'endroit de ces rues annexées, dont un grand nombre, pour figurer dans notre *Dictionnaire des rues de Paris*, n'en sont pas moins des ruelles indignes de faire partie du Paris nouveau, — si splendide dans sa robe de moellons et de pierres de taille fraîchement extraits des carrières. Notre laconisme s'expliquera de lui-même : quand on n'a rien à dire, on se tait.

Nous prendrons occasion de cela pour constater que, malgré leur intérêt historique, les noms que portent encore beaucoup de rues parisiennes sont comme autant d'anachronismes, d'inscriptions au sens effacé. Par exemple la rue de l'*Arche-Pépin* — ou *Popin*, pour mieux écrire — n'a plus de raison de s'appeler ainsi, aujourd'hui que l'arche a disparu ; la rue *Poissonnière* non plus, puisque les voitures chargées de marée ne prennent plus ce chemin pour se rendre aux Halles Centrales ; la rue *Pont-aux-Choux* non plus, puisqu'il n'y a plus de pont et qu'on n'y cultive plus de légumes ; la rue du *Canivet* non plus, puisqu'on y trouverait difficilement un des marchands de *canifs* ou de *ganivets* qui s'y trouvaient alors plus abondamment qu'ailleurs, à ce qu'il paraît ; la rue du *Poirier* non plus, puisqu'on y rencontrerait encore plus difficilement l'arbre fruitier qui s'y voyait en terre ou en enseigne vers l'année 1308 ; la rue *Tiquetonne* non plus, puisqu'il y a longtemps que la maison du boulanger *Roger de Quiquetonne* a fait place à d'autres maisons et à d'autres boulangers ; la rue *Poliveau* non plus, puisqu'il y a longtemps que le *pont Livaut*, jeté là sur la Bièvre, a été démoli, la Bièvre coulant ailleurs. Même remarque, même observation au sujet des rues du *Pont-aux-Biches*, *Porte-Foin*, de la *Tombe-Issoire*, du

Temple, du *Port-Mahon*, *Taranne*, *Tripéret*, des *Nonnains-d'Hyères*, des *Francs-Bourgeois*, du *Fouarre*, *Galande*, de la *Bûcherie*, *Coquillière*, *Princesse*, *Pernelle*, *Meslay*, du *Puits-qui-Parle*, *Basfroi*, des *Poules*, — et de quelques centaines d'autres.

Et, à ce propos, nous rappellerons avec obstination le projet que nous avons une fois déjà soumis à l'attention de l'autorité compétente, dans un article publié par le journal le *Siècle*. Les noms des rues ont été, à l'origine, très-arbitrairement donnés ; outre que beaucoup étaient obscènes, beaucoup aussi étaient ridicules : ils le sont devenus bien davantage en se corrompant. Pourquoi alors les conserver si précieusement, puisque ce ne sont pas des noms précieux ? Pourquoi, — puisqu'il faut des étiquettes aux rues, afin de servir de fil d'Ariane aux étrangers qui s'aventureront dans le labyrinthe parisien, — pourquoi ne pas choisir des étiquettes qui aient une signification d'abord, ensuite une utilité immédiate ? Pourquoi, par exemple, au lieu de :

RUE DES PRÊTRES-SAINT-GERMAIN-L'AUXERROIS,

ne pas mettre :

RABELAIS. — (*Pantagruel*.) — 1483-1553 ;

ou :

CHARLEMAGNE. — (*Capitulaires*.) — 742-814 ;

— des noms d'hommes illustres, enfin, soit dans les sciences, soit dans les lettres, soit dans les arts, soit dans l'industrie ? Ce serait là, il nous semble, un excellent moyen pour apprendre aux Parisiens — qui l'ignorent ou qui l'ont oubliée — l'histoire de leurs hommes de génie, de leurs hommes de cœur et de leurs hommes de tête.

Cette idée d'un Plutarque sans cesse ouvert à toutes ses pages n'a rien de baroque et d'impraticable. Tout au contraire, on emploierait souvent moins de lettres pour écrire une étiquette de rue qu'on n'en emploie actuellement encore, car on en place de nouvelles chaque jour. Cette idée est d'autant moins baroque qu'elle est déjà, quoique embryonnairement, mise à exécution : n'avons-nous pas, en effet, à Paris, les rues : *Rabelais*, *Arago*, *Fulton*, *Franklin*, *Montaigne*, *Fléchier*, *Bourdaloue*, *Cuvier*, *Geoffroy-Saint-Hilaire*, *Fénelon*, *Jacques Des Brosses*, *Méhul*, *Pigalle*, *Racine*, *Crébillon*, *Félibien*, *Lobineau*, *Turgot*, *Suger*, *Lamartine*, *Rossini*, etc.? Eh bien ! qu'en coûterait-il de plus, aux édiles parisiens, de mettre à la suite de chacun de ces noms-là — en supprimant le mot *rue* comme inutile — le chef-d'œuvre, la bonne action, la grande action, et la date de la mort en même temps que celle de la naissance, ainsi que nous l'avons indiqué tout à l'heure ?

Cela dit, nous fermons la parenthèse ouverte, et nous revenons à notre humble rôle d'historien des rues vieilles et nouvelles du grand Paris.

A

ABBAYE (Rue de l'). De la rue de l'Échaudé à la rue Bonaparte, 6e Arrondissement, 24e Quartier.
Ouverte en 1806, sous le nom de « rue de la Paix », sur une partie de l'emplacement de l'abbaye St-Germain-des-Prés, fondée en 540 par Childebert, à l'endroit même où avait existé un temple païen, et supprimée en 1790 avec tant d'autres édifices religieux. Il reste un débris précieux de l'abbaye St-Germain, c'est la tour carrée de la façade de l'église.

ABBAYE (Place de l'). R. de l'Échaudé et r. Bonaparte. 6e A. 24e Q.
Même étymologie.

ABBAYE (Passage de l'). De la rue Ste-Marguerite à la rue du Four. 6e A. 24e Q.
Établi en 1841. Il doit son nom à l'ancienne prison de l'Abbaye, démolie Il y a quelques années comme faisant double emploi avec la prison Militaire de la r. du Cherche-Midi. Dans les fouilles qui ont eu lieu après sa démolition, on a découvert les traces d'un pilori et des fragments de cercueils dont la forme et la direction, qui étaient celles des cercueils chrétiens du vie siècle, prouvaient qu'ils étaient contemporains de la fondation de l'abbaye St-Germain.

ABBAYE (Cour de l'). A côté de l'hôpital St-Antoine. 12e A. 48e Q.

ABBAYE-MONTMARTRE (Rue de l'). De la chaussée des Martyrs à la place de l'Abbaye. 18e A. 69e Q.
Appelée ainsi, parce qu'elle a été tracée sur une partie des terrains dépendant de l'ancienne abbaye fondée en 1155 par Louis le Gros, et supprimés le 14 août 1791.

ABBAYE-MONTMARTRE (Place de l'). Rue du Vieux-Chemin et petite rue Royale. 18e A. 69e Q.
Même étymologie.

ABBÉ-DE-L'ÉPÉE (Rue de l'). De la rue St-Jacques à la rue d'Enfer. 5e A. 19e Q.
Ouverte en 1567, époque à laquelle ce n'était encore qu'un passage, qui se fermait la nuit, et qu'on nommait ruelle « St-Jacques-du-Haut-Pas ». Plus tard, ce fut la ruelle du Cimetière, parce qu'il conduisait au cimetière de cette dernière paroisse. Puis on l'appela « rue des Deux-Églises », parce qu'elle se trouvait entre les deux églises St-Jacques-du-Haut-Pas et St-Magloire. Enfin, en 1831, on lui donna le nom qu'elle porte aujourd'hui, par suite de son voisinage de l'institution des Sourds-Muets et en souvenir de l'abbé de l'Épée, né en 1712, mort en 1789.

ABBEVILLE (Rue d'). De la place Lafayette à la rue de Rocroy. 10e A. 37e Q.
Ouverte en 1827, sous le nom de « rue du Gazomètre », parce qu'elle débouchait vis-à-vis de l'usine à gaz de la r. du Faub.-Poissonnière. En 1851, à cause de sa proximité du chemin de fer du Nord, on lui a donné son nom actuel, qui est celui d'un des cinq arrondissements du département de la Somme.

ABREUVOIR-MONTMARTRE (Rue de l'). De la rue de la Saussaie à la rue des Brouillards. 18e A. 69e Q.
Ainsi nommée, parce qu'elle aboutit à un abreuvoir qui s'y trouve situé à deux pas de la Fontaine-du-But.

ABREUVOIR (Place de l'). R. Fontaine-du-But et r. des Brouillards. 18e A. 69e Q.
Même étymologie que précédemment.

ACACIAS-MONTMARTRE (Rue des). De la chaussée de Clignancourt à la chaussée des Martyrs. 18e A. 70e Q.
Ouverte vers 1837. Elle doit son nom à une plantation d'acacias qui s'y trouvait.

ACACIAS-NEUILLY (Rue des). De l'avenue de la porte Maillot à l'avenue des Ternes. 17e A. 65e Q.
Même étymologie que précédemment.

AGUESSEAU (Place d'). Rue Molière. 10e A. 61e Q.
Formée il y a quelques années. On lui a donné, comme à la plupart des rues d'Auteuil et de Passy, un nom d'homme célèbre, ami de Racine et de Boileau, le chancelier d'Aguesseau, né en 1668, mort en 1751.

AGUESSEAU (Rue d'). De la rue du Faubourg-St-Honoré à la rue de Suresne. 8e A. 31e Q.
Ouverte en 1746 par les soins de J.-Antoine d'Aguesseau, conseiller au Parlement, qui lui donna son nom.

AIGUILLERIE (Rue de l'). De la rue St-Denis à la rue Ste-Opportune. 1er A. 2e Q.
Ouverte vers la fin du xive siècle, où on la nommait « Alain-de-Dampierre ». Ce ne fut que plus tard, en 1630, qu'elle prit son nom de l'Espiculllerie, en raison des marchands d'esguilles qui y demeuraient, affirment quelques historiens de Paris. Nous nous demandons comment, au xvie siècle, aiguille pouvait s'écrire esguille, quand un manuscrit du xiie siècle l'orthographie comme nous le faisons encore aujourd'hui à un l près :

« ... Une *aiguile* l'ont touchée... »

Cette appellation ne viendrait-elle pas plutôt d'*escuelle*? Pourquoi n'aurait-on pas autrefois vendu là de l'*escuellerie* comme des cuirs rue de la *Cordouannerie*, comme des fourrures rue des *Fourreurs*, etc., etc. ?

ALBOUY (Rue). De la rue des Marais à la rue des Vinaigriers. 10e A. 39e Q.
Ouverte en 1824, sur des terrains appartenant à un sieur Albouy.

ALEXANDRE (Passage). De la barrière des Fourneaux à la rue du Chemin-de-Fer. 15e A. 58e Q.

ALEXANDRINE (Cité). De la rue de l'Entrepôt à l'avenue de Clichy. 17e A. 66e Q.

ALGER (Rue d'). De la rue de Rivoli à la rue St-Honoré. 1er A. 4e Q.
Ouverte en 1830 sous le nom de « rue Louis-Philippe », sur les terrains de l'hôtel de Noailles. En 1832, on lui donna le nom qu'elle porte aujourd'hui en commémoration de la prise d'Alger, faite par les Français le 5 juillet 1830.

ALGER-SAINT-DENIS (Rue d'). De la rue de Jessaint à la rue de Constantine. 18e A. 71e Q.
Ouverte vers 1830. Même étymologie que précédemment.

ALIBERT (Rue). Du quai de Jemmapes à la rue Villefaux. 10e A. 39e Q.
Ouverte sous le nom de « rue Dagouri », vers le commencement du siècle dernier; s'est appelée successivement rue Notre-Dame, ruelle des Postes et impasse Saint-Louis. Son nom actuel lui a été donné en mémoire du médecin en chef de l'hôpital St-Louis, né en 1766, mort en 1837.

ALIGRE (Cour d'). Rue St-Honoré et la rue Bailleul 1er A. 2e Q.
Doit son nom à l'ancien hôtel d'Aligre qu'elle traverse.

ALIGRE (Rue d'). De la rue de Charenton au marché Beauveau. 12e A. 48e Q.
Ouverte en 1778, à la même époque que le marché auquel elle aboutit, Étienne-François d'Aligre étant premier président du Parlement.

ALLEMAGNE (Rue d'). De la barrière de Pantin aux fortifications. 19e A. 73-74-75e Q.
Créée en 1827.

ALLÉE-VERTE (Rue de l'). De la petite rue St-Pierre au quai Valmy. 11e A. 42e Q.
Ouverte il y a quelques années, sur des jardins particuliers.

ALMA (Rue de l'). De la rue de la Mare à la rue des Couronnes. 20e A. 77e Q.
Tracée il y a quelques années. On lui a donné ce nom en commémoration de la bataille de l'Alma, gagnée par les Français sur les Russes, en Crimée, le 20 septembre 1854.

ALMA (Boulev. de l'). De l'avenue des Champs-Élysées à l'avenue de Bretagne. 8e A. 27-28-29e Q.
Même étymologie que précédemment.

ALMA (Pont de l'). Du quai de Billy au quai d'Orsay. 7e et 8e A. 28e, 29e Q.
Construit en 1855. Même étymologie.

ALMA (Passage de l'). Au Gros-Caillou. 7e A. 28e Q.
Formé il y a quelques années. Même étymologie.

ALOUETTES (Rue des). De la rue de La Villette à la rue des Ballettes. 19e A. 76e Q.
Ouverte il y a quelques années. Son nom lui vient tout naturellement de la quantité de ces passereaux qu'on y voyait avant qu'elle ne fût bâtie.

ALPHAND (Passage). De la rue des Cinq-Diamants au passage Croulebarbe. 13e A. 52e Q.
Formé il y a quelques années.

ALPHONSE (Rue). De l'avenue St-Charles à la rue Blomet. 15e A. 60e Q.
Tracée il y a quelques années.

AMANDIERS-BELLEVILLE (Rue des). De la barrière des Amandiers à la rue Ménilmontant. 20e A. 79e Q.
Même étymologie que ci-dessous.

AMANDIERS-POPINCOURT (Rue des). De la rue Popincourt au boulevard des Amandiers. 11e A. 43e Q.
Ouverte en 1803, sur l'emplacement d'un jardin planté d'amandiers.

AMANDIERS-SAINTE-GENEVIÈVE (Rue des). De la rue de la Montagne-Ste-Geneviève à la rue des Sept-Voies. 5e A. 20e Q.
Ouverte au milieu du xiie siècle sur un clos d'amandiers. On la nommait alors rue des *Allemandiers*, parce qu'on écrivait *allemande* au lieu d'*amande*, ce qui a fait croire longtemps que l'amandier était originaire de l'Allemagne, à tort, puisque, au contraire, il nous vient des contrées les plus méridionales du globe. Guillot, poète du xiiie siècle, lui donne dans le *Dit des rues de Paris* l'orthographe qu'elle a toujours conservée :

« Et la rue des *Amandiers* près
Siet en une autre rue emprès
Qui a nom rue de Sa Voie... »

AMANDIERS (Boulev. des). De la rue des Amandiers à la rue de Ménilmontant. 20e A. 79e Q.
Même étymologie.

AMBOISE (Rue d'). De la rue Richelieu à la rue Favart. 2e A. 6e Q.
Ouverte en 1784, sur l'emplacement de l'hôtel de M. de Choiseul qui possédait le château de Chanteloup, près d'Amboise.

AMBOISE-MONTROUGE (Rue d'). De la route d'Orléans à la chaussée du Maine. 14e A. 55e Q.

AMBOISE (Impasse d'). Place Maubert. 5e A. 17e Q.
Elle date du xiiie siècle, époque à laquelle on l'appelait rue *Sans-Bout*. Son nom actuel lui vient de l'hôtel d'Amboise qui y était situé.

AMBROISE-PARÉ (Rue). De la rue de Rocroy à la rue de Bouvines. 10e A. 37e Q.
Ouverte vers 1847 sur une partie du clos St-Lazare, en avant de l'hôpital La Riboisière. On lui a donné le nom du père de la chirurgie, Ambroise Paré, né en 1518, mort en 1590.

AMÉLIE (Rue). De la rue St-Dominique à la rue de Grenelle. 7e A. 28e Q.
C'était en 1772 une ruelle sans nom. En 1824, elle fut élargie et reçut le nom de la fille de l'un des propriétaires riverains, Mlle Amélie Pihan Delaforest.

AMÉLIE-MONTMARTRE (Rue). De la rue de l'Empereur à la rue Florentine. 18e A. 60e Q.

AMELOT (Rue). Du quai Valmy à la rue St-Sébastien. 11e A. 42e-43e Q.

Ouverte en 1781, Amelot étant alors ministre.

AMSTERDAM (Rue d'). De la rue St-Lazare à la place d'Europe. 8e-9e A. 31e-33e Q.

Ouverte en 1826, sur des terrains particuliers. Elle formait d'abord 2 impasses. En 1843, elle devint ce qu'elle est aujourd'hui.

ANCIENNE-COMÉDIE (Rue de l'). Du carrefour Buci à la rue de l'École-de-Médecine. 6e A. 21e Q.

Formée en 1590 sur l'emplacement du mur d'enceinte de Philippe-Auguste, sous le nom de « rue des Fossés ». Les comédiens du roi s'y étant établis vers 1688, et ayant abandonné cette salle de spectacle pour une autre, la rue où elle se trouvait prit alors le nom de rue de « l'Ancienne-Comédie ».

ANCRE (Passage de l'). Du boulevard de Sébastopol à la rue Saint-Martin. 3e A. 12e Q.

Ouvert vers la fin du siècle dernier. Son nom lui vient d'une enseigne.

ANGLADE (Rue de l'). De la rue Fontaine-Molière à la rue l'Évêque. 1er A. 3e Q.

Ouverte en 1639, sur une partie de la butte des Moulins, par un sieur Gilbert Anglade, qui lui donna une partie de son nom. Ce fut d'abord le « Chemin Gilbert » ; en 1663, ce fut la « rue Anglas » ; puis elle devint la « rue de l'Anglade ».

ANGLAIS (Rue des). De la rue Galande à la rue des Noyers. 5e A. 20e Q.

Elle date de Philippe-Auguste, c'est-à-dire de 1190. Ce nom doit être une corruption d'*Argoulets*, gens d'armes venus de Grèce (*Argolicus*), et il ne doit pas lui avoir été donné à cause des étudiants anglais de l'Université qui y demeuraient, bien que Guillot ait écrit :

« Et parmi la rue as Englais
Vint à grant feste et à grant glais. »

Guillot, en sa qualité de poëte pauvre, aimait les rimes riches.

ANGLAIS (Passage des). De la rue de Flandres au quai de Seine. 19e A. 78e Q.

Bâti il y a quelques années.

ANGLAISES (Rue des). De la rue de Lourcine à la rue du Petit-Champ. 13e A. 52e Q.

Ouverte en 1644, sous le nom des Filles-Anglaises, qui était celui de religieuses qui s'étaient établies là à la même époque.

ANGOULÊME (Cité d'). Rue d'Angoulême. 11e A. 41e Q.

V. plus bas pour l'étymologie.

ANGOULÊME (Passage d'). Rue d'Angoulême à la rue Ménilmontant. 11e A. 41e Q.

V. plus bas pour l'étymologie.

ANGOULÊME (Rue d'). Du boulevard du Temple à la rue St-Maur. 11e A. 41e Q.

Ouverte vers 1780. On lui donna le nom de L.-A. d'Artois, duc d'Angoulême, alors grand prieur de France.

ANGOULÊME (Place d'). De la rue du Faub.-du-Temple à la rue d'Angoulême. 11e A. 41e Q.

Même étymologie que ci-dessus.

ANGOULÊME-SAINT-HONORÉ (Rue d'). De la rue du Faub.-St-Honoré à l'avenue des Champs-Élysées. 8e A. 31e Q.

Percée en 1780, sur des terrains vagues. Même étymologie.

ANJOU-DAUPHINE (Rue). De la rue Dauphine à la rue de Nevers. 6e A. 21e Q.

Ouverte en 1607-1608, l'année de la naissance de Gaston, duc d'Anjou, 2e fils de Henri IV.

ANJOU-SAINT-HONORÉ (Rue). De la rue du Faub.-St-Honoré à la rue de la Pépinière. 8e A. 31e Q.

C'était au xve siècle le chemin des *Morfondus*. Au commencement du xviiie siècle, on lui donna le nom de l'Anjou, une des anciennes provinces de la France.

ANJOU-AU-MARAIS (Rue d'). De la rue Charlot à la rue des Enfants-Rouges. 8e A. 10e-11e Q.

Ouverte en 1625, sous Louis XIII, qui réalisa ainsi en partie le projet de son prédécesseur, Henri IV, lequel voulait faire bâtir dans le Marais une grande place nommée *place de France*, où viendraient aboutir plusieurs rues portant chacune le nom d'une province.

ANJOU (Quai d'). De la rue St-Louis-en-l'Ile à la rue des Deux-Ponts. 4e A. 16e Q.

Construit de 1614 à 1647. D'abord, la partie orientale se nomma d'Anjou et la partie occidentale d'Alençon ; mais en 1780, la dénomination unique d'Anjou prévalut.

ANNELETS (Rue des). De la rue des Solitaires à des terrains en construction. 19e A. 75e Q.

Ouverte il y a quelques années. Si, comme il est probable, ce nom n'a pas été celui d'un propriétaire, son étymologie serait assez incompréhensible pour une rue créée d'hier et qui, à cette cause, ne peut porter un nom tiré du vieux français : *annelet* vient d'*annellus*, petit anneau.

ANTIN (Avenue d'). Du Cours-la-Reine au rond point des Champs-Élysées. 8e A. 29e Q.

Plantée en 1723 par les ordres du duc d'Antin, alors surintendant des bâtiments du roi.

ANTIN (Cité d'). De la rue de Provence à la rue de la Chaussée-d'Antin. 9e A. 34e Q.

Bâtie en 1829 sur une partie de l'emplacement de l'hôtel de Mme de Montesson, mariée en secret avec le duc d'Orléans, aïeul du roi Louis-Philippe.

ANTIN (Impasse d'). Avenue d'Antin. 8e A. 29e Q.

Formée au commencement de ce siècle.

ANTIN (Rue d'). De la rue Neuve-des-Petits-Champs à la rue Port-Mahon. 2e A. 5e Q.

Ouverte au milieu du siècle dernier. Son nom lui vient de l'hôtel Richelieu, autrefois d'Antin.

ANTIN-BATIGNOLLES (Rue d'). Du boulevard des Batignolles à la rue des Dames. 17e A. 67e Q.

ANTOINE-DUBOIS (Rue). De la place de l'École-de-Médecine à la rue Monsieur-le-Prince. 6e A. 22e Q.

Percée en 1672 ; elle s'appelait alors « rue de l'Observance », du nom du couvent des Cordeliers du grand couvent de l'Observance, qui y avait sa principale porte. Ce n'est que depuis quelques années que cette nouvelle dénomination lui a été donnée en l'honneur du médecin Antoine Dubois.

ANTOINETTE (Rue). De la place de la Mairie de Montmartre à la rue Léonie. 18e A. 70e Q.

Ouverte en 1843.

AQUÉDUC (Rue de l'). De la rue Lafayette à l'ancien chemin de ronde de La Villette. 10e A. 37e Q.

Ouverte il y a quelques années. Tire son nom de l'aqueduc de ceinture sur lequel elle passe.

ARAGO (Rue). De la rue de Meaux à la Butte de La Villette. 19e A. 78e Q.

Ouverte tout récemment. On lui a donné ce nom en l'honneur de François Arago, le célèbre savant, né en 1786, mort en 1853.

ARBALÈTE (Rue de l'). De la rue Mouffetard à la rue des Charbonniers. 5e A. 19e Q.

Elle date du commencement du xvie siècle ; elle s'appelait alors « rue des Sept-Voies ». Elle ne tarda pas à quitter ce nom pour prendre celui de « porte de l'Arbalète », puis de « l'Arbalète », des exercices à l'arbalète qu'on y faisait.

ARBRE-SEC (Rue de l'). De la place de l'École à la rue St-Honoré. 1er A. 1er-2e Q.

Elle date du xiiie siècle, et son nom lui vient d'une enseigne qui s'y voyait encore en 1660, au rapport de Sauval. Guillot, par amour pour la rime, écrit *arbre sel* :

« Et la rue de l'*Arbre sel*,
Qui descent sus un biau ruissel,
Trouvai... »

Il eût été plus exact en la rime simple d'écrire *arbrisel*, qui est la vieille forme française d'*arbrisseau*.

ARCADE (Rue de l'). Du Boulevard Malesherbes à la rue St-Lazare. 8e A. 31e Q.

Ouverte au commencement du siècle dernier sous le nom de « rue de la Pologne » ; plus tard, elle reçut le nom qu'elle porte aujourd'hui d'une arcade qui la traversait, à 100 mètres de la Madeleine, pour permettre aux religieuses de la Ville-l'Évêque d'aller de leur couvent à leur jardin.

ARCADE-MONTMARTRE (Rue de l'). De la rue des Trois-Frères à la rue du Poirier. 18e A. 79e Q.

Percée il y a quelques années.

ARCADE-NEUILLY (Rue de l'). De la rue des Dames à la route de la Révolte. 17e A. 63e Q.

Existait déjà au milieu du xviiie siècle ; elle traversait alors le château des Thermes ou des Ternes, sous une voûte qui lui a donné son nom.

ARCADE (Passage de l'). De la rue de l'Abbaye à la rue des Trois-Frères. 18e A. 70e Q.

ARCHE-PÉPIN (Rue de l'). Du quai de la Mégisserie à la rue Saint-Germain-l'Auxerrois. 4e A. 16e Q.

C'est une vieille rue du xve siècle, qui était alors située sur le fief *Popin*, et non Pépin. La Seine, dont la grève s'étendait jusque-là, venant battre de son flot les premières maisons de cette rue, on y jeta une arche, lors de l'établissement du quai. De là son nom qui ne s'explique plus aujourd'hui.

ARCHEVÊCHÉ (Pont de l'). Du quai de l'Archevêché au quai de la Tournelle. 4e et 5e A. 16e-17e Q.

Construit en 1827. Ainsi nommé parce qu'il aboutit à l'archevêché.

ARCHEVÊCHÉ (Quai de l'). Du quai Napoléon au pont aux Doubles. 4e A. 16e Q.

Achevé en 1813, on lui donna d'abord le nom de « quai Catinat », en l'honneur du maréchal de France. En 1816, on lui donna le nom qu'il porte aujourd'hui.

ARCOLE (Pont d'). De la place de l'Hôtel-de-Ville au quai Napoléon. 4e A. 16e Q.

Construit en 1828 sous le nom de « pont de la Grève ». Il était alors suspendu et formait deux travées. Le 28 juillet 1830, un jeune homme s'avança au milieu de ce pont, malgré la pluie de balles qui tombait autour de lui, et alla planter un drapeau tricolore. Devenu ainsi le point de mire de tous les coups des soldats de Charles X, il ne tarda pas à être frappé mortellement. « Mes amis, cria-t-il aux insurgés qui le suivaient pour le venger, souvenez-vous que je m'appelle d'*Arcole !* » C'est en l'honneur de cet héroïque jeune homme que le pont de la Grève fut immédiatement débaptisé. En 1855, il a été démoli et reconstruit en pierre.

ARCOLE (Rue d'). Du quai Napoléon à la rue St-Christophe. 4e A. 16e Q.

C'étaient, au XIIIe siècle, deux rues étroites conduisant de la Seine au Parvis Notre-Dame; l'une s'appelait « rue du Chevet-St-Landry », parce qu'elle passait au chevet de cette église; l'autre s'appelait « rue St-Pierre-aux-Bœufs », à cause du voisinage de cette église. Et, à ce propos, on a longtemps cherché l'étymologie du nom que portait cette dernière église dont la façade, très-curieuse comme œuvre d'art, a été appliquée au petit portail de l'église Saint-Séverin. On continue à chercher, sans trouver, et, quand on a à en parler, on dit : Saint-Pierre-aux-Bœufs, bien que Guillot ait écrit Saint-Pere-de-bues. Ce « Saint Père » ne serait-il pas saint Luc, qui avait, si nous ne nous trompons, le bœuf dans ses attributs? Cela serait d'autant plus vraisemblable qu'il y avait au XIIIe siècle, à quelque pas de là, une chapelle qui lui était dédiée. A moins que le « bœus » de Guillot, qui a dérouté depuis tant d'historiens, ne soit la vieille forme française du mot buis : beus, beux, du latin buxus. A moins encore que Guillot n'ait voulu, par amour pour la rime, faire d'un mot féminin un mot masculin, car, à cause de la fange qui faisait un cloaque des abords de cette église, elle pouvait bien s'appeler Saint-Père ou Saint-Pierre-à-beus : dans notre vieux langage, beue signifiait boue. Quoi qu'il en soit, en 1837, les deux rues ont été confondues en une seule à laquelle on a donné le nom d'Arcole, à cause du pont où elle conduit.

ARCUEIL (Boulevard d'). De la rue de la Tombe-Issoire à la route d'Orléans. 14e A. 55e Q.

Planté en 1761, comme tous les boulevards de la rive gauche. Il tient son nom du voisinage du village d'Arcueil, qui tient lui-même le sien de l'aqueduc qui amène ses eaux à Paris : arcueil venant d'arc ou d'arche, et l'aqueduc étant un pont.

ARDENNES (Rue des). Du quai de la Marne à la rue d'Allemagne. 19e A. 73e Q.

Ouverte il y a quelques années.

ARGENTEUIL (Rue d'). De la rue des Frondeurs à la rue St-Roch. 1er A. 3e Q.

Ouverte au milieu du XVIIIe siècle sur le chemin qui conduisait au village d'Argenteuil.

ARGENTEUIL (Impasse d'). Rue du Rocher. 8e A. 32e Q.

Elle date du commencement du XVIIIe siècle. Même étymologie.

ARMAILLÉ (Rue d'). De la rue des Acacias à l'avenue des Ternes. 17e A. 65e Q.

Ouverte il y a quelques années.

ARRAS (Rue d'). De la rue St-Victor à la rue Clopin. 5e A. 17e Q.

Elle touchait aux murailles de Philippe-Auguste, et, à cause de cela, on la nommait rue aux Murs, comme le témoignent ces vers de Guillot :

« Encontre est la rue Clopin,
Et puis la rue Traversaine
Qui siet en haut bien loin de Saine ;
Première est la rue des Murs. »

Plus tard, la rue aux Murs devint la rue du Champ-Gaillard, à cause des filles de joie qui y demeuraient. Puis, on la nomma rue d'Arras, à cause du collège de ce nom, fondé en 1332 rue Chartière, par Nicolas Le Candrelier, abbé de St-Waast d'Arras, et transféré peu après rue du Champ-Gaillard.

ARSENAL (Place de l'). Entre la rue de l'Orme et la rue de la Cerisaie. 4e A. 15e Q.

C'était, avant 1788, une des cours de l'Arsenal élevé sous le règne de Henri IV. En 1788, Louis XVI ayant ordonné la suppression de cet établissement et la vente des bâtiments et terrains qui y attenaient, plusieurs rues et places furent tracées, et la cour des Salpêtres devint ainsi la place de l'Arsenal.

ARTISTES (Rue des). Du chemin de fer de Sceaux dans les champs. 14e A. 55e Q.

Récemment ouverte. A servi de lieu d'asile à quelques artistes forains.

ARTISTES (Rue des). De la rue de la Tour à la Grande-Rue de Passy. 16e A. 62e Q.

Ouverte il y a quelques années.

ARTS (Pont des). Du quai du Louvre au quai Conti. 6e A. 24e Q.

Construit en 1803, époque à laquelle le palais du Louvre s'appelait le palais des Arts.

ARTS-AUTEUIL (Rue des). De la Grande-Rue à la rue Neuve. 16e A. 71e Q.

Récemment percée.

ARTS-BELLEVILLE (Rue des). De la rue de Constantine à la rue des Couronnes. 20e A. 77e Q.

Ouverte il y a quelques années.

ASILE (Passage de l'). Du passage du Chemin-Vert à la rue Popincourt. 11e A. 42e Q.

Ouvert en 1834. On y a établi une salle d'asile pour les enfants.

ASNIÈRES (Route d'). De la rue Cardinet aux fortifications.

ASSAS (Rue d'). De la rue du Cherche-Midi à la rue de Vaugirard. 6e A., 23e Q.

Ouverte en 1807 sur les jardins du couvent des Carmes. On lui a donné le nom du vaillant capitaine au régiment d'Auvergne qui, le jour de la bataille de Rhimberg, le 16 octobre 1760, en s'avançant auprès de Clostercamp, pour reconnaître la position de l'armée autrichienne, tomba dans une embuscade ennemie. Menacé de mort s'il poussait un cri, le chevalier d'Assas rassembla toutes ses forces et cria : « A moi, Auvergne! ce sont les ennemis. » Il fut massacré au même instant, mais l'armée française était avertie et sauvée.

ASSAS (Place d'). De la rue d'Assas à la rue de Vaugirard.

Formée aux dépens de la rue précédente.

ASSELIN (Rue). Du boulevard du Combat aux Buttes Chaumont. 19e A. 77e Q.

Ouverte il y a quelques années.

ASSOMPTION (Rue de l'). De la rue Boulainvilliers au boulevard Montmorency. 16e A. 61e-62e Q.

Ouverte vers 1835. Doit son nom à l'église dont on célèbre la fête le 15 août.

ASTORG (Rue d'). De la rue Ville-l'Évêque à la rue de la Bienfaisance. 8e A. 31e -32e Q.

Ouverte en 1780. Doit son nom à l'hôtel du lieutenant général d'Astorg qui y existait alors.

ATHÈNES (Passage d'). De la rue St-Honoré au cloître St-Honoré. 1er A. 3e Q.

Formé en 1793, à la suite de la démolition de l'église Saint-Honoré. Doit son nom à un hôtel meublé.

AUBERT (Passage). De la rue Ste-Foy à la rue St-Denis. 2e A. 8e Q.

Formé à la fin du XVIIIe siècle sous le nom de « passage Ste-Marguerite »; puis rebâti en 1810 par un propriétaire qui lui donna son nom.

AUBERVILLIERS (Rue). De la rue du Bon-Puits à la rue des Rosiers. 18e A. 72e Q.

Ouverte il y a quelques années. Doit son nom au voisinage du village d'Aubervilliers, auquel elle conduit.

AUBRY-LE-BOUCHER (Rue). De la rue St-Martin à la rue St-Denis. 4e A. 14e Q.

C'est une rue du XIIIe siècle, qui tenait son nom d'une famille de bouchers, la famille Aubry (Albericus), qui y demeurait, comme le témoigne Guillot :

« La rue Auberi le bouchier,
Et puis la boucherie aussi... »

AUMAIRE (Rue). De la rue Volta à la rue St-Martin. 3e A. 9e Q.

Elle était connue dès le XIIIe siècle, où, prétendent certains auteurs, on la nommait ainsi à cause du maire ou bailli de St-Martin-des-Champs qui y demeurait et y donnait ses audiences. Dans ce cas, il faudrait l'écrire en deux mots, comme la suivante. Mais, contrairement à cette opinion, nous croyons qu'il vaut mieux faire venir ce nom du vieux français armaire, almaire, armlaire, aulmare, aumaire (en latin armarium), à cause de la grande quantité d'armoires qu'on y fabriquait pour y loger des armes, et qu'on y fabrique encore aujourd'hui, ainsi que dans les rues avoisinantes.

AU MAIRE (Rue). De la rue St-Germain aux fortifications, à Belleville. 20e A. 80e Q.

Ouverte il y a quelques années.

AUMALE (Rue d'). De la rue St-Georges à la rue La Rochefoucauld. 9e A. 33e Q.

Ouverte en 1847, sous le nom de l'un des fils du roi Louis-Philippe, le duc d'Aumale.

AUNAY (Boulevard d') De l'ancienne barrière de Fontarabie à la rue des Amandiers. 20e A. 79e Q.

Il doit son nom à une ferme située à un quart de lieue de là.

AUSTERLITZ (Quai d'). De la barrière de la Gare au pont d'Austerlitz. 13e A. 49e Q.

A la fin du siècle dernier, c'était le « quai de l'Hôpital », à cause du voisinage de la Salpêtrière. Lorsqu'on construisit le pont d'Austerlitz, il en prit le nom.

AUSTERLITZ (Rue d'). Du quai d'Orsay à la rue de Grenelle. 7e A. 26e Q.

Tracée en 1806; elle forme une des bordures de l'esplanade des Invalides. Son nom lui a été donné en commémoration de la bataille d'Austerlitz, gagnée par les Français le 2 décembre 1805.

AUSTERLITZ (Rue d'). De la place de la barrière d'Ivry au boulevard de l'Hôpital. 13e A. 49e Q.

C'était la rue principale du village d'Austerlitz, qui s'était formé à cette extrémité de Paris dans les premières années de ce siècle et qui fut annexé à Paris quelques années plus tard, en 1818.

AUSTERLITZ (Pont d'). De la place Mazas à la place Walhubert. 13e A. 48e-49e Q.

Construit en 1803-1806. Il était en fer. On l'a reconstruit en pierre en 1854, sur une plus grande largeur. Même étymologie.

B

BABILLE (Rue). De la rue de Viarme à la rue des Deux-Écus. 1er A. 2e Q.

Construite de 1762 à 1765, en même temps que la Halle au Blé, messire Babille étant échevin.

BABYLONE (Rue de). De la rue du Bac au boulevard des Invalides. 7e A. 25e, 26e, 27e Q.

D'abord rue de « La Fresnaie », puis de « la Maladrerie » puis, « Petite rue du Bac ». Ce ne fut qu'en 1670 qu'elle prit le nom qu'elle porte, de Bernard de Ste-Thérèse, évêque de Babylone, qui y possédait plusieurs maisons et jardins.

BAC (Rue du). Du quai Voltaire à la rue de Sèvres. 7e A. 25e Q.

Elle existait dès avant 1559, époque à laquelle on établit là un bac pour passer la rivière. Ce bac exista jusqu'en 1632; on construisit alors un pont nommé le Pont-Rouge, qui fut remplacé plus tard par le Pont-Royal.

BAC-IVRY (Rue du). De la rue du Chevaleret à la rue Nationale. 13e A. 50e Q.

Percée il y a une vingtaine d'années.

BAC-D'AUTEUIL. (Rue du). Du port d'Auteuil à la rue de Versailles. 16e A. 61e Q.

Doit son nom au bac sur lequel on traversait la Seine à cet endroit.

BAC-D'ASNIÈRES (Rue du). De la place Lévis à la rue de Paris. 17e A. 66e Q.

Même étymologie.

BACHELET (Rue). De la rue Nicolet à la rue Lécuyer. 18e A. 70e Q.

Récemment ouverte.

BAGNEUX (Rue de). De la rue du Cherche-Midi à la rue de Vaugirard. 6e A. 23e Q.

Elle existait à l'état de chemin au commencement du XVIIe siècle; et son nom lui vient probablement de ce qu'elle se dirige vers le village de Bagneux.

BAGNOLET (Rue de). De la place de la mairie de Charonne à la route militaire. 20e A. 79e Q.

Doit son nom à son voisinage du village de Bagnolet.

BAILLET (Rue). De la rue de la Monnaie à la rue de l'Arbre-sec. 1er A., 1er Q.

Date de la fin du XIIIe siècle, époque à laquelle elle s'appelait « Dame Gloriette »; en 1300, « rue Gloriette » :

« La rue de Serf et *Gloriete*,
En la rue de l'Arbre-sel... »

Ce ne fut que vers le XVIe siècle qu'elle prit le nom de Baillet.

BAILLEUL (Rue). De la rue de l'Arbre-sec à la rue du Louvre. 1er A. 2e Q.

Au XIIIe siècle, on la nommait « rue d'Avéron ». Vers 1423, elle reçut son nom actuel de Robert de Bailleul, clerc des comptes, qui y demeurait.

BAILLIF (Rue). De la rue Croix-des-Petits-Champs à la rue des Bons-Enfants. 1er A. 3e Q.

En 1607, c'était la « rue Balliffre », du nom d'une famille de bourgeois qui y possédait maisons et terrains. De *Balliffre*, la prononciation populaire a fait *Baillif*, comme de *oues* elle a fait *ours*.

BAILLY (Rue). De la rue St-Paxent à la rue Henri 1er. 3e A. 9e Q.

Ouverte en 1765 sur une partie du territoire dépendant de l'abbaye Saint-Martin.

BALAGNY (Rue). De l'avenue de Clichy à l'avenue de St-Ouen. 17e A. 68e Q.

Ouverte sous l'administration de M. Balagny, maire de Batignolles, de 1843 à 1847.

BALETTES (Rue des). De la rue de la Villette à la rue des Alouettes. 19e A. 76e Q.

Nous ignorons l'étymologie de ce nom, bien que la rue qui le porte ne soit pas d'ancienne création. Peut-être que *Balettes* est mis ici pour *Baluettes* ou *Balnettes*, petites baguettes que les pêcheurs attachent à une ligne chargée d'une balle et qu'ils traînent.

BALZAC (Rue). De l'avenue des Champs-Élysées au Faubourg Saint-Honoré. 8e A. 30e Q.

Ouverte, en 1825, sous le nom de « rue Fortunée » dans la villa Beaujon. On lui a donné le nom du grand écrivain qui a écrit ces chefs-d'œuvre qui s'appellent *Eugénie Grandet*, *Le cousin Pons*, *Un grand homme de province à Paris*, etc., etc., et qui est mort, le 20 mai 1870, au n° 22 de cette rue.

BANQUE (Rue de la). De la place de la Bourse à la rue Neuve-des-Petits-Champs. 2e A. 6e Q.

Ouverte, en 1820, sous le nom de « rue Percée ». En 1838, elle a reçu le nom qu'elle porte par suite de son voisinage de l'hôtel de la Banque.

BANQUIER (Rue du). De la rue du Marché-aux-Chevaux à la rue Mouffetard. 13e A. 49e Q.

En 1650, ce n'était qu'un chemin; en 1670, elle prit le nom sous lequel elle est connue d'une sorte de tapis de table appelés *banquiers*, qu'on fabriquait aux Gobelins : *stragulum abaci*. C'est du moins l'opinion de Nicod.

BARAN (Rue). De la rue Traversière à la rue de Grenelle, à Grenelle. 15e A. 59e Q.

Tracée il y a quelques années.

BARBET-DE-JOUY (Rue). De la rue de Varennes à la rue de Babylone. 7e A. 26e Q.

Ouverte, en 1848, sur les terrains d'un propriétaire riverain.

BARBETTE (Rue). De la rue des Trois-Pavillons à la rue Vieille-du-Temple. 3e A. 11e Q.

Ouverte, en 1563, sur une partie de l'emplacement de l'hôtel Barbette. Cet hôtel avait appartenu en 1298 à Étienne Barbette, prévôt des marchands; le roi Charles V en fit l'acquisition, et sa femme, Isabeau de Bavière, y accoucha en 1407. Le duc d'Orléans sortait de cet hôtel le 23 novembre de la même année 1407, lorsqu'il fut assassiné par les ordres de Jean de Bourgogne.

BARGUE (Rue). De la rue Plumet à la rue Dutot. 15e A. 58e Q.

Ouverte, il y a quelques années, sur les terrains d'un propriétaire riverain qui lui a donné son nom.

BAROUILLÈRE (Rue de la). De la rue de Sèvres à la rue du Cherche-Midi. 6e A. 23e Q.

En 1651, ce n'était qu'un chemin : le « chemin de St-Michel ». Vers la fin du XVIIe siècle, Nicolas Richard de La Barouillère en fit bâtir une partie sur 8 arpents de terrains achetés par lui; l'autre partie bâtie s'appela pendant longtemps rue « des Vieilles-Tuileries ».

BARRES (Rue des). Du quai de la Grève à la rue Saint-Antoine. 4e A. 11e Q.

Ce fut tour à tour la « ruelle des Barres », du nom de l'hôtel des Barres, bâti là en 1290; la « ruelle aux Moulins-des-Barres-du-Temple », parce que les moulins qui étaient en face, sur la Seine, appartenaient aux Templiers; la « rue qui va de la Seine à la porte Baudet »; la « rue du Chevet-Saint-Gervais »; puis elle redevint définitivement la « rue des Barres ».

BARRÉ (Cité). De la rue du Terrier-aux-Lapins au passage des Thermopyles. 14e A. 56e Q.

Construite il y a quelques années.

BARRÉS (Rue des). De la rue St-Paul à la rue du Fauconnier. 4e A. 14e Q.

C'est une rue du XIIIe siècle. Elle ne porta d'abord pas de nom; puis elle fut appelée rue du Chapitre, parce qu'elle conduisait au couvent des Carmes, dits *Barrés*, à cause de leurs vêtements, barrés en effet. Cette étymologie, que nous trouvons dans la plupart des historiens, ne nous paraît pas la bonne cependant; en tous cas, il doit y en avoir une meilleure. La « rue des Barrés » s'est appelée aussi « rue Barrée »; ne serait-ce pas à cause des chaînes dont on barrait un grand nombre de rues en 1357, lorsque Paris, révolté, était chaque jour et chaque nuit un théâtre de carnage et d'horreurs?

BARTHÉLEMY (Rue). Du chemin de ronde de l'ancienne barrière de Sèvres à l'avenue de Breteuil. 15e A. 58e Q.

Ouverte en 1818. Le nom qu'elle porte est celui d'un conseiller général de la Seine.

BASFOUR (Passage). Rue Saint-Denis. 2e A. 8e Q.

Il existait au XIVe siècle comme impasse sous le nom de « ruelle sans chef aboutissant à la Trinité »; sur la fin du même siècle on commença à lui donner le nom de *Bas four*, à cause d'un four banal qui y existait.

BASFROI (Rue). De la rue de Charonne à la rue de la Roquette. 11e A. 43e Q.

Bâtie sur un terrain planté de vignes qui, en 1393, s'appelait *Buffer*, en 1540 *Busfer*, et, depuis, le « Chantier du grand Basfroi ». Il ne serait pas hors de sens de supposer qu'il y avait là, à l'origine, une tour, un clocher, un beffroi, de la basse latinité *beffredus*, *bulfredus*, *berfredus*, etc.

BASSE (Rue). De la rue de la Montagne à la rue Boulainvilliers. 16e A. 62e Q.

Son nom lui vient de ce qu'elle avoisine la Seine et se trouve au bas de la colline de Passy.

BASSE-DES-CARMES (Rue). De la rue de la Montagne-Ste-Geneviève à la rue des Carmes. 5e A. 25e Q.

Ouverte sur une partie du clos Bruneau, vers 1300, à proximité du couvent des Carmes.

BASSE-DU-REMPART (Rue). De la rue de la Chaussée-d'Antin à la place de la Madeleine. 9e A. 31e Q.

Au commencement du XVIIe siècle, c'était le « chemin Chevilly », à cause de l'hôtel Chevilly qui y existait alors. Lorsqu'en 1635, sous Louis XIII, on entoura Paris de remparts, de la porte St-Honoré à la porte St-Denis, cette rue, se trouvant plus basse que le terrain du rempart, fut nommée « Chemin du rempart », et, plus tard, « rue du Rempart ».

BASSE-DU-TRANSIT (Rue). De la rue des Entrepreneurs à la rue de Sèvres. 15e A. 60e Q.

Ouverte il y a quelques années.

BASSE-DES-URSINS (Rue). De la rue des Chantres à la rue d'Arcole. 4e A. 16e Q.

En 1250 c'était le « port Saint-Landry ».

« Alat droit o *port St-Landri*,
La demeure Guiart Andri... »

En 1300, c'était la « Grand'rue Saint-Landry-sur-l'Yaue ». En 1388, Jean Jouvenel des Ursins, prévôt des marchands, avait son hôtel dans le voisinage : on devinait vers les deux rues, haute et basse, auxquelles il confinait. Au XVIe siècle, c'était « rue Basse-du-Port-Saint-Landry ». Plus tard, ce fut la « rue d'Enfer », ainsi nommée (*Via inferior*) à cause de son mauvais état. Puis elle reprit le nom qu'elle porte aujourd'hui.

BASSE-SAINT-DENIS (Rue). De la rue de la Villette à la rue de Beaune. 19e A. 75e Q.

Ouverte il y a quelques années.

BASSE-SAINT-PIERRE (Rue). Du quai de Billy à la rue de Chaillot. 16e A. 64e Q.

Doit son nom à l'église Saint-Pierre, construite là en 1007, puis reconstruite vers le milieu du siècle dernier.

BASSES-VIGNOLLES (Rue des). De la barrière de Charonne à la rue des Bois. 20e A. 80e Q.

Son nom lui vient du voisinage du terrain des Basses-Vignolles qui s'étendait là au XVe siècle.

BASSINS-NEUILLY (Rue des). De la rue Newton au chemin de ronde de l'Étoile. 16e A. 64e Q.

Tracée en 1842. Ainsi nommée à cause de sa proximité des bassins ou réservoirs de la pompe à feu du quai de Billy.

BASSINS-PASSY (Rue des). Du boulevard de Passy au rond-point de St-Cloud. 16e A. 64e Q.

Même étymologie.

BASSOMPIERRE (Rue). Du boulevard Bourdon à la rue de l'Orme. 4e A. 11e Q.

Ouverte, en 1843, sur les terrains de l'ancien Arsenal. Comme l'Arsenal devait une partie de sa splendeur à Henri IV, on a donné aux rues avoisinantes des noms d'hommes marquants de ce règne. Le maréchal de Bassompierre, né en 1579, mort en 1646,

BASTILLE (Place de la). De la rue St-Antoine à la rue du Faubourg-St-Antoine. 4e A. 15e Q.

Formée en 1790 sur l'emplacement de la vieille forteresse commencée en 1370, sous Charles V, et achevée en 1382, sous Charles VI. Cette Bastille, élevée d'abord pour la défense de Paris, servit bientôt de prison d'État : elle fut assiégée, prise et détruite le 14 juillet 1789.

BATAILLES (Rue des). De la rue Gasté à la barrière Ste-Marie. 16e A. 64e Q.

C'était à la fin du siècle dernier la « rue Marie »; un plan dressé en 1808 la désigne sous le nom qu'elle a aujourd'hui, à cause de sa situation qui permet d'admirer les mouvements de troupes au Champ-de-Mars.

BATIGNOLLES (Boulevard des). De la Grande-Rue à la rue de Lévis. 17e A. 67e Q.

Il sert de frontière à l'ancienne commune de Batignolles. L'étymologie de ce mot se perd dans la nuit des chartes. Notre savant collaborateur au *Nouveau Paris*, Émile de La Bédollière, après avoir cherché et trouvé, a déclaré que la seule possible devait être *Batifolle*, de l'italien *batifolla*, formé de *batifoltum*, mot qui désignait tantôt une tour de bois élevée sur les remparts où les jeunes gens allaient s'ébattre, tantôt aussi un moulin à vent : nous ne nous y opposons pas.

BATIGNOLLAISES (Rue des). Du boulevard des Batignolles à la rue des Dames. 17e A. 67e Q.

BATTOIR (Rue du). De la rue Lacépède à la rue du Puits-l'Ermite. 5e A. 18e Q.

Bâtie vers le milieu du XVIe siècle sous le nom de « rue Saint-Réné ». Son nom actuel lui fut donné en 1603, à cause d'une enseigne qui s'y voyait alors et qui a disparu depuis.

BAUCHES (Rue des). De la rue de Boulainvilliers à la rue de la Glacière. 16e A. 62e Q.

Son nom lui vient sans doute des petites maisons qui y étaient autrefois semées : du vieux français *bauche, bauge, boge*, de la basse latinité *bugia*. Mais c'est là une bien vieille étymologie pour une rue qui date d'hier à peine !

BAUDELIQUE (Rue). De la petite rue St-Denis à la rue des Poissonniers. 18e A. 70e Q.

Tracée récemment.

BAUDOYER (Place). De la rue des Barres à la place du Marché-St-Jean. 4e A. 14e Q.

C'est tout ce qu'il reste de ce vieux souvenir parisien qui s'appelait la « Porte des Bagaudes, ou des Bagauds » (*Bagaudarum porta*), qui donna son nom à la place bâtie sur ses ruines. L'abbé Lebeuf est d'un autre avis que nous à ce sujet : il pense que *Baudoyer* vient de *Baudacharius*, défenseur de Paris, magistrat dont les fonctions étaient très-importantes. De *Baudacharius* on aurait fait, par contraction, *Baudarius, Baudaire, Baudaier*, et enfin *Baudoyer*. Voilà bien de la poudre étymologique tirée aux minéraux, à ce qu'il nous semble : pourquoi *Baudoyer* ne viendrait-il pas tout simplement de *Baudroyer*, corroyeur ? D'autant plus qu'il y avait, à peu de distance de là, à la même époque, une « rue de la Baudroyerie ».

BAUER (Cité). À Plaisance. 14e A. 56e Q.

BAUME (Rue de la). De l'avenue Percier à la rue de Courcelles. 8e A. 32e Q.

Nous en ignorons l'étymologie. Est-ce un nom de propriétaire? Est-ce parce qu'à l'endroit où cette rue a été tracée, il y avait autrefois une grotte, une baume, *balma* ?

BAYARD (Impasse). Rue Bayard. 15e A. 59e Q.

Même étymologie que ci-dessous.

BAYARD (Rue). De la rue Kléber à la rue Duguesclin. 15e A. 59e Q.

Ouverte au commencement de ce siècle. Son nom lui a été donné en mémoire du chevalier sans peur et sans reproche, Pierre du Terrail, seigneur de Bayard, né en 1476, mort en 1524.

BAYARD (Rue). Du cours la Reine à l'avenue Montaigne. 8e A. 29e Q.

Même étymologie que précédemment. Ouverte en 1823.

BEAUBOURG (Rue). De la rue Maubuée à la rue Réaumur. 3e A. 12e Q.

Elle allait autrefois de la rue Simon-le-Franc à la rue Michel-le-Comte, et tenait son nom d'un *beau bourg* qui fut enclavé dans Paris sous Philippe-Auguste, de 1190 à 1210. Une moitié de cette rue, qui se trouvait hors la ville, se nommait « rue Outre-la-Poterne-Nicolas-Hydron », la moitié comprise dans Paris se nommait « rue de la Poterne ». Voici comment Guillot la nomme :

« Par la rue des Petits-chans
Alai droitement en Biaubourg,
Ne chassoie chièvre ne bouc... »

Depuis 1851, on a compris sous le nom de rue Beaubourg, les rues Beaubourg, Transnonnain, St-Hugues et le passage Aumaire.

BEAUCE (Rue de). De la rue d'Anjou à la rue de Bretagne. 3e A. 10e Q.

Ouverte en 1626, à la même époque que la rue d'Anjou; elle porte le nom d'une ancienne province de France. La Beauce faisait partie de l'Orléanais; elle forme aujourd'hui, avec une partie du Perche, le département d'Eure-et-Loir.

BEAUCOURT (Impasse). Rue du Faub.-St-Honoré. 8e A. 30e Q.

Bâtie en 1825 sur les terrains d'un propriétaire riverain.

BEAUJOLAIS (Rue de). De la rue de Bretagne à la rue de Forez. 3e A. 10e Q.

Tracée vers 1625, comme les rues d'Anjou et de Beauce.

BEAUJOLAIS (Rue de). De la rue de Valois à la rue Montpensier. 1er A. 8e Q.

Ouverte en 1784 sur une partie de l'emplacement du jardin du Palais-Royal, appartenant alors au duc d'Orléans, dont l'un des fils portait le titre de comte de Beaujolais.

BEAUJOLAIS (Passage). De la rue Montpensier à la rue de Richelieu. 1er A. 8e Q.

Même étymologie.

BEAUJON (Boulevard). De la rue Miromesnil au chemin de ronde du Roule. 8e A. 30e Q.

Doit son nom à sa proximité des terrains de l'ancienne Folie-Beaujon, bâtie à la fin du XVIIIe siècle par le conseiller d'État Beaujon.

BEAUJON (Rue). De la rue des Écuries au boul. de l'Étoile. 8e A. 30e Q.

Ouverte en 1842 sur les terrains de l'ancienne Folie-Beaujon.

BEAUMARCHAIS (Boulevard). De la place de la Bastille à la rue du Pont-aux-Choux. 4e A. 15e, 42e et 43e Q.

Établi en 1670 sous le nom de « boul. St-Antoine », à cause du voisinage de la porte St-Antoine. Le nom qu'il porte lui fut donné en 1831, en mémoire de l'auteur du *Barbier de Séville*, né en 1732, mort en 1799.

BEAUNE (Rue de). Du quai Voltaire à la rue de l'Université. 7e A. 25e Q.

C'était autrefois la « rue du Pont-Rouge », parce qu'elle aboutissait à ce pont, supprimé depuis. Son nom actuel lui vient d'un hôtel particulier.

BEAUNE-BELLEVILLE (Rue de). De la rue de Paris à la rue St-Denis. 19e A. 75e Q.

BEAUNE-BERCY (Rue de). De la r. d'Orléans à la r. de Bercy. 12e A. 47e Q.

BEAUREGARD (Impasse). Rue St-Denis. 10e A. 75e Q.

BEAUREGARD (Rue). De la r. Poissonnière au boul. Bonne-Nouvelle. 2e A. 8e Q.

On la connaissait déjà au commencement du XVIe siècle. Elle doit son nom à sa situation au sommet de la butte Montorgueil, d'où l'on jouissait d'une belle vue, ou d'un *beau regard*, pour parler comme autrefois.

BEAUREGARD (Rue). De l'avenue Trudaine au boul. Rochechouart.

Tracée en 1803. Vient seulement d'être bâtie depuis la suppression du mur d'enceinte. Même étymologie.

BEAUREPAIRE (Rue). De la rue des Deux-Portes à la rue Montorgueil. 2e A. 8e Q.

En 1235, on la désignait sous le nom *Bellus locus*; en 1273, sous le nom de *Bellus reditus*, d'où l'on a fait, en 1313, « Beau-Repaire », *repaire*, en vieux français, *belle demeure, belle retraite*. Nous le voulons bien. Toutefois, nous ferons remarquer que Le Duchat fait venir Beaurepaire du latin barbare *repatria*, lieu où l'on se réfugie.

BEAUSÉJOUR (Boulevard). Du chemin de la Muette à la rue de l'Assomption, à Passy. 16e A. 62e Q.

BEAUTREILLIS (Rue). De la rue des Lions à la rue St-Antoine. 4e A. 15e Q.

Bâtie vers 1552 sur l'emplacement du jardin de l'hôtel St-Paul, qui avait, paraît-il, de fort belles treilles.

BEAUVAU (Place). Du F.-St-Honoré à la rue Miromesnil. 8e A.

Ainsi nommée parce qu'elle est en face de l'hôtel du marquis de Beauvau, bâti par Camus de Mézières.

BEAUVEAU (Place). De la rue de Charenton au marché Beauveau. 12e Arrondissement.

BEAUVEAU (Rue). De la rue de Charenton au marché Beauveau. 12e A. 48e Q.

Ouverte en 1778 sur les dépendances de l'abbaye St-Antoine-des-Champs, dont l'abbesse se nommait alors Mme de Beauveau-Craon.

BEAUX-ARTS (Rue des). De la rue de Seine à la rue Bonaparte. 6e A. 44e Q.

Ouverte en 1825 sur l'emplacement de l'hôtel de la Rochefoucauld. Aboutit vis-à-vis de l'école des Beaux-Arts.

BECCARIA (Rue). De la rue des Charbonniers à la rue Traversière. 12e A. 48e Q.

Ouverte il y a quelques années le long de la prison Mazas. Beccaria, économiste politique, célèbre par son *Traité des délits et des peines*, est né à Milan en 1735, et mort en 1793.

BEL-AIR (Avenue du). De l'avenue de St-Mandé à la place de la barrière du Trône. 12e A. 45e Q.

Doit son nom à sa situation dans un lieu élevé et découvert.

BEL-AIR (Rue du). De la rue du Moulin-des-Prés à la rue Militaire. 13e A. 54e Q.

Même étymologie.

BEL-AIR (Rue du). De la rue de Longchamp au rond-point de l'Étoile. 16e A. 63e et 64e Q.

Même étymologie.

BELHOMME (Place). De la rue de la Nouvelle-France à la rue Belhomme. 18e Arrondissement.

BELHOMME (Rue). De la rue des Poissonniers à la rue de la Nation. 18e A. 70e Q.

BELLECHASSE (Rue de). Du quai d'Orsay à la rue de Varennes. 7e A. 25e et 26e Q.

Percée à la fin du siècle dernier, elle n'allait que jusqu'à la rue St-Dominique. En 1805, elle fut prolongée sur les terrains du couvent de Bellechasse jusqu'à la rue de Grenelle, et en 1851 jusqu'à la rue de Varennes, en absorbant la rue Hillerin-Bertin.

BELLEFOND (Rue). De la rue du Faub.-Poissonnière à la rue Rochechouart. 9e A. 36e Q.

Ouverte sur un terrain relevant de l'abbaye de Montmartre, elle porte, ainsi que plusieurs autres voies publiques de ce quartier, le nom d'une des abbesses de ce monastère, Bernardine-Thérèse Gigault de Bellefond, née en 1639, morte en 1717.

BELLES-FEUILLES (Rue des). De l'avenue de St-Cloud au Carrefour des Sablons. 16e A. 63e Q.
Elle est de création récente, et doit son nom à des plantations.

BELLEVILLE (Boulevard de). De la rue des Trois-Couronnes à la rue du Temple. 20e A. 77e Q.
C'était la frontière de la commune de Belleville.

BELLEVILLE (Rue de). De la rue Basse-St-Denis à la route d'Allemagne. 19e A. 75e Q.

BELLEVILLE (Rue de). De la rue de Bagnolet à la rue de Charonne. 20e A. 79e Q.

BELLEVUE (Rue de). De la rue Basse-St-Denis à la rue des Lilas. 19e A. 75e Q.
Doit son nom à sa situation.

BELLEVUE-PASSY (Rue de). De la rue du Bel-Air à la rue des Bouchers. 16e A. 64e Q.
Même étymologie.

BELLIÈVRE (Rue). Du quai d'Austerlitz à la rue de la Gare. 13e A. 49e Q.
Ouverte à la fin du siècle dernier. Comme elle est dans le voisinage de la Salpêtrière, à la fondation de laquelle avait contribué Pomponne de Bellièvre, on lui donna en 1819 le nom de ce premier président du Parlement de Paris, mort en 1657.

BEL-RESPIRO (Rue du). De l'avenue des Champs-Élysées à la rue Beaujon. 8e A. 30e Q.
Ouverte sur une partie du jardin Beaujon. Son nom est celui d'une habitation de plaisance qui s'y trouve.

BELZUNCE (Rue). De la rue Magenta à la rue de Rocroy. 10e A. 37e Q.
Ouverte en 1826 derrière le chevet de l'église St-Vincent-de-Paul, dont elle porta d'abord le nom. En 1844, on lui donna celui de l'évêque de Marseille, Fr.-Xavier de Belzunce de Castel-Moron, né en 1671, mort en 1755, si célèbre par son dévouement pendant la grande peste de 1720 et par son acharnement odieux contre les jansénistes.

BÉNARD (Rue). De la rue des Dames à la rue d'Orléans, à Batignolles. 17e A. 67e Q.
Elle doit son nom à un propriétaire riverain.

BÉNARD (Rue). De la chaussée du Maine à la rue Terrier-aux-Lapins, à Montrouge. 14e A. 56e Q.
Même étymologie.

BÉNÉDICT (Rue). De la rue Gabrielle à un jardin public de Montmartre. 18e A. 70e Q.

BENJAMIN-DELESSERT (Rue). De la rue des Batailles à la rue Francklin. 16e A. 62e Q.
Elle doit son nom à un riche propriétaire de Passy, frère de l'ancien préfet de police sous Louis-Philippe.

BENOIT (Rue). De la rue Boileau à la rue de la Réunion. 16e A. 61e Q.
C'est le nom d'un des maires d'Auteuil, M. Benoit; chose rare à noter, il resta pendant 24 ans, de 1789 à 1813, chargé des affaires de cette commune.

BÉRANGER (Impasse). Grande rue de Clichy à Montmartre. 18e A. 69e Q.
Son nom lui a été donné en mémoire du chansonnier populaire, né en 1780, mort le 17 juillet 1837.

BÉRANGER (Impasse). Rue de Vaugirard. 15e A. 58e Q.
Même étymologie.

BERCY (Boulevard). De la rue de Bercy à la rue de Charenton. 12e A. 47e Q.

BERCY (Pont de). Du quai de la Râpée au quai de la Gare. 13e A. 49e Q.

BERCY (Quai de). Des fortifications au quai de la Râpée. 12e A. 47e Q.

BERCY-ST-ANTOINE (Rue de). De la rue de Rambouillet au boul. de la Contrescarpe. 12e A. 48e Q.
Ce n'était encore, sous Louis XIII, que le chemin du village de Bercy. Quelques plans du siècle dernier lui donnent le nom de « rue de la Râpée », à cause de son voisinage du quai de la Râpée, qui lui est parallèle. Bercy était autrefois un château appartenant à Charles-François Olier, marquis de Nointel ; mais avant d'être un château c'était une bergerie, du vieux français brecit, d'où l'on a fait Bercy, pour la plus grande commodité de la prononciation.

BERCY-SAINT-JEAN (Rue de). De la rue Vieille-du-Temple à la rue Bourtibourg. 4e A. 14e Q.
C'était en 1350 la « rue du Hoqueton » ; à la fin du XIVe siècle la « rue Lambert-de-Chelles » ; plus tard, « rue de la Réale ». Son nom actuel lui vient sans doute de ce qu'elle se dirige vers Bercy ; à moins que ce ne soit parce que quelque seigneur de Bercy y a fait passagère demeure.

BERGÈRE (Cité). De la rue du Faub.-Montmartre à la rue Bergère. 9e A. 35e Q.
Bâtie en 1825. Elle doit son nom à l'une des rues dans lesquelles elle aboutit.

BERGÈRE (Rue). De la rue du Faub.-Poissonnière à la rue du Faub.-Montmartre. 9e A. 35e Q.
C'était au XVIIe siècle le « clos des Halliers ». Il y avait là des champs comme il y en a aux portes de Paris, et même, aujourd'hui encore, dans Paris. Champs supposent herbages, herbages supposent moutons, moutons impliquent l'idée de bergers, — d'où « rue Bergère ». Ce dernier nom lui fut donné en 1652, bien qu'elle n'eût encore que trois maisons.

BERGERS (Rue des). De la rue de Javelle à la rue St-Paul, à Grenelle. 15e A. 60e Q.

Même étymologie.

BERLIN (Rue de). De la rue de Clichy à la place de l'Europe. 8e A. 33e Q.
Tracée en 1826. N'a commencé à être habitée que vers 1840. A cause du voisinage du chemin de fer qui mène à l'une des extrémités de la France, elle porte, comme la plupart des rues adjacentes, le nom d'une capitale, celui de la capitale de la Prusse.

BERNARDINS (Rue des). Du quai de la Tournelle à la rue St-Victor. 5e A. 17e Q.
Ouverte en 1246 sur le clos du Chardonnet. Elle doit son nom au couvent dont elle longeait les bâtiments, et qui avait été fondé en 1244.

BERRY (Rue de). De l'avenue des Champs-Élysées à la rue du Faub.-St-Honoré. 8e A. 30e Q.
Ouverte, au milieu du XVIIIe siècle, sous le nom de « ruelle de l'Oratoire », parce qu'elle longeait les terrains appartenant aux Pères de l'Oratoire de la rue St-Honoré, supprimés en 1790. Élargie en 1778, aux dépens de terrains appartenant au comte d'Artois, elle reçut depuis le nom du fils de ce prince, Charles Ferdinand, né à Versailles en 1778, assassiné par Louvel le 13 février 1820.

BERRYER (Cité). De la rue Royale à la place de la Madeleine. 8e A. 31e Q.
Autrefois, passage du Marché-d'Aguesseau. Le nom qu'elle porte lui a été donné en 1857, en l'honneur du grand avocat légitimiste.

BERTAUD (Impasse). Rue Beaubourg. 3e A. 12e Q.
En 1273, c'était le « Cul-de-sac-sans-chef », — comme tous les culs-de-sac. En 1342, on la nomma « rue Agnès-aux-Truyes », parce qu'elle communiquait avec un autre cul-de-sac situé rue Geoffroy-l'Angevin. En 1386, c'était la « rue aux Truyes » ; puis le « grand cul-de-sac Beaubourg » ; puis enfin, le « cul-de-sac Berthaud ». Quelques étymologistes prétendent que ce dernier nom était celui d'un particulier qui tenait là un jeu de paume. Nous inclinerions plutôt à croire que ce mot Bertaud, qui, en vieux français, était synonyme d'eunuque, indiquait une profession et non un individu. Bertaud, eunuque ; bertauder, brétauder, bertouder, tondre inégalement. Là, sans doute, quelque marchand ou perruquier.

BERTHE (Rue). De la rue du Télégraphe à la rue du Poirier, à Montmartre. 18e A. 70e Q.

BERTIN-POIRÉE (Rue). Du quai de la Mégisserie à la rue de Rivoli. 1er A. 1er Q.
C'est une rue du XIIe siècle, par le nom du moins, car, par l'aspect, c'est une rue toute moderne, surtout par le bout qui donne sur le quai de la Mégisserie, et qui a été formé en 1839 par la démolition d'un îlot de maisons situé entre deux ruelles. Autrefois, elle commençait rue St-Germain-l'Auxerrois et finissait rue Thibault-aux-Dés.

« En près rue Jehan-Lointier
Là ne fu je pas trop lointier
De la rue Bertin-Porée... »

BERTRAND (Rue). De la rue Oudinot à la rue de Sèvres. 7e A. 27e Q.
Ouverte en 1790, sous le nom de « rue des Acacias ». Son nom actuel lui a été donné en 1831, en mémoire du fidèle général, né en 1773, mort en 1844, qui avait accompagné Napoléon en exil.

BERTRAND (Impasse). Rue St-Maur. 11e A. 42e Q.

BÉTHUNE (Quai de). De la rue St-Louis à la rue des Deux-Ponts. 4e A. 16e Q.
Construit en 1614-1646, sous le nom de quai du Dauphin. A porté le nom de « quai des Balcons », puis enfin celui sous lequel il est actuellement connu, par suite du voisinage de l'Arsenal, en mémoire de Maximilien de Béthune, duc de Sully, né en 1560, mort en 1641.

BEURRIÈRE (Rue). De la rue du Four-St-Germain à la rue du Vieux-Colombier. 6e A. 25e Q.
C'était, au XIIIe siècle, la « petite rue de la Corne » ; puis, plus tard, « Petite rue Cassels », d'où l'on a fait Cassette. Son nom de Beurrière doit être une altération du vieux mot français buire, berère, bercor, biberon, ivrogne, du latin biberius. Il y avait par là, en effet, au temps jadis, de nombreuses popines où le peuple venait oublier et faire tapage.

BICHAT (Rue). De la rue du Faub.-du-Temple au quai de Jemmapes. 10e A. 40e Q.
Ouverte en 1824 ; elle allait alors jusqu'à la r. Alibert. Prolongée en 1836 jusqu'à l'avenue de l'hôpital St-Louis ; prolongée encore, en 1810, aux dépens de la rue Carême-Prenant et de la rue des Récollets. A cause du voisinage de l'hôpital, on lui a donné le nom du célèbre physiologiste Xavier Bichat, né en 1771, mort en 1802.

BICHES (Rue des). De l'avenue de St-Cloud à l'avenue Dauphine, à Passy. 16e A., 63e Q.

BIENFAISANCE (Rue de la). De la rue du Rocher à l'avenue de Plaisance. 8e A. 32e Q.
C'était, à la fin du XVIIIe siècle, une ruelle sans nom qui aboutissait dans les champs. On lui donna en 1813 le nom qu'elle porte, en l'honneur de la bienfaisance exercée par un médecin inoculateur, le docteur Goëtz, qui y demeurait.

BIÈVRE (Rue de). Du quai de la Tournelle au boul. St-Germain. 5e A. 17e Q.
Elle existait déjà au XIIIe siècle, ainsi que le témoigne Guillot :

« En la rue de Bièvre vins,
Illuecques j petit m'assis... »

Elle tenait son nom de la petite rivière de Bièvre qui, à cette époque, passait auprès pour aller se jeter dans la Seine par la rue des Grands-Degrés, en face de la pointe de l'île de la Cité, et dont le cours fut changé vers la fin du XIIIe siècle.

BILLANCOURT (Rue de). De la route de Versailles à la rue Militaire. 16ᵉ A. 61ᵉ Q.

Son nom lui vient du hameau auquel elle conduit. *Billancourt* ne serait-il pas une corruption de *billon-court*? En agriculture, on nomme *billon* une bande de terre entre deux sillons, large d'un à quatre pieds, et disposée de manière que le milieu soit plus élevé que les bords; il y a des billons longs et des billons courts.

BILLECOQ (Passage). Chaussée de Clignancourt. 18ᵉ A. 70ᵉ Q.

BILLETTES (Rue des). De la rue de la Verrerie à la rue Ste-Croix-de-la-Bretonnerie. 4ᵉ A. 14ᵉ Q.

C'était, au XIIIᵉ siècle, la *rue des Jardins*. Au XIIIᵉ siècle, c'était la «rue où Dieu fut bouilli», ou «rue du Dieu-Bouliz», en souvenir du sacrilège commis le jour de Pâques de l'an 1290 par le juif Jonathas, qui avait fait bouillir une hostie. Plus tard, on lui donna le nom qu'elle porte aujourd'hui, parce que le couvent des Carmes-Billettes s'y était établi en 1299.

BILLY (Quai de). Du pont de l'Alma à la barrière de Passy. 8ᵉ A. 29ᵉ et 61ᵉ Q.

C'était autrefois le «quai de la Conférence», puis le «quai de Chaillot», puis le «quai des Bons-Hommes». Ce fut en 1807 qu'on lui donna son nom actuel, en mémoire du général mort à la bataille d'Iéna.

BINDER (Passage). Du passage du Sud au passage du Bois. 19ᵉ A. 76ᵉ Q.

BIRON (Rue). De la rue de la Santé à la rue du Faub.-St-Jacques. 14ᵉ A. 53ᵉ Q.

Jaillot l'indique, en 1775, comme un chemin sans dénomination. Elle fut nommée ainsi, en 1785, parce que, dit-on, Armand-Louis de Gontaut du Biron, duc de Lauzun, né en 1747, exécuté en 1793, possédait des terrains dans ce quartier.

BIRON-MONTMARTRE (Rue). De la chaussée de Clignancourt à la rue Bachelet. 18ᵉ A. 70ᵉ Q.

Ouverte il y a quelques années.

BIZET (Rue). De l'avenue Montaigne à la rue de Chaillot. 16ᵉ A. 71ᵉ Q.

Au XVIIIᵉ siècle, c'était la «rue du Tourniquet», puis la «ruelle des Blanchisseuses». Élargie en 1832 par les soins d'un propriétaire riverain, elle en porte le nom à partir de cette époque.

BLANCHE (Cité). De la rue de Charonne à la rue de la Croix. 14ᵉ A. 56ᵉ Q.

Ouverte il y a quelques années.

BLANCHE (Rue). De la rue St-Lazare à la barrière Blanche. 9ᵉ A. 33ᵉ Q.

Au XVIIIᵉ siècle c'était la «ruelle de la Croix-Blanche», nom qu'elle tenait d'une enseigne. La croix est partie, la couleur est restée.

BLANCHE (Rue). De la barrière de Longchamp à la rue de la Pompe, à Passy. 16ᵉ A. 63ᵉ Q.

BLANCS-MANTEAUX (Rue des). De la rue Vieille-du-Temple à la rue du Temple. 4ᵉ A. 13ᵉ et 14ᵉ Q.

Au XIIIᵉ siècle elle s'appelait indifféremment «rue de la Parcheminerie» et «rue des Blancs-Manteaux», comme le témoignent les vers de Guillot:

« En la rue des Blans-Mantiaux
Entrai, où je vis mainte piaux
Mettre au cuvel en blanche et noire... »

Ce nom de «rue de la Parcheminerie», petite et vieille, lui venait, tout naturellement, des parcheminiers qui y faisaient leur commerce. L'autre nom lui venait des religieux serfs de Ste-Marie qui portaient des manteaux blancs, et qui s'étaient établis là en 1258. L'ordre fut aboli en 1274, mais le nom ne lui fut pas.

BLATTIÈRE (Rue). De la rue Dorel à la rue de la Procession, à Plaisance. 14ᵉ A. 56ᵉ Q.

On trouve écrit quelquefois «rue Blottière».

BLEUE (Rue). De la rue du Faub.-Poissonnière à la rue Cadet. 9ᵉ A. 35ᵉ Q.

C'était autrefois la «rue St-Lazare», puis la «rue d'Enfer». Vers 1802, elle reçut le nom qu'elle porte aujourd'hui, à cause de la fabrique de bleu en boules qui s'y trouvait.

BLOMET (Rue). De la rue de Sèvres à la rue St-Lambert. 15ᵉ A. 57ᵉ Q.

Elle continue l'ancienne rue Plumet, qui commençait à la rue des Brodeurs, pour finir au boulevard des Invalides, laquelle rue aurait dû s'appeler «Blomet», comme celle-ci, puisqu'elle était tracée sur l'ancien chemin de Blomet.

BOCHARD-DE-SARON (Rue). De l'avenue Trudaine au chemin de ronde de la barrière Rochechouart. 9ᵉ A. 36ᵉ Q.

Tracée en 1821, en mémoire du savant mathématicien, né en 1730, décapité en 1794. On commence seulement à la bâtir.

BŒUF (Impasse du). Rue Neuve-St-Merri. 4ᵉ A. 13ᵉ Q.

Elle existait déjà au temps de Guillot qui, s'il n'en parle pas tout à fait, en donne au moins l'étymologie:

« Par la rue à Chavetiers tins
Ma voie en rue de l'Estable
Du Cloistre qui est honestable
De Saint-Mesri en Bailleche... »

«Estables» et «bœuf» vont bien ensemble. Or, au XIIIᵉ siècle, cette impasse s'appelait «ruelle au Buef», «cul-de-sac du Boé». Ce sont là deux formes anciennes du mot *bœuf*. On disait-aussi, en vieux language, *bué*, *buöu*, *biöu*, *beuf* et *bœf*.

BŒUFS (Impasse aux). R. St-Hilaire. 5ᵉ A. 23ᵉ Q.

C'était, au XIIIᵉ siècle, la «rue aux Beufs»; puis, au milieu du siècle dernier, la «cour aux Bœufs». Même étymologie.

BOIELDIEU (Place). Rue Marivaux et rue Favart. 2ᵉ A. 6ᵉ Q.

A été d'abord la «place des Italiens», lorsque la salle, affectée aujourd'hui à l'Opéra-Comique, était occupée par la Comédie-Italienne. Son nom actuel lui a été donné en 1852, en mémoire de l'auteur de la *Dame Blanche*, né en 1775, mort en 1834.

BOILEAU (Rue). De la rue de la Ste-Chapelle au quai des Orfèvres. 1ᵉʳ A. 1ᵉʳ Q.

Ouverte en 1631, sous le nom de rue Ste-Anne, en l'honneur de la reine Anne d'Autriche, mère de Louis XIV. Elle communiquait alors par une arcade du côté du palais. Son nom actuel lui a été donné en 1851, en mémoire de l'auteur du *Lutrin*, né en 1636 r. de Jérusalem, et enterré en 1711 à la Ste-Chapelle.

BOILEAU (Rue). De la rue Molière à la rue de Versailles. 16ᵉ A. 61ᵉ Q.

Elle doit son nom au séjour qu'y fit Despréaux en compagnie de Molière, de Racine, de Chapelle ou de La Fontaine.

BOIS (Rue des). De la rue du Pré à la route Militaire, à Belleville. 19ᵉ A. 75ᵉ Q.

BOIS (Rue du). De la rue de Paris à la rue des Hautes-Vignolles, à Charonne. 20ᵉ A. 80ᵉ Q.

BOIS (Passage des). De la rue du Dépotoir à la rue des Carrières. 19ᵉ A. 76ᵉ Q.

BOIS-DE-BOULOGNE (Passage du). De la rue du Faub.-St-Denis au boul. St-Denis. 10ᵉ A. 38ᵉ Q.

Établi en 1785. Son nom lui vient d'un bal qui y existait alors.

BOIS-DE-L'ORME (Rue du). De la rue du Pré aux fortifications, à Belleville. 19ᵉ A. 75ᵉ Q.

BOIS-LEVANT (Rue du). De la place de la mairie à l'avenue de Boulainvillers, à Passy. 16ᵉ A. 62ᵉ Q.

BOISSIÈRE (Rue). Du boul. de Passy au rond-point de St-Cloud. 16ᵉ A. 61ᵉ Q.

Son nom lui vient des broussailles qui s'y voyaient autrefois; broussailles venant du vieux français *boisse*, *boisson*, *bisson*, venant lui-même du bas-latin *boscus*.

BOITON (Passage). De la rue de la Butte-aux-Cailles aux champs. 13ᵉ A. 51ᵉ Q.

BONAPARTE (Rue). Du quai Malaquais à la rue de Vaugirard. 6ᵉ A. 22ᵉ et 21ᵉ Q.

Avant 1852, cette rue en formait trois, la «rue des Petits-Augustins», qui allait du quai à la rue Jacob; la «rue St-Germain-des-Prés», qui allait de la rue Jacob à la rue Childebert; et la «rue du Pot-de-Fer», qui allait de la rue du Vieux-Colombier à la rue de Vaugirard. Il y avait solution de continuité entre la rue Childebert et la place St-Sulpice; les expropriations eurent lieu, un percement fut fait, et la rue Bonaparte actuelle fut créée.

BONDY (Rue de). De la r. du Faub.-du-Temple à la porte St-Martin. 10ᵉ A. 39ᵉ Q.

Au milieu du siècle dernier, c'était le «chemin de la Voirie»; en 1770, c'était la «rue Basse-St-Martin»; plus tard, on lui donna le nom qu'elle porte aujourd'hui, parce qu'elle se dirigeait, par le Faub.-St-Martin, au village de Bondy; c'était encore le chemin de la voirie.

BONNE-GRAINE (Passage de la). Du Faub.-St-Antoine au passage Josset. 11ᵉ A. 41ᵉ Q.

C'était, au XVIIIᵉ siècle, une impasse où était un commerce de grains. Elle fut prolongée en 1825, et en 1835 transformée en passage.

BONNE-NOUVELLE (Boulevard). De la porte St-Denis au Faub.-Poissonnière. 2ᵉ et 10ᵉ A. 8ᵉ et 37ᵉ Q.

Formé en vertu des lettres patentes du mois de juillet 1676; il doit son nom à sa proximité de l'église Notre-Dame-de-Bonne-Nouvelle.

BON-PUITS (Rue du). De la rue St-Victor à la rue Traversine. 5ᵉ A. 17ᵉ Q.

Elle existait déjà au XIIIᵉ siècle, puisque Guillot en parle:

« Et puis la rue de *Bon-Puis*,
La mainte la femme à i chapuis
Qui de maint home a fait ses glais. »

Elle doit son nom à un puits public qui y existait et qui, croyons-nous, existe encore.

BON-PUITS (Rue du). De la grande rue de la Chapelle au chemin de l'Est. 18ᵉ A. 72ᵉ Q.

Doit son nom à une enseigne.

BONS-ENFANTS (Rue des). De la rue St-Honoré à la rue Baillif. 1ᵉʳ A. 3ᵉ Q.

Au XIIᵉ siècle, c'était «le chemin qui va à Clichy». Au commencement du XIIIᵉ siècle, c'était «la rue par où l'on va au collège des Bons-Enfants», à cause du collège construit en 1208 pour treize pauvres écoliers, qu'on nommait alors *boni pueri*, d'où *bons-enfants*, lequel collège fut supprimé en 1602.

BONS-ENFANTS (Rue des). De la rue Molière à la rue du Bois. 16ᵉ A. 61ᵉ Q.

L'étymologie de cette rue est différente, et on la devine aisément. Auteuil, dont elle fait partie, a été un village de guinguettes avant d'être une réunion de villas; or *guinguettes* dit *ivrognes*, — et les ivrognes qui rarement de vin mauvais.

BONS-HOMMES (Rue des). Du quai de Billy à la barrière Franklin. 16ᵉ A. 62ᵉ Q.

Ouverte au commencement de ce siècle. Cette dénomination lui vient du couvent des Minimes, dit *Bons-Hommes*, établi là vers la fin du XVᵉ siècle, et supprimé en 1790.

BONY (Cour). Rue St-Lazare. 8ᵉ A. 32ᵉ Q.

Ouverte en 1827, sur des terrains appartenant à un particulier qui lui a donné son nom.

BORDA (Rue). De la rue Volta à la rue Montgolfier. 3e A. 9e Q.
Ouverte en 1817. On lui a donné le nom de l'habile physicien, né en 1733, mort en 1799, que l'Assemblée constituante avait chargé de la détermination de l'arc du méridien, qui devait servir à fixer l'unité du système décimal.

BORDEAUX (Rue de). Du port de Bercy à la rue de Bercy. 12e A. 47e Q.
Comme toutes les rues dans lesquelles sont situés les magasins de vins de Bercy, elle porte un nom de vignoble.

BORDEAUX (Rue de). De la rue de Flandres au quai de la Seine, à la Villette. 19e A. 73e Q.

BORNE (Rue de la). De la rue St-Denis à la rue des Rosiers, à Montmartre. 18e A. 70e Q.

BORNES (Rue des). De la rue des Moulins à la rue de Longchamp, à Passy. 16e A. 63e Q.

BOSSUET (Rue). De la place Lafayette à la rue de Belzunce. 10e A. 37e Q.
Percée en vertu d'une décision ministérielle du 19 prairial an xii. A cause du voisinage de l'église St-Vincent-de-Paul on lui a donné le nom de l'aigle de Meaux, né en 1627, mort en 1704.

BOTTY (Cour). Rue Rochechouart. 9e A. 36e Q.

BOUCHER (Rue). De la rue de la Monnaie à la rue des Bourdonnais. 1er A. 1er Q.
Ouverte en 1772, sur l'emplacement de l'ancien hôtel des Monnaies, Pierre-Richard Boucher étant échevin.

BOUCHERIE (Rue de la). Du quai d'Orsay à la rue St-Dominique. 7e A. 25e Q.
Ouverte à la fin du siècle dernier. Doit son nom à la boucherie des Invalides, située en face, rue St-Dominique.

BOUCHERS (Rue des). De l'avenue de l'Impératrice à la rue de Bellevue, à Passy. 16e A. 61e Q.

BOUCHET (Impasse). Rue de Meaux, à la Villette. 19e A. 76e Q.

BOUDREAU (Rue). De la rue Tronchet à la rue Caumartin. 9e A. 3 l'e Q.
Ouverte vers 1780. Porte le nom d'un greffier de la ville.

BOUFFLERS (Cité). Rue Dupetit-Thouars. 3e A. 10e Q.
Formée en 1741, dans le voisinage de l'hôtel de Boufflers.

BOULAINVILLIERS (Rue). Du quai de Passy à la rue Basse. 16e A. 62e Q.
Elle doit son nom au célèbre écrivain paradoxal, né en 1658, mort en 1722, dont Voltaire a dit : qu'il était le plus savant gentilhomme du royaume dans l'histoire, et le plus capable d'écrire celle de France. C'est le comte Henri de Boulainvilliers qui a osé avancer que la féodalité était le plus libre des gouvernements.

BOULANGERS (Rue des). De la rue St-Victor à la rue des Fossés-St-Victor. 5e A. 17e Q.
Elle date du xive siècle, où elle s'appelait « rue Neuve-St-Victor ». Le nom qu'elle a conservé jusque aujourd'hui lui fut donné à cause des nombreux boulangers qui y étaient établis.

BOULARD (Rue). De la rue du Champ-d'Asile à la rue Brézin, à Montrouge. 14e A. 55e Q.

BOULAY (Rue). De l'avenue de Clichy au chemin des Bœufs, à Batignolles. 17e A. 68e Q.

BOULAY (Passage). Du chemin des Bœufs aux fortifications, à Batignolles. 17e A. 68e Q.

BOULE-BLANCHE (Passage de la). De la rue du Faub.-St-Antoine à la rue de Charenton. 12e A. 48e Q.
Percé, vers 1702, sur l'emplacement d'une maison qui portait cette dénomination.

BOULE-ROUGE (Rue de la). De la rue Monthyon à la rue Richer. 9e A. 35e Q.
Percée, à la fin du siècle dernier, sur des terrains appartenant à l'administration des hospices. Elle doit son nom à une enseigne.

BOULETS (Rue des). De la rue de Montreuil à la rue de Charonne. 11e A. 44e Q.
Ouverte, vers la fin du siècle dernier, sur un terrain connu, au xve siècle, sous le nom « des Basses-Vignolles », et, au siècle suivant, sous le nom « des Boulets », parce qu'on s'y exerçait à ce jeu, — boulets, petites boules, balles de plomb qui se tiraient avec l'arc ou la fronde.

BOULEVARD (Rue du). Du boul. des Batignolles à la rue des Dames. 17e A. 67e Q.
Son étymologie s'explique d'elle-même.

BOULNOY (Place). Rue de l'Arcade et avenue des Ternes. 17e A.

BOULOGNE (Rue de). De la rue Blanche à la rue de Clichy. 9e A. 33e Q.
Ouverte en 1844, elle a reçu un nom de ville, comme la plupart des rues situées dans le voisinage des chemins de fer. Boulogne est une ville du département du Pas-de-Calais.

BOULOGNE (Rue de). De la rue de Nantes au canal St-Denis, à la Villette. 19e A. 71e Q.

BOULOI (Rue du). De la rue Croix-des-Petits-Champs à la rue Coquillière. 1er A. 6e Q.
C'est une rue du xive siècle ; on la nommait alors « chemin du Bouloir ». Bouloir n'explique rien, car un bouloir est un instrument avec lequel on remue la chaux quand on veut l'éteindre. Bouloir, ici, ne viendrait-il pas plutôt du vieux français boulevech, qui venait lui-même du celto-breton boulouard, — d'où l'on a fait plus tard boulevard, fortification, rempart ? C'était à cet endroit, ne l'oublions pas, que passait l'enceinte dite de Philippe-Auguste.

BOUQUET-DE-LONGCHAMP (Rue du). De la rue de Longchamp à la rue de la Croix-Boissière. 16e A. 61e Q.
C'était une ruelle de l'ancien village de Chaillot. Son nom lui vient d'un bouquet d'arbres appartenant à l'abbaye de Longchamp.

BOUQUET-DES-CHAMPS (Rue du). De la rue de Longchamp à la rue des Bassins. 16e A. 61e Q.

BOURBON (Quai). De la rue des Deux-Ponts à la rue St-Louis. 4e A. 16e Q.
Bâti de 1614 à 1646, la maison de Bourbon régnant.

BOURBON-LE-CHATEAU (Rue). De la rue de Buci à la rue de l'Échaudé. 6e A. 24e Q.
Elle date du xviie siècle. Son nom lui fut donné parce qu'elle conduisait au palais abbatial, construit en 1586 par le cardinal de Bourbon.

BOURBON-VILLENEUVE (Rue). De la rue du Petit-Carreau à la rue St-Denis. 2e A. 8e Q.
C'était, au xvie siècle, « la rue St-Côme-du-Milieu-des-Fossés ». Au commencement du xviie siècle, c'était « la rue de Bourbon », parce que Jeanne de Bourbon, abbesse de Fontevrault, avait établi dans cette rue une succursale de la communauté des Filles-Dieu. Quant à son nom de Villeneuve, qui vient après Bourbon, il fut ajouté parce que le quartier où s'était établie cette communauté était une quasi ville neuve.

BOURDALOUE (Rue). De la rue Ollivier à la rue St-Lazare. 9e A. 34e Q.
Ouverte vers 1825 ; à cause du voisinage de l'église N.-D.-de-Lorette, elle porte un nom d'homme d'église, celui « du roi des prédicateurs et du prédicateur des rois », né en 1632, mort en 1701.

BOURDIN (Impasse). Avenue Montaigne. 8e A. 29e Q.
Ouverte sur les terrains du propriétaire dont elle porte le nom.

BOURDON (Boulevard). Du boul. Morland à la place de la Bastille. 4e A. 15e Q.
Planté au commencement de ce siècle. Il a reçu, comme la plupart des voies publiques avoisinantes, un nom d'officier de l'empire, celui du colonel Bourdon, tué à la bataille d'Austerlitz.

BOURDONNAIS (Rue des). Du quai de la Mégisserie à la rue de la Poterie. 1er A. 1er et 2e Q.
Au commencement du xiiie siècle, c'était la « rue Adam-Bourdon », un peu plus tard la « rue Guillaume-Bourdon ». En 1280, c'était le nom qu'elle porte actuellement, à une lettre près :

« Guillot qui point d'heur bon n'as,
Parmi la rue à *Bourdonnas*
Vins... »

Est-ce là une fantaisie pure du poète, transformant un nom d'homme en nom de chose, ou est-ce bien plutôt le nom de chose que portait originairement cette rue ? Pourquoi, en effet, n'aurait-on pas fabriqué et vendu là, aux xiie et xiiie siècles, des lances creuses de tournois appelées *bourdonnasses* ?

BOURDONNAIS (Impasse des). Rue des Bourdonnais. 1er A. 2e Q.
Cet endroit, où il y avait anciennement une voirie hors de la seconde enceinte de Paris, se nommait le « Marché-aux-Pourceaux, la Place-aux-Chats, la Fosse-aux-chiens ». En 1423, c'était la « ruelle qui aboutit en la rue des Bourdonnais ».

BOURET (Rue). De la rue d'Allemagne à la rue de Meaux, à La Villette. 19e A. 73e Q.

BOURG-L'ABBÉ (Rue). Du boul. de Sébastopol à la rue St-Martin. 2e A. 8e Q.
Elle date du xiie siècle, quoique Guillot n'en fasse nulle mention. Le quartier qu'elle traverse formait anciennement un bourg qui dépendait de l'abbé de St-Martin, et qu'à cette cause, on appelait « le Bourg-l'Abbé » ; il fut enfermé dans Paris sous Philippe-Auguste. Il est question de donner à cette voie publique le nom de Palestro », en commémoration de la victoire remportée, en 1859, par l'armée franco-sarde sur les Autrichiens.

BOURGOGNE (Rue de). Du quai d'Orsay à la rue de Varennes. 7e A. 26e Q.
Ouverte en 1707, on lui donna le nom du petit-fils de Louis XIV, né en 1682, mort en 1712.

BOURGOGNE (Rue de). Du port de Bercy à la rue de Bercy. 12e A. 47e Q.
Même étymologie que pour les rues de Bordeaux, de Beaune, etc.

BOURGOGNE (Cour de). De la rue du Faub.-St-Antoine à la rue de Charenton. 12e A. 44e Q.
C'était autrefois la « cour des Miracles ». Son nom actuel date de 1811.

BOURGUIGNONS (Rue des). De la rue de Lourcine à la rue de la Santé. 5e et 13e A. 52e et 19e Q.
Cette rue, qui est antérieure au xve siècle, doit son nom au massacre que les Bourguignons firent des Armagnacs en cet endroit, en 1418.

BOURNISSIEN (Passage). De la rue de Constantine à la rue Blottière, à Plaisance. 14e A. 59e Q.

BOURSAULT (Rue). De la rue Pigalle à la rue Blanche. 9e A. 33e Q.
Ouverte, en 1830, sur les jardins d'un particulier qui lui a donné son nom.

BOURSAULT (Rue). Du boul. des Batignolles à la rue des Dames. 17e A. 67e Q.

BOURSAULT (Impasse). Rue Boursault, à Batignolles. 17e A. 67e Q.

BOURSE (Place de la). Rue N.-D.-des-Victoires et rue Vivienne. 2e A. 7e Q.
Formée en 1808, à la même époque que le palais dont elle tire son nom, sur l'emplacement du couvent des Filles-de-St-Thomas-d'Aquin.

BOURSE (Rue de la). De la place de la Bourse à la rue Richelieu. 2e A. 6e Q.
Ouverte en 1830.

BOURTIBOURG (Rue). De la rue de la Verrerie à la rue Ste-Croix-de-la-Bretonnerie. 4e A. 14e Q.

En 1220, c'était « la rue Bourtibon ». En 1280, Guillot dit d'elle :

« Trouvai tost la rue du *Bourg Tibout*, et, droit à l'un des bous, La rue Anqueril le Faucheur. »

En 1300, c'était « la rue Bourg-Tiboud » ; puis, plus tard, « Bourgthiboud, Beaubourg, Bourgthiébault », et enfin « Bourtibourg ». Voilà ce que les rues gagnent à vieillir : on ne les reconnaît plus !

BOUTARRL (Rue). Du quai d'Orléans à la rue St-Louis. 4e A. 16e Q.
Ouverte, en 1846, sur les terrains d'un propriétaire qui lui a donné son nom.

BOUTEBRIE (Rue). De la rue de la Parcheminerie au boul. St-Germain. 5e A. 20e Q.
Elle date du XIIIe siècle, comme la rue Bourtibourg, et, comme cette dernière, elle n'a conservé qu'un lambeau de sa dénomination originelle.

« En la rue *Erembourg de Brie* Alai, et en la rue au fain... »

D'*Erembourg de Brie* on a fait *Bourg-de-Brie*, puis *Bout-de-Brye*, puis *Bout-de-Brie*, puis *Boutebris*, et, d'altération en altération, nous avons eu la « rue Boutebrie ».

BOUTIN (Rue). De la rue de la Glacière à la rue de la Santé. 13e A. 51e Q.
Doit son nom à un propriétaire riverain qui y a un chantier de bois.

BRABANT (Impasse). A Neuilly, quartier des Ternes. 17e A. 65e Q.

BRADY (Passage). Du Faubourg-St-Martin au Faubourg-St-Denis. 10e A. 38e Q.
Ouvert en 1828 sur les terrains d'un particulier qui lui a donné son nom.

BRAQUE (Rue de). De la rue de la Chaume à la rue du Temple. 3e A. 12e Q.
Au XIIe siècle, c'était la « rue des Boucheries-du-Temple », à cause des boucheries que les Templiers y avaient fait construire en 1182. Arnaud de Braque y ayant fait bâtir une chapelle en 1348, et Nicolas de Braque, maître d'hôtel de Charles V, y ayant fait bâtir un hôtel vers 1366, cette rue porta dès lors leur nom, qu'elle a conservé.

BRAS-D'OR (Cour du). Rue du Faub.-St-Antoine. 11e A.
Elle doit son nom à une enseigne.

BRASSERIE (Impasse de la). Rue de la Fontaine-Molière. 1er A. 3e Q.
Elle communique avec la cour St-Guillaume. Cette impasse, qui date du commencement de ce siècle, doit son nom à un établissement de boissons.

BRÉA (Rue). De la rue N.-D.-des-Champs au boul. Montparnasse. 6e A.
Ouverte en 1853. On lui a donné le nom du général, né en 1790, tué en 1848, pendant l'insurrection, à un quart d'heure de là.

BRÈCHE-AUX-LOUPS (Rue de la). De la rue de Charenton à la barrière de Reuilly. 12e A. 46e Q.
Doit son nom à un terrain voisin par lequel des loups entrèrent durant un hiver rigoureux, celui de 1827.

BRÉDA (Rue). De la rue N.-D.-de-Lorette à la rue de Laval. 9e A. 33e Q.
Ouverte, en 1822, sur des terrains appartenant à un particulier qui lui a donné son nom.

BRÉDA (Place). Formée par le sommet de l'angle que représentent les rues Bréda et Nve-Bréda.

BRETAGNE (Rue de). De la rue Vieille-du-Temple à la rue du Temple. 3e A. 10e Q.
Bâtie sous le règne de Louis XIII. Même étymologie que pour les rues d'Anjou, de Beauce, etc., situées dans le même quartier.

BRETAGNE (Cour de). Rue du Faub.-du-Temple 10e A. 40e Q.
C'était autrefois la « cour des États-Unis ». Sa dénomination actuelle lui a été donnée en 1829.

BRETEUIL (Rue de). De la rue Réaumur à la rue Conté. 3e A. 9e Q.
Ouverte, en 1780, sur des terrains dépendant du prieuré de St-Martin-des-Champs, dont le dernier prieur-commendataire lui donna son nom.

BRETEUIL (Avenue de). De la place Vauban à la rue de Sèvres. 7e A. 27e Q.
Formée en 1680. Elle ne porta d'abord pas de nom, et ce ne fut que plus tard qu'on lui donna celui du baron de Breteuil, ministre du roi, né en 1723, mort en 1807.

BRETEUIL (Place de). Avenue de Breteuil et avenue de Saxe. 7e A. 27e Q.

BRETONVILLIERS (Rue). Du quai de Béthune à la rue St-Louis. 7e A. 16e Q.
Commencée en 1614, achevée seulement en 1643. Elle doit son nom au président des comptes, Le Ragois de Bretonvilliers, qui y fit construire un hôtel, sur les dessins d'André Ducerceau.

BREY (Rue). Du boul. de l'Étoile à la rue de la Plaine. 17e A. 63e Q.

BRÉZIN (Rue). De la route d'Orléans à la chaussée du Maine. 14e A. 55e Q.

BRIARE (Passage). De la rue Rochechouart à la rue Nve-Coquenard. 9e A. 36e Q.
A la fin du XVIIIe siècle, c'était « l'impasse Sifflet ». Au commencement de ce siècle, un propriétaire y augmenta de plusieurs bâtiments et lui donna son nom.

BRIQUET (Passage). De la barrière Rochechouart à la rue des Acacias, à Montmartre. 18e A. 70e Q.

BRISEMICHE (Rue). De la rue du Cloître-St-Merri à la rue Nve-St-Merri. 4e A. 18e Q.

Ouvert au XVe siècle ; elle tire vraisemblablement son nom des pains ou miches de chapitre que l'on distribuait aux chanoines de la collégiale de St-Merri. Le populaire d'alors en disait autant de la rue voisine, qu'il appelait « rue Taillepain ».

BRISSAC (Rue). Du boul. Morland à la rue Crillon. 4e A. 15e Q.
Ouverte, en 1843, sur les terrains de l'ancien Arsenal, sous le nom du maréchal-duc qui gouvernait Paris sous la Ligue, et qui profita de son commandement pour livrer cette ville à Henri IV, le 22 mars 1594.

BRONGNIART (Rue). De la rue Montmartre à la rue N.-D.-des-Victoires. 2e A. 7e Q.
C'est le nom qu'on a donné en 1841 au retour d'équerre de la rue N.-D.-des-Victoires, en souvenir de l'architecte du palais de la Bourse, né en 1739, mort en 1813, avant d'avoir achevé son œuvre.

BROUILLARDS (Rue des). De la rue de l'Empereur à la rue de la Fontaine-du-But. 18e A. 69e Q.
Son nom s'explique aisément lorsqu'on songe à sa situation sur la partie la plus élevée de Montmartre.

BRUANT (Rue). Du chemin de ronde de la Gare à la rue des Deux-Moulins. 13e A. 43e Q.
Ce n'était, en 1789, qu'un chemin faisant partie du petit village d'Austerlitz, qui fut enfermé dans Paris en 1818. En 1819, on donna à cette voie publique le nom de l'architecte de la Salpêtrière, né en 1629, mort en 1697.

BRUXELLES (Rue de). De la rue St-Pétersbourg à la barrière Blanche. 9e A. 33e Q.
Ouverte en 1826. Comme la plupart des rues voisines, elle porte un nom de capitale.

BUCHERIE (Rue de la). De la place Maubert à la place du Petit-Pont. 5e A. 20e Q.
Elle était construite à la fin du XIIe siècle. Quelques historiens de Paris affirment que ce nom lui vient du « port aux bûches » qui se trouvait près de là. Nous ne demanderions pas mieux de les croire, si nous ne savions — bûches à part — qu'il y avait là une boucherie, comme le témoigne ce vers de Guillot :

« M'en reving en la *bucherie*... »

Or, outre que ce mot est la vieille forme française de notre mot moderne, et qu'il vient du vieux latin *buceria*, nous devons supposer qu'il y avait là, en effet, une boucherie, quand nous voyons à côté une poissonnerie, une poulaillerie, une saunerie, etc. Les marchands étaient parqués, au temps jadis, on le sait : où donc auraient été les étaux de bouchers de la place Maubert s'ils n'avaient pas été là ?

BUCI (Rue de). De la rue de l'ancienne-Comédie à la place Ste-Marguerite. 6e A. 21e et 24e Q.
C'était, au XIIIe siècle, — comme le dit très-bien Sauval, et malgré l'assertion des frères Lazare, — « la rue St-Germain », parce qu'elle menait à l'abbaye de ce nom. Guillot, qui écrivait en 1280, la désigne très-clairement, il nous semble :

« La rue à l'abbé St-Denis Siet asez près de St-Denis De la grant rue St-Germain Des-Prez, si fait rue Cauvain, Et puis la rue St-Andri... »

La « rue Cauvain », c'est la rue de l'Éperon ; la « rue St-Andri », c'est la rue St-André-des-Arcs ; la « rue à l'Abbé-St-Denis », c'est la rue des Grands-Augustins : pourquoi donc ne pas vouloir que la rue St-Germain soit la r. de Buci ? Ce qui donne encore raison à Sauval et tort à MM. Lazare frères, c'est que la porte qui était située rue St-André-des-Arts, près de la rue Contrescarpe, et que Perinet-Leclerc ouvrit par trahison aux Bourguignons en 1418, se nommait « porte St-Germain » dès l'année 1200, ayant été vendue aux religieux de cette abbaye, avant même d'être achevée. En 1330, cette porte ayant été cédée à Simon de Buci, premier président au parlement de Paris, elle changea son ancien nom pour prendre de nouveau celui qu'elle donna à la rue qui y conduisait, laquelle s'est appelée jusque aujourd'hui « rue de Buci » — et, par corruption, « r. de Bussy ». Ajoutons qu'entre ces deux applications, la voie qui nous occupe en subit une troisième, celle de la « rue du Pilori », parce que les religieux de St-Germain-des-Prés avaient là un pilori et des fourches patibulaires.

BUCI (Carrefour). Formé par la réunion des rues de Buci, Mazarine, Dauphine, St-André-des-Arts et de l'Ancienne-Comédie. 6e A. 21e Q.

BUFFAULT (Rue). De la rue du Faub.-Montmartre à la rue Lamartine. 9e A. 33e Q.
Ouverte en 1787, Jean-Baptiste Buffault étant échevin.

BUFFON (Rue). Du boul. de l'Hôpital à la rue Geoffroy-St-Hilaire. 5e A. 18e Q.
Ouverte en 1785. Comme elle longe le Jardin des Plantes, on lui a donné le nom du savant naturaliste, né en 1707, mort en 1788, qui en fut l'intendant et qui contribua à son embellissement.

BUIS (Rue du). De la rue Molière à la rue Verdoret, à Auteuil. 16e A. 61e Q.
Doit son nom à des plantations de buis, ou à des broussailles.

BUISSON-ST-LOUIS (Rue du). De la rue St-Maur à la barrière de la Chopinette. 10e A. 40e Q.
Ouverte vers la fin du siècle dernier, son nom lui vient de sa situation dans les champs et de sa proximité de l'hôpital St-Louis.

BURCQ (Rue). De la rue de l'Abbaye à la rue Durantin. 18e A. 69e Q.
Tout récemment ouverte et bâtie. Doit son nom à un propriétaire.

BUTTE-AUX-CAILLES (Rue de la). De la rue du Moulin-des-Prés au boul. d'Italie, 13e A. 51e Q.

C'est là que, le 3 juillet 1815, c'est-à-dire le matin de la dernière capitulation de Paris, étaient placés deux obusiers et seize pièces de canon ; là que se portaient les curieux dont les oreilles étaient frappées à la fois par le bruit du canon des alliés, s'emparant des hauteurs de Vanves et de Montrouge, et par le son des violons partant des guinguettes du boulevard voisin.

BUTTE-CHAUMONT (Rue de la). De la rue du Faub.-St-Martin au chemin de ronde du Combat, 10e A. 40e Q.

Verniquet, dans son plan de 1789, l'indique sous le nom de « chemin de la Voirie », parce qu'à son extrémité, du côté de la barrière, on déchargeait alors les vidanges de Paris. Plus tard, on l'appela « r. de la Boyauterie », à cause des fabriques de cordes à boyaux qui s'y étaient établies. Son nom actuel lui a été imposé en 1821.

BUTTES (Rue des). De la rue de Rouilly à la rue Picpus, 12e A. 46e Q.

Le plan de Jaillot, de 1770, lui donne ce nom qui provient sans doute des inégalités du sol originaire de cette voie publique.

BUTTES-CHAUMONT (Rue des). De la rue Fessart à la rue des Alouettes, 19e A. 76e Q.

Doit son nom à son voisinage des éminences crayeuses que l'on nivelle chaque jour.

C

CADET (Rue). De la rue du Faub.-Montmartre à la rue Montholon. 9e A. 35e Q.

Au milieu du siècle dernier, c'était la « rue de la Voirie ». Au commencement de celui-ci, c'était le « Clos-Cadet ». Aujourd'hui, c'est la « rue Cadet ».

CADRAN (Rue du). De la barrière Rochechouart à la rue des Acacias. 18e A. 70e Q.

Récemment ouverte. Doit son nom à une enseigne d'horloger.

CAFFARELLI (Rue). De la rue de Bretagne à la place de la Rotonde-du-Temple. 8e A. 10e Q.

Ouverte en 1809, sous le nom d'un des officiers supérieurs choisis par Bonaparte pour son expédition d'Égypte; Caffarelli, né en 1756, mort le 27 avril 1799, quelques jours après l'attaque de Saint-Jean-d'Acre, où il s'était vaillamment conduit.

CAIRE (Rue du). De la rue Saint-Denis à la place du Caire. 2e A. 8e Q.

Ouverte à la fin de l'année 1799 sur une partie des bâtiments et des jardins du couvent des Filles-Dieu, le nom qu'elle porte lui fut donné en commémoration de la victoire obtenue le 28 juillet 1798 par l'armée française.

CAIRE (Passage du). De la place du Caire à la rue Saint-Denis. 2e A. 8e Q.

Formé en 1799.

CAIRE (Place du). Formée en 1799 à la jonction des rues Bourbon-Villeneuve, du Caire, Damiette et des Forges. 2e A. 8e Q.

CAIRE-PROLONGÉE (Rue du). De la rue Saint-Denis au boulevard de Sébastopol. 2e A. 8e Q.

Ouverte tout récemment pour donner à la rue du Caire issue immédiate sur le nouveau boulevard.

CALAIS (Rue de). De la rue Blanche à la place Vintimille. 9e A. 33e Q.

Ouverte en 1814 sur les terrains de l'ancien Tivoli. Comme la plupart des nouvelles rues de ce quartier, elle a reçu un nom de ville.

CALAIS-BELLEVILLE (Rue de). De la rue de Paris à la barrière de Ménilmontant. 20e A. 77e-78e Q.

Ouverte il y a une vingtaine d'années. Même étymologie.

CALAIS-VILLETTE (Rue de). Du quai de la Gironde à la rue de Flandres. 19e A. 74e Q.

Même étymologie.

CALANDRE (Rue de la). De la rue de la Cité au boulevard de Sébastopol. 4e A. 16e Q.

Au XIIe siècle, c'était la « rue qui va du Petit-Pont à la place Saint-Michel », parce qu'en effet elle allait du Petit-Pont devant la chapelle Saint-Michel-du-Palais. Au XIIIe siècle, Guillot la désigne sous le nom que nous lui connaissons aujourd'hui :

> « Par deçà la maison o fèvre
> La Kalendre et la Ganterie
> Trouvai... »

Quelques historiens pensent que cette rue doit son nom à une famille dont il est fait mention dans le Ceusier de saint Éloi. D'autres historiens ont pensé — avec plus de raison — qu'elle le devait aux calendreurs qui l'habitaient. Peut-être — puisqu'enfin le champ des conjectures est libre — que ce nom lui venait tout simplement d'une enseigne représentant une alouette, qu'on appelait alors calendre, comme le prouvent ces vers du Roman de la Rose :

> « Le rossignol adonc s'efforce
> De chanter et de faire joye;
> Lors s'esvertule et se resjoye
> Le papegault et la calendre... »

CALMELS (Rue). De la rue du Ruisseau dans les champs, à Montmartre. 18e A. 69e Q.

Doit son nom à un propriétaire.

CALVAIRE (Passage du). De la place du Tertre à la rue Gabrielle. 18e A. 70e Q.

Il doit son nom au voisinage du Calvaire établi en 1805 et que les Parisiens ont visité avec assez de ferveur pendant quelque temps pour gagner des indulgences.

CAMBRAI (Rue de). De la route de Saint-Denis au chemin de fer, à La Villette. 19e A. 74e Q.

CAMBRAI (Place). Rue des Écoles et Collége de France. 5e A. 26e Q.

Elle faisait autrefois partie de la rue Saint-Jean-de-Latran, dont elle portait le nom. Puis, elle porta celui du collége de Cambrai que remplaça, sous François Ier et Henri II, le Collége de France actuel. La rue des Écoles a enlevé les maisons qui formaient le côté droit de la place Cambrai, dont le côté gauche est formé par le Collége de France.

CAMPAGNE-PREMIÈRE (Rue). Du boulevard Montparnasse au boulevard d'Enfer. 14e A. 53e Q.

Le plan de Verniquet l'indique sans dénomination. En 1827, ce n'était encore qu'une ruelle de 3 mètres de largeur. En 1836 elle a été élargie et a reçu son nom actuel de l'un des propriétaires riverains, le général Taponier, en mémoire de sa première campagne militaire.

CAMPO-FORMIO (Rue). Du boulevard de l'Hôpital à la rue Pinel. 13e A. 49e Q.

C'était autrefois le « chemin des Étroites-Ruelles », lequel faisait partie du petit village d'Austerlitz dont nous avons déjà parlé. En 1831, on lui a donné son nom actuel, en commémoration du traité de paix conclu entre la France et l'Autriche, le 17 octobre 1797.

CANAL SAINT-MARTIN (Rue du). De la rue du Faub.-Saint-Martin au quai Valmy. 10e A. 40e Q.

Ouverte en 1826.

CANETTES (Rue des). De la rue du Four à la place Saint-Sulpice. 6e A. 22e Q.

C'était, au siècle dernier, la « rue Saint-Sulpice », puis la « rue Neuve-Saint-Sulpice ». Son nom actuel lui vient d'une enseigne.

CANIVET (Rue du). De la rue Servandoni à la rue Férou. 6e A. 22e Q.

Elle était déjà connue sous ce nom en 1636. Canivet, en vieux langage, signifie petit couteau.

CAPLAT (Rue). De la rue de la Charbonnière à la rue de la Goutte-d'Or, à La Chapelle. 18e A. 71e Q.

Doit son nom à un propriétaire riverain.

CAPRON (Rue). De l'ancien boulevard Clichy à la Grande-Rue de Batignolles. 18e A. 69e Q.

Même étymologie.

CAPUCINES (Boulevard des). De la rue Louis-le-Grand à la rue Neuve-des-Capucines. 9e A. 34e Q.

Planté en vertu des lettres-patentes de 1676. Il doit son nom au couvent des Capucins, qui s'étendait jusqu'à cet endroit.

CAPUCINS (Rue des). De la rue de la Santé à la rue du Faubourg-Saint-Jacques. 5e-14e A. 53e Q.

Elle doit son nom à l'ancien couvent des Capucins, aujourd'hui l'hôpital des vénériens, devant lequel elle passe.

CARDINAL (Rue). De la rue Furstemberg à la rue de l'Abbaye. 6e A. 24e Q.

Ouverte en 1699, le cardinal Furstemberg étant abbé de Saint-Germain.

CARDINAL-LEMOINE (Rue du). Du quai de la Tournelle à la rue Saint-Victor. 5e A. 17e Q.

Projetée en 1687, ouverte en 1823 sur les terrains du collége fondé en 1302 par le cardinal Jean Lemoine, supprimé en 1790 par la Révolution, et dont quelques vestiges subsistent encore aujourd'hui à l'angle de la rue Saint-Victor.

CARDINET (Rue). De l'avenue de Clichy à la rue de Courcelles, à Batignolles. 17e A. 63e Q.

Doit son nom à un propriétaire riverain.

CARMÉLITES (Impasse des). Rue Saint-Jacques. 5e A. 19e Q.

Doit son nom à l'ancien couvent des Carmélites, dont il reste encore la porte, où se retira, à 31 ans, Louis-Françoise de la Beaume-Leblanc, duchesse de La Vallière, maîtresse de Louis XIV.

CARMES (Rue des). De la rue des Noyers à la rue Saint-Hilaire. 5e A. 20e Q.

Ouverte sur le Clos-Bruneau, à deux pas de l'église Saint-Hilaire, elle se nomma d'abord « rue Saint-Hilaire » ; puis, les Carmes s'étant établis là en 1318, elle changea son nom et prit celui qu'elle a conservé jusqu'aujourd'hui.

CARNOT (Rue). De la rue de l'Ouest à la rue Notre-Dame-des-Champs. 6e A. 23e Q.

Ouverte vers 1800, sous le nom de « Laurette ». Son nom actuel lui a été donné en 1848, en mémoire du célèbre conventionnel, né en 1753, mort en 1823, qui « organisait la victoire » au temps où la France était menacée par l'Europe coalisée.

CAROLINE (Rue). De la rue du Boulevard à la rue des Batignollaises. 17e A. 67e Q.

Doit son nom à la femme du propriétaire sur les terrains duquel elle a été ouverte.

CAROLINE (Passage). Du boulevard des Batignolles à la rue Caroline. 17e A. 67e Q.

CAROLINE-BELLEVILLE (Rue). De la rue des Couronnes au square Napoléon, 20e A. 77e Q.

CARON (Rue). Du marché Sainte-Catherine à la rue de Tarente. 4e A. 14e Q.

Ouverte en 1784 sur les terrains du prieuré royal de la Couture-Sainte-Catherine, sous le nom du maître général des bâtiments de Louis XVI.

CARPENTIER (Rue). De la rue du Gindre à la rue Cassette. 6e A. 23e Q.

C'est une rue du XVIIe siècle. Quelques plans l'indiquent indifféremment sous le nom de rue Apentier, ou Arpentier, ou Charpentière. Le premier nom semblerait être le seul vrai : il viendrait alors d'un appentis — *appendaria*, ou plutôt *pentitium*, suivant Ducange, — qui se trouvait là, adossé aux murs du couvent des Filles-du-Précieux-Sang.

CARRIÈRE (Rue de la). Du boulevard Rochechouart à la place Saint-Pierre. 18e A. 70e Q.

Ainsi nommée parce qu'elle conduisait, il y a quelques années encore, à la grande carrière, aujourd'hui comblée, qui se trouvait là.

CARRIÈRES (Rue des). De la Grand'-Rue de Batignolles à la rue du Chemin-des-Dames. 18e A. 60e Q.

CARRIÈRES (Rue des). De la rue du Dépotoir à la rue de Meaux. 19e A. 76e Q.

Son nom lui a été donné parce qu'elle a été longtemps un chemin conduisant aux carrières de Belleville.

CARRIÈRES (Rue des). De la rue des Portants à la rue de Ménilmontant, à Belleville. 20e A. 70e Q.

CARRIÈRES (Rue des). De la Grand'Rue de la Tour, à Passy. 16e A. 63e-64e Q.

CARRIÈRES (Rue des). De la rue de la Procession aux carrières de Vaugirard. 15e A. 57e Q.

CARRIÈRES (Rue des). Rue de Meaux, à La Villette. 19e A. 76e Q.

CARROUSEL (Place du). De la place Napoléon aux Tuileries. 1er A. 1er Q.

C'était, il y a quelques siècles, un terrain vague existant entre le palais des Tuileries et les anciens murs de Paris. En 1600, on y traça un jardin qui fut détruit en 1658. Les 5 et 6 juin 1662, Louis XIV, alors très-jeune, y donna une fête composée de courses et de ballets, ladite fête appelée *Carrousel*. En 1780, par suite de la translation des Quinze-Vingts à l'hôtel des Mousquetaires de la rue de Charenton, on perça, par conséquent, de la démolition des bâtiments qu'ils venaient de quitter, des rues furent ouvertes, les rues de Chartres, de Valois, de Beaujolais, de Montpensier et de Rohan. En 1808, on perça une large rue pour mettre en communication les Tuileries et le Louvre, en attendant que l'on fît disparaître toutes les maisons qui existaient entre les deux palais : on la nomma « rue Impériale », d'abord, puis « rue du Carrousel ». Napoléon voulait réunir les deux palais, mais ce projet trouva la Restauration indifférente. Louis-Philippe le déblayer un rue de cette réunion ; mais il se heurta contre l'*Hôtel de Nantes*, qui voulait rester au milieu de la place, et qui y resta jusqu'en 1852, époque à laquelle furent commencés les travaux d'achèvement du Louvre, décrétés par la République de 1848. La place du Carrousel se compose aujourd'hui de tout l'espace que n'occupent point les constructions du Louvre et des Tuileries.

CARROUSEL (Pont du). Du quai du Louvre au quai Voltaire. 1er-7e A. 25e Q.

Construit en 1834. Son voisinage de la place du Carrousel lui a fait donner le nom qu'il porte. On l'appelle aussi « Pont des Saints-Pères », parce qu'il aboutit presque en face de la rue de ce nom.

CASCADES (Rue des). De la rue de la Mare à la rue de Ménilmontant. 20e A. 77e Q.

CASIMIR-PÉRIER (Rue). De la rue Saint-Dominique-Saint-Germain à la rue de Grenelle. 7e A. 28e Q.

Ouverte en 1828. Comme elle avoisine le Ministère de l'Intérieur, on lui a donné le nom de l'homme d'État, né en 1777, qui occupa ce poste de 1831 à 1832, époque de sa mort.

CASSETTE (Rue). De la rue du Vieux-Colombier à la rue de Vaugirard. 6e A. 23e Q.

Ouverte au xve siècle sur une partie de l'emplacement de l'Hôtel-Cassel, — d'où, par altération, « Cassotte ».

CASSINI (Rue). De la rue du Faubourg-Saint-Jacques à la rue d'Enfer. 14e A. 53e Q.

Ses premiers noms furent « rue Maillet, rue des Deux-Maillets et rue des Deux-Angus ». En 1790, sur la proposition de Lalande, on lui donna le nom du célèbre astronome, né en 1625, mort en 1712. Cassini continua la méridienne de l'Observatoire de Paris, commencée par Picart.

CASTELLANE (Rue). De la rue Tronchet à la rue de l'Arcade. 8e A. 81e Q.

Tracée en 1825 sur des terrains appartenant au sieur Gouin et au comte de Castellane ; elle prit le nom de ce dernier.

CASTEX (Rue). De la rue de la Cerisaie à la rue Saint-Antoine. 4e A. 15e Q.

Tracée en 1805. On lui donna le nom du colonel du 13e régiment d'infanterie, tué près-là à la bataille d'Austerlitz.

CASTIGLIONE (Rue). De la rue de Rivoli à la rue Saint-Honoré. 1er A. 4e Q.

Ouverte au commencement de ce siècle sur une partie de l'emplacement du couvent des Feuillants. Elle porte son nom en souvenir de la bataille gagnée par les Français sur le général Wurmser le 5 août 1796.

CATINAT (Rue). De la rue de la Vrillière à la place des Victoires. 1er A. 3e Q.

Ouverte en 1685, sous le nom de « rue Percée » ; plus tard, on lui donna celui de « Petite-Rue de la Vrillière », puis celui de « rue de la Banque », qu'elle conserva jusqu'en 1851, année où elle reçut celui du maréchal de France, né en 1637, mort en 1712.

CAUCHOIS (Rue). De la rue de l'Empereur à la rue Sainte-Marie-Blanche, à Montmartre. 18e A. 71e Q.

Tient son nom du propriétaire sur les terrains duquel elle a été ouverte il y a quelques années.

CAUMARTIN (Rue). De la rue Basse-du-Rempart à la rue Saint-Lazare. 9e A. 34e Q.

Ouverte en 1779, Lefebvre de Caumartin étant prévôt des marchands.

CAVÉ (Rue). De la rue des Cinq-Moulins à la rue des Gardes, à La Chapelle. 18e A. 71e Q.

Ouverte vers 1839.

CÉLESTINS (Quai des). De la rue du Petit-Musc à la rue Saint-Paul. 4e A. 15e Q.

Son nom lui vient des religieux qui s'y établirent en 1352. Il fut refait et pavé en 1703. C'était autrefois l'entrée de l'hôtel Saint-Paul, bâti en 1364 par Charles V, et détruit en partie en 1519 par François Ier.

CELS (Rue). De la rue de Vanves à la rue Neuve-de-la-Pépinière, à Montrouge. 14e A. 53e Q.

Ouverte récemment sur les terrains d'un particulier qui lui a donné son nom.

CENDRIER (Rue du). De la rue du Marché-aux-Chevaux à la rue des Fossés-Saint-Marcel. 5e-13e A. 40e-18e.

C'était autrefois le *locus cinerum* du quartier, l'endroit aux cendres, qui fut remplacé par les rues du Policeau et du Marché-aux-Chevaux. La rue du Cendrier date du commencement de ce siècle.

CENDRIERS (Rue des). Du passage Rivière à la rue des Amandiers. 20e A. 79e Q.

CENSIER (Rue). De la rue Geoffroy-Saint-Hilaire à la rue Mouffetard. 5e A. 18e Q.

Quelques historiens, tant anciens que modernes, veulent que son nom actuel soit une altération de son nom primitif, qui était « rue Sans-Chief » parce qu'à l'origine ce n'était qu'une impasse. Ainsi on aurait eu d'abord « Sans-Chief, Sensée, Censée, Sentier » et enfin « Consier ». Pourquoi son nom ne lui viendrait-il pas, ou de ce qu'elle faisait partie du domaine d'un seigneur censier, ou simplement d'un censier de l'abbaye Saint-Victor, par exemple, — à moins que ce ne fût d'un censier du seigneur d'Ablon ? Ablon est là territoire sur lequel a été bâtie une bonne partie du quartier Saint-Marcel ; on vantait même au xiie siècle l'excellent petit vin qu'il produisait. Rien donc, à nos yeux du moins, n'empêcherait la rue Censier d'avoir été dans la « Consive » d'Ablon.

CENTRE (Rue du). De la rue de l'Oratoire du Roule à la rue Balzac. 8e A. 30e Q.

Ouverte, en 1842, au centre des terrains de l'ancien jardin Beaujon.

CENTRE-BATIGNOLLES (Rue du). De l'avenue de Clichy à la rue de l'Entrepôt. 17e A. 68e Q.

Ainsi nommée à cause de sa situation au milieu de l'ancienne commune de Batignolles.

CENTRE-CHARONNE (Rue). De la rue de Paris à la place de la Réunion. 20e A. 80e Q.

Même étymologie.

CERISAIE (Rue de la). Du boulevard Bourdon à la rue du Petit-Musc. 4e A. 15e Q.

Percée vers 1519, à l'époque où François Ier vendit une grande partie des bâtiments et des jardins de l'hôtel Saint-Paul. Ces jardins, au lieu d'être plantés d'arbres verts, mais inutiles, comme l'ont été depuis les jardins royaux, étaient plantés de poiriers, de pommiers, de vignes et de cerisiers ; de sorte qu'on réunissait ainsi l'agréable à l'utile, le plaisir des yeux et de la bouche, les feuilles, les fleurs et les fruits. C'est une allée de cette demeure royale qu'a remplacée la rue de la Cerisaie.

CHABANNAIS (Rue). De la rue Neuve-des-Petits-Champs à la rue Rameau. 2e A. 6e Q.

Ouverte en 1773, sur l'emplacement de l'hôtel Ponanges, appartenant au marquis de Chabannais.

CHABROL (Rue de). De la rue du Faubourg-Saint-Denis à la rue Lafayette. 10e A. 37e-38e.

Ouverte en 1822, M. de Chabrol étant préfet de la Seine.

CHABROL (Rue). Du boulevard des Vertus à la Grand'Rue de La Chapelle. 18e A. 72e Q.

Même étymologie.

CHABROL (Rue de). Du boulevard de Javel au quai de Grenelle. 15e A. 59e Q.

CHAILLOT (Rue de). De la rue de Longchamp à l'avenue des Champs-Élysées. 8e-16e A. 64e-29e Q.

Elle a été la première, et, pendant longtemps, la principale rue de ce village du xie siècle, qui fut enclavé dans Paris par la clôture de Louis XVI. Il s'appelait alors tantôt « Callovio », tantôt « Challolo », tantôt « Caleio », tantôt « Calollum », tantôt « Challoel », lesquels mots avaient tous pour racine le mot celtique « chail » ou « chal », c'est-à-dire abatis d'arbres, — parce qu'un effet longtemps auparavant ces hauteurs avaient été couvertes de bois faisant partie de la forêt du Rouvret (aujourd'hui le bois de Boulogne). A partir du xive siècle, on écrivit « Cabillupau, Challuyau, Chailleau, Chailau », et, finalement « Chaillot ».

CHAISE (Rue de la). De la rue de Grenelle-Saint-Germain à la rue de Sèvres. 7e A. 25e Q.

Autrefois c'était le « Chemin ou la Petite-Rue de la Maladrerie, ou rue des Teigneux », à cause de sa proximité de l'hôpital où l'on recevait les personnes attaquées de la teigne. Sauval dit qu'elle portait son nom actuel — qui venait d'une enseigne — avant celui de rue des Teigneux.

CHALABRE (Rue). De l'avenue de Clichy à la rue de l'Entrepôt. 17e A. 68e Q.

Récemment ouverte sur les terrains d'un particulier qui lui a donné son nom.

CHALONS (Rue de). Du boulevard Mazas à la rue de Rambouillet. 12e A. 48e Q.

Ouverte en 1830. A cause de sa proximité du chemin de fer de Lyon, on lui a donné le nom d'une des villes que traverse cette ligne.

CHAMPAGNY (Rue). De la rue Casimir-Périer à la rue Martignac. 7e A. 26e Q.

Ouverte en 1828. On lui a donné le nom qu'elle porte en l'honneur du duc de Cadore, né en 1756, mort en 1834, qui a été ministre de l'Intérieur en 1804.

CHAMP DE L'ALOUETTE (Rue du). De la rue de Lourcine au boulevard des Gobelins. 13e A. 51e Q.

Ouverte, au milieu du siècle dernier, sous le nom de « rue Saint-Louis ». Elle passe sur la Bièvre et côtoie une charmante vallée, qui tend à se combler de maisons du jour au jour, et qu'on a appelée pendant longtemps le Champ de l'Alouette.

CHAMP-D'ASILE (Rue du). Du boulevard Montrouge à la chaussée du Maine. 14e A. 52e Q.

Elle n'a que le côté gauche de bâti, et encore ne l'est-il pas complétement, cette rue étant de création récente ; son côté droit est formé par le mur du cimetière Montparnasse, dit Champ d'Asile.

CHAMP-DE-MARS (Rue du). De la rue Duvivier à la rue de La Bourdonnaye, 7e A. 28e Q.

Ouverte en 1851. Elle avoisine l'immense plaine qui a été le théâtre de tant d'événements importants, depuis 1770 jusqu'à nos jours : expériences aérostatiques, fêtes publiques, émeutes, exécutions militaires, courses de chevaux, revues, etc.

CHAMP-DES-CAPUCINS (Rue du). De la rue de la Santé à la rue des Capucins. 5e A. 19e Q.

Ouverte au commencement de ce siècle sur un terrain dépendant du couvent des Capucins.

CHAMP-MARIE (Passage). Chemin des grandes Carrières, à Montmartre. 18e A. 60e Q.

CHAMPS (Rue des). De la rue de Longchamp à la rue Lubeck. 16e A. 61e Q.

A la fin du siècle dernier, c'était la « rue des Carrières ». Comme elle aboutit à des cultures, on lui a donné son nom actuel.

CHAMPS (Rue des). De la rue de Bagnolet au chemin des Partants, à Charonne. 20e A. 70e Q.

CHAMPS-ÉLYSÉES (Avenue des). De la place de la Concorde au rond-point de l'Étoile. 8e A. 29e Q.

Cette promenade, une des plus fréquentées des gens de *high* et de *fashionable-life*, n'a que toujours été ce qu'elle est aujourd'hui. Avant 1616, l'emplacement des Champs-Élysées était encore en culture. En 1616, on planta, parallèlement à la Seine, trois allées d'arbres réservées aux promenades particulières de Marie de Médicis, alors veuve d'Henri IV, et qui reçurent, à cause de cela, le nom de Cours-la-Reine. Ce sont ces allées qui, étendues depuis et qu'on fit planter environnées, sont devenues les Champs-Élysées. En 1770, on les replanta de nouveau. En 1819, on les exhaussa, affermit et sabla. Puis, chaque année, depuis ce moment, les améliorations se sont succédé, les voies de communications ont été éclairées, des constructions élégantes, les plus élégantes de Paris peut-être, se sont élevées sur les deux côtés de cette avenue, qui mérite bien, pour les riches, son nom de Champs-Élysées.

CHAMPS-ÉLYSÉES (Rue des). De la rue de la Concorde à la rue du Faubourg-Saint-Honoré. 8e A. 31e Q.

C'est une rue du xiiie siècle. Elle s'appelait originairement « Chemin de l'Abreuvoir-l'Évêque », comme faisant partie du territoire où les évêques de Paris faisaient leur séjour de plaisance ; au commencement du xviiie siècle elle s'appelait rue de la « Bonne-Morue » ; en 1769, elle prit le nom qu'elle porte aujourd'hui et qu'explique son voisinage.

CHANALEILLES (Rue). De la rue Vanneau à la rue Barbet-de-Jouy. 7e A. 26e Q.

Ouverte en 1844 ; elle a reçu son nom du comte de Chanaleilles, alors capitaine de hussards.

CHANGE (Pont-au-). De la place du Châtelet au quai de l'Horloge. 11e A. 13e Q.

C'est le plus ancien des ponts de Paris, puisqu'il remonte à la domination romaine ; il servait, avec le Petit-Pont, de passage aux habitants de Lutèce pour aller dans la campagne. On l'appelait alors le Grand-Pont. En 1141, on l'appela le « Pont-aux-Changeurs ou au Change », à cause des changeurs qui y avaient boutique. En 1621, le feu ayant pris au Pont-Marchand et le vent poussant avec violence les flammes sur son voisin le Pont-au-Change, celui-ci fut réduit en cendres. On le reconstruisit en 1639, mais cette fois en pierre, et il dura jusqu'à l'année dernière, où on le démolit pour le reconstruire dans l'axe du boulevard de Sébastopol.

CHANOINESSE (Rue). De la rue du Cloître-Notre-Dame à la rue des Marmousets. 4e A. 16e Q.

C'est une des vieilles rues de la vieille Cité, bien que Guillot n'ait pas jugé à propos de la faire entrer, du moins sous ce nom-là, dans son *Dit des rues de Paris*. C'est dans une maison de cette rue, née à l'ombre de la cathédrale, que se connurent et s'aimèrent ces deux amoureux immortels qui s'appellent Héloïse et Abélard, puisque c'est là que demeurait le trop cruel chanoine Fulbert.

CHANTIER (Passage du). De la rue du Faubourg-Saint-Antoine à la rue de Charenton. 12e A. 48e Q.

CHANTIERS (Rue des). De la rue des Fossés-Saint-Bernard au boulevard Saint-Germain, 5e A. 17e Q.

Ouverte en 1819 sur des chantiers de bois qui eux-mêmes occupaient l'emplacement de l'ancienne église des Bernardins.

CHANTRES (Rue des). Du quai Napoléon à la rue Chanoinesse. 4e A. 16e Q.

Elle date du xve siècle. Son nom lui vient des chantres de Notre-Dame, qui l'habitaient.

CHAPELLE (Rue de la). De la rue Lafayette au chemin de ronde des Vertus. 10e A. 37e Q.

Elle date du commencement de ce siècle et doit son nom à l'ancien village vers lequel elle se dirige.

CHAPELLE (Rue de la). De la rue de Flandres à la route d'Aubervilliers, à La Villette. 19e A. 73e Q.

CHAPELLE (Boulevard de la). De la Grand'Rue de La Chapelle à la rue des Poissonniers. 18e A. 71e Q.

CHAPELLE (Avenue de la). De l'avenue de la Santé à la rue de la Tombe-Issoire. 14e A. 55e Q.

Doit son nom au voisinage d'une chapelle.

CHAPON (Rue). De la rue Saint-Martin à la rue Beaubourg. 3e A. 12e Q.

Au xiiie siècle, c'était la rue « Robert-Bégon ». Qu'était ce Robert Bégon ? Un *capon*. Qu'est-ce qu'un *capon* ? C'était un terme de mépris qu'on employait, au temps de Philippe le Bel, pour décrier les Templiers. On donnait ce nom aux juifs. De *capon* on a fait *chapon*.

CHAPTAL (Rue). De la rue Pigalle à la rue Blanche. 9e A. 33e Q.

Ouverte en 1825 sur les terrains appartenant aux sieurs Alexandre Delessert, Lavocat et Chaptal.

CHARBONNIÈRE (Rue de la). Du boulevard de La Chapelle à la rue Jessaint. 18e A. 71e Q.

Ainsi nommée à cause d'un dépôt de charbon qu'y avait le chemin de fer du Nord, son voisin.

CHARBONNIERS (Rue des). De la rue de l'Arbalète à la rue des Bourguignons. 5e A. 19e Q.

En 1540, c'était déjà le chemin des Charbonniers.

CHARBONNIERS-SAINT-ANTOINE (Rue des). De la rue de Châlons à la rue de Charenton. 12e A. 48e Q.

C'était autrefois la « rue du Port-au-Plâtre », puis la « rue Clochepain ». Elle se trouve indiquée sous sa dénomination actuelle dans le plan de Verniquet.

CHARDONNIÈRE (Rue de la). Du chemin des Poissonniers à la rue de la Procession. 18e A. 70e Q.

Elle n'est encore que tracée : les maisons lui viendront plus tard. Son nom lui a été donné à cause des chardons qui la bordent.

CHARENTE (Quai de la). Du chemin de ceinture aux fortifications. 19e A. 74e Q.

Comme La Villette est un vaste entrepôt de toutes sortes de marchandises qui lui arrivent par le canal de l'Ourcq et par le canal de Saint-Denis, elle a donné des noms de rivières aux quais qui bordent les bassins de ces deux canaux et des noms de villes aux rues qui les avoisinent : d'où quai de la Sambre, quai de la Marne, quai de la Charente, etc.

CHARENTON (Rue de). De la rue du Faubourg-St-Antoine à la barrière de Charenton, 12e A. 48e Q.

Elle se nommait autrefois « rue de la Planchette » à partir de la petite rue de Reuilly et « rue de Montgallot », « rue du vallée de Fécamp » de la rue Montgallot à la Barrière. Son nom actuel lui a été donné à la fin du siècle dernier, à cause du village vers lequel elle se dirige.

CHARENTON (Chemin de ronde de la barrière de). De la rue de Charenton à la rue de Reuilly. 12e A. 48e Q.

CHARENTON-BERCY (Rue de). Du boulevard de Bercy à la rue Militaire. 12e A. 46e Q.

CHARENTON (Boulevard de). De la rue de Charenton au chemin de Reuilly. 12e A. 46e Q.

CHARLEMAGNE (Passage). De la rue Charlemagne à la rue Saint-Antoine. 4e A. 14e Q.

Ouvert en 1825. Il doit son nom au voisinage du Lycée Charlemagne.

CHARLEMAGNE (Rue). De la rue Saint-Paul à la rue de Fourcy. 4e A. 14e Q.

Au commencement du xiiie siècle, c'était une partie de la « rue de Joy ou de Jony » dont elle portait le nom ; plus tard, ce fut la « rue de la Fausse-Poterne, » parce qu'elle aboutissait à une fausse porte de l'hôtel St-Paul ; plus tard encore, ce fut la « rue des Prêtres, à cause des prêtres de l'église Saint-Paul, qui y demeuraient. Ce dernier nom lui resta jusqu'en 1844, époque où celui qu'elle porte aujourd'hui lui fut donné, à cause de sa proximité du lycée Charlemagne.

CHARLOT (Rue). De la rue des Quatre-Fils au boulevard du Temple. 3e A. 10e-11e Q.

Percée en 1626 sous le nom de « rue d'Angoumois », nom d'une province de France. Ce nom celtien lui fut imposé : le peuple le changea contre celui de Claude Charlot, riche financier, qui avait acheté la rue et grande partie de terrains et qui non-seulement avait fait bâtir la rue qui porte son nom, mais encore quelques-unes des rues voisines.

CHARLOT-MONTROUGE (Rue). De la rue Neuve-du-Maine au boulevard de Vanves. 14e A. 53e Q.

Doit son nom au particulier sur les terrains duquel elle a été tracée.

CHARLOT (Impasse). Rue de Vaugirard. 15e A. 58e Q.

CHARLOT-NEUILLY (Rue). Du boulevard de l'Étoile à la rue de la Plaine. 17e A. 65e Q.

CHARLOT (Passage). De l'avenue des Ternes à la rue de l'Arcade, à Neuilly. 17e A. 65e Q.

CHARONNE (Rue de). De la rue du Faubourg-St-Antoine à la barrière de Fontarabie, 11e A. 43e-44e Q.

Bâtie à la fin du siècle dernier. Son nom lui vient du village vers lequel elle se dirige.

CHARONNE-BELLEVILLE (Rue de). Du chemin des Partants à la rue du Parc. 20e A. 78e Q.

CHARONNE (Boulevard de). De la Grande rue de Montreuil à la rue de Paris. 20e A. 80e Q.

CHARREAU (Passage). Rue de Meaux, à Belleville. 19e A. 76e Q.

Doit son nom au propriétaire qui l'a fait bâtir.

CHARRETIÈRE (Rue). De la rue du Mont-St-Hilaire à la rue de Reims. 5e A. 20e Q.

Au commencement du xive siècle, c'était la « rue de la Charetterie, » parce qu'il y avait là sans doute un charti sous lequel on remisait les voitures. En 1328, c'était la « rue Charrière, » en 1421, la « rue des Charrettes, et, plus tard, la « rue Charretière. »

CHARTRES (Rue de). De la rue Lemercier à l'avenue de Clichy, à Batignolles. 17e A. 68e Q.

Elle doit son nom au voisinage de l'ancienne barrière de Chartres.

CHARTRES (Rue de). Du boulevard de la Chapelle à la rue de la Goutte-d'Or. 18e A. 71e Q.

Elle est de création récente.

CHASSEURS (Avenue des). Du boulevard Pereire dans les champs. 17e A. 66e Q.

Tracée récemment. C'est le rendez-vous de chasse des chasseurs parisiens.

CHASTILLON (Rue). De la rue St-Maur au chemin de ronde de la Chopinette. 10e A. 40e Q.

Ouverte, en 1825, sur des terrains appartenant à des particuliers. On lui donna le nom d'un architecte, né en 1547, mort en 1616, auquel on doit les dessins de l'hôpital St-Louis, voisin de cette rue.

CHATEAU (Rue du). De la rue de Paris à la rue des Écoles, à Charonne. 20e A. 80e Q.

CHATEAU (Rue du). De la rue de Clignancourt à la rue Marcadet. 18e A. 70e Q.

Doit son nom au voisinage du Château-Rouge, bâti par Henri IV, le roi galant, pour Gabrielle d'Estrées, la belle galante. C'est là que s'est tenu, en 1814, le conseil de défense de Paris, sous la présidence du roi Joseph. Puis, de cette résidence doublement historique, l'industrie a fait un bal public.

CHATEAU (Rue du). De la Chaussée-du-Maine à la rue de Vanves. 14e A. 56e Q.

Doit sans doute son nom au voisinage de l'ancien château de Montrouge.

CHATEAUBRIAND (Rue). De la rue de l'Oratoire à la rue Bel-Respiro. 8e A. 30e Q.

Ouverte, en 1823, sur l'emplacement de l'ancien jardin Beaujon. On lui a donné le nom de l'illustre et malheureux auteur d'*Atala*, de *René*, des *Martyrs*, etc., né en 1769, mort en 1818.

CHATEAU-D'EAU (Rue du). De la rue de la Douane à la rue du Faubourg-St-Denis. 10e A. 38e-39e Q.

C'étaient, à la fin du siècle dernier, deux tronçons de rues appelées « rues Neuve-St-Jean et Neuve-St-Nicolas ». En 1851, on a réuni ces deux tronçons sous une seule dénomination due au voisinage du Château-d'Eau.

CHATEAU-LANDON (Rue). De la rue du Faubourg-St-Martin à la barrière des Vertus. 10e A. 37e Q.

C'était autrefois le « chemin des Potences », parce qu'il conduisait aux fourches patibulaires de Montfaucon. On la trouve indiquée pour la première fois sous son nom actuel sur le plan de Verniquet. Est-ce parce qu'elle se dirige vers la commune de Château-Landon? Est-ce parce qu'on a commencé à la bâtir avec les excellentes pierres extraites des carrières de cette commune? Nous l'ignorons.

CHATEAU-DES-RENTIERS (Rue du). Du boulevard d'Ivry à la route Militaire. 13e A. 50e Q.

Elle est tracée, mais à peine bâtie. Son nom lui a été donné par ironie parce qu'elle conduit à Bicêtre, le refuge des vieux pauvres.

CHATELAIN (Rue). De la rue de l'Ouest à la rue de Vanves. 15e A. 56e Q.

Doit son nom au propriétaire sur les terrains duquel elle a été tracée.

CHATELET (Place du). De la rue Pont-au-Change et rue St-Denis. 4e A. 13e Q.

Formée, en 1802, sur l'emplacement du grand Châtelet, la vieille forteresse romaine, où siégeait la justice de la ville, prévôté et vicomté de Paris, et aussi sur l'emplacement des rues « Saint-Leufroi, la Joaillerie et Trop-va-qui-dure ».

CHATILLON (Route de). De la route d'Orléans à la route Militaire. 14e A. 55e Q.

CHAT-QUI-PÊCHE (Rue du). Du quai St-Michel à la rue de la Huchette. 5e A. 20e Q.

C'est une ruelle plutôt qu'une rue. En 1540, elle s'appelait « ruelle des Étuves, » puis, « ruelle du Renard. » Elle doit son nom actuel à une enseigne.

CHAUCHAT (Rue). De la r. Rossini à la rue de la Victoire. 9e A. 35e Q.

Ouverte en 1778, Jacques Chauchat étant échevin.

CHAUDRON (Rue). De la rue du Faubourg-St-Martin à la rue Château-Landon. 10e A. 37e Q.

Elle a été formée, en 1718, sur des terrains appartenant à un particulier qui lui a donné son nom.

CHAUDRON (Rue du). De la rue des Amandiers à la rue des Carrières, à Belleville. 20e A. 70e Q.

Doit son nom à une enseigne.

CHAUME (Rue du). De la rue des Blancs-Manteaux à la rue des Quatre-Fils. 3e A. 12e Q.

Au xiiie siècle, elle était hors du mur d'enceinte de Philippe-Auguste, et elle traversait des champs de blé, d'où son appellation *chaume*, venant de *calamus*, tige d'épi. Elle s'appela successivement « rue de la Porte-Neuve, rue de Neuve-Poterne, rue d'Outre-la-Porte-Neuve, rue de la Porte-du-Chaume, rue du Vieil-Braque, rue du Chantier-du-Temple », et, finalement, « rue du Chaume ».

CHAUMIÈRE (Rue de la). De la rue des Dames à la route de la Révolte, à Neuilly. 17e A. 65e Q.

CHAUSSÉE-D'ANTIN (Rue de la). De la rue Basse-du-Rempart à la rue St-Lazare. 9e A. 34e Q.

Originairement c'était un chemin boueux conduisant à travers champs au quartier des Porcherons, dont elle porta le nom d'abord; puis on l'appela rue de « l'Égout-Gaillon », rue de la « Porte-Gaillon », et enfin rue de la « Chaussée-d'Antin », à cause de la chaussée que la rue d'Antin avait fait jeter sur le marais entre son hôtel et les Porcherons. Plus tard, elle s'appela rue de « l'Hôtel-Dieu », parce que l'Hôtel-Dieu y avait une ferme, puis rue « Mirabeau », puis rue « Mont-Blanc »; ce fut la Restauration qui lui rendit le nom qu'elle a encore aujourd'hui.

CHAUSSÉE-DE-CLIGNANCOURT (Rue de la). Du boulevard Rochechouart à la rue Marcadet. 18e A. 70e Q.

Ainsi nommée parce qu'elle conduisait à l'ancien village de Clignancourt, aujourd'hui quartier de Paris.

CHAUSSÉE-DES-MARTYRS (Rue de la). Du boulevard des Martyrs à la rue de la Mairie. 18e A. 70e Q.

Ainsi nommée parce qu'elle conduit à Montmartre, *Mons martyrum*.

CHAUSSÉE-DES-MINIMES (Rue de la). De la place Royale à la rue St-Gilles. 3e A. 11e Q.

Ouverte en 1607, Henri IV régnant, sur le parc du palais des Tournelles, d'où son premier nom de rue « du Parc-Royal ». On lui donna celui qu'elle porte aujourd'hui parce qu'elle conduisait au couvent des Minimes, fondé en 1611 et supprimé en 1790.

CHAUSSÉE-DE-LA-MUETTE (Rue de la). Du boulevard Beauséjour aux fortifications. 16e A. 62e Q.

Doit son nom à son voisinage du château de la Muette bâti par Louis XV sur l'emplacement du rendez-vous de chasse de Charles IX.

CHAUSSON (Passage). De la rue du Château-d'Eau à la rue des Marais. 10e A. 39e Q.

Ouvert, en 1835, sur les terrains d'un particulier qui lui a donné son nom.

CHAUVEAU-LAGARDE (Rue). De la rue de la Madeleine à la place de la Madeleine. 8e A. 31e Q.

Ouverte, en 1832, sur les terrains du couvent de Notre-Dame-de-Grâce. A cause de son voisinage de la chapelle expiatoire, on lui a donné le nom du défenseur de Marie-Antoinette, né en 1757, mort en 1842.

CHAZELLE (Rue). Du boulevard Malesherbes au boulevard de Courcelles. 17e A. 66e Q.

Doit son nom au propriétaire sur les terrains duquel on l'a ouverte.

CHEMIN-DE-FER (Rue du). De la rue de la Glacière au chemin de fer de Sceaux. 14e A. 54e Q.

CHEMIN-DE-FER (Rue du). Du boulevard des Fourneaux à la rue de Vanves. 15e A. 56e Q.

Doit son nom à sa proximité du chemin de fer de l'Ouest.

CHEMIN-DE-FER (Rue du). A Montmartre, 18e A.

En construction.

CHEMIN-DE-LA-CROIX (Rue du). De la rue de la Tour à la rue de la Croix, à Passy. 16e A. 62e Q.

CHEMIN-DE-LA-CROIX-DE-L'ÉVANGILE (Rue du). De la rue des Rosiers au chemin d'Aubervilliers. 18e A. 72e Q.

CHEMIN-DE-LAGNY (Rue du). De la rue des Ormeaux à l'avenue des Ormeaux. 11e A. 44e Q.

Tracée à la fin du siècle dernier; elle doit son nom à l'ancienne route de Lagny.

CHEMIN-DE-REUILLY (Rue du). Du boulevard de Reuilly à la route Militaire. 12e A. 46e Q.

Ainsi nommée parce qu'elle se dirige vers le vieux village *Romiliacum* où Dagobert épousa Gomatrude.

CHEMIN-DE-VERSAILLES (Rue du). De la barrière des Bassins à l'avenue des Champs-Élysées. 8e A. 29e Q.

Un plan de 1732 l'indique sous le nom qui lui a fait donner sa direction.

CHEMIN-DES-AQUEDUCS (Rue du). De la rue de la Glacière aux fortifications. 14e A. 54e Q.

Tracée, non bâtie. Doit son nom au voisinage de l'aqueduc d'Arcueil.

CHEMIN-DES-BOEUFS (Rue du). De la rue du Ruisseau à l'avenue de St-Ouen. 18e A. 69e Q.

Tracée, non bâtie.

CHEMIN-DES-CARRIÈRES (Rue du). De la rue de Meaux à la Butte, à Belleville. 19e A. 76e Q.

Ainsi nommée parce qu'elle conduit à des carrières encore en exploitation.

CHEMIN-DES-DAMES (Rue du). De l'avenue de St-Ouen à la rue des Dames. 17e A. 69e Q.

Tracée, non bâtie. Son appellation est probablement une aimable plaisanterie comme celle de la rue des Fillettes.

CHEMIN-DES-FONTIS (Rue du). Rue de l'Assomption, 16e A. 61e Q.
La rue est neuve, mais le nom est vieux. *Fons*, *fontis*, source, d'où l'on a fait le mot français *fontis*. Cette appellation lui vient, sans doute, du voisinage de la source d'Auteuil.

CHEMIN-DES-FOURNEAUX (Rue du). Du boulevard des Fourneaux à la route du Transit. 15e A. 52e Q.
Doit son nom à son voisinage de l'ancienne barrière des Fourneaux, où se trouvait l'ancienne tour des Fourneaux. Elle est à peine bâtie.

CHEMIN-DES-MARAIS (Rue du). De la route de Javel à la route Militaire. 15e A. 60e Q.

CHEMIN-DES-MARAIS (Rue du). Du boulevard de Reuilly à la route Militaire. 12e A. 46e Q.

CHEMIN-DES-MEUNIERS (Rue du). De la rue de la Brèche-aux-Loups à la route Militaire. 12e A. 46e Q.

CHEMIN-DES-PARTANTS (Rue du). De la rue des Partants à la rue de Charonne. 20e A. 79e Q.
C'est le chemin que prennent ceux qui partent; c'est là que s'arrêtent les conduites de compagnons, là qu'on boit le coup de l'étrier.

CHEMIN-DES-TOURNELLES (Rue du). De la rue Hérard à la rue du Rocher. 15e A. 57e Q.
Ainsi nommée à cause de son irrégularité.

CHEMIN-DU-CHAMP-DE-L'ALOUETTE (Rue du). De la rue de Lourcine au boul. des Gobelins. 12e A. 45e Q.

CHEMIN-DU-CIMETIÈRE (Rue du). De la rue de Charenton au chemin des Meuniers. 12e A. 46e Q.
Ainsi nommée parce qu'elle longe l'ancien cimetière de la Grand'Pinte.

CHEMIN-VERT (Rue du). De la rue Popincourt au boulevard Beaumarchais. 11e A. 42e Q.
Au milieu du XVIIe siècle ce n'était encore qu'un chemin traversant un chemin couvert d'herbages pour l'approvisionnement de Paris. J.-J. Rousseau parle de cette rue en racontant son accident du 24 octobre 1776 avec le chien de M. de Saint-Fargeau.

CHEMIN-VERT-BERCY (Rue du). De la rue de Charenton à la rue des Meuniers. 12e A. 46e Q.

CHEMIN-VERT-MONTROUGE (Rue du). De la rue du Tombe-Issoire aux fortifications, 14e A. 54e Q.

CHEMIN-VICINAL (Ruelle du). De la rue Picpus à la place du Trône. 12e A. 46e Q.
Ainsi nommée parce que c'était autrefois un chemin vicinal.

CHEMINS DE RONDE. On compte 46 chemins de ronde. Il n'en existait pas entre les anciennes barrières de Monceau et de Courcelles, le parc Monceau formant là la limite de Paris; il n'en existait pas non plus entre l'ancienne barrière d'Italie et le poste d'observation de l'ancienne barrière d'Enfer, les boulevards des Gobelins, St-Jacques et d'Enfer, formant également sur ce point la limite de Paris. Aujourd'hui que les barrières sont tombées, il est probable que les chemins de ronde seront supprimés, — du moins que leurs dénominations seront changées, — et qu'ils feront partie intégrante des boulevards dont ils sont, à cette heure, séparés par la différence de leurs appellations. En attendant, comme le côté gauche de ces chemins de ronde, numéroté, leur fait jouer le rôle de rues, nous devons les mentionner tous ici comme autant de voies publiques sur lesquelles nos lecteurs peuvent avoir besoin d'être tout aussi édifiés que sur les autres. Nous les renvoyons donc, pour la topographie, à chacune d'elles en particulier.

CHÊNE-VERT (Rue du). Rue de Charenton, 12e A.
Doit son nom à une enseigne.

CHERCHE-MIDI (Rue du). Du carrefour de la Croix-Rouge à la rue de Vaugirard, 6e A. 23e Q.
C'était, au XIIIe siècle, la « rue du Chasse-Midi », appellation assez bizarre pour être incompréhensible ; plus tard elle est devenue la rue du Cherche-Midi, appellation non moins bizarre et non moins incompréhensible. Sauval, qui écrivait en 1670, dit, dans ses *Antiquités de Paris*, que ce nom est dû à un cadran près duquel on voyait point des gens cherchant « midi à quatorze heures ». Croyons Sauval, puisque nous ne pouvons faire autrement, et regrettons que M. Édouard Fournier ne nous ait pas donné la clef de cette énigme ancienne.

CHÉROY (Rue). Du boulevard des Batignolles à la rue des Dames. 17e A. 67e Q.
Ouverte, il y a quelques années, sur les terrains d'un particulier qui lui a donné son nom.

CHERUBINI (Rue). De la rue Chabannais à la rue St-Anne. 2e A. 6e Q.
C'était autrefois le retour d'équerre par lequel la rue Chabannais allait de la rue Nve-des-Petits-Champs à la rue St-Anne. En 1844, on a donné à ce retour d'équerre le nom du compositeur florentin, né en 1760, mort en 1842.

CHEVALERET (Rue du). Du boul. de la Gare à la route Militaire. 13e A. 50e Q.
Tracée il y a une trentaine d'années, mais non encore bâtie dans toute sa longueur. Si son appellation ne lui vient pas d'un particulier, elle lui vient alors d'un instrument fréquemment employé dans ce quartier de mégissiers, de corroyeurs et de tanneurs.

CHEVALIERS (Impasse des). Rue de Calais, à Belleville. 20e A.
Son nom lui vient d'un tir à l'arc qui y était, et qui y est encore, croyons-nous, établi : d'où les chevaliers de l'arc.

CHEVERT (Rue). Du boulev. de Latour-Maubourg à l'avenue de Tourville. 7e A. 26e Q.
Ouverte au commencement de ce siècle, sous le nom du vaillant général, né en 1695, mort en 1769.

CHEVERT (Petite rue). De l'avenue de Lamothe-Piquet à la rue Chevert. 7e A. 26e Q.
Même date, même étymologie.

CHEVREUSE (Rue de). De la rue N.-D.-des-Champs au boul. Montparnasse. 6e A. 23e Q.
Ouverte à la fin du siècle dernier. Quelques étymologistes pensent qu'elle doit son nom à sa direction vers la vallée de Chevreuse. Ils ont peut-être raison, puisqu'ils ont donné la même étymologie à la rue de Bagneux.

CHILDEBERT (Rue). De la rue d'Erfurth à la rue Sainte-Marthe. 6e A. 24e Q.
Ouverte en 1713, sous le nom du monarque qui fonda, en 543, l'église St-Germain-des-Prés. Elle est coupée en deux, depuis 1852, par la rue Bonaparte.

CHINE (Rue de la). De la rue de Ménilmontant à la rue des Partants. 20e A. 79e Q.
C'est un nom de fantaisie. La Chine, pendant longtemps, a été pour les voyageurs le bout du monde, le pays impossible par excellence. De même, pour les Parisiens, ces hauteurs qui dominent Paris et où ils ne supposaient pas qu'on pût habiter. Ils y sont venus, cependant, — grâce à la cherté des loyers dans l'intérieur de la ville.

CHOISEUL (Rue). De la rue Nve-St-Augustin au boulev. des Italiens. 2e A. 5e Q.
Ouverte, en 1780, sur les jardins de l'hôtel appartenant à la comtesse de Choiseul et à son fils, le comte de Choiseul-Gouffier, né en 1732, mort en 1817.

CHOISEUL (Passage). De la rue Nve-des-Petits-Champs à la rue Nve-St-Augustin. 2e A. 5e Q.
Construit, en 1825, sur l'emplacement de l'ancien hôtel de Lionne. On lui a donné le nom de la rue à laquelle il conduit.

CHOISY (Route de). Du boulevard d'Ivry à la route Militaire. 13e A. 51e Q.
C'est la route de cette jolie commune, — *Chosiacum* ou *Choisiacum* à votre choix, — où la grande Mademoiselle fit, au XVIIe siècle, bâtir un château, et qui, à cause de cela, s'appela d'abord Choisy-Mademoiselle. Plus tard, lorsque Louis XV eut considérablement agrandi et embelli ce château, il prit le nom de Choisy-le-Roi.

CHOPINETTE (Rue de la). De la rue St-Maur au chemin de ronde de la Chopinette. 10e A. 40e Q.
Ouverte au commencement de ce siècle. Il n'est pas besoin d'en expliquer l'étymologie, pensons-nous : Chopinette vient de chopiner, et ce verbe a été créé aux barrières qui, depuis longtemps, sont peuplées de cabarets.

CHOPINETTE (Boulevard de la). De la rue de Paris à la rue St-Laurent. 10e A. 70e Q.

CHOPINETTE (Chemin de ronde de la barrière de la). De la rue du Buisson-St-Louis à la rue Grange-aux-Belles. 10e A. 40e Q.
Même étymologie.

CHRISTINE (Rue). De la rue des Grands-Augustins à la rue Dauphine. 6e A. 21e Q.
Ouverte, en 1607, sur une partie de l'emplacement de l'hôtel et des jardins du St-Denis. Elle tient son nom de la seconde fille de Henri IV et de Marie de Médicis, née à cette époque, et morte en 1663 duchesse de Savoie.

CIMETIÈRE (Avenue du). Boulevard de Clichy. 18e A. 60e Q.
C'est l'entrée du cimetière du Nord, ou cimetière de Montmartre.

CIMETIÈRE-ST-BENOIT (Rue du). De la rue St-Jacques à la rue Fromentel.
C'est une rue du XIIe siècle. Elle s'appelait alors « rue Bronouse, rue Ordo », — noms qu'auraient pu hardiment porter toutes les rues de cette époque. Puis on lui donna le nom qu'elle a conservé jusqu'aujourd'hui, parce qu'elle conduisait au cimetière de la paroisse St-Benoît.

CINQ-DIAMANTS (Rue des). De la rue Jonas à la Butte-aux-Cailles. 13e A. 51e Q.
Doit son nom à une enseigne ou à une aventure de bijoux perdus, — nous avouons ne pas savoir au juste.

CINQ-MOULINS (Rue des). De la rue Doudeauville à la rue de Valence. 18e A. 71e Q.
Doit son nom à cinq moulins qui existaient dans les environs avant que ce quartier ne se construisît.

CIRQUE (Rue du). De l'avenue Gabriel au Faub.-St-Honoré. 8e A. 31e Q.
Ouverte, en 1847, sous le nom de « rue Joinville, » en l'honneur de l'un des fils du roi Louis-Philippe. Après 1818, on lui donna le nom qu'elle porte, à cause de son voisinage de la salle du Cirque.

CISEAUX (Rue des). De la rue Ste-Marguerite à la rue du Four, 6e A. 24e Q.
C'était autrefois « la rue des Fossés-St-Germain », parce qu'en effet la vieille abbaye St-Germain-des-Prés s'étendait jusque-là. On lui donna le nom qu'elle porte aujourd'hui, à cause d'un hôtel dit des Ciseaux qui y était situé.

CITÉ (Rue de la). Du quai Napoléon à la rue du Marché-Neuf. 4e A. 16e Q.
Jusqu'en 1834, elle était, depuis un temps immémorial, formée des trois rues « du Marché-Palu, de la Juiverie et de la Lanterne ».

CITÉ (Pont de la). Du quai Napoléon au quai d'Orléans. 4e A. 16 Q.
Construit en bois vers 1630, sous le nom de « Pont-de-Bois, » Endommagé en 1709, abattu en 1710 et rebâti en 1717, toujours en bois, sous le nom de « Pont-Rouge », à cause de la couleur dont il était peint. Détruit

de nouveau en 1799, rééditié en 1801, toujours en bois, mais en bois non point, — ce qui l'empêcha pas d'être appelé « Pont-Rouge » jusqu'en 1842, époque à laquelle il a été reconstruit, en forme de passerelle, sous son nom actuel.

CLAUDE-VELLEFAUX (Rue). De la rue Grange-aux-Belles à la rue Parmentier. 10e A. 40e Q.

Ouverte en 1825, elle fut d'abord appelée, à tort, « rue Villefosse » : c'était l'orthographe vicieuse du nom actuel, qui est celui de l'architecte qui construisit l'hôpital St-Louis, sur les plans de Chastillon.

CLEF (Rue de la). De la rue d'Orléans à la rue Lacépède. 5e A. 18e Q.

C'était au xive siècle « la rue St-Médard ». Au xve siècle, elle prit son nom actuel de l'enseigne d'une maison. Ce nom est une sorte d'ironie, placé en regard de la prison de Ste-Pélagie qui occupe une bonne partie de cette rue.

CLÉMENT (Rue). De la r. de Seine à la rue Mabillon. 6e A. 23e Q.

Ouverte, en 1817, sur une partie de l'emplacement de l'ancienne foire St-Germain. On lui a donné, comme à la plupart des rues voisines, un nom de bénédictin, celui de Dom François Clément, l'auteur de *l'Art de vérifier les dates*, né en 1714, mort en 1793.

CLÉRY (Rue de). De la rue Montmartre au boulevard Bonne-Nouvelle. 2e A. 7e et 8e Q.

Ouverte, en 1633, dans le voisinage de l'ancien Hôtel Cléry.

CLICHY (Rue de). De la rue St-Lazare à la barrière de Clichy. 9e A. 38e Q.

Au xviie siècle, c'était le « chemin de Clichy », parce qu'il conduisait au village de ce nom. Au xviiie siècle, c'était la « rue du Coq », à cause de l'hôtel de ce nom qui y était situé. Plus tard, elle a repris son premier nom.

CLICHY (Avenue de). De la grande rue à la rue Militaire. 17e A. 68e Q.

Même étymologie.

CLICHY (Boulevard de). De la rue de l'Empereur à la Grande-Rue. 18e A. 69e Q.

Même étymologie.

CLICHY (Chemin de ronde de la barrière de). De la rue de Clichy à la rue de Constantinople. 9e A. 33e Q.

Même étymologie.

CLOCHE (Rue de la). Du chemin des Partants à la rue du Ratrait, à Charonne. 20e A. 79e Q.

Son nom lui vient d'une enseigne.

CLOCHE-PERCE (Rue). De la rue St-Antoine à la rue du Roi-de-Sicile. 4e A. 14e Q.

Existait déjà au xiiie siècle. Son nom lui vient d'une enseigne représentant une cloche percée.

CLOITRE-DES-BERNARDINS (Rue du). De la rue des Bernardins à la rue de Pontoise. 5e A. 17e Q.

Avant 1790, c'était un passage pratiqué à travers le cloître des Bernardins.

CLOITRE-NOTRE-DAME (Rue du). Du quai Napoléon à la rue d'Arcole. 4e A. 16e Q.

Le vieux cloître Notre-Dame occupait jadis l'espace compris de la pointe de l'île au pont de la Cité, et de ce pont à la rue de la Colombe. On l'a remplacé en grande partie par la rue qui porte son nom.

CLOITRE-ST-BENOIT (Rue du). De la rue des Mathurins à la rue des Ecoles. 5e A. 20e Q.

C'était au xiiie siècle la « rue André-Machel »; puis, comme elle conduisait au cloître de l'église St-Benoît, on lui en donna le nom.

CLOITRE-ST-HONORÉ (Rue du). De la rue des Bons-Enfants à la rue Croix-des-Petits-Champs. 1er A. 8e Q.

Ouverte sur une partie du cloître de l'église St-Honoré, aujourd'hui démolie.

CLOITRE-ST-JACQUES (Rue du). De la rue de la Grande-Truanderie à la rue Mauconseil. 1er A. 2e Q.

Ouverte, en 1820, sur l'emplacement de l'église et de l'hôpital fondés en 1320, pour recevoir les pèlerins faisant le voyage de St-Jacques de Compostelle.

CLOITRE-ST-MERRI (Rue du). De la rue du Renard à la rue St-Martin. 4e A. 13e Q.

Formée, à la fin du siècle dernier, sur l'emplacement du cloître de l'église St-Merri. C'était alors une rue en équerre, enveloppant les deux côtés de cette église; aujourd'hui c'est une rue droite, le retour d'équerre porte un autre nom. C'est là que, pendant les funèbres journées de juin 1832, une poignée de républicains a tenu en échec les troupes royales vingt-quatre heures durant.

CLOPIN (Rue). De la rue des Fossés-St-Victor à la rue d'Arras. 5e A. 17e Q.

C'est une rue du xiie siècle. Son nom lui venait alors de la grande maison Clopin, bâtie là en 1158. Guillot en parle :

« Droit à la rue de la Porte
De St-Marcel, par St-Copin!
Encontre est la rue *Clopin*... »

Elle a porté aussi, au xvie siècle, les noms de « Champ-Gaillard » et de « Chemin-Gaillard ».

CLOPIN (Impasse). Rue Descartes. 5e A., 17e Q.

Comme toutes les impasses, elle était autrefois appelée « rue Sans-Chief »; puis elle fit partie de la rue précédente, qui lui donna ainsi son nom. Séparée de cette rue par la muraille de Philippe-Auguste, elle y fut réunie lors de la démolition de cette muraille, puis en fut de nouveau séparée lors de la construction de l'École Polytechnique.

CLOS (Rue des). De la rue de la Municipalité à la rue Boileau, à Auteuil. 16e A. 61e Q.

Récemment ouverte sur des clos plantés appartenant à des particuliers.

CLOS (Chemin des). De la rue de la Terrasse à l'avenue des Chasseurs. 17e A. 66e Q.

Non encore construit.

CLOS (Rue du). De la rue St-Germain à la rue Courat, à Charonne. 20e A. 80e Q.

CLOS-BRUNEAU (Rue du). De la rue de la Montagne-Ste-Geneviève à la rue des Carmes. 5e A. 20e Q.

Elle date du xiiie siècle, ainsi que le témoignent ces vers de Guillot :

« ..... Le petit Pour
Saint-Ylaire, et puis le *clos Burniau*
Où l'on a resti maint bruilan .., »

Ce clos Bruneau, Burniau, ou Brunel, — car il a porté ces trois noms, — s'étendait du haut de la montagne Ste-Geneviève jusqu'à l'endroit où a été tracée la rue de Condé, qui s'est appelée longtemps la rue du Clos-Bruneau, comme celle qui nous occupe. A la fin du xve siècle, tout cet espace était encore en jardins et en vergers.

CLOS-GEORGEAU (Rue du). De la rue de la Fontaine-Molière à la rue Ste-Anne. 1er A. 3e Q.

Ouverte au commencement du xviie siècle, sur le clos d'un particulier qui lui a donné son nom.

CLOS-RASSELIN (Rue du). De la rue Madame, dans les champs, à Charonne. 20e A. 80e Q.

CLOTAIRE (Rue). De la place du Panthéon à la rue des Fossés-St-Jacques. 5e A. 20e Q.

Décrétée le 30 floréal an xiii, ouverte seulement en 1832, sous le nom du troisième fils du roi Clovis, né en 497, mort en 558.

CLOTILDE (Rue). De la rue Clovis à la rue de la Vieille-Estrapade. 5e A. 20e Q.

Ouverte au commencement du siècle, sous le nom de la femme du roi Clovis, née en 466, morte en 513.

CLOVIS (Rue). De la rue des Fossés-St-Victor à la place du Carré-Ste-Geneviève. 5e A. 20e Q.

Percée au commencement de ce siècle, en 1807. On lui a donné le nom du premier roi chrétien que nous ayons eu; lequel Clovis — ou Chlodowig — né en 463, mourut en 511.

CLOYS (Rue des). De la rue du Ruisseau, dans les champs, à Montmartre. 18e A. 69e Q.

Tracée, non bâtie. Si ce n'est pas un nom de propriétaire, qu'est-ce? Nous n'osons dire que ce mot est synonyme de portier, — *clausus*, fermé; d'où *cloisier*, *cloysier* qu'on trouve dans Rabelais avec cette signification.

CLUNY (Rue de). De la rue des Poirées à la rue Soufflot. 5e A. 20e Q.

C'est une rue du xiiie siècle, ainsi que le témoignent ces vers de Guillot :

« La rue à l'abbé de *Cligny*
Et la rue au seigneur d'Igny
Sont près de la rue de Corbeil... »

Son nom lui venait du collège de Cluny derrière lequel elle était située. Aujourd'hui, le nom subsiste encore, mais la chose a disparu. Il en est de cette rue-là comme de beaucoup d'autres rues parisiennes qui se sont renouvelées entièrement tout en conservant leurs vieilles dénominations, et il en est de ces rues-là comme du fameux couteau de Jeannot : c'est toujours le couteau de Jeannot, mais il y a longtemps qu'on en a changé la lame et le manche.

COCATRIX (Rue). De la rue de Constantine à la rue des Trois-Canettes. 4e A. 16e Q.

Encore une rue du xiiie siècle. Nous les comptons, car elles ne sont pas nombreuses.

« En la rue *Cocatris* vins
Où l'on boit souvent de bons vins
Dont maint hons souvent se varie... »

dit le poète Guillot qui, en sa qualité de poète, devait se connaître en purée septembrale. Différents historiens veulent que ce soit un particulier qui ait donné son nom à cette rue : alors ce particulier était cuisinier, *coquus*, *coqua-trix*.

COCHES (Cour des). De la rue du Faubourg-St-Honoré à la rue de la Madeleine. 8e A. 31e Q.

Ainsi nommée parce que là descendaient autrefois les voitures publiques aujourd'hui avantageusement remplacées par les chemins de fer.

COCHIN (Rue). De la rue Pascal à la rue de Lourcine. 13e A. 52e Q.

Ouverte, en 1843, sous le nom d'un ancien maire du xiie Arrondiss.

COEUR-DE-VEY (Impasse). Route d'Orléans, à Montrouge. 14e A. 55e Q.

COLBERT (Rue). De la rue Vivienne à la rue Richelieu. 2e A. 6e Q.

Ouverte sur une partie de l'emplacement du Palais Mazarin, pendant le ministère de Colbert, né en 1619, mort en 1683.

COLBERT (Passage). De la rue Neuve-des-Petits-Champs à la rue Vivienne. 2e A. 6e Q.

Ouvert, en 1827, sur l'emplacement de l'ancien hôtel de Colbert.

COLIGNY (Rue). Du quai Henri IV au boulevard Morland. 4e A. 15e Q.

Ouverte, en 1841, sur les terrains de l'ancienne île Louviers. On lui a donné le nom de l'amiral, né en 1517, assassiné à la Saint-Barthélemy, le 24 août 1572.

COLLÉGE (Rue du). De la Grande-Rue de Vaugirard à la rue Notre-Dame. 15e A. 57e Q.

Elle doit son nom à son voisinage du collège des Jésuites, fondé il y a une vingtaine d'années par l'abbé Poiloud.

COLLÈGE LOUIS-LE-GRAND (Place du). De la rue St-Jacques à la rue des Poirées. 5ᵉ A. 20 Q.

Formée en 1889 et substituée à une partie de la rue des Poirées. Elle devrait plutôt s'appeler rue, « du Lycée-Louis-le-Grand », puisque c'est ce collège, aujourd'hui lycée, qui lui a donné son nom.

COLLÉGIALE (Place de la). Rue des Francs-Bourgeois. 13ᵉ A. 49ᵉ Q.

C'était autrefois la « place Saint-Marcel », du nom de l'église collégiale, dédiée à saint Marcel, évêque de Paris, qui y était située et qui a été abattue en 1804.

COLMAR (Rue de). De la rue de Marseille à la rue de Thionville, à La Villette. 19ᵉ A. 73ᵉ Q.

Comme la plupart des rues de ce quartier, elle a reçu un nom de ville, celui du chef-lieu du département du Haut-Rhin.

COLOMBE (Rue de la). Du quai Napoléon à la rue des Marmousets. 4ᵉ A. 10ᵉ Q.

C'est une rue du XIIIᵉ siècle, comme nous l'apprend Guillot :

« Par la rue de la *Coulombe*
Alai droit o port Saint-Landri... »

Pourquoi Colombe ou Coulombe, *columba*? Probablement parce que quelqu'un des pigeons lâchés sur le Pont-au-Change, à l'entrée de quelque roi ou quelque reine, s'était réfugié là ; peut-être aussi parce qu'on y élevait des pigeons, ainsi que le témoignait la rue *aux Coulons*, aujourd'hui disparue.

COLOMBIER (Rue du). De la rue St-Antoine à la rue Neuve-d'Ormesson. 4ᵉ A. 14ᵉ Q.

Ouverte, en 1788, sur une partie des bâtiments des chanoines de Sainte-Catherine-du-Val-des-Écoliers. Son nom lui vient d'un particulier, propriétaire voisin.

COLONIE (Rue de la). De la rue de l'Espérance à la plaine, à la Maison-Blanche. 13ᵉ A. 51ᵉ Q.

Tracée, non bâtie. Son nom lui a été donné comme amorce, en prévision d'une future population.

COLONNES (Rue des). De la rue des Filles-St-Thomas à la rue Feydeau. 2ᵉ A. 6ᵉ Q.

Percée vers 1790 ; elle doit son nom aux colonnes qui règnent de chaque côté.

COLISÉE (Rue du). De l'avenue des Champs-Élysées à la rue du Faubourg-St-Honoré. 8ᵉ A. 30ᵉ Q.

Au siècle dernier, c'était le « chemin des Gourdes », à cause des courges qui y croissaient abondamment. Puis, quelques années avant la Révolution, un établissement de plaisir ayant été créé là sous le nom de Colysée, le chemin des Gourdes prit ce nom et ne le quitta plus. Le Colisée a disparu, la rue est restée.

COMBAT (Boulevard du). De la rue St-Laurent à la rue de Meaux. 19ᵉ A. 67ᵉ Q.

Doit son nom au voisinage d'un établissement affecté à des combats d'animaux, qui a été supprimé il y a une quinzaine d'années.

COMBAT (Chemin de ronde de la barrière du). De la rue Grange-aux-Belles à la rue des Buttes-Chaumont. 10ᵉ A. 40ᵉ Q.

COMÈTE (Rue de la). De la rue St-Dominique-St-Germain à la rue de Grenelle. 7ᵉ A. 28ᵉ Q.

Bâtie vers 1784. Doit son nom à une enseigne, souvenir de la comète de 1763.

COMMANDEUR (Avenue du). De la rue Neuve-de-la-Tombe-Issoire au chemin de servitude. 14ᵉ A. 55ᵉ Q.

Doit son nom à une vieille légende concernant l'ancien *Fief des Tombes*, aujourd'hui disparu.

COMMERCE (Rue du). De la rue de Bercy à la rue de Charenton. 12ᵉ A. 47ᵉ Q.

COMMERCE (Rue du). Du boulevard de Meudon à la rue des Entrepreneurs, à Grenelle. 15ᵉ A. 59ᵉ Q.

COMMERCE (Passage du). De la rue St-André-des-Arts à la rue de l'École-de-Médecine. 6ᵉ A. 21ᵉ Q.

Percé en 1776 sur l'emplacement de plusieurs jeux de paume.

CONCORDE (Place de la). Entre le jardin des Tuileries et les Champs-Élysées. 8ᵉ A. 31ᵉ Q.

Formée en 1762 sous le nom de place Louis XV, ce monarque régnant. En 1792, ce fut la « Place de la Révolution. » En 1800, on lui donna son nom actuel. Cette place a été le théâtre d'événements historiques importants, la plupart tragiques. C'est là que furent étouffées plusieurs centaines de personnes, dans la nuit du 30 au 31 mai 1770, à la suite du feu d'artifice tiré en l'honneur du mariage de Louis XVI, alors dauphin. C'est là que furent décapités le même dauphin, alors Louis XVI, Marie-Antoinette sa femme, les Girondins, le duc d'Orléans, Mme Roland, Charlotte Corday, Danton, Camille Desmoulins, etc. C'est là que le 24 février 1848, le roi Louis-Philippe monta en fiacre et prit la route de l'exil. C'est là enfin que le 16 novembre 1848, la Constitution républicaine fut solennellement proclamée.

CONCORDE (Pont de la). De la place de ce nom au quai d'Orsay. 7ᵉ-6ᵉ A. 26ᵉ-29ᵉ Q.

Construit en 1787, Louis XVI régnant.

CONDÉ (Rue de). De la rue des Quatre-Vents à la rue de Vaugirard. 6ᵉ A. 21ᵉ Q.

C'était, on 1300, la rue « du Clos-Bruneau. » Plus tard ce fut successivement la rue « Neuve », la rue « Neuve-de-la-Foire » et la rue « Neuve-Saint-Lambert ». Son nom actuel lui fut donné en 1612, à cause de l'hôtel du prince Henri de Bourbon, précédemment hôtel de Gondi.

CONFÉRENCE (Quai de la). Du pont de la Concorde au pont de l'Alma. 8ᵉ A. 29ᵉ Q.

Décrété en 1769. Son nom lui vient de l'ancienne porte de Paris, démolie en 1790, par laquelle étaient entrés en 1660 les ambassadeurs espagnols chargés de conférer avec Mazarin au sujet du mariage de l'infante Marie-Thérèse avec le jeune roi Louis XIV.

CONSERVATOIRE (Rue du). De la rue Bergère à la rue Richer. 9ᵉ A. 35ᵉ Q.

Ouverte il y a quelques années sur une partie de l'emplacement de l'hôtel des Menus-Plaisirs, derrière le Conservatoire de Musique.

CONSTANTINE (Rue de). De la rue d'Arcole au Palais de Justice. 4ᵉ A. 16ᵉ Q.

C'était, au XIIᵉ siècle, la rue de « la Juiverie » ; en 1813, ce fut la rue « de la Vieille-Draperie » ; en 1837, elle fut prolongée et élargie, et, en 1838, on lui donna son nom actuel, en commémoration de la victoire remportée par les troupes françaises le 13 octobre 1837.

CONSTANTINE (Pont de). Du quai de Béthune au quai St-Bernard. 5ᵉ A. 17ᵉ Q.

C'est une passerelle accessible seulement aux piétons ; elle a été construite de 1836 à 1838. Même étymologie.

CONSTANTINE-BELLEVILLE (Rue de). De la rue des Trois-Couronnes à la rue des Couronnes. 20ᵉ A. 77ᵉ Q.

CONSTANTINE-LA-CHAPELLE (Rue de). De la rue des Cinq-Moulins à la rue des Poissonniers. 18ᵉ A. 71ᵉ Q.

CONSTANTINE-VAUGIRARD (Rue de). De la rue Médéah à la rue du Transit. 14ᵉ A. 56ᵉ Q.

CONSTANTINOPLE (Rue de). De la place de l'Europe à l'ancienne barrière Monceau. 8ᵉ A. 32ᵉ Q.

Tracée à la même époque que les rues qui viennent converger à la place de l'Europe, et, comme elles, ayant reçu un nom de ville.

CONTÉ (Rue). De la rue Montgolfier à la rue Vaucanson. 3ᵉ A. 9ᵉ Q.

C'était au milieu du siècle dernier la « rue Saint-Vannes. » Agrandie et prolongée au commencement de ce siècle, elle a reçu, comme la plupart des rues avoisinant le Conservatoire des arts et métiers, un nom de savant, celui de Jacques Conté, né en 1755, mort en 1805.

CONTI (Quai). Du Pont-Neuf au pont des Arts. 6ᵉ A. 21ᵉ Q.

C'était autrefois le « quai de Nesle. » Au XVIIᵉ siècle, ce fut le « quai Guénégaud. » Depuis il porte le nom que nous lui voyons, à cause de l'hôtel qui y était, et sur l'emplacement duquel on commença en 1771 à bâtir l'hôtel des Monnaies.

CONTI (Impasse). Quai Conti. 6ᵉ A. 21ᵉ Q.

Même étymologie. Formée en 1771.

CONTRAT-SOCIAL (Rue du). De la rue de la Tonnellerie à la rue des Prouvaires. 1ᵉʳ A. 2ᵉ Q.

Percée en 1786, sous le ministère de Calonne, qui lui donna d'abord son nom. En 1790, ce fut la « Rue Lafayette. » En 1792, elle reçut le nom qu'elle porte aujourd'hui, en l'honneur de l'un des ouvrages de J.-J. Rousseau, qui avait demeuré dans ce quartier.

CONTRESCARPE-DAUPHINE (Rue). De la rue Dauphine à la rue St-André-des-Arts. 6ᵉ A. 21ᵉ Q.

Au commencement du XVIIᵉ siècle, c'était la « rue de la Basoche. » Puis on lui donna le nom que nous lui voyons, parce qu'elle était située près de la contrescarpe des murs de l'enceinte de Philippe-Auguste.

CONTRESCARPE-SAINT-MARCEL (Rue). De la rue des Fossés-St-Victor à la rue Neuve-Ste-Geneviève. 5ᵉ A. 19ᵉ Q.

Même étymologie.

CONTRESCARPE (Boulevard de la). De la place Mazas à la rue de Lyon. 12ᵉ A. 48ᵉ Q.

C'était, au siècle dernier, la « rue des Fossés-St-Antoine », puis la « rue Contrescarpe », pour la même raison que les rues précédentes. On l'a plantée d'arbres au commencement de ce siècle, et c'est devenu un boulevard.

COPREAUX (Rue). De la rue Blomet à la grande rue de Vaugirard. 15ᵉ A. 58ᵉ Q.

Doit son nom à un propriétaire riverain.

COQ-HÉRON (Rue). De la rue Coquillière à la rue Pagevin. 1ᵉʳ A. 2ᵉ Q.

En 1298, c'était le « cul-de-sac Coque-Héron ». Ce nom est évidemment un pléonasme. On la trouve désignée sur d'anciens plans, — postérieurs de beaucoup à 1298, — sous les noms de « Maquereau » et de « Moquehéron ».

COQ-SAINT-JEAN (Rue du). De la rue de la Verrerie à la rue de Rivoli. 4ᵉ A. 13ᵉ Q.

Au commencement du XIIIᵉ siècle, c'était la « rue André-Malet » ; en 1272, la « rue Lambert-de-Râle ». Son nom actuel lui vient d'une enseigne et de son voisinage de l'ancien marché St-Jean.

COQUENARD (Cité). Impasse Briare et rue Neuve-Coquenard. 9ᵉ A. 36ᵉ Q.

Bâtie, en 1818, dans le voisinage de la rue Coquenard (aujourd'hui rue Lamartine), qui lui donna son nom.

COQUILLIÈRE (Rue). De la rue du Jour à la rue Croix-des-Petits-Champs. 1ᵉʳ A. 2ᵉ Q.

Au XIIIᵉ siècle, c'était la « rue de la Porte-au-Coquillier », parce qu'elle avoisinait cette porte de l'enceinte de Paris, et que la famille Coquillier y demeurait. De *Coquillier* on a fait *Coquillière*, comme de *Payen* on a fait *Payenne*, de *Sorbon*, *Sorbonne*, de *Vivien*, *Vivienne*, et de *Dauphin*, *Dauphine*, — le féminin étant, à ce qu'il paraît, plus noble que le masculin, contrairement aux règles de Lhomond.

CORBEAU (Rue). De la rue St-Maur à la rue Bichat. 10ᵉ A. 40ᵉ Q.

Ouverte, en 1826, sur les terrains d'un particulier qui lui a donné son nom.

CORBY (Passage). De la rue Montpensier à la rue Richelieu. 1ᵉʳ A. 3ᵉ Q.

Construit en 1790. Doit son nom à un propriétaire riverain.

CORDELIÈRES (Rue des). De la rue du Champ-de-l'Alouette à la rue Pascal. 13ᵉ A. 53ᵉ Q.

Ouverte, en 1825, sur une partie des terrains du couvent des Cordelières, fondé en 1284, supprimé en 1790.

CORDERIE (Rue de la). De la rue du Marché-St-Honoré à la rue St-Roch. 1ᵉʳ A. 4ᵉ Q.

C'était autrefois le « cul-de-sac Péronelle ». En 1655, ce fut le « cul-de-sac de la Corderie », à cause d'une fabrique de cordes qui s'y était établie ; lequel cul-de-sac fut percé en 1787, lors de la construction du marché St-Honoré.

CORDERIE (Impasse de la). Place du Marché-St-Honoré. 1ᵉʳ A. 4ᵉ Q.

CORDERIE (Impasse de la). Route de Châtillon, à Montrouge. 14ᵉ A. 55ᵉ Q.

CORDERIE (Place de la). Rue Dupetit-Thouars et rue Dupuis. 3ᵉ A. 10ᵉ Q.

Ouverte au commencement du siècle dernier. Même étymologie.

CORDIERS (Rue des). De la rue St-Jacques à la rue de Cluny. 5ᵉ A. 20ᵉ Q.

Elle était déjà connue sous ce nom au XIIIᵉ siècle, comme le prouvent ces vers de Guillot :

« Desus siet la rue o Ponel
Y la rue à Cordiers après
Qui des Jacobins siet bien près... »

Ce nom est probablement une contraction de Cordeliers, car les religieux de ce nom habitaient dès 1230 sur la montagne Ste-Geneviève.

CORNEILLE (Rue). De la place de l'Odéon à la rue de Vaugirard. 6ᵉ A. 22ᵉ Q.

Percée en 1782, pour servir d'avenue au Théâtre Français (Odéon), on lui donna le nom du « père de la tragédie française », né en 1606, mort en 1684.

CORNES (Rue des). De la rue du Banquier à la rue des Fossés-St-Marcel. 13ᵉ A. 49ᵉ Q.

C'était autrefois la « voie Creuse ». Son nom actuel lui vient certainement des cornes que faisaient en cet endroit les fortifications du vieux Paris, — à moins qu'il ne lui vienne des amas de cornes de bœuf que faisaient les tanneurs à la porte de leurs établissements.

COSSONNERIE (Rue de la). De la rue St-Denis à la rue des Halles. 1ᵉʳ A. 2ᵉ Q.

Sauval prétend qu'en vieux langage Cossonnerie signifie poulaillerie, et qu'il était autrefois de la volaille dans cette rue. Nous le voulons bien, mais nous n'en savons rien. Cette rue n'aurait-elle pas été, plutôt, un morceau de la rue de la Saunerie avec un nom différent ? N'y avait-il pas là une pierre à sel, — cos, du latin cos ? Cos ou cos-saunerie vaut bien, nous semble-t-il, poulaillerie. En tout cas, c'est une rue du XIIIᵉ siècle :

« A l'encontre est la Lingerie,
La rue o Fèvre siet bien près
Et la Cossonnerie après... »

COTE-D'OR (Rue de la). De la rue de Bordeaux à la rue de Bourgogne, à Bercy. 12ᵉ A. 47ᵉ Q.

COTTE (Rue). De la rue de Charenton à la rue du Faub.-St-Antoine. 12ᵉ A. 48 Q.

Ouverte, en 1778, sur les dépendances de l'abbaye St-Antoine-des-Champs, J.-F. Cotte étant président du grand conseil de Louis XVI.

COTTIN (Rue). De la chaussée Clignancourt à la rue Fontenelle, à Montmartre. 18ᵉ A. 73ᵉ Q.

Tracée, il y a quelques années, sur les terrains d'un particulier qui lui a donné nom.

COUESNON (Rue). De la rue de Vanves à la rue du Château, à Plaisance. 14ᵉ A. 55ᵉ Q.

COURCELLES (Rue de). De la rue de la Pépinière au boulevard de Courcelles. 8ᵉ A. 30ᵉ et 32ᵉ Q.

C'était autrefois le « chemin de Villiers ». En 1730, ce fut le chemin, puis « rue de Courcelles », parce qu'elle se dirigeait et se dirige encore vers le village de ce nom.

COURCELLES-NEUILLY (Rue de). Du boulev. de Courcelles à la route militaire. 17ᵉ A. 66ᵉ Q.

COURCELLES (Boulevard de). De l'avenue des Ternes à la rue de Courcelles. 17ᵉ A. 66ᵉ Q.

COURCELLES (Chemin de ronde de la barrière de). De la rue de Courcelles au Faub.-St-Honoré. 8ᵉ A. 30ᵉ Q.

COUR-DES-MIRACLES (Passage de la). Impasse de l'Étoile, rue Damiette. 2ᵉ A. 7ᵉ Q.

Doit son nom à la cour des Miracles qu'il avoisine.

COUR-DES-NOUES (Rue de la). De la rue de Pantin dans les champs. 20ᵉ A. 79ᵉ Q.

Récemment ouverte. Son nom lui vient sans doute du terrain gras et humide sur lequel elle est tracée, — à moins qu'il ne lui vienne d'un dépôt de noues, sorte de tuiles faites en demi-canal pour égoutter l'eau.

COURET (Rue). De la rue St-Germain à la rue du Clos, à Charonne. 20ᵉ A. 80ᵉ Q.

Tracée sur les terrains d'un particulier qui lui a donné son nom. Bâtie seulement à l'une de ses extrémités.

COURONNES (Rue des). Du boul. de Belleville à la rue de Ménilmontant. 20ᵉ A. 77ᵉ Q.

Tire son nom du voisinage du boulevard des Trois-Couronnes.

COURONNES (Impasse des). Rue des Couronnes, à Belleville. 20ᵉ A. 77ᵉ Q.

COURONNES (Rue des). De la rue Jessaint à la rue des Poissonniers. 18ᵉ A. 71ᵉ Q.

COURTALON (Rue). De la rue St-Denis à la place Ste-Opportune. 1ᵉʳ A. 2ᵉ Q.

Au XIIIᵉ siècle, c'était la « rue des Petits-Souliers-de-Basane ». Au XVIᵉ siècle, Guillaume Courtalon, propriétaire voisin, lui donna son nom.

COURTY (Rue). De la rue de Lille à la rue de l'Université. 7ᵉ A. 26ᵉ Q.

Ouverte, en 1777, sur les terrains d'un particulier qui lui a donné son nom.

COUTELLERIE (Rue de la). De la rue de Rivoli à la rue Victoria. 4ᵉ A. 12ᵉ Q.

Au XIIIᵉ siècle, c'était la « rue Vieille-Oreille », et, par altération, Guignoreille. En 1308, c'était la « rue des Récommanderesses ». Vers la fin du XVᵉ siècle, elle prit le nom qu'elle porte aujourd'hui, de la grande quantité de couteliers qui s'y établirent. Mais alors elle commençait rue Jean-de-l'Épine et rue Jean-Pain-Mollet et finissait rue de la Vannerie. Le prolongement de la rue de Rivoli et le dégagement des abords de l'Hôtel-de-Ville, il y a quelques années, ont réduit de beaucoup la rue de la Coutellerie.

COUTURES-SAINT-GERVAIS (Rue des). De la rue Thorigny à la rue Vieille-du-Temple. 3ᵉ A. 11ᵉ Q.

Ouverte, en 1620, sur les coutures ou cultures appartenant aux religieux de l'hôpital St-Gervais, fondé en 1171.

CRÉBILLON (Rue). De la rue de Condé à la place de l'Odéon. 6ᵉ A. 22ᵉ Q.

Percée en 1782, pour servir d'avenue au Théâtre Français (Odéon), sous le nom de l'auteur tragique, né en 1674, mort en 1762.

CRÉTET (Rue). De la rue Beauregard à la rue Bochard-de-Saron. 9ᵉ A. 36ᵉ Q.

Tout récemment ouverte sur des terrains appartenant à un propriétaire qui lui a donné son nom.

CRILLON (Rue). Du boul. Morland à la rue de l'Ormée. 4ᵉ A. 15ᵉ Q.

Ouverte, en 1843, sur une partie des terrains de l'ancien arsenal. Son nom vient de Louis de Balbe de Crillon, l'un des plus vaillants capitaines du XVIᵉ siècle, né en 1541, mort en 1615.

CRIMÉE (Rue de). De la rue d'Allemagne à la rue de Beaune. 19ᵉ A. 75ᵉ Q.

Ouverte en 1855, après la campagne de Crimée contre les Russes.

CROISSANT (Rue du). De la rue du Sentier à la rue Montmartre. 2ᵉ A. 7ᵉ Q.

Ouverte au commencement du XVIIᵉ siècle. Doit son nom à une enseigne.

CROIX (Rue de la). De la rue de la Fontaine au sentier de la Fontaine. 16ᵉ A. 61ᵉ Q.

Doit son nom au voisinage d'une croix de pierre.

CROIX (Rue de la). De la rue de la Pompe à la rue de Longchamp. 16ᵉ A. 62ᵉ et 63ᵉ Q.

CROIX (Chemin de la). Du chemin des Meuniers au chemin de la Croix-Rouge, à Bercy. 12ᵉ A. 46ᵉ Q.

CROIX-BOISSIÈRE (Rue de la). Du carrefour des Batailles au boul. de Passy. 16ᵉ A. 64ᵉ Q.

Ouverte au commencement de ce siècle. Doit son nom à une croix qui figure sur les plans du siècle dernier, et à laquelle on allait attacher du buis le jour des Rameaux.

CROIX-DES-PETITS-CHAMPS (Rue). De la rue St-Honoré à la place des Victoires. 1ᵉʳ A. 3ᵉ et 2ᵉ Q.

Percée, au XIVᵉ siècle, sur un terrain partagé en petits champs, d'où elle a tiré une partie de son nom ; une croix placée dans le voisinage, rue du Pélican, l'a complété.

CROIX-NIVERT (Rue de la). Du rond-point de l'École à la rue de Sèvres. 15ᵉ A. 59ᵉ Q.

Même étymologie.

CROIX-ROUGE (Carrefour de la). Rue de Grenelle et rue de Sèvres. 2ᵉ A. 23ᵉ Q.

C'était autrefois le carrefour de la « Maladrerie », à cause de son voisinage d'un hôpital de ce nom ; celui qu'il porte aujourd'hui lui vient d'une croix rouge qui y était plantée.

CROIX-ROUGE (Rue de la). De la rue du Chevaleret au chemin des Rentiers. 13ᵉ A. 50ᵉ Q.

Même étymologie.

CROIX-ROUGE (Chemin de la). Du boul. de Picpus au chemin des Marais. 12ᵉ A. 45ᵉ Q.

Même étymologie.

CROULEBARBE (Rue). De la rue Mouffetard à la rue du Champ-de-l'Alouette. 13ᵉ A. 52ᵉ Q.

Ouverte, à la fin du siècle dernier, sur le territoire du moulin de Croulebarbe qui lui a donné son nom.

CRUSSOL (Passage). De la rue de Ménilmontant à la rue de Crussol. 11ᵉ A. 41ᵉ Q.

Construit en 1827.

CRUSSOL (Rue de). Du boul. du Temple au quai Valmy. 11ᵉ A. 41ᵉ Q.

Ouverte en 1788, M. de Crussol étant grand bailli du Temple.

CUISSARD (Rue). De la rue Boulainvilliers à la rue Molière, à Auteuil. 16e A. 61e Q.

CULTURE-SAINTE-CATHERINE (Rue). De la rue de Rivoli à la rue du Parc-Royal. 3e A. 11e Q.

Ouverte, au XVIIe siècle, dans le voisinage du couvent de « Ste-Catherine-du-Val-des-Écoliers », dit de la *Couture-Ste-Catherine*. Couture ou *culture*, c'est tout un.

CUVIER (Rue). Du quai St-Bernard à la rue St-Victor. 5e A. 17e Q.

Anciennement, c'était la « rue au chemin devers la Seine ». En 1552, on la nommait « rue Derrière-les-murs-de-St-Victor »; ensuite « rue du Ponceau », parce qu'il existait au milieu de cette rue un petit pont sur la Bièvre, lorsqu'elle traversait l'enclos St-Victor. Puis, comme elle conduisait à la Seine, elle en porta le nom. Elle porta depuis 1838 celui du célèbre savant, né en 1769, mort en 1832, après des travaux et des découvertes de la plus haute importance.

CYGNE (Rue du). De la rue St-Denis à la rue Mondétour. 1er A. 2e Q.

C'est une rue du XIIIe siècle, comme en témoignent ces vers de Guillot :

« La rue au *Cingne*, ce me semble,
Encontre Maubestour assemble
Droit à la Grant Truanderie... »

Cingne est la vieille forme française de *cygne*. C'était probablement une enseigne.

D

DALAYRAC (Rue). De la rue Méhul à la rue Monsigny. 2e A. 5e Q.

Ouverte en 1826. Son nom lui a été donné en l'honneur du compositeur français, auteur d'*Adolphe et Clara*, né en 1753, mort en 1809.

DAMES (Rue des). De la Grand'Rue de Batignolles à la rue Lévis. 17e A. 67e Q.

Doit son nom aux dames religieuses de l'abbaye de Montmartre.

DAMES (Rue des). De la rue de l'Empereur à l'avenue Saint-Ouen. 18e A. 69e Q.

DAMES (Rue des). De la rue des Ternes à la rue de Courcelles. 17e A. 65e Q.

DAMIETTE (Rue de). De la cour des Miracles à la rue du Caire. 2e A. 8e Q.

Percée en 1798, en souvenir de la conquête de cette ville d'Égypte par l'armée française.

DAMOYE (Passage). De la place de la Bastille à la rue Daval. 11e A. 43e Q.

Bâti en 1770 sur les terrains d'un particulier qui lui a donné son nom.

DANGER (Impasse). Quartier des Grandes-Carrières, à Montmartre. 18e A. 69e Q.

DANY (Impasse). Rue du Rocher. 8e A. 32e Q.

Formée en 1821 sur les terrains d'un particulier qui lui a donné son nom.

DAREAU (Rue). De la rue de la Tombe-Issoire à la route d'Orléans. 14e A. 54e Q.

DAUPHIN (Rue du). De la rue de Rivoli à la rue St-Honoré. 1er A. 4e Q.

Au commencement du XVIIe siècle, c'était le « cul-de-sac Saint-Vincent ». En 1774, on lui donna le nom qu'elle a aujourd'hui, parce que le dauphin (Louis XVI) y avait passé pour aller à la messe à Saint-Roch. C'est là qu'au 13 vendémiaire Bonaparte plaça les canons qui mitraillèrent les sections sur les marches de l'église Saint-Roch.

DAUPHINE (Rue). Du quai des Grands-Augustins au carrefour Buci. 6e A. 21e Q.

Ouverte en 1607 sur les jardins des Augustins et sur l'emplacement des bâtiments du collège de Saint-Denis, Louis XIII étant alors dauphin.

DAUPHINE (Passage). De la rue Dauphine à la rue Mazarine. 6e A. 22e Q.

Ouvert en 1825. Même étymologie.

DAUPHINE (Place). Rue du Harlay et place du Pont-Neuf. 1er A. 1er Q.

Bâtie pendant les dernières années du règne d'Henri IV, — 1607-1610. Même étymologie.

DAUPHINE (Avenue). Du rond-point de Saint-Cloud à l'avenue de l'Impératrice. 16e A. 63e Q.

DAVAL (Rue). De la rue Saint-Sabin au boulevard Beaumarchais. 11e A. 43e Q.

Ouverte en 1777, Antoine-François Daval étant échevin.

DÉBARCADÈRE (Rue du). De la rue Sainte-Marie au boulevard Pereire. 17e A. 65e Q.

Doit son nom à son voisinage d'une station du chemin de fer d'Auteuil.

DÉCHARGEURS (Rue des). De la rue de Rivoli à la rue de la Ferronnerie. 1er A. 2e Q.

C'est une rue du XIIIe siècle.

« Par la rue Raoul Lavenier
Alai « siege à *Descarcheeurs*, »

dit le poëte Guillot. Ces « Descarcheeurs » sont les aïeux des forts de la Halle.

DEGRÉS (Rue des). De la rue de Cléry à la rue Beauregard. 2e A. 8e Q.

Ce n'est qu'un escalier qui sert de communication entre ces deux rues; il date de la fin du XVIIIe siècle.

DEJEAN (Rue). De la rue des Poissonniers à la chaussée Clignancourt. 18e A. 70e Q.

Doit son nom au particulier sur le terrain duquel on l'a tracée.

DELAITRE (Rue). De la rue des Panoyaux à la rue Ménilmontant. 20e A. 79e Q.

DELAMBRE (Rue). Du boulevard d'Enfer à la rue Montparnasse. 14e A. 58e Q.

Ouverte en 1839, sous le nom de « rue Montyon »; mais, comme elle avoisine l'Observatoire, on lui a donné, en 1844, le nom de l'astronome, membre de l'Institut, né en 1749, mort en 1822.

DE LA MICHODIÈRE (Rue). De la rue Neuve-St-Augustin au boulevard des Italiens. 2e A. 5e Q.

Ouverte en 1777, Messire Delamichodière étant prévôt des marchands.

DELAUNAY (Impasse). Rue Charonne. 11e A. 43e Q.

C'était autrefois le « cul-de-sac de la Croix-Faubin »; depuis le commencement de ce siècle, elle a pris le nom d'un propriétaire riverain.

DELORME (Passage). De la rue de Rivoli à la rue Saint-Honoré. 1er A. 2e Q.

Ouvert en 1808, sur les terrains d'un particulier qui lui a donné son nom.

DELTA (Rue du). De la rue du Faubourg-Poissonnière à la rue Rochechouart. 9e A. 36e Q.

Ouverte en 1825 sur l'emplacement d'un jardin public qui portait ce nom.

DEMI-LUNE (Rue de la). De la route de Versailles au Point-du-Jour. 16e A. 61e Q.

Son nom lui vient de son voisinage des fortifications.

DEMOURS (Rue). De la rue des Ternes à la rue de Courcelles. 17e A. 65e Q.

Tracée sur les terrains d'un particulier qui lui a donné son nom.

DENAIN (Rue de). Du boulevard de Magenta à la rue de Dunkerque. 10e A. 37e Q.

Ouverte en 1827 sous le nom de la « rue de la barrière Saint-Denis. » En 1847, par suite de son voisinage du chemin de fer du Nord, on lui a donné le nom d'une petite ville des bords de l'Escaut, célèbre par la bataille remportée en 1712 par le maréchal de Villars sur le prince Eugène.

DENOYER (Rue). De la rue de Paris à la rue de l'Orillon. 20e A. 77e Q.

Ouverte sur les terrains d'un propriétaire voisin qui lui a donné son nom.

DÉPARTEMENT (Rue du). De la rue d'Aubervilliers à la rue d'Isly. 19e A. 72e Q.

DÉPOTOIR (Rue du). De la rue de Meaux à la route d'Allemagne. 19e A. 75e Q.

Ouverte il y a une dizaine d'années, dans le voisinage du grand établissement des vidanges parisiennes, qui lui a donné son nom.

DÉPOTOIR (Impasse du). Rue d'Allemagne. 19e A. 74e Q.

DEPREZ (Rue). De la rue Constantine à la rue de l'Ouest, à Vaugirard. 14e A. 56e Q.

Doit son nom à un propriétaire riverain.

DERVILLE (Rue). De la rue du Champ-de-l'Alouette à la rue des Anglaises. 13e A. 53e Q.

Au commencement du siècle dernier, c'était la « rue des Filles-Anglaises », à cause de sa proximité du couvent. En 1765, elle prit le nom qu'elle porte d'un propriétaire voisin.

DESAIX (Rue). De l'avenue Suffren au chemin de ronde de la Cunette. 15e A. 59e Q.

Ouverte au commencement de ce siècle, on lui a donné le nom du général républicain, né en 1768, mort le 14 juin 1800 à la bataille de Marengo.

DESAIX (Quai). Du pont au Change au pont Notre-Dame. 4e A. 16e Q.

Formé en 1800. Même étymologie.

DESCARTES (Rue). De la rue de la Montagne-Sainte-Geneviève à la rue de Fossés-Saint-Victor. 5e A. 20e Q.

En 1259, c'était la « rue Bordet, ou Bordelle, ou Bourdelle », du nom d'une famille du quartier, très-connue au XIIIe siècle. Son nom actuel lui a été donné en 1813 en mémoire du célèbre philosophe né en 1596, mort en 1650.

DESCENTE-DE-LA-SABLONNIÈRE (Rue de la). De la rue Mademoiselle à la rue de la Sèvres. 15e A. 63e Q.

Son nom lui vient d'une sablonnière, située dans le voisinage du gazomètre, à Vaugirard.

DESCOMBES (Rue). De la rue de Louvain à la route de la Révolte. 17e A. 57e Q.

A peine bâtie. Doit son nom à un propriétaire riverain.

DE SÈZE (Rue). De la rue Basse-du-Rempart à la place de la Madeleine. 8e A. 31e Q.

Ouverte en 1826. Comme elle est dans le voisinage de l'ancien cimetière de la Madeleine où furent déposés les restes de Louis XVI, on lui a donné le nom du défenseur de ce monarque, né en 1750, mort en 1828.

DESGRANGES (Rue). Du boulevard de Courcelles à la rue Des Renaudes. 77e A. 65e Q.

Est-ce un nom d'homme ou un nom de chose? *That is the question* à laquelle n'ont pu répondre les habitants du voisinage. Nous penchons cependant pour le nom de chose, — parce que c'est le moins vraisemblable. Les sources des rues sont un peu comme celles du Nil !

DÉSIR (Passage du). Du faubourg Saint-Martin au faubourg Saint-Denis. 10e A. 39e Q.

C'était au siècle dernier le « passage du Puits ».

DÉSIRÉE (Rue). Du chemin des Partants dans les champs, à Charonne. 20e A. 79e Q.

DES RENAUDES (Rue). Du boulevard de Courcelles à la rue des Dames, à Neuilly. 17e A. 65e Q.

DEUX-BOULES (Rue des). De la rue des Lavandières à la rue Bertin-Poirée. 1er A. 1er Q.

Au XIIe siècle, c'était la « rue Male-Parole »; au XIIIe siècle, la « rue

Guillaume-Porée »; au XVIe siècle, la « rue des Deux-Boules », à cause d'une enseigne.

DEUX-ÉCUS (Rue des). De la rue des Prouvaires à la rue de Grenelle-Saint-Honoré. 1er A. 2e Q.

C'était au XIIIe siècle la « rue aux Écus », ainsi qu'il résulte de ce passage du *Dit des Rues de Paris* :

« Lors entrai en un carrefour,
Trouvai la *rue des Écus*,
Un home à granz ongles locus
Demanda, Guillot, que fes-tu ! »

Pourquoi cette dénomination ? Qu'étaient ces « escus » ? Des « escus à la lanterne », c'est-à-dire des demi-testons d'argent à écusson carré ? Des « escus au sabot », c'est-à-dire dont l'écusson était en pointe ? Des « escuts à l'estoile poussinière », — comme dit Rabelais ? Nous pencherons volontiers pour cette dernière monnaie, — qui était une monnaie imaginaire, — car on ne met volontiers sur son enseigne que ce qu'on n'a pas dans sa bourse, et ce nom était une enseigne. Plus tard la « rue des Escus » devint la « rue Traversaine », puis la « rue de la Hache », puis la rue des 2 Haches »; puis enfin quelque cabaretier du XVIIe siècle, retrouvant la tradition, lui redonna son premier nom.

DEUX-HERMITES (Rue des). De la rue Constantine à la rue des Marmousets. 4e A. 16e Q.

En 1220, c'était la « cour Ferri de Paris »; En 1300, la « rue de la Confrérie de Notre-Dame ». Au XVIe siècle, la « rue des 2 Hermites » — l'orthographe actuelle écrit « Hrmites »

DEUX-FRÈRES (Impasse des). Rue des Brouillards, à Montmartre. 18e A. 70e Q.

A peine construite. Elle doit son nom à deux propriétaires qui ont pensé à y bâtir.

DEUX-MOULINS (Rue des). Du boulevard de l'Hôpital au chemin de ronde de la barrière d'Ivry. 13e A. 49e Q.

Faisant partie de l'ancien village d'Austerlitz enclavé dans Paris en 1818; son nom lui a été donné parce qu'elle conduisait à l'ancienne barrière des Deux-Moulins.

DEUX-PAVILLONS (Passage des). De la rue Beaujolais à la rue Neuve-des-Petits-Champs. 1er A. 3e Q.

Construit en 1820. Il doit son nom aux deux pavillons ménagés à droite et à gauche de l'escalier qui donne rue Beaujolais.

DEUX-PORTES (Rue des). Du quai d'Orléans au quai d'Anjou. 4e A. 16e Q.

Ouverte au milieu du siècle dernier; elle doit son nom à sa situation entre le pont Marie et le pont de la Tournelle.

DEUX-PORTES-SAINT-JEAN (Rue des). De la rue de Rivoli à la rue de la Verrerie. 4e A. 16e Q.

Elle est du XIIIe siècle, comme en témoignent ces vers de Guillot :

« Une ruele tournai
Qui de saint Johan vole à porte
Encontre la *rue à Deux-Portes*... »

Et ce nom lui vient de deux portes qui, en effet, la fermaient à ses extrémités. On l'a appelée aussi « rue Galiace ».

DEUX-PORTES-SAINT-SAUVEUR (Rue des). De la rue du Petit-Lion à la rue Thévenot. 2e A. 14e Q.

Elle date du XIIIe siècle, et son étymologie est la même que celle de la rue précédente. Elle n'allait alors que jusqu'à la rue Saint-Sauveur, et faisait, jusqu'à la rue du Renard, un retour d'équerre qui avait pris le nom de rue Grate-Cul ». En 1427, on lui donna celui « rue des Deux-Petites-Portes ». Le prolongement de cette voie publique jusqu'à la rue Thévenot eut lieu à la fin du XVIIe siècle.

DEUX-SŒURS (Passage des). De la rue du Faubourg-Montmartre à la rue Lamartine. 9e A. 35e Q.

C'était autrefois le « cul-de-sac Coypel », puis la « cour des Chiens ». Au commencement de ce siècle, il prit son nom actuel des deux sœurs Deveau, qui en étaient propriétaires.

DIARD (Rue). De la rue Marcadet à la chaussée de Clignancourt. 18e A. 70e Q.

Tient son nom du propriétaire sur les terrains duquel elle a été ouverte.

DIER (Passage). De l'avenue de Clichy au chemin des Bœufs. 17e A. 69e Q.

Même étymologie.

DOCTEUR (Rue du). Du chemin des Bœufs aux fortifications. 17e A. 69e Q.

Tient probablement son nom d'un médecin qui y demeure ou y a demeuré.

DOME (Rue du). De la rue du Bel-Air à l'avenue de Saint-Cloud. 16e A. 64e Q.

Ainsi nommée parce que de cet endroit élevé on aperçoit le dôme des Invalides.

DORÉ (Cité). Place de la barrière d'Ivry. 13e A. 49e Q.

Construite il y a quelques années sur les terrains de M. Doré, professeur de chimie.

DOSNE (Rue). De la rue de la Pompe à l'avenue Dauphine. 16e A. 63e Q.

Doit son nom au propriétaire sur les terrains duquel elle a été tracée.

DOUAI (Rue de). De la rue Fontaine au chemin de ronde de la barrière Blanche. 9e A. 35e Q.

Ouverte en 1847. Comme à la plupart des rues nouvelles de ce quartier, on lui a donné un nom de ville, celui du chef-lieu du département du Nord.

DOUANE (Rue de la). De la rue de Bondy au quai Valmy. 10e A. 39e Q.

Ouverte en 1825 comme prolongement de la rue Samson, dont elle porta le nom jusqu'en 1840, époque de la construction des bâtiments de la Douane.

DOUBLE (Pont au). De l'Hôtel-Dieu au quai de Montebello. 5e A. 20e Q.

Achevé en 1634. Comme il fut ordonné que les piétons qui y passeraient payeraient une taxe d'un *double* tournois (deux deniers), le nom lui en resta.

DOUDEAUVILLE (Rue). De la Grande-Rue de la Chapelle à la rue des Poissonniers. 18e A. 71e Q.

Son nom lui a été donné en souvenir de l'administration de M. de la Rochefoucauld-Doudeauville.

DOUDEAUVILLE (Passage). De la rue Doudeauville à la rue Marcadet. 18e A. 71e Q.

Même étymologie.

DOUZE-MAISONS (Passage des). De la rue Montaigne à la rue Marbeuf. 8e A. 34e Q.

C'était en 1789 le « passage des Marais-des-Gourdes. » Comme en 1792 le propriétaire y fit construire douze maisons, le nom lui en resta.

DOUZE-PORTES (Rue des). De la rue Neuve-St-Pierre à la rue St-Louis. 3e A. 11e Q.

Sauval lui donne la même étymologie que celle que nous venons de donner à propos du précédent passage. L'un avait douze maisons, l'autre douze portes.

DRAGON (Rue du). De la rue Taranne au carrefour de la Croix-Rouge. 6e A. 24 Q.

C'était au XVe siècle la « rue du Sépulcre », à cause d'une maison qu'y possédaient les chanoines du St-Sépulcre. Son nom actuel, qu'elle porte depuis 1805, lui vient de son voisinage de la cour du Dragon.

DRAGON (Cour du) De la rue de l'Égout à la rue du Dragon. 6e A. 24e Q.

Elle date du XVIIIe siècle. Comme elle fait face à la rue Ste-Marguerite et que le dragon est dans les attributs de cette sainte, on en sculpta un sur l'entrée de cette cour, du côté de la rue de l'Égout, et le nom lui en resta. Sur le plan de la Grive, imprimé en 1752, on la trouve désignée sous le nom de « cour du Dragon-Ste-Marguerite. »

DROIN-QUINTAINE (Rue). Du boulevard de la butte Chaumont à la rue de Meaux. 19e A. 73e Q.

Ouverte il y a quelques années sur les terrains d'un propriétaire qui lui a donné son nom.

DROUOT (Rue). Du boulevard des Italiens à la rue de Provence. 9e A. 35e Q.

Avant 1851, la partie de cette rue comprise entre la rue Rossini et le boulevard faisait partie de la rue Grange-Batelière. Prolongée alors jusqu'à la rue de Provence, elle reçut le nom du général français né en 1774, mort en 1847.

DUBOIS (Passage). De la rue des Cinq-Diamants à la ruelle Bareau. 13e A. 51e Q.

Doit son nom au propriétaire qui l'a fait bâtir.

DUGUAY-TROUIN (Rue). De la rue de l'Ouest à la rue de Fleurus. 6e A. 23e Q.

Ouverte en 1790, sur une partie retranchée du jardin du Luxembourg, en l'honneur du célèbre marin français né en 1673, mort en 1736.

DUGUESCLIN (Rue). De la rue Bayard à la rue Dupleix. 15e A. 59e Q.

Ouverte en 1789, sans dénomination. Ce n'est qu'en 1816 qu'on lui a donné le nom du vaillant connétable breton, né en 1314, mort en 1380.

DULAC (Passage). De la rue de Vaugirard à la rue des Fourneaux. 15e A. 58e Q.

Doit son nom à l'un des propriétaires sur le terrain duquel il a été construit.

DUNKERQUE (Rue de). Du Faubourg-St-Martin à la rue Rochechouart. 10e A. 37e Q.

Ouverte en 1827 sur l'ancien clos Saint-Lazare. Une partie de cette voie publique s'appelait « rue de l'Abattoir », l'autre, « rue du Delta. » Le voisinage du chemin de fer du Nord lui a fait donner, en 1847, le nom qu'elle porte aujourd'hui et qui est celui d'une ville maritime, un des sept arrondissements du département du Nord.

DUNKERQUE (Rue de). De la place de Lille au quai de la Gironde, à la Villette. 19e A. 74e Q.

Même étymologie.

DUPERRÉ (Rue). De la rue Neuve-Fontaine à la place de la barrière Montmartre. 9e A. 37e Q.

Ouverte en 1843 sur les terrains de M. Lemaire, dont elle porta d'abord le nom. C'est en 1849 qu'on lui donna celui de l'amiral français né en 1775, mort en 1846.

DUPETIT-THOUARS (Rue). De la rue du Temple à la Rotonde du Temple. 3e A. 10e Q.

Ouverte en 1839 sur une partie de l'enclos du Temple. On lui a donné le nom de l'héroïque marin qui commandait le vaisseau *le Tonnant*, le 2 août 1798, à la bataille d'Aboukir, où il périt si glorieusement.

DUPHOT (Rue). De la rue Saint-Honoré au boulevard de la Madeleine. 1er et 8e A. 31e Q.

Ouverte en 1807 sur l'emplacement du couvent de la Conception. On lui a donné le nom du général français, tué à Rome dans une émeute le 28 décembre 1797.

DUPLEIX (Rue). De l'avenue Suffren à la place Dupleix. 15e A. 59e Q.

Elle existait, mais sans dénomination, au siècle dernier; c'est en 1815 qu'elle reçut le nom du gouverneur français de l'Inde, Joseph-François Dupleix (1730-1742), qui mourut de chagrin en 1763.

DUPLEIX (Ruelle). De l'avenue de Lamothe-Piquet à la place Dupleix. 15e A. 59e Q.

Formée vers 1840, même étymologie.

DUPLEIX (Place). Rue Dupleix. 15e A. 59e Q.

C'était autrefois la « place de Grenelle. » Son nom actuel lui a été donné en 1815.

DUPONT (Rue). De la rue Basse-Saint-Pierre à la Grande-Rue de Chaillot. 16e A. 64e Q.

Ouverte au commencement de ce siècle sur les terrains d'un particulier qui lui a donné son nom.

DUPONT (Cité). Quartier Saint-Ambroise. 11e A. 69e Q.

Même étymologie.

DUPUIS (Rue). De la rue Dupetit-Thouars à la rue de Vendôme. 3e A. 10e Q.

Ouverte en 1809 sur une partie de l'enclos du Temple. On lui a donné le nom du membre de l'Institut, auteur du *Traité de l'Origine des cultes*, né en 1742, mort en 1809.

DUPUYTREN (Rue). De la rue de l'École-de-Médecine à la rue Monsieur-le-Prince. 6e A. 22e Q.

Ouverte à la fin du XVIIe siècle sous le nom de « rue de Touraine. » En 1830, on lui a donné celui du grand chirurgien né en 1777, mort en 1835.

DURANTIN (Rue). De la rue du Vieux-Chemin à la rue Gareau. 18e A. 69e Q.

Ouverte il y a deux ans. Elle tient son nom d'un propriétaire.

DURAS (Rue). De la rue du Faubourg-St-Honoré à la rue du Marché. 8e A. 31e Q.

Ouverte en 1723 sur des terrains dépendants de l'hôtel de Duras.

DURIS (Rue). De la rue des Amandiers à la rue des Cendriers. 20e A. 79e Q.

Doit son nom au propriétaire qui l'a fait construire.

DUROC (Rue). Du boulevard des Invalides à l'avenue de Breteuil. 7e A. 27e Q.

Ouverte en 1790. Elle a porté le nom de « rue Montmorin » et de « rue des Acacias. » C'est en 1831 qu'on lui a donné le nom du maréchal, né en 1772, tué en 1813 au combat de Wurchen.

DUTOT (Rue). De la rue Hérard à une impasse sans dénomination. 15e A. 57e Q.

Doit son nom à un propriétaire.

DUVIVIER (Rue). De la rue de Grenelle à l'avenue de Lamothe-Piquet. 7e A. 28e Q.

Ouverte en 1842 sous le nom de « rue Laurent-de-Jussieu. En 1853, on lui a donné celui du général mortellement blessé pendant l'insurrection de juin 1848.

E

ÉBLÉ (Rue). Du boulevard des Invalides à l'avenue de Breteuil. 7e A. 27e Q.

C'était, en 1790, la « rue Neuve-Plumet. » A reçu en 1831 le nom du général d'artillerie né en 1758, mort en 1812.

ÉCHARPE (Rue de l'). De la rue Saint-Louis à la place Royale. 4e A. 15e Q.

Ouverte sous le nom de « rue Henri IV. En 1636 une enseigne de l'*écharpe blanche* lui donna son nom.

ÉCHAUDÉ (Rue). De la rue Vieille-du-Temple à la rue de Poitou. 3e A. 11e Q.

Jaillot, qui écrivait en 1775, prétend qu'on donnait alors le nom d'*échaudé* à un îlot de maisons en forme de triangle donnant sur trois rues : nous le voulons bien.

ÉCHAUDÉ-SAINT-GERMAIN (Rue de l'). De la rue de Seine à la rue Ste-Marguerite. 6e A. 24e Q.

En 1541, c'était la « ruelle qui va du guichet de l'Abbaye à la rue de Seine » ; puis ce fut le « cul-de-sac du Guichet », et enfin la « rue de l'Échaudé. »

Même étymologie que précédemment.

ÉCHELLE (Rue de l'). De la rue de Rivoli à la rue Saint-Honoré. 1er A. 15e Q.

Au milieu du XVIIe siècle, la barrière des Sergents du For-l'Évêque était placée au coin de cette rue où l'évêque de Paris avait une échelle patibulaire, c'est-à-dire un droit de haute justice, comme la commanderie du Temple avait autrefois la sienne au coin des rues du Temple et des Vieilles-Haudriettes.

ÉCHIQUIER (Impasse de l'). Rue du Temple. 3e A. 12e Q.

Doit son nom à une enseigne. Sauval croit que c'est le tronçon d'une « rue des Noyers » qui a été bouchée.

ÉCHIQUIER (Rue de l'). Du Faubourg-Saint-Denis à la rue du Faubourg-Poissonnière. 10e A. 38e Q.

Ouverte en 1779 sur un terrain dit le *fief de l'Échiquier*, appartenant à la communauté des Filles-Dieu, lequel terrain devait s'appeler ainsi à l'enseigne d'une maison voisine.

ÉCLUSES-SAINT-MARTIN (Rue des). De la rue Grange-aux-Belles au Faubourg-St-Martin. 10e A. 40e Q.

C'était au siècle dernier la « rue Saint-Maur-Popincourt » ; puis on l'a appelée « rue des Morts », à cause des nombreux convois qui y passent chaque jour se dirigeant vers le Père-Lachaise. C'est en 1831 qu'on lui a donné son nom actuel, à cause de son voisinage du canal.

ÉCOLE (Rue de l'). Du rond-point de l'École à la Grande-Rue de Vaugirard. 15e A. 58e Q.

Ouverte il y a quelques années. Son nom lui vient, soit de ce qu'elle conduit à l'école communale de Vaugirard, soit de ce qu'elle avoisine l'École-Militaire, *ad libitum*.

ÉCOLE (Rond-point de l'). Boulevard de Sèvres et Boulevard de Meudon. 15e A. 58e Q.

Doit son nom au voisinage de l'École-Militaire.

ÉCOLE (Impasse de l'). Rue Neuve-Coquenard. 9e A. 30e Q.

Construite en 1820. Doit son nom à l'école qui y est située.

ÉCOLE (Place de l'). Quai de l'École à la rue de l'Arbre-Sec. 1er A. 1er Q.

C'était aux XIVe et XVe siècles la « place aux Marchands. » Le quai de l'École fut à cette époque ce qui lui a donné son nom.

ÉCOLE (Quai de l'). De la place des Trois-Maries à la rue du Louvre. 1er A. 1er Q.

Il tient son nom de l'École Saint-Germain, une des plus anciennes de Paris, qui était située sur ce quai, où elle exista jusqu'au XIIIe siècle. A cette époque, ce quai était une rue comme la plupart des quais, et se nommait la « rue de l'École-Saint-Germain ». Guillot dit :

« Trouvai la Mesguoiscerie,
L'*École* et la rue Saint-Germain… »

Il commença à être dressé, élargi et pavé sous le règne de François Ier.

ÉCOLE-DE-MÉDECINE (Rue de l'). Du boulevard de Sébastopol à la rue de Buci. 6e A. 22e-24e Q.

En 1380, c'était la « rue des Cordeles », ainsi que l'attestent ces vers de Guillot :

« Je descendi tout bellement
Droit à la *rue des Cordeles*,
Dame ! à ! le descort d'elles
Ne voudroie avoir nulement. »

Cordeles, ou *Cordiers*, ou *Cordeliers*, c'est tout un. Les Frères-Mineurs de l'ordre de saint François avaient, en effet, leur couvent à cet endroit, et, comme tous les couvents, il s'épanouissait tout à l'entour, attenances et dépendances. Ils avaient quitté la montagne Sainte-Geneviève, où ils demeuraient en 1210, pour venir là, — où ils restèrent jusqu'en 1790. La rue des Cordeliers n'allait alors que jusqu'à l'endroit où est aujourd'hui la rue de l'Ancienne-Comédie, vers la porte Saint-Germain, dont elle prit le nom qu'elle garda jusqu'en 1790, époque à laquelle on lui donna son nom actuel, à cause de l'École de médecine et de chirurgie qui y était située. On l'a réunie en 1851 à la rue des Boucheries-Saint-Germain, qui lui faisait suite.

ÉCOLE-DE-MÉDECINE (Place de l'). Rue de l'École-de-Médecine et rue Antoine-Dubois. 6e A. 22e Q.

C'était autrefois la « place de Cordeliers ». Elle a été formée sur l'emplacement du couvent dont nous venons de parler. On lui a donné le nom qu'elle porte aujourd'hui, parce qu'elle se trouve en face de l'École de médecine et de chirurgie, qui se tenait auparavant rue de la Bucherie, et qui fut fondée là en 1774, l'année de la mort de Louis XV et la première du règne de Louis XVI.

ÉCOLE-MILITAIRE (Chemin de ronde de l'). De l'avenue Lowendal au chemin de ronde de Grenelle. 5e A. 20e Q.

Il doit son nom à l'ancienne barrière, aujourd'hui démolie, qui le tenait elle-même de son voisinage de l'École-Militaire, — école construite en 1752 en faveur de 500 enfants nobles et sans fortune.

ÉCOLE-POLYTECHNIQUE (Rue de l'). De la rue de la Montagne-Sainte-Geneviève à la rue des Sept-Voies. 5e A. 20e Q.

Ouverte en 1847, son nom lui a été donné parce qu'elle aboutit à l'école créée par décret de la Convention nationale du 11 mars 1794, et construite sur l'emplacement du collège de Navarre.

ÉCOLES (Rue des). De la rue des Fossés-Saint-Victor au boulevard de Sébastopol. 5e A. 17e-20e Q.

Commencée en 1853, cette large voie publique, — qui est destinée à établir une communication directe entre les écoles de médecine, de droit, de pharmacie, polytechnique, le collège de France, la Sorbonne et le Muséum, — cette voie publique a détruit sur son passage tout un quartier pour ainsi dire : le vieux quartier des Vieilles-Écoles. Ainsi ont disparu : le collège de Séez ; un pan de la rue des Maçons ; un autre pan de la rue de la Sorbonne ; la place du Cloître-Saint-Benoît ; l'église Saint-Benoît ; la place de Cambrai ; l'ancienne commanderie de Saint-Jean-de-Latran. La rue des Écoles s'est arrêtée là pour le moment ; elle doit continuer son ouverture et absorber les rues Saint-Hilaire, de l'École-Polytechnique, Saint-Jean-de-Beauvais, des Carmes, des Sept-Voies et de la Montagne-Sainte-Geneviève, des nids à misères — et à souvenirs.

ÉCOLES (Rue des). De la place de la Réunion à la rue Saint-Germain, à Charonne. 20e A. 80e Q.

ÉCOSSE (Rue d'). De la rue Saint-Hilaire à la rue du Four. 5e A. 20e Q.

En 1313, c'était la « rue du Chaudron », à cause d'une enseigne. Elle prit son nom actuel de son voisinage du collège des Écossais, fondé en 1325 rue des Amandiers-Sainte-Geneviève.

ÉCOUFFES (Rue des). De la rue du Roi-de-Sicile à la rue des Rosiers. 4e A. 14e Q.

Au XIIIe siècle, c'était — non pas la « rue de l'École », comme le veut J. de la Tynna, — mais bien la « rue de l'Escoufle », ainsi que nous l'apprennent ces vers de Guillot :

« La rue de l'*Escoufle* est prée
Et la rue des Rosiers prée… »

Maintenant, — École, Escofle, Escoufle, Écouffes », qu'était-ce ? Probablement la même chose au temps de Guillot qu'au temps de Rabelais, — c'est-à-dire un cerf-volant. On a été jeune à toutes les époques du monde, et le cerf-volant a été inventé il y a longtemps.

ÉCURIES-D'ARTOIS (Rue des). De la rue d'Angoulême-Saint-Honoré au faubourg Saint-Honoré. 8e A. 30e Q.

Ouverte en 1822 sur des terrains ayant appartenu au comte d'Artois, et derrière les écuries de ce prince.

ÉGLISE (Rue de l'). De la rue Saint-Dominique à l'avenue de La-Mothe-Piquet. 7e A. 25e Q.

Ouverte en 1788, dans le voisinage de l'église Saint-Pierre-du-Gros-Caillou, démolie au commencement de ce siècle.

ÉGLISE-BATIGNOLLES (Rue de l'). De la rue de la Paix à la place de l'Église. 17e A. 67e Q.

Ouverte, il y a une vingtaine d'années. Ainsi nommée parce qu'elle aboutit à l'église Sainte-Marie.

ÉGLISE-BATIGNOLLES (Place de l'). Rue de l'Église et place des Fêtes. 17e A. 67e Q.

ÉGLISE-BELLEVILLE (Place de l'). Rue de Paris et rue de Louvain. 19e A.

ÉGLISE-BERCY (Place de l'). Rue de Bercy et rue du Commerce. 12e A.

ÉGLISE-GRENELLE (Rue de l'). Du pourtour de l'Église à la rue Saint-Louis. 15e A. 60e Q.

ÉGLISE-GRENELLE (Impasse de l'). Rue de l'Église. 15e A. 59e Q.

ÉGLISE-GRENELLE (Place de l'). Rue du Commerce et rue de l'Église. 15e A. 60e Q.

ÉGLISE-PASSY (Rue de l'). De la rue Basse à la place de la Mairie. 16e A. 62e Q.

ÉGLISE-VAUGIRARD (Rue de l'). De la Grand'Rue à la place de l'Église. 15e A. 57e Q.

ÉGLISE-VAUGIRARD (Place de l'). Rue de l'Église. 15e A. 57e Q.

ÉGLISE-SAINT-MANDÉ (Ruelle de l'). De la rue Ronde du Cours aux Fortifications. 12e A. 45e Q.

ÉGOUT (Rue de l'). De la rue Taranne à la rue du Four. 6e A. 24 Q.

C'était autrefois la « rue Forestier »; puis ce fut la « rue de la Courtille-Saint-Germain »; puis la rue Tarennus ou Taranne »; puis enfin, au commencement du XVIIe siècle, à cause de l'égout qui y passait, elle reçut le nom qu'elle porte aujourd'hui.

ÉGOUT (Rue de l'). De la rue de Versailles à la rue de la Municipalité, à Auteuil. 16e A. 61e Q.

Même étymologie.

ÉLISA-BORRY (Rue). De la rue des Amandiers au buttes Saint-Chaumont. 20e A. 79e Q.

Doit son nom à la fille du propriétaire sur les terrains duquel elle a été tracée.

ÉLYSÉE-DU-ROULE (Passage de l'). Du faubourg Saint-Honoré à la rue de Courcelles. 8e A. 30e Q.

Ouvert en 1850 dans le voisinage de palais de l'Élysée, construit en 1718 par le comte d'Évreux.

ÉLYSÉE-DES-ARTS (Passage de l'). Du boulevard Pigalle à la rue Véron. 18e A. 66e Q.

Ouvert il y a une vingtaine d'années. Doit son nom à sa proximité d'un jardin public.

EMPEREUR (Rue de l'). Du boulevard de Clichy à la rue du Vieux-Chemin. 18e A. 70e Q.

Ouverte il y a une vingtaine d'années, sous le nom de « Rue-Royale »; Sa dénomination actuelle lui a été donnée à la suite des événements de décembre 1851.

ENFANT-JÉSUS (Impasse de l'). Rue de Vaugirard. 15e A. 58e Q.

Doit son nom au voisinage de l'hôpital des Enfants-Malades, dit Enfant-Jésus, fondé en 1735 par le curé de Saint-Sulpice.

ENFANTS-ROUGES (Rue des). De la rue Pastourelle à la rue Molay. 3e A. 10e Q.

C'était autrefois la « rue du Chantier-du-Temple ». Elle prit, en 1536, le nom qu'elle porte de son voisinage de l'hospice des Enfants-Rouges, fondé par François Ier et supprimé en 1772.

ENFER (Rue). De la place Saint-Michel au boulevard d'Enfer. 5e A. 19e Q.

Il y a trois opinions sur l'étymologie de cette voie publique, — et toutes les trois ne valent pas le diable. Quelques auteurs prétendent que la rue Saint-Jacques, parallèle à celle-ci, portait autrefois — au temps de la domination romaine sans doute — le nom de *Via supera*, ou rue Supérieure, et celle-ci le nom de rue Inférieure, ou *Via Infera*. D'*Infera* on aurait inféré qu'il fallait prononcer « rue d'Enfer » : première opinion. D'autres étymologistes, plus imaginatifs que les précédents, prétendent que le château de Vauvert, bâti là au commencement du IXe siècle par Robert le Fort, comte d'Anjou, — et tige des Capétiens, comme on sait, — ayant été abandonné par ses successeurs, se trouva, au XIIIe siècle, hanté par des revenants, par des diables; et qu'alors le saint roi Louis IX l'ayant cédé à de vénérables Chartreux, ceux-ci, par leurs exorcismes et leur eau bénite, en avaient à tout jamais fait déguerpir ces locataires infernaux : deuxième opinion. Enfin, d'autres historiens, de son plus rassis que les précédents, ont déclaré que cette étymologie n'avait rien en soi d'aussi infernal qu'on voulait bien le dire, attendu qu'ici l'on avait la *Porta de Fierto*, ou la *Porte de Fierte*, que l'on prenait pour se rendre à l'un des cimetières les plus fréquentés de l'antique Lutèce, et que *ferte*, vieux mot français, venait du latin *fertrum*, *feretum*, qui venait lui-même du grec φέρειν (porter), et qu'il désignait un cercueil de bois servant de corbillard à nos aïeux : troisième et dernière opinion. Que nos lecteurs prononcent maintenant.

ENFER (Chemin de ronde de la barrière d'). Du boulevard d'Enfer au boulevard Montparnasse. 14e A. 58e Q.

Même étymologie.

ENFER (Boulevard d'). De la rue d'Enfer au boulevard Montparnasse. 14e A. 58e Q.

Même étymologie. Planté en 1761.

ENGHIEN (Rue d'). De la rue du Faubourg-Saint-Denis à la rue du l'aub.-Poissonnière. 10e A. 38e Q.

Percée en 1772, mais bâtie seulement vers 1785. On lui donna le nom d'un des fils du prince de Condé, celui-là même qui fut fusillé le 21 mars 1804 dans les fossés de Vincennes.

ENTREPÔT (Rue de l'). Du faubourg du Temple à la rue de Lancry. 10e A. 39e Q.

Ouverte en 1827. Elle doit son nom à l'Entrepôt, dont elle longe un des côtés.

ENTREPÔT (Passage de l'). De la rue des Marais à la rue de l'Entrepôt. 10e A. 39e Q.

Tire son nom du voisinage de l'Entrepôt.

ENTREPÔT (Rue de l'). De la rue Cardinet à la rue Militaire, à Batignolles. 17e A. 68e Q.

ENTREPÔT (Rue de l'). De la rue de Grenelle au quai de Grenelle, à Grenelle. 15e A. 59e Q.

ENTREPÔT (Rue de l'). De la rue d'Isly à la rue d'Aubervilliers, à La Villette. 19e A. 78e Q.

ENTREPRENEURS (Rue des). De la rue Croix-Nivert au quai de Javel, à Grenelle. 15e A. 60e Q.

ENTREPRENEURS (Passage des). De la rue des Entrepreneurs à la place de la Mairie. 15e A. 59 Q.

ENVIERGES (Rue des). De la rue de la Mare à la rue Piat, à Belleville. 20e A. 77e Q.

ÉPÉE-DE-BOIS (Rue de l'). De la rue Gracieuse à la rue Mouffetard. 5e A. 18 Q.

Quelques plans anciens lui donnent le nom de « rue du Petit-Champ », parce qu'elle conduisait au champ d'Albiac, un terrain considérable appartenant à un particulier. Elle tient d'une enseigne son nom actuel.

ÉPERON (Rue de l'). De la rue St-André-des-Arcs à la rue du Jardinet. 6e A. 21e Q.

Au XIIIe siècle c'était la « rue Cauvain » ou « Gauguin ». Plus tard, ce fut la « rue Chaperon » ou « de l'Eperon ». Nous penchons pour cette dernière appellation, comme nous penchons pour l'orthographe *arcs* — et non *arts* — pour la rue St-André, à cause des lormiers qui demeuraient dans ce quartier.

ÉPERON (Rue de l'). De la rue St-Ferdinand au boulevard Péreire, à Neuilly. 17e A. 65e Q.

Nous pensons que ce nom lui a été donné en souvenir de la cause accidentelle de la mort du duc d'Orléans, arrivée à quelques pas de là, le 13 juillet 1842. Tout le monde sait, en effet, que ce prince qui, vingt fois, s'était essayé à sauter de sa voiture lancée au galop, aurait pu, cette fois encore, en sauter impunément si la pointe de son éperon ne s'était embarrassée dans le marche-pied au moment où il s'élançait, — ce qui avait faussé son mouvement, détruit son équilibre et déterminé sa chute.

ÉPINETTES (Rue des). De la rue des Bœufs aux fortifications, à Neuilly. 17e A. 68e Q.

Doit son nom au terrain planté d'épines sur lequel elle a été tracée.

ERFURTH (Rue d'). De la rue Childebert à la rue Ste-Marguerite. 6e A. 24e Q.

Percée en 1715, sous le nom de « petite rue Ste-Marguerite ». Son nom actuel lui a été donné dans les premières années de ce siècle, en mémoire de la célèbre capitulation faite le 16 octobre 1806.

ERMITAGE (Rue de l'). De la rue des Rigoles à la rue de Ménilmontant. 20e A. 77e Q.

Doit son nom au voisinage d'un jardin public.

ERNESTINE (Rue). De la rue Doudeauville à la rue Marcadet. 18e A. 71e Q.

Doit son nom à la femme du propriétaire sur le terrain duquel elle a été tracée.

ESSAI (Rue de l'). De la rue de Poliveau au marché aux Chevaux. 5e A. 18e Q.

Percée au XVIIe siècle sous le nom de « rue Maquignonne »; c'est vers 1812 qu'on lui a donné celui qu'elle porte, à cause de son voisinage du marché aux Chevaux, où deux fois par semaine, le mercredi et le samedi, a lieu l'essai des chevaux à vendre.

EST (Rue de l'). De la rue d'Enfer au carrefour de l'Observatoire. 6e-5e A. 22e Q.

Ouverte au commencement de ce siècle sous le nom de « rue du Levant »; celui qu'elle porte aujourd'hui lui a été donné parce qu'elle se trouve à l'est du jardin du Luxembourg.

ESTIENNE (Rue). De la rue Boucher à la rue de Rivoli. 1er A. 1er Q.

Tracée, en 1773, sur l'emplacement de l'ancien hôtel des Monnaies, Messire Henri-Isaac Estienne étant échevin.

ESTRAPADE (Place de l'). De la rue des Fossés-St-Jacques à la rue des Postes. 5e A. 19e Q.

C'est l'ancien « carrefour Braque-Latin ». Là, autrefois, s'infligeait aux soldats le supplice de l'estrapade. Ce supplice consistait à lier le condamné les mains derrière le dos, à l'élever avec une corde au haut d'une pièce de bois et à la laisser retomber jusque près de terre, en sorte que le poids de son corps lui disloquait les bras. C'était, comme on voit, on ne peut plus simple et non plus ingénieux. L'homme a été de tout temps, décidément, très-inventif pour torturer l'homme ! Ce n'est que lors du commencement de la construction du Panthéon (1758) que cette place cessa d'être destinée à cette exécution.

ENTRÉES (Rue d'). Du boul. des Invalides à la place Fontenoy. 7e A. 27e Q.

Au siècle dernier elle était tracée, mais sans dénomination. En 1800 c'était la « rue Nve-de-Babylone ». C'est en 1819 qu'elle reçut son nom actuel, qui est celui du maréchal, né en 1695, mort en 1771, qui contribua au gain de la bataille de Fontenoy. Nous ignorons pourquoi deux ou trois historiens modernes s'obstinent à le faire mourir, l'un en 1711, l'autre en 1707, — confondant ainsi le duc avec le comte, le marin avec le soldat. Si le maréchal d'Estrées était mort en 1711 ou en 1707, il n'aurait pu contribuer, à ce qu'il nous semble, au gain de la bataille de Fontenoy, arrivée le 8 mai 1745.

* ÉTOILE (Rue de l'). Du quai des Ormes à la rue des Barrés. 4e A. 14e Q.

Elle a été successivement la « rue des Barrés », des « Petites-Barrières », de « Petite-Barrée », de « Tillebarrée », de l'Arche-Dorée », de l'Arche-Beaufils », et enfin de l'Étoile », — ce dernier nom lui venant d'une maison voisine, nommée Château de l'Étoile.

ÉTOILE (Rond-point de l'). Avenue des Champs-Élysées et avenue de la Porte-Maillot. 16e A. 65e Q.

Son nom lui vient de ce qu'il forme, comme la plupart des ronds-points, une étoile d'où partent plusieurs avenues.

ÉTOILE (Boulevard de l'). De l'avenue des Ternes au rond-point de l'Étoile. 17e A. 65e Q.

ÉTOILE (Cité de l'). Du rond-point de l'Étoile à la rue des Acacias. 17e A. 65e Q.

ÉTOILE (Rue de l'). Du boulev. de l'Étoile à la rue des Acacias. 17e A. 65e Q.

ÉVÊQUE (Rue de l'). De la rue des Frondeurs à la rue des Orties. 1er A. 3e Q.

C'était, vers 1615, la « rue du Culoir ». Son nom actuel vient de ce qu'elle a été ouverte sur un terrain appartenant à l'évêque de Paris.

F

FAISANDERIE (Rue de la). De l'avenue de l'Impératrice à l'avenue de St-Cloud. 16e A. 68e Q.

Ainsi nommée, à cause de son voisinage de l'ancienne faisanderie.

FALAISE (Cité). Quartier des Grandes-Carrières, à Montmartre. 18e A. 69e Q.

Doit son nom au propriétaire sur les terrains duquel elle a été tracée.

FAUBOURG-DU-TEMPLE (Rue du). Du boulev. du Temple à l'ancienne barrière de Belleville. 11e A. 39e Q.

Formée au commencement du xviie siècle. Son nom lui vient de ce qu'elle traverse le faubourg du Temple.

FAUBOURG-MONTMARTRE (Rue du). Du boul. Poissonnière à la rue Lamartine. 9e A. 35e Q.

Ainsi nommée parce qu'elle prolonge la rue Montmartre à travers le faubourg de ce nom.

FAUBOURG-POISSONNIÈRE (Rue du). Du boul. Bonne-Nouvelle à l'ancienne barrière Poissonnière. 10e A. 38e Q.

C'était autrefois la « chaussée de la Nouvelle France »; puis ce fut la « rue Ste-Anne »; puis enfin, on lui donna son nom actuel, parce qu'elle traverse le faubourg Poissonnière.

FAUBOURG-SAINT-ANTOINE (Rue du). De la place de la Bastille au rond-point de la barrière du Trône. 12e A. 48e Q.

Au xviie siècle c'était la « chaussée St-Antoine »; puis le « chemin de Vincennes ». Son nom actuel lui vient de ce qu'elle traverse le faubourg St-Antoine.

FAUBOURG-SAINT-DENIS (Rue du). Du boulev. St-Denis à l'ancienne barrière St-Denis. 10e A. 37e Q.

Elle a été successivement appelée le « faubourg St-Lazare », puis le « faubourg de Gloire », puis la « Franciade ». Son nom actuel lui vient de ce qu'elle prolonge la rue St-Denis dans la direction du village de ce nom.

FAUBOURG-SAINT-HONORÉ (Rue du). De la rue Royale à l'ancienne barrière du Roule. 8e A. 30e-31e Q.

C'était autrefois la « chaussée du Roule ». Puis, lors de la construction des maisons en dehors et tout près du rempart St-Honoré, cela forma un faubourg qui reçut le nom qu'il porte encore aujourd'hui.

FAUBOURG-SAINT-JACQUES (Rue du). De la rue du Port-Royal à la place St-Jacques. 14e A. 53e Q.

Ainsi nommée parce qu'elle traverse le faubourg qui prolonge la rue St-Jacques.

FAUBOURG-SAINT-MARTIN (Rue du). De la rue de Bondy à l'ancienne barrière de la Villette. 10e A. 37e Q.

Ainsi nommée, à cause de la rue St-Martin qu'elle continue en traversant le faubourg.

FAUCONNIER (Rue du). De la rue du Figuier à la rue Charlemagne. 4e A. 14e Q.

Elle date du xiiie siècle, comme en témoigne Guillot en ces termes — peu favorables au sexe féminin d'alors :

« Trouvai la rue a *Fauconniere*
Où l'en truevre bien por deniere
Femmes por son cors soulacier... »

FAUCONNIER (Impasse). A Neuilly. 17e A. 67e Q.

Doit son nom à un propriétaire.

FAUCHEUX (Passage). Rue de Paris, à Belleville. 19e A. 76e Q.

Même étymologie.

FAUVET (Rue). De l'avenue de St-Ouen à la rue des Carrières. 18e A. 71e Q.

Même étymologie.

FAUVET (Passage). De la rue des Couronnes à la rue Cavé. 18e A. 71e Q.

Même étymologie.

FAVART (Rue). De la rue Grétry au boul. des Italiens. 2e A. 6e Q.

Ouverte en 1781. On lui a donné le nom de l'auteur d'opéras-comiques, né en 1710, mort en 1792.

FAVORITES (Rue des). De la grande rue de Vaugirard à la petite rue de la Procession. 15e A. 57e Q.

Ouverte il y a quelques années. Elle doit son nom au voisinage d'une remise de voitures publiques.

FÉLIBIEN (Rue). De la rue Clément à la rue Lobineau. 6e A. 22e Q.

Comme toutes les rues qui avoisinent le marché St-Germain, elle doit son nom à un historien de Paris, Dom Félibien, né en 1666, mort en 1719.

FÉLICITÉ (Rue de la). De la rue de la Santé à la rue d'Asnières. 17e A. 67e Q.

FEMME-SANS-TÊTE (Rue de la). De la rue St-Louis au quai Bourbon. 4e A. 16e Q.

C'était au xviie siècle un tronçon de la rue Regrattier. Une enseigne représentant une femme décapitée, tenant un verre en main, avec cette épigraphe : « Tout en est bon », lui a fait donner son nom. Nos aïeux n'étaient pas galants ; ils étaient seulement grossiers.

FÉNELON (Rue). De la rue Belzunce à la place Lafayette. 10e A. 38e Q.

Ouverte en 1827 sous le nom du « Cygne-de-Cambrai », né en 1651, mort en 1715.

FÉNELON (Cité). De la rue Nve-Coquenard à la rue de la Tour-d'Auvergne. 10e A. 36e Q.

Ouverte en 1844. Même étymologie.

FENOUX (Rue). De la rue du Transit à la place de l'Église. 15e A. 57e Q.

Doit son nom à un particulier.

FER (Galeries de). De la rue de Choiseul au boulev. des Italiens. 2e A. 6e Q.

C'était autrefois le « passage Bouffiers ». Ce passage, incendié en 1829, fut reconstruit l'année suivante en fer — d'où son nom.

FER-A-MOULIN (Rue). De la rue des Fossés-St-Marcel à la rue Mouffetard. 5e A. 17e Q.

Au xiie siècle c'était le « chemin du Comte-de-Boulogne ». Au xviie siècle, la partie qui va de la rue Fossés à la rue du Pont-aux-Biches s'appelait « rue des Morts », et l'autre partie « rue Fermoulin ». En prenant de l'âge ce nom s'est naturellement corrompu, et le « Par » s'est transformé en « Fer ».

FERDINAND (Rue). De la rue des Trois-Couronnes à la rue de l'Orillon. 11e A. 41e Q.

En 1789, c'était une ruelle qui prit le nom du particulier qui y fit bâtir.

FERDINAND-BERTHOUD (Rue). De la rue Montgolfier à la rue Vaucanson. 3e A. 9e Q.

Ouverte dans le voisinage du Conservatoire des Arts et Métiers, on lui a donné le nom du membre de l'Institut, né en 1727, mort en 1807.

FERME-DE-GRENELLE (Rue de la). De l'avenue de Lamothe-Piquet à l'avenue de Suffren. 15e A. 59e Q.

Doit son nom à la ferme de l'ancien château de Grenelle qui y était située.

FERME-DES-MATHURINS (Rue de la). De la rue Basse-du-Rempart à la rue St-Nicolas. 8e A. 31e Q.

Ouverte en 1775 sur l'emplacement d'une ferme appartenant aux Mathurins.

FERMES (Cour des). De la rue de Grenelle-St-Honoré à la rue du Bouloi. 1er A. 2e Q.

Formée sur l'emplacement de l'ancien hôtel des Fermes, qui, après avoir appartenu à Charles de Soissons, au duc de Bellegarde, au chancelier Séguier et aux fermiers généraux, devint propriété nationale en l'an IV.

FERMIERS (Rue). De la route d'Asnières à la rue de la Santé, à Batignolles. 17e A. 67e Q.

FÉROU (Rue). De la place St-Sulpice à la rue de Vaugirard. 6e A. 22e Q.

Elle date du xive siècle, époque où Étienne Férou, procureur, y possédait plusieurs maisons.

FERRONNERIE (Rue de la). De la rue St-Denis à la rue de la Lingerie. 1er A. 2e Q.

Elle doit son nom aux « povres féroniers » auxquels saint Louis avait permis d'occuper des places le long du charnier des Innocents.

FERS (Rue aux). De la rue St-Denis à la rue de la Lingerie. 1er A. 2e Q.

Elle date du xiiie siècle. Son nom primitif était « rue o Fevre », comme en témoignent ces vers de Guillot :

« La rue o *Fevre* siet bien près
Et la Cossonerie après. »

Est-ce « febre », « fevbre », *faber*, fabricant? Ou est-ce « foure », « fourre », « fouarre », *fœnum*, paille, foin? Nous n'y voyons aucun inconvénient.

FESSART (Rue). De la rue des Buttes à la rue de la Villette, à Belleville. 19e A. 76e Q.

FESSART (Impasse). Rue Fessart. 19e A. 76e Q.

FEUILLADE (Rue de la). De la place des Victoires à la rue de la Vrillière. 1er-2e A. 3e Q.

Au xvie siècle c'était la « rue des Jardins ». Le nom qu'elle porte lui fut donné en 1685, en l'honneur de François d'Aubusson, duc de la Feuillade, à qui l'on doit la place des Victoires.

FEUILLANTINES (Rue des) De la rue St-Jacques à la rue d'Ulm. 5e A. 19e Q.

Jusqu'à l'année dernière ç'a été un cul-de-sac qui conduisait au courant des Feuillantines, construit là en 1713 et supprimé en 1790. Victor Hugo, qui a été élevé là, a consacré à ce souvenir d'enfance de magnifiques vers, où il peint :

« ...Le dôme oriental du sombre Val-de-Grâce,
Le cloître du couvent, brisé, mais doux encor ;
Les marronniers, la verte allée aux boutons d'or...
Tous ces vieux murs croûlants, toutes ces jeunes roses,
Tous ces objets pensifs, toutes ces douces choses... »

FEUILLET (Passage). De la rue des Écluses-St-Martin à la rue du Canal. 10e A. 40e Q.

Ouvert en 1830. Il doit son nom à un propriétaire riverain.

FEUTRIER (Rue). De la rue St-André à la rue Muller, à Montmartre, 18e A. 70e Q.

Récemment ouverte. Même étymologie.

FÈVES (Rue aux). De la rue de Constantine à la rue de la Calandre. 4e A. 16e Q.

C'est une rue du xiiie siècle. Il se présente, à propos d'elle, le même doute étymologique qu'à propos de la rue aux Fers. Guillot dit :

« Et me samble que l'autre chief
Descent droit en la rue à Fèves
Par deçà la maison o Fèvre... »

Est-ce vicus fabarum ou vicus fabrorum ? Fèves ou Fèvres ? On ne sait. Encore une énigme dont M. Edouard Fournier a oublié de nous donner la clef.

FEYDEAU (Galerie). De la rue St-Marc à la galerie des Variétés. 2e A. 6e Q.

Fait partie du passage des Panoramas.

FEYDEAU (Rue). De la rue Montmartre à la rue Richelieu 2e A. 6e Q.

En 1675 c'était la « rue des Fossés-Montmartre », puis la « rue Nve-des-Fossés-Montmartre ». Son nom actuel, qui était celui d'une famille de magistrats, lui a été donné à la fin du xviiie siècle.

FIDÉLITÉ (Rue de la) De la rue du F.-St-Martin à la rue du F.-St-Denis. 10e A. 58e Q.

Ouverte vers 1790 sur l'emplacement du couvent des Filles-de-la-Charité. Son nom lui vient de son voisinage de l'église St-Laurent, qui, sous la révolution, était le « temple de l'Hymen et de la Fidélité ».

FIGUIER (Rue). De la rue Charlemagne à la rue de l'Hôtel-de-Ville. 4e A. 14e Q.

C'est une rue du xiiie siècle, comme en témoigne Guillot. Les arbres n'étaient pas autrefois bannis de Paris, et il faut croire qu'il y avait un figuier dans cette voie publique, puisqu'elle en a conservé le nom, — c'est-à-dire le souvenir.

FILLES-DU-CALVAIRE (Rue des). De la rue St-Louis au boulev. des Filles-du-Calvaires. 3e A. 10e Q.

Ouverte en 1698 dans le voisinage du couvent des Filles-du-Calvaire, fondé en 1637, supprimé en 1790.

FILLES-DU-CALVAIRE (Boulevard des). De la rue du Pont-aux-Choux à la rue de Ménilmontant. 3e A. 10e Q.

Formé en 1670.

FILLES-DIEU (Rue des). De la rue St-Denis à la rue Bourbon-Villeneuve. 2e A. 8e Q.

En 1530 c'était la « rue Nve-de-l'Ursine », alias des « Filles-Dieu ». En 1643 c'était la « rue St-Guillaume ». Son nom lui vient de son voisinage du couvent des Filles-Dieu, fondé là en 1316.

FILLES-ST-THOMAS (Rue des). De la rue N.-D.-des-Victoires à la rue Nve-St-Augustin. 2e A. 6e Q.

Ouverte vers 1760 sur un terrain appartenant, partie aux religieux Augustins et partie aux Filles-St-Thomas, dont le couvent, fondé en 1640, existait à l'endroit où est aujourd'hui la Bourse.

FILLETTES (Rue des). Du chemin de la Croix-de-l'Évangile aux fortifications. 18e A. 72e Q.

Les « fillettes » peuvent y passer, mais elles y demeureraient difficilement, car il n'y a pas encore de maisons.

FLANDRES (Rue de). Du boulev. de la Villette à la rue Militaire. 19e A. 74e Q.

FLÉCHIER (Rue). De la rue Ollivier au F.-Montmartre. 9e A. 33e Q.

Ouverte en 1825 sous le nom de l'évêque de Nîmes, né en 1632, mort en 1710.

FLEURS (Cité des). De l'avenue de Clichy au chemin des Boeufs. 17e A. 68e Q.

Ouverte il y a quelques années.

FLEURUS (Rue de). Du jardin du Luxembourg à la rue N.-D.-des-Champs. 6e A. 23e Q.

Ouverte vers 1790 sur une partie du terrain retranché au jardin du Luxembourg. On lui a donné ce nom qu'elle porte en souvenir de la victoire remportée, le 26 juin 1794, par le général Jourdan.

FLEURY (Rue). Du boul. de Reuilly à la rue Raoul. 12e A. 46e Q.

Ouverte il y a quelques années.

FLEURY (Rue). De la rue de la Chapelle à la rue Charbonnière, à la Chapelle. 18e A. 71e Q.

FLORENCE (Rue de). De la rue de Lauzun aux Champs, à Belleville. 19e A. 76e Q.

Tracée, non bâtie.

FLORENCE (Impasse). Rue de Florence. 19e A. 76e Q.

FLORENTINE (Rue). Du boulev. Pigalle à la rue de l'Empereur. 18e A. 69e Q.

Ouverte il y a une vingtaine d'années.

FLORENTINE (Cité). Quartier d'Amérique, aux prés St-Gervais. 19e A. 75e Q.

Tracée, mais à peine bâtie.

FOIN (Rue du). De la rue de la Chaussée-des-Minimes à la rue St-Louis. 3e A. 11e Q.

Ouverte à la fin du xvie siècle sur un terrain dépendant du parc des Tournelles.

FOLIE-MÉRICOURT (Rue). De la rue Ménilmontant à la rue Fontaine-au-Roi. 11e A. 41e Q.

Elle a été ouverte à la fin du siècle dernier, et tient son nom d'un particulier qui y possédait une « folie », une « petite maison », de folia.

FOLIE-REGNAULT (Rue). De la rue de la Muette à la rue des Amandiers. 11e A. 48e Q.

Ouverte à la même époque que la précédente ; même étymologie.

FONDARY (Rue). De la rue Croix-Nivert à la rue de Grenelle. 15e A. 59e Q.

Ouverte il y a une vingtaine d'années.

FONDARY (Impasse). Rue du Haut-Transit, à Vaugirard. 15e A. 57e Q.

FONDS-VERTS (Rue des). De la rue de Charenton à la rue du Commerce. 17e A. 47e Q.

FONTAINE (Rue de la). De la rue d'Orléans à la rue du Puits-l'Ermite. 5e A. 18e Q.

C'était autrefois la « rue Jean-Mesnard », alias « rue Jean-Molé ». Vers le milieu du xviie siècle elle prit celui qu'elle porte, d'une maison située au coin et dite la « Grande-Fontaine ».

FONTAINE (Rue de la). De la rue de Charonne à la rue de Vincennes, à Belleville. 20e A. 78e Q.

Tracée, non bâtie.

FONTAINE (Rue de la). De la rue de l'Église à la rue des Vignes, à Passy. 16e A. 62e Q.

FONTAINE (Rue). De la rue Pigalle à la barrière Blanche. 9e A. 33e Q.

Ouverte vers 1827. Un grand nombre de plans et d'indicateurs parisiens s'obstinent à vouloir que cette appellation lui vienne de son voisinage de la fontaine de la place St-Georges, et les habitants du quartier, eux-mêmes, écrivent et prononcent « rue Fontaine-St-Georges ». C'est une erreur. Cette voie publique doit son nom à M. Fontaine, architecte du roi Louis-Philippe, né en 1762, mort en 1853.

FONTAINE-AU-ROI (Rue). De la rue du Faub.-du-Temple à la rue St-Maur. 11e A. 41e Q.

C'était autrefois le « chemin du Mesnil ». Son nom lui vient des tuyaux de fontaine qu'on y avait établis.

FONTAINE-A-MULARD (Rue). Du chemin des Peupliers à la rue du Pot-au-Lait, à la Maison-Blanche. 13e A. 51e Q.

Tracée, mais non bâtie. C'est un chemin.

FONTAINE-DES-TERNES (Rue de la). De la rue de Louvain aux fortifications. 17e A. 65e Q.

Tracée, mais à peine bâtie.

FONTAINE-DU-BUT (Rue de la). De la rue des Brouillards à la rue Mercadet. 18e A. 69e Q.

Ouverte au commencement de ce siècle. Elle doit son nom à son voisinage d'une fontaine publique établie il y a longtemps, et dont la margelle est faite avec la pierre tumulaire d'une des abbesses de Montmartre.

FONTAINE-MOLIÈRE (Rue de la). De la rue St-Honoré à la rue Richelieu. 1er A. 3e Q.

C'était autrefois la « rue Traversière », alias « rue Traversine ». Son nom actuel lui a été donné en 1848, lors de l'érection de la fontaine consacrée à l'immortel auteur du Misanthrope.

FONTAINE-SAINT-DENIS (Rue de la). De la rue des Brouillards dans les champs. 18e A. 69e Q.

Tracée, mais à peine bâtie. Elle doit son nom au voisinage de la Fontaine-du-But et à sa direction vers la ville de St-Denis.

FONTAINES (Rue des). De la rue du Temple à la rue Volta. 3e A. 9e Q.

Elle portait déjà, au xve siècle ce nom, qu'elle devait à des sources d'eau venues de Ménilmontant.

FONTAINES (Cour des). Rue de Valois. 1er A. 3e Q.

Doit son nom aux fontaines destinées autrefois au service du Palais-Royal, dont elle dépendait.

FONTAINES (Rue des). De la rue Descombes à la rue de la Fontaine-des-Ternes, à Neuilly. 17e A. 65e Q.

FONTARABIE (Rue de). De la ruelle du Bosquet au boul. de Fontarabie. 20e A. 80e Q.

Doit son nom au village vers lequel elle se dirige, — lequel village, compris à cette heure dans Paris, porte lui-même le nom d'une ville de la Biscaye. Elle n'est pas bâtie dans toute sa longueur.

FONTARABIE (Petite rue de). De la rue du Château à la rue St-Germain. 20e A. 80e Q.

FONTARABIE (Boulevard de). De la rue de Paris à la rue des Rats. 20e A. 79e Q.

FONTARABIE (Chemin de ronde de). De la rue de Charonne à la rue de la Roquette. 11e A. 43e Q.

FONTENILLE (Rue de la). De la chaussée de Clignancourt à la rue des Rosiers. 18e A. 70e Q.

N'est pas entièrement bâtie. Son nom lui vient sans doute de son voisinage d'une petite fontaine, *fontioulus*, *fontinalis*, *fontaneus*, — à moins qu'il ne lui vienne d'un particulier, cependant.

FONTENOY (Place). École militaire et avenue de Saxe. 7e A. 27e Q.

Formée vers 1770, en souvenir de la bataille gagnée, le 8 mai 1745, par l'armée française commandée par le maréchal de Saxe.

FOREST (Rue). Du boul. Clichy à la rue Capron. 18e A. 69e Q.

Doit son nom à un particulier sur les terrains duquel elle a été ouverte, il y a une vingtaine d'années.

FOREZ (Rue du). De la rue Charlot au marché du Temple. 3e A. 9e Q.

Tracée en 1626, elle a reçu le nom d'une ancienne province de France.

FORGE-ROYALE (Impasse de la). Rue du F.-St-Antoine. 11e A. 44e A.

Formée au siècle dernier. Doit son nom à une enseigne.

FORGES (Rue des). De la rue de Damiette à la place du Caire. 2e A. 8e Q.

Ouverte au commencement de ce siècle. Doit son nom aux forges qui y avaient été établies en 1789.

FORTIN (Rue). De la rue de Ponthieu à la rue des Écuries-d'Artois. 8e A. 30e Q.

Ouverte en 1829 sur les terrains d'un particulier qui lui a donné son nom.

FORTIN-BATIGNOLLES (Rue). Du boulev. de Batignolles à la rue des Dames. 17e A. 67e Q.

Même étymologie.

FOSSÉ-AUX-LIONS (Impasse de la). A Montrouge. 14e A. 54e Q.

FOSSÉS-DU-TEMPLE (Rue des). De la rue de Ménilmontant au Faub.-du-Temple. 11e A. 41e Q.

Ouverte sur les fossés du Temple.

FOSSÉS-MONTMARTRE (Rue des). De la rue Vide-Gousset à la rue Montmartre. 2e A. 7e Q.

Ouverte sur l'emplacement des fossés qui régnaient le long des murs de clôture de Charles V et de Charles VI.

FOSSÉS-SAINT-BERNARD (Rue des). Du quai de la Tournelle à la rue St-Victor. 5e A. 17e Q.

Même étymologie. Son nom de St-Bernard lui vient, en outre, de sa proximité de l'ancien couvent des Bernardins.

FOSSÉS-SAINT-GERMAIN-L'AUXERROIS (Rue des). De la rue de Rivoli à la place du Louvre. 1er A. 1er Q.

Ouverte sur l'emplacement du fossé nord, creusé en 886 par les Normands autour de l'église St-Germain pour y établir leur camp. Guillot en parle :

« Et puis le *fossé St-Germain*,
Trou Bernard trouvai main à main. »

FOSSÉS-SAINT-JACQUES (Rue des). De la rue St-Jacques à la place de l'Estrapade. 5e A. 20e Q.

Bâtie sur les fossés du quartier St-Jacques, qui entouraient les murs de clôture de Philippe-Auguste.

FOSSÉS-SAINT-MARTIN (Rue des). De la rue de la Chapelle au Faub.-St-Denis. 10e A. 37e Q.

Doit son nom à une décharge publique qui existait là au commencement de ce siècle.

FOSSÉS-SAINT-MARCEL (Rue des). De la rue Mouffetard à la rue Fer-à-Moulin. 13e A. 49e Q.

Ouverte sur l'emplacement des fossés qui entouraient autrefois le territoire St-Marcel.

FOSSÉS-SAINT-VICTOR (Rue des). De la rue des Fossés-St-Bernard à la rue Descartes. 5e A. 17e Q.

Ouverte sur l'emplacement des fossés de l'enceinte de Philippe-Auguste, dans le voisinage de la porte St-Victor.

FOUARRE (Rue du). De la rue de la Bucherie à la rue Galande. 5e A. 20e Q.

Ouverte en 1202 sur le clos Galande, sous le nom de « rue de l'Escole ». Les écoles de l'Université se tenaient alors dans cette rue, presqu'en plein air, et les « eschollers » assistaient aux leçons, assis sur la paille, — d'où « feurres » ou « fouarre ». Cette double étymologie est constatée par Guillot :

« En près et rue de l'Escole,
Là demeure Dame Nicole,
En certes toy, qu'on me semble,
Vent-en et fain et fuerre ensemble... »

Rabelais n'a garde, non plus, d'oublier cette rue célèbre. « Et premièrement, dit-il, en la « rue du Feurres », Pantagruel tint (controverses) contre tous les régens, artiens (étudiants ès-arts), et orateurs, et les mist tous de cul ».

FOUR-SAINT-GERMAIN (Rue du). Du carrefour de l'Abbaye au carrefour de la Croix-Rouge. 6e A. 24e Q.

Ainsi nommée parce que le four banal de l'Abbaye-Saint-Germain y était situé.

FOUR-SAINT-HONORÉ (Rue du). De la rue Saint-Honoré à la rue Coquillière. 1er A. 2e Q.

Tire son nom du four banal qui y existait en 1255.

FOUR-SAINT-JACQUES (Rue du). De la rue des Sept-Voies à la rue d'Écosse. 5e A. 20e Q.

Elle tient son nom du four banal de l'église Saint-Hilaire qui y était situé en 1248, comme en témoignent ces vers de Guillot :

« Encontre est la rue Judas,
Puis la rue du *Petit-Four* »

Qu'on appelle le *Petit-Four Saint Hilaire*... »

FOUR-AUTEUIL (Rue du). De la rue de la Cure à la rue de Pontis. 16e A. 61e Q.

FOURCY-SAINT-ANTOINE (Rue de). De la rue de Jouy à la rue Saint-Antoine. 4e A. 14e Q.

Ouverte en 1684. Messire Henri de Fourcy étant prévôt des marchands.

FOURCY-SAINTE-GENEVIÈVE (Rue de). De la rue Mouffetard à la rue de la Vieille-Estrapade. 15e A. 20e Q.

Même étymologie.

FOURNEAUX (Rue des). De la rue de Vaugirard au boulevard des Fourneaux. 15e A. 58e Q.

Doit son nom au voisinage de l'ancien Four des Fourneaux. Elle a été ouverte à la fin du siècle dernier.

FOURNEAUX (Boulevard). Du boulevard d'Isly au boulevard de Vanves. 15e A. 58e Q.

FOURNEAUX (Passage des). Du chemin des Fourneaux à la rue de la Procession. 15e A. 58e Q.

FOURNEAUX (Chemin de ronde des). De la rue de Vaugirard à la rue des Fourneaux. 15e A. 58e Q.

FOURNIAL (Rue). Du boulevard de Courcelles à la rue de Chezelles. 17e A. 58e Q.

Tracée sur les terrains d'un particulier qui lui a donné son nom.

FOURNIER (Rue). De la rue d'Allemagne à la rue de Meaux. 19e A. 78e Q.

Même étymologie.

FOURREURS (Rue des). De la rue des Lavandières à la place Sainte-Opportune. 1er A. 2e Q.

Au XIIIe siècle c'était la « rue de la Cordouannerie », *alias* « de la Cordonnerie ». Au XVIIe siècle elle prit le nom qu'elle porte aujourd'hui, à cause des pelletiers et des fourreurs qui s'y étaient établis.

FRANÇAISE (Rue). De la rue d - Petit-Lion-Saint-Sauveur à la rue Mauconseil. 2e A. 2e Q.

Ouverte en 1548 sur l'emplacement de l'hôtel de Bourgogne, François Ier régnant, sous le nom de « rue Françoise ». Nous écrivons « rue Française » pour ne pas contrarier l'usage — qui a de si mauvaises habitudes.

FRANCE-NOUVELLE (Rue de la). Du boulevard des Poissonniers à la place Belhomme. 18e A. 70e Q.

Ouverte il y a quelques années.

FRANÇOIS Ier (Rue). Du Cours-la-Reine à l'avenue Montaigne. 8e A. 29e Q.

Ouverte il y a quelques années dans le voisinage de la maison que François Ier avait fait bâtir à Moret pour sa maîtresse, et qui a été transportée en 1823 dans un coin des Champs-Élysées.

FRANÇOIS Ier (Place). Formée à la jonction des rues Bayard, Jean-Goujon et François Ier. 8e A. 29e Q.

Même étymologie.

FRANÇOIS-GIRARD (Rue). De la rue Molière à la rue La Fontaine, à Auteuil. 16e A. 61e Q.

Ouverte sur les terrains d'un particulier qui lui a donné son nom.

FRANÇOIS-MYRON (Rue). De la rue Jacques-de-Brosse à la rue Lobau. 4e A. 14e Q.

C'était autrefois la rue « du Monceau-Saint-Gervais » puis « la rue Entre-Saint-Gervais-et-Saint-Jean ». C'est en 1838 qu'on lui a donné le nom du célèbre prévôt des marchands.

FRANCS-BOURGEOIS (Rue des). De la rue Pavée à la rue Vieille-du-Temple. 3e-4e A. 11e Q.

Au XIIIe siècle, c'était la « rue des Vieilles-Poulies ». Son nom actuel lui a été donné au XIVe siècle parce que l'on construisit là un hôpital destiné à loger 48 bourgeois pauvres, francs d'impôts.

FRANCS-BOURGEOIS (Rue des). De la place de la Collégiale à la rue des Fossés-Saint-Marcel. 13e A. 49e Q.

Ouverte au XVIIIe siècle, sur le clos de la confrérie aux Bourgeois.

FRANCS-BOURGEOIS (Rue des). De la Grand'Rue de La Chapelle à la rue d'Aubervilliers. 18e A. 72e Q.

FRANKLIN (Rue). De la rue Vineuse à la Grand'Rue de Passy. 16e A. 72e Q.

Ainsi nommée en mémoire du séjour que fit à Passy, en 1776, Benjamin Franklin, le grand patriote américain.

FRÉMICOURT (Rue). Du rond-point de l'École à la rue du Commerce, à Grenelle. 15e A. 59e Q.

FROCHOT (Rue). De la rue de Laval à la place de la barrière Montmartre. 9e A. 33e Q.

Ouverte en 1823 sous le nom de « rue Brack ». On lui a donné ensuite celui de « rue de la Nouvelle-Athènes », puis enfin celui du comte Frochot, préfet de la Seine, né en 1760, mort en 1828.

FROMENTEL (Rue). De la rue Charretière à la rue du Cimetière-Saint-Benoît. 5e A. 20e Q.

Au commencement du XIIIe siècle, on la nommait *Frigidum-Mantellum*, — un nom digne du pays de misère qu'elle traversait. Guillot l'appelle « rue Fresmantel », et d'autres historiens ont écrit « Froitmentel ». Aujourd'hui on devrait écrire « rue Froid-Manteau ».

FRONDEURS (Rue des). De la rue de l'Anglade à la rue Saint-Honoré. 1er A. 3e Q.

« Frondeurs » vient de « Fronde », et la Fronde vient de 1648, — Mazarin régnant.

FULTON (Rue). Du quai d'Austerlitz au quai de la Gare. 13e A. 49e Q.
Ouverte en 1829. Son voisinage du chemin de fer d'Orléans lui a fait donner le nom du mécanicien anglais, né en 1767, mort en 1815, qui a perfectionné la navigation à vapeur.
FURSTEMBERG (Rue). De la rue Jacob à la rue de l'Abbaye. 6e A. 24e Q.
Ouverte en 1699 sous le nom du cardinal, alors abbé de Saint-Germain des Prés.

G

GABRIEL (Avenue). De la place de la Concorde à l'avenue Matignon. 8e A. 31e Q.
Formée en 1818 sous nom de l'architecte auquel on doit la place de la Concorde.
GABRIELLE (Rue). De la rue Bénédict à la rue du Vieux-Chemin. 18e A. 70e Q.
Ouverte il y a vingt-cinq ans.
GAILLARD (Passage). De la rue Marbœuf à l'avenue Montaigne. 8e A. 29e Q.
Formé en 1825, par un particulier qui lui a donné son nom.
GAILLARD (Cité). De la rue Blanche à la rue Léonie. 9e A. 33e Q.
Même étymologie. Construite en 1837.
GAILLON (Rue). De la rue Neuve-des-Petits-Champs à la rue Neuve-Saint-Augustin. 2e A. 5e Q.
Au XVIe siècle, elle allait de la rue Saint-Honoré à la porte Gaillon, c'est-à-dire au boulevard, et s'appelait alors « rue Michaut-Regnault ». Puis on lui donna la dénomination qu'elle porte, en raison de l'hôtel Gaillon, depuis remplacé par l'église Saint-Roch.
GAILLON (Carrefour). Rue Neuve-des-Petits-Champs et rue Neuve-Saint-Augustin. 2e A. 5e Q.
GAIETÉ (Rue de la). Du boulevard de Montrouge à la chaussée du Maine. 14e A. 58e Q.
Ouverte au commencement de ce siècle. Son nom lui vient des cabarets et des popines qui, le dimanche et le lundi, du matin au soir, retentissent de cris d'ivrognes et de chants joyeux, — ce qui est, par parenthèse, un voisinage assez étrange pour le cimetière du Montparnasse.
GAIETÉ (Rue de la). De la Chaussée du Maine à la rue du Chemin-de-Fer, à Plaisance. 14e A. 56e Q.
Même étymologie, mais non même voisinage.
GAIETÉ (Chemin de la). De la rue du Chemin-de-Fer au chemin des Fourneaux. 15e A. 58e Q.
Même étymologie.
GAIETÉ (Impasse de la). Rue de la Gaieté, à Montrouge. 14e A. 58e Q.
GALANDE (Rue). De la place Maubert à la rue du Petit-Pont. 5e A. 20e Q.
Elle date du XIIIe siècle. Quelques historiens prétendent qu'elle doit son nom — corrompu — à Étienne de Garlande, prévôt de Paris en 1192, époque où l'on commença à bâtir dans ce quartier. Nous ne demandons pas mieux de le croire. Cependant, Guillot a écrit :

« Droit à la rue de Gallande
Où il n'a ne forest ne lande. »

GALIOTE (Chemin de la). De la route de Versailles au quai d'Auteuil. 16e A. 61e Q.
GALLOIS (Rue). Du port de Bercy à la rue de Bercy. 12e A. 47e Q.
GAMBEY (Rue). De la rue de Ménilmontant à la rue d'Angoulême. 11e A. 41e Q.
Ouverte en 1826 sous le nom de « passage du Bon-Charles X ». En 1848 on lui a donné celui du membre de l'Académie des Sciences, né en 1779, mort en 1847, qui avait demeuré près de là.
GANDELET (Impasse). Rue de Ménilmontant. 11e A. 42e Q.
GARANCIÈRE (Rue). De la rue Saint-Sulpice à rue de Vaugirard. 6e A. 22e Q.
Doit son nom à l'hôtel Garancière, construit au XVe siècle, et que l'on trouve indiqué sous les noms de « Garanche » et « Garancée ».
GARDES (Rue des). De la rue des Couronnes à la rue Constantine. 18e A. 71e Q.
GARE (Rue de la). Du chemin de ronde de la Gare au boulevard de l'Hôpital. 13e A. 49e Q.
Ouverte en 1825 sur les terrains du clos de la Gare et du pré de l'Hôpital.
GARE (Boulevard de la). Du quai de la Gare au quai d'Austerlitz. 13e A. 50e Q.
Doit son nom à la Gare que l'on avait commencé à former, en 1769, pour mettre les bateaux à l'abri des glaces.
GARE (Quai de la). De l'ancienne barrière de la Gare à la rue Militaire. 13e A. 50e Q.
GARE (Chemin de ronde de la). Du quai d'Austerlitz à l'ancienne barrière d'Ivry. 13e A. 49e Q.
GARE (Rue de la). Du chemin de fer à la rue des Fourneaux, à Vaugirard. 15e A. 56e Q.
Doit son nom au voisinage de la gare du chemin de fer de l'Ouest.
GARE (Rue de la). De la Grand'Rue de La Chapelle à la rue du Nord. 18e A. 79e Q.
Doit son nom au voisinage de la gare du chemin de fer du Nord.
GARRAUD (Rue). De la rue du Vieux-Chemin à la rue Durantin. 18e A. 69e Q.
Récemment ouverte sur les terrains d'un particulier qui lui a donné son nom.

GASNIER (Rue). De la rue des Partants aux Buttes, à Charonne. 20e A. 70e Q.
GASTÉ (Rue). De la rue Basse-Saint-Pierre à la rue de Chaillot. 16e A. 61e Q.
Ouverte au commencement de ce siècle sous le nom de « rue Brunette »; elle a pris plus tard celui d'un propriétaire riverain.
GAUTRIN (Passage). De l'avenue Montaigne à la rue Marbœuf. 8e A. 29e Q.
Porte le nom d'un particulier sur les terrains duquel il a été ouvert il y a quelques années.
GAZ (Rue du). Du boulevard d'Ivry dans les champs. 13e A. 50e Q.
Tracée, non bâtie. Doit son nom au voisinage d'un gazomètre.
GAZ (Impasse). A Ivry. 13e A. 50e Q.
Même étymologie.
GÉNIE (Rue du). De la route d'Italie à la rue du Bel-Air. 12e A. 51e Q.
Doit son nom au voisinage des fortifications, construites par les soldats du génie.
GÉNIE (Passage du). Du faubourg Saint-Antoine au boulevard Mazas. 12e A. 46e Q.
Doit son nom au voisinage de la colonne de Juillet, que surmonte le génie de la Liberté.
GENTILLY (Rue de). De la rue Mouffetard au boulevard des Gobelins. 13e A. 52e Q.
Ouverte à la fin du siècle dernier sous le nom de « rue du chemin qui va à Gentilly ».
GENTILLY (Rue de). Du chemin des Prêtres à la rue de la Tombe-Issoire. 14e A. 54e Q.
Même étymologie.
GENTY (Passage). Du quai de la Rapée à rue de Bercy. 12e A. 47e Q.
Ouvert au commencement de ce siècle sous le nom d'un propriétaire riverain.
GEOFFROY-DIDELOT (Passage). Du boulevard des Batignolles à la rue des Dames. 17e A. 67 Q.
Même étymologie.
GEOFFROY-L'ANGEVIN (Rue). De la rue du Temple à la rue Beaubourg. 4e A. 18e Q.
Elle date du XIIIe siècle, comme en témoigne Guillot, qui l'appelle « rue Gioffroi-l'Angevin ».
GEOFFROY-L'ASNIER (Rue). Du quai de la Grève à la rue Saint-Antoine. 4e A. 14e Q.
Elle date du XIIIe siècle, comme la précédente, Guillot l'appelle « rue Forgier-l'Anier », et elle a porté ce nom jusqu'au XVe siècle. « Forgier » ou « Forgié », comme on a quelquefois écrit, est l'anagramme de « Geoffroi ».
GEOFFROY-MARIE (Rue). De la rue du Faubourg-Montmartre à la rue Richer. 9e A. 85e Q.
Ouverte en 1842 sur une partie des terrains donnés à l'Hôtel-Dieu de Paris par un sieur Geoffroy « couturier », et par là dame Marie, sa femme.
GEOFFROY-SAINT-HILAIRE (Rue). De la rue For-à-Moulin à la rue Lacépède. 5e A. 18e Q.
C'était autrefois « la rue Colpeaux », aliàs « Coupeaux ». Au XVIIe siècle, c'était « la rue du Jardin-du-Roi ». En 1851, on lui a donné le nom du savant adversaire de Cuvier, né en 1772, mort en 1844.
GÉORAMA (Rue du). De la chaussée du Maine à la rue du Terrier-des-Lapins. 14e A. 55e Q.
Doit son nom au Géorama qu'avait établi là, en 1843, un géographe, Ph. Sanis. C'était une reproduction très-réduite de la France, avec ses montagnes, ses plaines, ses forêts et ses rivières.
GÉRARD (Rue). Du boulevard d'Italie à la rue de la Butte-aux-Cailles. 13e A. 51e Q.
Une partie seulement en est construite.
GERVAIS-LAURENT (Rue). De la rue de la Cité à la rue du Marché-aux-Fleurs. 4e A. 16e Q.
Au commencement du XIIIe siècle, c'était la « rue Gervais-Loorand », vicus Gervasii Loorandi, vicus de Lhoiens et Lohorens. Puis ce fut :

« La rue Gervese Lorens
Où maintes Dames ygnorens
Y maingnent qui de leur quiterne
En près rue de la lanterne. »

En traversant les siècles ce nom a changé de sexe, et « Gervaise Lorens est devenue « Gervais-Laurent ». Qui s'en plaint?
GÈVRES (Quai de). De la rue Saint-Martin à la place du Châtelet. 4e A. 16e Q.
Avant 1642 ce n'était qu'un terrain allant en pente jusqu'à la rivière, en partie couvert par les rues de la Tuerie et de l'Écorcherie. A cette époque le marquis de Gèvres le fit construire, couvrir et garnir de petites boutiques, — d'où son nom. Aujourd'hui, par suite du remaniement de la place du Châtelet et de ses alentours, le vieux quai n'existe plus; on en fait un autre complètement neuf, de la base au faîte.
GINDRE (Rue du). De la rue du Vieux-Colombier à la rue de Mézières. 6e A. 23e Q.
Formée au XVIe siècle. Son nom lui vient d'un boulanger qui y exerçait, — et l'on sait que le boulanger, ou plutôt celui qui pétrit le pain, s'appelle « Gindre ». « Gindre » vient du vieux verbe rabelaisien « gheaigner », — qui vient lui-même de l'hébreu gehenna : preuve de l'antiquité de la douleur.

GIRONDE (Quai de la). De la route de Flandres au quai de l'Oise. 19e A. 74e Q.

GIT-LE-CŒUR (Rue). Du quai des Grands-Augustins à la rue Saint-André-des-Arts. 6e A. 21e Q.

Au xve siècle, c'était la « rue Gilles-Queux », alias « Gui-le-Queux », c'est-à-dire la rue où demeurait un sieur Gilles ou Gui, cuisinier, *queux* venant du latin *coquus*. Plusieurs historiens, Touchard-Lafosse entre autres, la nomment « rue Gilles-Cœur », à cause du voisinage de l'hôtel du frère de Jacques Cœur, l'argentier de Charles VII.

GLACIÈRE (Rue de la). De la rue de Lourcine au boulevard Saint-Jacques. 14e-13e A. 54e Q.

Ouverte au xve siècle sous le nom de « Barrière ». Son nom actuel lui vient de son voisinage de la glacière de Gentilly.

GLACIÈRE (Rue de la). Du boulevard d'Italie à la rue Militaire. 13e A. 52e Q.

Même étymologie.

GLACIÈRE (Boulevard de la). De la rue de la Glacière à la rue de la Santé. 13e A. 51e Q.

GLACIÈRE (Rue de la). A Montmartre. 18e A. 70e Q.

C'est un sentier, non bâti, qui conduit à travers champs à la glacière de Saint-Ouen.

GLACIÈRE (Rue de la). De la rue des Vignes à la rue de l'Assomption. 16e A. 52e Q.

Son nom lui vient de son voisinage de la glacière de Passy.

GLATIGNY (Rue). Du quai Napoléon à la rue des Marmousets. 4e A. 16e Q.

Date du xiiie siècle. Plusieurs historiens veulent que ce nom lui vienne d'une famille qui y possédait une maison. D'un autre côté, l'orthographe de ce nom n'étant pas fixée, nous avons le droit de supposer que ce nom de famille était un nom de chose, et qu'il désignait « où l'on tenait plaisir »,— de *glai*, vieux mot qui signifie joie, et d'un temps quelconque du verbe *tenere*. N'a-t-on pas appelé cette rue le « Val-d'Amour » ? Et Guillot n'en a-t-il pas dit :

« Au Glatteinghi où bonne gent,
Maingnent, et Dames o oys gent
Qui aus homs, si com moi semblent
Volontiers charnellement assamblent! »

GOBELINS (Rue des). De la rue Mouffetard à la rivière de Bièvre. 13e A. 59e Q.

C'était autrefois la « rue de Bièvre ». Son nom actuel lui a été donné en 1636, à cause de son voisinage de la manufacture de tapisseries.

GOBELINS (Boulevard des). De la place de la barrière d'Italie à la rue de la Glacière. 13e A. 52e Q.

Formé en 1760. Même étymologie.

GOBELINS (Rue de la barrière des). Du chemin de ronde d'Ivry au boulevard de l'Hôpital. 13e A. 49e Q.

GODEFROY (Rue). De la barrière des Gobelins à la place de la barrière d'Italie. 13e A. 49e Q.

Ouverte en 1826 sur les terrains d'un particulier qui lui donna son nom.

GODOT-DE-MAUROY (Rue). De la rue Basse-du-Rempart à la rue Neuve-des-Mathurins. 9e A. 34e Q.

Ouverte en 1818 sur les terrains d'un propriétaire qui lui donna son nom.

GOUTTE-D'OR (Rue de la). De la rue Jessaint à la rue des Poissonniers. 18e A. 71e Q.

Ouverte en 1839. Elle doit son nom à une enseigne de marchand de vins.

GOUTTE-D'OR (Passage de la). De la rue de la Nation à la place Belhomme. 18e A. 71e Q.

Même étymologie.

GOURDON (Passage). Du boulevard d'Arcueil à la rue de la Tombe-Issoire. 14e A. 55e Q.

GOUY (Impasse). Rue de Crimée, à Belleville. 19e A. 76e Q.

GRACIEUSE (Rue). De la rue d'Orléans à la rue Lacépède. 5e A. 18e Q.

Ouverte au xiiie siècle sous le nom d'un particulier.

GRACIEUSE (Passage). De la rue du marché des Patriarches à la rue d'Orléans. 5e A. 18e Q.

GRAFFART (Passage). Du quai Valmy à la rue Lafayette. 10e A. 40e Q.

GRAMMONT (Rue de). De la rue Neuve-Saint-Augustin au boulevard des Italiens. 2e A. 6e Q.

Ouverte en 1767 sur l'emplacement de l'hôtel Grammont.

GRAND-CERF (Passage du). De la rue des Deux-Portes à la rue Saint-Denis. 3e A. 8e Q.

Construit en 1824 sur les terrains de la vieille hôtellerie « du Grand-Cerf ».

GRAND-CHANTIER (Rue du). De la rue des Vieilles-Haudriettes à la rue d'Anjou. 3e A. 12e Q.

Ouverte au xviie siècle sur l'emplacement des chantiers appartenant aux Templiers.

GRANDE-CHAUMIÈRE (Rue de la). De la rue Notre-Dame-des-Champs au boulevard Montparnasse. 6e A. 35e Q.

Ouverte en 1830 dans le voisinage du bal « la Grande-Chaumière ».

GRANDE-RUE, à Auteuil. De la rue Boileau à la rue Militaire 16e A. 61e Q.

GRANDE-RUE, à Batignolles. Du boulevard des Batignolles à l'avenue de Clichy. 17e A. 64e Q.

GRANDE-RUE, à La Chapelle. Du boulevard de La Chapelle à la rue Militaire. 18e A. 71e Q.

GRANDE-RUE, à Montreuil. Du boulevard de Montreuil à la rue Militaire. 20e A. 80e Q.

GRANDE-RUE, à Passy. De la rue Basse au boulevard Beauséjour. 16e A. 61e Q.

GRANDE-RUE, à Vaugirard. Du boulevard de Vaugirard à la rue Militaire. 15e A. 58e Q.

GRANDES-CARRIÈRES (Rue des). De la rue des Dames au Chemin-des-Bœufs, à Montmartre. 18e A. 60e Q.

GRANDE-TRUANDERIE (Rue de la). De la rue Saint-Denis à la rue Montorgueil. 1er A. 9e Q.

Elle date du xiiie siècle ; c'était la via mendicatrix par excellence.

GRAND-HURLEUR (Rue du). De la rue Saint-Martin au boulevard Sébastopol. 3e A. 12e Q.

Elle était comprise dans l'ancien Bourg-l'Abbé, au-delà des murs de l'ancienté de Philippe-Auguste. Comme ce quartier était presque spécialement habité par des filles publiques, et qu'on huait en brocardant à grands cris ceux qui y entraient, le nom de « Hurleur » fut donné aux deux rues principales de cette Cythère de bas étage.

GRAND-MONTROUGE (Avenue du). De la route de Châtillon à la rue Militaire. 14e A. 55e Q.

GRAND-PRIEURÉ (Rue du). De la rue de Ménilmontant à la rue de la Tour. 11e A. 41e Q.

Ouverte en 1783, le duc d'Angoulême étant grand prieur de France.

GRANDS-AUGUSTINS (Rue des). Du quai des Grands-Augustins à la rue Saint-André-des-Arcs. 6e A. 21e Q.

C'était en 1269 la « rue à l'abbé de Saint-Denis » ; plus tard, « la rue des Barres », et « la rue de l'Hôtel-de-Nemours ». Son nom actuel lui vient de son voisinage du couvent des Augustins, fondé en 1299, supprimé en 1790.

GRANDS-AUGUSTINS (Quai des). Du pont Saint-Michel à la rue Dauphine. 6e A. 21e Q.

Au xiiie siècle, ce n'était qu'un terrain planté de saules allant en pente douce à la Seine. Il fut construit en 1313 et porta successivement les noms de « rue de Seine », de « rue du Pont-Neuf », et de « rue des Augustins ». Même étymologie.

GRANDS-DEGRÉS (Rue des). De la rue Maître-Albert à la rue du Haut-Pavé. 5e A. 17e Q.

En 1366 c'était la « rue Saint-Bernard » ; puis ce fut la « rue Pavée ». Son nom actuel lui a été donné vers 1780, à cause d'un escalier de pierre par où l'on descendait à la rivière.

GRAND-SAINT-MICHEL (Rue du). De la rue du Faubourg-Saint-Martin au quai Valmy. 10e A. 40e Q.

En 1720, c'était une impasse du même nom, qu'elle tenait d'une enseigne.

GRANGE-AUX-BELLES (Rue). Du quai Jemmapes à l'ancienne barrière du Combat. 10e A. 37e Q.

Ouverte vers 1780 dans le voisinage d'une ferme de ce nom.

GRANGE-BATELIÈRE (Rue). De la rue Chauchat à la rue du Faubourg-Montmartre. 9e A. 30e Q.

Ouverte à la fin du xviie siècle sur l'emplacement d'une ferme du moyen âge, dont on voit un plan sur un plan de 1400 gravé par D'heuland, laquelle était fortifiée, crénelée, d'où « grange bataillée », du très-bas latin *bataillata*. Plus tard, la « grange bataillée » devint la « grange batelière » parce qu'un ruisseau, qui descendait alors des hauteurs de Montmartre, venait faire quelquefois rivière autour de cet endroit et forçait les piétons à improviser des bateaux pour circuler.

GRANGE-AUX-MERCIERS (Rue). Du port de Bercy à la rue de Charenton. 12e A. 44e Q.

Doit son nom à son voisinage d'une ancienne ferme.

GRAVILLIERS (Rue des). De la rue du Temple à la rue Saint-Martin. 3e A. 9e-12e Q.

Ouverte en 1250 sous le nom de « rue du Gravelier », qu'elle devait à une butte voisine, du vieux verbe français *graver*, pour *gravir*.

GRAVILLIERS (Passage des). De la rue Chapon à la rue des Gravilliers. 3e A. 9e Q.

Ouvert en 1828. Même étymologie.

GREFFULHE (Rue). De la rue Castellane à la rue Neuve-des-Mathurins. 8e A. 31e Q.

Ouverte en 1830 sur les terrains du comte de Greffulhe.

GRÉGOIRE-DE-TOURS (Rue). De la rue de Buci à la rue des Quatre-Vents. 6e A. 11e-22e Q.

Formée, depuis 1851, de la réunion des deux rues « des Mauvais-Garçons » et « du Cœur-Volant », deux vieilles rues mal famées du moyen âge.

GRENELLE-SAINT-GERMAIN (Rue de). Du carrefour de la Croix-Rouge à l'avenue Labourdonnais. 7e-6e A. 24e-25e Q.

Ce nom lui vient d'une garenne (*garanella*), appartenant à l'abbaye Sainte-Geneviève, laquelle garenne était située à l'endroit occupé par une caserne de cavalerie. Notre savant confrère Labédollière lui donne une autre étymologie, celle de *granella*, grenelle, gravier, sables. Nous n'osons choisir.

GRENELLE (Passage de). De la rue de Grenelle à la rue du Bac. 7e A. 28. Q.

Même étymologie.

GRENELLE (Rue de). Du boulevard de Grenelle à la rue de Javel. 15e A. 59e Q.

Doit son nom à son voisinage de l'ancien village de Grenelle.

GRENELLE (Rue de). De la rue de Sèvres à la Grande-Rue de Vaugirard 15e A. 57e Q.

GRENELLE (Chemin de ronde de). De la rue Dupleix au quai de Grenelle. 15e A. 59e Q.
GRENELLE (Boulevard de). De la rue du Commerce à la rue de Grenelle. 15e A. 59e Q.
GRENELLE (Pont de). De la place de Grenelle au quai de Billy. 15e A. 60e Q.
GRENELLE (Quai de). Du boulevard de Javel à la rue Traversière. 15e A. 60e Q.
GRENELLE (Impasse de). Rue de Grenelle-St-Germ. 7e A. 28e Q.
GRENELLE-SAINT-HONORÉ (Rue de). De la rue Saint-Honoré à la rue Coquillière. 1er A. 2e Q.

Doit son nom à une famille Guernelles qui y demeurait au XIIIe siècle. De « Guernelles » on a fait « Gnarnales », puis « Guarnelles » puis « Garnelles », puis « Grenelle. »

GRÉNÉTA (Rue). De la rue Saint-Martin à la rue Saint-Denis 3e-2e A. 8e-9e Q.

Des titres du XIIIe siècle lui donnent le nom de « Darnetal », alias « d'Arnetal. » De « Darnetal » la fantaisie populaire a fait tour à tour « Garnetal », « Grenetal », « Guernetal » et « Grénéta. » Nous ne voyons pas pourquoi tous ces noms-là ne viendraient pas de Trinitas, qui était celui de l'hôpital de la Trinité, fondé en cet endroit vers l'an 1202. Toutes les audaces étymologiques sont permises en pareil cas.

GRENIER-SAINT-LAZARE (Rue du). De la rue Beaubourg à la rue Saint-Martin. 3e A. 12e Q.

Doit son nom à une famille Lazare Garnier, qui y demeurait au XIIIe siècle.

GRENIER-SUR-L'EAU (Rue du). De la rue Geoffroy-l'Asnier à la rue des Barres. 4e A. 14e Q.

Même étymologie que la précédente. Guillot dit :

« La rue *Garnier* desus l'yaue
Trouval, à ce mon cuer s'atyre... »

GRÈS (Rue des). De la rue Saint-Jacques au boulevard de Sébastopol. 5e A. 20e Q.
Ouverte vers 1810 sur le passage des Jacobins.
GRÈS (Place des). Rue Saint-Germain et rue au Maire, à Charonne. 20e A. 80e Q.
GRÉTRY (Rue). De la rue Favart à la rue de Grammont. 2e A. 6e Q.
Ouverte en 1781. On lui a donné le nom du compositeur né en 1741, mort en 1813.
GRÈVE (Quai de la). De la rue Geoffroy-l'Asnier à la place de l'Hôtel-de-Ville. 4e A. 16e Q.

En 1834 il est désigné sous le nom de « rue aux Merrains » ; plus tard on lui donna son nom actuel, qui signifie un endroit uni, couvert de gravier, comme était autrefois le quai qui s'en allait doucement à la Seine.

GRIBEAUVAL (Rue). De la place Saint-Thomas-d'Aquin à la rue du Bac. 7e A. 23e Q.

C'était autrefois la « rue Saint-Vincent-de-Paul. » Son nom actuel, qui lui a été donné en 1847, est celui d'un inspecteur général de l'artillerie né en 1715, mort en 1789.

GRIL (Rue du). De la rue Censier à la rue d'Orléans. 5e A. 18e Q.

C'était autrefois la « rue du Gril fleuri », nom qui lui venait d'une enseigne de saint Laurent. Les fleurs ont disparu et le gril est resté.

GROSSE-BOUTEILLE (Impasse de la). Rue du Poteau, à Montmartre. 18e A. 69e Q.
GROSSE-TÊTE (Impasse de la). Rue Saint-Spire. 2e A. 8e Q.
Ce nom lui vient de Jean Grosse-Tête qui y possédait maison en 1341.
GROULT-d'ARCY (Rue). De la rue de Sèvres à la Grande-Rue de Vaugirard. 15e A. 57e Q.
GUÉ (Rue du). De la Grande-Rue de la Chapelle dans les Champs 18e A. 72e Q.
Tracée, non bâtie.
GUÉMÉNÉE (Impasse). Rue Saint-Antoine. 4e A. 15e Q.

C'était jadis la « ruelle du Ha ! Ha ! » En 1646, c'était la « rue Royale. » Son nom actuel lui vient de la famille Rohan-Guémenée qui y avait fait l'acquisition de l'hôtel Laverdin.

GUÉNÉGAUD (Rue). Du quai Conti à la rue Mazarine. 6e A. 21e Q.
Ouverte en 1641, Henri de Guénégaud étant ministre.
GUÉPINE (Impasse). Rue de Jouy. 4e A. 14e Q.
Au XIIIe siècle, c'était la « rue à la Guépine », alias « Aguespine. »
GUÉRIN-BOISSEAU (Rue). De la rue Saint-Martin à la rue Saint-Denis. 3e A. 9e Q.
Au XIIIe siècle c'était la « rue Guérin-Boucel. »
GUERLAIN (Rue). De la rue Villejust au boulevard du Roi-de-Rome. 16e A. 64e Q.
GUICHARD (Rue). De la Grande-Rue de Passy à la rue Sainte-Claire. 16e A. 62e Q.
Ouverte récemment, ainsi que les rues avoisinantes, sur des terrains appartenant à un particulier qui lui a donné son nom.
GUIGNIER (Rue du). De la rue des Rigoles à la rue des Cascades, à Belleville. 20e A. 77e Q.
Doit son nom à un cerisier voisin, producteur de guignes.
GUILLAUME (Rue). Du quai d'Orléans à la rue St-Louis. 4e A. 16e Q.
Ouverte en 1614 sous le nom d'un entrepreneur de maisons.
GUILLEMINOT (Rue). De la rue de l'Ouest à la rue Saint-Louis, à Plaisance. 14e A. 56e Q.
GUILLEMITES (Rue des). De la rue des Blancs-Manteaux à la rue de Paradis. 4e A. 14e Q.

Ouverte vers 1810 sur le jardin des religieux guillemites.
GUILLON (Rue). Du quai de Passy à la rue Basse, à Passy. 16e A. 62e Q.
GUISARDE (Rue). De la rue Mabillon à la rue des Canettes. 6e A. 22e Q.

Ouverte à la fin du XVIe siècle dans le voisinage de l'hôtel du Petit-Bourbon, qui servait de lieu de réunion aux Guisards, sous la Ligue.

GUTIN (Passage). De l'avenue de Clichy à la rue Militaire. 17e A. 68e Q.
GUY-LABROSSE (Rue). De la rue de Jussieu à la rue Saint-Victor. 5e A. 17e Q.

Ouverte en 1838 sous le nom du premier intendant du Jardin des Plantes, médecin du roi Louis XIII.

GUYOT (Rue). De la rue de Courcelles au boulevard Malesherbes. 17e A. 66e Q.

Tracée, mais non encore bâtie.

H

HAIES (Rue des). De la Grande-Rue-de-Montreuil à la rue de la Voie-Neuve. 20e A. 80e Q.
Tracée, mais à peine bâtie.
HALLES (Rue des). De la rue Saint-Denis à la rue des Lavandières-Sainte-Opportune. 1er A. 2e Q.
Ouverte il y a quelques années.
HALLES CENTRALES (Rue des). De la rue aux Fers à la rue Rambuteau. 1er A. 2e Q.
Ouverte en 1854 le long des nouvelles Halles.
HAMBOURG (Rue de). De la rue de Clichy à la rue Saint-Pétersbourg. 8e A. 32e Q.
Bâtie de 1828 à 1835, sous le nom d'une des principales villes commerçantes de l'Europe.
HAMEAU (Rue du). De la rue Notre-Dame à la rue Militaire, à Vaugirard. 15e A. 57e Q.
HANOVRE (Rue de). De la rue de Choiseul à la rue Louis-le-Grand. 2e A. 5e Q.

Ouverte en 1780 dans le voisinage du fameux pavillon de Hanovre, bâti par le maréchal de Richelieu en 1758.

HARLAY-AU-MARAIS (Rue du). Du boulevard Beaumarchais à la rue Saint-Claude. 3e A. 11e Q.
Ouverte en 1780 sur les jardins de l'hôtel de Nicolas de Harlay.
HARLAY-DU-PALAIS (Rue). Du quai de l'Horloge au quai des Orfèvres. 1er A. 1er Q.

Elle a été formée sur l'emplacement du bras de rivière qui séparait la Cité de l'Ile-aux-Bureaux ; elle porte le nom d'Achille de Harlay, premier président du Parlement de Paris.

HARPE (Rue de la). De la rue de la Huchette au boulevard Saint-Germain 5e A. 20e Q.

Elle portait déjà, en 1247, ce nom qui lui venait d'une enseigne. Elle allait autrefois jusqu'à la place Saint-Michel ; mais depuis le tracé du boulevard de Sébastopol elle s'arrête au palais des Thermes. Pauvre rue, jadis si tapageuse et si gaie, aujourd'hui si mélancolique et si abandonnée !

HASARD (Rue du). De la rue de la Fontaine-Molière à la rue Sainte-Anne. 1er A. 3e Q.
Ouverte au commencement du XVIIe siècle.
HASSART (Rue). De la rue du Plateau jusqu'aux buttes, à Belleville. 19e A. 75e Q.
HAUTE-DES-URSINS (Rue). De la rue Saint-Landri à la rue Glatigny. 4e A. 14e Q.
Ouverte vers 1550 sur l'emplacement de l'hôtel de Jouvenel des Ursins.
HAUTEFEUILLE (Rue). De la place Saint-André-des-Arts à la rue de l'École-de-Médecine. 6e A. 21e Q.
Ouverte en 1250 dans le voisinage du château de Hautefeuille.
HAUTEFORT (Impasse). Rue des Bourguignons. 19e A. 19e Q.
Ouverte à la fin du XVIIe siècle sur un terrain possédé par la famille d'Hautefort.
HAUTES-DIVEVES (Sentier des). Du chemin des Partants au sentier des Randonneaux. 20e A. 79e Q.

Tracée, non bâtie. D'où ce nom ? Est-ce par ironie, à cause du voisinage du cimetière du Père-Lachaise dont les hôtes comptent beaucoup d'aïeux, *dives avis*, ou qui, étant morts, sont devenus dieux, *divi* ? Est-ce simplement l'endroit lui-même considéré sous ses deux formes en largeur et en hauteur, *duas vias* ? Nous ne savons.

HAUTES-VIGNOLLES (Rue des). De l'avenue de Madame à la rue du Bosquet. 19e A. 80e Q.

Tracée, mais non entièrement bâtie. Il y avait là sans doute, autrefois, des vignes à grand bois et à petit vin, comme celles du pays des Sabins, *vinaciola*. Peut-être y avait-il autre chose : qui peut savoir ?

HAUTEVILLE (Rue d'). Du boulevard Bonne-Nouvelle à la place Lafayette. 10e A. 38e Q.
Ouverte en 1772, M. de La Michodière, comte d'Hauteville, étant prévôt des marchands.
HAUT-MOULIN (Rue du). De la rue Glatigny à la rue de la Cité. 4e A. 16e Q.

C'était en 1204 la « rue Neuve-Saint-Denis », en 1300 la « rue Saint-Denis-de-la-Châtre », et, au XVIe siècle, la « rue des Hauts-Moulins », à cause des moulins établis près de là sur la Seine.

HAUT-PAVÉ (Rue du). Du quai Montebello à la rue de la Bûcherie. 5e A. 16e Q.

C'était, au siècle dernier, la « rue d'Amboise. » Plus tard, on lui a donné le nom qu'elle porte aujourd'hui à cause de sa pente un peu roide.

HAUT-TRANSIT (Rue du). De la rue des Vignes à la rue du Transit, à Montrouge. 15e A. 57e Q.

HAVRE (Rue du). De la rue Saint-Nicolas-d'Antin à la rue Saint-Lazare. 8e A. 31e Q.

Ouverte en 1848 dans le voisinage du chemin de fer du Havre.

HAVRE (Place du). Rue du Havre et rue Saint-Lazare. 8e A. 31e Q.

HAVRE (Passage du). De la rue Caumartin à la rue Saint-Lazare. 9e A. 34e Q.

HAVRE (Rue du). De la rue Lebouteux à la rue d'Orléans, à Batignolles. 17e A. 67e Q.

HAVRE (Rue du). De la rue de Flandres au quai de Seine, à la Villette. 19e A. 73e Q.

HÉBRARDS (Ruelle des). De la rue de Charenton aux ateliers du chemin de fer de Lyon. 12e A. 47e Q.

Ouverte au milieu du siècle dernier.

HELDER (Rue du). Du boulevard des Italiens à la rue Taitbout. 9e A. 34e Q.

Ouverte en 1799, année de l'échec éprouvé par les Anglais devant la ville de Helder en Hollande.

HÉLÈNE (Rue). De la Grande-Rue de Batignolles à la rue Lemercier. 17e A. 67e Q.

HÉLÈNE (Rue). De la rue de la Santé à la rue Palmyre, à Gentilly. 13e A. 51e Q.

HENNEL (Impasse). Rue de Charenton. 12e A. 48e Q.

HENRI (Cité). De la rue Saint-Denis à l'impasse Beauregard, quartier d'Amérique. 19e A. 75e Q.

HENRI 1er (Rue). De la rue Bailly à la rue Réaumur. 3e A. 9e Q.

Ouverte en 1765, sur un terrain dépendant du prieuré Saint-Martin, en mémoire du monarque qui ordonna, par son diplôme de l'an 1059, de reconstruire l'abbaye Saint-Germain détruite par les Normands.

HENRI IV (Passage). De la rue des Bons-Enfants à la Cour-des-Fontaines. 1er A. 3e Q.

Ouvert en 1829.

HENRI IV (Quai). Du canal Saint-Martin au quai des Célestins 4e A. 11e Q.

Construit en 1843 sur l'emplacement de l'île Louviers.

HENRI-CHEVREAU (Rue). De la Chaussée de Ménilmontant à la rue de la Mare. 20e A. 77e Q.

Doit son nom à l'ancien sous-préfet de l'arrondissement de Saint-Denis, sous l'administration duquel elle a été ouverte.

HENRION-DE-PANSEY (Rue) de la rue de la Procession à la rue du Moulin-de-la-Vierge. 14e A. 56e Q.

Ouverte en 1849 sous le nom d'un jurisconsulte.

HÉRARD (Rue). De la Grande-Rue de Vaugirard à la rue de la Procession. 12e A. 57e Q.

HÉRISSON (Passage du). De la rue de la Glacière à la rue du Ruisseau prolongée. 13e A. 70e Q.

HERR (Rue) de la rue de l'Église à la rue de Javel, à Grenelle. 15e A. 60e Q.

HIRONDELLE (Rue de l'). De la place du pont Saint-Michel à la rue Git-le-Cœur. 6e A. 24e Q.

En 1200, c'était la « rue de l'Arondal-en-Laas. » En 1280, c'était la « rue de l'Hérondale », d'où l'on a conclu que ce devait être la « rue de l'Hirondelle ». Ce n'est ni la « rue Arondal » ni la « rue de l'Hérondale », ni la « rue de l'Arondelle » qu'il faut dire, n'en déplaise à Jaillot, à Dulaure, à Saint-Foix et autres. L'hirundo n'a rien à voir là-dedans, pour une raison que nous croyons excellente et que nous allons donner. Autrefois les métiers se parquaient. Les maçons habitaient « rue de la Mortellerie », les harengères « rue de la Harengerie », les écrivains « rue des Écrivains », les parcheminiers « rue de la Parcheminerie », etc. Par ainsi, ce n'est pas « rue de l'Hirondelle » qu'il faudrait dire, attendu que si les hirondelles sont des navires fins voiliers, elles n'ont pas encore de profession avouée, que nous sachions, mais bien plutôt « rue de la Rondelle » ou « des Rondelles ». Les rondelliers, fabricants de rondelles (petits boucliers de cuir), habitaient cette rue et ce quartier, auxquels ils ont laissé de leur nom et de leur traces de leur profession : témoin les rues « de l'Éperon », de « la Boucherie » de « la Lormerie », « Saint-André-des-Arcs », etc., etc.

HIRONDELLES (Place des). Chaussée de Clignancourt et rue Myrrha, à Montmartre. 18e A. 70e Q.

Formée vers 1841. Elle doit son nom aux omnibus qui y stationnaient autrefois.

HOLZBACHER (Cité). De la rue Fontaine-au-Roi à la rue des Trois-Bornes. 11e A. 41e Q.

Construite en 1843.

HOMME-ARMÉ (Rue de l'). De la rue Sainte-Croix-de-la-Bretonnerie à la rue des Blancs-Manteaux. 4e A. 14e Q.

Au XIIIe siècle, c'était la « rue Pernelle-St-Pol » aliàs « Perronnelle. » Son nom actuel lui vient d'une enseigne représentant un chevalier.

HONORÉ-CHEVALIER (Rue). De la rue Bonaparte à la rue Cassette. 6e A. 22e Q.

Tient son nom d'un particulier qui, au XVIe siècle, était propriétaire de trois maisons et de grands jardins sur lesquels on la perça.

HOPITAL (Boulevard de l'). De la place Walhubert à la place de la barrière d'Italie. 5e-13e A. 18e-49e Q.

Planté en 1761, dans le voisinage de l'Hôpital Général.

HOPITAL (Place de l'). Boulevard du même nom, devant la Salpêtrière. 13e A.

HOPITAL (Rue de l'). De la rue Nationale à la rue du Château-des-Rentiers, à Ivry. 13e A. 50e Q.

HOPITAL-SAINT-ANTOINE (Place de l'). Rue du Faubourg-Saint-Antoine. 12e A.

HOPITAL-SAINT-LOUIS (Rue de l'). De la rue Grange-aux-Belles au quai Jemmapes. 40e A. 10e Q.

HORLOGE (Quai de l'). Du Pont-au-Change à la place du Pont-Neuf. 1er A. 4e Q.

Ouvert en 1580. Doit son nom à l'horloge du Palais placée dans la tour carrée formant le coin de ce quai.

HOSPITALIÈRES (Impasse des). Rue de la Chaussée-des-Minimes. 3e A. 11e Q.

Ce cul-de-sac, qui prolongeait autrefois la rue du Foin, tient son nom des Hospitalières de la Charité, établies là en 1629.

HOSPITALIÈRES-SAINT-GERVAIS (Rue des). De la rue des Rosiers à la rue des Francs-Bourgeois, au Marais. 4e A. 14e Q.

Ouverte en 1817 sur l'emplacement de la maison des hospitalières de Sainte-Anastasie, fondée là en 1650.

HÔTEL-COLBERT (Rue de l'). Du quai Montebello à la rue Galande. 5e A. 20e Q.

Au XIIIe siècle, c'était la « rue d'Arras ». Puis elle a été, jusqu'au commencement de ce siècle, la « rue des Rats », double étymologie que l'on retrouve dans Guillot :

« ... L'autre en la rue d'*Aras*,
Où se nourrissent maint grant ras. »

Son nom actuel lui vient d'une maison dite « Hôtel Colbert » qui s'y trouve.

HÔTEL-DE-VILLE (Rue de l'). De la rue Jacques-de-Brosse à la rue du Figuier. 4e A. 14e Q.

En 1292 c'était la « rue de la Foulerie. » Plus tard, ce fut la « rue de la Mortellerie. » Son nom actuel lui a été donné en 1897 à cause de son voisinage de l'Hôtel-de-ville.

HÔTEL-DE-VILLE (Place de l'). Devant l'Hôtel-de-Ville. 4e Ar.

L'histoire de cette place est celle du monument devant lequel elle se trouve, et l'histoire de ce monument est celle du peuple parisien. Nous regrettons que le cadre étroit de ce Dictionnaire ne nous permette pas de la raconter. Ce que nous pouvons dire, c'est qu'au XIIe siècle, il se tenait là un marché au vieux linge, et, plus tard, un marché au charbon. Elle se nommait alors « place de Grève » et descendait jusqu'à la Seine. La construction du quai Pelletier, en 1673, commença à la séparer du fleuve. Son sol fut successivement relevé; puis des démolitions eurent lieu tout autour, des rues entières disparurent, et la place de l'Hôtel-de-Ville fut !

HÔTEL-DE-VILLE (Rue de l'). De la rue des Dames à la rue de la Paix, à Batignolles. 17e A. 67e Q.

Ouverte en 1846, en même temps que la mairie du XVIIe arrondissement qui lui a donné son nom.

HOUDART (Rue). De la rue des Amandiers à la rue Mogador, à Belleville. 20e A. 79e Q.

HUCHETTE (Rue de la). De la rue du Petit-Pont à la place pont Saint-Michel. 5e A. 20e Q.

Ouverte au XIIIe siècle sous le nom d'une maison qui appartenait au chapitre de Notre-Dame. C'est la première dont parle Guillot :

« La rue de la *Huchette* à Paris
Première, dont pas n'a mespris. »

HULOT (Passage). De la rue Montpensier à la rue Richelieu. 1er A. 3e Q. Ouvert en 1787.

I

IÉNA (Rue d'). Du quai d'Orsay à la rue de Grenelle. 7e A. 29e Q.

Ouverte en 1806, l'année de la bataille gagnée par les Français sur les Prussiens.

IÉNA (Pont d'). Du quai de Billy au quai d'Orsay. 16e A. 64e Q.

Construit de 1806 à 1813.

ILE DES CYGNES (Rue de l'). Du quai d'Orsay à l'avenue du Champ-de-Mars. 7e A. 28e Q.

Doit son nom au voisinage de l'ancien île « Maquerelle », dans laquelle on avait mis des cygnes au XVIIIe siècle et qui a été réunie en 1830 à la rive gauche.

ILE-LOUVIERS (Rue de l'). Du quai Henri IV au boulevard Morland. 4e A. 15e Q.

Ouverte en 1843 sur l'emplacement de l'ancienne île Louviers.

IMBAULT (Rue). De la rue des Entrepreneurs à la rue de Javel, à Grenelle. 15e A. 60e Q.

IMPÉRATRICE (Avenue de l'). Du rond-point de l'Étoile à la rue Militaire. 16e A. 63e-64e Q.

Tracée il y a quelques années.

IMPÉRATRICE (Rue de l'). De la rue Lambert à la rue Lécuyer, à Montmartre. 18e A. 70e Q.

INDUSTRIE (Rue de l'). De la rue Mazagran à la rue du Génie, à Gentilly. 13e A. 51e Q.

INDUSTRIE (Rue de l'). De la rue du Puits-de-Grenelle à la rue de Chabrol, à Grenelle. 15e A. 59e Q.

INDUSTRIE (Passage de l'). Du chemin des Marais à la rue de Sèvres. 15e A. 60e Q.

INDUSTRIE (Passage de l'). De la rue du Faubourg-Saint-Martin à la rue du Faubourg-Saint-Denis. 10e A, 38e-39e Q. Ouvert en 1827.

INVALIDES (Boulevard des). De la rue de Grenelle à la rue de Sèvres. 7e A. 27e Q.

Planté en 1761 dans le voisinage de l'hôtel des Invalides, fondé en 1670 par Louis XIV.

INVALIDES (Pont des). Du quai de la Conférence au quai d'Orsay. 7e A. 29e-26e Q.

Construit en 1825. Même étymologie.

IRLANDAIS (Rue des). De la rue de la Vieille-Estrapade à la rue des Postes. 5e A. 19e Q.

Ouverte au xve siècle sous le nom de « rue du Cheval-Vert ». Son nom actuel lui a été donné en 1807, en raison de collège des Irlandais qui y est situé.

ISLY (Rue d'). De la rue de l'Arcade à la place du Havre. 8e A. 31e Q.

Ouverte en 1845, en mémoire de la bataille de l'Isly, gagnée le 14 août 1844, par les Français sur les Marocains. C'est à tort qu'on écrit « rue d'Isly »; on devrait écrire « rue de l'Isly », — l'Isly étant une rivière.

ISLY (Rue d'). Du boulevard de La Villette à la place du Maroc, à La Villette. 19e A. 73e Q.

ISLY (Passage d'). De la rue du Faubourg-du-Temple à la rue de l'Orillon. 11e A. 41e Q.

ISLY (Passage d'). Du passage Ronce à la rue de la Mare, à Belleville. 20e A. 77e Q.

ISLY (Passage d'). Grand'Rue de Vaugirard. 15e A. 57e Q.

ISLY (Impasse). Rue Jessaint, à La Chapelle. 18e A. 70e Q.

ISSY (Boulevard d'). Du chemin des Fourneaux à la Grand'Rue de Vaugirard. 15e A. 58e Q.

ITALIE (Boulevard d'). De la route d'Italie à la rue de la Glacière. 13e A. 50e Q.

Doit son nom à son voisinage de la route d'Italie.

ITALIE (Route d'). De la place de la barrière d'Italie à la porte d'Italie. 13e A. 51e Q.

On l'appelle aussi indifféremment « route de Fontainebleau ».

ITALIE (Place d'). Boulevard des Gobelins et boulevard de l'Hôpital. 13e A.

ITALIENS (Boulevard des). De la rue Richelieu à la rue de la Chaussée-d'Antin. 9e A. 34e Q.

Formé en 1676. Doit son nom au théâtre des Italiens, aujourd'hui théâtre de l'Opéra-Comique.

IVRY (Boulevard d'). De la rue Nationale à la route d'Italie. 13e A. 49e Q.

Doit son nom à son voisinage de l'ancien village d'Ivry.

IVRY (Chemin de ronde de la barrière). De la place d'Ivry à la place d'Italie. 13e A. 49e Q.

IVRY (Petite rue d'). De la rue du Banquier au boulevard de l'Hôpital. 13e A. 49e Q.

IVRY (Place d'). Boulevard d'Ivry et boulevard de la Gare. 13e A. 49e Q.

IVRY (Route d'). De la route de Choisy à la rue Militaire. 13e A. 50e Q.

J

JABACK (Passage). De la rue Neuve-Saint-Merri à la rue Saint-Martin. 4e A. 13e Q.

Formé en 1824 dans l'hôtel du négociant Jaback, du xviie siècle.

JACINTHE (Rue). De la rue des Trois-Portes à la rue Galande. 5e A. 20e Q.

Au xive siècle, c'était « la ruelle Augustin ».

JACOB (Rue). De la rue de Seine à la rue des Saints-Pères. 6e A. 24e Q.

C'était autrefois deux rues, « la quatre aux Clercs » et « la rue du Colombier ». En 1836, on les a réunies sous le nom actuel, en mémoire du vœu — d'un autel à Jacob — par Marguerite de Valois.

JACOB (Passage). Passage du Sud, à La Villette. 19e A. 75e Q.

JACQUART (Rue). De la rue Ternaux à la rue de Ménilmontant. 11e A. 42e Q.

Ouverte en 1844 sous le nom de l'inventeur du métier à tisser, né en 1752, mort en 1834.

JACQUES-DE-BROSSE (Rue). Du quai de la Grève à la rue du Pourtour-Saint-Gervais. 4e A. 14e Q.

C'était autrefois « la rue aux Moines-de-Longpont ». En 1838 on lui a donné le nom de l'architecte du portail Saint-Gervais.

JADIN (Rue). De la rue Guyot à la rue Chazelles, à Batignolles. 17e A. 66e Q.

JANDELLE (Cité). Quartier du Combat, à La Villette. 19e A. 76e Q.

JAPY (Rue). De la rue Réaumur à la rue Bailly. 3e A. 9e Q.

Ouverte en 1780 sous le nom de « rue Saint-Philippe ». En 1851, on lui a donné le nom du maire du VIe arrondissement, aujourd'hui IIIe.

JARDINET (Rue du). De la rue Mignon à la rue de l'Éperon. 6e A. 21e Q.

C'était autrefois « la rue de l'Écureuil ». Son nom actuel lui vient du jardin du collège de Vendôme, alors dans cette rue.

JARDINETS (Impasse des). Rue des Fourneaux, à Vaugirard. 15e A. 57e Q.

JARDINIERS (Rue des). De la Grand'Rue de Montreuil à la rue de Lagny, à Belleville. 20e A. 80e Q.

JARDINIERS (Rue des). De la rue de Charenton à la rue du Chemin-des-Meuniers, à Bercy. 12e A. 46e Q.

JARDINS (Rue des). Du quai Saint-Paul à la rue Charlemagne. 4e A. 14e Q.

Ouverte au xiiie siècle sur des jardins voisins du mur d'enceinte.

« Trouval la *rue des Jardins*
 Où les Juys maintenant jadis. »

JARDINS (Rue des). De la pompe à feu de Chaillot à la rue Sainte-Geneviève. 16e A. 64e Q.

JARDINS (Passage des). De la rue des Catacombes à la rue de Charonne. 14e A. 42e Q.

JARENTE (Rue de). De la rue du Val-Sainte-Catherine à la rue Culture-Sainte-Catherine. 4e A. 14e Q.

Ouverte en 1784 sur les terrains du couvent de Sainte-Catherine-du-val des Écoliers, dont l'abbé de Jarente était alors prieur.

JAVEL (Rue de). De la rue de Sèvres au quai de Javel. 15e A. 60e Q.

Ainsi nommée parce qu'elle conduit au village de Javel.

JAVEL (Quai de). Du pont de Grenelle à la rue Militaire. 15e A. 60e Q.

JAVEL (Boulevard de). De la rue de Grenelle au quai de Grenelle. 15e A. 59e Q.

JEAN-BART (Rue). De la rue de Vaugirard à la rue de Fleurus. 6e A. 26e Q.

Ouverte vers 1790 sous le nom du célèbre marin, né en 1651, mort en 1702.

JEAN-BEAUSIRE (Rue). Du boulevard Beaumarchais à la rue Saint-Antoine. 4e A. 15e Q.

Ouverte au xive siècle sous le nom de « rue des Tournelles ».

JEAN-BEAUSIRE (Impasse). Rue Jean-Beausire. 4e A. 15e Q.

JEAN-DE-BEAUVAIS (Rue). De la rue des Noyers à la rue des Écoles. 5e A. 20e Q.

Ouverte au xiiie siècle sous le nom de « rue du Clos-Bruneau ». Au xive siècle, on lui donna son nom actuel, qui était celui d'un libraire. Elle allait jusqu'à la rue Saint-Hilaire. Depuis 1838, elle s'arrête à la nouvelle rue des Écoles.

JEAN-GOUJON (Rue). De l'allée d'Antin à l'avenue Montaigne. 8e A. 29e Q.

Ouverte vers 1889 sous le nom du sculpteur tué le jour de la Saint-Barthélemy, le 25 août 1572.

JEAN-JACQUES-ROUSSEAU (Rue). De la rue Coquillière à la rue Montmartre. 1er A. 2e Q.

Au xiiie siècle, c'était « la rue Maverse, où il y a une plâtrière », puis, ce fut « la rue Plâtrière ». En 1791, on lui donna son nom actuel en l'honneur de ce malheureux de génie auquel on doit *les Confessions*, et qui, né en 1712, mourut en 1779.

JEAN-LANTIER (Rue). De la rue des Lavandières à la rue Bertin-Poirée. 1er A. 1er Q.

C'était xiie et xiiie siècles la « rue Jean-Lointier ».

JEANNE (Rue). De la rue de la Procession à la rue du Transit, à Vaugirard. 15e A. 57e Q.

JEANNE-D'ASNIÈRES (Rue). De la rue d'Orléans à la place du Promenade, à Batignolles. 17e A. 67e Q.

JEANNISSON (Rue). De la rue Saint-Honoré à la rue Richelieu. 1er A. 3e Q.

C'était autrefois « la rue des Boucheries-Saint-Honoré ». On lui a donné depuis le nom d'un propriétaire voisin, tué là en 1830.

JEAN-ROBERT (Rue). De la rue Doudeauville à la rue Marcadet, à La Chapelle. 18e A. 71e Q.

JEAN-TISON (Rue). De la rue de Rivoli à la rue Bailleul. 1er A. 2e Q.

C'est une des rues du xiiie siècle, ainsi que le témoignent ces vers de Guillot :

« Par la rue Jehan Tison
 N'avoit talent de proier. »

JEMMAPES (Quai de). De la place de la Bastille au chemin de ronde de la barrière du Combat. 11e-10e A: 39e-43e Q.

Formé en 1822. On lui a donné ce nom en mémoire de la victoire remportée, le 6 novembre 1792, par les Français sur les Autrichiens.

JESSAINT (Rue). De la Grand'Rue de La Chapelle à la rue des Couronnes. 18e A. 71e Q.

Ouverte vers 1845. On lui a donné le nom du baron de Jessaint, sous-préfet de l'arrondissement de Saint-Denis en 1830.

JEU-DE-BOULE (Passage du). De la rue du Faubourg-du-Temple à la rue de Malte. 11e A. 41e Q.

JEUNEURS (Rue des). De la rue Montmartre à la rue Poissonnière. 2e A. 7e Q.

C'était autrefois au xviie siècle la rue « des Jeux-Neufs », à cause de deux jeux de boules qui existaient là auparavant. De « Jeux-Neufs » on a fait « Jeûneurs ».

JOINVILLE (Passage). De la rue du Faubourg-du-Temple à la rue du Corbeau. 10e A: 40e Q.

Ouvert en 1840 en l'honneur d'un fils de Louis-Philippe.

JOINVILLE (Rue de). De la rue de Flandres au quai de l'Oise, à La Villette. 19e A. 73e Q.

JOINVILLE (Passage de). Rue de Flandres. 19e A. 73e Q.

JOLIVET (Rue). De la rue de la Gaîté au boulevard de Vanves, à Montrouge. 14e A. 53e Q.

JONAS (Rue). De la rue de la Butte-aux-Cailles à la rue Samson, à la Maison-Blanche. 13e A. 51e Q.

JOQUELET (Rue). De la rue Notre-Dame-des-Victoires à la rue Montmartre. 2e A. 7e Q.

Ouverte au XIIIe siècle. Doit son nom à un particulier.

JOSSET (Passage). Du passage de la Bonne-Graine à la rue de Charonne. 11e A. 49e Q.

Formé en 1835, comme le passage où il aboutit, et par le même propriétaire.

JOUBERT (Rue). De la rue de la Chaussée-d'Antin à la rue Caumartin. 9e A. 34e Q.

Ouverte en 1780 sous le nom de « rue Neuve-des-Capucins ». En 1800, on lui a donné son nom actuel, qui est celui du général républicain, né en 1769, tué à la bataille de Novi le 15 août 1799.

JOUFFROY (Rue). Du quai d'Austerlitz à la rue de la Gare. 13e A. 49e Q.

C'était autrefois le prolongement de la rue de Poliveau. Par suite du voisinage du chemin de fer d'Orléans, elle a reçu, en 1844, le nom du marquis de Jouffroy, le véritable inventeur des bateaux à vapeur, né en 1751, mort en 1832.

JOUFFROY (Passage). Du boulevard Montmartre à la rue Grange-Batelière. 9e A. 35e Q.

Construit en 1847 sous le nom d'un propriétaire voisin.

JOUR (Rue du). De la rue Montmartre à la rue Coquillière. 1er A. 2e Q.

Au XIIIe siècle, c'était « la rue Raoul-Roisolle », alias « Raoul-Rossette ». Charles V y ayant fait construire, en 1370, un manège, des écuries et autres bâtiments nommés « Le Séjour-du-Roi », cette rue en prit le nom. Petit à petit de « Séjour » on a fait « Jour ». C'est plus court.

JOUY (Rue de). De la rue des Nonnains-d'Hyères à la rue Saint-Antoine. 4e A. 14e Q.

Elle se nommait déjà ainsi au XIIIe siècle, comme en témoigne Guillot, à cause de l'hôtel qu'y possédait l'abbé de Jouy.

JOUYE (Rue). De la rue de Paris à la rue Julien-Lacroix, à Belleville. 20e A. 77e Q.

JUGE (Rue du). De la rue Violet à la rue Lelong, à Grenelle. 15e A. 56e Q.

JUGES-CONSULS (Rue des). De la rue de la Verrerie à la rue du Cloître-Saint-Merri. 4e A. 13e Q.

Avant 1844, elle faisait partie de la rue du Cloître-Saint-Merri. On lui a donné ce nom parce que la maison où les juges-consuls tenaient audience y était située.

JUIFS (Rue des). De la rue de Rivoli à la rue des Rosiers. 4e A. 14e Q.

C'était autrefois « la rue des Rosiers ». Le nom qu'elle porte aujourd'hui lui a été donné au XVIe siècle, à cause des juifs qui l'habitaient alors.

JULIEN-LACROIX (Rue). Rue de Paris, à Belleville. 20e A. 77e Q.

JULIENNE (Rue). De la rue Pascal à la rue de Lourcine. 13e A. 52e Q.

Ouverte vers 1810 sous le nom d'un artiste du temps de Louis XV, qui possédait un grand secret, dit-on, pour la teinture en écarlate et en bleu de roi.

JUSSIENNE (Rue de la). De la rue Pagevin à la rue Montmartre. 1er – 2e A. 7e – 2e Q.

Doit son nom à son voisinage de la chapelle consacrée à sainte Marie l'Égyptienne, construite au XIVe siècle, démolie en 1792, qui avait, peint sur un de ses vitraux cet épisode connu de la vie de cette sainte qui, ne pouvant payer son passage à un batelier en monnaie ordinaire, le paye en une monnaie fréquemment employée depuis par d'autres femmes. De la « rue Sainte-Marie-l'Égyptienne », on a fait « rue de l'Égyptienne », puis la « rue de la Gibcienne » (de *gipsy*), puis enfin « rue de la Jussienne. »

JUSSIEU (Rue de). De la rue Cuvier à la rue St-Victor. 5e A. 17e Q.

Ouverte en 1838 sous le nom du savant professeur de botanique, né en 1747, mort en 1836, qui apporta « dans son chapeau », dit la légende populaire, le fameux cèdre du Liban qui se voit au Jardin des Plantes.

K

KELLER (Rue). De la rue de Charonne à la rue de la Roquette. 11e A. 43e Q.

KLÉBER (Rue). Du quai d'Orsay à l'avenue de Suffren. 15e A. 59e Q.

Ouverte au commencement de ce siècle sous le nom du général républicain, né en 1750, assassiné au Caire le 14 juin 1800, le jour de la bataille de Marengo.

KUTZNER (Passage). De la rue de Paris à la rue Saint-Laurent, à Belleville. 19e A. 70e Q.

L

LABAT (Rue). De la rue des Poissonniers à la chaussée de Clignancourt. 18e A. 70e Q.

Ouverte il y a quelques années sous le nom de l'adjoint au maire de l'ancienne commune de Montmartre, aujourd'hui XVIIIe arrondissement.

LABAT (Place). Rue de Lévis et rue Labat. 18e A. 70e Q.

LABIE (Rue). De l'avenue des Ternes à la rue Sainte-Marie, à Neuilly. 17e A. 65e Q.

LABORDE (Rue de). De la rue du Rocher à la rue de Miromesnil. 8e A. 32e Q.

Ouverte en 1788 sous le nom de « rue des Grésillons ». On lui a donné en 1827 celui d'un préfet de la Seine, M. Alexandre de Laborde.

LABORDE (Impasse de). Rue Malesherbes. 8e A. 32e Q.

LABORDE (Placard). Rue Malesherbes et rue de Laborde. 8e A. 32e Q.

LABOURDONNAYE (Avenue). Du quai d'Orsay à l'avenue de Lamothe-Piquet. 7e A. 28e Q.

Voisine de l'École-Militaire, elle a reçu le nom du gouverneur des Iles de France et Bourbon, mort en 1754.

LABOURDONNAYE (Rue de). De l'avenue de Tourville à l'avenue de Lowendal. 7e A. 27e Q.

Sert de prolongement à l'avenue précédente qui lui a donné son nom.

LABRUYÈRE (Rue). De la rue N.-D.-de-Lorette à la rue Pigalle. 9e A. 33e Q.

Ouverte en 1824 sous le nom du célèbre moraliste français, né en 1644, mort en 1696.

LACÉPÈDE (Rue). De la rue Geoffroy-St-Hilaire à la rue Mouffetard. 5e A. 18e – 17e Q.

C'était autrefois la « rue Copeau ». On lui a donné en 1859 le nom du célèbre naturaliste, né en 1756, mort en 1825.

LACROIX (Rue). De la rue de Clichy à la rue Ste-Élisabeth, à Batignolles. 17e A. 68e Q.

LACUÉE (Rue). De la place Mazas à la rue de Bercy. 12e A. 48e Q.

Ouverte en 1807 sous le nom du colonel du 59e régiment de ligne, tué au combat de Guntzbourg le 9 octobre 1805.

LAFAYETTE (Rue). De la rue du Faub.-Poissonnière à l'ancienne barrière de Pantin. 10e A. 37e – 38e – 40e Q.

Ouverte en 1824 sous le nom de rue Charles X. Son nom actuel lui fut donné en 1830, en l'honneur du don Quichotte de la liberté, né en 1757, mort en 1824.

LAFAYETTE (Place). Rue Hauteville et rue Lafayette. 10e A. 37e Q.

Ouverte en 1824. Même étymologie.

LAFAYETTE (Impasse). Rue de Strasbourg. 10e A. 37e Q.

LAFERRIÈRE (Rue). De la rue N.-D.-de-Lorette à la rue de Bréda. 9e A. 33e Q.

Ouverte en 1832 sous le nom d'un général de l'empire, mort du choléra dans une maison de ce quartier.

LAFFITTE (Rue). Du boul. des Italiens à la rue Ollivier. 9e A. 33e – 34e Q.

Ouverte en 1770 sous le nom de « rue d'Artois ». En 1792 ce fut la « rue Cérutti ». Après 1830 on lui donna le nom du banquier auquel on a dû Louis-Philippe.

LA FONTAINE (Rue). De la rue de Versailles à la Grande-Rue, à Auteuil. 16e A. 61e Q.

Ainsi nommée, en mémoire du séjour que fit dans ce village le fameux « bon homme », auteur de tant de fables charmantes, né en 1621, mort en 1695.

LA FONTAINE (Cité). Rue Lemercier, à Batignolles. 17e A. 67e Q.

LAGELLE (Rue). De l'avenue de Saint-Ouen à la cité des Fleurs, à Montmartre. 17e – 18e A. 66e – 68e Q.

LAGNY (Rue de). Du boulevard de Montreuil à la rue Militaire, à Belleville. 20e A. 80e Q.

LAMARTINE (Rue). De la rue Cadet à la rue du Faubourg-Montmartre. 9e A. 35e – 36e Q.

C'était autrefois la « rue Coquenard. » Son nom actuel lui a été donné en 1848 par ses habitants, en l'honneur de l'illustre écrivain, alors membre du gouvernement provisoire.

LAMBERT (Rue). De la rue Nicolet à la rue Lécuyer, à Montmartre. 18e A. 70e Q.

LAMOTHE-PIQUET (Avenue). Du boulevard de Latour-Maubourg à l'ancienne barrière de l'École-Militaire. 7e A. 59e – 28e Q.

Voisine de l'École-Militaire, on lui a donné le nom du lieutenant général des armées navales de France, né en 1790, mort en 1791.

LANCETTE (Rue de la). De la rue de Charenton dans les champs. 12e A. 46e Q.

Tracée, mais à peine bâtie.

LANCRY (Rue). De la rue de Bondy au quai Valmy. 10e A. 39e Q.

Ouverte en 1777 sur les terrains d'un particulier qui lui a donné son nom.

LANDRIEUX (Passage). De la rue de l'Université à la rue Saint-Dominique. 7e A. 28e Q.

LARD (Rue au). De la rue de la Lingerie à la rue des Bourdonnais. 1er A. 2e Q.

Les étymologistes parisiens s'accordent à dire que cette rue ne s'appelle ainsi que parce qu'on y vendait du lard. Nous croyons qu'ils n'ont pas assez cherché. Cette voie publique date de loin, et il ne serait pas impossible que ce fût la « rue Pierre-Olard » dont parle Guillot. Si ce n'est pas un nom d'homme, c'est un nom de chose : mais de quelle chose ? Ne serait-ce pas *aular*, marmite, ou *ollar*, couvercle de marmite, ou *aula*, halle ? Toutes les suppositions sont vraisemblables. N'oublions pas que la construction de la première halle, à Paris, sur le terrain des Champeaux, remonte à l'année 1184. N'oublions pas non plus que le français n'était pas encore formé, que le latin jouissait de son reste, et qu'on appelait alors la rue de la Poterie, *via Fipularia*, et même *Poteria*,— les barbarismes étant permis à une époque de barbarie. Quoi qu'il en soit, continuons à appeler la rue de la marmite « rue au Lard » ; personne ne réclamera — ni la marmite ni le lard.

LAROCHE (Rue). De l'avenue du Petit-Parc à la rue Léopold, à Bercy. 12e A. 47e Q.

LAROCHEFOUCAULD (Rue). De la rue Saint-Lazare à la rue Pigalle. 9e A. 35e Q.

En 1789, c'était la « ruelle de la Tour-des-Dames. » Plus tard, on lui donna le nom qu'elle porte aujourd'hui en l'honneur de Catherine de La Rochefoucauld-Cousage, abbesse de Montmartre de 1787 à 1760.

LAROCHEFOUCAULD (Rue). De la rue Boulard à la chaussée du Maine, à Montrouge. 14e A. 55e-56e Q.

Formée il y a quelques années dans le voisinage de l'hospice fondé par M. la Rochefoucauld.

LARREY (Rue). De la rue du Jardinet à la rue de l'École-de-Médecine. 6e A. 21e Q.

C'était autrefois la « rue du Paon-Saint-André. » On lui a donné en 1850 le nom du célèbre chirurgien né en 1776, mort en 1843.

LARREY (Impasse). Rue Larrey. 6e A. 21e Q.

LAS-CASES (Rue). De la rue Bellechasse à la rue de Bourgogne. 7e A. 29e Q.

Ouverte en 1828. On lui a donné le nom de l'auteur du *Mémorial de Sainte-Hélène*, né en 1766, mort en 1842.

LATHUILE (Passage). De la Grande-Rue de Batignolles au passage Saint-Pierre. 18e A. 69e Q.

Ainsi nommé, parce qu'il avoisine le fameux cabaret du « Père Lathuile », créé en 1790, où le maréchal Moncey avait établi, en 1814, son quartier général.

LATOUR-D'AUVERGNE (Rue de). De la rue Larochefoucauld à la rue des Martyrs. 9e A. 35e-36e Q.

Ouverte en 1768. On lui a donné le nom de Louise-Émilie de Latour-d'Auvergne, abbesse de Montmartre de 1727 à 1735.

LATOUR-MAUBOURG (Boulevard de). Du quai d'Orsay à l'avenue Tourville. 7e A. 26e-28e Q.

Ouvert en 1827, le général Latour-Maubourg étant gouverneur des Invalides.

LAURETTE (Passage). De la rue de l'Ouest à la rue Notre-Dame-des-Champs. 6e A. 23e Q.

Ouverte en 1800 sous le nom de la femme d'un propriétaire riverain.

LAUZUN (Rue). De la rue Saint-Laurent dans les champs, à Belleville. 19e A. 76e Q.

LAVAL (Rue). De la rue des Martyrs à la rue Pigalle. 9e A. 33e Q.

Ouverte en 1777 sous le nom de « rue Ferrand. » On lui a donné depuis le nom de Marie-Louise de Laval, duchesse de Montmorency, la dernière abbesse de Montmartre, décapitée en 1794.

LAVANDIÈRES (Rue des) De la place Maubert à la rue des Noyers. 5e A. 20e Q.

C'est une rue du XIIIe siècle, comme en témoigne Guillot :

« La rue à *Lavandières* tost
Trouvai... »

La Seine coulait, sans quais, à deux pas de là. Rivière implique l'idée de blanchisseuse, ou de « lavandières » comme on disait dans le langage fleuri du temps jadis, — du latin *lavare*, laver, ou de *lavandria*, linge sale, ou de *lavandula*, lavande, herbe parfumée qu'on mettait autrefois dans le linge fraîchement blanchi.

LAVANDIÈRES-SAINTE-OPPORTUNE (Rue des). Du quai de la Mégisserie à la rue des Halles. 1er A. 1er-2e Q.

Même date, même origine, même témoignage de Guillot qui, cette fois encore, a trouvé une rime millionnaire :

« Tantost la *rue d'Lavandières*
Où il a maintes lavandières... »

LAVOISIER (Rue). De la rue d'Anjou à la rue d'Astorg. 8e A. 31e Q.

Ouverte en 1838 sous le nom du savant chimiste né en 1743, décapité le 8 mai 1794.

LEBOUIS (Rue). De la rue de l'Ouest à la rue de Vanves, à Vaugirard. 14e A. 56e Q.

LEBOUTEUX (Rue). De la rue de la Santé à la rue Lévis, à Batignolles. 17e A. 67e Q.

LECHAPELAIS (Rue). De la Grande-Rue à la rue Lemercier, à Batignolles. 17e A. 67e Q.

LECLERC (Rue). De la rue du Faubourg-Saint-Jacques au boulevard Saint-Jacques. 14e A. 53e Q.

LECLERC (Passage). De la rue de Malte à la rue du Grand-Prieuré. 11e A. 41e Q.

LÉCLUSE (Rue). Du Boulevard des Batignolles à la rue des Dames. 17e A. 67e Q.

LECOMTE (Passage). Du chemin des Couronnes à la rue des Gardes, à La Chapelle. 18e A. 71e Q.

LECOMTE (Rue). De la rue d'Orléans à la rue Thérèse, à Batignolles. 17e A. 67e Q.

LÉCUYER (Rue). De la Chaussée-Clignancourt à la rue Saint-Denis, à Montmartre. 18e A. 70e Q.

LÉCUYER (Passage). Du chemin du Poteau à la rue Militaire, à Montmartre. 18e A. 69e Q.

LEGRAND (Rue). Du boulevard du Combat à la butte, à Belleville. 19e A. 76e Q.

LEGRAVEREND (Rue). Du boulevard Mazas à la rue Beccaria. 12e A. 46e Q.

Ouverte vers 1845 sous le nom du jurisconsulte né en 1776, mort en 1827.

LELONG (Rue). Du boulevard de Javel à la rue Saint-Louis. 15e A. 59e Q.

LEMAIGNAN (Rue). De la rue de la Glacière dans les champs. 14e A. 56e Q.

LEMAIRE (Rue). De la rue de Grenelle à la rue Violet, à Grenelle. 15e A. 59e Q.

LEMARAIQUIÉ (Impasse). À Montmartre. 18e A. 69e Q.

LEMERCIER (Rue). De la rue des Dames à la rue Cardinet, à Batignolles. 17e A. 67e Q.

LEMOINE (Impasse). Rue de la Procession, à Plaisance. 14e A. 56e Q.

LEMOINE (Passage). Du boulevard de Sébastopol à la rue Saint-Denis. 2e A. 8e Q.

C'était autrefois la « rue du Houssaie », puis la « Longue-Allée ». Son nom actuel lui a été donné vers 1800 par un propriétaire.

LENOIR (Rue). De la place du Marché-Beauveau à la rue du Faubourg-Saint-Antoine. 12e A. 48e Q.

Ouverte en 1776, sous le nom de l'architecte du marché Beauveau.

LÉON (Rue). De la rue Cavé à la rue d'Oran. 18e A. 71e Q.

LÉONIDAS (Passage). Du chemin des Plantes à la rue Sainte-Eugénie, à Plaisance. 14e A. 56e Q.

LÉONIE (Rue). De la rue des Acacias à la rue de la Mairie, à Montmartre. 18e A. 70e Q.

LÉONIE (Rue). De la rue de Vanves à la rue du Terrier-aux-Lapins, à Plaisance. 14e A. 56e Q.

LÉONIE (Rue). De la rue Boursault à la rue Chaptal. 9e A. 33e Q.

LÉOPOLD (Rue). Du port de Bercy à la rue de Bercy. 12e A. 47e Q.

LE PELETIER (Rue). Du boulevard des Italiens à la rue de Provence. 9e A. 35e Q.

Ouverte en 1786, Messire Louis Le Peletier étant prévôt des marchands.

LE PELETIER (Quai). De la place de l'Hôtel-de-Ville à la rue Saint-Martin. 4e A. 13e Q.

Construit en 1738, Claude Le Peletier étant prévôt des marchands.

LEROUX (Rue). De l'avenue de Saint-Cloud à l'avenue de l'Impératrice, à Passy. 16e A. 64e Q.

LESDIGUIÈRES (Rue). De la rue de la Cerisaie à la rue Saint-Antoine. 4e A. 15e Q.

En 1765 c'était un passage. En 1792 ce fut une rue. Son nom lui vient de l'hôtel du duc de Lesdiguières, connétable, qui était situé rue de la Cerisaie.

LETELLIER (Rue). De la rue Croix-Nivert à la rue Lelong. 15e A. 59e Q.

LEVERT (Rue). De la rue de Paris à la rue de la Mare, à Belleville. 20e A. 77e Q.

LEVERT (Passage). Du passage Vaucanson à la rue Basfroi. 11e A. 42e Q.

LÉVIS (Rue). Du boulevard des Batignolles à la rue Cardinet à Batignolles. 17e A. 66e-67e Q.

LÉVIS (Place). Rue de Lévis et rue du Bac-d'Asnières. 17e A. 66e Q.

LÉVIS (Rue). De la rue des Poissonniers à la rue Labat, à Montmartre. 18e A. 70e Q.

LIBERT (Rue). Du boul. de Bercy à la rue du Commerce. 12e A. 47e Q.

LICORNE (Rue de la). De la rue des Marmousets à la rue St-Christophe. 4e A. 18e Q.

C'était en 1269 la « rue près le chevet de la Madeleine ». En 1300 c'était la « rue des Oubloyers ». En 1807 une enseigne lui donna le nom qu'elle porte encore aujourd'hui.

LIÉGAT (Chemin du). De la rue du Chevaleret aux fortifications. 13e A. 50e Q.

LILAS (Rue des). De la rue St-Pierre-Popincourt au quai Valmy. 11e A. 42e Q.

Au commencement de ce siècle elle portait déjà ce nom, quoiqu'elle fût alors seulement tracée et non bâtie.

LILAS (Cité des). Quartier St-Antoine. 11e A. 42e Q.

LILAS (Rue des). De la rue du Pré à la rue Militaire, à Belleville. 19e A. 75e Q.

LILLE (Rue de). De la rue des Saints-Pères à la rue de Bourgogne. 7e A. 25e-26e Q.

Ouverte en 1640 sous le nom de « rue de Bourbons. » Pendant la Révolution on lui donna son nom actuel, en mémoire de la défense héroïque de la ville de Lille, inutilement bombardée par les Autrichiens du 22 septembre au 8 octobre 1792.

LILLE (Rue de). Du boulev. Montrouge à la rue de la Pépinière, à Montrouge. 14e A. 53e Q.

LILLE (Rue de). De la rue de Flandres au quai de l'Oise, à La Villette. 19e A. 74e Q.

LIMACE (Rue de la) De la rue des Déchargeurs à la rue des Bourdonnais. 1er A. 2e Q.

C'était autrefois la « rue de la Mancherie, la rue aux Chats, la rue de la Place-aux-Chats. » Son nom actuel lui fut donné en 1419.

LIMOGES (Rue de). De la rue de Poitou à la rue de Bretagne. 3e A. 10e Q.

Ouverte vers 1626 sous le nom de la capitale d'une ancienne province de France.

LINGERIE (Rue de la). De la rue St-Honoré à la rue aux Fers. 1er A. 2e Q.

Ouverte vers 1265, époque à laquelle saint Louis avait permis à de pauvres lingères d'étaler le long du cimetière des Innocents.

LIONS-SAINT-PAUL (Rue des). De la rue du Petit-Musc à la rue St-Paul. 4e A. 15e Q.

Ouverte en 1551 sur l'emplacement de l'hôtel Saint-Paul, à l'endroit même de la ménagerie du roi.

LISBONNE (Rue de). De la rue Malesherbes à la rue de Valois-du-Roule. 8e A. 32e Q.
Ouverte en 1826.
LOBAU (Rue). Du quai de la Grève à la rue de Rivoli. 6e A. 13e-14e Q.
Formée en 1838 aux dépens des rues du Tourniquet-St-Jean, de la Levrette et Pernelle. Elle a reçu ce nom en l'honneur du maréchal Mouton, né en 1770, mort en 1838.
LOBINEAU (Rue). De la rue de Seine à la rue Mabillon. 6e A. 22e Q.
Ouverte en 1817 sous le nom du bénédictin, continuateur de *l'Histoire de Paris* de Dom Félibien, né en 1667, mort en 1727.
LOIRE (Quai de la). De la rue d'Allemagne à la rue de Marseille, à la Villette. 19e A. 76e Q.
LOMBARD (Rue). De la rue de Louvain à la rue des Dames, aux Ternes. 17e A. 65e-66e Q.
LOMBARDS (Rue des). De la rue Saint-Martin à la rue Saint-Denis. 1er-4e A. 2e-13e Q.
C'était en 1300 la « rue de la Buffeterie », puis la « rue de la Pourpointerie », puis la « rue des Lombards, à cause des marchands d'or et d'argent venus à Paris à la fin du XIIe siècle, et dont une grande partie habitait cette rue.
LONDRES (Rue de). De la rue de Clichy à la place de l'Europe. 8e-9e A. 32e-33e Q.
Ouverte en 1826.
LONDRES (Passage de). De la rue St-Lazare à la rue de Londres. 9e A. 33e Q.
LONGCHAMP (Rue de). De la rue des Batailles à la rue du Petit-Parc. 16e A. 64e Q.
Ouverte au milieu du siècle dernier. Son nom lui vient de ce qu'elle se dirigeait vers la plaine de Longchamp, — *longus campus*, — si fameuse par son abbaye et son pèlerinage dévot, devenu pèlerinage mondain.
LONGCHAMP (Boulevard de). De la rue de Longchamp à la rue Franklin. 16e A. 63e-64e Q.
LONGCHAMP (Chemin de ronde de la barrière de). De la rue de Longchamp à la rue de Lubeck. 16e A. 64e Q.
LONGUE-AVOINE (Impasse). Rue du Faubourg-Saint-Jacques. 14e A. 53e Q.
C'était au siècle dernier une ruelle qui portait le nom d'un propriétaire riverain, le sieur Longavenne. Des accidents y étant arrivés, en 1763, elle fut murée du côté de l'ancienne rue de l'Observatoire et réduite ainsi à l'état d'impasse. De « Longavenne » on a fait « Longue-avoine », c'est-à-dire d'un nom d'homme un nom de chose.
LORD-BYRON (Rue). De la rue Châteaubriand à la rue Bel-Respiro. 8e A. 30e Q.
Ouverte en 1815 sur les terrains de l'ancien jardin Beaujon. On lui a donné le nom du poète anglais, né en 1788, mort à Missolonghi le 19 avril 1824.
LOUIS-LE-GRAND (Rue). De la rue Neuve-des-Petits-Champs au boulevard des Italiens. 2e A. 5e Q.
Ouverte en 1701. Son nom lui vient de son voisinage de la place Vendôme, alors nommée « place Louis-le-Grand ».
LOUIS-PHILIPPE (Rue). De la rue de la Roquette à la rue de Charonne. 11e A. 43e Q.
Ouverte en 1635 sous le nom de « rue de Lappe ». Son nom actuel lui fut donné en 1830, à propos de la visite faite, le 23 décembre, aux habitants du faubourg Saint-Antoine, par Louis-Philippe, alors fraîchement roi.
LOUIS-PHILIPPE (Pont). Du quai de la Grève au quai Napoléon. 4e A. 14e-16e Q.
LOURCINE (Rue de). De la rue Mouffetard à la rue de la Santé. 5e-13e A. 19e-32e Q.
Percée sur un fief appelé tantôt *de Laorcinis*, tantôt *in Lorcinis*, tantôt *apud Lorcinos*. L'incertitude à propos de l'orthographe de ce nom du territoire se retrouve à propos de celle du nom de la rue qui y a été bâtie et que l'on voit écrit, tantôt « rue de l'Ursine », tantôt « rue de Lorcine », tantôt « rue de l'Oursino », tantôt enfin comme nous l'écrivons aujourd'hui. Pour faire cesser cette incertitude, il suffirait d'admettre que cette voie publique était en lieu aux cendres — *locus cinerum*.
LOUVRE (Rue de). De la rue de La Villette à place de l'Église, à Belleville. 19e A. 75e Q.
La Villette, étant un entrepôt de bières, ne pouvait oublier la ville belge qui en produit de si bonnes.
LOUVAIN (Rue de). De la rue de la Chaumière à la rue de Courcelles, aux Ternes. 17e A. 65e-66e Q.
LOUVOIS (Rue). De la rue Richelieu à la rue Sainte-Anne. 2e A. 6e Q.
Ouverte en 1784 sur l'emplacement de l'hôtel Louvois.
LOUVOIS (Place). Rue Richelieu. 2e A. 6e Q.
LOUVRE (Rue du). Du quai de l'École à la rue Saint-Honoré. 1er A. 1er-2e Q.
C'était autrefois la « rue de l'Osteriche », puis la « rue d'Autriche », puis la « rue des Poulies », puis « la rue du Petit-Bourbon ». Son nom actuel lui a été donné à cause de son voisinage du palais commencé en 1541 par François 1er.
LOUVRE (Place du). Formée au devant de la colonnade du Louvre et de l'église Saint-Germain-l'Auxerrois. 1er A. 1er Q.
LOUVRE (Quai du). Du quai de l'École au pont Royal. 1er A. 1er Q.
Ouvert en 1527, François 1er régnant.
LOWENDAL (Avenue). De l'avenue de Tourville à l'ancienne barrière de l'École-Militaire. 7e-15e A. 27e-58e-59e Q.

Formée en 1770. Jusqu'en 1838 la partie qui s'étend de l'avenue du Tourville à la place Fontenoy avait porté le nom de « avenue Bouffiers », qui alors s'est confondue dans l'avenue Lowendal, — ainsi nommée en souvenir du maréchal, né en 1700, mort en 1755.
LUBECK (Rue). De la rue de la Croix-Boissière à l'ancienne barrière Sainte-Marie. 16e A. 64e Q.
Ouverte en 1807, en commémoration de la victoire remportée par les Français sur les Prussiens les 6-7 novembre 1806.
LULLI (Rue). De la rue Rameau à la rue Louvois. 2e A. 6e Q.
Ouverte en 1784 sous le nom du célèbre musicien, né en 1633, mort en 1687.
LUNE (Rue de la). Du boulevard Bonne-Nouvelle à la rue Poissonnière. 2e A. 8e Q.
Ouverte en 1630. Doit son nom à une enseigne.
LUNÉVILLE (Rue de). De la rue d'Allemagne à la rue du Dépotoir, à La Villette. 19e A. 75e Q.
LUXEMBOURG (Rue de). De la rue de Rivoli au boulevard de la Madeleine. 1er A. 4e Q.
Ouverte en 1725 sur l'emplacement d'un hôtel appartenant au maréchal du Luxembourg.
LYCÉE (Passage du). De la rue Neuve-des-Bons-Enfants à la rue de Valois. 1er A. 4e Q.
Ouverte au siècle dernier. Il doit son nom à la rue de Valois qui s'est appelée « rue du Lycée ».
LYCÉE-LOUIS-LE-GRAND (Place du). Rue Saint-Jacques et rue des Poirées. 5e A. 20e Q.
Formée en 1839 et substituée à une partie de la rue des Poirées.
LYON (Rue de). Du boulevard Mazas à la place de la Bastille. 12e A. 48e Q.
Ouverte en 1849. Conduit au chemin fer de Lyon.
LYONNAIS (Rue des). De la rue de Lourcine à la rue des Charbonniers. 5e A. 19e Q.
Ouverte en 1610 sous le nom de « rue du Laonnais ». La province a changé en route, à ce qu'il paraît.

M

MABILLE (Rue). De l'avenue de Clichy au chemin des Bœufs, à Batignolles. 17e A. 68e Q.
MABILLON (Rue). De la rue du Four à la rue St-Sulpice. 6e A. 52e Q.
Ouverte en 1817 sous le nom du bénédictin, né en 1632, mort en 1707.
MACON (Rue de). Du port de Bercy à la rue de Bercy. 12e A. 47e Q.
MAÇONS-SORBONNE (Rue des). De la rue des Écoles à la place Sorbonne. 5e A. 20e Q.
C'était en 1254 le *vicus cæmentariorum*, d'où il n'est pas difficile de tirer « rue des Maçons ».
MACONNET (Impasse). A Montmartre. 11e A. 70e Q.
MADAME (Rue de). De la rue de Mézières à la rue de l'Ouest. 6e A. 22e-23e Q.
Ouverte en 1790 sur une partie du jardin du Luxembourg, appartenant alors à Monsieur, comte de Provence, qui régna depuis sous le nom de Louis XVIII. Ainsi nommée en l'honneur de Madame, princesse de Sardaigne, femme de prince.
MADAME (Rue de). De la rue de Paris à la rue St-Germain, à Charonne. 20e A. 80e Q.
C'était autrefois une avenue plantée d'ormes, qui, du château de Bagnolet, venait en biais gagner le chemin de Charonne, et par laquelle Madame, duchesse d'Orléans, venait à Paris.
MADELEINE (Rue de la). De la rue du Faub.-St-Honoré à la rue Nve-des-Mathurins. 8e A. 31e Q.
On la trouve anciennement sous les noms de « rue l'Évêque » et de « rue de l'Abreuvoir-l'Évêque ». Son nom actuel lui a été donné parce qu'elle conduisait à l'ancienne église de la Madeleine, bâtie, à quelques pas de là, en 1660, et démolie au commencement de la Révolution.
MADELEINE (Passage de la). De la place de la Madeleine à la rue de l'Arcade. 8e A. 31e Q.
Ouvert en 1815. Doit son nom à son voisinage de l'église actuelle de la Madeleine, commencée en 1763 et achevée en 1843.
MADELEINE (Boulevard de la). De la rue de Luxembourg à la place de la Madeleine. 8e A. 32e Q.
Formée en 1676. Même étymologie.
MADELEINE (Galerie de la). De la place de la Madeleine à la rue de la Madeleine. 8e A. 31e Q.
Même étymologie.
MADELEINE (Place de la). Rue Royale et rue Tronchet. 8e A.
Même étymologie.
MADEMOISELLE (Rue de). De la rue de l'École à la rue des Entrepreneurs, à Vaugirard. 15e-57e A. 58e-59e Q.
Ouverte il y a quelques années.
MADRID (Rue de). De la place de l'Europe au boul. Malesherbes. 8e A. 32e Q.
Tracée en 1826.
MAGDEBOURG (Rue de). Du quai de Billy à la rue des Batailles. 16e A. 61e Q.
C'était autrefois la « ruelle Hérivault ». Son nom actuel lui a été donné en 1807, en commémoration de la prise de Magdebourg, du 8 novembre 1806.

MAGENTA (Rue de). De la rue Molière à la rue La Fontaine, à Auteuil. 19e A. 64e Q.

Elle doit son nom à la victoire remportée, le 4 juin 1859, par l'armée franco-piémontaise sur les Autrichiens.

MAIL (Rue du). De la place des Petits-Pères à la rue Montmartre. 2e A. 7e Q.

Ouverte en 1633 sur l'emplacement d'un jeu de mail.

MAIN-D'OR (Passage de la). De la rue du Faub.-St-Antoine à la rue de Charonne. 11e A. 44e Q.

Son nom lui vient de l'enseigne d'une ancienne auberge qui s'y trouve située.

MAINDRON (Passage). De la ruelle Gaudron à la route de Fontainebleau, à Gentilly. 13e A. 51e Q.

Doit son nom au particulier sur les terrains duquel il a été ouvert.

MAINE (Chaussée du). Du boulev. de Vanves à la route d'Orléans. 14e-15e A. 55e-56e-58e Q.

Ainsi nommée parce que c'était autrefois la route de l'ancienne province du Maine.

MAINE (Avenue du). Du boulev. Montparnasse au rond-point du Maine. 15e A. 58e Q.

Même étymologie.

MAINE (Chemin de ronde de l'ancienne barrière du). De l'avenue du Maine à la rue des Fourneaux. 41e A. 15e Q.

MAINE (Impasse du). Avenue du Maine. 15e A., 58e Q.

MAIRIE (Rue de la). De la rue de l'Abbaye à la rue des Trois-Frères, à Montmartre. 18e A. 70e Q.

MAIRIE (Place de la). Place de l'Abbaye, à Montmartre. 18e A.

MAIRIE (Place de la). Rue de Monthyon, à Montrouge. 14e A.

MAIRIE (Place de la). Grande-Rue, à Passy. 16e A.

MAIRIE (Place de la). Rue Blomet et Grande-Rue, à Vaugirard. 15e A.

MAIRIE (Place de la). Rue du Commerce, à Grenelle. 15e A.

MAISON-DIEU (Rue de la). De la rue de Vanves à la chaussée du Maine. 14e A. 56e Q.

MAITRE-ALBERT (Rue). Du quai Montebello à la place Maubert. 5e A. 17e Q.

En 1300 c'était la «rue Perdue». On lui a donné son nom actuel en 1844, en mémoire du célèbre professeur du XIIIe siècle, qui donnait ses leçons en plein air en cet endroit.

MALAQUAIS (Quai). De la rue de Seine à la rue des Sts-Pères. 6e A. 24e Q.

C'était autrefois la «la rue de l'Écorcherie», alias «la rue de la Sablonnerie». Puis, comme le port qui est proche s'appelait alors «Malaquest», on donna ce nom au quai lorsqu'on commença à le bâtir, vers 1625.

MALAR (Rue). Du quai d'Orsay à la rue St-Dominique. 7e A. 28e Q.

Ouverte en 1816 sur les terrains d'une dame Malar.

MALASSIS (Passage). Chemin des Grandes-Carrières, à Montmartre. 18e A.

MALESHERBES (Rue). De la place de Laborde à la rue de Valois. 8e-2e A. 32e-38e Q.

Doit son nom au défenseur de Louis XVI, décapité comme lui en 1793.

MALESHERBES (Boulevard). Du boulevard de la Madeleine à la rue Militaire. 8e A. 32e Q.

Ouverte en 1840. Même étymologie.

MALESHERBES (Cité). Rue Cardinet, à Batignolles. 17e A. 68e Q.

MALHER (Rue). De la rue de Rivoli à la rue Pavée. 4e A. 14e Q.

Formée en 1848. On lui a donné le nom d'un lieutenant tué à quelques pas de là dans les journées de juin.

MALMAISON (Rue de la). De la route de Choisy au passage Gandon, à Gentilly. 13e A. 51e Q.

MALTE (Rue de). De la rue de Ménilmontant à la rue du Faub.-du-Temple. 11e-18e A. 41e Q.

Ouverte vers 1730 sous le nom de «rue des Marais». En 1780 on lui donna son nom actuel, à cause de L. A. d'Artois, duc d'Angoulême et commandeur de Malte.

MANDAR (Rue). De la rue Montorgueil à la rue Montmartre. 2e A. 7e Q.

Ouverte en 1790 sous le nom de l'architecte qui la bâtie.

MANOIR (Rue du). De la rue Marcadet à la rue des Portes-Blanches, à Montmartre. 18e A. 70e Q.

MARAIS (Impasse des). A Montmartre. 18e A.

MARAIS (Impasse des). A Montrouge. 14e A.

MARAIS (Chemin des). De la rue de Javel à la rue Militaire, à Grenelle. 15e A. 60e Q.

MARAIS (Chemin des). Du boulev. de Reuilly à la rue Militaire, à St-Mandé. 12e A. 49e Q.

MARAIS-SAINT-GERMAIN (Rue des). De la rue de Seine à la rue Bonaparte. 6e A. 24e Q.

Ouverte en 1540 sur des marais du petit pré aux Clercs.

MARAIS-SAINT-MARTIN (Rue des). De la rue du Faub.-du-Temple à la rue St-Martin. 10e A. 39e Q.

Ouverte vers 1790. Même étymologie.

MARBEUF (Rue). De la rue Bizet aux Champs-Élysées. 8e A. 29e Q.

Ouverte en 1798 sous le nom de «rue des Gourdes». On lui a donné en 1829 son nom actuel, à cause de son voisinage du jardin Marbeuf, aujourd'hui détruit.

MARBEUF (Allée). De la rue Marbeuf à l'avenue des Champs-Élysées. 8e A. 81e Q.

MARCADET (Rue). De la Grande-Rue au chemin du Ruisseau, à Montmartre. 18e A. 69e-70e-71e Q.

MARCHÉ (Rue du) De la rue de la Tournelle à la rue du Bon-Puits, à la Chapelle. 18e A. 72e Q.

MARCHÉ (Rue du). De la rue Croix-Nivert à la rue du Commerce, à Grenelle. 15e A. 59e Q.

MARCHÉ (Rue du). De la rue Singer à la place de la Mairie, à Passy. 16e A. 62e Q.

MARCHÉ-AUX-CHEVAUX (Rue du) De la rue de Poliveau au boul. de l'Hopital. 5e-13e A. 18e-40e Q.

C'était autrefois le «chemin de Gentilly», puis la «rue du Gros-Caillou». Son nom actuel lui fut donné parce qu'elle conduit au marché aux Chevaux.

MARCHÉ-AUX-CHEVAUX (Passage du). De la rue des Fossés-St-Marcel à la rue du Marché-aux-Chevaux. 5e A. 18e Q.

Au siècle dernier c'était un cul-de-sac. Même étymologie.

MARCHÉ-AUX-FLEURS (Rue du). De la rue de la Pelleterie à la rue de Constantine. 4e A. 16e Q.

Ouverte en 1812.

MARCHÉ-AUX-PORCS (Passage du) De la route de Choisy à la route de Fontainebleau, à la Maison-Blanche. 13e A. 51e Q.

MARCHÉ-BEAUVEAU (Place). Rue de Cotte et rue Beauveau. 12e A.

MARCHÉ-D'AGUESSEAU (Place du). Rue d'Aguesseau. 8e A.

MARCHÉ-D'AGUESSEAU (Rue du). De la rue d'Aguesseau à la rue des Saussayes. 8e A. 31e Q.

Ouverte en 1723.

MARCHÉ DES BLANCS-MANTEAUX (Rue du). De la rue Vieille-du-Temple à la rue des Hospitalières. 4e A. 14e Q.

Ouverte en 1817 le long du marché des Blancs-Manteaux.

MARCHÉ-DES-ENFANTS-ROUGES (Place du). Rue de Bretagne. 3e A.

MARCHÉ-DES-PATRIARCHES (Passage du). De la rue des Patriarches à la rue des Postes. 5e A. 18e Q.

Tracé vers 1830.

MARCHÉ-NEUF (Rue du). Du boulev. de Sébastopol à la rue de la Cité. 4e A. 14e Q.

On confondait encore, avant 1840, sous cette unique dénomination, cette voie publique et le quai qui lui servaient de prolongement. L'emplacement qu'ils occupaient se nommait en 1210 de «l'Orberie», alias de «l'Herberie». L'appellation de «rue du Marché-Neuf» fut donnée en 1568.

MARCHÉ-NEUF (Quai du). Du Petit-Pont au Pont-Saint-Michel. 4e A. 16e Q.

MARCHÉ-SAINTE-CATHERINE (Rue du). De la rue d'Ormesson à la rue Caron. 4e A. 14e Q.

Ouverte en 1784.

MARCHÉ-SAINT-HONORÉ (Rue du). De la rue St-Honoré à la rue Nve-des-Petits-Champs. 1er A. 8e Q.

Avant 1814 c'était la «rue du Marché-des-Jacobins ».

MARCHÉ-SAINT-JEAN (Place du). Rue de la Verrerie. 4e A.

MARCHÉ-SAINT-MARTIN (Place du). De la rue du Faubourg-St-Martin à la rue de la Pompe. 10e A. 39e Q.

MARE (Rue de la). De la rue de Paris à la chaussée de Ménilmontant, à Belleville. 20e A. 77e Q.

MARE (Rue de la). De la rue de l'Arcado à la rue de la Chaumière, aux Ternes. 17e A. 65e Q.

MARENGO (Rue de). De la rue de Rivoli à la rue St-Honoré. 1er A. 2e-3e Q.

C'était en 1350 la «rue Richebourg», puis jusqu'en 1856 la «rue du Coq». Alors, démolie et élargie, on lui a donné son nom actuel en souvenir de la bataille du 14 juin 1800.

MARGUERITES (Rue des). De la rue des Vaches à une impasse sans nom, à Grenelle. 15e A. 60e Q.

MARIE (Pont). Du quai d'Anjou au quai des Ormes. 4e A. 14e-16e Q.

Commencé en 1614, achevé en 1635 et reconstruit en 1659. Il porte le nom de son premier architecte.

MARIE-STUART (Rue). De la rue des Deux-Portes à la rue Montorgueil. 2e A. 7e Q.

Le premier nom de cette rue, alors hors de l'enceinte de Paris et habitée par des filles, était digne de ces temps primitifs et gaulois où l'on appelait les choses par leur nom. Ce fut par un euphémisme mal déguisé qu'on l'appela en 1419 «rue Tire-Boudin». Sa dénomination de «rue Marie-Stuart» lui a été donnée en 1809.

MARIGNAN (Rue de). De l'avenue Montaigne à l'avenue des Champs-Élysées. 8e A. 29e Q.

Comme elle est ouverte dans le voisinage de la maison de François Ier, on lui a donné le nom qu'elle porte en commémoration de la bataille gagnée par ce prince sur les Suisses, le 14 septembre 1515, dans le Milanais.

MARIGNAN (Rue de). Du boulevard de Clichy au chemin de fer, à Montmartre. 18e A. 69e Q.

MARIGNY (Avenue) De l'avenue des Champs-Élysées au faubourg St-Honoré. 8e A. 31e Q.

Ouverte en 1767, le marquis de Marigny étant directeur général des bâtiments du roi.

MARIVAUX (Rue). De la rue Grétry au boulev. des Italiens. 2e A. 6e Q.

Ouverte en 1781, en l'honneur de l'auteur du Jeu de l'amour et du hasard, né en 1688, mort en 1743.

MARMITE (Passage de la). De la rue Phélippeaux à la rue Volta. 3e A. 9e Q.

Ouvert au siècle dernier. Tient son nom d'une enseigne.

MARMOUSETS (Rue des). De la rue d'Arcole à la rue de la Cité. 4e A. 10e Q.

Elle existait déjà au XIIe siècle sous ce nom, qu'elle tenait d'une maison qui y était située. Guillot en dit :

« En la *rue du Marmouset*
Trouvai ung homme qui mu fet
Une muse corne bellourde. »

MARMOUSETS-SAINT-MARCEL (Rue des). De la rue des Gobelins à la rue St-Hippolyte. 13e A. 52e Q.

Elle portait déjà en 1540 ce nom, qu'elle doit à une enseigne.

MARNE (Quai de la). Rue de Marseille à la Villette. 19e A. 73e - 74e Q.

MAROC (Place du). Formée par la rencontre des rues d'Isly et Mogador, à la Villette. 19e A. 72e Q.

MARQFROY (Rue). De la rue du Grand-St-Michel à la rue des Écluses-St-Martin. 10e A. 40e Q.

MARRONNIERS (Rue des). De la rue Basse à la rue de Boulainvilliers, à Passy. 16e A. 62e Q.

MARSEILLE (Rue de). Du quai de la Loire à la rue d'Allemagne, à la Villette. 19e A. 73e Q.

MARSEILLE (Rue). De la rue de l'Entrepôt à la rue des Vinaigriers. 10e A. 39e Q.

Ouverte en 1825 sous le nom du chef-lieu du département des Bouches-du-Rhône.

MARSOLLIER (Rue). De la rue Méhul à la rue Monsigny. 2e A. 5e Q.

Cette rue, qui entoure la salle construite pour l'Opéra-Comique, porte le nom de l'auteur dramatique, né en 1750, mort en 1817.

MARTEL (Rue). De la rue des Petites-Écuries à la rue de Paradis-Poissonnière. 10e A. 38e Q.

Ouverte en 1780 sous le nom de messire Martel, précédemment échevin de Paris.

MARTIGNAC (Rue). De la rue St-Dominique-St-Germain à la rue de Grenelle-St-Germain. 7e A. 26e Q.

Cette rue, qui aboutit au ministère de l'Intérieur, a reçu le nom de «M. de Martignac», né en 1776, ministre de l'Intérieur de 1827 à 1829, mort en 1832.

MARTYRS (Rue des). De la rue Lamartine à l'ancienne barrière des Martyrs. 9e A. 33e - 36e Q.

C'était autrefois la «rue des Porcherons». Sa dénomination actuelle vient de ce qu'elle se dirige vers Montmartre où existait une chapelle dite des « Martyrs », bâtie en l'honneur de saint Denis et de ses compagnons.

MARTYRS (Boulevard des). De l'ancienne barrière du même nom à l'ancienne barrière Pigalle. 18e A. 69e Q.

MARTYRS (Chemin de ronde des). De la rue des Martyrs à la place de la barrière Montmartre. 9e A. 39e Q.

MARTYRS (Chaussée des). Du boulevard des Martyrs à la rue de la Mairie à Montmartre. 18e A. 70e Q.

MASSERAN (Rue). De la rue Éblé à la rue de Sèvres. 7e A. 27e Q.

Ouverte en 1790. Elle doit son nom à l'hôtel qui était situé au coin de la rue Duroc.

MASSILLON (Rue). De la rue Chanoinesse à la rue du Cloître-Notre-Dame. 4e A. 6e Q.

Voisine de l'église métropolitaine, cette rue porte le nom de l'évêque de Clermont, né en 1663, mort en 1742.

MASSON (Rue). De la rue de l'Empereur à la rue Tholozé, à Montmartre. 18e A. 69e Q.

MASURE (Rue de la). Du quai des Ormes à la rue de l'Hôtel-de-Ville. 4e A. 14e Q.

Ce n'est qu'une ruelle, appelée autrefois « Descente à la rivière » et qui doit son nom actuel à une maison délabrée.

MATHURINS-SAINT-JACQUES (Rue des). De la rue Saint-Jacques au boulevard de Sébastopol. 5e A. 20e Q.

D'abord appelée du « Palais-des-Thermes » ou « du Therme »; doit son nom actuel au couvent des Mathurins qui y fut établi en 1209.

MATIGNON (Avenue de). De la rue Rabelais à la rue Penthièvre. 8e A. 30e Q.

Ouverte en même temps que l'allée des Veuves, dont elle a longtemps porté le nom, elle a été, en 1837, appelée Matignon, parce qu'elle prolonge la rue de ce nom.

MATIGNON (Rue de). De la rue Rabelais à la rue du Faubourg-Saint-Honoré. 8e A. 31e Q.

Ouverte en 1774, elle a reçu le nom du maréchal né en 1647, mort en 1729.

MAUBERT (Place). Entre les rues Saint-Victor et Galande. 5e A.

Suivant certains historiens, ce nom serait une corruption et une contraction de « Maître Albert » et la place dont il s'agit s'appellerait ainsi parce que c'était là que donnait ses leçons le célèbre philosophe Albert dit le Grand. Cependant Guillot l'appelle comme aujourd'hui. Le savant imprimeur Étienne Dolet y fut brûlé vif en 1546, sous le règne de François 1er, le « Père des lettres. »

MAUBEUGE (Rue de). De la place du Nord à la rue de Bouvines. 10e A. 37e Q.

Cette rue, voisine du chemin de fer du Nord, a reçu le nom d'un chef-lieu du canton du département du Nord.

MAUBLANC (Rue). De la rue Blomet à la Grande-Rue, à Vaugirard. 15e A. 57e Q.

MAUBUÉE (Rue). De la rue du Poirier à la rue Saint-Martin. 4e A. 16e Q.

Maubué en vieux français signifiait *mal lavé*. Cette dénomination, qu'elle portait déjà en 1323, vient probablement de ce que cette rue était habituellement sale. Et cependant, à ce compte, toutes les rues de Paris auraient dû s'appeler « rues Maubuées ».

MAUCONSEIL (Impasse). Rue Saint-Denis. 2e A. 8e Q.

En 1391, c'était la « ruelle de l'Empereur » ; au XVIe siècle, « rue des Cordiers » ou « de la Corderie dite de l'Empereur », puis « impasse de l'Empereur » ; enfin, en 1806, on l'a appelée « Impasse Mauconseil », parce qu'elle se trouvait dans la section de ce nom.

MAUCONSEIL (Rue). De la rue Saint-Denis à la rue Montorgueil. 1er - 2e A. 2e - 8e Q.

Ce nom lui vient d'un seigneur dont il est parlé dans Froissart, soit de ce que l'assassinat du duc d'Orléans y fut résolu, en 1407, à l'hôtel de Bourgogne qui était situé au no 34.

MAURE (Rue du). De la rue Beaubourg à la rue Saint-Martin. 3e A. 12e Q.

En 1313, c'était la « rue Jehan Palée », puis « rue Palée », rue ou « ruelle Saint-Julien », « rue de la Poterne ou fausse Poterne. » en 1606, on la nommait « cour ou rue du More » ; en 1640, « cour au Moro », dite « des Anglais. »

MAURICH (Impasse). Rue des Amandiers. 11e A. 43e Q.

MAUVAIS-GARÇONS (Rue des). De la rue de Rivoli à la rue de la Verrerie. 4e A. 14e Q.

Du XIIe au XVIe siècle, c'était la « rue Chartron. Elle doit son nom, actuel aux soudards qui envahirent Paris pendant la captivité de François 1er.

MAYET (Rue). De la rue de Sèvres à la rue du Cherche-Midi. 6e A. 23e Q.

Ouverte en 1840.

MAZAGRAN (Impasse). Boulevard Bonne-Nouvelle. 10 A.

MAZAGRAN (Rue). Du boulevard Bonne-Nouvelle à la rue de l'Échiquier. 10e A. 38e Q.

Percée en 1840, elle a été ainsi nommée en souvenir de la résistance opposée dans la petite place de Mazagran par 123 soldats français à une armée de 12,000 Arabes, au mois de février 1840.

MAZAGRAN (Rue). De la rue des Cinq-Moulins à la rue Léon, à la Chapelle. 18e A. 71e Q.

MAZAGRAN (Rue). De la route d'Italie à la rue du Bel-Air, à Gentilly. 13e A. 51e Q.

MAZAGRAN (Rue) De la rue de Constantine à la rue de l'Ouest, à Vaugirard. 14e A. 56e Q.

MAZAGRAN (Rue). De la rue de Calais à la rue de la Duée, à Belleville. 20e A. 78e Q.

MAZARINE (Rue). De la rue de Seine au carrefour Buci. 6e A. 21e Q.

C'était autrefois la « rue des Buttes », puis la « rue des Fossés » ou « du Fossé », puis « rue Mazarine » parce qu'elle borde les bâtiments du collège Mazarin.

MAZAS (Boulevard), de la place Mazas à la place du Trône. 12e A. 46e Q.

La formation de ce boulevard fut décidée en 1814. Une ordonnance de 1845 substitua au boulevard une rue qui fut à peine commencée. Enfin un décret de 1850 prescrivit le percement du boulevard qui n'a été complètement opéré qu'en 1854 et qui tire son nom de la place où il commence.

MAZAS (Place). A l'extrémité nord du pont d'Austerlitz. 12e A.

Formée en 1806. A reçu son nom d'un colonel du 14e de ligne, tué à la bataille d'Austerlitz.

MEAUX (Rue de). De la barrière du Combat à la route d'Allemagne, à La Villette. 19e A. 73e - 75e - 76. Q.

MÉCHAIN (Rue) De la rue de la Santé à la rue du Faubourg-Saint-Jacques. 14e A. 53e Q.

Voisine de l'Observatoire, elle a reçu le nom de l'astronome né en 1744, mort en 1804.

MÉDÉAH (Rue). De la rue de la Gaieté à la rue de Constantine. 14e A. 56e Q.

Comme plusieurs rues neuves de ce quartier elle a reçu le nom d'une localité de nos possessions d'Afrique, celui de la ville de Médéah, située sur le plateau moyen de l'Atlas, à 90 kilomètres d'Alger.

MÉGISSERIE (Quai de la). De la place du Châtelet à la rue de la Monnaie. 1er A. 1er Q.

Construit en 1369, sous le nom « de la Saulnerie. » Depuis la place du Châtelet jusqu'à l'arche Pépin, il s'est appelé « la Vallée de Misère » ou « la Poulaillerie. » L'autre partie fut nommée « de la Mégisserie » à cause des mégissiers qui y demeuraient. Ce dernier nom a prévalu concurremment avec celui de « la Ferraille », provenant des marchands de ferraille qui furent longtemps établis le long du parapet.

MÉHUL (Rue). De la rue Neuve-des-Petits-Champs à la rue Dalayrac. 2e A. 5e Q.

Cette rue, voisine de la salle bâtie pour l'Opéra-Comique, a reçu le nom du compositeur français, né en 1763, mort en 1817, à qui l'on doit la musique du *Chant du Départ*.

MÉNARS (Rue). De la rue Richelieu à la rue Grammont. 2e A. 6e Q.

C'était primitivement une impasse tirant son nom de l'hôtel du président Ménars, qui y était situé.

MENESSIER (Rue). De la rue Véron à la rue de l'Abbaye, à Montmartre. 18e A. 69e Q.

MÉNILMONTANT (Chemin de ronde de). De la rue Ménilmontant à la rue des Trois-Couronnes. 11e A. 41e-42e Q.
MÉNILMONTANT (Impasse). Rue de Ménilmontant. 11e A. 42e Q.
MÉNILMONTANT (Rue de). Du boulev. des Filles-du-Calvaire à la barrière de Ménilmontant. 11e A. 41e-42e Q.

Ainsi nommée, parce qu'elle conduit au village de Ménilmontant. Le mot *Mesnil*, en vieux français, signifie village, hameau, habitation.

MÉNILMONTANT (Passage). De la rue de Ménilmontant au chemin de ronde des Amandiers. 11e A. 42e Q.
MÉNILMONTANT (Rue de). Du boulev. des Amandiers à la rue de Charonne, à Belleville. 20e A. 79e Q.
MÉNILMONTANT (Chemin de). De la rue de Charonne aux fortifications. 20e A. 78e Q.
MENUISIERS (Rue des). Quartier des Grandes-Carrières, à Montmartre. 18e A. 66e Q.
MERCIER (Rue). De la rue de Viarmes à la rue de Grenelle-Saint-Honoré. 1er A. 2e Q.

Construite en 1763, messire Mercier étant échevin.

MESLAY (Rue). De la rue du Temple à la rue St-Martin. 3e A. 9e Q.

Appelée d'abord «rue des Remparts», puis «Ste-Apolline» ou «de Bourbon», cette rue doit son nom actuel à un particulier nommé Meslay, qui y fit construire la première maison.

MESNIL (Rue du). De la rue St-Didier au rond-point de Passy. 16e A. 68e Q.
MESSAGERIES (Rue des). De la rue Hauteville à la rue du Faub.-Poissonnière. 10e A. 38e Q.

A la fin du siècle dernier ce n'était qu'un passage; il a été, depuis, converti en une rue qui doit son nom à un atelier de messageries.

MESSAGERIES (Passage des). De la rue Saint-Honoré à la rue de Grenelle. 2e A. 4e Q.
MESSAGERIES (Passage des). De la rue Montmartre à la rue N.-D.-des-Victoires. 2e A. 7e Q.
MESSINE (Rue de). De la rue de Plaisance à la rue de Valois-du-Roule. 8e A. 32e Q.

Voisine de la place de l'Europe, elle a reçu le nom d'une ville du royaume de Naples.

METZ (Rue de). De la rue de Strasbourg à la rue de Nancy. 10e A. 37e Q.

Voisine du chemin de fer de Strasbourg, elle a reçu le nom du chef-lieu du département de la Moselle.

METZ (Rue de). De la rue d'Allemagne à la rue de Crimée, à La Villette. 19e A. 75e Q.
MEUDON (Boulevard de). Du rond-point de l'École Militaire à la rue du Commerce. 15e A. 50e Q.

Ainsi nommé parce qu'il est dans le voisinage du chemin de Meudon.

MEUNIERS (Chemin des). De la rue Brèche-aux-Loups à la rue Militaire. 12e A. 47e Q.
MÉZIÈRES (Rue). De la rue Bonaparte à la rue Cassette. 6e A. 22e-23e Q.

C'était d'abord la «rue de l'hôtel Mézières», nom qu'elle devait, comme celui qu'elle porte encore à sa situation le long des murs du jardin de l'hôtel Mézières.

MICHEL-LE-COMTE (Rue). De la rue du Temple à la rue Beaubourg. 3e A. 12e Q.

Elle portait déjà au XIIIe siècle ce nom, dont l'étymologie n'est pas connue.

MIDI (Cité du). Quartier des Grandes-Carrières, à Montmartre. 18e A. 66e Q.

Doit son nom à sa situation, bien qu'elle soit à Montmartre, c'est-à-dire au nord de Paris.

MIGNON (Rue). De la rue Serpente à la rue du Jardinet. 10e A. 21e Q.

D'abord appelée «rue des Petits-Champs», puis «de la Semelle», elle doit son nom actuel au collège fondé en 1343 par J. Mignon, maître des comptes à Paris.

MIGNOTTES (Rue des). De la rue des Solitaires à la rue Basse-St-Denis, à Belleville. 19e A. 75e Q.
MILAN (Rue de). De la rue de Clichy à la rue d'Amsterdam. 9e A. 33e Q.

Voisine de la place de l'Europe, elle a reçu le nom d'une des principales villes d'Italie.

MILCENT (Impasse). Rue des Cendriers, à Belleville. 20e A. 79e Q.
MILIEU-DES-URSINS (Rue du). De la rue Basse-des-Ursins à la rue Haute-des-Ursins. 4e A. 16e Q.

Ouverte sur l'ancien hôtel dit des Ursins, que la ville de Paris avait donné à Jean Jouvenel, prévôt des marchands, né à Troyes en 1370, mort en 1431.

MILITAIRE (Rue). C'est l'espace réservé par le génie tout autour des fortifications de Paris.
MILLAUD (Avenue). De la rue de Bercy à la rue de Lyon. 12e A. 48e Q.
MINIMES (Rue des). De la rue des Tournelles à la rue St-Louis au Marais. 3e A. 11e Q.

Ainsi nommée parce qu'elle longeait le couvent des Minimes.

MIROMÉNIL (Rue de). De la rue du Faub.-St-Honoré à la rue de Valois-du-Roule. 8e A. 31e-32e Q.

Ouverte en 1780, Hue de Miromesnil, né en 1723, mort en 1796, étant chancelier de France.

MOGADOR (Rue). De la rue Nve-des-Mathurins à la rue St-Nicolas. 9e A. 34e Q.

Ouverte en 1845; elle porte le nom de Mogador, ville du Maroc, prise par la flotte française le 15 août 1844.

MOGADOR (Rue). Du boul. des Amandiers à la rue Duris, à Belleville. 20e A. 79e Q.
MOGADOR (Rue). De la rue de Flandres à la rue d'Aubervilliers, à la Villette. 19e A. 76e Q.
MOINEAUX (Rue des). De la rue des Orties à la rue Nve-St-Roch. 1er A. 3e Q.

En 1636 c'était la «rue de Monceaux». Son nom actuel lui vient d'une maison ainsi appelée.

MOINES (Rue des). De la place de l'Église à la rue des Bœufs, à Batignolles. 17e A. 68e Q.
MOLAY (Rue). De la rue Perrée à la rue de Bretagne. 3e A. 10e Q.

Cette rue, voisine du Temple, a reçu le nom de Jacques Molay, dernier grand maître des Templiers, brûlé vif à Paris le 11 mars 1314.

MIRACLE (Passage des). De la rue de La Réunion à la route de Versailles, à Auteuil. 16e A. 61e Q.
MOLIÈRE (Passage). De la rue St-Martin à la rue Quincampoix. 3e A. 12e Q.

Doit son nom à un petit théâtre dit de *Molière*, qui y fut construit en 1791 par M. Boursault.

MOLIÈRE (Rue). De la place de l'Odéon à la rue de Vaugirard. 16e A. 22e Q.

Comme elle longe le théâtre de l'Odéon, elle a reçu le nom du célèbre auteur comique, né en 1622, mort en 1673.

MOLIÈRE (Rue). De la route de Versailles à la rue Boileau, à Auteuil. 16e A. 61e Q.
MONCEAUX (Rue de). De la rue du Faub.-St-Honoré à la rue de Courcelles. 8e A. 30e Q.

Ainsi nommée parce que le quartier où elle est située formait autrefois un hameau appelé «Monceaux» (*Moncellum*), qui fut enfermé dans Paris en 1786.

MONCEAUX (Boulevard de). Du rond-point de l'Étoile à la rue de Courcelles. 17e A. 66e Q.
MONCEAUX (Boulevard de). De la rue Lévis à la rue de Courcelles, à Batignolles. 17e A. 66e Q.
MONCEY (Rue). De la rue Blanche à la rue de Clichy. 11e A.

Ouverte en 1811, elle a reçu le nom du maréchal, né en 1754, mort en 1842, qui, en 1814, dirigea la défense de Paris par la garde nationale.

MONCEY (Passage). De l'avenue St-Ouen à la rue Moncey, à Batignolles. 17e A. 68e Q.
MONCEY (Rue). De l'avenue de Clichy au passage Moncey, à Batignolles. 17e A. 68e Q.
MONDÉTOUR (Rue). De la rue de Rambuteau à la rue Mauconseil. 1er A. 9e Q.

Au XIe siècle, c'était la «rue Mondétor» ou «Maldestor»; au XIVe, «rue Maudestour», «Maudestours»; au XVIIe, ce fut la «rue Maudétour» d'où l'on a fait «Mondétour».

« Assés près trouvat *Maudestour*
Et le carefour de la Tour
Où l'on giète mainte sentence
En la maison à Dan Séquence. »

MONDOVI (Rue). De la rue de Rivoli à la rue Mont-Thabor. 1er A. 2e Q.

Ouverte sous l'empire, elle a reçu son nom en mémoire de la victoire remportée par l'armée française sur les Autrichiens, le 22 avril 1799.

MONGENOT (Rue). De l'avenue du Bel-Air aux fortifications. 12e A. 45e Q.
MONNAIE (Rue de la). De la rue St-Germain-l'Auxerrois à la rue de Rivoli. 1er A. 1er Q.

Au XIIIe siècle on l'appelait «rue au Cerfs», à cause d'une enseigne. En 1387 elle se nommait déjà «rue de la Monnaie», parce que l'hôtel des Monnaies, qui fut démoli en 1778, y était situé.

MONSIEUR (Rue). De la rue de Babylone à la rue Oudinot. 7e A. 27e Q.

Ouverte sous le règne de Louis XVI, elle reçut le nom de «Monsieur», titre que portait le frère du roi.

MONSIEUR-LE-PRINCE (Rue). Du carrefour de l'Odéon à la place St-Michel. 6e A. 22e Q.

Appelée d'abord «rue des Fossés», puis «rue des Fossés-St-Germain», enfin, «rue des Fossés-Monsieur-le-Prince», nom que l'hôtel du prince de Condé, situé rue de Condé, s'étendait jusque-là.

MONSIGNY (Rue). De la rue Marsollier à la rue Nve-St-Augustin. 2e A. 5e Q.

Voisine de la salle Ventadour, elle a reçu le nom du compositeur, né en 1729, mort en 1817.

MONTAGNE (Rue de la). Du quai de Passy à la rue Basse. 16e A. 62e Q.
MONTAGNE (Rue de la). Du boulev. de Belleville à la rue Vilins. 20e A. 77e Q.
MONTAGNES (Rue des). De l'avenue des Ternes à la rue Militaire. 17e A. 65e Q.
MONTAGNE-SAINTE-GENEVIÈVE (Rue de la). De la rue St-Victor à la place Ste-Geneviève. 5e A. 17e-20e Q.

Elle s'est appelée tour à tour « Ste-Geneviève », « Ste-Geneviève-la-Grant », « Ste-Geneviève-du-Mont », et enfin « de la Montagne-Ste-Geneviève », parce qu'elle conduit où était située l'abbaye de ce nom. L'âge ne lui a pas été favorable, à en croire ces vers de Guillot :

« ..... Près d'iluec assez tost
La rue qui est belle et grant
Sainte *Geneviève-la-Grant*... »

Il ne la reconnaîtrait pas aujourd'hui, tant elle est laide, orde et misérable.

MONTAIGNE (Allée). De la rue Bizet à l'avenue des Champs-Élysées. 8e A. 31e Q.

Plantée en 1770, elle fut d'abord appelée «des Veuves». En 1852 on lui a donné son nom actuel, parce qu'elle fait suite à la rue Montaigne.

MONTAIGNE (Rue). De l'étoile des Champs-Élysées à la rue du Faub.-St-Honoré. 8e A. 30e Q.

Ouverte au commencement de ce siècle, elle a reçu le nom de l'auteur des *Essais*, né en 1538, mort en 1592.

MONT-DE-PIÉTÉ (Passage du). De la rue des Blancs-Manteaux à la rue de Paradis. 4e A. 14e Q.

Ainsi nommé parce qu'il traverse l'hôtel du Mont-de-Piété.

MONTEBELLO (Quai). Du pont de l'Archevêché au Petit-Pont. 5e A. 20e Q.

Ce quai, décrété en l'an VII, puis en 1811, devait se prolonger jusqu'au pont St-Michel. On n'exécuta d'abord que la partie appelée aujourd'hui «quai St-Michel». La partie comprise entre le Pont-au-Double et le Petit-Pont a été formée qu'en 1840. On lui a donné le nom du maréchal Lannes, duc de Montebello, mort de blessures reçues à la bataille d'Essling le 31 mai 1809.

MONTEMPOIVRE (Chemin de). De la rue de la Voûte-du-Cours aux fortifications. 12e A. 45e Q.

MONTÉNÉGRO (Passage du). De la rue de Vincennes à la rue de Romainville, à la Villette. 19e A. 73e Q.

MONTESQUIEU (Rue). De la rue Croix-des-Petits-Champs à la rue des Bons-Enfants. 1er A. 3e Q.

Ouverte au commencement de ce siècle, elle a reçu le nom de l'auteur de l'*Esprit des lois*, né en 1689, mort en 1755.

MONTESQUIEU (Passage). Du cloître St-Honoré à la rue Montesquieu. 1er A. 3e Q.

MONTFAUCON (Rue). De la rue de l'École-de-Médecine à la rue Clément. 6e A. 22e Q.

S'est appelée d'abord de «Bissi». Lors de la construction du marché St-Germain elle a reçu le nom du savant bénédictin, né en 1655, mort en 1741, auteur de plusieurs ouvrages, dont le principal est l'*Antiquité expliquée*, en 15 vol. in-folio.

MONGALLET (Rue). De la rue de Charenton à la rue de Reuilly. 12e A. 46e Q.

On l'appelait d'abord du «Bas-Reuilly». Son nom actuel vient d'un particulier.

MONTGOLFIER (Rue). De la rue du Vertbois à la rue Conté. 3e A. 9e Q.

Voisine du Conservatoire des Arts et Métiers, elle a reçu le nom de l'inventeur des aérostats.

MONTHOLON (Rue). De la rue du Faub.-Poissonnière à la rue Cadet. 9e A. 35e-36e Q.

Ouverte en 1780 sous le nom d'un conseiller d'État.

MONTMARTEL (Rue). Du port de Bercy à la rue Grange-aux-Merciers. 12e A. 47e Q.

MONTMARTRE (Chemin de ronde). De la rue Pigalle à l'ancienne barrière Montmartre. 9e A. 35e Q.

MONTMARTRE (Place de la barrière). Située au débouché des rues Pigalle et Frochot. 9e A.

Construite en 1827.

MONTMARTRE (Galerie). Passage des Panoramas. 2e A. 6e Q.

MONTMARTRE (Boulevard). De la rue Montmartre à la rue Richelieu. 1er-2e A. 6e-4e Q.

Commencé en 1676, il doit son nom au voisinage de la rue Montmartre.

MONTMARTRE (Cité). De la rue Montmartre à la rue des Vieux-Augustins. 2e A. 6e Q.

MONTMARTRE (Rue). De la place de la Pointe-Saint-Eustache au boulevard Poissonnière. 2e A. 6e Q.

Au XIVe siècle, elle se nommait « de la porte Montmartre », depuis l'église Saint-Eustache jusqu'aux rues des Fossés-Montmartre et Neuve-Saint-Eustache, parce que la porte Montmartre était située à la jonction de ces deux rues. Elle doit son nom actuel à sa direction vers l'ancienne commune de Montmartre, *mons martyrum*, aujourd'hui XVIIIe arrondissement de Paris. On s'est beaucoup occupé de l'étymologie de ce nom et de cette taupinière à moulins, où l'on veut, tantôt qu'il y ait eu un temple de Mars, tantôt que saint Denis et ses compagnons y aient eu le chef enlevé des épaules. Nous croyons que Montmartre était tout simplement, au temps jadis, un lieu où l'on exécutait les criminels : il y a, dans toutes les villes de France, — et il y avait autrefois à Paris, — des rues et des places « du Martroy ».

MONTMORENCY (Rue). De la rue du Temple à la rue Saint-Martin. 3e A. 12e Q.

Doit son nom à Mathieu de Montmorency qui, en 1215, y fit construire un hôtel.

MONTMORENCY (Rue). Du boulevard de Montmorency à la rue Neuve, à Auteuil. 16e A. 61e-62e Q.

MONTMORENCY (Boulevard de) De la rue de l'Assomption à la Grande-Rue, à Auteuil. 16e A. 61e-62e Q.

MONTORGUEIL (Rue). De la rue Rambuteau à la rue Saint-Sauveur. 1er-2e A. 2e-7e-3e Q.

Dès le XIIIe siècle, elle se nommait « du Mont-Orgueilleux » parce qu'elle conduit à une hauteur. De la Pointe-St-Eustache à la rue Mauconseil, on l'a appelée « rue au comte d'Artois », « rue porte la Comtesse »

ou « au comte d'Artois, de la comtesse d'Artois. » Sous la Révolution, la partie nommée « comtesse d'Artois » fut réunie à la rue Montorgueil.

MONTPARNASSE (Boulevard du). De la rue du Sèvres à la rue d'Enfer. 5e-6e-14e-15e A. 53e-58e-23e Q.

Planté en 1761, il doit son nom à la butte, aujourd'hui détruite, où les écoliers de divers collèges venaient jouer aux jours de congé.

MONTPARNASSE (Rue). De la rue Notre-Dame-des-Champs à l'ancienne barrière du Montparnasse. 6e-14e A. 23e-25e Q.

MONTPARNASSE (Chemin de ronde du). De la rue du Montparnasse à l'avenue du Maine. 14e A. 53e Q.

MONTPENSIER (Rue). De la rue Richelieu à la rue Beaujolais. 1er A. 3e Q.

Bâtie en 1784, sous le nom du second fils du duc d'Orléans.

MONTREUIL (Chemin de ronde de). De la rue de Montreuil à la rue de Charonne. 11e A. 44e Q.

MONTREUIL (Rue). De la rue du Faubourg-Saint-Antoine à la barrière de Montreuil. 11e A. 44e Q.

Ainsi nommée parce qu'elle est la route du village de Montreuil.

MONTREUIL (Boulevard de). Du cours de Vincennes à la Grande-Rue de Montreuil. 20e A. 80e Q.

MONTREUIL (Vieille route de). De la Grande-Rue de Montreuil à la rue Militaire. 20e A. 80e Q.

MONTROUGE (Boulevard de). De la route d'Orléans à la rue de la Gaîté. 14e A. 55e Q.

MONT-THABOR (Rue). De la rue d'Alger à la rue Mondovi. 1er A. 4e Q.

Ouverte sous l'Empire, elle a été ainsi nommée en mémoire de la victoire remportée en Syrie par les Français le 16 avril 1799.

MONTYON (Rue). De la rue de Trévise à la rue Geoffroy-Marie. 9e A. 35e Q.

Lorsque la rue de la Boule-Rouge a été mise en communication avec la rue de Trévise, on a donné à la partie méridionale le nom de l'homme de bien, né en 1733, mort en 1820, qui légua une partie de sa fortune aux hôpitaux et institua les prix de vertu.

MONTYON (Rue). De la route d'Orléans à la chaussée du Maine. 14e A. 53e Q.

MOREAU (Rue). De la rue de Bercy à la rue de Charenton. 12e A. 48e Q.

Appelée d'abord « des Filles-Anglaises », elle doit sa dénomination actuelle à un propriétaire.

MORET (Rue). De la rue de Ménilmontant à la rue des Trois-Couronnes. 11e A. 41e Q.

Ouverte en 1854 sur les terrains d'un particulier.

MORILLONS (Rue des). Du chemin du Moulin au chemin de fer, à Plaisance. 15e A. 57e Q.

MORLAND (Boulevard). Du boulevard Bourdon à la rue de Sully. 4e A. 15e Q.

Ce fut d'abord un quai construit par Henri IV et appelé « quai du Mail », à cause d'un jeu qui y était établi. On lui donna son nom actuel en 1806, en mémoire d'un colonel de chasseurs de la garde impériale, tué à la bataille d'Austerlitz. Par suite de la suppression de l'île Louviers, le quai Morland est devenu un boulevard qui a été planté d'arbres en 1844.

MORNAY (Rue). De la rue de Sully à la rue de Crillon. 4e A. 14e Q.

Ouverte en 1843 elle a reçu le nom d'un des chefs protestants de l'armée de Henri IV, né en 1549, mort en 1623.

MORTAGNE (Impasse). Rue de Charenton. 11e A. 43e Q.

Appelée autrefois « des Suisses », elle doit son nom actuel au voisinage de l'hôtel Mortagne.

MOSCOU (Rue de). De la rue de Berlin à la rue Saint-Pétersbourg. 8e A. 32e Q.

Voisine de la place de l'Europe, elle a reçu le nom de la capitale de la Russie.

MOUFFETARD (Rue). De la rue des Fossés-Saint-Victor à l'ancienne barrière d'Italie. 13e A. 57e Q.

Autrefois ce n'était qu'un chemin traversant la colline appelée *mons cetardus*, d'où l'on a fait *mont cétard*, puis *mont fetard*, et enfin « Mouffetard. » Nous pencherions plutôt, en fait d'étymologie, vu l'état infect de cette rue, pour *mons fetidus*.

NOUFLE (Rue). De la rue du Chemin-Vert au quai Jemmapes. 11e A. 43e Q.

Porte le nom de l'ancien maire du VIIIe arrondissement, qui l'a ouverte, en 1834, sur ses terrains.

MOULIN (Chemin du). De la rue des Vignes aux fortifications. 15e A. 57e Q.

MOULIN-DE-BEURRE (Rue). De la rue de la Gaîté à la rue de la Gaîté, à Vaugirard. 14e A. 56e Q.

MOULIN-DE-LA-VIERGE (Rue du). De la rue de Constantine à la rue de Vanves, à Vaugirard. 14e A. 56e Q.

MOULIN-DE-LA-POINTE (Rue du). De la route d'Italie à la rue du Génie. 13e A. 51e Q.

MOULIN-DES-PRÉS (Chemin du). De la route d'Italie à la butte aux Cailles. 13e A. 51e Q.

MOULIN-JOLI (Impasse du). Rue des Trois-Couronnes. 11e A. 43e Q.

Ainsi appelée à cause d'un moulin près duquel était un cabaret tenu par un nommé Joli.

MOULIN-VERT (Rue du). De la rue des Terres-aux-Lapins à la chaussée du Maine. 14e A. 53e Q.

MOULIN-VERT (Chaussée du). Chaussée du Maine. 14e A. 53e Q.

MOULINS (Rue des). De la rue des Moineaux à la rue des Petits-Champs. 1er A. 8e Q.

Doit son nom aux moulins qui existaient sur la hauteur que forme sa partie méridionale.

MOULINS (Rue des). De la rue de Paris à la rue Fessart, à Belleville. 19e A. 76e Q.

MOULINS (Rue des). De la rue de l'Empereur à la rue des Brouillards, à Montmartre. 18e A. 69e Q.

MOULINS (Rue des). De la rue Vineuse à la rue de la Pompe, à Passy. 16e A. 62e Q.

MOULINS (Impasse des). Rue des Moulins, à Passy. 16e A. 63e Q.

MOULINS-SAINT-ANTOINE (Rue des). De l'ancienne barrière de Reuilly à la rue Picpus. 12e A. 46e Q.

MOULINET (Impasse du). Route de Fontainebleau, à Gentilly. 13e A. 51e Q.

MOUSSY (Rue). De la rue de la Verrerie à la rue Sainte-Croix-de-la-Bretonnerie. 4e A. 14e Q.

Au XIIIe siècle, c'était la « rue du Franc-Mourie, Morier et Meurier » ; ensuite la « ruelle descendante à la Verrerie. » Son nom actuel est celui d'un échevin du XVIe siècle.

MUETTE (Rue de la). De la rue de Charonne à la rue de la Roquette. 11e A. 53e Q.

Percée sur un terrain appelé « de la Muette », en 1540.

MULHOUSE (Rue). De la rue de Cléry à la rue des Jeûneurs. 2e A. 7e Q.

Ouverte en 1843, elle a reçu le nom d'une ville du département du Bas-Rhin, dont les manufactures de toiles peintes ont de nombreux dépôts dans les rues voisines.

MULHOUSE (Passage de). De la rue d'Allemagne à la rue de Meaux, à la Villette. 19e A. 73e Q.

MULLER (Rue). De la chaussée de Clignancourt à la butte, à Montmartre. 18e A. 70e Q.

MUNICIPALITÉ (Rue de la). De la rue de la Réunion à la rue des Clos. 12e A. 61e Q.

MUNICH (Avenue de). De la rue de Miromesnil à la rue de Plaisance. 8e A. 27e Q.

Cette avenue porte le nom de la capitale de la Bavière.

MURIER (Rue du). De la rue Saint-Victor à la rue Traversine. 5e A. 17e Q.

En 1243, c'était la « rue Pavée » ; en 1300, la « rue Pavée Goire. » Une enseigne lui a fait donner son nom actuel.

MURS-DE-LA-ROQUETTE (Rue des). De la rue de la Roquette à la rue de la Muette. 11e A. 43e Q.

Ainsi nommée parce qu'elle longeait autrefois les murs du couvent de la Roquette.

MYRRHA (Rue). De la rue des Poissonniers à la chaussée de Clignancourt, à Montmartre. 18e A. 70e Q.

N

NANCY (Rue de). De la rue du Faubourg-Saint-Martin à la rue de Metz. 10e A. 37e Q.

Voisine du chemin de fer de Strasbourg, elle porte le nom du chef-lieu du département de la Meurthe.

NANCY (Rue de). De la rue de Marseille à la rue d'Allemagne, à la Villette. 19e A. 73e Q.

NANTES (Rue de). De la rue de Flandres au quai de l'Oise. 19e A. 74e Q.

NAPOLÉON (Rue). Du boulevard de Belleville à la rue des Montagnes. 20e A. 77e Q.

NAPOLÉON (Cité). Rue des Montagnes, à Belleville. 20e A. 77e Q.

NAPOLÉON (Cité). Rue de la Tombe-Isoire. 14e A.

NAPOLÉON (Cité). Rue Rochechouart. 9e A. 30e Q.

NAPOLÉON (Quai). De la rue du Cloître-Notre-Dame à la rue de la Cité. 4e A. 10e Q.

Ce quai porte le nom de l'empereur sous le règne duquel il a été construit sur l'emplacement d'une rue dite « rue d'Enfer. »

NATION (Rue de la). De la chaussée de Clignancourt à la rue des Poissonniers, à Montmartre. 18e A. 70e Q.

NATIONALE (Rue). Du boulevard d'Ivry au château des Rentiers. 13e A. 50e Q.

NAVARIN (Rue). De la rue des Martyrs à la rue Bréda. 9e A. 33e Q.

Ouverte en 1830, elle a été ainsi nommée en mémoire de la victoire remportée par la flotte turque par les flottes de France, d'Angleterre et de Russie, le 20 octobre 1827.

NECKER (Rue). De la rue d'Ormesson à la rue Jarente. 4e A. 14e Q.

Ouverte vers 1788, sous le nom du contrôleur général des finances, né en 1734, mort en 1804.

NÉGRIER (Rue). De la rue de Grenelle-Saint-Germain à l'avenue de Lamothe-Piquet. 7e A. 28e Q.

A reçu le nom du général tué le 25 juin 1848.

NEMOURS (Rue). De la rue Ménilmontant à la rue d'Angoulême au Marais. 11e A. 41e Q.

Ouverte en 1838, en l'honneur du second fils du roi Louis-Philippe.

NEUF (Pont). Du quai de la Mégisserie à celui des Grands-Augustins. 1er-6e A. 1er-21e Q.

La première pierre de ce pont fut posée par Henri III le 31 mai 1578. Les événements politiques interrompirent les travaux que Henri IV fit reprendre ; ils furent terminés en 1604.

NEUVE (Rue). De la route d'Italie à la route de Choisy, à Gentilly. 13e A. 51e Q.

NEUVE (Rue). De la rue des Vignes dans les champs, à Passy. 16e A. 62e Q.

NEUVE-BOIS-LEVANT (Rue). De la rue Singer à la rue Bois-Levant, à Passy. 16e A. 62e Q.

NEUVE-BOSSUET (Rue). De la rue de la Tour-d'Auvergne à la rue Neuve-des-Martyrs. 9e A. 36e Q.

NEUVE-DÉSIRÉE (Rue). De la rue de l'Espérance à la plaine. 13e A. 51e Q.

NEUVE-BOURG-L'ABBÉ (Rue). De la rue Saint-Martin au boulevard de Sébastopol. 3e A. 12e Q.

NEUVE-BREDA (Rue). De la rue des Martyrs à la rue Bréda. 9e A. 33e Q.

C'était primitivement un passage conduisant rue Laval, qui fut converti en rue sous le nom de « rue Bréda » ; elle est devenue la « rue Neuve-Bréda » depuis que la partie aboutissante à la rue de Laval a été mise en communication avec la rue Notre-Dame-de-Lorette.

NEUVE-COQUENARD (Rue). De la rue Lamartine à la rue de Latour-d'Auvergne. 9e A. 35e-36e Q.

C'était autrefois « l'impasse Coquenard. » Prolongée, en 1819, jusqu'à la rue de Latour-d'Auvergne, elle a reçu le nom qu'elle porte à cause de la rue Coquenard où elle commence (aujourd'hui Lamartine).

NEUVE-DE-BRETAGNE (Rue). De la rue Saint-Louis au Marais, à la rue des Filles-du-Calvaire. 3e A. 10e Q.

NEUVE-DE-LA-GARE (Rue). Du boulevard de l'Hôpital au chemin de ronde de la barrière de la Gare. 13e A. 49e Q.

Ouverte en 1825, elle doit son nom au voisinage de la Gare.

NEUVE-DE-LA-GOUTTE-D'OR (Rue). Du boulevard de la Chapelle, à la rue de la Goutte-d'Or. 18e A. 71e Q.

NEUVE-DE-LAPPE (Rue). De la rue de Charonne à la rue de la Roquette. 11e A. 42e Q.

NEUVE-DE-LA-PÉPINIÈRE (Rue). De la rue du Champ-d'Asile à la rue de la Pépinière. 14e A. 55e Q.

NEUVE-DE-LA-PROCESSION (Rue). De la rue du Transit à la rue de la Procession. 14e A. 53e Q.

NEUVE-DE-LA-TOMBE-ISOIRE (Rue). De la Tombe-Isoire dans les champs. 14e A. 55e Q.

NEUVE-DE-LA-VIERGE (Rue). De la rue de Grenelle à l'avenue de Lamothe-Piquet. 7e A. 28e Q.

NEUVE-DE-L'ÉGLISE (Rue). De la rue de l'Église à la Grande-Rue, à Passy. 16e A. 62e Q.

NEUVE-DE-L'UNIVERSITÉ (Rue). De la rue de l'Université à la rue Saint-Guillaume. 7e A. 25e Q.

Ouverte en 1845, elle doit son nom au voisinage de la rue de l'Université.

NEUVE-DE-MÉNILMONTANT (Rue). De la rue Saint-Louis au Marais au boulevard des Filles-du-Calvaire. 3e A. 10e Q.

Ouverte en 1804.

NEUVE-DE-REUILLY (Rue). Du boulevard Mazas à la Petite-Rue de Reuilly. 12e A. 46e Q.

NEUVE-DES-BONS-ENFANTS (Rue). De la rue des Bons-Enfants à la rue Neuve-des-Petits-Champs. 1er A. 3e Q.

Ouverte en 1640, elle doit son nom à la rue qu'elle prolonge.

NEUVE-DES-CAPUCINES (Rue). De la place Vendôme au boulevard de la Madeleine. 1er A. 7e Q.

Ouverte en 1700, elle est ainsi nommée parce qu'elle longeait les bâtiments du couvent des Capucines.

NEUVE-DES-MARTYRS (Rue). De la rue des Martyrs au passage Bossuet. 9e A. 34e-35e-36e Q.

Doit son nom à la rue des Martyrs.

NEUVE-DES-MATHURINS (Rue). De la rue de la Chaussée-d'Antin à la rue de la Madeleine. 8e-9e A. 31e Q.

Ainsi nommée parce qu'elle a été percée sur un terrain dépendant de la ferme des Mathurins. Elle finissait alors à la rue de l'Arcade. En 1792, elle a été prolongée jusqu'à la rue de la Madeleine.

NEUVE-DES-PETITS-CHAMPS (Rue). De la rue Neuve-des-Bons-Enfants à la place Vendôme. 1er-2e A. 3e-4e-5e-6e Q.

Ouverte en 1634, elle a été nommée « rue Neuve », pour la distinguer de la rue Croix-des-Petits-Champs, qui s'appelait d'abord « des Petits-Champs ».

NEUVE-DES-POIRÉES (Rue). De la rue des Grés à la rue Soufflot. 5e A. 20e Q.

Tient son nom de la rue des Poirées.

NEUVE-DE-STRASBOURG (Rue). De la rue Jessaint à la rue Chabrol. 18e A. 72e Q.

NEUVE-DU-BON-PUITS (Rue). De la rue de la Tournelle à la rue du Bon-Puits. 18e A. 72e Q.

NEUVE-D'ORLÉANS (Rue). De la rue de la Tombe-Isoire à la route d'Orléans. 14e A. 55e Q.

NEUVE-DU-MAINE (Rue). De la rue Chabrol à la chaussée du Maine. 14e A. 58e Q.

NEUVE-DU-THÉÂTRE (Rue). De la rue de la Vierge au pourtour du Théâtre, à Grenelle. 14e A. 58e Q.

NEUVE-DU-CHAMP-D'ASILE (Rue). De la rue de la Pépinière à la rue du Champ-d'Asile. 14e A. 56e Q.

NEUVE-FONTAINE (Rue). De la rue Duperré au chemin de ronde de la barrière Blanche. 9ᵉ A. 33ᵉ Q.
Ouverte en 1813.
NEUVE-GUILLEMIN (Rue). De la rue du Four-Saint-Germain à la rue du Vieux-Colombier. 6ᵉ A. 22ᵉ-23ᵉ Q.
Elle porta d'abord le nom de l'hôtel « Cassel » situé rue Cassette. Plus tard, une enseigne la fit appeler « rue de la Corne ». Sa dénomination actuelle vient d'une famille qui y possédait des terrains.
NEUVE-MONTMORENCY (Rue). De la rue Feydeau à la rue Saint-Marc. 2ᵉ A. 6ᵉ Q.
Ouverte en 1782, dans le voisinage de l'hôtel Montmorency.
NEUVE-NOTRE-DAME (Rue). De la place du Parvis-Notre-Dame à la rue de la Cité. 4ᵉ A. 16ᵉ Q.
D'abord nommée « Neuve-Sainte-Geneviève » et « Sainte-Geneviève », ensuite « rue Notre-Dame », et l'on ajouta Neuve, lorsqu'elle fut rebâtie par Maurice de Sully, en 1163.
NEUVE-PIGALLE (Rue). Du boulevard Pigalle à la rue de l'Abbaye, à Montmartre. 18ᵉ A. 69ᵉ Q.
NEUVE-POPINCOURT (Rue). De la rue Ménilmontant à la rue Popincourt. 11ᵉ A. 42ᵉ Q.
NEUVE-RICHELIEU (Rue). De la place Sorbonne à la rue de la Harpe. 5ᵉ A. 5ᵉ-6ᵉ Q.
Percée en 1689. On vient de la démolir en partie.
NEUVE-SAINT-AUGUSTIN (Rue). De la rue Richelieu au boulevard des Capucines. 2ᵉ A. 6ᵉ Q.
Au XVIIᵉ siècle elle longeait le couvent des Petits-Pères ou Augustins, d'où lui est venu son nom.
NEUVE-SAINT-DENIS (Rue). De la rue Saint-Martin à la rue Saint-Denis. 2ᵉ-3ᵉ A. 8ᵉ-9ᵉ Q.
Doit son nom au voisinage de la rue Saint-Denis.
NEUVE-SAINT-ÉTIENNE-DU-MONT (Rue). De la rue Lacépède à la rue Contrescarpe-Saint-Victor. 5ᵉ A. 17ᵉ Q.
Appelé autrefois « du Moulin-à-Vent, rue du Puits-de-Fer, rue des Morfondus, rue Tiron ». Elle tient son nom actuel du voisinage de l'église Saint-Étienne-du-Mont, et on l'a appelée Neuve, pour la distinguer de la rue Saint-Étienne, aujourd'hui « rue du Pot-de-Fer-Sainte-Geneviève ».
NEUVE-SAINT-EUSTACHE (Rue). De la rue Montmartre à la rue du Petit-Carreau. 2ᵉ A. 7ᵉ Q.
Construite en 1604, elle s'appela d'abord « Saint-Côme » ou « du Milieu-des-Fossés ». Elle prit ensuite son nom actuel, à cause du voisinage de l'église Saint-Eustache et de la chapelle Saint-Joseph, appelée autrefois le « petit Saint-Eustache ».
NEUVE-SAINT-FRANÇOIS (Rue). De la rue Saint-Louis au Marais à la rue Vieille-du-Temple. 3ᵉ A. 10ᵉ Q.
Doit son nom à François Lefebvre de Mormans, président des trésoriers de France, qui en donna l'alignement en 1620.
NEUVE-SAINT-GILLES (Rue). Du boulevard Beaumarchais à la rue Saint-Louis au Marais. 4ᵉ A. 15ᵉ Q.
Ouverte en 1640, elle doit son nom à une statue de saint Gilles.
NEUVE-SAINT-JACQUES (Rue). De l'avenue de la Santé à l'avenue du Commerce. 14ᵉ A. 53ᵉ Q.
NEUVE-SAINT-MÉDARD (Rue). De la rue Gracieuse à la rue Mouffetard. 5ᵉ A. 18ᵉ Q.
C'était d'abord la « rue d'Ablon ». Son nom actuel lui vient de ce qu'elle aboutit à la rue Gracieuse, autrefois « rue Saint-Médard ».
NEUVE-SAINT-MERRI (Rue). De la rue du Temple à la rue Saint-Martin. 4ᵉ A. 13ᵉ Q.
Doit son nom au voisinage de l'église Saint-Merri. On ajouta Neuve pour la distinguer de la rue Saint-Merri, aujourd'hui « rue de la Verrerie. »
NEUVE-SAINT-PAUL (Rue). De la rue du Petit-Musc à la rue Saint-Paul. 4ᵉ A. 15ᵉ Q.
La partie comprise entre la rue du Petit-Musc et la rue Beautreillis, ouverte vers 1550, portait autrefois le nom de « rue des Trois-Pistolets », l'autre partie, percée en 1552, sur l'emplacement de l'hôtel Saint-Maur, fut appelée « Neuve-Saint-Paul » à cause du voisinage de la rue Saint-Paul. En 1841, les deux ont été réunies sous une même dénomination.
NEUVE-SAINT-PIERRE (Rue). De la rue Neuve-Saint-Gilles à la rue des Douze-Portes. 3ᵉ A. 11ᵉ Q.
Ouverte en 1640, elle fut appelée d'abord « Neuve », ensuite « Neuve-Saint-Pierre ».
NEUVE-SAINT-SAUVEUR (Rue). De la rue Damiette à la rue du Petit-Carreau. 2ᵉ A. 8ᵉ Q.
C'était autrefois la « rue de la Corderie », puis la « rue Boyer » ; en 1603, la « rue des Cordiers » ou « la cour des Miracles » ; en 1622, la « rue Neuve-Saint-Sauveur anciennement dite Boyer ». On l'appela Neuve à cause du voisinage de la rue Saint-Sauveur.
NEUVE-SAINT-ANASTASE (Rue). De la rue Saint-Paul à la rue des Prêtres. 4ᵉ A. 14ᵉ Q.
C'était au XIVᵉ siècle la « ruelle Saint-Paul » Elle tient son nom actuel à une statue de sainte Anastase.
NEUVE-SAINTE-CATHERINE (Rue). De la rue Saint-Louis à la rue Payenne. 4ᵉ A. 11ᵉ Q.
Doit son nom au prieuré de Sainte-Catherine, dont elle longeait les bâtiments.
NEUVE-SAINTE-GENEVIÈVE (Rue). De la rue de Fourcy à la rue des Postes. 5ᵉ A. 19ᵉ Q.
Doit son nom au voisinage de l'abbaye Sainte-Geneviève ; on ajouta Neuve pour la distinguer de la rue de la Montagne-Sainte-Geneviève, qui s'appelait autrefois « rue Sainte-Geneviève ».
NEUVE-VÉRON (Rue) De la rue du Vieux-Chemin à la rue de l'Abbaye. 18ᵉ A. 69ᵉ Q.
NEVERS (Impasse de). Rue d'Anjou-Dauphine. 6ᵉ A. 21ᵉ Q.
NEVERS (Rue). Du quai Conti à la rue d'Anjou-Dauphine. 6ᵉ A. 21ᵉ Q.
Au XIIIᵉ siècle, ce n'était qu'une ruelle servant à l'écoulement des eaux du collège Saint-Denis. En 1371, c'était la ruelle par laquelle on entre et sort du quai et jardin de l'hôtel Saint-Denis ». Elle s'est appelée aussi « rue des Deux-Portes » ; et elle a pris le nom de Nevers, parce qu'elle longeait les murs de l'hôtel de Nevers, autrefois hôtel de Nesle.
NEVEUX (Passage). De la rue du boulevard de Strasbourg à la rue du Faubourg-Saint-Denis. 10ᵉ A. 28ᵉ Q.
Porte le nom du propriétaire qui l'a établi.
NEWTON (Rue). De la rue du Chemin-de-Versailles au chemin de ronde de la barrière de l'Étoile. 8ᵉ A. 18ᵉ-04ᵉ Q.
On a donné à cette rue, ouverte en 1836, le nom d'Isaac Newton, célèbre savant anglais, né en 1642, mort en 1727.
NICOLAS-FLAMEL (Rue). De la rue de Rivoli à la rue des Lombards. 4ᵉ A. 13ᵉ Q.
Au XIIIᵉ siècle, cette rue s'appelait « Marivas ». Ce ne fut jusqu'à ces dernières années qu'une ruelle, dont l'ouverture de la rue Rivoli a amené l'élargissement. En 1851, on lui donna le nom de Nicolas Flamel, célèbre écrivain du XVᵉ siècle, qui demeurait au coin de cette rue.
NICOL (Rue). Du quai d'Orsay à la rue de l'Université. 7ᵉ A. 28ᵉ Q.
Elle était désignée autrefois sous le nom de « Saint-Nicolas » dont la dénomination actuelle n'est probablement qu'une altération.
NICOLET (Rue). De la chaussée de Clignancourt à la rue Bachelet. 18ᵉ A. 70ᵉ Q.
Doit son nom à un cabaretier voisin.
NOIR (Passage). De la rue Neuve-des-Bons-Enfants à la rue de Valois-Palais-Royal. 1ᵉʳ A. 3ᵉ Q.
Établi en 1782, il est ainsi nommé parce que c'est un escalier obscur et noir.
NONNAINS-D'HYÈRES (Rue des). Du quai des Ormes à la rue Charlemagne. 4ᵉ A. 14ᵉ Q.
Vers 1300, c'était la rue « à Nonnains-d'Ière », parce que les nonnains ou religieuses de l'abbaye d'Hyères, près Villeneuve-Saint-Georges, y possédaient en 1182 une maison.
NORD (Boulevard du). Du boulevard de Strasbourg au faubourg Poissonnière. 10ᵉ A. 37ᵉ Q.
Établi en 1827, il est ainsi nommé, parce qu'il se dirige vers le nord.
NORD (Cité du). Quartier des Épinettes, à Batignolles. 17ᵉ A. 68ᵉ Q.
NORD (Passage du). De la Petite-Rue-Saint-Denis à la rue de la Glacière, à Montmartre. 18ᵉ A. 70ᵉ Q.
NORD (Passage du). Rue du Dépotoir, à La Villette. 19ᵉ A. 76ᵉ Q.
NORD (Chemin du). De la rue des Poissonniers à l'avenue de Saint-Ouen, à Montmartre. 18ᵉ A. 72ᵉ Q.
NORD (Rue du). De la rue des Poiriers à la route Militaire, à Montmartre. 18ᵉ A. 72ᵉ Q.
NORMANDIE (Rue de). De la rue de Périgueux à la rue Charlot. 3ᵉ A. 10ᵉ-14ᵉ Q.
Ouverte en 1696. Porte le nom d'une ancienne province de France.
NOTRE-DAME (Rue). De l'avenue de Clichy à la Promenade, à Batignolles. 17ᵉ A. 68ᵉ-68ᵉ Q.
NOTRE-DAME (Rue). De la rue Saint-Denis à la rue de la Fontaine, à Montmartre. 18ᵉ A. 70ᵉ Q.
NOTRE-DAME (Rue). De la Grande-Rue à la rue Militaire, à Vaugirard. 15ᵉ A. 57ᵉ Q.
NOTRE-DAME (Rue). De la rue Sainte-Claire à la rue de la Tour, à Passy. 16ᵉ A. 62ᵉ Q.
NOTRE-DAME (Pont). Du quai aux Fleurs au quai de Gèvres. 4ᵉ A. 16ᵉ Q.
Il existait déjà en bois au XIIIᵉ siècle et on l'appelait « pont de la Planche-Mibray ». En 1413 il fut reconstruit ; on y mit sept ans. Il était chargé de soixante maisons. Il s'écroula en 1499 et fut réédifié en pierre. Soixante-dix maisons étaient construites ; elles ont été abattues en 1782.
NOTRE-DAME-DE-BONNE-NOUVELLE (Rue). De la rue Beauregard au boulevard Bonne-Nouvelle. 2ᵉ A. 8ᵉ Q.
Doit son nom à l'église Notre-Dame-de-Bonne-Nouvelle.
NOTRE-DAME-DE-GRACE (Rue). De la rue de la Madeleine à la rue d'Anjou-Saint-Honoré. 8ᵉ A. 31ᵉ Q.
Ainsi nommée parce qu'elle a été ouverte, en 1792, sur les terrains du couvent de Notre-Dame-de-Grace de la rue Ville-l'Évêque.
NOTRE-DAME-DE-LORETTE (Rue). De la rue St-Lazare à la rue Pigalle. 9ᵉ A. 33ᵉ Q.
Ouverte en 1824, elle est ainsi nommée parce qu'elle commence près de l'église N.-D.-de-Lorette.
NOTRE-DAME-DE-NAZARETH (Rue). De la rue du Temple à la rue St-Martin. 3ᵉ A. 9ᵉ Q.
Nommée autrefois « Nve-St-Martin », elle prit le nom de « N.-D.-de-Nazareth » en 1630, à cause du couvent des Pères de N.-D.-de-Nazareth, situé rue du Temple, dont elle longeait les murs.
NOTRE-DAME-DE-RECOUVRANCE (Rue). De la rue Beauregard au boul. Bonne-Nouvelle.
C'était d'abord la « Petite-Rue-Poissonnière », à cause du voisinage de la rue Poissonnière. Rasée en 1594, comme la rue N.-D.-de-Bonne-Nouvelle, et reconstruite en 1630, elle doit son nom actuel à la proximité

de l'église N.-D.-de-Bonne-Nouvelle, qui s'est appelée quelque temps « N.-D.-de-Recouvrance ».

NOTRE-DAME-DES-CHAMPS (Rue). De la rue de Vaugirard au carrefour de l'Observatoire. 6e A. 23e Q.

Aux xive et xve siècles c'était le « chemin Herbu », puis la « rue du Barc », ensuite la « rue N.-D.-des-Champs », parce qu'elle conduisait au monastère de N.-D.-des-Champs de la rue St-Jacques.

NOTRE-DAME-DES-VICTOIRES (Rue). De la rue des Petits-Pères à la rue Montmartre. 2e A. 6e- 7e Q.

Au commencement du xviie siècle c'était le « chemin Herbu », ensuite la « rue des Victoires », puis la « rue des Pères-Augustins-Déchaussés », enfin, « rue N.-D.-des-Victoires », à cause du couvent des Augustins-Déchaussés, dont l'église était sous l'invocation de N.-D.-des-Victoires.

NOYERS (Rue des). De la place Maubert à la rue St-Jacques. 5e A. 6e- 7e Q.

Formée en 1851, par la réunion des rues « des Noyers » et « du Foin-St-Jacques ». La rue « des Noyers », située entre la place Maubert et la rue St-Jacques, tirait son nom d'une allée de noyers qu'elle avait remplacée. Elle fut aussi nommée « St-Yves », à cause de la chapelle Saint-Yves qui se trouvait au coin de la rue St-Jacques.

O

OBLIN (Rue). De la rue de Viarmes à la rue Coquillière. 1er A. 2e Q.
Aboutissant à la halle au Blé, elle porte le nom d'un des entrepreneurs de cet édifice.

OBSERVATOIRE (Avenue de l'). Du boul. du Montparnasse à l'Observatoire. 14e A. 53e Q.
Établie, en 1807, pour mettre en communication avec le Luxembourg l'Observatoire, construit en 1667.

OBSERVATOIRE (Carrefour de l'). A la jonction des rues de l'Est, de l'Ouest et de l'avenue de l'Observatoire. 5e- 6e A. 23e Q.
Doit son nom au voisinage de l'Observatoire. C'est là que le 7 décembre 1815, à sept heures du matin, Michel Ney, maréchal de France, a été fusillé.

ODÉON (Carrefour de l'). Entre les rues de l'Ancienne-Comédie et de l'Odéon. 6e A. 22e Q.
Doit son nom à son voisinage du théâtre, construit en 1773, brûlé en 1799, et reconstruit en 1807.

ODÉON (Place de l'). Au bout de la rue de l'Odéon. 6e A.
Ainsi nommée parce qu'elle est devant le théâtre de l'Odéon.

ODÉON (Rue de l'). Du carrefour de l'Odéon à la place de l'Odéon. 6e A. 22e Q.
Ouverte en 1779, sous le nom de « rue du Théâtre-Français », parce qu'elle conduisait à la salle construite pour le Théâtre-Français. En 1797, la salle et la rue prirent le nom de l'Odéon.

ODESSA (Cité d'). Boulev. Montparnasse, à deux pas de la gare de l'Ouest. 14e A. 55e Q.

ODIOT (Cité). Rue de l'Oratoire-du-Roule. 8e A. 30e Q.
Porte le nom du propriétaire qui l'a fait construire en 1845.

OISE (Quai de l'). De la place de la Mairie aux fortifications, à la Villette. 19e A. 73e-74e Q.

OISEAUX (Rue des). Du marché des Enfants-Rouges à la rue de Beauce. 3e A. 10e Q.
Ouverte en 1626, elle doit son nom à une enseigne.

OLIVET (Rue d'). De la rue Vanneau à la rue Traverse. 7e A. 27e Q.
Ouverte, vers 1646, sur un terrain dit d'*Olivet* dont le nom lui est resté.

OLLIVIER (Rue). De la rue du Faub.-Montmartre à la rue Saint-Georges. 9e A. 34e-35e Q.
Ouverte en 1894, elle porte le nom d'un député, membre du Conseil général de la Seine.

OPÉRA (Galeries et passages de l'). Du boul. des Italiens aux rues Drouot, Rossini et Lepelletier. 9e A. 35e Q.
Lorsque l'Opéra fut construit, en 1821, dans les terrains de l'hôtel Choiseul, on établit le passage allant de la rue Drouot aux rues Rossini et Lepelletier. Les deux galeries conduisant au boulevard ont été exécutées en 1822 et 1823.

ORAN (Rue d'). De la rue Ernestine à la rue des Poissonniers. 18e A. 71e Q.
Doit son nom à une province de l'Algérie.

ORANGERIE (Rue de l'). De la rue d'Orléans-St-Marcel, à la rue Censier. 5e A. 18e Q.
On l'appelait autrefois « des Oranges », « des Orangers »; elle doit ce nom aux orangers du Jardin des Plantes qui étaient conservés pendant l'hiver dans une des maisons riveraines.

ORATOIRE-DU-LOUVRE (Rue de l'). De la rue de Rivoli à la rue St-Honoré. 1er A. 2e Q.
Au xiiie siècle c'était la « rue d'Hosteriche », « d'Ostriche », « d'Autriche », « d'Autruche », « de l'Autruche »; elle se prolongeait alors jusqu'à la Seine. En 1636, on l'appelait « rue de l'Oratoire », à cause de la maison des Pères de l'Oratoire qui y était située. En 1758, l'impasse redevint rue. En 1854, la rue de l'Oratoire a été élargie par suite de la démolition de toutes les maisons du côté droit.

ORATOIRE-DU-ROULE (Rue de l'). De l'avenue de l'Étoile à la rue du Faub.-St-Honoré. 8e A. 30e Q.
Ouverte en 1780 sur des terrains appartenant à la congrégation de l'Oratoire.

ORFÈVRES (Quai des). Du pont St-Michel au Pont-Neuf. 1er A. 1er Q.
Construit de 1580 à 1643, il doit son nom aux orfèvres qui y étaient et y sont encore établis.

ORFÈVRES (Rue des). De la rue St-Germain-l'Auxerrois à la rue Jean-Lantier. 1er A. 1er Q.
Au xiie siècle c'était la « rue aux Moines-de-Joie-en-Val », et par corruption de « Jenvau ». On l'appela ensuite « des Deux-Portes », « d'Entre-Deux-Portes », « aux Deux-Portes ». En 1899 les orfèvres y firent bâtir une chapelle dédiée à saint Éloi, d'où la rue prit le nom de « rue de la Chapelle-aux-Orfèvres », puis « des Orfèvres ».

ORIENT (Rue de l'). Rue de l'Empereur, à Montmartre. 18e A. 69e Q.

ORIENT (Passage d'). De la rue de Bercy à la rue de Lyon. 12e A. 48e Q.

ORILLON (Rue de l'). De la rue St-Maur-Popincourt à l'ancienne barrière de Ramponneau. 11e A. 41e Q.
Doit son nom à une maison dite de l'*Orillon* qui y était située.

ORILLON (Impasse). Rue de l'Orillon. 11e A. 41e Q.

ORILLON (Rue de l'). Du boulev. de Belleville à la rue de la Courtille. 20e A. 77e Q.

ORLÉANS (Quai d'). Du pont Louis-Philippe au pont de la Tournelle. 4e A. 10e Q.
Construit de 1614 à 1646, il fut ainsi nommé en honneur du duc d'Orléans.

ORLÉANS (Route d'). Du boulevard d'Arcueil à la rue Militaire. 53e A. 55e Q.

ORLÉANS (Rue d'). De l'avenue de Clichy à la rue Lévis, à Batignolles. 17e A. 67e-68e Q.

ORLÉANS (Rue d'). Du port de Bercy à la rue de Bercy. 12e A. 47e Q.

ORLÉANS (Rue d'). Du quai de la Loire à la rue d'Allemagne, à la Villette. 19e A. 78e Q.

ORLÉANS (Rue d'). De la rue des Tournelles dans les champs, à Vaugirard. 15e A. 57e Q.

ORLÉANS-SAINT-HONORÉ (Rue d'). De la rue St-Honoré à la rue des Deux-Écus. 1er A. 2e Q.
Elle a été successivement « rue de Nesle », « rue de Bohême », « rue d'Orléans », parce qu'elle conduisait à l'hôtel de Nesle, qui appartint successivement à Jean de Luxembourg, roi de Bohême, beau-père de Jean II, dit le Bon, roi de France, et à Louis de France, duc d'Orléans, fils de Charles V.

ORLÉANS-SAINT-MARCEL (Rue d'). De la rue Geoffroy-St-Hilaire à la rue Mouffetard. 5e A. 18e Q.
Appelée d'abord « rue des Bouliers », « rue aux Rouliers », « rue au Bouloir », puis « rue de Richebourg », elle prit ensuite son nom actuel, parce que le duc d'Orléans, fils de Charles V, y possédait une maison que lui avait donnée sa belle-sœur, la reine Isabeau de Bavière. Dans cette rue était autrefois l'entrée du cimetière St-Médard, qui devint célèbre, au xviiie siècle, par les prétendus miracles opérés sur le tombeau du diacre Pâris. L'autorité ayant fait fermer ce cimetière, on écrivit sur la porte :

De par le roi, défense à Dieu
De faire miracle en ce lieu.

ORME (Rue de l'). De la rue de Mornay à la rue St-Antoine. 4e A. 15e Q.
Ouverte en 1829 sur les terrains de l'ancien arsenal et formée d'une avenue plantée d'ormes.

ORME (Rue de l'). De la rue de la Procession à la rue du Transit, à Vaugirard. 15e A. 57e Q.

ORMEAUX (Avenue des). De la place du Trône à la rue de Montreuil. 11e A. 44e Q.
Formée vers 1780, elle doit son nom aux ormeaux qui y furent plantés.

ORMEAUX (Rue des). De la rue du Chemin-du-Lagny à la rue de Montreuil. 11e A. 44e Q.

ORMEAUX (Rue des). Du boul. de Montreuil à la grande rue de ce nom, à Charonne. 20e A. 80e Q.

ORMES (Quai des). De la rue de l'Étoile à la rue Geoffroy-Lasnier. 14e A. 14e Q.
Tient son nom des Ormes qui y étaient plantés.

ORMESSON (Rue d'). De la rue du Val-Ste-Catherine à la rue Culture-Ste-Catherine. 4e A. 14e Q.
Ouverte en 1784, le sieur d'Ormesson étant alors contrôleur des finances.

ORSAY (Quai d'). De la rue du Bac à l'ancienne barrière de la Cunette. 7e A. 25e- 26e-28e Q.
C'était d'abord le « quai de la Grenouillère », à cause des marécages peuplés de grenouilles qui s'étendaient le long de la Seine. En 1708 le prévôt des marchands, Boucher d'Orsay, commença la partie qui avoisine le port Royal et on lui donna son nom.

ORTIES (Rue des). De la rue d'Argenteuil à la rue Ste-Anne. 1er A. 3e Q.
Doit son nom aux orties qui couvraient le terrain où elle a été ouverte au xviie siècle.

OSEILLE (Rue de l'). De la rue St-Louis-au-Marais à la rue Vieille-du-Temple. 3e A. 10e-11e Q.

Doit son nom aux jardins potagers sur l'emplacement desquels elle a été ouverte en 1826.

OUDINOT (Rue). De la rue Vanneau au boulevard des Invalides. 7e A. 27e Q.

On a réuni sous cette dénomination, en 1852, les rues « Plumet » et « Neuve-Plumet, » en l'honneur du maréchal duc de Reggio, mort en 1847, gouverneur des Invalides.

OUDINOT (Impasse). Rue Vanneau. 7e A. 27e Q.

OUEST (Rue de l'). De la rue de Vaugirard au carrefour de l'Observatoire. 6e A. 22e-23e Q.

Ainsi nommée parce qu'elle est située à l'ouest du jardin du Luxembourg.

OUEST (Rue de l') De la chaussée du Maine à la rue du Transit. 14e A. 56e Q.

OURCQ (Place de l'). Ancienne barrière de Pantin. 19e A.

OURS (Cour de l'). Rue du Faubourg-Saint-Antoine. 3e A.

OURS (Rue aux). De la rue Saint-Martin à la rue Saint-Denis. 1er, 2e, 3e A. 2e, 8e, 12e Q.

C'était au xiiie siècle la « rue aux Oues », à cause des oies qu'y vendaient les nombreux rôtisseurs qui y étaient établis. De « oues » on a fait « ours », d'un oiseau de basse-cour au quadrupède de ménagerie.

P

PAGEVIN (Rue). De la rue J.-J. Rousseau à la place des Victoires. 1er-2e A. 7e Q.

Cette rue est formée de trois vieilles rues «Verderet », « Pagevin » et du «Petit-Reposoir » réunies, en 1851, sous une seule dénomination. En 1203, la rue Verderet était une petite rue fort sale, nommée, pour cette raison, « Merdorel » ; en 1811, c'était « l'Orde rue », puis la « rue Breneuse. » De son premier nom l'on a fait, par euphémisme, « Verderet » puis « Verdelet. La rue Pagevin allait de la rue Coq-Héron à la rue des Vieux-Augustins. Au xiiie siècle elle faisait partie de la rue Verdelet. Elle prit d'un particulier, qui y demeurait au xvie siècle, le nom de « Pagevin. »

PAILLASSONS (Impasse des). Rue Pérignon. 15e A. 58e Q.

PAIX (Rue de la). De la rue Neuve-des-Petits-Champs au boulevard des Capucines. 2e A. 5e Q.

Jusqu'en 1814, elle a porté le nom de « Napoléon » qui l'avait fait ouvrir en 1806. Celui qu'elle porte aujourd'hui lui a été donné en 1814.

PAIX (Rue de la). De l'avenue de Clichy à la rue Saint-Étienne, à Batignolles. 16e A. 67e-68e Q.

PAIX (Rue de la). De la rue de la Tombe-Issoire à Montrouge. 14e-15e A. 58e-57e Q.

PAIX (Cité de la). Rue de Meaux, à la Villette. 19e A. 75e Q.

PALAIS-BOURBON (Place du). Rue de Bourgogne et rue de l'Université. 7e A. 27e Q.

Elle doit son nom au palais bâti en 1722 par le duc de Bourbon, lequel palais a été tour à tour affecté aux séances du Conseil des Cinq-Cents (1795), de la Chambre des députés (1814-1848), de l'Assemblée nationale (1848-1851).

PALAIS-DE-JUSTICE (Place du). Boulevard de Sébastopol, dans la Cité. 4e A.

Formée vers 1788, au-devant du Palais-de-Justice qui lui a donné son nom. Cette place a été longtemps le lieu où les criminels condamnés par la cour d'assises de la Seine étaient exposés aux regards du public et marqués, par le bourreau, d'un fer chaud sur l'épaule. La marque a été abolie par la révolution de 1830, l'exposition par la révolution de 1848.

PALAIS-ROYAL (Place du). Rue Saint-Honoré. 1er Q.

Doit son nom au Palais-Royal. Agrandie, en 1648, par la démolition de l'hôtel Sillery. En 1852, elle a été étendue jusqu'à la rue de Rivoli, et cet agrandissement a fait disparaître la rue du Musée, autrefois « rue Fremental, Froitmantel, Fremenlaou, Froitmanteau, ou Fromenteau. »

PALATINE (Rue). De la rue Garancière à la place Saint-Sulpice. 6e A. 12e Q.

Ouverte, en 1646, sur l'emplacement du cimetière de Saint-Sulpice; d'abord appelée « rue Neuve-Saint-Sulpice », puis « du Cimetière », elle doit son nom actuel à Anne de Bavière, princesse Palatine du Rhin.

PANORAMAS (Passage des). Du boulevard Montmartre à la rue Saint-Marc, à la rue Montmartre et à la rue Vivienne. 2e A. 6e Q.

Formé, en 1800, sur l'emplacement de l'hôtel de Montmorency, il doit son nom à deux rotondes qui s'élevaient à droite et à gauche sur le boulevard Montmartre et où étaient exposés les Panoramas de Rome, Naples, Florence, etc.

PANOYAUX (Rue des). Du boulevard des Amandiers à la rue des Amandiers, à Belleville. 20e A. 70e Q.

PANOYAUX (Impasse des), à Belleville. 20e A. 70e Q.

Rue neuve, vieille étymologie. D'où vient « Panoyaux » ? Est-ce un nom d'homme ou un nom de chose? Nous ne savons. Peut-être est-ce qu'il y indique un pan de murailles, pannus; peut-être qu'il y avait là une fabrique de panonceaux ou de panneaux, mot formé de pinna, de cette manière : pinna, penna, penno, pennois, pannonius, pannucius, pennoniculus, etc. Cherchez, lecteurs, vous trouverez peut-être.

PANTHÉON (Place du). Entre le Panthéon et la rue Soufflot. 5e A.

Formée en partie lorsque fut construite l'École de droit, en 1770. Plus tard, quand on éleva la nouvelle église Sainte-Geneviève, la place fut agrandie. Elle doit son nom à cette église qu'un décret de la Convention nationale avait affectée à la sépulture des grands hommes, et qu'un décret impérial de 1851 a rendu au culte catholique.

PANTIN (Route de). De la rue de Romainville à la rue Militaire. 19e A. 75e Q.

PAON (Rue du). De la rue Saint-Victor à la rue Traversine. 5e A. 17e Q.

C'était, au xiiie siècle, la « rue Alexandre Langlois », à cause d'un particulier de ce nom. Une enseigne lui a fait donner sa dénomination actuelle au xvie siècle.

PAON-BLANC (Rue du). Du quai des Ormes à la rue de l'Hôtel-de-Ville. 4e A. 14e Q.

Ce n'est qu'une ruelle qui tire son nom d'une enseigne.

PAPILLON (Rue). De la rue Bleue à la rue Montholon. 9e A. 35e Q.

Ouverte en 1781, elle a reçu le nom d'un intendant des menus plaisirs du roi.

PAPIN (Rue). Du quai d'Austerlitz à la rue de la Gare. 13e A. 49e Q.

Cette rue, voisine du chemin de fer d'Orléans, a reçu le nom de l'un des inventeurs des machines à vapeur, né en 1647, mort en 1714.

PARADIS-AU-MARAIS (Rue de). De la rue Vieille-du-Temple à la rue du Chaume. 3e- 4e A. 11e Q.

En 1287, c'était la « rue de Paradis » ou « des Jardins », à cause des jardins qui l'avoisinaient. Une enseigne lui a fait donner son nom actuel.

PARADIS-POISSONNIÈRE (Rue de). De la rue du Faubourg-Saint-Denis à la rue du Faubourg-Poissonnière. 10e A. 38e Q.

En 1643, elle portait le nom de « rue Saint-Lazare. » Sa dénomination actuelle lui a été donnée par opposition à celle de la rue Bleue, appelée autrefois « rue d'Enfer. »

PARC (Rue du). De la rue de l'École à la Grande-Rue, à Vaugirard. 15e A. 57e Q.

PARC (Rue du). De la rue de Paris aux fortifications à Belleville. 19e-20e A. 75e-78e Q.

PARCHEMINERIE (Rue de la). De la rue Saint-Jacques à la rue de la Harpe. 5e A. 20e Q.

Au xiiie siècle, c'était la « rue des Écrivains »; en 1387, la « rue des Parcheminiers » et plus tard « de la Parcheminerie. » Elle a dû ces différents noms aux écrivains et aux marchands de parchemins qui y étaient établis.

PARC-ROYAL (Rue du). De la rue Saint-Louis au Marais, à la rue de Thorigny. 8e A. 11e Q.

Ouverte en 1563, elle fit d'abord partie de la rue de Thorigny. On l'appela ensuite « du Petit-Paradis », puis « des Fusées », enfin « du Parc-Royal », parce qu'elle conduisait au parc des Tournelles.

PARIS (Rue de). Du Monceaux à la rue Cardinet, à Batignolles. 17e A. 66e Q.

PARIS (Rue de). Du boulevard de Belleville à la rue de Romainville, à Belleville. 19e A. 75e Q.

PARIS (Rue de). Du boulevard de Charonne à la place de la Mairie, à Charonne. 20e A. 80e Q.

PARME (Rue de). De la rue de Clichy à la rue d'Amsterdam. 9e A. 33e Q.

Ouverte en 1839, elle a reçu le nom d'une ville d'Italie.

PARMENTIER (Avenue). De la rue des Amandiers-Popincourt à la rue Saint-Ambroise. 11e A. 42e Q.

Formée en 1818, sous le nom du membre de l'Institut qui a introduit en France la culture des pommes de terre, lequel, né en 1737, est mort en 1813.

PARTANTS (Rue des). De la rue des Amandiers à la rue du Retrait, à Belleville. 20e A. 79e Q.

PARVIS-NOTRE-DAME (Place du). En face Notre-Dame. 4e A. 16e Q.

Formée d'une place existant devant l'église et de plusieurs petites rues qui ont été supprimées. On appelait autrefois « Parvis » le porche ou le cloître qui est à l'entrée de l'église, et ce mot venait de paradisus, par le changement du D en V comme « glaive » de gladius.

PASCAL (Rue). De la rue Mouffetard à la rue du Champ-de-l'Alouette. 5e-13e A. 18e, 19e, 51e Q.

Ouverte en 1825, elle porte le nom de l'auteur des Provinciales, né en 1623, mort en 1662.

PAS-DE-LA-MULE (Rue du). Du boulevard Beaumarchais à la place Royale. 3e- 4e A. 11e-15e Q.

Ouverte en 1604, elle s'appela d'abord « rue Royale » « petite rue Royale. » Pourquoi son nom actuel? Probablement parce qu'elle montait, car elle monte encore, et qu'il y avait à lever le pas pour les mules comme pour les hommes.

PASSY (Quai de). Du pont de Grenelle à l'avenue Franklin. 16e A. 62e Q.

PASSY (Boulevard de). Du rond-point de l'Étoile à la rue de Longchamp. 16e A. 64e Q.

PASTOURELLE (Rue). De la rue du Grand-Chantier à la rue du Temple. 3e A. 10e-12e Q.

En 1290, c'était la « rue Groignet »; en 1302, la « rue Jehan-Saint-Quentin. » Sa dénomination actuelle lui vient sans doute de quelque bergère amoureuse et affolée.

PATRIARCHES (Rue des). De la rue d'Orléans à la rue de l'Épée-de-Bois. 5e A. 18e Q.

Doit son nom à son voisinage du marché construit en 1830 dans un terrain appelé « cour des Patriarches », parce qu'aux xvie et xviie siècles il y avait une maison appartenant à Bertrand de Charnac, patriarche de Jérusalem, et à Simon de Cramault, patriarche d'Alexandrie.

PAUL-LELONG (Rue). De la rue Notre-Dame-des-Victoires à la rue de la Banque. 2e A. 6e Q.

Ouverte en 1811. On lui a donné le nom de l'architecte chargé de construire les bâtiments du Timbre, et mort, en 1815, avant l'achèvement de cet édifice.

PAUQUET (Rue). De la rue Projetée au chemin de ronde, à Passy. 16e A., 64e Q.

PAUQUET-DE-VILLEJUST (Rue). De la rue de Chaillot au chemin de ronde de l'Étoile. 16e A. 64e Q.

Ouverte en 1836, elle doit son nom à un avocat, mort en 1839, qui avait contribué à la faire établir.

PAUVRES (Impasse des). Rue Boileau, à Passy. 16e A. 61e Q.

PAVÉE-AU-MARAIS (Rue). De la rue de Rivoli à la rue Neuve-Sainte-Catherine. 4e A. 14e Q.

En 1265, c'était la « rue du Petit-Marivaux », en 1400, « du Petit-Marais », puis « de Marivas, de Marivaux », et enfin la « rue Pavée. » Une partie de cette rue a été détruite, en 1855, pour le prolongement de la rue de Rivoli.

PAVÉE-SAINT-ANDRÉ-DES-ARCS (Rue). Du quai des Augustins à la rue Saint-André-des-Arcs. 6e A. 21e Q.

Elle portait déjà ce nom en 1300. Au XVIe siècle, on l'appelée « rue Pavée-d'Andouilles. » C'était une facétie du peuple parisien qui se venge de ses misères par des lazzis.

PAVILLONS (Passage des). De la rue Beaujolais-Palais-Royal à la rue Neuve-des-Petits-Champs. 1er A. 3e Q.

On l'appelée aussi « passage des Deux-Pavillons. »

PAVILLONS (Rue des). De la rue de Calais à la rue de la Dude, à Belleville. 20e A. 78e Q.

PAYENNE (Rue). De la rue des Francs-Bourgeois à la rue du Parc-Royal. 3e A. 11e Q.

Elle a porté successivement les noms de rues « Payelle, Parelle, Guyenne, Payenne, » dont l'étymologie n'est point connue.

PÉCHOIN (Rue). Du boulevard du Combat à la rue Asselin, à Belleville. 19e A. 76e Q.

PICQUAY (Passage). De la rue des Blancs-Manteaux à la rue Rambuteau. 4e A. 18e Q.

Ce passage était autrefois une impasse dite, en 1300, « rue Peronelle-de-Saint-Paul »; son nom actuel vient, par altération, de celui de Jean de la Haie, dit Piquet, qui y possédait une maison.

PEINTRES (Impasse des). Rue Saint-Denis. 2e A. 8e Q.

Au commencement du XIVe siècle, c'était la « rue de l'Arbalète », en 1825, la ruelle sans chef dite des Étuves », ensuite la « rue de l'Asno-Rayé ». En face de cette impasse, dans la rue Saint-Denis, était une porte de Paris dite la « Porte-aux-Peintres. » La porte, comme l'impasse, devait son nom soit à Guyon Ledoux, peintre, qui y fit bâtir une maison en 1535, soit à Gille Lepeintre, qui possédait la maison de l'Arbalète à la fin du XIIe siècle.

PELÉE (Impasse). Petite-rue-Saint-Pierre-au-Marais. 11e A. 42e Q.

Au siècle dernier c'était la « ruelle Pelée », du nom d'un particulier.

PÈLERINS-SAINT-JACQUES (Rue des). De la rue du Cloître-Saint-Jacques à la rue Mondétour. 1er A. 2e Q.

Doit son nom à l'hôpital Saint-Jacques, destiné aux pèlerins, sur l'emplacement duquel elle a été ouverte en 1813.

PÉLICAN (Rue du). De la rue de Grenelle-Saint-Honoré à la rue Croix-des-Petits-Champs. 1er A. 2e Q.

Aux XIVe et XVe siècles, elle était habitée par des filles publiques, ce qui lui avait valu un nom obscène dont, au XVIe siècle, on fit celui de Pélican.

PELLETERIE (Rue de la). De la rue de la Cité au boulevard de Sébastopol. 4e A. 16e Q.

Cette rue doit son nom aux pelletiers qui s'y étaient établis.

PELOUSE (Rue de la). De la rue de Bellevue à l'avenue de la Porte-Maillot, à Passy. 16e A. 64e Q.

Doit son nom aux pelouses de l'ancien Ranelagh, où elle aboutit.

PENEL (Passage). De la rue de la Glacière à la rue du Ruisseau, à Montmartre. 18e A. 70e Q.

PENTHIÈVRE (Rue de la). De la rue Ville-l'Évêque à la rue du Faubourg-Saint-Honoré. 8e A. 31e Q.

Au XVIIe siècle, c'était la « rue des Marais ». Au XVIIIe siècle on l'appelait « du Chemin-Vert »; en 1775, « rue Verte »; plus tard on a dit « Grande-Rue-Verte » pour la distinguer de la Petite-Rue-Verte. En 1847, on lui donna son nom actuel en l'honneur d'un des fils du roi Louis-Philippe.

PÉPINIÈRE (Rue de la). De la rue de l'Arcade à la rue du Faubourg-Saint-Honoré. 8e A. 30e-32e Q.

Son nom lui vient de ce qu'elle longeait la pépinière du roi, qui s'étendait de la rue de Courcelles jusqu'à la rue de Miromesnil dans le faubourg Saint-Honoré.

PÉPINIÈRE (Rue de la). De la route d'Orléans à la chaussée du Maine. 14e A. 59e Q.

PERCÉE (Rue). De la rue Charlemagne à la rue Saint-Antoine. 4e A. 14e Q.

Elle était déjà ainsi nommée au XIVe siècle.

PERCEVAL (Rue). De la rue de la Gaîté à la rue de l'Ouest, à Vaugirard. 14e A. 55e Q.

PERCHAMPS (Rue des). De la rue de La Fontaine à la rue Molière, à Auteuil. 16e A. 61e-64e Q.

PERCHE (Rue du). De la rue Vieille-du-Temple à la rue Charlot. 3e A. 11e Q.

Ouverte en 1626, elle a reçu le nom d'une ancienne province de France.

PERCIER (Avenue). De la rue de la Pépinière à l'avenue de Munich. 8e A. 31e Q.

Appelée d'abord de « l'Abattoir », elle a reçu, en 1814, le nom de l'architecte, membre de l'Institut, né en 1764, mort en 1838.

PERCIER (Rue). De la rue Blanche à la rue Fontaine. 9e A. 33e Q.

Désignée d'abord sous les noms de rue de « l'Aqueduc », ou du « Canal ». Même étymologie que précédemment.

PEREIRE (Boulevard). De l'avenue de la Porte-Maillot à la rue Cardinet, à Neuilly. 17e A. 65e-66e-67e Q.

PÉRICHAUX (Sentier des). A Grenelle. 15e A. 57e Q.

PÉRIGNON (Rue). De l'avenue de Saxe au chemin de ronde de Sèvres. 7e-15e A. 27e-58e Q.

Ouverte en 1820, sous le nom d'un membre du conseil municipal.

PÉRIGUEUX (Rue de). De la rue de Bretagne à la rue Saint-Louis. 3e A. 10e Q.

Alignée en 1626, elle reçut le nom de Périgueux, capitale d'une des anciennes provinces de France. Elle ne s'étendait alors que jusqu'à la rue de Normandie; on l'a, en 1697, prolongée jusqu'à la rue Bouchorat (aujourd'hui réunie à la rue Saint-Louis).

PERLE (Rue de la). De la rue de Thorigny à la rue Vieille-du-Temple. 3e A. 11e Q.

Elle fit partie d'abord de la rue de Thorigny. Sa dénomination actuelle vient d'une enseigne.

PERNELLE (Rue). De la rue Saint-Bon au boulevard de Sébastopol. 4e A. 18e Q.

Appelée autrefois « Petite rue Marivaux », et quelquefois « rue des Prêtres ». Elle a reçu, en 1831, le nom de la femme du célèbre Nicolas Flamel.

PERNETTY (Impasse). Rue Pernetty. 14e A.

PERNETTY (Rue). De la rue de Constantine à la rue de Vanves, à Plaisance. 14e A. 59e Q.

PERPIGNAN (Rue de). De la rue des Marmousets à la rue des Trois-Canettes. 4e A. 17e Q.

Au XIVe siècle, elle se confondait avec la partie orientale de la rue des Trois-Canettes, sous le titre de « rue de la Court-Ferri ». Elle doit son nom actuel à un jeu de paume qui y était situé.

PERRÉE (Rue). De la rue Caffarelli à la rue du Temple. 3e A. 10e Q.

Ouverte en 1809, elle a reçu le nom du contre-amiral, né en 1761, tué le 18 février 1800, dans un combat qu'il soutint à bord du vaisseau le Généreux, contre quatre vaisseaux anglais commandés par Nelson.

PERRIER (Rue). De la rue de Constantine à la rue Blottière, à Plaisance. 14e A. 56e Q.

PERRIER (Rue). De l'avenue de la Porte-Maillot à l'avenue de l'Impératrice, à Neuilly. 16e A. 63e Q.

PERRON (Passage du). De la rue Beaujolais à la rue Neuve-des-Petits-Champs. 1er A. 3e Q.

PERS (Impasse). Chaussée de Clignancourt. 18e A. 70e Q.

PETEL (Rue). De la rue de Sèvres à la rue Blomet. 15e A. 57e Q.

PETIT (Passage). De la rue Mogador à la rue des Cendriers, à Belleville. 20e A. 79e Q.

PETIT-BANQUIER (Rue du). De la rue du Banquier au boulevard de l'Hôpital. 13e A. 49e Q.

PETIT-CARREAU (Rue du). De la rue Saint-Sauveur à la rue de Cléry. 2e A. 8e Q.

On l'appela d'abord « Montorgueil », puis « des Boucheries ». Sa dénomination actuelle lui vient d'une enseigne.

PETIT-CHAMP-DE-L'ALOUETTE (Rue du). De la rue du Champ-de-l'Alouette à la rue de la Glacière. 13e A. 52e Q.

Appelée d'abord « rue Payen », puis « de la Barrière », elle doit son nom actuel au terrain sur lequel elle est percée.

PETIT-DIEU (Impasse). A Montmartre. 18e A. 70e Q.

PETIT-HURLEUR (Rue). Du boulevard de Sébastopol à la rue Saint-Denis. 2e A. 8e Q.

Du XIVe au XVIe siècle, c'était la « rue Jean-Paléc » ou « Paléc ». Son nom actuel lui vient de la rue du Grand-Hurleur.

PETIT-LION (Rue du). De la rue Saint-Denis à la rue Montorgueil. 2e A. 8e Q.

En 1300, cette rue, qui était en dehors de l'enceinte de Philippe-Auguste, s'appelait la rue « du Lion-d'Or outre la porte Saint-Denis ». Plus tard, ce fut la « rue au Lion ou du Lion ». A la fin du XVe siècle, deux enseignes lui firent donner les noms de « rue du Grand et du Petit Lion ». En 1831, on a réuni à la rue du Petit-Lion la rue Pavée-Saint-Sauveur, qui allait de la rue du Petit-Lion à la rue Montorgueil et qui se nommait déjà ainsi en 1313.

PETIT-MOINE (Rue du). De la rue Scipion à la rue Mouffetard. 5e A. 13e Q.

Ce nom lui vient d'une enseigne, — enseigne de cordelier ou de capucin, nous ne le savons pas exactement, et nos lecteurs ne tiennent pas à le savoir plus exactement que nous.

PETIT-MUSC (Rue du). Du quai des Célestins à la rue Saint-Antoine. 4e A. 15e Q.

C'était au XIIIe siècle la « rue Pute-y-Musc ». Pourquoi? Parce que, disent les uns, il y avait autrefois une voirie, — d'où « Put-Musc », puanteur cachée. Cela s'accorderait assez avec le « Petit-Musc » actuel. Mais nous pensons qu'il faut chercher ailleurs. Les filles de joie étaient, au temps jadis, appelées « putes », de putida : à preuve le Roman de la Rose. Or, elles se cachaient ou musaient, ou muçaient, — de amuloir — dans la rue qui nous occupe. D'un autre côté, musc, odeur, s'écrivait autrefois « mus », venant de mus, muris. Prononcez, lecteurs,

PETIT-PONT (Le). De la rue Saint-Jacques à la rue de la Cité. 4e A. 10e-20e Q.

Il y avait un pont en cet endroit avant la conquête romaine. On le nommait « Vieil-Petit-Pont » pour le distinguer d'un autre petit pont construit sur le grand bras de la Seine. Emporté plusieurs fois par les eaux, il fut réédifié, tantôt en pierre, tantôt en bois, à différentes époques, en 1185, en 1394, en 1400, en 1660, en 1718, et, finalement, en 1853.

PETIT-PONT (Place du). Du quai Saint-Michel à la rue du Petit-Pont. 5e A.

Doit son nom au Petit-Pont. Autrefois elle se confondait avec la rue du Petit-Pont. Au nord était le Petit-Châtelet.

PETIT-PONT (Rue du). De la rue de Bucherie à la rue Galande. 5e A. 20e Q.

Elle portait déjà au XIIe siècle ce nom, provenant du Petit-Pont où elle conduit.

PETITE-BOUCHERIE (Passage de la). De la rue de l'Abbaye à la rue Sainte-Marguerite-Saint-Germain. 6e A. 24e Q.

D'abord appelé « rue Abbatiale », l'établissement d'une boucherie lui fit donner plus tard son nom actuel et, par suite de l'exhaussement du sol, la rue devint un passage.

PETITE-CORDERIE (Rue de la). De la rotonde du Temple à la place de la Corderie. 4e A. 51e Q.

Doit son nom à son voisinage de la rue de la Corderie.

PETITE-FONTAINE (Chemin de la). De la rue de la Source à la rue de la Glacière. 10e A. 62e Q.

Doit son nom à son voisinage de la rue de la Fontaine, à Auteuil.

PETITE-TRUANDERIE (Rue de la). De la rue Mondétour à la rue de la Grande-Truanderie. 1er A. 2e Q.

On l'a appelée anciennement « rue du Puits-d'Amour » et « rue Ariadne »; l'un et l'autre noms dus à une histoire d'amants malheureux, quelque chose comme le saut de Loucade. On l'a nommée ensuite de « la Petite-Truanderie », parce qu'elle aboutit à la rue de la Grande-Truanderie.

PETITES-ÉCURIES (Passage des). De la rue du Faubourg-Saint-Denis à la rue des Petites-Écuries. 10e A. 38e Q.

Ainsi nommé à cause de son aboutissement dans la rue des Petites-Écuries.

PETITES-ÉCURIES (Rue des). De la rue du Faubourg-Saint-Denis à la rue du Faubourg-Poissonnière. 10e A. 38e Q.

Construite en 1780, elle doit son nom aux petites écuries du roi, qui étaient situées au coin de la rue du Faubourg-Saint-Denis.

PETITS-CHAMPS (Rue des). De la rue Beaubourg à la rue Saint-Martin. 3e A. 12e Q.

Elle portait déjà, au XIIIe siècle, ce nom tiré des champs où elle avait été ouverte.

PETITS-HOTELS (Rue des). De la place Lafayette à la rue Saint-Quentin. 10e A. 37e Q.

Ainsi nommée parce que les maisons qu'on y a construites forment de petits hôtels séparés.

PETITS-PÈRES (Passage des). De la rue de la Banque à la place des Petits-Pères. 2e A. 6e Q.

Formé en 1779, il doit son nom au voisinage de l'ancien couvent des Petits-Pères.

PETITS-PÈRES (Place des). En face de l'église Notre-Dame-des-Victoires. 2e A.

C'est l'ancienne cour du couvent des Petits-Pères, d'où elle tient son nom.

PETITS-PÈRES (Rue des). De la rue de la Banque à la rue Vide-Goussset. 2e A. 6e Q.

Elle doit son nom au voisinage du couvent des Augustins réformés, dits « Petits-Pères ».

PÉTRELLE (Rue). De la rue du Faubourg-Poissonnière à la rue Rochechouart. 9e A. 36e Q.

Appelée « Jolivet », puis « Malborough », elle porte maintenant le nom d'un architecte qui y fit construire plusieurs maisons vers la fin du siècle dernier.

PEUPLIERS (Chemin des). Du chemin du Moulin-de-la-Pointe à la rue Militaire. 13e A. 51e Q.

Doit son nom aux arbres qui le bordent.

PHÉLIPPEAUX (Rue). De la rue du Temple à la rue Volta. 3e A. 9e Q.

En 1397, c'était la « rue Frépault »; au XVe siècle, la « rue Frapault »; en 1500, la « rue Fripaux et Frépaux »; en 1636, la rue « Frépaux »; ensuite la rue « Phélipot, Philipot », enfin la rue « Phélippeaux ». Si Paris s'est transformé depuis le XIVe siècle, le nom de cette voie publique n'est pas resté en arrière : il s'est transformé au point d'en être méconnaissable.

PHILIPPE (Cité). Du quartier du Combat à La Villette. 19e A. 79e Q.

Doit son nom au propriétaire qui l'a fait construire.

PIAT (Rue). De la rue de Paris à la rue Vilin, à Belleville. 20e A. 77e Q.

Même étymologie.

PICARD (Rue). Du quai de la Gare à la rue du Chevaleret. 13e A. 50e Q.

Même étymologie.

PICOT (Rue). De l'avenue de l'Impératrice à l'avenue Dauphine, à Passy. 16e A. 63e Q.

Même étymologie.

PICPUS (Rue). De la rue du Faubourg-Saint-Antoine à l'ancienne barrière Picpus. 12e A. 46e Q.

Ainsi nommée parce qu'elle a été ouverte sur un territoire dit de Piquepusse, Piquepus, Picpuce, Picpus.

PICPUS (Boulevard du). Du chemin des Marais à l'avenue du Bel-Air. 12e A. 46e Q.

Doit son nom à son voisinage de l'ancien village de Picpus.

PICPUS (Chemin de ronde). De la rue Picpus à l'avenue de Saint-Mandé. 12e A. 46e Q.

Même étymologie.

PIÉMONTÉSI (Passage). Du passage de l'Élysée-des-Beaux-Arts à la Petite-Rue-Royale, à Montmartre. 18e A. 71e Q.

Ouverte il y a quelques années, M. Piémontési étant maire de Montmartre.

PIERRE-ASSIS (Rue). De la rue Mouffetard à la rue Saint-Hippolyte. 13e A. 52e Q.

Appelée autrefois rue « Quirassis, Quiracie, Qui-Rassis », puis « Pierre-Agil, Pierre-Agilo », enfin « Pierre-Assis ». Même observation que pour la rue Phélippeaux, et beaucoup d'autres rues encore.

PIERRE-AU-LARD (Rue). De la rue Neuve-Saint-Merri à la rue du Poirier. 4e A. 13e Q.

Cette rue, formant équerre, avait autrefois deux noms. La partie aboutissant à la rue Saint-Merri s'appelait, au XIIIe siècle, Vicus Aufredi de Gressibus; la partie attenante à la rue du Poirier s'appelait Vicus Petri Oilard. Au XVIe siècle, la première portait le nom de « rue Espanlart ». Au XVIe siècle, les deux parties furent réunies sous la seule dénomination de « Pierre-au-Lard ». Quelques étymologistes ont voulu faire venir cette dernière dénomination du voisinage d'un marché aux porcs, et ils ont supposé que, dans cette rue, il y avait jadis une pierre sur laquelle on vendait le lard du marché voisin. Nous voilà bien loin de Pierre Oilard, n'est-ce pas ?

PIERRE-LEVÉE (Rue). De la rue des Trois-Bornes à la rue Fontaine-au-Roi. 11e A. 41e Q.

Ouverte en 1782, elle a été ainsi nommée, parce qu'en creusant le sol on y trouva une espèce de monument druidique, de menhir, de dolmen formé d'une pierre très-large soutenue sur deux autres pierres placées debout.

PIERRE-LOMBARD (Rue). De la place de la Collégiale à la rue Mouffetard. 5e A. 13e Q.

Ouverte en 1770, elle s'est appelée d'abord « petite rue Saint-Martin ». On lui a donné son nom actuel, en mémoire de l'évêque de Paris, mort en 1164, surnommé le maître des sentences, parce que son souvenir se lie naturellement à celui de l'ancien église Saint-Marcel.

PIERRE-PICARD (Rue). De la chaussée Clignancourt à la place Saint-Pierre, à Montmartre. 18e A. 70e Q.

Doit son nom à un propriétaire riverain.

PIERRE-SARRAZIN (Rue). Du boulevard Sébastopol à la rue Hautefeuille. 6e A. 21e Q.

Doit son nom à un particulier qui y possédait plusieurs maisons au XIIIe siècle. Avant le percement du boulevard de Sébastopol, elle aboutissait rue de la Harpe.

PIGALLE (Cité). Rue Pigalle. 9e A. 33e Q.

Doit son nom à la rue dans laquelle elle est située.

PIGALLE (Rue). De la rue Blanche à l'ancienne barrière Montmartre. 9e A. 33e Q.

Appelée d'abord « rue Royale », puis de « l'An VIII », elle a reçu, vers 1803, le nom du célèbre sculpteur, né en 1714, mort en 1785, qui y demeurait.

PIGALLE (Cité). Quartier des Grandes-Carrières, à Montmartre. 18e A. 69e Q.

Doit son nom à son voisinage du boulevard Pigalle.

PIGALLE (Boulevard). De la Petite-Rue-Royale à la rue de l'Empereur. 18e A. 69e Q.

Doit son nom à son voisinage de la rue Pigalle.

PINEL (Rue). De la rue Campo-Formio au boulevard de l'Hôpital. 13e A. 49e Q.

Elle fut d'abord appelée de « l'Hôpital-Général ». En 1831, on lui a donné le nom du médecin, né en 1745, mort en 1826, qui fut un des principaux médecins de la Salpêtrière. Pinel est un des plus savants aliénistes de ce siècle.

PIROUETTE (Rue). De la rue Rambuteau à la rue Mondétour. 1er A. 2e Q.

Le nom de cette rue est un de ceux qui ont subi le plus d'altérations en passant par la bouche du peuple de Paris. Ainsi, de « Thérouanne » — qui était le nom du territoire sur lequel cette rue fut tracée, et qui, au XIIIe siècle, appartenait à Adam, archidiacre de Paris et évêque de Thérouanne, — on a fait successivement : Pétonnet, Tironne, Thérouenne, du Pétonnet, du Perronnet, Tironnet, Téronne, Pirouet en Tiroye, en Tiroire, en Théroenne, Tironnet, Thérouanne, Tirouanne, Pierret de Térouenne, Pirouet en Térouène, » etc., etc. D'évolutions en évolutions, d'âge en âge, nous avons eu « Pirouette ». Dans ce gâchis des nomenclatures parisiennes, le diable n'y reconnaîtrait pas ses petits!

PIVER (Passage). De la rue de l'Orillon à la rue du Faubourg-du-Temple. 11e A. 41e Q.

Porte le nom d'un particulier.

PLACE (Rue de la). De la rue de Beaune à la rue Saint-Denis, à Belleville. 19e A. 75e Q.

PLAINE (Rue de la). De l'avenue des Ternes au rond-point de l'arc de Triomphe, à Neuilly. 17e A. 65e Q.

Ainsi nommée parce qu'elle aboutit à ce qu'on a nommé pendant si longtemps « la plaine des Sablons ».

PLAISANCE (Avenue de). De l'avenue de Munich à la rue de Valois-du-Roule. 8e A. 82e Q.

Formée en 1810, auprès de l'abattoir du Roule, elle n'a reçu qu'en 1811 sa dénomination, provenant de ce qu'elle prolonge la rue suivante.

PLAISANCE (Rue de). De la rue de la Bienfaisance à la rue de Valois-du-Roule. 8e A. 32e Q.

Ouverte en 1826; elle porte le nom d'une des principales villes de l'Italie, comme la plupart des rues qui avoisinent la place de l'Europe.

PLANCHETTE (Impasse de la). Rue Saint-Martin. 3e A. 9e Q.

Ouverte en 1410. Son nom lui vient d'une planche formant pont pour traverser l'égout qui était alors découvert.

PLANCHETTE (Rue de la). De la rue des Terres-Fortes à la rue de Lyon. 12e A. 78e Q.

Ouverte en 1650, elle tire son nom de l'enseigne d'un marchand de planches.

PLANCHETTE (Ruelle de la). Du chemin de ronde de la barrière de Bercy à la rue Libert. 12e A. 48e Q.

Ainsi nommée parce qu'elle aboutit rue de Charenton dans la partie appelée autrefois « de la Planchette ».

PLANCHETTES (Rue des). De la rue de la Tour à la rue des Moulins, à Passy. 16e A. 62e Q.

Doit son nom à une clôture en planches qui y régnait des deux côtés.

PLANTES (Chemin des). De la rue Binard à la rue du Transit. 14e A. 55e-56e Q.

Ainsi nommé parce qu'il conduit dans les champs.

PLAT-D'ÉTAIN (Rue du). De la rue des Lavandières-Sainte-Opportune à la rue des Déchargeurs. 1er A. 2e Q.

S'est appelée, au XIVe siècle, « rue Roland, Roulant et Raoul-l'Avenir », rue « Raoul Lanternier ». Elle doit son nom actuel à une enseigne.

PLATRE-AU-MARAIS (Rue du). De la rue de l'Homme-Armé à la rue du Temple. 4e A. 13e Q.

En 1240, c'était la « rue Jehan-Saint-Pol »; en 1280, la « rue au Plâtre » et depuis, « Plâtrière » et « du Plâtre ». Elle doit ce nom à une plâtrière.

PLATRE-SAINT-JACQUES (Rue du). De la rue des Anglais à la rue Saint-Jacques. 5e A. 20e Q.

Doit son nom à une plâtrière et aux plâtriers qui y demeuraient au XIIIe siècle.

PLUMET (Rue). De la rue de la Procession aux champs, à Vaugirard. 15e A. 58e Q.

La rue Plumet existait à Paris, il n'y a pas encore longtemps. Elle se dirigeait vers le village de Vaugirard; à cause de cela, on a donné son nom à la présente rue, ouverte dans le voisinage.

POINTE-D'IVRY (Passage de la). De la route d'Ivry à la route de Choisy. 13e A. 50e Q.

POIRIER (Rue du). De la rue Nve-St-Merri à la rue Simon-le-Franc. 4e A. 14e Q.

C'était autrefois la « rue de la Petite-Bouclerie », puis la « rue de la Baudroirie ». Elle doit à une enseigne sa dénomination actuelle.

POIRIER (Rue du). De la rue Berthe à la rue du Vieux-Chemin, à Montmartre. 18e A. 70e Q.

Elle doit son nom à une plantation de poiriers qui y existaient avant qu'on y construisît.

POIRIERS (Rue des). De la Grande-Rue de la Chapelle à la rue du Nord. 18e A. 71e Q.

Même étymologie.

POIRÉES (Rue des). De la place du Collége-Louis-le-Grand à la place de la Sorbonne. 5e A. 20e Q.

Au XIIIe siècle c'était la « rue Thomas-d'Argenteuil »; on lui a donné, un peu plus tard, son nom actuel.

POISSONNERIE (Impasse de la). Rue de Jarente. 4e A. 14e Q.

POISSONNIÈRE (Rue). De la rue de Cléry au boul. Bonne-Nouvelle. 2e A. 7e-8e Q.

C'était autrefois le « val Larronneur », puis le « clos aux Halliers », puis le « champ aux Femmes »; il était alors en dehors de l'enceinte de Paris. Plus tard, ce fut la « rue des Poissonniers », la « rue des Poissonnières », puis la « rue Poissonnière », parce que c'était autrefois le chemin que prenaient les voitures de poissons pour se rendre à la Halle.

POISSONNIÈRE (Boulevard). Du boul. Bonne-Nouvelle au boulev. Montmartre. 9e A. 85e Q.

Formé en 1676. Doit son nom à son voisinage.

POISSONNIERS (Boulevard des). Du Faubourg-Poissonnière à la chaussée Clignancourt. 9e-18e A. 36e-70e Q.

Doit son nom à son voisinage de la rue des Poissonniers.

POISSONNIERS (Rue des). Du boul. de La Chapelle à la rue Militaire. 18e A. 70e-71e Q.

C'était autrefois le chemin que prenaient les voitures pour se rendre à la Halle, d'où son nom.

POISSY (Rue de). Du Quai de la Tournelle à la rue Saint-Victor. 5e A. 17e Q.

Ouverte en 1772, elle fut d'abord appelée « rue Montigny ». On lui a donné, en 1806, son nom actuel, qu'elle doit à son voisinage du marché aux veaux. Les veaux viennent de Poissy à ce marché.

POITEVINS (Rue des). De la rue Hautefeuille à la rue Serpente. 6e A. 21e Q.

Ce fut d'abord la « rue Gui-le-Queux », puis la « rue Gui-le-Queux, dite des Poitevins », « rue Gérard-aux-Poitevins », « rue Gérard-aux-Poitevins », « rue Guérard-aux-Poitevins », et quelquefois « rue Poitevine ». La partie formant retour d'équerre vers la rue Serpente a été appelée « rue du Pot », « du Petit-Pot », « du Gros-Pot ». Amicus Plato, sed magis... Nous aimons la décence, mais davantage encore la vérité.

POITIERS (Rue de). Du quai d'Orsay à la rue de l'Université. 7e A. 25e Q.

Ouverte vers 1680, elle prit, d'un propriétaire, le nom de Potier, d'où l'on a fait, par altération, « Poitiers ». C'est le contraire de la fable du Singe et du Dauphin: c'est un nom d'homme qu'on a pris pour le Pirée.

POITOU (Rue de). De la rue Vieille-du-Temple à la rue Charlot. 3e A. 10e-11e Q.

Ouverte en 1626.

POLIVEAU (Rue de). Du boul. de l'Hôpital à la rue du Marché-aux-Chevaux. 5e A. 18e Q.

Son premier nom fut « rue de la Condrée ». On la nomma ensuite « rue du Pont-Livaut », à cause d'un petit pont, dit « Livaut », jeté sur la Bièvre qui la traversait. Du nom de ce pont, on a fait « Pouliveau », puis « Poliveau ».

POMPE (Rue de la). De la rue de Bondy à la rue du Château-d'Eau. 10e A. 89e Q.

C'était d'abord une impasse tenant son nom d'une pompe publique. Elle a été, en 1834, mise en communication avec la rue du Château-d'Eau.

POMPE (Rue de la). De la rue du Ruisseau aux champs, à Montmartre. 18e A. 70e Q.

Doit son nom à une pompe publique qui s'y trouve.

POMPE (Rue de la). De la Grande-Rue de Passy à l'avenue de la Porte-Maillot. 16e A. 62e Q.

Doit son nom à son voisinage de la pompe à feu de Chaillot.

POMPE-A-FEU (Passage de la). Du quai de Billy à la rue de Chaillot. 16e A. 64e Q.

Ainsi nommée à cause du voisinage de la pompe à feu de Chaillot.

PONCEAU (Passage du). De la rue St-Denis au boul. de Sébastopol. 2e A. 8e Q.

Bâti en 1826.

PONCEAU (Rue du). De la rue Saint-Martin à la rue Saint-Denis. 2e-3e A. 8e Q.

Elle doit son nom à un petit pont ou ponceau établi sur un égout qui fut couvert en 1605.

PONT (Rue du). De la place du Pont-de-Grenelle à la rue des Entrepreneurs. 15e A. 59e-60e Q.

PONT-AUX-BICHES (Rue du). De la rue Censier à la rue Fer-à-Moulin. 5e A. 18e Q.

Elle doit son nom à un pont jeté sur la Bièvre, qui la traverse, et à une enseigne.

PONT-AUX-CHOUX (Rue du). Du boul. Beaumarchais à la rue St-Louis-au-Marais. 3e A. 10e-11e Q.

Elle doit son nom à un petit pont jeté sur l'égout que couvre aujourd'hui la rue St-Louis, et aux choux que produisaient les terrains sur lesquels elle a été ouverte.

PONT-DE-LODI (Rue du). De la rue des Grands-Augustins à la rue Dauphine. 6e A. 21e Q.

Ouverte en 1797, elle a été ainsi nommée en mémoire du combat livré aux Autrichiens par les Français, le 10 mai 1796, dans le village de Lodi, dont le pont fut le principal théâtre de l'action.

PONTHIEU (Rue de). De l'avenue Matignon à la rue Nve-de-Berry. 8e A. 30e Q.

On a donné à cette rue, ouverte en 1778, le nom d'une partie de l'ancienne Picardie.

PONT-LOUIS-PHILIPPE (Rue du). Du quai de la Grève à la rue St-Antoine. 4e A. 14e Q.

Ouverte en 1833, elle est ainsi nommée parce qu'elle est vis-à-vis du pont Louis-Philippe.

PONT-NEUF (Passage du). De la rue Mazarine à la rue de Seine. 6e A. 21e Q.

Construit en 1823, il est nommé ainsi parce qu'il conduit au Pont-Neuf.

PONTOISE (Rue de). Du quai de la Tournelle à la rue Saint-Victor. 5e A. 17e Q.

Ouverte en 1774 sous le nom de « rue de Sartino ». On l'a, en 1806, appelée « rue de Pontoise » à cause de son voisinage du marché aux veaux. Les veaux viennent de Pontoise et de Poissy à ce marché.

PONT-SAINT-MICHEL (Place du). Entre le pont St-Michel et le boul. de Sébastopol. 6e A. 21e Q.

Doit son nom au pont St-Michel. On y a confondu une petite ruelle, appelée « Cagnard », qui descendait à la Seine.

POPINCOURT (Cité). Rue Popincourt. 11e A. 42e Q.

Doit son nom à la rue dans laquelle elle est située.

POPINCOURT (Rue). De la rue de la Roquette à la rue de Ménilmontant. 11e A. 42e-43e Q.

Elle porte le nom de Jean de Popincourt, premier président du Parlement de Paris, de 1403 à 1413, qui possédait une maison de campagne dans cet endroit.

PORTE-MAILLOT (Avenue de la). Du rond-point de l'Étoile à la rue Militaire. 17e A. 64e-65e Q.

Doit son nom à une des portes du bois de Boulogne devant laquelle elle passe.

PORT-MAHON (Rue de). De la rue Nve-St-Augustin à la rue Louis-le-Grand. 2e A. 5e Q.

Ouverte vers 1790, et d'abord nommée « rue de la Fontaine », on l'a ensuite appelée « rue du Port-Mahon », en souvenir de la prise de Port-Mahon par le maréchal Richelieu.

PORT-ROYAL (Rue de). De la rue du Faub.-St-Jacques à la rue d'Enfer. 5e-14e A. 19e-53e Q.

C'était autrefois la « rue de la Bourbe ». En 1814 on lui a donné son nom en mémoire de l'ancien monastère de Port-Royal qui y était situé. Il y avait le Port-Royal-des-Champs et le Port-Royal-de-Paris, l'un et l'autre célèbres, le premier surtout, par les querelles religieuses et philosophiques soulevées à leur propos.

PORT-ST-OUEN (Rue du). De l'avenue de Clichy au chemin des Bœufs. 17e A. 68e Q.

Doit son nom à son voisinage du village de Saint-Ouen, lequel aboutit à la Seine.

PORTES-BLANCHES (Rue des). De la rue des Poissonniers aux fortifications, à Montmartre. 18e A. 70e Q.

Son nom lui vient de ce que, par suite des nuages de poussière que le vent soulevait l'été dans cette plaine, les portes des maisons devenaient blanches.

PORTEFOIN (Rue). De la rue des Enfants-Rouges à la rue du Temple 3e A. 10e Q.

En 1282, c'était la « rue des Poulies », qui devint ensuite « rue Richard-des-Poulies ». Le sieur Jean Portefin y ayant fait construire un hôtel qui prit son nom, la rue fut appelée « Portefin », et, par corruption, « Portefoin ».

POSSOZ (Place). Rue Guichard et rue St-Hippolyte, à Passy. 16e A. 61e-62e Q.

Doit son nom à l'ancien maire de cette commune.

POSTES (Passage des). De la rue Mouffetard à la rue des Postes. 5e A. 19e Q.

POSTES (Rue des). De la place de l'Estrapade à la rue de l'Arbalète. 5e A. 19e Q.

En 1540, c'était la « rue des Poteries », et, depuis, la « rue des Pots ». De « pots » l'on a fait « postes », — sans plus de souci de l'étymologie et du bon sens.

POT-AU-LAIT (Rue du). De la rue de la Glacière à la rue de la Fontaine-à-Mulard. 13e A. 51e Q.

Doit son nom à une enseigne représentant Perrette et son pot au lait.

POT-AU-LAIT (Chemin du). De la Fontaine-à-Mulard aux fortifications. 13e A. 55e Q.

Même étymologie.

POT-AU-LAIT (Rue du). De la route de Châtillon à la plaine. 14e A. 51e Q.

Même étymologie.

POT-AU-LAIT (Petite rue du). De la rue de la Santé à la rue du Pot-au-lait. 13e A. 51e Q.

Même étymologie.

POTEAU (Rue du). De la rue du Ruisseau à la rue Militaire, à Montmartre. 18e A. 69e Q.

Son nom lui vient d'un poteau auquel était attaché un réverbère.

POT-DE-FER (Rue). De la rue Mouffetard à la rue des Postes. 5e A. 19e Q.

En 1554, c'était la « ruelle des Prêtres », en 1579, le « chemin au Prêtre ». En 1558, elle prit d'une enseigne son nom actuel.

POTERIE-DES-ARCIS (Rue de la). De la rue de Rivoli à la rue de la Verrerie. 4e A. 13e Q.

Elle doit son nom aux potiers qui y étaient établis. On l'a appelée « des Arcis » à cause du quartier où elle est située.

POTERIE-DES-HALLES (Rue de la). De la rue de la Lingerie à la rue de la Tonnellerie. 1er A. 2e Q.

On l'a appelée anciennement « rue-des-Deux-Jeux-de-Paume ». Elle doit son nom actuel à des potiers qui s'y étaient établis.

POTIER (Passage). De la rue Montpensier à la rue Richelieu. 1er A. 3e Q.

Doit son nom à l'ancien acteur Potier, qui en était propriétaire.

POULES (Rue des). De la rue de la Vieille-Estrapade à la rue du Puits-qui-parle. 5e A. 19e Q.

En 1605, c'était la « rue du Châtaignier », et plus tard, « rue Chastinière » ; en 1635, la « rue du Mûrier », dite « des Poules ».

POULET (Rue). De la rue des Poissonniers à la chaussée Clignancourt. 18e A. 70e Q.

Doit son nom à un propriétaire riverain.

POULLETIER (Rue). Du quai de Béthune au quai d'Anjon. 4e A. 16e Q.

Construit en 1614, elle doit son nom à un trésorier des Cent-Suisses, qui était associé à l'entrepreneur Marie pour la construction des maisons de l'île St-Louis.

POURTOUR-SAINT-GERVAIS (Rue du). De la rue Jacques-de-Brosses à la rue des Barres. 4e A. 14e Q.

En 1300, c'était la « rue du Cimetière ». En 1568, la « rue St-Gervais », et depuis, la « rue du Pourtour » parce qu'elle entoure de face en un côté l'église St-Gervais.

POUSSIN (Impasse). Aux Ternes. 17e A. 63e Q.

Doit son nom à un propriétaire.

PRADIER (Rue). De la rue St-Laurent à la rue Fessard, à Belleville. 19e A. 76e Q.

Même étymologie.

PRÉ (Rue du). De la rue de Paris à la rue Militaire, à Belleville. 19e A. 75e Q.

Ainsi nommée parce qu'elle aboutit à une prairie.

PRÊCHEURS (Rue des). De la rue St-Denis à la rue des Halles-Centrales. 1er A. 2e Q.

PRÉ-MAUDIT (Rue du). De la grande rue de La Chapelle aux champs. 18e A. 72e Q.

Doit probablement son nom à un terrain sur lequel les chardons seuls s'obtenaient à pousser.

PRESSOIR (Rue du). De la rue de Constantine à la rue des Couronnes, à Belleville. 20e A. 77e Q.

Ainsi nommée parce qu'il y avait autrefois là un pressoir. Le pressoir a disparu avec les raisins, parce qu'on a planté des maisons en guise de vignes.

PRÊTRES (Chemin des). De la rue des Catacombes à la rue Militaire. 14e A. 55e Q.

Ainsi nommée parce que c'était la promenade ordinaire des séminaristes de Montrouge.

PRÊTRES-SAINT-ÉTIENNE-DU-MONT (Rue des). De la rue Descartes à la rue de la Montagne-Ste-Geneviève. 5e A. 20e Q.

En 1248 c'était la « rue du Moustier », puis la « Petite-Ruellette-Ste-Geneviève », la « Ruelle-Ste-Geneviève ». Elle doit son nom actuel aux prêtres de St-Étienne-du-Mont qui y demeuraient.

PRÊTRES-SAINT-GERMAIN-L'AUXERROIS (Rue des). De la place des Trois-Maries à la place St-Germain-l'Auxerrois. 1er A. 1er Q.

Appelée d'abord « rue ou ruelle du Cloître », puis « ruelle par laquelle on va à l'église » et aboutissant ; elle doit son dernier nom aux prêtres de St-Germain-l'Auxrois qui y demeuraient.

PRÊTRES-SAINT-SÉVERIN (Rue des). De la rue St-Séverin à la rue de la Parcheminerie. 5e A. 20e Q.

Même étymologie.

PRINCE-IMPÉRIAL (Rue du). De la rue St-Denis à la rue des Lavandières. 1er A. 1er Q.

On l'a nommée ainsi en l'honneur du premier fils de l'empereur actuel des Français.

PRINCE-EUGÈNE (Boulevard du). De la place du Trône à la rue de la Roquette. 11e A. 44e Q.

PRINCESSE (Rue). De la rue du Four-St-Germain à la rue Guisarde. 6e A. 22e Q.

Même étymologie que pour la « rue Palatine ».

PROCESSION (Passage de la). Du chemin des Fourneaux au passage des Fourneaux. 15e A. 58e Q.

Doit son nom à son voisinage de la rue de la Procession.

PROCESSION (Rue de la). De la Grande-Rue de Vaugirard à la rue de Vanves. 15e-14e A. 57e-56e-58e Q.

Ainsi nommée parce que c'était le chemin que prenait jadis la procession de la Fête-Dieu.

PROCESSION (Petite rue de la). De la rue Hérard à la rue de la Procession. 12e A. 57e Q.

Doit son nom à la rue où elle aboutit.

PROMENADE (Place de la). Rue des Moines et rue Cardinet, à Batignolles. 17e A. 67e Q.

PROPRIÉTAIRES (Rue des). De la rue Marcadet à la rue des Poissonniers, à la Chapelle. 18e A. 72e Q.

PROUVAIRES (Rue des). De la rue Saint-Honoré à la rue des Halles-Centrales. 1er A. 2e Q.

C'est une rue du XIIIe siècle. Beaucoup de prêtres de Saint-Eustache y demeuraient, d'où « rue des Prouvaires », par corruption de « Provoires », « Provoires » est la vieille forme française du mot latin provisor, qui a la même signification.

PROVENÇAUX (Impasse des). Rue de l'Arbre-Sec. 1er A. 1er Q.

Existait déjà en XIIIe siècle.

PROVENCE (Rue de). De la rue du Faubourg-Montmartre à la rue de la Chaussée-d'Antin. 9e A. 35e-31e Q.

PROVOST (Passage). De la rue de la Glacière à la rue de la Santé. 13e A. 51e Q.

Doit son nom à un propriétaire riverain.

PUITS (Rue du). De la rue Sainte-Croix-de-la-Bretonnerie à la rue des Blancs-Manteaux. 4e A. 14e Q.

Doit son nom à un puits public qui y existait au XIIIe siècle.

PUITS-DE-L'HERMITE (Rue du). De la rue du Battoir à la rue Gracieuse. 5e A. 18e Q.

Elle doit son nom à un puits public et à un tanneur appelé Adam l'Hermite.

PUITS-QUI-PARLE (Rue du). De la rue Neuve-Sainte-Geneviève à la rue des Postes. 5e A. 19e Q.

Doit son nom à un puits où il y avait un écho et qui existe encore près de la rue des Poules.

PUTEAUX (Passage). De la rue de l'Arcade à la rue de la Madeleine. 8e A. 31e Q.

Il porte le nom du propriétaire qui l'a formé en 1839.

PUTEAUX (Rue de). Du boulevard des Batignolles à la rue des Dames. 17e A. 67. Q.

PUTIGNEUX (Impasse). Rue Geoffroy-l'Asnier 4e A. 14e Q.

Au XIVe siècle elle se prolongeait jusqu'à la rue des Barres et s'appelait « rue Erneline Boiliaue. » Le nom actuel provient des filles publiques qui y demeuraient.

PYRAMIDES (Rue des). De la place de Rivoli à la rue Saint-Honoré. 1er A. 3e Q.

Ouverte en 1802, elle a été ainsi nommée en mémoire de la victoire remportée par Bonaparte sur les Mamelucks, le 21 juillet 1798.

Q

QUATRE-CHEMINS (Rue des). Du chemin de ronde de la barrière de Reuilly à la Grande-Rue de Reuilly. 12e A. 46e Q.

Ainsi nommée parce que quatre chemins y aboutissent, en effet.

QUATRE-FILS (Rue des). De la rue Vieille-du-Temple à la rue du Grand-Chantier. 3e A. 11e Q.

Appelée d'abord « de l'Échelle-du-Temple », elle a porté ensuite le nom de « rue des Deux-Portes. » Une enseigne des quatre fils Aymon la fit appeler « rue des Quatre-Fils-Aymon », puis, par abréviation, « des Quatre-Fils. »

QUATRE-VENTS (Rue des). De la rue de Condé à la rue de Seine. 6e A. 22e Q.

Appelée d'abord « ruelle descendant à la Foire », puis « rue Combault », elle doit à une enseigne son nom actuel, qu'elle a pris au xviie siècle.

QUINCAMPOIX (Rue) De la rue des Lombards à la rue aux Ours. 3e-4e A. 12e-13e Q.

Elle portait déjà en 1210 ce nom que l'on trouve, en 1300, écrit « Quiquenpoit » ou « Quinquempoit. »

QUINZE-VINGTS (Passage des). De la rue de Lyon à la rue Moreau. 12e A. 48e Q.

Doit son nom à son voisinage de l'hôpital fondé par saint Louis pour 300 aveugles.

R

RABELAIS (Rue). De l'avenue de Matignon à la rue Montaigne. 8e A. 30e-31e Q.

Ouverte sous le nom de « rue Roussolet. » Elle s'étendait autrefois jusqu'à la rue du Colysée. En 1851, on lui a donné le nom de l'immortel auteur de *Pantagruel*, né en 1483, mort en 1553.

RACINE (Rue). Du boulevard de Sébastopol à la place de l'Odéon. 6e A. 22e Q.

Ouverte en 1780. On lui a donné le nom de l'auteur de *Phèdre*, né en 1639, mort en 1699.

RADZIWILL (Passage). De la rue Neuve-des-Bons-Enfants à la rue de Valois-Palais-Royal. 1er A. 8e Q.

Ainsi nommé parce qu'il traverse une maison qui appartenait au prince polonais Radziwill.

RAMBOUILLET (Rue). De la rue de Bercy-Saint-Antoine à la rue de Charenton. 12e A. 47e-48e Q.

Ouverte en 1720 sur les jardins d'un particulier nommé Rambouillet.

RAMBUTEAU (Rue). De la rue du Chaume à la place de la Pointe-Saint-Eustache. 1er-2e-4e A. 2e-12e-13e Q.

Ouverte de 1838 à 1844, M. de Rambuteau étant préfet de la Seine.

RAMEAU (Rue). De la rue Richelieu à la rue Sainte-Anne. 2e A. 6e Q.

Ouverte en 1792, elle fut d'abord appelée « rue Neuve-Lepelletier. » En 1806, on lui donna le nom du compositeur français, né en 1683, mort en 1764.

RAMPE (Avenue de la). De la rue des Batailles au chemin de ronde de la barrière de Sainte-Marie. 16e A. 64e Q.

Ainsi nommée à cause de la pente rapide qui existait en cet endroit, de Chaillot à la Seine, et qui avait nécessité l'établissement d'une rampe.

RAMPONNEAU (Chemin de ronde de la barrière de). De la rue de l'Orillon à la rue du Faubourg-du-Temple. 11e A. 41e Q.

Doit son nom au cabaretier du xviiie siècle, si populaire, et qui a fait souche.

RANELAGH (Rue du). Du quai de Passy à la rue de l'Assomption. 16e A. 62e Q.

Doit son nom à son voisinage du jardin public récemment détruit.

RAPÉE (Quai de la). De la place Mazas au pont de Bercy. 12e A. 48e Q.

Ainsi nommé parce que M. de La Rapée, commissaire général des troupes sous Louis XV, y avait fait construire une maison.

RAPÉE (Boulevard de la). Du port de Bercy à la rue de Bercy. 12e A. 47e-48e Q.

RAPÉE (Chemin de ronde de la). Du quai de la Rapée à la rue de Bercy. 12e A. 47e Q.

RATRAIT (Rue du). De la rue de Ménilmontant au sentier des Soupirs. 20e A. 77e Q.

Le chemin est vieux mais la rue est neuve. L'étymologie de ce nom nous embarrasse. Vient-il du vieux français *ratraire*, rappeler, faire revenir? Veut-il dire *retrait*, refuge, asile, ou *retrait*, farine dont on a retiré la fleur, ou *retrait*, copie d'un acte? Nous pencherions volontiers pour la première de ces hypothèses.

RATS (Rue des). De la rue de la Folie-Regnault au boulevard de Fontarabie. 11e A. 43e Q.

Nommée « rue de Lair » ou « de l'Air » jusqu'en 1730, époque où elle a pris son nom actuel, sans doute à cause de l'abondance des rats qui lui venaient de Montfaucon.

RAYMOND (Passage). De la route d'Italie au passage Gandon. 13e A. 51e Q.

Doit son nom à un particulier.

RAYMOND (Rue). De la rue du Transit à la rue de la Procession. 14e A. 56e Q.

Même étymologie.

RÉALE (Rue de la). De la rue de Rambuteau à la rue de la Grande-Truanderie. 1er A. 2e Q.

S'est d'abord appelée « petite ruellette Jehan-Bigne. » On a dit ensuite, par altération, « Jehan Vingne, Vuigne, Vigne, des Vignes. » L'origine de sa dénomination actuelle n'est pas connue.

RÉAUMUR (Rue). De la rue Volta à la rue Saint-Martin. 3e A. 9e Q.

Formée, en 1851, par la réunion des rues du Marché-Saint-Martin et Royale-Saint-Martin, sous le nom du savant physicien, né en 1683, mort en 1757.

RÉCOLLETS (Rue des). Du quai de Valmy au Faubourg-Saint-Martin. 10e A. 40e Q.

Ainsi nommée parce qu'elle longeait le couvent des Récollets aujourd'hui hôpital des Incurables (hommes).

REGARD (Rue du). De la rue du Cherche-Midi à la rue de Vaugirard. 6e A. 25e Q.

Ouverte en 1680, elle doit son nom à un regard de fontaine qui y était situé.

REGNARD (Rue). De la place de l'Odéon à la rue de Condé. 6e A. 22e Q.

Ouverte en 1779, sous le nom de l'auteur des *Folies amoureuses*, né en 1647, mort en 1709.

REGRATTIER (Rue). Du quai d'Orléans à la rue Saint-Louis-en-l'Ile. 4e A. 16e Q.

Ouverte en 1614, elle porte le nom de l'un des associés de l'entrepreneur Marie dans la construction des maisons de l'île Saint-Louis.

REIMS (Rue de). De la rue des Sept-Voies à la rue Chartière. 5e A. 20e Q.

C'était, au xiiie siècle, la « rue au duc de Bourgogne. » Au xve siècle elle prit son nom actuel, à cause du voisinage du collége de Reims, situé rue des Sept-Voies.

REINE-BLANCHE (Rue de la). De la rue des Fossés-Saint-Marcel à la rue Mouffetard. 13e A. 49e Q.

Ainsi nommée parce qu'elle est ouverte sur un terrain qui dépendait de l'hôtel qu'avait la reine Blanche auprès de Saint-Hippolyte.

REINE-DE-HONGRIE (Passage de la). De la rue Montorgueil à la rue Montmartre. 1er A. 2e Q.

Doit son nom à une enseigne. De 1792 à 1806 on l'a appelé « de l'Égalité. »

REMPART (Rue du). De la rue Saint-Honoré à la rue Richelieu. 1er A. 3e Q.

Ainsi nommée parce qu'elle a été formée de l'ancien rempart.

RENARD (Passage du). De la rue Saint-Denis à la rue Beaurepaire. 2e A. 8e Q.

Formé en 1815, il doit son nom à la rue du Renard-Saint-Sauveur.

RENARD (Passage du). De la rue de Paris à la rue Saint-Laurent, à Belleville. 19e A. 76e Q.

RENARD (Rue du). De la rue de la Verrerie à la rue Neuve-Saint-Merri. 4e A. 18e Q.

De 1183 à 1512 on l'a appelée « cour Robert de Paris, cour Robert. » En 1512, elle est devenue la « rue du Renard qui pêche », et, par abréviation, « rue du Renard », à cause d'une enseigne.

RENARD-SAINT-SAUVEUR (Rue du). De la rue Saint-Denis à la rue des Deux-Portes. 2e A. 8e Q.

Même étymologie.

RENDEZ-VOUS (Rue du). De l'avenue du Bel-Air au boulevard de Saint-Mandé. 12e A. 46e Q.

L'endroit est assez mystérieux et assez charmant pour avoir mérité ce nom si peu sérieux.

RENNES (Rue de). De la rue de Vaugirard au boulevard Montparnasse. 6e A. 23e Q.

Ouverte en 1854, vis-à-vis de l'embarcadère du chemin de fer de l'Ouest, elle porte le nom de la ville du chef-lieu d'Ille-et-Vilaine où conduit ce chemin.

RÉSERVOIRS (Impasse des). Rue de Chaillot. 16e A. 61e Q.

Ainsi nommée parce qu'elle conduit aux réservoirs de la pompe à feu de Chaillot.

RÉSERVOIRS (Rue des). Du boulevard de Longchamp à la rue des Moulins, à Passy. 16e A. 63e Q.

Même étymologie.

REUILLY (Impasse). Petite-Rue-de-Reuilly. 12e A. 46e Q.

Doit son nom à la rue dans laquelle elle est située.

REUILLY (Petite rue de). De la rue de Reuilly à la rue de Charenton. 12e A. 46e Q.

REUILLY (Rue de). De la rue du Faubourg-Saint-Antoine au chemin de ronde de la barrière de Reuilly. 12e A. 46e Q.

Sous les rois de la première race, il y avait dans cet endroit un château royal appelé *Romiliacum* (d'où l'on a fait Reuilly), qui existait encore au milieu du xive siècle. Auprès de ce château se forma un village qui en prit le nom, et ce nom est resté à la rue qui le traversait quand le village fut réuni au faubourg Saint-Antoine.

REUILLY (Boulevard de). Du chemin de Reuilly à la rue de la Croix-Rouge. 12e A. 46e Q.

Même étymologie.

REUILLY (Chemin de). Du boulevard de Reuilly à la rue Militaire. 12e A. 46e Q.

Même étymologie.

REUILLY (Chemin de ronde de la barrière de). De la rue de Reuilly à la rue de Picpus. 12e A. 46e Q.

Même étymologie.

RÉUNION (Passage de la). De la rue Saint-Martin à l'impasse des Anglais. 3e A. 12e Q.

Formé en 1790, il a été ainsi nommé parce qu'il se trouvait dans la section de la Réunion.

RÉUNION (Rue de la). De la rue Boileau à la route de Versailles, à Auteuil. 16e A. 61e Q.

Son étymologie est cousine-germaine de celle de la rue du Rendez-Vous.

RÉUNION (Rue de). De la place de la Réunion à la Grande-Rue de Montreuil, à Charonne. 20e A. 80e Q.

Même étymologie.

RÉUNION (Place de la). Rue du Centre et rue de la Réunion à Charonne. 20e A. 80e Q.

Même étymologie.

RÉVOLTE (Route de la). De la rue de la Fontaine-des-Ternes à la vieille rue des Ternes. 17e A. 65e Q.

Ainsi nommée, parce qu'elle a été tracée à la hâte, en 1750, pour permettre à Louis XV d'aller de St-Denis à Compiègne sans traverser Paris, révolté à propos de nous ne savons plus quel enlèvement d'enfant.

REYNAUD (Cité). Rue de Vanves, à Vaugirard. 14e A. 56e Q.

REYNIE (Rue de la). De la rue Saint-Martin à la rue Saint-Denis. 1er-4e A. 2e-12e Q.

C'était autrefois la « rue Trousse-Vache », nom auquel a été substitué, en 1832, celui du premier lieutenant général de police, à Paris, sous Louis XIV.

RIBLETTE (Rue). De la rue Saint-Germain à la rue de Vincennes, à Ménilmontant. 20e A. 80e Q.

Doit son nom à un propriétaire riverain.

RIBOUTÉ (Rue). De la rue Bleue à la rue Papillon. 9e A. 35e Q.

Ouverte, en 1781, sur des terrains appartenant au sieur Ribouté.

RICHARD-LENOIR (Rue). De la rue de Charonne à la rue de la Roquette. 11e A. 43e Q.

Ouverte en 1849, sous le nom du manufacturier, né en 1765, mort en 1839.

RIBIT (Impasse). Quartier Necker. 15e A.

Doit son nom à un particulier.

RICHELIEU (Rue). De la rue Saint-Honoré au boulevard Montmartre. 1er-2e A. 3e-6e Q.

Appelée d'abord « rue Royale », elle prit ensuite le nom du célèbre cardinal sous le ministère duquel elle avait été construite ou du moins prolongée.

RICHEPANCE (Rue). De la rue Saint-Honoré à la rue Duphot. 1er A. 4e Q.

Ouverte en 1807, elle a reçu le nom du général né en 1770, mort en 1802.

RICHER (Galerie). De la rue Geoffroy-Marie à la rue Richer. 9e A. 35e Q.

Établie en 1842.

RICHER (Rue). De la rue du Faubourg-Poissonnière à la rue du Faubourg-Montmartre. 9e A. 35e Q.

Percée en 1782, messire Richer étant échevin de Paris.

RICHER (Rue). Du chemin des Partants dans les champs, à Belleville. 20e A. 79e Q.

Doit son nom à un propriétaire riverain.

RICHERAND (Avenue). Du quai Jemmapes à la rue Bichat. 10e A. 39e Q.

D'abord appelée « de l'Hôpital-St-Louis », elle a reçu, en 1843, le nom du chirurgien en chef de cet hôpital, né en 1779, mort en 1840.

RIGOLES (Rue des). De la rue de Paris à la rue de Calais, à Belleville. 20e A. 77e Q.

Ainsi nommée, parce que les terrains voisins étant en pente, les pluies, en tombant, formaient là de petites rigoles, irrigations naturelles très-préjudiciables.

RIVERIN (Cité). De la rue de Bondy, 74, à la rue du Château-d'Eau. 10e A. 39e Q.

Porte le nom du propriétaire qui l'a fait construire en 1840.

RIVIÈRE (Passage). De la rue des Panoyaux à la rue des Cendriers, à Belleville. 20e A. 79e Q.

Même étymologie.

RIVOLI (Place de). Entre la rue de Rivoli et celle des Pyramides. 1er Arrondissement.

Formée en 1802.

RIVOLI (Rue de). De la rue Saint-Antoine à la place de la Concorde. 1er-4e A. 14e Q.

Ouverte en 1802, et ainsi nommée en mémoire de la bataille gagnée par Bonaparte sur les Autrichiens le 14 janvier 1797. Elle n'allait autrefois que jusqu'à la rue de Rohan. Une loi du 4 octobre 1849 ordonna sa continuation jusqu'à l'Hôtel-de-Ville; une autre loi de 1851 la prolongea jusqu'à la rue Culture-Ste-Catherine. Ces deux lois ont reçu leur exécution dans les années 1852, 1853, 1854, 1855. Les prolongements de cette voie publique ont fait disparaître en totalité les rues « Saint-Nicaise, Pierre-Lescot, de la Bibliothèque, d'Angiviller, Froment, des Mauvaises-Paroles, Davignon, Trognon, de la Vieille-Harengerie, de la Heaumerie, Marivaux, des Écrivains, du Petit-Crucifix, St-Jacques-la-Boucherie, Jean-Pain-Mollet, de la Tacherie, de la Tixeranderie, St-Faron, Jean-l'Épine, des Ballets », et le « passage du Petit-Saint-Antoine. »

ROC (Rue du). De la rue de Seine à la rue Basse, à Passy. 16e A. 82e Q.

Ainsi nommée, à cause du terrain sur lequel elle est tracée.

ROCHECHOUART (Rue). De la rue Montholon à l'ancienne barrière Rochechouart. 9e A. 30e Q.

Doit son nom à Marguerite de Rochechouart de Montpipeau, abbesse de Montmartre, morte en 1727.

ROCHECHOUART (Boulevard). De la chaussée de Clignancourt à la chaussée des Martyrs. 18e A. 70e Q.

Même étymologie.

ROCHECHOUART (Chemin de ronde de la barrière). De la rue Rochechouart à la rue des Martyrs. 9e A. 30e Q.

Même étymologie.

ROCHER (Rue du). De la rue de la Pépinière au boulevard de Monceau. 8e A. 32e Q.

De la rue de Bienfaisance à la barrière Monceau ; on l'a appelée, jusqu'en 1807, rue « d'Errancis ».

ROCROY (Rue de). De la rue d'Abbeville au chemin de ronde de la barrière Saint-Denis. 10e A. 37e Q.

La partie comprise entre les rues d'Abbeville et de Dunkerque a été ouverte en 1827 et appelée « des Jardins ». En 1817, on l'a prolongée jusqu'au chemin de ronde et on lui a donné le nom de la ville où le grand Condé battit les Espagnols, le 19 mai 1643.

RODIER (Rue). De la rue de la Tour-d'Auvergne à l'avenue Trudaine. 9e A. 35e-36e Q.

Porte le nom du propriétaire qui l'a formée en 1833.

ROGER (Rue). De la rue du Champ-d'Asile à la rue de la Pépinière. 14e A. 53e Q.

Même étymologie.

ROHAN (Rue de). De la rue de Rivoli à la rue St-Honoré. 1er A. 3e Q.

Ouverte en 1780, sur l'emplacement de l'ancien hospice des Quinze-Vingts, elle a été ainsi appelée en l'honneur du cardinal, alors grand aumônier de France et, comme tel, directeur de cet hospice.

ROHAN (Cour de). De l'impasse de Rohan à la cour du Commerce. 6e A. 22e Q.

On l'appelle et on l'écrit aussi « Cour de Rouen ».

ROI-DORÉ (Rue du). De la rue Saint-Louis à la rue Saint-Gervais. 3e A. 11e Q.

ROI-DE-SICILE (Rue du). De la rue Malher à la rue Vieille-du-Temple. 4e A. 11e Q.

ROMAINVILLE (Rue de). Rue de Paris. 19e A. 75e Q.

ROME (Impasse de). Rue Frépillon. 3e A. 9e Q.

Au XIVe siècle, c'était la « rue aux Cordiers »; depuis, elle devint le « cul-de-sac du Puits-de-Rome », à cause d'une enseigne et d'une maison dite du « Puits-de-Rome ». Enfin, par altération, on a dit « impasse de Rome. »

ROME (Passage et cour de). De la rue des Vertus à la rue des Gravilliers, et à l'impasse de Rome. 3e A. 9e Q.

Doivent leur nom à l'impasse de Rome.

RONCE (Passage de la). De la rue des Couronnes aux buttes, à Belleville. 20e A. 79e Q.

Doit son nom aux plantes qui y croissaient autrefois.

RONCE (Impasse). De la rue des Amandiers à Charonne. 20e A. 70e Q.

ROQUÉPINE (Rue). De la rue d'Astorg à la rue Ville-l'Évêque. 8e A. 31e Q.

Elle porte le nom du propriétaire des terrains sur lesquels elle a été ouverte en 1776.

ROQUETTE (Avenue de la). De la rue de la Roquette à la rue de Charonne. 11e A. 45e Q.

Doit son nom à la rue où elle aboutit.

ROQUETTE (Rue de la). De la place de la Bastille à l'ancienne barrière d'Aunay. 11e A. 43e Q.

Doit son nom au territoire de la Roquette sur lequel elle a été ouverte, et dont on a fait, par altération, « Roquette ». Avant 1790, elle s'arrêtait à la hauteur du couvent des Hospitalières de la Roquette.

ROSIERS (Rue des). De la rue Malher à la rue Vieille-du-Temple. 4e A. 14e Q.

Elle portait déjà ce nom, — dû aux rosiers des jardins voisins — vers l'an 1230. Guillot en parle :

« La rue de l'Escouffle est près
Et la rue des *Rosiers* près. »

ROSIERS (Passage des). De la rue des Cendriers à la rue des Panoyaux à Belleville. 20e A. 79e Q.

Même étymologie.

ROSIERS (Rue des). De la Grande-Rue de La Chapelle au chemin de la Croix-de-l'Évangile. 18e A. 72e Q.

Même étymologie.

ROSIERS (Rue des). De la rue de la Fontanelle à la rue Saint-Denis, à Montmartre. 18e A. 70e Q.

Même étymologie.

ROSSINI (Rue). De la rue de la Grange-Batelière à la rue Laffitte. 9e A. 35e Q.

En 1704, c'était le « cul-de-sac de la Grange-Batelière ». Percée, en 1781, sous le nom de « Pinon », président au parlement de Paris, auquel on a substitué, en 1851, celui du célèbre compositeur italien, vivant encore aujourd'hui.

ROTHILD (Impasse). À Montmartre. 18e A. 69e Q.

Doit son nom à un propriétaire voisin.

ROTONDE-DU-TEMPLE (Place de la). Rue Dupetit-Thouars. 3e A. 10e Q.

Doit son nom à la rotonde du Temple, bâtie en 1781.

ROUBAIX (Place). Rue Saint-Quentin. 10e A. 37e Q.

A cause de son voisinage du chemin de fer du Nord, elle a reçu un nom de ville traversée par ce chemin.

ROUBO (Rue). Du faubourg Saint-Antoine à la rue de Montreuil. 11e A. 44e Q.

Ouverte en 1851 sous le nom du menuisier-mécanicien du XVIIIe siècle, qui a exécuté la charpente de la coupole de la Halle au Blé.

ROUEN (Rue de). De la rue de Flandres au quai de Seine, à La Villette. 19e A. 70e Q.

Comme la plupart des rues de ce quartier, elle porte un nom de ville, celui du chef-lieu du département de la Seine-Inférieure.

ROUGEMONT (Rue). Du boulevard Poissonnière à la rue Bergère. 9e A. 35e Q.

Ouverte en 1844 sur les terrains du banquier dont elle porte le nom.

ROULE (Rue du). De la rue de Rivoli à la rue Saint-Honoré. 1er A. 2e Q.

Ouverte en 1689 dans le voisinage de l'hôtel dont elle porte le nom.

ROULE (Chemin de ronde du). De la rue du Faubourg-Saint-Honoré à l'avenue des Champs-Élysées. 8e A. 30e Q.

Doit son nom à son voisinage de l'ancien village du Roule.

ROUSSEL (Rue). De la rue Cardinet à la rue Guyot, à Batignolles. 17e A. 66e Q.

Doit son nom à un propriétaire riverain.

ROUSSELET (Rue). De la rue Oudinot à la rue de Sèvres. 7e A. 27e Q.

Au XVIIe siècle, c'était « le chemin des Vaches ». En 1720, on lui donna le nom de l'propriétaire riverain, « qu'elle garda depuis ».

ROYAL (Pont). Du quai des Tuileries au quai d'Orsay. 1er-7e A. 1er-25e Q.

Construit en 1685, Louis XIV régnant, en remplacement du « Pont-Rouge », emporté par les glaces l'année précédente.

ROYALE (Place). Rue Royale-Saint-Antoine. 4e A. 15e Q.

Ouverte vers 1604, Henri IV régnant, sur une partie de l'emplacement du palais des Tournelles.

ROYALE (Rue). De la rue Saint-Antoine à la place Royale. 3e-4e A. 15e Q.

Même étymologie.

ROYALE (Rue). De la rue de Flandres à la route d'Allemagne, à La Villette. 19e A. 73e-74e Q.

Ouverte vers 1840.

ROYALE (Petite rue). Du boulevard des Martyrs à la place de l'Abbaye. 18e A. 69e Q.

Comme elle continuait en quelque sorte la rue Pigalle, qui se nommait alors « rue Royale », elle en prit le nom, qu'elle garda même lorsque celle-ci eut changé le sien. En 1848 on l'a appelée « rue de la Réforme », puis on lui a rendu sa première dénomination.

ROYALE-SAINT-HONORÉ (Rue). De la place de la Concorde à la Madeleine. 8e A. 31e Q.

Ouverte en 1757, Louis XV régnant.

ROYER-COLLARD (Impasse). Rue Royer-Collard. 5e A. 19e Q.

Doit son nom à la rue dans laquelle elle est située.

ROYER-COLLARD (Rue). De la rue Saint-Jacques à la rue d'Enfer. 5e A. 19e Q.

Ouverte en 1586, sous le nom de « rue Saint-Dominique ». On lui a donné, en 1851, son nom actuel en l'honneur du célèbre homme d'État, né en 1763, mort en 1845.

RUISSEAU (Rue du). De la rue Marcadet à la rue des Portes-Blanches, à Montmartre. 18e A. 60e Q.

Son nom lui vient du ruisseau qui la traverse.

RUMFORD (Rue). De la rue Lavoisier à la rue de la Pépinière. 8e A. 31e Q.

Ouverte en 1838, elle a reçu le nom du savant, né en 1753, mort en 1814.

S

SABOT (Rue du). De la Petite-Rue-Taranne à la rue du Four-Saint-Germain. 6e A. 24e Q.

Appelée d'abord « rue Copieuse », elle devint ensuite la « rue de l'Ermitage », puis du « Sabot », dénominations provenant d'enseignes.

SABLIÈRE (Rue la). De la chaussée du Maine à la rue du Terrier-aux-Lapins, à Montrouge. 14e A. 56e Q.

Ainsi nommée du voisinage d'une sablière.

SABLONNIÈRE (Rue). De la rue Mademoiselle à la rue de l'École, à Vaugirard. 15e A. 58e Q.

Ainsi nommée du voisinage d'une sablonnière.

SABLONS (Rue des). Du rond-point de Longchamp à la rue Saint-Didier. 16e A. 63e Q.

Doit son nom à sa situation dans l'ancienne plaine des Sablons.

SAINT-AMBROISE (Impasse). Rue Saint-Ambroise. 11e A. 42e Q.

Porte le nom de la rue où elle est située.

SAINT-AMBROISE (Rue). De la rue Popincourt à la rue Saint-Maur-Popincourt. 11e A. 42e Q.

Doit son nom à l'église qui y est située, et qui y fut édifiée en 1631.

SAINT-ANDRÉ (Rue). Boulevard de Fontarabie, à Charonne. 20e A. 79e Q.

SAINT-ANDRÉ (Rue). De la chaussée de Clignancourt à la butte, à Montmartre. 18e A. 70e Q.

SAINT-ANDRÉ (Rue). Du boulevard de Passy à la rue du Bel-Air, à Passy. 16e A. 61e Q.

SAINT-ANDRÉ-DES-ARCS (Place). Rue Saint-André-des-Arcs. 6e A. 21e Q.

Ouverte au commencement de ce siècle, sur l'emplacement de l'église Saint-André-des-Arcs, commencée en 1210, dans un lieu où, suivant la tradition, avait existé un oratoire de Saint-André. Le surnom de cette église a donné lieu à plusieurs étymologies dont la plus vraisemblable est que les fabricants d'arcs habitaient les maisons voisines. La rue « Saint-André-des-Arcs » va bien avec les « rues de la Bouclerie, de la Rondelle », etc.

SAINT-ANDRÉ-DES-ARCS (Rue). De la place Saint-André-des-Arcs à la rue Dauphine. 6e A. 21e Q.

Ouverte en 1179. Ainsi nommée parce qu'elle conduisait à l'église Saint-André-des-Arcs. En 1332, on l'appelait « Saint-Germain-des-Prés », ainsi que nous l'avons dit à propos de la porte de Buci, livrée aux Bourguignons par Perinet Leclerc dans la nuit du 28 mai 1418.

SAINT-ANGE (Rue). De la rue des Bouchers à l'avenue de la Porte-Maillot, à Passy. 16e A. 64e Q.

SAINT-ANTOINE (Rue). De la rue des Barres à la place de la Bastille. 4e A. 14e-15e Q.

Ainsi nommée parce qu'elle conduisait à l'abbaye St-Antoine (aujourd'hui hôpital); de la rue des Barres à la rue Culture-Ste-Catherine, on l'appelait, aux XIIIe et XIVe siècles, « Grande-Rue » et « rue de la Porte-Baudoyer ». Cette partie se nomma aussi de « l'Aigle ». Vers le milieu du XIVe siècle, de la porte Baudoyer à la porte St-Antoine, c'était la « rue du Pont-Perrin ».

SAINT-ARNAUD (Rue). De la rue Neuve-des-Capucines à la rue Nve-St-Augustin. 2e A. 5e Q.

Doit son nom au maréchal qui commandait dans la dernière guerre de Crimée.

SAINT-BENOIT (Passage). De la rue St-Benoit à la place St-Germain-des-Prés. 6e A. 24e Q.

C'était une des entrées de l'abbaye St-Germain.

SAINT-BENOIT (Rue). De la rue Jacob à la rue Ste-Marguerite-St-Germain. 6e A. 24e Q.

C'était, au commencement du XVIIe siècle, la « rue de l'Égout »; en 1640, c'était la « rue des Fossés-St-Germain ». En 1611, elle reçut son nom actuel, parce que les religieux de l'abbaye suivaient la règle de St-Benoît.

SAINT-BERNARD (Impasse). Rue St-Bernard. 11e A. 44e Q.

Nommée d'abord « du Petit-Jardinet », puis « Ste-Marguerite », enfin « St-Bernard », à cause de sa situation dans la rue St-Bernard.

SAINT-BERNARD (Quai). De la place Valhubert au pont de la Tournelle. 5e A. 18e Q.

C'était autrefois le « vieux chemin d'Ivry ». Il doit son nom actuel au couvent des Bernardins qui était dans le voisinage.

SAINT-BERNARD (Rue). De la rue du Faub.-St-Antoine à la rue de Charonne. 11e A. 44e Q.

Doit son nom à l'ancienne abbaye St-Antoine, situé vis-à-vis et qui était soumis à la règle de St-Bernard.

SAINT-BERNARD (Passage). De la rue du Faub.-St-Antoine à la rue St-Bernard. 11e A. 44e Q.

Même étymologie.

SAINT-BON (Rue). De la rue de Rivoli à la rue de la Verrerie. 4e A. 13e Q.

Tire son nom de la chapelle St-Bon, qui y était située. Cette voie publique est fort ancienne, comme en témoigne ce vers de Guillot :

« Puis trais les deux rues St-Bon. »

SAINT-CHARLES (Cité). Rue St-Dominique. 7e A. 25e Q.

C'était autrefois une espèce de cour des miracles. Sa dénomination actuelle date du règne de Charles X.

SAINT-CHARLES (Rue). De la rue Truffaut à la rue Bénard, à Batignolles. 17e A. 67e Q.

SAINT-CHARLES (Rue). De la rue de la Goutte-d'Or à la rue des Couronnes, à La Chapelle. 18e A. 71e Q.

SAINT-CHARLES (Rue). De la rue de la Chaumière à la rue de l'Arcade, à Neuilly. 17e A. 65e Q.

SAINT-CHARLES (Rue). De la rue Blomet à la Grande-Rue de Vaugirard. 15e A. 58e Q.

SAINT-CHARLES (Avenue). De la rue de Javel aux fortifications, à Grenelle. 15e A. 60e Q.

SAINT-CHARLES (Impasse). A Montrouge. 11e A. 51e Q.

SAINT-CHAUMONT (Cité). Boulevard du Combat, à Belleville. 19e A. 76e Q.

Doit son nom à son voisinage des buttes Chaumont, illustrées, en 1814, par le courage des Parisiens repoussant l'invasion.

SAINT-CHRISTOPHE (Rue). De la rue d'Arcole à la rue de la Cité. 4e A. 10e Q.

C'était au XIIIe siècle la « rue du Grant-St-Christophe », à cause de l'église de ce nom, reconstruite en 1491 et démolie en 1747 pour le prolongement de cette voie publique.

SAINT-CLAUDE-AU-MARAIS (Impasse). Rue Saint-Claude. 3e A. 11e Q.

Doit son nom à la rue dans laquelle elle est située.

SAINT-CLAUDE-AU-MARAIS (Rue). Du boul. Beaumarchais à la rue St-Louis-au-Marais. 3e A. 11e Q.

Ouverte en 1640, sur le clos Margot, elle tire son nom d'une statue de saint Claude.

SAINT-CLAUDE-MONTMARTRE (Impasse). Rue Montmartre. 2e A. 7e Q.

C'était autrefois la « rue du Rempart », ensuite la « rue du Puits ». Devenue impasse en 1611, on l'appela « du Bout-du-Monde », parce qu'elle faisait suite à la rue de ce nom (aujourd'hui St-Sauveur). Enfin, une enseigne lui a fait donner son nom actuel.

SAINT-CLAUDE-PORTE-ST-DENIS (Rue). De la rue Ste-Foy à la rue de Cléry. 2e A. 8e Q.

Ouverte en 1660, elle fut d'abord appelée « Ste-Anne », puis « St-Claude », à cause d'une statue de ce saint placée au coin de la rue Bourbon-Villeneuve.

SAINT-CLAUDE (Rue). De la rue de l'Arcade à la route de la Révolte, à Neuilly. 17e A. 63e Q.

SAINT-CLOUD (Avenue de). Du rond-point de l'Étoile à la rue Militaire. 16e A. 63e-54e Q.

SAINT-DENIS (Boulevard). De la rue St-Martin à la rue St-Denis. 3e-2e-10e A. 8e-9e-30e Q.

Planté en 1676.

SAINT-DENIS (Avenue de). Du boul. de Longchamp à l'avenue de la Porte-Maillot. 16e A. 63e-64e Q.

SAINT-DENIS (Rue). De la place du Châtelet au boulev. St-Denis. 1er-2e A. 2e-8e Q.

En 1284, la partie comprise entre la place du Châtelet et la rue des Lombards s'appelait « la Sellerie »; en 1293, c'était « la Sellerie-de-la-Grant-Rue »; en 1811, « la Grant-Rue-des-Sts-Innocents ». On l'appela ensuite, dans toute sa longueur, « la Grant-Rue-St-Denis », enfin la « rue St-Denis », parce qu'elle conduit à la ville de St-Denis :

« Par la sainte rue Saint-Denis
Vint en la rue as Oues droit. »

C'est par la rue St-Denis que les rois faisaient leur entrée solennelle dans Paris.

SAINS-DENIS (Chemin de ronde de). De la rue du Faub.-Poissonnière à la rue du Faub.-St-Denis. 10e A. 37e Q.

Même étymologie.

SAINT-DENIS (Rue). De la rue de Paris à la rue des Prés, à Belleville. 19e A. 73e Q.

Même étymologie.

SAINT-DENIS (Rue). De la rue de Flandres à la rue de Cambrai, à La Villette. 19e A. 73e Q.

Même étymologie.

SAINT-DENIS (Rue). De la rue Marcadet à la rue du Tertre, à Montmartre. 18e A. 70e Q.

Même étymologie.

SAINT-DENIS (Petite rue). De la rue St-Denis à la rue de la Borne, à Montmartre. 18e A. 70e Q.

Même étymologie.

SAINT-DENIS-ST-ANTOINE (Rue). De la rue du Faub.-St-Antoine à la rue de Montreuil. 11e A. 44e Q.

Au dernier siècle, c'était le « chemin du Trône ». Doit son nom actuel à une enseigne.

SAINT-DIDIER (Rue). De la rue de la Pompe à l'avenue de Saint-Denis, à Passy. 16e A. 63e Q.

SAINT-DOMINIQUE (Impasse). Rue Royer-Collard. 5e A. 19e Q.

Ainsi nommé parce qu'elle était située dans la rue dite autrefois « St-Dominique d'Enfer », maintenant « Royer-Collard ».

SAINT-DOMINIQUE (Passage). De la rue St-Dominique à la rue de Grenelle-St-Germain. 7e A. 28e Q.

Doit son nom à la rue dans laquelle il aboutit.

SAINT-DOMINIQUE (Rue). De la rue des Sts-Pères à l'avenue Labourdonnaye. 7e A. 25e-26e-28e Q.

En 1542 c'était le « chemin des Vaches ». On l'appelait aussi « de la Justice », parce que la justice de l'abbaye St-Germain s'y trouvait. Elle prit enfin le nom de « Saint-Dominique », fondateur de l'ordre des Jacobins, quand un couvent de ces religieux vint s'y établir en 1631.

SAINT-ÉLOI (Rue). De la rue Constantine à la rue de la Calandre. 4e A. 16e Q.

Elle formait autrefois deux rues, de « la Cavaterie » et « la Ganterie ». Dans la suite, on les réunit sous le nom actuel à cause du voisinage de l'ancien monastère de St-Éloi.

SAINT-ÉTIENNE (Rue). De la rue des Dames à la rue Cardinet, à Batignolles. 17e A. 67e Q.

SAINT-ÉTIENNE-BONNE-NOUVELLE (Rue). De la rue Beauregard au boul. Bonne-Nouvelle. 2e A. 8e Q.

C'était autrefois la « rue St-Étienne-à-la-Ville-Neuve »; elle doit son nom à une enseigne.

SAINT-ÉTIENNE-DES-GRÈS (Rue). De la place du Panthéon à la rue St-Jacques. 5e A. 20e Q.

En 1230 c'était la « rue par où l'on va de l'église Ste-Geneviève à l'église St-Étienne »; en 1243, la « rue des Grès », et vers 1300, la « rue St-Étienne ». Ces dénominations venaient du voisinage de l'église Saint-Étienne-des-Grès, dont la fondation remonte au xe siècle.

SAINT-EUSTACHE (Impasse et passage). De la rue Montmartre à l'église St-Eustache. 1er A. 9e Q.

Doivent leur nom à l'église à laquelle ils confinent.

SAINT-EUSTACHE (Place). Devant l'église St-Eustache. 1er A.

Doit son nom à l'église devant laquelle elle se trouve.

SAINT-FARGEAU (Rue). De la rue de Charonne à la rue Militaire, à Ménilmontant. 20e A. 78e Q.

Doit son nom à son voisinage de l'ancien parc créé par la famille Le Pelletier de St-Fargeau, dont le dernier représentant, député à la Convention nationale, fut assassiné par le garde du corps Pâris.

SAINT-FERDINAND (Rue). De l'avenue des Ternes à l'avenue de la Porte-Maillot, à Neuilly. 17e A. 63e Q.

Ouverte vers 1843. Elle doit son nom à son voisinage de la chapelle élevée, en 1843, à la mémoire du duc d'Orléans, fils du roi Louis Philippe.

SAINT-FIACRE (Rue). Du boulev. de Sèvres à la rue de l'École, à Vaugirard. 15e A. 58e Q.

Vaugirard étant la ville des maraîchers et des jardiniers, on a donné à cette rue le nom du patron de ces industriels.

SAINT-FIACRE (Passage). Du boul. de Sèvres à la rue St-Fiacre. 15e A. 58e Q.

Même étymologie.

SAINT-FIACRE (Rue). De la rue des Jeûneurs au boulev. Poissonnière. 2e A. 7e Q.

Ouverte au xviie siècle, sur un terrain dit « fief de St-Fiacre ».

SAINT-FLORENTIN (Rue). De la rue de Rivoli à la rue St-Honoré. 1er-8e A. 31e Q.

En 1640 c'était « l'impasse de l'Orangerie ». En 1757, il fut décidé qu'on en ferait une rue ornée de constructions symétriques. On se borna au percement de la rue, qui, en 1768, fut appelée de son nom actuel, en honneur du ministre Phélipeaux, comte de St-Florentin, qui y avait son hôtel.

SAINT-GEORGES (Place). Rue N.-D.-de-Lorette. 9e A. 33e Q.

Doit son nom à la rue qui y aboutit.

SAINT-GEORGES (Rue). De la rue de Provence à la place Saint-Georges. 9e A. 34e Q.

En 1734 il n'existait de cette rue que la partie comprise entre les rues de la Victoire et St-Lazare. En 1779 elle fut prolongée jusqu'à la rue de Provence. En 1851 on a compris sous la même dénomination une rue allant de la rue St-Lazare à la place St-Georges, ouverte en 1824 et appelée d'abord « rue Nve-St-Georges ». Sa dénomination lui vient d'une enseigne.

SAINT-GEORGES (Rue). De l'avenue de Clichy à la rue Sainte-Élisabeth, à Batignolles. 17e A. 63e Q.

SAINT-GEORGES (Rue). De la rue Vital à la rue Pozzoz, à Passy. 16e A. 62e Q.

SAINT-GERMAIN (Boulevard). Du quai St-Bernard à la rue Hautefeuille. 6e A. 21e Q.

Ouvert l'année dernière. On lui a donné le nom du faubourg St-Germain qu'il traverse en partie et qu'il doit traverser tout à fait plus tard, c'est-à-dire d'ici à quelques années.

SAINT-GERMAIN (Rue). De la place de la Mairie à la rue Militaire, à Charonne. 20e A. 80e Q.

SAINT-GERMAIN (Rue). De l'avenue de Clichy au chemin des Bœufs, à Batignolles. 17e A. 68e Q.

SAINT-GERMAIN-DES-PRÉS (Place). Devant l'église St-Germain-des-Prés. 6e A. 24e Q.

C'était autrefois la cour principale de l'abbaye St-Germain.

SAINT-GERMAIN-L'AUXERROIS (Place). Devant l'église de ce nom. 1er A. 1er Q.

Elle a été formée par la démolition d'une partie du cloître de l'église qui lui a donné son nom.

SAINT-GERMAIN-L'AUXERROIS (Rue). De la rue des Lavandières à la place des Trois-Maries. 1er A. 1er Q.

En 1300, c'était la « rue Saint-Germain-à-Courroiers ». Elle a été ensuite appelée « Saint-Germain, Grand-Rue-Saint-Germain », et, depuis le milieu du xve siècle, « Saint-Germain-l'Auxerrois », parce qu'elle mène à l'église de ce nom.

SAINT-GERVAIS (Impasse). Près de l'église de ce nom. 4e A. 14e Q.

Doit son nom à l'église à laquelle elle confine.

SAINT-GERVAIS (Rue). De la rue des Coutures-Saint-Gervais à la rue Neuve-Saint-François. 3e A. 11e Q.

Doit son nom aux cultures de Saint-Gervais sur lesquelles elle a été ouverte en 1620.

SAINT-GILLES (Rue). Du boulevard Beaumarchais à la rue Saint-Louis. 3e A. 11e Q.

Ouverte en 1640. Son nom lui vient d'une statue qui y été placée.

SAINT-GUILLAUME (Cour). Rue Neuve-Coquenard. 9e A. 36e Q.

Porte le nom du sieur Guillaume Périer, qui l'a formée en 1820. Un propriétaire qui a été canonisé à peu de frais!

SAINT-GUILLAUME (Passage). De la rue Richelieu à la rue Fontaine-Molière. 1er A. 3e Q.

Doit son nom à une enseigne.

SAINT-GUILLAUME (Rue). De la rue des Saints-Pères à la rue de Grenelle-Saint-Germain. 7e A. 25e Q.

Dite d'abord « de la Butte », à cause d'une butte qui s'y trouvait. Une plantation de rosiers la fit ensuite appeler « Neuve-des-Rosiers ». Enfin, une enseigne lui a valu son nom actuel.

SAINT-HILAIRE (Rue). De la rue des Sept-Voies à la rue Jean-de-Beauvais. 5e A. 20e Q.

Ouverte en 1185, dans le voisinage de l'église Saint-Hilaire, qui a été supprimée en 1790.

SAINT-HIPPOLYTE (Rue). De la rue Pierre-Assis à la rue de Lourcine. 13e A. 52e Q.

Doit son nom à l'église qui a été supprimée en 1790 et vendue.

SAINT-HIPPOLYTE (Rue). De la rue Sainte-Claire à la rue de la Tour, à Passy. 16e A. 62e Q.

SAINT-HIPPOLYTE (Passage). De la route d'Italie à la route de Choisy. 13e A. 51e Q.

SAINT-HONORÉ (Rue). De la rue de la Lingerie à la rue Royale. 1er-8e A. 31e-32e Q.

Elle a porté différents noms : de la rue Tirechape à celle de l'Arbre-Sec, c'était, en 1300, la « rue du Château-Festu » ; de la rue de la Lingerie à celle de la Tonnellerie, « rue de la Chaussetterie » ; de la rue de l'Arbre-Sec à la rue du Coq, « rue de la Croix-du-Trahoir » ; de la rue du Coq à la rue du Rempart, « chaussée Saint-Honoré », puis « rue Saint-Honoré » ; enfin, de la rue du Rempart à la rue Royale on l'a appelée, aux XVe et XVIe siècles, « rue Neuve-Saint-Louis », hors la porte Saint-Honoré, et « grand'rue Saint-Louis ». Guillot en parle dans ses *Dits de Paris* :

« Droitement parmi Osteriche,
Ving en la rue *Saint-Honoré*,
Là trouvai-ge Mestre Huré,
Lez lui séant Dames polies. »

SAINT-HYACINTHE-SAINT-HONORÉ (Rue). De la rue de la Sourdière à la rue du Marché-Saint-Honoré. 1er A. 4e Q.

C'était originairement une impasse au fond de laquelle était une entrée du couvent des Jacobins. Elle reçut le nom du saint qui était particulièrement honoré par ces religieux. Convertie en rue vers 1807.

SAINT-HYACINTHE-SAINT-MICHEL (Rue). De la place Saint-Michel à la rue Saint-Jacques. 5e A. 19e-20e Q.

Ouverte en 1650, sur l'emplacement des fossés de l'enceinte de Philippe-Auguste, elle se nomma d'abord « rue des Fossés », et « des Fossés-Saint-Michel ». Lors de l'établissement des Jacobins de la rue Saint-Jacques, elle prit le nom du saint particulièrement honoré de ces religieux, nous venons de le dire.

SAINT-JACQUES (Boulevard). De la rue de la Glacière à la rue d'Enfer. 14e A. 53e Q.

Planté en 1760.

SAINT-JACQUES (Place). Rue du Faubourg-Saint-Jacques. 14e A.

Formée à l'extrémité méridionale de la rue du Faubourg-Saint-Jacques. Après la Révolution de Juillet, elle devint le lieu des exécutions capitales. La guillotine fonctionne maintenant devant la prison de la Roquette.

SAINT-JACQUES (Rue). De la rue Galande à la rue des Capucins. 5e A. 19e-20e Q.

C'est l'ancienne *via Supera* des Romains. Cette « voie Supérieure » prit ensuite le nom de « Grant rue » et « Grant rue du Petit-Pont », qu'elle portait encore au XIIIe siècle ; au XIIIe, elle fut appelée « Grand'-Rue Saint-Jacques-des-Prêcheurs, Grand-Rue Saint-Étienne-des-Grès, Grand'Rue près Saint-Benoît-le-Bestourné, Grand'Rue près du chevet de l'église Saint-Séverin, Grand'Rue outre Petit-Pont, Grand'Rue vers Saint-Mathelin, Grand'Rue Saint-Benoît », enfin « Grand'Rue Saint-Jacques. » Ces dernières dénominations lui venaient du couvent des Jacobins, qui avaient là une chapelle dédiée à saint Jacques, — de l'église Saint-Étienne-des-Grés, — du voisinage de l'église Saint-Benoît, — de son voisinage du couvent des Mathurins, appelés par corruption Mathelins, — et enfin, de sa position au delà du petit pont. Elle se terminait d'abord à la rue des Fossés-Saint-Jacques, et c'est à cet endroit que commençait le faubourg, qui ne commence aujourd'hui qu'à la rue de Port-Royal.

SAINT-JACQUES-L'HOPITAL (Rue). De la rue de la Grande-Truanderie à la rue Mauconseil. 1er A. 2e Q.

Doit son nom au voisinage de l'église qui était située au coin des rues Mauconseil et Saint-Denis et qui a été démolie en 1820.

SAINT-JEAN (Rue). Du quai d'Orsay à la rue Saint-Dominique. 7e A. 16e Q.

Appelée d'abord « rue des Cygnes », elle prit son nom actuel en 1738, à cause d'une statue de saint placée dans le voisinage.

SAINT-JEAN (Rue). De l'avenue de Clichy à la rue Moncey, à Batignolles. 17e A. 68e Q.

SAINT-JEAN (Rue). De la rue Saint-Denis à la rue de la Saussaie, à Montmartre. 18e A. 70e Q.

SAINT-JEAN-BAPTISTE (Rue). De la rue de la Pépinière à la rue Saint-Michel. 8e A. 32e Q.

Ouverte en 1788, elle doit son nom à une enseigne.

SAINT-JOSEPH (Cité). Quartier du Combat, à La Villette. 19e A. 76e Q.

SAINT-JOSEPH (Rue). De la rue du Sentier à la rue Montmartre. 2e A. 7e Q.

Ouverte sous le nom de « rue du Temps-Perdu ». Son nom actuel lui a été donné par suite de son voisinage de la chapelle Saint-Joseph (aujourd'hui marché).

SAINT-JULIEN-LE-PAUVRE (Rue). De la rue de la Bûcherie à la rue Galande. 5e A. 20e Q.

Elle doit son nom au prieuré Saint-Julien-le-Pauvre, qui y était situé et qui, depuis le XIe siècle jusqu'en 1657, appartenait aux chanoines de Long-Pont. Guillot la connaissait :

« Puis la rue *Saint-Julien*
Qui nous gart de mauvais lien. »

L'église Saint-Julien-le-Pauvre appartenait, au XIIe siècle, à Étienne de Vitry et à Hugues de Munter, qui la donnèrent à l'abbaye de Long-Pont. En 1655, elle fut réunie à l'Hôtel-Dieu, auquel elle sert encore de chapelle. Elle fut d'abord dédiée à Saint-Julien-le-Martyr, et, plus tard à l'évêque du Mans, saint Julien, dit « le Pauvre », à cause de sa charité envers les malheureux.

SAINT-LAMBERT (Rue). De la rue de Sèvres à la Grande-Rue de Vaugirard. 15e A. 57e Q.

Ouverte en 1854. Doit son nom à l'église patronale de Vaugirard.

SAINT-LANDRY (Rue). Du quai Napoléon à la rue des Marmousets. 4e A. 16e Q.

C'était autrefois le « Port Notre-Dame » et « Port Saint-Landry ». Au commencement du XIIIe siècle, elle fut appelée « rue Saint-Landry », nom qu'elle devait à une ancienne chapelle de Saint-Nicolas, où étaient quelques reliques de saint Landry.

« Par la rue de la Coulombe
Alai droit o port *Saint-Landri*,
Là demeure Guiart André. »

SAINT-LAURENT (Rue). Du boulevard du Combat à la rue de Paris, Belleville. 19e A. 76e Q.

Doit son nom à son voisinage de l'église Saint-Laurent, construite au XIIe siècle et reconstruite à la fin du XVIe.

SAINT-LAURENT (Impasse). Boulevard du Combat. 19e A. 76e Q.

Même étymologie.

SAINT-LAURENT (Rue). De la rue du Faubourg-Saint-Martin à la rue du Faubourg-Saint-Denis. 10e A. 39e Q.

Doit son nom au voisinage de l'église Saint-Laurent.

SAINT-LAZARE (Rue). De la rue Bourdaloue à la rue du Rocher. 8e-9e A. 31e-32e-34e Q.

On l'a appelée d'abord « des Porcherons », puis « d'Argenteuil ». Vers 1770, on lui donna son nom actuel, parce qu'elle conduit à Saint-Lazare par les rues Lamartine, Bleue et de Paradis, qui ont aussi porté le nom de « Saint-Lazare ». Au XIVe siècle, Saint-Lazare avait un hôpital consacré au traitement des lépreux, et mis, pour cette raison, sous l'invocation de Lazare, le lépreux de l'Évangile. En 1632, l'hôpital devint une maison de retraite où s'installa la congrégation des Missions, organisée par saint Vincent de Paul. En 1793, cette maison de retraite fut convertie en prison. Puis elle devint ce qu'elle est aujourd'hui, un lieu de détention pour les femmes de mauvaises mœurs : ce sont encore des lépreuses.

SAINT-LOUIS (Rue). De la rue des Dames à la rue Cardinet, à Batignolles. 17e A. 67e Q.

SAINT-LOUIS (Rue). De l'avenue du Château à la rue Léopold, à Bercy. 12e A. 47e Q.

SAINT-LOUIS (Rue). Du boulevard de Javel à la rue Javel, à Grenelle. 15e A. 60e Q.

SAINT-LOUIS (Rue). De la rue de l'Ouest à la rue de Constantine, à Vaugirard. 14e A. 56e Q.

SAINT-LOUIS (Place). Rue Saint-Louis, à Grenelle. 15e A. 60e Q.

SAINT-LOUIS (Impasse). Rue Saint-Louis, à Batignolles. 17e A. 69e Q.

SAINT-LOUIS (Passage). De la rue des Amandiers à la Butte de Belleville. 19e A. 68e Q.

SAINT-LOUIS (Passage). Près de l'hôpital Saint-Louis. 10e A. 40e Q.

Doit son nom à l'hôpital bâti en 1607, Henri IV régnant, par Claude Chastillon, et qui fut ouvert aux malades en 1610. Il est particulièrement affecté au traitement des maladies de la peau.

SAINT-LOUIS (Passage). De la rue Saint-Paul à l'église Saint-Paul-Saint-Louis. 4e A. 14e Q.

Doit son nom à une enseigne de saint Louis.

SAINT-LOUIS-AU-MARAIS (Rue). De la rue Charlot à la rue Neuve-Sainte-Catherine. 3e A. 11e Q.

D'abord appelée « de l'Égout », puis « de l'Égout-Couvert ». On lui donna ensuite le nom de « rue Neuve-St-Louis », Grande-Rue St-Louis, en l'honneur du roi saint Louis. De 1806 à 1814, elle porta le nom de « Turenne », en souvenir du maréchal qui avait son hôtel dans cette rue à l'endroit où est aujourd'hui l'église Saint-Denis-du-Saint-Sacrement.

SAINT-LOUIS-EN-L'ILE (Rue). Du quai de Béthune au quai d'Orléans. 4e A. 16e Q.

Construite de 1614 à 1643, cette rue fut d'abord appelée « Palatine » dans sa partie orientale, « Carelle » dans sa partie occidentale, et plus tard « Marie » dans sa totalité. Son nom actuel lui fut donné à cause de l'église qui y est située. En 1799, époque à laquelle presque toutes les rues de Paris furent débaptisées, celle-ci fut appelée « rue de la Fraternité ». En 1806, on l'appela « rue Blanche-de-Castille », en l'honneur de la mère de saint Louis.

SAINT-MAGLOIRE (Rue). De la rue Saint-Denis au boulevard de Sébastopol. 1er A. 2e Q.

En 1426, c'était la « rue St-Leu », puis « St-Gilles ». En 1585, c'était la « rue Neuve-St-Magloire » ; en 1632, la « ruelle de la prison St-Magloire » ; en 1640, c'était une impasse qui fut élargie en 1737. Elle tire son nom de l'église dont elle longeait un des côtés. Cette église était celle du couvent des religieuses de Saint-Magloire, dites « Filles-Repenties » fondé en 1492 par un cordelier.

SAINT-MANDÉ (Avenue). De la rue Picpus à l'ancienne barrière Saint-Mandé. 12e A. 46e Q.

Ainsi nommée parce qu'elle conduit au village de Saint-Mandé.

SAINT-MANDÉ (Boulevard de) Du cours de Vincennes à l'avenue du Bel-Air. 12e A. 46e Q.

Même étymologie.

SAINT-MANDÉ (Chemin de ronde de). De l'avenue de Saint-Mandé à la place du trône. 12e A. 46e Q.

Même étymologie.

SAINT-MARC (Rue). De la rue Montmartre à la rue Favart. 2e A. 6e Q.

Ouverte au milieu du XVIIe siècle, elle se terminait alors à la rue Richelieu et devait son nom à une enseigne. En 1851, on y a réuni la rue Neuve-St-Marc, ouverte en 1780, qui allait de la rue Richelieu à la rue Favart.

SAINT-MARCEL (Rue). De la place de la Collégiale à la rue Mouffetard. 13e A. 49e Q.

Ainsi nommée parce qu'elle conduisait à l'église collégiale bâtie en 811, rebâtie au XIe siècle et démolie au commencement de celui-ci.

SAINT-MARCOUL (Rue). De la rue Bailly à la rue Conté. 3e A. 9e Q.

Ouverte en 1765 sur les terrains de l'abbaye St-Martin, elle a reçu le nom d'un saint qui y était particulièrement honoré. On l'a prolongée, en 1851, en y ajoutant la « rue St-Benoît », qui allait de la rue Bailly à la rue Réaumur, et dont le nom avait même origine.

SAINT-MARTIAL (Impasse). Rue Saint-Éloi. 4e A. 16e Q.

En 1308, c'était la « ruelle St-Martial »; en 1400, la « rue St-Martial » par suite de son voisinage de l'église Saint-Martial.

SAINT-MARTIN (Boulevard). De la rue du Temple à la rue St-Martin. 10e A. 39e Q.

Commencé en 1536, planté en 1668, et achevé en 1705. Il doit son nom à la rue Saint-Martin.

SAINT-MARTIN (Cité). Rue du Faubourg-St-Martin. 10e A. 39e Q.

Doit son nom à la rue dans laquelle elle est située.

SAINT-MARTIN (Rue). De la rue de la Mare à la rue des Cascades, à Belleville. 20e A. 77e Q.

Doit son nom à son voisinage du faubourg Saint-Martin.

SAINT-MARTIN (Rue). Du boulevard des Vertus à la rue du Département, à la Chapelle. 18e A. 72e Q.

Même étymologie.

SAINT-MARTIN (Rue). Du quai Pelletier au boulevard St-Martin. 3e-4e A. 9e Q.

Elle se compose des anciennes rues « Planche-Mibray » et « des Arcis », réunies, en 1851, à l'ancienne « rue St-Martin. » La rue Planche-Mibray allait du quai à la rue de Vannerie (aujourd'hui avenue Victoria). La rue des Arcis faisait suite à la rue Planche-Mibray et s'arrêtait à la rue de la Verrerie. La rue qui, originairement et seule, s'appelait « rue Saint-Martin », devait cette dénomination à sa direction vers le prieuré de Saint-Martin-des-Champs (aujourd'hui le Conservatoire des Arts et Métiers). En 1231, elle se terminait à la rue Grenier-Saint-Lazare. En 1418, elle se prolongeait jusqu'à la rue Saint-Denis. Sous Louis XIII, elle fut continuée jusqu'au boulevard, où elle s'arrête aujourd'hui.

SAINT-MAUR-POPINCOURT (Cour). Rue Saint-Maur-Popincourt. 10e A. 40e Q.

Doit son nom à la rue dans laquelle elle est située.

SAINT-MAUR-POPINCOURT (Rue). De la rue de la Roquette à la rue Grange-aux-Belles. 10-11e A. 41-42-43e Q.

Elle a remplacé un chemin qu'on appelait « de St-Maur » parce qu'il se dirigeait vers le village de Saint-Maur, près Vincennes. Elle comprenait autrefois la « rue des Écluses-St-Martin », appelée alors « rue des Morts », et se terminait à la rue des Amandiers. En 1833, elle a été prolongée jusqu'à la rue de la Roquette.

SAINT-MAUR-SAINT-GERMAIN (Rue). De la rue de Sèvres à la rue du Cherche-Midi. 6e A. 23e Q.

Ouverte, en 1644, sur un territoire dépendant de l'abbaye St-Germain-des-Prés, occupée alors par les Bénédictins, elle a reçu le nom d'un des principaux disciples de saint Benoît.

SAINT-MÉDARD (Rue). De la rue de l'Ouest à la rue de Vanves, à Vaugirard. 14e A. 56e Q.

Même étymologie que pour la rue Saint-Fiacre-Saint-Médard. N'est-il pas, à cause de la pluie, le patron des jardiniers? Et les jardiniers ne sont-ils pas abondants à Vannes et à Vaugirard?

SAINT-MICHEL (Place). Entre les rues de la Harpe et Monsieur-le-Prince. 5e-6e A.

Elle doit son nom à la porte Saint-Michel qui était située, laquelle porte devait elle-même le sien à Michelle, fille de Charles VI. Cette place va être absorbée par le boulevard de Sébastopol.

SAINT-MICHEL (Pont). Du quai St-Michel au Marché-Neuf. 6e A. 21e Q.

C'est de 1378 à 1387 que, pour la première fois, un pont fut construit en cet endroit. Détruit en 1407, il fut rebâti la même année. Il se nommait alors « Petit-Pont », « Petit-Pont-Neuf », « Pont-Neuf. » En 1424, on l'appela « pont St-Michel », parce qu'il était voisin de la chapelle Saint-Michel. Emporté par les glaces en 1547, il fut rétabli en bois, et réparé en 1592. Renversé de nouveau en 1616, il fut alors reconstruit aussitôt. On l'a démoli et reconstruit à nouveau il y a deux ans.

SAINT-MICHEL (Quai). De la rue du Petit-Pont à la place du pont St-Michel. 5e A. 20e Q.

Construit en 1811, sous le nom de « quai Montebello » auquel, en 1816, on substitua celui de St-Michel, tiré de la proximité du pont St-Michel.

SAINT-MICHEL (Rue). De la rue d'Astorg à la rue St-Jean-Baptiste. 8e A. 32e Q.

Ouverte en 1788, elle tire son nom d'une enseigne.

SAINT-MICHEL (Villa). Avenue de St-Ouen, à Montmartre. 18e A.

SAINT-NICOLAS (Impasse). Rue Drouin-Quintaine, à Belleville. 19e A. 73e Q.

SAINT-NICOLAS (Passage). De la rue du Château-d'Eau à la rue des Marais. 10e A. 39e Q.

Doit son nom à son voisinage de l'église Saint-Nicolas-des-Champs.

SAINT-NICOLAS (Rue). De la rue du Transit à la place du Marché, à Vaugirard. 15e A. 57e Q.

SAINT-NICOLAS-D'ANTIN (Rue). De la rue de la Chaussée-d'Antin à la rue de l'Arcade. 8e A. 31e Q.

Ouverte en 1784 sur un grand égout qu'on venait de couvrir, elle fut d'abord appelée « rue de l'Égout », puis « de l'Égout-St-Nicolas », à cause d'une enseigne, enfin « rue St-Nicolas. » On lui a ajouté le mot « d'Antin » pour la distinguer des autres rues Saint-Nicolas.

SAINT-NICOLAS-DU-CHARDONNET (Rue). De la rue Saint-Victor à la rue Traversine. 5e A. 17e Q.

Ainsi nommée parce qu'elle est située en face de l'église construite en 1230 sur un clos couvert de chardons. Guillot dit d'elle :

« En la rue saint Nicolas
Du Chardonnet ne fu pas las... »

SAINT-NICOLAS-SAINT-ANTOINE (Rue). De la rue de Charenton à la rue du Faubourg-St-Antoine. 12e A. 48e Q.

Ouverte au milieu du siècle dernier. Doit son nom à une enseigne.

SAINT-OUEN (Chemin de). De la rue de Cambrai à la rue d'Aubervilliers. 19e A. 74e Q.

Ainsi nommé parce qu'il conduit au village de Saint-Ouen, qui est situé sur les bords de la Seine, à un kilomètre de là.

SAINT-OUEN (Avenue). De la Grande-Rue de Batignolles aux fortifications. 17-18e A. 68-69e Q.

Même étymologie.

SAINT-PAUL (Quai). De la rue St-Paul à la rue de l'Étoile. 4e A. 14e Q.

Doit son nom à la rue à laquelle il commence.

SAINT-PAUL (Rue). Du quai des Célestins à la rue Saint-Antoine. 4e A, 15e Q.

Doit son nom à l'église qui y était située et qui a été démolie vers l'année 1800. Cette église avait été d'abord une chapelle construite par saint Éloi pour le cimetière du monastère de Sainte-Anne. On la nommait Saint-Paul-des-Champs, parce qu'elle était alors dans la campagne. En 1107, elle devint paroissiale. Elle fut reconstruite sous Charles V. Cette église renfermait des morts fameux à divers titres : Rabelais, Biron, Nicot, Mansard, etc., etc.

SAINT-PAUL (Rue). De la rue St-Charles dans les champs, à Grenelle. 15e A. 60e Q.

SAINT-PAUL (Rue). De la rue de la Tombe-Isoire à la rue de la Voie-Verte, à Montrouge. 14e A. 55e Q.

SAINT-PAXENT (Rue). De la rue Bailly à la rue Conté. 3e A. 9e Q.

Bâtie vers 1765, elle a reçu le nom du saint dont la châsse était dans l'église de l'abbaye St-Martin-des-Champs, voisine de cette rue. Elle se terminait alors à la rue Réaumur. En 1851, on l'a prolongée jusqu'à la rue Conté, en y ajoutant la « rue St-Maur. »

SAINT-PÉTERSBOURG (Rue). De la place de l'Europe à la rue de Hambourg. 8e A. 32e Q.

Comme toutes les rues qui rayonnent autour de la place de l'Europe, elle porte un nom de ville, celui de la capitale de l'empire russe.

SAINT-PHILIPPE (Passage). De la rue du Faubourg-St-Honoré à la rue de Courcelles. 8e A. 30e Q.

Ainsi nommé parce qu'il longe l'église Saint-Philippe-du-Roule.

SAINT-PHILIPPE-BONNE-NOUVELLE (Rue). De la rue Bourbon-Villeneuve à la rue de Cléry. 2e A. 8e Q.

Ouverte en 1718, elle doit son nom à une enseigne.

SAINT-PIERRE (Impasse). Rue Neuve-St-Pierre. 8e A. 11e Q.

Doit son nom à la rue dans laquelle elle est située.

SAINT-PIERRE (Passage). De la rue St-Pierre-Popincourt au quai de Valmy. 11e A. 42e Q.

Même étymologie.

SAINT-PIERRE (Passage). De la Grande-Rue de Clichy au boulev. de Clichy, à Batignolles. 18e A. 69e Q.

Doit son nom à son voisinage de l'église de Saint-Pierre.

SAINT-PIERRE-DU TEMPLE (Passage). De la rue du Faubourg-du-Temple à la rue de l'Orillon. 11e A. 41e Q.

SAINT-PIERRE (Rue). De la rue de la Pépinière à la rue de la Rochefoucault, à Montrouge. 14e A. 55e Q.

SAINT-PIERRE (Rue). De la rue Vital à la rue de la Pompe, à Passy. 10e A. 62e Q.

SAINT-PIERRE (Rue). Du passage des Favorites à la rue des Tournelles, à Vaugirard. 15e A. 57e Q.

SAINT-PIERRE (Place). Rue Virginie, à Montmartre. 18e A. 70e Q.

SAINT-PIERRE (Petite rue). Du boul. Beaumarchais à la rue du Chemin-Vert. 11e A. 42e Q.

Appelée d'abord « St-Sabin », parce qu'elle continue la rue de ce nom, on l'a ensuite appelée « Petite-rue-St-Pierre », pour la distinguer de la rue « St-Pierre-Popincourt » dont elle forme le prolongement.

SAINT-PIERRE-MONTMARTRE (Rue). De la rue Montmartre à la rue N.-D.-des-Victoires. 2e A. 7e Q.

Ouverte en 1603. Vers 1666 elle prit d'une enseigne le nom de « St-Pierre ».

SAINT-PIERRE-POPINCOURT (Rue). De la rue St-Sébastien à la rue Ménilmontant. 11e A. 42e Q.

C'est l'ancien « chemin de la Contrescarpe ». Elle a pris son nom actuel vers 1770.

SAINT-PIERRE-SAINT-ANTOINE (Passage). De la rue St-Antoine à la rue St-Paul. 4e A. 15e Q.

Cette dénomination vient d'une enseigne.

SAINT-PLACIDE (Rue). De la rue de Sèvres à la rue du Cherche-Midi. 6e A. 28e Q.

Ouverte en 1644, sur un terrain dépendant de l'abbaye St-Germain, elle a reçu le nom d'un religieux célèbre dans l'ordre de St-Benoît auquel appartenait alors cette abbaye. C'est à tort qu'on écrit « Sainte-Placide » car cette sainte est un saint.

SAINT-QUENTIN (Rue). De la rue de Chabrol à la place Roubaix. 10e A. 37e Q.

Ouverte en 1827. On lui a donné en 1850 le nom de « St-Quentin », à cause de la proximité du chemin de fer du Nord qui conduit à cette ville.

SAINT-ROCH (Passage). De la rue St-Honoré à la rue d'Argenteuil. 1er A. 8e Q.

Doit son nom au voisinage de l'église St-Roch, bâtie en 1653.

SAINT-ROCH (Rue). De la rue St-Honoré à la rue Nve-des-Petits-Champs. 1er A. 4e Q.

En 1493, c'était la rue « Michaut-Riegnaut »; en 1521, « Michaut-Regnaut »; en 1578, « ruelle Gaillon »; enfin, « rue St-Roch », puis « rue Nve-St-Roch », pour la distinguer de la rue « St-Roch ». Cette dernière ayant été réunie à une autre, la rue Nve-St-Roch est redevenue « rue St-Roch ».

SAINT-ROMAIN (Rue). De la rue de Sèvres à la rue du Cherche-Midi. 6e A. 23e Q.

Ouverte sur un territoire appartenant à l'abbaye St-Germain, elle porte le nom du prieur de cette abbaye. On l'a appelée aussi « rue Abrulle », « rue du Champ-Malouin », et « rue Ravel ».

SAINT-SABIN (Rue). De la rue Daval à la rue du Chemin-Vert. 11e A. 43e Q.

Ouverte en 1777, Messire Charles-Pierre Angolesme de St-Sabin étant échevin de Paris.

SAINT-SAUVEUR (Rue). De la rue St-Denis à la rue Montmartre. 2e A. 7e Q.

Cette rue, qui ne comprenait autrefois que la partie allant de la rue St-Denis à la rue Montorgueil, doit son nom à l'église située au coin de la rue St-Denis.

SAINT-SÉBASTIEN (Impasse). Rue St-Sébastien. 11e A. 42e Q.

Doit son nom à la rue dans laquelle elle est située.

SAINT-SÉBASTIEN (Passage). De la rue St-Pierre-Popincourt au quai de Valmy. 11e A. 42e Q.

Doit son nom à son voisinage de la rue Saint-Sébastien.

SAINT-SÉBASTIEN (Rue). Du boul. Beaumarchais à la rue Popincourt. 11e A. 42e Q.

Jusqu'en 1718 elle s'appela « rue St-Étienne », dénomination provenant d'une enseigne, comme celle de « St-Sébastien ».

SAINT-SÉVERIN (Rue). De la rue du Petit-Pont à la rue de la Harpe. 5e A. 20e Q.

Elle doit son nom à l'église qui y était située et qui date de la fin du XIe siècle. Cette église n'était originairement qu'un oratoire sous l'invocation de « Saint-Clément », et qui, plus tard, prit le nom de « Saint-Séverin », solitaire du VIe siècle, enterré dans cet endroit.

SAINT-SPIRE (Rue). De la rue des Filles-Dieu à la rue Ste-Foy. 2e A. 8e Q.

Ce nom est formé par altération de celui de « St Exupère », premier évêque de Bayeux au IVe siècle.

SAINT-SULPICE (Place). Devant l'église St-Sulpice. 6e A. 22e Q.

Doit son nom à l'église St-Sulpice. En 1800, on l'a agrandie par la démolition de l'ancien séminaire St-Sulpice. Cette église date de l'année 1646, Anne d'Autriche étant régente.

SAINT-SULPICE (Rue). De la rue de Condé à la place St-Sulpice. 6e A. 22e Q.

Formée en 1851 par la réunion des « rues du Petit-Lion » et « du Petit-Bourbon-St-Sulpice ». La rue du Petit-Lion commençait à la rue de Condé et finissait à la rue de Seine. La rue du Petit-Bourbon allait de la rue de Seine à la place Saint-Sulpice.

SAINT-THOMAS-D'AQUIN (Place). Devant l'église de ce nom. 7e A. 25e Q.

Doit son nom à l'église devant laquelle elle se trouve. C'est l'ancienne église du couvent des Jacobins-du-Noviciat-Général, fondée en 1631 par le cardinal Richelieu.

SAINT-THOMAS-D'AQUIN (Rue). De la place St-Thomas d'Aquin à la rue St-Dominique. 7e A. 25e Q.

Doit son nom à son voisinage de l'église Saint-Thomas-d'Aquin.

SAINT-THOMAS-D'ENFER (Rue). De la rue Saint-Hyacinthe-St-Michel à la rue d'Enfer. 5e A. 19e Q.

Bâtie au XVIe siècle sur un terrain appartenant aux Jacobins de la rue St-Jacques, cette rue a pris le nom d'un des saints les plus honorés dans cet ordre.

SAINT-VICTOR (Rue). De la rue Cuvier à la rue de Bièvre. 5e A. 17e Q.

Doit son nom à la vieille abbaye St-Victor. Au siècle dernier, elle n'allait que de la rue de Bièvre à la rue des Fossés-St-Bernard, l'autre partie s'appelait « rue du Faub.-St-Victor » ou « du Jardin du Roi ».

« De cheminer ne fu pas mus
Jusqu'à la rue *Saint-Vitor*;
Ne trouvai ne porc ne butor
Mes femme qui autres conseille. »

L'abbaye Saint-Victor s'étendait sur le terrain aujourd'hui occupé par les rues Guy-La-Brosse et de Jussieu, et par l'Entrepôt-des-Vins. Ce n'avait été d'abord qu'un prieuré de Bénédictins dépendant de l'abbaye Saint-Victor-de-Marseille. Louis le Gros l'ayant donné aux Augustins en 1110, il fut érigé en abbaye, et cette abbaye devint une des plus importantes de France. C'est à ce titre-là que nous en parlons. Elle a fourni plusieurs hommes remarquables, parmi lesquels J.-B. Santeuil, le poète latin, le faiseur de distiques pour toutes les fontaines publiques de Paris. Cette célèbre abbaye fut supprimée en 1790, avec les autres maisons religieuses.

SAINT-VICTOR (Impasse). A Montmartre. 18e A. 70e Q.

SAINT-VINCENT (Rue). De la ruelle des Brouillards à la rue St-Denis, à Montmartre. 18e A. 69e Q.

SAINT-VINCENT-DE-PAUL (Rue). De la rue de la Tour à l'hôpital Lariboisière. 10e A. 37e Q.

Doit son nom à son voisinage de l'église, bâtie en 1824, en remplacement de la chapelle bâtie sous ce nom en 1805, rue Montholon.

SAINTE-ALICE (Rue). De la chaussée du Maine à la rue du Château. 14e A. 56e Q.

SAINTE-ANASTASE (Rue). De la rue St-Louis-au-Marais à la rue St-Gervais. 8e A. 11e Q.

Porte le nom du couvent des hospitalières qui était situé dans le voisinage.

SAINTE-ANNE (Rue). De la rue de l'Anglade à la rue Nve-St-Augustin. 1er-2e A. 3e-6e Q.

Commencée vers 1633, elle reçut le nom de la patronne d'Anne d'Autriche, reine de France.

SAINTE-ANNE (Passage). De la rue St-Anne au passage Choiseul. 2e A. 5e Q.

SAINTE-ANNE (Passage). De la petite rue St-Pierre au quai Valmy. 11e A. 42e Q.

Doit son nom à la rue dans laquelle elle aboutit.

SAINTE-ANNE (Avenue). Boulevard de la Santé, à Gentilly. 14e A. 51e-54e Q.

Doit son nom à son voisinage de la ferme Sainte-Anne.

SAINTE-ANNE (Rue). De l'avenue du Petit-Château à la rue Léopold, à Bercy. 12e A. 47e Q.

SAINTE-ANNE (Petite rue). De la rue de la Glacière à la rue de la Santé, à Gentilly. 13e A. 51e Q.

Doit son nom à son voisinage de l'avenue Sainte-Anne.

SAINTE-APOLLINE (Rue). De la rue St-Martin à la rue St-Denis. 2e-3e A. 9e-8e Q.

L'origine de cette dénomination n'est pas connue. Le nom de Sainte-Apolline a été commun à la rue Meslay et à la rue Ste-Apolline actuelle, qui a été aussi appelée de « Bourbon ».

SAINTE-AVOIE (Passage). De la rue de Rambuteau à la rue du Temple. 3e A. 12e Q.

Il doit son nom à l'ancienne rue « Ste-Avoie », absorbée par la rue du Temple.

SAINTE-BARBE (Rue). De la rue Beauregard au boulev. Bonne-Nouvelle. 2e A. 8e Q.

Doit son nom à une chapelle dédiée à sainte Barbe dans l'église N.-D.-de-Bonne-Nouvelle.

SAINTE-CATHERINE (Impasse). Quartier du Père-Lachaise, à Charonne. 20e A.

SAINTE-CATHERINE (Rue). De la rue du Val-Ste-Catherine à la rue Payenne. 4e A. 14e Q.

Doit son nom à son voisinage de l'ancien couvent du Val-des-Écoliers dit « couvent de Sainte-Catherine ».

SAINTE-CATHERINE (Rue). De la rue Saint-Hyacinthe à la rue Royer-Collard. 5e A. 19e Q.

Doit son nom à une enseigne. Elle commençait originairement à la rue St-Thomas. En 1854, on l'a prolongée jusqu'à la rue St-Hyacinthe en y réunissant un passage pratiqué à travers une maison.

SAINTE-CÉCILE (Rue). De la rue du Conservatoire à la rue Poissonnière. 9e A. 35e Q.

Ouverte il y a trois ans sur une partie des terrains des Menus-Plaisirs. A cause de son voisinage du Conservatoire, on lui a donné le nom de la patronne des musiciens, celui de Sainte-Cécile-la-Harpiste.

SAINTE-CHAPELLE (Rue de la). Du boulevard de Sébastopol au quai des Orfèvres. 1er A. 1er Q.

Ouverte en 1845, elle doit son nom à son voisinage de la Sainte-Chapelle construite sous le règne de saint Louis. Cet édifice, considéré comme le chef-d'œuvre de Pierre de Montreuil, était destiné à recevoir la couronne d'épines et d'autres reliques rapportées de Constantinople par Louis IX.

SAINTE-CROIX-EN-LA-CITÉ (Rue). De la rue Gervais-Laurent à la rue Constantine. 4e A. 16e Q.

Au XIIe siècle, c'était la ruelle Ste-Croix », puis la « rue Ste-Croix »; elle tirait son nom de l'église située au coin de la rue de la Vieille-Draperie et démolie en 1797.

« Trouvai et la Chaveterie
Et la ruelle *Sainte Croix*
Où l'on chengle souvent des cuix. »

SAINTE-CROIX-DE-LA-BRETONNERIE (Passage). De la rue des Billettes à la rue Ste-Croix-de-la-Bretonnerie. 4e A. 13e Q.

Tire son nom du couvent des chanoines de Sainte-Croix-de-la-Bretonnerie, sur l'emplacement duquel a été ouvert. Ce couvent avait été fondé vers 1250, par des religieux de Sainte-Croix, près Liège, auxquels saint Louis avait donné l'ancienne maison de la Monnaie, rue de la Bretonnerie.

SAINTE-CROIX-DE-LA-BRETONNERIE (Rue). De la rue Vieille-du-Temple à la rue du Temple. 4e A. 13e Q.

En 1312, c'était la « rue de Lagny », dite « la Grande-Bretonnerie », parce qu'elle était située en partie sur le fief de Lagny et qu'elle avait été ouverte sur un terrain appelé le « Champ des Bretons : »

« Contreval la *Bretonnerie*
M'en ving plain de mirencolie. »

Nous ne savons guère à quoi attribuer cette « mirencolie » du poète Guillot, et, n'en sachant rien, nous n'en pouvons rien dire.

SAINTE-ÉLISA (Cité). Quartier des Épinettes. à Neuilly. 17e A. 68e Q.

SAINTE-ÉLISABETH (Rue). De l'avenue de St-Ouen à la rue Balagny, à Batignolles. 17e A. 68e Q.

SAINTE-ÉLISABETH (Rue). De la rue des Fontaines à la rue du Vertbois. 3e A. 9e Q.

Tire son nom du couvent des Filles de Sainte-Élisabeth, sur l'emplacement duquel elle a été ouverte.

SAINTE-EUGÉNIE (Avenue). Rue des Vignes, à Vaugirard. 15e A. 57e Q.

Ainsi nommée en l'honneur de l'impératrice des Français.

SAINTE-EUGÉNIE (Rue). De la rue du Géorama à la route du Transit, à Montrouge. 14e A. 56e Q.

Même étymologie.

SAINTE-FOY (Passage). De la place du Caire à la rue des Filles-Dieu. 2e A. 8e Q.

Tire son nom du voisinage de la rue Ste-Foy.

SAINTE-FOY (Rue). De la rue des Filles-Dieu à la rue Saint-Denis. 2e A. 8e Q.

En 1630, c'était la « rue du Rempart. » Plus tard, on l'a appelée « rue des Cordiers. » Elle doit à une enseigne sa dénomination actuelle.

SAINTE-GENEVIÈVE (Rue). De la rue de Beaune à la rue des Prés, à Belleville. 19e A. 75e Q.

Ainsi nommée en l'honneur de la patronne de Paris.

SAINTE-GENEVIÈVE (Place). A Auteuil. 16e A.

Même étymologie.

SAINTE-GENEVIÈVE (Rue). De la rue de Chaillot à la rue du Chemin-de-Versailles. 8-16e A. 29e Q.

Ouverte en 1792, elle porta d'abord le nom d'Hébert » ; elle fut ensuite appelée « Ste-Périne », puis « Ste-Geneviève », parce qu'elle est voisine de la maison de Ste-Périne, autrefois Ste-Geneviève.

SAINTE-LÉONIE (Rue). De la rue de Vanves à la rue du Torrier-aux-Lapins, à Plaisance. 14e A. 56e Q.

SAINTE-FÉLICITÉ (Impasse). Rue de la Procession, à Plaisance. 15e A. 57e Q.

SAINTE-MARGUERITE-SAINT-ANTOINE (Rue). De la rue du Faubourg-St-Antoine à la rue de Charonne. 11e A. 44e Q.

Elle doit son nom au voisinage de l'église Sainte-Marguerite, succursale de Saint-Paul en 1680, paroisse en 1712.

SAINTE-MARGUERITE-SAINT-GERMAIN (Rue). De la place Ste-Marguerite à la rue St-Benoît. 6e A. 24e Q.

En 1312, c'était la « rue Madame la Valence » ; en 1368 elle fut détruite et, à la place, on creusa un fossé qui fut comblé en 1636. La rue qui fut construite en cet endroit prit le nom de « Ste-Marguerite », à cause d'une enseigne.

SAINTE-MARGUERITE (Place). De la rue Sainte-Marguerite-Saint-Germain à la rue de Buci. 6e A.

Doit son nom à la rue qui y aboutit.

SAINTE-MARIE (Avenue). De la rue du Faubourg-St-Honoré au chemin de ronde de la barrière de l'Étoile. 8e A. 30e Q.

Porte le prénom de la fille du propriétaire qui l'a établie en 1822.

SAINTE-MARIE (Avenue). Du quai de Billy au chemin de ronde de la barrière Ste-Marie. 16e A. 64e Q.

Doit son nom à son voisinage de l'ancien couvent de la Visitation de Ste-Marie, fondé en 1631, supprimé en 1790.

SAINTE-MARIE (Rue). De la rue Saint-Charles à la rue d'Orléans, à Batignolles. 17e A. 67e Q.

SAINTE-MARIE (Rue). De l'avenue St-Charles à la rue St-Charles, à Grenelle. 15e A. 60e Q.

SAINTE-MARIE (Rue). De la rue de l'Empereur à la rue Ste-Marie-Blanche, à Montmartre. 18e A. 69e Q.

SAINTE-MARIE (Place). Passage du Calvaire à Montmartre. 18e A.

SAINTE-MARIE (Rue). De l'avenue de la Porte-Maillot au boulev. Pereire, à Neuilly. 17e A. 65e Q.

SAINTE-MARIE (Rue). De la rue du Champ-d'Asile à la rue La-Rochefoucauld, à Montrouge. 14e A. 58e Q.

SAINTE-MARIE (Rue). Chemin de ronde de l'ancienne barrière). De l'avenue Sainte-Marie à la rue des Batailles. 16e A. 64e Q.

Doit son nom à l'ancien couvent de la Visitation-de-Sainte-Marie.

SAINTE-MARIE-BLANCHE (Rue). De la rue des Dames à l'impasse Cochois, à Montmartre. 18e A. 69e Q.

Sainte-Marie-Blanche, est-ce pour la distinguer de Sainte-Marie l'Égyptienne ?

SAINTE-MARIE-BLANCHE (Impasse). Rue Ste-Marie-Blanche. 18e A. 69e Q.

SAINTE-MARIE (Passage). De la rue du Bac à la rue des Dames-de-la-Visitation-Sainte-Marie. 7e A. 25e Q.

Ainsi nommé parce qu'il a été ouvert sur l'emplacement de l'ancien couvent des « Dames de la Visitation de Ste-Marie. »

SAINTE-MARIE (Rue). De la rue de Lille à la rue de Verneuil. 7e A. 25e Q.

Doit son nom à une chapelle consacrée à sainte Marie, sur l'emplacement de laquelle elle a été ouverte à la fin du XVIIe siècle.

SAINTE-MARIE (Passage). De la rue de la Roquette à la rue de Charonne. 11e A. 18e Q.

SAINTE-MARIE-DU-TEMPLE (Passage). De la rue St-Maur à la rue de la Chopinette. 10e A. 40e Q.

SAINTE-MARINE (Impasse). Rue d'Arcole. 4e A. 16e Q.

C'était autrefois une rue ainsi nommée parce qu'elle conduisait à Sainte-Marine, église du XIe siècle, où se faisaient autrefois les mariages ordonnés par l'officialité. Sainte-Marine, supprimée en 1790, puis vendue, est devenue une propriété particulière.

SAINTE-MARINE (Passage). De la rue du Cloître-Notre-Dame à l'impasse Sainte-Marine. 4e A. 16e Q.

Doit son nom à l'impasse à laquelle il conduit.

SAINTE-MARTHE (Rue). Du passage St-Benoît-St-Germain à la rue Childebert. 6e A. 24e Q.

Ouverte en 1715, elle doit son nom au général de la congrégation de St-Maur, dont les religieux ont habité l'abbaye St-Germain de 1631 à 1790.

SAINTE-OPPORTUNE (Impasse). Rue de Lancry. 10e A. 39e Q.

Formée vers 1820 ; elle doit son nom à une enseigne.

SAINTE-OPPORTUNE (Place). Rue Ste-Opportune et rue Courtalon. 1er Arrond.

Formée sur l'emplacement du cloître de l'église bâtie dans les premiers siècles du christianisme et appelée « Notre-Dame-des-Bois », parce qu'elle était alors au milieu des bois. Au IXe siècle, Charles le Chauve la donna à l'évêque de Séez, obligé de fuir devant les Normands, pour y déposer les reliques de sainte Opportune.

SAINTE-OPPORTUNE (Rue). De la place Ste-Opportune à la rue St-Honoré. 1er A. 1er Q.

C'est une rue du XIIe siècle. Elle conduisait à l'édifice dont nous venons de parler, — d'où son nom. Guillot en fait mention :

« Par la rue *sainte Opportune*
Alai en la Charonnerie. »

SAINTE-THÉRÈSE (Rue). De l'avenue de Clichy à l'avenue Lemercier, à Batignolles. 17e A. 68e Q.

SAINTE-VICTOIRE (Impasse). A Montmartre. 18e A. 70e Q.

SAINTS-PÈRES (Rue des). Du quai Malaquais à la rue de Grenelle-St-Germain. 6-7e A. 24-25e Q.

C'était d'abord la « rue aux Vaches. » Au XIVe siècle, on l'appelait « de la Maladrerie, » « de l'Hôpital de la Charité », « de l'Hôtel-Dieu appelé de la Charité. » En 1636, on la trouve désignée sous le nom « des Jacobins réformés allant de la Charité au Pré-aux-Clercs ». En 1643, une petite chapelle de Saint-Pierre qui s'y trouvait la fit appeler « Saint-Pierre », — puis, par altération, « Saint-Père et Saints-Pères ».

SAINT-PÈRES (Pont des). Du quai du Louvre au quai Voltaire. 1er-7e A. 25e Q.

C'est le « pont du Carrousel », dont nous avons déjà parlé. L'un porte le nom officiel et l'autre le nom populaire.

SAINTONGE (Rue). De la rue de Bretagne au boulevard du Temple. 3e-10e A. 11e Q.

Ouverte en 1626, elle a reçu le nom d'une des anciennes provinces de France. Depuis 1851 les trois rues « de la Marche », « de Touraine » et « de Saintonge », n'en font plus qu'une sous la même dénomination.

SALLE-AU-COMTE (Rue). De la rue Rambuteau à la rue aux Ours. 1er A. 2e Q.

Au XIVe et au commencement du XVe siècle, c'était une impasse qui devint dans la suite la « rue au Comte-de-Dammartin ». Plus tard, on l'appela « Salle-du-Comte ». Elle est aujourd'hui en partie absorbée par le boulevard de Sébastopol.

SALNEUVE (Rue). De la rue de la Santé à la rue d'Orléans, à Batignolles. 17e A. 67e Q.

Porte le nom d'un particulier.

SAMBRE (Quai de la). Du canal de l'Ourcq aux fortifications, à La Villette. 19e A. 74e Q.

Comme la plupart des rues qui avoisinent le canal, celle-ci porte un nom de rivière.

SAMSON (Rue). De la rue Jonas à la Butte-aux-Cailles. 13e A. 51e Q.

Doit son nom à un propriétaire.

SANDRIER (Impasse). Passage Sandrier. 9e A. 34e Q.

Cette impasse doit son nom au passage où elle est située.

SANDRIER (passage). De la rue Basse-du-Rempart à la rue Neuve-des-Mathurins, 9e A. 34e Q.

Doit son nom à un particulier qui en était propriétaire et sur les terrains duquel il a été formé au commencement de ce siècle.

SANTÉ (Rue de la). De la rue des Dames à la rue Militaire, à Batignolles. 17e A. 67e Q.

Ainsi nommée parce qu'elle conduit dans les champs, où l'on suppose qu'est la santé.

SANTÉ (Chemin de la). De la rue des Portes-Blanches au chemin des Prêtres, à Montmartre. 18e A. 70e Q.

Même étymologie.

SANTÉ (Rue de la). Du champ des Capucins à la rue de la Glacière. 13-14e A. 51-5 1e Q.

C'était autrefois le « chemin de Gentilly »; elle prit, au XVIIe siècle, son nom actuel, parce qu'elle se dirigeait vers l'hôpital de la Santé.

SANTÉ (Avenue de la). De la rue de la Tombe-Isoire à la rue Neuve-d'Orléans. 14e A. 55e Q.

Même étymologie.

SANTÉ (Boul. de la). De la rue de la Santé à la rue de la Tombe-Isoire. 14e A. 54e Q.

Même étymologie.

SARRASIN (Rue). De la rue de la Tombe-Isoire à Montrouge. 14e A. 55e Q.

Doit son nom à un particulier.

SARTINE (Rue). De la rue de Viarme à la rue Coquillière. 1er A. 2e Q.

Formée vers 1764, lors de la construction de la halle au blé, M. de Sartine étant lieutenant général de la police.

SAUCÈDE (passage). Du boulevard Sébastopol à la rue Saint-Denis. 2e A. 8e Q.

Porte le nom du propriétaire qui l'a fait construire, en 1825, sur l'ancien « passage de la Croix-Blanche ».

SAUCIER-LE-ROI (Rue). De la rue des Dames à la rue de la Mare-aux-Ternes. 17e A. 65e Q.

SAUFROY (Rue). De l'avenue de Clichy à l'avenue Balagny, à Batignolles. 17e A. 68e Q.

Doit son nom au propriétaire sur les terrains desquels elle a été tracée.

SAULNIER (Passage). De la rue Richer à la rue Bleue. 9e A. 35e Q.

Porte le nom du propriétaire qui l'a établi en 1787.

SAUMON (Passage du). De la rue Montorgueil à la rue Montmartre. 2e A. 7e Q.

C'est une galerie couverte et garnie de boutiques qui a remplacé un ancien passage découvert. Son nom vient d'une enseigne. Il a des issues rue Saint-Sauveur et rue Mandar.

SAUMON (Impasse du). De la rue des Amandiers à Belleville. 19e A. 70e Q.

Doit probablement son nom à une enseigne, à moins qu'elle ne le doive à un particulier, auquel cas ce serait l'impasse « Saumon » et non « du Saumon ».

SAUNERIE (Rue de la). Du quai de la Mégisserie à la rue St-Germain-l'Auxerrois. 1er A. 1er Q.

C'est une rue du XIIIe siècle.

Elle doit son nom au grenier à sel (Saulnerie) qui y a été établi jusqu'en 1698. Guillot en parle en ces termes :

« Par deçà grant pont erraumment
La rue de la Saunerie
Trouvai..... »

Elle a été nommée aussi, au XVIIe siècle, « rue de la Petite-Poissonnerie ».

SAUSSAYES (Rue des). De la rue du Faubourg-St-Honoré à la rue de Suresnes. 8e A. 31e Q.

Au commencement du XVIIIe siècle, c'était la rue des « Carrières ». Dans la suite, on l'a appelée « de la Couldraye », puis « du Chemin des Saussayes », et enfin « des Saussayes », parce qu'elle était bordée de coudriers et de saules. On la trouve aussi désignée, sur quelques plans, sous le nom de « Ruche-Baudet ».

SAUSSAYE (Rue de la). De la rue Traînée à la ruelle St-Vincent, à Montmartre. 18e A. 69e Q.

Même étymologie que la précédente.

SAUSSAYE (Impasse de la). Rue de la Saussaye, à Montmartre. 18e A.

Doit son nom à la rue de Saussaye.

SAUVAGE (Passage du). De la rue d'Allemagne à la rue de Meaux, à La Villette. 19e A. 73e Q.

Doit son nom à une enseigne, à moins qu'il ne le doive à un propriétaire.

SAVOIE (Rue de). De la rue Pavée-St-André-des-Arts à la rue des Grands-Augustins. 6e A. 21e Q.

Tire son nom de l'hôtel des ducs de Savoie qui y était autrefois situé, et qui était appelé aussi « hôtel de Nemours » en 1649. Cet hôtel est aujourd'hui une maison particulière.

SAXE (Avenue de). De la place Fontenoy à la rue de Sèvres. 7-15 A. 25-28 Q.

Aboutissant à l'École-Militaire, elle a été ainsi nommée en honneur du maréchal de Saxe né en 1696, mort en 1750.

SAXE (Impasse de). Avenue de Saxe. 7 A. 27 Q.

Doit son nom à l'avenue dans laquelle elle se trouve.

SCHOMBERG (Rue). Du boul. Morland à la rue de Sully. 4e A. 15e Q.

Ouverte en 1844 sur les terrains de l'ancien arsenal, elle a reçu son nom du général des Allemands au service d'Henri IV, tué à la bataille d'Ivry.

SCHOMER (Rue). De la rue de Constantine à la rue de Vanves, à Vaugirard. 14e A. 56e Q.

Doit son nom à un particulier.

SCIPION (Place). Rue Scipion. 15e A.

Doit son nom à la rue où elle est située. Elle occupe le terrain de l'ancien cimetière Sainte-Catherine, fermé en 1793.

SCIPION (Rue). De la rue Fer-à-Moulin à la rue des Francs-Bourgeois-Saint-Marcel. 5e A. 18e Q.

Doit son nom à la maison construite par un Italien nommé Scipion Sardini qui y était située. En 1636, cette maison fut donnée à l'hôpital de la Salpêtrière, qui y établit sa boulangerie et sa boucherie. C'est aujourd'hui la boulangerie des hospices et hôpitaux civils. La rue Scipion s'est appelée autrefois « rue de la Barre », à cause d'une barrière qui la fermait du côté de la rue des Francs-Bourgeois-Saint-Marcel.

SÉBASTOPOL (Rue de). De la rue d'Allemagne à la rue de Meaux, à La Villette. 19e A. 73e Q.

Ouvert en 1857 en souvenir de la victoire remportée par l'armée française sur les Russes en Crimée.

SÉBASTOPOL RIVE DROITE (Boul. de). De la place du Châtelet au boulevard Saint-Denis. 1-2-3-4e A. 1-2-3-12-13e Q.

Ouvert en 1854 sous le nom de « boulevard du Centre ». Après la prise de Sébastopol par les Français, on lui a donné ce dernier nom qu'il conserve définitivement.

SÉBASTOPOL RIVE GAUCHE (Boul. de). Du Pont-au-Change à la rue des Écoles. 5-6e A. 4-16-20-21 Q.

Ouvert en 1857, il ne va encore que jusqu'à la rue des Écoles, mais les démolitions se poursuivent avec activité, et il ne tardera pas à absorber ce qui reste de la rue de la Harpe, la place Saint-Michel, la rue d'Enfer et le carrefour de l'Observatoire où il doit s'arrêter.

SEDAINE (Rue). De la rue St-Sabin à la rue Popincourt. 11e A. 43e Q.

Formée, comme impasse, à la fin du siècle dernier sous le nom de « Saint-Sabin », elle est devenue rue en 1844, et a reçu le nom de l'auteur du *Philosophe sans le savoir*, né en 1719, mort en 1797, qui demeurait à quelques pas de là rue de la Roquette.

SEDAN (Rue de). De la rue d'Allemagne au quai de la Sambre, à La Villette. 19e A. 74e Q.

Comme presque toutes les rues de ce quartier, qui est un vaste entrepôt, elle porte un nom de ville, celui d'un arrondissement du département des Ardennes.

SÉGUR (Avenue de). De la place Vauban à l'avenue de Saxe. 7e A. 27e Q.

Formée vers 1780 et aboutissant aux Invalides, elle porte le nom du maréchal, né en 1655, mort en 1743.

SEINE (Rue de). Du quai Malaquais à la rue Saint-Sulpice. 6e A. 21-22-24e Q.

C'était autrefois un chemin appelé « du Pré-aux-Clercs », de la Porte-de-Buci à la Seine, de la Porte-de-Buci au Pré-aux-Clercs, qui tend au pilori du Pré-aux-Clercs ; puis enfin de Seine, parce qu'en effet elle aboutit à ce fleuve. Elle se terminait originairement à la rue de l'École-de-Médecine. Elle a été, sous le consulat, prolongée jusqu'à la rue du Tournon en absorbant la « rue du Brave », qui allait de la rue des Quatre-Vents à celle du Petit-Lion.

SEINE (Rue de). De la place de l'Église à la Seine, à Auteuil. 16e A. 62e Q.

Même étymologie.

SEINE (Rue de). De la rue de Passy à la rue du Roc, à Passy. 16e A. 62e Q.

Même étymologie.

SEINE (Quai de). De la rue de Flandres à la rue de Bordeaux, à La Villette. 19e A. 73e Q.

SENTIER (Rue de). De la rue de Cléry au boulevard Poissonnière. 2e A. 7e Q.

C'était autrefois un simple sentier d'où elle a pris son nom, que l'on trouve écrit « Centier, Centière, Chantier ». On l'a appelée aussi « rue du Gros-Chenet », parce qu'elle faisait suite à la rue de ce nom, qui allait de la rue de Cléry à la rue des Jeûneurs. A son tour la « rue du Gros-Chenet » a été, en 1851, réunie à la rue du Sentier.

SEPT-VOIES (Rue des). De l'École polytechnique à la place du Panthéon. 5e A. 20e Q.

C'est une rue du XIIe siècle. C'est peut-être la seule dont le nom, qui lui vient de ce que sept voies y aboutissaient, n'ait pas subi d'altération. Guillot l'appelle bien « rue de Savoie », mais Guillot était poète, et pour lui la rime passait avant la vérité. C'est bien « rue des Sept-Voies » qu'il faut dire et écrire. Elle a des titres à notre attention, plus que toute autre rue, et à cause de cela devons-nous tenir à conserver sa véritable orthographe. Ainsi, c'est dans la rue des Sept-Voies qu'étaient le collège de la Petite-Merci, fondé en 1520, par les religieux de la Merci, — le collège de Fortet, fondé en 1631, par Pierre Fortet, chanoine de Paris, — et le collège de Montaigu, fondé en 1314, par Gilles-Aicelin de Montaigu, archevêque de Rouen.

SERPENTE (Rue). Du boulevard de Sébastopol à la rue de l'Éperon. 6e A. 21e Q.

Ouverte en 1779, elle fut appelée d'abord « rue Tortueuse », puis « du Serpent et Serpente », à cause de ses sinuosités. Voici ce qu'on dit le poète Guillot :

« En la rue de la Serpent,
De ce de rien ne me repent... »

En 1852 on a réuni à la rue Serpente la « rue du Battoir-St-André », qui y faisait suite. Jusqu'en 1857, ces deux rues, confondues sous le même nom, commençaient à la rue de la Harpe. Mais le boulevard de Sébastopol (rive gauche) a été tracé et il a coupé la communication. De l'ancienne « rue Serpente » il ne reste plus aujourd'hui qu'un tronçon. Là étaient autrefois le collège de Tours », fondé en 1338, par Étienne de Bourgueil, archevêque de Tours, et le collège de Suède », fondé à peu près à la même époque.

SERVANDONI (Rue). De la rue Palatine à la rue de Vaugirard. 6e A. 22e Q.

C'était autrefois la « rue du Pied-de-Biche », puis la « rue du Fer-à-Cheval ». Plus tard, elle devint « rue des Fossoyeurs ». Enfin, sous l'empiro, on lui a donné son nom actuel en mémoire de l'architecte qui a construit le grand portail de Saint-Sulpice, en 1733.

SÈVRES (Chemin de ronde de la barrière de). Du chemin de ronde des Paillassons à la rue de Sèvres. 15ᵉ A. 58ᵉ Q.

Ainsi nommé parce qu'il est sur la route du village de Sèvres.

SÈVRES (Rue de). Du carrefour de la Croix-Rouge à l'ancienne barrière de Sèvres. 7-6-15ᵉ A. 27ᵉ Q.

On l'appela d'abord « rue de la Maladrerie ». Elle devint ensuite la « rue de l'Hôpital-des-Petites-Maisons; elle doit son nom actuel au village où elle conduit en se prolongeant à travers Vaugirard.

SÈVRES (Vieille route de). De la rue de Versailles à la rue Militaire. 16ᵉ A. 61ᵉ Q.

Même étymologie.

SÈVRES (Boul. de). De la rue de Sèvres au rond-point de l'École-Militaire. 15ᵉ A. 58ᵉ Q.

Même étymologie.

SÈZE (Rue de). De la rue Basse-du-Rempart à la place de la Madeleine. 9ᵉ-8ᵉ A. 31ᵉ-34ᵉ Q.

Ainsi nommée en l'honneur de l'un des défenseurs du roi Louis XVI. (V. Rue Desèze.)

SIFFLET (Passage). De l'impasse Briare à la rue Nve-Coquenard. 9ᵉ A. 36ᵉ Q.

Ouverte sur les terrains d'un particulier qui lui a donné son nom.

SIMON-le-FRANC (Rue). De la rue du Temple à la rue Beaubourg. 4ᵉ A. 13ᵉ Q.

Au XIIIᵉ siècle elle portait déjà ce nom, qui était celui d'un particulier qui y demeurait. C'est à tort que plusieurs historiens de Paris ont dit que ce nom était une corruption de « Simon-Franque », puisqu'on trouve dans Guillot :

« Ne la rue n'oublibas pas
La rue Symon-le-Franc... »

SINGER (Rue). De la rue Basse à la rue de la Fontaine, à Passy. 16ᵉ A. 62ᵉ Q.

Ouverte sur les terrains d'un particulier qui lui a donné son nom.

SINGES (Passage des). De la rue Vieille-du-Temple à la rue des Singes. 4ᵉ A. 14ᵉ Q.

Doit son nom au voisinage de la rue des Singes.

SINGES (Rue des). De la rue Ste-Croix-de-la-Bretonnerie à la rue des Blancs-Manteaux. 4ᵉ A. 14ᵉ Q.

Dès le XIVᵉ siècle elle portait ce nom qui vient d'une maison dite « des singes ». Elle s'est appelée aussi « rue Pierre d'Estampes », et par altération « Perriau », « Perrot », ou « Perreau d'Estampes ».

« Enprès est la rue du Puis;
La rue à Singes après pris... »

SOFFROY (Passage). De la rue Balagny dans les champs, à Batignolles. 17ᵉ A. 68ᵉ Q.

Ouverte sur les terrains d'un particulier qui lui a donné son nom.

SOLEIL-D'OR (Passage). De la rue de la Pépinière à la rue De Laborde. 8ᵉ A. 34ᵉ Q.

Cette dénomination provient d'une enseigne.

SOISSONS (Rue de). De la rue de Flandres au quai de Seine, à La Villette. 19ᵉ A. 78ᵉ Q.

Comme la plupart des rues de La Villette, celle-ci porte un nom de ville.

SOLFERINO (Pont de). Du quai des Tuileries au quai d'Orsay. 1ᵉʳ-7ᵉ A. 1ᵉʳ-26ᵉ Q.

Construit en 1858. On lui a donné son nom en commémoration de la bataille gagnée, sur les Autrichiens par l'armée française et par l'armée piémontaise, dans la dernière campagne d'Italie.

SOLITAIRES (Rue des). De la rue de La Villette à la rue de Beaune, à Belleville. 19ᵉ A. 75ᵉ Q.

Encore un nom qui fera bientôt contre-sens. Elle pouvait être impunément la « rue des Solitaires »; mais maintenant qu'on y bâtit des maisons, elle est devenue la rue du bruit et de la foule.

SOLY (Rue). De la rue de la Jussienne à la rue des Vieux-Augustins. 1ᵉʳ-2ᵉ A. 2ᵉ-7ᵉ Q.

Ouverte au XVIᵉ siècle, sous le nom de « Bertrand-Soly », l'un des Seize, qui y possédait plusieurs maisons.

SORBONNE (Passage de la). De la rue de Sorbonne à la rue des Maçons. 5ᵉ A. 20ᵉ Q.

Bâti en 1835; il doit son nom au voisinage du collège, fondé, en 1271, par Robert Sorbon, chapelain de St-Louis, destiné à préparer de pauvres écoliers en théologie. On sait les développements de ce collège et son influence sur les affaires littéraires, politiques et religieuses de notre pays.

SORBONNE (Place de la). Rue de la Sorbonne et rue Nve-Richelieu. 5ᵉ A.

Doit son nom au monument devant lequel elle se trouve.

SORBONNE (Rue de la). De la rue des Mathurins-St-Jacques à la place Sorbonne. 5ᵉ A. 20ᵉ Q.

Au XIIIᵉ siècle, c'était la « rue des Portes » ou « des Deux-Portes », parce qu'elle était fermée par des portes qui subsistaient encore au milieu du XVIIᵉ siècle. En 1283 elle prit son nom actuel, à cause du collège, fondé par Robert Sorbon, qui est situé. De 1792 à 1802 elle s'est appelée « rue Catinat ».

SOUFFLOT (Rue). De la place du Panthéon à la rue d'Enfer. 5ᵉ A. 19ᵉ-20ᵉ Q.

Cette rue, dont une partie se confond presque avec la place du Panthéon, porte le nom de l'architecte de ce monument, né en 1713, mort en 1780. En 1847 elle a été prolongée jusqu'à la rue d'Enfer où elle débouche en face d'une entrée du Luxembourg.

SOULAGES (Rue). Du port de Bercy à la rue de Bercy. 12ᵉ A. 47ᵉ Q.

SOURCE (Rue de la). De la rue des Vignes à la rue de la Croix, à Auteuil. 16ᵉ A. 61ᵉ Q.

Ainsi nommée parce qu'elle conduit à une source d'eaux minérales.

SOURDIÈRE (Rue de la). De la rue St-Honoré à la rue de la Corderie-St-Honoré. 1ᵉʳ A. 4ᵉ Q.

Au XVIIᵉ siècle ce n'était qu'une allée qui longeait la maison et les jardins du sieur Faye de la Sourdière. Ce passage ayant été élargi et le sieur de la Sourdière ayant vendu la maison au sieur Guiet de l'Épine, il prit alors, en 1663, le nom de « rue Guiet de l'Épine », et « de l'Épine Guiet », dite « de la Sourdière ». Ce dernier nom a prévalu.

STANISLAS (Impasse). A la Villette. 19ᵉ A. 78ᵉ Q.

Doit son nom à un propriétaire riverain.

STANISLAS (Rue). De la rue N.-D.-des-Champs au boulev. Montparnasse, 6ᵉ A. 23ᵉ Q.

Doit son nom au collège dont elle occupe l'ancien emplacement et qui, établi sous la restauration, a été lui-même ainsi appelé en l'honneur de Louis-Stanislas Xavier, roi de France sous le nom de Louis XVIII.

STEMLER (Passage). Boul. du Combat à La Villette. 19ᵉ A. 78ᵉ Q.

Doit son nom à un propriétaire riverain.

STOCKHOLM (Rue). De la rue du Rocher à la place de Tivoli. 8ᵉ A. 32ᵉ Q.

Cette rue, voisine de la place de l'Europe, porte le nom de la capitale de la Suède.

STRASBOURG (Boulevard de). Du boul. St-Denis à la rue de Strasbourg. 10ᵉ A. 38ᵉ-39ᵉ Q.

Formé en 1852, sur l'emplacement du marché St-Laurent et sur celui des rues Nve-de-la-Fidélité, du Marché-St-Laurent, et de la Charité. Son nom actuel lui a été donné parce qu'il conduit au chemin de fer. Ouvert en 1849.

STRASBOURG (Rue de). De la rue du Faub.-St-Martin à la rue du Faub.-St-Denis. 10ᵉ A. 37ᵉ-39ᵉ Q.

D'abord nommée « Nve-de-Chabrol », parce qu'elle prolonge la rue de ce nom, elle a été, en 1831, appelée rue de Strasbourg, parce que l'embarcadère du chemin de fer de Strasbourg y est situé.

STRASBOURG (Rue de). De la rue du Département à la rue de la Tournelle, à la Chapelle. 18ᵉ A. 72ᵉ Q.

STRUCKEN (Impasse). Aux Ternes. 17ᵉ A. 65ᵉ Q.

SUD (Passage du). Rue du Dépotoir, à La Villette. 19ᵉ A. 76ᵉ Q.

SUFFREN (Avenue de). Du quai d'Orsay à l'avenue de Lowendahl. 7ᵉ-15ᵉ A. 27ᵉ Q.

Cette avenue, qui longe le Champ de Mars, est ainsi nommée en mémoire d'André de Suffron de St-Tropez, vulgairement appelé le bailli de Suffren, né en 1726, mort en 1788.

SUGER (Rue). De la place St-André-des-Arcs à la rue de l'Éperon. 6ᵉ A. 21ᵉ Q.

C'était au XIIIᵉ siècle la « rue des Sachettes », parce qu'il s'y était établi un couvent de femmes dites « Sachettes », à cause de leurs robes en forme de sac. Ce couvent fut supprimé vers le milieu du XIVᵉ siècle et la rue fut alors appelée des « Deux-Portes », parce qu'elle était fermée par deux portes à ses extrémités. En 1856, le cimetière de la paroisse St-André-des-Arcs y fut établi, et on lui fit nommer « rue du Cimetière-St-André-des-Arcs ». Enfin, en 1844, on lui a donné le nom de l'abbé de St-Denis, ministre du roi Louis VI, né en 1082, mort en 1152.

SULLY (Rue de). De la rue de Mornay à la rue du Petit-Musc. 4ᵉ A. 15ᵉ Q.

Ouverte sur les terrains de l'ancien arsenal, elle a reçu le nom du grand maître de l'artillerie, ministre et ami de Henri IV, né en 1559, mort en 1641.

SURESNES (Rue de). De la place de la Madeleine à la rue des Saussayes. 8ᵉ A. 31ᵉ Q.

Ainsi nommée, parce que c'était originairement un chemin conduisant au village de Suresnes, près Paris.

SYCOMORES (Avenue des). Avenue des Tilleuls et boulev. de Montmorency, à Auteuil. 16ᵉ A. 61ᵉ Q.

T

TACHERIE (Rue de la). De la rue de la Coutellerie à la rue de Rivoli. 4ᵉ A. 13ᵉ Q.

Au XIIIᵉ siècle elle se nommait « rue de la Juiverie », « rue de la Juiverie-St-Bon », « rue de la Vieille-Juiverie », parce qu'elle avait été anciennement habitée par des Juifs. Les Juifs ayant été chassés par Philippe-le-Bel on lui donna, vers la fin du XIIIᵉ siècle, le nom qu'elle porte encore aujourd'hui.

« La rue de la Coiderie
Et puis après la Tacherie
Et la rue aux Commenderesses,
Où il a maintes tendresses
Qui ont maint homme près d'Urai. »

Cette voie publique allait alors de la rue de la Coutellerie à la rue Jean-Pain-Mollet: cette dernière a été, en 1853, absorbée par la rue de Rivoli. Que si maintenant nos lecteurs désirent savoir l'étymologie de

« Tacherie », nous ne pourrons que les renvoyer, soit au vieux mot germain *tank*, qui signifie « ouvrage de jour », soit au mot latin *tactus*, « tache », participe passé de *tangere*, toucher. La boue touchait et tachait volontiers cette rue, au temps jadis !

TAILLEPAIN (Rue). De la rue du Cloître-St-Merri à la rue Brisemiche. 4e A. 18e Q.

A été appelée aussi « Brisepain », « Machepain », « Tranchepain », « Planchepain ». Ces diverses dénominations lui venaient, comme son nom actuel, des pains de chapitre que l'on distribuait aux chanoines de St-Merri.

TAITBOUT (Rue). Du boulev. des Italiens à la rue d'Aumale. 9e A. 33e-34e Q.

Ouverte en 1773, elle porte le nom d'un greffier de la ville de Paris. Elle se terminait alors à la rue de Provence. En 1854 on y a réuni les rues « du Houssay » et « des Trois-Frères ». En 1856 elle a été prolongée jusqu'à la rue d'Aumale.

TARANNE (Petite rue). De la rue de l'Égout à la rue du Dragon. 6e A. 24e Q.

Tire son nom du voisinage de la rue Taranne.

TARANNE (Rue). De la rue Saint-Benoît à la rue des Saints-Pères. 6e A. 24e Q.

C'était autrefois la « rue aux Vaches », et la « rue Forestier », parce qu'on y faisait paître des vaches et qu'il y avait des bois en cet endroit. Au XIVe siècle c'était la « rue de la Courtille », parce qu'elle longeait le clos de l'abbaye St-Germain-des-Prés. Sa dénomination actuelle est une altération du nom de Simon de Tarennes, échevin qui, en 1417, y avait son hôtel.

TÉLÉGRAPHE (Rue du). De la rue Léonie à la rue Nve-St-Paul, à Montmartre. 18e A. 70e Q.

Ainsi nommée, parce qu'elle conduisait à l'ancien télégraphe, système Chappe, aujourd'hui remplacé par les fils électriques.

TÉLÉGRAPHE (Rue du). De la rue de Paris à la rue St-Fargeau, à Belleville. 20e A. 78e Q.

Même étymologie.

TÉLÉGRAPHE (Rue du). Du boul. de Passy à la rue du Bel-Air, à Passy. 16e A. 64e Q.

Même étymologie.

TEMPLE (Boulevard du). De la rue des Filles-du-Calvaire à la rue du Temple. 3e-4e-11e A. 10e-41e Q.

Commencé en 1536, il fut planté en 1668 et achevé en 1705. Il doit son nom au voisinage du Temple. On l'appelle aussi volontiers « boulevard du Crime », à cause des théâtres de drame qui y sont situés depuis longtemps et qui vont disparaître bientôt pour céder leur emplacement au boulev. du Prince-Eugène.

TEMPLE (Rue du). De la rue de Rivoli au boul. du Temple. 3e-4e A. 9e-10e-12e-13e Q.

Elle tient son nom de la maison des Templiers qui existait à la fin du XIIe siècle, et à laquelle elle conduisait. En 1235 et 1252 on la nommait « rue de la Chevalerie-du-Temple », et elle se prolongeait alors jusqu'à la rue Ste-Croix-de-la-Bretonnerie.

« O carrefour *du Temple* vins
Où je bui plain hanap de vin
Pour ce que mouit grant soif avoie :
A dont me remis à la voie... »

En 1697 elle fut prolongée jusqu'au boulevard. En 1852 les anciennes rues « des Coquilles », « Barre-du-Bec » et « Ste-Avoie » et « du Temple », ont été comprises sous l'unique dénomination de « rue du Temple ».

TERNAUX (Rue). De la rue Popincourt à la rue Jacquard. 11e A. 42e Q.

Ouverte en 1829 ; elle a d'abord été appelée « Marché-Popincourt », parce qu'elle est voisine de ce marché. En 1844 on lui a donné le nom du manufacturier, mécanicien, magistrat, député, qui, né en 1762, mort en 1833, introduisit en France et améliora la race des chèvres de Cachemire.

TERNES (Avenue des). Boulevard de Courcelles. 17e A. 65e Q.

TERNES (Rue des). De la rue de la Chaumière à l'avenue des Ternes, à Passy. 17e A. 62e Q.

Doit son nom au village auquel elle conduit. L'étymologie de ce mot est assez douteuse et ce qui ajoute encore à nos perplexités, c'est que nous voyons écrit tantôt « Ternes », tantôt « Thernes » et tantôt « Thermes ». Pourquoi « Ternes » ? Le terne était jadis un oiseau qui devait être commun, car on trouve souvent ce mot dans les vieux manuscrits ; ce serait donc à cause de l'abondance des ternes que ce village a été ainsi nommé ? Nous ne le pensons pas : nous supposons qu'il y avait là, autrefois, une source d'eau chaude et qu'on y avait établi des bains, des « thermes », — du grec *thermaï*, de *thero*, je chauffe. D'autant plus que cette dénomination, assez vague par elle-même, autorise, à cause de cela, notre supposition, — les « Thermes » étant, chez les Romains, des jardins, des palestres, des bibliothèques, etc., aussi bien que des bains d'eau chaude. Que nos lecteurs prononcent !

TERRASSE (Rue de la). De la rue Lévis au chemin des Clous, à Batignolles. 17e A. 65e Q.

TERRES-FORTES (Rue des). De la rue Contrescarpe-St-Antoine à la rue Moreau.

Tire son nom de la qualité des terres sur lesquelles on l'a ouverte. On l'a appelée aussi « rue du Fumier ».

TERRIER-AUX-LAPINS (Rue du). Rue du Transit, à Vaugirard. 14e A. 56e Q.

TERTRE (Place du). Rue Saint-Denis et rue Traînée, à Montmartre. 18e A.

THÉÂTRE (Avenue du). Rue Mademoiselle, à Grenelle. 15e A. 58e Q.

Doit son nom à sa proximité du théâtre de Grenelle.

THÉÂTRE (Rue du). De la rue Croix-Nivert à la rue de la Vierge, à Grenelle 15e A. 59e Q.

Même étymologie.

THÉÂTRE (Rue du). De la rue des Tourtilles à la rue de Paris à Belleville. 20e A. 77e Q.

Doit son nom à sa proximité du théâtre de Belleville.

THÉÂTRE (Rue du). Du boulevard Rochechouart à la place du Théâtre, Montmartre. 18e A. 70e Q.

Ainsi nommée parce qu'elle conduit au théâtre de Montmartre.

THÉÂTRE (Rue du). De la Gaieté à la chaussée du Maine. 14e A. 53e Q.

THÉNARD (Rue). De la rue des Noyers à la rue des Écoles. 5e A. 20e Q.

Ainsi appelée, du nom du savant professeur de chimie, parce qu'elle conduit au Collège de France.

THÉRÈSE (Rue). De la rue Sainte-Anne à la rue Ventadour. 1er A. 3e Q.

Ouverte en 1667 et confondue d'abord avec la rue du Hasard, qu'elle prolonge. Son nom actuel lui a été donné en 1692, en l'honneur de la femme de Louis XIV, Marie-Thérèse d'Autriche.

THERMOPYLES (Passage). Du chemin des Plantes à la rue de Vanves, à Montrouge. 14e A. 56e Q.

Doit son nom à un souvenir de lecture de son propriétaire.

THÉVENOT (Rue). De la rue Saint-Denis à la rue du Petit-Carreau. 2e A. 8e Q.

C'était originairement une impasse dite « des Cordiers, de la Cordière, de la Corderie », à cause des cordiers qui s'y étaient établis. Convertie en rue à la fin du XVIIe siècle, elle prit le nom du propriétaire qui y fit construire plusieurs maisons.

THIBOUMERY (Cité). De la rue des Tournelles à la rue du Transit, à Vaugirard. 15e A. 57e Q.

THIERRÉ (Passage). De la rue de Charonne à la rue de la Roquette. 11e A. 43e Q.

Ce passage porte le nom d'un propriétaire qui l'établit en 1836.

THIERRI (Rue). De la rue du Pré à la rue Saint-Denis, à Belleville. 19e A. 75e Q.

Même étymologie.

THIERS (Rue). De la rue du Moulins-des-Prés à la rue Gérart, à Gentilly. 13e A. 51e Q.

Même étymologie.

THIONVILLE (Rue de). De la rue de Marseille au canal d'Ourcq, à La Villette. 19e A. 73e-74e Q.

THOLOZÉ (Rue). De la rue de l'abbaye à la rue de l'Empereur, à Montmartre. 18e A. 66e Q.

THORIGNY (Rue). De la rue du Parc-Royal à la rue Sainte-Anastase. 3e A. 11e Q.

Ouverte au XVIIIe siècle ; elle a été appelée d'abord « Neuve-Saint-Gervais », parce qu'elle est voisine de la rue des Coutures-Saint-Gervais. Son nom actuel lui a été donné en l'honneur de Lambert de Thorigny, président au Parlement en 1713.

TILLEULS (Avenue des). Rue de l'Empereur, à Montmartre. 18e A. 66e Q.

Ainsi nommée parce qu'elle est bordée de tilleuls.

TILLEULS (Avenue des). Avenue de Montmorency à Auteuil. 16e A. 61e Q.

Même étymologie.

TIPHAINE (Rue). De la rue du Commerce à la rue Violet, à Grenelle. 15e A. 59e Q.

TIQUETONNE (Rue). De la rue Montorgueil à la rue Montmartre. 1er-2e A. 7e-9e Q.

En 1872, c'était la « rue Denis-le-Coiffier ». Vers 1400, elle fut appelée « Quiquetonne », à cause d'un boulanger de ce nom, qui y demeurait. De « Quiquetonne » on a fait « Tiquetonne », — naturellement.

TIRECHAPE (Rue). De la rue Rivoli à la rue St-Honoré. 1er A. 2e Q.

C'est une rue du XIIIe siècle comme en témoigne ainsi Guillot :

« En la rue Béthisi
Entré, ne fus pas ebaisi,
Assés tost trouvai *Tirechape*. »

Elle doit son nom à l'habitude qu'avaient les fripiers qui y demouraient de tirer les passants par leur chape pour les engager à venir acheter. Des fripiers actuels de la rue du Temple ont conservé cette habitude.

TIRON (Rue). De la rue Saint-Antoine à la rue du Roi-de-Sicile. 4e A. 14e Q.

Doit son nom à un hôtel appartenant à l'Abbaye de Tyron qui s'y trouvait au XIIe siècle.

« M'en entrai en la maison Luce
Qui maint en *rue de Tyron*,
Des dames Ynés vous dirun. »

TIVOLI (Passage). De la rue de Saint-Lazare à la rue de Londres. 9e A. 33e Q.

Formé en 1826, sur l'emplacement de l'ancien jardin de Tivoli qui, au commencement de ce siècle, était un lieu public où l'on donnait des fêtes très-recherchées.

TIVOLI (Rue). De la rue de Clichy à la rue d'Amsterdam. 9e A. 33e Q.

Ainsi nommée parce qu'elle a été ouverte sur une partie de l'ancien jardin de Tivoli.

TOCANIER (Passage). Du boulevard Mazas au faubourg Saint-Antoine. 12e A. 40e Q.

TOMBE-ISOIRE (Rue de la). Du boulevard d'Arcueil à la rue Militaire. 14e A. 55e Q.

Doit son nom à une maison du moyen âge, qui le devait elle-même au voisinage d'un cimetière. On a écrit tantôt « Iscard » tantôt « Issoire ».

TONNELLERIE (Rue de la). De la rue Saint-Honoré à la rue des Halles-Centrales. 1er A. 2e Q.

Elle date du XIIIe siècle, comme on témoignent ces vers de Guillot :

« ... Avant soi ma trace
Jusques en la *Tonnelerie*
Ne sui pas ci qui truove lis... »

TOUR (Rue de la). De la rue des Fossés-du-Temple au quai Valmy. 11e A. 41e Q.

Ouverte en 1780. Son nom lui vient d'une enseigne.

TOUR (Rue de la). De la Grande-Rue à la rue Militaire, à Passy. 16e A. 63e Q.

TOUR-DES-DAMES (Rue de la). De la Rochefoucauld à la rue Blanche.

C'était autrefois la « ruelle Baudin » qui se prolongeait jusqu'à la rue appelée aujourd'hui « rue Saint-Georges ». En 1790, on lui a donné le nom de « rue de la Tour-des-Dames », que portait la rue de la Rochefoucauld, à cause d'une tour qui s'y trouvait et qui appartenait aux dames de l'abbaye de Montmartre.

TOURELLES (Rue des). De la rue de Vincennes à la rue Militaire, à Belleville. 20e A. 78e Q.

TOURLAQUE (Rue). De la rue de l'Empereur à la rue des Dames, à Montmartre. 18e A. 69e Q.

TOURNELLE (Pont de la). Du quai de la Tournelle au quai de Béthune. 4e-5e A. 10e-17e Q.

En 1369, c'était un pont de bois que les eaux emportèrent en 1620. Il fut remplacé par un nouveau pont que les eaux renversèrent encore en 1637. Le pont actuel a été construit en 1656. Il doit son nom à une tourelle carrée, élevée à l'extrémité méridionale, en 1369, pour en défendre l'entrée, et qui, reconstruite en 1754, servit à détenir les galériens en attendant leur départ pour les galères. Cette tourelle fut démolie en 1787.

TOURNELLE (Quai de la). De la rue des Fossés-Saint-Bernard à la rue des Bernardins. 4e A. 17e Q.

Nommé d'abord « Saint-Bernard », à cause du voisinage du couvent de Bernardins, puis « de la Tournelle », à cause du pont de ce nom. On l'a aussi appelé « des Miramiones », à cause du couvent des Miramiones, qui y était situé.

TOURNELLE (Rue de la). De la rue d'Aubervilliers à la rue Chabrol, à La Chapelle. 18e A. 72e Q.

TOURNELLES (Rue des). De la rue Saint-Antoine au boulevard Beaumarchais. 3e-4e A. 11e-15e Q.

C'était autrefois la « rue Jean-Beausire ». Elle doit son nom actuel au palais sur l'emplacement duquel elle a été ouverte. Ce palais, ainsi nommé à cause des tours ou tournelles qui l'entouraient, avait été originairement un hôtel appartenant à Pierre d'Orgemont, chancelier de France, qui l'avait fait rebâtir vers 1390. Charles VI l'habita pendant sa démence ; le duc de Bedford y séjourna en 1424, comme régent, au nom d'Henri de Lancastre, roi de France et d'Angleterre. En 1437, Charles VII y résida ; Louis XII et Henri II y moururent. Catherine de Médicis l'abandonna et le fit démolir en 1565. Sur l'emplacement de ce vaste palais on a bâti la place Royale, les rues des Minimes, de la Chaussée-des-Minimes, du Foin-au-Marais et la rue Royale.

TOURNELLES (Rue des). De la rue des Moulins à la rue de la Tour, à Passy. 16e A. 64e Q.

TOURNELLES (Chemin des). Rue des Tournelles, à Vaugirard. 15e A. 57e Q.

TOURNELLES (Rue des). De la rue Érard à la Grande-Rue, à Vaugirard. 15e A. 57e Q.

TOURNON (Rue de). De la rue Saint-Sulpice à rue Vaugirard. 6e A. 22e Q.

C'était d'abord la « ruelle Saint-Sulpice », puis la « rue du Champ-de-la-Foire », parce qu'elle servait de champ pour la foire Saint-Germain. Elle doit son nom actuel au cardinal, abbé de Saint-Germain, lorsque cette rue fut construite, vers 1541.

TOURNUS (Passage). De la rue Fondary à la rue du Théâtre, à Grenelle. 15e A. 59e Q.

TOURTILLES (Rue des). De la rue de Paris à la rue Napoléon, à Belleville. 20e A. 77e Q.

Doit probablement son nom aux *tourteaux*, ou pains de suif d'une fabrique voisine, — à moins qu'il ne le doive au tourtelage d'autrefois, à cette redevance seigneuriale qui se payait en gâteaux.

TOURTILLES (Impasse de). Rue des Tourtilles, à Belleville. 20e A. 77e Q.

Même étymologie.

TOURVILLE (Avenue). De l'avenue de Lamothe-Piquet au boulevard des Invalides. 7e A. 27e-28e Q.

Porte le nom du vice-amiral, né en 1642, mort en 1710.

TOUSSAINT-FÉRRON (Passage). De la route de Choisy à la route de Fontainebleau, à Gentilly. 13e A. 51e Q.

TOUSTAIN (Rue). De la rue de Seine à la rue Félibien. 6e A. 22e Q.

Ouverte, en 1817, près de l'ancienne abbaye Saint-Germain, elle a reçu le nom du bénédictin, né en 1700, mort en 1754, auteur du *Nouveau Traité Diplomatique*.

TOUTAY (Impasse). Boulevard d'Italie. 13e A. 51e Q.

TOUZÉ (Impasse). Rue des Amandiers, à Ménilmontant. 20e A. 70e Q.

TRACY (Rue de). De la rue du Ponceau au boulevard de Sébastopol. 2e A. 8e Q.

Porte le nom du membre de l'Institut, né en 1754, mort en 1836, sur les terrains duquel elle a été ouverte en 1784.

TRAEGER (Impasse). A Montmartre. 18e A. 70e Q.

TRAINÉE (Rue). De la place du Tertre à la rue du Vieux-Chemin, à Montmartre. 18e A. 70e Q.

Jeune rue, vieille étymologie. Ce nom lui vient de « traîne » chemin boisé ou non, ou de « traînée » piège à loups, fosse recouverte d'une trappe.

TRAINÉE (Impasse). Rue Traînée, à Montmartre. 18e A. 70e Q.

TRANSIT (Rue du). De la route d'Orléans à la rue du Haut-Transit, à Montrouge. 14e-15e A. 55e-57e Q.

Ainsi nommée parce qu'autrefois les grosses voitures du roulage passaient par là et y faisaient halte, *transitus*. Les chemins de fer ont tué les lieux du transit.

TRANSIT (Rue du). De la rue des Tournelles à la rue de Sèvres, à Vaugirard. 15e A. 57e Q.

Même étymologie.

TRAVAILLEURS (Passage des). De la petite rue Saint-Denis à la rue de la Glacière, à Montmartre. 18e A. 70e Q.

TRAVERSE (Rue). De la rue Oudinot à la rue de Sèvres. 7e A. 27e Q.

Ainsi nommée parce qu'elle traverse de la rue Oudinot à la rue de Sèvres. On l'a aussi appelée « rue de la Plume ».

TRAVERSIÈRE (Rue du). Du quai de la Râpée à la rue du Faubourg-Saint-Antoine. 12e A. 48e Q.

Ainsi nommée, parce qu'elle traverse de la Seine au faubourg Saint-Antoine. Entre la Seine et la rue de Bercy elle a été appelée « rue des Chantiers » et du « Cler-Chantier », à cause des chantiers de bois qui s'y trouvaient ; entre la rue de Bercy et celle de Charenton, on l'a nommée « rue Pavée », parce que cette partie était pavée avant les autres.

TRAVERSIÈRE (Rue). De la place du Pont-de-Grenelle à la rue Saint-Louis, à Grenelle. 15e A. 50e Q.

Même étymologie.

TRAVERSINE (Rue). De la rue d'Arras à la rue de la Montagne-Sainte-Geneviève. 5e A. 17e Q.

C'est une rue du XIIIe siècle, comme en témoignent ces vers de Guillot :

« Encontre est la rue Clopin
Et puis la *rue Traversaine*
Qui siet en haut bien loin de Sainne. »

Aux siècles suivants, elle fut nommée « rue Traversière », puis « rue Traversine » : mots différents, mais semblable étymologie.

TREILLE (Passage de la). De la rue de l'École-de-Médecine à la rue Clément. 6e A. 22e Q.

C'était autrefois le « passage de la Porte-Greffière », parce le greffier de l'Abbaye y demeurait. Il a changé son nom de brandevinier.

TRÉTAIGNE (Rue). De la rue des Dames au chemin de fer de ceinture, à Montmartre. 18e A. 69e Q.

Doit son nom au maire de la commune de Montmartre, M. Michel de Trétaigne, aujourd'hui encore maire du XVIIIe arrondissement.

TRÉVISE (Cité). De la rue Richer à la rue Bleue. 9e A. 35e Q.

Construite en 1840. Elle doit son nom à son voisinage de la rue de Trévise.

TRÉVISE (Rue). De la rue Bergère à la rue Bleue. 9e A. 35e Q.

Ouverte, en 1836, sur l'emplacement d'un hôtel appartenant au maréchal Mortier, duc de Trévise, né en 1768, mort à Paris, le 28 juillet 1835, victime de la machine Fieschi.

TRÉZEL (Rue). De l'avenue de Clichy à la rue Sainte-Élisabeth, à Batignolles. 17e A. 68e Q.

TRINITÉ (Passage de la). De la rue Greneta à la rue Saint-Denis. 2e A. 9e Q.

Ainsi nommé parce qu'il occupe l'emplacement de l'ancien hôpital fondé, à la fin du XIIe siècle, pour recevoir les pauvres et donner l'hospitalité aux pèlerins. Il fut d'abord appelé hôpital « de la Croix-de-la-Reine », à cause d'une croix ainsi nommée qui se trouvait au coin de la rue Greneta. Plus tard, il fut appelé « de la Trinité », parce que la chapelle était sous ce vocable. Une partie de ce passage a été absorbée par le boulevard Sébastopol.

TRIOMPHE (Rue de l'arcade du). Du rond-point de l'Étoile à la rue des Acacias. 17e A. 65e Q.

Ainsi nommée à cause de son voisinage de l'Arc de Triomphe de l'Étoile.

TRIOMPHES (Avenue des). De la place du Trône au chemin de ronde de Vincennes. 12e A. 44e Q.

Ainsi nommée parce qu'elle conduit à la place du Trône, où fut élevé, en 1660, un arc de triomphe en l'honneur de Louis XIV.

TRIPERET (Rue). De la rue de la Clef à la rue Gracieuse. 5e A. 18e Q.

Au dire de Jaillot, elle devrait son nom à un particulier nommé Jehan Trippelet, qui y possédait un terrain. On a écrit « Tripelle, Tripelé, Tripelô, Tripelot, Tripette, Tripotte, Tripot, Triplet et Triperet ».

TRIPERIE (Rue de la) De la rue Saint-Jean à la rue Malar. 7e A. 28e Q.

Appelé d'abord « rue du Pont-de-la-Triperie », à cause d'un petit pont que l'on passait pour aller à une triperie, située rue des Cygnes. On a dit ensuite, par abréviation, « rue de la Triperie ». Lors de la construction de l'entrepôt du Gros-Caillou, on a supprimé une partie de la rue de la Triperie qui s'étendait alors jusqu'au quai d'Orsay.

TRIPIÈRE (Rue de la). Du boulevard d'Ivry à l'avenue Fortin, à Ivry. 12e A. 50e Q.

TRIPIÈRE (Sentier de la). De la rue de la Tripière au chemin du Bac. 13e A. 50e Q.

TROIS-BORNES (Rue des). De la rue Folie-Méricourt à la rue Saint-Maur-Popincourt. 11e A. 41e Q.

A la fin du XVIIe siècle ce n'était qu'un chemin. Elle doit son nom à des bornes qui séparaient les propriétés.

TROIS-CANETTES (Rue des). De la rue Saint-Christophe à la rue de la Licorne. 4e A. 15e Q.

En 1800, c'était la « rue de la Pomme »; en 1480, la « rue de la Pomme-Rouge », dénominations dues à des enseignes. Leur nom actuel leur fut donné à cause de deux maisons, dites « des grandes et des petites Canettes », qui s'y trouvaient.

TROIS-CHANDELLES (Rue des). De la rue Mongallet à la ruelle des Quatre-Chemins. 12e A. 46e Q.

Tracée au commencement de ce siècle. Doit son nom à une enseigne. C'est une ruelle plutôt qu'une rue.

TROIS-COMMUNES (Place des). Rue de Bagnolet, à Belleville. 20e A.

Ainsi nommée à cause du voisinage des trois communes, de Bagnolet, de Belleville et de Ménilmontant.

TROIS-COURONNES (Chemin de ronde de la barrière des). De la rue des Trois-Couronnes à la rue d'Orillon. 11e A. 41e Q.

Doit son nom à la « rue des Trois-Couronnes ».

TROIS-COURONNES (Boulevard des). De la rue des Trois-Couronnes à la rue Ménilmontant. 20e A. 77e Q.

TROIS-COURONNES-DU-TEMPLE (Rue des). De la rue Saint-Maur-Popincourt à l'ancienne barrière des Trois-Couronnes. 11e A. 41e Q.

Ouverte à la fin du siècle dernier. Doit son nom à une enseigne de cabaret.

TROIS-COURONNES-SAINT-MARCEL (Rue des). De la rue Mouffetard à la rue Saint-Hippolyte. 5e-18e A. 18e-52e Q.

Comme la précédente, elle tire son nom d'une enseigne. Au XVIIIe siècle elle faisait partie de la rue Saint-Hippolyte.

TROIS-FRÈRES (Escalier des). De la rue des Trois-Frères à la rue du Poirier, à Montmartre. 18e A. 70e Q.

TROIS-FRÈRES (Rue des). De la rue de la Mairie à la rue du Vieux-Chemin, à Montmartre. 18e A. 70e Q.

TROIS-MARIES (Place des). Entre le quai de la Mégisserie et la rue de la Monnaie. 1er A.

En 1820, c'était la « rue au Foin », parce qu'elle conduisait au port au Foin, alors situé en face où l'on construit le Pont-Neuf. En 1563, une partie des maisons fut démolie, ce qui forma une place à laquelle une enseigne fit donner le nom de « Trois-Maries ».

TROIS-ORMES (Rue des). Du boulevard de la Gare à la rue de la Croix-Rouge. 13e A. 50e Q.

TROIS-PAVILLONS (Rue des). De la rue des Francs-Bourgeois au Marais à la rue de Thorigny. 3e A. 11e Q.

En 1345, c'était la « rue Culture-Ste-Catherine », parce qu'elle traversait le terrain de Ste-Catherine; elle se prolongeait alors jusqu'à la rue des Juifs et s'appelait, dans cette partie, « rue des Valets ». Au XVIIe siècle, elle s'appelait « rue de Diane », parce que Diane de Poitiers, la royale courtisane, avait habité l'hôtel Barbette, sur uno partie de l'emplacement duquel cette rue a été ouverte. Elle doit son nom actuel à une maison dite des « Trois-Pavillons », située au coin de la rue des Francs-Bourgeois.

TROIS-PORTES (Rue des). De la place Maubert à la rue de l'Hôtel-Colbert. 5e A. 20e Q.

Doit ce nom, qu'elle portait déjà au XIIIe siècle, à trois maisons dont elle se composait originairement :

« D'iluec en la rue à *Trois Portes*
Dont l'une la chemin raporte
Droit à la rue de Galiande. »

TROIS-SŒURS (Rue des). De la rue des Prés à la rue de la Procession, à Vaugirard. 14e A. 54e Q.

TRONCHET (Rue). De la place de la Madeleine à la rue Neuve-des-Mathurins. 8e-9e A. 31e Q.

Ouverte en 1824, sur l'emplacement de l'ancien couvent de Notre-Dame-de-Grâce de la rue Ville-l'Évêque, elle a reçu le nom du jurisconsulte né en 1726, mort en 1806, qui fut un des conseils du roi Louis XVI devant la Convention nationale.

TRÔNE (Place du). Entre la rue du Faubourg-St-Antoine et l'ancienne barrière de Vincennes. 11-12e A.

Doit son nom à un trône qui y fut élevé le 26 août 1660, pour Louis XIV rentrant à Paris après son mariage avec Marie-Thérèsa d'Autriche.

TROU-A-SABLE (Rue du). De la rue des Quatre-Chemins à la rue de Noailly. 12e A. 46e Q.

Doit son nom à un trou formé pour l'extraction du sable. On l'a, par une singulière altération, appelée quelquefois « rue des Trois-Sabres ».

TRUDAINE (Avenue). De la rue Rochechouart à la rue des Martyrs. 9e A. 86e Q.

Ouverte en 1821, elle porte le nom de Ch. Truduine, conseiller d'État et prévôt des marchands de 1710 à 1720.

TRUDON (Rue). De la rue Boudreau à la rue Neuve-des-Mathurins. 9e A. 34e Q.

Ouverte en 1780, elle a reçu le nom de Jacques-François Trudon, échevin de Paris de 1774 à 1776.

TRUFFAULT (Rue). De la rue des Dames à la rue Cardinet, à Batignolles. 17e A. 67e Q.

Porte le nom du propriétaire sur les terrains duquel elle a été ouverte.

TUILERIE (Rue de la). De la rue Boulainvilliers à la rue La Fontaine, à Auteuil. 16e A. 61e Q.

Ainsi nommée à cause de son voisinage d'une fabrique de tuiles.

TUILERIE (Avenue de la). De l'avenue de La Fontaine à l'avenue Saint-André, à Auteuil. 16e A. 61e Q.

TUILERIES (Quai des). Du Pont-Royal au pont de la Concorde. 1er A. 1er Q.

Ainsi nommé, parce qu'il longe le palais bâti, en 1504, par Catherine de Médicis sur l'emplacement d'une briqueterie qui y existait au XIIe siècle.

TURGOT (Cité). Rue Turgot. 9e A. 36e Q.

TURGOT (Rue). De la rue Rochechouart à l'avenue Trudaine. 9e A. 36e Q.

Ouverte en 1833, elle a reçu le nom de messire Étienne prévôt des marchands de 1729 à 1740, à qui l'on doit le curieux plan de Paris connu sous le nom de *Plan de Turgot*.

TURIN (Rue de). De la rue de Berlin à la rue de Hambourg. 8e A. 32e Q.

Voisine de la place de l'Europe, elle a reçu le nom de la capitale du Piémont.

U

ULM (Rue d'). De la place du Panthéon à la rue des Fouillantines. 5e A. 19e Q.

Ouverte en 1807, elle a reçu le nom de la ville que les Autrichiens rendirent à une armée française très-inférieure en nombre, le 7 octobre 1805.

UNION (Passage de l'). Rue du Gros-Caillou. 7e A. 28e Q.

UNIVERSELLE (Cité). A Vaugirard. 15e A. 57e Q.

UNIVERSITÉ (Rue de l'). De la rue des Sts-Pères à l'avenue La-Courdonnaye. 7e A. 25e-26e-28e Q.

En 1529, ce n'était qu'un chemin dit « des Treilles », parce qu'il conduisait à l'île de ce nom (île des Cygnes). En 1639, l'Université vendit le pré aux Clercs où l'on commença à bâtir une rue qui fut appelée « rue de l'Université ». Le pré aux Clercs était une vaste prairie comprise entre la Seine, les rues du Bac, de l'Université, Jacob et de Seine, traversée, dans la direction de la rue Bonaparte, par un canal dit *la Petite Seine*, qui alimentait les fossés de l'abbaye St-Germain. Ce pré était le lieu de réunion des écoliers de l'Université; l'incertitude des limites qui le séparaient des possessions de l'abbaye occasionna des querelles fréquentes entre les écoliers et les gens du monastère.

URBAIN-MOULIN (Passage). De la rue de Châlons à l'impasse Bouton. 12e A. 48e Q.

Doit son nom au particulier qui l'a fait construire.

URSULINES (Rue des). De la rue d'Ulm à la rue St-Jacques. 5e A. 19e Q.

Ouverte, en 1807, sur l'emplacement de l'ancien couvent des Ursulines, fondé, en 1608, par Madeleine Luillier, dame de Ste-Beuve, qui acheta l'hôtel St-André, au faubourg St-Jacques et des terrains sur lesquels furent élevés les bâtiments de la communauté. Les religieuses Ursulines, originaires d'Italie, étaient vouées à l'éducation des jeunes filles. Leur église avait été construite en 1620; Anne d'Autriche en posa la première pierre. Ce couvent, supprimé en 1790, a été vendu, puis démoli.

V

VALADON (Cité). De la rue de Grenelle-St-Germain à la rue de l'Église. 7e A. 28e Q.

Doit son nom au particulier qui l'a fait construire.

VAL-DE-GRACE (Rue du). De la rue St-Jacques à la rue de l'Est. 5e A. 19e Q.

Ouverte en 1807, elle est ainsi nommée parce qu'elle conduit à l'hôpital militaire qui a remplacé, en 1790, l'ancienne abbaye des Bénédictines du Val-de-Grâce.

VALENCE (Rue). De la rue Mouffetard à la rue Pascal. 5e A. 18e Q.

Ainsi nommée parce qu'elle est formée de l'ancien passage Valence, dont l'étymologie n'est pas connue.

VALENCE (Rue de). De la rue des Cinq-Moulins à la rue d'Alger, à La Chapelle. 18e A. 71e Q.

VALENCIENNES (Place de). Rues Lafayette et de Valenciennes. 10e A.

Doit son nom à la rue de Valenciennes.

VALENCIENNES (Rue de). De la rue du Faub.-St-Denis à la place Lafayette. 10e A. 37e Q.

Cette rue, voisine du chemin de fer du Nord, a reçu le nom de la ville, chef-lieu d'arrondissement dans le département du Nord.

VALENCIENNES (Rue de). De la rue de la Chapelle au chemin de St-Ouen, à La Villette. 19e A. 73e Q.

VALHUBERT (Place). Entre le pont d'Austerlitz et le Jardin des Plantes. 5e A.

Formée en 1806, elle porte le nom d'un général tué à la bataille d'Austerlitz.

VALLÉE-DE-FÉCAMP (Rue de la). De la rue de la Lancette dans les champs. 12e A. 46e Q.

C'est l'ancien nom de la rue de Charenton que l'on a repris pour le donner à cette voie publique.

VALMY (Quai de). De la place de la Bastille au chemin de ronde de la barrière de Pantin. 10-11e A. 39-49e Q.

A été d'abord appelé « quai Louis XVIII », parce qu'il a été formé sous le règne de ce roi. Après la révolution de Juillet on lui a donné son nom actuel en mémoire de la bataille gagnée par les Français sur les Prussiens le 20 septembre 1792.

VALOIS-DU-ROULE (Rue de). De la rue de Courcelles à la rue du Rocher. 1er A. 32e Q.

Ouverte vers 1776, elle a été ainsi nommée en honneur du duc de Valois, fils du duc d'Orléans, né en 1773.

VALOIS-PALAIS-ROYAL (Rue de). De la rue St-Honoré à la rue Beaujolais. 1er A. 2e Q. — Même étymologie.

Ouverte, en 1784, sur les terrains du Palais-Royal.

VAL-SAINTE-CATHERINE (Rue du). De la rue St-Antoine à la rue Neuve-Ste-Catherine. 4e A. 15e Q.

Dès le XVIe siècle, c'était la « rue de l'Égout!». En 1839, on lui a donné sa dénomination actuelle parce qu'elle était voisine de l'ancien couvent de Ste-Catherine-du-Val-des-Écoliers.

VANDREZANNE (Rue). De la route d'Italie à la rue du Moulin-des Prés. 13e A. 51e Q.

VANNEAU (Rue). De la rue de Varennes-Saint-Germain à la rue de Sèvres. 7e A. 27e Q.

Cette voie publique est formée des rues Vanneau, Mademoiselle et des Brodeurs, réunies, en 1850, sous une même dénomination. La « rue Mademoiselle » devait ce nom au voisinage de l'hôtel de Mademoiselle d'Orléans, situé rue de Babylone. Après la révolution de Juillet, on l'appela « rue Vanneau », en mémoire de l'élève de l'École polytechnique, tué le 29 juillet à l'attaque de la caserne Babylone. La « rue Mademoiselle », de la rue de Babylone à la rue Oudinot, n'était qu'une portion de la « rue des Brodeurs ». Confondue de nouveau avec la rue des Brodeurs en 1806, elle fut, en 1829, appelée « Petite rue Mademoiselle ». Après 1830 on supprima le mot *petite*, la rue Mademoiselle étant devenue rue Vanneau. La rue des Brodeurs, de la rue Oudinot à la rue de Sèvres, s'appelait, en 1642, « Brodiral des Incurables », et en 1644, « de Lude ». Un peu plus tard elle fut nommée « rue des Brodeurs », à cause des ouvriers brodeurs qui l'habitaient.

VANNES (Rue de). De la rue des Deux-Écus à la rue de Viarmes. 1er A. 2e Q.

Ouverte en 1763, elle a reçu le nom de M. Jollivet de Vannes, avocat et procureur du roi et de la Ville.

VANVES (Rue de). Du chemin du Maine aux fortifications. 15-15e A. 56-57e Q.

Ainsi nommée parce qu'elle conduit au village de Vanves.

VANVES (Boulevard de). De la rue de la Gaieté à la chaussée du Maine. 14e A. 58e Q.

VARENNES-SAINT-GERMAIN (Rue de). De la rue de la Chaise au boulevard des Invalides. 7e A. 25-26e Q.

Formée des rues de la Planche et de Varennes réunies, en 1850, sous la même dénomination qui leur avait déjà été commune vers le milieu du XVIIe siècle.

VARENNES-SAINT-HONORÉ (Rue de). De la rue des Deux-Écus à la rue de Viarmes. 1er A. 2e Q.

Ouverte en 1762, Pierre Devarenne étant échevin de Paris.

VAUBAN (Place). Avenues de Tourville et de Breteuil. 17e A.

Située derrière les Invalides, elle a reçu le nom du maréchal, né en 1633, mort en 1707, qui a construit les travaux de défense des principales villes fortes de France.

VAUCANSON (Passage). De la rue Basfroi à l'impasse de la Roquette. 11e A. 43e Q.

Ainsi nommé parce qu'il a été formé sur les dépendances de l'ancien hôtel Mortagne, devenu, en 1746, la propriété du célèbre mécanicien Vaucanson, né en 1709, mort en 1782.

VAUCANSON (Rue). De la rue de Breteuil à la rue du Vertbois. 3e A. 9e Q. Même étymologie.

Ouverte en 1817.

VAUGIRARD (Chemin de ronde de la barrière de). De la rue des Fourneaux à la rue de Vaugirard. 15e A. 18e Q.

Doit son nom à la rue de Vaugirard.

VAUGIRARD (Rue de). De la rue Monsieur-le-Prince à l'ancienne barrière de Vaugirard. 6-15e A. 57-58e Q.

Ainsi nommée parce qu'elle mène au village actuellement compris comme arrondissement dans le nouveau Paris. « Vaugirard » est l'ancien « Valboitron », — *vallis bostaronia*, — qui est devenu le « Val-Gérard », de Gérard de Moret, abbé de Saint-Germain-en-Laye en 1260 qui y construisit un hospice. De « Val Gérard » on a fait tout naturellement « Vaugirard ».

VAUGIRARD (Boulevard de). De la Grande-Rue de Vaugirard au boulevard de Sèvres. 15e A. 58e Q.

VAVIN (Rue). De la rue de l'Ouest au boulevard Montparnasse. 6e A. 23e Q.

Porte le nom du propriétaire sur le terrain duquel elle a été ouverte en 1831. C'était précédemment un passage planté de tilleuls. Jusqu'en 1849 elle n'allait que jusqu'à la rue Notre-Dame-des-Champs.

VEAUX (Place aux). Rue de Passy. 5e A.

Ainsi nommée de son voisinage de la halle aux Veaux.

VENDOME (Passage). De la rue de Vendôme au boul. du Temple. 3e A. 10e Q.

C'est une galerie couverte, garnie de boutiques et construite en 1825 sur l'emplacement du couvent des Filles du Sauveur, fondé en 1701 pour les filles repentantes et installé rue de Vendôme en 1704.

VENDOME (Place). De la rue Saint-Honoré à la rue Nve-des-Petits-Champs. 1-2e A.

Ainsi nommée parce qu'elle a été formée sur l'emplacement de l'hôtel bâti pour César de Vendôme, fils de Henri IV et de Gabrielle.

VENDOME (Rue). De la rue Charlot à la rue du Temple.

Cette rue doit son nom à Philippe de Vendôme, grand prieur de France, qui vendit les terrains dépendants du Temple sur lesquels elle fut ouverte en 1695.

VENISE (Rue de). De la rue Beaubourg à la rue Quincampoix. 4e A. 13e Q.

Du XIIe au XVe siècle, on l'appelait « rue Sendobours, Hendebourg, Erembourg, Hérambourg, la Tréfilière », probablement du nom d'un de ses habitants. Au XIVe siècle on l'a appelée, du nom d'un particulier, rue « Bertaut qui Dort ». Elle doit son nom actuel à une enseigne de « l'Écu de Venise ». En 1851, on a réuni à la rue de Venise la rue de la Corroirie, allant de la rue Beaubourg à la rue Saint-Martin.

VENTADOUR (Rue). De la rue Thérèse à la rue Neuve-des-Petits-Champs. 1er A. 3e Q.

Ouverte en 1640, elle se prolongeait autrefois jusqu'à la rue des Moineaux et s'appelait « rue Saint-Victor ». Elle s'étendait aussi au delà de la rue Neuve-des-Petits-Champs, dans la partie formant aujourd'hui la rue Méhul, et s'appelait alors « rue de la Lionne », nom du ministre des affaires étrangères en 1661. Elle doit son nom actuel à Mme de Ventadour, gouvernante de Louis XV.

VERDEAU (Passage). De la rue du Faubourg-Montmartre à la rue Grange-Batelière. 9e A. 35e Q.

Porte le nom d'un des propriétaires qui l'ont établi en 1846.

VERDERET (Rue). De la rue de la Grande-Truanderie à la rue Mauconseil. 1er A. 2e Q.

Cette rue, étroite et sale, s'est appelée « rue Merderiau, rue Merderai, rue Merderol, rue Merderet », d'où, par euphémisme, l'on a fait « Verdelot », puis « Verderet ».

VERDERET (Rue). De la place d'Aguesseau à la rue du Buis, à Auteuil. 16e A. 61 Q.

VERNEUIL (Rue de). De la rue des Saints-Pères à la rue de Poitiers. 7e A. 25e Q.

Percée vers 1640, sur le grand Pré-aux-Clercs, elle porte le nom de Henri de Bourbon, duc de Verneuil, alors abbé de Saint-Germain, fils de Henri IV et de Henriette d'Entragues, marquise de Verneuil.

VÉRO-DODAT (Galerie). De la rue de Grenelle-Saint-Honoré à la rue Croix-des-Petits-Champs. 1er A. 2e Q.

C'est une galerie couverte et garnie de boutiques, qui a été construite, en 1826, par MM. Véro et Dodat, dont elle a pris le nom.

VÉRON (Rue). Du passage de l'Élysée à la rue de l'Empereur, à Montmartre. 18e A. 69e Q.

VÉRON (Cité). A Montmartre, quartier des Grandes-Carrières. 18e A.

VERREL (Impasse). De la route de Vanves à la voie Ferrée. 14e A. 58e Q.

VERRERIE (Rue de la). De la place du Marché-St-Jean à la rue St-Martin. 4e A. 13e-14e Q.

Ce nom paraît venir d'un « verrier » ou vitrier nommé Guy, qui y possédait un terrain au XIIe siècle.

VERSAILLES (Rue de). De la rue Saint-Victor à la rue Traversine. 5e A. 17e Q.

Elle doit son nom à la famille de Versailles (*de Versaliis*), déjà connue au XIe siècle.

VERSAILLES (Route de). Du pont de Grenelle à la rue Militaire. 16e A. 61e Q.

VERT-BOIS (Rue du). De la rue du Temple à la rue Saint-Martin. 3e A. 9e Q.

Ainsi nommée parce qu'elle a été percée sur un terrain planté d'arbres qui entourait autrefois l'abbaye Saint-Martin-des-Champs.

VERT-BOIS (Passage du). De la rue du Vert-Bois à la rue Notre-Dame-de-Nazareth. 3e A. 10 Q.

VERTE (Allée). De la rue Basse-St-Pierre au quai Valmy. 11e A. 42e Q.

Ainsi nommée à cause des arbres verts dont elle est bordée.

VERTE (Voie). De la Rue de la Tombe-Issoire à la rue Militaire. 14e A. 55e Q.

VERTUS (Rue des). De la rue des Gravilliers à la rue Phélippeaux. 3e A. 9 Q.

Il en est fait mention dès l'an 1540. Son nom pourrait venir de ce que cette rue, qui était hors des murs de l'enceinte de Philippe-Auguste, est alignée directement pour aller au village de Notre-Dame-des-Vertus, ou d'Aubervilliers.

VERTUS (Chemin de ronde de la barrière de). De la rue des Vertus à la rue du Faubourg-Saint-Denis. 10e A. 37e Q.

VERTUS (Boulevard des). De la rue des Vertus à la Grande-Rue-de-La-Chapelle. 18e A. 27e Q.

VÉZELAY (Passage). De la rue de Lisbonne à la rue de Hambourg. 8e A. 32e Q.

Doit son nom au particulier sur les terrains duquel il a été ouvert.

VIARMES (Rue de). De la rue de Varennes-Saint-Honoré à la rue Oblin. 1er A. 2e Q.

Cette rue, qui entoure circulairement la Halle-au-Blé, et qui a été bâtie, en 1763, sur l'emplacement de l'hôtel de Soissons, porte le nom du prévôt des marchands, J.-B.-Élie Camus de Pont-Carré de Viarmes.

VICTOIRE (Rue de la). De la rue du Faubourg-Montmartre à la rue Joubert. 9-34e A. 34e Q.

Au xviie siècle, c'était la « ruelle aux Porcherons », parce qu'elle était voisine de la rue des Porcherons; vers le milieu du xviiie siècle, c'était la « ruelle des Portes », à cause des commis d'octroi qui y étaient établis. Plus tard elle prit, de la rue du Faubourg-Montmartre à la rue Taitbout, le nom de « Chantereine », et par altération « Chanterelle », nom qui s'étendit ensuite à toute la rue. En 1798, elle fut appelée « rue de la Victoire », en souvenir des victoires remportées par les Français en Italie.

VICTOIRES (Place des). Au bout de la rue Croix-des-Petits-Champs. 1er-2e A.

Construite de 1685 à 1692 aux frais du duc de La Feuillade, qui acheta pour la former les hôtels de Senneterre et d'Emmery.

VICTORIA (Avenue). De la place de l'Hôtel-de-Ville à la place du Châtelet. 4e A. 13e Q.

Ouverte il y a quelques années. On lui a donné le nom de la reine d'Angleterre en souvenir d'une visite qu'elle avait faite à l'Hôtel-de-Ville.

VIDE-GOUSSET (Rue). De la place des Victoires à la rue des Petits-Pères. 2e A. 6-7e Q.

Située autrefois près des murs de la ville, elle était le théâtre de vols fréquents qui lui ont valu le nom qu'elle porte encore. Elle a fait partie de la « rue du Petit-Reposoir » avant la construction de la place des Victoires.

VIEILLE-DU-TEMPLE (Rue). De la rue de Rivoli à la rue Saint-Louis-au-Marais. 3-4e A. 10-11-14e Q.

Elle a porté successivement les noms de « rue Vieille-du-Temple, du Temple », parce qu'elle conduisait au Temple; « Couture, Culture, Clôture-du-Temple », parce qu'elle menait aux cultures et à la clôture du Temple; « Égout du Temple », à cause de l'égout qui y passait; « Porte et Poterne-Barbette, Barbette, Vieille-Barbette », parce qu'elle aboutissait à l'hôtel et à la porte Barbette.

VIEILLE-ESTRAPADE (Rue de la). De la rue de Fourcy-St-Victor à la rue des Fossés-St-Jacques. 5e A. 19-20e Q.

Bâtie sur les fossés de l'enceinte de Philippe-Auguste, elle fut d'abord appelée des « Fossés-St-Marcel ». On la nomma ensuite « rue de la Vieille-Estrapade », parce qu'elle conduit à la place de l'Estrapade.

VIEILLE-NOTRE-DAME (Rue). De la rue Censier à la rue d'Orléans-St-Marcel. 5e A. 18e Q.

Ainsi nommée parce qu'elle conduisait à l'hôpital de Notre-Dame-de-Miséricorde, dit « les Cent-Filles », situé rue Censier.

VIEILLE-ROUTE-DE-SÈVRES. De la rue de Versailles à la rue Militaire. 16e A. 61e Q.

VIEILLES-ÉTUVES-ST-HONORÉ (Rue des). De la rue St-Honoré à la rue des Deux-Écus. 1er A. 2e Q.

Au xiiie siècle c'était la « rue des Étuves », et au xive siècle on la nommait déjà des « Vieilles-Étuves ». Ces dénominations venaient des étuves ou bains qui s'y trouvaient.

VIEILLES-ÉTUVES-ST-MARTIN (Rue des). De la rue Beaubourg à la rue St-Martin. 4e A. 13e Q.

En 1300 c'était la « rue des Étuves »; en 1350, la « rue Jeoffroy-des-Bains ou des Étuves ».

« De la rue Gieffroi-l'Angevin
En la rue des Estuves vin. »

VIEILLES-HAUDRIETTES (Rue des). De la rue du Chaume à la rue du Temple. 3e A. 12e Q.

En 1290 c'était la « rue Jean-Lhuillier », à cause d'un particulier de ce nom. Elle fut depuis appelée « des Haudriettes » et ensuite des « Vieilles-Haudriettes », parce que les Haudriettes (ou Hospitalières, fondées par Étienne Haudry,) y possédaient plusieurs maisons.

VIENNE (Rue de). De la rue du Rocher à la place de l'Europe. 8e A. 32e Q.

On a donné à cette rue, ouverte en 1826, le nom de la capitale de l'Autriche.

VIERGE (Rue de la). Du quai d'Orsay à la rue Saint-Dominique. 7e A. 28e Q.

Doit son nom au voisinage d'une chapelle de la Vierge qui y fut construite en 1737, et qui devint, peu de temps après, l'église St-Pierre du Gros-Caillou.

VIERGE (Rue de la). De la rue des Francs-Bourgeois à la rue des Rosiers, à La Chapelle. 18e A. 72e Q.

VIERGE (Rue de la). De la rue Croix-Nivert à la rue de Sèvres, à Vaugirard. 14e-15e A. 57e-58e Q.

VIEUX-CHEMIN (Rue du). De la rue de l'Abbaye à la rue de l'Empereur, à Montmartre. 18e A. 63e Q.

Ainsi nommée, parce que c'était autrefois, en effet, le seul chemin qui conduisait aux moulins de Montmartre.

VIERGE (Passage de la). De la rue Neuve-de-la-Vierge à la rue de l'Église. 7e A. 28e Q.

VIEUX-AUGUSTINS (Rue des). De la rue Coquillière à la rue Montmartre. 12e A. 27e Q.

Doit son nom au couvent des Grands-Augustins qui s'y étaient établis, en 1230, au coin de la rue Montmartre (alors hors de Paris); ils quittèrent cette position en 1295, pour aller sur la rive gauche de la Seine, rue des Grands-Augustins.

VIEUX-COLOMBIER (Rue du). De la place St-Sulpice au carrefour de la Croix-Rouge. 6e A. 22e-23e Q.

Doit son nom à un colombier appartenant à l'abbaye St-Germain. On l'a appelée aussi « Cassel », parce qu'elle conduisait à l'hôtel Cassel, situé rue Cassette.

VIEUX-MARCHÉ-ST-MARTIN (Place). Rue du Marché-St-Martin. 8e A. 9e Q.

VIGAN (Passage du). De la rue des Vieux-Augustins à la rue des Fossés-Montmartre. 2e A. 8e Q.

Ce passage, fondé en 1825, doit son nom à un hôtel dit « du Vigan ».

VIGNES (Impasse des). Rue des Postes. 5e A. 16e Q.

C'était autrefois un terrain planté de vignes, d'où lui est venu son nom.

VIGNES (Rue des). De la rue Nve-Boileau à la rue de la Source, à Auteuil. 16e A. 61e Q.

VIGNES (Rue des). De la rue du Poteau à la rue de l'Empereur, à Montmartre. 18e A. 66e Q.

VIGNES (Rue des). De la rue Basse à la rue de Boulainvilliers, à Passy. 16e A. 61e Q.

VIGNES (Rue des). De la Grande-Rue du Transit, à Vaugirard. 15e A. 57e Q.

VIGNES-DE-CHAILLOT (Rue des). De la rue de Chaillot au chemin de ronde de l'Étoile. 8e A. 29e Q.

Doit son nom aux vignes dont était planté le terrain où elle a été ouverte au xviiie siècle.

VIGNES-DE-L'HOPITAL (Rue des). De la rue du Banquier au boulev. de l'Hôpital. 13e A. 49e Q.

Doit son nom au terrain planté de vignes, où elle a été ouverte vers la fin du siècle dernier.

VILIN (Rue). Du boulev. de Belleville à la rue Pyat, à Belleville. 20e A. 77e Q.

VILLARS (Avenue). De la place Vauban au boulev. des Invalides. 7e A. 27e Q.

Formée en 1780, elle a reçu le nom du maréchal, né en 1653, mort en 1734, célèbre par la victoire qu'il remporta sur le prince Eugène, à Denain, le 24 juillet 1712.

VILLEDO (Rue). De la rue Richelieu à la rue Ste-Anne. 1er A. 3e Q.

Ainsi nommée parce qu'elle fut ouverte, en 1643, en l'honneur de Michel Villedo, « général des œuvres de maçonnerie et ouvrages de Sa Majesté ».

VILLEJUIF (Rue de). De la rue Pinel au boulevard des Gobelins. 13e A. 49e Q.

Ouverte en 1820, elle doit son nom à l'abattoir de Villejuif, qu'elle bordait au midi.

VILLEJUST (Rue). Rue Pauquet, à Passy. 16e A. 61e Q.

VILLE-L'ÉVÊQUE (Rue). De la rue de la Madeleine à la rue de la Pépinière. 8e A. 31e Q.

L'évêque de Paris avait autrefois en cet endroit une ferme, villa, autour de laquelle se forma un bourg que l'on appela la Ville-l'Évêque et qui fut enclavé dans Paris sous le règne de Louis XV. La rue, qui en était la principale, en a retenu le nom.

VILLETTE (Rue de la). De la rue de Paris à la rue de Belleville. 19e A. 76e Q.

Doit son nom à la proximité du village de La Villette.

VILLETTE (Chemin de ronde de la). Du Faub.-St-Martin à la rue des Vertus. 10e A. 37e Q.

VILLETTE (Boulevard de la). De la rue de Flandres à la rue d'Aubervilliers. 19e A. 73e Q.

VILLIERS (Rue). De l'avenue des Ternes aux fortifications, à Neuilly. 17e A. 65e Q.

Ainsi nommée parce qu'elle conduit à l'ancien château de Villiers.

VILLIOT (Rue). Du quai de la Râpée à la rue de Bercy-St-Antoine. 12e A. 47e-48e Q.

A fait, pendant quelque temps, partie de la « rue Rambouillet » qu'elle prolonge. Son nom actuel est celui d'un propriétaire.

VINAIGRIERS (Rue des). De la rue de Marseille à la rue du Faub.-St-Martin. 10e A. 39e Q.

En 1651 c'était une ruelle dite « À l'héritier ». Elle tient son nom actuel d'un champ dit « des Vinaigriers » qu'elle côtoyait.

VINAIGRIERS (Rue des). De la rue des Poissonniers à la chaussée Clignancourt, à Montmartre. 18e A. 70e Q.

VINCENNES (Rue de). De la rue de Romainville au chemin de ronde de Ménilmontant, à Belleville. 19e A. 75e Q.

Ainsi nommée parce qu'elle se dirige sur Vincennes.

VINCENNES (Rue de). De la rue de Bagnolet à la rue au Maire, à Charonne. 20e A. 80e Q.

VINCENNES (Chemin de ronde de). De la place du Trône à la rue de Montreuil. 11e-12e A. 44e-46e Q.

VINCENNES (Avenue de). De la barrière du Trône aux fortifications. 12e A. 45e Q.

VINCENT (Rue). De la rue de Paris à la rue St-Laurent, à Belleville. 19e A. 82e Q.

VINDÉ (Cité). Boulev. de la Madeleine. 1er A. 4e Q.

A été construit en 1841, sur l'emplacement de l'hôtel appartenant à M. Morel Vindé, savant agronome, membre de l'Académie des sciences, mort le 10 décembre 1842.

VINEUSE (Rue). De la Grande-Rue au boulev. de Longchamps, à Passy. 16e A. 63e Q.

VINGT-NEUF-JUILLET (Rue du). De la rue de Rivoli à la rue St-Honoré. 1er A. 4e Q.

Ouverte sous la restauration, elle fut d'abord appelée « rue du duc de Bordeaux », en l'honneur du fils de la duchesse de Berry. Après la révolution de 1830, on lui a donné son nom actuel pour conserver le souvenir de la victoire populaire du 29 Juillet 1830.

VINTIMILLE (Place). Entre les rues de Calais et Vintimille. 9e A.

Formée en 1841. Elle porte le nom de Mme la Comtesse Philippe de Ségur, née de Vintimille.

VINTIMILLE (Rue). De la rue de Clichy à la place Vintimille. 9e A. 33e Q.

Formée en 1841, comme la place précédente; elle a la même étymologie.

VIOLET (Passage). De la rue Hauteville à la rue du Faub.-Poissonnière. 10e A. 37e Q.

Ce passage, formé en 1820, porte le nom du propriétaire qui l'a fait construire.

VIOLET (Rue). Du boulev. de Grenelle à la place Violet, à Grenelle. 15e A. 59e Q.

VIOLET (Place). Rue Violet, à Grenelle. 15e A. 59e Q.

VIRGILE (Rue). De la rue de la Pompe à la rue du Petit-Parc, à Passy. 16e A. 63e Q.

VIRGINIE (Rue). De la rue de Javel à la rue St-Paul, à Grenelle. 15e A. 60e Q.

VIRGINIE (Rue). Du boulev. Rochechouart à la place St-Pierre, à Montmartre. 18e A. 70e Q.

VISITATION-SAINTE-MARIE (Rue de la). Du passage Ste-Marie à la rue de Grenelle-St-Germain. 7e A. 25e Q.

VITAL (Rue). De la Grande-Rue à la rue des Carrières, à Passy. 16e A. 63e Q.

VIVIENNE (Galerie). De la rue Neuve-des-Petits-Champs à la rue Vivienne. 2e A. 6e Q.

Construite en 1823, elle doit son nom à la rue Vivienne, où elle aboutit. Elle a aussi une sortie sur le passage des Petits-Pères.

VIVIENNE (Rue). De la rue Beaujolais Palais-Royal au boulev. Montmartre. 1er-2e A. 6e Q.

Formée au XVIe siècle, elle doit son nom à la famille Vivien et s'appelait d'abord « rue Vivien »; c'est par altération qu'on a dit Vivienne.

VOIE-NEUVE (Rue de la). De la rue de Paris à la Grand'Rue de Montreuil, à Belleville. 20e A. 80e Q.

VOLTA (Rue). De la rue Aumaire à la rue Notre-Dame-de-Nazareth. 3e A. 9e Q.

Cette voie publique est composée des trois anciennes rues « Frépilon », « de la Croix » et « du Pont-aux-Biches » qui ont été réunies en 1851 sous le nom du célèbre physicien italien, né en 1745, mort en 1826, qui a découvert la pile voltaïque.

VOLTAIRE (Quai). De la rue des Sts-Pères à la rue du Bac. 7e A. 25e Q.

Avant la révolution il faisait partie du quai Malaquais. En 1791, la municipalité de Paris lui donna le nom de Voltaire, qui y mourut, à l'hôtel Villette, au coin de la rue de Beaune.

VOLTAIRE (Rue). De la rue Monsieur-le-Prince à la place de l'Odéon. 6e A. 22e Q.

Voisine du théâtre de l'Odéon, elle a reçu le nom de l'auteur de *Mérope*, né en 1694, mort en 1778.

VRILLIÈRE (Rue de la). De la rue Croix-des-Petits-Champs à la rue de La Feuillade. 1er A. 3e Q.

Ainsi nommée parce que l'hôtel de la Vrillière, aujourd'hui de la Banque de France, y est situé.

VOSGES (Rue des). De la rue des Poissonniers à la rue St-Denis, à la Chapelle. 18e A. 70e Q.

VOUTE-DU-COURS (Rue de la). Boulevard St-Mandé. 12e A. 45e Q.

W

WATT (Rue). Du quai d'Austerlitz à la Gare. 13e A. 49e Q.

Ouverte à la fin du siècle dernier, près de l'hôpital de la Salpêtrière, elle fut d'abord appelée « rue Bellièvre », en l'honneur de Pomponne de Bellièvre, premier président du Parlement de Paris, mort en 1657, qui contribua à la fondation dudit hôpital. En 1844, une partie de cette rue fut supprimée pour l'établissement du chemin de fer d'Orléans. La partie conservée reçut alors le nom du célèbre mécanicien anglais, né le 19 juin 1736, mort le 25 août 1819.

WAUXHALL (Cité du). De la rue du Château-d'Eau à la rue des Marais-du-Temple. 10e A. 39e Q.

Bâtie en 1841, elle est ainsi nommée parce qu'elle occupe l'emplacement de l'ancien Wauxhall, établissement public de fêtes et de danses.

WATTICAUX (Place). A la Villette. 19e A. 74e Q.

Y

YONNE (Rue de l'). Du port de Bercy à la route de Bercy. 12e A. 47e Quartier.

Z

ZACHARIE (Rue). Du quai St-Michel à la rue St-Séverin. 5e A. 20e Q.

En 1210, 1262 et 1270, on écrivait *Sachalie*, *Saquatie*, nom qu'elle tenait d'une maison nommée *Saculie*.

LE DIT DES RUES DE PARIS

PAR GUILLOT

Manuscrit du XIVe siècle, vers l'an 1330. (Guillot écrivait vers l'an 1280.)

CI COMMENCE LE DIT DES RUES DE PARIS.

Maint dit a fait de rois, de comte
Guillot de Paris en son conte;
A mis en rime, oyez comment.

OUTRE PETIT PONT.

La rue de *la Huchete* à Paris
Première, dont pas n'a mespris.
Assez tost trouva *Sacalie*
Et *la petite Bouclerie*
Et *la grand Bouclerie* après,
Et *Herondale* tout en près.
En la rue *Pavée* alé
Où a maint visage halé :
La rue a *l'abbé Saint Denis*
Siet assez près de Saint Denis,
De la Grant rue *Saint Germain*
Des Prez, si fait rue *Cauvain*,
Et puis la rue *Saint Andri*
Dehors mon chemin s'estendi
Jusques en la rue *Poupée*,
Adonc ai ma voie adrécée.

En la rue *de la Barre* vins
Et en la rue *à Poitevins*,
En la rue *de la Serpent*,
De ce do rien ne me repent;
En la rue *de la Platrière*,
Là maint une dame loudière
Qui maint chapel a fait de feuille.
Par la rue *de Hautefueille*
Vint en la rue *de Champ Petit*,
Et au dessus est un petit
La rue du *Puon* vraiement;
Je descendi tout bellement
Droit à la rue des *Cordeles* :
Dame à u; le descort d'elles
Ne voudroie avoir nullement.
Je m'en allai tout simplement
D'illecques *au Palais de Thermes*
Où il a celiers et citernes
En cette rue à mainte court.
La rue *aux hoirs de Harecourt*.
La rue *Pierre Sarrazin*
Où l'on essaie maint roncin.
Contre val rue *de le Harpe*
Vint en la rue *Saint Serving*,
Et tant fis qu'au carrefour ving :

La *Grant rue* trouvai briément;
De là entrai premièrement
Trouvai la rue *as Escrivains;*
De cheminer ne fu pas vins
En *la petite ruelete*
Saint Sevrin : mainte meschinete
S'i louent souvent et menu
Entre la rue *Erembourc de Brie*
Alai, et en la rue *O Fain;*
De cheminer ne fu pas vain.
Une femme vi battre lin
Par la rue *Saint Mathelin.*
En *l'en Cloistre* m'en retouré
Saint Benoit le Bestourné :
Et la rue *as hoirs de Sorbonne*
A deux portes belles et bonnes.
La rue à *l'abbé de Cligny*
Et la rue *au Seigneur d'Igny*
Sont près de la rue *O Corbel,*
Desus siet la rue *O Ponel*
Y la rue *d Cordiers* après
Qui des *Jacopins* siet bien près :
Encontre rue *Saint Estienne*
Que Diex en grace nous tiegne.
Que de s'amour ayons mantel.
Lors on descendi *Fresmantel*
En la rue de *l'Oseroie ,*
Ne sai comment je desvouroie
Ce conques nul jour ne voué
Ne à Pasques ne à Noué.
En la rue de *l'Ospital*
Vingt; une femme i d'espital
Une autre femme folement
De sa parole moult vilment.
La rue de la *Chaveterie*
Trouvai ; n'alai pas chiés Marie
En la rue *Saint Syphorien*
Où maingnent li logiptien.
Enprès est la rue *du Moin*
Et la rue *au duc de Bourgoingne.*
Et la rue *des Amandiers* près
Siet en une autre rue enprès
Qui a non rue *de Savoie.*
Guillot de Paris tint sa voie
Droit en la rue *Saint Ylaire*
Où une dame débonnaire
Mint, con apele Giotedas ;
En contre est la rue *Judas,*
Puis la rue du *Petit Four*
Qu'on appelle *le Petit Four*
Saint Ylaire et puis *Blos Burniau*
Ou l'on a rosti maint bruliau :
Et puis la rue *du Noyer*
Ou plusieurs dames por louier
Font souvent batre leurs cartiers.
Enprès est la rue *à Plastriers*
Et parmi la rue *as Englais*
Vint à grant feste et à grant glais.
La rue *a Lavendieres* tost
Trouvai ; près d'ilucc assez tost
La rue qui est belle et grant
Sainte Genevieve la Crant,
Et la petite ruelete
De quoi l'un des bous chiet sur letre
Et l'autre bout si se raporte
Droit à la rue *de la Porte*
De Saint Marcel; par Saint Chopin
Encontre est la rue *Clopin,*
Et puis la rue *Traversainne*
Qui siet en haut bien loin de Sainne.
Enprès est la rue *des Murs :*
De cheminer ne fu pas mus
Jusqu'à la rue *Saint Vitor :*
Ne trouvai ne porc ne butor
Mes femmes qui autre conseille .
Puis truis la rue *de Verseille*
Et puis la rue *du Bon Puis*
La maint la femme à i chapuis
Qui de maint home a fait ses glais.
La rue *Alexandre l'Englais*
Et la rue *Pavée Goire,*
La bui ge du bon vin de beire.
En la rue *Saint Nicolas*
Du Chardonrai ne fu pas las :
En la rue *de Bièrre* vins
Ilucques i petit m'assis.
D'iluec en la rue *Perdue,*
Ma voie ne fut pas perdue :

Je m'en reving droit en *la place*
Maubert, et bien trouvai la trace
D'iluec on la rue-d *Trois Portes*
Dont l'une le chemin raporte
Droit à la rue do *Gallande*
Où il n'a ne forest ne lande,
Et l'autre en la rue *d'Aras*
On se nourrissent maint gant ras.
Enprès est rue *de l'Escole*
Là demeure Dame Nicole ;
En celle rue, ce me samble,
Vent-on et faim et fuere ensamble.
Puis la rue *Saint Julien*
Qui nous gart de mauvais lien.
M'en reving en *la Bucherie*
Et puis en *la Poissonnerie.*
C'est vérité que vous despont,
Les rues d'outre *Petit Pont*
Avons nommées toutes par nom
Guillot qui de Paris ot nom :
Quatre vingt par conte on y a,
Certes plus ne mains n'en y a :
En la *Cité* isnelement
M'en vingt après privéement.

LA CITÉ.

La rue *du Sablon* par m'ame ;
Puis la rue *Neuve Nostre Dame.*
En près est la rue *à Coulons*
D'iluec ne fu pas mon cuer lons,
La ruele trouvai briémont
De *Saint Christofle* et ensement
La rue *du Parvis* bien près,
Et la rue *du Cloistre* après,
Et la grant rue *Saint Christofle :*
Je vi par le trelis d'un coffre
En la rue *Saint Pere a beus*
Oisiaus qui avoient piez beus
Qui furent pris sur la marinne.
De la rue *Sainte Marine*
En la rué *Cocatris* vins,
Où l'en boit souvent de bons vins ;
Dont maint homs souvent se varie.
La rue *de la Confrarie*
Nostre Dame et en *Charoui*
Bonne taverne achiez ovri.
La rue *de la Pomme* assez tost
Trouvai, et puis après tantost
Ce fut la rue *as Oubloiers;*
La maint Guillebert a braiés :
Marcé Palu, la Juerie
Et puis *la petite Orberie*
Qui en *la Juerie* siet.
Et me samble que l'autre chief
Descent droit en la rue *a Feves*
Par deça la maison o fevre.
La Kalendre et la *Ganterie*
Trouvai, et *la grant Orberie.*
Après, *la Grant Bariszerie*
Et puis après *la Draperie*
Trouvai et *la Chaveterie*
Et la ruele *Sainte Crois*
Où l'on chengle souvent des cols.
La rue *Gervese Lorens*
Où maintes Dames ygnoronts
Y maingnent qui de leur quiterne
En près rue *de la Lanterne.*
En la rue *du Marmouset*
Trouvai un homme qui mu fet.
Une muse corne bellourde.
Par la rue *de la Coulombe*
Alai droit o port *Saint-Landri*
Là demeure Guiart Andri.
Femmes qui vont tout le chevéz
Maingnent en la rue *du Cheréz.*
Saint Landri est de l'autre part.
La rue *de l'Ymage* départ
La ruele par Saint Vincent
Eu bout de la rue descent
De Glateingni, où bonne gent
Maingnent, et Dames o cors gent
Qui aus hommes, si com moi samblent
Volentiers charnelment assamblent.
La rue *Saint Denis de la Chartre*
Où plusieurs Dames en grant chartre
Mainte penne y vi esterie.

En la faute du pont m'asis,
Certes il n'a que trente six
Rues contables en Cité
Foi que doi Benedicite.

PAR DEÇA GRAND PONT.

Par deça Grant Pont erraument
M'en ving, sachiez bien vraiment
N'avoie alenas ne poinson.
Première, la rue *O Poisson*,
La rue de *la Saunerie*
Trouvai, et *la Mesqueiscerie*
L'*Escole* et rue *Saint Germain*
A *Couroiers* bien vint à main :
Tantost la rue *a Lavendieres*
Où il a maintes lavendieres.
La rue *a Moignes de Jenvau*
Porte a à mont et porte à vau;
En près rue *Jehan Lointier*
Là ne fu je pas trop lointier
De la rue *Bertin Porée*.
Sans faire nule eschauffourée
Ving en la rue *Jehan l'Eveiller*,
La demeure Perriaus Gouillier.
La rue *Guillaume Porée* près
Siet, et *Maleparole* en près
Où demeure Jehan Asselin.
Parmi le *Perrin Gasselin*,
Et parmi *la Herengerie*
M'en ving en *la Tableterie*
En la rue *a Petis souliers*
De *Bazenne* tout fu souilliés
D'esrer ce ne (fu) mie fortune.
Par la rue *Sainte Oportune*
Alai en *la Charonnerie*,
Et puis en *la Féroanerie*;
Tantost trouvai *la Mancherie*,
Et puis *la Cordouanerie*,
Près demeure Henry Bourgale;
La rue *Baudoin Prengaie*
Qui de boire n'est pas lanier.
Par la rue *Raoul Lavenier*
Alai o siege a *Descarcheeurs*.
D'Illeuc m'en alai tantost ciex
Un tavernier en la viez place
A Pourciaux, bien trouvai ma trace
Guillot qui point d'eur bon n'as.
Parmi la rue *a Bourdonnas*
Ving en la rue *Thibaut a Dez*,
Un hons trouvai en ribaudez :
En la rue *de Bethisi*
Entré, ne fus pas ethisi :
Assez tost trouvai *Tirechape*.
N'ai garde que rue m'eschape
Que je ne sache bien nommer
Par nom, sans nule mesnommer.
Sans passer guichet ne postis,
En la rue *O Quains de Pontis*
Fis un chapia de violete.
La rue *o Serf* et *Gloriete*
Et la rue de *L'arbre Sel*
Qui descend sus un biau ruissel.
Trouvai et puis *Col de Bacon*,
Et puis *le fossé Saint Germain*,
Trou Bernart trouvai main à main,
Part ne compaigne n'attendi,
Mon chemin a val s'estendi,
Par le Saint Esperit, de rue
Sus la rivière en la *Grant Rue*
Seigneur de la Porte du Louvre;
Dames y a gentes et bones
De leur denrées trop sont riches
Droitement parmi *Osteriche*
Ving en la rue *Saint Honouré*,
Là trouvai-ge Mestre Huré,
Lez lui scant Dames polies.
Parmi la rue *des Pouli*...
Ving en la rue *Daveron*
Il y demeure un Gentis-hon.
Par la rue *Jehan Tison*
N'avoie talent de proier,
Mès par la *Crois de Tiroüer*
Ving en la rue *de Neele*
Navoie tabour ne viele :
En la rue *Raoul Menuicet*
Trouvai un homme qui mucet
Une femme en torc et enclet.

La rue *des Estuves* en près siet.
En près est la rue *du Four*
Lors entrai en un carrefour,
Trouvai la rue *des Escus*,
Un hons à granz ongles locus
Demanda, Guillot, que fes-tu?
Droitement de *Chastiau festu*
M'en ving à la rue à *Prouvoires*
Où il a maintes peines vaires;
Mon cuer si a bien ferme voue.
Par la rue *de la Crois Neuve*
Ving en la rue *Raoul Roissole*,
N'avoie ne plais ne sole
La rue de *Montmartre* trouvé.
Il est bien seu et prové
Ma voie fut délivre et preste
Tout droit par la ruele e *Prestre*
Ving à la *Pointe Saint Huitasse*,
Droit et avant sui ma trace
Jusques en *la Tonnelerie*
Ne suis pas cil qui truove lie.
Mais par devant *la halle au Blé*
Où l'en a maintefois lobé,
M'en ving en *la Poissonnerie*
Des halles, et en la *formagerie*,
Tantost trouvai *la Ganterie*,
A l'encontre est *la Lingerie*
La rue *o Fevre* siet bien près
Et *la Cossonnerie* après.
Et por moi mieux garder des halles
Par desouz les avans des halles
Ving en la rue *a Prescheurs*
La hui avec frères Meneurs
Dont je n'ai pas chiere marie.
Puis alai en *la Chanverie*
Assez près trouvai *Maudestour*
Et *le carrefour de la Tour*,
Où l'en giete mainte sentence
En la maison à Dan Sequence
Le Puis le carrefour départ :
Jean Pincheclou d'autre part
Demoura tout droit à l'encontre.
Or dirai sans faire lonc conte
La *Petite Truanderie*
Es rues *des halles* s'alie;
La rue *au Cingne*, ce me samble,
Encontre *Maudestour* assamble
Droit à *la Grant Truanderie*.
Et *Merderiau* n'obli-je mie,
Ne *la petite rudéte*
Jean Bingne par Saint Cler sureté.
Mon chemin ne fut pas trop rague :
En la rue *Nicolas Arode*
Alai, et puis en *Mauconseil*
Une Dame vi sur un seil
Qui moult se portait noblement;
Je la saluai simplement,
Et elle moi par Saint Loys.
Par la Sainte rue *Saint Denis*
Ving en la rue *as Ouës* droit,
Pris mon chemin et mon adroit
Droit en la rue *Saint-Artin*
Où j'oï chanter en latin
De Nostre Dame un si dous chans.
Par la rue *des Petis Chans*
Alai droitement en *Biaubourc*,
Ne chassoie chievre ne bouc :
Puis truis la rue *a Jongleeurs*
Con ne me tiengne a Jengleurs.
De la rue *Gieffroy l'Angevin*,
En la rue *des Estuves* vin,
Et en la rue *Lingariere*
La où l'on a mainte plastriere
D'archal mis en œuvre pour voir
Plusieurs gens pour leur vie avoir;
Et puis la rue *Sendebours*
La *Trefilliere* a l'un des bous,
Et *Quiquenpoit* que j'ai moult chier,
La rue *Aubéri le Bouchier*
Et puis *la Conreerie* aussi,
La rue *Amauri de Roussi*,
En contre *Troussevache* chiet,
Que Diex gart qu'il ne nous meschiet,
Et la rue *du Vin le Roy*.
Dieu grace on n'a point de desroy,
En la *Viez Monnoie* par sens
M'en ving aussi con par à sens.
Au dessus d'illuec un petit

Trouvai le *Grand* et le *Petit*
Marivaus, si comme il me samble,
Li uns à l'autre bien s'asemble;
Au dessous siet *la Hiaumerie*
Et assez prez *la Lormerie*
Et parmi *la Basennerie*
Ving en la rue *Jehan le Conte*;
La Savonnerie en mon conte
Ai mise; par *la Pierre o Let*
Ving en la rue *Jehan Pain-Molet*,
Puis truis la rue *des Arsis*,
Sus un siége un petit m'assis
Pour ce que li repos fu bon;
Puis truis les *deux* rues *Saint-Bon*.
Lors ving en *la Buffeterie*,
Tantost trouvai *la Lamperie*,
Et puis la rue *de la Porte*
Saint-Mesri, mon chemin s'aporte
Droit en la rue *a Bouvetins*.
Par la rue *à Chavetiers* tins
Ma voie en rue de l'*Establo*
Du *Cloistre* qui est honestable
De Saint Mesri *en Baillehoe*
Ou je trouvai beaucoup de boe
Et une rue de renon,
Rue *Neuve Saint Mesri* a non.
Tantost trouvai *la Cour Robert*
De Paris. Mes par Saint Lambert
Rue *Pierre o Lart* siet près,
Et puis *la Bouclerie* après ;
Ne la rue n'oublige pas
Symon le franc. Mon petit pas
Alai vers *la Porte du Temple*,
Pensis ma main de lez ma temple.
En la rue *des Blans Mantiaux*
Entrai, ou je vis mainte piaux
Mettre en conroi et blanche et noire;
Puis truis la rue *Perrenele*
De Saint Pol, la rue *du Plastre*
Où maintes Dames leur emplastre
A maint compaignon ont fait batre
Ce me samble pour euls esbatre.
Enprès est la rue *du Puis*.
La rue à Singes après pris
Contreval *la Bretonnerie*;
M'en ving plain de mirencolle ;
Trouvai la rue *des Jardins*
Ou les Juys maintrent jadis;
O *carrefour du Temple* vins
Ou je bui plain henap de vin
Pour ce que moult grand soif avoie.
Adont me remis a la voie,
La rue de l'*Abbéie du Bec*
Hellouin trouvai par ebec,
M'en allai en *la Verrerie*,
Tout contreval *la Poterie*,
Ving au carefour *Guillori*
Li un dit ho, l'autre hari,
Ne perdit pas mon essieu.
La ruelete Gencien
Alai, ou maint un biau varlet,
Et puis la rue *Andri Mallet*,
Trouvai la rue *du Martrai*,
En une ruele tournai
Qui de *Saint Jehan* vole à *Porte*
En contre la rue *a Deux Portes*.
De la Viez *Tiesseranderie*,
Alai droit en l'*Esculerie*,
Et en la rue *de Chartron*.
En la rue *du franc Mourier*
Alai, et *Vieuq-Cimetiere*
Saint Jehan meisme en cetiere.
Trouvai tost la rue *du Bourg*
Tibout, et droit à l'un des bous
La rue Anquetil le faucheur
La maint un compain tencheour.
En la rue *du Temple* alai
Isnelement sans délai ;

En la rue *au Roi de Sezille*
Entrai; tantost trouvai Sedile,
En la rue *Renaut le Fevre*
Maint, ou oi vent et pois et fèves.
En la rue *de Puis y Muce*
M'en entrai en la maison Luce
Qui maint en rue *de Tyron*,
Des dames Ymes vous diron.
La rue de l'*Escouffle* est près
Et la rue *des Rosiers* près,
Et la *Grant rue de la Porte*
Baudeer, si con se comporte,
M'en alai en rue *Percié*
Une femme vi destrecié
Pour soi pignier, qui me donna
De bon vin. Ma voie adonna
En la rue *des Poulies Saint Pou*
Et au dessus d'Iluec un pou
Trouvai la rue *à Fauconniers*
Ou l'en trueve bien por deniers
Femmes pour son cors soulacier.
Parmi la rue *du Figuier*
Et parmi la rue *a Nonnains*
d'Iere, vi chevauchier deux nains
Qui moult estoient gojoi,
Puis truis la rue *de Joy*
Et la rue *Forgier l'Anier*.
Je ving en *la Mortelerie*
Où a mainte tainturerie.
La rue *Ermeline Boiliaue*,
La rue *Garnier* desus l'yeaue
Trouvai, a ce mon cuer s'atyre;
Puis la rue *du Cimetire*
Saint-Gervais, et l'*Ourmetiau*,
Sans passer fosse ne ruisssiau,
Ne sans passer planche ne pont
La rue *a Moines de Lonc-pont*
Trouvai, et rue *Saint Jehan*
De Greve, ou demeure Jouan,
Un homs qui n'a pas vue saine.
Près de la ruele *de Saine*
En la rue *Sus la riviere*
Trouvai une fausse estriviere.
Si m'en reving tout droit en *Greve*
Le chemin de riens ne me greve;
Tantost trouvai *la Tanerie*,
Et puis après *la Vanerie*,
La rue *de la Coifferie*,
Et puis après *la Tacherie*.
Et la rue *aux Commenderesses*,
Où il a maintes tencheresses
Qui ont maint homme pris o brui.
Par le carrefour *de Mibrai*,
En la rue *Saint-Jacques* et ou porce
M'en ving, n'avoie sac ne poce;
Puis alai en *la Boucherie*,
La rue de l'*Escorcherie*,
Tournai, parmi *la Triperie*
M'en ving en *la Poulaillerie*,
Car c'est la derrenière rue
Et si siet droit sus *la Grant rue*.
Guillot si fait à tous scavoir,
Que par deça *Grand Pont* pour voir
N'a que deux cent rues mains sis;
Et en *la Cité* trente sis,
Outre *Petit Pont* quatre vingt,
Ce sont dix mains de seize vingt,
Dedans les murs non pas dehors.
Les autres rues ai mis hors
De sa rime, puisqu'il n'ont chief.
Ci vont faire de son Dit chief
Guillot, qui a fait maint bias dis,
Dit qu'il n'y a que trois cent et dix
Rues à Paris vraiement.
Le dous Seigneur du firmament
Et sa très douce chière Mere
Nous défende de mort amere.

FIN DU DICTIONNAIRE DES RUES DE PARIS.

www.ingramcontent.com/pod-product-compliance
Lightning Source LLC
Chambersburg PA
CBHW050606230426
43670CB00009B/1284